Heinen

Industriebetriebslehre

# Industriebetriebslehre

Entscheidungen im Industriebetrieb

Herausgegeben von

## Edmund Heinen

o. ö. Professor der Betriebswirtschaftslehre
an der Universität München

Mit Beiträgen von

Edmund Heinen
Bernhard Dietel · Ekkehard Kappler
Peter Uwe Kupsch · Thomas Lindner
Rainer Marr · Dietmar Mrosek
Arnold Picot · Heinz Rehkugler
Ralf Reichwald · Manfred Wegmann

*Achte, durchgesehene und verbesserte Auflage*

**GABLER**

CIP-Kurztitelaufnahme der Deutschen Bibliothek

**Industriebetriebslehre** : Entscheidungen
im Industriebetrieb / hrsg. von Edmund Heinen.
Mit Beitr. von Edmund Heinen . . . – Wiesbaden :
Gabler NE: Heinen, Edmund [Hrsg.]
[Hauptbd.]. – 8., durchges. u. verb. Aufl.
– 1985.
  ISBN 3-409-33150-6

1. Auflage 1972
2. Auflage 1972
3. Auflage 1974
4. Auflage 1975
5. Auflage 1976
6. Auflage 1978
7. Auflage 1983
8. Auflage 1985

© Betriebswirtschaftlicher Verlag Dr. Th. Gabler GmbH, Wiesbaden 1985
Satz und Druck: Lengericher Handelsdruckerei, Lengerich/Westf.
Buchbinder: Hunke & Schröder, Iserlohn
Alle Rechte vorbehalten. Auch die fotomechanische Vervielfältigung des
Werkes (Fotokopie, Mikrokopie) oder von Teilen daraus bedarf der vorherigen Zustimmung des Verlages.
Printed in Germany

ISBN 3 409 33150 6

# Inhaltsübersicht

Erster Teil

**Industriebetriebslehre als Entscheidungslehre**
von Prof. Dr. Dr. h. c. mult. Edmund Heinen, Universität München

Zweiter Teil

**Konstitutive Entscheidungen**
von Prof. Dr. Ekkehard Kappler, Universität Witten/Herdecke, und
Dr. Manfred Wegmann, ehemals Universität München

Dritter Teil

**Materialwirtschaft**
von Prof. Dr. Peter Uwe Kupsch, Universität Bamberg, und
Dr. Thomas Lindner, ehemals Universität München

Vierter Teil

**Produktionswirtschaft**
von Prof. Dr. Ralf Reichwald, Universität der Bundeswehr München, und
Dr. Dietmar Mrosek, ehemals Universität München

Fünfter Teil

**Absatzwirtschaft**
von Prof. Dr. Rainer Marr, Universität der Bundeswehr München, und
Prof. Dr. Dr. habil. Arnold Picot, Technische Universität München

Sechster Teil

**Personalwirtschaft**
von Prof. Dr. Peter Uwe Kupsch, Universität Bamberg, und
Prof. Dr. Rainer Marr, Universität der Bundeswehr München

Siebter Teil

**Kapitalwirtschaft**
von Prof. Dr. Ekkehard Kappler, Universität Witten/Herdecke, und
Prof. Dr. Heinz Rehkugler, Universität Bremen

Achter Teil

**Informationswirtschaft**
von Prof. Dr. Dr. h. c. mult. Edmund Heinen, Universität München, und
Akad. Oberrat Dr. Bernhard Dietel, Universität München

# Inhaltsverzeichnis

Zur siebten und achten Auflage .......................... XIX
Kein Vorwort ........................................ XXI

## Erster Teil
### Industriebetriebslehre als Entscheidungslehre

I. Aufgaben der entscheidungsorientierten Industriebetriebslehre ... 5
   1. Betriebswirtschaftslehre und Industriebetriebslehre ......... 5
      a) Merkmale von Betriebswirtschaften ................. 5
      b) Gegenstand der Betriebswirtschaftslehre ............. 5
      c) Entscheidungen im Mittelpunkt der Erkenntnisgewinnung . 7
      d) Die Abgrenzung der Industriebetriebslehre ........... 8
   2. Das Wissenschaftsprogramm der entscheidungsorientierten Betriebswirtschaftslehre ............................ 9
      a) Erklärung und Gestaltung ....................... 9
      b) Der Systemansatz der entscheidungsorientierten Betriebswirtschaftslehre ............................... 12
        – Die Bedeutung der Zielforschung 12 – Systematisierung von Entscheidungstatbeständen 14 – Erklärungsmodelle 14 – Entscheidungsmodelle 15 – Grundmodelle und interdisziplinärer Bezug 15

II. Der Industriebetrieb als Erfahrungsobjekt ................. 17
   1. Charakterisierung des Industriebetriebes ................ 17
   2. Der Industriebetrieb als System ...................... 19
      a) Zielgerichtete, offene sozio-ökonomische Systeme ....... 19
      b) Das kybernetische System als Grundmodell ........... 21
      c) Der Industriebetrieb als kybernetisches System ......... 23
      d) Vermaschte Steuerungs- und Regelungssysteme ......... 24
      e) Bedingungen der Lebensfähigkeit sozialer Systeme ....... 25
      f) Ziel und Grenzen der kybernetischen Betrachtung ....... 26
   3. Ziele im Industriebetrieb ........................... 26
      a) Zielbegriff ................................... 27
      b) Ein Grundmodell des Zielbildungsprozesses ........... 28
      c) Ziele der Organisation als Prämissen nachgelagerter Entscheidungen ................................. 31

III. Entscheidungen im Industriebetrieb ...................... 38
   1. Typologisierung betriebswirtschaftlicher Entscheidungen .... 38

## VIII

    2. Grundbegriffe der Entscheidungsforschung . . . . . . . . . . . . . 45
       a) Das Entscheidungsfeld . . . . . . . . . . . . . . . . . . . . . . . . . 45
       b) Der Entscheidungsprozeß . . . . . . . . . . . . . . . . . . . . . . 45
          – Phasen des Entscheidungsprozesses 45 – Mehrpersonale Entscheidungsprozesse 48 – Die Koordination organisatorischer Entscheidungsprozesse 50
       c) Entscheidungsmodelle . . . . . . . . . . . . . . . . . . . . . . . . . 52
          – geschlossene Entscheidungsmodelle 53 – offene Entscheidungsmodelle 59
    3. Strategische Entscheidungen . . . . . . . . . . . . . . . . . . . . . . . . 63
       a) Strategische Planung . . . . . . . . . . . . . . . . . . . . . . . . . . 63
       b) Strategische Pläne als Prämissen operativer Entscheidungen 66

IV. Zur weiteren Konzeption des Buches . . . . . . . . . . . . . . . . . . . . 67

*Fragen zur Selbstkontrolle und Vertiefung* . . . . . . . . . . . . . . . . . . . 69

*Literaturhinweise* . . . . . . . . . . . . . . . . . . . . . . . . . . . . . . . . . . . . . 71

## Zweiter Teil

**Konstitutive Entscheidungen**

Vorbemerkung . . . . . . . . . . . . . . . . . . . . . . . . . . . . . . . . . . . . . . . 81

I. Industrielle Organisation . . . . . . . . . . . . . . . . . . . . . . . . . . . . . 83
    1. Das Organisationsproblem . . . . . . . . . . . . . . . . . . . . . . . . . 83
       a) Organisatorische Ziele . . . . . . . . . . . . . . . . . . . . . . . . . 83
       b) Das Organisationsproblem als Koordinationsproblem . . . . 85
    2. Die Organisationsgestaltung . . . . . . . . . . . . . . . . . . . . . . . . 86
       a) Die Organisationsstruktur . . . . . . . . . . . . . . . . . . . . . . . 86
          Zentralisation/Dezentralisation 88 – Hierarchie 104 – Delegation und Partizipation 128 – Standardisierung und Formalisierung 134
       b) Die Organisationssituation . . . . . . . . . . . . . . . . . . . . . . 139
          Organisationsprinzipien 139 – Dimensionen der Organisationssituation 140
       c) Die Organisationsverfassung . . . . . . . . . . . . . . . . . . . . . 141
    3. Organisationsentwicklung . . . . . . . . . . . . . . . . . . . . . . . . . . 142
       a) Reorganisationsprozesse . . . . . . . . . . . . . . . . . . . . . . . 144
       b) Interventionstechniken . . . . . . . . . . . . . . . . . . . . . . . . . 147
          Charakteristika und Methoden 147 – Berater/Klienten-Beziehungen 152
       c) Organisationales Lernen . . . . . . . . . . . . . . . . . . . . . . . . 156

II. Rechts- und Unternehmungsform . . . . . . . . . . . . . . . . . . . . . . . 159

1. Grundlagen der Rechtsformentscheidung ............... 159
   a) Charakter der Rechtsformentscheidung ............. 159
   b) Kriterien der Rechtsformentscheidung ............. 163
   Leitungsbefugnis 163 – Haftung 165 – Gewinn- und Verlustbeteiligung 165 – Kapitalbeschaffungsmöglichkeiten 166 – Steuerbelastung 167 – Informationspflichten 168 – Mitbestimmung 169
   c) Revision der Rechtsformentscheidung (Umwandlung) .... 170
2. Rechtsformalternativen .......................... 174
   a) Personenunternehmungen ....................... 176
   Die Einzelunternehmung 176 – Die Personengesellschaften (Gesellschaft des bürgerlichen Rechts, offene Handelsgesellschaft, Kommanditgesellschaft, stille Gesellschaft) 177
   b) Kapitalgesellschaften ......................... 183
   Die Gesellschaft mit beschränkter Haftung 183 – Die Aktiengesellschaft 190
   c) Misch- und Sonderformen ...................... 199
   Die Kommanditgesellschaft auf Aktien 199 – Die bergrechtliche Gewerkschaft 200 – Die eingetragene Genossenschaft 201 – Die GmbH & Co. KG 204 – Die Doppelgesellschaft 206 – Die Stiftung 208
   d) Öffentliche Unternehmungen .................... 212
3. Unternehmungszusammenschlüsse ................... 215
   a) Einteilung und Ziele von Unternehmungszusammenschlüssen ......................................... 215
   b) Erscheinungsformen von Unternehmungszusammenschlüssen ......................................... 217
   Die Partizipation 217 – Das Konsortium 218 – Die Interessengemeinschaft 218 – Das Kartell 219 – Der Konzern 224 – Der Trust 230

III. Standort ........................................ 232
   1. Grundfragen industrieller Standortentscheidungen ........ 233
   2. Einflußgrößen der Standortentscheidung (Standortfaktorenlehre) .......................................... 234
   3. Entscheidungsmodelle zur Standortbestimmung .......... 239
      a) Der optimale Standort ........................ 239
      b) Analytische Verfahren zur Standortbestimmung ....... 240
      Das Webersche Standortmodell 240 – Optimaler Standort in einem Verkehrsnetz 241 – Standortbestimmung mit Hilfe von Transportmodellen 242
      c) Heuristische Verfahren der Standortbestimmung ....... 243
      Der Standortfaktorenkatalog 243 – Standortbewertungsmodelle (Scoring-Modelle) 245 – Standortentscheidungen mit Hilfe der „NB-Regel" 246

*Fragen zur Selbstkontrolle und Vertiefung* .................... 248
*Literaturhinweise* ........................................ 253

## Dritter Teil
### Materialwirtschaft

I. Grundlagen der Materialwirtschaft ..................... 273
   1. Aufgaben und Ziele der Materialwirtschaft ............ 273
   2. Planungsbereiche der Materialwirtschaft .............. 277
   3. Organisationsgestaltung und Materialwirtschaft .......... 279
      a) Aufbauorganisation der Materialwirtschaft ........... 279
      b) Ablauforganisatorische Aspekte der Materialwirtschaft ... 282

II. Strategische Entscheidungen in der Materialwirtschaft ....... 284
   1. Langfristige Beschaffungsplanung .................... 284
      a) Determinanten des langfristigen Materialbedarfs ........ 284
      b) Elemente des beschaffungspolitischen Instrumentariums ... 289
      c) Ableitung von Beschaffungsstrategien ............... 295
   2. Lager- und Transportplanung ....................... 299
      a) Planungsbereiche ............................. 299
      b) Ausstattungsentscheidungen im Lager- und Transportbereich ........................................ 301
      Planung der Lagerausstattung 301 – Planung der Transporteinrichtungen 303

III. Dispositive Entscheidungen in der Materialwirtschaft ......... 305
   1. Vorbereitende Maßnahmen dispositiver materialwirtschaftlicher Entscheidungen ............................... 306
      Funktionsweise und Anwendungsbereiche der ABC-Analyse 306 – Funktionsweise und Anwendungsbereiche der XYZ-Analyse 308
   2. Planung des Materialbedarfs ....................... 309
      a) Qualitative Materialbedarfsplanung ................ 310
      b) Quantitative Materialbedarfsplanung ............... 311
      Deterministische Materialbedarfsermittlung 312 – Stochastische Materialbedarfsermittlung 315 – Materialbedarfsplanung mit Hilfe subjektiver Schätzungen 317
   3. Planung der Materialbeschaffung .................... 318
      a) Planung der Beschaffungsart ..................... 323
      b) Planung der Lagerhaltung ....................... 324
      Elemente der Lagerhaltungsplanung 324 – Planung der Bestellmenge 329 – Planung des Bestellzeitpunktes 336

    4. Planung des Materialeinkaufs . . . . . . . . . . . . . . . . . . . . . . . 345
        a) Lieferantenbewertung und Lieferantenstruktur . . . . . . . . . 346
        b) Konditionen . . . . . . . . . . . . . . . . . . . . . . . . . . . . . . . . . 347
        c) Verhandlungen im Rahmen des Materialeinkaufs . . . . . . . 348
    5. Planung des Materialflusses . . . . . . . . . . . . . . . . . . . . . . . . . 352
*Fragen zur Selbstkontrolle und Vertiefung* . . . . . . . . . . . . . . . . . . . 355
*Literaturhinweise* . . . . . . . . . . . . . . . . . . . . . . . . . . . . . . . . . . . . 357

Vierter Teil

**Produktionswirtschaft**

I. Die industrielle Produktion als Gegenstand der Modellbildung . . 365
    1. Das allgemeine Input-Output-Modell . . . . . . . . . . . . . . . . . 365
       Die Produktionsfaktoren 366 – Der Transformationsprozeß 367 – Die Produktionsleistung 368
    2. Das prozeßorientierte Input-Output-Modell . . . . . . . . . . . . 368
       Der Basisprozeß 370 – Die Wiederholungsfunktion 370 – Die strukturelle Verknüpfung der Basisprozesse 372

II. Entscheidungen im Produktionsbereich . . . . . . . . . . . . . . . . . . 375
    1. Produktionswirtschaftliche Ziele . . . . . . . . . . . . . . . . . . . . . 375
    2. Das produktionswirtschaftliche Entscheidungsfeld . . . . . . . . . 377
        a) Entscheidungen der Ausstattungsplanung . . . . . . . . . . . . . 378
           Maschinenausstattung 379 – Innerbetriebliche Standortwahl 380 – Instandhaltungsplanung 383
        b) Entscheidungen der Programmplanung . . . . . . . . . . . . . . 384
        c) Entscheidungen der Prozeßplanung . . . . . . . . . . . . . . . . 387
           Prozeßtypen der Fertigung 387 – Ausgangsinformationen der Prozeßplanung 388 – Die Problematik der simultanen Optimierung der Prozeßparameter 389 – Einsatzplanung der Repetierfaktoren 390 – Durchführungsplanung 391

III. EDV-gestützte Produktionsplanung und -steuerung . . . . . . . . . . 394
    1. Produktionswirtschaftliche Entscheidungsprozesse in der industriellen Praxis . . . . . . . . . . . . . . . . . . . . . . . . . . . . . . . . . 394
       Teilung des produktionswirtschaftlichen Entscheidungsfeldes 394 – Produktionsplanung und Produktionssteuerung 398
    2. Produktionswirtschaft und elektronische Datenverarbeitung . . 400
       Probleme bei der Einführung der elektronischen Datenverarbeitung 400 – Schwerpunkte des EDV-Einsatzes in der Produktionswirtschaft 401
    3. Die Erzeugung der Ausgangsinformationen für die Produktionssteuerung . . . . . . . . . . . . . . . . . . . . . . . . . . . . . . . . . 402

XII

      a) Der Aufbau einer zentralen Datenbank für die Produktionssteuerung .................................. 402
      b) Techniken der Datenverwaltung .................... 406
      Der Stücklistenprozessor 406 – Der Arbeitsplanprozessor 412
   4. Produktionssteuerung mit EDV ....................... 415
      a) Einsatzplanung der Repetierfaktoren ............... 415
      Bedarfsermittlung 415 – Bestandsrechnung 419 – Bestellrechnung 420
      b) Durchführungsplanung ............................ 424
      Losgrößenplanung 424 – Durchlaufterminierung 425 – Kapazitätsterminierung 427
      c) Werkstattsteuerung ............................... 431
   5. Zur Weiterentwicklung integrierter Produktionssteuerungssysteme ............................................. 432

IV. Quantitative Modelle und Methoden der Produktionsplanung und -steuerung ................................................ 435
   1. Methodische Grundlagen ........................... 435
   2. Quantitative Modelle und Methoden der Ausstattungsplanung. 437
      a) Das innerbetriebliche Standortproblem ............... 437
      Planung des Layouts bei vorgegebenem Areal 437 – Planung des Layouts bei variablem Areal 445
      b) Instandhaltungsplanung ........................... 446
      Instandhaltungsstrategien 446 – Bestimmung des optimalen Wartungsintervalls bei periodischer, einfacher und einstufiger Strategie 448 – Optimale Wahl der Freiheitsgrade bei sequentiellen, opportunistischen oder mehrstufigen Strategien 454 – Vergleich von Instandhaltungsstrategien 455
   3. Quantitative Modelle und Methoden der Programmplanung .. 455
      Allgemeines Programmplanungsmodell 456 – Programmplanungsmodell ohne Beschränkungen 458 – Programmplanungsmodell mit Beschränkungen 460
   4. Quantitative Modelle und Methoden der Prozeßplanung .... 465
      a) Netzplantechnik .................................. 465
      Grundkonzeption der Netzplantechnik 465 – Strukturanalyse der Netzplantechnik 467 – Zeitanalyse der Netzplantechnik 469 – Verfeinerte Verfahren der Netzplantechnik 476
      b) Modelle und Methoden der Reihenfolgeplanung ........ 480
      Das Travelling Salesman Problem 480 – Das Maschinenbelegungsproblem 487
      c) Quantitative Modelle und Methoden zur Bestimmung der Losgröße ........................................ 492

*Fragen zur Selbstkontrolle und Vertiefung* ..................... 496

*Literaturhinweise* ......................................... 498

Fünfter Teil

**Absatzwirtschaft**

I. Absatzwirtschaft und Marketingkonzeption ................ 509
  1. Marketing als Inbegriff marktorientierten Entscheidungsverhaltens .......................................... 511
  2. Marketing und Unternehmungsorganisation ............. 513
     Organisatorische Verankerung der Marketing-Funktion 513 – Interne Organisation der Marketing-Funktion 518

II. Marktforschung und Marktstrategien .................... 520
  1. Elemente von Marktmodellen ........................ 521
  2. Modelle des Käuferverhaltens ....................... 524
  3. Methoden der Marktanalyse und Marktprognose (Marktforschung) ............................................ 533
  4. Entwicklung von Marktstrategien .................... 544
     Lücken-Analysen und „klassische" Marktstrategien 545 – Lebenszyklus-Analyse 550 – Erfahrungskurven-Analyse 551 – Portfolio-Analyse 554

III. Programme zur Marktgestaltung ...................... 559
  1. Produkt-Politik .................................... 559
     Das einzelne Produkt 560 – Die Zusammensetzung des Produktionsprogramms 562 – Produkt- und Programmänderungen 564 – Produktinnovation 565 – Ideenfindung, -bewertung und -realisation 566
  2. Preis- und Konditionen-Politik ....................... 573
     Kostenorientierte Preisbildung 574 – Nachfrageorientierte Preisbildung 575 – Konkurrenzorientierte Preisbildung 576 – Preisbildung bei neuen Produkten 579 – Rabatte und Konditionen 580
  3. Distributions-Politik ............................... 581
     Absatzwege 581 – Transport und Lagerung 586
  4. Kommunikations-Politik ............................ 590
     Verkaufsförderung 593 – Werbung 594 – Öffentlichkeitsarbeit und Interessenvertretung 599

IV. Zur Problematik der Gestaltung der Marketing-Politik ........ 602
  1. Charakterisierung der Problemstruktur ................ 603
  2. Lösungsansätze ................................... 605

V. Marketingkontrolle .................................. 608
  1. Strategische Kontrolle ............................. 608
  2. Operative Kontrolle ............................... 609
  3. Wertanalyse als Instrument der Marketingkontrolle ...... 612

XIV

*Fragen zur Selbstkontrolle und Vertiefung* .................... 615
*Literaturhinweise* ........................................ 618

Sechster Teil

**Personalwirtschaft**

I. Personalwirtschaftliche Modelle und Theorien .............. 627
   1. Grundmodelle des arbeitenden Menschen .............. 627
      Mechanistisches Grundmodell 627 – Sozialwissenschaftliches Grundmodell 629
   2. Motivationstheorien ................................. 635
   3. Organisationstheoretisches Koalitionsmodell und Anreiz-Beitrags-Theorie ..................................... 640
   4. Personalwirtschaft im Spannungsfeld innerbetrieblicher Konflikte ............................................. 650
      Konflikttheoretische Elemente personalwirtschaftlicher Entscheidungen 650 – Konfliktursachen und Konflikttypen 651 – Handhabung intraindividueller Konflikte 655 – Handhabung von Mehrpersonenkonflikten 656

II. Rechtliche Rahmenbedingungen der Personalwirtschaft ....... 664
   Arbeitsrechtliche Bestimmungen 664 – Mitbestimmung der Arbeitnehmer 665 – Betriebsverfassungsgesetz 667

III. Die Bestimmung der Aufgaben der Personalwirtschaft ........ 672
   1. Auswahl eines Bezugsrahmens ....................... 672
   2. Systematisierung personalwirtschaftlicher Aufgabenbereiche .. 673

IV. Beitragsbezogene Aufgaben der Personalwirtschaft: Die Bereitstellung des Leistungspotentials ............................. 676
   1. Ermittlung des Personalbedarfs ....................... 676
      Ermittlung des qualitativen Personalbedarfs durch Arbeitsanalyse und Arbeitsbeschreibung 677 – Ermittlung des quantitativen Personalbedarfs 680
   2. Personalbeschaffung ................................ 683
      Personalwerbung 683 – Personalauswahl 685
   3. Personaleinsatz .................................... 689
      Informationserfordernisse zur Abstimmung von Beitragsbedarf und Beitragsangebot 690 – Lösungsverfahren zur Handhabung des qualitativen Zuordnungsproblems 690 – Lösungsverfahren zur Handhabung des quantitativen Zuordnungsproblems 696 – Personaleinführung 697
   4. Personalfreistellung ................................. 697

5. Arbeitsstrukturierung ............................. 698
   Arbeitsinhalt 698 – Technische Arbeitsbedingungen 702 – Arbeitsplatz und Arbeitsumfeld 704 – Arbeitszeit 706

V. Anreizbezogene Aufgaben der Personalwirtschaft: Die Aktivierung des Leistungspotentials ............................. 707
   1. Monetäre Anreize ............................. 708
      Absolute und relative Lohnhöhe 710 – Arbeitsbewertung und anforderungsgerechter Lohn 712 – Leistungsbewertung und leistungsgerechter Lohn 718 – Lohnformen 721 – Soziale Leistungen 724 – Außertarifliche Zulagen 727 – Erfolgsbeteiligung 728 – Betriebliches Vorschlagswesen 732
   2. Soziale Anreize ............................. 733
      Gruppenzugehörigkeit 733 – Mitarbeiterführung 735
   3. Aufstiegs- und Ausbildungsanreize: Die Personalentwicklung . 741
      Entscheidungen über das Karrieresystem der Unternehmung 741 – Personalbeurteilung als Grundlage für Beförderungsentscheidungen 744 – Betriebliche Ausbildung 746

VI. Personalverwaltung und Personalorganisation ............. 751
   1. Personalverwaltung ............................. 751
   2. Personalinformationssysteme ..................... 753
   3. Organisatorische Eingliederung der Personalwirtschaft ...... 756
      Hierarchische Einordnung der Personalwirtschaft 757 – Organisatorische Gliederung der Personalabteilung 757

*Fragen zur Selbstkontrolle und Vertiefung* .................... 759

*Literaturhinweise* ....................................... 762


Siebter Teil

**Kapitalwirtschaft**

I. Die betrieblichen Geldprozesse ....................... 773
   1. Wertekreislauf und Zahlungsstromschema .............. 773
   2. Elemente zahlungsstromrelevanter Entscheidungen ........ 775

II. Ausgabenrelevante Entscheidungen .................... 779
   1. Kapitalbindende Ausgaben und Investitionsbegriff ......... 779
   2. Investitionsentscheidungsprozeß ..................... 780
      a) Analyse von Investitionsentscheidungen ............. 780
         Arten von Investitionsentscheidungen 781– Phasen des Investitionsentscheidungsprozesses 783 – Organisation des Investitionsentscheidungsprozesses 786 – Typische Schwachstellen im Investitionsentscheidungsprozeß 787

b) Investitionskalküle .................................. 788
Ein Grundmodell 791 – Teilzielorientierte Verfahren 795 – Endzielorientierte Verfahren 803 – Berücksichtigung nichtmonetärer Ziele 811 – Die Problematik entscheidungslogischer Kalküle 817

c) Bewältigung der Ungewißheit bei Investitionsentscheidungen ................................................. 818
Sicherheitsäquivalente 819 – Sensitivitätsanalyse 820 – Risikoanalyse 822 – Entscheidungsbaumverfahren 823

d) Investitionskontrolle ............................... 826

3. Kapitalentziehende Ausgaben ........................ 827

III. Einnahmenrelevante Entscheidungen .................... 830
1. Kapitalfreisetzende Einnahmen ...................... 830
2. Kapitalzuführende Einnahmen ....................... 834
Bedarfsermittlung 834 – Arten der Kapitalzuführung 836 – Innenfinanzierung 837 – Außenfinanzierung 847 – Kriterien der Kapitalstrukturentscheidung 852

IV. Die Abstimmung von ausgaben- und einnahmenrelevanten Entscheidungen ................................................ 861
1. Abstimmung der Zahlungsströme mit Kennzahlen ......... 862
2. Finanzplanung und -kontrolle ...................... 864
3. Simultane Optimierungsmodelle ..................... 872

*Fragen zur Selbstkontrolle und Vertiefung* ................. 879

*Literaturhinweise* ...................................... 882

Achter Teil

**Informationswirtschaft**

I. Information und Kommunikation in der Betriebswirtschaft ..... 893
1. Aufgaben der Informationswirtschaft ................. 893
2. Grundtatbestände der Informationswirtschaft ........... 896
Informationsbegriff 896 – Informationswert 899 – Informationsgewinnung und -verarbeitung 900 – Informationsspeicherung 902 – Informationsübermittlung 903
3. Teilbereiche der Informationswirtschaft ............... 906

II. Grundlagen der Finanzbuchhaltung ..................... 908

III. Die Kosten- und Leistungsrechnung .................... 914
1. Grundlagen der Kosten- und Leistungsrechnung ......... 914
a) Kosten und Leistungen ........................... 914
Leistungen 914 – Bedingtheit 915 – Wertverzehr 916 – fixe und variable Kosten, Einzel- und Gemeinkosten 920

b) Aufgaben der Kosten- und Leistungsrechnung . . . . . . . . . 923
c) Das Grundproblem der Kosten- und Leistungsrechnung . . 925
d) Die Grundstruktur der Kosten- und Leistungsrechnung . . . 931
Kostenartenrechnung 932 – Kostenstellenrechnung 934 – Kostenträgerrechnung 938
e) Erfassungsprinzipien und Schlüsselungsmethoden . . . . . . . 940
Erfassungsprinzipien 940 – Schlüsselungsmethoden 942
f) Die Beziehungen zwischen Kosten- und Leistungsrechnung und Finanzbuchhaltung . . . . . . . . . . . . . . . . . . . . . . . 944
2. Kostenrechnungssysteme im Überblick . . . . . . . . . . . . . . . . 950
3. Systeme der Vollkostenrechnung . . . . . . . . . . . . . . . . . . . . 953
   a) Die Vollkostenrechnung zu Istkosten . . . . . . . . . . . . . . . 953
   Kostenartenrechnung 953 – Materialkosten 953 – Personalkosten 955 – Betriebsmittelkosten 957 – Sonstige Kostenarten 960 – Kostenstellenrechnung 961 – Kostenträgerrechnung 967 – Kurzfristige Erfolgsrechnung 974
   b) Die Plankostenrechnung zu Vollkosten . . . . . . . . . . . . . 977
   Die starre Plankostenrechnung 977 – Die flexible Plankostenrechnung 979
   c) Zur Beurteilung der Vollkostenrechnung . . . . . . . . . . . . 984
   Darstellungsfunktion 984 – Planungsfunktion 985 – Kontrollfunktion 987
4. Systeme der Teilkostenrechnung auf der Basis beschäftigungsvariabler Kosten . . . . . . . . . . . . . . . . . . . . . . . . . . . . . . . 987
   a) Die Istkostenrechnung zu Teilkosten . . . . . . . . . . . . . . . 988
   Das einstufige Direct Costing als Istkostenrechnung 988 – Das mehrstufige Direct Costing als Istkostenrechnung 995
   b) Die Plankostenrechnung zu Teilkosten . . . . . . . . . . . . . 1002
   Kostenartenrechnung 1003 – Kostenstellenrechnung 1003 – Kostenträgerrechnung 1005 – Kurzfristige Erfolgsrechnung 1006
   c) Zur Beurteilung der Teilkostenrechnung . . . . . . . . . . . . 1007
   Darstellungsfunktion 1008 – Planungsfunktion 1009 – Kontrollfunktion 1010
5. Deckungsbeitragsrechnung auf der Basis relativer Einzelkosten und -erlöse . . . . . . . . . . . . . . . . . . . . . . . . . . . . . . . . . 1011
   Grundrechnung der Kosten 1013 – Grundrechnung der Erlöse 1018 – Auswertungsrechnungen 1018 – Zur Beurteilung des Systems 1022
6. Kosteninformation als Grundlage der Entscheidungsfindung . 1023
   Problem der Bestandsbewertung 1024 – Festsetzung von Preisuntergrenzen 1025 – Programmplanung auf der Grundlage prognostizierter Deckungsbeiträge 1028 – Verfahrensvergleich 1032 – Eigenfertigung oder Fremdbezug 1033
7. Entwicklungstendenzen . . . . . . . . . . . . . . . . . . . . . . . . . 1034

IV. Zur Problematik eines integrierten Informationssystems . . . . . . . 1039
    1. Die Entwicklung eines integrierten Informationssystems als komplexer Entscheidungsprozeß . . . . . . . . . . . . . . . . . . . . . 1039
    2. Controlling als Ansatz zur Integration der betrieblichen Informationswirtschaft . . . . . . . . . . . . . . . . . . . . . . . . . . . . 1046
    3. Elektronische Datenverarbeitung als Grundlage eines integrierten Informationssystems . . . . . . . . . . . . . . . . . . . . . . . . . 1047
       Hardware-Elemente und Betriebsweisen elektronischer Datenverarbeitungsanlagen 1048 – Datenbank 1050 – Methodenbank 1059 – Datenkommunikationssysteme 1061

*Fragen zur Selbstkontrolle und Vertiefung* . . . . . . . . . . . . . . . . . . . . 1064

*Literaturhinweise* . . . . . . . . . . . . . . . . . . . . . . . . . . . . . . . . . 1067

*Stichwortverzeichnis* . . . . . . . . . . . . . . . . . . . . . . . . . . . . . . . 1075

## Zur siebten und achten Auflage

Die positive Aufnahme der „Industriebetriebslehre" in Wissenschaft, Lehre und Praxis macht eine neue Auflage erforderlich. Der selbstgesetzten Verpflichtung entsprechend, die „Industriebetriebslehre" stetig weiterzuentwickeln, waren einige wesentliche Überarbeitungen notwendig. Sie ergaben sich einerseits aus der Weiterentwicklung betriebswirtschaftlicher Theorien, andererseits aus Änderungen gesetzlicher Vorschriften.

Angesichts zunehmend turbulenter werdender Umweltbedingungen wächst die Bedeutung strategischer Entscheidungen. Ihnen wurde insbesondere im Teil 1 (Industriebetriebslehre als Entscheidungslehre), Teil 3 (Materialwirtschaft) und Teil 5 (Absatzwirtschaft) Rechnung getragen. Im zweiten Teil (Konstitutive Entscheidungen) fanden die wissenschaftlichen Diskussionen der letzten Jahre zur Organisationstheorie und Organisationslehre – soweit ihre Ergebnisse zum „Lehrstandard" gerechnet werden können – sowie zahlreiche Gesetzesänderungen Berücksichtigung. Der dritte Teil (Materialwirtschaft) wurde insbesondere um strategische Aspekte der langfristigen Beschaffungsplanung sowie der Lager- und Transportplanung erweitert. Bei den dispositiven materialwirtschaftlichen Entscheidungen fand u. a. die Materialflußplanung Berücksichtigung. Das rasche Vordringen der EDV in der Produktionsplanung und -steuerung hat eine Überarbeitung des vierten Teils (Produktionswirtschaft) erforderlich gemacht. Dabei fand der Zusammenhang zwischen Produktionsplanung und Produktionssteuerung als Teilprozessen des produktionswirtschaftlichen Entscheidungsprozesses stärkere Beachtung. Den Schwerpunkt der Überarbeitung des fünften Teils (Absatzwirtschaft) bildet die Einbeziehung strategischer Entscheidungen. Daneben wurden auch die Ausführungen zum Käuferverhalten und zum Marketing ergänzt und präzisiert. Der sechste Teil (Personalwirtschaft) wurde völlig überarbeitet, wobei insbesondere arbeitsrechtliche Aspekte einschließlich der betriebsverfassungsrechtlichen Mitbestimmung neu aufgenommen wurden. Im siebten Teil (Kapitalwirtschaft) wurden Änderungen und Ergänzungen vorwiegend im Bereich der ausgabenrelevanten Entscheidungen vorgenommen. Insbesondere die Ausführungen zur Berücksichtigung nichtmonetärer Ziele im Rahmen von Investitionsentscheidungen und zur Bewältigung des Ungewißheitsproblems wurden wesentlich erweitert. Dem Zentralgebiet der industriellen Kosten- und Leistungsrechnung wurde im achten Teil (Informationswirtschaft) mehr Raum zugestanden als bisher. Die Ausweitung dient in erster Linie der klareren Abgrenzung gegenüber der pagatorischen Rechnung und der besseren Verständlichkeit der schwierigen, für praktische Belange jedoch sehr wichtigen Materie.

Zahlreiche Hinweise und kritische Stellungnahmen der Leser, insbesondere der Studierenden, wurden ausgewertet und berücksichtigt. Für die eingegangenen Anregungen dankt die Autorenschaft allen Lesern sehr herzlich. Auch die hier vorgelegte siebte Auflage wird noch in vieler Hinsicht verbesserungsfähig sein. Für Kritik und Verbesserungsvorschläge sind die Autoren stets offen.

Seit den Arbeiten zur ersten Auflage der „Industriebetriebslehre" sind einige Mitarbeiter aus dem Autorenteam ausgeschieden. Für ihre Mitarbeit in den vergangenen Jahren sei ihnen auch an dieser Stelle herzlich gedankt.

Eine stark überarbeitete Neuauflage verursacht eine Fülle von Abstimmungs-, Redaktions- und Kontrollarbeiten. Hierfür habe ich allen wissenschaftlichen und studentischen Mitarbeitern an meinem Lehrstuhl für ihre zahlreichen Hilfen zu danken, insbesondere den Herren Dr. C. Breit, Dr. M. Hiebeler, Dr. P. Müller-Bader, Dr. W. Reinhard und Dr. P. Weidermann. Als Projektleiter hat mich Herr Dr. M. Wegmann bei der Koordination dieser Arbeiten tatkräftig unterstützt und häufig selbst Hand angelegt. Dank gebührt auch meinem Sohn Dr. H.-M. Heinen für geleistete Zu- und Korrekturarbeiten. Besonders danken möchte ich den Damen des Sekretariats, Frau B. Bopp und Frau L. Hamberger, die mit Eifer und Geduld die mehrfach geänderten Manuskripte geschrieben haben. An den Korrekturarbeiten zur 8. Auflage wirkten Frau Dipl.-Kfm. K. Stolze und Frau Dipl.-Kfm. B. Stratmann sowie Herr Dipl.-Kfm. P. Dill mit.

München, im Mai 1985            EDMUND HEINEN

# „Kein Vorwort"

... zum Überblättern, sondern einige wichtige Anmerkungen als Voraussetzung für das Verständnis und die Benutzung dieses Buches stellen diese einleitenden Seiten dar.

## *Die Neuorientierung der Betriebswirtschaftslehre*

Die jüngere Vergangenheit brachte für die Betriebswirtschaftslehre tiefgreifende Wandlungen. Ihr Forschungsprogramm und ihr Lehrgebäude haben sich zuerst unter dem Einfluß der mathematisch-statistischen Entscheidungstheorie (Entscheidungslogik) und später vor dem Hintergrund der sozialwissenschaftlichen Entscheidungsforschung zu vielen Nachbardisziplinen hin geöffnet und neu geformt. Das Geschehen in Betriebswirtschaften (Unternehmungen) zeigt sich in einem veränderten Licht: Entscheidungsprozesse einzelner Menschen und Gruppen werden als eigentliche „Triebkräfte" des Geschehens erkannt; quantitative Hilfsmittel für Entscheidungsvorgänge (Unternehmensforschung, Statistik, EDV usw.) gewinnen an Forschungsinteresse; sozialwissenschaftliche Determinanten des Entscheidungsverhaltens (Gesellschaft, Gruppenstrukturen, Persönlichkeitsmerkmale, aber auch Wirtschaftsordnung, Wirtschaftslage usw.) treten als diejenigen Faktoren hervor, ohne die eine realitätsnahe Abbildung komplexer wirtschaftlicher Entscheidungssituationen nicht möglich erscheint.

Die angedeutete Neuorientierung scheint nunmehr einen gewissen ersten Abschluß gefunden zu haben. Zahlreiche Publikationen zu Einzelfragen und zur grundlegenden Konzeption sind erschienen, Lehrbücher zu Spezialgebieten wie auch zur allgemeinen entscheidungsorientierten Betriebswirtschaftslehre liegen vor. Die von mir und meinem Schülerkreis während der vergangenen zehn Jahre veröffentlichten Forschungsergebnisse können hierfür einen Anhaltspunkt geben.

## *Die inhaltliche Konzeption der „Industriebetriebslehre"*

Das vorliegende Lehrbuch versucht, die für die betrieblichen Teilbereiche erarbeiteten Forschungsergebnisse der entscheidungsorientierten Betriebswirtschaftslehre zusammenzufassen und in möglichst gut verständlicher Form einem breiten Leserkreis zugänglich zu machen. Über mein vorwiegend programmatisches Lehrbuch „Einführung in die Betriebswirtschaftslehre" hinaus soll damit eine stärker ins Detail gehende Abhandlung zur Beschreibung und Erklärung menschlichen Entscheidungsverhaltens auf allen Ebenen und in allen Bereichen einer Unternehmung geschaffen werden.

Dieses Ziel erscheint besonders dann realisierbar, wenn das allgemeine entscheidungsorientierte betriebswirtschaftliche Konzept auf einen bestimmten

Unternehmungstyp übertragen, d. h. die Leistungsfähigkeit der gewandelten Betriebswirtschaftslehre an einem konkreten Demonstrationsobjekt aufgezeigt wird. Es liegt nahe, hierzu den Industriebetrieb zu wählen, dem das besondere Forschungsinteresse meines Instituts gilt und der zu den zahlreichsten und wichtigsten Betriebswirtschaftstypen unserer Volkswirtschaft zählt. Industriebetriebslehre heißt also angewandte Betriebswirtschaftslehre. Daraus leiten sich folgerichtig die Unmöglichkeit und Unnötigkeit einer exakten Trennung zwischen „allgemeiner" Betriebswirtschaftslehre und „spezieller" Industriebetriebswirtschaftslehre ab.

Das Buch ist in acht Teile gegliedert. Jeder Teil bildet eine in sich geschlossene Abhandlung und ist für den mit der modernen Betriebswirtschaftslehre vertrauten Leser separat lesbar. Inhaltlich sind die Teile aufeinander abgestimmt, größere Überschneidungen sind ausgeschaltet. Ein umfangreiches System von Querverweisen gibt über die zwischen den Teilen bestehenden Zusammenhänge Auskunft. Zum leichteren Verständnis der Teile 2 bis 8 empfiehlt es sich – insbesondere für den mit der neueren entscheidungsorientierten Konzeption der Betriebswirtschaftslehre weniger vertrauten Leser – den Teil 1 „Industriebetriebslehre als Entscheidungslehre" vorab zu lesen. In ihm werden die terminologischen Voraussetzungen sowie der theoretische Bezugsrahmen dargelegt, die das Gesicht der folgenden Teile prägen und auf die nur noch selten verwiesen wird.

Die acht Teile erstrecken sich auf den gesamten Bereich der Betriebswirtschaftslehre mit Ausnahme der Sondergebiete Bilanzen und Steuern. (Die industriebetrieblichen Besonderheiten dieser Gebiete sind geringer als die der anderen aufgenommenen Sachgebiete; zu ihnen liegen ausgezeichnete Lehrbücher vor; ihre Einbeziehung hätte die ohnehin schon hohe Seitenzahl des Buches noch erheblich gesteigert.)

Neben einer möglichst umfassenden Übersicht über die relevanten Einzelprobleme ist für die inhaltliche Gewichtung der Teile eine exemplarische Darstellung wichtiger Theorieansätze und Methoden in einem problemgerechten Bezugsrahmen maßgeblich. Die beispielhafte Demonstration von relativ ausgereiften Verfahrenstechniken wird dabei begleitet von der Betonung ihrer Prämissen und Anwendungsgrenzen sowie der Hervorhebung ihrer sozialwissenschaftlichen Einordnung.

Trotz des vergleichsweise großen Umfangs kann das Buch kein wirtschaftswissenschaftliches Lexikon oder Nachschlagewerk ersetzen. Einige wirtschaftliche Grundbegriffe und Zusammenhänge müssen vorausgesetzt werden. Ebensowenig erübrigt sich zur weitergehenden Fundierung und Vertiefung des Stoffes die Lektüre von Spezialliteratur. Hierzu geben die Literaturhinweise im Anschluß an jeden Teil Anregungen.

*Die didaktische Konzeption der „Industriebetriebslehre"*

Besondere Aufmerksamkeit wurde der pädagogisch-didaktischen Aufbereitung des Textes gewidmet. Nach eingehenden Diskussionen mit meinen Mitarbeitern, mit Fachleuten des Verlages und mit Studenten haben folgende didaktische Hilfen in das Lehrbuch Eingang gefunden:

(1) Im Vordergrund steht das Bemühen um eine **klare, gut durchschaubare und mit Beispielen angereicherte Formulierung**, die zwar auf die leistungsfähige Fachsprache der entscheidungsorientierten Betriebswirtschaftslehre nicht verzichten kann, aber keine überflüssigen „Künstlichkeiten" enthält. Besondere mathematische Kenntnisse sind zum Verständnis des Buches nicht erforderlich.

(2) Die Ausführungen werden durch **über 300 Abbildungen** (Diagramme, Tabellen, Beispiele usw.) veranschaulicht und aufgelockert.

(3) **Marginalien**, die das gesamte Buch begleiten, erleichtern die Orientierung im Text und die Wiederholung des gelesenen Stoffes. Sie stellen eine Art Detailgliederung dar und machen eigene Randbemerkungen nahezu überflüssig.

(4) Besonders wichtig erscheinende Sätze, Satzteile und Begriffe sind im **Druck hervorgehoben**. Definitionen, Folgerungen, Einschränkungen, Hypothesen und weitere Untergliederungen des Textes erfahren auf diese Weise eine Verdeutlichung. Durch diese Lesehilfe können eigene Unterstreichungen bis zu einem gewissen Grad ausgeschlossen werden. Diese zusätzliche Auflockerung der Seiten unterstützt die Aufnahme und Verarbeitung des Gelesenen. Freilich kann die in der Regel nicht minder wichtige Lektüre des normal gedruckten Textes dadurch nicht eingespart werden.

(5) Selbstkontrolle und Vertiefung des Stoffes sind Ziel der ca. **250 Fragen**, die durch sorgfältige Lektüre des jeweils vorangegangenen Teils oder durch zusätzliches Literaturstudium beantwortet werden können.

(6) Nicht aus Gründen der Arbeitsersparnis für die Autoren, sondern um dem Leser eine flüssige, konzentrierte Arbeit mit dem Lehrbuch zu erleichtern, wurde auf die Einführung von weiteren Hinweisen in Form von Fußnoten verzichtet. Sofern Ansätze aus der Literatur unmittelbar referiert werden, sind die Verfasser im Text genannt, die Quellen können unter den **Literaturhinweisen** aufgefunden werden. Die Literaturhinweise geben darüber hinaus Anregungen für die weitere Beschäftigung mit Detailfragen oder anderen Grundlagenwerken. Vollständige Bibliographien der einzelnen Problemkreise können durch die Hinweise nicht ersetzt werden.

(7) Ein **System von Querverweisen** stellt den inhaltlichen und methodischen Zusammenhang zwischen den acht Teilen her. Beispielsweise werden die von der Betriebswirtschaftslehre und ihren Nachbardisziplinen entwickelten Methoden der Informationsverarbeitung und Entscheidungsvorbereitung (mathematische Optimierungsrechnung, EDV-Systeme und Datenbanktechniken, Netzplantechnik, Kostenrechnungssysteme, Beeinflussungstechniken, Organisationsheuristiken usw.) jeweils nur ein- oder zweimal im Detail und anhand von Beispielen dargestellt.

Auf diese Darstellungen wird verwiesen, wenn sie in einem anderen Textzusammenhang erwähnt werden.

(8) Unterstützt wird das Wiederauffinden von bestimmten Begriffen oder Inhaltsabschnitten durch das **ausführliche Sachregister** am Schluß des Buches.

## *Die Adressaten der „Industriebetriebslehre"*

Diese didaktische Konzeption soll es ermöglichen, das Lehrbuch einem breit gefächerten Leserkreis zugänglich zu machen:

An erster Stelle richtet es sich an **wirtschafts- und sozialwissenschaftliche Studenten der Universitäten und Hochschulen sowie der Fachhochschulen und Akademien**. Es soll ihnen bei der Beschäftigung mit einzelwirtschaftlichen Fragestellungen den neuesten betriebswirtschaftlichen Forschungsstand in leicht verständlicher Weise vermitteln helfen, sie zu weiterem Studium anregen und das kritische Überdenken vieler „Selbstverständlichkeiten" der wirtschaftlichen Wirklichkeit fördern.

Weiterhin kann das Buch den **Lehrenden an den genannten Bildungsinstitutionen** eine Hilfe für die Gestaltung von Übungen, Seminaren usw. sein. Die einzelnen Teile des Buches können beispielsweise zur Formulierung von Rahmenthemen oder als Grundlektüre für Lehrveranstaltungen herangezogen werden; die Fragen und Literaturhinweise bieten Anhaltspunkte für Diskussionen, Hausarbeiten und Klausurthemen.

Die in der wirtschaftlichen, vor allem industriellen Praxis tätigen **Mitglieder aller Leitungsebenen und der Stäbe**, denen an betriebswirtschaftlicher Fortbildung gelegen ist, bilden einen weiteren wichtigen Leserkreis, der mit diesem Buch angesprochen wird. Die didaktischen Stützen (Marginalien, Halbfettdruck, Abbildungen, Sachregister) helfen dabei auch dem eiligen Leser, ihn interessierende Gebiete schnell auszumachen und aufzunehmen. In diesem Zusammenhang ist auch an den Leserkreis der Werksbibliotheken gedacht, dessen großes Interesse an anwendungsbezogener Literatur mir von vielen Praktikern bestätigt wurde.

Schließlich sollen auch **wirtschaftlich interessierte Laien**, die an der Lektüre anspruchsvoller Sachbücher interessiert sind, zu dem Leserpotential zählen. Die Beschäftigung mit und die Kenntnis von wirtschaftlichen Problemen sollte angesichts der Bedeutung der ökonomischen Sphäre einer Gesellschaft nicht auf die Fachleute beschränkt sein. In diesem Sinne kann das Buch einen Zugang zum Verständnis einzelwirtschaftlicher Zusammenhänge verschaffen.

Nicht zuletzt richtet sich dieses Buch an **Lehrer an weiterführenden Schulen** (z. B. Höheren Schulen und Fachschulen), denen es einen Anhaltspunkt für die Vermittlung betriebswirtschaftlicher Grundkenntnisse geben soll. Zugleich kann damit ein Beitrag zur Schließung einer Lücke im Sozialkundeunterricht und bei der Berufswahl der Abiturienten geleistet werden.

*Das Team der „Industriebetriebslehre"*

In Anbetracht der inhaltlichen Breite dieser „Industriebetriebslehre" und der ständig wachsenden Vielfalt von Fachpublikationen zu den einzelnen Spezialgebieten erscheint für die Erstellung eines solchen Buches die **Teamarbeit** als fruchtbar und unumgänglich zugleich. Deswegen habe ich die Bearbeitung der einzelnen Teile verschiedenen Autoren übertragen. Die Geschlossenheit des Buches ist dennoch gewahrt; die Beiträge wurden nämlich – dies wäre nach dem vorangegangenen kaum zu betonen – inhaltlich aufeinander abgestimmt und in den vorgezeichneten theoretischen Rahmen der entscheidungsorientierten Betriebswirtschaftslehre gestellt.

Das Team zur 8. Auflage der „Industriebetriebslehre" setzt sich aus den früheren Mitarbeitern und heutigen Professoren, den Herren E. Kappler, Universität Witten/Herdecke, U. Kupsch, Universität Bamberg, R. Marr, Universität der Bundeswehr München, A. Picot, Technische Universität München, H. Rehkugler, Universität Bremen, R. Reichwald, Universität der Bundeswehr München, zusammen. Zu diesen Teammitgliedern kam Herr Dr. B. Dietel als gegenwärtiger Mitarbeiter und Mitautor hinzu. Die Mitarbeiter Dr. Th. Lindner, Dr. D. Mrosek und Dr. M. Wegmann sind nach Erscheinen der 7. Auflage aus der Tätigkeit an der Universität ausgeschieden.

**Erster Teil**

# Industriebetriebslehre als Entscheidungslehre

von

Edmund Heinen

## Erster Teil

**Industriebetriebslehre als Entscheidungslehre**

I. Aufgaben der entscheidungsorientierten Industriebetriebslehre ... 5
  1. Betriebswirtschaftslehre und Industriebetriebslehre ......... 5
    a) Merkmale von Betriebswirtschaften .............. 5
    b) Gegenstand der Betriebswirtschaftslehre ............. 5
    c) Entscheidungen im Mittelpunkt der Erkenntnisgewinnung . 7
    d) Die Abgrenzung der Industriebetriebslehre ........... 8
  2. Das Wissenschaftsprogramm der entscheidungsorientierten Betriebswirtschaftslehre ........................ 9
    a) Erklärung und Gestaltung ..................... 9
    b) Der Systemansatz der entscheidungsorientierten Betriebswirtschaftslehre ......................... 12
      – Die Bedeutung der Zielforschung 12 – Systematisierung von Entscheidungstatbeständen 14 – Erklärungsmodelle 14 – Entscheidungsmodelle 15 – Grundmodelle und interdisziplinärer Bezug 15

II. Der Industriebetrieb als Erfahrungsobjekt ................ 17
  1. Charakterisierung des Industriebetriebes ................ 17
  2. Der Industriebetrieb als System ..................... 19
    a) Zielgerichtete, offene sozio-ökonomische Systeme ....... 19
    b) Das kybernetische System als Grundmodell ........... 21
    c) Der Industriebetrieb als kybernetisches System ......... 23
    d) Vermaschte Steuerungs- und Regelungssysteme ......... 24
    e) Bedingungen der Lebensfähigkeit sozialer Systeme ....... 25
    f) Ziel und Grenzen der kybernetischen Betrachtung ....... 26
  3. Ziele im Industriebetrieb ......................... 26
    a) Zielbegriff ............................... 27
    b) Ein Grundmodell des Zielbildungsprozesses ........... 28
    c) Ziele der Organisation als Prämissen nachgelagerter Entscheidungen ............................. 31

III. Entscheidungen im Industriebetrieb ..................... 38
  1. Typologisierung betriebswirtschaftlicher Entscheidungen .... 38
  2. Grundbegriffe der Entscheidungsforschung .............. 45
    a) Das Entscheidungsfeld ....................... 45
    b) Der Entscheidungsprozeß ..................... 45
      – Phasen des Entscheidungsprozesses 45 – Mehrpersonale

Entscheidungsprozesse 48 – Die Koordination organisatorischer Entscheidungsprozesse 50
    c) Entscheidungsmodelle .................................... 52
    – geschlossene Entscheidungsmodelle 53 – offene Entscheidungsmodelle 59
  3. Strategische Entscheidungen ............................... 63
    a) Strategische Planung .................................... 63
    b) Strategische Pläne als Prämissen operativer Entscheidungen    66
IV. Zur weiteren Konzeption des Buches ........................... 67
*Fragen zur Selbstkontrolle und Vertiefung* ......................... 69
*Literaturhinweise* ................................................ 71

# I. Aufgaben der entscheidungsorientierten Industriebetriebslehre

## 1. Betriebswirtschaftslehre und Industriebetriebslehre

### a) Merkmale von Betriebswirtschaften

**Betriebswirtschaften sind Organisationen. Ihre Aufgaben sind die Erstellung und Verwertung von Leistungen und die Erzielung von Einkommen für ihre Mitglieder.** Betriebswirtschaften existieren nicht isoliert. Sie bewegen sich vielmehr in einer Gesellschaft, deren Normen- und Wertesystem für ihre Aktivitäten und Transaktionen zu berücksichtigende Rahmenbedingungen setzt. Betriebswirtschaften als spezieller Typ von Organisationen sind aufgrund der Art der Leistungen, die sie erstellen und verwerten, darüber hinaus mit spezifischen sozio-ökonomischen Umwelten besonders intensiv verbunden. Entsprechend stark ist auch deren Einfluß auf das Geschehen in der Betriebswirtschaft.

*Betriebswirtschaften als Organisationen*

Die Handlungen zur Erfüllung der betriebswirtschaftlichen Aufgaben erfolgen arbeitsteilig, interdependent und kooperativ. Dieser Tatbestand erfordert die Gestaltung von Strukturen und Prozessen in den Betriebswirtschaften.

Erstellung und Verwertung betrieblicher Leistungen sind das Ergebnis von Entscheidungen über die Kombination menschlicher Arbeit mit sachlichen Produktionsfaktoren, wie Betriebsmitteln und Werkstoffen.

*Leistungen als Ergebnis von Entscheidungen*

Entscheidungen über das potentielle und aktuelle Leistungsprogramm sowie seine Realisierung sind abhängig von den Erkenntnissen, die eine Betriebswirtschaft durch Selbstbeobachtung (Unternehmungsanalyse) und Beobachtung ihrer sozio-ökonomischen Umwelt bzw. der Gesellschaft (Umweltanalyse) gewinnt. Dabei sollte sie ihr Augenmerk jedoch nicht nur auf Stärken und Schwächen bzw. Gefahren und Gelegenheiten (vgl. S. 65 f.) momentan bestehender Strukturen richten, sondern auch Informationen über zu erwartende Änderungen der Bedürfnisse, Forderungen, Wert- und Zielvorstellungen der von den Organisationsaktivitäten unmittelbar oder mittelbar Betroffenen einbeziehen.

### b) Gegenstand der Betriebswirtschaftslehre

Die Betriebswirtschaftslehre befaßt sich wie andere Sozialwissenschaften mit dem menschlichen Handeln. Ihr Erfahrungsobjekt stellen sämtliche Betriebswirtschaften dar. Die Spannweite des Begriffs „Betriebswirtschaft" kann durch Beispiele sichtbar gemacht werden: Neben den auf Gewinnerzielung ausgerichteten Unternehmungen (wie Industrieunternehmungen, Banken, Groß- und Einzelhandelsbetriebe) werden auch öffentliche Verkehrsbetriebe, halbstaatliche Elektrizitätswerke, Kolchosen, volkseigene Betriebe u. a. m. erfaßt.

*Betriebswirtschaften*

Gemeinsam ist allen diesen Wirtschaftssubjekten, daß sie Materialien, Maschinen, Arbeitskräfte und Kapital beschaffen, Güter und Dienste – die zur Befriedigung menschlicher Bedürfnisse geeignet sind – produzieren und diese an verschiedenen Märkten abzusetzen versuchen. Gegenstand betriebswirtschaftlicher Forschung (Erkenntnisobjekt) sind die Grundlagen, Abläufe, Auswirkungen und Probleme dieser Aktivitäten und Transaktionen auf allen Ebenen betriebswirtschaftlicher Organisationen.

*Aufgaben der Betriebswirtschaftslehre*

**Als Aufgabe der Betriebswirtschaftslehre kann ganz allgemein das Bereitstellen von Aussagensystemen über betriebswirtschaftliche Forschungsgegenstände (Phänomene) betrachtet werden.** Jeder Forscher kann jedoch sein **Forschungsgebiet** eingrenzen. Zum einen ist nicht von vornherein festgelegt, welche Forschungsgegenstände der Wissenschaftler als „erforschenswürdig" ansieht; die Suche nach Problemstellungen ist vielmehr abhängig von gewissen Basisentscheidungen. Er kann entweder den gegebenen Zustand der Welt akzeptieren und von tatsächlich bereits existierenden praktischen Tatbeständen ausgehen; oder er entwirft Vorstellungen über mögliche bzw. gewünschte Zustände der Welt und leitet daraus Forschungsgegenstände ab, die ihm aus der Sicht der dann geltenden praktischen Bedingungen relevant erscheinen. Beide Vorgehensweisen erfordern gleichermaßen eine Auseinandersetzung mit der Problematik der Erschließung (Explikation) von Problemstellungen.

*Erklärungsaufgabe und Gestaltungsaufgabe*

Zum anderen ist a priori die **„Pragmatik"** der Forschungsarbeit nicht bestimmt. Der Wissenschaftler kann sich damit begnügen, die Phänomene der von ihm behandelten Praxis zu systematisieren und zu erklären; damit ist eine deskriptive Pragmatik angesprochen. Er kann darüber hinaus aber auch an einer aktiven Verbesserung und/oder Gestaltung und damit an einer Lösung der Probleme der von ihm untersuchten Praxis interessiert sein; damit macht er es sich zur Aufgabe, präskriptive Aussagensysteme zu entwerfen.

Abbildung 1.1 faßt beide angeführten Dimensionen zur programmatischen Präzisierung wissenschaftlicher Bemühungen zusammen.

| Praxis / Pragmatik | vorfindbare | gewünschte bzw. mögliche |
|---|---|---|
| deskriptiv | I | II |
| präskriptiv | IV | III |

*Abb. 1.1: „Praxisorientierte", „anwendungsorientierte" und „angewandte" Betriebswirtschaftslehre*

*praxis- und anwendungsorientiert*

**„Praxisorientiert"** kann jede Konzeption der Betriebswirtschaftslehre genannt werden, die sich einem der Felder I bis IV zuordnen läßt. Als **„anwendungsorientiert"** – d. h. bezogen auf Tatbestände der tatsächlich vorfindbaren Praxis – können sich dagegen nur wissenschaftliche Konzeptionen bezeichnen, die den Feldern I und IV zugeordnet werden können. Eine weitere programmatische Präzisierung erfordert das Attribut „angewandt". Ziel einer solchen Konzeption ist eine Verbesserung der vorfindbaren Praxis durch die wissenschaftliche Unterstützung von Problemlösungsprozessen (Feld IV) in der Praxis. **Als „angewandt" kann sich die Betriebswirtschaftslehre insbesondere dann bezeichnen, wenn**

- sie **Gestaltungsvorschläge** zur Handhabung betriebswirtschaftlicher Probleme der Praxis liefert;
- der Prozeß der Erkenntnisgewinnung im Rahmen betriebswirtschaftlicher Forschung sich unter anderem an **tatsächlich existierenden Problemen der Praxis** orientiert;
- die Gestaltungsvorschläge der Wissenschaft in der Praxis auch **tatsächlich verwendet werden (können).**

Die Konzeption einer angewandten Betriebswirtschaftslehre schließt selbstverständlich die Entwicklung von Gestaltungsvorschlägen mit ein, die die bestehende Praxis verändern sollen. Den Anstoß hierfür geben jedoch nicht die Vorstellungen des Forschers vom erwünschten Zustand der Welt, sondern die von ihm erwarteten Veränderungen der betrieblichen Umwelt (vgl. S. 63 ff.).

### c) Entscheidungen im Mittelpunkt der Erkenntnisgewinnung

**Die entscheidungsorientierte Betriebswirtschaftslehre versucht die Phänomene und Tatbestände der Praxis aus der Perspektive betrieblicher Entscheidungen zu systematisieren, zu erklären und zu gestalten.** Aus dem Spektrum möglicher Erkenntnisobjekte hebt der entscheidungsorientierte Ansatz die vielfältigen Entscheidungsprozesse in einer Betriebswirtschaft hervor. Er befaßt sich demnach mit den Prozessen des Auswählens oder Entscheidens, die den ausführenden Tätigkeiten vorgelagert sind. Diese Betrachtung erfordert einen weitgefaßten Entscheidungsbegriff, der rationale Entscheidungen ebenso einschließt wie Zufallsentscheidungen. Es ist demgemäß keine Tätigkeit denkbar, die nicht vorab Gegenstand einer Entscheidung war.

*entscheidungsorientierter Ansatz*

Der entscheidungsorientierte Ansatz beschränkt sich nicht nur auf den unmittelbaren Wahlakt; vielmehr bezieht er sämtliche mit einer Wahlhandlung verbundenen Aktivitäten in die Überlegung ein: das Problemerkennen ebenso wie die Alternativensuche und -auswahl, deren Durchsetzung und Kontrolle. Die entscheidungsorientierte Betriebswirtschaftslehre analysiert sowohl die Umstände, unter denen Entscheidungsprozesse stattfinden als auch die spezifischen Verhaltensweisen von an solchen Prozessen beteiligten Individuen und Gruppen. Diese auf das menschliche Verhalten ausgerichtete Konzeption sieht Betriebswirtschaften als Sozialsysteme, d. h. als Mehrheiten von Personen, zwischen denen – bedingt durch die Arbeitsteilung – vielfältige Beziehungen bestehen. Das Entscheidungsverhalten der Mitglieder einer Betriebswirtschaft läßt sich nur unter Berücksichtigung solcher Beziehungen sowie der externen und individuellen Einflüsse erfassen. Dies erfordert ein begriffliches Instrumentarium, das ohne Rückgriff auf Erkenntnisse anderer sozialwissenschaftlicher Disziplinen wie z. B. Psychologie, Sozialpsychologie oder Politologie kaum zu entwickeln ist. **Eine in diesem Sinne entscheidungsorientierte Betriebswirtschaftslehre ist daher notwendigerweise interdisziplinär angelegt.**

*Interdisziplinärer Ansatz*

#### d) Die Abgrenzung der Industriebetriebslehre

Betriebliche Entscheidungsprobleme lassen sich nach verschiedenen Gesichtspunkten analysieren und beschreiben. Wegen der Komplexität betriebswirtschaftlicher Problemstellungen ist es sinnvoll, das Gesamtproblem „Betriebswirtschaft" gedanklich zu zerlegen und zu typisieren.

*Spezielle Betriebswirtschaftslehren*

Zwei Möglichkeiten bieten sich an, durch Spezialisierung verwandte betriebswirtschaftliche Probleme vertieft zu analysieren: **die Bildung spezieller Betriebswirtschaftslehren nach Funktionen und nach Institutionen.** Wählt man Funktionen als Gliederungskriterien, so ergeben sich z. B. die Betriebswirtschaftslehren der Produktion, des Absatzes und der Finanzierung. Die Einteilung nach Institutionen läßt die Industriebetriebslehre z. B. neben die Bankbetriebslehre, Versicherungsbetriebslehre, Verkehrsbetriebslehre und die Handelsbetriebslehre treten. Letztere Speziallehren werden auch als Wirtschaftszweiglehren bezeichnet.

Die Funktionen- und Institutionenlehren stehen als zwei mögliche methodische Wege zur Bewältigung der Aufgaben einer angewandten Betriebswirtschaftslehre nebeneinander. In allen Wirtschaftsbetrieben wird beschafft, produziert (Banken „produzieren" z. B. Dienstleistungen), finanziert, abgesetzt usw. Die Funktionenlehre steht vor der Frage, inwieweit sie Besonderheiten der Funktionen einzelner Wirtschaftszweige erfassen und in ihr Programm aufnehmen soll. Das Problem der Institutionenlehre besteht darin, alle Funktionen des speziellen Wirtschaftsbetriebes zu berücksichtigen und auf der Grundlage spezifischer Gewichtungen dieser Funktionen konkrete Problemlösungen zu entwickeln. So stellt zweifellos die Produktionsaufgabe den Industriebetrieb vor komplexere Probleme als etwa den Handelsbetrieb. Andererseits kann kaum angenommen werden, daß die Absatzfunktion im Industriebetrieb im Gegensatz zum Handelsbetrieb eine geringere Rolle spiele und daher in der Industriebetriebslehre weniger eingehend zu betrachten sei. Ähnliche Überlegungen lassen sich auch für die übrigen Grundfunktionen einer Betriebswirtschaft anstellen. Sie alle müssen in eine Industriebetriebslehre einbezogen werden.

In vereinfachter Weise sind die beiden methodischen Vorgehensweisen in Abb. 1.2 dargestellt.

Die beiden methodischen Richtungen können als unterschiedliche „Schnitte" in dem gesamten Objektbereich der speziellen Betriebswirtschaftslehren gesehen werden. Eine Produktionslehre als spezielle Betriebswirtschaftslehre hat ebenso auf die unterschiedlich gelagerten Probleme in den einzelnen Wirtschaftsbetrieben einzugehen, wie eine Industriebetriebslehre alle Funktionen in ihren Aussagenbereich einbeziehen muß.

*Industriebetriebslehre als angewandte Betriebswirtschaftslehre*

Weder für die eine noch für die andere methodische Vorgehensweise kann der Beweis erbracht werden, daß sie schneller oder besser das Wissenschaftsziel der Betriebswirtschaftslehre erreichen läßt. Beide Ansätze ergänzen sich vielmehr. Mit diesem Buch wird der Versuch einer entscheidungsorientierten Industriebetriebslehre vorgelegt. Der Ansatz der allgemeinen entscheidungsorientierten

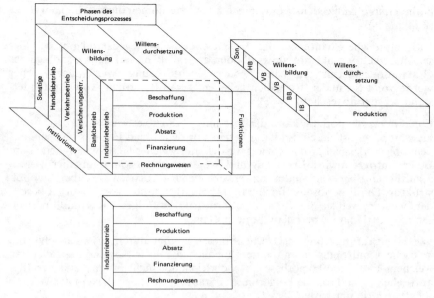

*Abb. 1.2: Bildung spezieller Betriebswirtschaftslehren*

Betriebswirtschaftslehre wird auf einen konkreten, häufig anzutreffenden Betriebswirtschaftstyp angewendet. Seine praktische Relevanz wird am Beispiel industriebetrieblicher Funktionen aufgezeigt.

## 2. Das Wissenschaftsprogramm der entscheidungsorientierten Betriebswirtschaftslehre

### a) Erklärung und Gestaltung

**Die zentralen Aufgaben der entscheidungsorientierten Betriebswirtschaftslehre sind Erklärung und Gestaltung.**

**Erklärung im weitesten Sinne bedeutet, daß Gründe für das Auftreten von Phänomenen genannt werden.** Wissenschaftliche Erklärungen sollten sich dadurch auszeichnen, daß derartige Gründe sorgfältig und systematisch überprüft wurden. Um solche Erklärungen geben zu können, bemüht sich die Wissenschaft um die Entdeckung allgemeingültiger Aussagen. Sie ermöglichen es, die Vielfalt beobachtbarer und denkbarer Sachverhalte auf eine geringere Zahl von Prinzipien, Gesetzen, Regelmäßigkeiten usw. zurückzuführen.

Für die am **naturwissenschaftlichen** Erkenntnisideal orientierte Erklärung sind **Gesetzeshypothesen von zentraler Bedeutung.** Ein empirisches Phänomen (Explanandum) gilt danach dann als „erklärt", wenn es durch Anwendung einer Gesetzeshypothese aus einer ebenfalls empirisch festgestellten Ausgangssituation (Antecedensbedingung) logisch abgeleitet werden kann. Gesetzeshypothesen und Antecedensbedingungen bilden zusammen die erklärenden Sätze (Explanans).

Das empirische Phänomen, daß beispielsweise ein Gegenstand mit der Geschwindigkeit v senkrecht am Erdboden auftraf, kann auf der Grundlage des Gravitationsgesetzes und einer Antecedensbedingung, wie: „Der Körper wurde vor t Sekunden frei fallen gelassen", erklärt werden (vom Luftwiderstand sei hier abgesehen).

*Erklärung und Prognose*

Eine Gesetzeshypothese kann darüber hinaus dazu verwendet werden, Ereignisse zu prognostizieren. So kann bereits vor dem freien Fall des Körpers aus dem obigen Beispiel prognostiziert werden, mit welcher Geschwindigkeit er am Boden auftreffen wird. Erklärung und Prognose liegen somit auf einer wissenschaftlichen Ebene; sie sind nur zwei verschiedene Lesarten derselben Symbolstruktur. Die Prognose ist für die praktische Bedeutung von Theorien besonders wichtig, weil sie die Möglichkeit eröffnet, die Folgen von Handlungsweisen im „Gedankenexperiment" zu ermitteln.

Die Überprüfung von Gesetzeshypothesen erfolgt durch systematische und kritische Konfrontation mit unterschiedlichen realen Anwendungsfällen. In welchem Falle eine Hypothese als widerlegt oder nicht hinreichend bestätigt anzusehen ist und welche Folgerungen daraus zu ziehen sind, ist in der Wissenschaftstheorie umstritten.

*Wesen der Sozialwissenschaften*

**Im Gegensatz zu den Naturwissenschaften erscheint es in den Sozialwissenschaften nicht von vornherein möglich, allgemeingültige Aussagen mit gesetzesartigem Charakter im obigen Sinn zu formulieren.** Dies ist gegenwärtig allenfalls für jenen Teil menschlicher Lebensäußerungen aussichtsreich, der biologisch determiniert ist. Die Sozialwissenschaften befassen sich jedoch in erster Linie mit menschlichem Handeln. Darunter sind Lebensäußerungen denkender und fühlender Individuen zu verstehen, die nicht nach genetisch programmierten Mustern ablaufen, sondern gewählt werden. Als solche können sie nur durch eine **verstehende Analyse** erkannt werden. Der Wissenschaftler muß versuchen, Zielsetzungen und Situationswahrnehmungen des Handelnden zu erkennen und festgestellte Handlungsweisen darauf zurückzuführen. Grundlage des Verstehens ist die Annahme, daß auch der Wissenschaftler in einem vor allem durch Sprache vermittelten menschlichen Lebenszusammenhang steht, der ihm die Einarbeitung in Handlungen anderer Menschen ermöglicht. Auf diese Weise gewonnene „Erklärungen" können ebenfalls in einem Ableitungsschema dargestellt werden, beruhen dann aber auf Motiven, Überzeugungen und Situationswahrnehmungen.

*Grundlage des Verstehens*

**Betriebswirtschaften sind von Menschen gegründete und betriebene Zweckgebilde.** Die Mittel-/Zweck-Zusammenhänge (die intentionalen Strukturen) der betrieblichen Wirklichkeit lassen sich nur verstehend erschließen. Die von der Betriebswirtschaftslehre angestrebten allgemeingültigen Sätze können dabei nur idealtypischer Natur sein. Sie liefern jedoch eine erste Orientierung, auf deren Grundlage situationsbedingte Abweichungen und Modifikationen konkreter Einzelzusammenhänge erklärt werden können. Eine Vielzahl betriebswirtschaftlicher Aussagensysteme ist in diesem Sinne idealtypisch.

**In sich widerspruchsfreie Systeme von Aussagen, die den Anspruch erheben, nicht nur für den Einzelfall zu gelten, werden als Theorien oder Modelle bezeichnet.** Beide Begriffe werden meist synonym verwendet. Der Begriff Theorie kann gelegentlich auch die Gesamtheit der verschiedenen, zum gleichen Objektbereich entwickelten Modelle (der Wirklichkeit) bezeichnen. Schließlich bedeutet Theorie manchmal auch eine formale Struktur, die in unterschiedlichen Objektbereichen auftreten kann. Durch Anwendung der Theorie auf diese unterschiedlichen Bereiche (intendierte Anwendungen) entstehen dann (verschiedene) Modelle einer Theorie.

*Theorien und Modelle*

**Charakteristisch für jede Theorie- oder Modellbildung ist, daß die Realität nur symbolisch und zugleich unter Beschränkung auf das Wesentliche abgebildet wird** (Abstraktion von Unwesentlichem). Was bei dieser Abbildung als wesentlich bzw. unwesentlich angesehen wird, hängt jedoch grundsätzlich von der Zwecksetzung der Theorie (des Modells) ab.

Die zweite Zielsetzung betriebswirtschaftlicher Forschung besteht darin, **den Menschen in Betriebswirtschaften bei der Lösung ihrer ökonomischen Probleme unmittelbare Hilfestellung zu geben (Gestaltungsaufgabe).** Die Betriebswirtschaftslehre soll den Entscheidungsträger in der Betriebswirtschaft nicht nur in die Lage versetzen, mögliche Handlungsweisen zu entwickeln und deren Auswirkungen zu erkennen, sondern ihm auch helfen, die im Sinne seiner Zielsetzung günstigste Handlungsweise zu ermitteln.

*Gestaltung*

Die Ermittlung von Gestaltungsempfehlungen erfordert somit dreierlei:

(1) **Annahmen über die Zielvorstellungen** der Adressaten (z. B. Unternehmer, Gewerkschaften). Diese zu rekonstruieren, empirisch abzusichern oder zu ermitteln ist eine wesentliche Aufgabe der Zielforschung.

(2) **Erklärungsmodelle,** welche die Folgen der Verwirklichung bestimmter alternativer Handlungsweisen bzw. Entscheidungen im Hinblick auf die unterstellten Zielvorstellungen beschreiben.

(3) **Lösungsregeln,** die aus den Erklärungszusammenhängen heraus die Lösung oder Handhabung eines Problems unter Beachtung der Zielvorstellungen ermöglichen.

**Die Betriebswirtschaftslehre muß sich hierbei auf Grundstrukturen verschiedener Problemsituationen beschränken;** die individuelle Situation einer Unternehmung kann nur in der konkreten Beratung berücksichtigt werden. Die auf theoretisches Wissen gestützte Erarbeitung von Gestaltungsempfehlungen erfordert jedoch, daß die zum Zweck der Theoriebildung vorgenommene Beschränkung auf Ausschnitte überwunden wird, da die Gesamtproblematik an und für sich wesentlich komplexer ist. Anwendbarkeit und Erfolg von Maßnahmen, die einen gegebenen in einen erwünschten Zustand überführen sollen, setzen die Berücksichtigung möglichst vieler Folgewirkungen voraus. Gestaltungsempfehlungen entstehen somit nicht durch bloßes Einsetzen von Anwendungsbedingungen in Theorien.

*Problemtypen*

## b) Der Systemansatz der entscheidungsorientierten Betriebswirtschaftslehre

Die nachstehende Abbildung 1.3 soll den Forschungsansatz der entscheidungsorientierten Betriebswirtschaftslehre verdeutlichen. Das breite obere Rechteck kennzeichnet den Aktivitätsbereich der Betriebswirtschaftslehre, das untere Rechteck deutet ihre interdisziplinäre Verbundenheit an.

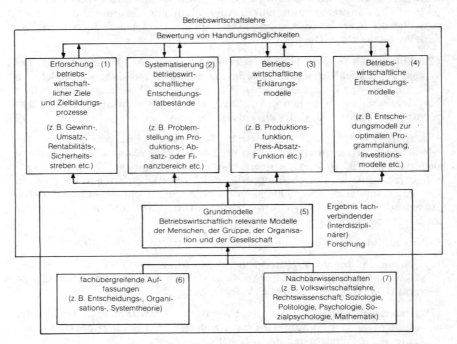

*Abb. 1.3: Der Forschungsansatz der entscheidungsorientierten Betriebswirtschaftslehre*

*Die Bedeutung der Zielforschung*

Die entscheidungsorientierte Betriebswirtschaftslehre widmet der Zielforschung (vgl. Abb. 1.3, (1)) besondere Aufmerksamkeit. **Jede betriebliche Entscheidung soll einen Beitrag zum Fortschritt in der Erreichung (einzelner Elemente) des Zielsystems der Unternehmung leisten.** Dazu müssen die Ziele der Organisation als Prämissen von Entscheidungen bekannt und anerkannt sein; die Ziele müssen ferner operational sein.

Die Aufgaben der Zielforschung haben in letzter Zeit eine Ausweitung erfahren. Zwei Tendenzen zeichnen sich dabei ab (vgl. Abb. 1.4):

*Zielforschung und Zielsystem*

Zum einen ist eine Entwicklung von der **Ermittlung der Inhalte betriebswirtschaftlicher Ziele** (Feld I) hin zur Untersuchung des Ablaufs der Prozesse, in

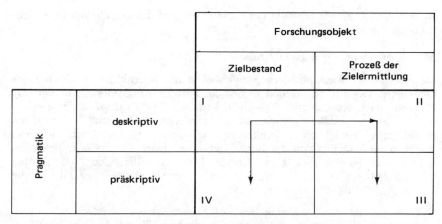

*Abb. 1.4: Entwicklungstendenzen der Zielforschung*

denen Organisationen **ihre Zielinhalte bzw. Zielsysteme gewinnen und festlegen** (Feld II), festzustellen. Zum anderen besteht eine Tendenz, die von der rein deskriptiven Analyse der Ziele und Zielbildungsprozesse wegführt. In zunehmendem Maße müssen betriebswirtschaftliche Ziele und Zielbildungsprozesse den Wandel gesellschaftlicher Phänomene und Rahmenbedingungen (Normen- und Wertesysteme, Kultur, Politik) berücksichtigen. Unternehmen können nur so ihr Überleben sichern und ihren positiven Beitrag ihrer kritischer gewordenen Umwelt gegenüber zeigen. Berücksichtigt die Zielforschung diese Entwicklung, so nimmt sie neben der deskriptiven auch eine präskriptiv-normative Aufgabe wahr. Sie muß dann Vorschläge machen, sinnvolle Ziele (Feld IV) der Betriebswirtschaft den Möglichkeiten der Umwelt anzupassen und den Zielbildungsprozeß adäquat zu gestalten. Betriebswirtschaften müssen im unternehmerischen Sinne aber auch auf die Gestaltung der Umwelt einwirken, um sinnvolle Ziele verwirklichen zu können. Dies zu unterstützen, ist ebenfalls Aufgabe der betriebswirtschaftlichen Zielforschung.

**Betriebswirtschaftliche Zielvorstellungen können hinsichtlich angestrebter, zukünftiger Zustände oder Entwicklungen sowie bezüglich gewünschter Verhaltensweisen bestehen.** Daraus ergeben sich die Zielkategorien: Erfolgsziele und Verhaltensziele. Inhalte von Erfolgszielen sind beispielsweise Umsatz, Gewinn, Marktanteil, Prestige. Verhaltensziele beschreiben die Art und Weise, in der versucht werden soll, die Erfolgsziele der Organisation zu erreichen. Agressivität, Passivität, Defensivität, Kreativität sind Beispiele für Verhaltensformen, die Zielcharakter annehmen können. **Die Aufgabe der Zielanalyse besteht darin, das Zielsystem der Betriebswirtschaft derart zu operationalisieren, daß zielentsprechende unternehmerische und betriebliche Entscheidungen in allen organisatorischen Einheiten getroffen werden können. Voraussetzung dafür ist ein vorläufig stabiles System von Oberzielen als Leitidee der Unternehmungsaktivitäten.** Die Präzisierung der im Zielsystem der Organisation zusammengefaßten generellen Imperative auf den verschiedenen organisationalen Ebenen

*Erfolgsziele und Verhaltensziele*

*Zielanalyse*

steht demnach im Mittelpunkt der Zielanalyse, auf den verschiedenen organisationalen Ebenen.

*Systematisierung von Entscheidungstatbeständen*

*Zielabhängigkeit von Entscheidungsproblemen*

**Gegenstand der Systematisierungsaufgabe ist die gedankliche Erfassung des komplexen Objektbereichs und dessen analytische Aufgliederung in einzelne Elemente nach grundsätzlich beliebigen Kriterien.** Die Ergebnisse der Zielforschung liefern – bildlich gesprochen – Blickwinkel, Blende und Filter für die Betrachtung betrieblicher Strukturen und Prozesse. Zielforschung kann jedoch nicht losgelöst von der Berücksichtigung jener Sachverhalte betrieben werden, auf die sich Ziele beziehen bzw. beziehen sollen. Die Zielforschung muß daher begleitet sein von einer Analyse derjenigen Tatbestände, die für die Zielerreichung als relevant erscheinen.

*Ordnen der Entscheidungstatbestände*

Die analytische Aufgliederung des komplexen Objektbereichs nach unterschiedlichen Kriterien macht einerseits dessen Vielschichtigkeit deutlich, andererseits läßt es ihn für eine Analyse faßbar werden. Die Entscheidungstatbestände in einer Betriebswirtschaft können beispielsweise in aufgabenbezogene (Produktions-, Absatz-, Beschaffungs-, Finanzbereich) oder entwicklungsbezogene (Gründungs-, Umsatz-, Liquidationsphase) eingeteilt werden.

Andere arteigene Gemeinsamkeiten werden bei der Unterscheidung politischer, administrativer und operativer Entscheidungstatbestände oder bei der Unterscheidung wohlstrukturierter und schlechtstrukturierter Entscheidungen herausgehoben.

Betriebswirtschaften als Gefüge vielschichtiger Wechselwirkungen sind sowohl praktisch als auch theoretisch nur dann handhabbar, wenn ihre Komplexität auf ein dem menschlichen Informationsverarbeitungsvermögen angemessenes Maß reduziert ist. Die Betriebswirtschaftslehre muß zum einen die in der Praxis anzutreffenden Abgrenzungen von Entscheidungstatbeständen ermitteln. Andererseits muß sie auch eigene, zweckmäßigere Einteilungen finden, die ein Problem nicht in unangemessener Weise „simplifizieren". Darüber hinaus muß sie bei Gestaltungsempfehlungen aber auch den Bedürfnissen der Praxis Rechnung tragen. Sie darf bei der Frage der Aufteilung von Entscheidungsprozessen auf verschiedene Personen oder Abteilungen weder die menschliche Informationsverarbeitungskapazität überschätzen, noch die bei der Entscheidungsfindung zu berücksichtigenden Zusammenhänge ignorieren.

*Erklärungsmodelle*

*Erklärung und Voraussage von Entscheidungsfolgen*

Der Zusammenhang zwischen den als Entscheidungstatbestände abgegrenzten betrieblichen Sachverhalten und den zu berücksichtigenden Zielen muß so präzise wie möglich erfaßt und dargestellt werden. Zu diesem Zweck sind **Erklärungsmodelle** zu konstruieren. Sie **sollen die Folgen alternativer Festlegungen von Entscheidungsvariablen für zielrelevante Beurteilungskriterien aufzeigen.** Gelingt eine Quantifizierung der im Modell berücksichtigten Größen, so können Erklärungsmodelle mathematisch formuliert werden (z. B. Kostenfunktionen, Preis-Absatz-Funktionen). Oft lassen sich Zusammenhänge nur verbal oder schaubildlich zum Ausdruck bringen, wobei lediglich tendenzielle Aussagen gemacht werden können (z. B. Motivationswirkungen unterschiedlicher Lohnformen). Erklärungsmodelle können zum einen **im Interesse einer zutreffenden Beschreibung der betrieblichen Realität** aufgestellt werden. Sie informieren dann über die in betrieblichen Entscheidungsprozessen (typischerweise) wahrgenommenen und berücksichtigten Zusammenhänge.

Zum anderen kann der Neuentwurf von Erklärungsmodellen erforderlich werden, **um bislang vernachlässigte oder nicht zutreffend beschriebene Zusammenhänge aufzuzeigen.**

*Entscheidungsmodelle*

Erklärungsmodelle werden zwar im Hinblick auf die Darstellung zielrelevanter Konsequenzen von Entscheidungsvariablen konstruiert, ermöglichen jedoch i. d. R. noch keine unmittelbare Ermittlung der günstigsten Alternative. Zu diesem Zweck müssen Entscheidungsmodelle entwickelt werden. Dabei sind die **Entscheidungsvariablen (z. B. Mengen und/oder Preise) festzulegen und die Anspruchsniveaus für Ziele und Nebenbedingungen zu formulieren** (z. B. bestmögliche Lösung oder Erreichen eines Mindestwertes). Bei der Entwicklung von Modellen zur Lösung von Entscheidungsproblemen können **verfügbare Problemlösungsverfahren** Anregungen und Hilfestellungen liefern. Ergebnis der Konstruktionsbemühungen sind entweder sogenannte „offene" oder „geschlossene" Entscheidungsmodelle.

*Entscheidungsvariablen und Anspruchsniveaus*

**Aufgabe der Betriebswirtschaftslehre in diesem Bereich ist sowohl die Ermittlung bzw. Rekonstruktion von in der Praxis gängigen Entscheidungsmodellen, als auch deren Neukonstruktion auf der Grundlage einer wissenschaftlichen Sichtweise.**

*Grundmodelle und interdisziplinärer Bezug*

**Bei der Erfüllung der vier genannten Teilaufgaben geht die Betriebswirtschaftslehre von Grundmodellen aus, die die Verhaltensweisen der Entscheidungsträger auf den wirtschaftlich relevanten Systemebenen: Individuum, Gruppe, Organisation und Gesellschaft beschreiben und erklären.** Diese breite Betrachtung soll dazu beitragen, die gesamte sozioökonomische Wirklichkeit abzubilden.

Die Grundmodelle bilden die theoretische Basis der Betriebswirtschaftslehre. Sie werden teilweise unter Rückgriff auf Nachbardisziplinen entwickelt. Durch die Übernahme von Ergebnissen aus der Individualpsychologie, Sozialpsychologie, Soziologie, Politologie, Rechts- und Ingenieurwissenschaft sowie aus den fachübergreifenden Disziplinen, wie Mathematik, Systemtheorie, Planungswissenschaften und Organisationsforschung ergibt sich eine interdisziplinäre Bereicherung der Betriebswirtschaftslehre. Diese Integration von Erkenntnissen anderer Wissenschaftsbereiche wird durch die Überschneidung der beiden großen Rechtecke der Abbildung 1.3 zum Ausdruck gebracht.

Die Industriebetriebslehre darf allerdings – will sie ihren wissenschaftlichen Auftrag erfüllen – nicht nur technokratische Aussagen über Mittel-Zweck-Zusammenhänge oder -Vermutungen anstreben. **Gerade wenn sie entscheidungsorientiert und somit betont sozialwissenschaftlich betrieben wird, muß die Industriebetriebslehre auch die Erforschung industrieller Zielbildungsprozesse sowie die Analyse der die Ziele bestimmenden Faktoren vorantreiben.**

*Industriebetriebslehre und Nachbardisziplinen*

Damit gewinnt auch im Rahmen der Industriebetriebslehre die Untersuchung von Verhandlungs- und Problemlösungsprozessen, Machtproblemen, inner- und zwischenmenschlichen Konfliktsituationen sowie die Berücksichtigung der Wirtschaftsordnung und kultureller Normen und Werte zentrale Bedeutung. Daß auf diese Weise eine Ausweitung der „traditionellen" betriebswirtschaftlichen Betrachtungsweise in Richtung auf eine interdisziplinäre Erforschung des Erkenntnisobjekts „Betriebswirtschaft" bzw. „Industriebetrieb" erfolgt, ist einer der wesentlichsten Vorzüge des entscheidungsorientierten Ansatzes.

Grundsätzlich ergänzt die Industriebetriebslehre das Wissenschaftsprogramm der allgemeinen Betriebswirtschaftslehre durch den erhöhten Konkretisierungsgrad, der ihre Aussagen über spezifische industriebetriebliche Tatbestände und Zusammenhänge prägt. Auf diese Weise wird eine höhere praktische Verwertbarkeit der Aussagen angestrebt. Zur Erfüllung dieser Forderung wäre es eigentlich notwendig, für jede denkbare Entscheidungssituation ein spezifisches Entscheidungsmodell zu entwickeln. Eine derartige Deutung der Anwendbarkeit der Industriebetriebslehre würde sicherlich nicht nur den Rahmen dieser Einführung, sondern vor allem den gegenwärtigen Entwicklungsstand der Industriebetriebslehre überschreiten. Es wird daher versucht, eine **„allgemeine" Industriebetriebslehre** zu entwerfen, deren Aussagen alle Typen von Industriebetrieben in genereller Weise betreffen. Eine weitere Konkretisierung in Form der Entwicklung „spezieller" Industriebetriebslehren (Industriebetriebslehren des Textilbetriebes, des Maschinenbaus, der Chemiebetriebe usw.) ist mit diesem Lehrbuch nicht beabsichtigt.

**Die Industriebetriebslehre vermag nicht für alle denkbaren Entscheidungssituationen genaue Voraussagen über die Folgen von Handlungsmöglichkeiten zu machen, sondern nur typische Konstellationen von Entscheidungsbedingungen herauszustellen.** Für die Praxis bedeutet dies in der Regel, daß sie ihr Entscheidungsfeld selbst zu erforschen hat. Die Industriebetriebslehre kann ihr dabei „nur" Hilfestellung geben, indem sie mögliche Erkenntnismethoden aufzeigt und auf häufig bestehende oder zumindest denkbare Ursache-Wirkungs-Zusammenhänge hinweist.

## II. Der Industriebetrieb als Erfahrungsobjekt
### 1. Charakterisierung des Industriebetriebes

Versucht man die Wirtschaftseinheiten im volkswirtschaftlichen Leistungszusammenhang voneinander abzugrenzen, so lassen sich die Gruppen „Produktionswirtschaft" und „Konsumtionswirtschaft" unterscheiden. **Konsumtionswirtschaften** sind die privaten und öffentlichen Haushalte. Sie können als die wirtschaftlichen Einheiten betrachtet werden, die die ökonomischen Leistungen der Produktionswirtschaften verbrauchen. Die wirtschaftliche Wertschöpfung vollzieht sich in den **Produktionswirtschaften,** die in Sach- und Dienstleistungsbetriebe unterteilt werden können. Zu den **Dienstleistungsbetrieben** zählen im wesentlichen die Handels-, Verkehrs-, Bank- und Versicherungsbetriebe. Die **Sachleistungsbetriebe** dienen der Stoffgewinnung und -verarbeitung. Sie finden sich in erster Linie in der Industrie und im Handwerk. Der **Stoffgewinnungsindustrie** gehören z. B. Betriebswirtschaften des Bergbaus und der Erdölgewinnung an. Beispiele für die **Stoffverarbeitungsindustrie** sind Betriebswirtschaften der Textil-, Holz- und Metallverarbeitung. Diese grobe Einteilung könnte nahezu beliebig verfeinert werden. Die Vielstufigkeit des volkswirtschaftlichen Leistungsprozesses von der Phase der Urproduktion bis zur Herstellung der Endprodukte läßt hierfür eine große Vielfalt von Möglichkeiten zu.

*Kategorien von Einzelwirtschaften*

Eine nähere begriffliche Bestimmung des Industriebetriebes erfordert eine Abgrenzung gegenüber dem Handwerksbetrieb, dem zweiten Betriebstyp im Rahmen der Stoffgewinnungs- und -verarbeitungsbetriebe. Wenn auch eine eindeutige Trennung zwischen diesen beiden Wirtschaftseinheiten nicht möglich erscheint, so können doch einige Unterscheidungsmerkmale hervorgehoben werden. Hier seien beispielhaft die Kriterien Beschäftigtenzahl, Ausbildung der Arbeitskräfte, Arbeitsablauforganisation, Absatzmarkt, Kapitalvolumen, Verhältnis von Hand- zu Maschinenarbeit genannt. Der Industriebetrieb beschäftigt im Gegensatz zu Handwerksbetrieben in der Regel eine Große Zahl von Beschäftigten, stellt neben fachlich ausgebildeten Arbeitskräften auch ungelernte und angelernte Arbeitskräfte ein, bedient sich weit mehr wissenschaftlicher Methoden bei der Arbeitsablauforganisation, sieht sich in stärkerem Maße einem anonymen Markt gegenüber, ist infolge der Anlagenintensität durch einen vergleichsweise höheren Kapitalbedarf gekennzeichnet und ersetzt in weit größerem Maße die Handarbeit durch die Maschinenarbeit.

*Industriebetrieb und Handwerksbetrieb*

Bereits die angeführten Merkmale machen deutlich, daß die Zuordnung einer Betriebswirtschaft zu Industrie- oder Handwerksbetrieben nur tendenziell möglich ist. Keinesfalls ausreichend wäre eine Kategorisierung aufgrund nur eines Merkmals.

| H. Funke und H. Blohm | K. Hax | W. Kalveram | W. Kern | K. Mellerowitz | E. Schäfer |
|---|---|---|---|---|---|
| - Stufe im volkswirtschaftlichen Produktionsprozeß | - Produktionsstufen | - Betriebsgröße | - Branche | - Stufe im volkswirtschaftlichen Produktionsprozeß | - Allgemeine Merkmale der technisch-ökonomischen Struktur: gesamtwirtschaftlicher Leistungszusammenhang |
| - Anzahl der Produkte | - Verwendungszweck der Erzeugnisse | - zu gewinnendes oder zu verarbeitendes Material | - Absatzstruktur | - Kapitalstruktur | - Art der Stoffverwertung |
| - Breite und Tiefe der Erzeugung | - Produktionsprogramm | - zu erfüllender Zweck | - Zusammensetzung der Erzeugung | - Kostenstruktur | - Technologie |
| - Fertigungsverfahren | - Produktionsmenge | - hergestellte Güter | - vorherrschende Technologie | - Zahl der Produkte | - Produktionstyp |
| - Betriebsgröße | - Absatzstruktur | - Umschlagsgeschwindigkeit | - Zahl der Erzeugungsstufen | - Art und Umfang der Leistungswiederholung | - Marktbeziehungen Spezialisierung |
| - Weitere Kriterien: Kostenstruktur Vertrieb | | - überwiegender Produktionsfaktor | - Grad der Massenproduktion | - Zahl der Erzeugnisstufen | - Vermögens- und Kostenstruktur Betriebsgröße |
| Transportfähigkeit und Lagerfähigkeit der Erzeugnisse | | - Zahl und Art der Produktionsstufen | - benötigte Arbeitskräfte | - Organisation der Fertigung | - Merkmale des Fertigungsaufbaus: räumliche Ordnung der Fertigung |
| Branchencharakteristik | | - standortmäßige Gliederung der Berufszweige | - Vermögens- und Kostenstruktur | - Betriebsgröße | - Artung der Fertigungsmittel Größenverhältnisse der Fertigungsanlagen Proportionierung der Anlagenteile Verhältnis zu anderen Produktionsfaktoren Arbeitskräftestruktur Fertigungssystem |
| | | - Absatzarten | - Organisationstypen der Fertigung | - Rechtsform | |
| | | - Unternehmungsform | | | |
| | | - Haupt- und Vorlieferanten | | | - Merkmale des Fertigungsablaufs: Inhalt der Fertigung räumlicher Fertigungsablauf zeitlicher Fertigungsablauf |
| | | - Methoden und Verfahren der Fertigung | | | |

*Abb. 1.5: Merkmalskataloge zur Typisierung von Industriebetrieben*

Eine differenziertere Beschreibung des Erfahrungsobjektes Industriebetrieb kann durch den Versuch der Typenbildung erreicht werden. **Typen von Industriebetrieben lassen sich durch Heranziehen eines oder mehrerer Merkmale zur Kennzeichnung industriebetrieblicher Eigenschaften gewinnen.** Die Merkmale sind so zu wählen, daß alle Industriebetriebe erfaßt und in ihren Eigenheiten charakterisiert werden können. In der Literatur liegt eine Reihe von Merkmalsvorschlägen vor, die sich durch Umfang und Differenziertheit der Katalogisierung unterscheiden. In der nachstehenden Tabelle sind beispielhaft die Merkmalskataloge verschiedener Autoren zusammengefaßt (vgl. Abb. 1.5).

*Typisierungsmerkmale*

Auf der Grundlage der genannten Merkmale können industrielle Betriebstypen entweder über nur eine Dimension oder über mehrere Dimensionen gebildet werden. Eine eindimensionale Typologie liegt z. B. vor, wenn unter Heranziehung des Merkmals „Stufe im volkswirtschaftlichen Produktionsprozeß" zwischen Betrieben der Urproduktion, der Investitionsgüter- und Konsumgüterindustrie getrennt wird. Dagegen spricht man von einer mehrdimensionalen Typologie, wenn z. B. ein Betrieb hinsichtlich der Merkmale „Produktionsprogramm", „Produktionstiefe", „Organisationstyp der Fertigung" (vgl. auch Teil IV, S. 381) durch ein Mehrproduktprogramm, durch Mehrstufigkeit des Produktionsprozesses sowie durch Fließfertigung gekennzeichnet ist.

Das Bilden von Typen, welche die Eigenheiten und die Vielfalt der realen Erscheinungsformen von Industriebetrieben gleichermaßen berücksichtigt, erfordert ein mehrdimensionales Vorgehen. Die Typisierung ist eine Methode der Systematisierung; sie darf nicht zu einer Unübersichtlichkeit der Typenvielfalt führen. Eine leistungsfähige Typologie von Industriebetrieben ist von entscheidender Bedeutung, wenn eine Auffächerung nach speziellen Industriebetriebslehren angestrebt wird und ganz bestimmte Betriebstypen als Erfahrungsobjekte diesen Disziplinen zugrunde zu legen sind. Im Rahmen einer allgemein gehaltenen Industriebetriebslehre dient die beispielhafte Darstellung der Typisierungsmöglichkeiten lediglich dem Zweck, einen ersten Einblick in die Vielgestaltigkeit von Industriebetrieben zu vermitteln.

## 2. Der Industriebetrieb als System

### a) Zielgerichtete, offene sozioökonomische Systeme

Zur Gewinnung einer ersten Vorstellung von der Funktionsweise von Industriebetrieben ist es zweckmäßig, von einem Grundmodell auszugehen, das die vielfältigen Zusammenhänge vereinfacht. Dieses Grundmodell soll die allen Industriebetrieben gemeinsamen Merkmale aufzeigen. Ein solches Modell gehört einer höheren Abstraktionsebene an als etwa die Typologie. Da es die tatsächlichen Bedingungen und Vorgänge stark vereinfacht und verallgemeinert, läßt es naturgemäß keine unmittelbaren Schlüsse auf eine günstige Gestaltung industriebetrieblicher Prozesse und Strukturen zu. Dazu müssen solche Grundmodelle ergänzt, verfeinert und gegebenenfalls modifiziert werden. Im Rahmen der Erklärung ist es sinnvoll, die industrielle Unternehmung als ein System zu betrachten.

*Grundmodell des Industriebetriebes*

*Merkmale des Systems Industriebetrieb*

**Unter einem System wird allgemein eine Menge von Elementen verstanden, zwischen denen eine Vielzahl von Beziehungen besteht.** Kennzeichnend für industrielle Organisationen ist die relativ **dauerhafte Beziehungsstruktur,** die **Zielgerichtetheit des Systems** in bezug auf die Erstellung und marktliche Verwertung von Sachleistungen sowie die sich daraus ergebende **Offenheit des Systems** gegenüber der Umwelt. Das System „Industriebetrieb" nimmt aus seiner Umwelt Input auf, transformiert diesen Input und gibt ihn als Output wieder an die Umwelt ab. Input des Systems sind beispielsweise Arbeitsleistungen, Informationen, Rohstoffe, Maschinen und Geld. Sie werden im industriellen Produktions- und Informationsverarbeitungsprozeß kombiniert und in veränderter, verarbeiteter Form als Output wieder an die Umwelt abgegeben. Zu diesem Output zählen nicht nur das individuelle Sachleistungsprogramm, sondern auch Gewinnausschüttungen, Bilanz- und Werbeinformationen (vgl. Abb. 1.6).

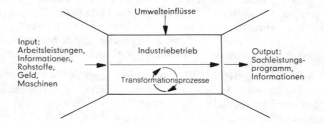

*Abb. 1.6: Grundschema des Systems „Industriebetrieb"*

*Systemelemente*

Handlungsträger dieser Verarbeitungsprozesse von Gütern und Informationen sind die im Industriebetrieb tätigen Menschen. Der Industriebetrieb unterscheidet sich von anderen Produktionswirtschaften dadurch, daß die Menschen im Rahmen des Transformationsprozesses in besonderem Maße Rohstoffe und Maschinen einsetzen. Daher ist es sinnvoll, den Industriebetrieb nicht nur als soziales, sondern als **soziotechnisches System** zu charakterisieren. Ein Großteil der Problemstellungen im Industriebetrieb ist durch das Zusammenwirken von Menschen, Maschinen und Technologien geprägt. Die Eigenschaften der Systemelemente und insbesondere die Gestaltung der Beziehungen zwischen diesen Elementen sowie deren Verhältnis zur Umwelt sind entscheidend für Zustände und Verhalten des Systems Industriebetrieb.

Der Industriebetrieb läßt sich nach grundsätzlich beliebigen Kriterien in *Subsysteme* weiter untergliedern. Nach dem Funktionsgesichtspunkt lassen sich beispielsweise Beschaffungs-, Produktions- oder Absatzbereich als (Sub-) Systeme beschreiben. Diese können selbst wieder (etwa nach Produkt- oder Tätigkeitsart) in Untersysteme aufgeteilt werden. Dabei können einzelne Elemente zugleich mehreren Systemen angehören. Umgekehrt läßt sich auch ein Industriebetrieb als Untersystem des Systems „Industrieller Sektor" oder „Volkswirtschaft" kennzeichnen. Betrachtungsebene und Tiefe der Untergliederung werden durch das jeweilige Erkenntnisziel festgelegt.

Mit dieser globalen Skizzierung des Industriebetriebes als offenes, soziotechnisches System ist noch nichts über die Bedingungen ausgesagt, die die Voraussetzung für die Existenz und das Überleben des Systems in der sich wandelnden Umwelt bilden. Ein offenes System ist zugleich ein dynamisches System, d. h. die Elemente des Systems und ihre Beziehungen zueinander sowie die Umweltbeziehungen unterliegen einem ständigen Wandel. Das Überleben fordert eine kontinuierliche Anpassung an solche permanente Umweltveränderungen (Störungen).

*Dynamik des Systems*

Für die globale Erklärung des dynamischen Verhaltens und der Überlebensbedingungen einer Unternehmung in der Wettbewerbswirtschaft bietet sich eine Modellvorstellung an, die den Industriebetrieb als kybernetisches System beschreibt.

### b) Das kybernetische System als Grundmodell

**Kybernetische Systeme zeichnen sich vor allem dadurch aus, daß sie nach Störungen, die ihr Gleichgewicht beeinträchtigen, unter bestimmten Bedingungen wieder in einen Gleichgewichtszustand zurückkehren bzw. einen neuen Gleichgewichtszustand entwickeln.**

*Kybernetische Systeme*

Realisiert wird diese Tendenz mit Hilfe von Steuerungs- und vor allem Regelungsmechanismen. Beide Mechanismen treten oft kombiniert auf. Das Prinzip eines einfachen Steuerungs- und Regelungssystems läßt sich am Beispiel einer Klimaanlage aufzeigen, die mit Hilfe eines kombinierten Innen- und Außenthermostaten geregelt bzw. gesteuert wird.

Die **Regelung charakterisiert eine Art der Störungskompensation, die auf Rückkoppelung beruht.** Unter Rückkoppelung versteht man allgemein ein Prinzip, nach dem das Ergebnis eines Prozesses gemessen und mit dem gewünschten Zustand (Sollzustand) verglichen wird. Stellt sich eine Abweichung des Ist- vom Sollzustand heraus, so wird eine Korrekturmaßnahme eingeleitet. Es handelt sich um einen Vorgang, der in natürlichen Organismen in vielgestaltigen Variationen verwirklicht ist und die Organismen trotz Störungen aus der Umwelt am Leben erhält.

*Regelung*

Die Regelstrecke sei ein Haus mit Heiz- und Kühlanlagen, die von einem im Keller installierten Aggregat gespeist werden. Die Innentemperatur der Räume wird von Innenthermometern (Rezeptor 1) gemessen (1). Durch den Einfluß verschiedener Störungen (2), wie z. B. kalte Wände und Fußböden, Wetterstürze oder Hitzewellen, bleibt die Raumtemperatur nicht konstant. Am Thermostat wird ein gewünschter Temperaturbereich (Führungsgröße) eingestellt. Er besteht aus zwei Elementen: Aus einer Vergleichsstelle, die überprüft, ob die im Inneren des Hauses gemessene mit der gewünschten Temperatur übereinstimmt (Soll/Ist), und aus einem Regler, der das Prüfungsergebnis entgegennimmt (vgl. Abb. 1.7).

Wird Übereinstimmung registriert (3), so erfolgt keine Aktivität. Stellt der Regler eine Abweichung fest, so wird ein Schalter (Effektor) ausgelöst (4), der über die Stellgröße (5) den Wärmezufluß bzw. -abfluß solange verstärkt, bis die

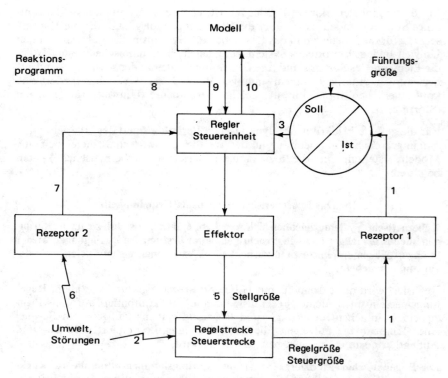

*Abb. 1.7: Steuerungs- und Regelungssystem*

Vergleichsstelle wieder ein Zusammenfallen von Soll- und Isttemperatur registriert (Gleichgewichtszustand).

Bereits am Beispiel der Regelung lassen sich drei Merkmale kybernetischer Systeme aufzeigen:

Erstens sind die **Elemente des Systems durch Informationswege verbunden** (hier: elektrische Leitungen). Die Stellgröße ist die Anweisungsinformation an das Systemelement „Regelstrecke" (Befehl an die Klimaanlage, bestimmte Aktivitäten aufzunehmen bzw. aufrechtzuerhalten). Die Regelgröße ist die Kontrollinformation. Die Führungsgröße stellt ebenfalls eine Anweisungsinformation dar, ist jedoch an das System insgesamt gerichtet und definiert dessen Sollzustand.

Zweitens besteht das **System aus zwei Ebenen.** Während auf der operativen Ebene (Regelstrecke) geheizt bzw. gekühlt wird, obliegt der Vergleichsstelle und dem Regler die Überwachung bzw. führungsgrößenorientierte Regelung dieser Tätigkeit.

Drittens wird deutlich, daß das System **nur unter gewissen Bedingungen im Gleichgewicht** bleiben kann: Die Leistung der Regelstrecke (der Heiz- und

Kühlaggregate) muß so ausgelegt sein, daß sie mit allen zu erwartenden Störgrößen (Hitzewellen, Kälteeinbrüche) fertig wird.

Die **Steuerung charakterisiert eine Art der Störungskompensation, die ohne Rückkoppelungen auskommt.** Das Außenthermometer (Rezeptor 2) „beobachtet" die Umwelt (6) und meldet (7) zu erwartende Störungen an die Steuereinheit. So kann beispielsweise ein Wettersturz bereits am Sinken der Außentemperaturen erkannt werden und nicht erst, nachdem die Wände des Hauses abgekühlt sind und die Raumtemperatur fällt. Die Steuereinheit prüft, welche kompensierende Maßnahme das Klimatisierungsprogramm (8) vorsieht – in unserem Falle verstärkte Wärmezufuhr. Die Steuereinheit übermittelt an den Effektor einen entsprechenden Befehl oder Steuerimpuls (4), den dieser durch Veränderung der Stellgröße (5) an der Steuerstrecke ausführt. Die Umweltänderung, die sich ansonsten später als Innentemperaturabfall ausgewirkt hätte, kann so schon im voraus kompensiert werden, indem die Heizanlage, ohne daß eine Rückkoppelung stattgefunden hat, verstärkt Wärme zuführt.

*Steuerung*

Diese einfache Programmsteuerung funktioniert allerdings nur dann, wenn für jede vom Rezeptor 2 wahrgenommene Störung eine Reaktionsmöglichkeit existiert.

Eine Variante, die in unserem einfachen Klimatisierungs-Beispiel nicht plausibel zu erläutern ist, stellt die **Steuerung unter Zuhilfenahme eines Reaktionsmodells** der Steuerstrecke dar. Mit Hilfe der **Programmsteuerung** können nur solche Störungen kompensiert werden, für die das Programm (8) eine Reaktion vorsieht. Andere Störungen können nur dann gehandhabt werden, wenn das Steuerungssystem solche Störungen wahrnehmen und die Reaktion der Steuerstrecke anhand einer Modellanalyse ermitteln kann. Die Steuereinheit führt in diesem Fall am Modell der Steuerstrecke (9, 10) eine Analyse durch, aufgrund derer sie in Erfahrung bringt, wie sich die Umweltänderung auf die Steuergröße auswirken, d. h. wie der zu erwartende Ist-Zustand ausgeprägt sein wird. Verfügt die Steuereinheit über verschiedene Reaktionsmöglichkeiten (8), muß sie diese solange am Modell simulieren (9, 10), bis sie eine Kombination von Reaktionen gefunden hat, mit der sie voraussichtlich eine Übereinstimmung von Soll und Ist der Führungsgröße erreichen kann. Diese Kombination von Reaktionen wird über die Effektoren realisiert.

*Steuerung mit Hilfe von Modellen*

Eine Kompensation solcher (unbekannter) Störungen ist allerdings nur möglich, wenn das Modell die Steuerstrecke bzw. den Zusammenhang zwischen Steuerstrecke und Steuergröße adäquat abbildet, die zur Verfügung stehende Reaktionszeit für die Modellanalyse und -simulationen ausreicht und genügend Reaktionsmöglichkeiten zur Verfügung stehen.

### c) Der Industriebetrieb als kybernetisches System

Die Übertragung dieses Bezugsrahmens auf den Industriebetrieb bietet sich an: Der Produktionsprozeß im weitesten Sinne könnte die Regel- bzw. Steuerstrecke bilden. Dieser Prozeß wird vom Management (dem Regler bzw. der Steuereinheit) über Anweisungen (Stellgrößen) geregelt oder gesteuert. Die

*Regelung und Steuerung im Industriebetrieb*

Regel- bzw. Steuergrößen sind die Ergebnisse des so geregelten oder gesteuerten Produktionsprozesses (Güter und Dienstleistungen).

*regelnde Entscheidungen*

Im Fall der reinen Regelung vergleicht eine Kontrollinstanz (Vergleichsstelle) die Istausprägungen der Steuer- bzw. Regelgrößen mit den als Führungsgrößen vorgegebenen Zahlenwerten oder Zielen (Sollgröße). Ergeben sich keine Abweichungen zwischen Soll und Ist, greift das Management nicht ein. Werden dagegen Abweichungen registriert, so werden Dispositionen getroffen, die das Management zur Erreichung des Gleichgewichts für geeignet hält. Diese werden in Form von Stellgrößen an die Ausführenden weitergegeben. Dieses Vorgehen kennzeichnet die reaktive Komponente der Führung durch Eingriffe in Ausnahmefällen („Management by Exception").

*steuernde Entscheidungen*

Im Fall der Steuerung handelt das Management bereits aufgrund von Hinweisen (Prognosen, Informationen) auf Umweltentwicklung und mit Hilfe von Vorstellungen (Modelle, Theorien) über deren Einfluß auf die betriebliche Aufgabenerfüllung. Steuernde Entscheidungen werden bereits getroffen, bevor die Unternehmung in ein Ungleichgewicht gerät. Diese Art der antizipativen Störungskompensation läßt die Bedeutung eines Informations(sub)systems der Organisation deutlich werden, ohne das das rechtzeitige Erkennen von Störungen nicht möglich wäre. In unserem Beispiel wurde es im Rezeptor 2 subsumiert. Die Steuerung kann als antizipative Komponente des „Management by Exception" aufgefaßt werden.

**In der Sprache der Kybernetik ist es folglich Aufgabe der Betriebswirtschaftslehre, die Regel- bzw. Steuerkreise zu erforschen, Empfehlungen zur Gestaltung der Systemkreise und deren Elemente zu geben, Hilfen bei der Bildung von Reaktionsmodellen zu stellen und dem Regler (Management) Vorschläge zur Einstellung der Stellgrößen bei verschiedenen Störungen zu unterbreiten.**

### d) Vermaschte Steuerungs- und Regelungssysteme

Die bisherige Betrachtung sah den Industriebetrieb als ein globales System. **Aufgrund der Spezialisierung einzelner Systemelemente auf bestimmte Aufgaben ergibt sich in der Realität aber eine Arbeitsteilung.** Es liegt deshalb nahe, den **Industriebetrieb als System einer Vielzahl vermaschter Steuerungs- und Regelungssubsysteme** zu betrachten.

Das Top-Management stellt dann beispielsweise die Steuerungs- und Regelungseinheit des in der Hierarchie am höchsten stehenden Systemkreises dar; die Regel- und Steuerstrecke ist dann die zweite Management-Ebene. Diese ist selbst wieder Regler eines Systemkreises niederer Ordnung. Die Betrachtung ließe sich nach unten beliebig fortsetzen.

*Vermaschung*

**Zwei Regel- bzw. Steuerkreise sind vermascht, wenn die Stellgröße des Regelkreises A gleichzeitig Führungsgröße eines Regelkreises B ist, wenn also der Regler des Kreises A die Führungsgröße des Regelkreises B beeinflußt.** Neben der einseitigen Vermaschung (A beinflußt B) kann auch eine wechselseitige Vermaschung vorliegen. Der Regelkreis A steuert dann die Führungsgrößen des Regelkreises B und umgekehrt beinflußt auch der Regelkreis B die Führungsgröße des Reglers A. Eine entsprechende Konzeption liegt zum Beispiel beim „Management by Objectives" vor.

Während bei **einseitig vermaschten Regelkreisen** der beeinflussende ein System höherer (hierarchischer) Ordnung darstellt, kann ein solches bei **wechselseitig vermaschten Regelkreisen** von vornherein nicht identifiziert werden. Erst im Verlauf konkreter Entscheidungsprozesse stellt sich heraus, welcher Regelkreis letztlich den größeren Einfluß (Macht) ausübt und somit die Führung übernimmt.

Es ist unschwer einzusehen, daß solcherart **wechselseitig abhängige Regelkreise der Koordination bedürfen.** Entweder die Regler zweier Kreise einigen sich im Rahmen konkreter Entscheidungsprozesse selbst auf ein abgestimmtes Vorgehen (dezentrale Koordination), oder ein dritter Regelkreis höherer Ordnung gibt zentrale Koordinationsanweisungen. In der Realität treten zentrale und dezentrale Koordination meist vermischt auf.

### e) Bedingungen der Lebensfähigkeit sozialer Systeme

Der Bereich möglicher Zustände, innerhalb derer ein System überlebt, ist begrenzt. Dies wird erkennbar, wenn die Zustände beschrieben werden, die für die Systemelemente und deren Beziehungen zueinander zulässig sind. Verläßt der Zustand diesen Bereich, so bricht das System zusammen. **Ein lebensfähiges System muß also bestimmte Eigenschaften aufweisen, die es in die Lage versetzen, den Systemzustand innerhalb des zulässigen Bereichs zu halten.** Diese Eigenschaften werden als „**funktionale Erfordernisse**" des Überlebens bezeichnet. Aufgrund von Beobachtungen und Untersuchungen bestehender sozialer Systeme wurden Annahmen über solche Eigenschaften entwickelt. Dabei wird vermutet, daß bei Vorliegen dieser Eigenschaften das System langfristig eine Tendenz zu einem dynamischen Gleichgewichtszustand aufrechterhalten kann. Funktionale Erfordernisse in diesem Sinne sind:

*Lebensfähigkeit eines Systems*

(1) Die **Fähigkeit zur produktiven bzw. wirtschaftlichen Gestaltung** der ablaufenden Prozesse.

(2) Die **Fähigkeit zur Selbsttransformation** unter dem Einfluß wechselnder Umweltbedingungen (Störungen). Dabei sind künftige Umweltsituationen gedanklich vorwegzunehmen, entsprechende Anpassungserfordernisse aufzudecken und Möglichkeiten der Selbsttransformation zu entwickeln (Planung).

(3) Die **Fähigkeit zur Integration,** d. h. zur ganzheitlichen Verbindung der Elemente. Dies schließt die Abstimmung der einzelnen Elementkategorien – Menschen, Maschinen, Technologien – in sich und untereinander ein.

**Die Aufrechterhaltung dieser Fähigkeiten kann als „Systembedürfnis" und somit als Ziel des Systems betrachtet werden.** Es ist insofern zielgerichtet. Bei Störungen (auch bei unbekannten) muß es in der Lage sein, ein neues Gleichgewicht zu finden und seine Aufgabe unter veränderten Bedingungen weiter zu erfüllen.

*Systembedürfnis*

### f) Ziel und Grenzen der kybernetischen Betrachtung

Die Kybernetik bemüht sich um die Entwicklung eines fachübergreifenden Konzeptes, das zur Beschreibung einer Vielzahl technischer, sozialer und auch biologischer Phänomene geeignet ist. Tatsächlich lassen sich viele lebende Wesen (wie Menschen, Tiere, Pflanzen) als kybernetische Systeme betrachten. Je nach dem Grad der Komplexität verfügen diese Systeme über ganze Hierarchien von Subsystemen (beim Menschen z. B.: Blutkreislauf, Atmung, Lymphsystem). Die Kybernetik versucht also den formalen Aufbau von Systemen unterschiedlichster Art in einer einheitlichen Ausdrucksweise aufzuzeigen.

Die Anwendung kybernetischer Begriffe auf Betriebswirtschaften bedeutet noch keine unmittelbare Wissenserweiterung. Dennoch kann dieses Vorgehen von großem Nutzen sein: **Die begriffliche Ausrichtung der Kybernetik ermöglicht den Vergleich unterschiedlicher Systeme und erleichtert damit die Übertragung von Erkenntnissen verschiedener Disziplinen (wie z. B. der Biologie) auf das hier vorliegende Untersuchungsobjekt.**

Das kybernetische Instrumentarium einer Betriebswirtschaft zwingt den Wissenschaftler zu einer spezifischen, primär auf die Entdeckung von Regelkreisen abzielenden Betrachtungsweise. Damit können mit Hilfe der Systemtheorie unter Umständen Hypothesen gewonnen werden, die auf andere Weise nicht zustande gekommen wären. Daneben kann diese Betrachtungsposition auch dem Nichtwissenschaftler von Nutzen sein: sie konzentriert dessen Aufmerksamkeit auf bestimmte Zusammenhänge (z. B. die Bedeutung von Kontrollinformationen und deren Auswertung), die sonst vielleicht weniger deutlich zutage treten. Ebenso lassen sich aus den Aussagen der Systemtheorie Prinzipien für die Gestaltung lebender wie künstlicher Systeme (Organisationen; Produktionsanlagen) ableiten. In diesem Sinne ist die **heuristische Bedeutung der Kybernetik** zu sehen.

Der Rückgriff auf die kybernetische Terminologie erübrigt sich, wenn dies lediglich zur Umbenennung ohnehin bekannter Sachverhalte dient. Die Anwendung des kybernetischen Instrumentariums ist nur dann sinnvoll, wenn davon Impulse für die Entwicklung neuer Erklärungen zu erwarten sind. **Die kybernetische Betrachtung muß gegebenenfalls durch die Entwicklung ergänzender Modelle erweitert werden.**

### 3. Ziele im Industriebetrieb

**In einem Entscheidungs- oder Problemlösungsprozeß wird stets – bewußt oder unbewußt – eine Auswahl anhand einer oder mehrerer Zielvorstellungen getroffen. Die Festlegung von Zielen ist selbst wieder Gegenstand von Entscheidungsprozessen.** Von Zielbildungsprozessen in einer Unternehmung spricht man, wenn über diejenigen Ziele befunden wird, die die Unternehmungsaktivitäten längerfristig festlegen. Ausgehend von Zielen werden dann Maßnahmen, die zu ihrer Verwirklichung beitragen sollen, entwickelt. Die Auswahl aus alternativen Maßnahmen zur Zielverwirklichung geschieht im Rahmen von Mittelentscheidungen.

Empirische Untersuchungen zeigen, daß die Aktivitäten in Industriebetrieben von mannigfaltigen Zielvorstellungen beherrscht werden. Allerdings weist in marktwirtschaftlichen Systemen das Gewinnziel eine gewisse Dominanz auf. Forschungsergebnisse der Soziologie und Psychologie legen den Schluß nahe, daß auch nichtmonetäre Zielvorstellungen wie Macht- und Prestigestreben in Entscheidungsprozessen eine wesentliche, aber schwer erfaßbare Rolle spielen.

*Determinanten betriebswirtschaftlicher Zielsysteme*

Für die Unterschiedlichkeit der Zielsysteme in den Betriebswirtschaften ist eine Reihe von Einflußgrößen verantwortlich, wie z. B. Wirtschaftssystem, Machtstruktur der Interessengruppen, Rechtsform, Betriebsgröße oder Zusammensetzung des Personalbestandes. Ein allgemeingültiges Zielsystem des Industriebetriebs schlechthin läßt sich nicht feststellen.

In **marktwirtschaftlichen Systemen** sind die Unternehmungen innerhalb der gesetzlichen Grenzen grundsätzlich autonom bei der Festlegung ihrer Ziele. Das Ergebnis dieser Zielentscheidungsprozesse spiegelt die Machtverhältnisse zwischen den Organisationsteilnehmern wider. Die Ziele von Betriebswirtschaften in **zentral verwalteten Wirtschaftssystemen** folgen hingegen primär aus dem volkswirtschaftlichen Gesamtplan. Bei der Festlegung dieser Ziele dominiert eine zentrale Planungsinstanz. Ziele wie Gewinn, Umsatz oder Wirtschaftlichkeit spielen auch dort eine entscheidende Rolle. Die Betriebe haben im Rahmen ihrer Möglichkeiten die Verwirklichung dieser Ziele zu gewährleisten; sie besitzen jedoch nur geringen Einfluß auf die Zielsetzung.

### a) Zielbegriff

**Soziale Systeme lassen sich als zielgerichtet interpretieren. Die Tendenz, das System aufrechtzuerhalten, kennzeichnet aber nur eine Teilmenge der betrieblichen Ziele.** Die entscheidungsorientierte Betriebswirtschaftslehre bezieht darüber hinaus **als zweite Teilmenge die individuellen Interessen des arbeitenden Menschen in das Zielsystem ein.** Welche individuellen Interessen allerdings zu Zielen der Organisation werden, ist Gegenstand politischer Prozesse (Zielentscheidungsprozesse). Diese können nicht in den begrifflichen Kategorien der Kybernetik erläutert werden.

*Interpretation der Zielgerichtetheit*

Die aufgezeigten funktionalen Erfordernisse gelten als Bestimmungsfaktoren für die langfristige Leistungswirksamkeit und die Fortentwicklung der Organisation. Der Organisation muß an der Einhaltung der geforderten Bedingungen gelegen sein. Sie stellen jedoch **keine direkten Handlungsziele** dar. Menschen sind nicht deswegen Mitglieder von Organisationen, weil sie diese am Leben erhalten wollen. Vielmehr werden sie durch die Möglichkeit der Befriedigung persönlicher Wünsche und Ziele zur Teilnahme und Mitwirkung veranlaßt.

*Funktionale Erfordernisse und Handlungsziele*

Im Regelfall stellen die funktionalen Erfordernisse Nebenbedingungen dar. Ihnen müssen die organisationalen Prozesse neben der Hervorbringung der erforderlichen Beteiligungsanreize genügen. Erscheinen allerdings die gegenwärtigen oder zukünftigen Möglichkeiten der Hervorbringung ausreichender Anreize gefährdet, so können diese Erfordernisse selbst zu Handlungszielen werden. Solche Entwicklungen erfordern Maßnahmen, die die Lebensfähigkeit des Systems wiederherstellen bzw. sichern. Von Organisationsmitgliedern werden dabei z. T. Inputleistungen gefordert, die nur zur Wiederherstellung des Systemgleichgewichts und nicht zur Erzeugung zusätzlicher marktlich verwertbarer Leistungen dienen (z. B. Forderungsverzicht beim Vergleich, Kapitalzufuhr oder Kapitalherabsetzung. Arbeitsleistung gegen geringeres Entgelt).

Diese Beobachtung legt die Vermutung nahe, daß die Organisationsteilnehmer das Aufrechterhalten gewisser Systemzustände positiv bewerten. Sie verfügen über Werthaltungen, die das Überleben des Systems betreffen. Daneben existiert jedoch eine Vielzahl weiterer Werte und Interessen, die im Rahmen individueller und mehrpersonaler Entscheidungsprozesse als Entscheidungsprämissen zugrunde gelegt werden.

*Zielbildungsprozeß*

Neuere Ansätze zur entscheidungsorientierten, interdisziplinären Unternehmungstheorie sehen im Zielsystem der Betriebswirtschaft einen Tatbestand, der selbst zu erklären ist. In der Theorie der Bildung und Änderung des Zielsystems im organisatorischen Entscheidungsprozeß wird so das Zielsystem der Betriebswirtschaft zur abhängigen Variablen, die einer Analyse bedarf. Hierbei ist davon auszugehen, daß die Unternehmung eine dezentrale Organisation darstellt. **Die Organisationsteilnehmer besitzen sehr heterogene, individuelle Zielvorstellungen, die sie über ihre Tätigkeit in der Organisation zu erreichen suchen.** Die Gesamtorganisation weist dabei eine äußerst komplexe Struktur von Gruppen und Koalitionen auf, die sich personell zum Teil überschneiden.

Betrachtet man den Prozeß der Zielbildung in der Unternehmung, so ist zu erklären, welcher Personenkreis an ihm unmittelbar oder mittelbar beteiligt ist und auf welche Weise dieser Personenkreis Ablauf und Ergebnis des Zielbildungsprozesses beeinflussen kann.

*Zieldimensionen*

Bei der Formulierung und Festlegung betriebswirtschaftlicher Ziele sind drei Dimensionen zu berücksichtigen: **der Inhalt, das angestrebte Ausmaß und der zeitliche Bezug der Ziele.** Ein Ziel kann z. B. Gewinn- oder Umsatzstreben zum Inhalt haben (Zielinhalt). Weiter bedarf es der genauen Bestimmung, auf welchen Zeitraum sich die Zielverwirklichung beziehen soll (zeitlicher Bezug des Zieles). Schließlich muß festgelegt werden, ob ein Ziel in begrenztem oder unbegrenztem Umfang anzustreben ist (Ausmaß der Zielerreichung).

### b) Ein Grundmodell des Zielbildungsprozesses

Eine erste Vorstellung vom Ablauf von Zielbildungsprozessen vermittelt ein vereinfachtes Modell. Das folgende Grundmodell wurde von Easton (1965) entworfen. Easton lehnt sich dabei an die sozialwissenschaftliche Konzeption zur Analyse politischer Systeme an.

**Ausgangspunkt der Erklärung von Zielbildungsprozessen sind unterschiedliche Interessen von Mitgliedern und Teilnehmern der Organisation.** Mitglieder der

*Organisationsmitglieder und -teilnehmer*

Organisation sind Individuen (oder Gruppen), die aufgrund einer bewußten Teilnahmeentscheidung eine formale Rolle in der Organisation ausfüllen. Teilnehmer sind alle Individuen (oder Gruppen) außerhalb der Organisation, die Einfluß auf die Mitglieder ausüben können, in einem weiten Sinne also die Umwelt des Systems darstellen.

**Ein Teil dieser Interessenten versucht, aktiv auf die Ziele einzuwirken, denen das organisationale Handeln und Entscheiden dienen soll** (aktive Elemente). Auf der Grundlage ihrer persönlichen Wertvorstellungen entwickeln sie Ideen darüber, welche Ziele die Organisation verfolgen sollte **(Ziele für die Organisation)**. Diese Ideen werden als **Forderungen** an diejenigen Personen gerichtet, die aufgrund der Organisationsverfassung dazu berechtigt sind, Ziele für verbindlich zu erklären (Kernorgane). Die Ziele für die Organisation können somit als ein Input des offenen politischen Systems der Organisation betrachtet werden.

*Forderungen*

*Kernorgane*

Die Kernorgane des politischen Systems sehen sich einer großen Menge teilweise konkurrierender, konfliktärer Forderungen der aktiven Teilnehmer und Mitglieder gegenüber. **Unter Einbezug ihrer eigenen Interessen (u. a. auch der Systemerfordernisse) versuchen die Kernorgane, diese unterschiedlichen Forderungen in ein offizielles, autorisiertes organisationales Zielsystem umzuformen, das sie für verbindlich erklären.** Die so entstandenen **Ziele der Organisation** stellen somit den Output des politischen Systems dar; sie sollen als Prämissen nachgelagerter Entscheidungen auf allen Ebenen der Organisation verwendet werden.

*Ziele der Organisationen*

Um wirksame Ziele der Organisation autorisieren und durchsetzen zu können, bedürfen die Kernorgane der **Unterstützung.** Sie können sich nicht allein auf ihr verfassungsmäßiges Recht zur Autorisierung von Zielen verlassen. Easton unterscheidet zwischen diffuser und spezifischer Unterstützung. **Spezifische Unterstützung** können die Kernorgane von jenen Organisationsinteressenten erwarten, deren Ziele für die Organisation in das autorisierte Zielsystem eingegangen sind; sie bezieht sich also auf das Ergebnis konkreter Zielentscheidungen. Keine spezifische Unterstützung ist allerdings von den Interessenten zu erwarten, die von der Autorisationsentscheidung enttäuscht worden sind; sie werden den Kernorganen eher Unterstützung entziehen. **Diffuse Unterstützung** wird den Kernorganen unabhängig von deren Zielentscheidungen gewährt. Sie entsteht aus der Verfassungstreue der Organisationsmitglieder, dem Glauben an die Legitimität der Kernorgane und aus einem gemeinsamen Überlebensinteresse sowie aus sozioemotionalen Beziehungen zur Organisation.

*Unterstützungen*

Je mehr Unterstützung die Kernorgane genießen, desto wahrscheinlicher ist es, daß die autorisierten Ziele der Organisation tatsächlich zu Prämissen nachgelagerter Entscheidungen werden. Unterstützung kann somit als ein zweiter wesentlicher Input des politischen Systems betrachtet werden.

Einen Überblick über das Grundmodell organisationaler Zielbildungsprozesse versucht Abb. 1.8 zu bieten.

In die Ziele der Organisation gehen die unterschiedlichen Ziele für die Organisation nur in mehr oder minder großem Umfange ein. Teilweise bleiben sie auch unberücksichtigt. **Es ist vor allem eine Frage der Macht der jeweiligen Personen oder Gruppen, ob und inwieweit die von ihnen geforderten Ziele für die Organisation zu Zielen der Organisation werden.**

*Macht im politischen System*

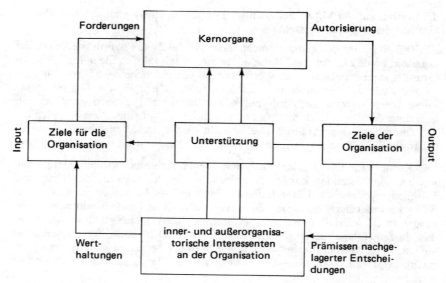

*Abb. 1.8: Grundmodell organisationaler Zielbildungsprozesse*

Organisationsziele sind als das Ergebnis fortlaufender Verhandlungen anzusehen, die unter ungleichgewichtigen, im Zeitablauf veränderlichen Machtverhältnissen geführt werden. Daraus ergeben sich zusammenfassend drei Erkenntnisse:

(1) **Organisationsziele werden stets Kompromisse sein.** Sie werden in unterschiedlicher Weise den verschiedenen Einzelinteressen gerecht. Die Ziele sind zeitlich nicht stabil. Sie unterliegen einer Vielzahl von Einflußfaktoren. Insbesondere können sich die Inhalte der Ziele für die Organisation verändern, aber auch die Machtverhältnisse für die Zieldurchsetzung können sich wandeln.

(2) Der jeweilige **Zielkompromiß wird durch formale Bestätigung für allgemein verbindlich erklärt.**

(3) Der Zielbildungsprozeß wird in der Regel zu **keinem vollständigen Interessenausgleich** führen, sondern eher mit einer globalen und vagen Zielformulierung enden. Eine detaillierte Kompromißlösung wäre angesichts der unsicheren Erwartungen über die Zukunft nur mit hohem Zeitaufwand herbeizuführen. Zum anderen streben die Parteien bewußt eine unscharfe Zielformulierung an, weil ihnen diese ein größeres Maß an eigenem Handlungsspielraum beläßt. Eine ungenaue Festlegung von Organisationszielen schafft einen größeren persönlichen Auslegungsspielraum und bietet die Möglichkeit, eigene Ziele zu verfolgen, die im Verhandlungsprozeß nicht durchgesetzt werden konnten. Ein derartiges Verhalten kann dann nicht als eindeutig nachweisbarer Verstoß gegen den offiziell vereinbarten Kompromiß gewertet werden.

In der Wirklichkeit lösen Zielkompromisse die Konflikte nicht auf, die sich aus dem Interessenpluralismus ergeben. Man bezeichnet sie in der Organisationstheorie deshalb auch als „Quasi-Lösungen". Die Konfliktaustragung wird dadurch teilweise von der Zielfindung auf die Zielverwirklichung verlagert. Die allseits gebilligte „Quasi-Lösung" schränkt lediglich die Bandbreite grundsätzlich möglicher Konflikte ein.

*Zielkompromiß als „Quasi-Lösung"*

### c) Ziele der Organisation als Prämissen nachgelagerter Entscheidungen

Idealtypisch gesehen müssen Zielentscheidungen vor Mittelentscheidungen erfolgen. So setzt beispielsweise das sogenannte **ökonomische Prinzip** (auch Rationalprinzip genannt) voraus, daß bestimmte Ziele mit möglichst geringem Mitteleinsatz erreicht werden sollen bzw. daß bei gegebenem Mitteleinsatz der Zielerreichungsgrad maximiert werden soll.

Die Trennung von Ziel- und Mittelentscheidungen läßt sich in der Realität nicht eindeutig vornehmen. Zahlreiche Mittelentscheidungen haben die Formulierung von Kriterien zum Inhalt, die Ziele (Unterziele) für nachfolgende Entscheidungen bilden. So kann die Forderung „Erhöhung des Umsatzes" einerseits Mittel zur Erreichung des Gewinnzieles sein, andererseits aber auch als Zielkriterium bei der Festlegung der Produktionsmenge dienen. **In Ziel-Mittel-Ketten können also je nach Betrachtungsebene dieselben Kettenglieder einmal „Ziel" und ein anderes Mal „Mittel" sein, so daß auch von Ziel-Subziel-Ketten gesprochen werden kann.**

*Ziel- und Mittelentscheidungen*

Jede in der Betriebswirtschaft zu treffende Entscheidung soll sich an den geltenden Zielen der Organisation orientieren. Aufgrund der komplexen technischen, technologischen und sozialen Zusammenhänge in einer Organisation erfolgt dies jedoch nicht automatisch. Angesichts des bestehenden Interpretationsspielraums besteht vielmehr die Gefahr der „Verwässerung" der Ziele der Organisation. Sie ist um so größer, je tiefer ein Entscheidungstatbestand in der Hierarchie angesiedelt ist.

**Entscheidungsträger sind Inhaber bestimmter Rollen.** Soweit es gelingt, die Ziele der Organisation in Ziel-Subziel-Ketten zu transformieren und in der organisationalen Rollenstruktur zu verankern sowie die Inhaber zu rollenkonformem Verhalten zu verpflichten, kommen sie als Prämissen nachgelagerter Entscheidungen zum Tragen. Dabei darf freilich nicht übersehen werden, daß bestimmte Rollen durch einen gewissen „Vertrauensvorschuß" ausgezeichnet sind, der Handlungs- und Entscheidungsspielräume schafft.

*Zielsystem und Rollenstruktur*

**Ob die globalen Ziele der Organisation zu Prämissen nachgelagerter Entscheidungen werden, hängt nicht allein vom Ausmaß der Rollenkonformität der Entscheidungsträger ab, sondern auch davon, ob es gelingt, den Entscheidungsträgern (Rollenträgern) auf verschiedenen organisationalen Ebenen verständliche, operationale Zielkriterien vorzugeben.** Die globalen Ziele der Organisation (Oberziele) müssen folglich in Unterzielen zum Ausdruck kommen.

Im folgenden seien aus der Vielfalt möglicher Zielinhalte das Gewinn-, das Wirtschaftlichkeits- und das Sicherheitsstreben herausgegriffen und näher beschrieben. Das Handeln von Betriebswirtschaften in marktwirtschaftlichen Systemen wird in der Regel vom **erwerbswirtschaftlichen Prinzip** geleitet. **Es beinhaltet für die Betriebswirtschaft das Ziel, Einkommen für jene Haushalte zu erwirtschaften, die das erforderliche Eigenkapital zur Verfügung stellen.**

*Gewinnanteil*

Das erwerbswirtschaftliche Prinzip findet seinen Ausdruck im Gewinnstreben. Grundsätzlich ergibt sich der Gewinn als positive Differenz aus Leistungen und Kosten. Das Gewinnziel schlechthin gibt es nicht, da je nach Definition unterschiedliche Gewinnziele Gegenstand betriebswirtschaftlichen Handelns sein können. Diese Ziele beruhen auf unterschiedlichen **Konventionen**, da sich Leistungen und Kosten nur aufgrund bestimmter Wertvorstellungen abgrenzen lassen. Einen Überblick über mögliche Gewinnausprägungen gibt die Abbildung 1.9.

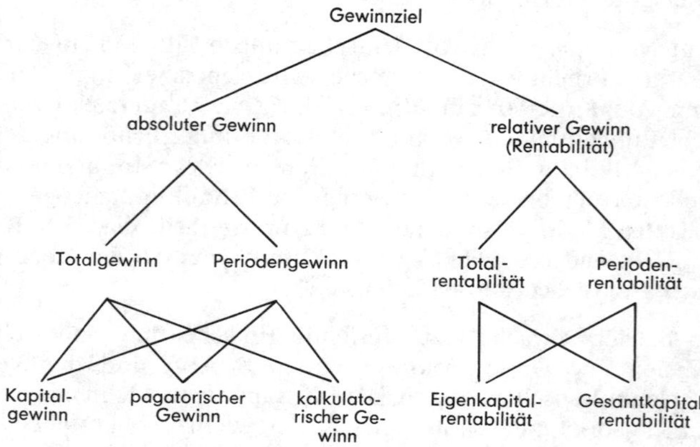

*Abb. 1.9: Gewinnbegriffe*

*Gewinnformen*

**Totalgewinn** und **Totalrentabilität** beziehen sich auf die gesamte Lebensdauer der Betriebswirtschaft. Wird dieser Zeitraum in Teilperioden zerlegt, so sind **Periodengewinne** abzugrenzen. Die Unterscheidung des **absoluten Gewinns** in Kapitalgewinn, pagatorischen sowie kalkulatorischen Gewinn wird notwendig, weil unterschiedliche Bestandteile als Rechnungsgrößen zur Ermittlung des Gewinns herangezogen werden können. Im Fall des **kalkulatorischen Gewinns** werden z. B. Eigenkapitalzinsen als gewinnmindernde Kostenbestandteile betrachtet, bei der Ermittlung des **pagatorischen Gewinns** dagegen nicht. Ob Eigenkapitalzinsen Gewinn- oder Kostenbestandteile bilden, kann nicht absolut entschieden werden. Maßgebend ist vielmehr, zu welchem Zweck die verschiedenen Gewinnformen als Maßstab herangezogen werden sollen. So kann es auch sinnvoll sein, Zinsen jeglicher Art – also auch die Fremdkapitalzinsen — als Gewinnbestandteile aufzufassen. Dieser Gewinnbegriff wird als **Kapitalgewinn** bezeichnet. In vereinfachter Form grenzt Abbildung 1.10 die unterschiedlichen absoluten Gewinnbegriffe voneinander ab.

*Rentabilität*

Werden diese Formen des absoluten Gewinns zum eingesetzten Kapital ins Verhältnis gesetzt, erhält man zwei relative Gewinngrößen als Ausdruck des

| Kapitalgewinn | | |
|---|---|---|
| pagatorischer Gewinn | | Fremdkapitalzinsen |
| kalkulatorischer Gewinn | Eigenkapitalzinsen | Fremdkapitalzinsen |

*Abb. 1.10: Abgrenzung der absoluten Gewinnformen*

Rentabilitätsstrebens, die Gesamt- bzw. die Eigenkapitalrentabilität. Im Falle der **Gesamtkapitalrentabilität** ist der Kapitalgewinn zum Gesamtkapital, im Falle der **Eigenkapitalrentabilität** der pagatorische Gewinn zum Eigenkapitel ins Verhältnis zu setzen.

Das Wirtschaftlichkeitsstreben ist zwar kein dem Gewinnstreben gleichrangiges Unternehmungsziel, besitzt jedoch als Mittel zur Erreichung des Gewinnzieles auf allen Ebenen des Industriebetriebes erhebliche Bedeutung. **Das Wirtschaftlichkeitsprinzip fordert eine möglichst sparsame Verwendung der verfügbaren Mittel bei der betrieblichen Leistungserstellung und -verwertung.** Operationalisiert wird dieses Prinzip durch die Forderung nach Maximierung des Verhältnisses von Output zu Input (das Wirtschaftlichkeitsprinzip ist damit eine Ausprägung des Rationalprinzips). Output und Input können dabei durch Mengen- wie durch Wertgrößen ausgedrückt werden.

*Wirtschaftlichkeit*

Die mengenmäßige Fassung des Wirtschaftlichkeitsprinzips beinhaltet das Streben nach **Produktivität.** Sie ist als das Verhältnis zwischen Faktorertrags- und Faktoreinsatzmenge definiert. Da Leistungen aus der Kombination mehrerer Einsatzgrößen entstehen, diese jedoch selten dimensionsgleich und damit addierbar sind (z. B. Arbeit/Kapital), können auch nur partielle Produktivitätskennzahlen gebildet werden (z. B. Arbeits-/Kapitalproduktivität). Kennzahlen dieser Art beleuchten stets nur einen Aspekt der Leistungserstellung; partielle Produktivitäten dürfen daher nicht isoliert als Zielgrößen aufgefaßt werden. So bedingt beispielsweise das hinter der Automatisierung stehende Bemühen um Erhöhung der Arbeitsproduktivität in der Regel ein Absinken der Kapitalproduktivität. Diese Kennzahlen sind deshalb vorwiegend für Vergleichs- und Kontrollzwecke geeignet.

Das Problem der Dimensionsverschiedenheit läßt sich lösen, wenn sowohl die verschiedenen zu kombinierenden Faktorarten untereinander als auch die produzierte Leistung über einen einheitlichen Maßstab vergleichbar gemacht werden. Hierzu bietet sich die Verwendung von Kosten- und Leistungsgrößen an. Das Wirtschaftlichkeitsstreben erfordert dann einen Vergleich des mit geeigneten Faktorwerten (z. B. Preisen) gewichteten Faktorverzehrs (Kosten) und der aus dem betrieblichen Kombinationsprozeß anfallenden bewerteten Ergebnisse (Leistungen). In dieser speziellen Form kann es als Streben nach **Kostenwirtschaftlichkeit** gekennzeichnet werden. Dieses Streben bringt die Forderung zum Ausdruck, eine verlangte Leistung mit möglichst geringen Kosten zu erzielen bzw. mit einem gegebenen Kosteneinsatz eine möglichst große Produktionsleistung zu erbringen.

*Sicherheit*

Das Sicherheitsstreben ist in der Regel im Zielkatalog jeder Betriebswirtschaft zu finden. Dies liegt in der Tatsache begründet, daß Betriebswirtschaften in einer Umwelt stehen, die sich ihrer Kontrolle weitgehend entzieht und die betriebswirtschaftlichen Entscheidungen mit Unsicherheiten belastet.

Das Streben nach Sicherheit findet in zwei Gruppen von Zielformulierungen seinen Ausdruck: in der Sicherung des Unternehmungspotentials und in der Sicherung der Liquidität.

*Sicherung des Unternehmungspotentials*

Der Sicherung des Unternehmungspotentials liegt der Gedanke zugrunde, die „Leistungskraft" der Betriebswirtschaft aufrechtzuerhalten. Diese zunächst vage Formulierung läßt sich durch meßbare Erhaltungsmaßstäbe konkretisieren. Beispielsweise kann das ursprünglich investierte Kapital in Form des **nominellen Geldeinsatzes** oder des **realen Kapitals** (unter Berücksichtigung der Geldwertschwankungen) als Kriterium herangezogen werden. Eine rein **substanzbezogene Form** des Erhaltungsstrebens liegt dagegen vor, wenn als Maßstab die Produktionskapazität Verwendung findet. Das Streben nach **relativer bzw. leistungsäquivalenter Kapitalerhaltung** ist die in diesem Zusammenhang am weitesten gehende Forderung; sie verlangt eine Ausrichtung der Leistungsfähigkeit an Wirtschaftswachstum, Konkurrenz und technischem Fortschritt.

*Sicherung der Liquidität*

Die zweite Ausdrucksform des Sicherheitsstrebens – die Sicherung der Liquidität – wird auch als das Streben nach Aufrechterhaltung des finanziellen Gleichgewichts bezeichnet. **Eine Betriebswirtschaft befindet sich im finanziellen Gleichgewicht, wenn sie zu jedem Zeitpunkt den fälligen Zahlungsverpflichtungen uneingeschränkt nachkommen kann.**

Diese Voraussetzung ist erfüllt, wenn die im Zeitpunkt zu leistenden Ausgaben nicht größer sind als die Summe der zu diesem Zeitpunkt anfallenden Einnahmen einschließlich der vorhandenen Zahlungsmittelbestände **(dispositive Liquidität)**. Zur Liquiditätsbeurteilung werden auch strukturelle Maßstäbe vorgeschlagen. In diesem Fall wird auf Bestandsgrößen wie Vermögens- und Kapitalbestände Bezug genommen, die sich je nach dem Grad ihrer Liquidierbarkeit unterschiedlich als Liquiditätsreserven eignen.

Die Einhaltung bestimmter Kapital- und Vermögensrelationen soll die Aufrechterhaltung der jederzeitigen Zahlungsfähigkeit gewährleisten. Hier sind die sogenannten horizontalen und vertikalen Finanzierungsregeln zu nennen. Vertikale **Finanzierungsregeln** schreiben ein bestimmtes Verhältnis zwischen Eigen- und Fremdkapital vor. **Horizontale Finanzierungsregeln** fordern, daß Investitionen mit bestimmter Kapitalbindungsdauer durch Geldkapital mit entsprechender Überlassungsfrist zu finanzieren sind. Beide Fälle sind Ausdrucksformen des Strebens nach **struktureller und konstitutiver Liquidität**.

*Zielbeziehungen*

Jede Entscheidung setzt neben einer eindeutigen Formulierung der Ziele voraus, daß die zwischen den Zielen bestehenden Beziehungen erkannt und analysiert werden. Diese Beziehungen können verschiedener Natur sein. Grundsätzlich lassen sich drei Klassen von Beziehungen unterscheiden, die mit folgenden Aussagen kurz charakterisiert werden können:

(a) „Ziel A steht zu Ziel B in konkurrierender, komplementärer oder indifferenter Beziehung."

(b) „Ziel A ist wichtiger als Ziel B."

(c) „Ziel A und Ziel B stehen im Verhältnis Oberziel – Unterziel."

(a) Ziele können miteinander in Konflikt stehen, sie können zueinander komplementär sein oder in indifferentem Verhältnis stehen (vgl. Abbildung 1.11). Die drei möglichen Ausprägungen dieses Zielbeziehungstyps können erst erkannt werden, wenn konkrete Entscheidungssituationen vorliegen, d. h. wenn die Handlungsmöglichkeiten und deren Auswirkungen auf die Zielerreichung bekannt sind.

**Zwei Ziele sind konfliktär (I), wenn eine Steigerung in der Erfüllung des einen Ziels die Erreichung des anderen Ziels mindert.** *Konflikt*

Zwei Beispiele sollen diesen Sachverhalt verdeutlichen. Ist bei der Bestimmung des optimalen Fertigungsprogramms von der Absatzseite her eine Tendenz zur Ausdehung des Sortiments mit der Absicht der Umsatzmaximierung festzustellen und strebt die Fertigung das Ziel „Minimierung der Stückkosten" durch eine möglichst weitgehende Einschränkung des Produktfächers an, so liegt ein Konflikt zwischen Umsatzmaximierung und Kostenminimierung vor. Häufig ist auch ein Konflikt zwischen „Sicherung der Liquidität" und „Maximierung der Rentabilität" gegeben. Eine erhöhte Bindung liquider Mittel läßt die Erwartungen auf Erhöhung der Rentabilität steigen, jedoch kann diese Maßnahme zugleich zur Anspannung der Liquiditätslage führen.

**Eine komplementäre Beziehung (II) zwischen zwei Zielen liegt vor, wenn eine Steigerung der Erfüllung des einen Ziels zugleich auch eine Erhöhung der Erfüllung des anderen Ziels bedeutet.** *Komplementarität*

Es sind beispielsweise Entscheidungssituationen denkbar, bei denen eine Ausdehnung des Produktionsumfanges gleichzeitig zu einer absoluten Steigerung des Gewinn-, Umsatz- und Wirtschaftlichkeitsziels führt.

**Von einem indifferenten Verhältnis (III, IV) zwischen Zielen kann dagegen gesprochen werden, wenn die Erfüllung des einen Ziels keinen Einfluß auf eine Erfüllung des anderen Ziels ausübt.** *Indifferenz*

(b) Bei konfliktären Entscheidungssituationen muß zwischen den Zielen eine Gewichtung vorgenommen werden. Der Entscheidungsträger muß sich im klaren darüber sein, welches Ziel er vorzieht. Diese Gewichtung ist Ausdruck einer subjektiv gebildeten Rangordnung des Entscheidungsträgers. Dementsprechend **lassen sich höher gewichtete Zielvorstellungen als Hauptziele bezeichnen, geringer gewichtete als Nebenziele.** Die Gewichtung ist in der Regel situationsabhängig und weist somit nur geringe zeitliche Stabilität auf.

Haupt- wie Nebenziele können unbedingten Charakter annehmen. Die Sicherung der jederzeitigen Zahlungsfähigkeit ist hierfür ein Beispiel; diese existenznotwendige Bedingung ist in der Regel nicht das Hauptziel einer Unternehmung (niemand wirtschaftet, nur um liquide zu bleiben). Sie kann jedoch *Haupt- und Nebenziele*

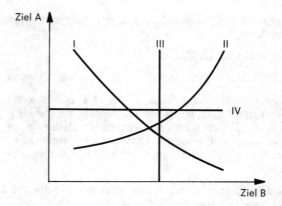

*Abb. 1.11: Konfliktäre, komplementäre und indifferente Zielbeziehungen*

temporär zum dominierenden Ziel werden und damit andere Zielvorstellungen in den Hintergrund drängen.

(c) Ein weiterer Zielbeziehungstyp spielt für die organisatorische Steuerung des Entscheidungsprozesses eine bedeutsame Rolle. **Die Formulierung von Ober- und Unterzielen in der Betriebswirtschaft wird auch als Entwicklung von Zielhierarchien interpretiert.** Durch die Vorgabe geeigneter Zwischen- und Unterziele ist man bemüht, alle Teilentscheidungen zu koordinieren und auf das Oberziel der Unternehmung auszurichten (management by objectives).

*Ober- und Unterziele*

Die Beziehungen zwischen Ober- und Unterzielen sind sowohl entscheidungsträger- als auch entscheidungsfeldbedingt. Die Vorgabe von Unterzielen setzt ein zumindest teilweise komplementäres Verhältnis (partielle Komplementarität) zwischen Ober- und Unterzielen voraus (entscheidungsfeldbezogener Aspekt). Darüber hinaus hängt es von dem Anspruchsniveau des Entscheidungsträgers ab, ob er das Oberziel durch ein Unterziel für ersetzbar erachtet (entscheidungsträgerbezogener Aspekt). Für die Steuerung des organisatorischen Entscheidungsprozesses ist in erster Linie die Vorgabe quantifizierbarer Ziele bedeutsam, wie sie etwa in Kennzahlen zum Ausdruck kommen. Ein Beispiel für eine Zielhierarchie in Gestalt eines Kennzahlensystems gibt Abbildung 1.12 wieder.

*Zielhierarchie*

Dieses Schema ist ein definitionslogisches Beispiel einer Zielhierarchie. Jeweils links von einer Kennzahl steht das relative Oberziel, rechts davon stehen die Unterziele. Die Zeichen an den „Kreuzungspunkten" der Verbindungslinien geben die Definition für die betreffende Kennzahl an. Da Rentabilität jedoch nicht als einziges Oberziel angesehen werden kann, werden Zielhierarchien in der Praxis kaum die in Abbildung 1.12 gezeigte idealtypische Form aufweisen. Sie werden häufig statt von einem von mehreren Oberzielen ausgehen, vergleichsweise unverbindlich formuliert sein und nicht derart eindeutige Ziel-Subziel-Beziehungen enthalten.

*Zielsysteme mit mehreren Oberzielen*

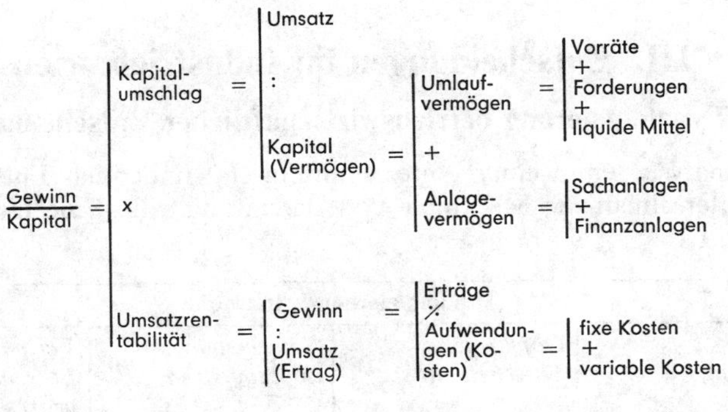

$$\frac{\text{Gewinn}}{\text{Kapital}} = \times \begin{cases} \text{Kapital-} \\ \text{umschlag} \end{cases} = \begin{cases} \text{Umsatz} \\ : \\ \text{Kapital} \\ \text{(Vermögen)} \end{cases} = \begin{cases} \text{Umlauf-} \\ \text{vermögen} \\ + \\ \text{Anlage-} \\ \text{vermögen} \end{cases} = \begin{cases} \text{Vorräte} \\ + \\ \text{Forderungen} \\ + \\ \text{liquide Mittel} \\ \\ \text{Sachanlagen} \\ + \\ \text{Finanzanlagen} \end{cases} \\ \begin{cases} \text{Umsatzren-} \\ \text{tabilität} \end{cases} = \begin{cases} \text{Gewinn} \\ : \\ \text{Umsatz} \\ \text{(Ertrag)} \end{cases} = \begin{cases} \text{Erträge} \\ ./. \\ \text{Aufwendun-} \\ \text{gen (Ko-} \\ \text{sten)} \end{cases} = \begin{cases} \text{fixe Kosten} \\ + \\ \text{variable Kosten} \end{cases}$$

*Abb. 1.12: Kennzahlenhierarchie (Du Pont-Schema)*

Auch die Annahme, daß Ziele vor Mittelentscheidungen formuliert sein müssen, ist idealtypischer Natur. Bei Verhandlungsprozessen, die in industriellen Organisationen ablaufen, **ist nicht auszuschließen, daß die Verhandlungspartner sich auf ein Mittel einigen (z. B. Fusionsentscheidung), ohne sich vorher über gemeinsame Zielsetzungen verständigt zu haben.** Sie halten allerdings die entsprechende Entscheidung für gut im Sinne ihrer – nicht ausdrücklich formulierten oder gar nur unbewußt vorhandenen – individuellen Zielsetzungen. Daß Ziele im Zeitablauf nicht konstant zu sein brauchen, folgt aus der Notwendigkeit ständiger Anpassung an Umweltveränderungen. Zielsetzungen erfolgen auch nicht absolut, sondern im Zusammenhang mit den zur Verfügung stehenden Mitteln; sie werden so lange modifiziert, bis Mittel zu ihrer Erreichung gefunden sind. Ebenso besteht die Möglichkeit, daß **Ziele erst nachträglich zur Rechtfertigung bereits getroffener Mittelentscheidungen formuliert werden.**

## III. Entscheidungen im Industriebetrieb

### 1. Typologisierung betriebswirtschaftlicher Entscheidungen

Für die Analyse der in einer Unternehmung stattfindenden Entscheidungen können unterschiedliche Merkmale von Bedeutung sein. Eine Übersicht gibt Abbildung 1.13.

| Typologisierungskriterien | | | |
|---|---|---|---|
| *Träger der Entscheidung* (1) | *Objekt der Entscheidung* (2) | *Entscheidungskonsequenzen* (3) | *Verlauf des Entscheidungsprozesses* (4) |
| Individual- und Kollektiventscheidungen (11) | Meta- und Objektentscheidungen (21) | Entscheidungen bei Sicherheit, Risiko und Unsicherheit (31) | simultane und sukzessive Entscheidungen (41) |
| zentrale und dezentrale Entscheidungen (12) | gelegentliche und laufende Entscheidungen (22) | lang-, kurz- und mittelfristige Entscheidungen (32) | programmierbare und nicht programmierbare Entscheidungen (42) |
| Führungs- und Ressortentscheidungen (13) | konstitutive und situationsbedingte Entscheidungen (23) | Entscheidungen bei monovariabler und multivariabler Zielsetzung (33) | |
| | Total- und Partialentscheidungen (24) | | |

| Typologisierungskriterien | | | |
|---|---|---|---|
| *Beginn des Entscheidungsprozesses* (5) | *Eingehende Wertprämissen* (6) | *Struktur des Entscheidungsproblems* (7) | *Ergebnis des Entscheidungsprozesses* (8) |
| reaktive Entscheidungen (51) | politische Entscheidungen (61) | wohl-strukturierte Entscheidungsprobleme (71) | neue Problemlösung (innovative Entscheidung) (81) |
| antizipative Entscheidungen (52) | administrative Entscheidungen (62) | schlecht-strukturierte Entscheidungsprobleme (72) | bekannte Problemlösung (Routineentscheidung) (82) |
| | operative Entscheidungen (63) | | Ziele Strategien Taktiken Maßnahmen (83) |

*Abb. 1.13: Eine Typologie betriebswirtschaftlicher Entscheidungen*

**Entscheidungsträger ist, wer an bestimmten Entscheidungsprozessen teilnimmt und aufgrund seiner Stellung oder Rolle in der Unternehmung befugt ist, das Ergebnis dieser Entscheidungsprozesse festzulegen.** Entscheidungsträger kann eine Person, eine Gruppe von Personen oder eine gesamte Organisation sein. Dementsprechend können **Individual- und Kollektiventscheidungen** unterschieden werden (11).

*Träger der Entscheidung*

Die mathematische Entscheidungstheorie vernachlässigt diese Unterscheidung weitgehend. In der **sozialwissenschaftlich orientierten Entscheidungsforschung** werden die Probleme der Individualentscheidung in erster Linie als Prozesse der menschlichen Informationsverarbeitung betrachtet (Theorie kognitiver Entscheidungsprozesse). **Die Beschreibung und Erklärung individueller und kollektiver Entscheidungsprozesse basiert weitgehend auf den Erkenntnissen der Psychologie, der Sozialpsychologie und der Soziologie.**

Besitzen in einer Unternehmung mehrere Personen oder Abteilungen Entscheidungsbefugnisse hinsichtlich jeweils unterschiedlicher Problemstellungen, wird von „**Entscheidungsdezentralisation**" gesprochen. Zentralisation liegt vor, wenn sämtliche Entscheidungsaufgaben von einer Person oder Abteilung wahrgenommen werden (12). **In der Realität besteht weder völlige Dezentralisation noch vollständige Zentralisation.** Die beiden Grenzfälle sind grafisch stark vereinfacht in Abb. 1.14 verdeutlicht.

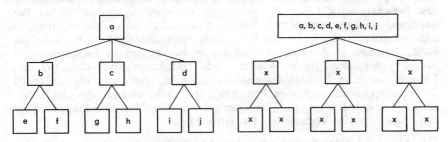

*Abb. 1.14: Dezentrale und zentrale Entscheidungen*

Die Entscheidungskompetenzen über die Probleme b bis j sind im Fall der Dezentralisation von der Führungsspitze an untere Instanzen delegiert. Im Gegensatz hierzu sind bei Zentralisation alle Entscheidungsaufgaben in der obersten Instanz vereint. Den anderen Stellen verbleiben nur noch reine Ausführungsaufgaben.

Die Unterscheidung zwischen **Führungs- und Ressortentscheidungen** (13) steht in engem Zusammenhang mit der Delegierbarkeit von Entscheidungen. Führungsentscheidungen haben nach Gutenberg eine besondere Bedeutung für die Vermögens- und Ertragslage und damit für den Bestand der Unternehmung. Sie sind auf das Ganze der Unternehmung gerichtet. Echte Führungsentscheidungen können demnach nicht delegiert werden. Entscheidungen, die diesen Kriterien entsprechen, umfassen die Festlegung der langfristigen Unternehmungspolitik, die Koordinierung der großen betrieblichen Teilbereiche, die

Beseitigung von Störungen im laufenden Betriebsprozeß, geschäftliche Maßnahmen von außergewöhnlicher betrieblicher Bedeutung sowie die Besetzung von Führungsstellen (Gutenberg). Ressortentscheidungen weichen innerhalb der Entscheidungshierarchie von oben nach unten zunehmend von den genannten Merkmalen der Führungsentscheidungen ab.

*Objekt der Entscheidung*

Gegenstand einer Entscheidung ist eine bestimmte Problemstellung. Diese kann von genereller Bedeutung sein oder nur einen konkreten Einzelfall darstellen.

Die Trennung zwischen **Meta- und Objektentscheidungen** (21) geht von der zeitlichen Teilung des Entscheidungsfeldes aus. Metaentscheidungen werden vor Objektentscheidungen getroffen; sie legen Bedingungen für Objektentscheidungen fest. Entscheidungen über Unternehmungsziele, über das Informationssystem oder über organisatorische Strukturen sind typische Beispiele für Metaentscheidungen (vgl. Teil 2, S. 83 ff.). Die „Güte" und „Richtigkeit" von Objektentscheidungen (Mittelentscheidungen) hängt von den zugrunde gelegten Zielen und Informationen sowie vom Entscheidungsträger ab, der im Rahmen der Organisation diese Aufgabe zu lösen hat. Objektentscheidungen können nach den Funktionsbereichen abgegrenzt werden. Somit ergeben sich z. B. Beschaffungs-, Absatz- und Finanzierungsentscheidungen.

(22) Ausgangspunkt der Unterscheidung zwischen **gelegentlichen und laufenden Entscheidungen** bildet die genetische (entwicklungsgeschichtliche) Betrachtung einer Unternehmung. Teilt man das Leben einer Unternehmung in drei wesentliche Abschnitte, so lassen sich Entscheidungen im Rahmen der **Gründungsphase** (z. B. Standort, Rechtsform, Betriebsgröße), Entscheidungen in der **Umsatzphase** (z. B. Absatz- und Produktionsentscheidungen) und Entscheidungen in der **Liquidationsphase** (Entscheidungen über die Auflösung des Vermögens) unterscheiden. Entscheidungen in der Gründungs- und Auflösungsphase haben mehr den Charakter gelegentlicher Entscheidungen als die Entscheidungen im Verlaufe der Umsatzphase.

(23) Mit der Unterscheidung zwischen **konstitutiven und situationsbedingten Entscheidungen** wählt Sandig eine Einteilung wie unter (21) und (22). Konstitutive Entscheidungen prägen das Entscheidungsfeld der Betriebswirtschaft für längere Zeit. Situationsbedingte Entscheidungen sind die laufenden Entscheidungen. Sie werden getroffen, um die Unternehmung innerhalb des konstituierten Rahmens jeweils an die sich ändernden Umweltbedingungen anzupassen. So bildet z. B. die Rechtsform einer Unternehmung zunächst ein durch eine konstitutive Entscheidung in der Gründungsphase geschaffenes Datum für laufende Finanzierungsentscheidungen. Selbstverständlich können und müssen langfristig auch die konstitutiven Entscheidungen infolge von Umweltveränderungen überprüft werden.

(24) Unter Hervorhebung des **Geltungsbereiches einer Entscheidung** wird z. B. von Kosiol zwischen **Gesamtbereichs-**(Total-) und **Teilbereichs-**(Partial-)**entscheidungen** unterschieden.

*Entscheidungs-konsequenzen*

(31) Der Abgrenzung in Entscheidungen unter Sicherheit, Risiko und Unsicherheit liegt der Grad der Informiertheit des Entscheidungsträgers zugrunde

(Knight). Bei einer Entscheidungssituation unter **Sicherheit** weiß der handelnde Mensch, daß bestimmte Auswirkungen eindeutig und ohne Zweifel eintreten werden. Bei **Risikoentscheidungen** besitzt der Entscheidungsträger Kenntnis über die Eintrittswahrscheinlichkeiten der Folgen bestimmter Alternativen. Im Falle der **Unsicherheit** ist dem Entscheidungsträger zwar bekannt, daß eine bestimmte Umweltsituation zu bestimmten Konsequenzen der Alternativen führt, er kennt jedoch nicht die Eintrittswahrscheinlichkeiten der verschiedenen Umweltsituationen. Das Verhalten der Entscheidungsträger in den genannten Situationen wird beispielhaft durch die Entscheidungsregeln der mathematischen Entscheidungstheorie beschrieben bzw. empfohlen.

Je **nach Länge der Bindungsdauer einer Entscheidung** lassen sich lang-, mittel- und kurzfristige Entscheidungen abgrenzen (32). Die **Bindungsdauer** ist der Zeitraum, für den die vorgelagerte Entscheidung Prämissen für nachgelagerte (Mittel-)Entscheidungen setzt. Es besteht dadurch eine Bindung an die vorgelagerte Entscheidung.

Langfristige Entscheidungen gelten z. B. 4–10 Jahre, mittelfristige zwischen 1 und 3 Jahren; kurzfristige Entscheidungen gelten bis zu 1 Jahr.

Eine solche Fristeneinteilung läßt sich allerdings auch nach der **Bezugszeit der Entscheidung** treffen. Ein Plan als das Ergebnis eines antizipativen Entscheidungsprozesses enthält Merkmale eines anzustrebenden zukünftigen Zustandes. Beziehen sich diese Merkmale auf einen Zustand, der beispielsweise in 10 Jahren realisiert sein soll, kann man von einer langfristigen Entscheidung (von einem langfristigen Plan) hinsichtlich der Bezugszeit sprechen. Dabei spielt es keine Rolle, daß die Dauer der Bindung an die Entscheidung möglicherweise kürzer ist.

Sind mit einer Entscheidung bestimmte Erwartungen für die Zukunft verbunden, kann als drittes Kriterium für die Fristigkeit von Entscheidungen der **Planungshorizont** herangezogen werden. Er beschreibt den Zeitraum, über den hinweg Erwartungen bestehen bezüglich der Auswirkungen der Entscheidung auf die betriebliche Aufgabenerfüllung oder auf die Entwicklung der Unternehmung. Auch eine hinsichtlich der Bezugszeit kurzfristige Entscheidung kann langfristige Erwartungen auslösen.

(33) Die Auswahl von Handlungsmöglichkeiten kann anhand eines Zieles oder mehrerer Ziele (Kriterien) erfolgen. Entsprechend können **Entscheidungen bei monovariabler und multivariabler Zielsetzung** unterschieden werden.

Sowohl die Entscheidungen eines einzelnen Individuums als auch die Entscheidungen verschiedener Individuen weisen häufig Interdependenzen auf. Die Entscheidungsprozesse verlaufen in gewisser Weise „vermascht". Ergebnisse eines Entscheidungsprozesses A werden als Grundlage oder Prämisse eines anderen Entscheidungsprozesses B benötigt und umgekehrt. Je nachdem, welche Konstellation vorliegt, muß eine gewisse Abfolge der Einzelentscheidungen eingehalten werden. Kriterium der Unterscheidung zwischen **sukzessiven und simultanen Entscheidungen** (41) ist die zeitliche Abfolge der Festlegung der Aktionsvariablen. Im **sukzessiven Entscheidungsprozeß** werden die einzel-

*Verlauf des Entscheidungsprozesses*

nen Teilentscheidungen zeitlich nacheinander gefällt, beispielsweise zunächst die Absatz-, dann die Produktions- und schließlich die Investitions- und Finanzierungsentscheidungen. Die auf den jeweils zeitlich vorgelagerten Stufen des Prozesses erfolgten Festlegungen von Entscheidungstatbeständen werden mehr oder weniger als endgültige Entscheidungen aufgefaßt. Sie bilden Daten für die nachfolgenden Entscheidungen. Infolge der Arbeitsteilungen in Organisationen müssen die einzelnen Entscheidungstatbestände nacheinander festgelegt werden. Bei späteren Teilentscheidungen ergeben sich jedoch häufig Schwierigkeiten. Dadurch wird ein Rückkoppelungsprozeß ausgelöst, der zur Revision der früher getroffenen Teilentscheidungen führen kann. Im **simultanen Entscheidungsprozeß** erfolgt die endgültige Festlegung aller Entscheidungstatbestände gleichzeitig (vgl. auch Teil 4, S. 396). Formal sind die beiden idealtypischen Formen von Entscheidungsprozessen in Abbildung 1.15 veranschaulicht.

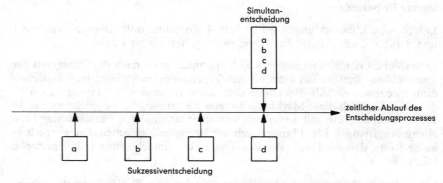

*Abb. 1.15: Simultan- und Sukzessiventscheidung*

(42) Das Begriffspaar **„programmierbare und nicht programmierbare Entscheidungen"** stammt von Simon. Zahlreiche Entscheidungen (wie z. B. die Bestellung von Verbrauchsgütern) wiederholen sich im Zeitablauf, ohne sich in ihrer Struktur nennenswert zu ändern. Entscheidungen dieser Art lassen sich durch **generelle Regelungen,** d. h. durch die Vorgabe operationaler Kriterien und Methoden weitgehend standardisieren. Auf diese Weise können sie nicht nur leichter delegiert, sondern auch einer elektronischen Datenverarbeitungsanlage übertragen werden. Ihre Programmierbarkeit ist gewährleistet, wenn Zielkriterium sowie Menge und Art der zu verarbeitenden Informationen als längerfristig konstant anzusehen sind und eine Lösungsmethode bekannt ist. Diese Voraussetzungen sind bei nicht programmierbaren Entscheidungen nicht gegeben; sie umfassen vergleichsweise einmalige und neuartige unternehmungspolitische Entscheidungen von größerer Tragweite. Hierzu zählen besonders die unter (13) definierten Führungsentscheidungen im Industriebetrieb. Häufig werden derartige nichtprogrammierbare Entscheidungen als einmalige, die programmierbaren hingegen als Routine-Entscheidungen bezeichnet.

Entscheidungsprozesse werden durch Anregungsinformationen ausgelöst. Diese Anregungsinformation kann auf eine bereits eingetretene Störung eines Systems oder auf eine bereits bestehende Entscheidungslücke hinweisen. Sie kann aber auch Hinweise darauf enthalten, daß eine solche Störung oder Situation in Zukunft eintreten wird, falls nicht Maßnahmen zu ihrer (Voraus-) Kompensation bzw. Handhabung ergriffen werden.

*Beginn des Entscheidungsprozesses*

**Reaktive Entscheidungsprozesse** (51) beginnen zu einem Zeitpunkt, in dem eine Störung bereits eingetreten ist. Mit der Entscheidung wird auf diesen Tatbestand reagiert. Reaktives Entscheiden entspricht dem klassischen Vorgehen bei der Anpassung von Unternehmungen an sich ändernde Umweltbedingungen („Schwachstellenkonzept"). Erst nachdem eine Schwäche der Organisation, ein Fehlschlagen bisherigen Verhaltens fühlbar zutage tritt, wird eine Entscheidung über eine Anpassung, über eine „Heilung der Schwäche" ausgelöst. **Antizipativen Entscheidungen** (52) liegen Anregungsinformationen zugrunde, die z. T. erst den Charakter von Vermutungen (schwachen Signalen) besitzen, daß bzw. wo sich Veränderungen ergeben könnten. Antizipative Entscheidungsprozesse werden initiiert, um dem Eintritt zukünftiger Störungen bereits im voraus gegenzusteuern oder für den Fall ihres tatsächlichen Eintritts bereits Programme und Handlungsweisen zur Verfügung zu haben.

Jeder Entscheidungsprozeß weist informationellen Input und Output auf. Als Input eines Entscheidungsprozesses können zum einen Informationen über Entscheidungsprämissen und zum anderen Informationen über konkrete Problemstellungen (Anregungsinformationen) und Alternativen betrachtet werden. Output einer Entscheidung ist in jedem Falle eine Festlegung auf ein bestimmtes Tun oder Unterlassen, also wiederum eine Information. Wie aus der Ziel-Mittelbetrachtung erkennbar ist, handelt es sich jedoch nicht bei allen Entscheidungen um gleichrangige Inputs und Outputs. Bei Entscheidungen über die Ziele der Organisation stellen beispielsweise – neben der Unterstützung – Informationen über die individuellen Werthaltungen und Interessen betroffener Individuen und Gruppen (in Form von Forderungen) sowie Informationen über die Notwendigkeit eines Neuentscheids den Input des Entscheidungsprozesses dar. Output ist eine verbindliche Festlegung, zur Verwirklichung welcher bzw. wessen Werte die organisationalen Ressourcen eingesetzt werden sollen.

*Eingehende Wertprämissen*

Diese Festlegungen sowie zusätzliche faktische Informationen gehen in nachgelagerte Entscheidungen als Input ein. Weiterer Input an individuellen Werthaltungen ist im Grunde nicht erwünscht. Output solcher Entscheidungsprozesse sollen bestimmte Verhaltensrichtlinien oder Programme zur Erreichung der Unternehmungsziele sein.

**Politische, administrative und operative Entscheidungen lassen sich durch die individuellen Wertprämissen abgrenzen,** die als informationeller Input von Entscheidungsprozessen das Kriterium der Typisierung bilden.

**Politische Entscheidungen** (61) zeichnen sich dadurch aus, daß in erheblichem Umfang individuelle Werte und Interessen als Input auftreten. **Administrativen Entscheidungen** (62) liegen offizielle und akzeptierte Wertprämissen in Form von Zielen der Organisation zugrunde. Die Träger solcher Entscheidungen müssen diese jedoch erst interpretieren. Dabei werden sie die vorhandenen offenen Beschränkungen teilweise unter dem Einfluß ihrer eigenen Individualziele schließen. Dennoch fließen wesentlich weniger individuelle Wertprämissen ein als bei politischen Entscheidungen. Die Entscheidungsträger halten sich an bereits autorisierte Richtlinien, Vorschriften usw. Während sich aus politischen und administrativen Entscheidungsprozessen innovative Festlegungen ergeben, wird mit **operativen Entscheidungen** (63) lediglich eine Auswahl aus (bereits bekannten) alternativen Handlungsweisen getroffen. Individuelle Wertprämissen gehen nicht in den Entscheidungsprozeß ein. Für operative Entscheidungen sind die Prämissen völlig festgelegt, d. h. sie bedürfen keiner Auslegung mehr.

*Struktur des Entscheidungsproblems*

**Wohlstrukturierte Entscheidungsprobleme** (71) sind durch das Vorhandensein folgender Merkmale gekennzeichnet: eine bestimmte Anzahl von Lösungsmöglichkeiten, Informationen über deren Auswirkungen (Konsequenzen), klar formulierte Ziele (Prämissen) sowie Regeln (Lösungsalgorithmen), mit deren Hilfe eine eindeutige Präferenzordnung der Alternativen gebildet werden kann. Wohlstrukturierte Probleme können analytisch gelöst werden.

Häufig sind Entscheidungsprobleme **schlechtstrukturiert** (72).

*Ergebnis des Entscheidungsprozesses*

**Ein schlechtstrukturiertes Problem ist dadurch charakterisiert, daß ihm mindestens eines der Merkmale wohlstrukturierter Probleme fehlt.** Dieser Problemtyp dürfte bei einer Vielzahl der im Industriebetrieb zu lösenden Probleme gegeben sein (z. B. Personalentscheidungen, Organisationsgestaltung, Gestaltung der Werbung und Absatzwege, Entwicklung von Informationssystemen). Intuition, Einfallsreichtum, Erfahrung usw. sind Elemente des Problemlösungsverhaltens in schlechtstrukturierten Entscheidungssituationen.

**Innovative Entscheidungen** (81) werden in Situationen getroffen, für die es noch keine Präzedenzfälle gibt. Die Alternativen oder Aktionen, die als Lösung des Entscheidungsproblems gelten können, sind noch nicht bekannt. Sie werden im Laufe des Entscheidungsprozesses erst entwickelt. Im Rahmen von **Routineentscheidungen** (82) wird dagegen aus einer Menge von Alternativen – aufgrund von Erfahrungen der Vergangenheit – diejenige ausgewählt, von der vermutet wird, daß sie die vorliegende Problemstellung am besten löst. In einer anderen Sicht kann der Output eines Entscheidungsprozesses danach unterschieden werden, inwieweit er Aussagen über die **Ziele der Organisation, die Strategien zur Erreichung dieser Ziele, funktionale bzw. divisionale Taktiken oder konkrete Maßnahmen** enthält (83).

Industriebetriebliche Entscheidungen lassen sich selbstverständlich immer mehreren Kategorien gleichzeitig zuordnen. So können beispielsweise Investitionsentscheidungen als schlechtstrukturierte, politische Entscheidungsprozesse unter Risiko mit langfristigem Planungshorizont charakterisiert werden, die gleichzeitig innovativ sind und an deren Verlauf mehrere Personen teilnehmen.

## 2. Grundbegriffe der Entscheidungsforschung
### a) Das Entscheidungsfeld

Der Entscheidungsträger sieht sich einem **Entscheidungsfeld** gegenüber. Es wird bestimmt durch die Menge der Aktionsvariablen (Aktionsfeld) und die Daten der Umwelt. Es ist also **definiert durch die Menge der Personen und Sachen einer Betriebswirtschaft, die durch den Entscheidungsakt beeinflußt werden können sowie durch die Gegebenheiten der Umwelt, die das Aktionsfeld begrenzen.** Das Entscheidungsfeld beinhaltet somit alle Faktoren, die bei einer Entscheidungsfindung zu berücksichtigen sind.

*Elemente des Entscheidungsfeldes*

Das Aktionsfeld bildet den beeinflußbaren Teil des Entscheidungsfeldes; die Daten der Umwelt geben den nicht oder nur schwer kontrollierbaren Teil wieder. Die Umweltdaten stellen eine Reihe von Tatbeständen dar, die dem ökonomischen, sozialen, technischen, kulturellen oder politischen Bereich der Umwelt entstammen.

*Aktionsparameter Daten*

Aus dem Aktionsfeld wählt der Entscheidungsträger diejenige Aktion oder Alternative aus, die für seine Ziel- oder Wertvorstellungen die „besten" oder „nützlichsten" Auswirkungen aufweist.

*Alternativen und Konsequenzen*

**Alternativen sind Kombinationen von Handlungsmöglichkeiten, die den verfügbaren Mittelbestand vollständig ausschöpfen und sich gegenseitig ausschließen.** Eine Auswahl kann sinnvollerweise nur aus solchen Handlungsmöglichkeiten getroffen werden, die jeweils den gleichen Einsatz knapper Mittel (wie Kapital oder Zeit) erfordern. Andernfalls wäre keine Vergleichbarkeit der Alternativen gegeben (vgl. hierzu S. 803 f.).

Die in den einzelnen Alternativen enthaltenen Handlungsmöglichkeiten können sowohl in einem Tun als auch in einem Unterlassen bestehen. Das Wahlproblem kann unübersichtlich und komplex sein; es kann den Entscheidungsträger in eine Situation der Ratlosigkeit versetzen. Durch die Bildung und Anwendung von Entscheidungsregeln und Problemlösungshilfen wird versucht, zu einer Rangordnung der Lösungsmöglichkeiten zu gelangen.

*Entscheidungsregeln*

### b) Der Entscheidungsprozeß

*Phasen des Entscheidungsprozesses*

Das menschliche Verhalten im betrieblichen Entscheidungsprozeß bildet den Ansatzpunkt der entscheidungsorientierten Betriebswirtschaftslehre. In einem ersten Schritt ist das Phänomen „Entscheidungsprozeß" gedanklich in seine Elemente zu zerlegen und auf die Beziehungen zwischen diesen zu untersuchen. Das hier dargelegte Phasenschema ist nur in diesem Sinne zu verstehen. **Es stellt eine idealtypische Konstruktion dar, mit deren Hilfe die Erfassung und Erklärung dieses Prozesses erleichtert werden soll.** Es dient somit der Beschreibung der im Rahmen eines Entscheidungsprozesses grundsätzlich denkbaren Abläufe. Das Schema erhebt nicht den Anspruch, reale Entscheidungsprozesse in ihrem zeitlichen Ablauf darzustellen. Es enthält auch keine Aussage über die relative Bedeutung der einzelnen Elemente des Entscheidungsprozesses. Ebensowenig darf hieraus gefolgert werden, daß ein dem Schema gemäßes Entscheidungsverhalten zu optimalen Ergebnissen (in welchem Sinne auch immer) führe.

Als Hauptphasen des Entscheidungsprozesses lassen sich Willensbildung (Planung) und -durchsetzung unterscheiden.

*Anregungsphase*

Der Prozeß der Willensbildung wird in einer Vorstufe durch die Feststellung eines ungelösten Problems angeregt. **Anregungsinformationen** liefern die Erkenntnis, daß die Wirklichkeit nicht dem gewünschten Sollzustand entspricht. Dieser Tatbestand veranlaßt die Gewinnung zusätzlichen Wissens, das in der anschließenden Ursachenanalyse zu einer Klärung und Präzisierung der offenen Fragen beiträgt. Wird die Herbeiführung einer Entscheidung für unabweisbar erachtet, so gilt die Anregungsphase als abgeschlossen.

*Suchphase*

Die nächste Stufe des Entscheidungsprozesses, die Suchphase, leitet vom Stadium der „Unorientiertheit" zum Prozeß der Willenskonkretisierung über. Es sind die der Entschlußfassung vorausgehenden Maßnahmen zu treffen. **In der Suchphase werden die möglichen Handlungsalternativen und deren zu erwartende Konsequenzen erfaßt.** Aus der Prognose der Konsequenzen geht hervor, in welchem Umfang die einzelnen Handlungsmöglichkeiten die verfolgten Ziele erfüllen. Darüber hinaus ist festzustellen, inwieweit die Alternativen inner- und außerbetrieblichen Beschränkungen oder Daten (z. B. rechtliche Normen) genügen, die der Einflußnahme des Entscheidungsträgers zum Zeitpunkt der Entscheidung entzogen sind.

*Auswahlphase*

Mit der Auswahl- oder Optimierungsphase wird der Prozeß der Willensbildung abgeschlossen. Die zulässigen Alternativen sind nach gegebenen Zielkriterien in eine Rangordnung zu bringen. Das Entscheidungsproblem ist gelöst, wenn eine Alternative gefunden ist, die unter Berücksichtigung des angestrebten Ausmaßes der Zielerreichung von keiner anderen übertroffen wird.

*Durchführungsphase*

Mit der Entschlußfassung ist der abwägende Prozeß der Willensbildung abgeschlossen. Dem Wahlakt folgt die Realisation der Entscheidung. **Der Prozeß der Willensdurchsetzung leitet die Verwirklichung der gewählten Alternative ein.** Da Entscheidung und Ausführung meist personell getrennt sind, müssen hierzu anweisende oder unterrichtende Informationen vom Entscheidungsträger zum Ausführenden fließen. In der Regel besitzt der Ausführende noch einen Handlungsspielraum, den er durch eigene Entscheidungen ausfüllen muß.

*Kontrolle*

Alle Vorgänge im Rahmen eines Entscheidungsprozesses bedürfen einer laufenden Überwachung und gegebenenfalls einer Anpassung. **Kontrollen beeinflussen somit den gesamten Prozeß der Willensbildung und Willensdurchsetzung.** Bei Abweichungen zwischen erwünschten und erzielten Ergebnissen fließen Revisionsinformationen zurück zum Entscheidungsträger. Sie führen zu Anpassungsmaßnahmen, d. h. lösen neue Entscheidungen aus. Der (Teil-)Entscheidungsprozeß nimmt damit einen neuen Anfang. Die Kontrolle im Rahmen der Willensdurchsetzungsphase eines einzelnen (Teil-)Entscheidungsprozesses geht in die Anregungsphase der Willensbildung eines neuen (Teil-) Entscheidungsprozesses über.

Das Unternehmungsgeschehen läßt sich somit als zirkularer Zusammenhang von Planungs-, Realisations- und Kontrolltätigkeiten darstellen.

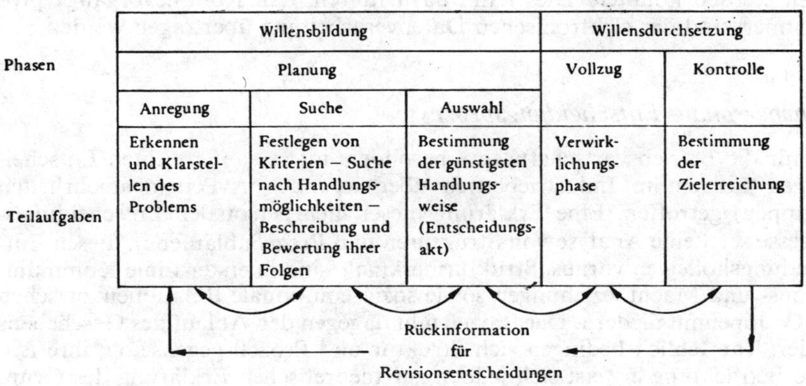

| Phasen | Willensbildung | | | Willensdurchsetzung | |
|---|---|---|---|---|---|
| | Planung | | | Vollzug | Kontrolle |
| | Anregung | Suche | Auswahl | | |
| Teilaufgaben | Erkennen und Klarstellen des Problems | Festlegen von Kriterien – Suche nach Handlungsmöglichkeiten – Beschreibung und Bewertung ihrer Folgen | Bestimmung der günstigsten Handlungsweise (Entscheidungsakt) | Verwirklichungsphase | Bestimmung der Zielerreichung |

Rückinformation für Revisionsentscheidungen

*Abb. 1.16: Phasenschema des Entscheidungsprozesses*

Zwei Gesichtspunkte charakterisieren die Phasen eines Entscheidungsprozesses. Einmal ist es die Tatsache, daß Entscheidungsprozesse oder Entschlüsse nicht nur in der eigentlichen Auswahlphase getroffen werden. In allen Phasen sind Teilentscheidungen zu fällen, die das Ergebnis des Gesamtentscheidungsprozesses wesentlich mitbestimmen. So sind z. B. Teilentscheidungen über die Art der Ermittlung der Handlungsmöglichkeiten, über die Bewertung der Auswirkungen, über das Kontrollverfahren sowie über die Weitergabe von Befehlen und Anweisungen zu fällen.

*Teilentscheidungen*

Zum anderen stehen offenbar stets Informationen im Mittelpunkt der einzelnen Phasen des Entscheidungsprozesses. **In allen Phasen werden Informationen gewonnen, verarbeitet und weitergegeben.** Anregungsinformationen werden zu Informationen über die zu lösenden Entscheidungsprobleme, Informationen über Ziele, Handlungsmöglichkeiten und deren Auswirkungen zu Informationen über den zu verwirklichenden Plan verarbeitet. Dieser Prozeß der Gewinnung und Verarbeitung von Informationen setzt sich fort, bis aus Kontrollinformationen und sonstigen Anregungsinformationen neue Entscheidungsprobleme abgeleitet werden. Während des Entscheidungsprozesses ist schließlich – insbesondere bei Mehrpersonenentscheidungen – ein Informationsaustausch (Kommunikation) erforderlich.

*Entscheidungsprozeß als Informationsverarbeitungsprozeß*

Das Phasenmodell des Entscheidungsprozesses beschreibt den Vorgang des Entscheidens als einen Prozeß der bewußten Informationssammlung, -verarbeitung und -übertragung. Ein Blick in das reale betriebliche Geschehen zeigt, daß dieses Bild des Entscheidungsprozesses in vielen Fällen nicht voll zutrifft. Einmalige Entscheidungen erfordern ein detailliertes Durchdenken der Ent-

*Einmalige und Routineentscheidungen*

scheidungssituationen. Ihnen stehen routinemäßige Entscheidungen gegenüber. Die Mehrzahl der betrieblichen Entscheidungen liegt zwischen diesen Extremen. Bei sich wiederholenden Entscheidungssituationen reagiert der Entscheidungsträger auf die Anregungsinformationen mit einem Routineverhalten, sofern bisher mit dieser Verhaltensweise befriedigende Ergebnisse erzielt werden konnten. Dies kann dazu führen, daß Routinevorgänge programmiert und der elektronischen Datenverarbeitung übertragen werden.

### Mehrpersonale Entscheidungsprozesse

*Struktur und Prozeß*

Die für die Betriebswirtschaftslehre besonders interessanten echten Entscheidungen werden im Industriebetrieb überwiegend von Personenmehrheiten (Gruppen) getroffen. Eine Erklärung dieser mehrpersonalen Entscheidungsprozesse setzt eine Analyse von Strukturen und Prozeßabläufen in diesen Entscheidungskollegien voraus. Strukturmerkmale sind in erster Linie Kommunikations- und Machtbeziehungen sowie sozio-emotionale Relationen zwischen den Gruppenmitgliedern. Der Prozeß gibt dagegen den Ablauf des Geschehens wieder. Tatsächlich bedingen sich Struktur und Prozeß gegenseitig; ihre isolierte Betrachtung erweist sich jedoch zur theoretischen Erklärung des Gruppenverhaltens als vorteilhaft.

Die Struktur der Gruppe nimmt mit ihren Unterstrukturen maßgebenden Einfluß auf Ablauf und Ergebnis des mehrpersonalen Entscheidungsprozesses. Bei der Suche nach einer gemeinsamen Lösung eines Entscheidungsproblems bringt das Mitglied eigene **Tatsachen- und Wertvorstellungen** in die Diskussion ein. Die beim einzelnen Gruppenmitglied individuell ablaufenden **(intrapersonellen)** Prozesse sind zu unterscheiden von **interpersonellen** Prozessen, die zwischen den Personen stattfinden. Eine Reihe von Überlegungen, die für Individualentscheidungsprozesse gelten, können auf das Entscheidungsverhalten von Gruppen übertragen werden. Die individuelle Entscheidung kann sich z. B. an mehreren Zielen orientieren. Bei der Mehrpersonenentscheidung ist ebenfalls von mehreren Zielen auszugehen, die auf die einzelnen Individuen unterschiedlich verteilt sind und von ihnen unterschiedlich gewichtet werden. Somit kann bei Gruppenentscheidungsprozessen zusätzlich zu individuellen Zielkonflikten ein interpersoneller Zielkonflikt entstehen. Die Mitglieder können die Auswirkungen von Lösungsmöglichkeiten unterschiedlich bewerten, d. h. es können sich aufgrund unterschiedlicher Zielvorstellungen voneinander abweichende Rangordnungen bei der Beurteilung der Konsequenzen ergeben **(Wertkonflikte)**. Andererseits können die Mitglieder trotz gleicher Zielvorstellungen unterschiedliche Informationen über die Ursache-Wirkungs-Zusammenhänge besitzen, so daß sie zu voneinander abweichenden Vorstellungen über die Auswirkungen der möglichen Alternativen gelangen **(Überzeugungskonflikte)**.

*Typen mehrpersonaler Entscheidungsprozesse*

Mehrpersonale Entscheidungsprozesse lassen sich entsprechend dem Auseinanderfallen von Wertordnungen einerseits und der Vorstellungen über Ursache-Wirkungs-Zusammenhänge andererseits in vereinfachter Weise typisieren. Die Einteilung in Abbildung 1.17 geht auf Thompson/Tuden zurück.

Die Kombination der Ausprägungen „Übereinstimmung" und „Abweichung" der Gruppenmitglieder hinsichtlich der Merkmale „Rangordnung der Auswirkungen" und „Wissen über Ursache-Wirkungs-Zusammenhänge" ergibt vier Typen kollektiver Entscheidungsprozesse. Der erste Typ ist durch Übereinstimmung der Vorstellungen der Mitglieder sowohl hinsichtlich der Rangordnung der Auswirkungen als auch hinsichtlich des Wissens über Ursache-Wirkungs-Zusammenhänge gekennzeichnet. Die Entscheidungsfindung geschieht hier über formalisierbare Auswahlvorgänge (Entscheidungsfindung durch Berechnung). Schwierigkeiten können sich bei Vorliegen eines unübersichtlichen Zahlenmaterials ergeben, das häufig nur unter Einsatz von elektronischen Datenverarbeitungsanlagen bewältigt werden kann.

*Entscheidungsfindung durch Berechnung*

| Wissen über Ursache-Wirkungs-Zusammenhänge \ Rangordnung der Konsequenzen | Übereinstimmung | Abweichung |
|---|---|---|
| Übereinstimmung | Entscheidungsfindung durch Berechnung | Entscheidungsfindung durch Kompromiß |
| Abweichung | Entscheidungsfindung durch Ungewißheitsbeurteilung | Entscheidungsfindung durch Inspiration |

*Abb. 1.17: Typen mehrpersonaler Entscheidungsprozesse*

Im Gegensatz hierzu entstehen im zweiten Typ (Entscheidungsfindung durch Ungewißheitsbeurteilung) Konflikte hinsichtlich der Beurteilung der Frage, welche Auswirkungen bestimmte Aktionen nach sich ziehen werden. Zukünftige Ereignisse werden von den einzelnen Mitgliedern unterschiedlich prognostiziert; eine Einigung muß durch eine gemeinsame Beurteilung der Situation erzielt werden. Dieser Typ kollektiver Entscheidungsfindung ist charakteristisch für das Verhalten von Mitgliedern in einem Team.

*Entscheidungsfindung durch Ungewißheitsbeurteilung*

**Ein Team ist in erster Linie dadurch gekennzeichnet, daß alle Mitglieder dieselben Zielvorstellungen und dieselbe Ordnung dieser Ziele besitzen.** In den Theorien des Teamverhaltens werden Konfliktarten untersucht, die auf den unterschiedlichen Informationsstand der einzelnen Mitglieder zurückgehen und abweichende Vorstellungen über den Eintritt bestimmter Auswirkungen möglicher Alternativen zum Inhalt haben. Die Team-Theorie untersucht in erster Linie den Einfluß von Kommunikationssystem und Informationsfluß auf die Effizienz der Teamentscheidung. Sie gelangt dabei zu der Empfehlung, **Überzeugungskonflikte durch Verbesserung von Kommunikationsbeziehungen und durch allseits gleiche Informationsversorgung der Teammitglieder auszuräumen.**

*Team-Theorie*

Wird aufgrund abweichender Zielvorstellungen keine Übereinstimmung über die Rangordnung von Auswirkungen erzielt, so steht die Gruppe vor Konflikten anderer Art (Wertkonflikte). Im Falle einer einheitlichen Beurteilung von

*Entscheidungsfindung durch Kompromiß*

Ursache-Wirkung-Zusammenhängen läßt sich in der Regel eine **Schlichtung durch eine allseits gebilligte Kompromißformel** finden. Hierbei sind die individuellen Zielvorstellungen der Mitglieder zu gewichten (Entscheidungsfindung durch Kompromiß). Naturgemäß spiegelt diese Gewichtung die jeweilige Machtverteilung innerhalb der Gruppe wider.

*Entscheidungs-*
*findung durch*
*Inspiration*

Beim vierten Typ der kollektiven Entscheidungsfindung erschwert sich die Situation noch dadurch, daß die Mitglieder sich uneinig über die Ursächlichkeit der Auswirkungen sind. Der Konflikt ist hier am stärksten. Nur durch schöpferische Ideen kann in diesem Falle verhindert werden, daß die Gruppenmitglieder auseinanderstreben, ohne das Problem zu lösen (Entscheidungsfindung durch Inspiration). Kommt keine Lösung zustande, so kann – falls die Unternehmensverfassung oder Geschäftsordnung einen Beschlußzwang vorsieht – **durch Abstimmung eine formelle Konflikthandlung** erreicht werden.

Die Erkenntnisse, die über das Gruppenverhalten im Rahmen sozialpsychologischer Analysen gewonnen werden, sind für die Leitung eines Industriebetriebes von großer Nützlichkeit. **Erst die Kenntnis genereller Merkmale und typischer Prozeßabläufe von Gruppenentscheidungen ermöglicht es, auf die Effizienz von Entscheidungskollegien Einfluß zu nehmen.**

## *Die Koordination organisatorischer Entscheidungsprozesse*

Die Arbeitsteilung im Industriebetrieb ist nicht auf Ausführungsaufgaben beschränkt. Auf allen Ebenen dieser Organisation werden neben den Ausführungsaufgaben Entscheidungsaufgaben wahrgenommen.

**Da die Entscheidungen der einzelnen Entscheidungsträger in einem Industriebetrieb sich einerseits gegenseitig bedingen, andererseits aber häufig relativ unabhängig voneinander getroffen werden müssen, entstehen Koordinationsprobleme.**

*Kerngruppe als*
*Koordinations-*
*instanz*

In der Praxis erfolgt die Koordination durch eine Instanz, die man als Unternehmungsleitung, Management oder Kerngruppe bezeichnet. Sie hat das Recht und/oder die Macht, die Entscheidungen voneinander abhängiger Entscheidungsträger als „wünschenswert aufeinander abgestimmt" zu bezeichnen oder eine andere Abstimmung zu verlangen. **Wirtschaftssystem und Rechtsordnung beeinflussen die Bestimmung der Personen, die zu dieser obersten Willensbildung und Willensdurchsetzung autorisiert sind.** Im marktwirtschaftlichen System ergibt sich dieses Recht durch die Rechte aus dem Eigentum an wirtschaftlichen Gütern; Modifizierungen sind jedoch möglich. Zum einen kann die Leitung der Unternehmung vertraglich delegiert werden, zum anderen können gesetzliche Regelungen aus den Eigentumsrechten unterschiedliche Einflußmöglichkeiten ableiten. Diese Vorschriften sind in den entsprechenden Normen zu Fragen der Rechtsform der Unternehmung verankert (vgl. Teil 2, S. 159ff.).

Darüber hinaus betont das Grundgesetz die soziale Verantwortung des Eigentums. Diese Forderung bildet einen weiteren Grund für eine Kontrolle der aus dem Eigentum an Produktionsmitteln resultierenden Einflußmöglichkeiten:

Aus der sozialen Bindung des Eigentums leitet sich die Institution der Mitbestimmung ab (Betriebsverfassungsgesetz, Mitbestimmungsgesetze). Sie räumt den Arbeitnehmern die – freilich beschränkte – Möglichkeit ein, an der obersten Willensbildung (über Aufsichtsrat, Arbeitsdirektor) wie auch an Entscheidungsproblemen unterer Ebenen (über den Betriebsrat) teilzunehmen.

*Mitbestimmung*

Die Mitglieder der Unternehmungsleitung – gleichgültig, aus welchen Interessengruppen sie sich zusammensetzen – sehen sich als Kerngruppe den Einflußbestrebungen verschiedenster Interessengruppen bzw. Satellitengruppen (Kapitaleigner, Arbeitnehmer, Banken, Lieferanten, Kunden, staatliche Organe usw.) gegenüber (vgl. Abb. 1.18).

*Einfluß der Satellitengruppen*

**Jede dieser Gruppen versucht, durch die Beteiligung an den Unternehmungsaktivitäten die eigenen Interessen zu verwirklichen.** Zur Verfolgung ihrer jeweiligen Ziele konkurrieren oder koalieren die Gruppen um den Einsatz der Mittel der Unternehmung.

Die Koordination betriebswirtschaftlicher Entscheidungsprozesse liegt – insbesondere in größeren Industriebetrieben – nicht nur bei einer einzelnen Leitungsinstanz. Sie wird in aller Regel auf verschiedene Leitungsebenen verteilt, die nach dem Grad der Entscheidungsdezentralisation mit unterschiedlicher Koordinationskompetenz ausgestattet sein können. Im Rahmen dieser Dezentralisation lassen sich beispielsweise Top, Middle und Lower Management unterscheiden.

*Dezentralisation der Koordinationskompetenz*

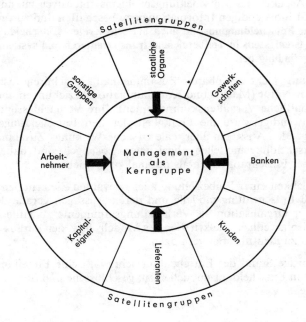

*Abb. 1.18: Kerngruppe und Satellitengruppe einer Unternehmung*

## c) Entscheidungsmodelle

*Funktion von Entscheidungsmodellen*

Die bisherigen Überlegungen galten in erster Linie der Systematisierung zentraler Fragen industrieller Entscheidungsprobleme und -prozesse. Sie bilden die Grundlage zur Darstellung von Methoden der Entscheidungsfindung bzw. Entscheidungsunterstützung. **Entscheidungsmodelle sollen einerseits – wo möglich – das Lösen von Entscheidungsproblemen derart strukturieren, daß der Entscheidungsträger sich einem programmierbaren Informationsverarbeitungsprozeß gegenübersieht. Zum anderen sollen sie – bei komplexen, komplizierten und schlechtstrukturierten Entscheidungsproblemen, bei denen die Überführung in einen wohlstrukturierten, programmierbaren Informationsverarbeitungsprozeß nicht gelingt – die Informationsaufbereitung unterstützen.** Modelle zur Lösung wohlstrukturierter Probleme konnten bislang nur in beschränktem Umfang entwickelt werden, vorwiegend auf dem Sektor der Beschaffungs- und Produktionsplanung (vgl. Teil 3, S. 329 ff. und Teil 4, S. 435). Dies liegt an dem vergleichsweise geringen Gewicht sozialer Einflußgrößen in diesen Bereichen. Es handelt sich dabei um primär technologische Prozesse, die in Umfang, Struktur und Auswirkungen relativ übersichtlich und damit formalisierbar sind. Dennoch kommt auch der Konstruktion von Entscheidungsmodellen zu komplexeren Problemen Bedeutung zu – wenn auch aus anderen Überlegungen heraus: Beim derzeitigen Entwicklungsstand der Betriebswirtschaftslehre vermögen sie zwar nur einen Teil der relevanten Größen und der zu beachtenden Kriterien zu erfassen; sie veranlassen jedoch den Entscheidungträger, wesentliche Aspekte des Entscheidungsproblems intensiver zu untersuchen und die hierfür notwendigen Informationen zu beschaffen und zu verarbeiten. **Damit tragen Entscheidungmodelle auch bei schwierigen Entscheidungsproblemen zu einer (wenigstens in Teilbereichen) transparenteren und systematischeren Entscheidungsfindung bei.**

*Grenzen von Entscheidungsmodellen*

Zu den bislang nicht erfaßbaren Zusammenhängen gehören insbesondere solche sozialer Natur (Macht- und Kommunikationsbeziehungen, individuelle und gesellschaftliche Verhaltenskomponenten). Ihre Vernachlässigung beeinträchtigt notwendigerweise die Gültigkeit der den Entscheidungsmodellen zugrunde liegenden Aussagen über reale Ursache-Wirkungs-Zusammenhänge. Die aus Entscheidungsmodellen abgeleiteten Lösungen sind daher nur im Rahmen dieser Einschränkungen als optimal zu betrachten.

*Entscheidungsmodelle im Verhandlungsprozeß*

Die Unmöglichkeit einer Einbeziehung aller relevanten Zielkriterien bringt es mit sich, daß Entscheidungsmodelle und deren Aussagen gerade denjenigen Gruppen einer Organisation als Verhandlungsargumente zu Hilfe kommen, die sich mit den jeweiligen Zielkriterien des Modells bzw. den daraus abgeleiteten Schlüssen zu identifizieren vermögen.

Der gegenwärtige Stand der Entscheidungslehre läßt eine Einteilung in zwei Kategorien von Entscheidungsmodellen zu: geschlossene und offene Entscheidungsmodelle.

## Geschlossene Entscheidungsmodelle

Entscheidungsmodelle werden „geschlossen" genannt, wenn nicht untersucht werden muß, wie Alternativen entstehen (sie werden von vornherein als gegeben angesehen), wie Informationen gewonnen werden und welcher Einfluß von der Umwelt auf die Art der Problemlösungsprozesse selbst ausgeht. **Geschlossene Entscheidungsmodelle lassen sich folglich nur bei wohlstrukturierten Entscheidungsproblemen konstruieren.**

Geschlossene Entscheidungsmodelle wurden vor allem in Disziplinen der mathematisch-statistischen Entscheidungstheorie, der Spieltheorie und der Unternehmensforschung (Operations Research) entwickelt. Diese Modelle werden häufig auch als entscheidungslogische Modelle bezeichnet.

*Typen geschlossener Entscheidungsmodelle*

Im folgenden seien beispielhaft vier typische Beispiele aufgeführt.

### (1) Das Grundmodell der geschlossenen Entscheidungssituation bei vollkommener Information

Das geschlossene Entscheidungsmodell unterstellt eines oder mehrere wohldefinierte Ziele des Entscheidungssubjekts. In einer konkreten Entscheidungssituation steht eine abgrenzbare Menge von Alternativen zur Verfügung. Für jede Handlungsmöglichkeit lassen sich die Auswirkungen hinsichtlich der Zielerreichung mit Sicherheit voraussagen. Es wird also von vollkommener Information ausgegangen. Schließlich existiert eine Entscheidungsregel, nach der die Alternativen in eine Rangordnung gebracht werden können.

|       | Umweltsituation |           |
|-------|-----------------|-----------|
|       | Ziel 1          | Ziel 2    |
| $a_1$ | $Z_{11}$ (5)    | $Z_{21}$ (9) |
| $a_2$ | $Z_{12}$ (10)   | $Z_{22}$ (4) |

*Abb. 1.19: Entscheidungssituation bei vollkommener Information*

Dem Entscheidungsträger bieten sich zwei Alternativen ($a_1$ und $a_2$). Diese werden durch ihre Auswirkungen hinsichtlich der Erreichung der beiden Ziele 1 und 2 näher beschrieben. Da **nur eine Umweltsituation** eintreten kann (Entscheidung unter Sicherheit), können die Auswirkungen jeweils durch eindeutige Zielerreichungsgrade beschrieben werden. Für eine Alternative ist hinsichtlich jedes Ziels nur ein Zielerreichungsgrad möglich. So gibt z. B. das Matrixfeld ($Z_{12}$) die Konsequenzen der Alternative ($a_2$) hinsichtlich der Erreichung des Ziels 1 an.

Die Entscheidungsfindung bereitet keine Schwierigkeiten, wenn unter der Menge der zur Verfügung stehenden Handlungsmöglichkeiten eine gegeben ist, die sich als die beste erweist, gleichgültig, welches der verfolgten Ziele betrachtet wird. In der Regel ist dies jedoch nicht der Fall. Es ist vielmehr davon auszugehen, daß zwischen den verfolgten Zielen Konflikte bestehen

*Zielgewichtung*

(siehe Zahlenbeispiel in Abbildung 1.19): Hinsichtlich des Zieles 1 erweist sich ($a_2$), hinsichtlich des Zieles 2 dagegen ($a_1$) als die bessere Alternative. Es besteht somit ein Zielkonflikt. Beide Ziele lassen sich nicht gleichzeitig maximieren. Eine eindeutige Lösung (Rangordnung) kann nur angegeben werden, wenn der Entscheidungsträger Entscheidungsregeln entwickelt und Prioritäten setzt. **Entscheidungsregeln legen in diesem Fall die Gewichtungsfaktoren der Ziele fest.** Bewertet z. B. das Entscheidungssubjekt die Ziele im Verhältnis von $q_1 : q_2 = 4 : 6$, so sind die Auswirkungen der Handlungsmöglichkeiten mit ($q_1$) bzw. ($q_2$) zu multiplizieren. Die Summe der gewichteten Zielerreichungsgrade einer Alternative stellt den „Wert" oder „Nutzen" dieser Alternative ($N_a$) dar (vgl. Abbildung 1.20).

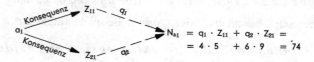

*Abb. 1.20: Zusammenfassung der Konsequenzen einer Alternative zu einer Nutzengröße*

Die Abbildung macht deutlich, daß erst über die Anwendung der Zielgewichtung und die anschließende Addition eine Nutzengröße für eine Alternative gewonnen werden kann. Verfährt man nach dieser Vorschrift (Entscheidungsregel bei konfliktären Zielen unter Sicherheit), so ergibt sich eine Rangordnung der möglichen Lösungsalternativen. **Die Nutzengröße ist Ausdruck der Befriedigung des Entscheidungsträgers durch die jeweilige Alternative. Sie beruht auf einer subjektiven Bewertung der einzelnen Ziele.**

*(2) Die Entscheidungsfindung bei Vorliegen von Wahrscheinlichkeitsvorstellungen (Ansatz der statistischen Entscheidungstheorie)*

*Entscheidungsfindung unter Risiko*

Die bisher unterstellte eindeutige Erwartung (nur eine Umweltsituation) liegt in der Realität bei Entscheidungen nur selten vor. Viele Probleme sind durch eine **Reihe von möglichen Umweltsituationen** gekennzeichnet, die zu einer Mehrdeutigkeit der Voraussage von Auswirkungen führen. Wenn der Entscheidungsträger weiß, mit welcher Wahrscheinlichkeit eine Umweltsituation eintritt, und damit auch, mit welcher Wahrscheinlichkeit eine Alternative zu einer bestimmten Zielerreichung führen wird, so handelt es sich um eine **stochastische Entscheidungssituation** (vgl. Abbildung 1.21). Dabei ist mit Sicherheit bekannt, welche Folgen mit dem Eintreten der verschiedenen Umweltsituationen verbunden sind.

Die Entscheidungsmatrix der Abbildung 1.21 stellt eine stark vereinfachte Entscheidungssituation mit einer Zielgröße, zwei Handlungsmöglichkeiten ($a_1$) und ($a_2$) sowie zwei Umweltsituationen ($S_1$) und ($S_2$) mit entsprechenden Eintrittswahrscheinlichkeiten ($p_1$) und ($p_2$) dar. Die Auswirkungen z. B. von ($a_1$) sind durch zwei Zielerreichungsgrade (bedingt durch die beiden Umweltsituationen) beschrieben. Hierbei bezeichnet jeweils der erste Index das Ziel 1,

| Umwelt-situationen<br>Alternativen | $S_1$ ($p_1$) | $S_2$ ($p_2$) |
|---|---|---|
| $a_1$ | $Z_{111}$ | $Z_{121}$ |
| $a_2$ | $Z_{112}$ | $Z_{122}$ |

*Abb. 1.21: Stochastische Entscheidungssituation (Entscheidung unter Risiko)*

der zweite Index die Umweltsituation und der dritte Index die Alternative. In der Tabelle kann nur dann eine der beiden Handlungsmöglichkeiten unmittelbar als optimal ausgewählt werden, wenn diese sowohl bei Situation ($S_1$) als auch bei ($S_2$) einen gegenüber der anderen Alternative höheren Zielerreichungsgrad erwarten läßt.

Ist dies nicht der Fall, so kann eine optimale Alternative nur über die Anwendung einer Entscheidungsregel gefunden werden.

Die statistische Entscheidungstheorie hat eine Reihe derartiger Entscheidungsregeln entwickelt, die eine Zusammenfassung der Auswirkungen einer Handlungsmöglichkeit zu einer Nutzengröße ermöglichen. Eine der wichtigsten Entscheidungsregeln in stochastischen Entscheidungssituationen ist das **Bernoulli-Prinzip. Es fordert die Maximierung des mathematischen Erwartungswertes der Zielerreichung.** Die Zielerwartung einer Alternative ist die Summe aus den mit den Eintrittswahrscheinlichkeiten gewichteten Zielerreichungsgraden. Im obigen Beispiel bedeutet dies für die Alternative ($a_1$):

*Statistische Entscheidungsregeln*

$$\text{Zielerwartung (EZ)} = Z_{111} \cdot p_1 + Z_{121} \cdot p_2 .$$

Dabei ist die Bedingung $\Sigma p_i = 1$ einzuhalten. Optimal ist die Alternative mit dem höchsten Zielerwartungswert.

Schwieriger wird die in Abbildung 1.21 gezeigte Entscheidungssituation, wenn anstatt eines Zieles mehrere Ziele verfolgt werden. Zur Lösungsfindung sind die Konsequenzen jeder Alternative sowohl durch die Zielgewichtung als auch durch die Ermittlung des mathematischen Erwartungswertes in eine Nutzengröße umzuwandeln. Dabei kann so verfahren werden, daß für jede Handlungsmöglichkeit in einem ersten Schritt über die Zielgewichtung für jede Umweltsituation eine Nutzengröße ermittelt und anschließend die mathematische Nutzenerwartung gebildet wird. Der umgekehrte Weg, zuerst für jedes Ziel den Erwartungswert festzustellen und dann diese Erwartungswerte zu gewichten, ist ebenfalls möglich und führt zu demselben Ergebnis.

(3) *Die Entscheidungsfindung bei Fehlen von Wahrscheinlichkeitsvorstellungen (Ansatz der Spieltheorie)*

Für den Entscheidungsträger wird die Situation schwieriger, wenn für den Eintritt der verschiedenen Umweltsituationen keine Wahrscheinlichkeiten mehr feststellbar sind. Hier kennt der Entscheidungsträger zwar die Zielerreichungsgrade, die sich aus der Kombination bestimmter Umweltsituationen mit bestimmten Handlungsweisen ergeben; die bisher dargestellten Entscheidungsregeln müssen wegen der **nicht bekannten Eintrittswahrscheinlichkeiten der Umweltsituationen** jedoch versagen.

*Spieltheoretische Entscheidungsregeln*

Die Spieltheorie hat sich mit derartigen Situationen beschäftigt und eine Reihe von Lösungsvorschlägen entwickelt. Eine der bekanntesten Entscheidungsregeln ist das Minimax-Prinzip. Nach dieser Regel wählt der Entscheidungsträger diejenige Alternative, die bei Eintritt der ungünstigsten Umweltsituation noch zum relativ besten Ergebnis führt. Sie wird oft auch als Maximin-Regel bezeichnet, weil die Alternative mit dem „maximalen Minimum" zu wählen ist.

| Alternativen \ Umweltsituationen | $S_1$ | $S_2$ | $S_3$ | Zeilenminima |
|---|---|---|---|---|
| $a_1$ | −5 | 10 | 30 | −5 |
| $a_2$ | 0 | 5 | 45 | 0 |
| $a_3$ | 1 | 3 | 4 | 1 |

*Abb. 1.22: Beispiel zur Minimax-Regel*

Abbildung 1.22 zeigt die Auswirkungen von drei Alternativen bei drei Umweltsituationen. Die Spalte der Zeilenminima enthält für jede Alternative das ungünstigste Ergebnis.

Gemäß der Minimax-Regel wählt der Entscheidungsträger im Beispiel die Alternative ($a_3$). Sie weist das maximale Zeilenminimum auf. Die Anwendung dieser Entscheidungsregel gewährleistet eine Absicherung gegen Enttäuschungen im Rahmen der berücksichtigten Umweltsituationen. Sie entspricht insofern der Handlungsweise eines Pessimisten. Weitere Entscheidungsregeln gehen von anderen Risikoeinstellungen der Entscheidungssubjekte aus (z. B. Minimax-Risiko-Regel, Pessimismus-Optimismus-Regel usw.).

(4) *Die Entscheidungsfindung durch mathematische Programmierung (Optimierung) bei nicht übersehbarer Alternativenmenge*

Die Ansätze der statistischen Entscheidungstheorie und der Spieltheorie unterscheiden sich in erster Linie in ihren Informationsannahmen. Die zu den entscheidungstheoretischen Ansätzen zählenden Operations Research-Modelle der mathematischen Programmierung gehen von **vollständiger Information** aus. **Ihre Funktion besteht insbesondere darin, in kurzer Zeit aus einer unübersehbaren Anzahl von Alternativen die im Sinne des vorgegebenen Kriteriums optimale auszuwählen.**

Die Entscheidungsmodelle der mathematischen Programmierung stellen typische Beispiele für geschlossene Entscheidungsmodelle dar. Sie ermitteln auf der Grundlage mathematischer Funktionen und unter Verwendung exakter Lösungsverfahren (Algorithmen) aus einer Vielfalt von Lösungsmöglichkeiten die optimale Alternative. In einem mathematischen Entscheidungsmodell werden die Alternativen durch **Aktionsvariablen** (Instrumentalvariablen; unabhängige Variablen, über deren Fixierung der Entscheidungsträger befinden muß) zum Ausdruck gebracht. Die Ausprägungen der **Erwartungsvariablen** (abhängige Variablen) geben die Konsequenzen (die Zielerreichung) wieder. **Daten** stellen unbeeinflußbare entscheidungsrelevante Größen dar. Die **Zielfunktion** erfaßt die Ziele des Entscheidungsträgers. **Definitionsfunktionen** enthalten die definitorischen Zusammenhänge zwischen den Variablen der Zielfunktion. **Erklärungsfunktionen** bilden den Zusammenhang zwischen Erwartungsvariablen und Aktionsvariablen ab. Schließlich existiert in der Regel eine Reihe von **Nebenbedingungen**. Sie geben an, in welchem Bereich die Aktionsvariablen des Entscheidungsmodells variieren können.

---

Zielfunktion: $G \to \max!$ (DM)
Definitionsfunktion: $G = E - K$ (DM)
Erklärungsfunktionen: $E = p_1 \cdot x_1 + p_2 \cdot x_2$ (DM)
$K = k_1 \cdot x_1 + k_2 \cdot x_2 + K_c$ (DM)

Nebenbedingungen:

1. Kapazitätsbeschränkungen:

$a \cdot x_1 + b \cdot x_2 \leq 300$ (Std., Maschine I)
$c \cdot x_1 + d \cdot x_2 \leq 240$ (Std., Maschine II)

2. Nichtnegativitätsbedingungen:

$x_1 \geq 0$ (Stück)
$x_2 \geq 0$ (Stück)

Die Symbole bedeuten:

$x_1, x_2$ = Mengen der Produkte 1 und 2 (Aktionsvariable)
$G$ = Gewinn (Erwartungsvariable)
$E$ = Erlös (Erwartungsvariable)
$K$ = Gesamtkosten (Erwartungsvariable)
$K_c$ = fixe Kosten (Datum)
$k_1, k_2$ = variable Stückkosten der Produkte 1 bzw. 2 (Daten)
$p_1, p_2$ = Verkaufspreise der Produkte 1 und 2 (Daten)
$(a, b)$
$(c, d)$ = benötigte Bearbeitungszeit pro Stück der Produkte 1 und 2 auf den Maschinen I bzw. II (Daten)

---

*Abb. 1.23: Beispiel eines linearen Optimierungsmodells*

*Beispiel zur linearen Programmierung*

Die Struktur eines einfachen Optimierungsmodells zur Bestimmung des gewinnmaximalen Produktionsprogramms unter Nebenbedingungen ist in Abbildung 1.23 wiedergegeben.

a, b, c, d sowie ($k_1$), ($k_2$) und ($K_c$) sind bei gegebenem technologischen Stand des Produktionsprozesses vom Entscheidungsträger nicht beeinflußbar. Auch die Absatzpreise sind im Fall vollkommener Konkurrenz Daten. Aktionsvariable stellen die zu produzierenden Mengen ($x_1$, $x_2$) der Produkte (1) und (2) dar. Erwartungsvariable ist der Gewinn mit seinen Komponenten. Die Nichtnegativitätsbedingungen garantieren, daß nur Lösungen ermittelt werden, bei denen die zu produzierenden Mengen nicht kleiner als Null sind. Diejenige Kombination der Produktmengen ($x_1$) und ($x_2$), die den größten Gewinn erbringt, ist die optimale Alternative. Sie läßt sich durch die Anwendung eines Lösungsalgorithmus (z. B. Simplexmethode) ermitteln. **Ein Algorithmus ist ein Verfahren, das die exakte Lösung eines Problems in einer endlichen, überschaubaren Anzahl von Schritten garantiert oder dessen Unlösbarkeit nachweist.** Die Simplexmethode zur Lösung linearer Programme ist in diesem Sinne ebenso ein Algorithmus wie beispielsweise das Bernoulli-Prinzip (zur Anwendung der Simplex-Methode vgl. Teil 4, S. 463).

*Algorithmus*

*Möglichkeiten und Grenzen geschlossener Entscheidungsmodelle*

Die formale Struktur des hier beispielhaft aufgezeigten Modells läßt sich auf eine Reihe von Entscheidungsproblemen im Industriebetrieb anwenden. Solange sich alle Gleichungen bzw. Ungleichungen linear formulieren lassen, erweist sich diese Methode als außergewöhnlich leistungsfähig. Zwar wurden auch Methoden zur Berechnung von Gleichungssystemen höheren Grades entwickelt; diese Verfahren der nicht-linearen Programmierung sind jedoch im Vergleich zu den linearen Modellen bedeutend weniger leistungsfähig. Sequentiell ablaufende Entscheidungsprozesse lassen sich – allerdings unter zum Teil gravierenden Einschränkungen – mit Hilfe der dynamischen Programmierung vorbereiten. Ihre Grenzen finden die Methoden der mathematischen Programmierung dort, wo sich die Probleme nicht mehr oder nur unter Restriktionen, die den Realitätsbezug des Modells stark vermindern, in wohldefinierter Form beschreiben lassen.

Die erforderlichen Voraussetzungen sind im Industriebetrieb nur in Teilbereichen gegeben. Die Annahme vollständiger Information über die Folgen des Handelns kann oft ebensowenig gemacht werden wie die des Festliegens von Organisationszielen, die ja einer stetigen Wandlung unterliegen. Darüber hinaus lassen sich zwar zahlreiche Entscheidungsprobleme mathematisch formulieren; oft gibt es aber keinen Algorithmus bzw. kein Verfahren zur optimalen bzw. annähernd optimalen Lösung. **Die Bedeutung der geschlossenen Entscheidungsmodelle liegt daher in erster Linie in den Bereichen der Beschaffungs-, Produktions- und Kapazitätsplanung** (vgl. Teil 3, S. 305 ff. sowie Teil 4, S. 435 ff.). Für diese betrieblichen Teilbereiche lassen sich eher operationale Subziele entwickeln. Die Interdependenzen zwischen den einzelnen Variablen – erfaßt in Definitions- und Erklärungsfunktionen sowie Nebenbedingungen – ergeben sich dort aus klar ausgehandelten Bedingungen bzw. aus weitgehend eindeutigen technischen Zusammenhängen. **Geschlossene Entscheidungsmodelle lassen sich generell auf programmierbare Entscheidungsprobleme anwen-**

den. „Programmierbar" heißen diese Entscheidungen deshalb, weil sie im Falle ihres wiederholten Auftretens dank ihrer vollständigen Definition in einen wohlstrukturierten Informationsverarbeitungsprozeß überführt und von einem EDV-Programm gelöst werden können (vgl. S. 42 dieses Teils). Bei der Mehrzahl der betrieblichen Entscheidungen von vergleichsweise größerer Tragweite ist dies jedoch nicht der Fall.

## *Offene Entscheidungsmodelle*

Eine ursprüngliche Kritik an der Entscheidungstheorie, sie könne nur für einen verhältnismäßig kleinen Ausschnitt betrieblicher Probleme Lösungsempfehlungen geben, ist auf ihre in den Anfängen einseitig „entscheidungs-logische", formal-mathematische Ausrichtung zurückzuführen. Durch die Integration sozialwissenschaftlicher Erkenntnisse hat die betriebswirtschaftliche Entscheidungslehre auch für die Erforschung derjenigen Problembereiche richtungsweisende Impulse erhalten, die bislang einer realitätsnahen entscheidungstheoretischen Analyse nicht zugänglich erschienen. Ein Ergebnis dieser Entwicklungsrichtung führte zunächst zur Konzeption verhaltenswissenschaftlich orientierter offener Entscheidungsmodelle für die Handhabung schlechtstrukturierter Probleme. In der Praxis werden offene Entscheidungsmodelle jedoch – vor allem aufgrund von Wirtschaftlichkeitsüberlegungen – auch zur Handhabung relativ wohlstrukturierter Probleme verwendet.

*Sozialwissenschaftliche Entscheidungstheorie*

### *(1) Untersuchung menschlichen Problemlösungsverhaltens*

**In offenen Entscheidungsmodellen wird versucht, das dem Menschen eigene Verhalten bei der Lösung von Problemen in systematisierter Form nachzuvollziehen.** Dabei wird auf die extreme Flexibilität geistiger Prozesse bei der Lösung von Problemen ungewohnter Struktur zurückgegriffen. Ausgangspunkt bildet die – bisher vor allem in der Psychologie durchgeführte – Analyse kognitiver Prozesse.

*Ausgangspunkt offener Entscheidungsmodelle*

Der Entscheidungsträger besitzt kein vollständiges und logisch konsistentes System von Zielen, Wünschen oder Motiven, das ihm eine exakte Messung seines Nutzens oder Nutzenzuwachses zur Bewertung von Alternativen erlaubt. **Das Entscheidungssubjekt ist vielmehr ein informationsverarbeitendes System, dessen Verarbeitungskapazität und Verarbeitungsgeschwindigkeit begrenzt sind.** Der Mensch empfängt aus seiner Umwelt Informationen. Er versucht, diese unter Berücksichtigung seiner bisherigen Erfahrung in einem Denkprozeß problementsprechend zu ordnen. Er macht sich im Rahmen seiner Erkenntnismöglichkeiten zunächst über seine Umwelt gewisse Vorstellungen, d. h. er bildet ein (kognitives) Modell der Entscheidungssituation als Basis für die Entwicklung seiner weiteren Verhaltensweisen. Die einzelnen Elemente einer Entscheidungssituation (Problemcharakter, Bewertungskriterien, Alternativen, Problemlösungsverfahren) sind nicht von Anfang an bekannt. Sie werden durch psychische Prozesse des Wahrnehmens, Erkennens und Assoziierens gewonnen bzw. durch ein gelerntes Repertoire geistiger (kognitiver) Informationsverarbeitungsprogramme entwickelt. Während ge-

*Kognitive Prozesse*

schlossene Entscheidungsmodelle Entscheidungssituationen einmalig, vollständig und auf einem vergleichsweise hohen Abstraktionsniveau erfassen und diese mit Hilfe von Algorithmen lösen, versuchen offene Entscheidungsmodelle eine Lösung in Analogie zur tatsächlichen Problemhandhabung herbeizuführen.

*Problemlösungsverhalten*

Zur Charakterisierung der im Menschen ablaufenden Problemlösungsprozesse bestehen in der Psychologie erste Ansätze. So wird z. B. angenommen, daß vor Beginn des Problemlösungsprozesses aufgrund bestimmter Informationen aus der Umwelt die „problemlose" Situation zur Problemsituation umgewandelt wird. Der Problemlösungsprozeß wandelt schrittweise die Problemsituation wieder in eine problemlose Situation um. Kennzeichnend für die Lösung komplizierter Probleme ist die Tatsache, daß die Entscheidungsfindung nicht in einem umfassenden Wahlakt geschieht. Es reihen sich statt dessen viele zum Teil wiederkehrende Ja/Nein-Entscheidungen aneinander. **Diese Abfolge von Suchsequenzen charakterisiert das menschliche Problemlösungsverhalten.**

Offene Entscheidungsmodelle versuchen, diese Denkprozesse zumindest annähernd abzubilden. Die Abbildung verfolgt nicht nur rein beschreibende Zwecke; über die Erklärung des menschlichen Problemlösungsverhaltens sollen Ansätze gefunden werden, die für die Bewältigung vor allem schlechtstrukturierter Probleme herangezogen werden können.

Schlechtstrukturierte Entscheidungsprobleme können nicht von Algorithmen gelöst werden; Algorithmen kommen jedoch in wohldefinierten Unterprogrammen zur Lösung von Teilen des Gesamtproblems zur Anwendung. **An die Stelle analytischer Lösungsverfahren in den geschlossenen Modellen treten hier Heuristiken.**

## (2) Heuristiken als Lösungshilfen

**Entscheidungsprobleme können schlechtstrukturiert sein, weil deren Lösung trotz Vorliegens einer operationalen Problemdefinition Schwierigkeiten bereitet.** Bei operational definierten Problemen kann eine Lösungshypothese aufgrund bestehender Beschränkungen eindeutig verifiziert werden; das Entscheidungssubjekt kann also eindeutig bestimmen, ob eine vorliegende Lösung zulässig ist. Zur Erzeugung einer Lösung ist jedoch kein Algorithmus bekannt oder die Anwendung eines bestehenden Algorithmus ist aus wirtschaftlichen Gründen nicht sinnvoll. Im zweiten Fall spricht man davon, daß die heuristische Kraft des Algorithmus nicht ausreicht. Statt dessen verwendet man Heuristiken.

*heuristische Lösungsverfahren*

Nach Streim wird ein **Lösungsverfahren als heuristisch bezeichnet, wenn es**

1. mit Hilfe nichtwillkürlicher, auf Erfahrungen beruhender Auswahlprinzipien

2. potentielle Lösungen vom Suchprozeß ausschließt und wenn

3. aufgrund des fehlenden Konvergenzbeweises keine Lösungsgarantie gegeben werden kann.

Der Suchprozeß wird geordnet und wirtschaftlicher gestaltet. Das Auffinden einer befriedigenden Lösung erfordert keine Untersuchung großer Mengen von Alternativen. In Entscheidungsbäumen (vgl. S. 482f.) erfolgt eine Lenkung des Suchprozesses in erfolgversprechende Äste. Je weniger Äste dabei untersucht werden müssen, desto stärker ist die heuristische Kraft eines Verfahrens.

**Heuristiken garantieren keine (optimale) Lösung. Es bleibt dem Entscheidungsträger überlassen, wann er den Suchprozeß abbricht.** Meist wird er aus Gründen der praktischen Durchführbarkeit (Zeit, Kapazität) und/oder aufgrund kostenwirtschaftlicher Erwägungen beim Erreichen einer befriedigenden Lösung abbrechen. Welche Lösungen als befriedigend akzeptiert werden, hängt vom Anspruchsniveau des Entscheidungsträgers ab. Kann keine befriedigende Lösung gefunden werden, oder erscheint die Fortsetzung der Suche zu aufwendig, so wird meist das Anspruchsniveau abgesenkt.

*Abbruch des Suchprozesses*

Aus empirischen Untersuchungen („thinking-aloud"-Protokolle) des Problemlösungsverhaltens des Menschen ging der von Newell et al. entwickelte General Problem Solver (GPS) hervor. Im GPS werden die vom Menschen verwendeten heuristischen Lösungstechniken zusammengefaßt. Das Grundschema dieses allgemeinen Lösungsprogramms läßt sich in Anlehnung an Richards/Greenlaw darstellen:

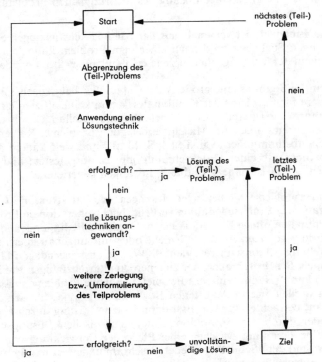

*Abb. 1.24: Grundschema eines offenen Entscheidungsmodells*

*Methode der Problemzerlegung*

Ein gängiges heuristisches Verfahren ist die Methode der Zerlegung des Gesamtproblems in Teilprobleme (vgl. Abbildung 1.24). Der Suchprozeß beginnt mit dem Erkennen einer komplexen Problemsituation. Kann bereits zu Beginn eine Lösungstechnik angewandt werden, die zu einer befriedigenden Globallösung führt, so ist der Prozeß beendet. In der Regel muß jedoch eine Zerlegung des unüberschaubaren Gesamtproblems in übersichtlichere Teilprobleme erfolgen, für die geeignete Lösungsverfahren (Heuristiken oder Algorithmen) zur Verfügung stehen. **Über die Lösung von Teilproblemen wird schrittweise das Gesamtproblem einer Lösung zugeführt.** Es kann der Fall sein, daß der Gesamtprozeß mehrmals durchlaufen werden muß. Dabei kann auch über eine Veränderung des Anspruchsniveaus hinsichtlich der Qualität der Problemlösung eine Anpassung des Entscheidungsträgers an Problemlösungen erfolgen, die er ursprünglich für nicht ausreichend hielt.

*Planungsmethode*

**Ein weiteres heuristisches Vorgehen ist die Planungsmethode.** Unter Verzicht auf Details wird zunächst ein globaler Lösungsweg gesucht, der bei der darauf folgenden detaillierten Lösung als Orientierung dient. D. h., das im Grunde wesentlich komplexere Problem wird im ersten Durchgang unter Zugrundelegung einer stark vereinfachten Problemdefinition gelöst. In weiteren Lösungsschritten (Iterationen) werden zusätzliche Elemente in die Problemdefinition aufgenommen, um so zu einer Lösung des ursprünglichen Problems zu kommen.

**Die Planungsmethode ist verwandt mit der Methode des analogen Schließens.** Beim analogen Schließen wird nach einer dem Problem ähnlichen Situation gesucht, die in der Vergangenheit bereits erfolgreich bewältigt werden konnte.

*Spezielle heuristische Verfahren*

Neben dem GPS gibt es eine große Anzahl spezieller heuristischer Verfahren. Insbesondere für Probleme der Kombinatorik sind keine effizienten Algorithmen bekannt, es existieren aber für viele Aufgabenstellungen leistungsfähige heuristische Programme. Für Maschinenbelegungsprobleme, Reihenfolgeprobleme, Bandabstimmungen (vgl. Teil 4, S. 487ff.) und viele andere Aufgabenstellungen innerhalb einer Unternehmung gibt es ausgetestete und bewährte Heuristiken, die meist nahezu optimale Lösungen generieren.

*Schließung offener Beschränkungen*

**Entscheidungsprobleme können auch deswegen schlecht strukturiert sein, weil keine operationale Problemdefinition vorliegt.** Nicht-operationale Problemdefinitionen enthalten **offene Beschränkungen**. D. h., die Bedingungen, denen eine Problemlösung genügen muß, sind nicht oder nur ungenau spezifiziert. Die Problemstellung: „Konstruiere einen PKW mit **ausreichendem Platzangebot und niedrigem Benzinverbrauch**, der zu einem **konkurrenzfähigen Preis** angeboten werden kann" ist ein typisches Beispiel. Derartige Probleme **müssen operationalisiert werden**, indem die offenen Beschränkungen geschlossen oder aber als irrelevant betrachtet werden. Erst dann ist eine Lösung durch einen Algorithmus oder durch die Anwendung eines heuristischen Lösungsverfahrens möglich. Eine Trennung zwischen einer Phase der Entwicklung von Lösungshypothesen und dem Schließen offener Beschränkungen ist häufig nicht möglich. Das Entscheidungssubjekt muß zur Verifizierung einer Lösungshypothese überprüfen, ob die offenen Beschränkungen adäquat geschlossen wurden. Die Wechselwirkung zwischen Problemdefinition und Lösungshypothese bewirkt einen anhaltenden Suchprozeß nach neuen Lösungen. Das Schließen offener Beschränkungen ist stets nur vorläufiger Natur. Der Entscheidungsprozeß kommt entweder durch inneren (Emotionen) oder äußeren (Einhaltung von Terminen) Zwang zum Ende.

Ein Vergleich von geschlossenen und offenen Entscheidungsmodellen zeigt, daß sich diese beiden Ansätze nicht gegenseitig ausschließen, sondern ergänzen: Geschlossene Modelle sind in abgrenzbaren und überschaubaren Teilbereichen extrem leistungsfähig und garantieren eine optimale Lösung. Ihre Anwendbarkeit stößt jedoch rasch auf Grenzen. Offene Modelle hingegen sind von ihrer Konzeption her prinzipiell auf alle Entscheidungsprobleme anwendbar, ohne jedoch eine optimale oder auch nur befriedigende Lösung garantieren zu können. Geschlossene Modelle können zudem Bausteine offener Modelle sein.

## 3. Strategische Entscheidungen

### a) Strategische Planung

**Unter dem Begriff „Planung" versteht die entscheidungsorientierte Betriebswirtschaftslehre die Phasen der Willensbildung innerhalb eines Entscheidungsprozesses** (vgl. Abb. 1.16, S. 47). Angeregt durch Informationen über bestehende oder erwartete Probleme wird eine Suche nach möglichen Lösungen ausgelöst. Aus der Menge der entwickelten Alternativen wird jene ausgesucht, die den größten Fortschritt in der Erreichung des organisationalen Zielsystems verspricht. Ergebnis der Auswahlphase ist somit ein Plan, hinter dem – sofern er von den dazu vorgesehenen Gremien autorisiert wird – der Wille (das commitment) steht, ihn auch tatsächlich zu verwirklichen. Der Prozeß der Willensdurchsetzung ist in diesem Sinne nicht mehr Gegenstand der Planungsphasen. Planung ist somit ein Teil eines Entscheidungsprozesses.

**Strategische Planung ist ein dauernder Prozeß der Lösungssuche für antizipierte, zukünftig mögliche Probleme unter besonderer Berücksichtigung der Auswirkungen der erarbeiteten Lösungen auf die Erreichung der „Ziele der Organisation".** Strategische Pläne dienen primär der **Verwirklichung der Organisationsziele**. Strategische Planungen sollen jedoch auch **Impulse zur Veränderung dieser Ziele** geben. Es besteht demnach eine enge Verbindung oder sogar eine Überschneidung von Zielentscheidungen und strategischen Entscheidungen.

*Antizipation zukünftiger Probleme*

Die Notwendigkeit strategischer Planungen wird in der Literatur meist anhand dreier Gründe plausibel gemacht:

*Gründe für strategische Planung*

(1) Die Komplexität der Unternehmungen und ihrer Umwelten wächst.
(2) Die Geschwindigkeit der Veränderungen (Dynamik) in sozialen Systemen und in deren Umwelten nimmt zu.
(3) Als eine Folge davon werden die Führungsaufgaben schwieriger.

**Komplexität bezeichnet in bezug auf den Entscheidungsprozeß die Anzahl und Verschiedenartigkeit von Faktoren, die für die Entscheidungsfindung bedeutsam**

*Abb.: 1.25: Zusammenhang zwischen strategischen Zielen, operativen Zielen und Zielen der Organisation*

**sind.** Die Zunahme an interner Komplexität ist vor allem auf starke Wachstums- und Diversifizierungsprozesse in den Unternehmungen westlicher Wirtschaftssysteme in den vergangenen Jahrzehnten zurückzuführen. Das Eindringen der Unternehmungen in neue Märkte hat interne Veränderungen und völlig neue externe Verbindungen nötig gemacht. Die sozioökonomischen Umwelten der Betriebswirtschaften gewinnen nicht nur durch den technischen Fortschritt an Komplexität. Auch politische, soziale und volkswirtschaftliche Wandlungen tragen zur Steigerung der Komplexität bei (1).

Gleichzeitig mit der Zunahme zu berücksichtigender Wandlungen steigt die **Geschwindigkeit, mit der sich einzelne Veränderungsprozesse vollziehen** (2). Ein anschauliches Beispiel liefern technische Entwicklungsprozesse. Während die Entwicklung des Elektromotors noch ungefähr 65 Jahre dauerte (1820 bis 1885), brauchten die Erfindung und Entwicklung leistungsfähiger Solarbatterien nur etwa zwei Jahre.

Die Kombination von zunehmender Komplexität und zunehmender Geschwindigkeit von Veränderungsprozessen wird oft als **Zunahme von „Turbulenz"** bezeichnet. Die Handhabung von Turbulenzen stellt an Führungskräfte jedoch völlig andere Anforderungen als die Leitung der Unternehmung in stabilen Umwelten (3).

Ansoff (1979) belegt die Entwicklung anhand vier zu beobachtender Trends: *Entwicklungstrends*

(1) Neuerungen zeigen sich häufiger unabhängig von bisherigen Verhältnissen, Zuständen oder Prozessen. Sie stellen in steigendem Maße Diskontinuitäten dar.

(2) Die nötige Intensität, mit der sich Betriebswirtschaften mit solchen Diskontinuitäten beschäftigen müssen, steigt. Dies hat Konsequenzen für die bereitzustellenden Potentiale und Budgets der entsprechenden Abteilungen in der Organisation.

(3) Die Zeit zwischen ersten, schwachen Anzeichen einer Veränderung und dem Durchgreifen des Wandels auf den Märkten verringert sich. Die Vorhersagbarkeit, welchen Verlauf eine Wandlungsepisode nehmen wird, sinkt.

(4) Die Anzahl der gleichzeitig oder in einem bestimmten Zeitabschnitt auftretenden Veränderungen steigt.

Diese Trends verursachen ständig neue Unsicherheiten. Aus dem Bedürfnis nach Unsicherheitsverminderung entsteht die Tendenz der Unternehmungen, mögliche zukünftige Problemstellungen vorwegzunehmen und bereits in frühen Stadien der Problemerkennung globale Lösungsmöglichkeiten zurechtzulegen. Die Notwendigkeit antizipativen Entscheidens steigt.

**Jede Veränderung der Umweltbedingungen von Industriebetrieben kann als eine Gefahr für das Überleben der Unternehmung, aber auch als eine Gelegenheit zur Erweiterung oder Modifikation der Unternehmungsaktivitäten und damit zur Verbesserung der Unternehmungsposition gegenüber den Konkurrenten betrachtet werden.** Je nachdem, ob der Industriebetrieb bezüglich einer speziellen Veränderung eine **organisationale Stärke** oder **Schwäche** aufweist, besteht entweder eine **Chance** oder ein **Risiko**. *Aufgaben der strategischen Planung*

|  |  | Umweltveränderung | | | |
|---|---|---|---|---|---|
|  |  | Gelegenheit | | Gefahr | |
| Organisation | Schwäche | − | + | − Risiken | − |
|  | Stärke | + Chancen | + | + | − |

*Abb. 1.26: Chancen/Risiken-Matrix*

Die strategische Herausforderung an die Unternehmungsleitung besteht darin, der Unternehmung **genügend Chancen zu sichern, um die Ziele der Organisation zu verwirklichen und Risiken möglichst zu vermeiden.** Die strategische Problemstellung hat dabei zunächst zwei Dimensionen: *Strategische Problemstellung*

(1) Umweltveränderungen müssen rechtzeitig als Gefahr und/oder als Gelegenheit erkannt werden.

(2) Die Potentiale der Organisation (Stärken/Schwächen) müssen bezüglich einzelner Gefahren und Gelegenheiten untersucht und gegebenenfalls angepaßt werden.

*Gegenstand strategischer Entscheidung*

**Gegenstand und Ergebnis strategischer Entscheidungen sind sowohl strategische Ziele (neue Positionen auf alten und neuen Betätigungsfeldern; z. B. Ausfüllen von Marktlücken) als auch Vorgehensweisen zu ihrer Verwirklichung (Strategien, strategische Programme).** Die notwendigen Veränderungen der Organisationsstrukturen, der verwendeten Technik und Technologie, der Fähigkeiten und Kapazitäten der arbeitenden Menschen sowie deren Interessen und Werte werden systematisch in die strategischen Entscheidungen einbezogen.

**Die antizipative, strategische Planung stellt ein Mittel zur Gestaltung der Unternehmung und ihrer Beziehungen zur Umwelt auf der Grundlage des Zielsystems der Unternehmung dar.** Sie ist ein Instrument zur Steuerung des Wandels von Unternehmungen. Strategische Pläne ergänzen die ungesteuerte Vorgehensweise des reaktiven, schwachstellenorientierten Entscheidens („muddling through") durch eine konzeptionelle Komponente zur Steuerung der langfristigen Entwicklung der Unternehmung.

Wissenschaftliche und vor allem praktische Bemühungen, strategische Problemlösungsprozesse zu unterstützen, haben eine Reihe von Instrumenten und Methoden entstehen lassen, die mittlerweile als Standard der Planungsunterstützung gelten können: z. B. Umwelt- und Unternehmungsanalyse, GAP-Analyse, Produkt/Markt-Matrix, Portfolio-Analyse, Misfit-Analyse (vgl. auch Teil 5, S. 544ff.).

### b) Strategische Pläne als Prämissen operativer Entscheidungen

*Umsetzung strategischer Pläne*

Eine besondere Problematik ergibt sich im Rahmen der Durchsetzung strategischer Pläne. **Strategische Pläne, die auf einem nichtoperational hohen Abstraktionsniveau gefaßt wurden, müssen zu ihrer Verwirklichung schrittweise im Rahmen nachfolgender Planungsprozesse für alle betroffenen organisatorischen Einheiten präzisiert werden.** Da strategische Ziele, Strategien bzw. strategische Pläne jedoch auf Produkt/Markt-Einheiten bezogen sind, kommt es meist zu einem Übersetzungsproblem.

Die strategischen Entscheidungen, die im Hinblick auf verschiedene Produkt/Markt-Kombinationen entwickelt wurden, müssen in die operativen Pläne, deren Bezugssystem Stellen, Abteilungen, Bereiche usw. sind, übertragen werden. Dies ist vor allem dann problematisch, wenn strategische Entscheidungen z. B. die funktionalen Einheiten in nicht bekanntem Maße belasten. Die betreffenden Budgets können dann nicht bzw. nur ungenau geplant werden. Eine allgemeine Lösung dieser Problematik kann derzeit noch nicht angeboten werden. Als gesichert kann allenfalls gelten, daß eine notwendige aber nicht hinreichende Voraussetzung zur Bewältigung dieser Problematik ein integriertes Planungs- und Kontrollsystem in der Unternehmung ist. **Nur wenn es gelingt, strategische Entscheidungen in die Kategorien der operativen Planung zu übertragen, können sie zu Prämissen operativer Entscheidungen und damit in der erwünschten Weise wirksam werden.**

## IV. Zur weiteren Konzeption des Buches

Die bisherigen Überlegungen bilden das theoretische Fundament der folgenden sieben Teile dieses Buches. Die weiteren Ausführungen sind als Grundlage zur Lösung der betriebswirtschaftlichen Probleme in Industriebetrieben aufzufassen. Sie weisen deshalb einen niedrigeren Abstraktionsgrad auf. Technische Fragestellungen werden nur insoweit einbezogen, als sie für die betriebswirtschaftliche Analyse von Bedeutung sind. Die Auswahl, Abgrenzung und Anordnung der sieben Teile folgt den Kriterien „Meta-Entscheidungen" (Teil 2), „Funktionen der Leistungserstellung und -verwertung" (Teile 3, 4, 5) und „übergreifende Funktionen" (Teile 6, 7, 8).

In nahezu allen Phasen des Lebens einer Unternehmung werden konstitutive Entscheidungen gefällt, also Entscheidungen, die für längere Zeit einen gewissen Rahmen abstecken. Das gilt beispielsweise für Entscheidungen über Erweiterungsinvestitionen in gleicher Weise wie für die Erschließung neuer Märkte. Dennoch kommt den konstitutiven Entscheidungen in der Gründungsphase eine besondere Bedeutung zu, da mit ihnen die erste große Festlegung des rechtlichen Rahmens, des Standortes und der organisatorischen Beziehungsmuster erfolgt. Entscheidungen im Laufe der weiteren Entwicklung können und werden die konstitutiven Entscheidungen zweifellos modifizieren, doch werden es in aller Regel außergewöhnliche Umstände sein müssen, um beispielsweise eine Standortentscheidung grundlegend zu revidieren. Diese und ähnliche hier nur kurz skizzierbare Überlegungen führen zur Zusammenfassung wesentlicher Metaentscheidungen der Gründungsphase eines Industriebetriebes im zweiten Teil „Konstitutive Entscheidungen".

Die darauf folgenden drei Teile greifen Bereiche des Industriebetriebes heraus, die sich gewissermaßen chronologisch dem Güterfluß anschließen: „Materialwirtschaft", „Produktionswirtschaft", „Absatzwirtschaft".

Die Teile „Personalwirtschaft", „Kapitalwirtschaft" und „Informationswirtschaft" sind demgegenüber als Abbildungen übergreifender Funktionen zu betrachten. Der Teil „Informationswirtschaft" bedarf dabei eines besonderen Hinweises. In diesem Abschnitt sind die Grundlagen der elektronischen Datenverarbeitung und Elemente des betrieblichen Rechnungswesens dargestellt sowie zum Teil integriert (Informationssysteme). Wenn hier die Betonung auf Elemente gelegt wird, so deshalb, weil das betriebliche Rechnungswesen nur mit der Darstellung und Analyse der Kennzahlenrechnung und vor allem der Kostenrechnung aufgenommen werden konnte. Auf Ausführungen zur Bilanzierung in handelsrechtlicher und steuerrechtlicher Hinsicht wird bewußt verzichtet, weil sie den Rahmen dieser Einführung überschritten hätten und zudem zur Handelsbilanz ein Lehrbuch des Herausgebers dieser Industriebetriebslehre vorliegt.

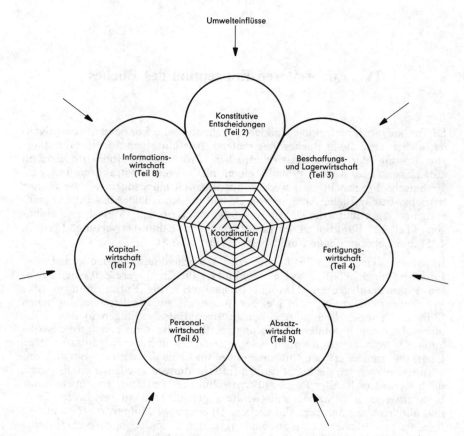

*Abb. 1.27: Konzeption der Industriebetriebslehre*

Die in Abbildung 1.27 zusammengefaßte Konzeption der Industriebetriebslehre als angewandter Betriebswirtschaftslehre kann zugleich als vereinfachte Darstellung der Integrationsfunktion der Koordinationsinstanzen (z. B. Unternehmensleitung, Management) betrachtet werden. Auf die darin zum Ausdruck kommende gegenseitige Abhängigkeit und Koordinationsbedürftigkeit der Entscheidungen im Industriebetrieb wird in den folgenden Beiträgen besonderer Wert gelegt.

## Fragen zur Selbstkontrolle und Vertiefung

1. Warum ist es berechtigt, die Industriebetriebslehre als angewandte Betriebswirtschaftslehre zu betrachten?
2. Welche grundsätzlichen Möglichkeiten ergeben sich, durch „spezielle" Betriebswirtschaftslehren dem Wissenschaftsziel der Betriebswirtschaftslehre näherzukommen?
   Versuchen Sie, die Unterschiede herauszuarbeiten und die beiden methodischen Wege zu beurteilen!
3. Welchen Zweck verfolgt die betriebswirtschaftliche Modellanalyse?
4. Wie können die Wirtschaftseinheiten im Rahmen des volkswirtschaftlichen Leistungszusammenhangs eingeteilt werden und welche Stellung nimmt dabei der Industriebetrieb ein?
5. Was versteht man unter einer mehrdimensionalen Typisierung des Industriebetriebs?
6. Stellen Sie das System Industriebetrieb mit seinen Subsystemen dar (vgl. Dienstbach, Fäßler)!
7. Zeigen Sie, daß die Betrachtung des Industriebetriebs als kybernetisches System in die entscheidungsorientierte Betrachtungsweise überführt werden kann!
8. Warum bezeichnet man den Industriebetrieb häufig als soziotechnisches System?
9. Charakterisieren Sie die Bedeutung sozialwissenschaftlicher Erkenntnisse für die Erklärung des betriebswirtschaftlichen Entscheidungsverhaltens!
10. Grenzen Sie die wichtigsten Elemente des betriebswirtschaftlichen Entscheidungsfeldes ab!
11. Nennen Sie die Merkmale einer betriebswirtschaftlichen Führungsentscheidung nach Gutenberg!
12. Welcher Zusammenhang besteht zwischen Problemstruktur und Entscheidungsmodell?
13. Kennzeichnen Sie die Entscheidungssituation unter Unsicherheit!
14. Welche Typen kollektiver Entscheidungsfindung lassen sich unterscheiden?

15. Charakterisieren Sie eine Teamentscheidung!
16. Welche Bedeutung hat die Zielanalyse für betriebswirtschaftliche Entscheidungen?
17. Was soll mit der Entwicklung von Kennzahlenhierarchien erreicht werden?
18. Lassen sich auf der Basis aller absoluten Gewinnbegriffe Rentabilitätskennzahlen ermitteln?
19. „Die Formulierung von Zielen ist ein politischer Prozeß." Nehmen Sie Stellung zu dieser These!
20. Welche Analogien bestehen zwischen dem Prozeß der Zielbildung und dem Prozeß der Entscheidungskoordination in Organisationen?
21. Für welche industriebetrieblichen Entscheidungsprobleme kann behauptet werden, sie seien schlecht strukturiert!
22. Stellen Sie einige heuristische Problemlösungstechniken dar und entwickeln Sie Beispiele ihrer Anwendung!
23. Nennen Sie einige Entscheidungsregeln für wohlstrukturierte Probleme und zeigen Sie die Grenzen ihrer Anwendbarkeit auf!
24. Warum kann das Phasenschema des Entscheidungsprozesses nur als formale Grundlage bei der Erklärung von Entscheidungsabläufen herangezogen werden?
25. Nennen Sie praktische Beispiele für konfliktäre, komplementäre und indifferente Zielbeziehungen! Welche Möglichkeiten zur Lösung von Zielkonflikten kennen Sie?
26. Über die Aufgaben der Betriebswirtschaftslehre als Wissenschaft bestehen unterschiedliche Auffassungen. Zeigen sie mögliche Alternativen auf.
27. Geben Sie anhand verschiedener Merkmale eine Klassifikation möglicher Systemtypen an.
28. Stellen Sie den Zusammenhang zwischen zentralen/dezentralen Entscheidungen und Führungs-/Ressortentscheidungen her.
29. Was versteht man unter Spieltheorie und wozu dient sie?

# Literaturhinweise

Adam, A./Helten, E./Scholl, F., Kybernetische Modelle und Methoden. Einführung für Wirtschaftswissenschaftler, Köln und Opladen 1970

Alexis, M./Wilson, Ch. (Hrsg.), Organizational Decision Making, Englewood Cliffs, N. J. 1967

Ansoff, H. J., Strategic Management, New York 1979

Baetge, J., Grundlagen der Wirtschafts- und Sozialkybernetik, Opladen 1975

Bamberg, G./Coenenberg, A. G., Betriebswirtschaftliche Entscheidungslehre, 3. Aufl., München 1981

Bidlingmaier, J., Zielkonflikte und Zielkompromisse im unternehmerischen Entscheidungsprozeß, Wiesbaden 1968

Bitz, M., Entscheidungstheorie, München 1981

Börner, D., Das Rechnungswesen als Gegenstand unternehmerischer Entscheidungen, München 1966

Brandstätter, H./Gahlen, B. (Hrsg.), Entscheidungsforschung, Tübingen 1975

Bratschitsch, R./Vodrazka, K. (Hrsg.), Beiträge zur Begriffsbildung und Methode der Betriebswirtschaftslehre, Wien 1965

Churmann, C. W./Ackoff, R. L./Arnoff, E. L., Operations Research, Wien/München 1966

Cyert, R. M./March, J. G., A Behavioral Theory of the Firm, Englewood Cliffs, N. J. 1963

Dienstbach, H., Dynamik der Unternehmungsorganisation – Anpassung auf der Grundlage des „Planned Organizational Change", Wiesbaden 1971

Dinkelbach, W., Entscheidungstheorie, in: HWB, 4. Aufl., Stuttgart 1974, Sp. 1290f.

Dlugos, G./Eberlein, G./Steinmann, H., Wissenschafstheorie und Betriebswirtschaftslehre, Düsseldorf 1972

Drukarczyk, J., Probleme individueller Entscheidungsrechnung, Wiesbaden 1975

Easton, D., A Framework for Political Analysis, New York 1965

Engels, W., Betriebswirtschaftliche Bewertungslehre im Lichte der Entscheidungstheorie, Köln und Opladen 1962

Fäßler, K., Betriebliche Mitbestimmung – Verhaltenswissenschaftliche Projektionsmodelle, Wiesbaden 1970

Fandel, G./Gal, T. (Hrsg.), Multiple Criteria Decision Making, Theory and Applikation, Berlin 1980

Gäfgen, G., Theorie der wirtschaftlichen Entscheidungen, 3. Aufl., Tübingen 1974

Giese, P. J., The Logic of „Symbolic Psycho-Logic", Behavioral Science 1967, S. 391 ff.

Grün, O., Das Lernverhalten in Entscheidungsprozessen der Unternehmung, Tübingen 1973

Gutenberg, E., Unternehmensführung. Organisation und Entscheidungen, Wiesbaden 1962

Hamel, W., Zieländerungen im Entscheidungsprozeß, Tübingen 1974

Hannsmann, F., Quantitative Betriebswirtschaftslehre, München/Wien 1982

Hauschildt, J., Entscheidungsziele, Tübingen 1977

Hax, H. (Hrsg.), Entscheidung bei unsicheren Erwartungen, Köln und Opladen 1970

Hax, H., Industriebetrieb, in: Handwörterbuch der Sozialwissenschaften, Stuttgart u. a. 1956, Sp. 243 ff.

Hax, H., Entscheidungsmodelle in der Unternehmung, Einführung in Operations Research, Reinbek 1974

Heinen, E., Einführung in die Betriebswirtschaftslehre, 9. Aufl., Wiesbaden 1985

Heinen, E., Grundlagen betriebswirtschaftlicher Entscheidungen. Das Zielsystem der Unternehmung, 3. Aufl., Wiesbaden 1976

Heinen, E., Betriebswirtschaftliche Kostenlehre, Kostentheorie und Kostenentscheidungen, 6. Aufl., Wiesbaden 1983

Heinen, E., Entscheidungstheorie, in: Staatslexikon (Ergänzungsband), Freiburg 1969, Sp. 689 ff.

Heinen, E., Zum Wissenschaftsprogramm der entscheidungsorientierten Betriebswirtschaftslehre, Zeitschrift für Betriebswirtschaft 1969, S. 207 ff.

Heinen, E., Der entscheidungsorientierte Ansatz der Betriebswirtschaftslehre, Zeitschrift für Betriebswirtschaft 1971, S. 429 ff.

Heinen, E., Neue Denkansätze für Betriebswirtschafter, in: Molitor, R. (Hrsg.), Kontaktstudium und Gesellschaft, Frankfurt a. Main 1972, S. 45–51

Heinen, E., Zur Problembezogenheit von Entscheidungsmodellen, Wirtschaftswissenschaftliches Studium, 1972, S. 3 ff.

Heinen, E., Grundfragen der entscheidungsorientierten Betriebswirtschaftslehre, München 1976

Heinen, E. (Hrsg.), Betriebswirtschaftslehre Führungslehre – Grundlagen – Strategien – Modelle, Wiesbaden 1984

Heinen, E., Ziele und Zielsysteme in der Unternehmung, in: HdWW, Stuttgart u. a. 1982, S. 616 f.

Heinen, E., Wandlungen und Strömungen in der Betriebswirtschaftslehre, in: Probst, G./Siegwart, H. (Hrsg.), Integriertes Management, Bern und Stuttgart 1985

Heinen, E., Entscheidungsorientierte Betriebswirtschaftslehre und Unternehmenskultur, ZfB 10/1985

Heinen, H., Ziele multinationaler Unternehmen – Der Zwang zu Investitionen im Ausland, Wiesbaden 1982

Jacob, H. (Hrsg.), Industriebetriebslehre, Handbuch für Studium und Prüfung, 2. Aufl., Wiesbaden 1983

Jeffrey, R., Logik der Entscheidungen, Wien/München 1967

Johnson, R. A./Kast, F. E./Rosenzweig, J. E., The Theory and Management of Systems, New York u. a. 1963

Kalveram, W., Industriebetriebslehre, 8. Aufl., Wiesbaden 1972

Kappler, E., Betriebswirtschaftslehre und Betriebswirtschaftspraxis aus der Sicht der Universität, IBM-Nachrichten 1972, S. 94 ff.

Kappler, E., Systementwicklung – Lernprozesse in betriebswirtschaftlichen Organismen, Wiesbaden 1972

Kern, W., Industriebetriebslehre, Stuttgart 1970

Kilger, W., Optimale Produktions- und Absatzplanung, Opladen 1973

Kilgus, E., Bank-Management in Theorie und Praxis, Bern und Stuttgart 1982

Kirsch, W., Einführung in die Theorie des Entscheidungsprozesses, 2. Aufl., Wiesbaden 1977

Kirsch, W., Die Handhabung von Entscheidungsproblemen, München 1978

Kirsch, W./Meffert, H., Organisationstheorien und Betriebswirtschaftslehre, Wiesbaden 1970

Kirsch, W./Esser, W.-M./Gabele, E., Das Management des geplanten Wandels von Organisationen, Stuttgart 1979

Knight, F. H., Risk, Uncertainty and Profit, New York 1964

Kosiol, E., Die Unternehmung als wirtschaftliches Aktionszentrum, Reinbek bei Hamburg 1966

Kupsch, P., Das Risiko im Entscheidungsprozeß, Wiesbaden 1973

Kupsch, P., Unternehmungsziele, Stuttgart/New York 1979

Laux, H., Entscheidungstheorie, Berlin/Heidelberg/New York 1982

Lechner, K. (Hrsg.), Analysen zur Unternehmenstheorie, Berlin 1972

Lindblom, C. E., The Science of „Muddling Through", in: Leavitt, H. J./Pondy, L. R. (Hrsg.), Readings in Managerial Psychology, Chicago-London 1964

Mag, W., Entscheidung und Information, München 1977

Marr, R./Stitzel, M., Personalwirtschaft – ein konflikttheoretischer Ansatz, München 1979

Meffert, H., Systemtheorie aus betriebswirtschaftlicher Sicht, in: Schenk, K.-E. (Hrsg.), Systemanalyse in den Wirtschafts- und Sozialwissenschaften, Berlin 1971, S. 174 ff.

Meffert, H., Marketing – Einführung in die Absatzpolitik, 6. Aufl., Wiesbaden 1982

Meffert, H./Wehrle, F., Strategische Unternehmensplanung (Arbeitspapiere), Münster 1982

Mellerowicz, K., Betriebswirtschaftslehre der Industrie, 2 Bände, 5. Aufl., Freiburg 1968

Myrdal, G., Objektivität in der Sozialforschung, Frankfurt 1971

Oettle, K., Über den Charakter öffentlich-wirtschaftlicher Zielsetzungen, Zeitschrift für betriebswirtschaftliche Forschung 1966, S. 241 ff.

Owens, R. N., Management of Industrial Enterprises, Homewood, Ill. 1963

Pfohl, H.-C., Planung und Kontrolle, Mainz 1981

Pfohl, H.-C./Braun, G. E., Entscheidungstheorie, München 1981

Picot, A., Experimentelle Organisationsforschung – Methodische und wissenschaftstheoretische Grundlagen, Wiesbaden 1975

Raffée, H., Grundprobleme der Betriebswirtschaftslehre, Göttingen 1974

Rehkugler, H./Schindel, V., Entscheidungstheorie, München 1981

Richards, M. D./Greenlaw, P. S., Management Decision Making, Homewood, Ill. 1966

Rühli, E., Beiträge zur Unternehmungsführung und Unternehmungspolitik, Band 1 und 2, Bern/Stuttgart 1973 und 1978

Rühli, E., Grundzüge einer betriebswirtschaftlichen Entscheidungslehre, in: Angehrn, O./Künzi, H. P. (Hrsg.), Beiträge zur Lehre von der Unternehmung, Festschrift für K. Käfer, Stuttgart 1968, S. 271 ff.

Rühli, E., Die Besonderheiten der Führungsentscheidungen bei kollegialer Unternehmensleitung und der Stand ihrer wissenschaftlichen Erfassung, in: Die Unternehmung 1967, S. 17 ff.

Sandig, C., Betriebswirtschaftspolitik, 2. Aufl, Stuttgart 1966

Schäfer, E., Der Industriebetrieb. Industriebetriebslehre auf typologischer Grundlage, Köln und Opladen, Band 1: 1969, Band 2: 1971

Schiemenz, B., Betriebskybernetik – Aspekte des betrieblichen Managements, Stuttgart 1982

Schmidt, R. B., Wirtschaftslehre der Unternehmung, Stuttgart 1969

Schneeweiß, H., Entscheidungskriterien bei Risiko, Berlin 1967

Schweitzer, M., Einführung in die Industriebetriebslehre, Berlin/New York 1973

Schweitzer, M./Eiff, W., Entscheidungen im Industriebetrieb, München 1977

Sieben, G./Schildbach, T., Betriebswirtschaftliche Entscheidungstheorie, Tübingen 1975

Simon, H. A., Models of Man, New York/London 1957

Simon, H. A., On the Concept of Organizational Goal, Administrative Science Quarterly 1964, S. 1 ff.

Streim, H., Heuristische Lösungsverfahren – Versuch einer Begriffserklärung, in: Zeitschrift für Operations Research, Band 19, 1975, S. 143 ff.

Szyperski, N./Winand, U., Entscheidungstheorie, Stuttgart 1974

Taylor, W. D., Decision Making and Problem Solving, in: March, J. G. (Hrsg.), Handbook of Organizations, Chicago 1965, S. 48 ff.

Thompson, J. D./Tuden, A., Strategies, Structures and Processes of Organizational Decisions, in: Leavitt, H. J./Pondy, L. R. (Hrsg.), Readings in Managerial Psychology, Chicago/London 1964, S. 496 ff.

Ulrich, H., Die Unternehmung als produktives soziales System, 2. Aufl., Bern und Stuttgart 1971

Vogt, R., Individuelle, innovative Problemlösungsprozesse, Frankfurt/M. 1981

Witte, E., Entscheidungsprozesse, in: HWO, Stuttgart 1969

Witte, E./Thimm, A. (Hrsg.), Entscheidungstheorie, Wiesbaden 1977

Wittgen, R., Einführung in die Betriebswirtschaftslehre, München u. a. 1974

Wittmann, W., Unternehmung und ungewisse Information. Unternehmerische Voraussicht, Ungewißheit und Planung, Köln und Opladen 1969

Wurst, S., Das Entscheidungskollegium – Ein Beitrag zur Theorie kollektiver Entscheidungsfindung, Diss. München 1967

## Zweiter Teil

# Konstitutive Entscheidungen

von

Ekkehard Kappler und Manfred Wegmann

Mitverfasser der ursprünglichen Form dieses Beitrages (1.-6. Auflage) war Günter Chmelik. Die Überarbeitung der 6. Auflage dieses Beitrages nahmen Ekkehard Kappler und Stephan Laske wahr.
Anregungen zu Abschnitt III. Standort stammen von Peter Uwe Kupsch und Arnold Picot.

## Zweiter Teil

**Konstitutive Entscheidungen**

| | |
|---|---|
| Vorbemerkung | 81 |
| I. Industrielle Organisation | 83 |
|   1. Das Organisationsproblem | 83 |
|     a) Organisatorische Ziele | 83 |
|     b) Das Organisationsproblem als Koordinationsproblem | 85 |
|   2. Die Organisationsgestaltung | 86 |
|     a) Die Organisationsstruktur | 86 |

Zentralisation/Dezentralisation 88 – Hierarchie 104 – Delegation und Partizipation 128 – Standardisierung und Formalisierung 134

| | |
|---|---|
|     b) Die Organisationssituation | 139 |

Organisationsprinzipien 139 – Dimensionen der Organisationssituation 140

| | |
|---|---|
|     c) Die Organisationsverfassung | 141 |
|   3. Organisationsentwicklung | 142 |
|     a) Reorganisationsprozesse | 144 |
|     b) Interventionstechniken | 147 |

Charakteristika und Methoden 147 – Berater/Klienten-Beziehungen 152

| | |
|---|---|
|     c) Organisationales Lernen | 156 |
| II. Rechts- und Unternehmungsform | 159 |
|   1. Grundlagen der Rechtsformentscheidung | 159 |
|     a) Charakter der Rechtsformentscheidung | 159 |
|     b) Kriterien der Rechtsformentscheidung | 163 |

Leitungsbefugnis 163 – Haftung 165 – Gewinn- und Verlustbeteiligung 165 – Kapitalbeschaffungsmöglichkeiten 166 – Steuerbelastung 167 – Informationspflichten 168 – Mitbestimmung 169

| | |
|---|---|
|     c) Revision der Rechtsformentscheidung (Umwandlung) | 170 |
|   2. Rechtsformalternativen | 174 |
|     a) Personenunternehmungen | 176 |

Die Einzelunternehmung 176 – Die Personengesellschaften (Gesellschaft des bürgerlichen Rechts, offene Handelsgesellschaft, Kommanditgesellschaft, stille Gesellschaft) 177

      b) Kapitalgesellschaften .............................. 183
          Die Gesellschaft mit beschränkter Haftung 183 – Die Aktiengesellschaft 190

      c) Misch- und Sonderformen ......................... 199
          Die Kommanditgesellschaft auf Aktien 199 – Die bergrechtliche Gewerkschaft 200 – Die eingetragene Genossenschaft 201 – Die GmbH & Co. KG 204 – Die Doppelgesellschaft 206 – Die Stiftung 208

      d) Öffentliche Unternehmungen ...................... 212
   3. Unternehmungszusammenschlüsse ..................... 215
      a) Einteilung und Ziele von Unternehmungszusammenschlüssen ............................................. 215
      b) Erscheinungsformen von Unternehmungszusammenschlüssen ............................................. 217
          Die Partizipation 217 – Das Konsortium 218 – Die Interessengemeinschaft 218 – Das Kartell 219 – Der Konzern 224 – Der Trust 230

III. Standort ............................................... 232
   1. Grundfragen industrieller Standortentscheidungen ......... 233
   2. Einflußgrößen der Standortentscheidung (Standortfaktorenlehre) ................................................ 234
   3. Entscheidungsmodelle zur Standortbestimmung ........... 239
      a) Der optimale Standort ........................... 239
      b) Analytische Verfahren zur Standortbestimmung ....... 240
          Das Webersche Standortmodell 240 – Optimaler Standort in einem Verkehrsnetz 241 – Standortbestimmung mit Hilfe von Transportmodellen 242
      c) Heuristische Verfahren der Standortbestimmung ....... 243
          Der Standortfaktorenkatalog 243 – Standortbewertungsmodelle (Scoring-Modelle) 245 – Standortentscheidungen mit Hilfe der „NB-Regel" 246

*Fragen zur Selbstkontrolle und Vertiefung* ..................... 248

*Literaturhinweise* ......................................... 253

## Vorbemerkung

Betriebswirtschaftliche Entscheidungstatbestände lassen sich grundsätzlich funktional (anknüpfend am Prozeß der Leistungserstellung und -verwertung) oder genetisch (anknüpfend an der chronologischen Entwicklung einer Betriebswirtschaft) systematisieren. Obwohl beide Systematisierungsmerkmale alle Entscheidungstatbestände einer Betriebswirtschaft erfassen könnten, hat sich in der entscheidungsorientierten Betriebswirtschaftslehre eine „Arbeitsteilung" bei der Zuordnung von Entscheidungen auf die genannten Merkmale ergeben. Probleme der Produktion, des Absatzes, der Beschaffung, der Investition oder der Finanzierung werden beispielsweise vorwiegend der funktionalen Analyse zugeordnet; den Gegenstand der genetischen Analyse bilden in erster Linie Fragen der Gründung und der Liquidation von Unternehmungen.

Entscheidungen, die vor allem in der Gründungsphase unumgänglich sind, werden im Teil 2 dieses Buches behandelt. Es sind Entscheidungen, die einen als langfristig gültig gedachten Rahmen für die nachfolgenden laufenden Entscheidungen zur Leistungserstellung und -verwertung abstecken (konstitutive Entscheidungen oder Metaentscheidungen). Nur grundlegend neue Sachverhalte sollten eine Revision dieser Entscheidungen in anderen Phasen des Lebens der Unternehmung notwendig machen (sekundäre konstitutive Entscheidungen).

Besonders typische Beispiele konstitutiver Entscheidungen sind die Gestaltung und Entwicklung der Organisation eines Industriebetriebs (Kapitel I), die Rechtsformenwahl (Kapitel II) sowie die Standortwahl (Kapitel III). Sie gelten zwar nicht „für die Ewigkeit"; an die Fixierung der entsprechenden Freiheitsgrade wird aber die Erwartung einer gewissen Beständigkeit geknüpft. Zwar kann auch Investitionsentscheidungen, Lieferverträgen, Marketingkonzeptionen, Entlohnungssystemen, Informationssystemen und Kapitalbeschaffungsmaßnahmen konstitutive Kraft innewohnen; entsprechend der oben angeführten „Arbeitsteilung" werden diese und ähnliche Metaentscheidungen allerdings in den folgenden funktional orientierten Teilen des Buches behandelt.

In Industriebetrieben ist in aller Regel eine Vielzahl von Menschen an der Entscheidungsfindung und -durchsetzung beteiligt. Das arbeitsteilige, zielgerichtete Verhalten dieser Organisationsmitglieder ist durch ein System von Regelungen möglichst effizient aufeinander abzustimmen. Da das Kaleidoskop organisatorischer Regelungen äußerst vielgestaltig ist, werden einige Problemkreise ausgeklammert und an die „Personalwirtschaft" verwiesen (Teil 6). Es handelt sich dabei insbesondere um Fragen der Arbeitsbewertung, der Personalanweisung, der Ausbildung, der Entlohnung, der Konflikthandhabung in Organisationen. In diesem Teil 2 werden grundsätzliche Fragen des

Organisationsaufbaus und der Fortentwicklung dieses Aufbaus im Rahmen des betriebswirtschaftlichen kollektiven Entscheidungsprozesses dargestellt. Damit wird an einem Punkt angesetzt, bei dem die Entscheidung der Individuen, in dieser Organisation mitzuwirken, bereits gefallen oder nicht in Frage gestellt ist. Es geht also um die Planung eines Systems, dessen Elemente ihre grundsätzliche Bereitschaft zum Systemzusammenschluß erklärt haben. Im Teil „Personalwirtschaft" wird es hingegen um die Frage der Systemteilnahme und die individuellen Voraussetzungen der Übernahme formaler Aufgaben im System gehen.

Die Wahl einer Rechtsform wird vom System gesellschaftlich bedingter juristischer Normen verlangt und wesentlich vom Inhalt dieser Normen sowie betriebswirtschaftlichen Überlegungen bestimmt. Hier sollen die für den Industriebetrieb relevanten Rechts- und Unternehmungsformen kurz charakterisiert werden.

Auch die Standortwahl kann von rechtlichen Vorschriften beeinflußt sein (z. B. durch die Bauordnung, das Städtebauförderungsgesetz oder die Landesplanung und Raumordnung), sie wird jedoch im Rahmen dieser Vorschriften von einer Reihe sonstiger Faktoren ebenfalls mitbestimmt (z. B. Verkehrserschließung, Beschaffungs- und Absatzmöglichkeiten, Tradition), so daß es notwendig erscheint, diese sogenannten ökonomischen Einflußgrößen einer eigenen Analyse zu unterziehen.

# I. Industrielle Organisation

## 1. Das Organisationsproblem

### a) Organisatorische Ziele

**Betriebswirtschaften als Organisationen sind zielgerichtete, offene, soziale (häufig auch sozio-technische) Systeme, die Informationen gewinnen und verarbeiten.** Ein System stellt eine Menge von Elementen dar, die durch verschiedene Beziehungen miteinander verknüpft sind. Menschen bedienen sich arbeitsteiliger Organisationen (Systeme), um ihre Bedürfnisse befriedigen zu können. Für den einzelnen ist dies wegen der großen **Bedürfniskomplexität** alleine nicht mehr möglich. – **Menschen, die sich organisieren, vergrößern im allgemeinen ihre Fähigkeit zur Lösung komplexer Probleme (Kräftepotenzierung).**

*Arbeitsteilung in Organisationen*

Die Ziele, die mit Hilfe von Organisationen erreicht werden sollen, ergeben sich aus der **Vielfalt der Bedürfnisse des Menschen.** Kirchen, Sportvereine, Krankenhäuser, das Militär, Schulen, Gemeindeverwaltungen oder die UNO sind in diesem Sinne ebenso Beispiele für Organisationen, wie der Industriebetrieb. Die Organisationsprobleme des Industriebetriebs werden im folgenden dargestellt.

Im Industriebetrieb wirken Menschen arbeitsteilig und kooperativ zusammen, um Leistungen zu erstellen, sie marktlich zu verwerten und für die Mitglieder der Organisation Einkommen zu erzielen. Menschen arbeiten in einer Organisation mit, wenn die Anreize, die sie durch ihre Mitgliedschaft erhalten, mindestens den Beiträgen (z. B. Arbeitsleistungen), die sie der Organisation erbringen, entsprechen oder sie übertreffen.

*Arbeitsteilung im Industriebetrieb*

Aus der Vielfalt der möglichen Oberziele einer Unternehmung (vgl. dazu S. 36) lassen sich die organisatorischen Unterziele ableiten. Die organisatorischen Maßnahmen dienen dazu, die Leistungserstellung des Industriebetriebes gemäß dem Wirtschaftlichkeitsprinzip zu ermöglichen. Je günstiger das Verhältnis von Leistung und Kosten dabei ist, desto höher ist die **organisatorische Produktivität.** In der Literatur finden sich auch die Bezeichnungen **Leistungswirksamkeit** und **Effizienz.**

*Ableitung organisatorischer Unterziele*

Mit allen drei Begriffen wird ein möglichst günstiges Verhältnis von Mitteleinsatz und Zielerreichung beschrieben. Es kommt hinzu, daß dieses Verhältnis zugleich mit einer Niveauvorstellung verbunden ist: **Effizienz heißt günstige Zielerreichung und meint nicht nur ein günstiges Verhältnis von Output- zu Inputmengen in irgendeiner Größenordnung (Effektivität). Darüber hinaus soll mit dem ausdrücklichen Bezug zur Zielerreichung ein Beurteilungsmaßstab dafür angegeben werden, inwiefern zukünftige Leistungen möglich erscheinen.** Ferner kann gemessen werden, ob die Organisation unbeeinträchtigt auch in Zukunft ihre Funktionen erfüllen wird. Die organisatorische Produktivität ist

*quantitative und qualitative Aspekte der organisatorischen Produktivität* nicht quantitativ meßbar, wenn sich die Zielkriterien nicht durch Zahlen ausdrücken lassen. Qualitative Ziele sind allerdings erfahrbar, wenn in einer Organisation schnelle und effiziente Entscheidungs-, Entscheidungsumsetzungs- und Kommunikationsbeziehungen bestehen.

*Substitutionsprinzip der Organisation und organisatorische Produktivität*

Das **Substitutionsprinzip der Organisation** (Gutenberg) kann als ein betriebswirtschaftlicher Versuch angesehen werden, eine allgemeine Aussage zur organisatorischen Produktivität zu machen. Zwei gegenläufige Tendenzen bilden die Ausgangspunkte für die Formulierung dieses Prinzips. Zum einen führen generelle Entscheidungen und Regelungen zur Entlastung der Organisation. Das Sozialsystem erfährt dadurch eine Steigerung der Stabilität. Zum anderen enthält gerade die Stabilität eine Tendenz zur Erstarrung. Je mehr die betriebliche Aufgabenerfüllung generell geregelt ist, desto schwieriger wird es, die betriebliche Tätigkeit an veränderte Umweltsituationen anzupassen. Die Flexibilität der Betriebswirtschaft nimmt ab. Daraus folgt, daß die Möglichkeiten der generellen Regelung betrieblicher Tatbestände mit zunehmender Unsicherheit über die erwarteten Entscheidungssituationen abnehmen. Umgekehrt ergibt sich: **Je häufiger und gleichförmiger die zu erfüllenden Aufgaben der Betriebswirtschaft sind, desto mehr wird die Tendenz wirksam, die fallweisen Regelungen durch generelle zu ersetzen.** In dieser sehr allgemeinen Fassung gibt das Substitutionsprinzip der Organisation einen gewissen Trend zur **optimalen Organisationsgestaltung** an. Der notwendige Kompromiß zwischen Stabilität und Flexibilität ist – abgesehen von den ungelösten Meßproblemen – allerdings nur anhand subjektiver Gewichtungen der beiden Kriterien zu finden.

Die organisatorische Produktivität als ein durch organisatorische Maßnahmen zu erreichendes Ziel ist Bestandteil des Zielsystems der Unternehmung. Die organisatorische Produktivität zwischen Industriebetrieb und Umwelt wird durch die beiden gegensätzlichen Erfordernisse der Stabilität und der Flexibilität bestimmt. **Stabilität sichert die Austauschbeziehungen zwischen Industriebetrieb und Umwelt, wenn bestimmte Standards entwickelt wurden, die keine Veränderung erfahren müssen.** Beispiele sind routinemäßige Input-, Transformations- und Outputprozesse, die Vermeidung von Leerkapazitäten und Engpässen sowie die Verminderung von Ausschuß und Doppelarbeit; technisch ist an Einzweckaggregate zu denken.

*Subziel Stabilität*

*Subziel Flexibilität*

Als offenes System hat der Industriebetrieb aber auch Austauschbeziehungen zu einer Umwelt, die ständigen Veränderungen unterworfen ist. Ein Teil seiner Leistungen muß permanent einer sich wandelnden Umwelt angepaßt werden. Daneben unterliegen u. U. auch Quantität und Qualität der von der Umwelt benötigten bzw. erhaltbaren Ressourcen starken Veränderungen. **Flexibilität (systemtheoretisch auch Ultrastabilität) ist ein organisatorisches Ziel, dessen Inhalt organisatorische Regelungen im Falle ständiger Veränderungen zur Abstimmung von Unternehmung und Umwelt ausdrückt.** Beispiele solcher Regelungen sind flexibel gestaltete Input-, Transformations- und Outputprozesse, die Sicherstellung rascher Aufnahme und Weiterverarbeitung von Informationen, die Förderung innovativer und spontaner Problemlösungen sowie Maßnahmen zur schnelleren Annahme von Veränderungen. Im technischen Bereich sind Mehrzweckaggregate ein geeignetes Beispiel.

Ein offenes System muß sich den aus seiner Offenheit ergebenden Veränderungen anpassen; es benötigt daher einen Mechanismus, der es erlaubt, Veränderungen festzustellen, zu verarbeiten und mit entsprechenden Reaktionen zu beantworten. Dieser Mechanismus bindet Ressourcen, die bei einer statischen Umwelt für andere Leistungen genutzt werden könnten. Aber auch die Schließung des Systems, die eine gewisse Statik mit sich bringen könnte, bindet Ressourcen. Einer wie auch immer erhöhten Stabilität stünde in jedem Fall bei Umweltveränderungen eine verminderte Flexibilität gegenüber.

*Zielkonflikt zwischen Stabilität und Flexibilität*

Auf das Individuum bezogen sind die Subziele der Organisation die Sicherheit und die Selbständigkeit des einzelnen. Menschen streben einerseits nach Orientierung, sie wünschen Sicherheit für ihre Verhaltensweisen. Andererseits sind sie aber auch an der eigenen Entwicklung und Entfaltung interessiert, was ohne Entscheidungs- und Freiheitsspielräume nicht möglich ist. Auch im Falle dieser Ziele werden an organisatorische Regelungen und Instrumente zum Teil widersprüchliche Anforderungen gestellt. Die Entscheidung über die zu erfüllenden Anforderungen ist dabei von Fall zu Fall zu treffen. Bei der theoretischen Formulierung organisatorischer Ziele und Zielwünsche ist allerdings auch zu beachten, daß die Ziele der im Industriebetrieb beschäftigten Menschen schon immer durch deren Tätigkeit (Sozialisationsmechanismus) mitbestimmt sind.

*Subziele Sicherheit und Selbständigkeit*

### b) Das Organisationsproblem als Koordinationsproblem

Die in Unternehmen versammelten Produktionsfaktoren sind nicht naturgegeben aufeinander und auf das angestrebte Ergebnis abgestimmt. Menschen verwirklichen in Organisationen ihre eigenen Ziele und die der Organisation. Damit Individuen und Gruppen in einem Unternehmen so zusammenarbeiten, daß ihre Zusammenarbeit der gewünschten Zielerreichung dient, sind Koordinationsmaßnahmen nötig. Die Koordinationsnotwendigkeit ergibt sich aus den unterschiedlichen Zielen der Organisationsteilnehmer, dem Ausgleich der Organisationssubziele Stabilität und Flexibilität, sowie Sicherheit und Selbständigkeit.

*unterschiedliche Ziele der Organisationsmitglieder*

Koordination wird durch zielentsprechende organisatorische Arrangements zu erreichen versucht. Diese Bemühungen schließen für den Industriebetrieb konstitutive Organisationsentscheidungen in zwei wesentlichen Aspekten ein:

*Koordination*

Arbeitsteilige Produktion erfordert die Entwicklung wirtschaftlicher Arbeitsbereiche und -plätze. Menschen müssen gemäß ihren Fähigkeiten und Kenntnissen sowie ihren Zusammenarbeitsmöglichkeiten in Arbeitsgruppen, Abteilungen, Sparten, Werken usw. so eingesetzt werden, daß sie aufgrund der Arbeitsteilung für die Erreichung der Ziele des Industriebetriebes besonders effiziente (Teil-)Aktivitäten gemeinsam hervorbringen können.

Zum anderen ist die Bildung von Untereinheiten kein hinreichender Vorgang, um koordinierte Zusammenarbeit zu sichern. Es müssen vielmehr Koordinationsmechanismen gefunden werden, die die Teilaktivitäten der Untereinheiten persönlich, sachlich und zeitlich so aufeinander abstimmen, daß ihre

*persönliche, zeitliche und sachliche Abstimmung*

Leistungen in ökonomisch sinnvoller Weise (z. B. kostengünstig) in das Endergebnis einfließen.

**Der Prozeß der Identifikation und Schaffung von Teileinheiten einer Organisation sowie die Entwicklung von koordinierenden Verbindungsmechanismen soll „Organisationsgestaltung" genannt werden.**

*Industriebetrieb und Umwelt*

Der Industriebetrieb nimmt aus seiner Umwelt Ressourcen auf und gibt nach deren Verarbeitung an diese Umwelt wieder Leistungen ab. Damit muß die organisatorische Gestaltungsentscheidung aber nicht nur vom Ziel der Unternehmung, sondern auch von ihrer Umwelt her als mitbeeinflußt gedacht werden. Sie liefert zweckentsprechende Ressourcen, wie Geld, Informationen, Menschen, Maschinen, Energie, Roh-, Hilfs- und Betriebsstoffe. Die Umwelt eines Industriebetriebs ist aber nicht statisch; **einmal getroffene Strukturentscheidungen müssen somit nicht für alle Umweltkonstellationen Gültigkeit haben.**

Die zeitliche Ausdehnung des industriellen Produktionsprozesses weist auf ein weiteres Abstimmungsproblem hin. Die Ressourcen müssen nach Art und Menge auch zeitlich abgestimmt zur Verfügung stehen. Dies bedingt im Industriebetrieb spezielle Probleme der Lagerung und der Organisation der Fertigung. Auftragseingänge bzw. Produktionsziele und Kapazitäten müssen in der Arbeitsvorbereitung aufeinander abgestimmt werden (vgl. die Teile 3 und 4, S. 310ff. und S. 385ff.).

**Die zeitliche Dimension verlangt eine Dynamisierung der Organisationsstruktur. Die Instrumente, die diese bewirken sollen, werden hier unter dem Stichwort Organisationsentwicklung zusammengefaßt. Der Absicht, eine ganzheitliche Struktur von Beziehungen im Industriebetrieb zu schaffen, wirkt im Zeitablauf die unabdingbare Offenheit dieses Systems entgegen.**

Der soeben diskutierten grundsätzlichen Zweiteilung entspricht die Gliederung dieses Beitrags. Nach der Beschreibung des **Organisationsproblems als Koordinationsproblem** im Kapitel 1 sollen Fragen der **Organisationsgestaltung** unter dem Aspekt konstitutiver Strukturbildung im Kapitel 2 behandelt werden. Dabei werden sowohl die Aktionsparameter der organisatorischen Strukturierung als auch die koordinierenden Verbindungsmechanismen analysiert. Im Kapitel 3 sind die **Entwicklungsmomente und -instrumente** darzulegen, die sich aus der Offenheit des Systems „Industriebetrieb" ergeben.

## 2. Die Organisationsgestaltung

### a) Die Organisationsstruktur

Wenn die Frage auftaucht, was eine Organisationsstruktur sei, denken Menschen in erster Linie an Organisationsschaubilder (Organigramme), auf denen die Beziehungen zwischen Individuen, Arbeitsgruppen und Abteilungen (z. B. eines Unternehmens) auf verschiedenen Ebenen einer Hierarchie dargestellt werden. **Mehrere Momentaufnahmen eines Industriebetriebes würden mit größter Wahrscheinlichkeit unterschiedliche Beziehungsmuster erkennen lassen. Eine nicht unerhebliche Zahl von Beziehungen wird aber in aller Regel öfter** erscheinen als andere und stärker formalisiert sein. **Zusammengefaßt können diese Beziehungen als die organisatorische Grundstruktur des Industriebetriebes bezeichnet werden.** Entscheidungen, die die Grundstruktur des Industriebetriebs betreffen, werden als konstitutive Entscheidungen bezeichnet.

Die bisherigen Ausführungen haben u. a. die Menschen als Elemente des Systems „Industriebetrieb" benannt. Dies stimmt nur bedingt mit der Organisationstheorie überein. Zum einen können nicht nur Individuen, sondern auch Gruppen Elemente des Systems sein; zum anderen abstrahiert die Organisationstheorie vom Individuum insofern, als sie primär von Rollen als Systemelementen ausgeht. Es wäre jedoch mißverständlich, die Organisationstheorie mit der Rollentheorie gleichzusetzen, denn endgültig ausgeklammert wird das Individuum nicht. Beispielsweise wird in der sozialwissenschaftlichen Organisationstheorie die Rückwirkung auf die Rolle untersucht, die sich bei einem Wechsel des Rollenträgers ergibt. Auch das Problem der „Umfunktionierung" einer Rolle durch den Rollenträger ist bei einer Darstellung und Erforschung praktischer Organisationen zu beachten. Schließlich ist zu bedenken, daß Rollen nur dann existieren, wenn Organisationsmitglieder sie tatsächlich spielen. Die Organisation erscheint dem Menschen als relativ verselbständigtes, strukturiertes Gebilde, das anscheinend außerhalb des Individuums besteht.

*Elemente des Systems „Industriebetrieb"*

*Individuum und Rolle*

Generell ist eine Rolle mit einer Menge von Standards, Beschreibungen oder Normen gleichzusetzen, die irgend jemand mit dem Verhalten des Inhabers einer Stelle innerhalb eines sozialen Systems verbindet. Jedes Organisationsmitglied nimmt im Industriebetrieb eine Stelle ein, die einem Punkt im organisatorischen Raum repräsentiert. Der organisatorische Raum ist als Struktur der Beziehungen zwischen den Stellen bzw. den mit ihnen assoziierten Tätigkeiten aufzufassen. Jeder Stelle ist durch formale Regelungen eine Tätigkeitsmenge zugeordnet, durch die Verhaltenserwartungen an den Stelleninhaber umrissen werden. Zusammen mit den Erwartungen übergeordneter Instanzen über autorisierte Verhaltensnormen und Eigenschaften des Stelleninhabers bilden sie die formale Rolle, die er auf seiner Stelle zu spielen hat (vgl. auch Teil 6, S. 631 ff.).

*Rolle Stelle*

*formale Rolle*

**Das formale Rollensystem beinhaltet jene Phänomene des industriellen sozialen Systems, die durch Entscheidungen geschaffen werden, die am Organisationsziel orientiert sind.**

Die Definition formaler Rollen durch eine zur Autorisierung berechtigte Instanz (Kerngruppe) ist für die Unterscheidung von Organisationsmitgliedern und Organisationsteilnehmern von Bedeutung. **Organisationsmitglieder** (z. B. Arbeiter, Angestellte, Vorstand) gehören der Organisation an, d. h. sie haben über eine Eintrittsentscheidung (z. B. Arbeitsvertrag) die Mitgliedschaft erlangt und mit ihr eine formale Rolle **innerhalb** der Organisation übernommen. Die Mitgliedschaft definiert die Zugangsbedingungen zu anderen Rollen der Organisation. Organisationsmitglieder können sowohl der Kerngruppe als auch den Satellitengruppen der Organisation angehören. **Organisationsteilnehmer** (z. B. Banken, Lieferanten, Kunden) gehören zu den Satellitengrup-

*Organisationsmitglieder und Organisationsteilnehmer*

pen. Sie haben keine Mitgliedsrollen zu erfüllen. Damit sind die Beziehungen von Organisationsteilnehmern zur Organisation weniger eng als die der Organisationsmitglieder. Sie enthalten keine von der Kerngruppe autorisierten formalen Rollen. Kunden, Lieferanten oder Banken sind Organisationsteilnehmer, weil sie an die Organisation Beiträge leisten und von ihr Anreize empfangen, ohne formale Rollen übernommen zu haben (zur Anreiz-Beitragstheorie vgl. Teil 6, S. 638 ff.).

*formale und informale Organisationsbeziehungen*

Organisationsmitglieder sind Menschen mit eigenen Zielen, Wünschen und Kontaktbedürfnissen und einem eigenen, mitunter von dem formalen Rollensystem relativ weit entfernten sozio-kulturellen Hintergrund. **Das formale Rollensystem ist asymmetrisch und interessenbezogen vorgeprägt.** Es drückt das Interesse des Industriebetriebes bzw. das der Kerngruppe aus. Nicht im offiziellen Zielsystem der Unternehmung berücksichtigte Ziele und Wünsche führen dazu, daß informale Beziehungen entstehen, die nicht auf Entscheidungen im Sinne des formalen Zielsystems beruhen. Diese informale Organisationsstruktur kann für die Erreichung des formalen Zielsystems nützlich oder hinderlich sein. Im einzelnen sind die Wechselwirkungen zwischen formalen und informalen Organisationsbeziehungen außerordentlich komplex und in ihrer Wirkung kaum allgemein zu bestimmen.

*dimensionale Betrachtung der Organisationsstruktur*

In der Organisationsliteratur werden zur Behandlung der Organisationsstruktur unterschiedliche Vorschläge gemacht. Weitgehend durchgesetzt hat sich eine **dimensionale Betrachtung.** Von den einzelnen Autoren werden allerdings höchst unterschiedliche Dimensionen als wesentlich angesehen. Im folgenden wird auf die dimensionale Betrachtung von Hill/Fehlbaum/Ulrich zurückgegriffen. Sie verwenden die Dimensionen der Organisationsstruktur nicht nur zur Charakterisierung von Organisationsformen, sondern berücksichtigen bei den einzelnen Dimensionen der Organisationsstruktur besonders auch den Charakter ihrer Einsetzbarkeit als organisatorische Instrumente.

Der Entwurf einer organisatorischen Struktur ergibt sich als eine am formalen Zielsystem des Industriebetriebes orientierte Auswahl aus der Menge alternativer Gestaltungsmöglichkeiten, die für organisatorische Dimensionen bekannt sind. Die Fixierung dieser Auswahl und die Summe aller Dimensionsentscheidungen ergeben die formale Organisationsstruktur der Unternehmung. Im Industriebetrieb ist die Fixierung der Organisationsstruktur der Kerngruppe der Unternehmung vorbehalten. Entscheidungsgegenstand sind Variablen, die formal geregelt werden können. Sie sollen so detailliert bestimmt werden, daß die betreffende Organisation möglichst präzise auf die organisatorischen Ziele ausgerichtet wird.

*Hauptdimensionen der Organisationsgestaltung*

**Als Hauptdimensionen der Organisationsgestaltung werden im folgenden beschrieben: Zentralisation/Dezentralisation, Hierarchie, Delegation und Partizipation, Standardisierung und Formalisierung.**

### *Zentralisation/Dezentralisation*

**Zentralisation und Dezentralisation betreffen vor allem Fragen der Zuordnung von Aufgaben zu Stellen.**

Ausgangspunkt solcher Bemühungen ist häufig die Aufgabenanalyse. Sie besteht im wesentlichen darin, den Gesamtkomplex der Aufgaben nach bestimmten Kriterien zu erfassen, zu zerlegen und zu gliedern.

(1) Aufgabenanalyse

Ansatzpunkt der Aufgabenanalyse sind die Elemente einer Aufgabe. Sie müssen zur Konkretisierung der Aufgabe inhaltlich bestimmt werden. Dies läßt sich durch eine Reihe von W-Fragen erreichen:

(1) VERRICHTUNG: WIE soll die Aufgabe gelöst werden?
(2) OBJEKT: WORAN soll die Verrichtung vollzogen werden?
(3) ARBEITSMITTEL: WOMIT soll die Aufgabenerfüllung erfolgen?
(4) ZEIT: WANN soll die Aufgabe erfüllt werden?
(5) RAUM: WO soll die geforderte Verrichtung durchgeführt werden?
(6) AUFGABENTRÄGER: WER soll die Aufgabe erfüllen?
(7) ZWECK: WARUM soll die Aufgabe erfüllt werden?

*Fragen der Aufgabenanalyse*

**Mit Hilfe der Aufgabenanalyse sollen beispielsweise in einem Industriebetrieb die Beschaffungs-, Produktions-, Absatz-, Finanzierungs-, Leitungs-, Planungs- und Kontrollaufgaben voneinander getrennt und im Rahmen der Aufgabensynthese zu einheitlichen Aufgabenkomplexen (z. B. Stellen, Abteilungen, Ressorts) zusammengefaßt werden.** Die von Kosiol übernommenen Prinzipien der Aufgabenanalyse, die in den oben genannten Fragen zum Ausdruck kommen, lassen sich unterteilen. **Verrichtung** und **Objekt** sind die sachbezogenen Kriterien, die sich unmittelbar auf die entsprechenden Aufgabenelemente beziehen. Die übrigen Kriterien sind nach Ansicht Kosiols formaler Natur. Das **Rangprinzip** knüpft an die Unterscheidung von Ausführungs- und Entscheidungsaufgaben an. Es bestätigt damit die oft verwendete Trennung von Hand- und Kopfarbeit. Mit Hilfe des **Phasenprinzips** soll die Aufgabe in den Ablauf „Planung – Realisation – Kontrolle" eingeordnet werden. Die Anwendung des **Zweckprinzips** eröffnet die Möglichkeit, ausgehend vom Sachziel des Industriebetriebes sogenannte primäre Aufgaben (z. B. Produktion) und sekundäre Aufgaben (z. B. Verwaltung) zu unterscheiden.

*Kriterien der Aufgabenanalyse*

Die Kriterien der Aufgabenanalyse stehen gleichberechtigt nebeneinander. Acker, der sie etwas anders zusammenfaßt, spricht in diesem Zusammenhang von der **Mehrdimensionalität der Aufgabenanalyse.** Ausgehend von seiner Unterteilung in (1) **Sachcharakter** (Herstellung, Vertrieb), (2) **Rang** (Leitung, Ausführung) und (3) **Phase** (Planung, Vollzug, Kontrolle) ergibt die grafische Darstellung einen Würfel, der mit Hilfe der entsprechenden Untergliederungen sich in diesem Fall in zwölf Teilaufgaben zerlegen läßt (Abbildung 2.1).

Die Gestaltung des Mosaiks der betrieblichen Aufgaben erfolgt über die Zusammenfassung der aufgabenanalytisch gewonnenen Elementaraufgaben zu abgegrenzten Aufgabenkomplexen. **Die Kriterien der synthetischen Aufgabenbildung und -verteilung,** die die detaillierten Anforderungen der Aufgabensynthese ausdrücken, beziehen sich auf:

*Aufgabensynthese*

(1) Den Personentyp, dem die Aufgabe übertragen werden soll,

(2) die aufgabenanalytischen Merkmale und
(3) die zusätzlichen Bestimmungselemente einer Aufgabe wie Arbeitsmittel, Raum und Zeit.

Die Diskussion der personellen Kriterien nimmt eine zentrale Stellung im Bereich des Personalwesens ein und wird dort behandelt (vgl. Teil 6, 676 ff.).

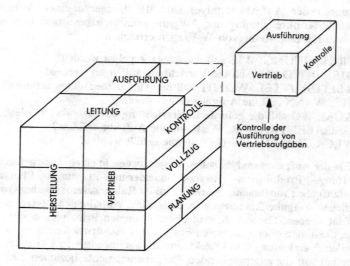

*Abb. 2.1: Beispiel für die Mehrdimensionalität der Aufgabenanalyse*

*Verrichtung*      Die Anwendung des **Verrichtungsmerkmals** führt zur Zusammenfassung gleichartiger Verrichtungen, z. B. in Werkstätten für Fräsen, Drehen oder Schleifen. Eine Verrichtungszentralisation aus technologischen Gründen ergibt sich z. B. auch bei der Glasverformung durch Schmelzöfen, der Zuschneidewerkstatt in der Textilindustrie und dem Lagerkeller einer Brauerei. Schließlich kann auch an den einzelnen Stationen der Fließfertigung von
*Objekt*           **Verrichtungszentralisation** gesprochen werden. **Objektdezentralisation** und Verrichtungszentralisation sind häufig miteinander verbunden, doch sind gerade die Fälle der Fließ-, Straßen- oder Reihenfertigung Beispiele dafür, daß das nicht notwendigerweise so sein muß. Die formalen Kriterien (Rang, Phase, Zweckbeziehung) können in der Aufgabensynthese zur Zusammenfassung der in der Aufgabenanalyse entsprechend erkannten gleichartigen Kategorien
*Phase*            führen. Die Zusammenfassung von Planungs-, Realisations- und Kontrollaufgaben beispielsweise bedeutet eine **Zentralisation nach dem Phasenkriterium** und bestimmt die Dezentralisation nach anderen Kriterien. **Arbeitsmittel** und **Arbeitsverfahren** sind untrennbar verbunden; insofern handelt es sich bei den arbeitsmittelorientierten Kriterien grundsätzlich um Fragen der Aufgabenbildung und -verteilung nach dem Verrichtungsprinzip. Gerade im Industriebetrieb lassen sich viele Beispiele finden, in denen die Arbeitsmittel die dominierende Rolle übernommen haben. Ein Industriebetrieb, der über spezialisierte

Großaggregate verfügt, wird sich in seinen Entscheidungen zur Bildung von Aufgaben sehr wesentlich von diesen Arbeitsmitteln leiten lassen. Für Prüfverfahren und -apparaturen erscheinen ähnliche Hypothesen als relativ plausibel. Ganz besonders ist in diesem Zusammenhang auf die Datenverarbeitungsanlage hinzuweisen. Lohnabrechnung, statistische Analysen, Offene-Posten-Buchhaltung mit integriertem Mahnwesen und viele andere Verfahren laufen über die Datenverarbeitungsanlage. Die Aufgabenumverteilung in diesem Sektor nach der Installation eines Computers ist ein typisches Beispiel für eine arbeitsmittelorientierte Aufgabenverteilung. Natürlich hat die Datenverarbeitung über EDV-Anlagen auch zur Aufgabenbildung beigetragen. Die Möglichkeiten zum Dialog mit der Rechenanlage lassen inzwischen aber auch wieder Dezentralisationsentwicklungen zu, die in der industriellen Praxis aus funktionalen und motivationalen Gründen aufgegriffen werden.

Die arbeitsmittelorientierte Synthese von Teilaufgaben ist nicht selten mit **räumlichen und zeitlichen Kriterien** der Aufgabenbildung und -verteilung verbunden. Zeitliche Aspekte spielen z. B. eine Rolle, wenn eine Datenverarbeitungsanlage während der normalen Arbeitszeit für die eigenen Zwecke Verwendung findet und in den restlichen 16 Stunden des Tages umschichtig vermietet wird. Die Trennung von Verwaltung und Produktion ist Ergebnis der Anwendung räumlicher Kriterien. Als räumliche Zentralisation kann die Schaffung von Großraumbüros gesehen werden. Je enger einzelne Teilaufgaben miteinander verknüpft sind, desto größer wird die Tendenz zur räumlichen Zentralisation sein: Transport- und Informationswege sollen möglichst verkürzt werden.

*Raum*
*Zeit*

Die durch Aufgabenanalyse und -synthese entstandenen formalen Organisationseinheiten und ihre Zusammenstellung ergeben je nach Zentralisations- bzw. Dezentralisationsgrad unterschiedliche strukturelle Abbildungen einer Organisation. Häufig wird die Organisationsstruktur durch die Gliederung der formalen Leitungs- und Weisungsbefugnis dargestellt.

Die Kreise in Abb. 2.2 repräsentieren als **kleinste Organisationseinheiten die Stellen.** Jede Stelle ist mit einem Organisationsmitglied besetzt. Die unterschiedlichen formalen Rollenerwartungen, die an die Stelle geknüpft sind, werden in der Abbildung durch die unterschiedliche Färbung der Kreissektoren symbolisiert. Werden mehrere Stellen zusammengefaßt (Dreiecke oder Rechtecke der Abbildung), so ergeben sich Organisationseinheiten, die mehrere Arbeitsplätze aufweisen. (Nicht an einen Raum oder Platz gebunden ist die Kostenstelle, die aber dennoch von der organisatorischen Stelle untersoneneinheiten. Formal gesehen sind derartige Organisationseinheiten Untersysteme des Systems Industriebetrieb. Sie bestehen selbst aus einer Menge von Elementen, zwischen denen Beziehungen existieren. In der Abb. 2.2 charakterisieren die Dreiecke formale, die Rechtecke informale Organisationseinheiten.

Die einzelnen Organisationseinheiten können nach verschiedenen Kriterien gruppiert werden. Geht man bei der Differenzierung von der Zahl der in einer Organisationseinheit enthaltenen Personen aus, so ergeben sich **die Kategorien der Einpersonen- und der Mehrpersoneneinheit.** Stellen kennzeichnen den ersten

*Kategorisierung von Organisationseinheiten*

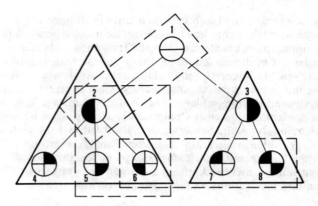

*Abb. 2.2: Organisation und Organisationseinheiten
(Ein schematisches Organisationsschaubild)*

Typ, Abteilungen, Kollegien und informale Gruppen gehören zur zweiten Kategorie. Die dispositive Gestaltungsmöglichkeit der Organisationseinheiten ist das Kriterium für die Zweiteilung in **formale und informale Organisationseinheiten**. Entscheidungen zugänglich sind nur formale Organisationseinheiten. Informale Organisationseinheiten können dagegen nicht geplant werden.

(2) Formale Organisationseinheiten

**Unter einer Stelle soll ein Aufgabenkomplex verstanden werden, der im Grunde vom Personenwechsel unabhängig zu denken ist** (Kosiol). Es liegt der Stellenbildung jedoch sehr wohl eine Vorstellung von den Fähigkeiten des potentiellen Stelleninhabers zugrunde.

Diese Definition enthält folgende Merkmale:

(1) die Stelle repräsentiert einen Komplex von Teilaufgaben;
(2) diese sind von einer einzigen Person zu erfüllen, der hierzu die erforderlichen Sach- und Hilfsmittel zur Verfügung stehen;
(3) die Stelle ist von der konkreten personellen Besetzung unabhängig;
(4) der Stelle liegt jedoch ein bestimmter Personentyp zugrunde, der über eine spezielle qualitative und quantitative Kapazität verfügt.

*Stelle und Rolle*

Der Begriff der Stelle ist nicht mit der Vorstellung eines bestimmten Raumes oder Ortes verbunden, wie das beim Arbeitsplatz der Fall ist. Die Stelle kann mehrere Arbeitsplätze aufweisen. (Nicht an einen Raum oder Platz gebunden ist die Kostenstelle, die aber dennoch von der organisatorischen Stelle unterschieden werden muß. In einer Kostenstelle arbeiten in der Regel mehrere Personen, so daß der Begriff in der organisationstheoretischen Sprache exakt „Kostenabteilung" heißen müßte.) Von dem soziologischen Begriff der Rolle unterscheidet sich die Stelle dadurch, daß sie grundsätzlich nur die Elemente der formalen Rolle enthält.

Zur Bildung von Stellen werden die an anderer Stelle (vgl. S. 630ff.) ausführlich dargestellten Kriterien der Aufgabenanalyse bzw. der Aufgabensynthese herangezogen: personenbezogene Kriterien, sachliche Kriterien (Objekte, Verrichtung) und formale Kriterien (Rang, Phase, Zweck).

Bei der Unterscheidung von Stellenarten finden sich am häufigsten zwei Kategorien, die auch an dieser Stelle als Beispiele angeführt werden sollen: **Leitungs- und Stabstellen.** Wird über die Ausführung einer Arbeit nicht vom Ausführenden entschieden, so liegt ein Fall der Fremdentscheidung vor. Diese Anordnungsbefugnis ist charakteristisch für **Leitungsstellen.** Die Leitungsaufgabe enthält daneben auch die Forderung nach der Entwicklung schöpferischer Eigeninitiative; die Leitung soll nicht nur aufgrund von Anregungen reagieren, sondern aus eigenem Antrieb tätig werden. Sind Leitungsaufgaben bewußt zusammengefaßt, so werden die entsprechenden Organisationseinheiten als Leitungseinheiten oder Instanzen bezeichnet. Der Begriff der Leitungseinheit zeigt, daß es sich um Singular- oder Pluralinstanzen handeln kann. Diese Unterscheidung ist wichtig, weil sie Anknüpfungspunkte zur Führungsstildiskussion bietet. Schwieriger als die Leitungsstellen sind die **Stabstellen** zu charakterisieren. **Stabstellen verfügen grundsätzlich nicht über Anordnungsbefugnisse.** Eine gewisse allgemeine Kennzeichnung gibt der Terminus Assistenzeinheiten, wobei „Einheit" wieder auf eine oder mehrere Personen hindeuten soll. Die Beifügung „Assistenz" leitet sich aus der Zuordnung zu anderen Organisationseinheiten ab, meist zu einer Leitungsstelle (Instanz).

*Stellenarten*

Um eine Abstimmung zwischen der Aufgabe der Leitungsstelle und der Kapazität des Stelleninhabers zu erreichen, kann die Gesamtaufgabe durch Entscheidungsdelegation (Entscheidungsdezentralisation) vermindert werden. Eine zweite Möglichkeit bietet die Zuordnung von Stabstellen. **Die Instanz behält sich die Entscheidungskompetenz sowie die damit verbundenen Initiativen und Anordnungsaufgaben vor. Einen Teil der Ausführungsaufgaben tritt sie dagegen an eine Stabstelle ab. Insbesondere handelt es sich dabei um Informations- und Beratungsaufgaben. Die Anordnungsbefugnis der Stäbe ist auf die mittelbar von der Erfüllung ihrer Aufgaben betroffenen Bereiche eingeschränkt** (abgeleitete Anordnungsbefugnis). Formal ist somit die Stellung des Stabes als „Ableger" einer Instanz klar. Praktisch können sich die Verhältnisse dagegen von der ursprünglichen Absicht, die zur Stabbildung führte, entfernen. Ein Stab, der unmittelbar mit der Informationsbeschaffung und -aufbereitung zu tun hat und der darüber hinaus mit hochqualifizierten Personen besetzt ist, wird nicht selten – bewußt oder unbewußt – Expertenmacht auf die Instanz ausüben, so daß nicht mehr eindeutig bestimmbar ist, wer die Entscheidung wirklich induziert hat. Eine Gefahr kann daraus entstehen, wenn die Instanz von der Macht der Experten soweit „geblendet" wird, daß ihr z. B. die von exzellenten Technikern vorgelegten Informationen nicht mehr als Steinchen in dem Mosaik von kaufmännischen, politischen und technischen Überlegungen erscheinen, sondern als das Mosaik selbst.

*Instanzen und Stäbe*

Stellen können zu größeren Einheiten zusammengefaßt werden. Wird eine Stellenmehrheit in der Weise gebildet, daß einer der Stellen Leitungsaufgaben im Hinblick auf die übrigen Stellen übertragen werden, so bildet diese Stellenmehrheit eine Abteilung.

*Abteilung*

**Eine Abteilung ist also eine einheitlich geleitete Stellenmehrheit.** Als Prinzipien der Abteilungsbildung gelten jene Kriterien, die bereits bei der Stellenbildung im Rahmen der Aufgabenanalyse und -synthese angedeutet wurden.

Wird beispielsweise das Phasenschema des Entscheidungsprozesses als Kriterium der Abteilungsbildung verwendet, so werden Stellen, die mit Fragen der Metaplanung befaßt sind, zu einer Planungsabteilung zusammengefaßt.

*Abteilungsarten*

Ähnlich wie bei den Prinzipien der Abteilungsbildung, zeigen sich auch bei der Betrachtung der Abteilungsarten Analogien zu den Stellenarten. So kann beispielsweise die Art der von einer Abteilung zu erledigenden Aufgaben zur Differenzierung herangezogen werden. **Den betrieblichen Funktionen entsprechend** ergeben sich dann z. B. die Beschaffungs- oder Einkaufsabteilungen, die Produktionsabteilung, die Personalabteilung, die Finanzabteilung usw. Diese Einteilung ist sehr global. Sie wird besonders für größere Unternehmungen nur ein erster Anhaltspunkt für die Bildung von Oberabteilungen oder Ressorts sein können. Damit ist eine Differenzierung nach **Abteilungen verschiedener Ordnung** angesprochen. Entsteht eine Abteilung durch die Zusammenlegung mehrerer Stellen unter einheitlicher Leitung, so wird in der Literatur verschiedentlich von einer Abteilung erster Ordnung gesprochen. Es ist durchaus möglich und in Industriebetrieben auch üblich, Abteilungen erster Ordnung unter einheitlicher Leitung erneut zusammenzufassen. In diesem Falle entstehen Abteilungen zweiter Ordnung. Eine entsprechende Fortsetzung führt zu Abteilungen dritter, vierter bis n-ter Ordnung. Die oben genannten Beispiele „funktionaler" Abteilungen sind in der Realität meist Abteilungen höherer Ordnung. Man denke nur daran, daß die Produktionsabteilung z. B. die Unterabteilungen „Arbeitsvorbereitung", „Konstruktion", „Materialprüfung und Kontrolle" sowie die eigentliche „Fertigungsabteilung" enthält. Nicht nur die Fertigungsabteilung enthält in aller Regel eine ganze Reihe von Unterabteilungen. Eine einheitliche Terminologie hat sich zur Kennzeichnung von Abteilungen verschiedener Ordnung bisher weder in der Praxis noch in der Literatur herausgebildet. Einige Vorschläge sind zwar vorhanden, doch ist ihre Notwendigkeit in keiner Weise einzusehen.

Typisches Ergebnis der Zusammenfassung von Stellen und Abteilungen nach dem Zweckprinzip ist im Industriebetrieb die Gliederung nach Funktionsbereichen oder Ressorts, wie sie z. B. Abb. 2.3 zeigt.

*Divisionalisierung*
*Spartenorganisation*

Wird die oberste Ebene der Unternehmung nach Objekten (z. B. Produkten, Produktgruppen, Regionen) gegliedert, spricht man von Spartengliederung, Produktgliederung oder Divisionalisierung.

Die **„divisions" (Sparten)** sind mit gewissen Einschränkungen als „Unternehmung in der Unternehmung" zu betrachten. **Grundsätzlich ist die Divisionalisierung eine Kombination von Leitungsdezentralisation und Objektzentralisation.** Der Unternehmensspitze unterstehen sogenannte **Zentralbereiche** und **Geschäftsbereiche** (vgl. Abb. 2.4). Die Zentralbereiche sind zum Teil Super-

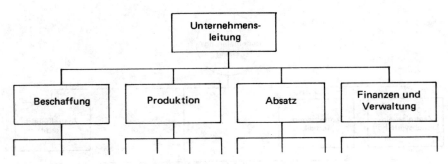

*Abb. 2.3: Funktionale Organisationsstruktur*

stäbe, zum Teil aber auch mit Weisungsbefugnis ausgestattete Funktionsbereiche. Die Geschäftsbereiche sind relativ selbständige Abteilungen, die beispielsweise über Entwicklung, Produktion und Marketing einer Produktgruppe zu entscheiden haben und z. B. monatliche Bilanzen und Erfolgsrechnungen vorlegen. Die Koordination der Geschäftsbereiche wird über verschiedene Steuerungs- und Kontrollmechanismen versucht (vgl. S. 25).

Das Beispiel in Abb. 2.4 läßt erkennen, wie in Geschäftsbereichsorganisationen die objektbezogenen Kompetenzen (meist nach Produkten oder Produktgruppen) in Sparten zusammengefaßt werden. Nicht objektspezifische Tätigkeiten werden von Zentralbereichen wahrgenommen.

Hinreichend abgesichertes Wissen über die **Vor- und Nachteile der Geschäftsbereichsorganisation** liegt bisher kaum vor. Empirische Untersuchungen (z. B. Poensgen) ermöglichen allenfalls tendenzielle Aussagen: Relativ häufig entstehen Geschäftsbereichsorganisationen im Anschluß an Diversifikationsaktivitäten. Tochtergesellschaften amerikanischer Unternehmen bevorzugen eher die Spartenorganisation als vergleichbare deutsche Unternehmungen. Im Gegensatz zu den amerikanischen Verhältnissen findet sich in der Bundesrepublik bei der Geschäftsbereichsorganisation häufiger eine kollegiale Leitung (vgl. S. 117f.) der einzelnen Sparten. Zu bemerken ist auch das Fehlen eines an den Geschäftsbereichserfolg gebundenen Anreizsystems. Eine für die Einführung der Geschäftsbereichsstruktur kritische Unternehmungsgröße kann aus den empirischen Beobachtungen nicht abgeleitet werden.

Verschiedentlich lassen sich positive Zusammenhänge zwischen der Einführung der Geschäftsbereichsorganisation einerseits und der Entwicklung von Umsatz und Rendite andererseits feststellen. Dies gilt insbesondere für forschungsintensive Unternehmungen.

In der Praxis finden sich zahlreiche Mischformen. Eine Unternehmung kann beispielsweise auf der ersten Ebene nach Produktgruppen, auf der Ebene darunter nach Regionen und auf der dritten Ebene nach Funktionsbereichen gegliedert sein. Die Möglichkeit zur Bildung solcher Mischformen beeinträchtigt die Aussagefähigkeit **eines Vorteils-/Nachteilsvergleichs.** Trotz dieser Einschränkungen stellt Abb. 2.5 den Versuch dar, Vor- und Nachteile der Geschäftsbereichsorganisation zu systematisieren.

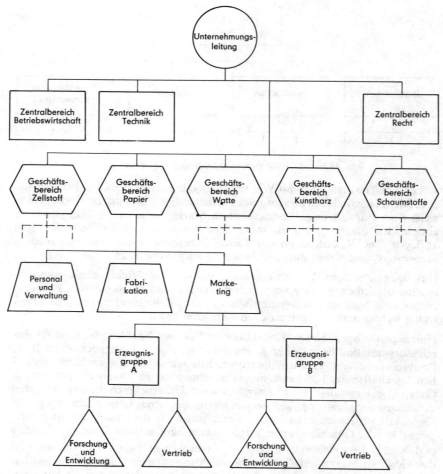

*Abb. 2.4: Beispiel einer Geschäftsbereichs- oder Spartenorganisation (Divisionalisierung)*

*Subsystemarten*

Im Gegensatz zu den **strukturellen Subsystemen,** die die einzelnen Kästchen der Abb. 2.3 repräsentieren, sind verhaltenswissenschaftlich konzipierte **funktionale Subsysteme** in der Regel „nur" gedankliche Zusammenfassungen von Teilaufgaben (Rollensegmenten). Die Teilaufgaben müssen von verschiedenen Organisationsmitgliedern in unterschiedlichen Kombinationen zur Erfüllung von systemerhaltenden Funktionen durchgeführt werden (Hill/Fehlbaum/Ulrich). Der Vorstellung, diese Betrachtungsweise habe nicht zu Strukturalternativen in der sogenannten Aufbauorganisation geführt, ist allerdings zu widersprechen. Solche Überlegungen übersehen, daß z. B. die Form der Projekt-Matrix-Organisation sowie Überlegungen zur Partizipation, zur dialogischen

|  | Vorteile | Nachteile |
|---|---|---|
| Kapazitätsaspekt | – Entlastung der Leitungsspitze<br>– Entlastung der Kommunikationsstruktur (zwischen den Divisionen) | – größerer Bedarf an qualifizierten Leitungskräften |
| Koordinationsaspekt | – geringe Interdependenz der Subsysteme<br>– klar getrennte Verantwortungsbereiche<br>– Transparenz der Struktur<br>– „Multistabilität": individuelle Anpassung der Subsysteme | – Bedarf nach aufwendigen Koordinationsmechanismen<br>– Notwendigkeit zusätzlicher zentraler Koordinationsstellen<br>– Notwendigkeit getrennter Erfolgskontrollen |
| Aspekte der Entscheidungsqualität | – nach Produkten, Abnehmern oder Regionen spezifisch angepaßte Entscheidungen<br>– Kenntnis der spezifischen Umweltbedingungen<br>– schnellere Anpassungsentscheidungen an Marktveränderungen<br>– mehr integrierte, problemorientierte Entscheidungen | – Mehrfachaufwand in bezug auf Zweckbereiche<br>– Gefahr des Verlustes einer einheitlichen Politik des Gesamtsystems<br>– Gefahr der Suboptimierung der Subsysteme (Eigeninteresse, kurzfristiger Erfolgsausweis) |
| Personenbezogener Aspekt | – bessere Entfaltungsmöglichkeiten für Nachwuchskräfte, da weniger funktional spezialisiert<br>– ganzheitliche Leitungsaufgaben, direktere Beziehung zum eigenen Beitrag<br>– personelle Autonomie der Subsysteme | – geringere Integration des Gesamtpersonals<br>– geringere Beziehung zum Gesamtsystem und seinen Zielen |

*Abb. 2.5: Vor- und Nachteile der divisionalen Organisationsstruktur*
*(Quelle: Hill/Fehlbaum/Ulrich 1974, S. 187)*

Personalbeurteilung, zur Karriereplanung und zur Organisationsentwicklung auf dieser verhaltenswissenschaftlichen Grundlage beruhen. In solchen Organisationsformen und organisatorischen Maßnahmen deutet sich an, daß der starre Begriff der Aufgabe der ganzheitlichen Handhabung organisatorischer Probleme entgegensteht: Die im Aufgabenbegriff und die in der Aufgabendefinition enthaltenen Verhaltenshinweise, die gleichwohl „aufgabenwirksam" sein können, werden nicht erfaßt. **Die Analyse funktionaler Subsysteme des Industriebetriebs soll daher an die Stelle isoliert technisch-ökonomischer Betrachtungen treten, um der Verflechtung sozialer und technischer Prozesse besser Rechnung tragen zu können.**

*funktionale Subsysteme*

Ein Beispiel für das Abgehen von dem primär technologischen Funktionsschema der Unternehmung durch die Analyse funktionaler Subsysteme stellt der von Katz und Kahn entwickelte Ansatz dar.

Die von Katz und Kahn diskutierten Subsysteme betreffen:

(1) die Transformationsprozesse der Leistungserstellung (**Produktionssystem**);

(2) die Aufrechterhaltung der menschlichen und technischen Leistungsfähigkeit und -bereitschaft (**Erhaltungssystem**);

(3) die Versorgungsaktivitäten, die notwendig sind, um der Organisation Repetierfaktoren, Potentialfaktoren und finanzielle Mittel in ausreichendem Maße zu sichern (**Versorgungssystem**);

(4) die Regelung der Beziehungen zwischen Organisation und Umwelt, insbesondere Sicherung der Unterstützung durch die Umwelt, durch Schaffung positiver Einstellungen (**institutionelles System**);

(5) die Anpassungsprozesse der Organisation, die mit der Marktforschung sowie der Forschung und Entwicklung eng verbunden sind (**Anpassungssystem**);

(6) die Koordination der Subsysteme (**Managementsystem**).

*Stabilisierungssysteme/Grenz- und Zwischensysteme*

Die Produktions-, Erhaltungs- und Managementsysteme dienen dabei vor allem der inneren Stabilisierung der Organisation; die übrigen drei funktionalen Subsysteme stellen hingegen Grenz- und Zwischensysteme dar, deren Elemente teils der Organisation, teils ihrer Umwelt angehören.

Einige der Phänomene, die u. a. zur Betrachtung verhaltenswissenschaftlich konzipierter funktionaler Subsysteme geführt haben, finden in der Organisationslehre im Begriff der informalen Organisationseinheiten ihren Niederschlag.

### (3) Informale Organisationseinheiten

Skatrunden, Freundeskreise, Cliquen usw. stellen Beispiele **informaler Organisationseinheiten** dar, soweit ihre Mitglieder zugleich Mitglieder der formalen Organisation sind. **Sie bilden sich, wenn und weil eine formale Organisation besteht, in der Menschen aber nicht nur formalen Kontakt zueinander haben,** sondern über formale Interaktionen hinaus auch andere Beziehungen untereinander entwickeln. Zum besseren Verständnis informaler Organisationseinheiten erscheint es sinnvoll, mit einigen grundsätzlichen Ausführungen zum Begriff der Gruppe zu beginnen. Systemtheoretisch betrachtet ist eine Gruppe ebenfalls ein soziales System. Sie umfaßt eine Menge von Menschen, zwischen denen eine relativ dauerhafte Struktur von Beziehungen besteht. Von den beiden Relationssätzen „A informiert B" und „B findet A unsympathisch" soll allerdings nur derjenige ein Begriffsmerkmal der Gruppendefinition enthalten, der eine Kontaktaufnahme ausdrückt (also der erste). Er gibt eine Beziehung an, die Kommunikation oder Interaktion genannt wird. Da in der Kommunikation auch eine spezielle Form der Kontaktbeziehung, nämlich der Informationsaustausch, gesehen werden kann, wird im folgenden der Begriff „Interaktion" vorgezogen.

*Gruppe*

*Interaktion*

**Eine Gruppe ist eine Menge von Menschen, zwischen denen häufigere und intensivere Interaktionen stattfinden als zwischen den einzelnen Mitgliedern der Gruppe und den Elementen der Umwelt.**

In diesem Sinne sind sowohl die Organisation als auch ihre Subsysteme Gruppen. Weitere Begriffsmerkmale müssen daher zu einer Abgrenzung herangezogen werden. Dies ist am besten durch eine Betrachtung verschiedener **Gruppenarten** möglich.

Die Bezeichnung einer Organisation, eines Kollegiums oder einer Abteilung als Gruppe läßt eine quantitative Differenzierung zu. Nach diesem Kriterium ergeben sich „große Gruppen" und „kleine Gruppen". Die Soziologie sieht bei dieser Einteilung zugleich qualitative Unterschiede. Sie werden besonders deutlich, wenn man die **Merkmale einer kleinen Gruppe** betrachtet:

*Gruppengröße*

(1) die **Mitgliederzahl ist begrenzt**;
(2) die begrenzte Mitgliederzahl ermöglicht jedem Mitglied das **Überschauen der gesamten Gruppe**;
(3) jedes Gruppenmitglied kann mit jedem anderen in **unmittelbare persönliche Beziehung** treten;
(4) die Gruppenmitglieder besitzen ein ausgeprägtes Gefühl der Zusammengehörigkeit (**„Wir-Bewußtsein"**);
(5) die Gruppe wird auch **von Außenstehenden als Einheit betrachtet**.

Kleine Gruppen werden vielfach auch als **primäre Gruppen** bezeichnet. Sie sind Sozialsysteme mit relativ intimem Charakter, in denen die Kontaktaufnahme unmittelbar erfolgt („face-to-face-groups"). Die Bezeichnung „primär" erklärt sich aus der Bedeutung solcher Gruppen für die Verhaltensformung des Individuums.

Eine Einteilung in primäre und **sekundäre Gruppen** (keine unmittelbare Kontaktaufnahme) sagt nichts über die Gruppenentstehung aus. Beide Gruppenarten können bewußt **geplant oder spontan** entstehen. Die geplante Entstehung ist im Zusammenhang mit der Behandlung formaler Organisationseinheiten betrachtet worden. Die ungeplante, spontane Entstehung interessiert im Anschluß daran; ihr Ergebnis ist die informale Gruppe. Informale Gruppen

*Gruppenentstehung*

entstehen „außerhalb" aber nicht unabhängig von der formalen Organisation. Aus der Vielzahl von Entstehungsgründen lassen sich beispielsweise nennen:

*Entstehungsgründe für informale Gruppen*

(1) das ständige Zusammensein am Arbeitsplatz;
(2) die gleiche Stellung trotz räumlicher Trennung der Arbeitsplätze;
(3) gleiches Prestige bei unterschiedlicher Stellung in der Leitungshierarchie und räumlicher Trennung der Arbeitsplätze;
(4) gemeinsame Bekanntschaften und Interessen außerhalb des Industriebetriebs.

Diese Gründe machen verständlich, daß informale Gruppen die Grenzen der formalen Gruppen (z. B. der Abteilungen) überspringen und „quer" durch die formale Organisation verlaufen können. Allerdings lassen sich im Industriebetrieb nur relativ selten informale Gruppen beobachten, deren Mitglieder in der Leitungshierarchie stark voneinander abweichende Rangstufen einnehmen oder sehr unterschiedlichen sozialen Status besitzen.

*informale Organisation*

Nicht wenige Autoren verwenden die Begriffe „informale Gruppe" und „informale Organisation" synonym. Als Pendant zur formalen Organisation empfiehlt es sich allerdings, den Begriff der informalen Organisation zu verwenden. Unter diesen Begriff sind neben der **informalen Gruppenbildung** beispielsweise auch die **informelle Kommunikation**, der **soziale Status** und die **informellen Machtbeziehungen** zu subsumieren. Die Erweiterung erweist sich deshalb als nützlich für organisatorische Überlegungen, weil Organisationsmitglieder in der Regel nicht nur Mitglied einer einzigen informellen Gruppe sind. Gerade im Bereich der informellen Gruppen enthält die soziale Organisation des Industriebetriebs häufig starke Überschneidungen. Personen, die an mehreren informellen Gruppen beteiligt sind, nehmen dabei sogenannte Schlüsselpositionen ein. In Abb. 2.2 (S. 92) gilt das z. B. für den Stelleninhaber 6, der an zwei informellen Gruppen beteiligt ist (Gruppe I: 2, 5, 6; Gruppe II: 6, 7, 8). Die Schlüsselpositionen spielen z. B. bei der Weitergabe von Gerüchten im Industriebetrieb eine entscheidende Rolle und sind Angelpunkt organisatorischer Veränderungen. Im Rahmen dieser Einführung kann die Problematik nicht weiter aufgefächert werden, doch zeigt bereits das Beispiel der Schlüsselpositionen, daß die Auswirkungen der informellen Organisation auf die formale Organisation durch die isolierte Betrachtung einzelner informeller Gruppen nicht hinreichend erfaßt werden können.

*Schlüsselpositionen*

*Hawthorne-Experimente*

Informelle Aspekte sind erst vor relativ kurzer Zeit von der Organisationsforschung erkannt worden. Es begann in den Jahren 1924-1932 in den „Hawthorne-Werken" der „Western Electric Company" mit dem Experiment eines Ingenieurs zur Beurteilung des Einflusses von Beleuchtungsart und -stärke auf die Arbeitsproduktivität. Die Kontrollgruppe arbeitete weiterhin unter den bisherigen Bedingungen, die Testgruppe unter wechselnden Lichtverhältnissen. Die Leistung der Testgruppe stieg wie erwartet. Unerwartet war, daß die Leistung der Kontrollgruppe ebenfalls stieg. Da dieses Resultat beim damaligen Stand der Wissenschaft nicht erklärbar war, wurde der Psychologe und Nationalökonom E. Mayo mit der Fortführung der Untersuchung beauftragt. Er kam zusammen mit Roethlisberger zu dem Ergebnis, daß Lohn, Arbeitszeit,

Beleuchtung usw. nicht allein ausschlaggebend für die Arbeitsaktivität seien. Grundlegende Einflüsse ergeben sich vielmehr aus den Beziehungen, die zwischen den Individuen bestehen. An die Untersuchungen von Mayo und Roethlisberger, die in erster Linie das Bestehen informeller Beziehungen nachweisen konnten, knüpft eine kaum mehr überschaubare Zahl weiterer Untersuchungen und Erklärungsversuche sowie die „human-relations-Bewegung" an. Eine andere Auffassung vertreten die Interaktionisten. Sie gehen von der Annahme aus, daß ein regelmäßiges Schema von Kontakten zwischen zwei oder mehreren Individuen (Interaktionen) primär das Verhalten der Mitglieder einer Gruppe bestimmt. Die Interaktionen stellen die unabhängigen Variablen dar. Abhängige Variablen sind beispielsweise das Verhalten, die Gefühle und die Normen einer Gruppe bzw. ihrer Mitglieder. Die neuere Organisationsforschung sieht zwischen diesen Elementen mehr wechselseitige Beziehungen. *human-relations-Bewegung* *Interaktionisten*

Eine Methode zur Bestimmung informeller Gruppenbeziehungen hat Moreno mit der Soziometrie ermittelt. Der von ihm entwickelte Test ermöglicht es, die Struktur von Gefühlsbeziehungen zwischen den Mitgliedern einer Gruppe sichtbar zu machen. Moreno hatte in einem Internat die Frage zu lösen, wie die Bewohner der einzelnen kleinen Häuser des Internats am günstigsten ausgewählt werden könnten. Er befragte daraufhin die Mädchen, mit wem sie gern zusammenwohnen und -arbeiten würden. Die Antwort stellte er in einem sogenannten Soziogramm dar. Die Buchstaben darin bezeichnen die befragten Personen. Die Pfeile geben an, welche Personen die Befragte wählt. Anhand der Zahl der aktiven und passiven Wahlen lassen sich Aussagen über Zu- und Abneigungen innerhalb einer Gruppe machen (vgl. Abbildung 2.6). Es ergeben sich anhand dieser Darstellung auch Anhaltspunkte für typische Gruppenformen. In einem „**Kreis**" z. B. wählen sich zwei Personen nicht gegenseitig. In einem „**Stern**"konzentrieren sich die Wahlen auf eine Person. Weitere typische Strukturen sind „**Kette**" und „**Netz**". Im Gegensatz zu den Interaktionisten, die auf Kontaktaufnahme abstellen, geht die soziometrische Schule mehr von Gefühlen aus. *Soziometrie* *Gruppenformen*

Interaktionisten und soziometrische Schule untersuchen große und kleine Gruppen. Die „Gruppendynamik" (in Deutschland besonders von Hofstätter vertreten) beschränkt sich ausschließlich auf kleine Gruppen, von denen sie annimmt, daß sie bereits konstituiert sind. Die Gruppendynamik ist stark empirisch ausgerichtet, doch führt sie keine Feldstudien, sondern Laborexperimente durch. Die Gruppendynamik setzt sich als Aufgabe, die Veränderung der Gefühle, Kontakte und Handlungen der Gruppe im Zeitablauf zu untersuchen. Die Gruppe wird als dynamisches Gebilde betrachtet. *Gruppendynamik*

Die Organisationstheorie ist beim gegenwärtigen Stand nur in der Lage, gewisse **Tendenzen** bezüglich der möglichen Konsequenzen informeller Gruppenbildung auf die Zielerreichung allgemein anzugeben. **Zwingende Beziehungen zwischen der Erreichung der verfolgten Ziele und der informellen Gruppenbildung vermag die Organisationstheorie im Falle der informellen Organisationseinheiten ebensowenig anzugeben wie im Falle der formalen.** Die Aussagen der Organisationstheorie sind viel zu wenig präzise, als es für ein Urteil darüber

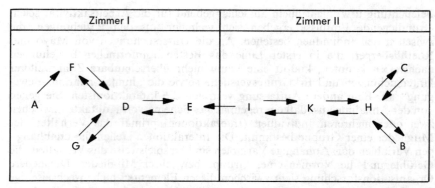

Eine Befragung ergibt bei 10 Schreibkräften folgendes Ergebnis (A wählt B: „AwB"):
AwF; BwH; CwH; Dw(GEF); EwD; FwD; GwD; Hw(KCB); Iw(EK); Kw(IH);
Aufgabe: Die Schreibkräfte sind auf zwei Zimmer so zu verteilen, daß möglichst wenig
Spannungen auftreten.

*Abb. 2.6: Beispiel zur Soziometrie*

nötig wäre, ob eine bestimmte informelle Gruppe die Erreichung eines Zieles A fördert oder hemmt. Daß einige grundsätzliche Anmerkungen allerdings möglich sind, soll anhand der Beispiele der informellen Normen und der informellen Führerschaft verdeutlicht werden.

Es ist eine empirisch bestätigte Tatsache, daß menschliche Gruppen aus sich heraus Normen entwickeln, die das Verhalten der Gruppenmitglieder untereinander und nach außen regeln.

*individuelles Verhalten*

**Das tatsächliche Verhalten des Individuums stellt die Resultante aus den formalen und den informalen Normen sowie den subjektiven Zielen und Motiven dar.**

Die Schwierigkeit, zu einer Entscheidung zu gelangen, hängt folglich davon ab, ob zwischen diesen Verhaltensdeterminanten Komplementarität, Konkurrenz oder Indifferenz besteht. Indifferenz ist zwischen formellen und informellen Zielen im Industriebetrieb nur in Ausnahmefällen gegeben. Konkurrenz und Komplementarität sind in der Realität dagegen häufig anzutreffen. Ursprünglich ging die Gruppenforschung von der Annahme aus, daß zwischen formalen und informalen Normen Konkurrenz besteht. Es konnte aber nachgewiesen werden, daß auch die Komplementarität eine häufig anzutreffende Grundbeziehung darstellt.

*Konflikte zwischen formalen und informalen Normen*

Beim Konflikt zwischen informellen und formellen Normen hängt die Konfliktregulierung von sehr unterschiedlichen Faktoren ab. Insbesondere Machtfragen spielen dabei eine Rolle. Je stärker die Bindung an die Gruppe ist, desto eher wird der Zielkonflikt durch eine Entscheidung gegen die formelle Norm gelöst werden. Allerdings gilt diese Tendenz für die einzelnen Ebenen der betrieblichen Hierarchie in unterschiedlicher Stärke. Empirische Untersuchungen haben ergeben, daß die Konkurrenz formaler und informaler Normen besonders bei den untersten Rangstufen relativ häufig ist. Als Musterbeispiele gelten auf dieser Stufe die von Arbeitsgruppen entwickelten Normen über die „normale Arbeitsleistung". Die Vorstellungen stimmen nur selten mit denen der Arbeits- und Zeitstudieningenieure überein.

Es leuchtet ein, daß im Falle der Konkurrenz die informale Gruppenbildung zum Begrenzungsfaktor der organisatorischen Zielerreichung wird. Das Gegenteil ist bei Komplementarität der Fall. Das Kontrollsystem der Unternehmung ist nicht zuletzt als Gegengewicht zur Konkurrenz formaler und informaler Normen geschaffen worden. Liegt dagegen Komplementarität vor, so wird das formale Kontrollsystem durch die sogenannte soziale Kontrolle wirkungsvoll unterstützt. Besteht z. B. zwischen informalen Gruppennormen und formalen Normen der Organisation Komplementarität, zwischen individuellen Motiven und Zielen und formalen Normen dagegen Konkurrenz, so können informale Normen unter Umständen die Kontrollfunktion sehr wirkungsvoll übernehmen und zu Sanktionen seitens der Gruppe bei individueller Abweichung von den formalen Normen führen. Die informale Gruppenbildung hat somit in diesem Fall positive und höchst wünschenswerte Auswirkungen. In der Praxis hat diese Erkenntnis nicht selten zum Einbau von Ausnahmeregelungen in Organisationsanweisungen und -handbücher geführt. Genau genommen bedeutet eine solche Regelung nichts anderes als eine Aufhebung der formellen Normen für die Situationen, in denen informelle Normen nicht konkurrieren. Die informellen Normen lassen in diesen Fällen aber grundsätzlich bessere Lösungen im Sinne der formellen Ziele als wahrscheinlich erscheinen als formale Regelungen. Eigeninitiative ist nicht selten ein typisches Beispiel derart „brauchbarer Illegalität" (Luhmann).

*Komplementarität zwischen formalen und informalen Normen*

Zur Behandlung weiterer Auswirkungen informeller Gruppenbildung ist es zweckmäßig, von der Prämisse auszugehen, die betrachtete informale Gruppe habe sich infolge häufiger informeller Interaktionen am gleichen Arbeitsplatz gebildet. In einer kleinen Abteilung wird also Identität von formeller und informeller Gruppe unterstellt. Der Abteilungsleiter ist der formelle Gruppenführer. **Die informale Gruppenbildung im Betrieb führt auch zur Wahl eines informellen Gruppenführers, und es ist relativ häufig, daß formelle und informelle Führerschaft personell auseinanderfallen.** Das gilt vor allem, wenn der formelle Führer nur über Autorität kraft Amtes (im Rahmen der Weisungsbefugnis) verfügt (objektive Autorität). Erst die subjektive Autorität sichert die Wertschätzung der Geführten, doch kann diese „Ausstrahlung der Persönlichkeit" ohne weiteres einem anderen als dem formellen Führer gegeben sein. Es gibt keinen zwangsweisen Zusammenhang zwischen formaler Führerschaft und subjektiver Autorität.

*formale und informale Gruppenführer*

Beim **Auseinanderfallen von formaler und informaler Führerschaft** können Spannungen zwischen den beiden Gruppenführern entstehen. Dies erscheint plausibel, zumal die informelle Führerschaft meist demjenigen zufällt, der am meisten auf die Einhaltung der informellen Normen bedacht ist. Der Konflikt zwischen dem formalen und dem informalen Gruppenführer wird also vermutlich um so größer sein, je konfliktärer die formalen und die informalen Normen sind. Im Falle der Komplementarität ist es dagegen wahrscheinlich, daß der formale Führer auch die informale Führerschaft erreicht. Für die Gruppenmitglieder ergibt sich beim Auseinanderfallen von formaler und informaler Führerschaft ein Autoritätskonflikt, wobei sich nicht allgemeingültig sagen läßt, für welchen Führer bzw. für wessen Anordnungen sich die Gruppenmitglieder entscheiden werden.

Auch das Auseinanderfallen von formaler und informaler Führung stellt einen Begrenzungsfaktor organisatorischer Zielerreichung dar. Dennoch wäre es verfehlt zu glauben, daß die Vereinigung von formaler und informaler Führung in einer Person die Ideallösung darstellt. Sind die formellen und informellen Normen konfliktär, so steht der Führer, der formelle und informelle Führerschaft in Personalunion vertritt, vor einem Dilemma. Folgt er den formalen Normen, so verliert er unter Umständen die informale Führerschaft; folgt er abweichenden informalen Normen zu stark, so verliert er u. U. seine Stelle. Er wird also einen Kompromiß suchen. Sein Vorgesetzter wird das Dilemma sehr genau beurteilen müssen, ehe er wegen einer Verletzung der formalen Normen zu Sanktionen greift. Aus dem Zwang zur Einhaltung formaler Normen könnte die Trennung von formaler und informaler Führerschaft erfolgen, wobei nur schwer abzuschätzen ist, ob die daraus resultierenden Konsequenzen nicht noch wesentlich negativer hinsichtlich der organisatorischen Zielerreichung sein werden.

## Hierarchie

*Gliederungsbreite und Gliederungstiefe*

Der Aufbau einer Organisation ist durch die Dimensionen Gliederungsbreite und Gliederungstiefe gekennzeichnet. Die Organisationstiefe regelt die Über- und Unterordnung der einzelnen Organisationsmitglieder in einem Sozialsystem. Diese Struktur der Unter- und Überordnung wird als Hierarchie bezeichnet. Die Gliederungsbreite einer Organisation gibt den Umfang der Arbeitsteilung auf gleichgeordneten Stufen in der Unternehmensorganisation an.

Hierarchie ist kein Selbstzweck, sondern dient der wirksamen gegenseitigen Abstimmung der Aufgaben der einzelnen Organisationsteilnehmer in einem zielgerichteten Sozialsystem. Sie bezieht sich somit nicht nur auf Vorgesetzten-Untergebenen-Beziehungen im Rahmen der Leitungs- und Überwachungsfunktion von Vorgesetzten. Beispielsweise können nach Bartölke in Anlehnung an angelsächsische Autoren vier Dimensionen von Hierarchie unterschieden werden: Einfluß, Wissen und Fähigkeit, Informationszugangsmöglichkeiten und Belohnung.

*Dimensionen der Hierarchie*

*Hierarchiearten*

Anhand solcher Dimensionen können etwa die Leitungshierarchie, die Statushierarchie, die Kommunikationshierarchie und die Machthierarchie beschrieben werden.

### (1) Leitungshierarchie

Die Entscheidung über das Ausmaß von Zentralisation bzw. Dezentralisation findet in der Stellen- und Abteilungsstruktur ihren Ausdruck. Leitungsbeziehungen zwischen Stellen verteilen Kompetenz im Sinne von Ordnungsvorstellungen. **Kompetenzen regeln den Handlungsspielraum von Stelleninhabern.** Mit der Kompetenzzuteilung in der Hierarchie und auf der Grundlage der Aufgaben einer Stelle sollen aber nicht nur Handlungsmöglichkeiten ausgedrückt werden. Wer eine Aufgabe übernimmt und den dafür notwendigen Handlungsspielraum eingeräumt bekommt, übernimmt auch Handlungs- und Rechenschaftsverpflichtungen. Bleicher bezieht Kompetenz auf die Gestaltungsaufgaben der Führung. Die einzelnen Kompetenzarten benennen dann die Möglichkeit, zum Beispiel an der Konzipierung von Verteilungs- und Arbeitsbeziehungen (**Strukturkompetenz**), am Zielbildungsprozeß (**Zielkompetenz**), an der Verfügung über Ressourcen (**Verfügungskompetenz**), bei der Einstellung und Entlassung von Mitarbeitern (**persönlich-disziplinarische Kompetenz**), bei der Gestaltung des Handlungsprozesses (**sachlich-funktionale Kompetenz**) oder bei der Regelung der Innen- und/oder Außenverhältnise der Unternehmung (**institutionelle Dimension der Kompetenz**) mitzuwirken.

*Ordnung und Kompetenz*

*Kompetenzarten*

Dokumentiert wird die Kompetenzzuweisung beispielsweise durch Stellenbeschreibungen, Darstellungen des Prozeßzusammenhangs einer Unternehmung und Funktionendiagramme. Der **Funktionsmanager** koordiniert seinen Funktionsbereich, der **Projektmanager** leitet und überwacht die Abwicklung des ihm übertragenen Projekts; der **Produktmanager** koordiniert seinen Produktbereich und der **Regionalmanager** entwickelt, leitet und überwacht die Aktivität in seiner Region.

Im Leitungssystem eines Unternehmens besteht das Problem der Leitungs- oder Kontrollspanne. Unter Leitungsspanne wird die Zahl der Organisationsmitglieder verstanden, die von einem Vorgesetzten koordiniert, angeleitet und überwacht werden können. Je breiter die Leitungsspanne, desto weniger Hierarchieebenen werden in der Organisation erwartet und umgekehrt. Das Problem der Festlegung der Leitungsspannen besteht darin, daß mit der Zunahme der Leitungsspanne die Leitungs- und Kontrollaufgaben des Vorgesetzten steigen, was unterschiedliche qualitative Effekte auslösen kann. Zu beachten ist, daß die Zahl der potentiellen Leitungs- und Kontrollbeziehungen mit der Vergrößerung der Leitungsspanne überproportional steigt. Die Erweiterung um einen Untergebenen bewirkt beispielsweise nicht nur, daß sich dieses Unterstellungsverhältnis zum bisherigen Beziehungsmuster hinzuaddiert, sondern auch, daß mögliche weitere Beziehungen in den Reihen der Untergebenen und gegenüber dem Vorgesetzten hinzukommen. Empirisch hat sich keine optimale Leitungsspanne nachweisen lassen. So ist weder die vielfach als „ideal" angesehene Leitungsspanne von 7 ± 2 Untergebenen belegbar, noch findet sich ein analytischer Zusammenhang zwischen Leitungsspanne und Unternehmenserfolg. Es ist vielmehr zu vermuten, daß die Wahl und/oder die Entstehung einer konkreten Leitungsspanne davon abhängen, wie viele der möglichen Beziehungen zwischen Vorgesetztem und Untergebenen überhaupt relevant sind, wie häufig Vorgesetzte und Untergebene wirklich Beziehungen miteinander aufnehmen (müssen) und wie intensiv diese Leitungs- und Kontrollbeziehungen für den Vorgesetzten sind.

*Leitungskompetenz und Leitungsspanne*

Grundsätzlich lassen sich als Strukturalternativen der Leitung unterscheiden: **das Einliniensystem**, das **Mehrliniensystem** und das **Stabliniensystem**. Aus

*Strukturalternativen der Leitung*

diesen Grundtypen haben sich in jüngerer Zeit einige Mischformen des Leitungssystems entwickelt. Die bereits bei der Strukturdimension „Zentralisation/Dezentralisation" behandelte **Divisionalisierung** bzw. Geschäftsbereichs- oder Spartenorganisation, das **Produkt-** und **Projektmanagement** sowie die **Matrixorganisation** gehören zu solchen Entwicklungen.

Wird der Relationssatz „A steht über B" in dem Sinne interpretiert, daß A dem B Weisungen erteilen darf und B zu gehorchen hat, so soll eine Leitungsrelation vorliegen.

*Leitungshierarchie*

Mehrere Leitungsbeziehungen bilden eine Leitungshierachie. Sie wird verschiedentlich auch als Entscheidungshierarchie, Herrschafts- und Autoritätshierarchie, Weisungssystem, Organisation der Dienstwege oder skalare Organisation bezeichnet.

Gemeint ist immer das gleiche: Im Industriebetrieb ist eine Vielzahl von Entscheidungsaufgaben zu erfüllen. Absolute Zentralisation dieser Aufgaben ist weder sinnvoll noch möglich. Den globalen Umrißentscheidungen folgt in einem arbeitsteiligen Prozeß eine fortschreitende Präzisierung und Operationalisierung bis hin zur letzten Detailentscheidung vor der letzten Ausführungsaktivität.

*Entscheidungshierarchie*

Diese Arbeitsteilung bedingt auch im Industriebetrieb eine Vielzahl von Entscheidungsträgern, die, der Sukzessivität des Entscheidungsprozesses entsprechend, nicht alle gleichrangig sind. Die vorausgehenden Entscheidungen setzen Prämissen für die nachfolgenden Entscheidungen und damit auch für die nachfolgenden Entscheidungsträger. Aus dem Nacheinander ergibt sich folglich die Notwendigkeit, die vorausgehenden, jeweils globalere Entscheidungen fällenden Entscheidungsträger mit Weisungsbefugnis gegenüber den nachfolgenden Entscheidungsträgern auszustatten.

*Wahl des Leitungssystems*

Die organisatorische Gestaltung des formalen Leitungssystems wirft eine Reihe von Fragen auf, von denen zwei hervorgehoben werden sollen: zum einen die Wahl des Leitungssystems (Strukturalternativen der Leitung), zum anderen die Verteilung der einzelnen Aufgaben auf die verschiedenen Instanzen bzw. Ebenen der Leitungshierachie (der organisatorische Entscheidungs- und Problemlösungsprozeß sowie die permanente Steuerung und Kontrolle dieser Verteilung). Hier wird zunächst die erste Fragestellung behandelt (zur zweiten vgl. S. 112ff.).

*Einliniensystem*

**Im Einliniensystem erscheinen nur Leitungs- und Ausführungsstellen. Stabstellen sind im reinen Liniensystem unbekannt. Der Untergebene erhält im Einliniensystem von nur einem Vorgesetzten Weisungen** (Abb. 2.7).

Dem Einliniensystem entspricht besonders der von Fayol entwickelte Grundsatz der einheitlichen Auftragserteilung. In einem Relationssatz formuliert heißt das z. B.: Jedes Organisationsmitglied hat nur den unmittelbar nachgeordneten Organisationsmitgliedern Weisungen zu erteilen, und diese haben nur von einem bestimmten übergeordneten Organisationsmitglied Weisungen zu befolgen.

Gewissermaßen der Gegensatz zum Einliniensystem und zum Prinzip der einheitlichen Auftragserteilung ist das Mehrlinien- oder Funktionssystem (Abb. 2.8).

*Mehrliniensystem*

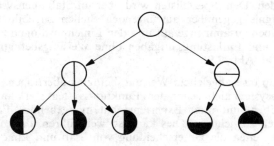

*Abb. 2.7: Einliniensystem*

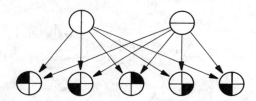

*Abb. 2.8: Mehrliniensystem*

**Jedes Organisationsmitglied kann von mehreren Vorgesetzten Weisungen erhalten.** Das so gekennzeichnete Leitungssystem geht auf Taylor zurück, der das Funktionsmeistersystem entwickelte. Im System Taylors erhalten verschiedene Spezialisten unterschiedliche Funktionen übertragen (z. B. Einrichtarbeiten, Instandhaltung, Prüfung und Kontrolle usw.), für die sie gegenüber allen anderen Organisationsmitgliedern weisungsberechtigt sind. Ein reines Funktionssystem ist in der Praxis nur schwer anwendbar, obwohl sich das Prinzip der Spezialisierung auf der Leitungsebene weitgehend durchgesetzt hat. Dies ergibt sich aus der Schwierigkeit exakter Kompetenzabgrenzung und der entsprechenden Einweisung der jeweiligen Funktionsträger. Für den einzelnen Mitarbeiter ist es problematisch, „Diener vieler Herren zu sein" und jeweils abwägen zu müssen, ob der die Weisung erteilende Vorgesetzte im vorliegenden Fall dazu berechtigt ist oder nicht. Der Taylorsche Entwurf kann durch die Aufspaltung der Kompetenzen auf zahlreiche Weisungsbefugte u. U. auch zu einer Schwächung der Führungsfunktion der Meisterebene führen.

*Funktionsmeister*

Die Gegenpole des Einlinien- und Mehrliniensystems haben zur Entwicklung von Kompromissen beim Entwurf von Strukturalternativen der Leitungshierarchie im Industriebetrieb geführt. Der traditionelle Kompromiß in diesem Zusammenhang wird als Stabliniensystem bezeichnet. **Das Stabliniensystem stellt den Versuch dar, die Vorteile des Einlinien- und des Mehrliniensystems zu verbinden, deren Nachteile jedoch zu vermeiden.** Aus diesem Grund wird, dem

*Stabliniensystem*

Einliniensystem entsprechend, der **Grundsatz einheitlicher Auftragserteilung** streng eingehalten. Wie beim Funktionssystem, soll aber auch beim Stabliniensystem die Qualität von Entscheidung und Ausführung durch **Spezialisierung** gehoben werden. Dem Spezialisten wird aber im Stabliniensystem keine Anordnungsbefugnis gegenüber ausführenden Stellen zugebilligt. Spezialisten werden in Stäben zusammengefaßt und den Linienpositionen zugeordnet, für die sie Hilfs- und Entlastungsaufgaben ohne Weisungsbefugnis wahrzunehmen haben (vgl. Abb. 2.9).

Wird dem Stab eine abgeleitete Weisungsbefugnis übertragen, so nähert sich das Stabliniensystem nicht selten dem Funktionssystem stark an. Oft gelingt es auch den Stäben, mit ihrer Expertenmacht maßgebenden Einfluß auf die Entscheidungen zu nehmen. Dies kann so weit führen, daß neuerdings von verschiedenen Seiten die Unterscheidung von Stab und Linie für irrelevant erachtet wird. In der Praxis wird daran – auch mit Rücksicht auf die Statushierarchie – noch weitgehend festgehalten.

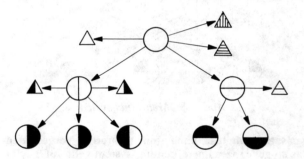

*Abb. 2.9: Stabliniensystem*

*Matrixorganisation* **Prinzipiell ist die Matrixorganisation ein Mehrliniensystem.** Das Zusammenwirken von Zentralbereichen und Sparten kommt in einem Stab-Linien-Schema nur unzureichend zum Ausdruck. Dies gilt insbesondere für den Fall, daß Zentralbereiche und Sparten gleichberechtigt sind. Aus diesem Grund wurde die Matrixorganisation entwickelt. Der globale Organisationsplan der Schering AG bietet dafür ein gutes Beispiel (vgl. Abb. 2.10). Offen bleibt, ob die Weisungsbefugnis primär objektbezogen oder funktionsbezogen festzulegen ist oder inwieweit eine Ausgewogenheit der beiden Strukturen angestrebt wird. Hier liegt ein wesentlicher Spielraum, über den bei der Metaentscheidung über die Organisationsstruktur befunden werden muß. Wie das Taylorsche Funktionsmeistersystem zeigt (vgl. Abb. 2.8), ist eine der Matrixorganisation entsprechende Struktur auch auf der unteren Ebene eines Industriebetriebs denkbar.

**Die Schnittstellen der Matrix sind, je nach den gewählten Dimensionen, mindestens zwei übergeordneten Stellen unterstellt. Die eindimensional-hierarchische Struktur wird von zwei oder mehr Dimensionen abgelöst.** Häufig gewählte

Dimensionen sind Produktgruppe, Funktion, Region und Projekt (vgl. Abb. 2.11 und 2.12). Bei mehr als zwei Dimensionen wird auch von **Tensororganisation** gesprochen (vgl. Abb. 2.13).

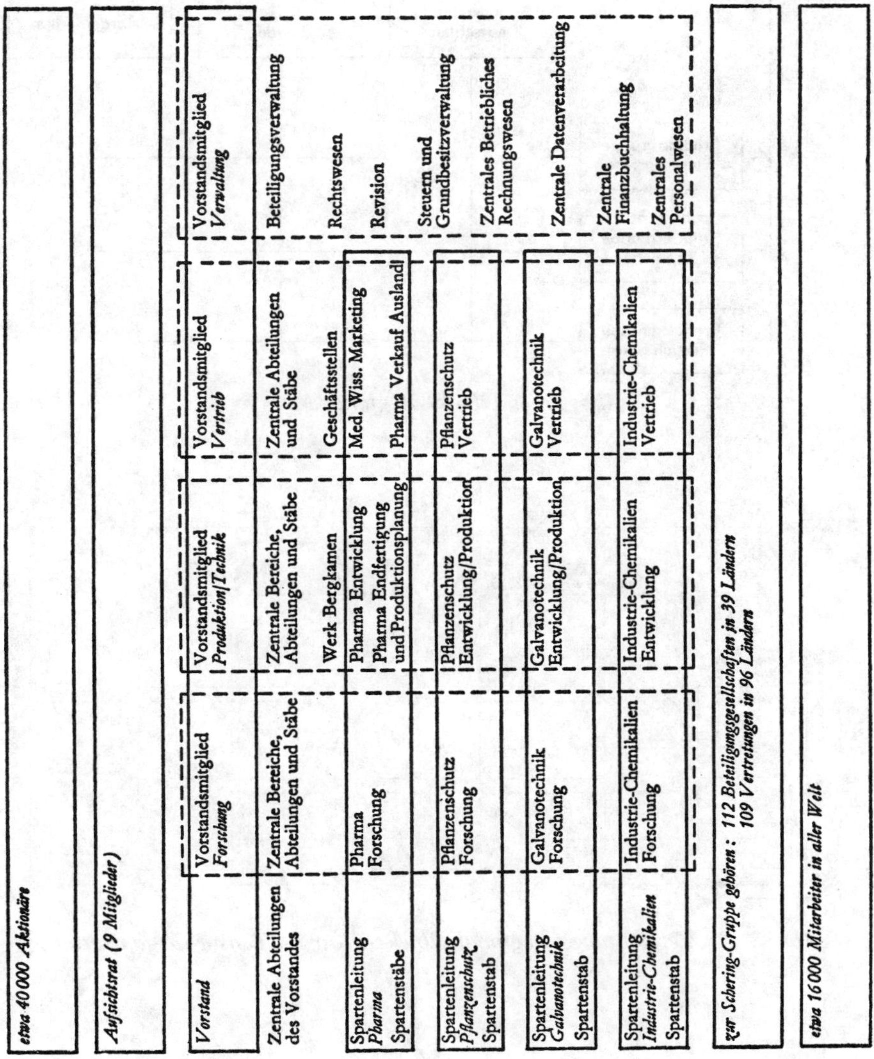

*Abb. 2.10: Organisationsplan eines Unternehmens mit Matrixorganisation (Quelle: 100 Jahre Schering – 100 Jahre Fortschritt. Berlin: Schering AG 1971, S. 102)*

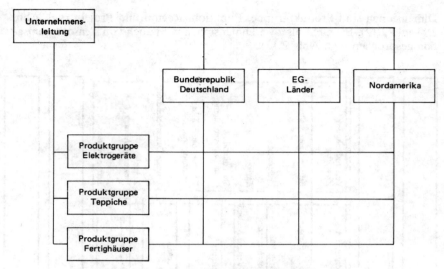

*Abb. 2.11: Objekt-Regional-Matrix*

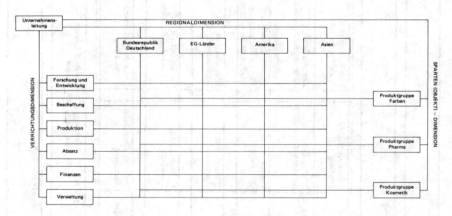

*Abb. 2.13: Verrichtungs-Regional-Objekt-Matrix (Tensor-Organisation)*

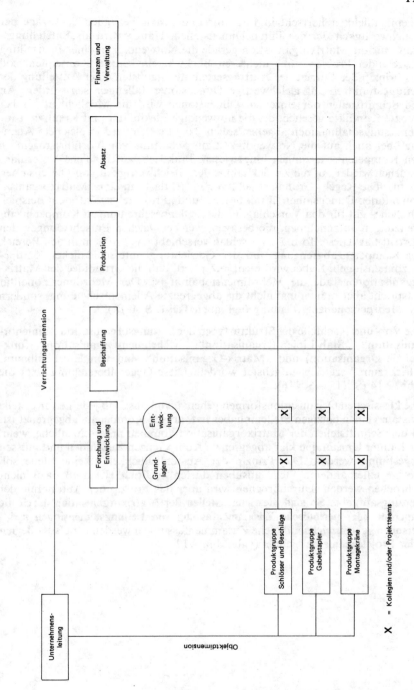

*Abb. 2.12: Forschung und Entwicklung in einer Objekt-Verrichtungs-Matrix*

*Wertigkeit der Matrixdimensionen*

Uneinheitlichkeit herrscht in Literatur und Praxis bezüglich der Frage der Gleichwertigkeit der gewählten Dimensionen. Häufig wird als Entstehungsgrund für die Matrixorganisation gerade die Notwendigkeit einer Beurteilung auftretender Probleme aus mehreren Blickwinkeln betont. Konsequent soll das Prinzip der Einheit der Auftragserteilung zugunsten einer Aufteilung der Leitungsfunktion auf gleichwertige Dimensionen fallengelassen werden. An den Schnittstellen der einzelnen Dimensionen wird die Möglichkeit für be-

*Möglichkeit begrenzter Konflikte*

grenzte Konflikte gesehen, die die notwendige Flexibilität und Kreativität für Anpassungsmaßnahmen abgeben sollen. Nicht selten wird in gleichem Atemzug aber auch auf die Notwendigkeit zur Schaffung von Vorfahrtsregeln an den Kompetenzkreuzungen hingewiesen. Praktisch laufen solche Vorschläge natürlich wieder auf die Zurücknahme der Gleichwertigkeit von Dimensionen hinaus. Die Regel „Grundlast geht vor Projektlast" in einer Matrixorganisation mit den Dimensionen „Funktionen" und „Projekte" ist dafür ein Beispiel. Ähnliches gilt für den Vorschlag, in die Stellenbeschreibungen Kompetenzabgrenzungen aufzunehmen, die besagen, wer bei welchen Entscheidungen den Vortritt hat. Dieser formale Vorschlag verschiebt das Problem in den Bereich der Kompetenzabgrenzung und der Gewichtung unterschiedlicher Kompetenzdimensionen. Dabei wird nicht akzeptiert, daß die Grundidee der Matrixorganisation gerade die Mehrdimensionalität ist. Der Mehrdimensionalität entspricht aber nun einmal nicht die abgegrenzte Alleinentscheidung, sondern die Mehrpersonenentscheidung (vgl. auch Teil 1, S. 48 ff.).

Die Vor- und Nachteile der Strukturtypen der Leitungsorganisation „Linienorganisation", „Stab-Linien-Organisation", „Mehrlinien-Organisation" (funktionale Organisation) und „Matrix-Organisation" sind von Hill/Fehlbaum/Ulrich zum Vergleich aufgelistet worden. Diese Gegenüberstellung zeigt die Abb. 2.14 (S. 113 – S. 116).

Die klassischen Organisationsformen gehen davon aus, daß jede Leitungsstelle (Instanz) einen einzigen Stelleninhaber hat, dessen Kompetenz abgegrenzt ist. In den Schnittstellen der Matrixorganisation kommen unterschiedliche, wenn auch unter Umständen klar abgegrenzte Kompetenzen zusammen und müssen abgestimmt werden. Das Prinzip der Ausschließlichkeit „keine Stelle soll Rechte einer anderen Stelle ausüben dürfen" (Ulrich, H.) muß dazu nicht gebrochen werden. Durchbrochen wird aber das Prinzip der Autonomie der Leitungsaufgabe. **So sind die Schnittstellen der Matrixorganisation durch die dauernde oder periodische Zusammenfassung von Leitungsdimensionen und -personen gekennzeichnet.** Solche Zusammenfassungen werden oft als Kollegien oder Projektteams bezeichnet (vgl. Abb. 2.12).

|  | Linienorganisation | Stab-Linien-Organisation | Funktionale Organisation | Matrix-Organisation |
|---|---|---|---|---|
| Grundsätze | – Einheit der Leitung<br>– Einheit des Auftragsempfangs | – Einheit der Leitung<br>– Spezialisierung von Stäben auf Leitungshilfsfunktionen ohne Kompetenzen gegenüber der Linie | – Spezialisierung der Leitung<br>– direkter Weg<br>– Mehrfachunterstellung | – Spezialisierung der Leitung nach Dimensionen<br>– Gleichberechtigung der verschiedenen Dimensionen |
| Schema | | | | |
| Eigenarten | – Linie = Dienstweg für Anordnung, Anrufung, Beschwerde, Information<br>– Linie = Delegationsweg<br>– hierarchisches Denken<br>– keine Spezialisierung bei der Leitungsfunktion<br><br>In der Praxis:<br>– Tendenz zur Bildung von „Passerellen" (Querverbindungen)<br>– Tendenz zur Angliederung von Stäben<br>– Tendenz zur Angliederung von Komitees | – Funktionsaufteilung der Leitung nach Phasen des Willensbildungsprozesses<br>– Entscheidungskompetenz von Fachkompetenz getrennt<br><br>In der Praxis:<br>– Tendenz zur Bildung einer eigenen funktionalen Stabshierarchie<br>– Tendenz zur Erweiterung der Stäbe zu zentralen Dienststellen (unechte Funktionalisierung)<br>– Tendenz zur Angliederung von Komitees | – Job-Spezialisierung der Leitungskräfte<br>– Übereinstimmung von Fachkompetenz und Entscheidungskompetenz<br><br>In der Praxis:<br>– Tendenz zur unechten Funktionalisierung<br>– fliessender Übergang zu Matrix-Organisation | – keine hierarchische Differenzierung zwischen verschiedenen Dimensionen<br>– systematische Regelung der Kompetenzkreuzungen<br>– Teamarbeit der Dimensionsleiter<br><br>In der Praxis:<br>– Tendenz zur Gewichtung eines der Dimensionsleiter als „Primus inter pares"<br>– Tendenz zur Unterordnung der Matrix unter eine „klassische" Leitungsspitze mit Stab-Linien-Struktur |

*Abb. 2.14 (S. 113–116)*

|  | Linienorganisation | Stab-Linien-Organisation | Funktionale Organisation | Matrix-Organisation |
|---|---|---|---|---|
| Kapazitäts-aspekt | Vorteile:<br>– Einheit der Auftragserteilung reduziert Kommunikations- und Entscheidungsprozesse<br><br>Nachteile:<br>– Überlastung der Leitungsspitze<br>– unterdimensioniertes Kommunikationssystem<br>– lange Kommunikationswege, Zeitverlust<br>– unnötige Belastung von Zwischeninstanzen | Vorteile:<br>– Entlastung der Linieninstanzen<br>– erhöhte Kapazität für sorgfältige Entscheidungsvorbereitung<br><br>Nachteile:<br>– Gefahr der Entwicklung einer überdimensionierten „wasserkopfartigen" Stabstruktur<br>– Gefahr der Vernachlässigung der Leitungsorganisation (Stab als Vorwand für mangelhafte Delegation) | Vorteile:<br>– Entlastung der Leitungsspitze<br>– Verkürzung der Kommunikationswege<br>– keine Belastung von Zwischeninstanzen<br><br>Nachteile:<br>– grosser Bedarf an Leitungskräften<br>– grosser Kommunikationsbedarf | Vorteile:<br>– Entlastung der Leitungsspitze<br>– direkte Wege<br>– keine Belastung von Zwischeninstanzen<br><br>Nachteile:<br>– grosser Bedarf an Leitungskräften<br>– grosser Kommunikationsbedarf |
| Koordina-tionsaspekt | Vorteile:<br>– klare Kompetenzabgrenzung<br>– klare Anordnungen<br>– klare Kommunikationswege<br>– leichte Kontrolle<br><br>Nachteile:<br>– keine direkte Koordination zwischen hierarchisch gleichrangigen Instanzen und Stellen<br>– Gefahr der Überorganisation (Verbürokratisierung) | Vorteile:<br>– erhöhte Koordinationsfähigkeit gegenüber Linienorganisation<br><br>Nachteile:<br>– Fülle von Konfliktmöglichkeiten zwischen Linie und Stab<br>– Transparenz der Entscheidungsprozesse geht verloren | Vorteile:<br>– potentiell grosse Koordinationsfähigkeit<br>– direkte, schnelle Kommunikation<br><br>Nachteile:<br>– Kompetenzkonflikte kaum vermeidbar<br>– keine klaren Kriterien der Kompetenzabgrenzung<br>– in grossen Systemen Koordination kaum zu bewältigen, da zu komplizierte Struktur | Vorteile:<br>– mehrdimensionale Koordination<br>– übersichtliche, klare Leitungsorganisation<br>– Möglichkeit, Projekte als eigene Dimension zu integrieren<br><br>Nachteile:<br>– Zwang zur Regelung sämtlicher Kompetenzkreuzungen zwischen den Dimensionen<br>– lückenlose Mitsprache schafft anspruchsvolle und kaum nachvollziehbare Entscheidungsprozesse<br>– Konfliktmöglichkeiten wegen unterschiedlicher Denkweise der Dimensionsleiter |

| Aspekt der Entscheidungsqualität | Vorteile:<br>– Alleinentscheid ergibt einheitliche, zielorientierte Entscheide, kein Kompromissdenken (Einheit der Leitung)<br>– Alleinverantwortung bedeutet eindeutige Anerkennung persönlicher Beiträge, was die Einsatzbereitschaft fördert<br><br>Nachteile:<br>– Unvereinbarkeit mit dem Grundsatz der Spezialisierung<br>– Gefahr der Vernachlässigung einer systematischen Entscheidungsvorbereitung<br>– Gefahr der Informationsfilterung durch Zwischeninstanzen<br>– starre, langsame Willensbildung | Vorteile:<br>– sinnvoller Ausgleich zwischen Spezialistendenken des Stabes und Überblick der Linie (Teamarbeit)<br>– fachkundige Entscheidungsvorbereitung unter Einsatz moderner Methoden möglich<br><br>Nachteile:<br>– Gefahr, dass Stabsarbeit von Linieninstanz nicht ausgewertet wird<br>– Stab als „Graue Eminenz": Gefahr, dass Stabsmitarbeiter den Linienvorgesetzten dank seiner fachlichen Überlegenheit manipulieren kann (Entscheidung ohne Verantwortung) | Vorteile:<br>– Job-Spezialisierung des Vorgesetzten ermöglicht<br>– Berücksichtigung spezifischer Eignungen<br>– rascher Erwerb von Wissen und Erfahrung<br>– Fachkompetenz wichtiger als hierarchische Stellung<br><br>Nachteile:<br>– keine Einheit der Leitung<br>– fehlender Blick des Vorgesetzten für das Ganze (Ressort-Denken)<br>– Gefahr eines Konkurrenzverhältnisses zwischen den Fachbereichen anstatt Kooperation<br>– Gefahr zu vieler Kompromisse<br>– Gefahr grosser Zeitverluste, bis ein Gesamtentscheid zustande kommt | Vorteile:<br>– Spezialisierung der Leitung nach Problemdimensionen<br>– gleichwertige Berücksichtigung mehrerer Dimensionen<br>– permanente Teamarbeit der Leitung<br><br>Nachteile:<br>– keine Einheit der Leitung<br>– Gefahr zu vieler Kompromisse<br>– Gefahr des Zeitverlustes, bis Gesamtentscheid zustande kommt |
|---|---|---|---|---|

|  | Linienorganisation | Stab-Linien-Organisation | Funktionale Organisation | Matrix-Organisation |
|---|---|---|---|---|
| Personen-bezogener Aspekt | Vorteile:<br>– Tüchtige Linienchefs werden als solche erkannt und gefördert<br>– einfache Kommunikations- und Kompetenzstruktur fördern das Sicherheitsgefühl<br>– grosser Entfaltungsraum der oberen Linienvorgesetzten<br><br>Nachteile:<br>– Betonung der vertikalen Beziehungen unvereinbar mit den heutigen menschlichen Anforderungen: Überbetonung der positionsspezifischen Autorität | Vorteile:<br>– Stabstelle und Linienstelle sprechen unterschiedliche Individuen an und erlauben geeignetere Auswahl<br><br>Nachteile:<br>– Betonung der vertikalen Beziehungen unvereinbar mit den heutigen menschlichen Anforderungen<br>– psychologischer Nachteil der Stabstelle, dass ihre Entscheidungskompetenzen und ihr Status nicht der meist hohen Fachkompetenz des Inhabers entsprechen | Vorteile:<br>– geringere Willkürgefahr als bei Linienorganisation<br>– psychologischer Vorteil der funktionalen Autorität: geringere hierarchische Distanz, Vorgesetzte mehr als Berater empfunden<br><br>Nachteile:<br>– Unsicherheit von Vorgesetzten und Untergebenen bei lückenhaften oder widersprüchlichen Anweisungen | Vorteile:<br>– kein hierarchisches „Pyramiden-Denken", funktionale Autorität<br>– Ausgleich zwischen unterschiedlichen Dimensionsleitern, keine Willkürgefahr<br>– Teamentscheidung gibt Sicherheit und fördert die persönliche Entfaltung<br><br>Nachteile:<br>– ev. Gefühl der zu geringen Alleinverantwortung beim einzelnen Dimensionsleiter |

*Abb. 2.14: Vor- und Nachteile organisatorischer Strukturtypen (Quelle: Hill/Fehlbaum/Ulrich, 1974, S. 212ff.)*

Für den Begriff „Kollegium" finden sich in der Literatur verschiedene Begriffe *Kollegien*
wie Ausschuß, Kommission, Konferenz, Projektgruppe oder auch „meeting".
Kollegien bestehen aus mehreren Personen, die in Gruppenarbeit eine zugewiesene Aufgabe zu lösen haben. Der Aufgabenkatalog, den ein Kollegium erfüllen kann, ist grundsätzlich unbeschränkt. Im allgemeinen treten die Mitglieder des Kollegiums nur gelegentlich zusammen. Sie haben neben der Mitgliedschaft im Kollegium noch andere Stellenaufgaben wahrzunehmen und treten nach ihren Zusammenkünften bzw. nach der Auflösung des Kollegiums wieder in ihre eigentlichen Arbeitsbereiche ein. Der Bildung von Kollegien liegt die Überzeugung zugrunde, daß die entsprechenden Aufgaben im Rahmen enger persönlicher Kontakte sich besser erfüllen lassen. Als einige Hauptvorteile lassen sich beispielsweise die Pluralität der Willensbildung, die Erleichterung der Koordination, die Verkürzung der Informationswege und die Verbesserung der menschlichen Beziehungen anführen. Es ist eine Erfahrungstatsache, daß Einzelpersonen Entscheidungen häufig schnell und scheinbar wohlbegründet zu fällen vermögen. Die Ausgewogenheit des Urteils einer Gruppe wird jedoch selten erreicht. Eine Gruppe ist auch häufig besser in der Lage, neue Anregungen und Problemlösungen zu entwickeln (z. B. durch „brainstorming", vgl. Teil 5, S. 568 ff.). Da die Mitglieder eines Kollegiums noch eigene Stellenaufgaben zu erfüllen haben, leuchtet es unmittelbar ein, daß Kollegien der Koordination von Teilbereichen bzw. Teilaufgaben einer Unternehmung sehr dienlich sein können. Die Verkürzung der Informationswege sowie die Verbesserung der menschlichen Beziehungen sind eng mit dieser Koordinationsfunktion und dem „Kontakt etwas außerhalb der eingefahrenen Dienstwege" verbunden. Negative Auswirkungen der Kollegienbildung werden sichtbar, wenn ein Ausschuß zur Verminderung von Ausschüssen eingesetzt wird.

Von der Funktion her läßt sich leicht eine Unterscheidung von Kollegienarten *Kollegienarten*
erzielen. Im **Informationskollegium** (z. B. Vertreterversammlung) werden Informationen ausgetauscht, die möglicherweise für die Entscheidungen der Mitglieder auf ihren eigentlichen Stellen relevant sind. **Beratungskollegien** (z. B. Ausschuß zur Erarbeitung von Investitionsplänen) sollen nicht nur Informationen austauschen, sondern ausdiskutieren, auswerten und kommentieren. Treffen die Mitglieder eines Kollegiums für die Ausführung verbindliche Entscheidungen, so trifft die Bezeichnung „**Entscheidungskollegium**" (z. B. Vorstand einer Aktiengesellschaft) zu.

Etwas modifiziert gegenüber der obigen Differenzierung nach Funktionen ist die Einteilung, die Bleicher vorschlägt:

(1) Kollegien vor der Entscheidung
   (a) zum Sammeln von Informationen
   (b) zur Beratung
(2) Kollegien zur Entscheidung
(3) Kollegien nach der Entscheidung
   (a) zur Interpretation der Entscheidung
   (b) zur Akzeptierung von Entscheidungen.

Es ist allerdings fraglich, ob sich nicht bessere Methoden zur Akzeptierung von Entscheidungen finden lassen als z. B. der Fall (3 b). Die Motivation durch Beteiligung an der Beratung oder der Entscheidung selbst ist vermutlich wesentlich stärker.

Auch nach dem Rangkriterium ist eine Unterscheidung möglich. In **horizontalen Kollegien** sind Mitglieder der Organisation zusammengefaßt, die den gleichen Rang innerhalb der Leitungshierarchie einnehmen (z. B. Hauptabteilungsleiter). Bilden Personen unterschiedlichen Ranges ein Kollegium, so kann von einem **vertikalen Kollegium** gesprochen werden. In reiner Form treten die verschiedenen Kollegienarten allerdings kaum auf. Die Praxis kennt sehr unterschiedliche Mischformen.

*Projektmanagement*

**In Projekten werden von Projektteams, die in der Regel aus Mitgliedern verschiedener Abteilungen mit unterschiedlicher Vorbildung und Erfahrung zusammengesetzt sind, komplexe, innovative Vorhaben durchgeführt, wobei die vorgegebenen Ziele unter Einhaltung von Kosten- und Terminvorgaben zu erreichen sind.** Projekte können durch folgende Charakteristika beschrieben werden (DIN 69901): Komplexes Vorhaben; Zielvorgabe durch Beschreibung der Aufgabe oder des Objekts; personelle, sachliche, zeitliche und finanzielle Abgrenzung gegenüber anderen Aktivitäten (z. B. dem „normalen Tagesgeschäft" der Projektmitglieder, der Grundlast); Beteiligung mehrerer Organisationseinheiten; Einmaligkeit der Bedingungen.

*Anwendungsgebiete*

Als Anwendungsgebiete lassen sich nahezu beliebig viele Bereiche nennen: Produktentwicklung, Technologieentwicklung und -transfer, Erstellung von Planungsunterlagen für technische Großprojekte, Reorganisationsvorhaben (Umstellung des Rechnungswesens, Fusionen, Einführung der strategischen Planung, Gemeinkostenwertanalyse usw.), Erschließung neuer Märkte, Humanisierung der Arbeitsplätze und -beziehungen, Analyse von Fluktuations- und Krankheitsursachen.

*Projektplanung*

Der Ablauf eines Projektes kann hier nur kurz skizziert werden. Die Projektplanung beginnt mit der **Strukturanalyse**, in welcher die zur Projektrealisierung erforderlichen Funktionen möglichst detailliert erfaßt und gegliedert werden (funktionsorientierte Aufbaustruktur), sowie der Ermittlung der objektorientierten Aufbaustruktur, aus der alle zum Projekt gehörenden Untersysteme (Baugruppen, Teile) ersichtlich werden sollen.

*Projektspezifizierung*

Ergebnis der Strukturanalyse ist der Strukturplan, der zusammen mit der nachfolgenden **Spezifizierung** die Grundlage für die Formulierung von Teilaufträgen im Projekt liefert (vgl. Abb. 2.15).

*Risikoanalyse*

Die Aufgabenspezifizierung führt zur Festlegung von Arbeitspaketen. Die Systemspezifizierung ist notwendig zur Erstellung eines Leistungsverzeichnisses zu den Geräten und Anlagen des Projekts. **Strukturanalyse und Projektspezifizierung liefern die Informationen, um in einer Risikoanalyse sachliche Risiken sowie Termin- und Kostenrisiken besser einschätzen und gegebenenfalls vermeiden zu können.** Der Projektablauf wird schließlich mit Hilfe der Netzplantechnik (vgl. Teil 4, S. 465 ff.) entworfen und überwacht.

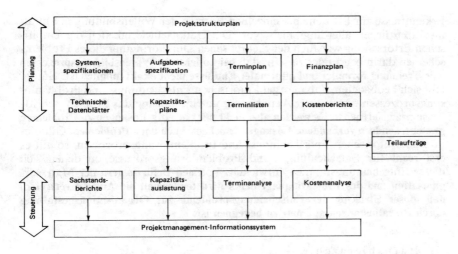

*Abb. 2.15: Projektstrukturplan als Basis für die weitere Planung*

**Die unterschiedlichen Organisationsprinzipien der Leitungshierarchie müssen im Zusammenhang mit den korrespondierenden Leitungsprinzipien gesehen werden.**

*Leitungsprinzipien*

Die Leitungshierarchie hat im allgemeinen Pyramidenform. Die Pyramide kann, je nach der Organisation der Führungsspitze, abgeflacht oder spitz sein. Im ersten Fall steht an der Spitze der Leitungshierarchie eine Pluralinstanz, im zweiten Fall eine Singularinstanz. Singularinstanzen an der ersten Stelle der Leitungshierarchie deuten auf das Direktorialprinzip als Leitungsprinzip der Unternehmung hin. Für die Pluralinstanz gelten die verschiedenen Formen des Kollegialprinzips als Leitungsprinzip. Ohne mögliche Vor- oder Nachteile aufzählen zu wollen, sei darauf hingewiesen, daß beim Direktorialprinzip häufig die Schnelligkeit und die Flexibilität der Entscheidungen hervorgehoben werden, während beim Kollegialprinzip die Ausgewogenheit und Qualität der Entscheidungen Betonung finden. Als Nachteil beim Kollegialprinzip wird eine Entscheidungsverzögerung vermutet, die aber von der Ausprägung der Willensbildung in Pluralinstanzen abhängen dürfte:

*Organisation der Führungsspitze*

*Willensbildung in Pluralinstanzen*

(1) Die **Primatkollegialität** ähnelt dem Direktorialprinzip; in einem Gremium entscheidet bei Meinungsverschiedenheiten der Vorsitzende.

(2) Bei der **Abstimmungskollegialität** wird eine Entscheidung durch irgendeine Form des Mehrheitsbeschlusses gefällt.

(3) Im Falle der **Kassationskollegialität** müssen alle Beschlüsse einstimmig gefaßt werden; jedes Mitglied der Pluralinstanz verfügt über ein Vetorecht.

Tendenziell hat sich in den letzten Jahren in der Praxis gezeigt, daß von der Primatkollegialität mehr und mehr abgegangen wird. Gesicherte empirische

Erkenntnisse zur Effizienz der einzelnen Formen der Willensbildung in Pluralinstanzen liegen allerdings nicht vor. Die Hauptschwierigkeiten der empirischen Erforschung wie auch der theoretischen Durchdringung dieses Problems scheinen darin begründet zu sein, daß **bei kollektiven Willensbildungsprozessen eine Trennung formaler und informaler Einflüsse nicht exakt möglich** ist. Häufig läßt sich beobachten, daß in organisatorischen Entscheidungs- und Problemlösungsprozessen erst mit der Annäherung an eine Lösung das Problem schrittweise präzisiert wird. **Es werden also nicht nur einseitig Lösungen zu Problemen gesucht, sondern vorhandene Lösungen „suchen" auch nach Problemen:** Gilt dies in organisatorischen Entscheidungs- und Problemlösungsprozessen, so gilt es erst recht für Entscheidungs- und Problemlösungsprozesse, in denen sich dieser Entscheidungsrahmen entwickelt. **Von den Befürwortern der Matrixorganisation und des Projektmanagements wird tendenziell die Ansicht vertreten, daß dieser Struktur der Entscheidungsprobleme zur Organisationsgestaltung durch Pluralinstanzen adäquat zu begegnen ist.**

*Probleme und Lösungen*

## (2) Statushierarchie

Der Relationssatz „A steht über B" läßt sich nicht nur als Ausdruck der Weisungsbefugnis interpretieren. „A steht über B" kann auch bedeuten, daß A höher bewertet wird als B, daß A größeres Prestige besitzt oder daß der soziale Status von A größer ist als der von B. **In der Soziologie bezeichnet der Begriff „sozialer Status" den relativen Rang einer sozialen Rolle (z. B. eines Berufes) innerhalb einer Gesellschaft.** Er wird von den Wertvorstellungen der Mitglieder dieses Kulturkreises bestimmt. Im Industriebetrieb sind Statushierarchie und Leitungshierarchie relativ eng aneinander angelehnt. In anderen Organisationen können sie dagegen erheblich voneinander abweichen. Das Zustandekommen der Statushierarchie ist grundsätzlich schwer zu ermitteln, da die zugrunde liegenden Bewertungsprozesse kaum rationalen Überlegungen folgen. Häufig werden allerdings anerkannte **Statussymbole** (z. B. Büroausstattung, Arbeitskleidung, Dienstwagen) oder neu geschaffene Statussymbole (öffentliche Bestenlisten, firmeninterne Auszeichnungen) in Industriebetrieben zur Schaffung einer geplanten Statushierarchie benutzt. Auch das Festhalten an der Differenzierung von Stabs- und Linienaktivitäten oder die Unterscheidung sogenannter „produktiver und unproduktiver Stellen" (z. B. für Fertigung und Verwaltung) stellen Beispiele dar, die sich im Industriebetrieb häufig finden. Das damit verbundene Ziel ist die Förderung der Identifikation mit dem Industriebetrieb und die Steigerung der Leistung. Als Analogie zur statusorientierten Bewertung kann eine andere Form der Rollenbewertung im Industriebetrieb angeführt werden, die in der Betriebswirtschaftslehre unter dem Namen Arbeitsbewertung bekannt ist. Den Anforderungsarten entsprechen dann sogenannte Statuskriterien, deren Gewichtung den sozialen Status ergibt.

*Statussymbole*

Beispiele für **Statuskriterien** im Industriebetrieb sind das Einkommen, die Vorbildung, der Arbeitsplatz, die Stellung innerhalb der Leitungshierarchie, Geschlecht, Alter, Betriebszugehörigkeit, Gewerkschaftszugehörigkeit, soziale Herkunft usw. Statuskriterien unterscheiden sich von Statussymbolen. Letz-

*Statuskriterien*

tere zeigen einen sozialen Status lediglich an. Sie können allerdings auch zu einem sozialen Status verhelfen, ohne daß die Statuskriterien erfüllt sind. Die Abgrenzung von **Statusprivilegien** ist ebenso schwierig. Es ist z. B. nicht eindeutig zu klären, ob ein Angestellter einen hohen sozialen Status hat, weil er sich die Arbeit selbst einteilen darf, oder ob er sich die Arbeit selbst einteilen darf, weil er – aufgrund anderer Statuskriterien – einen hohen sozialen Status besitzt.

**Weichen Leitungs- und Statushierarchie in einem Industriebetrieb stark voneinander ab, so kann das eine Quelle von Konflikten sein.** In aller Regel wollen Individuen ihren sozialen Status halten, wenn nicht sogar erhöhen; dieses individuelle Ziel gerät manchmal in Konflikt mit formalen Zielen bzw. Normen. Ein Facharbeiter wird beispielsweise, auch wenn er nur vorübergehend die Tätigkeit eines Hilfsarbeiters verrichten soll, um seinen sozialen Status fürchten.

(3) Kommunikationshierarchie

Eine der wichtigsten Voraussetzungen für den Ablauf des organisatorischen Entscheidungsprozesses ist die Versorgung der Entscheidungsträger mit relevanten Informationen. **Da die Informationen in der Regel nicht an den Stellen anfallen, an denen sie benötigt werden, muß ein Austausch stattfinden (Kommunikation).** Die Kurzdefinition, die die Kommunikation als eine Interaktion mehrerer Organisationsteilnehmer zum Zweck des Informationsaustausches bezeichnet, bedarf allerdings einiger Ergänzungen. Eine Information bezeichnet Wittman als „**zweckorientiertes Wissen**". Der Begriff „Wissen" ist in diesem Zusammenhang jedoch mehrdeutig. Kennzeichnet er einen inneren Zustand des Menschen, so könnte man von einem **kognitiven Wissensbegriff** sprechen. Er ist subjektiv und bringt zum Ausdruck, daß ein Mensch mehr oder weniger großes Wissen besitzt. Ein mehr **objektbezogener Wissensbegriff** kommt z. B. in dem Satz zum Ausdruck „dieses Buch enthält den Wissensstand dieser Generation zum Problem der Raumfahrttechnik". Der zweite Wissensbegriff soll hier weiter verfolgt werden. Die Informationstheorie spricht in diesem Zusammenhang in Anlehnung an die wissenschaftstheoretische Sprachanalyse von Signal, Nachricht und Information. Die unterste Sprachebene **(Syntax)** betrachtet **Zeichen, Symbole, Signale**. Die **Semantik** berücksichtigt, daß Zeichen, Symbole und Signale eine bestimmte **Bedeutung** haben. Aus der semantischen Zuordnung von Signal und Bedeutung entstehen **Nachrichten**. Auf der höchsten Ebene der sprachanalytischen Betrachtung **(Pragmatik)** werden nicht nur Signale und Nachrichten einbezogen, sondern auch der **Sprecher** und der **Empfänger** und mit ihnen ihre Motive, Zielsetzungen und **Zwecke**. Die Nachricht wird durch die pragmatische Erweiterung zur Information. **Eine Information ist eine zweckorientierte Nachricht.**

*Information und Kommunikation*

*Informationstheorie und Sprachanalyse*

**Zweckorientiert ist eine Nachricht dann, wenn derjenige, der sie zur Kenntnis nimmt, mit großer Wahrscheinlichkeit beim Fällen der Entscheidung durch die Nachricht beeinflußt wird.**

*Zweckorientierung der Nachricht*

Die Zweckorientierung kann damit sowohl an der Zielfunktion des Senders als auch im Falle der Informationslücke an der des Empfängers ausgerichtet sein.

Diese Abgrenzung erweist sich nicht zuletzt deshalb als zweckmäßig, da Informationen Ziele betreffen können und den Entscheidungsträger zum Beispiel zur Anpassung seines Zielsystems veranlassen. Die Beziehung der Zweckorientiertheit von Nachrichten auf Sprecher und Empfänger macht schließlich verständlich, warum die neuere Führungsstildiskussion an Kommunikationsbeziehungen anknüpft, wenn sie Probleme der Manipulation und Überzeugung untersucht.

*Informationsarten*

Die letzten Sätze haben einige spezielle Kommunikationsinhalte angesprochen. Eine Systematisierung aller Kommunikationsinhalte im Industriebetrieb erscheint äußerst schwierig. Von vielen möglichen Systematisierungskriterien seien daher nur zwei Beispiele genannt. Informationsarten können **entsprechend den Stufen des Entscheidungsprozesses** unterschieden werden. Anregungs-, Such-, Durchsetzungs-, Kontroll- und Rückkoppelungsinformationen über Soll-Ist-Abweichungen sind relativ einleuchtende Beispiele dafür. Eine ausführlichere Interpretation verlangt ein Systematisierungskriterium, das sich auf die **Abfassung der Informationen** bezieht (syntaktischer Charakter). Danach lassen sich Kommunikationsbeziehungen unterscheiden, die dem Austausch von Informationen in Form von Indikativsätzen, Imperativsätzen und Werturteilen dienen. **Indikativsätze sind Tatsachenbehauptungen.** Aussagen über mögliche Alternativen und ihre Konsequenzen zählen ebenso zu ihnen wie Kontrollinformationen über die Abweichung des Ist vom Soll. Die Einteilung entscheidungslogischer Modelle nach eindeutigen und mehrdeutigen Erwartungen bezieht sich auf das Vorhandensein oder Fehlen ausreichender indikativischer Informationen. **Imperativsätze schreiben etwas vor.** Anordnungen, Befehle, Normen sind treffende Beispiele. Im Industriebetrieb können sie konkrete Handlungen oder, z. B. beim Vorliegen von Entscheidungsdelegation, Unterziele als Richtschnur für einen ganzen Katalog von Handlungen vorgeben. **Werturteile stellen eine subjektive Meinung dar.** Beispiele stellen folgende Sätze dar: „Der Angebotspreis ist optimal"; „die optimale Betriebsgröße ist erreicht"; „unsere Sozialleistungen sind vorbildlich". Befehle muß der Empfänger befolgen; Werturteilen kann er sich anschließen.

*Indikativsätze*

*Imperativsätze*

*Werturteile*

Läßt sich Kommunikation nicht mehr durch generelle Festlegungen regeln, so erweist sich die Wirksamkeit von Kollegien oder Projektgruppen als leistungsfähige kommunikative Struktur. Die Schaffung einer kommunikativen Organisationseinheit wird dabei unter der Voraussetzung vorgenommen, daß kein Bereich bevorzugt werden soll (z. B. in der Matrixorganisation). In der kommunikativen Organisationsstruktur müssen beispielsweise die Kompetenzen so abgegrenzt werden, daß durch Abgrenzungen entstandene Brüche in den wechselseitigen Beziehungen der Bereiche diskutiert und/oder entschieden werden können.

*Kommunikationsprozeß*

Zur Analyse der am Kommunikationsprozeß beteiligten Stellen bietet die Informations- und Kommunikationstheorie ein geeignetes Schema an (Abb. 2.16). Die zwischen verschiedenen Elementen dieses Schemas vorhandenen Relationen kennzeichnen die Kommunikationsstruktur.

*Sender, Empfänger*

Organisationsmitglieder, die Informationen abgeben, können als Sender bezeichnet werden. Wer Informationen aufnimmt, ist Empfänger. Zwischen

beiden befindet sich ein Medium, der Kommunikationskanal. Das kann Luft, *Medium, Kanal*
ein Draht, Papier, ein Tonband, ein Bote u. a. sein. Da bei Sender, Empfänger
und Kanal die Leistungsfähigkeit pro Zeiteinheit begrenzt ist, erscheint es
häufig zweckmäßig, die Nachricht zu verkürzen. Entweder wird ein Kurzcode *Kodierung*
verwendet, der beispielsweise für ganze Sätze nur Zahlen enthält, oder die
Nachricht wird gefiltert: Im Telegramm werden z. B. unnötige Worte weggelassen; von der Wahrscheinlichkeitsverteilung werden nur Erwartungswert
und Streuung übermittelt. Die Suche nach einem Kennzahlensystem ist ebenfalls die Suche nach einem geeigneten Filter zur Reduzierung der Vielzahl von
Informationen im Industriebetrieb. Gefilterte Informationen unterliegen
einem Informationsverlust. Dieser kann geplant oder ungeplant sein. Technische und semantische Störungen im Kommunikationssystem bedingen einen *Störungen*
ungeplanten Informationsverlust. Beispiele technischer Störungen sind das
Rauschen im Telefon oder ein defekter Magnetkopf bei Bandaufnahmen.

*Abb. 2.16: Informationstheoretisches Schema der Kommunikation*

Bei semantischen Störungen kann beispielsweise der Empfänger die Signale
erkennen, sie aber nicht in eine Nachricht umwandeln, da ihm der Code fehlt.
Im Rahmen organisationstheoretischer Überlegungen sind schließlich noch
pragmatische Störungen zu behandeln, die auftreten, wenn der Empfänger
zwar die Nachricht versteht, den Zusammenhang mit seinem Entscheidungsproblem aber nicht richtig erkennt. Um diese letzte Form der Störung zu
verringern, kann das Kommunikationssystem so strukturiert werden, daß
Nachrichten redundant, d. h. in unterschiedlicher Formulierung und/oder
wiederholt gegeben werden. Ein einfaches Beispiel ist die schriftliche Auftragsbestätigung nach einem telefonischen Vertragsabschluß.

**Auch die Gestaltung des Kommunikationssystems ist ein schlecht strukturiertes** *Gestaltung des*
**Problem.** Das ergibt sich unmittelbar aus der endlosen Anzahl von Alternati- *Kommunikations-*
ven sowie daraus, daß bei der Entscheidungsfindung kaum eindeutige Rele- *systems*
vanzkriterien angegeben werden können.

Die Bewertung von Nachrichten als „Informationen für den Entscheidungsträger X" erscheint daher ex ante nur begrenzt möglich. Die Frage der Informationsverteilung bzw. -aufteilung in einem Industriebetrieb ist aus diesem
Grund nur zum Teil durch deduktives bzw. analytisches Vorgehen zu lösen.
**Die Bewertung von Nachrichten als für bestimmte Kommunikationsbeziehungen**
**relevante Informationen ist von der Erfahrung der Organisationsteilnehmer nicht**
**zu trennen.** Daraus folgt, daß zur Strukturierung eines industriellen Kommunikationssystems nur einige allgemeine Aussagen bezüglich der vorhandenen
Freiheitsgrade möglich sind. Einige Freiheitsgrade werden bei einer aufgaben-

analytischen Betrachtung der Kommunikationsbeziehungen sichtbar (vgl. Aufgabenanalyse, S. 89 ff.), andere lassen sich durch eine Differenzierung nach unterschiedlichen Ersatzkriterien der Organisationsgestaltung erkennen. Mit der planmäßigen Fixierung der Freiheitsgrade entsteht das formale Kommunikationssystem der Unternehmung.

*Aufgabenanalyse der Kommunikation*

Die **Grundverrichtungen der Kommunikation** (Empfangen, Speichern, Umwandeln, Senden) erfolgen an dem Objekt „Nachricht" oder „Information". Die Hilfsmittel ergeben sich aus dem Grundschema der Nachrichtenübermittlung: Sende- und Empfangsgerät, Codierapparate, Magnetbänder, Lochkarten, Telefonleitungen usw. Der zeitliche Aspekt ist von untergeordneter Bedeutung, da Informationen gespeichert werden können. Mit der Nachrichtenübermittlung verbindet sich in aller Regel auch die Funktion der Raumüberbrückung. Wächst die Entfernung, so verstärkt sich der Zwang zum Einsatz technischer Hilfsmittel. Da unmittelbare Kontakte im allgemeinen positiv zu beurteilen sind, werden Unternehmungen bestrebt sein, in Form von Besprechungen und Konferenzen einen Ausgleich gegenüber der Kommunikation über technische Hilfsmittel zu schaffen. Die Träger der Kommunikationsaufgabe sind Sender und Empfänger sowie die Hilfskräfte. In allen Fällen kann es sich um Personenmehrheiten handeln.

*Kommunikationsbeziehungen*

Wird bei der Differenzierung von Kommunikationsbeziehungen von der **Stufigkeit der Kommunikationswege** ausgegangen, so lassen sich **einstufige** oder **mehrstufige** Kommunikationsbeziehungen unterscheiden. Bei einer mehrstufigen Kommunikationsbeziehung sind zwischen Sender und Empfänger noch weitere Aufgabenträger eingeschaltet, deren Funktionen variieren. Sie können zur Übermittlung, Umwandlung, Umverteilung oder Speicherung notwendig sein. Es kann sich aber auch um „Zwischensender" und „Zwischenempfänger" handeln.

Den Fall gleichen **Ranges der Kommunikationspartner** bezeichnet der Terminus **„horizontale Kommunikation"**. Im anderen Fall liegt **„vertikale Kommunikation"** vor. Die Leitungshierarchie beispielsweise kann in ein System der vertikalen Kommunikation umgedeutet werden. Eine Information läßt sich im Industriebetrieb in der Regel über einen Verteilerschlüssel oder ein Informationskollegium an den Empfängerkreis weitergeben. **Legt der Organisator nicht alle Freiheitsgrade (insbesondere die Einteilung bestimmter Kommunikationswege) fest, sondern schafft er eine generelle Regelung, nach der Freiheitsgrade der laufenden Entwicklung angepaßt werden sollen, so wird das Kommunikationssystem als offen bezeichnet.**

*offenes Kommunikationssystem*

Die Übertragung des Substitutionsgesetzes der Organisation auf die Kommunikationsstruktur lautet in diesem Zusammenhang: Je gleichartiger und regelmäßiger die zu erfüllenden Kommunikationsaufgaben im Industriebetrieb sind, desto stärker wird eine Tendenz zur generellen Festlegung des Kommunikationssystems wirksam werden.

*Kommunikationseffizienz*

Welchen Effizienzkriterien der Organisator bei der Gestaltung der Kommunikationsstruktur folgen soll, ist nicht eindeutig festzulegen. Einige Forderungen lassen sich zwar nennen, doch sind sie umstritten und widersprechen sich zum Teil. Über ihre Erfüllung können bisher kaum mehr als spekulative Aussagen gemacht werden. Einige Beispiele entsprechender Forderungen lauten: Das Kommunikationssystem soll flexibel sein; Störungen aller Art sind zu reduzieren; die Informationsverarbeitung und -übermittlung soll rasch erfolgen; Zahl und Länge betrieblicher Kommunikationswege sind möglichst klein zu halten.

**Auch bei der Analyse der Kommunikationsstruktur lassen sich formale und informale Aspekte feststellen.** Die Ausführungen zum informalen Kommunikationssystem können allerdings kurz gefaßt werden. Im großen und ganzen sind nur einige Ergänzungen zu den Überlegungen anzustellen, die im Zusammenhang mit den informalen Organisationseinheiten formuliert wurden. Das informale Kommunikationssystem ist nicht geplant. Es entwickelt sich „spontan" infolge des Kontakt- und Mitteilungsbedürfnisses der Individuen in einem Industriebetrieb und ihrer individuellen Motive und Ziele (z. B. Neugierde, Selbstdarstellung). **Da das informelle Kommunikationssystem offener ist, erfolgt der Informationsaustausch nicht selten schneller als im formalen Kommunikationssystem.** Aus demselben Grund ist das informale Kommunikationssystem anpassungsfähiger: Es kann auf diese Weise Schwerfälligkeiten des formalen Systems ausgleichen. Liegen in der Schnelligkeit und der Anpassungsfähigkeit schon positive Aspekte, so können die positiven Auswirkungen des informellen Kommunikationssystems noch verstärkt werden, wenn über „kleine Indiskretionen" bewußt Informationen ausgestreut werden, die dazu dienen sollen, das Verhalten und die Aufmerksamkeit in eine bestimmte Richtung zu lenken. Ein wesentlicher negativer Aspekt des informalen Kommunikationssystems ist in der Gefahr zu sehen, daß Informationen unter Umständen rasch verändert werden und somit eventuell zu motivationsmindernden Gerüchten führen.

Gerüchte und bewußte Indiskretionen lassen die Bedeutung erahnen, die Kommunikationsüberlegungen im Zusammenhang mit der Führungsstildiskussion zukommt. Führungs- und Beeinflussungsversuche zählen sicher zu den bedeutendsten Teilmengen, die sich aus der Gesamtmenge der Kommunikationsrelationen eines Industriebetriebes hervorheben lassen. Zur Vertiefung des Ansatzes, der den Führungsstil als Sonderproblem der Kommunikationsbeziehungen betrachtet, ist allerdings auf die entsprechende Fachliteratur zu verweisen (vgl. Teil 6, S. 735 ff.).

### (4) Machthierarchie

Die klassische Organisationslehre kennt den Autoritätsbegriff nur im Zusammenhang mit der Kommunikationsform des Befehls, also im Zusammenhang mit einer hierarchischen Ordnung von Über- und Unterordnungsverhältnissen im Industriebetrieb. Eine wesentliche Verfeinerung erfährt diese formalvertikale Betrachtung von Weisungsbefugnissen durch Untersuchungen zur Macht, die von den sozialwissenschaftlichen Teildisziplinen vorgenommen worden sind. Es kann nach den bisherigen Überlegungen nicht verwundern, daß auch bei Machtrelationen formale und informale Einflüsse nebeneinander stehen. **Sehr allgemein kennzeichnet die Macht die Fähigkeit einer Einwirkung auf bestimmte Ereignisse.** Macht kann dabei schon durch das bloße Vorhandensein von Personen oder Personengruppen ausgeübt werden. Generell

*Informale Kommunikation*

*Anpassungsfähigkeit*

*Kommunikation und Führung*

*Machtbegriff*

erscheint die Annahme plausibel, daß Macht vor allem dann eine Rolle spielt, wenn der Beeinflussende eine Kontrollmöglichkeit über das Verhalten eines Beeinflußten besitzt.

**In diesem Sinne verfügt eine Organisationseinheit dann über Macht, wenn sie andere Organisationseinheiten dazu bringt, bestimmte Ziele, Werte und Überzeugungen als Entscheidungsprämissen anzuerkennen.**

Eine derartige Anerkennung wird erreicht, wenn entsprechende Grundlagen zur Machtausübung vorhanden sind.

Eine Einteilung der Machtbasen, die sich in einer ganzen Reihe sozialwissenschaftlicher Untersuchungen bewährt hat, unterscheidet fünf Typen:

*Machtbasen*

(1) Macht durch **Belohnungsmöglichkeiten**;

(2) Macht durch **Bestrafungsmöglichkeiten**;

(3) **regelmäßige oder legitimierte Macht**;

(4) Macht durch **Identifikation**;

(5) **Expertenmacht** oder Macht durch **Informationsvorteile**.

*Machtbeziehungen*

Diesen Machtbasen entsprechen gewisse Machtbeziehungen. Glaubt der Machtunterworfene, daß der Machtausübende ihn im Falle des Gehorsams belohnen wird, so besitzt der Machtausübende **Macht durch Belohnungsmöglichkeiten** über den Machtunterworfenen. Eine entsprechende Machtbeziehung ergibt sich beim Vorhandensein oder der Annahme von Sanktionsmöglichkeiten.

Als **legitimiert** wird Machtausübung vom Machtunterworfenen angesehen, wenn er es als seine Pflicht betrachtet, dem Machtausübenden zu gehorchen. Er ist innerlich davon überzeugt, daß von ihm Gehorsam verlangt werden kann. Der Machtunterworfene erkennt die formal gesetzte Ordnung an. Welche formale Ordnung anerkannt wird, hängt weitgehend ab von der gesellschaftlichen Diskussion um Mitbestimmung, Emanzipation, Vermögensbildung, Umweltschutz, Rechtsordnung usw. Erkennt der Machtunterworfene die bestehende Gesellschaftsordnung an, so billigt er dem Eigentümer Macht zu. Bei Managerunternehmen liegt der Fall etwas anders. Die geltende Rechtsordnung enthält Gesetze, die Satzungen oder sonstige vertragliche Regelungen zulassen, in denen bestimmte Positionen mit Kontrollmöglichkeiten über ökonomische Quellen ausgestattet werden. Das Eigentum ist in diesem Falle keine notwendige Bedingung. Erkennt der Machtunterworfene die Gesetze an, die die vertragliche Vergabe entsprechender Positionen regeln, so wird jeder, der eine derartige Position übernimmt, für den Machtunterworfenen zum legitimierten Machtausübenden.

Die Beeinflussung durch Ausnützung der **Macht durch Identifikation** ist den Betroffenen häufig gar nicht bekannt. Der Machtausübende übt seine Macht über den Machtunterworfenen aus, weil dieser sich mit ihm identifiziert. Der Machtausübende erscheint dem Machtunterworfenen als Vorbild. Die Macht durch Identifikation beruht also auf persönlicher Wertschätzung. Bewußt verwendet, ist die Macht durch Identifikation eine besonders unauffällige Machtbasis in der Hand des Machtausübenden.

Mit der Macht durch Identifikation verwandt, wenngleich nicht auf persönlicher Wertschätzung beruhend, ist die **Expertenmacht**. Nimmt der Machtunterworfene an, daß der Machtausübende ihm gegenüber einen Informationsvorteil besitzt, so besitzt der Machtausübende Expertenmacht (vgl. z. B. die Macht der Stäbe). Es ist dabei unerheblich, ob das den Tatsachen entspricht.

*Expertenmacht*

Bei der sozialwissenschaftlichen Betrachtung der Machtbeziehungen im Industriebetrieb ist bemerkenswert, daß sich die Rollen des Machtausübenden und des Machtunterworfenen je nach Machtbasis vertauschen können. Jede Machtbeziehung erweist sich als mehrwertige Relation. Beispielsweise kann eine Machtbeziehung zwischen A und B durch folgende Relationen gekennzeichnet sein: A übt als formal legitimierter Vorgesetzter Macht über B aus; B übt auf A Macht als tatsächlicher oder vermeintlicher Experte in Steuerfragen aus; A kann B durch Prämien belohnen, durch Verweigerung des Aufstiegs oder Versetzung bestrafen; B kann als wirklicher Experte A durch die Zurückhaltung von Informationen bestrafen oder dem Unternehmer A als Mitglied einer Gewerkschaft Sanktionen androhen; B kann sich aber auch mit A identifizieren, ebenso wie A mit B; schließlich übt A auf B Macht aus, wenn B den Vorgesetzten als Experten für Koordinationsfragen anerkennt.

Kommen zur **legitimierten Macht – die ex definitione ausschließlich die formale Machtstruktur berührt –** weitere Machtbasen hinzu, so ist eine Klärung darüber nicht mehr möglich, ob die zusätzlichen Einflußgrößen formaler oder informaler Natur sind.

**Experten-, Sanktions-, Belohnungs- oder Identifikationsmacht können formale wie informale Machtbasen sein.**

Informal sind sie, wenn sie von außerhalb der formalen Leitungs- und Entscheidungshierarchie die organisatorischen Entscheidungsprozesse beeinflussen oder von außerhalb des Industriebetriebes z. B. bestimmte Werte innerhalb dieser Organisation zu kontrollieren in der Lage sind. **Bezeichnend für die informale Machtausübung ist, daß sich die Abhängigkeit im konkreten Fall nur selten offen zeigt.** Andererseits ist es sehr schwer überprüfbar, ob die tatsächliche Machtsituation bei der Stimmabgabe mit der offiziellen Begründung dieser Handlung übereinstimmt. Beispielsweise kann ein Organisationsmitglied seine Stimme im Sinne eines anderen abgeben, weil es sich von ihm Belohnung erwartet oder weil es sich vor Sanktionen fürchtet. Muß der Machtunterworfene seine Entscheidung begründen, wird er in der Öffentlichkeit in aller Regel die Stimmabgabe durch sogenannte sachliche Argumente bzw. mehr oder weniger durchsichtige Scheinargumente zu rechtfertigen suchen.

*informale Macht*

*Delegation und Partizipation*

(1) Delegation

*vertikale Verteilung der Entscheidungsbefugnisse*

**Unter Delegation wird der Prozeß der formalen Zuweisung von Entscheidungskompetenz an nachgeordnete Stellen verstanden. Es geht um die vertikale Verteilung der Entscheidungsbefugnisse.** Die Voraussetzung solcher Verteilungsüberlegungen ist die Vorstellung, daß es eine Kerngruppe gibt, der „eigentlich" die Entscheidungskompetenz (Entscheidungen über Einzelaktionen oder über die Schaffung genereller Regelungen für wiederkehrende Fälle) zusteht. Durch Delegation wird ein Teil dieser Kompetenz als Ermessens- und Handlungsspielraum auf nachgeordnete Stellen übertragen. **Die Delegation ist die hierarchieentsprechende arbeitsteilige Regelung der Leitungsfunktion.**

*Verantwortung und Handlungsspielraum*

Wer verantwortlich eine Aufgabe erledigen soll, dem müssen Handlungsspielräume zugestanden werden. Natürlich ist dabei vorausgesetzt, daß die Fähigkeiten des Stelleninhabers und seine Leistungsbereitschaft mit der Delegation von Entscheidungsbefugnissen korrespondieren. Inwieweit Entscheidungskompetenz delegiert werden kann, ist von Fall zu Fall unterschiedlich. **Allgemein läßt sich feststellen, daß aufgrund einer möglichst guten Ressourcennutzung jede Entscheidung von der untersten Stelle getroffen werden sollte, die die dafür notwendigen Informationen besitzt und diese verarbeiten kann.** Allerdings ist zu beachten, daß eine Entlastung der Vorgesetzten die Einsicht in die Leistungsfähigkeit der Untergebenen voraussetzt. So kann z. B. Statusdenken solche Einsichten verhindern. Die Arbeitsorganisation vermindert andererseits durch Dequalifizierungseffekte vieler Arbeitsteilungs- und Rationalisierungsmaßnahmen die Leistungsmöglichkeit der betroffenen Menschen. So ist es nicht verwunderlich, daß statt weitgehender Delegation in der Praxis noch immer stark der Versuchung zur Bildung oder Erweiterung von Stäben aufgrund von Arbeitsüberlastung der Linienpositionen nachgegeben wird. „Der Stab ist – kurz gesagt – ein Vorwand für die mangelhafte Delegation von Verantwortlichkeit" (Staerkle). Die der Delegation zugrunde liegende hierarchische Vorentscheidung wirkt sich letztendlich auf die Vorstellung von Delegationsmöglichkeiten aus (Abb.2.17).

Leitidee solcher Merksätze ist, daß die Personen auf den höhergeordneten Ebenen über mehr Überblick, mehr Erfahrung bei der Handhabung personeller Probleme, einen weiteren Zeithorizont, mehr Möglichkeiten zur Abschätzung der Entscheidungswirkungen und mehr Bezug zum eingesetzten Kapital haben.

*Delegation und Kompetenz*

Es gibt viele Versuche, Delegationsgrade im Zusammenhang mit unterschiedlichen Kompetenzarten zu beschreiben. So wird beispielsweise angenommen, daß von der Ausführungskompetenz über Verfügungskompetenz, Antragskompetenz, Mitsprachekompetenz, Entscheidungskompetenz, Anordnungskompetenz die Unabhängigkeit des Kompetenzinhabers wächst. Abgesehen davon, daß inhaltliche Kompetenz (spezielles Wissen und Können) nicht formal übertragbar ist, bedeutet der Begriff Delegation in erster Linie „Delegation von Entscheidungskompetenzen" und gegebenenfalls Anordnungskompetenzen. Hierbei ist es für denjenigen, der diese Kompetenzen übertragen

1. Entscheidungen, deren zeitliche Reichweite kurz ist, sind in der Hierarchie weiter nach unten delegierbar als solche mit langer Reichweite.
2. Je interdependenter eine Entscheidung mit anderen Bereichen verwoben ist, desto weniger ist sie delegierbar.
3. Personelle Entscheidungen sind weniger delegierbar als sachlich-technische.
4. Je schlechter die Entscheidungssituation strukturiert und je größer das finanzielle oder sonstige Risiko für die Unternehmung ist, desto weniger ist eine Entscheidung delegierbar.
5. „Routinefälle", also sich ständig wiederholende Entscheidungen, sind an untergeordnete Stellen zu delegieren. Eingreifsituationen für übergeordnete Stellen sind dabei genau zu definieren.

*Abb. 2.17: Thesen zur Delegierbarkeit*
*(Quelle: Hill/Fehlbaum/Ulrich 1974, S. 228f.)*

bekommt, von großer Bedeutung, welche Tragweite die von ihm erwarteten Entscheidungen haben sollen.

Eine der **Hauptschwierigkeiten** im Umgang mit der Delegation von Entscheidungskompetenzen scheint zu sein, daß Vorgesetzte trotz der Delegation von Aufgaben und Verantwortung und trotz des Vorliegens ausreichender Kompetenz der Untergebenen diesen bei der Ausführung ihrer Arbeiten hineinreden. Das liegt nicht selten daran, daß Vorgesetzte aufgrund einer anderen Vorstellung von der Art der Handhabung eines Problems meinen, nur ihre Lösungsvorschläge führten zum Ziel. Damit verbunden sind mehrere negative Effekte. In der Regel läßt das Eingreifen bei den Betroffenen Motivationsprobleme entstehen. Weiterhin unterbleiben auf diese Weise Lernprozesse, die ansonsten aus der autonomen Durchführung der Aufgabe erwachsen wären (vgl. dazu besonders S. 142f.). Wenn Churchill recht hat, daß es darauf ankomme, die Fehler, aus denen man etwas lernen kann, so früh wie möglich zu machen, so muß gerade bei der Delegation allen Beteiligten das **Recht auf Fehler** zugestanden werden. Im Zusammenhang mit einem solchen **„Schutz der Möglichkeit des Lernens"** muß schließlich auch gesehen werden, daß Lernen Zeit kostet. Wie das Lernen und der Schutz des Lernens praktisch verwirklicht werden, ist allgemein nur schwer anzugeben; die Lösung muß „vor Ort" gefunden werden. Es ist aber einsichtig, daß eine sensible Einschätzung der Lage notwendig ist, um Delegation seitens der Vorgesetzten möglichst nicht zu unterlaufen. Nicht zuletzt ist die Delegation von Entscheidungskompetenzen in der Hierarchie auch geeignet, beim Vorgesetzten Lernprozesse über die Vielfalt der Lösungsmöglichkeiten der Probleme seines Bereichs auszulösen, wenn er erkennt, welches Potential seine Untergebenen bieten. Wie weit solche Lernprozesse gehen, ist nur erfahrbar. Der Vorgesetzte, der delegiert, muß in der Anfangsphase schließlich auch lernen, Rückdelegationen nicht zuzulassen. **Die Versuchung zur Rückdelegation und zu ihrer Akzeptierung ist beim Übergang zu mehr Delegation bei Untergebenen wie Vorgesetzten groß und läßt, wenn ihr erlegen wird, Delegation scheitern.**

### (2) Partizipation

*Partizipation und Mitbestimmung*

Unter Partizipation wird die möglichst unmittelbare Teilnahme von durch Entscheidungsfolgen Betroffenen an Entscheidungsprozessen verstanden. Dabei findet der Terminus „Partizipation" überwiegend für gesetzlich nicht vorgeschriebene Formen der Teilnahme am Entscheidungsprozeß Verwendung. Für die formale, juristisch-institutionelle Regelung hat sich der Begriff Mitbestimmung als Bezeichnung durchgesetzt. Im Vordergrund der Partizipationsdiskussion steht die Vorstellung, daß eine Erweiterung der durch traditionelle Teilnahmerechte (vor allem durch das Privateigentum) legitimierten und dadurch für Nichteigentümer begrenzten Mitwirkung am betrieblichen Entscheidungsprozeß erfolgen sollte. Überwiegend geht es dabei um die Mitwirkung der Arbeitnehmer. Die Diskussion berührt allerdings auch die Frage der Partizipation von Betroffenen außerhalb der Unternehmung.

**Partizipation ist eine Strukturvariable sozialer Systeme. Im Gegensatz zu den Führungsinstrumenten Delegation und partizipativer Führungsstil verlangt Partizipation allerdings Möglichkeiten zur Einbringung von Werten, Normen und Interessen aller Beteiligten.** Wird Partizipation nur als Beteiligung der Untergebenen an der Willensbildung hierarchisch höherer Ebenen der Organisation verstanden, läßt sie sich als Variable zur Erfüllung des organisatorischen Zielsystems beschreiben. Faßt man in diesem Sinne „Information" und „Macht" zusammen, so ergibt sich eine „Skala" des Partizipationsumfangs (Dachler/Wilpert):

*Partizipationsumfang*

(1) Im voraus erfolgt keine Information der Untergebenen über anstehende Entscheidungen.

(2) Vorausinformationen über Entscheidungen werden an Untergebene gegeben.

(3) Untergebene können ihre Meinungen zu Entscheidungsproblemen äußern.

(4) Die Meinungen der Untergebenen werden im Entscheidungsprozeß berücksichtigt.

(5) Untergebene haben entweder ein negatives Vetorecht, d. h. sie können Entscheidungen abblocken, oder ein positives Vetorecht, aus dem ihnen ein Anspruch für die Zukunft erwächst (z. B. auf frühere Einschaltung in entsprechende Entscheidungsprozesse und Berücksichtigung bestimmter Interessen).

(6) Die Entscheidungsfindung liegt in der Hand der Betroffenen.

Punkt (5) dieser Skala stellt die Markierung dar, bei der sich unter dem Vorbehalt manipulativer Unterlaufbarkeit etwas wie „authentische" oder „reale" Partizipation ereignen könnte. Mit ihr wäre ein Partizipationsprozeß bezeichnet, dessen Umfang den abhängig Beschäftigten die erfolgreiche Einbringung (statt der nur „symbolischen") von wertenden und faktischen Informationen in den Entscheidungsprozeß gestattet.

*authentische Partizipation*

Partizipation in der Unternehmung äußert sich formal vor allem durch den gewählten Führungsstil sowie den Einfluß des Betriebsverfassungsgesetzes und des in Frage kommenden Mitbestimmungsgesetzes (vgl. Teil 6, S. 666f. sowie S. 171 ff.). Faktisch ist Partizipation gegenwärtig überwiegend auf Fragen der Arbeitsteilung, der Arbeitsinhalte, der Arbeitsorganisation, der Arbeitssituation und der Arbeitssicherheit beschränkt. De Jong rechnet einer solchermaßen eingeschränkten Partizipationspraxis günstige Folgen bezüglich der Produktivität, der Arbeitszufriedenheit, der Einstellung gegenüber Vorgesetzten, den Fehlzeiten, der Fluktuation und der Zweckmäßigkeit der Fertigung (Umfang, Güte, Durchlaufzeiten usw.) zu. Andere Ansichten gehen dahin, daß durch Partizipation auch die Integration und die Kontrolle erhöht, das Innovationspotential angeregt und besser ausgeschöpft, Arbeitskräfte im Interesse der Unternehmensleitung treffender ausgewählt und die Neigung zu Streiks verringert werden.

*Partizipationswirkungen*

### (3) Mitbestimmung

Partizipationselemente müssen in der Unternehmung berücksichtigt werden, wenn für sie infolge der im Gesetz genannten Bedingungen das Betriebsverfassungsgesetz (BetrVG) und ggf. ein Mitbestimmungsgesetz gelten. Dies hat auch organisatorische Konsequenzen. So wird unter diesen Bedingungen die Installation von Mitbestimmungsorganen gesetzlich vorgeschrieben. Soweit sich Verhaltenswirkungen ergeben, werden sie von der Unternehmensleitung in ihre Entscheidungen einbezogen werden müssen.

Die Organe des Betriebsverfassungsgesetzes sind aufbau- und ablauforganisatorisch zu berücksichtigen. Als **Organe des Betriebsverfassungsgesetzes** lassen sich nennen:

- der Arbeitgeber als Inhaber des Betriebes (bzw. der Unternehmer, wenn es um wirtschaftliche Angelegenheiten geht, die das Unternehmen als wirtschaftliche Einheit betreffen);
- der Betriebsrat als Repräsentationsorgan der Arbeitnehmer;
- der Gesamtbetriebsrat, wenn ein Unternehmen mehrere Betriebe hat;
- der Konzernbetriebsrat, wenn er in einem Konzern durch Beschlüsse der einzelnen Gesamtbetriebsräte errichtet wird;
- die Jugendvertretung;
- die Gesamtjugendvertretung;

- die Betriebsversammlung (ggf. die Abteilungsversammlungen);
- die Betriebsräteversammlungen;
- der Wirtschaftsausschuß;
- die Einigungsstelle.

---

1. Fragen der Ordnung des Betriebes und des Verhaltens der Arbeitnehmer im Betrieb.
2. Beginn und Ende der täglichen Arbeitszeit einschließlich der Pausen sowie Verteilung der Arbeitszeit auf die einzelnen Wochentage.
3. Vorübergehende Verkürzung oder Verlängerung der betriebsüblichen Arbeitszeit.
4. Zeit, Ort und Art der Zahlung der Arbeitsentgelte.
5. Aufstellung allgemeiner Urlaubsgrundsätze und des Urlaubsplans sowie die Festsetzung der zeitlichen Lage des Urlaubs für einzelne Arbeitnehmer, wenn zwischen dem Arbeitgeber und den beteiligten Arbeitnehmern kein Einverständnis erzielt wird.
6. Einführung und Anwendung von technischen Einrichtungen, die dazu bestimmt sind, das Verhalten und die Leistung der Arbeitnehmer zu überwachen.
7. Regelungen über die Verhütung von Arbeitsunfällen und Berufskrankheiten sowie über den Gesundheitsschutz im Rahmen der gesetzlichen Vorschriften oder der Unfallverhütungsvorschriften.
8. Form, Ausgestaltung und Verwaltung von Sozialeinrichtungen, deren Wirkungsbereich auf den Betrieb, das Unternehmen oder den Konzern beschränkt ist.
9. Zuweisung und Kündigung von Wohnräumen, die den Arbeitnehmern mit Rücksicht auf das Bestehen eines Arbeitsverhältnisses vermietet werden sowie die allgemeine Festlegung der Nutzungsbedingungen.
10. Fragen der betrieblichen Lohngestaltung, insbesondere die Aufstellung von Entlohnungsgrundsätzen und die Einführung und Anwendung von neuen Entlohnungsmethoden sowie deren Änderung.
11. Festsetzung der Akkord- und Prämiensätze und vergleichbarer leistungsbezogener Entgelte einschließlich der Geldfaktoren.
12. Grundsätze über das betriebliche Vorschlagswesen.

*Abb. 2.18: Mitbestimmungsrechte des Betriebsrates in sozialen Angelegenheiten*

Das Organ mit den weitestgehenden Partizipationsrechten ist der Betriebsrat. **Der Betriebsrat hat Mitwirkungsrechte (Informations-, Vorschlags-, Anhörungs- und Beratungsrechte) und Mitbestimmungsrechte (Widerspruchsrechte, Zustimmungserfordernisse). Für die Erfüllung seiner Aufgaben, d. h. der Mitwirkung und Mitbestimmung in bestimmten personellen, sozialen und wirtschaftlichen Angelegenheiten, gibt das Betriebsverfassungsgesetz dem Betriebsrat einen allgemeinen Handlungsrahmen.** Danach hat er über die Einhaltung der zugunsten der Arbeitnehmer geltenden Gesetze, Verordnungen, Unfallverhütungsvorschriften, Tarifverträge und Betriebsvereinbarungen zu wachen sowie beim Arbeitgeber Maßnahmen zu beantragen, die dem Betrieb und der Belegschaft dienen. Daraus leiten sich umfassende Informationsrechte ab, die allerdings in der Praxis inhaltlich näher bestimmt werden müssen.

*Betriebsrat*

§ 87 BetrVG regelt die Mitbestimmungsrechte in sozialen Angelegenheiten. Danach hat der Betriebsrat, soweit keine gesetzliche oder tarifliche Regelung besteht, in den in Abb. 2.18 genannten Angelegenheiten mitzubestimmen. Unterrichtungs-, Beratungs- und Mitbestimmungsrechte stehen dem Betriebsrat auch nach §§ 90 und 91 BetrVG bei der Gestaltung von Arbeitsplatz, Arbeitsablauf und Arbeitsumgebung zu.

*Mitbestimmungsrechte in sozialen Angelegenheiten*

Die Mitwirkungs- und Mitbestimmungsrechte in personellen Angelegenheiten werden im Teil Personalwirtschaft behandelt (vgl. Teil 6, S. 666ff.). Hier seien nur einige Rechte in wirtschaftlichen Angelegenheiten dargestellt. § 106 BetrVG bestimmt, daß in allen Unternehmen mit in der Regel mehr als 100 ständig beschäftigten Arbeitnehmern ein **Wirtschaftsausschuß** zu bilden ist. Er hat die Aufgabe, wirtschaftliche Angelegenheiten mit dem Unternehmer zu beraten und den Betriebsrat zu unterrichten. Der Unternehmer hat den Wirtschaftsausschuß rechtzeitig und umfassend über die wirtschaftlichen Angelegenheiten des Unternehmens unter Vorlage der erforderlichen Unterlagen zu unterrichten. Wirtschaftliche Angelegenheiten sind beispielhaft in Abb. 2.19 aufgeführt.

*Wirtschaftsausschuß und wirtschaftliche Angelegenheiten*

Das Ziel, das mit Hilfe einer verstärkten Partizipation verfolgt wird, ist eine verbesserte Integration der Mitarbeiter in die Unternehmung und eine Festigung der Identifikation mit ihr. Das **Ziel gesetzlicher Mitbestimmungsregelungen** wird meist etwas anders formuliert: Mitbestimmungsregelungen sollen für Arbeitnehmer verbesserte Möglichkeiten der Interesseneinbringung und -durchsetzung schaffen.

*Ziele und Zielerreichung bei Partizipation und Mitbestimmung*

---

In den Bereich wirtschaftlicher Angelegenheiten fallen insbesondere:

1. die wirtschaftliche und finanzielle Lage des Unternehmens;
2. die Produktions- und Absatzlage;
3. das Produktions- und Investitionsprogramm;
4. Rationalisierungsvorhaben;

> 5. Fabrikations- und Arbeitsmethoden, insbesondere die Einführung neuer Arbeitsmethoden;
>
> 6. die Einschränkung oder Stillegung von Betrieben oder von Betriebsteilen;
>
> 7. die Verlegung von Betrieben oder Betriebsteilen;
>
> 8. der Zusammenschluß von Betrieben;
>
> 9. die Änderung der Betriebsorganisation oder des Betriebszwecks;
>
> 10. sonstige Vorgänge und Vorhaben, welche die Interessen der Arbeitnehmer des Unternehmens wesentlich berühren können.

*Abb. 2.19: Mitbestimmungsrechte des Betriebsrates in wirtschaftlichen Angelegenheiten*

*Standardisierung und Formalisierung*

(1) Standardisierung

*Handlungsprogramme*

**Einzelne Unternehmungen sind vermutlich auch deshalb erfolgreicher als andere, weil es ihnen schneller gelingt, bewährte Aktivitätsfolgen zu Routinen werden zu lassen** (Hedberg). Auf diese Weise wird erreicht, daß Wiederholungsfälle programmgemäß ablaufen können, ohne neuen Planungs- und Organisationsaufwand zu verursachen. „Standardisierung" ist eine Instrumentalvariable des Organisierens, die die Entwicklung solcher Routinen bewußt macht und nutzt. Vorausschauend werden Problemlösungen durchdacht und für detailliert beschriebene, wiederholt auftretende Prozesse als Handlungsabläufe (Programme) festgelegt.

*Verhaltenseinschränkung durch Programme*

**Standardisierung, d. h. die generelle Festlegung von Aktivitätsfolgen für wiederkehrende Ereignisse oder Prozesse, kann durch festgelegte Programme das Potential zugelassener Verhaltensweisen einschränken.** Computerprogramme sind dabei als Bedingungen von Verhaltensweisen anzusehen, während kognitive Programme, d. h. vermittelte Instruktionen zur Steuerung der Informationswahrnehmung, -verarbeitung und „-beantwortung" des Individuums, das Verhalten direkt beeinflussende Programme darstellen. Letztere sind deshalb als organisatorische Variablen besonders interessant.

*Ausführungsprogramme und Rahmenprogramme*

Beim Problemlösungsverhalten in schlecht-strukturierten Entscheidungssituationen wird meist auf allgemeinere Such- und Lösungstechniken zurückgegriffen als bei der Beantwortung eindeutig identifizierbarer Stimuli, deren Verbindung zu bestimmten Reaktionen konditioniert und routiniert ist. Die im Rahmen der Standardisierung bedeutsame organisatorische Programmierung besteht in der Erstellung von vollständigen und detaillierten Programmen (bei entsprechend bekannten Ereignissen oder Prozessen). Allgemeine kognitive Programme des Menschen werden so nicht mehr benötigt. Die Standardisierung erfordert ferner die Erstellung von Rahmenprogrammen, in denen das

Individuum die Verbindungen zwischen den Hauptschritten selbst finden muß (vgl. auch Teil 1, S. 59 ff.).

Beispiele für Routineprogrammierung sind regelmäßige Intervalle für Kontrollvorgänge, Abarbeitung von Check-Listen, Fließbandarbeit. Rahmenprogramme werden für Projektentwicklung und/oder -abwicklung, Ausbildung, Planungs- und Budgetierungsprozesse usw. erarbeitet.

Wird ein auftretendes Problem als unbekannt oder neu wahrgenommen, so erfolgt der Lösungsversuch über innovatives Verhalten. Letzteres ist grundsätzlich nicht programmierbar. **Erfahrungen und die Kopie heuristischer Vorgehensweisen nähern aber manchmal innovatives Verhalten den Rahmenprogrammen oder der Routinisierung an.**

(2) Formalisierung

**Die schriftliche Festlegung einmal fixierter organisatorischer Regeln bzw. Programme wird als „Formalisierung" bezeichnet.** In Schaubildern, Handbüchern, schriftlichen Richtlinien usw. wird die Art der Strukturdimensionen, die durch Metaentscheidungen festgelegt worden ist, dokumentiert. Sind sie detailliert, so umschreiben sie die Spezialisierung übergeordneter organisatorischer Einheiten (Abteilungs- und Stellenspezialisierung) oder geben Auskunft über Weisungsbefugnisse und Verantwortungsbereiche, Leitungsspanne und sonstige formale Beziehungen zwischen verschiedenen Stellenarten und Stellen.

Schriftliche Weisungen, Protokollbeschlüsse usw. sind Informationen, die häufig keine organisatorische Regelung enthalten oder bekanntgeben, sondern Angaben zur Durchführung bestimmter, auf tägliche Einzelfälle bezogener Maßnahmen. Andere Beispiele sind Anfragen, Aktennotizen, Memos, Formulare. **Wenn bestimmte Kommunikationsprozesse schriftlich zu erfolgen haben, ist der Informationsfluß formalisiert.** Gründe dafür können Kontrollabsichten, die Dokumentation usw. sein. „Aktenmäßigkeit" hat Weber diese Formalisierung genannt. Aktenmäßigkeit erfüllt über die Zeit ihre Aufgabe nur, wenn Informationen auch wiedergefunden werden können. Deshalb ist Formalisierung auch durch Ablage, Karteien und entsprechende moderne Hilfsmittel der Datenverarbeitung gekennzeichnet, die ihrerseits zur Formalisierung anregen. Belege, Jahresabschlüsse und Verträge, für die die Schriftform gesetzlich vorgeschrieben ist, sind ebenfalls innerorganisatorisch und/oder außerorganisatorisch (z. B. gesetzlich) verlangte Formen der Informations(fluß)darstellung, die auch Ausdruck von Vertrauen oder Mißtrauen gegenüber der Organisation und ihren Mitgliedern sein können. **Zur Formalisierung gehören schließlich Festlegungen im Bereich der Leistungserfassung und -beurteilung sowie entsprechende Disziplinarvorschriften.** Beispiele für Instrumente dieser Formalisierungskomponente sind Stechuhren, Arbeitszeitkarten, Arbeits- und Lohnzettel, Statistiken, Formulare zur Arbeitsbewertung.

Kirsch u. a. weisen auf eine übergeordnete Formalisierungskomponente hin: Industriebetriebe lassen sich anhand von Kriterien beschreiben, die alle sozialen Systeme erfüllen. Zur Unterscheidung verschiedenartiger sozialer System-

*Organisations-
verfassung*

typen und Systeme sind zusätzliche Kriterien heranzuziehen, die sich als Formalisierung des Systems – als seine Verfassung – beschreiben lassen. **Organisationen sind demnach soziale Systeme, die eine Verfassung besitzen.** Ihre Verfassung schließt dabei insbesondere ein:

*Elemente der
Verfassung*

(1) die Absicht, explizit formulierte **Ziele** arbeitsteilig zu erreichen;
(2) die explizite Formulierung der nur unter besonderen Umständen und durch spezielle Verfahren zu ändernden **Regelungen;**
(3) die Benennung der **Kernorgane,** die offizielle Regelungen für das Verhalten der übrigen Systemmitglieder vorgeben;
(4) die **Träger der Organisation,** die die Kernorgane besetzen;
(5) die **formale Rollenverteilung** im System;
(6) die **Zugangs- und Abgangsbedingungen** zum System (Mitglied einer Organisation ist, wer sich den Autorisierungsrechten der Kernorgane unterwirft).

**Häufig ist die Verfassung allerdings nicht kodifiziert, sondern aus Traditionen gelernt und damit relativ fest in der Organisation verankert.**

Wird die Verfassung einer Organisation kodifiziert, sind meist die folgenden Bestandteile zu finden:

*formalisierte
Verfassung*

– eine Abgrenzung nach außen (Grenzziehung);
– die Eintritts- und Austrittsbedingungen (Grenzübergänge);
– eine Abgrenzung nach innen (Autorisierungsrechte; Interesseneinbringungsmöglichkeiten) und
– die Regeln der Verfassungsänderung.

Strukturelement einer Organisation ist die Verfassung insofern, als unterschiedliche Formalisierungsgrade sicherlich unterschiedliche Verhaltenswirkungen bei Organisationsmitgliedern und -teilnehmern auslösen.

(3) Organisationslenkung

*Instrumente der
Organisations-
lenkung*

Die Organisationslenkung umfaßt eine Vielzahl von Methoden, für die an dieser Stelle nur einige Beispiele stehen können. Es lassen sich etwa die pretiale Lenkung, die Planung, die Budgetierung und die Lenkungsinstrumente für Divisionen aufzählen. Auch die Führungsstildiskussion kann in diesem Zusammenhang gesehen werden.

Praktiker und Theoretiker haben sich immer wieder um Konzepte zur möglichst präzisen und flexiblen Abstimmung von Teilbereichen bemüht. Naheliegend ist es, an eine **Organisationslenkung durch Preise** zu denken. **Wie in einer Volkswirtschaft sollen auch in der Unternehmung Preise die Abstimmung der Teilbereiche in der Weise ermöglichen, daß das Oberziel besonders gut erreicht wird.** Bei der von Schmalenbach entworfenen pretialen Lenkung werden auf analytischem Wege innerbetriebliche Lenkungspreise ermittelt. Auf der Grundlage dieser Preise sollen die Abteilungen autonom über ihren gewünschten Anteil an den knappen Ressourcen der Organisation entscheiden. Da aber bei der Berechnung dieser Preise (z. B. mit Hilfe der Lagrangeschen Multiplikatoren) zugleich auch die optimalen Mengenangaben ermittelt werden, ist für

*innerbetriebliche
Verrechnungspreise*

die einzelnen Abteilungen in diesem Fall keine Entscheidungsfreiheit mehr gegeben.

Auch ohne analytische Grundlegung lassen sich für die Erreichung bestimmter Ziele (z. B. Gewinnverlagerung) innerbetriebliche Verrechnungspreise bilden. Da unterschiedlichen Zielen unterschiedliche Preise entsprechen und normalerweise nicht von vornherein klar ist, welche Preise welchen Zielerreichungsgrad mit sich bringen, bleibt die Idee der pretialen Lenkung analytisch bestechend. Praktisch kann sie aber wirkungslos bleiben, wenn „richtige" und eindeutige innerbetriebliche Verrechnungspreise ermittelt werden sollen. In der Praxis wurde deshalb dazu übergegangen mehr und mehr Verrechnungspreise einfach zu setzen und gegebenenfalls von Zeit zu Zeit relativ pragmatisch anzupassen.

*Zielvielfalt und Verrechnungspreise*

Die Lenkung durch Verrechnungspreise – vor allem in Form der Schmalenbachschen pretialen Lenkung – ergänzt ein Organisationskonzept, das bezüglich der Mittelentscheidungen sehr dezentralisiert sein kann und ein hohes Maß an Delegation aufweist. Die Lenkung durch Preise soll dabei die Teileinheiten unmittelbar am Oberziel ausrichten. **Über die Ableitung von Zwischen- und Unterzielen läßt sich eine etwas modifizierte Form der Lenkung erreichen, wenn Ober-, Zwischen- und Unterziele zweckentsprechend aufeinander bezogen werden können** (vgl. Teil 1). Dazu ist Planung notwendig.

*Lenkung durch Zielhierarchie*

Mit Hilfe von Planung wird versucht, künftige Initiativen und Reaktionsmöglichkeiten auf erwartete aber unbekannte Ereignisse gedanklich vorzustrukturieren. Sie trägt damit zur Reduzierung der Fälle bei, bei denen andernfalls „zufällig" (trial and error) reagiert werden müßte. Planung wird erforderlich, wenn künftige Situationen durch aufeinander abgestimmte Entscheidungen gemeistert werden sollen. Planung in diesem Sinne kann in der Konzipierung eines Netzes von sachlich, personell und zeitlich abgestimmten Aktivitäten bestehen. Prinzipiell hat Planung jedoch eine größere Bedeutung, als dies die Vorstellung von der Antizipation zukünftiger Ereignisse und der Niederlegung von möglichen Reaktionen in „Schubladenplänen" vermittelt. Planung heißt auch: Festlegung von Zielen nach Inhalt und Umfang, die zu bestimmten Zeitpunkten oder innerhalb bestimmter Zeitintervalle von bestimmten Menschen in der Organisation erreicht werden sollen. In diesem Sinne führt insbesondere Zielplanung zu Rahmenprogrammen, die aufgestellt werden, wenn sinnvollerweise darauf verzichtet wird, einzelne Handlungs- und Aktivitätsfolgen bis ins Detail für alle Stellen und Abteilungen in der Hierarchie vorzuschreiben.

*Planung als Zielplanung*

Zielpläne, die Ziele für Abteilungen und Stellen des Industriebetriebs vorsehen, werden Zielsysteme genannt. Sie unterliegen, sollen sie ihre Koordinationswirkung entfalten, bestimmten Bedingungen. Zielsysteme sind nach Möglichkeit so aufzubauen, daß (Teil-)Ziele auf gleicher Ebene nicht miteinander konkurrieren. Vertikal sollen die Ziele eine Ziel-Mittel-Kette von der Hierarchiespitze bis zur Basis bilden. Praktisch kommt es allerdings nicht zu einem analytischen Aufbau dieser Kette, sondern nur zur – immer wieder zu ändernden – Verknüpfung von Zielen und Subzielen (Mitteln) anhand gelernter, plausibler **Ziel-Mittel-Vermutungen.**

*Zielbeziehungen*

*Budgetierung der Mittel*

Korrespondierend mit dem Zielsystem ist die Budgetierung der Mittel zu sehen, die den einzelnen Abteilungen und Stellen für die Erreichung ihrer Ziele zur Verfügung stehen. Budgetierungsprozesse, die mehrere Bereiche (z. B. Absatz, Produktion, Finanzierung) erfassen und kontrollieren sollen, beginnen im marktwirtschaftlichen System in der Regel mit den Umsatzvorgaben. Auf der Produktionsplanung baut das Produktionsbudget auf. Dieses bestimmt zusammen mit den Umsatzvorgaben wiederum das Finanzbudget (und umgekehrt). Für das Investitionsbudget sind die langfristige Produktions- und die Finanzpolitik maßgebend. Im Finanzbudget sind daneben auch die kurzfristigen und laufenden Finanzbewegungen zu erfassen.

*Organisationslenkung als politischer Prozeß*

**Selbstverständlich ist eine Koordination in Form der Budgetierung ebenso ein politischer Prozeß wie jede andere „Technologie" der Organisationslenkung.** Die Aushandlung der Budgetvorgaben wird durch die Unsicherheit der Prognose künftiger Entwicklungen zusätzlich erschwert.

*Prognose – Planung – Steuerung*

Es darf nicht übersehen werden, daß die Betonung der Prognose im Planungs- und Budgetierungsprozeß Gefahren mit sich bringt. Planung wird verschiedentlich mit Prognose gleichgesetzt und deshalb abgelehnt. Wenn die Bedeutung der Prognose für die Planung überschätzt wird, geht dies meist auf Kosten der Einsicht, daß für die Planerfüllung bis zu einem gewissen Grad die Steuerung in der Realisierungsperiode wesentlich entscheidender ist. Niemand kann die Zukunft voraussehen, und auch die differenziertesten Prognoseverfahren sichern das Unternehmen nicht vor Überraschungen. In der periodischen Überprüfung der fixierten Ziele gestatten Pläne aber rasche steuernde Eingriffe in den Unternehmungsprozeß. **Entscheidend für die Höhe der Abweichungen im Soll-Ist-Vergleich ist letztlich weniger die Prognosefähigkeit als vielmehr die in der Unternehmung organisierte und eingesetzte Steuerungskompetenz.**

In der Praxis sind Hilfen zur Organisationslenkung entwickelt worden, die zumindest für Teilbereiche der Unternehmung auch eine Führung anhand des dominanten Gewinnziels gestatten sollen. Divisionen können kostenorientiert oder erfolgsorientiert geführt werden. Entsprechend werden sie als cost-centers, profit-centers oder investment-centers bezeichnet.

Eine als **cost-center** definierte Division ist im Prinzip eine große Kostenstelle, deren Zielvorgabe in der Einhaltung oder Unterschreitung eines Kostenbudgets bei mengenmäßig fixiertem Umsatz und definierten Qualitäts- und Servicestandards besteht. Aktionsparameter dieser „Kostenstelle" können z. B. der Einkauf oder die Inanspruchnahme von Beratung sein.

Beim **profit-center** und beim investment-center muß der Divisionsleitung ein wesentlicher Einfluß auf die zu transferierenden Mengen und deren Preise eingeräumt werden: die Güter sollten auch außerhalb der Unternehmung zu beziehen bzw. abzusetzen sein; das Spartenziel darf nicht mit dem Oberziel konkurrieren. Die Erfolgs- bzw. Kapitalgrößen dürfen nicht manipuliert werden. Falls Gewinnvorgaben erfolgen, müssen diese tatsächlich realisierbar sein. Entscheidend ist ferner, daß mindestens Produktion und Absatz in der Verantwortung der entsprechenden Spartenleitung liegen. Gewinnverantwortlichkeit (profit-center) kann nur gegeben sein, wenn die Leitung beide Gewinnkomponenten zu beeinflussen vermag. Das **investment-center**-Konzept basiert auf einer weiteren Einflußgröße. Bei ihm wird der erzielte Gewinn entweder zum eingesetzten Kapital in Beziehung gesetzt (Rentabilität bzw. Return on Investment) oder als Nettoerfolg nach Abzug von Kapitalkosten ausgewiesen.

### b) Die Organisationssituation

Das Phasenschema des Entscheidungsprozesses (Willensbildung – Willensdurchsetzung) ist mehr als analytische Darstellung seiner Funktionen denn als zeitlicher Ablauf zu verstehen. Viele Entscheidungsprobleme in einem Industriebetrieb werden erst mit dem Durchlaufen der Leitungshierarchie ausformuliert. Dabei wird das Problem fortlaufend präzisiert und zugleich einer schrittweisen Lösung nähergebracht. Häufig wird in diesem Prozeß das Problem entsprechend vorhandener Lösungshilfen modifiziert. **Das heißt nichts anderes, als daß in organisatorischen Entscheidungs- und Problemlösungsprozessen nicht mehr einseitig zu einem Problem Lösungen gesucht, sondern auch vorhandene Lösungen einem Problem zugeordnet werden.** Das gilt auch für die Entscheidung über die Struktur der Organisation.

*Wechselbeziehung zwischen Problemen der Lösungen*

*Organisationsprinzipien*

Eine konstitutive Dauerlösung des Organisationsproblems scheitert an Datenänderungen, die oft gegensätzliche organisatorische Maßnahmen nahelegen. Plausibilitätsüberlegungen, Erfahrungen und zum Teil empirische Untersuchungen haben die Entwicklung von **Organisationsprinzipien** zur Lösung solcher Widersprüche angeregt, ohne daß diese dadurch beseitigt worden wären. **Auch die vorgelegten Organisationsprinzipien widersprechen sich, wenn man sie als Vorschläge für alle Fälle ansehen will.** Beispiele solcher Organisationsprinzipien sind in Abb. 2.20 zusammengefaßt.

Alle Versuche, diese und ähnliche Prinzipien in einen eindeutigen deduktionslogischen Zusammenhang zu stellen, müssen als gescheitert betrachtet werden. Dennoch sind solche Prinzipien nicht wertlos. **Sie geben in ihrer Gesamtheit ein sehr nüchternes Bild der Organisationswirklichkeit, der Schwierigkeiten des Organisierens und der Widersprüchlichkeit der Literatur. Allerdings darf aus der realistischen Widerspiegelung nicht der Schluß gezogen werden, in den Rezepten wäre eine ebenso realistische Antwort enthalten.** Erst wenn die Anwendungsbedingungen und die mit ihnen verbundenen Ziele hinreichend deutlich sind, läßt sich überhaupt der Plausibilitätsgehalt der genannten Prinzipien erkennen. Der Versuch, Organisationsprinzipien durch den bloßen Hinweis auf ihre erfolgreiche Anwendung zu legitimieren, leistet keine Hilfe. Soweit ihre Kontextbedingungen nicht angegeben bzw. nicht rekonstruierbar sind, besteht immer noch die Möglichkeit, Organisationsprinzipien in der und für die eigene Situation zu rekonstruieren und auf diese Weise Anstöße zu organisatorischen Aktivitäten zu erhalten.

*Anwendungsmöglichkeiten von Organisationsprinzipien*

Organisationsprinzipien sind beispielsweise folgende Sätze:

- Der Dienstweg darf nicht umgangen werden
- Die Kontrollspanne darf nicht mehr als 5–7 direkt Unterstellte umfassen
- Keine unklaren oder doppelten Unterstellungen
- Stabstellen dürfen keine Befehlskompetenz gegenüber Linienstellen ausüben
- Keine Stelle soll Rechte bekommen, die bereits einer anderen Stelle zustehen
- Untergebene dürfen nur von einem Vorgesetzten Anweisungen erhalten
- Partizipation ist besonders wichtig, weil sie die Identifikation der Systemmitglieder mit ihrer Aufgabe erhöht
- Bei stabilen Absatzmärkten und langsamem technologischen Fortschritt sind Linienorganisationen, bei sich verändernden Absatzmärkten und raschem technologischen Fortschritt eher Projektorganisationen sinnvoll
- Tätigkeit und Eignung müssen übereinstimmen
- Die Effizienz der Mitarbeiter ist um so größer, je mehr Handlungsspielraum ihnen eingeräumt wird

*Abb. 2.20: Beispiele für Organisationsprinzipien*

## Dimensionen der Organisationssituation

Alle bisherigen Aussagen dieses Teils deuten eine entscheidende Einsicht der Organisationspraxis an, die in der Organisationstheorie seit Beginn der 70er Jahre nachvollzogen worden ist: **Die Situation beeinflußt maßgeblich die Entscheidung beim Vergleich der Alternativen einzelner Organisationsstrukturdimensionen.** Würde das Zielsystem des Industriebetriebs die Organisationsstruktur determinieren, so müßten alle Industriebetriebe als Organisationen mit erwerbswirtschaftlichem Ziel sehr ähnliche Organisationsstrukturen aufweisen. Bei Max Weber findet sich die Vermutung, daß Organisationen mit erwerbswirtschaftlichem Ziel bürokratische Strukturen (Hierarchie mit Dienstwegen) entsprechen, während in freiwilligen Verbänden, deren Leistungen den Mitgliedern unmittelbar zugute kommen sollen, eher nicht-bürokratische Strukturen vorherrschend sind.

*Unternehmung, freiwilliger Verband und bürokratische Struktur*

Es erscheint verständlich, daß gerade die Organisationsstruktur nicht nur vom Ziel des Industriebetriebes abhängig sein kann. **Generell dürfte es unmöglich** sein, **alle die Organisationsstruktur mitbestimmenden Einflußgrößen aufzuzählen und in ihrer Wirkung zu bewerten.**

Kieser/Kubicek haben es dennoch unternommen, die in der Literatur vorhandenen **Dimensionen der Situation** zusammenzutragen und zu systematisieren. Vollständigkeit läßt sich bei solch einem Bemühen natürlich nicht erreichen. Dennoch geben die zusammengetragenen Beispiele für Komponenten der Situation von Organisationen einen hinreichenden Eindruck davon, wie schwierig es sein dürfte, diese und weitere Komponenten in ihrer Wirkung untereinander und auf die Organisationsstruktur einzuschätzen. Wie schon bei der Organisationsstruktur, so muß auch bei der Beschreibung der Organisationssituation ein mehrdimensionales Konzept gewählt werden. Abb. 2.21 zeigt die Hauptkomponenten der Situation von Organisationen nach Kieser/Kubicek.

---

*Dimensionen der internen Situation*

– *Gegenwartsbezogene Faktoren*
  o Leistungsprogramm
  o Größe
  o Fertigungstechnologie
  o Informationstechnologie
  o Rechtsform und Eigentumsverhältnisse

– *Vergangenheitsbezogene Faktoren*
  o Alter der Organisation
  o Art der Gründung
  o Entwicklungsstadium der Organisation

*Dimensionen der externen Situation*

– *Aufgabenspezifische Umwelt*
  o Konkurrenzverhältnisse
  o Kundenstruktur
  o Technologische Dynamik

– *Globale Umwelt*
  o Gesellschaftliche Bedingungen
  o Kulturelle Bedingungen

---

*Abb. 2.21: Dimensionen der Situation der Organisation*
*(Quelle: Kieser/Kubicek 1977, S. 191)*

### c) Die Organisationsverfassung

Industriebetriebe als Organisationen haben eine Verfassung. Diese Verfassung ist mitunter gar nicht kodifiziert, sondern durch Lernprozesse geprägt und nur in den Köpfen der Organisationsmitglieder (vielleicht auch der Organisationsteilnehmer) vorhanden. Soweit sie kodifiziert ist, bleibt sie auslegungsbedürftig.

*Verfassungs-*
*entwicklung*

Es ist zu untersuchen, wie es zum „Lernen" von Verfassung oder von Auslegungsgrundsätzen kommt. Prinzipiell ist diese Frage Gegenstand lerntheoretischer Bemühungen. In Darlegungen zum Organisationsproblem finden sich allerdings Hinweise, die hier zusammengefaßt werden können. Sie betreffen den Zusammenhang von Organisationssituation und Organisationsstruktur einerseits sowie deren Wirkungen auf Organisationsmitglieder andererseits.

Die Verfassung einer Organisation ist nicht nur ein System kodifizierter Werte, Normen und Regeln, sondern sie stellt sich in der Realität vielmehr als Verfassung dar, in der Organisationsmitglieder und -teilnehmer Kodifizierungen interpretieren, ergänzen oder verwerfen können. „Verfassung" wird damit zu einer Strukturvariablen, die als kognitive – durchaus auch unbewußte – Struktur Verhaltenswirkung mit sich bringt. Somit kann festgestellt werden: „Industrielle Organisation" wird als „konstitutive Entscheidung" immer mehr relativiert. **Menschen und Organisationen lassen als offene Systeme in einer aktiven Umwelt keine konstitutive Bestimmung zu.** Die systemtheoretisch erkannte Unmöglichkeit einer umkehrbar eindeutigen Beziehung zwischen Struktur und Funktion eines Systems, bei gleichzeitiger praktischer Zuordnung von Struktur und Funktion, führt dazu, daß aufgrund unterschiedlichster Erfahrungen immer wieder neue Organisationsbeziehungen entwickelt werden (müssen): Organisationen sind viel mehr im Fluß, als das Organigramme zu assoziieren gestatten.

*Organisation in*
*Bewegung*

Mit solchen Beobachtungen beginnt sich – wie in der dimensionalen Betrachtung schon angelegt – die Assoziation von der „Starrheit" aufzulösen, die sich mit „Struktur" einstellt. Diese Auflösung erfolgt zugunsten einer Sicht, die organisationale Praxis als Prozeß zu begreifen versucht: **Konstitution als Konstitution zur Entwicklung** – zur Organisationsentwicklung.

## 3. Organisationsentwicklung

Entscheidungen über die Organisationsstruktur eines Industriebetriebes werden überwiegend im Bewußtsein gefällt, eine konstitutive Metaentscheidung zu treffen, deren Ergebnis einige Zeit überdauern soll. Dieses Bewußtsein ist notwendig, wie Stabilität notwendig ist. Seine vorherrschende Stellung scheint aber Praxis und Theorie gleichermaßen einzuengen. **Die Praxis in einem Industriebetrieb zeigt ein Bild ständiger struktureller Veränderungen.** Selbst wenn das formale Organigramm sich längere Zeit nicht ändern sollte, sind solche Bewegungen vorhanden und praktisch wirksam. Sie sind z. B. beobachtbar in der Ausfüllung der Lücken, die das Organisationsschema läßt (lassen mußte), in stillschweigenden oder konsensualen Stellen- und Aufgabeninterpretationen, in faktisch notwendigen, aber zur Zeit nur informell ablaufenden Kommunikations- und Leitungsbeziehungen, in den Veränderungen von Krankenstand und Fluktuation oder in der Entstehung ungeplanter Konfliktherde. **Auch für die Organisationsstruktur des Industriebetriebes gilt, daß sie dem Prozeß der Entwicklung unterliegt und unterliegen muß, den ihre Umwelt durchmacht.**

Hedberg u. a. gebrauchen für die Illustration der Vorstellung von der notwendigen Flexibilität einerseits und der Starrheit vieler Vorstellungen von Organisationsstruktur andererseits die Metapher von den Zelten und Palästen: Weit verbreitet und vorherrschend ist die Ansicht, daß Organisationen Paläste seien, die es kunstvoll zu erbauen und einzurichten gelte. Diese Sichtweise vernachlässigt, daß Industriebetriebe sich auf einem Boden befinden, der von Erschütterungen zumindest bedroht sein kann. Schwankt der Boden einmal, können (Organisations-)Paläste Risse bekommen oder gar einstürzen. Zelte sind eine schwankendem Boden angemessenere Bauweise (camping on seesaws). Zelte lassen sich auch verlegen, wenn eine Anpassung an die Umwelt nicht mehr möglich ist: „Paläste haben keine Zeltpflöcke". *„Zelte und Paläste"*

Will man die Idee festgefügter organisatorischer Strukturen nicht unbedacht zur zeitlosen Form verkommen lassen, so ist zu bedenken, daß Organisationsstrukturen sich auch im Zusammenhang mit formalen Regelungen, Belohnungs- und Karrieresystemen mitunter in ungewünschter Weise entwickeln. Solche Entwicklungen können lange Zeit unbemerkt bleiben. So streben Mitglieder u. U. danach, relativ unabhängig vom Umfang ihrer Aufgaben, die Zahl ihrer Untergebenen zu erhöhen, damit sie in der Hierarchie – gewissermaßen auf den Schultern ihrer Untergebenen – nach oben gehoben werden. Nicht nur in öffentlichen Verwaltungen ist „Parkinsons Gesetz" beobachtbar.

Externe Faktoren drängen die Organisation ebenfalls zu ständiger Anpassung. Bekannt ist eine Art Lebenszyklus, den Produkte in Marktwirtschaften durchmachen und so regelmäßig durch neue ersetzt werden müssen (vgl. Teil 5, S. 550f.). Technologische Entwicklungen tangieren die Organisationsstruktur. Veränderungen der Eigentumsverhältnisse oder Veränderungen in der Kapitalstruktur können ebenfalls organisatorische Modifikationen nach sich ziehen.

**Wenn Flexibilität ein Ziel organisatorischer Bemühungen ist, kann nicht eingesehen werden, warum diese Bemühungen gerade vor der Organisationsstruktur haltmachen sollten.** Schließlich gibt es außer den beispielhaft aufgeführten Änderungsanlässen auch solche, die im wirtschaftlichen und gesellschaftlichen Umfeld der Unternehmung begründet sind. So existiert in der Marktwirtschaft eine Reihe von Motiven, sowohl Wachstum als auch eine gewisse Größe der Unternehmung anzustreben. Dies hat regelmäßig organisatorische Änderungen zur Folge. Wachstum reduziert die Abhängigkeit von anderen Betriebswirtschaften und gestattet eine bessere Kontrolle der Umwelt. *Wachstum und organisatorischer Wandel*

So zahlreich die Stimuli zur Durchführung organisatorischer Änderungen sind, so schwierig scheint es zu sein, sie rechtzeitig wahrzunehmen und in ihrer Bedeutung zu interpretieren. Der Wunsch nach Orientierung und Sicherheit läßt Anpassungsvorschläge häufig nur sehr zögernd entstehen und setzt ihrer Realisierung nicht selten große Anpassungswiderstände entgegen. Anpassungen im Industriebetrieb lassen bei vielen seiner Mitglieder aufgrund von Erfahrungen die Vermutung aufkommen, die Möglichkeiten der eigenen Interesseneinbringung würden beschnitten. Organisationen tendieren so zum Beharren auf ihrer bestehenden Struktur. Durch die Widerstände der Organisationsmitglieder gegen Veränderungen werden nicht nur die aktuellen Anpassungstendenzen, sondern auch das organisationale Lernpotential in seiner Entfaltung behindert. *Beharrungsmomente*

Die Notwendigkeit und die Schwierigkeit der Organisationsentwicklung haben – zuerst in der Praxis – Konzepte und Techniken entstehen lassen, die zunächst als **geplanter organisatorischer Wandel,** später als **Organisationsentwicklung** bezeichnet wurden.

### a) Reorganisationsprozesse

*Reorganisations-*
*anlässe*

Reorganisationsprozesse sind mit tiefgreifendem organisatorischem Wandel verbunden. Kirsch/Börsig berichten, daß beispielsweise in der Dekade von 1964 bis 1973 etwa ²/₃ aller deutschen Großunternehmen mit über 1000 Beschäftigten und über 50% der Unternehmen mit 100 bis 900 Beschäftigten solche Reorganisationsprozesse durchgeführt haben. Abb. 2.22 gibt eine Übersicht über die damals häufigsten Reorganisationsarten. Es ist zu vermuten, daß viele der dahinterstehenden Reorganisationsanlässe Dauerbrenner sind (z. B. Fusionen, Änderungen der Absatzorganisation, Einführung von Führungsverfahren). Da in den meisten Unternehmungen mehrere Reorganisationsmaßnahmen gleichzeitig zu beobachten waren und viele Reorganisationsaktivitäten weitere Reorganisationsmaßnahmen nach sich zogen, wird von einem Reorganisationskarussell gesprochen (Abb. 2.23). Die Pfeile in Abb. 2.23 geben an, wie viele Reorganisationsmaßnahmen eines Typs sich in der Folge einer Reorganisationsmaßnahme eines anderen Typs ergaben.

| Reorganisationsart | Prozentualer Anteil der Reorganisationsart bei | |
|---|---|---|
| | Unternehmen mit 100–900 Beschäftigten (n = 221). | Unternehmen mit mehr als 1000 Beschäftigten (n = 712) |
| Einführung von Sparten oder Geschäftsbereichen (Divisionalisierung) | 38,0% | 46,7% |
| Fusion | 7,4% | 21,2% |
| Einführung computerunterstützter Informationssysteme (MIS) | 50,4% | 43,3% |
| Einführung von Planungssystemen | 39,7% | 51,2% |
| Änderung der Absatzorganisation | 28,9% | 28,7% |
| Einführung von quantitativen Methoden (Operations-Research-Modelle) | 4,9% | 8,6% |
| Einführung eines betrieblichen Ausbildungssystems | 16,5% | 27,0% |
| Einführung neuer Führungsverfahren | 19,8% | 26,6% |
| Einführung von Partnerschaftsmodellen | 4,1% | 5,6% |
| Sonstige | 13,2% | 9,4% |

*Abb. 2.22: Umfang einzelner Reorganisationen in mittleren und großen*
*Unternehmen*
*(Quelle: Kirsch/Börsig 1980, Sp. 2029)*

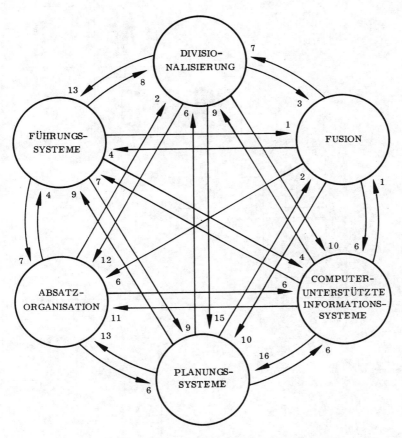

*Abb. 2.23: Reorganisationskarussell
(Quelle: Kirsch/Esser/Gabele 1979, S. 11)*

Zur Charakterisierung möglicher Phasen von Reorganisationsprozessen gibt es viele Vorschläge. Von Lewin stammt beispielsweise die Phaseneinteilung „unfreezing-moving-refreezing". Von Harvey/Brown ist die Abb. 2.24 konzipiert. Bei diesem Modell wird von einem Spannungszustand innerhalb der Unternehmung ausgegangen. Über verschiedene Prozeßebenen wird mit Hilfe eines internen oder externen Beraters zur Handhabung des Problems die Selbständigkeit des Klienten wieder hergestellt.

*Phasen des Reorganisationsprozesses*

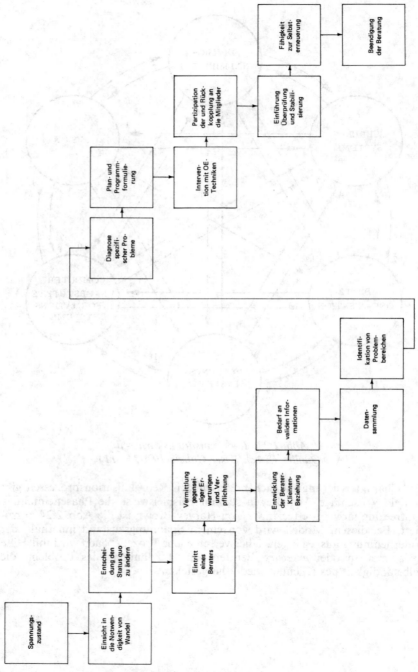

*Abb. 2.24: Ebenen der Organisationsentwicklung (Quelle: Harvey/Brown 1976, S. 50)*

### b) Interventionstechniken

*Charakteristika und Methoden*

Organisationsentwicklung und Reorganisation sind Aktivitäten zur Verbesserung des Funktionierens einer Organisation. Allgemein können die die Organisationsentwicklung betreffenden Interventionen als eine dem Praktiker zur Verfügung stehende Lernmethode bezeichnet werden. Solche Interventionstechniken müssen sehr vielfältig sein. Die Vielfalt ist notwendig, da bereits Interviews und eine Fragebogenaktion in einem Industriebetrieb in aller Regel nicht verhaltensneutral ablaufen können, da die Reihenfolge von Beobachtungen unter Umständen der Bewertung unterschiedliche Richtungen zu geben vermag und da das Verhalten der Organisationsmitglieder durch erzieherische Maßnahmen unterschiedlichster „didaktischer" Prägung beeinflußt werden kann. Gemeinsam sollte den Interventionstechniken sein, daß (vgl. French/Bell 1977):

- **die entscheidenden Leute** daran beteiligt sind, d. h. in allererster Linie die Betroffenen;

*Gemeinsamkeiten von OE-Interventionstechniken*

- sie sich auf **Probleme** beziehen, die von Klienten selbst geäußert werden;

- in ihnen die **Ziele und die Zielverwirklichungsstrategien** klar und deutlich formuliert sind;

- sie mit hoher Wahrscheinlichkeit **für erfolgreiche Zielverwirklichung** geplant werden, was z. B. verlangt, schrittweise erreichbare Teilziele zu bestimmen;

- **bei fehlender Zielerreichung nach dem Grund gesucht** wird;

- sie sowohl **erfahrungsorientiertes als auch kognitiv-theoretisches Lernen** umfassen;

- das Lernen auf Erfahrung und Erfassung der **Theorie** gerichtet ist, **die** einschließlich der von ihr „geleisteten Verdrängungen **in den Köpfen der Praktiker** bereits drinsteckt";

- **die Betroffenen zu Experimenten angeregt** werden;

- **konkrete Problemlösungen u n d das Lernen gelernt** werden;

- die Betroffenen **zu den Inhalten** (der Aufgabe) **und dem Prozeß** ihrer Interaktion und Verhaltensstile **sowie durch diesen Prozeß lernen**;

- **die Betroffenen als ganze Persönlichkeit** mit all ihren Rollenerwartungen, Zielen, Wünschen, Gedanken, Einstellungen und Gefühlen **einbezogen** sind.

Interventionsarten, die Bennis nach Themen und Funktionen beschreibt, sind in Abb. 2.25 in der Darstellung von French/Bell wiedergegeben.

Viele der Aktivitäten, die zur Grobbeschreibung unterschiedlicher Methoden der Organisationsentwicklung Verwendung finden können, sind in Abb. 2.26 dargestellt. Gleiches gilt für die Abb. 2.27, die Organisationsentwicklungsmethoden nach den Zielgruppen Individuen, Dyaden und Triaden, Team und Gruppe, Intergruppenbeziehungen und Organisation klassifiziert, sowie die Abb. 2.28, bei der als Klassifikationskriterium der Methoden Veränderungsziele genannt werden.

1. Diskrepanz-Intervention, bei der widersprüchliche Tätigkeiten oder Einstellungen untersucht werden;
2. Theorie-Intervention, bei der sozialwissenschaftliche Erkenntnis und Theorie benutzt werden, um gegenwärtiges Verhalten und diesem zugrunde liegende Einstellungen zu erklären;
3. Verfahrens-Intervention, bei der eine Tätigkeit beurteilt wird, um zu entscheiden, ob die besten Methoden benutzt werden;
4. Beziehungs-Intervention, die sich auf die zwischenmenschlichen Beziehungen konzentriert (besonders auf jene, bei denen starke negative Gefühle vorhanden sind) und bei der die Probleme sichtbar gemacht und behandelt werden;
5. Experimentelle Intervention, bei der zwei verschiedene Handlungsprogramme auf ihre Konsequenzen hin getestet werden, bevor endgültig entschieden wird;
6. Krisen-Intervention, bei der ein angenommenes oder auftauchendes Dilemma benutzt wird, um eine genaue Untersuchung der Alternativen und der zugrunde liegenden Annahmen zu erzwingen;
7. Perspektiven-Intervention, bei der die Aufmerksamkeit über die alltäglichen Anforderungen hinausgeht, damit man sich auf die Vergangenheit, die großen Zusammenhänge und die Zukunft konzentrieren kann; dadurch sieht man, ob die gegenwärtige Vorgehensweise noch den Zielen entspricht;
8. Struktur-Intervention, bei der strukturelle Ursachen von organisations-internen Schwächen und Schwierigkeiten überprüft werden;
9. Wertorientierungs-Intervention, durch die die Organisationskultur und die ihr zugrunde liegenden Traditionen, Praktiken und Verhaltensmuster überprüft werden.

*Abb. 2.25: OE-Interventionsarten nach Bennis (1972)*
*(Quelle: French/Bell 1977, S. 129f.)*

- **Diagnostische Aktivitäten:** Datensammelnde Tätigkeiten, durch die der Zustand des Systems oder eines Problems – der Ist-Zustand – ermittelt werden. Die Methoden reichen von projektiven Techniken wie beispielsweise Kollagen, bis zu traditionelleren Datenerhebungsmethoden wie z. B. Interviews, Fragebogen, Umfragen, Besprechungen.
- **Teamentwicklungs-Aktivitäten:** Durch solche Tätigkeiten soll die Leistungsfähigkeit von Gruppen innerhalb des Systems verbessert wer-

den. Sie können sich auf aufgabenbezogene Fragen beziehen, wie die bestehenden Arbeitsmethoden, die nötigen Fähigkeiten, die Zuteilung der Arbeitsmittel; oder sie können sich mit den Beziehungen der Mitglieder untereinander und den Beziehungen zwischen Vorgesetzten und Untergebenen beschäftigen. Wiederum ist eine Vielfalt von Tätigkeiten möglich. Außerdem wird die Verschiedenheit der Gruppen berücksichtigt, wie beständige Arbeitsgruppen, temporäre Projektgruppen und neu zusammengestellte Gruppen.
— **Intergruppen-Aktivitäten:** Durch diese Tätigkeiten soll die Leistungsfähigkeit voneinander abhängiger Gruppen gesteigert werden. Dabei werden gemeinsame Tätigkeiten und der gemeinsame Output beider Gruppen betont, wobei beide Gruppen als ein einziges System betrachtet werden. Wenn es sich dabei um zwei Gruppen handelt, so spricht man von Intergruppen-Aktivitäten; wenn es sich um mehrere Gruppen handelt, spricht man häufig von Feedback durch Widerspiegelung (organizational mirroring).
— **Survey-Feedback-Aktivitäten:** Diese sind mit den oben erwähnten diagnostischen Aktivitäten verwandt und können als ein großer Bestandteil der diagnostischen Aktivitäten betrachtet werden. Sie sind jedoch wichtig genug, um hier getrennt aufgeführt zu werden. Es werden hierbei die Daten von Umfragen intensiv bearbeitet, um sie als Grundlage eines Handlungsplanes zu benutzen.
— **Edukative- und Trainings-Aktivitäten:** Dabei werden die Fertigkeiten, Fähigkeiten und Kenntnisse der einzelnen verbessert. Es stehen hier verschiedene Tätigkeiten zur Verfügung und verschiedene Methoden sind möglich. Beispielsweise kann eine Person außerhalb ihrer Arbeitsgruppe unterrichtet werden oder in unmittelbarem Zusammenhang zu dieser, z. B. wenn die Gruppe lernt, wie sie zwischenmenschliche Konflikte behandeln soll. Die Aktivitäten können sich auf technische Fähigkeiten richten oder auf zwischenmenschliche Fähigkeiten. Die Aktivitäten können sich auf Fragen der Führung richten, auf die Verantwortungsbereiche und Funktionen der Gruppenmitglieder, auf Entscheidungsprozesse, Problemlösungs-, Zielsetzungs- und Planungsverfahren usw.
— **Strukturell-technologische Aktivitäten:** Diese Tätigkeiten sollen die Leistungsfähigkeiten der technischen und strukturellen Faktoren und Bedingungen verbessern, die sich auf einzelne und Gruppen auswirken. Dabei können erstens neue organisatorische Strukturen versucht und in bezug auf ihre Wirkung auf bestimmte Ziele beurteilt werden und zweitens neue Einsatzmöglichkeiten technischer Mittel für bestehende Probleme entwickelt werden.
— **Prozeßberatungs-Aktivitäten:** Hierbei hilft der Berater dem Klienten, die Vorgänge, die sich in der Umgebung des Klienten ereignen, zu erkennen, zu verstehen und zu verarbeiten. Bei diesen Aktivitäten handelt es sich um eine Methode der Beratung, durch die der Klient Einsicht in die sozialen Prozesse in der Organisation gewinnt und durch die er lernt, diese zu erkennen und mit ihnen umzugehen. Besonders betont werden dabei die Kommunikationsprozesse, die Rollen

von Führern und Mitgliedern in Gruppen, das Lösen von Problemen und das Treffen von Entscheidungen, die Normen und die Entwicklung von Gruppen, Führung und Autorität sowie Zusammenarbeit und Wettbewerb zwischen Gruppen. Außerdem soll gelernt werden, wie man Diagnosen stellt und die nötigen Fähigkeiten zur Behandlung dieser Vorgänge entwickelt.

- **Grid-Organisationsentwicklungs-Aktivitäten:** Diese Methode wurde von Robert Blake und Jane Mouton entwickelt; es handelt sich dabei um ein Modell mit sechs Phasen zur Änderung ganzer Organisationen. Interne Ressourcen werden entwickelt, um Programme auszuführen, die drei bis fünf Jahre dauern können. Das Programm beginnt mit einer Verbesserung der individuellen Führungsfähigkeiten, geht dann zur Verbesserung der Gruppen über und befaßt sich später mit den Beziehungen zwischen den Gruppen. Die späteren Phasen schließen die Entwicklung unternehmensweiter Verbesserungsstrategien ein und enden schließlich mit einer Auswertungsphase, die eine Bilanz der bisher erzielten Veränderungen der Organisationskultur ermöglicht und neue Perspektiven für die Zukunft aufweist.
- **„Neutraler Dritter"-Aktivitäten:** Dabei hilft ein Berater (als neutraler Dritter) zwei Mitgliedern einer Organisation, ihre zwischenmenschlichen Konflikte zu bearbeiten. Die Tätigkeiten basieren auf Taktiken der Konfrontation und auf einem Verständnis der Vorgänge bei Konflikten und der Lösung von Konflikten.
- **Individuenzentrierte Aktivitäten:** Hierbei wird den einzelnen durch den Berater oder andere Mitglieder der Organisation geholfen, Lernziele zu definieren, zu erkennen, wie andere Personen ihr Verhalten sehen, und neue Verhaltensweisen zu erlernen, um Ziele besser zu erreichen. Ein zentraler Faktor ist dabei das urteilsfreie Feedback, das der einzelne von anderen erhält. Ein weiterer Faktor ist die gemeinsame Untersuchung alternativer Verhaltensweisen.
- **Lebensgestaltungs- und Karriereplanungs-Aktivitäten:** Diese helfen den einzelnen, sich auf ihre Lebens- und Laufbahnziele sowie auf die Wege zu diesen Zielen zu konzentrieren. Strukturierte Aktivitäten führen zu einer Darstellung des bisherigen Lebens- und Karriereverlaufs, zur Diskussion der Ziele, zur Beurteilung der Fähigkeiten, zu nötigem zusätzlichem Training und zur Erkenntnis von Stärken und Schwächen.
- **Planungs- und Zielsetzungs-Aktivitäten:** Dies schließt ein: die Theorie und Erfahrung im Planen und Zielsetzen, im Anwenden von Problemlösungsmodellen, im Planen von Musterbeispielen, im Vergleichen von Ideal-Modell mit der Wirklichkeit der Organisation und ähnliches. Das Ziel ist dabei, die Fähigkeiten auf der Ebene des einzelnen, der Gruppe und der gesamten Organisation zu verbessern.

*Abb. 2.26: Aktivitäten und OE-Interventionen*
*(Quelle: French/Bell 1977, S. 131 ff.).*

| Zielgruppe | Interventionsarten |
|---|---|
| Interventionen zur Steigerung *individueller* Effektivitäten | Lebensgestaltungs- und Karriereplanungs-Aktivitäten<br>Rollenanalyse<br>Individuen zentrierte Aktivitäten<br>T-Gruppen (Sensitivity Training)<br>Ausbildung und Training zur Verbesserung von Fähigkeiten, von technischem Wissen, zwischenmenschlichen Entscheidungs-, Planungs- und Zielsetzungsfähigkeiten<br>Grid-OE-Phase 1 |
| Interventionen zur Steigerung der Effektivität von *Dyaden* und *Triaden* | Prozessberatung<br>„Neutraler Dritter"<br>Grid-OE-Phasen 1, 2 |
| Interventionen zur Steigerung von *Team-* und *Gruppen*effektivität | Teamentwicklung<br>T-Gruppen (Family)<br>Survey-Feedback<br>Prozessberatung<br>Rollenanalyse<br>Teamaufbau-Aktivitäten<br>Ausbildung im Hinblick auf: Entscheiden, Problemlösen, Planen und Zielsetzen in Gruppen |
| Interventionen zur Steigerung von *Intergruppenbeziehungen* | Intergruppenaktivitäten<br>Feedback durch Widerspiegelung<br>Strukturell-technologische Aktivitäten<br>Prozessberatung<br>„Neutraler Dritter"<br>Grid-OE-Phase 3<br>Survey-Feedback |
| Interventionen zur Steigerung der Effektivität *ganzer Organisationen* | Strukturell-technologische Aktivitäten<br>Konfrontationstreffen<br>Strategisches Planen<br>Grid-OE-Phasen 4, 5, 6<br>Survey-Feedback |

*Abb. 2.27: Typologie der OE-Interventionen nach Zielgruppen (Quelle: French/Bell 1977, S. 136)*

| Veränderungsziele | Aus diesen Veränderungszielen abgeleitete Interventionen |
|---|---|
| Bewußte Rückkoppelung: Neue Erfahrungen | Survey-Feedback<br>T-Gruppen<br>Prozeßberatung<br>Feedback durch Widerspiegelung<br>Einzelne Instrumente der Grid-OE |
| Verändern des Normen- und Wertsystems | Teamentwicklung<br>T-Gruppen<br>Intergruppentreffen<br>Grid-OE-Phase 1–3 |
| Steigerung der Interaktion und Kommunikation | Survey-Feedback<br>Intergruppentreffen<br>„Neutraler Dritter"<br>Feedback durch Widerspiegelung<br>Management by Objectives<br>Teamentwicklung<br>Strukturell-technologische Veränderungen |
| Konfrontation mit Schlichtung und Aushandeln | „Neutraler Dritter"<br>Intergruppentreffen<br>Individuenzentrierte Aktivitäten<br>Konfrontationstreffen<br>Feedback durch Widerspiegelung |
| Ausbildung durch:<br>1. Neues Wissen<br>2. Erwerb neuer Fähigkeiten | Lebensgestaltung und Karriereplanung<br>Teamentwicklung<br>Zielsetzungs-, Entscheidungs-, Problemlöse- und Planungsaktivitäten<br>T-Gruppen<br>Prozeßberatung |

*Abb. 2.28: Zuordnung von Interventionen zu Veränderungszielen (Quelle: French/Bell 1977, S. 137)*

*Berater/Klienten-Beziehungen*

Die Behandlung von Reorganisationsprozessen und Techniken der Organisationsentwicklung bliebe unvollständig, wenn nicht auf das spezielle, aber zentrale Problem vieler solcher Prozesse eingegangen würde. Die meisten Entwicklungs- und Reorganisationsmaßnahmen sind mit Beratung verbunden. Zwei Segmente dieses Problemfeldes sollen hier beleuchtet werden: **die Funktion des Beraters und der Prozeß der Beratung.**

*Funktion von Beratung und Berater*

Beratung und Berater müssen nicht nur **eine** Funktion erfüllen. Ein Berater kann über **Expertenwissen** verfügen, das ihm bestimmte Vorschläge ermöglicht. Er kann ein erfahrener **Moderator** sein, der einen (ins Stocken geratenen) Veränderungsprozeß (wieder) in Gang bringt oder einen „überkochenden" Wandlungsprozeß verlangsamt. Er kann aber auch als **Alibi** für eine Entwicklung dienen, die nicht von ihm induziert und vielleicht nicht einmal gewollt wird. Im Organisationsentwicklungsprozeß initiiert, stimuliert, moderiert, modifiziert und/oder ermöglicht er Veränderungen – gleichgültig ob als Manager, sonstiges Mitglied der Unternehmung oder externer „consultant". Als **Experte** verfügt der Berater über Spezialwissen und Erfahrungen, um für den Klienten die Lösung bestimmter Probleme und die Verantwortung hierfür zu übernehmen. Die Problemlösung ist dann von den Kenntnissen des Klienten und der Erweiterung dieser Kenntnisse weitgehend unabhängig. Der **Prozeßberater** ist in erster Linie damit beschäftigt, in einer Unternehmung die Kommunikation, die Mitgliedsrollen und -funktionen in Gruppen, die Gruppennormen und das Gruppenverhalten, das Führungssystem und die Autorität sowie die Kooperation und den Wettbewerb zwischen Gruppen im Unternehmen zu beobachten und rekonstruierend zu modifizieren. Er ermöglicht dem Klienten neue Einsichten in „bestehende" Prozesse, indem er die Aufmerksamkeit auf die zugrunde liegenden Verhaltensmuster lenkt. Entweder sind in der Unternehmung die notwendigen Fähigkeiten, Kenntnisse und Ressourcen vorhanden, jedoch nicht effizient genutzt, oder es ist die Kapazität zu ihrer Entwicklung gegeben: In beiden Fällen hilft der Prozeßberater dem Klienten, seine eigenen Probleme zu lösen. Der Berater assistiert bei der Diagnose und Bewältigung.

*Beratertypen*

In einer Analogie zu chemischen Prozessen kann der Berater als **Katalysator** in organisatorischen Veränderungsprozessen wirken. Er muß nicht unbedingt Experte oder besonders prozeßerfahren sein. Indem er das System mit seiner Anwesenheit konfrontiert, ermöglicht er Reaktionen. Im Überblick sind drei Beratertypen bei der Organisationsentwicklung in Abb. 2.29 dargestellt.

Der Berater wird niemals nur Experte oder nur Katalysator sein. Die entsprechenden Verhaltensweisen schließen sich nicht generell aus. Bei vielen Reorganisationsproblemen werden sie sich vorteilhaft ergänzen. In einem Reorganisationsprozeß kann die Zusammenarbeit interner und externer Berater sinnvoll sein. Der **externe Berater** wird vom Auftraggeber beauftragt; das gibt ihm z. B. Einfluß, Status und Handlungsspielraum. Als Nichtmitglied der Organisation ist er der Machtentfaltung einiger Mitglieder weniger ausgesetzt. Vorteilhaft für das Unternehmen ist seine meist umfangreiche Erfahrung bei anderen Unternehmungen. Nachteile ergeben sich aus der Inversion dieser Vorteile: Er kennt das System nicht genau, verfügt in ihm nicht über ein Kommunikationsnetz, lernt nur langsam formale und informale Beziehungen kennen. Nachteilig kann auch sein, wenn er ohne genaue Abstimmung auf die betreffenden Unternehmen Lösungen eines früheren Beratungsfalles auf einen anderen Beratungsprozeß überträgt.

Beim **internen Berater** kehren sich Vor- und Nachteile des externen bis zu einem gewissen Grade um. Da er bereits normales Organisationsmitglied ist, wird er in seiner neuen Rolle wohl auch als weniger bedrohlich empfunden werden wie mancher Externe; es wird aber auch eher die Gefahr „fauler Kompromisse" bestehen. Häufig ist er nicht so erfahren in Organisationsentwicklungstechniken, und schließlich zeigt bei einem internen Organisationsberater das Topmanagement manchmal weniger Interesse an seinem Veränderungsprogramm.

| Typ | Macht und Verantwortung | Ergebnis | Nutzen | Beispiel |
|---|---|---|---|---|
| **Experte** | Der Experte entscheidet und handelt. | Der Experte wird geholt um ein spezifisches Problem zu lösen. Der Klient entwickelt seine Problemlösungsfähigkeiten nicht weiter. | Der Experte bringt externe Erfahrungen in die Organisation, die der Klient in Zukunft nicht braucht. Das spart Zeit, aber es kann sein, daß das Problem nur auf den Experten abgeschoben wird, ohne dem Klienten wirklich zu nutzen. | Arzt, technischer Berater, Steuerberater, Rechtsanwalt. |
| **Prozeß-berater** | Der Klient entscheidet und handelt, normalerweise in Zusammenarbeit mit dem Prozeßberater. | Der Prozeßberater hilft dem Klienten bewußter wahrzunehmen und Instrumente der Prozeßanalyse zu nutzen. Der Klient erhöht seine Problemlösungsfähigkeit. | Der Prozeßberater vermittelt spezifische Fähigkeiten zur Erhöhung der personellen und organisatorischen Kompetenz. Der Prozeß dauert länger als beim Experten, aber der Klient lernt mehr und intensiver neue Fähigkeiten. | Klientenzentrierter Therapeut, Verhaltensberater. |
| **Katalysator** | Der Klient entscheidet und handelt in Gegenwart bzw. Konfrontation mit dem Katalysator. | Der Katalysator verursacht – durch bloße Anwesenheit – eine Reaktion und ruft Veränderungskräfte hervor. | Der Katalysator trägt dazu bei, daß das Klientensystem seine Beharrungstendenzen und unreflektierten Routinen überwindet und „revitalisiert" wird. | Mahatma Gandhi, Martin Luther King, Momo. |

*Abb.: 2.29 Beratertypen (in Anlehnung an Harvey/Brown 1976)*

Die Vor- und Nachteile interner und externer Beratung lassen ein **Team** aus internen und externen Beratern als besonders effizient erscheinen. Im Projektmanagement nutzen Organisationen ähnliche Erfahrungen bereits.

Die Teammitglieder bringen komplementäre Beiträge ein. Die Beziehungen zwischen externen und internen Beratern können als Modell für die übrigen Organisationsmitglieder gelten, indem bei Aktivitäten Vertrauen, Respekt, Ernsthaftigkeit, Konfrontation und Zusammenarbeit erlebt werden. Nicht zuletzt bietet die Kombination aus internen und externen Beratern auch die Gewährung größerer Kontinuität, wenn der externe Berater zwischenzeitlich in andere Aktivitäten eingebunden ist.

Bei der Charakterisierung von Beratertypen deuteten sich bereits Berater/Klienten-Beziehungen an, die den Beratungsprozeß betreffen. Wenn der Berater kommt, scheint die Situation einfach: Der Klient will sich beraten lassen, der Berater will beraten. Der Klient sucht Rat, der Berater gewährt ihn. Auch die Legitimation von ihnen scheint klar: Sie wollen zusammenarbeiten. Schätzen sie die Nachteile der gegenseitigen Machtunterworfenheit geringer ein als den Nutzen der Kooperation, so unterwerfen sie sich wechselseitig in einem Vertrag. Den Klienten legitimiert seine Betroffenheit, den Berater legitimieren seine Kenntnisse.

Da sich die Relevanz von Informationen für komplexe Entscheidungssituationen nicht vorschreiben läßt – sie ist das Resultat umfangreicher und kaum rekonstruierbarer Lernprozesse – muß sie erfahren werden. So ergibt sich auch die Beschreibung des Problems erst im Laufe der Gespräche, die der Berater mit den Mitgliedern des Klientensystems führt. Aber auch **die Lösungsmethoden lassen sich nur bestimmen, wenn sie im Klienten angelegt sind.** So ist der Berater zunächst durch den Klienten zu beraten. Die Literatur zur Organisationsentwicklung hat erkannt, daß dies so sein muß, sollen die Vorschläge der Berater nicht idealistisch oder abstrakt für den Klienten sein.

Mit dem Lernen des Beraters durch den Klienten ist allerdings mehr gemeint als die möglichst exakte Wahrnehmung eines Problems. Vielmehr steht hinter der Forderung nach dem lernenden Berater die Vorstellung, daß er die Elemente und Bestimmungsgründe, die Einflußgrößen und Verhaltensdispositionen in Erfahrung bringen muß, die zu bestimmten Entscheidungen beim Klienten führen. **Der Berater muß die Theorie finden, die der Klient in der Praxis seinem Verhalten zugrunde legt.** Was der Berater findet, ist nur sinnvoll für den Klienten, wenn es auch vom Klienten als solches erkannt und anerkannt werden kann. Nur so kann es Richtschnur für das Handeln des Klienten werden. Dies ist kein leichtes Unterfangen. Vor allem sind die Hindernisse zu finden, die den Fortschritt beim Problemlösen hemmen.

*Berater und „Praxistheorie" des Klienten*

Es wurde bereits darauf hingewiesen, daß die Schwierigkeit für den Berater darin besteht, nicht seinerseits Hindernisse ins Spiel zu bringen. Dies setzt voraus, daß der Berater mit dem Klienten eine offene Beziehung eingeht. Seine Fragen sind unter diesen Bedingungen nicht suggestiv, sondern interessiert, offen, ursachenorientiert und vertrauensvoll. Antworten auf seine Fragen führen zu Rückkoppelungen an den Klienten und zu Selbstverpflichtungen.

Die Beziehungen sind nicht hierarchisiert. Gegenseitiges Vertrauen, kooperatives Lernen, gegenseitige Unterstützung und Förderung, wechselseitige Rückmeldungen über den Stand des Prozesses sind Voraussetzungen für eine Beziehung, in der das Lernen gelernt werden soll. Das Problem muß als etwas Gemeinsames erkannt werden. **Berater und Klient sollten als Unterstützender und Unterstützter wechselseitig ihre Rollen tauschen sowie unabhängig voneinander bleiben. Der Berater muß sich aus seiner Beraterrolle befreien.** Aufgrund seiner ökonomischen Abhängigkeitssituation wird ihm dies in aller Regel nicht gelingen.

*Das Ende des Beratungsprozesses als Ziel*

Dem Berater stellt sich also die Aufgabe, „einem Hungernden nicht nur einen Fisch zu geben, der seine Agonie verlängert, sondern ihn fischen zu lehren, um ihn unabhängig zu machen". Zugleich ist mit diesem Bild das Ergebnis des Beratungsprozesses angedeutet: **Der Berater muß sich überflüssig machen.**

Der Einstieg in den Prozeß der Beratung gelingt nur, wenn eine Art psychologischer „Kontrakt" zwischen Klient und Berater zustande kommt. Dies wird in erster Linie dann der Fall sein, wenn in der Unternehmung ein Problem entstanden ist, das die Betroffenen nach einem Berater Ausschau halten läßt. **Ohne Problembewußtsein seitens der Unternehmensmitglieder ist der Berater sinnlos. Ohne den psychologischen „Kontrakt", der Zusammenarbeit vorwegnimmt, ist er machtlos.**

*Lernen in Seminaren*

Die Ausführungen über Interventionstechniken benötigen noch der Verdeutlichung und Betonung einer Grundvoraussetzung, ohne die diese Techniken nicht wirksam werden können. Wer immer aus einem Seminar, einer Fortbildungsmaßnahme, einem gruppendynamischen Training oder ähnlichem an seinen Arbeitsplatz zurückkehrt, wird erleben, daß seine Vorschläge häufig von den anderen nicht ernst genommen werden. Die bei ihm geweckten Lerninteressen und die erhöhte individuelle Kompetenz bleiben in der Abteilung ohne Resonanz. Das Verhalten der anderen unterliegt noch Selektionen und Steuerungsmechanismen, die durch seine Lernerfahrung gar nicht berührt oder verändert werden. Und selbst dann, wenn alle Organisationsmitglieder an entsprechenden Veranstaltungen teilnehmen, bleiben die Folgen in aller Regel gering. Die Organisationsentwicklung „vor Ort" ist also eine Voraussetzung ihres Erfolges. Gerade darin liegt aber mitunter eine Schwierigkeit, da der Arbeitsplatz bewußtes Lernen mehr oder weniger verhindert hat. Der Organisationsentwicklungsprozeß soll – möglicherweise verbunden mit einer Veränderung des Arbeitsplatzes – eine Verhaltensweise vermitteln, die reaktives Verhalten überwindet. Gelingt diese Vermittlung auf den Ebenen des Individuums, der Gruppe, der Abteilung und der Unternehmung, so kann von organisationalem Lernen gesprochen werden.

*Organisationsentwicklung vor Ort*

### c) Organisationales Lernen

Die Komplexität unternehmensbezogener organisatorischer Probleme läßt sich im Rahmen der herrschenden Ordnung und der entsprechenden Theorien nur konzeptionell überwinden. Dies führt auf Dauer zu inadäquaten Anpassungsmöglichkeiten und/oder permanenter organisatorischer Konfusion beim

Umgang mit „Erkenntnissen". Organisationales Lernen hingegen akzeptiert die Komplexität und gewinnt ein immer neues (aktives) Verständnis organisatorischer „Konfusion" (Wolff).

Natürlich lernen Menschen und nicht Organisationen. **Dennoch wird in Organisationen bis zu einem gewissen Grade unabhängig von einzelnen Personen eine Kultur entwickelt und weitergegeben. Das Lernen der Menschen wird durch die Organisation vermittelt und wirkt auf deren Kultur zurück.**

*Organisationskultur*

Wenn organisationales Lernen eine notwendige Dimension organisatorischer Struktur ist, dann wird es notwendig, die Relativierung der „konstitutiven Entscheidung" im Rahmen der industriellen Organisation noch zu verdeutlichen: **Unzufriedenheit und Mißerfolge bei organisatorischen Gestaltungsmaßnahmen sind als Lernmöglichkeiten zu begreifen und zu nutzen.**

*Organisationales Lernen*

Es lassen sich Strategien zur Lernförderung entwickeln. In erster Linie kommt es darauf an, daß das organisationale Lernen selbst gelernt wird. Argyris und Schön sprechen von „Deutero-Lernen". Das Lernen des Lernens ist Grundvoraussetzung für authentisches aktives Verhalten mit dem Ziel der Veränderung und/oder Überwindung von Überstabilisierung. Die reaktive Stimulus-Reaktion-Verknüpfung kann in einem reflexiven Lernprozeß aufgehoben werden, wenn die Infragestellung von Normen, Werten, vorfindlichen Abläufen usw. angeregt wird.

*Lernstrategien*

Organisationales Lernen bedeutet nicht nur ein Lernen, dem organisationsintern hohe Verbindlichkeit zukommt. Vielmehr ist es auch ein Lernen, das neben den Verhaltenserwartungen, die das faktische Kooperations- und Kommunikationsverhalten unmittelbar steuern, gerade jene Mechanismen verändern kann, die eben diesen auf Steuerung und Selektion gerichteten Verhaltenserwartungen in der Form von Generalisierungen und Formalisierungen zugrundeliegen. Die Sensibilisierung gegenüber Erfahrungen, Gefühlen und Veränderungen hebt die situative (Schein-)Zufälligkeit oder (Schein-)Starrheit und die individuelle (Schein-)Beliebigkeit des Alltagslernens auf (Rieckmann/Sievers). Organisationale Sagen, Mythen, Gewohnheiten, Prinzipien und Expertenvorschläge werden in ihrer besseren Durchschaubarkeit organisatorisch effizienter. „Budgets für Mißerfolge" steigern das Klima für Eperimente in diesem Sinne und honorieren außergewöhnliches zukunftsträchtiges Verhalten.

Organisationales Lernen führt zur Selbststrukturierung als einer Art Balance zwischen Prozessen, die Handlungsweisen relativ konstant halten, Wandel beschleunigen und Wandel verlangsamen. Dies führt von bürokratischem Verwalten zu lernendem Management. In Stichworten lassen sich Strategien nennen, die March in diesem Zusammenhang vorschlägt:
– Behandle Ziele wie Hypothesen
– Intuition
– Betrachte Heuchelei (z. B. der Kompetenz) als Übergang
– Behandle Erinnerungen als Feinde
– Erfahrungen sind Theorien, die immer wieder von neuem interpretiert werden können und müssen.

*aus Fehlern lernen*     Die prinzipielle Unvermeidbarkeit von Fehlern macht es notwendig, sie zu akzeptieren, um aus ihnen zu lernen, anstatt daran zu glauben, sie könnten durch immer stärkere Strukturierung (Konstituierung) abgeschafft werden.

## II. Rechts- und Unternehmungsform

### 1. Grundlagen der Rechtsformentscheidung

#### a) Charakter der Rechtsformentscheidung

Die Notwendigkeit der Anpassung der Unternehmungsstruktur an sich ändernde Umweltbedingungen sowie an Veränderungen im Innenbereich der Betriebswirtschaft wurde im Teil I „Industrielle Organisation" deutlich.

Weder bei Entscheidungen hinsichtlich der Gestaltung der außer- und innerbetrieblichen Beziehungen noch bei Anpassungsentscheidungen, die durch eine Veränderung dieser Beziehungen notwendig werden, besteht völlige Freizügigkeit. Die Entscheidungen sind vielmehr durch ein Normensystem beschränkt, das sich die Gesellschaft selbst auferlegt hat. Insbesondere die Rechts- und Wirtschaftsordnung setzt dieser Freizügigkeit Grenzen. Die sich in ihr niederschlagenden Verhaltensnormen sollen das Zusammenleben der Rechtssubjekte möglichst konfliktfrei gestalten helfen. Sie begrenzen das Entscheidungsfeld der Betriebswirtschaft. *Normensystem*

**Rechtssubjekt ist neben jeder natürlichen Person auch die Unternehmung, sofern sie durch die Fiktion einer „juristischen" Person eigene Rechtspersönlichkeit erlangt hat (z. B. Aktiengesellschaft, Gesellschaft mit beschränkter Haftung, eingetragener Verein usw.)** *Rechtssubjekt*

In der Bundesrepublik Deutschland gibt es keine zusammenfassende gesetzliche Regelung des Rechts aller Gesellschaften („Gesellschaftsgesetzbuch"). Die einzelne Rechtsformen betreffenden Vorschriften finden sich vielmehr in unterschiedlichen Gesetzen (z. B. BGB, HGB, GmbH-Gesetz, Aktiengesetz, Genossenschaftsgesetz). Trotz der Zersplitterung des Gesellschaftsrechts wird dessen Eigenart deutlich: Weniger der Schutz und die Befriedigung von Individualinteressen sind Inhalt des Gesellschaftsrechts, sondern es werden hauptsächlich solche Interessen geschützt, die mehreren Personen gemeinsam sind. Demzufolge wird im Gesellschaftsrecht eine Abstimmung der Interessen verschiedener Gruppen (z. B. Gesellschafter, Gläubiger, Publikum) zu erreichen versucht. Die Art des Interessenausgleichs ist abhängig von der Durchsetzbarkeit der unterschiedlichen Ziele in den parlamentarischen Gremien.

Im folgenden interessieren vor allem die in der deutschen Rechtsordnung geltenden **Normen des privaten und öffentlichen Rechts** sowie die bereits verabschiedeten und erwarteten **Normen europäischen Gemeinschaftsrechts**, soweit sie die Unternehmensstruktur mitbestimmen.

Eine Abgrenzung der Begriffe Rechts- und Unternehmungsform soll dabei die weiteren Aussagen präzisieren helfen. Beide Begriffe werden in Theorie und Praxis häufig synonym verwendet; es finden sich jedoch auch Auffassungen, *Rechts- und Unternehmungsform* wonach teilweise der Begriff der Rechtsform, teilweise jener der Unternehmungsform als der umfassendere angesehen wird.

Sinnvollerweise ist von einer **Überordnung der Unternehmungsform** über die Rechtsform auszugehen. Nur so kann die Einheitlichkeit von Unternehmungen, die mehrere Rechtsformen umfassen, zum Ausdruck kommen. Ein Beispiel hierfür ist die sogenannte Doppelgesellschaft. Bei dieser handelt es sich um eine einheitliche Unternehmung, die in der Regel zwei verschiedene Rechtsformen in sich vereinigt. Die Rechtsform geht also ohne Verlust ihres juristischen Charakters in die Unternehmungsform ein. Sie stellt alsdann einen Teil des organisatorischen Aufbaus einer Unternehmung dar. Mit ihrer Wahl werden zwar bestimmte juristische Normen anwendbar bzw. anwendungspflichtig; die tatsächliche Struktur der Unternehmung wird dadurch jedoch nur in relativ geringem Maß bestimmt.

**Die Rechtsform bezeichnet somit alle wesentlichen Eigenschaften der äußeren und inneren rechtlichen Organisation einer Unternehmung. Die Unternehmungsform stellt dagegen ein Ordnungsgefüge aus rechtlichen und wirtschaftlichen Elementen dar, deren Auswahl auf der Grundlage einzelwirtschaftlicher Überlegungen erfolgt.**

*Rechtsformgestaltung*

Die Rechtsformgestaltung erfolgt auf der Grundlage des Gesellschaftsrechts. Dies gilt für private Unternehmen sowie für in privatrechtlicher Form geführte öffentliche Unternehmen. Für in nicht-privatrechtlicher Form geführte öffentliche Unternehmen erfolgt die Rechtsformgestaltung auf öffentlich-rechtlicher Grundlage.

Gesellschaftsrechtliche Normen sind vor allem im Hinblick auf die Ausformung des Innenbereichs einer Betriebswirtschaft weitgehend dispositiver Natur. Im Rahmen der Rechtsformgestaltung werden somit auch jene rechtlichen Merkmale erfaßt, welche sich die Unternehmung durch Ausnutzung der Freiräume selbst schafft, die für gesellschaftsvertragliche Regelungen bestehen. Die vielfältigen Möglichkeiten des Ersatzes gesellschaftsrechtlicher Normen durch vertragliche Vereinbarungen haben zur Folge, daß die **Zahl möglicher Rechtsformalternativen nicht auf die gesetzlich geregelten (Grund-) Typen beschränkt ist.** So hat in der Vergangenheit die vielfach notwendige Anpassung an veränderte wirtschaftliche Rahmenbedingungen zu immer stärkeren Abweichungen von den gesetzlichen Normalformen und zur Entstehung einer Reihe von mittlerweile weitgehend anerkannten **Mischformen** geführt (z. B. GmbH & Co., AG Co., „Ein-Mann AG"). Der Bildung weiterer Mischtypen dürften dort Grenzen gesetzt sein, wo infolge einer Häufung atypischer, von den wesentlichen Merkmalen des gesetzlichen Normaltypus abweichender Einzelregelungen ein Mißbrauch der Gesellschaftsform vorliegt. Abgesehen von den Fällen, in denen wegen besonders schutzwürdiger Interessen der Allgemeinheit die Freiheit der Rechtsformwahl vom Gesetzgeber eingeschränkt wurde, bedeutet dieser Umstand eine erhebliche Ausweitung des unternehmerischen Entscheidungsspielraums (beispielsweise dürfen Kapitalanlagegesellschaften nur in Form der AG bzw. GmbH betrieben werden [§ 1 KAGG]).

Ein Wahlproblem besteht jedoch nur für solche Unternehmungen, die auch tatsächlich in der Lage sind, die vorhandenen Wahlmöglichkeiten auszuschöpfen. Beispielsweise kann die Realisierung eines bestimmten Leistungsprogramms die Aufbringung hoher Kapitalsummen erforderlich machen. Die möglichen Rechtsformalternativen sind dann von vornherein auf solche beschränkt, die Zugang zum organisierten Kapitalmarkt haben.

Die Rechtsformentscheidung nimmt im Rahmen der Vielzahl von Entscheidungstatbeständen, die die Gründungsphase einer Unternehmung kennzeichnen, eine zentrale Stellung ein. Dies resultiert vor allem aus der Tatsache, daß die gewählte Rechtsform ein Datum darstellt, welches den Spielraum vieler Folgeentscheidungen beschränkt. **Bei der Rechtsformentscheidung handelt es sich insofern um eine konstitutive Entscheidung (Meta-Entscheidung).**

*Charakter der Rechtsformentscheidung*

Rechtsformentscheidungen sind jedoch nicht nur in der Gründungsphase zu treffen; sie können auch im Laufe des „Lebens" (Umsatzphase) einer Unternehmung notwendig werden (sekundäre konstitutive Entscheidungen). Dies ist vor allem dann der Fall, wenn veränderte Umweltkonstellationen die ursprünglich gewählte Rechtsform für die Erreichung der Unternehmungsziele als nicht mehr geeignet erscheinen lassen. Umwandlungsmodalitäten sind daher bis zu einem gewissen Grade von vornherein in die Wahlüberlegungen miteinzubeziehen.

Solche Korrekturmöglichkeiten müssen zudem schon deshalb gegeben sein, da es sich bei der **Rechtsformentscheidung um ein schlecht-strukturiertes Problem** handelt. Das Wahlproblem kann demnach nicht mit Hilfe analytischer Verfahren gelöst werden. Dies verbieten sowohl die Vielzahl der Rechtsformalternativen und die in ihrem Rahmen bestehenden dispositiven Gestaltungsmöglichkeiten, die Unbestimmtheit eindeutiger, quantifizierbarer Entscheidungskriterien sowie die Unsicherheiten bei der Prognose der Konsequenzen alternativer Rechtsformen. Die Problemlösung muß somit in der Regel durch „Herantasten" an eine befriedigende Lösung erfolgen. Dies erfordert die Zerlegung des Gesamtproblems in Teilprobleme nach verschiedenen Kriterien (z. B. Haftung, Kapitalbeschaffungsmöglichkeiten usw.)

**Von besonderer Bedeutung für die Stärke der Bindung eines Gesellschafters an das Gesellschaftsverhältnis ist zum einen die Stellung des Gesellschaftsvermögens und zum anderen die Ausgestaltung des Gesellschaftsvertrags.**

Hinsichtlich der Stellung des Gesellschaftsvermögens ist zu unterscheiden zwischen der Bruchteilsgemeinschaft, der Gesamthandsgemeinschaft und der körperschaftlichen Organisation des Vermögens.

*Stellung des Gesellschaftsvermögens*

Bei der **Bruchteilsgemeinschaft** kann jeder Gesellschafter über seinen Eigentumsbruchteil an jedem einzelnen Gegenstand frei verfügen. Es besteht die Möglichkeit, eine solche Verfügung gesellschaftsvertraglich von der Zustimmung der anderen Gesellschafter abhängig zu machen. Wird die Verfügung trotzdem vorgenommen, so ist sie gegenüber Dritten wirksam und führt gegenüber den anderen Gesellschaftern lediglich zur Schadenersatzpflicht. Die Bruchteilsgemeinschaft als lockerste Bindungsform des Gesellschaftsvermögens ist demzufolge **für ein dauerhaftes wirtschaftliches Zusammenarbeiten nahezu ungeeignet.** Sie ist auch bei keiner der gesetzlich geregelten Rechtsformen vorgesehen und tritt nur dann ein, wenn sie besonders vereinbart wird.

Im Gegensatz hierzu stellt die **Gesamthandsgemeinschaft** für Personengesellschaften den Normalfall dar. Sie kommt immer dann zur Anwendung, wenn nichts anderes vereinbart worden ist. Bei ihr wird ein „dinglich gebundenes Sondervermögen" (Lehmann) für die Gesellschaft gebildet; die Gesellschafter können nicht einzeln, sondern nur gemeinsam (zur gesamten Hand) über die einzelnen zum Gesellschaftsvermögen gehörenden Gegenstände verfügen. Die Gesamthandsgemeinschaft führt somit zu einer starken sachenrechtlichen Bindung des Gesellschaftsvermögens.

Der eigenmächtige Zugriff eines Gesellschafters auf sein Eigentum ist bei der **körperschaftlichen Organisation des Gesellschaftsvermögens** am ausgeprägtesten unterbunden. Die Gesellschaft als juristische Person ist in diesem Fall selbst Eigentümerin des Gesellschaftsvermögens; ihr stehen alle zum Gesellschaftsvermögen gehörenden Rechte selbst zu. Dies führt zwar einerseits zu einer Lockerung des persönlichen Mitgliedschaftsverhältnisses, andererseits aber auch zu einer verstärkten Sicherung der Unternehmungsexistenz: Gesellschafterwechsel haben keinerlei Einfluß auf den Bestand der Unternehmung.

**Entsprechen Inhalt und Genauigkeit der gesetzlichen Regelungen einer gewählten Rechtsform nicht den Vorstellungen der beteiligten Entscheidungsträger, so können diese Regelungen abgeändert werden, soweit sie dispositiven Charakter haben.** Während beispielsweise die die OHG und KG betreffenden Rechtsnormen weitgehend abdingbar sind, ist der Spielraum bei der GmbH und der Genossenschaft eingeschränkt. Die geringsten Gestaltungsmöglichkeiten bestehen schließlich bei der AG. Je mehr dispositive Möglichkeiten bestehen, desto eher ist es möglich, die tatsächliche Ausgestaltung der Rechtsform gemäß den spezifischen Vorstellungen der Entscheidungsträger vorzunehmen.

*Gesellschaftsvertrag* Von den gesetzlichen Regelungen abweichende Vereinbarungen werden in den Gesellschaftsvertrag aufgenommen (bei Körperschaften auch Satzung oder Statut genannt). **Er baut als notwendiges Gestaltungselement eines jeden Gesellschaftsverhältnisses auf dem Grundsatz der Vertragsfreiheit auf.** Vertragspartner können natürliche oder juristische Personen sowie OHG und KG unter ihrer Firma sein (§ 124 HGB). Als Ergebnis eines Verhandlungsprozesses bringt der Gesellschaftsvertrag die Verpflichtung der Gründer zum Ausdruck, ein gemeinsames Ziel in der vertraglich geregelten Weise zu verfolgen. Im Prinzip zeigt er, inwieweit es gelungen ist, die Sonderinteressen der Mitglieder zum Ausgleich zu bringen. In ihm wird somit ein Teil der Entscheidungen über das Ziel- und Sozialsystem verbindlich festgelegt.

**Der Gesellschaftsvertrag bestimmt im internen Bereich des Sozialgebildes (juristisch: Innenverhältnis) die Handlungsfreiheiten der Mitglieder in der Organisation. Er regelt außerdem die Beziehungen zu Dritten, die mit dem Personenzusammenschluß (Gesellschaft) als Gesamtheit in rechtsgeschäftlichen Verkehr treten (juristisch: Außenverhältnis).**

Grundsätzlich ist der **Gesellschaftsvertrag an keine Form gebunden;** er kann also auch mündlich geschlossen werden oder durch konkludentes Handeln (z. B. gemeinsames dauerhaftes Tätigwerden ohne formale Absprachen) zustande kommen. Er wird aber dann formbedürftig, wenn er ein Leistungsversprechen enthält, welches seinerseits formbedürftig ist. Beispielsweise muß bei Einbringung eines Grundstücks in das Gesamthandseigentum der gesamte Gesellschaftsvertrag notariell beurkundet werden. Um möglichen Konflikten vorzubeugen, empfiehlt es sich jedoch, alle Vereinbarungen – auch solche für Eventualfälle – schriftlich zu fixieren.

### b) Kriterien der Rechtsformentscheidung

Die Auswahl einer bestimmten Rechtsform setzt voraus, sämtliche verfügbaren Alternativen im Hinblick auf die angestrebten Ziele zu bewerten. Hierzu sind **Entscheidungskriterien** notwendig. In der betriebswirtschaftlichen Literatur werden verschiedene Kriterien für dieses Entscheidungsproblem genannt. Eine Reihe von ihnen ist nur von geringer betriebswirtschaftlicher Bedeutung. Es kann daher eine Beschränkung auf diejenigen Kriterien erfolgen, von denen erhebliche betriebswirtschaftliche Auswirkungen zu erwarten sind. Eine solche Beschränkung bietet sich schon deshalb an, weil die Entscheidungskriterien zum Teil konfliktär sind, sich gegenseitig überschneiden und sich einer strengen Systematisierung entziehen. Eine Aufblähung ihrer Zahl würde somit die Entscheidungsqualität nur unerheblich verbessern, die Komplexität des Entscheidungsprozesses jedoch wesentlich erhöhen. Zudem ist zu beachten, daß die einem bestimmten Kriterium beizumessende Bedeutung von der jeweils vorliegenden Zielsetzung abhängt. Die Würdigung einzelner Kriterien hinsichtlich bestimmter Rechtsformen kann somit nur im Einzelfall erfolgen.

Die Forderung nach einer Beschränkung auf die wesentlichen Entscheidungskriterien darf jedoch nicht dahingehend mißverstanden werden, daß bei vorliegender Dominanz eines bestimmten Kriteriums (z. B. spezielle Ausrichtung der Rechtsformwahl an steuerlichen Gegebenheiten) andere betriebswirtschaftlich bedeutsame Kriterien vernachlässigt werden können. Auch diese sind in die Wahlüberlegungen miteinzubeziehen, wobei sie nach ihrer Bedeutung im jeweils vorliegenden Fall gewichtet werden müssen.

Im folgenden sollen beispielhaft einige Kriterien näher betrachtet werden. Von Interesse erscheinen insbesondere: Leitungsbefugnis, Haftung, Gewinn- und Verlustbeteiligung, Kapitalbeschaffungsmöglichkeiten, Steuerbelastung, Informationspflichten und Mitbestimmung.

*Leitungsbefugnis*

**Elemente der Leitungsbefugnis sind Geschäftsführung und Vertretung.** Beide sind eng mit der Stellung des Gesellschaftsvermögens verknüpft. So steht beim Gesamthandsvermögen die Leitung grundsätzlich den Gesellschaftern zu; bei körperschaftlicher Organisation wird eine Unterscheidung zwischen dem Einsatz der persönlichen Arbeitskraft und dem Kapitalbeitrag des Mitglieds

*Selbst-/ Drittorganschaft*

notwendig. Eine Vereinigung auf der Grundlage der persönlichen Mitarbeit legt die Geschäftsführung nur in die Hände der Gesellschafter. Wesentliches Merkmal der Personengesellschaften ist somit die **Selbstorganschaft**. Im Gegensatz hierzu räumt die unpersönliche Vereinigung von Kapitalteilen den Mitgliedern nur mittelbare persönliche Mitspracherechte in Form des Stimmrechts nach Höhe des Kapitalanteils ein (Kapitalgesellschaften). Die Geschäftsführung obliegt in diesem Fall den gesetzlich hierfür vorgesehenen Organen (**Drittorganschaft**).

*Geschäftsführung und Vertretung*

Unter Geschäftsführung ist das auf die Verfolgung und Realisation der Unternehmungsziele gerichtete Handeln zu verstehen. Das Gesetz unterscheidet scharf zwischen den beiden Komponenten der Leitungsbefugnis, der Geschäftsführung und der Vertretung nach außen. Bei rechtsgeschäftlichen Handlungen sind allerdings Geschäftsführungs- und Vertretungselemente in der Regel miteinander verkoppelt. Es sei nur an den Abschluß eines Kaufvertrags mit einem Lieferanten erinnert.

**Die Geschäftsführungsbefugnis regelt die Rechtsbeziehungen der Gesellschafter untereinander. Sie bezieht sich nur auf das Innenverhältnis und umfaßt ausschließlich Handlungen, die der gewöhnliche Geschäftsbetrieb mit sich bringt. Vertretungsmaßnahmen sind dagegen rechtsgeschäftliche Erklärungen, die die Gesellschafter im Namen der Gesellschaft nach außen abgeben und entgegennehmen. Vertretungsmaßnahmen betreffen also das Außenverhältnis der Gesellschaft und wirken gegenüber Dritten.** Eine Beschränkung der Vertretungskompetenz ist nur gültig, wenn sie im Handelsregister eingetragen und Außenstehenden zugänglich gemacht ist.

*Einzel-/Gesamtgeschäftsführung*

Das materielle Recht unterscheidet zwischen Einzel- und Gesamtgeschäftsführung sowie Einzel- und Gesamtvertretung. Der Grundsatz der **Gesamtgeschäftsführung** bei der Personengesellschaft verlangt im Rahmen einer Geschäftsführungshandlung das Einverständnis aller Gesellschafter (§ 709 BGB). Die Schwerfälligkeit dieser Regelung legt eine Funktionenteilung in der Form nahe, daß Teilaufgabengebiete von einem einzelnen Gesellschafter betreut werden. Man räumt ihm hierfür **Allein- oder Einzelgeschäftsführungsbefugnis** ein. Diese wird jedoch durch das gesetzliche Widerspruchsrecht der übrigen Gesellschafter erheblich eingeschränkt (§ 711 BGB). Gilt für ein Gesellschaftsverhältnis Alleingeschäftsführung, so ist jeder einzelne Geschäftsführer mit dem vollen Entscheidungsrecht im Rahmen der Geschäftsführung ausgestattet. Davon ausgenommen sind lediglich Maßnahmen, die den Bestand der Gesellschaft selbst (das Gesellschaftsverhältnis) betreffen. Der weitgehend dispositive Charakter der die Geschäftsführung betreffenden Gesetzesnormen erlaubt somit, zur Geschäftsführung die Aufteilung der Leitungsfunktionen und das Zustandekommen der Führungsentscheidungen in beliebiger Weise zu regeln.

*Einzel-/Gesamtvertretung*

Einzel- oder Gesamtgeschäftsführungsbefugnis kraft Gesetz ist grundsätzlich mit **Einzel- oder Gesamtvertretung** verbunden. Geschäftsführungs- und Vertretungsbefugnis decken sich, wenn keine von den gesetzlichen Regelungen abweichenden Vereinbarungen getroffen werden. Die Vertretungskompetenz kann ebenso wie die gesetzliche Geschäftsführungsbefugnis durch den Gesellschaftsvertrag ausgeschlossen werden. Liegt Gesamtvertretung vor, dann müssen sämtliche vertretungsbefugten Gesellschafter zwar gemeinsam, aber nicht unbedingt gleichzeitig nach außen hin auftreten. Im Rahmen der Einzelvertretungsmacht gilt das für die Alleingeschäftsführungsbefugnis Gesagte analog.

## *Haftung*

Neben Geschäftsführung und Vertretung stellen die unterschiedlichen Haftungsgrundsätze in besonderem Maße juristische Gestaltungselemente der Rechtsform dar. Sie sind weitgehend von der Stellung des Gesellschaftsvermögens abhängig, soweit nicht individuelle Regelungen im Gesellschaftsvertrag durchgreifen. Da die Haftung aber vorwiegend das Außenverhältnis betrifft, gehören die entsprechenden gesetzlichen Bestimmungen meist dem zwingenden Recht an.

Zu unterscheiden ist zunächst zwischen beschränkter und unbeschränkter Haftung. Bei **beschränkter Haftung** steht den Gläubigern lediglich das Gesellschaftsvermögen zur Verfügung; bei **unbeschränkter Haftung** darüber hinaus auch noch das Privatvermögen der Gesellschafter. Von Bedeutung ist daneben auch die Unterscheidung zwischen unmittelbarer und mittelbarer Haftung. Bei **unmittelbarer Haftung** hat ein Gesellschaftsgläubiger das Recht, sich zur Befriedigung seines Anspruchs direkt an ein beliebiges Gesellschaftsmitglied zu wenden; bei **mittelbarer Haftung** besteht dagegen nur eine Zugriffsmöglichkeit auf das Gesellschaftsvermögen. Dabei kann später unter Umständen im Innenverhältnis Rückgriff auf die Gesellschaftsmitglieder genommen werden (z. B. vertragliche Vereinbarung einer Nachschußpflicht).

*beschränkte/ unbeschränkte Haftung*

*unmittelbare/ mittelbare Haftung*

Eine Beschränkung oder Nichtbeschränkung der Haftung ist mit allen Organisationsformen des Gesellschaftsvermögens verträglich. Unmittelbare Haftung kommt grundsätzlich nur bei gesamthänderischer, mittelbare dagegen nur bei körperschaftlicher Organisation zum Tragen.

Verschiedentlich wird in der Literatur die Relevanz des Haftungskriteriums für das Entscheidungsproblem „Wahl der Rechtsform" angezweifelt. Solche Zweifel sind nicht gerechtfertigt. Dies zeigt sich vor allem daran, daß Schuldenhaftung aus betriebswirtschaftlicher Sichtweise gleichbedeutend mit dem Risiko des Kapitalverlustes bzw. der Notwendigkeit der Zuführung neuen Kapitals ist.

## *Gewinn- und Verlustbeteiligung*

In enger Beziehung mit dem sich aus den Haftungsregelungen für die Gesellschafter ergebenden Risiko steht die Beteiligung am Unternehmungsergebnis (Gewinn bzw. Verlust). **Sowohl bei den Personen- als auch bei den Kapitalgesellschaften ist die Gewinnbeteiligung bzw. -verteilung grundsätzlich dispositives Recht.** Zu beachten ist allerdings, daß bei einzelnen Kapitalgesellschaften (AG, Genossenschaft) die Bildung bestimmter Rücklagen zwingend vorgeschrieben ist. Der verteilbare Gewinn steht somit erst nach Dotierung dieser Rücklagen zur Verfügung.

Da bei unbeschränkter Haftung das vom einzelnen Gesellschafter zu tragende Risiko wesentlich von der Höhe seines Privatvermögens abhängt, ist hier eine Gewinnverteilung nach der Höhe der Kapitalanteile regelmäßig nicht angemessen. Eine andere Situation ergibt sich bei beschränkter Haftung; hier bestimmt die Kapitaleinlage das zu übernehmende Risiko. Die gesetzlichen Vorschriften sehen deshalb in diesen Fällen eine Gewinnverteilung entsprechend der Höhe der Kapitalbeteiligung vor.

*Verteilung des Liquidationsreinerlöses*

Im Zusammenhang mit der Gewinnbeteiligung ist auch die **Verteilung des Liquidationsreinerlöses** zu sehen. Es handelt sich dabei um den nach Tilgung der Schulden und Abzug der Liquidationskosten verbleibenden Vermögensrest. Auch hier finden persönliche Mitarbeit, Haftung und Kapitalbeitrag bei den einzelnen Rechtsformen unterschiedliche Berücksichtigung.

Die Gewinn- und Verlustbeteiligung steht stellvertretend für eine Reihe von Entscheidungskriterien, deren Ausprägung nicht nur von der Wahl der Rechtsform, sondern auch von rechtsformunabhängigen Größen beeinflußt wird. Sie leitet sich neben den Kriterien Leitungsbefugnis und Haftung nicht allein aus den juristischen Normen des Gesellschaftsrechts und des Gesellschaftsvertrags her. Sie ist vielmehr weitgehend von der Höhe des Kapitalanteils und der wirtschaftlichen Lage einer Unternehmung abhängig.

## *Kapitalbeschaffungsmöglichkeiten*

Auch die Kapitalbeschaffungsmöglichkeiten werden sowohl von der Rechtsform als auch einer Reihe rechtsformunabhängiger Größen beeinflußt. Welchen Einflußgrößen von seiten der Kapitalgeber dabei besondere Bedeutung beigemessen wird, kann nicht generell beurteilt werden. Wichtig für die Überlassung von Eigen- und Fremdkapital sind neben aus der Rechtsform resultierenden Faktoren, wie z. B. Haftung und Gläubigerschutzbestimmungen, auch rechtsformunabhängige Größen, wie gegenwärtige Ertragslage, Zukunftsaussichten, Marktposition, Management u. a. Die Kapitalüberlassungsbereitschaft hängt somit von den Gegebenheiten des Einzelfalls und der jeweils verfolgten Zielsetzung der Kapitalgeber ab (vgl. Teil 7, S. 776). Demzufolge ist zu erwarten, daß die einzelnen Kriterien von Fall zu Fall unterschiedlich gewichtet werden. Allgemein gilt jedoch, daß bestimmte Kapitalbeschaffungsalternativen von vornherein auf einzelne Rechtsformen beschränkt sind. So ist beispielsweise der für die Aufbringung hoher Kapitalsummen regelmäßig erforderliche Zugang zum organisierten Kapitalmarkt grundsätzlich Kapitalgesellschaften vorbehalten. Daneben werden auch die Aufstockung und Übertragbarkeit von Gesellschaftsanteilen wesentlich durch die Rechtsform bestimmt.

*Eigen-/Fremdkapitalbeschaffung*

Grundsätzlich stehen sich die Möglichkeiten der Beschaffung von Eigen- und Fremdkapital nicht gleichrangig gegenüber; vielmehr stellt die Eigenkapitalausstattung eine Voraussetzung für die Fremdkapitalüberlassung dar. Je breiter die Eigenkapitalbasis ist und je besser sie gegen Verminderungen abgesichert ist, desto geringer ist im Normalfall das Risiko der Gläubiger. Daraus ergeben sich Konsequenzen für die Fremdkapitalbeschaffung. Die gesetzlichen Vorschriften für Eigenkapitalbeschaffung und -ausstattung sind somit auch für die gesellschaftsrechtlich grundsätzlich nicht normierte Fremdkapitalbeschaffung von Bedeutung.

*Steuerbelastung*

Bezüglich des Kriteriums Steuerbelastung ist zunächst zwischen Kapital- und Personengesellschaften zu unterscheiden. **Kapitalgesellschaften sind als juristische Personen selbständige Steuersubjekte, wodurch eine Körperschaftsteuerpflicht auf den Gewinn und eine Vermögensteuerpflicht auf ihr Vermögen begründet wird. Personengesellschaften sind dagegen keine selbständigen Steuersubjekte und können somit keinen einkommensteuerpflichtigen Gewinn und kein vermögensteuerpflichtiges Vermögen haben.** Hier müssen die Gesellschafter (steuerlich: Mitunternehmer) als natürliche Personen Gewinn und Vermögen gemäß den auf sie entfallenden Anteilen versteuern. Ob die Gewinne entnommen werden oder in der Unternehmung verbleiben, ist in diesem Fall für die Steuerpflicht ohne Bedeutung.

Vor Inkrafttreten des reformierten Körperschaftsteuergesetzes unterlagen die von den Kapitalgesellschaften an ihre Gesellschafter ausgeschütteten Gewinne einer doppelten Belastung (Körperschaftsteuer bei der Kapitalgesellschaft und Einkommensteuer beim Ausschüttungsempfänger). Das seit dem 1. 1. 1977 geltende **Anrechnungsverfahren** beseitigt diese **Doppelbesteuerung.** Die von der Kapitalgesellschaft auf die ausgeschütteten Gewinne gezahlte Körperschaftsteuer (einheitlich 36 v. H.) ist auf die Einkommensteuer der (inländischen) Anteilseigner voll anrechenbar. Im Endergebnis unterliegen diese Gewinnanteile nur noch der individuellen Einkommensteuer der Ausschüttungsempfänger. **Obwohl somit bei allen Rechtsformen die ausgeschütteten Gewinne gemäß den persönlichen Verhältnissen der Inhaber bzw. Gesellschafter besteuert werden, ist dennoch keine Rechtsformneutralität der Besteuerung gegeben.**

*Körperschaftsteuerreform 1977*

*keine Rechtsformneutralität der Besteuerung*

Dies resultiert zum einen aus der Tatsache, daß die steuerliche Doppelbelastung des Vermögens der Kapitalgesellschaften nach wie vor besteht. Nicht nur die Unternehmungen haben für ihr Reinvermögen Vermögensteuer zu entrichten; vermögensteuerpflichtig sind auch die Gesellschafter mit den auf sie entfallenden Reinvermögensanteilen. Zum anderen zeigt es sich daran, daß einzelne Ausgabenarten der Unternehmung bei der Gewinnermittlung eine unterschiedliche Behandlung erfahren. So dürfen bei Kapitalgesellschaften beispielsweise die Gehälter der geschäftsführenden Gesellschafter und die Zinsen auf Gesellschafterdarlehen in angemessenem Umfang als Betriebsausgaben abgezogen werden, während diese Ausgabenarten den einheitlich festzustellenden Gewinn der Personengesellschaften nicht mindern. Demzufolge ergibt sich vor allem im Bereich der Gewerbeertragsteuer ein Vorteil für Kapitalgesellschaften. Dieser Vorteil wird jedoch durch die vermögensteuerliche Benachteiligung von Kapitalgesellschaften zumindest teilweise aufgehoben.

Zu diesen Belastungsunterschieden treten noch rechtsformdifferente Steuerunterschiede zu besonderen Anlässen im Leben einer Betriebswirtschaft, wie Gründung, Umwandlung, kapitalmäßige Veränderungen im Beteiligungsverhältnis usw. Abgesehen von der Umwandlung sind diese Unterschiede in der steuerlichen Belastung meist nur von geringer Entscheidungsrelevanz.

Durch die Reform des Körperschaftsteuergesetzes wurden die Belastungsunterschiede zwischen Personen- und Kapitalgesellschaften zwar verringert, jedoch nicht vollständig beseitigt. Insofern ist die Steuerbelastung nach wie vor für das Entscheidungsproblem „Wahl der Rechtsform" relevant. Gegen eine zu starke Gewichtung dieses Kriteriums spricht jedoch, daß die Steuergesetzgebung aus wirtschafts- und sozialpolitischen Gründen relativ häufig einem Wandel unterworfen ist. Steuerliche Vorteile können sich somit schnell in steuerliche Nachteile verkehren und umgekehrt.

## *Informationspflichten*

Die Informationspflichten einer Unternehmung dienen neben dem Schutz der Eigenkapitalgeber und Gläubiger letztlich der Unterrichtung der gesamten interessierten Öffentlichkeit. Während sie gegenwärtig noch erheblich mit der jeweiligen Rechtsform variieren, werden sie in Zukunft wesentlich stärker von der Größe der Unternehmung abhängen. Bedingt werden diese Änderungen durch die Umsetzung der 4. EG-Richtlinie in deutsches Recht.

*Regierungsentwurf* — Beispielsweise beinhaltet der **Regierungsentwurf vom März 1985 zur Umsetzung der 4. EG-Richtlinie (Bilanzrichtlinie-Gesetz)** über die bisherigen Offenlegungsverpflichtungen hinaus zusätzliche Anforderungen an die Rechnungslegung von Kapitalgesellschaften. **Umfang** und **Form** der zu veröffentlichenden Unternehmungsdaten hängen von der Größenklasse ab, der die betreffende Kapitalgesellschaft zuzuordnen ist. Die Größenklassen ergeben sich aus den Merkmalen Bilanzsumme, Jahresumsatz und Arbeitnehmerzahl. Darüber hinaus sind im Regierungsentwurf allgemeine Grundsätze ordnungsmäßiger Buchführung und Bilanzierung, die für alle Gesellschaftsformen Gültigkeit besitzen, erstmalig gesetzlich festgelegt (§ 252 RegEHGB).

*Publizitätsgesetz* — Ausschließlich größenabhängig waren bereits bisher die Informationspflichten derjenigen Unternehmen, die dem **Publizitätsgesetz** (PublG) unterlagen. Aus Gründen eines staatlichen und öffentlichen Interesses, des Gläubigerschutzes sowie der Gleichbehandlung wirtschaftlich vergleichbarer Unternehmungen wird ein Unternehmen dann publizitätspflichtig, wenn für den Tag des Ablaufs eines Geschäftsjahres und für die zwei darauf folgenden Abschlußstichtage jeweils mindestens zwei der folgenden Merkmale zutreffen (§ 1 PublG):

– Die Bilanzsumme übersteigt 125 Mio. DM;
– die Umsatzerlöse übersteigen 250 Mio. DM;
– die durchschnittliche Beschäftigtenzahl beträgt mehr als 5 000 Arbeitnehmer.

Nach dem Regierungsentwurf zum Bilanzrichtlinie-Gesetz verringert sich der Geltungsbereich des PublG um die GmbH.

Obige Regelung gilt nach § 11, I, III PublG grundsätzlich auch für Konzernleitungen (Teilkonzernleitungen), sofern für drei aufeinanderfolgende Abschlußstichtage der Konzernleitung (Teilkonzernleitung) für den Konzern (Teilkonzern) jeweils mindestens zwei der genannten Kriterien erfüllt sind. Der Entwurf einer 7. EG-Richtlinie zur Angleichung der Konzernrechnungslegung sieht im Vergleich zum bisherigen deutschen Recht wesentlich umfangreichere Publizitätsanforderungen vor.

Strenge Publizitätsvorschriften verursachen nicht nur hohe Publizitätskosten, sondern haben auch zur Folge, daß die Konkurrenz unerwünschte Informationen erhält. Weniger strenge Offenlegungsverpflichtungen können somit als vorteilhaft empfunden werden.

## Mitbestimmung

Ob eine Unternehmung der Mitbestimmung unterliegt und welches Gesetz gegebenenfalls anzuwenden ist, richtet sich nach einer **Kombination von Rechtsform, Beschäftigtenzahl und Unternehmungszweck.**

Als Ebenen der Arbeitnehmermitbestimmung lassen sich die Mitbestimmung in Arbeitnehmergremien (sog. Mitbestimmung im Betrieb) und die Mitbestimmung in gesellschaftsrechtlichen Organen (sog. Mitbestimmung in der Unternehmung) unterscheiden.

*Mitbestimmungsebenen*

Die **Mitbestimmung in Arbeitnehmergremien** ist durch das Betriebsverfassungsgesetz (BetrVG) 1972 geregelt. Die Mitbestimmungsmöglichkeiten der Arbeitnehmer bestehen hiernach in Form von abgestuften Informations-, Beratungs- und Mitentscheidungsrechten in bestimmten personellen, sozialen und wirtschaftlichen Angelegenheiten. Die Mitbestimmungsmöglichkeiten werden durch den Betriebsrat gegenüber der Unternehmungsleitung wahrgenommen (zu Einzelheiten vgl. auch Teil 6, S. 666f.). Die Mitbestimmung nach dem BetrVG 1972 berührt die gesellschaftsrechtliche Struktur der Unternehmung nicht; ein Interessenausgleich zwischen Betriebsrat und Unternehmungsleitung kommt in der Regel auf dem Verhandlungswege zustande.

**Im Gegensatz hierzu sind bei der Mitbestimmung in Unternehmungsorganen Arbeitnehmerrepräsentanten im Aufsichtsrat vertreten; der Vorstand wird um einen Arbeitsdirektor erweitert (Ausnahme: BetrVG 1952).** Die Arbeitnehmervertreter haben die gleichen Rechte und Pflichten wie die Repräsentanten der Anteilseigner und nehmen an allen Aufsichtsratsentscheidungen in gleichem Umfang teil wie diese. Insbesondere über die Befugnis des Aufsichtsrates zur Bestellung und Abberufung des Vorstandes wirkt sich die Arbeitnehmermitbestimmung mittelbar auf alle unternehmerischen Entscheidungsbereiche aus.

Der Mitbestimmung nach dem BetrVG 1972 unterliegen mit Ausnahme von Tendenzunternehmen (§ 118 BetrVG) sämtliche Unternehmungen der privaten Wirtschaft mit mindestens fünf ständig wahlberechtigten Arbeitnehmern,

*Rechtsformrelevanz der Mitbestimmung*

von denen wiederum drei wählbar sein müssen (§ 1 BetrVG). **Für die Rechtsformentscheidung ist die Mitbestimmung in Arbeitnehmergremien somit weitgehend ohne Bedeutung.**

Eine andere Situation ergibt sich bei der Arbeitnehmermitbestimmung in gesellschaftsrechtlichen Organen, da diese grundsätzlich auch rechtsformabhängig ausgestaltet ist. So unterliegen einerseits Unternehmungen, deren Beschäftigtenzahl die gesetzlichen Grenzen übersteigt, dann nicht der Mitbestimmung, wenn sie in der Rechtsform der Einzelfirma oder Personengesellschaft betrieben werden. Andererseits können sich auch bei Unternehmungen, die unter das gleiche Mitbestimmungsgesetz fallen, aufgrund der Rechtsform unterschiedliche materielle Mitbestimmungssituationen ergeben.

*Mitbestimmung im Konzern*

Die verschiedenen Mitbestimmungsgesetze beinhalten auch **Regelungen für bestimmte Formen konzernmäßiger Unternehmungszusammenschlüsse.** Beispielsweise werden gemäß § 5 Mitbestimmungsgesetz 1976 (MitbestG) herrschende Unternehmen eines Konzerns oder Teilkonzerns mit weniger als 2 000 Beschäftigten der Mitbestimmung unterworfen, wenn die inländischen Unternehmen dieses Konzerns insgesamt mehr als 2 000 Arbeitnehmer beschäftigen.

Einen Überblick über wesentliche Unterschiede der Mitbestimmung nach dem Mitbestimmungsgesetz 1976, dem Gesetz über die Mitbestimmung der Arbeitnehmer in den Aufsichtsräten und Vorständen der Unternehmen des Bergbaus und der Eisen und Stahl erzeugenden Industrie (Montan-MitbestG) und dem Betriebsverfassungsgesetz 1952 gibt Abb. 2.30.

### c) Revision der Rechtsformentscheidung (Umwandlung)

Trotz des konstitutiven Charakters der Rechtsformentscheidung stellt die einmal gewählte Rechtsform langfristig kein unveränderliches Datum dar. Ergeben sich wesentliche Änderungen derjenigen Kriterien, die für die Wahl der Rechtsform einer Unternehmung entscheidungsrelevant waren, so müssen unter Umständen Anpassungsentscheidungen hinsichtlich der einmal gewählten Rechtsform getroffen werden. Nicht jede Änderung dieser Kriterien macht es jedoch erforderlich, die Unternehmung von einer Rechtsform in eine andere zu überführen (umzuwandeln); vielmehr muß wegen der entstehenden Umwandlungskosten und der durch den Umwandlungsvorgang ausgelösten Steuerpflichten regelmäßig erst eine gewisse Grenze überschritten werden. Eine Umwandlung wird insbesondere dann geboten sein, wenn sich die erforderlichen Anpassungen nicht im Rahmen der bestehenden Rechtsform durch Änderungen gesellschaftsvertraglicher Regelungen erreichen lassen.

*Änderung der Rechtsform*

Die Umwandlung, deren wichtigste Formen gesetzlich geregelt sind (HGB, Aktiengesetz, Umwandlungsgesetz), kann **mit und ohne Liquidation der Unternehmung** erfolgen. Sieht man von der nur in seltenen Fällen erforderlichen und aufwendigen Umwandlung mit formeller Liquidation der bestehenden Unternehmung und Einzelübertragung der Vermögenswerte auf die neue Unternehmung (vielfach als Umgründung bezeichnet) ab, dann lassen sich im wesentlichen zwei Formen der Umwandlung unterscheiden.

|  |  | MitbestG (4. Mai 1976) | Montan-MitbestG (21. Mai 1951) | BetrVG[1] (11. Okt. 1952) |
|---|---|---|---|---|
| Geltungsbereich (§§ ohne Gesetzesangabe beziehen sich auf das Gesetz der betreffenden Spalte) |  | AG, KGaA, GmbH, bergrechtliche Gewerkschaft mit eigener Rechtspersönlichkeit, Erwerbs- und Wirtschaftsgenossenschaft, Kapitalgesellschaft & Co. KG[2] mit mehr als 2000 Arbeitnehmern (§§ 1, I; 4) ausgenommen: <br> – Tendenzunternehmen (§ 1, IV) <br> – Montanunternehmen (§ 1, II) | Bergbauunternehmen oder Unternehmen der Eisen und Stahl erzeugenden Industrie in den Rechtsformen AG, GmbH, bergrechtliche Gewerkschaft mit eigener Rechtspersönlichkeit mit mehr als 1000 Arbeitnehmern (§ 1) | AG, KGaA (Familiengesellschaften nur mit 500 und mehr Arbeitnehmern) GmbH, bergrechtliche Gewerkschaft mit eigener Rechtspersönlichkeit, Erwerbs- und Wirtschaftsgenossenschaft, Versicherungsverein a. G. soweit ein Aufsichtsrat besteht mit mehr als 500 Arbeitnehmern (§§ 76; 77 i. V. m. § 129,I BetrVG 1972) ausgenommen: <br> – Tendenzunternehmen (§ 81) <br> – Unternehmen, die unter das MitbestG bzw. Montan-MitbestG fallen |
| Aufsichtsrat (AR) | Größe und Zusammensetzung | mindestens 12, höchstens 20 Mitglieder je nach Arbeitnehmerzahl des Unternehmens; <br><br> Parität (1/2) der Arbeitnehmerrepräsentanten im AR (§§ 1, I; 7, I) | mindestens 11, höchstens 21 Mitglieder je nach Höhe des Grund- bzw. Stammkapitals des Unternehmens; <br><br> Parität (1/2) der Arbeitnehmerrepräsentanten; zusätzlich ein weiteres („neutrales") Mitglied im AR (§§ 4, I; 9) | mindestens 3, höchstens 21 Mitglieder je nach Grund- bzw. Stammkapital des Unternehmens; <br><br> Unterparität (1/3) der Arbeitnehmerrepräsentanten im AR (§§ 76, I; 77, I i. V. m. § 95 AktG) |
| | Verteilung der Arbeitnehmersitze | 2 (2,3)[3] Gewerkschaftsvertreter 4 (6,7)[3] Arbeitnehmer des Unternehmens, verteilt nach ihrem zahlenmäßigen Verhältnis im Unternehmen auf Arbeiter, Angestellte, leitende Angestellte (mindestens je 1) (§§ 7, II; 15, II) | 2 (3,4)[3] Gewerkschaftsvertreter 1 (2,3)[3] Arbeiter des Unternehmens 1 Angestellter des Unternehmens 1 (1,2)[3] weitere(s) Mitglied(er) (§§ 4, I, II; 6; 9) | mindestens ein Arbeitnehmervertreter; wenn zwei oder mehr Arbeitnehmervertreter zu wählen sind: unter ihnen müssen sich mindestens zwei Arbeitnehmer aus dem Unternehmen, darunter ein Arbeiter und ein Angestellter befinden (§§ 76, II; 77, I) |

|  |  | MitbestG (4. Mai 1976) | Montan-MitbestG (21. Mai 1951) | BetrVG[1] (11. Okt. 1952) |
|---|---|---|---|---|
| Aufsichtsrat (AR) | Beschlußfähigkeit | Hälfte der Soll-Mitgliederzahl (§§ 25, I; 28) | Hälfte der Soll-Mitgliederzahl (§ 10) | Hälfte der Soll-Mitgliederzahl (mindestens jedoch 3) (§ 108, II AktG) |
|  | Auflösung von Pattsituationen | Stimmengleichheit bei Wiederholung der Abstimmung: AR-Vorsitzender[4] hat zwei Stimmen (§ 29, II) | Auflösung durch „neutrales" Mitglied (ungerade Stimmenzahl) | nicht geregelt; Pattsituation tritt wegen fehlender Parität und ungerader Mitgliederzahl i. d. R. nicht auf |
| Vorstand/Geschäftsführer |  | Bestellung und Abberufung durch AR; Arbeitsdirektor als gleichberechtigtes Mitglied (§§ 31; 33) | Bestellung und Abberufung durch AR; Arbeitsdirektor als gleichberechtigtes Mitglied (dieser kann nicht gegen die Stimmen der Mehrheit der Arbeitnehmerrepräsentanten im AR bestellt bzw. abberufen werden §§ 12; 13) | Bestellung und Abberufung durch AR (§ 84 AktG); bei GmbH durch Gesellschafter(-versammlung) (§ 46 Nr. 5 GmbHG) |
| Wahl der Arbeitnehmerrepräsentanten in den AR (Wahlverfahren) |  | – mehr als 8000 Arbeitnehmer: mittelbare Wahl über Wahlmänner;<br>– bis einschl. 8000 Arbeitnehmer: unmittelbare Wahl (Urwahl) der Arbeitnehmer (Verfahren sind austauschbar) (§ 9) | Wahlorgan wählt gemäß verbindlicher Vorschläge der Betriebsräte und Gewerkschaften (§§ 6; 9) | unmittelbare Wahl (Urwahl) der Arbeitnehmer (§§ 76, II; 77, I) |

1 Gem. § 129,I BetrVG 1972 bleiben die §§ 76–77a, 81, 85, 87 des BetrVG 1952 in Kraft.
2 Mitbestimmungspflichtig ist nur der Komplementär. Sind die Voraussetzungen des § 4 MitbestG gegeben, dann werden die Arbeitnehmer der KG dem Komplementär zugerechnet.
3 Die Anzahl dieser AR-Mitglieder differiert mit der Größe des AR.
4 Gem. § 27 MitbestG sind der AR-Vorsitzende und sein Stellvertreter vom AR mit einer ⅔-Mehrheit zu wählen. Wird bei der Wahl eine solche Mehrheit nicht erreicht, so wählen in einem zweiten Wahlgang die AR-Mitglieder der Anteilseigner den AR-Vorsitzenden und die AR-Mitglieder der Arbeitnehmer den Stellvertreter.

Abb. 2.30: *Wesentliche Unterschiede der Mitbestimmung nach dem MitbestG, dem Montan-MitbestG und dem BetrVG 1952.*

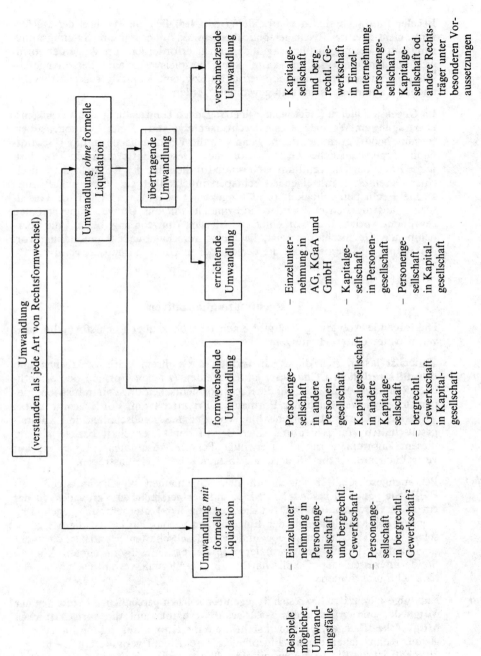

Abb.2.31: *Umwandlungsalternativen*

*formwechselnde Umwandlung*

**Bei der formwechselnden Umwandlung tritt lediglich ein Wechsel der Rechtsform, nicht aber der Rechtspersönlichkeit ein.** Es findet nur eine Satzungsänderung statt; Vermögensübertragung ist nicht erforderlich. Im Wege der formwechselnden Umwandlung kann somit beispielsweise eine Personengesellschaft in eine andere Personengesellschaft bzw. eine Kapitalgesellschaft in eine andere Kapitalgesellschaft umgewandelt werden.

*übertragende Umwandlung*

**Im Gegensatz hierzu findet bei der übertragenden Umwandlung eine Vermögensübertragung im Wege der Gesamtrechtsnachfolge statt.** Einer Vermögensübertragung bedarf es immer dann, wenn sich die Vermögenszuordnung (Gesamthand/körperschaftliche Organisation des Gesellschaftsvermögens) ändert. Diese Form der Umwandlung ist deshalb für die Fälle des Rechtsformwechsels einer Gesellschaft mit eigener Rechtspersönlichkeit in eine Gesellschaft ohne eigene Rechtspersönlichkeit (und umgekehrt) vorgesehen. Wird die Gesellschaft, auf die sich eine andere umwandelt, mit der Umwandlung erst neu gegründet, spricht man von einer **errichtenden Umwandlung**; besteht die übernehmende Gesellschaft bereits, liegt eine **verschmelzende Umwandlung** vor. Abbildung 2.31 verdeutlicht die verschiedenen Umwandlungsalternativen.

## 2. Rechtsformalternativen

Die folgende Abbildung 2.32 gibt einen Überblick über Rechtsformalternativen privater Unternehmungen.

Zunächst lassen sich die Rechtsformen nach ihrem **privat-rechtlichen** und **öffentlich-rechtlichen** Charakter unterscheiden (zu den Formen des öffentlichen Rechts vgl. S. 212ff.). Für die Rechtsformentscheidung von Industriebetrieben stehen die verschiedenen Formen des Privatrechts im Vordergrund. Dabei ist insbesondere die Unterscheidung von **Personengesellschaften** und **Kapitalgesellschaften** von Bedeutung. Der Begriff der Gesellschaft bezieht sich in diesem Zusammenhang auf freiwillige Personenzusammenschlüsse, die auf vertraglicher Basis die Förderung selbstgewählter Ziele anstreben.

*Personengesellschaft*

Personengesellschaften fußen auf dem allgemeinen Gesellschaftsrecht des BGB. **Sie bauen in besonderem Maße auf der persönlichen Verbundenheit der einzelnen Gesellschafter auf.** Da die Existenz der Unternehmung regelmäßig eng mit der Mitgliedschaft der Einzelperson verbunden ist, ist die Mitgliedschaft ohne Zustimmung der anderen Gesellschafter grundsätzlich nicht übertragbar. Durch die normalerweise geringe Gesellschafterzahl können Sonderinteressen der Gesellschafter im Gesellschaftsverhältnis starke Berücksichtigung finden.

*Kapitalgesellschaft*

**Kapitalgesellschaften lösen sich dagegen von solchen persönlichen Bindungen der Mitglieder und gründen das Gesellschaftsverhältnis auf die wirtschaftlichen Mitgliedsbeziehungen.** Bei ihnen steht die reine Kapitalbeteiligung im Vordergrund. Kennzeichen der im allgemeinen Vereinsrecht verankerten Kapitalgesellschaft ist die Existenz eines ziffernmäßig festgelegten Gesellschaftskapitals (Grundkapital der AG; Stammkapital der GmbH). Aus juristischer Sicht

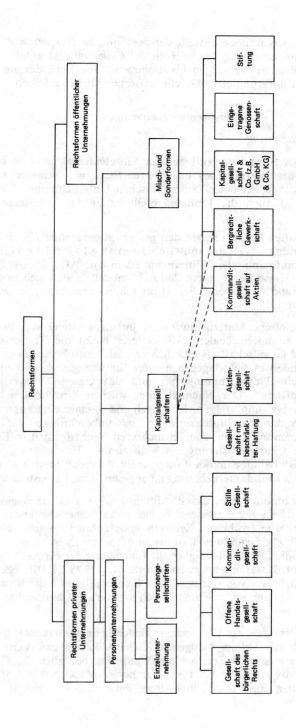

Abb. 2.32: Rechtsformen privater Unternehmungen im Überblick

werden die Gläubigergarantien anstelle der persönlichen Haftung der Gesellschafter im wesentlichen durch das in Höhe des Gesellschaftskapitals vor der Ausschüttung geschützte Vermögen übernommen. Eine Veränderung dieses Kapitals kann nur aufgrund eines Gesellschafterbeschlusses erfolgen.

### a) Personenunternehmungen

*Die Einzelunternehmung*

**Aus wirtschaftlicher Sicht kann zwischen der Einzelunternehmung im engeren Sinne und der Einzelunternehmung im weiteren Sinne unterschieden werden.** Letztere umfaßt neben der einzelkaufmännischen Unternehmung (Einzelunternehmung i. e. S.) auch die Einmanngesellschaften (z. B. Einmann-AG, -GmbH).

*Einmanngesellschaften*

Einmanngesellschaften können neben den gesetzlich geregelten Fällen (Möglichkeit der Gründung einer Einmann-GmbH gemäß § 1 GmbHG; Umwandlung eines einzelkaufmännischen Unternehmens in eine AG, KGaA, GmbH gemäß §§ 50, 56a UmwG) vor allem dadurch entstehen, daß sich sämtliche Anteile in einer Hand vereinigen. Dies ist oft schon durch eine „Strohmanngründung" geplant.

Die einzelkaufmännische Unternehmung ist **juristisch** streng von der Einmanngesellschaft zu unterscheiden. Bei letzterer bleibt die Trennung von Gesellschafter und Gesellschaft als rechtlich verschiedenen Personen erhalten. **Wirtschaftlich** handelt es sich dagegen bei der Einmanngesellschaft um eine einzelkaufmännische Unternehmung mit (auf das Gesellschaftsvermögen) „beschränkter Haftung". Der Nachteil einer solchen Einzelunternehmung „mit beschränkter Haftung" zeigt sich vielfach erst in einer eingeengten Kreditbasis gegenüber der Einzelunternehmung „mit unbeschränkter Haftung". Die Einzelunternehmung kann somit in mehreren Rechtsformen in Erscheinung treten; ihre Charakterisierung als selbständige Rechtsform erscheint deshalb in dieser Globalität zumindest fragwürdig. An dieser Stelle soll nur der Einzelkaufmann als Einzelunternehmung im engeren Sinne dargestellt werden.

*einzelkaufmännische Unternehmung*

Die Einzelunternehmung (als Einzelkaufmann) wird von einer einzelnen natürlichen Person rechtlich repräsentiert; sie ist Vermögensbestandteil ihres alleinigen Inhabers ohne rechtliche Selbständigkeit. Ihre Regelung erfolgt in den §§ 1–104 HGB. Die Gründung der Einzelunternehmung ist an keine Form gebunden. Für Vollkaufleute ist lediglich die Eintragung der Firma (Name des Vollkaufmanns) in das Handelsregister erforderlich (§ 29 HGB). Nicht die Firma wird jedoch Träger von Rechten und Pflichten, sondern der Kaufmann selbst, wenngleich er unter seiner Firma klagen und verklagt werden kann (§ 17 HGB).

**Bei dieser Rechtsform steht der Unternehmer eindeutig im Mittelpunkt. In seiner Person vereinigen sich Leitungsbefugnis (Geschäftsführung und Vertretung), Risikotragung (Haftung) und Entscheidungskompetenz bezüglich der Gewinnverwendung.** Hieraus resultiert einerseits ein hohes Maß an Elastizität der Einzelunternehmung; andererseits hat diese Personengebundenheit häufig schwierige **Nachfolgeprobleme** zur Folge. Beispielsweise kann der Fortbestand der Unternehmung dann in Frage gestellt sein, wenn bei einem plötzlichen Tod des Inhabers kein Nachfolger zur Verfügung steht, der mit den notwendigen unternehmerischen Qualitäten ausgestattet ist.

*Probleme des Einzelkaufmanns*

Ein weiteres Problem der Einzelunternehmung stellt die **Kapitalbeschaffung** dar. Ist die Möglichkeit des Einzelkaufmanns, der Unternehmung aus seinem Privatvermögen neues Kapital zuzuführen, beschränkt, dann verbleibt nur der erwirtschaftete Gewinn als Eigenfinanzierungsquelle (Selbstfinanzierung). Da die Gewinnentwicklung jedoch Schwankungen unterworfen ist, führt diese Finanzierungsalternative nur in seltenen Fällen zu einer systematischen Eigenkapitalerhöhung. Ebenso wie die Zuführung von Eigenkapital findet auch die Möglichkeit der Fremdkapitalaufnahme im Privatvermögen des Einzelkaufmanns ihre Beschränkung. Das Problem der Kapitalbeschaffung stellt einen wesentlichen Grund dafür dar, daß die Einzelunternehmung als Rechtsform für Industriebetriebe keine Bedeutung erlangt hat.

## *Die Personengesellschaften*

### (1) Die Gesellschaft des bürgerlichen Rechts

**Die Grundform der Personengesellschaften ist die Gesellschaft des bürgerlichen Rechts (BGB-Gesellschaft, GbR).** Sie ist in den §§ 705–740 BGB geregelt und steht zu den anderen Personengesellschaften im Verhältnis von allgemeiner zu spezieller Form. Die GbR setzt einen Gesellschaftsvertrag voraus, in dem sich die Gesellschafter (Gesellschafter können sowohl natürliche als auch juristische Personen sein) gegenseitig verpflichten, die Erreichung eines gemeinsamen Zwecks in bestimmter Weise zu fördern (§ 705 BGB). Dabei ist es gleichgültig, ob wirtschaftliche oder ideelle Zwecke gefördert werden sollen; grundsätzlich kommt **jeder erlaubte Zweck** in Betracht. Richtet sich dieser auf ein gemäß § 2 HGB eintragungspflichtiges Handelsgewerbe, so wird aus der BGB-Gesellschaft mit Eintragung ins Handelsregister eine OHG.

*Zwecke*

Für Gesellschaftsschulden haften alle Gesellschafter als Gesamtschuldner (§ 427 BGB) unmittelbar und unbeschränkt neben dem Gesellschaftsvermögen. Hieraus ergibt sich das Recht zur gleichberechtigten Mitwirkung an der Geschäftsführung (Gesamtgeschäftsführung; § 709 BGB). Gesellschaftsvertraglich kann eine hiervon abweichende Regelung vereinbart werden. Über die Gewinn- und Verlustbeteiligung wird wegen des dispositiven Charakters von § 722 BGB in erster Linie der Gesellschaftsvertrag Regelungen enthalten. Ist dies nicht der Fall, dann hat jeder Gesellschafter ohne Rücksicht auf Art und Größe seines Beitrags einen gleichen Anteil am Gewinn und Verlust.

*Haftung, Leitungsbefugnis, Gewinn- und Verlustbeteiligung*

Als Rechtsform für den Industriebetrieb kommt der BGB-Gesellschaft wegen ihrer **leichten Auflösbarkeit** kaum Bedeutung zu. Andererseits verdankt sie gerade wegen ihrer **flexiblen Gestaltungsmöglichkeit** (kurz- oder längerfristig angelegt; auf die Verfolgung materieller oder immaterieller Zwecke ausgerichtet) ihre bedeutende Stellung im Wirtschaftsleben. Insbesondere findet sie sich bei kurzfristigen oder nur auf eine einmalige Angelegenheit beschränkten

*Bedeutung*

Zusammenschlüssen – sogenannten „Gelegenheitsgesellschaften" (z. B. Arbeitsgemeinschaften für Bauprojekte, Emissionskonsortien, Kartelle).

### (2) Die offene Handelsgesellschaft

*Entstehung*

Die offene Handelsgesellschaft (OHG) ist in den §§ 105–160 HGB geregelt; ergänzend gelten die Bestimmungen über die GbR. **Die OHG ist eine auf den Betrieb eines Handelsgewerbes unter gemeinschaftlicher Firma gerichtete Gesellschaft, bei der sämtliche Gesellschafter den Gesellschaftsgläubigern unbeschränkt haften (§ 105 HGB).** Hinsichtlich ihrer Entstehung muß zwischen Innen- und Außenverhältnis unterschieden werden. Im Verhältnis zu Dritten entsteht die OHG mit dem Zeitpunkt des Geschäftsbeginns (sofern sie ein Handelsgewerbe gemäß § 1 HGB betreibt), spätestens aber mit der Eintragung ins Handelsregister (§ 123 HGB). Im Innenverhältnis richtet sich der Entstehungszeitpunkt nach dem zwingend erforderlichen Gesellschaftsvertrag. Um eine OHG ins Leben zu rufen, bedarf es mindestens zweier sich zusammenschließender Personen. Hierbei kommen neben natürlichen Personen auch juristische Personen sowie nach heute herrschender Meinung auch OHG und KG selbst in Betracht.

*Haftung*

Unabdingbares rechtliches Merkmal der OHG ist die **unbeschränkte, unmittelbare und gesamtschuldnerische Haftung sämtlicher Gesellschafter.** Während bei der BGB-Gesellschaft eine Haftungsbegrenzung auf das Gesellschaftsvermögen vereinbart werden kann, haftet bei der OHG für Gesellschaftsschulden einerseits diese selbst mit ihrem Gesellschaftsvermögen; andererseits haften alle Gesellschafter persönlich (§ 128 HGB). Die Gesellschaftsgläubiger können somit einen beliebigen Gesellschafter oder die Gesellschaft in Anspruch nehmen.

*Leitungsbefugnis*

Die Haftungsregelung findet in der Leitungsbefugnis ihren Niederschlag: Mangels anderer gesellschaftsvertraglicher Regelungen gilt **Einzelgeschäftsführung** (§§ 114, 115 HGB) und **Alleinvertretungsmacht** (§ 125 HGB). Während bezüglich der Geschäftsführung der Gesellschaftsvertrag jede beliebige anderweitige Regelung vorsehen kann, besteht hinsichtlich der Vertretung keine volle Vertragsfreiheit, da hier Interessen Dritter berührt werden. Vom Grundsatz der Einzelvertretung kann vertraglich nur insoweit abgewichen werden, als mit Wirkung gegen Dritte ein oder mehrere (jedoch nicht alle) Gesellschafter von der Vertretung ausgeschlossen werden können und/oder Gesamtvertretung vereinbart werden kann. Sämtliche Ausnahmen von der Einzelvertretungsmacht sind in das Handelsregister einzutragen.

*Gewinn- und Verlustbeteiligung*

Die Beteiligung der einzelnen Gesellschafter am Gewinn und Verlust wird in der Regel im Gesellschaftsvertrag festgelegt, wobei Beteiligungshöhe, Ausmaß der persönlichen Mitarbeit, Privatvermögen usw. individuell berücksichtigt werden können. In Ermangelung einer vertraglichen Vereinbarung steht nach der gesetzlichen Regelung jedem Gesellschafter ein Vorausgewinnanteil in Höhe von 4 v. H. seines Kapitalanteils zu. Der darüber hinausgehende Teil des Gewinns wird ebenso wie der Verlust nach Köpfen verteilt (§ 121 HGB). Hieran läßt sich ersehen, daß die innere Struktur der OHG der persönlichen

Mitarbeit gegenüber der kapitalmäßigen Beteiligung eine Vorrangstellung einräumt.

Durch die Möglichkeit der Aufnahme neuer Gesellschafter weist die OHG gegenüber der einzelkaufmännischen Unternehmung eine **erweiterte Eigenfinanzierungsbasis** auf. Aufgrund einer damit in der Regel einhergehenden Beeinträchtigung des Entscheidungsspielraums der bereits vorhandenen Gesellschafter verliert diese Finanzierungsalternative wieder an Bedeutung. Bezüglich der Finanzierung durch zusätzliche Einlagen der Gesellschafter und der Selbstfinanzierung gelten im wesentlichen die gleichen Einschränkungen wie bei der Einzelunternehmung (i. e. S.). Da die Fremdkapitalbeschaffungsmöglichkeiten weniger von der Gesellschafterzahl als vielmehr von derem für Haftungszwecke zur Verfügung stehenden Vermögen abhängen, sind hier allenfalls Einzelaussagen möglich.

*Kapitalbeschaffungsmöglichkeiten*

§ 131 HGB enthält eine Aufzählung der Gründe, die kraft Gesetzes zur Auflösung der OHG führen. Darüber hinaus können weitere Auflösungsgründe im Gesellschaftsvertrag vorgesehen werden. Dieser wird vielfach auch eine Vereinbarung enthalten, die bei Tod eines Gesellschafters (§ 131, Nr. 4 HGB) die Fortsetzung der Gesellschaft mit den Erben vorsieht.

*Auflösung*

Die Rechtsform der OHG findet sich vorwiegend in kleinen und mittleren Unternehmungen des Handels und der Industrie. Sie entsteht häufig im Zuge der Erweiterung einer Einzelunternehmung (z. B. durch Eintritt weiterer Familienmitglieder, kapitalkräftiger Gesellschafter oder qualifizierter Mitarbeiter).

### (3) Die Kommanditgesellschaft

Von der offenen Handelsgesellschaft unterscheidet sich die Kommanditgesellschaft (KG) lediglich dadurch, **daß bei einem oder mehreren Gesellschaftern „die Haftung gegenüber Gesellschaftsgläubigern auf den Betrag einer bestimmten Vermögenseinlage beschränkt ist" (§ 161 HGB). Sie kennt somit zwei Arten von Gesellschaftern: den unbeschränkt haftenden Komplementär und den beschränkt haftenden Kommanditisten.** Als Komplementäre bzw. Kommanditisten kommen neben natürlichen auch juristische Personen sowie OHG und KG selbst in Betracht. Die Rechtsstellung des Komplementärs entspricht derjenigen eines OHG-Gesellschafters. Ihm obliegen aufgrund seiner vom Gesetz angenommenen persönlichen Mitarbeit und seines vollen Risikos Geschäftsführung und Vertretung der KG. Die beschränkte Haftung des Kommanditisten, der normalerweise nur kapitalmäßig an der Gesellschaft beteiligt ist, stattet diesen lediglich mit bestimmten Kontroll- und Widerspruchsrechten aus (z. B. Einsicht in die Bücher und Vorlage der Bilanz gemäß § 166 HGB; Widerspruchsrecht bei „ungewöhnlichen" Geschäften gemäß § 164 HGB).

*Komplementär, Kommanditist*

Die Entstehung der KG vollzieht sich in gleicher Weise wie die der OHG. Zusätzlich muß die Anmeldung der Gesellschaft zum Handelsregister die Namen der Kommanditisten und den Betrag der Einlage eines jeden von ihnen

*Entstehung*

enthalten (§ 162, I HGB). In die Firma der KG dürfen die Namen der Kommanditisten jedoch nicht aufgenommen werden (§ 19, IV HGB).

*Gewinn- und Verlustbeteiligung*

Auch bei der KG ist der Verteilungsmodus von Gewinn und Verlust im Regelfall Gegenstand des Gesellschaftsvertrags. Mangels einer solchen Vereinbarung erhält **jeder** Gesellschafter einen Vorausgewinnanteil in Höhe von 4 v. H. seines Kapitalanteils. Da eine Verteilung nach Köpfen die effektiven Risiken und Arbeitsleistungen der verschiedenen Gesellschaftertypen nicht zu berücksichtigen vermag, wird der Restgewinn – ebenso wie der Verlust – in „angemessenem Verhältnis" verteilt (§ 168, II HGB). Der auf den Kommanditisten entfallende Gewinnanteil wird seinem Kapitalkonto nur bis zur Höhe der vereinbarten Einlage gutgeschrieben. Darüber hinausgehende Beträge werden auf einem besonderen Konto verbucht und stehen dem Kommanditisten als Forderung zu. Verluste werden von seinem Kapitalkonto abgebucht, wodurch dieses auch negativ werden kann. Der Kommanditist ist jedoch, auch bei Auflösung der Gesellschaft, nicht ausgleichspflichtig, sofern er seiner Einlagepflicht nachgekommen ist. Er nimmt vielmehr an einem Verlust in jedem Fall nur bis zur Höhe seiner Einlage teil (§ 167, III HGB).

*Kapitalbeschaffungsmöglichkeiten*

Die Kommanditgesellschaft zeichnet sich gegenüber der OHG durch ihre **leichtere Beschaffungsmöglichkeit von Eigenkapital** aus. Einerseits können potentielle Kapitalgeber wegen der beschränkten Haftung eher veranlaßt werden, sich als Kommanditisten an der Gesellschaft zu beteiligen, andererseits bedeuten deren eingeschränkte Mitwirkungsrechte eine nur geringfügige Einengung des unternehmerischen Entscheidungsspielraums. Die verbesserten Eigenkapitalbeschaffungsmöglichkeiten wirken sich letztlich auch vorteilhaft auf die Fremdkapitalbeschaffung aus. Beschränkt werden die elastischen Finanzierungsmöglichkeiten der KG jedoch durch das Fehlen eines organisierten Marktes für Kommanditanteile.

*atypische Gestaltungsformen der KG*

Die das Innenverhältnis der KG betreffenden gesetzlichen Regelungen sind dispositiver Natur (§ 163 HGB). Komplementäre und Kommanditisten können somit ihre Beziehungen entsprechend ihren Zielen und entsprechend den wirtschaftlichen Bedürfnissen ausgestalten. Dies hat zu einer Reihe von atypischen Erscheinungsformen der KG geführt. Beispielsweise kann es sein, daß der **wirtschaftliche Schwerpunkt ganz bei den Geldgebern** liegt, diese aber nicht bereit sind, die persönliche Haftung zu übernehmen. In solchen Fällen können gesellschaftsvertraglich der (die) Komplementär(e) von den Weisungen der Kommanditisten abhängig gemacht bzw. ganz von der Geschäftsführung ausgeschlossen werden. Die eigentliche Leitung der KG liegt dann bei den Kommanditisten, wofür der (die) Komplementär(e) intern von der Risikotragung freigestellt wird (werden). Gesellschaften, die derart strukturiert sind, werden – da sie Elemente von Kapitalgesellschaften aufweisen – als **„kapitalistische KG"** bezeichnet. Eine weitere Annäherung an Kapitalgesellschaften läßt sich dann erreichen, wenn körperschaftliche Strukturelemente (z. B. Kommanditistenversammlung, Aufsichtsrat, Vorstand) aufgegriffen werden. Eine solche Konstruktion wird vielfach dann gewählt, wenn die Zahl der Kommanditisten groß ist. Auf die Aufnahme einer Vielzahl von Kommanditisten sind insbesondere die sogenannten **Publikums-(Massen-)Kommanditge-**

**sellschaften** angelegt. Das Ziel dieser KG – deren Komplementär meist eine GmbH ist – besteht regelmäßig darin, durch Ausnutzung von Steuervorteilen Verluste zu „erwirtschaften", die den einzelnen Anlagegesellschaftern zugewiesen werden. Durch § 15a EStG werden die Betätigungsmöglichkeiten von solchen Abschreibungs- bzw. Verlustzuweisungsgesellschaften jedoch beschränkt.

Hinsichtlich der Beendigung der KG ergibt sich gegenüber der OHG die Besonderheit, daß der Tod eines Kommanditisten die Gesellschaft nicht auflöst; an seine Stelle rücken die Erben. Hat der einzige Kommanditist einer KG keine Nachfolger, so wandelt sich die KG in eine OHG um, wenn die bisherige KG mehrere Komplementäre umfaßt. Im Todesfall des einzigen Komplementärs einer KG löst sich dagegen die Gesellschaft auf. Sieht der Gesellschaftsvertrag die Weiterführung vor, so muß ein neuer oder bisheriger Gesellschafter die unbeschränkte Haftung übernehmen.

*Auflösung*

### (4) Die stille Gesellschaft

Die stille Gesellschaft (StG) ist in den §§ 335–342 HGB geregelt. **Bei ihr handelt es sich um eine Gesellschaft, bei der sich jemand am Handelsgewerbe eines anderen in der Weise beteiligt, daß seine Vermögenseinlage gegen einen Anteil am Gewinn (§ 336 HGB) in das Vermögen des anderen übergeht.** Die StG entsteht mit Abschluß des grundsätzlich formlosen Gesellschaftsvertrags zwischen dem Inhaber des Handelsgewerbes (Geschäftsinhaber, Komplementär) und dem stillen Gesellschafter. Sie besteht immer aus zwei Parteien. Beteiligen sich mehrere „Stille" am Handelsgewerbe eines anderen, so gelten ebensoviele Gesellschaftsverträge als abgeschlossen (mehrere stille Gesellschaften). Auf der Inhaberseite kann auch eine Personenmehrheit stehen (z. B. OHG, KG) oder eine juristische Person, die ein Handelsgewerbe betreibt (z. B. AG, GmbH). Als stille Gesellschafter kommen neben einer natürlichen Person auch eine juristische Person sowie eine OHG, KG und GbR in Betracht.

*Entstehung*

Die Einlage des stillen Gesellschafters geht nicht notwendigerweise in das Eigentum des Geschäftsinhabers über. Insbesondere ist das dann nicht der Fall, wenn im Gesellschaftsvertrag lediglich die Überlassung von Sachmitteln zum Gebrauch, die Leistung von Diensten etc. vereinbart wurde. Es wird kein **gemeinsames Gesellschaftsvermögen** gebildet. Das Geschäftsvermögen gehört nur dem Inhaber, nicht jedoch auch dem Stillen.

*Einlage des stillen Gesellschafters*

Als reine Innengesellschaft, die nach außen nicht auftritt (Firmierungsverbot), kann die stille Gesellschaft weder verklagt werden, noch ist sie konkurs- oder deliktsfähig. Rechtsstreitigkeiten können nur unter dem Namen oder der Firma des Komplementärs ausgetragen werden.

*Innengesellschaft*

Die Geschäftsführung steht ausschließlich dem tätigen Gesellschafter zu; auch bei ungewöhnlichen Geschäften hat der Stille kein Widerspruchsrecht (dispositiv). Bezüglich der gesetzlichen Kontrollrechte ist der stille Gesellschafter dem Kommanditisten gleichgestellt (§ 338 HGB); am Gewinn und Verlust nimmt er in angemessenem Umfang teil. **Während die Verlustbeteiligung vertraglich ausgeschlossen werden kann, ist ein Ausschluß der Gewinnbeteiligung nicht**

*Leitungsbefugnis, Gewinn- und Verlustbeteiligung*

möglich; sie gehört zum Wesen der stillen Gesellschaft (§ 336 HGB). Da aus den in dem Betrieb geschlossenen Geschäften allein der Inhaber berechtigt und verpflichtet wird (§ 335, II HGB), **scheidet eine Haftung des stillen Gesellschafters aus.** Er ist lediglich verpflichtet, seine Einlage zu leisten. Wird über das Vermögen des Geschäftsinhabers der Konkurs eröffnet, so kann der stille Gesellschafter seine Einlage, soweit sie den Betrag des auf ihn entfallenden Anteils am Verlust übersteigt, als **Konkursgläubiger** geltend machen (§ 341 HGB).

*atypische stille Gesellschaft*

Beim handelsrechtlichen Grundtypus der stillen Gesellschaft ist der Anspruch auf die stillen Reserven ausgeschlossen. Im Gegensatz dazu wird bei der **atypischen stillen Gesellschaft** der Stille auch an den stillen Reserven im Falle der Auseinandersetzung oder Auflösung beteiligt.

*Auflösung*

Bei der stillen Gesellschaft gelten im wesentlichen die gleichen Auflösungsgründe wie bei der GbR (vgl. §§ 723 ff. BGB). Ähnlich wie bei der KG ist auch hier der Tod des Stillen kein Auflösungsgrund (§ 339, II HGB); seine Erben werden an seiner Stelle Gesellschafter.

*Finanzierungsaspekt*

Mit der stillen Gesellschaft zeigt sich eine **interessante Alternative im Rahmen der Eigenfinanzierung für nahezu alle Rechtsformen.** Insbesondere der begrenzte Kapitaleinsatz ohne persönliche Mitarbeit, die Vermeidung der Handelsregisterpublizität und die Möglichkeit, die Gewinnbeteiligung mit einem Verlustausschluß zu koppeln, erhöhen die Attraktivität dieser Beteiligungsform für potentielle Kapitalgeber.

*stille Gesellschaft/ partiarisches Darlehen*

Schwierigkeiten bereitet häufig die Abgrenzung der stillen Gesellschaft gegenüber den sogenannten partiarischen Rechtsverhältnissen, d. h. „Rechtsverhältnissen nicht gesellschaftlicher Art, bei denen aber eine Gewinnbeteiligung vereinbart ist" (Hueck). **Von besonderer praktischer Bedeutung ist in diesem Zusammenhang das partiarische Darlehen, bei dem der Gläubiger anstelle fester Zinsen einen bestimmten Anteil am Gewinn (Umsatz) erhält.** Die Abgrenzung setzt regelmäßig eine umfassende Würdigung des Vertragszwecks und -inhalts sowie der wirtschaftlichen Ziele der Beteiligten voraus. Insbesondere soll die Vertragsauslegung klären, ob das Verhältnis der beteiligten Personen zueinander eine wirkliche Zweckgemeinschaft im Sinne einer Gesellschaft darstellt. Auf das Vorliegen einer stillen Gesellschaft deuten hauptsächlich die Vereinbarung einer Verlustbeteiligung und die Einräumung von Kontrollrechten hin. Durch den Umstand, daß letztere auch dem Darlehensgeber gewährt werden können, wird die Abgrenzung weiter erschwert.

*stille Gesellschaft/ Unterbeteiligungsgesellschaft*

Von der stillen Gesellschaft ist auch die sogenannte Unterbeteiligungsgesellschaft zu unterscheiden. **Eine solche liegt vor, wenn sich eine natürliche oder juristische Person an der Gesellschafterstellung einer anderen Person (Hauptgesellschafter) in der Art beteiligt, daß der Gewinn und der Verlust bzw. nur der Gewinn zwischen dem Hauptgesellschafter und dem Unterbeteiligten geteilt werden.** Als Hauptgesellschafter kommen die Gesellschafter einer OHG, KG und GmbH in Betracht. Obwohl es sich bei der Unterbeteiligungsgesellschaft um eine typische Innengesellschaft handelt, ist sie keine stille Gesellschaft, weil sich der Unterbeteiligte nicht am Betrieb des Handelsgewerbes eines anderen (gemäß § 335 HGB zwingende Voraussetzung) beteiligt. Nach herrschender Meinung handelt es sich bei einem Unterbeteiligungsverhältnis um eine BGB-Gesellschaft.

Abbildung 2.33 gibt einen Überblick über wichtige Wesensmerkmale der dargestellten Personenunternehmungen.

### b) Kapitalgesellschaften

Unter dem Sammelbegriff „Kapitalgesellschaften" werden üblicherweise die GmbH und die AG, mitunter noch die KGaA sowie die bergrechtliche Gewerkschaft zusammengefaßt (vgl. Abb. 2.32).

### *Die Gesellschaft mit beschränkter Haftung (GmbH)*

Die GmbH wurde im „Gesetz betreffend die Gesellschaften mit beschränkter Haftung" (GmbHG) vom 20. April 1892 ohne historisches Vorbild aufgrund rechtstheoretischer Überlegungen geschaffen. Beabsichtigt war ein gesellschaftsrechtliches Zwischenstück zwischen Personengesellschaften und Aktiengesellschaft, um so auch kleinere Unternehmungen ohne persönliche Haftung betreiben zu können. Mißbräuche dieser Gesellschaftsform aufgrund von weniger strengen Bestimmungen gegenüber der AG haben vielfach zu Schädigungen Dritter geführt. Im Mittelpunkt der hierdurch ausgelösten Reformbestrebungen stand das Ziel, einen **verbesserten Gläubigerschutz** zu erreichen. Mit der „GmbH-Novelle" vom 4. Juli 1980, die am 1. Januar 1981 in Kraft trat, haben die Bestrebungen zur Änderung des GmbH-Rechts ihren Abschluß gefunden. Der Verbesserung des Gläubigerschutzes dienen vor allem neue Regelungen auf den Gebieten der Sachgründung, der Gesellschafterdarlehen und der Einmann-Gründung. *GmbH-Novelle*

**Die GmbH baut auf einem förmlichen Gesellschaftsvertrag auf und kann zu jedem gesetzlich zulässigen Zweck errichtet werden. Die Gesellschafter sind an dem in Stammeinlagen zerlegten Stammkapital beteiligt und haften nicht persönlich für die Verbindlichkeiten der Gesellschaft, sondern mittelbar über ihre Einlagen.**

Im Vergleich zu den bisher dargestellten Rechtsformalternativen ist die GmbH insbesondere durch eine **Vielzahl von Formvorschriften** gekennzeichnet. So bedarf der Gesellschaftsvertrag der notariellen Beurkundung und eines bestimmten Mindestinhalts (Firma, Sitz, Gegenstand des Unternehmens, Betrag des Stammkapitals, Betrag der Stammeinlagen; § 3,I GmbHG). Auch der **Einmann-GmbH**, deren Gründung durch die GmbH-Novelle ermöglicht wurde, ist ein „Gesellschaftsvertrag" zugrunde zu legen. Dabei handelt es sich allerdings nicht um einen Vertrag im eigentlichen Sinne, sondern um eine „Erklärung über die Errichtung der Gesellschaft". Bei den an der Gründung einer GmbH beteiligten Rechtssubjekten kann es sich um juristische oder natürliche Personen sowie um OHG bzw. KG handeln. *Entstehung*

|  | Einzelunternehmung | Gesellschaft des bürgerlichen Rechts (GbR) | Offene Handelsgesellschaft (OHG) | Kommanditgesellschaft (KG) | Stille Gesellschaft (StG) |
|---|---|---|---|---|---|
| Gesetzliche Regelung | § 1ff. HGB | §§ 705–740 BGB | §§ 105–160 HGB (§§ 705–740 BGB gelten subsidiär) | §§ 161–177 HGB (Vorschriften über die OHG und damit auch über die GbR gelten subsidiär) | §§ 335–342 HGB (§§ 705–740 BGB gelten subsidiär) |
| Rechtsfähigkeit | rechtsfähig ist Einzelkaufmann als natürliche Person | nein; auch keine Grundbuch-, Prozeß- und Deliktsfähigkeit | nein; jedoch Grundbuch-, Prozeß- und Deliktsfähigkeit | wie OHG | nein; auch keine Grundbuch-, Prozeß- und Deliktsfähigkeit |
| Gründung | formlos; Mindestgründerzahl: 1; HR-Eintragung für Vollkaufmann erforderlich | entsteht durch Gesellschaftsvertrag; Mindestgründerzahl: 2; keine HR-Eintragung erforderlich | entsteht durch Gesellschaftsvertrag; Mindestgründerzahl: 2; HR-Eintragung erforderlich | entsteht durch Gesellschaftsvertrag von mindestens einem Komplementär und mindestens einem Kommanditisten; HR-Eintragung erforderlich | entsteht durch Gesellschaftsvertrag zwischen dem Geschäftsinhaber und dem Stillen; keine HR-Eintragung möglich |
| Mindestkapital/Mindesteinzahlung | nicht vorgeschrieben | nicht vorgeschrieben | nicht vorgeschrieben | Komplementäre: wie OHG; jedoch: feste Kommanditeinlagen für Kommanditisten (Höhe beliebig) | nicht vorgeschrieben; jedoch: Bezifferung der Einlage des stillen Gesellschafters |
| Gesellschaftsvermögen | — | Gesamthandsvermögen der Gesellschafter | Gesamthandsvermögen der Gesellschafter | Gesamthandsvermögen der Gesellschafter | kein Gesellschaftsvermögen; Einlage des stillen Gesellschafters geht in das Vermögen des Geschäftsinhabers über |
| Informationspflichten (Publizität) | keine; Ausnahme; Großunternehmen, die unter das PublG fallen | keine; Ausnahme: PublG | keine; Ausnahme: PublG | keine; Ausnahme: PublG | keine; Ausnahme: PublG |

|  | Einzelunternehmung | Gesellschaft des bürgerlichen Rechts (GbR) | Offene Handelsgesellschaft (OHG) | Kommanditgesellschaft (KG) | Stille Gesellschaft (StG) |
| --- | --- | --- | --- | --- | --- |
| **Leitungsbefugnis** | i. d. R. Einzelkaufmann allein (Vertretung möglich) | mangels anderer gesellschaftsvertraglicher Vereinbarungen Gesamtgeschäftsführung und -vertretung aller Gesellschafter | mangels anderer gesellschaftsvertraglicher Vereinbarungen Einzelgeschäftsführung und -vertretung aller Gesellschafter | mangels anderer gesellschaftsvertraglicher Vereinbarungen Einzelgeschäftsführung und -vertretung der Komplementäre; Kommanditisten sind von der Geschäftsführung grundsätzlich ausgeschlossen (jedoch Kontroll- und Widerspruchsrechte) und zur Vertretung nicht berechtigt | Geschäftsführung und Vertretung durch den Geschäftsinhaber; beschränkte Kontrollrechte des stillen Gesellschafters |
| **Haftung** | allein; unbeschränkt (mit Geschäfts- und Privatvermögen) | unmittelbare, unbeschränkte, gesamtschuldnerische Haftung jedes Gesellschafters; durch Vereinbarung mit den Gläubigern kann die Haftung auf das Gesellschaftsvermögen beschränkt werden | unmittelbare, unbeschränkte, gesamtschuldnerische Haftung jedes Gesellschafters | **Komplementäre:** wie OHG-Gesellschafter; **Kommanditisten:** haften vor HR-Eintragung unbeschränkt, nachher nur noch bis zur Höhe ihrer Einlage (beschränkte Haftung); solange die Einlage nicht geleistet ist, haften die Kommanditisten unmittelbar | Die Haftung obliegt allein dem Geschäftsinhaber; der stille Gesellschafter haftet gegenüber den Gläubigern nicht; er nimmt am Verlust nur bis zur Höhe seiner Einlage teil; Ausschluß der Verlustbeteiligung zulässig |

| | Einzelunternehmung | Gesellschaft des bürgerlichen Rechts (GbR) | Offene Handelsgesellschaft (OHG) | Kommanditgesellschaft (KG) | Stille Gesellschaft (StG) |
|---|---|---|---|---|---|
| Gewinn- und Verlustbeteiligung | gesamter Gewinn steht dem Einzelunternehmer zu; dieser ist auch alleiniger Verlustübernahmeverpflichteter | grundsätzlich Gesellschaftsvertrag maßgeblich; mangels anderer Vereinbarungen sind alle Gesellschafter am Gewinn und Verlust zu gleichen Teilen beteiligt | grundsätzlich Gesellschaftsvertrag maßgeblich; mangels anderer Vereinbarungen 4%-Verzinsung der Kapitalanteile; Restgewinn- und Verlustverteilung nach Köpfen | grundsätzlich Gesellschaftsvertrag maßgeblich; mangels anderer Vereinbarungen 4%-Verzinsung der Kapitalanteile; Verteilung des Restgewinns und Verlustes in angemessenem Verhältnis; am Verlust nimmt der Kommanditist nur bis zur Höhe seines Kapitalanteils teil | grundsätzlich Gesellschaftsvertrag maßgeblich; mangels anderer Vereinbarungen gilt ein den Umständen nach angemessener Anteil als bedungen; im Gegensatz zur Verlustbeteiligung kann die Gewinnbeteiligung nicht ausgeschlossen werden |
| Kapitalbeschaffungsmöglichkeiten | aus Privatvermögen; Nichtentnahme von Gewinnen | gegenüber Einzelunternehmung erweiterte Finanzierungsbasis durch die Möglichkeit der Aufnahme neuer Gesellschafter | im wesentlichen wie GbR | gegenüber OHG bessere Eigenfinanzierungsmöglichkeit durch Aufnahme neuer Kommanditisten | stille Gesellschaft gut zur Aufstockung der Kapitalbasis geeignet; ebenso wie der Darlehensgeber tritt stiller Gesellschafter nach außen nicht in Erscheinung |
| laufende Besteuerung | ESt und VSt beim Einzelunternehmer; GewSt | Gewinnanteile der einzelnen Gesellschafter unterliegen bei diesen der ESt; Gesellschaft nicht selbständig VSt-pflichtig; Betriebsvermögen wird einheitlich festgestellt und den Gesellschaftern anteilig zugerechnet; GewSt-Pflicht bei gewerblicher Tätigkeit | ESt und VSt wie GbR; GewSt-Pflicht der Gesellschaft | wie OHG | Gewinnanteile unterliegen beim Geschäftsinhaber bzw. beim stillen Gesellschafter der ESt; GewSt-pflichtig ist nicht die stille Gesellschaft, sondern das Unternehmen des Geschäftsinhabers; keine VSt-Pflicht der stillen Gesellschaft |

Abb. 2.33: Vergleich wichtiger Wesensmerkmale von Personenunternehmungen

Das **Stammkapital**, dessen Nennbetrag mit den Stammeinlagen der Gesellschafter übereinstimmen muß, hat **mindestens 50 000 DM** zu betragen. Jeder Gesellschafter kann **nur eine Stammeinlage** mit mindestens einem Betrag von 500 DM oder einem höheren, durch 100 teilbaren Betrag übernehmen. Die Stammeinlagen brauchen nicht als **Bar-**, sondern können auch als **Sach- oder gemischte Einlage** geleistet werden. Von der Stammeinlage ist der **Geschäftsanteil** zu unterscheiden, der die vertragsmäßigen Rechte und Pflichten der Gesellschafter zum Ausdruck bringt und demzufolge auch als Mitgliedschaftsrecht bezeichnet wird. Der Geschäftsanteil bestimmt sich nach dem Betrag der übernommenen Stammeinlage (§ 14 GmbHG). Er ist grundsätzlich frei veräußerlich und vererblich, jedoch nicht verbrieft wie die Aktie.

*Stammkapital, Stammeinlage, Geschäftsanteil*

Die Anmeldung der Gesellschaft zum Handelsregister darf erst erfolgen, wenn auf jede Geldeinlage ein Viertel eingezahlt ist. Der Gesamtbetrag der eingezahlten Geldeinlagen muß **mindestens 25 000 DM** betragen. Im Falle einer gemischten Gründung muß der Gesamtbetrag der eingezahlten Geldeinlagen zuzüglich des Gesamtbetrags der Stammeinlagen, für die Sacheinlagen zu leisten sind, mindestens diesen Betrag ergeben. Werden Sacheinlagen geleistet, so haben die Gesellschafter einen „**Sachgründungsbericht**" der Handelsregisteranmeldung beizufügen, in dem die für die Angemessenheit der geleisteten Sacheinlagen wesentlichen Umstände dargelegt sind (§ 5,IV GmbHG). Wird die GmbH nur durch eine Person errichtet (Einmann-Gründung) und hat der Alleingesellschafter nur die Mindesteinzahlung von 25 000 DM geleistet, so ist er verpflichtet, für den übrigen Teil der Geldeinlage Sicherheit zu leisten (§ 7,II GmbHG). Diese Regelung gilt auch dann, wenn sich innerhalb von drei Jahren nach Eintragung der GmbH ins Handelsregister alle Geschäftsanteile in der Hand eines Gesellschafters vereinigen (§ 19,IV GmbHG).

Durch die GmbH-Novelle wurde die **Haftung im Gründungsstadium** der Gesellschaft umfassend geregelt (§ 9a GmbHG). Neben den ersten Geschäftsführern werden jetzt unter anderem auch die Gesellschafter für die Richtigkeit und die Vollständigkeit der Angaben zum Zwecke der Errichtung der Gesellschaft in die Verantwortung genommen. Hiervon zu unterscheiden ist die **Gründerhaftung vor der Eintragung**. Die GmbH entsteht als juristische Person erst mit der Eintragung in das Handelsregister. Vor der Eintragung besteht die GmbH „als solche", d. h. als juristische Person, nicht. Ist vor der Eintragung im Namen der Gesellschaft gehandelt worden, so haften die Handelnden persönlich und gesamtschuldnerisch (§ 11 GmbHG).

Der beabsichtigten Verbesserung des Gläubigerschutzes dient auch die Regelung der **kapitalersetzenden Darlehen**. Hierbei handelt es sich um Darlehen, die ein Gesellschafter seiner Gesellschaft in einem Zeitpunkt gewährt hat, in dem ihr die Gesellschafter als ordentliche Kaufleute Eigenkapital zugeführt hätten. Diese Darlehen werden im Konkurs oder Vergleichsverfahren wie haftendes Eigenkapital behandelt. Wird das kapitalersetzende Darlehen von einem Dritten gewährt, dem ein Gesellschafter eine Sicherheit bestellt oder sich verbürgt hat, so muß sich der Dritte zunächst aus diesen Sicherheiten befriedigen. Nur für den Betrag, für den er keine Befriedigung erhält, ist er Konkursgläubiger (§ 32a GmbHG).

*kapitalersetzende Darlehen*

| | |
|---|---|
| *Organe der GmbH* | Die GmbH ist als solche nicht handlungsfähig. Sie bedarf vielmehr natürlicher Personen, die als Organe tätig werden. Das Gesetz sieht vor: Geschäftsführer, Aufsichtsrat und Gesamtheit der Gesellschafter (Gesellschafterversammlung). |
| *Geschäftsführer* | **Die Geschäftsführer sind die gesetzlichen Vertreter der GmbH.** Ihre Bestellung erfolgt entweder im Gesellschaftsvertrag oder durch Beschluß der Gesellschafterversammlung (§§ 6 III; 46 Nr. 5 GmbHG), sofern sich nicht aus den Mitbestimmungsgesetzen etwas anderes ergibt (vgl. Abb. 2.30). Ein Geschäftsführer braucht nicht Gesellschafter der GmbH zu sein. Der **Umfang der Geschäftsführungs- und Vertretungsbefugnis** richtet sich nach dem Gesellschaftsvertrag. Enthält dieser keine Regelung, so gilt Gesamtgeschäftsführung und Gesamtvertretung. Die Rechtsstellung des Geschäftsführers ist im Innenverhältnis beschränkbar, im Außenverhältnis jedoch unbeschränkbar (§ 37 GmbHG). Für die Nichteinhaltung interner Beschränkungen haften die Geschäftsführer der Gesellschaft nach § 43 GmbHG. Das MitbestG (Montan- |
| *Arbeitsdirektor* | MitbestG) verlangt zusätzlich einen **Arbeitsdirektor als gleichberechtigtes Geschäftsführungsmitglied,** wenn die GmbH mehr als 2000 (1 000) Arbeitnehmer beschäftigt. Ihm sind vor allem Aufgaben im Personal- und Sozialbereich der Gesellschaft ressortmäßig zugewiesen. |
| *Rechnungslegung* | **Neben den üblichen Geschäftsführungsaufgaben obliegt der Geschäftsführung die Buchführungs- und Bilanzpflicht der Gesellschaft.** Dabei sind bislang für die Rechnungslegung der GmbH nur jene Bewertungsvorschriften des Aktiengesetzes verpflichtend, die als Grundsätze ordnungsmäßiger Buchführung gelten; ansonsten ist § 42 GmbHG maßgebend. Eine Prüfungs- und Veröffentlichungspflicht des Jahresabschlusses wird nach bisherigem Recht nur für wenige Branchen (z. B. Kreditinstitute) und darüber hinaus in den engen Grenzen des Publizitätsgesetzes verlangt. Aufgrund der 4. gesellschaftsrechtlichen EG-Richtlinie (Bilanzrichtlinie) ergeben sich in Zukunft jedoch **grundlegende Änderungen in den Bereichen Rechnungslegung, Publizität und Prüfung.** Eine wesentliche Änderung besteht darin, daß die GmbH bezüglich dieser Bereiche im Prinzip wie die Aktiengesellschaft behandelt werden muß. Die heute weitgehend zulässige Bildung stiller Reserven wird daher zukünftig in der gleichen Weise eingeschränkt wie bei der AG. Als Ausgleich dafür ist die Bildung offener Rücklagen durch Gesellschafterbeschluß oder Gesellschaftsvertrag zugelassen. Im Gegensatz zur bisherigen Regelung müssen in Zukunft sämtliche GmbH den Jahresabschluß vollständig oder teilweise offenlegen. Für mittlere und kleine GmbH sind Erleichterungen bei der Offenlegung vorgesehen. Letztere müssen lediglich die Bilanz und den Anhang (nicht jedoch die GuV und den Lagebericht) dem Handelsregister des Sitzes der Gesellschaft einreichen und im Bundesanzeiger einen Hinweis hierauf veröffentlichen (§ 42f. RegEGmbHG). Für sie entfällt auch die Pflicht, den Jahresabschluß durch Abschlußprüfer prüfen zu lassen (§ 42b RegEGmbHG). Kleine (mittlere) Unternehmen liegen vor, wenn an zwei aufeinander folgenden Abschlußstichtagen mindestens zwei von drei Größenmerkmalen unterschritten werden: Bilanzsumme 3,9 (15,5) Mio. DM; Jahresumsatz 8,0 (32,0) Mio. DM, 50 (250) Arbeitnehmer während des Geschäftsjahres im Durchschnitt. |
| *Aufsichtsrat* | Die **Bestellung eines Aufsichtsrates** ist bei der GmbH Satzungsfrage und nicht zwingend vorgeschrieben (§ 52 GmbHG). Dies gilt nicht, wenn die Gesell- |

schaft unter das BetrVG 1952, das Montan-MitbestG bzw. das MitbestG fällt; in diesen Fällen ist die Bildung eines Aufsichtsrates obligatorisch (§ 77, I BetrVG 1952 i. V. m. § 129, I BetrVG 1972; § 3, I Montan-MitbestG; § 6, I MitbestG). Für den fakultativen und obligatorischen Aufsichtsrat gelten analog die Bestimmungen des Aktiengesetzes, soweit dem nicht mitbestimmungsrechtliche Vorschriften entgegenstehen. Die Ausgestaltung des fakultativen Aufsichtsrates kann im Gesellschaftsvertrag jedoch abweichend von den aktienrechtlichen Regelungen erfolgen.

Der **Einfluß des mitbestimmten Aufsichtsrates** ist bei der GmbH geringer als bei der AG. Beispielsweise fehlt einem nach dem BetrVG 1952 zu bildenden Aufsichtsrat insofern eine seiner wesentlichen Kompetenzen, als nach wie vor die Gesellschafterversammlung gemäß § 46 Nr. 5 GmbHG die Geschäftsführer bestellt. Diese ist nach § 46 Nr. 1 GmbHG auch für die Feststellung des Jahresabschlusses zuständig, während diese Befugnis bei der AG dem Vorstand und dem Aufsichtsrat zusteht.

**Oberstes Willensorgan der GmbH ist die Gesamtheit der Gesellschafter.** Ihr kommen besonders weitgehende Rechte zu. Die Kompetenzen der Gesellschafter-Gesamtheit ergeben sich regelmäßig aus dem Gesellschaftsvertrag. Enthält dieser keine Regelung, dann umfaßt ihr Aufgabenkreis zusätzlich zu den Befugnissen nach § 46 Nr. 1,5 GmbHG die Einforderung von Einzahlungen auf die Stammeinlagen, die Rückzahlung von Nachschüssen, die Teilung sowie die Einziehung von Geschäftsanteilen, die Maßnahmen zur Prüfung und Überwachung der Geschäftsführung, die Bestellung von Prokuristen und Handlungsbevollmächtigten, die Geltendmachung von Ersatzansprüchen der Gesellschaft gegen Geschäftsführer und Gesellschafter sowie die Vertretung der Gesellschaft in Prozessen gegen die Geschäftsführer. Die Abstimmung über diese Angelegenheiten erfolgt meist in der **Gesellschafterversammlung** nach Mehrheit der abgegebenen Stimmen. Mangels einer anderen Regelung gewähren je 100 DM eines Geschäftsanteils eine Stimme (§ 49 GmbHG). Die Gesellschafterversammlung wird durch die Geschäftsführer einberufen. Gesellschafter, deren Geschäftsanteile zusammen mindestens ¹/₁₀ des Stammkapitals ausmachen, können verlangen, daß eine Versammlung der Gesellschafter einberufen wird (§ 50 GmbHG). Gemäß § 53 GmbHG kann eine **Satzungsänderung** nur durch Beschluß der Gesellschafter erfolgen. Dieser bedarf – ebenso wie der Beschluß über die Auflösung der Gesellschaft (§ 60 GmbHG) – einer Mehrheit von ³/₄ der abgegebenen Stimmen. Im Gesellschaftsvertrag kann zum Schutze der Minderheit für den Auflösungsbeschluß auch Einstimmigkeit vorgesehen werden.

Anders als bei der AG ist es bei der GmbH möglich, in der Satzung eine **Nachschußpflicht** zu verankern (§ 26 GmbHG). Der Haftungsumfang der Gesellschafter erweitert sich dadurch um die von der Gesellschaft eingeforderten Nachschüsse. Das Gesetz unterscheidet zwischen **beschränkter** und **unbeschränkter Nachschußpflicht**. Ist die Nachschußpflicht auf einen bestimmten Betrag beschränkt, dann greift bei verzögerter Nachzahlung das **Kaduzierungsverfahren** ein. Bei diesem Verfahren läuft der Gesellschafter Gefahr, seinen Geschäftsanteil und die geleisteten Teilzahlungen zu verlieren (§ 28 GmbHG).

*Gesamtheit der Gesellschafter*

*Nachschußpflicht*

Kein Kaduzierungsverfahren gibt es dagegen bei unbeschränkter Nachschußpflicht. Ist eine solche vereinbart, dann hat der Gesellschafter ein sogenanntes **„Abandon-Recht"**. Er kann sich von der Zahlung des eingeforderten Nachschusses dadurch befreien, daß er seinen Geschäftsanteil der Gesellschaft zur Verfügung stellt (§ 27 GmbHG). Die Haftung ist im Falle der unbeschränkten Nachschußpflicht weniger scharf, da der Gesellschafter nicht vorhersehen kann, welche Verpflichtungen auf ihn zukommen. Gemäß § 53 III GmbHG kann eine spätere Einführung einer Nachschußpflicht nur mit Zustimmung sämtlicher beteiligter Gesellschafter beschlossen werden. Ein in eine GmbH ohne Nachschußpflicht eintretender Gesellschafter braucht also nicht zu befürchten, gegen seinen Willen zu Nachschüssen herangezogen zu werden. Gleiches gilt, wenn den Gesellschaftern über die Zahlung der Einlage hinaus noch weitere Pflichten (z. B. Geschäftsführertätigkeit, Konkurrenzverbote) auferlegt werden. Auch dies muß in der ursprünglichen Satzung geschehen, nachträglich ist es ohne Einverständnis der betroffenen Gesellschafter nicht möglich.

*Bedeutung der GmbH*

Die Zahl der Gesellschaften mit beschränkter Haftung ist in den letzten Jahren erheblich gestiegen. Gab es im Jahre 1975 in der Bundesrepublik Deutschland ca. 133 000 GmbH mit einem Stammkapital von ca. 69 Mrd. DM, so betrug ihr Bestand Ende 1982 ca. 248 000 Gesellschaften mit einem Stammkapital von rund 95 Mrd. DM. Hierbei handelt es sich zum weitaus größten Teil um „kleine" Gesellschaften im Sinne des Bilanzrichtlinie-Gesetzes. Diese Zunahme der Gesellschaften mbH steht wohl in engem Zusammenhang mit ihren besonderen Vorteilen der Haftungsbeschränkung, dem (bisherigen) Wegfall von Publizitätspflichten, den niedrigen Gründungskosten, der Möglichkeit einer flexiblen Ausgestaltung des Innenverhältnisses und dem Entfall der steuerlichen Doppelbelastung ausgeschütteter Gewinne seit dem 1. 1. 1977. Seltener dürften die Kapitalbeschaffungsmöglichkeiten über Nachschüsse eine Rolle spielen.

Insgesamt erweist sich die GmbH als geeignete Gesellschaftsform für kleine und mittlere Unternehmungen, wenn kein Gesellschafter die persönliche Haftung übernehmen will. Die durch die GmbH-Novelle ermöglichte Gründung einer GmbH durch nur eine Person erspart in Zukunft den Umweg über eine sogenannte „Strohmann-Gründung", wenn im wirtschaftlichen Endergebnis eine „Einzelunternehmung mit beschränkter Haftung" beabsichtigt ist. Es bleibt abzuwarten, welcher Einfluß die GmbH-Novelle und die zu erwartenden Änderungen im Bereich der Rechnungslegung auf die weitere zahlenmäßige Entwicklung dieser Gesellschaftsform haben werden.

## *Die Aktiengesellschaft*

Im Gegensatz zur GmbH geht die Zahl der Aktiengesellschaften seit etwa einem halben Jahrhundert ständig zurück. Während es 1926 in Deutschland noch ca. 17 000 Aktiengesellschaften gab, waren es Ende 1982 nur noch 1875. Diese verfügten jedoch über ein Grundkapital von rund 90 Mrd. DM. Hieran läßt sich ersehen, daß die AG die typische Gesellschaftsform von Großunternehmungen darstellt. Insbesondere wegen ihrer damit verbundenen wirtschaftlichen Macht war das Aktienrecht immer wieder Gegenstand von Reformbestrebungen.

Im Rahmen der Aktienrechtsreform von 1937 wurde erstmals das Recht der Aktiengesellschaft aus dem Handelsgesetzbuch ausgegliedert. Die letzte größere Reform des Aktienrechts aus dem Jahre 1965 brachte hauptsächlich eine Verschärfung der Publizitätsvorschriften, einen verstärkten Minderheitenschutz sowie einen größeren Einfluß der Hauptversammlung auf die Reservenbildung und Gewinnverteilung. Insbesondere das Recht der „verbundenen Unternehmen" (§§ 291 ff. AktG) wurde hierdurch im wesentlichen erstmals in deutschen Gesetzen verankert. Bedeutsame Änderungen haben sich in jüngster Zeit aufgrund des Mitbestimmungsgesetzes vom 4. 5. 1976 und des Durchführungsgesetzes der 2. EG-Richtlinie (Kapitalrichtlinie) vom 13. 12. 1978 ergeben.

*Aktienrecht*

**Das Aktienrecht versucht einen Ausgleich zwischen den Interessen der verschiedenen mit der AG verbundenen Personengruppen (z. B. Aktionäre, Gläubiger, Verwaltung) herbeizuführen.** Dies kann nur bis zu einem gewissen Grad gelingen, da die einzelnen Interessenlagen sehr unterschiedlich, häufig sogar einander entgegengerichtet sind.

**§ 1 AktG definiert die Aktiengesellschaft als Gesellschaft mit eigener Rechtspersönlichkeit, für deren Verbindlichkeiten den Gläubigern das Gesellschaftsvermögen haftet. Die Mitglieder (Aktionäre) haften nur mittelbar über ihren Anteil am Grundkapital (Aktie).** Der Charakter der Aktiengesellschaft wird durch die Aufbringung und Erhaltung des Kapitals und nicht durch die Persönlichkeit der Mitglieder bestimmt. Sie ist insofern die reinste Form der Kapitalgesellschaft. Ein Mitgliederwechsel ist jederzeit möglich, ohne daß die Gesellschaft hiervon berührt wird.

*Merkmale der AG*

Der **Gründungsvorgang** ist im Gesetz durch eine **Vielzahl zwingender Vorschriften** genau geregelt. Die Gründung beginnt mit der „Feststellung der Satzung" und endet mit der Eintragung der Gesellschaft in das Handelsregister. Die Gründungsvorschriften verlangen **mindestens fünf Gründer**, die den Gesellschaftsvertrag (Satzung) feststellen und notariell beurkunden lassen. Zwingend vorgeschrieben (§ 29 AktG) ist die **Einheits- oder Simultangründung**, bei der alle Aktien von den Gründern übernommen werden. Man unterscheidet zwischen **einfacher** und **qualifizierter Gründung**. Letztere liegt dann vor, wenn bestimmte, für die Gläubiger bzw. die Allgemeinheit besonders risikoreiche Abreden getroffen werden. Das Gesetz kennt folgende „Risiko"-Tatbestände: Einräumung von Sondervorteilen an einzelne Aktionäre oder Dritte, Vergütungszusagen an Gründer oder Dritte, Sacheinlagen und Sachübernahmen (§§ 26 f. AktG). In diesen Fällen unterliegt das Gründungsverfahren besonders strengen Regelungen (z. B. zusätzliche Gründungsprüfung durch besondere Gründungsprüfer; § 33, II AktG).

*Gründung der AG*

Im folgenden soll der Gründungsvorgang in seinen wesentlichen Schritten aufgezeigt werden, um die Schwerfälligkeit und die hierbei entstehenden Kosten der Gründung zu verdeutlichen. Im einzelnen vollzieht sich die Gründung einer Aktiengesellschaft in folgenden Schritten:

*Phasen der Gründung*

1. **Errichtung einer sogenannten Vorgründergesellschaft** (meist in Form einer BGB-Gesellschaft), innerhalb der sich die Gründer über die Einzelheiten der Gründung einigen. Die Vorgründergesellschaft ist nicht mit der **Vorgesellschaft oder Gründungsgesellschaft** zu verwechseln. Letztere entsteht mit der „Errichtung der Gesellschaft" (§29 AktG) und endet mit der Entstehung der juristischen Person durch Eintragung ins Handelsregister (§ 41 AktG). Sie ist keine BGB-Gesellschaft.

2. **Feststellung der Satzung** mit dem in § 23 AktG bestimmten Mindestinhalt.

3. **Übernahme sämtlicher Aktien durch die Gründer** (§ 29 AktG); damit ist die AG e r r i c h t e t. Auch dieser Vorgang bedarf der notariellen Beurkundung.

4. **Bestellung der notwendigen Gesellschaftsorgane** (§ 30 AktG). In notarieller Beurkundung wird der erste Aufsichtsrat, von diesem wiederum der erste Vorstand bestellt. Arbeitnehmervertreter sind in diesen Aufsichtsrat noch nicht zu wählen, da die AG vor ihrer Entstehung noch kein Unternehmen betreibt und demzufolge auch keine Arbeitnehmer beschäftigt.

5. **Einzahlung des Kapitals:** Bei Bareinlagen muß auf Aktien mindestens ein Viertel des Nennbetrages und ein etwaiges Agio (Aufgeld bei Überpariemission) einbezahlt werden (§ 36a AktG). Vor der vollen Leistung des Nennbetrages oder eines höheren Ausgabebetrages müssen die Aktien auf den Namen lauten (Namensaktien). Bei voller Einzahlung werden sie in der Regel als Inhaberaktien ausgegeben. Der Mindestnennbetrag einer Aktie lautet auf 50 DM; höhere Nennbeträge müssen auf volle 100 DM lauten (§ 8 AktG). Das Grundkapital – die Summe aller Aktiennennbeträge – darf 100 000 DM nicht unterschreiten.

6. **Gründungsbericht der Gründer** in schriftlicher Form (§ 32 AktG).

7. **Gründungsprüfung** durch Vorstand und Aufsichtsrat (§§ 33–35 AktG).

8. **Anmeldung der Gründung zum Handelsregister** von allen Gründern und Mitgliedern des Vorstandes und Aufsichtsrates (§§ 36, 37 AktG).

9. **Prüfung der ordnungsmäßigen Errichtung und Anmeldung** der Gesellschaft durch das Registergericht (§ 38 AktG).

10. **Eintragung der Gesellschaft in das Handelsregister,** sofern sich bei der gerichtlichen Prüfung keine Beanstandungen ergeben haben. Mit der Eintragung ist die AG als juristische Person e n t s t a n d e n (§§ 39, 41 AktG).

*Nachgründung*

Schließt die Aktiengesellschaft in den ersten zwei Jahren nach der Eintragung ins Handelsregister Verträge ab, durch die sie sich zum Erwerb von Vermögensgegenständen für eine den zehnten Teil des Grundkapitals übersteigende Vergütung verpflichtet, so ist deren Gültigkeit an die Zustimmung der Hauptversammlung und die Eintragung ins Handelsregister gebunden (§ 52 AktG). Vor der Beschlußfassung der Hauptversammlung (3/4 Mehrheit erforderlich) muß eine Prüfung durch Gründungsprüfer stattfinden, an die dieselben Maßstäbe anzulegen sind wie an die Gründungsprüfung. Diese Regelung soll verhindern, daß beispielsweise nach einer Bargründung die notwendigen Anlagegegenstände zu einem überhöhten Kaufpreis in die Unternehmung eingebracht werden.

Mit der Gründung der Aktiengesellschaft steht ihr das von den Aktionären eingezahlte Grundkapital unabhängig von einem Mitgliederwechsel zur Verfügung. Es wird in seiner nominellen Höhe auf der Passivseite der Bilanz ausgewiesen. Dadurch ist gewährleistet, daß bilanztechnisch ein verteilbarer Gewinn nur entsteht, wenn das Gesellschaftsvermögen den Betrag des Grundkapitals und der sonstigen Passiva übersteigt. Das Gesellschaftsvermögen ist Haftungsobjekt für die Gesellschaftsverbindlichkeiten. Dem satzungsmäßig in seiner Höhe fixierten Grundkapital (§ 23, III, 3 AktG) kommt die Aufgabe zu, der Aktiengesellschaft ein Vermögen in dieser Höhe zu beschaffen und zu erhalten. Das Grundkapital übernimmt also eine Garantiefunktion zugunsten der Gläubiger.

Dem Schutz der Gläubiger dient neben den Verboten der Unterpariemission (§ 9, I AktG), der Einlagenrückgewähr (§ 57, I AktG) und der Befreiung der Aktionäre von der Pflicht zur Leistung der versprochenen Einlage (§ 66 AktG) unter anderem auch die Begrenzung des **Erwerbs eigener Aktien** durch die AG (§§ 71–71e AktG). Da dieser wirtschaftlich einer Einlagenrückgewähr gleichkommen kann, sind an seine Zulässigkeit äußerst strenge Voraussetzungen geknüpft. Beispielsweise ist ein Erwerb eigener Aktien nur erlaubt, um einen schweren Schaden von der Gesellschaft abzuwenden oder wenn die Aktien der Belegschaft zum Kauf angeboten werden sollen.

Das Gesetz gebraucht das Wort „Aktie" in einer dreifachen Bedeutung. Es bezeichnet: einen **Bruchteil des Grundkapitals**, die **Gesamtheit von Rechten und Pflichten des Aktionärs (Mitgliedschaft)** und die **Aktienurkunde**. Nach deutschem Recht müssen die Aktien auf einen Nennbetrag in DM lauten (sog. **Nennwertaktie**; § 6 AktG). **Quotenaktien**, die einen bestimmten Bruchteil des Grundkapitals ausdrücken, etwa $1/1000$ oder $1/10000$, sind in der Bundesrepublik Deutschland nicht erlaubt. Hinsichtlich des Umfangs des Mitgliedschaftsrechts lassen sich Stammaktien und Vorzugsaktien unterscheiden. **Stammaktien** stellen den Normalfall dar: Jede Aktie gewährt entsprechend ihrem Nennwert gleiche Rechte. **Vorzugsaktien** sind entsprechend der Satzung mit bestimmten Sonderrechten ausgestattet (z. B. Vorzugsdividende; § 11 AktG). Was die Aktienurkunden anbelangt, so können diese entweder auf den Namen **(Namensaktie)** oder auf den Inhaber **(Inhaberaktie)** lauten (§ 10, I AktG). Bei der sogenannten vinkulierten Namensaktie hängt die Übertragung von der Zustimmung der Gesellschaft ab (§ 68, II AktG).

*Arten der Aktie*

Ebenso wie die GmbH ist auch die AG als solche nicht handlungsfähig, sondern benötigt bestimmte Organe, die sowohl intern als auch im Außenverhältnis für sie tätig werden. **Das Aktiengesetz schreibt zwingend drei Organe vor: den Vorstand, den Aufsichtsrat und die Hauptversammlung.**

*Organe der AG*

Der Vorstand ist das **eigenverantwortliche Leitungsorgan** der Aktiengesellschaft (§ 76 AktG). Er muß bei einer Gesellschaft mit mehr als 3 Mio. DM

*Vorstand*

*Arbeitsdirektor* Grundkapital aus mindestens zwei Mitgliedern bestehen. Die Satzung kann jedoch ausdrücklich einen Alleinvorstand vorsehen. In Aktiengesellschaften, die unter das MitbestG bzw. Montan-MitbestG fallen, muß ein **Arbeitsdirektor** als gleichberechtigtes Vorstandsmitglied bestellt werden (§ 33 MitbestG; § 13 Montan-MitbestG). Die Vorstände dieser Gesellschaften bestehen somit immer aus mindestens zwei Personen. Vorstandsmitglieder brauchen selbst nicht Aktionäre der Gesellschaft zu sein; sie sind es in der Regel auch nicht. Das Prinzip der Drittorganschaft ist bei der AG somit wesentlich deutlicher ausgeprägt als bei der GmbH. Anders als bei ihr bezieht der AG-Vorstand seine Kompetenz für die Gesellschaft nicht aus einem speziellen Verhältnis zu den Mitgliedern der Kapitalgesellschaft, sondern aus einer besonderen Treue- und Fürsorgepflicht gegenüber Aktionären und Arbeitnehmern auf der einen bzw. Gläubigern und Gemeinwohl auf der anderen Seite.

*Bestellung und Abberufung* In der nach dem BetrVG 1952 mitbestimmten AG sowie in der montan-mitbestimmten AG richtet sich die **Bestellung und Abberufung des Vorstandes** nach § 84 AktG: Die Vorstandsmitglieder werden durch den Aufsichtsrat mit einfacher Mehrheit auf längstens fünf Jahre bestellt; eine wiederholte Bestellung ist möglich. Bei Vorliegen eines wichtigen Grundes (z. B. grobe Pflichtverletzung; Unfähigkeit zur ordnungsmäßigen Geschäftsführung) ist die Bestellung durch den Aufsichtsrat jederzeit widerruflich. Das **MitbestG** sieht ein **wesentlich komplizierteres Verfahren** für die Bestellung des Vorstandes vor (§ 31 MitbestG). Danach benötigt ein Vorstandskandidat im ersten Wahlgang zwei Drittel der Stimmen aller Aufsichtsratsmitglieder. Kommt diese Mehrheit nicht zustande, dann wird ein gemäß § 27, III MitbestG zu bildender, paritätisch besetzter Vermittlungsausschuß eingeschaltet, der dem Aufsichtsrat innerhalb eines Monats einen Kandidatenvorschlag zu machen hat. Über diesen Vorschlag beschließt der Aufsichtsrat im zweiten Wahlgang mit der einfachen Mehrheit der Stimmen seiner Mitglieder. Wird auch diese Mehrheit nicht erreicht, dann hat der Aufsichtsratsvorsitzende bei einer erneuten Abstimmung eine zweite Stimme. Bekommt der Kandidat trotz ihres Einsatzes immer noch weniger als die Mehrheit, dann ist er endgültig nicht gewählt. Dieses Kompromißverfahren ist auch für den Widerruf der Bestellung eines Vorstandsmitgliedes vorgesehen (§ 31, V MitbestG).

Die **Eigenverantwortlichkeit des Vorstandes** erlaubt keine Weisungsbefugnis im Rahmen der Geschäftsführung; weder durch den Aufsichtsrat noch durch die Hauptversammlung. Sie kann nur insofern eingeschränkt werden, als die Satzung oder der Aufsichtsrat bestimmen können, daß bestimmte Geschäfte nur mit seiner Zustimmung vorgenommen werden dürfen (§ 11, IV AktG). Die Hauptversammlung kann über Fragen der Geschäftsführung nur entscheiden, wenn dies der Vorstand verlangt (§ 119, II AktG).

*zustimmungsbedürftige Geschäfte*

Bei einem mehrköpfigen Vorstand gilt grundsätzlich **Gesamtgeschäftsführung,** soweit nicht die Satzung oder die Geschäftsordnung des Vorstandes etwas anderes bestimmen. Es kann jedoch nicht bestimmt werden, daß ein oder mehrere Vorstandsmitglieder gegen die Mehrheit entscheiden (§ 77, I AktG). Im Außenverhältnis gilt grundsätzlich **Gesamtvertretung** (§ 78, II AktG), wobei die Satzung einem einzelnen Mitglied oder mehreren gemeinsam die

Vertretungsbefugnis übertragen kann. Inhaltlich ist diese Dritten gegenüber unbeschränkbar (§ 82, I AktG).

Die **Aufgaben des Vorstandes** umfassen neben den üblichen Geschäftsführungsmaßnahmen insbesondere die mindestens vierteljährliche Berichterstattung an den Aufsichtsrat über den Gang der Geschäfte; in längeren Zeitabständen über die beabsichtigte Geschäftspolitik, die Rentabilität der Gesellschaft und über Geschäfte, die für Liquidität und Rentabilität bedeutsam sind (§ 90 AktG). Daneben obliegt dem Vorstand die Buchführungs- und Bilanzpflicht. Gesonderte Vorstandspflichten ergeben sich zudem bei Verlust, Überschuldung und Zahlungsunfähigkeit der Gesellschaft.   *Aufgaben*

Dem weiten Umfang der Befugnisse des Vorstandes steht eine **scharfe Haftungsregelung** gegenüber. Gemäß § 93 AktG sind Vorstandsmitglieder, die ihre Pflichten verletzten, der Gesellschaft gegenüber schadensersatzpflichtig. Eine Schadensersatzpflicht tritt nicht ein, wenn sie nachweisen, daß sie „die Sorgfalt eines ordentlichen und gewissenhaften Geschäftsleiters" angewandt haben bzw. daß die schadensverursachende „Handlung auf einem gesetzmäßigen Beschluß der Hauptversammlung beruht".

**Der Aufsichtsrat ist das eigentliche Kontrollorgan der Aktiengesellschaft.** Er besteht aus mindestens drei oder satzungsgemäß einer höheren, durch drei teilbaren Mitgliederzahl, soweit sich nicht aus den Mitbestimmungsgesetzen etwas anderes ergibt. Die Höchstzahl ist an das Grundkapital gekoppelt und umfaßt bis 3 Mio. DM neun, über 3 bis 20 Mio. DM fünfzehn, über 20 Mio. DM einundzwanzig Mitglieder (§ 95 AktG).   *Aufsichtsrat*

Die Verteilung der Aufsichtsratssitze auf Anteilseigner- und Arbeitnehmerrepräsentanten ist in jedem der Mitbestimmungsgesetze anders. Das **BetrVG 1952** sieht vor, den Aufsichtsrat zu **einem Drittel mit Arbeitnehmervertretern** zu besetzen. Der Aufsichtsrat einer **montan-mitbestimmten** AG umfaßt je nach der Höhe des Grundkapitals mindestens 11, höchstens 21 Mitglieder, die formal von der Hauptversammlung zu wählen sind. Dabei schlägt die Hauptversammlung fünf Mitglieder vor, und zwar vier aus der Reihe der Aktionäre und ein weiteres relativ unabhängiges Mitglied. Betriebsrat und Gewerkschaft benennen ebenfalls fünf Mitglieder, wovon eines relativ unabhängig zu sein hat. Die Hauptversammlung ist an die Wahlvorschläge von Betriebsrat und Gewerkschaft gebunden. Das vom Gesetz vorgesehene **neutrale (elfte) Mitglied** wird von den Aufsichtsratsmitgliedern beider Gruppen vorgeschlagen.   *Sitzverteilung*

Das **Mitbestimmungsgesetz** sieht in Abhängigkeit von der Zahl der in der Unternehmung Beschäftigten mindestens 12, höchstens 20 Aufsichtsratsmitglieder vor, **die je zur Hälfte Arbeitnehmer- bzw. Anteilseignerrepräsentanten** darstellen. Die „Arbeitnehmerbank" setzt sich aus Arbeitern, Angestellten, leitenden Angestellten und Gewerkschaftsvertretern zusammen. Für letztere sind zwei bzw. im Falle eines zwanzigköpfigen Aufsichtsrates drei Sitze reserviert. Im Gegensatz zum BetrVG 1952 und zum Montan-MitbestG enthält das MitbestG hinsichtlich der Wahl des Aufsichtsratsvorsitzenden und seines Stellvertreters zwingende Vorschriften über das Wahlverfahren und die erforderlichen Mehrheiten (§ 27 MitbestG). Danach werden der Aufsichtsratsvorsitzende und sein Stellvertreter mit einer Mehrheit von zwei Dritteln aller Aufsichtsratsmitglieder gewählt. Wird diese Mehrheit auch nur für einen der beiden zu wählenden nicht erreicht, dann werden in einem zweiten Wahlgang der Aufsichtsratsvorsitzende nur von den Anteilseignervertretern und sein Stellvertreter nur von den Arbeitnehmervertretern mit einfacher Mehrheit der abgegebenen Stimmen gewählt.

Das MitbestG kennt keinen „elften Mann". Bei Abstimmungen ist durch die gerade Anzahl der Aufsichtsratsmitglieder somit eine **Pattsituation** möglich. Um eine daraus entstehende Entscheidungsunfähigkeit zu vermeiden, erhält der Aufsichtsratsvorsitzende eine zweite Stimme. Diese gilt nur, wenn wegen Stimmengleichheit eine Abstimmung wiederholt werden muß und sich dabei erneut Stimmengleichheit ergibt. Die zweite Stimme ist an die Person des Aufsichtsratsvorsitzenden gebunden und kann nicht von seinem Stellvertreter wahrgenommen werden (§ 29, II MitbestG). Da aufgrund des Wahlmodus der Aufsichtsratsvorsitzende regelmäßig ein Anteilseignerrepräsentant sein wird, räumt diese Regelung den Anteilseignern ein entscheidendes Übergewicht ein.

*Aufgaben und Rechte*     **Aufgaben und Rechte des Aufsichtsrates** sind weitgehend in § 111 AktG geregelt. Von besonderer Bedeutung ist neben der Bestellung und Abberufung des Vorstandes (§ 84 AktG) hauptsächlich die Überwachung seiner Geschäftsführung. Im voraus kann der Aufsichtsrat den Vorstand vor allem insofern kontrollieren, als bestimmte Arten von Geschäften von seiner Zustimmung abhängig gemacht werden können. Verweigert der Aufsichtsrat die Zustimmung, so kann der Vorstand das Geschäft der Hauptversammlung zur Genehmigung vorlegen. Die Hauptversammlung kann nur mit einer Mehrheit von drei Vierteln die Bewilligung erteilen. Nachträgliche Überwachungsmöglichkeiten ergeben sich hauptsächlich durch das Recht des Aufsichtsrates auf Einsicht und Prüfung aller Unterlagen und durch die Berichtspflichten des Vorstandes (§ 90 AktG). Weitere Aufgaben und Rechte des Aufsichtsrates sind unter anderem: die Prüfung und Feststellung des Jahresabschlusses (§§ 170 ff. AktG); die Einberufung der Hauptversammlung, wenn es das Wohl der Gesellschaft erfordert (§ 111, III AktG); die gerichtliche und außergerichtliche Vertretung der Gesellschaft gegenüber Vorstandsmitgliedern (§ 112 AktG). Wie die Vorstandsmitglieder haften auch die Mitglieder des Aufsichtsrates der Gesellschaft gegenüber für Verletzungen ihrer Sorgfaltspflichten (§ 116 AktG).

*Hauptversammlung*     **Die Hauptversammlung ist die Versammlung aller Aktionäre der Aktiengesellschaft.** Diese nehmen dort ihre Rechte durch Ausübung des Stimmrechts nach den Aktiennennbeträgen wahr (§§ 118, 134 AktG). Die Zuständigkeit der Hauptversammlung erstreckt sich auf alle im Gesetz oder in der Satzung ausdrücklich genannten Angelegenheiten (§ 119 AktG); insbesondere entscheidet sie über:
– die Wahl und Abberufung der Aktionärsvertreter im Aufsichtsrat, sowie die Entlastung von Vorstand und Aufsichtsrat;
– die Verwendung des Bilanzgewinns, wobei ihr Beschluß keine Änderung des festgestellten Jahresabschlusses herbeiführen kann;

- die Bestellung von Abschlußprüfern und Prüfern für etwaige Sonderprüfungen;
- alle grundsätzlichen Fragen des verfassungsmäßigen Aufbaus und der Kapitalgrundlage der AG (z. B. Satzungsänderungen, Umwandlungen, Kapitalerhöhungen und -herabsetzungen, Auflösung der Gesellschaft).

Abgesehen von der Einschränkung der Wahlmöglichkeiten von Aufsichtsratsmitgliedern werden die Befugnisse der Hauptversammlung durch die Mitbestimmung nicht berührt.

Die **ordentliche Hauptversammlung** wird alljährlich vom Vorstand einberufen. Sie hat zumindest über die Gewinnverwendung und über die Entlastung von Vorstand und Aufsichtsrat zu entscheiden (§§ 120, 175 AktG). **Außerordentliche Hauptversammlungen** sind bei Bedarf anzuberaumen, z. B. wenn es das Wohl der Gesellschaft erfordert (§ 121, I AktG) oder wenn die Vertreter von mindestens $1/20$ des Grundkapitals dies verlangen (Minderheitenschutz; § 122 AktG).

Grundsätzlich bedürfen Hauptversammlungsbeschlüsse der einfachen Mehrheit der abgegebenen Stimmen; Gesetz oder Satzung können eine größere Mehrheit bestimmen (§ 133 AktG). Beispielsweise können Satzungsänderungen nur mit 75% des anwesenden Grundkapitals beschlossen werden (§ 179, II AktG). Zur Ausübung des Stimmrechts ist persönliche Anwesenheit nicht erforderlich, der Aktionär kann sich auch durch einen schriftlich Bevollmächtigten vertreten lassen (§ 134, III AktG). Für das sogenannte **Depotstimmrecht,** das die Banken als Vertreter der Aktionäre ausüben, wird eine schriftliche, jederzeit widerrufliche und auf längstens 15 Monate erteilte Vollmacht verlangt. Bei der Stimmrechtsausübung ist die Bank an die Weisungen des Aktionärs gebunden. Hat dieser keine Weisungen erteilt, so sind für die Bank ihre eigenen, dem Aktionär mitgeteilten Vorschläge bei der Beschlußfassung maßgebend (§ 135 AktG).

*Stimmrecht*

Neben dem Stimmrecht ist das **Auskunftsrecht** eine wesentliche Befugnis der Aktionäre. Gemäß § 131 AktG kann jeder Aktionär in der Hauptversammlung vom Vorstand Auskunft über Angelegenheiten der Gesellschaft verlangen. Nur in bestimmten, im Gesetz genannten Fällen, darf der Vorstand die Auskunft verweigern. Das Auskunftsrecht dient hauptsächlich dazu, dem Aktionär die Beschaffung von Informationen zu ermöglichen, die er für eine sachgerechte Stimmrechtsausübung benötigt.

*Auskunftsrecht*

Das Aktiengesetz sieht **strenge Rechnungslegungsvorschriften** vor (§§ 148–178 AktG), die insbesondere dem Aktionärs- und Gläubigerschutz dienen sollen. Im einzelnen enthält es detaillierte Bestimmungen über die Aufstellung, Feststellung, Prüfung und Offenlegung des Jahresabschlusses.

*Rechnungslegung*

Die **Feststellung des Jahresabschlusses** erfolgt durch Vorstand und Aufsichtsrat (§ 172 AktG). Sie gelangt in den Kompetenzbereich der Hauptversammlung, wenn Vorstand und Aufsichtsrat dies beschlossen haben bzw. wenn der Aufsichtsrat den Jahresabschluß nicht gebilligt hat (§ 173 AktG). Diese Regelung erlangt Bedeutung im Hinblick auf die **Bildung freier Rücklagen.** Stellt die

Hauptversammlung den Jahresabschluß fest, so darf sie nur freie Rücklagen bilden, wenn die Satzung sie hierzu ermächtigt. Dabei bleibt sie an die Höchstgrenze von maximal 50% des Jahresüberschusses bei vorherigem Abzug eines etwaigen Verlustvortrages und der Zuweisung zur gesetzlichen Rücklage gebunden. Stellen Vorstand und Aufsichtsrat den Jahresabschluß fest, so kann sie die Satzung zu höheren Einstellungsbeträgen ermächtigen, soweit die freien Rücklagen dadurch nicht auf über die Hälfte des Grundkapitals anwachsen. Darüber hinaus kann die Hauptversammlung im Rahmen des ihr zustehenden Beschlusses über die Gewinnverwendung (§ 174 AktG) weitere Beträge in die freien Rücklagen einstellen oder als Gewinn vortragen (§ 58 AktG). Dies gilt auch, wenn die Hauptversammlung selbst den Jahresabschluß feststellt. Die Bildung einer **gesetzlichen Rücklage** ist für die AG zwingend vorgeschrieben. Ihr sind unter anderem so lange jährlich 5% des um einen etwaigen Verlustvortrag geminderten Jahresüberschusses zuzuführen, bis sie ein $1/10$ oder einen in der Satzung bestimmten höheren Teil des Grundkapitals erreicht.

*Regierungsentwurf*

Aufgrund der Umsetzung der 4. EG-Richtlinie in deutsches Recht ergeben sich für die Rechnungslegung der AG weit weniger materielle Änderungen als für die der GmbH. Hervorzuheben ist insbesondere die **Einschränkung der Möglichkeit zur Legung stiller Reserven**. Erreicht wird dies durch die zukünftige Aktivierungspflicht entgeltlich erworbener immaterieller Wirtschaftsgüter des Anlagevermögens, die Abschaffung des Abwertungswahlrechts bei kurzfristigen Wertminderungen des Sach- und des immateriellen Anlagevermögens sowie den Ersatz des Wiederaufwertungswahlrechts durch eine Zuschreibungspflicht (§§ 253, 266, 281, 282 RegEHGB). Über den geltenden § 149 AktG hinaus soll der Jahresabschluß künftig ein den tatsächlichen Verhältnissen entsprechendes Bild der Vermögens-, **Finanz-** und Ertragslage der Unternehmung vermitteln (§ 264 RegEHGB). Die Konzeption des Regierungsentwurfs sieht vor, allgemeine Rechnungslegungsvorschriften für Kapitalgesellschaften im 2. Abschnitt 3. Buch HGB zu verankern. Aus diesem Grund werden die allgemeinen Rechnungslegungsvorschriften (§§ 151, 153–161, 164–169, 178 AktG) aus dem AktG beseitig und in das HGB übernommen. Somit ergibt sich zukünftig nicht nur für die AG die Pflicht zur Aufstellung eines **Anhangs** zu Bilanz und GuV-Rechnung, der grundsätzlich dem Erläuterungsteil des Geschäftsberichts entspricht. Dieser stellt einen gleichwertigen dritten Bestandteil des Jahresabschlusses dar. Nicht zum Jahresabschluß zählt ein ebenfalls zu erstellender **Lagebericht**. Eine Prüfungs- und Offenlegungspflicht besteht für Jahresabschluß und Lagebericht (§§ 162, 177 RegEAktG). Größenabhängige Erleichterungen bezüglich Umfang und Form der Offenlegung sind für kleinere und mittelgroße Kapitalgesellschaften vorgesehen (§§ 267, 277, 287 RegEHGB).

*Bedeutung der AG*

Die besonderen Sicherheiten, die das AktG im Rahmen des Gläubiger- und Anlegerschutzes vorsieht sowie die Fungibilität der Aktie versetzen die Aktiengesellschaft in die Lage, sich gegenüber anderen Rechtsformen relativ leicht Finanzierungsquellen zu eröffnen und sich insbesondere Zugang zum organisierten Kapitalmarkt zu verschaffen. Diese Aspekte sowie die detaillierte rechtliche Regelung von Pflichten und Rechten der Organe und Mitglieder erklären die **besondere Eignung der Aktiengesellschaft als Rechtsform für industrielle Großunternehmen.**

### c) Misch- und Sonderformen

*Die Kommanditgesellschaft auf Aktien (KGaA)*

Im Vergleich zur Aktiengesellschaft ist die Kommanditgesellschaft auf Aktien nur von geringer praktischer Bedeutung (1980: 28 Gesellschaften; ca. 1,8 Mrd. DM Grundkapital). Es handelt sich bei ihr um eine Mischform, die Elemente der Kommanditgesellschaft und der Aktiengesellschaft enthält; sie ist jedoch keine Personengesellschaft, sondern eine juristische Person.

**Die KGaA hat zwei Arten von Gesellschaftern: den (die) persönlich unbeschränkt haftenden Gesellschafter und die „Kommanditaktionäre".** Letztere sind an dem in Aktien zerlegten Grundkapital beteiligt, ohne persönlich für die Schulden der Gesellschaft zu haften (§ 278, I AktG). Die **Kombination von unbeschränkter Haftung bei gleichzeitiger körperschaftlicher Organisation des Gesellschaftsvermögens** erklärt die Unbeliebtheit der KGaA in der Praxis. Trotz Vollhaftung des Komplementärs ist dieser nicht Vermögensträger.

*Merkmale der KGaA*

Ihrer Struktur nach steht die KGaA der AG wesentlich näher als der KG, wie auch ihre Regelung im Aktienrecht betont (§§ 278–290 AktG). Soweit sich aus diesen Sondervorschriften nicht etwas anderes ergibt, gelten für die KGaA selbst sowie für die Kommanditaktionäre die §§ 1–277 AktG. Die **personalistischen Züge** dieser Gesellschaft zeigen sich daran, daß sich die Stellung der persönlich haftenden Gesellschafter nach den Vorschriften über die KG regelt (§ 278, II AktG).

Als juristische Person benötigt die KGaA Organe, die für sie tätig werden. Die **Komplementäre** haben die gleiche Funktion wie der Vorstand bei der AG (§§ 283, 284 AktG); mangels abweichender Bestimmungen gilt Einzelgeschäftsführung und Einzelvertretung. Sie sind gleichsam die **„geborenen Vorstände"** der KGaA und werden anders als bei der Aktiengesellschaft nicht vom Aufsichtsrat bestellt. Die persönlich haftenden Gesellschafter können Einlagen auf das (konstante) Grundkapital der KGaA leisten und somit zugleich Kommanditaktionäre werden. Ihre Einlagen können aber auch außerhalb des Grundkapitals stehen und unterliegen dann nicht dessen aktienrechtlicher Bindung.

*Organe der KGaA*

*Komplementäre*

Der **Aufsichtsrat** setzt sich ausschließlich aus Kommanditaktionären zusammen, soweit sich nicht aus den Mitbestimmungsgesetzen etwas anderes ergibt. Er ist einerseits Überwachungsorgan wie bei der AG, andererseits ist er Vertretungsorgan der Kommanditaktionäre und führt als solches deren Beschlüsse aus (§ 287 AktG).

*Aufsichtsrat*

Die **Hauptversammlung** setzt sich aus Kommanditaktionären zusammen; Komplementäre können nur über den Erwerb von Kommanditaktien Mitglieder dieses Organs werden. Um jedoch Interessenkonflikte zu vermeiden, sind persönlich haftende Gesellschafter mit Kommanditaktien bei einzelnen Vor-

*Hauptversammlung*

gängen nicht stimmberechtigt (z. B. Wahl- und Abberufung des Aufsichtsrates, Entlastung, Beschlüsse über Ersatzansprüche). In solchen Fällen kann das Stimmrecht auch nicht übertragen werden (§ 285 AktG). Andererseits sind Hauptversammlungsbeschlüsse nur insoweit ohne weiteres wirksam, als sie lediglich die Belange der Kommanditaktionäre betreffen; ansonsten bedürfen sie der Zustimmung der Komplementäre. Einer solchen Zustimmung bedarf auch der **Beschluß über die Feststellung des Jahresabschlusses,** der im Gegensatz zur AG bei der KGaA immer in den Händen der Hauptversammlung liegt (§ 286 AktG).

*Mitbestimmung*

**Die KGaA unterliegt dem MitbestG und dem BetrVG 1952, nicht jedoch dem Montan-MitbestG.** Verglichen mit der AG weist sie – auch bei gleichem Mitbestimmungsgesetz – eine geringere Mitbestimmungsintensität auf. Diese resultiert zum einen aus der Tatsache, daß die Bestellung und Abberufung des Leitungsorgans bei der KGaA anders als bei der AG nicht in den Kompetenzbereich des mitbestimmten Aufsichtsrates fällt. Zum anderen wird die Mitbestimmungssituation bei der KGaA auch dadurch verändert, daß für sie im Gegensatz zur AG und GmbH vom MitbestG kein Arbeitsdirektor vorgesehen ist.

*Vor- und Nachteile der KGaA*

Der Vorteil der KGaA wird vielfach mit der größeren „Tüchtigkeit" der Eigentümer-Unternehmer aufgrund ihrer finanziellen Verquickung mit der Unternehmung belegt. Dieses Argument erscheint zweifelhaft, zumal auch genügend Anreize für die Vorstände sogenannter Manager-Unternehmungen vorhanden sind. Unter Umständen kann es sich sogar als Nachteil erweisen, daß die Entwicklung der Gesellschaft von den Fähigkeiten eines „geborenen" und nicht eines gewählten Vorstandes abhängig ist. Der geringe Einfluß des Aufsichtsrates auf die Geschäftsführung der KGaA ist dazu angetan, diese Gefahren noch zu verstärken. Geeignet erscheint die Konstruktion der KGaA insbesondere für große **Familienunternehmungen.** Einerseits können die Familienmitglieder aktiv an der Geschäftsführung mitwirken, andererseits können die günstigen Kapitalbeschaffungsmöglichkeiten dieser Rechtsform genutzt werden. Daneben bietet sich die KGaA bei der Absicht an, der Arbeitnehmermitbestimmung etwas von ihrer Wirkung zu nehmen.

## Die bergrechtliche Gewerkschaft

Die bergrechtliche Gewerkschaft ist eine Personenvereinigung zum gemeinsamen Betrieb eines Bergwerkes. Als „Gewerkschaft neueren Rechts" ist sie juristische Person. **Sie ist einer Kapitalgesellschaft ähnlich, hat jedoch kein festes Grundkapital.** Die Anteile (Kuxe) lauten demzufolge nicht auf einen bestimmten Nennwert wie die Aktie, sondern auf einen Bruchteil am Gesellschaftsvermögen. Sie sind Namenspapiere und verbriefen ein Mitgliedschaftsrecht. Ihre Übertragung geschieht durch schriftliche Abtretung.

*Merkmale der bergrechtlichen Gewerkschaft*

*Gewerken*

**Die Kuxinhaber werden als Gewerken bezeichnet.** Anders als bei der AG haben die Gewerken nicht nur eine einmalige Einlage zu leisten. Sie sind auch zu **„Zubußen"** verpflichtet, die eine gesellschaftsinterne Zahlungsverpflichtung darstellen. Im Rahmen ihres Abandonrechts können sie sich jedoch von ihrer

Zubußepflicht befreien, indem sie die Kuxe der Gesellschaft zur Verfügung stellen. Am Gewinn der bergrechtlichen Gewerkschaft („Ausbeute") sind die Gewerken ebenso wie am Verlust im Verhältnis ihrer Anteile beteiligt.

Oberstes Organ der bergrechtlichen Gewerkschaft ist die **Gewerkenversammlung;** ihre Rechtsstellung entspricht der Hauptversammlung bei der AG. Geschäftsführungs- und Vertretungsorgan ist der **Repräsentant** oder der aus mehreren Personen bestehende **Grubenvorstand.** Werden die jeweiligen Größenmerkmale überschritten, dann ist nach dem MitbestG bzw. Montan-MitbestG ein **Arbeitsdirektor** zu bestellen. Ein **Aufsichtsrat** besteht nur, wenn er statutarisch vorgesehen ist. Ohne eine solche Satzungsbestimmung ist er zu bilden, wenn die bergrechtliche Gewerkschaft einem der Mitbestimmungsgesetze unterfällt.

*Organe der bergrechtlichen Gewerkschaft*

Die Zubuße wurde als ein adäquates Mittel zur Aufbringung des stark schwankenden und schwer vorhersehbaren Kapitalbedarfs im Bergbau angesehen. Mit dem zunehmenden Ausbau der Grube entsteht ein höherer Kapitalbedarf. Er sollte jederzeit durch Einforderung der notwendigen Eigenmittel gedeckt werden können. Heute jedoch erfordert der Ausbau rentabler und konkurrenzfähiger Bergbaubetriebe schon aus technischen Gründen hohe Investitionen, deren Finanzierung häufig nur im Rahmen der Rechtsform einer Aktiengesellschaft erfolgen kann. Nicht zuletzt hieraus erklärt sich die heute sehr geringe Bedeutung dieser Gesellschaftsform.

*Bedeutung der bergrechtlichen Gewerkschaft*

## Die eingetragene Genossenschaft (e. G.)

Das Genossenschaftsgesetz (GenG) kennzeichnet die **Genossenschaft als Gesellschaft ohne geschlossene Mitgliederzahl, die mit Hilfe eines gemeinschaftlichen Geschäftsbetriebs Erwerb oder Wirtschaft ihrer Mitglieder fördern will** (§ 1 GenG). Sie ist eine juristische Person (§ 17, I GenG), jedoch weder Personen- noch Kapitalgesellschaft.

*Merkmale der Genossenschaft*

Charakteristisch für die Genossenschaft ist, daß sie auf freien Mitgliederwechsel angelegt ist. Ihr **Zweck liegt nicht in der eigenen Gewinnerzielung,** sondern in der Sicherung, Förderung oder Unterstützung der wirtschaftlichen Betätigung ihrer Genossen. Erzielt sie einen Gewinn, dann beruht dieser eigentlich auf einer „Zuvielleistung" der Genossen. Die Genossenschaft ist also eine Hilfsgesellschaft zur Wahrung der Interessen der Genossen.

Zur Errichtung der Genossenschaft sind sieben Mitglieder erforderlich, die schriftlich eine Satzung feststellen. In ihren wichtigsten Bestimmungen kann sie später nur mit einer Mehrheit von mindestens 75% der abgegebenen Stimmen geändert werden (§ 16 GenG). **Vorstand und Aufsichtsrat sind aus dem Kreis der Gründergenossen zu bestellen** (§ 9 GenG). Mit der Feststellung der Satzung ist die Genossenschaft errichtet, aber noch nicht existent. Damit sie als juristische Person entsteht, bedarf es der Eintragung ins Genossenschaftsregister. Die Anmeldung zu diesem Register erfolgt durch den Vorstand. Die Genossenschaft wird als Sachfirma mit einer dem Sachziel entlehnten Kennzeichnung eingetragen (§ 3 GenG). Entsprechend ihrem mitgliederbezogenen Charakter ist **kein bestimmtes Gründungskapital** vorgesehen.

*Entstehung*

| | |
|---|---|
| *Geschäftsanteil/ Geschäftsguthaben* | Im Statut ist anzugeben, bis zu welchem Maximalbetrag sich die einzelnen Genossen mit Einlagen beteiligen können **(Geschäftsanteil)**. Ferner ist gemäß § 7 Nr. 1 GenG der Betrag der Einzahlung auf den Geschäftsanteil anzugeben, zu welcher jeder Genosse verpflichtet ist (Mindesteinlage). Die Satzung kann vorsehen, daß sich ein Genosse mit mehreren Geschäftsanteilen beteiligen darf bzw. muß (§ 7a GenG). Vom Geschäftsanteil zu unterscheiden ist das **Geschäftsguthaben,** welches den Betrag beziffert, mit dem der Genosse tatsächlich an der Genossenschaft beteiligt ist. Es setzt sich aus den Einzahlungen auf den Geschäftsanteil und den Gewinnzu- bzw. Verlustabschreibungen zusammen (§ 19, I GenG). |
| *Haftung* | Wie bei den Kapitalgesellschaften haftet für die Verbindlichkeiten der Genossenschaft nur das Vermögen der Genossenschaft (§ 2 GenG). **Eine unmittelbare Haftung der Genossen besteht nicht. Mittelbar können sie jedoch im Konkursfall in Anspruch genommen werden, wenn in der Satzung eine Nachschußpflicht vorgesehen ist.** Nach § 6 Nr. 3 GenG lassen sich somit unterscheiden: |

1. Genossenschaften mit unbeschränkter Nachschußpflicht;
2. Genossenschaften mit beschränkter Nachschußpflicht (auf eine bestimmte „Haftsumme");
3. Genossenschaften ohne Nachschußpflicht; diese sind erst seit dem 1. 1. 1974 zugelassen.

An einer Genossenschaft können sich natürliche und juristische Personen sowie Personenhandelsgesellschaften beteiligen. Die Mitgliedschaft kann entweder durch Teilnahme an der Gründung oder durch späteren Beitritt erworben werden. Es bedarf dann einer schriftlichen Beitrittserklärung und der (konstitutiven) Eintragung des Genossen in das Genossenschaftsregister (§§ 15–15b GenG). Der Austritt aus der Genossenschaft kann entweder durch schriftliche Kündigung (§ 65 GenG) oder durch Abtretung des Geschäftsguthabens (§ 76 GenG) erfolgen. Die Mitgliedschaft ist nicht übertragbar und nur beschränkt vererblich. Sinkt die Zahl der Genossen unter die Mindestgründerzahl, so wird eine gerichtliche Auflösung herbeigeführt (§ 80 GenG).

| | |
|---|---|
| *Organe der Genossenschaft* | Die notwendigen Organe der Genossenschaft sind Vorstand, Aufsichtsrat und Generalversammlung (Vertreterversammlung). Anders als bei der AG können grundsätzlich nur Genossen Mitglieder dieser Organe werden. |
| *Vorstand* | Der **Vorstand** der Genossenschaft besteht aus **mindestens zwei Mitgliedern** und wird von der Generalversammlung gewählt (§ 24 GenG), soweit dem nicht das MitbestG entgegensteht. Ein nach dem MitbestG zu wählender Arbeitsdirektor braucht nicht Genosse zu sein (§ 33, III MitbestG). Der Vorstand führt die Geschäfte und vertritt die Genossenschaft nach außen. Ist in der Satzung nichts anderes vorgesehen, dann gilt Gesamtvertretung. Im Rahmen der Geschäftsführung ist der Vorstand an die durch Satzung und Generalversammlungsbeschluß bestimmten Beschränkungen gebunden. Eine Beschränkung der Vertretungsmacht ist dagegen nicht möglich (§ 27 GenG). Der Vorstand hat die Pflicht zur Rechnungslegung; Feststellungsorgan ist jedoch die Generalversammlung. Anstelle einer gesetzlichen Rücklage enthält die Bilanz |

einen **Zwangsreservefond** (Ergebnisrücklage), den die Satzung in den Einzelheiten näher bestimmen muß und der zur Deckung etwaiger Verluste der Genossenschaft dient.

Der **Aufsichtsrat** hat eine ähnliche Stellung wie bei der AG. Er wird von der Generalversammlung gewählt und umfaßt **mindestens drei Mitglieder** (§ 36 GenG). Seine Zusammensetzung richtet sich bei mitbestimmungspflichtigen Genossenschaften nach dem BetrVG 1952 bzw. dem MitbestG. Der Aufsichtsrat hat in bezug auf die Geschäftsführung des Vorstandes **Kontrollaufgaben** wahrzunehmen und kann zu diesem Zweck vom Vorstand jederzeit Berichterstattung verlangen, die Bücher und Schriften der Genossenschaft einsehen sowie den Bestand der Genossenschaftskasse und die Bestände an Effekten, Handelspapieren und Waren prüfen. Des weiteren hat er die Jahresrechnung, die Bilanz und die Vorschläge zur Verteilung von Gewinn und Verlust zu überprüfen. Er hat die Generalversammlung einzuberufen, wenn es das Interesse der Genossenschaft erfordert (§ 38 GenG). Um zu vermeiden, daß Aufsichtsratsmitglieder eine besonders gewinnorientierte Geschäftspolitik favorisieren, dürfen sie **keine Tantieme** beziehen. Dies würde einen Verstoß gegen den Genossenschaftsgedanken bedeuten.

*Aufsichtsrat*

**Die Generalversammlung ist das oberste Willensorgan der Genossenschaft.** Hier werden die Rechte der Genossen durch Beschlußfassung ausgeübt. Im Gegensatz zu den Kapitalgesellschaften hat jeder Genosse ungeachtet seiner kapitalmäßigen Beteiligung nur **eine** Stimme (§ 43 GenG). Für Genossenschaften mit mehr als 3 000 Mitgliedern verlangt das Gesetz eine Generalversammlung aus Vertretern der Genossen. Diese **Vertreterversammlung,** die bereits bei einer Mitgliederzahl von mehr als 1 500 statutarisch vorgesehen werden kann, besteht aus mindestens 50 Vertretern, die von den Genossen in allgemeiner, unmittelbarer, gleicher und geheimer Wahl gewählt werden (§ 43a GenG). Die Einberufung der Generalversammlung bzw. der Vertreterversammlung erfolgt in der Regel durch den Vorstand. Ihre besonderen Aufgaben liegen in der Feststellung des Jahresabschlusses und in der Beschlußfassung über Gewinn- und Verlustverteilung sowie über die Entlastung von Vorstand und Aufsichtsrat.

*Generalversammlung*

Vorwiegend bei kleineren Genossenschaften verfügen die Vorstandsmitglieder nicht immer über fundierte kaufmännische Kenntnisse. Aus diesem Grunde sieht das Genossenschaftsgesetz **regelmäßig wiederkehrende Überprüfungen der gesamten genossenschaftlichen Geschäftsverhältnisse** vor. Gemäß § 53 GenG sind die Einrichtungen, die Vermögenslage sowie die **Geschäftsführung** der Genossenschaft mindestens in jedem zweiten Geschäftsjahr zu prüfen. Die genossenschaftliche Pflichtprüfung geht insofern über die aktienrechtliche Jahresabschlußprüfung hinaus. Übersteigt die Bilanzsumme 1 Mio. DM (2 Mio. DM nach § 53 RegEGenG), dann muß die Prüfung in jedem Geschäftsjahr stattfinden. Sie hat durch einen **Prüfungsverband** zu erfolgen. Jede Genossenschaft hat dazu einem Verband anzugehören, dem das Prüfungsrecht verliehen ist (§ 54 GenG).

*Prüfung*

Die für die Genossenschaft geltenden Vorschriften über Form und Inhalt des Jahresabschlusses sowie dessen Prüfung und Veröffentlichung entsprechen

*Regierungsentwurf*

weitgehend den aktienrechtlichen Vorschriften. Im Gegensatz zum früheren Regierungsentwurf werden die Genossenschaften jedoch nicht mehr zu den Kapitalgesellschaften im Sinne des 2. Abschnittes 3. Buch RegEHGB gezählt. Für sie gelten daher lediglich die allgemeingültigen Rechnungslegungsvorschriften.

*Auflösung*

Die Genossenschaft kann durch **Beschluß der Generalversammlung** jederzeit aufgelöst werden. Der Beschluß bedarf einer Mehrheit von drei Vierteln der abgegebenen Stimmen. Neben einer Vielzahl anderer Auflösungsgründe (z. B. Ablauf der im Statut bestimmten Zeit, Nichtanschluß an einen Prüfungsverband) hat gemäß § 81 GenG auch der Verstoß gegen das genossenschaftliche Förderungsprinzip liquidierenden Charakter.

*Arten von Genossenschaften*

Die Erscheinungsformen der Genossenschaft in der Realität sind vielfältig. Henzler systematisiert nach zwei großen Gruppen: **Einzel-, Individual- oder Primärgenossenschaften** sind dadurch gekennzeichnet, daß sich ihr Mitgliederbestand in der Hauptsache aus „natürlichen Personen" rekrutiert; **Zentral- oder Sekundärgenossenschaften** repräsentieren dagegen den genossenschaftlichen Zusammenschluß von Einzelgenossenschaften. Im einen Fall steht die direkte Förderung der Mitglieder, im anderen Fall die unmittelbare Förderung der Primärgenossenschaften im Mittelpunkt.

Sind die Genossenschaftsmitglieder gleichzeitig als Arbeitnehmer in die Einzelgenossenschaft integriert, dann handelt es sich um eine **Produktivgenossenschaft.** Davon zu unterscheiden sind die reinen **Förderungsgenossenschaften,** die nur Hilfsfunktionen hinsichtlich bestimmter Zwecke ihrer Mitglieder ausüben. Die Mitglieder geben dabei ihre ökonomische und rechtliche Selbständigkeit nicht auf. Je nach der Existenz einer personellen Identität zwischen Genossenschaftsmitgliedern und „Kunden" einerseits bzw. Genossenschaftsmitgliedern und „Lieferanten" andererseits lassen sich die Förderungsgenossenschaften in Beschaffungs- und Verwertungsgenossenschaften einteilen. Beispielsweise erstreben die Mitglieder von Kredit-, Bau-, Einkaufs- oder Dienstleistungsgenossenschaften Vergünstigungen im Beschaffungssektor. Ebenso werden durch genossenschaftliche Zusammenschlüsse im Produktions- und Absatzbereich bestimmte Vorteile angestrebt. Genossenschaften finden sich in allen Zweigen und auf allen Stufen der volkswirtschaftlichen Produktion. Vor allem im Bereich der mittelständischen Wirtschaft sind sie von nicht zu unterschätzender Bedeutung.

## Die GmbH & Co. KG

*Merkmale der GmbH & Co. KG*

**Die GmbH & Co. KG ist eine Kommanditgesellschaft, deren (in der Regel) einziger Komplementär eine GmbH, also eine in der Haftung auf das Gesellschaftsvermögen beschränkte Kapitalgesellschaft ist.** Bei der GmbH & Co. KG handelt es sich um den praktisch bedeutendsten Fall einer sogenannten **„Kapitalgesellschaft & Co.".**

Sind die Kommanditisten der KG und die Gesellschafter der Komplementär-GmbH personenidentisch, so spricht man von einer GmbH & Co. KG im engeren Sinne. Eine Einmann-GmbH & Co. KG liegt vor, wenn alle Kommandit- und GmbH-Anteile in einer Hand vereinigt sind. Eine besondere Variante der GmbH & Co. KG ist die sogenannte Einheitsgesellschaft. Hier besitzt die KG alle Anteile ihrer eigenen Komplementär-GmbH. In diesem Zusammenhang ist noch die „doppelstöckige" oder „dreistufige" GmbH & Co. KG zu nennen, deren einziger Komplementär keine GmbH, sondern wiederum eine GmbH & Co. KG ist.

Die GmbH & Co. KG baut auf der ehemals rechtlich umstrittenen Tatsache auf, daß sich juristische Personen als Gesellschafter an Personengesellschaften (OHG, KG) beteiligen können. Die Gründung einer GmbH & Co. KG war früher hauptsächlich steuerlich motiviert. Man sah in ihr eine allseitig haftungsbeschränkte Rechtsform, die es erlaubte, die steuerliche Doppelbelastung ausgeschütteter Gewinne weitgehend zu vermeiden. Mit der Einführung des körperschaftsteuerlichen Anrechnungsverfahrens seit dem 1. 1. 1977 ist dieses Gründungsmotiv weitgehend entfallen. Heute dürften deshalb verstärkt betriebswirtschaftliche und gesellschaftsrechtliche Gesichtspunkte, wie beispielsweise **Kapitalbeschaffungsmöglichkeiten** (Publikums-GmbH & Co. KG, Abschreibungsgesellschaften), **Möglichkeit der Drittorganschaft** und **Sicherung der Unternehmungsfortführung** („die GmbH stirbt nicht") für die Wahl der GmbH & Co. KG maßgebend sein.

*Gründungsmotive*

Ein weiterer Vorteil dieser Rechtsform wird in **mitbestimmungsrechtlichen Gesichtspunkten** erblickt. Eine GmbH unterliegt der (drittelparitätischen) Arbeitnehmermitbestimmung nach dem BetrVG 1952 bereits dann, wenn sie mehr als 500 Arbeitnehmer beschäftigt. Bei der GmbH & Co. KG greift die paritätische Mitbestimmung erst ein, wenn mehr als 2 000 Beschäftigte vorhanden sind. Mitbestimmungspflichtig ist dann nur die Komplementär-GmbH; ihr werden unter den Voraussetzungen des § 4, I MitbestG die Arbeitnehmer der KG zugerechnet.

*Mitbestimmung*

Die **Gründung** der GmbH & Co. KG vollzieht sich naturgemäß in **zwei Stufen**. Zunächst muß die GmbH gegründet werden. Hat diese mit der Eintragung ins Handelsregister Rechtsfähigkeit erlangt, dann kann sie Komplementärin der zu errichtenden KG werden.

*Entstehung*

Die **Geschäftsführungsbefugnis** steht in der Kommanditgesellschaft dem Komplementär, in der GmbH & Co. KG folglich der Komplementär-GmbH zu. Für diese werden als Organe wiederum natürliche Personen tätig, wodurch sich die Geschäftsführungsbefugnis bei der GmbH & Co. KG gleichsam kraft doppelter gesetzlicher Delegation ergibt: einmal aus der reinen Komplementärstellung der GmbH, zum anderen mittelbar aus der Geschäftsführungsbefugnis in der GmbH. Im Gegensatz zur reinen Kommanditgesellschaft ist damit bei der GmbH & Co. KG eine Trennung von Gesellschafterstellung und Leitungsbefugnis möglich, indem Nichtgesellschafter zu Geschäftsführern der GmbH und letztlich der GmbH & Co. KG bestellt werden. Die Befugnis umfaßt alle üblichen Geschäfte der GmbH & Co. KG. Die **Vertretung** der GmbH & Co. KG liegt ebenfalls beim Komplementär und folglich bei den Geschäftsführern der GmbH.

*Geschäftsführung und Vertretung*

Die handelsrechtliche Gewinnverteilung regelt sich wie bei der KG entweder nach § 168 HGB oder nach dem Gesellschaftsvertrag. Um steuerlich aner-

*Gewinnverteilung*

kannt zu werden, muß die **Gewinnverteilungsabrede wirtschaftlich angemessen sein.** Der gesellschaftsvertragliche Gewinnverteilungsschlüssel hat daher in der Regel Geschäftsführung, Haftungsrisiko und Kapitaleinlage der Komplementär-GmbH zu berücksichtigen.

*Rechnungslegung*

Bei der GmbH & Co. KG handelt es sich im Grunde um zwei rechtlich eigenständige Unternehmungen. Nach geltendem Recht führen diese eine **getrennte Rechnungslegung** nach ihren spezifischen gesetzlichen Vorschriften durch. Im Regierungsentwurf des Bilanzrichtlinie-Gesetzes zur Angleichung des deutschen Rechts an die 4. EG-Richtlinie ist im Gegensatz zum früheren Entwurf von der Gleichstellung der GmbH & Co KG mit der GmbH abgesehen worden. Gesellschaften mit beschränkter Haftung steht dadurch die Möglichkeit offen, mit Hilfe der GmbH & Co KG Regelungen der Richtlinie zu umgehen. Gesellschaften mit beschränkter Haftung und GmbH & Co KG sind wirtschaftlich nämlich austauschbar. Wie bei allen anderen Kapitalgesellschaften sind für den formellen und materiellen Inhalt der Rechnungslegung der GmbH künftig die Vorschriften der §§ 264–287 RegEHGB maßgeblich. Die KG hat sich an den allgemeinen Rechnungslegungsvorschriften zu orientieren, die für alle Kaufleute gelten (§§ 238–263).

Eine Ausdehnung des Gläubigerschutzes soll durch die Regelungen der GmbH-Novelle vom 4. 7. 1980 auch im Bereich der GmbH & Co. KG erreicht werden. So bestimmt beispielsweise § 172a HGB, daß die für die Gewährung von **Gesellschafterdarlehen** bei der GmbH geltenden Vorschriften (§§ 32a, 32b GmbHG) auch auf die GmbH & Co. KG sinngemäß Anwendung finden. Weiterhin gelten gemäß § 172, VI HGB Anteile an einer Komplementär-GmbH, die als Kommanditeinlagen bewirkt wurden, den Gesellschaftsgläubigern gegenüber als nicht geleistet. Anderenfalls würde das Vermögen der Komplementär-GmbH gleichzeitig als ihr Haftungspotential und als Haftungspotential der Kommanditisten dienen.

*Auflösung*

Die Auflösung der GmbH & Co. KG richtet sich nach den einschlägigen Bestimmungen der Kommanditgesellschaft (§ 161, II; § 131 HGB). Umstritten ist, ob erst die Vollbeendigung der juristischen Person, also das Erlöschen der Abwicklungsgesellschaft, oder schon die Liquidation der Komplementär-GmbH einen Auflösungsgrund für die GmbH & Co. KG bedeuten. Bis Mitte 1976 war für die GmbH & Co. KG wie für alle anderen Personengesellschaften nur **Zahlungsunfähigkeit** Konkurs- und somit Auflösungsgrund. Seit diesem Zeitpunkt ist für die GmbH & Co. KG die **Überschuldung** ein weiterer Konkurstatbestand (§ 130a HGB); sie ist insofern der Kapitalgesellschaft gleichgestellt.

## *Die Doppelgesellschaft*

Die Doppelgesellschaft ist im Gegensatz zu den anderen Misch- und Sonderformen keine eigenständige Rechtsform. **Sie entsteht durch Aufspaltung einer einheitlichen Unternehmung in zwei oder mehrere rechtlich selbständige Unter-**

nehmungen (meist eine Personen- und eine Kapitalgesellschaft), die wirtschaftlich jedoch eine Einheit bilden.

Aus der Vielzahl möglicher Varianten von Betriebsaufspaltungen sind besonders zwei Hauptformen hervorzuheben: die Aufspaltung in eine **Betriebs- und Vertriebsgesellschaft** sowie die Aufspaltung in eine **Besitz- und Betriebsgesellschaft.**

*Formen der Betriebsaufspaltung*

Im ersten Fall erfolgt eine Trennung der Beschaffungs- und Produktionstätigkeit von der nachgelagerten marktlichen Verwertung der Erzeugnisse, d. h. die Vertriebsabteilung wird in eine eigene Rechtsform gekleidet. Dabei wird die Produktionsunternehmung regelmäßig vertraglich verpflichtet, ihre gesamten Erzeugnisse über die Vertriebsunternehmung absetzen zu lassen. Meist wird die Vertriebsgesellschaft als Kapitalgesellschaft und die Produktionsgesellschaft als Personengesellschaft betrieben, wenngleich auch Unternehmungsaufspaltungen mit nur Personen- oder nur Kapitalgesellschaften denkbar sind. Eine derartige Konstruktion kann beispielsweise dem Zweck dienen, der Vertriebsunternehmung als beschränkt haftender Kapitalgesellschaft das **Verwertungsrisiko** zu übertragen.

*Betriebs-/Vertriebsgesellschaft*

Bei der Aufspaltung in eine Besitz- und Betriebsgesellschaft wird in der Regel aus einer Personengesellschaft eine Kapitalgesellschaft ausgegründet. Die Anteile an der Kapitalgesellschaft werden entweder von der bisherigen Gesellschaft selbst oder von deren Gesellschaftern gehalten. Die (Besitz-)Personengesellschaft behält die zur Produktion notwendigen Anlagen, während in die (Betriebs-)Kapitalgesellschaft nur das Umlaufvermögen eingebracht wird. **Die Anlagegegenstände werden von der Besitz- an die Betriebsgesellschaft verpachtet.** Vielfach geschieht dies mit der vertraglichen Verpflichtung, daß diese die Gegenstände „im selben Zustand" zurückzugeben hat. Besteht eine solche Vereinbarung, dann kann die Betriebs-Kapitalgesellschaft eine Rückstellung für Erneuerungspflichten auf der Basis von Wiederbeschaffungspreisen bilden. Hiermit wird einer reproduktiven Substanzerhaltung Rechnung getragen. Finanzverwaltung und Rechtsprechung fordern in einem solchen Falle jedoch eine korrespondierende Forderungsaktivierung bei der Personengesellschaft, wodurch es bei dieser zum Ausweis unrealisierter Gewinne kommt.

*Besitz-/Betriebsgesellschaft*

Bei der dargestellten Form der Aufspaltung in eine Besitz- und eine Betriebsgesellschaft wird das gesamte Risiko der unternehmerischen Tätigkeit von der Kapitalgesellschaft übernommen. Das Anlagevermögen bleibt im Eigentum der Personengesellschaft und somit grundsätzlich außerhalb der betrieblichen Haftungssphäre. Es ist sogar möglich, besonders risikobehaftete Betriebsteile abermals abzuspalten und in eine Kapitalgesellschaft zu überführen, so daß eine sogenannte **„Mehrgesellschaft"** entsteht (z. B. zwei Kapitalgesellschaften und eine Personengesellschaft). Im Konkursfall der Kapitalgesellschaft können die im Eigentum der Besitz-Personengesellschaft stehenden Anlagegegenstände ausgesondert werden. Hierbei darf allerdings nicht übersehen werden, daß die Personengesellschaft bei umfangreicher Kreditaufnahme der Kapitalgesellschaft in der Regel als Sicherungsgeber zu dienen hat. Ihr Vermögen kann in diesem Fall zur Haftung herangezogen werden.

*Vorteile der Betriebsaufspaltung*

Der **steuerliche Reiz der Betriebsaufspaltung** liegt in der Tatsache, daß beide Gesellschaften steuerrechtlich als selbständige Unternehmungen anerkannt werden. Hierdurch wird es möglich, die steuerlichen Vorteile der Kapitalgesellschaft zu nutzen (z. B. gewinnmindernde Zahlung von Gehältern an Gesellschafter der Personengesellschaft für deren Geschäftsführertätigkeit in der Kapitalgesellschaft). Auf die steuerlichen Vorzüge der Personengesellschaft muß trotzdem nicht verzichtet werden (z. B. Möglichkeit der Verlustverrechnung, Vermeidung der vermögensteuerlichen Doppelbelastung).

Ein weiterer Vorteil der Betriebsaufspaltung liegt in der **Sicherung der Unternehmungskontinuität.** Beispielsweise können die zukünftigen Erben durch Einräumung einer (Gesellschafter-)Geschäftsführerstellung in der Betriebsgesellschaft an die Unternehmung gebunden werden und langsam in sie „hineinwachsen", ohne daß es ihnen möglich ist durch mangelnde Erfahrung unter Umständen das gesamte Betriebsvermögen zu gefährden.

Auch in **mitbestimmungsrechtlicher und publizitätsmäßiger Hinsicht** entstehen Vorteile durch die Betriebsaufspaltung: Es wird z. B. ermöglicht, die Schwellenwerte herabzumindern, an die die Mitbestimmungsgesetze, das Publizitätsgesetz und der Regierungsentwurf des Bilanzrichtlinie-Gesetzes anknüpfen. Unternehmen können dadurch unter Umständen die Publizitäts- und Mitbestimmungspflicht umgehen.

*Nachteile der Betriebsaufspaltung*

In Anbetracht der Vorteile der Betriebsaufspaltung dürfen jedoch ihre **Nachteile** nicht übersehen werden. Sie ergeben sich z. B. aus dem personellen und sachlichen Mehraufwand durch getrennte Buchführung und Jahresabschlüsse zweier selbständiger Unternehmungen. Außerdem besteht insbesondere bei ungenau aufeinander abgestimmten Gesellschaftsverträgen die Gefahr, daß sich beide Unternehmungen auseinanderentwickeln.

## *Die Stiftung*

Die Stiftung als rechtssubjektliche Trägerin einer Unternehmung oder eines Unternehmungsteiles hat vor allem nach 1945 auch im Bereich der Industrie erkennbar zugenommen. Sie hat jedoch nie die Bedeutung erlangt, die ihr in angelsächsischen Ländern zukommt.

Das BGB enthält zwar grundlegende Bestimmungen über die Stiftung (§§ 80–88), definiert sie jedoch nicht. Auch die im übrigen geltenden landesrechtlichen Vorschriften (in Bayern: Bayerisches Stiftungsgesetz vom 16. 11. 1954) enthalten keine Definition. Der Begriff wurde demzufolge aus der Gesamtregelung des Gesetzes sowie aus der Abgrenzung zu verwandten Formen entwickelt: **Bei der Stiftung handelt es sich demnach um eine durch den Errichtungsakt des Stifters ins Leben gerufene Einrichtung, bei der eine bestimmte Vermögensmasse auf Dauer dem vom Stifter festgelegten Zweck gewidmet wird (Löffler/Faut).**

*Begriff der Stiftung*

*Formen der Stiftung*

Von der **privatrechtlichen** Stiftung ist die des **öffentlichen Rechts** (z. B. Stiftung Warentest) nur schwer zu unterscheiden, zumal das BGB keine Unterscheidungsmerkmale angibt. Indizien, wie gesetzliche Deklaration, Verfolgung öffentlicher Zwecke oder Errichtung durch eine staatliche Behörde, können lediglich Anhaltspunkte liefern.

Der **rechtsfähigen** Stiftung steht die **nicht-rechtsfähige** (unselbständige, fiduziarische) Stiftung gegenüber. Letztere ist nicht selbst Eigentümerin ihres Vermögens; vielmehr geht bei ihr das Vermögen in das Eigentum einer rechtsfähigen Person oder Gesellschaft (Treuhänder) über, die es im Sinne des Stiftungszwecks verwaltet.

Stiftungen dienen nicht zwangsläufig der Verfolgung wirtschaftlicher Ziele; weitaus zahlreicher sind **„ideelle" Stiftungen,** bei denen gemeinnützige Zwecksetzungen im Vordergrund stehen. Im folgenden interessiert hauptsächlich die rechtsfähige Stiftung des Privatrechts, die mit ihrem Vermögen eine wirtschaftliche oder gemeinnützige Zielsetzung verfolgt. Ihren rechtlichen Standort gibt Abb. 2.34 wieder.

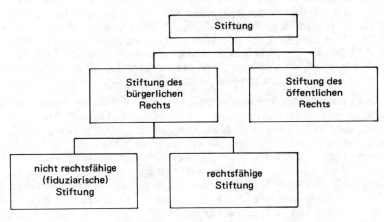

*Abb. 2.34: Arten der Stiftung*

Ein Industriebetrieb kann im wesentlichen in zweierlei Weise in Beziehung zu einer Stiftung stehen: **Zum einen kann die Stiftung selbst rechtliche Trägerin eines Industriebetriebs sein** (typisches Beispiel: Carl Zeiss-Stiftung); **zum anderen kann sie als Holding- oder Beteiligungsverwaltungsgesellschaft auftreten, wenn ihr Anteile an Industriebetrieben übereignet werden** (z. B. Alfried Krupp von Bohlen und Halbach-Stiftung). Im ersten Fall betreibt die Stiftung die Unternehmung unmittelbar; die gesamte Unternehmen gehört zum Stiftungsvermögen (sogenannte **Unternehmensträgerstiftung**). Im zweiten Fall betreibt die Stiftung die Unternehmung mittelbar, d. h. sie ist an ihr als Gesellschafterin beteiligt, wobei es auf die Höhe der Beteiligung nicht ankommt.

Von den übrigen Rechtsformen unterscheidet sich die Stiftung durch ihren **fremd entschiedenen Stiftungszweck.** Der Stifter kann innerhalb der Grenzen der Rechtsordnung den Stiftungszweck frei wählen und dauerhaft festsetzen, den er mit Hilfe des gestifteten Vermögens erreicht sehen will. Wirtschaftliche

*Stiftungszwecke*

und ideelle Zwecksetzungen schließen sich dabei nicht aus. So kann beispielsweise eine Stiftung eine Unternehmung nur aus dem Grund betreiben, um mit deren Gewinnen ihre ideellen Zwecke verfolgen zu können.

In besonderem Maße hebt sich die Stiftung durch ihre **Destinatäre** (Bezugsberechtigte) von den übrigen Rechtsformen ab. Die Destinatäre sind weder Rechtsträger der Stiftung (die Stiftung ist kein Personenverband) noch besitzen sie Mitgliedschaftsrechte wie beispielsweise Aktionäre oder Genossen. **Weder Stifter noch Destinatäre erwerben Eigentum am Stiftungsvermögen wie etwa die Gesellschafter einer AG. Die Stiftung selbst wird vielmehr unmittelbare Eigentümerin und Trägerin von Rechten und Pflichten.**

*Eigentumsverhältnisse*

*Entstehung*

Die Entstehung einer privatrechtlichen Stiftung erfordert ein „**Stiftungsgeschäft**" und eine **staatliche Genehmigung** (§ 80 BGB). Die Genehmigung kann nur auf Antrag des Stifters, seiner Erben oder des Nachlaßgerichtes von der zuständigen Landesbehörde erteilt werden. Sie verleiht der Stiftung Rechtsfähigkeit und unterstellt sie der staatlichen Aufsicht. Dem eigentlichen Stiftungsgeschäft ist sie zeitlich nachgelagert. Zum Stiftungsgeschäft gehört neben der Vermögenszuwendung die vom Stifter zu bestimmende Verfassung der Stiftung (§ 85 BGB). Unter Lebenden bedarf das Stiftungsgeschäft der Schriftform; bei einer Verfügung von Todes wegen kann es durch Testament oder Erbvertrag rechtswirksam getätigt werden.

*Verfassung*

**Die Ausgestaltung der Verfassung ist allein dem Willen des Stifters anheimgestellt;** sie wird in der Stiftungsurkunde niedergelegt. Um dem Stifterwillen in angemessener Weise dauerhaft gerecht zu werden, sollten in ihr mindestens Name, Sitz, Zweck, Vermögen, Bestellung und Kompetenzen der Organe, Jahresabschluß, Entlastung der Organe, Rechnungs- oder Geschäftsjahr, Dauer der Stiftung und Verwendung des Stiftungsvermögens bei Erlöschen der Stiftung enthalten sein. Soll die Stiftung eine Unternehmung betreiben oder sich an einer Unternehmung beteiligen, so ist es erforderlich, daß die Ausgestaltung der Satzung derjenigen vergleichbarer Unternehmungen oder Holding-Gesellschaften in anderer Rechtsform entspricht.

§ 87 BGB räumt der **Aufsichtsbehörde** weitgehende Befugnisse ein. Diese kann die Änderung des Stiftungszwecks unter Berücksichtigung der Stiftermotive oder gar die Aufhebung der Stiftung vornehmen. Solche Maßnahmen sind allerdings erst zulässig, wenn die Erfüllung des Stiftungszwecks unmöglich geworden ist oder sie das Gemeinwohl gefährdet.

*Haftung*

**Die Haftung der Stiftung beschränkt sich auf das vorhandene Stiftungsvermögen;** eine Haftungskapitaluntergrenze ist gesetzlich nicht vorgeschrieben. Die Haftung des Stifters entfällt mit der Übertragung des Stiftungsvermögens auf die Stiftung. Gemäß § 86 i. V. m. § 31 BGB ist die Stiftung für den Schaden verantwortlich, den ihre gesetzlichen Vertreter in Ausführung der ihnen zustehenden Verrichtungen einem Dritten zugefügt haben. Da sie nicht die Stellung von Mitgliedern haben, scheiden die Destinatäre für jegliche Haftung aus.

**Das BGB kennt als Stiftungsorgan nur den Vorstand** (§§ 86, 26 BGB). Diesem obliegt die Durchsetzung des Stifterwillens, d. h. die Stiftungsverwaltung **und**

die Unternehmungsführung. In der Regel werden jedoch ein oder mehrere weitere Organe bestellt (zulässig nach §§ 86, 30 BGB), welche die Leitung des Unternehmungsbereichs übernehmen. Die Unternehmung, an der die Stiftung z. B. mehrheitlich beteiligt ist, wird entsprechend ihrer Rechtsform geführt. Dem Stiftungsvorstand obliegen dagegen neben allgemeinen Geschäftsführungsaufgaben die Erstellung des Jahres- oder Tätigkeitsberichts der Stiftung sowie die zweckentsprechende Verteilung der Mittel, die aus Gewinnausschüttungen der Unternehmung stammen. Zur Verfolgung des Stiftungszwecks darf der Stiftungsvorstand die Existenz der Unternehmung nicht gefährden. Sieht die Stiftungsverfassung keine Schlichtungsregeln für möglicherweise auftretende Interessenkollisionen zwischen Unternehmungsleitung und Stiftungsvorstand vor, so kann es sich als vorteilhaft erweisen, beide Gremien paritätisch zu besetzen und kollegial zu führen.

*Stiftungsverwaltung und Unternehmungsführung*

In der Praxis werden neben dem Stiftungsvorstand normalerweise noch ein **Aufsichtsrat** (Stiftungs-, Verwaltungsrat) und ein **Kuratorium** (Beirat) eingesetzt. Der Aufsichtsrat hat in erster Linie Überwachungsaufgaben wahrzunehmen. Seine Besetzung und die Aufgabenzuordnung entsprechen meist dem Aufsichtsrat einer AG. Der **Beirat** kann beratende Funktionen übernehmen, die sich in der Regel auf Auswahl und Abgrenzung zu fördernder Objekte beschränken. Bei allen möglichen Verfassungsausgestaltungen bleibt der Vorstand oberstes Willensorgan. Das geltende Recht beläßt die Besetzung der Organe zunächst dem Stifterwillen. Erst spätere Personalveränderungen können von den Stiftungsorganen selbst, insbesondere vom Stiftungsvorstand, vorgenommen werden. Allerdings kann auch vom Stifter eine entsprechende Institution mit der Berufung betraut worden sein. Vielfach besteht diese Institution aus der Aufsichtsbehörde im Zusammenwirken mit dem Vorstand.

*fakultative Stiftungsorgane*

Die besonderen Vorzüge der Stiftung liegen in der **Sicherung der Unternehmungskontinuität und -stabilität,** die durch das Fehlen geeigneter Nachfolger sowie durch Erbauseinandersetzungen gefährdet sein kann. Die Stiftung ermöglicht es, zur Unternehmungsführung nicht prädestinierte Erben von der Unternehmernachfolge auszuschalten. Ihnen werden jedoch durch Einsetzung als Stiftungsberechtigte alle materiellen Vorteile erhalten. Weitere Vorteile bestehen in der **Sicherstellung der Förderung ideeller Zwecke** über den Tod des Unternehmers hinaus sowie in der weitgehenden Vermeidung von Publizitätspflichten (Ausnahme: PublG).

*Vor- und Nachteile der Stiftung*

Diesen Vorteilen steht eine Reihe teilweise schwerwiegender Nachteile gegenüber. Hervorzuheben ist neben der aus der Starrheit der Stiftungsverfassung resultierenden mangelnden Flexibilität der Stiftung und der Staatsaufsicht insbesondere die **steuerliche Behandlung der Stiftung.**

Während durch die Körperschaftsteuerreform die Doppelbesteuerung der von Kapitalgesellschaften ausgeschütteten Gewinne beseitigt wurde, blieb es bei einer **ungeminderten steuerlichen Doppelbelastung von Stiftungsausschüttungen.** Zu diesem Nachteil im Bereich der Ertragsteuern treten erhebliche **erbschaftsteuerliche Belastungen** der Stiftung hinzu. So gilt der Übergang des Stiftungsvermögens vom Stifter auf die Stiftung entweder als steuerpflichtiger Erwerb

*Besteuerung*

von Todes wegen oder als steuerpflichtige Zuwendung unter Lebenden. Da ein Verwandtschaftsverhältnis zwischen Stifter und Stiftung naturgemäß ausscheidet, errechnet sich die Steuer nach dem progressiven Steuersatz der Erbschaftsteuerklasse IV von 20 bis zu 70%. Eine „Gründungssteuer" solchen Ausmaßes überschreitet die Gründungskosten anderer Rechtsformen bei weitem. Gleiches gilt für jede spätere Erhöhung des Stiftungskapitals in Form weiterer Zuwendungen. Für Stiftungen, die dem Interesse einer oder mehrerer bestimmter Familien gewidmet sind **(Familienstiftungen)**, gilt ein günstigerer Steuersatz, da das Verwandtschaftsverhältnis Berücksichtigung findet. Wurde bis Ende 1974 der Vermögensübergang auf die Stiftung als **ein** Erbfall betrachtet, so wird heute in Abständen von jeweils 30 Jahren ein Generationswechsel fingiert. Erbschaftsteuerlich wird also so verfahren, als ob eine wirkliche Erbfolge bestünde. Diese sogenannte **„Erbersatzsteuer"** wird erstmalig frühestens zum 1. 1. 1984 festgesetzt, sofern die Stiftung bis dahin bereits 30 Jahre oder länger besteht. In allen anderen Fällen entsteht sie mit Ablauf von 30 Jahren nach dem Zeitpunkt des ersten Übergangs von Vermögen auf die Stiftung. Gemäß § 7, I, Nr. 9 ErbStG handelt es sich auch bei der **Aufhebung der Stiftung** um einen schenkungsteuerlichen Vorgang, wobei der Besteuerung mindestens der vom Hundertsatz der Steuerklasse II zugrunde zu legen ist.

Steuerliche Besonderheiten ergeben sich für Stiftungen mit ausschließlich „ideellen" Zwecksetzungen (z. B. Förderung von Wissenschaft und Forschung). Ist ihre Gemeinnützigkeit anerkannt, dann ergeben sich für sie bedeutsame Steuervorteile: Die Errichtung der Stiftung unterliegt nicht der Erbschaft-/Schenkungsteuer; außerdem ist sie von der Körperschaftsteuer befreit. Ebenso entfällt die Grunderwerbsteuer, wenn Grundvermögen in die Stiftung eingebracht wird.

Abgesehen von dem Fall, daß ideelle Motive Priorität erlangen, ist die Rechtsform der Stiftung nur dann in Erwägung zu ziehen, wenn die mit ihr verbundenen Vorteile ihre steuerliche Benachteiligung gegenüber anderen Rechtsformen aufwiegen. Einer besonders eingehenden Abwägung der Konsequenzen bedarf die Entscheidung für die Rechtsform der Stiftung auch insofern, als mit entstandener Rechtsfähigkeit ein Widerruf der Stiftung nicht mehr möglich ist.

### d) Öffentliche Unternehmungen

Neben den natürlichen oder juristischen Personen des Privatrechts können sich auch Gebietskörperschaften – also Bund, Länder oder Gemeinden – wirtschaftlich betätigen. Als **öffentliche Unternehmungen** oder öffentliche Betriebe werden solche Betriebswirtschaften bezeichnet, deren Inhaber oder Träger die öffentliche Hand ist. Beteiligt sich dagegen eine Gebietskörperschaft an einer privatwirtschaftlichen Unternehmung, so liegt eine **gemischtwirtschaftliche Unternehmung** vor (Beispiele: Veba, VW). Die öffentliche Hand muß allerdings aufgrund der Höhe ihrer Beteiligung oder anderer Umstände in der Lage sein, einen nachhaltigen und dauernden Einfluß auf die Unternehmungsverwaltung auszuüben (Emmerich).

Die Eigentumsverhältnisse sind nur eine notwendige, aber nicht hinreichende Bedingung zur Kennzeichnung öffentlicher Betriebswirtschaften. Erst deren **nicht-erwerbswirtschaftliche Ziele** grenzen sie von erwerbswirtschaftlichen Betriebswirtschaften in öffentlicher Hand ab. Zu den öffentlichen Unternehmungen gehören somit Organisationsformen, deren Aufgaben im Bereich der **Daseinsvorsorge** angesiedelt sind (z. B. Bundespost, Bundesbahn, kommunale Gas-, Wasser- und Elektrizitätswerke, Bildungs- und Gesundheitswesen, Rundfunk und Fernsehen). Keine öffentlichen Unternehmungen sind demnach die allein zu Gewinnerzielungszwecken unterhaltenen Betriebswirtschaften im Eigentum der öffentlichen Hand, auch wenn sie durch die Erwirtschaftung eines finanziellen Beitrags zum Haushalt ihrer Träger zur Erfüllung öffentlicher Aufgaben beitragen.

*Kennzeichen öffentlicher Unternehmungen*

Die Oberziele öffentlicher Betriebswirtschaften stellen grundsätzlich **politisch festgelegte Versorgungsziele** dar. Sie lassen sich in Leistungsziele, Bedarfslenkungsziele und Belastungsziele gruppieren. Die Leistungsziele können wiederum in Bedarfsdeckungsziele und Vorsorgeziele unterteilt werden.

*Ziele öffentlicher Unternehmungen*

**Bedarfsdeckungsziele** bestimmen das Leistungsprogramm und damit Art, Menge und Qualität der jeweiligen öffentlichen Leistung. Grundsatz öffentlicher Betriebe ist hierbei, Leistungen nur dort anzubieten, wo private Betriebswirtschaften mangels ausreichender Erwerbschancen Bedürfnisse entweder überhaupt nicht oder nicht in der erwünschten Weise befriedigen (Subsidiaritätsprinzip). Eng mit den Bedarfsdeckungszielen im Zusammenhang stehen die **Vorsorgeziele**. Durch Vorsorge soll die Erfüllung der Bedarfsdeckungsziele auch in Ausnahmesituationen gewährleistet werden (z. B. Mittelbereitstellung für Zeiten des Spitzenbedarfs, in Notzeiten und bei Katastrophenfällen). Über **Bedarfslenkungsziele** versucht die öffentliche Hand den gesellschaftlichen Bedarf zu steuern. Ein Mittel zu ihrer Erreichung stellen angebotspolitische Instrumente dar, wobei sowohl auf die Preisgestaltung am Markt als auch auf die Gestaltung der angebotenen Güter und Dienste Einfluß genommen werden kann. **Belastungsziele** dienen schließlich der Verfolgung verteilungspolitischer Grundsätze. Je nach der Belastungsmöglichkeit der Abnehmer öffentlicher Leistungen werden hierbei deren Preise bestimmt, um damit sozialpolitische und verteilungspolitische Vorstellungen durchzusetzen. Die bei der Verfolgung der Oberziele öffentlicher Unternehmungen zu beachtenden betriebswirtschaftlichen Grunderfordernisse kommen auch im Beziehungszusammenhang zwischen Ober- und Unterzielen zum Ausdruck. Der gemeinnützige Zielerfüllungsgrad kann dabei – gemessen am einzelwirtschaftlichen Erfolg – ein befriedigendes Ergebnis, Kostendeckung oder Kostenunterdeckung bedeuten.

Rechtlich-organisatorisch hat die öffentliche Hand für die Erfüllung ihrer Aufgaben mehrere Alternativen:

*Formen öffentlicher Unternehmungen*

(1) die Schaffung verwaltungseigener Betriebe,
(2) die Schaffung von Betrieben, die unter der Kontrolle der Verwaltung stehen
(3) oder die Staatsaufsicht in Fremdbetrieben.

In der Bundesrepublik Deutschland haben sich vorwiegend die beiden ersten Gestaltungsmöglichkeiten durchgesetzt. Rücken die rechtlichen und organisatorischen Eigenheiten öffentlicher Betriebe in den Vordergrund, so lassen sich ihre Rechtsformen entsprechend Abbildung 2.35 systematisieren.

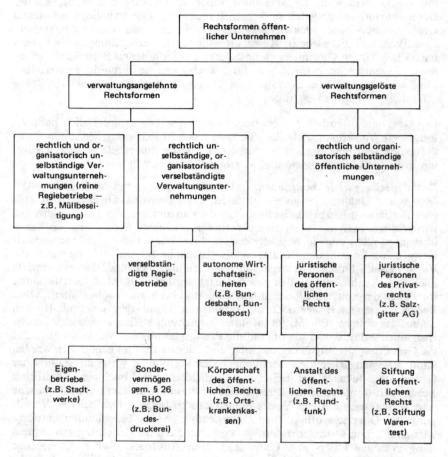

*Abb. 2.35: Systematisierung der Rechtsformen öffentlicher Unternehmungen*

Die zahlreichen unterschiedlichen Rechtsformen sind Anlaß einer Diskussion um eine **einheitliche Verfassung öffentlicher Unternehmungen.** In Anlehnung an die Konstruktion der Aktiengesellschaft, aber unter Berücksichtigung der besonderen Aufgabenstellung der öffentlichen Betriebe und der notwendigen Kontrolle durch die Gebietskörperschaften, wurde eine Muster-Unternehmensverfassung mit den Organen Vorstand, Verwaltungsrat und Unternehmensversammlung erarbeitet. Diese Bestrebungen haben aber bisher zu keinem greifbaren Ergebnis geführt. Auf eine detaillierte Darstellung der Rechtsformen öffentlicher Betriebe muß im Rahmen einer Einführung in die Industriebetriebslehre verzichtet werden.

### 3. Unternehmungszusammenschlüsse

#### a) Einteilung und Ziele von Unternehmungszusammenschlüssen

**Unternehmungszusammenschlüsse sind Vereinigungen rechtlich selbständiger Unternehmungen zu wirtschaftlichen Zwecken, die betriebswirtschaftliche Einzelgeschäfte, bestimmte Teilfunktionen der Unternehmungen oder die Gesamtheit aller betriebswirtschaftlichen Funktionen der zusammengeschlossenen Unternehmungen umfassen.** *Begriff*

Unternehmungszusammenschlüsse haben vielfältige Ursachen und Gründe und können sich in verschiedenen Ebenen und Intensitäten vollziehen. Nach dem Grad der Beschränkung der wirtschaftlichen Dispositionsfreiheit oder der Intensität der Bindung können Kooperation und Konzentration unterschieden werden.

**Bei der Kooperation handelt es sich um eine auf vertraglichen Vereinbarungen beruhende Zusammenarbeit rechtlich und wirtschaftlich selbständiger Unternehmungen in bestimmten Bereichen ihrer Unternehmungstätigkeit.** Der wirtschaftlichen Selbständigkeit steht dabei nicht entgegen, daß die Entscheidungsfreiheit der beteiligten Unternehmungen in den Bereichen, in denen sie kooperieren, in gewisser Weise eingeschränkt wird. Kooperationsbeziehungen können einerseits sehr locker und nur von begrenzter Dauer sein. Andererseits verleihen strengere Formen vertraglicher Zusammenarbeit (z. B. Kartelle) häufig Sanktionsgewalt gegenüber Vertragspartnern, wenngleich ihre Entstehung auch von der Bereitschaft der Beteiligten zur Zusammenarbeit und deren gegenseitigem Vertrauen getragen wird. *Kooperation*

Um kooperative Erscheinungsformen handelt es sich auch bei **Unternehmungsverbänden.** Ihre Zwecksetzung besteht neben der Vertretung der Interessen der Verbandsmitglieder vor allem gegenüber staatlichen Stellen und anderen Verbänden hauptsächlich in der koordinierten Erfüllung von Teilaufgaben der zusammengeschlossenen Mitgliedsunternehmen (Grochla). Im wesentlichen lassen sich Wirtschaftsfachverbände, Kammern und Arbeitgeberverbände unterscheiden. Auf sie soll im weiteren jedoch nicht näher eingegangen werden.

**Als Unternehmungskonzentration soll eine Zusammenfassung von Unternehmungen unter einheitlicher Leitung bezeichnet werden, die von einer wirtschaftlichen Integration begleitet ist.** Diese kann organisatorische und kapitalmäßige Verbindungen in unterschiedlichem Ausmaß beinhalten. Der Verlust der rechtlichen Selbständigkeit (wie bei der Fusion) ist mit der Konzentration nicht zwangsläufig verbunden. Unternehmungswachstum ohne Zusammenschluß, das auch zur Konzentration (z. B. innerhalb einer Branche) führen kann, soll in diesem Zusammenhang nicht behandelt werden. *Konzentration*

*Arten von Unternehmungszusammenschlüssen*

Häufig werden drei Arten von Unternehmungszusammenschlüssen unterschieden: Zusammenschlüsse horizontaler, vertikaler und diagonaler Art. Hier steht die leistungswirtschaftliche Betrachtung der Produktions- und Handelsstufen im Vordergrund. Bei **horizontalen Unternehmungsvereinigungen** schließen sich Unternehmungen der gleichen Produktions- oder Handelsstufe zusammen (z. B. Vereinigung zweier Brauereien, Versicherungen). Derartige Zusammenschlüsse bezwecken vielfach direkt (z. B. Absatzkartelle) oder indirekt (z. B. Rationalisierungskartelle) eine Beeinflussung des Wettbewerbs.

*horizontale Zusammenschlüsse*

*vertikale Zusammenschlüsse*

**Zusammenschlüsse vertikaler Art** erfolgen durch Unternehmungsverbindungen aufeinanderfolgender Produktions- oder Handelsstufen. In diesem Zusammenhang unterscheidet man den Fall der sogenannten **„backward integration",** bei dem sich eine bestimmte Unternehmung mit ihr produktions- oder handelstechnisch vorgelagerten Unternehmensstufen vereinigt, und den Fall der **„forward integration",** bei dem eine Angliederung von Unternehmungen nachgelagerter Stufen erfolgt. Derartige Zusammenschlüsse erweitern die Produktionstiefe und dienen speziell der Sicherung der Produktion. Vertikale Zusammenschlüsse liegen beispielsweise vor, wenn sich ein Bekleidungsproduzent an eine Weberei und Spinnerei angliedert (backward integration) oder wenn sich umgekehrt die Spinnerei an die Weberei usw. anlehnt (forward integration).

*diagonale Zusammenschlüsse*

**Diagonale, anorganische oder konglomerate Zusammenschlüsse** entstehen durch Zusammenschlüsse von Unternehmungen verschiedener Branchen und unterschiedlicher Produktions- und/oder Handelsstufen. Hier können finanzpolitische, machtpolitische oder Risikoverteilungsgesichtspunkte für eine Verbindung ausschlaggebend sein.

**Die Tendenz zur Schaffung größerer Unternehmungseinheiten auch im internationalen Bereich** hat sich in den letzten Jahren zunehmend verstärkt (z. B. multinationale Unternehmungen). Gründe hierfür sind unter anderem die technologische Entwicklung, die hohen inländischen Produktionskosten, die Ausnutzung steuerlicher und sonstiger rechtlicher Vorteile, Ressourcensicherungserwägungen und die zunehmende Internationalisierung der Absatzmärkte. Letztere macht es aufgrund staatlicher Reglementierungen vielfach erforderlich, im jeweiligen Land Produktionsstätten zu errichten.

*Ziele von Unternehmungszusammenschlüssen*

Wie jede andere wirtschaftliche Betätigung ist auch der Zusammenschluß von Unternehmungen grundsätzlich zielorientiert. Eine Betrachtung der Zwecke unternehmerischer Zusammenschlüsse erlaubt jedoch **keine generelle Formulierung eines Zielsystems für die Vielzahl möglicher Zusammenschlußformen.** Die gewählten Verbindungsarten unterscheiden sich sowohl in ihrer primären Zielsetzung als auch in ihrer Eignung zur Erreichung spezieller Subziele zu sehr. Auch ist es wegen der zwischen den verschiedenen Zielen bestehenden Abhängigkeitsbeziehungen möglich, daß der verbesserte Grad der Erreichung einzelner Ziele durch die Unternehmungsverbindung mit einer verminderten Erfüllung anderer Ziele einhergeht (z. B. Erhöhung der Wirtschaftlichkeit – Beeinträchtigung des Unabhängigkeitsstrebens). Der anschließende Katalog möglicher Ziele stellt in sich keine wertende Rangfolge, sondern lediglich eine

Aufzählung empirisch nachweisbarer Ziele dar, die zum Teil gemeinsam oder einzeln angestrebt werden. Sie überschneiden sich weitgehend, so daß die folgenden vier Kategorien nur auf Schwerpunkte verweisen. Zu beachten ist, daß für Unternehmungen in marktwirtschaftlichen Systemen letztlich die Gewinnsicherung und -vermehrung die Kriterien für Unternehmungszusammenschlüsse darstellen. Die im folgenden genannten Ziele sind somit lediglich **Subziele** ohne Anspruch auf Vollständigkeit.

(1) Erlangung von Wettbewerbsvorteilen:
  (a) durch Stärkung der Wettbewerbsstellung; dabei kann der Zusammenschluß auf eine völlige oder teilweise Ausschaltung des Wettbewerbs abzielen (Syndikate, Konditionen- und Preiskartelle, usw.);
  (b) durch Sicherung der Bezugsquellen etwa durch backward integration;
  (c) durch Ausgleich saisonaler Absatzschwankungen (z. B. Zusammenschluß unterschiedlicher Saisonbetriebe);
  (d) durch wettbewerbsbeeinflussende Rationalisierungsmaßnahmen (z. B. durch Spezialisierungskartelle);
  (e) durch Sicherung des Absatzes etwa durch foreward integration.

(2) Erlangung produktionstechnischer Vorteile:
  (a) kostenoptimale Beschäftigung durch vertikalen Zusammenschluß;
  (b) Normung und Typung in der Fertigung bzw. im Fertigungsprogramm;
  (c) Zusammenfassung von Fertigungseinheiten zur Ausnutzung verfahrenstechnischer Vorteile;
  (d) Vorteile im Rahmen der Forschung und Entwicklung;
  (e) Patentauswertungen;
  (f) Diversifizierung.

(3) Erlangung finanzwirtschaftlicher Vorteile:
  (a) durch Sicherung der Gewinnerzielung (z. B. über strenge Preiskartelle);
  (b) durch günstige Konditionen infolge gestiegener Finanzmarktmacht (z. B. bei Banken, Lieferanten usw. oder auf dem Kapitalmarkt);
  (c) durch Ausnutzung von Besteuerungsunterschieden;
  (d) durch Risikoverteilung.

(4) Erringen wirtschaftlicher Macht durch (1) bis (3).

### b) Erscheinungsformen von Unternehmungszusammenschlüssen

Im folgenden sollen überblicksartig Erscheinungsformen von Unternehmungszusammenschlüssen dargestellt werden. Diese lassen sich unter anderem auch danach unterscheiden, ob sie vorübergehender oder dauerhafter Natur sind.

*Die Partizipation*

Die lockerste Verbindung im Rahmen unternehmerischer Zusammenschlüsse ist die Partizipation. Sie ist eine Gelegenheitsgesellschaft in Form der BGB-

Gesellschaft, die nach außen nicht in Erscheinung tritt (Innengesellschaft). Bei der Partizipation verpflichten sich die Beteiligten (Partizipienten), Geschäfte **im eigenen Namen aber für gemeinschaftliche Rechnung** abzuschließen. Um den häufigsten Fall einer Partizipation handelt es sich beim sogenannten **Metageschäft**. Dieses Metageschäft ist durch die Verpflichtung **zweier** Partner (Metisten) gekennzeichnet, ein Einzelgeschäft gemeinschaftlich abzuwickeln und den Erfolg nach einem vorher festgelegten Schlüssel aufzuteilen. Als Zusammenschlußform hat die Partizipation heute an Bedeutung verloren.

*Metageschäft*

## Das Konsortium

Konsortien sind Unternehmungszusammenschlüsse auf vertraglicher Basis, die vorwiegend zur Durchführung eines oder mehrerer genau abgegrenzter Projekte eingegangen werden. Ihnen fehlt in der Regel die Absicht zum dauernden Zusammenschluß. Sie werden daher meist in Form der BGB-Gesellschaft geführt und treten im Gegensatz zur Partizipation nach außen auf (Außengesellschaft). Als Dauerkonsortien nehmen sie vielfach eine körperschaftliche Organisationsform mit Konsortialleiter, Konsortialausschuß und Konsortenversammlung an. **Die wirtschaftliche und rechtliche Selbständigkeit der Konsorten bleibt jedoch grundsätzlich unberührt.**

*Gegenstand: gemeinsame Abwicklung von Großprojekten*

Im Bereich der Industrie vermindern Konsortien das mit Großaufträgen verbundene Risiko für die einzelnen Beteiligten oder ermöglichen überhaupt erst die Durchführung von Großprojekten durch Zusammenschluß mehrerer Partner (z. B. Arbeitsgemeinschaften für große Bauprojekte). Von besonderer Bedeutung sind **Bankkonsortien**, die zum Zweck gemeinsamer Kreditvergabe oder zur Emission von Aktien und Obligationen gebildet werden. Gerade durch solche Emissionskonsortien wird beispielsweise die Gründung einer Aktiengesellschaft erheblich beschleunigt und erleichtert.

## Die Interessengemeinschaft

*Gegenstand: Wahrung gemeinsamer Interessen*

Bei der Interessengemeinschaft handelt es sich im allgemeinen um einen horizontalen Zusammenschluß von Unternehmungen auf vertraglicher Basis zur Wahrung und Förderung dauerhafter gemeinsamer Interessen. Die beteiligten Unternehmungen bleiben dabei wirtschaftlich und rechtlich selbständig, lediglich auf dem Gebiet des gemeinsam verfolgten Interesses wird ihre Entscheidungsfreiheit eingeschränkt. Interessengemeinschaften werden in der Regel als BGB-Gesellschaften geführt; sie brauchen nach außen nicht hervorzutreten. Der Gegenstand des gemeinschaftlichen Vertrages betrifft Abreden über Ziele, die eine abgestimmte, aber getrennte Unternehmungsführung der Vertragsparteien herbeiführen sollen. Die Bildung eines gemeinsamen Vermögens ist nicht unbedingt nötig.

*Gewinngemeinschaft*

Dies gilt auch für den Prototyp der Interessengemeinschaft, die **Gewinngemeinschaft**. Die von den beteiligten Unternehmungen erwirtschafteten Gewinne fließen in eine gemeinsame Kasse und werden aufgrund eines bestimmten Schlüssels (z. B. Umsatz- oder Kapitalhöhe) verteilt. Es ist auch möglich, daß sich die vertraglichen Absprachen nur auf Gewinne aus bestimmten Quellen (z. B. aus dem Exportgeschäft) beziehen. Neben der vertraglichen Vereinbarung über die Verteilung des Gewinns (bzw. des Verlustes) bedarf es zusätzlich einer Einigung über dessen Ermittlung (Bewertung, Abschreibung, Rückstellungen), um etwaige diesbezügliche Auffassungsunterschiede zu schlichten.

Gewinngemeinschaften können von Unternehmungen beliebiger Rechtsform gebildet werden. Eine **Gewinngemeinschaft im Sinne von § 292 I AktG** liegt hingegen nur vor, wenn sich eine **AG oder KGaA** vertraglich verpflichtet, ihren Gewinn ganz oder teilweise mit dem Gewinn anderer Unternehmungen zur Aufteilung eines gemeinschaftlichen Gewinns zusammenzulegen. Interessengemeinschaften bilden häufig eine Vorstufe von Konzernen. Wird allmählich eine einheitliche Leitung geschaffen, so ist ein Konzern schon dann realisiert, wenn noch keine Kapitalbeteiligung vorliegt (§ 18 AktG).

## Das Kartell

Kartelle sind horizontale vertragliche Zusammenschlüsse rechtlich selbständiger Unternehmungen. Sie sind auf eine **Beschränkung des Wettbewerbs** gerichtet. Je nach den vertraglichen Vereinbarungen wird die Dispositionsfreiheit der dem Kartell angehörenden Unternehmungen unterschiedlich stark eingeschränkt.

*Kartellbegriff*

Die Rechtsform des Zusammenschlusses im Kartell hängt weitgehend von der Zielsetzung und der vertraglichen Bindung der beteiligten Unternehmungen ab. Für Bindungen mit geringer Stärke (z. B. Konditionenkartell) kommen vor allem die BGB-Gesellschaft oder der nicht-rechtsfähige Verein in Frage. Die Vereinsformen des BGB genügen in der Regel auch noch für die intensiveren Formen, die meist Absatz- oder Produktionsabsprachen ohne Zentralisierung einzelner Funktionsbereiche beinhalten (z. B. Spezialisierungskartelle). Wird jedoch eine Zusammenfassung einzelner Funktionen angestrebt (sogenannte Syndikate), so werden diese gemeinsamen Funktionsbereiche meist in Form einer selbständigen Gesellschaft geführt. Als Beispiele der Funktionszusammenfassung seien Einkaufs- und Absatzzentralisation genannt. Dabei wird die Rechtsform der GmbH der AG häufig vorgezogen, da die Ausgestaltungsmöglichkeiten des Gesellschaftsvertrags bei der GmbH freier sind. Genossenschaften erscheinen dagegen aufgrund der lockeren Bindung der Mitglieder an das Gesellschaftsverhältnis (freies Austrittsrecht der Genossen) für intensive Kartellbindungen weniger geeignet.

*Rechtsformen der Kartelle*

Kartelle im modernen Sinne haben sich bereits im letzten Viertel des 19. Jahrhunderts herausgebildet. Sie wurden von der Rechtsprechung für nahezu unbeschränkt zulässig gehalten. Auch der Staat stand ihrer Bildung weitgehend neutral gegenüber. Dies änderte sich durch die **Verordnung gegen den Mißbrauch wirtschaftlicher Machtstellungen (1923)**. Die zahlenmäßige Zunahme der Kartelle und der häufige Versuch, durch Kartellvereinbarungen letztlich marktbeherrschende Stellungen zu erringen waren der Anlaß dazu gewesen. In der Verordnung gegen den Mißbrauch wirtschaftlicher Machtstellungen wurden erstmals Schutzbestimmungen sowohl für die Mitglieder als

*Entwicklung des Kartellrechts*

auch für die Öffentlichkeit geschaffen (Kartellaufsicht, Eingriffsmöglichkeiten, Schriftform u. a.); insgesamt blieb ihre Effizienz jedoch gering. Den Zwangskartellen, derer sich der Staat im nationalsozialistischen Deutschland zur Durchsetzung seiner Interessen bediente, folgte ein von den Alliierten 1947 eingeführtes Kartell- und Monopolisierungsverbot. Zwischen dem amerikanischen Verbotsprinzip und einem lediglichen Schutz vor Mißbrauch hatte sich der Gesetzgeber bei der Neuregelung des Kartellrechts im **Gesetz gegen Wettbewerbsbeschränkungen (GWB) vom 27. 2. 1957** zu entscheiden. Dieses Gesetz wurde zwischenzeitlich viermal novelliert (4. GWB-Novelle 1980).

*Gesetz gegen Wettbewerbsbeschränkungen*

Heute gilt grundsätzlich das **Verbotsprinzip** (§ 1 GWB). Ein generelles Kartellverbot hätte jedoch auch Nachteile für die Wirtschaft mit sich gebracht. Der Gesetzgeber hat daher eine Reihe von Ausnahmen vorgesehen. Von den **Bereichsausnahmen** (z. B. Schiffahrt und Luftverkehr, Agrar- und Bankensektor, Versorgungsunternehmungen; §§ 99 ff. GWB) sind die „**erlaubten Kartellarten**" zu unterscheiden (§§ 2–8 GWB). Diese lassen sich in Anmeldekartelle, Widerspruchskartelle und Erlaubniskartelle einteilen.

*„erlaubte Kartellarten"*

**Anmeldekartelle** werden bereits durch bloße Anmeldung bei der zuständigen Kartellbehörde wirksam (§ 9 II GWB) und unterliegen ab diesem Zeitpunkt der Mißbrauchsaufsicht (§ 12 GWB). Auch **Widerspruchskartelle** müssen bei der zuständigen Kartellbehörde angemeldet werden; im Gegensatz zu den Anmeldekartellen werden sie jedoch erst wirksam, wenn die Kartellbehörde nicht innerhalb einer Frist von drei Monaten seit der Anmeldung widerspricht. **Erlaubniskartelle** lassen sich danach unterscheiden, ob die Erlaubnis unter bestimmten Bedingungen erteilt werden muß oder ob ihre Erteilung im Ermessen der Kartellbehörde steht. Die Erlaubnis wird meistens auf drei Jahre befristet; sie kann in bestimmten Fällen widerrufen sowie mit Beschränkungen, Bedingungen und Auflagen verbunden werden.

Abb. 2.36 gibt einen Überblick über die Ausnahmen vom Kartellverbot. Die nicht aufgeführten Kartellformen (z. B. Preiskartelle) sind demzufolge grundsätzlich verboten. Es ist jedoch nicht auszuschließen, daß dieses Verbot durch nur schwer kontrollierbare informale Verhaltensabstimmungen („Frühstückskartelle", Gentlemen's agreements) unterlaufen wird, obwohl § 25 GWB bestimmte Formen **aufeinander abgestimmten Verhaltens** von Unternehmungen oder Vereinigungen von Unternehmungen verbietet.

Verstöße gegen Verbote des GWB werden als Ordnungswidrigkeiten angesehen und mit Geldbußen geahndet (§§ 38, 39 GWB). Unter bestimmten Voraussetzungen sieht das GWB auch zivilrechtliche Sanktionen für solche Verstöße vor (§ 35 GWB).

Im Hinblick auf die Möglichkeit informaler Verhaltensabstimmung differenziert die folgende Darstellung einiger Kartellformen nicht nach deren Zulässigkeit gemäß dem GWB, sondern lehnt sich an die betrieblichen Funktionen an. Danach lassen sich Einkaufs-, Fertigungs- und Absatzkartelle unterscheiden.

| Anmeldekartelle | Widerspruchskartelle | Erlaubniskartelle | |
|---|---|---|---|
| | | mit Anspruch auf Erlaubnis | Erlaubnis steht im Ermessen der zuständigen Behörde |
| Normen- und Typenkartelle (§ 5, I GWB) | Konditionenkartelle (§ 2 GWB) | (einfache) Rationalisierungskartelle (§ 5, II GWB) | Strukturkrisenkartelle (§ 4 GWB) |
| Angebots- und Kalkulationsschemakartelle (§ 5, IV GWB) | Rabattkartelle (§ 3 GWB) | (höherstufige) Rationalisierungskartelle mit Preisabsprachen oder Syndikatsbildung (§ 5, III GWB) | Importkartelle (§ 7 GWB) |
| Exportkartelle; Absprachen auf das Ausland beschränkt (§ 6, I GWB) | Spezialisierungskartelle (§ 5 a GWB) | Exportkartelle, Absprachen für In- und Ausland (§ 6, II GWB) | Kartelle gemäß § 8 GWB (Der Bundeswirtschaftsminister kann jedes beliebige Kartell genehmigen, wenn die Beschränkung des Wettbewerbs aus überwiegenden Gründen des Gemeinwohls oder der Gesamtwirtschaft notwendig ist; sogenannte „Ministerkartelle".) |
| | Kooperationskartelle (§ 5 b GWB) | | |

*Abb. 2.36: Kartellierungsmöglichkeiten nach dem GWB*

*Einkaufskartelle*  Einkaufskartellen kommt vor allem bei rohstofforientierten Industriebetrieben und bei Handelsunternehmungen Bedeutung zu. Durch die Vereinbarungen wird angestrebt, **sowohl die Beschaffungspreise als auch die Konditionen für die beschaffenden Unternehmungen zu beeinflussen.** Die hierfür notwendige temporäre und sachliche Abstimmung des Einkaufs unter den Mitgliedern scheitert allerdings vielfach an der Heterogenität ihrer wirtschaftlichen Verhältnisse und vereitelt eine maßgebliche Beeinflussung der Beschaffungspreise. Damit konzentrieren sich die Vereinbarungen vorwiegend auf Beschaffungskonditionen wie z. B. Lieferbedingungen, Zahlungsfristen, Rabatte. Um eine sehr straffe Form der Kartellierung im Beschaffungsbereich handelt es sich bei der Bildung von gemeinsamen Beschaffungseinrichtungen (Einkaufssyndikat; § 5, III GWB).

*Fertigungskartelle*  Fertigungskartelle beziehen sich auf produktionswirtschaftliche Absprachen mit dem Ziel, eine **Rationalisierung der Produktion** herbeizuführen. Innerhalb solcher Rationalisierungskartelle sind vor allem Normung und Typung sowie Spezialisierungsvereinbarungen von Bedeutung.

*Normungs- und Typungskartelle*  Normungs- und Typungskartelle: Während sich Normung auf die Fixierung von Abmessungen, Formen und Qualitäten von Einzelteilen bezieht, sollen demgegenüber über die Typung die Ausführungsformen von Endprodukten vereinheitlicht werden (z. B. werden nur 100-, 150- und 200-l-Kühlschränke produziert). Absprachen solcher Art insbesondere bei Typung setzen weitgehend homogene Produktionsverhältnisse voraus.

*Spezialisierungskartelle*  Spezialisierungskartelle: Hier erfolgen Vereinbarungen über die Aufteilung des Produktionsprogramms auf die beteiligten Unternehmungen, wobei sich die einzelnen Unternehmungen nur auf die ihnen zugeteilte Produktart spezialisieren (z. B. produziert Unternehmung A nur 100-l-Kühlschränke, Unternehmung B nur 150- und 200-l-Typen). Gegenüber den rein produktionstechnischen Absprachen im Rahmen von Normung und Typung mit geringen Marktbeeinflussungsabsichten **führen Spezialisierungskartelle neben Rationalisierungseffekten zu einer stärkeren Wettbewerbsbeschränkung.**

*Patentauswertungskartelle*  Wettbewerbsbeschränkungen resultieren regelmäßig auch aus Patentverwertungskartellen, im Rahmen derer sich die beteiligten Unternehmungen über Nutzung, Austausch und Verwertung von Patenten verständigen.

Von der Vielfalt absatzpolitischer Absprachen sollen nur die grundsätzlichen Möglichkeiten der Kartellierung kurz dargestellt werden.

*Konditionenkartelle*  Im Rahmen von Konditionenkartellen verpflichten sich die beteiligten Unternehmungen zur **Anwendung einheitlicher Geschäftsbedingungen in ihren Verträgen mit der Marktgegenseite,** in der Regel mit den Verbrauchern. Die vertraglichen Regelungen erstrecken sich beispielsweise auf Lieferungs-, Zahlungs- und Haftungsbedingungen, auf Verpackungs- und/oder Transportarten, auf Garantieleistungen sowie auf Rabatte und Skonti. Absprachen über gemeinsame Rabatt- oder Skontogestaltungen werden in der betriebswirtschaftlichen Literatur teilweise als eigenständige Rabattkartelle aus den Konditionenkartellen ausgegliedert. Die Vereinheitlichung der Konditionen hat meist eine

Erhöhung der Markttransparenz zur Folge, da der Wettbewerb zu einem echten Preiswettbewerb wird. Unter Umständen verstärkt sich die Qualitätskonkurrenz. Mögliche wettbewerbsbeschränkende Wirkungen dürfen jedoch auch hier nicht übersehen werden.

Preiskartelle können unterschiedliche Intensitäten in den Abmachungen aufweisen. Im sogenannten **Einheitspreiskartell,** der strengsten Form des Preiskartells, verpflichten sich alle Mitglieder zur gleichen Preisstellung auf dem Absatzmarkt. Der Kartellpreis orientiert sich entweder an der Unternehmung mit den höchsten Produktionskosten oder aber an einem niedrigeren Kompromißpreis. Die Verluste der zu höheren Kosten produzierenden Kartellmitglieder werden dabei durch Gewinnabführungen der gewinnzielenden Mitglieder ausgeglichen. In beiden Fällen werden die wettbewerbsbedingten Zwänge zum Abbau von Überkapazitäten (Gesundschrumpfung) oder zu Rationalisierungsmaßnahmen beseitigt und mitunter sogar Preisauftriebstendenzen bei anderen Produkten verursacht. Neben diese Art der Preisbestimmung können bei Einheitspreiskartellen auch differenzierte Preissysteme (z. B. regionale Differenzierung) gesetzt werden. Preiskartelle sind unter anderem nur dann wirksam, wenn die Kartellmitglieder einen hohen Marktanteil repräsentieren, neuen Unternehmungen (Außenseitern) der Marktzugang erschwert ist und die Nachfrage gegenüber Preiserhöhungen weitgehend unelastisch ist. Eine Milderung der Absprachen gegenüber dem Einheitspreiskartell kommt im **Mindestpreiskartell** zum Ausdruck. Hier einigen sich die Kartellmitglieder für einheitliche Produkte lediglich auf einen bestimmten Mindestpreis (Richtpreis), der auf dem Absatzmarkt eingehalten werden muß. Nach oben kann die einzelne Unternehmung jedoch freie Preispolitik betreiben, ohne sich Sanktionen der Mitglieder auszusetzen. Meist werden neben dem Richtpreis für gute Qualität noch Preisabschläge für fehlerhafte Ware (II. und III. Wahl) sowie bestimmte Konditionen (z. B. Rabatte) vereinbart.

*Preiskartelle*

Als Sonderform des Preiskartells zielt das Submissionskartell darauf ab, den durch die öffentliche Ausschreibung von Aufträgen bedingten Wettbewerb zwischen den Anbietern zu beschränken. Bei dieser Kartellform werden entweder Mindestangebotspreise vereinbart oder es wird von vornherein ein Kartellmitglied nominiert, das den Zuschlag erhalten soll. Im letzten Fall verpflichten sich die übrigen Kartellmitglieder, jeweils preisungünstigere Angebote bei der Ausschreibungsstelle einzureichen.

*Submissionskartelle*

Beim Kontingentierungskartell bezieht sich die Abrede der Kartellmitglieder auf bestimmte Produktions- oder Absatzquoten (Quotenkartelle), die nach der Aufnahmefähigkeit des Absatzmarktes bemessen werden. Ähnlich der regionalen Preisdifferenzierung bei Preiskartellen kann eine mittelbare Kontingentierung des Absatzes bzw. der Produktion durch Zuweisung räumlicher Marktsegmente an die Mitglieder herbeigeführt werden (Gebietskartelle).

*Kontingentierungskartelle*

Exportkartelle zielen auf die Ausschaltung des Wettbewerbs inländischer Produzenten auf den Auslandsmärkten. **Ihre Wirkung kann sich entweder nur im Ausland oder sowohl im Inland als auch im Ausland bemerkbar machen.** Zur Wirksamkeit der die Auslandsmärkte betreffenden Absprachen sind oftmals

*Exportkartelle*

zusätzliche inländische Regelungen notwendig (Spezialisierung; Preisabsprachen im Inland, um eventuelle Auslandsverluste abzudecken usw.).

*Verkaufssyndikat*

Wie im Beschaffungsbereich stellt auch im Absatzbereich das Syndikat die straffste Kartellierungsform dar. Beim **Verkaufssyndikat** werden im allgemeinen die wichtigsten absatzwirtschaftlichen Aufgaben zentral organisiert und kontrolliert. Insofern wird in der Literatur die Eignung des Verkaufssyndikats hervorgehoben, die Einhaltung der hinsichtlich Produktions- und Absatzquoten sowie Preisstellung getroffenen Vereinbarungen sicherzustellen.

Das GWB regelt nicht nur horizontal, sondern auch vertikal (von einer Wirtschaftsstufe auf die andere) wirkende wettbewerbsbeschränkende Verträge.

*Preisbindung der zweiten Hand*

**Nach § 15 GWB sind vertikale Preisbindungsverträge grundsätzlich verboten,** d. h. keine Unternehmung darf ihren Abnehmern vorschreiben, zu welchen Preisen und/oder Geschäftsbedingungen diese die Produkte weiterverkaufen dürfen. Sieht man von den bereits erwähnten Bereichsausnahmen ab, so sind von diesem Verbot heute nur noch Verlagserzeugnisse ausgenommen (§ 16 GWB). Durch die zweite Kartellgesetznovelle (1973) wurde die früher zulässige Preisbindung für Markenartikel (qualitätsgleiche, einheitlich verpackte und ausgezeichnete Produkte) beseitigt. Unter bestimmten Voraussetzungen erlaubt sind jedoch **unverbindliche Preisempfehlungen** für Markenwaren (§ 38 a GWB).

Das grundsätzliche Kartellverbot gilt auch in der europäischen Gemeinschaft. Nach Art. 85, I EWG-Vertrag sind alle Vereinbarungen zwischen Unternehmen, Beschlüsse von Unternehmensvereinigungen und aufeinander abgestimmte Verhaltensweisen verboten, die den **Handel zwischen Mitgliedsstaaten** beeinträchtigen können und eine Verhinderung, Einschränkung oder Verfälschung des Wettbewerbs innerhalb des gemeinsamen Marktes bezwecken oder bewirken.

## Der Konzern

*Konzernbegriff*

In der Betriebswirtschaftslehre hat sich wegen der vielfältigen Erscheinungsformen des Konzerns keine einheitliche Definition des Konzernbegriffs herausgebildet. Die im Detail unterschiedlichen Begriffsbestimmungen stellen jedoch überwiegend auf die **wirtschaftliche Einheit** ab, d. h. die einzelnen Konzernmitglieder werden als unselbständige Betriebsabteilungen der wirtschaftlichen Einheit „Konzern" angesehen. Kern des aktienrechtlichen Konzernbegriffs ist nicht die wirtschaftliche Einheit. Für das Vorliegen eines Konzerns ist vielmehr die Zusammenfassung mehrerer Unternehmungen unter **einheitlicher Leitung** entscheidend (§ 18 AktG).

**Konzernunternehmungen können nur rechtlich selbständige Unternehmungen sein.** Hierdurch unterscheidet sich der Konzern von einer weiteren Konzentrationsform, der Verschmelzung (Fusion), bei der die betroffenen Unternehmungen ihre wirtschaftliche und rechtliche Selbständigkeit zugunsten einer neuen Einheitsunternehmung vollständig aufgeben. Aus diesem Grund bilden auch

Filialbetriebe und Zweigniederlassungen mit ihrem Mutterbetrieb keinen Konzern, es sei denn, sie sind rechtlich verselbständigt.

Die für das Konzernverhältnis allein ausschlaggebende **einheitliche Leitung muß tatsächlich ausgeübt werden.** Voraussetzung ist nicht, daß die Leitung alle irgendwie wesentlichen Bereiche der unternehmerischen Tätigkeit umfaßt. Vielmehr genügt es, wenn die Konzernleitung die Geschäftspolitik der Konzerngesellschaften und sonstige grundsätzliche Fragen ihrer Geschäftsführung aufeinander abstimmt. Dies setzt kein Weisungsrecht voraus, sondern kann sich auch in der lockeren Form gemeinsamer Beratung vollziehen oder aus einer personellen Verflechtung der Verwaltungen resultieren (Kropff). Solche personellen Verflechtungen, die in der Regel mit kapitalmäßigen Verflechtungen einhergehen, sind neben vertraglichen Verbindungen (Unternehmensverträge) auch Mittel zur Sicherstellung der einheitlichen Leitung.

*einheitliche Leitung*

**Konzerne stellen lediglich eine spezielle Form von Unternehmensverbindungen dar und sind im Aktiengesetz unter dem Oberbegriff der „verbundenen Unternehmen" eingereiht.** § 15 AktG zählt abschließend fünf Arten von Unternehmensverbindungen auf, die in den §§ 16–19, 291 und 292 AktG umschrieben werden. Sie schließen sich nicht gegenseitig aus, sondern können einander überlagern. Eine Unternehmensverbindung im Sinne des Aktiengesetzes liegt nur dann vor, wenn an ihr eine **AG oder KGaA** beteiligt ist.

*System der verbundenen Unternehmen*

Einen Überblick über das System der verbundenen Unternehmen gibt Abbildung 2.37.

Zu den verbundenen Unternehmen gehören auch die **„eingegliederten Gesellschaften"** (§§ 319 ff. AktG), obwohl diese Unternehmensverbindung in § 15 AktG nicht genannt wird. Eine solche Nennung ist auch nicht erforderlich, da gemäß § 18, I AktG Hauptgesellschaft und eingegliederte Gesellschaft „als unter einheitlicher Leitung zusammengefaßt" anzusehen sind und somit einen Unterordnungskonzern bilden.

Unwiderleglich liegt ein Unterordnungskonzern auch dann vor, wenn zwischen rechtlich selbständigen Unternehmungen ein Beherrschungsvertrag (§ 291, I AktG) besteht. **Der Unterordnungskonzern setzt neben der einheitlichen Leitung ein Abhängigkeitsverhältnis gemäß § 17 AktG voraus.** Liegt ein solches vor, dann wird ein Konzernverhältnis vermutet. Diese Vermutung kann jedoch von der herrschenden Gesellschaft widerlegt werden. Sie muß dazu den Nachweis führen, daß die einheitliche Leitung tatsächlich nicht ausgeübt wird, obwohl dies aufgrund des Abhängigkeitsverhältnisses möglich wäre. Das Abhängigkeitsverhältnis kann seinerseits wiederum auf einer gesetzlichen Vermutung beruhen, wenn die herrschende Unternehmung eine Mehrheitsbeteiligung besitzt (§ 17, II AktG). Für die Verneinung eines Unterordnungskonzerns genügt es, eine der beiden Abhängigkeitsvermutungen zu widerlegen. Ein Konzernverhältnis scheidet damit jedoch nicht generell aus, da auch ein Gleichordnungskonzern vorliegen kann.

*Unterordnungskonzern*

**Ein Gleichordnungskonzern ist gegeben, wenn Unternehmen unter einheitlicher Leitung zusammengefaßt sind, ohne daß zwischen ihnen ein Abhängigkeitsver-**

*Gleichordnungskonzern*

## Verbundene Unternehmen

### In Mehrheitsbesitz stehende und mit Mehrheit beteiligte Unternehmen (§ 16 AktG)

Der Begriff der Mehrheitsbeteiligung umfaßt sowohl eine Kapitalmehrheit als auch eine Mehrheit der Stimmrechte.

Es kann sich um eine unmittelbare oder um eine mittelbare Mehrheitsbeteiligung handeln (§ 16 IV).

### Abhängige und herrschende Unternehmen (§ 17 AktG)

Abhängige Unternehmen sind Unternehmen, auf die ein anderes Unternehmen (herrschendes Unternehmen) unmittelbar oder mittelbar einen beherrschenden Einfluß ausüben kann.

Es genügt die Möglichkeit der Einflußnahme; nicht entscheidend ist, ob der beherrschende Einfluß tatsächlich ausgeübt wird.

### Konzernunternehmen (§ 18 AktG)

Rechtlich selbständige Unternehmen unter einheitlicher Leitung.

Unterordnungskonzern: einheitliche Leitung und Abhängigkeitsverhältnis (§ 18 I).

Gleichordnungskonzern: einheitliche Leitung ohne Abhängigkeitsverhältnis (§ 18 II).

### Wechselseitig beteiligte Unternehmen (§ 19 AktG)

Voraussetzung: Unternehmen mit Sitz im Inland in der Rechtsform einer Kapitalgesellschaft oder bergrechtl. Gewerkschaft.

Jedem Unternehmen gehört mehr als ein Viertel der Anteile des anderen Unternehmens (mittelbare Beteiligung genügt).

Fälle:
a) Wechselseitige Beteiligung ohne Mehrheitsbeteiligung (§ 19 I).
b) Mehrheitsbeteiligung eines wechselseitig beteiligten Unternehmens oder beherrschende Möglichkeit, einen beherrschenden Einfluß auszuüben (§ 19 II).
c) Mehrheitsbeteiligung beider wechselseitig beteiligter Unternehmen oder gegenseitige Möglichkeit, einen beherrschenden Einfluß auszuüben (§ 19 III).

### Durch Unternehmensvertrag verbundene Unternehmen (§§ 291, 292 AktG)

Voraussetzung: Zustimmung der HV erforderlich (3/4-Mehrheit); Eintragung in das Handelsregister (§§ 293, 294).

a) Beherrschungsvertrag (§ 291 I)
b) Gewinnabführungsvertrag (§ 291 I)
c) Gewinngemeinschaftsvertrag (§ 292 I, Ziff. 1)
d) Teilgewinnabführungsvertrag (§ 292 I, Ziff. 2)
e) Betriebspacht- und Betriebsüberlassungsvertrag (§ 292 I, Ziff. 3)

*Abb. 2.37: System der verbundenen Unternehmen*

hältnis besteht. Hier wird die einheitliche Leitung folglich nicht aufgrund eines Beherrschungs- und Abhängigkeitsverhältnisses ausgeübt; ebensowenig begründet sie ein solches. Sie kann statt dessen auf verschiedene Weise herbeigeführt werden: z. B. Vereinigung der Konzernunternehmungsanteile bei einem Eigentümer (keine Unternehmung!); personelle Verflechtung der Geschäftsführungen. Bedeutung erlangt die Unterscheidung zwischen Unter- und Gleichordnungskonzern vor allem im Hinblick auf die Konzernrechnungslegung: Im Fall eines Gleichordnungskonzerns ist nach geltendem Recht dann kein Konzernabschluß aufzustellen, wenn die einheitliche Leitung nicht von einer an der Spitze stehenden Unternehmung ausgeübt wird.

Sind mehrere Unternehmungen unter einheitlicher Leitung zusammengefaßt, so existiert nur ein einziger Konzern, der gleichzeitig alle Unternehmungen miteinander konzernmäßig verbindet. Treffen Unterordnungs- und Gleichordnungskonzern zusammen, dann sind die einzelnen zum Unterordnungskonzern gehörenden Unternehmungen auch mit den übrigen zum Gleichordnungskonzern gehörenden Unternehmungen verbunden. Eine Unternehmung kann also gleichzeitig sowohl durch ein Gleichordnungs- als auch ein Unterordnungskonzernverhältnis mit anderen Unternehmungen verbunden sein.

Üblicherweise werden neben Unter- und Gleichordnungskonzernen auch noch Vertragskonzerne und faktische Konzerne unterschieden. Beide Begriffe sind im Aktiengesetz selbst nicht enthalten. **Vertragskonzerne können lediglich durch Abschluß eines Beherrschungsvertrags im Sinne von § 291, I AktG entstehen.** Nur dieser Vertrag begründet ein echtes Weisungsrecht. In der Literatur werden vielfach auch Unternehmen, von denen das eine in das andere eingegliedert ist, zu den Vertragskonzernen gerechnet. Dies muß auf Bedenken stoßen: Die Eingliederung erfolgt nicht durch einen Vertrag zwischen den beiden Gesellschaften, sondern durch einen Hauptversammlungsbeschluß der einzugliedernden Gesellschaft (§ 319, I, S. 1 AktG). Alle anderen Konzerne außer den durch Beherrschungsvertrag und Eingliederung begründeten (Unterordnungs-)Konzernen fallen demnach unter den Begriff des **faktischen Konzerns.** Dies gilt unabhängig davon, ob sie auf bloßer faktischer Leitungsmacht (Beteiligungen) oder auf anderen Unternehmensverträgen beruhen (Emmerich/Sonnenschein).

*Vertragskonzern/ faktischer Konzern*

Besondere Probleme ergeben sich für den im Bereich der Unternehmungszusammenschlüsse bedeutsamen Fall des sogenannten Gemeinschaftsunternehmens. Sein **Prototyp ist das 50:50-Gemeinschaftsunternehmen,** d. h. die Anteile des Gemeinschaftsunternehmens liegen zu je 50% bei zwei Obergesellschaften. Umstritten ist, ob das entscheidende Konzernkriterium „einheitliche Leitung" gegeben ist, wenn beide Obergesellschaften leitend auf das Gemeinschaftsunternehmen einwirken.

*Gemeinschaftsunternehmen*

Nach der Stellung der Konzernmitglieder im volkswirtschaftlichen Produktionsprozeß lassen sich horizontale, vertikale und diagonale Konzerne unterscheiden. Von allen drei Formen können Wettbewerbseinflüsse ausgehen. Auch die Konzerne unterliegen daher dem **Gesetz gegen Wettbewerbsbeschränkungen.** Grundsätzlich gilt für Konzerne weder das Verbotsprinzip noch eine

*Konzerne im GWB*

Erlaubnispflicht. Konzernmäßige Zusammenschlüsse müssen jedoch unter bestimmten Voraussetzungen der Kartellbehörde angezeigt werden (z. B. Marktanteil von 20% wird begründet oder erhöht; mindestens 10000 Beschäftigte oder mindestens 500 Mio. DM Umsatzerlöse der beteiligten Unternehmungen im letzten Geschäftsjahr; [§ 23 GWB]). Diese hat unter bestimmten Voraussetzungen den Zusammenschluß zu untersagen, wenn zu erwarten ist, daß durch ihn eine marktbeherrschende Stellung (§ 22 GWB) entsteht oder verstärkt wird (§ 24 GWB).

*Mitbestimmung im Konzern*

Kennzeichen konzernmäßiger Zusammenschlüsse von Unternehmungen ist immer eine Verlagerung von Entscheidungskompetenzen. Die Mitbestimmung – verstanden als Teilhabe an unternehmerischen Entscheidungen – muß demzufolge dieser Verlagerung folgen. Im weiteren soll lediglich auf die Mitbestimmung im Konzernverbund nach dem MitbestG 1976 kurz eingegangen werden; das Mitbestimmungsergänzungsgesetz vom 7. 2. 1956 (zuletzt geändert durch Gesetz vom 21. 5. 1981; „Lex Mannesmann") sowie das BetrVG 1952 bleiben außer Betracht.

Die Vorschrift des § 5 MitbestG fingiert für den Konzern die Zugehörigkeit der Arbeitnehmer aller Konzernunternehmen zum herrschenden Unternehmen. Voraussetzung ist, daß das herrschende Unternehmen eine der in § 1, I Nr. 1 MitbestG genannten Rechtsformen aufweist und die **Spitze eines Unterordnungskonzerns** bildet. Gleichordnungskonzerne werden von § 5 MitbestG nicht erfaßt. Sind diese Voraussetzungen erfüllt, so ist beim herrschenden Unternehmen ein paritätisch besetzter Aufsichtsrat zu bilden, wenn die Gesamtzahl aller Arbeitnehmer des Konzerns in der Regel mehr als 2000 beträgt. Erfüllen die abhängigen Unternehmungen die Voraussetzungen des § 1, I MitbestG, so greift auch bei ihnen die paritätische Mitbestimmung ein. Aus dieser **zweifachen Mitbestimmung** ergibt sich eine Reihe von Problemen, die vielfach mit den Stichworten „Überparität" und „Ausdehnung der Mitbestimmung" belegt werden und die § 32 MitbestG zu lösen versucht. Liegt ein **mehrstufiger Konzern vor,** dann unterliegen die Tochtergesellschaften nur in dem Fall der paritätischen Mitbestimmung, daß sie allein die Voraussetzungen des § 1, I MitbestG erfüllen. Die Arbeitnehmer der Enkelgesellschaften werden hier nur der Konzernspitze und nicht noch zusätzlich den Tochtergesellschaften zugerechnet. Für den Fall, daß die Konzernspitze der paritätischen Mitbestimmung entgeht, weil sie nicht unter § 1, I MitbestG fällt, sieht § 5, III MitbestG eine **„Teilkonzernregelung"** vor. Danach werden unterhalb der mitbestimmungsfreien Konzernspitze Teilkonzerne gebildet, welche dann ihrerseits der paritätischen Mitbestimmung unterliegen.

*Rechnungslegung im Konzern*

Die besondere Notwendigkeit zur Konzernrechnungslegung ergibt sich wegen der Zusammenfassung rechtlich selbständiger Unternehmungen zu einer wirtschaftlichen Einheit unter einheitlicher Leitung. **Die Einzelabschlüsse der zum Konzern gehörenden Unternehmungen vermögen den Rechnungslegungsadressaten weder ein zutreffendes Bild von der Lage des Konzerns als wirtschaftlicher Einheit noch von der Lage der einzelnen Konzernunternehmungen zu vermitteln.** Dies rührt zum einen daher, daß die Konzernspitze aufgrund ihrer umfassenden Leitungsmacht die Jahresabschlüsse der einzelnen Konzernunternehmungen beeinflussen kann (z. B. Gewinnverlagerung und Liquiditätsverschiebung); zum anderen resultiert es aus der Tatsache, daß die zum Konzern gehörenden Unternehmungen je nach ihrer Rechtsform, Nationalität und Größe in ganz unterschiedlichem Ausmaß zur Publizität verpflichtet sind.

Wegen dieser Probleme hat sich der Gesetzgeber erstmals mit dem Aktiengesetz 1965 entschlossen, Rechnungslegungsvorschriften für den Konzern zu erlassen (§§ 329 ff. AktG). Ihre Zwecksetzung besteht vor allem darin, die Mängel einer summarischen Zusammenfassung der Einzelabschlüsse der Konzernunternehmungen zu vermeiden. Dies erfolgt durch eine weitgehende Ausschaltung konzerninterner Beziehungen zwischen den in den Konzernabschluß einbezogenen Unternehmungen. Im einzelnen sind Beteiligungen an anderen Konzernunternehmen gegen das Eigenkapital dieser Unternehmungen aufzurechnen (Kapitalkonsolidierung), konzerninterne Forderungen und Verbindlichkeiten zu konsolidieren (Schuldenkonsolidierung), Gewinne aus zwischengesellschaftlichen Lieferungen und Leistungen auszuschalten (Zwischengewinneliminierung) sowie Aufwands- und Ertragskonten zu konsolidieren. **Ein konsolidierter Jahresabschluß ist somit dadurch gekennzeichnet, daß in ihm im wesentlichen nur Lieferungs- und Leistungsbeziehungen mit konzernfremden Dritten ihren zahlenmäßigen Niederschlag finden.**

*Zwecksetzung der Konzernrechnungslegung*

Die aus dem AktG resultierende Pflicht zur Aufstellung und Veröffentlichung von Konzernabschlüssen erstreckt sich nur auf inländische Konzernobergesellschaften in der Rechtsform einer AG oder KGaA. § 28, I EGAktG erweitert diese Pflicht auf Konzernobergesellschaften, die in der Rechtsform einer GmbH oder bergrechtlichen Gewerkschaft geführt werden, wenn sich außer ihnen mindestens eine AG oder KGaA im Konsolidierungsbereich befindet. Steht an der Spitze eines Konzerns eine Unternehmung in anderer Rechtsform (z. B. eine Personengesellschaft), die auch nicht nach § 11 PublG zur Aufstellung eines Konzernabschlusses verpflichtet ist, so hat das in der Konzernhierarchie der Konzernleitung am nächsten stehende Konzernunternehmen unter bestimmten Voraussetzungen einen **Teilkonzernabschluß** aufzustellen (§ 330 AktG, § 28, II EGAktG). Dies gilt entsprechend für Konzerne, deren Spitze sich nicht im Inland befindet.

*Konsolidierungspflicht*

Der aktienrechtliche Konzernabschluß umfaßt eine **Konzernbilanz** und eine **Konzern-Gewinn- und Verlustrechnung**. Zur Konzernrechnungslegung gehört daneben auch ein **Konzerngeschäftsbericht**. Gegenüber den zusätzlich zu erstellenden Einzelabschlüssen stellt der Konzernabschluß keine Gewinnverteilungsgrundlage dar und berührt auch nicht die Stellung der Gläubiger.

*Umfang der Konzernrechnungslegung*

Gemäß § 329, II AktG sind in den Konzernabschluß alle inländischen Konzernunternehmungen einzubeziehen, deren Anteile zu mehr als der Hälfte Konzernunternehmungen gehören. Ihre Einbeziehung muß unterbleiben, wenn dies den Aussagewert des Konzernabschlusses beeinträchtigen würde. Andere Konzernunternehmungen (Beteiligung geringer als 50%) können einbezogen werden; sie müssen einbezogen werden, wenn dies zu einer anderen Beurteilung der Vermögens- und Ertragslage des Konzerns führt. Eine Pflicht zur Einbeziehung von Konzernunternehmungen mit Sitz im Ausland besteht

*Konsolidierungsbereich*

grundsätzlich nicht. Dieses gesetzlich vorgesehene Einbeziehungswahlrecht gilt heute jedoch als überholt.

*7. EG-Richtlinie*

Eine gegenüber dem geltenden Recht wesentliche Erweiterung des Konsolidierungsbereichs sieht die am 13. 6. 1983 verabschiedete 7. EG-Richtlinie vor. Die Zielsetzung des Richtlinienentwurfs besteht darin, die Konzernabschlüsse innerhalb der europäischen Gemeinschaft vergleichbar zu machen. Die Richtlinie fordert die **Aufstellung eines Weltabschlusses:** Unabhängig von ihrem Sitz sind alle Konzernunternehmungen in die Konsolidierung einzubeziehen. Dabei hat die Rechnungslegung sämtlicher zu konsolidierenden Unternehmungen auf der Grundlage der 4. EG-Richtlinie zu erfolgen. Nach der Konzernrichtlinie müssen grundsätzlich auch alle herrschenden Personengesellschaften einen Gesamtkonzernabschluß aufstellen, falls wenigstens eine abhängige Konzernunternehmung die Rechtsform einer AG, KGaA oder GmbH oder eine diesen entsprechende Rechtsform hat. Die Richtlinie enthält neben den Bestimmungen über die Pflicht zur Aufstellung eines Konzernabschlusses auch solche, die dessen formale und materielle Gestaltung betreffen. Hierauf kann jedoch nicht näher eingegangen werden.

## *Der Trust*

*Begriffe*

Während in angelsächsischen Ländern die Begriffe „Trust" und „Konzern" vielfach synonym verwendet werden, verbindet sich mit dem Terminus „Trust" im deutschsprachigen Raum häufig die Vorstellung einer außergewöhnlichen Marktmacht (meist Monopolstellung). **Insofern verwendet der Sprachgebrauch diesen Begriff weitgehend für sehr große Konzerne.**

*Trust als Holding*

Rein rechtlich gesehen können Trusts zum einen dadurch zustande kommen, daß eine Holding-Gesellschaft (Dachgesellschaft) gegründet wird, welche die Mehrheit der Anteile der sich zusammenschließenden Unternehmungen übernimmt und diese beherrscht. Zum anderen können Trusts durch Verschmelzung (Fusion) der einzelnen Unternehmungen entstehen. Das Aktiengesetz unterscheidet zwischen der „Verschmelzung durch Neubildung" und der „Verschmelzung durch Aufnahme" (§§ 339 ff. AktG). Im Falle einer Fusion werden die übernommenen Unternehmungen als Betriebsteile integriert; ihre rechtliche Selbständigkeit geht verloren. Es existiert nur noch ein Vorstand, ein Aufsichtsrat und eine Hauptversammlung.

*Trust durch Fusion*

*Fusionskontrolle*

Fusionen unterliegen nach § 23 GWB bei Erfüllung bestimmter Größenkriterien (vgl. S. 220) der Anzeigepflicht bei der Kartellbehörde. Ist durch den Zusammenschluß die Entstehung oder Vergrößerung einer marktbeherrschenden Stellung zu erwarten, dann kann er von der Kartellbehörde untersagt werden. Gemäß § 24a GWB ist das **Vorhaben eines Zusammenschlusses** beim Bundeskartellamt anzumelden, wenn im letzten abgeschlossenen Geschäftsjahr entweder eine beteiligte Unternehmung Umsatzerlöse von mindestens zwei Milliarden DM hatte oder wenn mindestens zwei der beteiligten Unternehmungen Umsatzerlöse von jeweils einer Milliarde DM oder mehr hatten (**präventive Fusionskontrolle**). Art. 86 EWG-Vertrag verbietet die mißbräuchliche Ausnutzung einer marktbeherrschenden Stellung auf dem Gemeinsamen

Markt, wobei ein mißbräuchliches Verhalten unter bestimmten Voraussetzungen auch bei der Verstärkung einer beherrschenden Stellung für möglich gehalten wird.

# III. Standort

*Standortwahl als konstitutive Entscheidung*

Die Wahl des Standortes zählt zu den Entscheidungen bei der Gründung eines Industriebetriebs. Die Entscheidung hat konstitutiven Charakter, da sie nur schwer revidierbar ist und für zahlreiche Folgeentscheidungen Rahmenbedingungen setzt.

Dies wird vor allem deutlich bei Betrieben, deren Leistungserstellung z. B. an Erzvorkommen gebunden ist und die somit ihre Standortentscheidung allenfalls zwischen verschiedenen Fundstätten treffen können (extrem **gebundener Standort**). Andere Industriezweige sind nicht in diesem Maße von vornherein festgelegt (relativ **freier Standort**); ist aber einmal ein Standort gewählt, so wird – z. B. wegen der Anlagenintensität oder wegen der Ortsgebundenheit der Fachkräfte – eine Korrektur nur schwer möglich sein. Empirische Untersuchungen zeigen, daß die Unzulänglichkeiten am gewählten Standort extrem sein müssen, bevor eine Standortverlegung in Frage kommt. In der Wettbewerbswirtschaft kann die Standortwahl für das Bestehen oder Nichtbestehen von Betriebswirtschaften entscheidend sein. Es wäre nach diesen einleitenden Beispielen verfehlt, das Standortproblem ausschließlich als Bestandteil der Gründungsphase zu sehen. Die Errichtung von Filialen, Zweigwerken oder Lagern sowie der Standortwechsel ganzer Unternehmungen stellen in den Entwicklungsphasen einer Betriebswirtschaft ebenfalls konstitutive Entscheidungsprobleme dar.

*gesamtwirtschaftliche Standortprobleme*

Daß Standortprobleme auch volkswirtschaftliche und nicht zuletzt gesellschaftspolitische Bedeutung haben, kann an dieser Stelle nur angedeutet werden. Standorte von Industriebetrieben binden beispielsweise Boden, der nicht beliebig vermehrbar ist, und Wasser, das unter Umständen nur mit großem Aufwand reproduziert werden kann. Kraftwerke etwa, die größere Kühltürme benötigen, können die klimatischen Bedingungen einer Region stark verändern. Neben ökologischen Problemen beeinflussen wirtschaftliche Interessen unterschiedlichster Art die Auswahl. Das Interesse einer Unternehmung an niedrigen Arbeitskosten mag sich mit einer regionalen Infrastrukturförderung verbinden – was die Unternehmensleitung von Industriebetrieben in der Regel nutzen wird, um über staatliche Hilfestellungen zu verhandeln. Auf der Gemeindeebene spielen das Gewerbesteueraufkommen sowie die Grundabgaben eine entscheidende Rolle. Ihre „ansiedlungsfördernde Gestaltung" wird oft als Anreiz zur Beeinflussung industrieller Standortwahl aufgeboten. Die angesprochenen Probleme werden vor allem in der Raumwirtschaftstheorie sowie der Stadt-, Regional- und Raumplanung behandelt.

*innerbetrieblicher Standort*

Die industrielle Produktion ist an einen geographischen Ort, den Standort, gebunden. Der Standort des Betriebes setzt für die eigentliche Fertigung allerdings nur die Nebenbedingungen, die bei der Anordnung der Aggregate im Industriebetrieb (bei der Entscheidung über den innerbetrieblichen Standort) einzuhalten sind. Die Frage des innerbetrieblichen Standorts ist in diesem Teil ausgeklammert. Sie wird im Rahmen der Fertigungswirtschaft behandelt (vgl. Teil 4, S. 380 ff.). Allerdings greifen in der Praxis Fragen des Betriebsstandorts sowie der innerbetrieblichen Standortbestimmung oftmals ineinander. Eine exakte Grenzziehung zwischen diesen beiden Entscheidungsbereichen ist daher nicht möglich.

## 1. Grundfragen industrieller Standortentscheidungen

Die industrielle Standortentscheidung läßt sich durch drei Aufgabenkreise charakterisieren, die nicht voll voneinander abgrenzbar sind:

(1) **Es sind Standorte zu bestimmen, bei denen die Anforderungen an den Standort und die Bedingungen des Standorts aufeinander abgestimmt sind.** Das heißt beispielsweise, daß den zu schaffenden Arbeitsplätzen ein ausreichendes Arbeitsangebot gegenübersteht oder daß bei Knappheit irgendwelcher Faktoreinsatzgüter die Standorte verschiedener Zweigbetriebe einer Mehrproduktunternehmung nach der **günstigsten Ressourcenverwendung** bestimmt werden.

*Erfüllung der Standortanforderungen*

(2) **Es sind Standorte zu bestimmen, die räumliche und zeitliche Rationalisierungseffekte ermöglichen.** Diese Aufgabe stellt sich vor allem bei der Kombination von alten und neuen Einrichtungen. So kann es beispielsweise bei der Entscheidung über den Standort eines Rechenzentrums von Bedeutung sein, welche weiteren Unternehmungen sich neben dem Investor der Anlage bedienen wollen. Auch der Standort einer Raffinerie, die außer einem Tankstellennetz einen angrenzenden chemischen Betrieb mit Grundstoffen versorgt, ist ein entsprechendes Beispiel. Technische wie betriebswirtschaftliche Aspekte geben hier den Ausschlag. **Standorte werden also bestimmt, um die Funktionstüchtigkeit bereits bestehender Betriebe zu erhöhen.** Das kann z. B. über relativ autonome Standortentscheidungen der Zulieferbetriebe ebenso wie über die standortmäßige Abstimmung von Konzernbetrieben erreicht werden. Andererseits kann mit dieser Aufgabenstellung eine Auslagerung von absatz- und versorgungsmäßig nicht mit dem Standort verbundenen Produktionsbereichen einer Unternehmung verbunden sein (vgl. Teil 5, S. 586 f.). Damit ist auch das Problem der Standortspaltung angesprochen, also die Wahl mehrerer Standorte für die Erstellung des Leistungsprogramms. Tendenzen für die Standortspaltung ergeben sich beispielsweise aus der Heterogenität des betrieblichen Leistungsprogramms, aus großen Absatzmengen pro Zeiteinheit, aus weiten Ausdehnungen der betrieblichen Beschaffungs- oder Absatzgebiete, aus Unterschieden bei staatlichen Förderungsmaßnahmen oder aus staatlichen Begrenzungen der freien Standortwahl (z. B. Regionalplanung).

*Rationalisierungseffekte der Standortwahl*

*Standortspaltung*

(3) **Es sind Standorte zu bestimmen, die der erwarteten Entwicklung der betreffenden Industriebetriebe Rechnung tragen.** Diese Aufgabenstellung ist besonders schwierig zu lösen, da neben der **Prognose der eigenen Entwicklungschancen** z. B. auch die Infrastrukturmaßnahmen (Verkehrserschließung, Energieversorgung usw.) sowie die Bevölkerungsentwicklung (nicht nur in bezug auf den Arbeitskräftebedarf, sondern auch im Hinblick auf die Nachfragen sowie

*Standortwahl und wirtschaftliche Entwicklung*

die Verfügbarkeit von Gemeinschaftseinrichtungen) des entsprechenden Standorts zu schätzen sind.

Die beispielhaft skizzierten Grundprobleme industrieller Standortentscheidungen lassen bereits erkennen, daß es eine Vielzahl von Konsequenzen zu prognostizieren gilt, wenn Standortalternativen hinreichend beschrieben werden sollen. Um die Verfahren der Standortbestimmung darstellen zu können, die zur Lösung von Standortproblemen herangezogen werden, sind daher zunächst die Einflußgrößen zu untersuchen, die bei Standortentscheidungen eine Rolle spielen.

## 2. Einflußgrößen der Standortentscheidung (Standortfaktorenlehre)

In der Literatur sind zahlreiche Ansätze zu finden, ein Schema bzw. eine allgemeingültige Systematik von Einflußgrößen zu entwickeln, die die Wahl eines Standortes beeinflussen. Diese Systematiken dienen der Beschreibung und Ordnung derjenigen Standorteigenschaften, die für die Lösung des Standortproblems bedeutsam sein können. Derartige Kataloge liefern Hinweise für die Sammlung von Informationen, die in den Standortkalkül einzubeziehen sind. Aussagen über die Verarbeitung der relevanten Informationen werden jedoch nicht getroffen.

*Standortfaktoren nach Weber*

Das Grundmodell von Weber beruht auf einer Unterteilung der Standortfaktoren nach dem Umfang ihrer Geltung (generelle und spezielle Standortfaktoren), nach ihrer räumlichen Wirkung (Regional-, Agglomerations- und Deglomerationsfaktoren) sowie nach der Art ihrer Beschaffenheit (natürlich-technische und gesellschaftlich-kulturelle Standortfaktoren). Während **generelle Standortfaktoren**, wie Beschaffungspreise und Arbeitskosten jede industrielle Produktion beeinflussen, sind **spezielle Standortfaktoren** nur für bestimmte Industriezweige von Bedeutung (z. B. geologische Bedingungen). **Regionalfaktoren** sind dafür „verantwortlich", daß manche geographischen Orte (z. B. Verkehrsknotenpunkte) bestimmte Industriezweige anziehen. **Agglomerationsfaktoren** bewirken eine Konzentration von Unternehmungen in bestimmten Gebieten, die eine räumliche Verdichtung sich ergänzender Industrien gestatten. **Deglomerationsfaktoren** führen schließlich zu einer Dezentralisation der Betriebsstandorte, wenn aufgrund niedriger Bodenpreise oder regional gebundener Subventionen Standorte in wirtschaftlich strukturschwachen Räumen gewählt werden. Das Klima ist ein Beispiel für die **natürlich-technischen Standortfaktoren;** gleiches gilt nach Ansicht Webers für die auf „natürlichen Anlagen" beruhende Qualität der Arbeitskraft. Zu den **gesellschaftlich-kulturellen Standortfaktoren** zählen beispielsweise regionale Unterschiede des Zinsniveaus.

*kostenorientierte Standortplanung*

**Bei einem Vergleich mit den industriellen Kostenarten zeigt sich nach Ansicht von Weber, daß nur die Materialpreise, die Arbeitskraft und die Transportkosten industriebetriebsrelevante Beispiele für Standortfaktoren darstellten.** Um im Rahmen einer bewußt vereinfachenden Modellbildung die standortrelevanten Entscheidungstatbestände weiter zu reduzieren, führt Weber die Fiktion ein, daß teurere Materialien als weiter entfernt gelegen aufgefaßt werden, da es für den Industriebetrieb gleichgültig ist, ob die anfallenden Kosten des Materialeinsatzes sich aus relativ niedrigeren Materialpreisen und Transportkosten zusammensetzen oder mit den Materialpreisen übereinstimmen. Für eine isolierte Produktion lassen sich damit zwei Faktoren angeben: Transportkosten und Arbeitskraft. Wird die Einschränkung isolierter Produktion nicht gemacht, so ergeben sich als weitere Einflußgrößen die Agglomerationsfaktoren.

Unterstellt man konstante Arbeitskosten, so hängt die Standortwahl in dem Modell von Weber von nur einem Standortfaktor – den Transportkosten – ab, die ihrerseits als Funktion der transportierten Materialmengen gesehen werden (vgl. zum Weberschen Modell S. 240 ff.). Bei den zu transportierenden Gütern lassen sich Ubiquitäten und „lokalisiertes Material" unterscheiden. Ubiquitäten sind solche Materialien, die praktisch überall vorkommen (z. B. Luft), während lokalisiertes Material an bestimmte Orte (z. B. Fundorte) gebunden ist und folglich Transportkosten verursacht. Lokalisiertes Material kann mit vollem Gewicht in das Endprodukt eingehen („Reingewichtsmaterial", z. B. fremdbezogene Einzelteile) oder gewichtsmäßig teilweise oder gar nicht im Fertigprodukt enthalten sein („Gewichtsverlustmaterial"; z. B. Erze, Bauholz oder Heizmaterialien). Als Maßgröße für den Einfluß des Materials auf die Transportkosten gibt Weber den **„Materialindex"** an.

*Ubiquitäten/ lokalisiertes Material*

$$(2.1) \text{ Materialindex} = \frac{\text{Gewicht der lokalisierten Materialien}}{\text{Gewicht des Materials im Fertigerzeugnis}}$$

Für Ubiquitäten ergibt sich der Materialindex 0, für Reingewichtsmaterialien der Materialindex 1. Bei Gewichtsverlustmaterialien ist der Index größer als 1. Die Addition der Zähler und Nenner mehrerer Materialindizes ergibt bei konstanten Arbeitskosten das „Standortgewicht". Dies besagt: Je höher der Anteil der Ubiquitäten an den benötigten Materialien, desto weniger wird die Standortwahl von den Transportkosten beeinfluß; je höher das „Standortgewicht", desto günstiger ist unter dem Gesichtspunkt der Materialtransportkosten der entsprechende Standort.

Webers stark vereinfachende Annahmen erweisen sich oft als wirklichkeitsfremd. Behrens kritisiert die Standortfaktorengliederung Webers mit dem Hinweis, daß eine auf drei Unterscheidungskriterien aufbauende Systematik nicht frei von Überschneidungen sein könne. Auch sei die Webersche Unterscheidung genereller und spezieller Standortfaktoren empirisch unhaltbar. Fraglich erscheint weiter, ob für die Differenzierung regionaler und deglomerativer bzw. agglomerativer Faktoren eine Begründung gegeben werden kann. Ähnliche Schwierigkeiten ergeben sich für die Trennung in natürlich-technische und gesellschaftlich-strukturelle Standortfaktoren. Daß beispielsweise die Qualität der Arbeitskraft weniger auf natürliche Anlagen als vielmehr auf gesellschaftlich-kulturelle Einflüsse zurückzuführen ist, hat die Entwicklungspsychologie hinreichend bewiesen. Unter dem Gesichtspunkt des Umweltschutzes ist anzumerken, daß viele der Weberschen Beispiele nicht mehr zutreffen. Beispielsweise sind Luft und Wasser aus dieser Sicht heute vielfach nicht mehr als Ubiquitäten anzusehen.

*Kritik des Weberschen Ansatzes*

*Standortfaktoren nach Behrens*

**Neuere Ansätze streben eine umfassende Systematisierung und Erklärung standortabhängiger Kosten- und Erlöseinflußgrößen an.** Es wird eine Vielzahl von Standortfaktoren aufgezählt, die in Form von Prüflisten als Grundlage für die betriebsindividuelle Auswahl bewertungsrelevanter Standortfaktoren in konkreten Entscheidungssituationen dienen sollen. Beispielhaft wird der Vorschlag von Behrens dargestellt.

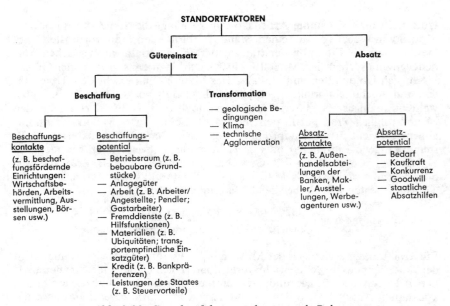

*Abb. 2.38: Standortfaktorenschema nach Behrens*

Dem Standortfaktorenschema von Behrens liegt eine funktionsorientierte Gliederung zugrunde; die einzelnen Standortfaktoren werden den betrieblichen Hauptfunktionen Beschaffung, Produktion (Transformation) und Absatz zugeordnet.

*Beschaffungsfaktoren*

**Die Standortabhängigkeit der Beschaffung kommt im Beschaffungspotential sowie in den Beschaffungskontakten zum Ausdruck.** Der Umfang des Beschaffungspotentials richtet sich nach Menge und Qualität der am Ort vorhandenen nichttransportablen Güter, den im Einzugsgebiet verfügbaren transportempfindlichen Gütern sowie den Beschaffungskosten. Nicht transportfähige Beschaffungsgüter, auf die der Industriebetrieb angewiesen ist, beschränken die Standortwahl auf Orte, an denen die erforderlichen Produktionsfaktoren verfügbar sind (gebundener Standort). In bezug auf transportable Güter besteht dagegen ein Entscheidungsspielraum (freier Standort), der durch

*Beschaffungskosten/ Beschaffungszeit*

**Beschaffungskosten** und **Beschaffungszeiten** begrenzt wird. Diese schränken das Beschaffungsgebiet ein. Beschaffungskosten und -zeit sind Indikatoren für **Transportempfindlichkeit** eines Gutes. Der Gesichtspunkt der Beschaffungskosten wird in den untenstehenden Fällen besonders deutlich:

(a) Das Beschaffungsgut verursacht hohe Transportkosten, so daß die Beschaffung aus weit entfernten Bezugsorten die Rentabilität des Betriebsprozesses spürbar senkt.

(b) Das Beschaffungsgut muß vor Bestellung besichtigt werden, wobei einerseits hohe Reisespesen anfallen, andererseits die Unterhaltung von Beschaffungsstellen an den Bezugsorten nicht sinnvoll erscheint.

(c) Die Transportkosten werden innerhalb gewisser Grenzen vom Lieferanten getragen; die Aufwendung größerer Beträge ist ihm allerdings nicht möglich.

Auch zur Wirksamkeit der Beschaffungszeit sollen nur Beispiele genannt werden:

(a) Das Beschaffungsgut ist leicht verderblich.

(b) Der Bedarf an einem Beschaffungsgut muß kurzfristig gedeckt werden; die Errichtung eines Lagers ist jedoch unmöglich (z. B. weil der Lagerraum fehlt oder weil ein Lager nicht finanziert werden kann).

(c) Die Beförderungszeit ist den Anbietern des Beschaffungsgutes zu lang (z. B. Reisezeiten für Pendler).

Mit steigender Transportempfindlichkeit eines Beschaffungsgutes verringert sich dessen Einzugsgebiet. Der Betriebsstandort nähert sich dem Standort des Beschaffungsgutes an. Rentabilitätseinbußen werden dadurch vermieden. Ubiquitäten üben demzufolge keinen Einfluß auf die Standortwahl aus.

*Transportempfindlichkeit bei der Beschaffung*

Der Begriff der Ubiquität wird von Behrens allerdings relativiert; er bezieht ihn auf bestimmte Betriebe. Betriebsindividuelle Ubiquitäten sind dann Einsatzgüter, die unabhängig vom Standort, also überall, in der gewünschten Menge und Qualität zu gleichen Kosten beschafft werden können (z. B. Büromaterialien). Ein Standortproblem entsteht für Unternehmungen auf der Beschaffungsseite nur, wenn der Bedarf an nichttransportablen und transportempfindlichen Einsatzgütern nicht ausschließlich betriebsindividuelle Ubiquitäten enthält. Da der Fall ausschließlicher Verarbeitung betriebsindividueller Ubiquitäten relativ selten sein dürfte, erscheint es sinnvoll, die Wirkung der übrigen Einsatzgüter weiter zu untersuchen. Behrens faßt diese Einflußgrößen unter dem Begriff des Beschaffungspotentials zusammen. Jeder Standort bzw. jedes zu einem Standort gehörende Einzugsgebiet verfügt über ein bestimmtes Beschaffungspotential, das für die Betriebe von unterschiedlichem Wert sein kann.

*relative Ubiquitäten*

**Der Umfang des Beschaffungspotentials ist abhängig von der Quantität und Qualität der am Ort verfügbaren nichttransportablen Güter bzw. der im Einzugsgebiet verfügbaren transportempfindlichen Güter. Darüber hinaus hängt das Beschaffungspotential von den Kosten der Beschaffungsgüter ab.** Zu beachten ist, daß ein Standort hinsichtlich der verschiedenen Einsatzgüter arteigene Beschaffungspotentiale besitzt. Einige der von Behrens genannten Beispiele von Beschaffungspotentialen für Einsatzgüter seien im folgenden wiedergegeben: Bei unbebauten Grundstücken wird das Beschaffungspotential von der

*Beschaffungspotential*

Größe, dem Preis und den Baukosten bestimmt; bei bebauten Grundstücken kommen die Neubaukosten der Gebäude bzw. die Abbruchkosten hinzu. Das Beschaffungspotential eines Standorts bezüglich der Anlagegüter wird von der Transportfähigkeit und -empfindlichkeit wesentlich beeinflußt. In wirtschaftlich entwickelten Ländern kommt das Beschaffungsgut „Kredit" dem Charakter der Ubiquität sehr nahe, so daß der Einfluß auf die Standortentscheidung relativ gering sein dürfte. Nicht selten ist allerdings der umgekehrte Fall von Interesse, da unter Umständen mit der Wahl bestimmter Standorte die Kreditwürdigkeit steigt oder fällt. Staatliche Leistungen können z. B. hinsichtlich der Straßen und öffentlichen Einrichtungen, aber auch hinsichtlich der Kostenbeteiligung räumlich differenziert sein. Besonders Steuerunterschiede (z. B. Gewerbesteuer) sind in diesem Rahmen beachtenswert.

*Beschaffungskontakte*

Das Beschaffungspotential ist somit als relativ umfassender Standortfaktor anzusehen. Die Beschaffung der Einsatzgüter ist allerdings nicht nur vom standortgebundenen Beschaffungspotential, sondern auch davon abhängig, inwieweit es dem Betrieb gelingt, ein gegebenes **Beschaffungspotential auszuschöpfen**. Mit den Beschaffungskontakten erfaßt Behrens diesen Aspekt, der bei der Standortwahl ebenfalls zu untersuchen ist. Es handelt sich um die Frage, in welchem Maße beschaffungsfördernde Einrichtungen (z. B. Wirtschaftsbehörden, Vermittler, Börsen, Kammern, Ausstellungen, Institute, Zeitungen) vorhanden sind.

*Transformationsfaktoren*

**Neben dem externen Gütereinsatz ist der sogenannte interne Gütereinsatz bedeutsam für die Standortentscheidung.** Es handelt sich hier um den Einfluß von natürlichen oder technischen Gegebenheiten auf den erfolgreichen Vollzug von Produktionsvorgängen. So können z. B. bestimmte geologische Bedingungen den Produktionsvollzug erst ermöglichen oder zumindest Kostenvorteile durch ihre Existenz verursachen.

Ferner sind klimatische Bedingungen wesentliche Standortvoraussetzungen in der Landwirtschaft und bei einigen Industriezweigen. In manchen Industriezweigen ist für den internen Gütereinsatz schließlich die Möglichkeit zur technischen Agglomeration von wesentlicher Bedeutung, da der räumliche Zusammenschluß mehrerer Betriebe erhebliche Kosteneinsparungen zur Folge haben kann (z. B. gemeinsamer Wegebau). Standorte, an denen technische Agglomeration möglich ist, bieten gegenüber anderen den Vorteil, daß hier die Produktion zu geringeren Stückkosten durchführbar ist.

*Absatzfaktoren*

Nicht nur auf der Beschaffungsseite, sondern auch auf der Absatzseite lassen sich Standortfaktoren feststellen. **In der vertieften Berücksichtigung der Absatzfaktoren liegt die spezifische Erweiterung des Weberschen Ansatzes durch Behrens.** Insbesondere die Größe eines Absatzgebietes entscheidet darüber, ob in die Standortentscheidung Absatzüberlegungen maßgeblich eingehen. Sind die Absatzleistungen nicht transportfähig, so ist die Ausdehnung des Absatzgebietes Null, d. h. der Standort wird von der Absatzleistung bestimmt (z. B. Baustellenfertigung). Wenn das Absatzgut transportabel ist, sind für die Ausdehnung des Absatzgebietes die Absatzkosten und die Absatzzeit maßgebend. Hohe Transportkosten könnten bewirken, daß Produkte für bestimmte Absatzgebiete keine Abnehmer finden. Die Verderblichkeit von

Produkten und die Forderung nach kurzen Lieferzeiten können dazu führen, daß Standorte sich an Absatzgebiete anzupassen haben. Analog zum Gütereinsatz kann von transportempfindlichen Absatzgütern gesprochen werden. Mit steigender Transportempfindlichkeit verengt sich das betriebliche Absatzgebiet.

*Transportempfindlichkeit beim Absatz*

Entsprechend dem Beschaffungspotential bildet Behrens den Begriff des Absatzpotentials eines Standortes. Es bestimmt sich nach den an diesem Ort erzielbaren Absatzmengen und Absatzpreisen. **Insgesamt ist das Absatzpotential an den Erlösen zu messen, die an einem bestimmten Ort erwartet werden können.** Einflußgrößen des Absatzpotentials sind im einzelnen: Bedarf (z. B. abhängig von der Einkommensdichte, der Passantendichte, der Bevölkerungsstruktur oder Verbrauchsgewohnheiten), Kaufkraft, Absatzkonkurrenz, Absatzagglomeration (Konkurrenzanziehung im Gegensatz zur Konkurrenzmeidung), Herkunfts-good-will (z. B. Münchner Bier), staatliche Absatzhilfen (beispielsweise Subventionen oder Preisgarantien). **Die potentielle Nachfrage (Absatzpotential) ist durch Absatzkontakte zu aktualisieren.** Dabei ist vor allem an die an einem möglichen Standort vorhandenen absatzfördernden Einrichtungen zu denken (z. B. Werbeagenturen, potentielle Abnehmer, Makler, Messen, Zeitungen).

*Absatzpotential*

*Absatzkontakte*

Kritikpunkte an der Standortfaktorenlehre von Behrens sind vor allem die Beschränkung auf das Rentabilitätsziel sowie auf die Erstellung und Verwertung materieller Güter, die Unterstellung eines gegebenen Leistungsprogramms und der Verzicht auf die Entwicklung eines Entscheidungsmodells.

*Kritik an der Standortfaktorenlehre von Behrens*

Derartige Systematiken können keinen Anspruch auf Vollständigkeit für sämtliche Standortentscheidungen erheben, zumal die relative Bedeutung einzelner Standortfaktoren in Abhängigkeit vom Industriezweig und vom Standort unterschiedlich ist. Nicht selten stehen dabei die Standortfaktoren in Konkurrenz zueinander. Mit der Darstellung von standortbezogenen Entscheidungsmodellen soll gezeigt werden, welche Möglichkeiten einer Gesamtschau der Standortfaktoren bestehen, um damit eine Auswahl zielentsprechender Standorte zu erreichen.

## 3. Entscheidungsmodelle zur Standortbestimmung

Das Standortproblem ist mit der Analyse der Standortfaktoren keineswegs gelöst. Die Analyseergebnisse sind vielmehr zu bewerten und entsprechend der Zielvorstellung gegeneinander abzuwägen, um zu einer Entscheidung kommen zu können. Soweit Autoren sich mit Entscheidungsverfahren befaßt haben, wird als Ziel der Bemühungen in aller Regel die Bestimmung des „optimalen" Standorts angegeben. Da dieses Ziel definitionsbedürftig ist, müssen einige begriffliche Erörterungen vor die Behandlung der Verfahren gestellt werden.

### a) Der optimale Standort

**Als optimal kann eine Standortentscheidung gelten, wenn die relevanten Standortfaktoren an dem gewählten Standort in einer Weise wirken, daß der im Ver-**

*formale Definition*

gleich zu allen anderen Alternativen größtmögliche Zielerreichungsgrad gegeben ist.

*Transportkosten-minimierung*
*Gewinnmaximierung*

Die traditionelle mikroökonomische und betriebswirtschaftliche Diskussion des optimalen Standorts war schwerpunktartig auf das Ziel „Minimierung der Transportkosten" gerichtet. Geht man jedoch vom Ziel „Gewinnmaximierung" aus, so kann sich die Bestimmung eines transportkostenoptimalen Standorts als unzureichend erweisen. Oft können nämlich die absatzpolitischen Wirkungen der Standortwahl nicht konstant gehalten werden. In diesem Fall beruht die Standortentscheidung auf einem Abwägen und Vergleichen der Aufwendungen und Erträge, die aus alternativen Standorten zu erwarten sind. Ob das Optimalitätskriterium Gewinnmaximierung oder befriedigende Gewinnerzielung heißt, ist nur ein gradueller Unterschied. Anders liegen die Verhältnisse, wenn sozialpolitische Faktoren das Auswahlkriterium bilden (unter Umständen bei öffentlichen Betrieben). Tradition oder emotionale Kriterien können ebenfalls für die Auswahl entscheidend sein. Letztendlich lassen sich auch die Belange des Umweltschutzes als Entscheidungskriterien anführen.

*Quantifizierungs-probleme*

Damit erscheint es nicht mehr gerechtfertigt, von d e m Optimalitätskriterium zu sprechen. Es handelt sich vielmehr um mehrere Optimalitätskriterien, die Beachtung verdienen. Faßt man den Begriff der Optimalität eng auf, etwa im Zusammenhang mit analytischen Lösungsverfahren von Allokationsproblemen, so erscheint es darüber hinaus fraglich, ob der Begriff „Optimalitätskriterium" zweckmäßig gewählt ist. Sowohl die Standortfaktoren als auch die genannten Auswahlkriterien weisen eine Reihe kaum quantifizierbarer Elemente auf (z. B. Beschaffbarkeit von Führungskräften, Herkunfts-good-will, Informationsstrukturen, Freizeitwert), so daß eine analytische Lösung in der Regel nur eine gewisse Basislösung darstellen kann, die Modifizierungen entsprechend den nicht rechenhaften Faktoren unterzogen werden muß. Beispielsweise werden etwa an Standortvorstellungen als Ergebnis eines analytischen Modells Verhandlungsprozesse anknüpfen, sofern nicht alle an der Standortfrage Interessierten das verwendete Modell oder die ermittelten Ergebnisse billigen.

### b) Analytische Verfahren zur Standortbestimmung

*Das Webersche Standortmodell*

*kontinuierliche und diskrete Modelle*

Als kontinuierliches Modell geht das Webersche Standortmodell von einer homogenen Fläche (keine Präferenzen für irgendwelche Punkte der Fläche) aus, die eine unendliche Zahl möglicher Standorte enthält. Im Gegensatz dazu betrachten diskrete Modelle eine inhomogene Fläche (es bestehen also bereits Präferenzen für gewisse Punkte), in der eine endliche Zahl von Punkten als Standort in Frage kommt.

Das Webersche Problem lautet in einfachster Form:

*transport-kostengünstigster Standort*

**Es ist der transportkostengünstigste Produktionsstandort unter Berücksichtigung der Standorte des Materials und der Arbeitskräfte sowie des Kundenstand-**

**orts zu finden.** Verbindet man Materialstandort, Arbeitskräftestandort und Kundenstandort, so entsteht ein Dreieck, in dem der optimale Standort liegen muß. Bei mehreren Materialien entsteht ein Vieleck. Je nach Form dieser Figur kann der optimale Standort innerhalb oder außerhalb liegen. Die Ermittlung dieses optimalen Standorts ist analytisch möglich, wenngleich mit einigem Rechenaufwand verbunden. Das Gebiet, für das der optimale Standort bestimmt werden soll, wird in einem Koordinatensystem erfaßt. Die x-Achse bezeichnet die Längengrade, die y-Achse die Breitengrade. In diesem Koordinatensystem werden die Orte, auf die der optimale Standort S (x, y) bezogen werden soll, mit $P_i(x_i, y_i)$ bezeichnet (i = 1, 2, ... n). Die Entfernung zwischen (S) und ($P_i$) sei ($r_i$) und die zu transportierenden Mengen zwischen (S) und ($P_i$) seien ($a_i$). Unter der Annahme Webers, daß die Transportkosten ausschließlich mengen- und entfernungsabhängig sind, kann der Transportaufwand T berechnet werden:

*Standortdreieck, Standortvieleck*

*mathematische Lösung*

(2.2) $\quad T = a_1 r_1 + a_2 r_2 + \ldots + a_n r_n = \sum_{i=1}^{n} a_i r_i.$

Da in einem Koordinatensystem der Abstand $r_i$ zweier Punkte sich errechnet als

(2.3) $\quad r_i = \sqrt{(x-x_i)^2 + (y-y_i)^2}$,

lautet die Formulierung der Extremalaufgabe „Transportkostenminimierung":

(2.4) $\quad T(x, y) = \sum_{i=1}^{n} a_i \sqrt{(x-x_i)^2 + (y-y_i)^2} \to \min!$

Extrempunkte einer Gleichung lassen sich bekanntlich durch Nullsetzen der partiellen ersten Ableitungen ermitteln.

Die Lösung dieses Modells kann über grafische Lösungsverfahren, mit Hilfe von analytischen (Iterations-)Verfahren sowie mit mechanischen Analogmodellen erfolgen.

Eine Erweiterung dieses Modells auf mehrere Standorte unter Berücksichtigung daraus resultierender Fixkosten je Standort ist möglich; die Lösung ist dann aufgrund der Komplexität des Problems nur mit Näherungsverfahren möglich. Auf eine Darstellung der angeführten Verfahren wird hier verzichtet.

*Modellerweiterung*

### Optimaler Standort in einem Verkehrsnetz

Die Homogenität des Territoriums, die in dem einfachen Weberschen Ansatz unterstellt wird, soll auch im folgenden Beispiel gelten. Während beim Standortmodell Webers der günstigste Standort in Abhängigkeit von einem System gegebener Punkte gesucht wird, soll nun **ein Standort in einem Verkehrsnetz derart zu bestimmen sein, daß die Summe der Entfernungen zu allen Verkehrslinien möglichst gering ist.** Dabei wird unterstellt, daß der Standort durch Neubau von Verkehrswegen an das bestehende Netz angeschlossen werden soll.

*Minimierung der Entfernungen zu einem Verkehrs- oder Versorgungsnetz*

Derartige Fälle kommen in der Praxis beispielsweise bei der Festlegung eines neuen Schachtansatzpunktes (Anschluß an vorhandene Stollensysteme) oder bei der Festlegung des Standorts eines Kraftwerks vor, das in ein bestimmtes Netz Energie einzuspeisen hat (Anschluß an die bestehende Stromversorgung).

Gegeben seien m geradlinige Verkehrswege, die sich beliebig überschneiden können. Die Gleichungen dieser m Geraden im Koordinatensystem lauten (Hessesche Normalform):

(2.5) $\quad \alpha_i x + \beta_i y - c_i = 0 \quad (i = 1, 2, \ldots, m)$.

Der senkrechte Abstand eines beliebigen Punktes $P_0$ ($x_0$, $y_0$) von der i-ten Geraden ist dann bestimmt als

(2.6) $\quad \alpha_i x_0 + \beta_i y_0 - c_i = |d_{i0}|$.

Gesucht ist der Standort (S), für den die Summe der absolut genommenen senkrechten Abstände von den m Verkehrslinien minimal ist:

(2.7a) $\quad \sum_{i=1}^{m} |d_i| \to \min!$

Es gilt:

(2.7b) $\quad d_i = \alpha_i x + \beta_i y - c_i \ (i = 1, 2, \ldots, m)$

Dieses Optimierungsproblem mit Betragssummen linearer Form kann auf ein einfaches Optimierungsproblem zurückgeführt und mit Hilfe der Simplexmethode gelöst werden. Das Modell läßt sich verallgemeinern, so daß die Abstände beliebig gewichtet werden können. Auf diese Weise könnten etwa die spezifischen Kosten des Netzanschlusses, Nebenbedingungen bezüglich der Länge der Neubauten bei Anschluß an die einzelnen Verkehrswege sowie Absatzpräferenzen Berücksichtigung finden.

### Standortbestimmung mit Hilfe von Transportmodellen

*Transportkostenoptimierung*

Im folgenden soll ein **vereinfachter Fall diskreter Standortwahl** behandelt werden. Gleichzeitig wird die Fragestellung gegenüber den bisher dargestellten Modellen etwas verändert: **Gesucht sind die transportkostenoptimalen Produktionsstätten bzw. die kostenoptimale Verteilung der Gesamtproduktion auf gegebene Standorte ($A_i$)** (analog gilt dieses Modell z. B. auch für die Planung eines Filial- oder Lagernetzes). Es geht also um die transportkostenoptimale Bestimmung der Produktionskapazitäten eines Standortnetzes. Da in die Aufgabenstellung nicht nur bestehende Standorte aufgenommen werden müssen, sondern das Modell auch mit hypothetischen Standorten durchgerechnet werden kann, ist es – obwohl ursprünglich nur zur Transportkostenoptimierung gedacht – auch für die Auswahl bzw. Konzipierung von Produktionsstätten, Standortnetzen oder Absatzorganisationsstandortnetzen einsetzbar.

Zur Durchführung des Transportalgorithmus werden die folgenden Daten benötigt:

$C_{ij}$ Transportkosten pro Mengeneinheit von Produzent $A_i$ zum Abnehmer $B_j$  *Transportalgorithmus*
$a_i$ Kapazität von Produktionsstandort $A_i$
$b_j$ Bedarf des Abnehmers $B_j$

Die Ausgangsmatrix der Standortplanung lautet:

(2.8)

| Produktionsstandort | Abnehmerstandort | | | | | Kapazität |
|---|---|---|---|---|---|---|
| | $B_1$ | $B_2$ | $B_3$ | $B_4$ | $B_5$ | $a_i$ |
| $A_1$ | $F_{11}$ | | | | $F_{15}$ | $a_1$ |
| $A_2$ | | | $F_{23}$ | | | $a_2$ |
| $A_3$ | | | | | $F_{35}$ | $a_3$ |
| $b_j$ | $b_1$ | $b_2$ | $b_3$ | $b_4$ | $b_5$ | 21 |

In die Felder $F_{ij}$ werden unter anderem die sich ergebenden optimalen Transportmengen eingetragen. Des weiteren werden die hierfür anfallenden Transportkosten berechnet. Auf eine genauere Darstellung des Transportalgorithmus soll hier jedoch verzichtet werden.

Durch wiederholtes Anwenden des Algorithmus auf alternative Standortkombinationen und durch Veränderung von Kapazitäten wird nach **der kostengünstigsten Lösung** gesucht.

Dieses einfache Modell läßt sich erweitern, wenn in ($A_i$) und ($B_j$) mehrere  *Modellerweiterungen*
unterschiedliche Produkte erzeugt bzw. benötigt werden. Auch muß die Nachfrage nicht gerade der Kapazität entsprechen. Schließlich lassen sich für unzulässige oder unmögliche Beziehungen sehr hohe Transportkosten ansetzen, so daß diese Lieferbeziehungen in die Lösung nicht eingehen können. Kompliziertere Ansätze, die sich allerdings ebenfalls mit den Methoden der linearen Optimierung lösen lassen, beziehen mehrstufige Produktions- und Transportbeziehungen in die Modelle der Standortbestimmung ein.

### c) Heuristische Verfahren zur Standortbestimmung

Analytische Verfahren führen nur unter exakt definierten Voraussetzungen zu optimalen Lösungen. Die hierbei getroffenen Annahmen sind meist wenig wirklichkeitsnah. **Heuristische Verfahren hingegen garantieren keine optimalen Lösungen; Ziel ist die Generierung eines befriedigenden Ergebnisses** (vgl. Teil 1, S. 60 und Teil 4, S. 437 ff.).

### *Der Standortfaktorenkatalog*

Zusammenstellungen von Standortfaktoren wurden in diesem Kapitel bereits dargestellt. Sie sind das Ergebnis empirischer Untersuchungen (meist Befragungen) und/oder des Abwägens möglicher Einflußgrößen vor dem Erfahrungshintergrund der jeweiligen Autoren. Sofern bei industriellen Standortentscheidungen derartige Standortfaktorenkataloge herangezogen und entsprechend der Erfahrung der Entscheidungsträger bewertet und ausgewertet werden, ist die Vorgehensweise als heuristisch zu bezeichnen. Nach umfangrei-

## Standortfaktoren-Katalog (Ausschnitt) | Bewertungskarte

### Betriebliche Standortfaktoren

Bewertung:

| absolut | relativ | Zusatz | | |
|---|---|---|---|---|
| ● | ■ | z.B.: M | sehr große Bedeutung | |
| ◉ | ▨ | | M große Bedeutung | |
| ◎ | ▒ | | M geringe Bedeutung | |
| ○ | □ | | unbedeutend | |

Sonstige Aussagen: z.B.: m (ohne Bewertung)
Allgemein wichtig: ✱

### Örtliche Standortvoraussetzungen

Bewertung (in die leeren Signaturen bzw. Felder einzutragen):

| absolut | relativ | Zusatz | | |
|---|---|---|---|---|
| ● | ■ | z.B.: M | sehr gut | |
| ◉ | ▨ | | M gut | |
| ◎ | ▒ | | M gering | |
| ○ | □ | | schlecht/nicht gegeben | |

Sonstige Aussagen: z.B.: m (ohne Bewertung)
Allgemeine Standortvoraussetzung gegeben: ✱

| Nr. | Faktor | Unterpunkt | | Bewertung Sägeindustrie 100000 Sägeindustrie (701) | Nr. | Faktor | Unterpunkt | | Bewertung durch den Katalogbenutzer |
|---|---|---|---|---|---|---|---|---|---|
| 01 | Arbeitskräfte | 011 | Personalkosten | ◎ | 01 | Arbeitskräfte | 011 | Arbeitskraftreserven, Lohnniveau | ○ |
| | | 012 | Arbeiter (Q qualifiziert, A angelernt, ungelernt, R Routinepersonal) | ■ A/Q | | | 012 | Arbeiter | □ |
| | | 013 | Arbeiterinnen | □ | | | 013 | Arbeiterinnen | □ |
| | | 014 | Angestellte | □ | | | 014 | Angestellte | □ |
| | | 015 | Saisonschwankungen (sa), Heimarbeit (h), Schichtbetrieb (sb) | ○ | | | 015 | Saisonarbeit (sa), Heimarbeit (h), Schichtarbeit (sb) | ○ |
| 02 | Grundstücke und Gebäude | 021 | Flächenbedarf | ● m ausschließlich Menge | 02 | Grundstücke und Gebäude | 021 | Industrieflächen | ○ |
| | | 022 | Bauliche Investitionen, Nutzungskosten | ◉ | | | 022 | Bauliche Investitionen, Nutzungskosten | ○ |
| | | 023 | Erschließung | ● | | | 023 | Erschließung | ○ |
| 03 | Maschinelle Anlagen | | | ◉ | 03 | Maschinelle Anlagen | | | ○ |
| 04 | Finanzierung | | | ✱ | 04 | Finanzierung | | | |
| 05 | Roh- und Hilfsstoffe | 051 | Rohstoffe | ● | 05 | Roh- und Hilfsstoffe | 051 | Rohstoffe | ○ |
| | | 052 | Hilfsstoffe, fertig bezogene Teile | ○ | | | 052 | Hilfsstoffe, fertig bezogene Teile | ○ |
| 06 | Energie | 061 | Kohle | ○ | 06 | Energieversorgung | 061 | Kohle | ○ |
| | | 062 | Heizöl | ○ | | | 062 | Heizöl | ○ |
| | | 063 | Strom | ◉ | | | 063 | Strom | ○ |
| | | 064 | Gas | ○ | | | 064 | Gas | ○ |
| 07 | Wasserbedarf | | M Menge, Q Qualität | ○ | 07 | Wasserversorgung | | M Menge, Q Qualität | ○ |
| 08 | Örtliche Kontakte | 081 | Lieferanten (L), Abnehmer (A), gleichartige Betriebe (G) | ◎ L/A | 08 | Örtliche Kontakte | 081 | Lieferanten (L), Abnehmer (A), gleichartige Betriebe (G) | ○ |
| | | 082 | Zentralörtliche Dienste (P persönliche Dienste) | ✱ | | | 082 | Zentralörtliche Dienste P persönliche Dienste | |
| 09 | Verkehr | 091 | Personenverkehrs- und Nachrichtenverbindungen | ✱ | 09 | Verkehr | 091 | Personenverkehrs- und Nachrichtenverbindungen | |
| | | 092 Güterverkehr 0921 | Verkehrsintensität (v Transportvolumen) | ● | | | 092 Güterverkehr 0921 | Verkehrslage und -einrichtungen | ○ |
| | | 0922 | Straße | ■ | | | 0922 | Straßenverkehr | □ |
| | | 0923 | Bahn (g Gleisanschluß) | ▨ g | | | 0923 | Bahnverkehr g Gleisanschluß | □ |
| | | 0924 | Wasserverkehr (w), Luftverkehr (l) | ○ | | | 0924 | Wasserverkehr (w), Luftverkehr (l) | ○ |
| 10 | Imissionen | 101 | Betrieb → Umgebung (e Erschütterung, g Gefährlichkeit, l Lärm) | ◎ l | 10 | Imissionen | 101 | Betrieb → Umgebung e Erschütterung, g Gefährlichkeit, l Lärm | |
| | | 102 | Umgebung → Betrieb (v Luftverunreinigung) | ○ | | | 102 | Umgebung → Betrieb v Luftverunreinigung | |
| 11 | Produktionsrückstände | 111 | Abwässer (M Menge, Q Qualität) | ○ | 11 | Produktionsrückstände | 111 | Abwasserbeseitigung M Menge, Q Qualität | |
| | | 112 | Sonstige Rückstände (b beseitigbar, v verwertbar) | ○ | | | 112 | Sonstige Rückstände b beseitigbar, v verwertbar | |
| 12 | Absatz | | | ◉ | 12 | Absatz | | | ○ |

chen empirischen Untersuchungen ist beispielsweise vom Österreichischen Institut für Raumplanung ein Standortfaktorenkatalog erstellt worden, der eine **heuristische Abschätzung der Industriestandorteignung** gestatten soll. Abbildung 2.39 zeigt in der linken Spalte die Bewertung der für einen Industriezweig wichtigen Standortfaktoren. In der rechten Spalte (Bewertungskarte) kann die Bewertung eines potentiellen Standorts erfolgen. Entsprechen sich die Bewertungen der beiden Spalten, so ist die Standorteignung für den jeweiligen Industriezweig groß. Da in den seltensten Fällen eine absolute Übereinstimmung der Anforderungen und der Bewertungen gegeben sein wird, ist der Entscheidungsträger gezwungen, im Rahmen einer Standortbewertung eine „Durchschnittsgewichtung" zu entwickeln, die es erlaubt, verschiedene Standorte zu vergleichen.

*bewertender Vergleich von Standorteignung und Standortanforderungen*

## *Standortbewertungsmodelle (Scoring-Modelle)*

**Standortbewertungsmodelle dienen der zusammenfassenden Beurteilung der potentiellen Standorte unter Berücksichtigung aller quantifizierbaren und nichtquantifizierbaren Eigenschaften dieser Standorte.** Die Ausprägungen dieser Standorteigenschaften werden mit Punktwerten (Scores) versehen, deren Zusammenfassung den „Wert" eines Standorts ergibt. Aufgrund dieser Werte kann eine Rangfolge der Standorte gebildet werden.

*Berücksichtigung quantifizierbarer und nicht quantifizierbarer Standorteigenschaften*

Die formale Struktur solcher Scoring-Modelle kann wie folgt gekennzeichnet werden: Gegeben ist eine Menge potentieller Standorte $S = (S_1, ..., S_n)$, aus der eine Teilmenge $S^* = (S_1, ..., S_k)$ nach bestimmten Bewertungsregeln auszuwählen ist. Die Bewertung beruht auf einer Reihe von als wesentlich angesehenen Standorteigenschaften $Z = (Z_1, ..., Z_n)$, für die jeweils Meßskalen bestehen. Jeder Standort $S_i$ kann folglich durch seine Ausprägungen der Standortfaktoren vollständig beschrieben werden: $S_i = (Y_{i1}, ..., Y_{in})$. In diesem Zusammenhang sind Transformationsfunktionen zu entwickeln, die eine Überführung dieser Ausprägungen in Zahlenwerte gestatten: $r_{ij} = r_{ij}(Y_{ij})$. Die Verknüpfung der einzelnen Zahlenwerte einer Standortalternative ergibt den Standortwert $W_i = g\,[r_{ij}(Y_{ij})]$. Die ermittelten Standortwerte bilden die Grundlage für die Auswahl des besten Standorts bzw. für die Bildung der Rangfolge der Standorte.

*Formalstruktur von Scoring-Modellen*

Ein Nachteil von Scoring-Modellen liegt in der zwangsläufig subjektiven Bewertung und Gewichtung der einzelnen Standorteigenschaften. Weiterhin ist die Berücksichtigung von allen relevanten Standorteigenschaften nicht gewährleistet. Trotzdem sind Scoring-Modelle insbesondere in Entscheidungssituationen, für die keine analytischen Verfahren existieren, ein brauchbares Instrument der Entscheidungsvorbereitung.

*subjektive Bewertung und Gewichtung*

Abb. 2.39: *Standortplanung mit Hilfe eines Standortfaktorenkatalogs (Quelle: Schilling 1968, S. 28)*

*Standortentscheidungen mit Hilfe der „NB-Regel"*

**Die NB-Regel (Next-Best-Rule) beschreibt einen Prozeß sukzessiver heuristischer Entscheidungsfindung.** Mit Hilfe einer Präferenzfunktion werden schrittweise Komponenten zu einer Alternativenformulierung hinzugewonnen, bis ein „Komponentenmosaik" erreicht ist, das die Zielsetzung möglichst gut erfüllt. Das Modell einer heuristischen Standortbestimmung mit Hilfe der NB-Regel wurde von Kuehn und Hamburger entwickelt. Eine Darstellung findet sich mit anderen Beispielen zur NB-Regel auch in der Arbeit von Klein über heuristische Entscheidungsmodelle.

*sukzessive heuristische Entscheidungsfindung*

Das Problem von Kuehn und Hamburger bezieht sich auf die Errichtung eines Lagerhaussystems. Dezentrale Lagerhäuser verursachen zwar in der Regel nicht unerhebliche Einrichtungs- und Unterhaltungskosten; sie bringen jedoch grundsätzlich auch eine Reihe von Vorteilen, beispielsweise Transportkostenermäßigungen, wenn über Sammeltransporte die direkten Lieferwege zu den Kunden verkürzt werden können. Außerdem lassen sich Mehrproduktaufträge unter Umständen in Lagerhäusern „bündeln" und die Auslieferungskosten auf diese Weise senken. Kurze Lieferwege können schließlich Wettbewerbsvorteile bringen, weil schnelle und zuverlässige Lieferungen die Lagerhaltungskosten des Kunden senken.

**Es besteht die Aufgabe, die Standorte für Lagerhäuser so zu bestimmen, daß die Vorteile aus Transportkostensenkung und Vergrößerung des akquisitorischen Potentials nicht durch die Nachteile der Dezentralisation überkompensiert werden.**

Konkret heißt das: Gesucht werden Anzahl, Standort und Kapazität von möglichen Lagerhäusern, die Kundenzuordnung auf die Lagerhäuser und ein Distributionswegenetz, nach dem die Auslieferung zu erfolgen hat. Zur Lösung des Problems müssen bekannt sein: Anzahl und Umfang der Kundenaufträge, Transportkosten, Betriebskosten von Lagerhäusern und Opportunitätskosten der Lieferverzögerung (z. B. Konventionalstrafen oder Kundenverlust). Das von Kuehn und Hamburger entwickelte Programm löst das Problem zweistufig. Auf der ersten Stufe (Hauptprogramm) wird über drei heuristische Prinzipien das Lagerhausnetz so lange erweitert, bis die totalen Distributionskosten steigen. Im zweiten Schritt (zwei heuristische Prinzipien) werden Modifizierungen der erzielten Lösung des ersten Schritts versucht, indem einzelne Lagerhäuser geschlossen oder an einen anderen Standort verlegt werden. Die **drei Heuristiken des Hauptprogramms** lauten: (1) Die meisten geographischen Orte kommen für Lagerhäuser nicht in Frage, weil sie sich nicht in oder bei Nachfragezentren befinden bzw. aus geographischen Gründen (z. B. Seen oder Hochgebirge) nicht errichtet werden können. (Diese Regel erlaubt beispielsweise die Konzentration der Suche auf weniger als $1/100$ Prozent der Fläche der Vereinigten Staaten von Amerika.) (2) Ein annähernd optimales Lagerhaussystem kann dadurch entwickelt werden, daß im Verlauf einer Folge von Schritten jeweils das Lagerhaus hinzugefügt wird, das die größte Kostenersparnis für das ganze System erbringt ( = nächstbestes Lagerhaus). (3) Nur eine kleine Teilmenge aller möglichen Lagerhausstandorte braucht auf den einzelnen

*Hauptprogramm*

Stufen des Auswahlprogramms im Detail betrachtet zu werden; denn für die Entscheidung, ob dem Lagerhaussystem Lagerhäuser hinzugefügt werden sollen, genügt es, Teilgebiete hinsichtlich der Distributionskostenersparnis durch Zusatzläger zu untersuchen. Die Heuristiken des Modifizierungsprogramms lauten: (4) Die Erweiterung des Lagerhaussystems um neue Standorte kann dazu führen, daß einige Lagerhäuser aus früheren Stufen unwirtschaftlich werden, weil die ihnen zugeordneten Kunden inzwischen günstiger von anderen Lagerhäusern aus bedient werden können. Derartige überflüssige Standorte sind zu eliminieren. (5) (1)–(4) legen Lagerhausgebiete fest. Durch Verlagerung des Standorts innerhalb dieser Gebiete ist der kostengünstigste Standort für jedes Lagerhaus zu bestimmen.

*Modifizierungsprogramm*

Für dieses heuristische Verfahren zur Bestimmung eines Standortnetzes haben Kuehn und Hamburger ein Computerprogramm entwickelt. Dieses Programm versucht, wie die fünf heuristischen Prinzipien zeigen, das menschliche Verhalten in ähnlichen Situationen zu simulieren. Wesentlich für die Abkehr von einer analytischen Lösung der Entscheidungslogik ist die Abwendung von der Exklusivitätsbedingung der Alternativenformulierung. **Es werden nicht vollständige Alternativen (Lagerhaussysteme) miteinander verglichen, sondern es erfolgt die Fortentwicklung einer Alternative,** so daß – ähnlich wie bei vielen organisatorischen Anpassungsprozessen – die Problempräzisierung bzw. Alternativenpräzisierung zugleich mit der Lösung des Problems anfällt.

*Alternativenvergleich versus Alternativenentwicklung*

Häufig wird im Zusammenhang mit Standortbestimmungsmodellen auch das Problem optimaler Transport- und Reiserouten (z. B. für Vertreter) behandelt. Auf eine Ausdehnung in diese Richtung wird in dieser Einführung verzichtet (vgl. allerdings Teil 4, S. 437 ff.); das gleiche gilt für die Darstellung spieltheoretischer Ansätze.

# Fragen zur Selbstkontrolle und Vertiefung

### I. Industrielle Organisation

1. Die Betrachtung der Unternehmung als System impliziert die Identifizierung von Beziehungsmustern zwischen den Elementen (Strukturen). Charakterisieren Sie beispielhaft derartige Strukturen in einem Industriebetrieb!
2. Die Organisationsbetrachtung hat sich von der Strukturorientierung zur Prozeßorientierung gewandelt. Wie läßt sich dieser Wandel charakterisieren?
3. Was sind Heuristiken der Organisationsgestaltung?
4. Welche Problematik verbindet sich mit der Formulierung organisatorischer Zielsetzungen?
5. Inwiefern unterscheiden sich bei der deskriptiven Analyse organisatorischer Anpassungsprozesse Überlegungen zum „geplanten organisationalen Wandel" und zum „organisationalen Lernen"?
6. Kennzeichnen Sie einen Industriebetrieb als soziales Verhaltenssystem!
7. Die Koordination von Entscheidungen in Organisationen ist das Ergebnis von Verhandlungsprozessen. Nehmen Sie Stellung zu dieser Hypothese!
8. Nennen Sie einige Gründe für die Bildung von Kollegien!
9. Bedeutet der situative Ansatz in der Organisationstheorie einen Paradigmawechsel?
10. Welche praktische Bedeutung kommt der Beschreibung des Industriebetriebs als Verhaltenssystem zu?
11. Welche Annahmen sind notwendig, um eine Unterscheidung von Organisationslehre und Organisationstheorie zu rechtfertigen? Welche praktische Relevanz hat diese Unterscheidung?
12. Beurteilen Sie die Bedeutung der Unterscheidung von Aufbau- und Ablauforganisation für die praktische Organisationsgestaltung!
13. In welcher Beziehung stehen Organisationsstruktur und Organisationssituation?

14. Die Organisationsverfassung ergibt sich aus dem routinemäßigen Tun und Lassen der Organisationsmitglieder. Interpretieren Sie diese These!

15. Organisationsentwicklung bedeutet „Revitalisierung" der Organisation. Warum ist dies notwendig?

16. Lernen muß der Schüler selbst! Welche Konsequenzen ergeben sich aus diesem Satz im Hinblick auf die Rolle des Beraters in Organisationsentwicklungsprozessen?

17. Beschreiben Sie Interventionstechniken der Organisationsentwicklung!

18. Charakterisieren Sie Merkmale und Einsatzbedingungen von Matrixorganisationen und Projektmanagement!

19. Welche Mitbestimmungsformen gibt es im Arbeitsrecht der Bundesrepublik Deutschland?

20. In welcher Beziehung stehen arbeitsrechtliche Mitbestimmung und Partizipation?

21. Vergleichen Sie formale Organisationsformen. Begründen Sie die Wahl der Vergleichsdimensionen!

22. Welche Rechtfertigungsgründe werden für Hierarchie genannt? Wie sind sie zu würdigen?

23. Was ist „Management by objectives"?

24. Welche Funktionen können innerbetriebliche Verrechnungspreise erfüllen?

# Fragen zur Selbstkontrolle und Vertiefung

## II. Rechts- und Unternehmungsform

1. Welche grundsätzlichen Zusammenhänge bestehen zwischen der Stellung des Gesellschaftsvermögens, der Leitungsbefugnis und der Schuldenhaftung?
2. Erläutern Sie die wesentlichen Unterschiede in der Besteuerung von Personen- und Kapitalgesellschaften!
3. Vergleichen Sie die Regelungen des Mitbestimmungsgesetzes 1976, des Montan-Mitbestimmungsgesetzes und des Betriebsverfassungsgesetzes 1952 hinsichtlich (a) Geltungsbereich, (b) Größe und Zusammensetzung des Aufsichtsrates, (c) Bestellung und Abberufung des Leitungsorgans! Welche Besonderheiten ergeben sich in bezug auf die Mitbestimmung im Konzern?
4. Grenzen Sie die formwechselnde von der übertragenden Umwandlung ab und nennen Sie jeweils Beispiele möglicher Umwandlungsfälle!
5. Welche Unterschiede und Gemeinsamkeiten bestehen zwischen der typischen stillen Gesellschaft, der atypischen stillen Gesellschaft, der Unterbeteiligungsgesellschaft und dem partiarischen Darlehen?
6. Vergleichen Sie die Gesellschaft des bürgerlichen Rechts, die OHG und die KG hinsichtlich der Kriterien (a) Leitungsbefugnis, (b) Haftung, (c) Gewinn- und Verlustbeteiligung!
7. Welche Unterschiede bestehen im Bereich der Rechnungslegung zwischen GmbH und AG (a) nach geltendem Aktiengesetz und GmbH-Gesetz; (b) nach dem Regierungsentwurf des Bilanzrichtlinie-Gesetzes?
8. Vergleichen Sie die GmbH und die GmbH & Co. KG hinsichtlich der Kriterien (a) Leitungsbefugnis, (b) Informationspflichten, (c) Mitbestimmung!
9. In welchen Schritten vollzieht sich die Gründung einer AG? Worin unterscheiden sich einfache und qualifizierte Gründung?
10. Stellen Sie die Rechte und Pflichten der Organe von GmbH, AG, KGaA und eingetragener Genossenschaft einander gegenüber!

11. Begründen Sie, warum die KGaA gegenüber der AG – auch bei gleichem Mitbestimmungsgesetz – eine geringere Mitbestimmungsintensität aufweist!

12. Wodurch unterscheidet sich die Kooperation von Unternehmungen von der Unternehmungskonzentration? Nennen Sie mögliche Ziele, die mit dem Zusammenschluß von Unternehmungen verfolgt werden können!

13. Welcher Rechtsformen können sich kartellmäßige Unternehmungszusammenschlüsse bedienen? Wodurch unterscheiden sich Anmeldekartelle, Widerspruchskartelle und Erlaubniskartelle (Beispiele)?

14. Woraus resultiert die besondere Notwendigkeit zur Konzernrechnungslegung? Welche Unterschiede hinsichtlich der Abgrenzung des Konsolidierungskreises bestehen zwischen den geltenden aktienrechtlichen Vorschriften und der 7. EG-Richtlinie?

15. Skizzieren Sie die Stellung des Konzerns im System der „verbundenen Unternehmen"! In welchen Fällen wird vom Aktiengesetz das Bestehen eines Konzernverhältnisses (a) unwiderlegbar, (b) widerlegbar vermutet?

16. Grenzen Sie die Begriffe Unterordnungskonzern, Gleichordnungskonzern, Vertragskonzern und faktischer Konzern gegeneinander ab!

## Fragen zur Selbstkontrolle und Vertiefung

### III. Standort

1. Charakterisieren Sie kurz Modelltypen der Standortbestimmung!
2. Umfaßt die Standortentscheidung lediglich Probleme der Neugründung?
3. Welche wesentlichen Entscheidungstatbestände eines Industriebetriebs sind mit der Standortentscheidung eng verknüpft und werden deshalb unter Umständen simultan mit ihr fixiert?
4. Was ist ein optimaler Standort?
5. Stellen Sie Überlegungen zur gesamtwirtschaftlichen und gesellschaftlichen Bedeutung der Standortwahl dar!
6. „Eine echte Systematik der Standortfaktoren, die über die bloße klassifikatorische Aufzählung hinausgeht, setzt voraus, daß (1) ein einheitlicher Gliederungsgesichtspunkt gewählt wird und daß sich (2) dieser Gliederungsgesichtspunkt aus der Problemstellung der Standortbestimmungslehre logisch ableiten läßt" (Behrens). Prüfen Sie das Gelingen dieser Absicht am Standortfaktorenschema der Abbildung 2.38!
7. Welche Probleme ergeben sich bei der Bewertung nicht quantifizierbarer Standorteigenschaften im Rahmen von Scoring-Modellen?
8. Stellen Sie die gegenläufigen Kostentendenzen bei der Entscheidung über die Dezentralisation von Lagerhäusern dar.
9. Warum muß bei Standortentscheidungen häufig auf Heuristiken zurückgegriffen werden?
10. Sind die dargestellten Modelle auch auf Probleme der innerbetrieblichen Standortwahl übertragbar?
11. Welche Möglichkeiten zur Anwendung der Monte-Carlo-Methode bestehen im Zusammenhang mit Standortentscheidungen? (Vgl. Grundmann et al.)

# Literaturhinweise

**I. Industrielle Organisation**

Acker, H. B., Organisationsstruktur, in: Schnaufer, E./Agthe, K. (Hrsg.), Organisation, Berlin und Baden-Baden 1961, S. 119 ff.

Alexis, M./Wilson, Ch. Z. (Hrsg.), Organizational Decision Making, Englewood Cliffs/N. J. 1967

Argyris, Ch./Schön, D. A., Organizational Learning: A Theory of Action Perspective, Reading/Mass. usw. 1975

Argyris, Ch., Single-loop and double-loop models in research on decision making, Administrative Science Quarterly 1976, S. 363 ff.

Bartölke, K., Management by Objectives – Einige Anmerkungen zu den methodologischen und anwendungstechnischen Aspekten eines Führungskonzepts, in: Schwinn, R. (Hrsg.), Beiträge zur Unternehmensführung und Unternehmensforschung, Würzburg 1972, S. 13 ff.

Bartölke, K., The Importance of Membership in Top, Middle and Bottom Groups in Selected Plants in the German Federal Republic. Arbeitspapiere des Fachbereichs Wirtschaftswissenschaft der Gesamthochschule Wuppertal, Nr. 6, Wuppertal 1975

Bartölke, K./Kappler, E./Laske, St./Nieder, P. (Hrsg.), Arbeitsqualität in Organisationen, Wiesbaden 1978

Bartölke, K./Bergmann, Th./Liegle, L. (Hrsg.), Integrated Cooperatives in the Industrial Society – the Example of the Kibbutz, Assem 1980

Bartölke, K., Organisationsentwicklung, in: Handwörterbuch der Organisation, hrsg. v. E. Grochla, 2. Aufl. Stuttgart 1980, Sp. 1468 ff.

Bartölke, K., Hierarchie, in: Handwörterbuch der Organisation, hrsg. v. E. Grochla, 2. Aufl. Stuttgart 1980, Sp. 830 ff.

Bartölke, K., Organisationsentwicklung für entwicklungsfähige Organisationsmitglieder, in: Kappler, E. (Hrsg.), Unternehmensstruktur und Unternehmensentwicklung, Freiburg i. Br. 1980, S. 319 ff.

Bartölke, K./Foit, O./Gohl, J./Kappler, E./Ridder, H.-J./Schumann, U., Untersuchung der Einführung von Arbeitsbewertung im Hinblick auf eine humane Arbeitsgestaltung. Bundesministerium für Forschung und Technologie. HA 80–045, Karlsruhe 1980

Beensen, R., Organisationsprinzipien, Berlin 1969

Bendixen, P., Teamorientierte Organisationsformen, in: Handwörterbuch der Organisation, hrsg. v. E. Grochla, 2. Aufl. Stuttgart 1980, Sp. 2227 ff.

Bennis, W., Organisationsentwicklung, Baden-Baden und Bad Homburg v. d. H. 1972

Berthel, J., Zielorientierte Unternehmungssteuerung, Stuttgart 1973

Bleicher, K., Aufgabengliederung und Abteilungsbildung, in: Schnaufer, E./Agthe, K. (Hrsg.), Organisation, Berlin und Baden-Baden 1961, S. 197 ff.

Bleicher, K., Ausschüsse in der Organisation, in: Schnaufer, E./Agthe, K. (Hrsg.), Organisation, Berlin und Baden-Baden 1961, S. 311 ff.

Bleicher, K., Kompetenz, in: Handwörterbuch der Organisation, hrsg. v. E. Grochla, 2. Aufl. Stuttgart 1980, Sp. 1056 ff.

Bleicher, K., Organisationsformen, mehrdimensionale, in: Handwörterbuch der Organisation, hrsg. v. E. Grochla, 2. Aufl. Stuttgart 1980, Sp. 1517 ff.

Bleicher, K., Organisation – Formen und Modelle, Wiesbaden 1981

Bohr, K./Drukarczyk, J./Drumm, H.-J./Scherrer, G. (Hrsg.), Unternehmungsverfassung als Problem der Betriebswirtschaftslehre, Berlin 1981

Bundesminister der Justiz (Hrsg.), Bericht über die Verhandlungen der Unternehmensrechtskommission, Köln 1980

Burrell, G./Morgan, G., Sociological Paradigms and Organizational Analysis, London 1979

Cangelosi, V. E./Dill, W. R., Organizational Learning: Observations Toward a Theory, Administrative Science Quarterly 1965, S. 175 ff.

Chapman, R. L./Kennedy, J. L./Newell, A./Biel, W. C., The Systems Research Laboratory's Air Defense Experiments, Management Science 1969, S. 250 ff.

Child, J., Organizational Structure, Environment, and Performance: The Role of Strategic Choice, Sociology 1972, S. 1 ff.

Child, J./Kieser, A., Development of organizations over time, in: Nystrom, P. C./Starbuck, W. H. (Hrsg.), Handbook of Organizational Design, Bd. 1, 1981, Oxford S. 28 ff.

Cooley, M., Produkte für das Leben statt Waffen für den Tod, Reinbek bei Hamburg 1982

Crott, H./Kutschker, M./Lamm, H., Verhandlungen, 2 Bde., Stuttgart usw. 1977

Crozier, M./Friedberg, E., Macht und Organisation, Königstein/Ts. 1979

Cyert, R. M./March, J. G., A Behavioral Theory of the Firm, 2. Aufl., Englewood Cliffs/N. J. 1964

Dachler, H. P./Wilpert, L., On the Theoretical Dimensions and Boundaries of the Concept of Partizipation Within Organizations. Implications for Research and Practice, Reprint, Berlin 1976

Dienstbach, H., Dynamik der Unternehmungsorganisation – Anpassung auf der Grundlage des „Planned Organizational Change", Wiesbaden 1972

Dietel, B., Zur Koordination kollektiver Entscheidungsprozesse in der Unternehmung, Diss. München 1972

Domm, D. R./Blakeney, R. N./Matteson, M. T./Scofield, R. (Hrsg.), The Individual and the Organization, New York usw. 1973

Eichinger, F., Unternehmenswachstum durch Fusion als organisatorischer Konfliktprozeß, Diss. München 1971

Ellwein, Th., Politik und Planung, Stuttgart usw. 1968

Fäßler, K., Betriebliche Mitbestimmung – Verhaltenswissenschaftliche Projektionsmodelle, Wiesbaden 1970

Foit, O., Arbeitsbewertung. Der Prozeß ihrer Einführung als Methodenkritik, 2. Auflage, Berlin 1981

French, J. R. P. jr./Raven, B., The Basis of Social Power, in: Cartwright, D./Zander, A. (Hrsg.), Group Dynamics, Evanston 1962, S. 607 ff.

French, W. L./Bell, C. H. jr., Organisationsentwicklung, Bern/Stuttgart 1977

Frese, E., Grundlagen der Organisation, Wiesbaden 1980

Fricke, W., Arbeitsorganisation und Qualifikation, Bonn/Bad Godesberg 1975

Fricke, W., Autonomie-orientierte Organisationsentwicklung als gemeinsamer Lernprozeß von Wissenschaftlern und Arbeitern, in: Bartölke, K./Kappler, E./Laske, St./Nieder, P. (Hrsg.), Arbeitsqualität in Organisationen, Wiesbaden 1978, S. 277 ff.

Fuchs-Wegener, G., Organisationsprinzipien, in: Handwörterbuch der Organisation, hrsg. v. E. Grochla, 2. Aufl. Stuttgart 1980, Sp. 1740 ff.

Galtung, J., Methodologie und Ideologie, Frankfurt/M. 1978

Georg, W./Kißler, L./Scholten, U., Mitbestimmung und Arbeiterbildung, Opladen 1981

Glasl, F., Konfliktmanagement, Bern und Stuttgart 1980

Gordon, Th., Managerkonferenz, Hamburg 1979

Graves, R., Collected Poems, Anchor Books 1966

Greiner, L. E., Evolution and Revolution as Organizations Grow, Harvard Business Review 1972, S. 37 ff.

Grochla, E. (Hrsg.), Unternehmungsorganisation, Reinbek bei Hamburg 1972

Grochla, E. (Hrsg.), Organisationstheorien, 2 Bände. Stuttgart 1975 f.

Grochla, E. (Hrsg.), Elemente organisatorischer Gestaltung, Reinbek bei Hamburg 1978

Grochla, E. (Hrsg.), Handwörterbuch der Organisation, 2. völlig neu gestaltete Auflage, Stuttgart 1980

Grün, O., Informale Erscheinungen in der Betriebsorganisation, Berlin 1966

Grün, O., Das Lernverhalten in Entscheidungsprozessen der Unternehmung, Tübingen 1973

Grunwald, W./Lilge, H.-G. (Hrsg.), Partizipative Führung, Bern und Stuttgart 1980

Grunwald, W./Lilge, H.-G. (Hrsg.), Kooperation und Konkurrenz in Organisationen, Bern und Stuttgart 1982

Guillet de Monthoux, P., Vulgärkantianische Unternehmenslehre, München 1981

Guillet de Monthoux, P., Anarchie macht Ordnung, München 1981

Gutenberg, E., Unternehmensführung. Organisation und Entscheidungen, Wiesbaden 1962

Habermas, J., Technik und Wissenschaft als Ideologie, Frankfurt a. M. 1968

Habermas, J./Luhmann, N., Theorie der Gesellschaft oder Sozialtechnologie – Was leistet die Systemforschung? Frankfurt a. M. 1971

Habermas, J., Theorie des kommunikativen Handelns, 2 Bde., Frankfurt a. M. 1981

Hahn, D./Taylor, B., Strategische Unternehmungsplanung, Würzburg/Wien 1980

Halbach, G./Mertens, A./Schwedes, R./Wlotzke, O., Übersicht: Recht der Arbeit (hrsg. vom Bundesminister für Arbeit und Sozialordnung), Bonn 1981

Harvey, D. F./Brown, D. R., An Experimental Approach to Organizational Development, Englewood Cliffs/N. J. 1976

Hauff, H. J. P., Organisation im Industrieunternehmen, Wiesbaden 1974

Hedberg, B. L. T., Growth stagnation as a managerial discontinuity, in: Proceedings of the INSEAD Seminar on Management under Discontinuities, Brüssel 1975, S. 34 ff.

Hedberg, B. L. T./Nystrom, P. C./Starbuck, W. H., Camping on seesaws: prescriptions for a self-designing organization, Administrative Science Quarterly 1976, S. 41 ff.

Hedberg, B. L. T., How organizations learn and unlearn, in: Nystrom, P. C./Starbuck, W. H. (Hrsg.), Handbook of Organizational Design, Bd. 1, Oxford 1981, S. 3 ff.

Heinen, E., Grundlagen betriebswirtschaftlicher Entscheidungen. Das Zielsystem der Unternehmung, 3. Aufl., Wiesbaden 1976

Heinen, E., Einführung in die Betriebswirtschaftslehre, 9. Aufl., Wiesbaden 1985

Heinen, E., Der entscheidungsorientierte Ansatz der Betriebswirtschaftslehre, Zeitschrift für Betriebswirtschaft 1971, S. 429 ff.

Heinen, E., Grundfragen der entscheidungsorientierten Betriebswirtschaftslehre, München 1976

Heinen, E., Ziele und Zielsysteme in der Unternehmung, in: HdWW, Stuttgart usw. 1982, S. 616 f.

Heinen, H., Ziele multinationaler Unternehmen – Der Zwang zu Investitionen im Ausland, Wiesbaden 1982

Heinze, R., Die Steuerungsmechanismen der Unternehmensverfassung im spätkapitalistischen Wirtschaftssystem, Frankfurt/M. und New York 1980

Hickson, D. J. u. a., The Culture Free Context of Organization Structure, Sociology 1974, S. 59 ff.

Hill, W./Fehlbaum, R./Ulrich, P., Organisationslehre, 2 Bde., Bern/Stuttgart 1974

Hinterhuber, H. H., Strategische Unternehmungsführung, 2. Aufl., Berlin/New York 1981

Hinterhuber, H. H., Wettbewerbsstrategie, Berlin/New York 1982

Hofer, Ch. W./Schendel, D., Strategy Formulation: Analytical Concepts, St. Paul usw. 1978

Homans, G. C., Theorie der sozialen Gruppe, Köln/Opladen 1960

Homans, G. C., Elementarformen sozialen Verhaltens, Köln/Opladen 1968

Hron, A./Kompe, H./Otto, K.-P./Wächter, H., Aktionsforschung in der Ökonomie, Frankfurt/M./New York 1979

Huse, E. F., Organization Development and Change, St. Paul usw. 1975

Hussey, D., Corporate Planning, Oxford usw. 1974

Irle, M., Macht und Entscheidungen in Organisationen, Frankfurt am Main 1972

Israel, J., Die sozialen Beziehungen, Reinbek bei Hamburg 1977

de Jong, J. R., Tendenzen zur Partizipation. Erweiterung der Arbeitsinhalte und ihre Beziehung zu Prozessen beruflicher Ausbildung, Hannover 1974

Kappler, E., Systementwicklung – Lernprozesse in betriebswirtschaftlichen Organisationen, Wiesbaden 1972

Kappler, E., Motivierung durch Kostenwertvorgabe? – Einige Überlegungen zu möglichen Auswirkungen der Kostenwertvorgabe in Organisationen, Zeitschrift für betriebswirtschaftliche Forschung 1974, S. 335 ff.

Kappler, E., Zielsetzungs- und Zieldurchsetzungsplanung in Betriebswirtschaften, in: Ulrich, H. (Hrsg.), Unternehmensplanung, Wiesbaden 1974, S. 83 ff.

Kappler, E., Informationskosten aus der Sicht der Informationsökonomik und des Informationsverhaltens, Zeitschrift für Organisation 1975, S. 95 ff.

Kappler, E., Zum Legitimationspotential mitbestimmter Entscheidungen, in: Reber, G. (Hrsg.), Personal- und Sozialorientierung der Betriebswirtschaftslehre. Bd. 1, Stuttgart 1977, S. 275 ff.

Kappler, E., Die Aufhebung der Berater-Klienten-Beziehung in der Aktionsforschung, in: Wunderer, R. (Hrsg.), Humane Personal- und Organisationsentwicklung, Berlin 1979, S. 41 ff.

Kappler, E./Sodeur, W./Walger, G., Versuche zur sprachanalytischen Erfassung von „Zielkonflikten", in: Dlugos, G. (Hrsg.), Unternehmungsbezogene Konfliktforschung. Stuttgart 1979, S. 137 ff.

Kappler, E. (Hrsg.), Unternehmensstruktur und Unternehmensentwicklung, Freiburg i. Br. 1980

Kappler, E., Partizipation, in: Handwörterbuch der Organisation, hrsg. v. E. Grochla, 2. Aufl. Stuttgart 1980, Sp. 1845 ff.

Kappler E., Aktionsforschung, in: Handwörterbuch der Organisation, hrsg. v. E. Grochla, 2. Aufl. Stuttgart 1980, Sp. 52 ff.

Kappler, E., Ökonomische Beurteilung der Mitbestimmung – Gutachten zur Vorlage beim Bundesverfassungsgericht. Arbeitspapiere des Fachbereichs Wirtschaftswissenschaft der Gesamthochschule Wuppertal, Nr. 58, Wuppertal 1981

Katz, D./Kahn, R. L., The Social Psychology of Organizations, 3. Aufl., New York/London/Sydney 1967

Khandwalla, P. N., Effects of Competition on the Structure of Top Management Control, Academy of Management Journal 1973, S. 255f.

Kieser, A., Der Einfluß der Umwelt auf die Organisationsstruktur der Unternehmung, Zeitschrift für Organisation 1974, S. 302ff.

Kieser, A./Kubicek, H., Organisation, Berlin/New York 1977

Kieser, A./Kubicek, H., Organisationstheorien, 2 Bde., Stuttgart 1978

Kieser, A., Organisationstheoretische Ansätze, München 1981

Kießler, L., Partizipation als Lernprozeß. Basisdemokratische Qualifizierung im Betrieb, Frankfurt/M./New York 1980

Kirsch, W., Zur Problematik „optimaler" Kapitalstrukturen, Zeitschrift für Betriebswirtschaft 1968, S. 881 ff.

Kirsch, W., Die Unternehmungsziele in organisationstheoretischer Sicht, Zeitschrift für betriebswirtschaftliche Forschung 1969, S. 665ff.

Kirsch, W., Einführung in die Theorie der Entscheidungsprozesse, 2. Aufl., Wiesbaden 1977

Kirsch, W., Die Koordination von Entscheidungen in Organisationen, Zeitschrift für betriebswirtschaftliche Forschung 1971, S. 61 ff.

Kirsch, W./Bamberger, I./Gabele, E./Klein, H. K., Betriebswirtschaftliche Logistik – Systeme, Entscheidungen, Methoden, Wiesbaden 1973

Kirsch, W., und Mitarbeiter, Empirische Exploration von Reorganisationsprozessen, München 1978

Kirsch, W./Esser, W.-M./Gabele, E., Reorganisation, München 1978

Kirsch, W./Esser, W.-M./Gabele, E., Das Management des geplanten Wandels von Organisationen, Stuttgart 1979

Kirsch, W./Börsig, C. A. H., Reorganisationsprozesse, in: Handwörterbuch der Organisation, hrsg. v. E. Grochla, 2. Aufl. Stuttgart 1980, Sp. 2027ff.

Klis, M., Überzeugung und Manipulation – Grundlagen einer Theorie betriebswirtschaftlicher Führungsstile, Wiesbaden 1970

Koch, U./Meuers, H./Schuck, M. (Hrsg.), Organisationsentwicklung in Theorie und Praxis, Frankfurt/M. usw. 1980

Kohl, H./Küller, H.-D. (Hrsg.), Betriebswirtschaftslehre und Gewerkschaften, Düsseldorf 1978

Kosiol, E., Organisation der Unternehmung, Wiesbaden 1962

Koubek, N./Küller, H.-D./Scheibe-Lange, I. (Hrsg.), Betriebswirtschaftliche Probleme der Mitbestimmung, Frankfurt/Main 1974

Kramer, R., Information und Kommunikation, Berlin 1965

Krüger, W., Grundlagen, Probleme und Instrumente der Konflikthandhabung in der Unternehmung, Berlin 1972

Kubicek, H., Empirische Organisationsforschung, Stuttgart 1975

Kudera, S., Organisationsstrukturen und Gesellschaftsstrukturen, Soziale Welt 1977, S. 16 ff.

Küpper, H.-U., Grundlagen einer Theorie der betrieblichen Mitbestimmung, Berlin 1974

Lattmann, Ch./Ganz-Keppeler, V., Mitbestimmung in der Unternehmung, Bern/Stuttgart 1972

Laux, H., Grundfragen der Organisation, Berlin/Heidelberg/New York 1979

Lempert, W., Industriearbeit als Lernprozeß? Auseinandersetzung mit dem „dynamischen" Konzept der Industriesoziologie von W. Fricke, Soziale Welt 1977, S. 306 ff.

Leviatn, U./Rosner, M. (Hrsg.), Work and Organization in Kibbutz-Industry, Norwood/Pa. 1980

Liebau, E., Organisation und Entscheidung, Frankfurt/M. usw. 1979

Luhmann, N., Funktionen und Folgen formaler Organisation, Berlin 1964

Luhmann, N., Zweckbegriff und Systemrationalität, Tübingen 1968

Luhmann, N., Politische Planung, in: Luhmann, N. (Hrsg.), Politische Planung, Köln und Opladen 1971, S. 66 ff.

March, J. G./Simon, H. A., Organizations, New York 1958

March, J. G. (Hrsg.), Handbook of Organizations, Chicago 1965

March, J. G., The Technology of Foolishness, in: March, J. G./Olsen, J. P. u. a., Ambiguity and Choice in Organizations, 2. Aufl., Bergen 1979, S. 69 ff.

March, J. G./Olsen, J. P. u. a., Ambiguity and Choice in Organizations, 2. Aufl., Bergen 1979

Mauria, M./Sellier, F./Silvestre, J.-J., Die Entwicklung der Hierarchie im Industrieunternehmen, Soziale Welt 1979, S. 295 ff.

Mayntz, R., Die soziale Organisation des Industriebetriebs, Stuttgart 1966

Mayntz, R., Soziologie der Organisation, Reinbek b. Hamburg, 1963

Moch, M. K./Pondy, L. R., Rezension zu March/Olson 1979, Administrative Science Quarterly 1979, S. 351 ff.

Morris, W. C./Sashkin, M., Organization Behavior in Action, St. Paul usw. 1976

Krech, N./Crutchfield, R. S./Ballachey, E. L., Individual in Society, New York u. a. 1962

Müller-Seitz, P., Schichtarbeit und Wirtschaftlichkeit (hrsg. von der Bundesanstalt für Arbeitsschutz und Unfallforschung Dortmund), Bremerhaven 1981

Nadler, D. A./Hackmann, J. R./Lawler E. E., III, Managing Organizational Behavior, Boston/Toronto 1979

Nagaoka, K., Brauchen wir eine neue Betriebswirtschaftslehre?, in: Koubek, N./Küller, H.-D./Scheibe-Lange, I. (Hrsg.), Betriebswirtschaftliche Probleme der Mitbestimmung, 2. Aufl., Köln 1980, S. 236 ff.

Naschold, F., Organisation und Demokratie, 3. Aufl., Stuttgart usw. 1972

Neumark, F. (Hrsg.), Darmstädter Gespräch: Individuum und Organisation, Darmstadt 1954

Nystrom, P. C./Starbuck, W. H. (Hrsg.), Handbook of Organizational Design, 2 Bde., Oxford 1981

Ortmann, G., Unternehmungsziele als Ideologie, Köln 1976

Picot, A., Grundfragen experimenteller Organisationsforschung – Ein wissenschafts- und methodentheoretischer Beitrag zur empirischen Betriebswirtschaftslehre, Diss. München 1972

Picot, A., Rationalisierung im Verwaltungsbereich als betriebswirtschaftliches Problem, Zeitschrift für Betriebswirtschaft 1979, S. 1145 ff.

Poensgen, O. H., Geschäftsbereichsorganisation, Opladen 1973

Porter, M. E., Competitive Strategy, New York/London 1980

Projektgruppe im WSI, Grundelemente einer arbeitsorientierten Einzelwirtschaftslehre, Köln 1974

Projektgruppe im WSI, Vorschläge zum Unternehmensrecht – Arbeitnehmerrecht, Arbeitnehmerinteressen und Unternehmensorganisation, Köln 1981

Reddin, W. J., Das 3-D-Programm zur Leistungssteigerung des Managements, München 1977

Rettenmeier, J./Wilfer, R. F., Möglichkeiten und Grenzen der Realisierung konfliktlösenden Handelns durch Aktionsforschung – dargestellt an einem Projekt in der betrieblichen Praxis, Spardorf 1980

Rieckmann, H./Sievers, B., Lernende Organisation – Organisiertes Lernen. Systemveränderung und Lernen in sozialen Organisationen, in: Bartölke, K./Kappler, E./Laske, St./Nieder, P. (Hrsg.), Arbeitsqualität in Organisationen, Wiesbaden 1978, S. 259 ff.

Rieckmann, H., Auf der grünen Wiese ... Organisationsentwicklung einer Werksneugründung, Bern und Stuttgart 1982

Riehle, H.-G./Rinza, P./Schmitz, H., Systemtechnik in Betrieb und Verwaltung, 2 Bde., Düsseldorf 1978

Rogers, C. R., Entwicklung der Persönlichkeit, 3. Aufl., Stuttgart 1979

Ronge, V./Schmieg, G. (Hrsg.), Politische Planung in Theorie und Praxis, München 1971

Rühli, E., Beiträge zur Unternehmungsführung und Unternehmungspolitik, Band 1 und 2, Bern/Stuttgart 1973 und 1978

Siemens AG (Hrsg.), Organisationsplanung, 2. Aufl., Berlin und München 1974

Silverman, D., Theorie der Organisationen, Wien/Köln/Graz 1972

Simon, H. A., Entscheidungsverhalten in Organisationen, München 1981

Suhr, D., Bewußtseinsverfassung und Gesellschaftsverfassung, Berlin 1975

Suhr, D., Entfaltung der Menschen durch die Menschen, Berlin 1976

Schäfers, B. (Hrsg.), Gesellschaftliche Planung, Stuttgart 1973

Schanz, G., Organisationsgestaltung, München 1982

Scharpf, F. W., Planung als politischer Prozeß, Frankfurt a. M. 1973

Schein, E. H., Process Consultation: Its Role in Organization Development, Reading/Mass. 1969

Schmieder, W., unter Mitwirkung von G. Müller, Budgetaufstellung und Budgetkontrolle bei Rombach + Co. GmbH, in: Kappler, E. (Hrsg.), Unternehmensstruktur und Unternehmensentwicklung, Freiburg i. Br. 1980, S. 83 ff.

Schnaufer, E./Agthe, K., Organisationen, Berlin/Baden-Baden 1961

Scholl, W./Gerl, K./Paul, G., Bedürfnisartikulation und Bedürfnisberücksichtigung in Unternehmen – Theoretische Ansätze zur Analyse von Mitbestimmungsregelungen, in: Bartölke u. a. 1978, S. 157 ff.

Schreyögg, G., Umwelt, Technologie und Organisationsstruktur, Bern und Stuttgart 1978

Schwarz, H., Betriebsorganisation als Führungsaufgabe, München 1969

Staehle, W. H., Management, München 1980

Staerkle, R., Stabsstellen in der industriellen Unternehmung, Bern 1961

Steiner, G. A., Strategic Planning, New York/London 1979

Steinmann, H., Das Großunternehmen im Interessenkonflikt, Stuttgart 1969

Steinmann, H./Gerum, E., Reform der Unternehmensverfassung, Köln usw. 1978

Strother, G. B., Problems in the Development of a Social Science of Organizations, in: Leavitt, H.-G. (Hrsg.), The Social Science of Organizations. Four Perspectives, Englewood Cliffs/N. J. 1963

Tannenbaum, A. S./Karcic, B./Rosner, M./Vianello, M./Wieser, G., Hierarchy in Organizations, San Francisco usw. 1974

Thronberens, R., Zur Innenstruktur ausgewählter Hierarchievorstellungen, Frankfurt/M./Bern 1982

Tjaden, K.-H., Soziales System und sozialer Wandel. Untersuchungen zur Geschichte und Bedeutung zweier Begriffe, Stuttgart 1969

Trost, O. A., Wert und Bewertung von Informationen in Betriebswirtschaften, Diss. Wuppertal 1977

Türk, K., Organisationstheorie, Hamburg 1975

Türk, K., Grundlagen einer Pathologie der Organisation, Stuttgart 1976

Türk, K., Soziologie der Organisation, Stuttgart 1978

Turner, S. P., Complex Organizations as Savage Tribes, Journal for the Theory of Social Behavior 1977, S. 99 ff.

Ulrich, P., Die Großunternehmung als quasi-öffentliche Institution, Stuttgart 1977

Vilmar, F., Menschenwürde im Betrieb, Reinbek b. Hamburg 1973

Wächter, H., Unternehmungs- und Unternehmerziele im sozio-ökonomischen Feld, Göttingen 1969

Walton, R. E./McKersie, R. B., A Behavioral Theory of Labor Negotiations. An Analysis of a Social Interaction System, New York u. a. 1965

Weber, M., Wirtschaft und Gesellschaft, 5. Aufl., Tübingen 1972

Weick, W. E., The Social Psychology of Organizing, 2. Aufl., Reading/Mass. usw. 1979

Wild, J., Neuere Organisationsforschung in betriebswirtschaftlicher Sicht – Internationale Forschungsansätze und -ergebnisse zur fomalen Problematik der Aufbauorganisation, Berlin 1967

Williams, J. C., Human Behavior in Organizations, Cincinnatti/Ohio 1978

Witte, E. (Hrsg.), Das Informationsverhalten in Entscheidungsprozessen, Tübingen 1973

Wolff, R., Der Prozeß des Organisierens, Spardorf 1982

Wunderer, R. (Hrsg.), Humane Personal- und Organisationsentwicklung, Berlin 1979

Wunderer, R./Grunwald, W., Führungslehre, 2 Bde., Berlin/New York 1980

Zaum, H., Rechtstatsächliche und rechtspolitische Aspekte zum internationalen Arbeitskampf gegenüber multinationalen Unternehmen, Diss. Köln 1974

Zey-Ferrell, M./Aiken, M. (Hrsg.), Complex Organizations: Critical Perspectives, Glenview/Ill. 1981

## II. Rechts- und Unternehmungsform

Adler, H./Düring, W./Schmaltz, K., Rechnungslegung und Prüfung der Aktiengesellschaft, Bd. 1, Stuttgart 1968; Bd. 2, Stuttgart 1971; Bd. 3, Stuttgart 1972, jeweils 4. Aufl.

Arndt, H. (Hrsg.), Die Konzentration in der Wirtschaft, 3 Bände, 2. Aufl., Berlin 1971

Beck, C.-F., Unternehmensverbindungen, München 1976

Berndt, H., Stiftung und Unternehmen. Rechtsvorschriften, Besteuerung, Zweckmäßigkeit, 3. Aufl., Herne/Berlin 1978

Biener, H., AG-, KGaA-, GmbH-Konzern. Rechnungslegung, Prüfung und Publizität nach den Richtlinien der EG, Köln 1979

Biergans, E., Einkommensteuer und Steuerbilanz, 2. Aufl., München 1983

Bierich, M./Busse von Colbe, W./Lassmann, G./Lutter, M. (Hrsg.), Rechnungslegung nach neuem Recht. Grachter Symposion zur Rechnungslegung nach der 4. EG-Richtlinie und Jahrestagung 1979 der Schmalenbach-Gesellschaft – Deutsche Gesellschaft für Betriebswirtschaft e. V. zu den Auswirkungen der 4. und 7. EG-Richtlinie, in: Zeitschrift für betriebswirtschaftliche Forschung, Sonderheft 10, 1980

Böttcher, C./Beinert, J./Hennerkes, B./Binz, K., GmbH & Co. Die moderne Unternehmensform, wirtschaftlich, handelsrechtlich, steuerlich, 6. Aufl., Stuttgart/Wiesbaden 1979

Böttcher, C./Zartmann, H./Faut, E., Stille Gesellschaft und Unterbeteiligung, 3. Aufl., Wiesbaden 1978

Brandmüller, G., Die Betriebsaufspaltung nach Handels- und Steuerrecht, 4. Aufl., Heidelberg 1980

Bundesministerium der Justiz (Hrsg.), Bericht über die Verhandlungen der Unternehmensrechtskommission, Köln 1980

Burkert, M., Die GmbH. Recht, Steuer, Betriebswirtschaft, Bielefeld 1981

Busse von Colbe, W./Ordelheide, D., Konzernabschlüsse. Rechnungslegung für Konzerne nach betriebswirtschaftlichen Grundsätzen und gesetzlichen Vorschriften, 5. Aufl., Wiesbaden 1984

Castan, E., Rechtsformen der Betriebe, Stuttgart 1968

Chmielewicz, K., Unternehmungsverfassung, Gremien der, in: Handwörterbuch der Organisation, hrsg. v. E. Grochla, 2. Aufl., Stuttgart 1980, Sp. 2272 ff.

Chmielewicz, K./Grossmann, A./Inhoffen, A./Lutter, M., Die Mitbestimmung im Aufsichtsrat und Vorstand, in: Die Betriebswirtschaft, 1977, S. 105 ff.

Deutler, K. F., Das neue GmbH-Recht, GmbH-Novelle 1980, Düsseldorf 1980

Eichhorn, P., Öffentliche Betriebe, Organisation der, in: Handwörterbuch der Organisation, hrsg. v. E. Grochla, 2. Aufl., Stuttgart 1980, Sp. 1395 ff.

Eisenhardt, U., Gesellschaftsrecht, München 1978

Emmerich, V., Kartellrecht, 3. Aufl., München 1979

Emmerich, V., Öffentliche Produktion, II: Rechtsformen (einschließlich Bundesbahn und Bundespost), in: Handwörterbuch der Wirtschaftswissenschaft (HdWW), hrsg. v. W. Albers et al., Bd. 5, Stuttgart u. a. 1980, S. 457 ff.

Emmerich, V./Sonnenschein, J., Konzernrecht, 2. Aufl., München 1977

Fitting, K./Auffarth, F./Kaiser, H., Betriebsverfassungsgesetz, Handkommentar, 13. Aufl., München 1980

Friedrich, W. J., Vereine und Gesellschaften, 2. Aufl., München 1980

Grochla, E., Betriebsverbindungen, Berlin 1969

Halmburger, H. P., Familienunternehmen. Recht, Steuer, 2. Aufl., Bielefeld 1979

Hanau, P./Ulmer, P., Mitbestimmungsgesetz (Kurzkommentar), München 1981

Heinen, E., Konzentration und Kosten, in: ders., Kosten und Kostenrechnung, Wiesbaden 1975, S. 105 ff.

Heinen, E., Einführung in die Betriebswirtschaftslehre, 9. Aufl., Wiesbaden 1985

Heinen, E., Handelsbilanzen, 11. Aufl., Wiesbaden 1985

Hesselmann, M., Handbuch der GmbH & Co., 16. Aufl., Köln 1980

Hueck, A., Gesellschaftsrecht, 17. Aufl., München 1976

Jacobs, O./Brewi, K./Schubert, R., Steueroptimale Rechtsform mittelständischer Unternehmen. Ein Steuerbelastungsvergleich der wichtigsten Rechtsformen mittelständischer Unternehmen, München 1978

Jonas, H. H., Die EG-Bilanzrichtlinie. Grundlagen und Anwendung in der Praxis, Freiburg i. Br. 1980

Klunzinger, E., Grundzüge des Gesellschaftsrechts, München 1979

Kolbeck, R., Unternehmen, II: Wahl der Rechtsform, in: Handwörterbuch der Wirtschaftswissenschaft (HdWW), hrsg. v. W. Albers et al., Bd. 8, Stuttgart u. a. 1980, S. 71 ff.

Kraft, A./Kreutz, P., Gesellschaftsrecht, 3. Aufl., Frankfurt/M. 1979

Kropff, B., Aktiengesetz, Düsseldorf 1965

Lanz, Th., Die Wahl der Rechtsform als Entscheidungsproblem unter besonderer Berücksichtigung einer mittelständischen Unternehmung, Berlin 1978

Lutter, M., Europäisches Gesellschaftsrecht, in: Zeitschrift für Unternehmens- und Gesellschaftsrecht, Sonderheft 1, Berlin/New York 1979

Marx, Th., Wettbewerbsrecht. Fälle und Materialien zum nationalen und europäischen Kartellrecht, zum Gesetz gegen den unlauteren Wettbewerb und zu den Nebengesetzen, Berlin 1978

Nees, H./Beuth, F., Wettbewerbs- und Kartellrecht, Wiesbaden 1980

Oettle, K., Über den Charakter öffentlich-wirtschaftlicher Zielsetzungen, in: Zeitschrift für betriebswirtschaftliche Forschung, 1966, S. 241 ff.

Oettle, K., Die ökonomische Bedeutung der Rechtsform öffentlicher Betriebe, in: Archiv für öffentliche und freigemeinnützige Unternehmen, 1967, S. 193 ff.

Raisch, P., Unternehmensrecht 1, Unternehmensprivatrecht: Handels- und Gesellschaftsrecht, Reinbek bei Hamburg 1973

Raisch, P., Unternehmensrecht 2, Aktien- und Konzernrecht, Mitbestimmung und Fusionskontrolle, Reinbek bei Hamburg 1974

Rittner, F., Wirtschaftsrecht mit Wettbewerbs- und Kartellrecht, Heidelberg/Karlsruhe 1979

Rühli, E., Unternehmungsführung und Unternehmungspolitik, Bd. 1 und 2, Bern und Stuttgart 1973, 1978

Scherpf, P./Sigloch, J., Betriebswirtschaft, in: Handbuch der Personengesellschaften, Bd. 1, 3. Aufl., Köln 1967/1978

Schubert, W./Küting, K., Unternehmungszusammenschlüsse, München 1981

Stehle, H./Stehle, A., Die Gesellschaften, 4. Aufl., Stuttgart/München/Hannover 1977

Straube, M., Zwischenbetriebliche Kooperation, Wiesbaden 1972

Stüdemann, K., Rechtsform der Unternehmung, in: Handwörterbuch der Betriebswirtschaft, hrsg. v. E. Grochla u. W. Wittmann, Bd. I/2, Stuttgart 1975, Sp. 3361 ff.

Tuchtfeldt, E., Kartelle, in: Handwörterbuch der Wirtschaftswissenschaft (HdWW), hrsg. v. W. Albers et al., Bd. 4, Stuttgart u. a. 1978, S. 445 ff.

Ulmer, P., Der Einfluß des Mitbestimmungsgesetzes auf die Struktur von AG und GmbH, Heidelberg u. a. 1979

Vinken, H., Die Stiftung als Trägerin von Unternehmen und Unternehmensteilen, Baden-Baden 1970

Wendt-Nordahl, V., Mitbestimmung und Betriebswirtschaftslehre, München 1978

Westermann, H., Gesellschaftsrecht, in: Handbuch der Personengesellschaften, Bd. 1, 3. Aufl., Köln 1967/1978

Wiedemann, H., Gesellschaftsrecht, Bd. I: Grundlagen, München 1980

Wöhe, G., Betriebswirtschaftliche Steuerlehre, Bd. II/1, Der Einfluß der Besteuerung auf die Wahl und den Wechsel der Rechtsform des Betriebes, 4. Aufl., München 1982

Wöhe, G., Der Einfluß der Besteuerung auf die Wahl der Unternehmensform, in: Zeitschrift für betriebswirtschaftliche Forschung, 1980, S. 519 ff.

Wysocki, K. von/Wohlgemuth, M., Konzernrechnungslegung, 2. Aufl., Düsseldorf 1984

Zartmann, H., Die Betriebsaufspaltung, eine attraktive Gestaltungsform, wirtschaftlich, handelsrechtlich, steuerlich, Stuttgart/Wiesbaden 1980

Zartmann, H./Litfin, P. M., Unternehmensform nach Maß, 2. Aufl., Stuttgart/Wiesbaden 1977

### III. Standort

Baumol, W. J./Wolfe, P., A Warehouse-Location Problem, in: Marks, N. E./Taylor, R. M. (Hrsg.), Marketing Logistics: Perspectives and Viewpoints, New York/London/Sydney 1967, S. 83 ff.

Behrens, K. Ch., Allgemeine Standortbestimmungslehre, Köln/Opladen 1961

Bloech, J., Optimale Industriestandorte, Würzburg/Wien 1970

Bloech, J., Standort und Standorttheorie, in: Grochla, E./Wittmann, W. (Hrsg.), Handwörterbuch der Betriebswirtschaft, 4. Aufl., Stuttgart 1976, Bd. I/3, Sp. 3661 ff.

Bloech, J., Standort, innerbetrieblicher, in: Grochla, E./Wittmann, W. (Hrsg.), Handwörterbuch der Betriebswirtschaft, 4. Aufl., Stuttgart 1976, Bd. I/3, Sp. 3672 ff.

Bloech, J., Standort, betrieblicher, in: Kern, W. (Hrsg.), Handwörterbuch der Produktion, Stuttgart 1979, Sp. 1875 ff.

Böventer, E. v., Bemerkungen zur optimalen Standortpolitik der Einzelunternehmung, in: Jürgensen, H. (Hrsg.), Gestaltungsprobleme der Weltwirtschaft, Festschrift für Andreas Predöhl, Göttingen 1964, S. 440 ff.

Bratschitsch, R., Betriebsaufbau, Standort, Standortwahl, Infrastruktur, in: RKW (Hrsg.), Organisationsleiter-Handbuch, München 1968, S. 359 ff.

Brede, H., Bestimmungsfaktoren industrieller Standorte, Berlin 1971

Domschke, W./Stahl, W., Standorte, innerbetriebliche, in: Kern, W. (Hrsg.), Handwörterbuch der Produktion, Stuttgart 1979, Sp. 1885 ff.

Churchman, C. W./Ackoff, R. L./Arnoff, E. L., Operations Research. Eine Einführung in die Unternehmensforschung, Wien/München 1961

Esenwein-Rothe, J., Über die Möglichkeit einer Quantifizierung von Standortqualitäten, in: Jürgensen, H. (Hrsg.), Gestaltungsprobleme der Weltwirtschaft, Festschrift für Andreas Predöhl, Göttingen 1964, S. 492 ff.

Fürst, D./Zimmermann, K./Hansmeyer, K. H., Standortwahl industrieller Unternehmen, Ergebnisse einer Unternehmensbefragung, 1. u. 2. Teilband, Gesellschaft für Regionale Strukturentwicklung Bonn, Bonn 1973

Goddard, J. B., Office Location in Urban and Regional Development, London 1975

Grundmann et al. (Autorenkollektiv), Mathematische Methoden zur Standortbestimmung, Berlin 1968

Hansmann, K. W., Entscheidungsmodelle zur Standortplanung der Industrieunternehmen, Wiesbaden 1974

Heinen, E., Einführung in die Betriebswirtschaftslehre, 9. Aufl., Wiesbaden 1985

Heinen, H., Ziele multinationaler Unternehmen – Der Zwang zu Investitionen im Ausland, Wiesbaden 1982

Hummeltenberg, W., Optimierungsmethoden zur betrieblichen Standortwahl, Würzburg/Wien 1981

Jacob, H., Zur Standortwahl der Unternehmungen, in: Alewell, K. (Hrsg.), Betriebswirtschaftliche Strukturfragen, Festschrift zum 65. Geburtstag von Reinhold Henzler, Wiesbaden 1967, S. 233 ff.

Kaiser, K. H., Industrielle Standortfaktoren und Betriebstypenbildung. Ein Beitrag zur empirischen Standortforschung, Berlin 1979

Klein, H. K., Heuristische Entscheidungsmodelle, Wiesbaden 1971

Kuehn, A. A./Hamburger, M. J., A Heuristic Program for Locating Warehouses, in: Marks, N. E./Taylor, R. M. (Hrsg.), Marketing Logistics: Perspectives and Viewpoints, New York/London/Sydney 1967, S. 91 ff.

Launhardt, W., Mathematische Begründung der Volkswirtschaftslehre, Leipzig 1885 (Nachdruck: Aalen 1963)

Liebmann, H. P., Die Standortwahl als Entscheidungsproblem. Ein Beitrag zur Standortbestimmung von Produktions- und Handelsbetrieben, Würzburg/Wien 1971

Lüder, K., Standortwahl. Verfahren zur Planung betrieblicher und innerbetrieblicher Standorte, in: Jacob, H. (Hrsg.), Industriebetriebslehre in programmierter Form, Wiesbaden 1972, S. 41 ff.

ohne Herausgeber (Aufsatzsammlung), Optimale Zweig- und Standortplanung, Modelle und Methoden, Berlin 1969

Schilling, H., Standortfaktoren für die Industrieansiedlung, ein Katalog für die regionale und kommunale Entwicklungspolitik sowie die Standortwahl von Unternehmungen, Hrsg.: Österreichisches Institut für Raumplanung, Veröffentlichung Nr. 27, Stuttgart/Berlin/Köln/Mainz 1968

Schmenner, R. W., Making Business Location Decisions, Englewood Cliffs/N. J. 1982

Serck-Hanssen, J., Optimal Patterns of Location, Amsterdam/London 1970

Spanger, U./Trenner, P., Standortwahl der Industriebetriebe in Nordrhein-Westfalen, Dortmund 1975

Thünen, J. H. v., Der isolierte Staat in Beziehung auf Landwirtschaft und Nationalökonomie, Neudruck in der Sammlung sozialwissenschaftlicher Meister, Hrsg.: Waentig, Jena 1930

Töpfer, K., Regionalpolitik und Standortentscheidung, Bielefeld 1969

Weber, A., Über den Standort der Industrien, 1. Teil: Reine Theorie des Standorts, Tübingen 1909

Weber, A., Industrielle Standortlehre. Allgemeine und kapitalistische Theorie des Standortes, in: Grundriß der Sozialökonomik, 2. Aufl., Vol. VI, Tübingen 1923

**Dritter Teil**

# Materialwirtschaft

von

Peter Uwe Kupsch und Thomas Lindner

Die ursprüngliche Form dieses Beitrages (1.–6. Auflage) wurde von Klaus Fäßler mitverfaßt. Die Überarbeitung des Beitrages zur 6. Auflage wurde von Bernhard Dietel und Peter Uwe Kupsch wahrgenommen.

Dritter Teil

**Materialwirtschaft**

I. Grundlagen der Materialwirtschaft .................... 273
  1. Aufgaben und Ziele der Materialwirtschaft ............ 273
  2. Planungsbereiche der Materialwirtschaft .............. 277
  3. Organisationsgestaltung und Materialwirtschaft ........... 279
     a) Aufbauorganisation der Materialwirtschaft ............ 279
     b) Ablauforganisatorische Aspekte der Materialwirtschaft ... 282

II. Strategische Entscheidungen in der Materialwirtschaft ........ 284
  1. Langfristige Beschaffungsplanung .................... 284
     a) Determinanten des langfristigen Materialbedarfs ........ 284
     b) Elemente des beschaffungspolitischen Instrumentariums ... 289
     c) Ableitung von Beschaffungsstrategien ............... 295
  2. Lager- und Transportplanung ..................... 299
     a) Planungsbereiche ........................... 299
     b) Ausstattungsentscheidungen im Lager- und Transportbereich ............................... 301
        Planung der Lagerausstattung 301 – Planung der Transporteinrichtungen 303

III. Dispositive Entscheidungen in der Materialwirtschaft ......... 305
  1. Vorbereitende Maßnahmen dispositiver materialwirtschaftlicher Entscheidungen ........................... 306
     Funktionsweise und Anwendungsbereiche der ABC-Analyse 306 – Funktionsweise und Anwendungsbereiche der XYZ-Analyse 308
  2. Planung des Materialbedarfs ....................... 309
     a) Qualitative Materialbedarfsplanung ................ 310
     b) Quantitative Materialbedarfsplanung ............... 311
        Deterministische Materialbedarfsermittlung 312 – Stochastische Materialbedarfsermittlung 315 – Materialbedarfsplanung mit Hilfe subjektiver Schätzungen 317
  3. Planung der Materialbeschaffung .................... 318
     a) Planung der Beschaffungsart .................... 323
     b) Planung der Lagerhaltung ...................... 324
        Elemente der Lagerhaltungsplanung 324 – Planung der Bestellmenge 329 – Planung des Bestellzeitpunktes 336

4. Planung des Materialeinkaufs ........................ 345
   a) Lieferantenbewertung und Lieferantenstruktur ......... 346
   b) Konditionen ................................... 347
   c) Verhandlungen im Rahmen des Materialeinkaufs ....... 348
5. Planung des Materialflusses ......................... 352

*Fragen zur Selbstkontrolle und Vertiefung* .................... 355

*Literaturhinweise* ....................................... 357

# I. Grundlagen der Materialwirtschaft

## 1. Aufgaben und Ziele der Materialwirtschaft

Industriebetriebe sind durch Güter- und Geldströme mit verschiedenen Märkten verbunden, die ihre „Umwelt" repräsentieren. **Die Gestaltung der Beziehungen zwischen den Beschaffungsmärkten und der Unternehmung bildet den Gegenstand der Beschaffungsfunktion.** Ihr kommt die Aufgabe zu, den Industriebetrieb mit sämtlichen von seiner Umwelt benötigten Produktionsfaktoren einschließlich Kapital und Informationen zu versorgen. Der Objektbereich und die Aufgabenvielfalt der Beschaffung lassen sich durch eine Differenzierung der Beschaffungsmärkte veranschaulichen, auf denen der Industriebetrieb als Nachfrager auftritt. Neben den Güter- und Warenmärkten stellen z. B. der Arbeitsmarkt, der Kapitalmarkt sowie Dienstleistungsmärkte wichtige Beschaffungsmärkte des Industriebetriebes dar.

*Möglichkeiten der Begriffsabgrenzung*

Als weiterer Aspekt neben dem Objektbereich kennzeichnet der im Rahmen der Beschaffung erfaßte Ausschnitt der Güter- und Geldströme den Umfang der Beschaffungsfunktion. Da eine bedarfssynchrone Bereitstellung der Produktionsfaktoren nicht immer möglich oder erstrebenswert ist und außerdem die Beschaffungsobjekte den jeweiligen Bedarfsorten zuzuführen sind, **verbinden sich mit der Gestaltung von Beziehungen zwischen Beschaffungsmärkten und Unternehmung Speicherungsvorgänge (Zeitüberbrückung durch Lagerung) und Transportprozesse (Raumüberwindung).**

Da bei der Abgrenzung betrieblicher Funktionsbereiche sowohl an Stromkategorien (Personal-, Kapital-, Informationswirtschaft) als auch an zeitlich gegliederte (Beschaffung, Produktion, Absatz) oder artmäßig abgegrenzte Stromphasen (Lagerung, Transport, Transformation) angeknüpft werden kann, die sich in der Realität in unterschiedlichen Organisationsstrukturen der Unternehmung niederschlagen, beruht die konkrete Festlegung des Aufgabenumfangs für den Beschaffungsbereich auf Konventionen, die von Zweckmäßigkeitserwägungen bestimmt werden. Unbeschadet der unterschiedlichen Abgrenzungen kennzeichnet der Begriff Materialwirtschaft wesentliche Aufgabenaspekte der umfassenden industriellen Beschaffungsfunktion. In objektbezogener Hinsicht umfaßt die Materialwirtschaft die Bereitstellung von Einsatzstoffen, Erzeugnissen und Waren (Material) zum Zwecke der Leistungserstellung. Die relevanten materialwirtschaftlichen Ausschnitte des Güterstromes betreffen die Beschaffung im engeren Sinne sowie die Lagerung und den Transport bis zum Abschluß der Produktion, während die Lagerhaltung und Verteilung für den Absatzmarkt bestimmter Güter (Warenausgangslager und Distribution) der Absatzwirtschaft zugeordnet wird.

**Aufgabeninhalt der Materialwirtschaft ist die kostengünstige Bereitstellung der zur Produktion benötigten Güter für die Bedarfsträger der Unternehmung in der**

*Objektumfang der Materialwirtschaft*

erforderlichen Menge und Qualität zur richtigen Zeit und am richtigen Ort (materialwirtschaftliches Optimum).

Den Objektbereich der Bereitstellungsaufgabe verdeutlichen die im Rahmen der Materialwirtschaft erfaßten Materialarten. Nach ihrer Beziehung zur industriellen Produktion lassen sich Einsatzstoffe, Erzeugnisse und Handelswaren unterscheiden. Während **Einsatzstoffe** den Input der Produktion bilden, sind **Erzeugnisse** (Zwischenprodukte) das Ergebnis von Kombinationsprozessen, die entweder auf nachgelagerten Produktionsstufen weiterverarbeitet werden oder zur Veräußerung bestimmt sind. Demgegenüber dienen **Handelswaren** der Ergänzung des Absatzprogramms; sie gehen nicht in den Produktionsbereich ein. Nach ihrer Zwecksetzung in der Produktion können die Einsatzgüter in Erzeugnis- und Betriebsstoffe unterteilt werden. Erzeugnisstoffe werden wesentliche (Rohstoffe) oder ergänzende Bestandteile (Hilfsstoffe) von Erzeugnissen; Betriebsstoffe sind dagegen zur Aufrechterhaltung der Kombinationsprozesse notwendig. Daraus resultiert die nachstehende Gliederung der bereitzustellenden Materialarten (vgl. Abb. 3.1).

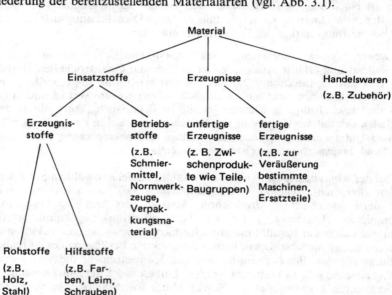

*Abb. 3.1: Materialarten*

*Aufgaben der Materialwirtschaft*

**Die materialwirtschaftlichen Prozesse der Bereitstellung umfassen die Beschaffung im engeren Sinne (den Bezug), die Lagerung und Transportvorgänge.** Die Beschaffung schließt alle Aktivitäten ein, welche die Versorgung des Industriebetriebes mit dem benötigten Material durch den Abschluß von Transaktionen auf den Beschaffungsmärkten zum Gegenstand haben. Hierzu zählen die Lieferantenauswahl, die Festlegung der Beschaffungsmethoden sowie die Bestell- und Lieferplanung.

Die in der Materialwirtschaft einbezogenen Lagerprozesse beziehen sich auf Eingangs- und Zwischenlager. **Eingangslager** verbinden den Güterzufluß aus der Umwelt mit dem Bedarf der Fertigung. Bei Handelswaren übernehmen sie auch eine Ausgleichsfunktion zwischen den Beschaffungsmengen und der Absatzentwicklung. **Zwischenlager** kommen in erster Linie im Produktionssektor vor. Sie stellen Puffer zwischen den Fertigungsstufen dar. Die Lagerungsprozesse lassen sich entsprechend dem Materialfluß in Einlagerung, Bestandspflege und Kontrolle sowie Materialausgabe unterteilen.

*Lagerarten*

Die mit der Materialbereitstellung verbundenen Transportvorgänge sind außerbetrieblicher oder innerbetrieblicher Art. **Außerbetriebliche Transportprozesse** überbrücken die Entfernungen zwischen den Lieferanten und der beschaffenden Unternehmung. Sie unterliegen materialwirtschaftlichen Entscheidungen hinsichtlich des Eigen- oder Fremdtransports sowie der Wahl geeigneter Transportmittel. **Innerbetriebliche Transporte** erstrecken sich auf die Raumüberwindung zwischen dem Ort des Materialeingangs und den betrieblichen Bedarfsorten; die zweckdienliche Gestaltung erfolgt im Rahmen der Materialflußplanung.

*Transportvorgänge*

Die bedarfsgerechte Materialversorgung des Industriebetriebs in mengen- und qualitätsmäßiger sowie in zeitlicher und örtlicher Hinsicht kennzeichnet die **originäre technische Aufgabe der Materialwirtschaft (Grochla). Die Erfüllung dieser Aufgabe bildet das Sachziel der Materialwirtschaft.** Die wirtschaftliche Aufgabenstellung knüpft an die Art und Weise der Sachzielrealisation an. Sie gebietet es, mit der Durchführung der Materialversorgung einen möglichst großen Beitrag zur Erfüllung erwerbswirtschaftlicher Zielvorstellungen der Unternehmung zu leisten. In der Regel wird das Formalziel der Materialwirtschaft in erster Linie als Streben nach Minimierung der bei der Materialbereitstellung anfallenden Kosten formuliert. Idealtypisch können die materialwirtschaftlichen Kosten in Dispositions- und Beschaffungskosten (direkte Materialkosten, Kosten der Bestellabwicklung) einerseits sowie Lagerhaltungs- und Materialflußkosten (Kosten der Lagerung, Zins- und Transportkosten) und Fehlmengenkosten (Kosten infolge unzureichender Materialversorgung) andererseits unterteilt werden. Durch die Optimierung der gesamten materialwirtschaftlichen Kosten erreicht der Erfolgsbeitrag der Materialschaft bei gegebenen Erlöswirkungen sein Maximum.

*Zielsetzungen der Materialwirtschaft*

Materialwirtschaftliche Entscheidungen führen zu einer Bindung finanzieller Mittel, die damit anderen Verwendungszwecken entzogen werden. Durch den jeweiligen Umfang der Kapitalbindung werden nicht nur die materialwirtschaftlichen Kosten beeinflußt, sondern es entstehen gleichzeitig **Opportunitätskosten, die den Gewinnentgang eines möglichen anderweitigen Einsatzes der gebundenen Mittel widerspiegeln.** Unter Berücksichtigung der Knappheit finanzieller Mittel und der Opportunitätskosten kann deshalb die Minimierung der Kapitalbindung in der Materialwirtschaft als weitere Zielsetzung verfolgt werden. Diese kollidiert mit dem Ziel der Minimierung der sonstigen materialwirtschaftlichen Kosten, sofern das Streben nach geringer Beanspruchung finanzieller Mittel eine Erhöhung sonstiger materialwirtschaftlicher Kosten zur Folge hat.

*Sicherheitsstreben*

**Bei materialwirtschaftlichen Entscheidungen unter Risiko und Unsicherheit tritt das Sicherheitsstreben verstärkt in den Vordergrund.** Ausdruck für das Sicherheitsstreben ist z. B. die Festlegung eines hohen Servicegrades (Versorgungsbereitschaft). Dieser bewirkt einerseits das Ansteigen des materialwirtschaftlichen Kostenniveaus, reduziert andererseits die negativen Erlöswirkungen, die eine Unternehmung auf der Absatzseite infolge unzureichender Materialversorgung erleiden kann (Auftragsverluste, Minderung des Rufes einer Unternehmung). Die Aufrechterhaltung einer hohen Versorgungsbereitschaft bewirkt einen Anstieg der Kapitalbindung und ein tendenziell größeres Kostenvolumen jedoch nur dann, wenn der Abbau der Fehlmengenkosten durch Kostenerhöhungen bei den übrigen materialwirtschaftlichen Kostenkategorien überkompensiert wird.

*erweitertes Aufgabenspektrum der Materialwirtschaft*

Unter marktlichen Aspekten kommt der Materialwirtschaft schließlich die Aufgabe zu, die übrigen Unternehmensbereiche bei der Bedarfsgestaltung zu beraten. Durch Informationen z. B. über Veränderungen auf den Beschaffungsmärkten bezüglich des Auftretens neuer Substitutionsmaterialien, möglicher Versorgungsprobleme für bisher bezogene Stoffe und der Gelegenheit zum Abschluß von Kompensationsgeschäften übernimmt die Materialwirtschaft eine wichtige **Beratungsfunktion** bei der Neu- und Weiterentwicklung von Produkten und bei der laufenden Bedarfsplanung. Daraus können sich positive unmittelbare und potentielle Umsatzwirkungen ergeben, die trotz möglicher zusätzlicher Kosten zu einer Steigerung des Erfolgsbeitrages der Materialwirtschaft führen. Die Darstellung der materialwirtschaftlichen Ziele

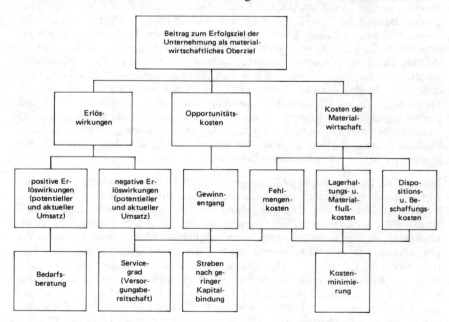

*Abb. 3.2: Materialwirtschaftliche Ziele und Zielelemente*

und ihrer Zielelemente (Abb. 3.2) verdeutlicht, daß die Realisierung des materialwirtschaftlichen Optimums (Grochla) ein komplexes, schlechtstrukturiertes Entscheidungsproblem ist, zu dessen Lösung bislang nur Partialmodelle entwickelt worden sind, die lediglich einzelne Erfolgselemente materialwirtschaftlicher Entscheidungen einbeziehen. Zur Bewältigung der angedeuteten Entscheidungsprobleme bedarf es einer möglichst umfangreichen, systematischen Planung aller Einzelbereiche.

Das Vorliegen mehrerer konkurrierender Ziele erfordert eine Zielgewichtung. Sind die Gewichtungsfaktoren für die einzelnen Zielvariablen festgelegt, so sind die Voraussetzungen für die Koordination der materialwirtschaftlichen Teilaufgaben im Rahmen der materialwirtschaftlichen Planungsprozesse erfüllt.

## 2. Planungsbereiche der Materialwirtschaft

Die Planung der Materialwirtschaft ist ein integraler Bestandteil der unternehmerischen Gesamtplanung, die ein System von Teilplänen der einzelnen Funktionsbereiche des Industriebetriebes repräsentiert. Die materialwirtschaftliche Planung kann ihrerseits in Teilpläne untergliedert werden, wobei sich die relevanten Teilpläne unabhängig vom konkreten Planungssystem nach der Länge des Planungszeitraumes und nach den Phasenabschnitten des Materialstroms differenzieren lassen.

Nach dem **zeitlichen Bezug** der Planung ist zwischen langfristigen und kurzfristigen materialwirtschaftlichen Plänen zu unterscheiden. Langfristige Pläne sind tendenziell das Ergebnis strategischer materialwirtschaftlicher Entscheidungen, die globale Prozeßbeschreibungen für die Erfüllung der originär technischen materialwirtschaftlichen Aufgaben und der Erreichung eines möglichst großen Beitrags zum Erfolgsziel der Unternehmung über einen längeren Planungszeitraum darstellen. Unter Zugrundelegung der Phasenabschnitte des Materialstroms lassen sich die langfristigen Planungsbereiche der Materialwirtschaft in Beschaffungsplanung, Lagerplanung und Transportplanung unterteilen. Die Beschaffungsplanung umfaßt Grundsatzentscheidungen über das potentielle Beschaffungsprogramm in art- und mengenmäßiger sowie gegebenenfalls in zeitlicher Hinsicht unter Berücksichtigung zukünftiger Änderungen der produktionstechnischen Bedingungen und des Absatzprogramms. Dazu gehört ferner die grundlegende Fixierung des beschaffungspolitischen Instrumentariums zur Realisierung des potentiellen Beschaffungsprogramms. Die langfristige Lagerplanung erstreckt sich auf die Gestaltung von Lagersystemen, deren Einrichtungen und personelle Ausstattung die Lagerkapazitäten determinieren. In gleicher Weise ist die Planung von Transportsystemen Gegenstand der Transportplanung. Die Art und Kapazitätsauslegung der Transportsysteme ist nicht unabhängig von Lagerstandorten und Lagerkapazitäten, so daß bei deren Planung Interdependenzen zwischen beiden Planungsbereichen einzubeziehen sind.

*Teilpläne der materialwirtschaftlichen Planung*

Die langfristigen materialwirtschaftlichen Pläne bilden die Rahmenbedingungen für die dispositiven materialwirtschaftlichen Entscheidungen (Abb. 3.3).

Diese beinhalten die Planung des Materialbedarfs in qualitativer und quantitativer Hinsicht sowie bezüglich der Bedarfstermine und Auslieferungsorte.

Die Planung der Materialbeschaffung umfaßt die Festlegung der Beschaffungsart und die Planung der Lagerhaltung. Die Planung des Materialeinkaufs betrifft Entscheidungen bezüglich der Lieferanten(-struktur), der Lieferkonditionen sowie über die Art und Weise der Einkaufsverhandlungen. Die Planung des Materialflusses schließlich dient der optimalen Gestaltung der jeweiligen Materialbewegungen.

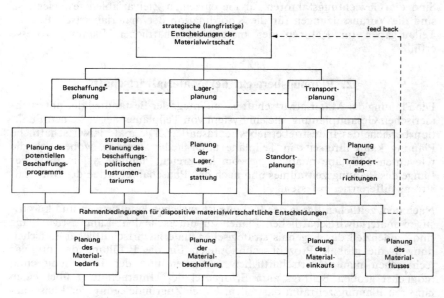

*Abb. 3.3: Materialwirtschaftliche Planungsbereiche*

*Berücksichtigung von Interdependenzen*

Grundsätzlich ist die Planung der Materialwirtschaft einerseits ein die Gesamtplanung der Unternehmung beeinflussender Teilplanungsbereich und andererseits eine von der Gesamtplanung abhängige Teilplanung (Männel). Impulse für die Gesamtplanung gehen von der Materialwirtschaft insbesondere im Rahmen der strategischen Planung aus, da die materialwirtschaftlichen Planungsobjekte (potentielles Beschaffungsprogramm, Struktur des beschaffungspolitischen Instrumentariums, Lager- und Transportsysteme) auf die Absatz-, Produktions- sowie auf die Investitions- und Finanzplanung des Industriebetriebes einwirken. Umgekehrt können die übrigen Teilpläne Rahmenbedingungen enthalten, an die sich die materialwirtschaftliche Planung anzupassen hat.

Bei der dispositiven, laufenden Planung leiten sich die materialwirtschaftlichen Teilpläne tendenziell aus den übrigen Teilplänen der Unternehmung ab. Soweit materialwirtschaftliche Begrenzungsfaktoren nicht vorliegen, werden die materialwirtschaftlichen Teilpläne unter Beachtung der Daten aus der Absatz- und Produktionsplanung entwickelt. Diese Planungsabhängigkeit schließt nicht aus, daß bei der Abstimmung der Teilpläne zur Ermittlung des Gesamtplanes materialwirtschaftliche Planungsgrößen eine Anpassung bei den übrigen Teilplänen auslösen können und daß die marktlichen Gegebenheiten auf den Beschaffungsmärkten als Begrenzungsfaktoren für die Gesamtplanung anzusehen sind, die dann eine Revision der Absatz-, Produktions- und Finanzplanung erfordern können. Insbesondere bei Versorgungsengpässen kann die materialwirtschaftliche Planung auch als dominierender Planungsbereich in Erscheinung treten, weil sich dann die Gesamtplanung entsprechend dem Ausgleichsgesetz der Planung (Gutenberg) auf den materialwirtschaftlichen Minimumsektor einzustellen hat.

## 3. Organisationsgestaltung und Materialwirtschaft

Die Organisationsgestaltung des materialwirtschaftlichen Aufgabenkomplexes führt zur Entwicklung einer materialwirtschaftlichen Aufgabenstruktur und zu ihrer Einordnung in die Leitungshierarchie der Unternehmung. Sie umfaßt außerdem die Festlegung von Regelungen für die Gestaltung des Materialflusses. Die analytische Trennung zwischen aufbau- und ablauforganisatorischen Elementen erleichtert die Analyse der wichtigsten Organisationsprobleme des Subsystems „Materialwirtschaft", das in den Betriebswirtschaften eine unterschiedliche Abgrenzung erfährt.

### a) Aufbauorganisation der Materialwirtschaft

Die wesentlichsten Gestaltungsaufgaben im Rahmen der Aufbauorganisation betreffen die Stellengliederung in der Materialwirtschaft, die organisatorische Abgrenzung der Materialwirtschaft von anderen Unternehmensbereichen und die Verankerung materialwirtschaftlicher Organisationseinheiten in der Unternehmensorganisation.

**Die Stellengliederung der Materialwirtschaft bildet das Ergebnis einer Vereinigung von materialwirtschaftlichen Teilaufgaben, die durch eine Aufgabenanalyse im Wege der Aufspaltung der Gesamtaufgabe abgeleitet sind.** Neben Personen und Sachmitteln stellen Objekte und Verrichtungen die wichtigsten Kriterien für die Stellenbildung dar. Nach dem **Verrichtungsprinzip** ergibt sich eine Stellengliederung nach Beschaffungs-, Lagerungs- und Transportaufgaben, die ihrerseits auf eine Zusammenfassung verrichtungsbezogener Stellen zurückgeführt werden kann. Die Beschaffungsaufgaben lassen sich in die Verrichtungskomplexe Beschaffungsmarktforschung, Materialdisposition (Festlegung der Brutto-/Nettobedarfsgrößen), Einkauf sowie Materialannahme und -prüfung unterteilen. Lagerungsaufgaben umfassen Einlagerungen, Bestandspflege und -kontrolle und Auslagerungen. Für die verrichtungsorientierte Gliederung der Transportaufgaben bietet sich eine Einteilung in externe und unternehmensinterne Transporte an.

*verrichtungs-orientierte Stellenbildung*

*Stellengliederung*

*objektorientierte Stellenbildung*

Die verrichtungsbezogene Stellengliederung in der Materialwirtschaft wird häufig ergänzt und überlagert von einer **objektbezogenen** Zusammenfassung der Teilaufgaben. Als zweckmäßig kann sich eine nach bestimmten Materialarten ausgerichtete Zentralisation der Dispositions-, Einkaufs- und Prüfaufgaben erweisen, um z. B. die Lagerbestände im Vergleich zur dezentralen Organisation der Beschaffung zu reduzieren oder Einkaufsvorteile durch die Bündelung von Bedarfsmengen zu größeren Bestellungen zu erreichen. Bei der Lagerhaltung wirkt sich das Objektprinzip in einer stoffartenorientierten Lagerbildung aus, bei der für bestimmte Materialarten oder -gruppen jeweils besondere Lager eingerichtet werden. Die stoffartenorientierte Lagerbildung sowie spezielle Sicherheits- und Transportmittelanforderungen verschiedener Materialgruppen bilden auch die Grundlage für eine objektbezogene Zusammenfassung von Transportaufgaben.

Die **kombinierte Anwendung** des Verrichtungs- und Objektprinzips bei der Stellenbildung in der Materialwirtschaft liefert idealtypisch das nachstehende Stellengefüge.

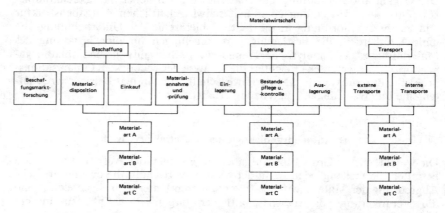

*Abb. 3.4: Verrichtungs- und objektorientiertes Stellengefüge der Materialwirtschaft*

*organisatorische Abgrenzung der Materialwirtschaft*

Die organisatorische Abgrenzung der Materialwirtschaft von anderen Unternehmensbereichen betrifft den Umfang des Aufgabenrahmens, der im Industriebetrieb der Materialwirtschaft zugewiesen wird. Dieser Aufgabenrahmen kann unabhängig von der zu Beginn dieses Abschnitts vorgenommenen Abgrenzung des Aufgabenbereiches der Materialwirtschaft enger oder weiter gesteckt sein. Grundsätzlich können drei Abgrenzungsvarianten der Materialwirtschaft einander gegenübergestellt werden:

1. **Die traditionelle Lösung beschränkt die Materialwirtschaft auf die Beschaffungs- und Lagerungsaufgaben** und klammert den Materialfluß aus, der dem Fertigungs- und/oder Absatzbereich zugeordnet wird.

2. **Eine Erweiterung des Aufgabenbereiches ergibt sich durch die Angliederung der Materialverteilung**, wobei häufig auch der Materialfluß vom Bereitstellungslager der Produktion bis zu den Absatzmärkten einbezogen wird.

3. **Ihre weitestgehende Abgrenzung erfährt die Materialwirtschaft, wenn neben der gesamten Materialverteilung auch eine Eingliederung der Fertigungssteuerung erfolgt**, so daß die Materialwirtschaft Distributionsaufgaben des Absatzbereiches sowie die Terminierung des Materialdurchlaufs in der Fertigung zusätzlich übernimmt.

Ebenso wie bei anderen Gestaltungsproblemen der Organisationsstruktur läßt sich eine allgemeingültige optimale Abgrenzung der Materialwirtschaft nicht ableiten. Neben produktions- und absatzwirtschaftlichen Determinanten beeinflußt das jeweilige Planungssystem die konkrete Bestimmung des materialwirtschaftlichen Aufgabenbereiches.

In enger Verbindung mit der Abgrenzung der Materialwirtschaft steht ihre Einordnung in die Leitungshierarchie des Industriebetriebs. Es bietet sich zunächst die Bildung einer organisatorischen Einheit „Materialwirtschaft" unter einheitlicher Leitung an, die je nach ihrer Bedeutung, z. B. gemessen durch den Materialanteil am Gesamtumsatz, auf unterschiedlichen Leitungsebenen angesiedelt wird. Für eine derartige **Zentralisation** materialwirtschaftlicher Aufgaben spricht, daß unterschiedliche Interessenlagen der anderen Unternehmensbereiche ausgeglichen und auf die gemeinsamen Zielsetzungen der Gesamtunternehmung hin koordiniert werden können. Bei **dezentraler** Eingliederung der Materialwirtschaft übernehmen mehrere Unternehmensinstanzen die Koordination der materialwirtschaftlichen Aufgaben. So kann beispielsweise bei einer Zweiteilung der Unternehmensführung in einen kaufmännischen und einen technischen Bereich der Materialeinkauf der kaufmännischen Leitung und die Materialdisposition einschließlich der Lagerhaltung dem technischen Bereich (Fertigung) zugewiesen werden. Dem Vorteil verkürzter Instanzenwege steht bei dieser Eingliederung die Notwendigkeit einer verstärkten Abstimmung der materialwirtschaftlichen Aufgaben gegenüber.

*Einordnung der Materialwirtschaft in die Leitungshierarchie*

**Entscheidungen über den Grad der Zentralisation werden von verschiedenen Faktoren wie z. B. Unternehmensgröße, Fertigungsprogramm, Materialintensität und räumlichen Aspekten beeinflußt.** Der Zentralisationsgrad kann in den einzelnen Aufgabenbereichen Beschaffung, Lagerung und Transport auch unterschiedlich stark ausgeprägt sein. Aufgrund der potentiellen Kostenvorteile beim Einkauf ergibt sich die Tendenz zu einer Zentralisation der Beschaffungsaufgaben, soweit nicht räumliche Faktoren (z. B. entfernt voneinander liegende Zweigwerke) und die Notwendigkeit einer flexiblen Reaktion auf Bedarfsanforderungen eine teilweise Dezentralisation erfordern. Kombinierte Organisationsformen finden sich häufiger bei der Lagerhaltung. Die zentrale Lagerhaltung führt im Vergleich zu einer dezentralen Lösung zu geringeren Lagerhaltungskosten (z. B. geringere Lagerbestände, Personaleinsparungen); dem stehen jedoch höhere Transportkosten, insbesondere bei großen innerbetrieblichen Entfernungen, gegenüber. Nach Bedarfskriterien ist für Materialien mit geringer Umschlagshäufigkeit, unregelmäßigem Bedarf oder vielen

*Zentralisation/ Dezentralisation der Beschaffung*

*Zentralisation/ Dezentralisation der Lagerhaltung*

Bedarfsorten grundsätzlich eine zentrale Lagerhaltung vorteilhaft, während umfangreicher Materialumschlag, regelmäßiger Bedarf und wenige Bedarfspunkte die Bildung dezentraler Lager vorteilhaft erscheinen lassen.

### b) Ablauforganisatorische Aspekte der Materialwirtschaft

**Ablauforganisatorische Regelungen in der Materialwirtschaft umfassen die Gestaltung des Materialflusses in der Unternehmung im Hinblick auf die Optimierung der Durchlaufzeiten bei bedarfsgerechter Bereitstellung der erforderlichen Einsatzstoffe** (vgl. hierzu Kap. III.5, S. 352 ff.). Diese Maßnahmen können bereits in der Bestellüberwachung einsetzen und erstrecken sich über den Materialeingang bis hin zu Lagerungsprozessen. Im Rahmen der **Bestellüberwachung werden die laufenden Bestellungen überprüft und bei Lieferterminüberschreitungen Anpassungsmaßnahmen (Lieferantenmahnungen, Eilbestellungen) durchgeführt.** Bei Materialarten, deren Lieferverzögerungen den Fertigungsablauf erheblich beeinflussen, sind vor dem geplanten Liefertermin vorbeugende Regelungen zu treffen, um die rechtzeitige Materialanlieferung sicherzustellen oder eine Umstellung der Fertigungssteuerung einzuleiten.

*Bestellüberwachung*

**Der Materialeingang umfaßt die Warenannahme und die Materialprüfung.** Die Materialprüfung enthält Mengen- und Qualitätskontrollen, bei denen die Bestelldaten mit den Materialeingangsinformationen verglichen werden. Während bei Mengenprüfungen Voll- und Stichprobenkontrollen eingerichtet werden können, dominieren bei Qualitätsprüfungen in der Regel Stichprobenverfahren. Prüfungsrichtlinien geben dabei den Stichprobenumfang und die Toleranzgrenzen für die einzelnen Prüfmerkmale an. **Soweit angelieferte und geprüfte Materialien nicht direkt in den Fertigungsbereich geleitet werden, setzt sich der Materialfluß mit der Lagerhaltung fort.** Bei den Einlagerungsvorgängen sind verschiedene Ordnungsprinzipien möglich. Im einfachsten Fall ist der Lagerplatz für die jeweilige Materialart vorgegeben (starre Zuordnung). Die Festlegung der Lagerplätze kann aber auch von der Lagerverwaltung aufgrund der vorhandenen Leerplätze erfolgen. Bei einer flexiblen Zuordnung werden den eingehenden Materialien jene freien Stellen zugewiesen, die bezüglich der Menge und der Abmessungen im Zeitpunkt der Einlagerung die günstigsten Voraussetzungen aufweisen. Der hiermit verbundene Informationsumfang läßt sich in der Regel nur mit Hilfe der EDV bewältigen.

*Materialeingang*

*Materiallagerung*

**Die Materialausgabe** an die Bedarfsstellen schließt den Güterfluß in der Materialwirtschaft ab, wobei die Auslieferung als Hol- oder Bringsystem ausgestaltet werden kann. Beim Holsystem wird der Transport der Bedarfsgüter vom Lager zu den Verbrauchsorten von den Fertigungsstellen selbst vorgenommen, wohingegen beim Bringsystem diese Aufgabe von der Lagerhaltung übernommen wird. Die besseren Möglichkeiten der zeitlichen und räumlichen Abstimmung von Materiallieferungen und der damit verbundenen effizienteren Nutzung von Personal und Transportmitteln lassen das Bringsystem meist vorteilhafter erscheinen.

Als Grundlage für die Steuerung des Materialflusses benötigt die Unternehmung ein Informationssystem, das sämtliche materialwirtschaftlichen Informationen erfaßt und verarbeitet. Der dadurch entstehende Informationsfluß ist hinsichtlich der Bedarfsermittlung und Materialdisposition den realen Güterbewegungen teilweise vorgelagert, andererseits knüpft er bei Materialbestands- und Materialbewegungsrechnungen an stattgefundenen Materialbewegungen an. Informationssysteme auf der Basis elektronischer Datenverarbeitung verfügen für die einzelnen Informationsverarbeitungsaufgaben über **Modularprogramme.** Die aufgabenbezogenen Interdependenzen werden durch Programmverknüpfungen unter Einbeziehung eines Datenbanksystems berücksichtigt. Durch die Verknüpfung mit der Fertigungssteuerung können integrierte Programmsysteme zur Lösung der Mengen- und Terminprobleme der Materialwirtschaft bzw. für die Auftragsterminierung oder die Kapazitätsbelegung entwickelt werden. Hierbei ist die Gestaltung des Materialflusses nur noch ein wichtiges Teilproblem innerhalb eines umfassenden Produktionsplanungssystems.

## II. Strategische Entscheidungen in der Materialwirtschaft

### 1. Langfristige Beschaffungsplanung

*potentielles Beschaffungs- programm*

**Im Rahmen der langfristigen Beschaffungsplanung sind das potentielle Beschaffungsprogramm in artmäßiger, qualitativer und mengenmäßiger Hinsicht zu bestimmen sowie Grundsatzentscheidungen über die Festlegung des beschaffungspolitischen Instrumentariums zu treffen.** Das potentielle Beschaffungsprogramm umfaßt diejenigen Güterarten und -mengen sowie Qualitätsstandards, die vom Industriebetrieb zur Deckung langfristiger Bedarfsentwicklungen als Folge produktions- und absatzwirtschaftlicher Entscheidungen bei der Unternehmensgesamtplanung sowie aufgrund der voraussichtlichen Entwicklung auf den Beschaffungsmärkten eingesetzt werden sollen. Grundsatzentscheidungen über das beschaffungspolitische Instrumentarium beziehen sich auf Art und Umfang der auf den Beschaffungsmärkten zu entfaltenden Aktivitäten zur Realisierung des potentiellen Beschaffungsprogramms.

#### a) Determinanten des langfristigen Materialbedarfs

*absatzwirtschaftliche Einflußgrößen*

Die Konkretisierung des potentiellen Beschaffungsprogramms knüpft an die Determinanten des langfristigen Materialbedarfs an. **Bei funktionaler Betrachtung wirken absatz-, produktions- und beschaffungswirtschaftliche Einflußgrößen auf die Bedarfsentwicklung ein.** Wesentliche Anhaltspunkte für die Prognose des langfristigen Materialbedarfs liefern die möglichen zukünftigen **Marketingstrategien** des Industriebetriebes für einzelne oder mehrere Produktgruppen, die eine Intensivierung der Marktbearbeitung bei gegebenem Absatzprogramm, eine Veränderung des Angebotssortiments oder Variationen des Produktprogramms und der Marktbearbeitung vorsehen. Während das Streben nach höherer Marktdurchdringung vorhandener Absatzmärkte sowie die Erschließung neuer Marktgebiete in erster Linie für die mengenmäßige Bedarfsentwicklung von Bedeutung ist, ergeben sich aus Veränderungen des Absatzprogramms durch Neuentwicklung von Produkten, Diversifikation oder Produktdifferenzierung neue artmäßige und qualitative Anforderungen an das potentielle Beschaffungsprogramm (vgl. Teil 5, S. 562 ff.).

Bei der **Neuentwicklung von Produkten** besteht die Tendenz zur Ausweitung des artmäßigen Beschaffungsprogramms durch die Verwendung neuer Rohstoffe oder Teilekonstruktionen. Durch Normung des Materialsortiments und durch Anwendung wertanalytischer Prinzipien bei der Produktgestaltung **(value engineering)** kann der Ausweitung des Beschaffungsprogramms begegnet werden. Neue Einsatzstoffe werden nur dann in das Sortiment aufgenommen, wenn die geforderten technischen und wirtschaftlichen Eigenschaften von den bisher bezogenen Materialien nicht erfüllt werden können. Eine Beschränkung bei der Neukonstruktion von Teilen wird auch durch eine ausführliche

Teiledokumentation erreicht, die über die Verwendung ähnlicher Teile im Industriebetrieb informiert. Neuentwicklungen können dann entfallen, wenn eine Anpassung bestehender Lösungen möglich ist.

Die Ausweitung des Absatzprogramms durch **Diversifikation** umfaßt die Aufnahme von Produkten, die sachlich mit den bisher angebotenen Gütern eng verbunden sind oder die Angliederung vor- bzw. nachgelagerter Produktionsstufen (horizontale und vertikale Diversifikation). Bei horizontaler Diversifikation ergibt sich eine Ausweitung des Beschaffungsprogramms in art- und qualitätsmäßiger Hinsicht, wenn die neu aufgenommenen Produkte als Handelswaren zugekauft werden oder ihre Herstellung zusätzliche Materialien erfordert. Durch die Angliederung weiterer Produktionsstufen kann aufgrund des Bedarfs an neuen Einsatzstoffen und Teilen ebenfalls eine Ausdehnung des Materialsortiments ausgelöst werden.

Maßnahmen der **Produktdifferenzierung** führen vorrangig zu Variationen der Qualitätsanforderungen des Beschaffungsprogramms. Änderungen der stofflich-technischen Eigenschaften der Stoffelemente ziehen eine größere Qualitätsbreite bei Erzeugnis- und Betriebsstoffen nach sich, damit eine Abhebung der verschiedenen Produktausprägungen voneinander erreicht wird.

**Die wichtigsten produktionswirtschaftlichen Determinanten des potentiellen Beschaffungsprogramms bilden die Produktionstechnologie sowie die Entscheidung über Eigenfertigung oder Fremdbezug des Materials.**

Mit der Anlagenausstattung ist die qualitative Kapazität der Produktion vorgegeben, die auch in einer bestimmten Roh- und Betriebsstoffspezialisierung der Produktionsanlagen zum Ausdruck kommt. Änderungen in der maschinellen Ausstattung und die damit verbundene Einführung neuer Fertigungstechniken können durch eine veränderte Materialspezialisierung ebenso eine art- und qualitätsbezogene Anpassung des Beschaffungsprogramms verursachen wie die Entwicklung neuer Rohstoffe (z. B. Verbundwerkstoffe) oder das Auftreten von Substitutionsmaterialien, die im Rahmen der gegebenen Materialspezialisierung eingesetzt werden können.

*produktionswirtschaftliche Einflußgrößen*

**Bei einem gegebenen Absatzprogramm handelt es sich bei der Entscheidung über Eigenfertigung oder Fremdbezug (make or buy) um die Wahl des Bereitstellungsweges des Materials zur Erzeugung der betrieblichen Marktleistungen.** Grundsätzlich sind die Erzeugnisarten auf jeder Stufe des Fertigungsprozesses von dieser Entscheidung betroffen. Durch eine Änderung des Verhältnisses zwischen Eigenfertigung und Fremdbezug ergeben sich für das potentielle Beschaffungsprogramm art-, qualitäts- und mengenmäßige Konsequenzen. Bei einer Ausweitung der Eigenfertigung durch die Hinzufügung neuer Produktionsstufen in Richtung auf den Beschaffungsmarkt **(backward integration)** erfolgt eine Eigenbedarfsdeckung der bisher als Erzeugnisstoffe fremdbezogenen Materialien. In das potentielle Beschaffungsprogramm gehen anstatt der bisher benötigten Erzeugnisstoffe die zu ihrer Produktion erforderlichen Güter ein. Mengenmäßige Veränderungen treten auf, wenn auf den einzelnen Fertigungsstufen das Verhältnis zwischen Eigenfertigung und Zukauf von Zwischenprodukten neu festgelegt wird. Vergrößert sich der Umfang der Eigenfer-

*Entscheidung über Eigenfertigung oder Fremdbezug*

tigung durch die Verwendung neuer oder bisher anderweitig ausgelasteter Anlagen, so löst die Veränderung der Mengenkomponente des Beschaffungsprogramms gleichzeitig qualitätsmäßige Variationen aus, falls die zusätzlich eingesetzte maschinelle Ausstattung gegenüber der bisherigen Fertigung eine unterschiedliche Stoffspezialisierung aufweist. Zu spiegelbildlichen Wirkungen auf das potentielle Beschaffungsprogramm führt die Einschränkung der Eigenfertigung. Der Bezug von Rohstoffen für die Fertigung der Zwischenprodukte wird durch die Fremdbeschaffung der Zwischenprodukte selbst ersetzt oder vermindert, die produktionstechnisch bedingte qualitative Differenzierung der einzukaufenden Stoffe nimmt dadurch tendenziell ab.

*Kostenvergleich bei 'make or buy'*

Die Grundlage für die Entscheidung über Eigenfertigung oder Fremdbezug bildet ein **ein- oder mehrperiodiger Wirtschaftlichkeitsvergleich** der beiden Bereitstellungswege. Im Rahmen der **einperiodigen Kostenvergleichsrechnung** werden die Kosten des Fremdbezugs den Herstellkosten der Güter gegenübergestellt. Die Fremdbezugskosten setzen sich aus den Anschaffungsauszahlungen und den bei Fremdbezug zusätzlich anfallenden Materialgemeinkosten sowie den mit der Beschaffungsabwicklung entstehenden Verwaltungsgemeinkosten zusammen. In den Herstellkosten sind die Einzelkosten und die bei Eigenfertigung auftretenden Veränderungen des Gemeinkostenvolumens zu erfassen. Ist die Kapazität derjenigen Produktionsstufen ausgelastet, welche die Eigenfertigung übernehmen sollen, müssen zusätzlich die Kostendifferenzen oder die entgangenen Gewinnbeiträge der durch die Eigenfertigung verdrängten Erzeugnisse einbezogen werden, die nun entweder durch Fremdbezug beschafft werden oder deren Fertigung entfallen ist. Die Kostenvergleichsmethode gestaltet sich komplizierter, wenn die Güter bei Eigenfertigung oder Fremdbezug qualitative Unterschiede aufweisen, die sich auf die Kostenhöhe nachgelagerter Fertigungsstufen auswirken. Wird beispielsweise durch die Eigenfertigung eine qualitative Verbesserung des Zwischenproduktes erwartet mit der Folge geringerer Weiterverarbeitungs-, Nachbesserungs- und Ausschußkosten, so gehen diese Kostenunterschiede ebenfalls in die Wirtschaftlichkeitsrechnung ein. Soweit sich die Qualitätsunterschiede auch auf die Erlöse der Endprodukte auswirken, geht die Kostenvergleichsrechnung in eine Gewinnvergleichsrechnung über.

*Einperiodenvergleich*

*Mehrperiodenvergleich*

**Mehrperiodige Wirtschaftlichkeitsvergleiche** beruhen auf Investitionsrechnungsverfahren, bei denen die Zahlungsreihen für den Fremdbezug und die Eigenfertigung ermittelt und gegenübergestellt werden. Bei alternativen Einsatzmöglichkeiten der Produktionsmittelausstattung erfolgt die Bestimmung der günstigsten Kombination eigenerstellter und fremdbezogener Erzeugnisse im Rahmen linearer Optimierungsmodelle, die mit Methoden der linearen Programmierung gelöst werden.

Neben Wirtschaftlichkeitskriterien werden in der Regel weitere Maßstäbe in einem umfassenden Vorteils-Nachteils-Vergleich hinsichtlich der Lösung des Problems Eigenfertigung oder Fremdbezug aufgenommen. **Unter dem Aspekt der Produktqualität können sowohl Argumente für die Eigenfertigung als auch für den Fremdbezug angeführt werden.**

Qualitätsvorteile der Eigenfertigung werden mit der besseren Koordination der einzelnen Produktionsvorgänge, der engen Zusammenarbeit zwischen dem Fertigungsbereich und den technischen Betriebsabteilungen sowie mit der Möglichkeit umfassender Qualitätskontrollen im Produktionsprozeß und bei der Rohstoffbeschaffung begründet. Für den Fremdbezug spricht die Spezialisierung der Lieferanten auf bestimmte Güter und die damit verbundene Erfahrung bei der Rohstoffauswahl sowie die daraus resultierende Überlegenheit bei der Fertigung durch den Einsatz leistungsfähiger Produktionsanlagen und die Verwendung neuester Technologien. Ein Urteil über die qualitative Vorziehenswürdigkeit eines Beschaffungsweges ist letztlich nur im konkreten Einzelfall möglich.

*qualitative Aspekte der ‚make or buy'-Entscheidung*

Ein weiteres Entscheidungskriterium bei Eigenfertigung oder Fremdbezug ist die **Sicherung der Versorgung**. Bei Fremdbezug überträgt die Unternehmung einen Teil der Leistungsfunktion auf den Lieferanten und vermindert auf diese Weise das Risiko produktionsbedingter Versorgungsstörungen. Durch die Abhängigkeit vom Lieferanten können sich aber dessen Produktionsausfälle in einem marktbedingten Beschaffungsrisiko niederschlagen. Eine verbesserte Sicherstellung der Versorgung ist gewährleistet, wenn die Häufigkeit lieferantenseitiger Produktionsstörungen geringer ist als die bei Eigenfertigung. Marktliche Versorgungsrisiken können ferner dadurch auftreten, daß durch veränderte Verhaltensweisen der Konkurrenten (z. B. steigende Nachfrage) die Lieferbereitschaft des Lieferanten abnimmt. Eine Verminderung dieser Versorgungsrisiken durch den Übergang auf Eigenfertigung läßt sich nicht immer erreichen. Dies ist nur dann der Fall, wenn auf den vorgelagerten Beschaffungsmärkten für Bedarfsmaterial zur Produktion der nunmehr selbsterstellten Güter keine ähnlichen Engpässe zu erwarten sind.

*Versorgungssicherung*

**Neben Qualitäts- und Sicherungskriterien sind die Flexibilität der Bedarfsdeckung (z. B. bei marktüblichen langfristigen Lieferverträgen), die Produktionsflexibilität, Geheimhaltungsinteressen bei neuentwickelten Gütern sowie finanzielle und personelle Restriktionen als weitere Zielelemente der Entscheidung über Eigenfertigung und Fremdbezug von Bedeutung.** Es wird somit deutlich, daß die Alternativenbewertung bei der Wahl des Beschaffungsweges mittels Wirtschaftlichkeitsvergleichen durch die Einbeziehung nicht quantifizierbarer Beurteilungsmaßstäbe zu ergänzen ist.

*Flexibilität*

**Zu den im Beschaffungsbereich wurzelnden Determinanten des potentiellen Beschaffungsprogramms gehören auch das gewählte Bereitstellungsprinzip für Materialien, die Struktur der Beschaffungsmärkte sowie die Rücklaufnutzung von Abfallstoffen (Recycling).**

*beschaffungswirtschaftliche Determinanten*

Als Bereitstellungsprinzip (Beschaffungsarten) lassen sich die fertigungssynchrone Beschaffung und die Vorratsbeschaffung unterscheiden (vgl. Teil 4.1). Die strategische Bedeutung von Entscheidungen über die Beschaffungsart liegt vor allem darin, daß hiermit langfristig festgelegt wird, ob und inwieweit die Unternehmung zur Lagerung von Bedarfsgütern fähig ist. In der Regel gewinnt die Unternehmung durch die Entscheidung zugunsten der Errichtung von Vorratslägern zusätzliche Entscheidungsspielräume. Zugleich werden hierdurch jedoch Ressourcen langfristig gebunden. Diese Tatbestände können den Umfang strategischer Erfolgspotentiale beeinflussen. Strategische Entscheidungen bezüglich des Bereitstellungsprinzips beeinflussen nicht nur die Mengenkomponenten des potentiellen Beschaffungsprogramms, sondern auch die qualitativen Ausprägungen des Materials. Bei qualitativen Angebotsschwankungen der Rohstoffe bietet die Vorratsbeschaffung eine bessere Gewähr für die Qualitätssicherung als die fertigungssynchrone Beschaffung (z. B. Leder, landwirtschaftliche Produkte), da durch die Einrichtung von Reserveläger kurzfristig auftretende Qualitätsminderungen durch eine Bedarfsdeckung aus Vorratsbeständen absorbiert werden können.

*Beschaffungsmarkt-*
*struktur*

Die Entscheidung für ein Beschaffungsprinzip ist auch abhängig von der **Struktur des Beschaffungsmarktes,** die ihrerseits das Beschaffungsrisiko determiniert. Hohe Versorgungsrisiken fördern die Tendenz zur Vorratshaltung und die Suche nach Substitutionsgütern, deren marktliche Versorgungssicherheit größer eingestuft wird. Nachfrageentwicklung, Wettbewerbsverhältnisse auf Anbieter- und Nachfragerseite, Marktkapazität, Erfolgslage der Lieferanten sowie politische Stabilität und Transportbedingungen stellen Indikatoren für die Beurteilung eventueller Versorgungsrisiken bei Einsatzstoffen dar, die Industriebetriebe zu einem Übergang auf andere Beschaffungsmärkte mit entsprechenden art-, qualitäts- und mengenmäßigen Konsequenzen für das potentielle Beschaffungsprogramm veranlassen können.

*Recycling*

Die zunehmende Rohstoffverknappung und -verteuerung fördert Bestrebungen zur Rücklaufnutzung von Abfallstoffen. Anstatt Abfälle und Abwärme an die Umwelt abzugeben, werden Stoffe und Energie im **Rahmen des Recycling der Produktion zur Wiederverwendung und -verwertung sowie zur Weiterverwendung und -verwertung erneut zugeführt, so daß eine Entlastung der Rohstoffbeanspruchung erreicht werden kann.** Während bei der Wiederverwendung eine wiederholte Nutzung des Stoffes für den gleichen Einsatzzweck erfolgt, ist bei der Wiederverwertung eine Bearbeitung und Aufbereitung der Abfallstoffe erforderlich, um sie dem ursprünglichen Verwendungszweck zuführen zu können. Im Gegensatz dazu werden Materialien bei Weiterverwendung- und -verwertung in anderen Fertigungsprozessen eingesetzt. Die Erfassung, Aufbereitung und Umwandlung von Abfallstoffen durch den Industriebetrieb oder Spezialunternehmen vermindert den Beschaffungsumfang von Primärrohstoffen zugunsten der Wiederaufbereitung und stellt einen wesentlichen Beitrag zur Versorgungssicherung dar, der im Hinblick auf das Sicherheitsziel der Beschaffung auch dann gerechtfertigt sein kann, wenn die Kosten des Recycling die Aufwendungen für die Beschaffung des Rohstoffs einschließlich der Kosten für die Abfallbeseitigung übersteigen. Durch die intensive Nutzung aller Recyclingmöglichkeiten kann die Unternehmung zudem einen Beitrag zur Verminderung der Umweltbelastung leisten. Dies erscheint im Sinne einer gesellschaftsbezogenen Verantwortung der Unternehmung zunehmend bedeutsam zu werden.

### b) Elemente des beschaffungspolitischen Instrumentariums

Das beschaffungspolitische Instrumentarium stellt eine Zusammenfassung derjenigen Aktionsparameter der Unternehmung dar, mit denen auf die Gestaltung des Beschaffungsprogramms eingewirkt werden kann. Da sich die Bedarfsdeckung durch Transaktionen auf den Beschaffungsmärkten vollzieht, kann eine Gliederung der Aktionsparameter an den Transaktionselementen Beschaffungsobjekt, Beschaffungsquelle und Transaktionsbedingungen ansetzen. Im Zuge strategischer Entscheidungen werden die Möglichkeiten einer grundsätzlichen und langfristigen Festlegung der Aktionsparameter in den Vordergrund gestellt; bestehende Interdependenzen sind hierbei zu beachten. Durch die strategisch orientierte Gestaltung des Instrumentariums wird ein Rahmen vorgegeben, der durch die Konkretisierung der jeweiligen Elemente auf der Ebene dispositiver Entscheidungen ausgefüllt wird. Eine Systematisierung beschaffungspolitischer Instrumente liefert die nachstehende Übersicht (vgl. Abb. 3.5).

**Objektbezogene Instrumente der Beschaffung konkretisieren den Gegenstand der einzelnen Markttransaktionen mit den Lieferanten.** Diese Konkretisierung des Objektbereiches kann mit Hilfe quantitativer, qualitativer oder preislicher Merkmale erfolgen. Mit strategischen Entscheidungen im Rahmen der Mengenpolitik wird festgelegt, nach welchen grundsätzlichen Kriterien die mengenmäßige/zeitliche Strukturierung des Beschaffungsprogramms vorzunehmen ist. Dominiert z. B. das Kriterium Sicherheit, so werden in der Regel eine möglichst große Erstbestellmenge sowie wenige Folgebestellungen angestrebt. Die zeitliche Struktur des Beschaffungsprogramms wird auch durch das gewählte Beschaffungsprinzip und aufgrund der durch das Lagerhaltungssystem determinierten Bestellrhythmen beeinflußt (vgl. Kap. III.3, S. 318 ff.). Neben der zeitlichen Aufgliederung der Beschaffungsmenge sind in Verbindung mit der Lieferantenwahl sachliche Freiheitsgrade bei der Zuordnung von Teilmengen auf einzelne Lieferanten vorhanden. Im Rahmen einer bewußten **Mengenpolitik** kommen unterschiedliche Aufgliederungen der Beschaffungsmenge in Betracht, wenn mehrere Lieferanten beim Einkauf einer Materialart eingeschaltet werden.

*Mengenpolitik*

Die **Materialqualität** als Summe der verwendungsrelevanten Beschaffenheitsmerkmale stellt insofern einen wichtigen Aktionsparameter des beschaffungspolitischen Instrumentariums dar, als das Beschaffungsprogramm in qualitätsmäßiger Hinsicht für einzelne Materialarten einen begrenzten Spielraum offen läßt und/oder Qualitätsmerkmale des Beschaffungsprogramms auf den Beschaffungsmärkten durchgesetzt werden sollen, die vom angebotenen Qualitätsstandard bisher noch nicht erfüllt werden. Bei einer **passiven Qualitätspolitik** verhält sich die Unternehmung als Qualitätsanpasser, indem ein bestehender Qualitätsspielraum entsprechend den angebotenen Güterqualitäten ausgefüllt oder das geplante Beschaffungsprogramm bei abweichenden innerbetrieblichen Qualitätsanforderungen auf die marktlichen Gegebenheiten ausgerichtet wird. Im Gegensatz dazu ist der Industriebetrieb bei **aktiver Qualitätspolitik** bestrebt, seine eigenen Qualitätsvorstellungen auf den Beschaffungsmärkten zu realisieren und die Lieferanten zu einer bedarfsgerech-

*Qualitätspolitik*

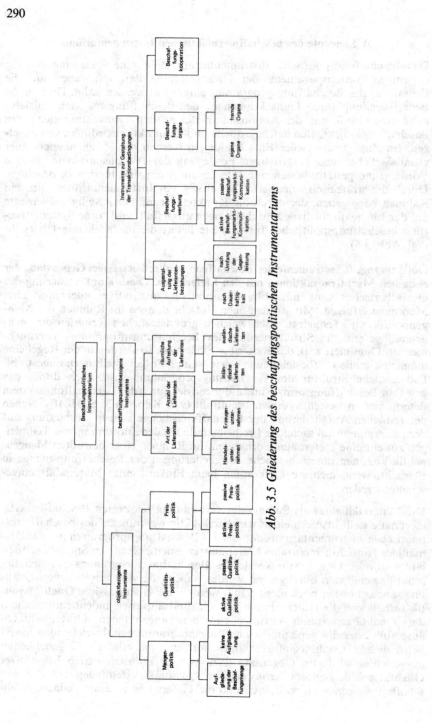

*Abb. 3.5 Gliederung des beschaffungspolitischen Instrumentariums*

ten Gestaltung der zu beschaffenden Materialien zu veranlassen (mittelbare Produktgestaltung). Bei innovativen Beschaffungsaufgaben verbindet sich häufig die teilweise Unbestimmtheit von Qualitätsanforderungen für neue Materialien mit einem fehlenden marktlichen Qualitätsangebot (vgl. Kap. III. 2. a., S. 310 ff.). Außer bei Investitionsgütern kommt dieser Sachverhalt bei erstmaligem Fremdbezug von Bauteilen vor, deren stofflich-physikalische und technische Eigenschaften noch nicht in allen Einzelheiten festgelegt sind. Einsatzmöglichkeiten und Ergebnisse der aktiven Qualitätspolitik hängen von der Marktstellung der beschaffenden Unternehmung sowie von der technischen Leistungsfähigkeit der Lieferanten, den geplanten Bestellmengen, den bisherigen Beziehungen zwischen Lieferanten und Kunden sowie von den finanziellen Beschränkungen der Marktpartner ab.

Ebenso wie bei der Qualitätspolitik können Beschaffungspreise entweder Marktdaten oder Verhandlungsobjekte zwischen Lieferanten und Besteller sein. Die Möglichkeiten der Unternehmung, im Rahmen einer **aktiven Preispolitik** Einfluß auf die Beschaffungspreise zu nehmen, werden von betriebsindividuellen Faktoren (z. B. Marktkenntnis) und von den jeweiligen Angebots- und Nachfrageverhältnissen bestimmt. Bei vielen Beschaffungsentscheidungen liegen für die Beschaffungsobjekte keine fixierten Marktpreise vor. Bei neuartigen Markttransaktionen und einem hohen Wert des Beschaffungsobjektes wächst die Wahrscheinlichkeit für eine aktive Preispolitik, während bei routinemäßigen Beschaffungsvorgängen und geringer Marktmacht des Bestellers autonome Preisfixierungen der Lieferanten häufiger vorkommen (**passive Preispolitik**). **Die quellenbezogenen Instrumente der Beschaffung erstrecken sich auf grundlegende Entscheidungen über Art, Anzahl und räumliche Verteilung der Lieferanten.** Hiermit werden unter Berücksichtigung des Beschaffungsprogramms wichtige Vorentscheidungen hinsichtlich der späteren konkreten Lieferantenauswahl getroffen. Die sich hieraus ergebende potentielle Lieferantenstruktur gibt den Spielraum an, innerhalb dessen die nachgelagerte, dispositive Lieferantenauswahl erfolgen kann.

*Preispolitik*

Hinsichtlich der Art der Lieferanten können dabei mehrere Kriterien zur Eingrenzung der potentiellen Lieferantenstruktur Anwendung finden (z. B. Unternehmensgröße, Rechtsform, Lieferprogramm, Verkaufsbedingungen). Wichtige Kriterien für strategische Entscheidungen über die Art der in Frage kommenden Lieferanten sind deren Leistungsfähigkeit und -bereitschaft. Als Maßstab für die Leistungsfähigkeit, die ein Lieferant bezüglich des Beschaffungsprogramms aufweist, können beispielsweise seine Innovationsfähigkeit (z. B. gemessen am durchschnittlichen Alter der Einzelprodukte), die Qualität und Dynamik des Managements, die finanzielle Solidität oder die Breite/Tiefe des ‚know-how' herangezogen werden. Die volle Nutzung der Leistungsfähigkeit eines Lieferanten bedingt zusätzlich eine befriedigende Leistungsbereitschaft. Für die Leistungsbereitschaft des Lieferanten ist die Frage wesentlich, wie er seine Aufgabe als Lieferant definiert, d. h. z. B. ob er lediglich ein existierendes Produkt verkaufen will oder ob er auch zu innovativen Problemlösungen bereit ist.

*direkte/indirekte Beschaffung*

**Entscheidungen über die Art der Lieferanten, die sich lediglich durch ihre Stellung im Distributionssystem unterscheiden, bestimmen gleichzeitig den Beschaffungsweg der Unternehmung.** Beim Warenbezug vom Produzenten handelt es sich um **direkte Beschaffung**, während beim Materialeinkauf vom Handel **indirekte Beschaffung** vorliegt. Bei ausschließlicher Betonung des Kriteriums der Wirtschaftlichkeit für die Beschaffung einer Güterart bietet der Einkauf beim Hersteller wegen der niedrigeren Beschaffungspreise gegenüber der indirekten Beschaffung Vorteile, da Handelsunternehmen eine Gewinnmarge in ihre Preiskalkulation einbeziehen. Im Falle der indirekten Beschaffung können durch den Einkauf mehrerer Materialarten Kostenvorteile realisiert werden, wenn das Lieferprogramm des Großhändlers umfangreicher ist als das des Produzenten, so daß Mehrfachbestellungen vermieden und Preiszugeständnisse aufgrund hoher Auftragswerte erzielt werden. Orientieren sich die Handelsunternehmen bei ihrer Standortwahl an den Verwendungszentren des Materials, so verfügen sie vielfach über Standortvorteile gegenüber den Produzenten, die sich z. B. in kürzeren Lieferfristen niederschlagen. Soweit der Großhandel kleinere Mindestabnahmemengen festsetzt als der Produzent, ist bei indirekter Beschaffung häufig auch ein geringerer durchschnittlicher Lagerbestand erreichbar als beim Einkauf vom Produzenten.

Die Entscheidung über die Wahl des Beschaffungsweges bezieht sich in der Regel nicht auf das gesamte Beschaffungsprogramm der Unternehmung, sondern wird häufig getrennt für einzelne Materialarten oder -gruppen getroffen.

*Anzahl der Lieferanten*

Strategische Entscheidungen über die Anzahl potentieller Lieferanten orientieren sich stark an den vorgefundenen Marktverhältnissen. Existieren für ein Produkt oder eine Produktgruppe nur wenige (ein) Lieferanten, denen zahlreiche Nachfrager gegenüberstehen (Angebotsmonopol/-oligopol), so ist die Verhandlungsposition der einzelnen Nachfrager in der Regel recht schwach. Erfolgspotentiale können in einer derartigen Situation z. B. dadurch aufgebaut werden, daß kleine oder neue Anbieter systematisch durch Käufe, Technologietransfer oder sonstige Hilfestellungen unterstützt werden. Durch die zunehmende Konkurrenz auf der Anbieterseite kann somit langfristig eine verbesserte Marktstellung der Abnehmer erreicht werden.

Grundsätzlich sollte die Anzahl der potentiellen Lieferanten so dimensioniert sein, daß das jeweilige Beschaffungsvolumen mit einem einzelnen Lieferanten nicht zu groß wird (z. B. max. 20% vom Gesamtumsatz des Lieferanten). Hierdurch wird der Lieferant einerseits durch Bedarfsschwankungen des Nachfragers weniger getroffen, andererseits können die Nachfrager unerwartete Lieferausfälle leichter verkraften.
Bei strategischen Entscheidungen über die potentielle Lieferantenzahl treten Kostenüberlegungen gegenüber anderen Zielen, wie z. B. dem Streben nach Bedarfssicherung, Unabhängigkeitszielen oder dem Ziel nach verstärkten Einflußmöglichkeiten auf die Lieferanten zurück.

*räumliche Verteilung der Lieferanten*

**Die räumliche Verteilung der Lieferanten wird von den Zielsetzungen Kostenminimierung und Bedarfssicherung geprägt.** Abweichungen von den kostengünstigsten Lieferstandorten resultieren aus Maßnahmen zur Verringerung des Beschaffungsrisikos. Bei erwarteten Versorgungsverknappungen auf den Inlandsmärkten kann es zweckmäßig sein, ausländische Beschaffungsmärkte zu erschließen, um der binnenwirtschaftlichen Nachfragekonkurrenz auszuweichen und/oder die bisherige Eigenfertigung im Inland durch Fremdbezüge aus dem Ausland zu ersetzen.

Auf die Transaktionsbedingungen von Beschaffungsgeschäften wirkt eine Vielzahl von Einflußgrößen ein. **Soweit diese Faktoren einer Gestaltung durch die Materialwirtschaft des Industriebetriebes zugänglich sind, handelt es sich um Variablen des beschaffungspolitischen Instrumentariums, die ergänzend neben die objekt- und quellenbezogenen Instrumente treten.** Ein wesentliches Instrument zur Gestaltung der Transaktionsbedingungen steht der Unternehmung mit den Möglichkeiten der Variation der **Lieferantenbeziehungen** zur Verfügung.

*Instrumente zur Gestaltung der Transaktionsbedingungen*

Dauerhafte Lieferantenbeziehungen versetzen die beschaffende Unternehmung in die Lage, bei ihren Stammlieferanten Zugeständnisse bei den Preis- und Lieferkonditionen zu erreichen oder kurzfristige Dispositionsänderungen im Hinblick auf ein bestehendes Vertrauensverhältnis durchführen zu können (z. B. Eilaufträge, Verschiebung von Lieferterminen), während die Transaktionsbedingungen bei temporären Lieferanten häufig weniger flexibel sind. Lieferantenbeziehungen unterscheiden sich ferner bezüglich des Umfangs der Gegenleistungen des Vertragspartners. Verschiedentlich werden Bestellungen mit Gegengeschäften gekoppelt, so daß dem Lieferanten neben der Erfüllung des Leistungsanspruchs auch eine Abnahmeverpflichtung bezüglich eigener Erzeugnisse der beschaffenden Unternehmung obliegt. Umgekehrt resultieren aus Gegengeschäftsvereinbarungen Beschaffungsverpflichtungen, ohne deren Erfüllung abgeschlossene Absatzgeschäfte nicht ausgeführt werden können.

*Lieferantenbeziehungen*

Als weiteres beschaffungspolitisches Instrument ist die **Beschaffungswerbung** darauf ausgerichtet, bestehende Lieferantenbeziehungen zu vertiefen oder neue Lieferanten zu gewinnen. Durch aktive Kommunikation auf den Beschaffungsmärkten soll die Bonität des Nachfragers im Urteil der Lieferanten gestärkt werden, um bei Versorgungsengpässen weiterhin als Kunde berücksichtigt zu werden (Vertrauenswerbung). Beschaffungswerbung erweist sich insbesondere auf Märkten mit vielen kleinen und mittleren Lieferanten als zweckmäßig, um durch Informationen z. B. über den Bedarf des Industriebetriebs oder die möglichen Vorteile aus Geschäftsbeziehungen für die Lieferanten die Transparenz der Angebotsstruktur durch einen höheren Bekanntheitsgrad des werbenden Unternehmens zu verbessern, indem neue Lieferanten zur Abgabe eines Angebots veranlaßt werden. Der Verzicht auf Beschaffungswerbung bedeutet eine Beschränkung auf passive Marktkommunikation, bei der beispielsweise die Meinungsbildung über die Bonität der Unternehmung den Marktpartnern überlassen wird und Bestellungen auf der Grundlage der verfügbaren Angebote getätigt werden.

*Beschaffungswerbung*

Die Transaktionsbedingungen der Märkte werden nicht nur durch Lieferanten und Kunden beeinflußt, sondern **häufig unter Einschaltung betriebsfremder Organe festgelegt.**

*Beschaffungsorgane*

Hierfür kommen Handelsvertreter, Kommissionäre und Makler in Betracht. Handelsvertreter sind ständig beauftragt, für die Unternehmung Geschäfte zu vermitteln (Vermittlungsvertreter) oder in deren Namen abzuschließen (Abschlußvertreter). Handelsvertreter sind häufig gleichzeitig für mehrere Firmen tätig. Bei Konflikten zwischen Lieferant und Nachfrager übernehmen sie oftmals die Funktion eines Schlichters hinsichtlich der Fixierung und Auslegung von Vertragsbedingungen.

**Kommissionäre** übernehmen gewerbsmäßig den Einkauf oder Verkauf von Gütern im eigenen Namen aber für Rechnung des Auftraggebers (Kommittenten). Auf Ur- und Rohstoffmärkten, vor allem bei organischen Erzeugnissen, überwiegen Kommissionsgeschäfte. Kommissionäre sind häufig innerhalb der Produktionsgebiete ansässig und verfügen deshalb über eine gründliche Kenntnis der örtlichen betrieblichen Verhältnisse der Produzenten. Daraus ergeben sich für die beschaffende Unternehmung erhebliche Informationsvorteile im Vergleich zum Einsatz eines betriebseigenen, jedoch ortsfremden Beschaffungspersonals.

Die Tätigkeit des **Maklers** erstreckt sich auf den Nachweis einer Gelegenheit zum Abschluß oder auf die Vermittlung eines Vertrages. Der Vertragsabschluß selbst bleibt der nachfragenden Unternehmung überlassen. Während den Maklern bei laufenden Verkaufsgeschäften der Industriebetriebe eine verhältnismäßig geringe Bedeutung zukommt, spielen sie bei Einkaufsverträgen über bestimmte Rohstoffe (z. B. Wolle, Holz, Öle) eine wesentliche Rolle.

*Beschaffungs-kooperation*

Transaktionsbedingungen von Beschaffungsmaßnahmen unterscheiden sich auch dadurch, ob die Unternehmung als selbständiger Marktpartner oder im Verbund mit anderen Nachfragern der Angebotsseite gegenübertritt. **Beschaffungskooperation liegt vor, wenn Beschaffungsaufgaben aus der einzelnen Unternehmung ausgegliedert und durch freiwillig vereinbarte Gemeinschaftsaktivitäten erfüllt werden.** Der Zusammenschluß von Unternehmungen bezweckt die Stärkung der Positionen gegenüber anderen Marktteilnehmern und gegebenenfalls gegenüber der Öffentlichkeit und dem Staat. Gegenstand der Kooperation im Beschaffungsbereich können die Beschaffungsmarktforschung und der Einkauf sein. Weitere materialwirtschaftliche Koopertionsbereiche betreffen Lagerhaltung, Transport und Materialprüfung. Neben kurzfristigen Kooperationen mit vertraglich begrenzter Zeitdauer (z. B. gemeinsame Beschaffung bei Arbeitsgemeinschaften und Konsortien) kommen auch langfristige, institutionalisierte Einkaufsorganisationen in Form von **Gemeinschaftsunternehmen** vor. Sie treten oft als Einkaufsgesellschaften oder Einkaufsgenossenschaften auf. In der Regel erstreckt sich die gemeinsame Beschaffung nicht auf sämtliche Stoffarten, sondern nur auf diejenigen Güter, bei denen ein gemeinsamer Bedarf der Kooperationsmitglieder besteht. Neben der Stärkung der Marktstellung führen Kooperationsmaßnahmen auch zu einer Verbesserung des Informationsstandes der Beteiligten, so daß günstigere Preise und

Konditionen sowie eine rationellere Ausnutzung des Sachmittelbestandes (Lagereinrichtung, Fuhrpark) erreicht werden können. Da die Gründung von Einkaufsorganisationen zu einer Änderung der Marktstruktur führen kann, unterliegen Kooperationsvereinbarungen den kartellrechtlichen Regelungen des Gesetzes gegen Wettbewerbsbeschränkungen, das eine Diskriminierung einzelner Lieferanten und vertragliche Verpflichtungen der ausschließlichen oder teilweisen Bedarfsdeckung im Wege des Gemeinschaftseinkaufs verbietet.

### c) Ableitung von Beschaffungsstrategien

**Beschaffungsstrategien sind globale Prozeßbeschreibungen für die Art und Weise der Bedarfsdeckung von Materialarten und -gruppen.** Sie kennzeichnen die langfristige Festlegung der wesentlichsten Elemente des beschaffungspolitischen Instrumentariums bei der Versorgung mit denjenigen Einsatzgütern, die für die Unternehmung von großer Bedeutung sind.

**Die Entwicklung spezifischer, auf den Beschaffungsbereich ausgerichteter Strategien orientiert sich an der Erhaltung und dem Aufbau von Erfolgspotentialen als wesentlicher strategischer Zielvorstellung.** Erfolgspotentiale resultieren aus der Summe vorhandener Kosten- und Leistungspotentiale; neben der Beeinflussung inputabhängiger Kostenpotentiale kann die Beschaffung zusätzlich auch zum Auf- bzw. Ausbau von Leistungspotentialen beitragen, indem sie ihre Marktinformationen oder Technologiekenntnisse den anderen Funktionsbereichen der Unternehmung übermittelt. Beschaffungsstrategien werden in erster Linie nur für Gütergruppen entwickelt, die einen wesentlichen Einfluß auf die Erfolgspotentiale besitzen.

*Erfolgspotentiale*

Als Instrument zur Ableitung problemgerechter Strategien findet auch im Beschaffungsbereich die Portfolio-Analyse zunehmend Verwendung. Die Portfolio-Analyse umfaßt mehrere Arbeitsschritte.

*Ablauf der Portfolio-Analyse*

**Ein erster Schritt dient der Analyse strategisch relevanter Erfolgsobjekte (strategische Ressourceneinheiten [SRE]).** Im Bereich der Beschaffung werden hierbei aus der Menge der Beschaffungsgüter anhand mehrerer Abgrenzungskriterien möglichst homogene Gütergruppen (SRE) gebildet. Als Abgrenzungskriterien dienen vornehmlich Eigenschaften des Beschaffungsmarktes oder der Beschaffungsgüter.

*Bestimmung von Erfolgsobjekten*

So könnte bei einem Textilunternehmen beispielsweise eine Einteilung in ‚Strick-, Wirk- und Webstoffe, die von inländischen Herstellern bezogen werden', als SREs erfolgen. Erst eine Zerlegung des gesamten Beschaffungsprogramms in Teilprogramme ermöglicht eine den Problemen einer SRE adäquate Strategieformulierung.

**Als zweiter Schritt der Portfolio-Analyse erfolgt die Abgrenzung strategischer Erfolgsfaktoren.** Erfolgsfaktoren sind Faktoren, die auf das Erfolgspotential einer strategischen Ressourceneinheit (SRE) erheblichen Einfluß haben. Im Rahmen der Portfolio-Analyse wird meist eine zweidimensionale Darstellung gewählt. Hierbei wird in der Regel ein umweltbezogener und ein unternehmensbezogener Faktor herangezogen. Beispiele für umweltbezogene Erfolgs-

*Bestimmung von Erfolgsfaktoren*

faktoren im Beschaffungsbereich sind: die Stärke des Lieferantenmarkts, das Versorgungsrisiko, die Kostenentwicklung usw. Als unternehmensbezogene Erfolgsfaktoren lassen sich nennen: die relative Unternehmensstärke, die Anfälligkeit bei Versorgungsstörungen usw. Die Ausprägung einer Matrix-Dimension kann sich sowohl aufgrund eines einzelnen Erfolgsfaktors als auch als Aggregat mehrerer Erfolgsfaktoren ergeben. Die Einteilung der Dimensionen erfolgt dabei meist zwei- oder dreistufig (4-Felder- bzw. 9-Felder-Matrix).

*Bedarfsflexibilität*

Unter Bezugnahme auf die Konzeption der Portfolio-Analyse soll im folgenden eine zweidimensionale Typisierung von Beschaffungssituationen erfolgen, **die beispielhaft auf den beiden Dimensionen „Bedarfsflexibilität" und „Beschaffungsmarktrisiko" als relevanten Erfolgsfaktoren aufbaut** (vgl. Abb. 3.6). Eine hohe **Bedarfsflexibilität** ist gegeben, wenn aus Versorgungsstörungen bei einzelnen Materialien nur geringe Erlös- und Kostenwirkungen resultieren; umgekehrt ist eine geringe Bedarfsflexibilität zu unterstellen, falls die Nichtverfügbarkeit von Materialien mit erheblichen negativen Erlös- und Kostenkonsequenzen verbunden ist. Indikatoren für die Bedarfsflexibilität sind die Möglichkeiten der Bedarfsreduzierung durch Produktionsumstellung oder Veränderung der Absatzgüter sowie die daraus resultierenden Kosten- und Erlösänderungen, Substitutionsmöglichkeiten der Materialien durch Beschaffung ähnlicher Produkte und ihre kostenmäßigen Konsequenzen sowie die infolge möglicher Qualitätsänderungen entstehenden Erlöswirkungen, die Möglichkeit der Eigenfertigung bislang fremdbezogener Materialien und schließlich die für Umstellungen benötigte Zeitdauer. Das **Beschaffungsmarktrisiko** gibt die Wahrscheinlichkeit von Versorgungsstörungen in mengen-, qualitäts- und preismäßiger Hinsicht an. Zu den wichtigsten Einflußgrößen des Beschaffungsmarktrisikos zählen Wettbewerbsverhältnisse, Lieferkapazität und Nachfrageentwicklung auf dem Beschaffungsmarkt, die Marktstellung der Unternehmung gegenüber Lieferanten und der Bedarfsumfang sowie politische und soziale Marktfaktoren.

*Beschaffungsmarktrisiko*

Aus der Gegenüberstellung von Bedarfsflexibilität und Marktrisiko entsteht eine Portfolio-Matrix als Grundlage für die Ermittlung von Beschaffungsstrategien für die wichtigsten Materialarten und -gruppen (Fieten).

*Normstrategien*

Den Feldern der Portfolio-Matrix werden Normstrategien (Standardstrategien) zugeordnet. **Normstrategien sind sehr allgemein gehaltene Strategieempfehlungen.** Für die in Abbildung 3.6 gezeigte Matrix eignen sich die Abschöpfungs-, die Investitionsstrategie und die selektive Strategie als Normstrategien. Normstrategien geben den Spielraum für die Ableitung detaillierterer Einzelstrategien an. Nachfolgend werden die Normstrategien sowie die hieraus abgeleiteten Einzelstrategien detaillierter dargestellt.

*Abschöpfungsstrategien*

**Bei Beschaffungssituationen mit geringem Marktrisiko und hoher Bedarfsflexibilität der einzukaufenden Materialien dominieren Abschöpfungsstrategien ($A_1$, $A_2$, $A_3$).** Bezüglich des Einsatzes der objektbezogenen Instrumente wird bei Abschöpfung die Beschaffung zu kostenoptimalen Bestellmengen und – soweit die eigene Marktstellung dies zuläßt – eine aktive Preis- und Qualitätspolitik angestrebt. Gleichzeitig kann auf eine größere Streuung des Lieferantenkreises

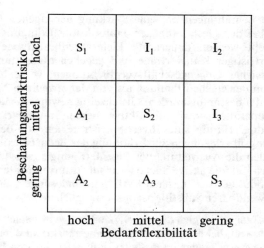

*Abb. 3.6: Portfolio-Matrix zur Ableitung von Beschaffungsstrategien*

verzichtet und die Lieferantenauswahl in erster Linie nach Kostengesichtspunkten getroffen werden. Für die Abschöpfungsstrategien ist weiterhin charakteristisch, daß die Instrumente zur Gestaltung der Transaktionsbedingungen stärker auf die Erzielung von Kostenvorteilen als auf die Sicherung der Versorgung gerichtet sind. Die Bestelltermine werden nach den eigenen Planvorstellungen festgelegt. Die Dringlichkeit des Aufbaus dauerhafter Lieferantenbeziehungen sowie der Umfang von Gegengeschäftsverpflichtungen nehmen ab. Maßnahmen der Beschaffungskooperation sowie einer aktiven Beschaffungsmarktkommunikation treten tendenziell in den Hintergrund.

**Für Beschaffungsmarktsituationen mit hohem Marktrisiko und geringer Bedarfsflexibilität erweisen sich Investitionsstrategien als notwendig ($I_1$, $I_2$, $I_3$,).** Sie betonen die Versorgungssicherung und sehen einen erheblichen Mitteleinsatz zur Verbesserung der eigenen Marktposition vor. Durch die Aufstockung der Sicherheitsbestände und den Ausbau der Lagerkapazität werden die Voraussetzungen für größere Bestellmengen geschaffen. Die Unternehmung ist geneigt, im Rahmen der Investitionsstrategien in erster Linie die Realisierung des Beschaffungsprogramms sicherzustellen. Hierbei verzichtet sie unter Umständen auf eine kostenoptimale Aufteilung der Beschaffungsmengen zugunsten höherer Vorratsbestände. Aus diesem Grund nimmt auch die Bedeutung der aktiven Preispolitik ab. Qualitätspolitische Maßnahmen werden primär unter dem Aspekt der Unterstützung des Lieferanten und weniger zur Durchsetzung eigener Qualitätsvorstellungen ergriffen. Der Einsatz beschaffungsquellenbezogener Instrumente dient ebenfalls hauptsächlich der Verstärkung der Versorgungssicherheit. In der Regel wird die Sicherstellung der Versorgung durch eine Ausweitung des Lieferantenkreises angestrebt. Eine Konzentration des Einkaufs auf wenige Lieferanten ist andererseits dann zweckmäßig, wenn hierdurch die eigene Nachfrageposition verbes-

*Investitionsstrategien*

sert wird. Diese Bemühungen um eine Stärkung der eigenen Marktstellung kommen auch bei der Gestaltung der Transaktionsbedingungen zum Ausdruck. Angestrebt werden dauerhafte Lieferantenbeziehungen durch den Abschluß längerfristiger Kaufverträge und gegebenenfalls durch die Übernahme umfangreicher Gegengeschäftsverpflichtungen, wobei die Bestelltermine weniger von der eigenen Planung als von der jeweiligen Marktsituation (Lieferbereitschaft) bestimmt werden. Gleichzeitig gewinnen Maßnahmen der Beschaffungskooperation sowie die aktive Beschaffungsmarktkommunikation an Bedeutung. Häufig sind Investitionsstrategien des Beschaffungsbereichs mit Planungsüberlegungen zur Erhöhung der Bedarfsflexibilität verbunden. Hierzu zählen die Ausweitung der Eigenfertigung sowie der Ausbau der vertikalen Integration, die aktive Suche nach substitutiven Materialien und die Planung von produktionstechnischen Verfahrensänderungen, die den Einsatz bisher nicht verwendbarer Substitionsgüter ermöglichen.

*selektive Strategien* **Selektive Beschaffungsstrategien ($S_1$, $S_2$, $S_3$) sind in „gemischten" Beschaffungssituationen angebracht, bei denen das Beschaffungsmarktrisiko und die Bedarfsflexibilität gleiche Ausprägungen annehmen** (hohes Risiko und hohe Flexibilität, geringes Risiko und geringe Flexibilität). Die Festlegung des beschaffungspolitischen Instrumentariums ist durch die jeweilige Gewichtung der Ziele Versorgungssicherheit und Kostenwirtschaftlichkeit der Beschaffung gekennzeichnet. Bei hohem Beschaffungsmarktrisiko und gleichzeitiger hoher Bedarfsflexibilität erweisen sich Abschöpfungsmaßnahmen als Folge des Strebens nach Kostenminimierung dann als zweckmäßig, wenn die erwarteten Kostenvorteile, die aus dem Verzicht auf Maßnahmen zur Verminderung des Beschaffungsrisikos resultieren, mögliche Nachteile einer erforderlichen Bedarfsumstellung aufgrund des höheren Beschaffungsmarktrisikos übersteigen. Umgekehrt ist bei geringer Bedarfsflexibilität der Einsatz des beschaffungspolitischen Instrumentariums zur Verstärkung der eigenen Marktposition auch bei großer Versorgungssicherheit angebracht, wenn die Kosten zur Überwindung eines auftretenden Versorgungsfalls als sehr hoch eingeschätzt werden. In diesem Fall wird die selektive Strategie durch Planungen zur Verbesserung der Bedarfsflexibilität ergänzt.

In einem letzten Arbeitsschritt wird das Ist-Portfolio (aktuelle Lage der strategischen Ressourceneinheiten in der Matrix) analysiert. Hierbei sind insbesondere zwei Problemkreise von Bedeutung. Zum einen kann das Risikopotential des Beschaffungsprogramms durch die synoptische Darstellungsweise der Portfolio-Analyse erkannt werden. Zum anderen muß untersucht werden, inwieweit die aktuell angewandten Strategien mit den Normstrategieempfehlungen des Portfolios übereinstimmen. Gegebenenfalls sind die notwendigen Strategieänderungen vorzunehmen.

Obwohl die Portfolio-Analyse häufig lediglich als Instrument zur Ableitung von Strategien verwendet wird, ist sie auch in anderen Phasen des Entscheidungsprozesses von Bedeutung. So eignet sie sich als Frühwarninstrument im Rahmen der Anregungsphase ebenso wie als Instrument zur Überprüfung der Zielerreichung in der Kontrollphase.

## 2. Lager- und Transportplanung

### a) Planungsbereiche

**Die strategischen Entscheidungen der Lager- und Transportplanung in der Materialwirtschaft haben die Aufgabe, einen möglichst optimalen Rahmen zu schaffen, innerhalb dessen mit nachgelagerten dispositiven Entscheidungen die Verfügbarkeit des Produktionsmaterials in art- und mengenmäßiger sowie zeitlicher und örtlicher Hinsicht sichergestellt werden kann.**

Bei einem **gegebenen Unternehmensstandort mit fixierter räumlicher Ausdehnung und Beschaffenheit sowie feststehenden Materialbedarfsorten** sind die quantitativen und qualitativen Lager- und Transportkapazitäten sowie die Lagerstandorte die strategischen Entscheidungsvariablen des Lager- und Transportplanungsproblems. Während die qualitative Kapazität von Lager- und Transporteinrichtungen durch die Art der Lager- und Transportprozesse determiniert wird, hängt die quantitative Kapazität einer Lagerstätte von der standortbedingten Verteilung der erforderlichen Gesamtlagerkapazität ab. Zugleich erfolgt hierdurch eine Vorstrukturierung des Materialflusses, welche wiederum Auswirkungen auf die Transportkapazitäten hat. Die Standortproblematik beinhaltet Entscheidungen über die Anzahl der Läger und deren räumliche Festlegung. Zwischen den Entscheidungen über Lagersysteme und Lagerstandorte bestehen interdependente Beziehungen, wenn die Wirtschaftlichkeit alternativer Lagersysteme von der geplanten Lagergröße abhängt oder bauliche und räumliche Anforderungen der Lagersysteme die Zulässigkeit bestimmter innerbetrieblicher Lagerstandorte einschränken.

*Entscheidungsprobleme bei gebundenem Unternehmensstandort*

Das Lager- und Transportplanungsproblem gewinnt an Komplexität, wenn **bei neuen Betriebsstandorten infolge Unternehmensverlagerungen oder Betriebsstättengründungen die Bedarfsorte noch nicht festgelegt sind,** so daß im Rahmen einer umfassenden Layout-Planung die innerbetrieblichen Standorte der Werkstätten und Läger bestimmt werden müssen. Die mengenmäßige und zeitliche Ausgleichsfunktion der Lagerhaltung bedingt eine Differenzierung der Läger in Eingangsläger, die den Materialfluß aus der Umwelt mit dem Bedarf der Fertigung verbinden, Zwischenläger als Puffer zwischen den einzelnen Fertigungsstufen und in Absatzläger.

Grundsätzlich werden durch den Unternehmensstandort die Rahmenbedingungen für die innerbetriebliche Lager- und Transportplanung fixiert. Wird die **Voraussetzung eines gegebenen betrieblichen Standorts** aufgegeben, so verändert sich die Gesamtlagerkapazität in Abhängigkeit von den Standortalternativen, soweit sie auf das Umsatzvolumen oder auf den Umfang des Produktionspotentials einwirken und damit das Beschaffungsvolumen beeinflussen. Daneben kann die Störanfälligkeit der Materialversorgung variieren, weil unterschiedlich lange Beschaffungswege und längere Beschaffungszeiten neben regionalen Unterschieden in der Lieferantenzuverlässigkeit auftreten, so daß über höhere Bestellmengen und Sicherheitsbestände bei ansteigendem Versorgungsrisiko zusätzliche Kapazitäten eingeplant werden müssen. Die Interdependenz der einzelnen Planungsbereiche im Rahmen der Lager- und Transportplanung verdeutlicht die nachstehende Abbildung.

*Entscheidungsprobleme bei freiem Unternehmensstandort*

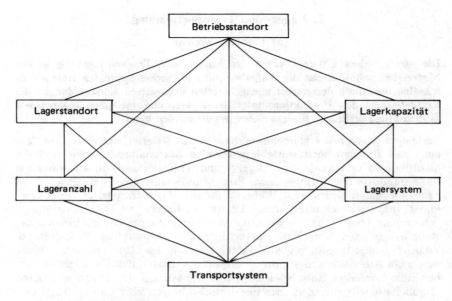

*Abb. 3.7: Interdependenzen der Lager- und Transportplanung*

*Mehrstufigkeit des Entscheidungsproblems*

**Ebenso wie die Produktionsplanung stellt sich die Lager- und Transportplanung als ein mehrstufiges Entscheidungsproblem dar.** Bei der Wahl des Unternehmensstandorts (vgl. Teil 2, S. 232 ff.) sind die Lager- und Transportanforderungen mit den örtlichen Standortvoraussetzungen abzustimmen. Auf der nächsten Stufe müssen Anzahl, Kapazitäten und Standorte der Lagerstätten sowie ihre Ausstattung festgelegt werden. Schließlich ist innerhalb der Läger die räumliche Anordnung der Materialbestände zu ermitteln, um Lagerprozesse und Transportvorgänge innerhalb des Lagers zu optimieren.

**Bei der innerbetrieblichen Standort-, Kapazitäts- und Lagersystemplanung sind die langfristig wirksamen Lager- und Transportkosten die wichtigsten Zielgrößen.** In der Regel sind diese beiden Kostenkategorien von der Wahl des Lager- und Transportsystems und von der Entscheidung über die Standorte abhängig. Daraus resultiert ein Simultanplanungsproblem, dessen nichtlineare und diskrete Struktur die Formulierung eines umfassenden und geschlossenen Entscheidungskalküls erheblich erschwert. Die Restriktionen dieses Planungsproblems werden auch durch die vorgelagerte Wahl des Unternehmensstandorts erzeugt, die ihrerseits unter Beachtung von Lager- und Transportbedingungen sowie von Beschaffungsfaktoren getroffen wird. **Die Gestaltung des Materialtransports zwischen Lagerorten sowie Maschinen und Arbeitsplätzen umfaßt in erster Linie die Bestimmung der Transportwege und Entscheidungen über Lager- und Transportsysteme.** Zwischen beiden Planungsbereichen bestehen hinsichtlich der Zielvorstellung Kostenminimierung von Materialbewegungen gegenseitige Abhängigkeiten, deren Berücksichtigung in Planungsansätzen bislang kaum erfolgt ist. Die Festlegung der innerbetrieblichen Trans-

*innerbetriebliche Transportwege*

portwege stellt sich als Problem der **Layout-Planung** (vgl. Teil 4, S. 437 ff.) dar. Das Raumzuordnungsproblem behandelt die kostenoptimale Zuordnung von Aufgabenkomplexen bzw. Organisationseinheiten (Produktionsmittel, Lager) auf Räume oder Gebiete (Areale), die in einzelne Teilflächen gegliedert sind.

### b) Ausstattungsentscheidungen im Lager- und Transportbereich

Im Rahmen des mehrstufigen Entscheidungsprozesses der Lager- und Transportplanung umfaßt die innerbetriebliche Standortplanung nur einen Teilbereich der zu fixierenden Entscheidungstatbestände. Ihr vorgelagert sind Entscheidungen über die Lagerausstattung und die Transporteinrichtungen. Als Grundlage der Ausstattungsentscheidungen sind Informationen über die benötigten Lagerkapazitäten erforderlich.

*Planung der Lagerausstattung*

Ausgangspunkt für die Kapazitätsplanung eines Lagers ist die Schätzung des zukünftigen mengenmäßigen Beschaffungsvolumens und des Lagerbedarfs pro Mengeneinheit bei gegebener Lagerausstattung. Sind die Beschaffungsmengen und der Lagerbedarf pro Mengeneinheit ermittelt, so kann die maximal notwendige Kapazität des Lagers berechnet werden. In der Regel wird jedoch die Lagerkapazität nicht für den gesamten Bedarf eines Planungszeitraums ausgelegt werden, sondern näherungsweise aufgrund der zeitlichen Entwicklung des Lagerbestands unter Berücksichtigung der Bestellmengen und -zeitpunkte sowie der Lagerabgänge festgelegt. Die Lagerbestandsentwicklung eines Gutes während eines Planungszeitraumes ergibt sich aus dem Anfangsbestand $x_{L0}$ und den erwarteten Zu- und Abgängen $z_t$ bzw. $a_t$. *Kapazitätsplanung*

*Bestimmung der maximalen Lagerkapazität*

$$x_{Lt} = x_{Lt-1} + z_t - a_t, \ t = 1, \ldots, T$$

$$x_{Lmax} = \max \{x_{L1}, \ldots, x_{LT}\}$$

Die Lagerkapazität muß ausreichen, um den maximalen Lagerbestand $x_{Lmax}$ der T Teilperioden aufzunehmen. Sind dem Lager n Güter ($i = 1, \ldots, n$) zugeordnet und bezeichnet $c_i$ den Kapazitätsbedarf pro Einheit des Gutes i, so gilt für die Kapazität C eines Lagers:

$$C = \sum_{i=1}^{n} c_i \cdot x_{Lmax}(i)$$

Eine **Reduzierung der Kapazitätserfordernisse** wird erreicht, wenn anstatt der Lagerung maximaler Lagerbestände der Materialfluß der Güter aufgeteilt wird in Basisbestände, die zur Versorgung der Produktion notwendig sind und in zyklische oder saisonale Bestände, die zum Teil in anderen Lagerstätten untergebracht werden können oder fremdgelagert werden. Umgekehrt werden in Erwartung zukünftiger Bedarfserhöhungen häufig **Reservekapazitäten** eingeplant, um spätere kostenintensive Anpassungsmaßnahmen im Lagerbereich zu vermeiden.

Die Konkretisierung der Maßeinheit $c_i$ für die Lagerkapazität kann über Mengen-, Flächen-, Raum- oder Gewichtseinheiten erfolgen. Unabhängig davon besteht die Möglichkeit, bei der Kapazitätsmessung eines Lagers an Bestimmungsfaktoren wie der Zahl der Arbeitskräfte und Maschinen sowie der Größe der vorhandenen Räume und Lagerplätze als Kapazitätsmaßstab anzuknüpfen. Häufig reicht dabei eine repräsentative Größenangabe (z. B. Raumgröße), um die Lagerkapazität mit hinreichender Genauigkeit zu kennzeichnen.

*Kapazitätsarten*

In der Regel wird die Lagerkapazität als **Bestandskapazität** definiert. Darin wird die Bestandshaltung als wesentliche Lageraufgabe erfaßt. Daneben stellen die Einlagerung und die Auslagerung weitere Aufgabenelemente dar, so daß zusätzlich die **Ein- und Auslagerungskapazität** unterschieden werden muß, um die Leistungsfähigkeit eines Lagers umfassend zu beschreiben. Ebenso wie die Bestandskapazität stellen die beiden anderen Teilkapazitäten Begrenzungsfaktoren für die Planung der Lagerausstattung dar. **Die Lagerausstattung umfaßt die Lagerbauart sowie Art und räumliche Verteilung der Lagereinrichtungen und Lagerhilfsgeräte.**

*Lagerausstattung*

*Lagerbauart*

Die Gestaltung des Lagerbaus richtet sich nach der Beschaffenheit der Güter und ihren Anforderungen an die Bestandshaltung, der geplanten Einlagerungs-, Bestandshaltungs- und Auslagerungskapazität sowie nach den Anforderungen, die an den Materialfluß innerhalb des Lagers gestellt werden.

Lager in Flachbauweise sind vorteilhaft, wenn sperrige Lagereinrichtungen verwendet und häufig Umgruppierungen der Lagereinrichtung als Folge veränderter Beschaffungsprogramme erforderlich werden. Außerdem gewährleisten sie einen reibungslosen Materialfluß und sind mit vergleichsweise niedrigen Baukosten verbunden. Im Gegensatz dazu ist bei Lägern mit mehrgeschossiger Bauweise die Grundfläche geringer, so daß die notwendigen Lagerkapazitäten auf kleinen Flächen und mit geringeren Grundstückskosten realisierbar sind.

*Lagereinrichtungen*

Die Lagereinrichtungen sind Betriebsmittel zur Aufbewahrung der Lagerbestände. Hierzu zählen in erster Linie Regalanlagen, die z. B. als Durchlauf-, Verschieberegale oder Hochregale gestaltet werden können. **Durchlaufregale** haben eine Beschickungs- und eine Entnahmeseite; sie eignen sich u. a. für Güter, die in großen Mengen benötigt werden. **Verschieberegale** laufen auf Schienen; der Zugriff auf dort gelagerte Materialien ist nur durch ein entsprechendes Stellen der Regale möglich, da nie alle Regale gleichzeitig zugänglich sind. Den relativ langen Zugriffszeiten steht eine hohe Flächennutzung gegenüber. Verschieberegale eignen sich vornehmlich für fallweise benötigte Güter. Eine hervorragende Flächenausnutzung zeichnet auch **Hochregallager** aus; durch extreme Höhen (bis zu 40 m) ist die Einrichtung von Hochregallagern eng mit der Entscheidung über das zugehörige Transportmittel verknüpft. Aber auch bei anderer Ausgestaltung der Lagereinrichtung bildet diese mit dem zugehörigen Transportmittel oftmals eine technische Einheit. Das Auswahlproblem technischer Lageranlagen wird auf der Grundlage von Verfahrens-, Leistungs- und Kostenvergleichsrechnungen gelöst. Weitere Kriterien für die Bewertung sind die Flexibilität der Lagereinrichtung, die Umschlagsleistung, die Verfügbarkeit (Anteil der Betriebszeit an der Einschaltzeit der Lagereinrichtung) und die Störanfälligkeit (Prozentsatz störungsfreier an den gesamten Lagerbewegungen). Ergänzend werden Kennzahlen, wie die durchschnittliche Umschlagszeit oder der Raumnutzungsgrad (Verhältnis von Nutzraum zu vorhandenem Raum) als weitere Beurteilungskriterien verwendet.

Die Anordnung der Lagereinrichtungen richtet sich unter anderem nach den Prinzipien der Materialverteilung. Diese beruhen auf einer Ordnung nach Materialarten oder -sorten oder orientieren sich an der Entnahmehäufigkeit der einzelnen Güter. Im zweiten Fall werden die am häufigsten benötigten Materialien und die entsprechenden Lagereinrichtungen in der Nähe des Lagerausgangs plaziert, um eine Minimierung der bei der Entnahme beanspruchten Wegstrecke zu erreichen.

Die Umschlagsleistung hängt wesentlich von den verwendeten Lagerhilfsmitteln ab. Hierzu zählen Paletten, Kleinteilebehälter und Packgüter. Die Verwendung von Lagerhilfsmitteln erlaubt die Bildung von Einheiten, die gleichzeitig für den Transport und die Fertigung geeignet sind.

*Lagerhilfsmittel*

## *Planung der Transporteinrichtungen*

**Der Wahl der Fördermittel kommt strategische Bedeutung innerhalb der Gestaltung des Materialflusses zu. Die für einen bestimmten Transportbereich in Aussicht genommenen Fördermittel sind im Hinblick auf ihre Verträglichkeit mit der Gesamtlösung des Materialflusses und ihren Einfluß auf die Flächennutzung und -gestaltung zu überprüfen.**

Zu den Einflußgrößen der Transportmittelwahl zählen der **geplante Förderungsablauf** sowie die für den **Einsatz der Transportmittel notwendigen Voraussetzungen**. Hinsichtlich des Förderablaufs kommen als Alternativen diskontinuierliche oder kontinuierliche Transportsysteme in Frage. Zur Bewältigung zwangsläufiger Förderabläufe und Wege sind Stetigförderer geeignet; diese tragen zu einer gleichmäßigen Gestaltung des Arbeitsablaufs bei und ermöglichen die zeitliche Steuerung von Fertigungsvorgängen durch das Transportmittel. Auch bei der Automatisierung von Transportvorgängen bieten sich in erster Linie Stetigförderer an. Bezüglich der Einsatzvoraussetzungen ist beispielsweise bei der Verwendung von Flurförderzeugen eine Zusammenfassung der Güter zu Lager- und Transporteinheiten notwendig; Kräne und Hebezeuge lassen sich sinnvoll nur ab bestimmten Mindestlasten oder größeren Abmessung des Transportgutes einsetzen. Unter den Aspekten der baulichen Planung bzw. Flächennutzung sowie des Förderablaufs ergibt sich die folgende Systematik (Abb. 3.8).

*Einflußgrößen der Transportmittelwahl*

**Weitere Determinanten für die Wahl von Transporteinrichtungen sind die Erfüllung von Nebenfunktionen der Produktion (Wiegen, Zählen, Trocknen, Vermischen) und die Flexibilität des Fördersystems.** Die Flexibilität von Transportsy-

| Boden-abhängigkeit \ Förderablauf | diskontinuierliche Förderungssysteme | kontinuierliche Fördersysteme (Stetigförderer) |
|---|---|---|
| Bodengebundene Fördersysteme | Gabelhubwagen Gabelstapler Schleppfahrzeuge | Rutsche Rollenbahn Bandförderer bodengebundene Kettenförderer |
| Bodenfreie Fördersysteme | Elektrozug Hängebahn Hängekran | bodenungebundene Kettenförderer (Kreisförderer, Schleppkreisförderer) |

*Abb. 3.8: Systematisierung von Transportsystemen*

stemen erstreckt sich auf den Flächen- und Raumbedarf sowie auf die Möglichkeit, Güter unterschiedlichster Art und Eigenschaften zu transportieren.

*Wirtschaftlichkeitsvergleich*

Soweit die Einflußfaktoren der Transportmittelwahl Freiheitsgrade offenlassen, richtet sich die Entscheidung für ein Transportsystem nach der Wirtschaftlichkeit, mit der die benötigten Transportleistungen erbracht werden. Diese wird im allgemeinen durch eine Kostenvergleichsrechnung bestimmt, in die neben Abschreibungen und kalkulatorischen Zinsen die Wartungs-, Energie- und Personalkosten einbezogen werden. Ergänzende Informationen über die angemessene Dimensionierung sowie über die Flexibilität im Hinblick auf zukünftige Transportaufgaben können durch den zeitlichen oder gewichtsmäßigen Auslastungsgrad von Transporteinrichtungen gewonnen werden. Aufgrund sehr unterschiedlicher Einsatzbedingungen sowie der Abhängigkeit der Kosten von den jeweiligen Transportstrecken und -leistungen sind keine allgemeinen Aussagen über die Wirtschaftlichkeit von Transportsystemen möglich.

## III. Dispositive Entscheidungen in der Materialwirtschaft

**Dispositive materialwirtschaftliche Entscheidungen dienen der Umsetzung der umfassenden strategischen Vorstellungen in operationale Einzelpläne (Teilpläne).** Mit Hilfe dieser Teilpläne wird die Realisierung des **materialwirtschaftlichen Optimums** angestrebt. Die Problembereiche des materialwirtschaftlichen Optimums werden auf der dispositiven Ebene durch folgende Teilpläne erfaßt:

- die Planung des Materialbedarfs
- die Planung der Materialbeschaffung
- die Planung des Materialeinkaufs
- die Planung des Materialflusses

**Die Materialbedarfsplanung hat die Aufgabe, aufgrund vorliegender Daten (Informationen) über das Produktionsprogramm und/oder den erwarteten Materialverbrauch die Art, die Mengen und die Bedarfszeitpunkte der benötigten Einsatzgüter zu ermitteln.** *Bedarfsplanung*

Mit der Ermittlung der Bedarfsmengen und -zeitpunkte ist lediglich festgestellt, wann spätestens Mindestmengen der einzelnen Beschaffungsgüter der Unternehmung zur Verfügung stehen müssen.

Häufig erweist es sich jedoch als vorteilhaft, die Einsatzgüter mit hiervon abweichenden Bestellmengen und -terminen zu disponieren. **Die Umsetzung der Bedarfsmengen und -zeitpunkte in Bestellmengen und -zeitpunkte ist Aufgabe der Materialbeschaffungsplanung.** Zusätzlich zur Wahl der geeigneten Beschaffungsart erfolgt im Rahmen der Materialbeschaffungsplanung auch die **Planung der Lagerhaltung**. *Beschaffungsplanung*

Bei den Entscheidungen der Materialbedarfsplanung und der Materialbeschaffungsplanung werden vornehmlich unternehmensbezogene Informationen verarbeitet. Diese Entscheidungen müssen durch eine ergänzende Berücksichtigung lieferantenspezifischer bzw. beschaffungsmarktlicher Informationen modifiziert werden. Der Erfüllung dieser Aufgabe dient die Planung des Materialeinkaufs.

**Die Planung des Materialeinkaufs umfaßt die Beurteilung und Auswahl geeigneter Lieferanten und die Vereinbarung von Konditionen im Rahmen von Verhandlungen.** *Einkaufsplanung*

**Die Materialflußplanung hat die Aufgabe, für einen kostengünstigen, bedarfsgerechten Materialfluß zu sorgen.** Alle Materialbewegungen von der Auslieferung durch den Lieferanten bis hin zur Verarbeitung im Produktionsprozeß müssen ständig sorgfältig analysiert, geplant und kontrolliert werden. *Materialflußplanung*

## 1. Vorbereitende Maßnahmen dispositiver materialwirtschaftlicher Entscheidungen

Grundsätzlich erfordert die art-, mengen- und zeitgerechte Materialbedarfsdeckung eine möglichst umfassende und detaillierte Planung. Das Aufstellen, Realisieren und Kontrollieren dispositiver Teilpläne verursacht jedoch mit zunehmenden Planungsaktivitäten erhebliche Kosten und zeitliche Mehrbelastungen der betroffenen Mitarbeiter.

Gerade im Industriebetrieb erstrecken sich die materialwirtschaftlichen Aktivitäten auf eine Vielzahl von Gütern mit unterschiedlicher Bedeutung für die jeweilige Unternehmung.

*Verfahren zur Bestimmung von Planungsschwerpunkten*

**Es ist daher sehr wichtig, Selektionsverfahren zu entwickeln, mit deren Hilfe es gelingt, die knappen finanziellen und personellen Ressourcen für solche Güter in Anspruch zu nehmen, bei denen verstärkte Planungsaktivitäten unter Wirtschaftlichkeitsüberlegungen sinnvoll erscheinen.**

Wichtige Verfahren, die eine derartige Klassifizierung ermöglichen, sind die **ABC-Analyse** und die **XYZ-Analyse**. Die dabei gewonnenen Erkenntnisse sollten in allen Teilplänen berücksichtigt werden.

### *Funktionsweise und Anwendungsbereiche der ABC-Analyse*

*Grundlagen der ABC-Analyse*

**Die ABC-Analyse basiert auf der Erkenntnis, daß meist ein relativ kleiner Teil der Gesamtzahl der zu beschaffenden Güterarten den Hauptanteil am gesamten Lagerbestandswert repräsentiert. Durch die ABC-Analyse wird eine Einteilung der Beschaffungsgüter nach ihrem relativen Anteil am Gesamtlagerbestandswert in A-Güter, B-Güter und C-Güter vorgenommen.**

*Bildung von Gütergruppen*

In der Praxis hat sich bei industriellen Unternehmen gezeigt, daß die Mengen-Wert-Verteilung zwischen den einzelnen Lagergütern eine relativ konstante, typische Struktur aufweist. Eine als A-Güter bezeichnete Gruppe repräsentiert etwa 70%–80% des Gesamtlagerbestandswertes, der Anteil an der Gesamtzahl der eingelagerten Güter liegt hingegen nur bei ca. 20%. Der Anteil der B-Güter beträgt ungefähr 15% des Lagerwertes und ca. 30%–40% der Lagermenge; C-Güter sind am Gesamtwert mit 5%–15%, an der Menge mit 40%–55% beteiligt.

Die aufgezeigte Klasseneinteilung gibt lediglich einen Anhaltspunkt für die häufigste Erscheinungsform der ABC-Analyse an. Denkbar und in der Praxis durchaus üblich sind jedoch auch 2-stufige oder 4-stufige Einteilungen. Die Mengen- und Wertanteile der einzelnen Klassen werden entsprechend angepaßt.

Abb. 3.9 gibt ein Beispiel für die zahlenmäßige Verteilung des (kumulierten) Gesamtlagerbestandswertes bei der ABC-Analyse.

Bei Erstellung der einzelnen Teilpläne steht zunächst die Gruppe der A-Güter im Vordergrund, da man im allgemeinen davon ausgeht, daß eine detaillierte, umfassende Planung hier am ehesten zu Kosteneinsparungen bzw. sonstigen

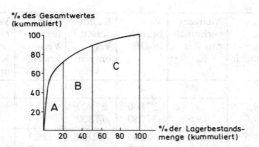

*Abb. 3.9: ABC-Verteilung (Menge-Wert-Verteilung) des Gesamtlagerbestandes (Beispiel)*

Nutzeffekten führt. Bei der Gruppe der C-Güter wird dagegen meist auf eine genaue Planung verzichtet. Der hieraus resultierenden erhöhten Planungsungenauigkeit wird bei C-Gütern dadurch Rechnung getragen, daß z. B. Sicherheitsbestände entsprechend hoch veranschlagt werden oder der gesamte Periodenbedarf durch eine einzige Bestellung am Anfang der Planungsperiode beschafft wird.

Anhand eines einfachen Beispiels soll im folgenden die Vorgehensweise im Rahmen der ABC-Analyse näher erläutert werden. Als Ausgangspunkt dient ein Unternehmen, bei dem 10 verschiedene Güterarten zu beschaffen sind. In einem ersten Schritt wird die Periodenverbrauchsmenge der Beschaffungsgüter festgestellt und daraus mit Hilfe geeigneter Wertgrößen (Istpreise, Durchschnittspreise, Planpreise) der Verbrauch in Geldeinheiten abgeleitet (vgl. Abb. 3.10). Jede Güterart erhält eine Rangzahl entsprechend dem wertmäßigen Periodenverbrauch.

*Ablauf der ABC-Analyse*

In einem zweiten Schritt werden die Güter nach ihrer Rangziffer geordnet und die kumulierten Prozentsätze des mengen- und wertmäßigen Verbrauchs errechnet (vgl. Abb. 3.11). Anhand dieser kumulierten Werte erfolgt die Entscheidung über die Grenzwerte zwischen den einzelnen Klassen.

| Gut | Verbrauch in ME | Einheitspreis in GE | Verbrauch in GE | Rang |
|---|---|---|---|---|
| $x_1$ | 20 000 | 0,15 | 3 000,— | 6 |
| $x_2$ | 7 500 | 0,90 | 6 750,— | 5 |
| $x_3$ | 36 000 | 0,05 | 1 800,— | 10 |
| $x_4$ | 21 000 | 1,80 | 37 800,— | 1 |
| $x_5$ | 50 000 | 0,14 | 7 000,— | 4 |
| $x_6$ | 2 000 | 1,— | 2 000,— | 9 |
| $x_7$ | 4 000 | 2,— | 8 000,— | 3 |
| $x_8$ | 11 000 | 0,25 | 2 750,— | 7 |
| $x_9$ | 35 000 | 0,07 | 2 450,— | 8 |
| $x_{10}$ | 19 500 | 1,90 | 37 050,— | 2 |

*Abb. 3.10: Rangzuordnung der Güterarten entsprechend den Lagerbestandswerten der Periode*

| Gut | Kumu-lierter Mengen-verbrauch in % | Mengen-verbrauch pro Klasse in % | Ver-brauch in GE | Kumu-lierter Ver-brauch in GE | Kumu-lierter Ver-brauch in % | Ver-brauch pro Klasse in % | Klasse |
|---|---|---|---|---|---|---|---|
| 1 | 2 | 3 | 4 | 5 | 6 | 7 | 8 |
| $x_4$ | 10,1 | | 37 800 | 37 800 | 34,8 | | A |
| $x_{10}$ | 19,6 | 19,6 | 37 050 | 74 850 | 68,9 | 68,9 | A |
| $x_7$ | 21,5 | | 8 000 | 82 850 | 76,3 | | B |
| $x_5$ | 45,9 | | 7 000 | 89 850 | 82,7 | | B |
| $x_2$ | 49,6 | 30,0 | 6 750 | 96 600 | 88,9 | 20,0 | B |
| $x_1$ | 59,3 | | 3 000 | 99 600 | 91,7 | | C |
| $x_8$ | 64,6 | | 2 750 | 102 350 | 94,4 | | C |
| $x_9$ | 81,6 | | 2 450 | 104 300 | 96,5 | | C |
| $x_6$ | 82,6 | | 2 000 | 106 800 | 98,3 | | C |
| $x_3$ | 100,0 | 50,4 | 1 800 | 108 600 | 100,0 | 11,1 | C |

A—Verbrauch: 74 850,— = 68,9%
B—Verbrauch: 21 750,— = 20 %
C—Verbrauch: 12 000,— = 11,1%

*Abb. 3.11: Beispiel einer ABC-Einteilung*

Ähnliche Zusammenhänge wie zwischen Lagerbestandswert einer Gütergruppe und der darin enthaltenen Güterzahl lassen sich unter Verwendung anderer Bezugsgrößen wie z. B. der Lagerflächenbeanspruchung, der Lagerentnahmehäufigkeit oder des Lagerverlustrisikos (Schwund, Verderb usw.) herstellen. Die Wahl der geeigneten Bezugsgröße richtet sich nach der jeweiligen Aufgabenstellung. Wird z. B. das Vorratslager einer Unternehmung dergestalt reorganisiert, daß häufig entnommene Güterarten an leicht zugänglichen Stellen gelagert werden sollen, so ist es zweckmäßig, anstelle von Wertzahlen die Umschlaghäufigkeit der Einzelgüter als Bezugsgröße der ABC-Analyse zu verwenden. Stellt sich als Ergebnis der Untersuchung heraus, daß lediglich eine kleine Zahl von Gütern eine hohe Umschlaghäufigkeit hat, so kann die Lagerreorganisation unter Beachtung von Wirtschaftlichkeitsaspekten meist auf diese Güter beschränkt bleiben.

### Funktionsweise und Anwendungsbereiche der XYZ-Analyse

*Grundlagen der XYZ-Analyse*

Eine spezielle Abwandlung erfährt die ABC-Analyse in Form der XYZ-Analyse. Betrachtet man die Verbrauchsverläufe einzelner Materialarten bzw. von Einzelgütern über längere Zeiträume hinweg, so zeigt die Praxis, daß auch hier typische Strukturen gegeben sind. **In der XYZ-Analyse werden die einzelnen Materialarten anhand der jeweiligen Verbrauchsverläufe als Bezugsgröße innerhalb eines 3-Klassen-Systems zugeordnet.** X-Güter sind durch einen sehr gleichförmigen, nahezu schwankungslosen Bedarfsverlauf gekennzeichnet. Die Genauigkeit von Bedarfsvorhersagen bei X-Gütern ist dementsprechend hoch.

Y-Güter besitzen einen saisonal schwankenden bzw. trendförmigen Bedarfsverlauf mit mittlerer Vorhersagegenauigkeit des Bedarfs. Z-Güter zeichnen sich durch eine äußerst geringe Vorhersagegenauigkeit aufgrund mehr oder weniger zufällig zustandekommender Bedarfsverläufe aus.

**Hauptanwendungsgebiet der XYZ-Analyse ist die Materialbeschaffungsplanung.** Die Analyse dient hierbei als Entscheidungshilfe für die Festlegung der Beschaffungsart. So lassen sich Z-Güter, bedingt durch den völlig unregelmäßigen Verbrauch, kaum sinnvoll auf Vorrat oder synchron zum Faktoreinsatz beschaffen. Es dürfte vielmehr passender sein, diese Güter jeweils nur im konkreten Bedarfsfall zu beschaffen. Für Z-Güter sollte daher vornehmlich nur die „fallweise Einzelbeschaffung" zur Anwendung kommen. Für Y-Güter findet dagegen überwiegend die „Vorratsbeschaffung" Verwendung. X-Güter eignen sich, bedingt durch die genauen Bedarfsvorhersagemöglichkeiten, vor allem für die „fertigungs- bzw. einsatzsynchrone Beschaffung" (vgl. auch S. 322).

*Anwendungsbereiche der XYZ-Analyse*

## 2. Planung des Materialbedarfs

Als erste Teilplanungsaufgabe stellt sich der Unternehmung im Rahmen dispositiver materialwirtschaftlicher Entscheidungen das Problem, den zukünftigen Materialbedarf zu ermitteln. **Die Bestimmung des Materialbedarfs besitzt sowohl eine qualitative als auch eine quantitative Dimension.**

**Ist eine bestimmte Qualität der Endprodukte vorgegeben, reduziert sich die qualitative Materialbedarfsplanung letztlich auf die Bestimmung der zur Herstellung notwendigen, kostenminimalen Faktorkombination.** Qualitätsänderungen bei Enderzeugnissen machen die Berücksichtigung der hieraus resultierenden Nachfrageänderungen notwendig. Dies wird durch den Vergleich alternativer Kosten- und Erlössituationen möglich. Weiterhin übt die Beschaffungssituation – gekennzeichnet durch das Verhältnis zwischen Qualitätsangebot der Lieferanten und Qualitätsanforderungen der beschaffenden Unternehmung – erheblichen Einfluß auf den Ablauf und die Bedeutung der qualitativen Materialbedarfsplanung aus.

*Planung der Bedarfsqualität*

**Mit Hilfe der quantitativen Materialbedarfsplanung erfolgt die Bestimmung der Bedarfsmengen und der zeitlichen Verteilung dieser Mengen.** Grundlage ist bei Industriebetrieben zum einen das **Fertigungsprogramm**, das die Art und Menge der Endleistung und die zeitliche Verteilung der Fertigungstermine angibt. Zum anderen eignen sich für die Mengenplanung häufig auch die **Daten des Absatzplanes**. Bei ständiger Variation des Fertigungsprogramms, zahlreichen Konstruktionsveränderungen oder Produktionsumstellungen sind die Möglichkeiten für eine ausreichend exakte Bedarfsplanung derart eingeschränkt, daß die Unternehmung lediglich **Schätzungen** vornehmen kann.

*Planung der Bedarfsquantität*

Insgesamt liefert die Materialbedarfsplanung wichtige Ausgangsinformationen, mit deren Hilfe erst weitergehende Planungsaktivitäten in Angriff genommen werden können. Insbesondere die Materialbeschaffungsplanung stützt sich weitgehend auf Informationen über Bedarfsmengen und deren zeitlicher

*Bedeutung der Bedarfsplanung*

Verteilung innerhalb einer Planungsperiode. Nur durch eine gute Abstimmung zwischen Materialbedarfsplanung und Materialbeschaffungsplanung kann das angestrebte materialwirtschaftliche Optimum auf der Ebene der dispositiven Entscheidungen realisiert werden. Eine nicht minder wichtige Rolle spielt die Materialbedarfsplanung als Informationsgrundlage zur Abstimmung des gesamten Materialwirtschaftsbereichs mit anderen Funktionsbereichen, wie z. B. dem Finanz- oder dem Produktionssektor.

### a) Qualitative Materialbedarfsplanung

Die Qualität der Endprodukte einer Unternehmung gewinnt zunehmend an Bedeutung. Als Ursachen sind u. a. gestiegene Ansprüche der Verbraucher, höhere Genauigkeitsanforderungen seitens der Abnehmer oder erweiterte Risiken aus der Produzentenhaftung zu nennen. Dem sollte Rechnung getragen werden, indem auch der Qualität der Einsatzgüter ein hoher Stellenwert eingeräumt wird.

*Qualitätsbegriff*

**Die Qualität eines Produktes (Gutes) richtet sich nach seinen Beschaffenheitsmerkmalen.** Welche physischen, technischen und ästhetischen Merkmale die Qualität determinieren, bestimmt sich nach dem angestrebten Verwendungszweck des betreffenden Gutes. Unter Qualität ist demnach die Menge der einem Gut zugeordneten Eigenschaften im Hinblick auf einen gegebenen Verwendungszweck zu verstehen. Qualitätseigenschaften können zeitpunkt- und/oder zeitraumbezogen definiert sein.

**Zeitpunktbezogene Qualitätsanforderungen** werden in der Regel bei solchen Merkmalen herangezogen, die im Zeitablauf keiner oder nur unbedeutender Veränderung unterliegen (z. B. Größe, Härte, Farbe usw.).

*Zuverlässigkeit*

Unterliegt jedoch ein für den späteren Verwendungszweck bedeutsames Qualitätsmerkmal im Zeitablauf gravierenden Veränderungen, sei es durch die Materialeigenschaft selbst oder durch Umwelteinflüsse bedingt (Rost, Verdunstung usw.), **so werden die diesbezüglichen Qualitätsanforderungen auch zeitraumbezogen festgelegt.** Häufig verwendet man für eine derartige Qualitätsfestlegung auch den Begriff der **Zuverlässigkeit.**

*Meßverfahren der Qualität*

Bei der industriellen Beschaffung von Einzelteilen, Roh-, Hilfs- und Betriebsstoffen kommt den physischen und technischen Produkteigenschaften besondere Bedeutung zu. Zumeist kann hierbei eine technische oder objektiv meßbare Qualität definiert werden. Als Meßverfahren eignen sich die Variablen- und die Attributprüfungen.

Die **Variablenprüfung** erfolgt bei Qualitätsmerkmalen, deren Veränderungen (Ausprägungen) auf einer Skala meßbar sind. Häufig können Merkmalsausprägungen nicht auf Skalen gemessen werden, sondern es läßt sich lediglich feststellen, ob bestimmte Merkmale vorhanden sind oder nicht. Eine derartige Beurteilung bezeichnet man als **Attributprüfung.**

Im Gegensatz hierzu ist bei der Beschaffung von Konsumgütern eine Vielzahl individueller Weiterverwendungs- oder Verbrauchszwecke charakteristisch.

Hier gewinnt die subjektiv unterschiedliche Bewertung von Gütereigenschaften an Bedeutung, die mit dem Begriff der **subjektiven Qualität** erfaßt wird.

Hohe Qualitätsanforderungen sind meist ein sehr wesentlicher Kostenfaktor im Bereich der Materialwirtschaft; übertrieben anspruchsvolle Qualitätsfestlegungen sind daher möglichst zu vermeiden.

Hierzu ist es notwendig, Klarheit zu schaffen über Art und Wirkung der wichtigsten Determinanten qualitativer Materialbedarfsplanung. Als sehr bedeutsamer Einflußfaktor erweist sich die vorgefundene **Beschaffungssituation**. Aus der Vielzahl möglicher Beschaffungssituationen lassen sich drei Haupttypen ableiten, die durch ein jeweils charakteristisches Verhältnis zwischen Qualitätsangebot der Lieferanten und Qualitätsanforderungen seitens der beschaffenden Unternehmung gekennzeichnet sind; **routinemäßige, modifizierte und innovative Beschaffung**. *Beschaffungssituation als Determinante der Qualitätsplanung*

**Routinemäßige Beschaffung** zeichnet sich idealtypisch dadurch aus, daß Lieferanten ein Gut mit einer Faktorqualität anbieten, das den **eindeutig fixierten Qualitätsanforderungen** der beschaffenden Unternehmung entspricht. Dies ist zumeist bei reinen Wiederholungskäufen der Fall. *routinemäßige Beschaffung*

Für **modifizierte Beschaffungsentscheidungen** ist charakteristisch, daß die Qualitätsangebote der liefernden Unternehmungen mehrere Faktorqualitäten umfassen oder Möglichkeiten einer Qualitätsvariation vorsehen. Die beschaffende Unternehmung besitzt nur **teilweise eindeutig bestimmte Qualitätsanforderungen** für die Einkaufsgüter. *modifizierte Beschaffung*

Kennzeichnend für die **innovative Beschaffung** sind **weitgehende Unbestimmtheit der Qualitätsanforderungen** sowie ein **fehlendes Qualitätsangebot** auf der Lieferantenseite. *innovative Beschaffung*

Je nach Beschaffungssituation ergibt sich daher ein sehr unterschiedlicher Stellenwert der qualitativen Bedarfsplanung.

Ergänzend zur Beschaffungssituation ist vor allem bei der modifizierten und der innovativen Beschaffung eine Reihe weiterer Gesichtspunkte von Bedeutung.

Neben der Lage auf dem Beschaffungsmarkt spielt die Situation auf dem Absatzmarkt eine nicht minder wichtige Rolle. Die Unternehmung benötigt Informationen über Angebot und Zahl der Konkurrenz, Wünsche der Käufer und dergleichen. Weitere Determinanten der qualitativen Materialbedarfsplanung sind Produktionsverfahren, Produkteigenschaften sowie Lagerfähigkeit sowohl der Eingangsstoffe als auch der Endprodukte. Ein besonders fruchtbares Instrument der qualitativen Materialbedarfsplanung ist die Wertanalyse (value engineering; value analysis; Qualitätszirkel. S. a. Teil 5, S. 612 ff.). *zusätzliche Determinanten der Qualitätsplanung*

### b) Quantitative Materialbedarfsplanung

Neben der Qualität müssen auch Menge und zeitliche Verteilung des Bedarfs berücksichtigt werden.

*Methoden der Quantitätsplanung*

Zur Bestimmung der Bedarfsmengen und -zeitpunkte eignen sich bei Industriebetrieben:

- **bedarfsgesteuerte Verfahren aufgrund von Informationen über das geplante Fertigungsprogramm (deterministische Bedarfsermittlung),**
- **verbrauchsgesteuerte Verfahren aufgrund von Informationen über Verbräuche der Vergangenheit (stochastische Bedarfsermittlung),**
- **subjektive Schätzverfahren.**

*Anwendungsbereiche*

Die exaktesten Ergebnisse werden in der Regel erzielt, wenn die Anwendungsvoraussetzungen der deterministischen Methoden gegeben sind, zugleich verursachen diese jedoch hohe Kosten. Als weniger präzise gelten stochastische Verfahren oder Schätzungen, die jedoch andererseits schneller und problemloser durchzuführen sind.

Nicht alle Beschaffungsgüter sind für die Unternehmung von gleicher Bedeutung. Viele Materialarten lassen sich durch andere substituieren, können bei akutem Mangel sofort beschafft werden oder werden nur sehr selten benötigt. Es ist daher nicht sinnvoll, immer mit den aufwendigen deterministischen Verfahren der Bedarfsermittlung zu arbeiten. **Die Entscheidung über die geeignetste Methode kann anhand einer Materialklassifizierung mittels der ABC-Analyse** (vgl. S. 306f.) **erleichtert werden.**

Je größer der wertmäßige Anteil einer Güterart ist, desto genauer sollte deren Bedarf geplant werden. Die Planung für A-Teile und B-Teile wird dementsprechend vorwiegend bedarfsgesteuert vollzogen, wohingegen C-Teile gewöhnlich – unter Wahrung angemessener Sicherheitsbestände – über ihren Verbrauch oder mit Hilfe von Schätzungen disponiert werden.

## *Deterministische Materialbedarfsermittlung*

*deterministische Verfahren*

Grundlage programmgesteuerter Bedarfsermittlung sind entweder Absatzpläne aufgrund bekannter Kundenaufträge oder ein festgeplantes Produktionsprogramm mit konstanten Fertigungsvorschriften.

*Bedarfsarten*

Im Rahmen der deterministischen Verfahren werden mehrere Bedarfsarten unterschieden. **Als Ausgangspunkt der Planung dient der Primärbedarf, d. h. das nach Menge und Zeit fixierte aktuelle Fertigungsprogramm einer Periode.** Über Stücklisten oder Teileverwendungsnachweise (vgl. Teil 4, S. 410ff.) läßt sich aus dem Primärbedarf der Sekundärbedarf ermitteln. **Als Sekundärbedarf wird der zur Erstellung des aktuellen Fertigungsprogramms benötigte Bedarf an Repetierfaktoren hinsichtlich Menge und Termin bezeichnet.** In der Terminierung des Sekundärbedarfs finden notwendige Vorlaufzeiten für Fertigungs- und Beschaffungszeiträume Berücksichtigung. **Die im Sekundärbedarf enthaltenen Mengen an Hilfs- und Betriebsstoffen werden – teilweise gesondert aufgeführt – als Tertiärbedarf bezeichnet.** Der **Bruttobedarf** ist der periodenbezogene Bedarf an Material ohne Berücksichtigung der Lagerbestände. Er wird aus der Zusammenfassung von Primär-, Sekundär- und Tertiärbedarf errechnet, wobei darauf zu achten ist, daß es zu keiner Doppelverrechnung kommt.

Die Zahlen des Bruttobedarfs werden hauptsächlich zur langfristigen Planung des Materialbedarfs herangezogen. Eine zusätzliche Berücksichtigung von Lager- und Bestellmengen führt vom Bruttobedarf zur Bestimmung des **Nettobedarfs**.

Die Problematik deterministischer Materialbedarfsplanung liegt vor allem in der Ermittlung des Sekundärbedarfs.

Man unterscheidet zwei grundsätzliche Methoden programmorientierter Materialbedarfsermittlung:

– **Analytische Verfahren**
– **Synthetische Verfahren**

Als Datengrundlage der analytischen Verfahren eignen sich die verschiedenen Varianten von Stücklisten (evtl. Rezepturen). Die gebräuchlichsten analytischen Verfahren sind das Baustufenverfahren, das Renettingverfahren, das Dispositionsstufenverfahren sowie die verschiedenen Gozintoverfahren. Gemeinsames Kennzeichen aller analytischen Verfahren ist, daß sie, vom Primärbedarf einer Periode ausgehend, die Fertigprodukte schrittweise aufgrund von Stücklisten über die verschiedenen Baugruppen hin zu Einzelteilen und Rohstoffen auflösen.
*analytische Verfahren*

Beim Baustufen- bzw. Fertigungsstufenverfahren (vgl. Abb. 3.12) erfolgt die Stücklistenauflösung (Bedarfsermittlung) auf der Grundlage der nach der Chronologie des Zusammenbaus gegliederten Erzeugnisstrukturen unter Zuhilfenahme der erforderlichen **Baukasten- und/oder Strukturstücklisten**. Die Montage des Endprodukts bildet die Fertigungsstufe Null.
*Baustufenverfahren*

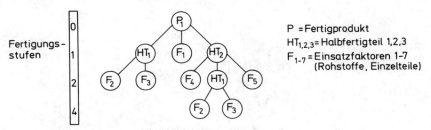

*Abb. 3.12: Baustufen- bzw. Fertigungsstufenverfahren*

Kommen Einzelteile oder Baugruppen in verschiedenen Fertigungsstufen der einzelnen Endprodukte vor, so kann das Baustufenverfahren nicht angewandt werden, da die Gefahr von Doppelverrechnungen besteht.

Das Renetting- und das Dispositionsstufenverfahren stellen unter dem oben genannten Gesichtspunkt eine Verbesserung dar. Das Renettingverfahren spielt in der Praxis aufgrund seiner schwierigen Art und Weise der Berücksichtigung (Berechnung) von Mehrbedarf nur mehr eine untergeordnete Rolle und wird daher im folgenden nicht näher erläutert.

*Dispositions-
stufenverfahren*

Auch beim **Dispositionsstufenverfahren** (vgl. Abb. 3.13) wird vom Enderzeugnis ausgegangen. Als Dispositionsstufe wird die unterste Fertigungsstufe bezeichnet, in der ein bestimmtes Teil Verwendung findet. Gleichartige Teile, gleichgültig welcher Fertigungsstufe, werden daher bei diesem Verfahren auf ihre Dispositionsstufe heruntergezogen. Mit Hilfe der Dispositionsstufen läßt sich bei allen Teilen für jedes Produktionsprogramm eine termingerechte Bedarfszuordnung ermitteln, was wiederum durch die Aggregation periodengleicher Nettobedarfe zu wirtschaftlichen Losgrößen führt.

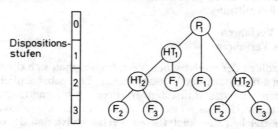

*Abb. 3.13: Dispositionsstufenverfahren*

*Gozinto-Verfahren*

Eine weitere Variante der Bedarfsrechnung stellt das **Gozintoverfahren** (vgl. Abb. 3.14) dar, das entweder in Verbindung mit einem linearen Gleichungssystem oder mittels Matrizenrechnung abläuft. Der Gonzinto-Graph stellt in einer Art „Produktionsstammbaum" die Zusammensetzung der Erzeugnisse dar, wobei die Knoten die Bedarfsteile und die Pfeile die Bedarfsmengen anzeigen.

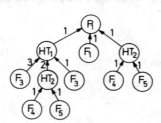

*Abb. 3.14: Gozinto-Graph*

Für jedes Teil (Produkt) wird eine Gleichung aufgestellt, mit der der Gesamtbedarf aus der Summe von Primärbedarf plus Sekundärbedarf für Mengen, die in übergeordnete Produkte eingehen, ermittelt werden kann. Verwendung findet diese Form der Bedarfsrechnung vor allem in Unternehmen, bei denen ein festes Mengenverhältnis bei der Produktion besteht, wie z. B. in der chemischen Industrie oder in Montagebetrieben. Sollen mehr als zwei Endprodukte mit gemeinsamen Fertigungskomponenten mittels Gozinto-Graphen dargestellt werden, so verliert das Verfahren schnell an Übersichtlichkeit. Bei komplexen Erzeugnisstrukturen bedient man sich daher besser der Matrizendarstellung.

Synthetische Verfahren der Bedarfsermittlung finden Anwendung, wenn festzustellen ist, in welchen Zwischenprodukten und/oder Enderzeugnissen ein bestimmtes Teil Verwendung findet. Ausgangspunkt der Überlegung ist daher hier nicht das Enderzeugnis, sondern das Bedarfsteil. Grundlage der Bedarfsfeststellung sind die verschiedenen Formen von Teileverwendungsnachweisen. Bei einer Bruttorechnung werden in der Regel Mengenübersichts- bzw. Teileverwendungsnachweise, bei einer Nettorechnung dagegen Strukturteile- oder Baukastenverwendungsnachweise herangezogen (vgl. Teil 4, S. 410ff.).

*synthetische Verfahren*

In der Praxis spielen synthetische Verfahren der Bedarfsermittlung eine eher zweitrangige Rolle, da sie hohe Anforderungen an die Datenorganisation und Erzeugnisdokumentation stellen. Häufig kommt es zu einer parallelen Anwendung von analytischen und synthetischen Verfahren der Bedarfsermittlung.

## Stochastische Materialbedarfsermittlung

Als Alternativen zu den sehr aufwendigen deterministischen Verfahren der Materialbedarfsermittlung finden stochastische Verfahren vor allem Anwendung:

*stochastische Bedarfsermittlung*

- **Bei Bedarfsermittlung von C-Teilen (evtl. B-Teilen) wie z. B. Hilfs- und Betriebsstoffen oder Verschleißwerkzeugen (Tertiär-Bedarf).**
- **Wenn rechentechnische Grundlagen der deterministischen Bedarfsrechnung nicht gegeben sind,** wie z. B. im Falle einer lediglich stochastisch ermittelten Ausschußquote.
- **Wenn deterministische Verfahren unwirtschaftlich erscheinen.**

**Grundsätzlich postulieren mathematisch-statistische Methoden der Bedarfsplanung einen Zusammenhang zwischen dem Verbrauch in der Vergangenheit und dem Bedarf im Planungszeitraum.**

Eine aussagefähige Bedarfsermittlung kann daher nur gelingen, wenn zuverlässige Daten über die Verbräuche der Vergangenheit vorliegen. Derartige Verbrauchsdaten können mit Hilfe von Materialrechnungen (vgl. Teil 8, S. 953f.) und/oder Materialbewegungsstatistiken gewonnen werden.

Eine wichtige Determinante für die Genauigkeit mathematisch-statistischer Bedarfsermittlung ist die **Bestimmung eines geeigneten Vorhersagezeitraumes.** Grundsätzlich muß soweit in die Zukunft vorausgeplant werden, daß bekannte Lieferfristen nicht unterschritten werden. Daneben soll der Vorhersagezeitraum jedoch auch so gewählt werden, daß typische Bedarfsverläufe (Trends) erfaßt werden können. Idealtypisch kann zwischen konstantem, trendförmigem und saisonalem Bedarfsverlauf unterschieden werden (vgl. Abb. 3.15).

*Bestimmung des Prognosezeitraums*

Ein **konstanter Bedarfsverlauf** ist gekennzeichnet durch geringe, zufällige Schwankungen der einzelnen Verbrauchswerte um einen stabilen Durchschnittswert.

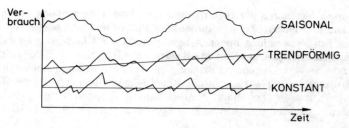

*Abb. 3.15: Verbrauchsverläufe*

Ein **trendförmiger Bedarfsverlauf** ergibt sich, wenn die Verbräuche über einen längeren Zeitraum eine – um zufällige Sonderbewegungen bereinigte – steigende bzw. fallende Tendenz erkennen lassen.

Ein **saisonaler Bedarfsverlauf** liegt vor, wenn sich bei den Einzelverbräuchen zyklische, innerhalb bestimmter Perioden immer wiederkehrende Bewegungen ergeben. Minimal- und Maximalverbräuche sollten für das Vorliegen eines saisonalen Trends um mindestens 40% vom langfristigen Durchschnitt abweichen. Die erforderliche Vorhersagehäufigkeit, d. h. die Anzahl der pro Planperiode durchzuführenden Beobachtungen, richtet sich nach mehreren Faktoren. Zu berücksichtigen sind die Art und Weise der Planung von Bestellmengen und -zeitpunkten, die Kosten der einzelnen Vorhersage und der Umfang sowie die Bedeutung neuer, noch nicht einbezogener Daten.

**Die wichtigsten Verfahren der mathematisch-statistischen Materialbedarfsermittlung sind Mittelwertbildung, Regressionsverfahren und Methoden der exponentiellen Glättung.**

**Bei konstantem Bedarfsverlauf eignen sich die Verfahren der Mittelwertbildung und der exponentiellen Glättung.** Am häufigsten Verwendung finden arithmetische, gleitende und gewogen gleitende Mittelwerte sowie die exponentielle Glättung erster Ordnung. **Beim Verfahren der gleitenden Mittelwerte ergibt sich der geschätzte Bedarf der Planungsperiode ($V_{i+1}$) als arithmetisches Mittel aus den tatsächlichen Bedarfszahlen ($T_i$) einer festgelegten Anzahl (n) von vorhergehenden Perioden.** Die Vorhersage berechnet sich nach der Formel:

*gleitende Mittelwerte*

(3.1) $$V_{i+1} = \frac{1}{n} \cdot \sum_{i=1}^{n} T_i \quad (n = \text{const.})$$

Der Nachteil dieses Verfahrens besteht darin, daß jeder in die Rechnung einbezogene Wert vergangener Perioden gleich gewichtet wird, so daß die Reaktion des Modells auf Nachfrageschwankungen sehr schwerfällig ist.

*exponentielle Glättung*

Eine gewisse Verbesserung ergibt sich bei der Verwendung der exponentiellen Glättung. Die jüngsten Vergangenheitswerte gehen stärker in die Rechnung ein als die Werte weiter zurückliegender Perioden. Die Formel für die exponentielle Glättung erster Ordnung lautet:

(3.2) $$V_{i+1} = V_i + \alpha (T_i - V_i)$$

Der neue Vorhersagewert ist also gleich dem Vorhersagewert der laufenden Periode zuzüglich der mit (α) geglätteten Abweichung der tatsächlichen Nachfrage von dem alten Vorhersagewert. Die Wahl des Glättungsfaktors (α) beeinflußt die Reagibilität des Modells entscheidend. Ein großer Wert für den Glättungsfaktor führt einerseits zu einer schnellen Anpassung der neuen Vorhersage an den tatsächlichen Verbrauch, andererseits reagiert das Verfahren jedoch auch stark auf zufällige Schwankungen.

Das Verfahren der exponentiellen Glättung erster Ordnung ist gegenüber den Verfahren der Mittelwertbildung bei gleicher Güte der Rechenergebnisse rechentechnisch erheblich einfacher zu handhaben und beansprucht bei Einsatz von EDV wesentlich weniger Speicherplätze.

**Zur Prognose trendförmiger Bedarfsverläufe eignen sich vor allem die Verfahren der Regressionsanalyse sowie die exponentiellen Glättungen höherer Ordnung.**

Ziel der Regressionsanalyse ist es, aufgrund von Vergangenheitsdaten des Verbrauchs lineare oder kurvenförmige Trends zu errechnen und deren Verlauf in die Zukunft zu extrapolieren. Regressionsverfahren sind mit einem erheblichen Rechenaufwand verbunden, sie belegen viele Speicherplätze einer EDV-Anlage und sie sind nicht in der Lage einzelne Perioden besonders zu gewichten. In der Praxis spielen sie daher eine eher unbedeutende Rolle. Bessere Ergebnisse liefert bei trendförmigem Verlauf die exponentielle Glättung zweiter Ordnung.

**Für die Prognose saisonaler Schwankungen eignen sich grundsätzlich alle Verfahren, die auch bei konstantem Bedarfsverlauf Anwendung finden können.** Sie werden lediglich dahingehend modifiziert, daß als Ausgangsdaten nicht die Verbrauchswerte des gesamten zurückliegenden Zeitraumes herangezogen werden, sondern lediglich Daten gleicher Periodizität in das Kalkül eingehen. Die Formel der exponentiellen Glättung ist demnach wie folgt umzuformulieren:

(3.3) $\quad V_{is+1} = V_{is} + \alpha (T_{is} - V_{is}) \quad V_{is+1} =$ z. B. der geplante Verbrauch der nächsten Sommerperiode

Trotz aller Versuche, die Methoden der Bedarfsprognose zu verbessern, muß damit gerechnet werden, daß die Vorhersagewerte von der tatsächlichen Nachfrage abweichen. Der Fehler unterliegt in der Regel einer **Normalverteilung (Glockenkurve).**

Durch die Einlagerung ausreichender Sicherheitsbestände können die möglichen Prognosefehler ausgeglichen werden (vgl. S. 337f.).

*Materialbedarfsplanung mit Hilfe subjektiver Schätzungen*

Liegen weder Informationen über geplante Fertigungsprogramme noch eine ausreichende Zahl von Vergangenheitswerten vor, versagen sowohl die deterministischen als auch die stochastischen Bedarfsermittlungsverfahren.

Gerade bei vielen geringwertigen Gütern bedient man sich daher zur Materialbedarfsermittlung subjektiver Schätzverfahren.

**Die Analogschätzung** stellt eine Verbindung her zwischen den Verbräuchen des zu prognostizierenden Gutes und denen artverwandter Güter. Aufgrund des als gleichlaufend angenommenen Bedarfs dieser Güter können aus den Bedarfszahlen des verwandten Materials Rückschlüsse auf die Werte des zu prognostizierenden Materials gezogen werden.

Bei der **Intuitivschätzung** werden hingegen rein subjektive, häufig nicht operationalisierbare Informationen (z. B. Erfahrungswerte) als Grundlage der Schätzung herangezogen.

## 3. Planung der Materialbeschaffung

*Problemkreise der Beschaffungsplanung*

**Die Planung der Materialbeschaffung umfaßt alle Entscheidungen über Beschaffungs- bzw. Bestellmengen, und Bestellzeitpunkte. Die erforderlichen Planungsaktivitäten betreffen die Art der Beschaffung sowie die geeignete Form der Lagerhaltung.**

Als Grundlage dient in der Regel der mit Hilfe der programm- bzw. verbrauchsorientierten Methoden ermittelte oder geschätzte Nettobedarf und dessen zeitliche Verteilung während einer Planperiode. Die Materialbeschaffungsplanung ist daher eher betriebsintern orientiert.

Das Ziel der Materialbeschaffungsplanung besteht in der Entwicklung eines **optimalen aktuellen Beschaffungsprogramms,** das die kostenminimale Bereitstellung der zur Fertigung notwendigen Produktionsfaktoren in der erforderlichen Menge und Qualität zum richtigen Zeitpunkt gewährleistet.

**Das aktuelle Beschaffungsprogramm gibt demzufolge an, zu welchen Zeitpunkten eine bestimmte Menge eines Einsatzgutes mit gegebener Qualität bestellt werden sollte.**

Es läßt sich durch eine Matrix übersichtlich darstellen. Bezeichnet (Q) die Beschaffungsmenge eines Produktionsfaktors während der Planperiode, die sich aus Bedarfsmenge und geplanten Lagerbestandsveränderungen zusammensetzt, so wird durch Entscheidungen über die Mengenkomponente des Beschaffungsprogramms die Beschaffungsmenge in Teilmengen ($R_1$, $R_2$, ... $R_t$, ... $R_\tau$) aufgeteilt, wobei die Bedingung

(3.4) $$Q = \sum_{t=1}^{\tau} R_t$$

*Dimensionen des Beschaffungsprogramms*

gilt. Jede Teilmenge ist durch den Index (t) mit ihrem Bestellzeitpunkt gekennzeichnet. Das Beschaffungsprogramm für einen Produktionsfaktor lautet:

(3,5) $$P_Q = (R_1, R_2, ..., R_t, ..., R_\tau).$$

Die Planungsperiode wird in $\tau$ Teilperioden zerlegt. Am Anfang jeder Teilperiode wird ein bestimmter Anteil der Beschaffungsmenge bestellt. Im Falle von m zu beschaffenden Produktionsfaktoren gilt für das Beschaffungsprogramm:

$$
(3.6) \quad P = \begin{matrix} R_{11}, \ldots, R_{1t}, \ldots R_{1\tau} \\ \vdots \\ R_{k1}, \ldots, R_{kt}, \ldots, R_{k\tau} \\ \vdots \\ R_{m1}, \ldots, R_{mt}, \ldots, R_{m\tau} \end{matrix}
$$

Die maximale Anzahl der $\tau$ Teilperioden wird durch das kürzest mögliche Bestellintervall (in der Regel ein Tag) bestimmt. Wenn in einer Teilperiode für ein Gut keine Bestellung erfolgt, nehmen die entsprechenden ($R_{kt}$) den Wert Null an.

**Hinsichtlich möglicher Beschaffungsarten des geplanten Beschaffungsprogramms kann zwischen fallweiser Einzelbeschaffung, fertigungssynchroner Beschaffung und Vorratsbeschaffung unterschieden werden.**

In einem sehr engen Zusammenhang zur Entscheidung über die geeignete Beschaffungsart steht die – vor allem bei der Vorratsbeschaffung relevante – Planung der Lagerhaltung. **Im Rahmen der Lagerhaltungsplanung sind Entscheidungen darüber zu treffen, wann und wieviel bestellt werden soll, d. h. es erfolgt die Bestimmung von Bestelltermin und Bestellmenge.**

Einen Überblick über die unterschiedlichen Lagerhaltungsmodelle, die sich aus der Kombination der verschiedenen Ausprägungen von Bestellterminen und Bestellmengen grundsätzlich ergeben können, gibt Abbildung 3.16.

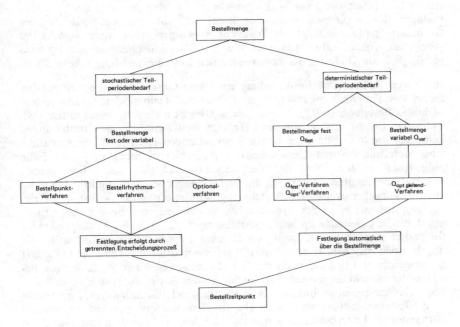

*Abb. 3.16: Lagerhaltungsmodelle*

Bezüglich der Bestellmenge reichen die theoretischen Alternativen von einer minimalen Bestellmenge, die den Bedarf pro kleinstmöglicher Zeiteinheit umfaßt, bis zu einer maximalen Bestellmenge, die meist der zugrundegelegten Bedarfsmenge der gesamten Planungsperiode entspricht. Die in sehr großer Zahl entwickelten Lagerhaltungsmodelle dienen hierbei u. a. einer systematisierten Festlegung der Bestellvariablen, wobei zwei unterschiedliche Ausgangssituationen vorliegen können.

*feste Bestellmenge*

Zum einen handelt es sich um eine Situation, in der die Unternehmung bei jeder Bestellung eine über die gesamte Planperiode **feste Bestellmenge** beschafft. Die Höhe dieser festen Bestellmenge ($Q_{fest}$) ergibt sich einerseits aufgrund lieferantentypischer bzw. liefertechnischer Gegebenheiten. Manche Lieferanten sind dazu gezwungen, auf der Abnahme fester Bestellmengen zu bestehen, oder Restriktionen des Transportes erlauben nur feste Liefermengen (z. B. Container). Häufig dient die Bestellung fester Mengen auch lediglich der Vereinfachung des Bestellmengenproblems. Ein zweiter Weg, der zur Bestimmung einer festen Bestellmenge führt, knüpft am Ziel einer wirtschaftlichen Materialbereitstellung an. Kleine Bestellmengen verursachen wegen der niedrigeren Kapitalbindung geringere Lagerkosten als größere Bestellmengen. Die gegenläufige Tendenz zeigt sich bei den Beschaffungskosten; kleine Bestellmengen führen hier wegen der großen Bestellhäufigkeit zu einer Erhöhung der Bestellkosten und sind mit relativ hohen Einkaufspreisen verbunden, sofern die Höhe der Einstandspreise mengenmäßig gestaffelt ist.

In der Suchphase des Entscheidungsprozesses werden die genannten kostenmäßigen Konsequenzen unterschiedlicher Bestellungen ermittelt. In der Optimierungsphase erfolgt die Auswahl derjenigen Alternative, welche die geringsten Kosten aufweist. Dieser Weg der Bestellmengenbestimmung wird gewöhnlich als „**Planung der kostenoptimalen Bestellmege**" ($Q_{opt}$) bezeichnet.

*variable Bestellmenge*

In einigen Fällen wird die Annahme einer konstanten, über die Planperiode festen Bestellmenge zugunsten einer sich in den Teilperioden verändernden, **variablen Bestellmenge** ($Q_{var}$) aufgegeben. Dies ist insbesondere dann sinnvoll, wenn der Bedarf in den einzelnen Teilperioden zwischen zwei Bestellungen keine konstante Größe ist, sondern Schwankungen unterliegt. Die Annahme eines deterministischen Gesamtbedarfs muß hierbei nicht in jedem Falle aufgegeben werden. Wird der Teilperiodenbedarf als veränderlich, jedoch bekannt angenommen, so erfolgt die Bestellmengenbestimmung in Anlehnung an die Vorgehensweise der Bestellmengenoptimierung bei konstantem Bedarfsverlauf mit Hilfe der dynamischen Bestellmengenrechnung. Als Ergebnis steht die „**gleitende optimale Bestellmenge**" ($Q_{opt.-gl.}$). Im Mittelpunkt der

*Probleme der Lagerhaltungsplanung*

folgenden Ausführungen steht jedoch eine Lagerhaltungsproblematik, die durch stochastischen Gesamtbedarf und stochastischen Teilperiodenbedarf gekennzeichnet ist. Eine einfache Entscheidungsregel zur Bestellmengenbestimmung besteht in diesem Fall darin, jeweils soviel zu bestellen, daß das Lager bis zu einem rechnerischen Höchstbestand (Grundbestand) aufgefüllt wird. Bestellte, jedoch noch nicht eingetroffene Lieferungen können wie die vorhandenen Lagerbestände eingestuft werden und sind entsprechend zu berücksichtigen. Die mittels der oben erläuterten Entscheidungsregel ermittelte Bestellmenge kann in Abhängigkeit der Vorschriften für die Bestellauslösung entweder fest (**Bestellpunktsystem**) oder variabel (**Bestellrhythmus- und Optionalverfahren**) sein.

Zwischen der Bestimmung der Mengenkomponente und den Entscheidungen über die Bestellzeitpunkte besteht ein enger Zusammenhang. Bei gegebenem Periodenbedarf, konstanten Lieferzeiten und gleichbleibendem Verbrauch sind mit der Entscheidung über die Bestellmenge zugleich die Bestellzeitpunkte festgelegt, sofern der Lagerbestand unverändert bleiben soll. Der Quotient aus Beschaffungsmenge einer Periode und Bestellmenge ergibt die Anzahl der Bestellungen während des Planungszeitraums. Unter der Annahme eines gleichbleibenden Verbrauchs und konstanter Lieferzeit ist auch der Zeitraum zwischen den Bestellzeitpunkten konstant. Damit ist die zeitliche Komponente der Beschaffungsplanung ebenfalls fixiert. Wenn diese Voraussetzungen aufgehoben werden, sind gesonderte Entscheidungen über die Beschaffungszeitpunkte zu treffen.

*Zusammenhang zwischen Bestellmenge und -zeitpunkt*

**Die zeitliche Verteilung der Bestelltermine über den Planungszeitraum determiniert den Bestellrhythmus.** Für die Festlegung des Bestellrhythmus stehen der Unternehmung grundsätzlich 3 Alternativen zur Verfügung:

*Bestellrhythmus*

**(1) Es wird jeweils an festen vorbestimmten Terminen bestellt.**

Feste Bestelltermine sind in manchen Fällen betriebsbedingt. So wird z. B. bei Industriebetrieben, die landwirtschaftliche Produkte verarbeiten und diese nur einmal im Jahr auf großen Auktionen oder während der Erntezeit beschaffen können, nur einmal in der Planperiode bestellt. Andere Unternehmen legen konstante Bestellintervalle (T) fest, um die Materialdisposition zu vereinfachen oder um sich an feste Lieferrhythmen der Lieferanten anzupassen. Erfolgt die Lagerhaltungsplanung mit festen, konstanten Zeiträumen zwischen den einzelnen Bestellterminen t, so spricht man von einem **Bestellrhythmusverfahren**.

**(2) Es können beliebige Bestelltermine gewählt werden**

Konstante Bestellmengen erleichtern die verbrauchsorientierte Vorratsergänzung. Werden gleichbleibende Bestellmengen gewünscht, setzt dies bei Verbrauchsschwankungen frei wählbare Bestelltermine voraus. Erfolgt die Lagerhaltung mit beliebig großen Bestellintervallen spricht man von einem **Bestellpunktsystem**. Die Bestellung wird ausgelöst, wenn die Vorräte einen bestimmten Lagerbestand s (Meldebestand) unterschreiten. Die Prüfung des Lagerbestandes erfolgt nach jeder Lagerentnahme.

*Bestellpunkt*

**(3) Es besteht ein Wahlrecht ob zu festen, vorbestimmten Terminen bestellt wird oder nicht.**

Vorbestimmte Bestelltermine führen bei Schwankungen des Bedarfs zu Änderungen der Bestellmenge. Ein Ausgleich dieser Bestellmengenschwankungen kann durch ein Wahlrecht bezüglich der festgelegten Bestellzeitpunkte erreicht werden. Bestellungen sind dann zwar nur an den vorbestimmten Zeitpunkten zulässig, es besteht jedoch die Möglichkeit, einen oder mehrere Termine zu

*Optionalsystem*

überspringen, wenn die Lagerbestände die Meldemenge s noch nicht erreicht oder unterschritten haben. Eine derartige Kombination von Bestellpunkt- und Bestellrhythmussystem wird **Optionalsystem** genannt.

### a) Planung der Beschaffungsart

*Determinanten der Wahl der Beschaffungsart*

Als erstes Teilproblem im Rahmen der Materialbeschaffungsplanung stellt sich der Unternehmung die Frage nach der optimalen Beschaffungsart für die unterschiedlichen Beschaffungsgüter. Die Entscheidung gründet sich vor allem auf die mengenmäßige und zeitliche Struktur des Materialbedarfs. Daneben müssen zusätzliche Faktoren wie die Eigenschaften der Bedarfsgüter (Lagerfähigkeit usw.) sowie die Charakteristika der jeweiligen Beschaffungsmärkte (Lieferantenbonität, Lieferbereitschaften usw.) berücksichtigt werden.

*fallweise Beschaffung*

**Bei der fallweisen Beschaffung wird der Beschaffungsvorgang unmittelbar durch das Auftreten des Bedarfs ausgelöst.** Das Hauptanwendungsgebiet ist die auftragsorientierte Einzelfertigung. Meist bleibt die fallweise Beschaffung jedoch auch hier auf den nicht vorhersehbaren Materialbedarf an Spezialteilen und dergleichen beschränkt; variabel verwendbare Normteile (Schrauben, Nägel usw.) werden nicht für jeden Auftrag beschafft. Die fallweise Einzelbeschaffung stellt in der Regel hohe Anforderungen an die sofortige Lieferbereitschaft der Lieferanten. Daraus resultiert ein relativ hohes Fehlmengenrisiko sowie die Gefahr verspäteter Zugänge oder einer Nichtlieferung der Bedarfsgüter. Andererseits verursacht diese Beschaffungsart durch die (planmäßiger Ablauf unterstellt) große Übereinstimmung zwischen Bedarf und Beschaffungsmengen geringe Kapital- und Lagerkosten. Lagerhaltung ist nur in Ausnahmefällen notwendig, wenn die bereitgestellten Güter bei einer längeren Fertigungsdauer dem Fertigungsbereich nur sukzessiv zugeführt werden können.

*fertigungssynchrone Beschaffung*

**Eine weitere Art der Bedarfsdeckung ist die fertigungs- oder einsatzsynchrone Beschaffung. Ziel ist eine möglichst weitgehende zeitliche/mengenmäßige Angleichung der Beschaffungsvorgänge an die ermittelte Bedarfsstruktur** und somit ein fast (vollständig) lagerloser Zufluß der Produktionsfaktoren. Die erforderliche Planungsgenauigkeit bezüglich der Bedarfsstruktur ist nur bei einem einheitlichen Produktionsprogramm zu erreichen, wie es in der Massen- und Großserienfertigung in Verbindung mit einem stetigen Fertigungsablauf, vor allem in der Reihen- oder Fließfertigung, gegeben ist. Durch die fertigungssynchrone Beschaffung kann das Mengen- und Zeitproblem der Beschaffungsplanung bei entsprechend starker Marktstellung des Käufers weitgehend auf die Lieferanten abgewälzt werden. Von dieser Marktposition hängt es u. a. auch ab, ob es dem Lieferanten gelingt, die Verlagerung der Lagerhaltung auf ihn durch Verwaltungskostenzuschläge oder Qualitätsminderungen zu kompensieren, womit der Vorteil der geringen Lagerkosten beim Käufer zunichte gemacht werden kann.

In der Praxis erweist sich das Prinzip der fertigungssynchronen Beschaffung als recht problematisch. Sowohl an das beschaffende Unternehmen als auch an den Lieferanten werden sehr hohe Anforderungen bezüglich Planungsgenauigkeit und Verhaltensflexibilität gestellt. Zwischen Lieferant und Abnehmer entsteht eine intensive Bindung mit vielfältigen gegenseitigen Abhängigkeiten. Die liefernde Unternehmung muß Menge, Qualität und Lieferzeitpunkte an den Produktionsablauf des Abnehmers anpassen. Eine Lagerplanung ist bei fertigungssynchroner Beschaffung nur insoweit nötig, als Vorsorge getroffen werden muß für eine diskontinuierliche Güterversorgung z. B. aufgrund höherer Gewalt. Dem Ziel einer bedarfsgerechten Güterlieferung dient der Abschluß langfristiger Lieferverträge, die Vereinbarung von Konventionalstrafen oder die direkte Beteiligung am liefernden Unternehmen.

**Sowohl die Einzelbeschaffung als auch die fertigungssynchrone Beschaffung eignen sich vornehmlich bei deterministischen Bedarfsstrukturen.** Unter Berücksichtigung der notwendigen Beschaffungszeiten können die jeweiligen Bestellmengen und -zeitpunkte direkt aus den Informationen der Materialbedarfsplanung abgeleitet werden. Fragen der Lagerhaltung spielen nur eine untergeordnete Rolle.

Mit der Vorratsbeschaffung löst sich die Beschaffungsplanung weitgehend vom Fertigungsablauf. Die Vorratsbeschaffung ist die in Industriebetrieben am häufigsten angewandte Beschaffungsart. Dies gilt vor allem für laufend benötigte Verbrauchsgüter. Sie eignet sich insbesondere beim Vorliegen stochastischer Bedarfsverläufe, wird jedoch teilweise auch bei deterministischem Bedarf angewandt. Rohstoffe, Einbauteile sowie Hilfs- und Betriebsstoffe sind Beispiele für Güter, die meist auf Vorrat beschafft werden.

*Vorratsbeschaffung*

**Zur Sicherung der Kontinuität des Produktionsvollzugs und zur Abschirmung gegenüber Schwankungen des Beschaffungsmarktes verschafft sich die Unternehmung mit der Errichtung von Eingangslägern die Möglichkeit, die Beschaffungsmenge entsprechend den herrschenden Marktverhältnissen mehr oder weniger unabhängig vom jeweiligen Bedarf zu variieren.** Der Auf- und Abbau der Lagervorräte zeigt, daß Liefermenge und Bedarfsmenge kürzfristig nicht übereinstimmen.

Anstelle der unmittelbaren zeitlichen Abstimmung zwischen Güterbereitstellung und Fertigungsablauf bei fallweiser und fertigungssynchroner Beschaffung übernimmt bei der Vorratsbeschaffung die Lagerhaltung die Synchronisationsfunktion. An speziellen Lagerhaltungsmotiven sind Reservehaltung, antizipative Güterbereitstellung und saisonaler Ausgleich zu nennen. Ergänzend kann die Lagerhaltung auch spekulativen Zwecken dienen oder eine Veredelungsaufgabe erfüllen. **Reserveläger** werden eingerichtet, wenn der Bedarf der Fertigung an Repetierfaktoren nicht genau bestimmbar ist oder der Beschaffungsmarkt unsicheren Schwankungen unterliegt.

*Synchronisationsfunktion der Lagerhaltung*

Eine **antizipative Lagerhaltung** liegt dagegen vor, wenn der Materialfluß aus der Umwelt nicht kurzfristig angepaßt werden kann und deshalb vorzeitig Güter für die Verwirklichung des Fertigungsvolumens bereitgestellt werden müssen. Der Unterschied zwischen Reservelager und Antizipationslager entsteht durch die verschiedenartigen Erwartungen über den zukünftigen Bedarf und die Situation am Beschaffungsmarkt. Reserveläger beruhen auf der Unsicherheit bei der Schätzung dieser Größen; die Bildung der Antizipationsläger erfolgt auch bei sicheren Voraussagen.

*Lagerhaltungsmotive*

**Saisonale Lagerhaltung** auf der Beschaffungsseite wird üblicherweise von Industriebetrieben durchgeführt, die vorwiegend landwirtschaftliche Produkte verarbeiten. So ist die Konservenindustrie gezwungen, zur Erntezeit große Vorratslager anzulegen.

**Spekulative Lagerbestände** resultieren aus erwarteten Preis- oder Qualitätsveränderungen der Beschaffungsgüter, aus denen das Unternehmen einen Nutzen zu gewinnen versucht. Die Veredelungsaufgabe resultiert aus angestrebten Qualitätsänderungen der gelagerten Güter durch Alterung, Gärung, Reifung oder Trocknung, die Arbeitsgänge zur Erhöhung der Verarbeitungs- und Absatzfähigkeit darstellen. Derartige Lager können als Produktivlager gekennzeichnet werden.

### b) Planung der Lagerhaltung

*Elemente der Lagerhaltungsplanung*

*Bedarfsvariable*

Innerhalb der Elemente der Lagerhaltungsplanung kommt der Bedarfsvariablen eine hohe Bedeutung zu.

**Unter den zahlreichen verschiedenen Bedarfsarten eignen sich für die Lagerplanung in der Regel am besten Nettobedarfsgrößen, die den kurzfristigen Beschaffungsbedarf der Unternehmung darstellen.**

Der Nettobedarf eines Produktionsfaktors wird aus dem Bruttobedarf unter Berücksichtigung von Lager- und Bestelldaten nach folgendem Schema gewonnen:

```
  Bruttobedarf (Summe von Primär-, Sekundär- und Tertiärbedarf)
./.  Lagerbestand
./.  Werkstattbestand
./.  Bestellbestand
 +   Vormerkungen
 =   Nettobedarf (Bestellbedarf)
```

Für die Genauigkeit der Nettobedarfsgrößen spielt neben der Art und Weise der Bruttobedarfsermittlung auch die Länge des Planungszeitraums eine Rolle. Je länger die Planungsperiode der Materialbeschaffungsplanung gewählt wird, desto ungenauer sind in der Regel auch die Vorhersagen der Bedarfsmengen.

*zeitliche Verteilung des Bedarfs*

**Die zeitliche Verteilung des Bedarfs ergibt sich aus der Nachfrage des Produktionsbereichs nach Einsatzfaktoren pro Zeiteinheit. Sie schlägt sich in den Lagerabgangsraten als dem mengenmäßigen Lagerabfluß pro Zeiteinheit nieder.** Nach den verfügbaren Informationen über die zeitliche Verteilung des Bedarfs lassen sich **deterministische** und **stochastische Bedarfsverteilungen** unterscheiden. Eine deterministische Bedarfsverteilung ist vorwiegend beim Einsatz von Roh- und Hilfsstoffen im Rahmen der Massen-, Sorten und Serienfertigung denkbar. Bei Repetierfaktoren, für die kein genauer Verbrauchstermin aufgrund einer Teilebedarfs- oder Terminrechnung ermittelt werden kann, insbesondere bei

Betriebsstoffen, wird der Einfachheit halber eine gleichbleibende Wahrscheinlichkeitsverteilung des zeitlichen Bedarfs während der Planperiode unterstellt. Der Mittelwert dieser Verteilung kann mit dem durchschnittlichen Verbrauch der Vergangenheit übereinstimmen. Wenn aufgrund erkannter zyklischer Verbrauchsschwankungen, eines Trends oder anderweitiger Informationen genauere Aussagen über die zukünftige Bedarfsverteilung während des Planungszeitraums möglich sind, ist von der Annahme einer gleichbleibenden Lagerabgangsrate abzugehen.

Ausgangspunkt der Materialbeschaffungsplanung ist die Beschaffungsmenge einer Periode, die aus der Bedarfsmenge unter Berücksichtigung vorgesehener Lagerbestandsveränderungen ermittelt wird. **Die Beschaffungsmenge ist unter Beachtung der zeitlichen Verteilung des Bedarfs so in Bestellmengen aufzuteilen, daß die mit der Beschaffung verbundenen Kosten ihr Minimum erreichen.** Diese Kosten lassen sich vereinfacht in drei Kategorien einteilen: Beschaffungskosten, Lagerkosten und Fehlmengenkosten.

*Kostenvariable*

Die Beschaffungskosten setzen sich zusammen aus den **unmittelbaren Beschaffungskosten,** die von der Bestellmenge abhängig sind, und den **mittelbaren Beschaffungskosten,** die nur mit der Anzahl der Bestellungen variieren.

*unmittelbare Beschaffungskosten*

Die bestellmengenabhängigen Kosten ergeben sich aus der Beschaffungsmenge multipliziert mit dem Einstandspreis. Der **Einstandspreis** enthält neben dem Marktpreis abzüglich der Mengenrabatte – oder zuzüglich eines Kleinmengenaufschlags – die Transport- und Verladekosten sowie Provisionen, Versicherungen, Zölle und Steuern. Konstante Einstandspreise üben auf die Bestellmenge keinen unmittelbaren Einfluß aus, da sie vom jeweiligen Umfang der Bestellmenge unabhängig sind. Als Berechnungsgrundlage für die Lagerhaltungs- und Zinskosten wirken sie jedoch unmittelbar auf die Bestellmenge. Die Einstandspreise können mengenabhängig, zeitabhängig oder mengen- und zeitabhängig sein. Mengenabhängige Marktpreise liegen vor, wenn die Lieferanten Mengenrabatte einräumen oder Mindermengenzuschläge berechnen. Für Transportkosten gilt das gleiche. Eine mengenmäßige Kostenstaffelung kann beispielsweise auch bei Transport- und Versicherungskosten vorliegen. Die gesamten unmittelbaren Beschaffungskosten verlaufen unter diesen Umständen unterproportional zur Bestellmenge. Soweit sich Preisnachlässe auf bestimmte Mengenstaffelungen beziehen, weist die entsprechende Stückkostenkurve einen sprunghaft fallenden Verlauf auf. Eine Abhängigkeit der Preise vom Beschaffungszeitpunkt ist häufig bei Welthandelsgütern und ernteabhängigen Rohstoffen oder bei einer zeitlichen Preisdifferenzierung zu beobachten. Werden die zeitabhängigen Preise mit Mengenrabatten verbunden, so handelt es sich um mengen- und zeitabhängige Preise.

Gelegentlich wird der Marktpreis der Ware nicht zu den Beschaffungskosten gerechnet. Bei bestellmengenabhängigen Preisen werden dann nur die Kleinmengenaufschläge als Kostenbestandteile berücksichtigt. Unterstellt man indes, daß die zu beschaffenden Mengen in der Periode verbraucht werden, dann entstehen auch in Höhe des als konstant angenommenen Grundpreises Periodenkosten. Ihre Einbeziehung in die Suboptimierung der Gesamtkosten der Beschaffung ist insoweit unbedenklich.

*mittelbare Beschaffungskosten*

**Die mittelbaren Beschaffungskosten sind von der Auftragsanzahl abhängig. Sie ändern sich mit der Beschaffungshäufigkeit.** Sie sind auf innerbetriebliche Vorgänge zurückzuführen, die im Beschaffungsbereich Kosten verursachen. Dazu gehören Bedarfsmeldungen, Angebotseinholung und -prüfung, Bearbeitung der Bestellungen, Liefertermingüberwachung, Güterannahme, Güterprüfung und anderes mehr. Problematisch ist die Entscheidung, ob alle mittelbaren Beschaffungskosten bei der Programmplanung zu berücksichtigen sind. Die meisten Kosten werden durch die Aufrechterhaltung der Leistungsbereitschaft des Beschaffungsbereiches bestimmt, so daß sie nur bei langfristiger Betrachtung Änderungen unterworfen sind. Eine kleine Variation der Bestellhäufigkeit beeinflußt die mittelbaren Beschaffungskosten nur in geringem Ausmaß. Nicht selten wird deshalb bei der Programmplanung angenommen, daß die an der Beschaffung beteiligten Abteilungen der Unternehmung ständig voll ausgelastet sind. Bei niedriger Bestellzahl und nur teilweiser Auslastung wird unterstellt, daß den Abteilungen andere Aufgaben zugewiesen werden können. Auf diese Weise läßt sich zwischen den mittelbaren Beschaffungskosten einer Periode und der Anzahl der Bestellungen ein gleichbleibendes Verhältnis angeben, so daß mit festen Bezugskosten je Auftrag gerechnet werden kann.

*Lagerkosten*

**Die Höhe der Lagerkosten hängt von der Lagerbestandsmenge, dem Lagerbestandswert und der Lagerdauer ab.** Ausschließlich mengenproportionale Lagerkosten, die bei der Ein- und Auslagerung und bei bestimmten Prüfvorgängen auftreten, bleiben bei der Bestellmengenplanung außer Ansatz, da sie das angestrebte Kostenoptimum nicht beeinflussen. Dies gilt jedoch nur dann, wenn sie bei der Berechnung der Zinskosten für das gebundene Kapital nicht berücksichtigt werden. Man kann sich allerdings durchaus auf den Standpunkt stellen, daß zu Beginn der Lagerung entstehende Einlagerungs- und Prüfkosten den Wert der Lagergüter und damit das gebundene Kapital erhöhen. Dann hängt die kostenoptimale Bestellmenge auch von mengenproportionalen Kosten ab. Größere Bedeutung für die Programmplanung haben die mengen- und zeitabhängigen sowie die wert- und zeitabhängigen Kostenkomponenten. Die mengen- und zeitabhängigen Lagerhaltungskosten setzen sich aus den Raumkosten (Abschreibungen gemäß der Beanspruchung, Beleuchtung, Heizung usw.) und den mit der Erhaltung und Pflege der Vorräte verbundenen Kostenarten zusammen. Die wert- und zeitabhängigen Kosten umfassen Zinskosten für das im Lager gebundene Kapital, Versicherungen und das Beständewagnis (lagerbedingte Wertminderung durch Schwund, Verderb und Veraltung).

*Problem der Zinskostenermittlung*

Ein wesentlicher Teil der Lagerkosten entfällt auf die Zinskosten. **Durch die Bindung des Kapitals in den beschafften Gütern findet ein Verzehr der Nutzungsmöglichkeiten des Kapitals statt.** Die Kapitalkosten sind erst dann bestimmbar, wenn der Kapitalverbrauch, der von der Höhe und zeitlichen Inanspruchnahme des gebundenen Kapitals abhängig ist, mit einem bestimmten Zinssatz bewertet wird. Nach der **pagatorischen Kostenauffassung** repräsentieren Kosten spezifische Ausgabenkategorien, so daß nur der Kapitaleinsatz kostenwirksam ist, der Zinsausgaben verursacht. Deshalb stellen nur die gezahlten Fremdkapitalzinsen für die in den beschafften Mengen gebundenen Fremdkapitalteile Kapitalkosten dar. Die **wertmäßige Kostenbetrachtung** definiert

Kosten als leistungsbedingten bewerteten Güterverzehr. Der gesamte Kapitalverbrauch wird als kostenwirksam angesehen. Bei der Festlegung des Zinssatzes für den Kapitalverbrauch kann davon ausgegangen werden, daß Kapital nur in begrenztem Ausmaß zur Verfügung steht. Wird ein Teil des Kapitals in Vorräten gebunden, dann ist es für andere Verwendungsmöglichkeiten nicht mehr verfügbar; der anzusetzende Zinssatz muß deshalb dem nicht realisierten Nutzen entsprechen, den das Kapital bei einer anderen Verwendung stiften würde.

**Fehlmengenkosten entstehen, wenn die beschafften Gütermengen zur Befriedigung des Bedarfs der Fertigung nicht ausreichen.** Stockungen und Verzögerungen verursachen Stillstandskosten in den verschiedenen Betriebsteilen sowie Kosten des Neuanlaufs. Die Höhe der Fehlmengenkosten hängt von den Möglichkeiten der Verschiebung oder Veränderung des geplanten Fertigungsablaufs und von der Dauer der Störungen ab. Sofern die fehlenden Repetierfaktoren durch höherwertige Güter substituiert werden, ist die resultierende Preisdifferenz den Fehlmengenkosten zuzurechnen. Der Hauptanteil der Fehlmengenkosten besteht aus entgangenen Gewinnen und Konventionalstrafen. Fehlmengen und Fehlmengenkosten können geplant werden. Häufig sind sie jedoch die Konsequenz von Entscheidungen unter Unsicherheit. Insofern sind die Fehlmengenkosten das Ergebnis falscher Erwartungsbildung oder des Eintretens von Ereignissen denen niedrige Wahrscheinlichkeiten zugeordnet wurden. Man kann zwei Arten von Fehlmengen unterscheiden: **nachlieferbare Fehlmengen** und **nicht nachlieferbare Fehlmengen.** Fehlmengenkosten sind mengenabhängig, zeitabhängig oder mengen- und zeitabhängig. Zu den mengenabhängigen Fehlmengenkosten gehören die Preisdifferenzen bei der Beschaffung höherwertiger Güter an Stelle der fehlenden Einsatzgüter. Zeitabhängige Fehlmengenkosten (z. B. Konventionalstrafen) werden von der Unterbrechungsdauer bestimmt. Mengen- und zeitabhängige Fehlmengenkosten treten vorwiegend bei nachlieferbaren Fehlmengen auf. Mit zunehmender Lieferverzögerung wächst die Gefahr des Auftragsverlustes. Bei verspäteten Lieferungen ergeben sich zusätzliche Kosten für wiederholte Auftragsbearbeitung, getrennte Auslieferung der Gütermenge und für Eilfrachten. Zu den mengen- und zeitabhängigen Kosten zählen auch die oft schwer quantifizierbaren ‚good-will'-Verluste, die sich auf den zukünftigen Auftragseingang auswirken.

*Fehlmengenkosten*

Die verschiedenen Kostengruppen sind in Abbildung 3.17 schematisch dargestellt.

*Abb. 3.17: Kostenvariablen der Beschaffung*

Eine andere Systematisierung der Kostenvariablen ergibt sich im Rahmen der Materialflußplanung. Die dort interessierenden **Materialflußkosten** sind in der obigen Abbildung nur teilweise erfaßt. Wichtige Kostenarten der Materialflußplanung sind die Personalkosten, die Betriebs- und Fördermittelkosten, die Raum- und Wegekosten und die Kosten der Kapitalbindung.

*Beschaffungszeit*

Mit den Informationen über die jeweilige Bedarfsstruktur ist lediglich Klarheit darüber geschaffen worden, wann und in welchen Mengen die Beschaffungsgüter am Lager zur Entnahme verfügbar sein müssen. Im Rahmen der Bestellentscheidung und damit insbesondere für die Ermittlung der Bestellzeitpunkte ist es unabdingbar, eine gewisse **Vorlaufzeit** zu berücksichtigen. **Diese Zeitspanne zwischen Bedarfsfeststellungs- und Bedarfszeitpunkt wird als Beschaffungszeit bezeichnet.** Sie umfaßt den Zeitraum von der Vorbereitung über die Erteilung der Bestellung und den Eingang der Lieferung bis zur Wareneinlagerung.

*Beschaffungsvorbereitungszeit*

Die Beschaffungsvorbereitungszeit dauert von der Bedarfsfeststellung bis zur Erteilung der Bestellung. Die Länge dieser Zeitspanne hängt davon ab, ob die Bedarfsmeldungen laufend oder nach einem bestimmten Zyklus erfolgen. Hochwertige Gütermengen und solche Produktionsfaktoren, deren Bedarf im Zeitablauf starken Schwankungen unterliegt, erfordern häufigere Bedarfsfeststellungen als Gütermengen mit geringem Wert oder gleichbleibender Bedarfsverteilung.

An die **Bedarfsfeststellung** schließt sich der **Bestellvorgang** an. Er beansprucht wenig Zeit, wenn es sich um laufende Bestellungen handelt, bei denen die Einholung von Informationen über Lieferanten und ihrer Zahlungs- und Lieferbedingungen sowie die Lieferantenauswahl entfallen. Werden jedoch neue Güter in das Beschaffungsprogramm aufgenommen, dann stellt die für die Ermittlung des günstigsten Angebots benötigte Zeit eine wesentliche Komponente der Beschaffungszeit dar.

*Liefer- und Transportzeit*

**Die Lieferzeit umfaßt die Zeitspanne, die der Lieferant vom Empfang der Bestellung bis zur Versandreife benötigt.** Sie hängt von Auftragslage, Kapazität und organisatorischer Gestaltung der Verkaufsabteilungen des Lieferanten ab. Unterhält der Lieferant Fertigproduktlager und ist eine reibungslose Auftragsbearbeitung gewährleistet, so kann mit kurzen Lieferfristen gerechnet werden. Wartezeiten treten dagegen auf, wenn die Absatzlager erschöpft sind. In dieser Situation ist eine frühzeitige Erteilung der Bestellung notwendig, da Eilaufträge in der Regel hohe Kosten für Überstunden, Sonderaufschläge und Eilfrachten verursachen. Die vom Lieferanten angegebenen Lieferzeiten stellen für den Besteller im allgemeinen Daten dar, denen er sich bei seinen Entscheidungen anzupassen hat. **Die Entfernung des Lieferanten vom Besteller und die verfügbaren Verkehrsverbindungen bestimmen die Transportzeit.** Die Wahl des Transportmittels wird von der Frachtempfindlichkeit der bestellten Güter und von Kostenerwägungen bestimmt. Grundsätzlich besteht für die Unternehmung die Möglichkeit, innerhalb gewisser Grenzen die Beförderungszeit durch die Wahl des Transportmittels zu beeinflussen, wenn die Dringlichkeit der Bestellung dies verlangt (vgl. dazu Teil 5, S. 586 ff.).

Schließlich gehört noch die nach der Anlieferung notwendige Zeit für die Mengen- und Qualitätsprüfung zur Beschaffungszeit. Bei der **Mengenprüfung** wird jede eingehende Bestellung zunächst auf die bestellte Art und dann mengenmäßig durch Zählen, Messen und Wiegen kontrolliert. Die Qualitätsprüfung erstreckt sich auf alle Eigenschaften der Güter, die für die Brauchbarkeit im Produktionsprozeß von Bedeutung sind. Der Beschaffungsvorgang endet mit der buchmäßigen Erfassung und Bereitstellung der angelieferten Güter in den Eingangslägern.

*Warenprüfzeit*

Bei der Materialbeschaffungsplanung wird mit **deterministischen Beschaffungszeiten** gerechnet, wenn die Lieferzeit und die Transportzeit bekannt sind und die Unternehmung ihre innerbetrieblichen Beschaffungszeiten kontrollieren kann. Häufig können gleiche Güter bei verschiedenen Lieferanten mit unterschiedlichen Lieferfristen bestellt werden. In diesem Fall verbleibt der Unternehmung ein Ermessensspielraum bei der Festlegung der Bestelltermine. Unterliegen Lieferzeit und Beförderungsdauer zufallsbedingten Schwankungen **(stochastische Beschaffungszeiten)**, so wird die Festlegung der Bestelltermine des Beschaffungsprogramms erschwert. In diesen Fällen bedarf es zur Planung des Bestelltermins einer eingehenden Analyse der Faktoren, die diese Beschaffungszeitschwankungen hervorrufen.

## *Planung der Bestellmenge*

Die minimale Bestellmenge richtet sich nach der Bedarfsmenge pro Zeiteinheit. Das Maximum entspricht der Bedarfsmenge für den Zeitraum, in dem der Bedarf eines Gutes auftritt (gesamte Planungsperiode). Sind Beschränkungen für die Bestellmengenplanung von Seiten der Lieferanten bzw. den Gegebenheiten des Lagers nicht vorhanden, so ist es **Aufgabe der Materialbeschaffungsplanung diejenige Bestellmenge zu ermitteln, bei der die Summe aus Beschaffungs- und Lagerhaltungskosten, bezogen auf die Mengeneinheit ihr Minimum erreicht.** Die optimale Lösung entspricht in der Regel weder dem möglichen Minimum noch dem Maximum, da die Einzelkomponenten der gesamten Beschaffungskosten gegenläufige Tendenz aufweisen können. So wäre unter der Voraussetzung konstanter Einstandspreise bei isolierter Betrachtung der Beschaffungskosten die Bestellmenge möglichst groß zu wählen, da sich hierdurch die bestellzahlabhängigen Kosten pro Mengeneinheit verringern. Unter der Annahme, daß die Lagerkosten pro Mengeneinheit mit zunehmender Bestellmenge steigen, würde die alleinige Berücksichtigung dieser Kostenkomponente zu einem entgegengesetzten Ergebnis führen.

*Probleme der Bestellmengenplanung*

Einen ersten Ansatz zur Problemlösung liefert das einfache Probieren, bei dem eine beschränkte Anzahl von Alternativen der Aufteilung der Beschaffungsmengen in gleichbleibende Bestellmengen auf ihre kostenmäßigen Konsequenzen hin untersucht wird. Belaufen sich beispielsweise die mittelbaren Beschaffungskosten pro Auftrag auf 3,— DM und betragen die Lagerhaltungskosten 10% (Lagerkostensatz) des im Lager durchschnittlich gebundenen Kapitals, so wird unter der Voraussetzung eines konstanten Preises von 4,— DM pro Mengeneinheit die „günstigste" Bestellmenge wie in Abbildung 3.18 errechnet.

*Probiermethode*

Mittelbare Beschaffungskosten pro Auftrag: 3,— DM
jährliche Beschaffungsmenge: 1000 ME
Preis pro Mengeneinheit: 4,— DM
Lagerkostensatz: 10%

| Bestell-menge in ME | Durchschnittlicher Lagerbestand in DM | Lagerhaltungs-kosten in DM | Anzahl der Bestellungen pro Jahr | Mittelbare Beschaffungs-kosten in DM | Relevante Gesamtkosten in DM |
|---|---|---|---|---|---|
| 1 | 2 | 3 | 4 | 5 | 6 |
| 50  | 25    × 4 = 100  | 10,—  | 20 | 60,— | 70,— |
| 100 | 50    × 4 = 200  | 20,—  | 10 | 30,— | 50,— |
| 125 | 62,5  × 4 = 250  | 25,—  | 8  | 24,— | 49,— |
| 200 | 100   × 4 = 400  | 40,—  | 5  | 15,— | 55,— |
| 250 | 125   × 4 = 500  | 50,—  | 4  | 12,— | 62,— |
| 500 | 250   × 4 = 1000 | 100,— | 2  | 6,—  | 106,— |

*Abb. 3.18: Beispiel zur Bestellmengenermittlung durch Probieren*

In diesem Beispiel erweist sich die Bestellmenge von 125 Mengeneinheiten als kostenoptimal. Der durchschnittliche Lagerbestand beträgt die Hälfte der Bestellmenge, wenn ein gleichbleibender Lagerabgang ohne Reservebestände angenommen wird. Die Spalten 3 und 5 der Tabelle zeigen die in Abhängigkeit von der Bestellmenge gegenläufigen Kostenentwicklungen bei Lagerkosten und mittelbaren Beschaffungskosten. Die empirische Methode führt nur zu einer Näherungslösung, wenn die kostenoptimale Bestellmenge zwischen zwei ausgewählten Alternativen liegt; außerdem erfordert dieses Verfahren mit steigender Alternativenanzahl einen beträchtlichen Zeitaufwand.

*Lagerhaltungs-modelle*

Zur Ermittlung exakter Lösungen wurden zahlreiche Entscheidungsmodelle entwickelt. Unter bestimmten Voraussetzungen stellen diese Methoden der „Planung der optimalen Bestellmenge" vollständig definierte Lagerhaltungs-modelle dar, d. h. sowohl die Bestellmenge als auch die Bestellzeitpunkte sind festgelegt. Obwohl es in der einschlägigen Literatur eine riesige Anzahl verschiedener Lagerhaltungsmodelle gibt, ist der Entwurf eines umfassenden, für alle Beschaffungsprobleme geeigneten Modells bisher noch nicht gelungen.

Das Grundmodell zur Planung der optimalen Bestellmenge ist **statisch** formuliert und enthält lediglich **sichere** Größen.

Im einzelnen wird von folgenden Annahmen ausgegangen:

*Prämissen des Grundmodells*

(1) Die Bedarfsmenge (M) pro Planperiode (T) ist gegeben. Sie stimmt mit der Beschaffungsmenge überein. Diese soll in gleichbleibende Bestellmengen ($x_0$) aufgeteilt werden. Gleichbleibende Lagerabgangsraten werden unterstellt (vgl. 3.19).
(2) Die fixen Kosten pro Bestellung sind bekannt und für alle Aufträge während der Planperiode gleich.
(3) Die Einstandspreise sind von der Bestellmenge und vom Bestellzeitpunkt unabhängig.

(4) Die Lager- und Zinskosten ergeben sich als Produkt von Lagerkostensatz, Einstandspreis, Menge und Lagerzeit.

Abbildung 3.19 veranschaulicht die Entscheidungssituation, die dem Grundmodell zugrunde liegt.

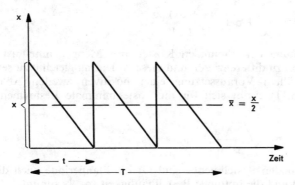

*Abb. 3.19: Lagerbewegungen im Grundmodell*

Die Ermittlung der kostenoptimalen Bestellmenge kann auf Stückkosten- oder Gesamtkostenbasis erfolgen. Beide Wege führen zum gleichen Ergebnis. Meist wird von der Minimierung der Stückkosten ausgegangen.

*Ableitung der kostenoptimalen Bestellmenge*

Die Kosten je Bestellung ($K_B$) setzen sich aus den auftragsfixen Kosten (a) und dem Produkt aus Bestellmenge (x) und Einstandspreis (p) zusammen:

(3.7) $$K_B = a + px$$

Unter der Annahme eines kontinuierlichen Lagerabgangs beträgt der durchschnittliche Lagerbestand $(\frac{x}{2})$ (vgl. 3.19). Der Zeitraum (t) zwischen zwei Lagerzugängen ergibt sich als Bruchteil der Planperiode aus dem Quotienten:

(3.8) $$t = \frac{x}{M}.$$

Die Lagerkosten ($K_L$) pro Bestellmenge ergeben sich aus der Multiplikation des Kapitalverbrauchs mit dem zusammengefaßten Lager- und Zinskostensatz (i).

(3.9)
$$K_L = \frac{K_B}{2} \cdot q \cdot t, \text{ wobei } q = \frac{i}{100}.$$

$$K_L = \frac{a + px}{2} \cdot q \cdot \frac{x}{M}.$$

Die gesamten Kosten der Bestellmenge (x) betragen:

$$(3.10) \qquad K = K_B + K_L = a + px + \frac{(a + px) \cdot q \cdot x}{2M}$$

Dividiert man Gleichung (3.10) durch die Bestellmenge (x), so ergeben sich die Kosten pro bestellter Einheit (k):

$$(3.11) \qquad k = \frac{a}{x} + p + \frac{(a + px) \cdot q}{2M}.$$

Zur Bestimmung der minimalen Kosten pro Mengeneinheit ist Gleichung (3.11) nach (x) zu differenzieren und diese Ableitung gleich 0 zu setzen. Unter der hier erfüllten Voraussetzung einer positiven zweiten Ableitung von Gleichung (3.11) ergibt sich für die kostenminimale Bestellmenge ($x_0$) die Formel:

$$(3.12) \qquad x_0 = \sqrt{\frac{2Ma}{p \cdot q}}.$$

Mit der optimalen Bestellmenge sind für die Planperiode auch die optimale Lagerzeit ($t_0$) und die optimale Bestellhäufigkeit ($n_0$) bestimmt:

$$(3.13\,a) \qquad t_0 = \frac{x_0}{M} = \sqrt{\frac{2a}{p \cdot q \cdot M}}.$$

$$(3.13\,b) \qquad n_0 = \frac{1}{t_0} = \frac{M}{x_0} = \sqrt{\frac{p \cdot q \cdot M}{2a}}.$$

Abbildung 3.20 gibt die Zusammenhänge grafisch wieder.

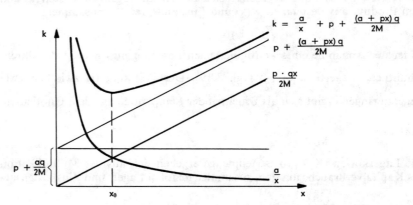

*Abb. 3.20: Grafische Ermittlung der optimalen Bestellmenge*

Den Umfang der optimalen Bestellmenge bestimmen die pro Bestellung gleichbleibenden Bezugskosten, bezogen auf eine Mengeneinheit ($\frac{a}{x}$), und der als Zuschlag auf die konstanten Einstandspreise berechnete Lager- und Zinskostenanteil pro Mengeneinheit ($\frac{p \cdot q \cdot x}{2M}$). Der Schnittpunkt beider Kurven entspricht der optimalen Bestellmenge, da in diesem Punkt die negative Steigung der Kurve der bestellfixen Kosten pro Mengeneinheit gleich ist der Steigung der übrigen Kosten pro Mengeneinheit. Die pro Stück fixen Beschaffungskosten (p + $\frac{a \cdot q}{2M}$) üben keinen direkten Einfluß auf die optimale Bestellmenge aus. Eine Variation ihrer Höhe führt lediglich zu einer vertikalen Verschiebung der Gesamtkostenkurve (k). Die Gesamtkosten der Planungsperiode ($K_T$) ergeben sich aus dem Produkt von (3.10) mit der Bestellhäufigkeit (n).

(3.14) $\quad K_T = n \cdot a + n \cdot x \cdot p + \dfrac{(a + px) \cdot q \cdot x \cdot n}{2M}$.

Werden für (n) und (x) die Optimalwerte (3.12, 3.13b) eingesetzt, so gilt für die optimalen Gesamtkosten ($K_{T0}$):

(3.15) $\quad K_{T0} = M \cdot p + \dfrac{a}{2} \cdot q + \sqrt{2\,apqM}$.

Mit der Ermittlung der optimalen Bestellmenge ist das Beschaffungsprogramm festgelegt.

*Problematik des Grundmodells*

Das Grundmodell zur Ermittlung der optimalen Bestellmenge weist einen **hohen Abstraktionsgrad** auf und enthält eine Reihe von Prämissen, die mit der Realität nur selten übereinstimmen. So ist die Annahme, daß die im Modell erfaßten Kosten von der Bestellmenge unabhängig sind, insbesondere für die Einstandspreise, die bestellfixen Kosten und für die Lagerhaltungskosten problematisch. Im folgenden werden mittels Modifikation der Grundannahmen einige Modellerweiterungen vorgenommen.

Gewährt ein Lieferant Mengenrabatte oder sind die Transporttarife mengenmäßig gestaffelt, läßt sich die Annahme bestellmengenunabhängiger Einstandspreise nicht aufrechterhalten. Die Berücksichtigung dieser Tatsache beeinflußt den Umfang der optimalen Bestellmenge im Vergleich zu den Ergebnissen des Grundmodells.

*intervallweise fallende Einstandspreise*

In aller Regel ändern sich die Preise nicht stetig, sondern sprunghaft, so daß die Preis-Bestellmengenfunktion einen stufenförmig fallenden Verlauf annimmt. Den mit steigender Beschaffungsmenge anwachsenden Lager- und Zinskosten stehen neben den abnehmenden bestellfixen Kosten je Mengeneinheit gleichzeitig intervallweise fallende Einstandspreise gegenüber.

Es wird angenommen, daß die Beschaffungssituation durch **einen** Preissprung bei einer bestimmten Menge ($x_s$) gekennzeichnet ist. Bestellt die Unternehmung eine kleinere Menge als ($x_s$), so muß sie für eine Mengeneinheit den Preis ($p_1$) bezahlen. Ist die Bestellmenge gleich oder größer als ($x_s$), so kommt der niedrigere Preis ($p_2$) zum Zuge. Die Kosten pro bestellter Einheit betragen:

*Bedeutung der Lage des Preissprungs*

(3.16) $\quad k_i = \dfrac{a}{x} + p_i + \dfrac{(a + p_i \cdot x)}{2M} \cdot q$

$\quad\quad\quad\; = \dfrac{a}{x} + p_i + \dfrac{a \cdot q}{2M} + \dfrac{p_i \cdot q}{2M} \cdot x \quad\quad$ [vgl. 3.11]

Bei getrennter Berechnung der optimalen Bestellmenge für $(p_1)$ und $(p_2)$ üben die Preise und die pro Stück fixen Lagerhaltungskosten ($\dfrac{a \cdot q}{2M}$) keinen Einfluß auf die Lage der optimalen Bestellmenge aus, da sie von der Bestellmenge unabhängig sind. Sie können daher bei der Ermittlung der jeweils kostengünstigsten Bestellmenge $(x_{01})$ bzw. $(x_{02})$ vernachlässigt werden (vgl. Abb. 3.21).

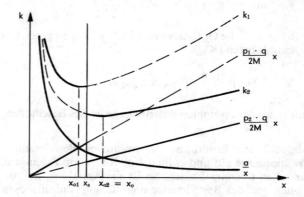

*Abb. 3.21: Preissprünge und optimale Bestellmenge*

Aus der Stückkostengleichung ist ersichtlich, daß das Kostenminimum von $(k_2)$ für den Fall $(p_2 < p_1)$ stets kleiner ist als das Minimum von $(k_1)$. Zur Ermittlung der optimalen Bestellmenge unter Beachtung des Preissprungs bei $(x_s)$ wird im Falle der Abbildung wie folgt vorgegangen: Zunächst ist die kostengünstigste Bestellmenge beim Preis $(p_2)$ nach der üblichen Formel zu errechnen. Ergibt die Rechnung für $(x_{02})$ einen Wert, der gleich oder größer $(x_s)$ ist, so ist das Entscheidungsproblem bereits gelöst; mit der Bestellung der ermittelten Menge $(x_{02})$ kommt der niedrigere Preis $(p_2)$ zum Ansatz. Schwieriger ist die Situation, wenn die ermittelte Bestellmenge kleiner $(x_s)$ ist. $(x_{02})$ scheidet auf jeden Fall als Optimum aus, da zum niedrigen Preis $(p_2)$ nicht bestellt werden kann, bei der Ermittlung jedoch von der Voraussetzung des günstigeren Preises $(p_2)$ ausgegangen wurde. **Zur Bestimmung der optimalen Bestellmenge muß deshalb ein Stückkostenvergleich durchgeführt werden.** Da das Optimum der Stückkostenkurve für den Preis $(p_2)$ in einem Punkt erreicht wird, der außerhalb des Geltungsbereiches dieses Preises liegt, steigt die Stückkostenkurve im ganzen Geltungsbereich monoton an. Es genügt deshalb, die Stückkosten für die optimale Bestellmenge beim Preis $(p_1)$ mit den Stückkosten der Bestellmenge $(x_2)$ zum Preis $(p_2)$ an der Preisgrenze zu vergleichen.

Die Struktur des Entscheidungsprozesses bleibt unverändert, wenn für das zu beschaffende Gut **mehrere** Preissprünge existieren. Die optimale Bestellmenge wird durch den Vergleich der für die verschiedenen Preise und Mengenintervalle geltenden Stückkostenminima bestimmt.

*Weitere Probleme des Grundmodells*

Bei der Ermittlung der bestellfixen Kosten wurde davon ausgegangen, daß eine Variation der Bestellhäufigkeit keine Änderung der mittelbaren Beschaffungskosten verursacht, weil die an der Beschaffung beteiligten Stellen ständig voll ausgelastet sind oder bei nur teilweiser Auslastung andere Aufgaben zu erfüllen haben. Trifft diese Annahme einer anteiligen Umlage der Personalkosten der Bestellabteilung auf die Beschaffungsfunktion und andere Funktionen nicht zu, dann entfällt die Unabhängigkeit der mittelbaren Beschaffungskosten von der Bestellmenge. Der Umfang der Bestellmenge beeinflußt über die Bestellhäufigkeit die sogenannten bestellfixen Kosten in unterschiedlichem Maße. Die Höhe der mittelbaren Beschaffungskosten ist jetzt eine Funktion der Bestellhäufigkeit, so daß **stetige oder sprunghafte Kostenänderungen in Abhängigkeit von der Bestellmenge** bei der Planung zu berücksichtigen sind.

Die Lagerkostenverrechnung wird ebenfalls unter vereinfachenden Annahmen durchgeführt. Die Ermittlung der Lagerkosten erfolgt in Form eines Zuschlags auf den durchschnittlichen Lagerbestandswert. Der Zuschlagssatz (i) (bzw. $q = \frac{i}{100}$) wird als konstanter numerischer Wert in die Mengenplanung eingeführt und ist von der Bestellmenge unabhängig. Die Unabhängigkeit der Lagerkosten von der Bestellmenge ist jedoch nur dann gegeben, wenn zwischen den Lagerhaltungskosten auf der einen und dem Produkt aus durchschnittlichem Lagerbestandswert und Lagerzeit auf der anderen Seite folgende Proportionalitätsbeziehung besteht:

$$(3.17) \qquad \frac{K_L}{\frac{K_B}{2} \cdot t} = q.$$

Eine Analyse der Lagerkostenbestandsteile zeigt jedoch, daß sich die Lagerkosten aus mengen- und zeitunabhängigen Lagerkosten, bestellmengenabhängigen, zeitabhängigen sowie mengen- und zeitabhängigen Bestandteilen zusammensetzen (vgl. S. 325ff.). Die unterstellte Proportionalität entspricht somit nicht der Realität. In diesem Falle ist die vorherige Festlegung des Lager- und Zinskostensatzes nicht möglich, da das auf den Zuschlagssatz einwirkende durchschnittlich im Lager gebundene Kapital und die auf Lager befindliche Gütermenge von der optimalen Bestellmenge abhängen, die wiederum erst dann festgestellt werden kann, wenn der Lagerkostensatz bekannt ist. Zur Problemlösung muß eine **verfeinerte Lagerkostenfunktion** herangezogen werden.

Neben den genannten können auch andere Grundannahmen durch entsprechende Modellerweiterungen aufgehoben werden.

Wird die Annahme eines sofortigen Zuflusses der gesamten Bestellmenge in einem bestimmten Zeitpunkt zugunsten einer Beschaffungssituation mit

*sukzessiver Lagerzugang*

sukzessivem Lagerzugang verändert, so ist die Höhe des durchschnittlichen Lagerbestands kleiner als beim Grundmodell. Bei Konstanz aller sonstigen Variablen (z. B. gleichbleibender Bestellmenge) fallen somit geringere Lagerhaltungskosten an. Eine entsprechend korrigierte Bestellmengenfunktion führt zu einer Erhöhung der optimalen Bestellmenge.

Weitere denkbare Modellerweiterungen betreffen die Berücksichtigung von Fehlmengenkosten sowie evtl. vorhandener Lagerraum- und Finanzierungsbeschränkungen.

**Die Bestimmung der optimalen Bestellmenge führt nur dann zu genauen Ergebnissen, wenn bezüglich der Kostenvariablen eindeutige Erwartungen bestehen.** In der Realität sind die Lager- und Zinskosten sowie die Fehlmengenkosten pro Mengeneinheit selten exakt bestimmbar, so daß eine genaue Mengenplanung kaum durchgeführt werden kann. Dennoch erweist sich die Anwendung der Bestellmengenformel bei ungenauen Informationen über die Kostenverläufe als sinnvoll, wenn der Verlauf der Bestellmengenstückkosten nur im Bereich eines relativ schmalen Bandes unsicher ist. Liegen über die Kostenhöhe Wahrscheinlichkeitsverteilungen vor, so handelt es sich um stochastische Entscheidungssituationen. Sie setzen Entscheidungsregeln voraus, mit denen mehrwertige Erwartungen verarbeitet werden können. **Die mehrdeutigen Informationen können zu eindeutigen Erwartungen transformiert werden, wenn beispielsweise mit den wahrscheinlichen Kosten oder dem Erwartungswert der Kosten gerechnet wird.** Die Struktur des Planungsproblems bleibt in diesem Falle unverändert. Die Ermittlung der optimalen Bestellmenge gestaltet sich jedoch wesentlich schwieriger, wenn neben dem Erwartungswert der Kostenvariablen andere statistische Kenngrößen in den Kalkül einbezogen werden.

*mehrwertige Kostenerwartungen*

Den bisher behandelten Problemen der Materialbeschaffungsplanung lagen Entscheidungssituationen mit bekanntem Bedarf und einer konstanten zeitlichen Verteilung des Bedarfs während der Planperiode zugrunde.

Unter dieser Voraussetzung ist die Entscheidung über die kostenoptimale Bestellmenge identisch mit der Entscheidung über den Bestellzeitpunkt. Die Anwendung eines der in Abb. 3.16 (S. 319) genannten Verfahren zur Ermittlung des Bestellzeitpunktes ist somit überflüssig. Zu berücksichtigen ist lediglich, daß der Bestellzeitpunkt um die für Bestell- und Anlieferungsvorgänge notwendige Zeitspanne gegenüber dem Beschaffungszeitpunkt vorverlegt werden muß. Dabei wurde implizit unterstellt, daß sich die Beschaffungszeit während der Planperiode nicht ändert bzw. daß der Entscheidungsträger mögliche Variationen richtig antizipiert.

**Im Mittelpunkt der folgenden Überlegungen stehen Entscheidungen, denen unsichere oder stochastische Informationen über Lagerabgänge und Beschaffungszeiten zugrunde liegen.**

*Planung des Bestellzeitpunktes*

**Beschaffungssituationen mit unsicheren oder stochastischen Lagerabgangsraten und veränderlichen Beschaffungszeiten erlauben keine simultane Festlegung des**

Beschaffungsprogramms in zeitlicher und mengenmäßiger Hinsicht. Die Beschaffungszeitpunkte sind Gegenstand eigenständiger Entscheidungen, da nicht genau abzusehen ist, wann das Lager erschöpft ist und welche Beschaffungszeiten anzusetzen sind. Diese Entscheidungen lösen die Zeitkomponente der Materialbeschaffungsplanung von der Mengenkomponente. **Die Art der Trennung von Zeit- und Mengenaspekten schlägt sich in der Wahl eines bestimmten Lagerhaltungssystems nieder, welches Verfahrensregeln sowohl für die Bestimmung des Bestellzeitpunktes als auch der Bestellmenge enthält.** Grundsätzlich sind zwei Typen von Lagerhaltungssystemen zu unterscheiden: das Bestellpunktsystem und das Bestellrhythmussystem. Eine Zwischenstellung nimmt das Optionalsystem ein. Es verbindet die Kontrollmechanismen des Bestellpunktsystems mit denen des Bestellrhythmussystems.

*mehrdeutige Mengen- und Zeiterwartungen*

Das Bestellpunktsystem ist das in der Praxis der Lagerdisposition am häufigsten angewandte Verfahren.

*Bestellpunktsystem*

**Bestellungen in Höhe der vorher festgesetzten Bestellmenge werden in diesem System aufgegeben, wenn die Vorräte auf den kritischen Lagerbestand(s) absinken. Entscheidungen über die Bestellmenge und über die Höhe des kritischen Lagerbestandes, bei dessen Erreichen ein neuer Bestellvorgang ausgelöst wird, bestimmen somit den Ablauf des Systems.**

*Grundkonzeption*

Sofern die beiden Größen Bestellmenge und kritischer Lagerbestand festgelegt sind, werden nur noch Routineentscheidungen erforderlich, um das Beschaffungsprogramm zu realisieren. Da das Erreichen des kritischen Lagerbestandes, der häufig als Bestellpunkt oder Meldemenge bezeichnet wird, von der zeitlichen Verteilung des Bedarfs abhängig ist, sind infolge der festgelegten Bestellmenge die Bestellintervalle bei veränderlichen Lagerabgangsraten variabel.

Bei Erreichen der Meldemenge ($x_m$) wird eine Bestellung über die ($x_c$) Mengeneinheiten eines Gutes ausgelöst.

Unter dem Gesichtspunkt einer möglichst kostengünstigen Gestaltung des Lagerhaltungssystems bietet sich eine Bestellmenge in Höhe der kostenoptimalen Bestellmenge an. Da jedoch die zu erwartenden Bedarfsschwankungen zu einer nachträglichen ständigen Veränderung der optimalen Bestellmenge führen, ist dieses Ziel nur näherungsweise zu realisieren. Um zu vermeiden, daß jedesmal bei Erreichen der Meldemenge die „optimale" Bestellmenge neu berechnet werden muß, wird die Entscheidung meist vereinfacht; mit Hilfe der erstmaligen Berechnung der kostenoptimalen Bestellmenge wird eine Höchstmenge (Grundbestand S) bestimmt, bis zu der das Lager dann bei jeder weiteren Bestellung (rechnerisch) aufgefüllt wird. Eine derartige Verhaltensweise dient vor allem der Vermeidung unnötig hoher Lagerbestände. Die Differenz zwischen Meldemenge und festgelegtem Höchstbestand ist konstant und ergibt in der Regel eine über die gesamte Planungsperiode feste Bestellmenge. Eine Überprüfung des Höchstbestandes erfolgt in größeren Zeitabständen. Der tatsächliche Lagerbestand nach Zugang einer Bestellung stimmt mit dem festgelegten Höchstbestand nur in Ausnahmefällen überein, da die Lagerabgangsraten während der Beschaffungszeiten schwanken, und daher nur selten

*Berechnung der Meldemenge*

die richtigen Verbrauchswerte bei der Bemessung der Bestellmenge zugrunde gelegt werden.

**Die Leistungsfähigkeit des Bestellpunktverfahrens wird in erster Linie durch die Höhe der Meldemenge beeinflußt.** Sie ergibt sich im Normalfall aus dem durchschnittlichen Verbrauch ($\bar{v}$) pro Zeiteinheit während einer (deterministischen) Beschaffungszeit ($t_b$) und dem geplanten Sicherheitsbestand ($x_s$).

(3.18) $\qquad x_m = \bar{v} \cdot t_b + x_s$

Soll ein Fehlbedarf auf jeden Fall vermieden werden, ist die Summe so zu dimensionieren, daß auch ein maximal möglicher Bedarf nach Erreichen der Meldemenge gedeckt werden kann.

(3.19) $\qquad x_m = \bar{v} \cdot t_b + x_s = v_{max} \cdot t_b$

Unter der obigen Bedingung, daß in keinem der für möglich gehaltenen Fälle ein Fehlbedarf auftreten darf, ergibt sich der Sicherheitsbestand als Differenz zwischen dem maximal erwarteten und dem durchschnittlich erwarteten Bedarf während der Beschaffungszeit. Ein Sonderfall liegt vor, wenn die Beschaffungszeit länger als die Verbrauchszeit ist. Hier muß die neue Bestellung bereits erfolgen, wenn der Lagerbestand einschließlich der bereits bestellten, aber noch nicht eingegangenen Mengen die Meldemenge erreicht. Das Prinzip des Bestellpunktverfahrens ist in Abbildung 3.22/3.23 dargestellt.

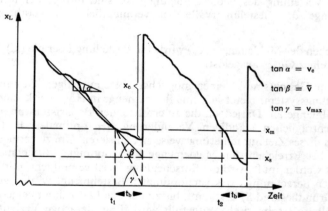

*Abb. 3.22: Lagerbewegungen beim Bestellpunktsystem*

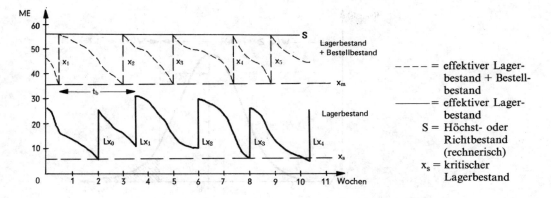

Abb. 3.23: *Bestellpunktsystem im Fall „Beschaffungszeit > Verbrauchszeit"*

**Sicherheitsbestände** absorbieren Verbrauchsschwankungen der Fertigung und Beschaffungszeitveränderungen. Offensichtlich erhöhen niedrige Sicherheitsbestände das Risiko des Auftretens von Fehlbeständen, verursachen aber weniger Lagerhaltungskosten. **Für das optimale Reservelager weist die Summe der Lagerhaltungs- und Fehlmengenkosten ein Minimum auf.** Obwohl dieser Konzeption keine großen theoretischen Schwierigkeiten entgegenstehen, ist es häufig für den Entscheidungsträger unmöglich, realistische Fehlmengenkosten zu prognostizieren. Deshalb wird zur Lösung des Problems eine Fehlbestandsgrenze oder Verfügungswahrscheinlichkeit festgelegt, die nicht unterschritten werden darf.

*Erweiterungen des Bestellpunktsystems*

Für die Formulierung einer Fehlbestandsgrenze bieten sich verschiedene Faustregeln an. Das einfachste Maß für das Risikopotential von Lagerhaltungssystemen ist die Angabe der Häufigkeit des Auftretens von Fehlbeständen während der Planungsperiode. Der prozentuale Anteil der Bestellperioden, in denen Fehlmengen vorkommen, an der Gesamtheit der Bestellperioden, ergibt den **Fehlbestandsprozentsatz.** Dieses Maß erbringt jedoch nur ungenaue Informationen über das gesamte Ausmaß des Fehlbestandsrisikos der Lagerhaltung. Eine aussagefähige Beurteilung der Eignung des Lagerhaltungssystems kann durch die zusätzliche Einbeziehung der **Gesamthöhe der Fehlbestände** und der **Fehlbestandsdauer** erreicht werden. Wegen der Schwierigkeiten der Berechnung dieser Größen wird in den weiteren Ausführungen die Häufigkeit des Auftretens von Fehlbeständen während des Planungszeitraums als Ausdruck des Risikopotentials der Lagerhaltung verwendet.

*Fehlbestandsgrenzen*

Eine realitätsbezogene Darstellung der Wahrscheinlichkeitsverteilung der Lagerabgangsraten liefert die **Normalverteilung** oder die **Poissonverteilung.** Ebenso sind jedoch logarithmische oder exponentielle Verteilungen denkbar. Die folgenden Ausführungen beziehen sich auf die Normalverteilung, die aufgrund ihres stetigen Charakters insbesondere bei beliebig teilbaren Produktionsfaktoren zu brauchbaren Ergebnissen führt (vgl. Abb. 3.24).

*Fehlbedarfswahrscheinlichkeiten*

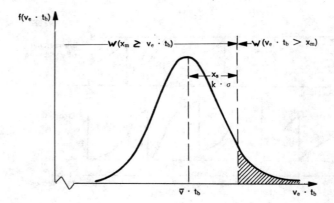

Abb. 3.24: *Lagerabgangsrate als normalverteilte Zufallsvariable*

Diese Normalverteilung hat den Mittelwert ($t_b \cdot \bar{v}$) und die Standardabweichung ($\sigma$). Mit der Festlegung der Verfügungswahrscheinlichkeit w ($x_m \geqq v_e \cdot t_b$) ist zugleich der Umfang des Sicherheitsbestandes bestimmt, der als Vielfaches der Standardabweichung ausgedrückt werden kann: $x_s = k \cdot \sigma$.

Hohe Sicherheitsbestände und somit eine hohe Meldemenge vermindern die Wahrscheinlichkeit für das Auftreten eines Fehlbedarfs während der Beschaffungszeit. Die Fehlbedarfswahrscheinlichkeit sinkt allerdings meist unterproportional zur Zunahme des Sicherheitsbestandes. Dies bedeutet, daß jede zusätzliche Erhöhung des Sicherheitsbestandes um eine Mengeneinheit weniger zur Verminderung der Fehlbestandswahrscheinlichkeit beiträgt als die vorhergehende Sicherheitsbestandseinheit.

*optimaler Sicherheitsbestand*

Die Verfügbarkeitswahrscheinlichkeit gibt nur den Sicherheitsgrad der Bedarfsdeckung an und läßt noch keine Schlüsse über optimale Sicherheitsbestände zu. Zur Ermittlung optimaler Sicherheitsbestände bzw. Meldemengen sind deshalb die Kosten in die Überlegungen einzubeziehen. Der Entscheidungssituation entsprechend werden nur die Kosten der Sicherheitsbestände und die Fehlmengenkosten berücksichtigt. **Während bei steigendem Reservelager dessen Lagerhaltungskosten anwachsen, haben die Fehlmengenkosten eine fallende Tendenz.** Die Optimierungssituation ähnelt dem Problem der kostengünstigsten Bestellmengenbestimmung des Grundmodells. Ebenso wie bei der Ermittlung der optimalen Bestellmenge enthält dieses Optimierungsproblem zahlreiche Variationen, die aus den unterschiedlichen Ausprägungen der einbezogenen Kostenvariablen resultieren. Ein relativ einfacher Ansatz, der unter Umständen bereits eine gute Näherungslösung darstellt, ist gegeben, wenn mit mengenabhängigen Kosten gerechnet wird. Bezeichnet (c) die Fehlmengenkosten pro Stück, dann gilt für die gesamten Fehlmengenkosten folgende Beziehung:

$$(3.20) \qquad K_c = \frac{M}{x_o} \cdot E\,(t_b \cdot v_e > x_m) \cdot c.$$

Der **erwartete Fehlbestand pro Bestellung** $E(t_b \cdot v_e > x_m)$ entspricht der Summe der möglichen Bedarfsüberschüsse über die Meldemenge, die mit ihren Eintrittswahrscheinlichkeiten gewichtet werden:

$$(3.21) \quad E(t_b \cdot v_e > x_m) = \sum_{t_b \cdot v_e = x_m + 1}^{t_b \cdot v_e = v_{max} \cdot t_b} (t_b \cdot v_e - x_m) \cdot w(t_b \cdot v_e).$$

Die Multiplikation des Erwartungswerts mit der Anzahl der Bestellungen pro Planperiode ($\frac{M}{x_0}$) ergibt den gesamten erwarteten Fehlbestand des Planungszeitraums, so daß sich bei bekannten Fehlmengenstückkosten die gesamten Fehlmengenkosten ermitteln lassen. Unter Berücksichtigung der sicherheitsbestandsabhängigen Lagerhaltungskosten ist deshalb folgende Gesamtkostengleichung zu minimieren:

$$(3.22) \quad K(x_m) = x_s \cdot p\,q + \frac{M}{x_0} E(t_b \cdot v_e > x_m) \cdot c.$$

Bei einem gegebenen Sicherheitsbestand ist eine Veränderung dieser Größe vorteilhaft, solange die dadurch entfallenden Lager(Fehlmengen-)kosten die zusätzlichen Fehlmengen(Lager-)kosten überkompensieren. Im Optimum ist die Steigung der beiden Kostenkurven gleich.

Die Steigung der Lagerhaltungskostenkurve für den Sicherheitsbestand ($K_L = x_s \cdot p \cdot q$) wird durch ($p \cdot q$) bestimmt, die Steigung der Fehlmengenkosten hängt bei konstanten Stückkosten und gegebener Bestellhäufigkeit von Änderungen des Erwartungswerts $E(t_b \cdot v_e > x_m)$ ab. Der Erwartungswert variiert wiederum proportional mit der Fehlbedarfswahrscheinlichkeit $w(t_b \cdot v_e > x_m)$. Somit erfüllt die optimale Meldemenge bzw. der optimale Sicherheitsbestand die Bedingung

$$(3.23) \quad p \cdot q = \frac{M}{x_o} \cdot w(t_b \cdot v_e > x_m) \cdot c$$

oder:

$$(3.24) \quad w(t_b \cdot v_e > x_m) = \frac{p \cdot q \cdot x_o}{M \cdot c}.$$

Da alle Größen auf der rechten Seite der Gleichung bekannt sind, kann die Fehlbestandswahrscheinlichkeit bestimmt werden. Der ermittelte Wert repräsentiert die **maximal zulässige Wahrscheinlichkeit für das Auftreten eines Fehlbedarfs pro Bestellung.** Die Ermittlung der optimalen Meldemenge erfolgt nun in der Weise, daß entsprechend der bekannten Wahrscheinlichkeitsverteilung des Verbrauchs für den betreffenden Produktionsfaktor diejenige Meldemenge ausgesucht wird, deren Fehlbedarfswahrscheinlichkeit gerade gleich dem berechneten Wert oder geringer als dieser ist.

Eine in der Praxis anzutreffende Variante des Bestellpunktsystems ist das „Zwei-Behälter-System" (two-bin-system). Bei diesem System erfolgt eine Absonderung von Vorräten in Höhe der Meldemenge in einem besonderen Lager (Lager 2). Weitere Vorräte werden dem Lager 1 zugeführt. Wenn die Vorräte des Lagers 1 verbraucht sind, ist der Meldebestand erreicht, und eine neue Bestellung wird aufgegeben. Der weitere Bedarf während der Beschaffungszeit wird aus dem Lager 2 gedeckt. Beim Eingang der Bestellmenge wird das zweite Lager bis zur Meldemenge aufgefüllt. Der Rest der Bestellmenge wird dem ersten Lager zugeführt, das nun wieder den weiteren Bedarf befriedigt. Die strikte Durchführung dieses Systems erlaubt eine übersichtliche Lagerkontrolle hinsichtlich der Mindestbestände.

Das Bestellpunktsystem baut auf bestimmten Prämissen hinsichtlich Verbrauchsraten und Beschaffungszeiten auf. Ändern sich diese Bedingungen, so müßte eine Revision der festgelegten und beeinflußbaren Größen vorgenommen werden, wenn die Wirtschaftlichkeit des Lagerhaltungssystems gewährleistet sein soll. In der Praxis erfolgt diese Bedarfsüberprüfung meist in größeren Zeitabständen. Bei höheren Verbrauchsraten steigt z. B. insbesondere die Gefahr auftretender Fehlmengen, so daß neue Melde- und Sicherheitsbestände zu bestimmen wären. Im umgekehrten Falle müßten der Melde- und Sicherheitsbestand abgebaut werden. Für Beschaffungszeitänderungen gelten ähnliche Überlegungen.

*Bestellrhythmussystem*

**Das Bestellrhythmussystem ist durch Bestellungen in gleichbleibenden Zeitabständen in Höhe einer autonom festgelegten Bestellmenge gekennzeichnet.** Bestellungen sind daher unabhängig von den Lagerabgangsraten innerhalb der Gesamtplanungsperiode jeweils zu festen Zeitpunkten vorzunehmen.

*Richtbestand*

Die Höhe der rhythmischen Bestellungen ergibt sich in der Regel aus der Differenz zwischen dem effektiven Lagerbestand zuzüglich eines eventuell vorhandenen Bestellbestands und dem rechnerischen Höchst- bzw. Richtbestand (S). Eine über die Gesamtplanungsperiode feste Bestellmenge ist zwar theoretisch denkbar, in der Praxis jedoch überwiegend unbrauchbar.

Je nachdem ob der gewählte Bestellrhythmus ($t_z$) größer oder kleiner als die Beschaffungszeit ($t_b$) ist, ergeben sich die in Abbildung 3.25 dargestellten Lagerbestandsentwicklungen.

Voraussetzung für den reibungslosen Ablauf des Systems ist eine **periodische Vorratsüberprüfung**, die den Verbrauch während der vorausgegangenen Bestellperiode zu ermitteln hat. Die Genauigkeit der Kontrolle dieses Systems wird durch die Anzahl der Überprüfungen während des Planungszeitraums bestimmt. Sie kommt in der Länge der Bestellperiode zum Ausdruck. **Zur**

*optimaler Bestellrhythmus*

**Bestimmung des optimalen Bestellrhythmus sind die Kosten zu minimieren, deren Höhe sich in Abhängigkeit von der Länge der Bestellperiode ändert.**

(3.25) $$K = n(a+z) + \frac{\bar{x}}{2} \cdot p \cdot q$$

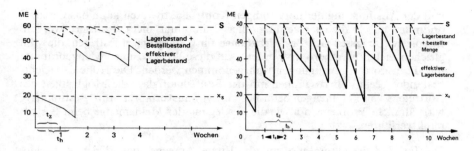

Abb. 3.25: *Lagerbestandsentwicklung beim Bestellrhythmussystem*

Die relevanten Gesamtkosten setzen sich aus den bestellfixen Kosten (a) und den Überprüfungskosten einer Lagerkontrolle (z) multipliziert mit der Anzahl der Bestellungen (n) sowie aus den Lagerkosten (p · q) für die Hälfte der durchschnittlichen Bestellmenge ($\frac{\bar{x}}{2}$) zusammen. Diese Gleichung stellt jedoch nur eine Näherungslösung dar, da aus Vereinfachungsgründen weder Zinsen für die bestellfixen Kosten (i · $\frac{a \cdot n}{2}$) angesetzt wurden noch die Lagerhaltungskosten für einen vorhandenen Sicherheitsbestand ($x_s \cdot p \cdot q$) erfaßt sind.

Ersetzt man die durchschnittliche Bestellmenge ($\bar{x}$) durch ($\frac{M}{n}$) und differenziert die vereinfachte Kostengleichung $K = n(a+z) + (\frac{p \cdot q \cdot M}{2n})$ nach n, so ergibt sich die optimale Bestellhäufigkeit:

(3.26) $\quad n_o = \sqrt{\dfrac{p \cdot q \cdot M}{2(a+z)}}$

Entsprechend gilt für die optimale Bestellperiode:

(3.27) $\quad t_{zo} = \dfrac{1}{n} = \sqrt{\dfrac{2(a+z)}{p \cdot q \cdot M}}$

Es zeigt sich, daß sich dieses Modell nur durch die Kontrollkosten (z) vom Grundmodell zur Ermittlung der optimalen Bestellmenge unterscheidet.

In der Regel werden nicht allen auf Lager befindlichen Verbrauchsgütern optimale Bestellperioden zugeordnet. Theoretisch könnten für 1 000 Güter 1 000 verschiedene Bestellperioden ermittelt werden. Die Ermittlung dieser Teiloptima gewährleistet jedoch nicht die kostenoptimale Gestaltung aller Aktivitäten des Beschaffungsbereichs. Insbesondere infolge der bestehenden Interdependenzen zwischen den Gütern sowie infolge des Rechenaufwands

*Teiloptima/ Gesamtoptimum*

und der Abstimmung der notwendigen Kontrollaktivitäten kann das Gesamtoptimum durch die Berechnung aller Teiloptima nicht realisiert werden. Beispielsweise lassen sich **Bestellrhythmen für Gütergruppen** festlegen, die vom gleichen Lieferanten bezogen werden. Auf diese Weise können Mengenrabatte und Transportvergünstigungen wahrgenommen werden. Die Höhe des Richtbestandes beeinflußt zusammen mit der Bestellhäufigkeit die Möglichkeit des Auftretens von Fehlmengen beim Bestellrhythmusverfahren. Ihre Bestimmung wirft ähnliche Probleme auf wie die Festlegung der Meldemenge beim Bestellpunktverfahren.

Die für das Bestellpunktsystem abgeleitete Aussage, daß diejenige Meldemenge das Kostenoptimum verwirklicht, bei der die Summe aus Lagerhaltungskosten und Fehlmengenkosten ihr Minimum erreicht, kann auf den Richtbestand im Bestellrhythmussystem übertragen werden.

*Bestellrhythmussystem und Bedarfsüberprüfung*

Das Bestellrhythmusverfahren setzt eine **periodische Bestandskontrolle** voraus. Wie beim Bestellpunktverfahren, bei dem die Meldemenge den Bedarfsverschiebungen angepaßt wird, führen nachhaltige Verbrauchsverschiebungen beim Bestellrhythmussystem zu Änderungen des Richtbestandes oder der Bestellperiode. Wachsender Bedarf im Produktionsbereich bewirkt die Bestellung größerer Mengen und erhöht die Wahrscheinlichkeit von Fehlbeständen, so daß der unveränderte Richtbestand nicht mehr dem Kostenminimum entsprechen würde. Eine Verringerung des Verbrauchs schlägt sich in kleineren Bestellmengen und in einem größeren durchschnittlichen Lagerbestand nieder. In diesem Falle erhöhen sich die Lagerkosten bei gleichzeitig abnehmenden Fehlmengenkosten.

*Optionalsystem*

*Grundkonzeption*

**Das Optionalsystem vereinigt die Kontrollmechanismen des Bestellpunkt- und des Bestellrhythmussystems. Mittels Meldemenge und regelmäßiger Lagerüberprüfung entsteht ein doppelter Kontrollmechanismus.** Hierdurch gelingt es, die Vorteile beider Systeme zu erhalten und eine konsequentere Überwachung der Lagerbestände und der Lagerabflüsse zu gewährleisten. Abbildung 3.26 zeigt das Optionalsystem in Verbindung mit einer variablen Bestellmenge sowohl für den Fall, daß die Beschaffungszeit ($t_b$) kleiner als die Dauer des gewählten Kontrollrhythmus ist, als auch für die umgekehrte Situation einer im Vergleich zum Kontrollrhythmus ($t_z$) längeren Beschaffungszeit.

Im Gegensatz zum Bestellrhythmusverfahren besteht beim Optionalsystem ein Wahlrecht, ob an den festgelegten Kontrollterminen eine Bestellung ausgelöst werden soll.

Die Verfahrensregeln für die Auslösung eines Bestellvorganges lauten:

1. Bei jeder Bestandsüberprüfung entsprechend der festgelegten Kontrollperiode ist festzustellen, ob der Lagerbestand einschließlich der bereits bestellten Mengen die Meldemenge erreicht hat.

*Verfahrensregeln*

2. Ist die Meldemenge erreicht oder unterschritten, so ist diejenige Menge zu bestellen, welche die vorhandenen Bestände zuzüglich der bestellten Menge bis zur Höhe des Richtbestandes ergänzt.

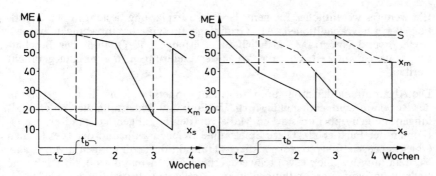

---- = effektiver Lagerbestand + Bestellmenge
———— = effektiver Lagerbestand
S = Höchst- bzw. Richtbestand (rechnerisch)
$x_m$ = Meldemenge
$x_s$ = Sicherheitsbestand

*Abb. 3.26: Lagerbestandsentwicklung beim Optionalsystem*

3. Ergibt die Lagerkontrolle, daß die verfügbaren und bestellten Mengen größer als die Meldemenge sind, so wird von einer Bestellung abgesehen. Die erneute Bestandsüberprüfung erfolgt in der nächsten Bestellperiode.

## 4. Planung des Materialeinkaufs

In den bisherigen Ausführungen zu dispositiven Entscheidungen wurden zunächst die Anforderungen seitens der Unternehmung als wichtigster Maßstab für die Planung betrachtet. In der Regel ist jedoch davon auszugehen, daß dispositive Entscheidungen der Materialwirtschaft auch in hohem Maße von den Bedingungen und Gestaltungsmöglichkeiten des Beschaffungsmarktes abhängen. Diese marktlichen Faktoren sind bei der **Planung des Materialeinkaufs** zu berücksichtigen. Die Vorstellungen und Lösungsansätze, die in der Materialbedarfs- und Lagerplanung gewonnen werden, müssen aufgrund marktlicher Informationen entsprechend modifiziert werden. Für ein derartiges marktorientiertes Entscheidungsverhalten der Unternehmung wird häufig der Begriff des Beschaffungsmarketing verwendet. Da dem Beschaffungsmarketing in der Regel auch zahlreiche andere Aufgabenstellungen zugeordnet sind, werden im Rahmen der hier behandelten dispositiven Entscheidungen nur Teilaspekte des Begriffs erfaßt. Wesentliche Elemente der Planung des Materialeinkaufs sind die **Lieferantenbewertung** und die hierauf aufbauenden Entscheidungen über die aktuelle Lieferantenstruktur. Als Rahmen für die aktuelle Lieferantenstruktur dient die durch strategische Entscheidungen festgelegte potentielle Lieferantenstruktur.

*Elemente der Einkaufsplanung*

Ein weiteres wesentliches Element der Einkaufsplanung besteht in der **Gestaltung der Lieferkonditionen.** Als Grundlage für die Vereinbarungen müssen Angebot und Nachfrage bezüglich Preis, Menge und Qualität der Beschaffungsgüter sowie Zeit, Ort und Wege der Lieferungen in Einklang gebracht werden.

Die Abstimmung der monetären und nicht-monetären Konditionen erfolgt in der Regel auf dem **Verhandlungsweg.** Umfang und Bedeutung dieser Verhandlungen hängen dabei im starken Maße von den jeweiligen Verhandlungsspielräumen der Partner ab. Diese Spielräume weichen aufgrund der spezifischen Objekteigenschaften sowie sonstiger Transaktionsbedingungen (Marktlage, Verhandlungsgeschick usw.) teilweise erheblich voneinander ab. So dürfte die Bedeutung von Verhandlungen beim Kauf von Investitionsgütern (z. B. komplette Fabriken, Großanlagen usw.) so hoch sein, daß hier eher von strategischen Entscheidungen gesprochen werden muß, wohingegen bei der Beschaffung geringwertiger Güter meist unbedeutende oder keine Verhandlungen stattfinden.

### a) Lieferantenbewertung und Lieferantenstruktur

Die Bewertung einzelner Lieferanten wird zunächst mittels einer Analyse der Beschaffungskosten vollzogen. Als Instrument der Prüfung und des Vergleichs der unterschiedlichen Angebote dient die Beschaffungskalkulation. Sie stellt die Rechnungspreise einzelner Lieferanten inclusive um Abzugsbeträge (z. B. Skonti, Rabatte) verminderter Bezugskosten einander gegenüber. Aus dem Vergleich der Einstandspreise ergibt sich dann die kostengünstigste Lieferquelle. Zu berücksichtigen ist ferner, daß sich die Ergebnisse der Beschaffungskalkulation ändern können, wenn unterschiedliche Bestellmengen zugrunde gelegt werden und die Lieferanten eine unterschiedliche mengenbezogene Preisdifferenzierung betreiben. Beruht der Kostenvergleich auf unterschiedlichen Beschaffungsmengen, so sind nicht nur die mengenabhängigen Preisstaffelungen der Lieferanten, sondern auch die mengenabhängigen Transportkosten zu berücksichtigen. In den Modellen der Standorttheorie werden der Einfluß einzelner Transportkostenarten untersucht und kostenoptimale Beschaffungsalternativen abgeleitet (vgl. Teil 2, Kap. III). Beschaffungskalkulationen beschränken sich zwangsläufig auf rechnerisch erfaßbare Größen. Die quantitative Lieferantenbewertung ist in den meisten Fällen durch eine qualitative Analyse zu ergänzen. Neben der Güte und Konstanz der Produktqualität werden unter anderem Serviceleistungen der Lieferanten, Einhaltung von Lieferterminen, Erfahrung sowie Nebenleistungen wie z. B. Garantiezusagen, Haftungsbeschränkungen und Transportrisikohandhabung in die Beurteilung eingebracht.

Um die Subjektivität des Beurteilenden – inbesondere bei persönlichen Beziehungen zwischen Einkäufer und Lieferanten – zu verringern, ist es sinnvoll, den gesamten Bewertungsvorgang anhand vorgeplanter Beurteilungsschemata ablaufen zu lassen. Die Erkenntnisse, die im Rahmen der Lieferantenbewertung gewonnen werden, sind Grundlage der Entscheidungen über die aktuellen Lieferanten.

Die **Lieferantenstruktur** einer Unternehmung ist durch die Art, Anzahl und räumliche Verteilung der aktuellen Lieferanten gekennzeichnet.

*Begriff der Lieferantenstruktur*

Häufig ist es zweckmäßig, für die Beschaffung **eines** Gutes **mehrere** Lieferanten auszuwählen. Notwendig ist dies dann, wenn die Bedarfsmenge die **Kapazität eines einzelnen Anbieters** überschreitet. Auch aus Gründen der **Bedarfssicherung** bei Güterverknappung oder Ausscheiden des bisherigen Stammlieferanten ist es bei Rohstoffen und Importgütern wichtig, auf andere Bezugsmöglichkeiten ausweichen zu können, um Produktionsengpässe zu vermeiden. Auch **wechselnde Bedarfsmengen** können die Unternehmung veranlassen, bei mehreren Lieferanten einzukaufen. In diesem Fall kann der Bezug größerer Mengen beim Produzenten, die Beschaffung kleinerer Mengen beim nähergelegenen Großhandel günstig sein.

*Anzahl der Lieferanten*

Die Zusammenarbeit mit mehreren Lieferanten bewirkt außerdem eine **Ausweitung des Kreditlimits** für die beschaffende Unternehmung gegenüber dem Bezug bei einer Beschaffungsquelle. Bei Unternehmungen mit einem gegebenen Finanzbedarf ergibt sich die Zahl der Lieferanten durch den Gesamtbedarf an Lieferantenkredit und den Kreditlimits der einzelnen Anbieter. Neben den genannten Gründen veranlassen häufig auch **emotionale Bindungen** (Treue, Dankbarkeit) zu früheren Lieferanten, Unabhängigkeitsbestrebungen und Sicherheitsziele die beschaffende Unternehmung, ihre Bedarfsgüter von mehreren Lieferanten zu beziehen.

Gegen eine zu starke Ausweitung der Lieferantenzahl sprechen folgende Gesichtspunkte: Eine einheitliche Produktqualität ist bei einem oder wenigen Lieferanten einfacher zu erreichen. Preis- und Konditionsvorteile sowie Lerneffekte des Herstellers steigen in der Regel mit abnehmender Lieferantenzahl durch wirkungsvollere Mengeneffekte.

#### b) Konditionen

Ein weiteres wesentliches Element der Planung des Materialeinkaufs ist die Vereinbarung der Lieferkonditionen. Lieferkonditionen sind in der Regel Bestandteil des Kaufvertrages. **Ihre Hauptaufgabe besteht darin, einen möglichst reibungslosen Ablauf des Transaktionsprozesses zu gewährleisten und zur Lösung von auftretenden Meinungsunterschieden beizutragen.** Um diesen Aufgaben gerecht zu werden, sind die vertraglichen Formulierungen bezüglich der Lieferkonditionen relativ ausführlich und in präziser Sprache abzufassen.

*Aufgabe von Konditionen*

Gegenstand von Konditionsvereinbarungen sind einerseits monetäre Tatbestände wie Preise und Zahlungsbedingungen und andererseits nicht-monetäre Tatbestände wie Mengen und Qualität einzelner Lieferungen bzw. Zeiten, Orte und Wege der entsprechenden Transaktionen. Daneben können noch gewisse Nebenleistungen vereinbart werden.

*Bestandteile von Konditionsvereinbarungen*

**Preiskonditionen** beinhalten in der Regel Aussagen über den Grundpreis sowie evtl. Preisauf- oder Preisabschläge. Der Grundpreis des Beschaffungsgutes umfaßt neben der zugrunde liegenden Bezugsgröße (Einheitspreis/Stck. usw.) die gewählte Valuta (Inlandswährung, Auslandswährung). Grundpreise

*monetäre Tatbestände*

können sowohl in Form von Festpreisen als auch mit Preisvorbehaltsklauseln formuliert werden. Preisabschläge werden in Form von Skonti, Boni oder Rabatten gewährt. Preisaufschläge stehen als monetärer Ausgleich für Versand-, Versicherungs- und Verpackungskosten. Gegenstand von Vereinbarungen über **Zahlungsbedingungen** sind die Zahlungsart, der Zahlungsort sowie Fragen des Zahlungszeitpunktes (Zahlung bei Lieferung, Kauf auf Ziel).

*nicht-monetäre Tatbestände*

Im Rahmen nicht-monetärer Konditionen muß zunächst der für die Bestellung maßgebliche **Qualitätsmaßstab** fixiert werden. Neben den Maßeinheiten geht es hierbei auch um die Festlegung der als maximal zulässig erachteten Toleranzen.

Die Produktqualität kann anhand von Typen, Marken, Handelsklassen usw. festgelegt werden. Nicht in allen Fällen läßt sich jedoch die Produktqualität verbal ausreichend genau beschreiben (vgl. S. 310f.). Man behilft sich daher häufig dergestalt, daß im Kaufvertrag auf Modelle, Materialproben oder Muster Bezug genommen wird.

Unnötig hohe Qualität der Beschaffungsgüter führt zu erheblichen Verteuerungen. Im Rahmen von Rationalisierungsüberlegungen sollten daher die Beschaffungsgüter häufig daraufhin untersucht werden, welche Qualitätsanforderungen ohne Verlust unverzichtbarer funktioneller Eigenschaften reduziert werden könnten. **Ein systematisches Verfahren, derartige Erkenntnisse zu gewinnen, ist die Wertanalyse.** Ursprünglich war die Wertanalyse als Verfahren zur Kostenreduktion vornehmlich für die unternehmensinterne Anwendung gedacht. **Wertanalysen sollen hierbei in möglichst systematischer Weise Aufschluß darüber geben, ob und inwieweit das im Endprodukt verkörperte Funktionsbündel vom Käufer tatsächlich erwartet und vom Unternehmen mit möglichst geringen Kosten hergestellt wird.** Wertanalysen werden sowohl in der Entwicklungsphase neuer Produkte als auch bei der Überprüfung des bisherigen Produktionsprogramms angewandt. Positive Nutzeffekte können sich für den Beschaffungsbereich insbesondere dann ergeben, wenn die Erkenntnisse der Wertanalyse den Lieferanten durch intensiven Informationsaustausch – möglichst in Form institutionalisierter Gremien – zugänglich gemacht werden. Diese können dann aufgrund ihres verbesserten Informationsstandes eine funktionelle Qualitätsmodifikation der von ihnen produzierten Beschaffungsgüter herbeiführen. Vornehmlich im Investitionsgüterbereich dürfte entsprechenden Verhandlungen eine zunehmend strategische Bedeutung zukommen.

*Wertanalyse*

Weitere Elemente der nicht-monetären Konditionen sind die **Modalitäten der Güterverteilung.** Für die Wirtschaftlichkeit des materialwirtschaftlichen Funktionsbereichs ist die genaue Einhaltung von Lieferterminzusagen von hoher Bedeutung. Es ist zu beachten, daß sowohl vorzeitige als auch verspätete Lieferungen zu Nachteilen für die beschaffende Unternehmung führen können. Je weiter Bestelltag und Lieferzeitpunkt auseinanderliegen, desto größer ist in der Regel das Risiko bei den vereinbarten Lieferterminen zu veranschlagen. Ein Indiz für die Termintreue des Lieferanten ergibt sich meist aus seiner Bereitschaft zur vertraglichen Aufnahme von Konventionalstrafen für Terminüberschreitungen. In manchen Fällen kann das Terminrisiko auch durch den Abschluß spezifischer Verträge (Kauf auf Abruf, Sukzessivliefervertrag usw.) verringert werden.

Weitere Modalitäten der Güterverteilung sind die Art und Weise der Verpackung und des Transportes sowie Bestimmungen über den Erfüllungsort des Kaufvertrages.

In einem engen Zusammenhang mit den Konditionenverhandlungen stehen Verhandlungen über zusätzliche Nebenleistungen bei der Transaktion von Beschaffungsgütern. Die Konditionen werden durch die Gewährung von Nebenleistungen teilweise modifiziert, teilweise auch ergänzt. Häufig werden Angebote über Nebenleistungen erst in späteren Phasen in die Verhandlungen eingebracht. Sie dienen in den meisten Fällen dazu, durch gewisse zusätzliche Anreizwirkungen den Verhandlungsabschluß zu erleichtern bzw. zu beschleunigen. **Da Nebenleistungen in der Regel ein auf die speziellen Bedürfnisse des Marktpartners abgestimmtes Angebot darstellen sollen, führen Angebote von standardisierten Nebenleistungen nicht zu optimalen Effekten.** Die gewünschten Wirkungen werden vielmehr nur durch Angebote erreicht, die der jeweiligen Verhandlungssituation angepaßt sind. Dies erfordert ein Höchstmaß an Kreativität und Flexibilität seitens des Anbieters von Nebenleistungen bei der Verhandlungsführung.

*Nebenleistungen*

Entsprechend den Anbietern der Nebenleistung ergibt sich die Einteilung in **Lieferanten- und Abnehmerleistungen.** Häufig übernehmen Abnehmer mit Anzahlungen Finanzierungsleistungen oder stellen im Rahmen der durch Wertanalysen initiierten mittelbaren Produktgestaltung dem Lieferanten Personal zur Entwicklung neuer technischer Lösungen zur Verfügung.

Die Vielzahl möglicher Nebenleistungen wird auch bei ihrer Aufgliederung im Hinblick auf ihre Bindung an die Hauptleistung (Beschaffungsgut) deutlich. **Nebenleistungen mit Bindung an die Hauptleistung** liegen vor, wenn der Nachfrager die Nebenleistung nicht ohne die Hauptleistung des Lieferanten erhalten kann. Hierzu zählen **Gütertransporte in Spezialfahrzeugen des Lieferanten, Rück- oder Umtauschrechte und Garantiefristen. Nebenleistungen ohne Bindung an die Hauptleistung** sind z. B. **qualifizierte Spezialberatungen, Schulungen der Mitarbeiter des Nachfragers oder Reparatur- und Ersatzteildienste.**

Nebenleistungen können auch danach unterschieden werden, ob ihre Inanspruchnahme mit einer gesonderten Preisstellung verbunden ist oder nicht. **Unentgeltliche Auskünfte und Beratungsdienste** z. B. durch Vertreter oder die **zeitweise Bereitstellung von Fachpersonal** für die Inbetriebnahme neuer Maschinen sind Beispiele für Nebenleistungen ohne gesonderte Preisstellung. **Berechnete Schulungs- und Beratungsleistungen** gehören zu Nebenleistungen mit speziellem Preis. Bei der Bewertung entgeltlicher Nebenleistungen ist zu berücksichtigen, daß die Lieferanten die entsprechenden Preise meist unter den eigenen Kosten ansetzen, um den Absatz ihrer Produkte zusätzlich zu fördern.

### c) Verhandlungen im Rahmen des Materialeinkaufs

*Aufgaben von Verhandlungen*

Voraussetzung für das erfolgreiche Ablaufen von Transaktionsprozessen im Beschaffungsmarkt ist die Abstimmung von Angebot und Nachfrage durch die beteiligten Parteien. Diese Abstimmung erfolgt in der Regel durch Verhandlungen. Die Transaktionsbedingungen und Konditionen werden dabei nicht als feste Größen angesehen, sondern die Verhandlungsparteien versuchen diese im Rahmen der stattfindenden Entscheidungsprozesse so zu konkretisieren, daß jedem Beteiligten wenigstens ein Mindestnutzen (Vorteil) aus der Vereinbarung erwächst.

Im Gegensatz zu den individuellen Kaufentscheidungsprozessen im Konsumbereich sind an den industriellen Verhandlungsprozessen meist mehrere Personen beteiligt. Mit Hilfe der Systemtheorie läßt sich der industrielle Beschaffungsprozeß wie folgt beschreiben.

**Durch die Aufnahme von Beziehungen zwischen anbietenden Lieferanten und den mit der Beschaffung von Gütern betrauten Organisationmitgliedern einer Unternehmung auf den Beschaffungsmärkten entsteht ein interorganisatorisches Zwischensystem, das Elemente von zwei oder mehreren Organisationen umfaßt.** Der Beschaffungsmarkt ist nicht allein als ökonomischer Ort des Austausches von Gütern zu betrachten, sondern er stellt zugleich das Ergebnis der von den jeweiligen Marktpartnern aufgrund ihrer Vorstellungen und Erwartungen durchgeführten Aktivitäten zur Entwicklung und Erhaltung von Austauschbeziehungen dar.

Vielfach wird die Aufnahme und Erhaltung von Kontakten von wenigen Organisationsmitgliedern vollzogen, die als Repräsentanten ihrer Unternehmungen handeln. Besonders bei der Beschaffung von Investitionsgütern oder beim Abschluß langfristiger Lieferverträge stehen nicht die Unternehmungen selbst, sondern Mitglieder dieser Organisationen im Vordergrund. In arbeitsteiligen Betriebswirtschaften wird der Verkehr mit Lieferanten häufig spezifischen Stellen oder Instanzen übertragen, die als Grenzstellen (Luhmann) bezeichnet werden können. Das Tätigwerden dieser Grenzstellen verpflichtet die von ihnen vertretene Unternehmung als Ganzes.

Werden Beschaffungs- und Absatzvorgänge lediglich zwischen wenigen Personen vollzogen, so kann das Beschaffungssystem als **strukturelles, aufgabenorientiertes Teilsystem** aufgefaßt werden. Häufig sind jedoch seitens der anbietenden und der nachfragenden Unternehmung weitere Organisationsmitglieder an Beschaffungs- bzw. Absatzvorgängen beteiligt, so daß eine exakte Systemabgrenzung kaum möglich ist. Bei innovativen und bedeutsamen Beschaffungsentscheidungen üben z. B. die Unternehmensleitung oder einzelne Ressortleiter einen bedeutenden Einfluß aus, wenn sie Zielvorgaben oder Nebenbedingungen für die zu tätigenden Transaktionen formulieren, die für die am Beschaffungsvorgang beteiligten Personen bindend sind.

Jeder Industriebetrieb unterhält in einem bestimmten Zeitpunkt eine Mehrzahl von Beschaffungsbeziehungen. **Das Beschaffungssystem setzt sich somit aus der Gesamtheit der einzelnen Beschaffungsteilsysteme zusammen.** Seine Aufgabe ist es, Beschaffungsobjekte und Transaktionsbedingungen auszuwählen bzw. auszuhandeln. Die Grundstruktur des Beschaffungssystems ist nachfolgend dargestellt.

Der **Input des Beschaffungssystems** umfaßt zunächst den Informationsstand der beteiligten Transaktionspartner. Dazu zählen die persönlichen Erwartungen und Vorstellungen, der Grad der Beherrschung von Verhandlungs- und Überzeugungstechniken sowie die für die Beschaffungsentscheidungen relevanten Teile des öffentlichen Informationssystems der Unternehmung (z. B. Lieferantenkartei, Kataloge), auf die die Mitglieder des Beschaffungssystems bei Bedarf zurückgreifen können. Ferner ist der Beschaffungsprozeß von verschiedenen organisationalen Gegebenheiten abhängig. Die Ausbildung der Verhandlungspartner, der organisatorische Aufbau der Beschaffungsfunktion sowie formaler und informaler Status der Einkäufer und Verkäufer sind Beispiele hierfür. Der technologische Input schließt die physische Umgebung, in der sich Beschaffungsvorgänge vollziehen, die zur Abwicklung erforderlichen Hilfsmittel sowie Art und Komplexität des Beschaffungsproblems (z. B. „Bestimmtheit" des Beschaffungsobjekts, Fristigkeit der Beschaffung) ein.

*Beschaffungsprozeß*

Im Verlaufe des Beschaffungsprozesses konkretisieren die Systemmitglieder ihre Wünsche und Erwartungen oder passen sie entsprechend neuen Informationen an. In Verhandlungen versuchen sie, die Transaktionspartner zur Akzeptanz eigener Werte und Einstellungen als Entscheidungsprämissen der Beschaffung zu bewegen (z. B. Kauf des Beschaffungsobjekts, Anerkennung als preiswürdiger Lieferant). Diese Versuche beinhalten auch die Verstärkung der bisherigen positiven Einstellung oder eine Änderung der Beurteilung gegenüber Konkurrenten.

Im Rahmen der stattfindenden Entscheidungsprozesse können einige typische Verhaltensmuster (Rollen) abgegrenzt werden, wie z. B. der „User" (Benutzer, Betreiber), der „Decider" (Entscheidungsbefugter), der „Buyer" (Käufer), der „Influencer" (Einflußagent) und der „Gate-keeper" (Inhaber von Schlüsselstellungen). Die entsprechenden Organisationsmitglieder üben einen starken, spezifischen Einfluß auf den Beschaffungsprozeß aus. Es können sowohl mehrere Personen die gleiche Rolle spielen als auch eine einzelne Person mehrere Rollen.

*Teilnehmer*

Als „User" werden die späteren Anwender des Beschaffungsgutes bezeichnet. Ihr Einfluß resultiert aus der Weitergabe von Informationen bezüglich Bedarf und Spezifikation einzelner Güter oder aus der von ihnen zu erwartenden Akzeptanz der Beschaffungsgüter.

„Decider" sind die Inhaber der formalen/informalen Entscheidungsbefugnis im Rahmen von Beschaffungsprojekten.

„Influencer" beeinflussen den Beschaffungsprozeß in der Regel indirekt, indem sie z. B. technische Vorgaben oder sonstige Werte über die zu beschaffenden Objekte definieren.

„Buyer" sind Organisationsmitglieder, die diejenigen Maßnahmen durchführen, die zur Realisierung der Kaufentscheidung notwendig sind.

Die „Gate-keeper" sind Organisationsmitglieder, die in der Lage sind, durch bewußte Steuerung und Kontrolle der relevanten Informationsströme den Entscheidungsprozeß zu beeinflussen.

**Ergebnis der Beschaffungsverhandlungen** ist in der Regel ein neuer Informationsstand hinsichtlich der Transaktionspartner, verbunden mit neuen bzw. genaueren Kenntnissen über den Beschaffungsmarkt und über die Stellung der eigenen Unternehmung am Markt. Aufgrund dieser neuen Beurteilung können die Mitglieder des Zwischensystems zu einer beiderseits befriedigenden Einigung gelangen (Kauf, Kaufversprechen, Kaufabsicht) oder den Beschaffungsvorgang abbrechen. Während der einzelnen Verhandlungsphasen lernen die Beteiligten aus den gemachten Erfahrungen. Der informatorische feed-back bewirkt veränderte Verhaltensweisen oder geht als Verhandlungsdeterminante in spätere Transaktionsprozesse ein. Die wirtschaftliche und technische Umwelt beeinflußt den Input des Beschaffungssystems und ändert sich u. U. durch die in ihm erzielten Ergebnisse.

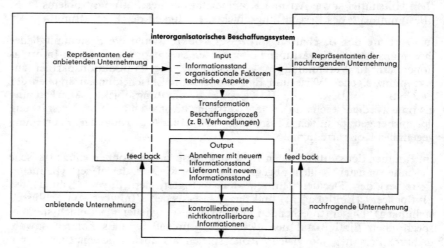

*Abb. 3.27: Grundstruktur des Beschaffungssystems und Beschaffungsprozesses*

## 5. Planung des Materialflusses

*Problembereiche der Materialflußplanung*

Im Rahmen einer weitgefaßten Interpretation der Materialwirtschaft enden die Aufgabenstellungen keineswegs mit der Auslieferung der Bedarfsgüter aus den Eingangslägern. Ein wachsender und zunehmend heterogener Güterumschlag sowie steigende Lager-, Personal- und Betriebsmittelkosten erfordern eine verbesserte Planungs- und Kontrolltätigkeit bezüglich aller materialwirtschaftlichen Vorgänge. Innerhalb der Unternehmung werden daher zunehmend alle Eingangs-, Zwischen- und Endläger sowie materialzuführenden bzw. -abziehenden Transportvorgänge in die dispositive Planung miteinbezogen. Die Gesamtheit diesbezüglicher Entscheidungen wird unter den Begriff Materialflußplanung zusammengefaßt. **Die Materialflußplanung ist somit der**

Inbegriff aller Entscheidungen, die der spezifisch materialflußorientierten Gestaltung der Beschaffung, Lagerung, Verpackung und des Transports der Sachgüter dienen. In der hier vertretenen Betrachtungsweise bezieht sich die Materialflußplanung lediglich auf innerbetriebliche Vorgänge. Das Ziel der Materialflußplanung ist es, durch **Minimierung der Transportaktivitäten** und **Reduzierung von Lagerhaltungen** und den hiermit verbundenen Kosten zu einer Optimierung der Leistungserstellung beizutragen. Als Planungsgrundlage werden hierbei zunächst die Informationen der Materialbedarfs- und Lagerplanung herangezogen. Ergänzend sind die Daten der Produktionsplanung zu berücksichtigen. Durch die Kombination der drei genannten Teilplanungen kann ein für die gesamte Unternehmung gültiges Materialfluß-Schema gebildet werden. Anhand derartiger Schemata wird die Analyse und Beurteilung des Materialflusses vollzogen. Die Ergebnisse der Materialflußplanung können zu einer teilweisen Revision der zugrunde gelegten Teilplanungen führen.

Der Materialfluß wird hauptsächlich von räumlichen, fertigungs- und lagertechnischen, transportabhängigen, organisatorischen und personellen Faktoren beeinflußt. Zu den **Hauptkosteneinflußgrößen** des Materialflusses zählen daher Standortfaktoren (Geländeform, Gebäudeform und -zuordnung usw.), Lagerausgestaltung (zentrales/dezentrales Lager, Kommissionssystem usw.), Sortimentsgestaltung (Artikelumfang, -art, Losgrößen usw.), Prozeß- und Organisationstypen der Fertigung, Gestaltung der Transportvorgänge (Transportwege, -mittel, -geschwindigkeit usw.) und personelle Faktoren (Facharbeiteranteil, Flexibilität usw.).

*Einflußfaktoren*

Die Materialflußplanung erfolgt in der Regel in mehreren Phasen. Am Anfang sollte die gründliche **Analyse der aktuellen und zu erwartenden Materialflüsse** stehen. Hieraus erwachsen Erkenntnisse über bestehende oder in Zukunft entstehende Änderungsnotwendigkeiten. Diese Erkenntnisse bilden die Grundlage der eigentlichen Materialflußplanung. In einem weiteren Schritt werden hierauf aufbauend konkrete Handlungen zur Realisierung notwendiger Änderungen in Angriff genommen (z. B. Lagereinrichtungen, Transport- und Fördermittel usw.).

*Phasen der Materialflußplanung*

Eine detaillierte Planung verursacht erhebliche Kosten, denen unter Umständen kein angemessener Nutzen gegenübersteht. Es ist daher sinnvoll, die Materialflußplanung zunächst auf Bereiche und Güter zu beschränken, die mit erheblichen Transportkosten belastet sind. Als Hilfsmittel der Differenzierung und Beurteilung eignen sich die ABC-Analyse und die Nutzwertanalyse. Eine gründliche Materialflußuntersuchung ist Voraussetzung für die spätere erfolgreiche Materialflußplanung.

Die Materialflußuntersuchung beginnt mit der Gewinnung der notwendigen Daten. **Direkte Ermittlungsmethoden** sind die Befragung und die Beobachtung. Eine **indirekte Datengewinnung** wird durch die Auswertung relevanter Unterlagen, Dokumentationen und Statistiken ermöglicht. Zur Aufbereitung der gewonnenen Daten sind spezielle Instrumente entwickelt worden. Zu den wichtigsten zählen der Materialflußbogen des VDI/AWF (VDI = Verein deutscher Ingenieure; AFW = Ausschuß für wirtschaftliche Fertigung),

*Materialflußuntersuchung*

Block- und Ablaufdiagramme, Kreisdiagramme und Materialflußschemata wie z. B. das Sankey-Diagramm.

Bei der Bewertung der gewonnenen Daten wird insbesondere auf Engpässe, zu große/kleine Lagerkapazitäten, Gestaltung der Transportwege, Möglichkeiten des Lagerzugriffs usw. geachtet.

**Die eigentliche Materialflußplanung dient der Beseitigung erkannter Schwachstellen. Veränderungen oder Ersatz bestehender Einrichtungen sowie Maßnahmen der Reorganisation bestimmter Prozeßabläufe stehen im Vordergrund.** Hierbei kann eine optimale Materialflußplanung nur bei genauester Kenntnis der potentiell einsetzbaren Lager-, Förder- und Komissioniertechniken realisiert werden. In vielen Fällen erweist es sich als Vorteil, zunächst einen idealtypischen Materialflußplan aufzustellen und diesen anschließend im Hinblick auf gegebene Restriktionen zu modifizieren.

In einem letzten Schritt ist die Implementierung neuer bzw. modifizierter Systeme zu planen. Da die Unternehmung den Geschäftsbetrieb in der Regel während der Reorganisationsphase des Materialflusses nicht unterbrechen kann, ist insbesondere darauf zu achten, daß es zu keinen fehlbedarfsbedingten Produktionsunterbrechungen oder -einschränkungen kommt. Neben diesen eher technischen Planungsproblemen sind jedoch auch personelle Aspekte wie z. B. die Qualifikation und Anpassungsfähigkeit der Mitarbeiter zu berücksichtigen.

Der gesamte Prozeß der Materialflußplanung ist letztlich kein einmaliger Vorgang. Bedingt durch Veränderungen der Produktpalette der Produktionsabläufe usw. ist eine ständige Kontrolle und gegebenenfalls eine Revision der getroffenen Entscheidungen notwendig.

## Fragen zur Selbstkontrolle und Vertiefung

1. Erläutern Sie die verschiedenen Möglichkeiten, den Umfang der Beschaffungsfunktion abzugrenzen!
2. Welche Zielkonflikte können im Rahmen der Realisierung des materialwirtschaftlichen Optimums auftreten?
3. Welche Möglichkeiten bestehen für die organisationale Gestaltung der Materialwirtschaft?
4. Kennzeichnen Sie das beschaffungspolitische Instrumentarium der Unternehmung! Welche Interdependenzen bestehen zwischen den einzelnen Aktionsparametern?
5. Wie beurteilen Sie die Möglichkeiten der Ableitung von Beschaffungsstrategien mit Hilfe der Portfolio-Methode?
6. Diskutieren Sie die Bedeutung von Standortentscheidungen für die Materialwirtschaft.
7. Zeigen Sie die Zusammenhänge zwischen Lagersystemen und Transporteinrichtungen auf.
8. Nach welchen Kriterien lassen sich Beschaffungsgüter einteilen? Diskutieren Sie anhand der gefundenen Gliederungsmöglichkeiten den Einfluß der Beschaffungsgüter auf die Wahl des Lagersystems.
9. Welchen Zusammenhang sehen Sie zwischen Beschaffungsarten bzw. Lagerhaltungsmotiven und Organisationstypen bzw. Produktionstypen der Fertigung?
10. Warum ist es sinnvoll, die Begriffe „Bedarfsmenge", „Beschaffungsmenge" und „Bestellmenge" voneinander abzugrenzen?
11. Welche Probleme ergeben sich bei der Bedarfsermittlung?
12. Stellen Sie die Komponenten der Beschaffungszeit dar und untersuchen Sie deren Bedeutung für die Planung des Beschaffungsprogramms!
13. Welche Zusammenhänge bestehen zwischen Bestellzeitpunkten, Bestellmengen, Bestellintervallen und Verbrauchsschwankungen bei der Festlegung des Beschaffungsprogramms?
14. Nehmen Sie zu den Prämissen des Grundmodells zur Bestimmung der optimalen Bestellmenge kritisch Stellung!

15. Welche Grenzen sind der analytischen Lösung von Beschaffungsproblemen gesetzt? Begründen Sie Ihre Auffassung und zeigen Sie methodische Alternativen!
16. Kennzeichnen Sie die Probleme eines Vorteilvergleichs zwischen Bestellpunkt- und Bestellrhythmussystem!
17. Diskutieren Sie die Problematik von Entscheidungen über die Beschaffungsorganisation einer industriellen Unternehmung!
18. Nennen Sie Einflußgrößen der Verhandlungsposition am Beschaffungsmarkt!
19. Welche Überlegungen sind bei der Bestimmung von Umfang und Struktur des Lieferantenkreises zu berücksichtigen (Beschaffungsstrategien)?
20. Charakterisieren Sie die Beschaffungspreisentscheidung als Verhandlungsprozeß!
21. Welche grundsätzlichen Unterschiede zwischen der Anlagenbeschaffung und der Beschaffung von Verbrauchsgütern können Sie nennen?
22. Zeigen Sie die Möglichkeiten und Determinanten der Qualitätspolitik bei der industriellen Beschaffung auf!

# Literaturverzeichnis

Albach, H., Strategische Unternehmensplanung bei erhöhter Unsicherheit, in: Zeitschrift für Betriebswirtschaft 48, 1978, S. 702 ff.

Ammer, D. S., Materials Management and Purchasing, 4. Aufl., Homewood, Ill. 1980

Arbeitskreis Hax der Schmalenbach-Gesellschaft, Unternehmerische Entscheidungen im Einkaufsbereich und ihre Bedeutung für die Unternehmungsstruktur, in: Zeitschrift für betriebswirtschaftliche Forschung 24, 1972, S. 765 ff.

Arnold, U., Strategische Beschaffungspolitik, Frankfurt a. M. 1982

Arnolds, H./Heege, F./Tussing, W., Materialwirtschaft und Einkauf, praktische Einführung und Entscheidungshilfe, Wiesbaden 1978

Bahke, E., Materialflußsysteme, Bd. I–III, Mainz 1976

Baily, P. J. H., Purchasing and Supply Management, 4. Aufl., London 1980

Behrens, K. C., Allgemeine Standortbestimmungslehre, 2. Aufl., Opladen 1971

Berg, C. C., Materialwirtschaft, Stuttgart/New York 1979

Bichler, K., Beschaffungs- und Lagerwirtschaft, Wiesbaden 1981

Bloech, J., Standort, betrieblicher, in: Kern, W. (Hrsg.), Handwörterbuch der Produktionswirtschaft, Stuttgart 1979, Sp. 1875 ff.

Bowersox, D. J., Logistical Management, 2. Aufl., New York 1978

Christmann, K., Gewinnverbesserung durch Wertanalyse, Stuttgart 1973

Dean, B. V./Nishry, M. J., Scoring Models and Profitability Models for Evaluating and Selecting Engineering Projects, in: Operations Research, 1965, S. 550 ff.

Domschke, W., Modelle und Verfahren zur Bestimmung betrieblicher und innerbetrieblicher Standorte – Ein Überblick, in: Zeitschrift für Operations Research, 1975, S. 13 ff.

Ericsson, D., Material-Management Logistik, in: Deutscher Betriebswirte-Verlag (Hrsg.), Management Script, Bd. 12, Gernsbach 1975

Fackelmeyer, A., Technische Materialflußsysteme in Betrieb und Lager – innerbetrieblicher Transport, in: Engel, K. H. (Hrsg.), Handbuch der neuen Techniken des Industrial Engineering, 3. Aufl., München 1979, S. 1087 ff.

Fahn, E., Die Beschaffungsentscheidung, ein Beitrag zur integrativen Betrachtung interorganisatorischer Beschaffungs- und Absatzaktivitäten, Diss. München 1972

Fieten, R., Materialwirtschaft als Managementaufgabe, in: Beschaffung aktuell, 1979, Heft 10, S. 18 ff.

Grochla, E., Der Weg zu einer umfassenden betriebswirtschaftlichen Beschaffungslehre, in: Die Betriebswirtschaft, 1977, S. 181 ff.

Grochla, E., Grundlagen der Materialwirtschaft, das materialwirtschaftliche Optimum im Betrieb, 3. Aufl., Wiesbaden 1978

Grochla, E./Kubicek, H., Zur Zweckmäßigkeit und Möglichkeit einer umfassenden betriebswirtschaftlichen Beschaffungslehre, in: Zeitschrift für betriebswirtschaftliche Forschung 28, 1976, S. 257 ff.

Gudehus, T., Grundlagen der Kommissioniertechnik, Dynamik der Warenverteil- und Lagersysteme, Essen 1977

Gutenberg, E., Grundlagen der Betriebswirtschaftslehre, 1. Bd., Die Produktion, 24. Aufl. 1983, 2. Bd., Der Absatz, 16. Aufl., Berlin/Heidelberg/New York 1979

Hartmann, H., Materialwirtschaft, Gernsbach 1978

ter Haseborg, F., Optimale Lagerhaltungspolitiken für Ein- und Mehrproduktläger, Göttingen 1979

Heinen, E., Einführung in die Betriebswirtschaftslehre, 9. Aufl., Wiesbaden 1985

Heinen, H., Ziele multinationaler Unternehmen – Der Zwang zu Investitionen im Ausland, Wiesbaden 1982

Kahle, E., Produktion, Lehrbuch zur Planung der Produktion und Materialbereitstellung, München/Wien 1980

Kirsch, W./Bamberger, I./Gabele, E./Klein, K. H., Betriebswirtschaftliche Logistik, Systeme, Entscheidungen, Methoden, Wiesbaden 1973

Klingst, A., Optimale Lagerhaltung, Würzburg/Wien 1971

Koppelmann, U., Strategien zur Vorbeugung beschaffungsbedingter Betriebsunterbrechungen, in: Betriebswirtschaftliche Forschung und Praxis, 1980, S. 426 ff.

Kottke, E., Die optimale Bestellmenge, Berlin 1966

Krelle, W., Preistheorie, Tübingen 1961

Kroeber-Riel, W., Beschaffung und Lagerung – Betriebswirtschaftliche Grundfragen der Materialwirtschaft, 2. Aufl., Wiesbaden 1975

Krulis-Randa, J. S., Marketing-Logistik, Bern/Stuttgart 1977

Kupsch, P., Lager, in: Kern, W. (Hrsg.), Handwörterbuch der Produktionswirtschaft, Stuttgart 1979, Sp. 1029 ff.

Kutschker, M., Verhandlungen als Elemente eines verhaltenswissenschaftlichen Bezugsrahmens des Investitionsgütermarketing, Diss. Mannheim 1972

Lindner, T., Strategische Entscheidungen im Beschaffungsbereich, Diss. München 1983

Lücke, W., Qualitätsprobleme im Rahmen der Produktions- und Absatztheorie, in: Koch, H. (Hrsg.), Zur Theorie des Absatzes, Festschrift für E. Gutenberg, Wiesbaden 1973, S. 263 ff.

Lüder, K. unter Mitarbeit von Budäus, D., Standortwahl – Verfahren zur Planung betrieblicher und innerbetrieblicher Standorte, in: Jacob, H. (Hrsg.), Industriebetriebslehre in programmierter Form, Bd. I: Grundlagen, Wiesbaden 1972, S. 45 ff.

Männel, W., Die wirtschaftliche Bedeutung qualitativer Unterschiede zwischen Eigenfertigung und Fremdbezug, in: Männel, W. (Hrsg.), Entscheidungen zwischen Eigenfertigung und Fremdbezug in der Praxis, Herne/Berlin 1973

Männel, W., Wesen, Aufgaben und Bedeutung der Beschaffungsplanung, in: Zeitschrift für betriebswirtschaftliche Forschung 46, 1976, S. 219 ff.

Munz, M., Beschaffung und Beschaffungsplanung im Industriebetrieb, Wiesbaden 1959

Naddor, E., Lagerhaltungssysteme, Frankfurt a. M./Zürich 1971

Niedereichholz, C., Innerbetriebliche Materialflußplanung, Darmstadt 1979

Pack, L., Optimale Bestellmenge und optimale Losgröße – zu einigen Probleme ihrer Ermittlung, Wiesbaden 1964

Reichmann, T., Die betrieblichen Anpassungsprobleme im Lagerbereich, in: Zeitschrift für betriebswirtschaftliche Forschung, 1967, S. 762 ff.

Schwarz, H., Grundfragen der Abstimmung von Materialbeschaffung, Fertigung und Vertrieb, Freiburg 1959

Seitz, U., Standortanalyse, in: Timm, G. (Hrsg.), Die neuen Methoden der Entscheidungsfindung, München 1972

Selchert, F. W., Lagerkapazitäten und die Möglichkeiten ihrer Messung, in: Zeitschrift für betriebswirtschaftliche Forschung, 1970, S. 681 ff.

Soom, E., Optimale Lagerbewirtschaftung in Industrie, Gewerbe und Handel, Bern/Stuttgart 1976

Stark, H., Beschaffungsführung, Stuttgart 1972

Steinbrüchel, M., Die Materialwirtschaft der Unternehmung, St. Gallen/Bern/Stuttgart 1971

Stockton, R. S., Basic Inventory Systems: Concepts and Analysis, Boston 1965

Sundhoff, E., Grundlagen und Technik der Beschaffung von Roh-, Hilfs- und Betriebsstoffen, Essen 1958

Szyperski, N./Roth, P. (Hrsg.), Beschaffung und Unternehmensführung, Stuttgart 1982

Theisen, P., Grundzüge einer Theorie der Beschaffungspolitik, Berlin 1970

Trux, W. R., Einkauf und Lagerdisposition mit Datenverarbeitung, 2. Aufl., Frankfurt a. M./München 1972

Weber, A., Industrielle Standortlehre, Allgemeine und kapitalistische Theorie des Standortes, in: Grundriß der Sozialökonomik, 2. Aufl., Vol. VI, Tübingen 1923

Welters, K./Winand, U., Beschaffung und strategische Unternehmensführung, Zwischenergebnisse einer Delphi-Untersuchung, in: Zeitschrift für betriebswirtschaftliche Forschung 32, 190, S. 585 ff.

Zoller, K., Lagerprozesse mit Restriktionen, Opladen 1977

**Vierter Teil**

# Produktionswirtschaft

von

Ralf Reichwald und Dietmar Mrosek

Mitverfasser der ursprünglichen Form dieses Beitrages (4.–6. Auflage) war Christian Sievi. Die Beitragsform 1.–3. Auflage wurde von Klaus Fäßler und Ralf Reichwald verfaßt.

## Vierter Teil

**Produktionswirtschaft**

I. Die industrielle Produktion als Gegenstand der Modellbildung .. 365
   1. Das allgemeine Input-Output-Modell ................ 365
      Die Produktionsfaktoren 366 – Der Transformationsprozeß 367 – Die Produktionsleistung 368
   2. Das prozeßorientierte Input-Output-Modell ............ 368
      Der Basisprozeß 370 – Die Wiederholungsfunktion 370 – Die strukturelle Verknüpfung der Basisprozesse 372

II. Entscheidungen im Produktionsbereich .................. 375
   1. Produktionswirtschaftliche Ziele ..................... 375
   2. Das produktionswirtschaftliche Entscheidungsfeld ........ 377
      a) Entscheidungen der Ausstattungsplanung ............. 378
         Maschinenausstattung 379 – Innerbetriebliche Standortwahl 380 – Instandhaltungsplanung 383
      b) Entscheidungen der Programmplanung ............... 384
      c) Entscheidungen der Prozeßplanung ................. 387
         Prozeßtypen der Fertigung 387 – Ausgangsinformationen der Prozeßplanung 388 – Die Problematik der simultanen Optimierung der Prozeßparameter 389 – Einsatzplanung der Repetierfaktoren 390 – Durchführungsplanung 391

III. EDV-gestützte Produktionsplanung und -steuerung .......... 394
   1. Produktionswirtschaftliche Entscheidungsprozesse in der industriellen Praxis ................................. 394
      Teilung des produktionswirtschaftlichen Entscheidungsfeldes 394 – Produktionsplanung und Produktionssteuerung 398
   2. Produktionswirtschaft und elektronische Datenverarbeitung .. 400
      Probleme bei der Einführung der elektronischen Datenverarbeitung 400 – Schwerpunkte des EDV-Einsatzes in der Produktionswirtschaft 401
   3. Die Erzeugung der Ausgangsinformationen für die Produktionssteuerung ................................. 402
      a) Der Aufbau einer zentralen Datenbank für die Produktionssteuerung ................................. 402
      b) Techniken der Datenverwaltung ................... 406
         Der Stücklistenprozessor 406 – Der Arbeitsplanprozessor 412
   4. Produktionssteuerung mit EDV ...................... 415

       a) Einsatzplanung der Repetierfaktoren ................ 415
          Bedarfsermittlung 415 – Bestandsrechnung 419 – Bestellrechnung 420
       b) Durchführungsplanung ........................... 424
          Losgrößenplanung 424 – Durchlaufterminierung 425 – Kapazitätsterminierung 427
       c) Werkstattsteuerung ............................. 431
    5. Zur Weiterentwicklung integrierter Produktionssteuerungssysteme ................................................. 432

IV. Quantitative Modelle und Methoden der Produktionsplanung und -steuerung ................................................. 435
    1. Methodische Grundlagen ................................ 435
    2. Quantitative Modelle und Methoden der Ausstattungsplanung. 437
       a) Das innerbetriebliche Standortproblem ............... 437
          Planung des Layouts bei vorgegebenem Areal 437 – Planung des Layouts bei variablem Areal 445
       b) Instandhaltungsplanung ......................... 446
          Instandhaltungsstrategien 446 – Bestimmung des optimalen Wartungsintervalls bei periodischer, einfacher und einstufiger Strategie 448 – Optimale Wahl der Freiheitsgrade bei sequentiellen, opportunistischen oder mehrstufigen Strategien 454 – Vergleich von Instandhaltungsstrategien 455
    3. Quantitative Modelle und Methoden der Programmplanung .. 455
          Allgemeines Programmplanungsmodell 456 – Programmplanungsmodell ohne Beschränkungen 458 – Programmplanungsmodell mit Beschränkungen 460
    4. Quantitative Modelle und Methoden der Prozeßplanung .... 465
       a) Netzplantechnik ............................... 465
          Grundkonzeption der Netzplantechnik 465 – Strukturanalyse der Netzplantechnik 467 – Zeitanalyse der Netzplantechnik 469 – Verfeinerte Verfahren der Netzplantechnik 476
       b) Modelle und Methoden der Reihenfolgeplanung ........ 480
          Das Travelling Salesman Problem 480 – Das Maschinenbelegungsproblem 487
       c) Quantitative Modelle und Methoden zur Bestimmung der Losgröße ...................................... 492

*Fragen zur Selbstkontrolle und Vertiefung* ..................... 496
*Literaturhinweise* ........................................ 498

# I. Die industrielle Produktion als Gegenstand der Modellbildung

**Die Produktionswirtschaft umfaßt die Analyse, Planung und Steuerung der Leistungserstellung unter Beachtung ökonomischer und sozialer Ziele.** Die verantwortlichen Entscheidungsträger stehen vor der Aufgabe, produktionswirtschaftliche Entscheidungen so zu fällen, daß in bezug auf die relevanten Ziele optimale bzw. befriedigende Ergebnisse erzielt werden. Um die Komplexität des realen Entscheidungsfeldes zu verringern, müssen häufig Gesamtprobleme zerlegt und Zusammenhänge vereinfacht werden. Im Rahmen der Modellbildung werden daher wesentliche von unwesentlichen Fakten getrennt und Interdependenzen vernachlässigt oder vereinfacht abgebildet. **Die Modellbetrachtung macht Input-Output-Beziehungen in der Produktion durchschaubarer und einer gedanklichen Analyse zugänglicher. Sie bildet die Voraussetzungen für die Erfüllung der Systematisierungs-, Erklärungs- und Gestaltungsaufgabe** (vgl. Teil 1, S. 6 ff.) **der Produktionswirtschaft.**

*Produktionswirtschaft und Modellbildung*

Die betriebswirtschaftliche Produktionstheorie betrachtet den Bereich der Leistungserstellung von jeher als ihr zentrales Erkenntnisobjekt. Im Rahmen dieser betriebswirtschaftlichen Teiltheorie wurden Input-Output-Modelle mit dem Ziel entwickelt, die produktionswirtschaftlichen Freiheitsgrade zu systematisieren und die Zusammenhänge zwischen dem Einsatz an Produktionsfaktoren und dem Produktionsergebnis in Form von **Erklärungsmodellen** aufzuzeigen. Die neueren Ansätze produktionstheoretischer Forschung sind geeignet, die Systematisierungs- und Erklärungsaufgabe der industriellen Produktionswirtschaft weitgehend zu erfüllen. Für die Gestaltungsaufgabe der Produktionswirtschaft stehen vor allem die **Entscheidungsmodelle** aus dem Bereich der Unternehmensforschung (Operations Research) zur Verfügung. Im folgenden werden zwei Input-Output-Modelle dargestellt, mit deren Hilfe die einzelnen produktionswirtschaftlichen Entscheidungstatbestände systematisiert und beschrieben werden können.

*Produktionswirtschaft und Produktionstheorie*

*Produktionswirtschaft und Operations Research*

## 1. Das allgemeine Input-Output-Modell

Die betriebliche Leistungserstellung erfolgt durch die Kombination von Betriebsmitteln, menschlicher Arbeitsleistung und Werkstoffen. Abbildung 4.1 verdeutlicht dies:

Die für die Produktion benötigten Einsatzgüter werden als **„Produktionsfaktoren"** (**„Input-Güter"**), die erzeugten Güter als **„Produktionsleistung"** (**„Output-Güter"**) und der Produktionsvorgang selbst als **„Transformations- oder Produktionsprozeß"** bezeichnet.

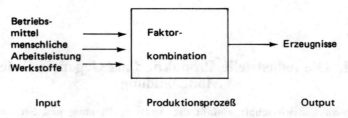

*Abb. 4.1: Allgemeines Input-Output-Modell*

## Die Produktionsfaktoren

*Faktorarten*

**Zu den industriellen Input-Gütern gehören Grundstücke, Fabrikationsstätten, Verwaltungsgebäude und maschinelle Anlagen. Hinzu kommen Rohstoffe und Vorprodukte, Umweltgüter (z. B. Luft, Wasser), Energiestoffe sowie die regionale Infrastruktur, die einen Industriebetrieb mit seiner Umwelt verbinden.**

Nicht alle aufgezählten Input-Güter werden in der Betriebswirtschaftslehre zu den Produktionsfaktoren gerechnet. **Produktionsfaktoren in produktionstheoretischer Sicht** sind lediglich Betriebsmittel (Fabrikgelände, Maschinen, Werkzeuge), menschliche Arbeitsleistungen und Werkstoffe (Roh-, Hilfs- und Betriebsstoffe). Bei den restlichen Input-Gütern handelt es sich um **externe Faktoren** (z. B. Infrastruktur, Luft). Durch ihren Verzehr entstehen Kosten, die zum Teil auf die gesellschaftliche Umwelt überwälzt werden können (**soziale Kosten**). Sollen die sozialen Kosten möglichst gering gehalten werden, muß auch der Verzehr externer Faktoren bei produktionswirtschaftlichen Entscheidungen berücksichtigt werden.

*externe Faktoren*

*soziale Kosten*

Die Produktionstheorie unterscheidet im allgemeinen zwei Kategorien von Produktionsfaktoren: **Repetierfaktoren** (z. B. Roh-, Hilfs- und Betriebsstoffe) gehen materiell in das Produkt ein und müssen in relativ kurzen Abständen neu beschafft werden. Sie sind weitgehend teilbar. **Potentialfaktoren** (z. B. Fabrikgebäude, Produktionsanlagen) sind dagegen nicht beliebig teilbar. Potentialfaktoren stehen dem Industriebetrieb über lange Zeiträume zur Verfügung, d. h. sie verkörpern ein Nutzungspotential, das nicht durch einmalige Inanspruchnahme, sondern erst durch wiederholten Einsatz „verzehrt" wird.

*Repetierfaktoren*

*Potentialfaktoren*

*Arbeit als Produktionsfaktor*

Unter den Input-Faktoren nimmt die **menschliche Arbeitsleistung** eine besondere Stellung ein. Sie wird in vielfältiger Form eingesetzt. Zu unterscheiden sind insbesondere ausführende, am Produktionsobjekt orientierte Arbeiten (z. B. Maschinenbedienung) und Tätigkeiten dispositiver Natur. Letztere dienen der Planung, Organisation und Kontrolle von Faktoreinsatz und Faktorkombination. Im Zuge der historischen Entwicklung industrieller Leistungserstellung nahm die Bedeutung der ausführenden objektorientierten Arbeit ab. **Die heutige Situation der industriellen Produktion ist gekennzeichnet durch die Tendenz eines zunehmenden Einsatzes von Informationstechnologie. Dies führt dazu, daß ausführende menschliche Arbeit zunehmend durch informationstechnische Steuerungssysteme (z. B. numerische Maschinensteuerung,**

**Industrieroboter) ersetzt wird.** Die Elektronik übernimmt dabei die Steuerung von Arbeitsvorgängen und die Kontrolle des Arbeitsergebnisses in bezug auf Mengen und Qualitäten. **Die menschliche Arbeit verlagert sich auf die Programmierung und Überwachung dieser Steuerungssysteme und auf die Entscheidungen über ihren Einsatz.**

Mit der wachsenden Bedeutung des Produktionsfaktors „Informationstechnik" vermindert sich die Abgrenzbarkeit des Produktionsbereichs von den übrigen Funktionsbereichen eines Industriebetriebes. Die elektronische Datenverarbeitung und andere Systeme der Informationstechnik (z. B. technische Kommunikation, Mikroverfilmung, elektronische Steuerung und Überwachung) führen zu einer zunehmenden Integration der einzelnen Funktionsbereiche.

*technisch bedingte Integration der Funktionsbereiche*

## *Der Transformationsprozeß*

Im Transformations- bzw. Produktionsprozeß werden durch den kombinierten Einsatz der Produktionsfaktoren die Leistungen des Industriebetriebs erstellt. Das Produktionsgeschehen kann nach dem Grad der technologischen Determiniertheit des Fertigungsablaufs näher beschrieben werden. **In Abhängigkeit von der Ausstattung mit Fertigungs- und Informationstechnologie können die Freiheitsgrade des Ablaufs eines Transformationsprozesses sehr unterschiedlich sein.**

*technische Determiniertheit der Produktion*

Werden zur Verbesserung der Produktivität der menschlichen Arbeitskraft technische Werkzeuge oder sonstige mechanische Arbeitsmittel eingesetzt, so spricht man von **„mechanisierter Produktion"**. Der Beeinflussungsgrad des Produktionsablaufes durch den Menschen ist hier noch sehr hoch. Wird im Produktionsvollzug ein wesentlicher Teil der menschlichen Arbeitsleistung durch maschinelle Arbeit ersetzt (z. B. Fließbandfertigung), so wird dies als **„maschinelle Produktion"** bezeichnet. Der Beeinflussungsgrad ist in diesem Fall begrenzt. Von **„automatisierter" oder „teilautomatisierter Produktion"** wird gesprochen, wenn die Maschinenbedienung und -überwachung durch technische Steuerungs- und Regeleinheiten erfolgt. Der gesamte Produktionsprozeß oder zumindest Teilprozesse laufen nach einem vorher festgelegten Programm ab. Sie werden elektronisch gesteuert, überwacht und gegebenenfalls auch (im Falle von Soll-Ist-Abweichungen) automatisch korrigiert. Der Mensch überwacht die Steuerungs- und Regelsysteme und entscheidet über Programmänderungen. Der Produktionsablauf ist (programmabhängig) vollständig technisch determiniert. Einzeleingriffe sind im Regelfall ausgeschlossen.

Mit der Fertigungssituation ist die industrielle Arbeitsorganisation verbunden. **Aus der Sicht der Arbeitswissenschaft kommt es darauf an, daß die Arbeitsbedingungen in der industriellen Fertigung den Maßstäben der Ausführbarkeit, der Erträglichkeit, der Zumutbarkeit und der Zufriedenheit am Arbeitsplatz genügen müssen** (vgl. auch Teil 6, S. 636 f.). Diese Maßstäbe werden besonders bei technisch determinierten Arbeitsabläufen (z. B. Fließbandfertigung) häufig nicht erfüllt. Für Arbeitssituationen, die durch Über- bzw. Unterforderung, einsei-

*Arbeitsbedingungen*

tige Belastung und monotonen Arbeitsinhalt gekennzeichnet sind, leiten sich Forderungen nach einer **Humanisierung des Arbeitslebens** ab. Aus dieser Situation werden Programme zur Arbeitsstrukturierung entwickelt, die auf eine qualitative Verbesserung der Arbeitsbedingungen abzielen (z. B. Arbeitsplatzwechsel, Arbeitsbereicherung, Arbeitserweiterung oder die Arbeit in Form von teilautonomen Gruppen; vgl. Teil 6, S. 700 f.).

*Die Produktionsleistung*

**Als industrielle Produktionsleistungen werden typischerweise Güter mit Sachcharakter bezeichnet. Immaterielle Güter bzw. Dienstleistungen wurden in der Vergangenheit als weniger industriespezifisch angesehen.**

*Output als Leistungsbündel*

Industrieprodukte entwickeln sich jedoch mehr und mehr zu Leistungsbündeln. Dies gilt insbesondere für den Industriezweig „Informationstechnik". Das Leistungsbündel besteht hier aus drei Komponenten. Hierbei handelt es sich um das physische System (Maschinenteil, Hardware), den Programmteil (Software) sowie die Verpflichtung des Herstellers zur Unterstützung des Abnehmers bei der Implementierung und Inbetriebnahme des Systems. Ähnliche Entwicklungen zeichnen sich auch bei anderen Industriegütern ab. Bereits heute kann abgesehen werden, daß im Bereich der industriellen Produktion der Sachgut-Anteil gegenüber dem immateriellen Anteil in seiner Bedeutung noch weiter zurückgehen wird. **Die Abgrenzung der Industrieprodukte von den Produkten der Dienstleistungsbranche wird** dadurch **zunehmend unschärfer.**

## 2. Das prozeßorientierte Input-Output-Modell

*Mehrstufigkeit des Produktionsprozesses*

Der industrielle Produktionsprozeß ist durch Mehrstufigkeit charakterisiert. In mehrstufigen Kombinationsprozessen durchläuft ein Produkt eine Abfolge von Teilprozessen bzw. Fertigungsstufen, bis es zum Endprodukt gereift ist.

Für die Durchdringung aller produktionswirtschaftlichen Problembereiche und Zusammenhänge (Mengenzusammenhänge, Strukturzusammenhänge, Zeitzusammenhänge, Informationszusammenhänge) muß bei der Modellbildung daher ein anderer Weg als beim allgemeinen Input-Output-Modell beschritten werden. Die Modellbetrachtung muß von den **Teilprozessen des Produktionsprozesses und der strukturellen Verknüpfung der Teilprozesse** ausgehen.

*Prozeßbetrachtung im Modell Heinens*

Diesen Weg beschreibt die neuere Produktionstheorie (Heinen, Kloock, Küpper). Das Produktionsmodell von Heinen (Produktionsfunktion vom Typ C) basiert auf der Prozeßbetrachtung. Im folgenden soll dieses Input-Output-Modell näher beschrieben werden, da es den weiteren Ausführungen zur industriellen Produktionswirtschaft zugrunde gelegt wird.

Die Produktionsfunktion vom Typ C stellt ein Spiegelbild der Vielfalt produktionswirtschaftlicher Entscheidungen dar, die sich auf das Leistungsprogramm und die Art der Leistungserstellung beziehen. Dieses produktionstheoretische

Modell ist technisch fundiert, berücksichtigt den Mehrproduktbetrieb und die Mehrstufigkeit des Produktionsprozesses, differenziert die einzelnen Teilprozesse nach produktionstechnischen Gesichtspunkten, berücksichtigt das Zeitphänomen und erfaßt damit weitgehend die komplexen Zusammenhänge des realen Produktionsgeschehens.

Formal wird die **Grundstruktur der Produktionsfunktion vom Typ C** durch das Gleichungssystem

(4.1) $\quad r_i = \sum_{j=1}^{m} r_{ij} \cdot w_j \quad (i = 1, 2, \ldots, n)$

dargestellt.

Bezogen auf die klassische Aufgabenstellung der Produktionstheorie, die Beziehungen zwischen Faktoreinsatz und Faktorertrag aufzuzeigen, läßt sich das obige Gleichungssystem wie folgt interpretieren: **Der Verbrauch (r) des Produktionsfaktors (i) hängt davon ab, an welcher Teilkombination (j) der Faktor beteiligt ist und mit welchem Wiederholungsfaktor ($w_j$) die jeweilige Teilkombination belegt wird.** Diese Aussage ist von zentraler Bedeutung für kostentheoretische Überlegungen.

*Faktorverbrauch*

Für Ableitungen im Rahmen der Produktionswirtschaft erscheint eine andere Darstellungsform des Gleichungssystems (4.1) zweckmäßig, die die Produktionsstruktur deutlicher werden läßt.

(4.2) $\quad \begin{bmatrix} r_1 \\ r_2 \\ \vdots \\ r_i \\ \vdots \\ r_n \end{bmatrix} = \begin{bmatrix} r_{11} & r_{12} & \cdots & r_{1j} & \cdots & r_{1m} \\ r_{21} & r_{22} & \cdots & r_{2j} & \cdots & r_{2m} \\ \vdots & \vdots & & \vdots & & \vdots \\ r_{i1} & r_{i2} & \cdots & r_{ij} & \cdots & r_{im} \\ \vdots & \vdots & & \vdots & & \vdots \\ r_{n1} & r_{n2} & \cdots & r_{nj} & \cdots & r_{nm} \end{bmatrix} \cdot \begin{bmatrix} w_1 \\ w_2 \\ \vdots \\ w_j \\ \vdots \\ W_m \end{bmatrix}$

Die $r_{ij}$-Matrix in Gleichung (4.2) zeigt alle möglichen Kombinationen zwischen fertigungstechnischen Teilprozessen und Faktoreinsatzgütern. Vereinfachend lassen sich anstelle der Mengenangaben ($r_{ij}$) auch die Werte 0 und 1 einsetzen, um zu zeigen, ob der Faktor (i) am jeweiligen Kombinationsprozeß (j) beteiligt ist oder nicht.

*Faktoreinsatzstruktur*

Für die vorzunehmende Analyse des Produktionsprozesses sind die folgenden Fragenkomplexe von besonderer Bedeutung:

(1) In welche Grundarten lassen sich die produktionswirtschaftlichen Teilprozesse aufgliedern?
(2) Welche Größen beeinflussen den Wiederholungsfaktor?
(3) Welche strukturelle Verknüpfung besteht zwischen den einzelnen Teilprozessen im Produktionsablauf?

## Der Basisprozeß

*Zerlegung des Produktionsprozesses in Basisprozesse*

Das Aussagensystem der Produktionsfunktion vom Typ C baut auf dem Grundbegriff der **Elementarkombination** auf. Dieser Begriff ist primär im Hinblick auf kostentheoretische Aussagen definiert. Für die Analyse des Produktionsprozesses wird der betriebliche Kombinationsprozeß derart in seine Komponenten zerlegt, daß das Zusammenwirken der einzelnen Teilprozesse im gesamten Produktionsablauf aufgezeigt werden kann. In diesem Sinne erscheint es angebracht, die Elementarkombination mit der Grundkomponente des Ablaufprozesses, dem einzelnen Arbeitsgang, gleichzusetzen. Er wird auch als **Basisprozeß** bezeichnet.

*Typen von Basisprozessen*

Diejenigen Teilkombinationen, durch deren einmaligen Vollzug die fertigungstechnische Reife der Absatzprodukte „sichtbar" zunimmt, werden **„primäre Basisprozesse"** genannt; alle übrigen Teilkombinationen, die nur indirekten Einfluß auf die Produkterstellung nehmen, werden als **„sekundäre Basisprozesse"** bezeichnet. Für die Planung und Steuerung des Produktionsprozesses ist eine weitergehende Differenzierung der Basisprozesse zweckmäßig.

Der Basisprozeß als Teilkombination von Produktionsfaktoren kann durch feste oder variable Faktoreinsatzverhältnisse gekennzeichnet sein. Werden beispielsweise zur Erstellung eines Zwischenproduktes ($x_1$) stets zwei Arbeiter, eine Maschine und zehn Rohstoffeinheiten ($r_1$) benötigt, so ist das Faktoreinsatzverhältnis konstant; es liegt ein **limitationaler Basisprozeß** vor. Jede andere Kombination der Produktionsfaktoren Arbeit, Maschine und Rohstoffe wäre unwirtschaftlich. Im Gegensatz dazu handelt es sich um einen **substitutionalen Basisprozeß,** wenn der gewünschte Output durch alternative Faktorkombinationen verwirklicht werden kann.

Ein weiteres Differenzierungsmerkmal bildet das Outputniveau. Ist die Ausbringungsmenge bei einmaligem Vollzug eines Basisprozesses Gegenstand von Entscheidungen, so wird der Basisprozeß als **„outputvariabel"** bezeichnet (z. B. Transport von unterschiedlichen Mengen). Ist dagegen die Ausbringungsmenge eine fest vorgegebene Größe, so wird von **„outputfixen"** Basisprozessen gesprochen (Pressen einer Autokarosserie). Schließlich können nach dem Kriterium der Beeinflußbarkeit des zeitlichen Ablaufs eines Basisprozesses **„zeitvariable"** (z. B. Drehen, Fräsen, Stanzen) und **„zeitfixe"** Basisprozesse (z. B. chemische Prozesse) unterschieden werden.

## Die Wiederholungsfunktion

*Zwischenproduktmenge*

Die Wiederholungszahl primärer Basisprozesse ist das Ergebnis einer Anzahl explizit zu berücksichtigender Einflußgrößen. Als erste Einflußgröße ist die auf einer Produktionsstufe (k) zu erstellende Zwischenproduktmenge ($x_k$) anzusehen. Sofern die Zwischenproduktmenge nur auf einer ganz bestimmten Anlage erstellt werden kann und pro Durchführung des Basisprozesses (j) genau ein Stück erstellt wird, muß unter der Annahme, daß kein Arbeitsgang mißlingt, für die Zahl der Wiederholungen dieses Basisprozesses ($w_{jk}$) gelten:

(4.3)   $w_{jk} = x_k$   (k = 1, 2, ..., ϰ; j = 1, 2, ..., m).

Ist das Outputniveau auf einer Produktionsstufe ($\lambda_{jk}$) pro Durchführung eines Basisprozesses größer als 1, so ergibt sich ($w_{jk}$) als Quotient:

(4.4)   $w_{jk} = \dfrac{x_k}{\lambda_{jk}}$ .

($\lambda_{jk}$) stellt darüber hinaus einen zusätzlichen Freiheitsgrad dar, wenn das Outputniveau des Basisprozesses variabel ist. *Outputniveau*

Kann das Zwischenprodukt ($x_k$) auf mehreren funktionsgleichen Arbeitsplätzen erstellt werden, so ist der Verteilungsparameter ($v_{jk}$) als weitere Einflußgröße zu beachten.

**Der Verteilungsparameter ($v_{jk}$) gibt den Anteil an, mit dem der auf einen Arbeitsplatz bezogene Basisprozeß (j) an der Produktion auf der Stufe (k) beteiligt ist. In dieser Größe finden Arbeitsverteilung und Maschinenbelegung ihren Ausdruck.** *Verteilungs-parameter*

Gleichung (4.4) kann somit erweitert werden:

(4.5)   $w_{jk} = \dfrac{v_{jk} \cdot x_k}{\lambda_{jk}}$ .

Die obige Annahme, daß bei wiederholter Durchführung eines Basisprozesses kein Ausschuß anfällt, ist wirklichkeitsfremd. In der Realität wird der Ausschuß dadurch berücksichtigt, daß eine Stückzahl gefertigt wird, die um einen aus der Erfahrung gewonnenen Ausschußsatz erhöht ist. Häufig können sich Ausschußsatz und Zeitvorgabe für die Durchführung eines Basisprozesses gegenseitig beeinflussen. Sind hinreichende Informationen über den durchschnittlichen Ausschuß bekannt, so läßt sich ein **Ausschußkoeffizient** ($\alpha_{jk}$) festsetzen, der als Korrekturfaktor in die Wiederholungsfunktion eingeht. Ein Ausschußkoeffizient von beispielsweise 1,1 verursacht bei einer gegebenen Zwischenproduktmenge von 100 eine Erhöhung der Durchführungszahl des Basisprozesses (j) auf der Stufe (k) auf 110. Bei Berücksichtigung des Ausschusses erfährt die Wiederholungsfunktion primärer Basisprozesse eine Erweiterung: *Ausschußkoeffizient* *Wiederholungsfunktion primärer Basisprozesse*

(4.6)   $w_{jk} = \dfrac{v_{jk} \cdot \alpha_{jk}}{\lambda_{jk}} \cdot x_k$ .

Die Produktmenge ($x_k$) stellt nur für primäre Basisprozesse eine unmittelbare Einflußgröße der Wiederholungsfunktion dar. Werden beispielsweise auch Arbeitsvorbereitung, Rüstvorgänge (z. B. im Zusammenhang von Losgrößenentscheidungen) oder Reparaturen (sekundäre Basisprozesse) in die Betrachtung einbezogen, so muß eine „sekundäre" Wiederholungsfunktion für diese Vorgänge abgeleitet werden. Im vorliegenden Zusammenhang kann jedoch auf die Ableitung dieser Funktionen verzichtet werden. *Wiederholungsfunktion sekundärer Basisprozesse*

*Die strukturelle Verknüpfung der Basisprozesse*

Im mehrstufigen Produktionsprozeß werden auf jeder Produktionsstufe Zwischenprodukte erstellt, die ihrerseits wieder als Produktionsfaktoren (sogenannte derivative Produktionsfaktoren) in den Basisprozeß der nächsthöheren Stufe eingehen. Input und Output benachbarter Produktionsstufen stehen also in einem eindeutigen Verhältnis zueinander.

In Abbildung 4.2 wird das **Strukturbild eines mehrstufigen Produktionsprozesses,** in dem zwei Endprodukte ($X_1$) und ($X_2$) erstellt werden, aufgezeigt. Dabei wird von Lagerbewegungen und von Zu- oder Verkäufen von Zwischenpro-

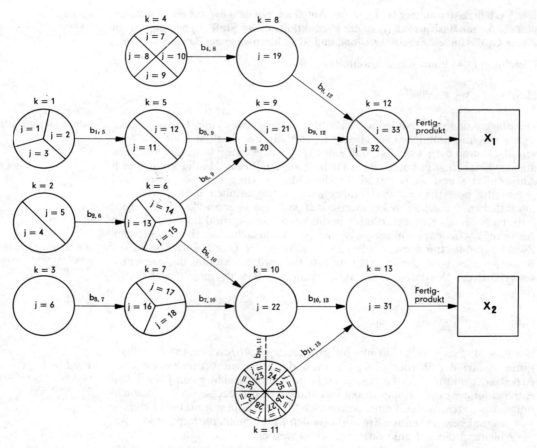

*Abb. 4.2:* Strukturbild eines mehrstufigen Produktionsprozesses im Zwei-Produkt-Betrieb (13 Produktionsstufen, 33 Basisprozesse)

dukten abgesehen. Die Kreise symbolisieren die einzelnen Produktionsstufen, die Sektoren kennzeichnen die einzelnen Basisprozesse. Der Produktionsprozeß stellt sich dar als ein Netz von Teilprozessen, die alle auf die Erstellung der Endprodukte ausgerichtet sind. Die Pfeile geben jeweils an, in welche nachgelagerten Produktionsstufen der Output einer vorgelagerten Produktionsstufe als derivativer Produktionsfaktor eingeht. Aus den Produktionskoeffizienten

$$(b_{k^{(0)}k^{(1)}}) \quad (k^{(0)} < k^{(1)}; \ k^{(0)} = 1, 2, \ldots, \varkappa-1; \ k^{(1)} = 2, 3, \ldots, \varkappa)$$

*Produktionskoeffizient*

geht hervor, in welchem quantitativen Verhältnis der Output benachbarter Produktionsstufen [($k^{(0)}$) und ($k^{(1)}$)] zueinander steht. So wird beispielsweise deutlich, daß der Output der Produktionsstufe 6 in Abbildung 4.2 Input für die Produktionsstufen 9 und 10 darstellt. Soll, ausgehend von den Endprodukten ($X_1$) und ($X_2$), beispielsweise die von ($x_6$) zu fertigende Zwischenproduktmenge errechnet werden, so geschieht dies wie folgt:

$$x_6 = b_{6,9} \cdot b_{9,12} \cdot X_1 + b_{6,10} \cdot b_{10,13} \cdot X_2.$$

Das Produkt aller relevanten Produktionskoeffizienten, über die ein Zwischenprodukt ($x_k$) in ein Endprodukt ($X_1$) eingeht, läßt sich zu einer Größe, dem sogenannten Programmkoeffizienten ($p_{kl}$) zusammenfassen (z. B. $p_{2,1} = b_{2,6} \cdot b_{6,9} \cdot b_{9,12}$).

*Programmkoeffizienten*

**Der Programmkoeffizient gibt den Bedarf an Zwischenprodukten einer bestimmten Produktionsstufe für die Erstellung einer Einheit des Enderzeugnisses (l) an.**

Der gesamte notwendige Output (x) einer Produktionsstufe (k) läßt sich mit Hilfe der Programmkoeffizienten ($p_{kl}$) für das Produktionsprogramm (X) (X = $X_1, X_2, \ldots, X_s$) nach folgender Gleichung ermitteln:

(4.7) $\quad x_k = p_{k,1} \cdot X_1 + p_{k,2} \cdot X_2 + \ldots + p_{k,s} \cdot X_s \quad (k = 1, 2, \ldots, \varkappa).$

Unter Verwendung des Summationszeichens läßt sich diese Gleichung, die auch als Programmfunktion bezeichnet wird, in verkürzter Form schreiben:

(4.8) $\quad x_k = \sum_{l=1}^{s} p_{k,l} \cdot X_l \quad (k = 1, 2, \ldots, \varkappa).$

*Programmfunktion*

In Abbildung 4.3 werden die Komponenten der Produktionsfunktion vom Typ C schematisch dargestellt.

Die theoretische Analyse wurde unter weitgehenden Vereinfachungen durchgeführt. Die Berücksichtigung weiterer Problemkreise wie Lagerhaltung, Fragen der Losgrößenbildung, Lohnfertigung, Lernprozesse oder die Veräußerungs-/Zukaufsmöglichkeit von Zwischenprodukten würden das theoretische Modell zwar verfeinern, die generell abgeleiteten Aussagen jedoch nicht verändern.

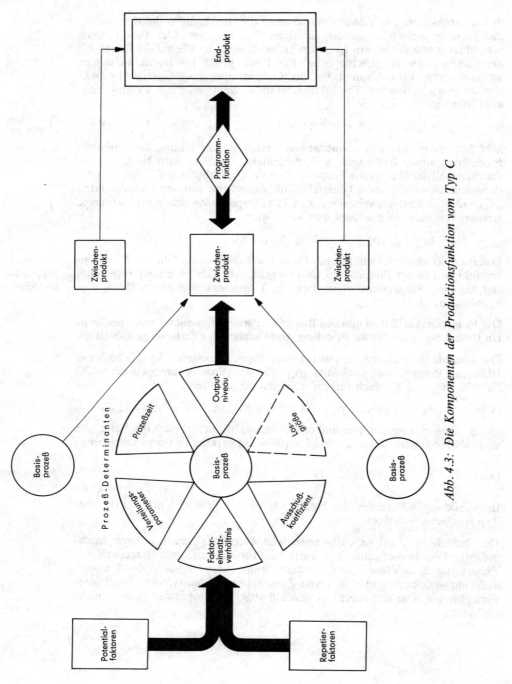

Abb. 4.3: Die Komponenten der Produktionsfunktion vom Typ C

## II. Entscheidungen im Produktionsbereich

Das prozeßorientierte Input-Output-Modell hat trotz seiner vielen Vereinfachungen eine Reihe von Freiheitsgraden offengelegt. Diese gilt es im Rahmen der Gestaltung des Produktionsprozesses zu schließen. Sie stellen ein Spiegelbild der Vielfalt produktionswirtschaftlicher Entscheidungsalternativen dar, die im Hinblick auf die Erfüllung produktionswirtschaftlich relevanter Ziele zur Verfügung stehen. Eine theoretische Durchdringung der Gestaltungsproblematik des Produktionsprozesses setzt die Beschreibung der produktionswirtschaftlichen Ziele und des produktionswirtschaftlichen Entscheidungsfeldes voraus.

### 1. Produktionswirtschaftliche Ziele

Die Güterproduktion ist notwendige Bedingung zur Erreichung der industriebetrieblichen **Oberziele** (z. B. Gewinnstreben, Rentabilitätsstreben, Sicherheitsstreben). Das produktionswirtschaftliche Entscheidungsfeld wird durch Entscheidungen anderer Unternehmungsbereiche (Subwirtschaften) begrenzt. Damit können nur bestimmte Komponenten der Oberziele durch die Entscheidungen im Produktionsbereich beeinflußt werden. Diese Zielkomponenten dienen als operationale Kriterien für produktionswirtschaftliche Entscheidungen. Sie werden **„produktionswirtschaftliche Subziele"** genannt.

Das Unterziel **„Wirtschaftlichkeit"** besitzt als Mittel zur Erreichung des Gewinnziels im Produktionsbereich herausragende Bedeutung. **Das Wirtschaftlichkeitsprinzip fordert eine möglichst sparsame Verwendung der verfügbaren Mittel bei der betrieblichen Leistungserstellung.** Operationalisiert wird dieses Prinzip über die Größen **Produktivität** und **Kostenwirtschaftlichkeit**. Als Produktivität wird die mengenorientierte Gegenüberstellung von Erzeugnissen und eingesetzten Produktionsfaktoren bezeichnet. Kostenwirtschaftlichkeit ist die in Wertgrößen ausgedrückte Gegenüberstellung von Output (bewerteter Output = Leistung) und Input (bewerteter Input = Kosten).

*Wirtschaftlichkeitsprinzip*

**Die Produktivität ist das Maß für den Wirkungsgrad der eingesetzten Produktionsfaktoren.** In allgemeiner Form ist die Produktivität als reines Mengenmaß kaum geeignet, Auskunft über die Ergiebigkeit eines industriellen Produktionsbereiches zu geben. Im Normalfall setzt sich der Output aus verschiedenen Leistungsarten und der Input aus einer Vielzahl von Produktionsfaktoren zusammen, die in Art und Güte sehr unterschiedlich sind. Die reine Addition von Input- und Outputmengen ist somit nicht möglich. Aus diesem Grund bildet man **Teilproduktivitäten** (z. B. Arbeitsproduktivität). Dabei wird die Ausbringungsmenge eines bestimmten Produktes zur Einsatzmenge nur eines Faktors in Beziehung gesetzt.

*Produktivität*

*Teilproduktivitäten*

Die **Problematik der Bildung von Teilproduktivitäten** liegt in der Zurechenbarkeit des Outputs auf die jeweilige Bezugsgröße. Eine Veränderung der Outputmenge muß nicht zwingend auf den betrachteten Produktionsfaktor zurückzuführen sein. So kann etwa eine Verbesserung der Ausbringung pro Arbeitsstunde darauf zurückzuführen sein, daß bei gleichbleibender Arbeitsleistung eine verbesserte Fertigungstechnik eingesetzt worden ist.

Das Problem der Dimensionsverschiedenheit von Input- und Output-Mengen läßt sich auch dadurch lösen, daß auf Leistungs- und Kostengrößen zurückgegriffen wird. **Das Streben nach Kostenwirtschaftlichkeit beinhaltet eine bestimmte Leistung mit möglichst geringen Kosten bzw. mit gegebenen Kosten eine möglichst große Produktionsleistung zu erbringen.**

*Kostenwirtschaftlichkeit*

Am Subziel Kostenwirtschaftlichkeit ausgerichtete produktionswirtschaftliche Entscheidungen bedingen die Prognose der Kostenkonsequenzen von Entscheidungsalternativen (z. B. Kosten alternativer Maschinenbelegungen; Kosten alternativer Reihenfolgen der Basisprozesse). Hierdurch entsteht das **Problem der Zurechnung von Kosten auf produktionswirtschaftliche Entscheidungsalternativen.** Die Kostenrechnung ist im Laufe ihrer Entwicklung zu einem entscheidungsorientierten Informationsinstrument geworden; dennoch ist in vielen Fällen die Zurechnungsproblematik bis heute ungelöst. Produktionswirtschaftlichen Entscheidungen werden daher häufig **weitere produktionswirtschaftliche Subziele** zugrunde gelegt. Je nach Entscheidungssituation kann es sich hierbei um eine **Minimierung des gebundenen Kapitals,** eine **Minimierung der Durchlaufzeiten von Werkstoffen,** eine **Maximierung der Kapazitätsauslastung** oder eine **möglichst genaue Einhaltung der Fertigungstermine (Termintreue)** handeln. Neben den genannten Unterzielen sind **Flexibilität** und **soziale Ziele** in den Katalog primär produktionswirtschaftlicher Zielsetzungen einzureihen.

*Zurechnungsproblematik*

*fertigungstechnische Flexibilität*

**Fertigungstechnische Flexibilität bezieht sich auf die Umstellungsfähigkeit technischer Einheiten. Sie ist Ausdruck bestimmter qualitativer Merkmale von Produktionssachmitteln.** Ein wichtiger Bestimmungsgrund für die fertigungstechnische Flexibilität ist der Spezialisierungsgrad der Aggregate. Danach unterscheidet man Spezial- und Universalaggregate. **Spezialaggregate** können nur eine bestimmte Arbeitsoperation durchführen. Das Spektrum der mit ihrer Hilfe realisierbaren Fertigungsaufgaben ist eng. **Universalaggregate** können hingegen für verschiedenartige Arbeitsverrichtungen Verwendung finden. Ihr Einsatz erhöht somit die betriebliche Anpassungsfähigkeit. Dem steht allerdings ein geringeres Maß der Angepaßtheit an einzelne Fertigungsaufgaben gegenüber. Abbildung 4.4 verdeutlicht die Stückkostenverläufe bei Spezial- und Universalaggregaten in idealtypischer Weise.

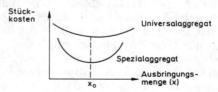

*Abb. 4.4: Stückkostenverlauf bei Spezial- und Universalaggregaten*

In der Betriebswirtschaftslehre ist der Trend erkennbar, die technisch-inge- *organisations-*
nieurwissenschaftliche Flexibilitätsanalyse einzelner Aggregate mit der organi- *theoretische*
sationstheoretischen Flexibilitätsanalyse von Systemen zu verbinden (vgl. *Flexibilitätsanalyse*
Teil 2, S. 84f.). Flexibilität wird dort als Funktionseigenschaft von Systemen
(Unternehmung, Produktionsbereich, einzelner Werkstattbereich) verstanden, bei veränderten Umweltkonstellationen Freiheitsgrade mit Handlungsspielraum für zielgerichtetes Agieren und Reagieren bereitzustellen.

Produktionswirtschaftliche Entscheidungen sollen nicht zuletzt soziale Zielset- *soziale Ziele*
zungen berücksichtigen. Die Bemühungen um eine Humanisierung des Arbeitslebens entsprechen im großen und ganzen diesen Zielen. **Dabei wird heute
erkannt, daß die neuen Formen der Arbeitsorganisation nicht nur sozialen Zielsetzungen gerecht werden, sondern auch einen wesentlichen Beitrag zur Steigerung der Flexibilität leisten können.** Ein erhöhtes Maß an Qualifikation der
Arbeitskräfte und eine Verstärkung der Identifikation mit der Arbeit verbessert auch die Fähigkeit des Gesamtsystems, sich an veränderte Situationen
anzupassen.

Eine gleichzeitige optimale Erfüllung der produktionswirtschaftlichen Ziele ist *Zielkonkurrenz*
in der Regel nicht möglich, da zwischen diesen **Konkurrenzbeziehungen** bestehen können. So erfordert das Ziel großer fertigungstechnischer Flexibilität
maschinelle Anlagen, die für verschiedene Produktionszwecke eingesetzt
werden können. Dies beeinträchtigt die optimale Erreichung des Ziels „Kostenwirtschaftlichkeit", da Universalaggregate regelmäßig höhere Produktionskosten verursachen als spezialisierte Einzweckaggregate. Die Ausstattung
des Produktionsbereichs mit Maschinen und Arbeitsplätzen nach kostenoptimalen Gesichtspunkten kann wiederum in Konkurrenz zu sozialen Zielsetzungen stehen.

## 2. Das produktionswirtschaftliche Entscheidungsfeld

Produktionswirtschaftliche Entscheidungen sind als Dispositionen über die
Ausprägungen von Kosteneinflußgrößen zu betrachten. Das auf der Basis der
Produktionsfunktion vom Typ C abgeleitete Kosteneinflußgrößensystem *Kosteneinfluß-*
enthält die Kosteneinflußgrößen der Ausstattung, des Produktionsprogramms *größensystem von*
und des Produktionsprozesses. Entsprechend lassen sich drei Bereiche produk- *Heinen*
tionswirtschaftlicher Entscheidungen unterscheiden: **Ausstattungsentscheidungen, Programmentscheidungen** und **Prozeßentscheidungen.**

**Außerbetriebliche Daten (z. B. Konjunkturdaten, gesellschaftliche und rechtliche** *produktionswirt-*
**Normen) und die durch vorgelagerte Entscheidungen anderer Subwirtschaften** *schaftliches Ent-*
**(z. B. Finanzbereich) geschaffenen Begrenzungen bilden zusammen mit den** *scheidungsfeld*
**Ausprägungen der obengenannten Kosteneinflußgrößen das produktionswirt-
schaftliche Entscheidungsfeld.** Die Produktionsplanung beinhaltet eine zielorien- *Produktionsplanung*
tierte Auswahl der im produktionswirtschaftlichen Entscheidungsfeld enthaltenen
Alternativen. Entsprechend der Systematisierung der Kosteneinflußgrößen kann
sie gedanklich in die Phasen der Ausstattungs-, Programm- und Prozeßplanung
eingeteilt werden.

*Ausstattungsplanung*     Entscheidungen über die Ausstattung des Produktionsbereichs mit Gebäuden, maschinellen Anlagen und Arbeitskräften betreffen das **Produktionspotential eines Industriebetriebes.** Die zur Ausstattung gehörenden Potentialfaktoren bestimmen die Menge der Nutzungsmöglichkeiten für die Erstellung von Sachleistungen **(potentielles Produktionsprogramm).**

*Programmplanung*     Entscheidungen über die Zusammensetzung des Produktionsprogramms betreffen die Frage, welche Alternative aus sämtlichen möglichen Produktionsprogrammen bei gegebener Ausstattung realisiert werden soll. **Die geplante art- und mengenmäßige Zusammensetzung der in einer Planperiode herzustellenden Erzeugnisse wird als „aktuelles Produktionsprogramm" bezeichnet.**

*Prozeßplanung*     **Die Planung des Produktionsprozesses umfaßt alle Entscheidungstatbestände, die die Realisierung des aktuellen Produktionsprogramms zum Inhalt haben.** Ausgangspunkt der Überlegungen ist die Zerlegung des Gesamtprozesses der industriellen Gütererzeugung in ein System von Basisprozessen. Aus dem prozeßorientierten Input-Output-Modell ergeben sich u. a. folgende Entscheidungstatbestände der Prozeßplanung: Die Verteilung der einzelnen Basisprozesse auf Maschinen und Arbeitsplätze (Maschinenbelegung und Arbeitsverteilung), die Festlegung des Intensitätsgrades (Zeit pro Basisprozeß), die Verarbeitungsreihenfolge, die Festlegung der Losgrößen und die Wahl der Repetierfaktoren (Einsatz der Roh-, Hilfs- und Betriebsstoffe).

Die produktionstheoretisch abgeleitete Systematisierung produktionswirtschaftlicher Entscheidungstatbestände erweist sich für eine realitätsnahe Beschreibung der komplexen Zusammenhänge industrieller Produktionsplanung als zweckmäßig. Sie läßt zudem auch die isolierte Behandlung von Einzelproblemen der Produktionsplanung zu.

### a) Entscheidungen der Ausstattungsplanung

**Im Rahmen der industriellen Ausstattungsplanung sind Entscheidungen zu treffen über die Auswahl eines Baugrundstücks, die Gestaltung des Fabrikgeländes (Strukturierung des Areals), die Beschaffung von Maschinen und deren räumliche Anordnung (Wahl des innerbetrieblichen Standorts), sowie Entscheidungen über die Instandhaltung von Gebäuden und maschinellen Anlagen.**

Entscheidungen über die industrielle Ausstattung sind mit besonderer Sorgfalt zu treffen, da sie in der Regel langfristig wirken und daher Beschränkungen für eine Reihe nachfolgender Entscheidungen darstellen. Der Erfolg einer industriellen Unternehmung hängt unter anderem von den technischen Bedingungen ab, die durch derartige Entscheidungen für lange Zeiträume geschaffen werden. Aufgrund ihrer langfristigen Wirksamkeit ist bei Ausstattungsentscheidungen dem Kriterium der Anpassungsfähigkeit an sich verändernde Fertigungsstrukturen und Technologien (fertigungstechnische Flexibilität) besonders Rechnung zu tragen. In der Regel planen die Industriebetriebe nicht mit einer konstanten Betriebsgröße, sondern eher mit einer geschätzten Wachstumsrate. Gerade das Wachstumsziel muß im Rahmen der Ausstattungsplanung besondere Berücksichtigung finden. Bei der Auswahl von Baugrundstücken und beim Gebäudebau sollte der Gesichtspunkt zukünftiger Betriebserweiterungen stets in die Planungsüberlegungen einbezogen werden (vgl. Teil 2, S. 232 ff.).

## *Maschinenausstattung*

Jede industrielle Unternehmung ist mit den Problemen der **richtigen Ausstattung mit maschinellen Anlagen und Arbeitsplätzen und deren räumlicher Anordnung (Layout) auf einem Industriegelände (Areal) konfrontiert.** In der Regel sind derartige Ausstattungsentscheidungen in einem Industriebetrieb nicht nur einmal zu fällen; die Gestaltung der Ausstattung ist laufend zu überprüfen und anzupassen. Eine Veränderung der Ausstattung kann infolge des technologischen Wandels der herzustellenden Produkte ebenso notwendig erscheinen wie auch infolge von Veränderungen der Fertigungsverfahren und des zu verarbeitenden Materials. Die Anpassung der Ausstattung an neue technologische Bedingungen kann sich von einer nur geringfügigen Veränderung des innerbetrieblichen Standorts einer Maschine bis hin zur vollkommen veränderten maschinellen Ausrüstung erstrecken.

**Im Vordergrund der Ausstattungsgestaltung steht das generelle Ziel, die Produktion des gewünschten Erzeugnisprogramms in der erforderlichen Menge und Qualität bei geringstmöglichen Kosten technisch zu gewährleisten.**

Dieses Ziel ist noch zu global, als daß es für einen konkreten Problemlösungsprozeß ein operationales (brauchbares) Kriterium darstellen könnte. In den einzelnen Lösungsschritten sind neben der geplanten Erzeugnisstruktur als Ausgangsbedingung weitere Kriterien heranzuziehen. Als Beispiele derartiger Kriterien können etwa die folgenden gelten: Verminderung der Fertigungskosten, Verminderung des gebundenen Kapitals, Steigerung des Kundenservices, erhöhte Sicherheit am Arbeitsplatz, Steigerung der fertigungstechnischen Flexibilität, Erleichterung der Reparaturarbeiten an den Maschinen, bestmögliche Ausnützung des Fabrikraumes, Verbesserung der Arbeitsbedingungen.

*Kriterien der Ausstattungsplanung*

Die angeführten Kriterien besitzen von Fall zu Fall unterschiedliche Bedeutung. Häufig stellt sich heraus, daß eine Reihe dieser Kriterien in Konkurrenzbeziehung zueinander steht und deshalb eine Lösung nur über einen Zielkompromiß erreicht werden kann. So führt zum Beispiel eine Verbesserung der Arbeitsbedingungen häufig zu einer Erhöhung des in der Maschinenausstattung gebundenen Kapitals. Ähnlich verhält es sich zwischen der Erleichterung der Reparaturarbeiten an den Maschinenplätzen und der optimalen Ausnützung des zur Verfügung stehenden Maschinenraumes.

**Ein Hauptproblem bei der Planung der maschinellen Ausstattung ist die Festlegung der quantitativen und qualitativen Produktionskapazität des Gesamtbetriebes und der Einzelaggregate.** Als Bestimmungsgrößen der quantitativen und qualitativen Kapazitätsplanung sind die Informationen über das Leistungsprogramm und über den geplanten Fertigungsablauf sowie langfristige Absatzprognosen anzusehen. Auf der Grundlage dieser Daten lassen sich Anzahl

*Kapazitätsplanung*

und Arten der erforderlichen Maschinen und Arbeitsplätze zumindest in globaler Form ableiten.

*qualitative Kapazität*

Die **qualitative Kapazität des Gesamtbetriebes kommt in dessen potentiellem Produktionsprogramm** zum Ausdruck. Das potentielle Produktionsprogramm ist die Menge derjenigen Programmalternativen, deren Produktion durch die Ausstattung des Industriebetriebes mit Maschinen und Arbeitskräften möglich ist. Die Anzahl möglicher Programmalternativen kann als Maß für die Anpassungsfähigkeit eines Industriebetriebes betrachtet werden.

*Total- und Periodenkapazität*

Bei der **quantitativen Kapazität ist die Unterscheidung zwischen Total- und Periodenkapazität bedeutsam. Die Totalkapazität** umfaßt die Summe der Leistungsmengen, die eine Maschine im Laufe ihrer Lebensdauer abgeben kann. Die **Periodenkapazität** drückt dagegen die Leistungsmenge pro Planperiode aus.

*maximale, optimale, minimale Kapazität*

Zweckmäßig ist vielfach auch die Kennzeichnung der Maschinen durch ihre maximale, optimale und minimale Kapazität (Gutenberg). Unter **maximaler Kapazität** versteht man diejenige Leistungsmenge bestimmter Art und Güte pro Zeiteinheit, die eine Maschine im äußersten Falle aufgrund ihrer technischen Eigenschaften abzugeben imstande ist. Die **optimale Kapazität** ist diejenige Leistungsmenge pro Zeiteinheit, bei der die Maschine am kostengünstigsten arbeitet. Eine Reihe von Maschinen ist schließlich dadurch charakterisiert, daß sie erst ab einer bestimmten Leistungsmenge pro Zeiteinheit arbeitsfähig ist **(Mindestkapazität).**

Das Problem der quantitativen Kapazitätsbemessung der Einzelmaschinen ist dann am besten gelöst, wenn die optimalen Kapazitäten aller Maschinen auf das gewünschte Produktionsvolumen abgestimmt sind. Eine derartige vollkommene Harmonisierung der Maschinen stellt in den meisten Fällen einen nie erreichbaren Idealzustand dar. Häufig lassen sich die Maschinen in ihren Leistungsquerschnitten aus technischen Gründen nur grob abstimmen. Hier fallen dann die Punkte optimaler Kapazität auseinander. Den Idealzustand (Fall I) und den Fall grober Abstimmung (II) der quantitativen Kapazitäten von Maschinen gibt Abbildung 4.5 vereinfacht wieder.

*Kapazitäts-abstimmung*

Eine kostenmäßige Abstimmung der Leistungsquerschnitte läßt sich bei unterschiedlichen optimalen Kapazitäten auf einem befriedigenden Kostenniveau dann leicht erreichen, wenn die Maschinen durch relativ flache Stückkostenkurven (Fall II) gekennzeichnet sind. Die Nutzung der Aggregate kann an Beschäftigungsschwankungen innerhalb dieser Zonen mit relativ geringen Stückkostenveränderungen angepaßt werden. Hierin ist auch ein Maß für die Flexibilität der maschinellen Ausstattung eines Industriebetriebes gegenüber Beschäftigungsschwankungen zu erblicken.

## *Innerbetriebliche Standortwahl*

Sieht man die Ausstattungsplanung unter dem Aspekt der räumlichen und fabrikationstechnischen Anordnung der Maschinen- und Arbeitsplätze, so rückt die innerbetriebliche Standortwahl als weiteres wichtiges Teilproblem in

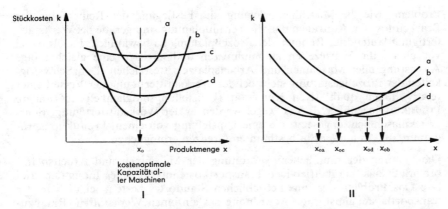

*Abb. 4.5: Die Abstimmung der quantitativen Kapazitäten von Maschinen*

den Mittelpunkt der Betrachtung. Dieses Problem steht wiederum in enger wechselseitiger Beziehung zu den Problemen der quantitativen und qualitativen Kapazitätsplanung, denn die Art und Weise, wie Maschinen und Arbeitsplätze zu fertigungstechnischen räumlichen Einheiten zusammengefaßt werden, hängt unter anderem von der qualitativen und quantitativen Kapazität der Maschinen ab.

**Nach dem Gesichtspunkt der Zusammenfassung von Maschinen- und Arbeitsplätzen zu fertigungstechnischen Einheiten und deren räumlicher Anordnung lassen sich die folgenden allgemeinen Organisationstypen der Fertigung unterscheiden:** (1) Werkstattfertigung, (2) Fließfertigung, (3) Gruppenfertigung (4) Baustellenfertigung.

*Organisationstypen der Fertigung*

Sind Maschinen und Arbeitsplätze mit gleichartigen Arbeitsverrichtungen in einer fertigungstechnischen Einheit zusammengefaßt, so liegt **Werkstattfertigung** vor. Bei dieser Organisationsform sind z. B. alle Fräsmaschinen in einer Werkstatt, alle Bohrmaschinen in einer anderen vereint. Werkstücke, an denen etwa eine Fräsung oder eine Bohrung vorgenommen werden soll, müssen zu diesen Werkstätten transportiert werden. Der Weg eines Werkstücks durch die Produktion wird somit durch die notwendigen Arbeitsverrichtungen und den innerbetrieblichen Standort der entsprechenden Werkstätten bestimmt. Die Werkstattfertigung eignet sich in erster Linie für die Einzelfertigung, häufig aber auch für die Groß- und Kleinserienfertigung. **Grundsätzlich findet die Werkstattfertigung dann Anwendung, wenn eine Anordnung der Maschinen und Arbeitsplätze infolge eines häufigen Produktionswechsels bei unterschiedlichen Arbeitsgängen und ungewissen Arbeitsgangfolgen der herzustellenden Produkte nicht nach einem allgemeinen Arbeitsablauf erfolgen kann.**

*Werkstattfertigung*

Eine zeitliche Abstimmung der Arbeitsgänge in den verschiedenen Bearbeitungsstufen eines Produktes kann nur schwer erreicht werden. In den einzelnen Werkstätten können sich Wartezeiten und somit Zwischenläger ergeben.

*Reihenfolgeproblem*

Probleme wie die Maschinenbelegung, die Festlegung der Reihenfolge der Bearbeitung von Aufträgen und die Terminplanung sind gerade bei Werkstattfertigung laufend im Rahmen der Prozeßplanung zu bewältigen. Es gilt dabei vor allem, die Wartezeiten zu minimieren und zugleich eine gleichmäßige Auslastung aller Maschinen und Arbeitsplätze zu erreichen. Den Schwierigkeiten der Prozeßgestaltung steht bei der Werkstattfertigung der Vorteil einer relativ hohen qualitativen Kapazität (Umstellungsmöglichkeit auf andere Produkte) gegenüber. In der Regel werden in der Werkstattfertigung Mehrzweckmaschinen eingesetzt, die eine Umstellung von einem Produktionsprogramm auf ein anderes in bestimmten Grenzen ermöglichen.

*Transportproblem*

Die Planung der räumlichen Anordnung der Maschinen und Arbeitsplätze beeinflußt das innerbetriebliche Transportkostenniveau eines Industriebetriebes. Das Problem des innerbetrieblichen Standortes besteht letztlich in der transportkostengünstigsten Anordnung der einzelnen Werkstätten (Raumzuordnungsproblem). Da die einzelnen Produkte die Werkstätten in sehr unterschiedlicher Weise durchlaufen, gibt es nicht nur eine einzige mögliche und sinnvolle Anordnung der Werkstätten. Bei einer Vielzahl von unterschiedlichen Produkten mit entsprechenden Fertigungsprozessen und einer Vielzahl von Werkstätten existiert eine nahezu unübersehbare Menge möglicher Lösungsalternativen für die räumliche Anordnung der Werkstätten. Für eine Lösung dieser Problemstellung bieten sich die Methoden der mathematischen Optimierung sowie heuristische Verfahren an.

*Fließfertigung*

Werden die Maschinen und Arbeitsplätze nach dem Fertigungsablauf angeordnet, d. h., werden ihre Standorte so festgelegt, wie es die Reihenfolge der Arbeitsgänge erfordert und werden die einzelnen Arbeitsgänge zeitlich aufeinander abgestimmt, dann liegt eine **Fließfertigung** vor. **Die zeitliche Abstimmung kann einmal durch den technischen Prozeß bedingt sein (Zwangslauffertigung), oder sie wird durch eine Zerlegung des Herstellungsprozesses in zeitlich gleiche Arbeitstakte (Taktzeit) erreicht.** Die Dauer eines Arbeitsganges an einem Maschinen- oder Arbeitsplatz muß gleich der Taktzeit sein oder ein ganzes Vielfaches dieser Zeit betragen. Nur so kann sich der Produktionsfluß reibungslos vollziehen. Dieser Organisationstyp der Fertigung bedarf eines entsprechenden Fördersystems (z. B. Fließband), das den stetigen, gleichmäßigen Produktionsfluß ermöglicht. Die **Bandorganisation** stellt eine Ausprägung des Fließprinzips dar. Die kontinuierliche oder ruckweise Fortbewegung des Förderbandes gibt die Gewähr für die Einhaltung der vorgegebenen Taktzeit.

Eine weitere Ausprägung des Fließprinzips ist die **Straßenfertigung.** Bei diesem Organisationstyp sind die Maschinen und Arbeitsplätze zwar in der Reihenfolge des Produktionsflusses angeordnet, jedoch fehlt der Zeitzwang für die Teilverrichtungen und somit auch ihre vollkommene zeitliche Abstimmung.

**Allen Varianten der Fließfertigung ist gemeinsam, daß ihre Anwendung völlige Gewißheit über die Eigenschaften der zukünftig herzustellenden Produkte und ein großes Produktionsvolumen voraussetzt.** Der Einsatz von Spezial- und Einzweckmaschinen bringt eine gegenüber der Werkstattfertigung weit geringere Fertigungstechnische Flexibilität mit sich. Industriebetriebe mit Fließfertigung sind gegenüber Beschäftigungsrückgängen sehr empfindlich, da aufgrund der hohen Fixkostenintensität nur wenig Spielraum für eine kostenmäßige Anpassung besteht (z. B. in der Automobilindustrie). Dem Nachteil der fertigungstechnischen Starrheit steht eine Reihe von Vorteilen gegenüber, die in der Massen- und Großserienfertigung die Gründe für die Anwendung der Fließfertigung darstellen: Im Vergleich zur Werkstattfertigung sind vor allem die Durchlaufzeiten kürzer, Zins- und Lagerkosten für Zwischenprodukte geringer, Lernerfolge der Arbeiter durch die immerwährende Wiederholung der Verrichtung größer und die Arbeitsgeschwindigkeit infolge der stärkeren Spezialisierung höher. Da der Produktionsprozeß relativ übersichtlich ist, lassen sich ferner die Probleme im Rahmen der Prozeßgestaltung leichter lösen. Probleme wie Terminplanung, Maschinenbelegung und Reihenfolgeplanung treten hier weitgehend in den Hintergrund. Diese Fragen sind zum großen Teil bereits bei der Ausstattungsplanung vorweg gelöst. Durch die Festlegung der Taktzeit ist z. B. die Durchlaufzeit eines Produktes vorgegeben und somit im Rahmen der Prozeßplanung keine Entscheidungsvariable mehr. Allerdings werden gerade auch in jüngster Zeit erhebliche personalwirtschaftliche Probleme der Spezialisierung in der Fließfertigung sichtbar. Sie führen teilweise zu einer Abkehr von der reinen Fließfertigung und tendieren in immer stärkerem Maße zur Gruppenfertigung (vgl. dazu Teil 6, S. 700 f.).

Der Organisationstyp der **Gruppenfertigung** kann als Kompromiß zwischen Werkstatt- und Fließprinzip angesehen werden. Die Vorteile des Fließprinzips sind hier insofern realisiert, als innerhalb bestimmter fertigungstechnischer Einheiten, den sogenannten Funktionsgruppen, die Maschinen und Arbeitsplätze in der Reihenfolge der Arbeitsgänge angeordnet sind. Funktionsgruppen mit Fließbandorganisation können für die Herstellung solcher Einzelteile zweckmäßig sein, die im Erzeugnisprogramm in großen Mengen vorkommen. Besonders günstig ist die Fertigungsstruktur dann, wenn sämtliche Erzeugnisse aus den Teilen zusammengesetzt werden können, die in verschiedenen Funktionsgruppen hergestellt werden (Baukastenprinzip). In der Regel müssen zusätzlich eine Reihe von Arbeitsverrichtungen in Werkstätten vollzogen werden.

*Gruppenfertigung*

In allen bisher charakterisierten Organisationstypen der Fertigung wurde das Werkstück zu den Maschinen und Arbeitsplätzen bewegt. Die **Baustellenfertigung** ist im Gegensatz dazu dadurch gekennzeichnet, daß der Produktionsgegenstand an einen festen Standort gebunden ist und alle anderen Produktionsmittel herangeschafft werden müssen. In der Regel findet sich dieser Organisationstyp der Fertigung in unmittelbar kundenorientierten (auftragsorientierten) Industriezweigen, wie z. B. im Großmaschinenbau und in der Baubranche, selten jedoch bei einer Produktion auf Lager.

*Baustellenfertigung*

## *Instandhaltungsplanung*

Entscheidungen über die Instandhaltung und den Ersatz von Anlagen sind in jedem Industriebetrieb von besonderer Bedeutung für die Aufrechterhaltung der Produktionsbereitschaft. Entscheidungen der Instandhaltungsplanung haben

*Planungszusammenhänge*

deshalb primär den Charakter von Grundsatzentscheidungen. Dennoch ist die hier vorgenommene Zuordnung der Instandhaltungsplanung zur Ausstattungsplanung nicht zwingend. Instandhaltungsentscheidungen stehen in enger Beziehung sowohl zur Planung des Layout als auch zur Programm- und Prozeßplanung. Beispielsweise muß bei der Frage der räumlichen Anordnung von Maschinen der Raumbedarf für Reparaturarbeiten an den Maschinen eingeplant werden. Bei der Planung der Maschinenbelegung müssen Vorstellungen darüber entwickelt werden, welche Maschinen zu welchen Zeitpunkten durch Reparaturarbeiten „blockiert" sind und daher nicht in den Kapazitätsbelegungsplan einbezogen werden können. Bei weiter Begriffsfassung des Produktionsprogramms können selbst durchzuführende Instandhaltungsarbeiten (Dienstleistungsproduktion) auch dem Bereich der Programmplanung zugeordnet werden.

Der ungeplante Ausfall von Maschinen (Zufallsausfall) kann zu schwerwiegenden Konsequenzen für den gesamten Produktionsfluß führen. Aus diesem Grunde sind Instandhaltung bzw. Ersatz exakt zu planen. Die Möglichkeit, erst dann mit der Instandsetzungsarbeit zu beginnen, wenn ein Maschinenschaden eingetreten ist, kann in vielen Fällen sehr unwirtschaftlich sein. Einmal entstehen hier relativ hohe Reparaturkosten und zum anderen – was unter Umständen viel schwerer wiegt – können der Unternehmung durch einen eventuellen Produktionsausfall Erträge entgehen (z. B. durch Auftragsstornierung). Deshalb sind Überlegungen notwendig, wann die Instandhaltungsarbeiten auszuführen sind oder wann eine Maschine durch eine andere zu ersetzen ist (Instandhaltungsstrategie), um den Produktionsfluß bestmöglich vor innerbetrieblichen Störungen abzuschirmen. Dabei wird angestrebt, die Instandhaltungsarbeiten selbst zeitlich so einzuplanen, daß sie das Betriebsgeschehen nicht beeinträchtigen. In der einschlägigen Literatur zur industriellen Instandhaltungsplanung werden verschiedene Instandhaltungsstrategien vorgeschlagen. Diese werden in Abschnitt IV., S. 446, dargestellt.

### b) Entscheidungen der Programmplanung

Die Planung des Produktions- oder Fertigungsprogramms (diese Begriffe werden gleichbedeutend gebraucht) ist mit der Absatzplanung auf das engste verknüpft. **Ausgangspunkt für die Programmplanung stellt in der Regel die Prognose über die Entwicklung des Absatzvolumens dar.** Sie basiert auf den zukünftigen Marktbedingungen unter Berücksichtigung des aktiven Einsatzes des absatzpolitischen Instrumentariums der Unternehmung (vgl. Teil 5, S. 559 ff.). Bei der Bestimmung des Absatzprogramms sind absatzpolitische Forderungen mit fertigungstechnischen Bedingungen abzustimmen. Ausgehend von den Prognosen über die Entwicklung auf dem Absatzmarkt kann das **artmäßige Produktionsprogramm** festgelegt werden.

*artmäßige Zusammensetzung*

Ist das zukünftige, vorläufige Absatzvolumen bekannt, so gilt es festzustellen, inwieweit die Fertigungskapazitäten ausreichen, um die Nachfrage am Absatzmarkt zu befriedigen. Bevor dies erfolgen kann, muß, ausgehend vom Absatzvolumen, das Produktionsvolumen der nächsten Periode unter Berücksichtigung der geplanten Lagerung von Enderzeugnissen abgeleitet werden. Sind z. B. im Laufe einer Produktionsperiode der Anfangslagerbestand des nächsten Jahres, der erwünschte Endbestand des nächsten Jahres sowie das zukünftige Absatzvolumen bekannt, so läßt sich in einer ersten Annäherung das im nächsten Jahr herzustellende Produktionsvolumen bestimmen.

Dieses Produktionsvolumen, ausgedrückt z. B. in erforderlichen Arbeitsstunden oder Stückzahlen pro Fertigungseinheit, wird den während der Periode zur Verfügung stehenden Arbeits- und Maschinenstunden gegenübergestellt. Bei der Ermittlung der zur Verfügung stehenden Zeiten kann eine Reihe von zeitlichen Anpassungsmaßnahmen wie Sonderschichten und Überstunden Berücksichtigung finden. Auch sind intensitätsmäßige Anpassungsmaßnahmen, d. h. Möglichkeiten einer Erhöhung der Produktionsgeschwindigkeit, zu überprüfen. Läßt sich durch derartige Maßnahmen eine Überwindung produktionswirtschaftlicher Engpässe nicht erreichen, so bleibt, abgesehen von der Möglichkeit des Fremdbezuges von Erzeugnissen, nur noch eine Erhöhung der Fertigungskapazität durch die Beschaffung weiterer maschineller Anlagen und die Errichtung zusätzlicher Arbeitsplätze (quantitative Anpassung).

Nachdem festgestellt ist, welche Fertigungskapazität in der nächsten Periode nach den geplanten Anpassungsmaßnahmen tatsächlich zur Verfügung steht, kann die **mengenmäßige Zusammensetzung des Produktionsprogramms** bestimmt werden (vgl. Teil 5, S. 562 ff., und Teil 8, S. 1028 ff.). In der Praxis wird diese Entscheidung häufig gemeinsam von verantwortlichen Instanzen des Absatz- und Fertigungsbereichs in einem Entscheidungskollegium und bei Bestehen von Kapazitätsengpässen nicht selten unter Überwindung gegensätzlicher Standpunkte und Interessenkonflikte gefällt. Das Ergebnis über die art- und mengenmäßige Zusammensetzung der herzustellenden Erzeugnisse bildet das aktuelle Produktions- oder Fertigungsprogramm.

*mengenmäßige Zusammensetzung*

*aktuelles Produktionsprogramm*

Für die Programmplanung ist darüber hinaus noch die Frage nach der **zeitlichen Verteilung des aktuellen Produktionsprogramms** innerhalb dieses Zeitraumes von Interesse. Die Produkte sollen so hergestellt werden, daß sie einerseits für den Verkauf rechtzeitig bereitstehen und andererseits eine möglichst kostengünstige Belastung des Produktionsapparates gewährleisten. Im Mittelpunkt steht hier die Frage, inwieweit die Produktionskurve an die Absatzkurve der Unternehmung in der Periode angepaßt werden soll.

Der Absatz ist in der Regel während des Jahres gewissen Schwankungen unterworfen. Diese Schwankungen sind trotz des Einsatzes der Marketingaktivitäten von der Produktionswirtschaft als Umweltdaten hinzunehmen, denen durch eine zeitliche Programmplanung Rechnung zu tragen ist. Das Problem der Abstimmung der Produktionskurve mit der Absatzkurve kann durch eine Reihe verschiedener Möglichkeiten gelöst werden, die sämtlich zwischen der völligen Synchronisation beider Kurven und der völligen Trennung der Produktionskurve von der Absatzkurve liegen (vgl. Abbildung 4.6).

*Abstimmung von Produktion und Absatz*

Folgt die Produktionskurve der Absatzkurve (I), so entstehen keine wesentlichen Lager- und Zinskosten. Da die Kapazitäten an extremen Nachfragesituationen ausgerichtet sind, entstehen zeitweilig hohe Leerkosten. Zusätzliche

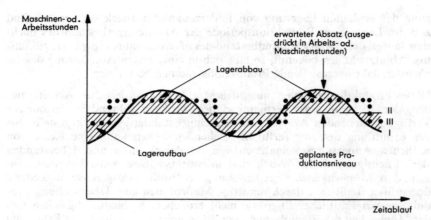

*Abb. 4.6: Abstimmung der Produktionskurve mit der Absatzkurve*

hohe Kosten können durch den mit der Beschäftigungsschwankung eventuell möglichen Auf- und Abbau des Personalbestandes entstehen. Alternative (II) ist durch relativ hohe Lager- und Zinskosten und den Wegfall der durch unregelmäßige Belastung verursachten Kosten gekennzeichnet. Diese beiden Lösungsalternativen stellen zwei Extremfälle möglicher Lösungen dar. Ein Beispiel für eine Zwischenlösung ist Alternative (III): Die Produktion paßt sich nur stufenweise und nicht kontinuierlich an die Absatzschwankungen an.

Welche Alternative realisiert wird, hängt in entscheidendem Maße von der Frage ab, inwieweit eine Unternehmung unmittelbar kundenorientiert (auftragsorientiert) oder mittelbar kundenorientiert (marktorientiert) fertigen kann. Diese Frage hängt wiederum eng mit der Organisation der Fertigung und der Produktionskostenstruktur zusammen (Verhältnis von beschäftigungsfixen und beschäftigungsvariablen Kosten). Im Gegensatz zu marktorientierten Industriebetrieben tendieren auftragsorientierte Unternehmen in der Regel zu einer Synchronisation von Produktion und Absatz. Eine Produktion auf Lager findet in diesem Falle nur sehr beschränkt statt. Um eine gleichmäßige Produktionsbelastung zu erreichen, wird versucht, Kundenaufträge von auftragsstarken auf auftragsschwache Perioden zeitlich zu verlagern. Ein besonderer Fall der Glättung der Absatzkurve und der damit verbundenen Gleichmäßigkeit der Produktion liegt bei absatzsynchroner Fertigung vor, wenn das Produktprogramm sich so zusammensetzt, daß bestimmte Produktgruppen dann ihr Absatzmaximum erreichen, wenn andere Produktgruppen ihr Absatzminimum haben. Diese Situation ist beispielsweise in der Textilindustrie gegeben, bei der die Saisonschwankungen für die Winter- und Sommerbekleidung sehr ausgeprägt sind.

Die Programmplanung versucht, sich stets den wandelnden absatzwirtschaftlichen und fertigungstechnischen Bedingungen anzupassen, und wird Periode für Periode entsprechend revidiert. Einen wichtigen Indikator für Nachfrageverschiebungen stellt dabei der Lagerbestand an Enderzeugnissen dar. Übersteigt z. B. der tatsächliche Bestand an Enderzeugnissen den geplanten Lagerbestand, so ist dies ein Symptom für ein Nachlassen der Nachfrage nach den entsprechenden Produkten, was eine gezielte Anpassung des Produktionsplanes an die veränderten Marktbedingungen erforderlich macht.

Zur optimalen Programmplanung wurden quantitative Modelle entwickelt, auf die in Abschnitt IV. dieses Beitrages näher eingegangen wird (vgl. S. 455).

### c) Entscheidungen der Prozeßplanung

Aus der Sicht des prozeßorientierten Input-Output-Modells sind im Rahmen der Prozeßplanung die Parameter Basisprozeßzeit, Outputniveau, Wiederholungszahl, Maschinenbelegung bzw. Arbeitsverteilung, Wahl der Repetierfaktoren, Zwischenlagerung und Transport sowie Losgrößen festzulegen. Hierbei sind sowohl technische als auch wirtschaftliche Aspekte zu berücksichtigen.

*Prozeßtypen der Fertigung*

Grundsätzlich ergeben sich als Alternativen für die Gestaltung des Fertigungsprozesses die sogenannten Prozeßtypen der Fertigung. Das Kriterium für die Typisierung ist die Häufigkeit der Wiederholung eines bestimmten Fertigungsvorganges (Basisprozeßfolge). Die Wahl des Prozeßtyps hängt von der Produktart, den Nachfragegegebenheiten und den Organisationstypen der Fertigung ab.

In der **Einzelfertigung** wird der Produktionsablauf jeweils auf die Erstellung eines einzelnen Produktes abgestellt. Die zu berücksichtigenden Produkteigenschaften richten sich nach den individuellen Wünschen der Kunden. Als Beispiele hierfür können der Werkzeugmaschinenbau, der Schiffsbau oder der Brückenbau angeführt werden, also auftragsorientierte Industriezweige. Ein häufig angewendetes Verfahren zur Prozeßplanung bei Einzelfertigung bildet die sogenannte Netzplantechnik (vgl. Abschnitt IV., S. 465, dieses Teils).

*Einzelfertigung*

Bei der **Sorten-** oder **Serienfertigung** wird ein Produkt mehrfach nacheinander hergestellt. Der Sortenfertigung liegt dabei ein einheitliches Ausgangsmaterial als Charakteristikum der einzelnen Sorten zugrunde (z. B. Bekleidungsindustrie). Die Serienfertigung ist durch fertigungstechnische Besonderheiten der einzelnen Produktvarianten gekennzeichnet (z. B. Elektrogeräte). Eine exakte Abgrenzung zwischen Serien- und Sortenfertigung ist jedoch nicht immer möglich. Beide Typen können markt- oder auftragsorientiert sein.

*Sorten- und Serienfertigung*

Eine besondere Ausprägung der Serien- und Sortenfertigung, die vorwiegend in der Stahlindustrie wie auch in der chemischen Industrie auftritt, bildet die **Chargenfertigung.** Sie ist dadurch gekennzeichnet, daß in einem Produktionsvorgang eine größere Produktmenge (Charge) erstellt wird. Dabei können häufig die Ausgangsbedingungen und der Prozeß nicht konstant gehalten werden, so daß eine ungewollte Produktdifferenzierung eintritt.

| | |
|---|---|
| *Massenfertigung* | Bei der **Massenfertigung** wird der Produktionsprozeß eines Produktes in der Regel ohne Unterbrechung wiederholt. Es liegt eine marktorientierte Produktion von in großen Mengen nachgefragten, gleichartigen Produkten vor (z. B. Lebensmittelindustrie). |
| *Beziehungen zwischen Organisationstypen und Prozeßtypen der Fertigung* | Die Prozeßtypen der Fertigung sind in engem Zusammenhang zu den Organisationstypen der Fertigung zu sehen. Da die Organisationstypen der Fertigung (z. B. Werkstatt-, Fließ- und Baustellenfertigung) im Rahmen der Ausstattungsentscheidungen festgelegt werden, begrenzen sie das Entscheidungsfeld für die Festlegung der Prozeßtypen. So ist beispielsweise der Organisationstyp der Fließfertigung in der Regel nur mit den Prozeßtypen Serien- und Sortenfertigung bzw. Massenfertigung vereinbar, der Organisationstyp der Werkstattfertigung vorwiegend mit den Prozeßtypen Einzel- oder Serienfertigung. |

## *Ausgangsinformationen der Prozeßplanung*

| | |
|---|---|
| | Ausgangsinformationen für die Prozeßplanung stellen in erster Linie Informationen über die Eigenschaften der herzustellenden Produkte dar. Diese Informationen gelangen in der Regel von der Entwicklungs- und Konstruktionsabteilung zu den für die Prozeßgestaltung verantwortlichen Planungsträgern (z. B. industrial engineers). Ein wichtiges Dokument stellt hierfür die Stückliste dar. Während ein Erzeugnis durch Zeichnungen in technischer Hinsicht festgelegt wird, ist die Stückliste die Ausdrucksform, die verwaltungstechnischen und betriebsorganisatorischen Anforderungen gerecht wird. |
| *Stückliste* | |

**Als Stückliste bezeichnet man in der Fertigungsindustrie im allgemeinen Verzeichnisse, aus denen hervorgeht, in welcher Weise Erzeugnisse aus Teilen, Materialien oder Baugruppen und untergeordneten Baustufen zusammengesetzt sind** (vgl. S. 406).

| | |
|---|---|
| *Arbeitsplan* | Einen weiteren wichtigen Informationsspeicher für die Prozeßplanung bildet der Arbeitsplan. **Im Arbeitsplan werden die wesentlichen technischen und wirtschaftlichen Daten über die Herstellung der Teile und Enderzeugnisse festgehalten.** |

In der Regel sind einem Arbeitsplan die Arbeitsgänge und deren technisch bedingte Reihenfolge, die Art der erforderlichen Maschinen und Arbeitsplätze für jeden Arbeitsgang sowie die benötigten Werkzeuge und Materialien und schließlich auch die Standardzeiten und relevanten Kosten zu entnehmen.

Die Ausgestaltung der Arbeitspläne kann jeder Betrieb seinen spezifischen Anforderungen entsprechend vornehmen. Arbeitspläne können auch elektronisch gespeichert werden (vgl. Abschnitt III., S. 394). Sie bilden dann in dieser Form für die Prozeßsteuerung mit Hilfe der elektronischen Datenverarbeitung eine wichtige Datei der Datenbank für den Fertigungsbereich. Ein Arbeitsplan wird für jedes selbstgefertigte Teil benötigt, das eine Komponente des Enderzeugnisses darstellt. Für das Endprodukt selbst wird ebenfalls ein Arbeitsplan erstellt, wenn es durch Montagevorgänge in der letzten Fertigungsstufe aus Teilen zusammengesetzt wird.

*Die Problematik der simultanen Optimierung der Prozeßparameter*

Für die Prozeßplanung ergeben sich je nach Organisationstypen der Fertigung unterschiedliche Entscheidungstatbestände. Die Freiheitsgrade des Produktionsprozesses sind bei der reinen Fließfertigung relativ eingeschränkt. Die Auswahl der Maschinen- und Arbeitsplätze, die Reihenfolge der Arbeitsgänge und der zeitliche Ablauf des Produktionsvollzugs sind hier bereits im Rahmen der Ausstattungsplanung weitgehend festgelegt. Die Prozeßgestaltung hat dafür Sorge zu tragen, daß eine stetige Materialzufuhr erfolgt und die Arbeitsplätze fortlaufend besetzt sind. Der kontinuierliche Fertigungsprozeß hat in diesem Falle eine stetige Ausbringungsrate. Als kurzfristige Anpassungsmöglichkeiten stehen z. B. die intensitätsmäßige Anpassung oder die Veränderung der Betriebszeiten (z. B. Sonderschichten, Kurzarbeit) zur Verfügung.

*Freiheitsgrade der Prozeßplanung*

Die für die Werkstattfertigung vorherrschenden Formen der Einzel- oder Serienfertigung erfordern eine möglichst exakte Zuteilungsplanung der Produktionsaufträge auf die verfügbaren Kapazitäten. Im Vordergrund stehen dabei die Entscheidungen über die optimale Losgröße, über die optimale Maschinenbelegung und Arbeitsverteilung, über die Reihenfolge der Auftragsabwicklung sowie über die Durchlaufzeiten (vgl. auch Abschnitt III., S. 404 ff., und Abschnitt IV., S. 480 ff.).

Geht man von einem mehrstufigen Produktionsprozeß aus, so müssen auf jeder Produktions- oder Fertigungsstufe (diese Begriffe werden gleichbedeutend gebraucht) die Aufträge so eingeplant und die Auftragsabwicklung derart überwacht werden, daß die folgenden Stufen mit den erwünschten Mengen zu bestimmten Zeiten versorgt werden. Der Auftrag eines Kunden auf der Absatzseite induziert Aufträge für die verschiedenen Fertigungsstufen; diese führen zu Aufträgen für die Materialbeschaffung. Vor und nach jeder Stufe können Läger bestehen. Bestellungen bzw. Fertigungsaufträge werden für die jeweils vorgeschaltete Fertigungsstufe erteilt, wenn es – dem jeweiligen Lagerhaltungssystem entsprechend (Bestellrhythmus- oder Bestellpunktsystem) – erforderlich erscheint (vgl. Teil 3, S. 321 ff.).

Die Betrachtung der Freiheitsgrade zeigt, daß die Werkstattfertigung die größten Probleme im Rahmen der Prozeßplanung aufwirft. Zur kostenminimalen Prozeßgestaltung wäre eine simultane Optimierung sämtlicher Prozeßparameter erforderlich.

Zwei wesentliche Schwierigkeiten stehen einer simultanen Optimierung der Prozeßparameter entgegen. Zum einen bildet das **produktionswirtschaftliche Ziel der Kostenminimierung** unter der Nebenbedingung begrenzter Kapazitäten nur in Ausnahmefällen eine **operationale Zielsetzung**. Folglich müssen geeignete Unterziele der Kostenminimierung als Entscheidungskriterien dienen. Die möglichen Unterziele „**minimale Durchlaufzeiten** (minimale Zwischenlagerkosten)", „**frühzeitige Freistellung der Maschinen** (geringe Leerkosten)", „**kostenoptimale Intensität**" und „**Termintreue**" können aber in **partieller Konkurrenz** zueinander stehen (vgl. S. 491 ff.). Die Beziehungen zwischen den genannten Unterzielen lassen sich zudem nicht eindeutig formulieren. Die Höhe der Produktionskosten ergibt sich damit letztlich als Konse-

*Zielkonflikte der Prozeßplanung*

quenz aller betrieblichen Teilentscheidungen, die den Produktionsprozeß festlegen (vgl. Abbildung 4.7).

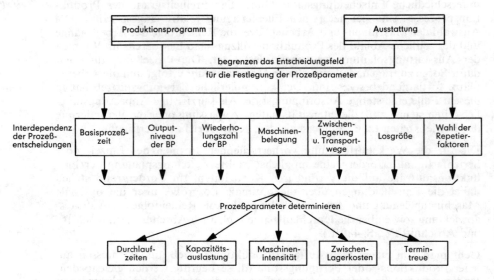

Abb. 4.7: *Interdependenzen produktionswirtschaftlicher Entscheidungen*

*Mathematische Methoden zur Prozeßplanung*

Zum anderen scheitern simultane Optimierungsversuche häufig entweder an der **schwierigen Modellbildung** oder an dem **Fehlen von Lösungsalgorithmen** bzw. an dem – trotz Einsatz von Computern – **unbewältigbaren Rechenaufwand**. Dennoch wurden bei der Bildung von Entscheidungsmodellen für die Prozeßplanung bedeutende Fortschritte erreicht. In zunehmendem Maße werden **Methoden der Unternehmensforschung** für Teilprobleme eingesetzt. Derartige Ansätze wie z. B. die **Netzplantechnik, mathematische Methoden zur Lösung von Reihenfolgeproblemen** und zur **Bestimmung der optimalen Losgröße** können insbesondere beim Einsatz von EDV im Produktionssteuerungsbereich zur Anwendung gelangen. Zur Darstellung dieser Methoden vergleiche Abschnitt IV., S. 435.

Die Entscheidungstatbestände im Prozeßbereich werden daher gewöhnlich unter weitgehender Vernachlässigung bestehender Interdependenzen in mehrere Problembereiche getrennt. Man unterscheidet beispielsweise zwischen der Einsatzplanung der Repetierfaktoren und der Durchführungsplanung.

### Einsatzplanung der Repetierfaktoren

*Aufgaben der Material- disposition*

**Die Materialdisposition eines Industriebetriebes hat die Aufgabe, alle zur Erstellung des aktuellen Fertigungsprogramms erforderlichen Repetierfaktoren in der benötigten Menge und zum gewünschten Termin bereitzustellen.**

Repetierfaktoren in diesem Sinne sind nicht nur Roh-, Hilfs- und Betriebsstoffe als Einkaufsteile, sondern auch Zwischenprodukte oder ganze Baugruppen. Dabei steht die Planung stets in einer Konfliktsituation miteinander konkurrierender Ziele: Die Materialbereitstellung soll möglichst wenig Kapital binden (d. h. niedrige Lagerkosten durch möglichst niedrigen Lagerbestand); es soll eine möglichst gesicherte Produktions- und Lieferbereitschaft (hohe Sicherheitsbestände) gewährleistet sein; die Kostenvorteile großer Serien und Bestellmengen sollen weitgehend ausgenutzt werden.

Im betriebswirtschaftlichen Schrifttum wurde diesem Planungsproblem von jeher große Aufmerksamkeit gewidmet. Optimierungsmodelle wie die Andlersche Formel erfassen das Gesamtproblem nur partiell, indem sie unter Berücksichtigung der Lagerkosten einerseits und der auftrags- oder bestellfixen Kosten andererseits Optimalmengen für die Vergabe einer Bestellung ermitteln (vgl. Teil 3, S. 329 ff.). Die neueren Verfahren der mathematischen Optimierung sind zwar auf die Erfassung des gesamten Problemkomplexes und die Ermittlung eines Totaloptimums ausgerichtet, es muß jedoch betont werden, daß die dafür erforderlichen mathematischen Verfahren höherer Ordnung relativ anspruchsvoll sind und nicht ohne Problematik in der Praxis eingesetzt werden können.

*analytische Verfahren*

Lösungsmöglichkeiten bietet die Simulation (vgl. Abschnitt IV., S. 436 f.). Durch den jederzeit möglichen Zugriff zu allen Daten der zentralen Datenbank lassen sich mögliche Entscheidungssituationen durchspielen, die Konsequenzen alternativer Entscheidungen aufzeigen und vergleichen sowie auf diese Art durch schrittweises Vorgehen Lösungen finden, die in der Nähe eines allgemeinen Optimums liegen.

*Simulation*

Die in der Praxis vorwiegend zur Anwendung kommenden Verfahren der Materialdisposition stellen lediglich Partialmodelle dar. Sie sind geeignet, Teilprobleme im Rahmen der Bedarfsermittlung, der Bestandsrechnung und der Bestelldisposition zu lösen (vgl. Abschnitt III., S. 420).

*Durchführungsplanung*

**Im Mittelpunkt der Durchführungsplanung steht die Losgrößenbestimmung und die Reihenfolgeplanung.** Entscheidungen über die Losgröße sind vor allem in Mehrproduktbetrieben mit Universalaggregaten zu fällen. Hier stellt sich die Frage, welche Menge eines Zwischen- oder Endproduktes in ununterbrochener Folge auf einer Anlage hergestellt werden soll. Diese Erzeugnismenge wird **Fertigungslos** genannt.

**Die optimale Losgröße ist die Menge an Produkten, bei der die losgrößenabhängigen Kosten je Produkteinheit** ein Minimum erreichen. Bei der Betrachtung der Kostenkonsequenzen als Folge von Variationen der Losgröße sind zwei Gruppen von Kostenkategorien zu unterscheiden. Die erste Gruppe, die sogenannten **losfixen Kosten**, umfaßt Kosten, die auf den Sorten- oder Serienwechsel zurückzuführen sind, da jeder Sorten- oder Serienwechsel eine Umstellung und Einrichtung des Produktionsapparates notwendig macht. Je niedri-

*optimale Losgröße*

ger die Zahl der Sorten- und Serienwechsel ist, desto geringer wird der Anteil der auflagenfixen Kosten (Umrüstkosten), da sie sich auf eine größere Produktmenge verteilen. Bei einem gegebenen Produktionsprogramm sinken somit die auf die Einheit bezogenen auflagenfixen Kosten mit steigender Losgröße (Auflagendegression). Die hieraus resultierende Tendenz zu umfangreicheren Losgrößen findet ihre Begrenzung durch die steigenden Lager- und Zinskosten. Es handelt sich dabei um auflagenproportionale Kosten. Eine Erhöhung der Losgröße hat in der Regel zur Folge, daß Fertigprodukte vermehrt auf Lager genommen werden müssen, bevor sie dem Verkauf zugeführt werden können. Quantitative Modelle zur Bestimmung der optimalen Losgröße werden in Abschnitt IV., S. 492, dieses Teils dargestellt.

**Im Rahmen der Reihenfolgeplanung muß festgestellt werden, welche spezifischen Arbeitsgänge an welchen einzelnen Maschinen- und Arbeitsplätzen, zu welchen Zeitpunkten und in welcher Reihenfolge durchzuführen sind. Das Entscheidungsproblem besteht letztlich darin, bei möglichst günstiger Kapazitätsauslastung und geringer Durchlaufzeit die Fertigungsaufträge termingetreu und mit niedrigen Fertigungskosten abzuwickeln.** Gelegentlich werden diese Probleme in der einschlägigen Literatur mit dem Begriff „Kapazitätsterminierung" umschrieben.

*Dilemma der Ablaufplanung*

Die Kriterien „**optimale Kapazitätsauslastung**" und „**Minimierung der Durchlaufzeiten**" führen in der Praxis häufig zu Konfliktsituationen („Dilemma der Ablaufplanung"). Eine Beschleunigung der Durchlaufzeiten ist zwar gewöhnlich mit einer Senkung der Lager- und Zinskosten verbunden. Diese Kosteneinsparung kann jedoch durch eine gleichzeitige Kostenerhöhung als Konsequenz einer Kapazitätsüberlastung (z. B. intensitätsmäßige Anpassung) wieder ausgeglichen oder überkompensiert werden.

Der betriebswirtschaftlichen Forschung sind bisher bei der Lösung dieser Probleme deutliche Grenzen gesetzt. Die Bestrebungen, die Probleme der Reihenfolgeplanung mit Hilfe umfassender simultaner Optimierungsmodelle der Unternehmensforschung zu lösen, haben noch zu keinem für die Praxis unmittelbar anwendbaren Ergebnis geführt.

*heuristischer Lösungsansatz zur Durchführungsplanung*

In der Praxis wird daher ein heuristischer Lösungsansatz gewählt. Zum einen wird die Losgrößenbestimmung unabhängig von der Reihenfolgeplanung vorgenommen. Interdependenzen zwischen beiden Problembereichen werden also vernachlässigt. Zum anderen wird das Gesamtproblem der Reihenfolgeplanung in einzelne Teilprobleme zerlegt, die schrittweise gelöst werden. In der Literatur zur EDV-gestützten Produktionsplanung und -steuerung werden die einzelnen Planungsschritte in der Regel unter den Oberbegriffen „Durchlaufterminierung" und „Kapazitätsterminierung" zusammengefaßt (vgl. Abschnitt III., S. 424 ff.).

Relativ weit fortgeschritten sind die Bemühungen, mit Hilfe der EDV die Probleme der Produktionsplanung und -steuerung durch den Aufbau eines produktionswirtschaftlichen Informationssystems zu bewältigen. Dieser Ansatz, der im folgenden Kapitel gesondert dargelegt wird, führt infolge der Möglichkeiten der elektronischen Datenverarbeitung bei der Bewältigung des für diese Fragestellungen typischen, sehr umfangreichen Informationsanfalls zu einer effizienteren Planung und Steuerung des Produktionsprozesses. Dabei können Optimierungsverfahren und Heuristiken ohne weiteres in das Informationssystem eingebaut werden.

## III. EDV-gestützte Produktionsplanung und -steuerung

### 1. Produktionswirtschaftliche Entscheidungsprozesse in der industriellen Praxis

Die einzelnen Entscheidungstatbestände in den drei Problembereichen produktionswirtschaftlicher Planung können auch als Einflußgrößen produktionswirtschaftlicher Zielverwirklichung betrachtet werden. Für die im Rahmen der Produktionsplanung zu bewältigenden Entscheidungsprobleme ist die Frage von Bedeutung, welche der Einflußfaktoren, die das produktionswirtschaftliche Entscheidungsfeld determinieren, für den jeweiligen Entscheidungsträger als **beeinflußbare Größen (Entscheidungsparameter)** und welche Faktoren als **unbeeinflußbare Daten** anzusehen sind. Diese Unterscheidung ist für die realen Prozesse der Produktionsplanung von zentraler Bedeutung. Sie ergibt sich in erster Linie aus der Art und dem Ablauf betrieblicher Entscheidungsprozesse. In diesem Zusammenhang wird von einer Teilung des produktionswirtschaftlichen Entscheidungsfeldes gesprochen.

*Teilung des produktionswirtschaftlichen Entscheidungsfeldes*

In der industriellen Praxis erfolgt eine **zeitliche und personelle Teilung des produktionswirtschaftlichen Entscheidungsfeldes.** Je nach Umfang und Bedeutung werden die Entscheidungsaufgaben auf verschiedene Personen und auf verschiedene hierarchische Ebenen aufgeteilt. Daraus ergibt sich die Notwendigkeit, die Entscheidungsprozesse der Ausstattungs-, Programm- und Prozeßplanung in zeitlicher und sachlicher Hinsicht aufeinander abzustimmen. Die produktionstheoretisch abgeleitete Systematisierung produktionswirtschaftlicher Entscheidungstatbestände erweist sich hier für eine realitätsnahe Beschreibung der relativ komplexen Zusammenhänge industrieller Entscheidungsprozesse als aussagekräftiges Modell.

*zeitliche Teilung des Entscheidungsfeldes*

Produktionswirtschaftliche Planungen sind als zukunftsorientierte Entscheidungen stets **zeitraumbezogen**. Entscheidungen über die betriebliche Ausstattung sind dabei grundsätzlich **langfristig**, Entscheidungen über die Freiheitsgrade des Produktionsprozesses in der Regel **kurzfristig** wirksam. Nach dem Kriterium der Fristigkeit können daher die Einflußgrößen der produktionswirtschaftlichen Ausstattung als langfristig und das Instrumentarium des Produktionsprozesses als kurzfristig variierbare Größen angesehen werden. Bei der Analyse der Variierbarkeit des Produktionsprogramms ist von einer gegebenen Ausstattung auszugehen. Innerhalb dieser Grenzen ist das Produktionsprogramm kurzfristig veränderbar. Bei den einzelnen kurzfristig wirksamen Prozeßparametern (Intensität, Arbeitsverteilung, Maschinenbelegung etc.) tritt das aktuelle Produktionsprogramm als zusätzlicher Begrenzungsfaktor auf. Der Variationsspielraum wird also von der Ausstattungsplanung über

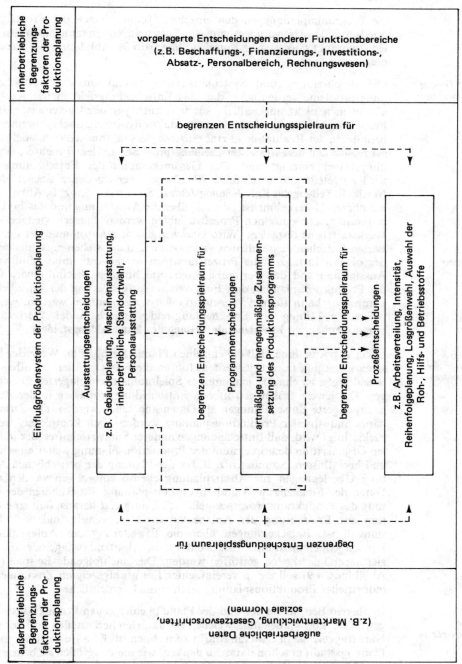

Abb. 4.8: Produktionswirtschaftliches Entscheidungsfeld

die Programmplanung zu den einzelnen Teilproblemen der Prozeßplanung durch die jeweils vorausgegangene Entscheidung in zunehmendem Maße eingeschränkt (sukzessiver Entscheidungsprozeß). Abbildung 4.8 verdeutlicht dies.

*personelle Teilung des Entscheidungsfeldes*

Die Beschreibung und Systematisierung produktionswirtschaftlicher Planungsprobleme verdeutlicht, daß das Entscheidungsfeld in der Realität im allgemeinen nicht nur zeitlich, sondern auch personell geteilt ist. Über die Festlegung des Gesamtkomplexes produktionswirtschaftlicher Freiheitsgrade befindet in der Realität nicht eine einzelne Person, sondern es handelt sich um **sukzessive und dezentrale Entscheidungsprozesse**, an denen mehrere Entscheidungsträger beteiligt sind. Der Gesamtkomplex der Entscheidungsgrößen wird aufgeteilt und in einzelne Abteilungen verschiedener Ebenen delegiert **(vertikale Teilung des Entscheidungsfeldes)**. So entscheiden z. B. Abteilungen in der oberen Unternehmenshierarchie über die Ausstattung und das Fertigungsprogramm. Die einzelnen Prozeßvariablen werden dagegen vielfach auf der Werkstattebene festgelegt. Wird eine weitgehende Autonomie der dezentralisierten Entscheidungseinheiten angenommen, dann stellen z. B. aus der Sicht der oberen Instanzen die Prozeßvariablen weitgehend unbeeinflußbare, die Ausstattung und das Fertigungsprogramm hingegen beeinflußbare Größen der Produktionsplanung dar. Eine weitere Aufgliederung der Entscheidungskompetenz kann für die Prozeßvariablen vorgenommen werden, wenn eine personelle Teilung des Entscheidungsfeldes innerhalb der Werkstattebene vorgenommen wird **(horizontale Teilung des Entscheidungsfeldes)**.

*Planungsabhängigkeiten der Subwirtschaften*

Unter der Annahme, daß die einzelnen Planungsgrößen im Wege der Sukzessiventscheidung festgelegt werden, führen die bereits früher getroffenen Entscheidungen zu einer Einengung des Spielraums nachgelagerter Entscheidungen. Die jeweils früher getroffenen Entscheidungen müssen in der Regel für nachgelagerte Entscheidungen als Daten angesehen werden. Die Zusammenhänge industrieller Produktionsplanung werden noch komplexer, wenn berücksichtigt wird, daß Entscheidungen anderer Subwirtschaften der industriellen Organisation den Spielraum der Produktionsplanung weiter einschränken und beeinflussen. So müssen z. B. bei der Planung der betrieblichen Ausstattung Überlegungen zur Absatzplanung ebenso einbezogen werden wie die Daten der Finanzierungs- und Investitionsplanung. Im Rahmen der Gestaltung des Produktionsprozesses stellt sich häufig erst heraus, daß eine Investition zur Erweiterung der Anlagenkapazität notwendig und wirtschaftlich sinnvoll ist. Entscheidungen über die Erweiterung der Anlagenkapazität können jedoch nicht ohne Rücksicht auf die Absatzmarktlage oder die Finanzierungsmöglichkeiten getroffen werden. Das nachfolgende Beispiel (vgl. die Abbildung 4.9) soll die in vereinfachter Form aufgezeigten Zusammenhänge industrieller Produktionsplanung noch einmal verdeutlichen.

*Beispiel für sukzessive Produktionsplanung*

In obigem Beispiel sei der Fall der Planung einer neuen Produktionswerkstatt gewählt. Dabei sei bekannt, welche Produktarten herzustellen und mit welcher Nachfragemenge in etwa am Markt zu rechnen ist. Es wäre verfrüht, im ersten Planungsstadium schon daran zu denken, wie die Losgrößen zu bemessen und die Maschinen zu belegen sind. Die Klärung dieser Fragen bedarf bestimmter

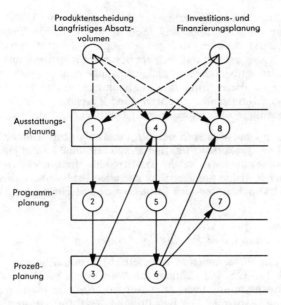

*Abb. 4.9: Problemlösungsschritte industrieller Produktionsplanung*

Anhaltspunkte, die durch vorgelagerte Entscheidungen erst geschaffen werden müssen. Zunächst ist zu planen, welche maschinellen Anlagen zur Herstellung des Produkts notwendig sind, wie die maschinelle Ausstattung räumlich anzuordnen und das Fabrikgebäude zu gestalten ist (Lösungsschritt 1 in Abbildung 4.9). Aus der Sicht der Produktionswirtschaft werden diese Überlegungen von der Investitions- und Finanzierungsplanung begleitet. Prognosen über den zu erwartenden Absatz, beispielsweise für das 1. Planungsjahr, sowie die Kenntnis der zur Verfügung stehenden Kapazität der maschinellen Ausstattung sind Voraussetzung für die Entwicklung eines ersten Produktionsprogramm-Planes für diese Planperiode (Schritt 2 in Abbildung 4.9).

In einer gedanklichen Vorwegnahme der Prozeßplanung (Schritt 3) müssen Überlegungen angestellt werden, ob die vorhandene Kapazität zur Realisierung des Produktionsprogramms ausreicht. Ergibt sich, daß einige Maschinen oder Maschinengruppen trotz möglicher Anpassungsmaßnahmen (Planung von Überstunden, die Einführung weiterer Schichten und die Vergabe von Fertigungsaufträgen nach außen) die gewünschte Kapazität nicht erreichen, so erhebt sich die Frage der Beschaffung und Installation zusätzlicher Anlagen (Schritt 4). Dieses Problem betrifft erneut den Bereich der Investitions- und Finanzierungsplanung. Die bisher gewonnenen Informationen, wie z. B. die Art und technische Beschaffenheit sowie die Eignung der Maschinen für die Struktur des Fertigungsablaufs, werden für die Investitionsentscheidung benötigt, deren Planungshorizont sich über mehrere Jahre erstreckt. Nun kann der Produktionsplan auf der Grundlage der neuen Kapazitätslage revidiert werden (Schritt 5). Das revidierte Produktionsprogramm bildet wiederum die Grundlage für die Prozeßplanung (Schritt 6). In dieser Phase werden die Losgrößen und die Maschinenbelegungen geplant. Im Rahmen der Prozeßplanung kann sich z. B. zeigen, daß sich ein bestimmter Auftrag unter den gegebenen Kapazitätsvoraussetzungen nicht termingerecht abwickeln läßt. Diese Situation kann zu neuen Anpassungsmaßnahmen im Rahmen der Programm- und/oder Ausstattungsplanung führen. Eine Revision der in der Problemhierarchie übergeordneten Entscheidungen ist notwendig (Schritte 7 und 8).

**Da jede Planung Ungewißheit in sich birgt und somit tatsächliche Situationen in der Regel von der geplanten Situation abweichen, muß häufig eine Planrevision stattfinden. Im Falle eines schon existierenden Industriebetriebes kann der Anstoß zu einer Revision grundsätzlich aus allen Problembereichen der Produktionswirtschaft kommen und sich im gesamten Entscheidungssystem fortpflanzen.**

## *Produktionsplanung und Produktionssteuerung*

*Phasen des Entscheidungsprozesses und Produktionsplanung*

Ausgehend vom Phasenschema des betriebswirtschaftlichen Entscheidungsprozesses (vgl. Teil 1, S. 46 f.) können die Anregungs-, Such- und Auswahlphase der Produktionsplanung zugeordnet werden. Auf die Planungsphase folgen Realisation und Kontrolle. Die Bewältigung der Informationsaufgaben in der Realisations- und Kontrollphase ist Gegenstand der sogenannten Werkstattsteuerung (vgl. auch S. 431). Sie muß zunächst die im Rahmen der Produktionsplanung erstellten Pläne in anweisende und unterrichtende Informationen für die Ausführenden umwandeln. Dies erfolgt durch die Erstellung von Werkstattbelegen (z. B. Werkstattzeichnungen, Auftragsbegleitpapiere). Die zur Ausführung freigegebenen Werkstattaufträge sind schließlich im Hinblick auf ihren Produktionsfortschritt laufend zu kontrollieren.

*Werkstattsteuerung*

*Störungen des Produktionsprozesses*

Ereignisse, die unerwartet in der Durchführungsphase eintreten, können eine Unterbrechung oder zumindest eine Verzögerung des Produktionsprozesses zur Folge haben. Es lassen sich dispositionsbedingte Störungen (z. B. fehlerhafte Stücklisten oder Arbeitspläne), personalbedingte Störungen (z. B. Arbeitsfehler, Personalausfälle), betriebsmittelbedingte Störungen (z. B. Ausfälle von Maschinen, Mängel an Werkzeugen) und materialbedingte Störungen (z. B. qualitativ ungenügende Materialien) unterscheiden. Derartige Störungen können zeitliche, quantitative oder qualitative Abweichungen der Ist-Daten von den entsprechenden Soll-Daten zur Folge haben (z. B. Gefährdung von Fertigstellungsterminen durch Kapazitätsengpässe).

*Anpassungsmaßnahmen*

Werden im Rahmen der Kontrolle Soll-Ist-Abweichungen festgestellt, hat die Werkstattsteuerung geeignete Anpassungsmaßnahmen einzuleiten. Der „Erfolg" von Anpassungsmaßnahmen hängt wesentlich davon ab, welche Zeitdauer zwischen Störeinwirkung und Anpassungsmaßnahme liegt. Im Idealfall ist jeder Störung im voraus eine Anpassungsmaßnahme oder ein Maßnahmebündel zugeordnet (z. B. der Einsatz von Springern bei Personalausfällen). Eine antizipative Zuordnung von Anpassungsmaßnahmen auf Störungen setzt jedoch voraus, daß Störungen in ihrer Art bekannt und optimale Anpassungsmaßnahmen zu ihrer Beseitigung im vorhinein bestimmbar sind. Davon kann nicht generell ausgegangen werden. Selbst wenn Störungen in ihrer Art voraussehbar sind, lassen sie häufig alternative Anpassungsmaßnahmen zu. Die bestmögliche Alternative kann daher nur aus der aktuellen Entscheidungssituation heraus bestimmt werden. Anpassungsmaßnahmen bedingen also vielfach neue Planungsaktivitäten.

Störungen erfordern in der Regel eine teilweise Revision der Prozeßplanung. Schwerwiegende Störungen können zur Folge haben, daß die gesamte Prozeßplanung nochmals durchlaufen werden muß. Selten sind hingegen Anpassungen im Bereich der Programmentscheidungen notwendig.

*Begriff der Produktionssteuerung*

Der Begriff der Produktionssteuerung wird in der Literatur unterschiedlich weit gefaßt. Enge Begriffsfassungen beziehen lediglich Teilschritte der Prozeßplanung (z. B. die Kapazitätsfeinplanung) ein. Die weiteste Auslegung umfaßt die Programm- und Prozeßplanung sowie die Werkstattsteuerung. **Der Begriff der Produktionssteuerung soll im folgenden relativ weitgefaßt und als Planung, Durchführung und Überwachung der Prozeßabläufe sowie des Einsatzes an Roh-, Hilfs- und Betriebsstoffen verstanden werden. Die Produktionssteuerung umfaßt somit die Prozeßplanung und die Werkstattsteuerung.**

*kybernetische Betrachtungsweise der Produktionssteuerung*

Die Produktionssteuerung läßt sich anhand einer kybernetischen Betrachtungsweise verdeutlichen. Der Produktionsprozeß als Regelstrecke bildet zusammen mit der Produktionssteuerung als Regler ein Regelungssystem (vgl. Teil 1, S. 21 ff.). Diese Zusammenhänge sind in Abbildung 4.10 vereinfacht dargestellt.

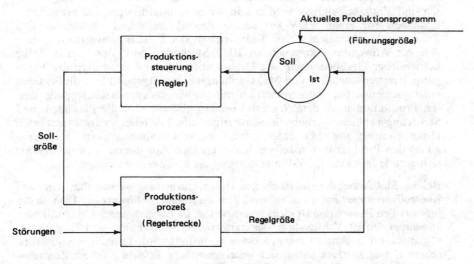

*Abb. 4.10: Kybernetische Betrachtungsweise der Produktionssteuerung*

## 2. Produktionswirtschaft und elektronische Datenverarbeitung

*Anpassungsprobleme*

Die elektronische Datenverarbeitung kann dem planenden Menschen in der Betriebswirtschaft als Hilfsmittel zur Seite gestellt werden, wenn der Planungsgegenstand sich der Verfahrensweise des Elektronenrechners anpassen läßt. Die Arbeitsweise des Digitalrechners basiert auf dem Prinzip der Ja-Nein-Entscheidung. Alle betrieblichen Funktionen, die sich letztlich diesem Prinzip nicht unterwerfen lassen, sind einer Planung und Steuerung durch den Digitalrechner nicht zugänglich.

### Probleme bei der Einführung der elektronischen Datenverarbeitung

Ausnahmeregelungen und Improvisationen im Fertigungsablauf beherrschen in der traditionellen Produktionssteuerung vielfach das Bild. Der EDV-gesteuerte Produktionsprozeß muß hingegen nach festen Regeln ablaufen. Er ist um so effizienter, je weniger in ihn eingegriffen wird. Die Einführung elektronischer Datenverarbeitung setzt daher vielfach eine Neugestaltung des gesamten Planungs- und Produktionsablaufs voraus. In erster Linie sind das Informationswesen, die Organisationsstruktur und die Gestaltung der Arbeitsabläufe davon betroffen.

Eine derartige Neuorganisation bietet zugleich jedem Betrieb die Chance, seine Ablauforganisation grundsätzlich zu überprüfen und sie bis ins Detail neu zu entwickeln. Die Neugestaltung des Produktionsablaufs nach den Regeln der Datenverarbeitungstechnik setzt eine grundlegende Analyse des Produktionsgeschehens voraus. Ein wichtiger Faktor ist das Erkennen von Zusammenhängen. Je komplexer diese Zusammenhänge zwischen den einzelnen Teilprozessen sind, desto schwieriger wird es sein, sie zu standardisieren und brauchbare Lösungen für einen EDV-gesteuerten Produktionsablauf abzuleiten. Der Zusammenhang zwischen den Teilbereichen der Produktionswirtschaft und den zur Anwendung kommenden EDV-Methoden wird durch eine Reihe betrieblicher Gegebenheiten, wie Organisationstyp und Prozeßtyp der Fertigung, Erzeugnisstruktur und Marktabhängigkeit weitgehend beeinflußt. Beim auftragsorientierten Industriebetrieb mit vorwiegender Einzelfertigung, dessen Produktion nach dem Werkstattprinzip abläuft, sind die Planungs- und Steuerungsprobleme erheblich schwieriger als bei einer marktorientierten Unternehmung mit Massenfertigung, dessen Organisationstyp (Fließfertigung) den Produktionsprozeß eindeutig festlegt. Aus diesem Grunde erweist sich gerade hier eine EDV-Unterstützung als besonders wirkungsvoll.

*Problematik zentraler Datenverarbeitungssysteme*

*Zentralisierung und Flexibilität*

**Bei der Einführung der elektronischen Datenverarbeitung werden Planungs- und Kontrollvorgänge häufig zentralisiert. Der zentralisierte Einsatz der EDV in der industriellen Produktion ist nicht unumstritten.** Es hat sich gezeigt, daß mit dem zunehmenden EDV-Einsatz in der industriellen Produktion die Fähigkeit der Organisation zu Anpassungsprozessen beeinflußt wird. Je nach organisatorischem Einsatzkonzept haben sich unterschiedliche Effekte ergeben: **Zentralistisch konzipierte Organisationsformen EDV-gestützter Planungs- und Steuerungssysteme führen in der Regel zu einer Bürokratisierung von Planungs- und Anpassungsprozessen.** Die Zentralisierung des Informationswesens ist häufig mit einer Reduzierung der Planungs- und Entscheidungskompetenzen der Facharbeitskraft in der Werkstatt und mit einer Erhöhung der „Durchlaufzeiten" für Informationen verbunden. Die langwierige Rückmeldung und Informationsbeschaffung führen im Störungsfall zu **Flexibilitätseinbußen**. Aus dieser Erfahrung entwickelten sich moderne Konzeptionen der dezentralisierten Informationsverarbeitung (Distributed Data Processing).

**Dezentralisierte Informationssysteme** in der industriellen Produktion versuchen diese Nachteile aufzuheben. Sie **geben dem verantwortlichen Werkstattfachmann die Möglichkeit zum unmittelbaren (On-line) Dialog mit dem Informationssystem.** Durch Eingabe geänderter Parameter (Störmeldung) wird der unmittelbare Abruf geeigneter Anpassungsmaßnahmen ermöglicht. Der dezentrale EDV-Einsatz bedeutet gleichzeitig den Versuch, Entscheidungskompetenzen an die verantwortlichen Fachleute in der Fertigung zurückzugeben. Beispielsweise können im Störungsfall alternative Anpassungsmaßnahmen und deren Kosten-/Zeitkonsequenzen ausgegeben werden. Die Entscheidung über die zu treffende Maßnahme wird dem Werkstattmeister überlassen. Auf diese Weise soll das vorhandene Basiswissen des Fachpersonals besser für die Arbeitsabwicklung genutzt werden.

*Dezentralisierung und Nutzung von Basiswissen*

## *Schwerpunkte des EDV-Einsatzes in der Produktionswirtschaft*

Die Entwicklung der elektronischen Datenverarbeitung hat die Realisierung betriebsindividueller integrierter Informationssysteme gefördert. Besonders weit vorangekommen sind diesbezüglich die Bemühungen im Bereich der Produktionsplanung und -steuerung.

**Bestehende Informationssysteme zur integrierten Produktionsplanung und -steuerung basieren auf dem dargestellten Konzept der Sukzessivplanung** (vgl. S. 396f.). Dies wird bei den integrierten Modularprogrammen zur Produktionsplanung und -steuerung besonders deutlich.

Unter einem Modularprogramm ist eine Anwendungssoftware für EDV-Anlagen zu verstehen, die bis zu einem gewissen Grad standardisiert ist. Aufgrund ihrer Struktur (Baukastensystem) sind Anpassungen an die speziellen Erfordernisse des jeweiligen Anwenders möglich. Anpassungen können durch die Auswahl geeigneter Bausteine und deren Kombination erfolgen. Darüber hinaus besteht die Möglichkeit, im Einzelfall mittels Programmgeneratoren eine speziell zugeschnittene Anwendungssoftware zu erzeugen. Schließlich lassen sich Modularprogramme an vorgesehenen Schnittstellen durch individuelle Programmteile ergänzen.

*Modularprogramme*

Integrierte Modularprogramme sind aus mehreren in sich abgegrenzten Aufgabenkomplexen (Module) zusammengesetzt, die im Sinne einer integrierten Konzeption aufeinander abgestimmt sind. Dem Gedanken der integrierten Planung und Steuerung werden bestehende Modularprogramme allerdings nur insoweit gerecht, als die einzelnen Module auf dieselbe Datenbank (zentrale Datenbank) zurückgreifen und in beschränktem Maße Zwischenergebnisse austauschen.

*Integrierte Modularprogramme*

Integrierte Modularprogramme zur Produktionsplanung und -steuerung werden heute von allen größeren EDV-Herstellern angeboten. Diese sind trotz Unterschieden im Detail (z. B. Organisation der Dateien der Datenbank, „Komfort" der Programme) nach einer einheitlichen sukzessiven Planungskonzeption mit weitgehend übereinstimmenden Modulen aufgebaut. Die einzelnen Module bewältigen im wesentlichen folgende Problembereiche: Absatzprognose, Prozeßplanung (Einsatzplanung der Repetierfaktoren, Losgrößenplanung, Durchlaufterminierung, Kapazitätsterminierung) und Werkstattsteuerung (Auftragsfreigabe, Auftrags- und Kapazitätskontrolle).

**Der Schwerpunkt des EDV-Einsatzes in der Produktionswirtschaft liegt** somit heute **im Bereich der Produktionssteuerung.** Modularprogramme gehen in aller Regel vom aktuellen Produktionsprogramm aus; für die Programmplanung selbst bieten sie kaum Unterstützung. Die folgenden Darstellungen konzentrieren sich daher auf die Produktionssteuerung.

Der Einsatz der EDV wurde erst durch die Entwicklung von Datenbanken und Techniken der Datenverarbeitung möglich. Aus den in der zentralen Datenbank enthaltenen Informationen werden mit Hilfe der Techniken der Datenverwaltung die Ausgangsinformationen für die Produktionssteuerung „erzeugt". Diese Problemkreise werden daher als erstes dargestellt.

### 3. Die Erzeugung der Ausgangsinformationen für die Produktionssteuerung

Der folgenden Darstellung eines integrierten EDV-Produktionssteuerungssystems liegt der auftragsorientierte Mehrproduktbetrieb mit mehrstufiger Fertigung zugrunde. Dieser Fall weist bei der Produktionssteuerung die größte Problematik auf und ist in der Realität am häufigsten anzutreffen (z. B. Maschinenbaubranche).

Eine systematische Gestaltung der industriellen Produktionsprozesse nach den technologischen Regeln der elektronischen Datenverarbeitung verlangt eine Erklärung des Zusammenwirkens aller Teilaktivitäten im Rahmen der industriellen Leistungserstellung. Zur Erklärung des Produktionsgeschehens soll im folgenden auf das von Heinen entwickelte produktionstheoretische Erklärungsmodell, die Produktionsfunktion vom Typ C, zurückgegriffen werden (vgl. Abschnitt I., S. 368 ff.). Sie berücksichtigt explizit den auftragsorientierten Mehrproduktbetrieb mit mehrstufiger Fertigung.

#### a) Der Aufbau einer zentralen Datenbank für die Produktionssteuerung

*konventionelle Datenorganisation*

In der herkömmlichen Fertigungsorganisation werden die produktionsrelevanten Grunddaten in Form von umfangreichen Karteien und Verzeichnissen mehrfach geführt. Die einzelnen Abteilungen (z. B. Konstruktion, Arbeitsvorbereitung, Materialdisposition) sind oft gezwungen, eigene, ihrer Aufgabenstellung entsprechende Unterlagensammlungen anzulegen. Die mehrfache Anlage und Verwaltung derselben Datenbestände ist äußerst aufwendig und führt darüber hinaus zu einer unerwünschten Schwerfälligkeit und Ungenauigkeit der Informationen. Insbesondere zeigen sich Nachteile bei der Durchführung technischer Änderungen. Häufig werden Änderungen nur unvollständig, zu spät oder teilweise fehlerhaft vorgenommen. Der Einsatz von EDV-Anlagen ermöglicht die zentralisierte Speicherung aller Grunddaten in sogenannten Datenbanken.

Das prozeßorientierte Input-Output-Modell (Produktionsfunktion vom Typ C) zeigt, in welche Elemente und Beziehungen der industrielle Produktionsprozeß zerlegt werden kann (vgl. Abschnitt I., S. 368 ff.). Modellmäßig läßt sich das Produktionsgeschehen im Industriebetrieb mit Hilfe von fünf Elementen (Repetierfaktoren, Potentialfaktoren, Basisprozesse, Zwischenprodukte, Endprodukte) und deren Verknüpfung abbilden (vgl. Abbildung 4.3, S. 374). **Der Aufbau einer zentralen Datenbank für die EDV-gestützte Produktionssteuerung läßt sich anhand der Modellstruktur der Produktionsfunktion vom Typ C gestalten.** Die steuerungsrelevanten Informationen bestehen im wesentlichen aus Informationen über die im Produktionsprozeß eingesetzten Repetierfaktoren (Teileinformationen), über alle bereitgestellten Potentialfaktoren (Arbeitsplatzinformationen), über die Basisprozesse bzw. Arbeitsgänge (Arbeitsganginformationen), über den Produktaufbau (Erzeugnisstrukturinformationen) sowie über die zu erstellenden Endprodukte (Auftragsinformationen). Abbildung 4.11 verdeutlicht dies.

*Datenorganisation mit EDV*

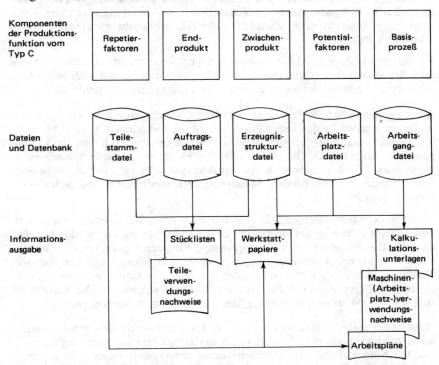

*Abb. 4.11: Produktionstheoretisch fundierte Konzeption einer zentralen Datenbank für die Produktionssteuerung*

*Datenelemente und* **Das Prinzip einer Datenbank besteht darin, die Speicherung der Grunddaten so**
*Datenbank* **zu organisieren, daß sie in jeder gewünschten Kombination abgerufen werden können** (vgl. Teil 8, S. 1050ff.).

**Durch die zentrale Speicherung ist zudem sichergestellt, daß Änderungen nur einmal durchgeführt werden und daß sich der vorhandene Datenbestand jederzeit auf einem aktuellen Niveau befindet.**

Die Speicherung der Datenbestände erfolgt in Form sogenannter Dateien (vgl. Abbildung 4.11). **Eine Datei ist die Zusammenfassung gleichartiger Daten zu einer speichertechnischen Einheit.** Sie ist in **Dateisätze** unterteilt. Jeder Dateisatz besitzt eine feste Satzadresse, über die sein Satzinhalt abgerufen werden kann. Durch die Vergabe von festen Speicheradressen können mehrere Sätze einer Datei oder Sätze verschiedener Dateien, die inhaltlich zueinander in Beziehung stehen, durch **Adreßverkettung** miteinander verbunden werden.

Ausgangspunkt für die gesamte Produktionssteuerung sind Informationen über die einzelnen am Produktionsprozeß beteiligten Produktionsfaktoren. Alle Teile, die bei der Produkterstellung einem Verbrauch unterliegen (Repe-
*Teilestammdatei* tierfaktoren) werden in der Teilestammdatei gespeichert. **Ein Teilestammsatz enthält die teilspezifischen Daten, wie konstruktive und technische Angaben, wertmäßige Angaben (Kosten und Preise) sowie die teileabhängigen Plangrößen der Bedarfs-, Bestands- und Bestelldisposition** (vgl. Abbildung 4.12). Der Teilestammsatz kann je nach Zweckmäßigkeit beliebig um zusätzliche Daten erweitert werden.

Für die Anwendung der EDV-gesteuerten Verfahren der Stücklistenerstattung oder der Bedarfsermittlung erweist es sich als notwendig, auch für jedes Zwischen- und Endprodukt einen gesonderten Teilestammsatz anzulegen.

Alle Angaben über die Strukturzusammenhänge der einzelnen Produktkomponenten werden in der Erzeugnisstrukturdatei festgehalten (vgl. Abbildung
*Erzeugnisstruktur-* 4.12). Das gesamte Strukturnetz eines Erzeugnisses wird nach dem Baukasten-
*datei* prinzip in Strukturteile (Baukastenstücklisten) zerlegt. **Für jede Stücklistenposition wird im Strukturbereich ein Struktursatz angelegt, der als wichtigste Informationen Adreßkettdaten, Mengenangaben sowie Sach- und Stücklistennummer enthält.**

*Arbeitsgangdatei* In der Arbeitsgangdatei wird ein Datensatz für jeden Arbeitsgang gespeichert. **Diese Datei enthält neben Adreßkettdaten für Arbeitsgangfolgen alle Angaben über die Durchführung eines Basisprozesses, wie Arbeitsgangnummer, Arbeitsgangbeschreibung, Adresse der zugehörigen Arbeitsplätze, Vorgabezeiten usw.**
*Arbeitsplatzdatei* Die Kenndaten eines Arbeitsplatzes sind in der Arbeitsplatzdatei gespeichert. **Jeder Satz dieser Datei enthält Angaben über Maschinenkapazität, Maschinenstundensätze, Wartungsvorschriften und Hinweise auf Ausweichaggregate.**

Die Auftragsdatei ist eine weitere wichtige Informationsquelle für ein geschlossenes Produktionssteuerungssystem. Bei auftragsbezogener Fertigung kann sie
*Auftragsdatei* darüber hinaus durch eine Kundenstammdatei ergänzt werden. **In der Auftragsdatei wird für jeden eingehenden Kundenauftrag ein Stammsatz mit allen**

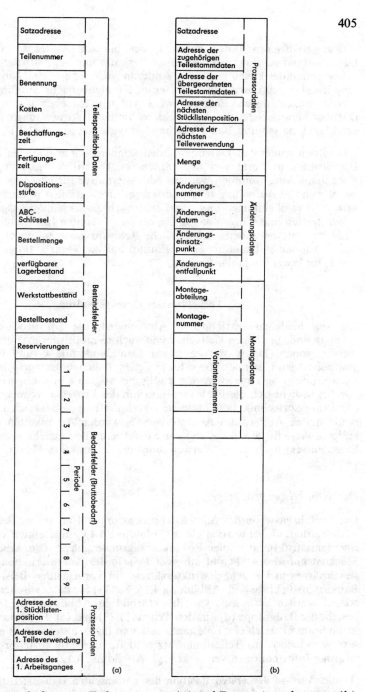

*Abb. 4.12: Beispiele für einen Teilestammsatz (a) und Erzeugnisstruktursatz (b)*

**auftragsspezifischen Daten angelegt,** der bis zur Auftragsauslieferung im Datenbestand geführt wird. Durch die Verknüpfung der Auftragsdatei mit der Teilestammdatei lassen sich z. B. Änderungswünsche in der Auftragsverwaltung leicht durchführen; eine rechtzeitige Kundenbenachrichtigung bei Lieferverzögerungen durch Produktionsstockungen ist ebenfalls gewährleistet. Darüber hinaus bietet die Auftragsdatei vielfache Auswertungsmöglichkeiten zur Marktanalyse und Bedarfsvorhersage (vgl. Teil 5, S. 533 ff.).

*Zusatzdateien*

Neben den genannten Datenbeständen können weitere Dateien z. B. für das Bestellwesen in Form von Lieferanten- oder Artikeldateien in die zentrale Datenbank aufgenommen werden. Als Alternative für eine gesonderte Datei bietet sich die Aufnahme teilespezifischer Informationen in den Teilestammsatz an. Entscheidungen dieser Art sind nach Zweckmäßigkeitsgesichtspunkten zu treffen und hängen davon ab, ob die genannten Informationen für alle Teile im Teilestammbereich die gleiche Relevanz besitzen, da die Anzahl der Informationen je Dateisatz einen Einfluß auf die Verarbeitungsgeschwindigkeit beim Programmablauf besitzt.

### b) Techniken der Datenverwaltung

Die verschiedenen betrieblichen Abteilungen, die am Produktionsprozeß beteiligt sind, benötigen vielfach, wenn auch in modifizierter Form, dieselben Informationen. Da in der zentralen Datenbank alle Grundinformationen gespeichert sind, können die erforderlichen Arbeitsunterlagen mit Hilfe von Verwaltungsprogrammen in der jeweils benötigten Form abgerufen werden. Hierbei bedient sich die EDV-Organisation der **Prozessortechnik.** Das Prinzip der Prozessortechnik besteht in der Verknüpfung von Dateien. Nach dem strukturellen Aufbau des Ablaufprozesses werden Adreßketten gebildet, die beispielsweise für die Erstellung von Stücklisten alle Einzelkomponenten eines Erzeugnisses nach ihrer Verwendung im Produktionsablauf miteinander verknüpfen.

*Verknüpfung von Dateien*

*Der Stücklistenprozessor*

*Adreßverkettung*

Die Verfahrensweise des Stücklistenprozessors soll an einem Beispiel dargestellt werden. Dabei werden die in Abbildung 4.13 aufgezeigten vereinfachten Erzeugnisstrukturen zweier Produkte zugrunde gelegt. **Die Arbeitsweise des Stücklistenprozessors beruht auf dem Prinzip der Adreßverkettung von Teilestammsätzen und Erzeugnisstruktursätzen.** Im vorliegenden Beispiel soll eine Baukastenstückliste (vgl. Abbildung 4.16, S. 411) für das Zwischenprodukt (d) erstellt werden. Wie aus dem Strukturbild in Abbildung 4.13 hervorgeht, besteht die Baugruppe (d) aus den Teilen (1), (3) und (5). Für jedes dieser Teile ist im Stammbereich ein Teilestammsatz und im Strukturbereich ein Struktursatz gespeichert. Im Teilestammsatz sind für den Stücklistenprozessor zwei wichtige Informationen vermerkt (vgl. Abbildung 4.12):

(1) die **Adresse der ersten Position der gewünschten Baukastenstücke** im Erzeugnisstrukturbereich (Ankeradresse der Stücklistenkette);

(2) die **Adresse der ersten Teileverwendung** der betrachteten Stücklistenposition im Erzeugnisstrukturbereich (Ankeradresse der Teileverwendungskette).

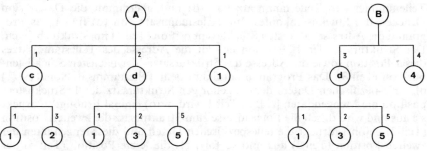

*Abb. 4.13: Beispiele für Erzeugnisstrukturen*

Die Adressen der ersten Stücklistenposition und der ersten Teileverwendung sucht und speichert der Stücklistenprozessor automatisch.

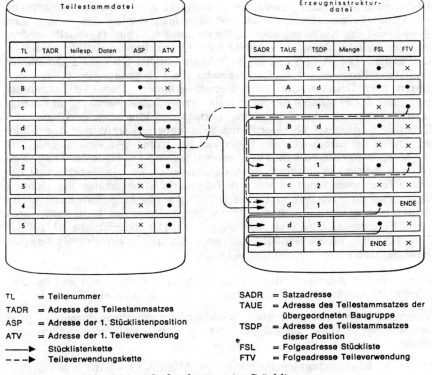

TL = Teilenummer
TADR = Adresse des Teilestammsatzes
ASP = Adresse der 1. Stücklistenposition
ATV = Adresse der 1. Teileverwendung
──▶ Stücklistenkette
- - ▶ Teileverwendungskette

SADR = Satzadresse
TAUE = Adresse des Teilestammsatzes der übergeordneten Baugruppe
TSDP = Adresse des Teilestammsatzes dieser Position
FSL = Folgeadresse Stückliste
FTV = Folgeadresse Teileverwendung

*Abb. 4.14: Adreßverkettung im Stücklistenprozessor*

*Erstellung einer Baukastenstückliste*

Die Erstellung der Baukastenstücklisten für ein Zwischenprodukt erfolgt in mehreren Programmschritten (vgl. Abbildung 4.14). Soll beispielsweise eine Baukastenstückliste für Teil (d) erstellt werden, sucht das Programm über die Teilenummer den Teilestammsatz von (d) und übernimmt die Daten zum Drucken des Stücklistenkopfes. Im Teilestammsatz von (d) findet das Programm die Adresse der ersten Stücklistenposition (Teil 1) im Strukturbereich. Der Struktursatz der 1. Position enthält die Adresse des Teilestammsatzes dieser Position sowie die Adresse des Struktursatzes der nächsten Stücklistenposition (Teil 3). Das Programm entnimmt dem Teilestammsatz von Teil (1) die teilespezifischen Daten, dem zugehörigen Struktursatz der 1. Stücklistenposition die Mengendaten [z. B.: „Teil 1 wird in (d) einmal benötigt"], druckt sie aus und wird durch die Folgeadresse zum Struktursatz der zweiten Position (Teil 3) geführt, druckt die teilespezifischen Daten und die Mengendaten der zweiten Position (Teil 3) aus und so fort, bis die letzte Position (Teil 5) der Baugruppe erreicht ist. Im Struktursatz der letzten Stücklistenposition (Teil 5) wird statt einer Folgeadresse ein Kettenendsymbol (ENDE) geführt. Der Druck der Baukastenstückliste ist damit beendet. Die Abbildung 4.15 faßt die beschriebenen Schritte, die zum Drucken einer Baukastenstückliste für Teil (d) erfolgen, schematisch zusammen.

*Erstellung eines Teileverwendungs- nachweises*

Über eine entsprechend gegenläufige Adreßverkettung kann eine synthetische Stückliste (Teileverwendungsnachweis) abgerufen werden. Im vorliegenden Beispiel soll eine Auflistung über die Verwendung des Teiles (1) erstellt werden. Aus der Strukturübersicht in Abbildung 4.13 geht hervor, daß dieses Teil in den Baugruppen (A), (c) und (d) Verwendung findet. Über die Teilenummer findet das Programm den entsprechenden Teilestammsatz von (1) mit den Daten zum Drucken des Teileverwendungskopfes. Dem Teilestammsatz entnimmt das Programm die Adresse der ersten Teileverwendung im Erzeugnisstrukturbereich, findet im dazugehörigen Struktursatz die Adresse des Teilestammsatzes der übergeordneten Baugruppe (A), entnimmt dem Teilestammsatz die teilespezifischen Daten der Baugruppe (A), dem Struktursatz die Mengenangaben bezüglich der Verwendung von Teil (1) in der Baugruppe (A) und druckt die entsprechenden Informationen aus. Im Struktursatz der ersten Teileverwendung findet sich die Adresse des Struktursatzes der nächsten Teileverwendung (Baugruppe c). Dieser Prozeß wird solange fortgesetzt, bis im Struktursatz einer Baugruppe statt der Folgeadresse das Kettenendsymbol (ENDE) gefunden wird (vgl. Abbildung 4.14). Der schematische Ablauf der Erstellung des Teileverwendungsnachweises entspricht der Entwicklung der Baukastenstückliste in Abbildung 4.15.

Diese Art der Adreßverkettung kann erweitert und verfeinert werden und erlaubt den Ausdruck von Stücklisten in beliebig aufbereiteter Form.

*Stücklisten- verwendung*

Vergegenwärtigt man sich, wozu Stücklisten im einzelnen dienen, so wird deutlich, welche verschiedenen Anforderungen an Stücklisten gestellt werden müssen:

(1) In der **Konstruktionsabteilung** dient die Stückliste als Unterlage zur Prüfung und Durchführung von Änderungen.

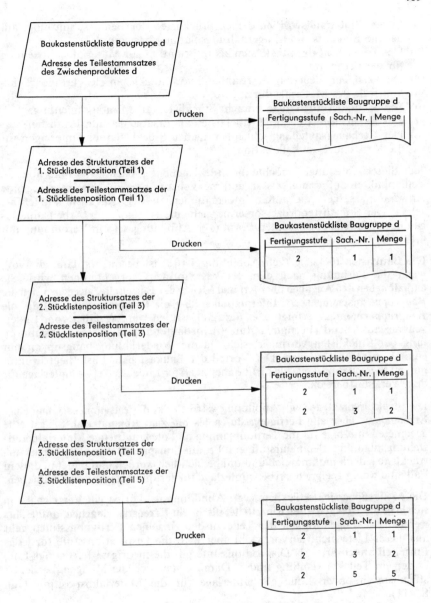

*Abb. 4.15: Erstellen einer Baukastenstückliste*

(2) Die **Arbeitsvorbereitung** bereitet anhand der Stücklisten den Fertigungsablauf vor.

(3) In der **Materialdisposition** dienen Stücklisten der Bedarfsermittlung, auf der die Einkaufs- und Lagerhaltungsplanung basieren.
(4) Das **Lager** benötigt Stücklisten als Information zur Materialbereitstellung für die Fertigung.
(5) Die **Fertigungssteuerung** führt anhand von Stücklisten die Verfügbarkeitskontrolle des Materials durch.
(6) Die **Montagevorbereitung** braucht Stücklisten als Montageanleitung.
(7) Der **Kundendienst** benötigt Stücklisten als Ersatzteile- und Prüflisten.
(8) Der **Rechnungsabteilung** schließlich dienen Stücklisten als Unterlagen für die Vor- und Nachkalkulation.

Jede dieser Abteilungen möchte die Stücklistendaten nach ihren Funktionsgesichtspunkten aufbereitet wissen und möglichst nur die für das entsprechende Anwendungsgebiet relevanten Informationen in der Stückliste aufgeführt sehen. Der Stücklistenprozessor ermöglicht die Ausgabe der Arbeitsunterlagen in der jeweils gewünschten Form (vgl. Abbildung 4.16 in Verbindung mit 4.13).

*Baukastenstückliste*

Die Baukastenstückliste (vgl. Abbildung 4.16a) ist besonders dann sinnvoll, wenn die Fertigung nach dem Baukastenprinzip vorgenommen wird. Sie **enthält neben den Angaben über Art und Menge der Einzelteile, aus denen sich die Baugruppe zusammensetzt, Informationen über die Fertigungsstufe, auf der die Baugruppenmontage erfolgt.** Die Fertigungsstufen werden dabei vom Enderzeugnis ausgehend (Fertigungsstufe 0) fortlaufend gezählt. Der Gesamtumfang der Stücklisten verringert sich, da die Wiederholungsbaugruppen nur einmal aufgeführt werden. Der Vorteil der Baukastenstückliste liegt in ihrer guten Überschaubarkeit. Sie dient daher in erster Linie als Arbeitsunterlage für den Werkstattbereich.

*Strukturstückliste*

**Die Strukturstückliste (vgl. Abbildung 4.16b) zeigt die Zusammensetzung eines Erzeugnisses über alle Fertigungsstufen bis hin zum Rohmaterial.** Sie ist eine geeignete Unterlage für die Terminplanung und die langfristige Materialbereitstellungsplanung. Bei mehrstufigem Produktionsprozeß kann die Strukturstückliste jedoch umfangreich und unübersichtlich werden und bildet in diesem Fall eine wenig geeignete Arbeitsunterlage für fertigungstechnische Aufgaben.

*Mengenübersichtsstückliste*

**Die Mengenübersichtsstückliste** (vgl. Abbildung 4.16c) **ist ein Verzeichnis, in welchem die Mengen aller Einzelteile, die in ein Erzeugnis eingehen, aufgeführt werden.** Die Zugehörigkeit der Teile zu den einzelnen Fertigungsstufen geht aus dieser Liste nicht hervor, wohl aber wird die Dispositionsstufe für jedes Einzelteil angeführt. Als Dispositionsstufe gilt die niedrigste Fertigungsstufe, in der ein Teil Verwendung findet. Damit eignet sich die Mengenübersichtsstückliste in erster Linie als Unterlage für die Materialdisposition (vgl. S. 411).

*Baukasten-Teileverwendungsnachweis*

**Der Baukasten-Teileverwendungsnachweis** (vgl. Abbildung 4.16d) **enthält nur die direkte Verwendung eines Teiles in allen übergeordneten Baugruppen.** Bei Versorgungsschwierigkeiten kann mit Hilfe des Teileverwendungsnachweises schnell ermittelt werden, welche Montageaufträge der übergeordneten Gruppenteile betroffen sind.

*Produktionswirtschaft*

(a)

| Baukastenstückliste | Baugruppe d | |
|---|---|---|
| Fertigungsstufe | Sach-Nr. | Menge |
| 2 | 1 | 1 |
| 2 | 3 | 2 |
| 2 | 5 | 5 |

(d)

| Baukasten-Teileverwendungsnachweis | Teil 1 | |
|---|---|---|
| Fertigungsstufe | Sach-Nr. | Menge |
| 0 | A | 1 |
| 1 | c | 1 |
| 1 | d | 2 |

(b)

| Strukturstückliste Erzeugnis A | | |
|---|---|---|
| Fertigungsstufe | Sach-Nr. | Menge |
| . 1 | c | 1 |
| . . 2 | 1 | 1 |
| . . 2 | 2 | 3 |
| . 1 | d | 2 |
| . . 2 | 1 | 1 |
| . . 2 | 3 | 2 |
| . . 2 | 5 | 5 |
| . 1 | 1 | 1 |

(e)

| Struktur-Teileverwendungsnachweis | Teil 1 | |
|---|---|---|
| Fertigungsstufe | Sach-Nr. | Menge |
| . 1 | A | 1 |
| . 1 | c | 1 |
| . . 2 | A | 1 |
| . 1 | d | 1 |
| . . 2 | A | 2 |
| . . 2 | B | 3 |

(c)

| Mengenübersichtsstückliste | Erzeugnis A | |
|---|---|---|
| Dispositionsstufe | Sach-Nr. | Menge |
| 1 | c | 1 |
| 1 | d | 2 |
| 2 | 1 | 4 |
| 2 | 2 | 3 |
| 2 | 3 | 4 |
| 2 | 5 | 10 |

(f)

| Mengenübersichts-Teileverwendungsnachweis | Teil 1 | |
|---|---|---|
| Dispositionsstufe | Sach-Nr. | Menge |
| 0 | A | 4 |
| 0 | B | 3 |
| 1 | c | 1 |
| 1 | d | 1 |

*Abb. 4.16: Arten von Stücklisten und Teileverwendungsnachweisen*

*Struktur-
Teileverwendungs-
nachweis*

Der **Struktur-Teileverwendungsnachweis** (Abbildung 4.16e) bietet die Möglichkeit, die **Verwendung eines Teiles über alle Fertigungsstufen** nachzuweisen. In der Vorbereitung komplexer Konstruktionsaufgaben kommt dem Struktur-Teileverwendungsnachweis große Bedeutung zu.

*Mengenübersichts-
Teileverwendungs-
nachweis*

Der **Mengenübersichts-Teileverwendungsnachweis** (Abbildung 4.16 f) bildet eine wichtige Dispositionsunterlage für die Materialbeschaffung, da er alle **Verwendungen eines Teiles oder Materials in allen Baugruppen bis zum Enderzeugnis mit den jeweiligen Mengenfaktoren** angibt. Anhand dieser Liste können die Auswirkungen von Beschaffungsschwierigkeiten einzelner Teile und/oder Materialien auf die Enderzeugnisse sofort aufgezeigt werden. Auch der Einfluß von Preisveränderungen bei Rohstoffen oder Einkaufsteilen auf die Kalkulation der Produktpreise wird leicht ersichtlich.

Außer in den dargelegten Formen können Stücklisten in Sonderformen erstellt werden, in denen die Teilezusammenstellung nach speziellen Gesichtspunkten erfolgt. Beispielsweise betrachtet die Konstruktionsabteilung die Erzeugnisteile und Baugruppen nach Funktionsgesichtspunkten, die Arbeitsplanung dagegen nach Fertigungsgesichtspunkten, nämlich so, wie in der Montage Teile und Baugruppen zum Enderzeugnis zusammengebaut werden. Da beide Betrachtungsweisen im gleichen Betriebe zu unterschiedlichen Zuordnungen der Teile und Baugruppen in der Stückliste führen können, wird durch eine zusätzliche Kennzeichnung der einzelnen Teile im Strukturbereich der mögliche Stücklistenausdruck nach Funktions- oder Montagegesichtspunkten gewährleistet.

*Konstruktions- und
Montagestückliste*

*Variantenstückliste*

Werden von einem Produkttyp mehrere Ausführungen erstellt, so findet in der Praxis häufig die Variantenstückliste Verwendung. Für die Materialdisposition ist es vorteilhaft, wenn die Variantenstückliste in eine Grundstückliste (für die Gleichteile) und mehrere Ergänzungsstücklisten (für die Variationsteile) aufgeteilt ist.

## *Der Arbeitsplanprozessor*

Der Arbeitsplan bildet das Bindeglied zwischen der statischen Abbildung der Produktionszusammenhänge in der Stückliste und dem technischen Betriebsablauf. Er beschreibt die Fertigungsvorgänge in den Werkstätten und Montageabteilungen. Der Arbeitsplan läßt sich üblicherweise in drei Teile aufgliedern (vgl. Abbildung 4.17). Im Kopfteil wird das herzustellende Zwischen- oder Fertigprodukt spezifiziert. Der Fertigungsteil enthält die Angaben über die einzelnen Arbeitsgangsfolgen. Im Materialteil werden die benötigten Materialien und Werkzeuge aufgeführt.

*Arbeitsplanaufbau*

*Arbeitsplan-
verwendung*

Wie die Stückliste ist auch der Arbeitsplan in jeder Abteilung, die er im betrieblichen Ablaufprozeß durchläuft, jeweils aus anderer Perspektive von Interesse:

(1) Die **Arbeitsvorbereitung** benötigt den Arbeitsplan als Unterlage zur Ermittlung von Zeitvorgaben.
(2) Die **Terminplanung** ermittelt auf der Basis von Arbeitsplänen die Durchlaufzeiten.

| Arbeitsplan |||||||| 
|---|---|---|---|---|---|---|---|
| Teilenummer: 130; || Losgröße: 50 Stück; ||| Datum: 1.2.19.. |||
| Arbeits-gang Nr. | Bezeichnung des Arbeits-gangs | Kosten-stelle | Arbeitsplatz Nr. | Rüstzeit (min.) | Stückzeit (min.) | Maschinen-stundensatz (DM) | Lohn-gruppe |
| 1001 | Drehen | 10 | 180 | 10 | 120 | 8,– | 04 |
| 1002 | Fräsen | 13 | 230 | 15 | 60 | 8,50 | 05 |
| 1005 | Gewinde-schneiden | 19 | 310 | 10 | 180 | 10,– | 08 |
| . | . | . | . | . | . | . | . |
| . | . | . | . | . | . | . | . |

*Abb. 4.17: Beispiel eines Arbeitsplanes ohne Materialteil*

(3) Die **Fertigungssteuerung** führt auf der Basis von Arbeitsplänen die Kapazitätsterminierung durch.
(4) In der **Werkstatt** dient der Arbeitsplan als Produktions- und Montagevorlage.
(5) Die **Rechnungsabteilung** schließlich entnimmt dem Arbeitsplan Informationen für die Kostenarten-, Kostenstellen- und Kostenträgerrechnung.

Die EDV-gesteuerte Erstellung von Arbeitsplänen läßt sich nach dem gleichen Prinzip organisieren wie der Stücklistenprozessor. Grundsätzlich können Arbeitspläne teilebezogen definiert und in einer gesonderten Datei der zentralen Datenbank als Arbeitsplandatei gespeichert werden. Diese Organisationsform ist jedoch nur dann sinnvoll, wenn die zur Herstellung der einzelnen Zwischen- und Enderzeugnisse erforderlichen Arbeitsgänge vorwiegend heterogen sind. Umfaßt jedoch die Fertigung in erster Linie bearbeitungsähnliche Teile, so werden bei dieser Speicherorganisation viele Arbeitsgänge mehrfach geführt. Im letzten Fall ist es vorteilhafter, die einzelnen Elemente des Ablaufprozesses, die Arbeitsgänge, in den Standardsätzen einer Arbeitsgangdatei festzuhalten. **Die Erstellung der Arbeitspläne erfolgt dann durch Verkettung der Arbeitsgangdatei mit der Arbeitsplatzdatei, der Teilestammdatei und der Erzeugnisstrukturdatei nach dem Prozessorprinzip.** Die Adreßverkettung ist jedoch wesentlich komplizierter als im System des Stücklistenprozessors, da hier, wie aus Abbildung 4.18 zu ersehen ist, vier Dateien miteinander verknüpft werden.

Die Arbeitspläne können vom EDV-System in der jeweils gewünschten Form abgerufen werden, so daß jeder Abteilung ebenso wie bei der Stücklistenerstellung die ihrer Aufgabenstellung entsprechenden Arbeitsplandaten zur Verfügung gestellt werden.

Wie beim Stücklistenprozessor können die Arbeitsplandaten auch in synthetischer Form als Maschinen- und Werkzeugverwendungsnachweise ausgedruckt werden.

*EDV-gesteuerte Erstellung von Arbeitsplänen*

*Arbeitsplankette*

*Maschinen- und Werkzeug-verwendungs-nachweis*

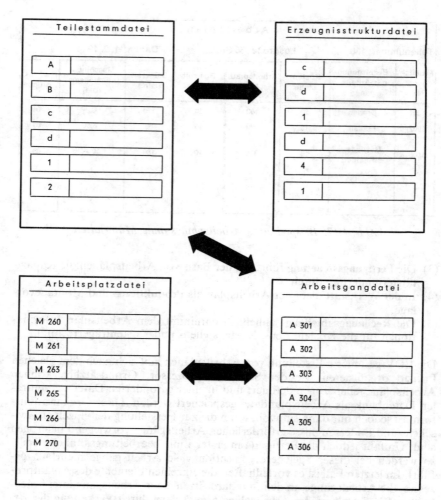

*Abb. 4.18: Dateiverknüpfung beim Arbeitsplanprozessor*

Gegenüber der herkömmlichen Arbeitsplanerstellung hat der EDV-gesteuerte Arbeitsplan vor allem folgende Vorteile:

(1) Für alle bearbeitungsähnlichen Teile können standardisierte Fertigungsmethoden zugrunde gelegt werden.
(2) Es besteht eine einheitliche Arbeitsgangbeschreibung (weniger Kommunikationsstörungen).
(3) Verfahrens- oder Materialänderungen können mit Hilfe des auf der Basis der Adreßverkettung organisierten Änderungsdienstes bei allen Arbeitsplänen sofort ausgeführt werden (Aktualität der Arbeitsplandaten).
(4) Die Arbeitsvorbereitung wird weitgehend entlastet.

## 4. Produktionssteuerung mit EDV

Die Realisierung des aktuellen Produktions- oder Fertigungsprogramms ist das Ziel der Produktionssteuerung. Es bezeichnet die während eines bestimmten Zeitraums tatsächlich zu erstellenden Leistungen. Im aktuellen Fertigungsprogramm konkretisiert sich eine Alternative aus sämtlichen Fertigungsprogrammen, die bei gegebener Ausstattung möglich sind (potentielles Fertigungsprogramm). Das aktuelle Fertigungsprogramm ist der Ausgangspunkt der Produktionssteuerung.

### a) Einsatzplanung der Repetierfaktoren

**Die in der EDV-Praxis zur Anwendung kommenden Verfahren der Materialdisposition basieren auf dem Zusammenwirken von Bedarfsermittlung, Bestandsrechnung und Bestelldisposition.** Zu diesem Zweck enthält jeder Teilestammsatz eine sogenannte Dispositionsleiste (vgl. Abbildung 4.19). In ihr sind gespeichert: die **Bruttobedarfszahlen**, getrennt nach Planungsperioden; die geplanten und offenen **Bestellungen**, meist gestaffelt nach ihren Auslöse- beziehungsweise Verfügbarkeitsterminen; die **Bestandsdaten**, in aller Regel in Werkstattbestand, verfügbaren und reservierten Lagerbestand aufgeteilt.

*Dispositionsleiste*

Sind die Bruttobedarfswerte für den Planungszeitraum festgestellt, so kann unter Berücksichtigung der Bestände sowie der geplanten und offenen Bestellungen der **Nettobedarf** aus den Daten des Teilestammsatzes ermittelt werden. Die Nettobedarfswerte bilden die Ausgangsdaten für die Materialbeschaffung in der Einkaufsabteilung.

### *Bedarfsermittlung*

In der Materialwirtschaft lassen sich zwei Bedarfsarten unterscheiden: der Primärbedarf und der Sekundärbedarf.

**Das nach Zeit und Menge fixierte aktuelle Fertigungsprogramm einer Periode bildet den Primärbedarf.** Nicht immer ist bei Auftragsfertigung der Primärbedarf eine deterministische Größe. Aus wettbewerbspolitischen Gründen sind Industriebetriebe häufig gezwungen, kürzere Lieferzeiten anzubieten als der Planungszeitraum für Disposition, Beschaffung und Fertigung der Aufträge einnimmt. So benötigt man für den Zeitraum, für den keine Kundenaufträge vorliegen, eine Bedarfsvorhersage. Unter Zuhilfenahme statistischer Vorhersagemodelle kann der Primärbedarf mit einer bestimmten Wahrscheinlichkeit geschätzt werden (vgl. Teil 5, S. 538ff.). Das Risiko einer falschen Bedarfsvorhersage kann in bezug auf die Lieferbereitschaft durch einen entsprechend hohen Sicherheitsbestand abgedeckt werden. Je zuverlässiger die Bedarfsvorhersageverfahren arbeiten, desto niedriger können die Sicherheitsbestände gehalten werden.

*Primärbedarf*

**Als Sekundärbedarf wird der zur Erstellung des aktuellen Fertigungsprogramms benötigte Bedarf an Repetierfaktoren bezeichnet.** Seine Bereitstellung für Produktionszwecke ist Gegenstand der Materialdisposition.

*Sekundärbedarf*

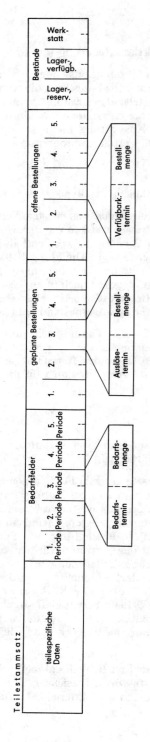

Abb. 4.19: Aufbau einer Dispositionsleiste im Teilestammsatz

Nicht alle Repetierfaktoren sind für die Produktion von gleichem Rang. So wie die einzelnen Erzeugnisse des Produktionsprogramms einen unterschiedlichen Beitrag zur betrieblichen Zielerreichung leisten, werden auch die Komponenten dieser Erzeugnisse für den Disponenten von unterschiedlichem Gewicht sein. Darüber hinaus gibt es Materialteile, die für den Produktionsablauf unbedingt erforderlich sind, und Teile von geringerer Bedeutung, z. B. wenn sie nur selten eingesetzt werden oder wenn sie substituiert werden können. Die Klassifizierung aller Repetierfaktoren nach dem Kriterium ihrer Bedeutung für das Produktionsprogramm oder den Produktionsablauf stellt daher eine wichtige vorbereitende Handlung in der Materialdisposition dar: Eine häufig angewandte Klassifizierungsmethode ist die Vergabe des sogenannten ABC-Schlüssels (vgl. Teil 3, S. 306 ff.). Dabei kann beispielsweise vom Jahresbedarfswert einer Materialposition ausgegangen werden. Der Jahresbedarfswert ergibt sich als Produkt aus der Jahresbedarfsmenge und den Herstellkosten oder dem Einstandspreis einer Position. Nach diesem Wert werden alle Repetierfaktoren gestaffelt und anschließend Klassengrenzen festgelegt. Repetierfaktoren, die den Schlüssel A erhalten, sind besonders sorgfältig zu planen und zu kontrollieren, während C-Teile aus Kostengründen beispielsweise nur routinemäßig disponiert werden und keiner permanenten Kontrolle unterliegen. Sinnvollerweise richtet sich nach dem ABC-Schlüssel auch das zur Anwendung kommende Bedarfsermittlungs- und Bestelldispositionsverfahren. Während A-Teile und B-Teile überwiegend über Stücklisten „bedarfsgesteuert" disponiert werden, können C-Teile gewöhnlich über ihren Verbrauch disponiert werden, wobei ein entsprechend höher anzusetzender Sicherheitsbestand das Fehlmengenrisiko abdeckt.

*ABC-Analyse*

Zur Ermittlung des Bruttobedarfs an Repetierfaktoren bedient sich die EDV-Praxis zweier Verfahrensarten: **deterministische Bedarfsermittlungsverfahren** für die sogenannten bedarfsgesteuerten Materialteile; **statistische Bedarfsermittlungsverfahren** für die sogenannten verbrauchsgesteuerten Materialteile.

**Die mathematisch-statistischen Methoden der Bedarfsermittlung postulieren einen Zusammenhang zwischen dem Verbrauch in der Vergangenheit und dem Bedarf in künftigen Perioden.**

*statistische Bedarfsermittlungsverfahren*

Häufig zur Anwendung kommende Methoden der statistischen Bedarfsvorhersage sind: das Verfahren der gleitenden Mittelwertbildung, Verfahren der exponentiellen Glättung erster Ordnung, Verfahren der exponentiellen Glättung höherer Ordnung (vgl. Teil 5, S. 539 ff.).

Die deterministische Bedarfsermittlung setzt das Vorhandensein eines Produktionsplanes voraus, der in seiner mengen- und strukturmäßigen Zusammensetzung fixiert sein muß. Dabei wird der Primärbedarf (aktuelles Fertigungsprogramm) mit Hilfe der dargestellten Prozessortechnik in einen Sekundärbedarf an Einzelteilen und Baugruppen zerlegt. Grundsätzlich werden zwei Ermittlungsverfahren unterschieden: die analytische Methode und die synthetische Methode. **Der analytischen Methode liegen Stücklisten zugrunde, der synthetischen Methode hingegen Teileverwendungsnachweise.**

*deterministische Sekundärbedarfsermittlung*

*Stücklistenauflösung*  Der Stücklistenprozessor bildet die Basis für die deterministische Bedarfsauflösung. Mit Hilfe der auf Seite 406 f. dargestellten Prozessortechnik läßt sich der Primärbedarf stufenweise auflösen, wobei Beschaffungs- beziehungsweise Fertigungszeiten für jede Komponente in die Betrachtung einbezogen werden können. Ein untergeordnetes Teil muß um seine Fertigungsdurchlaufzeit oder Beschaffungszeit früher verfügbar sein als die übergeordnete Baugruppe. Die benötigte Zeit wird als „**Vorlaufzeit**" bezeichnet. Die Vorverlagerung des Bedarfszeitpunktes einer Komponente um ihre Vorlaufzeit wird als **Vorlaufverschiebung** bezeichnet (vgl. Abb. 4.21).

*Fertigungs- und Dispositionsstufe*  Hinsichtlich der stufenweisen Auflösung des Primärbedarfs werden Dispositions- und Fertigungsstufen unterschieden. **Fertigungsstufen** werden vom Endprodukt ausgehend gezählt. Die Montage des Endproduktes bildet die Fertigungsstufe Null. Werden die gleichen Einzelteile oder Zwischenprodukte in unterschiedlichen Fertigungsstufen mehrerer Enderzeugnisse benötigt, so ist eine Bedarfsauflösung nach Dispositionsstufen sinnvoll. Als **Dispositionsstufe** wird die tiefste Fertigungsstufe bezeichnet, in der das betreffende Teil Verwendung findet. Bei der Bedarfsauflösung nach dem Prozessorprinzip werden die Dispositionsstufen für jedes Teil vom Programm selbständig ermittelt und im Teilestammsatz gespeichert.

*Gozinto-Graph*  Der Strukturbaum in Abbildung 4.20a zeigt den Aufbau zweier Endprodukte (A) und (B) nach Fertigungsstufen. Daneben läßt sich die Erzeugnisstruktur eines Endproduktes nach Dispositionsstufen darstellen. Die kompakteste Form einer Strukturdarstellung nach Dispositionsstufen bildet der sogenannte Gozinto-Graph (vgl. Abbildung 4.20b). Gegenüber Abbildung 4.20a hat diese Darstellungsform folgende Vorteile: Der Stücklistenzusammenhang wie auch der Teileverwendungsnachweis sind gleichermaßen ersichtlich; Mehrfachverwendungsteile treten nur einmal auf. Allerdings verliert der Gozinto-Graph seine Übersichtlichkeit, wenn mehr als zwei Endprodukte mit gemeinsamen Fertigungskomponenten dargestellt werden.

*analytische Bedarfsauflösung*  **Bei der analytischen Bedarfsauflösung wird der Bruttobedarf unter Verwendung der Adreßkette des Stücklistenprozessors in Baugruppen, Rohmaterialien und Einzelteile zerlegt und bis zum Planungshorizont auf die einzelnen Planperioden verteilt. Dabei werden untergeordnete Teile um ihre Vorlaufzeit früher eingeplant als die übergeordnete Baugruppe.** Die Vorlaufzeiten sind ebenso wie die Durchlaufzeiten losgrößenabhängig, wenn je nach Losgröße unterschiedliche Fertigungsverfahren gewählt werden. Die analytische Bedarfsauflösung ist besonders dann geeignet, wenn ein ganzer Produktionsplan aufgelöst werden soll.

*synthetische Bedarfsauflösung*  Für die Bedarfsauflösung eines einzelnen Enderzeugnisses wird dagegen das **synthetische Auflösungsverfahren** auf der Basis der Adreßkette des Teileverwendungsnachweises bevorzugt. **Bei diesem Verfahren wird ausgehend von der Dispositionsstufe die Verwendung jedes einzelnen Teiles auf allen Fertigungsstufen erfaßt und der Gesamtbedarf jeder Erzeugniskomponente für jede Fertigungsstufe termingerecht, d. h. differenziert nach Bedarfsperioden, ermittelt.**

Die auf analytische oder synthetische Weise ermittelten Bruttobedarfszahlen sind noch um einen **Zusatzbedarf für Ausschuß** oder gegebenenfalls **für die**

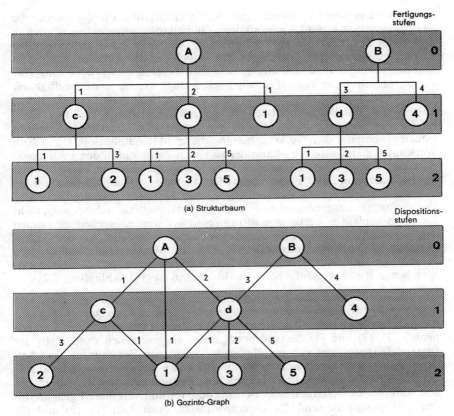

*Abb. 4.20: Fertigungs- und Dispositionsstufen*

**Ersatzteileplanung** zu erhöhen. Zu diesem Zweck kann im Teilestammsatz für jede Materialposition ein Korrekturfaktor gespeichert werden.

Bei der Ermittlung der Bruttobedarfszahlen finden die Bestände noch keine Berücksichtigung. **In einer Nettobedarfsrechnung ist daher der ermittelte Bruttobedarf einer Materialposition um den verfügbaren Bestand zu korrigieren.** Die Nettobedarfszahlen dienen der Einkaufsabteilung als Unterlage für die Bestelldisposition.

## Bestandsrechnung

Für die Zwecke der Produktionssteuerung mit Hilfe der EDV werden grundsätzlich drei Bestandsarten unterschieden: Lagerbestand, Werkstattbestand und Bestellbestand.

Als Lagerbestand wird die Menge der zu einem bestimmten Zeitpunkt im Materiallager vorhandenen Einheiten einer Materialposition bezeichnet.

*Lagerbestand*

Dieser Bestandswert ist in erster Linie eine Inventurgröße. Für die Zwecke der EDV-gesteuerten Produktion muß diese Globalgröße aufgespalten werden in denjenigen Teil, über den zwar schon durch Zuteilung für einen bestimmten Fertigungsauftrag verfügt worden ist, der jedoch von der Werkstatt noch nicht abgerufen wurde, zuzüglich einem Sicherheitsbestand (reservierter Lagerbestand), und in jenen Teil, über den noch verfügt werden kann (verfügbarer Lagerbestand). Eine eingegangene und von der Materialeingangskontrolle freigegebene Bestellung erhöht den verfügbaren Lagerbestand, ein Materialabruf für Fertigungszwecke vermindert den reservierten Lagerbestand, erhöht jedoch gleichzeitig den Werkstattbestand dieser Materialposition. Unter dem Werkstattbestand wird die Menge der zu einem Zeitpunkt in den Fertigungswerkstätten vorhandenen Einheiten einer Materialposition, teilweise in bearbeiteter oder montierter Form, verstanden. Unter dem Bestellbestand werden die bestellten, aber noch nicht eingegangenen Materialien zusammengefaßt. Der verfügbare Lagerbestand und derjenige Bestellbestand, welcher noch nicht für einen geplanten Fertigungsauftrag reserviert wurde, ergeben zusammen den insgesamt (für Dispositionszwecke) verfügbaren Bestand. Aus der Gegenüberstellung dieser Bestandsgröße mit dem Bruttobedarf ergibt sich für jede Periode der verbleibende Nettobedarf einer Materialposition, der durch entsprechende Bestellungsaufgabe noch abzudecken ist (vgl. Abbildung 4.21).

*Werkstattbestand*

*Bestellbestand*

Um die Interdependenzen zwischen den einzelnen Bestandsarten über- und untergeordneter Komponenten eines Erzeugnisses aufzuzeigen, sollen am Beispiel des Zwischenproduktes (d) der Abbildung 4.20a mit seinen Komponenten (1), (3) und (5) Bestandsbewegungen vorgenommen werden. In der Bestandsführung zeigt sich ein ähnliches System von Beziehungen zwischen den einzelnen Erzeugniskomponenten wie zwischen den einzelnen Komponenten des Ablaufprozesses. Jeder freigegebene Fertigungsauftrag für (d) erhöht den verfügbaren Bestand des Zwischenproduktes und vermindert gleichzeitig den verfügbaren Bestand der untergeordneten Positionen (1), (3) und (5) (erhöht deren reservierten Bestand). Der Ausführungsbeginn des Fertigungsauftrages vermindert den reservierten Bestand der untergeordneten Positionen, erhöht aber gleichzeitig deren Werkstattbestand. Die Auslieferung des Auftrages an das Lager vermindert den Werkstattbestand der untergeordneten Positionen und erhöht den reservierten oder verfügbaren Lagerbestand der übergeordneten Materialposition.

*Nettobedarfsrechnung*

Bei der EDV-gesteuerten Bestandsführung sind die Bestandsarten für jeden Artikel im Teilestammsatz gespeichert, so daß eine differenzierte Nettobedarfsrechnung beispielsweise nach dem Schema der Abbildung 4.21 durchgeführt werden kann.

### Bestellrechnung

**Die Bestellrechnung dient der Überwachung der offenen Bestellungen und der rechtzeitigen Beschaffung des Nettobedarfs. Bestellmenge und Bestellzeitpunkt für die zu beschaffenden Materialien sind unter dem Gesichtspunkt der Kostenwirtschaftlichkeit festzulegen.**

*Produktionswirtschaft und elektronische Datenverarbeitung*

| Nettobedarfsrechnung für Baugruppe d | Periode 1 | Periode 2 | Periode 3 | Periode 4 | Periode 5 | Periode 6 | Periode 7 | Periode 8 | Periode 9 | Periode 10 |
|---|---|---|---|---|---|---|---|---|---|---|
| (1) Bruttobedarfszahlen nach Stücklistenauflösung | 150 | 240 | 100 | 120 | 150 |  | 50 | 240 | 160 | 180 | 200 |
| (2) Bruttobedarf mit Berücksichtigung eines Korrekturfaktors für Ausschuß (1,1) | 165 | 264 | 110 | 132 | 165 |  | 55 | 264 | 176 | 198 | 220 |
| (3) Lagerbestand 1200 ∕ reservierter Lagerbestand 740 verfügbarer Lagerbestand 460 | 460 | 295 | 31 |  |  |  |  |  |  |  |
| (4) offene Bestellungen bzw. Werkstattaufträge |  | 500 |  |  | 300 |  |  |  |  |  |
| (5) verfügbarer Bestand (3) + (4) nach Abzug des Periodenbruttobedarfs (2) | 295 | 531 | 421 | 289 | 424 | 369 | 105 | — |  |  |
| (7) Nettobedarf | — | — | — | — | — | — | — | 71 | 198 | 220 |

*Vorlaufverschiebung = 7 Perioden*

| Nettobedarfsrechnung für Teil 3 (Komponente von Baugruppe d) Menge = 2 | Periode 1 | Periode 2 | Periode 3 | Periode 4 | Periode 5 | Periode 6 | Periode 7 | Periode 8 | Periode 9 | Periode 10 |
|---|---|---|---|---|---|---|---|---|---|---|
| (1) Bruttobedarfszahlen nach Stücklistenauflösung | 142 | 396 | 440 |  |  |  |  |  |  |  |
| (2) Bruttobedarf mit Berücksichtigung eines Korrekturfaktors für Ausschuß (1,2) | 171 | 476 | 528 |  |  |  |  |  |  |  |
| (3) Lagerbestand 350 ∕ reservierter Lagerbestand 310 verfügbarer Lagerbestand 40 | 40 |  |  |  |  |  |  |  |  |  |
| (4) offene Bestellungen | 1000 |  |  |  |  |  |  |  |  |  |
| (5) verfügbarer Bestand (3) + (4) nach Abzug des Periodenbruttobedarfs (2) | 869 | 393 | — |  |  |  |  |  |  |  |
| (7) Nettobedarf | — | — | 135 |  |  |  |  |  |  |  |

*Abb. 4.21: Beispiel einer Nettobedarfsrechnung*

Die Problematik der Bestellmengenrechnung liegt in der anzustrebenden Ausnutzung rabattgestaffelter Preise bei großen Bestellmengen und der Verteilung der bestellfixen Kosten auf eine möglichst große Stückzahl einerseits und der Vermeidung zu hoher Kapitalbindung und variabler Lagerkosten andererseits (vgl. Teil 3, S. 324 ff.).

Die EDV-gesteuerte Bestellrechnung basiert wie die übrigen Programme der Produktionssteuerung auf den Daten der zentralen Datenbank. Im Teilestammsatz sind alle Daten zur Ermittlung des Nettobedarfs periodengerecht gespeichert. Ein in der EDV-Praxis erprobtes Verfahren der Bestellrechnung soll im folgenden dargestellt werden. Dem Programm liegt ein einfacher Rechenformalismus zugrunde. Er basiert auf der Ermittlung folgender Werte:

*Ist-Eindeckungszeitpunkt*

(1) Der **Ist-Eindeckungszeitpunkt (TEIST)** errechnet sich aus einer schrittweisen Abbuchung des Bruttobedarfs der einzelnen Planungsperioden vom verfügbaren Bestand. Der Ist-Eindeckungszeitpunkt wird in derjenigen Periode erreicht, deren Bedarf gerade noch gedeckt werden kann.

*Soll-Eindeckungszeitpunkt*

(2) Der **Soll-Eindeckungszeitpunkt** gibt den Tag an, bis zu dem der verfügbare Bestand ausreichen soll. Es müssen die **Wiederbeschaffungszeit, die Sicherheitszeit (TSI)** und eine **Planperiode (TPL)** abgedeckt werden, da bei einer periodenweisen Errechnung eine Genauigkeitsverschiebung von einer Planperiode eintritt. Die Wiederbeschaffungszeit setzt sich zusammen aus der **Auftragsvorbereitungszeit (AVZ)**, der **Lieferzeit (LT)** und der **Einlagerungszeit (TLA)**.

*Soll-Lieferzeitpunkt*

(3) Als **Soll-Lieferzeitpunkt (TSON)** wird derjenige Termin bezeichnet, der sich als Differenz aus Ist-Eindeckungstermin und Einlagerungszeit + Sicherheitszeit ergibt. Es gilt: $TSON = TEIST - (TSI + TLA)$. Der Soll-Lieferzeitpunkt wird vom System zum Einhalten der Lieferbereitschaft verlangt.

Das Programm für die Ermittlung des Bestellzeitpunktes geht in der Weise vor, daß für jede progammgesteuerte Materialposition die aufgezeigten Bezugszeitpunkte ermittelt werden, wobei die Teilzeiten dem jeweiligen Stammsatz entnommen werden. **Liegt der Ist-Eindeckungszeitpunkt zeitlich vor dem Soll-Eindeckungszeitpunkt, so wird vom System ein Bestellvorschlag ausgelöst** (vgl. Abbildung 4.22).

**Eine Eilbestellung wird z. B. dann ausgelöst, wenn der Ist-Eindeckungszeitpunkt um mehr als eine Pufferzeit (TPL) vor dem Soll-Eindeckungszeitpunkt liegt.**

Zur Festlegung der Bestellmenge können alternative Verfahren gewählt werden:

*dynamische Bestellmengenermittlung*

(1) **Die dynamische Bestellmengenbildung** (vgl. Abbildung 4.23): Die Anwendung des Verfahrens der dynamischen Bestellmenge ist dann sinnvoll, wenn der Bedarf von Periode zu Periode schwankt. Ursache für diese Schwankungen können z. B. Losgrößenvariationen auf höheren Fertigungsstufen, Sortimentsänderungen oder Primärbedarfsschwankungen sein. Das Prinzip der programmgesteuerten Bestellmengenbildung besteht darin, daß zunächst die

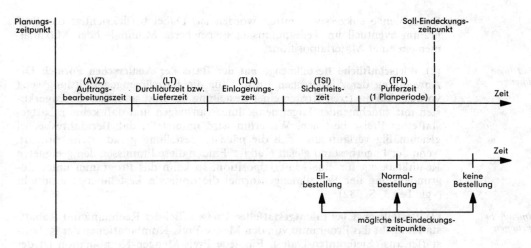

*Abb. 4.22: Zeitvergleich in der EDV-gesteuerten Bestellrechnung*

durchschnittlichen Stückkosten bei Bestellung des Bedarfs der 1. Periode ermittelt werden, anschließend wird der Bedarf der 2. Periode hinzugenommen und erneut die Stückkostenrechnung durchgeführt, dann der Bedarf der 3. Periode in die Rechnung einbezogen und so fort, bis die kostenoptimale

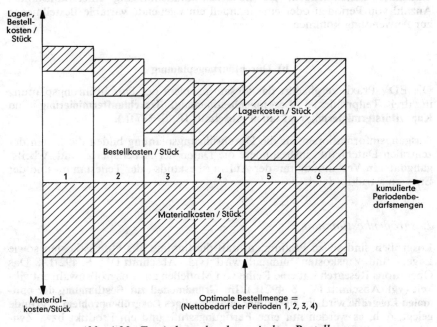

*Abb. 4.23: Ermittlung der dynamischen Bestellmenge*

Bestellmenge sukzessiv ermittelt worden ist. Dabei berücksichtigt das Programm eventuell im Teilestammsatz gespeicherte Minimal- oder Maximalmengen einer Materialposition.

*wirtschaftliche Bestellmenge*

(2) **Wirtschaftliche Bestellmenge auf der Basis der Andlerschen Formel:** Die Anwendung der Andlerschen Formel für die Bestellmengenermittlung setzt voraus, daß die fixen Kosten einer Bestellung bekannt sind, daß die Lagerkosten mit zunehmender Lagermenge linear ansteigen und daß keine rabattgestaffelten Preise bestehen. Weiterhin wird unterstellt, daß der Jahresbedarf gleichmäßig verläuft und daß die nächste Bestellung gerade dann eintrifft, wenn der Lagerbestand gleich Null ist. Finden diese Prämissen den geeigneten Realitätsbezug für eine Materialposition, so kann das Programm unter Zugrundelegung der Bestellmengenformel die optimale Bestellmenge ermitteln (vgl. Teil 3, S. 332).

*Bestellmenge bei Preissprüngen*

(3) **Bestellmenge bei rabattgestaffelten Preisen:** Bei der Rechnung mit Rabattstaffeln geht das Programm von den Menge-Preis-Kombinationen der Rabattstaffel aus (Lieferanten-Datei). Für jede Preis-Mengen-Kombination ist der Verrechnungspreis, die Minimalmenge und die Maximalmenge gegeben. Das Programm errechnet nun für jede Preis-Mengen-Kombination die optimale Bestellmenge und ermittelt durch Vergleich die optimale Gesamtmenge (vgl. Teil 3, S. 334).

Außer den dargestellten Verfahren können für die Bestellmengenrechnung konstante Bestellmengen, die Bedarfszusammenfassung einer konstanten Anzahl von Perioden oder eine manuell einzugebende variable Bestellmenge zur Anwendung kommen.

#### b) Durchführungsplanung

Die EDV-Praxis zergliedert das Gesamtproblem der Durchführungsplanung in drei Teilprobleme: **Losgrößenbestimmung, Durchlaufterminierung** und **Kapazitätsterminierung** (vgl. auch Abschnitt II., S. 387ff.).

Ausgangsinformationen für die Durchführungsplanung bilden die Daten der zentralen Datenbank, insbesondere die Daten der Arbeitsplatz- und Arbeitsgangdatei in Verbindung mit der Auftragsbestands-, der Teilestamm- und der Erzeugnisstrukturdatei.

### Losgrößenbestimmung

*einstufiges und einteiliges Losgrößenproblem*

Losgrößen sind so zu bestimmen, daß die Summe aus Umrüstkosten sowie Lager- und Zinskosten minimal wird (vgl. Abschnitt IV., S. 492ff.). Das Operations Research hat eine Reihe von Modellen zur Losgrößenwahl entwickelt (vgl. Abschnitt IV., S. 492ff.). Im **Grundmodell zur Bestimmung der optimalen Losgröße** wird ein **einstufiges und einteiliges Losgrößenproblem** zugrunde gelegt, d. h. es werden nur eine Fertigungsstufe und ein Produkt bzw. Zwischenprodukt isoliert betrachtet.

Im mehrstufigen Mehrproduktbetrieb können die Losgrößen der einzelnen Produkte bzw. Zwischenprodukte auf den verschiedenen Fertigungsstufen nicht unabhängig voneinander optimiert werden. Selbst wenn Interdependenzen mit der Reihenfolgeplanung vernachlässigt werden, erweist sich die Losgrößenplanung als mehrstufiges und mehrteiliges Problem. Dennoch besitzt das Grundmodell zur Bestimmung der optimalen Losgröße große praktische Relevanz. Insbesondere bei der Produktionssteuerung mit Hilfe der EDV gelangt es zur Anwendung. Dazu muß das mehrstufige und mehrteilige Losgrößenproblem in einstufige und einteilige Probleme zerlegt werden.

*mehrstufiges und mehrteiliges Losgrößenproblem*

In der Praxis wird bei der Zerlegung des mehrstufigen und mehrteiligen Losgrößenproblems analog zur Ermittlung der Nettobedarfe im Rahmen der Einsatzplanung der Repetierfaktoren vorgegangen. Zunächst werden aus den Nettobedarfen der Erzeugnisse in der Planungsperiode Lose gebildet. Mit Hilfe der analytischen Bedarfsauflösung (vgl. S. 418) werden hieraus die Netto-Sekundärbedarfe der Zwischenprodukte auf den vorgelagerten Produktionsstufen berechnet. Hierdurch entsteht auf jeder Produktionsstufe ein einstufiges und einteiliges Losgrößenproblem, das sich mit Hilfe des Grundmodells zur Bestimmung der optimalen Losgröße lösen läßt. Diese Vorgehensweise stellt eine **Planungsheuristik** dar, die nicht zwangsläufig zu einer optimalen Lösung führt.

*Zerlegung des mehrstufigen und mehrteiligen Losgrößenproblems*

## *Durchlaufterminierung*

Die **Auftragsbestandsdatei** bildet zusammen mit der **Arbeitsgangdatei** und der **Arbeitsplatzdatei** (Maschinengruppen- sowie Personalinformationen) die Grundlage für die Durchlaufterminierung.

*Dateiverknüpfung*

**Die Aufgabe der Durchlaufterminierung besteht darin, die Anfangs- und Endtermine der Arbeitsgänge sämtlicher Aufträge derart festzulegen, daß die gewünschten Fertigstellungstermine der einzelnen Aufträge möglichst eingehalten werden. Bei der Durchlaufterminierung werden keine Kapazitätsgrenzen der beteiligten Potentialfaktoren berücksichtigt.** Dies erfolgt erst in der darauffolgenden Kapazitätsterminierung.

*Aufgabe der Durchlaufterminierung*

Damit die Start- und Endtermine sämtlicher Arbeitsgänge der einzelnen Aufträge bestimmt werden können, müssen die strukturellen Verknüpfungen der Arbeitsgänge jedes Auftrages sowie die Durchlaufzeiten der Arbeitsgänge bekannt sein. Die **Durchlaufzeit** für jeden einzelnen Arbeitsgang setzt sich aus **Maschinenbelegungszeiten** und **Übergangszeiten** zusammen. Diese in der Arbeitsgangdatei gespeicherten Zeiten werden aus der Erfahrung mit früheren Arbeitsgängen oder durch Schätzungen gewonnen (vgl. Teil 6, S. 704f.). Um die Genauigkeit zu erhöhen, kann die Maschinenbelegungszeit in die Rüstzeit und Bearbeitungszeit, die Übergangszeit in Transport- und Liegezeiten vor und nach der Ausführung eines jeden Arbeitsganges gegliedert werden. Alle Zeitangaben beziehen sich auf „Normalzeiten" bei einer kostengünstigen Intensität. Je nach Ausgestaltung der Durchlaufterminierung können aber auch zusätzliche Zeitangaben bei variierter Intensität gespeichert sein. Diese Informationen werden bei notwendigen Anpassungsmaßnahmen herangezogen.

*Durchlaufzeiten von Arbeitsgängen*

| | |
|---|---|
| *Netzplantechnik* | Durch Verknüpfung der einzelnen Arbeitsgänge zu einem auf der Erfahrung basierenden „normalen" Strukturnetz (vgl. S. 467) werden unter Berücksichtigung der Durchlaufzeiten der einzelnen Arbeitsgänge mit Hilfe der **Netzplantechnik** (vgl. Abschnitt 4., S. 465) die vorläufigen **End- und Starttermine von allen Aufträgen sowie von deren Arbeitsgängen** ermittelt. |
| *Rückwärtsterminierung* | Ausgehend vom gewünschten Liefertermin und von den ermittelten Durchlaufzeiten wird jeder einzelne Auftrag rückwärts (in Richtung Gegenwart) auf die Arbeitsplätze der Werkstatt verteilt. Bei dieser Rechnung kann sich ergeben, daß der **Starttermin** für einen Auftrag in die **Vergangenheit** fällt. In diesem Fall wird durch eine vom Gegenwartszeitpunkt ausgehende **Vorwärtsterminierung** unter gleichzeitiger Verminderung der Auftragsdurchlaufzeit (Zeitspanne, die ein Auftrag für das Durchlaufen der Produktionsstufen benötigt) ein neuer Endtermin errechnet. **Die Auftragsdurchlaufzeit kann dabei durch erhöhte Intensität oder durch Splittung und Überlappung von Arbeitsfolgen weiter verkürzt werden.** |
| *Vorwärtsterminierung* | |
| *Splitten* | Beim Splitten wird ein Auftrag in mehrere Teilaufträge zerlegt (**Auftragssplittung**), die unabhängig voneinander die einzelnen Arbeitsgänge durchlaufen. Bezieht sich die Aufteilung von Aufträgen lediglich auf einzelne Arbeitsgänge, so spricht man von **Arbeitsgangsplittung**. Eine Splittung führt nur dann zu einer Verringerung der Durchlaufzeit des Gesamtauftrags, wenn die an der Bearbeitung eines Auftrages beteiligten Potentialfaktoren mehrfach vorhanden sind. |
| *Überlappen* | Beim **Überlappen** werden Teilmengen des Auftrags an die folgende Produktionsstufe weitergegeben, ehe die vollständige Bearbeitung auf der vorhergehenden Produktionsstufe abgeschlossen ist. Müssen z. B. für einen Auftrag 1000 gleichartige Teile gestanzt werden, so erfolgt beim Splitten die Bearbeitung nicht auf einer einzigen, sondern zugleich auf mehreren Maschinen; beim Überlappen werden schon einzelne Teilmengen (z. B. je 100 Stück) an die nächste Produktionsstufe weitergegeben, um deren eventuelle Wartezeit zu verringern. |
| | Anstatt einer Rückwärtsterminierung mit anschließender Vorwärtsterminierung bei in der Vergangenheit liegendem Starttermin kann auch von vornerein eine Vorwärtsterminierung gewählt werden. |
| | Ergibt sich bei der Vorwärtsterminierung ein Endtermin, der zeitlich vor dem gewünschten Liefertermin liegt, so entstehen **Pufferzeiten**, um die der Starttermin vom Ausgangszeitpunkt in die Zukunft verschoben werden kann, ohne daß der Endtermin gefährdet wird. Diese Pufferzeiten sind nicht mit den Pufferzeiten innerhalb der Auftragsbearbeitung bei paralleler Verrichtung mehrerer Arbeitsgänge zu verwechseln (vgl. S. 474). Die Pufferzeiten beider Kategorien sind für den Maschinenbelegungsausgleich in der Kapazitätsfeinplanung von großer Bedeutung. |
| *Output der Durchlaufterminierung* | **Das Ergebnis der Durchlaufterminierung ist eine Übersicht über die vorläufigen Start- und Fertigstellungstermine der einzelnen Aufträge und der zu ihrer Erstellung erforderlichen Arbeitsgänge. Daneben gibt eine Maschinenbelastungsüber-** |

sicht Auskunft über die benötigte Kapazität für jeden Potentialfaktor in der Planungsperiode.

Aufgrund der verschiedenen Möglichkeiten, die Durchlaufzeiten der Aufträge zu verringern bzw. die Arbeitsgänge innerhalb der Pufferzeiten zu verschieben, können **verschiedene Start- und Endtermine und verschiedene daraus resultierende Maschinenbelastungsübersichten** erstellt werden. Diese Informationen werden in der zweiten Phase der Reihenfolgeplanung – der Kapazitätsterminierung – herangezogen.

## Kapazitätsterminierung

Die aus der Durchlaufterminierung gewonnenen Informationen über die Kapazitätsbelastung pro Arbeitsplatz in der Planungsperiode bilden den Ausgangspunkt für die Maßnahmen der Kapazitätsterminierung. Die Kapazitätsterminierung besteht aus der **Kapazitätsgrobplanung** und der **Kapazitätsfeinplanung**.

In der Kapazitätsgrobplanung wird der **auf eine oder mehrere Wochen bezogene Ausgleich zwischen Produktionsplan und verfügbarer Personal- und Maschinenkapazität** angestrebt. Zu diesem Zweck muß der Auftragsbestand einer Periode unter Berücksichtigung der Fertigungsdurchlaufzeiten und des gesamten Leistungsvermögens der Werkstatt bzw. einzelner Maschinengruppen eingeplant werden. Ergeben sich Abweichungen zwischen benötigter Kapazität und vorhandener Kapazität, so können Ausgleichsmöglichkeiten z. B. in Form von zeitlicher Anpassung, Personaltausch oder Auswärtsvergabe berücksichtigt werden.

*Kapazitäts-grobplanung*

Die Kapazitätsgrobplanung liefert **Vorgaben über Starttermine und Durchlaufzeiten der Arbeitsgänge auf den einzelnen Kapazitätseinheiten für einen Planungszeitraum von einer oder mehreren Wochen.** Ließen sich in der Durchführungsphase die vorgegebenen Termine einhalten, so wäre die Prozeßplanung für den betrachteten Auftragsbestand abgeschlossen. Das **Auftreten von Störungen** bis zur Bearbeitung und während der Bearbeitung des betrachteten Auftragsbestands bedingt jedoch, daß die **Vorgaben der Kapazitätsgrobplanung schon nach kurzer Zeit veraltet** sein können. Aus diesem Grund erfolgt auf die Grobplanung noch die kurzfristige Kapazitätsfeinplanung.

*Output der Kapazitätsgrob-planung*

In den Phasen der Kapazitätsfeinplanung wird die **endgültige Maschinenbelegung der nächsten Stunden oder Tage** festgelegt. Hierbei ist jeder einzelne Arbeitsgang (Basisprozeß) nach dem Gesichtspunkt einer kostenoptimalen Maschinenauslastung auf die Arbeitsplätze zu verteilen. Bei der Kapazitätsfeinplanung werden in der Regel die in Abschnitt IV., S. 480 ff. dargestellten **Verfahren der Reihenfolgeplanung** angewandt. Dies betrifft insbesondere die **Maschinenbelegungsrechnung mit Hilfe von Prioritätsregeln** (vgl. S. 487 ff.).

*Kapazitäts-feinplanung*

Ergeben sich **kurzfristige Kapazitätsengpässe** (z. B. durch Ausfall eines Aggregats), so strebt das Programm der Kapazitätsfeinplanung einen **Engpaßaus-**

*Beseitigung von Kapazitätsengpässen*

*Engpaßausgleich und Netzplantechnik*

gleich an: Durch Rückgriff auf die Arbeitsplatzdatei kann festgestellt werden, welche **Ausweichmöglichkeiten** für die vom Engpaß betroffenen Arbeitsgänge bestehen. Zeigt die Arbeitsplatzdatei für die in Frage kommenden Ausweichaggregate noch freie Kapazitäten, so nimmt das Programm eine Umverteilung der Arbeitsgänge selbständig vor. Durch **zeitliche Verschiebung einzelner Arbeitsgänge** im Rahmen der vorhandenen Pufferzeiten (Netzplantechnik!) können Kapazitäten besser genutzt werden. Durch Überprüfung des Auftragsnetzes kann festgestellt werden, ob notwendige Vorwärts- oder Rückwärtsverschiebungen bestimmter Aufträge durch Ausnutzung entsprechender Pufferzeiten im Auftragsnetz abgefangen werden können, so daß sich der Endtermin des Gesamtprojekts nicht verschiebt. Berührt die zeitliche Verschiebung in irgendeiner Form den kritischen Weg des Auftragsnetzes (vgl. S. 471), so muß für alle Auftragskomponenten eine Neuterminierung durchgeführt werden. Das Programm stellt fest, um welches Zeitintervall das gesamte Auftragsnetz in die Zukunft verschoben werden muß, damit sämtliche Arbeitsgänge genügend Kapazität vorfinden.

Die Beseitigung von Kapazitätsengpässen stellt ein zentrales Problem der Fertigungsfeinsteuerung dar. Langfristig sind Kapazitätsengpässe Gegenstand von Investitionsentscheidungen (Erweiterungsinvestitionen), kurzfristig sind sie Gegenstand der Produktionssteuerung (Planrevision). Können Kapazitätsengpässe nicht durch Zusatzschichten, Ausweichaggregate oder Lohnfertigung beseitigt werden, so versuchen die in der EDV-Praxis angewandten Programmkonzeptionen, den Kapazitätsausgleich durch Nutzung der in den einzelnen Auftragsnetzen vorhandenen Pufferzeiten herbeizuführen. Liegen im Extremfall alle vom Engpaß betroffenen Basisprozesse auf dem kritischen Weg ihrer Auftragsnetze, so bleibt dieses Verfahren ineffizient.

*produktionstheoretische Fundierung der Ausgleichsplanung*

**Die bisher entwickelten Konzeptionen der Kapazitätsfeinplanung lassen die fertigungstechnischen Eigenschaften der Basisprozesse größtenteils außer acht.** In der produktionstheoretischen Analyse wurden die Basisprozesse nach ihren Prozeßeigenschaften klassifiziert (vgl. Abschnitt I, S. 370). **Die Prozeßeigenschaften „outputvariabel", „substitutional" und „zeitvariabel" können als „Ausgleichseigenschaften" der Basisprozesse bezeichnet werden. Ihre systematische Berücksichtigung und Nutzung stellt eine mögliche Weiterentwicklung der Verfahren der Engpaßausgleichsplanung dar.**

Je mehr Ausgleichseigenschaften einem Basisprozeß zugeordnet werden können, desto größer ist seine mögliche Verwendung zur Engpaßbeseitigung. Ein substitutionaler Basisprozeß ist durch alternative Kombinationen der Einsatzfaktoren oder Faktormengen gekennzeichnet. So können beispielsweise bestimmte Werkzeuge gepreßt oder geschmiedet und gefräst werden. Stellt die Presse den Engpaß dar, könnte für die Durchführung des Basisprozesses die andere Herstellungsalternative gewählt werden. Outputvariable Basisprozesse können pro einmaligem Vollzug unterschiedliche Ausbringungsmengen hervorbringen (beispielsweise können Mehrfachpressen pro Arbeitsgang 2, 4 oder 6 Halbzeuge erstellen). Unter Nutzung dieser Eigenschaften könnte der Engpaß gegebenenfalls durch eine mögliche Outputvariation der outputvariablen Basisprozesse in der Vor- oder Nachperiode entlastet

*substitutionale Prozesse*

*outputvariable Prozesse*

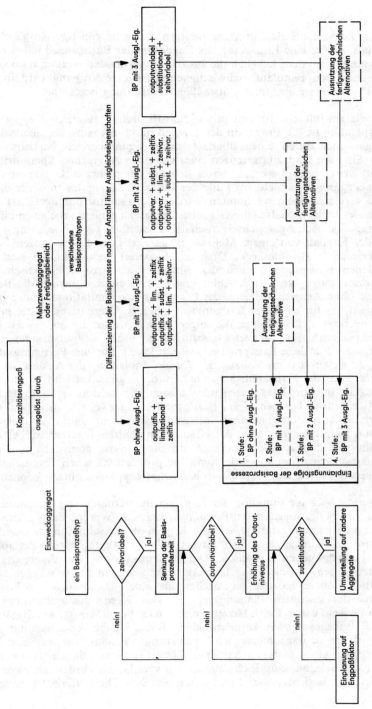

Abb. 4.24: Ablauf einer produktionstheoretisch fundierten Engpaßausgleichsplanung

*zeitvariable Prozesse*

werden. Zeitvariable Basisprozesse besitzen eine sehr günstige Ausgleichseigenschaft, da für eine Entlastung des Engpasses der Basisprozeß selbst nicht umdisponiert, sondern lediglich die Prozeßzeit vermindert werden muß (z. B. Variationen von Bandlaufgeschwindigkeiten). Dieser Vorgang wird in der Produktionstheorie als „intensitätsmäßige" Anpassung bezeichnet.

Von weiterem Interesse für eine produktionstheoretisch fundierte Engpaßausgleichsplanung ist die Frage, ob der Engpaß durch ein einzelnes überlastetes Aggregat oder durch einen überlasteten Fertigungsbereich hervorgerufen wurde. Sind die Kapazitätsgrenzen eines einzelnen Aggregates überschritten, so muß weiter gefragt werden, ob es sich um ein Mehrzweck- oder um ein Einzweckaggregat handelt. Im Falle des Einzweckaggregates (nur ein Basisprozeß wird mit einem bestimmten Wiederholungsfaktor durchgeführt) sind die Ausgleichseigenschaften dieses Basisprozesses zu prüfen; gegebenenfalls ist der Engpaß je nach Ausgleichseigenschaft zu beseitigen (vgl. Abbildung 4.24). Wird der Engpaß von einem Mehrzweckaggregat oder einem ganzen Fertigungsbereich (z. B. Schmiede, Dreherei, Fräserei) verursacht, so sind die betroffenen Basisprozesse nach der Anzahl ihrer Ausgleichseigenschaften differenziert einzuplanen (vgl. Abbildung 4.24). Zunächst werden die Basisprozesse ohne Ausgleichseigenschaft (outputfix und limitational und zeitfix) eingeplant, da für sie keine fertigungstechnischen Alternativen bestehen. In einem nächsten Schritt folgen diejenigen Basisprozesse, die nur jeweils eine Ausgleichseigenschaft besitzen (substitutional oder outputvariabel oder zeitvariabel). Für diese Basisprozesse existiert jeweils nur eine Fertigungsalternative. Je weiter sich im Vollzug der Ausgleichsplanung die Auslastung des Engpaßfaktors der Kapazitätsgrenze nähert, desto günstiger wird es sein, nur noch solche Basisprozesse verteilen zu müssen, die mehrere fertigungstechnische Alternativen besitzen, d. h., Basisprozesse mit zwei (substitutional und zeitvariabel oder outputvariabel und zeitvariabel oder outputvariabel und substitutional) oder gar drei Ausgleichseigenschaften (outputvariabel und substitutional und zeitvariabel); eine auf diese Weise analytisch fundierte Engpaßausgleichsplanung würde somit die prozeßtechnischen Eigenschaften als Reserven für die Beseitigung von Kapazitätsengpässen nutzen können.

*Einzweckaggregat*

*Mehrzweckaggregat*

*Anzahl der Ausgleichseigenschaften*

*Maschinenbelegungsausgleich*

Eine weitere wichtige Funktion der Kapazitätsfeinterminierung besteht in der Durchführung des sogenannten Belegungsausgleichs. Werden bei der Maschinenbelegungsrechnung nur jeweils die Kapazitätsüberschreitungen beseitigt, so kann der Kapazitätsauslastungsverlauf eines Aggregats im Zeitablauf starke Schwankungen aufweisen. Die Extrembelastung des Aggregats an einzelnen Tagen und die mangelnde Auslastung an den übrigen Tagen kann wesentlich höhere Kosten verursachen als eine gleichmäßige Auslastung während der gesamten Planungsperiode. **Das Kapazitätsterminierungsprogramm versucht daher, durch Hinausschieben oder Vorziehen von Arbeitsgängen einen Belegungsausgleich herbeizuführen.** Die zeitliche Verschiebung von Arbeitsgängen ist unproblematisch bei einstufigen Produktionsprozessen. Die Arbeitsgänge eines mehrstufigen Produktionsprozesses können jedoch zum Zwecke des Belegungsausgleichs nur so weit verschoben werden, als zwischen den einzelnen Basisprozessen Pufferzeiten bestehen. Die Pufferzeiten entsprechen der äußersten Verschiebezeitspanne, da der Endtermin eines Auftragsnetzes in dieser Phase nicht mehr verschoben werden darf.

Als Ergebnis der Kapazitätsterminierung können **Maschinen- und Maschinengruppenbelegungspläne** erstellt werden. Sie sind die Grundlage für die Arbeitsverteilung in der Werkstatt und geben neben einer zeitlichen Kapazitätsbelastungsübersicht die Reihenfolge der zu erledigenden Arbeitsgänge an.

### c) Werkstattsteuerung

Aufbauend auf den Ergebnissen der Kapazitätsterminierung werden die Werkstattaufträge auf ihren Starttermin geprüft und bei Fälligkeit zur Durchführung freigegeben. Vor ihrer Freigabe wird in einer letzten Kontrolle festgestellt, ob das benötigte Material verfügbar ist und vom Lager abgerufen werden kann.

**Im Rahmen der Verfügbarkeitskontrolle prüft das System durch Zugriff auf die Teilestammdatei, ob der verfügbare Bestand jeder Materialposition zur Auftragsausführung in der Planungsperiode ausreicht.** Treten hierbei Fehlmengen auf, so werden diese vom System u. a. der Einkaufsabteilung gemeldet, damit entsprechende Maßnahmen (z. B. Eilbestellungen, Anmahnen offener Bestellungen) ergriffen werden können.
*Verfügbarkeitskontrolle*

Kann ein Materialengpaß nicht kurzfristig behoben werden, so muß dieser durch entsprechende Planverschiebungen beseitigt werden. Bei substitutionalen Basisprozessen besteht allerdings die Möglichkeit, den Engpaß durch Faktoraustausch zu beheben. Dieser Vorgang muß sich in einer entsprechenden Stücklistenänderung niederschlagen. In den von der EDV-Praxis angewandten Verfahren wird diese Möglichkeit der Engpaßbeseitigung allerdings bisher noch nicht berücksichtigt.

Wird im Rahmen der Verfügbarkeitskontrolle festgestellt, daß die zur Auftragsausführung benötigten Materialien bereitstehen, so werden mit der Erstellung der Werkstattbelege die Werkstattaufträge erteilt. Die geplanten Aufträge werden durch ihre Freigabe als „offene Aufträge" in den Werkstattauftragsbestand eingegliedert. Die Werkstatt ruft anhand der Materialentnahmebelege die reservierten Teile vom Lager ab und beginnt mit der Produktion.
*Auftragsfreigabe*

Von der Auftragsfreigabe bis zur Fertigstellung und Auslieferung unterliegt der offene Auftrag einer permanenten Überwachung durch das EDV-System. **Die Erfassung der Auftragsfortschrittsdaten erfolgt durch Rückmeldung der erledigten Arbeitsgänge.** Diese Rückmeldungen enthalten Informationen über Ist-Zeiten, Material- und Personalnummer, Anzahl der gefertigten Teile, Fertigstellungszeitpunkte usw.
*Auftragsfortschrittskontrolle*

Als Datenträger (Informationsübermittlung) können Lochkarten oder Dateneingabestationen dienen, die off-line oder on-line mit dem System verbunden sind. Für die Durchführung der Auftragsfortschrittskontrolle müssen dem Rechenzentrum insbesondere folgende Informationen vorliegen: Bearbeitungsstand eines jeden Auftrages, momentaner Bearbeitungsort (Arbeitsplatz oder Lager), voraussichtlicher Fertigstellungstermin, aktueller Kapazitätsbelegungsgrad der Aggregate, verbleibender Kapazitätsbedarf.

Anhand dieser Daten kann das System jederzeit Informationen über den Bearbeitungsstand der einzelnen Aufträge, den Fertigungsort oder den Terminrückstand eines Auftrages abgeben. Bezogen auf die aktuelle Auslastung der Potentialfaktoren läßt sich feststellen, mit welchen Arbeitsgängen die verschiedenen Arbeitsplätze gerade belegt sind und welcher Kapazitätsgrad damit erreicht wird. Die Systemkontrolle prüft die Auswirkungen von Termin-, Kapazitäts- oder Mengenänderungen auf die nachfolgenden Arbeitsgänge.

*Abweichungsanalyse*

Die Effizienz einer EDV-gelenkten Werkstattsteuerung hängt in erster Linie von der Aktualität der Rückmeldung ab, die als Zeitspanne zwischen dem Zeitpunkt der Fertigstellung eines Arbeitsganges und dem Eintreffen der Fertigmeldung in der EDV-Zentrale (Totzeit) gemessen werden kann. Erst nach Eintreffen der Fertigmeldung kann vom System der Soll-Ist-Vergleich und, falls erforderlich, die Abweichungsanalyse durchgeführt werden, an die sich Korrekturmaßnahmen, z. B. Änderungen der Terminvorgaben oder der Maschinenbelegung, anschließen.

## 5. Zur Weiterentwicklung integrierter Produktionssteuerungssysteme

Die dargestellte Konzeption eines EDV-Systems zur Planung und Steuerung der Produktion wird generell als Modell eines „integrierten Produktionssteuerungssystems" bezeichnet. Es hat Ähnlichkeit mit einem Regelkreis-System (vgl. S. 22). Der Ablaufprozeß selbst kann als Regelstrecke angesehen werden, die verschiedenen Störgrößen (Mensch, Maschine, Material) ausgesetzt ist. Die Planabweichungen werden im Rahmen der Auftragsfortschrittskontrolle vom System ermittelt und führen zu entsprechenden Korrekturmaßnahmen, wodurch eine weitgehend sich selbst korrigierende Regelung des Fertigungsablaufs erreicht wird. Durch Festlegung von Toleranzgrenzen, in deren Bereich Planabweichungen erlaubt sind, werden Planrevisionen nur im Ausnahmefall notwendig (management by exception).

*Erweiterung des Integrationsbereichs*

Darüber hinaus wurde gezeigt, daß die zur Planausführung benötigten Arbeitsunterlagen wie Stückliste, Arbeitsplan, Maschinenverwendungsnachweis, Arbeitsfortschrittsplan usw. auf der Grundlage eines zentral verwalteten Datenbestandes mit Hilfe der Prozessortechnik erstellt werden können. Die bei der programmgesteuerten Materialdisposition und bei der Einsatzplanung der Potentialfaktoren ermöglichte teilweise Berücksichtigung von Planinterdependenzen zwischen den Teilbereichen der Fertigung erlaubt es, von „integrierter Produktionssteuerung" zu sprechen (vgl. Abbildung 4.25). Es muß jedoch betont werden, daß es sich bei den in der Praxis bisher zur Anwendung kommenden Konzeptionen bestenfalls um **Ansätze zu integrierten Systemen** handelt. Wenn auch, wie im dargestellten Fall, eine Reihe von Planungszusammenhängen (Absatz und Produktion, Beschaffung und Fertigung) Berücksichtigung finden, so bleiben andere Einflußbereiche wie Finanzierungsmöglichkeiten und sozio-technische Probleme der Personaleinsatzplanung (vgl. Teil 7, S. 830 ff. und Teil 6, S. 689 ff.) völlig unberücksichtigt. Darüber hinaus ist die Einbe-

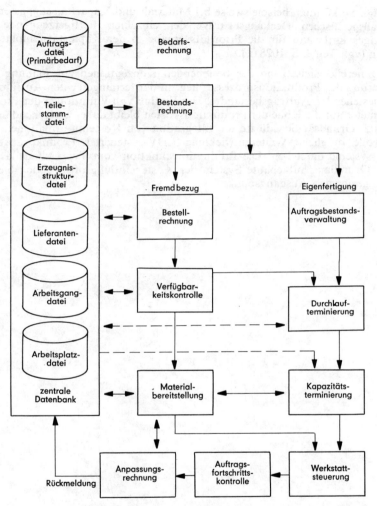

*Abb. 4.25: Modell eines „integrierten Produktionssteuerungs-Systems" bei auftragsorientierter Fertigung (Einzelfertigung)*

ziehung von Kosteninterdependenzen in die Verfahren der Produktionssteuerung bisher nur unbefriedigend gelöst. Die bestehenden Konzeptionen sind in einzelnen Teilbereichen auf eine Verminderung der Produktionskosten ausgerichtet, so z. B. in der Materialdisposition, wo durch Bedarfsvorhersagen oder andere Dispositionshilfen die Kapitalbindung vermindert werden kann (niedrige Sicherheitsbestände, geringe Fehlmengenkosten, niedrige Zwischenlagerkosten). Bei **den Verfahren der Fertigungssteuerung bleiben jedoch die für eine optimale Lösung unentbehrlichen Informationen der Kostenrechnung unberück-**

sichtigt. So könnten beispielsweise bei Material- und Kapazitätsengpässen die **engpaßspezifischen Deckungsbeiträge** der einzelnen Fertigerzeugnisse ein wichtiges Kriterium für die Prioritätsvergabe in der Kapazitätsfeinplanung bilden (vgl. Teil 8, S. 1028 ff.).

*produktionstheoretischer Ausbau*

Die generelle Zielsetzung der bestehenden Konzeptionen zur Planung und Steuerung des Produktionsprozesses liegt in der termingerechten Ausführung des bestehenden Auftragsbestandes. Der Einfluß von Variationen der Prozeßparameter auf die Höhe der Produktionskosten bleibt dabei weitgehend außer Ansatz. Grundsätzlich dürfte die Integration von Kosteninformationen eine sinnvolle mögliche Weiterentwicklung EDV-gesteuerter Produktionssteuerungssysteme darstellen. Die Produktionsfunktion vom Typ C und das auf ihrer Grundlage aufgebaute System der Kosteneinflußgrößen bilden hierfür einen geeigneten Ausgangspunkt.

# IV. Quantitative Modelle und Methoden der Produktionsplanung und -steuerung

## 1. Methodische Grundlagen

Der Produktionsbereich ist eine der klassischen Anwendungsgebiete der Unternehmensforschung (Operations Research). Ihr Ziel ist die Entwicklung quantitativer Modelle und Methoden zur Lösung betriebswirtschaftlicher Problemstellungen. Unter einem Modell wird das sprachliche oder formale Abbild eines realen Sachverhaltes verstanden. Methoden dienen zur befriedigenden oder optimalen Lösungsfindung der im Modell eventuell enthaltenen Entscheidungsaufgabe (vgl. Teil 1, S. 52 ff.). Die Entwicklung spezieller mathematischer Methoden und die Verfügbarkeit von Großrechnern mit hoher Speicherkapazität und Rechengeschwindigkeit haben einen entscheidenden Beitrag zum raschen Aufschwung der Unternehmensforschung geleistet.

Die in Abschnitt II vorgenommene Dreiteilung der produktionswirtschaftlichen Entscheidungstatbestände liegt auch der folgenden Darstellung der quantitativen Modelle und Methoden zur Produktionsplanung und -steuerung zugrunde. Allerdings erweist sich diese Aufteilung für die Bildung quantitativer Modelle zur Entscheidungsfindung bzw. Entscheidungsunterstützung als noch zu grob. Aufgrund ihrer schlechten Strukturierung lassen sich die Probleme der Ausstattungsplanung, der Programmplanung und der Prozeßplanung nicht in isomorphen Globalmodellen abbilden und einer optimalen Lösung zuführen. Die Ziele sind in der Regel nicht exakt definiert, die Anzahl der Alternativen ist nicht überschaubar, die Konsequenzen der Alternativen lassen sich nicht hinreichend genau vorhersagen.

Bei der Bewältigung dieser Problematik werden in der Unternehmensforschung vorwiegend zwei Lösungswege bestritten. **Zum einen wird versucht, die globalen Problemstellungen weiter zu zerlegen, bis (annähernd) wohlstrukturierte Probleme vorliegen. In diesem Fall werden vorwiegend mathematisch-statistische Methoden angewandt. Sie gewährleisten mit Sicherheit das Auffinden der optimalen Alternative, sofern sie existiert.** Beispielsweise kann mit Hilfe der Simplex-Methode das Maximum bzw. Minimum einer linearen Zielfunktion unter linearen Nebenbedingungen exakt bestimmt werden. Der Rechenvorgang zur Bestimmung des Optimums vollzieht sich in einer endlichen Zahl von genau festgelegten Schritten, dem sogenannten Lösungsalgorithmus (vgl. Teil 1, S. 58 ff.).

*mathematisch-statistische Methoden*

**Zum anderen wird von der Schlecht-Strukturiertheit der Probleme ausgehend auf eine Optimallösung verzichtet und unter Anwendung heuristischer Verfahren eine „befriedigende" Lösung angestrebt** (vgl. Teil 1, S. 60 ff.). Heuristische Methoden basieren auf Erfahrungen und Vermutungen. Sie beruhen wie die mathematisch-statistischen Methoden ebenfalls auf einer Folge von Lösungsschritten (Algorith-

*heuristische Methoden*

men), gewährleisten aber grundsätzlich kein exaktes Auffinden der optimalen Alternative. Wird zum Beispiel bei der Kapazitätsterminierung (vgl. S. 427ff.) unter der Zielsetzung der Termintreue die Bearbeitung der Aufträge nach der Dringlichkeitsstufe festgelegt, so führt dieses Verfahren nicht notwendigerweise zu optimalen, sondern in der Regel nur zu befriedigenden Lösungen (vgl. S. 487ff.).

Die zunehmende Anwendung heuristischer Methoden insbesondere im Produktionsbereich ist im wesentlichen auf drei Gründe zurückzuführen:

Erstens lassen sich nicht sämtliche Problemkreise der Produktionswirtschaft in vollkommen wohlstrukturierte Teilbereiche zerlegen und vereinfachen. Da für diesen Fall keine Verfahren zum Auffinden der Optimallösung zur Verfügung stehen, ist die Anwendung heuristischer Methoden notwendig.

Zweitens ist – bei möglicher Zerlegung des Gesamtproblems – eine zu feine Zergliederung in Teilprobleme nicht immer sinnvoll und wünschenswert. Bei der isolierten Lösung zu fein zergliederter Teilprobleme werden nämlich die dabei auftretenden gegenseitigen Abhängigkeiten zunehmend vernachlässigt. Beispielsweise wäre es sinnlos, die innerbetriebliche Standortplanung und die Planung des Prozeßtyps der Fertigung getrennt durchzuführen.

Drittens ist auch dort, wo prinzipiell in wohlstrukturierten Problemen Methoden zur exakten Auffindung des Optimums zur Verfügung stehen, die Anwendung heuristischer Lösungsverfahren sinnvoll oder gar unumgänglich. So überschreitet bereits bei relativ kleinem Problemumfang z. B. in der Raumzuordnungsplanung (vgl. S. 437ff.) die Rechenzeit zur Ermittlung des Optimums auch bei modernsten Großrechnern jedes durchführbare bzw. erträgliche Ausmaß. Da sich der Entscheidungsträger bei der Anwendung heuristischer Methoden mit befriedigenden Lösungen begnügt, können die Algorithmen zur Auffindung derartiger befriedigender Lösungen einfacher gestaltet werden. Dadurch werden die Anforderungen an den Entscheidungsträger herabgesetzt und die Rechenzeit wesentlich reduziert.

*Simulation* **Eine weitere Möglichkeit zur quantitativen Abbildung und Durchdringung fertigungswirtschaftlicher Tatbestände ist die Simulation. Unter Simulation wird ein zielgerichtetes Experimentieren an Modellen, die der Wirklichkeit nachgebildet sind, verstanden. Dabei wird nicht nur die Struktur der Realität, sondern es werden auch die Aktionen und Reaktionen der Realität nachgeahmt** (Müller-Merbach).

Simulationsmodelle sind keine Entscheidungsmodelle; sie ermitteln weder optimale noch befriedigende Lösungen. Sie zeigen lediglich die Konsequenzen einzelner, vom Entscheidungsträger vorgegebener Alternativen oder Strategien auf. Somit kommt ihnen keine Lösungs-, sondern nur eine Prognosefunktion zu. Aufgrund der mittels Simulation gewonnenen Ergebnisse kann der Entscheidungsträger dann die hinsichtlich seiner Ziele am günstigsten erscheinenden Alternativen bzw. Strategien auswählen. Sowohl die Berechnung der Konsequenzen von Alternativen als auch die anschließende Auswahl einer günstigen Alternative werden dabei am zweckmäßigsten von EDV-Anlagen durchgeführt.

Die praktische Anwendbarkeit quantitativer Modelle und Methoden im Fertigungsbereich ist wie in allen anderen Anwendungsgebieten quantitativer Methoden wesentlich von vier Einflußfaktoren bestimmt:

*Probleme quantitativer Methoden*

Erstens darf die Zerlegung des Gesamtproblems in Einzelprobleme, innerhalb derer die quantitativen Methoden zur Anwendung gebracht werden sollen, nicht zu weit fortgeschritten sein. Bei zu starker Zergliederung in Teilprobleme können nämlich Entscheidungsvariablen in mehreren Teilproblemen gleichzeitig auftreten. Bestehen solche Interdependenzen (wechselseitige Abhängigkeiten) zwischen den Teilproblemen, so können sich bei isolierter Betrachtung der Einzelprobleme widersprüchliche Festlegungen gemeinsamer Entscheidungsvariablen ergeben.

Zweitens dürfen die bei der Modellkonstruktion für einen Einzelbereich vorgenommenen Annahmen nicht zu realitätsfremd sein. Inwiefern z. B. ein nichtlinearer Kostenverlauf durch einen linearen Kostenverlauf angenähert werden kann, ist stets genau zu prüfen. Dabei muß vor allem untersucht werden, inwieweit sich die Auswirkungen der Näherung realer Tatbestände durch vereinfachende Annahmen auf die Güte der Lösung auswirken. Ein besonders günstiger Fall liegt vor, wenn eine Fehlerabschätzung gegeben werden kann.

Drittens müssen die im Modell geforderten Daten unter vertretbarem Aufwand mit hinreichender Genauigkeit ermittelbar sein. Für die Ermittlung, Speicherung und Verarbeitung dieser Daten kommt dem betrieblichen Informationssystem eine besondere Bedeutung zu.

Viertens muß zur Lösungserzielung das notwendige Instrumentarium zur Verfügung stehen. Die Lösungsmethoden müssen für die jeweilige Ebene operational sein. Nicht immer ist die Wahl anspruchsvoller Methoden und die damit notwendige Verlagerung der Lösung eines Problems (Einsatz von EDV) in eine höhere hierarchische Ebene sinnvoll und möglich; zum einen, weil der geforderte Aufwand zu groß würde, zum anderen, weil die entsprechenden Mittel nicht zur Verfügung stehen.

Eine gemeinsame Betrachtung der vier angeführten Punkte zeigt, daß der Mensch als Entscheidungsträger die Auswahl des Untersuchungsgegenstandes, des Modells über den Untersuchungsgegenstand, der Daten über den Untersuchungsgegenstand sowie der Lösungsverfahren trifft. Häufig ist diese Auswahl das Ergebnis politischer Entscheidungsprozesse. Aus diesem Grund können quantitative Entscheidungsmodelle nur in den seltensten Fällen dem Menschen Entscheidungen abnehmen. Sie können den Menschen nicht ersetzen, sondern nur unterstützen.

## 2. Quantitative Modelle und Methoden der Ausstattungsplanung

### a) Das innerbetriebliche Standortproblem

*Planung des Layouts bei vorgegebenem Areal*

Die innerbetriebliche Standortplanung (Layout-Planung) umfaßt jene Probleme, die sich mit der räumlichen Anordnung von Produktionsmitteln auf einem Gebiet (Areal) ergeben. Zunächst soll davon ausgegangen werden, daß das Areal in Größe, Form und Aufteilung fest vorgegeben ist.

*quantitatives Modell*

Dieses Modell setzt voraus, daß das Areal entweder aus einer Werkhalle, die in einzelne Teilflächen zergliedert ist, oder aus einem Grundstück besteht, auf dem mehrere Gebäude errichtet sind. Den Teilflächen der Werkhalle sind die Arbeitsplätze, die Maschinen und die Läger zuzuordnen, wobei die Anzahl der Teilflächen gleich der Anzahl der Produktionsmittel (hier: Arbeitsplätze, Maschinen, Läger) ist. Den Gebäuden sollen im Rahmen einer Werkstattfertigung die einzelnen Werkstätten zugeordnet werden. Dabei wird vorerst unterstellt, daß jede Werkstatt in jedem Gebäude untergebracht werden kann. Weiterhin wird vorausgesetzt, daß nicht sämtliche Freiheitsgrade des Layouts festgelegt sind; z. B. ist bei Fließ- und Straßenfertigung die Anordnung der Potentialfaktoren von vornherein durch das Fertigungsverfahren festgelegt. Bestehen hingegen Freiheitsgrade (z. B. Werkstattfertigung), so müssen Überlegungen angestellt werden, inwieweit in bezug auf produktionswirtschaftliche Zielsetzungen (z. B. Minimierung der Transportkosten oder der Transportzeiten) möglichst optimale Zuordnungen der Potentialfaktoren gefunden werden können. Gesucht wird z. B. eine Zuordnung, für die die Summe der Transportkosten zwischen den einzelnen Einheiten minimal ist. Die Transportkosten zwischen zwei Einheiten bestimmen sich dabei als Produkt aus der Entfernung zwischen den Einheiten und den (von der Zuordnung unabhängigen) Transportkosten pro Wegeinheit (= Transportkostensatz × Menge). Sowohl die Entfernungen als auch die Transportkosten pro Wegeinheit (= Transportaufkommen) können dabei unterschiedlich sein, je nachdem, ob von Einheit k nach Einheit l oder von l nach k transportiert wird (z. B. Einwegstraße, produktionstechnischer Ablauf).

Statt der Transportkostenminimierung kann als Zielfunktion auch eine Minimierung der Transportzeit, eine Minimierung der von den Menschen insgesamt zurückzulegenden Wege (Bürogebäude, Krankenhaus) oder eine Minimierung bzw. Maximierung anderer Größen (z. B. Maximierung der Interaktionen) gewählt werden.

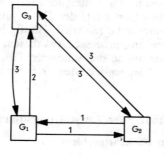

a) räumliche Lage der Gebäude  b) Entfernungstabelle

*Abb. 4.26: Beispiel zum Raumzuordnungsproblem*

Ein Beispiel für das Layout-Problem bildet folgender Sachverhalt: Gegeben ist ein Grundstück, auf dem sich drei Gebäude $G_1$, $G_2$ und $G_3$ befinden. Die räumliche Lage der Gebäude ist aus der Abbildung 4.26a) ersichtlich. Abbildung 4.26b) gibt die Entfernungen zwischen den Gebäuden wieder. Es ist zu beachten, daß wegen eines nötigen Umweges die Transportentfernung zwischen Gebäude $G_3$ und $G_1$ größer ist als zwischen Gebäude $G_1$ und $G_3$ (vgl. Abbildung 4.26a).

*Beispiel zum Layout-Problem*

In den Gebäuden $G_1$, $G_2$ und $G_3$ müssen drei Werkstätten $W_1$, $W_2$ und $W_3$ untergebracht werden. Die Gebäude sind so ausgelegt, daß sie jede Werkstatt fassen können. Zwischen den Werkstätten findet aufgrund produktionstechnischer Notwendigkeit ein Güteraustausch statt. Die gegenseitigen Lieferbeziehungen sind in dem Strukturbild der Abbildung 4.27a) wiedergegeben. Die im Strukturbild angegebenen und in der Tabelle der Abbildung 4.27b) zusammengefaßten Größen sind die Transportkosten zwischen den jeweiligen Werkstätten pro Wegeinheit. Die Transportkosten pro Wegeinheit berechnen sich aus dem Transportkostensatz (= Transportkosten pro Produkteinheit pro Wegeinheit) multipliziert mit der zu transportierenden Menge.

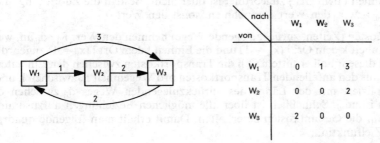

a) Struktur des Güteraustausches    b) Tabelle der Transportkosten pro Wegeinheit

*Abb. 4.27: Beispiel zum Raumzuordnungsproblem*

Die Transportkosten zwischen den Werkstätten ergeben sich dann als Produkt von Transportkosten pro Wegeinheit multipliziert mit der Transportentfernung. Wird z. B. der Werkstatt $W_1$ das Gebäude $G_1$ und der Werkstatt $W_3$ das Gebäude $G_2$ zugeordnet, so betragen die Transportkosten für den gegenseitigen Güteraustausch zwischen $W_1$ und $W_3$:

$$3 \cdot 1 + 2 \cdot 1 = 5 \text{ [Geldeinheiten]}$$

Transport-  Entfernung  Transport-  Entfernung
kosten pro  zwischen  kosten pro  zwischen
Wegeinheit  $G_1$ und $G_2$  Wegeinheit  $G_2$ und $G_1$
zwischen                       zwischen
$W_1$ und $W_3$             $W_3$ und $W_1$

Formal läßt sich das Layout-Problem in Form des **Raumzuordnungsproblems** wie folgt beschreiben:

Gegeben sind n Orte (Teilflächen einer Werkhalle, Gebäude), die Entfernungen zwischen diesen Orten seien bekannt und fest gegeben. Die Entfernung zwischen dem Ort i und dem Ort j sei $d_{ij}$. Entfernungsunterschiede zwischen den Wegen von i nach j und von j nach i sind zugelassen. Gegeben sind ferner n Einheiten (Maschinen, Arbeitsplätze, Läger, Werkstätten). Zwischen den Einheiten bestehen gewisse Beziehungen. Diese Beziehungen ergeben sich aus dem fertigungstechnischen Ablauf, sie sind von der zu bestimmenden Zuordnung der Einheiten zu den Orten unabhängig. Die Beziehung zwischen der Einheit k und der Einheit l sei $f_{kl}$. Wie bei den Orten sind auch hier asymmetrische Beziehungen möglich. Diese Beziehungen seien für jedes Paar von Einheiten ebenfalls bekannt bzw. ermittelbar. $f_{kl}$ kann u. a. stehen für: Transportkosten pro Wegeinheit zwischen den Einheiten k und l, Transportzeit pro Wegeinheit zwischen k und l, durchschnittliche Kontaktaufnahme (Besuche, Botengänge, Kontrollgänge, Fahrten usw.) zwischen k und l.

Die Entscheidungsvariable $x_{ik}$ bzw. $x_{jl}$ gibt an, ob die Einheit k dem Ort i bzw. die Einheit l dem Ort j zugeordnet ist oder nicht. Besteht die Zuordnung, dann soll $x_{ik}$ bzw $x_{jl}$ den Wert 1 annehmen, sonst den Wert 0.

Die Kosten (Zeiten, zurückzulegende Wege) nehmen den Wert $f_{kl} \cdot d_{ij}$ an, wenn die Einheit k dem Ort i ($x_{ik} = 1$) und die Einheit l dem Ort j ($x_{jl} = 1$) zugeordnet ist. In diesem Fall ermitteln sich die Transportkosten zwischen den Einheiten k und l aus den anfallenden Transportkosten pro Wegeinheit $f_{kl}$ zwischen k und l, multipliziert mit der Länge des zurückzulegenden Weges $d_{ij}$ zwischen den Orten i und j. Schließlich ist über alle möglichen Beziehungen aufzusummieren, um die Gesamtkosten zu erhalten. Damit erhält man folgende quadratische Zielfunktion:

*formale Darstellung des Raumzuordnungsproblems*

(4.9)  Minimiere! $Z = \sum\limits_{i=1}^{n} \sum\limits_{j=1}^{n} \sum\limits_{k=1}^{n} \sum\limits_{l=1}^{n} f_{kl} \cdot d_{ij} \cdot x_{ik} \cdot x_{jl}$

Für $x_{ik}$ bzw. $x_{jl}$ sind folgende Nebenbedingungen einzuhalten:

(4.10)  $\sum\limits_{i=1}^{n} x_{ik} = 1$  für $k = 1, \ldots, n$

(4.11)  $\sum\limits_{k=1}^{n} x_{ik} = 1$  für $i = 1, \ldots, n$

(4.12)  $x_{ik} \in \{0,1\}$  für $i, k = 1, \ldots, n$

Die Nebenbedingung (4.10) bringt zum Ausdruck, daß jeder Einheit genau ein Ort zugeordnet wird. Die Nebenbedingung (4.11) besagt, daß jeder Ort von genau einer Einheit besetzt ist. Die Nebenbedingung (4.12) läßt nur die Werte 0 und 1 für alle $x_{ik}$ zu; eine bereits erklärte Forderung.

*Methoden zur Ermittlung des Optimums*

Wie gezeigt werden konnte, läßt sich das Raumzuordnungsproblem als mathematisches Modell formulieren. Zur numerischen Berechnung der Optimallösung sind allerdings bisher keine allgemein anwendbaren Methoden bekannt, die mit Sicherheit zum Optimum führen. Für Problemstellungen mit wenigen Orten bzw. Einheiten kann das absolute Optimum mit Hilfe der **Vollenumeration** gefunden werden. Dabei werden die Gesamttransportkosten für alle möglichen Zuordnungen ermittelt und diejenige Zuordnung mit den minimalen Kosten ausgewählt.

Diese Vorgehensweise wird im folgenden anhand des vorherigen Beispiels dargestellt. Es bestehen sechs verschiedene mögliche Zuordnungen, für die die Gesamttransportkosten jeweils berechnet werden.

Erste Zuordnungsmöglichkeit:

$W_1 \ W_2 \ W_3$   d. h. die Werkstatt $W_1$ wird dem Gebäude $G_1$, die Werkstatt
$\downarrow \ \downarrow \ \downarrow$   $W_2$ dem Gebäude $G_2$, die Werkstatt $W_3$ dem Gebäude $G_3$
$G_1 \ G_2 \ G_3$   zugeordnet.

$$\begin{aligned}
\text{Kosten:} \quad K &= f_{11} \cdot d_{11} + f_{12} \cdot d_{12} + f_{13} \cdot d_{13} \\
&+ f_{21} \cdot d_{21} + f_{22} \cdot d_{22} + f_{23} \cdot d_{23} \\
&+ f_{31} \cdot d_{31} + f_{32} \cdot d_{32} + f_{33} \cdot d_{33} \\
&= 0 \cdot 0 + 1 \cdot 1 + 3 \cdot 2 \\
&+ 0 \cdot 1 + 0 \cdot 0 + 2 \cdot 3 \\
&+ 2 \cdot 3 + 0 \cdot 3 + 0 \cdot 0 = 19 \ [\text{Geldeinheiten}]
\end{aligned}$$

Bei der Kostenberechnung gemäß Formel (4.9) entfallen alle diejenigen Ausdrücke $f_{kl} \cdot d_{ij} \cdot x_{ik} \cdot x_{jl}$, für die keine Zuordnung $W_k \to G_i$ oder $W_l \to G_j$ besteht (z. B. wird bei der ersten Zuordnungsmöglichkeit $W_1$ nur $G_1$, nicht aber $G_2$ oder $G_3$ zugeordnet). In diesem Fall ist $x_{ik}$ oder $x_{jl}$ gleich Null

Zweite Zuordnungsmöglichkeit:    Kosten:

$W_1 \ W_2 \ W_3$
$\downarrow \ \downarrow \ \downarrow$
$G_1 \ G_3 \ G_2$

$$\begin{aligned}
K &= f_{11} \cdot d_{11} + f_{12} \cdot d_{13} + f_{13} \cdot d_{12} \\
&+ f_{21} \cdot d_{31} + f_{22} \cdot d_{33} + f_{23} \cdot d_{32} \\
&+ f_{31} \cdot d_{21} + f_{32} \cdot d_{23} + f_{33} \cdot d_{22} \\
&= 0 \cdot 0 + 1 \cdot 2 + 3 \cdot 1 + \\
&+ 0 \cdot 3 + 0 \cdot 0 + 2 \cdot 3 + \\
&+ 2 \cdot 1 + 0 \cdot 3 + 0 \cdot 0 \\
&= 13 \ [\text{Geldeinheiten}]
\end{aligned}$$

Dritte Zuordnungsmöglichkeit:    Kosten:

$W_1 \ W_2 \ W_3$
$\downarrow \ \downarrow \ \downarrow$
$G_2 \ G_1 \ G_3$

$$\begin{aligned}
K &= f_{11} \cdot d_{22} + f_{12} \cdot d_{21} + f_{13} \cdot d_{23} \\
&+ f_{21} \cdot d_{12} + f_{22} \cdot d_{11} + f_{23} \cdot d_{13} \\
&+ f_{31} \cdot d_{32} + f_{32} \cdot d_{31} + f_{33} \cdot d_{33} \\
&= 0 \cdot 0 + 1 \cdot 1 + 3 \cdot 3 \\
&+ 0 \cdot 1 + 0 \cdot 0 + 2 \cdot 2 \\
&+ 2 \cdot 3 + 0 \cdot 3 + 0 \cdot 0 \\
&= 20 \ [\text{Geldeinheiten}]
\end{aligned}$$

Vierte Zuordnungsmöglichkeit:    Kosten:

$W_1 \; W_2 \; W_3$
$\downarrow \; \downarrow \; \downarrow$
$G_2 \; G_3 \; G_1$

$$\begin{aligned}
K =\;& f_{11} \cdot d_{22} + f_{12} \cdot d_{23} + f_{13} \cdot d_{21} \\
+\;& f_{21} \cdot d_{32} + f_{22} \cdot d_{33} + f_{23} \cdot d_{31} \\
+\;& f_{31} \cdot d_{12} + f_{32} \cdot d_{13} + f_{33} \cdot d_{11} \\
=\;& 0 \cdot 0 + 1 \cdot 3 + 3 \cdot 1 \\
+\;& 0 \cdot 3 + 0 \cdot 0 + 2 \cdot 3 \\
+\;& 2 \cdot 1 + 0 \cdot 2 + 0 \cdot 0 \\
=\;& 14 \text{ [Geldeinheiten]}
\end{aligned}$$

Fünfte Zuordnungsmöglichkeit:    Kosten:

$W_1 \; W_2 \; W_3$
$\downarrow \; \downarrow \; \downarrow$
$G_3 \; G_1 \; G_2$

$$\begin{aligned}
K =\;& f_{11} \cdot d_{33} + f_{12} \cdot d_{31} + f_{13} \cdot d_{32} \\
+\;& f_{21} \cdot d_{13} + f_{22} \cdot d_{11} + f_{23} \cdot d_{12} \\
+\;& f_{31} \cdot d_{23} + f_{32} \cdot d_{21} + f_{33} \cdot d_{22} \\
=\;& 0 \cdot 0 + 1 \cdot 3 + 3 \cdot 3 \\
+\;& 0 \cdot 2 + 0 \cdot 0 + 2 \cdot 1 \\
+\;& 2 \cdot 3 + 0 \cdot 1 + 0 \cdot 0 \\
=\;& 20 \text{ [Geldeinheiten]}
\end{aligned}$$

Sechste Zuordnungsmöglichkeit:    Kosten:

$W_1 \; W_2 \; W_3$
$\downarrow \; \downarrow \; \downarrow$
$G_3 \; G_2 \; G_1$

$$\begin{aligned}
K =\;& f_{11} \cdot d_{11} + f_{12} \cdot d_{32} + f_{13} \cdot d_{31} \\
+\;& f_{21} \cdot d_{23} + f_{22} \cdot d_{22} + f_{23} \cdot d_{21} \\
+\;& f_{31} \cdot d_{13} + f_{32} \cdot d_{12} + f_{33} \cdot d_{33} \\
=\;& 0 \cdot 0 + 1 \cdot 3 + 3 \cdot 3 \\
+\;& 0 \cdot 3 + 0 \cdot 0 + 2 \cdot 1 \\
+\;& 2 \cdot 2 + 0 \cdot 1 + 0 \cdot 0 \\
=\;& 18 \text{ [Geldeinheiten]}
\end{aligned}$$

Ein Vergleich der Kosten der Zuordnungsalternativen eins bis sechs zeigt, daß die Zuordnung $W_1 \rightarrow G_1$, $W_2 \rightarrow G_3$, $W_3 \rightarrow G_2$ mit Gesamttransportkosten in Höhe von 13 Geldeinheiten optimal ist.

Bei n Einheiten und n Orten gibt es n! (im Beispiel 3! = 6) mögliche Zuordnungen. Deshalb ist nur bis ca. n = 5 (5! = 120) die Lösung mit Hilfe der Vollenumeration von Hand möglich.

Für größere n wird der Einsatz von Computern unumgänglich. Bereits bei n = 15 (15! größer $10^{12}$) würde aber sogar ein Computer, der eine Million Zuordnungen pro Sekunde berechnen könnte (eine bisher nicht erreichte Geschwindigkeit) mehr als 10 Tage zur Vollenumeration benötigen. Folglich ist man auf **heuristische Lösungsverfahren** angewiesen. Aus der Vielzahl der in der Literatur genannten heuristischen Lösungsverfahren sollen hier zwei charakteristische Methoden vorgestellt werden – ein sogenanntes Eröffnungsverfahren und ein sogenanntes suboptimierendes Iterationsverfahren –, deren Kombination möglich ist.

*Eröffnungsverfahren*    In den **Eröffnungsverfahren** wird versucht, zu einer möglichst brauchbaren Ausgangszuordnung zu gelangen. Das einfachste Eröffnungsverfahren besteht darin, daß für alle Orte i (i = 1, ... n) die Summe der Entfernungen $D_i$ zu den anderen Orten und von den anderen Orten zum Ort i berechnet wird.

(4.13)  $\quad D_i = \sum_{j=1}^{n} d_{ij} \quad + \sum_{j=1}^{n} d_{ji} \quad (i = 1, \ldots, n)$

Summe der Entfernungen von Ort i zu allen anderen Orten j    Summe der Entfernungen von allen anderen Orten j zum Ort i

Ebenso berechnet man für alle Einheiten k (k = 1, ..., n) die Summe der Transportkosten pro Wegeinheit $F_k$ zu allen anderen und von allen anderen Einheiten.

(4.14)  $\quad F_k = \sum_{l=1}^{n} f_{kl} + \sum_{l=1}^{n} f_{lk} \quad (k = 1, \ldots, n)$

Um die Kosten möglichst niedrig zu halten, ordnet man der Einheit mit dem größten $F_k$ (also mit den größten Transportkosten pro Wegeinheit) den Ort mit dem kleinsten $D_i$ (also den Ort mit der geringsten Entfernung zu und von allen anderen Orten) zu. Unter den verbliebenen Orten und Einheiten fährt man in gleicher Weise fort, bis schließlich jede Einheit einem Ort zugeordnet ist. Gleichzeitig ist es möglich, bei der Zuordnung gewisse Nebenbedingungen einzuhalten, z. B. um die zwingende räumliche Nähe oder die Unverträglichkeit von Maschinen zu berücksichtigen.

Das vorgeschlagene Verfahren zeichnet sich durch große Einfachheit aus, für größere Probleme kann es leicht programmiert und auf dem Rechner durchgeführt werden.

In Fortführung des obigen Beispiels ergeben sich bei Anwendung des genannten Eröffnungsverfahrens folgende Rechenschritte:

$D_1 = d_{11} + d_{12} + d_{13} + d_{11} + d_{21} + d_{31}$
$\quad = 0 + 1 + 2 + 0 + 1 + 3 = 7$

analog:

$D_2 = 1 + 3 + 1 + 3 = 8$

$D_3 = 3 + 3 + 2 + 3 = 11$

ebenso:

$F_1 = f_{11} + f_{12} + f_{13} + f_{11} + f_{21} + f_{31}$
$\quad = 0 + 1 + 3 + 0 + 0 + 2 = 6$

analog:

$F_2 = 2 + 1 \quad\quad = 3$

$F_3 = 2 + 3 + 2 = 7$

Es wird also der Werkstatt $W_3$ ($F_3 = 7$) das Gebäude $G_1$ ($D_1 = 7$), der Werkstatt $W_1$ ($F_1 = 6$) das Gebäude $G_2$ ($D_2 = 8$) und der Werkstatt $W_2$ ($F_2 = 3$) das Gebäude $G_3$ ($D_3 = 11$) zugeordnet, d. h. es wird die Zuordnung $W_1 \to G_2$; $W_2 \to G_3$; $W_3 \to G_1$ mit Transportkosten von 14 Geldeinheiten ausgewählt.

*Suboptimierende Iterationsverfahren*

Jede beliebige Ausgangszuordnung – z. B. die in einem Eröffnungsverfahren ermittelte – kann mit Hilfe der **suboptimierenden Iterationsverfahren** – einer weiteren Klasse von heuristischen Verfahren – schrittweise verbessert werden. Das im folgenden skizzierte Verfahren (Zorn) liegt in programmierter Form vor und kann auf einem Computer durchgeführt werden.

Ausgehend von der bestimmten räumlichen Zuordnung aller Einheiten wird probehalber die zweite Einheit mit der ersten Einheit vertauscht. Die Auswirkung auf die Transportkosten wird berechnet und gespeichert. Dann wird diese Vertauschung wieder rückgängig gemacht und die dritte Einheit mit der ersten Einheit vertauscht usw. Die Auswirkungen auf die Transportkosten werden wiederum berechnet und gespeichert. Nachdem alle Probevertauschungen mit der ersten Einheit durchgeführt wurden, wird die kostenminimale Vertauschung festgeschrieben. Danach werden alle Einheiten mit der zweiten Einheit probeweise vertauscht und wieder die kostengünstigste Vertauschung festgeschrieben. Analoge paarweise Vertauschungen werden der Reihe nach mit allen Einheiten durchgeführt, bis die n-te Einheit vertauscht wurde. Dieser Zyklus kann mehrmals wiederholt werden. Die Rechnung bricht erst dann ab, wenn ein Zyklus keine weitere Verbesserung gegenüber dem vorhergehenden erbracht hat.

Die Anwendung dieses Verfahrens hat sich in der Praxis beim Einsatz von EDV unter anderem deshalb bewährt, weil **Nebenbedingungen** eingehalten werden können. Dazu müssen lediglich diejenigen Einheiten, die unter Nebenbedingungen fallen, vom Vertauschungszyklus ausgenommen werden. Außerdem kann als Ausgangszuordnung das Ergebnis eines Eröffnungsverfahrens – etwa des geschilderten – gewählt werden. Damit wird die Rechenzeit verkürzt und die Güte des Ergebnisses erhöht. Es sei jedoch nochmals betont, daß beide Verfahren und auch deren Kombination nicht zwingend zur Optimallösung führen.

Im angeführten Beispiel werden bei Anwendung des genannten suboptimierenden Iterationsverfahrens folgende Rechenschritte durchgeführt:

Ausgangszuordnung: (durch Eröffnungsverfahren ermittelt)

$W_1 \quad W_2 \quad W_3$ \quad\quad Kosten = 14 [Geldeinheiten]
$\downarrow \quad \downarrow \quad \downarrow$
$G_2 \quad G_3 \quad G_1$

Probevertauschungen der Werkstatt $W_1$ mit den Werkstätten $W_2$ und $W_3$:

$W_1 \quad W_2 \quad W_3$ \quad\quad Kosten = 18 [Geldeinheiten]
$\downarrow \quad \downarrow \quad \downarrow$
$G_3 \quad G_2 \quad G_1$

$W_1 \quad W_2 \quad W_3$ \quad\quad Kosten = 13 [Geldeinheiten]
$\downarrow \quad \downarrow \quad \downarrow$
$G_1 \quad G_3 \quad G_2$

Die Zuordnung $W_1 \to G_1$, $W_2 \to G_3$, $W_3 \to G_2$ (deren Optimalität nicht bekannt ist) wird festgeschrieben. Von ihr ausgehend, werden Probevertauschungen der

Werkstatt $W_2$ mit den Werkstätten $W_1$ und $W_3$ durchgeführt. Da kein besseres Ergebnis erzielt wird (vgl. die Ergebnisse der Vollenumeration, S. 441), wird die Zuordnung beibehalten und die Werkstatt $W_3$ mit den Werkstätten $W_1$ und $W_2$ probevertauscht. Auch hier läßt sich kein besseres Ergebnis erzielen, die Zuordnung mit den Kosten 13 wird folglich beibehalten. Von dieser Zuordnung ausgehend, werden erneut die Vertauschungen des geplanten Zyklus durchgeführt. Als Resultat ergibt sich keine Verbesserung, deshalb wird die Zuordnung $W_1 \rightarrow G_1$, $W_2 \rightarrow G_3$, $W_3 \rightarrow G_2$ als heuristisch ermittelte Lösung beibehalten.

*Planung des Layouts bei variablem Areal*

Ausgehend von den Ergebnissen der Layoutplanung bei vorgegebenem Areal können auch Überlegungen über eine günstige Gestaltung des Areals angestellt werden. In diesem Fall bilden Größe, Form und Aufteilung des Areals zusätzliche Freiheitsgrade. Dies ist z. B. der Fall, wenn auf einem unbebauten Werksgelände verschiedene Gebäude errichtet werden sollen und über die Lage und die Ausmaße der Gebäude entschieden werden muß. Hilfsmittel zur Entscheidungsfindung ist die Simulation. Es werden verschiedene, denkbare und vom Entscheidungsträger auszuwählende Gestaltungsmöglichkeiten des Areals auf ihre Konsequenzen hin überprüft. Für jede Gestaltungsalternative werden mit Hilfe der zuvor besprochenen Methoden die annähernd optimale Zuordnung der Einheiten auf die Teilorte des Areals und die dabei anfallenden Transportkosten berechnet. Als bestmögliche Gestalt des Areals wird die Gestaltungsalternative mit den geringsten Kosten ausgewählt. Wesentlich für die praktische Durchführbarkeit der Simulation ist, daß die Anzahl der Gestaltungsmöglichkeiten nicht zu groß ist. In gewissen Fällen muß man sich deshalb bewußt in den Freiheitsgraden einschränken.

Abbildung 4.28 zeigt eine Heuristik für den Produktionstyp der Gruppenfertigung, die aus den Ergebnissen von Simulationen aus 16 praktischen Fällen der Layoutplanung abgeleitet wurde. Mit dem Nomogramm der Abbildung 4.28 kann eine möglichst günstige Flächengröße des Areals in Abhängigkeit von der Größe der zum Einsatz kommenden Produktionsmittel (Maschinen, Arbeitsplätze, Läger) bestimmt werden. In der Heuristik wird versucht, aus der Beziehung zwischen durchschnittlicher Maschinengrundfläche und dem Ausmaß der Streuung der einzelnen Maschinengrundflächen Folgerungen für eine befriedigende Dimensionierung des Gesamtareals abzuleiten.

Eingabedaten sind der Mittelwert der Produktionsmittelgrundflächen F und die Standardabweichung der Produktionsmittelgrundflächen s. Das Nomogramm zeigt den Zusammenhang zwischen F und s und dem günstigsten Verhältnis der Grundfläche $F_{opt}$ zur Summe der Produktionsmittelgrundflächen $F_{Masch}$. Beträgt etwa der Mittelwert der Produktionsmittelgrundflächen 4 qm und die Standardabweichung der Grundflächen vom Mittelwert 2, dann ergibt sich durch Ziehen der Geraden zwischen den Werten als günstiges Verhältnis $\dfrac{F_{opt}}{F_{Masch}}$ der Wert 2, d. h. die Grundfläche des Areals soll doppelt so

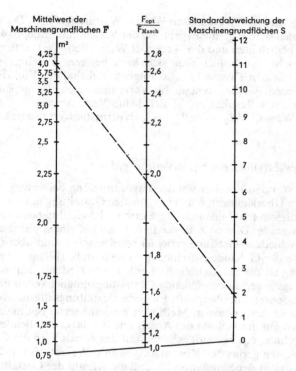

*Abb. 4.28: Nomogramm zur Ermittlung des optimalen Flächenbedarfs (Zorn)*

groß wie die Summe der Maschinenflächen gewählt werden. Jedoch ist in jedem Fall die Überprüfung der Anwendbarkeit der vorliegenden allgemeinen Ergebnisse auf die spezielle Situation mit Hilfe geeigneter Simulationsmodelle der geschilderten Art unerläßlich.

### b) Instandhaltungsplanung

*Instandhaltungsstrategien*

*Instandhaltungsstrategien*  Instandhaltungsstrategien sind Vorschriften, die angeben, zu welchen Zeitpunkten welche Instandhaltungsmaßnahmen an welchen Maschinen bzw. Maschinenteilen durchzuführen sind. Je nach gegebenen Voraussetzungen und nach der Ausgestaltung der Instandhaltungsmaßnahmen lassen sich verschiedene Gliederungsgesichtspunkte von Instandhaltungsstrategien unterscheiden (vgl. Abbildung 4.29).

*Ausfallverteilung*  Zunächst wird nach dem Bekanntheitsgrad der Ausfallverteilung der betrachteten Maschine (bzw. der betrachteten Maschinenteile) unterschieden. Die Ausfallverteilung gibt die Wahrscheinlichkeit dafür an, daß eine Maschine bis zu einem bestimmten Zeitpunkt ausfällt. In den häufigsten Fällen kann von

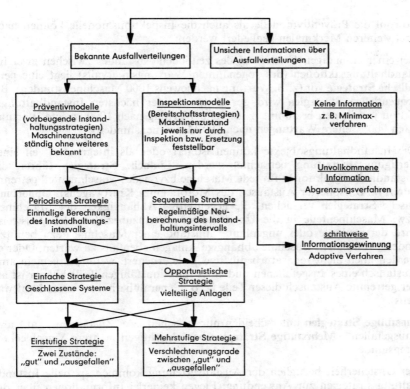

*Abb. 4.29 Instandhaltungsstrategien (nach Bussmann/Kress/Kuhn)*

einer bekannten Ausfallverteilung ausgegangen werden, die durch Beobachtungen in der Vergangenheit an gleichen oder ähnlichen Maschinen gewonnen wurde (z. B. Ausfallverteilung eines Motors) oder vom Lieferer als technisches Qualitätsmerkmal zur Verfügung gestellt wird.

Liegen für ein Aggregat (z. B. Drehbank) Ausfallverteilungen vor, so werden nach dem Bekanntheitsgrad des Maschinenzustandes **Präventivmodelle (vorbeugende Instandhaltungsstrategien)** und **Inspektionsmodelle (Bereitschaftsstrategien)** unterschieden. Präventivmodelle gehen von einem ständig bekannten Maschinenzustand aus. Der Maschinenzustand kann hierbei sofort entweder direkt (z. B. Bruch eines Maschinenteils und dadurch verursachter Stillstand) oder indirekt (z. B. verschlechterte Qualität des Outputs) erkannt werden. Bei ruhenden Anlagen, die nur in gewissen Situationen zum Einsatz gelangen (z. B. Sicherheitsanlagen), ist hingegen der Zustand nur durch eine Untersuchung (Inspektion) der Anlage feststellbar. Hier kommen die vornehmlich im militärischen Bereich entwickelten Inspektionsmodelle oder Bereitschaftsstrategien zur Anwendung, deren Ziel die Aufrechterhaltung einer hohen Einsatzbereitschaft ist.

*Strategien bei bekannter Ausfallverteilung*

Sowohl die Präventivmodelle als auch die Inspektionsmodelle können nach drei weiteren Merkmalen gegliedert werden:

Bei einer einmaligen Festlegung des zeitlichen Abstandes zwischen zwei Instandhaltungsaktionen (des sogenannten Wartungsintervalls) liegt eine **periodische Strategie** vor (z. B. Wartung nach jeweils 1000 Maschinenstunden). Bei **sequentiellen Strategien** wird der Zeitpunkt der nächsten Instandhaltungsaktion jeweils neu bestimmt (z. B. erste Wartung nach 1000, zweite Wartung nach 900, weitere Wartungen nach 600 Maschinenstunden).

Die Instandhaltungsobjekte können isoliert oder als integrierter Teil einer Fertigungsausstattung betrachtet werden. **Einfache Strategien** führen die Instandhaltungsaktionen für jede Maschine bzw. jedes Maschinenteil getrennt durch (z. B. isolierter Austausch des Motors eines Kraftwagens). **Opportunistische Strategien** versuchen, die gegenseitige Abhängigkeit der Maschinen bzw. Maschinenteile in die Überlegungen miteinzubeziehen. Beispielsweise wird der geplante oder ungeplante Stillstand einer Maschine dazu benutzt, andere, von dieser Maschine abhängige Anlagen ebenfalls zu warten. Oder es werden noch nicht reparaturbedürftige Teile erneuert, wenn der gemeinsame Austausch eines ausgefallenen und eines funktionsfähigen Teils billiger ist als der getrennte Austausch dieser Teile (z. B. Generalüberholung eines Kraftwagens).

**Einstufige Strategien** unterscheiden nur zwischen zwei Zuständen „gut" und „ausgefallen". **Mehrstufige Strategien** berücksichtigen mehrere Verschlechterungsgrade.

*Strategien bei unbekannter Ausfallverteilung*

Bei Unsicherheit bezüglich der Ausfallverteilung kommen spezielle Instandhaltungsstrategien zur Anwendung. Liegen keinerlei Informationen über die Ausfallverteilung vor (z. B. Neukonstruktion), so kann nach den Entscheidungsregeln bei Unsicherheit (z. B. Minimaxverfahren; vgl. Teil 1, S. 56) vorgegangen werden. Bei den sogenannten **Abgrenzungsverfahren** wird die Kenntnis des Erwartungswertes und der Varianz des Ausfallzeitpunktes, nicht jedoch die Kenntnis der Art der Verteilung selbst vorausgesetzt (z. B. Angabe des Herstellers über mittlere Lebenszeit). **Adaptive Verfahren** kommen zur Anwendung, wenn Informationen über die Ausfallverteilung einer Maschine erst im Lauf der Zeit gewonnen werden können (z. B. Anschaffung einer neuartigen Maschine).

Im folgenden werden quantitative Modelle und Methoden zur näheren Ausgestaltung der Strategien bei bekannter Ausfallverteilung und zur Wahl zwischen diesen Strategien dargestellt. Zu weitergehenden Ausführungen über Instandhaltungsstrategien bei Unsicherheit sei auf die einschlägige Literatur verwiesen.

*Bestimmung des optimalen Wartungsintervalls bei periodischer, einfacher und einstufiger Strategie*

*quantitatives Modell*

Für die Darstellung von quantitativen Modellen zur Bestimmung des optimalen Wartungsintervalls bei einer periodischen, einfachen und einstufigen

Strategie wird unterstellt, daß die jeweilige Einheit nach der Instandhaltungsaktion als neuwertig betrachtet werden kann. Beschränkungen im Rahmen der Ersatzteil- und Personaldisposition sollen nicht auftreten.

Von den möglichen Varianten periodischer Instandhaltungsstrategien sollen zwei dargestellt werden:

*Varianten periodischer Instandhaltungsstrategien*

(1) Das Instandhaltungsintervall wird unabhängig von der jeweiligen Laufzeit des Elements (Instandhaltungsobjekts) festgelegt und unabhängig davon, ob das Element innerhalb des Intervalls ausfällt oder nicht, beibehalten. Wird ein Element innerhalb des geplanten Intervalls infolge eines zufälligen Ausfalls ersetzt oder repariert, so wird es gegen Ende des Intervalls erneut ersetzt bzw. repariert, um den festgelegten Intervallzyklus einzuhalten. Deshalb können bei dieser **rein periodischen Instandhaltungsstrategie** die Instandhaltungsaktionen sehr nahe beisammen liegen.

(2) Im Gegensatz zu (1) wird bei der zweiten Variante der Zeitpunkt der letzten Instandhaltungsaktion berücksichtigt. Liegt ein Zufallsausfall innerhalb eines geplanten Instandhaltungsintervalls, so wird der nächste Instandhaltungszeitpunkt vom Zeitpunkt dieses Zufallsausfalls an berechnet. Dadurch erreicht man, daß die geplanten Maßnahmen immer im selben „Alter" (gemessen in der Kalenderzeit oder der Betriebszeit seit der letzten Instandhaltungsaktion) des Elements stattfinden. Diese **Strategie mit konstantem Wartungsabstand** stellt allerdings höhere Ansprüche an die Instandhaltungsorganisation als die rein periodische Strategie.

Bei beiden Varianten besteht das Entscheidungsproblem in der Bestimmung der optimalen Länge des Instandhaltungsintervalls. Als Optimalitätskriterium können die Kosten der Instandhaltung in einer bestimmten Planperiode der Länge $t_{Plan}$ dienen. Die Planperiode muß in Instandhaltungsintervalle aufgeteilt werden. Gesucht ist die kostenminimale Länge $t_1$ des Instandhaltungsintervalls.

Zur Bildung eines quantitativen Modells werden neben den bereits angeführten Modellbedingungen folgende Daten als hinreichend genau bekannt bzw. ermittelbar vorausgesetzt:

1. Die Ausfallverteilung $F(t)$ des Elements.
2. Die Kosten $K_p$ für eine geplante Instandhaltungsaktion.
3. Die Kosten $K_z$ für eine Instandhaltungsaktion, die durch einen ungeplanten, zufälligen Ausfall der Einheit notwendig wird.

$F(t)$ gibt die Wahrscheinlichkeit dafür an, daß ein neues oder instandgesetztes Element bis zum Zeitpunkt t einschließlich ausfällt. $F(t)$ ist durch Beobachtungen an gleichen oder ähnlichen Elementen schätzbar. Dabei kann die Zeit in der Kalenderzeit oder in der Einsatzzeit des Elements (z. B. Maschinenstunden) gemessen werden. Die Wahl des Zeitmaßstabes muß bei der Festlegung des Instandhaltungsintervalls und bei der Ermittlung der Ausfallwahrscheinlichkeit übereinstimmen.

Die Kosten $K_p$ setzen sich aus den reinen Ersatzkosten, den Kosten für das Reparaturpersonal und den Stillstandskosten bei geplanter Unterbrechung zusammen.

Die Kosten $K_z$ bestehen aus den Ersatzkosten, den Kosten für das Reparaturpersonal und vor allem aus den Kosten für einen ungeplanten Stillstand (Zufallsreparatur) sowie dessen Folgen. Die Kosten für eine Zufallsreparatur sind in der Regel höher als für eine Planreparatur.

Im Modell wird mit $x_p$ die Anzahl der geplanten Instandhaltungsaktionen und mit $x_z$ die Anzahl der Zufallsreparaturen in der Planperiode $t_{Plan}$ bezeichnet. Es ist folgende Zielfunktion zu minimieren:

(4.15) $\quad K_{Ges} = K_p \cdot x_p + K_z \cdot x_z$

Im Fall der rein periodischen Instandhaltungsstrategie ist die Anzahl $x_p$ der Planreparaturen durch die Wahl der Länge $t_l$ des Instandhaltungsintervalls und die Länge der Planperiode $t_{Plan}$ bestimmt:

(4.16) $\quad x_p = \dfrac{t_{Plan}}{t_l}$

Bei der Strategie mit konstantem Wartungsabstand ist $x_p$ die Realisierung einer zufälligen Variablen $X_p$, deren Verteilung von der Ausfallverteilung $F(t)$ und der Länge $t_l$ des Instandhaltungsintervalls abhängt. Die Anzahl der Zufallsausfälle $x_z$ ist bei beiden Varianten die Realisierung einer zufälligen Variablen $X_z$.

Die Verteilung von $X_z$ ist abhängig von der Ausfallverteilung $F(t)$ und der Länge $t_l$ des Instandhaltungsintervalls.

*Bestimmung der optimalen Länge des Instandhaltungsintervalls*

Die Ermittlung der Verteilung von $X_z$ (rein periodische Strategie) bzw. von $X_p$ und $X_z$ (Strategie mit konstantem Wartungsabstand) in Abhängigkeit von der Ausfallverteilung und der Länge des Instandhaltungsintervalls ist das eigentliche Problem bei der quantitativen Behandlung des vorliegenden Entscheidungsproblems. Die Kenntnis der Verteilung von $X_z$ (bzw. $X_p$ und $X_z$) ist nämlich Voraussetzung für die Berechnung der Verteilung von $K_{Ges}$, der zu minimierenden Zielgröße.

Wegen der stochastischen Entscheidungssituation ist die Wahl eines zusätzlichen Entscheidungskriteriums nötig. In der Literatur wird fast ausschließlich das Bernoulli-Kriterium (hier: Minimierung des Erwartungswertes von $K_{Ges}$) angewandt. Diese Vorgehensweise ist durchaus sinnvoll, da es sich unter den angegebenen Voraussetzungen zumeist um eine mehrmalige Wiederkehr der Instandhaltungssituation handeln dürfte. Andernfalls könnte nicht von einer bekannten Ausfallverteilung $F(t)$ ausgegangen werden. Dennoch muß von Fall zu Fall geprüft werden, ob das Erwartungswertkriterium von genügender Aussagekraft ist. Gegebenenfalls müssen andere Kenngrößen der Verteilung (z. B. Varianz, Quantile) mit in die Entscheidung einbezogen werden.

*mathematisch-statistische Methode*

Bei Anwendung des Bernoulli-Kriteriums wird die Gleichung (4.15) zu folgender Zielfunktion:

(4.17)  Minimiere!  $E(K_{Ges}) = K_p \cdot E(X_p) + K_z \cdot E(X_z)$

Im Fall der **rein periodischen Strategie** ist eine weitere Vereinfachung der Gleichung (4.17) mit Hilfe von (4.16) möglich.

(4.18)  Minimiere!  $E(K_{Ges}) = K_p \cdot \dfrac{t_{Plan}}{t_l} + K_z \cdot E(X_z)$

Der Erwartungswert $E(X_z)$ der Anzahl $x_z$ der Zufallsausfälle in der Periode $t_{Plan}$ ergibt sich bei der rein periodischen Wartungsstrategie als Produkt der Anzahl der Instandhaltungsintervalle (die gleich ist mit der Anzahl $x_p$ der Planreparaturen) und dem Erwartungswert $a_z$ der Anzahl der Zufallsausfälle in *einem* Instandhaltungsintervall:

(4.19)  $E(X_z) = x_p \cdot a_z = \dfrac{t_{Plan}}{t_l} \cdot a_z$

Gleichung (4.18) wird dadurch zu:

(4.20)  Minimiere!  $E(K_{Ges}) = K_p \cdot \dfrac{t_{Plan}}{t_l} + K_z \cdot \dfrac{t_{Plan}}{t_l} \cdot a_z$

Nach Division durch $t_{Plan}$ ergibt sich:

(4.21)  Minimiere!  $E(K_t) = \dfrac{K_p}{t_l} + \dfrac{K_z}{t_l} \cdot a_z$,

wobei:  $K_t$ = Kosten pro Zeiteinheit.

Damit ist die optimale Länge $t_l$ des Wartungsintervalls bei der rein periodischen Strategie unabhängig von der Länge der Planperiode $t_{Plan}$.

Der Erwartungswert $a_z$ der Anzahl der Zufallsausfälle in einem Instandhaltungsintervall in Abhängigkeit von $t_l$ kann beim Vorliegen einfacher Ausfallverteilungen mit Hilfe wahrscheinlichkeitstheoretischer Methoden berechnet werden. Dadurch erhält man in Gleichung (4.21) die erwarteten Kosten pro Zeiteinheit in Abhängigkeit von $t_l$. Das Minimum dieser Kostenkurve kann analytisch oder graphisch bestimmt, d. h. die kostenoptimale Länge $t_l$ des Instandhaltungsintervalls festgelegt werden. Da $a_z$ von der jeweils speziell vorliegenden Ausfallverteilung abhängig ist, ist eine allgemeine Lösung nicht möglich.

Bei der **Strategie mit konstantem Wartungsabstand** läßt sich ein zu den Schritten (4.18)–(4.21) analoges Vorgehen nicht durchführen, da $X_p$ ebenfalls eine zufällige Variable ist. Hier werden analytische Verfahren – sofern sie überhaupt bekannt sind – für die praktische Berechnung zu aufwendig.

In diesen Fällen ist die Simulation als Heuristik ein geeignetes Hilfsmittel zur Ermittlung einer günstigen Länge $t_l$ des Instandhaltungsintervalls. In einem Simulationsprogramm, das mit Hilfe eines Computers durchgeführt wird, werden für jede gewählte Länge $t_l$ des Planintervalls die Konsequenzen dieser Wahl im Hinblick auf die Kosten mehrmals nacheinander anhand verschiede-

*Simulation*

ner Ausfallzeitpunkte durchgerechnet. Die verwendeten Ausfallzeitpunkte können mit Hilfe eines eigenen Programmteils gemäß der Ausfallverteilung des betrachteten Elements erzeugt werden; es können aber auch unmittelbar Werte aus vergangenen Beobachtungen eingesetzt werden. Für jede Wahl von $t_l$ werden der Mittelwert und eventuell andere Kenngrößen der Instandhaltungskosten aus den einzelnen Läufen berechnet. Durch Vergleich der Mittelwerte bzw. der anderen Kenngrößen wird schließlich die annähernd optimale Festlegung von $t_l$ bestimmt.

Das Vorgehen dieser „Zufallssimulation" oder „Monte-Carlo-Simulation" sei am Beispiel der Instandhaltungsstrategie mit konstantem Wartungsabstand demonstriert.

Zunächst werden für eine fest gewählte Länge $t_l$ des Instandhaltungsintervalls die kostenmäßigen Konsequenzen dieser Wahl anhand verschiedener Ausfallzeitpunkte überprüft. Dies wird – bei unveränderter Länge $t_l$ – für mehrere Planperioden durchgeführt und der Mittelwert der dabei errechneten Kosten gebildet. Diese Vorgehensweise wird dann für verschiedene Längen $t_l$ des Instandhaltungsintervalls wiederholt und dasjenige $t_l$ bestimmt, für das der Kostenmittelwert minimal ist. Im einzelnen laufen die Programmschritte wie folgt ab (vgl. Abbildung 4.30):

*Simulationsmodell bei Strategie mit konstantem Wartungsabstand*

Das Programm beginnt mit dem Einlesen der Periodenlänge $t_{Plan}$ sowie der Kosten $K_p$ für eine Planreparatur und $K_z$ für eine Zufallsreparatur. Anschließend wird eine bestimmte Wahl für die Länge $t_l$ des Instandhaltungsinter-

---

*Zu Abbildung 4.30:*

$K_p$ = Planreparaturkosten
$K_z$ = Zufallsreparaturkosten
$K_{Ges}$ = Gesamtinstandhaltungskosten
$t_{Plan}$ = Länge der Planperiode (z. B. Anzahl der Tage, für die im voraus geplant wird)
$t_l$ = Länge des Instandhaltungsintervalls (z. B. Anzahl der Tage, nach denen eine geplante Instandhaltungsaktion stattfinden soll)
$I_A$ = Anfang des Instandhaltungsintervalls (z. B. 0., 10., 15., ... Tag der Planperiode)
$I_E$ = Ende des Instandhaltungsintervalls (z. B. 15., 25., 30., ... Tag der Planperiode bei 15 Tagen als Instandhaltungsintervall)
$t_B$ = Länge des Zeitraums vom Beginn der Planperiode bis zum Ausfallzeitpunkt der Einheit
$t_S$ = Länge des Zeitraums vom Abschluß der letzten Reparatur bis zum Ausfallzeitpunkt der Einheit
$x_z$ = Anzahl der Zufallsreparaturen
$x_p$ = Anzahl der Planreparaturen
$\bar{K}_{Ges}(t_l)$ = Mittelwert der Gesamtinstandhaltungskosten in Abhängigkeit von $t_l$
$\bar{X}_p(t_l)$ = Mittelwert der Anzahl der Planreparaturen in Abhängigkeit von $t_l$
$\bar{X}_z(t_l)$ = Mittelwert der Anzahl der Zufallsreparaturen in Abhängigkeit von $t_l$

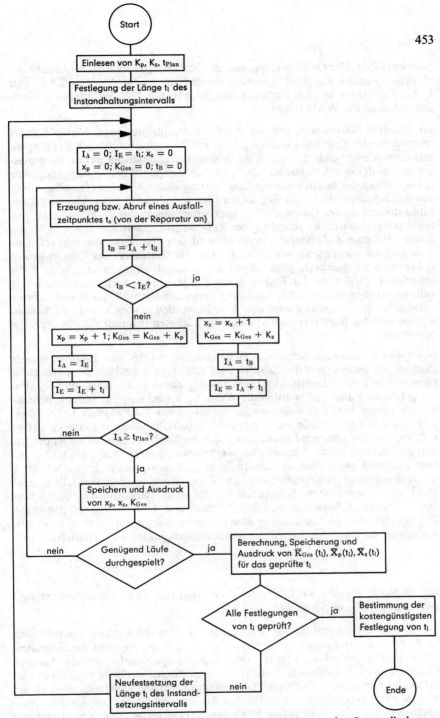

Abb. 4.30: *Vereinfachtes Blockdiagramm zur Simulation der Instandhaltungsstrategie mit konstantem Wartungsabstand*

valls getroffen. Die Größen $x_z$ (Anzahl der Zufallsreparaturen), $x_p$ (Anzahl der Planreparaturen), $K_{Ges}$ und $t_B$ werden gleich Null gesetzt. Die Größen $I_A$ und $I_E$, die den Beginn und das Ende des jeweiligen Instandhaltungsintervalls festlegen, erhalten die Werte 0 bzw. $t_l$.

Im nächsten Schritt wird ein der Ausfallverteilung der betrachteten Einheit entsprechender Zeitpunkt $t_S$ erzeugt bzw. ein Ausfallzeitpunkt aus Vergangenheitswerten abgerufen. Da $t_S$ von der letzten Instandhaltungsaktion an gemessen ist, erfolgt durch Addition von $t_S$ zu dem Zeitpunkt der letzten Reparatur $I_A$ (= Anfang des betrachteten Instandhaltungsintervalls) eine Umrechnung in den Ausfallzeitpunkt $t_B$ von Beginn der Planperiode an. Falls $t_B$ kleiner als der Endzeitpunkt $I_E$ des jeweiligen Instandhaltungsintervalls ist, findet eine Zufallsreparatur statt. Die Anzahl $x_z$ der Zufallsausfälle wird um eins erhöht, die Kosten für eine Zufallsreparatur werden zu den Gesamtkosten addiert. Das neue Instandhaltungsintervall erstreckt sich vom Zeitpunkt des Zufallsausfalls $t_B$ bis zum Zeitpunkt $t_B$ plus Länge des Instandhaltungsintervalls $t_l$. Falls hingegen $t_B$ größer als der Endzeitpunkt des jeweiligen Instandhaltungsintervalls ist, wird im Zeitpunkt $I_E$ schon vor dem Zufallsausfall eine Planreparatur vorgenommen. Die entsprechenden Kosten werden zu den bisherigen Kosten addiert und der Beginn sowie das Ende des nächsten Instandhaltungsintervalls berechnet.

Nach diesen fallweisen Schritten des Programms erfolgt eine Prüfung, ob die Planperiode bereits ganz durchlaufen ist. Falls „nein", wird mit der Erzeugung eines weiteren Ausfallzeitpunktes und den sich daran anschließenden Schritten fortgefahren. Falls „ja", werden die Werte $x_p$, $x_z$ und $K_{Ges}$ für spätere Berechnungen gespeichert und ausgedruckt. Damit ist ein Lauf abgeschlossen. Weitere Läufe mit unveränderter Länge $t_l$ des Instandhaltungsintervalls schließen sich an, bis eine genügend große, vorgegebene Zahl von Läufen vollendet ist. Aus den Werten in den Einzelläufen werden der Mittelwert $\bar{K}_{Ges}(t_l)$ und eventuell andere Kenngrößen der Instandhaltungskosten für die gewählte Länge des Instandhaltungsintervalls berechnet. Diese Werte werden ebenfalls gespeichert und ausgedruckt. Schließlich erfolgt eine Wiederholung des bisher beschriebenen Zyklus mit anderen Werten von $t_l$. Aus den Mittelwerten $\bar{K}_{Ges}(t_l)$ für die Instandhaltungskosten in Abhängigkeit von $t_l$ wird abschließend die optimale Länge des Instandhaltungsintervalls ermittelt.

*Optimale Wahl der Freiheitsgrade bei sequentiellen, opportunistischen oder mehrstufigen Strategien*

Die optimale Bestimmung der Freiheitsgrade von Instandhaltungsstrategien (z. B. Wahl der Instandhaltungszeitpunkte, Anzahl der zusammenzufassenden Instandhaltungsobjekte, Einsatz des Reparaturpersonals) mittels Monte-Carlo-Simulationsmodellen ist nicht auf periodische, einfache und einstufige Strategien beschränkt. Prinzipiell können ohne größere Schwierigkeiten als im angeführten Beispiel Monte-Carlo-Simulationsmodelle für sequentielle, opportunistische oder mehrstufige Strategien entwickelt werden. Voraussetzung dazu ist natürlich die Verfügbarkeit einer entsprechenden elektronischen Datenverarbeitungsanlage.

Gegenüber analytischen Methoden – sofern diese für komplexere Strategien überhaupt anwendbar sind – zeichnen sich die Simulationsmodelle durch eine größere Anpassungsfähigkeit an die realen betrieblichen Gegebenheiten und Anforderungen aus. Sehr leicht können andere Ziele als die Kostenminimierung (z. B. hohe Betriebsbereitschaft) berücksichtigt werden. Ebenso können die Wartezeiten vom Zufallsausfall bis zum Eintreffen des Reparaturpersonals und die Dauer der Reparatur selbst sowie Beschränkungen im Rahmen der Ersatzteil- und Personaldisposition in die Modellbildung aufgenommen werden. Abzinsungen der anfallenden Reparaturkosten sind möglich. Durch die Verwendung vergangener Ausfallzeitpunkte im Simulationsmodell braucht die genaue analytische Ausfallverteilung nicht bekannt zu sein.

*Vorteile der Simulationsmodelle*

Zusätzlich stehen aus den Simulationsergebnissen wichtige Informationen für die betriebliche Prozeßplanung zur Verfügung: die voraussichtlichen Zeitpunkte der Planreparaturen, die Stillstandszeiten, die Häufigkeit der Zufallsreparaturen, der Ersatzteil- und der Personalbedarf usw. Eine Integration der Instandhaltungsdaten in das betriebliche Informationssystem wird erleichtert.

*Vergleich von Instandhaltungsstrategien*

Zum Vergleich von Strategien erfolgt zunächst die optimale Bestimmung der Freiheitsgrade der einzelnen Strategien mittels Simulationsprogrammen. Anschließend wird bei so getroffener Festlegung der Freiheitsgrade die Strategie mit der besten Zielerreichung ausgewählt. Die Beschränkungen aufgrund der bestehenden oder geplanten betrieblichen Organisationsform müssen bei der Entscheidungsfindung als Nebenbedingungen berücksichtigt werden.

Im allgemeinen ist zu erwarten, daß mit zunehmender Verfeinerung der Instandhaltungsstrategien (z. B. Übergang von einfachen zu opportunistischen Strategien) die Gesamtinstandhaltungskosten zunächst sinken. Der sich erhöhende Organisationsaufwand wird durch größere Betriebssicherheit und die günstigere Verteilung der Stillstände überproportional aufgewogen. Bei weiterer Verfeinerung der Instandhaltungsstrategie verlieren aber diese Vorteile an Gewicht, bis von einem bestimmten Punkt an die mit der Instandhaltung verbundenen Kosten aufgrund des erforderlichen Organisationsgrades wieder steigen. Die Wahl einer vergleichsweise anspruchslosen Strategie ist demnach oft vorteilhaft. Allgemeine Aussagen zugunsten einer bestimmten Strategie sind nicht möglich; die Wahl der Strategie muß stets nach einer genauen Prüfung der speziell vorliegenden Situation individuell getroffen werden.

## 3. Quantitative Modelle und Methoden der Programmplanung

Die Programmplanung umfaßt in der hier verwendeten Begriffsbestimmung die Planung des aktuellen Produktions- oder Fertigungsprogramms und die Planung der zeitlichen Abstimmung zwischen Produktion und Absatz (vgl.

Abschnitt II., S. 385 ff.). Es wird davon ausgegangen, daß im Rahmen der Ausstattungsplanung das potentielle Produktionsprogramm (vgl. Abschnitt II., S. 378 ff.) bereits fixiert wurde. Damit wird auf einen simultanen Ansatz zur Bestimmung des Investitions- und Produktionsprogramms verzichtet. Allerdings geben die Informationen aus der Programmplanung Anlaß zur Überprüfung der vorgelagerten Entscheidungen. Beispielsweise ist die Ermittlung der betrieblichen Engpässe eine wichtige Rückinformation für die weitere Ausstattungsplanung.

Ebenso soll hier auf eine simultane Optimierung des aktuellen Fertigungsprogramms und der zeitlichen Abstimmung zwischen Produktion und Absatz verzichtet werden. Es wird unterstellt, daß dieses Abstimmungsproblem gelöst ist bzw. nicht besteht. Dies ist z. B. der Fall, wenn in der betrachteten Periode – für deren Dauer das aktuelle Fertigungsprogramm unverändert bleibt – keine Verschiebungen in den Marktgegebenheiten auftreten. So sollen bei monopolistischer Marktform die Preis-Absatzkurve bzw. bei polypolistischer Marktform die Preise unverändert bleiben.

Sofern unter diesen Voraussetzungen noch Freiheitsgrade gegeben sind – z. B. wenn das Produktionsprogramm nicht durch Aufträge eindeutig bestimmt ist – muß über das aktuelle Fertigungsprogramm entschieden werden. Es ist festzulegen, welche Mengen der potentiellen Erzeugnisse in der anstehenden Periode hergestellt werden sollen.

Zu diesem Problem wird im folgenden zunächst ein allgemeines quantitatives Modell entwickelt, das anschließend auf zwei ausgewählte wirtschaftliche Situationen übertragen wird.

### *Allgemeines Programmplanungsmodell*

*potentielles und aktuelles Fertigungsprogramm*

Das potentielle Fertigungsprogramm eines Betriebes umfasse n Produkte, die mit dem Index i (i = 1, ..., n) gekennzeichnet werden. Die Variable $x_i$ (i = 1, ..., n) gibt an, welche Menge (oder Stückzahl) des Produkts i im Rahmen des aktuellen Fertigungsprogramms hergestellt werden soll. Jedes aktuelle Fertigungsprogramm wird durch einen Vektor $\underline{x} = (x_1, ..., x_i, ..., x_n) \in R^n$ ($R^n$ = n-dimensionaler Raum der reellen Zahlen) repräsentiert.

Der Vektor $\underline{x} = (x_1, ..., x_i, ..., x_n)$ des aktuellen Fertigungsprogramms kann nicht beliebige Werte annehmen. Drei wesentliche Beschränkungstypen müssen berücksichtigt werden:

(1) **Beschränkungen aufgrund der gegebenen betrieblichen Ausstattung mit Anlagen und Arbeitskräften (Kapazitätsbeschränkungen) sowie der Verfügbarkeit von Repetierfaktoren (Beschaffungsbeschränkungen).**

*Ermittlung der Kapazitäts- und Beschaffungsbeschränkungen*

Die quantitative Bestimmung der Kapazitätsbeschränkungen und der Beschaffungsbeschränkungen ist mit Schwierigkeiten verbunden. Sie kann erst dann genau vorgenommen werden, wenn die Prozeßplanung abgeschlossen ist. Nur dann liegen genaue Informationen über die Belastungen der einzelnen

Potentialfaktoren bzw. Fertigungsstufen und über den Repetierfaktorverbrauch vor. Die Prozeßplanung wird jedoch in der Regel erst nach der Planung des aktuellen Fertigungsprogramms durchgeführt. Folglich müssen Schätzwerte an die Stelle exakter Prozeßparameter treten. Von der Genauigkeit der Schätzwerte hängt es ab, wie weit das mit Hilfe des quantitativen Modells errechnete Fertigungsprogramm vom theoretischen Optimum entfernt ist. Gewisse Abweichungen werden stets zum einen durch ungenaue Datenerfassung, zum anderen durch die vorgenommene Problemzerlegung auftreten. Auf Versuche, Fertigungsprogramm und Prozeßplanung simultan zu optimieren, wird hier nicht eingegangen.

*Planungsinterdependenzen*

(2) Beschränkungen aufgrund der Marktsituation

Wegen der beschränkten Aufnahmefähigkeit des Marktes können gewisse Absatzobergrenzen nicht überschritten werden. Vorgelagerte Entscheidungen über die möglichen absatzpolitischen Instrumente wie Preispolitik, Absatzform, Werbung, Kundendienst usw. wirken sich auf diese Grenzen aus. Dadurch entstehen analoge Schwierigkeiten wie die unter (1) genannten.

*Absatzbeschränkungen*

In gewissen Fällen werden die Absatzobergrenzen durch Mengenuntergrenzen ergänzt. Bestehende Lieferverpflichtungen, besondere Rücksichtnahme gegenüber einzelnen Kunden oder der Wunsch nach einem vielfältigen Angebot begründen derartige Bedingungen.

(3) Nichtnegativitätsbedingung

Weiterhin können keine negativen Produktmengen hergestellt werden (Nichtnegativitätsbedingung: $x_i \geq 0$ für $i = 1, \ldots, n$). Handelt es sich um nicht beliebig teilbare Güter, muß ferner die Ganzzahligkeitsbedingung ($x_i \in N$ [Menge der natürlichen Zahlen 1, 2, 3, ...] für $i = 1, \ldots, n$) erfüllt sein.

Die Beschränkungen (1) und (2) sowie die Nichtnegativitätsbedingung und die eventuelle Ganzzahligkeitsbedingung bestimmen einen zulässigen Bereich $\underline{X} \subset R^n$ für das aktuelle Fertigungsprogramm $\underline{x}$. $\underline{X}$ ist die Menge aller derjenigen Vektoren $\underline{x} = (x_1, \ldots, x_i, \ldots, x_n)$, deren Realisation trotz der genannten Beschränkungen möglich ist.

Bei der Realisation eines zulässigen aktuellen Fertigungsprogramms $\underline{x} = (x_1, \ldots, x_i, \ldots, x_n) \in \underline{X}$ wird am Markt der Erlös $E(\underline{x}) = E(x_1, \ldots, x_i, \ldots, x_n)$ erzielt. Es wird ein eindeutiger und bekannter bzw. ermittelbarer Zusammenhang zwischen dem Fertigungsprogramm und dem Erlös unterstellt. Das bedeutet, daß über die absatzpolitischen Instrumente bereits entschieden wurde und daß hinreichend genaue Informationen über den eintretenden Erfolg bei der gewählten Absatzpolitik vorliegen. Zum Beispiel muß ein Monopolist genaue Kenntnis über den Preis $p_i$, zu dem die produzierte Menge $x_i$ des betreffenden Gutes absetzbar ist, besitzen.

*Erlösermittlung*

Ebenso wird ein eindeutiger funktionaler Zusammenhang zwischen dem Fertigungsprogramm $\underline{x}$ und den dabei entstehenden Kosten $K(\underline{x}) = K(x_1, \ldots, x_i, \ldots, x_n)$ vorausgesetzt. Von Interesse sind nur die beschäftigungsvariablen

*Kostenermittlung*

Kosten, der beschäftigungsfixe Kostenanteil besitzt wegen der Kurzfristigkeit der Planung und der Unveränderlichkeit der Ausstattung keinen Einfluß auf das optimale Fertigungsprogramm. Die Erfassung der beschäftigungsvariablen Kosten mit Hilfe des betrieblichen Rechnungswesens (vgl. auch Teil 8, S. 920 ff.) setzt eine bekannte Prozeßplanung voraus. Die Konsequenzen dieser Annahme wurden bereits erörtert.

*allgemeines quantitatives Modell*

Sind die funktionalen Zusammenhänge zwischen Fertigungsprogramm und Erlösen bzw. variablen Kosten sowie der zulässige Bereich $\underline{x}$ für das aktuelle Fertigungsprogramm hinreichend genau bestimmbar, so ist unter der Annahme des Strebens nach Gewinnmaximierung die folgende Zielfunktion unter Nebenbedingungen zu maximieren:

(4.22) $\quad$ Maximiere $\quad D(\underline{x}) := E(x_1, \ldots, x_i, \ldots, x_n) - K(x_1, \ldots, x_i, \ldots, x_n)$.

$D(\underline{x})$ ist der Gesamtdeckungsbeitrag als Differenz zwischen Erlösen und variablen Kosten (vgl. Teil 8, S. 993 f.).

(4.23) $\quad$ Nebenbedingung: $\underline{x} = (x_1, \ldots, x_i, \ldots, x_n) \in \underline{X}$.

Für die Anwendung quantitativer Methoden ist diese Darstellung der Optimierungsaufgabe noch zu unspezifisch. Sowohl die Erlösfunktion als auch die Kostenfunktion und die Nebenbedingung müssen entsprechend den jeweiligen betrieblichen und marktlichen Gegebenheiten konkretisiert werden. In einigen Fällen existieren dann quantitative Methoden zur Lösung der speziellen Optimierungsaufgabe. Zwei charakteristische Fälle werden im folgenden genauer behandelt.

*Programmplanungsmodell ohne Beschränkungen*

*Modellbedingungen*

Das folgende Planungsmodell zur Bestimmung des optimalen Produktionsprogramms geht von einer **monopolistischen Marktform** und einem **linearen Kostenverlauf** aus. Darüber hinaus wird unterstellt, daß die oben genannten Beschränkungen nicht wirksam werden. Bei monopolistischer Marktform lassen sich die Preis-Absatz-Kurven im preispolitisch relevanten Bereich durch Geraden annähern. Komplementaritäts- oder Konkurrenzbeziehungen zwischen den Gütern sollen nicht auftreten. Der Preis für das Produkt i wird mit $p_i$, die Parameter der jeweiligen Preis-Absatz-Kurven werden mit $a_i$ und $b_i$ bezeichnet.

$$
\begin{aligned}
p_1 &= a_1 - b_1 x_1 \quad &&\text{(Produkt 1)} \\
p_2 &= a_2 - b_2 x_2 \quad &&\text{(Produkt 2)} \\
&\vdots && \\
(4.24) \quad p_i &= a_i - b_i x_i \quad &&\text{(Produkt i)} \\
&\vdots && \\
p_n &= a_n - b_n x_n \quad &&\text{(Produkt n)}
\end{aligned}
$$

Durch Multiplikation der Preise mit den jeweiligen Mengen wird der Gesamterlös E für ein Fertigungsprogramm $\underline{x} = (x_1, \ldots, x_i, \ldots, x_n)$ unter Berücksichtigung von (4.24) wie folgt bestimmt:

(4.25)
$$E(\underline{x}) = (x_1, \ldots, x_i, \ldots, x_n) = \sum_{i=1}^{n} p_i \cdot x_i$$
$$= \sum_{i=1}^{n} (a_i x_i - b_i x_i^2)$$

Ferner wird ein linearer Verlauf der variablen Kosten unterstellt. Unter der Voraussetzung, daß die variablen Kosten pro Produkteinheit ermittelbar sind, betragen die gesamten variablen Kosten:

(4.26) $\quad K(\underline{x}) = k_1 \cdot x_1 + k_2 \cdot x_2 + \ldots + k_i \cdot x_i + \ldots + k_n \cdot x_n = \sum_{i=1}^{n} k_i \cdot x_i$

Dabei bezeichnet $k_i$ die variablen Kosten pro Einheit des Produktes i. Der zu maximierende Gesamtdeckungsbeitrag als Differenz von (4.25) und (4.26) beträgt demnach:

(4.27)
$$D(\underline{x}) = E(\underline{x}) - K(\underline{x}) = \sum_{i=1}^{n}(a_i x_i - b_i x_i^2) - \sum_{i=1}^{n} k_i \cdot x_i = \sum_{i=1}^{n}((a_i - k_i) \cdot x_i - b_i x_i^2)$$

Das absolute Maximum des Deckungsbeitrages wird in diesem speziellen Fall durch Nullsetzen der partiellen Ableitungen von $D(\underline{x})$ ermittelt.

(4.28)
$$0 = \frac{\partial D(\underline{x})}{\partial x_1} = a_1 - k_1 - 2b_1 x_1 \Rightarrow x_1^* = \frac{a_1 - k_1}{2 b_1}$$
$$0 = \frac{\partial D(\underline{x})}{\partial x_2} = a_2 - k_2 - 2b_2 x_2 \Rightarrow x_2^* = \frac{a_2 - k_2}{2 b_2}$$
$$\vdots$$
$$0 = \frac{\partial D(\underline{x})}{\partial x_i} = a_i - k_i - 2b_i x_i \Rightarrow x_i^* = \frac{a_i - k_i}{2 b_i}$$
$$\vdots$$
$$0 = \frac{\partial D(\underline{x})}{\partial x_n} = a_n - k_n - 2b_n x_n \Rightarrow x_n^* = \frac{a_n - k_n}{2 b_n}$$

Die Nichtnegativitätsbedingung ist hier so zu verstehen, daß bei negativem $x_i^*$ ($a_i < k_i$) dieses gleich Null gesetzt, also das Produkt i nicht gefertigt wird. Mit der Berechnung der Größen $x_i^*$ ist das gewinnoptimale aktuelle Fertigungsprogramm $\underline{x}^* = (x_1^*, \ldots, x_n^*)$ bestimmt. Die Preise, zu denen die Güter abzusetzen sind und der zu erwartende Gesamtdeckungsbeitrag können durch Einsetzen der $x_i^*$ (i = 1, \ldots, n) in die Gleichungen (4.24) und (4.27) ermittelt werden.

*Modell von Cournot*

Das angeführte Modell ist bei nur einem Produkt i identisch mit dem Modell von Cournot. Das Maximum des Gewinns liegt dort vor, wo die Grenzkosten $k_i$ gleich dem Grenzerlös $a_i - b_i x_i$ sind (Cournotscher Punkt).

Das in (4.28) errechnete Fertigungsprogramm kann selbstverständlich nur dann durchgeführt werden, wenn die vorhandenen Kapazitäten dazu ausreichen. Dies sei hier vorausgesetzt. Andernfalls muß der zulässige Bereich $\underline{X}$ des Fertigungsprogramms genau ermittelt werden (vgl. dazu die Überlegungen im folgenden Fall). Wegen der quadratischen Zielfunktion ist dann das Verfahren der quadratischen Optimierung anzuwenden. Hierauf soll nicht weiter eingegangen werden. Die in (4.28) bestimmte Lösung kann ferner nur dann unmittelbar übernommen werden, wenn die Produkte i (i = 1, ..., n) beliebig teilbar sind. Bei unteilbaren Gütern muß zu der benachbarten ganzen Zahl auf- bzw. abgerundet werden, die den höheren Deckungsbeitrag $D(x_i) = (a_i - k_i) \cdot x_i - b_i \cdot x_i^2$ liefert. Diese Rundung garantiert das optimale ganzzahlige Fertigungsprogramm.

## *Programmplanungsmodell mit Beschränkungen*

*Modellvoraussetzungen*

Das folgende Planungsmodell zur Bestimmung des optimalen Produktionsprogramms geht vom **vollkommenen Markt** und **linearen Kostenverlauf** aus. **In diesem Modell werden Kapazitäts-, Beschaffungs- und Absatzgrenzen wirksam.**

Bei atomistischer Konkurrenz an einem vollkommenen Markt verhält sich der Anbieter als Mengenanpasser. Die Preise sind für ihn Daten. Der Gesamterlös E ist gleich der Summe der produzierten Mengen $x_i$ multipliziert mit den jeweiligen fixen Preisen $p_i$ (i = 1, ..., n).

(4.29)
$$E(\underline{x}) = E(x_1, ..., x_i, ..., x_n) = p_1 x_1 + p_2 x_2 + ... + p_i x_i + ... + p_n x_n = \sum_{i=1}^{n} p_i x_i$$

Die Zurechenbarkeit der variablen Kosten $k_i$ auf jedes Produkt wird wiederum vorausgesetzt. Demnach betragen die variablen Gesamtkosten:

(4.30)
$$K(\underline{x}) = k_1 x_1 + k_2 x_2 + ... + k_i x_i + ... + k_n x_n = \sum_{i=1}^{n} k_i x_i$$

*Zielfunktion*

Zielsetzung ist die Maximierung des Gesamtdeckungsbeitrages D, der sich als Differenz aus Erlösen und variablen Gesamtkosten ergibt:

(4.31)
$$D(\underline{x}) = E(\underline{x}) - K(\underline{x}) = \sum_{i=1}^{n} (p_i - k_i) x_i = \sum_{i=1}^{n} d_i x_i$$

Mit $d_i$ wird der Deckungsbeitrag pro Einheit des Produktes i bezeichnet.

Der Gesamtdeckungsbeitrag ist unter den genannten Bedingungen um so höher, je größere Mengen $x_i$ des Produktes i gefertigt werden können. Im Gegensatz zum vorausgegangenen Fall werden also hier sicher Beschränkungen der Kapazität und/oder des Marktes wirksam. Sie müssen deshalb mit besonderer Sorgfalt bestimmt werden.

Zur Ermittlung der Kapazitätsbeschränkungen muß das Gesamtnutzungspotential (Potentialfaktoren, Arbeitskräfte) des Betriebes in Teileinheiten zerlegt werden. Beispiele für derartige Zerlegungen sind – je nach Gegebenheiten – Aufteilungen des Betriebes in Werkstätten, Fertigungsstufen, Maschinenplätze, Arbeitsplätze oder Basisprozesse. Die Zerlegung muß alle Faktoren erfassen, die das Fertigungsprogramm irgendwie beschränken bzw. beschränken könnten. Die Teileinheiten seien im folgenden mit dem Index j bezeichnet. Insgesamt umfasse die Zerlegung m Teileinheiten. Die Aufteilung muß problembezogen vorgenommen werden. Folgende Voraussetzungen müssen erfüllt sein:

*Ermittlung der Kapazitätsbeschränkungen*

(1) Für jede Teileinheit j muß die maximale Kapazität (Nutzungszeit, Outputniveau) genau bekannt bzw. ermittelbar sein (quantitative Kapazität, vgl. Abschnitt II., S. 379f.). Diese Größe sei mit $c_j$ (j = 1, ..., m) [Stunden, Stück] bezeichnet.

(2) Die zur Herstellung einer Einheit des Produktes i auf der Teileinheit j erforderliche Beanspruchungszeit bzw. Stückzahl $t_{ji}$ muß ebenfalls hinreichend genau bekannt bzw. ermittelbar sein. Dabei ist $t_{ji}$ gleich Null, wenn das Produkt i die Teileinheit j nicht beansprucht. Es wird vorausgesetzt, daß zur Fertigung von $x_i$ Einheiten die Beanspruchungszeit proportional ansteigt, also $t_{ji} \cdot x_i$ beträgt.

Die Beschaffung der angeführten Daten zur Erfassung der Kapazitätsgrenzen setzt eine festliegende Prozeßplanung voraus, da beispielsweise die maximale Nutzungszeit von den Umrüstzeiten abhängig ist. Ebenso kann die Beanspruchungszeit pro Produkteinheit $t_{ji}$ erst bei festgelegter Leistungsintensität der Teileinheit j bestimmt werden. Auch hier wird es notwendig, eine näherungsweise Ermittlung der genannten Größen ohne explizite Prozeßplanung vorzunehmen. Beispielsweise wird auf Informationen über die durchschnittlichen Rüstzeiten bzw. Stillstandszeiten und über die Dauer einzelner Arbeitsgänge aus früheren Perioden zurückgegriffen. In diesem Zusammenhang erweist sich eine nicht zu detaillierte Zerlegung in Teileinheiten als günstig. Werden z. B. gleichartige Potentialfaktoren zu einer Teileinheit (= Werkstatt) zusammengefaßt, so können Zeitangaben über die verfügbare Gesamtkapazität und über die Gesamtbelastung durch ein Produkt ermittelt werden, ohne die Verteilung dieser Größen auf die einzelnen Aggregate zu kennen.

Sind die genannten Daten vorhanden, lassen sich aufgrund der Kapazitätsbeschränkungen folgende Bedingungen formulieren:

(4.32)
$$t_{11} \cdot x_1 + t_{12} \cdot x_2 + \ldots + t_{1n} \cdot x_n \leq c_1 \quad \text{(Teileinheit 1)}$$
$$t_{21} \cdot x_1 + t_{22} \cdot x_2 + \ldots + t_{2n} \cdot x_n \leq c_2 \quad \text{(Teileinheit 2)}$$
$$\vdots$$
$$t_{m1} \cdot x_1 + t_{m2} \cdot x_2 + \ldots + t_{mn} \cdot x_n \leq c_m \quad \text{(Teileinheit m)}$$

*Ermittlung der Beschaffungsbeschränkungen*

Analoge Überlegungen wie bei der Einbeziehung von Kapazitätsbeschränkungen in das mathematische Planungsmodell können bei der Berücksichtigung von Beschaffungsbeschränkungen angestellt werden.

Insgesamt seien p Repetierfaktoren zur Herstellung der Produkte notwendig. Es ist zu bestimmen, welche Menge $s_{ki}$ des Repetierfaktors k zur Fertigung einer Einheit des Produktes i notwendig ist. Dabei ist $s_{ki}$ gleich Null, wenn zur Herstellung einer Einheit des Produktes i der Repetierfaktor k nicht benötigt wird. Der Gesamtverbrauch des Repetierfaktors k bei der Realisation des Fertigungsprogramms $\underline{x} = (x_1, \ldots, x_i, \ldots, x_n)$ errechnet sich – proportionaler Mengenverbrauch vorausgesetzt – aus der Summe:

(4.33) $\quad V_k = s_{k1} \cdot x_1 + s_{k2} \cdot x_2 + \ldots + s_{kn} \cdot x_n$

Diese Verbrauchsmenge $V_k$ darf nicht größer sein als die maximal beschaffbare Menge $b_k$ des Repetierfaktors k. Folglich können die Beschränkungen im Beschaffungsbereich als Ungleichungen dargestellt werden:

(4.34)
$$\begin{aligned}s_{11} \cdot x_1 + s_{12} \cdot x_2 + \ldots + s_{1n} \cdot x_n &\leq b_1 \quad \text{(Repetierfaktor 1)} \\ s_{21} \cdot x_2 + s_{22} \cdot x_2 + \ldots + s_{2n} \cdot x_n &\leq b_2 \quad \text{(Repetierfaktor 2)} \\ &\vdots \\ s_{p1} \cdot x_1 + s_{p2} \cdot x_2 + \ldots + s_{pn} \cdot x_n &\leq b_p \quad \text{(Repetierfaktor p)}\end{aligned}$$

Die Beschränkungen im Beschaffungsbereich besitzen somit eine mathematisch analoge Gestalt zu den Beschränkungen im Kapazitätsbereich.

*Ermittlung der Marktbeschränkungen*

Die Marktbeschränkungen können sehr einfach beschrieben werden. Es sei $o_i$ die Absatzobergrenze, $u_i$ die absatzbedingte Mengenuntergrenze (z. B. bedingt durch Lieferverträge) für Produkt i. Bestehen keine Mengenuntergrenzen, muß $u_i$ gleich Null gesetzt werden (Nichtnegativitätsbedingung). Die daraus resultierenden Nebenbedingungen lauten:

(4.35)
$$\left.\begin{aligned}x_1 &\leq o_1 \\ x_2 &\leq o_2 \\ &\vdots \\ x_n &\leq o_n\end{aligned}\right\} \text{Absatzobergrenzen}$$

$$\left.\begin{aligned}x_1 &\geq u_1 \\ x_2 &\geq u_2 \\ &\vdots \\ x_n &\geq u_n\end{aligned}\right\} \text{Mindestmengen}$$

*Mathematische Modellformulierung*

Zusammengefaßt ergeben Zielfunktion (4.31), Kapazitätsbeschränkungen (4.32), Beschaffungsbeschränkungen (4.34) und Marktbeschränkungen (4.35) folgendes mathematische Schema:

Maximiere!

$D(\underline{x}) = d_1 x_1 + d_2 x_2 + \ldots + d_n x_n$

unter den Nebenbedingungen:

(4.36)

Kapazitäts-
beschränkungen
$$\begin{cases} t_{11}\cdot x_1 + t_{12}\cdot x_2 + \ldots + t_{1n}\cdot x_n \leq c_1 \\ t_{21}\cdot x_1 + t_{22}\cdot x_2 + \ldots + t_{2n}\cdot x_n \leq c_2 \\ \vdots \\ t_{m1}\cdot x_1 + t_{m2}\cdot x_2 + \ldots + t_{mn}\cdot x_n \leq c_m \end{cases}$$

Beschaffungs-
beschränkungen
$$\begin{cases} s_{11}\cdot x_1 + s_{12}\cdot x_2 + \ldots + s_{1n}\cdot x_n \leq b_1 \\ s_{21}\cdot x_1 + s_{22}\cdot x_2 + \ldots + s_{2n}\cdot x_n \leq b_2 \\ \vdots \\ s_{p1}\cdot x_1 + s_{p2}\cdot x_2 + \ldots + s_{pn}\cdot x_n \leq b_p \end{cases}$$

Absatz-
obergrenzen
$$\begin{cases} x_1 \leq o_1 \\ x_2 \leq o_2 \\ \vdots \\ x_n \leq o_n \end{cases}$$

Mindest-
mengen
$$\begin{cases} x_1 \geq u_1 \\ x_2 \geq u_2 \\ \vdots \\ x_n \geq u_n \end{cases}$$

*Lösungsverfahren*

Zur Lösung der obigen Maximierungsaufgabe wurden quantitative Methoden entwickelt, die ein Auffinden des optimalen Produktionsprogramms $\underline{x}^* = (x_1^*, x_2^*, \ldots, x_n^*)$ garantieren. Die bedeutendste Methode ist das Simplex-Verfahren und dessen Varianten (zur graphischen Lösungsmöglichkeit für n = 2 vgl. Teil 8, S. 1028 ff.). Auf Einzelheiten wird hier nicht eingegangen. Sie finden sich in nahezu jedem Lehrbuch der Unternehmensforschung. Für kleinere n (n $\leq$ 5) ist die Lösung mit Hilfe des Simplex-Verfahrens in vertretbarem Zeitaufwand von Hand möglich. Für größere n ist der Einsatz eines Computers unumgänglich. Hierzu wurden spezielle Programme entwickelt, die heute zum Angebot eines jeden Computerherstellers gehören. Ferner wurden Verfahren und Programme entwickelt, die die Ganzzahligkeitsbedingung für alle (ganzzahlige Programmierung) oder für einzelne (gemischt ganzzahlige Programmierung) Variablen berücksichtigen.

*Informationsoutput der Rechenprogramme*

Die Rechenprogramme liefern folgende Informationen:

(1) **Das gewinnoptimale Fertigungsprogramm** $\underline{x}^* = (x_1^*, x_2^*, \ldots, x_n^*)$ **und den dabei entstehenden Deckungsbeitrag** $D^*$;

Es sind Fälle denkbar, in denen aufgrund der formulierten Restriktionen kein Fertigungsprogramm gefunden werden kann. Diese Fälle werden erkannt und ausgewiesen.

(2) Die Kapazitätsbeanspruchung (Stunden, Stück) durch das ermittelte Fertigungsprogramm $\underline{x}$ * für jede Teileinheit j (j = 1, . . ., m);

Dabei werden diejenigen Teileinheiten festgestellt, deren Kapazität voll beansprucht wird und die damit Kapazitätsengpässe darstellen. Bei den nicht vollständig ausgelasteten Teileinheiten wird die noch verfügbare Kapazität angegeben.

Ebenso werden diejenigen Repetierfaktoren ermittelt, deren maximal verfügbare Mengen ganz verbraucht werden. Diese Repetierfaktoren bilden die sogenannten Beschaffungsengpässe. Bei den übrigen Repetierfaktoren wird der noch verfügbare Bestand ausgewiesen.

Mit dem ermittelten Fertigungsprogramm $\underline{x}^*$ sind auch diejenigen Produkte bekannt, deren Absatzmöglichkeiten voll ausgeschöpft werden bzw. deren Produktion im Umfang der Mindestmenge durchgeführt wird. Diese Grenzen werden Absatzengpässe genannt.

*Schattenpreise*

(3) Die Opportunitätskosten oder Schattenpreise, die durch die Engpässe (Kapazitätsengpässe, Beschaffungsengpässe und Absatzengpässe) bedingt sind;

Sie geben die Erhöhung bzw. Verminderung des Deckungsbeitrages an, der durch eine zusätzliche bzw. verminderte Einheit des betreffenden Engpasses erreicht werden könnte. Bildet beispielsweise die Arbeitszeit eines Arbeiters einen Engpaß, so geben die Opportunitätskosten den Betrag an, um den der Deckungsbeitrag erhöht werden kann, wenn die Arbeitszeit um eine Einheit erhöht wird. Für Beschränkungen, die keinen Engpaß darstellen, sind die Opportunitätskosten gleich Null.

*Relevanz des Informationsoutputs*

Die angeführten Informationen sind sowohl für die der Programmplanung vorausgehende Ausstattungsplanung als auch für die nachfolgende Prozeßplanung von äußerster Wichtigkeit.

Im Rahmen der Ausstattungsplanung werden Überlegungen angestellt, ob bei denjenigen Teileinheiten, die Kapazitätsengpässe darstellen, Erweiterungsinvestitionen durchzuführen sind. Dabei bilden die Opportunitätskosten ein Kriterium für die Rentabilität dieser Investitionen.

Für die Prozeßplanung ist die Kenntnis derjenigen Teileinheiten bzw. derjenigen Repetierfaktoren, die Engpässe sind bzw. werden können, besonders wichtig. Für diese Teileinheiten muß die Prozeßplanung besonders sorgfältig durchgeführt werden, um den Produktionsablauf nicht zu gefährden. Dasselbe gilt für die Materialdisposition derjenigen Repetierfaktoren, für die Beschaffungsengpässe bestehen.

Außerhalb der Produktionsplanung ist die Kenntnis der Absatzengpässe wichtig für die weitere Absatzpolitik.

Durch die genannten Rückinformationen wird die Anwendbarkeit des aufgezeigten Modells trotz der generellen Problematik, die dem quantitativen

Modell zur Bestimmung des optimalen Fertigungsprogramms anhaftet, wesentlich verbessert. Prämissen, die durch die Ausstattungsplanung bzw. Prozeßplanung in die Programmplanung eingehen, können nach vollendeter Programmplanung modifiziert werden. Sie gehen als neue Prämissen in die nachgelagerten Planungsschritte ein. Ausstattungsplanung, Programmplanung und Prozeßplanung können so in einem sukzessiven Entscheidungsprozeß schrittweise aufeinander abgestimmt und einem angestrebten Optimalzustand nähergebracht werden (vgl. Abschnitt III., S. 396 ff.).

## 4. Quantitative Modelle und Methoden der Prozeßplanung bzw. Produktionssteuerung

### a) Netzplantechnik

*Grundkonzeption der Netzplantechnik*

Viele Projekte der industriellen Einzelfertigung nehmen immer größere Ausmaße an. Gleichzeitig schreitet die Zergliederung der Arbeitsgänge fort. Häufig sind mehrere Unternehmensgruppen an einem Auftrag beteiligt. Aufgrund dieser Komplexität wird die Gesamtübersicht und Kontrolle über den Werdegang der Projekte immer schwieriger. Wegen der hohen Kapitalbindung wird ein möglichst frühzeitiger Fertigstellungstermin angestrebt. Bei den meisten dieser Großprojekte sind verbindliche Termine einzuhalten. Dies soll durch gleichzeitige Ausführung mehrerer Projektteile bzw. Tätigkeiten erreicht werden. Dabei ist jedoch zu berücksichtigen, daß wechselseitige Abhängigkeiten zwischen den Projektteilen bzw. Tätigkeiten bestehen.   *Aufgabenstellung*

Die Netzplantechnik ist ein Planungs- und Kontrollinstrument zur Bewältigung der angeschnittenen Probleme. Im einzelnen dient die Netzplantechnik:   *Zwecke*

(1) Zur Darstellung der logischen Zusammenhänge eines Projekts vom Anfang bis zum Fertigstellungstermin,

(2) zur Entwicklung eines Zeitplanes für alle Arbeitsgänge eines Projekts,

(3) zum Auffinden der kritischen Stellen und Engpässe, welche die Einhaltung des Endtermins des Projekts gefährden können,

(4) zur laufenden Kontrolle und Terminüberwachung des Projekts sowie zur Korrektur und eventuellen Umstellung des Projekts bei auftretenden Fehlern.

**Der Anwendungsschwerpunkt der Netzplantechnik liegt deshalb in der auftragsorientierten, termingebundenen Einzelfertigung.** Die Netzplantechnik wird erfolgreich beim Bau von Brücken, Staudämmen, Gebäuden, Verkehrswegen, Schiffen und Großmaschinen angewandt. Auch außerhalb des Fertigungsbereichs, z. B. in der Absatzwirtschaft zur Planung der Einführung neuer Produkte und in der Informationswirtschaft zur Planung der Installation einer EDV-Anlage, wird die Netzplantechnik eingesetzt. Je umfangreicher und unübersichtlicher die Vorhaben sind, desto größer ist der Nutzen, der durch den Einsatz der Netzplantechnik erzielt werden kann.   *Anwendungsgebiete*

Während es genügend Beispiele für die erfolgreiche Anwendung der Netzplantechnik in der Einzelfertigung gibt, stößt der Einsatz dieser Planungstechnik bei der Serien-, Sorten- oder Massenfertigung im Rahmen der Produktionssteuerung an deutliche Grenzen. Je mehr sich die Fertigung der Automation nähert, desto geringer wird der Anwendungsspielraum für die Netzplantechnik. Hier spielt sie nur für die Planung der Ausstattung eine Rolle, nicht jedoch für die laufende Produktion. Z. B. können die Verfahren der Netzplantechnik bei der Planung einer Fertigungsstraße, der Planung einer Umstellung auf ein neues Fertigungsverfahren oder im Rahmen der Instandhaltungsplanung nutzbringend eingesetzt werden, da es sich hier wieder um abgrenzbare Einzelprojekte handelt.

*Verfahren*

Im Rahmen der Netzplantechnik wurden verschiedene Methoden zur Lösung der gestellten Aufgaben entwickelt. In der Übersichtstabelle der Abbildung 4.31 sind einige der wichtigsten Verfahren zusammengefaßt. Nach der Informationsstruktur lassen sich zwei Verfahrensgruppen unterscheiden: die deterministischen und die stochastischen Konzeptionen. Während die deterministischen Verfahren die Zeitdauer der Arbeitsgänge als bekannte, feste Größen voraussetzen, bildet bei den stochastischen Verfahren die Zeitdauer der Arbeitsgänge eine zufällige Variable.

| Methoden der Netzplantechnik | |
|---|---|
| deterministische Konzeptionen | stochastische Konzeptionen |
| CPM (Critical Path Method) | PERT (Program Evaluation and Review Technique) |
| CPS (Critical Path Scheduling) | |
| MCX (Minimum Cost Expediting) | PEP (Program Evaluation Procedure) |
| RAMPS (Resource Allocation and Multiproject Scheduling) | PERT/COST |
| POTENTIALMETHODE | LESS (Least Cost Estimating Scheduling) |
| | GERT (Graphical Evaluation and Review Technique) |

*Abb. 4.31: Übersicht über Verfahren der Netzplantechnik*

Die zwei großen **Entwicklungszweige der Netzplantechnik** werden von den Systemen „CPM" einerseits und „PERT" andererseits charakterisiert. Diese beiden Systeme bilden den Ausgangspunkt der weiteren Entwicklung. Die in der Abbildung weiterhin genannten Verfahren stellen Verfeinerungen dar, die auf den beiden Grundkonzeptionen aufbauen. Sie beziehen komplexere Fragen mit ein, wie z. B. die Berücksichtigung von Kostengesichtspunkten (MCX, LESS, PERT/COST) oder die Behandlung von überlagerten Netzwerken.

Bei der Planung von Projekten mit Hilfe der Netzplantechnik trennt man streng zwischen den Phasen der Struktur- und Zeitanalyse. **Die Strukturanalyse hat die systematische Darstellung logisch zusammenhängender Teilvorgänge mit Hilfe eines Netzwerkdiagramms zum Ziel.** Im Rahmen der sich daran anschließenden Zeitanalyse wird die Zeitkomponente in das System eingeführt und die zeitliche Bewertung des Projekts vorgenommen, was im einzelnen die Ermittlung des Fertigstellungstermins sowie der Zeitpunkte für Beginn und Abschluß der Arbeitsgänge bedeutet. Dieser Zweiteilung wird auch hier in der Darstellung Rechnung getragen.

*Struktur- und Zeitanalyse*

## Strukturanalyse der Netzplantechnik

Ein zu bewältigendes umfangreiches Fertigungsprojekt ist zunächst durch ein „Durcheinander" von Vorgängen und Terminen gekennzeichnet, die es zu erfassen und zu ordnen gilt. Das Sichtbarmachen der Interdependenzen der Teilprozesse eines Projekts erfolgt mittels des Entwurfs eines Netzwerks. **Ein Netzwerk ist als eine graphische Darstellung logisch zusammenhängender Teilprozesse aufzufassen.** Es setzt sich grundsätzlich aus zwei Arten von Elementen zusammen, den Knoten und den gerichteten Kanten. Die **Knoten** symbolisieren in der Regel Ereignisse, die **gerichteten Kanten** (Pfeile) dagegen Aktivitäten (Arbeitsgänge, Tätigkeiten). Zum Beispiel werden die Arbeitsgänge „Entwerfen" und „Konstruieren" sowie die Ereignisse „Start", „Entwurf fertig" und „Konstruktion fertig" folgendermaßen abgebildet (vgl. Abbildung 4.32):

*Elemente von Netzwerken*

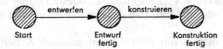

*Abb. 4.32: Ereignisse und Tätigkeiten*

Es besteht die Bedingung, daß ein Ereignis erst dann als eingetreten betrachtet werden darf, wenn alle zu ihm hinführenden Arbeitsgänge vollzogen sind. Damit wird die Abhängigkeit eines Ereignisses von vorhergehenden Tätigkeiten zum Ausdruck gebracht.

Um bestimmten Nebenbedingungen für die Reihenfolge von Arbeitsgängen und für die Termine im Netzwerk zu genügen, hat man sogenannte **Scheinaktivitäten** definiert. Eine Scheinaktivität nimmt weder Zeit in Anspruch, noch ist sie mit dem Einsatz irgendwelcher Mittel verbunden. Um diese fiktiven Tätigkeiten von den anderen realen Arbeitsgängen zu unterscheiden, werden sie gewöhnlich in Form von gestrichelten Pfeilen in das Netzwerk eingezeichnet (vgl. Abbildung 4.33).

*Scheinaktivitäten*

Die technologische Abhängigkeit des Arbeitsganges (C) vom Arbeitsgang (B) wird durch die Scheinaktivität (S) ausgedrückt (vgl. Abbildung 4.33 (a)). Auch für den Fall, daß von einem Ereignis zu einem anderen Ereignis zwei Arbeitsgänge führen, ist die Verwendung eines Scheinarbeitsganges notwendig (vgl. Abbildung 4.33 (b)), denn zwei Ereignisse dürfen grundsätzlich nur durch einen einzigen Arbeitsgang verbunden sein.

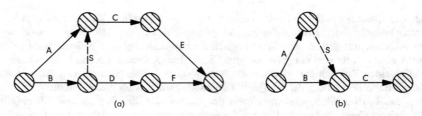

Abb. 4.33: Scheinaktivitäten

*Grundsätze der Netz-*  Um einen einwandfreien, klaren Aufbau des Netzes zu gewähren, was eine
*werkkonstruktion*  unbedingte Voraussetzung für die erfolgreiche Anwendung der Netzplantechnik bedeutet, sind **Grundsätze für die Konstruktion von Netzwerken** formuliert worden:

(1) Alle Aktivitäten und Ereignisse müssen bekannt und eindeutig definiert sein.
(2) Tätigkeiten werden durch Pfeile, Scheinaktivitäten werden durch gestrichelte Pfeile, und Ereignisse werden durch Knoten symbolisiert.
(3) Das Netzwerk hat nur einen Eingang (Start) und nur ein Endereignis (Ende), die gegebenenfalls durch Scheinaktivitäten konstruiert werden müssen.
(4) Das Netz hat eine endliche Ausdehnung, d. h. es gibt eine endliche Anzahl von Pfeilen und Knoten.
(5) Das Netz ist lückenlos verknüpft, d. h. jedes Ereignis ist über eine Kette von Tätigkeiten und anderen Ereignissen mit dem Start und Ende verbunden.
(6) Zwei Ereignisse dürfen nur durch einen einzigen Arbeitsgang verbunden sein.
(7) Jeder Aktivität ist ein Zeitbedarf zugeordnet (die Länge des Aktivitätspfeiles besagt nichts über den Zeitbedarf).
(8) Das Netz ist zeitorientiert (das Durchlaufen einer Strecke in Pfeilrichtung kommt einem Übergang von einem früheren zu einem späteren Zeitpunkt gleich).
(9) Das Netz darf keine Schleifen aufweisen, d. h. sich wiederholende Ereignisse sowie Aktivitäten sind erneut aufzuführen und Aktivitäten, die zum Ausgangsereignis zurückführen, sind unzulässig.

Durch die genannten Grundsätze ist das Netzwerk allerdings nicht eindeutig bestimmt. Ein realer betrieblicher Vorgang kann in grober oder feiner Darstellung abgebildet werden. Beispielsweise kann die Aktivität „Fundament setzen" in die Aktivitäten „Erde ausheben", „Verschalungen einrichten", „Beton eingießen" oder in noch feinere Aktivitäten zerlegt werden. Der Zerlegungsgrad richtet sich nach den Genauigkeitsansprüchen der Planung und bleibt dem Entscheidungsträger überlassen. Wichtig ist aber, daß sämtliche wesentlichen Abhängigkeiten zwischen den Aktivitäten erfaßt werden. Dazu ist es häufig günstig, bei der Konstruktion des Netzwerkes retrograd vorzugehen, d. h. das Netz vom Endereignis in Richtung auf den Start des Projekts hin zu entwickeln.

Die genannten Regeln und Empfehlungen gelten gleichermaßen für CPM und PERT. Im Rahmen der Strukturanalyse lassen sich zwischen CPM und PERT im wesentlichen nur formale Unterschiede feststellen. Einer dieser Unterschiede betrifft die Betonung der einzelnen Elemente im Netz hinsichtlich ihrer Kennzeichnung. CPM verwendet aktivitätsorientierte Netze. Charakteristisch hierfür ist, daß die Ereignisse nur unter einer Numerierung erscheinen und lediglich als Anfangs- bzw. Endpunkte der Arbeitsvorgänge aufgefaßt werden (vgl. Abbildung 4.34).

*Strukturanalyse bei CPM und PERT*

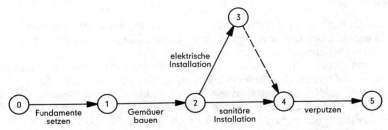

*Abb. 4.34: Aktivitätsorientierte Netzwerkdarstellung*

Im Gegensatz hierzu arbeitet PERT mit ereignisorientierten Netzen. Bei diesem Verfahren werden nur die Ereignisse klar definiert. Die Arbeitsgänge sind durch Pfeile ohne Benennung dargestellt (vgl. Abbildung 4.35). PERT verwendet eine willkürliche Numerierung. Es besteht lediglich die Bedingung, daß alle Ereignisse durch jeweils verschiedene Zahlen zu kennzeichnen sind.

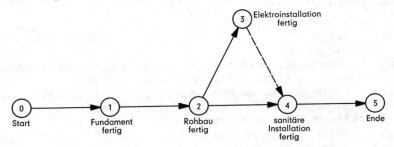

*Abb. 4.35: Ereignisorientierte Netzwerkdarstellung*

Nachdem ein Projekt in seine Teilvorgänge zerlegt und im Rahmen der Strukturanalyse in der Sprache der Netzplantechnik dem logischen oder technisch bedingten Ablauf entsprechend dargestellt wurde, muß das Projekt in einem weiteren Schritt zeitlich festgelegt werden.

## Zeitanalyse der Netzplantechnik

Für die Berechnung der relevanten Zeitpunkte eines Projekts, insbesondere für die Ermittlung eines Abschlußtermins, haben sich zwei voneinander abweichende mathematische Rechenmodelle herausgebildet. Zunächst wird das einfachere System CPM (deterministische Analyse) skizziert. Danach folgt eine kurze Darstellung von PERT (stochastische Analyse).

*Das CPM-System*

**Bei CPM wird für jeden Arbeitsgang eine einzige Zeitschätzung vorgenommen und somit jedem Arbeitsgang eine deterministische Zeitdauer zugeordnet.** Es handelt sich um Planwerte, die auf der Grundlage von Erfahrungswerten und theoretischen Überlegungen beruhen.

*Aufgaben der Zeitanalyse*

Im Vordergrund der auf der Schätzung beruhenden Zeitanalyse stehen folgende Fragen:

(1) Wann kann das Gesamtprojekt frühestens abgeschlossen werden?
(2) Wann können die einzelnen Arbeitsgänge frühestens beginnen bzw. wann treten die Ereignisse frühestmöglich ein?
(3) Wann müssen die einzelnen Arbeitsgänge spätestens beginnen, damit der Abschlußtermin des Projekts nicht beeinträchtigt wird bzw. wann müssen die Ereignisse ohne Gefährdung des Abschlußtermins spätestens eintreten?
(4) Wie groß sind die Puffer- oder Leerzeiten, d. h. die Zeiten zwischen dem frühestmöglichen und spätesterlaubten Beginn für die einzelnen Arbeitsgänge bzw. Ereignisse?

*Symbolik*

Für die mathematische Lösung der gestellten Fragen ist folgende Symbolik erforderlich:

Dem Startereignis wird die Zahl 0 zugeordnet, die Anzahl der weiteren Ereignisse ist n; es existieren also insgesamt n + 1 Ereignisse.

Außerdem gilt:

$i$ = Ereignis (i);
$j$ = Ereignis (j);
$k$ = Ereignis (k);
$(i, j)$ = Arbeitsgang, der die benachbarten Ereignisse (i) und (j) verbindet, wobei das Ereignis (i) vor dem Ereignis (j) liegt;
$(j, k)$ = Arbeitsgang, der die benachbarten Ereignisse (j) und (k) verbindet, wobei das Ereignis (j) vor dem Ereignis (k) liegt;
$P$ = Menge aller Arbeitsgänge (i, j);
$y_{(i, j)}$ = Dauer des Arbeitsganges (i, j);
$t_i$ = Zeitpunkt des Ereignisses (i);
$t_j$ = Zeitpunkt des Ereignisses (j);
$t_i^{(0)}$ = frühestmöglicher Zeitpunkt, zu dem alle bei Ereignis (i) endenden Arbeitsgänge abgeschlossen sein können (also der frühestmögliche Eintritt des Ereignisses (i)). Im Netz bedeutet dies die zeitlich maximale Länge eines Weges vom Startpunkt nach Ereignis (i);
$t_i^{(1)}$ = spätester Zeitpunkt, zu dem alle bei Ereignis (i) endenden Arbeitsgänge abgeschlossen sein müssen, ohne den Abschlußtermin zu gefährden (also der spätesterlaubte Eintritt des Ereignisses (i));
$t_{(i, j)}^{(0)}$ = frühestmöglicher Start von Arbeitsgang (i, j);
$t_{(i, j)}^{(1)}$ = spätesterlaubter Start von Arbeitsgang (i, j);
$t_0^{(0)}$ = Startzeit des Projekts;

$t_n^{(1)}$ = Endtermin des Projekts;
$p_i$ = Pufferzeit für das Erreichen des Ereignisses (i);
$p_{(i,j)}$ = Pufferzeit eines Arbeitsganges (i, j);
$w$ = kürzestmögliche Projektdauer.

Zwischen den Ereigniszeitpunkten gilt folgender formaler Zusammenhang:

(4.37) $\quad t_i + y_{(i,j)} \leq t_j \quad \text{oder:} \quad y_{(i,j)} \leq t_j - t_i$

Diese Ungleichung besagt, daß zwischen Ereigniseintritt von (i) und (j) ein Arbeitsgang mit der Dauer $y_{(i,j)}$ liegt. Das Gleichheitszeichen gilt dann, wenn die Arbeitsgangdauer gleich der zur Verfügung stehenden Zeitspanne ist. Im Falle $y_{(i,j)} < t_j - t_i$ liegt eine Leer- oder Pufferzeit vor. Dieser Begriff wird noch näher erläutert werden.

Als erstes ist die Frage nach dem frühestmöglichen Abschlußtermin eines Projektes zu klären. Bekannt sind die technischen Bedingungen für Arbeitsgangfolgen sowie alle Zeitbedarfswerte für die einzelnen Tätigkeiten. Als **Weg im Netz** bezeichnet man eine Folge von miteinander verbundenen Strecken, die in Pfeilrichtung zu durchlaufen sind. Die Summe der Zeiten aller Tätigkeiten definiert dabei die „Länge" des Weges.

*frühestmöglicher Abschlußtermin*

**Unter der endlichen Anzahl von Wegen vom Anfangsereignis bis zum Endknoten gibt es einen Weg (oder auch mehrere Wege) mit längster Zeitdauer. Er wird als kritischer Weg bezeichnet.** Der frühestmögliche Zeitpunkt für das Schlußereignis wird durch diesen längsten Weg durch das Netzwerk bestimmt. Erst wenn alle auf dem längsten Weg liegenden Tätigkeiten beendet sind, ist das Gesamtprojekt abgeschlossen.

*kritischer Weg*

Ausgehend von den frühestmöglichen Zeitpunkten für das Eintreten der dem Ereignis (j) unmittelbar vorausgehenden Ereignisse (i) läßt sich der frühestmögliche Termin für Ereignis (j) formelmäßig wie folgt angeben:

(4.38) $\quad \begin{array}{l} t_0^{(0)} = 0 \\ t_j^{(0)} = \max_{(i<j;\ (i,j)\in P)} [y_{(i,j)} + t_i^{(0)}] \quad \text{für } 0 < j \leq n \end{array}$

Diese Gleichung besagt: **Der frühestmögliche Eintritt des Ereignisses (j) ist gleich dem Maximum der Summen aus frühestmöglichen Eintrittszeitpunkten der vorgelagerten Ereignisse (i) und Dauer der von (i) nach (j) führenden Arbeitsgänge.**

Ausgehend vom Start kann schrittweise mit Hilfe der Formel (4.38) der frühestmögliche Eintritt für jedes Ereignis (i) gefunden werden. Auf diese Weise wird die zeitlängste Folge von Arbeitsgängen, der kritische Weg, gefunden. Der frühestmögliche Eintritt des Endereignisses ist gleich der kürzesten Projektdauer $w$.

Die bisherigen Schritte werden an einem einfachen Beispiel (vgl. Abbildung 4.36) noch einmal erläutert.

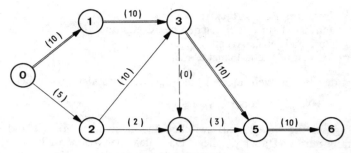

*Abb. 4.36: CPM-Beispiel*

Das Projekt der Abbildung 4.36 besteht aus neun Aktivitäten (in Klammern sind die Arbeitsgangzeiten in Tagen angegeben) und sieben Ereignissen. Die Numerierung der Ereignisse erfolgt nach der Regel i < j. In einem schrittweisen Vorgehen sind vom Startpunkt aus unter Verwendung von Gleichung (4.38) die frühestmöglichen Eintritte der Ereignisse zu berechnen.

Wie diese Berechnung erfolgt, wird am Beispiel der Ereignisse (0), (1), (2) und (3) aufgezeigt:

$t_0^{(0)} = 0$ [Tage]
$t_1^{(0)} = y_{(0,1)} + t_0^{(0)} = 10 + 0 = 10$ [Tage]
$t_2^{(0)} = y_{(0,2)} + t_0^{(0)} = 5 + 0 = 5$ [Tage]
$t_3^{(0)} = \max [y_{(1,3)} + t_1^{(0)}; \; y_{(2,3)} + t_2^{(0)}]$
$t_1^{(0)}, t_2^{(0)}, y_{(1,3)} = 10$ [Tage] und $y_{(2,3)} = 10$ [Tage] eingesetzt:
$t_3^{(0)} = \max [10 + 10; \; 10 + 5] = \max [20; 15] = 20$ [Tage].

Der frühestmögliche Eintritt von Ereignis 3 erfolgt 20 Tage nach Projektbeginn. Von zwei möglichen Wegen vom Startereignis zu Ereignis 3 (entweder über Ereignis 1 oder über Ereignis 2) ist der Weg über Ereignis 1 zeitlänger und bestimmt somit den frühestmöglichen Eintritt von Ereignis 3.

Die frühestmöglichen Eintritte sämtlicher Ereignisse sind in Abbildung 4.37 zusammengefaßt.

| Ereignis j | frühestmöglicher Eintritt $t_j^{(0)}$ | kritische Ereignisse |
|---|---|---|
| 0 | 0 | * |
| 1 | 10 | * |
| 2 | 5 | |
| 3 | 20 | * |
| 4 | 20 | |
| 5 | 30 | * |
| 6 | 40 | * |

*Abb. 4.37: Frühestmögliche Ereigniseintritte und kritischer Weg*

Das Projekt kann frühestens 40 Tage nach dem Start abgeschlossen werden. Der kritische Weg führt über die Ereignisse (0), (1), (3), (5) und (6).

Richtet sich das Interesse nicht auf die Ereignisse, sondern auf die Aktivitäten, so zeigt sich das in Abbildung 4.38 dargestellte Ergebnis.

Wie in der Tabelle der Abbildung 4.38 zum Ausdruck kommt, verläuft der kritische Weg über die Arbeitsgänge (0,1), (1,3), (3,5) und (5,6). Würde beispielsweise Arbeitsgang (2,3) 20 Tage anstatt wie vorgesehen 10 Tage beanspruchen, so würde der kritische Weg über diesen Arbeitsgang und über das Ereignis 2 führen. Der Schlußtermin würde sich aber lediglich um 5 Tage verzögern; denn Ereignis 2 bzw. Arbeitsgang (2,3) hat eine Pufferzeit von 5 Tagen zur Verfügung, wie anschließend ermittelt werden wird.

*Kritische Aktivitäten*

| Arbeitsgang (i, j) | frühestmöglicher Beginn $t_{(i,j)}^{(0)}$ | frühestmögliches Ende vom Arbeitsgang (i, j) | kritische Arbeitsgänge |
|---|---|---|---|
| (0,1) | 0  | 10 | * |
| (0,2) | 0  | 5  | – |
| (1,3) | 10 | 20 | * |
| (2,3) | 5  | 15 | – |
| (2,4) | 5  | 7  | – |
| (3,4) | 20 | 20 | (Scheinaktivität) |
| (3,5) | 20 | 30 | * |
| (4,5) | 20 | 23 | – |
| (5,6) | 30 | 40 | * |

*Abb. 4.38: Frühestmögliche Beginn- und Endzeitpunkte der Arbeitsgänge und kritischer Weg*

Um die Pufferzeiten $p_j$ berechnen zu können, bedarf es der Kenntnis der spätesterlaubten Ereigniszeitpunkte. **Spätesterlaubte Ereigniszeitpunkte sind Zeitpunkte, die unbedingt eingehalten werden müssen, wenn die pünktliche Einhaltung des zuvor über den kritischen Weg ermittelten Abschlußtermins des Projekts nicht gefährdet werden soll.** Für die Ermittlung der Pufferzeit eines Ereignisses gilt:

*Pufferzeiten der Erzeugnisse*

*Spätesterlaubter Ereigniszeitpunkt*

(4.39)    $p_j = t_j^{(1)} - t_j^{(0)}$.

Die spätesterlaubten Zeitpunkte $t_j^{(1)}$ lassen sich nach der Formel (4.40) berechnen:

(4.40)  $\begin{aligned} & t_n^{(1)} = t_n^{(0)} = t_0^{(0)} + w \\ & t_j^{(1)} = \min_{(j<k;\,(j,k)\,\in\,P)} [t_k^{(1)} - y_{(j,k)}] \quad \text{für } 0 \leq j < n \end{aligned}$

Gleichung (4.40) besagt: **Der spätesterlaubte Zeitpunkt für Ereignis (j) errechnet sich aus dem Minimum aller möglichen Differenzen zwischen den spätesterlaubten Zeitpunkten der unmittelbar folgenden Ereignisse (k) und den dazugehörigen Arbeitsgangdauern (j, k).**

Im Gegensatz zur Ermittlung der frühestmöglichen Zeitpunkte erfolgt die Ermittlung der $t_j^{(1)}$-Werte also rückwärts (retrograd) vom Endzeitpunkt des

Projekts in Richtung zum Starterereignis. So liegt im Beispiel der Abbildung (4.36) der spätesterlaubte Eintritt von Ereignis 5 am 30. Tag, von Ereignis 4 infolge der dreitägigen Dauer des Arbeitsganges (4,5) am 27. Tag, von Ereignis 3 am 20. Tag nach Projektbeginn. Für das Ereignis 2 gilt entsprechend Formel (4.40) der 10. Tag nach Projektbeginn als Minimum von 27−2 und 20−10 als spätesterlaubter Eintrittstermin.

Diese Ergebnisse und die nach Formel (4.39) berechneten Pufferzeiten $p_j$ sind in der Abbildung (4.39) zusammengefaßt.

Alle Ereignisse, die auf dem kritischen Weg liegen, sind durch Pufferzeiten von Null gekennzeichnet. Lediglich die Ereignisse (2) und (4) besitzen eine Pufferzeit von 5 bzw. 7 Tagen. Eine Verzögerung z. B. des Ereignisses (2) bis zu 5 Tagen hat keine Verlängerung des Abschlußtermins zur Folge.

| Ereignis j | frühestmöglicher Eintritt $t_j^{(0)}$ | spätesterlaubter Eintritt $t_j^{(1)}$ | Pufferzeit $p_j$ |
|---|---|---|---|
| 0 | 0 | 0 | 0 |
| 1 | 10 | 10 | 0 |
| 2 | 5 | 10 | 5 |
| 3 | 20 | 20 | 0 |
| 4 | 20 | 27 | 7 |
| 5 | 30 | 30 | 0 |
| 6 | 40 | 40 | 0 |

*Abb. 4.39: Ermittlung der Pufferzeiten von Ereignissen*

*Pufferzeiten der Aktivitäten*

Die Pufferzeiten $p_{(i,j)}$ der einzelnen Arbeitsgänge lassen sich nach der Formel

(4.41) $\quad p_{(i,j)} = t_{(i,j)}^{(1)} - t_{(i,j)}^{(0)}$

berechnen. Die Pufferzeit eines Arbeitsganges (i, j) ist als die Differenz zwischen spätesterlaubtem und frühestmöglichem Beginn des Arbeitsganges definiert. Der spätesterlaubte Beginn $t_{(i,j)}^{(1)}$ eines Arbeitsganges (i, j) ist gleich dem spätesterlaubten Eintritt $t_j^{(1)}$ des nach dem Arbeitsgang eintretenden Ereignisses (j) minus Dauer $y_{(i,j)}$ des Arbeitsganges (i,j).

(4.42) $\quad t_{(i,j)}^{(1)} = t_j^{(1)} - y_{(i,j)}$

Die mit Formel (4.41) errechnete Pufferzeit eines Arbeitsganges ist die sogenannte **„totale" Pufferzeit** – auf eine Darlegung verfeinerter Pufferzeitbegriffe wird hier verzichtet. Bei der Betrachtung der totalen Pufferzeit geht man davon aus, daß alle vorhergehenden Arbeitsgänge frühestmöglich und alle dem betreffenden Arbeitsgang folgenden Arbeitsgänge spätestmöglich beginnen. Die totale Pufferzeit ist also die Zeitspanne, die für die Verzögerung eines bestimmten Arbeitsganges innerhalb einer Arbeitsgangfolge maximal zur Verfügung steht. Wird sie von einem dieser Arbeitsgänge voll ausgenutzt, so bleibt für die übrigen Arbeitsgänge dieses „Weges" des Netzwerkes kein Pufferzeitraum mehr. Jene müssen dann ohne Verzögerung ablaufen.

Für die totalen Pufferzeiten der Arbeitsgänge des Beispiels lassen sich die folgenden Werte angeben (vgl. Abbildung 4.40):

| Arbeitsgang (i, j) | frühestmöglicher Beginn $t_{(i,j)}^{(0)}$ | spätesterlaubter Beginn $t_{(i,j)}^{(1)}$ | Pufferzeit $p_{(i,j)}$ |
|---|---|---|---|
| (0,1) | 0 | 0 | 0 |
| (0,2) | 0 | 5 | 5 |
| (1,3) | 10 | 10 | 0 |
| (2,3) | 5 | 10 | 5 |
| (2,4) | 5 | 25 | 20 |
| (3,4) | 20 | 27 | 7 |
| (3,5) | 20 | 20 | 0 |
| (4,5) | 20 | 27 | 7 |
| (5,6) | 30 | 30 | 0 |

Abb. 4.40: *Ermittlung der Pufferzeiten für Aktivitäten*

Es sei darauf hingewiesen, daß für die Durchführung aller genannten Berechnungen in der Praxis Computerprogramme zur Verfügung stehen.

**Im PERT-System wird davon ausgegangen, daß die Zeitdauer der einzelnen Arbeitsgänge keine deterministische Größe darstellt, sondern eine zufällige Variable ist.** Dieses Vorgehen hat eine Reihe von Konsequenzen.

*Das PERT-System*

**Zunächst muß die Wahrscheinlichkeitsverteilung für die Zeitdauer jedes Arbeitsganges geschätzt werden.** Als brauchbare Hypothese für den Verteilungstyp hat sich dabei die sogenannte Beta-Verteilung erwiesen. Auf Einzelheiten der Schätzung sei hier nicht weiter eingegangen. Aufgrund der Schätzwerte können der Erwartungswert und die Varianz der Zeitdauer eines Arbeitsgangs bestimmt werden. Der Erwarungswert von hintereinandergeschalteten Arbeitsgängen ist dann gleich der Summe der Erwartungswerte der einzelnen Arbeitsgänge, dasselbe gilt – stochastische Unabhängigkeit der Arbeitsgänge vorausgesetzt – für die Varianz.

**Analog zum CPM-System können der frühestmögliche Eintritt und der spätesterlaubte Beginn jedes Ereignisses sowie das frühestmögliche Projektende berechnet werden, allerdings nur auf der Basis von Erwartungswerten und Varianzen. Analoges gilt für die Arbeitsgänge und die jeweiligen Pufferzeiten.**

Ferner lassen sich Wahrscheinlichkeitsaussagen angeben. So kann z. B. die **Wahrscheinlichkeit** berechnet werden, **mit der die Projektdauer oder irgendein wichtiges Ereignis einen gewissen Termin überschreitet.** Ebenso kann die **Wahrscheinlichkeit dafür** ermittelt werden, **daß bei vorgegebenem Abschlußtermin ein Arbeitsgang bzw. ein Ereignis eine negative Pufferzeit besitzt, d. h. daß dieser Arbeitsgang bzw. dieses Ereignis auf dem kritischen Weg liegt.** Der kritische Weg selbst ist somit nicht mehr eindeutig bestimmt, sondern es ist mehr oder weniger wahrscheinlich, daß ein bestimmter Pfad zum kritischen Weg wird. Auf die Einzelheiten dieser Wahrscheinlichkeitsberechnung und andere Eigenschaften des PERT-Systems sei hier aber nicht weiter eingegangen.

## Verfeinerte Verfahren der Netzplantechnik

Die zunächst lediglich das Zeitkriterium berücksichtigenden Verfahren CPM und PERT wurden in erster Linie durch die Einbeziehung von Kostengesichtspunkten und die Erfassung knapper Produktionskapazitäten verfeinert und ausgebaut. Diese konzeptionelle Verfeinerung und Erweiterung der Netzplantechnik wurde begleitet und maßgeblich beeinflußt von der Entwicklung auf dem Gebiet der Computer-Technologie, die es mehr und mehr erlaubte, auch Programmsysteme zu verarbeiten, die sich mit der Planung mehrerer gleichzeitig laufender Projekte befassen (Mehrprojektplanungssysteme). Die folgenden Ausführungen sollen lediglich einen kurzen Einblick in diese Entwicklungsrichtungen der Netzplantechnik vermitteln.

*Berücksichtigung von Kostengesichtspunkten*

Die Betrachtung der Netzwerkproblematik aus der Kostenperspektive stellt einen bedeutsamen Schritt der Fortentwicklung der Netzplantechnik gerade aus der Sicht betriebswirtschaftlicher Anwendungspraxis dar. Die Verfahren LESS, MCX und PERT/COST sind z. B. aus dieser Entwicklungsphase hervorgegangen. Während PERT/COST ein Verfahren darstellt, das eine laufende Überwachung der zu Beginn des Projekts geplanten Zeit-Kosten-Relationen vornimmt und dabei den Projektfortschritt zum Budgetverbrauch ins Verhältnis setzt, also einen Soll-Ist-Vergleich durchführt, handelt es sich bei den Verfahren LESS und MCX um Kostenoptimierungsmodelle. Im wesentlichen sollen diese Modelle zur Lösung der folgenden Probleme beitragen:

(1) **Es ist der Fertigstellungstermin gesucht, der eine Projektdurchführung mit minimalen Kosten ermöglicht.**

(2) **Bei einer erforderlichen Projektbeschleunigung soll eine kostenoptimale Lösung gefunden werden, d. h. es sind Angaben über diejenigen Arbeitsgänge gesucht, deren Beschleunigung den rechtzeitigen Projektabschluß mit den geringsten Kosten ermöglicht.**

Für diese Aufgaben müssen neben den Arbeitsgangzeiten auch die voraussichtlichen Kosten für jeden Arbeitsgang festgestellt werden. Dabei wird unterstellt, daß eine Funktion zwischen Kostenhöhe und Arbeitsgangdauer besteht. Alternative Aktivitätszeiten sind durch bestimmte Kostenkonsequenzen gekennzeichnet. In den Verfahren wird von einer „normalen" Arbeitsintensität ausgegangen. Eine Beschleunigung der Arbeitsgänge soll zu einer proportionalen Kostenerhöhung führen.

*Direkte Kosten der Projektbeschleunigung*

Auf der Grundlage dieser Annahmen über die Kosten-Zeit-Relationen für die Arbeitsgänge lassen sich die weiter oben gestellten Probleme mit Hilfe hierfür entwickelter Algorithmen lösen.

*Ermittlung der Kurve minimaler Projektkosten*

**Im Vordergrund steht dabei das Bestreben, die minimalen Projektkosten in Abhängigkeit von der Projektdauer zu ermitteln. Das bedeutet, daß Projektbeschleunigungen bei denjenigen Arbeitsgängen herbeizuführen sind, die einmal auf dem kritischen Weg liegen und zum anderen eine Zeitverkürzung mit minimalem Kostenzuwachs ermöglichen.**

Im einzelnen kann zur Ermittlung der **Kurve minimaler Projektkosten** gedanklich in folgenden Schritten vorgegangen werden:

(1) Das vorliegende Netzwerk wird unter Zugrundelegung „normaler" Arbeitszeiten nach der Methode des kritischen Weges durchgerechnet. Dabei wird angenommen, daß alle Arbeitsgänge zum frühestmöglichen Zeitpunkt beginnen.

(2) Man beschleunigt nun die Arbeitsgänge auf dem kritischen Weg in der Weise, daß immer zuerst der Arbeitsgang ausgewählt wird, dessen Gerade der direkten Kosten die geringste Steigung aufweist, was minimalen Kostenzuwachs bedeutet. Durch die Beschleunigung entstehen weitere kritische Wege, bei welchen nun in analoger Weise zu verfahren ist. Dieses Vorgehen wird so lange fortgesetzt, bis keine Möglichkeit einer weiteren Projektbeschleunigung mehr besteht.

(3) Trägt man die auf diese Weise erhaltenen Daten in ein Koordinatensystem ein, auf dessen Abszisse die einzelnen Projektzeiten T und auf dessen Ordinate die zugehörigen minimalen direkten Projektkosten abgetragen sind, so zeigt sich das durch Abbildung 4.41 dargestellte Bild.

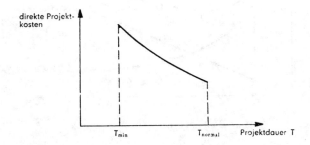

*Abb. 4.41: Minimale direkte Projektkosten in Abhängigkeit von der Projektdauer*

Die ermittelte Kurve stellt die **minimalen direkten Projektkosten als Funktion der Projektdauer T** dar. Im Bereich $T_{min} \leq T \leq T_{normal}$ ist eine Variation der Projektdauer möglich, wobei $T_{min}$ die kürzestmögliche und $T_{normal}$ die normale Projektdauer symbolisieren.

Die skizzierten Schritte können mathematisch formuliert werden. Mit Hilfe des parametrischen Optimierens – der Parameter ist hier die Projektdauer T – ist es möglich, dieses Optimierungsproblem rechnerisch zu lösen. Es sind für die Netzwerkanalyse spezifische Rechenverfahren entwickelt worden. In diesem Zusammenhang ist in erster Linie der Fulkerson-Ford-Algorithmus zu nennen, der auch die Grundlage für die Programmierung von Computern für diese Problemstellung darstellt. **Die Computerprogramme berechnen für die verschiedenen Zeitpunkte der Projektfertigstellung die zugehörigen Zeitbedarfswerte der einzelnen Arbeitsgänge unter der Zielsetzung, die direkten Gesamtkosten für das Projekt zu minimieren.** So werden auf den Ausgabelisten für jede alternative Projektdauer die zugehörigen Zeitbedarfswerte und alle frühestmöglichen und spätesterlaubten Startzeitpunkte der Arbeitsgänge, alle totalen Pufferzeiten, der kritische Weg und die entsprechenden Kosten ausgedruckt. Als Eingabedaten sind für jeden Arbeitsgang die Minimalzeit, die Normalzeit sowie die diesen beiden Werten zugehörigen Kosten erforderlich.

*indirekte Projektkosten*

Mit der Kurve der minimalen direkten Projektkosten allein ist die optimale Projektdauer in der Regel noch nicht bestimmbar. Zu diesem Zweck sind zusätzlich noch die indirekten Kosten (z. B. Abschreibungen, Verwaltungs- und Zinskosten, Konventionalstrafen, Erlösminderungen) mit in die Betrachtung einzubeziehen. Diese Komponente wird gewöhnlich als eine den direkten Kosten entgegengesetzt verlaufende zeitabhängig ansteigende Kostengerade aufgefaßt (vgl. Abbildung 4.42).

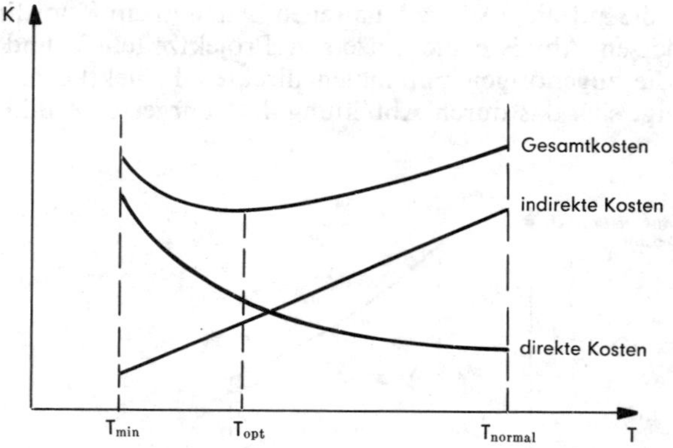

*Abb. 4.42: Optimale Projektdauer*

Die Gesamtkostenkurve, die sich aus der Addition der Kurven für die direkten und indirekten Kosten ergibt, weist dort ein Minimum auf, wo die Verminderung der direkten Kosten durch den Zuwachs der indirekten Kosten bei Projektverzögerung kompensiert wird.

*Mehrprojektplanung bei Kapazitätsbeschränkungen*

Das im Rahmen der Produktionssteuerung charakterisierte Problem der Zuteilung knapper Kapazitäten zu Fertigungsaufträgen ist auch von der Netzplantechnik aufgegriffen worden. Die durch Netzwerke dargestellten Projekte konkurrieren um die knappen Anlagekapazitäten und Arbeitskräfte. Alle bislang entwickelten Lösungsansätze basieren auf demselben Grundkonzept: **Der optimale Einsatz der knappen Kapazitäten wird durch die Verschiebung der Pufferzeiten in den einzelnen Netzen angestrebt.** Das wohl bekannteste und am weitesten ausgebaute Verfahren auf diesem Gebiet ist das System RAMPS (Resource Allocation and Multiproject Scheduling). Seine Grundmerkmale sollen hier kurz beschrieben werden. RAMPS ist im Hinblick auf die Bearbeitung der Problemstellung durch Computer entwickelt worden.

*Das RAMPS-Programm*

*Eingabedaten*

Bei der Eingabe der Daten sind folgende Aspekte zu beachten:

(1) Jedes Projekt muß in seiner Struktur als Netzwerk dargestellt werden.

(2) Die Netzwerke dienen als Ausgangsbasis für die Zeitschätzungen und für Angaben über die unter normalen Verhältnissen benötigten Kapazitäten der Arbeitsgänge.

(3) Um die Flexibilität des Planungsprozesses zu erhöhen, müssen für jeden Arbeitsgang zusätzliche Angaben über die benötigten Kapazitätseinheiten sowohl für den Fall einer beschleunigenden Durchführung (speed-up-resource utilization rate) als auch für den Fall einer verzögerten Durchführung (slow-down-resource utilization rate) gemacht werden.

(4) Die verfügbaren Kapazitäten, aufgeteilt in einzelne Kategorien (Maschinengruppen, Arbeitsplätze), und die relevanten Kosten müssen bestimmt werden. Ferner sind die verfügbaren Kapazitätsreserven (premium resource) für den Fall einer übermäßigen Inanspruchnahme und die zugehörigen Kosten (z. B. Überstundenlöhne) festzustellen. Auch dieser Tatbestand gibt der Planung einen Elastizitätsspielraum.

(5) Schließlich sind die im RAMPS-Programm enthaltenen Operationsziele in Form von Prioritätsangaben genauer zu konkretisieren. Hauptziel von RAMPS ist es, jedes Projekt bei bestmöglicher Zuordnung der verfügbaren Kapazitäten so früh wie möglich fertigzustellen, wobei eine kostengünstige Lösung für die Projekte insgesamt gefunden werden soll. Dabei können den einzelnen Projekten generelle Prioritäten zugeordnet werden. Die Dringlichkeit eines jeden Projekts kann über die Angaben des frühesten Projektbeginns, des gewünschten Projektendtermins sowie einer Projektverzögerungsstrafe (Verzugskosten) gesteuert werden. Neben dieser Hauptaufgabe erfüllt RAMPS eine Reihe weiterer Aufgaben, so z. B. die Ermittlung des frühestmöglichen Beginns und der frühestmöglichen Beendigung aller Arbeitsgänge, Vorrang für alle kritischen Arbeitsgänge, Vermeidung von Engpässen und von Unterbrechungen bereits begonnener Arbeitsgänge. Über sogenannte Steuerungsfaktoren wird eine Gewichtung dieser zum Teil miteinander konkurrierenden Ziele vorgenommen.

*Das Rechenprogramm*

Im Lösungsalgorithmus werden bei der Zuteilung der Kapazitäten grundsätzlich die kritischen Arbeitsgänge bevorzugt. **Reichen die Kapazitäten nicht aus, so wird durch sogenanntes „floating"'der Start der nicht-kritischen Arbeitsgänge so verschoben, daß die hierbei frei werdenden Kapazitäten den kritischen Arbeitsgängen zugeordnet werden können.** Mit Hilfe der sogenannten Flexibilitätsfaktoren (speed-up-resource utilization rate, slow-down-resource utilization rate, premium resource) wird versucht, die Ansprüche eines jeden Arbeitsganges auf Kapazitäten zu befriedigen. Dabei müssen einerseits die Kapazitätsbeschränkungen eingehalten werden, andererseits ist den gewichteten Operationszielen und Projektprioritäten Rechnung zu tragen.

*Ausgabedaten*

Nach dem Programmablauf werden vom Computer die Ausgabedaten in Form von zwei Berichten ausgedruckt. Man erhält einmal umfassende **Terminpläne für die einzelnen Projekte und zum anderen einen Bericht über die in jeder Periode beanspruchten Kapazitätseinheiten,** geordnet nach bestimmten Kapazitätskategorien. Anhand dieser Informationen kann der Planungsträger die Kapazitätsengpässe erkennen. Ähnlich den kritischen Arbeitsgängen kann hier von kritischen Teilkapazitäten gesprochen werden, deren rechtzeitige Beseitigung ebenso überwacht werden muß wie die Abwicklung der Arbeitsgänge nach Maßgabe der Terminpläne.

### b) Modelle und Methoden der Reihenfolgeplanung

Im Rahmen der Prozeßplanung bzw. Produktionssteuerung muß unter anderem darüber entschieden werden, **zu welchen Zeitpunkten welche Tätigkeiten mit welchen Mitteln durchgeführt werden.** Derartige Probleme werden Reihenfolgeprobleme genannt. Die bereits in Abschnitt a) besprochene Netzplantechnik bildet eine spezielle Methode zur Unterstützung von Entscheidungen bei Reihenfolgeproblemen, insbesondere bei der Einzelfertigung. Hier sollen zwei weitere typische Reihenfolgeprobleme besprochen werden: das sogenannte Travelling Salesman Problem und das Maschinenbelegungsproblem.

*Das Travelling Salesman Problem*

*Problemdefinition*

Während bei den Reihenfolgeproblemen, die mit Hilfe der Netzplantechnik gelöst werden, mehrere Tätigkeiten gleichzeitig ausführbar sind und die logische Abfolge der Tätigkeiten festliegt, kann beim klassischen Travelling Salesman Problem immer nur eine Tätigkeit nach der anderen durchgeführt werden; die Reihenfolge der Tätigkeiten ist hingegen variierbar. So kann ein Handlungsreisender immer nur einen Kunden besuchen, die Reihenfolge der Besuche ist seiner Entscheidung überlassen. Derselbe Sachverhalt liegt bei der Belieferung von Kunden mit *einem* Transportmittel, aber auch bei der innerbetrieblichen Anlieferung vor. Ein weiteres wichtiges Beispiel für das Travelling Salesman Problem sind **Umrüstvorgänge.** Eine Maschine wird durch Umrüsten für gewisse Arbeitsgänge vorbereitet, sie kann sich in nur einem „Rüstzustand" befinden. Hingegen ist die Reihenfolge der Umrüstungen beliebig.

Als Kriterium zur Bewertung der möglichen Reihenfolgen bieten sich verschiedene Größen an: beim Handlungsreisenden und bei der Belieferung von Kunden der bei einer Route (d. h. Reihenfolge) zurückgelegte Weg, die aufgewendete Zeit oder die Kosten. Bei den Umrüstvorgängen können insbesondere die Kosten für alle notwendigen Umrüstvorgänge, aber auch die dazu benötigte Zeit als Auswahlkriterium dienen. Dabei wird unterstellt, daß beim Handlungsreisenden bzw. bei der Belieferung von Kunden die Wegstrecken, die Zeiten oder die Kosten für den jeweils zwischen *zwei* Kunden zurückzulegenden Weg bekannt sind. Bei den Umrüstvorgängen sollen die Kosten bzw. Zeiten, die zum Umrüsten von einem Zustand zum anderen erforderlich sind, bekannt sein. Im folgenden wird ohne Einschränkung der Allgemeinheit einheitlich die **Kostenminimierung als Zielfunktion** gewählt.

Zwei weitere in der Realität nicht immer zutreffende Bedingungen müssen beim Travelling Salesman Problem erfüllt sein:

(1) Es müssen alle Orte (Zustände) durchlaufen werden;
(2) die letzte Tätigkeit bildet die Rückkehr zum Startort (Startzustand).

Das Travelling Salesman Problem läßt sich grafisch veranschaulichen, indem die Orte bzw. Maschinenzustände als Knoten, die Wege bzw. Umrüstarbeiten als gerichtete Kanten dargestellt werden. Der grafischen Darstellung der Abbildung 4.43 wurde das hypothetische Beispiel eines Umrüstvorganges zugrunde gelegt. Die Knoten A, B, C, D, E symbolisieren die Rüstzustände, wobei A den Anfangszustand (z. B. Wartungszustand, Ruhestellung) der Maschine, B, C, D, E die jeweiligen Zustände nach dem Umrüsten darstellen. Der Produktionsvorgang beginnt mit dem Anfangszustand der Maschine. Im Laufe eines ausreichend großen Zeitraums müssen alle Umrüstzustände durchlaufen werden, danach muß die Maschine wieder in den Ausgangszustand gebracht werden. Die Kosten beim Übergang von einem Zustand in den anderen und zurück sind an den Kanten abgetragen. Sie sind nochmals in Abbildung 4.44 zusammengestellt. Gesucht ist die kostenminimale Reihenfolge der Rüstzustände.

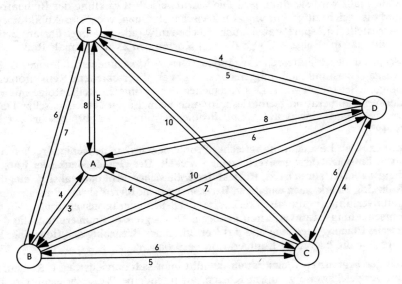

*Abb. 4.43: Beispiel zum Travelling Salesman Problem*

| nach<br>von | A | B | C | D | E |
|---|---|---|---|---|---|
| A | – | 3 | 4 | 6 | 5 |
| B | 4 | – | 5 | 7 | 6 |
| C | 4 | 6 | – | 4 | 7 |
| D | 8 | 10 | 6 | – | 4 |
| E | 8 | 7 | 10 | 5 | – |

*Abb. 4.44: Kostenmatrix zum Travelling Salesman Problem der Abb. 4.43*

Als erste Möglichkeit für das Auffinden der kostenminimalen Reihenfolge beim Travelling Salesman Problem bietet sich die **Vollenumeration** an. **Für alle möglichen Reihenfolgen werden die Kosten berechnet; die Reihenfolge mit den geringsten Kosten wird ausgewählt.** Dieses Verfahren wird anhand des obigen Beispiels mittels eines **Entscheidungsbaumes** (Abbildung 4.45) dargestellt. Um alle verschiedenen Reihenfolgen zu erfassen, werden sie schematisch angeordnet. Die Anordnung in der Abbildung 4.45 zeigt hierfür eine Möglichkeit. Sie eignet sich besonders gut für die Programmierung und Berechnung mit Hilfe elektronischer Datenverarbeitungsanlagen. Dabei ist es nicht nötig, sämtliche Reihenfolgen (also den gesamten Entscheidungsbaum) zu speichern. Zwar werden alle Reihenfolgen (Zweige) nacheinander durchgerechnet; es wird aber jeweils nur die Reihenfolge (der Zweig) mit den bisher geringsten Kosten gespeichert. Mit deren Wert wird die jeweils neu zu berechnende Reihenfolge verglichen. Sind deren Kosten geringer, so wird nur diese abgespeichert, andernfalls wird sie eliminiert. Die schrittweise Entwicklung der Reihenfolgen und die gleichzeitige Bildung von Zwischensummen, wie sie in Abbildung 4.45 dargestellt ist, spart dabei auch Rechenaufwand. Im angeführten Beispiel erhält man die Folge A C D E B A mit Kosten von 23 als optimale Reihenfolge.

Bei n zu durchlaufenden Zuständen (Orten, Maschineneinstellungen) – den Ausgangszustand nicht mitgerechnet – gibt es n! verschiedene Reihenfolgen; in obigem Beispiel 4! = 24. Das Aufsuchen der optimalen Reihenfolge mit Hilfe der Vollenumeration bleibt deshalb auch beim Einsatz elektronischer Datenverarbeitungsanlagen auf kleine Problemumfänge ($n \leq 10$) beschränkt (vgl. S. 442).

Zur exakten Lösung umfangreicher Probleme wurden die weniger rechenintensiven **Entscheidungsbaumverfahren** entwickelt. **Der Grundgedanke der Entscheidungsbaumverfahren ist es, Reihenfolgen, die sicher nicht optimal sind, möglichst frühzeitig zu erkennen und deren Berechnung nicht fortzuführen.** Entscheidungsbaumverfahren sind also verkürzte (Teil-)Enumerationsverfahren. Zu den Entscheidungsbaumverfahren gehören: Die **begrenzte Enumeration**, die **dynamische Planungsrechnung** und das Verfahren des **Branching and Bounding**. Hier wird nur die begrenzte Enumeration besprochen.

*Begrenzte Enumeration*

Bei der **begrenzten Enumeration** bemüht man sich zunächst, eine Reihenfolge mit vergleichsweise geringen Kosten auf irgendeine Weise zu ermitteln. Dies kann mit Hilfe der **heuristischen Methoden** geschehen, die auf S. 442 ff. besprochen wurden. Im genannten Beispiel wird mit der Heuristik des „besten Nachfolgers" (vgl. S. 443) die Folge A B C D E A mit den Kosten von 24 ausgewählt. Dieser Wert dient als vorläufige Kosten*ober*grenze. Bei der Entwicklung weiterer Reihenfolgen wird jeweils dann abgebrochen, wenn die bis dahin anfallenden Kosten diese Obergrenze überschreiten. So kann etwa die Entwicklung der Folge A B D E C A im Stadium A B D E C bei Erreichen der Kostenhöhe 24 abgebrochen werden. Nach Auffinden der Reihenfolge A C D E B A (deren Optimalität noch nicht bekannt ist), wird die Kostenobergrenze auf 23 herabgesetzt. Dadurch kann bei einigen weiteren Reihenfolgen die Berechnung der Kosten schon in der vorletzten Stufe abgebrochen werden. Da eine kleinere Kostenobergrenze als 23 nicht gefunden wird, ist die Optimalität der Folge A C D E B A bewiesen.

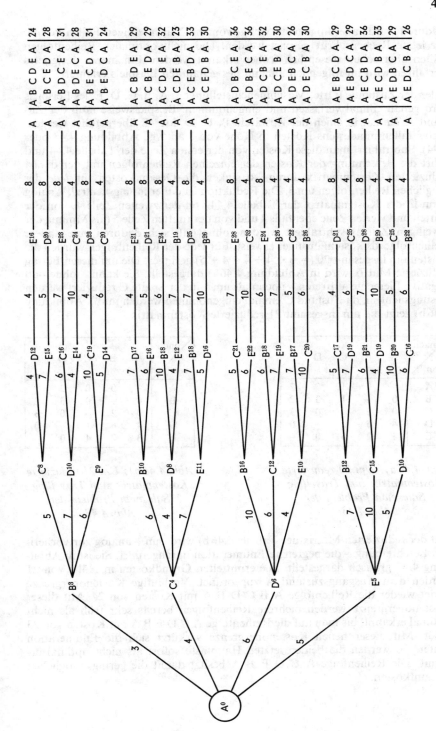

Abb. 4.45: *Entscheidungsbaum zum Travelling Salesman Problem der Abb. 4.43.*

Dadurch wurde allerdings nicht viel gewonnen. Nur in einigen Fällen konnte der letzte Rechenschritt gespart werden. Die nicht optimalen Reihenfolgen sollten aber schon wesentlich früher erkannt werden. Ein hierzu geeignetes Verfahren wird im folgenden anhand des genannten Beispiels erläutert.

Jeder der Zustände (Orte, Maschineneinstellungen) A, B, C, D, E des Beispiels wird genau einmal verlassen und eingenommen. Beispielsweise muß der Zustand A einmal in einen der Zustände B, C, D oder E übergeführt werden. Dabei fallen mindestens Kosten in Höhe von 3 an (vgl. Abbildung 4.43 oder 4.44). Subtrahiert man diese Kosten von der ersten Zeile der Tabelle 4.44 und führt die Berechnung der Kosten der einzelnen Reihenfolgen mit der derart reduzierten Kostenmatrix durch, so sinken die Gesamtkosten für *jede* der möglichen Reihenfolgen um 3. Die Reduktion ist daher **lösungsneutral.** Analog kann in der Kostenmatrix der Tabelle 4.44 von der zweiten Zeile 4, von der dritten und vierten Zeile ebenfalls 4 und von der fünften Zeile 5 (als Minima der jeweiligen Zeilen) subtrahiert werden, ohne daß sich dadurch eine andere Reihenfolge als kostengünstiger erweist. Für jede der Reihenfolgen wurden die Kosten um insgesamt 20 (= 3 + 4 + 4 + 4 + 5) geringer. Die um diesen Betrag reduzierte Matrix wird in Abbildung 4.46a) dargestellt. Sie kann – ohne daß negative Elemente auftreten – nochmals um 1 in der Spalte C reduziert werden (lösungsneutral, da Zustand C einmal eingenommen werden muß). Abbildung 4.46b) zeigt die um insgesamt 21 reduzierte Kostenmatrix.

| nach<br>von | A | B | C | D | E |
|---|---|---|---|---|---|
| A | – | 0 | 1 | 3 | 2 |
| B | 0 | – | 1 | 3 | 2 |
| C | 0 | 2 | – | 0 | 3 |
| D | 4 | 6 | 2 | – | 0 |
| E | 3 | 2 | 5 | 0 | – |

*Abb. 4.46a): Um 20 reduzierte Kostenmatrix zum Travelling Salesman Problem der Abb. 4.43.*

| nach<br>von | A | B | C | D | E |
|---|---|---|---|---|---|
| A | – | 0 | 0 | 3 | 2 |
| B | 0 | – | 0 | 3 | 2 |
| C | 0 | 2 | – | 0 | 3 |
| D | 4 | 6 | 1 | – | 0 |
| E | 3 | 2 | 4 | 0 | – |

*Abb. 4.46b): Um 21 reduzierte Kostenmatrix zum Travelling Salesman Problem der Abb. 4.43*

Mit der reduzierten Matrix der Tabelle 4.46b) wird nun – analog zur vorherigen Beschreibung – die begrenzte Enumeration durchgeführt. Sie ist in Abbildung 4.47 grafisch dargestellt. Die ermittelten Grundkosten in Höhe von 21 werden dem Ausgangszustand A zugeordnet. Vorläufige Kostenobergrenze bildet wieder die Reihenfolge A B C D E A mit Kosten von 24. Mit dieser Kostenobergrenze werden mehrere Reihenfolgen bereits sehr früh als nicht optimal erkannt, bis man auf die Reihenfolge A C D E B A mit Kosten von 23 stößt. Mit dieser neuen Kostenobergrenze verkürzt sich die Enumeration weiter. So werden die beiden letzten Hauptäste sofort als nicht optimal erkannt. Die Reihenfolge A C D E B A besitzt damit die geringstmöglichen Gesamtkosten.

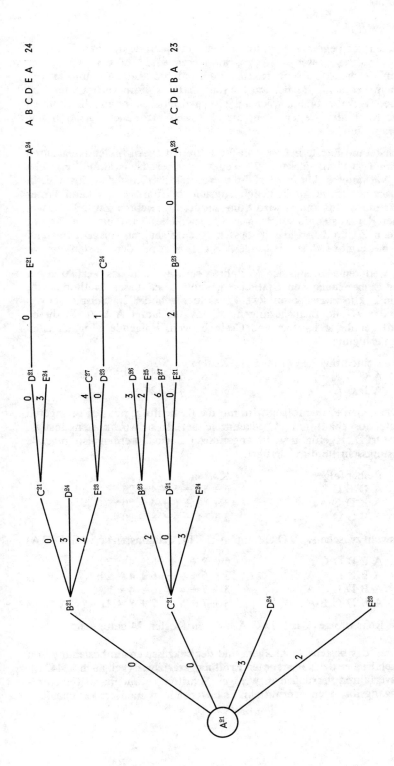

Abb. 4.47: Begrenzte Enumeration beim Travelling Salesman Problem der Abb. 4.43

*Heuristische Eröffnungsverfahren*

Das Verfahren der begrenzten Enumeration und auch die anderen Entscheidungsbaumverfahren lassen sich programmieren und auf dem Computer durchführen. Je nach Problemstruktur und Methode können damit Travelling Salesman Probleme im Bereich bis maximal n = 40 in vertretbarer Zeit gelöst werden. Darüber hinaus wächst die Rechenzeit zu stark an. Hier können heuristische Methoden weiterhelfen, die allerdings nicht mehr die optimale Lösung garantieren.

Das einfachste und älteste heuristische Verfahren zum Auffinden einer guten Lösung beim Travelling Salesman Problem ist das bereits erwähnte **Verfahren des besten Nachfolgers**. Dieses Verfahren ermittelt zunächst den Zustand, in den der Ausgangszustand am kostengünstigsten überführt werden kann. Unter den verbleibenden Zuständen wird vom dadurch erreichten Zustand ausgehend wieder der kostengünstigste gesucht usw. Dies wird bis zum letzten freibleibenden Zustand fortgesetzt, dessen Nachfolger der Ausgangszustand ist. Im Beispiel ergibt sich so die Folge A B C D E A mit den Kosten von 24.

Unter den weiteren heuristischen Verfahren sei nur noch das **Verfahren der sukzessiven Einbeziehung von Stationen** genannt. Bei dieser Methode wird zunächst ein Zyklus zwischen nur zwei Zuständen gebildet. Im Beispiel sei von den Zuständen A und B ausgegangen, der Zyklus lautet A B A. In diesen Zyklus wird der dritte Rüstzustand C einbezogen. Folgende Möglichkeiten stehen zur Verfügung:

| Reihenfolge | Kosten |
|---|---|
| A C B A | 4 + 6 + 4 = 14 |
| A B C A | 3 + 5 + 4 = 12* |

Von den erhaltenen Reihenfolgen wird nur die Reihenfolge mit den geringeren Kosten weiter ausgebaut (mit „*" gekennzeichnet). In sie wird kostengünstigst der nächste Ort D eingefügt usw. Im angeführten Beispiel werden also folgende weitere Lösungsschritte durchgeführt:

| Reihenfolge | Kosten |
|---|---|
| A D B C A | 6 + 10 + 5 + 4 = 25 |
| A B D C A | 3 + 7 + 6 + 4 = 20* |
| A B C D A | 3 + 5 + 4 + 8 = 20 |

(Zufallsauswahl zwischen A B D C A und A B C D A zugunsten von A B D C A)

| | |
|---|---|
| A E B D C A | 5 + 7 + 7 + 6 + 4 = 29 |
| A B E D C A | 3 + 6 + 5 + 6 + 4 = 24! |
| A B D E C A | 3 + 7 + 4 + 10 + 4 = 28 |
| A B D C E A | 3 + 7 + 6 + 7 + 8 = 31 |

Es wird die Reihenfolge A B E D C A mit den Kosten 24 gefunden.

Die Verfahren des besten Nachfolgers und der sukzessiven Einbeziehung von Stationen gehören zu den sogenannten **Eröffnungsverfahren** (vgl. auch S. 442 f.). Eröffnungsverfahren versuchen in wenigen Schritten, brauchbare Reihenfolgen als Ausgangslösungen zu ermitteln. Es bietet sich an, mehrere verschiedene

Eröffnungsverfahren anzuwenden und unter den dadurch erhaltenen Reihenfolgen die günstigste auszuwählen. Diese Lösung kann – sofern sie nicht direkt zur Anwendung kommt oder als Enumerationsgrenze beim Entscheidungsbaumverfahren dient (vgl. S. 482 ff.) – in einem anschließenden heuristischen **suboptimierenden Iterationsverfahren** (vgl. auch S. 444 f.) schrittweise verbessert werden.

## Das Maschinenbelegungsproblem

In der industriellen Fertigung müssen die einzelnen Aufträge meist an mehreren Potentialfaktoren bzw. Potentialfaktorgruppen bearbeitet werden. Bei knapper Potentialfaktorkapazität muß die zeitliche Reihenfolge der Bearbeitung der Aufträge bestimmt werden (Maschinenbelegungsproblem). Bei einstufiger Fertigung liegt ein Spezialfall des Maschinenbelegungsproblems in Form des bereits behandelten Travelling Salesman Problems vor.

Bei mehrstufiger Fertigung müssen zur mathematischen Modellbildung je nach Problemstruktur und betrieblichen Gegebenheiten unterschiedliche Voraussetzungen berücksichtigt werden. Müssen alle Aufträge alle Maschinen in derselben, technisch vorgeschriebenen Reihenfolge durchlaufen, so liegt die Struktur des „**identical routing**" vor. Muß der Auftrag, der an der ersten Maschine an i-ter Stelle steht, auch an den folgenden Maschinen an i-ter Stelle bearbeitet werden – ist also ein „Überholen" nicht erlaubt – so ist die Voraussetzung des „**passing not permitted**" erfüllt. Im folgenden wird von beiden genannten Voraussetzungen ausgegangen. Dadurch wird die Modellbildung vereinfacht, die Anzahl der zulässigen Reihenfolgen ist wesentlich geringer. Erweiterungen der Modellprämissen sind jedoch möglich.

**Die Wahl der Zielfunktion bedarf beim Maschinenbelegungsproblem besonderer Sorgfalt.** Wird die Kostenminimierung als Zielfunktion gewählt, so müssen diejenigen Kosten erfaßt werden, die von der festzulegenden Reihenfolge abhängig sind. Dies sind insbesondere die Lagerkosten für die Halb- und Fertigfabrikate, die Umrüstkosten, Stillstandskosten und Kosten für die verspätete Fertigstellung der Produkte (Konventionalstrafen, Opportunitätskosten). Sind diese Größen mit hinreichender Genauigkeit für einen ausreichend großen Zeitraum bekannt, so bildet die Kostenminimierung eine operationale Zielfunktion.

*Zielfunktion*

*Kostenminimierung*

**Häufig können jedoch die verschiedenen Kostenkomponenten nicht exakt ermittelt werden. In diesem Fall müssen geeignete Unterziele der Kostenminimierung als Entscheidungskriterien dienen.**

Um Konventionalstrafen zu vermeiden und ein gutes Verhältnis zu den Kunden zu wahren, sollen zunächst als Unterziel die **Fertigstellungstermine** möglichst eingehalten werden.

*Einhaltung der Fertigstellungstermine*

Ferner wird versucht, geringe **Lagerkosten** durch kurze **Zwischenlagerzeiten** der Aufträge zu verwirklichen. Unter der Zwischenlagerzeit eines Auftrages wird die Summe der Wartezeiten des Auftrags zwischen der Bearbeitung an jeweils zwei aufeinanderfolgenden Potentialfaktoren verstanden. **Die Forde-**

*geringe Lagerkosten durch kurze Zwischenlagerzeiten bzw. Durchlaufzeiten* rung nach kurzen Zwischenlagerzeiten der Aufträge ist – unter der Voraussetzung einer gegebenen Intensität – gleichbedeutend mit dem Ziel geringerer Durchlaufzeiten, wobei die Durchlaufzeit eines Auftrags als die Zeitspanne zwischen dem Beginn des ersten Arbeitsganges und dem Abschluß des letzten Arbeitsganges an dem jeweiligen Auftrag definiert ist.

*frühzeitige Freistellung durch kurze Wartezeiten*

Schließlich sollen die **Wartezeiten der Potentialfaktoren** gering gehalten werden. Unter der Wartezeit (Brachzeit) eines Potentialfaktors wird die Summe der Zeiten verstanden, in denen er nicht genutzt wird, obwohl noch Aufträge zur Bearbeitung anstehen. **Da die Minimierung der Wartezeit eines Potentialfaktors gleichbedeutend mit der möglichst frühzeitigen Freistellung dieses Potentialfaktors ist,** spielt das Ziel der Minimierung der Wartezeiten der Potentialfaktoren insbesondere bei geringen Auftragsbeständen eine große Rolle. Die Potentialfaktoren stehen dadurch für eventuelle weitere Aufträge frühzeitig zur Verfügung, was einen erheblichen Konkurrenzvorteil durch kurze Lieferfristen bedeuten kann.

*Dilemma der Ablaufplanung*

**Geringe Zwischenlagerzeiten können aber in partieller Konkurrenz zu geringen Wartezeiten der Potentialfaktoren stehen** (Dilemma der Ablaufplanung, vgl. Abschnitt II., S. 392). Dies sei an einem Beispiel demonstriert.

Gegeben seien drei Aufträge A, B, C, die an den Maschinen 1, 2, 3 und 4 in Teilprozessen bearbeitet werden müssen. Im Vordergrund stehen die Ziele möglichst geringer Lagerkosten (möglichst geringe Zwischenlagerzeiten) und eine möglichst frühzeitige Freistellung der Maschinen (geringe Wartezeiten der Maschinen). Umrüstkosten und Umrüstzeiten werden vernachlässigt. Die Dauer der Teilprozesse ist in Abbildung 4.48 in Tagen angegeben.

| Maschine | Auftrag | | |
|---|---|---|---|
| | A | B | C |
| 1 | 1 | 2 | 1 |
| 2 | 2 | 1 | 1 |
| 3 | 2 | 2 | 3 |
| 4 | 1 | 1 | 2 |

*Abb. 4.48: Prozeßzeiten der Aufträge an den Maschinen*

Die in diesem Beispiel möglichen sechs Bearbeitungsreihenfolgen sind in Form von Maschinenbelegungsplänen in Abbildung 4.49 dargestellt. Aus den Maschinenbelegungsplänen kann jeweils die Gesamtzwischenlagerzeit GZL als Summe der Zwischenlagerzeiten der einzelnen Aufträge und die Gesamtmaschinenwartezeit GMW als Summe der Wartezeiten der einzelnen Maschinen abgelesen werden. Die Werte der Gesamtzwischenlagerzeit und der Gesamtmaschinenwartezeit sind für jede Bearbeitungsreihenfolge in Abbildung 4.50 zusammengefaßt.

Werden minimale Zwischenlagerzeiten der Aufträge angestrebt, so eignen sich die Bearbeitungsreihenfolgen B A C und C B A mit einer Gesamtzwischenlagerzeit von zwei Tagen und einer Gesamtmaschinenwartezeit von 13 bzw. 10 Tagen. Hiervon könnte wegen der geringeren Gesamtmaschinenwartezeit die

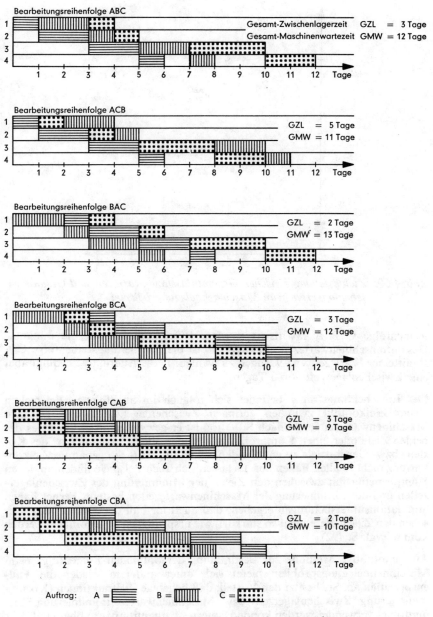

*Abb. 4.49: Maschinenbelegungspläne des Beispiels*

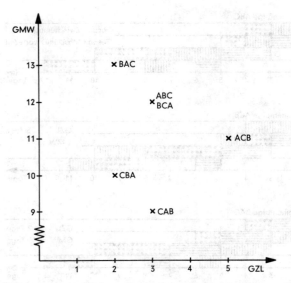

*Abb. 4.50: Zielbeziehung zwischen Gesamtmaschinenwartezeit und Gesamtzwischenlagerzeit beim Maschinenbelegungsbeispiel*

Reihenfolge C B A favorisiert werden. Wird hingegen auf die minimale Gesamtmaschinenwartezeit abgestellt, so ist die Bearbeitungsreihenfolge C A B mit einer Wartezeit von 9 Tagen zu wählen. Diese Alternative bedingt aber eine Zwischenlagerzeit von 3 Tagen.

Der Entscheidungsträger befindet sich folglich im angeführten Beispiel in einem Zielkonflikt zwischen geringen Zwischenlagerzeiten und geringen Maschinenwartezeiten. Je nach Situation ist er gezwungen, sich für eines der beiden Ziele oder einen Kompromiß aus beiden Zielen als Unterziel des Kosten- bzw. Gewinnziels zu entscheiden. Allerdings tritt die genannte Zielkonkurrenz nicht in allen Fällen auf. Es lassen sich auch Beispiele finden, in denen Komplementarität zwischen den Zielen der Minimierung der Zwischenlagerzeiten und der Minimierung der Maschinenwartezeiten besteht. Ferner haben Simulationsuntersuchungen ergeben, daß auch im Fall der Konkurrenz zwischen den Zielen diese nicht so stark ist, wie ursprünglich angenommen werden könnte (vgl. S. 492).

*Quantitative Methoden*

Als quantitative Methode zur Bestimmung der optimalen Reihenfolge beim Maschinenbelegungsproblem bietet sich unter anderem wieder die **Vollenumeration** an. Sie besitzt den Vorteil, daß beliebige Zielfunktionen (Kostenminimierung, Zwischenlagerzeit- bzw. Maschinenwartezeitminimierung, Termintreue) verwendet werden können, sofern sie quantitativ erfaßbar sind. Für jeden möglichen Maschinenbelegungsplan werden die Konsequenzen hinsichtlich der Ziele berechnet; der Belegungsplan mit optimaler Zielerfüllung wird ausgewählt. Bereits unter den Bedingungen „identical routing" und „passing not permitted" bestehen aber bei n Aufträgen n! verschiedene Reihenfolgen, so daß die Vollenumeration auch bei Einsatz eines Computers auf Probleme mit geringem Umfang (n $\leq$ 10) beschränkt bleibt.

Die **Entscheidungsbaumverfahren** und insbesondere das Verfahren der **begrenzten** Enumeration eignen sich ebenfalls für beliebige Zielfunktionen; das anzuwendende Verfahren muß jedoch auf die Zielfunktion zugeschnitten werden. Wie schon beim Travelling Salesman Problem dargestellt, versucht man, nicht optimale Reihenfolgen möglichst frühzeitig zu erkennen und dadurch Rechenzeit zu sparen. Je restriktiver die Nebenbedingungen (z. B. strikte Einhaltung der Liefertermine) für die optimale Reihenfolge sind, um so eher können nicht optimale Reihenfolgen ausgeschieden werden und das Optimum gefunden werden. Mit Hilfe des Entscheidungsbaumverfahrens wurden Maschinenbelegungsprobleme bis n = 20 gelöst, wobei sich je nach Problemstellung stark unterschiedliche Rechenzeiten ergaben. Die Entscheidungsbaumverfahren bleiben damit auch wegen der Unsicherheit bezüglich der Rechenzeiten auf einen engen Anwendungsbereich begrenzt. **Daher spielen in der Praxis der Maschinenbelegungsrechnung heuristische Methoden eine dominante Rolle.** Zumeist werden sie als einfache **Prioritätsregeln** formuliert. Aus der Vielzahl möglicher Prioritätsregeln werden hier nur einige ausgewählt.

Bei der Belegungsrechnung nach der **kürzesten Operationszeit-Regel** wird der Auftrag mit der kürzesten Gesamtbearbeitungszeit zuerst erledigt. Die Anwendung der **Fertigungsrestzeitregel** sieht vor, daß derjenige Auftrag an einer Maschine die höchste Priorität erhält, der die geringste Bearbeitungszeit auf den nachfolgenden Maschinen aufweist. Die Bedingung des „passing not permitted" ist hier aufgehoben. Die **Wertregel** bezieht sich auf den Produktions- oder Endwert des Projekts und gibt z. B. dem Auftrag mit dem höchsten Umsatzbeitrag die größte Gewichtung. Die **Schlupfzeitregel** verleiht dem Auftrag die höchste Dringlichkeit, dessen Pufferzeit (Fertigstellungstermin abzüglich Bearbeitungszeit) am geringsten ist. Die Termintreue wird hier am höchsten gewichtet.

*Prioritätsregeln der Maschinenbelegung*

Die Konsequenzen der Anwendung von Prioritätsregeln auf die fertigungswirtschaftlichen Ziele sind mit Hilfe von **Simulationsmodellen** ermittelt worden (vgl. Abbildung 4.51). Für mehrere verschiedene Maschinenbelegungsprobleme wird der Belegungsplan mit Hilfe der Prioritätsregeln erstellt und die Auswirkung auf die Ziele überprüft. Nach einer individuellen Zielgewichtung durch den Entscheidungsträger kann auf diese Weise die subjektiv günstigste Prioritätsregel ermittelt werden. Zugleich ist als Ergebnis der Simulation der detaillierte Ablauf erkennbar, bevor der erste Arbeitsgang begonnen wird. Die **Untersuchung nach Hoss zeigt, daß die kürzeste Operationszeitregel die Ziele „optimale Kapazitätsauslastung"** (d. h. Minimierung der Wartezeiten der Potentialfaktoren) **und „minimale Durchlaufzeiten"** (d. h. minimale Zwischenlagerzeiten) **sehr gut erfüllt** – das Dilemma der Ablaufplanung also weitgehend vermieden –, **sofern die Termintreue von untergeordneter Wichtigkeit ist.** Es sei aber nochmals betont, daß die in Abbildung 4.51 zusammengestellten Zielwirkungen der Prioritätsregeln Erfahrungswerte aufgrund von Simulationsergebnissen sind und nicht im mathematischen Sinn als bewiesen gelten können. So

*Überprüfung der Prioritätsregeln*

| Prioritäts-<br>kriterium<br><br>Berücksich-<br>tigung der<br>Optimierungs-<br>ziele | kürzeste<br>Operationszeit | Fertigungs-<br>restzeit | Auftrags-<br>wert | Schlupf-<br>zeit |
|---|---|---|---|---|
| optimale<br>Kapazitätsauslastung | sehr gut | gut | mäßig | gut |
| minimale<br>Durchlaufzeiten | sehr gut | gut | mäßig | mäßig |
| minimale<br>Zwischenlagerkosten | gut | mäßig | sehr gut | mäßig |
| Termintreue | schlecht | mäßig | mäßig | sehr gut |

*Abb. 4.51: Zielwirkungen von Prioritätsregeln (Hoss)*

führt z. B. die Anwendung der kürzesten Operationszeitregel im obigen Beispiel zu Reihenfolgen, bei denen der Auftrag A oder B an erster Stelle steht. Diese Bearbeitungsreihenfolgen zeichnen sich aber durch ungünstige Maschinenwartezeiten bzw. Zwischenlagerzeiten aus (vgl. Abbildung 4.49 und Abbildung 4.50). Die Anwendung der heuristischen Regel führt also hier zu einem unbefriedigenden Ergebnis. Deshalb ist es für eine strengeren Maßstäben genügende Maschinenbelegungsplanung stets unerläßlich, auf eigene, problemindividuell ermittelte Lösungen zurückzugreifen.

### c) Quantitative Modelle und Methoden zur Bestimmung der Losgröße

Die Abstimmung zwischen Beschaffung und Produktion, zwischen Produktion und Absatz (vgl. S. 385) und zwischen den innerbetrieblichen Fertigungsstufen (vgl. S. 480ff.) erfordert das Zwischenschalten von Pufferlagern. Die im Rahmen der Programmplanung (vgl. S. 384ff. und S. 455ff.) festgelegten Produktmengen und die zu ihrer Erstellung notwendigen Zwischenproduktmengen bzw. Beschaffungsmengen müssen zu Losen gebündelt werden. **Als Losgröße wird die Anzahl der Produkteinheiten bzw. Zwischenprodukteinheiten bezeichnet, die eine oder mehrere Fertigungsstufen gemeinsam durchlaufen.**

Da in der industriellen Fertigung meist alternative Losgrößen realisiert werden können, werden Entscheidungen über den Prozeßparameter „Losgröße" notwendig. Diese Entscheidungen sollen hier unter dem Ziel der Kostenminimierung getroffen werden.

*Grundmodell*

Das quantitative Grundmodell zur Planung der „optimalen Bestellmenge" (vgl. Teil 3, S. 329ff.) kann analog zur Planung der optimalen Losgröße eines End-

bzw. Zwischenprodukts herangezogen werden. Die Prämissen des statischen und deterministischen Modells lauten dann im Fall der Losgrößenbestimmung:

(1) Die Produktmenge M des jeweiligen End- bzw. Zwischenprodukts pro Planperiode T ist gegeben. Sie soll in gleichbleibende Lose des Umfangs $x_0$ aufgeteilt werden. Die Produktionsdauer des Loses kann vernachlässigt werden; der Lagerabgang erfolgt linear. Fehlmengen werden ausgeschlossen.
(2) Die fixen Kosten (a) pro Los sind bekannt und für alle Lose des jeweiligen Produktes gleich.
(3) Die losgrößenvariablen Kosten sind zur Losgröße x proportional (Proportionalitätsfaktor (b)).
(4) Die Lager- und Zinskosten können zu einer Größe zusammengefaßt werden; sie sind proportional (Faktor q) zu dem am Lager gebundenen Kapital (b·x).

Unter den genannten Voraussetzungen kann mit Hilfe analytischer Methoden die optimale Losgröße berechnet werden (Andlersche Losgrößenformel):

$$(4.43) \qquad x_0 = \sqrt{\frac{2\,M\,a}{b \cdot q}}$$

Wegen seiner wirklichkeitsfremden Prämissen besitzt das Grundmodell nur beschränkte Aussagekraft. Je nach vorliegender Situation muß es spezifisch erweitert und modifiziert werden. Relativ einfach lassen sich z. B. eine endliche Produktionsgeschwindigkeit des Loses und geplante Fehlmengen in die Modellbildung aufnehmen. Auch die Voraussetzung des linearen Lagerabgangs kann geändert werden.

Als Beispiel für ein Modell mit endlicher Produktionsgeschwindigkeit und schubweisem Lagerabgang wird das Problem der Bestimmung der optimalen Werkstattlosgröße angeführt (Ellinger).

*optimale Werkstattlosgröße*

Im Rahmen der Werkstattfertigung ist es häufig üblich, daß ein Los die Werkstätte erst dann als Gesamtheit verläßt, wenn das letzte Stück fertiggestellt ist. Von einem Materiallager – das in die Betrachtung mit einbezogen wird – werden die zu bearbeitenden Erzeugniseinheiten einzeln entnommen, bearbeitet und dem Halb- bzw. Fertigproduktlager zugeführt. Mit fortschreitendem Produktionsprozeß sinkt der Bestand des Materiallagers auf Null; der Bestand des Halb- bzw. Fertigproduktlagers steigt kontinuierlich bis zur vollen Losgröße (vgl. Abbildung 4.52).

Ist das Los des Umfangs x vollständig bearbeitet, wird das Materiallager aufgefüllt; die gefertigten Halb- bzw. Fertigprodukte verlassen die Werkstatt. Im einzelnen bedeuten:

x = Werkstattlosgröße als Entscheidungsvariable
$x_0$ = kostenminimale Werkstattlosgröße

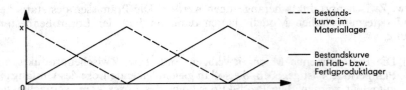

*Abb. 4.52: Bestandsbewegung im Material- und Halb- bzw. Fertigproduktlager*

M = in Lose aufzuteilende Gesamtproduktionsmenge
$t_a$ = Bearbeitungszeit einer Erzeugniseinheit (mit anteiliger Berücksichtigung von Stillstandszeiten)
$l_a(x)$ = Lagerzeit einer Erzeugniseinheit in der Werkstatt bei Realisierung der Losgröße x als Summe der Lagerzeiten im Materiallager und Halb- bzw. Fertigproduktlager
$L_a(x)$ = Gesamtlagerzeit aller Erzeugniseinheiten bei Realisierung der Losgröße x
a = losgrößenfixe Kosten (Umrüstkosten)
b = Proportionalitätsfaktor für die losgrößenvariablen Kosten
q = Zins- und Lagerkostenfaktor pro Zeiteinheit
K(x) = Gesamtkosten für die Produktion der Fertigungsmenge M bei Wahl der Losgröße x
$\dfrac{M}{x}$ = Anzahl der gebildeten Lose.

Die dem Materiallager an i-ter Stelle entnommene Erzeugniseinheit wartet im Materiallager $(i-1) \cdot t_a$ Zeiteinheiten bis zur Bearbeitung und im Halb- bzw. Fertigproduktlager $(x-i) \cdot t_a$ Zeiteinheiten bis zum Verlassen des Lagers. Die Gesamtwartezeit je Erzeugniseinheit beträgt demnach:

(4.44) $\quad l_a(x) = (i-1) \cdot t_a + (x-i) \cdot t_a = (x-1) \cdot t_a$

Die Gesamtlagerzeit $L_a$ aller x Stücke ist dann gleich:

(4.45) $\quad L_a(x) = x(x-1) \cdot t_a$

Die Gesamtkosten K(x) als Summe von Lager- und Zinskosten sowie Umrüstkosten berechnen sich zu:

(4.46) $\quad K(x) = \dfrac{M}{x} [x(x-1) \cdot t_a \cdot b \cdot q + a]$

oder:

(4.47) $\quad K(x) = M [(x-1) \cdot t_a \cdot b \cdot q + \dfrac{a}{x}]$

Das Minimum von K(x) wird durch Differenzieren von K(x) und Nullsetzen der ersten Ableitung gefunden:

(4.48) $\quad \dfrac{dK}{dx} = M\,[t_a \cdot b \cdot q - \dfrac{a}{x^2}\,] \stackrel{!}{=} 0$

Aufgelöst ergibt sich $x_0$

(4.49) $\quad x_0 = \sqrt{\dfrac{a}{t_a \cdot b \cdot q}}$

Das Grundmodell zur Bestimmung der optimalen Losgröße und seine Modifikationen, wie z. B. das Modell der optimalen Werkstattlosgröße, berücksichtigen nur eine Fertigungsstufe und ein zu produzierendes Gut. Die Losgrößen der einzelnen Fertigungsstufen bzw. der einzelnen Produktionsgüter können jedoch in der Regel nicht unabhängig voneinander optimiert werden. Gleichzeitig treten Reihenfolgeprobleme bezüglich der Umrüstung (vgl. S. 480 ff.) und der Maschinenbelegung (vgl. S. 487 ff.) auf.

Es wurden verschiedene Modelle entwickelt, die diese Aspekte mehr oder weniger stark einbeziehen. Es muß allerdings festgestellt werden, daß bislang befriedigende simultane Modellbildungen unter Einbeziehung mehrerer Produkte, mehrerer Fertigungsstufen, des Reihenfolgeproblems und eventuell der Programmplanung fehlen. Der Entscheidungsträger ist nach wie vor gezwungen, das Gesamtproblem in Teilprobleme zu zerlegen und mit den beschriebenen Modellen sukzessiv zu optimieren. Inwiefern allerdings der Mehraufwand an Organisation und Rechenarbeit bei simultanen Modellen angemessen wäre, ist noch ungewiß. Der Betriebswirtschaftslehre und dem Operations Research bietet sich hier noch ein weites Feld der Forschung.

## Fragen zur Selbstkontrolle und Vertiefung

1. Welchen Beitrag leistet die Produktionstheorie für die industrielle Produktionswirtschaft?
2. Aus welchen Komponenten setzt sich die Produktionsfunktion vom Typ C zusammen?
3. Inwiefern eignet sich die Produktionsfunktion vom Typ C für die Systematisierung und Erklärung produktionswirtschaftlicher Entscheidungstatbestände?
4. Stellen Sie das produktionswirtschaftliche Zielsystem und bestehende Zielbeziehungen dar!
5. Beurteilen Sie die Organisationstypen der Fertigung am Kriterium der fertigungstechnischen Flexibilität!
6. Welche Zusammenhänge lassen sich zwischen Organisationstypen und Prozeßtypen der Fertigung aufzeigen?
7. Beschreiben Sie die wesentlichen Entscheidungsprobleme, die in der Programmplanung zu bewältigen sind!
8. Welche Probleme zeigen sich bei dem Bestreben, sämtliche Prozeßparameter simultan zu optimieren? Wie wird diese Problematik „gelöst"?
9. Welche Einschränkungen sind bezüglich der Eignung der Produktionsfunktion vom Typ C als Erklärungsmodell für den EDV-gesteuerten Produktionsprozeß vorzunehmen?
10. Wie wirken sich die zeitliche und die personelle Teilung des produktionswirtschaftlichen Entscheidungsfeldes auf Entscheidungsprozesse im Rahmen der Produktionsplanung aus?
11. Inwiefern hängt der kybernetische Begriff der Regelung und der Begriff der Produktionssteuerung zusammen?
12. Was versteht man unter integrierten Modularprogrammen zur Produktionsplanung und -steuerung und nach welcher Planungskonzeption sind diese Modularprogramme aufgebaut?
13. Beschreiben Sie den Ablauf der Produktionssteuerung mit EDV!
14. Wie läßt sich die Engpaßausgleichsplanung im Rahmen der Kapazitätsplanung auf produktionstheoretischer Basis weiterentwickeln?

15. Welche Aufgabe hat die Werkstattsteuerung zu erfüllen?
16. In welche Richtungen sind integrierte Produktionssteuerungs-Systeme auszubauen?
17. Nennen Sie die wesentlichen Gründe, die zur Anwendung heuristischer Methoden im Produktionsbereich führen!
18. Welche Strategien der Instandhaltungsplanung kennen Sie und für welche Instandhaltungsprobleme können die einzelnen Strategien jeweils angewandt werden?
19. Nennen Sie die wichtigsten Anwendungsgebiete der Netzplantechnik!
20. Für welche Planungsprobleme im Bereich der Prozeßplanung läßt sich die Netzplantechnik als Instrument einsetzen?
21. Worin unterscheiden sich CPM und PERT?
22. Wie werden Pufferzeiten errechnet?
23. Erläutern Sie kurz die Schritte zur Ermittlung der Kurve minimaler Projektkosten und zur Bestimmung der optimalen Projektdauer!
24. Charakterisieren Sie die grundsätzliche Problematik der Mehrprojektplanung auf der Grundlage der Netzplantechnik!
25. Übertragen Sie das auf den Seiten 439 ff. dargestellte Raumzuordnungsmodell auf die Problematik der Raumzuordnung im industriellen Verwaltungsbereich!
26. Welche Lösungsmethoden des Travelling Salesman Problems kennen Sie? Beschreiben Sie die Vor- und Nachteile dieser Methoden!
27. Welche Ziele werden bei der Maschinenbelegungsplanung verfolgt? Beschreiben Sie die Zielbeziehungen!
28. Was versteht man unter dem Dilemma der Ablaufplanung?

# Literaturhinweise

Adam, D., Produktionsdurchführungsplanung, in: Jacob, H. (Hrsg.), Industriebetriebslehre, Wiesbaden 1972

Adam, D., Produktionspolitik, 3. Aufl., Wiesbaden 1980

Agthe, K./Blohm, H./Schnaufer, E., Industrielle Produktion, Baden-Baden/Bad Homburg 1967

Albach, H., Produktionsplanung auf der Grundlage technischer Verbrauchsfunktionen, Hrsg. Arbeitsgemeinschaft für Forschung des Landes Nordrhein-Westfalen, Köln/Opladen 1962

Altrogge, G., Netzplantechnik, Wiesbaden 1979

Backhaus, K., Fertigungsprogrammplanung, Stuttgart 1979

Biethahn, J., Optimierung und Simulation, Wiesbaden 1978

Bleicher, K., Unternehmungsspiele – Simulationsmodelle für unternehmerische Entscheidungen, Baden-Baden 1962

Bloech, J./Lücke, W., Produktionswirtschaft, Göttingen 1981

Brankamp, K., Ein Terminplanungssystem für Unternehmen der Einzel- und Kleinserienfertigung, 2. Aufl., Würzburg/Wien 1973

Bravermann, H., Die Arbeit im modernen Produktionsprozeß, Frankfurt/New York 1977

Bussmann, K. F./Mertens, P., Operations Research und Datenverarbeitung bei der Produktionsplanung, Stuttgart 1968

Bussmann, K./Mertens, P., Operations Research und Datenverarbeitung bei der Instandhaltungsplanung, Stuttgart 1968

Churchman, C. W./Ackoff, R. L./Arnoff, E. L., Operations Research, 4. Aufl., Wien/München 1971

Czeranowsky, G., Programmplanung bei Auftragsfertigung unter besonderer Berücksichtigung des Terminwesens, Wiesbaden 1974

Dellmann, K., Entscheidungsmodelle für die Serienfertigung, Opladen 1975

Dinkelbach, W., Zum Problem der Produktionsplanung in Ein- und Mehrproduktunternehmen, Würzburg/Wien 1964

Dittmann, E.-L., Datenunabhängigkeit beim Entwurf von Datenbanksystemen, Darmstadt 1977

Ellinger, Th., Ablaufplanung, Stuttgart 1959

Ellinger, Th./Wildemann, H., Planung und Steuerung der Produktion, Wiesbaden 1978

Ellinger, Th./Wildemann, H., Praktische Fälle zur Produktionssteuerung, Wiesbaden 1978

Eversheim, W., Organisation in der Produktionstechnik, Band 3, Düsseldorf 1980

Fehr, E., Produktionsplanung und -steuerung mit elektronischer Datenverarbeitung, Bern/Stuttgart 1968

Grochla, E. (Hrsg.), Das Büro als Zentrum der Informationsverarbeitung, Wiesbaden 1971

Grochla, E., Grundlagen der Materialwirtschaft, 3. Aufl., Wiesbaden 1978

Grupp, B., Modularprogramme für die Fertigungsindustrie, Berlin/New York 1973

Grupp, B., Elektronische Arbeitsplanorganisation in der Praxis, Stuttgart/Wiesbaden 1975

Grupp, B., Elektronische Stücklistenorganisation in der Praxis, Stuttgart/Wiesbaden 1976

Günther, H., Das Dilemma der Ablaufplanung, Berlin 1971

Gutenberg, E., Grundlagen der Betriebswirtschaftslehre, 1. Band: Die Produktion, 24. Aufl., Berlin/Göttingen/Heidelberg 1983

Hahn, D., Industrielle Fertigungswirtschaft in entscheidungs- und systemtheoretischer Sicht, in: Zeitschrift für Organisation, 1972, S. 269 ff., S. 369 ff., S. 427 ff.

Hanssmann, F., Einführung in die Systemforschung, München 1978

Heinen, E., Anpassungsprozesse und ihre kostenmäßigen Konsequenzen, Köln/Opladen 1957

Heinen, E., Produktions- und Kostentheorie, in: Jacob, H. (Hrsg.), Allgemeine Betriebswirtschaftslehre in programmierter Form, Wiesbaden 1969, S. 201 ff.

Heinen, E., Betriebswirtschaftliche Kostenlehre, Kostentheorie und Kostenentscheidungen, 6. Aufl., Wiesbaden 1983

Heinen, E., Einführung in die Betriebswirtschaftslehre, 9. Aufl., Wiesbaden 1985

Heinen, E./Sievi, Ch., Kostentheorie, in: Kern, W. (Hrsg.), Handwörterbuch der Produktionswirtschaft, Stuttgart 1979, Sp. 971 ff.

Heinen, H., Ziele multinationaler Unternehmen – Der Zwang zur Investition im Ausland, Wiesbaden 1982

Heinrich, L. J. (Hrsg.), Computerleistung am Arbeitsplatz – Benutzerorientiertes Distributed Data Processing (DDP), München/Wien 1978

Heß-Kinzer, D., Fertigungssteuerung mit Modularprogrammen, 2. Aufl., Berlin u. a. 1975

Hoss, K., Fertigungsablaufplanung mittels operationsalytischer Methoden. Unter besonderer Berücksichtigung des Ablaufplanungsschemas in der Werkstattfertigung, Würzburg/Wien 1965

Jacob, H., Produktionsplanung und Kostentheorie, in: Koch, H. (Hrsg.), Zur Theorie der Unternehmung, Festschrift für E. Gutenberg, Wiesbaden 1962

Jacob, H., Die Planung des Produktions- und Absatzprogramms, in: Jacob, H. (Hrsg.), Industriebetriebslehre, 2. Aufl., Wiesbaden 1983, S. 397ff.

Kahle, E., Produktion, München/Wien 1980

Kayser, P., EDV-gestützte Produktionsprogrammplanung bei Auftragsfertigung, Berlin 1978

Kelley, J. E. Jr., Critical-Path Planning and Scheduling: Mathematical Basis, in: Operations Research Vol. 9, 1961, Nr. 3, S. 296ff.

Kern, N., Netzplantechnik. Betriebswirtschaftliche Analyse von Verfahren der industriellen Terminplanung, Wiesbaden 1969

Kern, W., Produktionswirtschaft, in: Kern, W. (Hrsg.), Handwörterbuch der Produktionswirtschaft, Stuttgart 1979, Sp. 1647ff.

Kern, W., Industrielle Produktionswirtschaft, 3. Aufl., Stuttgart 1980

Kernler, H., Fertigungssteuerung mit EDV, Köln 1971

Kilger, W., Optimale Verfahrenswahl bei gegebenen Kapazitäten, in: Moxter, A./Schneider, D./Wittmann, W. (Hrsg.), Produktionstheorie und Produktionsplanung, Festschrift für K. Hax, Köln/Opladen 1966

Kilger, W., Optimale Produktions- und Absatzplanung, Opladen 1973

Kirsch, W./Bamberger, J./Gabele, E./Klein, H. K., Betriebswirtschaftliche Logistik, Wiesbaden 1973

Klein, H. K., Heuristische Entscheidungsmodelle, Wiesbaden 1971

Kosiol, E., Zur Problematik der Planung in der Unternehmung, in: Zeitschrift für Betriebswirtschaft, 1967, S. 77ff.

Küpper, H. U., Ablauforganisation, Stuttgart/New York 1982

Küpper, W., Planung der Instandhaltung, Wiesbaden 1974

Küpper, W./Lüder, K./Streitferdt, L., Netzplantechnik, Würzburg/Wien 1975

Kunerth, W., Konzeption eines EDV-gestützten Fertigungssteuerungssystems, Berlin/Köln 1976

Leifmann, L. J., Netzplantechnik bei begrenzten Ressourcen, Köln/Opladen 1968

Lipka, A., Organisation der Datenverarbeitung für die Fertigung, München/Wien 1967

Mellerowicz, K., Betriebswirtschaftslehre der Industrie, 6. Aufl., Band 1 und 2, Freiburg i. Br. 1968

Mensch, G., Ablaufplanung, Köln/Opladen 1968

Mensch, G., Das Trilemma der Ablaufplanung, in: Zeitschrift für Betriebswirtschaft, 1972, S. 77ff.

Mertens, P./Griese, J., Industrielle Datenverarbeitung, 2. Bd.: Informations- und Planungssysteme, 4. Aufl., Wiesbaden 1984

Mrosek, D., Zurechnungsprobleme in einer entscheidungsorientierten Kostenrechnung, Wiesbaden 1983

Müller-Merbach, H., Optimale Reihenfolgen, Berlin 1970

Müller-Merbach, H., Operations Research, 3. Aufl., München 1973

Pack, L., Optimale Bestellmenge und optimale Losgröße – zu einigen Problemen ihrer Ermittlung, Wiesbaden 1964

Pack, L./Altrogge, G., Netzplantechnik, in: Jacob, H. (Hrsg.), Industriebetriebslehre, Bd. II, Wiesbaden 1972, S. 499 ff.

Pressmar, D. B., Einsatzmöglichkeiten der elektronischen Datenverarbeitung für die simultane Produktionsplanung, in: Hansen, H.-R., Informationssysteme im Produktionsbereich, München/Wien 1975, S. 215 ff.

Reed, R. Jr., Plant Location, Layout and Maintenance, Homewood Ill. 1967

Rehwinkel, G., Erfolgsorientierte Reihenfolgeplanung, Wiesbaden 1978

Reichwald, R., Die menschliche Arbeit in der betriebswirtschaftlichen Produktionstheorie – eine methodologische Analyse, Diss. München 1973

Reichwald, R., Arbeit als Produktionsfaktor, München 1977

Reichwald, R., Technologische Entwicklungen und Wirtschaftlichkeitsbeschränkungen für eine humane Arbeitsgestaltung im Verwaltungsbereich, in: Rosenstiel, L. v./Weinkamm, M. (Hrsg.), Humanisierung der Arbeitswelt – eine vergessene Verpflichtung?, Stuttgart 1980, S. 203 ff.

Reichwald, R. (Hrsg.), Neue Systeme der Bürotechnik – Beiträge zur Büroarbeitsgestaltung aus Anwendersicht, Berlin/Bielefeld 1982

Riebel, P., Industrielle Erzeugungsverfahren in betriebswirtschaftlicher Sicht, Wiesbaden 1963

Rosenkranz, F., Netzwerktechnik und wirtschaftliche Anwendung, Meisenheim am Glan 1968

Rühli, E., Unternehmungsführung und Unternehmungspolitik Bd. I und II, Bern/Stuttgart 1973 und 1978

Schäfer, E., Der Industriebetrieb, 1. Bd., Köln/Opladen 1969, 2. Bd., Opladen 1971

Scheele, E. D./Westermann, W. L./Wimmert, R. J., Principles and Design of Production Control Systems, Englewood Cliffs, N. J. 1960

Scheer, A.-W., Produktionsplanung auf der Grundlage einer Datenbank des Fertigungsbereichs, München/Wien 1976

Scheer, A.-W., Projektsteuerung, Wiesbaden 1978

Schiemenz, B., Automatisierung der Produktion, Göttingen 1980

Schiemenz, B., Betriebskybernetik, Stuttgart 1982

Schirmer, A., Dynamische Produktionsplanung bei Serienfertigung, Wiesbaden 1980

Schomberg, E., Entwicklung eines betriebstypologischen Instrumentariums zur systematischen Ermittlung der Anforderungen an EDV-gestützte Produktions-, Planungs- und Steuerungssysteme im Maschinenbau, Aachen 1980

Schwarz, F., Die Ermittlung der optimalen Reparatur- und Ersatzstrategie mit Hilfe der Simulation und mit Hilfe analytischer Methoden, in: Bussmann, K.-F./Mertens, P. (Hrsg.), Operations Research und Datenverarbeitung bei der Instandhaltungsplanung, Stuttgart 1968

Schweitzer, M., Einführung in die Industriebetriebslehre, Berlin/New York 1973

Schweitzer, M./Küpper, H. U., Betriebswirtschaftliche Produktions- und Kostentheorie, Reinbek 1974

Soom, E., Integrierte Produktionsplanung und -steuerung, Hrsg., Institut für Betriebswirtschaft an der Hochschule St. Gallen, Heft 38 der Betriebswirtschaftlichen Mitteilungen, Bern 1967

Steffen, R., Analyse industrieller Elementarfaktoren in produktionstheoretischer Sicht, Berlin 1973

Steinbuch, P. A./Olfert, K., Fertigungswirtschaft, Ludwigshafen (Rhein) 1978

Swoboda, P., Die simultane Planung von Rationalisierungs- und Erweiterungsinvestitionen und von Produktionsprogrammen, in: Zeitschrift für Betriebswirtschaft, 1965, S. 148 ff.

Thome, R., Produktionskybernetik – Informationsfluß zur Steuerung und Regelung von Produktionsprozessen, Berlin 1977

Thumb, N., Grundlagen und Praxis der Netzplantechnik, München 1968

Trux, W. R., Einkauf und Lagerdisposition mit Datenverarbeitung, München 1968

Ulrich, H., Die Organisation der Planung, in: Institut für Betriebswirtschaft an der Hochschule St. Gallen für Wirtschafts- und Sozialwissenschaften (Hrsg.), Grundprobleme der Unternehmensplanung, Bern 1968

Vischer, P., Simultane Produktions- und Absatzplanung. Rechnungstechnische und organisatorische Probleme mathematischer Programmierungsmodelle, Wiesbaden 1967

Wagner, G., Netzplantechnik in der Fertigung, München 1968

Wasielewski, E. v., Praktische Netzplantechnik mit Vorgangsknotennetzen, Wiesbaden 1975

Weber, K., Projektanalyse mit CPM, in: Industrielle Organisation, 1968, S. 236 ff.

Wiese, M., Wirtschaftlichkeitsbeurteilung EDV-gestützter Fertigungssteuerungssysteme, Berlin 1979

Wille, H./Gewald, K./Weber, H. D., Netzplantechnik, 1. Bd.: Zeit-Planung, 3. Aufl., München/Wien 1972

Woodgate, H. S., Planning by Network, London 1964

Zäpfel, G., Produktionswirtschaft – Operatives Produktions-Management, Berlin/New York 1982

Zeigermann, J., Elektronische Datenverarbeitung in der Materialwirtschaft, Stuttgart 1970

Zimmermann, H.-J., Netzplantechnik, Berlin/New York 1971

Zorn, J., Die optimale Layoutplanung für gemischte Fertigungen, in: Bussmann, K./Mertens, P. (Hrsg.), Operations Research und Datenverarbeitung bei der Produktionsplanung, Stuttgart 1968

**Fünfter Teil**

# Absatzwirtschaft

von

Rainer Marr und Arnold Picot

Die Überarbeitung dieses Beitrages für die 7. Auflage erfolgte unter Mitarbeit von Bernd Lange und Albrecht Strube.

## Fünfter Teil

**Absatzwirtschaft**

I. Absatzwirtschaft und Marketingkonzeption .............. 509
   1. Marketing als Inbegriff marktorientierten Entscheidungsverhaltens .................................................. 511
   2. Marketing und Unternehmungsorganisation ........... 513
      Organisatorische Verankerung der Marketing-Funktion 513 – Interne Organisation der Marketing-Funktion 518

II. Marktforschung und Marktstrategien .................... 520
   1. Elemente von Marktmodellen ........................ 521
   2. Modelle des Käuferverhaltens ....................... 524
   3. Methoden der Marktanalyse und Marktprognose (Marktforschung) ............................................ 533
   4. Entwicklung von Marktstrategien ................... 544
      Lücken-Analysen und „klassische" Marktstrategien 545 – Lebenszyklus-Analyse 550 – Erfahrungskurven-Analyse 551 – Portfolio-Analyse 554

III. Programme zur Marktgestaltung ....................... 559
   1. Produkt-Politik ................................... 559
      Das einzelne Produkt 560 – Die Zusammensetzung des Produktionsprogramms 562 – Produkt- und Programmänderungen 564 – Produktinnovation 565 – Ideenfindung, -bewertung und -realisation 566
   2. Preis- und Konditionen-Politik ..................... 573
      Kostenorientierte Preisbildung 574 – Nachfrageorientierte Preisbildung 575 – Konkurrenzorientierte Preisbildung 576 – Preisbildung bei neuen Produkten 579 – Rabatte und Konditionen 580
   3. Distributions-Politik .............................. 581
      Absatzwege 581 – Transport und Lagerung 586
   4. Kommunikations-Politik ............................ 590
      Verkaufsförderung 593 – Werbung 594 – Öffentlichkeitsarbeit und Interessenvertretung 599

IV. Zur Problematik der Gestaltung der Marketing-Politik ... 602
   1. Charakterisierung der Problemstruktur .............. 603
   2. Lösungsansätze ................................... 605

V. Marketingkontrolle ................................... 608
   1. Strategische Kontrolle ............................ 608

2. Operative Kontrolle ............................. 609
3. Wertanalyse als Instrument der Marketingkontrolle ........ 612

*Fragen zur Selbstkontrolle und Vertiefung* ................... 615
*Literaturhinweise* ..................................... 618

Die Behandlung absatzwirtschaftlicher Fragen des Industriebetriebs kann im Rahmen dieses Buches lediglich einen allgemeinen Überblick vermitteln. So bedeutend auch die Absatzwirtschaft in der industriellen Praxis der Gegenwart ist, so unmöglich erscheint es, in einem Lehrbuch der Industriebetriebslehre detailliert und umfassend zu dem weitverzweigten Gebiet der Absatz- und Marketingtheorie Stellung zu nehmen. Die große Anzahl deutsch- und englischsprachiger Monographien, Fachzeitschriften, Sammelwerke usw. und die akademische Selbständigkeit dieses Gebietes verdeutlichen diese Schwierigkeit in besonderem Maße. Der folgende Beitrag kann demnach nicht als umfassende „industrielle Absatzlehre" angesehen werden. Er versucht vielmehr, die vielfältigen Informations- und Entscheidungsprobleme zu verdeutlichen, welche die absatzwirtschaftliche Aktivität des Industriebetriebs kennzeichnen.

## I. Absatzwirtschaft und Marketingkonzeption

In einem marktwirtschaftlichen Wirtschaftssystem richten sich Fertigung und Absatz der Produkte letztlich immer nach der Nachfrage des Marktes. Der Absatz der Leistungen und der Rückfluß der in den Leistungen zuvor gebundenen Mittel in Form von Verkaufserlösen bilden eine grundlegende Voraussetzung für den Bestand des Industriebetriebs und die Erreichung seiner Ziele.

**Alle Dispositionen, die die Beziehungen des Industriebetriebs mit dem Absatzmarkt zum Gegenstand haben, fallen in den Bereich der Absatzwirtschaft; sie verbindet die industrielle Produktion mit dem Markt.**

*Begriff der Absatzwirtschaft*

In der Zeit unmittelbar nach dem Zweiten Weltkrieg stand der Güterproduktion in der Regel eine wesentlich höhere Nachfrage gegenüber (**Verkäufermarkt**), so daß die absatzwirtschaftliche Tätigkeit sich im wesentlichen auf die Verteilung der Produkte und die verwaltungsmäßige Abwicklung der Verkäufe beschränken konnte. Nach Überwindung der Kriegsfolgen machten der wachsende Wohlstand und das steigende Ausmaß der Befriedigung materieller Bedürfnisse den Absatz des Güterangebots schwieriger, das Angebot begann in vielen Bereichen die gegebene Nachfrage zu übersteigen (**Käufermarkt**). Da in unserem Wirtschaftssystem die Existenz eines Unternehmens langfristig an eine angemessene Rentabilität des Kapitaleinsatzes gebunden ist, bedeutete diese Entwicklung für jedes einzelne Unternehmen eine Bedrohung. Die Unternehmen waren deshalb gezwungen, sich intensiver und planmäßig mit der aktuellen und potentiellen Nachfrage, also mit den unbefriedigten Bedürfnissen der Käufer auseinanderzusetzen. **Ausgehend von den USA wurden unter dem Begriff „Marketing" umfassende absatz- und unternehmenspolitische Konzeptionen entwickelt, in deren Mittelpunkt die optimale Nutzung aktueller Markt-Nachfrage sowie die Suche und Weckung verborgener Bedürfnisse und ihre Umwandlung in kaufkräftige Nachfrage standen.**

*Entwicklung des Marketinggedankens*

Diese „unternehmensegoistische" Funktion des Marketing hat vielfältige Kritik hervorgerufen, die sich insbesondere auf eine Reihe von Negativwirkungen im Bereich der sozialen und ökologischen Umwelt bezieht. So wird gegen das Marketingkonzept beispielsweise eingewandt, daß es zwar dem einzelnen

*Bedeutung des Marketinggedankens*

Produzenten Vorteile bringe, zugleich jedoch gegen berechtigte Interessen der Abnehmer verstoße. **Die These, daß ein gewinnorientiertes Marketing-Management auch zu der bestmöglichen Versorgung und Wohlfahrt in der Gesellschaft führe, wurde angesichts einer Reihe entgegengesetzter Erfahrungen erschüttert.** Besonders deutlich zeigt sich dies bei dem Versuch, neue Bedürfnisse zu schaffen und der damit in unmittelbarem Zusammenhang stehenden Veränderungen der Struktur gesellschaftlicher Normen sowie in den Auswirkungen innerhalb der güterwirtschaftlichen Umwelt. Im Interesse eines effizienten Marketing wurde ein differenziertes Instrumentarium entwickelt und dadurch ein hohes Beeinflussungspotential geschaffen, das sich bis in den Bereich der gesellschaftlichen und der daraus abgeleiteten individuellen Normen als Bestimmungsfaktoren menschlichen Verhaltens erstrecken kann. Hierin wird vor allem die Ursache für die in den westlichen Industriegesellschaften beobachtbare Normensubstitution zugunsten überwiegend ökonomisch orientierter Kategorien wie Leistung, Konkurrenz und für den hohen Stellenwert des privaten Konsums gesehen. Die gesamtgesellschaftspolitische Bedeutung dieser Entwicklung wird vor allem deutlich, wenn sozial erwünschte Maßnahmen nicht mehr durchsetzbar sind, weil der überwiegende Anteil der Konsumenten nicht zu jenen Verhaltensbeschränkungen bereit ist, die solche Maßnahmen erfordern würden.

*vermutete gesellschaftliche Folgen des Marketing*

*Normensubstitution*

*ökologische Umweltbelastungen*

Weitere negative Wirkungen des erwerbswirtschaftlich orientierten Marketings ergeben sich insbesondere durch die Belastungen der Umwelt und die Überbeanspruchung natürlicher Ressourcen. Da für die Umweltnutzung in der Regel kein Preis existiert und sich zudem in vielen Fällen die Möglichkeit der Überwälzung von Kosten auf die Allgemeinheit bietet (z. B. Abwässereinigung) sind für das erwerbswirtschaftlich orientierte Marketing kaum Anreize gegeben, umweltbelastende Produkte und Produktionsweisen zu ersetzen.

*Überbeanspruchung natürlicher Ressourcen*

Eine ähnliche Entwicklung kann in bezug auf die Ressourcenbeanspruchung festgestellt werden. Hier ist der Vorwurf schwer zu entkräften, daß die Nutzung der natürlichen Ressourcen (z. B. Rohstoffe) wenig zukunftsorientiert im Hinblick auf deren künftigen Knappheitsgrad erfolge. Zudem kann durch „erfolgreiches" Marketing bei den Konsumenten die Bewußtwerdung der negativen Auswirkungen des Konsums auf die verfügbaren Ressourcenpotentiale verhindert werden und damit auch die Bereitschaft, durch Änderung der Verbrauchsgewohnheiten die notwendigen Handlungskonsequenzen zu ziehen.

*Intransparenz des Güterangebots*

Weiterhin wird unterstellt, daß die Vielfalt der am Markt befindlichen Produktvarianten und die damit zusammenhängende Intransparenz des Güterangebots zu einem verminderten Qualitäts- und Preiswettbewerb führen, der dem Konsumenten nur noch geringe Sanktionsmöglichkeiten gegenüber den Anbietern ermöglicht und den Anbietern dadurch geringere Anreize zu Leistungsverbesserungen und Innovationen bietet.

Die Kritiken, die sich zum Teil auch gegen das marktwirtschaftliche System insgesamt wenden, haben in einigen Bereichen der Marketingwissenschaft ein

Überdenken der „klassischen" Marketingkonzeption veranlaßt. In diesem Zusammenhang lassen sich verschiedene Entwicklungsrichtungen unterscheiden:

*Entwicklungstendenzen des Marketing*

- **Human Concept of Marketing,** das eine stärkere Berücksichtigung von Abnehmerinteressen (z. B. Sicherheits- und Qualitätsstandards) in der unternehmerischen Absatzpolitik fordert;

- **Konsumerismus-Bewegung,** die durch organisatorische, gesetzliche und informationspolitische Maßnahmen Macht und Rechte der Verbraucher gegenüber den Anbietern ausbauen will;

- **Social-Marketing,** welches das Marketingwissen auf die Vermittlung (Absatz) öffentlicher Güter und sozialer, politischer Ideen überträgt.

Diese Entwicklungstendenzen wurden zum Teil von der industriellen Marketingpraxis aufgegriffen und in die Absatzpolitik einbezogen, teils als Vorwegnahme, teils als Reaktion auf öffentliche Maßnahmen. In diesem Zusammenhang taucht neuerdings der **Begriff des Marketing-Assessment als Planungs-, Entscheidungs- und Kontrollinstrument** auf, welches ermöglichen soll, neben ökonomischen auch sozio-ökonomische und sozio-ökologische Konsequenzen unternehmerischen Handelns zu berücksichtigen. Damit wird eine effizientere Handhabung der Konflikte zwischen der Erreichung traditioneller Unternehmungsziele (vor allem des Gewinns) und einer den gesellschaftlichen Interessen entsprechenden Zweckerfüllung angestrebt.

*Marketing-Assessment*

Die Diskussion um das Für und Wider der „Marketing-Philosophie" ist aber noch nicht als beendet anzusehen. Der Versuch, das „klassische" Marketingkonzept zu überwinden, unterstreicht die Notwendigkeit, bei der wissenschaftlichen Beschäftigung mit Absatzproblemen zwischen dem Sein (Praxis des Marketing, z. B. (teilweise) Steuerung des Bedarfs durch die Produktion) und dem Sollen (z. B. Steuerung der Produktion durch die Abnehmer) zu unterscheiden, d. h. die vorfindbare Realität nicht mit einer erwünschten zu verwechseln. Der vielschichtigen Problematik, die sich hinter der Erhebung des Ist-Zustandes der Absatzwirtschaft, seiner Bewertung, der Begründung der Bewertungskriterien und der Konzipierung eines anzustrebenden Zustandes verbirgt, wird sich die Lehre von der Absatzwirtschaft in zunehmendem Maße bewußt.

Angesichts der angedeuteten offenen Problematik soll im folgenden die Grundstruktur der industriellen Absatzwirtschaft in erster Linie in Form einer Ist-Darstellung skizziert werden.

## 1. Marketing als Inbegriff marktorientierten Entscheidungsverhaltens

Marketing heißt ganz allgemein: **marktorientiertes Entscheidungsverhalten.** Dies bedarf jedoch einer näheren inhaltlichen Präzisierung:

(1) Marketing ist vor allem eine **„Unternehmens-Philosophie",** die nicht das Produkt oder die Produktion, sondern die Probleme, Wünsche und Be-

*Elemente des Marketingbegriffs*

dürfnisse ausgewählter aktueller oder potentieller Kundengruppen in den Mittelpunkt stellt. Es handelt sich um eine integrierte Denkweise, d. h. für die Entscheidungsträger **aller** Ebenen und **aller** Funktionsbereiche gilt das „Denken-vom-Markt-her" (Abschnitt I., 2).

(2) Auf einer globalen, gesamtunternehmensbezogenen Betrachtungsebene (**strategische Ebene**) werden mit Hilfe von Informationen über mögliche Marktchancen und -probleme sowie der dem Industriebetrieb zur Verfü-

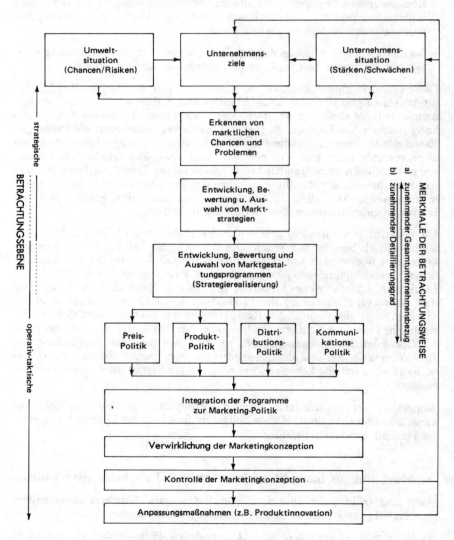

*Abb. 5.1: Modell eines Marketingsystems*

gung stehenden personellen, produktionswirtschaftlichen und finanzwirtschaftlichen Ressourcen Marktstrategien entwickelt, die die Erreichung der Oberziele der Unternehmung sicherstellen sollen (Abschnitt II).

(3) Die erfolgreiche Verwirklichung von Marktstrategien verlangt eine **planmäßige Gestaltung des Marktes:** des Angebotes und der Nachfrage. Das geschieht auf einer detaillierten, operativen Ebene durch den koordinierten Einsatz der marktpolitischen Instrumente in **Marketing-Programmen** (Abschnitt III.) und in der sogenannten **Marketing-Politik,** die die Programme integriert (Abschnitt IV.).

(4) Planmäßigkeit ist eine notwendige Bedingung jeder Marketingkonzeption. Daraus ergibt sich konsequenterweise die Möglichkeit und Notwendigkeit der **Kontrolle** der erwarteten Auswirkungen von Marketingmaßnahmen, die zur Veränderung und **Anpassung** der Marketingkonzeption führen kann (Abschnitt V.).

Das vorstehende Schema soll die grundsätzliche innere Systematik einer Marketingkonzeption näher präzisieren und in vereinfachter Form veranschaulichen. Abbildung 5.1 bildet die Grundlage für die späteren Ausführungen.

*das System des Marketing*

## 2. Marketing und Unternehmungsorganisation

Vor einer detaillierten Beschäftigung mit absatzwirtschaftlichen Entscheidungstatbeständen soll die Frage der Integration der Marketingidee in das Unternehmen kurz erörtert werden. Die Identifikation aller Mitarbeiter des Industriebetriebs mit dem „Denken-vom-Markt-her" ist nicht nur eine Aufgabe innerbetrieblicher Ausbildung und Motivationspolitik. Die für ein erfolgreiches Marketing notwendige organisatorische Durchsetzung der Marketing-Idee hat im wesentlichen zwei Fragen zu beantworten:

*organisationale Problemkreise des Marketing*

1. **Wie kann** (soll) **die Bedeutung der Marketing-Funktion gegenüber** anderen betrieblichen Funktionen in der Gesamtunternehmung **organisatorisch verankert werden?**

2. **Wie kann** (soll) **die Marketingfunktion in sich organisatorisch gegliedert werden?**

*Organisatorische Verankerung der Marketing-Funktion*

Unterschiedliche Aufgabeninhalte und Zielsetzungen der Marketing (Absatz)-Funktion und anderer betrieblicher Funktionen wie Beschaffung, Produktion, Forschung und Entwicklung sowie Finanzierung können zu innerorganisatorischen Konflikten zwischen Absatzabteilung und anderen Abteilungen führen. Die nachstehende Übersicht (Abb. 5.2) gibt Beispiele derartiger Konfliktmöglichkeiten, die sich bei Verfolgung des Marketing-Gedankens in der Unternehmung grundsätzlich ergeben können.

Trotz der Dominanz des Marketinggedankens haben die angedeuteten Interessen der einzelnen Abteilungen ihre Berechtigung. Mit Blick auf die Märkte ist

| Abteilung | Abteilungsinteresse | Marketinginteresse (Interesse der Absatzabteilung) |
|---|---|---|
| 1. Beschaffung | Preis des Materials; Bestimmung der Bestellmenge nach Beschaffungs- und Lagerkosten | Qualität des Materials; Bestimmung der Bestellmenge und Bestellhäufigkeit nach Absatz- und Produktionsbedarf |
| 2. Produktion | wenig Modelle; seltener Modellwechsel; standardisierte Losgrößen; kleines Lager; „normale" Qualitätskontrolle | viele Modelle; häufiger Modellwechsel; Losgröße nach Bedarf; hoher Lagerbestand zur Lieferfähigkeit; genaue Qualitätskontrolle |
| 3. Forschung und Entwicklung | funktionsgerechte Konstruktion; lange Entwicklungsdauer; wenig Modelle | verkaufsgerechte Konstruktion; kurze Entwicklungsdauer; viele Modelle |
| 4. Finanzen | sparsame, starre Budgets; standardisierte Zahlungsmodalitäten; harte Maßstäbe bei Kreditgewährung | großzügig flexible Budgets; Sondervereinbarungen; großzügige Kreditpolitik |

*Abb. 5.2: Beispiele für Konfliktmöglichkeiten zwischen der Absatzabteilung und anderen Abteilungen*

*organisatorische Gestaltungsalternativen*

aber ein Ausgleich konfliktärer Zielvorstellungen und eine frühzeitige und zweckentsprechende Koordination der verschiedenen Aktivitäten erforderlich. Für eine möglichst problemgerechte, marketingorientierte Gestaltung der Gesamtorganisation bieten sich verschiedene organisatorische Gestaltungsalternativen an:

a) **Funktionsorientierung;** auf der obersten Teilungsebene wird nach Verrichtungen (betrieblichen Funktionen) gegliedert. Die oben genannten Konfliktmöglichkeiten (siehe Abb. 5.2) stellen sich bei einer nach gleichgeordneten Funktionen gegliederten Linienorganisation besonders deutlich. Die Unternehmensleitung und die Abteilungsleiter wären hier sicherlich überfordert, wollten sie alle Tätigkeiten marktgerecht aufeinander abstimmen und Konflikte schlichten. Eine Funktionalisierung nach dem strengen Linienprinzip würde wegen der Überlastung von Instanzen und Dienstwegen zu einer schwerfälligen, wenig wirksamen Koordination verschiedener Abteilungen führen. Als erste Verbesserungsmöglichkeit können die anderen Funktionen teilweise oder ganz der Marketingabteilung unterstellt werden, so z. B. die Forschung und Entwicklung, die Beschaffungs- und Produktionsplanung, die Budgetierung und Debitorenverwaltung. Dennoch bliebe die Problematik der Koordination unterschiedlicher Marketingstrategien für verschiedene Produkte und Produktgruppen bestehen. Unterstützung, Durchsetzung und Koordination unterschiedlicher Marketingstrategien werden für die Entscheidungsträger mit zunehmender Heterogenität des Leistungsprogramms immer schwieriger.

b) **Stabsorientierung;** sie stellt eine Möglichkeit zur Verminderung der Koordinationsproblematik des Marketing, insbesondere in Mehrproduktunternehmen mit heterogenem Leistungsprogramm, dar.

Dieses Konzept stellt eine besondere Form des Produktmanagerkonzepts dar. Danach werden z. B. in einer funktionsorientierten Linienorganisation auf der Ebene der Unternehmensleitung für jeweils ein oder mehrere Produkte Stabsstellen eingerichtet. Diese werden von sogenannten Produktmanagern verwaltet (vgl. Abbildung 5.3).

*Produktmanagerkonzeption*

Jeder Produktmanager ist für das Marketing seines Produkts verantwortlich, hat aber gegenüber der Linie kein Weisungsrecht, sondern nur eine Beratungs- und Überzeugungsaufgabe. Seine Funktionen lassen sich wie folgt umreißen: Durchsetzung der produktspezifischen Marketingstrategie, Abstimmung der für sein Produkt relevanten Aktivitäten der Funktionsabteilungen, Analyse und Prognose des Marktes, Entwicklung und Vorschlag neuer Marketingstrategien oder Programme zur Marktgestaltung.

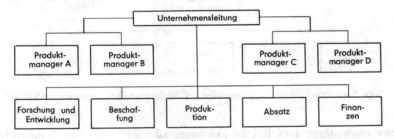

*Abb. 5.3: Funktionsorientierte Stab-Linien-Organisation mit Produktmanagern*

Das fehlende Weisungsrecht der Produktmanager hat zur Folge, daß letztlich die Unternehmensleitung Prioritäten setzen und die Aktivitäten für die verschiedenen Produkte oder Produktgruppen koordinieren muß. Die Verteilung der zur Verfügung stehenden Mittel auf die einzelnen Produkte ist nicht unwesentlich abhängig von Verhandlungsgeschick, Überzeugungsfähigkeit und informellen Beziehungen der Produktmanager. Ein Verfahrensnachteil der Produktmanager-Konzeption kann in diesem Zusammenhang darin gesehen werden, daß der Produktmanager seine Fähigkeiten nutzt, um die übergeordneten Instanzen davon zu „überzeugen", ein bestimmtes Produkt im Sortiment zu halten, obwohl aus der Sicht der Gesamtzielerreichung dieses Produkt eliminiert werden müßte.

Ist die Anzahl der Produktmanager hoch, so können diese zur Entlastung der Unternehmensleitung einem **Marketingdirektor** unterstellt werden. Dieser koordiniert die Tätigkeit der Produktmanager und ist verantwortlich gegenüber der Unternehmungsleitung. Er hat nur gegenüber den ihm unterstellten Stabsstellen, nicht aber gegenüber der Linie ein Weisungsrecht. Bestimmte Aufgabenbereiche, die bei den Produktmanagern mehrfach anfallen, können ausgegliedert und dem Marketingdirektor als zusätzliche Stabsstellen unterstellt werden (z. B. Marktforschung, Werbung).

c) **Produktorientierung;** bei großer Heterogenität des Leistungsprogramms, aber geringen Verbundeffekten zwischen einzelnen Produktgruppen, bei Vorliegen starker marktlicher und technologischer Veränderungen und ab einer bestimmten Unternehmensgröße bietet sich für die Durchsetzung der Marketing-Idee eine Gliederung der Linienorganisation auf der obersten Ebene nach Produktgruppen (allgemein: Objekten, d. h. Produktgruppen, Regionen, Kundengruppen) an. Die Produktgruppen sind in sich wieder funktional gegliedert (vgl. Abbildung 5.4).

*Produktgruppengliederung*

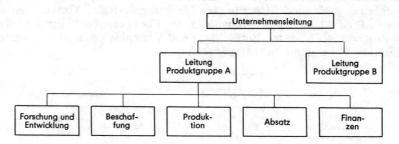

*Abb. 5.4: Produktgruppenorientierte Gliederung der Linienorganisation*

Dieser auch unter dem Begriff **„Divisionalisierung"** (Sparten-Organisation) bekannte Organisationsaufbau hat mehrere Vorteile: Durch die übergeordnete Produktgruppengliederung sind die Tätigkeiten der Funktionen stärker spezialisiert und „marktnäher". Sie werden vom Produktgruppenleiter, der das Marketingkonzept für seine Produkte verantwortlich durchführt, marktbezogen koordiniert. Die Unternehmensleitung wird entlastet und nur bei Grundsatzentscheidungen und in Ausnahmefällen eingeschaltet (Prinzip des management by exception). Nachteilig kann sich die Mehrfacharbeit auswirken, die in den Funktionen der Produktgruppen geleistet werden muß. Aus diesem Grunde können der Unternehmensleitung Zentral- oder Stabsabteilungen angegliedert werden, die die Funktionen der Produktgruppen unterstützen und entlasten (funktionales Weisungsrecht) sowie weitere zentrale Aufgaben (z. B. Recht, Volkswirtschaft usw.), übernehmen.

Ein Beispiel für diese Mischform (sowohl Produkt als auch Stabsorientierung) ist in Abb. 5.5 vorgestellt.

*andere Gliederungskriterien*

Bei der Divisionalisierung und bei dem Produktmanager-Konzept war jeweils die Produktart das Kriterium für die Aufgabenzuteilung an die Divisions (Produktgruppen) bzw. an die „Manager" (Produkte). Eine analoge Aufgabengliederung nach den Kriterien Absatzgebiet (z. B. Inland, Ausland; Bundesländer; Nord, Süd) oder Kundenart (z. B. Groß-, Mittel-, Kleinkunden; öffentliche und private Kunden) ist ebenso möglich.

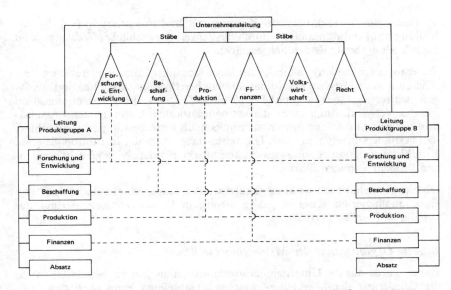

*Abb. 5.5: Produktgruppenorientierte Organisation mit Stabsorientierung*

d) **Matrixorientierung**; diese beinhaltet eine **zweidimensionale Kompetenzaufteilung** zwischen einem gleichgeordneten produkt- und einem funktionsorientierten Leitungssystem (vgl. Abbildung 5.6).

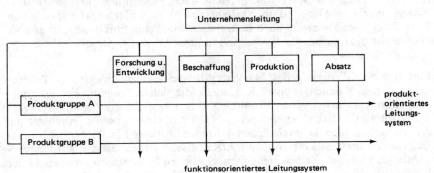

*Abb. 5.6: Matrix-Organisation*

Während sich die Entscheidungskompetenz der Produktmanager auf das ‚Was' und ‚Wann' des produktbezogenen Ressourceneinsatzes bezieht, sind die funktionsorientierten Einheiten mit der Entscheidungskompetenz über das ‚Wie' des produktorientierten Ressourceneinsatzes ausgestattet.

Mit dem Matrix-Konzept, das auf verschiedenen Ebenen der Unternehmung anwendbar ist (z. B. Vorstands- und [oder] Abteilungsleiterebene), wird im

Vergleich zum Produktmanager-Konzept mit Stabsorientierung (vgl. b) die Stellung des Produktmanagers durch die Zuweisung fachlicher Weisungs- und Entscheidungsbefugnis deutlich gestärkt.

Zudem werden (sollen) damit „produktive Konflikte" für sachgerechtere Entscheidungen und bessere Koordination zwischen Produkt- und Funktionsmanagern institutionalisiert (werden). Die besondere Eignung der Matrixorganisation für die Verwirklichung einer marketingorientierten Unternehmensorganisation basiert auf der – empirisch allerdings noch nicht bestätigten – Annahme, daß besonders bei dynamischen Umwelten diese Form der institutionalisierten Konfliktaustragung zu innovativen, den Markterfordernissen gerecht werdenden Problemlösungen führt.

Ob dies Potential auch wirklich genutzt werden kann, hängt entscheidend von einer qualifizierten Kompetenzabgrenzung und der Teamorientierung der beteiligten Konfliktpartner ab.

*Interne Organisation der Marketing-Funktion*

Bisher wurde nur die Unternehmensorganisation als Ganzes betrachtet. Auch die Gliederung der Marketing- oder Absatzabteilung kann nach den oben aufgezeigten Strukturierungsalternativen erfolgen. Analog gelten die für die Gesamtorganisation getroffenen Aussagen über Möglichkeiten und Probleme der organisatorischen Alternativen auch für den Teilbereich Absatz bzw. Marketing.

Eine Gliederung des Marketing-Bereichs nach Funktionen (z. B. Marktforschung, Werbung, Distribution, Verkaufsabwicklung, Planung) verspricht den Vorteil der Spezialisierung nach bestimmten Marketingfunktionen, birgt aber die Gefahr unzureichender Koordination hinsichtlich der Objekte (Produkte, Kunden, Regionen).

Eine interne Gliederung des Marketing-Bereichs nach Objekten (z. B. Produktgruppen, Kundengruppen, Regionen), die sich bei breitem Produktionsprogramm und heterogenen Produkten anbietet, rückt die Marktleistung in den Vordergrund der Überlegungen und führt zu einer besseren Durchsetzung der Marketing-Idee. Den möglichen Vorteilen größerer Flexibilität bei Marktänderungen und höherer Innovation/Kreativität durch bessere Erfolgszurechenbarkeit können als Nachteile Doppelarbeiten (z. B. Rechnungswesen oder Einkauf in jeder Sparte) und Konkurrenz um knappe Unternehmensressourcen gegenüberstehen.

Eine Stabsorientierung nach dem Produktmanagerkonzept kann hier das Problem produktspezifischer Koordinationserfordernisse deutlich mildern.
Weiterhin ist alternativ auch eine Matrixorientierung des Marketingbereichs möglich.

Diese Hinweise verdeutlichen, daß für den Organisationsaufbau der einzelnen Abteilungen wie auch der Unternehmung insgesamt eine Vielzahl von Kombinationsmöglichkeiten der dargestellten grundsätzlichen Organisationsstrukturen in Frage kommt. Die „richtige" hierarchische Struktur für den Einzelfall zu finden, ist die schwierige, bisher nur heuristisch zu bewältigende Aufgabe der Organisationsgestaltung (vgl. Teil 2, S. 86 ff.). Wichtige Bestimmungsfaktoren für die Gestaltung der Unternehmungsorganisation unter Berücksichtigung der Integration des Marketinggedankens sind die Unternehmungsgröße, Art und Umfang des Leistungsprogramms sowie Art und geographische Verteilung der Abnehmergruppen.

## II. Marktforschung und Marktstrategien

*Informationen als Grundlage des Marketing*

Informationen über Märkte und über die sonstige ökonomische, rechtliche, soziale, politische, technologische und kulturelle Umwelt der Unternehmung sind die Basis für die Entwicklung von Marketingstrategien. Marketing beinhaltet Umweltorientierung als notwendigen Begriffsbestandteil. **Nur mit Hilfe einer systematischen Sammlung und Aufbereitung von Umweltinformationen lassen sich Marktchancen und -probleme erkennen und einer Realisierung bzw. Lösung zuführen.** Auf diese Weise wird versucht, Unsicherheit über zukünftige Entwicklungen zu reduzieren. Der Informationsgewinnungsprozeß vollzieht sich – zugeschnitten auf das Marketing – formal etwa in Gestalt von Abbildung 5.7.

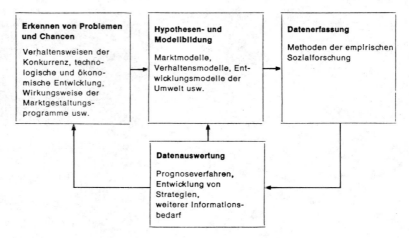

*Abb. 5.7: Schema des absatzwirtschaftlichen Informationsgewinnungsprozesses*

Das Schaubild zeigt, daß die Informationsgewinnung im Rahmen des Marketing kein linearer Prozeß ist. Er läuft vielmehr zirkular ab und „ernährt" sich sozusagen selbst. Im folgenden sollen vor allem einige Ansätze zur Bildung von Markt- und Käufermodellen dargestellt, die wichtigsten Methoden der Datenerfassung und -aufbereitung kurz gekennzeichnet sowie die Entwicklung möglicher Marketingstrategien behandelt werden. Die Problemstellungen als „Motor" der Informationsgewinnungsprozesse leiten sich aus den Umweltveränderungen und den Entscheidungsproblemen im Zusammenhang mit dem Einsatz der Marktgestaltungsprogramme ab (z. B. Auswahl und Wirkungsweise von Instrumenten).

## 1. Elemente von Marktmodellen

Der Begriff „Markt" ist ein mehrdimensionales Konzept. Er ist als Summe von geographisch und zeitlich fixierten Transaktionen für funktionell substituierbare Produkte zwischen bestimmten Anbietern und einer bestimmten Gruppe von Nachfragern definierbar und über alle in der Definition genannten Merkmale näher beschreibbar.

*Marktbegriff*

Diese allgemeinen Merkmale von Märkten stellen aus einzelwirtschaftlicher Sicht zugleich Kriterien für die **Abgrenzung eines relevanten Marktes** bzw. für die Einteilung (Gliederung) eines Gesamtmarktes in relevante Teilmärkte dar. Die Bestimmung des relevanten Marktes ist zugleich Voraussetzung für die Konstruktion erklärungs- und prognosekräftiger Marktmodelle bezüglich eigener Absatzmöglichkeiten. Die Beschreibungsmerkmale, die im folgenden kurz dargestellt werden sollen, stellen somit auch Elemente von Marktmodellen dar, d. h. für die Marktanalyse relevante Merkmale von Marktinformationen:

(1) Einteilung nach der **Art der Produkte**: Hierbei kann ein technisch scharf umrissenes Produkt (z. B. Markt für x-Liter-Kompressor-Haushaltskühlschränke) oder eine Gattung funktionsverwandter, zum Teil substitutiver Güter (z. B. Markt für Kühl- und Gefriergeräte) als Abgrenzungskriterium dienen. Das Marketingdenken, das sich die **Probleme ausgewählter Kundengruppen** zu eigen macht (hier z. B. Lösungen für Konservierungsprobleme von Nahrungsmitteln durch [Tief-]Kühlung), geht in der Regel zuerst von dem zweiten Aspekt aus, um dadurch möglichst viele alternative Lösungen für den relevanten Problemkreis zu erfassen. In einem weiteren Schritt kann dann eine produktspezifische Marktuntergliederung vorgenommen werden (z. B. Märkte für Großgeräte und Märkte für Kleingeräte). Diese Art der Produktklassifizierung kann für Güter auf allen Stufen des volkswirtschaftlichen Produktionsprozesses durchgeführt werden (z. B. Rohstoffe, Investitionsgüter, Ge- und Verbrauchsgüter des Konsums).

*Produktart*

(2) Einteilung nach der **Art der Käufer**: Beispielhaft erwähnt seien: Märkte privater Konsumenten, die sich zusätzlich etwa nach Alters- und Einkommensschichten unterteilen lassen; Märkte öffentlicher Abnehmer (Bund, Länder, Kommunen usw.); Märkte privatwirtschaftlicher Unternehmen der Industrie, des Handels und des Dienstleistungsgewerbes, weitergegliedert nach Branchen, Größenklassen usw. Je nach Produktart sind alle Käufergruppen (z. B. beim Marketing von Schreibpapier) oder nur einzelne Untergruppen (etwa beim Marketing im Maschinenbau) in die Analyse einzubeziehen.

*Käuferart*

(3) Einteilung nach der **Unvollkommenheit der Konkurrenz**: Der Grad der Unvollkommenheit der Konkurrenz zwischen den Anbietern eines Marktes wird von dem Ausmaß der Markttransparenz bestimmt. Dieses ergibt sich aus dem Informationsstand über Nachfrager, Anbieter, alternative Produkte, Preise usw., dem Ausmaß der Reaktionsgeschwindigkeit der Nachfrager und Anbieter auf Produkt- und Preisänderungen sowie Änderungen im Kommunikationsverhalten der Anbieter und dem Ausmaß der bestehenden persönlichen, sachlichen, zeitlichen und räumlichen Präferenzen der Nachfrager.

*Unvollkommenheit der Konkurrenz*

Wirklich vollkommene Konkurrenz, d. h. vollständige Markttransparenz bei fehlenden Präferenzen der Nachfrage, ist ein theoretisches Konstrukt, das in der Wirklichkeit nicht existiert.

Aufgrund der Informationsprobleme und Erfahrensschwierigkeiten bei der Messung der Unvollkommenheit der Konkurrenz lassen sich bezüglich der Markteinteilung nur relativ allgemeine, vergleichende Aussagen machen.

**Das Marketingverhalten der industriellen Unternehmung ist gerade darauf gerichtet, die Unvollkommenheit der Konkurrenz für die einzelnen Produkte zu stabilisieren, zu verstärken oder die Konkurrenz vorübergehend völlig auszuschalten.**

Die dazu notwendige Beeinflussung der Markttransparenz, der Reaktionsgeschwindigkeiten und der Präferenzstruktur der Käufer wird – wie in späteren Kapiteln zu zeigen ist – durch den Einsatz der Marktgestaltungsprogramme zu realisieren versucht.

*Zahl der Marktteilnehmer*

(4) Einteilung nach der **Zahl der Marktteilnehmer**: Diese Einteilung ist aus der Marktformenlehre und der mikroökonomischen Preistheorie bekannt. Sie kann sich einer Analyse der konkurrierenden Anbieter und der nachfragenden Gruppen anschließen (vgl. Abbildung 5.8).

| Anbieter \ Nachfrager | einer | wenige | viele |
|---|---|---|---|
| einer | bilaterales Monopol | beschränktes Angebotsmonopol | Angebotsmonopol |
| wenige | beschränktes Nachfragemonopol | bilaterales Oligopol | Angebotsoligopol |
| viele | Nachfragemonopol | Nachfrageoligopol | polypolistische Konkurrenz |

*Abb. 5.8: Markteinteilung nach der Zahl der Marktteilnehmer*

Bei dieser Gliederung können Abgrenzungsschwierigkeiten zwischen den Kriterien „wenige" und „viele" bestehen. Die Trennschärfe dieser Einleitung hängt auch entscheidend von der Abgrenzung der zugrunde gelegten Produktart bzw. deren Substitutionsmöglichkeiten ab [vgl. dazu (1)].

*geographische Lage*

(5) Einteilung nach der **geographischen Lage**: Hier kommt beispielsweise die Gliederung in Inlands- und Auslandsmärkte in Betracht, die sich jeweils noch weiter unterteilen lassen. Zu beachten ist, daß zwischen diesen Märkten Wechselbeziehungen bestehen können.

*Zeit*

(6) Einteilung nach der **zeitlichen Verteilung der Nachfrage** oder des Angebots: Einer kontinuierlichen Nachfrage und Leistungsverwertung (z. B. bei be-

stimmten Grundnahrungsmitteln) stehen im Zeitablauf schwankende Marktverläufe (z. B. Modeartikel, Saisonprodukte) oder punktuelle Marktveranstaltungen (z. B. Auktionen, Messen) gegenüber.

Auf der Grundlage dieser Einteilungsmerkmale wird der **relevante Markt** als Untersuchungsobjekt vorläufig abgegrenzt und beschrieben. Das Ergebnis des Verfahrens kann beispielsweise wie folgt aussehen:

„Auf dem Inlandsmarkt für Kühl- und Gefriergeräte besteht ein Angebotsoligopol, die Konkurrenz zwischen den Anbietern ist auf dem privaten Konsumentenmarkt wegen der starken Standortpräferenzen der Käufer (aufgrund der geographischen Verteilung der Niederlassungen) und der schwierigen Informationsmöglichkeiten über die jeweiligen Konkurrenten relativ unvollkommen; der Markt der privaten und öffentlichen Unternehmungen zeichnet sich dagegen durch eine vollkommenere Konkurrenzsituation aus (fehlende Standortpräferenz, bessere Marktübersicht). Die Situation auf dem Exportmarkt kann für diese Produkte als konkurrenzintensives bilaterales Oligopol bezeichnet werden, da die exportierenden Produzenten ihre Geräte nicht direkt absetzen, sondern mit einigen großen Importhändlern kontrahieren."

Die Kennzeichnung eines Absatzmarktes mit Hilfe der angeführten Kriterien reicht jedoch allein nicht aus. Die Feststellungen vermitteln zwar ein brauchbares Situationsbild des Marktes; sie lassen jedoch kaum eine Antwort auf das „Warum" zu, nämlich welche Gründe zu dieser Marktsituation führen, welche Faktoren die weitere Entwicklung von Angebot und Nachfrage bestimmen, welche Größen einer Gestaltung durch den Industriebetrieb zugänglich sind.

Zur Beantwortung solcher und ähnlicher Fragen bedarf es zusätzlich zu den obigen Charakteristika vieler Informationen über wirtschaftliche, technologische, rechtliche und sozio-kulturelle Entwicklungen und Erwartungen. Einige Beispiele für solche Einflußgrößen der Absatzmärkte werden im folgenden aufgeführt:

*Einflußgrößen der Marktdynamik*

(7) Änderungen der Struktur der **Absatzwege** (z. B. Aufkommen von Discount-Läden, Einkaufszentren, Handelsketten; Rückgang in Umsatz und Anzahl der kleineren Einzelhändler und Großhändler).

(8) Entwicklung des **Volkseinkommens** (unterteilt in soziale Schichten, Altersgruppen usw.).

(9) Veränderungen in der **Wirtschaftsstruktur** (Standortverteilung, Branchengliederung; sterbende, stagnierende, wachsende Wirtschaftszweige und -räume, usw.).

(10) Entwicklung der **Bevölkerungsstruktur** (Einwohnerzahl, geographische Verteilung, Alters-, Ausbildungs-, Berufsstruktur, horizontale Mobilität: Urbanisierung; wichtige Minoritäten usw.).

(11) **Technologische Entwicklung** (Forschungs- und Entwicklungsaufwendungen; neue Produktionsverfahren, Substitutionsgüter, neue Produkte, u. ä.).

(12) **Rechtliche Normen** (steuerliche Be- oder Entlastung bestimmter Waren, Konstruktions-, Produktions- und Verkaufsvorschriften usw.).

(13) Änderungen in **Lebensform und gesellschaftlichen Wertvorstellungen** (z. B. höherer Freizeitanteil, steigendes Bedürfnis nach materieller Sicherheit, Umweltschutzbewußtsein).

(14) Entwicklungen im **Verhalten der Käufer** (Reaktionsweisen der Käufergruppen auf Produkt- und Preisänderungen, Werbemaßnahmen usw., Struktur der Kaufentscheidungen).

Es ist leicht einzusehen, daß jede der angeführten Größen das Nachfragepotential, die Produktions-, Distributions- und Kommunikationsmöglichkeiten sowie die Konkurrenzbeziehungen auf den Märkten mittel- oder unmittelbar beeinflußen kann. Zugleich wird deutlich, daß zwischen den Größen viele Interdependenzen und Überschneidungen bestehen, die bei einer Marktanalyse zu berücksichtigen sind.

## 2. Modelle des Käuferverhaltens

*Notwendigkeit der Analyse des Käuferverhaltens*

Marketing bedeutet käuferorientiertes Entscheidungsverhalten. Erfolgreiches Marketing setzt dementsprechend eine möglichst genaue Kenntnis der Verhaltensweisen der relevanten Käufergruppen voraus. **In der heutigen Zeit gründet sich ein immer geringerer Anteil der Kaufentscheidungen auf rein existentielle Zwänge.** Es besteht in steigendem Ausmaß materiell die Möglichkeit, nicht lebensnotwendige, bisher unerfüllbare oder neue, durch Umwelteinflüsse hervorgerufene Wünsche zu befriedigen. Aber auch existenznotwendige Güter müssen wegen des umfangreichen konkurrierenden Angebots in dauernd neuer Gestalt und mit neuen Methoden auf dem Markt verkauft werden. **Diese Situation verdeutlicht die Notwendigkeit einer gründlichen Auseinandersetzung mit dem Kaufverhalten der Kunden.** Dadurch können die Reaktionsweisen der Käufer besser prognostiziert und Ansatzpunkte für den Einsatz von Marketinginstrumenten sichtbar werden.

*Kategorien des Kaufverhaltens*

In einer ersten Annäherung soll das Käuferverhalten in drei Verhaltenskategorien aufgeteilt werden: Motivation, kognitive Prozesse, Lernen. Diese Gruppierung gilt grundsätzlich ebenso für private wie auch für gewerbliche oder öffentliche Käufer.

*Motivation*

**Als Motivation kann hier der bewußte oder unbewußte Antrieb für die Beschäftigung mit dem möglichen Kauf irgendeines Gutes verstanden werden.** Sie kann in Form eines „sachlichen" Problems (z. B. Fehlen einer Lichtquelle in einem Raum), eines aktuellen Bedürfnisses (z. B. Hunger), eines mehr oder weniger irrationalen Wunsches (z. B. Verlangen nach einem Edelstein) oder eines Triebes (z. B. „Völlerei") auftauchen. Auf die Problematik der Abgrenzung dieser hier beispielhaft angeführten Begriffe soll nicht näher eingegangen werden. Zu betonen ist, daß nur selten eine Motivationsart alleine gegeben ist. Vielmehr gesellt sich zu einem eventuell auslösenden Moment meist ein Bündel weiterer Antriebsquellen.

*kognitive Prozesse*

**Die Motivation versetzt den Käufer in eine bestimmte Spannung, zu deren Lösung er verschiedene gedankliche Aktivitäten entfaltet.** Diese lassen sich als kognitive

Prozesse beschreiben, also als Vorgänge, die sich im Rahmen seiner subjektiven Erkenntnismöglichkeiten abspielen. Zunächst wird der Käufer seine Motivation bewußt oder unbewußt in seinem unmittelbaren oder langfristigen Handlungs- und Denkzusammenhang bewerten. Es ist z. B. möglich, daß ein überraschend stimuliertes Bedürfnis (z. B. durch den Blick in ein Schaufenster) gegenüber einer anderen vorhandenen Notwendigkeit schnell wieder in den Hintergrund tritt, d. h. als vorläufig irrelevant bewertet wird. Bleibt eine Motivation aktuell, wird sie also als dringlich bewertet, so beginnt die Lösungssuche. Auch dabei werden die wahrgenommenen Lösungsmöglichkeiten anhand der subjektiven Zielvorstellungen bewertet. Die individuellen Erinnerungen und Erfahrungen sowie die an die einzelnen Alternativen und ihre Besonderheiten geknüpften subjektiven Erwartungen spielen bei der kognitiven Verarbeitung der Motivation, insbesondere bei der Alternativenbewertung und Lösungssuche, eine große Rolle.

*Kaufentscheidung*

Genügen Anzahl und Beurteilung der wahrgenommenen Alternativen dem Anspruchsniveau des Käufers, so schließt sich die Kaufentscheidung an, d. h. die Entscheidung über Ablehnung oder Durchführung eines Kaufs. Zu beachten ist, daß der Kauf selbst wiederum aus mehreren Teilentscheidungen bestehen kann, denen entsprechende kognitive Prozesse vorausgehen. So sind z. B. nach der Entscheidung für einen bestimmten Autotyp mehrere Ergänzungsentscheidungen über Farbe, Zubehör usw. zu fällen.

*Lernprozeß*

Nach Vollzug der Kaufentscheidung beginnt bei dem Käufer ein Lernprozeß. Beim Verbrauch oder Gebrauch des beschafften Gutes sieht er sich in seinen Erwartungen über die Qualität und den persönlichen Nutzen des Objektes mehr oder weniger bestätigt. Bei einer Bestätigung wird er, sofern er diesen Kaufprozeß häufiger zu vollziehen hat und ihn nicht Informationen über noch positivere Alternativen erreichen, in Zukunft genauso handeln. Dies kann schließlich zu routinemäßigem Kaufverhalten für bestimmte Güter führen. Fehlt die Bestätigung oder ist sie nur unvollständig, so empfindet der Käufer eine Unsicherheit oder kognitive Dissonanz (Festinger). Kennt er keine bessere Alternative, wird er künftig – nach Abwägung der wahrgenommenen Nachteile mit den erfüllten Erwartungen und dem subjektiven Gewicht des Bedürfnisses – den gleichen Kauf erneut vornehmen oder unterlassen. Eine Dissonanz verstärkt sich, wenn der Käufer nach der Kaufentscheidung von Alternativen Kenntnis erhält, von denen er glaubt, daß sie seine Ansprüche besser erfüllt hätten. Das Ausmaß der Dissonanz hängt also von der Wichtigkeit der Entscheidung sowie von der Anzahl und der relativen Attraktivität nicht gewählter bekannter Alternativen ab. Der Käufer wird versuchen, die aufgetauchten Dissonanzen zu reduzieren. Das kann dadurch geschehen, daß er das gewählte Produkt möglichst schnell und günstig abstößt oder daß er nach zusätzlichen Informationen sucht, die die Richtigkeit seiner ursprünglichen Entscheidung stützen.

*kognitive Dissonanz*

Zwischen den drei Verhaltenskategorien bestehen enge Verbindungen. Während des Kaufprozesses selbst können beispielsweise kognitive Vorgänge die Motivation verändern oder aufheben, so z. B. wenn sich bei der Informationssuche die relative subjektive Unwichtigkeit einer Motivation herausstellt.

Besonders aber der Lernprozeß nach der Kaufentscheidung beeinflußt künftige Motivationen und künftiges kognitives Verhalten.

Aus dieser globalen Übersicht über die grundlegende Verhaltensstruktur von Käufern werden unmittelbar viele Ansätze für das Marketing ersichtlich, insbesondere für den Einsatz der Kommunikationsinstrumente. Sie zielen ab auf die Hervorrufung und Betonung bestimmter Motivationsmuster, die Einflußnahme auf kognitive Prozesse, vor allem auf die Lösungssuche, Erwartungsbildung, Bewertungskriterien sowie die Stabilisierung der Kaufentscheidung durch entspechende Werbemaßnahmen, Kundendienst usw.

*Erklärungsansätze in Verhaltensmodellen*

**Um die Politik der Beeinflussung individueller Kaufentscheidungen im Rahmen des Marketing erfolgreich durchführen zu können, ist es erforderlich, Näheres über die Hintergründe der Verhaltensweisen bei Kaufentscheidungen, vor allem über die Ursprünge von Antrieben und Wahlverhalten, zu erfahren.** Den Sozialwissenschaften ist es bisher nur gelungen, einige Aspekte der ,,black box" menschlichen Verhaltens durch die Konstruktion von zum Teil sehr unterschiedlichen Erklärungsmodellen aufzudecken. Ein allumfassendes Verhaltensmodell liegt jedoch nicht vor. Zum Teil in Anlehnung an Kotler sollen im folgenden einige dieser Interpretationsmodelle und ihre Bedeutung für das Marketing behandelt werden. Durch diese kurze Diskussion verschiedener theoretischer Erklärungshypothesen wird versucht, die Grundlagen menschlichen Verhaltens ein wenig zu erhellen.

*homo-oeconomicus-Modell*

Das ökonomische Modell menschlichen Verhaltens, wie es vor allem von dem englischen Nationalökonomen A. Marshall gegen Ende des letzten Jahrhunderts und der sich daran anschließenden modernen Nutzentheorie formuliert wurde, läßt sich wie folgt skizzieren: Der Mensch besitzt klare Vorstellungen über den Nutzen, den ihm der Erwerb eines Gutes erbringt. Dieser Nutzen ist keine feste Größe, er nimmt vielmehr bei zunehmendem Konsum ein und desselben Gutes ständig ab. Deswegen betrachtet der Mensch nur den Nutzen, den ihm jeweils die nächste Einheit eines Gutes zu bringen vermag (Grenznutzen). Entsprechend seiner Grenznutzenvorstellungen und seiner Konsumneigung gibt er seine Mittel so aus, daß der ihm daraus entstehende Gesamtnutzen maximiert wird. **Dieses Modell, das in der Mikroökonomie der Volkswirtschaftslehre eine große Rolle spielt, geht also davon aus, daß der Mensch, der grundsätzlich alle Handlungsalternativen kennt, gemäß seiner Nutzenfunktion bei Kaufentscheidungen mit Hilfe einer unendlich großen Informationsverarbeitungskapazität den Mitteleinsatz rational durchkalkuliert und das Nutzenmaximum als effiziente Handlungsalternative verwirklicht.** Über die Entstehung oder Änderungsmöglichkeiten der Neigungen und Nutzenvorstellungen sagt das Modell nichts aus.

*Marketing-Bedeutung*

Der Informationsgehalt dieses Modells ist vom Standpunkt des Marketing nicht sehr groß. Für bestimmte Kaufsituationen und/oder Käufertypen trifft die im Modell verankerte Rationalität bei vollkommener Information allenfalls tendenziell zu, so etwa für den Kauf langlebiger Konsumgüter oder für die Einkaufsgepflogenheiten größerer institutioneller Käufer (Behörden, Unternehmungen usw.). Auch die aus dem Modell z. B. ableitbare Aussage, daß ein niedrigerer (höherer) Preis eine höhere (niedrigere) Nachfrage nach einem Gut induziert, bestätigt sich in der Realität im großen und ganzen. Zahlreiche Ausnahmen dieser Hypothese sind jedoch empirisch zu beobachten (z. B. bei der Nachfrage nach Luxusgütern, inferioren Gütern; Vorstellung über eine positive Korrelation zwischen Preis und Qualität). **Ökonomische Rationalität im Sinne dieses Modells (homo oeconomicus) ist ein kaum anzutreffender Idealtypus menschlichen Verhaltens.** Neben der meist vorliegenden höchst unvollkommenen Information des Käufers berücksichtigt das Modell keine nicht-ökonomischen Faktoren, die das Verhalten der Käufer, insbesondere deren Präferenzbildung, bestimmen.

Eine wichtige Gruppe nicht-ökonomischer Bestimmungsfaktoren des Käuferverhaltens kann mit Hilfe der psychologischen Lerntheorien erfaßt werden. Im Kern besagen diese Theorien: **Eine Motivation** (z. B. das Bedürfnis, Konfekt zu essen) **kann durch einen bestimmten Stimulus hervorgerufen bzw. aktualisiert werden, sofern früher bei der Befriedigung dieses Bedürfnisses dieser Stimulus von der Person häufig wahrgenommen wurde.** Die Person hat „gelernt", mit dem Stimulus das entsprechende Bedürfnis zu assoziieren, und reagiert auf das Bedürfnis in der ebenfalls mit dem Stimulus assoziierten, „gelernten" Weise. Somit kann eine Verhaltensweise **konditioniert** werden: Wenn ein bestimmter Stimulus auftaucht, dann erfolgt eine ganz bestimmte Reaktion.

*Lerntheorie*

*Konditionierung von Verhaltensweisen*

Voraussetzung für eine nachhaltig wirksame Konditionierung ist, daß der Stimulus in möglichst unveränderter Form auftaucht und daß die in der Reaktion erfolgende Handlungsweise das Bedürfnis zuverlässig in der erwarteten Art befriedigt.

Die Marketing-Bedeutung dieses Lernmodells liegt auf der Hand: Sie zeigt sich vor allem im Bereich der Werbung und Produktgestaltung. Die wiederholte Wahrnehmung z. B. desselben **Waren- oder Firmenzeichens** verursacht beim Konsumenten eine unmittelbare Erinnerung an die dadurch repräsentierte Ware. Er „übt" und „lernt" auf diese Weise die Reaktion auf den Stimulus: Durch das Zeichen wird bei ihm das Bedürfnis, das betreffende Gut zu besitzen, bzw. die Genugtuung oder Bestätigung, selbst schon ein solches Produkt erworben zu haben, hervorgerufen oder verstärkt. Ähnliches gilt für die **repetitive Werbung**. Die andauernde Wiederholung gleicher Werbemaßnahmen (Anzeigen, Filme usw.) in Form sorgfältig ausgewählter Wort-, Bild- und/oder Tonkombinationen erzeugt beim Käufer die Assoziation des betreffenden Produktes und beeinflußt so seine Kaufentscheidung oder stabilisiert eine positive Grundeinstellung zum vollzogenen Kauf. Voraussetzung für die aufgezeigten „Lerneffekte" ist, daß die Produkteigenschaften den Käufererwartungen möglichst weitgehend entsprechen. Andernfalls kann es zu einem Lernprozeß mit entgegengesetzter Wirkung kommen.

*Marketing-Bedeutung*

Das dargestellte Lernverhalten beinhaltet aber auch die Möglichkeit, z. B. durch Verbreitung nur wenig abgeänderter Stimuli-Konzeptionen der Konkurrenz, von dem „Lernniveau" der Konkurrenzkunden zu profitieren und dadurch ohne größere Anstrengungen Kunden abzuwerben (z. B. Auslegung von Waren mit ähnlichen Warenzeichen in Supermärkten). Dieser Sachverhalt wirft ein Licht auf die entsprechende **Schutzgesetzgebung** (Gesetz gegen den unlauteren Wettbewerb, Warenzeichenschutzgesetz usw.).

Die psychologischen Lernmodelle können und wollen nur einen Aspekt menschlichen Verhaltens erhellen, nämlich die Hervorrufung von Reaktionen infolge bestimmter Stimuli. Mit den lerntheoretischen Ansätzen eng verbunden sind die einstellungstheoretischen Überlegungen zum Konsumentenverhalten.

*einstellungs-theoretisches Modell*

Einstellungen sind auf spezifische Objektbereiche (Gegenstände, Personen, Verhaltensweisen) gerichtete und gefestigte Wertvorstellungen, welche die innere Bereitschaft eines Individuums beeinflussen, auf bestimmte Umweltstimuli stets positiv oder negativ zu reagieren. Das Individuum entwickelt aufgrund von Erfahrungen mit einem Objekt Überzeugungen, Vorurteile oder Meinungen, die sein Verhalten beeinflussen können. Drei Komponenten prägen dabei im wesentlichen die Einstellungen: die **affektive** Komponente enthält die emotionale Einschätzung eines Objektes; die **kognitive** Komponente bezieht sich auf das subjektive Wissen des Individuums über das Einstellungsobjekt und die **Handlungs- oder Aktionskomponente** kennzeichnet schließlich das Ausmaß an Verhaltensbereitschaft, das mit einer Einstellung verbunden ist.

*Marketing-bedeutung*

Für das Marketing bedeutet dieser Ansatz, daß die Käufer nicht allein nach ökonomischen und funktionalen Gesichtspunkten ihre Kaufentscheidung treffen, sondern daß diese auch von der Intensität der Einstellung gegenüber dem Kaufobjekt, der anbietenden Unternehmung, dem Verkäufer etc. bestimmt werden kann. **Allgemein wird angenommen, daß mit zunehmender Stärke der positiven Einstellung gegenüber einer bestimmten Marke die Wahrscheinlichkeit des Kaufes dieses Markenproduktes steigt.** Einstellungskategorien können deshalb auch als Marktsegmentierungskriterien verwendet werden.

Im Hinblick auf die Erklärung und Prognose von Kaufverhalten mit Hilfe von Einstellungen ergibt sich eine Reihe von Problemen. Diejenigen Eigenschaften, welche die Einstellung zu einem Objekt bestimmen, sind nicht unbedingt mit jenen Faktoren identisch, die die Einstellung zu einer Handlung begründen. Darüber hinaus kann zwischen Einstellung und Kaufverhalten nicht immer ein kausaler Ursache-Wirkungs-Zusammenhang angenommen werden. Schließlich erfassen Einstellungskategorien nur relativ bewußtseinsnahe Inhalte, so daß latente Bedürfnisse, die für marketing-politische Strategien von großer Wichtigkeit sein können, durch einstellungsbezogene Analysen unerfaßt bleiben.

*sozialpsycho-logisches Modell*

**Die sozialpsychologischen Theorieansätze sehen in den Umwelteinflüssen, die in vielfältigen Formen wirksam werden, die wichtigste Ursache für menschliche Verhaltensweisen.** Die verschiedenen Ebenen sozialer Einflußmöglichkeiten sind vereinfacht in Abbildung 5.9 zusammengestellt.

*Marketing-Bedeutung*

Dem Marketing stellt sich die Aufgabe, die für die jeweilige Produktnachfrage wichtigste soziale Einflußebene zu bestimmen und bei den Marktgestaltungsentscheidungen zu berücksichtigen.

**Kulturelle Einflüsse**, die sich in Lebensformen, Sitten, Traditionen, Idealen usw. ausdrücken, sind meist sehr dauerhafter Art. Veränderungen vollziehen sich nur langsam. Eine Kultur stellt jedoch in der Regel keine völlig homogene Einheit dar. In ihr bestehen aufgrund von regionalen, religiösen, ethnischen oder ethischen Unterschieden **Subkulturen** mit eigenen Wertmustern. Diese Minoritäten sind häufig spezifische Zielgruppen absatzwirtschaftlicher Tätigkeit. Neben dieser Differenzierung kann eine Gesellschaft auch in verschiedene **soziale Schichten** eingeteilt werden. Reichtum, Ausbildung, Beruf und Macht bieten beispielsweise Anhaltspunkte für die Schichtenbildung. Für das Marketing ist diese Einteilung deswegen von Bedeutung, weil sich die Bedürfnisse und Wertvorstellungen je nach Schichtzugehörigkeit verändern können. Unterschiedliche Zeitschriften und Bücherlektüren, Freizeitbeschäftigungen, Mode- und Geschmacksausrichtungen sowie Ausbildungs- und Karriereanstrengungen können dies veranschaulichen.

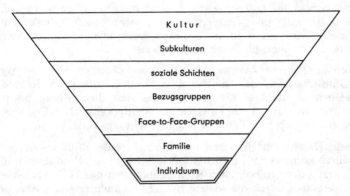

*Abb. 5.9: Ebenen sozialpsychologischer Einflußgrößen*

**Bezugsgruppen** sind Gruppen, an deren Werten und Verhaltensweisen sich das Individuum ausrichtet. Gruppenzugehörigkeit ist dabei nicht unbedingt das Kriterium. Auch wenn der einzelne einer von ihm akzeptierten Gruppe nicht angehört, so kann er doch deren Meinungen, Geschmack usw. weitgehend übernehmen. Beispiele für solche Orientierungs- oder Referenzgruppen sind Schauspieler, Fernsehansager, Sportler, die für die Werbung eine bedeutende Rolle spielen. Das Individuum kann aber seiner Bezugsgruppe auch persönlich angehören. In diesem Fall kommt die Art der Gruppe der **Face-to-Face-Gruppe** nahe, die einen starken Einfluß auf Meinungs- und Geschmacksbildung ausübt. Das Individuum steht mit den anderen Gruppenmitgliedern häufig und unmittelbar in Kontakt. Beispiele sind Gruppen in Organisationen, Nachbarn, persönliche und berufliche Freunde, aber auch Vereine. Den mächtiger werdenden Einfluß, den diese Gruppierungen gegenüber der Familie haben, drückt beispielsweise der Wohlstandswettbewerb innerhalb der sozialen Schichten aus („to keep up with the Jonses"), den das Marketing als Ansatzpunkt für die Marktbeeinflussung aufgreift.

Die **Familie** stellt diejenige Gruppe dar, die die grundlegenden Lebenseinstellungen des Individuums am stärksten prägt. Kaufwünsche der einzelnen Familienmitglieder werden innerhalb der Familie weitervermittelt, so z. B. von den Kindern zu den Eltern, von der Frau zum Mann. Diese Informationswege berücksichtigt das Marketing bei Produkt- und Kommunikationsgestaltung. In ähnlicher Weise sind die Einstellungsmuster, die zwischen den Familienmitgliedern in den verschiedenen Familientypen bestehen, von beträchtlicher Bedeutung. So hat sich beispielsweise die Rolle des Kindes oder des Vaters in der Familie stark gewandelt – eine für das Marketing ebenfalls bedeutsame Entwicklung.

Das **Individuum** schließlich nimmt all die sozialen Einflüsse nicht objektiv und gleichförmig auf. Die Tatsache, daß zwei unter vergleichbaren sozialen Bedingungen lebende Personen sich nicht notwendigerweise in gleicher Weise verhalten, sondern in einzelnen Einstellungen und Wertungen Differenzen aufweisen, deutet darauf hin, daß die jeweils besonderen physischen und psychischen Eigenarten, die sich mit „Temperament", „angeborenen Fähigkeiten" oder mit anatomischen Eigenarten nur ungenau beschreiben lassen, die subjektive Bewertung der sozialen Einflüsse modifizieren.

*Totalmodelle*

In neueren Ansätzen wird versucht, die ökonomischen, sozialen und psychologischen Einflußgrößen des individuellen Kaufverhaltens im Rahmen von **Totalmodellen** abzubilden. Ein umfassendes und das bislang bekannteste Modell dieser Art stammt von Howard und Sheth (vgl. Abb. 5.10). Vier Komponenten stehen dabei im Zentrum der Betrachtungsweise:

die **Stimulus (Input)-Variablen** beziehen sich auf die Beeinflußung des Kaufverhaltens durch kommerzielle Informationen in Form von Produkten und deren Eigenschaften oder symbolischen Repräsentationen mit Hilfe von Werbemedien einerseits und durch die soziale Umgebung andererseits, wobei der persönlichen Kommunikation hierbei die größte Bedeutung zukommt.

Mit Hilfe von Hypothesen in Form von **Wahrnehmungs- und Lernkonstrukten** wird die Gewinnung und Verarbeitung entscheidungsrelevanter Informationen sowie die Entscheidungsfindung erklärt.

**Response(Output)-Variablen** geben die Ergebnisse der Wahrnehmungs- und Lernprozesse und die Reaktionsmöglichkeiten auf die Input-Variablen wieder.

Faktoren, die zwar keinen systematischen Einfluß auf die Entscheidungsfindung ausüben, aber in vielen Entscheidungssituationen als Korrektiv Bedeutung besitzen, gehen als **exogene Variable** in das Modell ein.

*Marketing-*
*bedeutung*

Die Besonderheit des Modells von Howard und Sheth besteht vor allem darin, **daß hier im Vergleich zu den anderen Modellen der Versuch unternommen wird, die kaufentscheidenden Faktoren in ihrer Komplexität abzubilden und zum anderen den Beziehungen zwischen den Variablen Beachtung geschenkt wird.** Wenngleich eine befriedigende empirische Bestätigung dieses Modells noch aussteht und somit dessen prognostischer Wert gegenwärtig nur sehr gering sein dürfte, besitzt dieses Modell dennoch einen nicht unerheblichen heuristischen Wert, weil es eine relativ umfassende Sichtweise der in der Marketingpraxis auftretenden Probleme anbietet und den Zugang zu weitergehenden theoretischen Analysen ermöglicht.

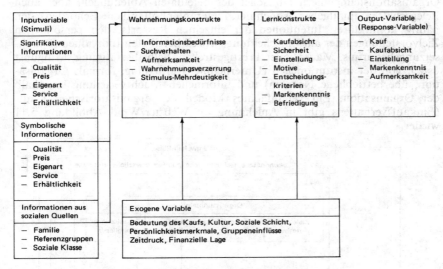

Abb. 5.10: *Grundzüge des Howard-Sheth-Modells*

Die bisher dargestellten Modelle haben vorwiegend Aspekte des Kaufverhaltens privater Konsumenten aufgezeigt. Der große Bereich institutioneller Käufer (Handel, Industrie, Dienstleistungsgewerbe, Öffentliche Hand) bleibt dabei weitgehend unberücksichtigt. Die Situation des organisationalen Einkäufers ist hingegen durch ganz besondere Merkmale gekennzeichnet: er ist einerseits geneigt, so viele Vorteile wie möglich für sich selbst zu erlangen, andererseits zwingt ihn seine Aufgabe, vor allem den ökonomischen Zielen der Organisation weitgehend Rechnung zu tragen. Werbegeschenke, persönliche Sympathien für einzelne Verkäufer oder Erleichterung der Arbeit durch Einschränkung der Alternativensuche und Verhandlungsdauer stehen der rationalen Abwägung zahlreicher Preisangebote und Qualität gegenüber. Das industrielle Marketing ist bestrebt, diesen Zielkonflikt des Einkäufers zu erkennen, und versucht, beiden Zielgruppierungen durch entsprechende Öffentlichkeitsarbeit, Werbe-, Verkaufsförderungs- und Produktentscheidungen ausgewogen Rechnung zu tragen.

In der gemachten Form betreffen die Aussagen über organisationale Käufer vor allem Einkäufer von Verbrauchsfaktoren und Massenwaren wie Schreibmaterial usw., die im Produktionsprozeß einer Unternehmung untergehen und über die im Regelfall die Einkaufsabteilung autonom entscheidet.

*organisationales Kaufverhalten*

In der Regel handelt es sich bei Kaufentscheidungen in Organisationen aber um multipersonale, durch mehrzentrige Willensbildungen charakterisierte Entscheidungen (**Buying-Center-Konzept**). Diese Entscheidungen, wie z. B. größere Investitionsentscheidungen, Aufbau eines Fuhrparks, Bau eines

Zweigwerkes, Erneuerung einer Werkzeugmaschinenstraße, sind geprägt von den divergierenden Zielen und Interessen der verschiedenen Gruppen von Organisationsteilnehmern (zunächst der beteiligten Abteilungen, aber auch Belegschaft, Kapitalgeber, Abnehmer, Lieferanten, öffentliche Behörden), den häufig konfliktären Intentionen der einzelnen Ressorts, den persönlichen Zielvorstellungen der am Entscheidungsprozeß beteiligten Individuen (Durchsetzungsbedürfnis, Macht- oder Prestigestreben, Selbstbestätigung, Mißgunst usw.), von der institutionellen (Unternehmensverfassung, formale Organisation, überbetriebliche Normen) und informellen Machtverteilung innerhalb der Organisation. Ein vereinfachtes Modell des organisatorischen Kauf-(Einkauf)verhaltens gibt in Anlehnung an Webster/Wind Abbildung 5.11 wieder.

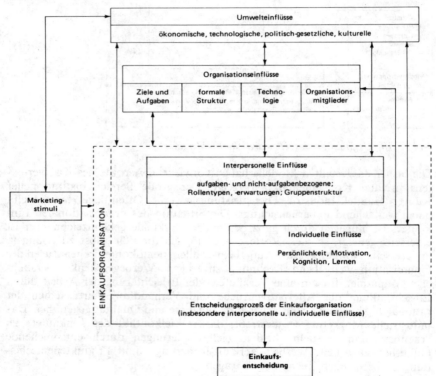

*Abb. 5.11: Vereinfachtes Modell des organisationalen Kaufverhaltens (nach Webster/Wind)*

Das organisationale Kauf- bzw. Beschaffungsverhalten wird hiernach durch vier Klassen von Einflußfaktoren geprägt: Umwelteinflüsse, Organisationseinflüsse, interpersonelle und individuelle Einflüsse.

**Umwelteinflüsse,** die vor allem von Institutionen (z. B. Verbänden, Gewerkschaften, Regierung) ausgeübt werden, bestimmen über das allgemeine Güter-

und Dienstleistungsangebot, die allgemeine Wirtschaftslage und über Wertvorstellungen und Normen das organisationale Kaufverhalten.

**Organisationseinflüsse** ergeben sich insbesondere aus den Zielen und den formalen Aufgaben, der formalen Organisationsstruktur und der Technologie der Organisation.

Eine Schlüsselstellung nehmen **interpersonelle Einflüsse** (z. B. Rollentypen, Rollenerwartungen, Gruppenstruktur, Gruppenführerschaft) und die **individuellen Einflüsse** (z. B. Persönlichkeit, Motivation, Kognition, Lernen) für die Beschreibung und Erklärung des Kaufverhaltens ein.

Sie bieten zugleich für das Marketing von Investitionsgütern den wesentlichen Ansatzpunkt zur Identifikation der hauptsächlichen Interessengruppierungen und Einflußrichtungen im Entscheidungsprozeß innerhalb der kaufenden (investierenden) Organisation und zu einer gezielten Beeinflussung durch eine adäquate Kommunikationspolitik.

### 3. Methoden der Marktanalyse und Marktprognose (Marktforschung)

In den vorangegangenen Abschnitten wurden Elemente von Marktmodellen und Modelle des Käuferverhaltens als Instrumente charakterisiert, mit deren Hilfe ein möglichst guter Einblick in die absatzwirtschaftliche Umwelt gewonnen werden soll. Voraussetzung zur konkreten Verwendung von Modellen ist – neben ihrer empirischen Relevanz – die Gewinnung von problembezogenen Daten, mit deren Hilfe die Modellelemente inhaltlich ausgefüllt und Konsumentenverhaltensweisen erklärt und prognostiziert werden können. Die Beschaffung dieser Informationen stellt in der Praxis ein schwerwiegendes Problem dar. Neben Kosten- und Zeitgesichtspunkten ist besonders die Ungenauigkeit der zur Verfügung stehenden Methoden der Datenerhebung Ursache für die Schwierigkeiten.

**Die Gewinnung von Daten über die Einflußgrößen, die für den Absatzerfolg eines Unternehmens entscheidend sind, ist Gegenstand der betrieblichen Marktforschung.** Sie soll hier als Sammelbegriff für die in der Literatur ganz unterschiedlich gebrauchten Begriffe „Marktanalyse" und „Marktprognose" verstanden werden. Die Grenze zwischen diesen beiden Begriffen kann dort gezogen werden, wo anhand des vorliegenden Datenmaterials begonnen wird, Hypothesen über zukünftige, den Absatz beeinflussende Entwicklungen aufzustellen.

*Methoden der Marktanalyse*

Über die einzelnen Methoden der Marktanalyse und deren Systematisierungsmöglichkeiten gibt die umfangreiche Literatur zu den Methoden der empirischen Sozialforschung reichhaltigen Aufschluß. Die Zusammenstellung in Abbildung 5.12 soll deswegen lediglich einen allgemeinen Überblick vermitteln. Die Rubriken dieser Zusammenstellung erheben keinen Anspruch auf Vollständigkeit.

*Probleme der Methodenwahl*

Schon aus den wenigen Angaben dieser Übersicht wird ersichtlich, daß in vielen Fällen eine einzelne Methode zur Gewinnung aussagekräftiger Umweltinformationen nicht ausreicht. Auf der Grundlage von Sekundärerhebungen,

| Methode | Kurzdefinition | Anwendungsformen | absatzwirtschaftliche Beispiele | Vorteile und Probleme |
|---|---|---|---|---|
| I. Primärerhebung | Erhebung von Daten bei deren Entstehung | | | |
| 1. Beobachtung | Planmäßige Erfassung sinnlich wahrnehmbarer Tatbestände ohne Einflußnahme auf den Beobachtungsbereich | teilnehmende – nichtteilnehmende, Labor – Feld, persönliche – technische | Beobachtung des Käuferverhaltens in Läden und vor Schaufenstern | häufig objektiver und genauer als Befragungsergebnisse; viele Tatbestände nicht beobachtungsfähig; Aufwand an Zeit und Geld; Repräsentanzproblem |
| 2. Interview | Befragung von Marktteilnehmern oder Experten | schriftlich – mündlich – telefonisch, frei – standardisiert, offene – geschlossene Fragen | Erhebung von Konsumgewohnheiten; Imageuntersuchung von Marken- oder Firmenzeichen; Motivforschung | Aufschluß über nicht wahrnehmbare Tatbestände (z. B. Motive); Zuverlässigkeit des Interviewers; Einfluß des Interviewers; Stichprobenrepräsentanz |
| 3. Panelerhebung | Wiederholte Erhebung von Daten bei einer Gruppe in regelmäßigen Zeitabständen | Befragungspanel Beobachtungspanel | Konsumenten-, Einzelhandels-, Großhandels-, Herstellerpanel | Aufzeigen von Entwicklungen durch Gewinnung vergleichbarer Daten; Panelrepräsentanz: Panelsterblichkeit durch Verkleinerung der Gruppe im Zeitablauf, Paneleffekt durch Verhaltensänderung wegen regelmäßig wiederholter Erhebung |
| 4. Experiment | Überprüfung der Auswirkung der Veränderung eines Faktors bei gleichzeitiger Kontrolle aller anderen Faktoren durch Beobachtung oder Befragung | Feld-, Laborexperimente | Testmärkte, (Gruppen-) = Experimente zur Produkt- und Werbeforschung | isolierte Beobachtungsmöglichkeit einzelner Variablen; Situationskontrolle, Herstellung realistischer Versuchsbedingungen, Aufwand von Zeit und Geld |
| II. Sekundärerhebung | Auswertung vorhandenen Datenmaterials | Erhebung<br>– unternehmensinterner Daten<br>– unternehmensexterner Daten | Marktanteilsanalyse mit Hilfe des Rechnungswesens und der externen Statistik | geringer Kosten- und Zeitaufwand; unvollständige, alte Daten, Nachprüfbarkeit der Erhebungsmethoden |

*Abb. 5.12: Übersicht über die Methoden der Marktanalyse*

die häufig Anstoß zum Erkennen von Problemen und Chancen sind (Presse, Literatur, Statistik, Rechnungswesen usw.), werden Primärerhebungen geplant und gezielt durchgeführt, um detaillierte Informationen über bestimmte Problemzusammenhänge zu ermitteln. Zur Erforschung von Käufermotiven werden sich eher Tiefeninterviews eignen, für die Beurteilung neuer Verpackungen oder Preise bieten sich Laborexperimente oder Testmärkte an, während die Aufmerksamkeitswirkung einer Schaufensterauslage beispielsweise durch eine Filmkamera zweckmäßig beobachtet werden kann. Die Wahl des Erhebungsverfahrens wird bestimmt von dem Gegenstand der Untersuchung sowie Zeit- und Kostenaspekten.

Die mit Hilfe der Marktanalyse gewonnenen Informationen sollen Grundlage für in die Zukunft reichende Entscheidungen sein. **Als Marktprognose wird der bewußte und systematische Versuch einer Vorausschätzung zukünftiger Marktgegebenheiten bezeichnet.** Ziel der Marktprognose ist letztlich die Ermittlung einer quantitativen Angabe des zukünftigen Absatzvolumens innerhalb möglichst enger Fehlergrenzen.   *Marktprognose*

**In der Regel fußen Prognosen auf der Grundannahme, daß sich die Entwicklung in einer Regelmäßigkeit vollzieht, die auch in der Vergangenheit galt.** Damit ist nicht gesagt, daß die Vergangenheit einfach in die Zukunft „verlängert" werden kann. Dem Prognostizierenden müssen, soweit Konstanz der Vergangenheitsdaten nicht unterstellt werden kann, die Gesetzmäßigkeiten bekannt sein, nach denen die wesentlichsten Bestimmungsgrößen des Prognoseergebnisses aufeinander Einfluß nehmen. Ob eine Prognose als verläßliche Entscheidungsgrundlage betrachtet werden kann, hängt im wesentlichen ab von der Vollständigkeit, Richtigkeit, Genauigkeit und Aktualität der verfügbaren Informationen, der theoretischen Fundierung und logischen Widerspruchsfreiheit der zur Informationsverarbeitung herangezogenen Verfahren sowie von dem gewählten Toleranzbereich der Aussagen.

Bei der Prognose geht man zunächst davon aus, daß die in der bisherigen Marketingkonzeption festgelegten Absatzbemühungen konstant bleiben. Aufgrund des Ergebnisses kann sich dann eine Revision der Marketingkonzeption und damit eine Veränderung der Absatzbemühungen als notwendig erweisen. Die Methoden der Marktprognosen sind – wie die der Marktanalyse – sehr unterschiedlich, je nachdem, ob es sich um Investitionsgüter oder kurz- oder langlebige Konsumgüter handelt.

Es ist im Rahmen dieses Buches nicht möglich, eine erschöpfende Darstellung aller zur Zeit verfügbaren Prognosemethoden zu geben. Es soll aber versucht werden, die wesentlichsten bei der Erstellung von Absatzprognosen sich ergebenden Probleme aufzuzeigen. Zur Systematisierung von Absatzprognosen eignen sich im wesentlichen folgende drei Kriterien:

(1) Entsprechend dem **Planungszeitraum** einer Unternehmung kann man zwischen kurzfristigen (z. B. bis 1 Jahr), mittelfristigen (z. B. 1 bis 3 Jahre) und langfristigen Prognosen (z. B. 3 bis 10 Jahre) unterscheiden. Planungsobjekte und interessierende Einflußgrößen werden jeweils unterschiedlich sein.   *Prognosezeitraum*

Je langfristiger der Prognosezeitraum ist, desto mehr richtet sich die Prognose auf die Vorhersage des zukünftigen Absatzvolumens ganzer Produktgruppen, die der Befriedigung des gleichen Bedürfniskomplexes dienen. Bei langfristiger Prognose ist es notwendig, sich so weit wie möglich von zeitgebundenen Bedarfsvorstellungen zu lösen. An die Stelle des einzelnen Produktes tritt beispielsweise die zur Befriedigung eines Primärbedürfnisses (physisches und psychisches Wohlbefinden, z. B. Streben nach Nahrung, Erholung und Gesundheitspflege, Bildung, Kommunikation, Fortbewegung) geeignete Problemlösung. Wie eine solche Problemlösung aussehen kann, hängt weitgehend von der schöpferischen Vorstellungsfähigkeit des Prognostizierenden ab, aber auch von seinen Erwartungen im Hinblick auf soziokulturelle und naturwissenschaftlich-technische Veränderungen. Aus ihnen leiten sich die ökonomischen Konzequenzen für die Unternehmung ab.

(2) Es ist zwischen **Entwicklungs- und Wirkungsprognosen** zu trennen. Entwicklungsprognosen sind darauf ausgerichtet, die zu prognostizierende Größe (z. B. Umsatz) in Abhängigkeit von Variablen darzustellen, die von der Unternehmung nicht direkt beeinflußt werden können (z. B. Zeit). Wirkungsprognosen stellen demgegenüber auf den kausalen Zusammenhang zwischen prognostizierter Größe und direkt von der Unternehmung steuerbarer Variabler (z. B. absatzpolitisches Instrument) ab.

(3) Nach der Art der Vorhersage kann zwischen **quantitativen** und **qualitativen Methoden** unterschieden werden. Während die quantitativen Prognosen auf mathematischen Verfahren (z. B. Trendberechnung) aufbauen, versucht man über qualitative Prognosen (Heuristiken) auf der Basis von Erfahrungen, Expertenwissen etc. zu verbalen Beschreibungen zukünftiger Entwicklungen zu gelangen.

Eine Typisierung möglicher zu prognostizierender ökonomischer Prozesse läßt sich an einer formalen Prognosefunktion (Haustein) demonstrieren:

(5.1) $\quad Y_{t+a} = f(b Y_t, x, u).$

Es bedeuten:

$Y_{t+a}$    die zu prognostizierende Größe [z. B. der Umsatz eines Produktes $(A_i)$ oder einer Produktgruppe (A)] im Zeitpunkt $(t+a)$;

$Y_t$    die Basisgröße des zu prognostizierenden Prozesses im Zeitpunkt (t), also z. B. der gegenwärtige Umsatz von $(A_i)$ oder (A);

b    der Koeffizient für die Umwandlung der Basisgröße in die Prognosegröße ohne Berücksichtigung neuer Faktoren (z. B. die Steigerungsrate des Umsatzes in der Vergangenheit);

x    die Unbekannte für neue Faktoren, die im Zeitpunkt (t) noch nicht oder nur in Ansätzen existieren, die aber im Zeitpunkt $(t+a)$ den Prozeß beeinflussen;

u    die Toleranz der Prognose.

Nimmt man an, daß (x) vernachlässigt werden kann, so lassen sich die damit unterstellten Prozesse als **Fortführungsprozesse** bezeichnen. Geht (b) gegen Null bei Dominanz neuer Faktoren (x), so liegen **Ausgangsprozesse vor.**

Fortführungsprozesse, die sich in Ersatz-, Sättigungs- und Komplettierungsprozesse unterteilen, stehen in der Kontinuität der sozio-ökonomischen und technologischen Entwicklung der Vergangenheit, ihr künftiger Verlauf wird kaum von neuartigen Faktoren beeinflußt.

Ausgangsprozesse, die in Initial- und Substitutionsprozesse gegliedert werden können, sind dagegen weitgehend von neuartigen Faktoren und Entwicklungen abhängig, d. h. die Vergangenheitsentwicklung kann nicht in die Zukunft fortgeschrieben werden.

Solche Prozesse sind, weil ihnen die Kontinuität der wirtschaftlich-technischen Entwicklung von Fortführungsprozessen fehlt, verständlicherweise viel schwieriger zu prognostizieren (vgl. Abbildung 5.13).

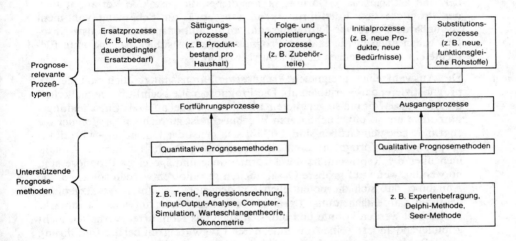

*Abb. 5.13: Prognosemethoden und Beispiele ökonomischer Prozesse als Prognosegegenstand*

Für die Prognoseproblematik zeigt sich, daß zur Vorhersage des Verlaufs von Fortführungsprozessen die zahlreichen **exakten Prognoseverfahren** – diese Prognoseverfahren weisen nur objektiv wiederholbare Verfahrensschritte auf und sind grundsätzlich programmierbar – geeignet sind. Sie schließen nämlich durch mathematische Auswertung von Vergangenheitsdaten auf zukünftige Zustände.

Der Fundus an Erklärungsaussagen, auf denen diese Verfahren aufbauen, ist recht gering. Die Verfahren sind größtenteils Rechenformalismen, deren Angemessenheit sich in der Vergangenheit bewährt hat. Als Beurteilungskriterium für Prognosemethoden scheint in diesem Zusammenhang weniger die empirische Erklärungskraft der zugrunde liegenden Erklärungshypothesen als die prognostische Kraft der angewandten formalen Verfahren geeignet. Unter diesem Aspekt haben sich zwar einige Verfahren erfolgreich bewährt, dies bietet jedoch keine Gewähr für eine dauerhafte Zuverlässigkeit der Methoden, so daß Verfahrenspluralismus und ergänzende Interpretationen in der Regel zu empfehlen sind.

Die **inexakten Prognosemethoden** – diese Methoden beinhalten mehrdeutig interpretierbare, subjektive, durch Wissensstand und Persönlichkeit des Methodenanwenders auszufüllende Verfahrenselemente – ermöglichen insbesondere die Prognose von Ausgangsprozessen, die auf wenig Datenmaterial der Vergangenheit basieren.

Der Methodenbestand ist hier kleiner und naturgemäß weniger formalisiert als auf der Seite der exakten Methoden, weil das Problem der Einbeziehung des relevanten Erfahrungswissens noch schwieriger zu lösen ist (Problem der „inexact sciences"). Darüber hinaus dienen die inexakten Verfahren auch der Prognose von Fortführungsprozessen, etwa zur Schätzung von nicht verfügbaren Daten wie Sättigungspunkten, Funktionsparametern usw. Insofern gehen auch in die exakten Prognosemethoden subjektive, inexakte Elemente ein und begrenzen deren Zuverlässigkeit.

*Prognoseverfahren*

Die Auswahl eines geeigneten Prognoseverfahrens hängt auch von der zu prognostizierenden Variablen ab. Die Prognosegröße beeinflußt die Sicherheit der Prognose. Mit um so genaueren, aber in der Regel auch als Entscheidungsgrundlage um so unbrauchbareren Ergebnissen ist zu rechnen, je globaler die zugrunde gelegten Größen sind. So läßt sich meist der Umsatz einer Produktgruppe genauer prognostizieren als der einzelner Produktvarianten. Annahmen über die Repräsentanz der Informationsgrundlage einer Prognose sind notwendig, wenn auf größere Gesamtheiten geschlossen werden soll (z. B. die Annahme, daß sich die potentiellen Kunden eines geplanten Absatzgebietes bei ihren Kaufentscheidungen genauso verhalten, wie es auf einem Testmarkt beobachtet werden konnte und daß sich auch das Konkurrenzverhalten nicht grundlegend ändert – eine Annahme, deren Fragwürdigkeit bei der Einführung neuer Produkte leicht zu falschen Absatzerwartungen führen kann).

Abb. 5.14 zeigt in Anlehnung an Wheelwright/Makridakis eine Auswahl wichtiger exakter und inexakter Prognosemethoden.

Das Spektrum der Prognosemethoden reicht von der Projektion der Vergangenheit in die Zukunft bei einfachen Trendberechnungen über die anspruchsvolleren Verfahren einfacher und multipler Regressionsanalysen und Marktreaktionsfunktionen bis zu den qualitativen, inexakten Prognosemethoden. Im folgenden können die bekanntesten exakten und inexakten Methoden nur kurz erwähnt werden. Nähere Einzelheiten und eingehendere formale Darstellungsarten sind insbesondere der Literatur zu Prognosemethoden zu entnehmen.

*Entwicklungsprognosen*

Eine einfache „Vergangenheitsfortschreibung" in die Zukunft (Extrapolation), wie bei der Trendberechnung, geht immer davon aus, daß die zukünftigen Bedingungen genauso sein werden, wie sie es in der Vergangenheit waren.

*Trendberechnung*

| | Prognosemethoden | Kurzbeschreibung | Vorhersagezeitraum | | |
|---|---|---|---|---|---|
| | | | kurz- (0–3 Monate) | mittel- 3–24 | langfristig über 24 |
| | **A. Zeitreihenmethoden** | | | | |
| EXAKTE PROGNOSEMETHODEN | 1. Trendextrapolationen | Verlaufsformen: linear, exponentiell, S-Kurvenförmig u. a. | | | × |
| | 2. Exponentielle Glättung | durch Bilden von Durchschnitten aus bisherigen Zahlenwerten in linearer od. exponentieller Weise entstehen Vorhersagen | × | | |
| | 3. Dekomposition (Zeitreihenzerlegung) | Zerlegung einer Zeitreihe in ihre Bestandteile Trend, Saisonalität, konjunkturelle u. Zufallskomponente | × | | |
| | 4. Filtern | Vorhersagen werden als lineare Kombination tatsächlich beobachteter Werte ausgedrückt. Parameter od. das Modell können sich an Veränderungen in den Daten selbst anpassen. | × | | |
| | 5. Autoregressive Methoden (z. B. gleitende Durchschnitte, Box-Jenkis-Verfahren) | Vorhersagen werden ausgedrückt in einer linearen Kombination tatsächlich beobachteter Daten und/oder tatsächlich aufgetretener Abweichungen/Fehler. | × | | |
| | **B. Kausale bzw. regressive Methoden** | | | | |
| | 1. Einfache und multiple Regression | Variationen in abhängigen Variablen werden durch Variationen der unabhängigen Variablen erklärt | × | | |
| | 2. Ökonometrische Modelle | Simultane Systeme von Gleichungen aus dem Bereich der multiplen Regression | | × | |

| | Prognosemethoden | Kurzbeschreibung | Vorhersagezeitraum | | |
|---|---|---|---|---|---|
| | | | kurz-fristig (0–3 Monate) | mittel-fristig (3–24) | lang-fristig (über 24) |
| INEXAKTE PROGNOSEMETHODEN | 1. Delphi-Methode | Ein Expertenpanel wird mit einer Folge von Fragebogen befragt; die Antworten bilden die Grundlage des folg. Fragebogens, so daß alle Experten für die Prognose zu allen Informationen Zugang haben | | | × |
| | 2. SEER-Methode | Befragung von Experten zu Problemen, an denen sie gegenwärtig arbeiten. Mehrere Befragungsrunden mit unterschiedl. Experten; die Beteiligten kennen die Antworten der anderen Experten | | | × |
| | 3. Historische Analogie | Komparative Analyse, Prognose auf der Grundlage von Ähnlichkeitsstrukturen | | | × |

×: sehr gut für den jeweiligen Prognosezeitraum geeignet

*Abb. 5.14.: Übersicht über wichtige Methoden der Marktprognose*

**Der Absatz eines Produktes wird allein in Abhängigkeit von der Zeit betrachtet.** Diese einfache Annahme gibt natürlich die vielfältigen Wechselwirkungen auf einem Markt nicht wieder. Der Trend kann im besten Falle eine brauchbare Annäherung an die Wirklichkeit sein. Die einzelnen Verfahren der Trendberechnung unterscheiden sich danach, wie die Vergangenheit bei der Prognose berücksichtigt wird.

Für einen linearen Trend $\quad y = a + b \cdot t \quad$ (5.2)
und einen exponentiellen Trend $\quad y = a \cdot b^t \quad$ (5.3)

*Methode der kleinsten Quadrate*

werden alle **Vergangenheitswerte gleichgewichtig,** d. h. ältere und jüngere Absatzdaten erhalten das gleiche Gewicht, in die Berechnung einbezogen. Die Strukturparameter a und b werden jeweils mit Hilfe der Methode der kleinsten Quadrate so festgelegt, daß die Summe der quadrierten Differenzen ($d_i$) zwischen den beobachteten ($y_i$)-Werten und den ($y_i$)-Werten der zu berechnenden Funktion ein Minimum wird. Andere Zeitreihenkomponenten wie z. B. irreguläre, saisonale und konjunkturelle Schwankungen werden von diesen Verfahren nicht erfaßt.

Eine Möglichkeit, die **größere Aktualität neuerer Werte** zu berücksichtigen, indem jeweils die letzten Werte der Zeitreihe zur Prognose herangezogen werden, bietet z. B. eine gleitende Durchschnittsberechnung nach der Formel

*gleitende Durchschnitte*

(5.4) $\quad y_{n+1} = \dfrac{y_n + y_{n-1} + y_{n-2} + \ldots y_{n-k+1}}{k} \quad [k \leq n]$

Wird nicht auf den Durchschnitt der absoluten Periodenwerte, sondern auf die durchschnittliche Veränderung abgestellt, so errechnet sich die zu prognostizierende Absatzveränderung nach der Formel

(5.5) $\quad y_{n+1} - y_n = y_n = \dfrac{(y_n - y_{n-1}) + (y_{n-1} - y_{n-2}) + \ldots + (y_{n-k+1} - y_{n-k})}{k}$

Dabei ist das Gewicht der k einbezogenen Werte gleich. Es wird deutlich, daß der Glättungseffekt um so stärker ist, je mehr Werte einbezogen werden. Sprunghafte Änderungen der tatsächlichen Werte und Trendbrüche (Marktveränderungen) werden bei diesem Verfahren verdeckt, so daß es nur für kurze Prognosezeiträume bzw. stabile Trendentwicklungen geeignet erscheint.

Eine sehr gebräuchliche Methode der Absatzprognose ist das Verfahren der exponentiellen Glättung (exponential smoothing). Die Beliebtheit dieser Prognosetechnik gründet sich einmal auf ihre methodische Einfachheit und zum anderen auf den geringen Speicherplatzbedarf, wenn die Prognose mit Hilfe der elektronischen Datenverarbeitung durchgeführt wird. Der Prognosewert ($Y_{t+1}$) ergibt sich bei der exponentiellen Glättung aus der Addition des Vorhersagewertes für die gegenwärtige Periode ($Y_t$) zu der durch einen Faktor ($\alpha$) gewichteten Differenz zwischen dem tatsächlich eingetretenen ($y_t$) und dem vorher prognostizierten Wert der gegenwärtigen Periode, also dem Vorhersagefehler ($y_t - Y_t$).

*exponentielle Glättung*

(5.6) $\quad Y_{t+1} = Y_t + \alpha(y_t - Y_t)$

Der Glättungsfaktor ($\alpha$), dessen Wert zwischen 0 und 1 schwanken kann, bewirkt die **Anpassung der Prognose an die jüngste Marktentwicklung.** Bei $\alpha = 0$ wird der Prognosefehler nicht berücksichtigt; die Entwicklung wird als konstant angenommen, das Modell reagiert nicht auf die Bedarfsschwankungen in der letzten Periode. Bei $\alpha = 1$ wird der Prognosewert der Vorperiode um den vollen Prognosefehler korrigiert. Die neuesten Absatzwerte werden also bei hohem ($\alpha$) stark berücksichtigt, was zu größeren Prognoseschwankungen führen kann, da alle Zufallsschwankungen mit in die Rechnung eingehen. Die empfindliche Reaktion des Verfahrens kann positiv zu beurteilen sein, wenn es nicht für längerfristige Prognosen Verwendung finden soll. Die Wahl des ($\alpha$)-Wertes hängt damit wesentlich von dem Prognosezeitraum ab. Es wird immer ein Kompromiß geschlossen werden müssen zwischen dem Wunsch nach guter Glättung zufälliger Schwankungen und hinreichender Reaktionsfähigkeit auf Marktänderungen. Als brauchbarer Wert kann in vielen Fällen $0{,}2 \leq \alpha \leq 0{,}5$ gelten. Die Zahl der zu berücksichtigenden Vergangenheitsperioden (k) kann z. B. in Abhängigkeit von $\alpha$ wie folgt errechnet werden:

$$(5.7\,\text{a}) \quad \alpha = \frac{2}{k+1} \qquad (5.7\,\text{b}) \quad k = \frac{2}{\alpha} - 1$$

**Regressionsanalyse**

Im Unterschied zur Trendberechnung geht die Berechnung von Regressionsfunktionen für Vorhersagezwecke nicht nur von der Zeit als erklärender Variabler aus, **sondern zusätzlich von einer zu prognostizierenden ökonomischen Größe, deren Verhältnis zu der abhängigen Variablen (z. B. dem Absatzvolumen) als ursächlich angesehen wird.** Eine derartige Beziehung kann z. B. zwischen der Entwicklung des Tiefbauvolumens und den Absatzmöglichkeiten für Erdbewegungsmaschinen angenommen werden. Die Verfahren der Regressionsanalyse reichen vom Fall der linearen Einfachregression (Annahme einer linearen Beziehung zwischen der abhängigen Variablen und einer unabhängigen Variablen) bis zur nichtlinearen Mehrfachregression (Annahme einer Beziehung höherer Ordnung zwischen der abhängigen Variablen und mehreren unabhängigen Variablen). Zu ihrer Darstellung kann auf die statistische Literatur verwiesen werden.

**Prognose von Sättigungspunkten**

Die bisher behandelten Prognoseverfahren stützen sich teilweise auf die Extrapolation der Bestimmungsgrößen in die Zukunft. Damit ist die Erwartung verbunden, daß die ermittelten äußeren Einflüsse in ihrer Art und Wirkungsweise in der Zukunft die gleichen bleiben. Für eine Vielzahl ökonomischer Prozesse ist diese Annahme sehr problematisch. Solche Probleme ergeben sich z. B., wenn bestimmte Sättigungspunkte (S) angenommen werden müssen oder das Auftauchen von Substitutionsprodukten zu erwarten ist.

In solchen Fällen können logarithmische Trendfunktionen herangezogen werden, die allgemein lauten:

$$(5.8) \quad y_t = \frac{S}{1 + e^{(a-bt)}}$$

mit S als Sättigungswert von y und e als Basis der natürlichen Logarithmen.

Beispielsweise wurde als ein solcher Sättigungspunkt für Schwarz-Weiß-Fernsehapparate vor einigen Jahren eine Besetzungsdichte von 95% aller Haushalte angenommen. Ein ähnlicher Wert könnte heute eventuell den Absatzprognosen für Farbfernsehapparate zugrunde gelegt werden. Der Sättigungspunkt für Schwarz-Weiß-Fernsehapparate dürfte durch die Einführung des Farbfernsehens dagegen früher erreicht worden sein, wobei angenommen werden kann, daß auch Haushaltsneugründungen zum großen Teil an das Substitutionsprodukt Farbfernsehapparat „verlorengehen".

Es stellt sich die Frage, ob solche zukünftigen Grenzwerte bestimmbar sind und dann gewissermaßen durch Rückrechnung auf die Gegenwart der zukünftige Bedarf eines Produktes prognostiziert werden kann. Es ist anzunehmen, daß Grad und Zeitpunkt der Sättigung von einer Vielzahl ökonomischer, technischer, politischer und demographischer Einflußgrößen abhängen. Vor allem die technische Entwicklung macht es schwierig, einigermaßen zutreffende Angaben über einen Sättigungswert zu erhalten. Auch über die Entwicklung zwischen dem aktuellen und dem maximalen Sättigungsgrad sind Aussagen nur schwer möglich. Mittelfristige Prognosen lassen sich unter Umständen anhand einer Extrapolation der bisherigen Lebenskurve eines Produktes gewinnen. Aber auch dieses Verfahren erscheint nur sinnvoll, wenn bereits Absatzdaten für etwa die Hälfte der erwarteten Lebenszeit vorliegen (vgl. Kapitel III. 1., Produkt- und Programmänderungen, S. 564 f.).

Zudem wird die den dargestellten Prognoseverfahren zugrunde liegende Annahme der Konstanz des Einsatzes der absatzpolitischen Instrumente der Realität meist nicht gerecht.

Aufgrund dieser Schwierigkeiten hat in jüngster Zeit die von Gordon und Helmer entwickelte Delphi-Methode als Prognoseverfahren verstärkt Beachtung gefunden. **Bei der Delphi-Methode handelt es sich um ein systematisches Verfahren der mehrmaligen Expertenbefragung, um ungewisse zukünftige Ereignisse (z. B. technologische Entwicklungen) sachlich und zeitlich so genau wie möglich zu bestimmen.** Damit erscheint es möglich, das bei den „traditionellen" Prognoseverfahren weitgehend ungelöste Problem der vielschichtigen Wirkungszusammenhänge auf heuristischem Wege zu lösen. In die Vorhersage fließen sowohl Marktinformationen wie auch technische Informationen oder eigene neue Ideen ein. Die Schöpfer dieser Methode vertreten die These, daß trotz voneinander abweichender subjektiver Beurteilung der zukünftigen Entwicklung nahezu genaue, objektive Vorhersageergebnisse erzielt werden können. Sie begründen dies durch die relativ genauen Wahrscheinlichkeitsangaben, die Experten aufgrund ihrer – oft nur intuitiv angewendeten – besonderen Fachkenntnisse und ihres häufig breiten Zusatzwissens über bestimmte künftige Entwicklungen machen können. Die Angaben werden meist mit Hilfe eines Fragebogens eingeholt. Nach ihrer Auswertung werden den einzelnen Experten anonym die Stellungnahmen der übrigen Befragten zur Kenntnis gebracht mit der Bitte um Überprüfung der eigenen Ansicht. Der Vorgang kann sich mehrmals wiederholen.

Delphi-Methode

Auch die Anwendung der Delphi-Methode ist nicht unumstritten. Sie eignet sich nach den bisherigen Erfahrungen in erster Linie für langfristige technologische Vorhersagen.

## *Wirkungsprognosen*

In Wirkungsprognosen versucht man, über sogenannte Marktreaktionsfunktionen die Wirksamkeit des absatzpolitischen Instrumentariums zu bestimmen. Sie sollen die Beziehung zwischen ökonomischen Größen (Umsatz-, Absatzmenge) und jeweils veränderten Aktionsparametern bzw. Aktivitäten (z. B. Preis, Werbung) aufdecken. Probleme ergeben sich in diesem Zusammenhang insbesondere aus dem Wirkungsverbund der verschiedenen Instrumente, d. h. aus der Tatsache, daß bei kombiniertem Einsatz der Instrumente die intendierten Wirkungen nicht jenen entsprechen, die man bei Addition der Wirkungen unter isolierter Betrachtungsweise erhalten würde.

Aus diesen Ausführungen geht deutlich hervor, daß sich keine generelle Antwort auf die Frage geben läßt, welche Prognosemethode für ein konkretes

Vorhersageproblem die geeignetste ist. Der „Ertrag" eines mehr oder weniger komplexen Prognosemodells liegt in der Verminderung des Risikos der darauf aufbauenden Entscheidungen. Je höher das Verlustrisiko bei Fehlprognosen ist, um so mehr wird es sich lohnen, Zeit und Geld aufzuwenden, um ein an den speziellen Fall angepaßtes Prognosemodell zu entwickeln. **Grundsätzlich entscheidet nicht das Prognoseverfahren, sondern die empirische Erklärungskraft der zugrunde gelegten Theorie über den Wert von Prognosen.**

## 4. Entwicklung von Marktstrategien

*Strategiebegriff*

Der in der Literatur sehr unterschiedlich gebrauchte Strategiebegriff wird hier relativ eng gefaßt. **Strategien sind globale Wege zur Erreichung vorgelagerter Unternehmensziele.**

Die Oberziele einer Unternehmung haben im Rahmen der strategischen Planung weitgehend Datencharakter, weil sie z. B. institutionell im Rahmen der Wirtschaftsordnung vorgegeben sind. Selbstverständlich wird nicht verkannt, daß zwischen Strategien und Zielen gegenseitige Abhängigkeiten bestehen und daß auch vorgelagerte Ziele interpretations- und konkretisierungsbedürftig sind; die eigentlichen Zielinhalte stehen jedoch in der Regel nicht oder nur in größeren Zeitabständen zur Disposition. **Gegenstand der Formulierung einer Marktstrategie im Sinne der Vorzeichnung eines globalen Weges zur Zielerreichung ist die Entdeckung und Sicherung langfristiger Erfolgspotentiale,** mit deren Hilfe eine Vorsteuerung des laufenden Erfolgs, der laufenden Zielerreichung also, möglich werden soll.

Dies bedeutet vor allem, daß die absatzmarktlichen Aktivitätsfelder der Unternehmung, also die Kundenprobleme, über deren Lösung eine Erreichung der Unternehmensziele möglich erscheint, festgelegt werden.

*Strategie-entwicklung*

Bei der Formulierung von Strategien wird global vorgegangen, d. h. man entwickelt auf der Basis weniger, wesentlicher Zusammenhänge und Faktoren marktbezogene Globalaktionen und legt damit längerfristig auch die Marketingkonzeption fest. Kurzfristig bedarf diese der Ergänzung durch taktische Maßnahmen. Solche taktischen Entscheidungen sind z. B. in kurzfristigen Umstellungen der Marktgestaltungsprogramme zu sehen.

Bei der Formulierung von Marktstrategien kommt es im wesentlichen darauf an, daß die Stärken und Schwächen der Unternehmung bestmöglich mit den Chancen und Risiken der relevanten Unternehmensumwelt abgestimmt werden. Gerade für diese Abstimmung ist eine genaue **Analyse der Unternehmensumwelt und der Möglichkeiten unabdingbar. Diese Analyse kann nicht analytisch oder algorithmisch vorgenommen werden, sondern bedeutet einen kreativen Entscheidungs- und Planungsprozeß,** bei dem das von Schumpeter, Gutenberg u. a. so oft hervorgehobene „irrationale Moment", d. h. Erfahrung, Intuition und Phantasie, eine wesentliche Rolle spielt. Der Prozeß der Strategieentwicklung ist jedoch durch verschiedene methodische Hilfsmittel unterstützbar.

Im folgenden werden kurz einige „klassische" und neuere Methoden der Strategieformulierung vorgestellt, ohne damit einen Anspruch auf Vollständigkeit zu erheben. Es kommt bei den folgenden Ausführungen auch darauf an, die Entwicklungsrichtungen des methodischen und inhaltlichen Denkens im Rahmen der Formulierung von Marktstrategien sichtbar zu machen.

## *Lücken-Analyse und „klassische" Marktstrategien*

Die Lückenanalyse ist ein relativ altbekanntes Instrument zur Früherkennung strategisch relevanter Marktentwicklungen. Sie besteht aus einem einfachen Denkrahmen, in dem **die geplante Entwicklung einer Zielgröße (Umsatz, ROI, Gewinn) der Prognose (Projektion) des Unternehmenserfolges, der sich voraussichtlich aus den gegenwärtigen, marktbezogenen Eigen- und Konkurrenzaktivitäten ergeben wird, gegenübergestellt wird.** Weichen die beiden Kurven wie in Abb. 5.15 dargestellt voneinander ab, so kann man von einer strategischen Lücke sprechen, die den Prozeß der Strategieformulierung anregen soll. Um differenziertere Aussagen über die Erfolgsbeiträge der einzelnen Marktaktivitäten eines Unternehmens machen zu können, lassen sich jeweils gesonderte Prognose-(Projektions-)kurven für in der Entwicklung befindliche Projekte aufstellen.

<figure style="float:right">Lückenanalyse</figure>

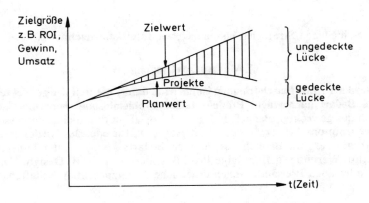

*Abb. 5.15: Lücken-Analyse (Gap-Analyse)*

Das Auftreten einer strategischen Lücke wird in der Regel auf die Begrenzung des Unternehmenswachstums in den gegenwärtigen marktlichen Aktivitätsfeldern (Produkt/Marktkombinationen) der Unternehmung zurückgeführt.

Als Hilfsmittel für den Suchprozeß nach neuen Marktstrategien wird im Zusammenhang mit der Gap-Analyse oft die Produkt/Markt-Matrix (Ansoff) eingesetzt, die **grundlegende strategische Handlungsmöglichkeiten zur Erreichung gesteckter Ziele zusammenfaßt.**

<figure style="float:right">Entwicklung strategischer Alternativen</figure>

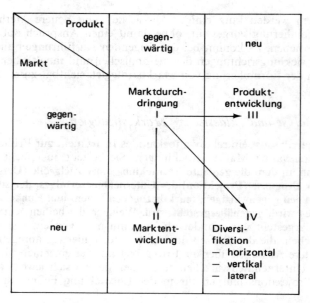

*Abb. 5.16: Marktstrategien nach der Produkt/Markt-Matrix*

Die verschiedenen Strategien lassen sich wie folgt kennzeichnen:

#### a) Marktdurchdringung (I)

**Der Grad der Marktdurchdringung ist ein Maß dafür, wie weit der geweckte oder latente Bedarf nach einem Produkt (einer Problemlösung) befriedigt ist.** Im Bereich des geweckten Bedarfs läßt er sich vor allem durch eine Verbesserung des Distributions-Mix (z. B. der Absatzwegestruktur oder des Niederlassungsnetzes) erhöhen; im Bereich des latenten Bedarfs können unter Umständen verstärkte Werbung, geringfügige Produktänderungen (z. B. Design, Verpackung) oder auch Preisänderungen erhebliche Absatzpotentiale schaffen.

#### b) Marktentwicklung (II)

**Die Marktentwicklungsstrategie sucht z. B. neue Absatzgebiete oder neue Anwendungsmöglichkeiten zu erschließen.** Besonders auffallend und auch erfolgreich war diese Suche nach ständig neuen Verwendungsmöglichkeiten z. B. im Bereich der kunststofferzeugenden Industrie. In diesem Zusammenhang kommt der Marktsegmentierung besondere Bedeutung zu. **Der Zweck der Marktsegmentierung ist es, potentielle Käufer eines Produktes mit Hilfe von Beschreibungskriterien so zu Gruppen zusammenzufassen, daß eine den Absatzerfolg steigernde zielgruppenspezifische Kombination des absatzpolitischen Instrumentariums möglich wird.**

*Marktsegmentierung*

Bei der Marktsegmentierung wird der Gesamtmarkt in relativ homogene Teilmärkte aufgeteilt. Das setzt allerdings voraus, daß Segmentierungskriterien meßbar und auch als Bestimmungsgrößen der Kaufentscheidung wirksam werden. Diese Bedingung wird vor allem von Kriterien erfüllt, die als sozioökonomische Variable bezeichnet werden. Dazu gehören z. B.: Haushaltsgröße, Alter, Geschlecht, Ausbildungsstand, Einkommensverhältnisse, religiöse und ethnische Zugehörigkeit. Durch die Berücksichtigung sozialwissenschaftlicher Erkenntnisse in der neueren Marktforschung wird versucht, die Kriterien der Marktsegmentierung durch Angaben über spezifische Persönlichkeits- und Verhaltenstypen innerhalb der Kundengruppen zu ergänzen und zu verfeinern (vgl. Modelle des Käuferverhaltens und Methoden der Marktanalyse, S. 524 ff.).

Abbildung 5.17 zeigt in Form von Venn-Diagrammen drei Beispiele der Aufteilung eines Marktes in Marktsegmente. Die Elemente des Marktes sind durch Kombinationen der Eigenschaften a/b (z. B. männlich/weiblich) und x/y (z. B. unter/über 30 Jahre alt) gekennzeichnet. Im Fall I erfolgt die Segmentierung nach dem Alter, im Fall II nach dem Geschlecht und bei III nach beiden Kriterien (z. B. über 30 und männlich).

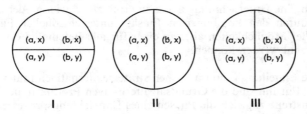

*Abb. 5.17: Marktsegmentierung*

Die Vorteile der Marktsegmentierung sind darin zu sehen, daß die Marktgestaltungsprogramme unmittelbarer auf die jeweiligen Zielgruppen abgestimmt werden können.

### c) Produktentwicklung (III)

Im Vergleich zu den Strategien der Marktdurchdringung und Marktentwicklung, bei denen ein bestimmtes Produkt oder Material den festen Ausgangspunkt der Marktstrategie bildet, **stellen hier erkannte Kundenprobleme den Orientierungspunkt der Strategie dar, die durch veränderte Problemlösungen (Produkte) zu befriedigen sind.** Produktentwicklungsstrategien können darin bestehen, durch unternehmenseigene Forschung und Entwicklung weiterentwickelte oder neue Produkte zu finden oder das gleiche Ziel durch den Erwerb von Lizenzen und technischem Wissen („Know-how") zu erreichen.

### d) Diversifikation (IV)

Hier können die Strategien der horizontalen, vertikalen und lateralen Diversifikation z. B. durch Fusion oder Unternehmenserwerb unterschieden werden.

Bei der **horizontalen Diversifikation** wird das Produktionsprogramm um solche Produkte erweitert, bei denen ein sachlicher Zusammenhang mit den bisher gefertigten gegeben ist. Ein solcher Zusammenhang besteht z. B., wenn Umstellungen des vorhandenen Fertigungsapparates nicht notwendig sind, oder wenn die Unternehmung die Struktur und die Erfahrungen ihrer Vertriebsorganisation nutzen kann. Bei **vertikaler Diversifikation** erfolgt die Ausdehnung der Tätigkeitsbereiche der Unternehmung auf vorgelagerte oder nachgelagerte Produktionsstufen. Eine solche Strategie dient vor allem der Sicherung der Marktposition durch die angestrebte Unabhängigkeit von konkurrierenden Lieferanten- und/oder Abnehmerstrategien. Bei der **lateralen Diversifikation** besitzen alle diese Gesichtspunkte kaum Bedeutung. Ein sachlicher Zusammenhang zum bisherigen Produktionsprogramm ist nicht gegeben. Dieses Strategiekonzept dient z. B. dazu, freie finanzielle Ressourcen oder Kapazitäten der Unternehmensführung zu nutzen. Als Ergebnis entstehen die sogenannten Mischkonzerne.

*Gemeinschaftsgründung*

Eine gewisse Mittelstellung zwischen Produktentwicklungs- und Diversifikationsstrategien nimmt die Strategie der Gemeinschaftsgründung (joint venture oder jointly-owned subsidiary) ein. Sie kommt für solche Aufgaben in Betracht, die für eine Unternehmung allein zu groß, zu schwierig oder zu riskant erscheinen, durch den kombinierten Einsatz unterschiedlicher Fähigkeiten und materieller Möglichkeiten aber zu einer für alle Beteiligten erfolgreichen Lösung gebracht werden können.

*Produkttreue, Problemtreue, Wissenstreue*

Eine ähnliche Einteilung grundsätzlicher Strategiealternativen findet sich z. B. bei H. Groß. Für ihn sind die Grundsatzalternativen Produkttreue, Problemtreue, Wissenstreue zugleich die Phasen eines Entwicklungsprozesses von der Produkt- zur Wissenstreue:

(1) Produkttreue: Ein bestimmtes Produkt oder Material ist fester Ausgangspunkt der Strategie. Es werden ständig neue Anwendungsmöglichkeiten und Abnehmergruppen für das Ausgangsprodukt gesucht (z. B. für Holz, Stahl, Kunststoffe, Steinkohlen).

(2) Problemtreue: Die Probleme eines Kundenkreises, die die Unternehmung zu lösen sucht, bilden den Fixpunkt der Strategie, die Produkte als Lösungshilfen sind verschieden und ändern sich (z. B. Heizungsbau, Verformungstechnik, Transporttechnik).

(3) Wissenstreue: Ein bestimmtes Wissens- und Erfahrungspotential ist dauerhafte Grundlage der Strategie, die sich entsprechend den aus dem Wissen entstehenden Produktalternativen entwickelt (z. B. Verwertung von bestimmten Patenten, etwa Kunststoff- oder Metallverarbeitungspatente; Anwendung der elektronischen Datenverarbeitung).

*Synergie*

Als allgemeines Kriterium für die Beurteilung der Marktstrategie wird, vor allem von Ansoff, deren synergetischer Effekt hervorgehoben. Der Synergiebegriff knüpft an die Hypothese an: „Das Ganze ist mehr als die Summe seiner

Teile." Ansoff unterstellt, daß die Wirkung einer Faktorenkombination in bestimmten Fällen qualitativ oder quantitativ höher zu bewerten ist als die Summe der Einzelwirkungen. Ansatzpunkte für die Synergiebeurteilung sind vor allem die aus der Analyse der Leistungspotentiale ermittelten „Stärken" der Unternehmung. Es lassen sich vor allem drei auf Synergiefaktoren basierende Strategien hervorheben: **produktionssynergetische, distributionssynergetische und wissenssynergetische Strategien.** Produktionssynergetische Strategien bauen beispielsweise auf dem Vorhandensein spezieller Betriebsmittel, Fabrikationsstätten, Rohstoffquellen auf. Distributionssynergetische Strategien stützen sich z. B. auf einen festen Kundenstamm, ein gut organisiertes Vertriebssystem oder ein ausgebautes Niederlassungs-, Vertreter- oder Händlernetz. Wissenssynergetische Strategien beziehen sich auf die besonderen Erfahrungen und Fähigkeiten der Unternehmensmitglieder.

Für die Beschreibung und Bewertung von Synergieeffekten sind drei Variablen zu berücksichtigen: der Inhalt des Synergieeffektes, sein Ausmaß und sein zeitlicher Bezug. Inhalt können z. B. höhere Umsätze, geringere Produktionskosten, niedrigere Investitionsaufwendungen sein. Das Ausmaß gibt die Höhe der Veränderung bei Synergiewirkung an. Der zeitliche Bezug schließlich erfaßt z. B., wann und wie lange die Synergie wirksam wird. Eine genaue, quantitative Darstellung des Synergieeffektes dürfte allerdings kaum möglich sein.

Beschreibung und Bewertung von Synergieeffekten

Als Heuristik für die endgültige Strategiewahl kann das **„Gesetz der abnehmenden Synergie"** herangezogen werden. Danach ist die Synergie in Feld I von Abbildung 5.16 am stärksten und in Feld IV am schwächsten. Die Synergieeffekte in den Feldern II und III sind von Unternehmens- und Umweltfaktoren abhängig.

Ist die Stärke des Unternehmens durch ihr Produkt bestimmt (z. B. Produktqualität), dürfte die Strategie der Marktentwicklung größere Synergieeffekte versprechen; folglich ergäbe sich eine Reihenfolge für die Synergiestärke mit abnehmender Tendenz in der Form I – III – II – IV. Ist die Stärke der Unternehmung durch ihre Absatzwege und -methoden bestimmt, dürfte die Strategie der Produktentwicklung unter dem Synergieaspekt vorteilhaft sein; es ergäbe sich dann eine Reihung I – II – III – IV mit abnehmender Synergie. Im Bereich der Diversifikation kann dabei möglicherweise nochmals eine Reihung horizontal – vertikal – lateral vorgenommen werden.

Die anschauliche Darstellung des strategischen Problems läßt die Notwendigkeit und Dringlichkeit der Anpassung bzw. Entwicklung von Marktstrategien deutlich werden. **Allerdings werden Kreativität und Erkennung der Ursachen der strategischen Lücke durch Einsatz der Gap-Analyse und Produkt/Markt-Matrix begrenzt, da die Suche nach neuen Projekten sich an Problemsymptomen orientiert und stets in der Nähe gegenwärtig bekannter Aktivitäten ansetzt.**

Beurteilung der Gap-Analyse

Dies kann den Vorteil des geringen Risikos haben – und unterstützt zudem „durchwurstelndes" Problemlösungsverhalten (muddling through) –, läßt jedoch innovative Strategien nur in geringem Maße zu, da hier das Synergiepotential meistens geringer ist. Da strategische Lücken aber auch auf gravierenden Veränderungen in der Nachfrage- oder Wissensstruktur zurückzuführen sind, können oftmals nur innovative Strategien zu einer nachhaltigen Schließung der Lücke beitragen.

Marktliche und finanzwirtschaftliche Verbundeffekte der marktlichen Aktivitätsfelder werden durch diese Methoden nicht verdeutlicht; die Verfahren bergen vielmehr Gefahren in sich, die von überwiegend extrapolierendem Vergangenheitsdenken und fehlendem Gesamtunternehmensbezug in der Strategieformulierung ausgehen können.

*Lebenszyklus-Analyse*

Zusammenhang zwischen Umsatz/ Absatz, Cash-Flow und Erfolg

Dem Konzept des Produktlebenszyklus liegt der Gedanke zugrunde, daß sich die abgesetzten Mengen eines Produktes im Zeitablauf nicht kontinuierlich entwickeln, sondern aufgrund von Marktsättigung oder Veralterung einer **zyklischen Schwankung** unterliegen, wie sie in Abbildung 5.18 idealtypisch dargestellt wird. Einem idealtypischen, zyklischen Verlauf unterliegen auch Cash Flow und Erfolg, wenn man diese Größen isoliert für ein Produkt betrachtet. Dabei ist zu beachten, daß der Mittelbedarf in der Entwicklungs- und Einführungsphase besonders hoch ist, während in der Reifephase hohe Rückflüsse zu erwarten sind.

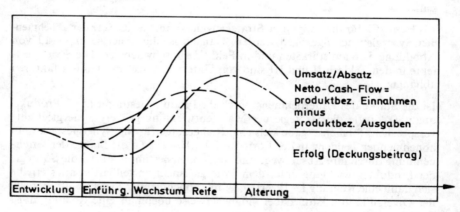

*Abb. 5.18: Produktlebenszyklus*

Aussagekraft des Produktlebenszyklus-Modells

Durch die Ermittlung der jeweiligen Phase des Lebenszyklus lassen sich Hinweise auf die erforderliche Neuentwicklung von Produkten und die jeweils erforderlichen Mittel für die Finanzierung ableiten. Entscheidender Vorteil des Konzepts ist, daß bereits zu einem frühen Zeitpunkt Forschungs- und Entwicklungsaktivitäten eingeleitet werden können, ohne daß Probleme erst durch rückläufige Entwicklungen verdeutlicht werden müssen. Auch lassen sich im Mehrproduktbetrieb die finanzwirtschaftlichen, erfolgswirtschaftlichen und wachstumsbezogenen Verbundwirkungen der verschiedenen Aktivitäten besser abschätzen.

Schwierigkeiten dürfte allerdings die Prognose einer möglichen Produktlebenskurve bereiten, insbesondere wenn noch Chancen einer stärkeren Marktdurchdringung oder Markterweiterung während der Reifephase bestehen. Weiterhin können Konjunkturschwankungen die Produktlebenszyklen möglicherweise überlagern und einen günstigeren oder schlechteren Verlauf der Produktlebenskurve erzeugen. Darüber hinaus ist es schwierig, externe Einflüsse (z. B. Imitatoren, große Konkurrenten) in dieses Konzept miteinzubeziehen, die eventuell die absetzbaren Mengen für die eigene Unternehmung bestimmen.

Den gesamten Verlauf der Lebenskurve für ein Produkt zu bestimmen, dürfte wohl an mancherlei Problemen scheitern, wie z. B. Einfachheit der Ursache-Wirkungs-Struktur (Zeit als „erklärende" Variable, Annahmen eines phasenspezifischen Normalverhaltens von Anbietern und Nachfragern sowie phasenspezifischer Marktforschung etc.). Es erscheint jedoch möglich, die aktuelle Phase der verschiedenen Produkte eines Programms ungefähr zu bestimmen und daraus Strategien für das zukünftige Verhalten im Hinblick auf Programmgestaltung und Investitionsplanung zu entwickeln. Insbesondere dürfte es interessant sein, kompensatorische und kumulative Effekte frühzeitig zu erkennen, die sich im Zeitablauf bei simultaner Betrachtung der verschiedenen marktlichen Aktivitäten einer Unternehmung ergeben können.

## *Erfahrungskurven-Analyse*

Aus der Erkenntnis der „Lernkostentheorie", daß die Arbeitszeit für einen ständig wiederholten Arbeitsvorgang exponentiell sinkt, versuchte man Folgerungen für die Entwicklung der gesamten Kosten abzuleiten.

In diesem Zusammenhang sind die zahlreichen, empirischen Untersuchungen einer amerikanischen Unternehmensberatungsgesellschaft (Boston Consulting Group) zu nennen, die wesentlich zur Aufdeckung des sogenannten Erfahrungskurveneffektes beigetragen haben, der verbal wie folgt umschrieben werden kann:

*Grundlagen des Erfahrungskurven-Modells*

**Mit jeder Verdoppelung der kumulierten Ausbringungsmenge (x) eines Produktes sinken die realen (d. h. zu konstanten Geldeinheiten ausgedrückten), durchschnittlichen Stückkosten (y) eines Produktes potentiell um einen charakteristischen, konstanten Prozentsatz (20–30%).**

Für zahlreiche Produkte konnte ein derartiger Zusammenhang durch die Funktion

(5.9) $y = a \cdot x^{-b}$ näherungsweise beschrieben werden. Die Koeffizienten a und b sind produktspezifische Konstanten (a: Kosten für die erste Produktionseinheit; b: Maß für den Kostenrückgang), die nach „Linearisierung" obiger Funktion zu

(5.10) $\log y = \log a - b \cdot \log x$ mittels Regressionsanalysen schätzbar sind. Der Zusammenhang wird grafisch überwiegend im doppeltlogarithmischen Maßstab dargestellt, um die Konstanz des

Kostenrückgangs visuell stärker hervorzuheben (vgl. hierzu Abbildung 5.19).

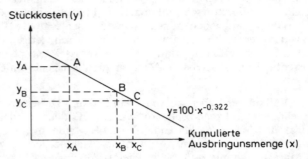

Abb.5.19: *Erfahrungskurve (doppelt-logarithmischer Maßstab)*

A, B und C markieren in dieser Darstellung die Positionen von drei Wettbewerbern, die sich auf der gleichen Erfahrungskurve bewegen, in der Periode t. In diesem Beispiel handelt es sich um eine 80%-Erfahrungskurve (80% = 100 · $2^{-0.322}$), d. h. mit jeder Verdoppelung der Ausbringungsmenge sinken die realen Stückkosten um 20% auf 80% des jeweiligen Ausgangswertes.

**Prämissen der Erfahrungskurve:**

– kumulierte Ausbringungsmenge als relevanter Indikator für den Erfahrungsprozeß

– Linearität (Konstanz) des Kostenrückgangs

– Umfassender Gültigkeitsbereich sowohl für alle Produkte und Dienstleistungen als auch für die Branche insgesamt und für jeden Anbieter innerhalb der Branche

– Realisierung des Kostensenkungspotentials (alle Branchenanbieter bewegen sich auf der gleichen Erfahrungskurve)

– keine Veränderungen in den Merkmalen und Funktionen des Produktes

– Erfaßbarkeit bzw. Zurechenbarkeit realer, produktbezogener Stückkosten

– alle Kostenarten unterliegen einem mehr oder weniger starken Erfahrungsprozeß

*Aussagekraft von Erfahrungskurven*

Die Kostendegression läßt sich insgesamt auf die Nutzung von **Lernkurveneffekten** im Fertigungsbereich, auf Größendegressionen, auf technischen Fortschritt, auf Rationalisierung und auf Wertanalyse zurückführen; eine exakte Zurechnung der Kostenwirkungen auf diese einzelnen Ursachefaktoren erweist sich aber als schwierig.

Die Prognose der langfristigen Stückkosten in Abhängigkeit vom kumulierten Produktionsvolumen erscheint aber möglich. Sie hat für die Formulierung von

Marktstrategien erhebliche Bedeutung. Insbesondere ermöglicht sie, die Stellung des eigenen Unternehmens im Rahmen der Struktur einer Branche besser abzuschätzen. Gelingt es, die Erfahrungskurve einer Branche für eine bestimmte Produktart sekundärstatistisch zu ermitteln und die Ausbringungsmengen der Konkurrenten über die Zeit hinweg abzuschätzen, so ist der Einblick in die Kostenstrukturen der Wettbewerber möglich.

Auch eine langfristige Prognose des Branchenpreises scheint möglich, da bei stabilen Wettbewerbsverhältnissen die Preise langfristig dem sinkenden Stückkostenverlauf folgen werden, um nicht durch wachsende Gewinnspannen zusätzliche Anbieter anzulocken (vgl. z. B. die Preisentwicklung von Taschenrechnern, elektronischen Bauelementen, Farbfernsehern, verschiedenen chemischen Produkten wie synthetische Kunststoffe etc.). Sinken die Branchenpreise langsamer als die Kosten, so werden Wettbewerber versuchen, in den Markt einzudringen, und es kann kurzfristig zu Preiskämpfen und Überkapazitäten kommen. Sinken die Kosten der Wettbewerber nicht entsprechend der Erfahrungskurve, so werden sie sich aus dem Markt zurückziehen müssen.

Um die Vorteile des Erfahrungskurveneffektes zu nutzen, ist es notwendig, die produzierten Mengen zu steigern. Das ist jedoch nur möglich, wenn sich auf dem jeweiligen Markt die entsprechenden Stückzahlen absetzen lassen. Durch die Gewinnung eines größeren Marktanteils als die Konkurrenz stehen der Unternehmung größere Kostensenkungspotentiale zur Verfügung. Geht ein wachsender Marktanteil zu Lasten der Konkurrenz, so kann deren Fortschreiten auf der Erfahrungskurve abgebremst werden, und es ergeben sich zusätzliche Vorteile für die eigene Unternehmung. Die strategischen Vorteile eines rasch wachsenden Marktes dürften hier deutlich werden, da eine Verdopplung der kumulierten Produktionsmengen unter solchen Bedingungen schneller möglich ist und die Kosten damit rascher absinken.

Die Analyse zeigt ferner, daß es für viele Unternehmen, die nicht zur Gruppe der Marktführer vorstoßen können, sinnvoller ist, sich aus dem Markt zurückzuziehen, da sie die kumulierte Produktionserfahrung der Marktführer und damit deren Kostenniveau wohl kaum erreichen können. Für sie ist es strategisch interessanter, neue Marktnischen und Marktsegmente aufzuspüren, in denen sie Vorreiter werden und sich Kostenvorteile erarbeiten können.

**Wesentlich ist, daß sich Erfahrungskurveneffekte nicht zwangsläufig einstellen, sondern daß es sich um Kostensenkungspotentiale handelt, die durch das Management aufgedeckt und realisiert werden müssen.** Die schnelle Verdopplung von Produktionsmengen innerhalb eines rasch wachsenden Marktes erfordert weiterhin auch die zunehmende Bereitstellung von Kapazitäten und damit immer umfangreichere Investitonen. Bei Eintritt in einen Wachstumsmarkt ist daher zu überprüfen, ob die erforderlichen Mittel für Erweiterungsinvestitionen auch jeweils bereitgestellt werden können, um nicht aufgrund fehlender Finanzmittel Marktanteile zu verlieren und in eine Randposition gedrängt zu werden.

Es zeigt sich, daß es für die Unternehmensstrategie sehr wesentlich sein dürfte, die Erkenntnisse aus der Lebenszyklus-Analyse (Entwicklung von Wachstum,

Kapitalbindung, Erfolg) und aus der Erfahrungskurven-Analyse (Entwicklung von Marktanteilen/kumulierten Produktionsmengen und Kosten) über alle Aktivitätsfelder hinweg synoptisch zu betrachten.

*Portfolio-Analyse*

*strategische Erfolgsfaktoren*

Die Feststellung, daß Marktanteile als Ausdruck interner Stärken bzw. Schwächen und Marktwachstum als Ausdruck externer Risiken bzw. Chancen erheblichen Einfluß auf den langfristigen Unternehmenserfolg ausüben, führte zu einer Verknüpfung dieser beiden Komponenten in einer zweidimensionalen Darstellung, der sogenannten **Portfolio-Matrix** bzw. -Tabelle (vgl. Abb. 5.20).

| Marktwachstum | | |
|---|---|---|
| HOCH | I „NACHWUCHS"-Produkt<br>*Merkmale:*<br>SGF in der Einführungs- und frühen Wachstumsphase des Marktlebenszyklus mit hohem Finanzmittelbedarf; Netto-Cash-Flow (Finanzmittelüberschuß) deutlich negativ<br>*Normstrategie:*<br>a) Marktanteil deutlich steigern, falls gegenüber Konkurrenz aussichtsreich (Offensivstrategie)<br>b) Marktanteil senken bzw. Verkauf, falls a) aussichtslos | II „STAR"-Produkt<br>*Merkmale:*<br>SGF in der Wachstumsphase, die aufgrund ihrer starken Marktstellung ihren Finanzmittelbedarf selbst erwirtschaften; Netto-Cash-Flow etwa ausgeglichen<br>*Normstrategie:*<br>Marktanteil halten bzw. leicht ausbauen (Wachstumsstrategie) |
| NIEDRIG | IV *PROBLEMFALL*<br>*Merkmale:*<br>SGF mit geringem Marktwachstum (z. B. späte Reifephase, Abstiegsphase) mit relativ schwacher Marktstellung; Netto-Cash-Flow negativ bis ausgeglichen<br>*Normstrategie:*<br>Marktanteil stark senken bzw. Verkauf (Desinvestitionsstrategie) | „GOLDESEL"-PRODUKT<br>III *CASH KUH*<br>*Merkmale:*<br>SGF in der späten Wachstums- und Reifephase mit starker Marktstellung; deutliche Finanzmittelüberschüsse;<br>*Normstrategie:*<br>Marktanteil halten bzw. leicht senken (Gewinnstrategie) |
| | NIEDRIG | HOCH |

Relativer Marktanteil

SGF = Strategische Geschäftsfelder

$$\text{Relativer Marktanteil} = \frac{\text{Marktanteil der Unternehmung}}{\text{Marktanteil des stärksten Konkurrenten}}$$

*Abb. 5.20: Marktanteils/Marktwachstums-Matrix (4 Felder-Matrix)*

Da sich die Aktivitäten einer Unternehmung in der Regel nicht auf einen einzigen Markt und ein einziges Produkt beschränken, sind die einzelnen Tätigkeitsbereiche in sinnvolle Produkt-/Markt-Kombinationen einzuteilen, für die sich die Daten der oben genannten Erfolgsfaktoren erheben lassen.

Durch die Bildung von strategischen Geschäftsfeldern bzw. Geschäftseinheiten soll versucht werden, den Gesamtunternehmenserfolg auf dieser Ebene abzusichern. Der Form der Abgrenzung von strategischen Geschäftsfeldern kommt erhebliche Bedeutung zu, da die Position innerhalb der Portfolio-Matrix auch von der Art der Marktabgrenzung abhängt. **Strategische Geschäftseinheiten sollen** vor allem **zwei Kriterien erfüllen, die als Ersatzkriterien der Abgrenzung relevanter Märkte angesehen werden können:**

*strategische Geschäftsfelder*

(1) Die Aktivitäten finden weitgehend in einem **unternehmensexternen Marktsegment** statt.

(2) Die strategische Geschäftseinheit ist von anderen **Teileinheiten unabhängig.**

Die Bildung derartiger Einheiten ist von organisatorischen oder technischen Erfordernissen grundsätzlich unabhängig und hat den Charakter einer „Sekundärorganisation" (z. B. im Rahmen des Berichtswesens). Beispielhaft werden einige Möglichkeiten der Segmentierung in Abb. 5.21 vorgestellt.

| | | Segmentierungen | | |
|---|---|---|---|---|
| Kunden | Technologie | Geographische Gebiete | | |
| | | USA | EWG | Spanien/Portugal |
| Haushalte | $T_1$ | SGF 1 | SGF 2 | SGF 3 |
| | $T_2$ | | | |
| | $T_3$ | SGF 4 | | |
| Industrie | $T_1$ | SGF 5 | | |
| | $T_2$ | | | |

*Abb. 5.21: Beispiel für die Bildung von Geschäftsfeldern*

*Ablauf der Portfolio-Analyse*

Für jedes Geschäftsfeld wird nun der jeweilige Marktanteil und das Wachstum des relevanten Marktes ermittelt. Entsprechend läßt sich dann die Position der Geschäftseinheit innerhalb einer Matrix festlegen. Nachdem alle Segmente der Unternehmung eingeordnet wurden, läßt sich die **Ausgewogenheit** des (Ist-) Portfolios im Hinblick auf gegenwärtige und zukünftige Finanzierbarkeit von Geschäftsfeldern mit hohem Mittelbedarf durch Geschäftsfelder mit Mittelfreisetzung feststellen. Weiterhin ist zu überprüfen, ob genügend Produkte mit zukünftig zu erwartenden hohen Wachstumsraten in der Lage sind, rückläufige Entwicklungen bei alten Produkten aufzufangen. Eine Verbesserung zur Beurteilung der strategischen Position kann dadurch erfolgen, daß nicht der absolute Marktanteil zur Bewertung herangezogen wird, sondern der (im Verhältnis zum stärksten Konkurrenten) relative Marktanteil (vgl. Abb. 5.20). Hinter dem Portfolio-Konzept lassen sich auch die Erkenntnisse aus dem Produkt-Lebenszyklus und der Erfahrungskurve erkennen. Der Lebenszyklus kann in der Entwicklung von Nachwuchs über Stars zu Cash-Kühen gesehen werden, und durch die Erfahrungskurve wird die Bedeutung von Marktwachstum und Marktanteil als strategische Erfolgsfaktoren begründet.

*Marktattraktivitäts/ Wettbewerbsstärken-Portfolio*

Die eindimensionalen Achsenbezeichnungen der Marktanteils-/Marktwachstums-Matrix lassen sich relativ einfach ermitteln, stellen jedoch einen wesentlichen Kritikpunkt der Konzeption dar, da nur diese beiden Elemente als strategisch bedeutsam erscheinen. **Um weitere Einflußgrößen zu erfassen, erweiterte man die Portfolio-Matrix und versuchte die Achsenskalierung multidimensional auszugestalten.**

Für diese differenziertere Betrachtung verwendet man die in Abb. 5.22 vorgestellte Neun-Felder-Matrix. Der Grad der Marktattraktivität wird nicht nur durch die Höhe der Wachstumsraten bestimmt, sondern beinhaltet Indikatoren zur Marktgröße, Marktqualität, Energie- und Rohstoffversorgung etc.

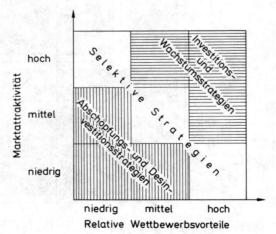

*Abb. 5.22: Marktattraktivitäts/Wettbewerbsstärken-Matrix (9-Felder-Matrix)*

Die relativen Wettbewerbsvorteile umfassen Indikatoren zu relativer Marktposition, relativem Produktionspotential, relativem Forschungs- und Entwicklungspotential, relativer Qualifikation der Führungskräfte und Kader etc.

Die oben beschriebenen Klassen bestehen dabei aus einer Vielzahl von qualitativen Einzelaspekten, die in umfangreichen Erhebungen zu ermitteln und ähnlich dem Vorgehen von Scoring-Modellen (vgl. Teil 2; S. 245 ff.) zu punkten und über Gewichtsfaktoren zusammenzufassen sind.

Erweiterungen und Verfeinerungen für unternehmensspezifische Gegebenheiten sind denkbar.

Um die Strategiewahl bei der Vielzahl von möglichen Alternativen zu erleichtern werden für bestimmte Sektoren der Portfolio-Matrix sogenannte **Normstrategien vorgeschlagen, die eine grundlegende Tendenz der strategischen Stoßrichtung festlegen, die aber im jeweiligen Einzelfall kritisch zu überprüfen ist.**

*Normstrategien*

Die Normstrategien lassen sich wie folgt charakterisieren:

**(1) Abschöpfungs- und Desinvestitionsstrategien**

Bei Geschäftsfeldern mit niedriger Marktattraktivität und geringen Wettbewerbsvorteilen wird versucht, den Cash Flow mit gegebenem Ressourcenaufwand zu maximieren. Kann ein positiver Cash Flow nicht mehr erzielt werden, so sind die Aktivitäten schnellstens einzustellen, und ein rascher Rückzug aus dem Markt muß erfolgen.

**(2) Investitions- und Wachstumsstrategien**

Förderung der Aktivitäten durch Investitions- und Marketingmaßnahmen trotz negativer Cash Flow-Bilanz, um die erworbenen Wettbewerbsvorteile bei nachlassendem Marktwachstum nutzen zu können.

**3) Selektive Strategien**

(a) Offensivstrategien
   Verbesserung der geringen Wettbewerbsvorteile durch starke Investitionstätigkeit und Kampf um Marktanteile; wichtig ist dabei die ständige Überwachung der Liquiditätssituation, da sich ein hoher Mittelbedarf in diesem Bereich ergibt. Notfalls muß ein schneller Rückzug möglich sein.

(b) Defensivstrategien
   Bei geringem Marktwachstum, aber großen Wettbewerbsvorteilen ist die Verteidigung der eigenen Position und die Erzielung hoher Cash Flow-Überschüsse anzustreben. Hier muß versucht werden, die finanziellen Mittel für Strategien mit hohem Mittelbedarf zu gewinnen.

(c) Übergangsstrategien
   Der Bereich mittlerer Marktattraktivität und Wettbewerbsvorteile ist für die Bestimmung einer konkreten strategischen Richtung besonders schwer zu handhaben, da sich hier die Geschäftsfelder befinden, die entweder in

*Leistungsfähigkeit der Portfolio-Analyse*

den Problembereich absinken oder durch geeignete Maßnahmen horizontal in günstigere Positionen verschoben werden können.

Die Portfolio-Konzeption erleichtert durch die Segmentierung der Unternehmensaktivitäten einerseits die Beurteilung der jeweiligen Erfolgsbeiträge und läßt andererseits durch Ermittlung von Ausgewogenheiten eine **Gesamtsicht der Unternehmung** zu. Das Portfolio unterstützt die Entscheidung für erfolgversprechende Projekte mit einem tragbaren Risiko, wenn genügend Geschäftsfelder vorhanden sind, deren Produkte einen ausreichenden Cash-Flow gewährleisten.

**Entscheidende Bedeutung kommt der richtigen Einordnung einer strategischen Geschäftseinheit innerhalb des Portfolios zu.** Das stellt sich bei der einfachen Marktwachstum/Marktanteils-Matrix wesentlich leichter dar, als bei den relativ schwierigen Erhebungs- und Bewertungsproblemen der Marktattraktivitäts/Wettbewerbsvorteil-Matrix. Andererseits kann die Reduzierung auf nur zwei Erfolgsfaktoren zu Fehleinschätzungen führen. Weiterhin ist zu beachten, wieweit die Verfolgung der Normstrategien die Kreativität im Rahmen strategischer Planung herabsetzt. Eventuell sind für bestimmte Produktarten auch andere Strategien erfolgversprechend oder ist das Geschäftsfeld neu zu definieren.

**Insgesamt ermöglicht die Portfolioanalyse jedoch eine recht differenzierte Einordnung und Weiterentwicklung der unternehmungsstrategischen Positionen unter Berücksichtigung der jeweils relevanten internen und externen Strukturen.** Sie ist im Ergebnis ein einfaches Instrument, dessen praktische Vorbereitung und Ausführung allerdings umfangreiche empirische Analysen sowie hohe Urteilskraft und damit einen erheblichen Ressourceneinsatz erfordern.

## III. Programme zur Marktgestaltung

An die Sammlung und Auswertung von relevanten Umweltinformationen und die Entwicklung einer geeigneten Marketingstrategie schließt sich die Gewinnung, Auswahl und Durchsetzung von Gestaltungsalternativen an, die eine möglichst vollkommene Verwirklichung der Strategie als Konsequenz nach sich ziehen. Hierbei geht es im wesentlichen um den Fragenkreis der Systematisierung und des Einsatzes absatzpolitischer Instrumente. Systemansätze für ein absatzpolitisches Instrumentarium finden sich in der deutschsprachigen Literatur etwa bei Gutenberg, Mellerowicz, Nieschlag/Dichtl/Hörschgen, Bidlingmaier, Meffert. An angelsächsischen Autoren, die sich mit der Systematisierung absatzpolitischer Aktionsparameter auseinandergesetzt haben, können beispielhaft Frei, McCarthy, Lipson/Darling, Kelley/Lazer und Kotler genannt werden.

*Systematisierung absatzpolitischer Instrumente*

Ohne hier im Detail auf die Vor- und Nachteile der verschiedenen Klassifizierungsvorschläge einzugehen, läßt sich feststellen, daß eine umfassende und zugleich trennscharfe Lösung der Systematisierungsfrage noch nicht vorliegt. Es erscheint fraglich, ob eine solche Lösung von der Sache her möglich und aus pragmatischer Sicht überhaupt sinnvoll ist. **Vielmehr steht – gerade für den Industriebetrieb – das Ziel im Vordergrund, eine klar erfaßbare Klassifikation absatzpolitischer Gestaltungsmaßnahmen aufzuzeigen, die die wesentlichen Aktionsrichtungen deutlich macht und weit genug ist, die Vielfalt aktueller und potentieller Instrumente und deren Interdependenzen in sich aufzunehmen.**

Hier werden die Marktgestaltungsprogramme in Produkt-Politik, Preis- und Konditionen-Politik, Distributions-Politik und Kommunikations-Politik unterschieden. Diese vier Bereiche der Marktgestaltung werden – wie weiter unten darzulegen ist – vor ihrem Einsatz integriert zur sogenannten Marketing-Politik. Sie stellen aus dieser Sicht Teilpolitiken dar.

Die folgenden Ausführungen können hinsichtlich der Aufzählung der Instrumente, der Detailliertheit ihrer Darstellung und der Auseinandersetzung mit den auftauchenden Entscheidungsproblemen nur einen Überblick verschaffen. Dementsprechend können die Darlegungen über die Marktgestaltung nicht immer nach industriellen Produktarten, Kundentypen oder anderen Markteinteilungskriterien, die die jeweilige Ausgestaltung der Maßnahmen erheblich beeinflussen, differenziert behandelt werden, auch wenn dies in der Realität unerläßlich ist.

### 1. Produkt-Politik

Der wohl zentrale strategische Parameter der Marktbeeinflussung ist die Produkt-Politik. Der Qualitätswettbewerb hat in immer größerem Umfang den Preiswettbewerb als Marketinginstrument abgelöst.

*Produktbegriff*

Der Begriff des Produktes soll hier weit gefaßt werden: **Als industrielles Produkt wird die Kombination der physischen, symbolischen und dienstleistungsmäßigen Komponenten bezeichnet, die – bezogen auf einen Gegenstand – beim Käufer die Erfüllung bestimmter Erwartungen oder die Lösung bestimmter Probleme (Bedürfnisbefriedigung) hervorruft.** Neben dem physischen Gegenstand im Sinne eines industriellen Erzeugnisses gehören demnach auch dessen subjektiv empfundene soziale Bedeutung sowie die vor, während und nach dem Erwerb damit möglicherweise verbundenen Rechte und Dienstleistungen (z. B. Beratung, Garantie, Finanzierung, Wartung usw.) zum Produktbegriff.

Die Produkt-Politik beinhaltet daher nicht nur die artmäßige Gestaltung des einzelnen Produkts und die art- und mengenmäßige Zusammensetzung des Produktionsprogramms, sondern auch alle damit zusammenhängenden Zusatzleistungen, mit denen die Produkte am Markt angeboten werden.

Diese kurzen Hinweise deuten bereits darauf hin, in welcher Interdependenz die Produkt-Politik zu den anderen absatzpolitischen Instrumenten steht und welche Bedeutung ihr im Rahmen des Marketing zugemessen werden muß. Die Produkt-Politik ist einerseits Ausfluß der Marketingstrategie, andererseits determiniert sie weitgehend die Preis-, Distributions- und Kommunikations-Politik.

Deshalb sind inhaltliche Überschneidungen mit vor- und nachgelagerten Problemkreisen nicht nur nicht vermeidbar, sondern aus der ganzheitlichen Betrachtungsweise des Marketing heraus von grundlegender Bedeutung.

## *Das einzelne Produkt*

*Formgebung*

In der Formgebung (Design) ist eine erste Möglichkeit der Produktgestaltung zu erblicken. Soweit das Erzeugnis formbar ist (was z. B. bei verschiedenen Nahrungsmitteln und Rohstoffen nicht der Fall ist), schlagen sich zumeist in der Formgebung Modeeinflüsse nieder. Die Gestaltung ist entweder dem feststellbaren Geschmack der Zielgruppe angepaßt oder setzt selbst neue Akzente. Dabei finden sich gleichermaßen funktional orientierte sowie auf „irrationale" Momente (z. B. Prestigesymbole) zielende Formgestaltungen und gehen ineinander über.

*Verpackung*

Die Gestaltung der Verpackung hängt mit der Formgebung eng zusammen. Material, Form, Größe, Verschluß und grafische Gestaltung der Verpackung sind ebenfalls mode- und zielgruppenabhängig. In der Verpackung und im Design wird ein zunehmend bedeutsames absatzpolitisches Instrument gesehen. Dies ist insbesondere zurückzuführen auf die Verbreitung der visuellen Werbung und der Selbstbedienung im Groß- und Einzelhandel. Die grafische und farbliche Gestaltung der Produktform und -verpackung unterstützt die Funktionen dieser Instrumente. Hinzu kommen wichtige absatztechnische Aufgaben der Verpackung wie Ermöglichung der Transport- und Lagerfähigkeit oder Sicherung und Schutz des enthaltenen Produktes.

In diesem Zusammenhang ist auf die Normung zu verweisen, die nicht nur für die kostensparende Fertigung eines Produktes von Bedeutung ist. Auch für die

Formgebung und Verpackung (vgl. z. B. Papier-, Flaschen-, Tütenformate) hat sie Bedeutung und erhöht unter Umständen die Absatzfähigkeit eines Produktes.

**Das in Formgebung, Verpackung und grafischer Gestaltung zum Ausdruck kommende Bestreben, das Produkt zu „individualisieren", es abzuheben von Konkurrenzprodukten und als „einmalig", „einzigartig" erscheinen zu lassen, findet seine Fortsetzung in der Namensgebung.** Möglichst einprägsame Namen, die nicht unbedingt mit der Firma des Produzenten in Verbindung stehen müssen, werden nach Gutdünken gewählt oder in Anlehnung an die Produktionsweise oder Funktion des Gutes ausgesucht und dem Produkt überall beigegeben. Sie sind häufig kombiniert mit grafischen Symbolen, Firmen- oder sonstigen Merkzeichen. Diese sogenannte Marke eines Produktes dient der Kommunikation zwischen Produzent und Kunde und dem Aufbau einer „Markentreue" seitens des Kunden. Sie ist somit ein wichtiger Produktbestandteil.
*Namen und Marke*

In neuester Zeit treten verstärkt auch sogenannte „weiße" Produkte („no-name-products") auf den Markt, die in der Regel keine Angaben über den Hersteller machen. Sie werden oft fälschlicherweise markenlos genannt. Tatsächlich wird mit ihnen eine ähnliche absatzpolitische Konzeption verfolgt wie mit den übrigen Markenartikeln. Der Unterschied besteht darin, daß in diesem Fall die Marke vom jeweiligen Handelsbetrieb geprägt wird.
*‚no-name'-Produkte*

Konstruktions- und gestaltbezogene Merkmale eines Produktes sowie seine Marke können, soweit sie bestimmten Originalitätskriterien genügen, in der bestehenden Rechtsordnung geschützt werden. Mit Hilfe der sogenannten Schutzrechte läßt sich die Exklusivität der in das Produkt eingegangenen technischen und gestalterischen Ideen und damit deren ökonomische Verwertung für gesetzlich festgelegte Zeiträume aufrechterhalten. Zu nennen sind z. B. technische Schutzrechte wie Patente und Gebrauchsmuster, Schutzrechte der Form wie Urheberrechte und Geschmacksmuster und Schutzrechte an Kennzeichen und Warenzeichen.
*Schutzrechte*

Eine der wichtigsten Größen zur Charakterisierung eines Produktes ist dessen technische Qualität. Darunter fallen Merkmale wie physikalische Leistungsfähigkeit, Energieverbrauch, Nutzungsdauer (ruhender und Beschäftigungsverschleiß), Funktionssicherheit, Einfachheit der Bedienung und Reinigung, Reparaturanfälligkeit. Diese Größen können in der Regel vom Produzenten beeinflußt werden und bestimmen beim qualitätsbewußten Abnehmer, inwieweit die an das Produkt gestellten Qualitätserwartungen in Erfüllung gehen. **Im Rahmen des Marketing wird jedoch nicht nur das Bedürfnis des Käufers nach funktions- und qualitätsgerechten Gütern zu befriedigen gesucht. Vielmehr wird eine Reihe von Bedürfnissen und Motiven angesprochen oder geweckt (z. B. Sozialprestige, „Modernismus", Spieltrieb, „zweckfreier" Konsum), die mit den Qualitäts- und Funktionsüberlegungen konkurrieren oder sie verdrängen. Insofern steht Qualität, insbesondere im Sinne von störungsfreier Haltbarkeitsdauer, nicht immer im Vordergrund der Bemühungen um die Produktgestaltung, sondern vielmehr die Gestaltung der subjektiv wahrgenommenen Qualität.**
*technische Qualität*

*Lebensdauer*    **Mit dem Ziel einer exakteren Möglichkeit der Ersatz- und Neubedarfsplanung und der Umsatzerhöhung durch Verkürzung der Gebrauchsdauer langlebiger Industrieprodukte wird in einigen Bereichen die technische Lebensdauer genau vorausgeplant und gestaltet.** An dieser Plangröße wird aus Kostengründen die technische Qualität der einzelnen Produktbestandteile ausgerichtet (Wertanalyse). Die reale Dauer der ökonomischen Verwertbarkeit von Produkten wird häufig durch Mode-, Geschmacks- oder Stiländerung oder durch einen von der Konkurrenz marktlich verwerteten Fortschritt gegenüber der technischen Lebensdauer noch vermindert. **Qualitätskonkurrenz ist also – verstanden als Konkurrenz der Haltbarkeitsdauer – vor allem im Bereich langlebiger Konsumgüter in den Hintergrund getreten zugunsten anderer Absatzaspekte,** z. B. ge-

*geplante Obsoleszenz*    planter und schneller Wandel des Absatzprogramms durch vorausbestimmbare technische und soziale Veralterung von Produkten (sog. geplante Obsoleszens). Diese Entwicklung ist nicht unumstritten. Die übrigen für die Kaufentscheidung wichtigen Qualitätsfaktoren wie Leistung, Energieverbrauch, Funktionssicherheit, Einfachheit der Bedienung usw., in denen sich auch technischer Fortschritt manifestieren kann, behalten und verstärken ihre Bedeutung im Wettbewerb um die Produktpräferenz des Verbrauchers.

*Zusatzleistungen*    Neben den genannten Aspekten kann ein Produkt auch wesentlich durch Dienstleistungen „gestaltet" werden, die der Produzent beim Kauf eines Produkts zusätzlich anbietet. Dabei handelt es sich zum einen um **Garantieleistungen** bei unverschuldetem Funktionsausfall des Produktes (z. B. bei Maschinen, Haushaltsgeräten, Kraftwagen). Zum anderen geht es um die verschiedenen Formen der **Kundendienstleistungen,** die der Hersteller für seinen Kunden bereithält. Solche Leistungen können vertraglich oder freiwillig sowie gratis oder gegen Kostenerstattung durchgeführt werden. Je nachdem bestimmt sich ihr absatzpolitisches Gewicht. Zu unterscheiden ist der technische (Installation, Wartung, Reparatur) vom kaufmännischen (Beratung, Information) Kundendienst. Die Bedeutung des Kundendienstes für die nachhaltige Absatzfähigkeit von längerlebigen industriellen Produkten hat sehr stark zugenommen, so daß besonders der technische Kundendienst praktisch unabdingbar geworden ist.

## *Die Zusammensetzung des Produktionsprogramms*

Die Gestaltung des Produktionsprogramms gehört zu den schwierigsten und weitreichendsten Entscheidungen im Rahmen der Marktgestaltung durch Produkt-Politik. Die Einproduktunternehmung, die in theoretischen Analysen so häufig unterstellt wird, gehört in der Realität zu den Ausnahmen. Dies bedeutet, daß der Absatz und die Produktion nicht für ein einzelnes Produkt auf der Grundlage von Absatzprognosen mengenmäßig geplant werden kann. In aller Regel ist über die artmäßige Zusammensetzung zu entscheiden und für jede Produktart eine Mengen- und Interdependenzenplanung vorzunehmen. Diese Entscheidungen legen häufig die personellen und sachlichen Produktionskapazitäten langfristig fest.

**Bei der artmäßigen Zusammensetzung des Produktionsprogramms ist zwischen Programmbreite und Programmtiefe zu unterscheiden.**

*artmäßige Zusammensetzung*

Mit der Tiefe wird angegeben, wie viele verschiedenartige Ausführungen (Typen, Modelle, Sorten, Größen usw.) einer Produktart in das Programm Eingang finden.

*Tiefe*

Sehr verschiedenartige Ausführungen einer Produktart sind das Ergebnis des Instruments der Produktdifferenzierung. Entsprechend der Heterogenität der Anforderungen und Erwartungen, die dem Produkt von der Abnehmerzielgruppe entgegengebracht werden können, werden verschiedene Ausführungen des Produktes in das Programm aufgenommen, um unterschiedliche Nachfragegruppierungen (Marktsegmente) innerhalb des Käuferpotentials möglichst direkt anzusprechen (z. B. verschiedene Größen- und Leistungsklassen von Computern; Uhren oder Textilien in verschiedenen Mode- und Qualitätsausführungen; Autotypen).

*Produktdifferenzierung*

Die Breite des Produktionsprogramms gibt Auskunft darüber, welche Produktarten im Produktionsprogramm enthalten sind. Unter Produktart wird dabei jeweils eine Klasse von Produkten verstanden, die etwa hinsichtlich des zu befriedigenden Bedürfnisses, der angewandten Produktionstechnik, der Absatzwege oder der Kundengruppe eine gewisse Homogenität aufweist. Diese vorsichtige Umschreibung der Produktart oder Produktgruppe weist darauf hin, daß die Unterscheidung der Produktgruppen nicht streng definitionslogisch, sondern pragmatisch vorgenommen werden muß. Die Entscheidungen über die Zusammensetzung der Programmbreite hängen unmittelbar von der Marketingstrategie ab (vgl. Abschnitt II, 4., S. 544ff.), die vom Hersteller entwickelt wurde.

*Breite*

**Die mengenmäßige Zusammensetzung des Produktionsprogramms hängt vor allem von drei Einflußgrößen ab, nämlich von der prognostizierten Aufnahmefähigkeit des Marktes, den Produktionskapazitäten und den Möglichkeiten des Fremdbezugs.**

*mengenmäßige Zusammensetzung*

Können die prognostizierten Absatzmengen mit der verfügbaren Produktionskapazität gefertigt werden, so werden die Produktionsmengen durch die Absatzgrenzen bestimmt. In der Regel konkurrieren jedoch zumindest einige Produkte um die bestehenden Kapazitäten. In einem solchen Fall werden die Produktionsmengen unter der Prämisse „Gewinnmaximierung" so geplant, daß ihr Absatz insgesamt den höchsten Deckungsbeitrag erzielt (vgl. Teil 4, S. 458; Teil 8, S. 993ff.). Dieses Problem ist mit Hilfe der linearen Optimierung nur lösbar, wenn man davon ausgeht, daß die Nachfrage nach den einzelnen Produkten und auch die Produktionskosten der einzelnen Produkte voneinander unabhängig sind. Diese Prämissen sind in der Realität selten erfüllt. Wird zusätzlich die Möglichkeit des Fremdbezugs einbezogen, verkompliziert sich das Problem. Analytische Lösungsverfahren stehen für diese komplexe Problemstruktur gegenwärtig nicht zur Verfügung. In der Praxis muß deshalb mit heuristischen Verfahren, etwa durch Probieren oder durch Analogieschluß von früheren Situationen auf die gegenwärtige, versucht werden, sich der „optimalen" Lösung anzunähern. Die Unsicherheiten der Prognosen und des Lö-

*Problematik analytischer Lösungsverfahren*

sungsverfahrens stehen einer Optimalgestaltung des Mengenproblems entgegen. Die elektronische Datenverarbeitung kann durch die Aufbereitung der vorhandenen Informationen beispielsweise in Form alternativer Hochrechnungen, Simulationen oder Kosten- und Erfolgsrechnungen wichtige Hilfestellung leisten (vgl. Teil 4, S. 436 ff.).

## Produkt- und Programmänderungen

*Lebenszyklus eines Produktes*

Der Einsatz der verschiedenen Aktionspartner der Produkt-Politik bedarf im Zeitablauf nahezu dauernder Modifikationen: Prognose und Planungen können aufgrund von abweichenden Umweltentwicklungen (Konkurrenz- und Käuferverhalten, technischer Fortschritt, Konjunkturlage usw.) und innerbetrieblichen Veränderungen (Kostensteigerungen, Personalprobleme usw.) nur in seltenen Fällen exakt realisiert werden. Abgesehen von diesen Störfaktoren, denen sich eigentlich jede Planung gegenübersieht, kommt aber für die Produktpolitik noch die Besonderheit hinzu, daß die Marktdurchdringung und der Erfolg eines Produktes im Zeitablauf einer Entwicklung unterliegen, die in groben Zügen vorhersehbar ist und Art und Ausmaß des Einsatzes marktpolitischer Instrumente in Abhängigkeit von der Zeit beeinflußt. Der damit angesprochene Lebenszyklus eines Produktes ist bereits in Abbildung 5.18 beispielhaft dargestellt.

Der Lebensweg eines Produktes kann in verschiedenen Wirtschaftsgrößen je Zeiteinheit nachgezeichnet werden.

Häufig wird der Umsatz als Maßgröße für den Lebenszyklus herangezogen. Wegen der Annahme, daß in der Regel mit zunehmendem Erfolg eines Produktes die Konkurrenz auf den Plan gerufen wird und dadurch höhere Marktanstrengungen nötig werden, liegt das Deckungsbeitragsmaximum in der Regel vor dem Absatzmaximum (Marktsättigung). Die zeitliche Länge des Lebenszyklus, also der Zeitraum zwischen Einführung des Erzeugnisses am Markt und der Einstellung seiner marktlichen Verwertung, variiert je nach Produktart sehr stark. So haben z. B. Automobile oder Haushaltsgeräte grundsätzlich einen längeren Lebenszyklus als modische Bekleidungsartikel. In jeder Phase des Lebenszyklus ergibt sich die Notwendigkeit eines unterschiedlichen Einsatzes der absatzpolitischen Instrumente. Über Prioritäten und Wirksamkeit des Einsatzes der einzelnen Gestaltungsparameter in jeder Phase bestehen je nach Produktart und Marktsituation unterschiedliche Vorstellungen, so daß die folgende Beschreibung nur beispielhaften Charakter haben kann.

*Lebenszyklus und Änderungen der Produkt-Politik*

Die **Einführungsphase** kann beispielsweise einen niedrigen Einführungspreis mit zugleich hohen Kommunikations- und Produktgestaltungsanstrengungen sowie hoher Distributionsdichte verlangen, damit das Produkt am Markt Fuß fassen kann. Daraus erklären sich auch die meist negativen Deckungsbeiträge während der Produkteinführung. In der **Wachstumsphase** ist das Produkt vom Markt akzeptiert und begegnet einer steigenden Nachfrage. Hier kann der Preis unter Umständen erhöht und die Werbetätigkeit auf ein „normales" Maß vermindert werden, sofern die eventuell auftauchende Konkurrenz dies zuläßt. Zu Beginn der **Marktsättigungsphase** hat das Produkt häufig den Höhepunkt seines Erfolges (Deckungsbeitrags) schon überschritten. Nun wird einerseits diese Phase durch zusätzliche Maßnahmen zu verlängern versucht (z. B. durch Produkt- und Preisdifferenzierung, Erschließung neuer Kundenschichten, Modifikation in Design oder Verpackung). Andererseits muß in dieser Phase aber auch der endgültige Übergang des Erzeugnisses in die **Degenerationsphase** erkannt werden, um die Marktgestaltungsmaßnahmen rechtzeitig auf ein notwendiges Minimum zu reduzieren. Die Degenerationsphase kann auch durch das Aufkommen eines neuen substitutiven Produktes eingeleitet werden. In dieser letzten Phase läuft das Produkt dann ohne größere marktpolitische Aktivitäten aus. Durch rechtzeitige Produktionseinstellung oder Niedrigpreisaktionen wird versucht, die Läger zu räumen und die Zone niedriger oder negativer Deckungsbeiträge zu meiden.

Ausgehend von dem mehr oder weniger idealtypischen Modell des Lebenszyklus von Produkten **zeigt sich, daß das einzelne Produkt während der Dauer seiner Vermarktung von einer sich fortwährend verändernden Kombination absatzpolitischer Instrumentalvariablen begleitet wird, das Produkt also aus der Sicht des Marketing einem dauernden Wandel unterliegt.** Dies hat Rückwirkungen auf die Entwicklung der art- und mengenmäßigen Zusammensetzung des Produktionsprogramms. Erfährt das Produktionsprogramm im steigenden Bereich des Lebenszyklus eine mengenmäßige Ausweitung und eine Erhöhung der Programmtiefe durch Produktdifferenzierung, so ist vom Ende der Marktsättigungsphase an häufig mit mengenmäßigen Einschränkungen sowie Programmbereinigungen durch Sorten- und Typenverminderung zu rechnen. Diese Vorgänge werden jedoch meist überlagert von der Einführung neuer Produkte, die für eine Erhaltung oder Erhöhung des Aktivitätsniveaus der Marktsättigungsphase sorgen sollen und deren Planung und Realisation deshalb sorgfältig mit dem Lebenszyklus der alten Produkte abgestimmt werden müssen. In diesem Zusammenhang zielen die Bemühungen um die Produktionsprogrammgestaltung in der Regel darauf ab, eine ausgewogene Altersstruktur des Produktionsprogramms herzustellen. **Änderungen der artmäßigen Zusammensetzung des Programms durch Einführung neuer Produkte sollen eine Überalterung der Programmstruktur und die damit verbundenen Existenzrisiken des Industriebetriebs vermeiden helfen.**

Produktmodifikationen besitzen als marketingpolitische Anpassungsentscheidungen einige Vorteile: Sie sind verhältnismäßig risikolos durchzuführen, beanspruchen selten erhebliche finanzielle Mittel und erfordern in der Regel keine größeren Verfahrenswechsel. Über die Strategie der Produktmodifikation lassen sich aber meist nur kurzfristige Anpassungswirkungen erzielen. Will die Unternehmung langfristigen Bedürfnisänderungen begegnen oder selbst derartige Änderungen induzieren, so erweist sich die Strategie der Produktinnovation als der geeignetere, aber auch risikoreichere Weg. *Produktmodifikation*

## *Produktinnovation*

**Als Produktinnovation soll die Änderung des Leistungsprogramms der Unternehmung durch die Aufnahme von solchen Produkten bezeichnet werden, deren** *Produktinnovation*

Fertigung erst durch den Erwerb neuen naturwissenschaftlich-technischen Wissens ermöglicht wurde. Dieses Wissen kann unternehmungsextern (z. B. durch Lizenzen, Beteiligungen oder Unternehmungsaufkauf) gewonnen werden oder unternehmungsintern durch Forschung und Entwicklung.

Die mit der Neuproduktentwicklung verbundenen Risiken machen es erforderlich, die beabsichtigten Änderungsprozesse im voraus festzulegen, d. h. zu planen. Aufgabe der Neuproduktplanung muß demnach sein, produktpolitische Neuerungen zu entwickeln, deren Chancen und Risiken aufzuzeigen und diese sorgfältig gegeneinander abzuwägen.

Die zentralen planerischen Aktivitäten liegen dabei vor allem in der

- **Ideenfindung (-gewinnung),**
- **Ideenbewertung und**
- **Ideenrealisation.**

## *Ideenfindung, -bewertung und -realisation*

*Innovationsanregungen*

Als auslösende Impulse für die Aufnahme neuer Produkte in das Leistungsprogramm der Unternehmung können unterschiedliche Quellen genannt werden. Zunächst lassen sich der produktive Prozeß der Unternehmung und erwartete bzw. schon eingetretene **Datenänderungen auf Beschaffungs- und Absatzmärkten** als Ursprünge für Produktideen nennen. Innovationsanregungen aus der Leistungserstellung der Unternehmung können über das **innerbetriebliche Vorschlagswesen** im weitesten Sinne erfolgen. Dazu gehört der Verbesserungsvorschlag eines Facharbeiters an einer Drehbank in gleicher Weise wie eine ungeplante Entdeckung in der Forschungsabteilung. Impulse zur Produktinnovation, die von der Umwelt der Unternehmung ausgehen, können sich bereits im **betrieblichen Informationssystem** niederschlagen, z. B. als Umsatzrückgänge, positive oder negative Deckungsbeitragsentwicklung bestimmter Produkte, Kundenstrukturänderungen, Beschaffungspreisänderungen. Eine marktorientierte Unternehmensführung wird allerdings bestrebt sein, solche Entwicklungen durch **intensive Umweltbeobachtungen** schon früher zu erkennen (z. B. Messebesuche, Fachpublikationen, Patentschriften, Beobachtung technisch führender Märkte, Funktions- und Arbeitsanalyse der Produkte, Gedankenaustausch mit Marktpartnern). Damit wird die zur Verfügung stehende Anpassungszeit vergrößert und die Wahrscheinlichkeit der geplanten Zielerreichung erhöht. Besondere Erfolgschancen bieten nicht zuletzt jene Anregungen, die nicht unmittelbar von Datenänderungen in der Unternehmung oder der Umwelt ausgehen. Ihr Entdecken stellt vergleichsweise hohe Anforderungen an den Einfallsreichtum und die Prognoseheuristiken der Beteiligten. Aus dem Vergleich des derzeitigen Leistungsangebotes mit den als sinnvoll erachteten unkonventionellen Vorschlägen ergibt sich die Wissenslücke, deren Schließung zur Aufgabe der Forschung und Entwicklung gemacht werden kann.

In der Regel werden sich derartige Anregungsinformationen noch nicht in hinreichend genauen Produktvorstellungen konkretisieren lassen. Zum anderen kann das Feld möglicher Alternativen solche Ausmaße annehmen, daß die Auswahl eines Alternativenbündels, das den in der Forschungsstrategie zum Ausdruck gebrachten Unternehmungszielen entspricht, kaum einem einzelnen Entscheidungssubjekt überlassen werden kann. **Gruppen, die durch ihre Mitgliederstruktur kreative, koordinierende und analytische Eigenschaften vereinigen, erweisen sich daher bei der Suche nach erfolgreichen Produktideen einem einzelnen Individuum meist überlegen.**

Abgestimmt auf die schöpferischen Fähigkeiten der Gruppenmitglieder können verschiedene Verfahren der systematischen Entwicklung von Produktideen herangezogen werden: die „morphologische Methode" von Zwicky, die Technik des „Brainstorming" von Osborne und die „Synektik" von Gordon. Während man die morphologische Methode als ein Verfahren interpretieren kann, das der Erweiterung analytischer Fähigkeiten durch Systematisierung dient, sind Brainstorming und Synektik auf die Erzielung einer kreativen Gruppenleistung durch Vereinigung der individuellen Kreativitäten gerichtet.

*Verfahren der Ideenfindung*

Die morphologische Methode besteht aus einer ganzen Reihe unterschiedlicher Methoden, die je nach Problemcharakter zur Anwendung gelangen. Von ihnen soll hier nur die des morphologischen Kastens genannt werden. Sie wird häufig mit der morphologischen Methode gleichgesetzt. Diese Methode bietet eine Hilfe, wenn es darum geht, die vielfältigen Möglichkeiten zu untersuchen, die denkbar sind, um ein gegebenes Problem zu lösen oder ein neues Produkt zu gestalten. Die gefundenen Möglichkeiten sind zu bewerten, um als Entscheidungsgrundlage für die Festlegung der Forschungs- und Entwicklungsrichtung zu dienen.

*morphologischer Kasten*

Zwicky stellt ein aus fünf Arbeitsschritten bestehendes Phasenschema für die Konstruktion eines morphologischen Kastens und die Auswertung der in ihm enthaltenen Informationen auf:

(1) Genaue Umschreibung oder Definition sowie zweckmäßige Verallgemeinerung eines gegebenen Problems;

(2) Präzise Bestimmung und Lokalisierung aller die Lösung des Problems beeinflussenden Umstände (Studien der Parameter des Problems);

(3) Aufstellung des morphologischen Kastens, in den alle möglichen Lösungen des Problems ohne Vorurteile eingeordnet werden;

(4) Bewertung aller im morphologischen Kasten enthaltenen Lösungen anhand gewählter Kriterien;

(5) Wahl der optimalen Lösung und Weiterverfolgung derselben bis zu ihrer endgültigen Realisierung.

Von diesen fünf Schritten bedarf der dritte einer kurzen Erklärung. Wenn das Problem im Schritt (2) in seine Parameter zerlegt ist, die sich nicht überschneiden dürfen, und wenn die Lösungsmöglichkeiten je Parameter ermittelt wurden, werden Parameter und Lösungsmöglichkeiten in ein (meist) zweidimensionales Schema gebracht, in dem sich die einzelnen Parameterausprägungen durch Lauflinien zu Alternativen zusammenfassen lassen (vgl. Abb. 5.23). Diese Alternativen müssen jetzt in bezug auf ihre Durchführbarkeit analysiert und bewertet werden. Die kreative Leistung bei diesem Verfahren besteht in der Formulierung der Parameter und der denkbaren Lösungsmöglichkeiten. **Je mehr es gelingt, sich von naheliegenden Problemlösungen zu entfernen und für möglichst viele Parameter ungewöhnliche Lösungen zu finden, um so größer ist der in dem neuen Produkt zu realisierende technische Fortschritt.** Die Formulierung der Alternativen kann rein mechanisch, z. B. durch einen Computer, erfolgen.

| Problemelemente (Funktionen) | mögliche Lösungsformen (hier jeweils auf 3 beschränkt) | | |
|---|---|---|---|
| Wasser kochen | Heizspirale (innen) | Heizplatte oder offene Flamme (außen) | Erhitzung durch Induktion |
| Kaffee filtern | Filterpapier | poröses Porzellan | Zentrifuge |
| Kaffee warmhalten | wärmeisolierendes Material | Wärmezufuhr | Wärmehaube |
| Kaffee ausschenken | Hahn | Pumpeinrichtung | Zweitbehälter und ausgießen |

z.B. Alternative 1

kochen = Induktionserhitzung
filtern = Keramikfilter
wärmen = Wärmehaube
ausschenken = Hahn

Alternative 2

*Abb. 5.23: Beispiel eines morphologischen Kastens zur Konstruktion einer Kaffeemaschine (nach Geschka)*

*Brainstorming*

Beim Brainstorming werden die Mitglieder der Ideensuchgruppe aufgefordert, für ein Problem, mit dem sie vorher vertraut gemacht werden müssen, so viele Lösungsvorschläge als möglich zu unterbreiten. Die Qualität der Vorschläge spielt dabei keine Rolle.

**Die Regeln, daß es in erster Linie auf die Anzahl der Lösungsvorschläge ankommt und daß jegliche Kritik während einer Brainstorming-Sitzung verboten ist, können als Grundprinzipien des Brainstorming bezeichnet werden.**

Aus ihnen ergibt sich eine gewisse Einschränkung des Anwendungsbereiches dieser Technik. Das Verfahren eignet sich nur für relativ einfache Probleme, zu deren Lösung die ad-hoc-Vorschläge der nicht unbedingt problemspezifisch ausgewählten Gruppenmitglieder ausgewertet werden sollen. Die auf Tonband aufgenommenen Vorschläge werden protokolliert, den Gruppenmitgliedern für eventuelle nachträgliche Lösungen noch einmal zur Verfügung gestellt und von den für das Problem Verantwortlichen ausgewertet.

Der Erfolg einer Brainstorming-Sitzung hängt weitgehend von den Fähigkeiten des Diskussionsleiters ab, von der Art, wie er das anstehende Problem präzisiert, wie er geäußerte Überlegungen aufgreift, um sie als Stimuli für weitere Problemlösungsvorschläge zu nutzen. Dabei sind auch die persönlichen Beziehungen zwischen den Gruppenmitgliedern zu berücksichtigen. Die dem Verfahren zugrunde liegende „Ausschaltung der Vernunft" setzt voraus, daß das einzelne Gruppenmitglied frei von der Furcht ist, gegebenenfalls auch nachträglich der kritischen Beurteilung durch andere Gruppenmitglieder zu unterliegen.

Die anspruchsvollste und psychologisch wohl fundierteste Methode der gemeinsamen Ideenfindung in Gruppen ist die Synektik. Sie besteht aus drei Phasen: der Auswahl möglichst kreativer, hochqualifizierter Personen, der intensiven Schulung (z. B. in Psychoanalyse, Informationsverarbeitungspsychologie, Problemlösungsverhalten) und der Konfrontation mit schwierigen, ein hohes Maß an Kreativität erfordernden Aufgaben.

*Synektik*

Die Synektik basiert auf der Überlegung, daß die Modelle der Psychologie zur Beschreibung des menschlichen Problemlösungsprozesses zu abstrakt sind, um sie unmittelbar in Verhaltensempfehlungen umwandeln zu können. Sie werden daher in sogenannte „operationale Mechanismen" übersetzt. Zu ihnen gehören die beiden Prinzipien:

(1) Mache dir das Fremde vertraut!
(2) Entfremde dir das Vertraute!

**Das erste Prinzip enthält lediglich die Forderung nach einer gründlichen Problemanalyse. Das zweite Prinzip fordert, die ursprüngliche Problemstellung zunehmend durch Bildung von Analogien zu verfremden und für die neuen Problemstellungen nach Lösungen zu suchen.** In der letzten Phase des Ideenfindungsprozesses wird dann versucht, diese möglicherweise „phantastischen" Lösungen an die ursprüngliche Problemstellung anzupassen und zu bewerten.

Mit der Entwicklung alternativer Produktideen ist die Phase der Problemformulierung noch nicht abgeschlossen. Hierzu bedarf es noch eines Prozesses, der sehr viel Geschick und Einfühlungsvermögen verlangt: die Überzeugung der Unternehmensleitung vom Wert der Vorschläge, um deren Weiterverfolgung sicherzustellen.

An die Alternativenformulierung schließt sich demnach die Ideenbewertung an. **Das Grundproblem bei der Bewertung von Forschungs- und Entwicklungsalternativen besteht in der außergewöhnlichen Unsicherheit der verfügbaren Informationen.** Diese Unsicherheit ist zum einen durch die Sache selbst, die Entdeckung von „Neuem", zum anderen durch die Langfristigkeit der zu treffenden Entscheidungen bedingt.

*Ideenbewertung*

**Die Ideenbewertung kann in zwei Stufen ablaufen, einer Vorauswahlstufe (Screening) und einer detaillierten Wirtschaftlichkeitsanalyse.**

| | sehr gut (10) | gut (8) | durchschnittlich (6) | schlecht (4) | sehr schlecht (2) |
|---|---|---|---|---|---|
| **I. Markttragfähigkeit** | | | | | |
| A. Erforderliche Absatzwege | ausschließlich gegenwärtige | überwiegend gegenwärtige | zur Hälfte gegenwärtige | überwiegend neue | ausschließlich neue |
| B. Beziehung zur bestehenden Produktgruppe | Vervollständigung der zu schmalen Produktgruppe | Abrundung der Produktgruppe | einfügbar in die Produktgruppe | stofflich mit der Produktgruppe verträglich | unverträglich mit der Produktgruppe |
| C. Preis-Qualitätsverhältnis | Preis liegt unter dem ähnlicher Produkte | Preis liegt z. T. unter dem ähnlicher Produkte | Preis entspricht dem ähnlicher Produkte | Preis liegt z. T. über dem ähnlicher Produkte | Preis liegt meist über dem ähnlicher Produkte |
| D. Konkurrenzfähigkeit | Produkteigenschaften werblich verwertbar und Konkurrenzprodukten überlegen | mehrere werblich bedeutsame Produkteigenschaften sind Konkurrenzprodukten überlegen | werblich bedeutsame Produkteigenschaften entsprechen den Konkurrenzprodukten | einige überlegene Produkteigenschaften | keine überlegenen Produkteigenschaften |
| E. Einfluß auf Umsatz der alten Produkte | steigert Umsatz der alten Produkte | unterstützt Umsatz der alten Produkte | kein Einfluß | behindert Umsatz der alten Produkte | verringert Umsatz der alten Produkte |
| **II. Lebensdauer** | | | | | |
| A. Haltbarkeit | groß | überdurchschnittlich | durchschnittlich | relativ gering | schnelle Veralterung zu erwarten |
| B. Marktbreite | Inland und Export | breiter Inlandsmarkt | breiter Regionalmarkt | enger Regionalmarkt | enger Spezialmarkt |
| C. Saisoneinflüsse | keine | kaum | geringe | etliche | starke |
| D. Exklusivität | Patentschutz | z. T. Patentschutz | Nachahmung schwierig | Nachahmung teuer | Nachahmung leicht und billig |

| | | | | | |
|---|---|---|---|---|---|
| **III. Produktions-möglichkeiten** | | | | | |
| A. Benötigte Produktionsmittel | Produktion mit stilliegenden Anlagen vorhanden | Produktion mit vorhandenen Anlagen | vorhandene Anlagen können z. T. verwendet werden | teilweise neue Anlagen notwendig | völlig neue Anlagen erforderlich |
| B. Benötigtes Personal und techn. Wissen | | im wesentlichen vorhanden | teilweise erst zu beschaffen | in erheblichem Umfang zu beschaffen | gänzlich neu zu beschaffen |
| C. Benötigte Rohstoffe | bei Exklusivlieferanten erhältlich | bei bisherigen Lieferanten erhältlich | von einem Neulieferanten zu beziehen | von mehreren Neulieferanten zu beziehen | von vielen Neulieferanten zu beziehen |
| **IV. Wachstums-potential** | | | | | |
| A. Marktstellung | Befriedigung neuer Bedürfnisse | erhebliche Produktverbesserung | gewisse Produktverbesserung | geringe Produktverbesserung | keine Produktverbesserung |
| B. Markteintritt | sehr hoher Investitionsbedarf | hoher Investitionsbedarf | durchschnittlicher Investitionsbedarf | geringer Investitionsbedarf | kein Investitionsbedarf |
| C. Erwartete Zahl an Endverbrauchern | starke Zunahme | geringe Zunahme | Konstanz | geringe Abnahme | erhebliche Abnahme |

*Abb. 5.24: Teilfaktoren und Subfaktoren in einem Produktbewertungsmodell*

*Stufen der Ideenbewertung*

Bei der Vorauswahl wird die Vielzahl der Ideen anhand verschiedener Kriterien einer Überprüfung unterzogen und die erfolgversprechendsten Ideen herausgefiltert. Diese Verfahren werden unter dem Begriff „Punktbewertungsmodell" oder „Scoring-Modell" in der Literatur diskutiert. Das bekannteste dieser Art stammt von O'Meara, der einen Katalog von (hier) 15 Kriterien entwickelte, sie in vier Faktorengruppen unterteilt (vgl. Abbildung 5.24), mit Punktwerten versieht und je nach der subjektiven Einschätzung unterschiedlich gewichtet. **Das Entscheidungsmodell basiert auf der Zielsetzung, jene Produktidee auszuwählen, die den höchsten Gesamtpunktwert der addierten gewichteten Teilfaktoren aufweist.**

Die besondere Problematik dieses Verfahrens liegt in der Auswahl der Kriterien und deren Gewichtung.

Produktkonzepte, die auf der Basis solcher Beurteilungen förderungswürdig erscheinen, sind in einem 2. Schritt einer Wirtschaftlichkeitsanalyse zu unterziehen. Für Produkte mit einem hohen Innovationsgrad können solche Analysen allerdings nur auf der Basis der durch Produkt- und Markttests abgesicherten Erkenntnisse über Umsatz- und Kostenerwartungen durchgeführt werden.

Die für die Wirtschaftlichkeitsanalyse eingesetzten Verfahren reichen von der Break-Even-Analyse (vgl. Informationswirtschaft, Teil 8) über Investitionsrechnungsmodelle bis zu linearen Optimierungsmodellen.

**Die investitionstheoretischen Ansätze der Produktbewertung** liefern grundsätzlich eine kardinale Rangreihe der bewerteten Produkte und damit formal eindeutige Möglichkeiten für die Beurteilung ihrer Vorteilhaftigkeit. Genau wie die Optimierungsmodelle der linearen oder dynamischen Programmierung **stellen sie jedoch Informationsanforderungen, die in der Regel nur selten erfüllt werden können.**

*Ideenrealisation*

Ergeben sich auf der Basis solcher Wirtschaftlichkeitsanalysen positive Ertragserwartungen, so ist die Produktkonzeption zu realisieren. Diese umfaßt vor allem die **technische Entwicklung** und die **Markteinführung.**

Die Komplexität der Prozesse zur Sicherung der technischen Fertigstellung und des Markterfolges erfordern ein abgestimmtes Vorgehen, das den Zeitbedarf incl. Verzögerungen oder Beschleunigungen in einem Terminplan festlegt und diesen regelmäßig kontrolliert. Ein geeignetes Planungs- und Kontrollinstrumentarium hierfür bietet die Netzplantechnik (CPM, PERT, MPM).

Für das Marketing steht insbesondere die Sicherung des Markterfolges im Vordergrund des Interesses. Dazu sind vor der endgültigen Einführung des neuen Produktes systematische Produkt- und Markttests erforderlich.

*Produkt- und Markttests*

Während der Produkttest auf die Überprüfung der verbraucherbezogenen Wirkung des jeweiligen Produktes abzielt, versucht man mit Hilfe von Markttests den Wirkungsgrad des gesamten absatzpolitischen Instrumentariums auf einem begrenzten, möglichst repräsentativen Teilmarkt zu untersuchen.

Können die technische Produktentwicklung und der Erfolg auf dem Markt als hinreichend gesichert angesehen werden, so sind entsprechende Einführungsprogramme zu entwickeln, die eine möglichst schnelle Verbreitung des Produktes im Markt fördern. Wesentliche Beiträge dazu liefert die **Diffusionstheorie**, die sich mit der Verbreitung von Neuerungen in sozialen Systemen befaßt.

Gegenstand der Diffusionstheorie ist insbesondere das Kommunikations- und Adaptionsverhalten potentieller Verwender neuer Produkte. Der Diffusionsprozeß beschreibt die Übernahme einer Neuerung vom Erstkäufer bis zum „Nachzügler" in einem gegebenen Markt. Die jeweiligen Eigenschaften der verschiedenen Käuferkategorien (Innovatoren, Frühaufnehmer, frühe Mehrheit, späte Mehrheit, Nachzügler) geben dabei wertvolle Hinweise für eine den Markterfolg wesentlich beeinflussende Segmentierungsstrategie.

## 2. Preis- und Konditionen-Politik

„Von allen Aktionsparametern, die das Verkaufspotential eines Produktes möglicherweise beeinflussen, haben die Wirtschaftswissenschaftler dem Preis die meiste Aufmerksamkeit gewidmet mit dem Ergebnis, daß in diesem Bereich die ‚reine Theorie' überwiegt" (Kotler). Zur Erklärung dafür können historische, berechnungstechnische und gesellschaftliche Gründe angeführt werden. Geschichtlich gesehen war der Preis zu Beginn des industriellen Zeitalters (18./19. Jahrhundert) tatsächlich die Haupteinflußvariable für Wettbewerb und Nachfrage. Das relativ gut überschaubare Güterangebot, in dem Nahrungs- und Rohstoffe vorherrschten, wurde nur in geringem Ausmaß durch Verpackung, Markierung oder Werbung differenziert und individualisiert. Aus berechnungstechnischer Sicht stellt der Preis eine operationale, quantitative Größe dar, die sich gut zur Kalkülisierung von Marktsituationen eignet. Qualität, Service, Werbung und ähnliche weitere Marktgestaltungsfaktoren sind wegen ihrer Ambivalenz und Mehrdimensionalität praktisch kaum zu quantifizieren. Gesellschaftlich gesehen bietet der Preismechanismus der nationalökonomischen Modelltheorie ein elegantes Instrument zur Demonstration der Effizienz freier marktwirtschaftlicher Systeme. Die Allokation knapper Güter, die Abstimmung von Angebot und Nachfrage, die Räumung der Märkte usw. können mit Hilfe des Preismechanismus und zusätzlicher Verhaltensannahmen „optimal" gestaltet werden.

*Bedeutungswandel des Instruments „Preis"*

**Erst mit der Marktformenlehre und der Theorie der unvollkommenen Konkurrenz werden zusätzlich Einflußgrößen in die Erklärung einbezogen (Marktmacht, Qualität, Werbung usw.).** Besonders Oligopole zeigen ein Übergewicht der Nichtpreis- gegenüber der Preiskonkurrenz. Die symbolische Bedeutung des Preises wird erkannt, so etwa beim sogenannten „Snob-Effekt" (teure Waren werden von materiell orientierten, wohlhabenden Gruppen aus Gründen des Sozialprestiges bevorzugt) oder beim Preis als Qualitätsindikator (ein höherer Preis läßt auf eine bessere Qualität vertrauen).

Der Preis kann heute nur als ein Mittel unter vielen angesehen werden, die zur Gestaltung des Marktes herangezogen werden. Die Einsicht der Unternehmen, daß auf einem Käufermarkt Preiskämpfe ruinös sein können, führt tendenziell zu Preisstarrheit und preispolitischem Gleichverhalten, besonders auf (teil)oligopolistischen Märkten. Preiskartelle und Syndikate sind Ausdruck dieser Tendenz.

*Preis- und Produkt-Politik*

Diese Aussagen dürfen jedoch nicht zu dem Schluß führen, daß Preispolitik keine Bedeutung mehr hat. Sie verdeutlichen vor allem die Verbundenheit von Produkt und Preis. Die Wichtigkeit der Variable „Preis" ist nicht zuletzt darin zu erblicken, daß der Preis im Zusammenspiel mit der Absatzmenge auf lange Sicht sämtliche Kosten der privatwirtschaftlichen Unternehmung decken und in der Regel noch möglichst hohe Gewinne herbeiführen soll. Preisentscheidungen sind insbesondere zu treffen, wenn erstmalig ein Preis für ein Produkt festgesetzt werden muß, wenn bei Ausschreibungen Preisgebote abzugeben sind, wenn Preise für Güter gefunden werden müssen, die nachfrage- oder kostenmäßig miteinander verbunden sind und wenn Preisänderungen autonom oder in Anpassung an die Umwelt vorzunehmen sind.

*mikroökonomische Preistheorie*

Die Aussagen der mikroökonomischen Preistheorie und die entsprechenden Weiterentwicklungen in der betriebswirtschaftlichen Absatzliteratur sollen im Rahmen dieses Beitrags nicht referiert werden. Sie gehen größtenteils von Modell- und Verhaltensprämissen aus, die sich in der Realität praktisch nicht wiederfinden: so etwa die homo-oeconomicus-Prämisse, die Schätzbarkeit von Kosten- und Nachfragefunktionen oder die Vernachlässigung der Zusammenhänge mit anderen Marketinginstrumenten.

Statt dessen werden einige Preisbildungsverhaltensweisen dargestellt, die jede für sich oder kombiniert das Zustandekommen von Preisen in der industriellen Praxis beschreiben und erklären.

### Kostenorientierte Preisbildung

Kostenorientierte Preisbildung basiert in erster Linie auf der Kostenrechnung (vgl. Teil 8, S. 967 ff. und S. 1025 f.). Wird von einer progressiven Vollkostenrechnung ausgegangen, so handelt es sich um das sogenannte **„mark-up pricing"**. Dies

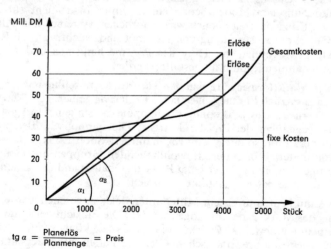

*Abb. 5.25: Target-pricing mit Hilfe der Break-even-Analyse*

bedeutet, daß der Hersteller durch einen prozentualen Gewinnaufschlag auf die kalkulierten Stückkosten den Preis bildet. Wird die Ware über den Handel abgesetzt, so erhöht der Händler seinen Einstandspreis um einen vorgegebenen oder frei bestimmten Aufschlag (Handelsspanne). Der damit festgelegte Preis soll ihm die Handelskosten sowie einen Gewinn erwirtschaften. Die Problematik der Vollkostenrechnung und die Vernachlässigung der Preiselastizität der Nachfrage sowie der Absatzmenge verhindern bei starrem „mark-up pricing" eine optimale Preisgestaltung. Die Einfachheit der Handhabung dieses Prinzips und seine weitverbreitete gleichartige Anwendung bei den Konkurrenten in Handel und Industrie (z. B. Bauindustrie, Großmaschinenbau) erklären die Beliebtheit des Verfahrens.

Soll ein bestimmter Gewinn erwirtschaftet werden, kann der Preis auch auf der Grundlage einer Prognose der Herstellungskosten verschiedener Absatzmengen mit Hilfe der Break-Even-Analyse berechnet werden (target pricing, vgl. Abb. 5.25). Problematisch erweist sich bei dieser Methode – abgesehen von ihrer grundsätzlichen Beschränkung auf den Einproduktbetrieb – die Vernachlässigung des Preis/Nachfragezusammenhangs.

*Break-Even-Analyse*

## Nachfrageorientierte Preisbildung

Im Gegensatz zu den zuvor beschriebenen Verfahren **steht bei der nachfrageorientierten Preisbildung die Intensität der Nachfrage im Mittelpunkt: Dieser wird der Preis anzupassen versucht.** Das Instrument der Preisdifferenzierung dient in mehreren Varianten einer möglichst vollkommenen Verwirklichung dieses Prinzips.

In elementarer Form liegt Preisdifferenzierung vor, wenn der Anbieter den Preis für das gleiche Produkt (oder den gleichen Auftrag) **je nach Verhandlungsmacht und -willen** der Nachfrager differenziert. Marktmacht und Verhandlungsgeschick der Kontrahenten bestimmen den preispolitischen Spielraum. Die Ausnutzung der Änderung der Nachfrageintensität bei **kleineren Veränderungen** der Produktausführung stellt eine weitere Spielart der Preisdifferenzierung dar. So kann z. B. für die weiße statt braune Ausführung des Gehäuses eines Haushaltsgeräts bei entsprechender Nachfrage ein Aufpreis von 5% erhoben werden, obwohl diese Änderung in den Produktionskosten vielleicht nur mit 1% zu Buche schlägt. Eine weitere Version der Preisdifferenzierung richtet sich nach räumlichen Gesichtspunkten. Im Kino oder Theater werden die Preise für die Plätze entsprechend der Nachfrage nach bühnenfernen oder -nahen Sitzen vergeben. Je nach Kunden- und Konkurrenzstruktur werden die Preise für industrielle Produkte nach geographischen Gebieten (Stadt, Land; In-, Ausland; vgl. z. B. Benzinpreise) unterschiedlich und in Abhängigkeit von der Nachfrageintensität festgelegt, weitgehend unabhängig von den Selbstkosten. Schließlich ist noch die Preisdifferenzierung unter **zeitlichen Gesichtspunkten** zu erwähnen. Die Nachfrage nach Produkten schwankt im Zeitablauf unter Umständen erheblich. Die intensive Nachfrage, die Neuerscheinungen z. B. auf dem Bücher- oder Haushaltsgerätemarkt verursachen, kann häufig zu höheren Preisstellungen veranlassen, die nach einiger Zeit der abnehmenden

*Preisdifferenzierung*

Nachfrage wieder angepaßt werden. Tag- und Nachtstrompreise sind ein weiteres Beispiel für zeitliche Preisdifferenzierung.

Zum Funktionieren der Preisdifferenzierung müssen jedoch eine Reihe von Voraussetzungen erfüllt sein, ohne die diese Form der Preisgestaltung nicht anwendbar ist: (1) Teilbarkeit des Marktes in Segmente mit unterschiedlicher Nachfrageintensität, (2) Isolierung der Marktsegmente (d. h. Abnehmer, die niedrige Preise bezahlen, dürfen keine Möglichkeit haben, ihre Produkte an Nachfrager weiterzuverkaufen, die höhere Preise entrichten müssen), (3) grundsätzlich keine Preisunterbietung durch Konkurrenten in nachfrageintensiveren Segmenten. Zu beachten ist, daß die verschiedenen Formen der nachfrageorientierten Preisbildung (Preisdifferenzierung) kombiniert auftreten können (z. B. zeit- und personenabhängige Preisdifferenzierung bei der Bundesbahn).

*Konkurrenzorientierte Preisbildung*

Die konkurrenzorientierte Preisbildung richtet sich an den Preisstellungen von Konkurrenten aus. **Der eigene Preis wird dabei – weitgehend unabhängig von unternehmensindividuellen Kosten- oder Nachfrageänderungen – in gleicher Höhe oder in fester Relation niedriger oder höher als der Konkurrenzpreis festgesetzt.**

Eine gängige Form dieser Preispolitik ist die Orientierung am **Branchenpreis**. Schwierigkeiten bei der Kostenermittlung oder die Unsicherheit über Käufer- und Konkurrenzreaktionen auf abweichende Preispolitik begründen diese Verhaltensweise. Sie findet sich vor allem auf Märkten mit sehr homogenen Produkten (z. B. Rohstoffe, Nahrungsmittel) und überwiegend oligopolistischer oder polypolistischer Konkurrenz. Im Oligopol (z. B. Stahlindustrie, Automobilindustrie) würde die Preissenkung eines einzelnen Oligopolisten von den anderen sofort nachvollzogen, um Marktanteilsänderungen zu vermeiden, und eventuell eine ruinöse Preiskonkurrenz einleiten. Eine Preiserhöhung dagegen trifft auf eine rückläufige Nachfrage, sofern die Konkurrenten sich nicht gleich verhalten. Im Polypol mit relativ vollkommener Konkurrenz kann der einzelne Anbieter den Preis nicht beeinflussen. Dieser wird aus dem Zusammentreffen sehr vieler Anbieter und Nachfrager gebildet. Erhöht ein Anbieter den Preis, so muß er je nach Grad der Konkurrenzvollkommenheit mit einem völligen oder teilweisen Nachfragerückgang für sich rechnen. Senkt er den Preis, so steigt die Nachfrage bei ihm überaus stark an. Aufgrund seiner geringen Produktionskapazität, die dem herrschenden Preis angepaßt ist, erwächst ihm daraus kein Vorteil.

Eine abgewandelte Spielart der konkurrenzorientierten Preisbildung ist die **Preisführerschaft**. Den Preisänderungen eines von den übrigen Konkurrenten anerkannten Preisführers schließen sich die anderen Anbieter an, ein in der Regel informell verlaufender Vorgang (vgl. z. B. Automobilindustrie, Kraftstoffhandel). Extremster Ausdruck konkurrenzorientierter Preisbildung sind **Preiskartelle**, d. h. feste Abmachungen zwischen Konkurrenten über gleiche Preise. Solche Absprachen sind in der Bundesrepublik Deutschland durch das Gesetz gegen die Wettbewerbsbeschränkung (GWB) grundsätzlich verboten.

Sie können jedoch in Form von sogenannten „Frühstückskartellen" informell stattfinden.

Für die konkurrenz- und kostenorientierte langfristige Preispolitik läßt sich insbesondere auch die Erfahrungskurvenanalyse sinnvoll einsetzen. Sie kann mögliche Wirkungen einer Niedrig- und Hochpreispolitik veranschaulichen.

*Zusammenhang zwischen Preis-Politik und Erfahrungskurvenanalyse*

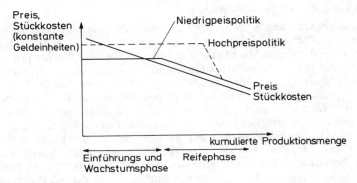

*Abb. 5.26: Erfahrungskurve und Preispolitik (logarithmischer Maßstab)*

Die **Grundthese** der Erfahrungskurve lautet, daß bei stabilen Wettbewerbsverhältnissen die einzelwirtschaftliche und branchenbezogene Preisentwicklung langfristig dem sinkenden Stückkostenverlauf folgen wird (muß).

Bei einer **Hochpreispolitik**, d. h. die Preise sinken langsamer als die Stückkosten werden durch wachsende Gewinnspannen zusätzliche Anbieter angelockt, die versuchen werden, in den Markt einzudringen. Dies kann kurzfristig zu Preiskämpfen führen und langfristig wieder zur „normalen" Preisentwicklung zurückführen.

So wie eine Hochpreispolitik langfristig zu einer Schwächung der eigenen Marktstellung führen kann, kann umgekehrt über eine Senkung der Preise (Niedrigpreispolitik) – insbesondere in rasch wachsenden Märkten – eine Stärkung der zukünftigen Marktstellung angestrebt werden.

Eine **Niedrigpreis-Politik** ist zwar kurzfristig für den Erfolg nachteilig, kann aber bei entsprechendem Mengeneffekt, d. h. bei preiselastischen Märkten, über schnellere Kumulierung der Produktionsmengen (Erhöhung des Marktanteils) langfristige Kostenvorteile schaffen, die die Basis von Erfolgspotentialen darstellen.

Eine Senkung der Preise zu Zwecken der Gewinnung von Marktanteilen in der Einführungs- und Wachstumsphase von Produkten/Märkten müßte somit als Investition für langfristige Erfolgspotentiale, die in der Reife- und Abstiegsphase zu „ernten" sind, angesehen werden.

In Verbindung mit der Lebenszyklus- und Portfolio-Analyse empfiehlt sich aufgrund der Erfahrungskurve eine **phasen-spezifische Differenzierung der Preispolitik**:

*Preispolitik und Lebenszyklusanalyse*

– tendenziell Niedrigpreispolitik für Einstiegs- und Wachstumsphase
– tendenziell Hochpreispolitik für Reife- und Abstiegsphase

Der langfristige Kostenbezug der Preispolitik wird durch die Erfahrungskurve – wenn auch in anderer Akzentuierung – verdeutlicht; denn sinken die Kosten der Wettbewerber langfristig nicht entsprechend der Branchen-Erfahrungskurve, so sinkt ihre preispolitische Anpassungsfähigkeit, und sie werden sich aus dem Markt zurückziehen müssen.

Eine ganz andere Form konkurrenzorientierten Preisverhaltens findet sich bei solchen Industriebetrieben, die nicht den Preis für ein Mengenprodukt auf einem relativ anonymen Markt setzen müssen, sondern die für ihre potentiellen Auftraggeber jeweils Angebote ausarbeiten. Bei dem steigenden Anteil, den öffentliche Auftraggeber am Umsatz einiger Industriezweige (z. B. Bauwirtschaft) besitzen, gewinnen Techniken an Bedeutung, die der Unternehmung helfen, die Höhe ihres Preisgebotes zu bestimmen. Ähnliches gilt für die auftragsorientierte Investitionsgüterindustrie. Das Gebot der Unternehmung konkurriert in diesem Falle mit den in ihrer Höhe unbekannten Geboten anderer Anbieter. Für eine solche Preisfindungssituation wurde von der Unternehmensforschung das Modell des konkurrierenden Gebotes (competitive bidding) entwickelt. Es geht von der Annahme aus, **daß die Unternehmung mit dem geringsten Gebot den Auftrag bekommt und alle Gebote bis zum Tage der Zuteilung geheim bleiben.** Diese Bedingungen sind in der Praxis der Auftragsausschreibung jedoch nicht immer gegeben.

*competitive bidding*

Dem Anbieterverhalten der Unternehmungen können unterschiedliche Zielsetzungen – z. B. den Gewinn der Konkurrenten möglichst klein zu halten, oder die Wahrscheinlichkeit, den Auftrag zu erhalten, zu maximieren und ähnliches – zugrunde gelegt werden.

In quantitativen Modellen zur Unterstützung dieser Problemhandhabung wird davon ausgegangen, daß den unternehmerischen Strategien die **Maximierung des Erwartungswertes von Deckungsbeiträgen** als Zielsetzung vorangestellt wird.

*Konstruktion der Wahrscheinlichkeitsverteilung*

Die Schwierigkeit einer quantitativen Lösung liegt in der Beschaffung der Daten. Während sich die Höhe der Kosten verhältnismäßig einfach mit Hilfe der Kalkulation ermitteln läßt, stellt die Gewinnung der Wahrscheinlichkeitsfunktion das eigentliche Problem dar. Ein Weg, die Wahrscheinlichkeit zu bestimmen, besteht darin, frühere veröffentlichte Ausschreibungen zu studieren. Aus diesen Angaben kann das Angebotsverhalten der potentiellen Konkurrenten abgeleitet werden.

Andere Möglichkeiten der Einschätzung des Konkurrenzverhaltens sind z. B.: Erhebung subjektiver Wahrscheinlichkeiten bei unternehmungsinternen Experten; Errechnung eines branchenbezogenen Durchschnittsgebotes.

Das Grundmodell des konkurrierenden Gebotes bedarf entsprechender Modifikationen, wenn für mehrere Ausschreibungen gleichzeitig geboten wird, ohne daß diese tatsächlich ausgeführt werden könnten, weiterhin wenn andere als Preisgesichtspunkte eine Rolle spielen (z. B. die Auslastung leerstehender Kapazitäten) oder wenn kein hinreichendes Datenmaterial über vergangene erfolgreiche Gebote vorliegt. Fehlen solche Verteilungsvorstellungen völlig, kann hier die Spieltheorie eine gewisse Hilfestellung bieten (z. B. Gebote auf der Basis des Maximumkriteriums; vgl. Teil 1, S. 55 f.). In der Praxis wurde das Modell bereits in mehreren Fällen erfolgreich angewandt.

Schwierig wird die Preisbildung, wenn die Produkte eines Unternehmens untereinander nachfrage- und/oder kostenmäßig verknüpft sind (vgl. Teil 8, S. 1025).

*Preisbildung interdependenter Produkte*

Nachfragemäßige Verknüpfung liegt vor, wenn die Marketingaktivitäten, hier insbesondere der Preis, für ein Produkt die Nachfrage nach einem oder mehreren anderen Erzeugnissen des gleichen Unternehmens beeinflussen. Dabei können komplementäre (z. B. höhere Nachfrage durch Preissenkung für Autos bewirkt höhere Nachfrage nach Ersatzteilen und Zubehör) oder substitutionale Beziehungen (z. B. Preiserhöhung für Standardmodelle verstärkt die Nachfrage nach Luxusausführungen) auftreten. Diese Situation substitutionaler oder komplementärer Beziehung zwischen einzelnen Produkten dürfte in den meisten Produktionsprogrammen der Industriebetriebe auftreten.

Kostenmäßige Interdependenzen bestehen, wenn die Veränderung der Produktionsmenge eines Gutes die Produktionskosten eines oder mehrerer anderer Produkte beeinflußt. Produktionsprogramme, in denen solche Abhängigkeiten bestehen, sind einer „optimalen" Preisgestaltung besonders schwer zugänglich. Kostenanalysen, Nachfrage-(reaktions-)schätzungen, Probieren und Erfahrung sind die allgemeinen Hilfsmittel zur Abstimmung der Preise interdependenter Produkte.

## *Preisbildung bei neuen Produkten*

Ein ganz besonderes Problem ergibt sich bei der Wahl der Preisstrategie für neue Produkte. Zwei in diesem Zusammenhang wichtige Strategien sind die **Penetrationspreispolitik** (penetration-pricing) und die **Abschöpfungspreispolitik** (skimming-pricing).

**Das penetration-pricing zielt mit relativ niedrigen Einführungspreisen auf eine schnelle Erschließung der Massenmärkte ab, mit der Absicht, potentielle Konkurrenten vom Markteintritt abzuhalten.** Zu einem späteren Zeitpunkt sollen dann die Preise sukzessive angehoben werden. **Beim skimming-pricing wird hingegen in der Einführungsphase ein relativ hoher Preis gefordert, um die Konsumentenrente abzuschöpfen.** Mit zunehmender Erschließung des Marktes und dem Eintritt der Konkurrenz werden die Preise gesenkt.

Die Penetrationspreis-Politik bietet sich an, wenn das Nachfrageverhalten relativ elastisch ist und die Kostendegression als Folge hoher Auslastung die Ertragssituation verbessern kann. Allerdings birgt sie erhebliche Risiken aufgrund der längeren Amortisationsdauer der Investitionen in das neue Produkt sowie der Gefahr, daß der preispolitische Spielraum nach oben begrenzter ist als erwartet.

**Abschöpfungspreis-Politik** erscheint dann sinnvoll, wenn es genügend Konsumenten gibt, die relativ preisunempfindlich reagieren. Dadurch können zu

Beginn der Markteinführung hohe Deckungsbeiträge erzielt werden, welche zur Finanzierung der Einführungsanstrengungen dienen und ggf. auch die spätere Erschließung des Massenmarktes ermöglichen. Besonders häufig kommt diese Strategie bei relativ modischen Produkten zur Anwendung, die der Gefahr einer raschen Veralterung unterliegen. Der Nachteil dieser Strategie besteht vor allem darin, daß der hohe Preis die ins Auge gefaßte Zielgruppe vom Kauf abhalten oder die Konkurrenz früher als erwartet auf den Markt locken kann.

*Preisstrategie*

Nach den bisherigen Ausführungen zur Preispolitik stellt diese sich als eine sehr schwierige, bislang theoretisch nicht ausreichend aufgearbeitete Materie dar. Die aufgezeigten Orientierungshilfen Kosten, Nachfrage, Konkurrenz, Produktinterdependenzen können nur isolierte Aspekte repräsentieren, die in der Realität Berücksichtigung finden müssen. In der Regel dürfte eine Kombination oder eine stufenweise Berücksichtigung dieser Gesichtspunkte anzutreffen sein, und zwar sowohl bei der erstmaligen Preisfestlegung für ein Produkt wie auch für Preisänderungsentscheidungen. Dabei wird jeweils besonders zu untersuchen sein, wie z. B. eine Preissenkung durch andere Marketinginstrumente (Werbung, Öffentlichkeitsarbeit) verhindert bzw. eine Preiserhöhung durch die entsprechenden Instrumente begünstigt und begründet werden kann.

**Je stärker die Produkte eines einzelnen Anbieters von denen anderer Hersteller mit Hilfe anderer Marketinginstrumente im Bewußtsein der Käufer abgehoben sind, desto größer ist sein preispolitischer Handlungsspielraum.** Hier zeigt sich die enge Verbundenheit mit den anderen absatzpolitischen Instrumenten.

### *Rabatte und Konditionen*

Der festgelegte Preis erfährt eine Modifizierung durch Rabatte, die der Hersteller seinen Abnehmern gewährt. **Rabatte sind Preisnachlässe für Leistungen des Abnehmers, die im Zusammenhang mit dem Absatz der Waren stehen.** Neben dem Stufen- oder Funktionsrabatt, der auf der Grundlage des Verbraucherendpreises den Handelsstufen die Deckung ihrer Handelskosten sichern soll, unterscheidet man Mengen-, Saison-, Einführungs-, Treue- und Verbraucherrabatte. Diese Preisnachlässe haben den Sinn, den Abnehmer zum Kauf größerer Mengen (Mengen-, Saisonrabatt) oder eines neuen Produktes zu bewegen (Einführungsrabatt) bzw. ihn an den Anbieter zu binden (Treue-, Verbraucherrabatt).

*Konditionen*

Um die Bedingungen der Entrichtung des vereinbarten Kaufpreises und die Modalitäten der Übergabe und des Gefahren- und Eigentumsübergangs der Waren geht es bei der Gestaltung der Konditionen, die hier nur kurz angesprochen werden sollen. Je nach den marktspezifischen Gepflogenheiten oder der Marktstellung von Anbieter und Nachfrager sind die **Fracht und Versicherung** ganz oder teilweise von der einen oder anderen Seite zu tragen. Entsprechend regelt sich auch der **Gefahrenübergang.** Für rasche Zahlung des Kaufpreises gewährt der Anbieter häufig einen Preisnachlaß, den sogenannten **Skonto.** Andererseits steht er aber dem Käufer unter Umständen auch mit **Zahlungszielen** verschiedener Fristigkeiten zur Verfügung, die den Abnehmer unterschiedlich stark belasten. Bei Großaufträgen mit langer Produktionszeit leisten die Auftraggeber in der Regel **Anzahlungen.** Vereinbarungen über Höhe und zeitliche Verteilung der Anzahlungen gehören zu den Instrumenten der Konditionspolitik. Es ist auch auf das **Leasing** zu verweisen, bei dem die Produkte (insbesondere Investitionsgüter und langlebige Konsumgüter) nicht verkauft, sondern mit wöchentlichen, monatlichen oder jährlichen Mietraten und der Möglichkeit eines späteren Kaufes vermietet werden. Diese hier nur kurz angedeuteten Fragen der Zahlungsmodalitäten beeinflussen die Kaufentscheidungen nicht unerheblich und stehen in einem engen Zusammenhang mit der Kapitalwirtschaft des Industriebetriebs (vgl. Teil 7, S. 865f.).

### 3. Distributions-Politik

Die vielfältigen Möglichkeiten der unmittelbaren Gestaltung industrieller Leistungen wurden im Rahmen der Produkt- und Preispolitik untersucht. **Die Frage, auf welche Weise die Produkte vom Produzenten zum Käufer gelangen sollen, ist Gegenstand der Distributions-Politik. In ihr sind all die Instrumentalvariablen planmäßig aufeinander abzustimmen, die die institutionellen und verfahrensmäßigen Bedingungen für den Weg des Produktes vom Hersteller zum Käufer festlegen.** Das es sich dabei um einen Problemkreis handelt, der für die Marktorientierung des Industriebetriebes große Bedeutung hat, ist unschwer einzusehen. Von diesen Entscheidungen hängen unter anderem die Geschwindigkeit der Versorgung des Marktes sowie die Nähe von Verbraucher und Produzent zueinander ab. Hinzu kommt, daß ein Großteil der hier zu treffenden Entscheidungen konstitutiven Charakter hat und somit die Absatzwirtschaft des Industriebetriebs auf lange Sicht bindet. *Distributionsbegriff*

Distributionspolitische Entscheidungstatbestände lassen sich grob in Absatzwegeentscheidungen (akquisitorische Distribution) und Entscheidungen über Transport und Lagerhaltung (physische Distribution) gliedern.

*Absatzwege*

Die Anzahl, Anordnung und Aufgabenverteilung der Stellen, über die die Ware vom Produzenten zum Endabnehmer vermittelt wird, bildet einen Absatzweg. Beispielhafte Grundtypen von Absatzwegen sind in Abbildung 5.27 zusammengestellt.

Direkter Absatz liegt vor, wenn kein unternehmensfremdes Organ in den Absatzweg eingeschaltet ist. Der Verkauf wird bis zum Verwender des Produkts vollständig von betriebseigenen Organen übernommen, sei es duch eine zentrale Verkaufsabteilung, über dezentrale Niederlassungen oder durch angestelltes Verkaufspersonal (Reisende). Diese Form des Absatzes findet sich z. B. in der Schwermaschinenindustrie, dem Versandhandel oder beim Haustürverkauf von Kosmetikprodukten durch Angestellte. *direkter Absatz*

Der direkte Absatzweg ist jedoch in vielen Fällen nicht anwendbar. Finanzielle Gründe (z. B. beansprucht der Aufbau eines eigenen Niederlassungsnetzes anstelle eines konzessionierten Händlernetzes die Finanzkraft eines Automo- *indirekter Absatz*

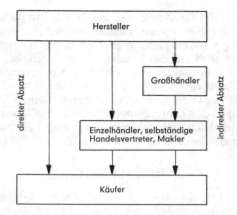

*Abb. 5.27: Grundtypen von Absatzwegen*

bilherstellers in hohem Maße), die Notwendigkeit, komplementäre Produkte anderer Unternehmen mitzuverkaufen (z. B. im Nahrungsmittelverkauf), und Kostenüberlegungen (es ist günstiger, wenn z. B. 10 Produzenten jeweils nur an einen spezialisierten und erfahrenen Händler verkaufen und dieser dann an 100 Endabnehmer, als wenn jeder Produzent an alle Endverbraucher seine Ware vertreibt) sind als Ursachen für den indirekten Absatz zu nennen. In die Vermittlung des Produktes vom Hersteller zum Verbraucher werden dann unternehmensfremde Organe einbezogen (vgl. Abbildung 5.27).

Beim **einstufigen indirekten Absatz** wird nur eine außerbetriebliche Instanz eingeschaltet: Einzelhändler, die im eigenen Namen und auf eigene Rechnung vom Hersteller Waren kaufen oder als Kommisssionäre übernehmen und an die Endabnehmer verkaufen (z. B. Warenhäuser, Lebensmittel- und Facheinzelhandel), selbständige Handelsvertreter, die in fremden Namen und für fremde Rechnung die Produkte eines oder mehrerer Hersteller verkaufen (z. B. haben mittlere und kleinere Investitionsgüterproduzenten häufig Handelsvertreter im In- und besonders im Ausland), oder Makler, die im eigenen Namen und für fremde Rechnung tätig werden (z. B. Waren- und Rohstoffbörsen). Durch die Einschaltung des Großhandels wird der indirekte Absatzweg **zweistufig**. Weitere Stufungen in Form von Zwischenhändlern oder sonstigen Vermittlungsstellen sind denkbar. In manchen Branchen (z. B. Lebensmittel, Haushaltsgeräte) ist der Großhandel nahezu regelmäßig vertreten und hat für die Belieferung der vielen Einzelhändler große Bedeutung. Für den Absatz auf einem neuen Markt ist ein Industriebetrieb vor allem aus finanziellen Erwägungen in der Regel auf die bestehende und meist begrenzte Anzahl von Absatzmittlern (Groß-, Einzelhändler, Handelsvertreter usw.) angewiesen. Er muß es als Erfolg betrachten, wenn diese sein Produkt in ihre Handelssortimente aufnehmen. **Aus dieser Sicht stellt sich die Struktur der Absatzwege eher als Resultat eines Anpassungsprozesses an die jeweiligen Bedingungen, denn als eine freie und autonome Entscheidung dar.** Die Frage nach einer möglichst günstigen Gestaltung der Absatzwege als Voraussetzung für ein zielgerechtes

Marketing stellt sich damit insbesondere bestehenden und marktlich etablierten Industriebetrieben.

An Einflußgrößen, die der Wahl der Absatzwege Nebenbedingungen auferlegen, sind mit Kotler vor allem folgende zu nennen:

*Einflußgrößen der Absatzwegestruktur*

(a) **Zielmärkte:** Ihre bestmögliche Versorgung soll durch die Absatzwege gewährleistet werden. Es kann jedoch nicht jeder Markt mit jedem Absatzweg erreicht werden (z. B. Auslandsmärkte).

(b) **Kundenstruktur:** Zahl, geographische Verteilung, durchschnittliches Kaufvolumen und Kaufgewohnheiten der aktuellen und potentiellen Kunden beeinflussen die Wahlmöglichkeit der Absatzwege.

(c) **Leistungsprogramm:** Größe, Verderblichkeit, Normung, Kundendiensterfordernisse und Wert der Produkte bestimmen die Art der Verkaufskanäle.

(d) **Eigenschaften der Absatzmittler:** Handelsvertreter oder angestellte Reisende sowie Händler unterscheiden sich hinsichtlich Distributionskosten, Motivation und Engagement für das einzelne Produkt, Möglichkeit zur Übernahme der Transport-, Lager-, Werbe- und Akquisitionsfunktion und hinsichtlich ihrer Anzahl und Standortabhängigkeit.

(e) **Konkurrenz:** Das Bestreben, die gleichen Absatzwege wie die Konkurrenz oder aber ganz getrennte Kanäle zu benutzen (z. B. Exklusivläden), begrenzt die Wahlmöglichkeiten.

(f) **Produzent:** Größe, Finanzkraft, Erfahrungen mit bestimmten Absatzwegen sowie die Marketingpolitik (z. B. Werbeschwerpunkte, feste Endpreise, schnelle Lieferbarkeit) schlagen sich in Entscheidungen über die Absatzwege nieder.

(g) **Gesetzliche Bestimmungen:** Wettbewerbs- und gewerberechtliche Bestimmungen (z. B. Verbot von Verkaufskartellen bzw. Syndikaten oder Apothekenpflicht für bestimmte Pharmazeutika) setzen Nebenbedingungen in der Wahl der Absatzwege.

Sind auf diese Weise die Beschränkungen der Entscheidung über die Absatzwege herausgearbeitet, so sind in dem verbleibenden Aktionsspielraum die Gestaltungsalternativen – soweit möglich – zu präzisieren. Dies kann in drei Stufen erfolgen:

*Freiheitsgrade der Absatzwegegestaltung*

(1) **Wie viele und welche Arten von Absatzstufen sollen eingeschaltet werden?** Hier ist zwischen den direkten und den verschiedenen Versionen des indirekten Absatzes zu entscheiden.

(2) **Wie viele Absatzmittler sollen auf jeder Distributionsstufe tätig sein? Intensive Distribution** sucht so viele Händler wie möglich auf jeder Stufe zu erreichen (z. B. Massenprodukte wie Zigaretten, Zeitschriften usw.). **Exklusive Distribution** gewährt nur ausgewählten Händlern Exklusivrechte, meist für einen bestimmten geographischen Raum, wodurch diese stärker für das Produkt motiviert und besser kontrolliert werden können

(z. B. bestimmte Möbel- oder Kleidermarken). **Selektive Distribution** ist eine Kombination aus beiden; der Hersteller hofft dabei, durch Auswahl geeigneter Händler eine ausreichende Marktversorgung mit geringeren Distributionskosten zu erreichen.

(3) **Wie sollen sich die Absatzaufgaben, -kompetenzen und -verantwortlichkeiten auf die Stufen verteilen?** Die Zuordnung von Pflichten und Rechten (z. B. Lagerhaltung, Transport, Werbung, Kundendienst etc.) auf die einzelnen Handelsstufen ist das Ergebnis von Verhandlungsprozessen zwischen dem Hersteller und den nachgelagerten Distributionsstufen, die je nach Marktausstattung unterschiedlich verlaufen können.

*Bewertungskriterien für Absatzwege*

Die bisherigen Ausführungen zeigen, daß es praktisch unmöglich ist, eine „optimale" Absatzwegegestaltung herauszuarbeiten.

Es gibt vielmehr eine Vielzahl sich teilweise überschneidender und schwer vergleichbarer Handlungsmöglichkeiten. Ähnlich steht es mit der Bewertung der Alternativen, die eng mit der Prognose der Konsequenzen verbunden ist. Verbindliche und operative Effizienzkriterien fehlen. Hypothesen und Schätzungen anhand von Ersatzkriterien müssen die exakte Messung ersetzen.

*Kosten*

Steht z. B. die Entscheidung an, ob selbständige Handelsvertreter oder angestellte Reisende den Verkauf beim Endabnehmer übernehmen sollen, so besteht die erste Schwierigkeit darin, den Verkaufserfolg für beide Gruppen zu schätzen. Dieser hängt aber wiederum von Faktoren wie dem vorgegebenen Anreizsystem für die Verkäufer, den Präferenzen und Verhaltensweisen der Kunden usw. ab. Geht man davon aus, daß beide Gruppen ähnlich erfolgreich verkaufen und daß die Distributionskosten eines jeden Systems bekannt sind, so läßt sich die Entscheidung aus der Sicht der Kosten mit Hilfe eines Diagramms fällen, das an die Break-even-Analyse erinnert (vgl. Abbildung 5.28).

Die fixen Kosten der Alternative „Handelsvertreter" sind naturgemäß relativ gering, während die variablen Kosten aufgrund des hohen Provisionssatzes

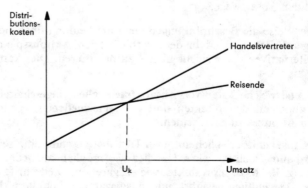

*Abb. 5.28: Distributionskostenstruktur von Handelsvertretern und Reisenden in Abhängigkeit vom Umsatz*

stark ansteigen. Reisende der eigenen Unternehmung verursachen normalerweise einen hohen Fixkostenblock, ihr Anteil am Verkaufserfolg ist jedoch in der Regel geringer als der der Handelsvertreter. Dementsprechend ergibt sich ein Schnittpunkt beider Kurven in der Zone eines ungefähr bestimmbaren kritischen Umsatzes ($U_k$).

Wird eine unterschiedliche Verkaufseffizienz für beide Gruppen prognostiziert, so läßt sich ein Wirtschaftlichkeitsvergleich mit Hilfe des Kriteriums „Deckungsbeitrag pro Absatzweg" ($DB_i$) durchführen. Dieser ergibt sich aus der Differenz der Umsatzprognose dieses Weges ($U_i$) und seiner geschätzten Distributionskosten ($K_i$):

*Deckungsbeitrag*

(5.11) $\quad DB_i = U_i - K_i \quad (i = 1, 2, \ldots, l)$

Durch Gegenüberstellung von verschiedenen Deckungsbeiträgen für die einzelnen Absatzwege (i) kann derjenige Absatzweg ausgewählt werden, der innerhalb der langfristig prognostizierten Umsatzbandbreite die höchsten Deckungsbeiträge erbringen wird.

**Neben den angeführten ökonomischen Bewertungskriterien wie Kosten und Deckungsbeitrag sind jedoch weitere Maßstäbe zur Beurteilung von alternativen Absatzwegestrukturen heranzuziehen, die auch zum Teil bei der allgemeinen Organisationsgestaltung Verwendung finden.** Dies sind insbesondere: Kontrollmöglichkeit (Handelsvertreter sind beispielsweise schwerer zu kontrollieren als angestellte Reisende), Flexibilität (eine Kette von Exklusivläden oder eigenen Niederlassungen ist weniger anpassungsfähig an Umweltveränderungen als eine Handelsvertretergruppe, die schnell erweitert oder vermindert werden kann), Geschwindigkeit (die Abwicklung von Aufträgen und Marketingaktivitäten über unternehmenseigene Organe ist eventuell schneller zu handhaben als über verschiedene unternehmensexterne Handelsstufen), Unabhängigkeit (durch indirekten Absatz kann ein Produzent in eine Abhängigkeit vom Handel geraten, während beim direkten Absatz größere Selbständigkeit und Kooperationsbereitschaft gegeben sind).

*Kontrolle, Flexibilität, Geschwindigkeit, Unabhängigkeit*

Bei Berücksichtigung aller genannten Kriterien zeigt sich eine Reihe von Zielkonflikten, die nur im konkreten Fall durch Setzung unternehmensbezogener Präferenzen gelöst werden können. Das Resultat der Entscheidung über die Absatzwege kann auch in einer Kombination mehrerer Grundtypen von Verkaufskanälen bestehen, insbesondere wenn verschiedene Zielmärkte bzw. Marktsegmente zu versorgen sind. So vertreiben z. B. die Mineralöl- und Reifenindustrie ihre Produkte sowohl direkt an öffentliche und privatwirtschaftliche Großabnehmer als auch indirekt über ein weitverzweigtes Händlersystem an die privaten und kleineren gewerblichen Endverbraucher.

Ein weiterer Problemkreis im Rahmen der Gestaltung und Verwaltung der Absatzwege besteht in der Auswahl von Händlern, Handelsvertretern und Verkäufern, der Motivation der Mitglieder der Absatzwege und der Leistungsbewertung der einzelnen Handels- und Verkaufsinstanzen. Stehen genügend Bewerber für die Übernahme der Vertretung oder des (konzessionierten) Handels des Produktes (z. B. in der Automobilbranche) zur Verfügung, so ist

*Personalprobleme der Absatzwegegestaltung*

die **Auswahl** ein spezielles personalwirtschaftliches Problem, für das besondere Kriterien entwickelt werden müssen. Stellt das Auffinden geeigneter Händler für ein Industrieprodukt einen Engpaß dar, so können zwei Strategien getrennt oder kombiniert verwendet werden: Entweder „zwingt" der Hersteller den Handel zur Aufnahme des Produktes in die Sortimente durch breit angelegte intensive Werbung, die beim Handel Nachfrage nach dem Produkt hervorruft, oder er versucht, im Wege einer überzeugenden Präsentation des Produktes und finanzieller Anreize (Einführungsrabatte usw.) sein Produkt bei einigen Händlern unterzubringen. Ist ein Produkt im Handel, so müssen die Händler immer wieder motiviert werden, sich besonders für dieses Produkt einzusetzen. Dies kann durch Besuche und persönliche Aufmerksamkeiten ebenso geschehen wie durch eine Veränderung der Handelsspanne und Neuverteilung der Pflichten und Rechte. Die **Leistungsbewertung** der Verkäufer, Vertreter und Händler kann durch Soll-Ist-Vergleich – wobei das Soll vorgegeben oder vom Betroffenen selbst festgelegt werden kann –, durch Zeitvergleich mit Verkaufsergebnissen früherer Perioden und durch Rangordnung der Mitglieder einer Handelsstufe nach ihrer Leistung vorgenommen werden. Bei der Analyse müssen jedoch die individuellen und umweltbezogenen Besonderheiten der Leistung des betrachteten Mitglieds berücksichtigt werden. Aus der Leistungsbewertung können sich Folgerungen für die Motivation der Mitglieder der Absatzwege und gegebenenfalls für eine Änderung der Absatzwegestruktur ableiten.

### Transport und Lagerhaltung

*physische Distribution*

Während die Gestaltung der Absatzwege die institutionelle Struktur der Verbindung zwischen Hersteller und Endnachfrager eines Produktes zum Gegenstand hat, handelt es sich bei der physischen Distribution um den **Fluß der Fertigerzeugnisse vom Endpunkt der Fertigung bis zur effektiven Auslieferung der Produkte an den ersten unternehmensexternen Abnehmer (Großhändler, Einzelhändler oder Letztverwender).**

Die instrumentelle Bedeutung dieses Teilbereichs der Distribution, der sich aus Transport und Lagerhaltung zusammensetzt, ist für das Marketing erst in jüngerer Zeit verstärkt erkannt worden. Unter den Begriffen „physical distribution" oder „marketing logistics" hat sich ein Marketinggebiet entwickelt, das, besonders mit Hilfe quantitativer Methoden des Operations Research, ein differenziertes Instrumentarium entwickelt hat.

Als Gründe für die intensivere Beschäftigung mit diesem Bereich lassen sich die steigenden Kosten im Transport- und Lagerwesen, die Wettbewerbswirksamkeit zuverlässiger und schneller Kundenbelieferung und die Gewinnung preispolitischer Spielräume durch Distributionskostensenkung anführen.

Da die Probleme der Lagerwirtschaft im Absatzbereich denen der Beschaffungswirtschaft zum großen Teil ähneln (z. B. „optimale" Lagerhaltung, Bestellzeitpunkte, Prognose- und Fehlmengenprobleme usw.; vgl. Teil 3), wird im folgenden lediglich auf einige Fragen der Transportmittel und der Dezentralisierung von Lägern und Produktion kurz eingegangen.

Ein Gestaltungskriterium für die Entscheidungen über das Transport- und Lagerwesen ist wiederum schwer zu definieren. Die allgemeine Forderung, die richtigen Waren zum richtigen Zeitpunkt am richtigen Ort zu den günstigsten Kosten bereitzustellen, ist wenig operational. Vielmehr sind die gegenläufigen Kostentendenzen, die von der Erhöhung der Lieferfähigkeit einerseits und der Verminderung der Lagerhaltungs- und Transportkosten andererseits ausgehen, durch die Formulierung eines akzeptierbaren Kosten- und Lieferfähigkeitsniveaus zu konkretisieren und aufeinander abzustimmen. Hinzu kommt auch hier die Forderung etwa nach weitgehender Flexibilität und Unabhängigkeit des physischen Distributionssystems der Unternehmung, damit der Industriebetrieb auf Umweltveränderungen möglichst reaktionsfähig und selbständig handlungsfähig bleibt. Die konfliktären Beziehungen zwischen diesen Zielen können nur im praktischen Einzelfall bewertet werden.  *Gestaltungskriterien*

Ist die Marktmacht so verteilt, daß der Hersteller den Abnehmern die Produkte anliefern muß – das ist der Regelfall –, und gibt es einen einzigen Produktions- und Lagerstandort, von dem aus die Belieferung erfolgt, so muß zwischen den verschiedenen Transportmöglichkeiten, soweit sie im konkreten Fall anwendbar sind, entschieden werden. Dieses Entscheidungsproblem kann in zwei Teilprobleme zerlegt werden:

(1) Welche Art von Transportmittel ist zu wählen?

(2) Sollen Transportunternehmen mit der Beförderung betraut werden oder soll sich das Unternehmen eigene Transportkapazitäten angliedern?

Bei der ersten Frage handelt es sich um die grundsätzliche Wahl zwischen den Transportmedien Flugzeug, Lastkraftwagen, Eisenbahn, Binnen- und Handelsschiffahrt, die freilich nur im Ausnahmefall alle als Alternativen gegeben sind. Neben Produkteigenarten wie Verderblichkeit, Größe und Gewicht beschränken die Entfernung und die (wirtschafts)geographischen Bedingungen zwischen Versand- und Zielort die Anzahl der Alternativen. Die Frachtkosten für die einzelnen Transportalternativen sind – in vereinfachter Sicht – vor allem versandmengen- und gewichtsabhängig und in ihrer Struktur mit unterschiedlich hohen Fixkostenbestandteilen belastet. Die Benutzung der einzelnen Transportmedien hat jedoch auch kostenmäßige Konsequenzen für die Lagerkosten. **Können durch Verkürzung der Transportzeiten (z. B. durch Luftfracht) die Lagerumschlagsgeschwindigkeiten erhöht und damit der durchschnittliche Lagerbestand und die Lagerinvestitionen vermindert werden, so verringern sich auch die gesamten Lagerkosten.** Andererseits hat jede Transportart auch Einfluß auf die Verwaltungs- und Verpackungskosten des Versands sowie auf Versicherungen, Steuern und auf die Kapitalkosten, sofern die Zahlung des Kaufpreises vom Lieferzeitpunkt abhängt. Schließlich müssen Kosten für entgangene Verkäufe und Rufminderung aufgrund verspäteter Auslieferungen, die durch die Wahl des Transportmittels verursacht sind, angesetzt werden. Aufgrund dieser vielfältigen Interdependenzen ist es sehr problematisch, generelle Hypothesen über die genauen Kostenverläufe der einzelnen Transportalternativen aufzustellen. Wo in etwa die kritischen Versandmengen zum Wechsel von einer Alternative zu anderen liegen, läßt sich nur unter Berück- *Transportmittelwahl*

*Kostenüberlegungen*

sichtigung der individuellen Gegebenheiten und Lieferbereitschaftserfordernisse bestimmen.

*Eigen- oder Fremdtransport*

Die Frage nach der Beförderung mit eigenen oder fremden Transportmedien ist zunächst auch eine Kostenfrage. Neben dem Problem der Aufbringung ausreichender finanzieller Mittel zum Aufbau von Transportkapazitäten muß nämlich eine ausreichende und dauerhafte Auslastung der Beförderungsmittel gewährleistet sein, sollen keine Leerkosten entstehen. Diese letzte Bedingung ist meist nur bei Großunternehmen mit breitgestreuten Zweigbetrieben oder dann erfüllt, wenn es gelingt, die freien Kapazitäten (z. B. auf den Rückfahrten) durch Hereinnahme von Speditionsaufträgen auszulasten. Sind diese Voraussetzungen gegeben, so können eigene Transportkapazitäten dem Hersteller eine größere Unabhängigkeit in der Distribution verleihen. Andererseits kann eine solche Entscheidung ein Unternehmen auf längere Sicht festlegen.

*Absatzlagerdezentralisation*

Konzentriert sich ein größeres Verkaufsvolumen in einem vom Produktionsort weiter entfernt liegenden Gebiet, so stellt sich die Frage, ob durch Einrichtung eines Fertigwarenlagers in dem Gebiet die Kosten- und Lieferfähigkeitssituation des Herstellers verbessert werden können. Steht ein Lager zur Verfügung, so kann möglicherweise auf langsamere, kostengünstigere Transportwege zurückgegriffen und zugleich eine schnellere Warenauslieferung an die Kunden gewährleistet werden. **Ein Lager wird dann sinnvoll sein, wenn die Frachtkostenersparnisse und Kostenvorteile aus gestiegener Lieferfähigkeit die zusätzlichen Lagerkosten übersteigen,** eine Rechnung, die im konkreten Fall relativ exakt durchzuführen sein dürfte.

Die Entscheidung für ein Miet- oder ein Eigenlager ist aus dem Blickwinkel der Kostenwirtschaftlichkeit in Abbildung 5.29 dargestellt.

Während für die Eigenlagerung ein relativ hoher Fixkostenblock anfällt, bestehen die Mietlagerkosten für den Mieter praktisch nur aus variablen Bestandteilen. Deswegen ist es kostenmäßig erst sinnvoll, ein eigenes Lager zu

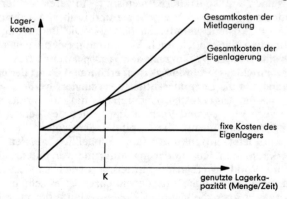

*Abb. 5.29: Entscheidung zwischen Eigen- und Fremdlager unter Kostengesichtspunkten*

errichten, wenn dessen durchschnittliche Auslastung dauerhaft über dem Punkt (K) in Abbildung 5.29 liegt. Aus der Sicht der Unabhängigkeit und Flexibilität des Distributionssystems ist die Situation in diesem Fall analog der Entscheidung über eigene und fremde Transportkapazitäten zu beurteilen.

*Fertigungs-dezentralisation*

In entsprechender Weise wie die Wahl der Transportmedien und die Errichtung eines Lagerhauses lassen sich auch die weiteren Alternativen diskutieren, die zur Verbesserung der Lieferfähigkeit und Verminderung der physischen Distributionskosten zur Verfügung stehen. Es sind dies vor allem der Versand von Fertigteilen und deren Zusammenbau zu Endprodukten in einem Montagebetrieb in einem entfernter liegenden Absatzgebiet sowie die Errichtung eines Zweigwerkes mit vollständiger Produktion auf dem betreffenden Teilmarkt. Sieht man einmal von den produktionstechnischen und standortbezogenen Voraussetzungen ab, die der Verwirklichung dieser Alternativen zugrunde liegen können (vgl. Teil 2, S. 234 ff.), so gestalten sich die Kosten-, Flexibilitäts- und Unabhängigkeitsüberlegungen in diesen Fällen analog zu den oben in groben Zügen erläuterten Entscheidungen über Transport- und Lageralternativen.

*Lagerstandorte*

Ein Sonderproblem im Rahmen der Gestaltung von Transport- und Lagerhaltung ist die Bestimmung der Anzahl und der Standorte von Lägern in einem größeren Verkaufsgebiet. Im Prinzip müssen dabei jeweils die gleichen Überlegungen angestellt werden wie im Falle nur eines einzelnen Lagers. Allerdings ist die Situation ungleich komplexer und die Alternativenzahl praktisch unübersehbar. Die kostenmäßige Situationsstruktur bei der Bestimmung der Anzahl (gleich großer) Läger in einem Absatzgebiet gibt Abbildung 5.30 tendenziell wieder.

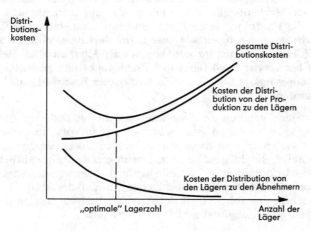

*Abb. 5.30: Distributionskosten und Anzahl der Läger*

Auf die Problematik der Bestimmung solcher Kostenkurven ist schon weiter oben hingewiesen worden. Auch unterstellt diese Abbildung eine geographische Gleichverteilung von Lägern und Nachfragern, die sich in der Realität wohl kaum wiederfindet. Dennoch werden die immanenten Kostentendenzen des Entscheidungsproblems verdeutlicht.

In der Spezialliteratur findet sich eine Vielzahl von quantitativen Lösungsansätzen zum Problem der bestmöglichen Anzahl und standortmäßigen Verteilung von Fertigwarenlägern. Erwähnt seien hier nur der analytische Ansatz von Baumol/Wolfe und das heuristische Programm von Kuehn/Hamburger (vgl. Teil 2, S. 242 ff.).

*Transport- und Lagerdisposition*

Sind die Entscheidungen über das Lagerhaltungs- und Transportsystem gefällt, so stellen sich der Distribution immer wiederkehrende Dispositionsprobleme hinsichtlich der Verteilung der Transport- und Liefermengen und der Bestimmung der Versorgungsrouten (etwa durch Lkw-Transport). Je nach geographischer und intensitätsmäßiger Verteilung der Nachfrage sowie der dieser gegenüberstehenden Produktionskapazität und der Flexibilität des Transport- und Lagersystems formulieren sich diese Probleme in immer neuer Weise. Die weitentwickelten Planungsmodelle des Operations Research (z. B. Transportmethode) und die Möglichkeit der Simulation mit Hilfe des Computers geben hier wichtige Lösungshilfen zur Hand (vgl. Teil 2, S. 241 ff. und Teil 4, S. 436 ff.). Aus diesen mehr oder weniger täglichen Dispositionsproblemen können sich wertvolle Anregungen für Änderungen des Lagerhaltungs- und Transportsystems entwickeln.

## 4. Kommunikations-Politik

*Notwendigkeit der Kommunikations-Politik*

Die Marktgestaltungsprogramme im Rahmen der Produkt-, Preis- und Distributionspolitik können nicht voll wirksam werden, wenn die Endabnehmer als Zielgruppe der Marketingaktivitäten keine oder nur unzulängliche Informationen über die Produkte, deren Preise und ihre Distribution erhalten. **Der Produzent tritt deswegen in direkte oder indirekte Kommunikation mit seiner potentiellen Käuferschaft, um ihr sein Angebot als Alternative zur Befriedigung bzw. Lösung bestimmter Bedürfnisse und Probleme bewußt zu machen oder die subjektive Notwendigkeit und Aktualität bestimmter Bedürfnisse und Probleme erst hervorzurufen.**

Im weiteren Sinne gehören die Produkte, ihre Preise und ihre Absatz- und Verteilungswege selbst schon zum Kommunikationsvorgang zwischen Hersteller und Abnehmer; denn diese informieren bis zu einem gewissen Grade diejenigen Käufer, die die angebotenen Leistungen sinnlich wahrnehmen. Da dieser Weg der Informationsaufnahme aber mehr oder weniger ungesteuert ist und vor allem von dem sehr unterschiedlichen Ausmaß der Marktübersicht des einzelnen Nachfragers abhängt, ist der Anbieter bestrebt, seinen potentiellen Abnehmerkreis planmäßig und gezielt zu informieren.

*Verhaltensbeeinflussung durch Kommunikation*

Daß der Inhalt der vom Produzenten übermittelten Informationen über die angebotenen Produkte in aller Regel nicht der Sicht etwa eines unabhängigen Warentestinstituts oder Wirtschaftsprüfers entspricht, ist angesichts der unternehmensspezifischen Zielsetzungen eines marktwirtschaftlich arbeitenden Industriebetriebs unschwer zu vermuten. Das Unternehmen wird vielmehr nur die möglichen Vorzüge seines Angebots der Marktgegenseite zu vermitteln suchen. **Der Industriebetrieb zielt also darauf ab, daß der Verbraucher mit der angebotenen Alternative auch deren positive Bewertung bzw. mit dem aufgeworfenen Bedürfnis oder Problem auch dessen Befriedigung und Lösung in Form des eigenen Erzeugnisses internalisiert.**

Grundlage für die Gestaltung der Verhaltensbeeinflussung durch Kommunikation sind die Verhaltensweisen der Zielgruppen, für deren Erklärung die Psychologie, Sozialpsychologie und Soziologie verschiedene Theorieansätze liefern (vgl. dazu den Abschnitt über Modelle des Käuferverhaltens). In dem Maße, wie ein immer zahlreicheres Angebot um den konsumwirksamen Teil des Volkseinkommens konkurriert, werden in einer Marktwirtschaft die kommunikativen Mittel zur Individualisierung der Produkte und Präferenzbildung bei den Käufern in überproportional steigendem Umfang eingesetzt. Dies gilt vor allem für Märkte mit relativ homogenen Gütern und sehr vielen Nachfragern, also Konsumgüter wie Tabakwaren, Getränke, Automobile, Haushaltsgeräte, Körperpflegemittel, aber auch für weniger homogene und besonders für neuere Produkte des Konsum- und Investitionsgüterbereichs (z. B. Mikrowellenherde, EDV-Anlagen, Kunststoffe).

Den Kommunikationstechniken wird häufig ihr **beeinflussender und manipulativer Charakter** vorgeworfen, der den Betroffenen ihre Entscheidungsfreiheit nähme. Die Zielrichtung solch einseitiger Kommunikationsprozesse ist es tatsächlich, den Empfänger der Nachricht zu einem bestimmten Handeln, nämlich zum Kauf zu bewegen. Jedoch müssen die an das Produkt gestellten Erwartungen, deren Inhalt freilich wiederum von der Angebotsseite zum Teil vermittelt sein kann, auch tatsächlich in Erfüllung gehen. Gegen den genannten Vorwurf wird auch eingewandt, daß die Verbraucher eine gewisse Immunität entwickeln gegen die beinahe unübersehbar zahlreichen Beeinflussungsversuche der Industrie und daß sie nur sehr wenige der vielen werbenden Informationen wahrnehmen. Wenn auch das Problem, die Auswirkungen von Beeinflussungstechniken zu messen, bisher praktisch ungelöst ist, so gibt es doch immer wieder Beispiele, die auf einen tendenziellen Zusammenhang zwischen Kommunikationsaufwand und Verkaufserfolg hinweisen. **Die durchaus aktuelle Frage, ob es sich in bestimmten Fällen um eine schädliche Manipulation der Verbraucher handelt, die zu unterbinden sei, ist in erster Linie politischer Natur.** Trotz des Postulats der sogenannten gesellschaftlichen Verantwortung der Unternehmerschaft, in das z. B. eine Selbstbeschränkung im Bereich der Werbemaßnahmen hineininterpretiert werden könnte, können nur die politischen Instanzen durch gesetzliche Regelungen die Grenzlinie etwa zwischen „überzeugender Information" und „manipulierender Suggestion" im Kommunikationsgebaren der Wirtschaft zu ziehen versuchen. Dies gilt auch für die Frage, ob jedermann überall, zu jeder Zeit und mit allen Mitteln werbend tätig werden darf. **Die bestehende Wirtschafts- und Rechtsordnung, die Interessenvertretungen der Industrie in Legislative und Exekutive sowie die Problematik der inhaltlichen Konkretisierung solcher Regelungen beschränken auch die politische Handhabung des Problems.** Ansätze zu Kompromissen zwischen industriellen Kommunikationsinteressen und dem Schutz des Verbrauchers vor vermeidbaren Beeinträchtigungen seiner Entscheidungsfreiheit finden sich für die Bun-

*gesellschaftliche Problematik der Kommunikations-Politik*

desrepublik etwa im Gesetz gegen unlauteren Wettbewerb (UWG), in dem Werbeverbot auf Autobahnen, in der Beschränkung der Werbung im öffentlichen Rundfunk und Fernsehen.

Einen Versuch, die Kommunikationsbeziehungen zwischen Verkäufer und Käufer in einem Schema abzubilden, stellt Abbildung 5.31 dar.

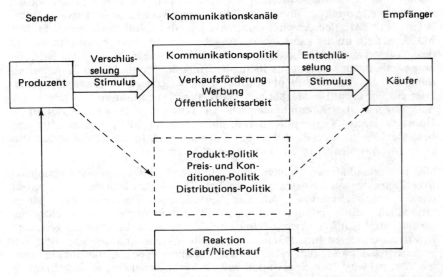

Abb. 5.31: Kommunikationsbeziehungen zwischen Angebot und Nachfrage

Das Schaubild zeigt, **daß sich fast ausschließlich ein einseitiger Kommunikationsvorgang vollzieht; der Käufer kann dem Verkäufer seine Antworten nämlich in der Regel nicht über den gleichen Kommunikationskanal geben, sondern im allgemeinen nur durch Kauf oder Nichtkauf reagieren.**

*Kommunikations-Politik*

Die Kommunikations-Politik, d. h. die Gesamtheit aller Aktionsparameter, die vorrangig der Übertragung gezielter Informationen über das Unternehmen und seine Produkte auf verschiedene Zielgruppen dienen, besteht aus den drei sich zum Teil überschneidenden Maßnahmenkomplexen Verkaufsförderung, Werbung und Öffentlichkeitsarbeit. Gegenstand dieser Maßnahmen sind in erster Linie die Produkt-Politik, die Preis-Politik und die Distributions-Politik, die ihrerseits bereits Informationen übermitteln. Die Kommunikations-Politik ist als ein zusammenhängender und in sich abzustimmender Bereich zu betrachten. Die relative Gewichtung der drei Gruppen von Instrumentalvariablen richtet sich nach der jeweiligen Kommunikationsstrategie. Diese kann etwa produkt- und zielgruppenorientiert sein und sich im Verlauf des Lebenszyklus eines Produktes ändern. Die wichtigsten Aspekte von Verkaufsförderung, Werbung und Öffentlichkeitsarbeit werden im folgenden kurz behandelt.

*Verkaufsförderung*

Die räumlich und personell unmittelbarste Form der Kommunikation zwischen Anbieter und Käufer ist die Verkaufsförderung. **Sie umfaßt insbesondere Fragen der Ausbildung und des Einsatzes des Verkaufspersonals, die Gestaltung der Verkaufsstätten und die Präsentation der Produkte am Verkaufsort.**

Die Schulung des Verkaufspersonals ist eng mit der Gestaltung der Absatzwege, die weiter oben behandelt wurden, verbunden. Sowohl den angestellten Reisenden, die direkt an die Endabnehmer oder an den Handel verkaufen, wie auch den selbständigen Handelsvertretern oder den Verkäufern des Handels, besonders des Fach- und Einzelhandels, müssen durch den Hersteller Warenkenntnisse, Verkaufsargumente, Informationen über die Kundengruppen und die Konkurrenz sowie Taktiken für erfolgreiche Verkaufsverhandlungen in Schulungskursen, Wochenendseminaren usw. vermittelt werden. *Verkaufsschulung*

Daneben muß der Einsatz der Verkaufsorgane – insbesondere der Reisenden und Handelsvertreter – so organisiert sein, daß er gute Verkaufserfolge bei geringen Kosten verspricht. Dabei geht es zum einen um die kundenspezifische und regionale **Abgrenzung der Verkaufskompetenzen.** Je nach marktlichen Verhältnissen und Fähigkeiten der Verkäufer kann diese Einteilung nach geographischen Kriterien und/oder nach Kundengruppen (Größenklassen, öffentliche und private usw.) vorgenommen werden. Die Problemstellung ähnelt dem sogenannten Personalanweisungsproblem (vgl. Teil 6, S. 691 ff.). Zum andern ist die Frage zu lösen, in welcher **Reihenfolge** die Kunden zu besuchen sind, um bei niedrigsten Reisekosten möglichst erfolgreich zu verkaufen. Ansätze zur Lösung dieses Problems hat die Unternehmensforschung unter dem Stichwort „Travelling Salesman Problem" entwickelt. Schließlich sind die Art und Weise der Feststellung von **Verkaufszielvorgaben** und das **Anreizsystem** für die Verkaufsorgane (Höhe des festen Grundgehalts, Höhe der Normalprovision, Prämiensystem für überdurchschnittliche Verkaufserfolge, Spesenregelung, Statussymbole usw.) zu bestimmen. Diese hier nur kurz angedeuteten Gestaltungsmaßnahmen stehen in Verbindung mit der Errichtung eines vertikalen **Kommunikationssystems innerhalb der Verkaufsorganisation** (regelmäßige Außendienstberichte, Vertreter- und Verkäuferversammlungen usw.), das zugleich eine Grundlage der Kontrolle und Änderung der Verkäuferaktivitäten und ihrer Ausbildung darstellt. *Verkäufereinsatz*

Der Unterstützung persönlicher Kommunikation zwischen Verkäufern und Käufern dient der zweite Komplex der Verkaufsförderung: die Gestaltung der Verkaufsstätten und die Präsentation der Produkte. Im Mittelpunkt steht die vom Hersteller getragene oder unterstützte, sogenannte „Point-of-Purchase" (POP-)Werbung. Dazu gehören die attraktive Ausgestaltung des Verkaufsortes (Einzelhandel, Verkaufsniederlassung, Ausstellungsräume usw.) mit Hilfe von Plakaten, Modellen, Broschüren, besonderen Warenständern, Warenproben usw. sowie die Verpackung der Produkte. Der POP-Werbung kommt *Produktpräsentation*

*Markt-
veranstaltungen*

im Rahmen des Kommunikations-Mix insofern eine Sonderstellung zu, als sie einerseits die Funktion erfüllt, die erste Aufmerksamkeit potentieller Käufer zu entfachen, und andererseits dazu dient, das Publikum, das schon von anderen Kommunikationsinstrumenten erreicht wurde, am Kaufort an die Inhalte, z. B. der Funkwerbung zu erinnern. Weitere Instrumente dieses Bereichs der Verkaufsförderung sind Informationsveranstaltungen, auf denen interessierten Käuferkreisen Eigenschaften und Funktionen der Produkte vorgeführt werden, die Überreichung von Werbegeschenken, Film- und Lichtbildveranstaltungen mit Verbrauchern sowie Ausstellungs- und Messestände.

## Werbung

*Werbebegriffe*

Stand bei der Verkaufsförderung die räumliche und personelle Unmittelbarkeit der Kommunikation zwischen Angebot und potentiellem Käuferpublikum im Vordergrund, so ist die Werbung im hier verstandenen Sinne eine Form der vermittelten Nachrichtenübertragung zwischen Hersteller und Zielgruppen. Im umgangssprachlichen Sinne umfaßt sie zwar jedes werbende Tätigwerden für Bedürfnisse, Produkte und Unternehmen, also auch die Verkaufsförderung und Öffentlichkeitsarbeit. Aus analytischen Gründen sowie in Anlehnung an verschiedene Literaturauffassungen **soll Werbung hier die Kommunikationsformen beinhalten, die unpersönlich und in räumlicher Distanz vom Verkaufsort durchgeführt werden und sich auf ein einzelnes Produkt oder auf eine Gruppe von Bedürfnisssen oder Produkten einschließlich der damit in Verbindung stehenden Zusatzleistungen beziehen.**

Werbung stellt besonders im Bereich der Konsumgüterindustrie das am weitesten entwickelte, verbreitete und traditionsreichste Kommunikationsinstrument dar. Dabei haben vor allem Erkenntnisse der Psychologie und Sozialpsychologie die Gestaltung, den Einsatz und die Wirksamkeit der Werbung beeinflußt.

*Arten der Werbung*

Einen Überblick über die vielfältigen Anwendungsmöglichkeiten dieses Instruments gibt die Zusammenstellung von Werbearten in Abbildung 5.32.

| Kriterium | Beispiele |
|---|---|
| Geographische Reichweite | lokale, nationale, internationale Werbung |
| Käufergruppen | Verbraucher-, Handels-, Industriewerbung |
| Werbetreibender | Werbung durch Hersteller oder Handel |
| Zahl der Umworbenen | Einzelwerbung (Werbebrief), Mengenwerbung |
| Zahl der Werbenden | Alleinwerbung, Gemeinschaftswerbung (für Rohstoff, Warenzeichen usw.) |
| Erkennbarkeit | offene Werbung, versteckte Werbung (Werbeplakate in Fernsehreportagen, Markenkonsum im Film usw.) |

*Abb. 5.32: Arten der Werbung*

Die Bestimmung des Werbeinhalts stellt ein erstes, schwieriges Entscheidungsproblem dar. Es gilt, ein Thema als Nachricht auszuwählen, das die Aufmerksamkeit für das Produkt und seine Verkaufsfähigkeit am wirksamsten steigert. Wegen der räumlichen und zeitlichen Begrenzung der einzelnen Werbemedien und der in der Regel geringen Zeit, die der Käufer einer Werbung zu widmen bereit ist, können aus den möglichen werbefähigen Produktvorzügen und produktbezogenen Kaufstimuli nur einzelne ausgewählt werden. Je nach den Lebens- und Verhaltensweisen der Käuferzielgruppen werden ökonomische, technische, funktionale, emotionale oder soziale Produktkomponenten als Werbeinhalte gewählt. **Kenntnisse über die Motive und Verhaltensmuster der Käufer sind also Voraussetzungen für die gezielte Wahl der Werbenachricht.** *Werbeinhalt*

Die Präsentation des Werbeinhalts ist ein nächster wichtiger Schritt. Er ist deswegen von großer Bedeutung, weil nur eine **zielgruppengerechte Verschlüsselung der Nachricht** beim Empfänger einen ausreichend hohen Aufmerksamkeitswert erzeugt. Die verbale Aufbereitung des gewählten Werbethemas gehört ebenso dazu wie die Form und die grafische, farbliche und eventuell akustische Gestaltung des Mittels, in das die Werbenachricht eingebettet wird. Auch hier besteht wiederum ein enger Zusammenhang mit den beobachteten oder vermuteten Einstellungen, Motiven und Handlungsweisen der Zielgruppe. *Präsentation des Werbeinhalts*

Die Frage, welche Kanäle (Medien) zur Verbreitung der Werbenachricht zur Verfügung stehen und wie die Auswahl unter diesen Medien getroffen werden soll, wirft einen weiteren Problemkomplex auf. Die wichtigsten Werbekanäle und die in ihnen jeweils verwendbaren Formen der Werbung sind in Abbildung 5.33 wiedergegeben. *Werbekanäle*

| Werbekanäle | Formen der Werbung (Ausgestaltung der Werbekanäle) |
|---|---|
| Zeitungen (Fach-)Zeitschriften | Anzeigen, versteckte Werbung in Artikeln |
| Fernsehen | Fernsehspots, versteckte Werbung in Fernsehsendungen |
| Rundfunk | Rundfunkspots |
| Lichtspieltheater | Werbefilme und -dias, versteckte Werbung in Filmen |
| Postzustellung | Werbebriefe, Postwurfsendungen, Kataloge, Prospekte, Werbegeschenke, Warenproben |
| öffentliche und private Anschlagflächen | Plakate, Leuchtreklamen |
| Straßenverteilung | Flugblätter, Prospekte, Kataloge, Warenproben |

*Abb. 5.33: Werbekanäle und Formen der Werbung*

Produktart, Käuferzielgruppen, Streubereich und Kosten der Medien bilden die Hauptdeterminanten der Alternativenwahl. In der Regel, vor allem im Bereich der Konsumgüter, stehen mehrere Werbekanäle zur Verfügung. Das Ausmaß der Inanspruchnahme jedes Mediums und der im Rahmen eines

Mediums bestehenden Alternativen (welche Zeitungen oder Zeitschriften, welche Rundfunk- oder Fernsehprogramme, welche Kinos usw.) ist Gegenstand weiterer Entscheidungen.

*Medienwahl*

Die Entscheidung über die Art der Inanspruchnahme der möglichen Werbekanäle kann sich beim gegenwärtigen Stand des Wissens über die Wirksamkeit von Werbung zwar auf Daten über die Erreichbarkeit bestimmter Zielgruppen mittels eines Mediums stützen, muß aber dennoch großenteils subjektiven Präferenzen und Erfahrungen der Entscheidungsträger überlassen bleiben. Die Konzentration auf ein Medium findet sich genauso wie die gleichmäßige Verteilung der Werbeausgaben auf alle verfügbaren Medien.

*Problematik von Entscheidungshilfen für die Medienauswahl*

Für die Entscheidung über die günstigste Ausgestaltung eines oder mehrerer vorgegebener Kanäle gibt es bereits erste Ansätze von Entscheidungshilfen. Mit Hilfe der **linearen Programmierung** läßt sich beispielsweise der durch Marktforschung geschätzte Werbeerfolg der Inanspruchnahme der Alternativen (Zeitung, Rundfunksendung usw.) unter bestimmten Nebenbedingungen (Werbebudget, minimale und maximale Verfügbarkeit der einzelnen Medien) maximieren (Mediaselektionsmodelle). Abgesehen von dem Problem der Effizienzschätzung beschränken jedoch die impliziten Annahmen und nichtberücksichtigten Fragen bei der linearen Programmierung die Anwendbarkeit dieses Verfahrens: konstante Grenzeffizienz einer Werbemaßnahme, konstante Werbekosten, Nichtberücksichtigung des Problems der Mehrfacherreichung eines Verbrauchers, keine Aussagen über die zeitliche Verteilung der Werbemaßnahmen. Auch andere Verfahren, wie z. B. das **„High-Assay-Modell"** von Young/Rubicam, nach dem das wirksamste Werbemedium so intensiv wie möglich zu nutzen ist, bevor das nächstwirksame Mittel eingesetzt wird, gehen von Informationsvoraussetzungen aus, die nur in den seltensten Fällen erfüllt sein dürften (z. B. Kenntnis des durch jede einzelne Werbung hervorgerufenen Grenzumsatzes). Die Problematik herkömmlicher Entscheidungshilfen wird mit Hilfe der **Simulation** zumindest teilweise beseitigt. Simulationen dienen einer verbesserten Datenaufbereitung zur Entscheidung über den konkreten Media-Plan, bieten aber selbst keine spezifische Lösung an.

Das weit verbreitete Auswahlkriterium **„Kosten pro Tausend Empfänger der Nachricht"**, das z. B. durch Division der Kosten einer Anzeige oder eines Spots durch die geschätzte Leser- oder Zuschauerzahl gebildet wird, beinhaltet einige Probleme. Die Tatsache, daß nicht alle Empfänger die Nachricht tatsächlich wahrnehmen und nur ein Bruchteil von diesen zu den Zielgruppen der betreffenden Marketingkonzeption gehört, bleibt durch eine undifferenzierte Anwendung dieses Prinzips ebenso unberücksichtigt wie die versteckte Annahme durchschnittlich konstanter Wirksamkeit der einzelnen Werbungen – was sich z. B. bei einer Konzentration auf die kostengünstigsten Mittel negativ bemerkbar machen kann.

*zeitlicher Werbeeinsatz*

Ein weiteres Problem ist in der zeitlichen Verteilung der Werbemaßnahmen zu erblicken, wobei zwischen dem langfristigen und dem kurzfristigen Timing des Werbeeinsatzes zu unterscheiden ist. In den **langfristigen Zeitplan** gehen Saisoneinflüsse, die Lebenszyklen alter und neu hinzukommender Produkte sowie Annahmen über die zeitliche Verzögerung der Werbewirkung (z. B. 70%

Sofortwirkung und jeweils 10% in den folgenden 3 Monaten) als Bestimmungsgrößen ein. Im **kurzfristigen Zeitplan** (z. B. 1 Monat) wird die genaue zeitliche Abfolge und Häufigkeit der Werbemaßnahmen geregelt. Je nach Produktart, Einkommen und Ausgabengepflogenheiten der Zielgruppen sowie Hypothesen über die unmittelbare Wirkung auf die Empfänger kommen verschiedene Alternativen zur Anwendung.

Vor allem im Bereich der hochwertigen Gebrauchsgüter stellt die Beantwortung der Frage, ob eine pro- bzw. antizyklische Werbestrategie ergriffen werden soll, eine Grundsatzentscheidung dar. Im einen Falle werden die Ausgaben für den Werbeeinsatz den Umsatzentwicklungen angepaßt, im anderen verlaufen sie zu diesen entgegengesetzt. Die Auffassungen über die Vorteilhaftigkeit beider Strategien gehen weit auseinander. Während in empirischen Untersuchungen überwiegend ein zum Konjunktur- und Umsatzverlauf zyklischer Werbeeinsatz festgestellt wurde, wird sehr häufig die Meinung vertreten, daß es gerade in Zeiten geringer Umsätze besonders wichtig ist, intensiv zu werben, um die notwendigen Kaufimpulse auszulösen. **Die Entscheidung für eine der beiden Strategien hängt ganz wesentlich von der produkt(gruppen-)bezogenen Werbeelastizität ab.**

*pro- und antizyklische Werbung*

Wie die Überlegungen zur Mediaauswahl zeigten, bildet die Werbeerfolgskontrolle einen weitgehend ungelösten Problemkreis im Bereich der Werbung. Die Interdependenzen zwischen Werbung einerseits und Verkaufsvolumen bzw. Kaufentscheidungen der Nachfrage andererseits sind sehr komplex. Die möglichen time-lags und viele, schwer schätzbare zusätzliche Einflußgrößen lassen eine exakte, von den anderen Marketinginstrumenten isolierte, quantitative Messung der Werbewirkung nicht zu. Trotzdem ist die Suche nach hinreichend aussagefähigen Kontrollmöglichkeiten notwendig, weil vor allem in der Konsumgüterindustrie sehr hohe Beiträge für die Werbung ausgegeben werden, deren Wirksamkeit kontrolliert werden sollte. Direkte Werbeformen wie Werbebriefe, Koupon-Anzeigen usw. lassen sich in ihrer Erfolgswirksamkeit zwar tendenziell besser, aber dennoch nur unvollkommen abschätzen, da sich manche Werbeempfänger vielleicht auch ohne Rückantwort oder mit erheblicher zeitlicher Verzögerung zur Reaktion entschließen. **Mit den Methoden der empirischen Sozialforschung kann jedoch versucht werden, den Kommunikationseffekt direkter wie indirekter Werbemaßnahmen zu überprüfen,** so etwa durch wiederholte Meinungsbefragung zur Imageerforschung von Produkten und durch Assoziations- oder Erinnerungstests von Anzeigen. Die Ausarbeitung sogenannter Imageprofile von Produkten oder Marken sind das Ergebnis solcher Arbeiten. Mit Hilfe von Testmärkten und Paneluntersuchungen lassen sich unter Umständen auch die zeitlich unmittelbaren Verkaufsauswirkungen bestimmter Werbeformen ermitteln. Schließlich können aus Zeit- und Betriebsvergleichen von Werbungs- und Verkaufszahlen vorsichtige Rückschlüsse auf die Effizienz der Werbung gezogen werden.

*Werbeerfolgskontrolle*

Einen weiteren Problemkreis, der in diesem Zusammenhang angesprochen werden soll, bildet die Bestimmung der Höhe der Werbebudgets. Dieses Budget bestimmt die Werbemöglichkeiten, wenn auch ein eindeutiger Zusammenhang zwischen Werbeaufwand und Werbeerfolg nicht nachgewiesen werden

*Werbebudget*

kann. Die triviale Forderung, daß das Werbebudget gerade so hoch sein sollte, daß es der Unternehmung insgesamt den höchsten Umsatz oder Gewinn erbringt, ist praktisch nicht zu verwirklichen. Abgesehen von den Problemen der Werbeerfolgskontrolle und -vorausschätzung muß zur Beurteilung der Erfolgsträchtigkeit berücksichtigt werden, daß jedes Werbebudget Rückwirkungen auf die Zusammensetzung der eigenen Marketing-Politik (Änderungen der anderen Kommunikationsparameter, der Preise, Distribution usw.) und auf die Werbebudgets und die Marketing-Politik der Konkurrenz haben kann. Die Schätzung der damit zusammenhängenden zukünftigen Daten, Reaktionen und Wahrscheinlichkeiten stellt ein bislang unlösbares Problem dar, das eine exakte Bewertung alternativer Werbebudgets verhindert.

*Methoden der Werbebudgetplanung*

Deswegen werden in der Praxis zur – mehr heuristischen – Bestimmung des monetären Werbevolumens einige Faustregeln angewandt, die hier kurz genannt werden sollen. Die **„Restbetragsmethode"** geht davon aus, (aus der Sicht der Finanz- und Erfolgsplanung) der Werbung einen Betrag zur Verfügung zu stellen, „den man sich leisten kann". Demnach werden die Planungsgrößen der anderen Unternehmensbereiche vorab berücksichtigt und der verbleibende Rest der Werbung zugewiesen. Je nach unternehmensinterner Machtverteilung gelingt es dem Werbechef eventuell, auf sein Budget doch einen gewissen Einfluß zu nehmen, so daß spezifische Marketinginteressen unter Umständen Berücksichtigung finden können. Diese Methode kommt wahrscheinlich in erster Linie in Unternehmen aus weniger werbeintensiven Branchen zum Zuge. Werbungsintensive Industriebetriebe der Konsumgüterindustrie pflegen ihr jährliches Werbebudget häufig mit der **„Prozent-vom-Umsatz-Methode"** zu ermitteln, wobei der gegenwärtige oder der geplante Umsatz herangezogen wird. Vorteile dieses Verfahrens, das auch auf der Basis eines Prozentsatzes vom Verkaufspreis durchführbar ist, sind seine Einfachheit und die enge Produkt- und Umsatzbezogenheit, die das Bewußtsein von der Werbung als erfolgswirksamem Kostenfaktor schärft. Nachteilig ist die Starrheit der Methode, die wenig Raum für die Besonderheiten von Marktsegmenten oder für außergewöhnliche Werbeaktionen läßt. Damit werden antizyklische Werbebemühungen verhindert. In Ermangelung brauchbarer Kriterien und zur Vermeidung von Werbekriegen wird besonders auf oligopolitischen Konsumgütermärkten die Methode der **„konkurrenzorientierten Werbebudgetermittlung"** herangezogen. Entscheidungsgrundlage bilden entweder Prozent-Werte oder absolute Beträge. Wegen der schwierigen Vergleichbarkeit der Marketing- und Kommunikationspolitiken mehrerer Unternehmen sowie wegen der Tatsache, daß gleiche Werbeausgaben nicht den gleichen Werbeerfolg mit sich bringen müssen, ist diese Methode auch in Verbindung mit den Problemen der vorgenannten Verfahren kritisch zu beurteilen. Allerdings kann die Information über die Werbeanstrengungen der Konkurrenz eine wichtige, aber nicht die einzige Entscheidungsdeterminante darstellen. Einen gewissen Ausweg aus den dargestellten Problemen zeigt die **„Ziel-Mittel-Methode"** auf. Ausgehend von zuvor definierten Werbezielen (z. B. Erhöhung des Bekanntheitsgrades einer Marke um x%; Verbesserung des relativ ungünstigen Imageprofiles eines Produktes um x Punkte; Erhaltung des bestehenden Kommunikationsniveaus) werden die zur Zielerreichung notwendigen Methoden und

Mittel geplant. Darauf aufbauend wird das notwendige Werbebudget errechnet und mit der übrigen Unternehmensplanung abgestimmt. Abgesehen von der Operationalisierung und Kontrolle von Werbezielen liegt die Problematik dieser Methode vor allem in der Unmöglichkeit, den Mittel-Zweck-Zusammenhang von operationalen Werbezielen zu übergeordneten Zielen des Industriebetriebs (z. B. Gewinn, Umsatz) nachzuweisen – eine Schwierigkeit, die auch schon die Werbeerfolgskontrolle weitgehend in Frage stellte.

Die im Zusammenhang mit der Werbung angesprochenen Entscheidungsprobleme dieser Kommunikationsform – Inhalt, Präsentation, Mittelwahl, zeitlicher Einsatz, Budget – treffen grundsätzlich auch auf die Entscheidungen über die anderen Kommunikationsinstrumente im Rahmen der Verkaufsförderung und der Öffentlichkeitsarbeit zu.

## Öffentlichkeitsarbeit und Interessenvertretung

Öffentlichkeitsarbeit, auch unter dem Begriff **Public Relations** bekannt, wird von einem Industriebetrieb mit dem Zweck verfolgt, in der Öffentlichkeit ein Klima des Vertrauens und der positiven Einstellung gegenüber dem Unternehmen zu erzeugen oder zu festigen. **Gegenstand dieser Art von Kommunikation sind weniger gezielte Informationen über die Produkte und die mit ihnen verbundenen Bedürfnisse als vielmehr Nachrichten über die Unternehmung im allgemeinen.** Öffentlichkeitsarbeit ist demnach die mittelbarste Form der Marktgestaltung durch Kommunikation zur Sicherung und Steigerung des Unternehmenserfolges.

**Zielgruppen** der Öffentlichkeitsarbeit sind neben den aktuellen und potentiellen Käuferkreisen besonders auch Lieferanten, Kapitalgeber, die eigenen Mitarbeiter, der Arbeitsmarkt und Behörden. **Kommunikationsinhalte** können der zahlenmäßige Geschäftsverlauf, Fortschritte und Ergebnisse der Forschung und Entwicklung, sozialpolitische Verbesserungen oder personelle und organisatorische Veränderungen ebenso sein wie die Firma und der allgemeine Gegenstand des Unternehmens. Als **Kanäle und Formen** der Kommunikation kommen die im vorigen Abschnitt (vgl. Abbildungen 5.32, 5.33) genannten Alternativen nahezu ausnahmslos in Frage. Eine wichtige Rolle für die Öffentlichkeitsarbeit spielen daneben Pressekonferenzen, Pressemitteilungen und Interviews, die sich in Zeitungs-, Rundfunk- und Fernsehmeldungen und -kommentaren niederschlagen und den Namen des Unternehmens weniger auffällig verbreiten helfen.

*Elemente der Öffentlichkeitsarbeit*

Das gleiche gilt für Spenden, Stiftungen und die exponierte Mitarbeit leitender Organisationsmitglieder in öffentlichen (Beratungs-)Gremien und wissenschaftlichen oder karitativen Vereinigungen. Die kombinierte Anwendung der genannten Maßnahmen unterstützt eine positive Entwicklung des Firmenimages und trägt mittelbar über die Arbeits-, Kapital- und Materialbeschaffungsmärkte sowie die Identifikation der Belegschaft und unmittelbar über den Verkaufsmarkt zu einer Erfolgssteigerung durch Verkaufserhöhung und Leistungsverbesserung bei.

*Ansatzpunkte der Interessenvertretung*

Absatzwirtschaftliche Erfolge werden nicht nur durch Produkt-, Preis- und Distributions-Politik sowie durch unmittelbare und mittelbare Formen der Kommunikation mit den Abnehmern sichergestellt. **Einflüsse auf den Möglichkeitsraum marktlicher Aktivitäten gehen auch von den institutionellen Rahmenbedingungen aus, wie sie sich in Gesetzen und Verordnungen der legislativen und exekutiven Instanzen eines Landes ausdrücken.** Öffentliche Regelungen der Binnen- und Außenhandelsbeziehungen, Transportverordnungen, Produktions- und Konstruktionsvorschriften, Wettbewerbspolitik, öffentliche Ausgabenpolitik, produkt- und branchenbezogene Sondersteuern sind einige allgemeine Beispiele für mögliche Nebenbedingungen, die der Absatzwirtschaft eines Industriebetriebes von seiten des Staates gesetzt sein können. Von der öffentlichen Hand können demnach zum einen primäre und sekundäre Wirkungen auf die Beschäftigung einer Unternehmung im Wege öffentlicher Auftragsvergabe ausgehen; zum anderen hat das Staatswesen nicht unwesentliche Einflußmöglichkeiten auf die Absatz-, Produktions- und Beschaffungsbedingungen von privaten Betriebswirtschaften, was anhand von aktuellen Schlagworten wie Umweltschutz, Verbraucherschutz, Sicherheitsvorschriften usw. leicht zu illustrieren ist.

*Lobby*

Um die staatlichen Aktivitäten auf den die Hersteller interessierenden Gebieten frühzeitig zu erkennen und womöglich zu beeinflussen, haben sich in den marktwirtschaftlichen Systemen Interessenvertretungen der Unternehmerschaft insgesamt wie auch einzelner Branchen und Unternehmen bei den politischen Parteien und den legislativen und exekutiven Körperschaften konstituiert. (Auch andere gesellschaftliche Gruppen suchen in ähnlicher Weise ihre Ziele durchzusetzen.)

**Diese sogenannte Lobby tritt in Form von Mitglieder- oder Parlamentariergruppen der politischen Parteien, Wirtschaftsverbänden und Verbandsvertretungen sowie speziellen Repräsentanten einzelner Unternehmungen in Erscheinung und sucht auf die Meinungsbildung, Gesetzgebung und ausführende Politik im Sinne der Zielvorstellungen der vertretenen Unternehmen einzuwirken.**

Dabei läßt sich tendenziell feststellen, daß in einem marktwirtschaftlichen Wirtschaftssystem der potentielle Einfluß mit der **Marktmacht,** die der Repräsentant einer Unternehmung oder eines Verbandes vertritt, zunimmt, weil der gesamtwirtschaftliche Prozeß durch das Marktverhalten eines größeren Teils der Angebotsseite nicht unbedeutend beeinflußt werden kann. Deswegen ist die Interessenvertretung in Form des Wirtschaftsverbandes am häufigsten anzutreffen, so daß nahezu jeder Hersteller interessenmäßig organisiert ist. Großunternehmen verfügen häufig noch zusätzlich über eigene Interessenvertreter. Inwiefern die Interessenvertretung aus der Sicht der Vertretenen erfolgreich arbeitet, hängt neben der Marktmacht insbesondere von der politischen Struktur der Legislative und der öffentlichen Meinung zu den anstehenden Fragen ab. Hier zeigt sich der enge Zusammenhang zwischen Öffentlichkeitsarbeit und Interessenvertretung, der beispielsweise in den Anzeigenkampagnen und der Pressearbeit von Wirtschaftsverbänden und Unternehmungen zu bestimmten, auch von Legislative und Exekutive behandelten Problemen zum Ausdruck kommt.

Öffentlichkeitsarbeit wirbt zur Sicherung und Verbesserung des marktlichen Unternehmenserfolges beim breiten Publikum und speziell auf den Absatz- und Beschaffungsmärkten um Ansehen, Verständnis und Vertrauen. Sie unterstützt damit auch die Schaffung von Voraussetzungen für die wirksame Interessenvertretung der Unternehmen bei staatlichen Instanzen, bei der es aus dem Blickwinkel der Marktinteressen der vertretenen Unternehmen um eine gestaltende Einflußnahme auf das relevante Gesetzes- und Verordnungswesen und auf die öffentliche Auftragsvergabe geht.

## IV. Zur Problematik der Gestaltung der Marketing-Politik

Die Gestaltung der Absatzmärkte erschöpft sich nicht nur in einer isolierten Untersuchung und Auswahl von einzelnen Aktionsparametern. Vielmehr sind die Instrumente auf die Unternehmensziele und auf die jeweiligen Marktstrategien auszurichten und aufeinander abzustimmen. Schon bei den Ausführungen zur Produkt-, Preis-, Distributions- und Kommunikationspolitik kam zum Ausdruck, daß die Instrumentalvariablen der vier Gestaltungsbereiche jeweils unter dem spezifischen Blickwinkel der einzelnen Politik als Gesamtheit eingesetzt werden.

**Ebenso wie jede Teilpolitik ist auch die gesamte Marketing-Politik, die sich aus den vier Parameterkomplexen zusammensetzt, in sich und auf die übergeordneten**

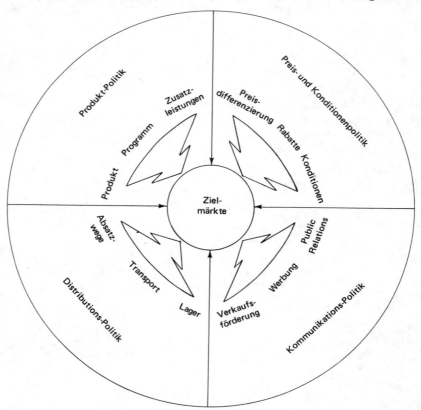

*Abb. 5.34: Die Marketing-Politik*

**Ziele und Strategien abzustimmen.** Je nach Programmstruktur und Struktur der Absatzmärkte kann dies für den gesamten Absatzbereich oder getrennt nach bestimmten Zielmärkten, Marktsegmenten oder Produkten geschehen (vgl. Abb. 5.34).

## 1. Charakterisierung der Problemstruktur

Zur Verdeutlichung der Notwendigkeit und Problematik einer Integration von Produkt-, Preis-, Distributions- und Kommunikations-Politik zur Marketing-Politik erscheint es sinnvoll, die Frage der Zielformulierung sowie die zeitlich-horizontalen und zeitlich-vertikalen Interdependenzen beim Einsatz der Marketingprogramme zu betrachten.

*Ziele*

Bei der Diskussion um die Gestaltung der einzelnen Teilpolitiken wurde sichtbar, daß zum Teil konkurrierende Kriterien zur Beurteilung von Handlungsmöglichkeiten herangezogen werden müssen.

Auch die Planung der Marketing-Politik geht in der Regel von mehreren Zielen aus, die nicht unbedingt kompatibel sein müssen. Solche **Zielkonflikte** müssen von den verantwortlichen Entscheidungsträgern durch die Aushandlung von Zielpräferenzen gelöst werden. **Schwieriger noch als die Lösung von Zielkonflikten erscheint allerdings das Auffinden von operationalen Beurteilungskriterien für die einzelnen Teilpolitiken und die gesamte Marketing-Politik.**

Häufig können zwar bestimmte Kriterien operationalisiert werden, die aber dann meist in keiner nachprüfbaren Mittel-Zweck-Beziehung zu den Oberzielen stehen. So läßt sich zwar im Einzelfall sagen, wie sich eine Alternative im großen und ganzen auf die Erfüllung wünschenswerter und einigermaßen operationaler Kriterien wie Kosten, Unabhängigkeit, Flexibilität auswirkt; inwieweit aber der Verwirklichungsgrad dieser Maßstäbe sich beispielsweise in der Erreichung der Ziele Gewinn, Umsatz, Prestige usw. niederschlägt, kann allenfalls tendenziell und hypothetisch beschrieben werden.

Auch die zeitlich horizontalen (funktionalen) Wechselwirkungen zwischen den einzelnen Instrumenten und Teilpolitiken machen eine Integration der Aktionsparameter notwendig und schwierig. **Funktionale Interdependenzen ergeben sich daraus, daß nahezu alle Instrumente zueinander in Beziehungen stehen, die unterstützend, konkurrierend oder bedingend sein können.**

*zeitlich horizontale Interdependenzen*

So unterstützen beispielsweise technische Qualität und ansprechendes Design, niedrige Preise sowie reibungslose Distribution die Verkaufsförderung und Werbung, andererseits kann ein falscher zeitlicher Einsatz der Werbung zu Nachfrageeffekten führen, die der mengenmäßigen Programmplanung widersprechen (Erzeugung nicht zu befriedigender Nachfrage oder von Lagerproduktion). Schließlich kann die Herstellung eines bestimmten Sortiments Bedingung für die Inanspruchnahme eines speziellen Absatzweges sein (z. B. bei der Errichtung von Exklusivläden). Die zeitlich horizontalen Beziehungen unterstreichen also, daß die Marketing-Politik zu jedem Zeitpunkt einen Wirkungsverbund darstellt, der nicht nur aus der einfachen Aufsummierung der isoliert geschätzten Auswirkungen der einzelnen Instrumente besteht. Je nach Bemessung und gegenseitiger Abstimmung des Einsatzes der Maßnahmen wird ein stärkerer oder schwächerer Gesamteinfluß auf die Marktgestaltung ausgeübt.

*zeitlich vertikale Interdependenzen*

Zeitlich vertikale Interdependenzen bedeuten zunächst, daß die Entscheidung über den Einsatz der verschiedenen Marketinginstrumente nicht nur das gegenwärtige Marketing konkretisiert und festlegt, sondern den **künftigen Handlungsspielraum** teilweise determiniert.

Daneben ist auch der Fall zu berücksichtigen, **daß gegenwärtige Aktionen häufig erst durch nachfolgende Entscheidungen ihre volle Wirkung entfalten können.** Eine Werbekampagne oder ein Absatzweg machen sich unter Umständen erst durch die spätere Einführung eines neuen Produktes richtig „bezahlt". Weiterhin muß auch beachtet werden, daß die Realisation der einzelnen Instrumentalentscheidungen unterschiedliche Zeiträume beansprucht. Eine Preisentscheidung ist viel schneller zu verwirklichen als der Aufbau eines eigenen Transport- und Lagersystems. Und schließlich verursachen die verschiedenen **time-lags, die zwischen Realisation und Wirksamwerden der vielfältigen Entscheidungen liegen,** ein Abstimmungsproblem der Instrumente im Zeitablauf. Während die zeitliche Wirkung der Produktwerbung nur sehr ungenau abgeschätzt werden kann, dürfte eine Veränderung in den Zahlungs- und Lieferkonditionen relativ schnell durchschlagen. Die Wirksamkeit des Einsatzes von Verkäufern oder auch von Distributionssystemen unterliegt Lernprozessen und erreicht erst mit zeitlichen Verzögerungen ihr volles Ausmaß.

**Entscheidungen über die vielen Komponenten der Marketing-Politik und ihre Realisation sowie die Auswirkungen dieser Entscheidungen vollziehen sich also nicht synchron, wie es eine statische Betrachtungsweise vorspiegelt, sondern diachron, d. h. dynamisch.** Auch daraus ergeben sich Notwendigkeit und Problematik der Integration der Instrumentalvariablen.

Trotz der vielen Hindernisse, die der Gestaltung der Marketing-Politik in Form der Zielproblematik und der zeitlich horizontalen und vertikalen Interdependenzen entgegenstehen, erfordert der Marketingansatz, der mit Blick auf die strategiebedingten Zielmärkte die Marktgestaltungsmaßnahmen als ein Ganzes betrachten muß, eine möglichst konsistente Integration aller Maßnahmen. Die Probleme, die dabei auftauchen, sind also keineswegs akademischer, sondern praktischer Natur. Sie verdeutlichen den Unterschied zur klassischen mikroökonomischen Theorie, die allein auf einem Instrument, nämlich dem Preis, der aus dem Kräftespiel von Angebot und Nachfrage hervorgeht, ihre Erklärungen und Gestaltungsempfehlungen für den Warenverkehr aufbaut.

*Alternativen-vielfalt*

Die Handlungsmöglichkeiten bestehen aber nicht nur in alternativen Preissetzungen, sondern in einer unübersehbaren Menge von Kombinationsmöglichkeiten einer Vielzahl von Instrumenten, die jeweils viele verschiedene Ausprägungen annehmen können.

**Das Alternativenfeld ist nicht nur praktisch unüberschaubar, Alternativen im Sinne der Entscheidungslogik sind gar nicht formulierbar, da die einzelnen**

Handlungsmöglichkeiten wegen der Komplexität des Gegenstandes sich weder vollständig gegenseitig ausschließen noch vergleichbar gemacht werden können.

Hinzu kommt das generelle Problem der Prognose zukünftiger Umweltveränderungen wie Reaktionen der Konkurrenz, technischer Fortschritt, institutionelle und sozio-kulturelle Daten sowie die unüberwundenen Schwierigkeiten einer einigermaßen exakten quantitativen Abschätzung der Wirksamkeit einzelner Instrumente.

## 2. Lösungsansätze

Die Problematik der Anwendung analytischer Lösungsverfahren war schon vereinzelt bei der Diskussion der einzelnen Teilpolitiken angeklungen. Auf das noch komplexere Gestaltungsproblem der Marketing-Politik können sie nur durch Anpassung des Gegenstandes an die Methode, d. h. unter sehr einschränkenden Prämissen angewandt werden. Auch in relativ einfach gelagerten Fällen und bei sehr starker Abstraktion von der Wirklichkeit können die analytischen Methoden nur begrenzt Auskünfte zur Entscheidungshilfe geben. Ein zusätzliches Problem, das die Zweckmäßigkeit der analytischen Methoden in Frage stellen kann, ergibt sich durch die hierdurch verursachten Kosten.

*analytische Lösungstechniken*

Eine weitere Möglichkeit stellt die Computer-Simulation dar. Grundlage dieses Verfahrens ist die Erarbeitung eines Modells, das die Marktbedingungen und ihre Beziehungen zu den absatzpolitischen Instrumenten in groben Zügen wiedergibt. Meinungen von Experten, Daten der Vergangenheit, Ergebnisse spezieller Marktuntersuchungen sowie logische und mathematische Verknüpfungen dieser Größen bilden die Ausgangsgrößen, mit deren Hilfe die Beziehungen im Marketingsystem simuliert werden. Kennzeichnend für die Simulation ist es, daß keine Zielfunktion und prinzipiell – wird von den Speicherproblemen abgesehen – keine Beschränkungen hinsichtlich der Zahl der Parameter und Relationen vorgegeben sind. Es wird keine Lösung durch Lösungsalgorithmen angestrebt, sondern lediglich eine Beobachtung des Modells unter verschiedenen Bedingungen. Mit Hilfe von Sensitivitätsanalysen werden die in das Modell eingegangenen Hypothesen zumindest soweit getestet und modifiziert, daß sich bei geringfügiger Datenveränderung keine unsinnigen Ergebnisse in anderen Teilgebieten des Systems ergeben. Hat das Modell eine befriedigende innere Konsistenz erreicht, so kann es für die Entwicklung der Marketing-Politik als **künstlicher Testmarkt** verwandt werden. Verschiedene sinnvoll erscheinende Kombinationen von Marketinginstrumenten werden eingegeben und ihr Einfluß auf Nachfrage und Verkauf getestet. Auf diese Weise kann die Entscheidung über die Gestaltung der Marketing-Politik vorbereitet und verbessert werden.

*Computer-Simulation*

Diese zunächst sehr vielversprechende Methode unterliegt jedoch einigen Einschränkungen. Vor allem ist die Entwicklung, Programmierung und Überprüfung eines Simulationsmodells sehr kostspielig. Weiterhin wirft die Übertragung der Modelle auf einen Computer häufig Programmier- und Speicherprobleme auf.

Da die Anzahl der Parameter in der Regel sehr hoch ist, ist zumeist weder eine vollständige Überprüfung der Konsistenz des Modells im Wege der Sensitivitätsanalyse möglich – nur einige signifikante Parameterkonstellationen werden herausgegriffen – noch kann das Testen unterschiedlicher Marketing-Politiken in voller Vielfalt erfolgen. Schließlich müssen die Probleme gesehen werden, die sich bei jedem Modell durch die relativ hohe Abstraktion von der Realität und die unvollkommene Information ergeben. So kann das Modell Beziehungen unrichtig wiedergeben, Scheinrelationen aufstellen oder wichtige Zusammenhänge übersehen. Dennoch gibt es erste Beispiele einer detaillierten Ausarbeitung wirklichkeitsnaher Simulationsmodelle (z. B. Amstutz, Kotler im Marketingbereich; Forrester, Cyert/March, Bonini für ganze Unternehmungen).

*Testmarkt*

Die Computer-Simulation stellt sozusagen einen künstlichen Test unterschiedlicher Verhaltensweisen und Kombinationen absatzpolitischer Instrumente dar. Demgegenüber ist der Testmarkt ein Experiment in realen Verhältnissen, ein sogenanntes Feldexperiment. Durch den Einsatz unterschiedlicher Kombinationen der Submixes auf realen Märkten ließe sich tatsächlich die Effizienz verschiedener Entscheidungen überprüfen. Es leuchtet aber unmittelbar ein, daß der wirkungsvollen Anwendung dieser Methode schwerwiegende Hindernisse entgegenstehen, die hier nur angedeutet werden können. Selbst wenn es gelingt, mehrere einigermaßen geschlossene Testmarktgebiete aufzufinden, so lassen sich doch immer nur wenige Marketing-Politiken testen. Besonders problematisch sind zudem die Vergleichbarkeit der Bedingungen, die Beobachtung, Kontrolle und Wirkungsschätzung fremder Einflüsse, die zeitliche Abgrenzung des Experiments und die Auswertung und Interpretation der Ergebnisse. Hinzu kommen die hohen Kosten und der große Zeitaufwand, den dieses Verfahren erfordert. **Deswegen ist Testmarketing zur Beurteilung gesamter Marketing-Konzeptionen weniger geeignet als zur Überprüfung der tendenziellen Nachfragewirksamkeit einzelner Variablen,** so etwa einer neuen Verpackung, einer besonderen Werbeform oder einer Preisänderung.

*Faustregeln*

Wegen der geringen Übereinstimmung zwischen der Problemstruktur der Gestaltung der Marketing-Politik auf der einen und der Leistungsfähigkeit der diskutierten Problemlösungshilfen auf der anderen Seite, können diese Lösungstechniken bisher allenfalls zur isolierten Untersuchung einzelner Marketinginstrumente herangezogen werden. Die notwendige Integration aller Instrumente zur Marketing-Politik müssen die Entscheidungsträger in der Praxis vorwiegend mit Hilfe einfacher Heuristiken im Sinne von Faustregeln vollziehen. Die Gewichtung und gegenseitige Abstimmung der Parameter ist dabei weitgehend von den **Erfahrungen der Vergangenheit** und den daraus entstehenden Zukunftsprognosen abhängig. Diese Erfahrungen leiten sich aus der Unternehmensgeschichte insgesamt und/oder aus der beruflichen oder persönlichen Entwicklung der einzelnen Entscheidungsträger ab.

Neben den genannten „sachlichen" Hilfen der Entscheidungsfindung üben **organisationale Elemente** wie Machtstruktur und hierarchische Struktur, informelle Beziehungen und Führungsstil Einflüsse auf die relative Gewichtung der Instrumente aus. Den vielfältigen Marktgestaltungsmöglichkeiten stehen nämlich in der Regel knappe Ressourcen in Form von Kosten- oder Finanzbudgets gegenüber, um die die verschiedenen Marktgestaltungsprogramme konkurrieren. Insofern ist in der endgültigen Aufteilung der Mittel auf die verschiedenen Parametergruppen nicht in erster Linie nur eine „sachgerechte" Lösung, sondern insbesondere auch ein Kompromiß als Ergebnis eines Verhandlungsprozesses zu erblicken.

# V. Marketingkontrolle

*Marketingkontrolle*

Die Entwicklung von Marketingstrategien sowie der logisch nachgeordnete Entwurf und die Durchführung von Handlungsprogrammen basieren auf Prognosen über die den Absatzerfolg bestimmenden Parameter in der Unternehmung selbst und in der für sie relevanten Umwelt. Die strategischen und programmbezogenen Entscheidungen stützen sich daher auf mehr oder weniger unsichere Daten. Sowohl die Handlungsprogramme der Marketing-Politik, als auch die Marketingstrategien bedürfen der ständigen Kontrolle und Anpassung an die tatsächlich eingetretene bzw. sich abzeichnende Entwicklung der Unternehmungs- und Umweltdaten. **Marketingkontrolle bedeutet demnach eine umfassende und systematische Analyse der Abweichungen, die zwischen den Planvorstellungen und den Ergebnissen realisierter Marketingkonzeptionen auftreten.** Gegenstand der Kontrolle sind dabei nicht nur die Programme der Marketing-Politik, sondern auch die vorgelagerten Marketingstrategien und die diesen wieder übergeordneten Marketingziele.

Die Kontrolle dient dabei sowohl der Sicherstelllung, daß Aktivitäten auch in der geplanten Form durchgeführt werden, als auch dem eigenen Lernprozeß, nämlich der Überprüfung der in der Planung verwendeten Prognosen.

## 1. Strategische Kontrolle

*Probleme der strategischen Marketingkontrolle*

Im marketingstrategischen Bereich lassen sich Aussagen über den tatsächlichen Erfolg meist erst in einem sehr späten Stadium der Realisierungsphase machen, da Zusammenhänge zwischen Ursache (marketingstrategische Entscheidung) und Wirkung (Schaffung und Ausschöpfung eines Erfolgspotentials) häufig erst stark zeitverschoben beobachtbar sind. Die kontinuierliche Verfolgung einer Marketingstrategie erfordert andererseits meist eine erhebliche Bindung von Unternehmensressourcen. Bei einer nachträglichen Feststellung einer bedrohlichen Abweichung aufgrund fehlerhafter Einschätzung der Umwelt oder diskontinuierlicher Entwicklung werden die getroffenen Entscheidungen deshalb nur noch unter hohen Verlusten reversibel sein.

Daher kann Kontrolle im marketingstrategischen Bereich kaum nach festgelegten Zyklen oder in Form eines nachträglichen Soll-Ist-Vergleiches erfolgen. Vielmehr ist eine permanente Beobachtung der Unternehmensumwelt notwendig, um rechtzeitig die „schwachen Signale" (Ansoff) für gravierende Strukturveränderungen zu erkennen. Nur wenn es der Unternehmung gelingt, auf der Grundlage einer derartigen Frühaufklärung/Frühwarnung rechtzeitig Aufschluß über die Tragfähigkeit der aktuellen Marktstrategie zu gewinnen, sind Änderungen möglich, ohne den Unternehmenserfolg erheblich negativ zu beeinflussen. Es gilt, dem Wandel das Moment der Überraschung zu nehmen.

Zur Bewältigung der erheblichen Informationsprobleme muß vor allem eine Mobilisierung der entsprechenden Informationsverarbeitungsmöglichkeiten bei allen Unternehmensmitgliedern angestrebt werden. **Ziel ist es, die Verantwortlichen auf allen Ebenen des Unternehmens so zu sensibilisieren, daß sie für mögliche Anzeichen des bevorstehenden Wandels empfänglich werden und bereit sind, dies in eine Strategie umzusetzen.**

## 2. Operative Kontrolle

Die erste Aktivität dieses Kontrollprozesses besteht in der Festlegung aussagefähiger Kontrollgrößen und eines Schwankungsbereiches, außerhalb dessen Anpassungsmaßnahmen als erforderlich erscheinen.

Die in der Praxis am häufigsten anzutreffenden Kontrollgrößen sind am Gewinnziel der Unternehmung orientiert. Entsprechend der Definition des Gewinnes bieten sich Kontrollgrößen an, die sich unmittelbar auf die Komponenten Erlös oder Kosten beziehen. Solche Größen sind

*Kontrolle von Erfolgsgrößen*

(1) innerhalb der Produkt-Politik z. B. die Vertriebskosten eines bestimmten Produktes oder einer Produktgruppe; Verhältniszahlen der Vertriebskosten zum Umsatz, Umsatzänderung aufgrund von Maßnahmen der Produktgestaltung; die Kosten der produkt- bzw. produktgruppenbezogenen Zusatzleistungen;

(2) innerhalb der Preis- und Konditionen-Politik z. B. Umsatzänderung aufgrund von Maßnahmen der Preis-, Rabatt- oder Konditionenfestlegung; der Erlös eines bestimmten Produktes oder einer Produktgruppe;

(3) innerhalb der Distributions-Politik z. B. der Umsatz eines bestimmten Verkäufers, eines Absatzweges oder eines Absatzbereiches bzw. Marktsegmentes; Verhältniszahlen des Umsatzes zu den entstandenen Distributionskosten;

(4) innerhalb der Kommunikations-Politik z. B. die Kosten für Verkaufsförderung und für Werbung; die Werbekosten für bestimmte Zielgruppen; die Werbekosten je Umsatzeinheit; die Kosten je Werbegemeintem bei verschiedenen Medien und die Kosten je Werbeerreichtem; Verhältniszahlen für Umsatzänderungen zu Veränderungen der Kommunikationsaktivität.

Aufgabe der Kontrolle ist der Soll-Ist-Vergleich als Ausgangspunkt für Anpassungsmaßnahmen. In vielen Fällen werden dabei als Ersatz für Erfolgsgrößen Umsatzinformationen verwendet, vor allem immer dann, wenn ein einigermaßen konstantes Verhältnis zwischen Umsatz und Gewinn vermutet wird oder wenn die Organisation des Rechnungswesens eine hinreichend genaue Erfolgsermittlung je Produkt, Verkäufer oder Verkaufsbezirk nicht zuläßt. Ein **Umsatzvorgang** ist nach Kotler der Auftrag eines bestimmten Kunden (1) für eine bestimmte Menge (2) eines bestimmten Produktes (3) über einen bestimmten Absatzweg (4) zu einem bestimmten Zeitpunkt (5) unter bestimmten Bedingungen (6). Damit sind sechs Elemente charakterisiert, die Gegenstand der

*Umsatz als Ersatzgröße*

Umsatzanalyse sein können. Eine konsequente Prüfung der umsatzrelevanten Größen erweist sich im Regelfall ohne Einsatz der elektronischen Datenverarbeitung als technisch nicht durchführbar.

Sicherlich ist der Umsatz ein wichtiger Indikator des Absatzerfolges einer Unternehmung, eine Beschränkung auf diese Kennzahl allein kann allerdings zu folgenschweren Fehlentscheidungen führen. Unbedingt notwendig ist eine **gleichzeitige Umwelt-, vor allem Konkurrenzanalyse** sowie eine Analyse der Kostenentwicklung (vor allem absatzbezogener Kostenarten) im eigenen Unternehmen. Besondere Aufmerksamkeit wird häufig der Analyse der **Marktanteilsentwicklung** gewidmet, z. B. je Produkt, Produktgruppe, Kundengruppe, Absatzbereich oder pro Periode sowohl der eigenen Unternehmung wie auch der Konkurrenten.

*Marketingkosten*

Das Umsatzstreben steht zum Gewinnziel dann in einem konkurrierenden Verhältnis, wenn eine Umsatzsteigerung nur durch Preissenkungen oder durch stark steigende Kosten realisiert werden kann. Deshalb ist die Untersuchung der Marketingkostenentwicklung eine Komponente sinnvoller Umsatzanalysen. Marketingkosten sollen dabei all die Kosten umfassen, die aufgrund der Bemühungen entstehen, einen potentiellen Käufer zum Kauf von Produkten der Unternehmung zu veranlassen – man könnte sie als Akquisitionskosten bezeichnen –, sowie die Kosten der physischen Distribution. Allerdings ist die genaue Abgrenzung der Akquisitionskosten recht schwierig. Zu den Abgrenzungsschwierigkeiten kommt noch das Problem ihrer Zurechnung auf einzelne Produkte, Kunden, Absatzwege oder andere Zuordnungsgrößen.

*differenzierte Deckungsbeiträge*

Erfolgt die Zurechnung der Marketingkosten auf die verschiedenen Zuordnungskriterien auf Teilkostenbasis, also differenziert nach zurechenbaren und nicht zurechenbaren Kosten, so läßt sich eine ganze Reihe von (Brutto-)Erfolgsgrößen (Deckungsbeiträgen) ermitteln. Der Deckungsbeitrag z. B. eines Produktes kann eine wesentlich aussagekräftigere Information bieten als eine reine Umsatzziffer. Eine Verfeinerung der Vorgabe- und Kontrollgrößen kann durch eine differenzierte Deckungsbeitragsrechnung (vgl. Teil 8, S. 1011 ff.) erreicht werden. Es lassen sich für viele marketingrelevante Entscheidungstatbestände jeweils Deckungsbeiträge ermitteln. Beispiele dafür sind Deckungsbeiträge von Produktgruppen, Vertretern, Bezirken, Absatzkanälen, Kundengruppen, Niederlassungen usw. **Die Kontrolle derartiger Deckungsbeiträge kann Anregungen geben, bestimmte Produkte, Gebiete oder Verkaufsorgane stärker zu forcieren oder aber auf längere Sicht aufzugeben.**

Eine Ergänzung der Deckungsbeitragsinformation ist erforderlich, um die Entwicklung des Erfolgsbeitrages eines Produktes im Zeitablauf zum Ausdruck zu bringen. Für Konsum- wie für Investitionsgüter kann ein gewisser Lebenszyklus angenommen werden (vgl. Abbildung 5.18, S. 550), von dessen Verlauf die Höhe der Deckungsbeiträge abhängt. Die Kontrolle eines Produktdeckungsbeitrages erfordert daher einen zusätzlichen Hinweis, **ob es sich um ein Produkt in der Wachstumsphase oder um ein „alterndes" Produkt handelt.**

Durch die Einbeziehung differenzierter Deckungsbeiträge werden die oben eingeführten Kontrollgrößen der einzelnen Submixes ergänzt. Zusätzliche Informationen sind erforderlich zur frühzeitigen Kontrolle von Tatbeständen, die sich im Rechnungswesen nicht rechtzeitig genug niederschlagen, um noch wirkungsvolle Anpassungsmaßnahmen einleiten zu können. Nicht quantifizierbare Ziele wie Prestige und Macht oder folgenreiche Umweltentwicklungen wie technischer Fortschritt, sozialer Wandel usw. bedürfen zu ihrer Erfassung der vielfältigen Methoden der empirischen Sozialforschung, wie sie weiter oben beschrieben wurden (vgl. Abschnitt II, S. 524 ff.).

Die Werte der Kontrollgrößen für die Überprüfung der Marketingkonzeption sind Konsequenzen von Entscheidungen der Vergangenheit. Eine sinnvolle Marketingkontrolle beschränkt sich nicht nur auf die Diagnose des Vergangenen, sondern beinhaltet auch prognostische Elemente. Die Auswahl von Anpassungsmaßnahmen hängt daher nicht nur von den Kontrollwerten ab, sondern auch von jenen Daten, die die Entwicklung der Umwelt der Unternehmung widerspiegeln, ohne daß sie bereits im Rechungswesen einen zahlenmäßigen Niederschlag gefunden haben. Die Alternativenprüfung hat daher zusätzlich davon auszugehen, welche bei der Planung der Marketingkonzeption noch unberücksichtigten Datenänderungen im ökonomischen, technischen, sozialen, kulturellen, politischen und rechtlichen Bereich der Umwelt in absehbarer Zukunft positive oder negative Konsequenzen für den Absatzerfolg der Unternehmung haben können oder haben werden. Ausgelöst werden Anpassungsprozesse in der Regel durch den Umfang der Abweichungen der Kontrollgrößenwerte von den geplanten Normen. In ihnen dokumentieren sich die Folgen einer früheren Fehleinschätzung in quantitativer Form.

*statistische Toleranzen*

Für die Beurteilung der Abweichungen werden häufig Verfahren vorgeschlagen, die der statistischen Qualitätskontrolle entlehnt sind. Um einen Normwert, der als Mittelwert einer statistischen Normalverteilung angesehen wird, wird ein Streubereich von z. B. 2 oder 3 Standardabweichungen gelegt. Werte, die außerhalb dieses Streubereiches liegen, werden nicht mehr als im Sinne der gewählten Verteilung normal angesehen.

*Simulation von Abweichungen*

Für die Anwendung bei der Marketingkontrolle stößt ein solches Verfahren auf Schwierigkeiten. Einmal dürften die Abweichungs„ereignisse" kaum als unabhängig voneinander zu betrachten sein, zum anderen fehlt die statistische Masse, die es ermöglicht, eine Normalverteilung anzunehmen. Als Signifikanzkriterium (Toleranz) dient daher in der Regel das Maß der vermuteten Beeinflussung des Gewinnes oder der Rentabilität. Der Einfluß von Kontrollgrößenänderungen auf das Zielkriterium kann unter Umständen mit Hilfe einer Sensitivitätsanalyse abgeschätzt werden. In verschiedenen Simulationsläufen werden die Kontrollwerte planmäßig verändert und es wird beobachtet, welche Konsequenzen sich für den Gewinn ergeben. Dabei ist festzulegen, welche Gewinnabweichung als so beachtlich erscheint, daß Anpassungsmaßnahmen ergriffen werden müssen. Diejenige Abweichung der Kontrollgröße, die diese Gewinnveränderung verursacht, gilt dann als signifikant. Zweckmäßigerweise werden solche Simulationen mit Hilfe der EDV durchgeführt.

*Anpassungs-*
*maßnahmen*

Welche Anpassungsmaßnahme im konkreten Fall erforderlich ist, bestimmen die Höhe der Kontrollgrößenabweichungen und die erwartete Umweltentwicklung. Zunächst wird die Unternehmung häufig versuchen, sich durch die Variation eines ihrer Marketingprogramme oder des gesamten Marketing-Mix an die veränderten Gegebenheiten anzupassen. Solche Maßnahmen sind z. B. die Wahl einer geschmackvolleren Verpackung, eine Preissenkung, intensivere Funk- und Fernsehwerbung, eine Verbesserung des Kundendienstes usw. Erst wenn Programmvariationen keinen Erfolg versprechen, werden die Marketingstrategien zu überprüfen sein.

Ein Instrument der Marketingkontrolle soll im folgenden etwas ausführlicher dargestellt werden: die Wertanalyse als Rationalisierungstechnik zur Entwicklung kostensparender Produktmodifikationen.

### 3. Wertanalyse als Instrument der Marketingkontrolle

**Die Wertanalyse ist ein Verfahren zur systematischen Kostenverminderung. Die Grundprinzipien der Wertanalyse sind Funktionsanalyse und Erfahrungsaustausch.**

*Grundprinzipien*

*Funktionsanalyse*

Die Prüfung der funktionellen Aufgaben des Produktes und seiner Teile dient dazu, Produkte nicht teurer herzustellen, als ihre Funktion es erfordert. Konkret besteht diese Aufgabe darin, festzustellen

— ob die Produktelemente nach Art und Größe für den Verwendungszweck, dem das Produkt üblicherweise zugeführt wird, überhaupt notwendig sind,

— welche Kostensenkungen durch eine Verringerung der über die Grundfunktion hinausgehenden Verwendungsmöglichkeiten erreichbar erscheinen (z. B. bei Haushaltsgeräten),

— ob nicht billigeres Material oder billigere Fertigungsverfahren den gleichen Zweck erfüllen könnten,

— ob und in welchem Ausmaß die technische Haltbarkeitsdauer durch die Gestaltung von Produktelementen beeinflußt werden kann.

*Erfahrungsaustausch*

Solche Überlegungen sind nur sinnvoll, wenn sie im Meinungsaustausch mit den anderen betroffenen Abteilungen der Unternehmung erfolgen. Die wichtigsten Bestimmungsgrößen des Ergebnisses der Wertanalyse sind Informationen über die Beschaffbarkeit und die Beschaffungskosten billigeren Materials, über die fertigungstechnischen Möglichkeiten bzw. die notwendigen Umstellungsmaßnahmen (Rationalisierungsinvestitionen) und über die Veränderung des Produkt- bzw. Sortimentsimages und damit seiner Verkaufsfähigkeit. In der gegenseitigen Abstimmung dieser Einflußgrößen kommt die koordinierende Rationalisierungsfunktion der Wertanalyse zum Ausdruck.

Ansatzpunkt der Wertanalyse ist die Tatsache, daß es keine allgemeingültigen Kriterien gibt, von vornherein zu bestimmen, wann ein Produkt fertigungstechnisch ausgereift oder marktlich verwertbar ist. **Vor allem die „Entwicklungsgeschichte" eines Produktes, die vielleicht durch Interessen- und Zielkon-**

flikte zwischen dem Absatzbereich einerseits und dem Fertigungs- und Konstruktionsbereich andererseits gekennzeichnet war, kann Indizien dafür liefern, wo noch Rationalisierungsspielräume vermutet werden können. Als Instrument zur Auswahl der in die Wertanalyse einzubeziehenden Produkte bietet sich eine nach verschiedenen Kriterien durchgeführte ABC-Analyse an (vgl. Teil 3, S. 306 ff.).

Gliederungskriterien dieser ABC-Analyse können z. B. der erzielte Umsatz oder Deckungsbeitrag eines Produktes, die pro Periode gefertigte Stückzahl oder die variablen Kosten je Stück sein. Auswahlkriterium im Rahmen der ABC-Analyse ist die vermutlich erreichbare Effizienz, z. B. das Ausmaß des erzielbaren Umsatz- bzw. Deckungsbeitragszuwachses, der durch die vermutete Kostensenkung oder Produktveränderung mit Hilfe der Wertanalyse erreicht werden kann.

Die Wertanalyse beginnt mit einer Diagnose des Produktes. **Alle objektbezogenen, wirtschaftlich und technisch relevanten Informationen werden in standardisierten, umfangreichen Fragelisten systematisch erfaßt.** Die Analyse dient der Ermittlung der funktionalen Aufgaben und Eigenschaften des Produktes sowie seiner einzelnen konstruktiven Elemente. Abschließend wird versucht, die Kosten der einzelnen Funktionselemente zu ermitteln. Eine „Kritik der Funktionserfüllung", d. h. eine Verbesserung notwendiger Funktionen und eine Aufdeckung unnötiger Funktionen sowie eine „Kritik der Kosten" schließen sich an. Darauf aufbauend wird nach Verbesserungsvorschlägen gesucht. Hier hat vor allem das Brainstorming als Technik der Ideenfindung Bedeutung erlangt (vgl. S. 568 f.). Anregungen für Verbesserungsvorschläge lassen sich aus einer Vielzahl externer und interner Quellen schöpfen. Als **externe Quellen** sind vor allem Anregungen von Kunden, aber auch von Lieferanten sowie die Analyse von Konkurrenzprodukten zu nennen. **Interne Anregungen** ergeben sich neben bewußt durchgeführten Ideensuchprozessen, wie dem Brainstorming, vor allem aus dem Vorschlagswesen des Konstruktions- und Fertigungsbereichs.

*Diagnose*

Im Anschluß daran sind die funktions- und fertigungstechnisch realisierbaren sowie unter Kosten- und Absatzgesichtspunkten günstigen Alternativen festzulegen. **Die Bewertung erfolgt sinnvollerweise in Gemeinschaftsarbeit der verschiedenen Funktionsbereiche, um eine möglichst vollständige Gegenüberstellung von Vor- und Nachteilen zu erreichen.** Die vorgeschlagenen Bewertungsverfahren entsprechen meist dem Rangreihenverfahren der analytischen Arbeitsbewertung (vgl. Teil 6, S. 712 f.). Besonders problematisch wird die Bewertung z. B., wenn für ein Produkt verschiedene Alternativen der Kostensenkung mit oder ohne Funktionsminderung solchen Verbesserungen gegenübergestellt werden, die eine steigende Absatzerwartung durch kostenerhöhende Funktionsverbesserung beinhalten. Die Frage, was im konkreten Einzelfall als Wert eines Produktes anzusehen ist, kann häufig nur auf dem **Verhandlungswege gelöst werden.** Während sich die Entscheidungsträger im Absatzbereich der Unternehmung bei ihren Wertvorstellungen weitgehend an denen der Kunden zu orientieren versuchen, bestimmt sich die Wertvorstellung des Ingenieurs im Fertigungs- und Konstruktionsbereich primär aus dem Verhältnis zwischen

*Alternativenauswahl*

*Bewertungsproblem*

technischer Funktion und entstehenden Kosten. **Für die Durchführung der Wertanalyse ist es daher notwendig, durch intensive Kommunikation zwischen den Abteilungen gemeinsame Wertvorstellungen zu entwickeln.** Als weiteres Problem kommt hinzu, daß der Wert eines Produktes nicht isoliert ermittelt werden kann, sondern innerhalb des Wirkungsverbundes der erbrachten Gesamtleistung gesehen werden muß.

## Fragen zur Selbstkontrolle und Vertiefung

1. Nennen Sie Gemeinsamkeiten von Marketing und traditionellem Absatzbegriff! Worin liegt die Besonderheit des Marketing?
2. Diskutieren Sie anhand des Marketing die Wertfreiheit und den gesellschaftlichen Bezug der Betriebswirtschaftslehre!
3. Welche negativen Wirkungen des kommerziellen Marketing sehen Sie und wie könnten diese Ihrer Meinung nach vermindert werden?
4. In welchen Fällen gibt auch eine funktionsorientierte Unternehmungsorganisation Gewähr für eine marktorientierte Unternehmungsführung?
5. Welche Argumente sprechen für oder gegen die Matrix-Organisation zur Durchsetzung einer marketingorientierten Unternehmungspolitik?
6. Welche Schwierigkeiten ergeben sich bei der Abbildung des individuellen Käuferverhaltens im Rahmen von Totalmodellen?
7. Welche Beziehungen sehen Sie zwischen den aufgezählten Elementen von Marktmodellen und einzelnen Modellen des Käuferverhaltens?
8. Weshalb ist die Beschäftigung mit dem Verhalten der Käufer für das Marketing von so großer Bedeutung?
9. Welche Beziehungen bestehen zwischen Beobachtung und Befragung auf der einen und Experiment auf der anderen Seite und in welchen Möglichkeiten der Marktforschung spiegelt sich dieser Zusammenhang wider?
10. Welchen Einschränkungen ist die Brauchbarkeit von Testmarktergebnissen unterworfen?
11. Welche Schwierigkeiten können bei einer langfristigen Prognose mittels der Delphi-Methode auftreten?
12. Welche Annahmen werden ganz allgemein bei der Anwendung beliebiger Prognoseverfahren gemacht?
13. Welche Gründe können für laterale Diversifikationsstrategien bestimmend sein?
14. Inwiefern bilden Verhaltensweisen der Abnehmer die Grundlage für Marketingstrategien?

15. Welche Informationen können aus der Analyse von Produktlebenszyklen und Erfahrungskurven für die Entwicklung von Marketing-Strategien gezogen werden?
16. Welchen Zwecken dient die Ableitung von Normstrategien in der Portfolio-Analyse?
17. Ist in der Systematisierung der absatzpolitischen Instrumente ein zentrales Marketingproblem zu erblicken?
18. Welche Argumente sprechen für oder gegen den Produktbegriff, der für die Beschreibung der Produkt-Politik gewählt wurde?
19. Zeigen Sie den Zusammenhang zwischen der Gestaltung der technischen Lebensdauer von Produkten und der Produktionsprogrammgestaltung auf und nennen Sie einzel- und gesamtwirtschaftliche Argumente des Für und Wider dieses absatzpolitischen Instruments!
20. Beschreiben Sie die Vorgehensweise einer Leistungsprogrammänderung mittels Produktinnovation anhand der Phasen Ideenfindung, -bewertung und -realisation!
21. Beurteilen Sie das innerbetriebliche Vorschlagswesen und die Ideenfindung in Gruppen als Anregungsmöglichkeiten für den Forschungs- und Entwicklungsbereich!
22. Nennen Sie Beispiele für kosten- und/oder nachfragemäßig interdependente Produkte! Würden Sie für solche Produkte kostenorientierte, nachfrageorientierte oder konkurrenzorientierte Preisbildung vorschlagen?
23. Zeigen Sie die Möglichkeiten und Grenzen einer Preispolitik auf der Grundlage der Erfahrungskurve auf!
24. Welche Gründe sprechen für oder gegen eine weitgehende Konzentration auf das Instrument „Preis" im Rahmen der Marktgestaltungsdiskussion?
25. Stellen Sie Vor- und Nachteile des skimming- und penetration-pricing als alternative Preisstrategien bei der Einführung neuer Produkte dar!
26. Diskutieren Sie die Brauchbarkeit der Break-even-Analyse zur Beurteilung der Erfolgsträchtigkeit neu zu entwickelnder Produkte!
27. Wodurch unterscheiden sich die Absatzwege von der „physical distribution"?
28. Inwiefern beeinflußt die Gestaltung der Absatzwege die Gestaltung von Transport und Lagerhaltung?

29. Wie ist die Stellung des Großhandels und des Einzelhandels in den Absatzwegen der Gegenwart zu beurteilen? Nennen Sie Beispiele für Absatzwege, auf denen der Hersteller bzw. der Großhandel bzw. der Einzelhandel die stärkste Machtposition im Rahmen des Absatzkanals hat!

30. Formulieren Sie die Bedingungen dafür, daß sich die Errichtung eines Zweigwerkes zur Verbesserung der Distribution kostenmäßig lohnt!

31. Kennzeichnen Sie den Zusammenhang zwichen Absatzweggestaltung und Kommunikations-Politik!

32. Zeigen Sie anhand der Kommunikations-Politik einige mögliche Beziehungen zwischen öffentlichen und privat-wirtschaftlichen industriellen Interessen auf! Nennen Sie Beispiele von komplementären und konfliktären Interessenkonstellationen!

33. Beschreiben Sie, warum das Problem der exakten Werbeerfolgskontrolle und Werbebudgetermittlung unlösbar erscheint und diskutieren Sie die Frage der Suboptimalität der praktischen Ersatzverfahren!

34. Finden Sie für Abbildung 5.1 (Grundstruktur eines Marketingsystems) weitere mögliche Beziehungen zwischen Elementen, die bei mehr kurzfristiger Betrachtung zu berücksichtigen sind!

35. Wo sehen Sie nach Betrachtung der Modelle des Käuferverhaltens und der Marktgestaltungsprogramme praktische Ansätze zur Gestaltung der Nachfrage nach Investitionsgütern?

36. Zeigen Sie anhand von Beispielen den Zusammenhang zwischen der Gestaltung der Marketing-Politik und der Struktur der Unternehmungsorganisation auf!

37. Welche Hilfestellung kann die Computer Simulation bei der Gestaltung der Marketing-Politik geben?

38. Welche Informationsmöglichkeiten bieten differenzierte Deckungsbeiträge im Rahmen der Marketingkontrolle?

39. Was beinhaltet der Wertbegriff im Sinne der Wertanalyse und warum läßt sich dieser Wert nicht eindeutig ermitteln?

40. Was ist der Unterschied zwischen Wertanalyse und Kostenanalyse?

41. Charakterisieren Sie die Problematik der analytischen Produktbewertung!

# Literaturhinweise

Abell, D. F./Hammond, J. S., Strategic Market Planning, Englewood Cliffs (N. J.) 1979

Alpert, M. J., Pricing Decisions, London 1971

Ansoff, H. J., Management Strategie, München 1966

Ansoff, H. J., Strategic Management, London 1979

Baumol, W. J./Wolfe, P., A Warehouse Location Problem, in: Operations Research 1958, S. 252 ff.

Bass, F. M./King, C. W./Pessemier, E. H. (Hrsg.), Applications of the Sciences in Marketing Management, New York u. a. 1963

Bauer, E., Marktsegmentierung als Marketing-Strategie, Berlin 1976

Behrens, K. C. (Hrsg.), Handbuch der Marktforschung, Band 1: Wiesbaden 1974, Band 2: Wiesbaden 1977

Böcker, F./Dichtl, E. (Hrsg.), Erfolgskontrolle im Marketing, Berlin 1975

Böhler, H., Methoden und Modelle der Marktsegmentierung, Stuttgart 1977

Bolen, W. H., Advertising, New York u. a. 1981

Brankamp, K., Planung und Entwicklung neuer Produkte, Berlin 1971

Britt, St. H., Psychological Principles of Marketing and Consumer Behavior, Toronto 1978

Brockhoff, E., Produktpolitik, Stuttgart/New York 1981

Chmielewicz, K., Grundlagen der industriellen Produktgestaltung, Berlin 1968

Choffray, J.-M./Lilien, G. L., Market Planning for new Industrial Products, New York 1980

Dichtl, E., Die Beurteilung der Erfolgsträchtigkeit eines Produktes als Grundlage der Gestaltung des Produktionsprogramms, Berlin 1970

Diller, H. (Hrsg.), Marketingplanung, München 1980

Donnelly, J. H./Ivancevich, J. M., Analysis for Marketing Decisions, Homewood, Ill. 1970

Engelhardt, W. H./Günter, D., Investitionsgüter-Marketing, Stuttgart u. a. 1981

Festinger, L., A Theory of Cognitive Dissonance, Stanford 1957

Freter, H. W., Mediaselektion – Informationsgewinnung und Entscheidungsmodelle für die Werbeträgerauswahl, Wiesbaden 1974

Geist, M., Selektive Absatzpolitik auf der Grundlage der Absatzsegmentrechnung, Stuttgart 1963

Geschka, H., Forschung und Entwicklung als Gegenstand betrieblicher Entscheidungen, Meisenheim am Glan 1970

Gordon, J. J., Synectics, The Development of Creative Capacity, New York 1961

Grosche, K., Das Produktionsgrogramm, seine Änderungen und Ergänzungen, Berlin 1967

Gross, H., Neues Wirtschaftsdenken. Erfolg durch Marketing, 2. Aufl., Düsseldorf 1968

Gutenberg, E., Grundlagen der Betriebswirtschaftslehre, 2. Band, Der Absatz, 16. Aufl., Berlin usw. 1979

Haedrich, G. (Hrsg.), Operationale Entscheidungshilfen für die Marketingplanung, Berlin/New York 1977

Hammann, P./Erichson, B./Scheel, W.-D., Entscheidungsanalyse im Marketing, Berlin 1975

Hansen, U./Stauss, B./Riemer, M. (Hrsg.), Marketing und Verbraucherpolitik, Stuttgart 1982

Hanssmann, F., Quantitative Betriebswirtschaftslehre, München 1982

Helmer, O./Gordon, Th., 50 Jahre Zukunft, Hamburg 1967

Heinen, E., Einführung in die Betriebswirtschaftslehre, 9. verbesserte Auf., Wiesbaden 1985

Heinen, E., Determinanten des Konsumentenverhaltens – Zur Problematik der Konsumentensouveränität, in: Koch, H. (Hrsg.), Zur Theorie des Absatzes, Erich Gutenberg zum 75. Geburtstag, Wiesbaden 1973

Heinen, E., Käufersouveränität, in: Tietz, B. (Hrsg.), Handwörterbuch der Absatzwirtschaft, Stuttgart 1974, Sp. 951 ff.

Heinen, E., Marktverhalten der Anbieter, in: Tietz, B. (Hrsg.), Handwörterbuch der Absatzwirtschaft, Stuttgart 1974, Sp. 1438 ff.

Heinen, E., Grundlagen betriebswirtschaftlicher Entscheidungen, Das Zielsystem der Unternehmung, 3. Aufl., Wiesbaden 1976

Heinen, E., Einführung in die Betriebswirtschaftslehre, 9. verbesserte Aufl., Wiesbaden 1985

Heinen, H., Ziele multinationaler Unternehmen – Der Zwang zu Investitionen im Ausland, Wiesbaden 1982

Haustein, H. D., Wirtschaftsprognose, Berlin 1969

Hill, W., Marketing, Band I und II, 3. Aufl., Bern/Stuttgart 1973

Hinterhuber, H. H., Innovationsdynamik und Unternehmungsführung, Wien/New York 1975

Hinterhuber, H. H., Strategische Unternehmensführung, 2. Aufl., Berlin 1980

Howard, J. A./Sheth, J. N., The Theory of Buyer Behavior, New York u. a. 1969

Hüttner, M., Grundzüge der Marktforschung, 3. Aufl., Wiesbaden 1977

Hüttner, M., Informationen für Marketing-Entscheidungen, München 1979

Jacob, H., Preispolitik, 2. überarbeitete und erweiterte Aufl., Wiesbaden 1971

Jantsch, E., Technological Forecasting in Perspective, OECD, Paris 1967

Kaas, K. P., Diffusion und Marketing. Das Konsumentenverhalten bei der Einführung neuer Produkte, Stuttgart 1973

Kaas, K. P., Empirische Preisabsatzfunktionen bei Konsumgütern, Berlin u. a. 1977

Kirsch, W./Bamberger, J./Gabele, E./Klein H. K., Betriebswirtschaftliche Logistik, Wiesbaden 1973

Kirsch, W./Kutschker, M./Lutschewitz, H., Ansätze und Entwicklungstendenzen im Investitionsgütermarketing, 2. Aufl., Stuttgart 1980

Klein-Blenkers, F., Die Ökonomisierung der Distribution, Köln und Opladen 1964

Koch, H. (Hrsg.), Zur Theorie des Absatzes, Wiesbaden 1973

Köhler, R., Grundprobleme der strategischen Marketingplanung, in: Geist, M. N./Köhler, R. (Hrsg.), Die Führung des Betriebes, Stuttgart 1981, S. 216 ff.

Köhler, R., Marketing-Controlling, in: Die Betriebswirtschaft, 1982, Heft 2, S. 197 ff.

Koppelmann, U., Grundlagen des Produktmarketing, Stuttgart u. a. 1978

Koppelmann, U., Produktwerbung, Stuttgart 1981

Kotler, P., Marketing, Decision Making, A Model Building Approach, London 1974

Kotler, P., Marketing-Management, 4. Aufl., Stuttgart 1982

Kroeber-Riel, W. (Hrsg.), Marketingtheorie, Köln 1972

Kroeber-Riel, W., Konsumentenverhalten, 2. Aufl., München 1980

Kroeber-Riel, W./Meyer-Hentschel, G., Werbung, Wiesbaden 1982

Krulis-Randa, J. S., Marketing-Logistik, Bern 1977

Lazer, W./Kelley, E. (Hrsg), Social Marketing, Perspectives and Viewpoints, London 1973

Leitherer, E., Betriebliche Marktlehre, Teil 1: Grundlagen und Methoden, Stuttgart 1974

Leitherer, E., Betriebliche Marktlehre, Teil 2: Die Aktionsbereiche, Stuttgart 1978

Mallen, B.E. (Hrsg), The Marketing Channel, A Conceptual Viewpoint, New York usw. 1967

Markin, R., Marketing, New York u. a. 1979

Marr, R., Innovation und Kreativität – Planung und Gestaltung industrieller Forschung und Entwicklung, Wiesbaden 1973

Marr, R., Absatzprognose, in: Tietz, B. (Hrsg), Handwörterbuch der Absatzwirtschaft, Stuttgart 1974, Sp. 83 ff.

Marzen, W., Preiswettbewerb und Verbraucherpolitik, Saarbrücken 1964

Marzen, W., Grundbegriffe und Grundprobleme des Handels, Insbruck 1981

Marshall, A., Principles of Economics, 1. Aufl., London 1890, 8. Aufl. 1962

Mayntz, R./Holm, K./Hübner, P., Einführung in die Methoden der empirischen Soziologie, 2. Aufl., Opladen 1971

Meffert, H., Die Anwendung mathematischer Modelle im Marketing, in: Schriften zur Unternehmensführung, Band 12, S. 93 ff. und Band 15, S. 23 ff., Wiesbaden 1971

Meffert, H., Die Leistungsfähigkeit der entscheidungs- und systemorientierten Marketing-Theorie, in: Kortzfleisch, G. v. (Hrsg.), Wissenschaftsprogramm und Ausbildungsziele der Betriebswirtschaftslehre, Berlin 1971, S. 167 ff.

Meffert, H., Modelle des Käuferverhaltens und ihr Aussagewert für das Marketing, in: Zeitschrift für die gesamte Staatswissenschaft 1971, S. 326 ff.

Meffert, H. (Hrsg), Marketing heute und morgen, Wiesbaden 1975

Meffert, H., Marketing, 6. Aufl., Wiesbaden 1982

Meffert, H./Steffenhagen, H., Marketing-Prognosemodelle, Stuttgart 1977

Meffert, H./Steffenhagen, H./Freter, H. (Hrsg.), Konsumentenverhalten und Information, Wiesbaden 1979

Meyer, C./Hansen, H., Vertriebsinformatik, Berlin/New York 1973

Miles, L. D., Value Engineering, Wertanalyse, die praktische Methode zur Kostensenkung, München 1964

Montgomery, D. B./Urban, G.L., Management Science in Marketing, Englewood Cliffs, N. J. 1969

Nieschlag, R./Dichtl, E./Hörschgen, H., Marketing, 12. Aufl. Berlin 1981

Osborne, A. F., Applied Imagination, New York 1953

Oxenfeldt, A. E., Pricing Strategies, New York 1975

Picot, A., Ethik und Absatzwirtschaft aus marktwirtschaftlicher Sicht, in: Tietz, B. (Hrsg), Handwörterbuch der Absatzwirtschaft, Stuttgart 1974, Sp. 562 ff.

Picot, A., Prognose und Planung – Möglichkeiten und Grenzen, in: Der Betrieb, 1977, S. 2149 ff.

Picot, A., Strukturwandel und Unternehmensstrategie, Teil 1 und 2, in: Wirtschaftswissenschaftliches Studium 1981, S. 527 ff. und 563 ff.

Pümpin, C. B., Langfristige Marketingplanung, Konzeption und Formalisierung, Bern/Stuttgart 1963

Raffée, H./Specht, G., Basiswerturteile der Marketing-Wissenschaft, in: Zeitschrift für betriebswirtschaftliche Forschung 1974, S. 373 ff.

Raffée, H., Marketing und Umwelt, Stuttgart 1979

Rehorn, J., Markttests, Neuwied 1977

Reynolds, F. D./Wells, W. D., Consumer Behavior, New York 1977

Rupp, M., Produkt/Markt-Strategien, Zürich 1980

Sabel, H., Produktpolitik in absatzwirtschaftlicher Sicht, Grundlagen und Entscheidungsmodelle, Wiesbaden 1971

Sauermann, P., Marktpsychologie, Stuttgart 1980

Schäfer, E., Absatzwirtschaft, 3. Aufl., Stuttgart 1981

Schmalen, H., Preispolitik, Stuttgart/New York 1972

Schmitt-Grohé, J., Produktinnovation, Wiesbaden 1972

Schweiger, G., Mediaselektion, Wiesbaden 1975

Seyffert, R., Werbelehre, Theorie und Praxis der Werbung, Stuttgart 1966

Simon, H., Preisstrategien für neue Produkte, Opladen 1976

Stern, M. E., Marketing-Planung, Eine System-Analyse, 2. Aufl., Berlin 1969

Sydow, W., Ideen, Projekte, Produktionen, Aktuelle Fragen in Forschung und Entwicklung, Berlin 1969

Taylor, B./Wills, C. (Hrsg), Pricing Strategy, London 1969

Thomé, G., Produktgestaltung und Ökologie, München 1981

Tietz, B. (Hrsg.), Handwörterbuch der Absatzwirtschaft, Stuttgart 1974

Tietz, B./Zentes, J., Die Werbung der Unternehmung, Reinbek b. Hamburg 1980

Voigt, C. D., Systematik und Einsatz der Wertanalyse, Berlin/München 1970

Webster, F. E./Wind, Y., Organizational Buying Behavior, Englewood Cliffs, N. J. 1972

Weilemann, P. (Hrsg.), Unternehmensführung, Bern 1973

Weinberg, P./Behrens, G./Kaas, K. (Hrsg.), Marketingentscheidungen, Köln 1974

Weinberg, P., Das Entscheidungsverhalten der Konsumenten, Paderborn u. a. 1981

Weinhold-Stünzi, H. (Hrsg.), Unternehmung und Markt, Zürich 1978

Wheelright/Makridakis, Forecasting Methods for Management, New York 1973

Wiegmann, H. H., Modelle zur Preisentscheidung im Marketing, Berlin 1977

Wieselhuber, N., Konzeption und Realisation von Produkt-Design in der Konsumgüterindustrie, Berlin 1981

Zentes, J., Außendienststeuerung: Konzeption und Implementierung eines computergestützten Entscheidungssystems, Stuttgart 1980

Zwicky, F., Entdecken, Erfinden, Forschung im morphologischen Weltbild, München/Zürich 1966

# Sechster Teil

# Personalwirtschaft

von

Peter Uwe Kupsch und Rainer Marr

Die Überarbeitung dieses Beitrages für die 7. Auflage erfolgte unter Mitarbeit von Richard Hofmeier

Sechster Teil

**Personalwirtschaft**

I. Personalwirtschaftliche Modelle und Theorien . . . . . . . . . . . . . . 627
   1. Grundmodelle des arbeitenden Menschen . . . . . . . . . . . . . . 627
      Mechanistisches Grundmodell 627 – Sozialwissenschaftliches Grundmodell 629
   2. Motivationstheorien . . . . . . . . . . . . . . . . . . . . . . . . . . . . . 635
   3. Organisationstheoretisches Koalitionsmodell und Anreiz-Beitrags-Theorie . . . . . . . . . . . . . . . . . . . . . . . . . . . . . . . . . . . 640
   4. Personalwirtschaft im Spannungsfeld innerbetrieblicher Konflikte . . . . . . . . . . . . . . . . . . . . . . . . . . . . . . . . . . . . . . . . 650
      Konflikttheoretische Elemente personalwirtschaftlicher Entscheidungen 650 – Konfliktursachen und Konflikttypen 651 – Handhabung intraindividueller Konflikte 655 – Handhabung von Mehrpersonenkonflikten 656

II. Rechtliche Rahmenbedingungen der Personalwirtschaft . . . . . . . 664
    Arbeitsrechtliche Bestimmungen 664 – Mitbestimmung der Arbeitnehmer 665 – Betriebsverfassungsgesetz 667

III. Die Bestimmungen der Aufgaben der Personalwirtschaft . . . . . . 672
     1. Auswahl eines Bezugsrahmens . . . . . . . . . . . . . . . . . . . . . 672
     2. Systematisierung personalwirtschaftlicher Aufgabenbereiche . . 673

IV. Beitragsbezogene Aufgaben der Personalwirtschaft: Die Bereitstellung des Leistungspotentials . . . . . . . . . . . . . . . . . . . . . . . . 676
    1. Ermittlung des Personalbedarfs . . . . . . . . . . . . . . . . . . . . 676
       Ermittlung des qualitativen Personalbedarfs durch Arbeitsanalyse und Arbeitsbeschreibung 677 – Ermittlung des quantitativen Personalbedarfs 680
    2. Personalbeschaffung . . . . . . . . . . . . . . . . . . . . . . . . . . . . 683
       Personalwerbung 683 – Personalauswahl 685
    3. Personaleinsatz . . . . . . . . . . . . . . . . . . . . . . . . . . . . . . . 689
       Informationserfordernisse zur Abstimmung von Beitragsbedarf und Beitragsangebot 690 – Lösungsverfahren zur Handhabung des qualitativen Zuordnungsproblems 690 – Lösungsverfahren zur Handhabung des quantitativen Zuordnungsproblems 696 – Personaleinführung 697
    4. Personalfreistellung . . . . . . . . . . . . . . . . . . . . . . . . . . . . 697
    5. Arbeitsstrukturierung . . . . . . . . . . . . . . . . . . . . . . . . . . . 698
       Arbeitsinhalt 698 – Technische Arbeitsbedingungen 702 – Arbeitsplatz und Arbeitsumfeld 704 – Arbeitszeit 706

V. Anreizbezogene Aufgaben der Personalwirtschaft: Die Aktivierung des Leistungspotentials .............................. 707
   1. Monetäre Anreize ................................ 708
      Absolute und relative Lohnhöhe 710 – Arbeitsbewertung und anforderungsgerechter Lohn 712 – Leistungsbewertung und leistungsgerechter Lohn 718 – Lohnformen 721 – Soziale Leistungen 724 – Außertarifliche Zulagen 727 – Erfolgsbeteiligung 728 – Betriebliches Vorschlagswesen 732
   2. Soziale Anreize ................................. 733
      Gruppenzugehörigkeit 733 – Mitarbeiterführung 735
   3. Aufstiegs- und Ausbildungsanreize: Die Personalentwicklung . 741
      Entscheidungen über das Karrieresystem der Unternehmung 741 – Personalbeurteilung als Grundlage für Beförderungsentscheidungen 744 – Betriebliche Ausbildung 746

VI. Personalverwaltung und Personalorganisation .............. 751
   1. Personalverwaltung .............................. 751
   2. Personalinformationssysteme ....................... 753
   3. Organisatorische Eingliederung der Personalwirtschaft ..... 756
      Hierarchische Einordnung der Personalwirtschaft 757 – Organisatorische Gliederung der Personalabteilung 757

*Fragen zur Selbstkontrolle und Vertiefung* ..................... 759
*Literaturhinweise* ....................................... 762

# I. Personalwirtschaftliche Modelle und Theorien

Die entscheidungsorientierte Betriebswirtschaftslehre hat sich als zentrales Ziel gesetzt, das menschliche Arbeitsverhalten in Organisationen zu beschreiben, zu erklären und zu gestalten. Die Erfüllung dieses Ziels setzt die Entwicklung möglichst realistischer „Grundmodelle" voraus (siehe Teil 1). Die für die Personalwirtschaft relevanten Modelle bestehen im wesentlichen aus Hypothesen über die Bestimmungsgrößen menschlichen Verhaltens (z. B. Grundmodelle des arbeitenden Menschen). Solche Modelle ermöglichen Aussagen über die Art und die Wirkungsweise der Einflußgrößen, die das Verhalten des Menschen in der Organisation bestimmen.

*Grundmodelle des arbeitenden Menschen*

**Nach dem jeweils zugrunde gelegten Modell des Menschen richten sich sowohl die Abgrenzung der Aufgabenbereiche der Personalwirtschaft wie auch das Setzen von Schwerpunkten innerhalb dieser Aufgabenbereiche.**

*Konsequenzen der Modellwahl*

## 1. Grundmodelle des arbeitenden Menschen

### *Mechanistisches Grundmodell*

Erste explizit formulierte Vorstellungen über die Bestimmungsgrößen menschlichen Arbeitsverhaltens – die dann auch den Überlegungen z. B. über die Gestaltung der Arbeitsbedingungen zugrunde gelegt wurden – finden sich bei F. W. Taylor (1911), dessen Bemühen um eine „wissenschaftliche Betriebsführung" die modernen Arbeitswissenschaften begründete. Das von ihm zugrunde gelegte Modell kann als „mechanistisch" bezeichnet werden. **Es charakterisiert den arbeitenden Menschen lediglich als Gehilfen (Instrument) für die Bedienung von Maschinen, der selbst maschinen-ähnliche Eigenschaften aufweist.** Das Modell beschränkt sich auf Aussagen über die Ausführung einfacher operativer Tätigkeiten, die sich durch ständige Wiederholbarkeit auszeichnen und deshalb den Charakter von Routineaufgaben besitzen. Problemlösungs- und Entscheidungsprozesse werden ausgeklammert. Zur Charakterisierung des arbeitenden Menschen werden nur wenige physiologische Dimensionen wie Leistungsvermögen (Kapazität), Bewegungsmerkmale (Geschwindigkeit) und Ausdauer herangezogen.

*Der Mensch als „Einsatzgut"*

Zielsetzung ist das Streben nach Optimierung der Arbeitsproduktivität durch die Anwendung einer effizienten Arbeitsmethodik.

Taylor konzentriert sich bei der Entwicklung seines Konzeptes für eine „wissenschaftliche Betriebsführung" auf folgende Problemkreise:

(1) Festlegung von **Arbeitsmethoden, die aufgrund von Zeit- und Bewegungsstudien ein maximales Arbeitsergebnis gewährleisten;**

(2) Entwicklung eines Systems von **Leistungsnormen** und **Entlohnungsregeln**, das den Arbeitenden bei Anwendung der leistungsmaximalen Arbeitsmethode zur Erreichung der geforderten Produktionsnorm motiviert;

(3) Optimale **Gestaltung des Arbeitsplatzes im Hinblick auf** die physiologischen Merkmale des Arbeiters sowie Entwicklung organisatorischer Regeln zur Festlegung von Arbeitsprioritäten durch speziell ausgebildete Vorgesetzte, die „Funktionsmeister".

Der instrumentalen Betrachtungsweise liegt weiterhin die Annahme zugrunde, daß die Arbeiter im wesentlichen nur auf monetäre Anreize, d. h. die Höhe des erzielbaren Lohnes, reagieren. Die Maximierung seines Einkommens wird als die wichtigste Zielsetzung des Arbeitnehmers angesehen. Psychologische Aspekte werden auf diese Zielsetzung reduziert. Damit wird bei (von der „wissenschaftlichen Betriebsführung") vorgegebenen Arbeitsplatzbedingungen, Arbeitsmethoden und Lohnsystemen ein direkter positiver Zusammenhang zwischen der Arbeitsleistung und den durch das Entlohnungssystem festgelegten Lohnzahlungen unterstellt.

*Hypothese der Einkommensmaximierung*

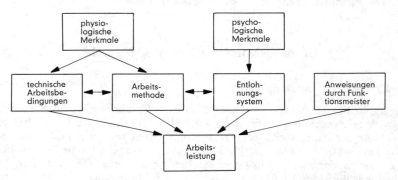

Abb. 6.1: *Grundlegende Bestimmungsgrößen der Arbeitsleistung nach der „wissenschaftlichen Betriebsführung"*

Ein in erster Linie auf monetäre Anreize gerichtetes Modell bildet jedoch keine ausreichende Grundlage für die Lösung personalwirtschaftlicher Probleme, weil es psychologische und soziologische Determinanten des Arbeitsverhaltens weitgehend ausklammert. Die unterstellte unmittelbare Beziehung zwischen Arbeitsleistung und Arbeitslohn ist aus mehreren Gründen fragwürdig:

– Abgesehen davon, daß das von der Unternehmensleitung festgelegte Verhältnis von Arbeitsschwierigkeit bzw. Arbeitsleistung und Lohn u. U. nicht die Zustimmung der Belegschaft findet,

– ist es zweifelhaft, ob die geldlichen Anreize wirklich einziger Anreiz zur Steigerung der Arbeitsleistung sind. **Es ist vielmehr davon auszugehen, daß Lohnzahlungen nur ein Element des Anreizsystems einer Unternehmung darstellen.** Andere Anreize können ebenfalls erhebliche Bedeutung erlangen

(z. B. die Möglichkeit, an interessanten Aufgaben zu arbeiten), insbesondere dann, wenn der Mitarbeiter bereits ein „befriedigendes" Einkommen erreicht hat. Steigende Lohnzahlungen sind auch nicht zwangsläufig mit entsprechenden Nutzensteigerungen auf seiten des Mitarbeiters verbunden. Zudem ändert sich der empfundene Nutzen des Einkommens im Zeitablauf aufgrund von Änderungen des Anspruchsniveaus (sozialer Aufstieg).

*Sozialwissenschaftliches Grundmodell*

Eine Gegenströmung zum mechanistischen Grundkonzept entstand aus der Human-Relations-Bewegung. **Sie gab den Anstoß für die Entwicklung eines realitätsnäheren Grundmodells des arbeitenden Menschen: Menschen handeln in Unternehmungen nicht als isolierte Individuen. Ihr Verhalten wird stark von sozialen Beziehungen beeinflußt.**

*Human-Relations-Bewegung*

Die Bedeutung sozialer Faktoren wurde erstmals im Verlauf der berühmt gewordenen Hawthorne-Experimente (1928–32) entdeckt. Sie leiteten die Human-Relations-Bewegung ein. Hier zeigte sich, daß die monokausale Betrachtung der Beziehung zwischen Arbeitsproduktivität und technischen Arbeitsbedingungen zur Erklärung menschlichen Arbeitsverhaltens nicht ausreicht, und die Interaktionsprozesse der Mitarbeiter einen grundlegenden Einfluß auf das Verhalten des einzelnen und von Gruppen ausüben.

Es wurde festgestellt, daß sich neben der offiziell geplanten Gruppenstruktur ein informales Gruppengefüge bildet. Diese ungeplanten Gruppen stellen eigene Regeln, Normen und Verhaltenserwartungen auf, die von denen der geplanten Organisation abweichen können (vgl. Teil 2, S. 98 ff.). Solche informalen sozialen Normen können das individuelle Leistungsverhalten wirksamer beeinflussen als z. B. in Aussicht gestellte, bessere Verdienstmöglichkeiten.

Die Vertreter der Human-Relations-Bewegung vermuteten durch die Förderung sozialer Interaktionen zunächst die Zufriedenheit der Mitarbeiter und über diese die Leistungswirksamkeit der Organisation steigern zu können. Sie unterscheiden sich damit von den Verfechtern der wissenschaftlichen Betriebsführung im Grunde nur in der Wahl der Mittel (vgl. Abb. 6.2).

*Abb. 6.2: Bestimmungsgrößen der Arbeitsleistung nach der Human-Relations-Bewegung*

*Arbeitszufriedenheit/ Arbeitsleistung*

Genauso problematisch wie die These über den direkten Zusammenhang zwischen Lohn und Leistung im mechanistischen Konzept erweist sich die These der Human-Relations-Bewegung über eine monokausale Beziehung zwischen Arbeitszufriedenheit und Arbeitsleistung. Abgesehen davon, daß es sich bei dem Begriff der Arbeitszufriedenheit um einen sehr schwer zu operationalisierenden Tatbestand handelt, konnte der angenommene Zusammenhang bislang durch empirische Studien nicht eindeutig bestätigt werden.

*Ansätze zu einem sozial-wissenschaftlichen Grundmodell*

Die neuere Betriebswirtschaftslehre stellt mit der Betonung des Entscheidungsverhaltens den Menschen in den Mittelpunkt. **Seine Verhaltensweisen erklären sich aus den sozialen Beziehungen innerhalb der Organisation und aus seinen subjektiven Bedürfnissen und Wertvorstellungen. Das Verhalten des arbeitenden Menschen ist in diesem Sinne das Ergebnis von Verhandlungs-, Anpassungs-, Beeinflussungs-, Motivierungs- und Problemlösungsprozessen.** Daher sollte ein sozialwissenschaftliches Grundmodell des arbeitenden Menschen angestrebt werden. Es erweist sich als notwendig, interdisziplinäre Elemente in dieses Grundmodell einzuarbeiten. Individual-psychologische, sozial-psychologische, soziologische und politologische Ansätze gilt es zu integrieren.

*Entscheidungsprämissen des Arbeitsverhaltens*

Das Arbeitsverhalten wird als Ergebnis bewußter Entscheidungen des arbeitenden Menschen aufgefaßt. In diesem Zusammenhang können vor allem zwei Entscheidungsgegenstände hervorgehoben werden: Die grundsätzliche Entscheidung für die Mitgliedschaft in einer Organisation bzw. zum Austritt aus einer Organisation und die Entscheidung über den Grad der Rollenkonformität.

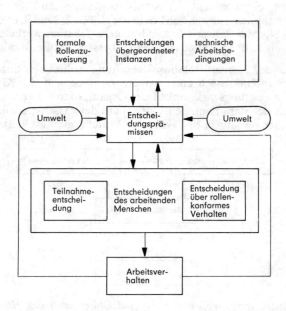

*Abb. 6.3: Bestimmungsgrößen des Arbeitsverhaltens*

Durch übergeordnete Instanzen werden die technischen Voraussetzungen des Arbeitsvollzuges und die formalen Verhaltenserwartungen sowie das Belohnungssystem festgelegt. Aufgrund von Informationen über diesen Bedingungsrahmen (Entscheidungsprämissen) entscheidet das Individuum über sein weiteres Arbeitsverhalten (Abb. 6.3).

*Verhaltensalternativen des Arbeitnehmers*

Drei markante Alternativen zeigen die Spannbreite der Verhaltensmöglichkeiten des Arbeitnehmers:

– Er kann bestrebt sein, den vorgegebenen offiziellen Normen zu entsprechen (rollenkonformes Verhalten),

– er hat andererseits die Möglichkeit, sein Arbeitsergebnis auf ein von den vorgesetzten Instanzen gerade noch geduldetes Minimum (z. B. Dienst nach Vorschrift) zu beschränken und schließlich

– kann er das Arbeitsverhältnis beenden (Austrittsentscheidung).

*Dynamik der Verhaltensalternativen*

Für den Arbeitnehmer ist dabei die Wahl einer Verhaltensalternative kein einmaliges Entscheidungsproblem. Es stellt sich ihm ständig von neuem, wenn Veränderungen in seiner sozialen Umwelt oder in seinem Wertesystem eintreten, die Anpassungsmaßnahmen erfordern. Diesen Sachverhalt verdeutlicht die Konzeption der „Rollenepisode", die den Ablauf des Entscheidungsprozesses im Rahmen der Rollenanalyse beschreibt (vgl. Abb. 6.4).

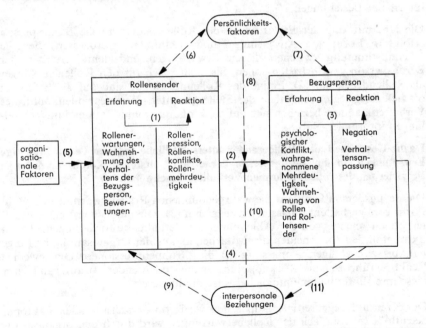

*Abb. 6.4: Beziehungen zwischen Rollensender und Rollenempfänger (Modell der Rollenepisode)*

*Stelle und Rolle*

Eine Organisation läßt sich als ein Netzwerk miteinander verbundener Stellen charakterisieren (vgl. Teil 2, S. 91f.). Jeder dieser Stellen ist durch formale Regelung eine Tätigkeitsmenge zugeordnet, durch die Verhaltensanforderungen an den Stelleninhaber umrissen werden. Zusammen mit den Erwartungen übergeordneter Instanzen über das Verhalten und über die Eigenschaften des Stelleninhabers bilden sie die formale Rolle, die mit einer Stelle verbunden ist.

Eine Rolle ist die Gesamtheit aller Verhaltenserwartungen bzw. -forderungen, die beliebige Interaktionspartner gegenüber dem Inhaber einer Stelle hegen.

Neben formalen Rollen stehen informale Rollenerwartungen, die konkurrierende Verhaltensansprüche stellen können. Dadurch entstehen Rollenkonflikte, die vom Stelleninhaber gehandhabt werden müssen.

*das Konzept der Rollenepisode*

Eine Rollenepisode umfaßt einen Zyklus, der sich aus den Phasen des Rollensendens (Rollenerwartung), der Konformitätsentscheidung des Stelleninhabers (Bezugsperson) sowie Rückkopplung seiner Reaktion auf das weitere Verhalten der verschiedenen Rollensender zusammensetzt. Ausgangspunkt ist eine bestehende Menge von Rollenerwartungen, welche die Rollensender über das Verhalten der Bezugsperson besitzen. Die Erfahrungen der Rollensender bilden die Grundlage für diese Rollenerwartungen (1). Rollensender sind alle Personen, die mit der Bezugsperson in Verbindung stehen, sei es aufgrund arbeitsteiligen Zusammenwirkens, der hierarchischen Struktur oder aufgrund informaler Beziehungen.

*Rollendruck*

Die Übermittlung der Erwartungen des Rollensenders an die Bezugsperson erfolgt in Form von Anweisungen und Beeinflussungsprozessen, die eine Übereinstimmung zwischen diesen Erwartungen und dem Verhalten der Bezugsperson gewährleisten sollen. Sie stellen sich für den Rollenempfänger als Rollendruck dar (2). Einige der Rollenpressionen sind auf die Erfüllung offiziell festgelegter Aufgaben der Stelle gerichtet (formales rollenkonformes Verhalten), andere beziehen sich auf die Einhaltung von Normen und Vorstellungen informaler Natur.

**Da die Gesamtheit aller Rollensender unterschiedliche und zum Teil mehrdeutige Erwartungen an die Bezugsperson heranträgt, entstehen Konflikte, die eine Präzisierung des rollenkonformen Verhaltens erschweren.**

*Anpassungsentscheidung*

Die Bezugsperson kann auf die wahrgenommenen Rollenerwartungen z. B. in Form von Verhaltensanpassungen reagieren (3). Die möglichen Verhaltensalternativen reichen von der Ablehnung der Verhaltensanforderungen, die im Extremfall das Ausscheiden des Mitarbeiters aus der Organisation zur Folge hat, bis zur völligen Anpassung an die Gruppenpressionen. Die jeweilige Reaktion führt zu einer Rückkopplung an die Rollensender (4), aufgrund derer diese ihre Einflußnahme möglicherweise modifizieren.

*organisationale und personale Einflußfaktoren*

Der Kreislauf gegenseitiger Anpassung wird von organisationalen Faktoren beeinflußt (5). Ein Teil der Rollenerwartungen wird durch den organisatorischen Gesamtzusammenhang festgelegt. Organisationsstruktur, funktionale Spezialisierung, Arbeitsteilung und das formale Belohnungssystem bestimmen wesentlich die inhaltlichen Anforderungen einer Stelle an ihren Inhaber. Ein weiteres Einflußgrößensystem bilden die Persönlichkeitsfaktoren der Beteiligten. Sie umfassen jene Bestimmungsgrößen, die zur Kennzeichnung einer Person und ihres Verhaltens herangezogen werden können. Hierzu gehören neben dem Wertesystem einer Person ihre Bedürfnisse und ihre Charaktereigenschaften (z. B. Flexibilität, Aggressivität, Risikoeinstellung). Die Persönlichkeitsmerkmale wirken (6) auf den Ablauf der Überzeugungs- und Beeinflussungsprozesse, mit denen die Sender ihre Erwartungen dem Stelleninhaber vermitteln (z. B. Glaubwürdigkeit des Senders) (7), auf die Anpassungsentscheidungen der Bezugspersonen (z. B. Überzeugbarkeit der Bezugsperson) sowie auf die Reaktionen der Rollensender (8) ein. Sie werden umgekehrt (6, 7) aber auch selbst beeinflußt.

Die interpersonalen Beziehungen stellen das dritte Einflußgrößensystem dar. Es enthält mehr oder weniger dauerhafte Interaktionsmuster zwischen der Bezugsperson und ihren Rollensendern. Diese Interaktionsmuster lassen sich nach verschiedenen Dimensionen wie Machtbeziehungen, gefühlsmäßige Bindungen, gegenseitige Abhängigkeiten, Art der Kommunikationsbeziehungen charakterisieren. Diese sozialen Beziehungen haben teilweise die gleichen Wirkungen wie die Persönlichkeitsfaktoren. Sie beeinflussen die Erwartungen und Bewertungsvorgänge des Rollensenders (9), bestimmen die Art und Vermittlung der Rollenpressionen mit (10) und werden ihrerseits von den Reaktionen der Bezugspersonen beeinflußt (11).

*interpersonale Einflußfaktoren*

Das sozial-wissenschaftliche Modell des arbeitenden Menschen stellt dessen Entscheidung über rollenkonformes Verhalten im Arbeitsprozeß in den Mittelpunkt. Diese Entscheidung kann als ständiger Anpassungs- und Konfliktlösungsprozeß aufgefaßt werden, der sich aus einer Abfolge von Zyklen zusammensetzt und von organisationalen, interpersonalen und personalen Einflußgrößen geprägt wird.

*rollenkonformes Verhalten*

Die Entwicklung der verschiedenen Grundmodelle des arbeitenden Menschen ist nicht nur durch eine zunehmende Komplexität der Modellstruktur gekennzeichnet, sondern führt auch zu einem Wandel der mit der praktischen Anwendung der Modelle verfolgten Ziele: Das mechanistische Modell Taylors wie auch das der Human-Relations-Bewegung dient der Optimierung der ökonomischen Effizienz (Arbeitsproduktivität), das sozial-wissenschaftliche Modell erweitert diese Zielsetzung um Kategorien sozialer Effizienz.

**Ökonomische und soziale Effizienz sind die zentralen Zielgrößen personalwirtschaftlicher Strategien und Maßnahmen.** Ökonomische Effizienz im Personalbereich bedeutet die Erfüllung des Sachleistungsprogramms des Industriebetriebes durch den Einsatz von Mitarbeitern nach dem Prinzip der sparsamen Verwendung knapper Mittel.

*ökonomische Effizienz*

Dieses Prinzip findet seinen Ausdruck durch die Realisierung einer möglichst hohen Arbeitsproduktivität, die ihrerseits den Beitrag der Personalwirtschaft zu ökonomischen Zielgrößen wie Gewinn oder Rentabilität bildet.

*Arbeitsproduktivität*

Der **Begriff der Arbeitsproduktivität** wird allgemein in Form einer Relationszahl ($P_a$) zum Ausdruck gebracht, die sich aus dem Verhältnis der eingesetzten Arbeitsmenge (A) zu den erzielten Güter- oder Leistungsmengen (O) ergibt: $P_a = O/A$. Diese Kennzahl gibt an, wie viele Einheiten der Ausbringung O auf eine Einheit der eingesetzten Arbeit (A) entfallen. Wird die Produktivitätsbeziehung durch den umgekehrten Quotienten $P_a = A/O$ dargestellt, so wird angegeben, wie viele Einheiten des Einsatzfaktors auf eine Einheit der Ausbringung entfallen. An der Entstehung der Ausbringung O sind allerdings neben der menschlichen Arbeit auch andere Faktoren beteiligt (z. B. Material, Kapital). Eine verursachungsgerechte Aufteilung des Produktionsergebnisses auf die beteiligten Faktoren entsprechend ihren jeweiligen „produktiven Beiträgen" ist in aller Regel nicht möglich. Deshalb wird häufig die Gesamtausbringung zu den Einsatzmengen einzelner Faktoren in Beziehung gesetzt. Durch solche Teilproduktivitäten (Arbeitsproduktivität, Produktivität des Materialeinsatzes, Kapitalproduktivität) können bestehende Kausalbeziehungen allerdings nicht zahlenmäßig bestimmt werden. Es handelt sich vielmehr um statistische Meßzahlen, die weniger in ihrer absoluten Höhe als vielmehr im zeitlichen, innerbetrieblichen und im überbetrieblichen Vergleich interessieren. Nur eine monokausale Produktivitätsauffassung, die allein die menschliche Arbeit als wertschaffenden Einsatzfaktor ansieht, der auch in den produzierten Produktionsmitteln enthalten ist, gestattet die Interpretation der Arbeitsproduktivität als Gesamtproduktivität und kann als Ausdruck einer Kausalbeziehung interpretiert werden.

*Aussagefähigkeit der Kennzahl: Arbeitsproduktivität*

Wie bei der Darstellung einer Gesamtproduktivität steht man auch bei der Quantifizierung von Teilproduktivitäten für einzelne Faktorarten häufig vor dem Problem, qualitativ unterschiedliche Einsatzfaktoren einerseits und Ausbringungsmengen andererseits zu Gesamtmengen zusammenfassen zu müssen. Soweit hierfür Äquivalenzziffern verwendet werden können, bleibt der **grundsätzlich mengenmäßige Charakter** von Kennzahlen zur Darstellung der Arbeitsproduktivität erhalten. Aus Gründen einer einfachen Ermittlung werden jedoch auch monetäre Größen herangezogen, um unterschiedliche Einsatzfaktor- und Ausbringungsarten gleichnamig zu machen.

Reine **Mengenverhältnisse** sind z. B.:

$$P_a = \frac{\text{t Stahl}}{\text{Std. Arbeitszeit}} \quad ; \quad P_a = \frac{\text{Stück Erzeugnisse}}{\text{Anzahl Belegschaftsmitglieder}}$$

Beispiele für reine **Wertverhältnisse** sind:

$$P_a = \frac{\text{Betriebl. Wertschöpfung}}{\text{Arbeitsvergütungen}} \quad ; \quad P_a = \frac{\text{Nettoproduktionswert}}{\text{Lohnzahlungen}}$$

Es können auch gemischte Kennzahlen für die Arbeitsproduktivität gebildet werden.

Eine Erhöhung der Arbeitsproduktivität ergibt sich sowohl durch Steigerung der Ausbringungsmenge bei unveränderten Faktoreinsatzmengen als auch durch Verminderung der Einsatzmengen für eine vorgegebene Ausbringung.

Es ist offensichtlich, daß ein uneingeschränktes Bemühen um Maximierung der Arbeitsproduktivität nicht im Interesse der Mitarbeiter sein kann. Sowohl eine ständige Erhöhung des Outputs, aufgrund der damit verbundenen physischen und psychischen Belastungen, als auch eine Verminderung des Inputs (z. B. Kürzung von Vorgabezeiten, Verminderung von Sozialleistungen mit dem Ziel der Kostenreduzierung) entsprechen nicht den Bedürfnissen der Mitarbeiter. Andererseits kann nicht unterstellt werden, daß die Interessen der Arbeitnehmer grundsätzlich einer Erhöhung der Arbeitsproduktivität zuwiderlaufen, da von ausreichender Arbeitsproduktivität die Sicherheit der Arbeitsplätze abhängt. Es ist davon auszugehen, daß es Bereiche bzw. Situationen gibt, in denen sich das Interesse der Organisation an einer Erhöhung der Arbeitsproduktivität und die Interessen der Arbeitnehmer komplementär verhalten, und andere, in denen sie sich konkurrierend oder indifferent verhalten. *Arbeitsproduktivität als personalwirtschaftliches Ziel*

Die Interessen der Arbeitnehmer bzw. das Ausmaß der Erfüllung dieses Interesses bilden den Inhalt des Begriffes der sozialen Effizienz bzw. den Maßstab für ihre Erreichung. Die Interessen der Arbeitnehmer wurzeln in der allgemeinen menschlichen Bedürfnisstruktur, deren Befriedigung als Triebfeder des Handelns und damit auch des Arbeitsverhaltens angesehen werden kann. *soziale Effizienz*

## 2. Motivationstheorien

Als Oberbegriff für jene Vorgänge, die in der Umgangssprache mit den Begriffen Streben, Wollen, Begehren, Trieb, Drang usw. umschrieben und als Ursache für Verhalten angesehen werden, dient der Begriff der Motivation. **Gegenstand der Lehre von der Motivation sind alle Vorgänge in einer Person, die das Verhalten im allgemeinen wie auch in speziellen Situationen verständlich werden lassen.** *Motivation, Motivationstheorie*

Systematisierungen von Motiven (Beweggründen) und den zugehörigen Zielen, Befriedigungen, Objekten und Werten, auf deren Verwirklichung sich menschliches Handeln richtet, sind für den Prozeß der Erkenntnisgewinnung über Motivationsprozesse außerordentlich hilfreich.

Der bekannteste Versuch einer inhaltlichen Systematisierung der vielen Motive menschlichen Verhaltens stammt von dem amerikanischen Psychologen A. Maslow, der eine fünfstufige Bedürfnisstruktur vorschlägt (vgl. Abb. 6.5). Die Stufenhierarchie gibt dabei die **Dringlichkeitsordnung der Bedürfnisse** an. Höhere Bedürfnisse werden erst dann verhaltenswirksam, wenn die Bedürfnisse niedrigerer Ordnung ausreichend erfüllt sind. *Bedürfnishierarchie*

Die erste Stufe der Bedürfnishierarchie enthält die physiologischen Bedürfnisse, deren Befriedigung der Selbsterhaltung dient (Verlangen nach Schlaf, Nahrung). Sie werden auch als primäre Bedürfnisse (Triebe) bezeichnet und gelten als genetisch vorgeformt, physiologisch bedingt und nicht als gelernt. Die nächsten Stufen bilden sekundäre Bedürfnisse (Strebungen), deren Inhalte sowie Art und Weise ihrer Befriedigung erst über einen Lernprozeß internalisiert werden. Auf der zweiten Stufe der Bedürfnishierarchie stehen die **Sicher-** *primäre Bedürfnisse* *sekundäre Bedürfnisse*

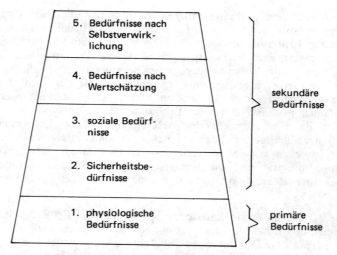

*Abb. 6.5: Bedürfnishierarchie nach Maslow*

**heitsbedürfnisse.** Sie beziehen sich auf die Sicherung des Einkommens, des Arbeitsplatzes, der Altersversorgung und den Schutz bei Erwerbsunfähigkeit. An die **Sicherheitsbedürfnisse** schließen sich die **sozialen Bedürfnisse an.** Zu ihnen gehören etwa der Wunsch nach Freundschaft, das Gefühl der Zusammengehörigkeit und das Streben nach Aufnahme in bestimmte Gruppen. Verwandt mit den sozialen Bedürfnissen sind die **Bedürfnisse nach Wertschätzung.** Sie äußern sich im Streben nach Prestige, Macht oder hohem sozialen Ansehen. Die Spitze der Hierarchie bilden **Bedürfnisse nach Selbstverwirklichung** des eigenen Idealbildes.

Das Stufenkonzept von Maslow bildete den gedanklichen Ausgangspunkt für einen motivationstheoretischen Ansatz, der als Versuch einer Operationalisierung des Stufenkonzeptes zum Zweck seiner praktischen Anwendung angesehen werden kann. Es handelt sich um die Zweifaktorentheorie der Arbeitszufriedenheit von Herzberg, die – häufig implizit – der aktuellen Diskussion über die „Humanisierung des Arbeitslebens" zugrunde liegt.

*Zweifaktoren-Theorie der Arbeitszufriedenheit*

Im Gegensatz zur üblichen Auffassung, daß Arbeitszufriedenheit und Unzufriedenheit mit der Arbeit die beiden Endpunkte **eines** Kontinuums darstellen, geht Herzberg davon aus, daß Arbeitszufriedenheit und Unzufriedenheit mit der Arbeit zwei voneinander (relativ) unabhängige Dimensionen sind, die demnach auch auf zwei getrennten Skalen abzubilden sind.

Arbeitszufriedenheit ←——→ keine Arbeitszufriedenheit

keine Unzufriedenheit mit der Arbeit ←——→ Unzufriedenheit mit der Arbeit

Entscheidend ist, daß Herzberg glaubt, entsprechend den beiden Skalen zwei Einflußfaktorengruppen empirisch nachweisen zu können, deren Wirkung bisher undifferenziert betrachtet wurde. Die eine Gruppe (betreffend das Kontinuum: „Arbeitszufriedenheit – keine Arbeitszufriedenheit") nennt er **Motivatoren.** Die andere Gruppe, welche die Position im Kontinuum: „Keine Unzufriedenheit – Unzufriedenheit" beeinflußt, bezeichnet er als **Hygiene-Faktoren.** Die wichtigsten – empirisch ermittelten – Motivatoren sind Leistung, Anerkennung, interessanter Arbeitsinhalt, Verantwortung. Die wichtigsten Hygiene-Faktoren sind Entlohnung, soziale Beziehungen, Führungsstil, Arbeitsbedingungen, Unternehmenspolitik.

*Motivatoren und Hygiene-Faktoren*

Als der Differenzierung zugrunde liegendes Ordnungsprinzip läßt sich der Bezug zum Arbeitsinhalt identifizieren. **Hygiene-Faktoren sind nicht zentral auf den Arbeitsinhalt bezogen,** sondern auf Rand- und Folgebedingungen der Arbeit. Aus ihrer Erfüllung resultiert eine **„extrinsische" Arbeitsmotivation. Motivatoren hingegen betreffen den Arbeitsinhalt selbst und bestimmen damit die „intrinsische" Arbeitsmotivation.**

Aus dieser Zuordnung lassen sich als Basis-Aussagen der Zweifaktoren-Theorie ableiten (vgl. auch Abb. 6.6):

Nur ein befriedigendes Ausmaß an Motivatoren kann zur Arbeitszufriedenheit führen. Ein befriedigendes Ausmaß an Hygiene-Faktoren wird dazu vorausgesetzt und führt allein nur zum Zustand „Keine Unzufriedenheit". Unbefriedigende Hygiene-Faktoren führen zu starker Unzufriedenheit mit der Arbeit.

Befriedigend gestaltete Motivatoren sollen die Leistungsbereitschaft fördern, befriedigend gestaltete Hygiene-Faktoren sollen Leistungsrückgang vermeiden (insofern sind nach Herzberg Programme zur Verbesserung mitmenschli-

|  |  | Motivatoren | |
|---|---|---|---|
|  |  | nicht befriedigend | befriedigend |
| Hygienefaktoren | nicht befriedigend | Unzufriedenheit mit der Arbeit — — | Unzufriedenheit mit der Arbeit — |
|  | befriedigend | Keine Unzufriedenheit — Keine Arbeitszufriedenheit | Keine Unzufriedenheit — Arbeitszufriedenheit |

*Abb. 6.6: Basisaussagen der Zweifaktoren-Theorie Herzbergs*

cher Beziehungen im Betrieb zur Leistungssteigerung ungeeignet, geeignet sind z. B. Arbeitserweiterungsprogramme zur Schaffung interessanter Arbeitsinhalte).

Empirische Überprüfungen von Herzbergs Theorie zeigen, daß die Ergebnisse in starkem Maße erhebungsmethodenabhängig sind, eine logisch zwingende Zuordnung personalwirtschaftlicher Aktionsparameter (z. B. Lohn) zur Gruppe der Motivatoren bzw. Hygiene-Faktoren ist nicht möglich. Zudem wurde in diesen Untersuchungen festgestellt, daß – je nach Situation – auch mangelhafte Motivatoren für Unzufriedenheit verantwortlich sein können und gut gestaltete Hygiene-Faktoren (insbesondere die Entlohnung) zur Zufriedenheit führen.

Sowohl Maslows wie Herzbergs Theorie gehen von der Annahme aus, daß menschliches Handeln letztlich von einer Selbstverwirklichung beherrscht wird.

*Anreiz-Beitrags-Theorie*

Es existieren weitere motivationstheoretische Konzepte, die auf der Annahme eines individuellen Strebens nach Erzielung und Erhaltung eines Gleichgewichtes zwischen eigener Leistung (Mühen, Nutzenentgang) und den dafür erlangten „Gegenwerten" ausgehen. Die bekannteste dieser sog. Austauschtheorien ist die Anreiz-Beitrags-Theorie von March und Simon, die auf S. 642 ff. ausführlich dargestellt ist.

*Erwartungs-Valenz-Theorien*

Der Anreiz-Beitrags-Theorie von March und Simon, wie den Theorien von Maslow und Herzberg ist gemeinsam, daß **konkrete** Bedürfniselemente zu einer Bedürfnisstruktur integriert werden. Dieser Bezug auf ein konkretes Bedürfnis fehlt anderen Motivationstheorien. Die ebenfalls zu den anreiztheoretischen Konzeptionen der Arbeitsmotivation gerechneten Erwartungs-Valenz-Theorien sind in ihrer Struktur komplexer als die obengenannten. Sie unterscheiden sich im wesentlichen dadurch von ihnen, daß sie nicht nur die Stärke eines Bedürfnisses berücksichtigen, sondern auch die Fähigkeiten eines Mitarbeiters, seine Bedürfnisse befriedigen zu können, seine Erwartungen und die von ihm subjektiv wahrgenommene Beziehung zwischen seinem Beitrag und der dafür erhaltenen Belohnung.

Die Erwartungs-Valenz-Theorien beruhen auf der Annahme, daß menschliches Verhalten von rationalen Überlegungen bestimmt wird. Demzufolge entwickelt jeder Mitarbeiter Vorstellungen über die Konsequenzen seines Arbeitsverhaltens und wählt dann bewußt jene Verhaltensalternative, die ihm in Abhängigkeit von der wahrgenommenen Auftretenswahrscheinlichkeit und seiner subjektiven Nutzeneinschätzung den größten Nutzen bringt.

Zu den bekanntesten unter den Erwartungs-Valenz-Theorien zählt der Ansatz von Vroom. Vroom verbindet zur Erklärung des Leistungsverhaltens eines Mitarbeiters zwei Modelle; ein **„Valenzmodell"**, welches die Zufriedenheit mit einem Aspekt der Arbeit erklärt, und ein **„Kraftmodell"**, das über die Tendenz des Mitarbeiters Aufschluß gibt, eine bestimmte Leistung zu erbringen. Das „Kraftmodell" setzt dabei die inhaltliche Ausfüllung des „Valenzmodells" voraus. Das „Valenzmodell" besagt, daß der „Zufriedenheitswert" eines

Aspektes der Arbeit (j) eine Funktion der vom Mitarbeiter verfolgten Ziele (k) und der von ihm wahrgenommenen Instrumentalität des Arbeitsaspektes für die verfolgten Ziele ist:

(6.1) $\quad V_j = f \sum_{k=1}^{n} (V_k I_{jk})$ *Valenzmodell*

$V_j$ = subjektive Bedeutung und daraus resultierende Befriedigung eines „Arbeitsaspektes" j,
$V_k$ = subjektive Bedeutung des verfolgten Zieles k
$I_{jk}$ = wahrgenommene Instrumentalität von j für k
n = Anzahl der in Betracht gezogenen Ziele

Die aus dem „Kraftmodell" abgeleitete Handlungsbereitschaft wird um so stärker sein, je höher die Summe der Produkte aus Erwartung und Valenz ist:

(6.2) $\quad K_i = \sum_{j=1}^{n} (E_{ij} V_j)$

$K_i$ = Kraft, die auf den Mitarbeiter wirkt, die Handlung i auszuführen,
$E_{ij}$ = erwartete Wahrscheinlichkeit, daß die Handlung i zum Ergebnis j führt.

Nach den Erwartungs-Valenz-Theorien wird menschliches Verhalten von dem multiplikativen Zusammenwirken dreier Faktoren bestimmt:

1. der Valenz, die Ausdruck für den Aufforderungscharakter der zu erbringenden Leistung ist,

2. der Instrumentalität, die zum Ausdruck bringt, inwieweit eine bestimmte Handlung als geeignetes Mittel (Instrument) zur Erlangung des angestrebten Anreizes eingeschätzt wird,

3. der Erwartung, die die subjektive Einschätzung der Wahrscheinlichkeit zum Ausdruck bringt, daß die als geeignet angesehenen Handlungen selbst erfolgreich durchgeführt werden können (vgl. Abb. 6.7).

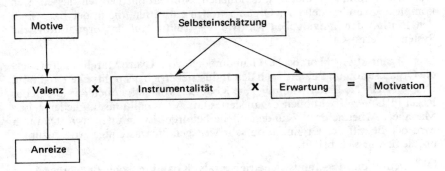

*Abb. 6.7: Faktoren der Erwartungsvalenztheorien*

Die Variablen, deren Zusammenwirken das menschliche Verhalten steuert, nehmen je nach Situation unterschiedliche Ausprägungen an. Die Modelle gehen von einem kausalen Erklärungsansatz aus. Motivation und Situation gemeinsam bewirken beobachtbares Verhalten.

Die Erwartungs-Valenz-Theorien werden von ihrer Struktur her der Komplexität menschlichen Verhaltens eher gerecht als die obengenannten Motivationstheorien, weil sie Aussagen über das Zusammenwirken verschiedener Variablen machen und sich nicht auf die Sammlung und Ordnung von Bedürfnissen bzw. Einflußfaktoren beschränken. So wird z. B. deutlich, daß eine verbesserte Motivation nicht nur durch Erhöhung der Anreizwerte möglich ist, sondern auch durch eine engere Beziehung zwischen Leistung und Belohnung oder durch eine auf die Erwartungen des Mitarbeiters bezogene Anreizgestaltung.

Die Vorhersagegüte der Erwartungs-Valenz-Theorien und damit ihre praktische Nutzbarkeit für die Gestaltung personalwirtschaftlicher Maßnahmenprogramme erscheint dennoch relativ gering, da die inhaltliche Auffüllung der verwendeten theoretischen Konstrukte in der Praxis erhebliche Schwierigkeiten bereiten dürfte.

Insgesamt hat die psychologische Motivationsforschung zu einer Vielzahl z. T. sehr heterogener Erklärungskonzepte geführt, ohne daß es bis heute gelungen wäre, diese zu einer umfassenden allgemeinen Motivationstheorie zu integrieren. Individuelles Verhalten kann nur erklärt werden, wenn dabei neben eher statischen Konstrukten, wie der Persönlichkeitsstruktur, auch dynamische Phänomene, wie „Lernen", „Prägung durch die Umwelt" (Sozialisation) Berücksichtigung finden. Für die Erklärung beobachtbaren realen Verhaltens der Mitarbeiter (und damit auch für seine Prognose) kommt den einzelnen Motivationstheorien daher ein jeweils unterschiedlicher heuristischer Wert zu.

## 3. Organisationstheoretisches Koalitionsmodell und Anreiz-Beitrags-Theorie

Auf der Grundlage dieser individuellen Motivationstheorien lassen sich komplexe Grundmodelle der Organisationen entwerfen, die in der Lage sind, den Einfluß der individuellen Motivationsstruktur auf das organisatorische System zu erfassen.

*der Industriebetrieb als Koalition*

Das organisationstheoretische Grundmodell von Cyert/March interpretiert die Organisation und damit auch den Industriebetrieb als politische Koalition. Danach stellt die Unternehmung eine Koalition von Individuen dar, die in der Regel in Unter-Koalitionen organisiert sind. Als Koalitionsmitglieder gelten Manager, Arbeitnehmer, Kunden, Steuerbehörde, Lieferanten usw. Dadurch wird der Begriff der Organisation sehr weit gefaßt, was einige Abgrenzungsprobleme mit sich bringt.

*Koalitionsmitglieder*

*Koalitionsverhandlungen*

Die Definition des Industriebetriebes als Koalition schließt vorgegebene Organisationsziele grundsätzlich aus. Grundlegend für diesen Ansatz ist die

Annahme, daß die Organisationsmitglieder Individualziele besitzen, die als Ziele **für** die Organisation eingebracht und in einem **Verhandlungsprozeß** in Ziele **der** Organisation **(Koalitionsziele)** umgewandelt und festgelegt werden. Interessengegensätze zwischen den Koalitionspartnern können dabei zum Ausgleich kommen.

Der Verhandlungsprozeß vollzieht sich sowohl zwischen Einzelpersonen als auch zwischen Gruppen, die Unterkoalitionen im Rahmen der Gesamtkoalition darstellen. Dabei sind drei Aspekte von Bedeutung, die als Stufen des kollektiven Verhandlungsprozesses interpretiert werden können:

1. Festlegung der Koalitionsbedingungen,
2. Stabilisierung und Präzisierung der ausgehandelten Zielvorstellungen und
3. Zielanpassung durch den Einfluß von Erfahrungen.

Auf der ersten Stufe des Verhandlungsprozesses werden die allgemeinen Koalitionsbedingungen zwischen den Mitgliedern festgelegt. **Inwieweit die Koalitionsbildung „frei" oder unter dem Zwang der Verhältnisse erfolgt, hängt vom herrschenden Wirtschafts- und Gesellschaftssystem sowie von der sozialen und wirtschaftlichen Lage der Betroffenen ab (z. B. Wechsel der Arbeitsmarktsituation).** Die einzelnen Gruppen sind dabei mit unterschiedlicher Stärke am Verhandlungsvorgang beteiligt, so daß zwischen aktiven und passiven Gruppen zu unterscheiden ist. Das Ausmaß, in welchem die jeweiligen Ansprüche der Koalitionsmitglieder im Verhandlungsprozeß Berücksichtigung finden, hängt vor allem von der Machtverteilung in der Unternehmung ab. Nach der Mitwirkung am Unternehmungsgeschehen lassen sich interne und externe Gruppen (z. B. Lieferanten) differenzieren.

*Fixierung der Koalitionsbedingungen*

Konflikte im Verhandlungsprozeß zwischen Individual- bzw. Gruppenzielen werden über „Ausgleichszahlungen" gehandhabt. Sie umfassen sowohl monetäre Größen als auch immaterielle Vorteile, wie z. B. Aufstiegschancen oder Ausbildungsmöglichkeiten für die Arbeitnehmerkoalition. Das Ergebnis der Festlegung von Koalitionsbedingungen schlägt sich in einem System von Beschränkungen oder Nebenbedingungen nieder, die das Verhalten der Organisationsmitglieder generell bestimmen. **Die ausgehandelten Bedingungen sind aber nicht als endgültige Konfliktlösungen anzusehen.** Es bestehen nach wie vor zahlreiche Widersprüche und nichtoperationale Verhaltensbeschränkungen. **Das Verhandlungsergebnis stellt lediglich eine Quasilösung dar;** die Koalitionsmitglieder sind weiterhin bestrebt, ihre individuellen Ziele zu verwirklichen. Bezogen auf den einzelnen Arbeitnehmer entspricht die erste Stufe des Verhandlungsprozesses seiner Eintrittsentscheidung in die Unternehmung.

*Ausgleichszahlungen*

Während der Mitgliedschaft erfolgt eine **Stabilisierung und Präzisierung der Koalitionsbedingungen.** Diese zweite Stufe ist dadurch gekennzeichnet, daß sich die Arbeitnehmer zu verschiedenen Unterkoalitionen (z. B. berufsbildbezogen: Facharbeiter, Angestellte; funktionsbezogen: Betriebsrat, Leitende Angestellte) zusammenschließen. In dieser Phase werden die Vereinbarungen über „Ausgleichszahlungen" konkretisiert und die Verhaltensnormen vor

*Stabilisierung und Präzisierung der ausgehandelten Zielvorstellungen*

allem mit Hilfe von Aufgabenverteilungen stabilisiert. Gleichzeitig finden Revisionen der ursprünglichen Koalitionsbedingungen statt.

*Zielanpassung durch Erfahrungen*

In der Realität laufen in der Koalition **kontinuierliche Verhandlungsprozesse** ab. Dieser Sachverhalt ist eine Konsequenz der **sich wandelnden Bedürfnisstruktur** der Koalitionsmitglieder, erkannter Unverträglichkeiten und Widersprüche in den Koalitionsbedingungen sowie der Veränderung von Umweltfaktoren. Durch Erfahrungen werden individuelle Zielvorstellungen im Rahmen der Anspruchsanpassung sowie durch inhaltliche Abwandlung vielfach verändert. Die durch diese Vorgänge hervorgerufenen Impulse führen ständig zu neuen Verhandlungsprozessen.

*Bestandsbedingungen*

Der Bestand der Koalition hängt von ihrer Fähigkeit ab, die Mitglieder durch Anreize vielfältiger Art so an die Unternehmung zu binden, daß sie zu ausreichender Beitragsleistung bereit sind. Ausreichend sind Beitragsleistungen dann, wenn sie die Erfüllung der Forderungen der verschiedenen Koalitionsmitglieder ermöglichen. Die tatsächlich gebotenen Anreize können höher als die zur Aufrechterhaltung der Beitragsleistung erforderlichen Anreize (z. B. Mindestdividende für Anteilseigner, Mindestlöhne für Belegschaftsmitglieder) sein. Ein derartiger Überschuß wird „organizational slack" genannt. Wie er auf die Mitglieder der Koalition verteilt ist, hängt wesentlich von den bestehenden Machtverhältnissen ab. Es wird aber angenommen, daß er in Krisenzeiten ohne ernsthafte Gefährdung des Bestandes der Koalition abgebaut werden kann, d. h. eine Pufferfunktion hat.

Eine Präzisierung dieses koalitionstheoretischen Ansatzes liefert die Anreiz-Beitrags-Theorie von March und Simon. Während im Koalitionsmodell die Bedingungen und der Prozeß der Teilnahme und des Tätigwerdens eines Individuums in einer Organisation in globaler Form beschrieben werden, liefert die Anreiz-Beitrags-Theorie eine detaillierte Analyse dieser Voraussetzungen aus der Sicht des **einzelnen** Organisationsmitglieds.

*Anreize und Beiträge*

Ähnlich wie die Koalitionstheorie, bei der ein Organisationsteilnehmer die angebotenen „Ausgleichszahlungen" mit den von ihm zu erfüllenden Koalitionsbedingungen vergleicht, geht die Anreiz-Beitrags-Theorie von der Annahme aus, daß die Arbeitnehmer ihre vom Industriebetrieb erhaltenen Anreize im Lichte der Beiträge bewerten, die sie an die Organisation leisten. Das Ergebnis dieses Bewertungsvorganges bestimmt nicht nur ihre Verhaltensweisen, sondern entscheidet auch über die Auflösung des Arbeitsverhältnisses bzw. über den Eintritt in die Unternehmung (Teilnahmeentscheidung).

*Basisaussagen der Anreiz-Beitrags-Theorie*

Die Basisaussagen der Anreiz-Beitrags-Theorie lassen sich in folgenden Thesen zusammenfassen:

(1) Eine Organisation (wie der Industriebetrieb) ist ein System von Personen, die in wechselseitiger Abhängigkeit handeln.

(2) Alle Organisationsteilnehmer und alle Gruppen empfangen von der Organisation Anreize, die nicht nur monetärer Natur sein müssen und leisten dafür gewisse Beiträge (z. B. Arbeitsleistungen).

(3) Die Belegschaftsmitglieder halten ihr Arbeitsverhältnis nur so lange aufrecht, wie die gewährten Anreize den geleisteten Beiträgen entsprechen oder diese übersteigen. Der Nutzen der Anreize richtet sich nach den Wertmaßstäben des Arbeitnehmers. Der Wert des Nutzenentgangs, der dem Arbeitnehmer durch die Beitragsleistung entsteht, hängt von den wahrgenommenen Einsatzmöglichkeiten in anderen Betriebswirtschaften ab.

(4) Die geleisteten Beiträge werden in der Organisation in Anreize für die Organisationsteilnehmer umgewandelt.

(5) Die Organisation befindet sich im Gleichgewichtszustand, wenn aufgrund der Beiträge den Arbeitnehmern so viele Anreize gewährt werden, daß diese ihr Arbeitsverhältnis fortsetzen.

Das Vorhandensein einer für den Arbeitnehmer positiven Nutzendifferenz bedeutet jedoch nur, daß der Arbeitnehmer weiterhin in der Organisation bleibt. Über die Art seines Arbeitsverhaltens ist damit noch nichts ausgesagt. Seine Entscheidung, sich rollenkonform zu verhalten oder formalen Mindestanforderungen zu entsprechen, hängt von jenen Einflußgrößen ab, die als subjektive Faktoren auch für die Bestimmung des Umfangs der Anreize und Beiträge herangezogen werden.

Für die Beantwortung der Frage, welche betrieblichen „Ausgleichszahlungen" im weitesten Sinne als Anreize anzusehen sind, ist die Motivationsstruktur des Arbeitnehmers maßgebend.

*geplante und ungeplante Anreize*

Grundsätzlich stellt jede geplante oder ausgehandelte „Zahlung" der Organisation an den Arbeitnehmer einen Anreiz dar, soweit sie zur Erfüllung seiner Bedürfnisse beiträgt. Außerdem erhält er durch seine Mitgliedschaft „ungeplante" Zahlungen, die nicht Elemente des offiziellen Anreizsystems sind. Dem Industriebetrieb kommt hier in erster Linie die Rolle eines Vermittlers zu, der dem Arbeitnehmer weitere Anreize eröffnet. Ein Beispiel hierfür sind die informalen Beziehungen zwischen den Belegschaftsmitgliedern, die der Befriedigung sozialer Bedürfnisse dienen und dem Streben nach Wertschätzung entgegenkommen.

*Beiträge*

Die Beiträge eines Organisationsmitgliedes umfassen die Erfüllung der formalen Rollenerwartungen sowie der sonstigen Verhaltensansprüche, die von den Rollensendern an den Mitarbeiter herangetragen werden. Ihren Wert bemißt er nach dem Nutzen alternativer Handlungsmöglichkeiten, der ihm durch die Leistung dieser Beiträge entgeht.

Die Bewertung von Anreizen und Beiträgen orientiert sich auch an informalen Normen und Erwartungen. Über Verhaltensmodelle sind deshalb die wichtigsten Einflußgrößen der Verhaltensentscheidung zu identifizieren und zu systematisieren. Die Anreiz-Beitrags-Theorie von March und Simon liefert hierfür ein umfangreiches System von Verhaltenshypothesen, das neben dem rein monetären Aspekt des mechanistischen Menschenmodells viele soziale Beziehungszusammenhänge miteinander verbindet. March und Simon stellen sowohl für die Eintrittsentscheidung eines Mitarbeiters wie auch für seine Entscheidung, sich rollenkonform zu verhalten, ein eigenes Erklärungsmodell auf. Beide Modelle decken zahlreiche personalwirtschaftlich außerordentlich wichtige Beziehungen auf. Das Erklärungsmodell für die Eintrittsentscheidung eines (potentiellen) Mitarbeiters erfaßt dabei auch die Gründe, die ihn zur Aufgabe seiner Mitgliedschaft bei einer Organisation veranlassen können (vgl. Abb. 6.8).

*Eintritts- bzw. Austritts- entscheidung*

Grundsätzlich hängt die **Neigung eines Arbeitnehmers, einer Organisation beizutreten bzw. aus ihr auszuscheiden** (1), von seiner **Beurteilung der gegenwärtigen Anreiz-Beitrags-Struktur** ab. Je größer die positive Differenz zwischen

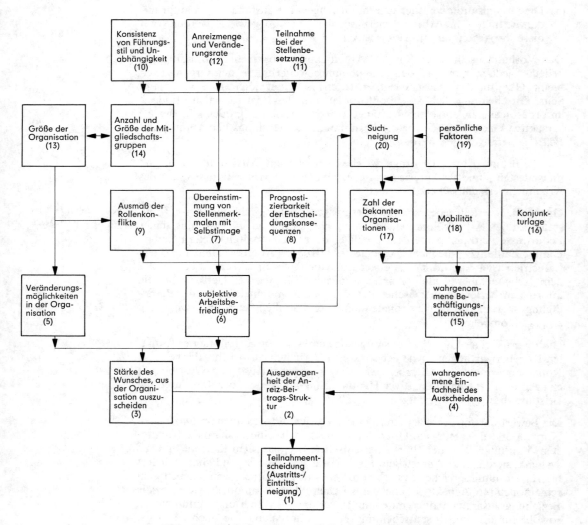

*Abb. 6.8: Einflußgrößen der Teilnahmeentscheidung*

Anreizen und Beiträgen (2) ist, desto größer wird die Teilnahme- bzw. desto geringer die Austrittsneigung sein. Bei der Einschätzung der Ausgewogenheit des Verhältnisses von geleisteten Beiträgen und erwarteten Anreizen spielt die Stärke des Wunsches, aus der Organisation auszuscheiden (3) sowie die wahrgenommene Einfachheit, in eine neue Mitgliedschaft einzutreten (4), eine bedeutende Rolle.

**Der Wunsch, die Organisation zu verlassen** (3) richtet sich nach dem Nutzen der Anreize, die der Arbeitnehmer bei Fortsetzung seiner Mitgliedschaft in der Organisation in Zukunft erhält. Soweit die Nutzenschätzungen seinem Anspruchsniveau entsprechen oder dieses übersteigen, liegt der Anreizüberschuß oberhalb des kritischen Punktes der Zufriedenheitsskala. Der Arbeitnehmer hat keinerlei Veränderungswünsche, Abwerbungsmaßnahmen anderer Industriebetriebe bleiben erfolglos.

*Austritts-wunsch*

Demgegenüber bestimmt die **wahrgenommene Einfachheit der Veränderung** (4) den Nutzenentgang, den ein Organisationsmitglied durch die Fortführung des Arbeitsvertrages hinnehmen muß. Beide Variablen (3) und (4) stehen in einem gegenseitigen Abhängigkeitsverhältnis. Anreizangebote anderer Betriebswirtschaften (15) können zu einer Revision bisheriger Nutzenschätzungen der entgangenen Anreize führen und damit auch die Nutzenbewertung der empfangenen Anreize modifizieren. Umgekehrt werden die Nutzenverluste anhand der gewählten Anreize beurteilt.

*wahrgenommene Einfachheit des Ausscheidens*

Sowohl der Wunsch nach Veränderung (3) als auch die Einfachheit, die gegenwärtige Mitgliedschaft zu beenden (4), sind Resultanten mehrerer Einflußgrößen. Dabei stellt die Anreiz-Beitrags-Theorie mehrere Hypothesen hinsichtlich möglicher oder empirisch getesteter Relationen zwischen diesen Variablen auf, die die Komplexität der Eintritts- bzw. Austrittsentscheidung verdeutlichen, ohne jedoch einen Anspruch auf Vollständigkeit zu erheben.

Zunächst hängt der Wunsch, aus der Organisation auszuscheiden von der subjektiven Arbeitsbefriedigung (6) und den Veränderungsmöglichkeiten innerhalb der Organisation (5) ab.

Je größer die Arbeitsbefriedigung (6) und die durch Versetzungsmöglichkeiten (5) begründete Flexibilität der Anreiz-Beitrags-Struktur, desto geringer ist der Wunsch nach Auflösung der Koalition (3). Hinsichtlich der Bestimmungsgrößen der Arbeitszufriedenheit (6) liegt eine Reihe faktoranalytischer Untersuchungen vor, die einen weiten Bereich von Arbeitsmerkmalen erfassen. Die Anreiz-Beitrags-Theorie hebt in diesem Zusammenhang drei Variablen hervor: Übereinstimmungsgrad der Eigenschaften und Anforderungen einer Stelle mit dem Selbstimage (Selbstcharakterisierung) des Arbeitnehmers (7), Prognostizierbarkeit der Konsequenzen der mit der Stelle verbundenen Entscheidungen (8) und Grad der Vereinbarkeit der formalen Rollenerfordernisse mit den Erfordernissen anderer Rollen des Arbeitnehmers (9). Diese Faktoren bilden das Konfliktpotential des Arbeitnehmers im Rahmen seiner Beitragsleistung.

Die Konfliktentstehung wird gefördert, wenn Diskrepanzen zwischen Stellenmerkmalen und der Selbstcharakterisierung eines Individuums entstehen (7). Jeder Arbeitnehmer besitzt Vorstellungen über die von ihm gewünschten Verhaltensspielräume, seine Wertschätzung durch andere und den Grad seiner Beteiligung bei der Stellenbesetzung. Deshalb erhöhen Diskrepanzen zwischen Führungsstilpraxis und Unabhängigkeitsvorstellung (10) sowie gewünschter und tatsächlicher Einflußnahme auf die Stellenbesetzung (11) die Wahrscheinlichkeit für das Auftreten von Konflikten. Auch die Anreizmenge (12) steht in direkter Beziehung zur eigenen Wertschätzung (7). Je mehr Anreize, gemessen in Geld- oder Statuseinheiten, der Arbeitnehmer von der Organisation erhält, desto geringer ist der Konflikt zwischen Merkmalen der Arbeitsstelle und dem Selbstimage (7). Dabei werden auch die zukünftigen Veränderungsraten der Anreizmenge einbezogen.

Von der Möglichkeit, die Konsequenzen von Entscheidungen prognostizieren zu können (8), hängt die Befriedigung des Sicherheitsbedürfnisses des Mitarbeiters sowie das Ausmaß von Konflikten aufgrund unvollkommener Informationen ab. Die Übereinstimmung formaler Rollenanforderungen mit anderen Rollenerwartungen bezieht sich dagegen auf Konflikte, die durch unvereinbare Verhaltensansprüche an den Arbeitnehmer entstehen (9). Beispielsweise widerspricht häufige Sonntagsarbeit den sozialen Normen, die von der Gesellschaft an „private" Rollen des Arbeitnehmers gestellt werden. Divergierende Rollenerwartungen ergeben sich auch aus der gleichzeitigen Mitgliedschaft in mehreren Gruppen, wobei das Konfliktpotential eine Funktion der Größe dieser Gruppen (14) bzw. der Organisation (13) ist.

Die genannten Einflußfaktoren bestimmen den Nutzen der Anreize bei der Fortsetzung der Mitgliedschaft im Industriebetrieb. Demgegenüber richtet sich die wahrgenommene Einfachheit des Ausscheidens (4) nach dem Nutzenentgang bei Aufrechterhalten des Arbeitsverhältnisses. Grundsätzlich ist für die Ermittlung des Nutzenentgangs die Anzahl wahrgenommener Beschäftigungsalternativen außerhalb der Organisationen (15) von Bedeutung. Diese Variable wird von einer Reihe weiterer Einflußfaktoren determiniert. Zu ihnen zählen die konjunkturelle Lage (16) und die Zahl der dem Arbeitnehmer bekannten Organisationen (17). Daneben spielt die Mobilität des Individuums (18) eine wichtige Rolle. Sie wird durch eine Reihe persönlicher Faktoren (19) (z. B. Alter, sozialer Status, persönliche Flexibilität und Dauer des Arbeitsverhältnisses) bestimmt. Die personalen Merkmale (19) sowie der Grad der Arbeitsbefriedigung (6) bilden die Determinanten der Suchneigung des Individuums (20), die ihrerseits die Zahl der bekannten Organisationen (17) und damit den Umfang der Beschäftigungsalternativen (15) erhöht.

Obwohl die Darstellung der Beziehungen zwischen den Einflußgrößen keinen Anspruch auf Vollständigkeit erhebt, verdeutlicht das Modell die Komplexität der **Eintrittsentscheidung**. Ähnlich differenziert sind die Überlegungen, die March und Simon hinsichtlich der Bestimmungsgrößen für das **rollenkonforme** Verhalten eines in der Organisation tätigen Mitarbeiters anstellen.

Auch in bezug auf rollenkonformes Verhalten, das hier gleichbedeutend steht mit „Arbeitsverhalten", stellen March und Simon eine Fülle plausibler und empirisch überprüfbarer Hypothesen auf, die wesentliche Teilaspekte des komplexen Beziehungszusammenhangs verdeutlichen (vgl. Abb. 6.9), ohne dabei aber den Anspruch einer vollständigen Klärung des Problems zu erheben.

*Hypothesen zum rollenkonformen Verhalten*

**Aus den allgemeinen entscheidungstheoretischen Grundbegriffen (Ziele, Alternativen, Konsequenzen) ergeben sich drei Einflußgrößen, welche die Verhaltensentscheidung determinieren:**

– die im Entscheidungszeitpunkt relevanten individuellen Zielvorstellungen, die als Maßstäbe für die Bewertung der Konsequenzen alternativer Verhaltensweisen dienen (2);

– Art und Menge der Verhaltensalternativen, die der Arbeitnehmer während des Suchprozesses wahrnimmt (3);

– die subjektiv wahrgenommenen oder erwarteten Konsequenzen, die den Verhaltensmöglichkeiten zugeordnet werden (4).

Art und Menge der wahrgenommenen Alternativen (3) hängen von drei Einflußfaktoren ab:
– dem Verhalten des Vorgesetzten (5) und dem Führungsstil (6);
– dem Anreizsystem der Unternehmung (7);
– sowie dem Verhalten der Arbeitskollegen (8).

*Art und Menge der hervorgerufenen Alternativen*

Der Grad der Beteiligung der Mitarbeiter an Entscheidungen des Vorgesetzten (6) kann mit dem Begriff **Führungsstil** in Verbindung gebracht werden; die Detailliertheit der Anweisungen des Vorgesetzten (5) mit dem Begriff des **Führungsverhaltens**.

Je größer die wahrgenommene Beteiligung an Entscheidungen des Vorgesetzten (6) ist (kooperativer Führungsstil), desto mehr nimmt die Wahrscheinlichkeit ab, daß Handlungsmöglichkeiten wahrgenommen werden, die den Interessen der Unternehmung entgegenstehen. Eine ähnliche Hypothese ergibt sich hinsichtlich der Anweisungvorgaben. Je enger die Anweisungsvorgabe (5) empfunden wird (anweisendes Führungsverhalten), desto größer ist die Wahrscheinlichkeit, daß ein Verhalten der Mitarbeiter hervorgerufen wird, das außerhalb des Bereiches der Rollenkonformität liegt. Beide Hypothesen gelten jedoch nicht ohne Einschränkung. Die Bedeutung der Partizipation (6) wird durch intellektuelle Fähigkeiten und weitere Persönlichkeitsfaktoren (z. B. Problemlösungs- und Kombinationsfähigkeit, Partizipationsbedürfnis) modifiziert (9). Für die Bereitschaft zu rollenkonformem Verhalten ist auch nicht die Detailliertheit der Anweisungen (5) schlechthin, sondern ihre Übereinstimmung mit der Aufgabenkomplexität (10) und den intellektuellen Fähigkeiten des Arbeitnehmers (9) maßgebend. Die hervorgerufenen Alternativen (3) werden auch von den Ergebnissen eines Vergleichs beeinflußt, den der Mitarbeiter bezüglich des eigenen Verhaltens und des Verhaltens benachbarter Arbeitskollegen (8) anstellt. Schließlich stellt das betriebliche Anreizsystem (7) eine weitere zentrale Verhaltensdeterminante dar.

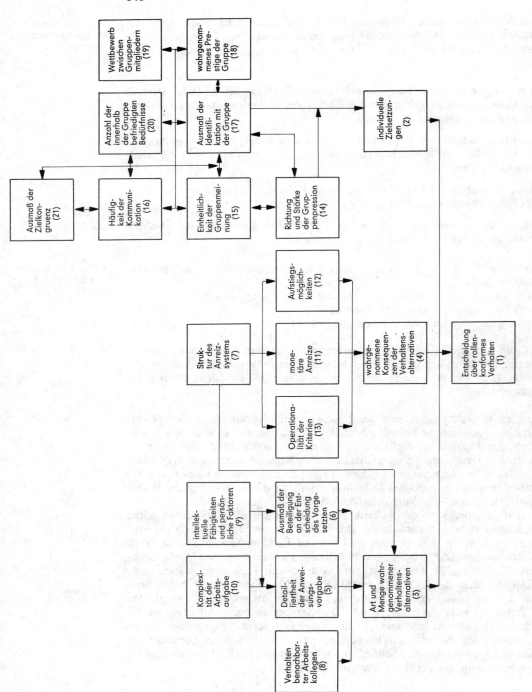

Abb. 6.9: Einflußgrößen rollenkonformen Verhaltens

Von der Struktur des Anreizsystems hängen insbesondere die Erwartungen des Arbeitnehmers hinsichtlich der Konsequenzen (4) ab, die er mit rollenkonformem Verhalten verbindet. Zwei wesentliche Komponenten sind die monetären Anreize (11) sowie die gebotenen Aufstiegsmöglichkeiten (12). Für die Beurteilung der Leistungsabhängigkeit dieser Anreize sind in erster Linie die subjektiven Wahrnehmungen des Arbeitnehmers maßgebend. Entscheidend ist, daß die Kriterien der Anreizgewährung seiner subjektiven Operationalität (13) genügen. Diese Bedingung ist erfüllt, wenn der Arbeitnehmer das Gefühl besitzt, selbst nachprüfen zu können, ob er die Bemessungskriterien zu erfüllen in der Lage gewesen ist.

*hervorgerufene Konsequenzen*

Die Wahl einer Verhaltensalternative wird weitgehend durch das Zielsystem des Mitarbeiters (2) bestimmt. Durch einen Vergleich der hervorgerufenen Konsequenzen (4) mit seinen Zielen versucht er zu beurteilen, inwieweit die Alternativen (3) seinen Zielvorstellungen entsprechen. Die Ziele des Organisationsmitgliedes werden dabei in erster Linie durch die Gruppenzugehörigkeit (14), (17) bestimmt. Der Arbeitnehmer ist in der Regel Mitglied mehrerer formaler und informaler Gruppen, die über bestimmte Tatbestände eine eigene Gruppenmeinung entwickeln. Dadurch üben sie einen gewissen Druck auf das einzelne Gruppenmitglied aus und beeinflussen seine Einstellungen und Wertungen. Richtung und Stärke dieser Gruppenpressionen (14) hängen von mehreren Faktoren ab: Die Einheitlichkeit der Gruppenmeinung (15) und die damit in engem Zusammenhang stehende Interaktionshäufigkeit in der Gruppe (16) bilden die gruppenspezifischen Einflußgrößen der Pression (14) für sämtliche Mitglieder. Inwieweit die Gruppenpression für den einzelnen verhaltenswirksam ist, bestimmt sich nach dem Ausmaß seiner Identifikation mit der Gruppe (17).

*Ziele*

Die Identifikation mit der Gruppe hängt ihrerseits wiederum von folgenden, sich wechselseitig beeinflussenden Variablen ab: wahrgenommenes Gruppenprestige (18), Wettbewerb zwischen den Gruppenmitgliedern (19), Anzahl der innerhalb einer Gruppe befriedigten Bedürfnisse (20), Ausmaß der Zielkongruenz der Gruppenmitglieder (21) sowie Kommunikationshäufigkeit (16).

Die vom Arbeitnehmer gewählte Verhaltensweise ist im Erklärungsmodell von March und Simon demnach eine äußerst komplizierte Funktion der Ausprägungen, die die Variablen des Einflußgrößensystems während des Betrachtungszeitraums annehmen. Infolge der verschiedenen Umwelteinflüsse und der Interdependenzen zwischen den Variablen ändert sich zudem die Konstellation des Einflußgrößensystems im Zeitablauf.

Am Koalitionsmodell der Organisation wie auch an der ähnlich konzipierten Anreiz-Beitrags-Theorie läßt sich fraglos kritisieren, daß diese geeignet sind, die Organisationswirklichkeit zu verfälschen, indem sie die sich aus unterschiedlichen Interessen ergebenden Konflikte – vor allem der beiden Parteien Organisationsleitung und Arbeitnehmer – durch das Bild gleichberechtigter und gleichstarker Verhandlungspartner verschleiern. Diese Gefahr wird verstärkt durch das ausgesprochen ökonomisch-rationalistische Konzept der Anreiz-Beitrags-Theorie, das im Grunde das Konfliktphänomen nicht vertieft.

Die Organisationsteilnehmer wägen Anreize und Beiträge rational gegeneinander ab und verhalten sich entsprechend dem Ergebnis ihrer Bewertung.

Zweifellos ist aber die **Vermeidung möglicher und die Handhabung auftretender Konflikte eine der Hauptaufgaben der Personalwirtschaft** – sei es in beratender Funktion gegenüber der Organisationsleitung, z. B. bei Auseinandersetzungen mit dem Betriebsrat, sei es als direkte Intervention gegenüber einzelnen Mitarbeitern. **In der Art und Weise, wie die personal-„wirtschaftlichen" Instanzen diese Funktionen wahrnehmen, liegt ein wesentliches Merkmal der Personalpolitik.**

Das Koalitionsmodell und das Konzept der Anreiz-Beitrags-Theorie müssen daher – um eine möglichst realitätsnahe Abbildung personalwirtschaftlicher Problemfelder zu schaffen – durch eine konflikt-„orientierte" Betrachtungsweise flankiert werden.

### 4. Personalwirtschaft im Spannungsfeld innerbetrieblicher Konflikte
*Konflikttheoretische Elemente personalwirtschaftlicher Entscheidungen*

*Konfliktberücksichtigung in Unternehmungsmodellen*

Die Bedeutung, die der Entstehung und Handhabung von Konflikten in Unternehmungen beigemessen wird, hängt von der organisationstheoretischen Konzeption ab, die der Entwicklung eines Modells der Betriebswirtschaft zugrunde liegt. Ein **„organisationsloses" Modell,** in dem der Unternehmer als einziges rationales Individuum auf mehr oder minder willenlose Produktionsfaktoren einwirkt, bietet für die Einbeziehung von Konflikten keinen Raum. Auch das Bild der Unternehmung als **vollständig integriertes Sozialsystem,** zu dessen Funktionsfähigkeit jedes Mitglied seinen Beitrag leistet, stellt einen theoretischen Idealfall dar. In der Realität treten in der Unternehmung – wie in jeder sozialen Institution – Gegensätzlichkeiten und Konflikte auf, die ihrerseits Veränderungen in der Organisationsstruktur oder deren Auflösung hervorrufen können.

*formale und informale Zielkonflikte*

Konflikte entstehen in Organisationen durch unterschiedliche Präferenzordnungen der beteiligten Individuen. Der Entwurf einer konfliktfreien Rollen- bzw. Zielstruktur für alle organisatorischen Teilbereiche ist nicht möglich.

Die in Unternehmungen entstehenden Konflikte müssen in Verhandlungs- und Anpassungsprozessen zumindest einer vorläufigen Lösung zugeführt werden. Dabei hat häufig die Personalwirtschaft die Schlichtungs- und Vermittlungsfunktion beim Ausgleich von Interessengegensätzen zu übernehmen.

*Konflikttypen*

Es lassen sich intraindividuelle und interindividuelle Konflikte, Gruppenkonflikte und interorganisationale Konflikte unterscheiden. Während intraindividuelle Konflikte in einer Einzelperson ablaufen, erfassen interindividuelle Konflikte mehrere Personen. Dem Individuum steht als Konfliktkontrahent eine andere Person oder eine Gruppe gegenüber. Bei Gruppen- bzw. interorganisationalen Konflikten treten Gegensätze zwischen Interessengruppen bzw. zwischen der Organisation und ihrer Umwelt auf.

*Konfliktursachen*

Betriebliche Konflikte werden in erster Linie durch die Anreiz-Beitrags-Verteilung auf die einzelnen Gruppen im Industriebetrieb hervorgerufen. Da eine allseits befriedigende Anreiz-Beitrags-Struktur nicht im voraus festgelegt werden kann, stellen die jeweiligen Lösungen zeitlich beschränkte Kompromisse dar, die von den gegenwärtigen Macht- und Interessenverteilungen bestimmt werden. Permanente Konflikte zwischen einzelnen Gruppen ergeben sich beispielsweise aus konkurrierenden Abteilungszielen, die konträre Beitragswirkungen der beteiligten Arbeitnehmer zur Folge haben können, die sich sowohl in Gruppen- als auch in interindividuellen Konflikten niederschlagen. Schließlich begründen divergierende Vorstellungen bezüglich einer als ausgewogen empfundenen Anreiz-Beitrags-Struktur für einzelne Belegschaftsgruppen oder Individuen weitere Konfliktmöglichkeiten. **Im Rahmen ihrer Aufgabenstellung hat die Personalwirtschaft Schlichtungsregeln und weitere Instrumente zur Konflikthandhabung zu entwickeln, welche die Entstehung von Konflikten verhindern oder aufgetretene Interessengegensätze überbrücken sollen. Als Rahmenbedingungen für Konflikthandhabungen sind die vom Gesetzgeber vorgegebenen Schlichtungsregeln (z. B. das Betriebsverfassungsgesetz, das Montan-Mitbestimmungs- und das Mitbestimmungsgesetz) anzusehen.**

*Gesetzliche Mitbestimmung als Rahmenbedingung der Konflikthandhabung*

## *Konfliktursachen und Konflikttypen*

**Konflikte stellen psychologische und soziale Phänomene dar, die durch das Vorliegen gegensätzlicher Verhaltenstendenzen gekennzeichnet sind.** Auf der **individuellen** Ebene verbindet sich mit dem Konfliktbegriff die Vorstellung eines Widerstreits der Motive einer Person in einer gegebenen Lebenssituation. Der intraindividuelle Konflikt ist durch einen Zustand der Unentschlossenheit charakterisiert, bei dem es dem Individuum schwerfällt, sich für eine Alternative zu entscheiden. **Soziale** (interindividuelle) Konflikte sind gegeben, wenn mehrere Entscheidungsträger nicht gleichzeitig die ihren Präferenzordnungen entsprechenden optimalen oder befriedigenden Alternativen verwirklichen können.

*Konfliktbegriff*

Konflikte können oft nicht endgültig gelöst werden. Deshalb wird in der Konflikttheorie der Begriff „Konfliktlösung" oftmals durch den Begriff „Konflikthandhabung" ersetzt. **Die Prozesse der Konflikthandhabung in Organisationen führen meistens nur zu einer „Quasilösung" der Gegensätze.** Sie verändern die ursprünglichen Konfliktbedingungen, was Anlaß für die Entstehung neuer Konflikte sein kann.

*Konflikthandhabung als Quasilösung*

Eine Typologie innerbetrieblicher Konflikte kann sowohl an den verschiedenen Konfliktursachen als auch an den Beteiligten anknüpfen. Das erste Kriterium führt zur Einteilung in strukturelle Konflikte, Verhaltenskonflikte und Verteilungskonflikte. Nach den Beteiligten kann zwischen Intrarollenkonflikten, Interrollen- und Gruppenkonflikten unterschieden werden. Abbildung 6.10 gibt die betrieblichen Konflikttypen zusammenfassend wieder.

*Konflikttypologie*

Eine grundlegende Ursache für die Entstehung von Konflikten in Unternehmungen liegt in dem Problem, eine allseits befriedigende Anreiz-Beitrags-Struktur der Organisation zu entwerfen. **Durch die formalen Organisationsstrukturen einer Unternehmung können die in den Rollenerwartungen konkreti-**

| Konfliktursachen<br>Konfliktträger | Strukturelle Konflikte | Verhaltenskonflikte | Verteilungskonflikte |
|---|---|---|---|
| Individuum (Intrarollenkonflikt) | Zielkonkurrenz innerhalb formaler Rollenerwartungen an das Individuum | Normenkonkurrenz innerhalb formaler und informaler Rollenerwartungen an das Individuum | Konkurrenz der Anreize innerhalb der Rollenerwartungen an das Individuum |
| Mehrheit von Individuen (Interrollenkonflikte) | Zielkonkurrenz zwischen formalen Rollenerwartungen an die Individuen | Normenkonkurrenz zwischen formalen und informalen Rollenerwartungen mehrerer Individuen | personale Verteilungskonflikte |
| Gruppen (Gruppenkonflikte) | Zielkonkurrenz zwischen formalen Rollenerwartungen an Gruppen | Normenkonkurrenz zwischen formalen und informalen Verhaltenserwartungen von Gruppen | funktionale Verteilungskonflikte |

*Abb. 6.10: Systematisierung innerbetrieblicher Konfliktsituationen*

sierten Verhaltensanforderungen an die Organisationsmitglieder nicht reibungslos koordiniert werden (Beitragskoordination). Außerdem kann kein Anreizsystem errichtet werden, das einen Ausgleich trotz unterschiedlichster Interessen und Präferenzstrukturen der Individuen gewährleistet und das sowohl die Überprüfung der Art der Bemessung als auch die Vergleichbarkeit der Einzelanreize ermöglicht (Anreizkoordination).

Ein Grund für die Konfliktträchtigkeit der Beitragskoordination ist die Formulierung konkurrierender Subziele für die verschiedenen Organisationseinheiten. Die aus der Arbeitsteilung und Beitragsdifferenzierung hervorgehende Zielhierarchie weist den einzelnen Funktionsbereichen und Abteilungen der Unternehmung verschiedenartige Unterziele zu, die für sich allein genommen Mittel zur Erreichung des betrieblichen Oberziels sind, in ihrer Gesamtheit jedoch zusätzliche Wirkungen entfalten. Die organisatorische Trennung zwischen Absatz-, Produktions- und Finanzbereich verdeutlicht diesen Sachverhalt beispielsweise. Konflikte, deren Entstehungsgrund sich auf **konkurrierende Zielwirkungen der formalen Beitragsstruktur** von Individuen oder Gruppen zurückführen läßt, können deshalb als strukturelle Konflikte bezeichnet werden. *strukturelle Konflikte*

Eine zweite Konfliktgruppe bilden die Verhaltenskonflikte. Sie entstehen, wenn die Rollenanforderungen den Werten des Mitarbeiters widersprechen (z. B. wenn die Erfüllung von Produktionsnormen oder Umsatzvorgaben seiner Meinung nach mit der Ausbeutung der Untergebenen verbunden oder nur durch unseriöse Verkaufspraktiken erreichbar ist). Für Individuen oder Gruppen werden nicht nur formale Rollenerwartungen, sondern auch informale Normen und Werte verhaltensrelevant, die der persönlichen Sphäre des einzelnen entstammen, von außerorganisatorischen Faktoren bestimmt sind oder im Rahmen informeller Gruppen gebildet werden. **Arbeitsverhalten läßt sich daher als permanente Konflikthandhabung zwischen formalen und informalen Rollenerwartungen bzw. Entscheidungsprämissen interpretieren.** *Verhaltenskonflikte*

*intrapersonelle Verhaltenskonflikte*

**Eine verbreitete Form des Verhaltenskonflikts resultiert aus der innerbetrieblichen Machtstruktur.** Die formale Verteilung und Ausübung der Macht bewirkt eine Aufspaltung der Unternehmung in Herrschende und Beherrschte und legt deren Kompetenzen im Rahmen von Planungs-, Anordnungs- und Aufsichtsfunktionen fest. Den mit formalen Machtgrundlagen ausgestatteten Personen wird das Recht zugestanden, in einem bestimmten Umfang Art und Menge der Beitragsleistungen der Machtunterworfenen festzulegen. Die Machtstruktur einer Unternehmung stellt unter diesem Blickwinkel den dominierenden Faktor für die Verteilung der Beiträge auf die Organisationsteilnehmer dar. Eine Änderung der Beitragsverteilung ist – abgesehen von technischen und wirtschaftlichen Anpassungsmaßnahmen – nur über eine Veränderung der betrieblichen Machtstruktur möglich. Bestehen bei den machtunterworfenen Individuen und Gruppen andere Vorstellungen über die Beitragsverteilung und damit über die Erfüllung ihrer Interessen, so werden sie eine Änderung der bestehenden Machtstruktur anstreben. Die Interessenpolarisation zwischen den Unternehmerrollen ausfüllenden Organisationsteilnehmern und der Arbeitnehmerschaft bildet daher eine ständige Konfliktquelle. *interpersonelle Verhaltenskonflikte*

*Verteilungskonflikte*

Die Machtstruktur repräsentiert nicht nur eine Determinante für die Zuordnung der an die Unternehmung zu leistenden Beiträge, sondern beeinflußt darüber hinaus die Verteilung der Anreize an die Arbeitnehmer. **Da die Anreize einer Unternehmung begrenzt sind, besteht hinsichtlich der innerbetrieblichen Ausgleichszahlungen eine Konkurrenz zwischen den Organisationsteilnehmern, die Konflikte hervorruft.** Konflikte bei der Anreizverteilung bilden die dritte Kategorie betrieblicher Konflikte.

Verteilungskonflikte treten auf zwei Ebenen auf. Soweit lediglich die **monetären Anreize** betrachtet werden, entsteht ein erstes Verteilungsproblem bei der Festlegung des Anreizanteils für die verschiedenen Interessengruppen in der Unternehmung (Belegschaft, Kapitaleigner) aus der Anreizgesamtheit (Wertschöpfung). Diesem Konflikt nachgelagert ist die Verteilung der Anreize auf die einzelnen Mitglieder. Obwohl Verteilungskonflikte besonders bei materiellen Leistungen der Unternehmung deutlich werden, weil die Höhe des Lohnes oder Gehaltes unmittelbar meßbar und vergleichbar ist, beziehen sich Verteilungskonflikte auch auf andere Anreizarten, z. B. auf **Statussymbole**, die von den Individuen zur Sicherung und Erhöhung ihres sozialen Status bzw. Prestiges angestrebt werden. Statussymbole, an welchen der soziale Rang gemessen werden kann, sind z. B. die Einrichtung der Arbeitsräume, räumliche Trennung von Arbeitern und Angestellten, Entlohnungsform, Pausenregelung, Ausmaß der Kommunikationsteilnahme.

*Intrarollenkonflikte*

Der Mitarbeiter in der Unternehmung nimmt sowohl strukturelle Konflikte als auch Verhaltens- und Verteilungskonflikte als psychische Spannungszustände wahr. Bei strukturellen Konflikten wird er mit formalen Verhaltensvorschriften konfrontiert, die auf unterschiedlichen, mit seiner Stelle verbundenen offiziellen Subzielen beruhen. Desgleichen ergeben sich Verhaltenskonflikte, wenn er als Mitglied mehrerer Gruppen innerhalb und außerhalb der Unternehmung konträren Normen gegenübersteht. Intraindividuelle Verhaltenskonflikte sind darauf zurückzuführen, daß sich ein Arbeitnehmer im Rahmen seiner Entscheidung über rollenkonformes Verhalten teilweise konkurrierenden Verhaltensanforderungen gegenübersieht.

*Interrollen- und Gruppenkonflikte*

Die Einteilung von Konflikten in Interrollen- und Gruppenkonflikte knüpft an die beteiligten Konfliktparteien an. Strukturelle Interrollen- oder Gruppenkonflikte sind das Ergebnis der unterschiedlichen Zielbezogenheit verschiedener Rollen oder Gruppenbeiträge, die sich als soziale Auseinandersetzungen äußern. Soweit die zugrundegelegten Verhaltensnormen der informalen Sphäre oder außerorganisatorischen Bereichen entstammen, schlagen sie sich als Verhaltenskonflikte zwischen den Beteiligten nieder. Für Verteilungskonflikte ist die Konkurrenz zwischen Individuen oder Gruppen um die betrieblichen Anreize charakteristisch. Diese Konkurrenz ist das Ergebnis der gegenseitigen Abhängigkeit der Anreizansprüche von den begrenzten Mitteln der Unternehmung. Ihre Stärke hängt von den Anspruchsniveaus der einzelnen Kontrahenten ab.

*Handhabung intraindividueller Konflikte*

Der personalwirtschaftliche Beitrag zur Beilegung intraindividueller Konflikte bezieht sich auf die Verminderung latenter Konfliktquellen sowie auf die Unterstützung des Mitarbeiters bei der Bewertung divergierender Verhaltenstendenzen.

Die Einflußmöglichkeiten der Personalwirtschaft bei Verhaltenskonflikten sind vergleichsweise gering, weil sich diese meist verdeckt abspielen. Sofern der Mitarbeiter bei Intrarollenkonflikten die Gegensätze zwischen individuellen Wertvorstellungen und Entscheidungsprämissen einerseits und formalen Rollenerwartungen andererseits nicht durch Konfliktverdrängung, Verschiebung der Konfliktlösung oder durch Einstellungsänderungen aufzulösen vermag, entscheidet er sich (falls überhaupt) für den Austritt aus der Organisation. Inwieweit die Gestaltung des betrieblichen Anreizsystems einen Einfluß auf die Formen der intraindividuellen Konflikthandhabung ausübt, ist eine Frage, die nur im konkreten Einzelfall beantwortet werden kann.

*intraindividuelle Verhaltenskonflikte*

Größer ist der Spielraum bei Intrarollenkonflikten, wenn die Verhaltensanforderungen der Unternehmung mit denen anderer Gruppenmitgliedschaften unvereinbar sind (z. B. Einschränkung oder Veränderung der Freizeitinteressen des Arbeitnehmers durch Überstunden oder Nachtarbeit). Hier kann durch personalwirtschaftliche Maßnahmen versucht werden, Rollenkonkurrenzen zu vermindern (z. B. Einführung der gleitenden Arbeitszeit, turnusmäßige Schichtverlegung, Verkürzung der Aufenthaltszeiten durch die Einrichtung eines Werkverkehrs) oder dem Arbeitnehmer zumindest Äquivalente für die sich daraus ergebenden Belastungen anzubieten (z. B. Überstundenvergütungen, Zuschläge für Sonntagsarbeit).

Im Zusammenhang mit der Zugehörigkeit des Arbeitnehmers zu formalen und informalen Gruppen wurde verschiedentlich vorgeschlagen, Verhaltenskonflikte dadurch zu umgehen, daß die Bildung informaler Gruppen in der Unternehmung erschwert wird. Abgesehen von der Aussichtslosigkeit dieser Bemühungen können informale Gruppen die formalen Beitragsvorstellungen der Unternehmung erheblich unterstützen und verstärken. Als Anreize zur Bildung solcher positiver informaler Gruppen und zur Beseitigung möglicher Verhaltenskonflikte kann die Unternehmung beispielsweise Betriebssportvereine, Hobby-Zirkel oder unternehmungseigene Erholungsheime gründen.

Intrarollenkonflikte treten auch auf, wenn ein Mitarbeiter von einem oder mehreren formalen Rollensendern unvereinbare Verhaltensanweisungen erhält (so kann z. B. der Meister einen Arbeitnehmer seiner Werkstatt anweisen, bestimmte Toleranzgrenzen bei der Fertigung von Werkstücken nicht zu überschreiten und ein abgenutztes Aggregat zu verwenden, so daß eine sorgfältige Ausführung des Auftrages nicht gewährleistet ist). Derart entstehende Konflikte lassen sich nicht gänzlich ausschalten; Ansatzpunkte für ihre Verminderung bietet beispielsweise die **Ausbildungsplanung** für Vorgesetzte (Vermittlung von Kenntnissen über technologische und sonstige fachliche Bedingungen, Techniken der Arbeitsvorbereitung, Ausbildungsmaßnahmen auf dem Gebiet der Mitarbeiterführung).

*Quellen konfliktärer formaler Verhaltensansprüche*

*Rollenüberladung*

Eine sehr häufige Konfliktart in industriellen Organisationen ist die **Rollenüberladung. Bei ihr tragen mehrere Rollensender legitime Erwartungen an den Stelleninhaber heran, die zwar grundsätzlich miteinander vereinbar sind, in ihrer Gesamtheit vom Mitarbeiter im Rahmen der verfügbaren Zeit jedoch nicht erfüllt werden können.** Der Stelleninhaber nimmt die Rollenüberladung als **Prioritätskonflikt** wahr, bei dem er zu entscheiden hat, welche Erwartungen zuerst zu erfüllen sind. Die Folge kann **Streß** sein.

*Beseitigungsmöglichkeiten*

Zur Verminderung von Rollenüberladungen ist eine bessere Abstimmung der Beitragsforderungen der Unternehmung mit den Fähigkeiten des Stelleninhabers nötig. Neben organisatorischen Maßnahmen der Stellenbildung zur Abgrenzung des Aufgabenbereichs und der Gestaltung der technischen Arbeitsbedingungen können personalwirtschaftliche Maßnahmen dem Streßabbau dienen. Die Abhängigkeit der Rollenüberladung von der Person des Stelleninhabers wird durch die **innerbetriebliche Ausbildung** und durch Entscheidungen bei der **Stellenbesetzung** anhand geeigneter Beurteilungskriterien berücksichtigt. Mittelbar wirken auch Auswahlentscheidungen bei der Einstellung der Bewerber auf den Umfang der Rollenüberladung ein.

*Konflikte durch mangelnde Rolleninformation*

Eine wesentliche Quelle subjektiv empfundener Intrarollenkonflikte bildet die **Rollenmehrdeutigkeit**, die auf die Unvollständigkeit rollenbezogener Informationen zurückzuführen ist. Der Mitarbeiter verfügt in der Regel nur über einen Teil der für eine erwartungskonforme Beitragserstellung notwendigen Informationen (z. B. Art und Menge der Beiträge, Prioritäten bei der Beitragsfestlegung, Verhaltensbegrenzungen bei spezifischen Situationen usw.). **Fehlen derartige Informationen, deren erforderlicher Umfang vom Bedürfnis des Mitarbeiters nach eindeutiger Verhaltensorientierung abhängt, so ist die Wahrscheinlichkeit groß, daß der Stelleninhaber konfliktäre Entscheidungsprämissen wahrnimmt.**

*Personaleinführungsprogramme*

Dieser Gefahr ist **besonders der neu eintretende Arbeitnehmer** ausgesetzt. Hier kann durch Einführungsprogramme mit dem Ziel entgegengewirkt werden, dem Organisationsmitglied allgemeine und rollenbezogene Informationen zu vermitteln (unternehmensbezogene Informationen z. B. durch Filme, Vorträge, Betriebsbesichtigungen; rollenorientierte Informationen durch Vorgesetzte, Stellenbeschreibungen und Arbeitskollegen). Bewährt hat sich in diesem Zusammenhang das **Patensystem („Sponsormethode")** (vgl. S. 697).

## *Handhabung von Mehrpersonenkonflikten*

Auf allen Leitungsebenen der Unternehmung entstehen Interrollen- und Gruppenkonflikte (interindividuelle Konflikte), die von den betroffenen Konfliktträgern oder durch unbeteiligte Dritte beigelegt werden müssen. **Alle Organisationsmitglieder in der Unternehmung sind entweder als unmittelbar beteiligte oder als intervenierende Personen mit Schlichtungsfunktion mehr oder weniger intensiv an der Entwicklung von Konfliktlösungen und Kompromissen beteiligt.**

*Erwartungen der Kontrahenten über Beilegungsmöglichkeiten*

Art und Ablauf des Prozesses der Konflikthandhabung hängen grundsätzlich von den Erwartungsstrukturen der Konfliktparteien über die **Beilegungsmöglichkeiten in einer bestimmten Konfliktsituation** ab. Soweit Konflikte zwischen

Gruppen oder Individuen bewußt wahrgenommen werden, läßt sich eine Konfliktsituation dadurch kennzeichnen, inwieweit die Konfliktträger den Konflikt für umgehbar und/oder einen Interessenausgleich für möglich halten. Beurteilen die Kontrahenten die Konfliktsituation gleich, so lassen sich **drei idealtypische Fälle** unterscheiden:

(a) Der Konflikt erscheint nicht umgehbar, ein Interessenausgleich ist unmöglich;
(b) der Konflikt erscheint umgehbar, ein Interessenausgleich ist unmöglich;
(c) der Konflikt erscheint nicht umgehbar, ein Interessenausgleich ist möglich.

Die jeweilige Konfliktsituation wird auch maßgeblich von der **wahrgenommenen Konfliktintensität** beeinflußt. Für jeden Konfliktträger ist die Konfliktstärke von der Wertvorstellung abhängig, die er mit seiner bevorzugten Alternative verbindet, sowie von der Wahrscheinlichkeit, daß sich seine präferierte Handlungsmöglichkeit und diejenige des anderen Kontrahenten ausschließen. **Der Konfliktgrad ist um so größer, je höher die Erwartung des Wertentgangs ist, den eine Konfliktpartei durch die Realisation der Alternative des Gegners erleidet.** Grundsätzlich wird ein Kontrahent bei einem großen erwarteten Wertentgang andere Handhabungsformen als bei geringen möglichen Verlusten wählen. Mit kleiner werdenden Einbußen nimmt die Tendenz zur aktiven Konfliktbeilegung ab; der Konfliktträger wird sich eher als Anpasser verhalten, anstatt sich aktiv um eine Konfliktbeteiligung zu bemühen.

*wahrgenommene Konfliktintensität*

Mit der klassifikatorischen Einteilung in starke, mittlere und schwache Konflikte und unter Berücksichtigung der Umgehbarkeit und des Interessenausgleichs ergeben sich nach Blake, Shepard und Mouton neun typische Konfliktkonstellationen mit spezifischen Konflikthandhabungsformen (vgl. Abbildung 6.11).

Für nicht umgehbare Konflikte, bei denen keine Partei einen Interessenausgleich erwartet, entwickeln die Beteiligten Beilegungsstrategien, die eindeutige „Gewinn- bzw. Verlustpositionen" (Gewinnen bzw. Verlieren der Auseinandersetzung) enthalten. In ihrer aktivsten Ausprägung äußert sich die Konflikthandhabung als reiner **Gewinn-Verlust-Kampf, bei dem jede Partei die von ihr angestrebte Lösung auf Kosten der anderen durchzusetzen versucht.** In der Organisation kommen derartige Kämpfe sowohl als vertikale Auseinandersetzungen zwischen Entscheidungsinstanzen unterschiedlicher Leistungsebenen als auch als horizontale Kämpfe zwischen Mitarbeiter oder Gruppen auf der gleichen hierarchischen Stufe vor.

*nicht umgehbare Konflikte ohne möglichen Interessenausgleich*

Bei **vertikalen** Machtkämpfen zwischen Vorgesetztem und Untergebenem stehen beiden Kontrahenten **Strafandrohungen** und **Informationsmanipulationen** als Instrumente zur Durchsetzung ihrer bevorzugten Alternativen zur Verfügung. Der Vorgesetzte vermag im Falle der Nichtbefolgung seiner Anweisungen aufgrund seiner formalen Machtstellung negative Sanktionen gegenüber dem Untergebenen zu verhängen. Mit der Androhung von Strafen (Zurechtweisung, Verweigerung von Gehaltserhöhung usw.) strebt er eine Einschränkung des Handlungsspielraums des Untergebenen an, oder er versucht ihn von abweichenden Verhaltensvorstellungen ganz abzubringen,

*vertikale Machtkämpfe*

*Drohungen des Vorgesetzten*

| Konfliktintensität \ Konfliktsituation | Konflikt nicht umgehbar Interessenausgleich unmöglich | Konflikt umgehbar Interessenausgleich unmöglich | Konflikt nicht umgehbar Interessenausgleich möglich |
|---|---|---|---|
| hohe Wertvorstellung (aktive Handhabungsformen) | Gewinn-Verlust-Machtkämpfe | Rückzug (z. B. Austritt) | Problemlösen (abschließende Konfliktlösung durch Verhandlung) |
| mittlere Wertvorstellung (gemäßigt aktive Handhabungsformen) | Dritt-Parteien-Urteil (Schlichtung) | Isolation (Verminderung der Interaktion) | Teilung des Streitwertes (Quasilösung durch Verhandlung) |
| niedrige Wertvorstellung (passive Handhabungsformen) | Zufallshandhabung (z. B. Losentscheid) | Indifferenz bzw. Ignoranz (Konfliktverdrängung, Konfliktverkennung) | friedliche Koexistenz (bewußte Ausklammerung des Konflikts) |

*Abb. 6.11: Formen der Konflikthandhabung (nach Blake, Shepard und Mouton)*

indem er ihm die Verantwortung für einen erwarteten Schadenseintritt bei Nichtbeachtung der Anweisungen anlastet. Um die Strafandrohung glaubwürdig erscheinen zu lassen, kann der Vorgesetzte selbstverpflichtende Handlungen vornehmen, die ihn dazu zwingen, die Drohung bei Widerstand des Untergebenen zu verwirklichen (z. B. öffentliche Ankündigung der Drohung, frühere Kündigung in einem ähnlichen Fall). Diese Taktik beinhaltet aber die Aufgabe kompromißorientierter Handlungsalternativen, wodurch der Vorgesetzte möglicherweise seine Position selbst schwächt. Die verschiedenen Ausprägungen der Strafandrohung bilden einen **Bestandteil des Führungsverhaltens des Vorgesetzten.**

Ebenso wie der Vorgesetzte können sich auch untergeordnete Entscheidungsträger der Strafandrohung bei der Durchsetzung ihrer Vorstellungen bedienen. Eine **formale Sanktionsgewalt** der Untergebenen gründet sich z. B. auf das Beschwerderecht des einzelnen bei den nächst höheren Instanzen oder die Drohung mit einem Arbeitsgerichtsverfahren, sofern gesetzliche Normen verletzt werden; bei Unstimmigkeiten zwischen Betriebsrat und Unternehmungsleitung hinsichtlich der Mitbestimmung bei wesentlichen Betriebsänderungen auf die Anrufung einer Einigungsstelle zur Herbeiführung eines Interessenausgleiches.

*Drohungen des Untergebenen*

Charakteristisch für die **passive Konflikthandhabung** ist die Überantwortung der Konfliktbewältigung auf Zufallsmechanismen (Münzwurf, Los). Ein schnell gefälltes Urteil eines Vorgesetzten oder scheinbarer Experten kann durchaus Zufallscharakter annehmen. Blake, Shepard und Mouton vertreten die Ansicht, **daß in Unternehmungen mehr Konflikte durch Zufallsurteile ausgeräumt werden, als Außenstehende in der Regel annehmen.** Die Anwendung des Zufallsprinzips wird häufig damit begründet, daß beim Fehlen von Ansatzpunkten zur Bestimmung der Gewinn- und Verlustpositionen der Anschein der Rationalität in der Organisation erhalten werden soll. Andererseits stellt eine Regelung aufgrund von Zufallsmechanismen nur eine unzuverlässige Konfliktlösung dar, weil die unterlegene Partei oftmals weiterhin an der von ihr vertretenen Position festhält, so daß eine neue Auseinandersetzung wahrscheinlich ist.

*Zufallsurteil*

Bei umgehbar erscheinenden Konflikten versuchen die Konfliktparteien manchmal, den offenen Ausbruch von Interessengegensätzen zu vermeiden.

*umgehbare Konflikte ohne möglichen Interessenausgleich*

**Grundsätzlich kann eine Konfliktumgehung dadurch erfolgen, daß die Entscheidungsinterdependenzen als Konfliktursache eingeschränkt werden, um die von den potentiellen Konfliktgegnern jeweils bevorzugte Alternative unabhängig von den Erwartungen der Kontrahenten durchsetzen zu können.**

Die verschiedenen Ausprägungen der Konfliktbeilegung durch Umgehung werden sowohl bei vertikalen als auch bei horizontalen Auseinandersetzungen angewendet. Eine typische Reaktion der Entscheidungsträger, die in früheren Gewinn-Verlust-Kämpfen häufig Verlustpositionen hinnehmen mußten, stellt der **Rückzug** dar. Aus Furcht vor neuen Niederlagen entwickeln diese Konfliktparteien die Neigung, Kontakte mit möglichen Kontrahenten einzuschränken. Die Verminderung der Kommunikationsbeziehung wird oftmals

*Rückzug*

von einer Senkung des Anspruchsniveaus der aufgabenbestimmten Zielvorstellungen begleitet, so daß zukünftige Konfliktursachen teilweise ausgeschaltet werden. Gleichzeitig wird der Rückzug durch Informationsmanipulationen abgesichert, die den Kontrahenten auf die Verminderung sozialer Interaktionen hinweisen und den Rückzug rechtfertigen sollen. Die konsequenteste Rückzugmaßnahme ist der **Austritt** aus der Unternehmung oder das Bemühen um eine **vorzeitige Pensionierung**. Eine weitere Variante der Rückzugstrategie ist der **Wunsch nach innerbetrieblicher Versetzung** mit dem Ziel, die bisherigen sozialen Kontakte weitgehend abzubrechen.

*Isolation*

Ähnliche Merkmale wie den Rückzug kennzeichnen die Handhabungsformen der **Isolation**. Die Konfliktparteien sind ebenfalls bestrebt, die sozialen Interaktionen auf ein Mindestmaß herabzusetzen. Im Gegensatz zum Rückzug wird die Isolationsstrategie aber oftmals von den Gewinnern der Machtkämpfe ergriffen. Aus dem dadurch bedingten Überlegenheitsgefühl heraus wird es als nicht notwendig angesehen, auf die Vorstellungen anderer zu reagieren. Man schirmt sich vielmehr durch **Verminderung der Kommunikationsbeziehungen** von den divergierenden Auffassungen möglicher Konfliktgegner ab.

*Indifferenz und Ignoranz*

**Indifferenz und Ignoranz** stellen passive Formen der Konfliktvermeidung dar. Bei der Indifferenz versuchen die Konfliktträger durch **gefühlsmäßige und gedankliche Verneinung der Konfliktsituation** die Interessengegensätze beizulegen. Im Gegensatz dazu herrscht bei Ignoranz eine **unbewußte Konfliktverdrängung** vor, indem eine bestehende Konfliktsituation nicht wahrgenommen wird.

*nicht umgehbare Konflikte mit möglichem Interessenausgleich*

Erwarten die Konfliktparteien, daß ein Interessenausgleich möglich ist, dann wird für die Beilegung von Konflikten eine Handhabungsform gewählt, die auf ein beiderseitiges Zusammenwirken der Kontrahenten zur Erreichung einer als befriedigend angesehenen Lösung der Interessengegensätze abzielt. **Während bei den Handhabungsformen ohne erwarteten Interessenausgleich und den Arten der Konfliktumgehung eine Kooperation nicht notwendig ist, erfordert die angestrebte Überbrückung der unumgehbaren Gegensätze ein Mindestmaß an Kooperationsbereitschaft.** Diese gründet sich oft auf positive sozio-emotionale Beziehungen zwischen den Beteiligten und/oder ein gewisses Mindestmaß an gleichgerichteten Interessen. Bei den Handhabungsformen des Interessenausgleichs (Problemlösen, Teilen des Streitwertes und friedliche Koexistenz) streben die Parteien nicht nach unbedingter Durchsetzung ihrer bevorzugten Alternativen, sondern sie sind im Interesse einer gemeinsamen Konfliktbeilegung zu gegenseitigen Konzessionen bereit.

*Problemlösen*

Das **Problemlösen** beinhaltet den Versuch der Konfliktträger, in einem unumgänglichen Konflikt durch Verhandlungen einen dauerhaften Interessenausgleich herbeizuführen. Es wird eine abschließende Beilegung des Konfliktproblems angestrebt, wobei jede Partei von der Annahme ausgeht, daß die Konflikthandhabung nur dann als dauerhaft angesehen werden kann, wenn die Lösung dem Anspruchsniveau aller Beteiligten genügt.

**Gesucht wird eine Alternative, die einer im Verlaufe der Verhandlungen zu entwickelnden gemeinsamen Präferenzordnung am besten entspricht.** Die für alle Kontrahenten akzeptable Alternative ist zu Beginn des Konflikts den Entscheidungsträgern häufig noch nicht bekannt, sondern wird erst durch den sozialen Interaktionsprozeß des Problemlösens entwickelt.

Der Prozeß des Problemlösens kann in mehrere Phasen zerlegt werden (vgl. S. 59 f.). Hier soll der Phasengliederung des Modells von Blake, Shepard und Mouton, die Verhandlungen zur Konflikthandhabung zwischen Gruppen untersuchen, gefolgt werden.

Auf der ersten Stufe des Problemlösungsprozesses erfolgt **eine gemeinsame Definition des Problems.** Während bei Handhabungsformen ohne Interessenausgleich jeder Konfliktträger eine isolierte Problemdefinition entwickelt, ohne sich in die Lage des Gegners zu versetzen, wird im Rahmen des Problemlösens durch soziale Kontakte eine gemeinsame Ausgangslage definiert. Ein Vorteil der gemeinsamen Problemdefinition liegt darin begründet, daß jede Gruppe dem Verhandlungspartner ihre „Fakten" darlegen kann. Die Überprüfung und Bewertung derartiger „Fakten" durch beide Parteien kann zu gegenseitigem Verständnis und zum Konsens bzgl. der Existenz der von einzelnen als wesentlich angesehenen Tatbestände führen.

*gemeinsame Problemdefinition*

In einer zweiten Phase wird die gemeinsam erarbeitete Problemdefinition einer Überprüfung unterzogen. Die grundlegenden Fakten und Einzelprobleme des Interessengegensatzes werden allen Gruppenmitgliedern mitgeteilt, die möglicherweise durch eine gemeinsame Lösung verpflichtet werden. Dabei treten häufig neue Fakten zutage. Die früheren Annahmen können im Lichte neuer Informationen überprüft werden, so daß eine Revision der Problemdefinition stattfindet.

*gemeinsame Überprüfung der Problemdefinition*

Auf der dritten Stufe erfolgt die Entwicklung einer Reihe von Lösungsmöglichkeiten für die präzisierten Einzelprobleme. Das Ziel dieser Phase ist nicht die **Fixierung** von Gruppenstandpunkten, sondern **von gemeinsamen Handlungsmöglichkeiten, die in den Bezugsrahmen beider Konfliktparteien eingeordnet werden können.** Während die Entwicklung von Lösungsansätzen durch gemeinsame Untergruppen (Ausschüsse) erfolgt, werden die vorgeschlagenen Handlungsmöglichkeiten von allen Beteiligten diskutiert. Die Diskussion erbringt häufig neue Ansätze und bewirkt durch die Analyse der Konsequenzen eine Präzisierung des kollektiven Entscheidungsfeldes. Soweit die Konsequenzen der Alternativen ermittelt sind, erfolgt in einem Schritt die **Bewertung der Handlungsfolgen sowie die Auswahl der Konfliktlösung.**

*Entwicklung von Lösungsmöglichkeiten*

**Als Beispiel für personalwirtschaftliche Problemlösungsprogramme können – mit gewissen Einschränkungen – die Methoden der Arbeitsbewertung, die Verfahren zur Bestimmung der Normalleistung und die Akkordermittlung (als institutionalisierte Regelung zur Handhabung des Verteilungsproblems monetärer Anreize), Einigungen über die Merkmalskataloge bei der Personalbeurteilung, die festgelegten Beförderungskriterien und die Voraussetzungen, die für die Teilnahme an Ausbildungsprogrammen erfüllt werden müssen, angesehen werden.** Die Dauerhaftigkeit derartiger Konfliktlösungen wird stark von Umwelteinflüssen bestimmt. Sie hängt andererseits auch von der **subjektiv empfundenen Operationalität der Kriterien** ab, die dem jeweiligen Interessenausgleich zugrunde gelegt werden. **Änderungen der Umweltbedingungen und die mangelnde Überprüfbar-**

*personalwirtschaftliche Problemlösungsprogramme*

keit der Beurteilungsmaßstäbe für die „Richtigkeit" einer Konfliktlösung erzeugen erneut Spannungszustände, die im Rahmen neuer Verhandlungsprozesse abgebaut werden müssen.

*Teilung des Streitwertes*

Die Abgrenzung zwischen den Konflikthandhabungsformen „Problemlösen" und „Teilen des Streitwertes" ist fließend. Die Differenzierung setzt bei den unterschiedlichen Abläufen der Verhandlungsprozesse an. Beim Teilen des Streitwertes treten die Konfliktparteien bereits mit eigenen Vorstellungen über die Konfliktdefinition und die möglichen Lösungsansätze in die Verhandlung ein. Eine gemeinsame Problemdefinition und die Suche nach Alternativen entfallen weitgehend. Die Parteien diskutieren die angebotenen Lösungsmöglichkeiten und nehmen im Zuge gegenseitiger Konzessionen eine Umbewertung der Alternativen vor, bis im Verlauf des Anpassungsprozesses eine Handlungsmöglichkeit bestimmt wird, die den geänderten Ansprüchen der Verhandlungspartner „ungefähr" gerecht wird. Hier tritt der Charakter der „Quasilösung" beim Interessenausgleich besonders deutlich zutage.

Diese Verhandlungsform herrscht **bei Auseinandersetzungen zwischen Arbeitnehmern und Kapitaleignern bzw. Geschäftsführerunternehmern** vor, da beide Gruppen in der Regel bereits Vorstellungen über Lohn- und Gehaltshöhen, Methoden und Durchführung der Akkordermittlung, funktionale Verteilung der materiellen Anreize usw. besitzen. Die Beispiele für personalwirtschaftliche Problemlösungsprogramme können deshalb auch als Ergebnis der Teilung von Streitwerten interpretiert werden.

Ein typisches Beispiel für die Teilung des Streitwertes ist das Aushandeln eines Beteiligungssystems: Beide Seiten haben die Vorstellung, daß den Arbeitnehmern und den Arbeitgebern ein Anteil an der betrieblichen Wertschöpfung in Form von Kapitalverzinsung bzw. Löhnen und Gehältern zusteht. Da die betriebliche Wertschöpfung nicht im voraus festgelegt werden kann, weil sie von Entwicklungen an Beschaffungs- und Absatzmärkten mitbeeinflußt wird, muß die ex ante vorgenommene Verteilung zwischen den Gruppen ex post korrigiert werden. **Die Differenz zwischen tatsächlicher und von den Gruppen jeweils antizipierter Wertschöpfung bildet den Streitwert.**

*friedliche Koexistenz*

Die friedliche Koexistenz stellt die dritte Form der Konflikthandhabung bei nicht umgehbaren Gegensätzen mit erwartetem Interessenausgleich dar. Der Interessenausgleich besteht darin, daß durch gegenseitige Rücksichtnahme und Toleranz ein bestehender Konflikt bewußt unterdrückt wird. Im Gegensatz zum Rückzug, zur Isolation und zur Indifferenz ist mit der friedlichen Koexistenz keine Verminderung der sozialen Interaktionen beabsichtigt. **Die Konfliktparteien erkennen die bestehenden Entscheidungsinterdependenzen an und überspielen im Interesse einer zukünftigen Zusammenarbeit den Konflikt, indem sie auf die Durchsetzung ihrer Forderungen weitgehend verzichten; der status quo bleibt praktisch unverändert.**

*friedliche Koexistenz durch Kommunikation*

Die Aufrechterhaltung einer friedlichen Koexistenz ist ohne die Einrichtung entsprechender Kommunikationsbeziehungen zwischen den Konfliktträgern nicht denkbar. Abgesehen von der Vielzahl mündlicher Informationsmöglichkeiten, die von **zwanglosen Informationsgesprächen** zwischen Vorgesetzten und

Mitarbeitern oder Kollegen bis zu offiziellen Konferenzen und zur Institutionalisierung von **Ausschüssen und Informationskollegien** reichen und die wegen der Unmittelbarkeit der Kommunikation eine ständige Differenzierung und Anpassung der Information an den Empfänger gewährleisten, spielen die schriftlichen Kommunikationsmedien eine bedeutende Rolle. Ein sehr häufig verwendetes Informationsmittel stellt die **Werkszeitung** dar. Mit ihr kann über geplante oder vollzogene Veränderungen der Arbeitsplätze, der Umgebung des Arbeitsplatzes, über persönliche Angelegenheiten der Belegschaft, über die wirtschaftliche Lage und Entwicklung der Unternehmung und über die Unternehmungspolitik berichtet werden. Sie hat aber den Nachteil, daß sie aufgrund ihrer Erscheinungsweise in größeren zeitlichen Abständen nur selten aktuelle Informationen liefert und zudem relativ einseitige Meinungen der Unternehmensleitung enthalten kann. Den ersten Mangel beheben **Rundschreiben, Rundbriefe und Hausmitteilungen.**

Kennzeichnend für die Handhabung unumgehbarer Konflikte mit der Möglichkeit des Interessenausgleichs sind umfassende gegenseitige Informationen der Konfliktparteien sowie die Einrichtung von zuständigen Verhandlungsgremien. Hierauf bauen auch die gesetzlichen Mitbestimmungsregelungen (Betriebsverfassungsgesetz, Mitbestimmungsgesetz) auf. Als generelle Schlichtungsregeln sollen sie die gegenseitige Information und die Interessenabstimmung in obligatorischen Verhandlungsgremien sicherstellen.

*gesetzlicher Konflikthandhabungsrahmen*

Die dargestellten idealtypischen Konfliktkonstellationen und die entsprechenden Konflikthandhabungsformen setzen voraus, daß die Kontrahenten die Konfliktsituation und Konfliktintensität jeweils gleich beurteilen. Diese Kongruenz ist im allgemeinen nur selten gegeben, so daß in der Realität „gemischte" Konflikthandhabungsprozesse ablaufen, die sich erst in ihrer Endphase einer typischen Konstellation annähern. So kann beispielsweise im Rahmen von Verhandlungen mit dem Ziel einer abschließenden Konfliktlösung eine Teilung des Streitwertes angestrebt werden, weil die Beteiligten eine endgültige Beilegung der Interessengegensätze für unwahrscheinlich halten; wegen divergierender Vorstellungen hinsichtlich der Teillösungen einigen sie sich schließlich auf eine bewußte Ausklammerung der anstehenden Streitfragen.

*„gemischte" Konflikthandhabung*

Ebenso können bei den Kontrahenten **Unterschiede bei der Beurteilung der Konfliktintensität** bestehen. Während ein Individuum einen starken Konflikt wahrnimmt, weil es im Falle der Verwirklichung einer Alternative des Konkurrenten einen großen Wertentgang erwartet, schätzt sein Gegner die Konfliktstärke nicht so hoch ein. Er plädiert deshalb bei nicht umgehbaren Konflikten ohne Interessenausgleich für ein Zufallsurteil oder eine Schlichtung durch Außenstehende. Im Gegensatz dazu eröffnet das auf eine aktive Konflikthandhabung eingestellte Individuum einen Gewinn-Verlust-Machtkampf. Zu welcher Handhabungsform die Parteien letztlich tendieren, läßt sich nicht generell voraussagen. Sie ergibt sich unter Umständen aus einem Verhandlungsprozeß, der seinerseits mit Konflikten behaftet sein kann.

## II. Rechtliche Rahmenbedingungen der Personalwirtschaft

*Arbeitsrechtliche Bestimmungen*

Als gesetzliche Rahmenbedingungen für die Personalwirtschaft im Industriebetrieb sind in erster Linie das Betriebsverfassungsgesetz und die arbeitsrechtlichen Bestimmungen zu nennen.

Es existiert kein einheitliches „Arbeitsgesetzbuch", das alle das Arbeitsleben berührenden Rechtsfragen regeln würde. **Das Arbeitsrecht setzt sich vielmehr aus einer Vielzahl von Gesetzen zusammen,** die verschiedene Problemkreise des Arbeitslebens regeln. Die wichtigsten Quellen des Arbeitsrechtes sind:

1. Allgemeine Rechtsquellen:
    – Grundgesetz,
    – Bürgerliches Gesetzbuch,
    – Handelsgesetzbuch und
    – Gewerbeordnung.

*Arbeitsgesetze*

2. Spezielle Arbeitsgesetze:
    – Schutzgesetze für alle Arbeitnehmer zum Kündigungsrecht (Kündigungsschutzgesetz),
    – entgeltwirksame Gesetze (Lohnfortzahlungsgesetz, Gesetz zur betrieblichen Altersversorgung),
    – arbeitsbezogene Gesetze (Arbeitszeitordnung, Bundesurlaubsgesetz),
    – arbeitssicherheitsbezogene Gesetze (Arbeitssicherheitsgesetz, Arbeitsstättenverordnung),
    – Gesetz mit Schutzbestimmung für besonders gefährdete Arbeitnehmergruppen,
    – Jugendarbeitsschutzgesetz,
    – Mutterschutzgesetz,
    – Schwerbehindertengesetz.

Die Quellen des **kollektiven Arbeitsrechts,** das immer für eine Gesamtheit von Arbeitnehmern Gültigkeit hat, sind das Tarifvertragsgesetz, die Mitbestimmungsgesetze und das Betriebsverfassungs- und das Personalvertretungsgesetz.

*Arbeitsvertrag*

Zentraler Gegenstand des Individualarbeitsrechts ist der Arbeitsvertrag. Er ist ein schuldrechtlicher Vertrag, durch den sich der Arbeitnehmer verpflichtet, im Dienste des Arbeitgebers abhängige Arbeit zu leisten, wofür der Arbeitgeber ein Entgelt zu zahlen hat. Aus dem Arbeitsvertrag ergeben sich (unabhängig von den jeweiligen speziellen Vertragsbedingungen) für Arbeitnehmer und Arbeitgeber eine Reihe von Verpflichtungen (vgl. Abb. 6.12).

Die Beendigung des Arbeitsverhältnisses wird aufgrund gegenseitigen Einverständnisses oder durch Ablauf der Frist, die für das Arbeitsverhältnis festgelegt wurde, durch Pensionierung, durch Tod des Arbeitnehmers oder durch recht-

| Pflichten des Arbeitgebers | Pflichten des Arbeitnehmers |
|---|---|
| Lohnzahlungspflicht:<br>Höhe je nach Vertrag;<br>besteht auch bei:<br>– Annahmeverzug des Arbeitgebers<br>– Krankheit des Arbeitnehmers (Lohnfortzahlungsgesetz)<br>– Betriebsrisiko, d. h. bei von *beiden* Seiten unverschuldeten Betriebsstörungen. | Arbeitspflicht:<br>enthält je nach Vertrag Angaben über Art, Ort und Zeit der zu leistenden Arbeit<br>– jeweils im Rahmen der anderen arbeitsrechtlichen Bestimmungen |
| Fürsorgepflicht des Arbeitgebers:<br>je nach Arbeitsvertrag, in der Regel:<br>– allgemeine Informationsrechte für Arbeitnehmer (vgl. insbesondere BetrVG)<br>– Schutz von Leben, Körper und Gesundheit<br>– Gleichbehandlung der Arbeitnehmer und Schutz ihrer ideellen Interessen. | Treuepflicht des Arbeitnehmers:<br>je nach Arbeitsvertrag, im allgemeinen:<br>– Wettbewerbsverbot<br>– Verbot der Annahme von Schmiergeldern (Unbestechlichkeit)<br>– Verschwiegenheitspflicht<br>– Verbot von Nebentätigkeiten, welche die Arbeitsfähigkeit schwerwiegend beeinträchtigen. |

*Abb. 6.12: Übersicht über die arbeitsvertraglichen Verpflichtungen von Arbeitgeber und Arbeitnehmer*

mäßige Kündigung des Arbeitnehmers oder des Arbeitgebers beendet. Zu unterscheiden ist die ordentliche Kündigung, die sich auf die Beendigung eines Arbeitsverhältnisses nach Ablauf einer bestimmten Frist richtet und die außerordentliche Kündigung, die bei Vorliegen eines wichtigen Grundes sofort wirksam wird.

*Kündigung*

Von besonderer arbeitsrechtlicher Bedeutung ist die Tarifautonomie und das Tarifvertragsrecht (vgl. S. 710f.). Aufgrund der Tarifautonomie können Gewerkschaften und Arbeitgeber über Arbeitsbedingungen Tarifverträge abschließen. Aus der marktwirtschaftlichen Ordnung und der daraus abgeleiteten Tarifautonomie, die ihre Basis in der Koalitionsfreiheit des Grundgesetzes hat, hat sich das Recht entwickelt, Maßnahmen des **Arbeitskampfes** anzuwenden. Für die Beurteilung der Rechtmäßigkeit von Arbeitskampfmaßnahmen gibt es aber keine eindeutigen gesetzlichen Vorschriften. Die Rechtmäßigkeit von Arbeitskämpfen ergibt sich aus der Normensetzung des Bundesarbeitsgerichts.

*Tarifautonomie*

*Arbeitskampf*

## Mitbestimmung der Arbeitnehmer

Der für die Wirtschaftsverfassung der Bundesrepublik spezifische Begriff Mitbestimmung hat die institutionelle, durch Gesetz legitimierte Teilhabe der Arbeitnehmer an unternehmerischen und betrieblichen Entscheidungen zum Inhalt. Durch die gesetzliche Mitbestimmung wird das aus der in der Bundesrepublik geltenden Rechtsordnung abgeleitete Alleinbestimmungsrecht der Kapitaleigner in erwerbswirtschaftlichen Unternehmungen zugunsten einer Entscheidungsbeteiligung eingeschränkt. Inhalt und Umfang der Mitbestimmung sind in folgenden Gesetzen niedergelegt:

*Mitbestimmungs-*
*gesetze*

- **Betriebsverfassungsgesetz (BetrVG)** vom 15. 1. 1972,
- Gesetz über die Mitbestimmung der Arbeitnehmer in den Aufsichtsräten und Vorständen der Unternehmen des Bergbaus und der Eisen und Stahl erzeugenden Industrie – **Montan-Mitbestimmungsgesetz (Montan-MitbestG)** vom 21. 5. 1951 (einschl. Mitbestimmungs-Ergänzungsgesetz vom 7. 8. 1956),
- Gesetz über die Mitbestimmung der Arbeitnehmer – **Mitbestimmungsgesetz (MitbestG)** vom 4. 5. 1976 (vgl. hierzu Teil 2, S. 131ff.).

Da die Mitbestimmung in den verschiedenen Gesetzen unterschiedliche Ausprägungen erfahren hat, ist es zweckmäßig, den Tatbestand anhand der Kriterien „organisatorische Ebene", „Vertretungsmodus" und „Intensität" zu präzisieren.

*Dimensionen der Mitbestimmung*

*organisatorische Ebene*

Hinsichtlich der organisatorischen Ebene kann idealtypisch zwischen **unternehmerischer** und **betrieblicher** Mitbestimmung unterschieden werden. Erstere ist die Teilhabe der Mitarbeiter an **unternehmenspolitischen** Entscheidungen, die in der Regel vom Vorstand (Unternehmensleitung) getroffen werden und die wichtigsten Ziele und Strategien des Industriebetriebs (z. B. Investitionspolitik, Absatzpolitik) festlegen (verankert im Montan-MitbestG und im MitbestG). Die **betriebliche** Mitbestimmung ist die Teilhabe der Mitarbeiter bzw. ihres Vertretungsorgans (Betriebsrat) an wichtigen personellen, sozialen und wirtschaftlichen Entscheidungen, die **innerhalb** des Betriebes zur Erreichung eines „arbeitstechnischen Zweckes" anfallen. Für die industrielle Personalwirtschaft ist dabei das Betriebsverfassungsgesetz von besonderer Bedeutung.

*Vertretungsmodus*

In bezug auf den Vertretungsmodus ist zwischen **direkter** Mitbestimmung im Sinne unmittelbarer Entscheidungsteilhabe und **indirekter** (repräsentativer) Mitbestimmung, d. h. Entscheidungsteilhabe durch ein Vertretungsorgan der Arbeitnehmer (z. B. Betriebsrat, Arbeitnehmervertreter im Aufsichtsrat) zu unterscheiden. Für die Mitbestimmung in der Bundesrepublik gilt – von einigen Ausnahmen abgesehen – die repräsentative Mitbestimmung. Entscheidend für die Konsequenzen der Mitbestimmung ist der jeweils gewährte Intensitätsgrad, durch den das Ausmaß der Berücksichtigung von Arbeitnehmerinteressen weitgehend bestimmt wird. **Es sind zu unterscheiden: Mitwirkungsrechte, wie Informationsrecht, Anhörungsrecht und Mitberatungsrecht; Mitbestimmungsrechte bei Unterparität (ungleiche Stimmenverteilung); Mitbestimmungsrechte, wie Widerspruchsrecht (Vetorecht) und Initiativrecht, bei paritätischer Stimmenverteilung.**

*Grad der Intensität der Mitbestimmung*

*Mitwirkungsrechte*

Die Mitwirkungsrechte fordern vom Arbeitgeber, daß er – je nach gesetzlichen Einzelbestimmungen (vgl. Abb. 6.13) – den Arbeitnehmern bestimmte **Informationen zukommen läßt,** daß er die Vorstellungen der Arbeitnehmer zu bestimmten anstehenden Entscheidungen **anhört** und sich ggf. darüber mit ihnen **berät.** Mitwirkungsrechte stellen nur eine **Vorstufe** von Mitbestimmung dar. „Echte" Mitbestimmung setzt hingegen voraus, daß über die zur Entscheidung anstehenden Alternativen eine **Abstimmung** erfolgt bzw. erfolgen kann. Sind dabei die Stimmen zwischen den Interessengruppen zahlenmäßig nicht gleichverteilt, spricht man von Unterparität. Dies gilt z. B. für die Mitbestimmung

*Mitbestimmungsrechte*

der Arbeitnehmer im Aufsichtsrat von Aktiengesellschaften, die nicht dem Mitbestimmungsgesetz, sondern dem Betriebsverfassungsgesetz unterliegen. **Parität** bedeutet, daß bei grundsätzlichem Stimmengleichgewicht Entscheidungen nicht gegen den Willen einer Partei zustande kommen können. Dabei ist zu unterscheiden zwischen der passiven Form des **Vetorechts,** durch das z. B. die Arbeitnehmer die Entschlüsse der Arbeitgeber verhindern können, und der aktiven Form des **Initiativrechts,** das den Mitarbeitern die Möglichkeit gibt, von vornherein eigene Vorstellungen in den Entscheidungsprozeß einzubringen. Um zu verhindern, daß bei der paritätischen Mitbestimmung keine Einigung zwischen den Parteien zustande kommt und dadurch die Organisation handlungsunfähig wird, ist in den Gesetzen jeweils ein **Schlichtungsmechanismus** vorgesehen, durch den eine Einigung zwingend herbeigeführt wird (z. B. Einigungsstelle im BetrVG; „neutraler Mann" im Montan-MitbestG; Zweitstimmrecht des Aufsichtsratsvorsitzenden im Mitbestimmungsgesetz).

## *Betriebsverfassungsgesetz*

Der Geltungsbereich des Betriebsverfassungsgesetzes erstreckt sich auf Betriebe mit mindestens fünf Arbeitnehmern (§ 1) und besitzt auch Gültigkeit für solche Betriebe (ausgenommen Familiengesellschaften, GmbH und bergrechtliche Gewerkschaften mit weniger als 500 Arbeitnehmern), die unter das Montanmitbestimmungsgesetz und das Mitbestimmungsgesetz von 1976 fallen. Nach dem Betriebsverfassungsgesetz wird der **Aufsichtsrat zu einem Drittel mit Vertretern der Arbeitnehmer besetzt,** die von der Belegschaft unmittelbar auf Vorschlag des Betriebsrates und der Arbeitnehmer gewählt werden.

*Geltungsbereich des Betriebsverfassungsgesetzes*

**Zuständiges Vertretungsorgan der Belegschaft ist der Betriebsrat** (gewählte Vertreter der Arbeitnehmer, § 1). Die Zahl der Betriebsratsmitglieder ist abhängig von der Anzahl der Beschäftigten (§ 9). Die Wahl des Betriebsrates erfolgt alle drei Jahre (§ 13) durch sämtliche volljährigen Arbeitnehmer. Neben seiner allgemeinen Aufgabe der Betreuung der Arbeitnehmer nimmt der Betriebsrat Mitwirkungs- und Mitbestimmungsrechte in sozialen, personellen und wirtschaftlichen Angelegenheiten wahr (§§ 87–105) mit jeweils wechselnden Mitbestimmungsintensitäten (vgl. Abb. 6.13). Bei Unternehmungen mit mehreren Betrieben kann durch Delegation von Mitgliedern der Einzelbetriebsräte ein Gesamtbetriebsrat gebildet werden, dessen Zuständigkeitsbereich Angelegenheiten der Gesamtunternehmung oder mehrerer Einzelbetriebe umfaßt.

*Betriebsrat*

Der Aufgabenbereich des Betriebsrates, auf der Rechtsgrundlage des Betriebsverfassungsgesetzes, kann durch Betriebsvereinbarungen konkretisiert werden, deren Vorschriften einen vertraglichen Bestandteil der Betriebsverfassung darstellen. Betriebsvereinbarungen setzen als innerbetriebliche Rahmenbedingungen Rechtsnormen für die Unternehmung.

*Betriebsvereinbarungen*

Betriebsvereinbarungen dienen im wesentlichen drei Zwecken:

(1) Der Regelung der betrieblichen Ordnung (Arbeits- und Betriebsordnung) durch die Vorgabe von Richtlinien für das Verhalten der Arbeitnehmer im Betrieb,

(2) der allgemeinen Regelung der betriebsverfassungsrechtlichen Ordnung durch Festlegung der Rechte und Pflichten der Organe der Betriebsverfassung (z. B. Betriebsrat) und

(3) der Aufstellung von Normen für die Gestaltung der Rechtsbeziehungen zwischen Arbeitgeber und Arbeitnehmer.

Beispiele für **Vereinbarungen über die betriebliche Ordnung** sind Urlaubspläne sowie Arbeitszeit- und Pausenregelungen. Die Mitwirkung des Betriebsrats bei der Festlegung von Leistungszulagen berührt ebenfalls die betriebsverfassungsrechtliche Seite. Vereinbarungen von Probezeiten und Bedingungen für Prämienzahlungen stellen dagegen Regelungen der Arbeitsverhältnisse dar.

*Wirtschaftsausschuß*

Das Betriebsverfassungsgesetz sieht ferner die Einrichtung eines paritätisch besetzten **Wirtschaftsausschusses** für Unternehmungen mit mehr als 100 Arbeitnehmern vor, wobei die Arbeitnehmervertreter vom Betriebsrat bestimmt werden. Er hat ein Informationsrecht über wirtschaftliche Angelegenheiten der Unternehmung. Als Beispiele für **wirtschaftliche Angelegenheiten** nennt das Gesetz: Auskünfte über Fabrikations- und Arbeitsmethoden, Produktionsprogramm, wirtschaftliche Lage der Unternehmung, Produktions- und Absatzlage sowie sonstige, die Interessen der Arbeitnehmer berührende Vorgänge. Die Unternehmensleitung ist darüber hinaus verpflichtet, zusammen mit dem Wirtschaftsausschuß und dem Betriebsrat der Belegschaft mindestens einmal vierteljährlich Kenntnis von der Lage und Entwicklung der Unternehmung zu geben. Ferner hat sie dem Wirtschaftsausschuß unter Beteiligung des Betriebsrats den Jahresabschluß zu erläutern.

*Betriebsversammlung*

Die Unterrichtung der Gesamtbelegschaft erfolgt in der **Betriebsversammlung.** Der Betriebsrat legt ihr seinen Rechenschaftsbericht vor. Die Betriebsversammlung kann auch auf Antrag des Arbeitgebers zur Beratung über wichtige Sachverhalte einberufen werden und stellt somit auch ein Informationsorgan der Unternehmensleitung dar. An den Versammlungen teilnahmeberechtigt sind auch Gewerkschaftsbeauftragte, die eine Beratungsfunktion ausüben, sowie Arbeitgeber bzw. deren Berater.

Die wesentlichsten durch das Betriebsverfassungsgesetz dem Betriebsrat eingeräumten Mitwirkungs- und Mitbestimmungsrechte in personellen, sozialen und wirtschaftlichen Angelegenheiten sind in Abb. 6.13 zusammengestellt.

| Intensität<br>Bereiche | 1. Mitwirkung<br>1.1 Informationsrecht | 1.2 Anhörungs- und Mitberatungsrecht | 2. Mitbestimmung<br>2.1 Widerspruchs- (Veto-) u. Zustimmungsrecht | 2.2 Initiativrecht |
|---|---|---|---|---|
| **1. Personelle Angelegenheiten**<br>– Personalplanung (allg.)<br>– Personalbedarf<br>– Personalwerbung und -auswahl<br>– Personalbeurteilung<br>– Personalentwicklung<br>– Personaleinsatz (inkl. Versetzung, Umgruppierung)<br>– Personalfreistellung<br>– Arbeitsverträge<br>– Personalführung | – Unterrichtung über die Personalplanung (§ 92 I)<br>– Maßnahmen hinsichtlich Personalbedarf und Berufsbildung (§§ 92 I; 93)<br>– geplante personelle Einzelmaßnahmen, insbes. Einstellung, Eingruppierung, Umgruppierung, Versetzung (§ 99 I)<br>– vorläufige personelle Maßnahmen (§ 100 II)<br>– Einstellung oder personelle Veränderung leitender Angestellter (§ 105)<br>– Einblick in Entlohnungsunterlagen (§ 80 II) | – Vorschläge für Einführung und Durchführung der Personalplanung (§ 92 II)<br>– Anhörung des Betriebsrates vor Kündigung (§ 102 I)<br>– Fragen der Berufsbildung (§ 96), insbes. Berufsausbildungseinrichtungen, inner- und außerbetriebliche Berufsbildungsmaßnahmen (§ 97) | – Zustimmung zu personellen Einzelmaßnahmen, insbes. Einstellung, Eingruppierung, Versetzung (§ 99 I); Verweigerung unter bestimmten Voraussetzungen möglich (§ 99 II)<br>– Widerspruch gegen Kündigung in besonderen Fällen (§ 102; Schlichtung durch Arbeitsgericht)<br>– Widerspruch bei Bestellung oder Abberufungsverlangen für betriebliche Ausbilder bei fehlender Eignung (§ 98 III)<br>– Personalfragebögen (§ 94 I); Auswahlrichtlinien (§ 95 I) | – persönliche Angaben in schriftl. Arbeitsverträgen; allgemeine Beurteilungsgrundsätze (§ 94 I, II)<br>– Einführung und Ausgestaltung von Auswahlrichtlinien bei Einstellung oder Versetzung in Betrieben mit mehr als 1000 Arbeitnehmern (§ 95 II)<br>– Entlastung und Versetzung von Arbeitnehmern bei gesetzeswidrigem Verhalten oder wiederholter Verletzung des Betriebsfriedens (§ 104)<br>– innerbetriebliche Ausschreibung von Arbeitsplätzen (§ 93) |

| Intensität \ Bereiche | 1. Mitwirkung 1.1 Informationsrecht | 1.2 Anhörungs- und Mitberatungsrecht | 2. Mitbestimmung 2.1 Widerspruchs- (Veto-) u. Zustimmungsrecht | 2.2 Initiativrecht |
|---|---|---|---|---|
| **2. Soziale Angelegenheiten**<br>– Gestaltung des Arbeitsinhaltes<br>– Gestaltung der technischen Arbeitsbedingungen und Arbeitsumgestaltung<br>– Gestaltung der Arbeitszeit<br>– Entscheidung über anforderungs- und leistungsbezogene Entgeltanteile<br>– soziale betriebliche Leistungen und betriebliches Vorschlagswesen | – Mitteilung bei Auflagen und Anordnungen zum Arbeitsschutz und zur Unfallverhütung (§ 89 I, II)<br>– Unfallanzeigen (§ 85 II)<br>– Einblick in Entlohnungsunterlagen (§ 80 II) | – Mitberatung bei Arbeitsschutz, Unfallverhütung und Unfalluntersuchung (§ 89 I, II)<br>– Mitberatung über Planung bei baulichen Veränderungen (§ 90 I), technischen Anlagen (§ 90 II), Arbeitsverfahren und Arbeitsabläufen (§ 90 III) sowie Arbeitsplätzen (§ 90 IV)<br>– Teilnahme an Besprechungen zwischen Arbeitgeber und Sicherheitsbeauftragtem bzw. -ausschuß (§ 89 II, III) |  | – zu Unfallverhütungsmaßnahmen im Rahmen gesetzlicher Vorschriften (§ 87)<br>– bei besonderen Belastungen der Arbeitnehmer durch Veränderungen von Arbeitsplätzen, Arbeitsabläufen, Arbeitsumgebung (§ 91)<br>– Betriebsordnung und Arbeitnehmerverhalten (§ 87)<br>– Arbeitszeitregelungen, Pausen, Urlaubsgrundsätze und Urlaubsplan (§ 87)<br>– Entlohnungsgrundsätze, Entlohnungsverfahren (§ 87)<br>– Entlohnungsformen (Akkord- und Prämiensätze; § 87)<br>– Modalitäten der Entgeltzahlung (§ 87)<br>– betriebliche Sozialeinrichtungen und Arbeitnehmerwohnung (§ 87)<br>– betriebliches Vorschlagswesen (§ 87) |

| Intensität \ Bereiche | 1. Mitwirkung 1.1 Informationsrecht | 1.2 Anhörungs- und Mitberatungsrecht | 2. Mitbestimmung 2.1 Widerspruchs- (Veto-) u. Zu- stimmungsrecht | 2.2 Initiativrecht |
|---|---|---|---|---|
| **3. wirtschaftliche Angelegenheiten** – wirtschaftliche und finanzielle Lage – Produktions-, Investitions-, Absatzlage – umfassende Betriebsveränderungen – sonstige Vorgänge, die Arbeitnehmerinteressen wesentlich berühren | – Unterrichtung des Betriebsrates durch Wirtschaftsausschuß über wirtschaftliche Angelegenheiten (§§ 106, I, II; 108 IV) – Unterrichtung des Wirtschaftsausschusses über wirtschaftliche Angelegenheiten (§ 106 II) – Erläuterung des Jahresüberschusses gegenüber Wirtschaftsausschuß (§ 108 V) | – Abstimmung über Unterrichtung der Arbeitnehmer über wirtschaftliche Lage und Entwicklung des Unternehmens (§ 110) – Beratung vor wesentlichen Betriebsveränderungen, insbesondere Stillegung, Zusammenschluß, Verlegung; wesentliche Veränderung von Betriebsorganisation, Betriebszweck, -anlagen; Einführung neuer Arbeitstechnik/ Fertigungsverfahren; (§ 111) – Beratung wirtschaftlicher Angelegenheiten, insbes. hinsichtlich Auswirkung auf Personalplanung zwischen Unternehmung und Wirtschaftsausschuß (§ 106 I) | – Sozialplan bei Betriebsveränderungen (§ 112) | |

*Abb. 6.13: Bereiche und Intensität der Mitbestimmung nach dem Betriebsverfassungsgesetz von 1972*

## III. Die Bestimmung der Aufgaben der Personalwirtschaft

Grundmodelle des arbeitenden Menschen sowie organisationstheoretische Grundkonzeptionen können als Orientierungshilfe und als Bezugsrahmen für die Konkretisierung und Abgrenzung der Aufgaben der betrieblichen Personalwirtschaft gelten. Während die Funktionsbereiche, wie Materialwirtschaft, Fertigung und Absatz bestimmte Ausschnitte des betrieblichen Güter- und Geldkreislaufes erfassen und gestalten, und mit der Erfüllung ihrer Aufgaben unmittelbar zur Erreichung des industriellen Sachziels beitragen, fehlt bei der Personalwirtschaft dieser direkte Zusammenhang. Ihre Aufgaben überlagern die güterbezogenen Funktionsbereiche, so daß sie wie die Kapital- und Informationswirtschaft als **übergreifende Funktion** bezeichnet werden kann. Diese erschwert in gewisser Weise die Abgrenzung dessen, was als personalwirtschaftlicher Tatbestand zu betrachten ist. Aufgabe der Personalwirtschaft ist, grob gesagt, die Erhaltung und Entwicklung der menschlichen Leistungspotentiale eines Industriebetriebes.

### 1. Auswahl eines Bezugrahmens

Die Konkretisierung des personalwirtschaftlichen Aufgabenbereichs richtet sich vor allem nach der zugrunde gelegten Modellvorstellung des arbeitenden Menschen. Das gewählte Individualmodell bedarf aber der Integration in ein den organisationalen Zusammenhang abbildendes (Makro-)Modell, wie es z. B. das Konzept der Koalitionstheorie anbietet. Eine geeignete Verbindung zwischen den (individual-psychologischen) Modellen des arbeitenden Menschen und dem (sozial-psychologischen bzw. soziologischen) Koalitionsmodell der Organisation stellt die Anreiz-Beitrags-Theorie her. Sie kann daher als Bezugsrahmen für die Darstellung und Systematisierung personalwirtschaftlicher Aufgabenbereiche herangezogen werden.

Die Auswahl eines Bezugsrahmens ist ein relativ willkürlicher Akt. Für die betriebswirtschaftliche Forschung erfüllt ein Bezugsrahmen vor allem eine **heuristische Funktion.** Er soll helfen, Tatbestände zu erkennen und zu analysieren, die ansonsten nicht in den jeweiligen Aussagenzusammenhang aufgenommen worden wären. Ergänzend kann die Wahl eines Bezugsrahmens eine **pädagogisch-didaktische Funktion** erfüllen. Der Bezugsrahmen soll die Systematisierung personalwirtschaftlicher Tatbestände erleichtern und personalwirtschaftliche Zusammenhänge offenlegen. Diese Funktionen könnte statt des anreiz-beitrags-theoretischen Bezugsrahmens auch ein anderer Ansatz, z. B. ein konfliktorientierter, erfüllen. Während ein konflikttheoretischer Bezugsrahmen den personalwirtschaftlichen Aufgabenbereich nach Konfliktfeldern (zwischen den betrieblichen Interessengruppen) systematisiert und das Augenmerk auf Entstehungsgründe, Verlauf und Folgen von Konflikten sowie deren Handhabungsmöglichkeiten richtet, stehen im Mittelpunkt einer anreiz-beitrags-theoretischen Betrachtung die Bedingungen eines von der Organisationsleitung und der Mehrzahl der Arbeitnehmer (als Organisationsmitglieder) akzeptierten Anreiz-Beitrags-,,Gleichgewichts". **Die Aufgabe der Personalwirtschaft besteht demnach darin, das durch die Belegschaft repräsentierte Leistungspotential, durch die Anwerbung und Bindung von Organisationsmitgliedern und deren Motivierung zu rollenkonformem Verhalten, sicherzustellen. Hierzu entwickelt sie eine Anreiz-Beitrags-Struktur, die aus der Sicht der Arbeitnehmer einen Anreizüberschuß enthält.**

## 2. Systematisierung personalwirtschaftlicher Aufgabenbereiche

Für jeden Organisationsteilnehmer bilden das Verhältnis zwischen Anreizen und Beiträgen sowie deren Zusammensetzung die Ausgangsinformationen im Hinblick auf die Entscheidung, in ein Arbeitsverhältnis einzutreten bzw. einen bestehenden Arbeitsvertrag fortzusetzen. Der Kreis der hier interessierenden Organisationsmitglieder umfaßt sämtliche Arbeitnehmer auf allen hierarchischen Ebenen einschließlich der Eigentümer des Industriebetriebes, soweit sie Aufgaben verrichten, die im Rahmen eines Arbeitsvertrages festgelegt sind (z. B. Geschäftsführerfunktion). Zwischen den Belegschaftsmitgliedern ergeben sich jedoch Unterschiede hinsichtlich der „Ausgewogenheit" der Anreiz-Beitrags-Struktur. Für die Ermittlung und Bewertung des in den „Zahlungen" enthaltenen Anreizüberschusses werden unterschiedliche Beurteilungsmaßstäbe verwendet. Sie resultieren aus den verschiedenen Bedürfnisstrukturen bzw. aus den konkreten Zielvorstellungen und den sich aus den unterschiedlichen formalen Rollen ergebenden Beitragserwartungen.

*Belegschaftsmitglieder*

Es liegt nahe, die „Ausgewogenheit" der Anreiz-Beitrags-Struktur durch Indikatoren der individuellen Befriedigung (über die Art der Tätigkeit, den Führungsstil des Vorgesetzten, die Unternehmenspolitik etc.) zu messen. Dabei erscheint die Annahme gerechtfertigt, daß bis zu einem gewissen Punkt mit zunehmendem Anreizüberschuß auch die Befriedigung steigt. Andererseits sind die „kritischen Punkte" einer Zufriedenheitsskala und der individuellen „Ausgewogenheitsskala" nicht notwendigerweise identisch. Der kritische Punkt der Zufriedenheitsskala kennzeichnet einen Zustand, bei dem der Arbeitnehmer mehr Unzufriedenheit (bzw. Nicht-Zufriedenheit) als Zufriedenheit verspürt. Er ist eng mit dem individuellen Anspruchsniveau verbunden und erhöht die Neigung des Mitarbeiters vom rollenkonformen Verhalten abzuweichen. Der kritische Punkt der Ausgewogenheitsskala zeigt die Indifferenz des Mitarbeiters an, in der Organisation zu verbleiben oder sie zu verlassen.

*„Ausgewogenheit" der Anreiz-Beitrags-Struktur*

Aufgrund der unterschiedlichen Vorstellungen der Mitarbeiter über die „Ausgewogenheit" der Anreiz-Beitrags-Struktur und der Tatsache, daß einige Bestimmungsgrößen zum Teil außerhalb des Gestaltungsbereiches der Personalwirtschaft liegen, kann sich die Personalwirtschaft nur um eine Anreiz-Beitrags-Struktur bemühen, **die von einer Mehrzahl der Arbeitnehmer als „ausgewogen" empfunden wird.** Zwischen der Ermittlung der erforderlichen Beiträge und der Gestaltung eines betrieblichen Anreizsystems, das die Sicherstellung der notwendigen Beiträge gewährleistet, bestehen starke Interdependenzen, die eine eindeutige Trennung der beiden Komponenten unmöglich machen. Es kann daher nur gedanklich zwischen primär beitragsbezogenen und anreizbezogenen Teilaufgaben unterschieden werden.

*Personalbedarfsplanung*

Als **beitragsbezogene Aufgaben** können in erster Linie die Personalbedarfsermittlung, die Personalauswahl im Rahmen der Personalbeschaffung und die Arbeitsstrukturierung aufgefaßt werden. **Die Personalbedarfsplanung** erstreckt sich auf die Bestimmung der erforderlichen Mitarbeiter zur Erfüllung des betrieblichen Sachziels nach Qualifikation, Anzahl sowie in zeitlicher und örtlicher Hinsicht. Im Rahmen der **Personalauswahl** sind geeignete Beurteilungsmethoden zu entwickeln, um unter den Bewerbern solche auszuwählen, deren Beiträge den Stellenanforderungen entsprechen. Dieses Problem stellt sich auch bei der **Zuordnung der Arbeitnehmer zu den einzelnen Stellen** (Personalzuordnungsproblem). Die von einem Stelleninhaber zu erbringenden Beiträge sind aber keine unveränderlichen Größen. Soweit nicht technische Gegebenheiten den Arbeitsvollzug vollständig regeln, verbleibt der Personalwirtschaft ein Spielraum bei der Festlegung von Art und Höhe der Beitragsforderungen durch **Gestaltung des Arbeitsinhalts, der Arbeitsbedingungen und der Arbeitszeit.**

*Personalauswahl*

*Personaleinsatz*

*Arbeitsstrukturierung*

Die primär **anreizbezogenen Aufgaben** der Personalwirtschaft beinhalten die Schaffung eines von den Arbeitnehmern akzeptierten offiziellen Anreizsystems. Es bildet im Rahmen der Personalbeschaffung das wichtigste Werbeargument, um mögliche Bewerber zu einer Mitgliedsentscheidung zu bewegen und die Arbeitnehmer zu rollenkonformem Verhalten zu veranlassen. Die Gestaltung des Anreizsystems erstreckt sich auf materielle und immaterielle Anreize. Die **materiellen Anreize** setzen sich aus drei Gruppen zusammen: **Löhne und Gehälter, Beteiligungen und betriebliche soziale Leistungen.** Die Festlegung dieser Anreize ist Gegenstand der Entgeltplanung. Die **immateriellen Elemente des Anreizsystems** lassen sich vereinfacht in **Aufstiegsanreize und soziale Anreize** unterscheiden. Die Aufstiegsplanung enthält die Regelungen des betrieblichen **Karrieresystems** sowie die **Ausbildungsplanung.** Zu den sozialen Anreizen zählen die Bedürfnisbefriedigung durch Zugehörigkeit zu bestimmten formalen und informalen Gruppen. Sie sind einer Gestaltung durch die Personalwirtschaft teilweise entzogen. Zur Kategorie der sozialen Anreize läßt sich auch der in der Organisation ausgeübte **Führungsstil** rechnen.

*Entgeltplanung*

*Aufstiegsanreize*

*soziale Anreize*

| Gestaltung einer ausgewogenen Anreiz-Beitrags-Struktur ||
|---|---|
| Beitragsbezogene Aufgaben | Anreizbezogene Aufgaben |
| 1. Personalbedarfsermittlung | 1. Entgeltplanung |
| 2. Personalauswahl, -einsatz und -freistellung | 2. Ausbildungs- und Aufstiegsplanung |
| 3. Arbeitsstrukturierung | 3. Gestaltung des offiziellen Führungskonzeptes, Führungskräfteschulung |

*Abb. 6.14: Aufgabenbereiche der Personalwirtschaft*

Die Hauptaufgabenbereiche der Personalwirtschaft lassen sich daher zusammenfassend wie in Abb. 6.14 wiedergeben.

Die Abstimmung von Anreizen und Beiträgen darf dabei nicht als konfliktfreier Prozeß verstanden werden. Die im Rahmen der anreiz- und beitragsbezogenen Aufgaben zum Einsatz gelangenden Methoden, Vorgehensweisen, Prinzipien etc. können vielmehr auch als Instrumente in einem permanenten Prozeß der Konflikthandhabung gesehen werden.

## IV. Beitragsbezogene Aufgaben der Personalwirtschaft: Die Bereitstellung des Leistungspotentials

### 1. Ermittlung des Personalbedarfs

*quantitativer und qualitativer Personalbedarf*

Die Bestimmung des Personalbedarfs erfolgt durch Ermittlung der für die Erfüllung des betrieblichen Sachziels notwendigen Leistungsbeiträge in zeitlicher, artmäßiger (qualitativer) und mengenmäßiger (quantitativer) Hinsicht. Es ist zwischen dem Gesamtbedarf (Bruttopersonalbedarf) und dem sich als Differenz zwischen Gesamtbedarf und Personalbestand ergebenden aktuellen Personalbedarf (Nettopersonalbedarf) zu unterscheiden. Ausgehend von unternehmenspolitischen Richtwerten, wie angestrebte Marktanteile, geplante Wachstumsraten und prognostizierte Absatzmengen etc., ist die Personalbedarfsermittlung in der Regel eine **abgeleitete bzw. Nachfolgeplanung.** Als Informationsgrundlagen dienen vor allem Planziele der einzelnen betrieblichen Funktionsbereiche, geplante Reorganisationsvorhaben der Unternehmung sowie gesetzliche und arbeitsmarktbezogene Veränderungen.

*Brutto- und Nettopersonalbedarf*

Für einen kurzfristigen Planungszeitraum werden der Personalbedarf möglichst detailliert erfaßt und unternehmensspezifische Bestimmungsgrößen, wie z. B. Fertigungsprogramm, Technisierungsgrad, Arbeitsorganisation, Arbeitsproduktivität, als nichtbeeinflußbare Größen und damit als Rahmenbedingungen betrachtet. Bei einer mittel- und langfristigen Personalbedarfsplanung können solche Größen – im Gegensatz zu Rechtsnormen, arbeitsphysiologischen und arbeitspsychologischen Grundtatbeständen – als beeinflußbar angesehen werden.

Das Ergebnis der Personalbedarfsermittlung dient seinerseits als Grundlage für Entscheidungen über die Personalbeschaffung, den Personaleinsatz, die Personalentwicklung und -freistellung.

---

Bruttopersonalbedarf in $t_x$ (abgeleitet aus den anderen organisatorischen Teilplänen)
./. Personalbestand in $t_o$
\+ Personalabgänge im Zeitraum $t_o$ bis $t_x$:

- sichere Abgänge (Pensionierungen)
- statistisch ermittelbare Abgangswerte (Fluktuation, Frühinvalidität)
- Abgänge als Auswirkungen getroffener Dispositionen (Beförderungen, Versetzungen)

./. bereits feststehende Personalzugänge im Zeitraum $t_o$ bis $t_x$
\= zu beschaffendes Arbeitspotential bis zum Zeitpunkt $t_x$ (Nettopersonalbedarf)

---

*Abb. 6.15: Ableitung des Nettopersonalbedarfs*

Als **Bruttopersonalbedarf** (Personalsollbestand) wird der gesamte Personalbedarf zum Zeitpunkt $t_x$ unabhängig vom jeweiligen Personalbestand bezeichnet. Der Nettopersonalbedarf hingegen umfaßt das zu beschaffende Beitragspotential bis zum Zeitpunkt $t_x$ in Abhängigkeit vom Personalbestand in $t_o$ und seiner Veränderung im Zeitraum $t_o$ bis $t_x$.

Ausgangspunkt für die Ermittlung des Nettopersonalbedarfs ist zunächst die quantitative und qualitative Bestimmung des Bruttobedarfs. Seine quantitative Dimension drückt sich in der Anzahl der Stellen aus. Aussagen über qualitative Aspekte erfordern eine Analyse der Arbeitsanforderungen der einzelnen Stellen, um daraus das benötigte Leistungspotential der Mitarbeiter ermitteln zu können.

## *Ermittlung des qualitativen Personalbedarfs durch Arbeitsanalyse und Arbeitsbeschreibung*

Die Arbeitsanalyse bildet die Grundlage für die Gewinnung von Informationen über die Leistungsanforderungen eines Aufgabenbereichs. Sie umfaßt die systematische Untersuchung der Arbeitsplätze und Arbeitsvorgänge sowie jener Eigenschaften, die der Stelleninhaber zur Erfüllung der an ihn gerichteten Leistungserwartungen besitzen sollte. Die Arbeitsanalyse dient der Ermittlung sowohl der Arten als auch des jeweiligen Ausmaßes der Arbeitsanforderungen, der Ableitung von Anforderungsprofilen, dem Entwurf von Stellenbeschreibungen und der Arbeitsbewertung, ferner der Arbeitsablaufgestaltung und der Mitarbeiterunterweisung.

*Aufgaben der Arbeitsanalyse*

Der Arbeitsanalyse geht eine Entscheidung über das Untersuchungsobjekt voraus. Die Arbeitsanalyse bezieht sich auf den gesamten Aufgabenbereich einer Stelle. Die Analyse von Einzelaufgaben wird als Arbeitsganganalyse bezeichnet. Die **Arbeitsganganalyse** besitzt den Vorteil der größeren Genauigkeit bei der Bestimmung der Anforderungsarten, weil sie die notwendigen Anforderungen für bestimmte Beitragsarten isoliert erfaßt. Schwierigkeiten entstehen jedoch, wenn der Aufgabenbereich sehr verschiedenartige Einzelaufgaben enthält. Die isolierte Analyse erschwert dann die Bestimmung der Gesamtanforderungen einer Stelle, da diese nicht mit der Summe der Anforderungen einzelner Arbeitsgänge übereinstimmen muß. Ähnliche Probleme ergeben sich auch in Arbeitsbereichen, deren Einzelaufgaben ständigen Änderungen unterliegen oder in denen das Verhältnis verschiedener Einzelaufgaben zueinander schwankt. Solche Aufgabenbereiche fordern vom Mitarbeiter ein hohes Maß an Flexibilität, die als Anforderungsart bei isolierter Analyse sehr schwer erfaßbar ist.

Im Rahmen der Arbeitsanalyse werden Anforderungsarten definiert. Unter Anforderungen kann zunächst die Beherrschung gewisser Teilarbeitsvorgänge verstanden werden, die aus der Arbeitszerlegung mit Hilfe von Zeit- und Bewegungsstudien gewonnen werden. In diesem Fall würde sich wegen der Vielfalt der in Industriebetrieben zu leistenden Beiträge eine sehr große Zahl von Anforderungsarten ergeben, wodurch die notwendige „Übersetzung" in Personalqualifikationen sehr erschwert würde. Im allgemeinen geht die Ar-

*Festlegung der Anforderungsarten*

beitsnalyse deshalb von einem bestehenden Katalog von Tätigkeitsmerkmalen aus, der z. B. folgende Anforderungsgruppen enthält: geistige Fähigkeiten, körperliche Fähigkeiten, Verantwortung, geistige Arbeitsbelastung, körperliche Arbeitsbelastung und Umwelteinflüsse. Diese Kategorien können bei Bedarf weiter aufgespalten werden. **Eine allgemeingültige Aussage über den Umfang der zu berücksichtigenden Anforderungsarten ist nicht möglich.**

Als **Untersuchungsmethoden** der Arbeitsanalyse bieten sich Beobachtung, Befragung (Fragebögen, Interview) und Experiment an. Die Beobachtungen erstrecken sich auf Arbeitsgänge, Arbeitsverfahren, Arbeitsmittel, Werkstoffe usw. Bei komplexen Aufgabenbereichen werden sie durch Befragungen ergänzt. Die ermittelten Informationen werden in **Arbeitsbeschreibungen** zusammengefaßt, die den gesamten Aufgabenbereich durch die Beschreibung der Einzelaufgaben, Arbeitsbedingungen und -abläufe kennzeichnen (vgl. Abb. 6.16).

*Arbeitsbeschreibung*

| ARBEITSBESCHREIBUNG | Beispiel-Nr. 35 |
|---|---|
| ARBEIT        Schichtschlosserarbeiten | |
| *Arbeitsplatz* <br> Vierstöckiges Fabrikgebäude für die Herstellung organischer Produkte. <br> Reaktionsapparate, Kühler und Wärmeaustauscher, Destillieranlagen mit Glockenbodenkolonnen, die zum Teil unter Vakuum stehen, mehrere Kolbenkompressoren ND 25, mehrere Niederdruckkapselgebläse, mehrere Gas-Umwälz-Kolbenpumpen ND 25, etwa 40 Kreiselpumpen, zahlreiche Vorrats- und Zwischenbehälter, Rohrleitungen, Armaturen und Meßgeräte. <br> Weiteres Tätigsein auf Rohrbrücken, in Schächten, in der Betriebswerkstätte. <br> Werkbank, Schlosserwerkzeug, Säulenbohrmaschine, Handbohrmaschine, Handschleifmaschine, Schweißgerät, Leiter. | |
| *Auszuführende Arbeiten* <br> Auswechseln von Ventilen, Schiebern bis NW 150, Hähnen, Kondenstöpfen, Düsen an Dampfstrahlern usw. <br> Demontieren von Rohrleitungen und Zusammenbauen nach Reinigung durch Betriebsarbeit. <br> Verpacken von Stopfbuchsen. <br> Einsetzen von neuen Flanschdichtungen. <br> Reinigen von Filtern an Meßgeräten, Meßleitungen, Dosierventilen usw. <br> Verständigen des Betriebspersonals vor Beginn und nach Abschluß der Arbeiten. <br> Instandsetzung von Armaturen. <br> Herstellen von Rohrleitungshalterungen. <br> Melden größerer Störungen wie Lagerschäden an Kompressoren usw. <br> Arbeiten in Wechselschicht. | |
| *Arbeitsunterlagen, Arbeitsanweisungen, Arbeitskontrolle* <br> Die Reparaturstellen werden vom Betrieb angegeben. <br> Die Ausführung der Reparaturen erfolgt selbständig. <br> Kontrollieren der Arbeiten durch den Betriebsschlossermeister während der Tagesschicht. | |

*Abb. 6.16: Beispiel einer Arbeitsbeschreibung*
*(Quelle: Arbeitsring der Arbeitgeberverbände der Deutschen Chemischen Industrie, Wiesbaden 1975)*

Eine generelle Regel für Umfang und Genauigkeit der Arbeitsbeschreibungen läßt sich nicht angeben. Sehr detaillierte Aufzeichnungen haben den Nachteil, daß sie bei kleinen Änderungen des Arbeitsbereichs ebenfalls geändert werden müssen, während globale Beschreibungen die Anforderungsarten und -höhen nur unzureichend wiedergeben. In der industriellen Praxis werden häufig **Rahmenarbeitsbeschreibungen** herangezogen, die Beschreibungen von Tätigkeiten zusammenfassen, die mit geringen Abweichungen mehrfach vorkommen. Die Rahmentätigkeiten müssen die gleiche fachliche und arbeitstechnische Charakteristik aufweisen und hinsichtlich der Anforderungsarten übereinstimmen. Durch Einzelaufzeichnungen werden die Rahmenarbeitsbeschreibungen konkreten Einzelfällen angepaßt.

*Rahmenarbeitsbeschreibung*

Die Arbeitsbeschreibungen vermitteln einen Überblick über die zur Erstellung des Produktionsprogramms (Güter und Dienstleistungen) notwendige Qualifikation der Belegschaft. Sie erfassen sowohl Bürotätigkeiten als auch die Aufgabenbereiche der an der Produktion unmittelbar beteiligten Belegschaftsmitglieder. Allerdings nimmt der Konkretisierungsgrad der Beschreibung ab, je höher die Stelle in die Leitungshierarchie eingegliedert ist. Die Ursache dafür ist in der Abnahme meßbarer Anforderungsarten bei höher eingestuften Positionen zu suchen.

Für die Ermittlung des qualitativen Nettopersonalbedarfs ist dem qualitativen Bruttopersonalbedarf das gegenwärtige bzw. zukünftig verfügbare Qualifikationspotential gegenüberzustellen. Hierzu ist zunächst die gegenwärtige Qualifikationsstruktur der Mitarbeiter festzustellen und dann deren künftige Entwicklung zu prognostizieren.

*Berechnung des qualitativen Nettopersonalbedarfs*

Die **Analyse des gegenwärtigen Arbeitskräftepotentials** (Qualifikationspotential) erweist sich als problematisch. So muß zunächst versucht werden, die Leistungspotentiale der Mitarbeiter durch eine systematische Leistungsbewertung und/oder Personalbeurteilung (vgl. S. 718 ff.) möglichst vollständig zu erfassen. Die so ermittelten Fähigkeitsarten und -niveaus der vorhandenen Mitarbeiter können zu **Fähigkeitsprofilen** zusammengefaßt werden. Diese Fähigkeitsprofile, die den derzeitigen qualitativen Personalbestand der Unternehmung widerspiegeln, können dann den durch die Arbeitsanalyse ermittelten Anforderungsprofilen gegenübergestellt werden. Der Aussagegehalt von Leistungsbewertung und Personalbeurteilung ist in der Regel allerdings dadurch beschränkt, daß sich beide nur auf die durch die gegenwärtige Aufgabenstruktur geforderten und von den Mitarbeitern gezeigten Fähigkeiten beziehen. Für die Zwecke der Bedarfsermittlung ist es jedoch notwendig, auch das **latente Leistungspotential** einzubeziehen. Die Schätzung dieses Potentials und die Prognose seiner Aktivierbarkeit ist verständlicherweise mit großen Unsicherheiten behaftet. Dabei ist auch zu prüfen, mit welcher Art von Personalentwicklungsmaßnahmen bei zukünftig veränderter Aufgabenstruktur das hierzu erforderliche Qualifikationspotential zeitgerecht realisiert werden kann.

*Vergleich von Anforderungs- und Fähigkeitsprofilen*

Für eine möglichst bedarfstermingenaue Ermittlung des qualitativen Nettopersonalbedarfs ist eine Prognose der sich innerhalb des Planungszeitraumes

*Prognose von Änderungen des gegenwärtigen Qualifikationspotentials*

ergebenden Qualifikationsveränderungen der Belegschaft notwendig. Qualifikationsveränderungen können sich z. B. aufgrund veränderter Ausbildungsinhalte und Ausbildungsverfahren der Unternehmung und verändertem Entwicklungsbewußtsein der Mitarbeiter ergeben. Auch zunehmendes und kaum vorhersehbares **Veralten von Fähigkeiten, Fertigkeiten und Kenntnissen aufgrund technischen und sozialen Wandels** führt zu einer Veränderung des Verhältnisses von Fähigkeiten zu Anforderungen. Zuverlässige Prognosen von qualitativen Personalbestandsveränderungen sind daher kaum möglich. Sehr globale Anhaltspunkte können **Ausbildungsziele und Ausbildungsmethoden externer Bildungsinstitutionen** (z. B. Hochschulen, Ausbildungszentren von Industrieverbänden) sowie die auf unternehmensspezifischen Erfahrungen basierenden internen **Personalentwicklungsprogramme** liefern.

*Ermittlung des quantitativen Bruttopersonalbedarfs*

Die erwartete Beschäftigung der Planperiode bildet den Ausgangspunkt für die Ermittlung des quantitativen Bruttopersonalbedarfs in den einzelnen Funktionsbereichen. Eindeutige Ermittlungsverfahren für die Bedarfsbestimmung gibt es nicht. Verfahren, wie die **statistischen Methoden der Trendextrapolation** und der **Regressionsanalyse** oder die Ableitung des zukünftigen Bedarfs aus der **prognostizierten Entwicklung der Arbeitsproduktivität,** vermögen zwar einen globalen Orientierungsrahmen zu liefern, sind aber für die Gestaltung konkreter Maßnahmen wenig geeignet. Eine exakte Bedarfsermittlung müßte den **Arbeitsanfall,** gegliedert nach Beitragsarten während der Planperiode, z. B. in **Mengengrößen** oder **Mannstunden** ermitteln. Die Division der Mannstunden pro Planperiode durch die durchschnittliche Arbeitszeit pro Arbeitnehmer und Planperiode ergibt dann den quantitativen Bedarf, der zur Ermittlung der erforderlichen Stellenzahl herangezogen wird. **In vielen Abteilungen fehlen jedoch eindeutige Maßstäbe zur Festlegung der auf eine Person bezogenen Beitragsmengen, so daß auf globale Schätzverfahren zurückgegriffen werden muß.**

*Bedarfsschätzungen im Fertigungsbereich*

Relativ günstige Voraussetzungen für die Bestimmung der Beitragsmengen sind im **Fertigungsbereich** gegeben, wenn das Produktionsprogramm keine wesentlichen artmäßigen Veränderungen aufweist und unabhängig von der Absatzentwicklung geplant werden kann. Bei gegebenem Fertigungsverfahren sind die zur Erstellung des Produktionsprogramms erforderlichen Betriebsmittel durch die Fertigungsplanung festgelegt. Die Anzahl der notwendigen Mitarbeiter läßt sich dann aufgrund von Maschinenbelegungsplänen und der Plandaten der Arbeitsvorbereitung, vor allem der Vorgabezeiten schätzen. Die Genauigkeit dieses Vorgehens hängt weitgehend von der Quantifizierbarkeit der Arbeitsleistungen ab. **Je höher der Grad der Arbeitsvorbereitung in den Fertigungsabteilungen ist, desto detaillierter sind die quantitativen Angaben über die Arbeitsleistung pro Person.** Die erforderliche Anzahl der Mitarbeiter ergibt sich aus der Multiplikation des Zeitbedarfs pro Arbeitseinheit bei Normalleistung mit den im Rahmen der Programmplanung festgelegten Arbeitseinheiten.

Im **Verwaltungsbereich** kann der quantitative Bruttopersonalbedarf nach dem gleichen Prinzip ermittelt werden, soweit sich auch für Büroarbeiten Vorgabezeiten ermitteln lassen. Wächst jedoch der Anteil dispositiver Tätigkeitselemente oder die Unregelmäßigkeit der Tätigkeitsstruktur (z. B. im Dienstleistungsbereich), so vermindert sich die Bestimmbarkeit des Personalbedarfs mit Hilfe derartiger (arbeitswissenschaftlicher) Methoden.

Die im Fertigungsbereich bei den genannten Voraussetzungen anwendbaren arbeitswissenschaftlichen Methoden der Personalbedarfsermittlung bauen auf einer unmittelbaren Beziehung zwischen dem als bekannt vorausgesetzten Arbeitsanfall und der zu seiner Bewältigung benötigten, ebenfalls bekannten durchschnittlichen Arbeitszeit auf. Zahlreiche Arbeitsplätze müssen jedoch unabhängig vom Arbeitsanfall oder Beschäftigungsgrad ständig besetzt sein (fixer Personalbedarf). Zu diesen Tätigkeitsbereichen zählen z. B. viele Kontroll- und Überwachungstätigkeiten. Vor allem bei hochtechnisierter Fertigung wird häufig zum Betrieb und zur Überwachung der Fertigungsanlagen eine gleichbleibende Anzahl von Arbeitskräften pro Schicht benötigt, die unabhängig von der tatsächlichen Kapazitätsauslastung ist. Für solche Aufgabenbereiche ergibt sich der Bruttopersonalbedarf zu einem bestimmten Zeitpunkt aus der Addition der als notwendig angesehenen Arbeitsplätze (**Arbeitsplatzmethode**).

Zu den Arbeitsplatzmethoden kann auch die in der Literatur mitunter vorgeschlagene **Ermittlung des Bedarfs an Führungskräften auf der Grundlage einer als optimal angesehenen Kontrollspanne** gerechnet werden. Die optimale Kontrollspanne soll angeben, wie viele Mitarbeiter eine Führungskraft unter Effizienzgesichtspunkten leiten kann. Ein solcher Bestimmungsmodus scheint aber nur in wenigen Fällen sinnvoll, da allgemein eine direkte Abhängigkeit der erforderlichen Anzahl von Führungskräften von der Anzahl der zu Führenden nicht unterstellt werden kann. Für die Ermittlung des Bedarfs an Führungskräften ist die Berücksichtigung aufgabenbezogener qualitativer Aspekte von größerer Bedeutung als die Orientierung an starren Kontrollspannen.

*Bedarfsermittlung durch Kennzahlen*

Ähnlich dem Berechnungsmodus mit Hilfe von Kontrollspannen kann die Ermittlung des personellen Bruttobedarfs anhand von Meßzahlen erfolgen. Diese geben den Bedarf an einer bestimmten Mitarbeiterkategorie m (z. B. Servicepersonal) im Verhältnis zu einer anderen exakt berechneten Bedarfsgröße an. Wenn diese Basisgröße ihrerseits eine Personalzahl ist (z. B. Bedarf N an Mitarbeitern der Qualifikation n), so muß diese genau errechnet werden, um daraus mit Hilfe der Meßzahl den Bedarf M an Mitarbeitern der Qualifikation m abzuleiten. Die Eignung dieses einfachen Schätzverfahrens hängt von der inhaltlichen Begründbarkeit des unterstellten Zusammenhangs $M = f(N)$ ab.

*Stellenplan*

Das Ergebnis der Bedarfsschätzungen ist ein nach Bereichen und Abteilungen gegliederter **Stellenplan**, der den Sollbestand der Belegschaft für den Planungszeitraum angibt. Technologische Entwicklungen und Rationalisierungsbestrebungen (Einführung der elektronischen Datenverarbeitung, Diversifizierungsinvestitionen, Übergang auf automatisierte Fertigungsverfahren) führen zu Veränderungen des Stellenplanes in quantitativer und qualitativer Hinsicht.

*Nettopersonalbedarf*

Die Berechnung des quantitativen Bruttopersonalbedarfs ist Voraussetzung für die Ermittlung des quantitativen Nettopersonalbedarfs. **Der Nettopersonalbedarf betrifft diejenigen Stellen im Industriebetrieb, die sich mit der vorhandenen Belegschaft nicht besetzen lassen.** Er ergibt sich aus der Gegenüberstellung von Stellenplan und Stellenbesetzungsplan, der den Ist-Bestand der Belegschaft aufzeigt. Aufgrund von Ausbildungsmaßnahmen, innerbetrieblichen Umbesetzungen oder durch das Ausscheiden von Mitarbeitern, z. B. infolge Austritt, Entlassung oder Erreichen der Altersgrenze, werden sich in der Regel kurzfristige Schwankungen ergeben. Als Grundlage des Vergleichs wird ein Personalstrukturplan erstellt, der die Entwicklung des Personalbestandes einschließlich der erwarteten Abgänge und Zugänge aufgegliedert für die Teilperioden des gesamten Planungszeitraums wiedergibt.

*Fluktuation*

Die Ermittlung des quantitativen Nettopersonalbedarfs wirft mehrere Probleme auf. Meist können nur die aus Umbesetzungen und dem Erreichen der Altersgrenze resultierenden Veränderungen des Personalbestandes periodengerecht in die Planung einbezogen werden. Dagegen ist die Prognose der Fluktuationsabgänge mit Ungenauigkeiten behaftet. Die **Fluktuationsrate** enthält neben unvermeidbaren Abgängen, z. B. aufgrund von Erwerbsunfähigkeit, vor allem die Abwanderungen, die auf freiwilligem Arbeitsplatzwechsel und Kündigung des Betriebes beruhen. Dabei kommt dem freiwilligen Ausscheiden von Mitarbeitern sowohl unter dem Aspekt der damit verbundenen Kosten als auch im Hinblick auf die Schwierigkeiten bei der Bedarfsplanung die größte Bedeutung zu. Arbeitsplatzwechsel werden häufig durch ein gestörtes Anreiz-Beitrags-Verhältnis aus der Sicht des Arbeitnehmers verursacht. Abgangsinterviews können dazu beitragen, Informationen über die Gründe dieses Ungleichgewichtes zu gewinnen und damit mögliche Ansatzpunkte für Maßnahmen zur Verminderung der Fluktuation liefern.

In der Personalbedarfsplanung zu berücksichtigende Zugänge ergeben sich z. B. aufgrund der Beendigung von Lehrverhältnissen, durch Wiedereintritt nach Ableistung des Wehrdienstes, nach Einsätzen bei Tochterfirmen.

**Die Tatsache, daß eine Stelle besetzt ist, sagt noch nichts darüber aus, in welchem Ausmaß die vom Stelleninhaber geleisteten Beiträge den formalen Erwartungen entsprechen.** Dies macht die Notwendigkeit der Verbindung von quantitativer und qualitativer Personalbedarfsplanung deutlich. Mitarbeiterbeurteilungen können in diesem Fall zusätzliche Informationen über das Leistungsvermögen der Stelleninhaber bezüglich ihrer Beiträge auf gegenwärtigen oder zukünftigen Stellen erbringen und auf diese Weise zur Ermittlung und Deckung des qualitativen Personalbedarfs beitragen. Die Gegenüberstellung der Anforderungsstruktur und der Fähigkeitsstruktur der Belegschaft im Zeitablauf zeigt nicht nur die gegenwärtige qualitative Deckung des Personalbedarfs an, sondern weist auch auf mögliche qualitative Reserven hin.

In der Regel ist davon auszugehen, daß die Personalbedarfsplanung auf risikobehafteten und/oder unsicheren Beschäftigungserwartungen basiert. Die verschiedenen Formen der Anpassung an Planabweichungen und Beschäftigungsschwankungen berühren die Ermittlung des Personalbedarfs in unterschiedlicher Weise. Soweit **intensitätsmäßige und zeitliche Anpassungen** möglich sind, bleibt der Belegschaftsbedarf unverändert. Andererseits sind diesen kurzfristigen Anpassungen relativ enge Grenzen gesetzt, z. B. durch die Gefahr der Gesundheitsschädigung der Mitarbeiter, das Absinken der Arbeitsqualität bei erhöhter Arbeitsintensität, die Begrenzung der Überstundenzahl durch die Arbeitszeitverordnung. Werden **quantitative Anpassungen** erforderlich, so ändert sich der Personalbedarf.

**Die Ermittlung des Nettopersonalbedarfs bildet die Grundlage der Personalbeschaffung.**

## 2. Personalbeschaffung

Die beiden zentralen Problemkreise der Personalbeschaffung sind die Personalwerbung und die Personalauswahl.

Die Personalbeschaffung dient der Deckung des in der Bedarfsermittlung festgestellten qualitativen und quantitativen Nettopersonalbedarfs unter Berücksichtigung von Bedarfszeitpunkt und Bedarfsort. Dabei ist zwischen internen und externen Beschaffungsmöglichkeiten zu unterscheiden. Maßnahmen der **innerbetrieblichen Personalbeschaffung** bestehen in der Vereinbarung von **Mehrarbeit,** in der Regel durch Verlängerung der Arbeitszeit (Überstunden) und in der **Aufgabenumverteilung,** ggf. mit der Folge von Umsetzungen. **Externe Beschaffungsmaßnahmen** umfassen neben **Neueinstellungen** zunehmend Zeitarbeit, vor allem zum Ausgleich vorübergehender Engpässe. Die Entscheidung, in welchem Umfang Personal intern oder extern beschafft werden soll, hängt eng mit der Personalentwicklungspolitik (Ausbildungs- und Aufstiegsplanung) zusammen.

Voraussetzung für die Ableitung konkreter Personalbeschaffungsprogramme sind Informationen über die **Entwicklung auf den Arbeitsmärkten.** Es ist Aufgabe der (inner- und außer-)**betrieblichen Arbeitsmarktforschung,** die benötigten Informationen (innerbetrieblich: z. B. Entwicklung der Anforderungsstrukturen der Arbeitsplätze, individuelle Veränderungswünsche der Mitarbeiter; außerbetrieblich: konjunkturelle und saisonale Arbeitsmarktschwankungen, Veränderungen in der Bevölkerungs- und Beschäftigungsstruktur, Konkurrenzsituationen und Image der Unternehmung) zur Verfügung zu stellen.

### Personalwerbung

**Gegenstand der Personalwerbung ist die Vermittlung der durch die Organisation gebotenen Anreize an die Umwelt mit dem Ziel, geeignete Arbeitnehmer zu Eintrittsverhandlungen mit der Unternehmung zu bewegen.** Da der Arbeitsmarkt auf die Anreizangebote mit einer zeitlichen Verzögerung reagiert, die angesprochenen Arbeitnehmer aufgrund vertraglicher Bindungen nicht sofort in Vertragsverhandlungen eintreten können oder ihre Eintrittsentscheidung nicht unmittelbar nach Erhalt des Anreizangebotes treffen können, stellt sich die Personalwerbung als dauernde Aufgabe dar. Es ist deshalb notwendig, durch

*Ziele der externen Personalwerbung*

*mittelbare Personalwerbung*

gezielte **Öffentlichkeitsarbeit (Public-Relations)** die Kommunikationsbeziehungen zwischen Industriebetrieb und Umwelt zu pflegen, um auf diese Weise die Voraussetzungen für einen hohen Aufmerksamkeitswert spezieller Anreizangebote zu schaffen.

*Gegenstand der mittelbaren Personalwerbung*

Grundsätzlich ist die Personalwerbung mittelbar über die Öffentlichkeitsarbeit (Schaffung eines positiven Firmenimages) und gezielt durch Personalbeschaffungsmaßnahmen (z. B. Anzeigen) möglich. Ziel ist dabei, möglichst viele Interessenten davon zu überzeugen, daß das werbende Unternehmen gerade ihnen nutzensteigernde Anreize anbieten kann. Die sich bei der Personalwerbung stellenden Probleme sind vor allem

– die anforderungsgerechte Bildung von Zielgruppen als Adressaten der Werbemaßnahmen bei gezielter (unmittelbarer) Personalwerbung;
– die Abstimmung der Werbeinhalte auf die vermuteten Bedürfnisstrukturen der Bewerber;
– die Auswahl geeigneter Werbemedien.

**Öffentlichkeitsarbeit dient dem Zweck, den Aufmerksamkeitswert der Unternehmung zu erhöhen und ihren Ruf zu pflegen.** Das öffentliche Image einer Unternehmung beeinflußt die Möglichkeit der Personalabteilung, im Bedarfsfall qualifizierte Mitarbeiter anzuwerben. Schwerpunkte solcher mittelbaren Personalwerbung sind der Arbeitsmarkt und die Ausbildungsstätten.

Von der positiven Einstellung der Mitarbeiter gegenüber der Unternehmung und ihren Meinungsäußerungen in der Öffentlichkeit geht ein zusätzlicher Werbeeffekt aus.

Gegenstand der mittelbaren Personalwerbung sind vor allem **Informationen über Größe und Geschäftsvolumen der Unternehmung, Sozialleistungen, Ausbildungsmethoden und Trainee-Programme.** Die Größe einer Unternehmung, ihre Geschäftsbereiche und Ausbildungsmethoden weisen auf die verschiedenen Einsatzmöglichkeiten in der Unternehmung hin. Gezielte Informationen über die Personalpolitik im Rahmen von Public-Relations-Beilagen in Zeitschriften sowie die Betonung der Vorzüge der Unternehmung vermitteln den Informationsempfängern globale Vorstellungen über zu erwartende Beschäftigungsvorteile. Häufig wird das gute Betriebsklima oder der partnerschaftliche Führungsstil angesprochen. Die Hervorhebung der betrieblichen Sozialleistungen, wie Werkswohnungen, Fahrtkostenzuschüsse und Trennungsentschädigung, bezweckt den Abbau von Mobilitätswiderständen. Ein weiteres Werbeargument kann die gleitende Arbeitszeit bilden.

*Medien*

Neben Zeitungen und Fachzeitschriften sind Einführungsbroschüren, Filme über die Unternehmung sowie Betriebsbesichtigungen, externe Schulungskurse und die daran anknüpfenden Informationsgespräche die wichtigsten Kommunikationsinstrumente. Die Maßnahmen der Öffentlichkeitsarbeit beabsichtigen eine breite Informationsstreuung. Sie dienen als Vorbereitung für die unmittelbare Anwerbung.

*unmittelbare Personalwerbung*

**Die unmittelbare Personalwerbung setzt eine Analyse des Arbeitsmarktes und die Ermittlung von Personalbeschaffungsmöglichkeiten voraus.** Bei der **langfristigen**

**Analyse des Arbeitsmarktes** wird von gesamtwirtschaftlichen Daten ausgegangen. Einen ersten Überblick über Größe und Zusammensetzung des Arbeitskräftebestandes gibt die Alterspyramide der Bevölkerung und deren zukünftige Entwicklung. Die Altersstruktur zeigt die zahlenmäßige Stärke verschiedener Altersgruppen und läßt damit Schlüsse auf künftige Beschaffungsengpässe zu. Durch die Aufgliederung der Bevölkerung nach der Art der Erwerbstätigkeit und nach räumlichen Gesichtspunkten ergeben sich detailliertere Hinweise über das Anwerbungspotential an Arbeitnehmern. Mobilitätsstatistiken, getrennt nach Berufsgruppen und Wirtschaftszweigen so wie nach regionalen Aspekten, lassen langfristige Bewegungen auf dem Arbeitsmarkt erkennen und sind besonders bei Betriebsverlegungen und bei der Gründung von Zweigwerken von Bedeutung.

*Arbeitsmarktanalyse*

Kurzfristige Maßnahmen der Personalwerbung versuchen in erster Linie die Arbeitnehmer im Einzugsbereich der Unternehmung anzusprechen.

Mit Zeitungsinseraten, Postwurfsendungen und anderen Werbemedien kann dabei ein relativ weiter Arbeitnehmerkreis angesprochen werden. Exakter umrissene Zielgruppen werden über Kontakte zu Ausbildungsstätten, Stellenvermittlungen, Berufsvereinigungen, Arbeitsämtern und Fachverbänden erreicht. Bei der Anwerbung von Führungskräften werden häufig Personalberatungsunternehmen eingeschaltet. Die wachsende Nachfrage nach qualifizierten Mitarbeitern veranlaßt die Personalwirtschaft immer häufiger, Anwerbungsprogramme für Absolventen der verschiedensten Ausbildungsstätten zu entwickeln. Häufig setzen die Rekrutierungsmaßnahmen in Form von Ferienbeschäftigung und Studienbeihilfen bereits während der Ausbildung ein. Gastvorträge, Betriebsbesichtigungen und die Bereitstellung von Informationsmaterial, insbesondere über die innerbetriebliche Ausbildung (Trainee-Programme), können den potentiellen Mitarbeitern einen umfassenden Überblick vermitteln.

*Werbemittel*

Die einzelnen Methoden der betrieblichen Anwerbungsprogramme sollten hinsichtlich ihrer Wirksamkeit untersucht werden. Als Beurteilungskriterien können Kennzahlen, wie z. B. Anzahl der Bewerber, Anzahl der gemachten Angebote, Anzahl der Einstellungen und Anzahl der erfolgreichen Stellenbesetzungen verwendet werden. Die Anzahl der Bewerber besitzt dabei für die Bestimmung der Wirksamkeit einer Anwerbungsmethode geringen Aussagewert. Die Anzahl der von der Unternehmung unterbreiteten Angebote an die Interessenten ist ein besserer Indikator für die Fähigkeit, geeignete Bewerber für offene Stellen zu interessieren.

*Kontrolle der Personalwerbung*

## *Personalauswahl*

Gegenstand der Personalauswahl ist die Entwicklung und Anwendung von Methoden, die es gestatten, zuverlässige Prognosen über Art und Umfang der Beiträge abzuleiten, die der Bewerber in der Unternehmung leisten würde. Die Prognoseproblematik erstreckt sich zunächst auf die Feststellung des Übereinstimmungsgrades von Arbeitsanforderungen und Fähigkeiten des Bewerbers. Außerdem sollen die Prüfverfahren darüber Aufschluß geben, in welchem

*Mitgliederwerbung und Personalauswahl*

Umfang der potentielle Stelleninhaber bei gegebener Eignung in seinem Arbeitsverhalten den offiziellen Rollenerwartungen entspricht. Zwischen beiden Teilkomponenten besteht keine zwangsläufige Beziehung. Die vollständige Deckung von Anforderungs- und Fähigkeitsstruktur bietet keine Gewähr für eine adäquate Beitragsleistung, andererseits kann der Arbeitnehmer Eignungsnachteile durch einen erhöhten Einsatz ausgleichen.

*internes und externes Beitragsangebot*

Wenn, aufgrund des Fehlens geeigneter interner Bewerber oder aus unternehmenspolitischen Gründen, externen Bewerbern bei der Stellenbesetzung der Vorzug gegeben wird, ist der Mangel an Informationen über deren Fähigkeitspotential und deren Leistungsverhalten verständlicherweise größer. Während bei der Prüfung interner Stellenbewerber auf Erfahrungen und Personalbeurteilungen zurückgegriffen werden kann, **besteht bei der Auswahl externer Beitragsangebote die Notwendigkeit, durch die Entwicklung geeigneter Auswahlmethoden die notwendigen Informationen für eine zuverlässige Prognose des zukünftigen Arbeitsverhaltens zu sammeln.**

*Auswahlprozeß*

Der Auswahlprozeß geeigneter Mitarbeiter besteht aus einer variierbaren Abfolge von Prüfmethoden. Der Ablauf des Auswahlverfahrens verändert sich mit den geforderten Beiträgen, der Arbeitsmarktlage und der Einstellung der Personalabteilung gegenüber den verschiedenen Auswahlmethoden. Ein Beispiel eines Auswahlvorgangs ist in Abbildung 6.17 dargestellt.

**Jeder Auswahlvorgang strebt zunächst einen Vergleich der persönlichen Fähigkeiten des Bewerbers mit den Arbeitsanforderungen der betreffenden Stelle an.** Dabei wird von der Vorstellung ausgegangen, daß ein Mitarbeiter grundsätz-

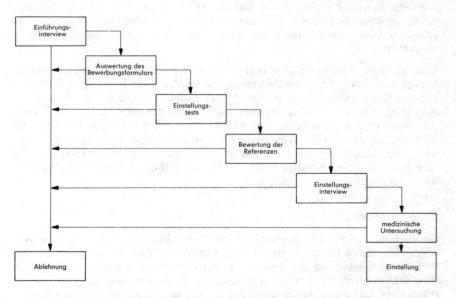

Abbildung 6.17: Phasen der Bewerberauswahl

lich leistungsfähiger und zufriedener ist, wenn der Aufgabenbereich seinen körperlichen und geistigen Fähigkeiten und Fertigkeiten entspricht.

Die Überprüfungen im Rahmen der Mitarbeiterauswahl sollen aber auch Hinweise auf das Ausmaß der zu erwartenden Rollenkonformität geben.

Die Entscheidung über Art und Ablauf von Auswahlprozessen orientiert sich an den damit verbundenen Nutzen- und Kostenerwartungen.

Die Kosten der Mitarbeiterauswahl setzen sich aus aktuellen und potentiellen Kosten zusammen. **Die aktuellen Kosten** entstehen bei der Durchführung des Auswahlvorgangs und umfassen die Verfahrenskosten einschließlich der Gehälter für die mit der Prüfung beauftragten Personen und der entsprechenden Verwaltungskosten der Personalabteilung. **Potentielle Kosten** ergeben sich aus falschen Selektionsentscheidungen. Sie treten bei der Auswahl ungeeigneter Bewerber (Fehler erster Art) und/oder bei der Ablehnung befähigter Interessenten (Fehler zweiter Art) auf. Während im ersten Fall z. B. Kosten für Neueinstellung, goodwill-Verluste und zusätzliche Wertverzehre (z. B. Ausschuß, Maschinenverschleiß) wegen ungenügender Leistungen des betreffenden Stelleninhabers zu tragen sind, müssen bei der Ablehnung geeigneter Bewerber neben den Wettbewerbsnachteilen durch Abwanderung zur Konkurrenz, die Kosten für die Prüfung zusätzlicher Bewerber berücksichtigt werden. Solche potentiellen Kosten können jedoch kaum ermittelt werden.

*Kosten der Mitarbeiterauswahl*

Unterschiedliche Schwerpunktsetzungen beim Ablauf der Auswahlverfahren sind vor allem auf zwei unterschiedliche Grundthesen hinsichtlich der Bestimmung des zukünftigen Leistungsverhaltens eines Bewerbers zurückzuführen. Die erste Grundthese geht davon aus, **daß der Werdegang und das Arbeitsverhalten eines Bewerbers in der Vergangenheit Hinweise über dessen zukünftige Beiträge liefern.** Deshalb werden Informationen über die Ausbildung und den bisherigen Werdegang gesammelt und im Hinblick auf die neuen Stellenanforderungen bewertet. Dieses Vorgehen geht implizit von der Annahme aus, daß sich ein Mensch im Zeitablauf nur wenig ändert und früheren Verhaltensmustern folgt. Die meisten Interviewtechniken, die Bewertung von Bewerbungsformularen, Lebenslauf und Referenzen stellen Beispiele für die Anwendung dieses Prinzips dar.

*Grundthesen der Auswahlmethoden*

Die zweite Grundthese liegt psychologischen Eignungstests und einigen Interviewanwendungen zugrunde. **Hier wird ein Ausschnitt des gegenwärtigen Verhaltens der Bewerber analysiert und als Maßstab für die Beurteilung gewählt.** Der Bewerber wird mit standardisierten Arbeitssituationen oder sonstigen Fähigkeitstests konfrontiert, die in Beziehung zum zukünftigen Aufgabenbereich stehen. Dabei wird angenommen, daß sein Handeln in diesen Situationen repräsentativ ist für die Beiträge, die er an seinem Arbeitsplatz erbringen würde. In der Regel wird eine Kombination der beiden Prüfverfahren erfolgen.

Gegenwärtig stellt das Interview das **gebräuchlichste Prüfverfahren** im Rahmen der Personalauswahl dar. Es dient nicht nur zur Sammlung von Informationen über das zukünftige Organisationsmitglied, sondern eröffnet auch die Möglichkeit, den Bewerber über die Verhältnisse des Industriebetriebs und über

*Interview*

seinen neuen Aufgabenbereich zu unterrichten. Als Nachteil der Gesprächsmethode wird häufig angeführt, daß über die Person des Interviewers subjektive Wertungen in den Auswahlprozeß einfließen, die einer möglichst objektiven Beurteilung entgegenstehen. Andererseits weisen Interviews eine große Flexibilität bezüglich der Richtung der Informationsgewinnung auf.

Nach der verfolgten Zielsetzung lassen sich **Einführungs- und Einstellungsinterviews** unterscheiden. Erstere sollen eine Beurteilung vorbereiten. Sie dienen der Vorauswahl unter den vorhandenen Bewerbern und präzisieren die Anforderungen und Aufgabenbereiche. Demgegenüber wird mit Einstellungsinterviews eine Ergänzung und Integration der Informationen über den Bewerber angestrebt. Im Gegensatz zum **freien Interview** enthält das **standardisierte Interview** vorgegebene Gesprächsthemen und/oder Fragen. Zweck der Standardisierung ist die Vermeidung größerer Bewertungsdifferenzen bei der Mitarbeiterauswahl. Aus dem gleichen Grund werden häufig **Gruppeninterviews** durchgeführt, bei denen der Bewerber mit mehreren Gesprächspartnern diskutiert.

*Einstellungstests*

Einstellungstests sind Instrumente zur Messung ausgewählter psychologischer Faktoren eines Individuums. **Alle Testverfahren beruhen auf der Annahme, daß zwischen verschiedenen Wesensmerkmalen und Eigenschaften signifikante meßbare Unterschiede bestehen, die zur Prognose von Leistungsunterschieden der Bewerber herangezogen werden können.** Nach der Art der zu analysierenden Verhaltenssegmente bzw. Persönlichkeitsfaktoren lassen sich mehrere Gruppen von Testverfahren unterscheiden.

*Intelligenztests*

Eine erste Kategorie bilden die Intelligenz- und Begabungstests. **Intelligenztests** sind in der Industrie relativ weit verbreitet. Ursprünglich lag den Tests die Vorstellung zugrunde, daß „Intelligenz" ein allgemeiner angeborener Wesenszug des Menschen sei, der sein gesamtes Denk- und Urteilsvermögen umschließt und von Umweltfaktoren nicht beeinflußt wird. Diese **Ganzheitskonzeption** bringt jedoch Meßprobleme mit sich, da zwischen globalem Intelligenzmaß und Arbeitsanforderungen bzw. Beitragsarten keine eindeutigen Beziehungen bestehen. Deshalb wird für Einstellungsentscheidungen versucht, **mehrere Fähigkeitsarten** in speziellen Tests zu erfassen. Zu den wichtigsten Fähigkeiten gehören: sprachliche Gewandtheit, Rechenfähigkeit, Erinnerungsvermögen, geistige Wendigkeit, Auffassungsgabe sowie Kombinations- und Denkfähigkeit. Die heutigen Tests messen meist mehrere Fähigkeitsarten gemeinsam, da die einzelnen Komponenten nicht isoliert geprüft werden können.

*Begabungs- und Leistungstests*

Die Grenze zwischen Intelligenz- und **Begabungstests** ist fließend. Letztere analysieren die notwendigen körperlichen und geistigen Eigenschaften, die für eine erwartungskonforme Beitragsleistung notwendig sind. Beispiele für Begabungstests sind Untersuchungen der technischen Begabung, der Eignung für Schreib- und Programmierarbeiten sowie der Fingerfertigkeit, Geschicklichkeit und Bewegungskoordination. Die Tests gehen nicht nur nach der Fragebogenmethode vor, sondern enthalten auch praktische Versuchsanordnungen. **Leistungstests** stellen eine weitere Kategorie der Einstellungstests dar. In hypothetischen Arbeitssituationen, die dem Aufgabenbereich entnommen sind, wird geprüft, inwieweit der Bewerber in der Lage ist, sein Wissen und seine Erfahrung praktisch umzusetzen.

Bei der Berufsberatung und Weiterbildung der Arbeitnehmer werden häufig **Interessen- und Neigungstests** durchgeführt, die versuchen, den Grad der Übereinstimmung der individuellen Interessen eines Bewerbers mit dem Neigungsmuster erfolgreicher Arbeitnehmer in gleichen oder ähnlichen Positionen zu ermitteln. Bei **Persönlichkeitstests** steht die Analyse von Persönlichkeitsmerkmalen im Mittelpunkt. Mit ihrer Hilfe wird versucht, Aufschlüsse über personale Eigenschaften zu gewinnen, die soziale Beziehungen zwischen dem Bewerber und seinen zukünftigen Kollegen fördern oder hemmen und damit dessen Beiträge beeinflussen.

*Interessen-, Neigungs- und Persönlichkeitstests*

Die praktischen Ergebnisse der Einstellungstests sind nicht unumstritten. Obwohl häufig verschiedene Tests zu „Testbatterien" zusammengefaßt werden, ist die auf den Meßdaten aufbauende Prognose mit zahlreichen Unsicherheitsfaktoren belastet. Verfahrenstechnische Gründe, wie die Art der Durchführung, oder die mangelnde Nachweisbarkeit des Zusammenhangs zwischen Testergebnis und geforderten Fähigkeiten bzw. Beiträgen können die Effizienz dieser Prüfmethoden einschränken. **Beispielsweise ist es trotz umfangreicher empirischer Untersuchungen nicht gelungen, spezifische Kombinationen von Merkmalen oder Fähigkeiten für Führungskräfte aufzufinden.** Daneben liegen weitere Ursachen für Fehlinterpretationen der Testergebnisse in der Person des Bewerbers begründet. **Tests rufen bei vielen Menschen Abwehrreaktionen und Anpassungswiderstände hervor,** die Abweichungen von normalen Verhaltensmustern zur Folge haben und die Ergebnisse verzerren. Die Abwehrreaktionen werden durch die „Testangst" verstärkt, die in Streßsituationen in Erscheinung tritt. Ferner ergeben sich aus den Anpassungswiderständen intraindividuelle Konflikte und Spannungen, die die Wirksamkeit der Testverfahren weiter herabsetzen.

*Grenzen der Testmethoden*

Den Abschluß des Auswahlprozesses stellt in der Regel eine medizinische Untersuchung dar, die Auskunft darüber geben soll, inwieweit der Bewerber den physischen Belastungen seiner zukünftigen Tätigkeit gewachsen ist.

*medizinische Untersuchung*

Da mit Hilfe der skizzierten Prüfverfahren die Auswahlentscheidung nicht mit völliger Sicherheit richtig getroffen werden kann, wird die Prüfung des Arbeitsangebots auch auf die Zeit nach dem Eintritt in den Industriebetrieb ausgedehnt. Normalerweise wird im Arbeitsvertrag eine Probezeit vereinbart, während der sowohl das Belegschaftsmitglied als auch der Arbeitgeber eine Austrittsentscheidung bzw. Kündigung herbeiführen können, wenn sie ihre Erwartungen über ihr Anreiz-Beitrags-Verhältnis nicht erfüllt sehen.

*Probezeit*

### 3. Personaleinsatz

Im Rahmen der Personaleinsatzplanung werden die Voraussetzungen geschaffen, die den Arbeitnehmern die Leistung der geplanten Beiträge an das Unternehmen ermöglichen. Gegenstand der Personaleinsatzentscheidungen ist die Zuordnung der in der Organisation verfügbaren Mitarbeiter auf die vorhandenen Stellen, entsprechend den quantitativen, qualitativen, zeitlichen und örtlichen Erfordernissen des Leistungsprozesses sowie den Interessen und Neigungen der Mitarbeiter. Sowohl dadurch, daß industrielle Leistungsprozesse in immer kürzeren Zeitabständen dem technischen Wandel unterworfen sind (Änderung von Arbeitsinhalten und Anforderungen) als auch durch die Veränderung der betrieblichen Sozialstrukturen in Folge sozio-kultureller Einflüsse (z. B. neuartige Qualifikationsstrukturen und veränderte Erwartungen der Mitarbeiter hinsichtlich ihrer Tätigkeit, Einsatz ausländischer Arbeitnehmer) ist der zielbezogene Personaleinsatz ein Problem von zunehmender Bedeutung.

### Informationserfordernisse zur Abstimmung von Beitragsbedarf und Beitragsangebot

*Informationskategorien*

Für eine den personalwirtschaftlichen Zielsetzungen ökonomischer und sozialer Effizienz gerechtwerdende Personalzuordnung **sind detaillierte Informationen erforderlich über die an den Arbeitsplätzen zu erfüllenden Anforderungen, die Fähigkeiten der Mitarbeiter und deren individuelle tätigkeitsbezogene Bedürnisstruktur.** Die notwendige Abstimmung aller drei Einflußgrößen erfordert entsprechende Instrumente zur Ermittlung der benötigten Informationen. Die Tätigkeitsanforderungen lassen sich mit dem bereits genannten Instrument der **Arbeitsanalyse** und **Arbeitsbewertung**, die bei den Mitarbeitern gegebenen Fähigkeiten mit Hilfe der **Leistungsbewertung** und **Personalbeurteilung** und deren Einsatzwünsche durch **Personal- bzw. Mitarbeiterbefragung** zumindest ansatzweise ermitteln. Die Ergebnisse können dann zu „Profilen" zusammengefaßt werden, deren Vergleich eine wichtige Entscheidungsgrundlage bildet. Allerdings tauchen hier alle Analyse- und Prognoseprobleme auf, die bereits im Zusammenhang mit der Ermittlung des qualitativen Personalbedarfs angesprochen wurden. Besondere Schwierigkeiten dürfte dabei die Erstellung individueller „Bedürfnisprofile" bereiten. Aufgrund der bislang noch nicht gelösten methodischen Probleme können die Ergebnisse von Bedürfnisanalysen gegenwärtig nur als **ergänzende Entscheidungsprämissen** bei der Personalzuordnung Berücksichtigung finden.

*qualitative Zuordnung*

*quantitative Zuordnung*

Während die **qualitative Zuordnung** von Personal von einer möglichst vollständigen Deckung von Stellenanforderungen und Mitarbeiterfähigkeiten unter möglichst weitgehender Berücksichtigung der Neigungen und Interessen der Mitarbeiter ausgeht, steht im Mittelpunkt der **quantitativen Zuordnung** der termingenaue Einsatz einer dem Mengenbedarf entsprechenden Zahl von Mitarbeitern zur Vermeidung von Unter- und Überdeckungen.

### Lösungsverfahren zur Handhabung des qualitativen Zuordnungsproblems

(1) Kosten- und gewinnorientierte Verfahren:

Eine Reihe von Modellansätzen versucht die Personalzuordnung unter Zugrundelegung monetärer Kriterien (z. B. Kosten, Erlös, Gewinn) vorzunehmen. So wird z. B. die Minimierung der Einarbeitungskosten als Kriterium einer optimalen Lösung vorgeschlagen oder versucht, Gewinnveränderungen bei alternativen Stellenbesetzungen zu ermitteln und die gewinnmaximale Zuordnung anzustreben. Der Einsatz dieser Verfahren wird in der Praxis meist am Fehlen der benötigten Informationen scheitern. Eine Zuordnung von Gewinnbeiträgen ist auch sachlich nicht vertretbar, da Gewinn stets das Resultat des Zusammenwirkes aller am Leistungsprozeß beteiligten Arbeitskräfte, der gesamten Produktionsfaktoren sowie einer Reihe von Umweltdaten (z. B. Konjunkturentwicklung) ist.

(2) Modelle zur Maximierung der Eignungskoeffizienten:

Im Gegensatz zu den unter (1) genannten Verfahren wird bei den Modellen zur Maximierung der Eignungskoeffizienten von **keiner monetären Größe** ausgegangen. Diese Personalzuordnungsmodelle gehören in die Klasse der mit linearer Programmierung lösbaren Allokationsmodelle. Sie gehen in ihrer allgemeinen Formulierung davon aus, daß n Mitarbeiter für die Besetzung von n Stellen zur Verfügung stehen. Die Eignung des Arbeitnehmers (i) zur Verrichtung der mit der Stelle (j) verbundenen Beiträge wird durch den Eignungskoeffizienten ($e_{ij}$) erfaßt (i,j = 1,...,n). Der **Eignungskoeffizient** bringt den Grad der Übereinstimmung von Arbeitsanforderungen und Fähigkeiten eines Arbeitnehmers zum Ausdruck. Die unabhängige Variable ($Z_{ij}$) bezeichnet die **Zuordnung** des Arbeitnehmers (i) zur Stelle (j). Die Arbeitnehmer sollen den betreffenden Stellen in der Weise zugeordnet werden, daß die Summe der Eignungskennzahlen ihr Maximum erreicht. Dabei wird unterstellt, daß die **Maximierung der Eignungskoeffizienten** die optimale Stellenzuordnung gewährleistet. Die mathematische Formulierung des linearen Modells ergibt ein Gleichungssystem mit einer Zielfunktion und mehreren Nebenbedingungen:

*Personalzuweisungsmodell*

*Eignungskoeffizient*

(6.3) $\quad \sum_{i=1}^{n} \sum_{j=1}^{n} e_{ij} \cdot z_{ij} \to \max!$

*mathematischer Ansatz*

(6.4) $\quad \sum_{i=1}^{n} z_{ij} = 1$

(6.5) $\quad \sum_{j=1}^{n} z_{ij} = 1$

(6.6) $\quad z_{ij} = z^{2}_{ij}$

Die Zielfunktion (6.3) schreibt die Maximierung der Eignungskoeffizienten im Rahmen der Zuordnung vor. Durch die Nebenbedingungen wird festgelegt, daß jede Person nur eine Stelle einnehmen kann (6.4) und daß umgekehrt jede Stelle nur einmal besetzt wird (6.5). Bei erfolgter Zuordnung nimmt $z_{ij}$ den Wert 1 an und andernfalls den Wert 0 (6.6). Die Zahl der Zuweisungsalternativen, die der Anzahl möglicher Kombinationen der n Personen mit n Stellen entspricht, beträgt n!. Die Eignungskoeffizienten aller Zuordnungsmöglichkeiten bilden eine quadratische n/n-Matrix.

Theoretisch besteht die Möglichkeit, bei der Lösung des Personalzuweisungsproblems für sämtliche Zuordnungskombinationen den Gesamteignungswert festzustellen und die Alternative mit dem höchsten Wert zu bestimmen. Dieses Vorgehen ist jedoch sehr umständlich, denn bereits bei 10 Bewerbern und 10

Stellen ergeben sich über 3 Millionen mögliche Zuweisungen. Deshalb finden in der Praxis **heuristische Lösungsmethoden** Anwendung, die mit geringerem Rechenaufwand die Ermittlung einer dem Optimum angenäherten Zuordnungsalternative anstreben. Daneben werden im Rahmen der **linearen Programmierung** spezielle Verfahren entwickelt, die nach mehreren Rechenschritten die optimale Zuweisung bestimmen.

*Bewertungsmatrix*

Zur Erläuterung der einzelnen Lösungstechniken wird ein einfaches Beispiel mit 5 Personen und 5 Stellen gewählt, dem die Bewerbungsmatrix $A_0$ (Abb. 6.18) mit den Eignungskoeffizienten der Belegschaftsmitglieder zugrunde liegt.

| Personen $i = 1, \ldots, 5$ \ Stellen $j = 1, \ldots, 5$ | 1 | 2 | 3 | 4 | 5 |
|---|---|---|---|---|---|
| 1 | 72 | 95 | 85 | 123 | 105 |
| 2 | 60 | 108 | 37 | 24 | 44 |
| 3 | 12 | 23 | 144 | 36 | 36 |
| 4 | 89 | 85 | 156 | 120 | 97 |
| 5 | 69 | 83 | 80 | 76 | 78 |

*Abb. 6.18: Bewertungsmatrix $A_0$*

Für die **Interpretation der Eignungsziffern** der Matrix stehen mehrere Möglichkeiten offen, je nachdem, auf welche Weise das Eignungspotential bestimmt wird. Sie können z. B. die Summe der gewichteten Anforderungsarten zum Ausdruck bringen, die die betrachtete Person an den einzelnen Stellen zu erfüllen in der Lage ist. Die $e_{ij}$-Werte können auch den möglichen Leistungsgrad des Arbeitnehmers bezogen auf die Durchschnittsleistung darstellen. Manchmal repräsentieren diese Zahlen auch die Beitragsmenge (Arbeitseinheiten), die während eines gegebenen Zeitraums erstellt wird, wobei die Vergleichbarkeit heterogener Mengengrößen gewährleistet sein muß.

*heuristische Methoden: der beste Mann an jedem Platz*

Bei der Lösung des Zuordnungsproblems bieten sich in der Praxis zunächst zwei heuristische Verfahren an. Der erste Weg ist das Rangordnungsverfahren. Es folgt dem Grundsatz, **daß an jeden Arbeitsplatz der beste Mann gehört**. Diese Faustregel führt nur dann zu optimalen Lösungen, wenn für jede Stelle jeweils ein anderer Arbeitnehmer den höchsten Eignungswert nachweist. Steht ein Kandidat bei mehreren Stellen an der Spitze der Rangordnung, dann muß das strenge Rangprinzip modifiziert werden. Diese Methode übersieht durch die isolierte Betrachtung der Leistungsfähigkeit einzelner Personen die Tatsache, daß für die optimale Zuweisung das relative Eignungsverhältnis der Mitarbeiter untereinander von Bedeutung ist. Diesen Sachverhalt berücksichtigt das

*jede Spezialbegabung an ihren Platz*

zweite Verfahren, das die Grundregel „jede Spezialbegabung an die für sie bestgeeignete Stelle" befolgt. Hier wird dem Umstand Rechnung getragen, daß es zweckmäßig ist, **dem Spezialbegabten die Stelle zu geben, für die er eine besondere Eignung besitzt** und den vielseitigen Arbeitnehmer eventuell mit einem Aufgabenbereich zu betrauen, für den sein Eignungsgrad etwas geringer ist.

Ausgehend von der Bewertungsmatrix in Abb. 6.18 ergibt sich nach dem **Rangordnungsprinzip** folgende Zuweisung: Eindeutig ist die Zuordnung der Stelle 2 zum Kandidaten 2, während bei den Stellen 1 und 3 der Arbeitnehmer 4 und bei den Positionen 4 und 5 der Mitarbeiter 1 den ersten Rang einnimmt. Wird von den größten Eignungswerten der beiden Belegschaftsmitglieder ausgegangen, dann erhält Person 4 die Stelle 3 und Person 1 die Stelle 4. Für die Besetzung der verbleibenden Stellen 1 und 5 kommt der jeweils auf dem 3. Rang liegende Kandidat 5 in Betracht. Da dessen Eignung für die Stelle 5 größer ist, wird ihm diese zugewiesen. Für Arbeitnehmer 3 bleibt nur noch die Stelle 1, obwohl er hierfür den geringsten Eignungskoeffizienten besitzt. Die Summe der Eignungsgrößen für diese Zuordnungskombination beträgt: 12 + 108 + 156 + 123 + 78 = 477 Einheiten.

Das zweite heuristische Verfahren beachtet durch die Berücksichtigung von **Spezialbegabungen** Eignungsunterschiede bei der Zuweisung. Hier erhalten die Spezialisten 2 und 3 die Stellen 2 und 3. Wird bei der Besetzung der weiteren Stellen wieder nach dem Rangordnungsprinzip verfahren, dann wird der Person 4 die Stelle 1 zugewiesen, während Kandidat 1 die Stelle 4 und Kandidat 5 den Aufgabenbereich 5 einnehmen. Der Eignungsgesamtwert ist in diesem Fall: 89 + 108 + 144 + 123 + 78 = 542 Einheiten.

Während die an Faustregeln orientierten Lösungstechniken nur in Ausnahmefällen und bei einfachen Anweisungsproblemen zu optimalen Ergebnissen im Sinne der definierten Zielfunktion führen, ermitteln mathematische Verfahren nach einer endlichen Folge von Rechenschritten die optimale Zuordnungskombination. Allgemein lassen sich Allokationsmodelle mit Hilfe der Simplexmethode oder auch der Transportmethode lösen. Bei einigen Spezialfällen linearer Programmierung – wozu auch das Personalanweisungssystem in der dargestellten Formulierung gehört – lassen sich Methoden anwenden, die wesentlich weniger Rechenschritte erfordern (z. B. „Ungarische Methode").

Der Stellenbesetzung nach Maßgabe der **Eignungskoeffizienten** liegt die Vorstellung zugrunde, daß die Zuordnungsplanung optimal ist, wenn die maximale Eignung der Belegschaft realisiert wird. Die inhaltliche Interpretation dieser Zielsetzung stößt auf verschiedene Schwierigkeiten.

*Kritik des Personalzuweisungsmodells*

Zunächst ist die Ermittlung der Eignungskoeffizienten als eindimensionale Wertzahlen für die verschiedenen Personen und Stellen problematisch.

*Ermittlung des Eignungskoeffizienten*

**Die kardinale Messung der Eignung setzt voraus, daß die Eignungspotentiale der Kandidaten überhaupt erfaßt werden können und die Anforderungsarten der einzelnen Stellen eine ähnliche Struktur aufweisen.**

Streng genommen darf das Verhältnis zwischen den quantifizierten Anforderungsarten nicht schwanken, da sie nicht gegeneinander austauschbar sind. Höhere Schwierigkeits- bzw. Eignungsgrade müssen wegen der Zusammenfassung zu einer Wertzahl immer zumindest die Anforderungs- bzw. Fähigkeitsartmengen niedrigerer Stufen enthalten. Bei unterschiedlichen Stellen ist ein Vergleich und die Aggregation der Eignungsgrößen zur Bewertung der Zuordnungsalternativen nicht ohne weiteres zulässig, da die entsprechenden Voraussetzungen nur selten gegeben sind. Eine sinnvolle Auslegung für die Maximierung der Summe der Eignungswerte ist daher nur möglich, wenn von Stellen ausgegangen wird, bei denen die Inhaber gleichartige oder durch Bewertungsakte vergleichbar gemachte Beiträge leisten. Die Eignungskoeffizienten stellen dann das Maß für die Beitragsmenge dar, die der Arbeitnehmer (i) auf der Stelle (j) innerhalb eines bestimmten Zeitraums leistet.

*Problematik der Zielfunktion*

Soweit die Meßproblematik und Vergleichbarkeit der Eignungsgrößen als gelöst unterstellt werden kann, stellt sich die Frage nach der Zweckmäßigkeit der Zielfunktion des Modells. Die eignungsmaximale Zuordnung der Belegschaftsmitglieder zu den Stellen sagt nichts darüber aus, in welchem Umfang Beiträge an den Industriebetrieb geleistet werden. **Das Modell erfaßt nicht die arbeitsteiligen Abhängigkeiten zwischen den Stellen.** Diese Komponente wird dann bedeutsam, wenn die Beitragsleistung eines Arbeitnehmers von den Beiträgen der Inhaber vorgelagerter Stellen abhängt. Über die Zielfunktion der Maximierung der Eignungskoeffizienten wird lediglich die maximale Aktivierung der Fähigkeitsstruktur der Belegschaft gefordert, eine Übereinstimmung von Anforderungskurve der Stellengesamtheit und Eignungskurve der Belegschaft ist nicht notwendig. Die Anforderungskurve gibt an, wie viele Stellen einen bestimmten Schwierigkeitsgrad aufweisen. Mit wachsenden Anforderungen nimmt im allgemeinen die Stellenzahl ab. Ähnlich verläuft die Eignungskurve, da sich mit steigendem Schwierigkeitsgrad die Zahl der Mitarbeiter vermindert, die über die Voraussetzungen zur Leistung der geplanten Beiträge verfügen (vgl. Abbildung 6.19).

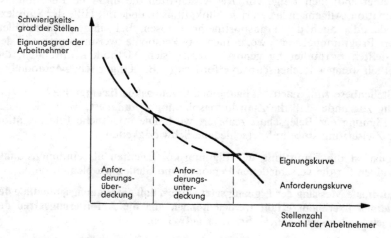

*Abb. 6.19: Beispiel einer Anforderungs- und Eignungskurve*

*Anforderungsüber- und -unterdeckungen*

Im Personalzuordnungsmodell wird unterstellt, daß „Anforderungsunterdeckungen" kompensiert werden. Die unzureichende Eignung eines Belegschaftsmitglieds zur Leistung der Beiträge auf einer Stelle (j) kann durch Eignungsüberschüsse der Inhaber der Stellen (j + 1), (j + 2) usw. ausgeglichen werden.

Maßgebend ist allein das eingesetzte Fähigkeitspotential. Abgesehen von der Fragwürdigkeit dieser Prämisse **schließt das Modell die in der Realität zahlreich vorkommenden Fälle aus, in denen durch ungenügende Beitragsleistungen vorgelagerter Stellen die Abgabe bestmöglicher Beiträge nachgelagerter Stellen behindert wird.**

Solche Einwände bildeten den Ausgangspunkt für verschiedene Erweiterungen des Personalzuordnungsmodells (z. B. Einbeziehung differenzierter Anforderungs- und Eignungsgrößen anstelle globaler Eignungsziffern; Modifizierung der Zielfunktion durch Aufnahme von Erlös- und Aufwandsgrößen; Aufhebung der Bedingungen einer n/n-Matrix durch Einführung von Scheinaktivitäten usw.). Diese Erweiterungen können jedoch den grundsätzlichen Mangel der **fehlenden sozialwissenschaftlichen Fundierung des Modells** nicht aufheben. Mit dem Personalzuordnungsmodell ist nämlich die Annahme verbunden, daß zwischen Eignung und Beitragsleistung ein linearer Zusammenhang besteht. Die Zielfunktion kann deshalb als Maximierung der Arbeitsproduktivität interpretiert werden. Diese inhaltliche Konkretisierung verweist auf die mechanistische Konzeption des arbeitenden Menschen und offenbart zugleich die Begrenztheit dieses Modells. Auf die Produktivität wirkt allein die Eignung der Belegschaft ein. Ein optimales Anreizsystem wird als gegeben unterstellt. **Diese einseitige Betrachtung vernachlässigt die zahlreichen Einflußfaktoren, die auf das Arbeitsverhalten und auf die Entscheidung des Arbeitnehmers zu rollenkonformer Beitragsleistung einwirken.**

*mangelnde sozialwissenschaftliche Fundierung*

Ob sich eine Stellenbesetzung als optimal erweist, hängt nicht nur von den anforderungsbezogenen Fähigkeiten der Mitarbeiter ab, sondern auch von allen Faktoren, die deren Leistungsbereitschaft beeinflussen. Motivations-, Kommunikations- und Gruppenprobleme dürfen daher nicht vernachlässigt werden.

(3) Methode des Profilvergleichs:

Für die Lösung praktischer Zuordnungsprobleme geeigneter erscheint die **Methode des Profilvergleichs**. Bei ihr werden die Anforderungen des Arbeitsplatzes und die Fähigkeiten des Mitarbeiters für jeweils identische und möglichst gut bewertbare Merkmale in Form eines Anforderungs- und Fähigkeitsprofils erhoben und einander gegenübergestellt (vgl. Abb. 6.20).

*Profilmethode*

Das Ziel des Profilvergleichs ist eine möglichst weitgehende Deckung von Anforderungs- und Fähigkeitshöhen. Da eine vollständige Deckung nur selten möglich sein wird, sind **Bandbreiten** anzubieten (Mindestanforderungen, Höchstanforderungen) innerhalb derer, z. B. bei einer Unter- oder Überdeckung des Anforderungsmerkmals, eine Zuordnung noch erfolgen kann. Das Ergebnis des Vergleichs von Anforderungs- und Fähigkeitsprofil bestimmt den Eignungsgrad des Mitarbeiters für diesen Arbeitsplatz und liefert gleichzeitig Aufschluß über notwendige konkrete Aus- und Weiterbildungsmaßnahmen.

Die Profilvergleichsmethode ermittelt zwar keine numerischen Eignungskoeffizienten, die Schwierigkeit besteht aber auch hier darin, die komplexen Anforderungsstrukturen der Arbeitsplätze so in ihre Einzelfaktoren zu zerlegen, daß

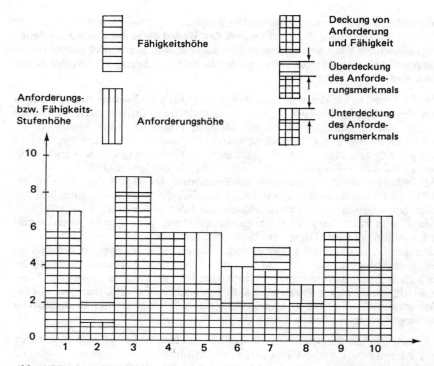

*Abb. 6.20: Graphischer Profilvergleich von Anforderungs- und Fähigkeitsprofilen (Zülch, 1976, S. 227)*

der jeweiligen Anforderungsstruktur die in einzelne Merkmale aufgegliederte korrespondierende Fähigkeitsstruktur des Mitarbeiters gegenübergestellt werden kann.

*Lösungsverfahren zur Handhabung des quantitativen Zuordnungsproblems*

*quantitative Zuordnungsprobleme*

Quantitative Zuordnungsprobleme ergeben sich vorrangig aus der Notwendigkeit zur Aufrechterhaltung eines kontinuierlichen Fertigungsablaufes, besonders, wenn unvermeidliche Personalausfälle (durch Urlaub, Krankheit, Unfall) oder Fehlzeiten auftreten, oder wenn kurzfristig unterschiedliche Arbeitsspitzenbelastungen entstehen. Zur Lösung solcher Schwierigkeiten wurden **Zuordnungsmodelle** entwickelt, die unter Zugrundelegung einer „Normalqualifikation" und einer Betrachtung der Arbeitskräfte als qualitativ gleichwertig, die Entscheidung über den quantitativen Einsatz der Mitarbeiter unterstützen können.

*Modelle zur Unterstützung quantitativer Zuordnung*

Zu nennen sind hier vor allem **Schichtwechselpläne**, die unter Berücksichtigung tariflich festgelegter Arbeitszeiten einen kontinuierlichen Arbeitsablauf gewährleisten. Ferner Modelle, die mit Hilfe der **linearen Programmierung** für bestimmte Dienstschichten die minimale personale Besetzung berechnen und schließlich Modelle der **Netzplantechnik**, die einer möglichst gleichmäßigen Auslastung der Personalkapazitäten dienen.

*Personaleinführung*

**Der Einführung von (neuen) Mitarbeitern** in neue Tätigkeitsbereiche wird im Rahmen der Personalzuordnung noch häufig unzureichende Beachtung geschenkt. Dabei erweist sich gerade die Art der Integration des Mitarbeiters in die Arbeitsgruppe bzw. in den Industriebetrieb für die Produktivität und die Qualität der individuellen Leistung als besonders wichtig. Gegenstand der Einführung ist die systematische Vermittlung von Informationen über den Industriebetrieb, die Abteilung, in der der Mitarbeiter tätig sein wird, die spezifischen Inhalte der Tätigkeit und die systematische Unterweisung am Arbeitsplatz. Von besonderem Vorteil kann sich die Einrichtung eines sogenannten „**Patensystems**" erweisen, bei dem ein erfahrener Kollege dem (neuen) Mitarbeiter bei der Orientierung im Unternehmen und bei der Integration in das soziale System behilflich ist.

## 4. Personalfreistellung

Gegenstand der Personalfreistellung ist der **Abbau von personellen Überdeckungen** in qualitativer, quantitativer, zeitlicher und örtlicher Hinsicht. Die Ursachen eines solchen Personalüberhanges können z. T. relativ frühzeitig und sicher prognostiziert werden, wie z. B. bei saisonal bedingten Beschäftigungsschwankungen, Betriebsstillegungen, Standortwechsel, Reorganisation, Automation; sie können aber auch relativ „unvorhersehbar" sein, wie beispielsweise Bedürfnis- und Bedarfsveränderungen mit entsprechend rückläufiger Absatzentwicklung. In solchen Fällen ist die Reaktionszeit für Anpassungsmaßnahmen stark verkürzt.

Ähnlich wie bei der Personalbeschaffung kann zwischen **interner** und **externer** Freistellung unterschieden werden. Ein zeitlich begrenzter Personalüberhang kann durch interne Freistellungsmaßnahmen der **Arbeitszeitverkürzung** bzw. **Aufgabenumverteilung** kompensiert werden. Verkürzungen der Arbeitszeit können durch **Abbau von Überstunden, Einführung von Kurzarbeit** und Vereinbarung einer gegenüber der normalen Arbeitzeitregelung kürzeren Arbeitszeit (**Teilzeitbeschäftigung**) erfolgen. Die **kapazitätsverschiebende Aufgabenumverteilung** umfaßt die Umsetzung von Personalkapazitäten aus Betriebsbereichen mit Personalüberhang in solche mit personellen Unterdeckungen. Aufgabenumverteilung ist zumeist auch die Folge eines allgemeinen Einstellungsstops mit Ausnutzung der natürlichen Fluktuation zum Zweck des Personalabbaus.

*interne Freistellung*

*Arbeitszeit-*
*verkürzungen*
*Aufgaben-*
*umverteilung*

Externe Personalfreistellung erstreckt sich auf die Beendigung bestehender Arbeitsverhältnisse durch **Förderung des freiwilligen Ausscheidens** mittels Abfindungszahlungen und durch Kündigungen bestehender vertraglicher Arbeitsverhältnisse (Entlassungen). Ferner kann die Personalfreisetzung den **Abbau zeitlich befristeter Arbeitnehmerüberlassungsverträge** beinhalten.

*externe*
*Freistellung*

*Alternativenauswahl bei Freistellungsentscheidungen*

Je nach den zugrunde gelegten Zielsetzungskriterien kann sich bei Freistellungsentscheidungen eine unterschiedliche Rangfolge der Maßnahmen ergeben. Einerseits kann eine schnelle Senkung der Personalkosten, denen keine entsprechenden Leistungen (mehr) gegenüberstehen, angestrebt werden, wobei allerdings die Schwierigkeiten einer möglicherweise notwendigen Wiederbeschaffung von Personal zu berücksichtigen sind. Andererseits stehen gerade aus der Sicht der Mitarbeiter die Ausnutzung natürlicher Fluktuationen im Vordergrund. Wegen der schwerwiegenden Auswirkungen, die eine Entlassung für den betroffenen Mitarbeiter besitzt, hat der Gesetzgeber umfangreiche **Kündigungsvorschriften** erlassen (Kündigungsschutzgesetz, gesetzliche Regelungen zum Schutz besonders gefährdeter Arbeitnehmergruppen, Sonderregelungen bei Massenentlassungen). Nach dem allgemeinen Kündigungsschutzrecht sind Entlassungen dann rechtsunwirksam, wenn sie sozial ungerechtfertigt sind. Lediglich in Ausnahmesituationen (§ 1, Abs. 2, Satz 1 KSchG), bei denen die Gründe in der Person (lang andauernde Erkrankungen, schlechte Leistungen), im Verhalten des Arbeitnehmers (Vertragsverletzungen) oder in dringenden betrieblichen Erfordernissen (Auftragsmangel, Rationalisierungsmaßnahmen, Stillegung) liegen, können Kündigungen vorgenommen werden.

*Kündigungsschutz*

## 5. Arbeitsstrukturierung

Gegenstand der Arbeitsstrukturierung sind alle Entscheidungsprobleme, die sich aus der Art der Arbeitsaufgabe, vor allem dem Arbeitsinhalt, sowie aus den Bedingungen, unter denen die Arbeit verrichtet wird, ergeben. Der Entscheidungsspielraum ist dabei zu einem wesentlichen Teil von übergeordneten unternehmenspolitischen Entscheidungen (Produktionsprogramm, Investitionen) abhängig.

Welche Güter und Dienstleistungen auf welche Weise und unter welchen Bedingungen hergestellt bzw. erbracht werden, hängt von den Sachzielvorstellungen der Unternehmensleitung, den Erfordernissen des Marktes und dem daran orientierten Produktionsprogramm sowie von der Eignung verfügbarer Technologien ab. An diesen Bedingungen orientiert sich in der Regel die betriebliche Ausstattung mit Maschinen (Ausstattungsentscheidungen) sowie die Art, in der die Maschinen genutzt werden (Prozeßentscheidungen).

### *Arbeitsinhalt*

Personalwirtschaftliche Entscheidungstatbestände bei der Gestaltung des Arbeitsinhalts sind vor allem der Grad der Stellenspezialisierung bzw. die Stellenerweiterung und der Stellenwechsel.

*Vorteile der Stellenspezialisierung*

Die **Spezialisierung** von Stellen durch Verminderung der Beitragsarten der einzelnen Stellen, die in der Regel von einer Erhöhung der Beitragsmengen der verbleibenden Beitragsarten begleitet ist, weist gegenüber einer weniger spezialisierten Stellenbildung nicht unbedeutende Vorteile auf, denen andererseits erhebliche Nachteile gegenüberstehen. Als Vorteile können angeführt werden:

(1) Die Spezialisierung engt die Anzahl der Beitragsarten ein, so daß sich die Arbeitsverrichtungen in kürzeren Zeitabständen wiederholen. **Dadurch wird der Grad der Übung und Gewöhnung erhöht.** Es kann sich in körperlicher Hinsicht ein nahezu gewohnheitsmäßiger Bewegungsablauf ergeben, so daß sich ohne kräftemäßigen Mehraufwand die Beitragsmengen vergrößern lassen.

(2) **Der Arbeitnehmer braucht sich gedanklich nicht auf häufig wechselnde Arbeitsverrichtungen umzustellen,** die verwendeten Arbeitsmittel werden seltener durch andere ersetzt. Die Arbeitsleistung kann dadurch ebenfalls ohne Mehraufwand steigen.

(3) Bei Spezialisierung von Stellen wächst die Möglichkeit, Arbeitsplatz und Arbeitsmittel den spezifischen Erfordernissen des Arbeitsvorgangs anzupassen. **Der Kräfteaufwand für die Beitragserstellung kann sich dadurch verringern.**

(4) Die Stellenzuordnung wird erleichtert, **da jedem Mitarbeiter die Stelle übertragen werden kann, für die er sich am besten eignet,** während bei weniger spezialisierten Stellen auch Verrichtungen durchzuführen sind, die seinen Fähigkeiten weniger entsprechen.

(5) Anlern- und Einarbeitungsvorgänge werden verkürzt.

(6) Die Spezialisierung bewirkt wegen der ständigen und gleichmäßigen Ausführung weniger Beitragsarten häufig Qualitätsverbesserungen.

Wegen dieser Vorteile wird häufig angenommen, daß von der Stellenspezialisierung unbegrenzt produktivitätssteigernde Effekte ausgehen.

Für den Arbeitnehmer ist die Beschränkung auf wenige Beitragsarten und erleichterte Durchführung der Verrichtungen in der Regel mit einer Erhöhung der Beitragsmenge verbunden. Über die subjektive Beurteilung von Veränderungen der Beitragsstruktur durch die Arbeitnehmer lassen sich keine allgemeinen Aussagen machen. **Empirische Untersuchungen haben ergeben, daß die Einschätzungen stark spezialisierter Beitragsstrukturen von „große Entlastung" bis zu „erhebliche Erschwerung" im Vergleich zu weniger spezialisierten Beitragsstrukturen differieren.**

Den produktivitätsfördernden Ursachen der Spezialisierung wirken nachteilige Effekte entgegen, welche die angeführten Vorteile **teilweise ausgleichen oder überkompensieren** können. Es werden hauptsächlich folgende Argumente **gegen** die Spezialisierung angeführt:

*Nachteile der Stellenspezialisierung*

(1) Die Spezialisierung hat einseitige Belastungen zur Folge und führt zu starken Ermüdungserscheinungen, **so daß der Bedarf an Erholung wächst oder gesundheitliche Schäden auftreten.**

(2) **Tendenziell steigen die Transportzeiten und -kosten,** soweit nicht wirtschaftlichere Fördermittel eingesetzt werden, weil jeder Stelleninhaber nur wenige Beitragsarten zur Erfüllung der Gesamtaufgabe leistet.

(3) Spezialisierung bewirkt eine Einengung des realisierten Fähigkeitspotentials der arbeitenden Menschen, **ihre Anpassungs- und Umstellungsfähigkeiten werden geringer.**

(4) Die Aufspaltung des Gesamtbeitrages in wenige Beitragsarten kann bei den Arbeitnehmern ein **Gefühl der Eintönigkeit und Langeweile (Monotonie)** hervorrufen und zu psychischen Störungen führen. Der Blick für den Gesamtzusammenhang des Leistungsvollzugs und für die Bedeutung der eigenen Beitragserstellung geht verloren **(Entfremdung)**. Der Arbeitnehmer identifiziert sich nicht mehr mit der monotonen Verrichtungsfolge, höhere Bedürfnisschichten (vgl. Abb. 6.5, S. 636) bleiben deshalb unbefriedigt.

Besonders die beiden letzten Argumente verdienen große Beachtung, da sie sich auf menschliche Probleme der Spezialisierung von Stellen beziehen, deren sozialwissenschaftliche Analyse im Mittelpunkt wissenschaftlicher Untersuchungen zur „Humanisierung des Arbeitslebens" steht.

Die negativen Auswirkungen der durch den technischen Fortschritt bedingten Spezialisierung von Stellenaufgaben veranlassen viele Industriebetriebe, ihren gegenwärtigen Spezialisierungsgrad wieder herabzusetzen oder Maßnahmen zur Überwindung der Eintönigkeit und Entfremdung zu ergreifen.

*job enlargement*

Im ersten Fall handelt es sich um eine unter dem Schlagwort „job enlargement" bekannt gewordene Erweiterung der Stellenaufgaben. Dieser Vorgang führt zu einer **Erhöhung der Beitragsarten bei gleichzeitiger Verminderung der Beitragsmengen je Beitragsart durch das Hinzufügen neuer aber strukturell gleichartiger Verrichtungen bzw. Arbeitsobjekte zu den bisherigen Stellenaufgaben.** Wie die Ergebnisse mehrerer empirischer Untersuchungen zeigen, bedeutet der Prozeß der Stellenerweiterung nicht zwangsläufig einen Produktivitätsrückgang. Die bei hohem Spezialisierungsgrad stark ins Gewicht fallenden negativen Faktoren können eine Überkompensation der produktivitätssteigernden Vorteile bewirken, so daß die Verminderung der Spezialisierung solche negativen Effekte abzubauen vermag. Aufgrund eines größeren Interesses bei der Leistungserstellung können sich Leistungsvorteile in mengenmäßiger und qualitativer Hinsicht ergeben. Diese Resultate legen den Schluß nahe, daß der Umfang der durch Spezialisierung erreichbaren Leistungssteigerung vom realisierten Spezialisierungsgrad abhängt. Mit zunehmender Spezialisierung verstärken sich bei einem Großteil der Arbeitnehmer die negativen Konsequenzen in bezug auf das Arbeitsverhalten.

*job enrichment*

Eine Weiterführung des job enlargements durch eine **qualitative Vergrößerung des Arbeitsfeldes** erfolgt beim job enrichment (Arbeitsbereicherung). Hierbei werden Funktionen in die Arbeitsaufgabe integriert, die zuvor von einer hierarchisch höheren Stelle (dem Vorgesetzten) wahrgenommen wurden (z. B. Planungs-, Kontroll- und Entscheidungskompetenzen). Durch die Befriedigung höherwertiger Bedürfnisse soll eine intrinsische, auf den Inhalt der Arbeit bezogene Motivation erreicht werden und damit letztlich auch eine Produktivitätssteigerung.

*selbststeuernde Gruppen*

Eine Weiterführung des job enrichment stellt das Konzept der **selbststeuernden Gruppen** dar. Die Verantwortung für den Produktionsprozeß geht im Rahmen der durch die Organisation gesetzten Bedingungen (z. B. verfügbare Produktionsmittel, maximale Durchlaufzeit, Budgets) auf die Arbeitsgruppe über. Die Selbststeuerung betrifft den Problembereich der Arbeit selbst und des Arbeitsplatzes. Jede Arbeit innerhalb der Gruppe sollte von jedem Mitarbeiter der Gruppe ausgeübt werden können. Damit wird unter anderem ein systematischer Arbeitsplatzwechsel, gegenseitiges Aushelfen bei Schwierigkeiten und Selbstverantwortlichkeit der Gruppe für bestimmte Entscheidungen (z. B. Pausenregelung) angestrebt.

Das Konzept der selbststeuernden Gruppen zielt auf die Erfüllung höherer Bedürfnisschichten (vgl. Abb. 6.5, S. 636) ab. Darüber hinaus werden auch die Gegensätze zwischen individuellen Bedürfnissen der Menschen im Betrieb und den organisationalen Anforderungen, die mit dem Produktionsprozeß verbunden sind, abgebaut. **Diese Form der Betriebsgemeinschaft setzt jedoch auf seiten der Organisation bestimmte Strukturen der Arbeitsabläufe, bei den Arbeitsgruppen gemeinsame positive Grundeinstellungen und bei den einzelnen Mitgliedern Kenntnisse über eigene Arbeiten, Aufgaben der Kollegen und Gesamtzusammenhänge im Betrieb sowie ein gewisses Maß an sozialer Kompetenz und Kontaktfähigkeit voraus, was in der Praxis nicht immer gegeben ist.**

Die technische Ausstattung läßt oftmals eine Stellenerweiterung und -bereicherung nicht zu. Hier besteht die Möglichkeit, geplante Stellenwechsel (job rotation) durchzuführen. **Der Stellenwechsel gibt dem Arbeitnehmer die Gelegenheit, unterschiedliche Beiträge zu erbringen, so daß die Monotonie repetitiver Verrichtungsfolgen durchbrochen wird.**

*job rotation*

In der Regel erfolgt die Stellenrotation für Arbeitsbereiche auf der gleichen Leitungsebene. Auf der untersten hierarchischen Ebene kann dabei die Zeitspanne zwischen den Stellenwechseln relativ gering sein. Der Arbeitnehmer erhält z. B. täglich, wöchentlich oder monatlich einen anderen Aufgabenbereich zugeteilt. Dadurch werden die einseitigen Belastungen der Spezialisierung teilweise vermieden und zudem bleibt ein gewisser **Überblick über den Zusammenhang der Leistungsprozesse gewahrt.** Der Stellenwechsel kann auch eine mögliche **soziale Isolierung des einzelnen verhindern,** da die Stellenrotation die Aufnahme von Kontakten mit anderen Arbeitskollegen fördert.

Bei Stellenrotation auf den mittleren und höheren Ebenen der Leitungshierarchie sind meistens längere Zeiträume zwischen den Veränderungen vorgesehen, da mit der Übernahme einer neuen Stelle gleichzeitig ein Übergang der Verantwortung stattfindet. Durch den Stellenwechsel erwirbt der Arbeitnehmer Kenntnisse über die Zusammenhänge zwischen den Unternehmensbereichen und über die Koordinationsprobleme. Auf diese Weise kann eine Kooperationsbereitschaft entstehen, die dem „Abteilungsdenken" entgegenwirkt. Gleichzeitig fördert die Stellenrotation die Entwicklung neuer Ideen in den verschiedenen Bereichen und Abteilungen, da neue Stelleninhaber mit größerer Unvoreingenommenheit an Probleme herantreten.

Andererseits stellt der geplante Stellenwechsel höhere Anforderungen an die persönliche Flexibilität der Teilnehmer des Rotationsprogramms. Soweit Änderungen in der Beitragsstruktur die Monotonie der Stellenaufgaben

*Probleme der Stellenrotation*

herabsetzen, erscheinen sie dem Arbeitnehmer zunächst vorteilhafter. Höhere Anforderungen, die Überwindung subjektiver Anpassungswiderstände gegen häufige Einarbeitungsphasen und die erhöhte Gefahr von Fehlentscheidungen bei der Übernahme neuer Stellen können diese Tendenz ausgleichen oder in das Gegenteil verkehren. In diesem Zusammenhang ist insbesondere die Bemessung der Dauer der Rotationsphasen von Bedeutung.

## Technische Arbeitsbedingungen

*technischer Fortschritt*

Die Spezialisierung ist meist eines der Folgeprobleme des technischen Fortschritts als Ergebnis von Investitionsentscheidungen im Industriebetrieb. Technischer Fortschritt kommt z. B. in der **Einführung neuer Fertigungsverfahren** zum Ausdruck, **die eine gegebene Leistung mit geringeren Kosten oder bei gleichen Kosten eine höhere Leistung bzw. neue Produkte herzustellen gestatten.**

*Stufen des technischen Fortschritts*

Zwei Ausprägungen des technischen Fortschritts sind die **Mechanisierung** und die **Automation,** die ihrerseits verschiedene Stufen umfassen.

*Mechanisierung*

Bei der Mechanisierung **wird die Handarbeit zugunsten eines verstärkten Einsatzes von Maschinen eingeschränkt. Die Aggregate übernehmen körperlich stark belastende sowie repetitive Arbeitsgänge.** Bei der Beitragszusammensetzung verringern sich die physischen Beiträge. Die Maschinenbedienungsarbeit dominiert, und allmählich verlieren die Beiträge ihre unmittelbare Beziehung zur Ausbringung. Die artmäßige Veränderung der Stellenbeiträge spiegelt sich in der gewandelten Anforderungsstruktur wider. Während die körperlichen Anforderungen absinken oder mehr bei vor- und nachgelagerten Tätigkeiten auftreten (z. B. Zulieferung von Rohmaterialien, Weitertransport der Fabrikate), gewinnen die **geistigen Fähigkeitsmerkmale** wie Aufmerksamkeit und Nachdenken an Bedeutung, da sich ein Großteil der Beiträge auf die manuelle Steuerung der Aggregate erstreckt. Die Einstellung und Kontrolle der technischen Apparatur erfordern häufig **gründliche Fachkenntnisse,** die durch entsprechende fachliche Ausbildung und längere Erfahrung erworben werden.

*Auswirkungen*

*Teilautomation*

Während es sich bei der manuellen Steuerung technischer Anlagen um „unselbständige" Maschinen handelt, die vom Arbeitnehmer eingestellt, gesteuert und kontrolliert werden, vermindert sich bei „halbselbständigen" Aggregaten der Einfluß der geistigen Anforderungen und der Fachkenntnisse. Der menschliche Arbeitsbeitrag stellt lediglich eine Hilfsfunktion im Funktionsgefüge maschineller Arbeitsoperationen dar. **Die Maschine übernimmt die Steuerung selbst, die Beiträge des Arbeitnehmers beschränken sich auf Hilfs- und Kontrolltätigkeiten.** Zugleich wird die persönliche Initiative bei der Leistung der Beiträge eingeengt. Entscheidungen über Menge und Qualität der Leistungen werden von der Arbeitsvorbereitung in Arbeitsanweisungen präzisiert und von der Maschine ausgeführt. Mit der Entwicklung technisch hochwertiger Anlagen werden in der Regel auch die äußeren Arbeitsbedingungen verbessert; dagegen steigt die Lärmentwicklung bei vermehrtem Maschineneinsatz an.

*Auswirkungen*

*Fertigungsstraßen*

Die vor allem bei halbselbständigen Aggregaten fortschreitende Spezialisierung erreicht mit der Verbindung von Einzelaggregaten zu Fertigungsstraßen ihren Höhepunkt. **Die Arbeitsaufgaben werden in kleinste Arbeitsoperationen zerlegt und zu einem kontinuierlichen Prozeß** verknüpft. Die Beitragsarten verringern sich, die physischen Beiträge beschränken sich auf wenige Handgriffe am Fließband und auf die Beschickung der Fertigungsstraßen mit Werkstoffen. Art und Dauer der Arbeitsoperationen sind von der Arbeitsvorbereitung genau festgelegt, **so daß die Fließbandbeiträge kein besonderes berufliches Können, sondern lediglich eine kurze Einarbeitungszeit erfordern.** Dagegen steigen die bei der Spezialisierung erwähnten psychischen Belastungen an. Durch die vorgegebenen Taktzeiten ergibt sich ein **Zwang zur Anpassung an den geplanten Arbeitsrhythmus. Der individuelle Freiheitsspielraum bei der Erstellung von Beiträgen wird praktisch aufgehoben.** Wegen der sich ständig wiederholenden Handgriffe am Fließband wächst die **Eintönigkeit** und damit die seelische Belastung der Arbeitnehmer.

*Auswirkungen*

Während bei der Mechanisierung ein Teil der Kontroll- und Steuerungstätigkeiten beim Menschen verbleibt, werden bei der Automation diese Aktivitäten ebenfalls auf Maschinen übertragen.

**Die Automation stellt eine Produktionstechnik dar, bei der Maschinen die bei der Mechanisierung noch erforderliche menschliche Arbeit für Bedienung, Steuerung und Überwachung der Anlagen sowie für die Kontrolle der Produkte übernehmen.**

*Automation*

Merkmale der Automation sind der Einsatz selbständiger Transportanlagen für die Beförderung der Zwischenprodukte zu den Bearbeitungsplätzen, ein kontinuierlicher Produktionsablauf durch den Aufbau integrierter Transferstraßen mit vollautomatischen Maschinenelementen, d. h. mit Aggregaten, die einer numerischen Steuerung unterliegen, sowie die laufende Produktionskontrolle der Werkstücke durch Meß- und Regelvorrichtungen, die nach dem Prinzip der Rückkopplung arbeiten.

Mit der Automation verliert der Arbeitnehmer die direkte Bindung an den Produktionsrhythmus. Es findet eine effektive Verminderung des Arbeitsinhalts statt. Die beim Menschen verbleibenden Beiträge sind auf die **Überwachung und Sicherstellung der Funktionsfähigkeit der Anlagen** beschränkt. Die körperliche Belastung wird nahezu vollständig abgebaut. Der Arbeitnehmer greift nur noch bei Störungen in den Fertigungsablauf ein. Die ständige Bereitschaft zum Tätigwerden und die dauernde Wachsamkeit bilden starke psychische Belastungsmomente, die durch akustische und visuelle Signale vermindert werden können. Mit der Betonung der Überwachungsfunktion ist eine Vergrößerung des Verantwortungsbereichs verbunden, denn die eingesetzten Aggregate werden komplizierter und Ablaufstörungen wirken sich auf den gesamten Fertigungsbereich aus.

*Auswirkungen*

Bei automatisierter Fertigung bildet sich ein neues Anforderungsprofil für den Arbeitnehmer heraus. Für die Erfüllung seiner Überwachungsfunktion sind neben **handwerklichen Fähigkeiten** für Eingriffe in den Fertigungsprozeß **Spezialkenntnisse über Aufbau und Funktionsweise der Anlagen,** großes **Verantwortungsbewußtsein** sowie **Reaktionsschnelligkeit** und umsichtiges Denken erforderlich. Deswegen wird zuweilen die Meinung vertreten, daß im Rahmen

*neue Beiträge*

der Automation die Entfremdung des Arbeitnehmers vom Arbeitsobjekt und -prozeß wieder abnehme.

*neue Belastungen*

Bei der Automation stellen sich neue Belastungsfaktoren ein. Die Überwachungsfunktion verlangt Dauerkonzentration, die Ermüdung und Langeweile fördert. **Das Gefühl der Unterordnung des Menschen unter die Maschine wird verstärkt, die Entscheidungsfreiheit bleibt beschränkt.** Außerdem findet eine **Isolierung von den Mitarbeitern** statt. Die sozialen Beziehungen in Arbeitsgruppen werden gelockert oder gänzlich abgebaut, da die Überwachungsfunktion des einzelnen dominiert.

**Im Rahmen der Automation besitzt tendenziell die Hypothese Gültigkeit, daß das Bedürfnis der Arbeitnehmer nach menschlichem Kontakt den Erfordernissen des Produktionsablaufs untergeordnet wird, so daß die mit Dauerkonzentration verbundenen Überwachungsaufgaben im Arbeitnehmer das Gefühl der Eigengesetzlichkeit des Fertigungsprozesses und der sozialen Isolation verstärken.**

*menschengerechte Gestaltung von Fließarbeit*

Gestaltungsbemühungen mit dem Ziel einer stärkeren Berücksichtigung von Mitarbeiterinteressen können sich vor allem bei der Fließbandarbeit auf die **Verminderung physischer und psychischer Belastungen** sowie **sozialer Isolierung** aufgrund ungünstiger Arbeitsplatzanordnung beziehen.

Eine Verminderung physischer Belastungen kann durch den Einbau von „Puffern" zwischen den Arbeitsplätzen bzw. Bandabschnitten erreicht werden, wodurch eine Variation des Arbeitstempos innerhalb der durch den Umfang des Puffers (z. B. Zahl der ruhenden Werkstücke) gesetzten Grenzen ermöglicht wird. Ferner kann die Bandgeschwindigkeit an die physiologisch bedingten Schwankungen der Leistungsfähigkeit angepaßt oder es können Kurzpausen eingeführt werden. Eine Minderung der Eintönigkeit kann durch Arbeitserweiterung mittels Zusammenfassung mehrerer Takte oder durch den Arbeitswechsel zwischen den Mitgliedern einer Bandgruppe angestrebt werden. Der sozialen Isolierung von Mitarbeitern kann durch eine die Kommunikationsmöglichkeiten verbessernde räumliche Anordnung der Bandarbeitsplätze entgegengewirkt werden.

## Arbeitsplatz und Arbeitsumfeld

*Ziele und Objekte der Arbeitsplatzgestaltung*

**Die Arbeitsplatzgestaltung** beeinflußt in hohem Maße die subjektiv wahrgenommene Ausgewogenheit der Anreiz-Beitrags-Struktur und damit die Zufriedenheit des Arbeitnehmers. Durch eine geeignete Gestaltung des Arbeitsplatzes können die subjektiven Anstrengungen und Belastungen vermindert werden. Damit vergrößert sich die positive Differenz zwischen den Anreizen und Beiträgen, so daß die Wahrscheinlichkeit einer Austrittsentscheidung abnimmt.

*Arbeitsplatzstudie*

Grundlagen der Arbeitsplatzgestaltung sind Arbeitsplatzstudien sowie analytische Untersuchungen der Verrichtungsfolgen, die an einem Arbeitsplatz ausgeführt werden. Kernstück der Arbeitsplatzstudie ist die schematische Darstellung des Arbeitsfeldes, einschließlich der Betriebs- und Transportmittel. Die Ergebnisse werden in **Arbeitsplatzkarten** niedergelegt, die auch Angaben über die verwendeten Werkstoffe und Sicherheitsvorkehrungen enthalten. Die Arbeitsplatzstudie kann durch eine Betriebsmittelstudie ergänzt werden, die Hinweise über die Gebrauchsfähigkeit der eingesetzten Maschinen und Werkzeuge sowie über deren Mängel und Abnutzungsursachen liefert. Die Anpassung der Maschinen und Werkzeuge an die physiologischen Erfordernisse richtet sich besonders auf die Zweckmäßigkeit der Bedienungseinrichtungen, handgerechte Formgebung von Griffen und auf die Minimierung der Unfallgefahr durch Sicherheitseinrichtungen. Arbeitsablaufstudien sowie Zeit- und Bewegungsstudien erfassen den technischen Ablauf der Leistungserstellung, wobei sie **soziale und psychische Komponenten bewußt ausklammern**. Arbeitsablaufstudien analysieren Arbeitsvorgänge (Verrichtungsfolgen), indem sie sie in Verrichtungen und Arbeitselemente gliedern. Auf der untersten Ebene wird dabei durch physiologische Untersuchungen der Mikroarbeitsablauf bei den einzelnen Arbeitselementen festgehalten.

*Betriebsmittelstudie*

*Arbeitsablaufstudie*

Die Grenze zwischen **Mikroablaufstudien** und **Bewegungsstudien** ist fließend. Die Bewegungsstudie analysiert die Abfolge kleinster Bewegungen und ihre Bewegungsbahnen mit dem Ziel, zeit- und energiesparende Bewegungselemente zu ermitteln. Zeitstudien (S. 720 ff.) messen die Dauer der Verrichtungsfolgen und -bewegungen und liefern Informationen für die Bestimmung der Normalleistung, die Grundlage für die Durchführung der Arbeitsbewertung (vgl. S. 712) ist.

*Bewegungsstudie*

**Die arbeitswissenschaftliche Anpassung der Arbeitsmethode an den Menschen orientiert sich an dessen physiologischen Erfordernissen.** Arbeitsablaufstudien stellen fest, in welcher Körperhaltung die Beiträge erstellt werden, welche Körperteile besonders beansprucht werden usw. Ferner ermitteln sie den Verbrauch an Muskelenergie, das Bewegungsfeld sowie Bewegungsformen und -geschwindigkeit. Der aufgenommene Istzustand bildet den Ausgangspunkt für die Entwicklung verbesserter Arbeitsmethoden. Für die Verbesserung der Arbeitsmethoden hat die Arbeitsgemeinschaft der Verbände für Arbeitsstudien (REFA) zahlreiche Grundsätze entwickelt, die zu einer körperlichen Entlastung der arbeitenden Menschen führen.

*Gestaltung der Arbeitsmethode*

Technische Vorkehrungen und Schutzmaßnahmen zur Verhütung von Unfällen können sich sowohl auf die **Ausschaltung von Gefahr** („gefahrlose Technik") als auch auf das **Verhindern des Wirksamwerdens von Gefahr** durch Einrichtung von Schutzvorrichtungen beziehen. Eine weitere Möglichkeit zur Beeinflussung der physischen und psychischen Arbeitssicherheit ist durch die **Förderung des Sicherheitsbewußtseins** der Mitarbeiter gegeben. Eine Steigerung des Sicherheitsbewußtseins kann durch entsprechende Auslese, Unterweisung sowie durch Training der Arbeitnehmer erreicht werden.

*Unfallverhütung und Arbeitssicherheit*

Die **Arbeitsumfeldgestaltung** befaßt sich mit der Schaffung geeigneter räumlicher Voraussetzungen und der übersichtlichen Anordnung der Arbeitsmittel. Sie bezieht auch die Regulierung der Umwelteinflüsse, wie Licht-, Lärm-, Temperaturverhältnisse, Schadstoffe usw. ein, die als Umweltfaktoren ohne Bezug zu speziellen Arbeitsplätzen die Leistungserstellung beeinflussen.

*Raumgestaltung*

Hierzu liegt eine Reihe arbeitswissenschaftlicher Untersuchungen vor, welche die Auswirkungen dieser Faktoren auf das Arbeitsverhalten und die körperliche und geistige Konstitution des Arbeitnehmers beschreiben. Durch Klimaanlagen, künstliche Beleuchtung, schalldämpfende Vorrichtungen usw. lassen sich negative Wirkungen solcher Einflußfaktoren vermindern.

*Farbgestaltung*

Auch die **Farbgestaltung** von Arbeitsräumen und -plätzen ist für die Leistungserstellung von Bedeutung. Farben dienen einmal wegen ihrer Signalwirkung als Orientierungsmittel. Sie erfüllen **Ordnungsfunktionen** (z. B. Markierung von Abstellplätzen), **Orientierungsfunktionen** (Kennzeichnung von Transportwegen) und **Sicherungsfunktionen** (z. B. rot als „Halt-Farbe"). Neben der genormten Farbanwendung wird von einer ungenormten Farbgestaltung gesprochen, wenn bei der Ausgestaltung von Räumen die psychologischen Wirkungen der Farben im Vordergrund stehen. Auch hierfür haben die Arbeitswissenschaften eine Reihe von Gestaltungsregeln entwickelt, die bestimmte Farbkombinationen für funktional unterschiedliche Räume empfehlen.

*Arbeitszeit*

*Gegenstand der Arbeitszeitgestaltung*

Da die Arbeitszeit durch gesetzliche und tarifvertragliche Bestimmungen festgelegt ist, verbleibt der Personalwirtschaft nur ein geringer Gestaltungsspielraum. Zur Arbeitszeitregelung gehören Regelungen über **Arbeitsbeginn** und **Arbeitsende** (fest oder gleitend), den Zeitpunkt von **Schichtwechseln** und **Pausen.** Ein besonderes Problem ist die Regelung der Arbeitsschichten bei kontinuierlichen Fertigungsprozessen. Zunächst müssen durchschnittliche Arbeitszeit und Ruhezeit so festgelegt werden, daß das Prinzip des Wochen- bzw. Sonntagsrhythmus gewahrt bleibt. Besonderer Beachtung bedarf die **Regelung der Nachtschicht,** da diese außerordentlich hohe Belastungen und die Gefahr physischer Langzeitschäden für die Mitarbeiter mit sich bringt.

*Pausenregelung*

Die gesetzliche Arbeitszeitordnung definiert Pausen grundsätzlich als unbezahlte Arbeitsunterbrechung mit einer Dauer von mindestens 15 Minuten. Pausen sollen der Erholung dienen. Allerdings steht dem Erholungswert der Pause eine Leistungsverminderung während der auf die Pause folgenden Einarbeitungszeit gegenüber.

*lohnende Pause*

Arbeitswissenschaftlich liegt dann eine lohnende Pause vor, wenn ihr Erholungswert ausreicht, den entstandenen Produktivitätsverlust auszugleichen. Dabei wird jedoch übersehen, daß die Entscheidung des Arbeitnehmers, nach Beendigung der Pause größere Beitragsmengen zu leisten, nicht zwangsläufig mit Dauer und Lage der Pausen innerhalb der Arbeitszeit gekoppelt ist. **Empirische Untersuchungen, die das Motivationsproblem ausklammern, kommen zu dem Ergebnis, daß für den Erholungswert einer Pause sowohl deren Gesamtlänge als auch die zeitliche Verteilung auf die gesamte Arbeitszeit von Bedeutung ist.** In Laborexperimenten betrug die günstigste Pausenlänge 5 – 10% der Arbeitszeit. Dabei erwies sich eine Zerlegung der Gesamtpause als zweckmäßig, weil dadurch stärkere Ermüdungserscheinungen verhindert werden und weil die Erholungswirksamkeit am Anfang der Pause am größten ist.

# V. Anreizbezogene Aufgaben der Personalwirtschaft: Die Aktivierung des Leistungspotentials

Die Aktivierung des Leistungspotentials der Mitarbeiter erfordert die Entwicklung eines Systems von Anreizen, die den Mitarbeitern angeboten werden können, um sie zu rollenkonformem Verhalten zu motivieren oder dafür zu belohnen. Jedes betriebliche Anreizsystem besitzt dabei eine formale und eine informale Komponente. **Das formale Anreizsystem umfaßt diejenigen Anreize, die der Industriebetrieb den Belegschaftsmitgliedern offiziell als Ausgleich für die geleisteten Beiträge gewährt.** Beispiele hierfür sind vertraglich vereinbarte Lohn- und Gehaltszahlungen, die betriebliche Altersversorgung oder in Aussicht gestellte Beförderungen. Daneben werden den Mitarbeitern aufgrund ihrer Zugehörigkeit zum Industriebetrieb eine Reihe informaler Anreize gewährt. Sie beeinflussen ebenfalls die Verhaltensentscheidungen, entziehen sich jedoch weitgehend einer bewußten Gestaltung. **Informale Anreize sind vorwiegend sozialer Art; sie resultieren im wesentlichen aus der Zugehörigkeit des Arbeitnehmers zu verschiedenen Gruppen.**

Wie die motivationstheoretischen Überlegungen Herzbergs (vgl. S. 636 ff.) zeigen, kann das betriebliche Anreizsystem in eine intrinsische und eine extrinsische Komponente gegliedert werden. Während sich intrinsische Anreize vor allem durch Leistung, Erfolg, Anerkennung und Verantwortung konkretisieren, sind die wichtigsten extrinsischen Anreize monetärer (Entlohnung) und sozialer Art (Gruppenzugehörigkeit). Anreize, wie Arbeitsentgelt, Ausbildungsmöglichkeiten und Aufstiegschancen, sollen den Mitarbeiter zur Leistung von Beiträgen anregen, die den offiziellen Verhaltenserwartungen entsprechen und dazu führen, daß er die Organisation auch langfristig als vorteilhaft gegenüber anderen Organisationen bewertet.

*Systematisierung der Anreizarten*

Aus den von den Motivationstheorien unterstellten Strukturen menschlicher Bedürfnisse (vgl. z. B. Abb. 6.5, S. 636) läßt sich eine Grobgliederung der Elemente unternehmungsinterner Anreizsysteme ableiten. Danach kann zwischen **materiellen** und **immateriellen** Anreizen unterschieden werden.

*monetäre Anreize*

Die wichtigste Gruppe materieller Anreize sind die **monetären Zahlungen,** die zunächst der Befriedigung solcher Bedürfnisse dienen, die den unteren Ebenen der Bedürfnishierarchie angehören (physiologische und Sicherheitsbedürfnisse). Allerdings verliert das Arbeitsentgelt als Inbegriff aller aus nichtselbständiger Arbeit erzielten Einkünfte auch hinsichtlich der Befriedigung höherstehender Bedürfnisse seine Anreizwirkung nicht. Abgesehen davon, daß bei wachsendem Wohlstand das physiologische Existenzminimum von einem sozialen Existenzminimum abgelöst wird, kann das Einkommen des Arbeitnehmers dem **Erwerb von Statussymbolen** der verschiedensten Art dienen, die ihm Anerkennung und Wertschätzung seiner Mitmenschen verschaffen sollen. Oft wird die Verfügbarkeit eines höheren Einkommens mit dem Aufstieg in eine als „höher" eingestufte soziale Schicht gleichgesetzt oder als Voraussetzung für den **Zugang zu bestimmten sozialen Gruppen** angesehen.

*soziale Anreize*   Auf die höheren Bedürfnisschichten sind **Anreize sozialer Art** gerichtet. Sie stellen immaterielle Anreize dar. Hierzu gehören z. B. der in einer Unternehmung ausgeübte Führungsstil, die Mitwirkungsmöglichkeit bei Entscheidungen oder allgemein die Zugehörigkeit zu einer die Selbsteinschätzung und das Streben nach Selbstverwirklichung positiv beeinflussenden Gruppe.

*Karriereanreize*   Zwischen monetären und sozialen Anreizen stehen – zwar eng mit diesen verbunden, aber so bedeutungsvoll, daß eine eigenständige Behandlung gerechtfertigt erscheint – **die Ausbildungs- und Aufstiegsanreize.** Sie bilden die zweite Gruppe der immateriellen Anreize. Ihr Erwerb ermöglicht dem Arbeitnehmer einerseits die Befriedigung der Sicherheitsbedürfnisse durch zusätzliche monetäre Ausgleichszahlungen, die vielfach als Konsequenz einer Beförderung gewährt werden. Gleichzeitig verbinden sich mit Ausbildung und Beförderung soziale Wertschätzungen und das Streben nach Selbstverwirklichung, so daß diese Anreize auch eine soziale Komponente aufweisen.

## 1. Monetäre Anreize

**Die betriebliche Entgeltpolitik als Ausdruck der monetären Anreizgestaltung kann als ein Versuch zur „Lösung" des grundlegenden Konflikts zwischen dem Gewinnstreben der Eigentümer der materiellen Produktionsfaktoren und den Einkommenszielen der Belegschaftsmitglieder angesehen werden. Das Ergebnis des zwischen den konkurrierenden Parteien erzielten „Kompromisses" hängt von der Macht beider Seiten ab.**

*Verteilung der betrieblichen Wertschöpfung*   Die Konflikthandhabung erstreckt sich auf die Verteilung der betrieblichen Wertschöpfung (periodenbezogene Differenz zwischen Umsätzen und Vorleistungen auf Arbeitnehmer und Kapitaleigner). Der Anteil der Arbeitnehmer setzt sich aus Lohn- und Gehaltszahlungen, betrieblichen Sozialleistungen und Erfolgsbeteiligung zusammen. Zumindest die Lohn- und Gehaltszahlungen sind in der Regel im voraus festgelegte Zahlungen (Kontrakteinkommen), während den Kapitaleignern ein Residualeinkommen in Form des Gewinns zufällt.

*„gerechter" Lohn*   Dominierendes Element der Entgeltpolitik ist die Festlegung der Lohnstruktur. Es umfaßt im wesentlichen drei Problemkreise: die Bestimmung der absoluten Lohnhöhe, die Wahl der Lohnform und des individuellen Lohnanteils. Entscheidungen über die innerbetriebliche Lohnstruktur sind vor dem Hintergrund der Diskussion über den „richtigen" oder „gerechten" Lohn zu sehen. Eine objektive Antwort auf die Frage nach dem gerechten Lohn läßt sich dabei nicht geben. Das Arbeitsentgelt ist nach Höhe und Differenzierung immer das Ergebnis von Verhandlungsprozessen, deren Ablauf und Ergebnis von den gesellschaftlichen Verhältnissen und den damit verbundenen Machtpositionen der Verhandlungspartner bestimmt werden.

**Ob das ausgehandelte Ergebnis vom einzelnen Arbeitnehmer als gerecht empfunden wird, hängt von seinen persönlichen Erfahrungen und von sozialen und kultu-**

rellen Wertvorstellungen ab. Wegen der Unmöglichkeit der verursachungsgerechten Zuordnung der betrieblichen Wertschöpfung auf die beteiligten Gruppen läßt sich das Postulat der Lohngerechtigkeit nicht nach objektiven Maßstäben konkretisieren.

An seine Stelle können allenfalls „Ersatzgerechtigkeiten" treten, die den Arbeitnehmern die Beurteilung der subjektiven Lohngerechtigkeit erleichtern sollen. Als Ersatzgerechtigkeiten lassen sich Anforderungs- und Leistungsgerechtigkeit, Verhaltensgerechtigkeit und Sozialgerechtigkeit differenzieren, für deren Ausgestaltung sich zum Teil Konventionen gebildet haben (z. B. bezüglich der Bewertung von körperlicher und geistiger Arbeit). Solche Konventionen existieren jedoch nur für das Problem der Bestimmung der relativen Lohnhöhe. Über die „gerechte" absolute Lohnhöhe geben sie keinerlei Aufschluß.

*Ersatzgerechtigkeiten*

Von der Unternehmensleitung her gesehen, wird als Ziel der Lohnpolitik die Steigerung der Arbeitsproduktivität bzw. die Erhaltung rollenkonformer Verhaltensweisen und die Verminderung der Fluktuation die Regel sein. Damit die lohnpolitischen Instrumente wirksam werden, müssen sie an den Einflußfaktoren des rollenkonformen Verhaltens anknüpfen. Insofern ist die

*entgeltpolitisches Instrumentarium*

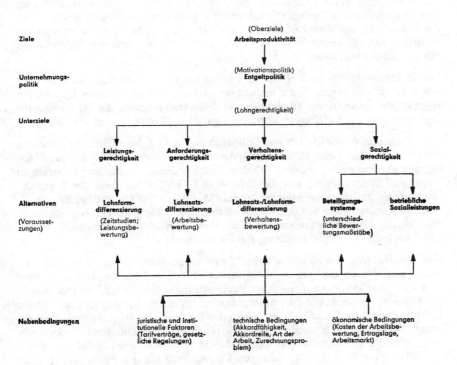

*Abb. 6.21: Die entgeltpolitische Entscheidungssituation*

betriebliche Entgeltpolitik ein Motivationsinstrument der Unternehmensleitung. Ihre Einzelinstrumente sind die **Lohnsatzdifferenzierung** (auf das Stück oder den Berechnungszeitraum bezogene, anforderungsorientierte Differenzierung der Lohnhöhe für normale Arbeitsleistung), die **Lohnformdifferenzierung** (Zeitlohn, Akkordlohn oder Prämienlohn) sowie die Gestaltung von **betrieblichen Sozialleistungen** und **Beteiligungssystemen**.

## Absolute und relative Lohnhöhe

*Entscheidungen über die absolute Lohnhöhe*

Ein Hauptproblem der betrieblichen Lohnfindung ist die Festlegung der absoluten Lohnhöhe. Bei diesem als materielles Lohnproblem (Kosiol) bezeichneten Entscheidungstatbestand handelt es sich um die Ermittlung des Geldbetrages, den der Arbeitnehmer für eine nach Art und Umfang bestimmte Arbeitsleistung vom Industriebetrieb erhält. Unter dem Postulat der Lohngerechtigkeit ist dabei ein zweifaches Verteilungsproblem zu lösen. Das erste Verteilungsproblem betrifft die **Zurechnung der Wertschöpfung auf die Arbeitnehmer und Kapitaleigner**. Das zweite Verteilungsproblem beinhaltet die **Aufteilung des auf den Faktor „Arbeit" entfallenden Anteils der Wertschöpfung auf die einzelnen Mitarbeiter**. Für die nachgelagerte Zurechnung, die das Verhältnis der Entgelte für verschiedene Arbeitsleistungen bestimmt (formales Lohnproblem), wurden Entlohnungsgrundsätze entwickelt, die weitgehend als Konventionen zur Ableitung akzeptierbarer Lösungen anerkannt werden. Für die Aufteilung der Wertschöpfung in Arbeits- und Kapitaleinkommen gibt es derartige Verfahrensregeln, die einen Konsens zwischen den beteiligten Gruppen gewährleisten, nicht.

*Verteilungsspielraum*

Der Industriebetrieb verfügt bei der Festlegung der absoluten Lohnhöhe über einen relativ geringen Entscheidungsspielraum, der durch **sozialgesetzliche Regelungen, vertragliche Bindungen des Industriebetriebes, die Arbeitsmarktlage** und durch die Höhe der betrieblichen Wertschöpfung begrenzt wird.

*Bereiche der Lohnfindung*

Grundsätzlich vollzieht sich die Lohnfindung in vier Bereichen. Im privaten Bereich wird der Lohn durch **Arbeitsverträge** zwischen Arbeitgeber und Arbeitnehmer festgelegt, im betrieblichen Bereich durch **Betriebsvereinbarungen** zwischen Unternehmung und Betriebsrat (§ 77 BVG). Ergebnis der Lohnverhandlungen auf überbetrieblicher Ebene ist der auf der Grundlage des Tarifvertragsgesetzes zwischen Gewerkschaften und Arbeitgeberverbänden bzw. tariffähigen Unternehmungen abgeschlossene **Tarifvertrag**. Schließlich beeinflußt auch die **Sozialgesetzgebung** die Entlohnung.

*Tarifvertrag*

Der Tarifvertrag, für den die Schriftform vorgeschrieben ist, setzt sich aus einem normativen und einem obligatorischen Teil zusammen. Der **normative Teil** umfaßt allgemein verbindliche Rechtsnormen, die Bestandteil individueller Arbeitsverträge werden. Er besteht aus einem Manteltarifvertrag und einem Lohntarifvertrag. Während im **Manteltarifvertrag** die allgemeinen Entlohnungsgrundsätze (z. B. Lohngruppen, Urlaubsgeld, Urlaubszeit) niedergelegt sind, gibt der **Lohntarifvertrag** die Höhe der vereinbarten Lohnsätze an. Er enthält die als Ecklohn bezeichneten Grundlöhne für Facharbeiter über 21 Jahre der höchsten Ortsklasse. Dieser Ecklohn bildet die Grundlage für die

Berechnung der absoluten Lohnhöhe. Die Löhne für die verschiedenen meist in Lohngruppen gegliederten Tätigkeiten mit unterschiedlichem Schwierigkeitsgrad werden ausgehend vom Ecklohn mit Hilfe von Umrechnungsfaktoren ermittelt. Der **obligatorische** Teil des Tarifvertrages regelt die gegenseitigen Pflichten und Rechte der Vertragspartner, wie Vertragsstrafen und Vereinbarungen über Schlichtungsstellen.

*Ecklohn*

Der Tarifvertrag besitzt einen räumlichen, fachlichen und betrieblichen **Geltungsbereich**. **Räumlich** beschränkt sich die Wirkung eines Lohntarifvertrages auf das darin ausdrücklich genannte Gebiet. Manteltarifverträge haben im allgemeinen für das gesamte Bundesgebiet Gültigkeit. Der **fachliche** Geltungsbereich erstreckt sich in der Regel nur auf die im Vertrag angeführten Arbeitsverhältnisse. Der betriebliche Geltungsbereich wird durch Firmenverträge abgesteckt. Nach dem Grundsatz der **Tarifeinheit** darf in einem Betrieb nur derjenige Tarifvertrag angewandt werden, der dem überwiegenden Betriebszweck entspricht.

Nebenbedingungen für lohnpolitische Entscheidungen können sich aus **Betriebsvereinbarungen** ergeben. Rechtsgrundlage für diese Vereinbarungen ist das Betriebsverfassungsgesetz, **das dem Betriebsrat ausdrücklich eine Beteiligung an Entscheidungen über die Aufstellung von Entlohnungsgrundsätzen, Einführung neuer Entlohnungsmethoden und über die Regelung von Akkord- und Stücklohnsätzen zugesteht.** Zweifelhaft ist dabei, ob das Gesetz ein Mitbestimmungsrecht bei der Festlegung jedes einzelnen Akkordsatzes vorsieht oder ob nur eine Beteiligung des Betriebsrats bei der generellen Regelung der Akkordentlohnung beabsichtigt ist. In der Praxis wird diese Streitfrage durch die Bildung einer Akkordkommission umgangen, die sich aus Mitgliedern der Unternehmungsleitung und des Betriebsrats zusammensetzt. Jedem Belegschaftsmitglied steht das Recht zu, in Zweifelsfällen die Akkordkommission anzurufen, die dann über die Akkordsätze entscheidet.

*Betriebsvereinbarungen*

Das primäre betriebswirtschaftliche Problem der Lohnpolitik besteht in der Klärung der **Frage nach der Lohnbemessung und nach dem Verhältnis der Einzellöhne untereinander (relative Lohnhöhe).** Dabei wird häufig gefordert, daß sich die Lohnrelationen an der unterschiedlichen Höhe der Arbeitsanforderungen von Stellen und den daran anknüpfenden Leistungswerten der Organisationsmitglieder zu orientieren haben. Eine sozialwissenschaftlich fundierte Definition des Leistungsbegriffs und eine theoretisch begründete Skala zur Bewertung von Leistungen unterschiedlichen Charakters (z. B. Verwaltung oder Montage; Verantwortung und Ausführung; Führungsaufgaben verschiedener Ebenen) liegen bisher aber nicht vor. **Die soziale und monetäre Bewertung von Leistungskategorien und -unterschieden wird vielmehr von den historisch-gesellschaftlichen Bedingungen geprägt und durch die jeweiligen gesamt- und einzelwirtschaftlichen Machtverhältnisse konkretisiert.** Insofern sind die folgenden Ausführungen als weitgehend akzeptierte Konventionen zur Festlegung der relativen Lohnhöhe zu verstehen.

*Entscheidungen über die relative Lohnhöhe*

*sozialwissenschaftliche Relativierung der Verteilungsstruktur*

## Arbeitsbewertung und anforderungsgerechter Lohn

*anforderungs-gerechte Lohnsatz-differenzierung*

Der Industriebetrieb verfügt mit der Lohnsatzdifferenzierung und der Wahl einer geeigneten Lohnform über zwei Möglichkeiten, Abstufungen der Lohnhöhe, bezogen auf Arbeitsplatz und Person, vorzunehmen.

**Der Lohnsatz stellt das geldliche Äquivalent für die als Mengen- oder Zeitgröße ausgedrückte Maßeinheit der Arbeitsleistung dar.** Bei einer ausschließlich anforderungsbezogenen Lohnsatzdifferenzierung wird die Lohnstruktur ausschließlich von den verschiedenen Schwierigkeitsgraden der Arbeitsbeiträge (nicht von individuellen Leistungsunterschieden) geprägt. Die Bestimmung der Lohnsätze nach Maßgabe der Arbeitsschwierigkeit setzt voraus, daß der jeweilige Schwierigkeitsgrad eines Tätigkeitsfeldes bekannt und bewertet ist. Diese Aufgabe übernehmen die Arbeitsanalyse und die Arbeitsbewertung. Sie bilden als Instrumente zur Ermittlung des Anforderungsgrades die Grundlage für die Lohnsatzdifferenzierung.

*Arbeitsanalyse und Arbeitsbewertung*

Die Bestimmung der Arbeitsschwierigkeit erfolgt dabei in zwei Schritten. Der erste Schritt besteht in der **qualitativen Analyse** der zu bewertenden Arbeitsbeiträge (Arbeitsanalyse). Daran schließt sich deren **Bewertung** an. Das Ergebnis ist entweder ein numerischer Arbeitswert oder die Einordnung der betreffenden Arbeit in eine Schwierigkeitsrangordnung oder Schwierigkeitsgruppe.

*Anforderungs-kataloge*

Der Ablauf der Arbeitsanalyse, die mit der Arbeitsbeschreibung abschließt, wurde bereits bei der Ermittlung des Personalbedarfs dargestellt. Dort wurde auch auf die Probleme bei der Aufstellung eines geeigneten Merkmalskatalogs hingewiesen, der die Arbeitsschwierigkeiten vollständig und hinreichend genau kennzeichnet. Der bei der Arbeitsanalyse erwähnte Merkmalskatalog, der auf das internationale **Genfer Schema** von 1950 zurückgeht (vgl. Abb. 6.22), stellt keineswegs die einzig mögliche Merkmalsgruppierung dar, zumal bei der weiteren Untergliederung der Hauptmerkmale unterschiedliche Ansätze möglich sind. Außerdem erfordert die Bewertung bestimmter Tätigkeitsarten, wie z. B. Bürotätigkeiten, die Einbeziehung weiterer Merkmale zur vollständigen Erfassung der Arbeitsschwierigkeit, während andere Merkmale an Bedeutung verlieren. Ein heute in den meisten Tarifverträgen für gewerbliche Arbeitnehmer verankertes Merkmalssystem nach dem Genfer Schema und ein Katalog für die Bewertung von Angestelltentätigkeiten sind in Abbildung 6.23 wiedergegeben.

---

1. Können
   - vorwiegend körperlich: Geschicklichkeit, Handfertigkeit
   - vorwiegend geistig: Fachkenntnisse, Berufserfahrung
2. Belastung
   - vorwiegend körperlich: dynamische und statische Belastung der Muskeln
   - vorwiegend geistig: Nachdenken, Aufmerksamkeit
3. Verantwortung
4. Arbeitsbedingungen

---

*Abb. 6.22: Genfer Schema*

(a)

| Hauptmerkmale | Anforderungsarten |
|---|---|
| 1. Geistige Anforderungen | a) Fachkenntnisse<br>b) Nachdenken |
| 2. Körperliche Anforderungen | a) Geschicklichkeit<br>b) Muskelbelastung<br>c) Belastung der Sinne und Nerven |
| 3. Verantwortung für | a) Betriebsmittel und Produkte<br>b) Sicherheit und Gesundheit anderer<br>c) Arbeitsablauf |
| 4. Arbeitsbedingungen (Belastung durch) | a) Temperatur<br>b) Nässe<br>c) Schmutz<br>d) Gase, Dämpfe<br>e) Lärm, Erschütterung<br>f) Blendung, Lichtmangel<br>g) Erkältungsgefahr, Arbeit im Freien<br>h) Unfallgefährdung |

(b)

| Hauptmerkmale | Anforderungsarten |
|---|---|
| 1. Fachkenntnisse | a) Berufswerdegang<br>b) Berufserfahrung |
| 2. Körperliche Geschicklichkeit | |
| 3. Verantwortung für | a) Arbeitsausführung<br>b) Sicherheit und Gesundheit anderer<br>c) Arbeitsablauf |
| 4. Muskelarbeit | a) Arbeitsschwere<br>b) Arbeitsvermögen |
| 5. Nachdenken | |
| 6. Aufmerksamkeit | a) Wahrnehmung<br>b) Monotoniewiderstand<br>c) Konzentration |
| 7. Umgangs- und Ausdrucksgewandtheit | |
| 8. Disponieren | |
| 9. Aufsichtsführende Tätigkeit | |
| 10. Umgebungseinflüsse | |

*Abb. 6.23: Erweiterung des Genfer Schemas (a) und Katalog für Angestelltentätigkeiten (b)*

*Bestimmung des Arbeitswertes*

Zur Bestimmung des Arbeitswertes sind verschiedene Verfahren entwickelt worden. Ihre Gemeinsamkeit besteht darin, daß sie **von der Person des Stelleninhabers abstrahieren. Sie gehen vielmehr von einer gedachten Normalleistung aus, um personenbezogene Leistungsmerkmale auszuschalten.** Nach dem Bewertungsobjekt lassen sich Arbeitsgangbewertung und Arbeitsplatzbewertung unterscheiden.

*Arbeitsgangbewertung*

Bei der Arbeitsgangbewertung werden die Verrichtungsfolgen eines Arbeitsplatzes in kleine Bewertungseinheiten aufgegliedert und der Anforderungsgrad für einen Arbeitsgang ermittelt. Diese Methode hat den Vorteil, daß die Bestimmung der Anforderungen vergleichsweise einfach ist und daß sie die Anforderungshöhe pro Arbeitsgang relativ genau feststellt.

Andererseits wird die Ermittlung des Arbeitswerts für den gesamten Arbeitsplatz erschwert, denn dieser muß nicht zwangsläufig mit der Summe der Arbeitswerte einzelner Arbeitsgänge identisch sein. Es kann die Gefahr entstehen, daß lohnpolitisch relevante Anforderungsarten (z. B. Koordinierungsfähigkeit) unberücksichtigt bleiben. Besteht die Tätigkeit eines Arbeitsplatzes aus einer Wiederholung eines Arbeitsganges, dann geht die Arbeitsgangbewertung in die Arbeitsplatzbewertung über, welche die Arbeitsschwierigkeit des gesamten Aufgabenbereiches eines Arbeitsplatzes beurteilt.

*Arbeitsplatzbewertung*

*summarische und analytische Arbeitsbewertung*

**Unterschiedliche Verfahren der Arbeitsbewertung** ergeben sich aus der **Art des Bewertungsvorgangs.** Erfolgt eine Gesamtbeurteilung der Arbeitsschwierigkeit eines Arbeitsplatzes durch einen **globalen Bewertungsvorgang, der alle Anforderungsarten gleichzeitig** einbezieht, dann handelt es sich um eine **summarische Arbeitsbewertung.** Eine **getrennte Analyse der einzelnen Anforderungsarten** und die Zusammenfassung der Teilschwierigkeiten zu einem Arbeitswert ist das Kennzeichen der **analytischen Arbeitsbewertung.**

Auch für die **Quantifizierung** des Urteils über die Arbeitsschwierigkeit auf der Grundlage von Arbeitsbeschreibungen gibt es mehrere Methoden, gleichgültig, ob von der summarischen oder analytischen Arbeitsbewertung Gebrauch gemacht wird. Die Schwierigkeit eines Arbeitsplatzes insgesamt oder bezogen auf eine Anforderungsart kann durch Reihung oder Stufung festgelegt werden.

*Reihung*

*Stufung*

Bei der **Reihung** werden die Arbeitsplätze entsprechend ihrer Arbeitsschwierigkeit oder bezüglich eines Beurteilungsmerkmals in **eine mit dem höchsten Schwierigkeitsgrad beginnende Rangordnung** gebracht. **Die Stufung legt dagegen Anforderungsklassen fest,** die unterschiedliche Schwierigkeitsbereiche repräsentieren. Verbale Umschreibungen, Vergleichsbeispiele oder Meßwerte der Anforderungsarten kennzeichnen den Anforderungs- bzw. Schwierigkeitsbereich der einzelnen Stufen. Aus der Kombination der Unterscheidungsmerkmale, Art der Bewertung und Art der Quantifizierung lassen sich vier grundlegende Verfahren der Arbeitsbewertung ableiten (vgl. Abb. 6.24).

*Rangfolgeverfahren*

Das zu den **summarischen** Bewertungsverfahren zählende Rangfolgeverfahren baut auf der Reihung auf. Es beginnt mit der Bestandsaufnahme sämtlicher im Industriebetrieb vorkommenden Arbeiten, für die im allgemeinen Arbeitsplatzkarten erstellt werden. Dann erfolgt ein Vergleich jeder einzelnen Arbeit mit allen anderen, der entweder getrennt nach Abteilungen oder für den gesam-

| Art der Quantifizierung \ Art der Bewertung | summarisch | analytisch |
|---|---|---|
| Reihung | Rangfolgeverfahren | Rangreihenverfahren |
| Stufung | Lohngruppenverfahren | Stufenwertzahlverfahren |

*Abb. 6.24: Verfahren der Arbeitsbewertung*

ten Betrieb durchgeführt wird. Die entstandene **Rangordnung der Arbeitsplätze** bildet die Grundlage für die Lohnsatzdifferenzierung. Der Einfachheit und leichten Verständlichkeit des Rangfolgeverfahrens, das nur bei einzelnen Abteilungen oder kleineren Betrieben mit vertretbarem Arbeitsaufwand abgewickelt werden kann, stehen erhebliche Nachteile gegenüber. Es stellt an die Bewerter hohe Anforderungen, da deren Gesamteindruck hinsichtlich eines Arbeitsplatzes über die Arbeitsschwierigkeit entscheidet. **Neben der Gefahr eines Fehlurteils, die mit der Zunahme der Anzahl der Bewertungsobjekte wächst, liegt ein weiterer Nachteil darin begründet, daß das Verfahren keine exakte Bezugsgröße für die Überführung der Arbeitswerte in Lohnsätze liefert.** Die Rangfolge der Arbeitsplätze sagt nichts über das Verhältnis der Lohnsätze untereinander aus, da sie unterschiedliche Schwierigkeitsintervalle zwischen den Rängen nicht anzugeben vermag. Sie gestattet lediglich eine Überprüfung, ob die bisher gezahlten Lohnsätze mit der Rangfolge der Arbeiten übereinstimmen.

Das summarische Lohngruppenverfahren wendet das Prinzip der **Stufung** an. Es geht von einer bestimmten Anzahl von Lohngruppen aus, die unterschiedliche Schwierigkeitsbereiche darstellen. Die einzelnen Stufen werden durch Richtbeispiele näher beschrieben. Sie sollen die Einordnung der Arbeitsplätze in die verschiedenen Stufen erleichtern. Die Gruppierungen der Arbeiten nach Schwierigkeitsbereichen geschieht ebenfalls **ohne eine gesonderte Untersuchung der einzelnen Anforderungsarten** durch einen globalen Beurteilungsvorgang. Die Zahl der Lohngruppen richtet sich nach dem angestrebten Genauigkeitsgrad. In der Regel werden 6–10 Stufen gebildet. Ihrer Aufstellung geht eine Analyse der Richtbeispiele voraus, um die Lohngruppenmerkmale exakt zu definieren und Einordnungsschwierigkeiten auszuschalten. **Ist ein Katalog von Richtbeispielen erstellt, so zeichnet sich das in vielen Tarifverträgen vereinbarte Lohngruppenverfahren durch seine Einfachheit und leichte Verständlichkeit aus.** Enthält der Katalog mehr globale Richtbeispiele mit sehr allgemeinen Arbeitsbeschreibungen, dann ist die Gefahr gegeben, daß sich die Einstufung an bestehenden Lohnsätzen ausrichtet. Außerdem kann das Verfahren zu einer Nivellierung der Lohnsätze führen, wenn nur wenige Schwierigkeitsbereiche gebildet werden.

*Lohngruppenverfahren*

**Analytische** Verfahren der Arbeitsbewertung versuchen die Nachteile summarischer Methoden durch eine **Aufspaltung des Bewertungsprozesses in Einzelurteile,** die sich auf die Beanspruchung einzelner Anforderungsarten beziehen, zu überwinden. Der Arbeitswert eines Arbeitsplatzes entspricht der Summe der

*analytische Verfahren*

Einzelurteile. Die analytischen Verfahren stellen einen Versuch dar, bei der Ermittlung der Arbeitsschwierigkeit von der Schätzung zur Messung überzugehen. Subjektive Momente können auch bei diesem Verfahren wegen der eintretenden Schwierigkeiten bei der Messung und Gewichtung der Bewertungsmerkmale nicht gänzlich ausgeschaltet werden.

*Rangreihenverfahren*

Das analytische Rangreihenverfahren bedient sich des Prinzips der **Reihung für jede Anforderungsart**. Es werden für alle Merkmale Rangreihen der betrieblichen Arbeitsplätze aufgestellt. Zur Bestimmung des Arbeitswerts müssen die Platzziffern in addierbare Zahlenwerte umgewandelt werden (Bewertung innerhalb einer Anforderungsart). Es können beispielsweise die Platzziffern der Rangreihen mit Prozentsätzen versehen werden, wobei die an der Spitze stehende Arbeit mit 100% bewertet wird und die nachfolgenden Arbeiten entsprechend dem geschätzten Schwierigkeitsabstand kleinere Prozentzahlen erhalten. Auf diese Weise werden unterschiedliche Beanspruchungsdifferenzen in die Bewertung einbezogen. Außerdem ist eine Gewichtung erforderlich, die das Verhältnis der Anforderungsarten zueinander festlegt. **Der Gesamtwert der Arbeit ergibt sich als Summe der gewichteten Punktwerte der einzelnen Anforderungsarten.**

*Stufen-
wertzahlverfahren*

Beim Stufenwertzahlverfahren wird die Höhe der Beanspruchung jeder Anforderungsart durch die Einordnung in eine von mehreren **Anforderungsstufen** erfaßt. Wegen des begrenzten menschlichen Unterscheidungsvermögens bei einigen Anforderungsarten (z. B. Verantwortung) geht die Klassenbildung im allgemeinen nicht über 5-6 Stufen hinaus; andere Bewertungsmerkmale gestatten dagegen eine feinere Differenzierung. Schlüsselarbeiten (Richtbeispiele) erleichtern die Zuordnung der Arbeitsplätze zu den Merkmalsklassen. Die Anforderungsstufen sind mit Punktzahlen versehen, die proportional oder progressiv mit der Höhe der Stufe steigen. Der Arbeitswert eines Tätigkeitsbereiches setzt sich aus den gewichteten Punktzahlen der jeweiligen Stufen zusammen.

**Das Stufenwertzahlverfahren ist bei der Arbeitsbewertung weit verbreitet. Gegenüber dem Rangreihenverfahren bedeutet es eine wesentliche Arbeitsvereinfachung.** Die Praxis verwendet auch Bewertungsmethoden, die z. B. eine Kombination von Reihung und Stufung vorsehen. Die zu bewertenden Arbeitsplätze werden zunächst nach Merkmalsklassen gruppiert und im Anschluß daran innerhalb jeder Klasse in eine Rangordnung gebracht. Dieses Vorgehen reduziert die Zahl der notwendigen Vergleiche und läßt eine falsche Punkteinstufung leichter erkennen.

*Arbeitsbewertung als
Schlichtungsregel*

Obwohl die Verfahren der Arbeitsbewertung eine nachprüfbare Quantifizierung der im Arbeitswert ausgedrückten Arbeitsschwierigkeiten anstreben, kann wegen der kaum zu überwindenden Schwierigkeiten bei der Messung verschiedener Anforderungsarten und des Problems ihrer Gewichtung, um den (branchentypischen) Bedeutungsunterschieden zwischen den einzelnen Anforderungsarten Rechnung zu tragen, auf menschliches Urteil nicht verzichtet werden.

Voraussetzung für eine von den Mitarbeitern akzeptierte Arbeitsbewertung ist, daß die ermittelten Arbeitswerte das Ergebnis einer Gemeinschaftsarbeit von

Bewertern, Vertretern der Unternehmensleitung und der Belegschaft sind. Für die Merkmalsgewichtung und Beseitigung von Unstimmigkeiten bei der Einstufung hat sich die **Bildung einer paritätisch besetzten Arbeitsbewertungskommission** als zweckmäßig erwiesen. Ihr obliegt die Aufgabe, bei der Einführung die Betriebsangehörigen über Aufgaben und Methoden der Arbeitsbewertung zu informieren, damit psychologische Widerstände gegen die Bewertung abgebaut werden können.

Die ermittelten Arbeitswerte stellen die Grundlage für eine Lohnsatzdifferenzierung unter Beachtung des in den Tarifverträgen festgelegten Mindestgrundlohns dar. Der Mindestlohn wird gewöhnlich in Form eines Stundenverdienstes bestimmt. Nach dem Grundsatz der Anforderungsgerechtigkeit müßten sich steigende Arbeitswerte in höheren Lohnsätzen niederschlagen. Offen bleibt dabei die Frage, in welchem Verhältnis die Lohnsatzdifferenzierung betrieben werden soll (vgl. Abbildung 6.25).

*Lohnsatz-differenzierung*

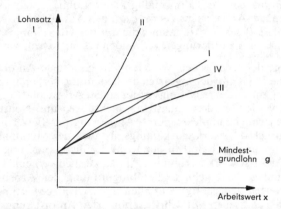

*Abb. 6.25: Beispiele für Alternativen der Lohnsatzdifferenzierung*

Grundsätzlich liegt es im Ermessen der Unternehmung, sich für eine stärkere oder schwächere Lohnsatzdifferenzierung zu entscheiden. Da der garantierte Mindestlohn einzuhalten ist, bedeutet eine stärkere Differenzierung, daß sich die Gesamtlohnsumme vergrößert. Dieses Problem berührt die Entscheidung über die absolute Lohnhöhe.

*Lohnsatz-differenzierung und Anreizwirkung*

Gewöhnlich wird darauf hingewiesen, daß eine **stärkere Abstufung** der Lohnsätze einen größeren Anreiz zur Leistungssteigerung in sich birgt. Dieser Zusammenhang kann jedoch nur dann unterstellt werden, wenn die übrigen Determinanten des Arbeitsverhaltens gegebene Größen sind und für die Belegschaftsmitglieder keine Ausbildungsschranken existieren, die die Ausübung von Tätigkeiten mit höherer Arbeitsschwierigkeit verhindern. Mit gleicher Berechtigung läßt sich die Behauptung vertreten, daß eine **schwache Lohnsatzdifferenzierung,** die oberhalb vom Mindestgrundlohn einsetzt (vgl. Kurve IV) aufgrund des besser befriedigten Sicherheitsbedürfnisses der Arbeitnehmer ähnliche Ergebnisse zeitigt und zu besserer Kooperationsbereitschaft führt.

*lineare Lohnsatzkurve*

Für die Gestaltung einer vom Mindestgrundlohn (g) ausgehenden Lohnsatzkurve sind mehrere Formen denkbar. Die Lohnsatzkurve kann linear, progressiv oder degressiv ansteigen. Bei linearem Kurvenverlauf (I) werden die Arbeitswertpunkte (x) mit einem konstanten Geldfaktor (p) multipliziert. Der Lohnsatz (l) ergibt sich aus der Gleichung:

(6.7) $\quad l = g + p \cdot x$

Wird der Geldfaktor (p) als veränderlich angenommen, dann verläuft die Lohnsatzreihe degressiv (III) oder progressiv (II). Eine progressive Staffelung der Lohnsätze wird damit begründet, daß große Lohnanreize notwendig seien, um einen in einer hohen Lohnklasse stehenden Arbeiter zu veranlassen, eine noch schwierigere Arbeit zu verrichten, während bei einem Arbeitenden mit geringem Lohnsatz eine verhältnismäßig kleine Lohnsatzsteigerung als Aufstiegsanreiz genüge. Andererseits gehört es zu den Aufgaben der Arbeitsbewertung, gerade diese Belastungszunahme, die mit der Übernahme eines Arbeitsplatzes mit höheren Anforderungen verbunden ist, im Arbeitswert zu erfassen.

*Lohnsatzdifferenzierung und technischer Fortschritt*

Soweit im Zuge der technischen Weiterentwicklung neue Anforderungsarten entstehen, bisherige Anforderungsarten an Bedeutung verlieren (z. B. Muskelbelastung) oder zur Hauptbelastungsart an einem Arbeitsplatz (z. B. nervliche Anspannung) werden, ist derartigen Umschichtungen und Neustrukturierungen des Anforderungskomplexes durch Anpassung der Bewertungsschemata sowohl hinsichtlich des Merkmalskatalogs als auch der Merkmalsgewichtung Rechnung zu tragen. Da damit in der Regel Lohnsatzänderungen (aufgrund veränderter Arbeitswerte) verbunden sind, können erhebliche Konflikte entstehen, wenn es nicht gelingt, die Rangordnung der Arbeitsplätze nach ihren Arbeitswerten „einsichtig" zu halten. Die Arbeitsbewertung muß daher bei einer durch technischen Fortschritt veränderten Anforderungsstruktur und einer damit verbundenen möglichen Veränderung der allgemeinen Wertschätzung bestimmter Tätigkeiten und Berufsbilder mit ihrem Bewertungsschema nachziehen. Eine nicht zu unterschätzende Rolle bei der Beurteilung der Wertigkeiten unterschiedlicher Anforderungsarten dürfte dabei der diesen Anforderungen unbewußt zugeschriebene „produktive Beitrag" zur Entstehung der Gesamtleistung spielen.

## *Leistungsbewertung und leistungsgerechter Lohn*

*Leistungsgrad und Arbeitsentgelt*

**Bei der Ermittlung der Arbeitsschwierigkeit geht es um die Merkmale von Stellen. Persönliche Leistungsunterschiede der Stelleninhaber bleiben unberücksichtigt. Ausdruck der individuellen Beitragsleistung eines Mitarbeiters ist sein Leistungsgrad, der das Verhältnis der persönlichen Leistung zu einer durch Konvention oder Erfahrung gesetzten Normalleistung angibt. Nach dem Grundsatz der Leistungsgerechtigkeit müssen sich unterschiedliche Leistungsgrade bei Arbeiten der gleichen Schwierigkeitsstufe auf die Höhe des Arbeitsentgeltes auswirken.**

Die Erfassung individueller Leistungsabweichungen kann direkt durch die Lohnform (bei Akkord- und Prämienlohn) oder unabhängig von der Lohnform durch Leistungsbewertung erfolgen.

Die Aufgabe der **lohnformunabhängigen Leistungsbewertung** ist die Ermittlung von Zulagen auf den Grundlohn (Arbeitswertlohn, Tariflohn) als Ausgleich für die persönliche Mehrleistung im Verhältnis zur Normalleistung. Dies ist besonders dann von Bedeutung, wenn solche Mehrleistungen nicht durch die Lohnform direkt erfaßt und vergütet werden (Zeitlohn).

*Aufgaben und Gegenstand der Leistungsbewertung*

Bezugsobjekte der Leistungsbewertung sind sowohl das **feststellbare Leistungsergebnis** als auch das **beobachtbare Leistungsverhalten.** Wie bei der Arbeitsbewertung besteht die Hauptschwierigkeit der Leistungsbewertung in der Aufstellung eines geeigneten **Merkmalkatalogs, der eine eindeutige Beurteilung des Leistungsergebnisses und der Leistungsintensität ermöglicht.**

**Die Durchführung** der Leistungsbewertung ist einfach, wenn für die Tätigkeitsbereiche Ergebnisgrößen ermittelt werden können, die eine Festlegung der Normalleistung und damit auch des effektiven Leistungsgrads gestatten. Häufig fehlen jedoch derartige Mengen- und Zeitgrößen als Maßstab des individuellen Arbeitseinsatzes, oder sie reichen zur vollständigen Charakterisierung der erbrachten Leistung nicht aus. Es sind deshalb zusätzliche Kriterien, z. B. Kriterien des Leistungsverhaltens, heranzuziehen.

Die Leistungsbewertungspläne in den Industriebetrieben sind entsprechend unterschiedlich aufgebaut. Neben Zeit- und Mengengrößen **(quantitatives Leistungsergebnis)** enthalten sie Merkmale für die **Qualität des Arbeitsergebnisses** (z. B. Leistungsgüte, Fehlerhäufigkeit). Soweit solche Leistungsmerkmale objektiv meßbar sind, können sie auch aus dem Verfahren der Leistungsbewertung herausgenommen und zur Grundlage einer Prämienentlohnung gemacht werden. Größere Probleme werfen die **nicht objektiv meßbaren** Leistungsmerkmale, vor allem die des Leistungsverhaltens, auf. Individuelles Leistungsverhalten läßt sich in eine **aufgabenbezogene, ressourcenbezogene** und **soziale Komponente** untergliedern. Im Mittelpunkt der ersten Komponente steht die **konkrete Art und Weise der Aufgabenerfüllung:** Leistungsmerkmale sind dann u. a. Initiative und Einfallsreichtum, geistige Beweglichkeit, Konzentration, Planungs- und Entscheidungsfähigkeit, Durchsetzungsvermögen, Einsatzbereitschaft, Flexibilität in der Verhaltensanpassung (vgl. auch Personalbeurteilung, Seite 744). Die ressourcenbezogene Komponente des Leistungsverhaltens bezieht sich auf die zielgerechte Nutzung der Produktionsfaktoren zum Zwecke der Aufgabenerfüllung, insbesondere auf das **Verhältnis von Einsatzgrößen zu Leistungsergebnis.** Die soziale Komponente beinhaltet einen **soziofunktionalen Aspekt,** der die **aufgabenbezogene Interaktionsfähigkeit** in den Mittelpunkt rückt, vor allem die **Vorgesetztenfähigkeit** (z. B. Motivationsfähigkeit, Verantwortungsbereitschaft, Unterstützung und Förderung der Mitarbeiter) und die **Repräsentationsfähigkeit** und einen **sozio-emotionalen** Bereich, der die Fähigkeit zur Gestaltung des von der Vorgesetzten-Untergebenen-Beziehung losgelösten zwischenmenschlichen Verhältnisses unter den Mitarbeitern (z. B. Fähigkeit zur Kontaktaufnahme, Kooperation, Spannungsausgleich, Kritikakzeptanz) hervorhebt (vgl. Abb. 6.26).

*Komponenten des Leistungsergebnisses*

*Komponenten des Leistungsverhaltens*

*aufgabenbezogene Leistungsmerkmale*

*ressourcenbezogene Leistungsmerkmale*

*soziale Leistungsmerkmale*

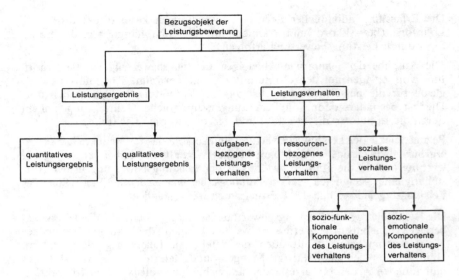

*Abb. 6.26: Bezugsobjekte der Leistungsbewertung*

*Ermittlung des leistungsgerechten Anteils am Lohnsatz*

Nach der Ableitung und Aufstellung eines nach solchen oder ähnlichen Kriterien konzipierten Merkmalkatalogs und der Merkmalsgewichtung muß das jeweilige Ausmaß der Beurteilungskriterien für den konkreten Fall geschätzt werden. Hierbei wird vorwiegend auf die Stufung zurückgegriffen. Anschließend erfolgt die Umrechnung der ermittelten Punktzahlen („Leistungswert") in einen **absoluten Geldwert** oder zweckmäßigerweise in einen **prozentualen Zuschlag zum Tariflohn** (Leistungsanteil des Lohnsatzes).

*Normalleistung*

Ausgangspunkt der Leistungsbewertung ist die Ermittlung der Normalleistung. Unter dem vom Verband für Arbeitsstudien (REFA) definierten Begriff der REFA-Normalleistung wird eine Tätigkeit mit einer Bewegungsausführung verstanden, die dem Beobachter hinsichtlich der Einzelbewegungen, der Bewegungsfolge und ihrer Koordinierung besonders harmonisch, natürlich und ausgeglichen erscheint. Sie soll von jedem in erforderlichem Maße geeigneten, geübten und voll eingearbeiteten Arbeiter auf die Dauer und im Mittel der Schichtzeit erbracht werden können, sofern die freie Entfaltung seiner Fähigkeiten nicht behindert wird. Die für persönliche Bedürfnisse und auch für Erholung vorgegebenen Zeiten sollen dabei eingehalten werden können. Diese Normalleistung liegt gewöhnlich unter der Durchschnittsleistung eines Mitarbeiters.

Für die Ermittlung der Normalleistung, ausgedrückt in Zeiteinheiten pro Mengeneinheit, hat REFA ein Verfahren entwickelt, das in den meisten Industriebetrieben vorherrschend ist. Es gliedert die für die Erledigung eines Auftrages notwendigen Arbeitsverrichtungen in Arbeitsgänge auf, die einer Zeitmessung zugänglich sind. Auf diese Weise wird die Ausführungszeit eines

Auftrags in Teilzeiten zerlegt. Die **Auftragszeit** T setzt sich danach aus der Rüstzeit ($t_r$), die für die Vorbereitung der auszuführenden Arbeiten notwendig ist, und der Ausführungszeit ($t_a$) zusammen. Rüst- und Ausführungszeit je Leistungseinheit lassen sich in Grund-, Verteil- und Erholungszeiten weiter unterteilen. **Die Grundzeit** wird für die planmäßige Ausführung eines Auftrages benötigt, die **Verteilzeit** soll den außerplanmäßigen Zeitbedarf erfassen.

Nach der Ermittlung der Grundzeiten werden die gemessenen Istzeiten in Sollzeiten umgerechnet, indem der Leistungsgrad derjenigen Person, bei der die Istzeiten ermittelt wurden, geschätzt wird (Sollzeit = Istzeit · geschätzter Leistungsfaktor). Auf der Grundlage von Sollzeit, Verteilzeitzuschlag und Erholungszeit wird die Vorgabezeit für einen Auftrag ermittelt.

*Lohnformen*

Die Berücksichtigung von individuellen Leistungsunterschieden bei der Entgeltfestsetzung kann auch durch eine **lohnformabhängige** Bewertung der Leistung, d. h. durch die Heranziehung einer **leistungsreagiblen Lohnform** erfolgen.

*lohnformabhängige Leistungsbewertung*

Die Wahl der Lohnform orientiert sich an verschiedenen Entscheidungskriterien, wie z. B. dem von der Lohnform ausgehenden Anreiz zur Steigerung der Beitragsmenge und der Erzeugnisqualität. **Wegen der Vielzahl der die Arbeitsproduktivität beeinflussenden Faktoren lassen sich aber die Konsequenzen der Lohnformwahl in bezug auf die Entscheidungskriterien nicht eindeutig bestimmen.** Es sind lediglich tendenzielle Aussagen unter der Annahme möglich, daß die Wirkung der übrigen Bestimmungsgrößen des Arbeitsverhaltens vernachlässigt werden kann.

*Lohnformwahl*

Bei der Systematisierung der Lohnformen ist es zweckmäßig, von den Bemessungsgrundlagen auszugehen. Hierfür kommen Leistungszeit und Leistungsmenge in Betracht. Je nachdem, ob sich die Lohnform ausschließlich auf eine Bemessungsgrundlage stützt oder mehrere Maßstäbe verwendet, kann zwischen reinen und zusammengesetzten Lohnformen unterschieden werden (Kosiol). Reine Lohnformen sind der Zeitlohn und der Stücklohn; zu den zusammengesetzten Lohnformen zählen die verschiedenen Ausprägungen der Prämienlöhne (vgl. Abb. 6.27).

*Systematisierung der Lohnformen*

Beim **Zeitlohn** verläuft der Verdienst des Arbeitnehmers proportional zur Arbeitszeit, da der Lohnsatz pro Zeiteinheit grundsätzlich konstant ist. Obwohl zwischen der Entlohnungsgrundlage Arbeitszeit und der erbrachten Beitragsmenge kein unmittelbarer Zusammenhang bestehen muß, ist der Zeitlohn ebenso wie der Stücklohn ein Leistungslohn; mit den Lohnsätzen pro Zeiteinheit verbindet sich eine Leistungserwartung, die entweder der Normalleistung entspricht oder bei höheren Lohnsätzen auf einem über der Normalleistung liegenden Leistungsgrad beruht. Ein spezifischer, mengenmäßiger Leistungsanreiz geht von dieser Lohnform aber nicht aus. Dagegen **erweist sich der Zeitlohn für die Erreichung eines hohen Qualitätsstandards und bei Arbeiten mit großer Unfallgefahr als vorteilhaft.** Er findet auch Anwendung bei häufig

*Zeitlohn*

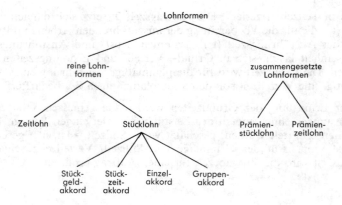

*Abb. 6.27: Systematisierung der Lohnformen*

wechselnden Arbeiten und bei Arbeiten, deren Ablauf öfters unterbrochen wird (z. B. Lager-, Transport- und Reparaturarbeiten) **und bei geistigen Tätigkeiten.** Außerdem wird der Zeitlohn bei Arbeiten eingesetzt, die in ihrem Ablauf durch **technologische Gegebenheiten** (z. B. Fließbandfertigung) festgelegt sind und keinen Spielraum für Leistungssteigerungen aufweisen.

*Stücklohn*

Die zweite reine Lohnform ist der Stücklohn. **Als Maßstab für das Entgelt dient die Leistungsmenge.** Die Ermittlung des Lohnsatzes pro Mengeneinheit basiert auf der Vorstellung eines Normallohns für eine Zeiteinheit, der gegenüber dem Lohnsatz für eine vergleichbare Zeitlohnarbeit mit einem Akkordzuschlag versehen wird. Aus der Division dieses Verdienstrichtsatzes durch die pro Zeiteinheit erstellte Stückzahl bei Normalleistung ergibt sich der Lohnsatz pro Mengeneinheit.

*Zeit- und Geldakkord*

Wenn für die Leistungseinheit ein Geldbetrag angegeben wird, handelt es sich um einen Geldakkord. Dieser hat den Nachteil, daß der Arbeitnehmer die pro Stück angesetzte Normalzeit und den nach der Arbeitsschwierigkeit ermittelten Geldfaktor nicht unmittelbar erkennen kann. Bei Änderungen der absoluten Lohnhöhe treten außerdem verrechnungstechnische Schwierigkeiten auf, da sämtliche Geldakkorde geändert werden müssen.

**Deshalb herrscht heute der Zeitakkord vor, bei dem für jede erstellte Mengeneinheit dem Arbeitnehmer die für ein Stück ermittelten Vorgabeminuten gutgeschrieben werden.** Die Summe der erzielten Sollminuten (erzielte Stückzahl mal Vorgabezeit pro Stück) wird mit dem sog. Minutenfaktor multipliziert und ergibt den Lohnbetrag. Der Minutenfaktor ($l_s$) errechnet sich wie folgt:

$$(6.8) \qquad l_s = \frac{L_t}{60} \cdot a.$$

Der Stundenlohnsatz ($L_t$) für eine Arbeit mit gegebenem Anforderungsgrad bei Normalleistung wird auf einen Minutenlohnsatz umgerechnet und mit dem Akkordzuschlag (a) multipliziert. Durch die Anwendung des Zeitakkords wird bei Lohnerhöhungen eine Neuberechnung der Akkordsätze vermieden; die Vorgabezeit bleibt bestehen, nur der Minutenfaktor ändert sich.

Das Arbeitsentgelt wird beim Stücklohn durch den die Arbeitsschwierigkeit erfassenden Lohnsatz und die erstellte Leistungsmenge bestimmt. Deshalb geht von dieser Lohnform unter den vorher genannten Einschränkungen ein direkter Leistungsanreiz zur Mengensteigerung aus, der jedoch eine Verminderung der Qualität des Arbeitsergebnisses und die Gefahr der Überanstrengung zur Folge haben kann. Die Vorbehalte, die dem Stücklohn seitens der Belegschaft entgegengebracht werden, betreffen die Ermittlung der Akkordsätze, die unter Umständen eingeschränkte Erfüllung ihres Sicherheitsbedürfnisses und den durch das System ausgeübten Leistungsdruck, da Leistungsunterschiede sofort transparent werden. Die Frage der Akkordsätze bezieht sich auf die Genauigkeit und Anerkennung der Normalgrößenbestimmung. Das zweite Problem wird durch die Vereinbarung von Mindestverdiensten gelöst.

*Probleme der Akkordentlohnung*

Voraussetzung für die Anwendung des Stücklohns ist, daß die Arbeiten den Bedingungen der Akkordfähigkeit und Akkordreife genügen. Eine Arbeit ist **akkordfähig**, wenn ihr Ablauf in einer im voraus bekannten oder bestimmbaren Weise wiederholbar ist und die Arbeitsleistung mengenmäßig und zeitlich gemessen werden kann. **Akkordreife** ist gegeben, wenn eine an sich akkordfähige Arbeit von allen, den geregelten Arbeitsablauf störenden Einflußgrößen befreit ist und vom Arbeitnehmer nach entsprechender Übung und Einarbeitung hinlänglich beherrscht wird. Deshalb erfordern Änderungen des Arbeitsverfahrens und der Arbeitsmethode die Berücksichtigung von Lernprozessen und in der Regel auch eine Neufestsetzung des Akkords.

*Akkordfähigkeit und Akkordreife*

Beim Stücklohn kann nach der Zahl der entlohnten Arbeitnehmer zwischen Einzelakkord und Gruppenakkord unterschieden werden. Letzterer wirft besondere **Probleme bei der Aufteilung des Entgelts auf die Gruppenmitglieder** auf. Liegt Gruppenarbeit mit wechselnder Arbeitsverteilung vor und können Leistungsunterschiede der Gruppenmitglieder nicht ermittelt werden, dann ist nur eine gleichmäßige Aufteilung des Geldbetrags möglich. Soweit sich Anhaltspunkte für Leistungsunterschiede angeben lassen (z. B. Teilarbeiten mit unterschiedlichen Schwierigkeitsgraden, unterschiedliche zeitliche Beteiligung an der Gruppenarbeit), kann die Lohnsumme mit Hilfe einer Äquivalenzziffernrechnung verteilt werden.

*Einzel- und Gruppenakkord*

Prämienlöhne können als zusammengesetzte Lohnformen bezeichnet werden, weil die Höhe des Arbeitsentgelts von der ursprünglichen Bemessungsgrundlage und einem zusätzlichen Leistungskriterium abhängt. **Ein Prämienlohn liegt vor, wenn zu einem vereinbarten Grundlohn planmäßig ein zusätzliches Entgelt gewährt wird, das auf bestimmte Mehrleistungen des Arbeitnehmers zurückgeführt wird.**

*Prämienlohn*

Nach der Art der Prämie ist zwischen Zusatzprämien und Grundprämien zu unterscheiden. Zusatzprämien stellen einmalige Zuwendungen dar, die zur Erreichung bestimmter mit dem Produktionsvorgang zusammenhängender Teilwirkungen eingesetzt werden (z. B. Qualitäts-, Ersparnis- und Nutzungsprämien). Grundprämien streben eine unmittelbare Steigerung des Arbeitser-

*Zusatzprämien*

*Grundprämie*

gebnisses an. Sie werden als Qualitäts- oder Geschwindigkeitsprämien für die Überschreitung der Normalmenge bzw. Unterschreitung der Normalzeit mit einer Elementarlohnform verbunden, so daß eine neue Lohnform entsteht. Im Gegensatz zu den einmaligen Zusatzprämien werden die Grundprämien laufend gewährt. **Im allgemeinen wird nur die Verbindung zwischen Grundprämie und reiner Lohnform als Prämienlohn bezeichnet.**

*Prämienzeitlohn*

*Bonus- und Staffellohn*

Entsprechend der dem Prämienlohn zugrunde liegenden Elementarlohnform ergeben sich Prämienzeit- und Prämienstücklöhne. Hierzu gehören auch die Bonus- und Staffellöhne. Die Bonus- und Staffellöhne suchen den Leistungsanreiz des reinen Zeitlohns durch einen (Bonus) oder mehrere (Staffel) Zuschläge zum Stundenlohnsatz zu verstärken, sobald der Arbeitende eine bestimmte Leistungsstufe erreicht oder überschreitet.

Werden mehrere Leistungsstufen gebildet, deren Verwirklichung zu Prämienzahlungen führt, so geht der Bonuslohn in einen Staffellohn über. **Die Gestaltungsmöglichkeiten des Staffellohns sind sehr zahlreich. Die Leistungsstufen können beispielsweise in unterschiedlichen Abständen festgelegt werden, die Prämien können zunehmen, abnehmen oder konstant sein,** so daß nahezu jeder mögliche Kurvenverlauf zwischen Leistungsgrad und Stundenverdienst

*Prämienstücklohn*

realisierbar ist. Bonus- und Staffellöhne können auch auf Mengeneinheiten bezogen sein (Prämienstücklohn). Bei Erreichen der Normalmenge erhöht sich der Stücklohnsatz um einen bestimmten Prozentsatz, und zwar für die gesamte Leistungsmenge. Wird die Normalmenge unterschritten, kommt ein niedrigerer Stücklohn zur Anwendung.

*Lohnform und technischer Fortschritt*

In Abhängigkeit vom Mechanisierungs- bzw. Automationsgrad der Produktionsprozesse ändern sich auch die Anwendungsmöglichkeiten der verschiedenen Lohnformen. In dem Maße, in dem die Leistungsmenge vom Arbeitsrhythmus und der Laufgeschwindigkeit der maschinellen Anlagen bestimmt wird, d. h. vom einzelnen Mitarbeiter nicht mehr beeinflußt werden kann, verliert der Stücklohn an Bedeutung. An seine Stelle tritt der Zeitlohn, evtl. ergänzt um spezielle Prämien.

## Soziale Leistungen

*sozialgerechte Entlohnung*

Die an den Prinzipien der Anforderungs- und Leistungsgerechtigkeit orientierte Entgeltgestaltung wird ergänzt durch freiwillige, gesetzlich vorgeschriebene oder vertraglich vereinbarte **soziale Leistungen** (Prinzip der Sozialgerechtigkeit) des Industriebetriebs an seine Mitarbeiter. Sie werden neben dem anforderungs- und leistungsbezogenen Entgelt und ggf. einem Erfolgsanteil den gegenwärtigen oder auch früheren Mitarbeitern sowie zum Teil deren Angehörigen gewährt.

*Ziele betrieblicher Sozialleistungen*

Mit der Gewährung sozialer Leistungen, deren Ursprünge auf das sich Mitte des vorigen Jahrhunderts verbreitende Gedankengut der Betriebswohlfahrtspflege zur Verbesserung der sozialen Lage der Arbeitnehmerschaft zurückgehen, können mehrere Ziele verfolgt werden, die einerseits **ökonomischen Zielsetzungen** (z. B. Steigerung der Leistung, Verminderung der Fluktuation) und andererseits **ethischen und sozialen Bestrebungen** entspringen (Schutz der Familie, Hilfsbereitschaft).

Bei der Planung der betrieblichen Sozialleistungen hat die Unternehmung Nebenbedingungen zu beachten, die ihren Entscheidungsspielraum einschränken. Eine Reihe betrieblicher Sozialleistungen ist durch gesetzliche und vertragliche Regelungen zwingend vorgeschrieben. Dazu gehören die Arbeitgeberbeiträge zur Sozialversicherung, Beiträge zu Berufsgenossenschaften, Tarifurlaub, Bezahlung von Arbeitsausfällen und sonstigen Leistungen aufgrund gesetzlicher und tarifvertraglicher Vorschriften (Kindergeld, Unfallverhütung, Sozialzulagen). Daneben können durch Betriebsvereinbarungen weitere Sozialleistungen, wie Weihnachtsgeld, Pensionsverpflichtungen, Werkswohnungen usw., festgelegt werden. Bei Pensionszusagen ist eine Kürzung oder Aussetzung des Ruhegeldes nur bei einer die Existenz der Unternehmung bedrohenden Notlage möglich; eine allgemein wirtschaftlich schwache Situation rechtfertigt dagegen eine Änderung der Pensionsregelung nicht. Auch ursprünglich freiwillige Sozialleistungen erhalten den Charakter bindender Zusagen gegenüber der Belegschaft, wenn ein gewohnheitsrechtlicher Anspruch vorliegt, der bei mehrmaliger vorbehaltloser Zahlung von Zuwendungen entsteht.

*gesetzliche, tarifvertragliche und durch Betriebsvereinbarung festgelegte Sozialleistungen*

Die Fülle möglicher Arten und die sich daraus ergebenden Handlungsmöglichkeiten werden bei der Aufgliederung der freiwilligen sozialen Leistungen nach verschiedenen Einteilungsmerkmalen sichtbar. Nach der Form der gewährten Leistung ist zwischen Geldaufwendungen (Kindergeld, Sozialzulagen), Sachaufwendungen (Betriebsessen, Deputate) und Einräumung von Nutzungen und Dienstleistungen (Wohnungen, Werksarzt) zu unterscheiden. Hinsichtlich des Empfängerkreises werden kollektive (z. B. Sportanlagen, Werksbüchereien) und individuelle Sozialleistungen gewährt, die sich entweder nur auf die Belegschaftsmitglieder oder auch auf ausgeschiedene Mitarbeiter erstrecken und Familienangehörige einbeziehen oder ausschließen können. Auch nach ihrem Zweck lassen sich freiwillige Sozialleistungen unterscheiden in Altersversorgung, Gratifikationen aus besonderem Anlaß, Arbeitsschutz und Unfallverhütung, Fürsorge und Gesundheitspflege, Belegschaftsverpflegung und Wohnhilfe, persönliche Hilfe in Notlagen, kulturelle Förderung und Freizeitgestaltung, sonstige Sozialleistungen.

*freiwillige soziale Leistungen*

Mit zu den aufgrund ihrer Anreizwirkung bedeutendsten freiwilligen sozialen Leistungen gehören die verschiedenen Formen von **Gratifikationen** (vor allem Weihnachts-, Urlaubs-, Jubiläums-, Heiratsgeld), die zum Teil bereits tarifvertraglich bzw. durch Betriebsvereinbarungen abgesichert sind, sowie die **betriebliche Altersversorgung.**

**Unter betrieblicher Altersversorgung werden alle Leistungen verstanden, die eine Organisation über die Pflichtbeiträge zur gesetzlichen Rentenversicherung hinaus für die Zukunftssicherung ihrer Mitarbeiter unmittelbar oder über rechtlich selbständige Versorgungsträger erbringt.**

*betriebliche Altersversorgung*

**Ziel** ist es, die sog. Versorgungslücke zu schließen, die sich aus der Differenz zwischen dem Netto-Arbeitsentgelt am Ende der Erwerbstätigkeit und der (steuerfreien) gesetzlichen Sozialversicherungsrente im Versorgungsfall ergibt. Diese Lücke beträgt den bisherigen Erfahrungen nach zwischen 10% und 20% des letzten Brutto-Arbeitsentgelts und steigt bei Arbeitsentgelten, die über der Beitragsbemessungsgrenze für die gesetzliche Rentenversicherung liegen, rasch an. Die betriebliche Altersversorgung nimmt unter den freiwilligen betrieblichen Sozialleistungen die erste Stelle ein.

*Formen der betrieblichen Altersversorgung*

Es haben sich fünf Grundformen betrieblicher Altersversorgung herausgebildet: die Pensionszusage, die Pensionskasse, die Unterstützungskasse, die Direktversicherung und die freiwillige Versicherung in der gesetzlichen Rentenversicherung.

*Pensionszusage*

Träger der Pensionszusage (Direktzusage, Versorgungsverpflichtung) ist die Organisation selbst, die ihren Mitarbeitern oder deren Angehörigen Leistungen bei Eintritt des Versorgungsfalls zusagt. Die Finanzierung erfolgt nahezu ausschließlich durch von der Organisation während der Zeit der betrieblichen Tätigkeit des Versorgungsberechtigten gebildete Pensionsrückstellungen.

*Pensionskasse*

Pensionskassen sind rechtlich selbständige Einrichtungen (meist in der Rechtsform eines Versicherungsvereins a. G.). Ihr alleiniger Zweck ist es, durch die aus der Unternehmung zufließenden Beträge die Altersversorgung der Mitarbeiter sicherzustellen. Sie unterliegen wie Versicherungsunternehmen der Versicherungsaufsicht.

*Unterstützungskasse*

Auch die Unterstützungskasse ist eine rechtlich selbständige Einrichtung mit dem ausschließlichen Zweck, Versorgungsleistungen zu gewähren. Im Unterschied zu den Pensionskassen schließt sie jedoch Rechtsansprüche auf ihre Leistungen aus, dafür unterstützt sie aber die Mitarbeiter auch in Fällen der Not und der Arbeitslosigkeit. Sie unterliegt nicht der Versicherungsaufsicht und kann daher der Unternehmung, von der sie ausschließlich finanziert wird, ihr Vermögen als verzinsliches Darlehen überlassen.

*Direktversicherung*

Bei der Direktversicherung schließt die Organisation als Versicherungsnehmer einen Einzel- oder Gruppenversicherungsvertrag auf das Leben des Mitarbeiters (häufig für leitende Angestellte) ab. Bezugsberechtigt ist der Arbeitnehmer bzw. seine Angehörigen, das Bezugsrecht kann widerruflich oder unwiderruflich sein. Die Finanzierung erfolgt durch einmalige oder laufende Beiträge des Arbeitgebers, wobei jedoch eine Beteiligung des Mitarbeiters an der Beitragszahlung möglich ist.

*freiwillige Versicherung in der gesetzlichen Rentenversicherung*

Für jeden in der gesetzlichen Rentenversicherung nicht Pflichtversicherten besteht die Möglichkeit der freiwilligen Versicherung. Für jeden Versicherten besteht darüber hinaus die Möglichkeit der Höherversicherung bei den Trägern der gesetzlichen Rentenversicherung. Entrichtet der Arbeitgeber in solchen Fällen die Beiträge für seine Mitarbeiter, liegt eine Form der betrieblichen Altersversorgung vor.

*Gesetz zur Verbesserung der betrieblichen Altersversorgung*

Die Grundsatzentscheidung, ob eine betriebliche Altersversorgung durchgeführt werden soll und in welcher Höhe und Form, ist allein der Organisation vorbehalten. Entscheidet sie sich für die Einführung einer solchen Sozialleistung, gelten zwingend die im Gesetz zur Verbesserung der betrieblichen Altersversogung vom 19. 12. 1974 (Betriebsrentengesetz) niedergelegten Bedingungen. Das Gesetz enthält im ersten Teil „Arbeitsrechtliche Vorschriften" und im zweiten Teil „Steuerrechtliche Vorschriften", die die Wahl der Gestaltungsform in der Praxis erheblich beeinflussen. Die wichtigsten arbeitsrechtlichen Regelungen betreffen die Unverfallbarkeit betrieblicher Versorgungsanwartschaften (§§ 1 – 4 BetrAVG), das Auszehrungsverbot (§ 5 BetrAVG), die flexible Altersgrenze (§ 6 BetrAVG) und die Insolvenzsicherung (§§ 7 – 15 BetrAVG).

Die Anwartschaft auf Leistungen der betrieblichen Altersversorgung wird im Fall des Ausscheidens des Mitarbeiters aus der Organisation unverfallbar, wenn dieser mindestens das 35. Lebensjahr vollendet hat und entweder die Versorgungszusage für ihn mindestens 10 Jahre bestanden hat oder der Beginn der Betriebszugehörigkeit mindestens 12 Jahre zurückliegt und die Versorgungszusage für ihn mindestens 3 Jahre bestanden hat.

*Unverfallbarkeit*

Die Betriebsrenten dürfen nicht dadurch gemindert oder entzogen werden, daß Beiträge, um die sich andere Versorgungsbezüge aufgrund der Anpassung an die wirtschaftliche Entwicklung erhöhen, angerechnet werden.

*Auszehrungsverbot*

Die flexible Altersgrenze der gesetzlichen Rentenversicherung gilt auch für die betriebliche Altersversorgung, wenn Wartezeit und sonstige Leistungsvoraussetzungen erfüllt sind.

*flexible Altersgrenze*

Ziel der Insolvenzsicherung ist die Gewährleistung der betrieblichen Rentenansprüche im Konkursfall. Ihr unterliegen alle laufenden Leistungen der betrieblichen Altersversorgung und unverfallbaren Anwartschaften aus Pensionszusagen und Unterstützungskassen. Versorgungsansprüche gegen Pensionskassen und aufgrund von Direktversicherungen, die ein unwiderrufliches Bezugsrecht beinhalten, bedürfen keiner Sicherung. Träger der Insolvenzsicherung ist der Pensions-Sicherungs-Verein VVaG, Köln; die Mittel für ihre Durchführung werden gemeinschaftlich durch die Arbeitgeber, bei denen sicherungspflichtige Formen der betrieblichen Altersversorgung bestehen, aufgebracht.

*Insolvenzsicherung*

## Außertarifliche Zulagen

Das Instrumentarium zur Ermittlung der anforderungs- und leistungsabhängigen Anteile des Entgelts ist in der Regel stark formalisiert und durch Tarifvertrag und Betriebsvereinbarung in seinen Einsatzmöglichkeiten bestimmt. Es eröffnet kaum kurzfristig nutzbare personalpolitische Handlungsspielräume, z. B. zur Berücksichtigung spezifischer Arbeitsmarktverhältnisse oder zur Handhabung innerbetrieblicher Konflikte bei aufgedeckten Mängeln des Entgeltsystems. Eine derartige Funktion kann die **außertarifliche Zulagengestaltung** übernehmen. Durch solche Zulagen kann der Industriebetrieb im Einzelfall die aus Arbeits- und Leistungsbewertung resultierende Lohnhöhe „korrigieren", ohne damit das formalisierte System in Frage zu stellen.

*außertarifliche Zulagen als Ergänzung des entgeltpolitischen Instrumentariums*

*Anwendungsbereiche*     Außertarifliche Zulagen werden vorwiegend für besondere, im formalisierten Leistungsbewertungssystem nicht (hinreichend genau) erfaßte Leistungsergebnisse oder für spezifische Merkmale des Leistungsverhaltens oder auch des leistungsunabhängigen Verhaltens gewährt. In größerem Umfang können sie ebenfalls zur **Erhaltung der Wettbewerbsfähigkeit** auf dem Arbeitsmarkt eingesetzt werden. Dies führt zur sogenannten „Lohndrift", einer arbeitsmarktbedingten positiven Abweichung der Effektivlöhne von den tarifvertraglich vereinbarten Löhnen.

## Erfolgsbeteiligung

*Begriff*     **Unter Erfolgsbeteiligung ist die vom Arbeitgeber den Belegschaftsmitgliedern vertraglich zugesicherte Beteiligung an einer gesamtwirtschaftlichen Erfolgsgröße des Industriebetriebs zu verstehen. Diese Art der Leistungsvergütung erfolgt nach einem festgelegten Verfahren zusätzlich zum vertraglich vereinbarten Entgelt.**

*Ziele*     Die Beweggründe zur Einführung eines Beteiligungssystems können dem privatwirtschaftlichen Interesse der Unternehmung entspringen sowie sozialer Zweckmäßigkeit oder einem Gerechtigkeitsideal verbunden sein.

Vor allem im Bereich der mittelständischen Industrie finden sich zunehmend Eigentümerunternehmer, deren individuelle Vorstellungen über eine gerechte Einkommens- und Vermögensverteilung die Basis für die Einführung eines Erfolgsbeteiligungssystems ist. Als wichtige Aufgabe der Beteiligung wird häufig die Verminderung des Interessengegensatzes zwischen Arbeitgebern und Arbeitnehmern gesehen. Beteiligungssysteme werden in diesem Zusammenhang als mögliches Regulativ zwischen liberaler und sozialistischer Wirtschaftsauffassung und als Alternative zu Sozialisierungsbestrebungen betrachtet. Hier kommen privatwirtschaftliche Interessen zum Ausdruck. Diese können unabhängig von sozialen bzw. „sozial-politischen" Erwägungen die Einführung eines Beteiligungssystems bestimmen, wenn die dadurch erzielbaren Finanzierungsvorteile (vgl. Teil 7, Abb. 7.25) und Steuerersparnisse eine mögliche Produktivitätssteigerung (Leistungssteigerung oder Kostenersparnis) oder die Verminderung der Fluktuation bewirken.

*Beteiligungs-grundlage*     Die vollständige Charakterisierung einer Beteiligungsform knüpft an die Art der Lösung der Grundprobleme an, die sämtlichen Beteiligungssystemen gemeinsam sind. Die erste Entscheidung betrifft die **Wahl der Beteiligungsgrundlage** (Bemessungsgrundlage). Danach kann zwischen Leistungsbeteiligung, Ertragsbeteiligung und Gewinnbeteiligung unterschieden werden.

*Beteiligungs-maßstäbe*     Beteiligungsmaßstäbe der **Leistungsbeteiligung** sind Produktions- bzw. Verarbeitungsmengen, Produktivitätsgrößen und Kosteneinsparungen. Als Beteiligungsgrundlage für die **Ertragsbeteiligung** kommen Umsatz, Rohertrag und Wertschöpfung der Unternehmung in Betracht, während die **Gewinnbeteiligung** von verschiedenen Gewinngrößen wie Nettoertrag, handels- oder steuerrechtlichem Gewinn, Betriebsgewinn oder Ausschüttungsgewinn ausgeht.

Die Heranziehung der Produktionsmengen oder Produktivitätsgrößen als Beteiligungsgrundlage besitzt den Vorteil leichter Verständlichkeit und kann einen Leistungsanreiz herbeiführen. Allerdings sagt eine Mengensteigerung für sich allein genommen wenig über die Gewinnentwicklung aus, da der Veränderung der Aufwands- bzw. Kostengrößen und der Absatzseite nicht Rechnung getragen wird. Die Kostenersparnisbeteiligung erfaßt dagegen den Einsparungsgewinn als Differenz zwischen vorgegebenen und tatsächlich verursachten Kosten. In den Kostenvergleich gehen meistens nur die wichtigsten, von der Belegschaft beeinflußbaren Kostenarten ein, die Absatzseite bleibt ebenfalls außer Betracht.  *Maßstäbe der Leistungsbeteiligung*

Diese Mängel versuchen die Formen der Ertrags- und Gewinnbeteiligung zu beseitigen, indem sie sich an der Ertragslage der Unternehmung orientieren. Für die Wahl des Umsatzes als Beteiligungsbasis spricht die Tatsache, daß diese Größe ohne schwierige Rechen- und Bewertungsoperationen ermittelt werden kann und deshalb eindeutig ist. Nachteilig macht sich jedoch bei dieser Beteiligungsform die Vernachlässigung der Kostenentwicklung bemerkbar. Ferner ist eine Proportionalität zwischen Umsatz und Gewinn nicht ohne weiteres gegeben. Ausprägungen der Umsatzbeteiligung und ihrer Variante, der Wertschöpfungsbeteiligung, sind der Schueler-Plan, der Rucker-Plan und der Scanlon-Plan.  *Maßstäbe der Ertragsbeteiligung*

Die Grundidee des Schueler-Plans besteht in der Einführung eines **Proportionallohns**, der sich entsprechend dem vorher ermittelten durchschnittlichen **Verhältnis zwischen Lohnsumme und Umsatz** entwickelt. Bei Umsatzsteigerungen wachsen die Löhne in Höhe des festgelegten Anteils am Umsatzvolumen. Im Falle eines Umsatzrückgangs wird der vereinbarte Mindestlohn gezahlt; die über die konstante Lohnquote hinausgehenden Beträge werden bei nachfolgenden Umsatzsteigerungen zunächst abgedeckt, ehe die Lohnsumme wieder erhöht wird.  *Schueler-Plan*

Ähnlich dem Proportionallohn wird beim Rucker-Plan ein **gleichbleibendes Verhältnis zwischen Lohnsumme und Wertschöpfung** zugrunde gelegt. Erhöht sich die Wertschöpfung durch Materialeinsparungen und/oder Leistungsintensität, so steigt der Lohn ebenfalls mit dem vorher ermittelten Prozentsatz an. Im Unterschied zum Proportionallohn treten Lohnerhöhungen auch dann auf, wenn der wertmäßige Umsatz sich nicht ändert, sofern Einsparungen auf der Kostenseite erzielt werden.  *Rucker-Plan*

Der Scanlon-Plan schließlich wählt **den von Preisschwankungen bereinigten Gesamtumsatz unter Berücksichtigung der Lagerbestandsveränderungen als Beteiligungsbasis und setzt ihn zu den Lohn- und Gehaltsaufwendungen in Beziehung.** Ist die tatsächliche Verhältniszahl geringer als die vorgegebene Lohnkonstante, dann werden die Ersparnisse zum größten Teil ausgeschüttet, ein Bruchteil wird einem Reservekonto zugewiesen, das einen Ausgleich bei Perioden mit einer höheren als der vorgegebenen Lohnkonstanten vornimmt.  *Scanlon-Plan*

Bei der Beteiligung der Belegschaft am Gewinn beginnen die Schwierigkeiten bereits bei der Festlegung dieser Größe. Da bei der Ermittlung des Unternehmungsgewinns neutrale Aufwendungen und Erträge berücksichtigt werden,  *Maßstäbe der Gewinnbeteiligung* erscheint eine Beschränkung der Beteiligung auf den Betriebsgewinn zweckmäßig. Die Verwendung des Betriebsgewinns setzt aber die Trennung der betrieblichen von den neutralen Aufwands- und Ertragskomponenten voraus, die in der Realität nicht ohne weiteres zu bewerkstelligen ist. Besonders die Abgrenzung zwischen den Aufwandskategorien und das Problem der Aktivierung bzw. Aufwandsverrechnung innerbetrieblicher Leistungen und kurzlebiger Wirtschaftsgüter beeinflußt den periodischen Betriebsgewinn, dessen Höhe zudem noch von der Art der Ausübung handelsrechtlicher Bewertungswahlrechte sowie vom Umfang der angesetzten kalkulatorischen Kosten abhängt. Deshalb wird häufig der **steuerliche Gewinn** als Beteiligungsgrundlage gewählt.

Eine Beteiligung der Arbeitnehmer auch am Verlust wird in Literatur und Praxis unterschiedlich beurteilt. Grundsätzlich kann davon ausgegangen werden, daß das Gegenstück zur Gewinnbeteiligung nicht unbedingt eine Verlust-, sondern eine **Nicht-Gewinnbeteiligung** darstellt, die Beteiligung am Periodengewinn also nicht automatisch eine Periodenverlustbeteiligung implizieren muß.

*Aufteilungsprobleme zwischen Arbeit und Kapital*

Neben der Wahl der Beteiligungsgrundlage stellt die **Verteilung der gewählten Basisgröße auf Arbeitnehmer und Kapitaleigner** einen weiteren grundlegenden Entscheidungstatbestand im Rahmen der Gestaltung eines Beteiligungssystems dar. In den aufgeführten Beteiligungsplänen wurden bereits implizit verschiedene Verteilungsschlüssel aufgeführt (z. B. Proportionallohn).

**Eine verursachungsgerechte Zurechnung von Erfolgsgrößen auf Kapitaleigner und Arbeitnehmer bzw. eine Ermittlung sogenannter Teilproduktivitäten (Arbeits- und Kapitalproduktivität) ist theoretisch nicht begründbar.** Die Aufteilungsschlüssel sind vor dem Hintergrund der Machtverteilung zwischen den beiden interessierten Gruppen und des bestehenden Wirtschaftssystems zu sehen.

*Aufteilungsschlüssel*

Als Verteilungsgrundlagen können die in den Beteiligungsplänen verwendeten **Lohnkonstanten** dienen. In der Praxis erfolgt die Gewinnaufteilung auch nach anderen Beteiligungsverhältnissesn, z. B. dem **Verhältnis von betriebsnotwendigem Kapital zu Umsatz** oder **betriebsnotwendigem Kapital zur Jahreslohnsumme**. Die **Dividendenbeteiligung** sieht eine Gewinnbeteiligung der Belegschaft in der Weise vor, daß der an die Aktionäre zur Ausschüttung kommende Dividendensatz ganz oder teilweise auf die Lohnsumme bezogen wird und die Mitarbeiter einen an den Dividendensatz der Aktionäre gekoppelten Zuschlag zu ihren Lohneinkommen erhalten.

*personelle Verteilung der Beteiligungsgrößen*

Mit der **Verteilung des Belegschaftsanteils auf die einzelnen Mitarbeiter** erwächst ein zweites Zurechnungsproblem. Es entfällt, wenn der **kollektiven Erfolgsbeteiligung** der Vorzug gegeben wird. Bei der kollektiven Erfolgsbeteiligung wird der Erfolgsanteil zugunsten der gesamten Belegschaft für soziale Zwecke verwendet. Wird der Erfolgsanteil für Zuweisungen an Pensions- und Unterstützungskassen verwendet, dann entstehen auch bei der Kollektivbeteiligung Zurechnungsprobleme. In der Praxis wird die **individuelle Beteiligung** oder eine Kombination mit der Kollektivausschüttung vorgezogen, da der Leistungsanreiz als höher erachtet wird.

Die Zuweisung der individuellen Erfolgsquoten erfolgt **in der Regel nach Maßgabe der individuellen Lohnsummen**, d. h., die innerbetriebliche Lohnstruktur bleibt unverändert. Eine **gleichmäßige Aufteilung nach Köpfen** wird seltener vorgenommen, weil dadurch bestehende Leistungsunterschiede vernachlässigt würden und die sich ergebende Nivellierung dem Leistungsprinzip zuwiderliefe. Ergänzend zur Lohnsumme können bei der Erfolgsbeteiligung **soziale Gesichtspunkte** und die **Dauer der Betriebszugehörigkeit** berücksichtigt werden. Ebenso wie bei der globalen Erfolgszurechnung ist bei der personalen Verteilung davon auszugehen, daß **eine objektiv richtige Zurechnungsregel nicht existiert**. Auch die Lösung der nachgelagerten Zurechnungsfrage beruht auf einer Kompromißlösung, die von den betriebsindividuellen Verhältnissen und von den mit Erfolgsbeteiligung verfolgten Zielvorstellungen abhängt.

*Verteilungskriterien für den Belegschaftsanteil*

Hinsichtlich der **Ausschüttungsform der Einzelquoten** besteht außer der Barzahlung die Möglichkeit, die Anteile zugunsten der Mitarbeiter im Unternehmen oder bei einer dritten Stelle fest anzulegen. Die festgelegten Mittel unterliegen einer zeitlich befristeten Veräußerungs- bzw. Kündigungssperre. In der Regel wird zur Förderung der individuellen Vermögensbildung, aus Liquiditätsgründen, Mangel an Kapitalbeschaffungsmöglichkeiten oder um die Mitarbeiter stärker an die Unternehmung zu binden ein Teil der ausgeschütteten Mittel in Form von Darlehen, Kapitalbeteiligungen oder eines gesellschafterähnlichen Schuldverhältnisses im Industriebetrieb belassen.

*Ausschüttungsformen*

Beispiele für die zeitlich befristete Anlage der aus der Erfolgsbeteiligung fließenden Entgelte **außerhalb der Unternehmung** bilden das zur Förderung der Vermögensbildung gedachte 624-DM-Gesetz, das eine Überweisung der Gewinnanteile auf ein staatlicherseits prämienbegünstigtes Sparkonto fördert, sowie der **Berkenkopf-Fels-Plan**, der die Zuweisung der Anteile als variable Prämie an eine Versicherungsgesellschaft vorsieht, bei der zugunsten des Arbeitnehmers eine Lebensversicherung abgeschlossen wurde. Durch derartige Anlageformen (z. B. auch Investmentzertifikate) kann die mobilitätshemmende Wirkung von Gewinnbeteiligungen gemindert werden. Dem häufig dagegen angeführten Argument des Liquiditätsentzugs beim Unternehmen kann durch die **Wahrnehmung von Refinanzierungsmöglichkeiten bei externen Institutionen** (z. B. Versicherungs-, Investmentgesellschaften) begegnet werden.

Sofern ein Erfolgsbeteiligungssystem die vollständige oder teilweise Umwandlung der Anteile der Mitarbeiter am Jahreserfolg in Kapitalanteile vorsieht, ergeben sich für die Mitarbeiter **drei verschiedene Einkunftsquellen**: der **reguläre Jahreslohn**, der **Erfolgsanteil aus dem Mitarbeiterverhältnis** und **der auf die bereits angesammelte Kapitalbeteiligung entfallende Erfolgsanteil**. Beispiele für solche Beteiligungssysteme, die neuerdings verstärkt von verschiedenen Unternehmen eingeführt oder geplant werden, sind das Ahrensburger Modell und das Pieroth-Modell. Da sich Beteiligungssysteme in ihren Einzelregelungen häufig ändern und den individuellen Unternehmensverhältnissen angepaßt sind, soll beispielhaft nur auf die Grundstruktur der beiden angeführten Systeme eingegangen werden.

*Ahrensburger Modell*  Im **Ahrensburger Modell** hat der beteiligte Mitarbeiter aus vorwiegend steuerlichen Gründen den Status eines stillen Gesellschafters. Für jeden Gesellschafter wird ein Kapitaleinlagekonto eingerichtet, das durch Gewinnanteile aufgefüllt wird. Ausgangspunkt der Ermittlung des verteilungsfähigen Gewinns ist der Steuerbilanzgewinn. Er wird vermindert um die Gehälter der persönlich haftenden Gesellschafter, um die Zinsen auf die Einlagen aller Gesellschafter, eine zusätzliche Risikoprämie auf die Kapitaleinlage der unbeschränkt persönlich haftenden Gesellschafter und die Beitragsvergütung. Der verbleibende Restgewinn wird im Verhältnis der Einkünfte der einzelnen Mitarbeiter aus dem Jahresgrundlohn zuzüglich Kapitalzinsen aufgeteilt. Die Gesellschafterversammlung entscheidet über die Höhe der Ausschüttung der Jahreserfolgsanteile, wenn die Einlagekonten aufgefüllt sind und über den Auszahlungsmodus des Buchwertes der Einlage bei ausscheidenden Gesellschaftern. Im Normalfall erfolgt die Auszahlung in sechs Halbjahresraten.

*Pieroth-Modell*  Beim **Pieroth-Modell** verbleiben die Gewinnanteile grundsätzlich im Unternehmen. Nach fünf Beteiligungsjahren können die bis dahin als Darlehen eingelegten Gewinnanteile in einen Kapitalanteil (als stiller Gesellschafter) umgewandelt werden. Die jeweils 5 Jahre alten Gewinnanteile können von diesem Zeitpunkt entweder dem Kapitalkonto zugeschlagen oder bar entnommen werden. Die Ermittlung des verteilungsfähigen Gewinns erfolgt auf der Basis des vorläufigen Gewinns der Steuerbilanz. Dieser vermindert sich um die vorläufig errechneten Ertragsteuern (KSt, GewSt), die Eigenkapitalverzinsung und eine Risikoprämie auf das Eigenkapital. Hinzugerechnet werden die vereinbarten freiwilligen Sozialleistungen und die zukünftigen Aufwendungen für das unternehmenseigene Versorgungswerk, die als vorweg bezahlter Teil der auf die Arbeitnehmer insgesamt entfallenden Gewinnanteile angesehen werden. Der so errechnete Betrag ist die Verteilungsbasis, der jeweils zur Hälfte den Kapitaleignern und den Mitarbeitern zugerechnet wird. Der Anteil der Mitarbeiter vermindert sich um die dem Gewinn zuvor zugeschlagenen Sozialleistungen und Aufwendungen für das Versorgungswerk. Eine Hälfte der verteilungsfähigen Restsumme wird in gleichen Beträgen pro Kopf, die andere Hälfte im Verhältnis der individuellen Lohnsummen aufgeteilt.

### *Betriebliches Vorschlagswesen*

Eine spezielle Form der Beteiligung der Mitarbeiter, vor allem an Kostenersparnissen, die auf die Initiative der Mitarbeiter zurückzuführen sind, wird durch das betriebliche Vorschlagswesen geregelt. Das betriebliche Vorschlagswesen kann entweder als **zeitlich begrenzter Ideenwettbewerb** konzipiert sein, der meistens auf bestimmte Aufgabenstellungen begrenzt ist, oder als **ständiges Vorschlagssystem** in die Betriebsorganisation eingegliedert werden.

*Vorschläge als Sonderleistungen*  **Verbesserungsvorschläge sind freiwillige Sonderleistungen von Arbeitnehmern, sofern ihre Aufgabe nicht speziell in der Findung solcher Ideen besteht.** Sie können z. B. Prozeß- oder Produktverbesserungen zum Inhalt haben. Bei der Entwicklung eines Anreizsystems für derartige Sonderleistungen sind vor allem zwei Aspekte zu beachten: die Erwartungen der vorschlagenden Organisationsmitglieder und die Problematik der Leistungszurechnung.

Die monetären **Belohnungserwartungen** eines Organisationsmitgliedes, das einen Verbesserungsvorschlag unterbreitet hat, richten sich, sofern der Vorschlag nicht aus reinem „Idealismus" erfolgte, nach dem Nutzen, den die Unternehmung vermutlich aus der Verbesserung ziehen wird. Darüber aber können die Vorstellungen zwischen Belegschaftsmitglied und dem die Unternehmung vertretenden Gutachter auseinandergehen. Daraus ergibt sich die Notwendigkeit, dem Mitarbeiter nicht nur die Überprüfung seines Vorschlages und dessen endgültige Annahme oder Ablehnung zur Kenntnis zu bringen, sondern ihm auch das **Bewertungsverfahren selbst offenzulegen.**

*Erwartungen der Vorschlagenden*

Das zweite Problem ist die Zurechnung der Leistung. Grundsätzlich ist damit zunächst die Frage gestellt, inwieweit ein Vorschlag als **Sonderleistung oder als Teil der täglichen Aufgabenerfüllung** zu werten ist. Das Abgrenzungsproblem wird um so schwieriger, je höher der einen Vorschlag unterbreitende Mitarbeiter in der Unternehmungshierarchie steht. Die Anerkennung eines honorierungswürdigen Verbesserungsvorschlags setzt im allgemeinen voraus, daß die Dispositionsaufgaben des den Vorschlag einreichenden Stelleninhabers sich nicht auf den zu verbessernden Tatbestand beziehen. Eine andere Frage ist, **ob ausschließlich der Vorschlagende belohnt werden soll.** Es sollte mit zum Gegenstand der Vorschlagsprüfung gemacht werden, festzustellen, wer an der Ideenfindung maßgeblich beteiligt war, um nach Rücksprache mit dem Vorschlagenden einen „gerechten" Verteilungsschlüssel zu suchen.

*Zurechnungsproblematik*

Art und Höhe der für einen Verbesserungsvorschlag gewährten „Prämie" sollen so bemessen sein, daß sie die schöpferische Leistungsfähigkeit der Mitarbeiter stimulieren. **Auch auf einen schließlich abgelehnten Vorschlag sollte daher zumindest eine mündliche oder schriftliche Anerkennung erfolgen.** Gerade bei der Schaffung eines wirkungsvollen Vorschlagssystems ist zu beachten, daß **monetäre Anreize** (z. B. Prozentsatz der eingesparten Kosten, Sonderurlaub) der Ergänzung durch **soziale Belohnungen** (z. B. Beförderung, Erwähnung in der Werkszeitschrift) bedürfen.

*Anreizarten*

## 2. Soziale Anreize

Im Gegensatz zu den monetären Anreizen unterliegt der Prozeß der Vermittlung sozialer Anreize nur zum Teil einer bewußten Gestaltung durch die Personalwirtschaft. **Soziale Anreize haben ihren Ursprung in der Tatsache, daß der Mensch ein soziales Wesen ist und als Mitglied mehrerer Gruppen in einer sozialen Umwelt handelt.** Soziale Anreize können deshalb nicht von den anreizgewährenden Personen losgelöst werden; sie sind vielmehr das Ergebnis von Interaktionsprozessen, an denen der einzelne ständig teilnimmt.

### *Gruppenzugehörigkeit*

Der Inhalt sozialer Anreize ergibt sich z. B. aus den verschiedenen Arten der Bedürfnisbefriedigung des Individuums als Gruppenmitglied durch die Gruppe. Eine wichtige Basis der Befriedigung individueller Bedürfnisse durch Gruppenmitgliedschaft liegt in den Interaktionsbeziehungen in der Gruppe

*Gruppenanreize*

begründet. Das Zusammensein mit Bekannten und Freunden erzeugt ein Zusammengehörigkeitsgefühl, das dem Streben nach Freundschaft und sozialer Geborgenheit entgegenkommt. Beispiele sind Unterhaltungen über gemeinsame Interessen oder Hilfeleistungen, um eine drohende Gefahr abzuwenden. Diese Quelle der Bedürfnisbefriedigung kommt sowohl bei formalen als auch bei informalen Gruppen vor. Während sie bei formalen Gruppen eine Begleiterscheinung sein kann, die die Attraktivität einer bereits gebildeten Gruppe erhöht, kann sie bei informalen Gruppen einen wichtigen Entstehungsgrund bilden.

Eine weitere Form der Bedürfnisbefriedigung ergibt sich aus dem **Instrumentalcharakter der Gruppe im Hinblick auf die Erreichung individueller Zielvorstellungen**. Ein Individuum kann die Mitgliedschaft in einer Gruppe anstreben, weil es eine Befriedigung darüber empfindet, von Außenstehenden als Mitglied dieser Gruppe anerkannt zu werden. Das Streben nach Anerkennung, Status und Prestige wird von der Gruppe erfüllt. Dies trifft besonders auf privilegierte und „exklusive" Gruppen zu, wobei das Urteil der Außenstehenden über die Gruppe entscheidend ist.

Die Formen der Bedürfnisbefriedigung, die von einer Gruppe ausgehen, bestimmen die **Anziehungskraft der Gruppe** auf ein Individuum. Diese stellt eine wichtige Determinante für die Kohäsion (Zusammenhalt) der Gruppe dar.

Für die Stärke des Gruppenzusammenhalts sind nach March/Simon (vgl. Abb. 6.9, S. 648) mehrere Faktoren verantwortlich.

Die Gruppenkohäsion ist am größten, wenn die Mitglieder die Mitgliedschaft in dieser Gruppe attraktiv finden (18), motiviert sind, ihre Rollen in der vorgeschriebenen Weise zu übernehmen (17) und die Gruppennormen in gleicher oder ähnlicher Weise auffassen (15). Die Anziehungskraft der Mitgliedschaft und die Motivation zur Rollenübernahme hängen in erster Linie von der Anzahl individueller Bedürfnisse ab, deren Erfüllung der einzelne durch die Teilnahme an sozialen Interaktionen in der Gruppe erwartet (20). Dazu gehört auch das wahrgenommene Gruppenprestige (18). Daneben spielt der Wettbewerb zwischen den Mitgliedern innerhalb der Gruppe (19) eine wichtige Rolle, wenn die Belohnungen der Individuen untereinander in Konkurrenz stehen. Soweit die Mitglieder einer Gruppe übereinstimmende Erfahrungsbereiche besitzen (z. B. Erziehung) und ähnliche Positionen in der Unternehmung einnehmen, ist die Wahrscheinlichkeit einer einheitlichen Auffassung über die Gruppennormen (15) am größten.

Die Faktoren, die den Zusammenhalt der Gruppe bestimmen, beeinflussen auch die Interaktionshäufigkeit in der Gruppe (16), die ihrerseits einen Anpassungsmechanismus bei divergierenden Verhaltensweisen und zur Beilegung von Gruppenkonflikten (21) darstellt.

*Mitarbeiterführung*

Führung als das sozialpsychologische Phänomen interpersonaler Beeinflussung beinhaltet in weitester Begriffsbestimmung einen Prozeß der steuernden Einflußnahme von Personen (Führer, Führende) auf das Verhalten anderer Personen (Geführte) zum Zweck der Erreichung bestimmter Ziele.

*Führungsbegriff*

Gegenüber dem Begriff der **„Unternehmensführung"**, der die Einflußnahme schwerpunktmäßig auf der Ebene der Gesamtorganisation oder umfassender Teile derselben meint (z. B. personalpolitische und wirtschaftliche Grundsatzentscheidungen; Festlegung von Organisationsstrukturen), bezieht sich „Mitarbeiter- bzw. Personalführung" vorrangig auf die „Mikroebene" der **zwischenmenschlichen Interaktionen** zwischen führenden Vorgesetzten und geführten Mitarbeitern.

*Unternehmensführung und Mitarbeiterführung*

**Unter „Mitarbeiterführung" werden im weiteren alle jene Aktivitäten des Vorgesetzten verstanden, die er im Umgang mit seinen Mitarbeitern verwirklicht, um diese im Sinne der ihm und seiner Gruppe von der Organisation übertragenen Aufgaben zu beeinflussen.** Als eine organisationsspezifische Besonderheit ist dabei zu beachten, daß ein Vorgesetzter zunächst eine mit „Weisungsbefugnis" gegenüber den unterstellten Mitarbeitern ausgestattete **„Instanz"** verkörpert, die – sofern sie ihren Einfluß ausschließlich über diese **formale** Machtgrundlage wirksam werden läßt – **„Leitung"**, nicht aber „Führung" im sozial- und organisationspsychologischen Sinne ausübt. Vor diesem Hintergrund ist **Führung** dann als ein Bemühen des Vorgesetzten aufzufassen, über seine formale Einflußbefugnis hinaus ein Einfluß „plus" gegenüber seinen Mitarbeitern zu erzielen. Im Fall komplexer und schlecht strukturierter Aufgabenstellungen ist zur effizienten Aufgabenerfüllung „Führung" im allgemeinen unverzichtbar.

*Inhalt und Gegenstand der Mitarbeiterführung*

*Leitung*

*Führung*

Entsprechend den inhaltlichen Elementen des Begriffs der organisationalen Effizienz sind auch – unabhängig vom konkreten Gegenstand der Führung – die Ziele der Führung in zwei Richtungen festgelegt: zum einen geht es um die positive Beeinflussung des Leistungsverhaltens der Mitarbeiter zur Erfüllung des **Sachziels**; zum zweiten um die Förderung der **(sozialen) Ziele der Mitarbeiter** zur Herbeiführung von Arbeitszufriedenheit.

*Führungsziele*

Im Mittelpunkt der organisationsbezogenen Führungsforschung steht die Frage nach den Bestimmungsfaktoren „erfolgreicher" Führung im Sinne eines hohen Erfüllungsgrades der gegebenen Zielsetzungen und daran anschließend die Frage nach den Möglichkeiten der gestaltenden Einflußnahme auf die Führungseffizienz der Vorgesetzten.

Ausgangspunkt der Bedingungsanalyse ist die **beschreibende Erfassung** der als „Mitarbeiterführung" zu bezeichnenden Aktivitäten eines Vorgesetzten. Heranzuziehen sind hier im wesentlichen die beiden Beschreibungskonzepte des **Führungsverhaltens** und des **Führungsstils**.

Mit dem Begriff Führungsverhalten werden grundsätzlich die der Beobachtung zugänglichen Aktivitäten des Vorgesetzten in der Ausübung seiner Führungsfunktion (Aufgabenzuweisung, Lenkung, Kontrolle u. ä.) erfaßt. Der Führungsstil bestimmt die Verteilung des Entscheidungsspielraumes auf

*autoritärer Führungsstil*

Führer und Geführte in konkreten Entscheidungsprozessen. Für den **autoritären Führungsstil ist kennzeichnend, daß der Vorgesetzte sämtliche Entscheidungen trifft und sie in Form von unwiderruflichen Anweisungen oder Befehlen weitergibt.** Eine Beteiligung der Untergebenen am Vorgang der Willensbildung unterbleibt. Der Vorgesetzte erteilt die Weisungen aufgrund der mit seiner formalen Stellung verbundenen offiziellen Macht und erzwingt deren Befolgung durch die Anordnung von Sanktionen und Belohnungen. In der Regel ist die Kontrolle der Untergebenen durch den Führenden beim autoritären Führungsstil wesentlich umfassender als bei kooperativer Führung. Sie beinhaltet im Extremfall eine absolute Überwachung nahezu sämtlicher Aktivitäten und eine regelmäßige Überprüfung der geleisteten Beiträge sowie die Steuerung der Mitarbeiter. Der persönliche Freiheitsbereich der Geführten ist bei diesem Führungsstil relativ gering. Die Verantwortung für die Entscheidung verbleibt beim Vorgesetzten; eine Delegation von Aufgaben findet nicht oder nur in geringem Umfang statt. Es herrschen also klare Verhältnisse der Über- und Unterordnung, Ausführungsanweisungen, enge Kontrolle, soziale Distanz zwischen Vorgesetzten und Mitarbeitern.

*kooperativer Führungsstil*

**Der kooperative (partizipative) Führungsstil geht dagegen von einer Mitwirkung der Mitarbeiter an den Entscheidungen des Vorgesetzten aus, die soweit gehen kann, daß der Führende nur den Entscheidungsrahmen absteckt.** Die Mitarbeiter besitzen also einen weiten Handlungsspielraum bei der Festlegung der Entscheidungsparameter. Die Einflußnahme des Vorgesetzten gründet sich vorrangig auf seine Sachverständigkeit; er gibt im Kommunikationsprozeß Anregungen, erteilt Ratschläge und koordiniert Meinungen. Damit verbunden ist ein Minimum an Kontrolle, das lediglich eine Rückmeldung der Ergebnisse durch die Mitarbeiter vorsieht. In dem Maße, wie die Kontrolle abnimmt, wächst der persönliche Freiheitsbereich und die Übernahme von Verantwortung, die sich als Folge der zunehmenden Delegation beim partizipativen Führungsstil zum großen Teil auf die Mitarbeiter verlagert. Kennzeichnend für den kooperativen Führungsstil sind daher Kollegialität, Delegation, Partizipation sowie ein Verhältnis gegenseitiger Anerkennung und Achtung zwischen Vorgesetztem und Mitarbeitern.

Schwieriger gestaltet sich die Erfassung und Systematisierung unterschiedlicher Führungsverhaltensweisen.

*Ohio-Ansatz*

Das zweidimensionale Modell der Ohio-Gruppe unterscheidet zwei Grunddimensionen des Führungsverhaltens und erhebt den Anspruch, damit den größten Teil auftretender Varianz im Führungsverhalten erfassen zu können. Bei den Dimensionen handelt es sich um:

*Mitarbeiterorientierung*

1. **Consideration** (Mitarbeiterorientierung):

   Dies bedeutet ein Verhalten, das auf wechselseitigem Vertrauen, Respekt sowie einer gewissen Wärme und persönlichen Beziehung zwischen dem Vorgesetzten und seiner Gruppe beruht.

   Diese Dimension betont ein tiefergehendes Sich-Kümmern um die Bedürfnisse der Gruppenmitglieder. Kennzeichnend für den Vorgesetzten ist hierbei, daß er seinen Mitarbeitern das Gefühl zu geben versucht, daß sie gleichberechtigte Partner sind.

2. **Structure** (Aufgabenorientierung): *Aufgaben-orientierung*

Dies bedeutet ein Verhalten, bei dem der Vorgesetzte die Gruppenaktivitäten organisiert und definiert und damit die Rolle, die jeder Mitarbeiter zu erfüllen hat. Er teilt Aufgaben zu, plant, schafft Wege zur Zielerreichung und drängt auf Produktivität. Kennzeichnend für den Vorgesetzten, der so führt, ist, daß er seine Mitarbeiter durch seine Aktivität mitreißt.

Der Ohio-Ansatz beinhaltet die Möglichkeit der **kontinuierlichen „Messung"** des Führungsverhaltens auf den beiden Dimensionen. Jede beobachtete Konstellation von Führungsverhalten besitzt eine Position auf den zugehörigen Verhaltens-Skalen, so daß keine nicht erfaßbaren Fälle auftreten. Darüber hinaus weist dieser zweidimensionale Ansatz einen **höheren Komplexitätsgrad** als etwa eindimensionale Ansätze auf, da „Mitarbeiterorientierung" und „Aufgabenorientierung" als unabhängig voneinander variierbar gelten.

Den verschiedenen **theoretischen Konzepten zur Erklärung effizienter Mitarbeiterführung** in der Literatur können grob zwei Kategorien zugeordnet werden: Zum einen handelt es sich um als **führerzentriert** charakterisierbare Erklärungskonzepte, zum anderen um **kontingenztheoretische** Ansätze. *Führungstheorie* *Klassifizierung*

Als extrem führerzentriert, d. h. die Bedingungsfaktoren erfolgreicher Führung ausschließlich beim Führenden suchend, kann das **Eigenschaftsmodell der Führung** betrachtet werden. Ihm zufolge unterscheidet sich der erfolgreiche Führer vom weniger erfolgreichen durch bestimmte **Persönlichkeitsmerkmale** (Eigenschaften wie Intelligenz, Urteils- und Entscheidungfähigkeit, Anpassungsfähigkeit, soziales Geschick). Es gilt die Prämisse, daß diese Attribute unabhänigig von der jeweiligen konkreten Führungssituation (Aufgabe, Mitarbeiter etc.) erfolgswirksam sind. Trotz des Scheiterns intensiver Bemühungen zur empirischen Validierung des Modells ist die Vorstellung der Existenz von „Führungseigenschaften" in der organisationalen Praxis noch durchaus weitverbreitet und handlungswirksam. *Eigenschaftsmodell* *Situationsunabhängigkeit*

Ebenfalls führerzentriert ist der Versuch, Zusammenhänge zwischen Führungserfolg und den Verhaltensdimensionen der „Aufgaben-" und der „Mitarbeiterorientierung" herzustellen. Auch dieser Ansatz kann als im wesentlichen gescheitert angesehen werden, da sich die gestaltungsnotwendige Konsistenz der Beziehungen nicht nachweisen ließ. *Aufgaben- und Mitarbeiterorientierung als Effizienzdeterminanten*

Der **kontingenztheoretische Ansatz** in der Führungsforschung erklärt den Führungserfolg aus dem Zusammenwirken von Merkmalen der Person des Führenden einerseits und den spezifischen Bedingungen der Führungssituation andererseits. Die Erfolgswirksamkeit eines bestimmten Führungsverhaltens wird im Rahmen dieses Ansatzes als abhängig (kontingent) vom Ausmaß seiner **Situationsangemessenheit** bestimmt. In der Festlegung dessen, welche Elemente die Führungssituation konstituieren, unterscheiden sich die verschiedenen Kontingenztheorien. *kontingenztheoretischer Ansatz*

| | |
|---|---|
| *Fiedler-Modell* | Prominentes und erstes Beispiel einer kontingenztheoretischen Konzeption ist das „Kontingenz-Modell der Führungseffizienz" von Fiedler. Fiedler setzt die folgenden Modell-Variablen zueinander in Beziehung: |

(1) Das Verhalten des Vorgesetzten, das mit Hilfe eines eigens entwickelten Instrumentes (LPC-Skala) ermittelt wird und die Ausprägungen „aufgabenorientiert" (niedriger Wert auf der LPC-Skala) und „mitarbeiterorientiert" (hoher Wert auf der LPC-Skala) annehmen kann.

(2) Die Effizienz des Führungsverhaltens über die Produktivität (Output pro Zeiteinheit) der Gruppe.

*Operationalisierung der Führungssituation*

(3) Die Führungssituation durch drei Teilkomponenten, die er zusammengefaßt als „situative Günstigkeit" für den Vorgesetzten bezeichnet:

– Positionsmacht des Führers;
– (affektive) Beziehungen zwischen Führer und Geführten;
– Strukturiertheitsgrad der Aufgabe.

*Weg-Ziel-Ansatz*

Der **Weg-Ziel-Ansatz** gründet sich auf die sogenannten Erwartungs-Valenz-Theorien der Motivation (vgl. S. 638 ff.), denen zufolge die Anstrengungsbereitschaft einer Person zur Ausführung einer bestimmten Handlung eine Funktion des von ihr davon erwarteten persönlichen Nutzens (Motivbefriedigung) darstellt.

*Einflußbasis des Vorgesetzten*

Die Möglichkeiten des Vorgesetzten zur Realisierung effizienter Führung beschränken sich innerhalb des Weg-Ziel-Modells auf die Beeinflussung der einzelnen Elemente der individuellen Nutzenkalküle seiner Mitarbeiter. Er muß sie im ursprünglichen Sinne des Begriffs „motivieren", d. h. versuchen, ihre Leistungs**voraussetzungen** zu verbessern, ohne indes die faktische Leistungs**abgabe** direkt herbeiführen zu können. Der Weg-Ziel-Ansatz greift – wie die Mehrheit aller Führungskonzepte – auf die Führungsdimensionen der Aufgaben- bzw. Mitarbeiterorientierung zurück und spezifiziert die jeweiligen situativen Bedingungen, unter denen sie „erfolgversprechend" einzusetzen sind.

*Bewertung des Weg-Ziel-Modells*

Wesentlich am Weg-Ziel-Ansatz gegenüber dem Fiedler-Modell ist zum einen die konzeptionelle Abschwächung des Einflußpotentials des Führers zugunsten der Geführten, zum zweiten findet eine **starke Individualisierung** des Führungsgeschehens statt. Die Einflußnahme auf subjektive Nutzenkalküle erfordert eine intensive Auseinandersetzung mit den Fähigkeits- und Motivstrukturen jedes einzelnen Mitarbeiters. Die mit dem Weg-Ziel-Modell einsetzende **dynamische** Betrachtung des Führungsprozesses – bezogen auf die Dyade Vorgesetzter-Mitarbeiter – kennzeichnet die derzeitige Entwicklungsrichtung in der Führungseffizienzforschung.

*dyadische Perspektive*

*Gestaltungskonzepte*

Zur effizienzorientierten Einflußnahme auf den Führungsprozeß im Bereich der Personalführung findet sich eine Vielzahl von Gestaltungskonzepten mit – dem insgesamt unbefriedigenden Stand der Theoriebildung in der Führungsforschung entsprechend – im allgemeinen recht unzulänglicher theoretischer Fundierung.

In Anlehnung an die beiden Hauptansätze der Erklärung von Führungserfolg lassen sich zu dessen gestaltungsmäßiger Beeinflussung zunächst zwei Grundstrategien unterscheiden.

Führerzentriert und damit bestimmten Führungseigenschaften bzw. Führungsstilen besondere Bedeutung beimessend sind solche Konzepte, die den Führungserfolg über das Instrument der **Führungskräfte-Diagnostik**, also der Eignungsauslese von Führungskräften sicherzustellen suchen, sowie auch **Trainings-Konzepte**, die sich auf die Vermittlung eines „**optimalen**", d. h. situationsabhängig erfolgreichen Führungsstils konzentrieren. Exemplarisch zu nennen sind hier für die erstgenannte Variante die psychologischen Testverfahren für den Führungsbereich einschließlich des **Management-Assessment-Centers**.

*Auslese*

*Training*

*Management-Assessment-Center*

Die Variante der Vermittlung eines optimalen Führungsstils wird durch das in der Praxis weit verbreitete „**Grid-Seminar**" von Blake/Mouton repräsentiert. Gegenstand und Ziel dieses Trainingskonzeptes ist die Vermittlung eines Führungsstils, der auf den beiden Dimensionen der „Aufgabenorientierung" und der „Mitarbeiterorientierung" eine jeweils maximale Ausprägung aufweist. Von der theoretischen Orientierung her vielversprechender erscheinen Trainingskonzepte, die den Einfluß der Führungssituation explizit berücksichtigen und darauf hinwirken, Führungskräfte für die Erfordernisse wechselnder Führungssituationen, insbesondere aber auch für die personalen Gegebenheiten (Mitarbeiterpersönlichkeit, interpersonale Beziehungen) zu sensibilisieren. Gegenstand des Trainings sind v. a. die Fähigkeit zur **Situationsdiagnose** und **Situationsveränderung** sowie die Flexibilisierung und Erweiterung des führungsbezogenen Verhaltensrepertoires.

*Grid-Seminar*

*Training der Situationsdiagnose und -gestaltungsfähigkeit*

Ebenfalls situationsorientiert und sich auf die Schlüsselaktivität des Entscheidungsverhaltens des Vorgesetzten beschränkend ist das Entscheidungs-Modell von Vroom/Yetton. Der Entscheidungsansatz untersucht unter verschiedenen Bedingungen die möglichen alternativen Verhaltensweisen (Strategien) des Vorgesetzten, die er wählen muß, um Erfolg zu haben. Neben bestimmten situativen Bedingungen steht im Mittelpunkt die verwendete „Entscheidungsmethode" des Vorgesetzen (autoritär, beratend, gruppenzentriert, delegierend), verbunden mit der Unterscheidung, ob es sich um ein „individuelles" oder um ein „Gruppenproblem" handelt. Aufgrund empirisch gewonnener Erkenntnisse werden, rein spekulativ, Empfehlungen für das optimale Vorgesetztenverhalten („Entscheidungsverhalten") formuliert, die in einem Entscheidungsbaum zusammengefaßt sind, dessen Knotenpunkte die situativen Bedingungen darstellen. Sind alle in Frage kommenden Knotenpunkte durchlaufen, wird eine spezifische Verhaltensweise vorgeschlagen (z. B. beratende und individuelle, mit einem Mitarbeiter gemeinsam erarbeitete Lösungsfindung).

*Entscheidungsmodell von Vroom/Yetton*

Verhalten und Einstellungen des Vorgesetzten und der Mitarbeiter können auch über allgemeine **gruppendynamische Trainingsverfahren** beeinflußt werden. Diese Methoden versuchen, die in sozialen Gruppen wirksamen Gesetzmäßigkeiten und Prozesse systematisch für die Vermittlung aufgabenorientierter (Problemlösungstechniken etc.) und beziehungsorientierter Lerninhalte

*gruppendynamische Verfahren*

(Verbesserung sozialer Fähigkeiten) zu nutzen. So sollen z. B. durch das Verfahren des **Sensitivity-Trainings** Einsichten und Wissen über eigene und fremde Verhaltensvorgänge vermittelt werden. Eine Vielzahl anderer Trainingsmethoden zielt auf eine Verbesserung der Kommunikations-, Kooperations-, Konfliktfähigkeit und Verhaltensflexibilität.

Der Industriebetrieb kann über die direkt personenbezogenen Gestaltungsmaßnahmen in Form von Schulung und Training hinaus auch versuchen, das Verhalten von Vorgesetzten durch allgemeine Rahmenvorgaben im Sinne einer eher strukturellen und damit indirekten Einflußnahme zu vereinheitlichen. Eine solche Möglichkeit besteht z. B. in der Erarbeitung von für alle Vorgesetzten verbindlichen **Führungsrichtlinien** in Form von **Führungsmodellen**, die sich speziell auf die Führungsstruktur und die Arbeitsorganisation im Industriebetrieb beziehen.

Hinter solchen Richtlinien steht jeweils eine normative Aussage über das „richtige" Führungsverhalten, deren Grundlage eine subjektive Überzeugung oder eine Effizienzvermutung sein kann. Gerade unter Berücksichtigung des Effizienzaspektes bauen gegenwärtig die meisten Konzeptionen von Führungsmodellen auf einem kooperativ-partizipativen Führungsstil auf.

*Führungsmodelle*

Führungsmodelle können z. B. **entsprechend den Phasen des Führungsprozesses** wie folgt systematisiert werden:

**Management by ideas** (Führung durch Vermittlung von Leitbildern),

**Management by objectives** (Führung durch Zielvorgabe oder Zielvereinbarung),

**Management by delegation** (Führung durch die Übertragung von Entscheidungsfreiheit und Verantwortung),

**Management by exception** (Führung durch Eingreifen nur bei größeren Ergebnisabweichungen oder unvorhergesehenen Ausnahmesituationen, während bei der Durchführung aller normalen Aufgaben die damit verbundene Verantwortung bei den Mitarbeitern liegt) und

**Management by results** (Führung durch Ergebniskontrolle).

Eine komplexere Form des Management by delegation ist das bekannte **Harzburger Modell** (Führung im Mitarbeiterverhältnis).

*Vorzüge des kooperativen Führungsstils*

Führungsrichtlinien, Schulungs- und Trainingsmaßnahmen gehen im allgemeinen von einer **höheren Anreizwirkung der kooperativ-partizipativen Führung für die Gruppenmitglieder aus.** Für die grundsätzliche Überlegenheit einer solchen Führung werden hauptsächlich folgende Gründe angeführt:

(1) Die kooperativ-partizipative Führung stärkt das **Zusammengehörigkeitsgefühl** der Gruppenmitglieder; die Identifikation mit der Gruppe (Unternehmung) und ihren Zielen wächst.

(2) Sie vermitteln den Mitarbeitern einen **besseren Gesamtüberblick** über die Gruppenaufgaben und führen zu einer stärkeren Bedürfnisbefriedigung bei der Beitragsleistung.

(3) Sie **verringern mögliche Konflikte** und schränken den Konkurrenzkampf der Gruppenmitglieder ein.

(4) Es wird ein **besseres Gruppenklima** zwischen Vorgesetztem und Geführten geschaffen, das von gegenseitigem Vertrauen und Toleranz getragen wird.

(5) Die Kooperation begünstigt die **persönliche Entfaltung** der Mitarbeiter; Kreativität und aktive Mitarbeit werden gefördert.

Obwohl diese Aussagen einen hohen Plausibilitätsgrad aufweisen, werden sie durch unterschiedliche Persönlichkeitsstrukturen der beteiligten Individuen in ihrer Allgemeingültigkeit eingeschränkt. So ist es im Sinne einer echten Mitarbeiterorientierung des Vorgesetzten durchaus denkbar, daß er den bei einzelnen Mitarbeitern vorhandenen Bedürfnissen nach Autorität und Leitung am besten durch einen eher direktiv-autoritären Führungsstil gerecht wird.

### 3. Aufstiegs- und Ausbildungsanreize: Die Personalentwicklung

Eine dritte Kategorie betrieblicher Anreize bilden die Ausbildungs- und Beförderungsmaßnahmen der Unternehmung. Anders als die sozialen Anreize, bei denen die Betriebswirtschaft teilweise nur eine Vermittlungsfunktion übernimmt, unterliegen Ausbildungs- und Beförderungsanreize der **Motivationspolitik** der Unternehmung und stellen somit Elemente des formalen Anreizsystems dar. **Ausbildungs- und Karriereanreize dienen in erster Linie der Befriedigung der Bedürfnisse nach Wertschätzung und Selbstverwirklichung.** Beruflicher Aufstieg erfüllt das Bestreben, sozial höherstehenden Gruppen anzugehören und gewährt ein höheres privates und berufliches Prestige. Gleichzeitig wird die Beförderung als Ausdruck der Anerkennung für die geleisteten Beiträge empfunden, so daß dem Bedürfnis nach Wertschätzung Rechnung getragen wird. Höhere Positionen eröffnen neue Aufgabenstellungen und Gestaltungsmöglichkeiten, die für die Befriedigung des Bedürfnisses nach Selbstverwirklichung von Bedeutung sind. Diese Formen der Bedürfnisbefriedigung können grundsätzlich auch von den Ausbildungsanreizen ausgehen. Mittelbare Wirkungen der beiden Anreizarten ergeben sich hinsichtlich der **Sicherheitsbedürfnisse.** Höheres Einkommen und verbesserter Ausbildungsstand tragen zur Verwirklichung des Strebens nach Sicherheit bei.

*Anreizwirkungen*

### Entscheidungen über das Karrieresystem der Unternehmung

**Die grundlegenden Entscheidungstatbestände der Laufbahnplanung umfassen die Festlegung von Laufbahnlinien und die Auswahl der anzuwendenden Beförderungsmaßstäbe sowie der Methoden zu ihrer Ermittlung.**

Der Gestaltung des Karrieresystems vorgelagert ist die Grundsatzentscheidung, ob die Besetzung freier Stellen mit Belegschaftsmitgliedern oder durch

*Neueinstellung versus Beförderung*

neu zu werbende Arbeitnehmer erfolgen soll. Werden grundsätzlich sämtliche freie Stellen mit neu geworbenen Mitgliedern besetzt, entfällt das Problem der Laufbahnplanung. Im entgegengesetzten Fall können nur Belegschaftsmitglieder in höhere Positionen aufrücken; für neue Mitarbeiter stehen nur Stellen an Laufbahnanfängen zur Verfügung. In der Regel werden **beide Laufbahnprinzipien kombiniert,** wobei dem innerbetrieblichen Aufstieg meist eine Priorität eingeräumt wird („Aufstieg geht vor Einstieg").

*Identifikation als Kriterium*

Soweit ein beruflicher Aufstieg in der Unternehmung für möglich gehalten wird, sind die meisten Arbeitnehmer eher bereit, ihre langfristigen Interessen mit den Zielen der Unternehmung gleichzusetzen. Dieser Identifikationsprozeß wird verstärkt, wenn die Grundsätze der Laufbahnplanung bekannt, die mit dem Aufstieg verbundenen Anforderungen erfüllbar und die Kriterien von erfolgten Beförderungen überprüfbar sind.

*Originalität und Kreativität als Kriterium*

Eine uneingeschränkte Anwendung des Prinzips der innerbetrieblichen Beförderung wird häufig durch fehlende Ausbildungsmöglichkeiten oder Entwicklungspotentiale der eigenen Mitarbeiter für bestimmte offene Stellen begrenzt. Gegen ein ausschließlich internes Beförderungsprinzip spricht auch, daß die Einführung neuer Ideen und Erkenntnisse für die Lösung betrieblicher Probleme erschwert wird. Dieser mit dem Schlagwort **„Betriebsblindheit"** charakterisierte Sachverhalt ist darauf zurückzuführen, daß die von ihren Vorgesetzten ausgebildeten Mitarbeiter häufig die Praktiken ihrer Vorgänger übernehmen, während neu eingetretene Belegschaftsmitglieder aufgrund ihrer Unvoreingenommenheit möglicherweise viel eher mit neuen Vorschlägen und Lösungen aufwarten, die sich wesentlich von den eingeführten Maßnahmen unterscheiden.

*Laufbahnlinie*

Jede Laufbahnlinie repräsentiert eine **auf den Stellenplan abgestimmte Stellenfolge.** Sie kann durch mehrere Abteilungen und Funktionsbereiche der Unternehmung gehen, wenn Inhalt und Anforderungsstruktur der Positionen nicht sehr stark voneinander abweichen, so daß einseitige abteilungsbezogene Beförderungen ausgeschaltet werden. Den Abschluß einer Laufbahnlinie bildet die sogenannte Endstelle, von der aus ein weitergehender Aufstieg nicht mehr möglich ist. Um die Erwartungsbildung der Arbeitnehmer über die Aufstiegsanreize zu erleichtern, **ist eine weitgehende und möglichst konkrete Information über die Laufbahnlinien und deren Endpunkte notwendig, die bereits bei der Einstellung dem Mitarbeiter mitgeteilt werden sollte.**

*Beförderungskriterien*

Ein wichtiges Problem bei der Gestaltung des betrieblichen Karrieresystems stellt die Festlegung geeigneter **Beförderungskriterien** dar. Für Entscheidungen über den Aufstieg bieten sich **zwei Beurteilungsmaßstäbe an: (1) die persönliche Beitragsleistung und (2) die Dauer der Betriebszugehörigkeit.** Im allgemeinen wird die individuelle Leistung als Beförderungsgrundlage vorgezogen, da über das Leistungsprinzip der Aufstieg qualifizierter Arbeitnehmer gewährleistet ist. Die entstehenden Konkurrenzverhältnisse zwischen den Organisationsteilnehmern um den Aufstieg können andererseits eine Vergrößerung des Konfliktpotentials in der Unternehmung herbeiführen. Deshalb wird die Mitgliedschaftsdauer in vielen Organisationen (z. B. staatliche und militärische Organisationen) als wesentliches Beförderungskriterium angesehen.

Aus der Sicht der Arbeitnehmer richtet sich die Beurteilung der Beförderungsgrundlagen nach ihrer Motivationsstruktur. Während das Leistungsprinzip die Bedürfnisse nach Wertschätzung und Selbstverwirklichung betont und von Individuen mit ausgeprägter Leistungsmotivation höher eingeschätzt wird, trägt der Zeitmaßstab vorrangig den Sicherheitsbedürfnissen Rechnung und wird deshalb von Arbeitnehmern mit geringerer Leistungsmotivation vorgezogen. Mit der Anwendung des Zeitkriteriums wird das Leistungsprinzip nicht völlig vernachlässigt, da mit größerer Erfahrung das Leistungsvermögen des einzelnen zunehmen kann. Als weiteres Argument für den innerbetrieblichen Aufstieg nach Maßgabe der Zeit kann die Belohnung der Loyalität von Belegschaftsmitgliedern gelten.

*Kriterium „Leistungsprinzip"*

*Kriterium „Dauer der Betriebszugehörigkeit"*

Nachteile des zeitbezogenen Beförderungssystems sind seine geringere Flexibilität und das Fehlen von Anreizen für hohe Leistung und Weiterbildung im Hinblick auf höhere Positionen. Dies kann die Anwerbung vor allem jüngerer qualifizierter Arbeitnehmer erschweren.

Die Praxis bedient sich verschiedener **Kompromisse,** in denen beide Beförderungskriterien kombiniert werden. So kann z. B. als Beförderungsgrundsatz bei ungefähr gleichen persönlichen Leistungen die Dauer der Betriebszugehörigkeit ausschlaggebend sein. Abbildung 6.28 zeigt zwei weitere Kompromißlösungen.

*Kombination der Kriterien*

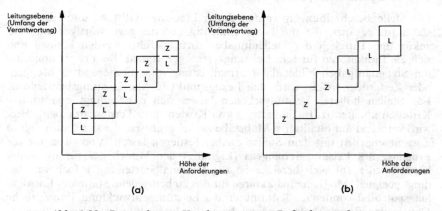

*Abb. 6.28: Beispiele zur Kombination von Beförderungskriterien*

Die Maßstäbe werden hier in der Weise kombiniert, daß entweder (a) die Mitarbeiter gewisse Leistungsstandards erreichen bzw. bestimmte Fähigkeitsarten oder eine vorgeschriebene Ausbildung (L) nachweisen müssen, um die Voraussetzungen für eine Beförderung zu erfüllen, die dann entsprechend der Betriebszugehörigkeit (Z) erfolgt, oder daß (b) nur die Stellen auf den unteren Stufen der Leitungshierarchie bzw. mit beschränktem Verantwortungsbereich unter alleiniger Berücksichtigung der Zugehörigkeitsdauer (Z) besetzt werden, während für den Aufstieg in höhere Positionen das Leistungsprinzip (L) maßgebend ist. **Ein optimales Kriteriensystem für Beförderungsent-**

scheidungen kann nicht abgeleitet werden, weil für die Vielzahl der Entscheidungsalternativen die Konsequenzen hinsichtlich der Anreizwirkung für die Belegschaft und der Leistungsinteressen der Unternehmung nicht eindeutig bestimmt werden können.

*Personalbeurteilung als Grundlage für Beförderungsentscheidungen*

Sofern Beförderungsentscheidungen auf dem Leistungsprinzip beruhen, ist eine Bewertung der individuellen Leistung des Arbeitnehmers erforderlich. Mit der Personalbeurteilung wird eine systematische Bewertung des Leistungsvollzugs angestrebt, die sich nicht nur auf die **tatsächlich geleisteten Beiträge** des Arbeitnehmers in quantitativer und qualitativer Hinsicht beschränkt (vgl. S. 718 ff.), sondern auch dessen **Leistungsvermögen** (Entwicklungspotential) zu erfassen sucht, um seine Eignung für andere bzw. qualitativ höhere Aufgabenbereiche zu prognostizieren.

*Stellenbeschreibung und Personalbeurteilung*

Ausgangspunkt der Personalbeurteilung ist die Stellenbeschreibung. Je mehr nicht programmierbare Tätigkeiten der Aufgabenbereich einer Stelle umfaßt, desto schwieriger wird die Ermittlung und Konkretisierung der Tätigkeitselemente und Anforderungen. Deshalb ist auch die für die Eignungsprognose notwendige Übersetzung der Anforderungen in persönliche Eigenschaften bzw. Fähigkeitsarten problematisch.

Die Stellenbeschreibungen werden durch Leistungsmaßstäbe und Eignungsstandards ergänzt, die möglichst eindeutig auf die gegenwärtige und evtl. zukünftige Tätigkeit der Stelleninhaber zurückgeführt werden können und sich als Indikatoren für sein Leistungsvermögen eignen. Bei programmierbaren Stellenaufgaben bildet die Normalleistung, die vorwiegend in Mengen- oder Zeitgrößen erfaßt wird, den Bezugspunkt für die Leistungsbeurteilung. Für Stellen höherer Leistungsebenen lassen sich nur bedingt quantitative Kriterien ableiten (z. B. Einhaltung von Kosten- und Terminvorgaben). Hier wird verstärkt auf qualitative Maßstäbe zurückgegriffen, die sich häufig nur in Zusammenarbeit mit dem Stelleninhaber festlegen lassen. Vor allem für die **Prognose des Leistungsvermögens** (Eignung) der Mitarbeiter für qualitativ höherwertige Tätigkeitsbereiche ist die Personalbeurteilung jedoch nur bedingt geeignet. Mögliche **Indikatoren** für das zu beurteilende (latente) **Entwicklungspotential** können die Kontinuität der Leistungsentwicklung, ihre zeitliche Dauer, der Entwicklungsaufwand bzw. die Intensität der Entwicklungsanstrengungen und das (nennenswerte) Übertreffen der bisherigen Leistungsanforderungen insgesamt und in Einzelmerkmalen sein.

*Verfahren der Personalbeurteilung*

Die Verfahren der Personalbeurteilung reichen von der freien Beurteilung bis zur Bewertung mit Hilfe differenzierter Merkmalskataloge. Nach der Art des Bewertungsvorgangs ergeben sich, ähnlich wie bei der Arbeitsbewertung, summarische und analytische Beurteilungsverfahren. Während die **summarische** Personalbeurteilung in einem globalen Bewertungsvorgang zu einem undifferenzierten Gesamturteil über einen Arbeitnehmer gelangt, gleichgültig, ob es sich um eine Reihung oder Zuordnung zu festgelegten Bewertungsgruppen handelt, spaltet die **analytische** Methode den Bewertungsprozeß in einzelne

Beurteilungsvorgänge über bestimmte Merkmale auf. Grundsätzliche Probleme beider Bewertungsmethoden wurden im Rahmen der Arbeitsbewertung angesprochen.

Die Fülle der in der Literatur und Praxis vorgeschlagenen Merkmalssysteme zeigt, daß ein generell anerkanntes Beurteilungsschema wegen der unterschiedlichen Betriebs- und Aufgabenstrukturen kaum entwickelt werden kann. In Abbildung 6.29 sind einige Merkmalskataloge angeführt, die bei der Personalbeurteilung angewendet werden. Die Unterschiedlichkeit der Kriteriensysteme beruht zum Teil darauf, daß sie für die Beurteilung von Arbeitnehmern auf verschiedenen Ebenen der Leitungshierarchie konzipiert sind. **Gemeinsam ist ihnen die Einbeziehung arbeitsergebnisbezogener Merkmale,** die auf die allgemeine Leistungsfähigkeit bzw. auf Persönlichkeitsmerkmale des Arbeitnehmers Bezug nehmen.

*Merkmalskataloge*

| (a) | (b) | (c) |
|---|---|---|
| 1. physische Konstitution | 1. Qualität | 1. Fachwissen |
| 2. Konzentrationsfähigkeit | 2. allgemeines Verhalten, Zuverlässigkeit | 2. Urteilsfähigkeit |
| 3. Sorgfalt |  | 3. Organisationstalent |
| 4. mathematische Intelligenz |  | 4. Einstellung gegenüber |
| 5. Gedächtnis und Lernfähigkeit | 3. Selbständigkeit, Initiative, Vielseitigkeit, Versetzbarkeit | – Arbeitsaufgabe<br>– Unternehmung |
| 6. Urteilskraft | 4. wirtschaftliches Verhalten | – Vorgesetzten |
| 7. technisches Verständnis |  | 5. Zuverlässigkeit |
| 8. Ideenreichtum | 5. persönlicher Leistungsgrad | 6. Kreativität |
| 9. Arbeitsergebnis |  | 7. Verhalten zu Mitmenschen |
| 10. Zuverlässigkeit |  |  |
| 11. Bereitschaft, Kontrolle und organisatorische Regelungen zu akzeptieren |  | 8. Delegationsbereitschaft |
|  |  | 9. Führungseigenschaften |
| 12. Genauigkeit der Berichterstattung |  | 10. persönliche Effektivität |
| 13. Loyalität gegenüber Abteilung |  |  |
| 14. Verhalten zu Mitmenschen |  |  |
| 15. Initiative |  |  |
| 16. Verantwortungsbereitschaft |  |  |

*Abb. 6.29: Merkmalssysteme für die Personalbeurteilung*

Mögliche **Störfaktoren einer Personalbeurteilung** sind:

*Probleme der Personalbeurteilung*

(1) Die als Halo-Effekt bezeichnete Tatsache, daß sich der Beurteilende bei der Bewertung der einzelnen Merkmale möglicherweise von dem Gesamteindruck leiten läßt, den er von dem zu Bewertenden hat;

(2) die Tendenz zu mittleren Urteilen, weil sich der Bewerter aufgrund von Bewertungsunsicherheiten weder für sehr gute noch für sehr schlechte Beurteilungen rechtfertigen will, und

(3) die Tendenz zur nachsichtigen Beurteilung, weil die Verantwortung für die Folgen von Negativbewertungen abgelehnt wird.

*check-list-Verfahren* Verfahren, die den Ermessensspielraum des Bewerters einzuschränken suchen, sind das check-list-Verfahren und die Zwangswahlmethode. Das **check-list-Verfahren** baut auf Fragenkatalogen auf, wobei der Bewerter nur vorgezeichnete Antworten ankreuzt, deren Punktbewertung ihm unbekannt ist. Durch Kontrollfragen wird zugleich eine Überprüfung des Bewertenden angestrebt.

*Zwangswahlmethode* Auch die **Zwangswahlmethode** baut auf Punktschlüsseln auf, die der Bewerter nicht kennt. Sie enthält positive und negative Zustandsbeschreibungen hinsichtlich des Arbeitsverhaltens. Der Bewerter hat dabei die zutreffendsten positiven und die unzutreffendsten negativen Zustandsbeschreibungen zu kennzeichnen. Die Summe der erzielten Punkte ergibt wiederum den Eignungswert.

*deskriptive Personalbeurteilung* Deskriptive Beschreibungen herrschen auch bei einer weiteren analytischen Methode vor, die kritische, Erfolg und Mißlingen einer Arbeit wesentlich bestimmende Ereignisse feststellt und beurteilt **(critical incident method).** Der Zweck dieses Verfahrens ist die Vereinfachung des Bewertungsproblems durch Verwendung von Ereignissen (z. B. Verweigerung von Hilfeleistungen, Verbesserungsvorschläge für die Arbeitsmethode, Überzeugung eines Mitarbeiters, Nichtbeendigung der Arbeitsaufgabe usw.), die zu aussagekräftigeren Beurteilungen führen können als abstrakte Abstufungen.

*kooperative Personalbeurteilung* In letzter Zeit mehren sich die Bestrebungen, die traditionellen komplizierten Beurteilunssysteme auf eine einfachere Basis zu stellen, selbst wenn dadurch die mit Schätzungen verbundene Subjektivität der Beurteilenden stärker einfließt. **Es beginnt sich die Ansicht durchzusetzen, daß der Versuch einer Objektivierung der Personalbeurteilung durch differenzierte Bewertung ein fragwürdiges Unterfangen ist.** Der bewußte Verzicht auf ein quantitatives Resultat, das durch schriftliche Beurteilungen ersetzt wird, ist von der Tendenz begleitet, die Belegschaftsmitglieder an der Beurteilung mitwirken zu lassen. Zu Beginn einer Beurteilungsperiode legen der Vorgesetzte und sein Mitarbeiter die Leistungsziele der Aufgabenbereiche gemeinsam fest. Am Ende der Beurteilungsperiode wird die Zielsetzung, wiederum gemeinsam, überprüft. Dem Mitarbeiter wird Gelegenheit zu einer Selbstbeurteilung gegeben; dabei hat er die Möglichkeit, die seiner Meinung nach wichtigsten Faktoren, die sein Arbeitsverhalten beeinflussen, darzulegen. Zusammen mit dem Vorgesetzten arbeitet er dann ein Programm zur Überwindung festgestellter Unzulänglichkeiten aus **(job-centered-method).** Über die gemeinsame Festlegung der Beurteilung wird der Abbau von Konflikten angestrebt.

## Betriebliche Ausbildung

Die technische Entwicklung und Spezialisierung mit längeren Ausbildungs- und Einarbeitungszeiten bedrohen immer stärker die Aufrechterhaltung der personalwirtschaftlichen Flexibilität und zwingen den Industriebetrieb, die betriebliche Ausbildung, Weiterbildung und Fortbildung planvoll zu intensivieren. Zudem steigen die Kosten der Nicht-Ausbildung, die in Form hoher Ausschußquoten und erhöhter Kontrollkosten anfallen. **Die betriebliche Ausbildung umfaßt alle Maßnahmen und Tätigkeiten, die auf eine Erweiterung des Wissens, Könnens und Verhaltens der Arbeitnehmer gerichtet sind.**

**Unter Ausbildung im engeren Sinne sind jene Maßnahmen zu verstehen, die dem Mitarbeiter die notwendigen Kenntnisse und Fähigkeiten für die erstmalige Ausübung eines Berufs oder einer Tätigkeit vermitteln.** Zur Ausbildung im engeren Sinn gehört die Lehrlingsausbildung, die Ausbildung von Anlernkräften und Hilfspersonal und die **Umschulung,** welche die Mitarbeiter auf einen neuen Beruf vorbereitet.

*Ausbildung*

**Die Weiterbildung umfaßt alle Bestrebungen, das bereits** für einen Beruf oder eine Tätigkeit **vorhandene Wissen zu vertiefen.** Hierzu zählt ein Großteil der betrieblichen Maßnahmen, die Belegschaft an technische und organisatorische Weiterentwicklungen anzupassen, wie beispielsweise die Schulung von Fachkräften an neuen Maschinen oder Kurse über neue Absatzmethoden für Mitarbeiter der Verkaufsabteilung. Die **Fortbildung** schließlich bezweckt eine **generelle Erweiterung des Wissens** und der Fertigkeiten.

*Weiterbildung*

*Fortbildung*

Abbildung 6.30 gibt einen zusammenfassenden Überblick über die Bereiche der Ausbildungsplanung.

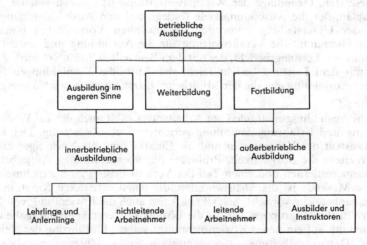

*Abb. 6.30: Bereiche der Ausbildungsplanung*

Die Wissensvermittlung kann grundsätzlich auf zwei Arten erfolgen. Sie setzt entweder unmittelbar am Arbeitsplatz ein (on-the-job-method; z. B. Anlernen von Hilfskräften) oder vollzieht sich außerhalb des gegenwärtigen oder zukünftigen Tätigkeitsfeldes (off-the-job-method; z. B. Führungsausbildung). Häufig werden beide Methoden kombiniert (z. B. Lehrlingsausbildung).

*on-the-job-method*

*off-the-job-method*

*einführende und weiterführende Ausbildung am Arbeitsplatz*

Bei der Ausbildung am Arbeitsplatz sind zwei Fälle zu unterscheiden. Einmal handelt es sich um die Einführung neuer Mitarbeiter in ihren Tätigkeitsbereich, die mit Anlern- und Arbeitsunterweisungsvorgängen für bestimmte Verrichtungen verbunden ist, und zum anderen um eine laufende Schulung.

*Methodik der Arbeitsunterweisung*

Im Rahmen der Ausbildung am Arbeitsplatz kommt der Methodik der Arbeitsunterweisung besondere Bedeutung zu. Eines der bekanntesten Verfahren zur Vermittlung einer entsprechenden Methodik ist die TWI-Methode (training within industry), die weitgehend von REFA übernommen und weiterentwickelt wurde. Sie besteht aus mehreren Kursen, die den Industriemeistern zeigen sollen, wie sie ihre Mitarbeiter am Arbeitsplatz instruieren können, mit den Inhalten:

(1) Gestaltung des Anlernens (job-instruction),
(2) Verbesserung von Arbeitsverfahren (job-method),
(3) Arbeitsbeziehungen (job-relations).

In der Folgezeit wurden weitere Programme, wie Kurse für Arbeitswirtschaftlichkeit (job-economics-training), Konferenzführung, Lösung von Betriebsproblemen und Programmentwicklung geschaffen, die sich auch an Mitarbeiter wenden, die über der Meisterebene stehen.

*gelenkte Erfahrungsvermittlung*

Eine systematische Ausbildung am Arbeitsplatz stellt das Prinzip der gelenkten Erfahrungsvermittlung (guided experience method) dar. Diese mehrstufige Ausbildungsmethode beginnt mit der Auswahl der als Ausbilder geeigneten Vorgesetzten. Grundlage der Wissensvermittlung ist ein **individueller Ausbildungsplan,** der die Ausbildungsziele festlegt und den Ausbildungsgang während der Unterstellung unter den ausgewählten Vorgesetzten beschreibt. Dieser übernimmt die Verantwortung für die Ausbildung und erstellt einen periodischen **Leistungsbericht,** der mit dem Beurteilten diskutiert wird. Zusammen mit dem Leistungsbericht reicht der Ausbilder Empfehlungen für die weitere Ausbildung ein, die der Mitarbeiter durch eigene Vorschläge ergänzen kann.

*Ausbildung durch Stellenbesetzung*

Zu den Ausbildungsmethoden am Arbeitsplatz zählt auch die auf Wissensvermittlung und Erfahrungssammlung gerichtete Stellenbesetzung. Der Einsatz als **Assistent** des Vorgesetzten und die Einarbeitung als **Nachfolger** gibt den Mitarbeitern die Möglichkeit, Probleme der übergeordneten Aufgabenbereiche kennenzulernen und einen Teil der Verantwortung zu übernehmen. Eine andere Methode ist die **Stellenrotation,** die einen befristeten Ringtausch der Aufgabenbereiche vorsieht. Schließlich kann auch die Entsendung von Mitarbeitern in Projektgruppen, die für die Lösung größerer Spezialaufgaben (z. B. Umstellung auf ein neues Kostenrechnungssystem, Einführung der elektronischen Datenverarbeitung, Reorganisation eines Unternehmensbereiches) gebildet wurden, zu Schulungszwecken dienen.

*Ausbildung in Projektgruppen*

*Ausbildung außerhalb des Arbeitsplatzes*

Die Ausbildungsmethoden außerhalb des Arbeitsplatzes vermindern die starke Abhängigkeit des Lernerfolgs von der Person des Vorgesetzten. Sie sollen vor allem Gruppenerfahrung und Gruppendenken in die Ausbildung einbeziehen. Die bekanntesten Methoden sind: Fallmethode, Ereignismethode, Rollenspiel, Unternehmungsplanspiel und multiples Management.

Ausgangspunkt der **Fallmethode** ist ein schriftlich festgelegter, **in der Praxis erhobener oder konstruierter Sachverhalt, der ein oder mehrere Probleme enthält,** die von verschiedenen Ausbildungsgruppen zu bearbeiten sind. Die Teilnehmer unterbreiten Vorschläge und diskutieren deren Eignung innerhalb der Gruppe. In der Abschlußsitzung begründen die Sprecher der Arbeitsgruppen die ausgewählte Lösung sowie die dazu notwendigen Maßnahmen und verteidigen sie gegenüber den Entscheidungen der anderen Gruppen. Die **Ereignismethode** stellt eine Abwandlung der Fallmethode dar. Den Gruppen wird eine Gegebenheit mitgeteilt, und sie sammeln durch gezielte Fragen Informationen über das geschilderte Ereignis. Das Hauptziel der Ausbildung ist hier die Technik der **Informationsgewinnung.**

*Fallmethode*

*Ereignismethode*

Durch **Rollenspiele** werden die Mitarbeiter im Umgang mit anderen Personen ausgebildet. Das Rollenspiel dient der **Verhaltensschulung und -kontrolle** der Teilnehmer in Konfliktsituationen und bei der Führung von Verhandlungen, wobei jeder Spieler vorher festgelegte Standpunkte zu verteidigen hat. Die Auswahl der Spielsituation orientiert sich an praktischen Gegebenheiten wie Verkaufsgesprächen, Interviews, Beeinflussung von Mitarbeitern oder Schlichtung von Streitfällen, Konferenzführung bei unterschiedlichen Interessen usw.

*Rollenspiel*

Zunehmende Verbreitung findet auch die Ausbildung durch **Unternehmungsplanspiele.** Die Teilnehmer einer Gruppe bilden die Geschäftsführung eines Unternehmens, das meist auf einem oligopolistischen Markt mit anderen Unternehmungen in Konkurrenz steht. **Die Gruppe legt die interne Aufgabenverteilung und die Entscheidungsverfahren fest, formuliert ihre Unternehmungsziele und entscheidet über die im Spiel enthaltenen Aktionsparameter,** wobei die Reaktionen der Konkurrenten zu berücksichtigen sind. Bei Unternehmungsplanspielen treten häufig **Konflikte** auf, wenn die Mitglieder der Unternehmungsleitung wegen divergierender Interessen ihrer Ressorts unterschiedliche Maßnahmen durchsetzen wollen. Meistens werten EDV-Anlagen auf der Grundlage eines Spielmodells die Ergebnisse der getroffenen Entscheidungen aus und erstellen Bilanzen und sonstige Unterlagen für die nächste Spielperiode.

*Unternehmungsplanspiel*

Der Grundgedanke des **multiplen Managements** ist die Einrichtung von **Gremien zu Ausbildungszwecken,** die die gleichen Informationen erhalten wie die übergeordneten Entscheidungsinstanzen. Diese zusätzlichen Kollegien setzen sich aus Mitarbeitern zusammen, die hierarchisch eine Stufe unterhalb der Entscheidungseinheit stehen, der sie zugeordnet sind. Sie erarbeiten aufgrund der empfangenen Informationen Empfehlungen für Entscheidungen, die von der übergeordneten Instanz im Hinblick auf bestimmte Probleme getroffen werden müssen. Die Neubesetzung der Beratungskollegien findet in regelmäßigen Abständen statt, wobei nur ein Teil der Mitglieder ersetzt wird. Das Ziel dieser Ausbildung ist die Überwindung des starren Ressort- und Abteilungsdenkens und das Vertrautwerden mit der Problematik langfristiger Führungsentscheidungen.

*multiples Management*

Aufgrund der ständig wachsenden Kosten der Ausbildung ist eine Kontrolle der Effektivität der durchgeführten Maßnahmen erforderlich. Die **Ausbil-**

*Ausbildungskontrolle*

**dungskontrolle** ist nicht nur zur Feststellung des Erfolgs und der Anreizwirkungen von Ausbildungsmaßnahmen notwendig, sondern dient gleichzeitig der Verbesserung der Ausbildungsplanung für spätere Perioden. **Die Schwierigkeit einer exakten Ausbildungskontrolle liegt in der Ermittlung quantifizierbarer Faktoren, die den Erfolg der Schulungsaktivitäten innerhalb und außerhalb der Unternehmung eindeutig messen.**

## VI. Personalverwaltung und Personalorganisation

### 1. Personalverwaltung

Die Personalverwaltung als Teilbereich der allgemeinen Verwaltung umfaßt alle jene Tätigkeiten in einem Industriebetrieb, welche die Zielbezogenheit der verschiedenen personalwirtschaftlichen Funktionen soweit wie möglich **sichern, überwachen und dokumentieren.** Mit dem Begriff „Verwaltung" wird eine Grundfunktion in Unternehmungen umschrieben, die zwar in keinem direkten Zusammenhang zur Leistungserstellung und Leistungsverwertung steht, aber eine **„integrative Klammer"** der Steuerung und Kontrolle der partiellen Arbeitsprozesse in der Unternehmung darstellt. Die Personalverwaltung nimmt damit innerhalb der betrieblichen Personalwirtschaft eine **Unterstützungsfunktion** ein. Ihre schwerpunktmäßige Aufgabenstellung besteht darin, Voraussetzungen für die Verwendung, Erhaltung, Förderung und Entfaltung des Leistungspotentials der Mitarbeiter zu schaffen und Leistungshemmnisse abzubauen. Diese Gesamtaufgabe kann in **informationsbezogene** und **verfahrenstechnische Aufgabenkomplexe** unterteilt werden.

*Begriff der Personalverwaltung*

*Aufgabengebiete*

Bei den Informationsaufgaben handelt es sich zum einen hauptsächlich um die Sammlung, Aufbereitung, Auswertung und Übermittlung personenbezogener Daten (um eine zielbezogene Lenkung und Kontrolle der betrieblichen Leistungsprozesse zu gewährleisten bzw. um die hierfür erforderlichen personalwirtschaftlichen Maßnahmen planen, realisieren und kontrollieren zu können). Zum anderen handelt es sich darum, eine Vielzahl von Rechtspflichten zu erfüllen. Hierzu gehören sowohl die betriebsverfassungsrechtlichen Mitteilungspflichten gegenüber den Arbeitnehmern wie auch die Erfüllung der Informationsansprüche staatlicher Institutionen (Finanzamt, Sozialversicherungsträger etc.). Die Personalverwaltung dient damit der **Deckung des internen wie externen Informationsbedarfs.**

*Informationsaufgaben*

Informationsgrundlage für diese Aufgabenerfüllung ist die über jeden einzelnen Mitarbeiter angelegte Personalakte. Sie enthält sowohl allgemeine, von der Art der betrieblichen Betätigung unabhängige Identifikationsmerkmale (Alter, Geschlecht etc.), wie auch tätigkeitsbezogene Daten. Personalinformationen, die sich auf unveränderliche Personenmerkmale beziehen, und solche, die kurzfristig keinen Änderungen unterworfen sind (z. B. Arbeitsbeschreibung, Gehaltseinstufung) werden als Stammdaten bezeichnet (vgl. Abb. 6.31).

*Personalakte*

*Stammdaten*

Die Gesamtheit der nach bestimmten Systematisierungskriterien zusammengestellten Personalakten bildet die Personaldatei, die meist mit Hilfe einer elektronischen Datenverarbeitungsanlage geführt wird. Der Vorteil elektronischer Datenspeicherung und -verarbeitung ist vor allem in dem geringen zeitlichen Aufwand begründet, mit dem Personaldaten nach unterschiedlichen entscheidungsrelevanten Kriterien geordnet, aufbereitet und ausgewertet

*Personaldatei*

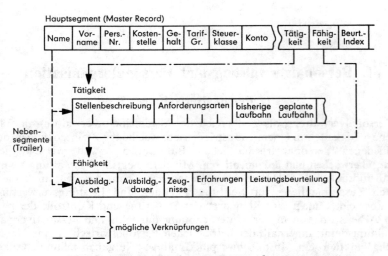

*Abb. 6.31: Beispiel eines Personalstammsatzes*

werden können. Die Personalverwaltung kann dadurch den Entscheidungsträgern in der Unternehmung rechtzeitig die für ihre Aufgabenerfüllung notwendigen Informationen über die Mitarbeiter und deren Aufgaben bereitstellen: für die Zwecke der Personalplanung vor allem aggregierte Personaldaten (z. B. die „Alterspyramide" der Belegschaft als Grundlage für Personalbedarfsermittlungs- und Personalbeschaffungsentscheidungen), für die Zwecke der Personalführung vor allem spezifische individuelle Daten (z. B. Beurteilungsergebnisse).

Weitere zentrale informationsbezogene Aufgaben der Personalverwaltung betreffen die Aufbereitung von Daten in Form von personalwirtschaftlichen Kennzahlen und die Erstellung eines Sozialpotentialberichts.

*Personalwirtschaftliche Kennzahlen*

**Anreizbezogene Kennzahlen** geben beispielsweise Aufschluß über Einkommensunterschiede zwischen Belegschaftsgruppen, die Bedeutung von Anforderungs- und Leistungskomponente für die Lohnstruktur, die relative Belastung durch Sozialleistungen usw. **Beitragsbezogene Kennzahlen** veranschaulichen z. B. die Arbeitsproduktivität, die Zahl der Betriebsunfälle, die Fluktuationsrate.

*Sozialpotentialbericht*

Der Sozialpotentialbericht soll es ermöglichen, die Effizienz personalwirtschaftlicher Maßnahmen im Sinne der verfolgten Ziele zu kontrollieren, aber auch Orientierungswerte für die künftige Personalpolitik zu liefern. Er dient der Information über Umfang und Ausmaß von Leistungsfähigkeit und Leistungsbereitschaft der Mitarbeiter (bzw. ihrer Bestimmungsgrößen) sowie deren Veränderung im Zeitablauf.

*Human-Resource-Accounting*

Erste Ansätze zur **Bewertung der Leistungsfähigkeit der Mitarbeiter** liefern die Konzepte des Human-Resource-Accounting („Human-Vermögensrechnung"). Der Versuch, die Veränderungen und Entwicklungstendenzen der Leistungsbereitschaft zu erfassen, um daraus Konsequenzen für den Einsatz und die Anwendung des personalwirtschaftlichen Instrumentariums abzuleiten, ist Gegenstand der innerbetrieblichen Meinungsforschung.

*innerbetriebliche Meinungsforschung*

Die Personalverwaltung erfüllt neben der Deckung des Informationsbedarfs auch verfahrenstechnische Aufgaben. Hierzu zählt die technische Vorbereitung und Abwicklung von Anwerbung, Auswahl und Einstellung neuer Mitarbeiter (Abgabe von Stellenangeboten, Aufbereiten der Bewerbungsunterlagen, Erstellen von Personalfragebogen, Durchführen von Vorstellungsgesprächen und Einstellungstests usw.) sowie die verwaltungstechnische Vorbereitung und Durchführung von Versetzungen und Entlassungen (z. B. Ausarbeitung, Abschluß und Beendigung von Arbeitsverträgen). Schließlich hat die Personalverwaltung die Erfüllung von Verpflichtungen aus Gesetzen, Verordnungen, Betriebsvereinbarungen, Tarif- und Arbeitsverträgen sicherzustellen (z. B. Lohn- und Gehaltsabrechnung und -auszahlung, Ein- und Umgruppierungen) und die Anträge von Mitarbeitern zu bearbeiten (z. B. auf Nutzung betrieblicher Sozialeinrichtungen).

*verfahrenstechnische Aufgaben*

## 2. Personalinformationssysteme

Ebenso wie in den anderen Funktionsbereichen der Unternehmung unterstützt der Einsatz der elektronischen Datenverarbeitung (EDV) die Personalplanung und -verwaltung.

Die technischen Möglichkeiten zum Aufbau von Personalinformationssystemen mit Hilfe der EDV bleiben bisher aber noch weitgehend ungenutzt. Zwar werden bei der Einführung der elektronischen Datenverarbeitung in der Regel gleichzeitig Verwaltungssysteme installiert, welche auch den Peronalbereich von der Massendatenverarbeitung entlasten; echte Planungssysteme aber wurden bisher nur in Einzelfällen aufgebaut.

Zu den Verwaltungssystemen gehören vor allem Abrechnungsprogramme für Entlohnung, Provision, Betriebspension und Meldeprogramme zur Erstellung einer Vielzahl von Statistiken über Bestands- und Bewegungsdaten im Personalbereich. Aufbauend auf einer im Regelfall seriellen Datenverarbeitung werden unter einem Ordnungsbegriff – meist eine fortlaufende Personalnummer – alle für wichtig gehaltenen oder für vorgeschriebene Auswertungszwecke erforderlichen Personalinformationen (als geschlossener Datenblock) abgespeichert. Der Einsatz solcher Systeme, die in erster Linie eine Darstellungsfunktion erfüllen, dient meist nur dem periodischen Kennzahlenvergleich. Die Verwendung der Personaldaten für eine kontinuierliche **Lenkung und Kontrolle** des Betriebsgeschehens erfordert ein auf die Auswertungsansprüche des Managements abgestimmtes Datenbankmodell (vgl. Teil 4, S. 402 ff., und Teil 8, S. 1050 ff.). Der Aufbau der notwendigen Dateien kann z. B. in Anlehnung an die bei der Stücklistenverwaltung durchgeführte Datenorganisation erfolgen. Die Grundlage bildet eine **Personalstammdatei** (vgl. auch Abb. 6.32).

*Personalstammdatei*

| Merkmalshauptgruppe | Merkmalsgruppe | Merkmal (Auswahl) |
|---|---|---|
| 1 Allgemeine Merkmale | 11 Identifizierende Merkmale | BRD-Personenkennzeichen, Personalnummer, Familienname, Vorname(n), Staatsangehörigkeit, Familien(stands)angaben, Geschlecht, Geburtsdatum/-ort, Anschrift, Unterstellung/ Überstellung etc. |
| | 12 Einstellung | Interviewergebnisse, Testergebnisse, Eintrittsdatum, Vertragsdaten etc. |
| | 13 Sonstige allgemeine Merkmale | Auszeichnungen, Jubiläumstage, Ämter, Belehrungen, Tätigkeitseinschränkungen, Widerspruchsaussagen, Aktualisierungsvermerk, Rückmeldungsvermerk etc. |
| 2 Kenntnis- und Einsatzmerkmale | 21 Schul- und Berufsausbildung, Weiterbildung | Schulen, Prüfungen, Abschlüsse, Praktikantenzeiten, Lehre, Ausbildungskurse, Weiterbildungskurse etc. |
| | 22 Berufserfahrung/Einsatz | Beschäftigungsabschnitte nach Zeit, Position, Tätigkeit, Beurteilungen, Grund für den Wechsel etc., bezogen auf frühere und jetzigen Arbeitgeber |
| | 23 Spezialangaben | Führerscheine, Fremdsprachen, Patente, Auslandserfahrungen, sonstige Befähigungsnachweise |
| | 24 Empfohlene und geplante Maßnahmen | Aus- und Weiterbildung, Versetzung, Beförderung, Job Rotation etc. |
| | 25 Einsatzbereitschaft | Bereitschaft zur Versetzung, Beförderung, zur Beendigung des Einsatzes etc. |
| 3 Physische Merkmale | 31 Muskelbeanspruchung | Muskelbelastbarkeit etc. |
| | 32 Körperhaltung | Zumutbare Körperhaltung etc. |
| | 33 Sehen und Hören | Sehschärfe, Farbtüchtigkeit, Räumliches Sehen, Hörvermögen etc. |
| | 34 Funktion der Gliedmaßen | Grad der Funktionstüchtigkeit etc. |
| | 35 Sonstige physische Merkmale | Maskentauglichkeit, Schwindelfreiheit etc. |
| | 36 Umgebungseinflüsse | Allergien, Reaktion auf Klima, Lärm, Dampf etc. |
| | 37 Leistungsbereitschaft | bezogen auf die genannten relevanten Merkmale |
| 4 Psychische Merkmale | 41 Geistige Merkmale | Auffassungsgabe, Mündliche/Schriftliche Ausdrucksfähigkeit, Räumliches Vorstellungsvermögen etc. |
| | 42 Arbeits- und Gemeinschaftsverhalten | Belastbarkeit und Ausdauer, Kooperationsfähigkeit, Selbständigkeit und Initiative etc. |
| | 43 Sensomotorische Merkmale | Reaktionsvermögen, Handgeschicklichkeit etc. |
| | 44 Sonstige psychische Merkmale | Konzentrationsfähigkeit, Monotoniefestigkeit etc. |
| | 45 Leistungsbereitschaft | bezogen auf die genannten relevanten Merkmale |
| 5 Abrechnungsmerkmale | 51 Lohn/Gehalt | Lohn-/Gehaltsentwicklung, Lohn-/Gehaltsabrechnungsdaten incl. Prämien, Zulagen, Vorschüsse, Gutschriften, Bankverbindung etc. |
| | 52 Versicherung/Versorgung | Angaben zur Krankenversicherung, Unfallversicherung, Sozialversicherung, Pensions-/Altersrente, Vermögensbildung, Darlehen, Beihilfen etc. |
| | 53 Zeitangaben | Urlaub, Fehlzeiten, Zeitabrechnung etc. |
| | 54 Sonstige Abrechnungsmerkmale | Erfolgsbeteiligungs-, Kapitalbeteiligungsdaten, Angaben zur Humankapitalrechnung, mögliche Entwicklungen in zeitlicher Struktur etc. |

*Abb. 6.32: Beispiel für die Informationselemente eines Personalstammsatzes (Domsch)*

In der Verknüpfbarkeit einzelner Dateien nach jedem in ihnen vorhandenen Ordnungsbegriff kommt der **Integrationsaspekt einer Datenbankkonzeption** zum Ausdruck. Die eindeutige Zuordnung einer Adresse zu jedem Informationselement und die Verknüpfung von Adresse und Ordnungsbegriff ermöglichen die Abbildung mehr oder weniger komplexer personalwirtschaftlicher Sachverhalte. So ist es z. B. möglich, ein Element der Personaldatei, beispielsweise die Fähigkeitsstruktur eines Organisationsmitgliedes, mit einem Element der Arbeitsplatzdatei, z. B. der Anforderungsstruktur, zu verbinden, um dadurch ein Anforderungs-Leistungs-Profil zu ermitteln. Im Rahmen der Beförderungsplanung kann aus den Daten der Personalstammdatei und der individuellen Beförderungspläne auf maschinellem Wege ein Personalersatzplan erstellt werden, der die möglichen Nachfolger für die Inhaber der in der Stellenstammdatei erfaßten Positionen angibt.

Die Personalstrukturdatei ermöglicht die **Erstellung personenbezogener Organigramme oder Informationen über Mitarbeitergruppen, die sich durch ein oder mehrere spezielle gemeinsame Merkmale kennzeichnen lassen** (z. B. alle englischsprechenden Mitarbeiter, die ledig und noch nicht älter als 40 Jahre sind, mit mindestens einem Jahr Auslandsaufenthalt).

*Personalstrukturdatei*

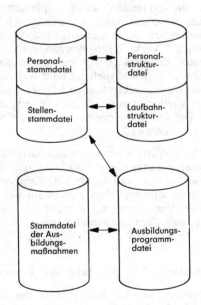

*Abb. 6.33: Datenverkettung für die Karriereplanung*

Solche Abfragen sind vor allem für die Besetzung neu geschaffener Positionen von Bedeutung oder auch dann, wenn über die formalen Laufbahnlinien eine Nachfolgeregelung nicht möglich ist, weil allen unmittelbar in Frage kommenden Stelleninhabern ein wesentliches Merkmal fehlt.

Die **Auswertung der Personalbeurteilung** kann ebenfalls durch die EDV erfolgen, wenn die vertrauliche Behandlung der Daten gewährleistet ist. Dadurch ist eine Vielzahl von Sortierungs- und Auswertungsmöglichkeiten gegeben. So gestatten die Beurteilungsergebnisse z. B. bei größeren Unternehmungen einen umfassenden Überblick über Leistungsfähigkeit und Leistungsentwicklung der einzelnen Mitarbeiter.

Auch bei der **Ausbildungsplanung** ist der Einsatz der EDV möglich. In diesem Fall wird zu den für die Personalverwaltung benötigten Dateien eine zusätzliche Stammdatei aufgebaut, die alle wesentlichen Daten über einzelne Schulungsmaßnahmen enthält. Ferner wird eine Strukturdatei erstellt, die einzelne Schulungsmaßnahmen zu Ausbildungsprogrammen verbindet. Über Adreßverkettung werden diese Dateien mit der Personal- bzw. Stellenstammdatei verknüpft. Es läßt sich auf diese Weise ein stellenbezogener Ausbildungsplan ausdrucken, der mit der individuellen Personalbeurteilung abgeglichen wird. Das Ergebnis ist ein mitarbeiterbezogener Ausbildungsplan, der wiederum im Personalstammsatz abgespeichert werden kann.

Der Einsatz der beschriebenen Datenbanktechniken bei der Organisation und der Auswertung von Personalinformationen gewährt gegenüber den herkömmlichen „Informationssystemen" einen doppelten Vorteil. Bei der herkömmlichen Informationsverarbeitung beschränkt sich die Auswertung von Personalinformationen neben der administrativen Massendatenverarbeitung in der Regel auf „einfache" Verknüpfungsvorgänge, die den Entscheidungsträgern nur zu bestimmten Zeitpunkten zur Verfügung gestellt werden können und selbst dann nicht immer den aktuellen Stand widerspiegeln. Durch Realisierung der genannten Datenbanktechniken können komplexe Auswertungsprozesse durchgeführt werden, wobei sich dem Entscheidungsträger die Möglichkeit bietet, durch Direktabfrage des Systems die größtmögliche Aktualität seiner Informationen sicherzustellen.

Die Schwierigkeiten beim Aufbau personalwirtschaftlicher Datenbänke liegen besonders in der Quantifizierung einer Vielzahl qualitativer, personalwirtschaftlicher Merkmale. Aus diesem Grunde unterliegt jede Personaldatenbank auch der Gefahr einer zu schematischen Verwendung der abgefragten Ergebnisse. Der Gefahr einer Verletzung von Persönlichkeitsrechten des einzelnen Mitarbeiters begegnet das Bundesdatenschutzgesetz von 1977.

## 3. Organisatorische Eingliederung der Personalwirtschaft

Von besonderer Bedeutung für Art und Ausmaß der **Abstimmung** personalwirtschaftlicher Entscheidungen mit anderen betriebswirtschaftlichen Entscheidungsbereichen sowie für die **Koordinierung** personalwirtschaftlicher Maßnahmenprogramme **ist die Eingliederung der personalwirtschaftlichen Funktionen in die Organisationsstruktur des Industriebetriebs.** Dies beinhaltet einerseits die **hierarchische Einordnung der Personalwirtschaft** und ihre Berücksichtigung im betrieblichen Zielbildungsprozeß und andererseits die **strukturelle Gliederung der personalwirtschaftlichen Teilfunktionen** selbst.

## Hierarchische Einordnung der Personalwirtschaft

Während bei Kleinbetrieben die personalpolitischen Grundsatzentscheidungen in der Regel vom Geschäftsführer getroffen werden und die personalbezogenen administrativen Aufgaben den für die allgemeine Verwaltung zuständigen Instanzen mitübertragen sind, erweist es sich bei größeren Unternehmungen als zweckmäßig, eine eigene Personalabteilung für die Erfüllung der stark anwachsenden administrativen personalwirtschaftlichen Funktionen zu schaffen. Für Mittel- und vor allem Großbetriebe sind verschiedene Formen der hierarchischen Eingliederung einer mit umfassenderen Entscheidungskompetenzen ausgestatteten Personalabteilung möglich. Als Ausdruck der wachsenden Bedeutung des Personalbereichs innerhalb des betrieblichen Geschehens zeigt sich in der Praxis zunehmend eine strukturelle Eingliederung der Personalabteilung unmittelbar unter der Geschäftsleitungsebene (z. B. als Hauptabteilung) oder eine gleichgewichtige Einbeziehung in die Geschäftsleitung (z. B. im Rang eines Ressorts).

**Eine möglichst hohe hierarchische Eingliederung der Personalwirtschaft ist notwendig, da die Verwirklichung eines personalpolitischen Konzeptes alle Funktionsbereiche eines Unternehmens betrifft und von daher der Unterstützung durch die Geschäftsleitung bedarf.** Dem tragen auch das Montan-Mitbestimmungs-Gesetz und das Mitbestimmungsgesetz von 1976 Rechnung, die für die ihnen unterliegenden Unternehmen einen Arbeitsdirektor als für den Personalbereich zuständiges geschäftsführendes Vorstandsmitglied vorschreiben.

## Organisatorische Gliederung der Personalabteilung

Für die Wahrnehmung und Erfüllung des personalwirtschaftlichen Aufgabenkomplexes ergeben sich verschiedene **interne** Gliederungsmöglichkeiten. Als reine Strukturierungsformen können **Aufgaben- und Objektgliederung** unterschieden werden, die jedoch in der Wirtschaftspraxis häufig auch als **Mischformen** ein- und durchgeführt werden. *Formen der internen Gliederung der Personalabteilung*

Die Strukturierung nach Aufgaben (funktionale Differenzierung) zeichnet sich durch eine **Zusammenfassung von gleichartigen oder ähnlichen personalwirtschaftlichen Aufgaben zu einem Funktionsbereich** aus. Dadurch können z. B. beitragsbezogene personalwirtschaftliche Aufgabenbereiche wie Personalbedarfsermittlung, -auswahl, -einsatz und -freistellung getrennt neben z. B. der Entgeltplanung zu einer eigenen selbständigen organisatorischen Einheit zusammengefaßt werden. Vorteilhaft erscheint eine solche Funktionsgliederung aufgrund ihrer Spezialisierungsmöglichkeit. Nachteilig ist für das einzelne Organisationsmitglied, daß es mit mehreren Mitarbeitern der Personalabteilung Kontakte aufnehmen muß und dies zu einer gewissen Bürokratisierung der Behandlung von Personalvorgängen beitragen kann. *Strukturierung nach Aufgaben*

*Vorteile einer Funktionsgliederung*

*Nachteile einer Funktionsgliederung*

Unter den Möglichkeiten der objektbezogenen Gliederung empfiehlt sich insbesondere die **Strukturierung nach Mitarbeitergruppen.** Die an Mitarbeitergruppen orientierte Gliederung (personenbezogene Differenzierung) versucht die Nachteile der Aufgabengliederung zu überwinden und will neben der *Strukturierung nach Objekten*

*Prinzip der mitarbeiterorientierten Gliederung (Referentenprinzip)*

*Vorteile des Referentenprinzips*

fachlichen Spezialisierung vorrangig das Prinzip der Mitarbeiternähe als Voraussetzung effizienter Personalarbeit berücksichtigen. Jeder Mitarbeitergruppe, deren Zusammenstellung z. B. aufgrund unterschiedlicher ausbildungs-, berufs- und/oder altersgruppenbedingter Probleme erfolgt, wird **ein nur für sie in allen Personalfragen zuständiger Ansprechpartner (Personalreferent)** zugeordnet. Der wesentliche Vorteil dieses „Referentenprinzips" ist darin zu sehen, daß, sofern der betreute Personenkreis überschaubar bleibt, bei der Durchführung personalwirtschaftlicher Maßnahmen auf die spezifischen Belange und geäußerten Wünsche des Mitarbeiters in stärkerem Maße eingegangen werden kann. Zugleich entsteht ein größeres Vertrauensverhältnis, was wiederum dem Personalreferenten die für eine bedürfnisgerechte Behandlung des Einzelfalls notwendige Informationsbeschaffung zu erleichtern vermag.

## Fragen zur Selbstkontrolle und Vertiefung

1. Nennen Sie die wichtigsten auf das individuelle Arbeitsverhalten einwirkenden Einflußgrößen und setzen Sie diese zueinander in Beziehung!
2. Welche Probleme bestehen bei der Definition des Begriffs der Arbeitsproduktivität?
3. Begründen Sie anhand der Bedürfnisstruktur die Auffassung, wonach monetäre Ansätze nicht allein für die Leistungsbereitschaft des arbeitenden Menschen maßgebend sind!
4. Welche Hauptthesen der Anreiz-Beitrags-Theorie kennen Sie?
5. Warum gibt es keine konfliktfreie Organisation?
6. Inwiefern kann die informale Gruppenbildung zu Konflikthandhabungen beitragen?
7. Inwiefern sind die in Abbildung 6.11 dargestellten Konfliktsituationen und Konflikthandhabungsformen als idealtypisch zu betrachten?
8. Nennen Sie Beispiele der Konflikthandhabung durch Rückzug, Isolation, Ignoranz und Indifferenz!
9. Leiten Sie ausgehend vom Bruttopersonalbedarf den Nettopersonalbedarf ab!
10. Wie ist bei der Bestimmung des qualitativen Nettopersonalbedarfs vorzugehen?
11. Welche Probleme treten bei der Arbeitsanalyse auf und wie schlägt sich deren Lösung in der Arbeitsbeschreibung nieder?
12. Stellen Sie den grundsätzlichen Aufbau eines langfristigen Personalplans dar!
13. Welche Maßnahmen spielen bei der Gestaltung der Beziehung zum Arbeitsmarkt eine besondere Rolle?
14. Begründen Sie die Hypothese, daß sich die Werbung neuer Organisationsmitglieder an den Verhaltensmodellen potentieller Bewerber zu orientieren hat!
15. Welche Kennzahlen sind Ihnen hinsichtlich der Kontrolle der Personalwerbung bekannt?

16. Skizzieren Sie die wesentlichsten Stufen des Auswahlprozesses bei der Gewinnung neuer Mitarbeiter!
17. Welche Einstellungstests kennen Sie, wie sind sie zu beurteilen?
18. Welche Informationen und welche Instrumente der Informationsgewinnung sind zur Abstimmung von Beitragsbedarf und Beitragsangebot notwendig?
19. Nennen Sie mögliche Lösungsverfahren der qualitativen Personalzuordnung!
20. Erläutern Sie den mathematischen Ansatz zur Maximierung der Eignungskoeffizienten!
21. Warum gewährleistet die Forderung: „Der beste Mann an jeden Arbeitsplatz" bzw. „Jede Spezialbegabung an ihren Platz" nicht in jedem Fall die optimale Lösung des Personalzuweisungsproblems?
22. Diskutieren Sie die Möglichkeiten und Grenzen des Personalzuweisungsmodells!
23. Diskutieren Sie die Vor- und Nachteile der Spezialisierung bei der Stellenbildung!
24. Kennzeichnen Sie die Zielsetzung des Konzeptes der „selbststeuernden Gruppen"!
25. Ist allein die Länge der Arbeitspausen für ihren Erholungswert entscheidend?
26. Welchen Einflüssen unterliegt die Definition des „gerechten Lohns"?
27. Welche Gemeinsamkeiten und Unterschiede weisen Arbeitsanalyse, Arbeitsbewertung, Leistungs- und Personalbeurteilung auf?
28. Welche Überlegungen sprechen für eine Bevorzugung des Stufenwertzahlverfahrens gegenüber den anderen Verfahren der Arbeitsbewertung?
29. Läßt sich die Hypothese begründen, daß sich infolge des technischen Fortschritts der Schwerpunkt der Lohnformen vom Akkordlohn zu Zeit- und Prämienlohn verlagert?
30. Welche Überlegungen können der Einführung von Erfolgsbeteiligungssystemen zugrunde liegen?
31. Skizzieren Sie die wesentlichen Problemschichten bei der Gestaltung eines Erfolgsbeteiligungssystems!

32. Durch welche Merkmale lassen sich autoritärer und kooperativer Führungsstil kennzeichnen?

33. Ist es möglich, im Rahmen der Mitarbeiterführung Manipulation und Überzeugung exakt voneinander abzugrenzen?

34. Diskutieren Sie Vor- und Nachteile der verschiedenen Personalbeurteilungsverfahren!

35. Beurteilen Sie alternative Möglichkeiten zur inner- und außerbetrieblichen Weiterbildung!

36. Grenzen Sie die Schlichtungsmechanismen der beiden Mitbestimmungsgesetze ausführlich gegeneinander ab und beurteilen Sie deren Wirksamkeit!

# Literaturhinweise

Albach, H./Gabelin, Th., Mitarbeiterführung – Text und Fälle, Wiesbaden 1977

Baierl, F., Lohnanreizsysteme, Mittel zur Produktivitätssteigerung, 5. Aufl., München 1974

Bartölke, K./Kappler, E./Laske, St./Nieder, P., Arbeitsqualität in Organisationen, Wiesbaden 1978

Bericht der Sachverständigenkommission, Mitbestimmung im Unternehmen, Stuttgart u. a. 1970

Berthel, J., Personal-Management – Grundzüge für Konzeptionen betrieblicher Personalarbeit, Stuttgart 1979

Bieding, F./Scholz, K./Steiner, W./Wendler, F., Leistungsbewertung und Leistungsentlohnung für Angestellte, Köln 1971

Bihl, G., Von der Mitbestimmung zur Selbstbestimmung – Das skandinavische Modell der selbststeuernden Gruppen, München 1973

Binder, O. K., Personalverwaltung mit elektronischer Datenverarbeitung, München 1970

Bisani, F., Personalwesen, Köln/Opladen 1976

Bisani, F., Personalführung, Wiesbaden 1981

Blake, R. R./Shepard, H. A./Mouton, J. S., Managing Intergroup Conflict in Industry, Houston 1964

Bleicher, K./Meyer, E., Führung in der Unternehmung – Formen und Modelle, Reinbek bei Hamburg 1976

Bödiker, M.-L./Lange, W., Gruppendynamische Trainingsformen, Reinbek bei Hamburg 1975

Böhrs, H., Arbeitsstudien in der Betriebswirtschaft, Wiesbaden 1967

Braun, W./Kossbiel, H./Reber, G. (Hrsg.), Grundfragen der betrieblichen Personalpolitik, Festschrift für A. Marx, Wiesbaden 1972

Bruggemann, A. P./Groskurth, U./Ulrich, E., Arbeitszufriedenheit, Bern/Stuttgart/Wien 1975

Bundesvereinigung der Deutschen Arbeitgeberverbände (Hrsg.), Unternehmerische Personalpolitik, Köln 1978

Capol, M., Die Qualifikation der Mitarbeiter als ganzheitliches Führungsmittel im industriellen Betrieb, Bern/Stuttgart 1965

Chmielewicz, K., Arbeitnehmerinteressen und Kapitalismuskritik in der Betriebswirtschaftslehre, Reinbek bei Hamburg 1975

Cyert, R. M./March, J. G., A Behavioral Theory of the Firm, Englewood Cliffs, N. J. 1963

Deutsche Gesellschaft für Personalführung e. V., Personalplanung – Empfehlungen für die Praxis, Königstein/Ts. 1979

DGB/ÖGB/SGB, Menschengerechte Arbeitsgestaltung, Köln 1978

Domsch, M., Systemgestützte Personalarbeit, Wiesbaden 1980

Dunette, M. D., Personnel Selection and Placement, Belmont 1969

Eckardstein, D. v., Laufbahnplanung für Führungskräfte, Berlin 1971

Eckardstein, D. v./Schnellinger, F., Betriebliche Personalpolitik, 3. Aufl., München 1978

Esser, K./Falthauser, K., Beteiligungsmodelle, München 1974

Esser, W.-M., Individuelles Konfliktverhalten in Organisationen, Stuttgart 1975

Euler, H./Stevens, H., Die analytische Arbeitsbewertung als Hilfsmittel zur Bestimmung der Arbeitsschwierigkeit, 3. Aufl., Düsseldorf 1956

Fiedler, F. E., A Theory of Leadership Effectiveness, New York u. a. 1967

Fiedler, F. E./Chemers, M. N., Leadership and Effective Management, Glenvier, Ill. 1973

Fitting, K./Auffarth, F./Kaiser, H., Betriebsverfassungsgesetz, Handkommentar, 13. Aufl., München 1980

Fitting, K./Wlotzke, O./ Wißmann, H., Mitbestimmungsgesetz, Kommentar, München 1976

Gaitanides, M., Industrielle Arbeitsorganisation und technische Entwicklung, Berlin/New York 1976

Gaugler, E., Betriebliche Personalplanung – Eine Literaturanalyse, Göttingen 1974

Gaugler, E. (Hrsg.), Handwörterbuch des Personalwesens, Stuttgart 1975

Gaugler, E./Kolb, M./Link, B., Humanisierung der Arbeitswelt und Produktivität, 2. Aufl., Mannheim 1977

Gaugler, E./Kolvenbach, H./Lay, G./Ripke, M./Schilling, W., Leistungsbeurteilung in der Wirtschaft, Baden-Baden 1978

Goossens, F., Personalleiterhandbuch, 6. Aufl., München 1974

Greenlaw, P. S./Biggs, W. Y., Modern Personnel Management, Philadelphia u. a. 1979

Guion, R. B., Personnel Testing, New York u. a. 1965

Hartmann, H./Meyer, P., Soziologie der Personalarbeit, Stuttgart 1980

Hasenack, W., Arbeitshumanisierung und Betriebswirtschaft, München/Wien 1977

Hax, K., Personalpolitik der Unternehmung, Reinbek bei Hamburg 1977

Heinen, E., Grundlagen betriebswirtschaftlicher Entscheidungen – Das Zielsystem der Unternehmung, 3. Aufl., Wiesbaden 1976

Heinen, E. (Hrsg.), Betriebswirtschaftliche Führungslehre – Grundlagen – Strategien – Modelle, 2. Aufl., Wiesbaden 1984

Heinrich, L. J./Pils, M., Betriebsinformatik im Personalbereich – Die Planung computergestützter Personalinformationssysteme, Würzburg/Wien 1979

Hentze, J., Personalwirtschaftslehre, Bd. 1 und 2, Bern/Stuttgart 1977

Herzberg, F./Mausner, B./Snyderman, B., The Motivation to Work, 2. Aufl., New York u. a. 1959

Hetzler, H. W., Die Bewertung von Bürotätigkeiten, 2. Aufl., Köln/Opladen 1964

House, R. J., A Path-Goal Theory of Leader Effectiveness, in: Administrative Science Quarterly 16, 1971, S. 321 ff.

Kador, F.-J./Pornschlegel, H., Handlungsanleitung zur betrieblichen Personalplanung, Frankfurt a. M. 1977

Kahn, R. L./Wolfe, D. M./Quinn, R. P./Snoek, D. J., Organizational Stress: Studies in Role Conflict and Ambiguity, New York 1964

Kern, H./Schumann, M., Industriearbeit und Arbeiterbewußtsein, Teil I und II, Frankfurt a. M. 1970

Kirsch, W., Entscheidungsprozesse, Bd. 3, Entscheidungen in Organisationen, Wiesbaden 1971

Kirsch, W./Bruder, W./Gabele, E., Personalschulung, München 1978

Klis, M., Überzeugung und Manipulation – Grundlagen einer Theorie betriebswirtschaftlicher Führungsstile, Wiesbaden 1970

Kolbinger, J., Das betriebliche Personalwesen, 2 Bände, 2. Aufl., Stuttgart 1972

Kosiol, E., Leistungsgerechte Entlohnung, 2. Aufl., Wiesbaden 1962

Kossbiel, H., Probleme und Instrumente der betrieblichen Personalplanung, in: Schriften zur Unternehmensführung, Bd. 20: Personalplanung, Wiesbaden 1974, S. 5 ff.

Kossbiel, H., Personalbereitstellung und Personalführung, Wiesbaden 1976

Krafft, W., Das betriebliche Vorschlagswesen als Gruppenaufgabe und Gruppenproblem, Berlin 1966

Kupsch, P. U., Der Beitrag der Kontingenztheorie zur Bestimmung des optimalen Führungsstils, in: Arbeit und Leistung, 1974, S. 197 ff.

Kupsch, P. U./Picot, A., Das Problem des optimalen Führungsstils, in: Blätter für Genossenschaftswesen, 1973, S. 373 ff.

Lawler, E. E., Pay and Organizational Effectiveness: A Psychological View, New York u. a. 1971

Lawler, E. E., Motivierung in Organisationen, Bern/Stuttgart 1977

Likert, R., New Patterns of Management, New York u. a. 1961

Macharzina, K./Oechsler, W. A., Personalmanagement, Bd. II, Organisations- und Mitarbeiterentwicklung, Wiesbaden 1977

March, J. G./Simon, H. A., Organisation und Individuum – Menschliches Verhalten in Organisationen, Wiesbaden 1976

Marr, R., Leistungsbereitschaftsbezogene Indikatoren in EDV-gestützten Personalplanungssystemen, in: Reber, G. (Hrsg.), Personalinformationssysteme, Stuttgart 1979

Marr, R., Das Sozialpotential betriebswirtschaftlicher Organisationen, Berlin 1979

Marr, R./Stitzel, M., Personalwirtschaft – Ein konfliktorientierter Ansatz, München 1979

Marx, A., Personalplanung in der modernen Wettbewerbswirtschaft, Baden-Baden 1963

Marx, A. (Hrsg.), Personalführung, 4 Bände, 1969/71

Marzen, W., Von der autoritären zur kooperativen Unternehmensführung, in: Peemöller, V. H. (Hrsg.), Führung in Organisationen, Berlin 1979

Maslow, A. H., Motivation und Personality, New York u. a. 1954

Mayer, A./Herwig, B. (Hrsg.), Handbuch der Psychologie, Bd. 9, Betriebspsychologie, Göttingen 1970

Mayer, A. (Hrsg.), Organisationspsychologie, München 1978

McGregor, D., The Human Side of Enterprise, New York u. a. 1960

McGregor, D., Leadership and Motivation, Cambridge, Mass. 1966

Megginson, L. C., Personnel: A Behavioral Approach to Administration, Homewood, Ill. 1967

Mohr, A., Personalplanung und Betriebsverfassungsgesetz – Beteiligungsmöglichkeiten des Betriebsrates, Köln 1977

Müller, W., Kaderentwicklung und Kaderplanung – Theoretische und instrumentale Grundlagen, Bern u. a. 1971

Müller-Bader, P., Konflikt und Leistung, München 1977

Neuberger, O., Messung der Arbeitszufriedenheit, Stuttgart u. a. 1974

Neuberger, O., Theorien der Arbeitszufriedenheit, Stuttgart u. a. 1974

Neuberger, O., Führungsverhalten und Führungserfolg, Berlin 1976

Neuberger, O., Organisation und Führung, Stuttgart u. a. 1977

Nieder, P. (Hrsg.), Führungsverhalten im Unternehmen, München 1977

Nieder, P./Naase, Ch., Führungsverhalten und Leistung – Stand der Forschung und Konsequenzen für die betriebswirtschaftliche Praxis, Bern/Stuttgart 1977

Nüßgens, K.-H., Führungsaufgabe Personalwesen – Analyse und Maßnahmen eines Personalinformationssystems, Berlin/New York 1975

Oechsler, W. A., Konfliktmanagement. Theorie und Praxis industrieller Arbeitskonflikte, Wiesbaden 1979

Peterson, R./Tracy, L., Systematic Management of Human Resources, Reading, Mass. u. a. 1979

Pigors, P./Myers, Ch. A., Personnel Administration, 8. Aufl., New York 1977

Porter, L. W./Lawler, E. E., Managerial Attitudes and Performance, Homewood, Ill. 1968

Porter, L. W./Lawler, E. E./Hackman, J. K., Behavior in Organizations, New York u. a. 1975

Potthoff, E., Betriebliches Personalwesen, Berlin/New York 1974

Reber, G., Personales Verhalten im Betrieb – Analyse entscheidungstheoretischer Ansätze, Stuttgart 1973

Reber, G. (Hrsg.), Personalinformationssysteme, Stuttgart 1979

REFA, Methodenlehre des Arbeitsstudiums, Bände 1, 2, 3, 4, 5 und 6, München 1972, 1973, 1974 und 1975

Rehkugler, H., Die Verteilung einzelwirtschaftlicher Wertschöpfung, Diss. München 1972

Remer, A., Personalmanagement – Mitarbeiterorientierte Organisation und Führung von Unternehmen, Berlin/New York 1978

Rosenstiel, L. v., Motivation im Betrieb, 3. Aufl., München 1974

Rosenstiel, L. v., Die motivationalen Grundlagen des Verhaltens in Organisationen – Leistung und Zufriedenheit, Berlin 1975

Rosenstiel, L. v., Grundlagen der Organisationspsychologie, Stuttgart 1980

Rühli, E., Unternehmensführung und Unternehmenspolitik, Bd. 1 und 2, Stuttgart/Bern 1978

Schanz, G., Verhalten in Wirtschaftsorganisationen, München 1978

Schmidt, H./Hagenbruck, H./Sämann, W., Handbuch der Personalplanung, Frankfurt a. M./New York 1975

Schönfeld, H.-M., Die Führungsausbildung im betrieblichen Funktionsgefüge, Wiesbaden 1967

Schreyögg, G./Steinmann, H./Zauner, B., Arbeitshumanisierung für Angestellte – Job-Enrichment im Verwaltungs- und Dienstleistungsbereich, Stuttgart u. a. 1978

Schultz, R., Einführung in das Personalwesen, Würzburg/Wien 1981

Segesser, W., Leistungsstandards für Führungskräfte, Bern 1966

Steinmann, H./Heinrich, M./Schreyögg, G., Theorie und Praxis selbststeuernder Arbeitsgruppen – Eine Analyse der Erfahrungen in Skandinavien, Köln 1976

Stogdill, R. M., Handbook of Leadership, New York/London 1974

Strauss, G./Sayler, R., Personnel: The Human Problems of Management, 2. Aufl., Englewood Cliffs, N. J. 1967

Sutermeister, R. A., People and Productivity, New York u. a. 1963

Timmermann, M. (Hrsg.), Personalführung, Berlin u. a. 1977

Türk, K., Instrumente betrieblicher Personalwirtschaft, Neuwied 1978

Ulrich, H./Staerkle, R., Personalplanung, Köln/Opladen 1965

Vroom, V. H., Work and Motivation, 3. Aufl., New York u. a. 1967

Vroom, V. H./Yetton, P., Leadership and Decision-Making, Pittsburgh 1973

Wächter, H., Praxis der Personalplanung, Herne/Berlin 1974

Wagner, H., Bestimmungsfaktoren der menschlichen Arbeitsleistung im Betrieb, Wiesbaden 1966

Weber, W., Personalplanung, Stuttgart 1975

Wibbe, J., Arbeitsbewertung – Entwicklung, Verfahren und Probleme, 3. Aufl., München 1966

Wunderer, R. (Hrsg.), Humane Personal- und Organisationsentwicklung. Festschrift für Guido Fischer zu seinem 80. Geburtstag, Berlin 1979

Wunderer, R./Grunwald, W., Führungslehre, 2 Bände, Berlin/New York 1980

Zander, E./Knebel, H., Taschenbuch für Arbeitsbewertung, Heidelberg 1978

Zander, E./Knebel, H., Taschenbuch für Leistungsbeurteilung und Leistungszulagen, Heidelberg 1980

Zülch, G., Anwendung der Profilmethode bei der qualitativen Personaleinsatzplanung, in: Zeitschrift für Arbeitswissenschaft 1976, S. 226 ff.

# Siebter Teil

# Kapitalwirtschaft

von

Ekkehard Kappler und Heinz Rehkugler

Siebter Teil

**Kapitalwirtschaft**

I. Die betrieblichen Geldprozesse ........................ 773
   1. Wertekreislauf und Zahlungsstromschema .............. 773
   2. Elemente zahlungsstromrelevanter Entscheidungen ........ 775

II. Ausgabenrelevante Entscheidungen ..................... 779
   1. Kapitalbindende Ausgaben und Investitionsbegriff ......... 779
   2. Investitionsentscheidungsprozeß ..................... 780
      a) Analyse von Investitionsentscheidungen .............. 780
         Arten von Investitionsentscheidungen 781 – Phasen des Investitionsentscheidungsprozesses 783 – Organisation des Investitionsentscheidungsprozesses 786 – Typische Schwachstellen im Investitionsentscheidungsprozeß 787
      b) Investitionskalküle ............................. 788
         Ein Grundmodell 791 – Teilzielorientierte Verfahren 795 – Endzielorientierte Verfahren 803 – Berücksichtigung nichtmonetärer Ziele 811 – Die Problematik entscheidungslogischer Kalküle 817
      c) Bewältigung der Ungewißheit bei Investitionsentscheidungen ................................................. 818
         Sicherheitsäquivalente 819 – Sensitivitätsanalyse 820 – Risikoanalyse 822 – Entscheidungsbaumverfahren 823
      d) Investitionskontrolle ........................... 826
   3. Kapitalentziehende Ausgaben ........................ 827

III. Einnahmenrelevante Entscheidungen .................... 830
   1. Kapitalfreisetzende Einnahmen ...................... 830
   2. Kapitalzuführende Einnahmen ....................... 834
      Bedarfsermittlung 834 – Arten der Kapitalzuführung 836 – Innenfinanzierung 837 – Außenfinanzierung 847 – Kriterien der Kapitalstrukturentscheidung 852

IV. Die Abstimmung von ausgaben- und einnahmenrelevanten Entscheidungen ......................................... 861
   1. Abstimmung der Zahlungsströme mit Kennzahlen ......... 862
   2. Finanzplanung und -kontrolle ....................... 864
   3. Simultane Optimierungsmodelle ..................... 872

*Fragen zur Selbstkontrolle und Vertiefung* ................. 879

*Literaturhinweise* ...................................... 882

# I. Die betrieblichen Geldprozesse

## 1. Wertekreislauf und Zahlungsstromschema

Der Strom betrieblicher Leistungen reicht von der Beschaffung der Produktionsfaktoren über ihre Transformation in marktlich verwertbare Güter und Dienstleistungen bis zu ihrem Absatz. Diesen Leistungsströmen fließen Geldströme entgegen.

*Güter- und Geldströme*

Die Beschaffung von Werkstoffen und Betriebsmitteln und der Einsatz des benötigten Personals führen zu Ausgaben. Für die erforderlichen Geldmittel wird in der Betriebswirtschaftslehre üblicherweise der Begriff „**Kapital**" gebraucht. Die Beschaffung von Kapital wirft besondere Probleme auf. Ihre Ausgliederung aus der allgemeinen Beschaffungsfunktion (Teil 3) ist damit gerechtfertigt.

**Die Höhe des notwendigen Kapitals hängt zunächst von Art, Menge und Preis der zu beschaffenden Produktionsfaktoren ab. Geldquellen und Kapitalformen stellen mögliche Freiheitsgrade der Kapitalbeschaffung dar.**

Der Rückfluß des eingesetzten Kapitals erfolgt durch die Einnahmen aus der marktlichen Verwertung der erstellten Leistungen. Die Umsatzeinnahmen können die Unternehmung verlassen oder für eine erneute Kapitalbindung Verwendung finden. Die Kapitalumschlagsdauer wird vornehmlich durch Struktur und Prozeß der Fertigung bestimmt. Die Zusammenhänge zwischen Güter- und Geldströmen im Industriebetrieb soll Abbildung 7.1 schematisch verdeutlichen.

Das Schema zeigt, daß Kapital zur Bezahlung eingesetzter Produktionsfaktoren durch Umsatzerlöse (aus der Unternehmung selbst) oder von Finanzmärkten im weitesten Sinn (von außerhalb der Unternehmung) beschafft werden kann. Weiterhin ist ersichtlich, daß die Umsatzeinnahmen nicht notwendig in ihrem gesamten Umfang zum Ersatz verbrauchter Produktionsfaktoren, zur Entlohnung des eingesetzten Personals und zur Beschaffung zusätzlicher Einsatzgüter (Wiederanlage im Unternehmen) Verwendung finden müssen; vielmehr wird ein Teil der Erlöse an Eigen- und Fremdkapitalgeber (Finanzmärkte) sowie an die öffentliche Hand in Form von Zinszahlungen, Kredittilgungen und Gewinnsteuern fließen.

Während jedem Güterprozeß mittelbar oder unmittelbar ein Geldprozeß zugeordnet ist, brauchen Geldprozesse nicht mit Güterprozessen verbunden zu sein. So können zum Beispiel die Kreditaufnahme und die Kredittilgung reine Zahlungsvorgänge ohne güterwirtschaftliches Äquivalent sein. Das gleiche gilt für Finanzinvestitionen. Die betriebliche Geldsphäre reicht damit über die Gütersphäre hinaus.

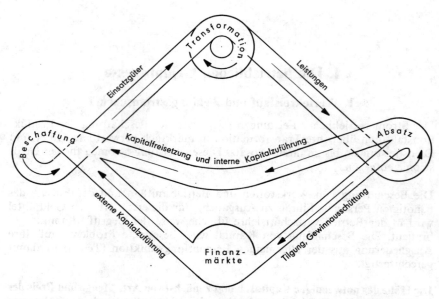

*Abb. 7.1: Güter- und Geldströme aus der Sicht der Unternehmung*

*Arten von Zahlungsströmen*

Die hier vorgenommene Analyse der Kapitalwirtschaft einer Unternehmung geht von folgender Einteilung der Zahlungsströme (vgl. Abbildung 7.2) aus: Als erste Klassifizierung bietet sich die Unterscheidung in **ausgabenrelevante und einnahmenrelevante Zahlungsströme** an. Als Einnahmen gelten dabei Zahlungsmittelzugänge, als Ausgaben Zahlungsmittelabgänge (zur begrifflichen Differenzierung vgl. S. 910f.). Eine Ausgabe ist kapitalbindend, wenn zu erwarten ist, daß sie über die marktliche Leistungsverwertung oder die Rückzahlung aus aktiver Finanzierung in die Unternehmung zurückfließt. Diese Rückflüsse sind die kapitalfreisetzenden Einnahmen. Erwirtschaftet die Unternehmung einen Gewinn, so schlägt er sich im Zeitpunkt der Realisierung mit den kapitalfreisetzenden Strömen als Einnahme nieder. Er steht der Unternehmung ebenso wie die von außen zugeführten Eigen- und Fremdmittel zur Deckung des Kapitalbedarfs zur Verfügung. Realisierte Verluste schmälern dagegen die einnahmenrelevanten Zahlungsströme. Alle anderen Ausgaben, die, wie Eigenkapitalentnahme oder Gewinnausschüttung, die Unternehmung endgültig verlassen, bilden die kapitalentziehenden Ausgaben. Ihnen stehen die kapitalzuführenden Einnahmen gegenüber, die der Unternehmung zusätzliches Kapital zur Verfügung stellen. Durch das zeitliche Auseinanderfallen von Kapitalbindung und Kapitalfreisetzung entsteht der Kapitalbedarf. **Kapitalbindende Ausgaben und kapitalfreisetzende Einnahmen sollen deshalb als kapitalbedarfsrelevante Zahlungsströme bezeichnet werden.** Der Kapitalbedarf muß durch Kapitalzuführung (Finanzierung) gedeckt werden. Die Deckung des Kapitalbedarfs ist durch die zugeführten Geldmittel gegeben. Entsprechend schmälert ein Kapitalentzug die Deckung des Kapitalbedarfs. **Kapital-**

zuführende Einnahmen und kapitalentziehende Ausgaben lassen sich deshalb als kapitaldeckungsrelevante Zahlungsströme zusammenfassen.

Mit dieser Einteilung können neben den laufenden auch die besonderen, gelegentlichen kapitalwirtschaftlichen Entscheidungen eines Industriebetriebes beschrieben werden. So lassen sich die kapitalwirtschaftlichen Prozesse bei der Gründung eines Unternehmens unter die kapitalzuführenden und die kapitalbindenden Ströme subsumieren. Sanierungen zeigen entweder keine zahlungsstromrelevanten Konsequenzen (bei rein buchmäßiger Kapitalherabsetzung) oder wirken sich in einer Kapitalzuführung aus. Liquidationsvorgänge schlagen sich in kapitalfreisetzenden und kapitalentziehenden Strömen nieder. Zwischen laufenden und einmaligen Entscheidungen lassen sich bei Zugrundelegung dieser Einteilung der Zahlungsströme keine Unterschiede feststellen, die eine getrennte Analyse rechtfertigen und erfordern würden.

| Ausgabenrelevante Zahlungsströme | | Einnahmenrelevante Zahlungsströme | |
|---|---|---|---|
| kapitalbindende Ströme | kapitalentziehende Ströme | kapitalfreisetzende Ströme | kapitalzuführende Ströme |
| 1. Ausgaben für die Beschaffung von Produktionsfaktoren einschließlich Fremdkapitalzinsen | 1. Ausgaben infolge Eigenkapitalentnahme | 1. Einnahmen aus der marktlichen Verwertung von Leistungen einschließlich der Zinsen für Kapitalüberlassung | 1. Einnahmen aus Eigenkapitaleinlagen |
| 2. Ausgaben infolge Kapitalüberlassung an andere Wirtschaftseinheiten | 2. Ausgaben für Fremdkapitaltilgung | 2. Einnahmen aus Rückzahlungen im Rahmen aktiver Finanzierung | 2. Einnahmen aus Fremdkapitalaufnahme |
| 3. Ausgaben für gewinnunabhängige Steuern (z. B. Vermögensteuer, Gewerbekapitalsteuer, Grundsteuer) | 3. Ausgaben für gewinnabhängige Steuern | 3. Einnahmen aus der marktlichen Verwertung nicht verzehrter Produktionsfaktoren | |
| | 4. Ausgaben für Gewinnausschüttung | | |

*Abb. 7.2: Betriebswirtschaftliche Zahlungsströme*

## 2. Elemente zahlungsstromrelevanter Entscheidungen

Mit der Übersicht über die Zahlungsströme ist der Aufgabenbereich der Kapitalwirtschaft im Industriebetrieb umrissen. **Die Kapitalwirtschaft befaßt sich mit der Gestaltung der betrieblichen Zahlungsströme.** Dabei haben die betreffenden Maßnahmen zieladäquat zu erfolgen. Sie sollen also zur Erreichung der Unternehmungsziele beitragen.

*kapitalwirtschaftliche Zielbildung*

Die ältere Finanzierungsliteratur geht von einem ganzheitlichen Unternehmungsbegriff aus. In dieser Betrachtungsweise wird die Unternehmung als eine Entscheidungseinheit mit selbständigen Zielen gesehen. Es werden eine Reihe kapitalwirtschaftlich relevanter Ziele genannt, wobei insbesondere das Streben nach Erhaltung des finanziellen Gleichgewichts hervorgehoben wird. Die Betonung dieser Zielsetzung liegt darin begründet, daß der Fortbestand jeder Unternehmung die dauernde Aufrechterhaltung der Zahlungsfähigkeit erfordert. **Zu jedem Zeitpunkt müssen die verfügbaren Mittel zur Deckung der notwendigen Ausgaben ausreichen.** Da Ein- und Auszahlungsströme aufgrund unvollkommener Informationen in ihrer Höhe und zeitlichen Verteilung nicht exakt prognostizierbar sind, ist die Einhaltung des finanziellen Gleichgewichts mit Unsicherheiten behaftet. Die Risikoeinstellung der Organisationsteilnehmer bestimmt in diesem Fall die Aufteilung der verfügbaren Mittel in ausgabenrelevante Zahlungen und Liquiditätsreserven (z. B. unausgenützte Kreditspielräume, kurzfristig liquidierbare Kapitalbindungen). Als weitere Zielsetzungen werden verschiedene Ausprägungen des Erfolgsziels sowie Wachstum, Sicherheit, finanzwirtschaftliche Flexibilität, Unabhängigkeit, Macht und Prestige genannt.

*Liquidität*

*sonstige Ziele*

*Zielbildungsprozeß*

Eine derartige Betrachtung abstrahiert von den realen Zielbildungsprozessen und den hinter den Zielen stehenden Personen(gruppen). Die Ziele der Unternehmung, an denen sich die Kapitalwirtschaft zu orientieren hat, ergeben sich im Wege von Aushandlungsprozessen aus den unterschiedlichen Zielvorstellungen, die Personen bzw. Gruppen mit ihrer Entscheidung zur Teilnahme an der Koalition „Unternehmung" verbinden. Im Ergebnis des Zielbildungsprozesses spiegelt sich somit die Machtverteilung der beteiligten Gruppen (z. B. Unternehmungsleitung, Eigen- und Fremdkapitalgeber, Belegschaft) wider.

*Ziele der Eigentümer*

In der jüngeren Finanzierungstheorie dominiert eine gruppenbezogene Zielkonzeption. Aus den für die Zielbildung in der Unternehmung relevanten Gruppen wird die Gruppe der Eigentümer herausgehoben. Auf deren spezifische Zielsetzungen werden die Modelle zur (optimalen) Gestaltung der Zahlungsströme ausgerichtet. In den verschiedenen Modellen wird das meist unterstellte globale Ziel der Eigentümer „Streben nach Wohlstand" unterschiedlich konkretisiert. Während für die Entscheidungen über Kapitalstrukturen überwiegend vom Ziel der **Maximierung der Kurswerte der Kapitalanteile** ausgegangen wird, wird bei Investitionsentscheidungen die **Maximierung des Endwertes oder der Entnahme** als Ziel des Investors (Eigentümers) angenommen.

*Ziele anderer Gruppen*

Ziele anderer Gruppen bleiben demgegenüber weitgehend unberücksichtigt. Ursachen hierfür sind eine vermutete Gleichartigkeit oder Komplementarität der Ziele sowie die geringe Macht dieser Gruppen zur Durchsetzung ihrer Zielsetzung im betrieblichen Zielbildungsprozeß. **Der tatsächliche Einfluß** der einzelnen Gruppen auf die Zielbildung und die kapitalwirtschaftlichen Entscheidungen ließe sich im Einzelfall nur empirisch ermitteln. **Die formelle**

**Beteiligung** an Entscheidungsprozessen kann somit nur ein erstes Indiz für deren Einfluß darstellen. Sie ist abhängig von Rechtsform und Größe der Unternehmung sowie eventuell von zusätzlichen vertraglichen Vereinbarungen. Dies sei am Beispiel der Aktiengesellschaft kurz erläutert.

Die Führung der Geschäfte obliegt der Kerngruppe „Unternehmungsleitung" (Vorstand). Die Befugnis zur Entscheidung über kapitalwirtschaftliche Maßnahmen ist jedoch nicht auf diese Gruppe beschränkt. Gemäß § 111 Abs. 4 AktG kann die Satzung oder der Aufsichtsrat bestimmen, daß bestimmte Entscheidungen an die Zustimmung des Aufsichtsrates gebunden sind. Aufgrund dieses Zustimmungsvorbehalts wird der Aufsichtsrat Teil der betrieblichen Willensbildung. Mitglieder des Aufsichtsrats können beispielsweise Anteilseigner, Fremdkapitalgeber, Geschäftspartner und, wenn die Unternehmung den verschiedenen Mitbestimmungsgesetzen unterliegt, auch Arbeitnehmer sein. Für die Gruppe der Arbeitnehmer ergeben sich weitere Mitwirkungsrechte an Investitionsentscheidungen aus dem Betriebsverfassungsgesetz. Gemeinsam mit dem Vorstand obliegt dem Aufsichtsrat auch die Gewinnfeststellung, sofern nicht beschlossen wird, diese der Hauptversammlung zu überlassen (§§ 172 ff. AktG). Über die Verwendung des Gewinns und die Ausgabe von Aktien befinden dagegen allein die Anteilseigner in der Hauptversammlung (§ 119 Abs. 1 AktG).

*Beteiligte am Entscheidungsprozeß*

Das Aktionsfeld kapitalwirtschaftlicher Entscheidungen wird durch verschiedene Faktoren begrenzt. Gesellschaftssystem und Wirtschaftsgesetzgebung bilden den politischen und rechtlichen Rahmen. Insbesondere die Möglichkeiten der Kapitalzuführung sind in starkem Maße von der gewählten Rechtsform und der Situation auf den Finanzmärkten abhängig. Frühere Entscheidungen des Kapitalbereichs oder anderer Unternehmensbereiche können bestimmte Geldprozesse größenordnungs- und zeitmäßig determinieren. Als Beispiele seien nur die notwendige Tilgung von Fremdkapital und die Vornahme von Folgeinvestitionen genannt.

*Nebenbedingungen*

Die zieladäquate Gestaltung der Zahlungsströme setzt eine Analyse ihrer Freiheitsgrade und ihrer alternativen Zielwirkung voraus. Den folgenden Ausführungen liegt die Zahlungsstromübersicht der Abbildung 7.2 zugrunde. Abschnitt II. befaßt sich mit den ausgabenrelevanten Zahlungsströmen. Das Hauptgewicht wird dabei auf die Ausgaben für die Beschaffung von Produktionsfaktoren, insbesondere von Betriebsmitteln zu legen sein. Die theoretisch erarbeiteten und in der Praxis angewandten Verfahren zur Beurteilung der Vorteilhaftigkeit von Investitionen werden dargestellt und in ihrer Problematik kritisch erhellt.

*kapitalwirtschaftliche Entscheidungstatbestände*

Eine Untersuchung der einnahmenrelevanten kapitalfreisetzenden und kapitalzuführenden Zahlungsströme erfolgt in Abschnitt III. Fragen der Kapitalzuführung bilden den Hauptgegenstand der traditionellen Finanzierungsliteratur. In diesem Rahmen sollen Möglichkeiten der Innen- und Außenfinanzierung und Ansätze der theoretisch optimalen Gestaltung der Kapitalstruktur und der Selbstfinanzierung diskutiert werden.

Die gleichsam isoliert betrachteten Stromgrößen bedürfen der Abstimmung in einem Koordinationsmodell der Kapitalwirtschaft. Als mögliche Abstimmungsmethoden erörtert Abschnitt IV. die kurz- und langfristige Finanzplanung und Modelle der simultanen Optimierung des Kapitalbereiches mit Hilfe operationsanalytischer Verfahren.

## II. Ausgabenrelevante Entscheidungen

Generell betreffen ausgabenrelevante Entscheidungen die kapitalbindenden und die kapitalentziehenden Ausgaben. Der erste und der dritte Unterpunkt dieses Abschnittes entsprechen diesen Kategorien. Die besondere Bedeutung, die der Investitionsplanung im Industriebetrieb zukommt, und die Tatsache, daß wesentliche Entscheidungen über kapitalbindende Ausgaben sich auf Investitionen beziehen, rechtfertigen die Hervorhebung der „industriellen Investitionsplanung" in einem eigenen Unterpunkt (2.).

### 1. Kapitalbindende Ausgaben und Investitionsbegriff

Die dargestellte Einteilung der Zahlungsströme weist unter der Kategorie der ausgabenrelevanten Zahlungsströme die **kapitalbindenden Ausgaben** aus. Einer weiteren Untergliederung folgend ergibt sich die nachstehende Differenzierung:

(1) Ausgaben für die Beschaffung von Produktionsfaktoren einschließlich Fremdkapitalzinsen;

(2) Ausgaben infolge der Kapitalüberlassung an andere Wirtschaftseinheiten;

(3) Ausgaben für gewinnunabhängige Steuern.

Allen Kategorien ist gemeinsam, daß **Kapital – also Geld für betriebswirtschaftliche Zwecke** – mehr oder weniger lang der Verfügungsgewalt der Unternehmung entzogen wird, nämlich so lange, bis es über die am Markt erzielten Preise bzw. Einnahmen oder die Rückzahlung von Darlehen und ähnlichem der Betriebswirtschaft wieder in Geldform zur Verfügung steht. Im Gegensatz zu den kapitalentziehenden Ausgaben bzw. den kapitalzuführenden Einnahmen, die allenfalls über den Kapitalmarkt in einen mehr indirekten Zusammenhang gebracht werden können, wird bei den kapitalbedarfsrelevanten Zahlungen häufig das Bild eines direkten Kreislaufs verwendet, das auch in der Darstellung des Investitionsprozesses als Rotationsprozeß (Investition – Desinvestition – Reinvestition) zum Ausdruck kommt.

*Folgen der Kapitalbindung*

*Investitionsprozeß als Rotationsprozeß*

Für die weiteren Überlegungen ist zunächst die Frage zu klären, welche Beziehungen sich zwischen kapitalbindenden Ausgaben und dem Investitionsbegriff herstellen lassen. In der betriebswirtschaftlichen Literatur findet eine Vielzahl von Investitionsbegriffen Verwendung, die sich in Begriffsinhalt und Begriffsumfang meist wesentlich unterscheiden.

Das Dilemma differierender Definitionen kann nur durch eine zweckgerichtete Entscheidung gelöst werden, das heißt es ist der Investitionsbegriff zu wählen, der der gestellten Aufgabe am besten entspricht. **Im Sinne einer Behandlung der Investitionsplanung im Rahmen kapitalwirtschaftlicher Überlegungen erscheint**

*Abgrenzung eines relevanten Investitionsbegriffs*

es zweckmäßig, für den zu definierenden Investitionsbegriff von den kapitalbindenden Ausgaben der Unternehmung auszugehen.

Einige **Einschränkungen** erweisen sich allerdings als notwendig:

(1) Der Verzicht auf eine gesonderte Behandlung der gewinnunabhängigen Steuern erscheint im Rahmen dieser Einführung gerechtfertigt, da die Höhe dieser Ausgaben durch die Beschaffung von Produktionsfaktoren (zumindest, wenn darunter Sachgüter zu verstehen sind) determiniert wird.

(2) Fremdkapitalzinsen werden bei den kapitalzuführenden Einnahmen behandelt (vgl. S. 834 ff.), da sie durch die Fremdkapitalzuführung determiniert werden.

(3) Nicht aus definitionslogischen, wohl aber aus Gründen der Zweckmäßigkeit erscheint eine Ausklammerung der Ausgaben für den „Produktionsfaktor" Arbeit aus dem Investitionsbegriff empfehlenswert. Im Rahmen der „Personalwirtschaft" (vgl. Teil 6, S. 629 ff.), aber auch der „Industriellen Organisation" (vgl. Teil 2, S. 99 ff.) wird eine Abkehr von dem Maschinenmodell des Menschen angestrebt, das der klassischen Einteilung der Produktionsfaktoren zugrunde liegt. Damit wird zugleich eine Betonung der Sachprobleme bei der Gestaltung der Ausgabenströme für menschliche Arbeit erreicht. Natürlich durchschneidet die Ausklammerung der Ausgaben für Arbeitskräfte nicht die bestehenden Interdependenzen; bei den verschiedenen Verfahren der Investitionsrechnung finden die entsprechenden Kosten dennoch ihre Berücksichtigung.

(4) Im Sinne einer Konvention ist in den industriellen Investitionsbegriff aufzunehmen, daß es sich primär um Entscheidungen über langfristig zu bindende, größere Kapitalbeträge handelt, so daß der Begriffsumfang in der Regel Anlagegüter und langfristige Finanzinvestitionen betrifft. Der im allgemeinen sehr viel schneller ablaufende Kapitalbindungs- und Kapitalfreisetzungsprozeß beim Umlaufvermögen könnte zwar grundsätzlich ebenfalls als Investitionsprozeß interpretiert werden, doch sind die Investitionsrechnungsverfahren in erster Linie auf Anlageentscheidungen ausgerichtet und nicht auf häufig wiederkehrende Dispositionsprobleme, die das Umlaufvermögen betreffen.

## 2. Investitionsentscheidungsprozeß

### a) Analyse von Investitionsentscheidungen

Im Vordergrund der folgenden Analyse von Investitionsentscheidungen stehen die Art der Investitionsentscheidung, die Phasen und die Organisation des Investitionsentscheidungsprozesses sowie typische Schwachstellen in solchen Entscheidungsprozessen.

*Arten von Investitionsentscheidungen*

Investitionsentscheidungen lassen sich nach verschiedenen Kriterien systematisieren. Eine Auswahl solcher Kriterien ist in Abbildung 7.3 zusammengestellt.

| Differenzierungsmerkmal | Beispiele |
|---|---|
| Art des Investitionsobjekts | Sach-, Finanz-, immaterielle Investition |
| Kapazitätswirkung (Investitionsanlaß) | Ersatz-, Rationalisierungs-, Erweiterungsinvestition |
| Bedeutung | delegierbare, nicht delegierbare Investitionsentscheidung |
| Ablauf des Entscheidungsprozesses | echte, routinemäßige Investitionsentscheidung |
| Art des Entscheidungsproblems | Einzel-, Programmentscheidung, Wahl-, Investitionsdauerentscheidung |
| Einbeziehung anderer funktionaler Teilbereiche | simultane, sukzessive Investitionsentscheidung |

*Abb. 7.3: Arten von Investitionsentscheidungen*

Der Differenzierung nach der **Art des Investitionsobjekts** liegt das Bilanzgliederungsschema des § 151 Abs. 1 AktG zugrunde. Dort werden im Anlagevermögen Sachanlagen (z. B. Grundstücke, Maschinen), immaterielle Anlagen (z. B. Konzessionen, Lizenzen) und Finanzanlagen (z. B. Beteiligungen) unterschieden.

*Art des Investitionsobjekts*

Nach dem Kriterium **Kapazitätswirkung** lassen sich reine Ersatzinvestitionen (keine Kapazitätswirkung), Erweiterungsinvestitionen (Kapazitätserhöhung) und Rationalisierungsinvestitionen (Verringerung des Faktoreinsatzes und/oder Kapazitätserhöhung) unterscheiden. Kapazitätswirkungen beziehen sich hierbei auf quantitative und qualitative Aspekte.

*Kapazitätswirkung*

Die **Bedeutung** einer Investition läßt sich an ihrem voraussichtlichen positiven oder negativen Zielbeitrag ermessen. Teilweise werden Investitionsentscheidungen ohne Beachtung der Zielwirkung generell als echte Führungsentscheidungen angesehen, die keinesfalls delegierbar sind. Die industrielle Praxis zeigt jedoch, daß sehr wohl, abhängig von ihren Zielwirkungen, Investitionsentscheidungen an nachgeordnete Instanzen delegiert werden, ohne daß generelle Grenzen verbindlich festlegbar wären.

*Bedeutung einer Investition*

Nach dem **Ablauf des Investitionsentscheidungsprozesses** lassen sich echte und routinemäßige Investitionsentscheidungen unterscheiden. In der industriellen Praxis erfolgt die Entscheidung über das Investitionsbudget und die Auswahl von Investitionsobjekten nicht selten routinemäßig. Die Unternehmensleitung bzw. die beauftragten Instanzen setzen keinen willensbildenden Prozeß in Gang; sie verhalten sich einfach so, wie sie es in ähnlichen Fällen und gleichen Situationen schon früher getan haben. Sie verwenden Faustregeln. Beispiels-

*Ablauf des Investitionsentscheidungsprozesses*

weise wird das Investitionsvolumen in Prozent des Jahresumsatzes oder des Abschreibungsvolumens festgesetzt. Auch sind Fälle nicht auszuschließen, in denen auf eine Beurteilung der Vorteilhaftigkeit eines Investitionsobjektes verzichtet wird.

**Eine echte Investitionsentscheidung stellt dagegen einen Vorgang der Willensbildung und -durchsetzung dar, durch den aus den systematisch gesuchten und formulierten Investitionsmöglichkeiten keine, eine oder mehrere anhand eines oder mehrerer Kriterien bewußt ausgewählt und realisiert werden.**

*Art des Entscheidungsproblems*

Nach der **Art des Entscheidungsproblems** können zum einen Wahlentscheidungen und Investitionsdauerentscheidungen und zum anderen Einzel- und Programmentscheidungen unterschieden werden.

Einzel- und Programmentscheidungen sind Wahlentscheidungen. Hierbei wird die Vorteilhaftigkeit eines einzelnen Investitionsobjektes bzw. eines Bündels sich gegenseitig nicht ausschließender Investitionsobjekte (Investitionsprogramm) beurteilt bzw. aus mehreren Alternativen ein Investitionsobjekt bzw. -programm ausgewählt. Die Nutzungsdauer der Investitionsprojekte ist dabei als gegeben anzusehen. Investitionsdauerentscheidungen haben dagegen die Festlegung der optimalen Nutzungsdauer bzw. des optimalen Ersatzzeitpunktes zum Inhalt.

*Einbeziehung anderer funktionaler Teilbereiche*

Investitionsentscheidungen in einem bestimmten Bereich können nicht ohne Berücksichtigung anderer betrieblicher Teilbereiche getroffen werden. **Die Einbeziehung anderer funktionaler Teilbereiche** kann entweder sukzessive, das heißt vor oder nach der (vorläufig) getroffenen Investitionsentscheidung oder simultan erfolgen. Im letzten Fall wird gleichzeitig über Investitionen, Finanzierung, Produktionsprozeß, absatzpolitische Instrumente usw. entschieden, wobei alle zwischen den betrieblichen Funktionsbereichen bestehenden Interdependenzen Berücksichtigung finden. Bei Einzelinvestitionen ist die sukzessive Berücksichtigung anderer Funktionsbereiche häufig ausreichend. Die theoretisch insbesondere bei ausgedehnten Investitionsprogrammen zu bevorzugende simultane Berücksichtigung scheitert am Fehlen und wohl auch an der Möglichkeit zur Entwicklung entsprechend komplexer analytischer Modelle, die dennoch einfach zu handhaben bleiben. Ein Ausbau mehr heuristischer Problemlösungsvorschläge im Sinne sogenannter „Innovations- und Kreativitätstechniken" ist allerdings denkbar.

Will man den Investitionsentscheidungsprozeß in seinem Ablauf erfassen, so erscheint besonders für die sogenannten strategischen Investitionen, also Investitionen, die die Unternehmenspolitik auf lange Zeit beeinflussen, die sukzessive Entscheidungsfindung bzw. die Wahl von Alternativen mit hinreichend hoher Flexibilität unumgänglich. Die Verwendung simultaner Kalküle bei der Verknüpfung von Teilbereichen in den einzelnen Phasen des Investitionsentscheidungsprozesses ist in diesem Zusammenhang nicht ausgeschlossen.

*Phasen des Investitionsentscheidungsprozesses*

Zur Erklärung des Prozesses von echten Investitionsentscheidungen kann auf das allgemeine Phasenschema des Entscheidungsprozesses zurückgegriffen werden (vgl. Teil 1, S. 46f.). Es ist jedoch bereits an dieser Stelle darauf hinzuweisen, daß es sich hierbei lediglich um eine idealtypische Betrachtung des Ablaufs von Investitionsentscheidungen handelt.

Investitionsentscheidungsprozesse werden durch **Anregungsinformationen** ausgelöst. Das Informationssystem einer Unternehmung muß sicherstellen, daß Schwachstellen und Entwicklungschancen rechtzeitig erkannt werden und somit der Investitionsbedarf bzw. die Investitionsmöglichkeit der Unternehmung aufgedeckt werden. Der Anregungsphase kommt daher eine wesentliche Bedeutung im Investitionsentscheidungsprozeß zu. *Anregungsphase*

Zur Problemerkennung können grundsätzlich die betrieblichen Informationssysteme herangezogen werden. Sie vermögen Daten zu liefern, über die augenblickliche Lage des Unternehmens und des Marktes, sowie über künftig zu erwartende Entwicklungen in den einzelnen Bereichen. Konkrete unternehmensinterne Indikatoren für einen Investitionsbedarf sind beispielsweise das wiederholte Auftreten von Enpaßsituationen, häufige Terminüberschreitungen, hohe Ausschußquoten, starke Reparaturanfälligkeit der Anlagen, Bewegungen der Zwischenläger, starke Arbeitnehmerfluktuation oder die Häufigkeit von Betriebsunfällen. Unternehmensexterne Investitionsanregungen können sich beispielsweise aus Nachfrageverschiebungen, häufigen Reklamationen von Abnehmern und Angeboten von Investitionsgüterherstellern ergeben. Häufig vermittelt die Anregung nur eine erste diffuse Vorstellung von den erforderlichen Investitionsmaßnahmen. Die Problemsituation muß somit nach und nach im Entscheidungsprozeß weiter konkretisiert werden.

In der **Suchphase** sind die möglichen Investitionsalternativen und die mit ihnen verbundenen Konsequenzen (Zielwirkungen) zu erfassen. Die Suche nach Alternativen stellt dabei ein eher qualitatives Problem dar, das Übersicht über vorhandene Lösungswege und Kreativität zur Erkennung und Entwicklung neuer Lösungswege erfordert. Dementsprechend sind zweckmäßige Instrumente zur Unterstützung der Alternativensuche neben der vollständigen Ausnutzung von Informationsquellen, insbesondere der Einsatz von Kreativitäts- und Ideenfindungstechniken, wie z. B. brainstorming, morphologische Methode und Synektik (siehe auch Teil 5, S. 566ff.). Die Ermittlung der Konsequenzen von Investitionsalternativen ist in erster Linie ein Problem der richtigen Erfassung und Prognose ihrer Daten. Unterstützung bieten das betriebliche Rechnungswesen und der Einsatz quantitativer und qualitativer Prognoseverfahren (siehe dazu Teil 5, S. 533ff.). *Suchphase*

Im weiteren ist zu untersuchen, ob bzw. inwieweit die Konsequenzen der Investitionsalternativen mit inner- und außerbetrieblichen Rahmenbedingungen vereinbar sind.

Rahmenbedingungen, die der Realisierung von Investitionsprojekten entgegenstehen, sind z. B. Vereinbarungen mit dem Betriebsrat über Rationalisierungsschutz, Tarifverträge, gesetzliche Umweltschutzbestimmungen, produktionstechnische Bedingungen oder Budgetbeschränkungen. Verletzen Investitionsalternativen solche Restriktionen, sind sie als unzulässig aus dem weiteren Prozeß auszuschließen.

*Optimierungsphase*

In der **Optimierungsphase** werden die zulässigen Investitionsalternativen nach ihren Erfüllungsgraden bezüglich der zugrunde liegenden Zielkriterien in eine Rangfolge gebracht. Es erfolgt die Auswahl derjenigen Alternative, die das Zielkriterium (bei Einzelzielen) oder das Zielbündel (bei Mehrfachzielsetzungen) am besten zu erfüllen verspricht. Sie wird (vorläufig) in den Investitionsplan aufgenommen. In dieser Phase können Rechenverfahren eingesetzt werden, die die Beurteilung der Vorteilhaftigkeit eines Investitionsvorhabens oder mehrerer Investitionsalternativen zum Ziel haben. Diese Verfahren werden als **Investitionskalküle** oder **Investitionsrechenverfahren** bezeichnet. Auf sie wird im weiteren noch einzugehen sein.

*Realisationsphase*

In der **Realisationsphase** wird die Investitionsentscheidung durchgeführt. Liegt zwischen Alternativenauswahl und Realisation der Investitionsprojekte eine größere Zeitspanne, muß eine mögliche Veränderung der entscheidungsrelevanten Daten in Betracht gezogen werden. Vor der endgültigen Realisierung empfiehlt sich daher die der Willensbildung zugrunde liegenden Daten auf ihre Gültigkeit hin nochmals zu überprüfen.

*Kontrollphase*

Diese Überlegung leitet zur **Kontrollphase** über. Die tatsächlichen Zielwirkungen der realisierten Investitionen werden mit den prognostizierten Zielwirkungen verglichen; bei Abweichungen werden die Ursachen hierfür analysiert. Hauptzweck der Investitionskontrolle ist das Aufdecken von Schwachstellen im gesamten Investitionsentscheidungsprozeß, um diese für folgende Investitionen zu beseitigen.

Das hier wiedergegebene Phasenschema ist idealtypisch. Es kann und soll kein Abbild realer Investitionsentscheidungsprozesse sein. Auf eine mögliche Abweichung realen Investitionsverhaltens vom hier skizzierten Verlauf durch die „Verkürzung" des Investitionsentscheidungsprozesses ist schon bei der Typisierung von Investitionsentscheidungen hingewiesen worden.

*Phasenwechsel*

Auch die Reihenfolge der Phasen folgt in der Praxis nicht notwendig dem idealtypischen Schema. Empirische Untersuchungen lassen auf einen ständigen Wechsel zwischen den einzelnen Phasen und – vor allem bei komplexen Investitionsproblemen – auf ein wiederholtes Zurückspringen auf vorausgehende Phasen schließen. Wenn sich z. B. bei der Bewertung der Investitionsalternativen zeigt, daß keine der Alternativen das vorliegende Problem befriedigend zu lösen vermag, erfolgt möglicherweise eine Rückkoppelung in die Anregungsphase und eine erneute Problemdefinition. Auch kann der Prozeß der Alternativensuche erneut aufgenommen werden.

*Eigeninteressen der Entscheidungsträger*

Der dargestellte idealtypische Entscheidungsprozeß impliziert weiterhin, daß die Entscheidungsträger ausschließlich im Interesse der Unternehmung agieren, also keine eigenen, möglicherweise entgegenlaufenden Vorstellungen einbringen. Diese Annahme wird der Realität nur sehr bedingt gerecht. Investitionen haben oft personelle und organisatorische Auswirkungen. Muß ein Mitarbeiter beispielsweise von einer Rationalisierungsinvestition negative Auswirkungen auf seine persönliche Situation befürchten, so ist zu erwarten, daß er im Rahmen seiner Möglichkeiten auf die Entscheidung Einfluß zu nehmen versucht. Ist er am Entscheidungsprozeß beteiligt, wird er möglicherweise Informationen über Alternativen so zu filtern oder zu verfälschen versuchen, daß Investitionen, von denen er negative Auswirkungen erwartet, insgesamt nicht vorteilhaft erscheinen. Analoges gilt, wenn ein Entscheidungsträger durch Investition seinen Einfluß innerhalb der Organisation zu verstärken hofft.

Investitionsentscheidungen sind oft Gruppenentscheidungen. Sowohl bei der Alternativensuche als auch bei der Durchführung der Investition kommt es häufig zur Bildung organisationsübergreifender Zwischensysteme, die aus Organisationsmitgliedern und externen Stellen (z. B. Investitionsgüteranbietern) bestehen.

*Zwischensysteme*

Solche Zwischensysteme haben ein eigenes Problemerkennungsverhalten und entwickeln eigene Ziele. Sie beeinflussen dadurch die „Lösung" des Investitionsproblems beim Investor wie beim Lieferanten. Wie vielfältig die Einflüsse der Zwischensysteme auf die Investitionsentscheidung sein können, läßt sich verdeutlichen, wenn man die Variablen betrachtet, auf deren Veränderung die Beteiligten in der Praxis reagieren. So wurde festgestellt, daß bei der Entscheidung über den Kauf einer neuartigen Maschine von Entscheidungsgremien, die aus jüngeren, mehr technisch orientierten Personen sowie aus Mitgliedern mit akademischer und formaler Ausbildung zusammengesetzt sind, normalerweise mehr Alternativen verglichen werden als etwa von Entscheidungsgremien mit älteren oder weniger ausgebildeten Individuen, bei denen häufig langjährige gute Lieferantenbeziehungen eine dominierende Rolle spielen. In Beobachtungen und Experimenten ließ sich nachweisen, daß die Einstellung gegenüber Lieferanten sich nicht nur auf die Variablen Preis, Produktqualität, Lieferzeit und Service bezieht, sondern auch Elemente enthält, wie beispielsweise Wert des Auftrags, Anzahl der Beanstandungen durch andere Abteilungen, geographische Nähe des Lieferanten, Person des Verkäufers, persönliches Risiko bei der Unterbreitung eines Vorschlags in der eigenen Organisation. Viele Belege verdeutlichen, daß gerade auch die Dauer der Zugehörigkeit zu einem solchen Zwischensystem (also z. B. die Zugehörigkeit zu einer organisationsübergreifenden Verkäufer-Einkäufer-Beziehung) die Einstellung der Systemmitglieder beeinflußt.

*Investitionsentscheidungsverhalten*

Innerhalb dieser entscheidungsvorbereitenden Gremien sowie im Rahmen der Durchsetzung von Vorschlägen dieser Gremien in der jeweiligen Organisation laufen im Regelfall Verhandlungsprozesse ab. Dabei soll dahingestellt bleiben, welche Strategie in den einzelnen Prozeßphasen verfolgt wird. Denkbar ist beispielsweise, daß nach der Demonstration der eigenen Position Überzeugungs- und Manipulationsversuche von Drohungen und Versprechungen abgelöst werden. In den Gesamtablauf integriert sind schließlich **Verhandlungstaktiken,** die darauf abzielen können, den Gegner in Verlegenheit zu bringen, einseitiges Festlegen des Verhandlungspartners oder der eigenen

*Investitionsentscheidungsprozeß als Verhandlungsprozeß*

Position zu vermeiden, eine Position ohne Auseinandersetzung aufzugeben, die „Gunst des Augenblicks" abzuwarten, mit „Salamitaktik" ans Ziel zu kommen, gemeinsame Interessen zu konstituieren, durch Erweiterung des Gesprächs u. a. auf persönliche Angelegenheiten die Aufmerksamkeit des Gegners zu schwächen und eine entscheidende Überrumpelung vorzubereiten. Auch der Vorwurf, „Klima" zu machen, anstatt Sachprobleme offen anzugehen, gehört in das unerschöpfliche Repertoire der Teilnehmer an Verhandlungsprozessen. Die wenigen Hinweise mögen genügen, um zu verdeutlichen, daß Investitionsentscheidungsprozesse nicht notwendig (nur) auf die Unternehmungsziele ausgerichtet sind und nicht notwendig konfliktfrei zwischen den Koalitionsmitgliedern ablaufen. Sie sind vielmehr als einseitige oder wechselseitige Beeinflussungsversuche zur Durchsetzung unterschiedlichster Interessen zu verstehen, wie sie die deskriptive Theorie des Entscheidungsverhaltens beschreibt. Aus dieser Sichtweise haben Investitionskalküle nicht nur die Funktion der objektiven Beurteilung der Vorteilhaftigkeit von Investitionsalternativen, vielmehr sind sie auch und gerade als **Schlichtungsregeln** in (politischen) Entscheidungsprozessen zu verstehen.

*Organisation des Investitionsentscheidungsprozesses*

Um zu verhindern, daß das Entscheidungsverhalten der Organisationsmitglieder die Erreichung der Unternehmungsziele gefährdet, ist – zumindest in größeren Unternehmungen – der Ablauf des Investitionsentscheidungsprozesses durch organisatorische Regelungen festgeschrieben. Dies betrifft neben der Festlegung der Zuständigkeiten für einzelne Prozeßphasen auch die innerhalb dieser Phasen einzuhaltenden Verfahrensvorschriften.

*Zuständigkeiten*

Die Zuständigkeit für die Investitionsanregung wird in der Regel den dezentralen Fachabteilungen und Funktionsbereichen zugewiesen, da „vor Ort" Investitionsbedarfe und Investitionschancen am ehesten erkennbar sind. Investitionen können auch von zentralen Stellen und der Unternehmungsleitung selbst angeregt werden. Bei den bereits angesprochenen „strategischen Investitionen" ist davon grundsätzlich auszugehen. Teilweise erfolgt auch die dauernde oder vorübergehende Einrichtung spezieller Arbeitsgruppen (Kreativitätsgruppen) zur Entwicklung von Investitionsideen und von Lösungsmöglichkeiten für erkannte Investitionsprobleme. Ferner kann vorgesehen sein, daß die Angestellten auch zum Vorschlag einer Problemlösung oder zu einem Vorteilhaftigkeitsnachweis durch Investitionsrechnungen verpflichtet sind. In diesem Fall sammelt eine zentrale Instanz die Investitionsanträge und überprüft insbesondere die Datenprognosen und die Durchführung der Investitionsrechnung. Ihre Aufgabe ist es auch, Unvereinbarkeiten zwischen Investitionsanträgen festzustellen und nicht realisierbare Investitionen zu eliminieren bzw. entsprechend abzuwandeln.

Der eigentliche Prozeß der Abstimmung von Investitionen und der Vorbereitung der Entscheidung über die Aufnahme in den Investitionsplan erfolgt nicht selten in einem Investitionsausschuß, in dem neben der Unternehmungsleitung und den ihr zugeordneten zentralen Planungsinstanzen die einzelnen Abteilungen und der Betriebsrat vertreten sind.

Die abschließende Entscheidung über das Investitionsprogramm bleibt üblicherweise der Unternehmensleitung vorbehalten. Dies gilt ebenso für die endgültige Freigabe der Mittel zur Realisation der einzelnen Investitionen.

Die Investitionsdurchführung sowie die **ausführungsbegleitende Kontrolle** wird üblicherweise wieder der beantragenden Abteilung oder der in der Unternehmung jeweils zuständigen Fachabteilung (z. B. Einkauf, Bauabteilung) übertragen.

Sinnvollerweise wird die **abschließende Investitionskontrolle** unabhängigen, d. h. nicht mit der ursprünglichen Investitionsentscheidung befaßten Gremien übertragen. Hierdurch soll sichergestellt werden, daß die Kontrollgremien kein rechtfertigendes Informationsverhalten zur Bestätigung der Richtigkeit der ehemaligen Planung und Entscheidung an den Tag legen, sondern kritisch insbesondere nach Planungsfehlern suchen.

Die organisatorischen Zuständigkeitsregeln werden meist ergänzt durch Vorschriften über den zeitlichen Ablauf des Planungsprozesses und den in einzelnen Planungsphasen einzuhaltenden Regeln. Derartige Regeln können als „organisatorische Verhaltensprogramme" bezeichnet werden. Sie schreiben der jeweils zuständigen Instanz mehr oder weniger detailliert vor, welche formalen und inhaltlichen Schritte zur Bewältigung des ihr zugewiesenen (Teil-) Problems zu unternehmen sind. Dadurch werden z. B. das zu verwendende Antragsschema, die in der Antragsbegründung anzusprechenden Punkte, die zulässigen Verfahren und Quellen der Datenermittlung und -prognose sowie die zugrunde zu legenden Investitionsrechnungsmethoden festgelegt.

*Verhaltensvorschriften*

## *Typische Schwachstellen im Investitionsentscheidungsprozeß*

Die Güte von Investitionsentscheidungen und ihr Zielbeitrag hängt wesentlich von der organisatorischen Gestaltung des Investitionsentscheidungsprozesses ab. In der Praxis zeigen sich dabei immer wieder teilweise gravierende Mängel, die den Investitionserfolg ernstlich beeinträchtigen können. In Anlehnung an Blohm/Lüder sollen im folgenden einige typische Schwachstellen im Investitionsentscheidungsprozeß angesprochen werden.

Ein **mangelndes Organisationskonzept** zeigt sich im Fehlen von Zuständigkeitsregelungen und Verfahrensvorschriften. Ein geordneter Ablauf des Investitionsentscheidungsprozesses und ein einheitliches Vorgehen aller Stellen in der Unternehmung sind damit nicht mehr gewährleistet.

*Mangelndes Organisationskonzept*

Um einen spezifischen Aspekt dieser Schwachstelle handelt es sich bei einer **fehlenden Investitionskontrolle.** Sie verhindert Rückmeldungen über erzielte Investitionserfolge und somit Lernprozesse im Hinblick auf eine bessere Gestaltung künftiger Investitionsentscheidungen.

*Fehlende Investitionskontrolle*

Eine **Verwässerung des Bewilligungsverfahrens** zeigt sich in Genehmigungen von Investitionen außerhalb des vorgeschriebenen Antrags- und Genehmigungsverfahrens. Immer wieder werden aufgrund unvorhersehbarer Entwicklungen (z. B. Konkurrenzaktivitäten, Preissteigerungen) Ausnahmen vom

*Verwässerung des Bewilligungsverfahrens*

normalen Verfahren notwendig sein. Ein Ausufern von solchen Ausnahmegenehmigungen birgt aber die Gefahr in sich, daß hierdurch auch Investitionen „durchgebracht" werden, die keine Reaktion auf überraschende Umweltveränderungen darstellen und im üblichen Verfahren abgelehnt worden wären.

*Überlastung der Leitungsorgane*

Unzweckmäßige organisatorische Zuständigkeitsverteilungen können schließlich zu einer **Überlastung der Leitungsorgane** führen, mit der möglichen Folge, daß die Entscheidungsfindung nicht gründlich genug oder verspätet erfolgt und/oder für eine wirksame Überwachung und Kontrolle zu wenig Zeit bleibt.

*mangelnde Koordinierung*

Ähnlich gelagert ist die **mangelnde Koordinierung der betrieblichen Teilbereiche**. Sie kann einmal auf ungenügenden Organisationsregelungen, zum anderen auf fehlenden Planungen in anderen Funktionsbereichen (z. B. Beschaffung, Produktion, Finanzen) beruhen.

*fehlende Alternativen*

**Fehlende Alternativen** sind auf eine zu geringe und zu wenig systematisch gestützte Suche nach Investitionsmöglichkeiten zurückzuführen.

*Fehlen von Investitionsrechnungen*

Empirische Untersuchungen zeigen, daß in der Praxis häufig die **Anwendung von Investitionsrechnungen** unterbleibt. Die Folge ist – ebenso wie beim Einsatz ungeeigneter Rechnungsmethoden –, daß nicht oder nur zufällig die bezüglich der Unternehmungsziele vorteilhaftesten Investitionsalternativen ausgewählt werden.

### b) Investitionskalküle

Mit der Analyse der Investitionskalküle wird aus dem gesamten Investitionsentscheidungsprozeß jener Bereich herausgegriffen, der sich mit der Beurteilung der Vorteilhaftigkeit eines Investitionsvorhabens befaßt. Dabei erfolgt in der Regel eine Beschränkung auf quantitative bzw. quantifizierbare Größen.

Der Anwendung von Investitionskalkülen liegen folgende Bedingungen zugrunde: Die Investitionsziele sind gegeben. Die Suchphase ist abgeschlossen, das heißt eine bestimmte Zahl von Investitionsalternativen (mindestens eine) ist vorhanden. Ihre quantitativen Konsequenzen in bezug auf die Investitionsziele sind bekannt.

*Zurechnungsproblem*

Dies impliziert, daß das sogenannte **Zurechnungsproblem** gelöst ist, das heißt die Frage der Zurechnung der durch eine bestimmte Investition verursachten Einnahmen- und Ausgabenströme. Investitionen, denen problemlos die durch sie ausgelösten Zahlungsströme zugerechnet werden können (isolierte Investition), sind allerdings recht selten. Als Beispiel sei der Kauf eines produktions- und absatzmäßig nicht abhängigen Unternehmens genannt. Bei den meisten Investitionen können dagegen Einnahmen und Ausgaben nicht unabhängig von früheren, gleichzeitigen und späteren Investitionen ermittelt werden. Die Investitionen sind interdependent. Dabei lassen sich zeitlich horizontale und zeitlich vertikale Interdependenzen unterscheiden.

*zeitlich-horizontale Interdependenzen*

Zeitlich-horizontale Interdependenzen bringen die Tatsache zum Ausdruck, daß ein bestimmtes Investitionsobjekt nur Teil eines Ganzen ist. Der Erfolg einer **Investition hängt in der Regel nicht vom einzelnen Investitionsobjekt ab, sondern von einem System produktiver Faktoren, in das dieses Investitionsobjekt eingeordnet ist.** Der „Gewinn einer Investition" kann sehr unterschiedlich sein, je nachdem, mit welchen anderen bereits vorhandenen Anlagen das Investitionsobjekt kombiniert wird. Werden in einer bestimmten Periode bzw. in einem bestimmten Zeitpunkt außerdem mehrere Investitionen realisiert, so hängt der Nutzen, den ein einzelnes Investitionsobjekt stiftet, auch davon ab, welche anderen Investitionsobjekte aus der Mehrzahl möglicher Investitionsobjekte ausgewählt werden. Durch unterschiedliche Kombinationen mit anderen bereits vorhandenen oder bereitzustellenden Anlagen werden in der Regel die Engpässe verlagert, woraus sich wiederum Änderungen der Einnahmen- und Ausgabenströme ergeben können.

**Zeitlich-vertikale Interdependenzen bringen zum Ausdruck, daß der Nutzen eines Investitionsobjekts von vergangenen, gegenwärtigen und zukünftigen Entscheidungen abhängt.** Die in der Unternehmung vorhandenen Anlagen setzen Daten für die Entscheidungen über neue Investitionsmöglichkeiten, und auch die in Zukunft anzuschaffenden Aggregate beeinflussen den Erfolg gegenwärtiger Investitionsüberlegungen. Durch die Stillegung einer heute noch zur Kombination gehörenden Anlage nach n Jahren kann die Nutzungsmöglichkeit des betrachteten Investitionsobjektes von da an erheblich eingeschränkt werden. Ebenso besteht die Möglichkeit, daß durch die Anschaffung bestimmter Anlagen in zukünftigen Perioden das heute zur Diskussion stehende Investitionsobjekt erst zur vollen Entfaltung gelangt.

*zeitlich-vertikale Interdependenzen*

Für die Zurechnung von Einnahmen- und Ausgabenströmen auf bestimmte Investitionsobjekte werfen allerdings diese Interdependenzen weniger Probleme auf, als zunächst vermutet werden könnte. Es ist nämlich keine verursachungsgerechte Aufteilung der Einnahmen und Ausgaben auf die an der Faktorkombination beteiligten Produktionsfaktoren erforderlich; dies wäre in der Tat unmöglich. Vielmehr ist zu untersuchen, in welchem Umfang die Realisierung einer Investition die bisherigen Zahlungsströme verändert. Es werden also die Zahlungsströme der Unternehmung bei Durchführung und bei Unterlassung der Investition miteinander verglichen. Die so ermittelten Zahlungsstromveränderungen werden den Investitionsalternativen zugerechnet.

**Als Hauptaufgabe der Investitionskalküle kann die Verrechnung zahlenmäßig erfaßbarer wertbestimmender Faktoren einer Kapitalanlage zur Ermittlung eines Maßstabes der Kapitalverzinsung genannt werden.** Dieser Maßstab soll Antwort auf die Frage geben, ob die Investition wirtschaftlich lohnend ist und welche Alternative die günstigste Kapitalverwendung ergibt. Natürlich kann die Investitionsrechnung dabei selbst kein Entscheidungsproblem lösen. Sie ist nur ein Hilfsinstrument im Prozeß der Investitionsentscheidung, nicht zuletzt deshalb, weil auch nicht quantifizierbare Faktoren in die Entscheidungsfindung miteinzubeziehen sind.

*Aufgaben der Investitionsrechnung*

Alle in der Betriebswirtschaft aufgestellten Kalküle können nach den Anlässen ihrer Durchführung in Planungs- und Kontrollrechnungen eingeteilt werden. Dementsprechend kann auch in der Investitionsrechnung zwischen ex ante-

*Planungs- und Kontrollrechnung*

und ex post-Rechnungen unterschieden werden. Die ex post-Rechnung liefert Kontroll- und Anregungsinformationen. Für die Willensbildung im Investitionsentscheidungsprozeß ist die ex ante-Investitionsrechnung von entscheidender Bedeutung. Manche Autoren sehen in der Investitionsrechnung sogar ausschließlich eine zu Informationszwecken und als Entscheidungsgrundlage unternommene Zukunftsrechnung. Als Instrument der Investitionsplanung arbeitet sie mit Zukunftsgrößen, also mit Zahlen, die in der Theorie oft als bekannt unterstellt werden, in der Praxis aber weitgehend auf Schätzungen und Annahmen beruhen.

*praktisch orientierte Verfahren*

Theorie und Praxis haben eine Fülle von Rechenverfahren zur Bestimmung der vorteilhaftesten Kapitalverwendung erarbeitet. Die Möglichkeiten reichen von einfachen Faustregeln bis zu anspruchsvollen mathematischen Verfahren. Einer Systematisierung lassen sich verschiedene Kriterien zugrunde legen. So kann eine Gruppierung zunächst dadurch gewonnen werden, daß man die **Verfahren** in solche **mehr praktischer Prägung** und in solche **mehr theoretisch-mathematischer Art** gliedert. Der Praxis besonders nahe stehen die Kosten- und die Gewinnvergleichsmethode, die pay-off-Methode (auch pay-out-Methode genannt) und die einfache Rentabilitätsrechnung. Die Theorie hat diese Verfahren zu verfeinern versucht. Besonders bekannt ist das MAPI-Verfahren von Terborgh als Verfeinerung der Rentabilitätsrechnung geworden.

*theoretisch orientierte Verfahren*

Die mehr theoretischen Verfahren lassen sich unter historischem Blickwinkel in traditionelle und neuere Verfahren unterscheiden. Zu den **traditionellen Verfahren** zählen die Diskontierungsmethode, die Methode des internen Zinsfußes und die Annuitätenmethode. Die **neueren Verfahren** basieren auf Methoden des Operations Research.

*statische und dynamische Verfahren*

Auch die Zeit kann als Differenzierungskriterium Verwendung finden. In den „statischen" Investitionsrechnungen wird der Zeitablauf explizit nicht berücksichtigt. Die Konsequenzen der Alternativen werden meist nur für einen kurzen Zeitraum betrachtet. Dagegen werden in den „dynamischen" Verfahren die Konsequenzen der Alternativen über den gesamten Investitionszeitraum bis zur Desinvestition beschrieben.

*kosten- und kapitaltheoretisch orientierte Verfahren*

Eine Gruppierung läßt sich auch in kosten- und kapitaltheoretische Modelle vornehmen. **Kostentheoretisch orientierte Verfahren** gehen von Gesetzmäßigkeiten aus, die die Kostentheorie formuliert. Es handelt sich dabei vor allem um die Kostenvergleichsrechnung und die Gewinnvergleichsrechnung. Die Diskontierungsmethode, die interne Zinsfußmethode und die Annuitätenmethode streben eine Totalbetrachtung an und zählen, da ihre Ausgangsgrößen Einnahmen- und Ausgabenströme sind, zu den **kapitaltheoretisch orientierten Verfahren.**

*teilziel- und endzielorientierte Verfahren*

Bei einer entscheidungsorientierten Analyse erscheint es zweckmäßig, zwischen teilziel- oder unterzielorientierten und endziel- oder oberzielorientierten Verfahren der Investitionsrechnung zu unterscheiden. Endzielorientierte Verfahren stellen eine Totalbetrachtung an, basieren auf Einnahmen- und Ausgabenreihen und ermöglichen eine Aussage über die Wiedergewinnung des Kapitaleinsatzes. In diesem Zusammenhang ist unerheblich, ob es sich um eine einfache Vergleichsrechnung handelt oder ob diese Betrachtung im Rahmen eines linearen Planungsmodells durchgeführt wird. Endzielorientierte Verfahren sind identisch mit den theoretisch orientierten Verfahren. **Unterzielorientierte Verfahren** sind durch eine kurzfristige Betrachtung gekennzeichnet. Sie wählen als Entscheidungskriterien Subziele der Unternehmung. Unterzielorientierte Investitionsrechnungen ermitteln die Jahresverzinsung, den Jahresgewinn, Kosteneinsparungen oder Wiedergewinnungszeiten. Abbildung 7.4 faßt die genannten Systematisierungskriterien zusammen.

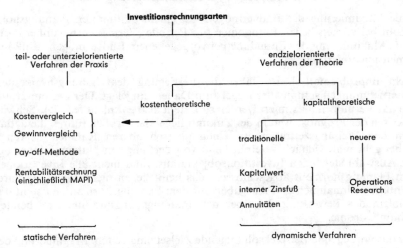

*Abb. 7.4: Investitionsrechnungsverfahren*

Bevor diese Verfahren im einzelnen dargestellt werden, soll anhand eines einfachen Grundmodells die Problemstruktur der Berechnung der Vorteilhaftigkeit von Investitionen offengelegt werden. Dies soll deutlich machen, welche vereinfachenden Prämissen den Investitionsrechenverfahren zugrunde liegen.

## Ein Grundmodell

Ein Investor habe ein Anfangskapital von 500. Als Ergebnis seiner Alternativensuche bieten sich ihm zwei Investitionsmöglichkeiten A und B, die folgende Zahlungsströme erwarten lassen (Abbildung 7.5):   *Ausgangsbeispiel*

| Investitionsalternative | $t_0$ | $t_1$ | $t_2$ | $t_3$ |
|---|---|---|---|---|
| A | −500 | + 50 | + 50 | + 550 |
| B | −400 | + 200 | + 300 | |

*Abb. 7.5: Zahlungsströme von Investitionsalternativen*

| | |
|---|---|
| *Zahlungszeitpunkte* | Es wird angenommen, daß Zahlungen nur einmal im Jahr anfallen. Dies mag bei Zinszahlungen durchaus noch der Realität entsprechen. Andere Zahlungen (z. B. Umsätze, Löhne) fallen dagegen in aller Regel mehr oder weniger auf die ganze Periode verteilt an. Diese vereinfachende Annahme eines Zahlungszeitpunktes pro Periode wird aus rechentechnischen Gründen bei allen Investitionsrechnungen vorgenommen. |
| *Zielsetzung* | Als **Zielsetzung** des Investors soll die **Maximierung des Wohlstandes** angenommen werden. Konkrete Ausprägungen dieser Zielsetzung sind:<br>– die Maximierung des Endvermögens an einem bestimmten Planungshorizont bei vorgegebenen Entnahmen pro Periode (Vermögensmaximierung);<br>– die Maximierung der Entnahme bei vorgegebenem Endvermögen (Einkommensmaximierung). |
| *Planungshorizont* | Nicht unproblematisch ist dabei die Festlegung des Planungshorizontes. Unternehmungen sind in aller Regel „auf Dauer" angelegt. Der Zeitpunkt, für den das Vermögen maximiert werden soll, steht also gar nicht fest. Die Schwierigkeiten der Prognose weit in der Zukunft liegender Größen führen dazu, daß man den Planungszeitraum auf einen überschaubaren Rahmen begrenzt. Dabei geht man vielfach vereinfachend von der längsten Nutzungsdauer der zur Auswahl stehenden Investitionsobjekte aus. Sind nicht alle Investitionen zum Planungshorizont abgeschlossen, das heißt liegen nicht alle ihnen zurechenbaren Einnahmen und Ausgaben vor dem Planungshorizont, entsteht das Problem der Bewertung der über den Planungshorizont hinausreichenden Zahlungsströme.<br><br>Für das vorliegende Beispiel soll folgende Zielsetzung gelten: Maximierung des Endvermögens nach Periode $t_3$; keine Entnahmen bis zum Planungshorizont. |
| *mangelnde Vergleichbarkeit der Alternativen* | Aus Abbildung 7.5 ist ersichtlich, daß die Investitionsalternativen nicht ohne weiteres vergleichbar sind, weil<br><br>– die Anfangsausgaben unterschiedlich hoch sind,<br>– die Zahlungsüberschüsse pro Periode nicht gleich hoch sind und<br>– die Investitionsdauer (Nutzungsdauer) unterschiedlich ist.<br><br>Es ergibt sich somit die Notwendigkeit, die Investitionsalternativen mit Hilfe zusätzlicher Annahmen vergleichbar zu machen. Diese Annahmen betreffen die Möglichkeit zusätzlicher Investitionen für überschüssige Mittel (Supplementinvestitionen) sowie die Möglichkeit zusätzlicher Kapitalbeschaffung. |
| *Supplementinvestitionen* | Grundsätzlich ist davon auszugehen, daß überschüssige Mittel für weitere Investitionen benutzt werden können. So lassen sich bei Alternative B sowohl der verbleibende Anfangsbetrag von 100 als auch die Überschüsse in Periode $t_1$ von 200 und $t_2$ von 300 für andere Investitionen einsetzen. Analoges gilt für die Überschüsse von je 50 der Alternative A. Der Erfolg der Ausgangsinvestition kann dann nicht mehr beurteilt werden, ohne den Erfolg der Supplementinvestitionen zu kennen. Für diese gilt aber wiederum die gleiche Überlegung, so daß eine mehrstufige Betrachtung erforderlich wird. Da jedoch oftmals Investitionsmöglichkeiten für spätere Perioden zum Betrachtungszeitpunkt nicht |

bekannt sind, ergeben sich erhebliche Schwierigkeiten bei der Ermittlung der Zahlungsströme des gesamten Investitionsvorhabens. Deshalb werden gerne vereinfachende Annahmen über die bei der Anlage überschüssiger Mittel erzielbaren Zahlungen gemacht. So wird häufig unterstellt, daß freiwerdende Mittel in beliebiger Höhe am Kapitalmarkt angelegt werden können.

*Kreditaufnahme*

Ähnliche Annahmen werden für die Möglichkeit der Kreditaufnahme getroffen. Die Prämissen lassen sich dabei nach dem Umfang der möglichen Kreditaufnahme und nach dem geltenden Zinssatz variieren.

Können in beliebigem Umfang Mittel aufgenommen werden, spricht man von **unbeschränktem Kapitalmarkt**; sind Kreditlinien einzuhalten, spricht man von **beschränktem Kapitalmarkt**.

Stimmt der Zinssatz für Kredite (Soll-Zinssatz) mit dem Zins für Geldanlagen (Haben-Zinssatz) überein, so liegt ein **vollkommener Kapitalmarkt** vor, bei abweichenden Soll- und Haben-Zinssätzen ein **unvollkommener Kapitalmarkt**. Soll- und Habenzinsen sind dabei unabhängig von der Kreditaufnahme bzw. Geldanlage.

*vollständiger Finanzplan*

Das Beispiel aus Abbildung 7.5 wird im weiteren um die Annahme ergänzt, Überschüsse könnten über alle Perioden gleichbleibend zu einem Zinssatz von 5% angelegt werden. Damit kann der Vorteilhaftigkeitsvergleich zwischen den beiden Investitionen in einem vollständigen Finanzplan (Abbildung 7.6) dargestellt werden.

| Periode | $t_0$ | $t_1$ | $t_2$ | $t_3$ | |
|---|---|---|---|---|---|
| A Kasse | + 500 | | | | |
| Investitionsausgabe | − 500 | | | | |
| Investitionseinnahme | | + 50 | + 50 | + 550 | |
| Geldanlage 5% | | − 50 | − 102,5 | | |
| Rückzahlung Geldanlage | | | + 50 | + 102,5 | |
| Zinseinnahme | | | + 2,5 | + 5.13 | 657.63 |
| B Kasse | + 500 | | | | |
| Investitionsausgabe | − 400 | | | | |
| Geldanlage 5% | − 100 | − 305 | − 620.25 | | |
| Investitionseinnahme | | + 200 | + 300 | | |
| Rückzahlung Geldanlage | | + 100 | + 305 | + 620.25 | |
| Zinseinnahme | | + 5 | + 15.25 | + 31.01 | 651.26 |

*Abb. 7.6: Vollständiger Finanzplan*

*Einfluß von Zinsänderungen auf den Vorteilhaftigkeitsvergleich*

Alternative A erweist sich somit als günstiger, da sie das höhere Endvermögen in Periode $t_3$ verspricht. Die Vorteilhaftigkeit der Investitionsalternativen kann sich allerdings bei einer Veränderung der Zinssätze umkehren. Wird beispielsweise bei sonst gleichen Daten der Haben-Zinssatz auf 6% angehoben, steigt das Endvermögen der Alternative A auf 659.18 Geldeinheiten, die Zahlungsüberschüsse der Alternative B betragen dagegen am Ende der Periode $t_3$ 661.82 Geldeinheiten. Die Rangfolge der Investitionsalternativen hat sich somit umgekehrt.

*Einfluß von Zieländerungen auf den Vorteilhaftigkeitsvergleich*

Ebenso wie bei Zinsänderungen kann der Vorteilhaftigkeitsvergleich auch bei einer veränderten Zielsetzung des Investors ein anderes Ergebnis erbringen. Um dies zu verdeutlichen, soll die bisherige Zielsetzung folgendermaßen modifiziert werden: Maximierung des Endvermögens in Periode $t_3$, Entnahme in den Perioden $t_1$ und $t_2$ je 100. In diesem Fall sind zusätzliche Annahmen über den Kapitalmarkt erforderlich. Ist eine Kreditaufnahme nicht möglich, fällt Alternative A aus, denn die Einnahmen in $t_1$ und $t_2$ reichen nicht für die gewünschten Entnahmen aus. Im Beispiel sei jedoch angenommen, daß die Aufnahme von Krediten zu einem Zinssatz von 10% (über alle Perioden gleichbleibend) möglich ist. Der Haben-Zins beträgt wie bisher 5%. Somit ergibt sich folgender vollständiger Finanzplan (Abbildung 7.7).

| Periode | $t_0$ | $t_1$ | $t_2$ | $t_3$ | |
|---|---|---|---|---|---|
| A Kasse | + 500 | | | | |
| Investitionsausgabe | − 500 | | | | |
| Investitionseinnahme | | + 50 | + 50 | + 550 | |
| Entnahme | | − 100 | − 100 | | |
| Kreditaufnahme 10% | | + 50 | + 105 | | |
| Kreditrückzahlung | | | − 50 | − 105 | |
| Zinsausgabe | | | − 5 | − 10,5 | 434,5 |
| B Kasse | + 500 | | | | |
| Investitionsausgabe | − 400 | | | | |
| Geldanlage 5% | − 100 | − 205 | − 415,25 | | |
| Investitionseinnahme | | + 200 | + 300 | | |
| Rückzahlung Geldanlage | | + 100 | + 205 | + 415,25 | |
| Zinseinnahme | | + 5 | + 10,25 | + 20.76 | |
| Entnahme | | − 100 | − 100 | | 436,01 |

*Abb. 7.7: Völlständiger Finanzplan (mit Entnahmen)*

Abbildung 7.7 zeigt, daß sich gegenüber dem Fall ohne Entnahmen die Vorteilhaftigkeit der Investitionsalternativen umgekehrt hat. Will man sichergehen, daß – unabhängig von der Vorteilhaftigkeit der einen oder anderen Alternative – die Investition sich überhaupt lohnt, dann muß man dem Ergebnis die Null-Alternative gegenüberstellen. Als Vergleichsgröße ist also das Endvermögen heranzuziehen, daß sich bei einem Verzicht auf die Investition ergibt.

Im Beispiel wäre im Fall ohne Entnahme das Endvermögen in der Periode 3 500 Geldeinheiten (= Anfangsvermögen), im Fall mit Entnahme beträgt das

Endvermögen dagegen 300 Geldeinheiten (= Anfangsvermögen minus Entnahmen). In beiden Fällen lohnt es sich also, zu investieren, da ein höheres Endvermögen erwartet werden kann. Ausgehend von dem skizzierten Grundmodell wird im folgenden dargelegt, in welcher Weise Investitionsrechenverfahren die angesprochenen Probleme angehen. Diese werden dabei entsprechend dem Schema in Abbildung 7.4 nach teilzielorientierten und endzielorientierten Verfahren getrennt behandelt.

## *Teilzielorientierte Verfahren*

Die teilzielorientierten Investitionsrechenverfahren zeichnen sich durch eine drastische Vereinfachung gegenüber dem Grundmodell aus. Sie berücksichtigen nicht den unterschiedlichen zeitlichen Anfall von Ausgaben und Einnahmen eines Investitionsobjektes. Vielmehr rechnen sie mit **durchschnittlichen Größen**: Die unterschiedlichen Zahlungsströme werden also normiert und auf die Nutzungsdauer verteilt. Als Rechengrößen werden nicht Zahlungsströme, sondern Kosten und Erlöse verwendet. Als weitere Vereinfachung werden häufig Kosten und Erlöse nur für die Folgeperiode prognostiziert und mit diesem Wert der Vergleichsrechnung zugrunde gelegt.

*Rechenprinzip*

*Abweichungen vom Grundmodell*

Das Rechnen mit Durchschnitten läßt auch verschiedene andere Aspekte des Grundmodells unberücksichtigt. So ist nicht gewährleistet, daß vollständige Alternativen miteinander verglichen werden. Dies gilt für unterschiedliche Anschaffungsausgaben, für unterschiedliche Überschüsse in den einzelnen Perioden sowie für abweichende Nutzungsdauern, die nur indirekt über ihre Auswirkungen auf die Kostengrößen in den Alternativenvergleich eingehen.

Im folgenden sollen der Kostenvergleich, der Gewinnvergleich, der Rentabilitätsvergleich und die pay-off-Methode in knapper Form dargestellt werden.

Die Kostenvergleichsrechnung wird in der Praxis vielfach für die Beurteilung der Vornahme von Ersatz- bzw. Rationalisierungsinvestitionen oder Umstellungsinvestitionen verwendet. Ausgangspunkt sind die technisch zulässigen Alternativen. **Bei dieser Methode werden die Kosten der alten Anlage mit denen der neuen verglichen.** Es kann sich bei dem Vergleich um die Kosten pro Jahr oder die Kosten pro Leistungseinheit oder um beide Vergleichsgrößen handeln. Die Kostendifferenz dient als Kriterium für die Vorteilhaftigkeit der Investition. Die Alternative, die gegenüber der alten Anlage die größte Kostenersparnis verspricht, wird gewählt.

*Kostenvergleichsrechnung*

Voraussetzung für den Vergleich der Kosten pro Jahr ist, daß die Kapazitäten der zum Vergleich stehenden Investitionsobjekte ungefähr gleich groß sind. Formel (7.1) zeigt die allgemeinste Form des Kostenvergleichs sowie mögliche Ergebnisse ($>$, $=$, $<$).

*Grundform*

**Die Entscheidungsregel lautet: Die Alternative mit den niedrigsten Kosten ist vorzuziehen.** Der Index (a) kennzeichnet die alte Anlage oder auch die erste Anlage, der Index (n) kennzeichnet die neue Anlage oder auch eine weitere.

(7.1) $\quad K_a \gtreqless K_n.$

*differenzierter Kostenvergleich*

**Für die praktische Verwendung ist eine differenzierte Betrachtung der Kosten erforderlich.** So können zum Beispiel Betriebskosten (B) pro Jahr enthalten sein (sie werden unmittelbar durch den Betrieb der Anlage verursacht: z. B. Löhne, Energie-, Werkzeug- und Instandhaltungskosten), ebenso Kosten des Kapitaldienstes (gelegentlich auch Versicherungen und Steuern). Die Kosten des Kapitaldienstes enthalten Abschreibungen [in der Regel als Quotient aus Anschaffungskosten (A) und wirtschaftlicher Nutzungsdauer (t)] und Zinsen auf das eingesetzte Kapital. [Geht man von einer gleichmäßigen Freisetzung des investierten Kapitals als Folge kontinuierlichen Nutzenverzehrs (lineare Abschreibung) aus, so ist im Durchschnitt die Hälfte der Anschaffungskosten gebunden und entsprechend zu verzinsen. (i) ist der gewählte Kalkulationszinssatz.] Die Vergleichsregel lautet:

$$(7.2) \quad B_a + \frac{A_a}{t_a} + \frac{i \cdot A_a}{2} \gtreqless B_n + \frac{A_n}{t_n} + \frac{i \cdot A_n}{2}.$$

Diese Formel kann durch die Berücksichtigung möglicher Restwerte (R), die am Ende der Lebenszeit der Anlage auftreten, noch modifiziert werden. Es ergibt sich dann die sogenannte „Ingenieurformel":

$$(7.3) \quad B_a + \frac{A_a - R_a}{t_a} + \frac{i(A_a + R_a)}{2} \gtreqless B_n + \frac{A_n - R_n}{t_n} + \frac{i(A_n + R_n)}{2}.$$

*Stückkostenvergleich*

Ein auf Basis der Gesamtkosten durchgeführter Kostenvergleich ist nur sinnvoll, wenn alle zu vergleichenden Alternativen die gleiche Ausbringung (Produktionsmenge) haben. Oft weisen die Investitionsobjekte jedoch – vor allem, wenn es um den Vergleich „alt – neu" geht – kapazitätsmäßige Unterschiede auf. Bei Unterstellung, daß die unterschiedlichen Kapazitäten jeweils auch ausgenutzt werden, ergibt ein Gesamtkostenvergleich somit keine sinnvollen Resultate. In einem solchen Fall wird ein Stückkostenvergleich notwendig. Dazu sind die für eine bestimmte Ausbringung ($x_a$; $x_n$) geschätzten Gesamtkosten durch eben diese Ausbringung zu dividieren.

$$(7.4) \quad \frac{B_a + \frac{A_a}{t_a} + \frac{i \cdot A_a}{2}}{x_a} \gtreqless \frac{B_n + \frac{A_n}{t_n} + \frac{i \cdot A_n}{2}}{x_n}$$

*kritische Menge*

In diesem Zusammenhang interessiert den Investor auch, ob die Kostenvorteile einer Investitionsalternative über alle Auslastungsgrade hinweg gelten, oder ob es eine „**kritische Menge**" gibt, bei der sich die Vorteilhaftigkeit der Alternativen umkehrt. Es geht also um die Frage: Welches Aggregat arbeitet bei der geplanten Menge ($x_p$) wirtschaftlicher bzw. **ab welcher Menge kehren sich die Wirtschaftlichkeitsverhältnisse der fraglichen Aggregate um?** Zum Vergleich sind die mit den in Frage kommenden Investitionsobjekten verbundenen Kostenarten in bezüglich der Ausbringungsmenge fixe und variable Bestandteile zu trennen, um die Kostenfunktionen der einzelnen Anlagen zu erstellen. Die Gleichsetzung dieser Funktionen und die Auflösung dieser Gleichungen nach (x) ergeben die kritische Menge ($x_k$).

$$(7.5\,\mathrm{a}) \quad K_a(x) = K_n(x)$$

(7.5b)    $x_k = f[K_a(x); K_n(x)]$.

Abbildung 7.8 zeigt die entsprechende grafische Darstellung.

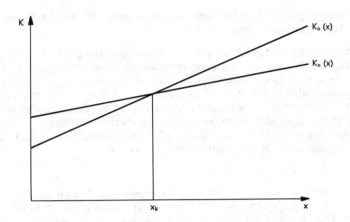

*Abb. 7.8: Grafische Ermittlung der kritischen Menge*

Bei einem Vergleich „alt – neu" ist neben den Kosten der Investitionsalternativen allerdings auch der Liquidationserlös der alten Anlage zu berücksichtigen. Würde man nur auf der Basis von Kosten entscheiden, dann wäre zum Beispiel der Ersatz eines vor einem Jahr gekauften Kraftfahrzeuges bereits dann zweckmäßig, wenn – bei sonst gleichen Daten – beim Neuwagen der Benzinverbrauch geringer ist. Der Ersatz erweist sich in Wirklichkeit aber dann als ungünstig, wenn der Liquidationserlös so weit unter dem Restbuchwert liegt, daß dieser Verlust die niedrigeren Kosten des Neuwagens überkompensieren würde. Nur wenn im Betrachtungszeitpunkt der Restbuchwert und der Liquidationserlös übereinstimmen und in den Folgeperioden in gleichem Maße abnehmen, kann auf Basis des Kostenvergleichs allein entschieden werden.

*Restwert der Altanlage*

Anhand von Kostenvergleichen sind Aussagen über die Vorteilhaftigkeit von Investitionsobjekten nur dann möglich, wenn die Erlöse der zu vergleichenden Alternativen übereinstimmen. Ist diese Voraussetzung nicht gegeben, wird die Berücksichtigung der Erlöskomponente und damit ein **Gewinnvergleich** erforderlich. Dies ist zum Beispiel der Fall, wenn unterschiedliche Ausbringungsmengen der Investitionsalternativen Preisänderungen auf dem Absatzmarkt hervorrufen.

*Gewinnvergleich*

Der Vergleich erfolgt zwischen dem durchschnittlichen Jahresgewinn vor Durchführung der Investitionsmaßnahme ($G_a$) und dem geschätzten durchschnittlichen Jahresgewinn nach Durchführung der Investition ($G_n$). Als Vergleichsgrundlage gilt somit:

(7.6a)    $G_a \lessgtr G_n$

$$(7.6\,\mathrm{b}) \qquad \frac{\sum_{j=1}^{t}(E_j-K_j)}{t} \gtreqless \frac{\sum_{j=t+1}^{t+n}(E_j-K_j)}{n}$$

**Die Entscheidungsregel lautet: Wähle die Alternative, die den im Durchschnitt höheren Jahresgewinn erwirtschaftet.**

Die Formel (7.6 b) kennzeichnet auf der linken Seite die Erlös- und Kostensituation der Unternehmung bis zum Investitionszeitpunkt (t) und rechts die Situation vom Investitionszeitpunkt bis zum Zeitpunkt (t + n), wobei (n) die Nutzungsdauer der neuen Anlage darstellt. In der Regel wird aus Vereinfachungsgründen nur der Gewinn der Periode (t + 1) mit dem Durchschnittsgewinn der vorausgehenden Perioden verglichen, da die Schätzung der weiter in der Zukunft liegenden Gewinne mit zu großer Unsicherheit verbunden ist. Die Definitionsgleichung für ($G_n$) lautet dann:

$$(7.6\,\mathrm{c}) \qquad G_n = E_{t+1} - K_{t+1}$$

*Rentabilitätsvergleich*

Die Ergebnisse der Kosten- und Gewinnvergleichsrechnung besagen nichts über die Verzinsung des eingesetzten Kapitals. In vielen Fällen wird die Unternehmung aber weniger an einer Kosteneinsparung oder an der Höhe des absoluten Gewinns interessiert sein als vielmehr an dem **Verhältnis zwischen Gewinn und eingesetztem Kapital.** Dem ökonomischen Prinzip entsprechend wird die Alternative gewählt, bei der dieses Verhältnis am günstigsten ist. Sehr oft werden nicht nur verschiedene Aggregate gleicher Funktion (z. B. Lastkraftwagen unterschiedlicher Fabrikate) miteinander konkurrieren, sondern auch – besonders im Falle der Erweiterungs- oder Diversifizierungsinvestitionen – unterschiedliche Aggregate mit unterschiedlicher Funktion und unterschiedlichem Kapitaleinsatz. In der Praxis wird als Entscheidungshilfe bei derartigen Investitionsproblemen im Regelfall die Rentabilitätsrechnung herangezogen. Die Rentabilitätsrechnung wird häufig einperiodig durchgeführt, das heißt es wird nur die erste Periode der geplanten Investition untersucht. Die Rentabilität ergibt sich dann als Quotient aus erwartetem Gewinn der ersten Periode und Kapitaleinsatz.

**Die Entscheidungsregel lautet: Wähle die Alternative mit der größten Rentabilität.**

Es gilt also die Vergleichsformel:

$$(7.7) \qquad \frac{E_a - K_a}{A_a} \gtreqless \frac{E_n - K_n}{A_n}$$

Teilweise wird auch vorgeschlagen, den Gewinn nicht auf das Anfangskapital, sondern auf das durchschnittlich gebundene Kapital zu beziehen. Dadurch erhöht sich zwar die errechnete Rendite aller Investitionsalternativen, die Reihenfolge ihrer Vorteilhaftigkeit ändert sich bei gleicher Nutzungsdauer und bei gleichem Verlauf der Kapitalfreisetzung jedoch nicht.

*Einschränkungen der Gewinn- und Rentabilitätsvergleichsrechnung*

Eine gewisse Verfeinerung können die Gewinn- und Rentabilitätsvergleichsrechnung auch bei Berücksichtigung von Beschäftigungsgradvariationen erfahren. Wenngleich diese Art der Investitionsrechnung als vorteilhafter als die Kostenvergleichsrechnung bezeichnet werden kann, so müssen doch auch hier die erheblichen Einwendungen wiederholt werden, die nahezu alle teilzielorientierten Verfahren betreffen. Wiederum handelt es sich um eine kurzfristige Betrachtungsweise, die zugleich statisch ist. Bereits realisierte Gewinne werden in der Gewinnvergleichsrechnung mit Zukunftsgewinnen verglichen. Weiter kann eingewendet werden, daß – wie bei den vorher gezeigten Verfahren – gegen den Grundsatz der Vollständigkeit der Alternativenformulierung verstoßen wird, wenn die zu vergleichenden Alternativen sich im Kapitaleinsatz beziehungsweise in der Kapitalbindung unterscheiden.

Um eine spezielle Form der einperiodigen Rentabilitätsvergleichsrechnung handelt es sich bei der sogenannten **MAPI-Methode**. Sie wurde von Terborgh als Forschungsdirektor des Machinery and Allied Products Institute, Washington, entwickelt und ist ein praktikables Verfahren zur **Ermittlung einer Rentabilitätszahl**. Die MAPI-Methode kann vor allem bei Entscheidungen über Ersatzinvestitionen, aber auch bei Rationalisierungs- und Modernisierungsinvestitionen Anwendung finden. Zur eingehenden Darstellung dieser Methode sei auf das Buch von Terborgh verwiesen. An dieser Stelle soll neben einigen grundsätzlichen Anmerkungen nur deren praktische Durchführung gezeigt werden.

*MAPI-Methode*

Terborgh nennt die MAPI-Methode auch „Mit-ohne-Verfahren". Er will damit ausdrücken, daß die Situation der Unternehmung nach durchgeführter Investition mit der Situation ohne Durchführung der Investition verglichen werden muß. Dabei geht es ihm weniger um den Vergleich der absoluten Gewinn- oder Rentabilitätskennzahlen, als um die Ermittlung der sogenannten **relativen Rentabilität**, die zugleich das **Dringlichkeitsmaß für die Vornahme der Investition** darstellt.

Die relative Rentabilität (r) ist eine Kennzahl, die sich aus Formel (7.8) ergibt:

*MAPI-Grundformel*

$$(7.8) \qquad r = \frac{g + c_v - c_e}{a}$$

Es bedeuten:

(a) erforderliches Kapital = Anschaffungskosten der neuen Anlage abzüglich Liquidationserlös der alten Anlage und abzüglich vermiedener Ausgaben für Großreparaturen an der alten Anlage;

(g) Nettoertragssteigerung = Steigerung des Bruttoertrags + Kostensenkung gegenüber dem Zustand ohne die Investition abzüglich des Zuwachses der Ertragsteuern;

($c_v$) vermiedener Kapitalverzehr des nächsten Jahres = Wertminderung der alten Anlage in der kommenden Periode (Differenz der Liquidationserlöse);

($c_e$) Kapitalverzehr der neuen Anlage in der kommenden Periode.

Da der entstehende **Kapitalverzehr** ($c_e$) die interessanteste Größe des MAPI-Verfahrens darstellt, soll er etwas ausführlicher behandelt werden.

*Ermittlung des Kapitalverzehrs*

Das MAPI-Verfahren basiert auf der Annahme, daß der Investor für die Investition allenfalls den Kapitalwert der zukünftigen Gewinne zu zahlen bereit ist. Bei einer Nutzungsdauer von 10 Jahren und jährlichen Gewinnen von 10 000, 9 000, 8 000 ... 2 000, 1 000 DM errechnet sich mit einem Kalkulationszinssatz von 10% beispielsweise ein Barwert von 38 554 DM. Bis zu diesem Betrag würde im Sinne der Terborghschen Annahme ein Investor bei Vorliegen obiger Gewinnreihe investieren. Nimmt die Unternehmung diese Investition tatsächlich vor und werden die erwarteten Gewinne realisiert, so ergibt sich zu Beginn des zweiten Jahres ein Kapitalwert von 32 409 DM. Die Differenz von 6 145 DM ist der Kapitalverzehr des ersten Jahres. Die Berechnung erfordert zwar nur finanzmathematische Kenntnisse, ist aber zeitraubend. Aus diesem Grund und infolge gewisser Modifizierungen, die der Einbeziehung der Abschreibungsmethode sowie des geschätzten Liquidationserlöses dienen, hat Terborgh Diagramme errechnet, aus denen sich der Prozentsatz ablesen läßt, der, multipliziert mit den Anschaffungskosten des Aggregats, den Kapitalverzehr des ersten Jahres angibt.

*MAPI-Dringlichkeitszahl*

Die Division des „verfügbaren Betrages für die Verzinsung des Kapitals" ($g + c_v - c_e$) durch das „erforderliche Kapital" (a) führt zur **MAPI-Dringlichkeitszahl (r). Sie gibt an, zu welchem Zinssatz das erforderliche Kapital im nächsten Jahr mindestens angelegt werden muß, wenn die Investition um ein Jahr verschoben werden soll (relative Rentabilität).**

Je höher also die Dringlichkeitszahl ist, desto schwieriger dürfte eine adäquate anderweitige Anlage des Kapitals sein und desto dringender wird daher die Investition. Die Rentabilitätsschwelle, die über Tätigung oder Unterlassung einer Investition entscheidet, muß unternehmungsindividuell festgelegt werden.

*Kritik*

Einer der Haupteinwände gegen das MAPI-Verfahren ist aus der hier gewählten einführenden Darstellung nicht ersichtlich, soll aber nicht verschwiegen werden. Die von dem Investor zu tätigende Wahl des relevanten MAPI-Diagramms setzt eine Vorstellung über Gewinnverläufe während der Nutzungsdauer der ins Auge gefaßten neuen Anlage voraus, die bestimmten von Terborgh bei der Berechnung der Diagramme verwendeten **Normverläufen** entsprechen. Diese einschneidende Annahme relativiert die Methode in hohem Maße. Schließlich geht die hier nicht dargestellte Theorie des MAPI-Verfahrens davon aus, daß die **relativen Verfahrensnachteile zukünftiger Anlagen gleich** sind, d. h., daß sich die Kostenwirtschaftlichkeiten der Anlagen gleichartig entwickeln. Auch in dieser Annahme ist eine „heroische" Einschränkung der Realität zu sehen. Da die Restriktionen anderer unterzielorientierter Investitionsverfahren aber in der Regel noch weitaus größer sind, ist mit Hilfe des MAPI-Verfahrens sicherlich eine Weiterentwicklung der teilzielorientierten Verfahren gelungen.

*pay-off-Methode*

Die Darstellung der teilzielorientierten Verfahren der Investitionsrechnung schließt mit der Betrachtung der pay-off-Methode. Dieses Investitionsrechnungsverfahren wird auch als „pay-back-Methode", „Amortisationsrechnung" oder „Methode der Liquidationsgrenze" bezeichnet. Die pay-off-Methode ist besonders an der Zielsetzung „Sicherheit" ausgerichtet. Den Ausgangspunkt bildet die Frage nach dem **Wiedergewinnungszeitraum des Kapitaleinsatzes.** Zu ermitteln ist also der Zeitraum ($t_p$), in dem das eingesetzte Anfangskapital wieder zurückgeflossen ist.

**Die Entscheidungsregel lautet: Ist die effektive Amortisationszeit ($t_p$) kleiner als die vom Entscheidungsträger als maximal zulässig angesehene Amortisationszeit ($t_a$), so ist die Investition vorteilhaft.**

(7.9) $\quad t_p < t_a$

Die eingesetzten Mittel fließen der Unternehmung „schneller als erwartet" zu; das heißt nach den subjektiven Sicherheitsvorstellungen des Entscheidungsträgers liegt die Investition in einem Bereich, der das Risiko für die Wiedergewinnung des eingesetzten Kapitals in autonom festgelegten Grenzen hält.

Die pay-off-Rechnung kann in verschiedenen Varianten durchgeführt werden. *Cash-flow-Version*
Zwei davon sollen im folgenden betrachtet werden. In der ersten Version wird die pay-off-Periode auf der Basis der Erfolgsgröße (E−B) der nächsten Periode (n) – also gewissermaßen auf der Basis des **Cash-flow** des Aggregats – errechnet. Mit Hilfe der Gewinnschwellenanalyse läßt sich dieses Vorgehen für eine Anlage in einfacher Weise grafisch darstellen (vgl. Abbildung 7.9).

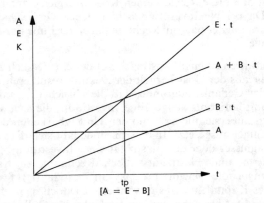

*Abb. 7.9: Gewinnschwellenanalyse in der pay-off-Methode*

Die Maschine hat sich amortisiert, wenn die Erlöse gleich der Summe aus Anschaffungs- und Betriebskosten sind.

(7.10) $\quad A + B \cdot t = E \cdot t$

Daraus ergibt sich die Amortisationszeit ($t_p$):

(7.11) $\quad t_p = \dfrac{A}{E-B}$

Statt der **durchschnittlichen Rückflüsse** pro Periode können, soweit Informationen hierüber vorliegen, auch die tatsächlichen Rückflüsse der Folgeperioden herangezogen werden. Diese sind dann aufzuaddieren, bis der Betrag von A erreicht ist. Die Zahl der benötigten Jahresrückflüsse ergibt die pay-off-Zeit. Eine solche Vorgehensweise ist erforderlich, wenn erhebliche Schwankungen der jährlichen Rückflüsse zu erwarten sind.

*Kostenersparnis-Version*

Die Cash-flow-Version ist besonders bei Neu- und Erweiterungsinvestitionen geeignet, da sie keine Vergleichswerte für Erlöse und Kosten benötigt, sondern „nur" die Festlegung der Entscheidungsregel verlangt. Wie bei der Gewinn- und der Rentabilitätsvergleichsrechnung, so ist auch bei dieser Variante der pay-off-Rechnung die Schwierigkeit der Erlös- bzw. Gewinnzurechnung gegeben, wenn es sich nicht um eine völlig isolierte Investition handelt. **Die zweite Variante der pay-off-Methode umgeht dieses Problem weitgehend, da sie von der Kostenersparnis ausgeht.** Allerdings können sich auch hier Zurechnungsschwierigkeiten ergeben. Ausgangspunkt für die Bestimmung der Amortisationszeit bilden die Formeln der Kostenvergleichsrechnung. Die jährliche Kostenersparnis ($K_e$) der neuen Anlage gegenüber der alten Anlage ist dabei entscheidend für die Amortisationsdauer. Der Quotient aus Anschaffungskosten ($A_n$) und Kostenersparnis ergibt dann die Amortisationszeit ($t_p$).

$$(7.12) \qquad t_p = \frac{A_n}{K_e}.$$

Zu beachten ist, daß diese Version einen Kostenvergleich zur Ermittlung von ($t_p$) erfordert. Da bei Neuinvestitionen häufig der Vergleichsmaßstab fehlt, kommt diese Variante der pay-off-Rechnung in erster Linie nur für Ersatzinvestitionen in Frage.

*Interpretation der pay-off-Methode*

Das pay-off-Verfahren ist eine Faustregel, mit der ein Versuch zur Minderung der Gefahren, die aus der Unsicherheit der Zukunft resultieren, unternommen wird. Ihr liegt der Gedanke zugrunde, daß die Unsicherheit mit der Ausdehnung des Planungshorizonts steigt. Eine Investition, die sich schnell amortisiert, ist insofern „übersichtlicher" und den Unwägbarkeiten der zukünftigen Entwicklung weniger ausgesetzt. In diesem Sinne läßt sich die pay-off-Periode als Maß des Wagnisses oder der Elastizität einer Investition bezeichnen. Um seinem Sicherheits- und Elastizitätsstreben Rechnung zu tragen, hat der Entscheidungsträger die gewünschte pay-off-Periode ($t_a$) festzulegen. Die Amortisation des Kapitaleinsatzes gewährleistet jedoch nicht die Aufrechterhaltung der Liquidität während und am Ende der Kapitalbindungsdauer.

*Einschränkungen der pay-off-Methode*

Die pay-off-Rechnung stellt auf einen Zeitpunkt, nicht auf den Investitionsprozeß ab. Die Abbildung 7.9 zeigt deutlich, daß für die Entscheidung nur der Schnittpunkt, nicht der Kurvenverlauf relevant ist. Die tatsächliche Nutzungsdauer der Anlagen bleibt ebenfalls völlig außer Betracht. Damit besteht aber die Gefahr einer Unterbewertung der Investitionsobjekte, die erst nach der pay-off-Periode zu einer starken Ertragsentwicklung führen. Da dieser Zeitraum in dem Kalkül unberücksichtigt bleibt, gibt die Methode kein Kriterium zur Beurteilung von Gewinn- und Rentabilitätsmöglichkeiten der Investitionen an. Bedenkt man allerdings, daß nahezu alle unterzielorientierten Verfahren nur die nächste Periode betrachten, so gilt dieser Einwand nicht nur für die pay-off-Rechnung.

Die genannten Mängel der teilzielorientierten Investitionsrechnungsverfahren beschränken deren Brauchbarkeit in erheblichem Umfang. Dennoch dürfen diese Verfahren nicht pauschal abgelehnt werden. Sie zeichnen sich durch große Einfachheit aus und können insofern als brauchbare Auswahlheuristiken betrachtet werden, die befriedigende Lösungen des Entscheidungsproblems zulassen. Darin ist auch ihre große Beliebtheit in der Praxis begründet.

*teilzielorientierte Verfahren als Auswahlheuristiken*

*Endzielorientierte Verfahren*

Als endzielorientierte Investitionsrechnungsverfahren werden jene Methoden bezeichnet, denen eine Totalbetrachtung der Investition zugrunde liegt. Sie beschreiben die Konsequenzen von Investitionsalternativen bis zu deren Liquidationszeitpunkten bzw. bis zu einem Planungshorizont. Der Investitionsvorgang wird als ein mehrperiodiger Prozeß betrachtet.

Alle mehrperiodigen Verfahren gehen von Einnahmen- und Ausgabenströmen der jeweiligen Investitionsprojekte als Konsequenzen der jeweiligen Investitionsalternative aus.

*Zahlungen*

**Für das Rechenergebnis ist nicht nur die absolute Höhe, sondern auch der zeitliche Anfall der einzelnen Einnahmen und Ausgaben von Bedeutung.** Der Ausgabenstrom hat in jedem Augenblick eine bestimmte Stärke, die in DM pro Zeiteinheit gemessen wird.

*Zeiten*

**Die zu unterschiedlichen Zeitpunkten anfallenden Einnahmen- und Ausgabenströme müssen „gleichnamig" gemacht werden.** Die Notwendigkeit ergibt sich aus der Vorstellung, daß eine Einnahme zum Zeitpunkt (t + 1) einen geringeren Wert besitzt als die gleiche Einnahme in (t). Die Wertdifferenz entspricht der Verzinsung. Dies gilt analog für Ausgaben. Das Verfahren der „Gleichnamigmachung" wird als Diskontierung bezeichnet. Die Abzinsung der erwarteten Einnahmen und Ausgaben einer Investitionsalternative auf den Bezugszeitpunkt mit Hilfe eines bestimmten Zinssatzes ergibt den Gegenwartswert der Einnahmen und Ausgaben. Der in die Rechnung eingeführte Diskontierungssatz wird als Kalkulationszinsfuß bezeichnet.

*Zinsen*

Es zeigt sich somit, daß die endzielorientierten Verfahren in ihrer Konzeption weitgehend mit dem Grundmodell der Investitionsrechnung übereinstimmen. Den Ausgangspunkt bilden die Zahlungsströme, die bis zum Planungshorizont anfallen. Die bei finanzmathematischen Methoden übliche Abzinsung (Diskontierung) der Zahlungsströme entspricht im Grunde der Aufzinsung beziehungsweise der Fortwälzung der Rückflüsse bis zum Planungshorizont.

Endzielorientierte Verfahren gehen von der Existenz eines vollkommenen Kapitalmarktes aus; es wird unterstellt, daß finanzielle Mittel zum gleichen Zinssatz aufgenommen und angelegt werden können. Damit wird der Forderung nach einer **vollständigen Alternativenformulierung** implizit Rech-

*Kapitalwert-*
*methode*

nung getragen. Es wird angenommen, daß sich freiwerdende Mittel immer zu dem Zinsfuß verzinsen, mit dem in den einzelnen Verfahren gerechnet wird.

Im folgenden werden die Kapitalwertmethode, die Methode des internen Zinsfußes und die Annuitätenmethode kurz dargestellt.

Bei der **Kapitalwertmethode** werden sämtliche mit einer Investition verbundenen Einnahmen (= laufende Einnahmen b oder n Perioden + Restwert $a_n$) und Ausgaben (= laufende Ausgaben c der n Perioden + Anschaffungswert $a_0$) auf den Kalkulationszeitpunkt mit einem gegebenen Zinsfuß, dem Kalkulationszinsfuß [(r), (r ist ein Dezimalbruch)], abgezinst.

**Von der Summe der abgezinsten Einnahmen ($C_E$) wird die Summe der abgezinsten Ausgaben ($C_A$) subtrahiert. Die Differenz dieser Gegenwartswerte ergibt den Kapitalwert ($C_W$) der Investition. Nach der Kapitalwertmethode ist eine Investition dann vorteilhaft, wenn der Kapitalwert größer oder gleich 0 ist.**

Sind die diskontierten zukünftigen Einnahmen nicht kleiner als die zukünftigen diskontierten Ausgaben, so ist die Investition für sich betrachtet vorteilhaft gegenüber einer anderweitigen Kapitalanlage zum Kalkulationszinsfuß. Sind die diskontierten Einnahmen gleich den diskontierten Ausgaben (Kapitalwert = 0), so erhält der Investor eine Verzinsung in Höhe des Kalkulationszinsfußes. Die Kapitalwertmethode ist in den Gleichungen (7.13)–(7.16) mathematisch zusammengefaßt:

(7.13) $\quad C_W \geq 0$, (Entscheidungsregel)

(7.14) $\quad C_W = C_E - C_A$,

(7.15) $\quad C_E = \sum_{t=1}^{n} \frac{b_t}{(1+r)^t} + \frac{a_n}{(1+r)^n}$

(7.16) $\quad C_A = \sum_{t=1}^{n} \frac{c_t}{(1+r)^t} + a_0$.

Bei einem Kalkulationszinssatz von 10% errechnen sich die Kapitalwerte der beiden im Grundmodell angegebenen Investitionsalternativen A und B (vgl. S. 791) wie folgt:

Investition A:

$C_A \quad : a_0 = 500$

$C_E \quad : \sum_{t=1}^{3} b_t \cdot \frac{1}{(1+r)^t} = 50 \cdot 0{,}909 + 50 \cdot 0{,}826 + 550 \cdot 0{,}751$

$C_E \quad = 499{,}80$

$C_E - C_A = 0{,}2$ (bei exakter Berechnung: 0)

Investition B:

$C_A \quad : a_0 = 400$

$$C_E \quad : \quad \sum_{t=1}^{3} b_t \cdot \frac{1}{(1+r)^t} = 200 \cdot 0{,}909 + 300 \cdot 0{,}826$$

$C_E \quad = 429{,}6$

$C_E - C_A = 29{,}6$

Das Beispiel zeigt, daß Alternative B den höheren Kapitalwert aufweist. Alternative B ist somit Alternative A vorzuziehen.

Bei der Methode des internen Zinsfußes wird gefragt, mit welcher effektiven Rentabilität sich die ursprüngliche Anschaffungsausgabe während der Nutzungsdauer des Investitionsobjektes verzinst. **Der interne Zinsfuß (i) ist jener Zinsfuß, bei dem der Kapitalwert der Investition gleich 0 ist, das heißt bei dem die beiden Zahlungsreihen einander äquivalent sind.** In einer grafischen Darstellung (vgl. Abbildung 7.10) ergibt sich der interne Zinsfuß im Schnittpunkt von Kapitalwertfunktion und Abszisse. Die Kapitalwertfunktion [vgl. (7.14)–(7.16)] zeigt bei gegebenen Zahlungsreihen den funktionalen Zusammenhang zwischen der Höhe des Kapitalwertes (abhängige Variable) und dem Kalkulationszinsfuß (unabhängige Variable). Abbildung 7.10 enthält die Kapitalwertfunktionen zweier Investitionsalternativen A und B.

*Methode des internen Zinsfußes*

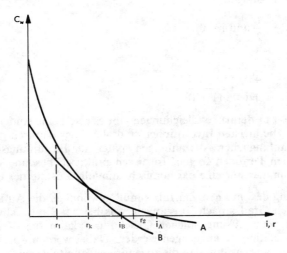

*Abb. 7.10: Kapitalwertfunktionen*

Die Methode des internen Zinsfußes stellt gewissermaßen eine Umkehrung der Kapitalwertmethode dar. Der errechnete interne Zinsfuß (i) muß mit einem gewählten Kalkulationszinsfuß (r) verglichen werden. **Liegt der interne Zinsfuß über dem als Maßstab für die Mindestrentabilität angesetzten Kalkulationszinsfuß, so bedeutet dies, daß die Investition als vorteilhaft anzusehen ist.**

Die interne Zinsfußmethode ist in den Gleichungen (7.17)–(7.19) zusammengefaßt:

(7.17)    $i \gtreqless r$ (Entscheidungsregel)

(7.18)    $C_w = C_E - C_A = 0$,

(7.19 a)  $C_E = \sum_{t=1}^{n} \dfrac{b_t}{(1+i)^t} + \dfrac{a_n}{(1+i)^n}$,

(7.19 b)  $C_A = \sum_{t=1}^{n} \dfrac{c_t}{(1+i)^t} + a_0$.

Soll in Abbildung 7.10 zum Beispiel $r_2$ als Maßstab der gewünschten Mindestrentabilität gelten, so wird die Alternative A gewählt ($i_A > r_2$). Soll zwischen A und B nur anhand des internen Zinsfußes entschieden werden, fällt die Wahl ebenfalls auf A ($i_A > i_B$).

Die Methode des internen Zinsfußes weist den Nachteil auf, daß die Lösung nicht eindeutig zu sein braucht. Beispiele stellen die folgenden Kapitalwertfunktionen dar: Die Gleichung

$$4 - \frac{10}{1+i} + \frac{6}{(1+i)^2} = 0$$

hat zwei reelle Lösungen

$$(i = \frac{1}{2} \text{ und } i = 0),$$

die Gleichung

$$2 - \frac{4}{1+i} + \frac{3}{(1+i)^2} = 0$$

dagegen keine. Für derartige Gleichungen gibt es also keine eindeutigen internen Zinsfüße. Die meisten Investitionen sind allerdings dadurch gekennzeichnet, daß den anfänglichen Auszahlungen später nur Einzahlungsüberschüsse in den einzelnen Perioden folgen. In diesen praktisch besonders relevanten Fällen gibt es immer nur eine ökonomisch sinnvolle Lösung der Gleichung.

Zur Berechnung des internen Zinsfußes muß gewöhnlich die Auflösung einer Gleichung n-ten Grades nach (i) erfolgen, was bei n > 3 mit Schwierigkeiten verbunden ist. Zur Lösung solcher Gleichungen kann das Verfahren der linearen Interpolation herangezogen werden. Dabei werden durch Probieren zwei Zinsfüße so ausgewählt, daß die zugehörigen Kapitalwerte der Investition einmal positiv und einmal negativ sind. Trägt man die beiden Wertepaare in ein karthesisches Koordinatensystem ein, so ergibt sich der interne Zinsfuß der Investition aus dem Schnittpunkt der durch die beiden Wertepaare definierten Geraden mit der Abszisse. Hierbei handelt es sich allerdings insofern um eine Näherungslösung, als eine Kapitalwertfunktion t > 1 nicht die Form einer Geraden aufweist. Somit ist die Abweichung zwischen dem durch Interpolieren ermittelten internen Zinsfuß und dem tatsächlichen internen Zinsfuß um so geringer, je kleiner der Abstand zwischen den beiden Wertepaaren gewählt wird.

Für die Alternativen A und B des Grundmodells (vgl. S. 791) errechnen sich danach folgende interne Zinsfüße:

Investition A:  10%
Investition B:  ~ 15%

**Die Annuitätenmethode ist eine modifizierte Form der Kapitalwertmethode.** Im Gegensatz zur Kapitalwertmethode, die den Totalerfolg einer Investition mißt, erfolgt bei der Annuitätenmethode eine Gegenüberstellung der durchschnittlichen jährlichen Einnahmen ($E_\varnothing$) mit den durchschnittlichen jährlichen Ausgaben ($A_\varnothing$). Die Einnahmen und Ausgaben werden in zwei äquivalente uniforme Reihen transformiert. Zu diesem Zweck werden wie bei der Kapitalwertmethode die Einnahmen- und die Ausgabenreihen zunächst auf den Bezugszeitpunkt abgezinst. Die Umrechnung der Barwerte der Ausgaben und der Einnahmen in gleiche Jahresbeträge (Annuitäten) erfolgt durch Multiplikation der beiden Barwerte mit dem sogenannten Wiedergewinnungsfaktor (q).

*Annuitätenmethode*

**Eine beabsichtigte Investition ist dann vorteilhaft, wenn bei einem gegebenen Kalkulationszinsfuß die durchschnittlichen jährlichen Einnahmen größer sind als die durchschnittlichen jährlichen Ausgaben oder wenn diese beiden Größen sich zumindest decken.**

Die Annuitätenmethode ist in den Gleichungen (7.20)–(7.23) mathematisch zusammengefaßt.

(7.20) $\quad E_\varnothing \gtreqless A_\varnothing$, (Entscheidungsregel)

(7.21) $\quad E_\varnothing = C_E \cdot q \quad$ [vgl. (7.15)],

(7.22) $\quad A_\varnothing = C_A \cdot q \quad$ [vgl. (7.16)],

(7.23) $\quad q = \dfrac{(1+r)^n \cdot r}{(1+r)^n - 1}$.

Für die Beispiele des Grundmodells (Planungshorizont 3 Jahre) gilt bei einem Zinssatz von 10% der Wert q = 0,402. Daraus berechnet sich die Annuität von

Investition A:  0
Investition B:  29,6 · 0,402 =  ~ 11,9

In Theorie und Praxis ist strittig, welches der dargestellten Verfahren das zweckmäßigste sei. Würden alle Verfahren bei gleicher Struktur der Zahlungsströme zum gleichen Ergebnis führen, wäre der Streit wohl müßig; die Wahl fiele auf das einfachste Verfahren. Für die Kapitalwertmethode sprächen die einfachere Berechnung und das eindeutige Ergebnis, für die Methode des internen Zinsfußes die anschauliche Zielgröße (Rentabilität statt der abstrakten Überschußgröße „Kapitalwert").

*Vergleich der endzielorientierten Verfahren*

Bei der Beurteilung der Vorteilhaftigkeit einer Einzelinvestition kommen die Verfahren in der Tat zum gleichen Ergebnis; das heißt eine Investition erweist sich nach allen Methoden als vorteilhaft bzw. nicht vorteilhaft. Dies gilt jedoch nicht mehr beim Vergleich mehrerer Investitionsalternativen. Bei drei oder mehr Alternativen ist es sogar möglich, daß jedes Verfahren zu einer anderen Rangfolge der Alternativen führt. Dies ist auf die unterschiedlichen, den Verfahren zugrunde liegenden Prämissen zurückzuführen.

*Kapitalwert-Annuität*

Unterschiedliche Ergebnisse zwischen Kapitalwertmethode und Annuitätenmethode überraschen, da ja die Annuitäten aus der Multiplikation der Kapitalwerte mit dem Wiedergewinnungsfaktor errechnet werden. Die Erklärung hierfür ist, daß unterschiedliche Nutzungsdauern auch unterschiedliche Wiedergewinnungsfaktoren zur Folge haben. Bei Beachtung der Forderung nach vollständiger Alternativenformulierung müßte jedoch für alle Investitionen der gleiche Zeitraum angesetzt werden. In diesem Fall liefern beide Methoden dann gleiche Ergebnisse.

*Kapitalwert-interner Zins*

Ursächlich für die **Divergenzen zwischen Kapitalwertmethode und Methode des internen Zinsfußes** sind die unterschiedlichen Prämissen hinsichtlich der Verzinsung freiwerdender Mittel. So impliziert die Kapitalwertmethode, daß freiwerdende Mittel zum Kalkulationszinsfuß wiederangelegt werden. Bei der Methode des internen Zinsfußes wird dagegen eine Wiederanlage zum internen Zins, das heißt der Rendite der Investition unterstellt. Sind in Abbildung 7.10 Kalkulationszinsfuß **und** interner Zinsfuß größer als der Zinssatz $r_k$ (Schnittpunkt der Kapitalwertfunktionen), dann liefern beide Verfahren **keine** widersprüchlichen Ergebnisse.

Die Wiederanlageprämisse der Methode des internen Zinsfußes ist auch hauptsächlicher Kritikpunkt des Verfahrens. Es spricht wenig dafür, daß sich in jeder Periode Wiederanlagemöglichkeiten der freiwerdenden Mittel ergeben, deren Verzinsung jener der Investition entspricht. Dies ist allenfalls dann der Fall, wenn man von reinen Finanzinvestitionen mit beliebiger Wiederholbarkeit ausgeht.

*Problem des „richtigen" Kalkulationszinsfußes*

Bei allen Investitionsrechnungsverfahren, in denen ein Kalkulationszinsfuß Berücksichtigung findet, ergibt sich das Problem, den „richtigen" Kalkulationszinsfuß zu ermitteln.

*Verrechnungsfunktion des Kalkulationszinsfußes*

Die entscheidungstheoretische Betrachtungsweise bringt eine gewisse Klärung dieses Problems. Grundsätzlich ist darauf hinzuweisen, daß der **Kalkulationszinsfuß** mehrere Funktionen zu erfüllen hat: die **Verrechnungsfunktion** und die **Lenkungsfunktion.** Die rechentechnische Funktion des Kalkulationszinsfußes ist darin zu sehen, daß er die zeitlichen Unterschiede im Anfall der Ausgaben und Einnahmen synchronisiert und damit vergleichbar macht. **Die unterschiedliche zeitliche Wirkung der Zahlungsströme soll über eine Ab- oder Aufzinsung auf einen gemeinsamen Kalkulationszeitpunkt ausgeschaltet werden.** Durch dieses Vorgehen werden die Zahlungen gleichnamig und addierbar gemacht, so daß sich aus dem diskontierten Wert Gewinn- oder Rentabilitätsgrößen ableiten lassen. Abzinsung oder Aufzinsung stellen eine besondere Art der Bewertung der monetären Konsequenzen von Investitionsalternativen dar. Die Notwendigkeit dieser Bewertung wird mit dem auf Böhm-Bawerk zurückgehenden Gesetz der „Minderschätzung zukünftiger Bedürfnisse" begründet. Zeitlich später liegende Einnahmen sind weniger wert als solche, die eher anfallen. Ausgaben, die später fällig werden, wiegen nach dieser Ansicht ebenfalls weniger. In diesem Sinne ist der Kalkulationszinsfuß der Preis für die Zeitpräferenz in der Verfügung über liquide Mittel.

Die Frage nach der **Höhe des Kalkulationszinsfußes** berührt unmittelbar dessen Lenkungsfunktion. Seine Höhe ist für die Lösung des Allokationsproblems bestimmend, das heißt für die Verteilung knapper Mittel auf die verschiedenen Verwendungsmöglichkeiten. Die Verteilung des Geldkapitals auf die verschiedenen Investitionsobjekte soll so erfolgen, daß der Beitrag zur Erreichung der unternehmerischen Zielsetzungen am größten ist. **Die Höhe des Kalkulationszinsfußes ist zum Zwecke der Erfüllung der Lenkungsfunktion vom Zielsystem des Industriebetriebes abhängig.** Änderungen vom Inhalt, Ausmaß und zeitlichen Bezug des für die Investitionsentscheidung relevanten Zielsystems führen auch zu Änderungen in der Höhe des Kalkulationszinsfußes. Daneben wird die Höhe des Kalkulationszinsfußes auch durch Begrenzungsfaktoren beeinflußt, die das Entscheidungsfeld der Unternehmung einengen. Hier sind in erster Linie die Finanzierungsmöglichkeiten anzuführen. Nur in den seltensten Fällen wird ein Investor seine Zielvorstellungen optimal verwirklichen können, wenn er sich bei seinen Investitionen nur auf das vorhandene Eigenkapital stützen will. Die Aufnahme von Fremdkapital wirkt sich aber wegen der zu zahlenden Zinsen auf die Höhe des Kalkulationszinsfußes aus. Weitere Einflüsse gehen von den Absatz- oder Konkurrenzverhältnissen, von gesetzlichen Verordnungen und Richtlinien sowie insbesondere von der Besteuerung aus.

*Lenkungsfunktion des Kalkulationszinsfußes*

Bei Vorliegen eines vollkommenen Kapitalmarktes und sicheren Erwartungen bereitet die Bestimmung des Kalkulationszinsfußes keine Probleme: Der Marktzins ist bekannt und dient als Maßstab für die Vorteilhaftigkeit von Investitionen. Im Regelfall, das heißt bei unvollkommenem Kapitalmarkt sowie bei unsicheren Erwartungen, gestaltet sich die Wahl des Kalkulationszinsfußes allerdings wesentlich schwieriger.

In der Literatur finden sich unterschiedliche Auffassungen bezüglich der Wahl des Kalkulationszinsfußes unter solchen Gegebenheiten. Beispielsweise wird vorgeschlagen, den Kalkulationszinsfuß nach den Kosten für Fremd- und Eigenkapital zu bestimmen oder an der Durchschnittsrendite des investierenden Unternehmens beziehungsweise der Branche auszurichten. Ohne weitere Diskussion dieser Vorschläge sei darauf hingewiesen, daß sie die Abhängigkeit des Kalkulationszinsfußes vom Zielsystem des Entscheidungsträgers sowie von den Begrenzungsfaktoren des Entscheidungsfeldes nicht in vollem Umfang berücksichtigen. Sie sind vielmehr auf spezifische Situationen abgestellt, die der Fülle realer Möglichkeiten nicht immer Rechnung tragen.

**Für den Fall eines geschlossenen Entscheidungsfeldes, wie es bei linearen Planungsmodellen unterstellt wird, läßt sich der „richtige" Kalkulationszinsfuß mathematisch bestimmen.** Ausgangspunkt ist das Opportunitätskostenprinzip. Allgemein besagt es, daß eine Alternative A dann besser ist als eine Alternative B, wenn der Gewinn, auf den zu verzichten ist, um Alternative A zu verwirklichen, mehr als aufgewogen wird durch den Gewinn, der sich mit A erzielen läßt. Die „Kosten" der gewählten Alternative A bestehen in den entgangenen Gewinnen (Opportunitätskosten) der unterlassenen Alternative B. Das Verfahren der **Lagrangeschen Multiplikatoren** basiert auf diesem Prinzip. Die Ermittlung der Lagrangeschen Multiplikatoren führt im Rahmen einer Investitionsentscheidung zur Berechnung von Knappheitspreisen der beschränkt verfügbaren Produktionsverfahren, bei knappen finanziellen Mitteln also des Knappheitspreises des Faktors Geld (Kalkulationszinsfuß). Damit wird deutlich, daß es sich bei den Lagrangeschen Multiplikatoren um Grenzwerte handelt. Sie bringen den Erfolg des nächstbesten Investitionsprogramms zum Ausdruck, d. h. den Erfolg der verdrängten Alternative.

Das Verfahren der Lagrangeschen Multiplikatoren erlaubt zwar die mathematisch exakte Bestimmung des „richtigen" Kalkulationszinsfußes. Zugleich wird der Kalkulationszinsfuß simultan mit dem optimalen Investitionsprogramm errechnet. Die dem Kalkulationszinsfuß zugedachte Lenkungsfunktion ist somit nicht mehr erforderlich.

*Berücksichtigung der Steuerwirkungen*

Die Höhe des Kalkulationszinsfußes kann auch durch die Berücksichtigung der Steuerwirkungen von Investitionsprojekten beeinflußt werden. Die Notwendigkeit der Einbeziehung von Steuern in die Vorteilhaftigkeitsbeurteilung von Investitionsprojekten ist darin begründet, daß sich dadurch die Vorteilhaftigkeit von Einzelinvestitionen umkehren oder bei Wahlentscheidungen die Reihenfolge der Alternativen wechseln kann.

**Die Berücksichtigung der Steuern in der Investitionsrechnung hat sowohl Auswirkungen auf die Struktur der Zahlungsströme als auch auf die Höhe des Kalkulationszinsfußes.**

*Gewinnunabhängige Steuern*

Die gewinnunabhängigen Steuern (Verbrauch-, Substanz-, Verkehrsteuern) stellen für die Unternehmung Auszahlungen dar. Die einem Investitionsprojekt zuzurechnenden Steuern sind daher in der Investitionsrechnung in den Perioden, in denen sie anfallen, als Auszahlungen zu berücksichtigen. Vereinfachend wird dabei meist unterstellt, daß die Einzahlungsüberschüsse einer Periode in derselben Periode zu Steuerzahlungen führen. Die Erfassung und Verrechnung der gewinnunabhängigen Steuern bereiten im allgemeinen keine besonderen Probleme.

*Erfolgsteuern*

Wesentlich schwieriger gestaltet sich dagegen die Erfassung der Erfolgsteuerzahlungen. Bemessungsgrundlage für die Erfolgsteuerbelastung ist nicht der Zahlungsüberschuß einer Unternehmung vor Berücksichtigung der Steuerzahlungen, sondern der nach steuerlichen Grundsätzen ermittelte Periodengewinn. Beide Größen unterscheiden sich im Regelfall erheblich. Aufgrund der Vielzahl der Gründe, die eine solche Abweichung hervorrufen, ist es wenig sinnvoll, zu versuchen, in der Investitionsrechnung alle steuerlichen Vorschriften zur Ermittlung der Steuerbemessungsgrundlage zu berücksichtigen. Im allgemeinen erscheint es ausreichend, zur Ermittlung der Steuerbelastung die Periodenüberschüsse um die steuerlich zulässigen Abschreibungen zu kürzen. Unterscheiden sich Restbuchwert und Restverkaufserlös, so ist zusätzlich die Steuerbelastung des Veräußerungsgewinns bzw. die Steuerersparnis bei Veräußerungsverlust zu berücksichtigen.

*Steuersatz*

Erhebliche Schwierigkeiten bereitet auch die Bestimmung des relevanten Steuersatzes. Während bei Kapitalgesellschaften ein gespaltener Körperschaftsteuersatz zu berücksichtigen ist, ist bei Personengesellschaften die Steuerprogression der einzelnen Mitunternehmer zu schätzen. Im Regelfall wird man sich dabei mit pauschalen Annahmen über die Höhe des relevanten Steuersatzes begnügen müssen.

Da die alternativen Anlagemöglichkeiten ebenfalls der Besteuerung unterliegen, ist auch eine Korrektur des Kalkulationszinssatzes erforderlich. Die bei Durchführung eines Investitionsprojektes entgangenen Gewinne der unterlassenen Alternative verringern sich um deren Steuerbelastung. Der Kalkulationszinsfuß nach Steuern i* errechnet sich bei einem Steuerprozentsatz s nach folgender Gleichung:

*Korrektur des Kalkulationszinssatzes*

(7.24) $\quad i^* = i \cdot (1 - \dfrac{s}{100})$

Die Verringerung des Kalkulationszinssatzes nach Steuern ist unter anderem Ursache dafür, daß sich die Vorteilhaftigkeit einer Investition durch die Berücksichtigung ihrer Steuerwirkungen umkehren kann (**„Steuerparadoxon"**).

Nach Einbeziehung der aufgeführten Steuerwirkungen hat die Kapitalwertfunktion folgendes Aussehen:

(7.25) $\quad C_w = -a_0 + \sum\limits_{t=1}^{n} [\ddot{u}_t - \dfrac{s}{100} (\ddot{u}_t - d_t)] \cdot (1 + i^*)^{-t}$

$\ddot{u}_t$ = Zahlungsüberschüsse der Periode t
s = Steuersatz in Prozent
$d_t$ = Abschreibungsbetrag der Investition in Periode t
$a_0$ = Anschaffungsauszahlung

In der Literatur werden daneben weitere Möglichkeiten erörtert, Steuern in der Investitionsrechnung zu berücksichtigen. So wird beispielsweise vorgeschlagen, die Steuerwirkungen ausschließlich durch eine entsprechende Festlegung des Kalkulationszinssatzes zu erfassen. Neben einer Verminderung des Kalkulationszinsfußes wird verschiedentlich auch eine Erhöhung desselben gefordert, da vor Steuern mehr verdient werden müsse, um nach Steuern eine bestimmte Rendite zu erzielen. Diese Argumentation ist allerdings nur haltbar, wenn der Unternehmung tatsächlich eine entsprechende (steuerbefreite) Anlagealternative zur Verfügung steht. Eine solchermaßen vereinfachte Erfassung der Steuern durch die bloße Variation des Kalkulationszinsfußes wird den realen Gegebenheiten nur sehr bedingt gerecht, da die Veränderungen der Struktur der Zahlungsströme völlig vernachlässigt werden.

## *Berücksichtigung nicht-monetärer Ziele*

Bei den „klassischen" Investitionsrechnungsverfahren erfolgt eine Beschränkung auf die Zielsetzung des Kapitalgebers: „Maximierung des finanziellen Wohlstandes." Aspekte nicht-monetärer Art werden vernachlässigt.

Realen Investitionsentscheidungen liegen aber in der Regel mehrere Ziele zugrunde, die teilweise in monetären Größen (z. B. Gewinn, Umsatz) ausge-

*Imponderabilien*  drückt werden können, teilweise jedoch monetär nicht oder nur mit Schwierigkeiten erfaßbar sind. Letztere werden im Schrifttum häufig als **Imponderabilien,** Unwägbarkeiten oder intangible Faktoren bezeichnet. Die Vielfalt solcher Faktoren macht eine abschließende Aufzählung unmöglich. Als Beispiele seien genannt: Macht, Ansehen, Arbeitsmotivation, Sicherung der Arbeitsplätze, Marktanteile, Produktionsflexibilität, Kundendienstqualität, Betriebssicherheit, Bedienungsfreundlichkeit, menschengerechte Gestaltung, Umweltbelastung und ähnliches.

Typisch ist das Auftreten von Mehrfach-Zielsetzungen bei Kollektiventscheidungen. Hier werden die Investitionsentscheidungen von mehreren Individuen (Gruppen) mit divergierenden Zielvorstellungen getroffen. Dies ist beispielsweise dann der Fall, wenn Arbeitnehmervertreter die Zielvorstellungen der Beschäftigten in den Entscheidungsprozeß einbringen können. Mehrfachzielsetzungen können aber auch bei individuellen Investitionsentscheidungsprozessen auftreten. Dies soll am Beispiel des Kaufs eines Pkw aufgezeigt werden.

Für die Auswahlentscheidung eines Pkw werden in aller Regel nicht nur die durch ihn verursachten Kosten herangezogen, sondern auch der gestiftete Nutzen. Dieser kann, von der Verwendung als Taxi oder Mietwagen einmal abgesehen, nicht monetär erfaßt werden. Typische nicht-monetäre Entscheidungskriterien beim Autokauf sind z. B. Fahreigenschaften ($K_1$), Komfort ($K_2$), Sicherheit ($K_3$), Ausstattung ($K_4$) und Service ($K_5$).

*Nebenbedingungen*  Mehrfache (nicht-monetäre) Zielsetzungen lassen sich bei Investitionsentscheidungen in unterschiedlicher Weise berücksichtigen. Eine erste Möglichkeit besteht darin, ein Ziel, z. B. den Endwert (Kapitalwert), zu maximieren und alle übrigen Ziele in Form von **Nebenbedingungen** festzulegen. Alternativen, die wenigstens einer der gesetzten Bedingungen nicht genügen, scheiden aus. Der **Vorteil** dieser Vorgehensweise liegt in der relativ **einfachen Handhabung;** als **Nachteil** ist die **Starrheit** zu vermerken. Schon geringes Verletzen einer Nebenbedingung weist eine eventuell bei allen übrigen Kriterien recht vorteilhafte Alternative als unzulässig aus. Es finden also weder das relative Gewicht des einzelnen Zieles noch die Zielerreichungsgrade jenseits der Mindestbedingungen Berücksichtigung.

Diese Schwächen werden durch Nutzen-Kosten-Untersuchungen umgangen. Hierbei geht es darum, die Investitionsalternative zu finden, die unter Beachtung aller relevanten Ziele und ihrer Gewichte insgesamt das günstigste Verhältnis von Kosten und Nutzen aufweist bzw. – bei Konstanz der Kostenseite – den Nutzen maximiert. Dabei sind zwei Verfahren zu unterscheiden.

*Kosten-Nutzen-*  **Kosten-Nutzen-Analysen** (KNA) finden vor allem bei Investitionen der öffent-
*Analyse*  lichen Hand Anwendung. Sie versuchen, die ursprünglich nicht-monetären Größen durch Umwandlung in Geldgrößen rechen- und vergleichbar zu machen. Die bei der monetären Bewertung nicht-monetärer Größen auftretenden Probleme liegen auf der Hand. Mit Bezug auf das obige Beispiel des Pkw-Kaufs lassen sich unter anderem die Kriterien Komfort und Fahreigenschaften nur schwer in D-Mark ausdrücken. In wenigen Fällen (bei der Erfassung von Schäden) hilft der Ansatz von Vermeidungskosten bzw. Beseitigungskosten

weiter. Aufgrund dieser Schwierigkeiten soll auf dieses Verfahren nicht weiter eingegangen werden.

Die **Nutzwert-Analyse** (NWA) verzichtet dagegen auf eine monetäre Bewertung nicht-monetärer Größen. Die Normierung und Vergleichbarmachung der Alternativen und ihrer Zielerreichungsgrade erfolgt über die Ermittlung von Nutzwerten. Im folgenden sei das Verfahren in seinen Ablaufschritten kurz beschrieben und jeweils am Beispiel des Pkw-Käufers erläutert. Sechs Arbeitsschritte sind notwendig (vgl. Rinza/Schmitz):   *Nutzwert-Analysen*

1. Aufstellung des Zielsystems,
2. Festlegung der Zielgewichte,
3. Aufstellung der Wertetabellen (Wertefunktionen),
4. Bewertung der Alternativen,
5. Berechnung der Nutzwerte und Ermittlung der Rangfolge,
6. Nutzwert-Kosten-Gegenüberstellung.

*Schritte der Nutzwert-Analyse*

Bei der **Aufstellung des Zielsystems** ist vor allem darauf zu achten, daß alle relevanten Ziele Berücksichtigung finden, daß diese operational formuliert und überschneidungsfrei gegeneinander abgegrenzt werden. Hierbei können erhebliche Schwierigkeiten auftreten. Eine Bewertung nach mehr als 20 bis 30 Kriterien dürfte in aller Regel nicht möglich sein. Bei Vorliegen einer Vielzahl von Kriterien bietet sich als Ausweg eine Ordnung durch Bildung von Zielhierarchien (Ober-, Unterziele) an. So könnten zum Beispiel dem Zielkriterium „Komfort" die Unterziele „Federung", „Innenraum", „Zugänglichkeit des Kofferraums" und „Bedienbarkeit" zugeordnet werden. Überschneidungen sind oft nicht deutlich zu erkennen und nur schwer auszuschließen. So bestehen Zusammenhänge zwischen dem Unterziel „Federung" und den Zielkriterien „Fahreigenschaften" und „Sicherheit".   *Aufstellung des Zielsystems*

Für die **Festlegung der Zielgewichte** werden verschiedene Verfahren vorgeschlagen. Bei **wenigen Zielkriterien** genügt meist ein **einfacher Vergleich.** Entweder wird eine bestimmte Punktzahl auf die Ziele entsprechend dem ihnen zugrunde liegenden Gewicht verteilt oder den Zielen werden, ausgehend vom wichtigsten Ziel mit dem Gewicht 1, niedrigere Gewichte zugeordnet. Diese Wichtigkeitsfaktoren werden anschließend in Prozentsätze umgerechnet, die sich auf 100% addieren.   *Festlegung der Zielgewichte*

*einfacher Vergleich*

Genauere Ergebnisse erbringt der **sukzessive Vergleich.** Nach Festlegung einer Rangfolge der Ziele und einer vorläufigen Zuordnung von Gewichtungsfaktoren werden diese Faktoren durch paarweisen Vergleich von Zielkriterien, die in der Rangfolge nebeneinander liegen, korrigiert und endgültig fixiert. Bei einer großen Zahl von Zielkriterien ist eine solche Vorgehensweise jedoch sehr aufwendig. Als Ausweg wird oft das **Matrix-Verfahren** vorgeschlagen, da hier ein ordinaler Vergleich (wichtiger, gleich wichtig, weniger wichtig) ausreicht. Das Vorgehen ist aus Abbildung 7.11 ersichtlich. In einer Matrix werden die Zielkriterien paarweise miteinander verglichen. Das wichtigere (in der Abbildung fett gedruckte) Kriterium erhält jeweils einen Punkt, das weniger wichtige Kriterium keinen Punkt. Bei gleicher Wichtigkeit wird der Punkt halbiert. Die Rangfolge der Kriterien ergibt sich aus der Summe der auf sie jeweils entfallen-   *sukzessiver Vergleich*

*Matrix-Verfahren*

den Punkte. Diese Punktzahlen lassen sich anschließend in Prozentzahlen transformieren.

Auf das Pkw-Beispiel angewandt wird Kriterium 3 (Sicherheit) wichtiger eingestuft als alle übrigen Kriterien. Es erhält fünf Punkte und damit ein Gewicht von 33,3%. Das Kriterium 1 (Fahreigenschaften) dominiert alle übrigen Kriterien und erhält so vier Punkte zugeordnet (Gewicht: 26,7%) usw. Hieran zeigt sich auch die Schwäche des Verfahrens: die Punktabstände und Gewichte sind Ergebnisse ordinaler Vergleiche und bringen nicht die tatsächlichen Nutzendifferenzen zum Ausdruck. Ob das Kriterium „Sicherheit" nur knapp oder sehr deutlich den anderen Kriterien vorgezogen wird, ist aus dem Ergebnis nicht zu ersehen.

| Bewertungskriterien | | | | | Spalte I / Zeile K | | Ermittlung der Rangfolge | Rangfolge | Punktzahl | Gewicht |
|---|---|---|---|---|---|---|---|---|---|---|
| K₁ | K₂ | K₃ | K₄ | K₅ | | | | | | |
| 1 | 2 | 3 | 4 | 5 | | | | | | |
| 1/1 | 2/1 | 3/1 | 4/1 | 5/1 | 1 | K₁ | ½ + ½ + 1 + 0 + 1 + 1 | 2 | 4 | 26,7 |
| | 2/2 | 3/2 | 4/2 | 5/2 | 2 | K₂ | 0 + ½ + ½ + 0 + 1 + 1 | 3 | 3 | 20 |
| | | 3/3 | 4/3 | 5/3 | 3 | K₃ | 1 + 1 + ½ + ½ + 1 + 1 | 1 | 5 | 33,3 |
| | | | 4/4 | 5/4 | 4 | K₄ | 0 + 0 + 0 + ½ + ½ + 0 | 5 | 1 | 6,7 |
| | | | | 5/5 | 5 | K₅ | 0 + 0 + 0 + 1 + ½ + ½ | 4 | 2 | 13,3 |
| | | | | | | | | | Σ 15 | 100 % |

*Abb. 7.11: Matrix-Verfahren der Zielgewichtung*

*Wertetabellen und Wertefunktionen*

Die **Aufstellung von Wertetabellen und Wertefunktionen** dient der Vereinheitlichung und Vergleichbarmachung der unterschiedlichen Zieldimensionen. Die möglichen Zielerreichungsgrade werden in Nutzwerte umgerechnet. Mit **Wertetabellen** lassen sich dabei **diskrete Zielausprägungen,** mit **Wertefunktionen stetige Zielausprägungen** transformieren.

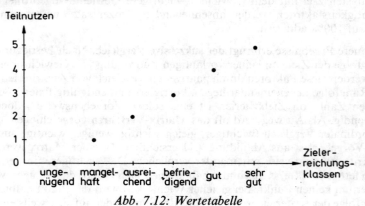

*Abb. 7.12: Wertetabelle*

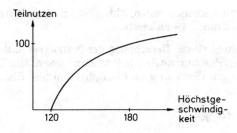

*Abb. 7.13: Wertefunktion*

Die Abbildungen 7.12 und 7.13 zeigen Beispiele solcher Tabellen und Funktionsverläufe. Auf die Schwierigkeit, daß bei der Aufstellung von Wertetabellen beziehungsweise Wertefunktionen die möglichen Zielausprägungen vor allem bei nichtquantitativen Zielen nicht gegeben sind, sondern erst definiert werden müssen, sei an dieser Stelle lediglich hingewiesen.

Zur **Bewertung der Alternativen** bedarf es anschließend noch der Feststellung der Zielausprägungen, ihrer Einordnung in die Wertetabellen beziehungsweise Wertefunktionen sowie der Ermittlung der Teilnutzwerte. Die hierbei auftretenden Probleme verdeutlichen die Zielausprägungen der zwei Pkw-Typen (Abbildung 7.14):

*Bewertung der Alternativen*

| Kriterien | Ausprägung | Note | Ausprägung | Note |
|---|---|---|---|---|
| Fahreigenschaften | sehr gut | sehr gut | bei Belastung mäßig, sonst gut | befriedigend |
| Komfort | | | | |
| – Federung | hart | ausreichend | angenehm | gut |
| – Innenraum | geräumig | gut | hinten eng | ausreichend |
| – Kofferraum | groß | gut | groß | gut |
| – Bedienbarkeit | gut | gut | einige Hebel weit weg | befriedigend |
| Sicherheit | Knautschzonen | befriedigend | Sicherheitsglas, Knautschzone | gut |
| Ausstattung | mäßig | ausreichend | reichhaltig | sehr gut |
| Wartung | gutes Servicenetz, aber teuer | befriedigend | wenige Servicestellen | mangelhaft |

*Abb. 7.14: Zielausprägungen*

Es gilt, die konkreten Zielausprägungen in die gefundene Skalierung einzuordnen; es ist beispielsweise festzulegen, welcher „Note" für Sicherheit das Vorhandensein von Knautschzonen entspricht. Die im Pkw-Beispiel gegebenen Noten sind aus Abbildung 7.14 zu ersehen.

*Berechnung der Nutzwerte*

Nach diesen Vorarbeiten ist die **Berechnung der Nutzwerte** und die **Ermittlung der alternativen Rangfolge** nur noch ein Rechenproblem: die Teilnutzen ($N_i$) sind mit ihrem jeweiligen Gewicht $g_i$ zu multiplizieren und über alle Zielkriterien i zu addieren.

$$(7.26) \quad N_{ges} = \sum_{i=1}^{n} N_i \cdot g_i$$

Im Pkw-Beispiel ergeben sich folgende Nutzwerte der Alternativen $A_1$ und $A_2$ (Abbildung 7.15). Pkw $A_1$ hat somit einen höheren Nutzen als Pkw $A_2$.

|  | Ziele | Gewicht | $N_1$ | $N_1 \cdot g$ | $N_2$ | $N_2 \cdot g$ |
|---|---|---|---|---|---|---|
| $K_1$ | Fahreigenschaften | 26,7 | 5 | 133,5 | 3 | 80,1 |
| $K_2$ | Komfort | 20 |  | 70 |  | 60 |
| $K_{21}$ | – Federung | (25) | (2) | ( 50) | (4) | (100) |
| $K_{22}$ | – Innenraum | (35) | (4) | (140) | (2) | ( 70) |
| $K_{23}$ | – Kofferraum | (10) | (4) | ( 40) | (4) | ( 40) |
| $K_{24}$ | – Bedienbarkeit | (30) | (4) | (120) | (3) | ( 90) |
|  |  |  |  | 350 |  | 300 |
| $K_3$ | Sicherheit | 33,3 | 3 | 99,9 | 4 | 133,2 |
| $K_4$ | Ausstattung | 6,7 | 2 | 13,4 | 5 | 33,5 |
| $K_5$ | Wartung | 13,3 | 3 | 39,9 | 1 | 13,3 |
|  | Nutzwerte ($N_{ges}$) | 100% |  | 356,7 |  | 320,1 |

*Abb. 7.15: Berechnung der Nutzwerte (Beispiel)*

*Nutzwert-Kosten-Vergleich*

Werden Kosten nicht als negative Nutzengrößen in die Nutzwertberechnung einbezogen (was durchaus möglich ist), dann bedarf es für die endgültige Investitionsentscheidung einer zusätzlichen **Nutzwert-Kosten-Gegenüberstellung**. Üblicherweise wird dazu vorgeschlagen, sogenannte Nutzwert-Kosten-Quotienten zu bilden. Im Pkw-Beispiel würden also die Nutzwerte auf die sich bei den einzelnen Typen ergebenden Kosten pro km bezogen. Problematisch daran ist, daß Kosten quantitativ, Nutzwerte dagegen als Summe gewichteter „Noten" gemessen werden. Somit können Abstände zwischen den Nutzwerten nicht in gleicher Weise interpretiert werden wie Abstände zwischen den Kosten.

*Beurteilung*

Ungeachtet solcher Schwierigkeiten kann die Nutzwert-Analyse als ein brauchbares formales Verfahren zur Berücksichtigung mehrfacher Zielsetzungen bei Investitionsentscheidungen gesehen werden. Allerdings dürften die mit ihrer Anwendung verbundenen Probleme, vor allem bei divergierenden Zielsetzungen verschiedener Personen und/oder Gruppen nicht verkannt werden. In solchen Fällen verlagert sich die Interessendurchsetzung auf die Auswahl der relevanten Ziele, auf die Festlegung der Zielgewichte und die Einstufung der zu beurteilenden Alternativen in die Wertetabellen/Wertefunktionen.

*Die Problematik entscheidungslogischer Kalküle*

Neben den bereits genannten Modellprämissen bleiben in entscheidungslogischen Investitionskalkülen weitere, nicht unwesentliche Einschränkungen gegenüber der Realität bestehen.

Die Kalküle wenden **bezüglich der Organisationsstruktur die ceteris-paribus-Regel** an. Diese Einschänkung ist insofern sinnvoll, als bisher kein Modell zur optimalen Organisationsstruktur entwickelt werden konnte und wohl auch nicht entwickelt werden kann. Falls also eine Investitionsalternative eine Änderung der Organisationsstruktur, beispielsweise der Rollenerwartungen und -zumutungen, der Machtstruktur, der sozio-emotionalen Struktur und der Statusbeziehungen notwendig macht beziehungsweise zu solchen Änderungen führt, ergeben sich kaum Anhaltspunkte zu einer allgemeingültigen Einbeziehung dieser Konsequenzen in die quantitativen-normativen Investitionskalküle.

*organisationslose Modelle*

**An diesem Punkt der industriellen Investitionsplanung werden** – wie bei anderen nicht quantifizierbaren Einflußgrößen (z. B. Machtstreben, Prestige, gesellschaftspolitische Zielsetzungen) – **Ergebnisse des mehr sozialwissenschaftlich orientierten Zweiges der Entscheidungstheorie eher weiterhelfen als die ausschließlich mathematisch fundierte normative Entscheidungslogik**. Das gilt nicht nur für die Investitionsrechnungsverfahren, sondern noch mehr für den Prozeß der Investitionsplanung. Wird dieser Prozeß im Sinne einer absoluten Rationalität gesehen, so kann die Frage nach seiner Optimierung gestellt werden. **Die Sozialwissenschaften kennen keine „absolute Rationalität". Sie sind allerdings in der Lage, verhaltenswissenschaftliche Hypothesen zu entwickeln, die den Entwurf eines relativ realistischen Bildes des politischen Prozesses „industrielle Investitionsplanung" gestatten.** Es geht dabei nicht mehr um die müßigen Fragen, welche Investitionsrechnungsverfahren welchen Investitionsarten zugeordnet werden können – die entsprechende Diskussion dürfte kaum jemals endgültige Ergebnisse zeitigen – oder um modifizierte Sicherheitsäquivalente, sondern um die Darstellung des Investitionsplanungsprozesses auf der Grundlage von Such- und Verhandlungsstrategien der Organisationsteilnehmer. Derartige Ansätze basieren auf der Beobachtung, daß der Entscheidungsträger die durch das Fehlen ausreichender Informationen verursachte „Ratlosigkeit" durch Verhaltensweisen oder Entscheidungsnormen zu überwinden sucht, indem er diese Regeln mehr oder weniger beharrlich auf gleichartige oder ähnliche Entscheidungsprobleme anzuwenden versucht. Faustregeln der Praxis (z. B. Finanzierungsregel) können solche Entscheidungsvorschriften sein. Sie erfüllen die **Funktion der „Ungewißheitsabsorption".** Eine Vorschrift, die den Wiedereinsatz eines bestimmten Teils der Abschreibungsgegenwerte für Investitionszwecke fordert, ist ebenfalls ein Beispiel für eine derartige „strategische Entscheidungsregel".

*Investitionsplanung als Aushandlungsprozeß*

Ansoff hat zur Lösung derartiger „offener Entscheidungsprobleme" das von ihm „quasi-analytische Methode" genannte Verfahren entwickelt. Grundsätzlich handelt es sich um ein Verfahren, das dem Expertenurteil der Praktiker große Bedeutung zubilligt und somit eine aus der Erfahrung abgeleitete umfangreiche Heuristik für die Entwicklung und die Auswahl beispielsweise von Investitionsalternativen darstellt.

*Investitionsplanungsheuristik*

Das Verfahren, auf das hier nur hingewiesen werden kann, versucht eine Alternative zu bekannten Investitionskalkülen zu bieten, indem es weniger die logisch-deduktive Ableitung der Beziehungszusammenhänge als vielmehr die intuitiv-plausiblen „Mittel-Zweck-Vermutungen" des erfahrenen Praktikers betont und auf diese Weise auch Hilfsgrößen für nicht quantifizierbare Entscheidungskriterien berücksichtigt. Verglichen mit der hier nur angedeuteten quasi-analytischen Strategie erscheinen die normativen Investitionskalküle zu technokratisch. **Eine Investitionsrechnung, die die „politische Relativierung" der funktionalen Interdependenzen eines Industriebetriebes nicht beachtet und eine Investitionstheorie, die diese leugnet, bleiben unvollständig und unrealistisch.**

### c) Bewältigung der Ungewißheit bei Investitionsentscheidungen

*vollkommene Information*

Den bisherigen Überlegungen lag vereinfachend die Prämisse **vollkommener Information** zugrunde. Dies bedeutet, daß die **Probleme eindeutig definiert, vollständige Alternativen formuliert, die Konsequenzen der Alternativen sicher prognostiziert und quantifizierbare Zielvorstellungen zu ihrer Bewertung gegeben sind.** Konkret heißt dies zum Beispiel, daß die Einnahmen- und Ausgabenströme und die Nutzungsdauer der Investitionsalternativen festliegen, daß die technische Entwicklung bekannt und die Konjunkturentwicklung vorhersehbar ist. Vollkommene Voraussicht ist empirisch unmöglich; durch sie würden auch Entscheidungsmodelle (z. B. Investitionskalküle) überflüssig. Bei vollkommener Information entfiele die Notwendigkeit des Wählens zwischen verschiedenen Handlungsmöglichkeiten; alles wäre determiniert.

*Fehlentscheidungen durch unvollkommene Information*

In der Realität sind jedoch alle Prognosen über zu erwartende positive oder negative Folgewirkungen von Investitionen mit Ungewißheit behaftet. Die Folge davon ist, daß auf der Basis bestimmter Daten gefällte Investitionsentscheidungen fehlerhaft sein können. Insbesondere besteht die Möglichkeit, daß sich positiv eingeschätzte (und deshalb durchgeführte) Investitionen als negativ erweisen (also zum Beispiel keinen positiven Kapitalwert erwirtschaften), oder umgekehrt ursprünglich negativ beurteilte (und deshalb abgelehnte) Investitionen letztlich positiv gewesen wären. Diese Fehler können bedrohliche Auswirkungen auf die investierende Unternehmung haben. Es ist deshalb zu überlegen, wie die Ungewißheit im Investitionsentscheidungsprozeß berücksichtigt werden kann.

*Beschränkung auf sichere Investitionen*

Läßt man einmal die psychologische Form der Ungewißheitsbewältigung durch **Verdrängung des Problems** außer acht, dann bietet sich als eine erste Möglichkeit die **Beschränkung auf von vornherein möglichst sichere Investitionen an.** Beispiele solcher Investitionen wären Anlagen mit garantierten Verzinsungen und/oder Wiederverkaufspreisen. Der Nachteil einer solchen Strategie der Ungewißheitsbewältigung liegt darin, daß auf Investitionen mit größeren Gewinnchancen wegen gleichzeitig größeren Verlustrisiken verzichtet wird. Darüber hinaus können nicht alle Investitionen a priori in dieser Form klassifiziert werden.

*Verbesserung des Informationsstandes*

Eine weitere Möglichkeit der Ungewißheitsbewältigung ist der Versuch der **Verbesserung des Informationsstandes.** Der zu einem bestimmten Zeitpunkt für eine Investitionsentscheidung gegebene Informationsstand hängt von Art, Intensität und Richtung der Informationssuche ab. Die mit Prognosen verbundene Ungewißheit läßt sich eventuell durch die Suche nach Informationen abbauen. Dabei kann ein **Hinauszögern der Entscheidung** den Informationsstand unter Umständen ebenso verbessern wie die aktive Informationssuche. Mit Sicherheit läßt sich aber nicht einmal dieses Ergebnis prognostizieren. In beiden Fällen werden allerdings Kosten (Opportunitätskosten des Zögerns oder Kosten der Informationsbeschaffung) entstehen. Eine Verbesserung des Informationsstandes stößt damit auch an ökonomische Grenzen. Selbstverständlich ist sie subjektiv vom Entscheidungsträger zu bestimmen, da der Wert weiterer Informationen in der Regel zunächst ebensowenig abgeschätzt werden kann wie die Chance, überhaupt zusätzliche Informationen zu erlangen.

*Entscheidungsverzögerung*

In der Literatur wird überwiegend gefordert, die Ungewißheit zukünftiger Datenkonstellationen in den Investitionskalkülen zu berücksichtigen. Dabei muß hervorgehoben werden, daß die Ungewißheit der Schätzdaten dadurch **nicht beseitigt** werden kann. Lediglich die Wirkungen der Ungewißheit auf das Ergebnis des Vorteilhaftigkeitsvergleichs sollen offengelegt und, unter Annahme bestimmter Risikopräferenzen der Entscheidungsträger, korrigierte Vorteilhaftigkeitsvergleiche durchgeführt werden. Aus den in Theorie und Praxis bekannten Verfahren zur Berücksichtigung der Ungewißheit bei Einzelentscheidungen sollen im folgenden das Rechnen mit Sicherheitsäquivalenten, die Sensitivitätsanalyse, die Risikoanalyse und das Entscheidungsbaumverfahren kurz dargestellt werden.

*Kenntlichmachung, nicht Beseitigung der Ungewißheit*

## *Sicherheitsäquivalente*

Sicherheitsäquivalente reduzieren mehrwertige Erwartungsgrößen auf einwertige Größen. Liegen **objektive Wahrscheinlichkeiten** (aus zahlreichen früheren artgleichen Investitionen) vor, dann bringt das Sicherheitsäquivalent den Erwartungswert der Schätzgrößen zum Ausdruck. Da meist keine ausreichend große Zahl gleichartiger Investitionen zugrunde gelegt werden kann und/oder die Vergangenheitsdaten nicht auf die Zukunft übertragen werden können, scheidet die Rechnung mit objektiven Wahrscheinlichkeiten in aller Regel aus.

*bei objektiven Wahrscheinlichkeiten*

In einem solchen Fall muß mit **nutzenabhängigen Sicherheitsäquivalenten** gearbeitet werden, welche die Risikopräferenz des Investors zum Ausdruck bringen. In aller Regel wird dabei Risikoscheu des Investors unterstellt, das heißt zunehmende Streuung der Schätzwerte führt bei gleichen Erwartungswerten zu einem geringeren Nutzen.

*nutzenabhängige Sicherheitsäquivalente*

Diesem theoretischen Hintergrund wird die Verwendung von Sicherheitsäquivalenten in der Praxis allerdings nur pauschal gerecht; hier werden Punktschätzwerte bzw. Erwartungswerte für Parameter „negativ" korrigiert. An den Parametern Periodeneinnahmen, Restwert und Nutzungsdauer werden Abschläge, an den Parametern Periodenausgaben, Anschaffungsausgaben und Kalkulationszinsfuß Zuschläge vorgenommen. Solche Zu- und Abschläge lassen Investitionsalternativen unvorteilhafter erscheinen. Ist das Ergebnis

*Korrektur der Parameter*

trotz der vorgenommenen Korrekturen positiv, gilt die Investition als vorteilhaft.

*Höhe der Korrektur*  Solche Korrekturen können auf einen besonders unsicheren Parameter beschränkt oder bei mehreren/allen Werten vorgenommen werden. Für ihre Höhe kommen absolut und relativ bemessene Zu- und Abschläge in Frage, die über alle Perioden konstant, mit zunehmenden Prognosezeiträumen steigend oder nach subjektiv eingeschätzter Unsicherheit von Planperiode zu Planperiode schwankend festgelegt werden können. Für einzelne Investitionsalternativen können entsprechend dem mit ihnen verbundenen Risiko unterschiedlich hohe Korrekturen vorgenommen werden.

*Beurteilung*  In der **Praxis** erfreut sich die Methode der Sicherheitsäquivalente wegen ihrer einfachen Handhabung **großer Beliebtheit**. Dennoch wäre aufgrund ihrer nicht zu übersehenden **Schwächen** eine grundsätzliche **Ablehnung** geboten. Zum ersten wird durch die Reduzierung mehrwertiger Erwartungen auf einwertige Größen die tatsächliche **Risikostruktur** nicht sichtbar gemacht, sondern **verschleiert**: Der Einfluß der Risiken auf die Vorteilhaftigkeit wird nicht deutlich, weil meist gleich im ersten Schritt mit korrigierten Daten gerechnet wird. Zum zweiten ist die Berücksichtigung des Risikos zu **pauschal,** um als tatsächliche Wiedergabe der Risikopräferenz des Investors gelten zu können. Insbesondere bei gleichzeitiger Korrektur mehrerer Parameterwerte **verliert der Entscheidungsträger die Übersicht,** in welchem Umfang er die Ungewißheit berücksichtigt hat. Zu erwähnen ist schließlich, daß der Investor bei Ansatz von Sicherheitsäquivalenten seinen Entscheidungen Daten zugrunde legt, die er in dieser Ausprägung gar nicht erwartet. Treten die tatsächlich erwarteten Datenkonstellationen ein, hat er möglicherweise nicht die beste Investitionsalternative gewählt.

## *Sensitivitätsanalyse*

*Grundprinzip*  Die Sensitivitätsanalyse (Empfindlichkeits- oder Sensibilitätsanalyse) dient dazu, die Auswirkungen von Änderungen einzelner Parameterwerte oder Gruppen von Parametern auf das Ergebnis der Investitionsrechnung aufzuzeigen. Es soll also offengelegt werden, wie „sensibel" das Entscheidungskriterium (z. B. Kapitalwert) auf einzelne Datenänderungen reagiert.

Es werden zum einen die Parameter deutlich, deren Veränderungen besonders große Auswirkungen auf das Entscheidungskriterium haben; zum anderen
*kritische Werte*  lassen sich – unter Konstanz der jeweils anderen Daten – **Grenzwerte oder kritische Werte** für einzelne Parameter bestimmen, bei denen die Vorteilhaftigkeit einer Investition „umkippt".

*Kapitalwertfunktion*  Das Ergebnis von Sensitivitätsanalysen läßt sich (bei Anwendung der Kapitalwertmethode) in Form einer **Kapitalwertfunktion** darstellen. Abbildung 7.16 zeigt beispielsweise eine solche Kapitalwertfunktion für den Parameter „Nutzungsdauer".

Der Verlauf der Kurve ist durch das Berechnen mehrerer Kapitalwerte auf der Basis unterschiedlicher Nutzungsdauern zu ermitteln. Ein „steiler" Verlauf der

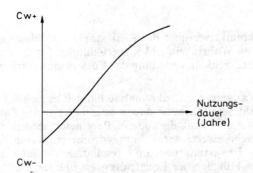

*Abb. 7.16: Kapitalwertfunktion (Nutzungsdauer)*

Kurve deutet auf eine hohe Sensititivät des Kapitalwertes gegenüber Nutzungsdaueränderungen hin; ein flacher Verlauf auf eine geringe Sensitivität. Der Schnittpunkt der Kurve mit der Abszisse gibt die Nutzungsdauer an, bei welcher der Kapitalwert 0 ist.

Die kritischen Werte der Parameter können auch durch „Nullsetzen" der Kapitalwertfunktion ermittelt werden. Die Kapitalwertformel ist dann nach dem jeweiligen Parameterwert aufzulösen. Für den Parameter „Kalkulationszinsfuß" ist dieses Vorgehen bei der Errechnung des internen Zinsfußes schon gezeigt worden (vgl. S. 805). Der interne Zins ist der kritische Wert des Kalkulationszinsfußes.

*Berechnung kritischer Werte*

Die in der Kapitalwertformel enthaltenen **Parameter** sind **oft zu pauschal,** um die tatsächlichen Einflußfaktoren des Risikos isoliert zu erfassen. So kann es beispielsweise bei den Ausgabenströmen interessant sein, die Sensitivität bezüglich der Preisentwicklung bestimmter wichtiger Produktionsfaktoren festzustellen. Dazu müssen die **Parameter lediglich in ihre einzelnen Komponenten zerlegt** werden; die prinzipielle Vorgehensweise ändert sich dadurch jedoch nicht.

*Zerlegung von Parametern*

Die Sensitivitätsanalyse liefert einen guten Einblick in die Risikostruktur, wenn ein **dominanter** Parameter mit Ungewißheit behaftet ist. In diesem Fall entspricht die ceteris paribus-Bedingung hinsichtlich der übrigen Parameter der Realität. In vielen Fällen sind aber Schätzrisiken bezüglich mehrerer Größen zu beobachten. Vergleichsweise einfach zu ermitteln sind die Kapitalwerte bei Ansatz der pessimistischsten und der optimistischsten Werte aller Parameter, deren Differenz das gesamte Risikospektrum angibt. Bei der Berechnung des kritischen Wertes zeigt sich aber, daß dieser aus einer Vielzahl von Wertekombinationen der Parameterschätzungen resultieren kann. Aussagen über das tatsächliche Verlustrisiko, vor allem über seine Wahrscheinlichkeit, sind also mit Hilfe der Sensitivitätsanalyse nur sehr bedingt möglich.

*Beurteilung*

*Risikoanalyse*

Letzteren Kritikpunkt versucht die Risikoanalyse zu eliminieren. Sie erlaubt es, ausgehend von Wahrscheinlichkeitsverteilungen für die einzelnen Parameter, die Wahrscheinlichkeitsverteilung des Entscheidungskriteriums zu berechnen.

*Analytische Methode*

Um eine erste Variante der Risikoanalyse handelt es sich bei der **analytischen Methode**. Sie geht vereinfachend davon aus, daß nur die **Zahlungsströme** der Perioden $t_0 - t_n$ unsicher sind; die anderen Parameter werden als sicher betrachtet. Für die Prognosewerte der Zahlungsströme wird eine Normalverteilung mit geschätztem Erwartungswert und geschätzter Varianz unterstellt. Unter diesen Prämissen läßt sich der Erwartungswert und die Varianz des Entscheidungskriteriums nach den für eine Summe von Zufallsvariablen geltenden Regeln berechnen: Der Erwartungswert des Kapitalwerts ist gleich der Summe der Erwartungswerte der geschätzten Zahlungsströme; bei der Berechnung der Varianz des Kapitalwerts sind die Kovarianzen zwischen den Parametern zu berücksichtigen.

*Simulation*

Bei komplexeren Modellstrukturen versagt die analytische Methode. In solchen Fällen kommt die Risikoanalyse durch **Simulation** zur Anwendung. Meist greift man dabei auf die Monte-Carlo-Methode zurück, mit der Stichproben beliebigen Umfangs aus bekannten statistischen Verteilungen zur Nachahmung (Simulierung) von Zufallsprozessen gezogen werden können.

Auch hierzu werden Annahmen über die Verteilung der Schätzwerte der Parameter benötigt. Diese Verteilungen können diskret oder stetig sein; auch die Form der Häufigkeitsverteilung ist beliebig. Sind alle Parameter diskret formuliert und liegen nicht allzuviele Paramter bzw. Schätzwerte pro Parameter vor, kann (theoretisch) eine Vollenumeration durchgeführt werden, das heißt alle möglichen Datenkombinationen können durchgerechnet werden.

*Vorgehensweise*

Da dies bei stetigen Verteilungen nicht der Fall ist, muß hier auf repräsentative Stichproben zurückgegriffen werden. Die Parameterverteilungen werden hierzu in Zufallszahlen „umgesetzt", wobei sichergestellt sein muß, daß die Wahrscheinlichkeiten einander entsprechen; das heißt die Wahrscheinlichkeit, daß ein Parameterwert gezogen wird, muß der ihm zugelegten Wahrscheinlichkeit in der Häufigkeitsverteilung entsprechen. Für jede Parameterverteilung wird dann ein Wert durch Ziehung von Zufallszahlen bestimmt. Aus den für alle Parameter gezogenen Werten läßt sich nunmehr der zugehörige Kapitalwert errechnen. Dieser Vorgang wird wiederholt, bis die vorgegebene Anzahl von Simulationsläufen erreicht ist und/oder sich die Häufigkeitsverteilung des Kapitalwerts entsprechend vorgegebener Kriterien stabilisiert hat.

*Risiko-Chancen-Profil*

Die Ergebnisse der Simulation werden meist als Risiko-Chancen-Profil der Kapitalwerte tabellarisch oder grafisch (vgl. Abbildung 7.17) dargestellt. Ein solches Risiko-Chancen-Profil zeigt, mit welcher Wahrscheinlichkeit welcher Kapitalwert mindestens erreicht wird. Als zusätzliche Kennziffern können noch Gewinn- oder Verlustwahrschenlichkeiten, Verteilungsparameter wie Erwartungswert, Varianz oder 95%-Schranken berechnet und dem Investor als Entscheidungshilfe an die Hand gegeben werden.

Die Risikoanalyse liefert dem Entscheidungsträger keine Entscheidungsregel, nach der er zu verfahren hat. Er muß vielmehr in allen Fällen mit Verlustwahrscheinlichkeit entsprechend seiner subjektiven Risikopräferenz abklären, ob eine Investition mit bestimmter Summenverteilung für ihn vorteilhaft ist. Dies gilt insbesondere bei Wahlentscheidungen zwischen mehreren Alternativen mit unterschiedlicher Summenverteilung.

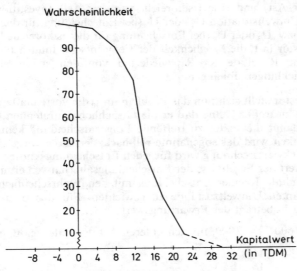

Abb. 7.17: Risiko-Chancen-Profil

*Entscheidungsbaumverfahren*

Allen bisher dargestellten Verfahren der Investitionsrechnung und der Ungewißheitsberücksichtigung in Investitionskalkülen lag eine einstufige Investitionsentscheidung zugrunde. Investitionsentscheidungen sind aber häufig dadurch gekennzeichnet, daß im Zeitablauf mehrere aufeinander aufbauende Entscheidungen zu treffen sind. Bei vollkommener Voraussicht bräuchte jeweils nur eine, nämlich die vorteilhafteste Folgeentscheidung geplant werden. Aufgrund der Ungewißheit der Zukunft können je nach der Entwicklung der „Umwelt" unterschiedliche Folgeentscheidungen getroffen werden. Es sind deshalb für alle als wahrscheinlich erachteten Umweltzustände alternative Investitionsfolgen zu planen. Solche möglichen Entscheidungssequenzen lassen sich als Entscheidungsbäume darstellen. Das Vorgehen beim Entscheidungsbaumverfahren sei anhand eines einfachen Beispiels erläutert (vgl. Abbildung 7.18).

*Mehrstufige Investitionsentscheidung*

*Entscheidungsbaum*

$E_1 - E_4$ sind **Entscheidungsknoten,** bei denen der Investor eine Wahlentscheidung zu treffen hat.

$U_1 - U_{10}$ sind **Zufallsereignisknoten,** die verschiedene, vom Unternehmen nicht beeinflußbare Umweltzustände (z. B. Marktentwicklungen, Konjunktur) wiedergeben. Für diese Umweltentwicklungen liegen (subjektive) Wahrscheinlichkeitsverteilungen vor. Die **Kanten (Äste)** bilden die Handlungsalternativen und deren Konsequenzen bei den jeweiligen Umweltzuständen ab.

*Problemstellung*

Im Zeitpunkt $t_0$ ist die Entscheidung $E_1$ zu fällen. Zur Wahl stehen eine risikoarme (oberer Ast) und eine risikoreiche (unterer Ast) Investition. Je nach Eintritt der Umweltsituation $U_1$ oder $U_2$ (bei Entscheidung für die risikoarme Investition) bzw. $U_3$ oder $U_4$ (bei Entscheidung für die risikoreiche Investition) hat der Investor in $t_1$ die Möglichkeit der Folgeentscheidungen $E_2-E_4$, deren wirtschaftliche Resultate $R_1-R_{11}$ wiederum von den später eintretenden Umweltentwicklungen abhängen.

*Vorgehensweise*

*roll-back-Verfahren*

Für den Investor stellt sich nun das Problem, in $t_0$ die vorteilhaftere Anfangsentscheidung zu treffen, ohne daß er die tatsächlich eintretenden Umweltzustände und damit die später zu treffende Folgeentscheidung kennt. Als Lösungsmöglichkeit wird das sogenannte **roll-back-Verfahren** vorgeschlagen. Im Wege der Rückwärtsrechnung wird für jeden Entscheidungsknoten $E_2 - E_4$ der Erwartungswert der Ergebnisse der Entscheidungsalternativen ermittelt. Dazu sind die Resultate $R_i$ einer Entscheidung mit den Wahrscheinlichkeiten der jeweils relevanten Umweltzustände zu gewichten. Für den oberen Ast der Entscheidung $E_2$ beträgt der Erwartungswert

$$10\,000 \cdot \frac{3}{4} + 1\,600 \cdot \frac{1}{4} = 7\,900;$$ für den unteren Ast der Entscheidung $E_2$ errechnen sich

$$11\,000 \cdot \frac{1}{2} + 7\,000 \cdot \frac{1}{2} = 9\,000.$$ Falls die Entscheidungssituation $E_2$ auftritt, ist es also vorteilhafter, sich für den „unteren Ast" zu entscheiden. Der obere Ast wird deshalb eliminiert und der Erwartungswert des besseren Astes im Entscheidungsknoten festgehalten. Analog sind auch die Werte für $E_3$ und $E_4$ zu berechnen.

Im nächsten Schritt kann nun dieses Verfahren für die Äste der Entscheidung $E_1$ wiederholt werden. Der obere Ast ergibt einen Erwartungswert von
$$9\,000 \cdot \frac{1}{3} + 6\,000 \cdot \frac{2}{3} = 7\,000;$$
der Erwartungswert des unteren Astes beläuft sich auf $28\,000 \cdot \frac{1}{2} + (-)10\,000 \cdot \frac{1}{2} = 9\,000$. Damit erweist sich der untere Ast (risikoreiche Investition) für die Entscheidung $E_1$ als vorteilhaft.

*Beurteilung*

Die **Kritik** am Entscheidungsbaumverfahren richtet sich zum einen auf die **Vernachlässigung des Risikoaspekts** und zum anderen auf die **Informationsanforderungen.**

Der erste Kritikpunkt ist gerechtfertigt, soweit ausschließlich der Erwartungswert das Entscheidungskriterium bildet. Während das Beispiel im unteren Ast

Verlustmöglichkeiten 10 000 mit einer Wahrscheinlichkeit von 50% ausweist, ist das Risiko beim oberen Ast auf ein schlechtestes Ergebnis von 0 beschränkt. Dieser Kritik kann aber auch durch Erweiterung des Entscheidungskriteriums um Risikoaspekte abgeholfen werden. Solche Verfahren sind bereits entwickelt.

Die hohen Informationsanforderungen zeigen sich darin, daß dem Investor im Zeitpunkt $t_0$ neben den jetzigen auch alle späteren Handlungsmöglichkeiten, alle möglichen zukünftigen Umweltsituationen und deren Eintrittswahrscheinlichkeiten sowie die Resultate jedes Astes (z. B. finanzielle Überschüsse) bekannt sein müssen. Entscheidungssituationen sind in der Realität regelmäßig wesentlich komplexer als im hier gewählten Beispiel: Der Entscheidungsbaum wird somit sehr schnell unübersichtlich und verursacht kaum zu bewältigende Planungsprobleme. Diesen Schwierigkeiten kann nur dadurch begegnet werden, daß man sich auf wenige „wichtige" Schlußfolgeentscheidungen und Umweltzustände konzentriert.

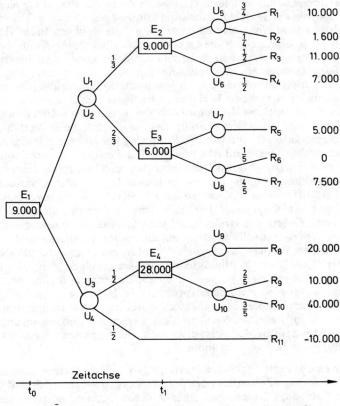

*Abb. 7.18: Entscheidungsbaumverfahren (Beispiel)*

Trotz dieses Dilemmas zwischen möglichst guter Abbildung künftiger Entwicklungen und der daraus resultierenden Planungskomplexität ist das Entscheidungsbaumverfahren insgesamt positiv zu bewerten, da es die Notwendigkeit der Berücksichtigung von Entscheidungssequenzen verdeutlicht.

### d) Investitionskontrolle

*Kontrollzwecke*

**Industrielle Investitionsplanung als kollektiven Entscheidungsprozeß zu verstehen heißt, neben der Alternativensuche und -auswahl auch die Durchführung und Kontrolle in die Analyse miteinzubeziehen.** Nicht zuletzt die Kontrolle des industriellen Planungs- und Entscheidungsprozesses erbringt die Informationen, die zu Korrekturmaßnahmen, neuen Anregungen oder zur Verbesserung zukünftiger Investitionsplanungen beitragen sollen. Selbstverständlich ist auch die korrekte Durchführung einer Investition zu überwachen, doch interessieren hier in erster Linie die Maßnahmen zur Kontrolle des wirtschaftlichen Ergebnisses.

*Kontrollzeitpunkt*

**Die Investitionskontrolle beginnt nicht erst mit Beendigung der Realisationsphase einer Investition, wenngleich diese Form die in der Praxis am häufigsten anzutreffende sein dürfte.** Die Erarbeitung von Formblättern zur Einbringung und Verabschiedung eines Investitionsantrages, die in vielen Industriebetrieben üblich ist, ergibt zugleich die Grundlage für die ex post-Kontrolle. Eine Investitionskontrolle ist aber auch bereits vor dem eigentlichen Investitionsentscheidungsakt möglich und notwendig. Unabhängig von den verwendeten Verfahren der Investitionsrechnung ist jeweils zu prüfen, welche Veränderungen der Parameter zu welchen Variationen bezüglich des Grades der Zielerreichung führen. Zugleich ist die Sensitivität des verwendeten Investitionsrech-

*Kontrollmethoden*

nungsverfahrens zu analysieren. Sollte das ins Auge gefaßte Verfahren auf Parameterveränderungen, die von der Erfahrung her als sehr relevant angesehen werden, nicht ausreichend reagieren, so sind die Investitionsrechnung und natürlich auch die Investitionskontrolle auf weitere Verfahren auszudehnen. Abweichungsrechnungen, die auf stochastischer Basis arbeiten, werden auch unter dem Begriff „Risikoanalyse" zusammengefaßt. Für die Investitionskontrolle sind sie nur bedingt einsetzbar, da in diesen Fällen eine Situation, für die das statistische Gesetz der großen Zahl gilt, die Ausnahme sein dürfte. Daß sich die Investitionskontrolle nicht nur auf die realisierte Alternative beschränken darf, leuchtet bei der Unsicherheit der Informationen, unter der die Auswahl in der Realität erfolgt, unmittelbar ein. Natürlich ergeben sich für die Auswertung nicht realisierter Alternativen zur Gewinnung ergänzender Kontrollinformationen besondere Schätzprobleme (z. B. bezüglich der möglichen Entwicklung der relevanten Daten im Zeitablauf und der Zurechnungsproblematik), so daß im Falle des Vergleichs der Ergebnisse realisierter und nicht realisierter Alternativen der Auswerter sich einer gewissen Relativität der erzielten Resultate bewußt sein sollte.

Wie häufig eine Investitionskontrolle erfolgen soll, ob die Datensammlung, die -auswertung oder beides zentral oder dezentral organisiert werden und welche Parameter überhaupt Gegenstand einer Abweichungsanalyse sein sollen, ist allgemeingültig kaum anzugeben. Daran ändern bisher auch einige mehr oder weniger normative Vorschläge in der Literatur nichts. Das gleiche gilt für die Festlegung eines Maßstabes, mit dem die beobachteten Abweichungen zu gewichten sind.

Die Vorstellung, daß die Investitionskontrolle infolge der erarbeiteten Informationen zu Revisionsmaßnahmen führen kann, schließt nicht nur den Kreis, indem ein neuer Entscheidungsprozeß induziert wird, sie weist zugleich auch auf einige organisatorische Notwendigkeiten hin. Die Kontrollergebnisse sind so aufzuschlüsseln, daß sie denjenigen Organisationsteilnehmern als Informationen übermittelt werden können, in deren Verantwortungsbereich die entsprechenden Revisionsentscheidungen fallen. Nur am Rande kann an dieser Stelle – abschließend zum Problem der Investitionskontrolle – darauf hingewiesen werden, daß die Wirksamkeit dieser Funktion in der Realität wesentlich vom Führungsstil der Unternehmung abhängen dürfte. Kontrolle in dem hier verstandenen Sinne soll in erster Linie Lernprozesse in Gang bringen und Revisions- wie Innovationsentscheidungen anregen. **Insofern erscheint gerade bei schlecht strukturierten Investitionsproblemen die lerntheoretisch begründbare Hypothese plausibel, im Rahmen der Investitionskontrolle kein Bestrafungssystem für Fehlentscheidungen, sondern ein Anreizsystem für die Einleitung von Korrektur- und Entwicklungsprozessen zu institutionalisieren.**

*Kontrolle und Lernen*

## 3. Kapitalentziehende Ausgaben

Neben der Kapitalbindung wirkt sich auch der Kapitalentzug ausgabenrelevant aus. Während der Kapitalbindung eine spätere Kapitalfreisetzung gegenübersteht, folgt ein Kapitalentzug zeitlich auf eine frühere Kapitalzuführung.

*Arten des Kapitalentzugs*

Ein Kapitalentzug kann erfolgen

(1) durch Eigenkapitalentnahme,

(2) durch Fremdkapitaltilgung,

(3) durch Gewinnausschüttung,

(4) durch Ausgaben für gewinnabhängige Steuern.

Möglichkeiten und Formen der Eigenkapitalentnahme variieren mit der Rechtsform der Gesellschaft (vgl. Teil 2). Die Beweggründe der Eigenkapitalentnahme bei Personengesellschaften sind meist der privaten Sphäre zuzuordnen. Hierzu zählen auch Entnahmen zur Bestreitung des Lebensunterhaltes der Gesellschafter, da diese – im Gegensatz zu Geschäftsführern bei Kapitalgesellschaften – für ihre Geschäftsführungstätigkeit kein steuerlich abzugsfähiges Entgelt beziehen.

*Eigenkapitalentnahme und Gesellschaftsform*

Eine einschneidende, die Zahlungsfähigkeit von Unternehmungen meist stark belastende Form der Eigenkapitalentnahme stellt das **Ausscheiden von Gesellschaftern** dar. Der abfließende Betrag, das heißt der errechnete Anteil am Gesamtvermögen, übersteigt nicht selten die nominale Kapitaleinlage des Ausscheidenden beträchtlich.

Anteile an einer AG oder GmbH sind dagegen unkündbar. Die Gesellschafter können aus Unternehmungen solcher Rechtsform nur durch Veräußerung ihrer Anteile an andere natürliche oder juristische Personen ausscheiden. Für die Unternehmungen bleibt dieser Vorgang ohne Auswirkungen auf ihre Zahlungsströme. Anders liegt der Fall bei Kapitalherabsetzungen.

*Kapitalherabsetzung*

Die Herabsetzung des Stammkapitals der GmbH ist an gesetzliche Vorschriften (§ 58 GmbH-Gesetz) gebunden. Das Aktiengesetz kennt drei Formen der Herabsetzung des Grundkapitals, die in den §§ 222–240 AktG geregelt sind:

(1) die ordentliche Kapitalherabsetzung (§§ 222 ff.),
(2) die vereinfachte Kapitalherabsetzung (§§ 229 ff.),
(3) die Kapitalherabsetzung durch Einziehung von Aktien (§§ 237 ff.).

*Gründe einer Kapitalherabsetzung*

Der Grund für die Verringerung des Eigenkapitals durch Rückzahlung von Einlagen wird in der Regel in einer Einschränkung des Geschäftsumfangs, zum Beispiel in der Umwandlung einer Produktionsgesellschaft in eine reine Vermögensverwaltungsgesellschaft, zu suchen sein. Meistens werden **Kapitalherabsetzungen** jedoch **zum Zweck der Sanierung** vorgenommen. Dabei ist gerade nicht beabsichtigt, Kapital abfließen zu lassen; vielmehr geht es darum, günstige Bedingungen für eine anschließende Kapitalerhöhung zu schaffen.

**Die formale Herabsetzung des Eigenkapitals aus Gründen des Verlustausgleichs ist ein rein buchtechnischer Vorgang.** Dem angefallenen Verlust geht ein Kapitalentzug voraus, da die zur Finanzierung der Kapitalbindung zugeführten Mittel nicht in vollem Umfang über den Markt freigesetzt wurden. Bilanzverluste entstehen, wenn die periodisierten Einnahmen die periodisierten Ausgaben nicht voll decken. Sie schlagen sich in einem Verlustvortrag oder in einer buchmäßigen Verringerung des Eigenkapitalkontos nieder. Mit ihrer Konstatierung zum Zeitpunkt der Erstellung des Jahresabschlusses sind jedoch keine kapitalentziehenden Ausgaben verbunden.

*Fremdkapitaltilgung*

Während zumindest bei Kapitalgesellschaften die Eigenkapitalentnahme als recht seltener finanzieller Vorgang zu werten ist, vollzieht sich ein dauernder Wechsel von Aufnahme, Tilgung und Wiederaufnahme von Fremdkapital in der Unternehmung. Seiner Wirkung auf die Höhe des Ausgabenstromes ist deshalb stärkere Beachtung zu schenken. Eine Verpflichtung zur Rückzahlung von Fremdkapital ergibt sich aus dem Ablauf vertraglich vereinbarter Fristen der Kapitalüberlassung, sofern keine Prolongation gewährt wird. Höhe und zeitliche Verteilung der Fremdkapitaltilgung sind infolgedessen von der Art des zugeführten Kapitals abhängig.

**Die Fremdkapitaltilgung muß in engem Zusammenhang mit den Möglichkeiten der Prolongation und der Kapitalzuführung durch Substitution gesehen werden.** Hat sich der Kapitalbedarf verringert, so wird das Unternehmen bestrebt sein, überschüssiges Kapital und damit Kapitalkosten abzubauen. Auswahlkriterium für vorzeitige Tilgung bildet bei mehreren Alternativen vor allem die kostenmäßige Belastung durch die Finanzierungsformen. Ähnliche Beweggründe liegen einer Umschuldung zugrunde. Der Kostenaspekt kann dabei jedoch hinter Sicherheits- und Liquiditätsüberlegungen zurücktreten. So werden, wenn die Konditionen es erlauben, hochverzinsliche Obligationen durch Schuldverschreibungen mit einem, dem gesunkenen Zinsniveau angeglichenen Zinssatz ersetzt. Langfristige Kredite treten an die Stelle von kurzfristig aufgenommenem Fremdkapital.

**Gewinnausschüttungen entziehen der Unternehmung innerbetrieblich gebildetes Eigenkapital.** Ihre Auszahlungsform hängt von der Rechtsform ab. Als Residuum zwischen erwirtschaftetem und entzogenem Gewinn verbleibt in der Unternehmung das sogenannte Zuwachskapital. Die Einbehaltung von Gewinnen wird als Selbstfinanzierung bezeichnet. Selbstfinanzierung und Ausschüttung hängen somit eng zusammen. Es erscheint daher vorteilhaft, die Determinanten der Gewinnausschüttungsentscheidung im Zusammenhang mit der Problematik der Selbstfinanzierung bei der Darstellung der kapitalzuführenden Zahlungsströme aufzuzeigen.

*Gewinnausschüttung*

**Soweit Steuern nicht in die Kalkulation eingehen, zählen sie zu den kapitalentziehenden Ausgaben.** Dies wird in der Regel bei gewinnabhängigen Steuern unterstellt. Mit der Entrichtung der Gewerbeertragsteuer und der Körperschaftsteuer aus dem erzielten Gewinn, letztere allerdings nur bei Kapitalgesellschaften, wird der Unternehmung Kapital entzogen. Die Körperschaftsteuerbelastung kann durch Gewinnverwendungsentscheidungen beeinflußt werden, da einbehaltene Gewinne bis zum Zeitpunkt ihrer Ausschüttung stärker belastet werden (56%) als sofort ausgeschüttete Gewinne (36%). Für personenbezogene Kapitalgesellschaften und verschiedene andere Körperschaften gelten abweichende Sätze. Wegen der Abhängigkeit der Steuerlast von der Gewinnausschüttungsquote empfiehlt sich die Einbeziehung der Körperschaftsteuer in die Erörterungen der Determinanten der Gewinnverwendungsentscheidung im Abschnitt III. Die Gewerbeertragsteuer ergibt sich auf der Basis des körperschaftsteuerlichen Gewinns durch besondere Hinzurechnungen und Absetzungen sowie den Ansatz kommunaler Hebesätze.

*gewinnabhängige Steuern*

## III. Einnahmenrelevante Entscheidungen

Die kapitalbindenden und kapitalentziehenden Zahlungsströme müssen durch einnahmenrelevante Zahlungsströme gedeckt werden.

*Kapitalfreisetzung und -zuführung*

Aus der marktlichen Verwertung des Leistungsprogramms der Unternehmung fließt das gebundene Kapital zurück (Kapitalfreisetzung). Genügen die freigesetzten Mittel nicht, um die erneute Kapitalbindung und eventuell einen Kapitalentzug zu bestreiten, dann bedarf die Unternehmung zusätzlich einer Kapitalzuführung. Diese Zuführung von neuem Kapital kann in Form von Eigen- oder Fremdfinanzierung erfolgen. In beiden Fällen wird der Unternehmung von außen Kapital zur Verfügung gestellt. Die Zuführung kann aber auch in der Zurückbehaltung von Gewinnen bestehen.

### 1. Kapitalfreisetzende Einnahmen

**Kapitalfreisetzende Einnahmen bilden das Gegenstück zu kapitalbindenden Ausgaben.**

*Arten der Kapitalfreisetzung*

Sie können nach ihrer Herkunft weiter unterteilt werden in:

(1) Einnahmen aus der marktlichen Verwertung von Leistungen einschließlich Zinseinnahmen aus aktiver Finanzierung,

(2) Einnahmen aus Rückzahlungen im Rahmen der aktiven Finanzierung,

(3) Einnahmen aus der marktlichen Verwertung nicht verzehrter Produktionsfaktoren.

Die über die kapitalbindenden Ausgaben hinausgehenden Einnahmen aus marktlicher Verwertung bilden den Gewinn. Diese werden im Rahmen der Kapitalzuführung eingehend behandelt.

*Rückzahlungen aus aktiver Finanzierung*

Als **Einnahmen aus Rückzahlungen im Rahmen aktiver Finanzierung** dürften im Industriebetrieb in erster Linie Einnahmen aus gewährten Kundenkrediten sowie Kapital- und Geldmarktanlagen in Frage kommen. Die zeitliche Beeinflußbarkeit der Ströme hängt von der Form der aktiven Finanzierung und den vereinbarten Modalitäten ab. Die Spannweite reicht von vertraglich langfristig angelegtem Kapital über Beteiligungen bis zu jeder Zeit abrufbaren Bankguthaben oder Wertpapierbeständen, die den Charakter von Liquiditätsreserven haben.

*Produktionsfaktorverkauf*

Einnahmen aus der marktlichen **Verwertung nicht verzehrter Produktionsfaktoren** unterscheiden sich von den Umsatzeinnahmen dadurch, daß sie nicht im Rahmen der Leistungsverwertung anfallen (z. B. Spedition verkauft Lkw vor dessen Schrottreife). Nicht verzehrte Produktionsfaktoren können sowohl Betriebsmittel als auch Werkstoffe sein. Ein Verkauf von Betriebsmitteln ist infolge technischer oder wirtschaftlicher Weiterentwicklung der Aggregate denkbar. Ferner kommt eine Veräußerung nicht verzehrter Produktionsfaktoren auch bei langandauerndem Beschäftigungsrückgang, bei Stillegung oder bei Produktionsumstellung in Betracht.

Nicht unerwähnt bleiben sollen Einnahmen als Folge von **Rationalisierungen**. Durch Normung und Typung oder den Einsatz von Planungsverfahren der Beschaffungs- und Fertigungswirtschaft (vgl. Teil 3, S. 284f.) können die durchschnittlichen Lagerbestände meist gesenkt werden. Kapitalfreisetzende Einnahmen sind dadurch allerdings nur zu erzielen, wenn die überschüssigen Lagerbestände veräußert werden. Erfolgt ein allmählicher Lagerabbau durch den Verbrauch in der Produktion, so hat die Rationalisierung lediglich eine geringere Kapitalbindung zur Folge. *Rationalisierung*

Wichtigster Posten der Kapitalfreisetzung sind die **Einnahmen aus der marktlichen Verwertung von Leistungen,** kurz als Umsatzeinnahmen bezeichnet. Sie stellen das weitaus größte Finanzierungspotential der Unternehmung dar. Wird die produzierte Menge zu Preisen abgesetzt, die die kapitalbindenden Ausgaben der Leistungserstellung decken, so steht über die Umsatzeinnahmen freigesetztes Kapital in Höhe des ursprünglichen Kapitaleinsatzes wieder zur Verfügung. *Umsatzeinnahmen*

Der Potentialfaktor Betriebsmittel ist in aller Regel dadurch charakterisiert, daß er für mehrere Perioden Nutzungen abzugeben imstande ist. Aus diesem Grunde werden die **Anschaffungsausgaben auf die Perioden der Nutzungsdauer verteilt** (Abschreibungen = periodisierte Anschaffungsausgaben). Grundsätzlich wird versucht, diese Verteilung dem periodischen Wertverzehr entsprechend vorzunehmen. Werden die Abschreibungen in den Preis der produzierten Güter eingerechnet, so fallen die Gegenwerte der Abschreibungen mit der Bezahlung der verkauften Güter als freigesetztes Kapital an. Da der Ersatz der Maschine zur Aufrechterhaltung der Kapazität erst bei vollständiger Abgabe ihres Nutzungspotentials erfolgen muß, können sich in dem Zeitraum bis zum Ersatzzeitpunkt die Abschreibungsgegenwerte ansammeln. Der Kapitalfreisetzungseffekt basiert also auf einer Umschichtung des Vermögens durch Verminderung des Nutzungspotentials der Betriebsmittel und Zunahme der liquiden Bestände. Prinzipiell wird dieser Effekt auch bei stoßweise aufgefüllten Lägern wirksam, die sukzessive abgebaut werden. Die periodische Entwicklung der temporär freigesetzten Beträge für ein Aggregat soll Abbildung 7.19 beispielhaft aufzeigen. *Finanzierung aus Abschreibungsgegenwerten*

*temporäre Freisetzung*

Beispiel:

Anschaffungspreis des Aggregats 2000 DM; gleichmäßige Leistungsabgabe und gleichmäßiger Wertverlust über vier Jahre (= Nutzungsdauer).

Zur Ermittlung der insgesamt im Betrieb freigesetzten Beträge ist von der Freisetzung aller eingesetzten abnutzbaren Anlagen auszugehen. In aller Regel setzt sich das abnutzbare Anlagevermögen eines Industriebetriebes aus einer Vielzahl von Aggregaten zusammen, die sich in den Anschaffungspreisen, in der Nutzungsdauer oder zumindest im Beschaffungszeitpunkt unterscheiden.

| Jahres-ende | Buchwert | jährliche Abschreibung | summierte Abschreibungs-gegenwerte | temporäre Kapital-freisetzung |
|---|---|---|---|---|
| 0 | 2 000 | – | – | – |
| 1 | 1 500 | 500 | 500 | 500 |
| 2 | 1 000 | 500 | 1 000 | 1 000 |
| 3 | 500 | 500 | 1 500 | 1 500 |
| 4 | 2 000 (Reinvestition) | 500 | 2 000 | – |
| 5 | 1 500 | 500 | 2 500 | 500 |
| 6 | 1 000 | 500 | 3 000 | 1 000 |

*Abb. 7.19: Temporäre Kapitalfreisetzung bei einem Aggregat*

Die Ersatzzeitpunkte fallen infolgedessen auseinander. Die Folge davon ist, daß bei konstanter Periodenkapazität die Abschreibungsgegenwerte nicht in voller Höhe zum Ersatz abgenutzter Anlagen benötigt werden.

*dauerhafte Freisetzung*

**Der Differenzbetrag zwischen verdienten Abschreibungen und den zur Erhaltung der Periodenkapazität notwendigen Ausgaben für Ersatzinvestitionen stellt dauerhaft freigesetztes Kapital dar.**

Abbildung 7.20 verdeutlicht die Zusammenhänge anhand eines einfachen Beispiels.

Beispiel:

4 gleichartige Aggregate, Beschaffungspreis 2 000 DM; Beschaffung in vier aufeinanderfolgenden Perioden; Nutzungsdauer 5 Jahre; lineare Abschreibung.

| Jahres-ende | Erstin-vestition | Buch-werte | jährliche Ab-schrei-bungen | summier-te Ab-schrei-bungs-gegenwerte | Rein-vestition | Kapitalfreisetzung | |
|---|---|---|---|---|---|---|---|
| | | | | | | temporär | dauerhaft |
| 0 | 2 000 | 2 000 | | | | | |
| 1 | 2 000 | 3 600 | 400 | 400 | | | 400 |
| 2 | 2 000 | 4 800 | 800 | 1 200 | | | 1 200 |
| 3 | 2 000 | 5 600 | 1 200 | 2 400 | | | 2 400 |
| 4 | | 4 000 | 1 600 | 4 000 | 1 600 | | 2 400 |
| 5 | | 4 400 | 1 600 | 5 600 | 2 000 | 1 200 | 2 400 |
| 6 | | 4 800 | 1 600 | 7 200 | 2 000 | 800 | 2 400 |
| 7 | | 5 200 | 1 600 | 8 800 | 2 000 | 400 | 2 400 |
| 8 | | 5 600 | 1 600 | 10 400 | 2 000 | – | 2 400 |
| 9 | | 4 000 | 1 600 | 12 000 | 1 600 | | 2 400 |

*Abb. 7.20: Kapitalfreisetzung bei mehreren Aggregaten*

Feigesetzte Abschreibungsgegenwerte, die nicht zum Ersatz abgenutzter Maschinen benötigt werden, stehen der Unternehmung für andere Investitionsvorhaben oder für kapitalentziehende Zahlungen (z. B. Kreditrückzahlungen) zur Verfügung. Werden sie zur Anschaffung zusätzlicher Maschinen verwendet, so tritt damit ein Kapazitätserweiterungseffekt auf. Aus Abbildung 7.20 ist zu ersehen, daß die Unternehmung schon am Ende der dritten Periode in der Lage wäre, ein weiteres Aggregat zu kaufen. Der Effekt kann sich so lange fortsetzen, bis die Abschreibungsgegenwerte jeder Periode, die durch die zusätzlichen Anlagen ebenfalls erhöht werden, zum Ersatz der ausscheidenden Aggregate ausreichen. *Kapazitätserweiterungseffekt*

Der Lohmann-Ruchti-Effekt, wie der Kapazitätserweiterungseffekt verschiedentlich bezeichnet wird, basiert auf Prämissen, von denen einige schon angedeutet wurden:

(1) Die Abschreibungen müssen durch den Markt im Preis vergütet werden.

(2) Die Abschreibungsgegenwerte müssen kontinuierlich in neue gleichartige Anlagen investiert werden.

(3) Die Wiederbeschaffungspreise der Anlagen müssen konstant sein.

(4) Die Erzeugnisse der zusätzlichen Aggregate müssen zu ebenfalls aufwandsdeckenden Preisen absetzbar sein.

(5) Die Erstanschaffungen müssen durch Eigenkapital finanziert werden.

(6) Die Finanzierung einer eventuell notwendigen Erweiterung des Umlaufvermögens muß gesichert sein.

Unter diesen Annahmen läßt sich ein Multiplikator errechnen, der in Abhängigkeit von der Anzahl der Anlagen in der Erstausstattung und von ihrer Nutzungsdauer die höchstmögliche Erweiterung der Kapazität durch den beschriebenen Effekt angibt.

Es bleibt zu untersuchen, ob durch Finanzierung aus Abschreibungen die Kapazität des Industriebetriebes effektiv erhöht werden kann. Dazu ist eine strenge Unterscheidung in Perioden- und Totalkapazität erforderlich.

**Während mit zunehmender Zahl der Anlagen (Prämisse: Die Leistung ist über die Nutzungsdauer konstant) eine Erhöhung des Ausstoßes pro Periode (Periodenkapazität) möglich ist, bleibt die Anzahl der gesamten Nutzungsjahre aller vorhandenen Aggregate (Totalkapazität) auch bei voller Ausnutzung des beschriebenen Effektes gleich:** ein logisches Ergebnis, da ja nur die Rückflüsse wieder angelegt werden. Dies zeigt, daß lediglich eine Umschichtung der Aktiva, eine Veränderung der Altersstruktur der Anlagen vorgenommen wird. Wird beim sukzessiven Kauf der Anlage nicht der gesamte Anschaffungsbetrag von außen zugeführt, sondern der Kauf aus den schon aufgelaufenen Rückflüssen der früher gekauften Anlagen mit bestritten, so schwächt sich der Effekt wesentlich ab. *Perioden- und Totalkapazität*

**Eine Verstärkung des Kapitalfreisetzungseffekts und damit der möglichen Kapazitätserweiterung aus Wiederanlage von Abschreibungsgegenwerten kann** *Erweiterung der Totalkapazität* erreicht werden, wenn die vorgenommene Abschreibung der tatsächlichen Nutzung vorangeht. Dies läßt sich durch einen verkürzten Ansatz der Abschreibungsdauer oder durch eine Abschreibungsmethode verwirklichen, die die ersten Perioden stärker mit Abschreibungen belastet als es dem eigentlichen Nutzungsverlauf entspricht. Typisches Beispiel dafür ist die degressive Abschreibung bei linearem Nutzungsverlauf. Voraussetzung für die volle Wirkung des verstärkten Effekts ist natürlich auch hier der volle Ersatz der Abschreibungsgegenwerte im Preis. In dem zuletzt behandelten Fall ist es bei Ausnutzung des Kapazitätserweiterungseffekts auch möglich, die Totalkapazität des gesamten Anlagenbestandes zu erhöhen; denn zusätzlich zum alten, lediglich umstrukturierten Bestand kommen weitere Anlagen aus zugeführtem Kapital hinzu. Die damit erzielbare echte Kapazitätserweiterung ist jedoch nur dauerhaft, wenn die Vorwegnahme der Abschreibung von Periode zu Periode weitergeführt wird. Der durch Vorwegnahme von Abschreibungen erzielte Effekt der Erweiterung der Totalkapazität ist allerdings gedanklich scharf vom Lohmann-Ruchti-Effekt zu trennen. Während bei Lohmann und Ruchti der Kapazitätserweiterungseffekt auf der Umschichtung der Anlagen in ihrer Altersstruktur beruht, entsteht er im zuletzt geschilderten Fall durch die Zuführung zusätzlichen Kapitals. Diese Zuführung wird bilanziell nicht sichtbar, da sie über die Legung stiller Reserven erfolgt.

## 2. Kapitalzuführende Einnahmen

**Als Kapitalzuführung sind die einnahmenrelevanten Zahlungsströme bezeichnet worden, die zur Deckung der Differenz zwischen kapitalbindenden und/oder kapitalentziehenden Ausgaben und den kapitalfreisetzenden Einnahmen erforderlich sind.**

Möglichkeiten der Zuführung von Kapital sind die Eigenkapital- und Fremdkapitalaufnahme bzw. die Einbehaltung von Gewinnen, die aus der Umsatztätigkeit erwirtschaftet wurden. Unter dem Begriff der Kapitalbeschaffung waren die genannten Tatbestände bis in jüngster Zeit dominantes Thema der deutschsprachigen Finanzierungsliteratur. Die Technik der Kapitalzuführung stand dabei im Vordergrund.

### *Bedarfsermittlung*

**Kapitalzuführende Einnahmen werden erforderlich, wenn die kapitalfreisetzenden Ströme nicht ausreichen, um die anfallenden kapitalbindenden und kapitalentziehenden Ausgaben zu decken.**

Dies trifft in besonderem Maße für die **Gründungsphase** der Unternehmung zu, in der Umsatzeinnahmen noch nicht oder nur in einem geringen Umfang anfallen. Aber auch in Phasen raschen Wachstums bzw. zum Ausgleich von Verlusten aus Leistungserstellung und -verwertung bedarf es zur Aufrechterhaltung des finanziellen Gleichgewichts häufig der Zuführung zusätzlichen Kapitals durch die bisherigen und/oder durch neue Kapitalgeber.

Zur Feststellung der zu einem bestimmten Zeitpunkt oder in einer bestimmten Zeitspanne benötigten Geldmittel ist eine **Bedarfsrechnung** notwendig. Dabei sind Kapitalbedarf, Geldbedarf und Finanzbedarf zu unterscheiden.

Der Begriff „Kapitalbedarf" wird in der Literatur nicht einheitlich verwendet. Einerseits soll damit der zu erwartende Bedarf an Finanzmitteln erfaßt werden; andererseits wird unter Kapitalbedarf eine rein rechnerische Größe des in der Unternehmung oder in Unternehmungsteilen gebundenen Kapitals verstanden, die nicht unmittelbar mit Ausgaben verbunden ist. Diese zweite Begriffsfassung liegt den weiteren Ausführungen zugrunde.

*Kapitalbedarf*

Der Kapitalbedarf entsteht dadurch, daß die kapitalbindenden Ausgaben in alle Regel zeitlich vor den Umsatzeinnahmen anfallen. Diese Zeitspanne muß durch den Einsatz von Kapital überbrückt werden.

**Allgemein errechnet sich der Kapitalbedarf als Differenz zwischen den kumulierten Ausgaben für Kapitalbindung und den kumulierten Einnahmen aus Kapitalfreisetzung zu einem bestimmten Zeitpunkt. Er wird durch Höhe und Dauer der Kapitalbindung determiniert.**

Die Determinanten des Kapitalbedarfs sind vielfältig. Ihre vollständige und geordnete Aufzählung ist im Rahmen dieser Arbeit nicht möglich. Auf den Einfluß des Leistungsprogramms der Unternehmung soll nur hingewiesen werden. Auch die Einflußfaktoren des Beschaffungs-, Fertigungs- und Absatzbereichs müssen unerörtert bleiben. Kapitalwirtschaftliche Determinanten ergeben sich aus der Investitionspolitik, die in erster Linie güterwirtschaftlich orientiert ist, zum anderen aus der Abweichung der Aus- bzw. Einzahlungstermine von Beschaffungs- bzw. Umsatzzeitpunkten. Führt die Abweichung zu einer Verlängerung der güterwirtschaftlich notwendigen Kapitalbindungsdauer, so hat die Unternehmung auf der Beschaffungs- oder Absatzseite die Kreditgeberfunktion übernommen. Erhaltene Lieferantenkredite und Kundenanzahlungen bedeuten jedoch keine Verkürzung der Kapitalbindungsdauer, sondern stellen eine Kapitalzuführung dar.

*Determinanten des Kapitalbedarfs*

Die ältere Finanzierungsliteratur und die betriebliche Praxis haben grobe Verfahren zur Berechnung des Kapitalbedarfs entwickelt. Sie basieren allerdings nicht auf der Analyse der erwähnten Determinanten, sondern legen den geplanten Umsatz der zu betrachtenden Periode zugrunde. Anlage- und Umlaufkapitalbedarf werden getrennt berechnet.

*Kapitalbedarfsrechnung*

Der Anlagekapitalbedarf wird durch das durchschnittlich gebundene Anlagevermögen erfaßt. Er ist durch Anschaffungskosten, Nutzungsdauer und Nutzungsverlauf der Anlagen determiniert. In der Gründungsphase entspricht dem das geplante Investitionsvolumen, da noch keine Kapitalfreisetzung erfolgt.

Die Berechnung des Kapitalbedarfs für das Umlaufvermögen geht von dem pro Tag in den hergestellten Gütern gebundenen Kapital aus. Der ermittelte Wert wird um die Anzahl der Tage vervielfacht, die das Umlaufvermögen durchschnittlich gebunden ist. Gehen z. B. pro Tag Umlaufgüter im Werte von 2000 DM in die Produktion ein, beanspruchen die Eingangslagerung 10 Tage, die Produktion einschließlich der Zwischenläger 20 Tage, die Fertigwarenlagerung 15 Tage und das durchschnittlich in Anspruch genommene Zahlungsziel der Abnehmer 30 Tage, so läßt sich der Kapitalbedarf im Umlaufvermögen wie folgt errechnen:

$$2\,000 \cdot (10 + 20 + 15 + 30) = 150\,000 \text{ DM}$$

Diese einfache Berechnungsweise kann durch die Berücksichtigung der unterschiedlichen Zeitpunkte, zu denen die einzelnen Güter in die Marktleistungen eingehen, verfeinert werden. Dem skizzierten Verfahren haften verschiedene Mängel an, die es als Basis der Planung kapitalwirtschaftlicher Ströme unbrauchbar erscheinen lassen. Ein auf Durchschnittsgrößen beruhendes Rechnungsverfahren vermag keineswegs den tatsächlichen Verlauf des Kapitalbedarfs, zumal bei schwankender Beschäftigung, aufzuzeigen. Vor allem der Dispositionsbestimmtheit der Kapitalbindung im Anlagevermögen kann damit nicht Rechnung getragen werden. Allenfalls läßt sich von einer groben Schätzmethode sprechen. Eine theoretisch exakte Analyse des Kapitalbedarfs hätte von einer umfassenden Betrachtung von Einflußfaktoren auszugehen. Eine solche hätte vor allem produktions- und absatzwirtschaftliche Parameter sowie außerbetriebliche Determinanten (z. B. Bedingungen des Beschaffungs-, Absatz- und Kapitalmarktes; staatliche Einflüsse) zu berücksichtigen.

Für grobe Planungen des insgesamt notwendigen Kapitalvolumens – beispielsweise bei Gründungen oder Betriebserweiterungen – bietet die Kapitalbedarfsrechnung jedoch brauchbare Unterlagen. Für laufende Finanzierungsentscheidungen ist aber neben den kumulierten Stromgrößen die Veränderung der Zahlungsstromgrößen, also Höhe und Zeitpunkte der zu erwartenden Einnahmen und Ausgaben bedeutsam.

*Geldbedarf*

Kapitalbindende und kapitalentziehende Ausgaben verursachen im Zeitpunkt ihres Anfalles **Geldbedarf.** Diese Größe erfaßt somit auch Ausgaben, die in der Kapitalbedarfsrechnung nicht enthalten sind. Kann der Kapitalbedarf nicht durch Einnahmen aus Kapitalfreisetzung gedeckt oder zeitlich verschoben werden, entsteht in Höhe der verbleibenden Differenz ein **Finanzbedarf,** der durch Maßnahmen der Kapitalzuführung auszugleichen ist. Abbildung 7.21 zeigt die Beziehungen zwischen Kapitalbedarf, Geldbedarf und Finanzbedarf. Es wird deutlich, daß nur Geldbedarf und Finanzbedarf unmittelbar zahlungsstromrelevante Begriffe sind, das heißt Ausgaben zu bestimmten Zeitpunkten zum Ausdruck bringen, die durch Einnahmen zu decken sind.

*Finanzbedarf*

Nur in der Gründungsphase fallen Kapitalbedarf, Geldbedarf und Finanzbedarf zu den Auszahlungsterminen zusammen. Aus der Höhe des Kapitalbedarfs kann demnach nicht unmittelbar auf die erforderliche Kapitalzuführung geschlossen werden. Eine Betrachtung der Kapitalströme in ihrer Gesamtheit ist unumgänglich.

*Arten der Kapitalzuführung*

Die kapitalzuführenden Ströme lassen sich nach verschiedenen Kriterien gliedern. Nach der Herkunft des Kapitals ergibt sich die Unterteilung in

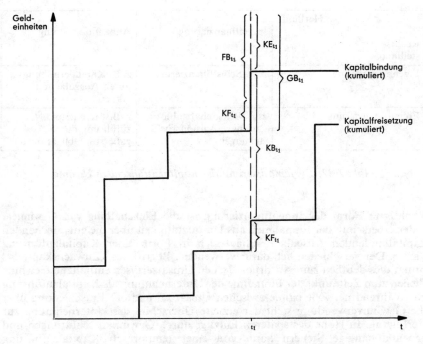

*Abb. 7.21: Kapitalbedarf, Geldbedarf, Finanzbedarf*

Zuführung von außen (**Außenfinanzierung**) und Zuführung aus der Unternehmung selbst (**Innenfinanzierung**). Das Kriterium der Rechtsstellung der Kapitalgeber führt zu dem Begriffspaar **Eigenfinanzierung/Fremdfinanzierung**. Als Ausprägungen der Kapitalüberlassungsdauer sind dauernde, langfristige, mittelfristige und kurzfristige Kapitalzuführungen zu unterscheiden. Eine Zuordnung der möglichen Ausprägungen der Kapitalüberlassungsdauer zu den angesprochenen Arten der Kapitalbeschaffung ist nicht eindeutig vorzunehmen. Im Einzelfall wird darauf einzugehen sein. Eine Kombination der angeführten, keineswegs erschöpfenden Kriterien ist möglich. Anhand einiger Finanzierungsformen soll beispielhaft die Verbindung von Kapitalherkunft und Rechtsstellung aufgezeigt werden.

Die weitere Betrachtung basiert auf dem Schema der Abbildung 7.22. Als erstes Gliederungskriterium wird die **Kapitalherkunft** gewählt.

## Innenfinanzierung

Der hier verwendete Begriff der Innenfinanzierung ist relativ eng gefaßt. Kapitalfreisetzende Vorgänge, wie die Finanzierung aus Abschreibungen und Rationalisierungsmaßnahmen, werden aufgrund der gewählten Systematik nicht zur Innenfinanzierung gerechnet.

| Herkunft<br>Rechts-<br>stellung | Innenfinanzierung | Außenfinanzierung |
|---|---|---|
| Eigenfinanzierung | z. B. Selbstfinanzierung | z. B. Kapitalerhöhung durch Ausgabe von Aktien |
| Fremdfinanzierung | z. B. Belegschaftsobligationen, Pensionsrückstellungen | z. B. Fremdkapitalzuführung durch Ausgabe von Obligationen |

*Abb. 7.22: Systematisierung der kapitalzuführenden Ströme*

*Selbstfinanzierung*

Wichtigste Form der Innenfinanzierung ist die **Einbehaltung von Gewinnen**. Jeder Überschuß der Einnahmen aus Umsatztätigkeit über die entsprechenden kapitalbindenden Ausgaben schlägt sich in Form einer Kapitalzuführung nieder. Der verschiedentlich dafür verwendete Begriff des „Zuwachskapitals" bringt dies deutlich zum Ausdruck. In den Umsatzerlösen enthaltene Gewinne fließen zum Zeitpunkt der Einnahme der Unternehmung als Kapitalzuführung zu. Während der Zeitspanne zwischen Umsätzen und der Entscheidung über die Gewinnverwendung steht der erzielte Überschuß der Unternehmung zur Verfügung. In Höhe des späteren Entzugs durch Gewinnausschüttungen und gewinnabhängige Steuern kann von einer temporären Kapitalzuführung gesprochen werden. Mit der Erzielung von Gewinnen sind in der Regel auch kapitalentziehende Ströme verbunden (Gewinnausschüttung, gewinnabhängige Steuern). Für die Planung der Finanzierung ist letztlich entscheidend, welcher Teil der erzielten Gewinne in der Unternehmung verbleibt.

**Die Einbehaltung von Gewinnen – gleichgültig, ob sie in der Bilanz ausgewiesen werden oder nicht (stille Reserven) – wird als Selbstfinanzierung bezeichnet.**

*freiwillige und zwangsweise Selbstfinanzierung*

Die Zurückbehaltung von Gewinnen kann aufgrund freiwilliger dispositiver Maßnahmen oder zwangsweise aufgrund von gesetzlichen Vorschriften erfolgen. So bestimmt § 150 Abs. 2 AktG, daß 5% des um den Verlustvortrag geminderten Jahresüberschusses in eine gesetzliche Rücklage einzustellen sind, bis die Rücklage den zehnten oder einen in der Satzung bestimmten höheren Teil des Grundkapitals erreicht (§ 150 und § 58 AktG). Freiwillige Gewinneinbehaltung äußert sich je nach der Rechtslage der Unternehmung in einer Erhöhung des Kapitalkontos oder in freien Rücklagen. Weiter lassen sich **offene und stille Selbstfinanzierung** unterscheiden. Die offene Selbstfinanzierung stellt ein Problem der Verwendung des ausgewiesenen Gewinnes dar.

*stille Selbstfinanzierung*

Die **stille Selbstfinanzierung** verhindert den Entzug von Finanzmitteln dadurch, daß **infolge der Ausnutzung bilanzpolitischer Spielräume** Gewinne als solche nicht ausgewiesen werden.

*stille Reserven*

Die Manipulation des Gewinnausweises ist durch die **Bildung stiller Reserven** möglich. Diese erfolgt durch einen Verzicht auf Aktivierung aktivierungsfähiger Vermögensgegenstände und durch eine Unterbewertung der Aktivposten bzw. Überbewertung der Passivposten in der Bilanz. Die Bildung stiller Reserven kann auf bewußter Ausschöpfung von Bewertungswahlrechten, auf zwingenden gesetzlichen Vorschriften (z. B. Höchstwertvorschriften) oder auf unbewußten Schätzfehlern beruhen. Die bilanzielle Wirkung bleibt von der Art der Bildung der stillen Reserven unbeeinflußt: In den Jahren ihrer Bildung erscheint der Bilanzgewinn geringer, in den Perioden der Auflösung erhöhen sie den ausgewiesenen Gewinn. Die bewußte Beeinflussung des Jahresergebnisses kann der Unternehmungsführung als Mittel zur zielgerechten Steuerung von Kapitalströmen dienen. Beispielsweise kann sich die Dividendenpolitik der Bildung und Auflösung stiller Reserven bedienen.

Findet die Bildung stiller Reserven auch in der Steuerbilanz Anerkennung, so führt dies zunächst zu einer Verringerung der Steuerbelastung in der betreffenden Periode. Bei Personengesellschaften ist in gewissem Umfang auch die Strategie möglich, Bildung bzw. Auflösung stiller Reserven in Perioden mit hohen bzw. geringen Gewinnen vorzunehmen und damit Steuerprogressionen zu umgehen. Bis zu ihrer Auflösung bieten demnach **stille Reserven** einen **Liquiditätsvorteil** und daneben einen **Zinsvorteil,** da das in der Unternehmung verbleibende Kapital zinslos zur Verfügung steht. Von der Art der Vermögensgegenstände und ihrem Verbleib in der Unternehmung hängt der Zeitpunkt der Auflösung der stillen Reserven ab. Im Falle des Verkaufs unterbewerteter Vermögensgegenstände fließt der Unternehmung mit den Einnahmen ein außerordentlicher Ertrag zu. *Finanzierungseffekt stiller Reserven*

Nicht alle stillen Reserven haben einen Finanzierungseffekt. So bleiben Unterbewertungen, die z. B. durch **Marktpreissteigerungen** der aktivierten Güter **über die bilanziell zulässigen Höchstwerte** hinaus zustande kommen, **ohne Finanzierungswirkungen,** da hierbei **weder** ein **Finanzmittelzufluß** stattfindet, noch ein **Finanzmittelabfluß** verhindert wird. Es besteht auch die Gefahr, daß solche stillen Reserven durch gegenläufige Preisentwicklungen vor ihrer Realisierung wieder aufgehoben werden.

Die Festlegung der Höhe der **offenen Selbstfinanzierung** stellt ein Entscheidungsproblem dar. **Es ist im Zusammenhang mit der Entscheidung über die stille Selbstfinanzierung sowie den Bestimmungen in Unternehmenssatzungen, Gesellschaftsverträgen und Gesetzen zu lösen.** Eine Beurteilung alternativer Selbstfinanzierungsraten hat von den eingangs angeführten Zielsetzungen der Kapitalwirtschaft auszugehen. *offene Selbstfinanzierung*

Aufgrund der bewirkten Verringerung kapitalentziehender Ausgaben für Gewinnausschüttungen kommt der Selbstfinanzierung zunächst ein **positiver Liquiditätseffekt** zu. Mit steigendem Grad der Gewinneinbehaltung sinkt die Belastung durch Zahlungsverpflichtungen unter der Annahme der Konstanz der übrigen Zahlungsstromgrößen. Auf die teilweise Kompensation der beschriebenen Liquiditätswirkung durch Besteuerungsmaßnahmen wird noch einzugehen sein. Bedeutender als die Verminderung kurzfristig fälliger Ausgaben, so entscheidend sie im Einzelfall werden kann, ist die mittelbare und unmittelbare Beeinflussung der zukünftigen Zahlungssituation einzuschätzen. *Wirkungen der Selbstfinanzierung*

Da die in der Unternehmung verbleibenden Gewinne dem Eigenkapital zuwachsen, gilt für sie auch dessen in der Regel unbefristete Kapitalüberlassungsdauer. Im Gegensatz zu extern aufgenommenem Eigenkapital führt jedoch eine Zuführung zu den freien Rücklagen bei der Aktiengesellschaft nicht zu einer Vergrößerung der dividendenberechtigten Kapitalbasis. Die Beibehaltung des Dividendensatzes beansprucht somit trotz Erhöhung des Eigenkapitals keine größere Gewinnsumme.

*Selbstfinanzierung in Personal- und Kapitalgesellschaften*

Entscheidende Bedeutung für die **mittelbare liquiditätsmäßige Beurteilung** der Selbstfinanzierung kommt ihrer Wirkung auf die Kapitalbeschaffungsmöglichkeiten der Unternehmung zu. Dabei empfiehlt sich eine Trennung in Unternehmen, die nicht fähig oder willens sind, Eigenkapital über den anonymen Kapitalmarkt aufzunehmen, und Gesellschaften, die mittels Aktienemission ihre Eigenkapitalbasis erhöhen. Der erstgenannte Typus trifft insbesondere die in die Rechtsformen der Personalgesellschaft gekleideten Unternehmungen, aber auch die GmbH und kleinere Aktiengesellschaften. Eine eingehende Analyse muß den Ausführungen über die Eigenkapitalzuführung vorbehalten bleiben.

Als Kriterium der Beurteilung von Unternehmungen durch Kapitalgeber wird in der Praxis vielfach die Kapitalstruktur (Eigenkapital zu Fremdkapital) herangezogen. Bestehen für ein Unternehmen nur begrenzte Möglichkeiten der Beschaffung zusätzlichen Eigenkapitals (z. B. über die Aufnahme von Mitgesellschaftern), so stellt die Selbstfinanzierung die einzige Quelle der Eigenkapitalzuführung dar. Auch die Bedingungen der Fremdkapitalaufnahme können auf diese Weise verbessert werden. Der über den Kapitalmarkt finanzierten Unternehmung steht dagegen bei Vorliegen eines Finanzbedarfs die Alternative offen, den Gewinn zurückzubehalten oder ihn sich durch eine mit der Ausschüttung verbundene Aktienemission gleichsam auf dem „Umweg" über die Aktionäre zurückzuholen (Schütt-aus-hol-zurück-Verfahren). Wie schon erwähnt, vergrößert sich dadurch allerdings das dividendenberechtigte Kapital. Eine Automatik des Rückflusses der ausgeschütteten Gewinne liegt nicht vor; der Erfolg hängt vielmehr von der Attraktivität der Ausgabekonditionen ab. Die angeschnittenen Fragen berühren das Problem der Zahlungsfähigkeit nur noch insofern, als die Verbesserung der Kreditwürdigkeit die Gefahr einer Illiquidität herabsetzen kann. Werden die auf diese Weise zugeführten Eigenmittel und das zusätzlich verfügbare Fremdkapital zur Finanzierung von Wachstumsprozessen oder (bei steigenden Preisen) zur Substanzerhaltung eingesetzt, so läßt sich kein unmittelbarer Liquiditätseffekt mehr erreichen.

*gewinnabhängige Steuern*

Bezüglich der Steuerbelastung der Selbstfinanzierung erscheint eine getrennte Untersuchung für die Personal- und Kapitalgesellschaften angebracht. Auf die Einbeziehung der **Gewerbesteuer** soll verzichtet werden. Der erwirtschaftete steuerlich festgestellte Gewinn fließt bei Personalgesellschaften den Kapitaleignern direkt zu und unterliegt zusammen mit ihren sonstigen Einkünften der **Einkommensteuer,** deren Tarife progressiv gestaltet sind. Auf die Steuerbelastung übt die Verwendung des Einkommens (Einbehaltung oder Ausschüttung) keine Einfluß aus. **Gesellschafter von Personengesellschaften können somit nur über die stille Selbstfinanzierung steuerliche Vorteile erlangen.**

Auf den in der Steuerbilanz der Kapitalgesellschaften ausgewiesenen Gewinn ist **Körperschaftsteuer** zu zahlen, bevor er an die Anteilseigner ausgeschüttet wird oder als offene Selbstfinanzierung in der Unternehmung verbleiben kann. Der Körperschaftsteuersatz ist gespalten. Bei Kapitalgesellschaften unterliegen ausgeschüttete Gewinnanteile einem Satz von 36%. Auf einbehaltene Gewinne sind 56% Körperschaftsteuer zu entrichten.

*gespaltener Körperschaftsteuersatz*

Unbeschränkt steuerpflichtige Anteilseigner erhalten für die von der Unternehmung einbehaltenen und abgeführten Steuern in Höhe von 9/16 ihrer Bardividende (= 36% des ausschüttbaren Gewinns) eine Steuergutschrift, die auf ihre persönliche Einkommensteuerschuld angerechnet wird („Anrechnungsverfahren"). Wie hoch ausgeschüttete Gewinne beim einzelnen Anteilseigner tatsächlich besteuert werden, hängt somit von dessen gesamten zu versteuernden Einkünften und dem sich daraus ergebenden individuellen Steuersatz ab. Die Körperschaftsteuerreform 1977 hat damit die vorher geltende Doppelbesteuerung ausgeschütteter Gewinne beseitigt (vgl. auch Teil 2, S. 167).

*Anrechnungsverfahren*

Die Verteilungsmöglichkeiten des gesamten Gewinns (vor Steuern) auf Selbstfinanzierung, Körperschaftsteuer und Ausschüttung sind aus Abbildung 7.23 ersichtlich.

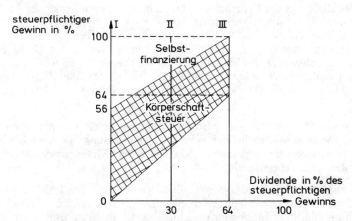

*Abb. 7.23: Gewinnverwendung und Körperschaftsteuer*

Der Berechnung liegt folgende Formel zugrunde:

(7.27)     D + 9/16 D + 0,56 · [100% - (D + 9/16D)] + E = 100%

Es bedeuten:

D = Dividende in % des Gewinns nach Abzug der Ausschüttungsteuerbelastung

E = Einbehaltener Gewinn nach Abzug der Thesaurierungsteuerbelastung

100% = Körperschaftsteuerlicher Gewinn

*Gewinnverwendung und Körperschaftsteuer*

Im Fall I der Abbildung 7.23 findet keine Ausschüttung statt. Der Unternehmung verbleiben 44% des Gewinns zur Selbstfinanzierung (ohne Berücksichtigung der Gewerbeertragsteuer). Im Fall II werden 30% des steuerpflichtigen Gewinns ausgeschüttet. Die Körperschaftsteuer beträgt 46,62%; für die Selbstfinanzierung verbleiben somit 23,38% des Gewinns vor Steuern. Bei vollständiger Ausschüttung (Fall III) errechnet sich eine Körperschaftsteuerbelastung von 36%, was einer maximalen Ausschüttung von 64% des körperschaftsteuerlichen Gewinns entspricht. Weichen aufgrund einer handelsrechtlich möglichen, steuerrechtlich aber nicht erlaubten Legung stiller Reserven Handelsbilanzgewinn und Steuerbilanzgewinn voneinander ab, so ergibt sich ein höherer Ausschüttungsprozentsatz.

*Schütt-aus-hol-zurück-Politik*

Die steuerliche Bevorzugung ausgeschütteter Gewinne legt die Überlegung nahe, Ausschüttung und Selbstfinanzierung durch die **„Schütt-aus-hol-zurück-Politik"** miteinander zu verbinden. Hierzu werden Steuerbelastungsvergleiche zwischen Gewinneinbehaltung und einem Schütt-aus-hol-zurück-Verfahren vorgeschlagen. Unter Annahme eines bestimmten Einkommensteuersatzes der Aktionäre ist ein derartiger Vergleich rechnerisch möglich. Er erscheint jedoch nicht sehr sinnvoll, da ein durchschnittlicher Einkommensteuersatz in der Praxis kaum ermittelt werden kann.

Möglich ist allerdings die Berechnung „kritischer" Einkommensteuersätze, bis zu denen unter bestimmten Annahmen über den Gewerbeertragsteuerhebesatz und die Emissionskosten eine Schütt-aus-hol-zurück-Politik lohnender ist als eine Gewinnthesaurierung. Auch die Unterstellung, daß jeder Dividendenempfänger in Höhe seiner Zuflüsse abzüglich der Steuern neue Aktien erwirbt, ist als wenig realitätsnah zu betrachten, da sie die individuellen Zielvorstellungen der Aktionäre (z. B. Konsum und Vermögensbildung) nicht berücksichtigt.

*Machtverteilung und Gewinnverwendung*

**Neben oder anstelle der formalen Mitentscheidung über die Gewinnverwendung (§ 58 AktG) werden informelle Versuche der Beeinflussung der Ausschüttungsquote unternommen. Ihre Wirksamkeit hängt in hohem Maße von der Machtverteilung in der Unternehmung ab.**

Während zum Beispiel Großaktionäre über ihre Vertretung im Aufsichtsrat auf den Vorstand einwirken können, bleibt den Kleinaktionären dieses Mittel zur Durchsetzung ihrer Interessen verschlossen. Kleinaktionären bleibt somit nur die Anpassung an die Entscheidung der Unternehmensleitung. Der Einfluß der Machtverteilung auf die Anlageentscheidungen der Aktionäre ist bisher nicht untersucht worden. Bestehende Analysen, die Empfehlungen über die „günstigste" Ausschüttungsquote beabsichtigen, gehen davon aus, daß der Anleger sich am Aktienkurs bzw. an der erwarteten Effektivverzinsung orientiert. Auf dieser Basis werden unterschiedliche Hypothesen über die Verhaltensweisen von Anlegern bei differierenden Ausschüttungsquoten abgeleitet. Der Widerspruch läßt sich auf die abweichenden Prämissen zurückführen.

*Gewinnthese*

**Die „Gewinnthese" bestreitet einen Einfluß der Gewinnverwendungsentscheidungen auf das Anlegerverhalten.** Sie unterstellt ein auf Maximierung des Barwertes der jetzigen und zukünftigen Erträge gerichtetes Verhalten der Aktionäre. Die

Kompensation ausgeschütteter Gewinne durch Eigenkapitalaufnahme zur Finanzierung geplanter Wachstumsprozesse ist durch die Annahme eines vollkommenen Kapitalmarkts gesichert. Für den Anleger stellen Dividendenausschüttungen und Aktienkurssteigerungen infolge von Gewinnthesaurierung gleichwertige Größen dar. Unter diesen Annahmen errechnet sich der Verkaufswert einer Aktie aus der Diskontierung der jetzigen und zukünftigen Erträge aus Dividenden und Kurssteigerungen.

**Demgegenüber behauptet die „Dividendenthese", daß der Anleger die Gewinnausschüttung möglichen Kurssteigerungen im Gefolge der Gewinnthesaurierung vorzieht.** Wegen der Unsicherheit der Realisation von zukünftigen Gewinn- und Dividendensteigerungen im Aktienkurs wird der ausgeschüttete Gewinn eine günstigere Bewertung als die Gewinnthesaurierung erfahren. Erträge in späteren Perioden unterliegen einem höheren Diskontierungssatz (Risikoaufschlag). Zunehmende Einbehaltung der Gewinne ist folglich von einem Sinken der Aktienkurse begleitet.

*Dividendenthese*

Eine empirische Verifizierung ist bisher für keine der beiden Thesen gelungen. Dies ist unter anderem darauf zurückzuführen, daß beiden Modellen bestimmte idealtypische Annahmen über die Kapitalmärkte und das Verhalten der Kapitalanleger zugrunde liegen, die weitgehend ohne Bezug zur Realität sind.

*optimale Selbstfinanzierungsquote*

**Neuere Überlegungen tendieren zu einer verbindenden Betrachtung des Einflusses von Gewinn- und Dividendenhöhe auf die Bewertung von Aktien.** Zur Verdeutlichung ist Abbildung 7.24 heranzuziehen.

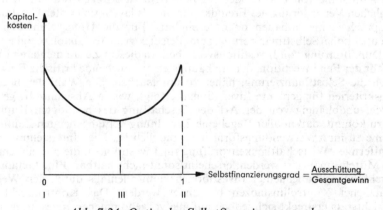

*Abb. 7.24: Optimaler Selbstfinanzierungsgrad*

Ausgangspunkt der Überlegungen ist die Annahme, daß hohe Aktienkurse günstigere Bedingungen der Kapitalerhöhung darstellen. Bei Konstanz des erwarteten nachhaltigen Gewinns sinken die „Kapitalkosten" (= nachhaltig erwarteter Gewinn pro Aktie: Aktienkurs) mit steigendem Emissionskurs. Es wird unterstellt, daß besonders Anleger mit langfristigen Interessen einen völligen Verzicht auf Einbehaltung von Gewinnen (Fall II der Abbildung 7.24) negativ beurteilen. Die Möglichkeiten zur Wahrnehmung von Wachstumschancen und die Existenzsicherung der Unternehmung gelten als gefährdet. Der deswegen gesunkene Aktienkurs führt zu hohen Kapitalkosten. Wegen des erwähnten Risikos der Gewinnrealisierung führt eine vollständige Gewinneinbehaltung (Fall I) ebenfalls zu niedrigen Kursen und hohen Kapitalkosten. Bei einer gewissen Höhe der Ausschüttungsquote werden die Anleger die Erreichung ihrer Vermögens- und Einkommensvorstellungen durch höhere Bewertung der Aktien honorieren. Läßt sich auf diese Weise ein Selbstfinanzierungsgrad finden, der in der Einschätzung der Aktionäre ein Kursmaximum rechtfertigt, so ist damit auch das Minimum der „Kapitalkosten" (Fall III) determiniert.

*Modellbeschränkungen*

**Gegen dieses Modell ist einzuwenden, daß es die Zielvorstellungen der Aktionäre ohne Berücksichtigung der Machtverteilung zwischen den Organisationsteilnehmern postuliert.** So können beispielsweise Großaktionäre abweichende Einkommens- und Vermögensinteressen haben. Auch die Interessen der Belegschaft am Periodenerfolg sind im Modell nicht berücksichtigt. Die häufig in der Praxis anzutreffende Orientierung am Branchendurchschnitt läßt das Modell als zu eng erscheinen. Schließlich sind auch Fälle denkbar, in denen aus konzernpolitischen Gründen eine bewußte Brüskierung von Minderheitsaktionären durch verstärkte Gewinnthesaurierung beabsichtigt ist. Besondere Bedeutung kommt der Selbstfinanzierung noch hinsichtlich der Einflußmöglichkeit der Anteilseigner und Fremdkapitalgeber auf die Entscheidungen der Unternehmensleitung zu: Die Einbehaltung von Gewinnen ermöglicht eine Erhöhung der Kapitalbindung oder eine Tilgung von Fremdkapital, ohne daß eine Aufnahme von Eigen- oder Fremdmitteln zu erfolgen braucht. Mit der möglichen Verringerung des Fremdkapitalanteils lassen sich unter Umständen Mitspracherechte abbauen oder verhindern. Für die Unternehmensleitung bedeutet hohe Selbstfinanzierung zum Beispiel größere Unabhängigkeit bei der Durchführung von Investitionsvorhaben. In diesem Zusammenhang ist die

*mögliche Einwände gegen die Selbstfinanzierung*

Gefahr der Fehlinvestition, der am häufigsten auftauchende kritische Einwand gegen die Selbstfinanzierung, näher zu untersuchen. Die Wahl der Beurteilungskriterien für geplante Investitionen erfolgt, wie in Abschnitt II. gezeigt wurde, unabhängig von der Art der Beschaffung des benötigten Kapitals. Hinzu kommt, daß in aller Regel eine Zuordnung der eingehenden Zahlungsströme zu ihrer Verwendungsform nicht möglich ist. Die Unterstellung einer leichtfertigen Wirtschaftlichkeitsprüfung für Investitionen, die aus einbehaltenen Mitteln finanziert werden, erscheint somit nicht haltbar. Eine Gefahr der Durchführung unbedachter Investitionen kann allenfalls durch den Wegfall zusätzlicher Kontrollinstanzen begründet werden. Das Kontrollrecht des Aufsichtsrats erstreckt sich jedoch auf alle vorgenommenen Investitionen.

Die volkswirtschaftliche Diskussion der Selbstfinanzierung (z. B. Probleme des Kapitalmarktes, der Konzentrationsförderung, der optimalen Verwendung des Kapitals) ist hier nur insoweit bedeutsam, als sie die Vorstellungen der an der Gewinnverwendungsentscheidung Beteiligten beeinflußt.

*innerbetriebliche Fremdfinanzierung*

**Die Bildung von Rückstellungen und die Ansammlung von Mitteln für nachträglich zu begleichende Steuern können als innerbetriebliche Fremdkapitalbildung**

**bezeichnet werden.** Ähnlich der Selbstfinanzierung wird auf diese Weise der Abfluß von Umsatzerlösen aus der Unternehmung verzögert. Der Finanzierungseffekt entsteht durch eine zeitliche Differenz zwischen der rechtlichen Entstehung der Schuld und ihrer Begleichung, also zwischen Aufwand und Auszahlung.

**Bedeutendste Quellen innerbetrieblich geschaffenen Kapitals sind die Rückstellungen, die zur Abdeckung zukünftiger Verbindlichkeiten vorgenommen werden.** *Rückstellungen*

In den Perioden ihrer Bildung vermindern sie durch ihren Aufwandscharakter den ausgewiesenen Gewinn. Neben den Rückstellungen für Gewährleistungen, für unterlassene Aufwendungen, für drohende Verluste und für ungewisse Verbindlichkeiten (z. B. schwebende Prozesse), die meist kurzfristig mit Eintritt des Rückstellungsgrundes wieder aufgelöst werden müssen, steht der Unternehmung in den Pensionsrückstellungen eine Finanzierungsmöglichkeit zur Verfügung, die sich häufig durch ihren Umfang und die Dauer ihrer Verfügbarkeit auszeichnet.

Verpflichtet sich ein Unternehmen vertraglich gegenüber seinen Beschäftigten zur Zahlung von Pensionen und Renten, so stellen die pro Periode eingegangenen Verpflichtungen zusätzlichen Personalaufwand dar. Pensionszahlungen kommt somit kapitalbindender Charakter zu. Bis zum Eintritt des Versorgungsfalles darf für diese Verbindlichkeit eine gewinnmindernde Rückstellung gebildet werden.

Der Finanzierungseffekt der Pensionsrückstellungen hängt von verschiedenen Faktoren ab. In der Steuerbilanz finden sie nur Anerkennung, wenn ihre Berechnung nach versicherungsmathematischen Grundsätzen erfolgt und wenn die jährliche Zuführung die Differenz der Gegenwartswerte der Pensionsverpflichtung zu Anfang und zu Ende der betrachteten Periode nicht übersteigt. Der Abzinsung ist ein Satz von mindestens 6% (§ 6a EStG und § 9 EStDV) zugrunde zu legen. Die durch Pensionsrückstellungen gebundenen Beträge stehen der Unternehmung demnach zu kostengünstigen Bedingungen zur Verfügung. Solange der Bildung von Rückstellungen nicht Pensionszahlungen in gleicher Höhe gegenüberstehen, bildet sich in Höhe der Differenz zusätzliches Fremdkapital. Die Länge des Zeitraums zwischen dem Eingehen der Verpflichtung und dem Eintritt des Versorgungsanspruches determiniert somit die Dauer der finanziellen Wirkung. Pensionsrückstellungen mindern den Gewinn und beeinflussen damit über die Ertragsteuern die kapitalentziehenden Ströme. Wird schon vor der Zuweisung zu Pensionsrückstellungen ein Verlust ausgewiesen, so vergrößert sich der Verlustvortrag. Die Einbehaltung von Kapital in Höhe des Gewinns wird erreicht, wenn die Zuführung den Gewinn übersteigt. Bei Ausschüttung der Gewinne schlägt sich die gesamte Zuführung zu den Rückstellungen als Ausgabenverminderung nieder, während bei vollständiger Gewinnthesaurierung der Effekt auf die Senkung der Ertragsteuerbelastung beschränkt bleibt. Vorzunehmende Pensionszahlungen verringern als Kapitalentzug den Finanzierungseffekt. Damit ist auf die möglichen negativen finanziellen Konsequenzen hingewiesen. Die Zahlungsverpflichtungen können nämlich vor allem bei schlechter Geschäftslage, Verände- *Pensionsrückstellungen* rung der Altersstruktur oder bei Verringerung der Belegschaft erhebliche Liquiditätsprobleme aufwerfen. Bei der Beurteilung der Pensionsrückstellungen darf nicht übersehen werden, daß neben finanziellen Aspekten auch personalpolitische und soziale Beweggründe zur Einrichtung von Altersversorgungen beitragen (vgl. Teil 6).

*Steuerverbindlichkeiten*

Als weitere Form innerbetrieblichen Fremdkapitals sind die Steuerverbindlichkeiten zu nennen. Erfolgt die Einforderung von Ertragssteuern erst nach Abschluß der Rechnungsperiode, stehen dem Unternehmen zeitweilig Steuermittel als Finanzierungsinstrument zur Verfügung. Ähnliche Finanzierungseffekte enthalten die nachträglichen Zahlungen von Dividenden, Gewinnanteilen von Kommanditisten und Tantiemen von Geschäftsführung und Aufsichtsrat.

Solche kurzfristig wirksamen Formen der Verzögerung des Abflusses von Finanzmitteln bleiben in der cash-flow-Analyse üblicherweise unberücksichtigt. Dies liegt daran, daß der Umsatzüberschuß meist für Jahresperioden ermittelt wird, wodurch Verschiebungen zwischen Aufwand und Ausgaben während einer Periode nicht erfaßt werden. Ihre Finanzierungswirkungen sollen dennoch – vor allem bei kurzfristiger Betrachtung – auf keinen Fall vernachlässigt werden.

*Erfolgsbeteiligung in kapitalwirtschaftlicher Sicht*

Ein Teilaspekt der Gewinnverwendungsentscheidung wurde bisher vernachlässigt; die Beteiligung der Arbeitnehmer am Erfolg der Unternehmung. Zu den Motiven und Formen der Erfolgsbeteiligung wird auf den Teil 6 (vgl. S. 728 ff.) „Personalwirtschaft" verwiesen. Ihre kapitalwirtschaftliche Bedeutung hängt von der Form der Ausschüttung und von der sonstigen Gewinnverwendung ab. Abbildung 7.25 verdeutlicht unterschiedliche Formen der Erfolgsbeteiligung.

*Barauszahlung*

Eine **Barauszahlung** der Erfolgsbeteiligung wirkt finanziell wie eine Gewinnausschüttung an die Kapitaleigner. Negative finanzwirtschaftliche Auswirkungen ergeben sich in diesem Fall für die Unternehmung nur dann, wenn die Kapitaleigner, falls diesen die Gewinnverwendung zugestanden hätte, sich für eine Nichtausschüttung der Gewinne entschieden hätten.

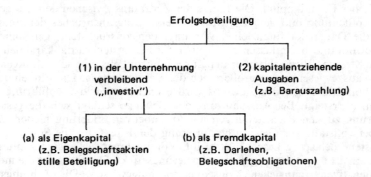

*Abb. 7.25: Kapitalwirtschaftliche Systematisierung der Erfolgsbeteiligung*

Wird die Erfolgsbeteiligung in investiver Form gewährt, wirkt sie wie eine Gewinnthesaurierung: Der Gewinnanteil verbleibt in der Unternehmung. Je nach Vertragsgestaltung (Beteiligung in Form von Eigenkapital oder von Fremdkapital, kündbare oder unkündbare Beteiligung) steht der Gewinn damit dauernd oder nur für einen bestimmten Zeitraum der Unternehmung zur Verfügung.

*investive Erfolgsbeteiligung*

## *Außenfinanzierung*

Das Gegenstück zur Innenfinanzierung stellt die Außenfinanzierung dar. Nach den Rechtsbeziehungen zwischen Unternehmung und Kapitalgeber können Eigen- bzw. Beteiligungsfinanzierung und Fremdfinanzierung unterschieden werden. Ihre Erscheinungsformen und Determinanten sowie praktische und theoretische Ansätze ihrer Strukturierung werden im folgenden kurz dargestellt.

**Bei der Beteiligungsfinanzierung erwirbt der Kapitalgeber mit der Überlassung von Kapital ein Eigentumsrecht an der Unternehmung.** Aus der Eigentümerstellung leitet sich der Anspruch auf den zu verteilenden Gewinn und das Auseinandersetzungsguthaben im Falle des Ausscheidens oder der Liquidation ab. Dem steht das Verlustrisiko gegenüber. Verluste wirken sich als Entzug von Eigenkapital sowie unter Umständen in einer Nachschußpflicht aus (vgl. Teil 2, S. 189 f.).

*Beteiligungsfinanzierung*

Die Formen und Möglichkeiten der Beschaffung von Eigenkapital differieren in starkem Maße mit der Rechtsform. Bei der **Einzelunternehmung** begrenzt das Privatvermögen des Eigentümers die Zuführung von externem Eigenkapital. Die Aufnahme neuer Gesellschafter bedingt eine Änderung der Rechtsform. Lediglich durch die Bildung einer **stillen Gesellschaft** ist die Erweiterung der Eigenkapitalbasis denkbar. Der **OHG** steht zwar die Möglichkeit offen, ihr Eigenkapital durch Aufnahme neuer Gesellschafter zu vergrößern. Die wegen der Gesamtschuldnerschaft und der dauernden Zusammenarbeit notwendige persönliche Beziehung und die meist erforderliche Teilung der Geschäftsführungsbefugnis sowie die mangelnde Transparenz von Kapitalangebot und -nachfrage können sich als Schwierigkeiten bei der Suche nach geeigneten Persönlichkeiten in den Weg stellen. Einfacher erscheint die Unterbringung von **Kommanditanteilen**, zumal für Gesellschaften mit höherem Bekanntheitsgrad, da die Haftung auf die Einlage beschränkt bleibt und die Beteiligung keine tätige Mitarbeit erfordert, also reinen Kapitalanlagecharakter besitzt.

*Beteiligungsfinanzierung und Rechtsform*

Für die **GmbH** und die **Aktiengesellschaft ohne Börseneinführung** gilt im Prinzip die am Beispiel der OHG aufgezeigte Problematik in gleicher Weise. Hinzu kommt bei der Gründung die Vorschrift des Mindestkapitals von 50 000 DM (GmbH) bzw. 100 000 DM (AG), die jedoch keine wesentliche Einschränkung darstellt, da nur jeweils ein Viertel des Stamm- bzw. Grundkapitals, bei der GmbH jedoch mindestens 25 000 DM, einbezahlt sein müssen. Sind die vereinbarten Beträge nicht voll einbezahlt, so kann bei Bedarf durch Einforderung der ausstehenden Summe Kapital zugeführt werden, ohne daß zusätzlich Gesellschafter und Aktionäre aufgenommen werden müssen. Nach Ausschöpfung dieser Möglichkeit bleibt nur der Rückgriff auf das sonstige Vermögen der Eigentümer oder die Suche nach neuem Eigenkapital. Eine Kapitalzuführung von den bisherigen Gesellschaftern bereitet in der Regel wenig Schwierigkeiten, wenn die Unternehmung in konzernmäßiger Abhängigkeit steht, der Hauptgesellschafter eine finanzkräftige Kapitalgesellschaft ist, und wenn die Eigenkapitalerhöhung der Konzeption der beherrschenden Gesellschaft entspricht.

*Kapitalbeteiligungsgesellschaften*

Eine Möglichkeit zur Engpaßbeseitigung bei der **Eigenkapitalzuführung für mittlere Unternehmen** bietet sich durch die meist von Banken oder Bankengruppen etablierten **Kapitalbeteiligungsgesellschaften** an, die sich ihrerseits über den Kapitalmarkt finanzieren können und durch Übernahme von Minderheitsbeteiligungen oder als stille Gesellschafter die Eigenkapitalbasis erweitern.

Allerdings ist die Zahl der mittelständischen Unternehmungen, die diesen Weg der Eigenkapitalbeschaffung gegangen sind, bisher klein. Mögliche Erklärungen hierfür sind das geringe Finanzierungspotential der Kapitalbeteiligungsgesellschaften, die hohen Anforderungen an die Förderungswürdigkeit der Unternehmungen, die relativ hohen Gewinnbeteiligungsforderungen der Beteiligungsgesellschaften, sowie die Angst mittelständischer Unternehmer vor einer Einschränkung bei der Festlegung der Unternehmenspolitik.

*Wagnisfinanzierungsgesellschaft*

*staatliche Eigenkapitalhilfe*

Dies gilt auch für das Spezialinstitut „Deutsche Wagnisfinanzierungsgesellschaft", das Klein- und Mittelbetrieben durch eine Beteiligung am Risikokapital die Realisierung aussichtsreicher technischer Innovationen ermöglichen soll. Als staatliche Maßnahme zur Unterstützung der Eigenfinanzierung ist vor allem das Eigenkapitalhilfe-Programm zu erwähnen, das bei Unternehmungsgründungen für die Aufstockung nicht ausreichender Eigenmittel sorgen soll.

*emissionsfähige Unternehmungen*

Betriebswirtschaften mit Zutritt zum organisierten Kapitalmarkt steht ein ungleich größeres Reservoir an potentiellen Eigenkapitalgebern offen. Dies betrifft nur **Aktiengesellschaften, bergrechtliche Gewerkschaften,** die **KGaA** und unter bestimmten Bedingungen auch die **GmbH**. Neben aktienrechtlichen oder statutarisch festgelegten einheitlichen Mitgliedschaftsrechten und der verstärkten öffentlichen Kontrolle, der die Unternehmen unterworfen sind, ist die Präferenz für die Aktie vor allem in ihrer Fungibilität begründet.

*Merkmale der Aktie*

Das Ausscheiden eines Aktionärs zeigt im Gegensatz zum Ausscheiden von OHG-Gesellschaftern keine unmittelbare finanzielle Wirkung, da lediglich ein Verkauf der Anteile und damit ein Besitzerwechsel möglich ist. Die Marktgängigkeit von Anteilen ist teilweise durch die Form der ausgegebenen Aktien Einschränkungen unterworfen: Während **Inhaberaktien** frei übertragbar sind, ergeben sich formale Probleme bei den auf den Namen lautenden Aktien; der Verkauf **vinkulierter Namensaktien** ist an die Zustimmung der Gesellschaft gebunden. Nach der Ausgestaltung der Aktien mit Mitgliedschaftsrechten lassen sich **Stimmrechts- und stimmrechtslose Aktien** unterscheiden. Als Kompensation des Stimmrechtsausschlusses in der Hauptversammlung werden häufig monetäre Vorzüge gegenüber den üblichen **Stammaktien** gewährt. Der Vorzug kann in einer Vorwegbedienung der Aktien mit Dividenden, in einem

**Dividendenbonus** oder in einer **Dividendengarantie** auch für Perioden ohne ausreichenden Gewinn bestehen. Aktien können auf einen bestimmten **Nennwert** oder nennwertlos auf eine festgelegte Quote des Gesellschaftsvermögens lauten. Im Gegensatz zu einigen anderen Ländern läßt jedoch das deutsche Aktiengesetz nur Nennwertaktien zu. Als Mindestnennbetrag sind 50 DM festgesetzt.

*Kapitalerhöhung der AG*

Die Zuführung externen Eigenkapitals bei Aktiengesellschaften vollzieht sich durch die Ausgabe neuer Aktien, die nur mit der Zustimmung von 75% des in der Hauptversammlung anwesenden stimmberechtigten Kapitals erfolgen kann. Der Verkauf wird in der Regel von einem Bankenkonsortium gegen Entgelt übernommen; Eigenemissionen stellen die Ausnahme dar. Der Umfang der nominellen Kapitalerhöhung wird von der geplanten Kapitalbindung und eventuellen Umstrukturierung in der Kapitalzusammensetzung beeinflußt. Dabei ist zu beachten, daß mit steigendem Ausgabekurs, der nicht unter pari liegen darf, die Differenz zwischen zufließenden Mitteln und Erhöhung des Nominalkapitals wächst. Der nominale Emissionsbetrag kann demnach wesentlich geringer sein als die benötigte Eigenkapitalsumme. Das zufließende Agio ist in die gesetzliche Rücklage einzustellen.

*Bezugsrecht*

Liegt der Emissionskurs unter dem Kurs der alten Aktien, so bildet sich gemäß dem Bezugsverhältnis (Nennwert der alten zu Nennwert der neuen Aktien) unter Vernachlässigung einer möglichen bewirkten Beeinflussung der Ertragskraft ein Mischkurs, der zwischen dem alten Kurs und dem Ausgabekurs liegt. Eine derartige „Verwässerung" des Kapitals hätte für den alten Aktionär einen Vermögensverlust zur Folge. **Da die Aufnahme neuer Aktionäre die bestehenden Stimmrechtsverhältnisse ändert, ist auch aus diesem Grund den bisherigen Anteilseignern ein Bezugsrecht einzuräumen, um ihre Vermögens- und Mitspracheinteressen zu wahren.** Verzichten einzelne Aktionäre auf ihr „Vorkaufsrecht", weil sie nicht willens oder in der Lage sind, es auszunutzen (beispielsweise bei einem geringen Aktienbesitz und hohem Bezugsverhältnis), so können sie zum Ausgleich ihres Vermögensverlustes das Bezugsrecht an Interessenten verkaufen. Die rechnerische Parität für die an der Börse gehandelten Bezugsrechte leitet sich aus der Formel (7.28) ab.

$$(7.28) \quad B = \frac{K_a - K_e}{\frac{a}{b} + 1}.$$

Dabei bedeuten:

$B$ = Bezugsrechtsparität  
$K_a$ = altes Kursniveau  
$K_e$ = Emissionskurs der neuen Aktien  
$\frac{a}{b}$ = Bezugsverhältnis

*Sonderformen der Kapitalerhöhung*

Das **genehmigte Kapital** (§§ 202–206 AktG) stellt keine Form der Kapitalzuführung dar, sondern lediglich die durchführungstechnische Vorbereitung einer späteren Aktienausgabe durch Einholung der Zustimmung der Hauptversammlung. Der Unternehmensleitung wird dadurch die Möglichkeit eröffnet, auf günstige Entwicklungen im Kapitalbindungs- wie im Kapitalbeschaffungsbereich sofort zu reagieren. Ähnliches gilt für die **bedingte Kapitalerhöhung** (§§ 192–201 AktG), die zur Abdeckung zugestandener und ausgenutzter Tausch- und Bezugsrechte von der Hauptversammlung genehmigt werden muß. Ebenfalls kein unmittelbarer finanzieller Effekt ist mit der sogenannten **Kapitalerhöhung aus Gesellschaftsmitteln** (§§ 207–220 AktG) verbunden. Die dabei vorgenommene Umwandlung von freien, offenen und gesetzlichen Rücklagen in Nominalkapital durch Ausgabe von Gratis-Aktien stellt eine reine Umbuchung auf der Passivseite der Bilanz dar, die sich finanziell nur in einer Erhöhung des dividendenberechtigten Kapitals niederschlägt, nicht jedoch in einer Zuführung von Finanzmitteln.

*Fremdfinanzierung*

**Als gemeinsame Merkmale der vielfältigen Formen der Fremdfinanzierung lassen sich die vom Erfolg unabhängige Verzinsung des zur Verfügung gestellten Kapitals, die Abzugsfähigkeit der gezahlten Zinsen vom Ertrag und die Gläubigerposition des Kreditgebers, der vor allem bei Liquidation Bedeutung zukommt, feststellen.**

Mischformen wie das partiarische Darlehen, die Gewinnschuldverschreibung und auch Genußscheine enthalten durch die Bindung der Verzinsung an den erwirtschafteten Gewinn zum Teil Eigenkapitaleigenschaften. Fremdkapitalgeber sind häufig Banken. Eine bedeutende Rolle kommt aber auch Privatkrediten, vor allem über die Börse, Krediten von Versicherungen, von Kunden und Lieferanten und nicht zuletzt von öffentlichen Stellen zu. Eine strenge Abhängigkeit der Fremdfinanzierungsmöglichkeiten von der Rechtsform gilt nur für einzelne Kreditarten.

*Schuldverschreibung*

Die Ausgabe von Obligationen (Schuldverschreibungen) ist zwar nicht an eine bestimmte Rechtsform gebunden, bleibt jedoch wegen der notwendigen staatlichen Genehmigung des für die Börseneinführung erforderlichen Mindestumfangs und der hohen Emissionskosten meist großen Aktiengesellschaften vorbehalten. **Mit der Begebung von Obligationen steht der Unternehmung langfristiges, von seiten der Kreditgeber unkündbares Fremdkapital zur Verfügung.** Durch die Stückelung in kleinere Teilbeträge und die Börseneinführung rücken sie als Kapitalanlage in die Nähe der Aktie. Im Gegensatz zur Aktienemission kann jedoch der Ausgabekurs auch unter dem Nennwert liegen. Sonderformen der Obligation stellen die Wandelschuldverschreibung und die Optionsanleihe dar. Während **Optionsanleihen** zusätzlich mit einem Bezugsrecht für Aktien verbunden sind, gewährt die **Wandelschuldverschreibung** ein Recht auf Umwandlung der Kreditforderung in eine Aktie. Zur Sicherung der Umwandlung ist eine bedingte Kapitalerhöhung erforderlich. Mit der Ausgestaltung der Umtausch- und Zukaufkonditionen lassen sich Art, Höhe und Zeitpunkt der Kapitalzuführung in starkem Maße beeinflussen.

*Schuldscheindarlehen*

Die Fremdfinanzierung über die Unterbringung von Schuldscheinen ist unabhängig von der Rechtsform. Wichtige Bestimmungsgrößen für die Unterbringung sind Bonität und Größe der Unternehmung. **Mit Hilfe von Schuldschein-**

darlehen wird ein hoher langfristiger Darlehensbetrag (etwa 8-15 Jahren) in mehrere Teilbeträge aufgeteilt, in Schuldscheinen verbrieft und durch Vermittlung von Banken oder Finanzmaklern vorwiegend bei den sogenannten Kapitalsammelstellen (private und öffentliche Versicherungen) untergebracht. Private und öffentliche Versicherungen sind gesetzlich gehalten, entsprechend ihren Verpflichtungen ein Sondervermögen, den „Deckungsstock", anzulegen. Ein Teil dieses Deckungsstocks kann in Schuldscheindarlehen gehalten werden.

Wegen der mehrjährigen Laufzeit und ihrer Unkündbarkeit sind Schuldscheindarlehen als langfristiges Fremdkapital zu bezeichnen. Aufgrund der Vorschriften über die Deckungsstockfähigkeit des Darlehens steht jedoch auch ihre Finanzierungsmöglichkeit nur Großunternehmen offen. Eine weitere Beschränkung bildet die erstrangige dingliche Besicherung des Kredits, die für Schuldscheindarlehen und Obligationen in der Regel erforderlich ist.

Die Aufnahme von **Hypotheken** und **Grundschulden** ist grundsätzlich jeder Unternehmung möglich; sie setzt jedoch belastungsfähigen Immobilienbesitz voraus.

Banken treten in unterschiedlicher Form als Fremdkapitalgeber auf. Neben dem erwähnten Hypothekar- und Grundschuldkredit sowie der Vorfinanzierung von Anleiheemissionen und Schuldscheindarlehen ermöglichen sie eine Fremdfinanzierung vor allem durch die Gewährung von **Kontokorrent- und Wechselkrediten,** die zur Abwicklung des laufenden Geschäfts benötigt werden. Der Kontokorrentkredit dient dem Ausgleich der Schwankungen bei den Ein- und Auszahlungen aus Umsatztätigkeit. Beim Wechselkredit lassen sich der für den Ankauf von Handelswechseln eingeräumte **Diskontkredit** und der für die Ausstellung von auf die Bank gezogenen Wechseln gewährte **Akzeptkredit** unterscheiden. Gegen Verpfändung von Waren und Wertpapieren kann ein **Lombardkredit** beansprucht werden. Der **Avalkredit** besteht in einer Bürgschaftsübernahme der Bank. Als besondere Formen der Außenhandelsfinanzierung sind der **Rembourskredit** und der **Negoziationskredit** zu nennen. Daneben kann die Finanzierung vor allem des Exports in Entwicklungsländer durch Spezialkreditinstitute, wie beispielsweise der Ausfuhr-Kreditgesellschaft, durch staatliche Kredithilfen oder durch supranationale Bankinstitute erleichtert werden. Die staatliche Unterstützung bei Auslandsinvestitionen beschränkt sich in der Regel auf Bürgschaften und eine Verminderung des Kapitalentzugs durch Steuervergünstigungen.

*Bankkredite*

Unmittelbar mit den Güterprozessen verbunden sind die Fremdfinanzierungsarten des **Lieferantenkredits** und der Kundenanzahlung. Die Einräumung eines Zahlungsziels durch die Lieferanten stellt sich in der Zahlungsstromanalyse nicht als eine Verschiebung des Kapitalbindungszeitpunkts, sondern als eine Zuführung von Fremdkapital dar. Dasselbe gilt für **Kundenanzahlungen**. Ihre Bedeutung als Finanzierungsinstrument tritt besonders bei der Auftragsfertigung im Großmaschinen- und Schiffsbau sowie im Baugewerbe zutage.

*Lieferantenkredite und Kundenanzahlungen*

Für mittelständische Unternehmungen bietet die öffentliche Hand zahlreiche Kredithilfeprogramme überwiegend aus Mitteln des ERP-Vermögens an. Als wichtige Hilfsprogramme sind zu nennen: Existenzgründungskredite, Kredite

*ERP-Kredite für mittelständische Unternehmungen*

zur Errichtung von Betrieben in neuen Wohnsiedlungen und Kredite für Investitionen in Fördergebieten („Gemeinschaftsaufgabe Verbesserung der Wirtschaftsstruktur").

*Kriterien der Kapitalstrukturentscheidung*

*Kapitalbeschaffungsmöglichkeiten*

Der Entscheidung über die Gestaltung der Kapitalstruktur liegen verschiedene Überlegungen zugrunde. Zunächst ist zu klären, welche Kapitalbeschaffungsmöglichkeiten in welchem Umfang der einzelnen Unternehmung überhaupt zur Verfügung stehen. Auf die Schwierigkeiten der Beschaffung von Eigenkapital – vor allem für nicht-emissionsfähige Unternehmen – ist schon hingewiesen worden (vgl. S. 847ff.). Ebenso können Fremdmittel nach Art (z. B. Obligationen) und Höhe oft nur für bestimmte Unternehmungen verfügbar sein.

*Kreditsicherheiten*

Weiterhin wird die Fremdmittelbeschaffung durch die **geforderten Kreditsicherheiten** begrenzt, die eine wesentliche Grundlage der Kreditwürdigkeit sind.

Im Rahmen der tatsächlich verbleibenden Kapitalbeschaffungsmöglichkeiten ist die Entscheidung für eine bestimmte Kapitalstruktur anhand ausgewählter Zielkriterien vorzunehmen. Dabei wird in der Theorie oft unterstellt, daß die Entscheidungsträger in der Unternehmung als „Agenten" des Kapitaleignerinteresses handeln. Auch wenn man nicht von dieser Hypothese ausgeht, sind bei den Finanzierungsentscheidungen die Reaktionsmöglichkeiten der Kapitalgeber (z. B. verschuldungsgradabhängige Zinsforderungen) zu berücksichtigen.

*Finanzierungskosten*

Einen gewichtigen Einflußfaktor auf die Kapitalkosten stellen die mit den Finanzierungsformen verbundenen einmaligen und laufenden Kosten dar. Bei der Ausgabe von Aktien fallen neben den Emissionskosten (Banken- oder Konsortialprovision, Druck- und Prospektkosten, Registergebühren) die Gesellschaftsteuern in Höhe von 1% des zufließenden Betrages an. Die Eigenkapitalerhöhung bei Personengesellschaften ist lediglich durch die Eintragungskosten belastet, wenn neue Gesellschafter aufgenommen werden. Zur Berechnung der laufenden Kosten ist vom kalkulatorischen Zinsfuß auszugehen. Die Kosten von Obligationen setzen sich ebenfalls aus den einmaligen Emissionskosten, den laufenden Zinsbelastungen sowie gegebenenfalls dem Rückzahlungsagio (Rückzahlungskurs > Emissionskurs) zusammen. Bei Schuldscheindarlehen entfällt der einmalige Aufwand für die Kreditaufnahme weitgehend. Die Konditionen der Bankkredite sind in starkem Maße unternehmensindividuell. Grundsätzlich kann zwar eine Orientierung im allgemeinen Zinsniveau unterstellt werden, doch spielen Faktoren wie Unternehmungsgröße, Kapitalstruktur oder erwartete Entwicklungschancen eine wichtige Rolle bei der Konditionenaushandlung. Kreditkosten können schon bei der Kreditzusage anfallen (z. B. Bereitstellungsprovision). Die Kosten für Kundenanzahlungen und Lieferantenkredite werden von den Machtverhältnissen bestimmt. Unter Zugrundelegung der üblichen Skontosätze und Zahlungsfristen erweist sich der Lieferantenkredit theoretisch als die teuerste Kapitalart. Aus dem Zahlungsziel von einem Monat und 3% Skonto bei sofortiger Zahlung errechnet sich beispielsweise eine jährliche Belastung von 36%. In der Praxis fehlt jedoch häufig eine strenge Kontrolle der Konditioneneinhaltung, so daß das analytisch errechnete Ergebnis eine Verwässerung erfährt.

Steht das Ziel der Eigenkapitalrentabilität im Vordergrund, so hängt die Wahl der Finanzierungsarten nur von den Kosten des Fremdkapitals ab. **Solange der Fremdkapitalzinssatz unter der Gesamtkapitalrentabilität liegt, läßt sich durch zusätzliche Aufnahme von Fremdmitteln die Rentabilität des Eigenkapitals steigern (Leverage-Effekt).** *Leverage-Effekt*

Die Unsicherheit der zukünftigen Erfolge setzt der Ausnützung des Leverage-Effekts eine Grenze. Wegen des fixen Charakters der Zinszahlungen hängt in wirtschaftlich schlechten Jahren mit geringem Kapitalgewinn (Reingewinn plus Fremdkapitalzinsen) die Gefahr eines Verlustes vom Grad der Fremdfinanzierung ab. Der Einsatz von Fremdkapital bewirkt also einen Verstärkungseffekt nach beiden Seiten: Bei hoher Gesamtrendite vermag er die Eigenkapitalrentabilität noch zu steigern, bei niedrigerem Kapitalgewinn beschleunigt er das Abrutschen in die Verlustzone.

Die Kapitalzuführungsformen können auch bezüglich ihrer Liquiditätswirksamkeit beurteilt werden. Der tatsächliche Kapitalzufluß aus Kapitalzuführung kann durch Agios (z. B. bei Aktienemissionen) und Disagios (z. B. bei Hypotheken und Obligationen) von dem verbrieften Betrag abweichen. Als negative Liquiditätskomponente sind die mit den Finanzierungsformen verbundenen einmaligen und laufenden Ausgaben zu berücksichtigen. Zeitpunkte und Umfang der Liquiditätsbelastung durch Einzug der zur Verfügung gestellten Mittel werden von der Kapitalüberlassungsdauer und den Tilgungsvereinbarungen determiniert. Eine eindeutige Zuordnung der Kapitalarten nach ihrer Fristigkeit ist nur in wenigen Fällen möglich. Aktien und GmbH-Anteile können vorbehaltlich einer Kapitalherabsetzung als dauernd, Obligationen, Schuldscheine, Darlehen, Hypothekar- und Grundschuldkredite bei Unkündbarkeit von der Gläubigerseite als langfristig zur Verfügung stehend bezeichnet werden. Der Entzug von Eigenkapital bei Einzelunternehmen, OHG-Gesellschaften und durch KG-Komplementäre ist innerhalb vertraglich festgelegter Grenzen möglich. Eigenkapital kann demnach keinesfalls generell als dauerhaft zur Verfügung stehendes Kapital eingestuft werden. *Liquiditätswirkung der Kapitalzuführung*

Bank- und Lieferantenkredite dienen der kurzfristigen Finanzierung, erlangen jedoch durch laufende Prolongation, die als Gewährung eines neuen Kredits zu interpretieren ist, oft langfristigen Charakter.

Besteht nach der Kapitalrückzahlung der Kapitalbedarf weiter und ist ein Ersatz der entzogenen Mittel durch interne Kapitalzuführung nicht möglich, dann entsteht mit dem Rückzahlungstermin ein Prolongations- oder Substitutionsrisiko. Diese Ungewißheit der Anschlußfinanzierung verstärkt sich in Zeiten schlechter Geschäftslage und greift dann auch auf sonst selbstverständliche Prolongationen über. *Prolongation und Substitution*

Die aus Liquiditätserwägungen resultierende Präferenz für langfristiges Kapital erfährt eine Einschränkung, wenn Wirtschaftlichkeitsüberlegungen eine dauernde Anpassung des Finanzmittelbestandes an den schwankenden Kapitalbedarf erfordern. Bei ausschließlich langfristiger Finanzierung ohne Möglichkeit der Kündigung seitens der Unternehmung hätte ein Sinken des Kapitalbedarfs unter den bisherigen Umfang überschüssige Mittel zur Folge. *Flexibilität der Kapitalzuführung*

Die erreichbare Verzinsung bei anderweitiger Anlage deckt dann unter Umständen die laufenden Finanzierungskosten nicht.

*Kreditwürdigkeit und Verschuldungsgrad*

Die Gewährleistung der Flexibilität bei erhöhtem Kapitalbedarf ist in Abhängigkeit von der erwarteten Bindungsdauer unterschiedlich zu beurteilen. Der Ausgleich kurzfristiger Finanzierungsengpässe erfolgt in der Regel über eine Fremdkapitalaufnahme bei Banken. Die Zuführung von Fremdkapital findet eine Begrenzung in der Einschätzung der Kreditwürdigkeit der Unternehmung. Als gewichtigen Faktor der Kreditwürdigkeit beurteilen die Fremdkapitalgeber neben der Stellung von Sicherheiten den Verschuldungsgrad. Übersteigt die Relation Fremdkapitalvolumen zu haftendem Eigenkapital ein von den Kreditgebern als angemessen empfundenes Maß, so kann dies in einer Verschlechterung der Kreditkonditionen zum Ausdruck kommen. Ab einem bestimmten Verschuldungsgrad werden verschiedene Kreditgeber nicht mehr zur Überlassung von Fremdkapital bereit sein. Beispielsweise setzt die für Schuldscheindarlehen erforderliche Deckungsstockfähigkeit ein Eigenkapital von mindestens einem Drittel des Gesamtkapitals voraus. Eine vollständige Ausschöpfung der Sicherheiten und Kreditspielräume läuft somit der finanziellen Flexibilität zuwider.

**Wie schon in den Ausführungen zur Festlegung des Selbstfinanzierungsgrades angedeutet wurde, vollzieht sich die Entscheidung über die Kapitalstruktur als ein dauernder Prozeß der Verhandlung und gegenseitigen Beeinflussung der Organisationsteilnehmer des Industriebetriebes (Eigen- und Fremdkapitalgeber, Unternehmensleitung, Lieferanten, Kunden und Belegschaft).** Dadurch wird der Entscheidungsspielraum der Unternehmensleitung abgesteckt. Frühere Finanzierungsentscheidungen, die in der bestehenden Kapitalstruktur ihren Niederschlag gefunden haben, schränken die Dispositionsfreiheit zukünftiger Kapitalzuführung ein.

*Kapitalstruktur und Finanzierungsregeln*

Theorie und Praxis haben versucht, Empfehlungen und Normen zur Strukturierung des Unternehmenskapitals zu entwickeln. Sie beschränken sich jedoch meist auf eine grobe Einteilung in Eigen- und Fremdkapital beziehungsweise kurz- und langfristiges Kapital. Bei den aus der praktischen Erfahrung abgeleiteten Empfehlungen lassen sich vertikale und horizontale Finanzierungsregeln unterscheiden. **Vertikale Finanzierungsregeln** stellen Normen über das Verhältnis von Eigenkapital und Fremdkapital auf (z. B. 1:1). **Horizontale Finanzierungsregeln** sehen die Kapitalstruktur in einem bestimmten Zusammenhang mit der Vermögensstruktur (z. B. Anlagevermögen : Eigenkapital = 1 oder Umlaufvermögen : Fremdkapital = 1). Während sich die vertikalen Regeln also lediglich auf die Passivseite der Bilanz beziehen, fordern die horizontalen Regeln eine Strukturierung des Kapitals gemäß der Kapitalbindung. In der Finanzierungsliteratur ist gezeigt worden, daß den Regeln jede theoretische Begründbarkeit und Allgemeingültigkeit abzusprechen ist. Finanzwirtschaftliche Relevanz kommt ihnen lediglich zu, wenn sie die Einstellung einflußreicher Kapitalgeber, insbesondere der Banken, zum Ausdruck bringen und damit gleichsam zu Nebenbedingungen der Finanzierung werden.

Die auf theoretischem Wege gewonnenen Finanzierungsnormen stellen den Versuch dar, ausgehend von einer konkreten Zielfunktion unter Berücksichtigung unternehmensindividueller Gegebenheiten eine Optimierung der Kapitalrelationen zu erreichen. Im folgenden sollen einige, von unterschiedlichen Zielfunktionen und Prämissen ausgehende Modelle zur Bestimmung dieses formal definierten Optimums dargestellt werden.

In der amerikanischen Finanzierungsliteratur wird allgemein eine Zielfunktion zugrunde gelegt, die aus den Gegebenheiten des dortigen Kapitalmarktes zu erklären ist. Danach ist die Strukturierung des Kapitals so vorzunehmen, daß der Unternehmenswert und damit auch der Kurs der Aktien maximiert wird. Die Betrachtungsweise bleibt somit auf die Zielvorstellungen der Anteilseigner beschränkt. Für das Niveau des Unternehmenswertes ist der nachhaltig erwartete Kapitalgewinn entscheidend.

**Eine zentrale Bedeutung hat der Begriff der Kapitalkosten. Sie entsprechen nicht dem wertmäßigen Kostenbegrifff. Unter den Kapitalkosten wird vielmehr die von den Eigen- und Fremdkapitalgebern geforderte Effektivrendite verstanden.** *„Kapitalkosten"*

Der durchschnittliche Kapitalkostensatz $k_\varnothing$ berechnet sich als gewogener Durchschnitt der Kosten jeder Kapitalart. Die Gewichte bilden dabei die Kurswerte der Kapitalwarten.

(7.29) $$k_\varnothing = \frac{k_i \cdot F + k_e \cdot E}{V}$$

wobei gilt:

$V$ = Marktwert des Gesamtkapitals (Unternehmenswert)
$E$ = Kurswert des Eigenkapitals
$F$ = Kurswert des Fremdkapitals
$k_\varnothing$ = durchschnittliche Kapitalkosten
$k_i$ = effektive Rendite des Fremdkapitalgebers
$k_e$ = effektive Rendite des Eigenkapitalgebers

Der effektive Zinssatz für Fremdkapital ergibt sich als Quotient aus Nominalzins und Kurs der Fremdkapitalanteile. Zur Bestimmung der Eigenkapital-„Kosten" ($k_e$) wird, je nach Unterstellung der Gewinn- oder Dividenden-These, der erwartete jährliche Gewinn pro Aktie oder die erwartete Dividende zum Kurswert der Aktie in Beziehung gesetzt. Die Beziehung zwischen Unternehmenswert ($V$), langfristig erwartetem jährlichen Kapitalgewinn ($O$) und durchschnittlichem Kapitalkostensatz $k_\varnothing$ kommt in der Gleichung (7.30) zum Ausdruck, die den Unternehmenswert über die Kapitalisierung des Kapitalgewinns ermittelt. Der durchschnittliche Kapitalkostensatz wird als Kapitalisierungszinsfuß verwendet.

(7.30 a) $$V = \frac{O}{k_\varnothing}.$$

Eine Maximierung des Unternehmenswertes und des Aktienkurses ist somit bei gegebener Vermögens- und Ertragssituation nur durch eine Minimierung der Kapitalkosten möglich.

Die bisherige Betrachtung diente der Analyse der unterstellten grundlegenden Zusammenhänge. Um kapitalkostenorientierte Finanzierungsempfehlungen

*Kapitalkosten-
funktionen*

ableiten zu können, müssen die Determinanten der Kapitalkosten näher untersucht werden. Ausgehend von der Formel

(7.30 b) $\quad k_{\emptyset} = \dfrac{O}{V}$

wird ersichtlich, daß bei Konstanz der Kapitalgewinnerwartung (O) die durchschnittlichen Kapitalkosten nur über eine Erhöhung des Marktwertes des Gesamtkapitals (V) verringert werden können. Der Marktwert des Gesamtkapitals setzt sich aus den Kurswerten des Eigen- und des Fremdkapitals zusammen. Wird von der Annahme ausgegangen, daß der Kurswert beziehungsweise die geforderte Rendite für Eigen- und Fremdkapital von einem branchenbezogenen Risikofaktor ($R_e$) und dem aus der Bilanzstruktur abgeleiteten Verschuldungsgrad (Fremdkapital : Eigenkapital) als angenommenen Indikator des finanzwirtschaftlichen Risikos abhängt, so ergeben sich die folgenden funktionalen Zusammenhänge für die Renditeforderungen auf Eigen- und Fremdkapital:

(7.31) $\quad k_e = f\,(R_e, \dfrac{FK}{EK})$,

(7.32) $\quad k_i = g\,(R_e, \dfrac{FK}{EK})$.

*kostenoptimale
Kapitalstruktur*

Auf der Grundlage dieser Hypothesen läßt sich ein Verschuldungsgrad bestimmen, bei dem die Kapitalkosten ein Minimum, das heißt der Unternehmenswert ein Maximum erreichen (kostenoptimaler Verschuldungsgrad). Abbildung 7.26 gibt die hypothetischen Kapitalkostenverläufe wieder.

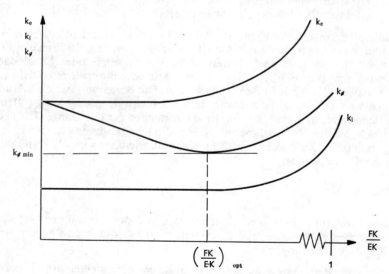

*Abb. 7.26: Kostenoptimaler Verschuldungsgrad*

Beginnend mit völliger Eigenkapitalfinanzierung werden nach und nach zusätzliche Fremdmittel herangezogen. Für alternative Verschuldungsgrade sind dann jeweils die Zinssätze für ($k_e$), ($k_i$) und deren Resultante $k_\varnothing$ zu ermitteln. Die Differenz zwischen geforderter Eigenkapital- und Fremdkapitalverzinsung wird mit der Funktion des Eigenkapitals als Träger der Risiken der Verlustentstehung und des Verlustausgleichs begründet. Bis zu einem bestimmten Verschuldungsgrad übt die Kapitalstruktur keinen Einfluß auf die Renditeforderungen der Aktionäre und Kreditgeber aus. Die Aktionäre sehen in der steigenden Eigenkapitalrentabilität einen Ausgleich zum zunehmenden Risiko eines Verlustes oder eines Entzugs von Fremdkapital. Den Kreditgebern erscheint die Verzinsung und Tilgung des Fremdkapitals noch nicht gefährdet. Wegen der erwähnten Garantiefunktion dürften die Eigenkapitalkosten früher zu steigen beginnen als die Fremdkapitalkosten. Den Aktionären genügt die Rentabilitätssteigerung nicht mehr als Äquivalent für den Risikozuwachs. Sie werden eine höhere Effektivverzinsung fordern. Das mit zunehmendem Verschuldungsgrad wachsende Risiko der Kreditgeber, das bei festem Zinssatz nicht durch Steigerung der Renditechance kompensiert werden kann, wird ab einer bestimmten Grenze nur noch durch eine Erhöhung des Zinssatzes auszugleichen sein.

Für die durchschnittlichen Kapitalkosten folgt aus den dargestellten Verläufen, daß sie im horizontalen Bereich der Funktionen wegen des zusätzlichen Einsatzes von kostengünstigerem Fremdkapital kontinuierlich sinken. Mit dem Steigen der Eigenkapitalkosten ($k_e$) verlangsamt sich das Absinken von $k_\varnothing$. Schließlich nehmen durch eine weitere Erhöhung von ($k_e$) und die hinzukommende Steigerung von ($k_i$) die durchschnittlichen Kapitalkosten zu. Das Minimum der Gesamtkapitalkosten ($k_{\varnothing\,min}$) determiniert unter der zugrunde gelegten Zielfunktion den optimalen Verschuldungsgrad (($\frac{FK}{EK}$)$_{opt}$).

Bei ausschließlicher Betrachtung des finanziellen Risikos müßten die optimalen Verschuldungsgrade aller Unternehmen zusammenfallen, wenn eine gleiche Risikopräferenz aller Anleger vorausgesetzt wird. Unterschiedliche Kapitalkostenminima können demnach nur aus den unternehmensspezifischen „externen" Risiken resultieren. Die Einschätzung dieser Risiken durch die Kapitalgeber bestimmt die Lage des kritischen Verschuldungsgrades. Meist beurteilen die Kapitalgeber die Kapitalstruktur jedoch anhand der Vermögensstruktur. In einem derartigen Verhalten der Kreditgeber, besonders der Banken, zeigt sich die Verbindung zu den Finanzierungsregeln. Vor allem das Liquiditätsrisiko wird durch eine Gegenüberstellung finanzieller Vermögens- und Kapitalpositionen abzuwägen versucht. Finden auf diesem Weg Finanzierungsregeln Eingang in die Kapitalkostenverläufe, dann kommt ihnen, trotz ihrer theoretischen Unhaltbarkeit, kapitalwirtschaftliche Relevanz zu.

Die These vom u-förmigen Verlauf der Kapitalkostenfunktion ist nicht unwidersprochen geblieben.

**Die sogenannte Modigliani-Miller-These verneint einen Zusammenhang zwischen Kapitalkosten und Verschuldungsgrad.** Sie unterstellt konstante durch-

*Modigliani-Miller-These*

schnittliche Kapitalkosten bei allen Kapitalstrukturen. Die Bevorzugung einer bestimmten Kapitalstruktur aufgrund der Zielfunktion „Kapitalkostenminimierung" entbehrt dann jeder Begründung, da eine Steigerung des Unternehmenswertes durch Umstrukturierung der Passivseite ausgeschlossen ist. Die Begründung von Modigliani-Miller basiert auf den gleichen Prämissen wie die oben beschriebene Gewinnthese (vgl. S. 842f.). Unternehmen mit gleichem erwarteten Kapitalgewinn und gleichem externen Risiko unterliegen demnach den gleichen Renditeforderungen und haben den gleichen Unternehmenswert. Das für den Aktionär durch Erhöhung des Verschuldungsgrades steigende finanzielle Risiko wird durch eine linear steigende $(k_e)$-Funktion kompensiert, wobei Modigliani-Miller unterstellen, daß das Steigungsmaß dieser Funktion von der Veränderung des Verhältnisses zwischen Fremdkapital und Eigenkapital bestimmt wird. Die Zinsforderungen der Fremdkapitalgeber werden als konstant angenommen. Nur unter diesen Prämissen ist die Unabhängigkeit der durchschnittlichen Kapitalkosten vom Verschuldungsgrad gegeben. In Abbildung 7.27 drückt sich dies in der Parallelität von $k_\varnothing$-Funktion und Abszisse (= Verschuldungsgrad) aus.

*Beurteilung*

Die Kritik an der MM-These richtet sich vor allem gegen die Realitätsferne verschiedener Modellprämissen, so zum Beispiel gegen die Annahme eines vollkommenen Kapitalmarktes ohne **Transaktionskosten** und mit gleichen **Verschuldungsmöglichkeiten** von Unternehmungen und Investoren zu gleichen Konditionen. Darüber hinaus wird eingewandt, daß das **Insolvenzrisiko** nicht berücksichtigt ist. Teilweise wird die Unhaltbarkeit der MM-These auch mit der Einbeziehung von **steuerlichen Aspekten** zu belegen versucht: die Berücksichtigung der steuerlichen Abzugsfähigkeit von Fremdkapitalzinsen führt zu einem Minimum der Kapitalkosten (und damit zu einem optimalen Verschuldungsgrad) bei völliger Fremdfinanzierung. Damit wären praktisch alle Unternehmungen nicht optimal finanziert.

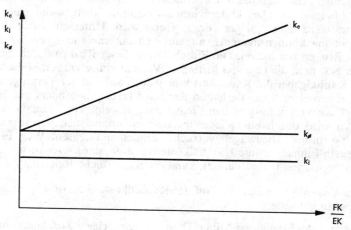

*Abb. 7.27: Kapitalkostenverläufe nach Modigliani-Miller*

Ein empirischer Nachweis ist bisher weder für den „traditionellen" Ansatz noch für den MM-Ansatz gelungen. Dies liegt vor allem an der Schwierigkeit der Trennung von finanziellem und leistungswirtschaftlichem Risiko, die beide Thesen voraussetzen.

Modellen zur Bestimmung der optimalen Kapitalstruktur können unterschiedliche Zielfunktionen zugrunde gelegt werden. In den skizzierten Beispielen stand die Kapitalkostenminimierung (Unternehmenswertmaximierung) im Vordergrund. Selbständigkeit, Sicherheit und Flexibilität lassen sich als weitere Optimalitätskriterien nennen. Dies wirft die Frage auf, anhand welcher Zielvorstellungen die Optimalität der Kapitalstruktur zu beurteilen ist. Damit verbunden ist die Frage, wessen Interessen die Wahl der verschiedenen Kapitalarten dient. Als an der Entscheidung über die Kapitalstruktur interessierte Organisationsteilnehmer sind zum Beispiel die Geschäftsführung, die Eigen- und die Fremdkapitalgeber zu nennen. **Die Modelle mit der Zielfunktion der Aktienkursmaximierung bleiben auf die Interessenlage der Aktionäre beschränkt.** Der Unternehmensleitung beispielsweise werden eigene, abweichende Zielvorstellungen abgesprochen.

*Machtverteilung, Zielbildung, Kapitalstruktur*

Jeder Organisationsteilnehmer verfolgt bestimmte individuelle Zielvorstellungen. Entspricht das in der Organisation erreichbare Zielausmaß nicht seinen Erwartungen, so kann er sich den Gegebenheiten anpassen, indem er sein Anspruchsniveau senkt oder geringere Leistungen für die Unternehmung erbringt. Sieht er auch mit diesen Maßnahmen kein Gleichgewicht zwischen seinen Beiträgen und den erhaltenen Anreizen hergestellt, bleibt ihm die Möglichkeit des Ausscheidens aus der Organisation. Dies gilt beispielsweise für den Fall, daß Aktionäre aufgrund der gesunkenen Rendite ihre Anteile verkaufen. Einen starken Einfluß auf die Austrittsentscheidung üben die wahrgenommenen Alternativen aus, so zum Beispiel die Höhe und Sicherheit der Verzinsung bei anderer Kapitalanlage. Der Versuch, auf die Zielsetzung der Unternehmung Einfluß zu nehmen, stellt eine weitere Handlungsalternative der Organisationsteilnehmer dar. Ob sie sich als Anpasser verhalten oder versuchen, auf den organisatorischen Zielbildungsprozeß Einfluß zu nehmen, hängt von der Einschätzung der Durchsetzungsmöglichkeiten ab. Zur Steigerung der Durchsetzungsmöglichkeiten kann es zwischen den Organisationsteilnehmern zu Gruppen- und Koalitionsbildungen kommen.

Die formale Festlegung und Autorisierung der Unternehmensziele erfolgt durch die „Kerngruppe", die durch die Unternehmensverfassung (Gesetz, Satzung, Vertrag) definiert ist (z. B. Vorstand und Aufsichtsrat). An diese Kerngruppe richten Organisationsteilnehmer der verschiedenen interessierten Satellitengruppen (z. B. Kapitalgeber, Belegschaft, öffentliche Hand) ihre Forderungen, indem sie **Ziele für die Unternehmung** formulieren und deren Autorisierung als **Ziele der Unternehmung** fordern. Ein wesentlicher Faktor für die Zieldurchsetzung ist die Verteilung des Kapitals auf Organisationsteilnehmer und Interessengruppen, also die bestehende Kapitalstruktur. Dabei ist neben dem Verschuldungsgrad auch die Kapitalkonzentration bei einzelnen Organisationsteilnehmern zu beachten. **Die Ziele der Unternehmung werden somit von den sich in der Kapitalstruktur widerspiegelnden Machtverhältnissen** mitgeprägt. **Die Ableitung optimaler Kapitalstrukturen aus Zielen, die ihrerseits von den Kapitalrelationen abhängen, ist folglich unmöglich.** Daran schließt eine These an, nach der nicht die Ziele der Finanzierungsentscheidungen, sondern die Finanzierungsentscheidungen selbst Gegenstand von Verhandlungsprozessen zwischen den Organisationsteilnehmern sind. Der jeweilige „Stand" dieser Verhandlungen bestimmt die Kapitalstruktur.

## IV. Die Abstimmung von ausgaben- und einnahmenrelevanten Entscheidungen

Die Abschnitte II. und III. beschränkten sich auf eine partielle Analyse der einzelnen Zahlungsstromkategorien. Eine Beurteilung der Zahlungsfähigkeit basiert jedoch auf der Einbeziehung aller ausgaben- und einnahmenrelevanten Ströme.

**Die Liquiditätsbedingung, nach der zu jedem Zeitpunkt die kumulierten Ausgaben die kumulierten Einnahmen zuzüglich der Liquiditätsreserven nicht überschreiten dürfen, gilt für die Unternehmung als Ganzes. Die Berechnung von Teilliquiditäten, beispielsweise für die einzelnen Sparten einer divisionalisierten Unternehmung, erscheint wenig sinnvoll.**

Auch die Liquiditätsplanung in einem Konzern kann für den Konzernbereich insgesamt erfolgen. So kann in einem Konzern die Obergesellschaft über eine Finanzierungsgesellschaft den Ausgleich von positiven Auszahlungsüberschüssen übernehmen. Für das abhängige Unternehmen wirkt sich diese Maßnahme in einer zusätzlichen externen Kapitalzuführung aus. Analoges gilt für Unternehmungen in Zentralverwaltungswirtschaften.

Zwischen den Stromgrößen bestehende Interdependenzen (z. B. die Abhängigkeit der geforderten Verzinsung von der Art der Kapitalbindung und die Beziehung zwischen der Gewinnthesaurierung und der steuerlichen Belastung) erfordern die Aufgabe der isolierten Betrachtung einzelner Zahlungsströme. Als globale Festlegung der Kapitalbeschaffungs- und Kapitalverwendungsstrukturen hat die Abstimmung auf längere Sicht zu erfolgen. In ihr sind vor allem strukturelle Ungleichgewichte zu erfassen und Maßnahmen zu ihrer Beseitigung zu ergreifen. Die kurzfristige Abstimmung, vor allem zur Sicherung der täglichen Zahlungsfähigkeit, muß im Rahmen einer Detailplanung vorgenommen werden. Aktionsparameter der Abstimmung stellen die verschiedenen Zahlungsströme dar, deren Beeinflußbarkeit jedoch noch stark differiert. Vor allem bei Kapitalströmen, die mit Güterströmen unmittelbar verbunden sind, sollten die betroffenen Instanzen an der Planung beteiligt werden. So ziehen Variationen der Ausgaben für die Beschaffung von Produktionsfaktoren unmittelbare Auswirkungen im güterwirtschaftlichen Bereich nach sich. In gleicher Weise erfordert die Beeinflussung der Einnahmen aus der marktlichen Verwertung von Leistungen in der Regel absatzwirtschaftliche Aktivitäten.

*lang- und kurzfristige Abstimmung*

Im folgenden sollen verschiedene Verfahren der Abstimmung der Zahlungsströme kurz dargestellt werden. Während die Abstimmung mittels Kennzahlen und die Finanzplanung von der Seite der Kapitalbeschaffung ausgehen, versuchen die aus den klassischen Investitionsrechenverfahren entwickelten kapitaltheoretischen Optimierungsmodelle, Kapitalbeschaffung und -verwendung simultan einer optimalen Lösung zuzuführen.

## 1. Abstimmung der Zahlungsströme mit Kennzahlen

Kennzahlen sind absolute oder relative Größen, die problembezogene Informationen komprimiert ausdrücken sollen. Bei den hier relevanten kapitalwirtschaftlichen Kennzahlen handelt es sich fast ausschließlich um Relativzahlen. Einige an Bilanzrelationen orientierte Kennzahlen haben als Finanzierungsregeln erhebliche Bedeutung in der Finanzierungspraxis erlangt. Es erscheint deshalb notwendig, ihre Berechtigung einer kritischen Würdigung zu unterziehen. Da vertikale Regeln nur Bestände aus kapitalzuführenden Strömen ohne Berücksichtigung der Kapitalverwendung einander gegenüberstellen, kann auf eine weitere Erörterung im Rahmen der Abstimmungsproblematik verzichtet werden.

*horizontale Finanzierungsregeln*

**Sogenannte horizontale Finanzierungsregeln sehen die Kapitalstruktur im Zusammenhang mit der Vermögensstruktur.** Jede Erhöhung des Vermögensbestandes setzt den Einsatz von Kapital in gleicher Höhe voraus. Diese im Grunde triviale Feststellung findet ihren Ausdruck in der notwendigen Gleichheit der Summen der Bilanzseiten, das heißt die Geldmittel müssen der Unternehmung so lange zur Verfügung stehen, wie sie im Vermögen gebunden sind. Daraus wird geschlossen, daß Kapitalüberlassungs- und Kapitalbindungsdauer übereinstimmen müssen **(goldene Finanzierungsregel)**. Die goldene Finanzierungsregel fordert diese Übereinstimmung für jeden einzelnen Vermögensteil. Die **goldene Bilanzregel** verlangt in ihrer engeren Definition Eigenfinanzierung und langfristige Finanzierung für das Anlagevermögen. Die weitere Fassung zieht auch den betriebsnotwendigen Teil des Umlaufvermögens in die langfristig zu finanzierenden Aktiva ein. Dem gleichen Grundsatz folgen die in den USA üblichen „ratios". So erlaubt die **„current-ratio"** eine kurzfristige Finanzierung für höchstens die Hälfte des Umlaufvermögens. Einen ihr entsprechenden absoluten Wert stellt das **„working-capital"** dar. Es bezeichnet die Differenz zwischen Umlaufvermögen und kurzfristigen Schulden. Die **„quick-ratio"**, die auch als „acid-test" bezeichnet wird, verlangt ein Verhältnis zwischen liquiden Mitteln und kurzfristigen Verbindlichkeiten von mindestens 1:1. Über die gewünschte Relation zwischen Umlaufvermögen und kurzfristigen Verbindlichkeiten bestimmen diese Kennzahlen indirekt auch die Höhe des langfristig zu deckenden Vermögens.

*„ratios"*

*Problematik der Abstimmung durch Kennzahlen*

Diese und ähnliche Bilanzstrukturforderungen unterstellen, daß ihre Einhaltung die Sicherung der Zahlungsfähigkeit gewährleistet. Dem liegt die Überlegung zugrunde, daß die Rückzahlung aufgenommener Mittel auf jeden Fall möglich ist, wenn die Kapitalien erst nach ihrer vollständigen Freisetzung fällig sind. Die Kapitalaufnahme bringt neben der Pflicht zur Rückzahlung befristet aufgenommener Mittel auch laufende Zinszahlungen mit sich, die in den Finanzierungsregeln nicht explizit berücksichtigt werden. Der **Liquiditätseffekt der Einhaltung horizontaler Finanzierungsregeln** läßt sich wie folgt darstellen: Je länger die aufgenommenen Mittel befristet sind, desto seltener erscheinen sie als ausgehende Zahlungsströme. Die Beachtung von Regeln, die für einen bestimmten Teil des Vermögens langfristige Finanzierung fordern, kann die Unternehmung in der Zeit zwischen Kapitalaufnahme und Tilgung vor Zahlungsansprüchen schützen, die bei kurzfristiger Finanzierung auf sie zukommen würden. Der Effekt tritt bei jeder längerfristigen Finanzierung ein und erreicht seine größte Wirkung bei völliger Eigenfinanzierung ohne Entzugsmöglichkeit. Die tatsächliche Liquiditätsentwicklung hängt von der Höhe der anderen Stromgrößen ab. Ergeben sich ungeplante Ausgaben, so kann auch die Einhaltung der Regeln die Illiquidität nicht verhindern. Andererseits ist ihre Beachtung überflüssig, wenn die Unternehmung in der Lage ist, fälliges Kapital zu prolongieren oder zu substituieren. Auch bei Finanzierung mit langfristigem Kapital besteht zu den Tilgungsterminen das Risiko der Anschlußfinanzierung, sofern das Kapital weiter benötigt wird. Dieses Risiko ist auch durch Eigenkapitalfinanzierung nicht zu beseitigen, wenn Entzugsmöglichkeiten bestehen. Auch mit der Beachtung der „ratios" kann die Zahlungsfähigkeit nicht sichergestellt werden. Zwar gewährleistet zum Beispiel eine quick-ratio von „größer 1" die Rückzahlung aller zu einem bestimmten Zeitpunkt bilanzierten kurzfristigen Verbindlichkeiten. Zukünftige Ausgaben (zum Beispiel kurzfristig fällige Lohnzahlungen) bleiben jedoch unberücksichtigt. Die aufgezeigten Mängel der Finanzierungsregeln resultieren nicht zuletzt aus ihrer Bindung an bilanzielle Größen. Diese Kritik gilt auch für an der Ertragskraft der Unternehmung orientierte Kennzahlen, wie zum Beispiel der Relation Fremdkapital : Cash flow. Die Bilanz erlaubt nur die Erfassung schon bestehender Verpflichtungen und Vermögenswerte, also der Kapitalzuführung und Kapitalbindung vergangener Perioden. Zur Aufrechterhaltung des finanziellen Gleichgewichts ist jedoch die Kenntnis der einzelnen, insbesondere der zukünftigen Kapitalströme erforderlich. Gleiches gilt für die Gliederung der Bilanzposten nach Liquiditätsgraden gemäß ihrer Fälligkeit und Verfügbarkeit, die in einigen Varianten anzutreffen ist. Zum Beispiel werden definiert:

$$\text{Liquidität 1. Grades} = \frac{\text{Zahlungsmittelbestand}}{\text{kurzfristige Verbindlichkeiten}}$$

$$\text{Liquidität 2. Grades} = \frac{\text{kurzfristiges Umlaufvermögen}}{\text{kurzfristige Verbindlichkeiten}}$$

$$\text{Liquidität 3. Grades} = \frac{\text{gesamtes Umlaufvermögen}}{\text{kurzfristige Verbindlichkeiten}}$$

Die kritische Auseinandersetzung mit den Finanzierungsregeln führt mehr und mehr zu einem Abrücken von diesen Kennzahlen als Ersatz für eine detaillierte Liquiditätsplanung. Bilanzstrukturregeln können heute nur noch als Gestaltungsheuristiken für Finanzierungsentscheidungen gelten. Der theoretische Nachweis der behaupteten Mittel-Zweck-Beziehung zwischen der Einhaltung der Regeln und der Aufrechterhaltung der Liquidität konnte bisher nicht erbracht werden. Als eine Erklärungshypothese bietet sich das Verhalten der Kreditgeber an. Da die Strukturregeln auch heute noch zur Grundlage einer Kreditvergabe gemacht werden, ergibt sich die Konsequenz, daß mit der Einhaltung der Regeln die Wahrscheinlichkeit einer Kreditzusage und damit der Aufrechterhaltung der Zahlungsfähigkeit erhöht werden kann.

*empirische Bedeutung der Kennzahlen*

**Die Bedeutung von Finanzierungsregeln für kapitalwirtschaftliche Entscheidungen darf deshalb nicht allein von ihrer theoretischen Begründung her beurteilt**

*Integration der Zahlungsströme*

werden, solange diese Verhaltensweisen noch Bestandteil der „Wirtschaftskultur" sind.

## 2. Finanzplanung und -kontrolle

**Die Finanzplanung stellt eine zielgerichtete, zukunftsbezogene Zusammenfassung aller kapitalwirtschaftlich relevanten Vorgänge dar.** Im Gegensatz zu den Finanzierungsregeln, die eine gegebene Kapitalbindung unterstellen und lediglich die kapitalzuführenden Ströme als Variable des kapitalwirtschaftlichen Bereichs betrachten, geht die Finanzplanung von einer Integration aller Zahlungsströme aus. Ein Ausgleich von Einnahmen und Ausgaben ist durch finanzielle und/oder güterwirtschaftliche Maßnahmen möglich. Die Finanzplanung bleibt nicht auf das Ziel der Aufrechterhaltung der Zahlungsfähigkeit beschränkt. Alle genannten kapitalwirtschaftlichen Zielsetzungen können durch eine entsprechende Festlegung der Planwerte berücksichtigt werden. Der Beachtung der Liquiditätsbedingung kommt indes ein gewisser Vorrang zu, der aus den schwerwiegenden Konsequenzen im Falle ihrer Nichteinhaltung gegenüber negativen Abweichungen anderer Ziele herrührt. Länger andauernde Illiquidität hat den Konkurs der Unternehmung zur Folge. Eine Senkung der Rentabilität oder ein Verzicht auf die Ausnützung zusätzlicher Wachstumschancen aus Gründen zu hoher Liquiditätsreserven dürften demgegenüber weniger ins Gewicht fallen.

*Prinzipien der Finanzplanung*

Die Finanzplanung ist als ein in hohem Maße interdependenter Teil der betrieblichen Gesamtplanung anzusehen. Alle güterwirtschaftlichen Entscheidungen der Beschaffung, der Produktion und des Absatzes zeigen ihre Auswirkungen in der Veränderung kapitalwirtschaftlicher Stromgrößen. Sie bilden die Basis der Finanzplanung. Die Aussagefähigkeit der Finanzplanung hängt vom Genauigkeitsgrad der Informationen über die zukünftige Entwicklung der Zahlungsströme ab. An die Aufstellung von Finanzplänen sind deshalb bestimmte Anforderungen zu stellen. Das Prinzip der Klarheit erfordert eine zweckentsprechende Gliederung nach Strömen und organisatorischen Bereichen und die Anwendung des Bruttoprinzips (keine Aufrechnung von Einnahmen und Ausgaben). Die fehlerfreie und vollständige Erfassung der Stromgrößen kann auf einen zweckgerichteten Genauigkeitsgrad beschränkt bleiben.

*kurz-, mittel-, langfristige Finanzpläne*

Konventionen regeln die Einstufung als kurzfristiger, mittelfristiger oder langfristiger Finanzplan. Eine Detailplanung der Ausgaben- und Einnahmenströme (= Liquiditätsplanung) dürfte nur für einen sehr kurzen Zeitraum von höchstens wenigen Monaten durchführbar sein. Längerfristige Finanzpläne stellen lediglich eine Rahmenplanung dar, die von erwarteten und angestrebten güterwirtschaftlichen und kapitalwirtschaftlichen Strukturen ausgeht, ohne die Zahlungsfähigkeit unmittelbar zu gewährleisten. Kurz- und langfristige Finanzplanung ergänzen einander. Wegen der Unsicherheit der Plangrößen empfiehlt sich eine flexible Gestaltung der Finanzplanung. Dies läßt sich zum einen durch die Berücksichtigung von Alternativwerten, zum anderen durch die Angabe von Bandbreiten erreichen. Die aufgrund verbesserter Informationen notwendige Berichtigung von Schätzwerten kann damit ohne grundsätzliche Planrevision vorgenommen werden.

Die Einteilung nach dem Kriterium der Regelmäßigkeit der Planaufstellung führt zu der Unterscheidung in ordentliche und außerordentliche Finanzpläne. Der ordentliche Finanzplan erfaßt die durch den Leistungsprozeß verursachten laufenden Einnahmen und Ausgaben. Unregelmäßig anfallende Investitionen bedeutenden Umfangs und die dafür notwendige finanzielle Deckung bilden den Inhalt außerordentlicher Finanzpläne.

*ordentliche und außerordentliche Finanzpläne*

Der Abstimmungsprozeß mit Hilfe des Finanzplanes läßt sich gedanklich in verschiedene Phasen gliedern. Der Finanzplan enthält neben originären Erwartungsgrößen (nicht von güterwirtschaftlichen Aktivitäten direkt beeinflußte reine Finanzströme) derivative, sich aus anderen Teilplänen des unternehmerischen Gesamtplanes ableitende Stromgrößen. Diese mittels einfacher oder anspruchsvoller Prognosetechniken ermittelten Werte werden in einem vorläufigen Finanzplan zusammengestellt. Ergeben sich bei der Gegenüberstellung von Ausgaben und Einnahmen Differenzen, so sind Maßnahmen zu ihrem Ausgleich zu planen.

Übersteigen die geplanten Einnahmen die Ausgaben, so bieten sich zum Beispiel eine Verringerung der Kapitalzuführung oder die Planung zusätzlicher Sach- oder Finanzinvestitionen an. Ein erwartetes Einnahmendefizit löst Aktivitäten zur Erhöhung oder zeitlichen Verlagerung der Einnahmen und/oder zur Verringerung oder Verschiebung von Ausgaben aus. Die Variabilität der Stromgrößen kann nur unternehmensindividuell beurteilt werden, da sie von früheren güterwirtschaftlich und kapitalwirtschaftlich noch fortwirkenden Entscheidungen abhängig ist. Bei Veränderungen von Zahlungsströmen, die mit güterwirtschaftlichen Strömen verbunden sind, ist zu beachten, daß andere Kapitalströme dadurch indirekt beeinflußt werden können. So wird sich das Aufschieben von Ersatzinvestitionen bei Vollbeschäftigung möglicherweise in verringerten Umsatzeinnahmen niederschlagen. Gleiches gilt für zurückgestellte Rationalisierungsinvestitionen. Derart ausgelöste Sekundäreffekte sind bei der Auswahl der Anpassungsmaßnahmen zu berücksichtigen.

*Anpassungsmaßnahmen*

Eine häufig angewandte Möglichkeit, die Ausgaben für Maschinen und Immobilien zu senken oder zeitlich zu verteilen, stellt das Leasing dar. Mit dem Begriff des **Leasing** werden verschiedenartige Tatbestände erfaßt. Grundsätzlich lassen sich die folgenden Leasingarten unterscheiden: Immobilien- oder Anlagenleasing (plant-leasing oder equipment-leasing), reines Miet- oder Pachtleasing und Leasing als Teilzahlungskauf. Nach dem Grad der Bindung an den Leasingvertrag (Länge der Laufzeit und Kündigungsmöglichkeit) und, damit zusammenhängend, der Risikoübernahme, wird zwischen dem langfristigen Finance-Leasing und dem kurzfristig kündbaren Operate-Leasing unterschieden. **Allen Formen gemeinsam ist, daß an die Stelle der einmaligen Zahlung des Kaufpreises eine laufende, regelmäßig zu entrichtende Mietzahlung tritt,** in die der Leasinggeber die gemäß der vereinbarten Laufzeit anfallenden Kosten für die Abnutzung, Kapitalbindung und Verwaltung und seinen Gewinnaufschlag einkalkuliert.

*Leasing*

*Vergleich:*  
*Kauf – Leasing*

Im Vergleich zum Kauf werden folglich bei Leasing im Zeitpunkt der Anschaffung geringere kapitalbindende Ausgaben anfallen, die jedoch in späteren Perioden durch die meist hohen Leasinggebühren überkompensiert werden können. Ein Vergleich zwischen Miete und Kauf darf jedoch keinesfalls auf eine Wirtschaftlichkeitsrechnung beschränkt bleiben, nach der das Leasing in der Regel negativer zu beurteilen ist als Eigen- oder Fremdfinanzierung. Die Frage ist, ob sich wegen der Ausschöpfung des Eigen- und Fremdfinanzierungsvolumens die aufgezeigte Alternative überhaupt stellt, oder ob die Unternehmung ohne die Möglichkeit des Leasing auf die Anschaffung verzichten müßte. Die Möglichkeit des Austausches der gemieteten Anlagen vermag das Risiko der frühzeitigen Veraltung durch technischen Fortschritt und Markteinflüsse zu mindern. Je nach der Wiederverwendungsmöglichkeit des Leasingobjektes in anderen Unternehmungen wird dieser Vorteil jedoch mit höheren Leasingraten erkauft werden müssen.

*Leasing-Urteil*

Bis vor einigen Jahren galt als weiterer Vorteil des Leasing, daß gemietete Vermögensteile und dafür eingegangene Zahlungsverpflichtungen sich nicht in der Bilanz niederschlugen und dadurch steuerliche Vorteile gegenüber dem Kauf brachten. Nach dem **Urteil des Bundesfinanzhofs vom 26. Januar 1970** ist für die Frage der Bilanzierungspflicht von der wirtschaftlichen und nicht von der rechtlichen Zurechenbarkeit des Leasingobjekts auf den Leasingnehmer auszugehen. Dieses Urteil wurde durch eine Reihe von **Leasing-Erlassen** des Bundesministeriums für Finanzen für die praktische Anwendung präzisiert. Kriterien für die Zurechnung der Leasing-Objekte sind beispielsweise das Verhältnis von Grundmietzeit zu Nutzungsdauer und die Gestaltung von Kauf- bzw. Mietverlängerungsoptionen. Diese Bedingungen waren bei den meisten Verträgen des Finanz-Leasing gegeben. Durch die Schaffung neuer Vertragstypen versuchen die Leasing-Gesellschaften dieses Urteil zu umgehen und den Steuervorteil des Leasing aufrechtzuerhalten.

*aktive Finanzierung*

Die Ausgaben für aktive Finanzierungen werden im Industriebetrieb leicht herabzusetzen sein, soweit es sich lediglich um die Anlage freier Mittel handelt. Bei einer Kapitalbindung in Beteiligungen aus güterwirtschaftlichen Gründen oder bei der Finanzierung von Abnehmern sind wiederum Auswirkungen auf andere Stromgrößen mit einzubeziehen. Mit Höhe, Art und Konditionen des augenblicklichen und geplanten Fremdkapitalbestandes sind die Ausgaben für Fremdkapitalzinsen und für kreditvertraglich geregelte Tilgungen determiniert. Eine vorübergehende Ausgabensenkung ist durch den Verzicht auf vorzeitige Tilgungen möglich.

Besondere Bedeutung für die Finanzplanung mißt die Literatur der Gestaltung der Umsatzeinnahmen bei; zum Beispiel läßt sich mit Hilfe einer Erhöhung oder als Anreiz wirkenden Staffelung der Skontosätze eine Beschleunigung der Rückflüsse erreichen. Wege zur Absatz- und Umsatzsteigerung zeigt der Teil 5 „Absatzwirtschaft" dieses Buches auf.

*Factoring*

Eine Sonderform zur Verkürzung der Dauer von Kundenfinanzierungen stellt das Factoring dar. Die Factoringgesellschaft kauft laufend vom Industriebetrieb die Buchforderungen aus der Leistungsverwertung an und übernimmt den Einzug der Außenstände in eigener Verantwortung. **Gegen eine umsatzgebundene Gebühr, die die Zins- und Verwaltungskosten und in manchen Fällen das Delkredere-Risiko der Factoringgesellschaft erfaßt, nehmen praktisch sämtliche Umsätze den Charakter von Barverkäufen an.** Stehen der Unternehmung gewinngünstigere Anlagemöglichkeiten als die Kapitalbindung in Kundenkrediten offen, so ist neben der Liquiditätswirkung noch ein Rentabilitätseffekt des Factoring zu berücksichtigen. Außerdem entfällt damit der mit der Debitorenbuchhaltung und dem Forderungseinzug verbundene Verwaltungsaufwand. Ein dem Factoring entsprechendes Verfahren ist die „Forfaitierung". Dabei verkauft der Gläubiger einen Wechsel an die forfaitierende Bank und schließt auf diese Weise das Rückgriffsrecht auf sich selbst aus.

Für eine weitere Einnahmensteigerung aus Rückzahlungen im Rahmen aktiver Finanzierung kommt der Verkauf von Wertpapieren in Betracht. Gerade Wertpapiere und Guthaben bei Kreditinstituten werden häufig bewußt als Reserve zum Ausgleich von kurzfristigen Ausgabenüberschüssen gehalten. Einnahmen aus dem Verkauf nicht verzehrter Produktionsfaktoren fallen unregelmäßig an. Verkäufe von Betriebsmitteln und Werkstoffen zur Sicherung der Zahlungsfähigkeit sind in der Regel Situationen extremer Liquiditätsanspannung vorbehalten, da ihr Entzug eine Stockung des Produktionsprozesses und damit eine weitere Verschlechterung der Liquiditätslage nach sich zieht.

*Verkauf von Vermögensgütern*

Eigenkapitalerhöhungen lassen sich kurzfristig bei Personengesellschaften durchführen, sind aber von den finanziellen Verhältnissen der Eigentümer abhängig. Bei nur teilweiser Einzahlung des Grundkapitals oder bei Bestehen einer Nachschußverpflichtung ist auch Kapitalgesellschaften eine Steigerung der Einnahmen aus Eigenkapitaleinlagen kurzfristig möglich. Auf die Determinanten der langfristigen Erhöhung des Eigenkapitals, vor allem auf den Gesichtspunkt der Emissionsfähigkeit, ist bei den Ausführungen zu den kapitalzuführenden Einnahmen hingewiesen worden. Gleiches gilt für die Alternative der Fremdkapitalaufnahme. Als kurzfristig sehr variables Element der Abstimmung der Stromgrößen kann der Kontokorrentkredit angesprochen werden, dem eben diese Ausgleichsfunktion zukommt. Hier zeigt sich deutlich die Bedeutung der finanziellen Elastizität. Sind sämtliche Besicherungsmöglichkeiten belastet und die eingeräumten Kreditlimits ausgeschöpft, so gestaltet sich eine weitere Kreditaufnahme als recht schwierig. Als geeignete Heuristik zur Sicherung der Kreditwürdigkeit erweist sich in der Regel die Einhaltung gewisser Finanzierungsregeln.

*Kapitalzuführung*

In der neueren betriebswirtschaftlichen Literatur werden verschiedentlich die Einsatzmöglichkeiten von Verfahren der Netzplantechnik als Hilfsmittel der Finanzplanung diskutiert. Zur Darstellung verschiedener Netzplantechniken sei auf Teil 4 (vgl. S. 465 ff.) verwiesen. Die Netzplantechnik eignet sich als Hilfsmittel der Finanzplanung vor allem zur Planung der Ausgaben von Großprojekten, für die meist außerordentliche Finanzpläne erstellt werden. Ausgehend von Netzplänen, die zur Zeit- und Kostenplanung durchzuführender Projekte entwickelt werden, läßt sich die zeitliche Struktur der Ausgaben für diese Projekte erfassen; denn den einzelnen Aktivitäten beziehungsweise Bündeln

*Netzplantechnik und Finanzplanung*

von Aktivitäten können meistens Zahlungen in bestimmter Höhe zu bestimmten Zeitpunkten zugeordnet werden. Sind im Netzplan für einzelne Aktivitäten Spielräume bezüglich der Starttermine enthalten, so ist die zeitliche Verteilung der Ausgaben sinnvollerweise für den frühestmöglichen und den spätesterlaubten Starttermin zu ermitteln. Bildet die Finanzierung des Projekts den Engpaßbereich, dann sollte die zeitliche Steuerung des Projekts auf die finanzwirtschaftlichen Gegebenheiten abgestimmt werden. Durch eine Variation der Starttermine ausgabenrelevanter Aktivitäten innerhalb der Pufferzeiten oder gegebenenfalls unter Inkaufnahme einer Verschiebung des Fertigstellungstermins kann der zeitliche Anfall der projektgebundenen Ausgaben entsprechend der liquiditätsmäßigen Belastung gesteuert werden. Dies macht auch deutlich, daß eine zeitliche Nivellierung der Projektausgaben nicht in jedem Fall die anzustrebende Lösung darstellt. Vielmehr sind sie an die Verteilung der Einnahmenüberschüsse des ordentlichen Finanzplans und der im außerordentlichen Finanzplan vorgesehenen Einnahmen anzugleichen. Die skizzenhaften Ausführungen zeigen, daß der Netzplantechnik als Hilfsmittel zur Ermittlung der zeitlichen Verteilung von Zahlungsströmen vor allem bei größeren Projekten gewisse Bedeutung zukommt. Bei der Abstimmung der Zahlungsströme vermag sie die Finanzplanung nur insoweit zu unterstützen, als sie die Möglichkeiten und Auswirkungen einer zeitlichen Verschiebung der projektgebundenen Ausgaben aufzeigt.

*zeitliche Wirkung der Abstimmungsmaßnahmen*

Für die Abstimmung in kurzfristigen Plänen kommen nur Aktionsparameter in Betracht, deren Variation sich innerhalb der gebotenen Frist auswirkt. Dabei ist auf den Grad der Sicherheit zu achten, mit dem Anpassungsaktivitäten zur zeitpunkt- und betragsgenauen Änderung von Zahlungsströmen führen. So ist in der Regel der Erfolg einer Beeinflussung der Umsatzeinnahmen durch absatzwirtschaftliche Maßnahmen mit einem höheren Risiko belastet als beispielsweise die Aufnahme eines Kontokorrentkredits. Aufgrund der unzureichenden Information über die Vielzahl der jetzt und zukünftig zur Verfügung stehenden Alternativen und vor allem wegen der mangelnden Prognostizierbarkeit und Abgrenzbarkeit ihrer Konsequenzen für die zugrunde liegenden Zielvariablen kann von einer optimalen Abstimmung der Zahlungsströme nicht ausgegangen werden. Außerdem stellt die Abstimmung in aller Regel das Ergebnis eines Verhandlungsprozesses zwischen den güterwirtschaftlichen Bereichen und dem Finanzressort dar, der sich je nach der absoluten und relativen Höhe der auszugleichenden Zahlungsdifferenzen auf allen hierarchischen Stufen abspielen kann.

*Finanzplan*

**Das Ergebnis der Abstimmung der Zahlungsströme stellt der Finanzplan dar.** Die Tiefengliederung und die Anordnung der Stromgrößen ist betriebsindividuell zu gestalten. Üblich ist vor allem auch die Führung von Unterplänen, beispielsweise Kapitalbindungsplänen, Umsatzplänen, Plänen der Forderungs- und Schuldenbewegungen. Zusätzliche Untergliederungen lassen sich nach der Art der eingesetzten Produktionsfaktoren, den Quellen der Umsatzeinnahmen und der Form der Fremdkapitalbeschaffung vornehmen. Abbildung 7.28 zeigt ein mögliches Finanzplanungsschema. Ein unmittelbar an den Ergebnissen der Finanzplanung anknüpfender Weg der Entscheidungskoordination ist

*Budgetierung*

| Art des Zahlungsstromes | Periode 1 | | | Periode 2 | | | ...... | Periode t | | |
|---|---|---|---|---|---|---|---|---|---|---|
| | Soll | Ist | Abweichung | Soll | Ist | Abweichung | | Soll | Ist | Abweichung |
| **A kapitalbindende Ausgaben**<br>1. Beschaffung von Produktionsfaktoren<br>2. aktive Finanzierung<br>3. Fremdkapitalzinsen<br>4. gewinnunabhängige Steuern | | | | | | | | | | |
| **Summe A** | | | | | | | | | | |
| **B kapitalfreisetzende Einnahmen**<br>1. Umsatzeinnahmen<br>2. Rückflüsse aus aktiver Finanzierung<br>3. Verwertung von Produktionsfaktoren | | | | | | | | | | |
| **Summe B** | | | | | | | | | | |
| Saldo I A ⨯ B<br>(durch den kapitaldeckungsrelevanten<br>Saldo C ⨯ D zu decken) | | | | | | | | | | |
| **C kapitalzuführende Einnahmen**<br>1. Eigenkapitalerhöhung<br>2. Fremdkapitalaufnahme | | | | | | | | | | |
| **Summe C** | | | | | | | | | | |
| **D kapitalentziehende Ausgaben**<br>1. Eigenkapitalentnahme<br>2. Fremdkapitalentzug<br>3. Gewinnausschüttung<br>4. gewinnabhängige Steuern | | | | | | | | | | |
| **Summe D** | | | | | | | | | | |
| Saldo II C ⨯ D | | | | | | | | | | |
| Gesamtsaldo (I ⨯ II)<br>(Fehlbetrag/Überschuß) | | | | | | | | | | |

*Abb. 7.28: Finanzplanungsschema*

die Vorgabe kapitalwirtschaftlicher Prognosewerte (Budgets) an die verantwortlichen hierarchischen Stellen. Dies erfordert eine bereichsbezogene Untergliederung des Finanzplans, durch die die von verantwortlichen Entscheidungsträgern beeinflußbaren Kapitalströme (Ausgaben und Einnahmen) sichtbar gemacht werden können. Die Festlegung der einzelnen Budgets in Form von Einnahmenuntergrenzen und Ausgabenobergrenzen einer Periode (Budgetierung) ist das Ergebnis eines Abstimmungsprozesses zwischen den verschiedenen Unternehmensbereichen sowie den hierarchischen Ebenen innerhalb der Bereiche.

*Kontrolle*

Die Effizienz der Finanzplanung verlangt nach Abschluß der Periode eine Kontrolle der kapitalwirtschaftlichen Bewegungen. Sie soll aufzeigen, ob die Zahlungsströme in Höhe und Zeitpunkt den prognostizierten beziehungsweise vorgegebenen Werten entsprechen. Aus diesem Grund sind in den Finanzplan zweckmäßigerweise Sollspalten, Istspalten und Abweichungsspalten aufzunehmen. Der Feststellung der Abweichungen folgt die Abweichungsanalyse. Als Gründe für die Nichteinhaltung der Planzahlen im güterwirtschaftlichen Bereich lassen sich analog der Abweichungsanalyse in der Kostenrechnung (vgl. Teil 8, S. 979 ff.) Beschäftigungs-, Preis- und Verbrauchsabweichungen unterscheiden. Abweichungen bei den nicht direkt mit Güterprozessen verbundenen Finanzströmen rühren einmal aus den Entwicklungen des Kapitalmarktes, zum anderen aus Fehleinschätzungen der Absatzmärkte. Die Durchsprache der Abweichungsursachen und die Planrevision schließen den Kreis der Finanzplanung.

*Kapitalflußrechnung*

Als Planungs- und Kontrollinstrument der kapitalwirtschaftlichen Bewegungen in der Unternehmung kann auch die Kapitalflußrechnung in ihren verschiedenen Varianten eingesetzt werden. Die Kapitalflußrechnung wurde in den letzten Jahren zunehmend zu einem wichtigen Instrument der Information unternehmensexterner und -interner Adressaten entwickelt. Als interne Kontrollrechnung erlaubt sie eine Analyse der Zahlungsströme der abgelaufenen Periode und insbesondere der Entwicklung der Liquidität.

*Bewegungsbilanz*

Eine aus dem Jahresabschluß abgeleitete Form der Kapitalflußrechnung stellt die Bewegungsbilanz dar. Sie kann als Bilanz der Bruttobewegungen der Konten oder als Veränderungsbilanz erstellt werden, die lediglich die Salden der Kontenbewegungen ausweist. **In der Veränderungsbilanz bringt der Vergleich der Bilanzwerte zweier aufeinanderfolgender Perioden durch den Ausweis der Bestandsveränderungen der Konten die Auswirkungen kapitalwirtschaftlich relevanter Entscheidungen zum Ausdruck.** Auf reinen Bewertungsunterschieden basierende Bestandsdifferenzen sind zu eliminieren. Damit können Zu- und Abnahmen der Bilanzwerte auf Einnahmen und Ausgaben zurückgeführt werden. Die Finanzmittel, die aus kapitalfreisetzenden und kapitalzuführenden Einnahmen herrühren, werden für kapitalbindende und -entziehende Ausgaben verwendet.

*Fonds*

Vermehrte Prognose- und Kontrollinformationen lassen sich aus der **Zusammenfassung bestimmter Konten zu Fonds** gewinnen, die dann als buchhalterische Einheit aufzufassen sind. Neben der Veränderung des Fondsbestandes kann dabei aufgezeigt werden, welche Vorgänge zu einem Zufluß oder Abfluß von Fondsmitteln führten. Welche Konten in den Fonds einzubeziehen sind, variiert mit der jeweiligen Zwecksetzung der Rechnung. So weist ein Saldo des Fonds der flüssigen Mittel, der zum Beispiel alle Geldkonten und leicht liquidisierbaren Effekten umfaßt, die Veränderung der Liquiditätsreserven offen aus. Häufig wird eine Kapitalflußrechnung über das kurzfristige Netto-Geldvermögen durchgeführt, das als Aktivkonto die kurzfristigen Forderungen sowie die Geld- und geldnahen Konten und als Passivkonten die gesamten kurzfristig fälligen Verbindlichkeiten erfaßt. Bei Einbeziehung aller Konten des Umlaufvermögens und der kurzfristig fälligen Verbindlichkeiten ist der Fondsbestand mit dem schon erwähnten „working-capital" identisch.

Die Ermittlung der kapitalwirtschaftlichen Ursachen der Fondsveränderungen (gegenüber der Vorperiode) hat von den jeweils nicht in den Fonds einbezogenen Konten (Gegenfonds) auszugehen. Sie weisen die Zu- und Abflüsse von Fondsmitteln aus. Abbildung 7.29 zeigt beispielhaft für den Fonds des kurzfristigen Netto-Geldvermögens den Aufbau einer Kapitalflußrechnung. Die Trennung in Umsatzbereiche, Anlagenbereich, langfristigen Kapitalbereich und den Fonds des Netto-Geldvermögens ermöglicht eine finanzwirtschaftliche Beurteilung der einzelnen Bereiche und erhöht damit die Aussagefähigkeit der Rechnung. So geben zum Beispiel die betrieblichen Netto-Einnahmen als Saldo des Umsatzbereichs an, wieviel zur Selbstfinanzierung bzw. zur Ausschüttung zur Verfügung steht. Der Saldo des Anlagenbereichs läßt erkennen, in welcher Höhe Nettoinvestitionen zu finanzieren sind. Die Differenz der betrieblichen Netto-Einnahmen und Netto-Investitionen ist durch Zuführung externer Mittel zu finanzieren.

*Ursachen der Fondsveränderungen*

Für eine Kurzanalyse der Finanzkraft einer Unternehmung wird häufig auf die Kennzahl „cash flow" zurückgegriffen. Sie entspricht vereinfacht der Summe aus bilanziellem Jahresüberschuß, Abschreibungen (– Zuschreibungen) und der Erhöhung langfristiger Rückstellungen (– Verminderung langfristiger Rückstellungen). Zweck der cash flow-Analyse ist es, aufzuzeigen, in welcher Höhe der Unternehmung Mittel aus der Umsatztätigkeit über die Betriebsausgaben hinaus zugeflossen sind und für eine Kapitalbindung in Anlagen oder für einen Kapitalentzug in Form von Fremdkapitaltilgung, Eigenkapitalentnahmen oder Gewinnausschüttungen zur Verfügung stehen. Während der cash flow-Analyse bei Unternehmensvergleichen nur sehr begrenzte Aussagekraft zukommt, lassen sich aus der Entwicklung des Umsatzüberschusses in mehreren aufeinanderfolgenden Perioden gewisse Rückschlüsse auf die Umstrukturierung der Zahlungsströme und auf die Veränderung der Ertragskraft ziehen.

*cash-flow*

Die verschiedentlich gegen die cash flow-Analyse erhobene Kritik richtet sich vor allem gegen ihre Ableitung aus Bilanzgrößen, in denen sich auch außerordentliche Aufwendungen und Erträge niederschlagen. Für die Offenlegung des Nettozuflusses an Finanzmitteln wird statt dessen die Ermittlung der Nettoeinnahmen als Differenz zwischen den reinen Betriebseinnahmen und -ausgaben abzüglich der Gewinnsteuern empfohlen. Ein detaillierter Ausweis der Zahlungsstrombewegungen mit Hilfe von Kapitalflußrechnungen vermag den Informationswert der summarischen Kennzahl „cash flow" bei weitem zu übertreffen.

|  | Zufluß | Abfluß | Nettozufluß + bzw. Nettoabfluß − |
|---|---|---|---|
| **I. Umsatzbereich** | | | |
| Umsatzerlöse | 100 000 | | |
| Erhöhung (+) oder Verminderung (−) erhaltener Anzahlungen | — | | |
| (1) Betriebseinnahmen | 100 000 | | |
| Einkauf von Roh-, Hilfs- und Betriebsstoffen | | 35 450 | |
| Löhne, Gehälter, Soziale Abgaben | | 51 300 | |
| Zinsen und ähnliche Aufwendungen | | 2 500 | |
| Steuern | | 4 200 | |
| ./. Erträge aus der Auflösung von Rückstellungen | | − 100 | |
| (2) Betriebsausgaben | | 93 350 | |
| (3) Betriebliche Nettoeinnahmen | | | + 6 650 |
| **II. Anlagenbereich** | | | |
| Verkauf von Grundstücken | 6 000 | | |
| Verkauf alter Anlagen | 250 | | |
| Erträge aus Beteiligungen usw. | 3 500 | | |
|  | 9 750 | | |
| Kauf von Maschinen | | 11 850 | |
| Betriebs- und Gesch.-Ausstattung | | 320 | |
| Beteiligungen | | 6 300 | |
| (4) Brutto-Investitionsausgaben | | 18 470 | |
| (4a) Netto-Investitionsausgaben | | | − 8 720 |
| (5) Finanzbedarf | | | (− 2 070) |
| **III. Langfristiger Kapitalbereich** | | | |
| Neuemission von Anleihen | 15 000 | | |
| ./. Disagio | 300 | | |
| ./. Tilgung alter Anleihen | 6 000 | | |
| (6) Netto-Fremdfinanzierung | 8 700 | | |
| (7) Dividende für das Vorjahr | | 7 500 | |
| (8) Netto-Außenfinanzierung | | | + 1 200 |
| **IV. Nettoveränderung (Abnahme)** | | | − 870 |

*Abb. 7.29: Beispiel einer Kapitalflußrechnung für das Netto-Geldvermögen (Busse v. Colbe)*

## 3. Simultane Optimierungsmodelle

Ausgangspunkt des Finanzplanes waren die erwarteten beziehungsweise geplanten Zahlungsströme der Planperiode. Die Festlegung der einzelnen Stromgrößen basierte auf unabhängig von den Bewegungen der übrigen

Zahlungsströme angestellten Überlegungen. Die Bestimmung des Volumens und der Struktur von Vermögen und Kapital erfolgt in sukzessiven Planungsstufen. Umfang und Zusammensetzung des geplanten Investitionsprogramms ergeben sich aus der Anwendung teilziel- oder unterzielorientierter Formen der Wirtschaftlichkeitsrechnung.

Ausgehend von dem so ermittelten Kapitalbedarf hat die Finanzierung Höhe und Struktur der Deckungsalternativen zu prüfen. Auf die Schwierigkeiten einer Auswahl der Ausgleichsmöglichkeiten von Zahlungsstromdifferenzen ist schon hingewiesen worden.

Diese sukzessive Betrachtungsweise läßt die Interdependenzen zwischen den Zahlungsströmen außer acht. Umfang und Zusammensetzung von Kapitalbindungs- und Finanzierungsprogrammen sind nur gleichzeitig zu bestimmen. Diese Problemstellung hat zur Entwicklung simultaner Optimierungsmodelle geführt, die zugleich Volumen und Zusammensetzung der kapitalwirtschaftlichen Stromgrößen determinieren. Es handelt sich dabei in aller Regel um langfristige Modelle, die den Verlauf der Zahlungsströme bis zum Planungshorizont zu erfassen versuchen.

Ein einfaches **Modell zur Aufteilung des verfügbaren Kapitals** auf Investitionsmöglichkeiten ist von Dean entwickelt worden. *Dean-Modell*

**Das zu beschaffende knappe Kapital wird auf die Investitionsobjekte gemäß ihrer Dringlichkeit verteilt. Als Kriterium für die Dringlichkeit dient die Höhe des erwarteten internen Zinsfußes einer jeden geplanten Kapitalanlage.**

Die sich aus dieser Rangordnung der Investitionsobjekte nach ihrer internen Rendite ergebende stetig fallende Funktion kann als Kurve des Grenzertrags des Kapitals interpretiert werden. Ihr wird die steigende Grenzkostenkurve der Finanzierung gegenübergestellt. Das zu verwirklichende Investitionsvolumen ergibt sich im Schnittpunkt von Kapitalangebots- und -nachfragekurve. Es enthält alle Projekte, deren realisierbare Verzinsung größer oder gleich den Kosten des erforderlichen Kapitals ist. Der Gesamtgewinn wird damit maximiert.

Dieses einfache Modell der simultanen Investitions- und Finanzplanung geht von Investitionen aus, deren interner Zinsfuß unabhängig von den sonstigen vorgenommenen Investitionen und von der Art der Finanzierung bleibt. Die Art der Kapitalbeschaffung wirkt sich lediglich über die Grenzkostenkurve des Kapitals auf den Schnittpunkt der Kurven und damit auf das Investitionsvolumen aus. Dieses Vorgehen entspricht dem im Kapitel III skizzierten Modell der marginal-analytischen Bestimmung der optimalen Kapitalstruktur. Der Grund für die Entwicklung simultaner Modellansätze, die Interdependenz zwischen den Zahlungsströmen, bleibt damit aus der Modellbetrachtung ausgeschlossen. Als Zielfunktion liegt dem Modell die Maximierung des Gesamtgewinns zugrunde. Die Liquidität als kapitalwirtschaftlich bedeutsame Zielsetzung ist durch die notwendige Gleichheit von Kapitalangebot und Kapitalnachfrage im Schnittpunkt nur für die erste Periode gesichert. Weitere Nebenbedingungen zur Liquiditätssicherung sind nicht berücksichtigt. Der

*Kritik am Dean-Modell*

statische Charakter des Modells wird dadurch unterstrichen, daß spätere Änderungen der Kapitalbeschaffungsmöglichkeiten vernachlässigt werden. Durch die Beschränkung auf kapitalbindende und kapitalzuführende Ströme kann keinesfalls von einem umfassenden Modell der Abstimmung der Zahlungsströme gesprochen werden.

*budgetorientiertes Simultanmodell von Albach*

Zur Ermittlung eines Budgets, das ein Bündel von Investitionsobjekten und Finanzierungsmaßnahmen unter Berücksichtigung dauernder Zahlungsfähigkeit und von Beschränkungen aus anderen betrieblichen Teilbereichen optimiert, sind mathematisch formulierte Kalküle entwickelt worden, deren Ursprung endzielorientierte Verfahren der Investitionsrechnung darstellen. Der Unternehmung stehen in aller Regel mehrere Investitions- und Finanzierungsmöglichkeiten zur Verfügung. **Als Aktionsparameter gehen in derartige kapitaltheoretische Modelle alle verfügbaren Formen der Kapitalanlage und -beschaffung ein.** Als zu maximierende Zielvariable liegen den Modellen unterschiedliche Ausprägungen des erwerbswirtschaftlichen Prinzips zugrunde. Das im folgenden zu skizzierende Grundmodell der simultanen Optimierung der betrieblichen Zahlungsströme geht von der Maximierung des Gesamtkapitalwerts ($C_w$) aus:

(7.33)     $C_w \to \max!$

Trotz möglicher horizontaler und vertikaler Interdependenzen zwischen den Investitionsobjekten werden bekannte, den einzelnen Kapitalbindungsarten eindeutig zurechenbare Kapitalwerte unterstellt. Analog den Kapitalwerten der Investitionsobjekte müssen Kapitalwerte der Finanzierungsalternativen berechnet werden, um ihre Einnahmen- und Ausgabenreihen zum Bezugszeitpunkt bewerten zu können.

**Der Kapitalwert des gesamten Budgets ergibt sich aus der Summe der Kapitalwerte ($c_i$) der (n) einzelnen Investitionsobjekte und der Kapitalwerte ($v_j$) der (m) Kapitalbeschaffungsformen, die jeweils mit den Häufigkeiten ihres Einsatzes ($x_i$;$y_j$) gewichtet werden.**

So gibt $y_j$ beispielsweise an, wie viele Aktien mit dem Nennwert von 50 DM ausgegeben werden sollen.

(7.34)     $C_w = \sum\limits_{i=1}^{n} c_i \cdot x_i + \sum\limits_{j=1}^{m} v_j \cdot y_j.$

Die Kapitalwerte der i-ten Investition und der j-ten Finanzierungsmaßnahme lassen sich als Summe der mit dem Kalkulationszinsfuß (r) auf den Bezugszeitpunkt abgezinsten Einnahmenüberschüsse bzw. Ausgabenüberschüsse der Investitionsalternativen ($b_{it}$) und der Finanzierungsalternativen ($d_{jt}$) über alle (T) Perioden errechnen.

(7.35)     $c_i = \sum\limits_{t=0}^{T} b_{it} \dfrac{1}{(1+r)^t}$, wobei $i = 1, \ldots, n,$

(7.36)     $v_j = \sum\limits_{t=0}^{T} d_{jt} \dfrac{1}{(1+r)^t}$, wobei $j = 1, \ldots, m.$

Die Einnahmen- und Ausgabenreihen der Investitionen sind weigehend durch die güterwirtschaftliche Sphäre bestimmt. Höhe und zeitliche Verteilung der Kapitalbeschaffungsströme ergeben sich aus der Art der verfügbaren Finanzierungsmaßnahmen.

Die formulierte Zielfunktion unterliegt verschiedenen **Beschränkungen**, die ein Maximum im Unendlichen verhindern. So muß während des abgegrenzten Betrachtungszeitraumes (**Planungshorizont**) die Zahlungsfähigkeit gesichert sein. Zu keinem Zeitpunkt dürfen die kumulierten Ausgaben ($a_t$) die kumulierten Einnahmen ($e_t$) übersteigen.

(7.37) $\quad \sum_{t=1}^{\pi} e_t \geq \sum_{t=1}^{\pi} a_t$, wobei $\pi = 1, 2, \ldots, T$

Der **Liquiditätsnebenbedingung** kommt jedoch nur bei Einbeziehung aller betrieblichen Zahlungsströme Relevanz zu. Dies erfordert eine Ausweitung des Investitionsbegriffs auf alle kapitalbindenden Ausgaben. Tritt in einer Periode ein Ausgabenüberschuß als Saldo der Periodenausgaben und -einnahmen der Investitions- und Finanzierungsprogramme ein, so ist er durch in früheren Perioden angefallene liquide Mittel zu decken. Dies kann ebenfalls durch entsprechende Nebenbedingungen berücksichtigt werden.

Die **Anzahl der Einsatzmöglichkeiten** ($x_i$; $y_j$) des i-ten Investitionsobjekts und der j-ten Finanzierungsart ist kapazitätsmäßig und kapitalmarktbedingt beschränkt. Es können höchstens ($k_j$) Beschaffungen des i-ten Vermögensgutes und ($l_j$) Aufnahmen der j-ten Kapitalart erfolgen. Ökonomisch unsinnige Lösungen werden durch **Nicht-Negativitätsbedingungen** ausgeschlossen.

(7.38) $\quad x_i \leq k_i$, wobei $i = 1, \ldots, n$
(7.39) $\quad y_j \leq l_j$, wobei $j = 1, \ldots, m$
(7.40) $\quad x_i \geq o$; $y_j \geq o$

Außerdem soll die mit den Investitionen (Aggregaten) des Typs (i) im Betrachtungszeitraum herstellbare Menge (A) des Produktes (F) nicht größer sein als die absetzbare Menge (R) dieses Produktes:

(7.41) $\quad A_{Fi} \cdot x_i \leq R_F$

Als weitere Beschränkungen können die begrenzten Möglichkeiten der **Beschaffung** der **notwendigen Produktionsfaktoren** auf jeder Produktionsstufe betrachtet werden sowie die möglichen Engpässe der Deckung des Bedarfs an geeigneten Arbeitskräften.

Die optimale Kombination der zur Verfügung stehenden Aktionsparameter der Kapitalbindung und -beschaffung unter Einhaltung der geltenden Restriktionen läßt sich mit Hilfe von Verfahren der mathematischen Optimierung auffinden. Sind die Modellgleichungen und -ungleichungen linear – eine Voraussetzung der linearen Programmierung –, so stehen der Unternehmung verschiedene Lösungstechniken zur Verfügung. Als mögliches und übliches Rechenverfahren bietet sich der sogenannte Simplex-Algorithmus an. Die Lösung des gestellten Zuordnungsproblems erfolgt durch systematisches

*Lösungsverfahren*

Suchen der optimalen Werte der Aktionsparameter. Ausgehend von einer zulässigen Basislösung läßt sich in einer endlichen Anzahl von Rechenschritten das Optimum ermitteln. Für die explizite Darstellung kann auf die Spezialliteratur verwiesen werden.

*Kritik am Simultanmodell*

Dem Abstimmungsgrundmodell in der skizzierten Form haften einige Schwächen an, die sich großenteils aus den zugrundeliegenden Prämissen erklären lassen. So werden die Linearitätsbedingungen und die Informationsannahmen auf ihren Realitätsgehalt zu untersuchen sein. Weitere Kritik richtet sich gegen den Ansatz eines Kalkulationszinsfußes und gegen den Partialcharakter des Modells.

Die Linearitätsbedingung fordert, daß die Kapitalwerte der in das optimale Programm eingehenden Investitionsobjekte und Finanzierungsquellen durch lineare Beziehungen verbunden sind. Das ist nur dann der Fall, wenn die Einnahmen- und Ausgabenströme der Kapitalbindungs- und -beschaffungsmöglichkeiten von der Zusammensetzung des Programms unabhängig bestimmt werden können. Die Verwirklichung eines Investitionsvorhabens darf sich auf die Höhe und zeitliche Struktur der Zahlungsströme anderer Investitionen nicht auswirken. Dies bedeutet, daß produktionstechnisch verbundene Anlagen als ein Investitionsobjekt in das Programm eingehen müssen. Auf den Absatz- und Beschaffungsmärkten sind mengenunabhängige Preise zu unterstellen. Konditionen und Rückzahlungsmodalitäten der Kapitalbeschaffungsformen müssen unabhängig von der Höhe und Struktur der aufgenommenen Beträge festgelegt werden. Damit ist auch die Nebenbedingung der Höchstgrenzen der Kapitalaufnahme angesprochen, die als konstant anzunehmen sind. Den realen Gegebenheiten dürften diese Prämissen wohl nur selten entsprechen. Als approximative Lösung lassen sich lineare Funktionen in den Fällen rechtfertigen, in denen ihr tatsächlicher Verlauf nur unwesentlich von linearen Bedingungen abweicht. Desgleichen lassen sich Kurvenverläufe intervallweise durch lineare Funktionen annähern.

*Ganzzahligkeitsbedingung*

Die Lösung des Modells mit Hilfe des Simplex-Algorithmus schließt nicht aus, daß für die $x_i$-Werte (Anzahl der zu beschaffenden Investitionsobjekte vom Typ i) gebrochene Zahlen resultieren. Derartige Ergebnisse sind wegen der mangelnden Teilbarkeit der meisten Investitionsobjekte nicht sinnvoll. Als zusätzliche Bedingung ist damit für die betroffenen Investitionen die Ganzzahligkeit der $x_i$-Werte zu fordern. Dieser Bedingung kann auf verschiedene Weise entsprochen werden. Das Auf- bzw. Abrunden der ursprünglichen Parameterausprägungen führt nur in wenigen Fällen zur optimalen Lösung. Der exakte Lösungsansatz erfolgt durch die Einführung einer **Ganzzahligkeitsbedingung** in das Modell, die auf die relevanten Kombinationsmöglichkeiten der Alternativen beschränkt ist.

Verändern sich zum Beispiel die Ein- oder Auszahlungsreihen eines Investitionsobjektes ($I_1$) in Abhängigkeit von der Durchführung einer anderen Investition ($I_2$), so kann jeder möglichen Kombination ($I_1$; $I_2$; $I_{1,2}$; weder $I_1$ noch $I_2$) ein Kapitalwert zugeordnet werden. Da sich die Kombinationen ausschließen sollen, ergibt sich:

(7.42)     $I_1 + I_2 + I_{1,2} \leq 1$,

wobei $I_1$, $I_2$, $I_{1,2}$ nur die Wert 0 oder 1 annehmen können.

Durch den Ansatz einer Ganzzahligkeitsbedingung läßt sich demnach auch verhindern, daß einander ausschließende Parameter in die Optimallösung eingehen. Die Anwendung des Simplex-Algorithmus führt bei Modellen mit Ganzzahligkeitsbedingungen zu keinem Ergebnis; besondere Lösungstechniken – beispielsweise der Gomory-Algorithmus – werden erforderlich.

Die Liquiditätsnebenbedingung gewährleistet in ihrer formalen Struktur die Einhaltung des finanziellen Gleichgewichts während des gesamten Planungszeitraumes. Mit der Modellannahme, daß alle Ein- und Auszahlungen zu Beginn und Ende der Perioden anfallen, wird die Problematik der ständigen Aufrechterhaltung der Zahlungsfähigkeit auf diese Zeitpunkte eingeschränkt. Theoretisch ließe sich dieser Mangel durch eine Verkürzung der Planperioden auf Wochen- oder sogar Tageszeiträume beseitigen. Der praktischen Durchführung stehen der erheblich vergrößerte Rechenaufwand und vor allem die Unmöglichkeit einer derart genauen Prognostizierung der zeitlichen Verteilung der Zahlungsströme für mehrere Jahre gegenüber. Nachträgliches Auf- und Abrunden zur Ermittlung ganzzahliger Lösungen kann sich bei kleinen absoluten Zahlenwerten für $(x_i)$ in einer erheblichen Abweichung der tatsächlichen von den prognostizierten Stromgrößen auswirken. Das langfristige kapitaltheoretische Globalmodell ist deshalb durch kurzfristige detaillierte Finanzpläne zu ergänzen.

Die Berechnung der Kapitalwerte erfordert den Ansatz eines Kalkulationszinsfußes. Damit wird impliziert, daß während des Planungszeitraumes freigesetztes Kapital zum angenommenen Zinssatz sofort wieder angelegt werden kann. Auf Funktionen und Problematik des Kalkulationszinsfußes sowie die Schwierigkeit seiner Ausschaltung ist schon im Rahmen der Darstellung der Investitionskalküle hingewiesen worden (vgl. S. 808 ff.).

*Erweiterungsmöglichkeiten des Simultanmodells*

Die bisherige Diskussion beschränkte sich auf die simultane Ermittlung eines optimalen Investitions- und Kapitalbudgets. Parameter der übrigen Unternehmensbereiche werden in den behandelten budgetorientierten Investitionsmodellen als konstant angenommen. Die Erfassung der Interdependenzen der betrieblichen Bereiche würde eine Integration sämtlicher Teilpläne zu einem Gesamtplan mit simultaner Festlegung aller Parameter erfordern. Die Realisierbarkeit eines derart umfassenden Simultanmodells muß an der Vielzahl der Einflußfaktoren und Interdependenzen scheitern. Ansätze zur Erweiterung der partiell simultanen Modelle auf mehrere Bereiche sind jedoch zu finden. So liegen von vereinfachten Annahmen ausgehende Modelle zur simultanen Optimierung des Produktions- und des Investitionsprogramms unter Berücksichtigung von Beschränkungen des Beschaffungs-, Finanzierungs- und Absatzbereiches vor (sogenannte produktionsorientierte Modelle). Mit der Erfassung mehrstufiger Fertigung im Mehrproduktbetrieb tragen sie den realen Gegebenheiten stärker Rechnung. Durch die gleichzeitige Optimierung des Umfangs der absatzpolitischen Aktivitäten erfährt die Absatzbedingung eine Relativierung. Neuere Modellansätze versuchen zusätzlich den Personalbereich in die Betrachtung einzubeziehen. Die Verbindung zwischen den produktions- und budgetorientierten Investitionsmodellen ist bisher noch nicht gelungen.

**Für praktische Probleme kommt Modellen zur simultanen Abstimmung von ausgaben- und einnahmenrelevanten Entscheidungen bisher nur beschränkte Aussagekraft zu.**

Das Problem der Unsicherheit über die Entwicklung kapitalwirtschaftlicher Zahlungsströme bleibt nach wie vor bestehen. Für längerfristige Entscheidungen gestalten sich die Prognose der Stromgrößen und die Zuordnung von Wahrscheinlichkeiten zunehmend schwieriger. Dies gilt insbesondere für die Einhaltung der Liquiditätsnebenbedingung. Auch neuere Ansätze, die diese Nebenbedingung nicht mehr deterministisch, sondern als Wahrscheinlichkeitsrestriktion interpretieren („chance-constrained-programming"), können diese grundsätzlichen Schwierigkeiten nicht überwinden. Daß sie neue Argumente für interessenbezogene Entscheidungsprozesse zu liefern vermögen, ist dennoch nicht auszuschließen.

*sozialwissenschaftliche Interpretation des Abstimmungsproblems*

Die sozialwissenschaftlich orientierte Betriebswirtschaftslehre sieht die Bewältigung der Abstimmung von Einnahmen und Ausgaben nicht nur als Problem objektiver Kalkülisierbarkeit, sondern auch als Frage interessenbezogener Durchsetzbarkeit. Sie interpretiert **Verhandlungs- und Konflikthandhabungsprozesse zwischen den Ressort- und Gruppeninteressen einer Unternehmung deshalb als Generatoren für Argumente beziehungsweise als Bestandteile konflikthandhabender Sozialtechnologien.**

## Fragen zur Selbstkontrolle und Vertiefung

1. Diskutieren Sie die Problematik der Abgrenzung des kapitalwirtschaftlichen Bereichs!
2. Wie ist die praktische Relevanz des „Lohmann-Ruchti-Effekts" zu beurteilen?
3. „Die finanziellen Auswirkungen stiller Reserven sind auf steuerliche Aspekte beschränkt." Diskutieren Sie diese Aussage!
4. Unterziehen Sie praktische Verfahren und theoretische Überlegungen zur Ermittlung des Kapitalbedarfs einer vergleichenden Betrachtung!
5. Wie wirkt sich die Risikoeinstellung auf die Ausnützung des „Leverage-Effekts" aus?
6. Wie läßt sich die Einräumung eines Bezugsrechts für die bisherigen Aktionäre begründen?
7. Untersuchen Sie die Möglichkeiten der Eigenkapitalaufnahme in Abhängigkeit von der Rechtsform!
8. Untersuchen Sie die Auswirkungen der Machtverteilung im Unternehmen auf die „optimale Kapitalstruktur"!
9. „Finanzierungsregeln sind theoretisch nicht begründbar. Aus diesem Grunde ist ihnen keine praktische Bedeutung zuzumessen." Stimmen Sie dieser Aussage zu? Begründen Sie Ihre Antwort!
10. Nennen Sie Kriterien der Kreditwürdigkeit!
11. Wie ist die finanzielle Bedeutung von Pensionsrückstellungen zu beurteilen?
12. Lassen sich Verfahren der Netzplantechnik für die Finanzplanung einsetzen? Überprüfen Sie die Leistungsfähigkeit der Netzplantechnik für diesen Zweck!
13. Welche Möglichkeiten stehen dem Industriebetrieb zur Durchführung der Finanzkontrolle zur Verfügung?
14. Lassen sich Schwächen kapitaltheoretischer Simultanmodelle feststellen? Welche Möglichkeiten ihrer Überwindung bieten sich an?
15. Diskutieren Sie Probleme und Möglichkeiten der Koordination kapitalwirtschaftlicher Entscheidungen!

16. Wie ist der Einfluß von Steuern auf die Kapitalauswahl zu beurteilen?
17. Stellt das Konzept der Endwertmaximierung einen brauchbaren Ausweg aus der Problematik des Kalkulationszinsfußes dar? Begründen Sie Ihre Ansicht!
18. Wie ist zu erklären, daß verschiedene Modellansätze der „optimalen Selbstfinanzierung" zu unterschiedlichen Ergebnissen kommen?
19. Sehen Sie einen möglichen Zusammenhang zwischen der Kapitalstruktur und der Art der vorgenommenen Investition?
20. Läßt sich ein Zusammenhang zwischen Finanzierungsalternativen der Erstausstattung und dem „Lohmann-Ruchti-Effekt" erkennen?
21. Bilden Sie in einem Koordinatensystem zwei sich schneidende Kapitalwertfunktionen ab und interpretieren Sie ihre markanten Punkte!
22. Stellen Sie die Problematik bei der Formulierung „vollständiger" Investitionsalternativen dar!
23. Zeigen Sie, daß die Kapitalwertmethode ein Spezialfall der Endwertmaximierung ist!
24. Welche Schwierigkeiten stehen der Bildung simultaner Investitionsentscheidungsmodelle entgegen?
25. Ist eine gewinnzielorientierte Investitionsentscheidung mit Hilfe der pay-off-Methode möglich?
26. Entwickeln Sie den Grundansatz zur Lösung eines Investitionsproblems mit Hilfe der linearen Programmierung! (Das zu ermittelnde Investitionsprogramm soll sich auf einen mindestens dreistufigen Produktionsbetrieb mit mehreren unterschiedlichen Aggregaten auf jeder Stufe beziehen.)
27. Diskutieren Sie die Problematik des Lösungsvorschlags zur Frage 26!
28. Muß bei der Investitionsplanung die Nutzungsdauer als konstant beziehungsweise als bekannt unterstellt werden?
29. Sind bei der Unterstellung eines vollkommenen atomistischen Kapitalmarktes und dem Ansatz des Kapitalmarktzinsfußes als Kalkulationszinsfuß im Rahmen der Investitionskalküle Supplementinvestitionen erforderlich?
30. Welche Rolle können Investitionskalküle in organisatorischen Verhandlungsprozessen spielen?

31. Beurteilen Sie die Aussagefähigkeit der Kapitalflußrechnung mit Fondsausgliederung!
32. Beurteilen Sie Investitionsrechnungsverfahren, die vorgeben, ohne Kalkulationszinsfuß auszukommen!
33. Kennzeichnen Sie die Problematik einer Ermittlung des „richtigen" Kalkulationszinsfußes!
34. Warum wird in verschiedenen Investitionsrechnungsverfahren abgezinst?
35. Gibt es in der Investitionsrechnung Zurechnungsprobleme?
36. Skizzieren Sie Methoden der Unsicherheitsbewältigung im Rahmen der Investitionsentscheidung. (Zusatzliteratur verwenden.)
37. Was besagt die relative Rentabilität beim Mapi-Verfahren?
38. Diskutieren Sie den Einfluß des BFH-Urteils auf die Vorteilhaftigkeit des Leasing!
39. Beurteilen Sie den möglichen Einfluß der Investitionsgüteranbieter auf betriebliche Investitionsentscheidungen!
40. Wie beurteilen Sie den Einfluß der Geldentwertung auf die betrieblichen Finanzierungsentscheidungen?
41. Welche Möglichkeiten sehen Sie, den Erfolg der Finanzabteilung zu beurteilen?

# Literaturhinweise

Albach, H., Wirtschaftlichkeitsrechnung bei unsicheren Erwartungen, Köln/Opladen 1959

Albach, H., Investition und Liquidität, Wiesbaden 1962

Albach, H. (Hrsg.), Investitionstheorie, Köln 1975

Ansoff, H. J., Management-Strategie, München 1966

Arbeitskreis Unternehmensfinanzierung Nürnberg, Finanzstrategie der Unternehmung, Herne/Berlin 1971

Archer, St./Choate, G. M./Racette, G., Financial Management, New York u. a. 1979

Balzer, H., Finanzielle Unternehmenspolitik bei Geldentwertung, Wiesbaden 1980

Bebermeyer, U., Wagnisfinanzierung als Form der Innovationsfinanzierung kleiner und mittlerer Unternehmen, Bonn 1979

Bellinger, B., Langfristige Finanzierung, Wiesbaden 1964

Bette, K., Das Factoring-Geschäft, Stuttgart/Wiesbaden 1973

Betriebswirtschaftlicher Ausschuß des Verbandes der Chemischen Industrie e. V. (Hrsg.), Unternehmerische Investitionskontrolle, Herne/Berlin 1973

Biergans, E., Investitionsrechnung, Nürnberg 1973

Bierman, H./Smidt, S., The Capital Budgeting Decision, 3. Aufl., New York/London 1971

Binner, H., Menschengerechte Investitionsplanung, Fortschrittliche Betriebsführung und Industrial Engineering 1978, S. 155 ff.

Bischoff, S., Investitionsmanagement, München 1980

Bischoff, W., Cash Flow and Working Capital, Wiesbaden 1972

Blohm, H./Lüder, K., Investition, 5. Aufl., München 1983

Blumentrath, U., Investitions- und Finanzplanung mit dem Ziel der Entwertmaximierung, Wiesbaden 1969

Brumann, H., Das Leasing-Geschäft heute, 2. Aufl., Bern/Stuttgart 1979

Büschgen, H. E., Aktienanalyse und Aktienbewertung nach der Ertragskraft, Wiesbaden 1962

Büschgen, H. E. (Hrsg.), Handwörterbuch der Finanzwirtschaft, Stuttgart 1975

Büschgen, H. E., Grundlagen betrieblicher Finanzwirtschaft, 2. Aufl., Frankfurt 1979

Busse v. Colbe, W., Aufbau und Informationsgehalt von Kapitalflußrechnungen, Zeitschrift für Betriebswirtschaft 1966, 1. Ergänzungsheft, S. 82 ff.

Buttler, G., Finanzwirtschaftliche Anwendungsmöglichkeiten der Netzplantechnik, Zeitschrift für Betriebswirtschaft, 1970, S. 183 ff.

Chmelik, G., Die Gewinnpolitik der Unternehmung, Diss. München 1972

Chmielewicz, K., Integrierte Finanz- und Erfolgsplanung, Stuttgart 1972

Chmielewicz, K., Betriebliche Finanzwirtschaft I, Berlin/New York 1976

Christians, F. W. (Hrsg.), Finanzierungshandbuch, Wiesbaden 1980

Dean, J., Capital Budgeting, 3. Aufl., New York 1956

Deppe, H. D., Grundriß einer analytischen Finanzplanung, Göttingen 1975

Drukarczyk, J., Investitionstheorie und Konsumpräferenz, Berlin 1970

Drukarczyk, J., Finanzierungstheorie, München 1980

Drukarczyk, J., Finanzierung, Stuttgart 1983

Eisele, W., Betriebswirtschaftliche Kapitaltheorie und Unternehmensentwicklung, Stuttgart 1974

Engel, F., Entscheidungsorientierte Finanzierung, Stuttgart 1980

Fahn, E., Die Beschaffungsentscheidung – Ein Beitrag zur integrativen Betrachtung interorganisatorischer Beschaffungs- und Absatzaktivitäten, Diss. München 1972

Fertig, P., Der Euro-Dollar-Markt, Frankfurt 1981

Fischer, J., Heuristische Verfahren zur Konstruktion und Lösung von Modellen zur Planung von Investitionsprogrammen, Berlin 1980

Fischer, O., Finanzwirtschaft der Unternehmung I, Tübingen 1977, II, Düsseldorf 1982

Frischmuth, G., Daten als Grundlage für Investitionsentscheidungen, Berlin 1969

Gans, B./Looss, W./Zickler, D., Investitions- und Finanzierungstheorie, 3. Aufl., München 1977

Geisen, B., Das Finanzierungsverhalten deutscher Industrieaktiengesellschaften, Bonn 1979

Geiser, J., Zum Investitionsverhalten mittelständischer Betriebe unter Berücksichtigung von Sprunginvestitionen, Göttingen 1980

Guski, H.-G./Schneider, H.-J., Betriebliche Vermögensbeteiligung, Köln 1977

Gutenberg, E., Grundlagen der Betriebswirtschaftslehre, Bd. 3: Die Finanzen, 6. Aufl., Berlin/Heidelberg/New York 1973

Hagenmüller, K. F./Stoppok, G. (Hrsg.), Leasing-Handbuch, 4. Aufl., Frankfurt 1981

Hahn, O., Finanzwirtschaft, 2. Aufl., München 1983

Hanssmann, F., Operations Research Techniques for Capital Investment, New York u. a. 1968

Harms, J. E., Die Steuerung der Auszahlungen in der betrieblichen Finanzplanung, Wiesbaden 1973

Hartmann, R., Wagnisfinanzierung – neue Möglichkeiten der Kapitalbeschaffung, München 1974

Hauschildt, J./Sachs, G./Witte, E., Finanzplanung und Finanzkontrolle, München 1981

Hax, H., Investitions- und Finanzplanung mit Hilfe der linearen Programmierung, Zeitschrift für betriebswirtschaftliche Forschung 1964, S. 430 ff.

Hax, H./Laux, H. (Hrsg.), Die Finanzierung der Unternehmung, Köln 1975

Hax, H., Investitionstheorie, 4. Aufl., Würzburg/Wien 1979

Hax, K., Die Substanzerhaltung der Betriebe, Köln/Opladen 1957

Hax, K., Kapitalbeteiligungsgesellschaften zur Finanzierung kleiner und mittlerer Unternehmungen, Köln/Opladen 1969

Hederer, G., Die Motivation von Investitionsentscheidungen in der Unternehmung, Meisenheim 1971

Heinen, E., Zum Problem des Zinses in der industriellen Kostenrechnung, Annales Universitatis Saraviensis, 1952

Heinen, E., Zum Begriff und Wesen der betriebswirtschaftlichen Investition, Betriebswirtschaftliche Forschung und Praxis 1957, S. 16 ff. und S. 85 ff.

Heinen, E., Industrielle Investitionsplanung, in: Seischab, H./Schwantag, K. (Hrsg.), Handwörterbuch der Betriebswirtschaft, 3. Aufl., Stuttgart 1958, Sp. 2876 ff.

Heinen, E., Der Kapitaleinsatz als Gegenstand produktionstheoretischer Analyse, Jahrbuch für Nationalökonomie und Statistik 1965

Heinen, E., Der Kapitaleinsatz in der betriebswirtschaftlichen Kostentheorie, Wiesbaden 1966

Heinen, E., Betriebliche Zahlungsströme, in: Büschgen, H. E. (Hrsg.), Handwörterbuch der Finanzwirtschaft, Stuttgart 1976, Sp. 143 ff.

Heinen, E., Einführung in die Betriebswirtschaftslehre, 9. Aufl., Wiesbaden 1985

Heinen, E., Handelsbilanzen, 11. Aufl., Wiesbaden 1985

Heinen, E., Betriebswirtschaftliche Kostenlehre – Kostentheorie und Kostenentscheidungen, 6. Aufl., Wiesbaden 1983

Heinen, H., Ziele multinationaler Unternehmen – Der Zwang zu Investitionen im Ausland –, Wiesbaden 1982

Heister, M., Rentabilitätsanalyse von Investitionen, Köln/Opladen 1982

Hiebeler, M., Risiko und Risikohandhabung bei Lieferantenkrediten, München 1982

Hielscher, K./Laubscher, H.-D., Finanzierungskosten, Frankfurt 1976

Hochstrasser, A., Kosten und Investitionsrechnung für Betrieb und Marketing, München/Wien 1974

Hofmann, R., Bilanzkennzahlen, 3. Aufl., Köln/Opladen 1973

van Horne, J. C., Fundamentals of Financial Management, 4. Aufl., Englewood Cliffs, N. J. 1980

Jääskeläinen, V., Optimal Financing and Tax Policy of the Corporation, Helsinki 1966

Jacob, H. (Hrsg.), Kapitaldisposition, Kapitalflußrechnung und Liquiditätspolitik, Schriften zur Unternehmensführung, Bd. 6/7, Wiesbaden 1968

Jacob, H., Investitionsplanung und Investitionsentscheidung mit Hilfe der Linearprogrammierung, 2. Aufl., Wiesbaden 1971

Jacob, H., Investitionsrechnung, in: Jacob, H. (Hrsg.), Allgemeine Betriebswirtschaftslehre – Handbuch für Studium und Prüfung, 4. Aufl., Wiesbaden 1981, S. 609 ff.

Jacob, H. (Hrsg.), Allgemeine Betriebswirtschaftslehre – Handbuch für Studium und Prüfung, 4. Aufl., Wiesbaden 1981

Käfer, K., Kapitalflußrechnungen, Stuttgart 1967

Kann, G., Staatliche Maßnahmen zur Verringerung der Finanzierungsprobleme kleiner und mittlerer Unternehmen, Bonn 1968

Kemper, D. H., Imponderabilien im Investitionskalkül, Düsseldorf 1980

Kern, W., Investitionsrechnung, Stuttgart 1974

Kilgus, E., Bank-Management in Theorie und Praxis, Bern und Stuttgart 1982

Kirsch, W., Zur Problematik „optimaler" Kapitalstrukturen, Zeitschrift für Betriebswirtschaft 1968, S. 881 ff.

Köhler, R./Zöller, W., Arbeitsbuch zu „Finanzierung", Berlin/Heidelberg/New York 1971

Krause, W., Investitionsrechnungen und unternehmerische Entscheidungen, Berlin 1973

Kruschwitz, L., Investitionsrechnung, Berlin/New York 1978

Lachnit, L., Zeitraumbilanzen, Berlin 1972

Laux, H., Flexible Investitionsplanung, Opladen 1971

Leffson, U., Programmiertes Lehrbuch der Investitionsrechnung, Wiesbaden 1973

Lehner, U., Modelle für das Finanzmanagement, Darmstadt 1976

Lipfert, H., Optimale Unternehmensfinanzierung, 3. Aufl., Frankfurt 1969

Lücke, W., Finanzplanung und Finanzkontrolle, Wiesbaden 1962

Lüder, K., Investitionskontrolle, Wiesbaden 1969

Lüder, K. (Hrsg.), Investitionsplanung, München 1977

Markowitz, H. M., Portfolio Selection – Efficient Diversification of Investment, New York 1959

Modigliani, F./Miller, M. H., The Cost of Capital Corporation Finance and the Theory of Investment, American Economic Review 1958, S. 261 ff.

Neubert, H., Totales Cash-flow-System und Finanzflußverfahren, Wiesbaden 1974

Niebling, H., Kurzfristige Finanzrechnung auf der Grundlage von Kosten- und Erlösmodellen, Wiesbaden 1973

Oettle, K., Unternehmerische Finanzpolitik, Elemente einer Theorie der Finanzpolitik industrieller Unternehmungen, Stuttgart 1966

Pack, L., Betriebliche Investition, 2. Aufl., Wiesbaden 1966

Pehle, H., Die Auswirkung der Liquidität auf die Firmenentscheidungen, Berlin 1974

Perridon, L./Steiner, M., Finanzwirtschaft der Unternehmung, 3. Aufl., München 1983

Peters, L., Simultane Produktions- und Investitionsplanung mit Hilfe der Portfolio-Selection, Berlin 1971

Raettig, I., Finanzierung mit Eigenkapital, Frankfurt 1974

Rehkugler, H./Schindel, V., Finanzierung, 2. Aufl., München 1984

Rinza, P./Schmitz, H., Nutzwert-Kosten-Analyse, Düsseldorf 1977

Robichek, A. A./Myers, St. C., Optimal Financing Decisions, Englewood Cliffs, N. J., 1965

Rudolph, B., Kapitalkosten bei unsicheren Erwartungen, Berlin u. a. 1979

Rühli, E., Investitionsrechnung, in: Grochla, E./Wittmann, W. (Hrsg.), Handwörterbuch der Betriebswirtschaft, 4. Aufl., Stuttgart 1975, Sp. 2004f.

Runge, B./Bremser, H./Zöller, G., Leasing, Heidelberg 1978

Sandig, C./Köhler, R., Finanzen und Finanzierrung der Unternehmung, 3. Aufl., Stuttgart 1979

Schacht, K., Die Bedeutung der Finanzierungsregeln für unternehmerische Entscheidungen, Wiesbaden 1971

Schall, L. D./Haley, Ch. W., Introduction to Financial Management, 2. Aufl., New York u. a. 1980

Scheer, A. W., Die industrielle Investitionsentscheidung, Wiesbaden 1969

Schemmann, G., Zielorientierte Unternehmensfinanzierung, Köln/Opladen 1970

Schindel, V., Risikoanalyse, 2. Aufl., München 1978

Schmidt, R.-B./Berthel, J., Unternehmungsinvestitionen, Reinbek bei Hamburg 1970

Schmidt, R. H., Grundzüge der Investitions- und Finanzierungstheorie, Wiesbaden 1983

Schmidtkunz, H.-W., Die Koordination betrieblicher Finanzentscheidungen, Wiesbaden 1970

Schneider, D., Investition und Finanzierung, 5. Aufl., Wiesbaden 1980

Schneider, E., Wirtschaftlichkeitsrechnung, 8. Aufl., Tübingen 1973

Schwarz, H., Optimale Investitionsentscheidungen, München 1967

Seelbach, H., Planungsmodelle in der Investitionsrechnung, Würzburg/Wien 1967

Seelbach, H. (Hrsg.), Finanzierung, München 1980

Solomon, E., The Theory of Financial Management, 3. Aufl., New York/London 1964

Standop, D., Optimale Unternehmensfinanzierung, Berlin 1975

Steiner, M., Ertragskraftorientierter Unternehmenskredit und Insolvenzrisiko, Stuttgart 1980

Straub, H., Optimale Finanzdisposition, Meisenheim am Glan 1974

Streim, H., Die Bedeutung der Simulation für die Investitionsplanung – Ein systemtheoretischer Ansatz, Diss. München 1971

Süchting, J., Finanzmanagement, 3. Aufl., Wiesbaden 1980

Swoboda, P., Finanzierungstheorie, Würzburg/Wien 1973

Swoboda, P., Investition und Finanzierung, 2. Aufl., Göttingen 1977

Swoboda, P., Betriebliche Finanzierung, Würzburg/Wien 1981

Terborgh, G., Leitfaden der betrieblichen Investitionspolitik, Wiesbaden 1962

ter Horst, K. W., Investitionsplanung, Stuttgart 1980

Vormbaum, H., Finanzierung der Betriebe, 5. Aufl., Wiesbaden 1977

Wälchli, H., Investieren ohne Risiko?, Zürich 1975

Wagner, F. W./Dirrigl, H., Die Steuerplanung der Unternehmung, Stuttgart/New York 1980

Waldmann, J., Optimale Unternehmensfinanzierung – Modelle zur integrierten Planung des Finanzierungs- und Leistungsbereiches, Wiesbaden 1972

Weston, F.,/Brigham, E. F., Managerial Finance, 6. Aufl., New York u. a. 1978

Witte, E., Die Liquiditätspolitik der Unternehmung, Tübingen 1963

Witte, E., Die Finanzwirtschaft der Unternehmung, in: Jacob, H. (Hrsg.), Allgemeine Betriebswirtschaftslehre – Handbuch für Studium und Prüfung, 4. Aufl., Wiesbaden 1981, S. 515 ff.

Witte, E./Klein, H., Finanzplanung der Unternehmung, Prognose und Disposition, Reinbek bei Hamburg 1974

Wöhe, G./Bilstein, J., Grundzüge der Unternehmensfinanzierung, 3. Aufl., München 1984

Wunderli, M., Entscheidungskriterien zur Bestimmung des Investitionsprogramms einer Unternehmung, Bern/Stuttgart 1977

Wysocki, K. v., Die Kapitalflußrechnung als Ergänzung des Jahresabschlusses, in: Die Wirtschaftsprüfung 1976, S. 14 ff.

Zangemeister, Ch., Nutzwertanalyse in der Systemtechnik, 3. Aufl., München 1973

Zumbühl, M., Finanzanalyse in der Praxis, Wiesbaden 1976

# Achter Teil

# Informationswirtschaft

von

Edmund Heinen und Bernhard Dietel

Die ursprüngliche Form dieses Beitrages (4.–6. Auflage) wurde von Peter Sabathil mitverfaßt. Die Verfasser der 1.–3. Auflage waren Edmund Heinen, Engelbert Fahn und Claudius Wegenast.

# Achter Teil

## Informationswirtschaft

I. Information und Kommunikation in der Betriebswirtschaft ..... 893
 1. Aufgaben der Informationswirtschaft .................. 893
 2. Grundtatbestände der Informationswirtschaft ........... 896
    Informationsbegriff 896 – Informationswert 899 – Informationsgewinnung und -verarbeitung 900 – Informationsspeicherung 902 – Informationsübermittlung 903
 3. Teilbereiche der Informationswirtschaft ................ 906

II. Grundlagen der Finanzbuchhaltung ....................... 908

III. Die Kosten- und Leistungsrechnung ...................... 914
 1. Grundlagen der Kosten- und Leistungsrechnung .......... 914
    a) Kosten und Leistungen ............................ 914
       Leistungen 914 – Bedingtheit 915 – Wertverzehr 916 – fixe und variable Kosten, Einzel- und Gemeinkosten 920
    b) Aufgaben der Kosten- und Leistungsrechnung ......... 923
    c) Das Grundproblem der Kosten- und Leistungsrechnung .. 925
    d) Die Grundstruktur der Kosten- und Leistungsrechnung ... 931
       Kostenartenrechnung 932 – Kostenstellenrechnung 934 – Kostenträgerrechnung 938
    e) Erfassungsprinzipien und Schlüsselungsmethoden ....... 940
       Erfassungsprinzipien 940 – Schlüsselungsmethoden 942
    f) Die Beziehungen zwischen Kosten- und Leistungsrechnung und Finanzbuchhaltung ............................ 944
 2. Kostenrechnungssysteme im Überblick .................. 950
 3. Systeme der Vollkostenrechnung ....................... 953
    a) Die Vollkostenrechnung zu Istkosten ................ 953
       Kostenartenrechnung 953 – Materialkosten 953 – Personalkosten 955 – Betriebsmittelkosten 957 – Sonstige Kostenarten 960 – Kostenstellenrechnung 961 – Kostenträgerrechnung 967 – Kurzfristige Erfolgsrechnung 974
    b) Die Plankostenrechnung zu Vollkosten ............... 977
       Die starre Plankostenrechnung 977 – Die flexible Plankostenrechnung 979
    c) Zur Beurteilung der Vollkostenrechnung ............. 984
       Darstellungsfunktion 984 – Planungsfunktion 985 – Kontrollfunktion 987

4. Systeme der Teilkostenrechnung auf der Basis beschäftigungsvariabler Kosten ................................. 987
   a) Die Istkostenrechnung zu Teilkosten ............... 988
      Das einstufige Direct Costing als Istkostenrechnung 988 – Das mehrstufige Direct Costing als Istkostenrechnung 995
   b) Die Plankostenrechnung zu Teilkosten .............. 1002
      Kostenartenrechnung 1003 – Kostenstellenrechnung 1003 – Kostenträgerrechnung 1005 – Kurzfristige Erfolgsrechnung 1006
   c) Zur Beurteilung der Teilkostenrechnung ............. 1007
      Darstellungsfunktion 1008 – Planungsfunktion 1009 – Kontrollfunktion 1010
5. Deckungsbeitragsrechnung auf der Basis relativer Einzelkosten und -erlöse .............................................. 1011
   Grundrechnung der Kosten 1013 – Grundrechnung der Erlöse 1018 – Auswertungsrechnungen 1018 – Zur Beurteilung des Systems 1022
6. Kosteninformation als Grundlage der Entscheidungsfindung . 1023
   Problem der Bestandsbewertung 1024 – Festsetzung von Preisuntergrenzen 1025 – Programmplanung auf der Grundlage prognostizierter Deckungsbeiträge 1028 – Verfahrensvergleich 1032 – Eigenfertigung oder Fremdbezug 1033
7. Entwicklungstendenzen ............................. 1034

IV. Zur Problematik eines integrierten Informationssystems ....... 1039
1. Die Entwicklung eines integrierten Informationssystems als komplexer Entscheidungsprozeß ...................... 1039
2. Controlling als Ansatz zur Integration der betrieblichen Informationswirtschaft ................................... 1046
3. Elektronische Datenverarbeitung als Grundlage eines integrierten Informationssystems ............................. 1047
   Hardware-Elemente und Betriebsweisen elektronischer Datenverarbeitungsanlagen 1048 – Datenbank 1050 – Methodenbank 1059 – Datenkommunikationssysteme 1061

*Fragen zur Selbstkontrolle und Vertiefung* ..................... 1064

*Literaturhinweise* ........................................ 1067

# I. Information und Kommunikation in der Betriebswirtschaft

## 1. Aufgaben der Informationswirtschaft

**Betriebswirtschaften sind soziale Systeme.** Die unterschiedlichen und im Zeitablauf variablen Ansprüche aller an der Betriebswirtschaft Beteiligten müssen bei betriebswirtschaftlichen Entscheidungen berücksichtigt werden. Die Bereitschaft zur Beitragsleistung hängt für die einzelnen Mitglieder einer Betriebswirtschaft von den erzielbaren Anreizen ab. Für den arbeitsteiligen betriebswirtschaftlichen Entscheidungsprozeß und die für ihn erforderlichen Informationen ergeben sich daraus **drei wesentliche Konsequenzen** grundsätzlicher Art:

*Soziales System und Information*

(1) Es kann nicht von einer monovariablen Zielfunktion mit vorgegebenem Anspruchsniveau ausgegangen werden. **Ansprüche und Verhalten aller Beteiligter hängen voneinander ab.** Daher stellt sich stets von neuem die Frage, welche Ziele in welchem Ausmaß als Beurteilungskriterien bei der Bewertung von Alternativen zu berücksichtigen sind.

(2) Die Beteiligten interpretieren das betriebliche Geschehen und die Umwelt in Abhängigkeit von den eigenen Bedürfnissen und dem eigenen Informationsstand. Die Informationsgewinnung und -bereitstellung muß daher **unterschiedlichen Informationsbedürfnissen** Rechnung tragen. Welche Informationsbedürfnisse letztlich Berücksichtigung finden, hängt nicht nur von dem durch die Rechtsordnung vorgegebenen Rahmen, sondern auch von den jeweiligen betrieblichen Machtverhältnissen ab. Eine unzureichende Befriedigung von Informationsbedürfnissen, z. B. durch Beschränkung auf Eigentümerinteressen, kann die Funktionsfähigkeit des Systems gefährden.

(3) Das betriebliche Informationssystem dient nicht nur dazu, einen Entscheidungsträger mit den von ihm benötigten Informationen zu versorgen; es steht darüber hinaus im **Dienste der Verhaltenssteuerung.**

Berücksichtigt man, daß das Informationssystem selbst Mittel bindet bzw. verzehrt, so ist das grundsätzliche Bemühen um eine möglichst **wirtschaftliche Gestaltung** dieses Systems selbstverständlich. Angesichts unterschiedlicher Informationsbedürfnisse bedeutet dies, daß sowohl das Informationssystem insgesamt als auch dessen Teilsysteme **im allgemeinen Kompromisse darstellen,** deren Ergebnisse nur aus der Sicht der Gesamtheit unterschiedlicher Anforderungen verständlich sind. Ungenauigkeiten oder Unzulänglichkeiten der Informationen in bezug auf einzelne Zwecksetzungen spiegeln diesen Kompromiß wider.

**Im System betrieblicher Funktionen nimmt die Informationswirtschaft eine besondere Stellung ein.** Die Zuteilung von Funktionen auf abgrenzbare organisationale Teilbereiche (Abteilungen) kann allenfalls noch für die Beschaffung, die Fertigung, den Verkauf und eventuell die Forschung und Entwicklung einigermaßen überschneidungsfrei gelingen. Aber auch diese Abteilungen müssen zur Erfüllung

*Informationswirtschaft als betriebliche Funktion*

ihrer eigenen funktionalen Aufgaben in anderen Funktionsbereichen tätig werden. Eine Ausgliederung dieser Problembereiche ist nur in beschränktem Umfange möglich. Beispielsweise kann nur ein Teil personalwirtschaftlicher Probleme einer Beschaffungs- oder Fertigungsabteilung der Personalabteilung zugewiesen werden. Personalwirtschaft muß daher als Funktion begriffen werden, die nur partiell institutionalisiert werden kann. Ähnliche Probleme bestehen bezüglich der Einordnung der Kapitalwirtschaft. Betrachtet man schließlich die Informationswirtschaft, so muß eine weitere Dimension des betrieblichen Funktionsgefüges eingeführt werden. Dies ist erforderlich, weil Informationen nicht nur die Grundfunktionen, sondern auch die übergreifenden Funktionen betreffen. Beispielsweise werden Informationen über Personalfragen im Beschaffungsbereich ebenso benötigt wie Informationen über die personellen Voraussetzungen für Investitionen im Fertigungsbereich. Die Informationswirtschaft stellt somit das mehrdimensionale „Nervensystem" dar, das die Verknüpfung betrieblicher Teilbereiche und Funktionen gewährleisten soll.

*Aufgaben der Informationswirtschaft*

**Die Aufgaben von Subsystemen des Informationssystems, die Art der Verknüpfung von Subsystemen und die innerhalb und zwischen diesen fließenden Informationsströme können nur aus den jeweiligen Zwecksetzungen heraus gedeutet werden.** Eine generelle Beschreibung der Aufgaben der Informationswirtschaft muß daher formal und abstrakt bleiben. Begreift man das betriebliche Geschehen als komplexes Geflecht von Willensbildungs- und Willensdurchsetzungsprozessen in allen Bereichen und auf allen hierarchischen Ebenen einer Betriebswirtschaft, so treten Fragen der Ausrichtung einzelner Entscheidungen auf die jeweiligen Zielsetzungen, der Abstimmung von Entscheidungen und der Umsetzung in ausführendes Handeln ins Blickfeld. Dies gilt um so mehr, wenn die Kennzeichnung der Betriebswirtschaft als Sozialsystem mitberücksichtigt wird. Aus dieser Sicht lassen sich die folgenden informationswirtschaftlichen Grundfunktionen unterscheiden:

*Informationen zur Willensbildung*

(1) **Versorgung der Entscheidungsträger mit Informationen, die für die Willensbildung** relevant sind.

Welcher Art die benötigten Informationen sind, hängt von der Art der zu lösenden Entscheidungsprobleme ab. Grundsätzlich erfordert die Entscheidungsfindung Anregungsinformationen, Informationen über Ziele, über zielrelevante Merkmale der Situation und deren zukünftige Ausprägungen sowie über Möglichkeiten der Reaktion bei unerwünschten Merkmalskonstellationen. Diese Informationen betreffen sowohl technisch-physikalische als auch psychische und soziale (insbesondere Annahmen über Verhaltensweisen von Menschen) Zusammenhänge sowie deren Bewertung.

Bei für die Willensbildung relativ einfachen Entscheidungsproblemen besteht die Zielinformation aus einer quantifizierten Größe (Menge, Wert, Zeitraum o. ä.), ist das Spektrum von Handlungsmöglichkeiten vorgegeben und auch die jeweiligen zielrelevanten Folgen lassen sich quantifizieren. Schließlich steht auch ein Algorithmus zur Informationsverarbeitung zur Verfügung.

Willensbildung kann jedoch auch erforderlich werden, wenn nur „schwache" Signale die Existenz zukünftiger Risiken oder Chancen aufzeigen. Oft verbessern Informationsbeschaffungsaktivitäten diesen Zustand vager Indizien und

Vermutungen nur unwesentlich. Die zu verfolgenden Ziele können dabei nur äußerst global formuliert werden. Daher stehen bezüglich der Handlungsmöglichkeiten und deren Folgen eher spekulative Annahmen als fundierte Prognosen zur Verfügung. Auch für die „richtige" Art der Verarbeitung solcher Informationen lassen sich kaum Regeln angeben.

(2) **Gewährleistung der Willensdurchsetzung** und einer gegebenenfalls erforderlichen **Modifikation der Willensbildung**.

*Informationen zur Willensdurchsetzung*

Sofern die Umsetzung von Entscheidungen in ausführendes Handeln von der Mitwirkung anderer als der die Entscheidung treffenden Personen abhängt, bedarf es der Informationsübermittlung. Im einfachsten Falle gibt der Entscheidende den Ausführenden eine Anweisung. Dabei kann es sich um eine den Ausführenden bislang nicht bekannte Folge von Einzelmaßnahmen oder um ein vorbestimmtes und den Adressaten bekanntes Programm handeln.

Es kann aber auch sein, daß der Willensbildungsprozeß nicht zur Festlegung konkreter Maßnahmen führt. Dann bedarf es in der Willensdurchsetzungsphase weiterer Prozesse der Entdeckung von Handlungsalternativen. Der Prozeß der Konkretisierung einer globalen Grundsatzentscheidung ist in der Regel mehrstufig. Er besteht aus einer Hierarchie von weiteren Willensbildungsprozessen. Jeder auf einer niedrigeren Hierarchiestufe erforderliche Entscheidungsprozeß muß die durch die übergeordnete Entscheidung vorgenommenen Beschränkungen als Prämissen berücksichtigen. Die Informationswirtschaft muß bei arbeitsteiliger Entscheidungsfindung daher zunächst eine adäquate Übermittlung dieser Prämissen gewährleisten und außerdem den jeweiligen Entscheidungsträger mit sonstigen, für die Entscheidungssituation relevanten Informationen versorgen. Welcher Art die benötigten Informationen sein müssen, hängt erheblich von der jeweils betrachteten Stufe in der Hierarchie des Willensbildungsprozesses ab. Diese muß nicht zwingend auch einer bestimmten Stufe der Leitungshierarchie der Organisation entsprechen. Allgemein ist jedoch davon auszugehen, daß mit abnehmender organisationaler Hierarchiestufe auch die zu lösenden Probleme konkreter und ausführungsbezogener formuliert sind.

Je höher zu treffende Entscheidungen in der Problemhierarchie angesiedelt sind, um so mehr werden Informationen benötigt, die die globale Abschätzung und Beurteilung der Entscheidungssituation ermöglichen. Die Betrachtung muß meist längerfristig, bereichsübergreifend und unter Mehrfachzielsetzung erfolgen. Entscheider auf unteren Ebenen benötigen in erster Linie Informationen, die ihnen alternative Ausführungsprogramme aufzeigen und Prognosen der daraus resultierenden Wirkungen innerhalb des eigenen Aufgabenbereiches ermöglichen. Hinzu kommen Informationen über die möglichen Wirkungen in anderen Bereichen (Arbeitsplätzen, Abteilungen), die die Notwendigkeit der Abstimmung von Entscheidungen über die eigenen Kompetenzgrenzen hinaus begreifbar machen.

**Die Unterscheidung zwischen Willensbildung und Willensdurchsetzung ist somit nur aus der Sicht eines einzelnen Entscheidungsproblems sinnvoll.** Willensbildungsvorgänge auf unteren Hierarchieebenen sind in der Regel Konkretisierungen von Willensbildungen höherer Ebenen. Eine Differenzierung aus gesamtbetrieblicher Sicht wäre nur dann möglich, wenn eine zur Bildung des gesamtbetrieblichen Willens befugte und befähigte hierarchische Ebene definiert werden könnte und diese keinen willensbildenden Einflüssen anderer (niedrigerer) Hierarchiestufen ausgesetzt wäre. Die ausschließliche Anwendung eines hierarchisch strukturierten Denkmodells würde allerdings dazu führen, daß für den betrieblichen Gesamtentscheidungsprozeß wichtige Strukturmerkmale und Informationsströme nicht adäquat berücksichtigt werden könnten.

Dies gilt insbesondere für Informationen zur Rückkoppelung von der Willensdurchsetzung auf die Willensbildung, die beim Auftreten von Realisierungsschwierigkeiten eine Anpassung der Willensbildung an die Gegebenheiten, zumindest aber ein „Lernen aus Fehlern" ermöglichen sollen.

*Dokumentation*

(3) **Dokumentation von Willensbildungs- und Willensdurchsetzungsprozessen.**

**Das betriebliche Geschehen ist aus verschiedenen Gründen dokumentationsbedürftig.** Dokumentation ist einerseits erforderlich, weil das menschliche Informationsaufnahme-, -verarbeitungs- und -speicherungsvermögen begrenzt ist, und daher die Gefahr besteht, daß Informationen über vergangene, geplante oder erwartete Ereignisse bei neuen Willensbildungs- und -durchsetzungsprozessen nicht verfügbar sind. Zum anderen muß in einem Sozialsystem, dessen Teilnehmer von unterschiedlichen Beteiligungsinteressen geleitet werden, gewährleistet sein, daß die Bestimmungsgründe und Ergebnisse früherer Willensbildungs- und -durchsetzungsprozesse soweit wie möglich objektiviert werden. Dies ist einerseits zur Verantwortlichkeitsfeststellung notwendig, zum anderen liegt es auch im Interesse des Lernens aus Fehlern, weil beschönigende Rechtfertigungen für frühere Fehlentscheidungen erschwert werden.

Die Informationswirtschaft erfüllt also auch die Funktion des „Gedächtnisses der Organisation". Zu speichern sind nicht nur die informationellen Abbilder tatsächlicher, erwarteter und geplanter materieller Vorgänge, sondern auch die die Wahrnehmung, Deutung und Gestaltung dieser Vorgänge prägenden „Metainformationen".

## 2. Grundtatbestände der Informationswirtschaft

*Informationsbegriff*

**Jede Kommunikation beinhaltet als elementaren Vorgang die Übermittlung von Informationen oder Nachrichten von einem Sender an einen Empfänger.**

Der Kommunikationsprozeß beginnt damit, daß an einer Informationsquelle aus einem vorhandenen Nachrichtenvorrat eine Nachricht oder Information ausgewählt und an einen Informationsempfänger weitergeleitet wird. Die in Zeichen abgebildete Nachricht wird in einer bestimmten Folge von Signalen verschlüsselt (kodiert) und über einen Informationskanal an den Empfänger übertragen. Dort sind die Signale zu entschlüsseln (dekodieren), damit der Empfänger die vom

Sender beachsichtigte Bedeutung der Nachricht erkennen und diese ihrer Bestimmung zuführen kann.

Die Grundlage für das Verständnis des Phänomens der Information und Kommunikation bilden die Begriffe Signal und Zeichen. **Die materielle Form einer Information wird Signal genannt. Signale sind physikalisch wahrnehmbare Tatbestände.** Sie bilden die Voraussetzung für die Übermittlung und Speicherung von Nachrichten bzw. Informationen. Sie können als lesbare Buchstaben oder Ziffern, als akustische Laute oder auch in Form von Spannungen oder magnetischen Feldern auftreten. Ist der Mensch Empfänger von Signalen, so „reizen" diese die Nervenzellen der menschlichen Sinnesorgane. Die sinnliche Wahrnehmung der Signale ist die Basis für die Erfassung von Nachrichten und Informationen.

*Signal*

**Die Signale ihrerseits sind die Träger von Zeichen.** Die wichtigsten Zeichen sind die sprachlichen Gebilde, die Wörter und Sätze, die einen bestimmten Sinn vermitteln. Daneben können auch Gesten, Handlungen oder Ereignisse Zeichenfunktion übernehmen. Die von den menschlichen Sinnesorganen empfangenen Signale sind für das Individuum dann Zeichen, wenn der Empfänger ihre Bedeutung erkennt.

*Zeichen*

Zeichen verweisen zwar einerseits auf die Realität, auf Ereignisse, Objekte und Zustände der Wirklichkeit. Andererseits konkretisieren sich aber in Zeichen die Denkinhalte der Person, die sich der Zeichen bedient. Damit wird ein Phänomen offenkundig: **Zeichen bilden die realen Sachverhalte, auf die sie sich beziehen, nicht so ab, wie sie wirklich sind, sondern so, wie sie vom Menschen denkend erfaßt werden.** Diese menschlichen „Vorstellungen" können im Zeitablauf Veränderungen unterliegen.

Mit Hilfe der Begriffe Signal und Zeichen können Kodierungs- und Dekodierungsprozesse genauer erfaßt werden. Sie bilden die Voraussetzung für Kommunikationsvorgänge. Eine Informationsübertragung ist nur möglich, wenn der Informationssender die zur Kommunikation bestimmten Informationen objektiviert, d. h. sie Zeichen und Signalen zuordnet. Kodierung bedeutet eine Überführung von Informationen in Zeichen und Signale oder Signalfolgen. Analoge Überlegungen lassen sich in umgekehrter Folge für die Dekodierung anstellen.

*Kodierung, Dekodierung*

Im Zusammenhang mit dem Begriff des Zeichens spielen die aus der Semiotik übernommenen Betrachtungsebenen der Syntax und Semantik eine wesentliche Rolle. Die Syntax einer Sprache besteht aus den grammatikalischen Regeln, nach denen die alphabetischen Zeichen zusammengesetzt werden. Syntaktische Regeln besagen nichts über die Bedeutung der Zeichen und der aus ihnen gebildeten Ausdrücke. Demgegenüber befaßt sich die Semantik mit den Beziehungen zwischen den Zeichen und ihren Designaten, d. h. den Gegenständen, Ereignissen und Zuständen der Realität, die dem Zeichen Bedeutung geben. Auf die Benützer der Sprache – auf Sender und Empfänger – wird dabei nicht Bezug genommen. Dieser Stufe wird auch der Begriff der Nachricht zugeordnet. **Nachrichten übertragen durch Zeichen abgebildete Sachverhalte, ohne daß damit das Verhalten des Benachrichtigten beeinflußt wird oder beeinflußt werden soll.** Sie stellen lediglich eine Verbindung zwischen Individuen her. Das Fundament jeder Nachrichtenübermittlung sind die Abbildung von Sachverhalten durch Zeichen, die ordnungsgemäße Umwandlung von Zeichen in Signale, die störungsfreie technische Über-

*Syntax*

*Semantik*

tragung von Signalen, das Vorhandensein eines Zeichenvorrats beim Empfänger, der dem des Senders entspricht, und gleiche Zuordnungsregeln von Nachrichten bzw. Informationen zu bestimmten Signalen und Zeichen gleichsam als gemeinsame Basis für eine Verständigung der Kommunikationspartner.

*Pragmatik*

**Im Gegensatz zum Nachrichtenbegriff wird Information häufig als zweckorientiertes Wissen** (Wittmann) **definiert.** Zweckorientiertes, spezielles Wissen über Vergangenheit, Gegenwart oder Zukunft soll an die Stelle des Nichtwissens treten. Auf dieser pragmatischen Ebene werden die Beziehungen zwischen den Zeichen und ihren jeweiligen Benutzern aufgezeigt.

In diesen Bereich gehören vor allem Untersuchungen über die psychischen Voraussetzungen der Aufnahme von Informationen sowie den Einfluß der Kommunikation auf das Verhalten der beteiligten Personen. Es geht darum, die Wechselwirkung zwischen Kommunikation und Verhalten der Individuen zu erforschen.

*Zweckorientierung*

Eine entscheidende Frage bei der Erklärung des Informationsbegriffs ist die nach der „Zweckorientierung". Eine Gleichsetzung dieses Begriffs mit den Zielen einer Betriebswirtschaft oder mit Zielvorstellungen eines Individuums wäre zu eng. Geht man von den mit Kommunikationsvorgängen aufs engste verbundenen Beeinflussungsphänomenen wie Überzeugung und Manipulation aus, so ist festzustellen, daß im Sinne einer modernen Führungsstilforschung ein Führender versuchen wird, den Untergebenen zu einer mehr oder weniger bewußten und freiwilligen Übernahme von Entscheidungsprämissen zu veranlassen.

*Entscheidungs-*
*prämissen*

Die Entscheidungsprämisse stellt auf der pragmatischen Ebene gleichsam die kleinste Informationseinheit dar. **Sie ist ein Sammelbegriff für die verschiedenen Kategorien von Informationen, die in einem Entscheidungsprozeß Berücksichtigung finden.** Soweit sie sich auf Tatsachenwissen bzw. indikativische Aussagen bezieht, umfaßt sie **Informationen über Handlungsalternativen,** über deren voraussichtliche Konsequenzen sowie über Daten (im Entscheidungsprozeß nicht beeinflußbare Größen). Daneben sind im Begriff der Entscheidungsprämisse Aussagen darüber enthalten, was gut oder erstrebenswert ist **(Werturteile),** bzw. was sein soll **(Imperative).** Werturteile und Imperative bringen Informationen über Ziele, Werte, Motive, Präferenzen und Normen des Entscheidungssubjekts zum Ausdruck.

*Zweckorientierung*
*beim Empfänger*

Der Informationsbedarf eines Entscheidungsträgers hängt von den bewußt oder unbewußt reflektierten Vorstellungen über den Entscheidungszusammenhang **(kognitives Modell der Entscheidungssituation)** ab, die sich im Individuum bei konkreten Problemlösungsprozessen bilden. **Aus der Sicht des Empfängers werden nur jene Nachrichten zu zweckorientiertem Wissen, d. h. zu Informationen, die im kognitiven Modell der Entscheidungssituation Berücksichtigung finden.** Damit steckt das kognitive Modell den Bereich relevanter Informationen ab.

Sollen durch Informationen bestimmte individuelle Reaktionen hervorgerufen werden, so müssen die Nachrichten solche Werte und Überzeugungen im Menschen aktivieren, die zur Annahme der Information durch den Entscheidungsträger führen.

*Zweckorientierung*
*beim Sender*

Aus dieser Sicht bezieht sich der Begriff der Zweckorientierung auf die vom Informationssender verfolgten Ziele und Wünsche, da er den Informationsempfänger zu einem Verhalten veranlassen will, das den eigenen Vorstellungen adäquat sein soll. Die Frage, ob ein Organisationsmitglied die von ihm aufgenommenen Nachrichten tatsächlich seinen Entscheidungen zugrunde legt oder nicht, ist eine Frage der **Überzeugungs-** und **Manipulationsfähigkeit** bzw. der **Macht** oder **Autorität** des jeweiligen Senders. Von ihr hängt es ab, ob der Empfänger eine Information als Entscheidungsprämisse akzeptiert. Das Akzeptieren einer Entscheidungsprämisse bedeutet eine Veränderung der Einstellung und/oder des äußerlich beobachtbaren Verhaltens. Es müssen nicht alle Nachrichten eines Senders in das Modell der Entscheidungssituation eingehen. Sie können jedoch in späteren Entscheidungssituationen zu Entscheidungsprämissen werden. Sie haben damit, wie alle im menschlichen Gedächtnis gespeicherten Nachrichten, den Charakter einer potentiellen Information.

Der Begriff der Zweckbezogenheit kann jedoch nicht völlig losgelöst von den Zwecken gesehen werden, die das Entscheidungssubjekt selbst verfolgt. Dies wird insbesondere deutlich, wenn das entscheidende Individuum zur Lösung konkreter Wahlprobleme aus eigenem Antrieb Informationen über die inner- und außerbetriebliche Umwelt zu gewinnen sucht, um das kognitive Modell der Entscheidungssituation zu vervollständigen. Bei dieser aktiven Informationssuche fehlt u. U. ein Sender, der eine Annahme von Informationen als Entscheidungsprämissen bezweckt.

*Informationssuche des Entscheidungsträgers*

*Informationswert*

**Der wirtschaftliche Wert einer Information bestimmt sich aus ihrem Nutzen für betriebswirtschaftliche Entscheidungsprozesse und den Kosten der Informationsbeschaffung.**

Rein theoretisch erreicht die Betriebswirtschaft das informatorische Gleichgewicht in dem Punkt, bei dem die zusätzlichen Kosten der Informationsgewinnung und -verarbeitung dem Nutzenzuwachs aus der zusätzlichen Information gleich sind. Die Ermittlung dieses „optimalen" Punktes scheitert jedoch an der **mangelnden Quantifizierbarkeit der Informationskosten und des Informationsnutzens.** Zum anderen setzt sie voraus, daß alle potentiell relevanten Informationen in konkreten Entscheidungssituationen auch ermittelt werden können. Implizit wird damit vollkommene Information unterstellt, d. h., die zu beschaffenden Informationen müßten vor dem Zeitpunkt der Beschaffung bereits bekannt sein – ein Widerspruch in sich. Darüber hinaus wäre zu berücksichtigen, daß die Informationssuche an gewisse Nebenbedingungen, z. B. zeitlicher und/oder liquiditätsmäßiger Art, gebunden ist. Die Informationsgewinnung wird in der Realität meist dann abgebrochen, wenn Handlungsmöglichkeiten bekannt werden, die eine befriedigende Zielerreichung entsprechend dem vom Entscheidungsträger gesetzten Anspruchsniveau erwarten lassen. Trotz dieser Problematik fehlt es nicht an Versuchen der quantitativen Durchdringung der Frage des Informationswerts. Mag die Kostenseite der Informationsgewinnung noch annäherungsweise einer rechnerischen Analyse unterzogen werden können, so ist die Ermittlung des Informationsnutzens äußerst problematisch. Um die Nutzenseite ermitteln zu können, muß eine Annahme über die Erfolgswirkung der Information vorliegen. Gerade diese Zurechnungsproblematik erscheint unlösbar.

*Informationskosten und Informationserträge*

*Informationsgewinnung und -verarbeitung*

*Informationsbedürfnisse*

**Umfang, Genauigkeit und Häufigkeit bereitzustellender Informationen werden letzten Endes vom Informationsbedarf der einzelnen Entscheidungsträger eines Industriebetriebs bestimmt.** Diese Informationsbedürfnisse werden determiniert von den konkreten Aufgabenstellungen, den zu verfolgenden Zielen und von sozial- und individualpsychologischen Eigenschaften der Individuen, insbesondere vom kognitiven Modell der Entscheidungssituation, das sich ein Entscheidungsträger bildet. Auf der anderen Seite wird das aktuelle und potentielle „Outputprogramm" der Informationswirtschaft von Art und Umfang der Informationsgewinnungsprozesse beeinflußt, wobei zeitliche und kostenmäßige Beschränkungen zu berücksichtigen sind.

*originäre Informationen*

Die Grundlage des betriebswirtschaftlichen Informationswesens bilden die originären Informationen. Hier handelt es sich um zweckorientierte Nachrichten, welche die Unternehmung durch aktive oder passive Informationssuche **über die betriebliche Außenwelt** erstmals erhält (z. B. Konjunkturindizes, Arbeitsmarktdaten, Informationen über die Konkurrenz, Absatzmarktdaten usw.) und um **ursprüngliche Informationen über betriebsinterne Tatbestände** (z. B. Teilestammdateien, Lagerbestandszahlen usw.), die noch nicht durch die logische Verknüpfung und Verarbeitung von bereits vorhandenen Informationen entstanden sind. Originäre Informationen werden unmittelbar in der Realität durch ursprüngliches Zählen, Messen, Wiegen, Schätzen oder Interpretieren erfaßt.

*externe Informationen*

Zur Gewinnung externer Informationen, die in aller Regel die Unternehmung bereits in verarbeiteter und verdichteter Form erreichen, bedient sich die Betriebswirtschaft häufig **selbständiger Informationsinstitute** (z. B. Konjunkturforschungsinstitute, statistische Ämter, Verbände, wissenschaftliche Institute). Das Zurückgreifen auf unternehmungsexterne Informationsquellen hat eine Abhängigkeit vom Zeitpunkt und von der Art der Informationsaufbereitung durch die jeweiligen Institutionen zur Folge. Die Betriebswirtschaft kann darauf keinen oder nur einen beschränkten Einfluß ausüben. Ferner suchen **betriebseigene Abteilungen** (z. B. Marktforschungsabteilung, Volkswirtschaftliche Abteilung, Rechtsabteilung) aus Veröffentlichungen und Berichten oder durch eigene Erhebungen Informationen zu gewinnen.

*interne Informationen*

Die Gewinnung originärer innerbetrieblicher Informationen erfolgt durch betriebseigene Erhebungen, beispielsweise durch das Feststellen von Güter- und Dienstleistungsverzehren als dem Mengengerüst der Kosten, durch die Ermittlung der erbrachten Leistungen, durch das Messen physikalischer Größen oder durch das Ausstellen von Urbelegen. Auch das Individuum ist Träger von Informationen. Die Vielzahl von Personaldaten, wie Eignungen, früheren Tätigkeiten, Ausbildung usw. bilden Unterlagen für personalpolitische Entscheidungsprozesse. Als Ergebnis interner Informationsgewinnungsprozesse können z. B. Teilestammdateien und Erzeugnisstrukturdateien, Arbeitsplatz- und Arbeitsplandateien, Dateien der Kostenrechnung oder Personaldateien betrachtet werden, die in der elektronischen Datenverarbeitung eine große Rolle spielen.

Die originären Informationen bilden die Basis eines Informationssystems. Nur wenn diese grundlegenden Informationen über das betriebswirtschaftlich relevante Geschehen vorhanden sind, kann ein befriedigendes Informationsinstrument aufgebaut werden. Originäre Informationen besitzen vor allem für Entscheidungsträger auf der Ausführungsebene einen Informationsgehalt. Für andere Zwecke muß jedoch in der Regel eine Verdichtung, Verarbeitung und Kombination erfolgen. Aus den originären Informationen werden mit Hilfe menschlicher und maschineller Verarbeitungsprozesse **derivative Informationen** gewonnen.

*derivative Informationen*

Der Prozeß der „Produktion" derivater Informationen kann sich formal in drei Ausprägungen vollziehen: Transmission, Translation und Transformation.

Die **Transmission** beinhaltet lediglich die unveränderte akustische, schriftliche oder bildliche Wiedergabe der Inputinformation. Durch die **Translation** wird allein die Form, nicht der Inhalt einer Information variiert. Ein typisches Beispiel für diesen Verarbeitungsprozeß im engsten Sinne stellt die Kodierung dar, also z. B. die Darstellung von Zahlenreihen als Säulendiagramme oder Kurven, die Umwandlung von Eingangsinformationen in ein maschinenorientiertes Binärsystem oder in physikalische Signale wie akustische Schwingungen oder magnetische Felder. Diese syntaktischen Verarbeitungsprozesse beinhalten vor allem technische Probleme. Bei der **Transformation** werden Inputinformationen sowohl dem Inhalt als auch der Form nach in andere Informationen umgewandelt. Transformationsprozesse niederer Ordnung vollziehen sich durch **Umformen von Einzelinformationen** in andere (z. B. Ausstellung einer Zahlungsanweisung aufgrund einer eingegangenen Rechnung), durch **Verdichten** (z. B. Summierung bestimmter Kostenarten) oder **Spezifizieren** (z. B. Analyse von Kostenabweichungen nach verschiedenen Abweichungsarten). Transformationsprozesse höherer Ordnung bilden das Urteilen und Schließen. **Urteilen** setzt zunächst eine Bestimmung der Begriffsmerkmale (Begriffsintension) und des Begriffsumfangs (Begriffsextension) voraus. Erst dann können verschiedene Tatbestände danach beurteilt werden, ob sie unter einen bestimmten Begriff subsumiert werden können, z. B. ob ein bestimmter bewerteter Güter- und Dienstleistungsverzehr einer konkreten Kostenart zugeordnet werden kann. Bei der **schließenden Transformation** wird ein Urteil aufgrund anderer Urteile abgeleitet oder verworfen.

*Transmission, Translation*

*Transformation*

*Urteilen und Schließen*

Wiederkehrende Informationsgewinnungs- und -verarbeitungsprozesse erfahren durch Programme oder **Informationsverarbeitungskalküle** eine generelle Regelung. Solche Verarbeitungsprogramme reichen von den einfachen Verfahrenstechniken (z. B. Verfahren der Kostenrechnung wie BAB, Leistungsverrechnung, Kostenspaltung) über statistische Methoden der Vorhersage (z. B. Zeitreihenanalyse, Korrelationsanalyse, Regressionsanalyse) bis zu den analytischen Modellen der mathematischen Programmierung und zu heuristischen Methoden.

Programme zur Steuerung von Informationsverarbeitungsprozessen können sowohl den Personen als auch den Maschinen des Informationssystems zugeordnet werden. Sie dienen als Hilfsmittel der Informationsverarbeitung.

## Informationsspeicherung

*Notwendigkeit der Speicherung*

Die Speicherung von Informationen übernimmt im Rahmen des Informationsprozesses eine Pufferfunktion, die mit der Funktion von Materiallägern im Produktionsprozeß des Industriebetriebs vergleichbar ist. Ein Unterschied besteht jedoch insofern, als die „Entnahme" von Informationen nicht mit einem Verbrauch derselben verbunden ist. **Die Notwendigkeit der Speicherung von Informationen ergibt sich daraus, daß der Informationsgewinnungs-, -verarbeitungs- und -weiterleitungsprozeß sich nicht kontinuierlich vollzieht.** Zum einen kann der Informationsbedarf ex ante weder zeitlich noch qualitativ noch quantitativ genau bestimmt werden, so daß es zur Sammlung von Nachrichten kommt, deren spätere Zweckorientierung noch ungewiß ist. Weiterhin ist zu bedenken, daß die Verarbeitungskapazitäten von Menschen und Maschinen beschränkt sind; sie stellen gleichsam Engpässe dar. Informationsspeicherung ist auch dann nötig, wenn in späteren Vergleichsoperationen Soll-, Standard- oder vergangenheitsorientierte Istwerte den realisierten aktuellen Werten gegenübergestellt werden sollen. Nicht zuletzt verlangen gesetzliche Vorschriften – z. B. die Aufbewahrungsvorschriften des HGB – eine teilweise sogar langfristige Speicherung bestimmter Informationen.

*Speicherung im Gedächtnis*

Als Speichermedien kommen das menschliche Gedächtnis sowie technische Speichermittel in Frage. Für eine richtige und vollständige Speicherung großer Informationsmengen ist das menschliche Gedächtnis relativ ungeeignet. Die Auswahl und Speicherung empfangener Informationen vollzieht sich nach unbekannten Regeln. Es ist unsicher, ob bestimmte Informationen tatsächlich zu kognitiven Informationen werden, inwieweit sie durch Manipulations- oder Überzeugungsprozesse modifiziert werden, in welchem Umfang sie im Zeitablauf „vergessen" werden und ob deshalb einmal gespeicherte Informationen wieder in der ursprünglichen Form aktiviert werden können.

*technische Speichermedien*

Informationen können in ihrer **ursprünglichen Form** in Büchern, Zeitschriften oder auf Belegen gespeichert sein oder in **verschlüsselter Form** auf Lochkarten, -streifen, Magnetbändern, -platten, -streifen, auf Trommeln mit magnetisierbarer Oberschicht oder auf Magnetkernspeichern. Daneben gibt es die Speicherung auf Mikrofilmen oder in Gestalt von Tondokumenten. Die Auswahl eines bestimmten Speichermediums für konkrete Informationsarten erfolgt nach verschiedenen Kriterien. Hierzu zählen die Häufigkeit der Verwendung von Informationen, die Zugriffszeit, die Kosten und Kapazitäten der Speichermedien und der Raumbedarf. In Verbindung mit der maschinellen Datenverarbeitung spielt insbesondere auch die Abstimmung zwischen Ein- und Ausgabeoperationen und Verarbeitungsprozessen eine Rolle.

*Dokumentation*

Ursprüngliche und kodierte Informationen werden in Bibliotheken, Archiven und Registraturen geordnet und gesammelt. Dabei erhebt sich die organisatorische Frage, ob eine **zentrale,** alles umfassende **Dokumentationsstelle** gebildet wird, die sämtliche mit der Informationsspeicherung anfallenden Aufgaben übernimmt, ob **dezentrale Speicherstellen** eingerichtet werden – z. B. in den einzelnen Funktionsbereichen – oder ob eine Mischform aus diesem breiten Kontinuum möglicher Formen realisiert wird. Der Vorteil einer dezentralen

Organisation liegt darin, daß Spezialisten einen größeren Überblick und besseren Zugriff zu den für sie jeweils relevanten Informationsquellen haben. Dem steht die Gefahr gegenüber, daß es zu Doppelspeicherungen kommt oder daß Störungen im Prozeß der Verteilung der Informationen auftreten. Außerdem ist zu berücksichtigen, inwieweit die einzelnen Mitarbeiter durch derartige informatorische Nebentätigkeiten belastet werden und wie sich die Verfahrens- und Ausrüstungskosten bei Zentralisation und Dezentralisation verhalten. Auch die Organisation und der reibungslose Ablauf des Änderungsdienstes (Ergänzung, Berichtigung und Tilgung von Informationen) haben in diesem Zusammenhang große Bedeutung.

Informationen werden gespeichert, um sie später wieder zu verarbeiten und in Kommunikationsprozessen weiterzuleiten. Dies setzt voraus, daß entsprechende Schlüssel vorhanden sind, mit deren Hilfe benötigte Informationen wiederaufgefunden werden können (information retrieval). Diese Aufgabe übernehmen sogenannte **Deskriptoren,** die in kurzer Form über den Charakter gespeicherter Informationen eine Aussage machen. Deskriptoren können z. B. in Gestalt von Stichwörtern, Personennamen, numerischen Schlüsseln oder Indexsystemen auftreten. Derartige Deskriptoren finden auch bei der elektronischen Speicherung literarischer Texte Verwendung. Ein maschineller Suchprozeß kann dann vereinfacht etwa derart ablaufen, daß eingegebene Suchworte mit den in jedem Kurztext gespeicherten Deskriptoren solange verglichen werden, bis ein Dokument gefunden ist, das alle Suchworte enthält. Dieser Text wird dann mit den entsprechenden bibliographischen Angaben ausgedruckt.

*Informationswiedergewinnung (information retrieval)*

## *Informationsübermittlung*

**Der Kommunikationsprozeß beginnt beim Informationssender, der aus einem vorhandenen Nachrichtenvorrat eine Nachricht auswählt und an einen Informationsempfänger übermittelt. Die Nachricht wird in eine bestimmte Folge von Signalen verschlüsselt bzw. kodiert und über einen Informationskanal an den Empfänger übertragen. Dort sind die Signale zu entschlüsseln bzw. zu dekodieren, damit der Empfänger die vom Sender beabsichtigte Bedeutung der Nachricht erkennen und diese ihrer Bestimmung zuführen kann.**

Den Techniker interessieren vor allem Probleme der Kapazität von Sendern, Empfängern und Kanälen sowie Fragen der Minimierung der Informationsflußzeit, der Kommunikationswege und technischer Störungen. Den Organisator beschäftigen Fragen der Gestaltung der Kommunikationsstruktur im umfassendsten Sinne (vgl. Teil 2, S. 121 ff.). Darauf aufbauend ist für den Industriebetrieb vor allem die Pragmatik von Informationen und somit die Kommunikation zwischen Individuen und die damit verbundene Koordination des betriebswirtschaftlichen Geschehens von Bedeutung.

Das Phänomen der Kommunikation ergibt sich aus der Tatsache, daß Entscheidungsprozesse arbeitsteiliger Organisationen in viele Teilprozesse zerfallen, die auf verschiedene Personen verteilt sind. Der Entscheidungsprozeß ist mehr oder weniger stark dezentralisiert. Die einzelnen Teilentscheidungen sind

*Koordination von Entscheidungen*

jedoch nicht unabhängig voneinander, vielmehr bilden die Entscheidungen eines Organisationsmitglieds Beschränkungen für die Dispositionen anderer Entscheidungsträger. Um die Folgen seiner Teilentscheidungen bestimmen zu können, muß jeder am organisatorischen Entscheidungsprozeß Beteiligte Informationen über die Teilentscheidungen anderer Beteiligter besitzen. Es ist also ein Informationsaustausch zwischen den Organisationsmitgliedern notwendig. Er dient der Koordination der Teilentscheidungen und ihrer Ausrichtung an den verfolgten Zielen.

Die Annahme der Dezentralisation von Entscheidungen ist zwar realistisch; dennoch darf nicht übersehen werden, daß der Gesamtkomplex betrieblicher Entscheidungen unterschiedlich auf die Organisationsmitglieder bzw. auf die organisatorischen Teilbereiche aufgeteilt werden kann. Entsprechend wird sich auch die Bedeutung der Kommunikation für die Koordination betrieblicher Entscheidungen ändern (vgl. Teil 2, S. 85ff.).

Eng verbunden mit den Begriffen Dezentralisierung und Zentralisation von Entscheidungen sind die beiden Möglichkeiten der Koordinierung durch Austausch von Rückkopplungsinformationen oder durch umfassende Gesamtplanung.

*Koordination durch Rückkopplungsinformationen*

**Bei der Koordinierung durch Austausch von Rückkopplungsinformationen wird davon ausgegangen, daß die einzelnen Entscheidungsträger ihre Aktionsparameter weitgehend selbständig festlegen. Zu diesem Zwecke benötigen sie neben Informationen über Alternativen und deren Konsequenzen auch Erwartungsinformationen über interdependente Entscheidungen anderer Organisationsmitglieder und über Veränderungen in der betriebswirtschaftlichen Umwelt.**

Die benötigten Informationen, die den eigenen Entscheidungsspielraum einengen, können durch **Beobachten** gewonnen werden. Ist dies nicht möglich, etwa bei räumlicher Trennung der Entscheidungsubjekte oder wenn die anderen Entscheidungen erst in der Zukunft gefällt werden, so muß der Entscheidungsträger die Informationen entweder aus seinen bei ähnlichen Situationen gesammelten Erfahrungen ableiten oder durch **Kommunikation** gewinnen. Abweichungen von den Erwartungen über die Entscheidungen der anderen Organisationsteilnehmer oder über Umweltereignisse werden durch Rückkopplungsinformationen festgestellt. Sie lösen unter Umständen Anpassungsentscheidungen aus. Bei der Koordinierung durch Rückkopplungsinformationen liegt die Bedeutung der Kommunikation in der Übermittlung von Erwartungsinformationen und Daten. Es handelt sich in erster Linie also um Tatsachenwissen im weitesten Sinne.

*Koordination durch Gesamtplanung*

Bei der Koordinierung durch umfassende Gesamtplanung tragen die an die Organisationsmitglieder weitergeleiteten Pläne vorwiegend vorschreibenden Charakter. Ein von oder im Auftrag der Unternehmungsleitung ausgearbeiteter Gesamtplan besteht aus einer Menge von Informationen, die den Organisationsmitgliedern als Ziele vorgegeben werden. Der Gesamtplan liefert Prämissen für die individuellen Entscheidungen. Damit wird ihr Entscheidungsspielraum eingeengt. **Das betriebliche Geschehen unterliegt einer straffen Steuerung durch die oberste Willensbildungsinstanz.** Der dezentrale Charakter des organisatorischen Entscheidungsprozesses bleibt allerdings dann unberührt, wenn der Gesamtplan lediglich einen Grobplan darstellt, aus dem sich nur allgemeine Handlungsvorschriften ableiten lassen, die durch weitere Entscheidungen zu konkretisieren sind. Die Koordinierung erfolgt hier durch Vorgabe genereller Imperative oder Ziele, die zu den organisatorischen Oberzielen in einem Mittel-Zweck-Verhältnis stehen.

Die Möglichkeiten einer umfassenden, zentralen Simultanplanung sind in der Praxis beschränkt. Allerdings ist mit der Einführung von EDV-Anlagen eine gewisse Zentralisierung der Sammlung, Verarbeitung und Speicherung des im Industriebetrieb anfallenden und benötigten Informationsmaterials verbunden. Die Ausgestaltung der EDV zu einem Informationsinstrument und die Nutzbarmachung für Planungsaufgaben ermöglichen in gewissen Grenzen einen Ansatz zu einer umfassenden Gesamtplanung.

In der Praxis herrschen **sukzessive Entscheidungsprozesse** vor. Auch in diesem Fall kann eine Koordinierung der Teilentscheidungen nicht völlig ohne Gesamtplanung auskommen. Sollen die Ergebnisse der einzelnen Aufgabenträger zu einer adäquaten Oberzielerfüllung führen, so benötigen die Aufgaben- und Entscheidungsträger entsprechende Zielinformationen. Dabei kommt der Kennzahlenrechnung eine gewisse Bedeutung zu.

**Die Kennzahlenrechnung komprimiert und bereinigt das Zahlenmaterial des betrieblichen Rechnungswesens, um es den Informationsbedürfnissen der einzelnen Entscheidungsträger anzupassen. Kennzahlen können als absolute Zahlen oder als Relativzahlen verstanden werden. Sie bringen quantifizierbare wirtschaftliche Größen in problembezogener, knapper, ziffernmäßiger Form zum Ausdruck.**

*Kennzahlen als Koordinationsinstrument*

Entsprechend den Phasen des Entscheidungsprozesses können Kennzahlen grundsätzlich eine Planungs-, Vorgabe- und Kontrollfunktion erfüllen. Im Rahmen der Planungsstufe können Initialinformationen, Informationen über die inner- und außerbetrieblichen Beschränkungen sowie die Kriterien, anhand derer die Konsequenzen von Handlungsmöglichkeiten prognostiziert werden, mit Kennzahlen abgebildet werden. Zur Koordinierung der organisatorischen Teilentscheidungen und zur Steuerung des betriebswirtschaftlichen Geschehens tragen vor allem Kennzahlen als Vorgabeinformationen bei. Die Kennzahlen müssen dann jedoch als **Suboptimierungskriterien** in einem echten Mittel-Zweck-Verhältnis zu den Oberzielen stehen und für die Entscheidungsträger **operationale Handlungsziele** darstellen.

Die Problematik von Kennzahlen liegt darin, daß einmal nur quantitative Größen erfaßt werden können und daß zum anderen die Ableitung konfliktfreier Mittel-Zweck-Hierarchien kaum möglich ist. Dies wird insbesondere dann deutlich, wenn die Unternehmung mehrere Ziele gleichzeitig verfolgt. Die Beziehung zwischen den einzelnen Zielen sind in der Regel kaum eindeutig feststellbar. Da die tatsächlichen und potentiellen Konfliktsituationen zwischen den horizontal und vertikal geordneten Zielen nicht vorhersehbar sind und in der Regel bestenfalls Mittel-Zweck-Vermutungen aufgestellt werden können, kann das Suboptimierungsproblem nicht oder nur annähernd gelöst

*Kennzahlenproblematik*

werden. Es ist auch zu bedenken, daß bei innovativen Entscheidungen oftmals keine klaren ex ante Zielvorstellungen existieren, sondern daß sich erst im Verlaufe des Entscheidungsprozesses Richtlinien herausbilden.

Schließlich ist der **Zielbildungsprozeß selbst eine Frage der Machtverteilung unter den Organisationsteilnehmern,** die versuchen werden, ihre **Zielvorstellungen für die Organisation** zu offiziellen **Zielen der Organisation** zu machen. Da dies nicht immer gelingen wird, ist davon auszugehen, daß die Entscheidenden versuchen werden, auch die nicht offiziell berücksichtigten subjektiven Wertvorstellungen in ihren Entscheidungen zu realisieren. Dies kann zu Konflikten mit den festgelegten Organisationszielen führen.

Letzten Endes müßten die Kennzahlenvorgaben dem **Relevanzkriterium** von Informationen genügen. Relevant sind nur solche Informationen, die in das kognitive Modell der Entscheidungssituation der Entscheidungsträger eingehen. **Sollen durch Kennzahlenvorgaben individuelle Reaktionen hervorgerufen werden, so müssen die Nachrichten im Menschen solche Werte und Überzeugungen aktivieren, die zu einer Annahme der Information als Entscheidungsprämisse führen.** Die Unkenntnis tatsächlich relevanter Informationen führt nicht selten zu einer Unter- oder Überinformation.

Eine Koordination ohne Kommunikation ist in einer Organisation nicht vorstellbar. Das **Kommunikationssystem** ist das Instrument, das die Organisationsmitglieder mit den Informationen versorgt, die sie für ihre Entscheidungen benötigen. Jede Information, die den Entscheidungsspielraum eines Entscheidungssubjekts ändert, erfüllt im positiven und negativen Sinn eine Koordinierungsfunktion.

*Informationsaustausch mit der Umwelt*

Der betriebswirtschaftliche Kommunikationsprozeß vollzieht sich nicht allein im Innenbereich der Unternehmung, sondern er schließt auch die kommunikativen Beziehungen mit der Umwelt ein. Die Betriebswirtschaft nimmt von ihr Informationen auf und leitet bestimmte Informationen – sei es aufgrund gesetzlicher Bestimmungen (vgl. z. B. die Publizitätsvorschriften des Aktiengesetzes) oder auf freiwilliger Basis (vgl. z. B. Werbung, Verhandlungen) – an diese weiter. **Informationsabgabe an externe Empfänger soll nicht allein Tatsachenwissen übermitteln, sondern auch das Verhalten der Umwelt im weitesten Sinne beeinflussen** (vgl. Teil 5, S. 599 ff.).

## 3. Teilbereiche der Informationswirtschaft

Die Erfüllung informationswirtschaftlicher Aufgaben erfolgt nicht nur in eigens hierfür geschaffenen Abteilungen bzw. durch eigens hierfür vorgesehene Personen oder Gruppen innerhalb von Abteilungen mit anderen Funktionen (z. B. Beschaffung, Produktion, Verkauf). **Informationsaufgaben sind Bestandteil der Stellenaufgabe fast aller Organisationsmitglieder.**

Der Versuch, im Kapitel „Informationswirtschaft" die Gesamtheit aller informationswirtschaftlichen Aktivitäten innerhalb einer Unternehmung zu behandeln, müßte zwangsläufig zur Wiederholung von Sachverhalten führen, die in den vorausgegangenen Kapiteln bereits dargestellt wurden. Die Berücksichtigung sämtlicher informationeller Zusammenhänge käme zudem dem Entwurf eines „Totalmodells" der Unternehmung aus der sehr umfassenden Perspektive der Information gleich. Der Entwurf eines theoretisch aussagekräftigen und praktisch brauchbaren derartigen Totalmodells ist bislang nicht gelungen. Im folgenden wird daher auf diejenigen Teile des Informationssystems abgestellt, die innerhalb eines Industriebetriebes im allgemeinen auch organisatorisch verselbständigt sind. **Der Schwerpunkt liegt damit auf dem Rechnungswesen und innerhalb desselben auf der Kosten- und Leistungsrechnung.** Investition und Finanzierung sind im Kapitel „Kapitalwirtschaft" ausführlich behandelt. Auf Probleme und Verfahren der Planung wird auch in den übrigen Teilen ausführlich eingegangen. Im vorliegenden Zusammenhang werden neben Fragen der Kostenplanung lediglich Ansätze und Probleme der Integration der verschiedenen Planungsbereiche aufgegriffen.

## II. Grundlagen der Finanzbuchhaltung

Sozialsysteme, an denen sich Menschen aus unterschiedlichen Gründen beteiligen, sollten ihre Aktivitäten auf eine Weise dokumentieren, die möglichst wenig Zweifel an der „Richtigkeit" der verwendeten Informationen entstehen läßt. Allerdings kann es dabei dazu kommen, daß das Bedürfnis nach „Objektivierung" zu Lasten des eigentlichen Informationsbedürfnisses befriedigt werden muß. An die Stelle strittiger Daten über interessierende Sachverhalte treten häufig unstrittige Daten über Sachverhalte, die nur mit Mühe im Sinne des eigentlichen Informationsbedürfnisses gedeutet werden können.

*Bilanzvermögen und Bilanzkapital*

Die **Objektivierung der Wertschätzung von Gütern durch Tausch gegen Zahlungsmittel** stellt eine für Sozialsysteme sehr geeignete Möglichkeit dar, Spielräume für die Beurteilung ihrer Situation und ihrer Tätigkeit einzuengen. Die **„offizielle Gesamtrechnung" der Unternehmung ist seit jeher pagatorisch**, d. h. an Zahlungsvorgängen orientiert. In Form der doppelten Buchführung zeichnet sie **Veränderungen des Umfanges und der Zusammensetzung von Vermögen und Kapital** auf. Die Notwendigkeit der Unterscheidung von Vermögen und Kapital ergibt sich daraus, daß neben der Erfassung der in einer Unternehmung vorhandenen und zum Zwecke der Vermehrung eingesetzten Güter auch ein Ausweis der Ansprüche auf diese Güter erfolgen muß. Grundsätzlich wird zwischen den von den Eigentümern eingebrachten bzw. in der Unternehmung belassenen Teilen des Vermögens und den von den Nichteigentümern überlassenen Vermögensteilen unterschieden. Abgesehen von möglichen Sondervereinbarungen ist es jedoch nicht möglich, konkrete Vermögensbestandteile auf Unternehmenseigner oder Gläubiger zuzuordnen. Kapital im Sinne der Buchführung und Bilanzierung ist somit als in Geldeinheiten gemessener abstrakter Anspruch auf das gesamte Unternehmungsvermögen aufzufassen. Der **Anspruch der Fremdkapitalgeber ist nominell fixiert, das Eigenkapital stellt die Residualgröße dar.** Sie ergibt sich, wenn vom Wert des Gesamtvermögens (**Bruttovermögen**) die gegenüber Fremdkapitalgebern bestehenden Verpflichtungen subtrahiert werden (**Reinvermögen/Nettovermögen = Eigenkapital**).

*Bilanz*

Kapital und Vermögen werden üblicherweise in Form einer **Bilanz** dargestellt. Auf deren Passivseite ist das Kapital, auf ihrer Aktivseite das Vermögen ausgewiesen. Bei Kapitalgesellschaften ist das **Ergebnis reinvermögensändernder Vorgänge (Aufwendungen und Erträge)** einer Abrechnungsperiode getrennt vom Eigenkapitalbetrag als **Periodengewinn/-verlust** sichtbar zu machen. Personengesellschaften und Einzelkaufleute können dagegen das Periodenergebnis mit dem Eigenkapitalbetrag zusammenfassen. Reinvermögensänderungen spiegeln sich hier in einer **Zu- bzw. Abnahme des Eigenkapitalbetrages** wider.

Ausgehend von den zu Periodenbeginn (Beginn des Geschäftsjahres) bestehenden Vermögens- und Kapitalverhältnissen zeichnet die Finanzbuchhaltung die

Veränderungen dieser Verhältnisse während der Periode auf. Zu diesem Zweck werden die Bilanzpositionen auf **Konten** übernommen, auf denen die Buchung der Geschäftsvorfälle stattfindet. Es lassen sich **vier Grundtypen von Geschäftsvorfällen** unterscheiden:

*Grundtypen von Geschäftsvorfällen*

(1) Umschichtungen innerhalb des Vermögens **(Aktivtausch).** Beispiel: Ein Kunde bezahlt eine fällige Rechnung durch Banküberweisung, d. h. an die Stelle der bisherigen Forderung tritt eine Erhöhung des Bestandes auf dem Bankkonto.

(2) Umschichtungen innerhalb des Kapitals **(Passivtausch).** Beispiel: Eine Verbindlichkeit gegenüber einem Lieferanten wird in eine (längerfristige) Darlehensverbindlichkeit umgewandelt.

(3) Zunahme von Vermögen und Kapital **(Bilanzverlängerung).** Beispiel: Rohstoffe werden auf Ziel gekauft, d. h. Vorräte und Fremdkapital (Verbindlichkeiten aus Lieferungen und Leistungen) nehmen zu.

(4) Verminderung von Vermögen und Kapital **(Bilanzverkürzung).** Beispiel: Begleichung von Verbindlichkeiten durch Banküberweisung, d. h. Verbindlichkeitenbestand und Bestand auf dem Bankkonto vermindern sich.

Geschäftsvorfälle können auch eine Mischung dieser Grundtypen darstellen. So handelt es sich z. B. beim Verkauf von Waren zu einem höheren als dem Einkaufspreis um eine Kombination von Aktivtausch und Bilanzverlängerung. In Höhe des Einkaufspreises findet eine Umschichtung zwischen Vorräten und Forderungen statt. Die Differenz zum Einkaufspreis, die im Betrag der Forderung zusätzlich enthalten ist, bedeutet eine Vermehrung des Eigenkapitals.

Eigenkapitalverändernde Geschäftsvorfälle, die für die Ermittlung des Gewinnes/Verlustes der Periode zu berücksichtigen sind (Aufwendungen und Erträge), werden während der Periode auf sogenannten **Erfolgskonten** gegengebucht und zum Periodenende auf dem **Konto Gewinn und Verlust** (GuV) zusammengefaßt. Dieses Konto ist der Systemlogik nach ein **Unterkonto** zu dem (den) **Eigenkapitalkonto** (-konten). Sein Saldo, der pagatorische Jahreserfolg, erhöht oder vermindert den Anfangsbestand des Eigenkapitals. Die Buchung von Aufwendungen und Erträgen (z. B. Lohnaufwand, Zinsaufwand, Materialaufwand; Erträge aus Verkauf der verschiedenen Erzeugnisse und Waren, Zinserträge) auf Unterkonten des GuV-Kontos, also „Unterunterkonten" des Eigenkapitalkontos, erfolgt aus Gründen der Übersichtlichkeit.

*GuV-Konto*

*Aufwendungen, Erträge*

Neben dem Saldo des GuV-Kontos werden am Periodenende auch die Salden der sonstigen Konten **(Bestandskonten)** in eine neue Bilanz übernommen. Zuvor ist jedoch im Rahmen der **Inventur durch Bestandsaufnahme (Zählen, Messen, Wiegen, Einholen von Saldenbestätigungen)** zu überprüfen, ob die tatsächlichen Stichtagsbestände den buchhalterisch ermittelten Beständen entsprechen. Ist dies nicht der Fall, so muß die Buchhaltung den tatsächlichen Verhältnissen angepaßt, d. h. es müssen Inventurdifferenzen gebucht werden (z. B. Erhöhung des Materialaufwandes der Periode bei Feststellung von Lagerfehlbeständen).

*Inventur*

Die **Schlußbilanz** gibt **Umfang und Zusammensetzung von Vermögen und Kapital zum neuen Stichtag** wieder. Werden das anfängliche Eigenkapital und seine durch die Eigentümer bewirkten Veränderungen (Privateinlagen/Kapitalerhöhungen; Privatentnahmen/Kapitalherabsetzungen) nicht mit dem Saldo der GuV zusammengefaßt, so zeigt auch die Bilanz das durch die Geschäftstätigkeit im abgelaufenen Abrechnungszeitraum erzielte und nach Rechnungslegungsnormen ermittelte Ergebnis (Gewinn/Verlust).

*doppelte Buchführung*

Die jeweils zweifache Aufzeichnung von Geschäftsvorfällen in der doppelten Buchführung erfolgt nach unterschiedlichen Kriterien. Ihnen gemeinsam ist die Orientierung an Zahlungsvorgängen.

(1) Tatsächlich stattfindende **Zahlungen** werden nach der **Art** der Zahlung und dem **Grund** der Zahlung unterschieden. Mögliche Zahlungsarten sind **Barzahlung** und **Veränderung auf einem Sichtkonto** bei einem Kreditinstitut.

Bei der Frage nach den Gründen der Zahlung sind zunächst **Einzahlungen** und **Auszahlungen** zu unterscheiden.

*Einzahlungen*

**Einzahlungsgründe** können die **Begleichung bestehender Forderungen** sein oder die **Zuführung von Geldmitteln,** auf die zuvor kein Anspruch bestand. Letzteres findet beim Barverkauf von Vermögensteilen oder als Eigen- oder Fremdkapitalzuführung statt. Bei Fremdkapitalzuführung wird die Art der entstehenden Verbindlichkeit aufgezeichnet (z. B. Anzahlung, kurz- oder langfristiger Bankkredit, Obligation). Bei Eigenkapitalerhöhungen muß festgehalten werden, daß von dem (den) Eigentümer(n) Mittel zugeführt wurden. Bei Einzahlung wegen einer Veräußerung von Vermögensteilen hängt die buchtechnische Behandlung von der Art des Vermögensgegenstandes und der Höhe des Verkaufserlöses ab. Bei der Veräußerung von Erzeugnissen oder Handelswaren wird der gesamte Verkaufserlös als eigenkapitalmehrender Vorgang (Ertrag) erfaßt. Die Tatsache, daß sich gleichzeitig der Bestand an Erzeugnissen bzw. Produktionsfaktoren oder Waren verminderte, wird als gesonderter Vorgang (Aufwand) doppelt aufgezeichnet.

Werden Vermögensteile veräußert, die nicht in den Rahmen des „eigentlichen" Absatzprogrammes fallen, (z. B. nicht mehr benötigte Produktionsanlagen, Grundstücke usw.), so ist neben dem Zahlungseingang zu erfassen, bei welcher Kategorie von Vermögensgegenständen der Bestand in welchem Umfang (Buchwert) vermindert wurde. Nur insoweit als Buchwert und Verkaufserlös voneinander abweichen, wird eine eigenkapitalverändernde Größe (Aufwand/Ertrag) aufgezeichnet.

*Auszahlungen*

Analog werden **Zahlungsmittelabflüsse** erfaßt. Einerseits wird festgehalten, welcher Teil des Zahlungsmittelbestandes durch eine Auszahlung vermindert wurde; andererseits ist der **Grund** für die bewirkte Auszahlung aufzuzeichnen. Dieser kann darin bestehen, daß eine bestehende **Zahlungsverpflichtung (Verbindlichkeit) erfüllt** wird. Weiterhin können Zahlungsmittel in direktem **Tausch gegen andere Vermögensgegenstände** hingegeben werden. Dann ist die Zunahme des Bestandes durch die Gegenbuchung zu erfassen. Es kann allerdings fraglich sein, ob der Hingabe von Zahlungsmitteln der Erwerb eines Vermögensgutes gegenübersteht. Dies gilt insbesondere für erhaltene Arbeits- und Dienstleistungen sowie Abgaben/Steuern an die öffentliche Hand. Derartige Auszahlungen werden im Zweifel sofort als eigenkapitalmindernde Vorgänge betrachtet und folglich als Aufwand der Rechnungsperiode behandelt.

Auszahlungen können schließlich auch stattfinden, weil die Unternehmungseigner Teile des Gewinns oder des von ihnen eingebrachten Kapitals entnehmen. Dann ist der Tatbestand der **Kapitalminderung (Privatentnahme, Kapitalherabsetzung)** der buchhalterisch zu berücksichtigende Auszahlungsgrund.

(2) Die Finanzbuchhaltung kann sich jedoch nicht auf die doppelte Aufzeichnung effektiver Ein- und Auszahlungen beschränken. **Veränderungen des Vermögens und des Kapitals** können bereits **vor** einem **Zahlungsmittelzu- oder -abfluß** auftreten. Dies ist dann der Fall, wenn Lieferungen oder Dienstleistungen **kreditiert** werden. Die Unternehmung wird dabei zum **Schuldner** (Lieferantenkredit) oder **Gläubiger** (Verkauf auf Ziel). Dieser Sachverhalt kann durch Verwendung der Begriffe Einnahme und Ausgabe berücksichtigt werden. Allerdings werden diese Begriffe unterschiedlich definiert. Häufig bezeichnet man als Einnahmen die Summe aus Einzahlungen, Forderungszunahmen und Schuldabnahmen, als Ausgaben die Summe aus Auszahlungen, Schuldenzunahmen und Forderungsabnahmen. Diese Definitionen führen jedoch dazu, daß kreditierte Lieferungen oder Dienstleistungen zweimal als Einnahmen bzw. Ausgaben auftreten. Beispielsweise stellt die Lieferung an einen Kunden auf Ziel sowohl bei der Lieferung (Forderungszunahme) als auch bei der Forderungstilgung (Einzahlung) eine Einnahme dar.

*Einnahmen, Ausgaben*

Eine solche Doppelerfassung wird vermieden, wenn die Rechnungsgrößen **Einnahme und Ausgabe als Veränderungen der Bestandsgröße „Geld- und Kreditbestand"** definiert werden:

*Geld- und Kreditbestand*

Zahlungsmittelbestand (Münzen, Banknoten, Giralgeld)
+ Forderungen (Geld- und Leistungsforderungen)
./. Verbindlichkeiten (Geld- und Leistungsschulden)
= Geld- und Kreditbestand

Zunahmen dieses Bestandes stellen Einnahmen, Verminderungen Ausgaben dar. Ein- und Auszahlungen, die mit einer gleichzeitigen Veränderung des Bestandes an Forderungen bzw. Verbindlichkeiten einhergehen, zählen nach dieser Begriffsfassung nicht zu den Einnahmen oder Ausgaben. Diese Definition vermeidet nicht nur Doppelerfassungen der oben genannten Art, sondern führt auch dazu, daß **Kreditgewährungen bzw. -inanspruchnahmen in Form der Übereignung von Geld, Schecks oder Wechseln** gänzlich aus der Einnahmen-Ausgabenbetrachtung **ausgeschlossen** werden. Hierzu zählen **auch** Zahlungen, die im Hinblick auf spätere Lieferungen oder Dienstleistungen im voraus geleistet werden (**Anzahlungen, Vorauszahlungen**).

Dann wäre es sinnvoll, auch diejenigen **Zahlungsmittelbewegungen nicht als Einnahmen und Ausgaben** zu bezeichnen, die die **Ausstattung der Unternehmung mit Eigenkapital verändern.** Auch wenn Privatentnahmen/Kapitalherabsetzungen und Privateinlagen/Kapitalerhöhungen nicht zu Veränderungen des Schulden- bzw. Forderungsbestandes der Unternehmung führen, handelt es sich bei ihnen wie bei der Zuführung/Rückgewährung von Zahlungsmitteln durch/an Fremdkapitalgeber um Vorgänge, die die Ausstattung der Unternehmung mit Mitteln für den Erwerb von Einsatzgütern betreffen, nicht aber um den Erwerb dieser Güter selbst. Sie wären durch das zusätzliche Merkmal „**Veränderung der Kapitalausstattung durch Eigentümereingriff**" aus der Ausgaben-Einnahmen-Betrachtung auszuschließen. Die diesbezügliche Begriffsbildung ist jedoch nicht einheitlich.

Für das System der finanzbuchhalterischen Grundbegriffe bedeutet dies, daß nur solche Ein- und Auszahlungen sowie Forderungszu- und -abnahmen bzw. Schuldenzu- und -abnahmen als Einnahmen bzw. Ausgaben anzusehen sind, denen eine Veräußerung bzw. Beschaffung von Gütern und Dienstleistungen gegenübersteht. Somit werden als Einnahmen und Ausgaben diejenigen Geschäftsvorfälle bezeichnet, die bei der Berechnung des Erfolges der Geschäftstätigkeit einander gegenüberzustellen sind. Allerdings bedarf es häufig noch einer Periodisierung (insbesondere von Ausgaben).

*Periodisierung*

(3) Die Ermittlung des Erfolges der Unternehmungstätigkeit im Rahmen der pagatorischen Rechnung erfolgt üblicherweise für Zeitspannen, die **kürzer sind als die Gesamtlebensdauer einer Unternehmung.** Eine jährliche Erfolgsermittlung ist aus Gründen der Besteuerung für alle, wegen der handelsrechtlichen Rechnungslegungspflichten für bestimmte Arten von Unternehmungen zwingend. Nicht alle Einnahmen und vor allem nicht alle Ausgaben können jedoch innerhalb der Erfolgsermittlungsperiode, in der sie anfallen, in voller Höhe als erfolgswirksam behandelt werden.

Am Beispiel der Anschaffung einer Produktionsanlage, die mehrere Jahre lang nutzbar ist, wird dies unmittelbar deutlich. In die Periodenerfolgsrechnung müssen daher auch Vorgänge einbezogen werden, die mit **Einnahmen** oder **Ausgaben früherer** oder **späterer Erfolgsermittlungsperioden** verbunden sind. Dazu zählen beispielsweise in der Periode stattfindende Verbräuche von früher beschafften Gütern im Zuge ihres Einsatzes in Produktionsprozessen, Entwertungen vorhandener Vermögensgegenstände infolge Preisverfalls auf dem Beschaffungs- oder Absatzmarkt oder die drohende Inanspruchnahme der Unternehmung wegen Lieferung mängelbehafteter Produkte. Zur Bestimmung der Aufwendungen und Erträge einer Erfolgsermittlungsperiode werden daher **Konventionen** für die Periodisierung von Ausgaben und Einnahmen benötigt. Derartige Konventionen ergeben sich aus den **Grundsätzen ordnungsmäßiger Buchführung und Bilanzierung,** insbesondere dem Realisationsprinzip und dem Imparitätsprinzip.

Die Finanzbuchhaltung ist als **Ist-Rechnung** konzipiert. Sie soll Ereignisse, die tatsächlich stattgefunden haben, pagatorisch dokumentieren. Dies schließt jedoch eine Verwendung dieses Rechenwerkes zu **Planungszwecken** nicht aus. Insbesondere bei Einsatz der EDV können die voraussichtlichen pagatorischen Folgen von Einzelmaßnahmen für die Bilanz und die GuV **simuliert** werden. Darüber hinaus kann in sogenannten **Plan-Bilanzen** das zu erwartende pagatorische Ergebnis der prognostizierten oder durch die Unternehmungsgesamtplanung vorgegebenen Aktivitäten einer Betrachtungsperiode dargestellt werden. Dennoch ist die pagatorische Rechnung als Instrument **zur Gewinnung und Aufbereitung entscheidungsrelevanter Informationen nur bedingt brauchbar.** Insgesamt sind gezahlte oder voraussichtlich zu zahlende Preise nicht in jedem Falle dazu geeignet, die Einsatzgüter in die jeweils vorteilhafteste Verwendungsrichtung zu lenken. Dies gilt insbesondere, wenn die Einsatzgüter innerbetrieblich knapp sind und die Verwendungsentscheidungen nicht mit Hilfe eines Totalmodells der Unternehmung getroffen werden können. Diese Situation ist in der betrieblichen Wirklichkeit jedoch meist gegeben. Die **mangelnde Entscheidungsrelevanz** von Informationen der pagatorischen Rechnung wird darüber hinaus deutlich, wenn man die handels- und steuerrechtlichen Bewertungsprinzipien mit berücksichtigt. Diese stehen im Dienste der nachträglichen Überschußermittlung unter dem Primat des Vorsichtsgedankens. Als Basis für die Auswahl überschußzielender Maßnahmen sind die unter dieser Zwecksetzung gewonnenen Informationen in der Regel nicht geeignet.

*Entscheidungsrelevanz pagatorischer Informationen*

Die finanzbuchhalterische Erfolgsrechnung ist auf die Ermittlung eines **periodengerechten pagatorischen Gesamterfolges** ausgerichtet. Beim Industriebetrieb ist es dazu notwendig, Aufwendungen der Periode den in der Periode erzeugten Produktionsergebnissen gegenüberzustellen. Probleme ergeben sich dabei, wenn die Produktionsmenge der Periode nicht mit der Verkaufsmenge der Periode übereinstimmt. Ist der Lagerbestand am Periodenende höher als am Periodenanfang, so enthalten die Periodenaufwendungen Beträge, die wegen der Produktion auf Lager angefallen sind. Daher muß zusätzlich zu den Verkaufserlösen der Wert der Lagerbestandserhöhung berücksichtigt werden. Die Bewertungsregeln der Finanzbuchhaltung lassen als maximalen Wertansatz die Herstellungsaufwendungen zu. Zur Ermittlung dieser **Herstellungsaufwendungen** (Herstellungs„kosten") bedarf es einer **besonderen Verteilungsrechnung.** Ihre Durchführung setzt ein Erfassungssystem für die jeweiligen Güterverzehre voraus, das seinerseits relativ aufwendig ist. Dieses Erfassungs- und Verteilungssystem für die jeweiligen Güterverzehre wurde in zunehmendem Maße in den Dienst weitergehender Informationsgewinnungsprozesse gestellt und als Kosten- und Leistungsrechnung zu einem selbständigen Teilbereich des betriebswirtschaftlichen Rechnungswesens weiterentwickelt.

*Verteilungsrechnung für Herstellungsaufwand*

## III. Die Kosten- und Leistungsrechnung

### 1. Grundlagen der Kosten- und Leistungsrechnung

#### a) Kosten und Leistungen

**Der Begriff der Kosten wird unterschiedlich definiert.** Definitionsunterschiede sind nicht nur durch Unterschiede in der Wortwahl bedingt, sondern beruhen auch auf verschiedenartigen Auffassungen über den Inhalt des Kostenbegriffs. Bezeichnet man Kosten als leistungsbedingten Wertverzehr, so ist damit noch keine Festlegung auf einen ganz bestimmten Kostenbegriff vorweggenommen. Sie ergibt sich erst bei konkreter Fassung der Begriffe „Leistung", „Bedingtheit" und „Wertverzehr".

*Leistungen*

Das Attribut „**leistungsbedingt**" weist darauf hin, daß der Begriff der Kosten nicht Wertverzehr schlechthin zum Ausdruck bringt. Vielmehr wird der Wertverzehr stets im Zusammenhang mit dem Grund für seine Entstehung, der Leistungserstellung, gesehen. **Kosten sind somit immer Kosten „von etwas".** Als Leistungen werden entstandene Wertzuwächse aufgefaßt. Somit wird es erforderlich, die Leistungen einer Unternehmung zu bestimmen. Dabei steht die pragmatische Frage im Vordergrund, für welchen Teil des Gesamtgeschehens eine über die Finanzbuchhaltung hinausgehende Rechnung durchgeführt werden soll. Im Industriebetrieb ist dies in der Regel für den Teil der Tätigkeit erforderlich, der in Verfolgung des **Sachzieles (Betriebszweckes)** stattfindet. Dieser findet seine Konkretisierung im **Produktions- und Absatzprogramm**. Leistungen als Ergebnis der Realisierung des Produktions- und Absatzprogrammes einer bestimmten Periode sind somit vor allem **die verkauften Erzeugnisse, die in der Periode produzierten und am Periodenende noch auf Lager liegenden fertigen und unfertigen Erzeugnisse sowie die für spätere Leistungserstellungsprozesse erbrachten Vorleistungen** (z. B. selbsterstellte Anlagen).

*Produktions- und Absatzprogramm*

*Entscheidungsabhängigkeit*

Das Produktions- und Absatzprogramm eines Industriebetriebes ist Gegenstand von Entscheidungen, die vor allem unter Berücksichtigung marktlicher Gegebenheiten getroffen werden. Somit sind auch Art und Umfang der in der Kostenrechnung zu erfassenden Wertverzehre letztlich durch diese Entscheidungen bestimmt. Nicht durch Leistungen bedingte Wertverzehre werden als neutrale Aufwendungen nur in der Finanzbuchhaltung erfaßt. Grundsätzlich ist der Kostenbegriff jedoch in jedem Vorteils-Nachteils-Kalkül zur Bezeichnung der Nachteilskomponente anwendbar. Soll ein solcher Kalkül außerhalb des Anwendungsbereiches der institutionalisierten Kostenrechnung durchgeführt werden, so bedarf es lediglich einer entsprechenden Festlegung der Leistungsseite (Vorteilskomponente).

## Bedingtheit

Ist der als Leistung bezeichnete Wertzuwachs definiert, so muß der durch sie „bedingte" Wertverzehr ermittelt werden. Bezüglich der Anforderungen an die Zusammenhänge, die zwischen Leistung und Wertverzehr vorhanden sein sollten, bestehen zum Teil erhebliche Auffassungsunterschiede. Einigkeit ist hinsichtlich derjenigen Wertverzehre gegeben, für die im Gedankenexperiment folgende Doppelfrage eindeutig mit ja beantwortet werden kann: Handelt es sich um **Wertverzehr**, der im Vergleich mit der Situation der Nichtentstehung der betrachteten Leistung **zusätzlich auftritt und in gleichem Umfange entfällt**, wenn die Leistungsentstehung weggedacht wird? Um dieses Gedankenexperiment durchführen zu können, müssen Informationen über die in der Realität bestehenden Voraussetzungen und Folgen der jeweils betrachteten Leistungsentstehung vorhanden sein.

*durch einzelne Leistungseinheiten bedingter Verzehr*

Eine Erweiterung ergibt sich, wenn die obige Frage für eine Leistung gestellt wird, die in Teilleistungen zerlegt werden kann (z. B. für einen Auftrag über 100 Erzeugniseinheiten). Erfahrungsgemäß gibt es **Wertverzehre, deren Entstehung bzw. Wegfall nur von der Erstellung bzw. Nichterstellung der Gesamtleistung** abhängt. Hier kann es fraglich sein, ob diese auch Wertverzehre in bezug auf die einzelnen Teilleistungen sind. Einerseits sind sie notwendige Bedingung dafür, daß Teilleistungen entstehen können; andererseits kann nicht willkürfrei angegeben werden, welche Teile dieser Wertverzehre durch die Entstehung einer einzelnen Teilleistung bedingt sind. Sie können somit **nur als durch das jeweilige Teilleistungsbündel bedingt** angesehen werden.

*durch Leistungsbündel bedingter Verzehr*

Bei einer dritten Art von Wertverzehren ist die Frage, ob sie **mit der Erstellung bzw. Nichterstellung einer Leistung entstehen bzw. wegfallen, eindeutig** mit **nein** zu beantworten. Trotzdem ist zu prüfen, ob diese Wertverzehre leistungsbedingt sind. Dies ist zu bejahen, wenn ihre Entstehung mit der **generellen Fähigkeit, Leistungen zu erstellen**, im Zusammenhang steht. Diese Fähigkeit wird als Leistungsbereitschaft bezeichnet. Solche Wertverzehre können unabhängig vom Ausmaß der Leistungserstellung beispielsweise wegen eines **nicht vermeidbaren Abbaus von Leistungspotentialen** (z. B. Verrosten oder Veralten von Produktionsanlagen) entstehen oder die Folge von **Maßnahmen zur Verhinderung derartiger Potentialminderungen** (z. B. Instandhaltung, Reparatur) sein. In diesen Fällen ergibt sich die Leistungsbedingtheit aus dem Zweckbezug der Inkaufnahme bzw. Herbeiführung des Wertverzehrs. In Zweifelsfällen kann die Leistungsbedingtheit derartiger Wertverzehre dadurch festgestellt werden, daß die Folgen ihrer Vermeidung bzw. Nichtinkaufnahme für die Betriebsbereitschaft gedanklich überprüft werden. Ergibt sich dabei, daß die Entstehung des Wertverzehrs nur durch Abbau der Betriebsbereitschaft verhindert werden kann (z. B. Verkauf von Anlagen, Unterlassen von Instandhaltungsmaßnahmen), so ist dieser Wertverzehr als leistungsbedingt anzusehen.

*durch Leistungsbereitschaft bedingter Verzehr*

Für eine vierte Gruppe von Wertverzehren kann weder behauptet werden, ihre Entstehung hänge von der Zahl der erzeugten Leistungseinheiten ab, noch läßt sich begründen, sie seien durch die Leistungsbereitschaft bedingt. Hierbei handelt es sich um **Wertverzehre, die bei optimalem Ablauf des Leistungserstel-**

*durch „Unvollkommenheiten" des Leistungsprozesses bedingter Verzehr*

**lungsprozesses** (im Rahmen einer bestimmten Technologie) **vermieden würden**. Sie entstehen aus unterschiedlichen Gründen. Beispielsweise können Leistungserstellungsprozesse mißlingen, weil die beteiligten Produktionsfaktoren (einschließlich der disponierenden und koordinierenden Menschen) Mängel aufweisen bzw. Fehler machen. Solche Wertverzehre werden mit der Absicht der Leistungserstellung herbeigeführt, der Erfolg tritt jedoch (teilweise) nicht ein. Ähnlich zu beurteilen sind Wertverzehre, die zur Herbeiführung einer entstandenen Leistung nicht notwendig sind, jedoch aus Unkenntnis nicht vermieden oder aus Risikoscheu in Kauf genommen werden. Hinzu kommen schließlich Wertverzehre, die von den am Leistungsprozeß beteiligten Personen herbeigeführt werden, weil sie im Zusammenhang mit diesem Prozeß persönliche Bedürfnisse befriedigen (z. B. Macht, Prestige, Drang nach unnötiger Perfektionierung). Wertverzehre dieser Art werden im allgemeinen trotzdem als leistungsbedingt angesehen. Dies gilt insbesondere dann, wenn sie der Art der verzehrten Güter und dem Ausmaß des Wertverzehrs nach als Begleitumstände der Leistungsentstehung betrachtet werden müssen. Bei Beurteilung ihrer Leistungsbedingtheit wird also auf vermutete oder statistisch belegte Regelmäßigkeiten zurückgegriffen, die sich nicht aus den zwangsläufigen Zusammenhängen des Leistungsentstehungsprozesses erklären lassen.

Selbst **außergewöhnliche, d. h. relativ seltene, unerwartete oder ungewöhnlich hoch ausfallende Wertverzehre** werden als leistungsbedingt angesehen (z. B. die Vernichtung einer Produktionsanlage durch Brand oder Explosion). Bezüglich ihrer Behandlung in der Kostenrechnung vgl. S. 961.

*Wertverzehr*

Bei der Frage, was unter dem Definitionsmerkmal „Wertverzehr" zu verstehen ist, müssen grundsätzliche Auffassungsunterschiede berücksichtigt werden. Den Vertretern des „pagatorischen" Ansatzes stehen die des „wertmäßigen" Ansatzes gegenüber.

*pagatorischer Kostenbegriff*

Beim **pagatorischen Kostenbegriff** wird davon ausgegangen, daß ein Wertverzehr nur insoweit vorliegen kann, als die Unternehmung **Auszahlungen geleistet bzw. noch zu leisten** hat. Der betriebliche Leistungserstellungs- und -verwertungsprozeß wird aufgefaßt als Prozeß der Umwandlung von Geld in Güter und Gütern in Geld mit dem Ziel, eine möglichst hohe Differenz zwischen den Einzahlungen und Auszahlungen zu erreichen. **Die Art der Güter, die im Transformationsprozeß an die Stelle der gezahlten Beträge treten, ist von untergeordneter Bedeutung.** Ein Problem der Bewertung von Güterverzehren sehen die Vertreter des pagatorischen Kostenbegriffes nicht. Der Ansatz von **Beschaffungsmarktpreisen** ist selbstverständlich.

Die **ältere pagatorische** Auffassung läßt nur den Ansatz der tatsächlich gezahlten Beträge zu. Kosten sind damit identisch mit leistungbedingtem Aufwand. Um daraus erwachsende **Einschränkungen der Verwendbarkeit** dieses Kostenbegriffs in Vorteils-Nachteils-Kalkülen zu **beseitigen**, schlägt **Koch** eine Anpassung an den jeweiligen Verwendungszusammenhang (Verifikationsmodell) mit Hilfe sogenannter **Hypothesen** vor. Die ausschließliche Beschaffungsmarkt-

*Hypothesen*

orientierung wird jedoch beibehalten. Dies kommt in der Definition der Kosten als „mit der Herstellung und dem Absatz einer Erzeugniseinheit oder einer Periode verbundene nicht-kompensierte Ausgaben" zum Ausdruck. Ausgaben treten hierbei nur im Verhältnis Unternehmung/Geschäftspartner, nicht dagegen zwischen Unternehmung und Eigentümer auf. Zahlungen an Geschäftspartner, die als kompensiert anzusehen sind, werden ebenfalls nicht zu Kosten.

Darunter sind Auszahlungen von Krediten an Kreditnehmer und Rückzahlungen erhaltener Kredite an die Kreditgeber zu verstehen. Zahlungen dieser Art sind durch die spätere Kreditrückzahlung bzw. den früher eingegangenen Kreditbetrag kompensiert. Die verbleibenden „leistungsbedingten" Ausgaben werden zu Kosten, wenn die beschafften Güter verbraucht werden. Bei der Bemessung des Verzehrs ist von **hypothetischen Beschaffungsvorgängen** auszugehen, wenn die Aufgaben der Kostenrechnung dies erfordern. Beispielsweise kann für Kalkulationszwecke in Zeiten steigender Preise von der Hypothese ausgegangen werden, die eingesetzten Produktionsfaktoren seien erst am Tage der Veräußerung der hergestellten Erzeugnisse beschafft worden. Damit können die verzehrten Güter zum Tagespreis des Umsatztages als Kosten angesetzt werden. Die Verwendung derartiger Hypothesen führt zu einer weitgehenden Annäherung der Verwendungsmöglichkeiten des pagatorischen und des wertmäßigen Kostenbegriffs; eine völlige Deckungsgleichheit ergibt sich jedoch nicht.

Eine Sonderstellung nimmt der **Kostenbegriff Riebels** ein. Riebel bezeichnet Kosten als „die durch die Entscheidung über ein bestimmtes Kalkulationsobjekt, insbesondere über die Erstellung von Leistungen sowie über Aufbau, Aufrechterhaltung und Anpassung der Betriebsbereitschaft ausgelösten Ausgaben (einschließlich der Ausgabeverpflichtungen)". Grundlage dieser Definition ist das Bestreben, ein für alle Arten ökonomischer Vorteils-Nachteils-Kalküle geeignetes Instrumentarium und in dessen Rahmen auch einen allgemein gültigen Begriff zur Erfassung der Nachteilskomponente zu schaffen. Insbesondere sollen Investitionsrechnung und Kosten- und Leistungsrechnung auf eine gemeinsame begriffliche Grundlage gestellt werden.

*Kostenbegriff Riebels*

Als Kalkulationsobjekte kommen grundsätzlich alle eigenständig disponierbaren Maßnahmen, Vorgänge und Tatbestände in Betracht. Somit fallen auch Ausgaben, die beim Aufbau der Betriebsbereitschaft entstehen (Investitionsausgaben) unter den Kostenbegriff. Als Kosten werden jedoch nur die durch die Entscheidung über ein Kalkulationsobjekt entstehenden **zusätzlichen** Ausgaben bezeichnet (vgl. dazu auch S. 1011 ff.).

Bei **wertmäßiger** Interpretation werden Kosten als „**leistungsbedingter bewerteter Güterverzehr**" definiert. Der wesentliche Unterschied zur pagatorischen Auffassung besteht darin, daß den verzehrten Gütern und Dienstleistungen nicht in jedem Falle die hierfür tatsächlich oder hypothetisch gezahlten Beschaffungsmarktpreise zugeordnet werden. Diese stellen nur einen der möglichen Wertansätze dar. Grundsätzlich ist als **Wert das in Geldeinheiten ausgedrückte „Opfer" anzusetzen, das durch die gewählte (oder beabsichtigte) Verwendung eines Gutes entsteht.** Dabei ist zu berücksichtigen, welcher Nutzen

*wertmäßiger Kostenbegriff*

(Gewinn) durch eine Alternativverwendung des in Frage stehenden Gutes hätte erzielt werden können. Von Bedeutung ist hierbei allerdings nur die **günstigste** nicht realisierte Alternative. Deren Nutzenstiftung wird „geopfert", wenn die gewählte (geplante) Verwendung des Gutes verwirklicht wird. Der wertmäßige Kostenbegriff ist **nicht nur beschaffungs-, sondern auch absatzmarktorientiert.**

*Funktionen des Kostenwertes*

Im wertmäßigen Kostenbegriff wird der Tatsache Rechnung getragen, daß der **betriebliche Entscheidungsprozeß dezentralisiert** ist und die **innerbetrieblichen Güterknappheiten** nicht immer mit denjenigen auf den Beschaffungsmärkten übereinstimmen. Aufgrund dieser Tatsache lassen sich bei einzelnen Entscheidungen nicht sämtliche Verwendungsalternativen von Gütern berücksichtigen. Durch den Ansatz geeigneter Kostenwerte soll erreicht werden, daß die Güter trotzdem den innerbetrieblich günstigsten Verwendungsmöglichkeiten zugeführt werden **(Lenkungsfunktion des Kostenwertes).** Die Bewertung der Verzehrsmengen mit Geldeinheiten dient weiterhin auch dazu, unterschiedliche Arten von Güterverzehren (z. B. Arbeit und Material) zusammenfaßbar zu machen **(Verrechnungsfunktion des Kostenwertes).** Dies leistet zwar jede Art von Bewertung mit einer einheitlichen Maßgröße, sinnvolle Ergebnisse erhält man jedoch nur, wenn die gewählte Maßgröße die unter der jeweiligen Zwecksetzung vorhandenen relativen ökonomischen Gewichte dieser Güter zum Ausdruck bringt. Bei wertmäßiger Interpretation des Kostenbegriffes wird deutlich, daß es sich bei der **Kosten- und Leistungsrechnung nicht um einen besonders detailliert durchgeführten Teil der Aufwands- und Ertragsrechnung handelt, sondern um ein eigenständiges, von handels- und steuerrechtlichen Bewertungsregeln befreites Instrument zur Gewinnung von Informationen für ökonomische Kalküle.**

*Mengen- und Wertkomponente*

Beim wertmäßigen Kostenbegriff wird ausdrücklich zwischen einer **Mengen-** und einer **Wertkomponente** unterschieden. Kosten sind demnach der in Geldeinheiten bewertete Verzehr von Sachgütern, Arbeitsleistungen von Mitgliedern der Betriebswirtschaft, von außen bezogener Dienstleistungen, öffentlicher Leistungen und Kapitalnutzungsmöglichkeiten, die durch die Erstellung von Leistungen bedingt sind. Bezeichnet man mit $r_i$ die Verzehrsmenge eines bestimmten Gutes i und mit $p_i$ den zugehörigen Kostenwert pro Verzehrsmengeneinheit, so ergeben sich die Kosten $K_i$ dieses Gutes als $K_i = r_i \cdot p_i$. Die Faktoren r (Mengenkomponente) und p (Wertkomponente) bedingen für die Kostenermittlung zwei Arbeitsschritte. Zum einen ist die Verzehrsmenge r festzustellen, zum anderen der für deren Bewertung anzusetzende Betrag p zu bestimmen.

*Verzehr*

**Verzehr** liegt allgemein vor, **wenn ein Gut die Fähigkeit, zur Leistungserstellung beizutragen, vollständig oder teilweise verliert.** Dabei hängt die Art des Verzehrsvorganges entscheidend von der Art des verzehrten Gutes ab. Im Vordergrund stehen jedoch **nicht chemische und physikalische Veränderungen, sondern die ökonomischen Wirkungen** von Maßnahmen und Ereignissen.

*Verzehr von Stoffen*

Der **physische Verzehr von Stoffen** (Rohstoffen, Bauteilen, Hilfs- und Betriebsstoffen) kann einerseits in einer Veränderung ihrer chemisch-physikalischen

Eigenschaften bestehen; andererseits stellt aber auch eine Veränderung ihrer Verfügbarkeit bereits Verzehr dar (z. B. Einbau eines Bauteils in ein unfertiges Produkt).

Bei **Betriebsmitteln** (Maschinen, Gebäuden, Fahrzeugen und ähnlichem) bedeutet Verzehr die **Verminderung eines Potentials von Nutzungsmöglichkeiten**. Erfolgt diese wegen der tatsächlichen Inanspruchnahme (Gebrauch), so finden zwar technisch-physikalische Veränderungen (Abnutzungen) statt; diese sind jedoch nur insofern relevant, als sie das Nutzungspotential (wirtschaftliche Lebensdauer) vermindern. Potentialminderungen durch Veränderungen auf Beschaffungs- und Absatzmärkten ereignen sich unabhängig von technisch-physikalischer Abnutzung. Sie reduzieren nicht die Menge der technisch realisierbaren Vor- oder Endprodukteinheiten, sondern die ökonomische Verwendbarkeit der Potentiale. Nachfrageverschiebungen auf den Absatzmärkten bewirken, daß die Leistungen nicht mehr oder nicht mehr zu den bisherigen Preisen veräußert werden können. Werden auf den Beschaffungsmärkten (z. B. in Folge technischen Fortschritts) Betriebsmittel angeboten, die eine kostengünstigere Produktion ermöglichen, so schlägt dies ebenfalls auf das vorhandene Betriebsmittelpotential durch. Konkurrenten, die diese Betriebsmittel verwenden, können im allgemeinen ihre Erzeugnisse zu niedrigeren Preisen anbieten.

*Verzehr von Betriebsmitteln*

Eine dritte Art des Wertverzehrs ist die **Minderung von Nutzungsmöglichkeiten durch Zeitablauf.** Dies ist beispielsweise der Fall bei Mitarbeitern, deren Leistungspotentiale aufgrund vertraglicher Vereinbarungen und damit in Zusammenhang stehender gesetzlicher Regelungen für einen bestimmten Zeitraum zur Verfügung stehen und folglich auch zeitabhängig bezahlt werden. Auch Nutzungsrechte z. B. an Grundstücken und Gebäuden, Maschinen und Erfindungen, die vertragsgemäß für bestimmte Zeiträume verfügbar sind und deren Nutzung demgemäß durch zeitabhängige Pacht-, Leasing- oder Lizenzgebühren abgegolten wird, gehören zu dieser Art des Wertverzehrs. Schließlich zählen dazu auch die Nutzungsmöglichkeiten des Fremd- und des Eigenkapitals, die mit dem Ablauf der Zeit unwiederbringlich verlorengehen. Der Untergang von Nutzungsmöglichkeiten durch Zeitablauf erfolgt unabhängig davon, ob tatsächlich eine Nutzung stattfindet oder nicht.

*Verzehr von Nutzungsmöglichkeiten durch Zeitablauf*

Von den durch Zeitablauf verzehrten Nutzungsmöglichkeiten sind diejenigen zu unterscheiden, die nur **bei Eintritt eines vereinbarten Erfolges** zu einer **Potentialminderung** führen. Dies ist der Fall bei Arbeits- und Dienstleistungen, für die die Entgelte nur bei Erbringung der vereinbarten Leistung anfallen. Beispiele hierfür sind: bei Akkordentlohnung die Differenz zwischen Mindestlohn und Akkordlohn; die Maklergebühr bei erfolgreicher Vermittlung; Prämien; Verkaufsprovisionen und erfolgsabhängige Vergütung von Nutzungsrechten (Stücklizenzen oder Umsatzpacht).

*Verzehr von Nutzungsmöglichkeiten bei erfolgreicher Potentialnutzung*

Als Wertverzehre sind schließlich noch die **an die öffentliche Hand zu zahlenden Gebühren und Abgaben** zu berücksichtigen. Soweit es sich um entgeltliche Einzelleistungen (z. B. Genehmigungen, Eintragungen, Gerichtsentscheidungen) handelt, können sie als Wertverzehre in Folge der in Anspruchnahme von

*Verzehr öffentlicher Leistungen*

Nutzungsmöglichkeiten behandelt werden. Allerdings sind die Entgelte hierfür nicht vertraglich vereinbart, sondern hoheitlich festgesetzt. Bei Abgaben allerdings, deren Höhe mit dem Umfang der beanspruchten öffentlichen Leistungen in keinem Zusammenhang steht bzw. deren Umfang nicht meßbar ist (z. B. die Nutzung der Infrastruktur, des Rechts- und Sicherheitssystems, des Bildungssystems, des politischen Entscheidungssystems usw.), kann keine Mengenkomponente im obigen Sinne angegeben werden. Insbesondere werden Steuern nach Kriterien wie Vermögen oder Periodenüberschuß bemessen, die die Belastbarkeit und nicht das Ausmaß der Inanspruchnahme öffentlicher Leistungen berücksichtigen. In diesen Fällen kann nur der gezahlte bzw. voraussichtlich zu zahlende Geldbetrag selbst als verzehrtes Gut betrachtet werden.

*Bewertung*

Bei der **Bewertung von Verzehrsmengen** müssen einerseits die Zwecksetzungen der Kostenrechnung und andererseits Praktikabilitätsaspekte berücksichtigt werden. Dies führt dazu, daß in der Kostenrechnungspraxis die aus der Sicht der Kostenwerttheorie zu fordernden Werte nicht immer ansetzbar sind. Der wertmäßige Kostenbegriff ist in der Praxis jedoch insofern vorherrschend, als von den Beschaffungsmarktpreisen abweichende Werte je nach Zwecksetzung der Rechnung verwendet und auch Wertverzehre, die nicht mit Auszahlungen verbunden sind, als Kosten behandelt werden. Neben Anschaffungs-, Wiederbeschaffungs-, Fest- und Durchschnittspreisen treten Planpreise und explizite Lenkpreise auf.

## *Fixe und variable Kosten, Einzel- und Gemeinkosten*

*fixe/variable Kosten*

Bei Vorteils-Nachteils-Kalkülen sind die von der Realisierung einer Maßnahme abhängigen Wertverzehre und Wertzuwächse zu berücksichtigen. Ausgehend von einem bestimmten Zustand werden in einer Grenzbetrachtung die durch die erwogene Realisierung oder Unterlassung einer Maßnahme zusätzlich entstehenden oder entfallenden Vor- und Nachteile ermittelt. Dabei ist in der Regel zu prüfen, ob die Nachteile (Wertverzehre) wieder entfallen, wenn zu einem späteren Zeitpunkt die zu prüfende Maßnahme wieder rückgängig gemacht wird. Variabilität von Wertverzehren braucht nicht in beiden Richtungen im gleichen Ausmaß zu bestehen (intervallfixe Kosten, Kostenremanenzen).

*Abhängigkeit von der Bezugsgröße*

Die **Veränderlichkeit der Kosten** interessiert insbesondere in **bezug auf Veränderungen des Umfanges der Leistungserstellung**. Letztere werden als **Beschäftigungsänderungen** bezeichnet. Spricht man von variablen bzw. fixen Kosten schlechthin, so sind meist die in bezug auf Beschäftigungsänderungen variablen bzw. fixen Kosten gemeint. Die durch die Zahl der Erzeugniseinheiten oder eine Ersatzgröße (z. B. Maschinenlaufzeit) gemessene Beschäftigung ist jedoch **nicht die einzig mögliche und gebräuchliche Bezugsgröße**. Die Höhe der Kosten variiert regelmäßig auch mit der Veränderung anderer Kosteneinflußgrößen, z. B. mit der Größe der zu fertigenden Serien oder mit der Zusammensetzung der erteilten Kundenaufträge. Nicht alle in der Kostentheorie genannten Determinanten der Kostenhöhe sind jedoch für die Kostenrechnung von

Bedeutung. Mit Ausnahme der „Einzelkosten- und Deckungsbeitragsrechnung" setzt die Kostenrechnung den **Potentialfaktorbestand als gegeben** voraus. In bezug auf Veränderungen der Ausstattung fixe oder variable Kosten interessieren somit nicht. Die im Hinblick auf Variationen anderer Kosteneinflußgrößen veränderlichen bzw. konstanten Kosten sind vor allem deswegen von Bedeutung, weil durch sie die **Kostenkonsequenzen alternativer Verfahren der Leistungserstellung** sichtbar werden.

So selbstverständlich es auch erscheinen mag, daß bei der Abwägung von Vor- und Nachteilen möglicher Maßnahmen nur die durch sie bewirkten positiven oder negativen Folgen zu berücksichtigen sind, so kann doch nicht übersehen werden, daß die Entstehung dieser Folgen nur **innerhalb eines vorhandenen Bedingungsrahmens** möglich ist. Die durch die Schaffung und Aufrechterhaltung der Betriebsbereitschaft entstehenden Wertverzehre haben mit der Leistungserstellung durchaus „etwas zu tun". Dies bedeutet, daß für die **Kosten der Betriebsbereitschaft** die Frage nach dem **Teil des Leistungsbündels** zu stellen ist, **für den sie in Kauf genommen werden**. Zur Lösung dieses Zuordnungsproblems bedarf es im allgemeinen einer hierarchischen Fixkostenschichtung. Zu diesem Zweck ist für die einzelnen Fixkostenbestandteile die Frage zu beantworten, ob bzw. inwieweit auf eine Leistungserstellung verzichtet werden müßte, wenn sie vermieden werden sollten.

*Fixkostenschichtung*

Die Unterscheidung zwischen Einzel- und Gemeinkosten erfolgt nach dem Kriterium der Erfaßbarkeit von Wertverzehren im Hinblick auf die mit ihnen zusammenhängenden Wertzuwächse (Leistungen). **Einzelkosten sind die je Wertzuwachseinheit ermittelbaren Verzehre. Sind Wertverzehre nur für eine Mehrheit von Wertzuwachseinheiten gemeinsam ermittelbar, so spricht man von Gemeinkosten im Hinblick auf die einzelne Wertzuwachseinheit.** Im Hinblick auf die Gesamtheit dieser Wertzuwachseinheiten erfaßbare Wertverzehre stellen wiederum Einzelkosten dieser Gesamtheit dar.

*Einzel-/ Gemeinkosten*

Werden die Begriffe Einzel- bzw. Gemeinkosten ohne Nennung der Bezugsgröße verwendet, so sind **im allgemeinen die für die einzelne Leistungseinheit erfaßbaren bzw. nicht erfaßbaren Kosten** gemeint. Die Bezugsgröße ist jedoch beliebig wählbar. Beispielsweise kann die Gesamtheit der Erzeugnisse, die zum Auftrag eines Kunden gehören, als Bezugsgröße angesehen werden. In diesem Fall stellen alle für diesen Auftrag erfaßbaren Kosten Auftragseinzelkosten dar. Auftragsgemeinkosten sind die nur für eine Mehrheit von Aufträgen bzw. alle Aufträge gemeinsam erfaßbaren Kosten.

*Abhängigkeit von der Bezugsgröße*

Bei der Unterscheidung von Einzel- und Gemeinkosten spielen sowohl theoretische Kriterien als auch Fragen der praktischen Erfaßbarkeit eine Rolle. Für die theoretische Begriffsklärung ist es unerheblich, ob es sich im konkreten Einzelfall lohnt, Kosten als Einzelkosten zu erfassen. Hierbei ist vielmehr zu klären, in welchem Sinne Erfaßbarkeit im Hinblick auf eine Wertentstehung grundsätzlich bestehen muß. Erfaßbarkeit im unmittelbaren Wortsinn ist dann gegeben, wenn der durch die Entstehung des betrachteten Wertes zusätzlich auftretende **Wertverzehr einzeln gemessen** werden kann (z. B. Abzählen der Schrauben, die bei der Herstellung einer Produkteinheit verwendet werden).

Sind die technologischen Abläufe eindeutig, so kann Erfaßbarkeit unter Umständen auch ohne Verzehrsmessung pro Leistungseinheit bestehen. In diesem Falle können Wertverzehre, die nur für eine Mehrzahl von Leistungseinheiten erfaßt wurden, **mit Hilfe von Produktionsfunktionen auf die einzelnen Leistungseinheiten zugerechnet** werden. Da fixe Kosten nur wegen der Aufrechterhaltung der Betriebsbereitschaft anfallen, scheidet diese Art der Erfassung für sie aus. **Fixkosten stellen in jedem Falle Gemeinkosten dar.**

*echte variable Gemeinkosten*

Andererseits können nicht alle variablen Kosten als Einzelkosten erfaßt werden. Dies gilt insbesondere bei Prozessen der **Kuppelproduktion**. Entstehen in einem Produktionsprozeß gleichzeitig zwei oder mehr Arten von Leistungen, so ist nur eine willkürliche Aufteilung des bis zum „Spaltprozeß" anfallenden Wertverzehrs möglich. In diesen Fällen treten **variable Kosten auf, die „echte", d. h. auf keinem Wege pro Leistungseinheit erfaßbare Gemeinkosten** darstellen.

Die Erfassung von variablen Wertverzehren als Einzelkosten kann jedoch auch daran scheitern, daß ihre **Messung nicht möglich** ist. Sie können nur geschätzt werden. Die so ermittelten Größen sind mit erheblichen Unsicherheiten behaftet. Dies ist dann der Fall, wenn Nutzungspotentiale eingesetzt und verzehrt werden, ohne daß das Ausmaß des Verzehrs meßbar wäre. Beispielsweise wird bei einem Kraftfahrzeug das bei der Anschaffung erworbene Nutzungspotential unter anderem durch die tatsächlich gefahrenen Kilometer vermindert. Das Ausmaß dieser Minderung hängt von vielen Faktoren ab, deren Wirkung im einzelnen nicht abschätzbar ist (z. B. Fahrverhalten, Straßenverhältnisse, Beladung, usw.). Meist tritt parallel mit dem nutzungsbedingten Wertverzehr noch eine vom Zeitablauf abhängige Entwertung (z. B. technische, wirtschaftliche Veraltung) ein. Das **Zusammentreffen unterschiedlicher Verzehrsursachen** hat zur Folge, daß der variable Wertverzehr pro Leistungseinheit nicht willkürfrei bestimmt werden kann.

*unechte Gemeinkosten*

Berücksichtigt man schließlich die **Genauigkeitsanforderungen der Kostenrechnung** im Einzelfall, so können als Gemeinkosten auch solche Kostenbestandteile behandelt werden, die durchaus als Einzelkosten erfaßbar wären. In diesem Falle wird aus Wirtschaftlichkeitsgründen auf eine solche Einzelerfassung verzichtet. Derartige **unechte (variable) Gemeinkosten** sind ihrem Wesen nach Einzelkosten (z. B. Hilfsstoffe wie Draht, Schrauben, Farben, Klebstoffe etc.).

Schließlich ist bei der Behandlung von Kosten als Einzel- oder Gemeinkosten noch festzulegen, ob der **Gesamtbetrieb oder** ob **Teilleistungsbereiche** im Vordergrund der Betrachtung stehen. Aus gesamtbetrieblicher Sicht fixe Kosten (z. B. Zeitlöhne) können aus der Sicht eines betrieblichen Teilbereiches durchaus variabel sein. Dies ist beispielsweise dann der Fall, wenn die Leistung des Lohnempfängers gesamtbetrieblich einen knappen Produktionsfaktor darstellt, d. h. für seine Leistung in anderen Teilbereichen Bedarf besteht. Er kann dann von einer Abteilung abgezogen und in einer anderen eingesetzt werden. Für die einzelnen Abteilungen handelt es sich hier um variable Kosten, d. h. solche, die prinzipiell für eine Erfassung als Einzelkosten in Frage kommen. Im

Regelfall liegt der Einteilung in Einzel- und Gemeinkosten jedoch eine gesamtbetriebliche Sicht zugrunde. Ob in Teilbereichen eine davon abweichende Behandlung von Kostenbestandteilen zweckmäßig ist, kann nur bei Kenntnis der gesamtbetrieblichen Knappheitsverhältnisse festgelegt werden.

### b) Aufgaben der Kosten- und Leistungsrechnung

Die nachstehende Beschreibung der Aufgaben der Kosten- und Leistungsrechnung ist als systematischer Katalog möglicher Anforderungen zu verstehen. Diesen werden die einzelnen Konzeptionen der Kosten- und Leistungsrechnung in unterschiedlich hohem Maße gerecht.

(1) Die Kosten- und Leistungsrechnung soll den **Prozeß der Umwandlung von Gütern abbilden,** d. h. den Wertverzehr und die zugehörige Leistungsentstehung zahlenmäßig darstellen **(Darstellungsaufgabe).** Informationen über die entstandenen Kosten und Leistungen sind in erster Linie als **Anregungsinformationen** für mögliche Verbesserungen in der Zukunft von Bedeutung. Sie ergeben sich sowohl aus dem Vergleich von Istgrößen verschiedener Betriebsbereiche oder Betrachtungsperioden als auch aus dem Vergleich von Ist- und Sollgrößen. Die Erfüllung der Darstellungsaufgabe ist insoweit eine **Vorbereitung auf die Erfüllung der Kontrollaufgabe.** *Darstellung*

Die Darstellung des betrieblichen Leistungsprozesses dient darüber hinaus der aus unterschiedlichen Gründen erforderlichen **Dokumentation** des betrieblichen Geschehens. Beispielsweise wird sie im Rahmen der Ermittlung des kalkulatorischen und des pagatorischen Periodenergebnisses zur **Berechnung der Herstell- bzw. Herstellungs„kosten"** von Bestandsveränderungen und selbsterstellten Anlagen benötigt. Eine möglichst zuverlässige Dokumentation ist auch deswegen erforderlich, weil an Kosten- und Leistungsgrößen häufig **Entlohnungs- und Beförderungskonsequenzen** geknüpft sind.

(2) Die zentrale Bedeutung der Kosten- und Leistungsrechnung besteht darin, Informationen über die **voraussichtlichen Konsequenzen von Entscheidungen** zu liefern **(Prognoseaufgabe).** Kosten- und Leistungsinformationen sind wichtig, wenn auch nicht allein ausschlaggebende Größen bei Vorteils-Nachteils-Vergleichen. Beispiele hierfür sind: Annahme oder Ablehnung eines Auftrags bei gegebenen Preisvorstellungen eines Kunden; Abgabe eines Preisangebotes; Gestaltung des Sortiments; Entscheidung über Eigenfertigung oder Fremdbezug von Zwischenprodukten und Betriebsmitteln, Kauf oder Miete von Betriebsmitteln; Auswahl des Fertigungsverfahrens; Planung des Betriebserfolges und des hierfür erforderlichen Produktions- und Absatzvolumens; Ermittlung des Produktions- und Absatzvolumens, das mindestens realisiert werden muß, wenn in der Betrachtungsperiode Überschüsse erzielt werden sollen (Break-Even-Analyse). *Prognose*

Die Kostenrechnung steht auch **im Dienste der Investitionsrechnung,** da die Informationen über die Mengenkomponente des Güterverzehrs häufig die

Grundlage für die Schätzung derjenigen Größen darstellen, die in der Investitionsrechnung verwendet werden. Zwar ist die Investitionsrechnung beispielsweise bei der Einführung einer neuen Technologie in vielen Bereichen auf Angaben von Herstellern angewiesen; für die Prognose der Folgen einer Fortführung bisheriger Verfahren sowie der durch Änderungen mittelbar bedingten Konsequenzen sind jedoch die Informationen der Kosten- und Leistungsrechnung maßgebend.

*Vorgabe*

(3) In einem **dezentralen Entscheidungssystem erfordert die Verwirklichung getroffener Entscheidungen konkretisierende nachgelagerte Teilentscheidungen.** Selbst bei sehr genauer Beschreibung der auszuführenden Maßnahmen ist ihre zielentsprechende Realisierung nicht automatisch gewährleistet. Beispielsweise kann es an der Bereitschaft und/oder Fähigkeit mangeln, Anweisungen in der gewünschten Weise zu interpretieren. Darüber hinaus sind detaillierte Vorschriften mit dem Risiko behaftet, daß bei ihrer Abfassung die mögliche Vielzahl unterschiedlicher Anwendungssituationen unterschätzt wurde. Die **Vorgabe von Wertverzehrobergrenzen (Sollkosten, Budgets)** soll die Organisationsmitglieder dazu anhalten, bei Entscheidungen im Rahmen der ihnen verbleibenden Spielräume mit den verfügbaren Mitteln möglichst sparsam umzugehen **(Vorgabeaufgabe).** Kostenvorgaben regen nicht nur deswegen zu wirtschaftlichem Verhalten an, weil sie Zielgrößen darstellen; sie motivieren auch insofern, als durch sie den Kostenverantwortlichen die Möglichkeit nachträglicher Kontrolle bewußt gemacht wird. Oft sind an die Einhaltung beziehungsweise Nichteinhaltung der Vorgaben positive beziehungsweise negative Sanktionen geknüpft.

*Kontrolle*

(4) Mit der Darstellung, Prognose und Vorgabe von Kosten werden unter anderem autonome Teilaufgaben der Kosten- und Leistungsrechnung erfüllt. Die dabei gewonnenen Informationen sind jedoch auch erforderlich, um unerwünschte Entwicklungen so frühzeitig erkennen und analysieren zu können, daß kompensierende Maßnahmen möglich sind. Tritt die Aufgabe der **Regelung des Leistungsprozesses durch Überwachung und Beseitigung erkannter Störungen** in den Vordergrund **(Kontrollaufgabe),** so ergeben sich daraus besondere Anforderungen für die Gestaltung der Kosten- und Leistungsrechnung. Zum einen kann auf die Ermittlung brauchbarer Sollgrößen nicht verzichtet werden. Dies rührt daher, daß ein Vergleich der in verschiedenen Perioden oder Betriebsteilen tatsächlich aufgetretenen Kosten wenig aussagefähig bzw. hinsichtlich seiner Ursachen schlecht analysierbar ist. Zum anderen müssen Ist- und Sollgrößen besonders detailliert ermittelt werden.

Werden prognostizierte Kosten nicht unbesehen als Kostenvorgaben verwendet (z. B. weil die Möglichkeit der Vorgabeüberschreitung bei der Prognose berücksichtigt wird), so ergeben sich zwei Möglichkeiten des Soll-Ist-Vergleiches. Im ersten Fall steht die **Entdeckung und Beseitigung von Unwirtschaftlichkeiten** im Vordergrund, die wegen Abweichungen vom geplanten Prozeßablauf entstehen. Beim Vergleich der Vorgabekosten mit den Istkosten ist die Entdeckung von Vorgabefehlern zwar nicht ausgeschlossen, sie ist jedoch nicht das primäre Ziel des Soll-Ist-Vergleiches. Beim Vergleich der prognostizierten mit den tatsächlich anfallenden Kosten soll die **Prognosequalität überprüft und verbessert** werden.

### c) Das Grundproblem der Kosten- und Leistungsrechnung

Sieht man einmal von den Schwierigkeiten der Antizipation zukünftiger Ereignisse ab, die nicht nur bei Prognosen und Vorgaben, sondern auch bei der Ermittlung der sogenannten Istkosten eine Rolle spielen, so erfordert die Erfüllung aller Aufgaben der Kosten- und Leistungsrechnung die Lösung eines Grundproblems. Dieses besteht darin, daß entstandene bzw. voraussichtlich entstehende **Wertverzehre als Kosten der Leistungen ausgewiesen werden sollen, um derentwillen sie herbeigeführt und/oder in Kauf genommen wurden bzw. werden.** Dabei ist gleichzeitig zu berücksichtigen, daß die Kosten der Informationsgewinnung den erzielbaren Informationsnutzen nicht überschreiten.

Das Problem einer zweckentsprechenden Zuordnung von Kosten auf Leistungen hat zwei Komponenten. Die **pragmatische Komponente** dieses Problems resultiert aus der Aufwendigkeit der Einzelerfassung aller Einzelverzehre. Für die finanzbuchhalterische Aufwandsfeststellung sind relativ pauschale Verzehrsermittlungen meist ausreichend. Im Interesse der Vermeidung zusätzlicher Informationsgewinnungskosten liegt ihre Verwendung für die Zwecke der Kosten- und Leistungsrechnung nahe. Dies macht jedoch rechnerische Aufteilungen der pauschal ermittelten Verzehre auf die einzelnen Leistungsbestandteile (Stücke, Aufträge, etc.) erforderlich. Solche Aufteilungen sind in aller Regel jedoch auch dann vorzunehmen, wenn für die Kosten- und Leistungsrechnung eine detailliertere Verzehrserfassung erfolgt.

*pragmatische Komponente der Zuordnungsproblematik*

Die **theoretische Komponente** des Problems, Wertverzehre als Kosten bestimmter Leistungen auszuweisen, ergibt sich aus der Existenz echter (variabler und fixer) Gemeinkosten. In diesem Falle sind Aufteilungen weitaus schwieriger zu rechtfertigen. Dies gilt insbesondere dann, wenn den Leistungen Fixkostenbestandteile angelastet werden sollen.

*theoretische Komponente der Zuordnungsproblematik*

Die zur Erfüllung der Aufgaben der Kosten- und Leistungsrechnung erforderlichen Zergliederungen der Gesamtkosten eines Betrachtungszeitraumes werden deutlicher, wenn man die **Struktur des Leistungserstellungsprozesses (Produktionsstruktur)** berücksichtigt. Produktionsstrukturen können durch die Kombination von zwei Kriterien gekennzeichnet werden. Nach der **Zahl der entstehenden Erzeugnisse** ist der **Einprodukt- vom Mehrproduktbetrieb** zu unterscheiden. Nach der **Zahl der Produktionsstufen,** die die Erzeugnisse bis zur Abgabe an den Kunden durchlaufen, wird zwischen **einstufigen und mehrstufigen Produktionsprozessen** unterschieden. Als Produktionsstufe wird dabei eine Folge von Bearbeitungsvorgängen bezeichnet, die nicht durch ein Zwischenlager unterbrochen ist. Keine Zwischenlager in diesem Sinne sind kleinere Bestände an Zwischenprodukten, die lediglich der Aufrechterhaltung eines kontinuierlichen Produktionsablaufes (z. B. Kompensation von Ausschuß) dienen. Je nach Ausprägung und Kombination dieser beiden Strukturmerkmale ergeben sich für die Kosten- und Leistungsrechnung mehr oder

*Produktionsstruktur*

weniger schwierige Erfassungs- und Aufteilungsprobleme. Zu deren Verdeutlichung werden in den nachstehenden Abbildungen die wesentlichsten Grundtypen von Produktionsstrukturen dargestellt.

In den folgenden Abbildungen sind Produktionsstätten durch Quadrate und Lager durch ungleichseitige Rechtecke symbolisiert. Die einzelnen Produktionsstufen sind durch gestrichelte Rechtecke gekennzeichnet. Dicke Pfeile stellen den Fluß der unfertigen und fertigen Erzeugnisse dar. Dünne Pfeile symbolisieren den Verzehr der Kostengüter. Die sonstigen Symbole bedeuten:

$K_G$ = Gesamtkosten der Periode;
$K_{i,j}$ = durch Verzehr des Kostengutes i auf der Stufe j entstehende Kosten (i = 1,2, ..., n; j = 1,2, ...,m);
$L_j$ = Lager auf der Stufe j;
$x_a, x_b, x_c$ = Erzeugnismengen von Zwischenprodukten;
$X, X_A, X_B, X_C$ = verkaufte Mengen an Endprodukten;
$K_{ij}^a, K_{ij}^A$, usw. = durch Verzehr des Kostengutes i auf der Stufe j entstehende Kosten, die für die Zwischenprodukte a usw. bzw. die Endprodukte A usw. als Einzelkosten erfaßbar sind;
$K_{i,j}^{A,B}$ usw. = durch Verzehr des Kostengutes i auf der Stufe j entstehende Kosten, die nur als Gemeinkosten der Produkte A und B usw. erfaßbar sind.

*einstufiger Einproduktbetrieb*

Den einfachsten Fall stellt der **einstufige Einproduktbetrieb** dar. Idealtypisch handelt es sich hierbei um einen Betrieb, der eine einzige Erzeugnisart in einem Produktionsprozeß ohne Zwischenlager für unfertige Erzeugnisse herstellt und die fertigen Erzeugnisse ohne Lagerung fertigungssynchron verkauft (vgl. Abb. 8.1).

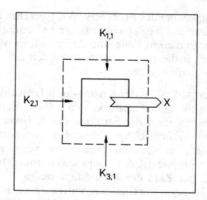

*Abb. 8.1: Einstufiger Einproduktbetrieb*

**Beim Einproduktbetrieb sind sämtliche Kosten der Periode durch die eine Erzeugnisart bedingt.** Eine Unterteilung der Gesamtkosten $K_{1,1} + K_{2,1} + K_{3,1}$ wird allerdings dann erforderlich, wenn fixe und variable Kostenbestandteile zu berücksichtigen sind. Dies ist beispielsweise bei der Teilkostenrechnung der

Fall. Da ein Teil der Fixkosten einer Betrachtungsperiode auf mehr oder minder willkürlichen Periodisierungen beruht (z. B. leistungsunabhängige Wertminderungen bei Betriebsmitteln), ist ihr getrennter Ausweis zweckmäßig. Dies ist auch sinnvoll für Kosten, die eindeutig Fixkosten der Betrachtungsperiode darstellen. Fixkosten müssen nicht unbedingt durch die Verkaufserlöse der Perioden gedeckt werden, in denen sie entstehen bzw. denen sie zugerechnet werden.

Der Einproduktbetrieb wird bereits dann **zweistufig,** wenn die Erzeugnisse nicht fertigungssynchron veräußert werden können. In diesem Falle wird in Abhängigkeit von der Absatzmarktlage ein **Lager für Fertigerzeugnisse** (Verkaufslager) auf- bzw. abgebaut. Der Verkauf muß als eigene Produktionsstufe betrachtet werden (vgl. Abb. 8.2). Bei Kalkulationen oder Periodenerfolgsrechnungen dürfen die Kosten dieser Stufe nur auf den verkauften Teil der Periodenproduktion bezogen werden. Auch für die Vertriebskosten ist wiederum zu prüfen, welche Kostenbestandteile fix und welche variabler Natur sind.

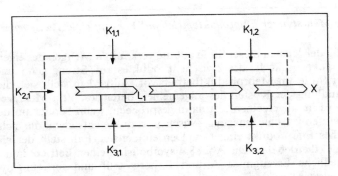

*Abb. 8.2: Zweistufiger Einproduktbetrieb*

Im Regelfall ist die **Produktionsstruktur im Einproduktbetrieb erheblich komplexer** und erfordert eine **detailliertere Abbildung** der Wertverzehrs- und Wertentstehungsprozesse. Abb. 8.3 symbolisiert z. B. einen Betrieb, in dem die Produktionsstufen 1 und 2 Teilbereiche darstellen, die Zwischenprodukte herstellen. Diese werden auf der Stufe 3 zusammengefügt und in den darauf folgenden Stufen weiterverarbeitet. Darüber hinaus ist berücksichtigt, daß normalerweise ein für die Steuerung und Aufrechterhaltung der Funktionsfähigkeit der einzelnen Stufen erforderlicher „Allgemeiner Bereich" existiert, der nicht in die Kette aufeinanderfolgender Produktionsstufen eingefügt werden kann. Außerdem können in diesem Beispiel Zwischenprodukte der Stufe 2 zum Teil auch ohne Weiterverarbeitung verkauft werden.

*mehrstufiger Einproduktbetrieb*

Bereits die in Abb. 8.3 berücksichtigte Möglichkeit der Veräußerung von Zwischenprodukten wirft aus der Stufe m, der Verkaufsstufe, das Problem der

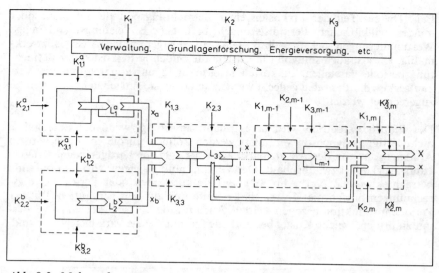

*Abb. 8.3: Mehrstufiger Einproduktbetrieb mit Verkauf eines Zwischenproduktes*

Aufteilung der Kosten dieser Stufe auf die verkauften Mengen des eigentlichen Fertigproduktes und die des Zwischenproduktes auf. Streng genommen liegt auf dieser Stufe ein Mehrproduktbetrieb vor. Außerdem stellt sich die Frage der Behandlung der Kosten des allgemeinen Bereiches. Von **Mehrproduktbetrieben** wird im allgemeinen erst dann gesprochen, wenn bereits auf den Herstellungsstufen verschiedenartige Zwischenprodukte entstehen, die nicht in ein einheitliches Endprodukt eingehen. Den einfachsten Fall stellt der **einstufige Mehrproduktbetrieb** dar. Die Abb. 8.4 symbolisiert einen Betrieb, in dem zwei unterschiedliche Erzeugnisse A und B hergestellt und fertigungssynchron verkauft werden.

*einstufiger Mehrproduktbetrieb*

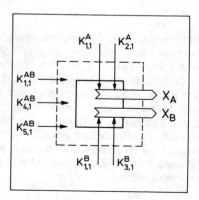

*Abb. 8.4: Einstufiger Zweiproduktbetrieb*

Ein Teil der Güterverzehre kann den entstehenden Erzeugnissen eindeutig zugeordnet werden ($K^A_{1,1}$, $K^A_{2,1}$, $K^B_{1,1}$, $K^B_{3,1}$). Die übrigen Güterverzehre ($K^{A,B}_{1,1}$, $K^{A,B}_{4,1}$, $K^{A,B}_{3,1}$) fallen für beide Erzeugnisse gemeinsam an.

Sowohl die eindeutig zuzuordnenden als auch die für beide Erzeugnisse gemeinsam anfallenden Verzehre können fixe und variable Bestandteile enthalten. Zur klaren Abgrenzung vom Fall der Kuppelproduktion (vgl. Abb. 8.6) sei unterstellt, daß in $K^{A,B}_{1,1}$, $K^{A,B}_{4,1}$, $K^{A,B}_{3,1}$ nur unechte variable Gemeinkostenbestandteile enthalten sind.

Weitere Differenzierungsnotwendigkeiten ergeben sich im **mehrstufigen Mehrproduktbetrieb.** Im folgenden sei beispielhaft angenommen, daß ein Betrieb zwei Erzeugnisarten A und B erstellt und veräußert. Auf den ersten Stufen entstehen Zwischenprodukte a und b in voneinander getrennten Erzeugnisvorgängen. Für a besteht die Möglichkeit der Vorratsproduktion, so daß hierfür Lager vorgesehen sind. Auf Stufe 3 erfolgt die Weiterverarbeitung zu Endprodukten, wobei a und b die gleichen Produktionsanlagen durchlaufen. Auch die Endprodukte werden gelagert und entsprechend der Kundennachfrage vom Lager genommen. Die beiden Enderzeugnisse werden von einer gemeinsamen Verkaufsabteilung vertrieben. Kosten entstehen auch für einen den Stufen des unmittelbaren Herstellungs- und Verkaufsbereichs übergeordneten allgemeinen Bereich (vgl. Abb. 8.5).

*mehrstufiger Mehrproduktbetrieb*

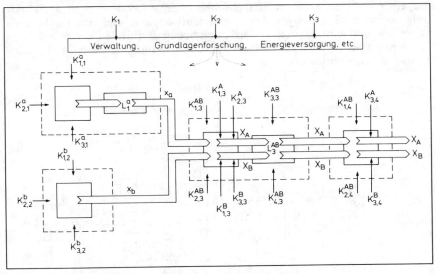

*Abb. 8.5: Dreistufiger Zweiproduktbetrieb*

Es ist offensichtlich, daß Modelle der Produktionsstruktur weitaus komplexer sein können. Beispielsweise lassen sich Lager zwecks Berücksichtigung der Lagerdauer unterschiedlicher Erzeugnisse als selbständige Produktionsstufen behandeln, innerbetriebliche Leistungsströme stärker differenzieren und wechselseitige Leistungsverflechtungen berücksichtigen. Inwieweit in dem für

*Kuppelproduktions-
betrieb*

die Kosten- und Leistungsrechnung im Einzelfall zu konstruierenden Modell des betrieblichen Geschehens die tatsächlichen Abläufe abgebildet werden sollen, hängt neben den Genauigkeitsansprüchen der Entscheidungsträger sehr wesentlich von der relativen Bedeutung der Kostenbeträge ab, deren genauere Erfassung und Zuordnung durch ein komplexeres Modell ermöglicht würde.

Eine durch die Kriterien „Zahl der Produktionsstufen" und „Zahl der unterschiedlichen Erzeugnisse" nicht hinreichend zu charakterisierende Produktionsstruktur ist bei **Kuppelproduktion** gegeben. Sie kann eine Besonderheit einzelner Produktionsstufen in einem mehrstufigen Mehrproduktbetrieb darstellen. Sie kann aber auch zum dominierenden Merkmal des Gesamtbetriebes werden. Dies ist insbesondere dann der Fall, wenn aus einem für das Produktions- und Absatzprogramm zentralen Einsatzfaktor (z. B. Rohöl, Kohle, Milch) mehrere Zwischen- und Enderzeugnisse entstehen. Auf einer bestimmten Stufe des Produktionsprozesses findet eine Aufspaltung des zentralen Einsatzfaktors statt **(Spaltprozeß).** Dem Spaltprozeß können Bearbeitungsstufen des Einsatzfaktors vorgelagert und Weiterverarbeitungsstufen der Spaltprodukte nachgelagert sein. Ob Ergebnisse des Spaltprozesses als Produkte oder als Abfall behandelt werden, hängt von ihrer marktlichen Verwertbarkeit ab. In Abb. 8.6 wird davon ausgegangen, daß der zentrale Einsatzfaktor auf einer ersten Stufe bearbeitet (z. B. gereinigt, zerkleinert) und auf einer weiteren Stufe in drei gleichzeitig entstehende Zwischenprodukte aufgespalten wird. Jedes von ihnen durchläuft anschließend eine Endbearbeitungsstufe und wird damit zum Fertigungserzeugnis. Für den Vertrieb der drei Erzeugnisarten ist eine Verkaufsabteilung zuständig. Weiterhin ist ein allgemeiner Bereich vorhanden.

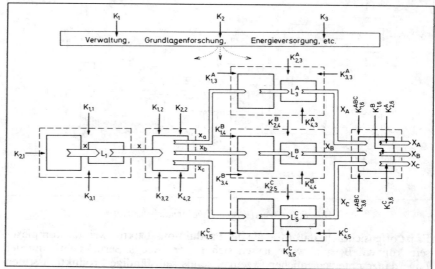

*Abb. 8.6: Kuppelproduktionsprozeß; Spaltprozeß auf Stufe 2; Weiterverarbeitung Spaltprodukte auf Stufe 3, 4, 5.*

Die Kuppelproduktion ist ein typisches Beispiel für Produktionsstrukturen, bei denen **nicht alle variablen Kosten als Einzelkosten** erfaßt werden können. Alle bis zum Spaltprozeß anfallenden Wertverzehre lassen sich nur willkürlich auf die entstehenden Spaltprodukte aufteilen.

### d) Die Grundstruktur der Kosten- und Leistungsrechnung

Die Informationen der Kosten- und Leistungsrechnung über Wertverzehre und Wertentstehungen werden für unterschiedliche Zwecke benötigt. Dies bedeutet, daß die Datenerfassung so detailliert erfolgen muß, daß spätere Datenauswertungen nicht beeinträchtigt werden. Die Forderung nach einer **zweckneutralen „Grundrechnung"**, deren Zahlenmaterial für unterschiedliche **„Auswertungsrechnungen"** verwendet werden kann, wurde bereits von Schmalenbach erhoben. In einer solchen Grundrechnung sind Kosten und eventuell auch Leistungen (Riebel) soweit als irgendmöglich als Einzelbeträge zu erfassen und dabei gleichzeitig in ein vieldimensionales Kriterienschema einzuordnen. Mit Hilfe ausgewählter Kriterien können aus den Grundrechnungen diejenigen Daten „abgerufen" werden, die für eine bestimmte Auswertungsrechnung relevant sind. Für das Verständnis der Struktur der Kosten- und Leistungsrechnung und für Überlegungen zur Erweiterung ihrer Einsatzmöglichkeiten ist eine solche Sichtweise fruchtbar. Allerdings ist zu berücksichtigen, daß eine Grundrechnung nicht schlechthin, sondern allenfalls im Hinblick auf die mit ihrer Hilfe jeweils zu erfüllenden unterschiedlichen Zwecke (Auswertungen) „neutral" sein kann. Die Auswertungsbedürfnisse bestimmen die Kriterien, die für die Einordnung der Kosten- und Leistungsbeträge maßgeblich sind. Die Forderung nach Wirtschaftlichkeit der Informationsgewinnung setzt der Zahl der Merkmale, die bei der Datenerfassung zu speichern sind, eine Grenze. Angesichts der heute bestehenden Datenverarbeitungstechnologie sind hierbei weniger die Speicherungsmöglichkeiten und die Dauer der Auswertungsvorgänge, als vielmehr der Erfassungsaufwand, die Erstellung von Auswertungsprogrammen, der erforderliche Änderungsdienst und die Ausbildung der potentiellen Anwender von Bedeutung.

*Grundrechnung/Auswertungsrechnungen*

In der Kostenrechnungspraxis hat sich die Unterscheidung zwischen einer Grund- und einer Auswertungsrechnung (noch) nicht durchgesetzt. Dies rührt vor allem daher, daß die Struktur der Kosten- und Leistungsrechnung von zwei Auswertungsbedürfnissen dominiert wird. Im Vordergrund steht die Vor- und Nachkalkulation von unfertigen und fertigen Erzeugnissen und die damit in engem Zusammenhang stehende Ermittlung des Betriebsergebnisses. Der dadurch geprägte Aufbau der Kosten- und Leistungsrechnung wird in Plankostenrechnungssystemen insoweit modifiziert, als es für die Zwecke der Überwachung und Steuerung der Wirtschaftlichkeit des Leistungserstellungsprozesses erforderlich ist.

*dominierende Auswertungsbedürfnisse*

Allgemein lassen sich die Systeme der Kosten- und Leistungsrechnung durch die Stufen **Kostenarten-, Kostenstellen- und Kostenträgerrechnung** kennzeichnen. Eine insbesondere für die Zwecke der Kostenträgerrechnung adäquate Erfassung der Leistungen wird im allgemeinen nicht als eigenständiger Teilbe-

*Stufen der Kostenrechnung*

reich unterschieden, sondern als (zum Teil durch deren Erfassung in der Finanzbuchhaltung) gegeben vorausgesetzt. Bei Zugrundelegung der Unterscheidung zwischen Grund- und Auswertungsrechnung kann man die Kostenartenrechnung als Teil der Grundrechnung, die Kostenträgerrechnung als Auswertungsrechnung ansehen. Je nach Kostenrechnungssystem ist die Kostenstellenrechnung als Bestandteil der Grundrechnung aufzufassen oder hat selbst in gewisser Hinsicht die Funktion einer Auswertungsrechnung (z. B. Soll-Ist-Vergleich). Der Detaillierungsgrad der Kostenerfassung im Rahmen der Kostenarten- und Kostenstellenrechnung hängt in erster Linie von den beabsichtigten Standardauswertungen ab.

## *Kostenartenrechnung*

*Aufgaben der Kostenartenrechnung*

**Der Kostenartenrechnung fällt die Aufgabe zu, sämtliche Kosten nach einem festzulegenden Katalog von Kostenarten zu erfassen.** Sie stellt den ersten Schritt der Kostenrechnung dar. Die gängige Bezeichnung Kostenarten-„rechnung" ist insofern nicht ganz zutreffend, als hier weniger gerechnet als vielmehr in systematischer Weise erfaßt wird.

Die Resultate der Kostenartenrechnung bilden einmal die Grundlage der nachgeordneten Kostenstellen- und Kostenträgerrechnung; zum anderen dienen sie unmittelbar der Steuerung des betrieblichen Geschehens. So kann der zeitliche und/oder zwischenbetriebliche Vergleich einer bestimmten Kostenart auf Unwirtschaftlichkeit im Betrieb hinweisen. Mit Hilfe von Kostenartenzahlen gebildete Kennzahlen (wie z. B. der Anteil der Personalkosten an den Gesamtkosten) sind wesentliche Elemente eines betriebswirtschaftlichen Kennzahlensystems.

*Kostenartenbildung*

**Kostenarten werden gebildet, indem aus dem Gesamtkostenblock Teile herausgegriffen werden, „... die sich durch mindestens ein Merkmal von allen anderen Kosten eines Betriebes unterscheiden" (Börner).**

Die Aufgliederung der Kosten ist abhängig von der organisatorischen Struktur und Vielfalt des Produktionsprozesses und den Informationszwecken der Kostenrechnung.

*primäre und sekundäre Kosten*

Als übergeordnetes Unterscheidungsmerkmal ist die Einteilung in primäre und sekundäre Kostenarten anzusehen. **Primäre Kostenarten entstehen beim Verzehr von Gütern und Dienstleistungen, die aus der Sicht der verbrauchenden Stelle unmittelbar vom Markt bezogen wurden. Sekundäre Kostenarten treten beim Verzehr von im Betrieb selbst erzeugten Gütern auf** (z. B. selbsterzeugte Heizungsenergie).

*natürliche Kostenarten*

Nach der **Art der verzehrten Kostengüter** können beispielsweise unterschieden werden: Personalkosten (Akkordlohnkosten, Zeitlohnkosten, Gehälter, Sozialabgaben usw.), Materialkosten (z. B. Fertigungsmaterial, Büromaterial), Abschreibungen (z. B. kalkulatorische Abschreibungen auf Gebäude, Maschinen, Büroeinrichtung), Kapitalkosten (kalkulatorische Zinsen), Fremdleistungskosten (z. B. Kosten für Transport, Beratung, gelieferte Energie, Versicherungen usw.), sonstige Kosten (z. B. Kostensteuern, Kosten für Gebühren und Beiträge). Bei Anwendung dieses Unterscheidungskriteriums wird auch von „natürlichen" Kostenarten gesprochen.

Die Auswertung der in der Kostenartenrechnung erfaßten Kostenbeträge erfordert weiterhin, daß auch der **„Ort" ihrer Entstehung** festgehalten wird. Zu diesem Zweck wird die Betriebswirtschaft in kostenrechnerische Teilbereiche (Kostenstellen) zerlegt. Diese Teilbereiche können, müssen aber nicht mit den organisatorischen Teileinheiten übereinstimmen. Durch Zusammenfassung mehrerer Kostenstellen entstehen Kostenstellenbereiche. Gruppiert man Kostenstellen entsprechend den betrieblichen Funktionen, so können beispielsweise Beschaffungs-, Lagerhaltungs-, Produktions-, Verwaltungs-, Forschungs- und Entwicklungs-, Vertriebskosten unterschieden werden.

*Kosten von Kostenstellen und Bereichen*

Bereits in der Kostenartenrechnung muß die **Erfaßbarkeit bzw. Zurechenbarkeit von Wertverzehren** im Hinblick auf Bezugsgrößen beachtet werden. Angesichts der üblichen Standardauswertungen sind insbesondere die Bezugsgrößen Kostenträger (Zwischen- und Endprodukte) und Kostenstelle von Bedeutung. Bei der Erfassung ist zunächst festzuhalten, welche Kostenbestandteile **Einzelkosten** welcher **Kostenträger** darstellen. Die verbleibenden Kosten werden als Kost**enträgergemeinkosten** behandelt. Sie lassen sich durch Berücksichtigung des Gliederungsmerkmals „Entstehungsort" weiter unterteilen. Die Kostenträgergemeinkosten können entweder einer bestimmten Kostenstelle zweifelsfrei zugeordnet oder nur für eine Mehrheit von Kostenstellen gemeinsam erfaßt werden. Bei den Kostenträgergemeinkosten handelt es sich also zum Teil um **Stelleneinzel-**, zum Teil um **Stellengemeinkosten**. In welchem Umfang Stellengemeinkosten auftreten, hängt von der Art und dem Ausmaß der Differenzierung des Gesamtbetriebes in Kostenstellen ab.

*Kostenträgereinzel-/ Kostenträgergemeinkosten*

*Kostenstelleneinzel-/ Kostenstellengemeinkosten*

Erfolgt die Kostenstellengliederung in der Weise, daß die Kostenstellen in einer **hierarchischen Ordnung** zueinander stehen, können **alle Kosten als Einzelkosten bestimmter Kostenstellen** erfaßt werden. In diesem Falle muß in der Kostenartenrechnung geprüft werden, in bezug auf welche Mehrheit von Kostenstellen ein Kostenbetrag Stellengemeinkosten darstellt, um diejenige übergeordnete Kostenstelle identifizieren zu können, bei der er als Stelleneinzelkosten zu erfassen ist.

Für die Kostenträgereinzelkosten ist eine kostenstellenweise Erfassung nicht unbedingt erforderlich, da im allgemeinen bekannt ist, welche Kostenstellen ein Kostenträger durchläuft. Eine Rekonstruktion des Verbrauchs pro Stelle ist damit im Bedarfsfalle (z. B. zu Kontrollzwecken) meist möglich. Um die Auswertung zu vereinfachen, wird aber häufig bereits bei der Erfassung von Kostenträgereinzelkosten nicht nur der/die Kostenträger, sondern auch die verbrauchende Kostenstelle aufgezeichnet.

Bei einer Reihe von Auswertungen des erfaßten Zahlenmaterials muß zur Vermeidung von Fehlinterpretationen zwischen **fixen und variablen Kostenbestandteilen** unterschieden werden. Nicht in allen Kostenrechnungssystemen wird eine solche Trennung (konsequent) vorgenommen. Ist sie jedoch systembestimmend, so stellt sie eine Aufgabe der Kostenartenrechnung dar, selbst

*beschäftigungsvariable und -fixe Kosten*

wenn sie nicht global, sondern je Kostenstelle vorgenommen wird. Das Problem der Aufspaltung der Kosten in fixe und variable Bestandteile besteht in erster Linie bei den Kostenträgergemeinkosten, da diese neben den fixen auch echte und unechte variable Gemeinkosten enthalten.

Das Kriterium der **Reagibilität auf Bezugsgrößen-(Einflußgrößen-)änderungen** wird in der traditionellen Kostenrechnung standardmäßig nur auf die **Beschäftigung** angewandt. Als Bezugs- bzw. Maßgröße dient die Ausbringungsmenge, die bei Mehrproduktbetrieben mit Hilfe von Ersatzgrößen (z. B. Fertigungsstunden, Maschinenlaufzeiten, Mengen einer fiktiven Einheitssorte) zum Ausdruck gebracht werden muß.

Aus Gründen der Einheitlichkeit und Kontinuität der Kostenartenrechnung ist es erforderlich, einen **Kostenartenplan** zu erstellen. Dieser ist im allgemeinen mehrdimensional, wobei die Art der verzehrten Güter meist das Haupteinteilungskriterium bildet. Der in Abb. 8.7 im Ausschnitt dargestellte Kostenartenplan berücksichtigt z. B. die Kriterien „Art der verzehrten Güter", „Funktionsbereich" und „kostenträgerbezogene Erfaßbarkeit".

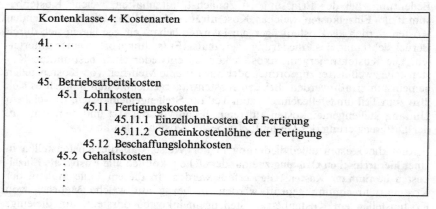

*Abb. 8.7: Ausschnitt aus einem Kostenartenplan*

## Kostenstellenrechnung

*Aufgaben der Kostenstellenrechnung*

Eine differenzierte Erfassung der Kosten im Rahmen der Kostenartenrechnung setzt bereits eine systematische Gliederung des Gesamtbetriebes in Teilbereiche voraus. Art und Ausmaß der teilbereichsbezogenen Differenzierung der Kosten hängt in erster Linie von den Informationsbedürfnissen ab. Daneben bestimmen die strukturellen Gegebenheiten des Leistungsprozesses (Produktionsstrukturen) die erforderliche Differenzierung aus folgenden Gründen mit:

(1) Die **zahlenmäßige Abbildung des tatsächlichen und des erwarteten (prognostizierten) Wertverzehrs- und Wertentstehungsprozesses** erfordert im mehrstufigen Ein- und Mehrproduktbetrieb eine **prozeßadäquate Gliederung der**

**Kostenträgergemeinkosten.** Damit werden die Voraussetzungen für die Kostenträgerrechnung geschaffen.

(2) **Die Kontrolle der Wirtschaftlichkeit der Leistungserstellung** gelingt um so besser, je transparenter das komplexe Geflecht von Wertverzehrs- und Wertentstehungsvorgängen gemacht wird. Erst dadurch können Verantwortlichkeiten für Ausschnitte aus dem Transformationsprozeß festgestellt und die für die Steuerung des betrieblichen Geschehens bedeutsamen Kostenvergleiche, insbesondere die Soll-Ist-Vergleiche, sinnvoll angewandt werden.

Aus diesen Gründen lassen sich drei wesentliche Gestaltungskriterien für die Kostenstellenbildung ableiten.

*Kostenstellenbildung*

Nach **abrechnungstechnischen Gesichtspunkten** sind Kostenstellen in der Weise abzugrenzen, daß ihre Beanspruchung bei der Erzeugung von Leistungen in einer einheitlichen Bezugsgröße (z. B. Maschinenstunde) ausgedrückt werden kann. Die Bezugsgröße soll die „Beschäftigung" der Kostenstelle zum Ausdruck bringen; zwischen ihr und den Verzehrsmengen möglichst vieler Kostenarten soll ein funktionaler Zusammenhang bestehen (z. B. Energieverbrauch in Abhängigkeit von der Maschinenlaufzeit). Notfalls sind mehrere Bezugsgrößen festzulegen. Da die Bezugsgrößen erst bestimmt werden können, wenn die Kostenstellen gebildet sind, die Kostenstellen jedoch so abzugrenzen sind, daß sich exakte Maßgrößen der Kostenverursachung finden lassen, ist eine simultane Bestimmung von Bezugsgröße und Kostenstelle erforderlich.

Die Teilkostenrechnung fordert darüber hinaus als Gliederungskriterium, daß die Kostenstellen soweit als möglich von nur einer Produktart oder -gruppe durchlaufen werden.

Nach dem **Kriterium Verantwortungsbereich** umfaßt eine Kostenstelle – entsprechend der organisatorischen Gliederung der Unternehmung – den Kompetenzbereich einer Entscheidungsinstanz. Diese Abgrenzung ist Voraussetzung für eine wirksame Überwachung der beeinflußbaren Kosten, insbesondere für die Durchführung und Ausgestaltung der Plankostenrechnung. Das Kriterium Verantwortungsbereich konkurriert häufig mit abrechnungstechnischen Gesichtspunkten. Die an einer Kostenstelle anfallenden Kosten sind zum Teil durch Entscheidungen anderer Instanzen bedingt. Daher sind innerhalb der Kostenstelle beeinflußbare und nicht beeinflußbare Kostenarten zu unterscheiden. Nur für den beeinflußbaren Teil der Kosten kann der Kostenstellenleiter verantwortlich gemacht werden.

Ein dritter, mit den ersten beiden Kriterien konkurrierender Gesichtspunkt ist die Forderung, **Zuordnungsentscheidungen nicht unnötig** zu **komplizieren.** Hierdurch sollen Fehlzuordnungen vermieden und eine möglichst wirtschaftliche Erfassung der Stellenkosten ermöglicht werden. Die Kostenstellenbildung ist also im Zweifel so vorzunehmen, daß die Kostenbeträge ohne zusätzliche Einzelerfassungen oder Aufteilungsoperationen in der Form als Stellen**einzel**kosten behandelt werden können, in der sie ohnehin (z. B. aufgrund der üblichen Rechnungserteilung durch Lieferanten) verfügbar sind.

**Räumliche Gesichtspunkte** spielen bei der Kostenstellenbildung **keine** wesentliche **Rolle**. Insofern können Kostenstellen auch nur im übertragenen Sinne als „Orte" der Kostenentstehung bezeichnet werden. Allenfalls wegen der besseren Anschaulichkeit ist es zweckmäßig, nach den obigen Kriterien gebildete Kostenstellen „räumlich" zu definieren. Eine über die Beachtung der Produktionsstruktur hinausgehende Berücksichtigung betrieblicher Funktionsbereiche stellt ebenfalls kein kostenrechnerisch zwingendes Erfordernis dar. Beispielsweise könnten die Kosten der Lagerung von Fertigerzeugnissen durchaus mit denjenigen der letzten Fertigungsstufe zusammengefaßt werden. Da die Kostenrechnung jedoch auch als Aufwandsverteilungsrechnung für die Zwecke der Bilanzierung verwendet wird, schlagen handels- und steuerrechtliche Bewertungskonventionen auf ihre Struktur durch (z. B. Fertigerzeugnislagerkosten im Rahmen der Vertriebskostenermittlung).

*Ablauf der Kostenstellenrechnung*

Bei der Durchführung der Kostenstellenrechnung lassen sich drei aufeinanderfolgende Arbeitsschritte unterscheiden. Zunächst ist die **Summe der primären Kostenträgergemeinkosten je Kostenstelle** zu ermitteln. Hierzu ist es erforderlich, diejenigen Kostenbeträge auf Kostenstellen zu verteilen, die in der Kostenartenrechnung noch nicht kostenstellenweise erfaßt wurden (Verteilung der primären Kostenstellengemeinkosten). In einem nächsten Schritt ist zu berücksichtigen, daß einzelne Kostenstellen Leistungen erstellen, die von anderen Kostenstellen verbraucht werden (z. B. Erzeugung von Dampf im Kesselhaus, der anderweitig für Heizungs- und/oder Produktionszwecke benötigt wird; Reparaturleistungen der eigenen Werkstätten). Die Kosten der Erzeugung solcher innerbetrieblicher Leistungen sind den diese Leistungen in Anspruch nehmenden Kostenstellen zu belasten (**Ermittlung und Verteilung der sekundären Kosten im Rahmen der innerbetrieblichen Leistungsverrechnung**).

*Vor-/Endkostenstellen*

Kostenstellen, die innerbetriebliche Leistungen erzeugen, und deren Kosten auf andere Kostenstellen verteilt werden müssen, werden **Vorkostenstellen** genannt. Innerbetriebliche Leistungsbeziehungen können auch zwischen Vorkostenstellen bestehen (z. B. Reparaturen im Kesselhaus, Heizung der Reparaturwerkstätten). Den Vorkostenstellen stehen die **Endkostenstellen** gegenüber. Die Frage, ob Kostenstellen als Vor- oder Endkostenstellen anzusehen sind, läßt sich nur nach Zweckmäßigkeitserwägungen beantworten. Im weitesten Sinne könnten alle vor der endgültigen Fertigstellung der Erzeugnisse, im Extremfall sogar alle vor der Auslieferung verkaufter Erzeugnisse an den Abnehmer zu erbringenden Teilleistungen als innerbetriebliche Leistungen angesehen werden. Dies würde jedoch zu nicht mehr lösbaren Problemen der Messung und Komplexitätshandhabung führen.

Es wird daher versucht, **„Hauptlinien" des Produktionsgeschehens** zu identifizieren, wobei die Verfolgung des „Reifungsprozesses" wesentlicher Einsatzmaterialien als Orientierungshilfe dient. Nur die in den einzelnen Bearbeitungsstufen (Kostenstellen) **zusätzlich** entstehenden Wertverzehre werden dabei als Kosten dieser Stufen angesehen. **Nicht in jedem Falle wird also eine auf einer bestimmten Stufe entstandene Leistung (Zwischenprodukt) auf der darauffolgenden Bearbeitungsstufe kostenrechnerisch als verbraucht behandelt.** Daher werden Kostenstellen als Endkostenstellen bezeichnet, wenn der wesentliche

Teil ihrer Kosten nicht auf andere Kostenstellen verteilt wird. Soweit eine solche Verteilung durchgeführt wird, handelt es sich um die Verrechnung innerbetrieblicher Leistungen, die von Endkostenstellen erbracht werden. Unabhängig davon ist die Frage, inwieweit die Kosten der Endkostenstellen auf Kostenträger verteilt werden. Dies richtet sich nach der Art des Kostenrechnungssystems.

Bei der Unterscheidung zwischen Haupt- und Hilfskostenstellen werden diejenigen Kostenentstehungsbereiche als wesentlich herausgehoben, in denen der eigentliche Fertigungsprozeß stattfindet. **Hauptkostenstellen** sind daher nur die Fertigungsstellen. Alle übrigen Kostenstellen werden als **Hilfskostenstellen** bezeichnet. Hauptkostenstellen sind immer Endkostenstellen, Vorkostenstellen stets Hilfskostenstellen. Umgekehrt werden jedoch einige Hilfskostenstellen (Material, Verwaltung, Vertrieb) als Endkostenstellen behandelt.

*Hilfs-/Hauptkostenstellen*

Der dritte Arbeitsschritt besteht in der **Berechnung der Schlüsselgrößen für die Verteilung der Kosten der Endkostenstellen auf Kostenträger.**

Die Kostenstellenrechnung wird mit Hilfe des sogenannten **Betriebsabrechnungsbogens (BAB)** durchgeführt. Dieser stellt eine **zweidimensionale Matrix** dar, bei der die Kosten vertikal nach Kostenarten und horizontal nach Kostenstellen gegliedert sind. Eine einzelne Spalte zeigt somit die nach Kostenarten differenzierten Kosten einer bestimmten Kostenstelle (vgl. Abb. 8.8).

*Betriebsabrechnungsbogen*

| Kostenträgergemeinkosten \ Kostenstellen | A | B | C | D | .... |
|---|---|---|---|---|---|
| a | | | | | |
| b | | | | | |
| c | | | | | |
| ⋮ | | | | | |
| Summe | | | | | |

*Abb. 8.8: Grundstruktur eines Betriebsabrechnungsbogens*

Der Betriebsabrechnungsbogen dient in erster Linie der **Verteilung von Kostenträgergemeinkosten auf Kostenstellen** und – soweit das Kostenrechnungssystem dies vorsieht – der Vorbereitung ihrer **Weiterverteilung auf die Kostenträger.** Da die Kostenträgereinzelkosten die Bezugsbasis für Verteilungsoperationen sein können, werden sie zweckmäßigerweise im BAB ausgewiesen. Insbesondere bei Plankostenrechnungssystemen ist die Einbeziehung der Einzelkosten in den BAB naheliegend, da die Planung und Kontrolle sowohl der Gemein- als auch der Einzelkosten kostenstellenweise erfolgt.

*Kostenträgerrechnung*

Die Art der Strukturierung der Gesamtkosten einer Periode mit Hilfe der Kostenarten- und der Kostenstellenrechnung ist in erster Linie durch die in der Kostenträgerrechnung zu gewinnenden Informationen geprägt. Dies gilt auch für Kostenrechnungssysteme, in denen die Ermittlung von Kosten einzelner Bestandteile der Periodenleistung und eines differenzierten Periodenergebnisses nur einen Aufgabenteilbereich darstellen. Die Kostenträgerrechnung wird häufig unterteilt in die **Kostenträgerstück-** und die **Kostenträgerzeitrechnung** (Betriebsergebnisrechnung), wobei erstere die Voraussetzung für die Durchführung der letzteren ist. Diese Bezeichnungen sind allerdings geeignet, Mißverständnisse hinsichtlich der in der Kostenträgerstückrechnung zu gewinnenden Informationen hervorzurufen. Zum einen werden in dieser Rechnung **nicht nur Kosten pro Mengeneinheit** der einzelnen Erzeugnisarten ermittelt; vielmehr können alle interessierenden Teile des Leistungsprogrammes (z. B. auch Produktgruppen, Aufträge, Abnehmergruppen) Gegenstand derartiger Berechnungen sein. Zum anderen ist der Periodenbezug nicht nur für die Betriebsergebnisrechnung von Bedeutung: Kosten- und Leistungsinformationen sind grundsätzlich nur dann sinnvoll, wenn sie unter Berücksichtigung der Gegebenheiten innerhalb eines ausgewählten Zeitraumes ermittelt werden. Insofern sind **auch** Auswertungen im Rahmen der **Kostenträgerstückrechnung periodenbezogen.**

Im folgenden sei daher die Ermittlung der Kosten von Teilen des Leistungsprogrammes als **Kalkulation** bezeichnet; Auswertungen, in denen Kosten und Leistungen einander gegenübergestellt werden, werden **kalkulatorische Ergebnisrechnungen** genannt.

Der Aufbau einer Kalkulation hängt zwar in hohem Maße von der jeweiligen Produktionsstruktur und vom angewandten Kostenrechnungssystem ab, orientiert sich jedoch an einem allgemeinen Grundschema. Dieses in Abb. 8.9 wiedergegebene Schema kann in Abhängigkeit von den jeweiligen Anwendungsbedingungen vereinfacht oder erweitert werden.

Nach dem Kalkulationszeitpunkt lassen sich Vor-, Zwischen- und Nachkalkulation unterscheiden. Diese Kalkulationen können auf Voll- oder Teilkostenbasis durchgeführt werden. Die Vorkalkulation dient als Informationsinstrument bei Entscheidungen über die Aufnahme neuer Produkte oder zusätzlicher Aufträge, bei der Ermittlung von Angebotspreisen bei Einzel- oder Sonderfertigung und bei der Auswahl von Fertigungsverfahren. Die Überprüfung der vorkalkulierten Werte mit den tatsächlichen Istkosten der bereits vollzogenen Arbeitsgänge erfolgt in der Zwischenkalkulation; sie wird besonders bei längeren Fertigungszeiten erforderlich. Daneben ist sie auch für die Ermittlung der bis zum Kalkulationszeitpunkt angefallenen „Herstellungskosten" zur bilanziellen Bewertung unfertiger Erzeugnisse geeignet. Die Nachkalkulation dient nach Abschluß der Produktion der Überprüfung der vorkalkulierten

| | |
|---|---|
| (1) | Materialeinzelkosten |
| (2) | + Materialgemeinkosten |
| (3) | = (1) + (2) = Materialkosten |
| (4) | + Fertigungseinzelkosten (Fertigungslöhne) |
| (5) | + Fertigungsgemeinkosten |
| (6) | + Sondereinzelkosten der Fertigung |
| (7) | = (4) + (5) + (6) = Fertigungskosten |
| (8) | = (3) + (7) = Herstellkosten |
| (9) | + Verwaltungsgemeinkosten |
| (10) | + Vertriebsgemeinkosten |
| (11) | + Sondereinzelkosten des Vertriebs |
| (12) | = (8) + (9) + (10) + (11) = Selbstkosten |

*Abb. 8.9: Grundschema der Kalkulation*

Werte. Sie liefert auch Informationen für zukünftige Vorkalkulationen gleichartiger oder ähnlicher Produkte. Von der Vorkalkulation ist die **Plankalkulation** zu unterscheiden. Diese bezieht sich nicht auf konkrete Einzelaufträge, sondern legt für eine bestimmte Periode (in der Regel ein Jahr) die Kalkulationssätze im voraus fest.

*Plankalkulation*

Die wichtigste kalkulatorische Ergebnisrechnung ist die sogenannte „**kurzfristige Erfolgsrechnung**" oder „**Betriebsergebnisrechnung**". In ihr werden Kosten und Leistungen einer Periode einander gegenübergestellt, um den **kalkulatorischen Gewinn (Betriebsergebnis)** dieser Periode zu ermitteln. Das Attribut „kurzfristig" weist darauf hin, daß die Betriebsergebnisrechnung für kürzere Perioden (in der Regel Monate) erstellt wird als die finanzbuchhalterische Gewinn- und Verlustrechnung. Von dieser unterscheidet sie sich weiterhin dadurch, daß mit den kalkulatorischen Größen Kosten und Leistungen gerechnet wird, die von den pagatorischen Größen Aufwand und Ertrag zum Teil abweichen (vgl. S. 908 ff.). Gemeinsamkeiten bestehen insofern, als für den Grundaufbau der kurzfristigen Erfolgsrechnung die gleichen Alternativen existieren wie für den der Gewinn- und Verlustrechnung.

*kurzfristige Erfolgsrechnung*

Beim **Gesamtkostenverfahren** werden die **gesamten, nach Kostenarten gegliederten Kosten** den im allgemeinen **nach Produktarten gegliederten Verkaufserlösen** gegenübergestellt. Eine Ergänzung wird erforderlich, wenn Produktions- und Absatzmenge der Periode auseinanderfallen. Übersteigt die Produktions- die Absatzmenge, so sind die **Lagerbestandszunahmen** sowie eventuelle **selbsterstellte Anlagen** als Teil der Periodenleistung zu den Verkaufserlösen hinzuzurechnen. Im umgekehrten Falle (**Verminderung** des am Periodenanfang vorhandenen **Lagerbestandes**) muß zu den Periodenkosten der Wert der Bestandsminderung hinzugezählt werden. Da bei Anwendung des Gesamtkostenverfahrens keine produktarten- oder produktgruppenweise Gliederung der Gesamtkosten vorgesehen ist, ist auch keine Aufspaltung des kalkulatorischen Gewinnes auf einzelne Produktarten oder -gruppen möglich.

*Gesamtkostenverfahren*

*Umsatzkosten-*
*verfahren*

Diese Information liefert das **Umsatzkostenverfahren**. Es **stellt den Umsatzerlösen der verkauften Mengen deren Kosten** in einer Gliederung **gegenüber**, die der Gliederung der Erlöse entspricht, wodurch die Ermittlung detaillierter Erfolgsbeiträge möglich wird. Eventuelle Lagerbestandszunahmen oder selbsterstellte Leistungen berühren die Ergebnisrechnung nicht. Werden allerdings zu Periodenbeginn existierende Lager unfertiger und fertiger Erzeugnisse abgebaut, so sind die Werte der Lagerbestandsminderungen in den Kosten der Betrachtungsperiode enthalten.

### e) Erfassungsprinzipien und Schlüsselungsmethoden

Das Ziel der Kosten- und Leistungsrechnung, den betrieblichen Prozeß der Transformation von Einsatzgütern in Leistungen möglichst differenziert und detailliert abzubilden, erfordert eine **verursachungsgerechte Zuordnung des Wertverzehrs auf die einzelnen entstehenden Leistungen**. Die Voraussetzungen für eine solche Zuordnung müssen bereits bei der Erfassung der Kosten geschaffen werden.

*Erfassungsprinzipien*

Die Erfassung von Kosten als Kosten bestimmter Leistungen erfordert **Zuordnungsentscheidungen.** Hierfür müssen Entscheidungskriterien zur Verfügung stehen. Andernfalls besteht die Gefahr, daß als Einzelbeträge aufgezeichnete Kosten auch als verursachungsgerecht erfaßt betrachtet werden, obwohl bereits im Vorfeld der Kostenerfassung Schlüsselungen stattgefunden haben. Fertigungslöhne, insbesondere Zeitlöhne stellen ein hierfür typisches Beispiel dar. Wegen ihrer Berechenbarkeit auf der Basis eines Lohnsatzes pro Stunde werden sie häufig als Kostenträgereinzelkosten behandelt, obwohl sie unabhängig davon anfallen, ob gefertigt wird oder nicht. Die Zuordnung von Kosten auf Leistungen erfordert somit eine vom jeweiligen Berechnungsmodus für die Kostenbeträge unabhängige Interpretation des Verursachungsgedankens.

*Kostenver-*
*ursachungsprinzip*

Die häufig anzutreffende Formulierung des Kostenverursachungsprinzips, nach der die Leistungen als Ursache der Kosten aufzufassen sei, kann mißverstanden werden. Die wissenschaftstheoretische, naturwissenschaftlich orientierte Diskussion über Kausalitäten liefert nicht die erhoffte oder behauptete Klärung. Sie bestätigt aber, daß im allgemeinen Kausalbeziehungen in einem zeitlichen Ablauf gesehen werden. Eine zeitliche Aufeinanderfolge von Ursache und Wirkung wird dabei angenommen. Da die Leistungsentstehung nicht vor der Kostenentstehung stattfindet, können Leistungen auch nicht als Ursachen der Kosten angesehen werden.

Eine andere Interpretation des Verursachungsgedankens ergibt sich, wenn man den Produktionsprozeß (die Kombination aller Produktionsfaktoren) als Ursachenkomplex auffaßt, der zum einen die Entstehung von Leistungsgütern, zum anderen den Verzehr von Kostengütern bewirkt. Zwischen Leistungsgutsentstehung und Kostengutsverzehr bestehen dann weder kausale noch finale

Beziehungen, vielmehr erfolgt eine eindeutige Zurechnung von Leistungen bzw. Erlösen auf der einen und Kosten auf der anderen Seite nur insoweit, als diese auf dieselbe Entscheidung zurückgeführt werden können. **Die Zurückführbarkeit auf identische Entscheidungen („Identitätsprinzip")** ist das maßgebliche Kriterium, „weil es eine Beurteilung der Zurechenbarkeit auch dann zuläßt, wenn Wertverzehr und Wertentstehung nicht auf technologischen Kausalprozessen, sondern auf ökonomisch-rechtlichen Beziehungen beruhen, insbesondere wenn dadurch die physischen Verhältnisse, etwa durch die Vereinbarung nicht-proportionaler Entgelte oder Festlegung nicht-proportionaler Steuern, modifiziert werden" (Riebel).

*Identitätsprinzip*

Mit dem Identitätsprinzip korrespondiert die Relativierung der Begriffe Einzel- und Gemeinkosten (vgl. S. 921 f.): „Nach dem Identitätsprinzip können dem Verzehr bzw. der Inanspruchnahme eines Kostengutes nur dann und nur insoweit Ausgaben eindeutig zugeordnet werden, als sowohl der Verzehr des Kostengutes bzw. seine Inanspruchnahme als auch die Entstehung der Ausgaben bzw. Ausgabeverpflichtung durch dieselbe Entscheidung oder Kette von Entscheidungen und Ausführungsmaßnahmen ausgelöst werden" (Riebel); eine Zurechnung kann folglich nur erfolgen, wenn in bezug auf die Entscheidung Einzelkosten vorliegen.

Die Kritiker des Kostenverursachungsprinzips versuchen, durch Heranziehung einer bestimmten wissenschaftlichen Interpretation des Kausalitätsgedankens die Ungeeignetheit dieses Prinzips nachzuweisen. Von daraus resultierenden neuen Schwierigkeiten (beispielsweise der des Nachweises einer Ursache-Wirkungs-Beziehung zwischen einer Entscheidung und einer ausführenden Handlung) abgesehen, ist die Kritik auch deswegen anfechtbar, weil sie vernachlässigt, daß es sich beim Kostenverursachungsprinzip lediglich um eine vereinfachte oder ungenaue Formulierung eines an sich richtig gesehenen Sachverhaltes handeln dürfte. Es erscheint nicht abwegig, diejenigen Größen, um deren Entstehung willen Prozesse in Gang gesetzt und Verzehrsvorgänge herbeigeführt bzw. in Kauf genommen werden, als Ursachen des Güterverzehrs zu bezeichnen, obwohl eine Kausalanalyse andere und weitaus kompliziertere Beziehungen zutage fördert. Die Kritik am Kostenverursachungsprinzip kann sich somit nicht gegen den Grundgedanken, sondern allenfalls gegen seine pragmatische, an dominierenden Auswertungsbedürfnissen orientierte Formulierung richten.

*Kritik am Kostenverursachungsprinzip*

Die Antwort auf die Frage, ob A durch B oder B durch A oder A und B gemeinsam durch C verursacht sind, ist allenfalls dann relevant, wenn von ihr die Art der funktionalen Beziehungen zwischen A und B abhängt. Kann beispielsweise festgestellt werden, daß zwischen den Größen A und B Proportionalität oder eine andere **funktionale Abhängigkeit** besteht, so sind dahinterstehende komplexe Zusammenhänge pragmatisch nicht von Interesse. Für eine verursachungsgerechte Kostenerfassung ist daher die Frage zu prüfen, **ob die zuzuordnenden Wertverzehre von der Realisierung der jeweils betrachteten Bezugsgröße abhängig sind oder nicht** (vgl. auch S. 920 ff.).

*funktionale Abhängigkeit*

Als Bezugsgrößen werden dabei normalerweise einzelne Leistungen oder Leistungsmehrheiten (z. B. Aufträge, Serien, Lose) betrachtet. Was die Art des

*Proportionalität*

Zusammenhanges zwischen Kosten und Bezugsgrößen betrifft, werden **aus pragmatischen Gründen proportionale Beziehungen** unterstellt. Die Verwendung von Ersatzbezugsgrößen (z. B. Fertigungsstunden, Maschinenlaufzeiten) anstelle von Leistungseinheiten ist nur dann zulässig, wenn proportionale Beziehungen zwischen ursprünglicher Größe und Ersatzgröße angenommen werden können (Gesetz der Austauschbarkeit der Maßgrößen nach Rummel).

*Zuordnung auf Kostenstellen*

Als Bezugsgrößen für die Zuordnung von Kosten, insbesondere von Bereitschaftskosten, werden häufig auch **Kostenstellen** genannt. Beim Ausweis von Kostenbeträgen als Kosten einer Kostenstelle handelt es sich jedoch nicht um ein Zuordnungsproblem im obigen Sinne, sondern um eine **Klassifikation entsprechend den Abgrenzungsmerkmalen der Kostenentstehungsbereiche**. Der Gedanke einer verursachungsgerechten Zuordnung von Kosten ist für die Kostenstellenrechnung allerdings insofern von Bedeutung, als das Kostenstellensystem durch seine **Strukturierung** auch dazu beitragen soll, daß Kostenträgergemeinkosten soweit als möglich nur denjenigen Kostenträgern angelastet werden, um derentwillen sie entstehen. In der Vollkostenrechnung betrifft dies die gesamten, in der Teilkostenrechnung nur die variablen Gemeinkosten. In Teilkostenrechnungssystemen mit Aufspaltung des Fixkostenblocks ist eine solche Zuordnung ebenfalls erforderlich, da diese einen möglichst differenzierten Fixkostenausweis anstreben.

*Schlüsselungsmethoden*

Das Kostenverursachungsprinzip bzw. das Identitätsprinzip schließen die Verrechnung verschiedener echter Gemeinkosten auf bestimmte Bezugsgrößen ex definitione aus, z. B. von Produktgemeinkosten auf Einzelprodukte oder von Einzelkosten einer Investitionsentscheidung auf einzelne Bestandteile des Fertigungsprogrammes. Darüber hinaus unterbleibt im Falle unechter Gemeinkosten eine solche Zurechnung häufig aus Wirtschaftlichkeitsgründen. Akzeptiert man das Kostenverursachungsprinzip bzw. Identitätsprinzip, so erweist sich die Verrechnung der gesamten Kosten auf die Endprodukte als nicht durchführbar. Wird trotzdem eine solche Verteilung gewünscht (z. B. wegen eines u. U. sehr geringen Anteils direkt zurechenbarer Kosten an den Gesamtkosten), so läuft sie diesen Prinzipien zwangsläufig zuwider. In der

*Durchschnittsprinzip*

Regel wird in solchen Fällen nach dem **Durchschnittsprinzip** verfahren: die Gesamtheit der nicht verursachungsgemäß zurechenbaren Kosten wird durch die Zahl der Bezugsgrößeneinheiten (in der Regel Produkteinheiten) dividiert. Dieses Verfahren fingiert eine gleichverteilte Inanspruchnahme der Kostengüter, obwohl über die Art der Verteilung nichts gesagt werden kann. Zwischen den Gemeinkosten und der Leistungserstellung besteht zwar eine Mittel-Zweck-Beziehung; daraus ergibt sich jedoch nicht die Zulässigkeit einer gleichmäßigen Verteilung auf Teilmengen der erstellten Leistungen.

*Kostentragfähigkeitsprinzip*

Als weitere Möglichkeit der Aufteilung von Gemeinkosten auf Bezugsgrößen (insbesondere auf Kostenträger) wird verschiedentlich das **Kostentragfähigkeitsprinzip** genannt. Dabei sollen die Kosten nach der Belastbarkeit zugeteilt werden. So ist z. B. die Belastbarkeit der Produkteinheit mit nicht direkt zurechenbaren Kosten um so größer, je höher der Deckungsbeitrag (die Differenz zwischen Erlösen und zurechenbaren Kosten) des Erzeugnisses ist. Im Unterschied zum Durchschnittsprinzip, das von der Gleichverteilungsannahme ausgeht, werden hier die Kosten im Verhältnis der Deckungsbeiträge aufgeteilt. Somit muß von gegebenen Marktpreisen ausgegangen werden. Für die Angebotspreisermittlung scheidet dieses Verfahren demnach grundsätzlich aus.

Schlüsselungen der Kostenträgergemeinkosten sind jedoch nicht erst dann erforderlich, wenn sie in der Kostenträgerrechnung von den Endkostenstellen auf die Leistungseinheiten verteilt werden sollen. Je nach Produktionsstruktur ist der **Verteilungsprozeß mehrstufig.** Unter Umständen stellt sich bereits bei der **kostenstellenweisen Gliederung der primären Kostenträgergemeinkosten** das Problem der Aufteilung von Stellengemeinkosten. Als Bezugsgrößen lassen sich dabei im allgemeinen nicht Produkteinheiten verwenden. Vielmehr müssen **Kostenstellenmerkmale** herangezogen werden (z. B. Fläche, Anzahl der Beschäftigten).

*Mehrstufigkeit der Gemeinkosten-Schlüsselung*

Auch auf der zweiten Stufe der Kostenstellenrechnung, der **innerbetrieblichen Leistungsverrechnung,** ist es in der Regel noch nicht möglich, die Kosten auf Zwischen- oder Endproduktmengen bzw. sie repräsentierende Maßgrößen zu beziehen. Allerdings können Kostenträgergemeinkosten teilweise als **Einzelkosten der innerbetrieblichen Leistungen** erfaßt und insoweit nach dem Ausmaß der Inanspruchnahme dieser Leistungen durch die verbrauchenden Stellen weiterverrechnet werden.

Eine **Schlüsselung** ist aber in jedem Falle für die **Gemeinkosten innerbetrieblicher Leistungen** sowie für die Gesamtkosten solcher innerbetrieblicher Leistungen erforderlich, für die **keine sinnvolle Leistungsmessung** und demzufolge auch keine Einzelkostenbestimmung möglich ist. Aber selbst in der Verrechnung von Einzelkosten innerbetrieblicher Leistungen auf Endkostenstellen muß unter Umständen eine **Form der Schlüsselung** von **(Kostenträger-)Gemeinkosten** auf die **Kostenträger** erblickt werden. Dies ist immer dann der Fall, wenn zwischen der Zahl der verbrauchten Einheiten innerbetrieblicher Leistungen und der Zahl der erstellten Zwischen- bzw. Endprodukteinheiten keine funktionalen, insbesondere keine proportionalen Beziehungen bestehen. Nur insoweit, als die Kosten innerbetrieblicher Leistungen von der Menge der Zwischen- bzw. Endprodukteinheiten funktional abhängig sind, kann von einer (indirekten) verursachungsgerechten Zuordnung auf die Leistungen gesprochen werden. Wegen der Mehrstufigkeit der Gemeinkostenverteilung und der Verwendung unterschiedlicher Bezugsgrößen für die verschiedenen Kostenarten kann in der Regel nicht für die gesamten Gemeinkosten, sondern nur für bestimmte Kostenarten bei einem ganz bestimmten Verteilungsschritt angegeben werden, nach welcher Schlüsselungsmethode vorgegangen wird. Dabei sind auf allen Verteilungsstufen zeit-, mengen- und wertabhängige Maßstäbe möglich und üblich. Abb. 8.10 gibt eine Übersicht über gebräuchliche Schlüsselgrößen.

*Schlüsselung durch innerbetriebliche Leistungsverrechnung*

1. Mengenschlüssel (z. B. in t, l, cbm, kg)
   a) Verbrauchte, umgeschlagene, ausgebrachte, umgesetzte Mengen nach Länge, Fläche, Gewicht, Zahl, Rauminhalt;
   b) Anzahl der Arbeitsgänge, Arbeiter;
   c) Bestandsmengen (z. B. Flächenbeanspruchung, Raumausstattung);
2. Zeitschlüssel
   a) Arbeits-, Maschinen-, Ofen-, Platzstunden;
   b) Fertigungs-, Schicht-, Kalenderzeit;
3. Wertschlüssel
   a) Kostenarten: Lohn, Gehalt, Fertigungsmaterial, Einstandswerte, betriebsnotwendiges Kapital;
   b) Kalkulationswerte: Fertigungs-, Herstellungs-, Selbstkosten;
   c) Umsatzzahlen (Erlös);
   d) Bestandswerte (z. B. Lagerwert).

*Abb. 8.10: Schema möglicher Schlüsselgrößen*

### f) Die Beziehungen zwischen Kosten- und Leistungsrechnung und Finanzbuchhaltung

*Rationalisierung der Datenerfassung und -verarbeitung*

Trotz unterschiedlicher Zwecksetzungen der Kosten- und Leistungsrechnung und der Finanzbuchhaltung liegt es nahe, die Informationsgewinnung und -verarbeitung so zu organisieren, daß **Doppelarbeiten vermieden werden.** Dies gilt insbesondere für die Erfassung von Wertverzehren als Kosten bzw. Aufwendungen und Wertentstehungen als Leistungen bzw. Erträge sowie für die Zuordnung von Kosten bzw. Aufwendungen auf Leistungen bzw. Erträge. Die im Rahmen der Kosten- und Leistungsrechnung vorzunehmenden Erfassungs- und Verrechnungsoperationen sind sehr aufwendig. Sie werden daher nur für den Teil der wirtschaftlichen Betätigung einer Unternehmung durchgeführt, der in Verfolgung des Sachzieles stattfindet. In der Finanzbuchhaltung müssen jedoch alle (erfolgswirksamen) reinvermögensändernden Vorgänge als Aufwendungen bzw. Erträge berücksichtigt werden.

*Zweckerträge/ neutrale Erträge*

Bezeichnet man die leistungsgleichen Erträge als **Zweckerträge** und die darüber hinausgehenden Erträge **als neutrale Erträge,** so ergibt sich das in Abb. 8.11 dargestellte Verhältnis zwischen Leistungen und Erträgen. Als neutral werden solche Erträge bezeichnet, die von den Leistungen wesensverschieden

*Abb. 8.11*

sind, weil sie nicht oder zumindest nicht unmittelbar in Verfolgung des Sachzieles der Unternehmung entstehen (z. B. Spekulationsgewinne bei Wertpapieren, Steuerrückerstattungen, Erlöse bei der Veräußerung von Betriebsmitteln über Buchwert). Theoretisch möglich, praktisch aber bislang nicht als solche erfaßt sind Leistungen, denen keine Erträge gegenüberstehen (Zusatzleistungen). Als Beispiel ließe sich die Verwendung verschmutzten Flußwassers für Kühlzwecke nennen, das gereinigt werden muß und sauberer an die Umwelt abgegeben wird, als es ihr entnommen wurde.

Für die Kennzeichnung des Zusammenhanges zwischen Kosten und Aufwendungen ist ein differenzierteres Begriffsinstrumentarium gebräuchlich. Stellt man den Aufwendungen einer Periode die in dieser Periode als Kosten behandelten Wertverzehre gegenüber, so sind einerseits ausschließlich in der Aufwandsrechnung berücksichtigte (**neutrale Aufwendungen**) und andererseits nur in der Kostenrechnung erfaßte (**Zusatzkosten**) Verzehrsvorgänge möglich. Im allgemeinen ist jedoch der größte Teil der Wertverzehre in beiden Rechnungen anzusetzen. Diese werden aus der Sicht der Aufwandsrechnung als **Zweckaufwand**, aus der Sicht der Kostenrechnung als **Grundkosten** bezeichnet (vgl. Abb. 8.12).

*Zweckaufwand/ Grundkosten*

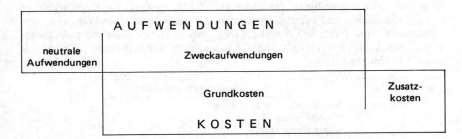

*Abb. 8.12*

Als **neutrale Aufwendungen** und damit nicht als Kosten gelten Verzehre, die entweder **nicht leistungsbedingt** (z. B. Spekulationsverluste bei Wertpapieren) oder die in beiden Rechnungen **unterschiedlich verrechnet** werden. Solche Verrechnungsunterschiede sind einerseits auf ein der Kostenrechnung innewohnendes Normalisierungsdenken und andererseits auf die bei der Aufwandsbemessung häufig maßgeblichen bilanzpolitischen Erwägungen zurückzuführen. Beispielsweise äußert sich das kostenrechnerische Normalisierungsdenken im regelmäßigen Ansatz von Wagniskosten zur Berücksichtigung eines nicht versicherten Risikos der Anlagenvernichtung durch Brand, Explosion etc., während in der Finanzbuchhaltung ein tatsächlich eintretender Schadensfall als neutraler Aufwand zu verbuchen ist. Aus bilanzpolitischen Gründen wird für die Finanzbuchhaltung häufig die degressive Abschreibung gewählt, während in der Kosten- und Leistungsrechnung meist linear abgeschrieben wird.

*neutraler Aufwand*

*Zusatzkosten*

Inwieweit **Zusatzkosten** auftreten, hängt vom zugrunde liegenden Kostenbegriff ab. Völlig **aufwandslose (vom Aufwand wesensverschiedene)** Kosten wie kalkulatorischer Unternehmerlohn oder kalkulatorische Zinsen auf das Eigenkapital sind nur bei wertmäßiger Interpretation möglich. **Bewertungsbedingte** Unterschiede (insbesondere wegen einer Verzehrsbewertung zu Wiederbeschaffungspreisen) können auch bei der gemäßigten pagatorischen Auffassung entstehen. Dies gilt auch für die auf unterschiedliche Periodisierungen zurückzuführenden **verrechnungsbedingten** Zusatzkosten.

Die aufgezeigten Unterschiede und Gemeinsamkeiten zwischen den Begriffen der Betriebsbuchhaltung (Kosten und Leistungen) und denen der Finanzbuchhaltung (Aufwendungen und Erträge) spiegeln sich im Verhältnis dieser beiden Bereiche des betrieblichen Rechnungswesens wider.

*Kontenrahmen und Kontenplan*

Die organisatorische Grundlage für Betriebs- und die Finanzbuchhaltung bildet der Kontenrahmen. **Ein Kontenrahmen stellt eine nach Kontenklassen unterteilte generelle Übersicht über alle Konten dar, die für eine Betriebswirtschaft von Bedeutung sein können;** aus dieser Übersicht entwickelt jede Unternehmung ihren individuellen Kontenplan, der systematisch gegliedert diejenigen Konten enthält, die tatsächlich in der Unternehmung benötigt werden. Der im Jahre 1951 vom Bundesverband der Deutschen Industrie veröffentlichte **Gemeinschaftskontenrahmen der Industrie (GKR)** ordnet die Kontenklassen weitgehend nach dem **Prozeßgliederungsprinzip** an, also in einer Weise, die sich am betrieblichen Werteflu orientiert (am Anfang stehen die Einsatzfaktorbestände, am Ende die Erträge). Der Gemeinschaftskontenrahmen ist in Abbildung 8.13 dargestellt.

*Gemeinschaftskontenrahmen*

| Kontenklasse | Kontenklasseninhalt |
|---|---|
| 0 | Anlage- und Kapitalkonten |
| 1 | Finanzkonten |
| 2 | Abgrenzungskonten |
| 3 | Stoff- und Warenkonten (Bestände) |
| 4 | Kostenarten |
| 5 | Verrechnungskonten |
| 6 | Herstellkonten |
| 7 | Bestandskonten der Halb- und Fertigfabrikate (Kostenträger) |
| 8 | Verkaufs- und Erlöskonten |
| 9 | Abschlußkonten (Bilanzkonto, Gewinn- und Verlustkonto, Abgrenzungssammelkonto) |

*Abb. 8.13: Kontenklassen des industriellen Gemeinschaftskontenrahmens*

*Industriekontenrahmen*

Inzwischen ist vom Bundesverband der Deutschen Industrie ein neuer „**Industriekontenrahmen**" entwickelt worden, der weitgehend branchenunabhängig ist und sowohl der Vereinfachung dienen als auch den Anschluß an die mittlerweile erfolgte Weiterentwicklung des industriellen Rechnungswesens im In- und Ausland herstellen soll. Das im westlichen Ausland vorherrschende Ordnungsprinzip ist das der **Bilanzgliederung**; dieses Prinzip orientiert sich bei der Gliederung der Kontenklassen (darüber hinaus auch bei der Einteilung der

Kontenklassen in Kontengruppen) an der Reihenfolge der einzelnen Positionen in der Bilanz und der Gewinn- und Verlustrechnung. Dadurch wird einerseits die Aufstellung des Jahresabschlusses leichter, andererseits die Durchführung von Abschlußprüfungen vereinfacht. Der neue Industriekontenrahmen aus dem Jahre 1971 (s. Abbildung 8.14) ist im wesentlichen nach dem Bilanzgliederungsprinzip geordnet, läßt jedoch in Kontenklasse 9 (Betriebsbuchhaltung) die Anwendung des Prozeßgliederungsprinzips zu.

| Kontenklasse | Kontenklasseninhalt |
|---|---|
| 0 | Sachanlagen und immaterielle Anlagewerte |
| 1 | Finanzanlagen und Geldkonten |
| 2 | Vorräte, Forderungen und aktive Rechnungsabgrenzungsposten |
| 3 | Eigenkapital, Wertberichtigungen und Rückstellungen |
| 4 | Verbindlichkeiten und passive Rechnungsabgrenzungsposten |
| 5 | Erträge |
| 6 | Material- und Personalaufwendungen, Abschreibungen und Wertberichtigungen |
| 7 | Zinsen, Steuern und sonstige Aufwendungen |
| 8 | Eröffnung und Abschluß |
| 9 | Kosten- und Leistungsrechnung |

*Abb. 8.14: Kontenklassen des Industriekontenrahmens (1971)*

Aufgrund der weiten Verbreitung, die dem Gemeinschaftskontenrahmen noch zukommt, wird bei den folgenden Ausführungen die traditionelle Kontenklasseneinteilung beibehalten.

Aufbauend auf dem Gemeinschaftskontenrahmen lassen sich drei Systeme der buchmäßigen organisatorischen Verbindung bzw. Abgrenzung von Finanz- und Betriebsbuchhaltung unterscheiden. **Im Einkreissystem bilden Finanzbuchhaltung und Betriebsbuchhaltung eine in sich geschlossene Einheit, die sich in einer gegenseitigen kontenmäßigen Verbindung der einzelnen Kontenklassen ohne Unterbrechung des Buchungszusammenhanges ausdrückt.** Alle kostengleichen Aufwendungen werden der Kontenklasse 4 belastet, während alle nicht leistungsbedingten und alle unterschiedlich verrechneten Aufwendungen in der Kontenklasse 2 verbucht werden. Zusatzkosten gehen als Teilmengen der kalkulatorischen Kosten in die Kontenklasse 4 ein, wobei die Gegenbuchung für die kalkulatorischen Kosten in der Klasse 2 unter „verrechnete kalkulatorische Kosten" erfolgt. So werden z. B. die kalkulatorischen Abschreibungen auf Anlagen in Klasse 4, die bilanziellen Abschreibungen in Klasse 2 belastet. Die in Klasse 4 angesammelten Kostensummen werden über die Klassen 5, 6 und 7 weiterverrechnet (meist unter Zuhilfenahme eines Betriebsabrechnungsbogens) und gehen gemeinsam mit den Verkaufserlösen, die (im Rahmen der Leistungsrechnung) in Klasse 8 angesammelt werden, in die Betriebsergebnisrechnung (Klasse 9) ein. Der Saldo des Betriebsergebnisses (Betriebsgewinn oder -verlust), wird auf das Gewinn- und Verlustkonto der Finanzbuchhaltung (ebenfalls Klasse 9) übertragen und ergibt dort zusammen mit dem Saldo der Abgrenzungskonten der Klasse 2 den Unternehmungserfolg.

*Einkreissystem*

Zwar bietet das Einkreissystem den Vorteil, daß zwangsläufig Abstimmungsprobleme zwischen Finanzbuchhaltung und Betriebsbuchhaltung nicht auftreten können, der grundlegende Nachteil aber besteht darin, daß die Erfolgsermittlung einen Abschluß jeweils des gesamten Systems erfordert, so daß sich dieses Verfahren als sehr zeitaufwendig und schwerfällig erweist. Ferner muß die Finanzbuchhaltung die Art der Erfolgsermittlung der Betriebsbuchhaltung, also entweder Umsatz- oder Gesamtkostenverfahren (vgl. S. 974f.) übernehmen. Das Einkreissystem findet daher in der Regel nur noch bei kleineren Unternehmungen Verwendung.

*Zweikreissystem*

Die angedeuteten Schwierigkeiten lassen sich durch eine buchhalterische Verselbständigung beider Teilbuchhaltungen umgehen. **In diesem sogenannten Zweikreissystem wird die Betriebsbuchhaltung als unabhängiges und gleichzeitig voll abschlußfähiges Buchungssystem aus der Finanzbuchhaltung ausgegliedert.** Buchungen von einem Kontenkreis in den anderen können grundsätzlich nicht erfolgen. Die Betriebsbuchhaltung übernimmt, falls sie als „Spiegelbildsystem" konzipiert ist, soweit wie möglich die Aufwandszahlen der Finanzbuchhaltung als Kosten und die Erlöse als Leistungen. Dies geschieht mit folgenden Buchungen (vgl. auch Abbildung 8.15): (1) Kostenarten per Klasse 5 an Betriebsergebniskonto, (2) Erlöse per Betriebsergebniskonto an Klasse 6. Das derart aufgebaute Betriebsergebniskonto, das nun nicht mehr in Klasse 9 liegt, stellt das Spiegelbild eines „normalen" Erfolgskontos dar, da Leistungen bzw. Erträge üblicherweise im Haben, Kosten bzw. Aufwendungen im Soll zu verbuchen sind. Einzelkosten werden aus Klasse 5 direkt in die Kostenträgerrechnung übernommen, bei den Gemeinkosten erfolgt die Verrechnung über den Betriebsabrechnungsbogen. Der Saldo des Betriebsergebniskontos (Betriebsergebnis) entspricht der Summe der Salden der Kostenträgerkonten. Der Kostenrechnungskreis ist geschlossen.

Die Finanzbuchhaltung überträgt im Zweikreissystem die Zahlen der Klasse 4 und den Saldo der Abgrenzungskonten der Klasse 2 direkt auf das Gewinn- und Verlustkonto der Klasse 9. Die Erlöse werden aus Klasse 8 auf das Gewinn- und Verlustkonto der Klasse 9 übernommen.

Beide Buchungskreise können also getrennt voneinander abgeschlossen werden. In beiden kann unabhängig voneinander die Erfolgsrechnung entweder nach dem Umsatz- oder nach dem Gesamtkostenverfahren durchgeführt werden.

*„statistische" Betriebsabrechnung*

Die buchhalterisch aufgebauten Ein- und Zweikreissysteme sind jedoch relativ schwerfällige Organisationsformen der Buchhaltung, da jeder Vorgang doppelt auf Konten zu verbuchen ist. So wichtig eine derartige Verzahnung im Rahmen der doppelten Buchführung wegen des damit erreichbaren formalen Kontrollautomatismus auch ist, die Nachteile, die in der Starrheit und Aufwendigkeit der Abrechnungsmodalitäten zu sehen sind, überwiegen dennoch; dies gilt in ganz besonderem Maße für Großunternehmungen. Daher wird heute meistens die Betriebsbuchhaltung völlig aus dem Kontensystem der doppelten Buchhaltung herausgelöst und als Nebenrechnung („statistisch") durchgeführt. Da die Kostenzahlen einfach ohne Gegenbuchung und Kosten-

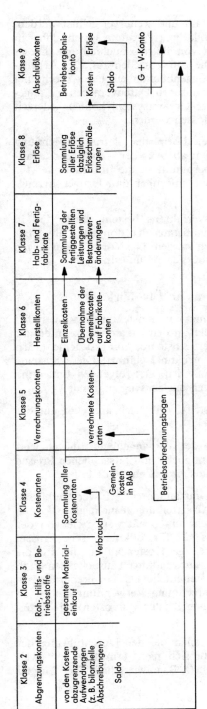

*Abb. 8.15 a: Einkreissystem*

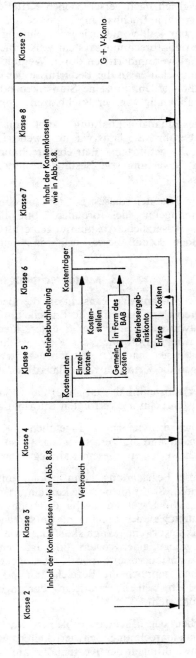

*Abb. 8.15 b: Zweikreissystem*

ausgleich nach verschiedenen Kriterien erfaßt und weiterverrechnet werden, liegt keine Buchhaltung im Sinne der Doppik mehr vor; man spricht daher in diesem Fall von Betriebsabrechnung statt von Betriebsbuchhaltung. Dieses Betriebsabrechnungssystem weist eine Reihe von Vorteilen auf: Der Arbeitsanfall vermindert sich durch Wegfall der Gegenbuchungen. Die Abrechnung kann leichter an die Bedürfnisse der elektronischen Datenverarbeitung angepaßt werden. Einzelne Statistiken oder das Gesamtsystem können jederzeit unabhängig von der Buchhaltung abgeschlossen werden.

Die Finanzbuchhaltung bleibt von dieser Form der Betriebsabrechnung unberührt. Sie läuft wie im Zweikreissystem ab. Aus der – nunmehr „statistisch" geführten – Betriebsabrechnung übernimmt sie die Informationen für die Bewertung von Beständeveränderungen unfertiger und fertiger Erzeugnisse.

Der Nachteil dieses Betriebsabrechnungsverfahrens besteht darin, daß in Ermangelung des formalen Kontrollautomatismus der doppelten Buchhaltung zusätzliche Abstimmungen erforderlich werden. Die Vorteile überwiegen jedoch, so daß dieses Verfahren zunehmende Verbreitung findet.

## 2. Kostenrechnungssysteme im Überblick

*Einteilung der Kostenrechnungssysteme*

Die zunehmende Einsicht in die Bedeutung von Kosteninformationen für unternehmungspolitische Entscheidungen hat in den letzten Jahrzehnten zur Entwicklung einer Reihe unterschiedlicher Kostenrechnungssysteme (auch Entwicklungsformen der Kostenrechnung genannt) geführt. Diese Systeme lassen sich nach verschiedenen Kriterien einteilen. Der folgenden Einteilung liegen die Kriterien **Kosteninhalt** und **Verrechnungsumfang** zugrunde.

*Kriterium Kosteninhalt*

Der Kosteninhalt (Ist-, Normal-, Plankosten) ergibt sich aus dem mit der Kostenrechnung verfolgten Informationsziel:

Sollen die tatsächlich angefallenen Kosten der Vergangenheit ermittelt werden, so sind die Verzehrsmengen – soweit möglich – mit tatsächlichen Preisen zu bewerten. In diesem Fall liegt eine **„Istkostenrechnung"** vor.

*Istkostenrechnung*

Diese Bezeichnung kann jedoch unter Umständen zu Mißverständnissen führen. So können z. B. kalkulatorische Abschreibungen nicht als Istkosten bezeichnet werden; es handelt sich vielmehr um Schätzwerte, die von der Nutzungsdauer abhängen. Entsprechendes gilt für kalkulatorische Zinsen, kalkulatorische Wagniskosten sowie für einige Kostenzahlen, die auf die Abgrenzung der Kosten von Ausgaben und Aufwendungen zurückgehen (z. B. Kostensteuern und periodenbezogene Kostenanteile bei Großreparaturen). Wenn dennoch die Bezeichnung Istkostenrechnung Verwendung findet, so deshalb, weil die Ermittlung der angefallenen Kosten (Istkosten) im Mittelpunkt steht.

Neben begrifflichen Problemen entstehen auch bei der Durchführung der Istkostenrechnung Schwierigkeiten. So läßt sich nicht ermitteln, inwieweit Schwankungen der Kostenhöhe auf interne (z. B. unwirtschaftlicher Einsatz von Produktionsfaktoren) oder externe Einflüsse (z. B. Preisschwankungen) zurückzuführen sind. Dadurch wird die Aussagefähigkeit der Kostenrechnung erheblich eingeschränkt. Bei Zeitvergleichen können zwar die Kosten verschiedener Perioden einander gegenübergestellt werden; eine vergleichende Ursachenanalyse ist jedoch nicht möglich. Zur Wirtschaftlichkeitskontrolle ist die reine Istkostenrechnung daher ungeeignet. Schließlich erweist sich die definitionsgemäß erforderliche Bewertung jeder verzehrten Mengeneinheit mit dem Istpreis als kaum praktikabel – besonders im Falle gemeinsam gelagerter Verbrauchsgüter, die zu unterschiedlichen Zeitpunkten und zu verschiedenen Preisen gekauft wurden. Dieses Problem läßt sich durch Verwendung fester Verrechnungspreise anstelle tatsächlicher Istpreise lösen. Die Weiterentwicklung dieses Gedankens führte zur Konzeption der Normalkostenrechnung.

**Beim System der Normalkostenrechnung wird die Verwendung von „Normalwerten" ausgedehnt auf die Verrechnungssätze der innerbetrieblichen Leistungsverrechnung und auf die Kalkulationssätze.** Dadurch wird eine erhebliche Vereinfachung der Abrechnung erzielt und in bescheidenem Umfang eine erste Ermittlung von Kontrollinformationen ermöglicht. Normalkosten bzw. Normalverrechnungssätze leiten sich aus den Kosten zurückliegender Perioden ab. Sie können sich z. B. als statistische Mittelwerte der bislang angefallenen effektiven Kosten ergeben oder den bisherigen Kosten bei „normaler" Beschäftigung entsprechen. Der entscheidende Nachteil der Normalkostenrechnung besteht darin, daß sie vergangenheitsorientiert ist. Daran ändert auch eine von Zeit zu Zeit erfolgende Aktualisierung der Wertansätze nichts. Da Normalkosten nicht auf einer Analyse, sondern lediglich auf einer Normalisierung der effektiven Kosten vergangener Rechnungszeiträume basieren, sagt ein Vergleich der Ist- mit den Normalkosten nicht unbedingt etwas über die Kostenwirtschaftlichkeit der Produktion aus. Es besteht die Gefahr, daß „Schlendrian mit Schlendrian" verglichen wird (Schmalenbach). Diese Schwäche der Normalkostenrechnung führte zur Entwicklung des Systems der Plankostenrechnung.

*Normalkostenrechnung*

Durch die Verwendung von **Plankosten** sucht man zu vermeiden, daß Unwirtschaftlichkeiten zurückliegender Perioden in die Zukunft übertragen werden. Hierbei wird das **Mengengerüst der Kosten aufgrund eingehender Verbrauchsanalysen vorgeplant.** Die geplanten Verbrauchsmengen entsprechen dem bei planmäßigem Produktionsablauf unumgänglich erscheinenden Kostengüterverzehr. Dabei wird von einer normalen Arbeitsleistung ausgegangen („normaler Planwirtschaftlichkeitsgrad").

*Plankostenrechnung*

Eine Plankostenrechnung, die im wesentlichen zur mengenmäßigen Wirtschaftlichkeitskontrolle eingesetzt werden soll, kann sich auf die Planung des Mengengerüsts beschränken. Die Bewertung der Verzehrsmengen mit zeitlich konstanten Wertansätzen hat lediglich den Zweck, die unterschiedlichen Kostengüterarten gleichnamig und damit verrechenbar zu machen. Diese Form der Plankostenrechnung wird in der Regel **Vorgabe- oder Standardkostenrechnung** genannt. Sollen dagegen im Rahmen der betrieblichen Gesamtplanung die erwarteten Kosten prognostiziert werden, so ist auch das Wertegerüst gemäß den voraussichtlichen Marktpreisen einzubeziehen. Diese Form der Plankostenrechnung wird dementsprechend auch als **Prognosekostenrech-**

nung bezeichnet. Auf andere im Zusammenhang mit der Plankostenrechnung vorgeschlagene Begriffe (Richt-, Norm-, Optimal-, Etat-, Budget-, Sollkosten usw.) soll hier nicht näher eingegangen werden.

*Kriterium Verrechnungsumfang*

Neben dem Kosteninhalt ist der **Umfang der Kostenzurechnung auf die Kostenträger** ein weiteres Einteilungskriterium für KR-Systeme. Danach unterscheidet man Systeme der Vollkostenrechnung und Systeme der Teilkostenrechnung. In beiden Systemen werden sämtliche Kosten erfaßt. **In der Vollkostenrechnung werden die gesamten Kosten auf die einzelnen Kostenträger verteilt. In Teilkostenrechnungssystemen wird hingegen versucht, den Kostenträgern Kosten nur insoweit zuzuordnen, als dies nach dem Verursachungsgedanken möglich ist.** Von mehreren oder allen Kostenträgern gemeinsam bedingte Kosten werden dabei als nicht verursachungsgerecht erfaßbar angesehen. Ihnen dürfen daher die Deckungsbeiträge dieser Produkte nur en bloc gegenübergestellt werden. Durch diese Einbeziehung der Erlöse (als wesentlichem Teil der betrieblichen Leistung) entsteht aus der Teilkostenrechnung die Deckungsbeitragsrechnung als Kosten- und Leistungsrechnung. Bestimmte Formen der Teilkostenrechnung werden häufig auch als Grenzkostenrechnung bezeichnet; in diesen Fällen werden unter der Prämisse linearer Kostenverläufe nur die beschäftigungsvariablen Kostenanteile auf die Kostenträger verrechnet.

*Vollkostenrechnung*

*Teilkostenrechnung*

*Kostenrechnungssysteme*

Voll- und Teilkostenrechnungssysteme können auf vergangenheitsbezogenen Ist- oder Normalkosten ebenso wie auf zukunftsbezogene Plankosten aufbauen. Durch Kombination der beiden Gliederungskriterien Kosteninhalt und Verrechnungsumfang ergeben sich die in Abbildung 8.16 dargestellten Kostenrechnungssysteme. Zu beachten ist dabei, daß der Übergang zwischen den einzelnen Systemen fließend ist.

| Kosteninhalt \ Verrechnungsumfang | Istkosten | Normalkosten | Plankosten |
|---|---|---|---|
| Verrechnung der „vollen" Kosten auf die Kostenträger | Vollkostenrechnung auf Istkostenbasis | Vollkostenrechnung auf Normalkostenbasis | Vollkostenrechnung auf Plankostenbasis, z. B. flexible Vollplankostenrechnung |
| Verrechnung eines Teils der Kosten auf die Kostenträger | Teilkostenrechnung auf Istkostenbasis, z. B. direct costing | ungebräuchlich | Teilkostenrechnung auf Plankostenbasis (z. B. Grenzplankostenrechnung) |

*Abb. 8.16: Kostenrechnungssysteme im Überblick*

Die Normalkostenrechnung wird im folgenden nicht näher behandelt; sie wurde weitgehend von der Plankostenrechnung verdrängt, der sie in formaler Hinsicht ähnlich ist.

## 3. Systeme der Vollkostenrechnung

**Vollkostenrechnungssysteme verteilen sämtliche Kosten einer Periode** (Monat, Quartal, Jahr) **auf die Leistungen** (Kostenträger) **dieser Periode.** Bei der Istkostenrechnung gilt dies für die tatsächlich entstandenen Kosten und Leistungen, bei Plankostenrechnungen auch für die geplanten bzw. erwarteten Kosten und Leistungen. Dabei wird zwar versucht, der Forderung nach verursachungsgerechter Zurechnung soweit als möglich Rechnung zu tragen, es muß jedoch auch auf Prinzipien zurückgegriffen werden, die diesem Anspruch nicht genügen.

### a) Die Vollkostenrechnung zu Istkosten

**Die Istkostenrechnung erfaßt und verteilt die „tatsächlich angefallenen" Kosten.** Nur im einstufigen Einproduktbetrieb ist dies unproblematisch. Zur Kostenverteilung genügt hier die Division der Gesamtkosten durch die Erzeugnismenge. Bei komplizierteren Produktionsstrukturen sind detailliertere Erfassungsvorgänge sowie der Aufbau eines geeigneten Kostenstellensystems erforderlich. Da einerseits auch Plankostenrechnungen nicht auf die Erfassung von Istkosten verzichten können und andererseits die Gründe für die Entwicklung von Teilkostenrechnungen erst vor dem Hintergrund der Problematik der Vollkostenrechnung deutlich werden, wird die Istkostenrechnung zu Vollkosten trotz der Beschränkung ihres Anwendungsbereiches ausführlicher dargestellt.

*Kostenartenrechnung*

Neben der Erstellung eines **Kostenartenplanes** erfordert die systematische Erfassung der Kosten auch die Organisation eines **Belegsystems.** Als Belege kommen Lieferantenrechnungen und Eigenbelege in Betracht. Da die Erfassung der Verzehrsmengen bei vielen Kostenarten nur dezentral erfolgen kann, ist eine **Formalisierung und Standardisierung** des Erfassungssystems im allgemeinen **unabdingbar.** Für die Erfassung der Material-, Personal- und Betriebsmittelkosten stehen meist Nebenbuchhaltungen bzw. Hilfsrechnungen zur Verfügung, die auch aus finanzbuchhalterischen Gründen erforderlich und für dispositive Zwecke nutzbar sind.

*Belegsystem*

#### (1) Materialkosten

Bei der Materialkostenermittlung stützt sich die Kosten- und Leistungsrechnung auf die **Materialbuchhaltung.** Informationen über den **Materialverbrauch** sind außer für die Zwecke der Kostenrechnung auch für die Ermittlung des Materialaufwandes, die Bestandswertung am Bilanzstichtag sowie die Lager- und Bestellpolitik von Bedeutung. Eine möglichst wirtschaftliche Verbrauchsfeststellung erfordert die Anwendung situationsgerechter Verfahren.

*Materialbuchhaltung*

Wenig aufwendig ist die **Verbrauchsmengenerfassung ohne Bestandsführung.** Dabei werden die gemäß Lieferantenrechnung oder Wareneingangsmeldung

*Verbrauchserfassung ohne Bestandsführung*

als zugegangen ermittelten Mengen als Verbrauch angesehen. Dies ist gerechtfertigt, wenn das betreffende Material nicht oder nur sehr beschränkt lagerfähig ist (z. B. Milch in einer Molkerei) bzw. wenn wegen fertigungssynchroner Anlieferung keine oder keine nennenswerten Bestände gehalten werden. Zusätzliche Aufzeichnungen sind allerdings erforderlich, wenn angelieferte Materialien in unterschiedliche Erzeugnisse eingehen können bzw. an unterschiedlichen Kostenstellen verbraucht werden. Materialschwund wird bei diesem Verfahren nur zufällig entdeckt.

*Befundrechnung*

Bei der **Befundrechnung (Inventurmethode)** wird der Verbrauch am Periodenende nach der Formel

$$\text{Verbrauch} = \text{Anfangsbestand} + \text{Zugang} ./. \text{Endbestand}$$

errechnet. Die Bestände müssen durch Inventur, die Zugänge aus Lieferantenrechnungen/Wareneingangsmeldungen ermittelt werden. Die im Rahmen der Erstellung des Jahresabschlusses erforderliche Inventur läßt sich hierzu allerdings nur sehr beschränkt heranziehen, da eine Verbrauchsmengenermittlung für die Zwecke der Kostenrechnung in kürzeren Abständen erforderlich ist. Die Befundrechnung eignet sich daher allenfalls für wertvolle Materialien, bei denen aus Sicherheitsgründen ohnehin eine häufigere Inventur angezeigt ist. Eine kostenträger- und/oder kostenstellenweise Aufteilung der Verbrauchsmengen wird durch diese Methode nicht erreicht.

*Rückrechnung*

Eine weitere Möglichkeit der Verbrauchsmengenberechnung ist die **Rückrechnung (retrogrades Verfahren).** Ausgehend von Informationen über die Zusammensetzung der Erzeugnisse (Stücklisten, Rezepturen) und die Erzeugnismengen werden Sollverbrauchsmengen berechnet. Diese können kostenträgerweise und bei feststehenden Verbrauchsorten auch kostenstellenweise gegliedert werden. Eine weitgehende Übereinstimmung von Soll- und zu ermittelndem Istverbrauch kann jedoch nur bei ausgewählten Materialarten unter Berücksichtigung der betrieblichen Gegebenheiten unterstellt werden.

*Skontrationsmethode*

Nur die **Skontrationsmethode** entspricht voll den Genauigkeitsanforderungen der modernen Kostenrechnung. Diese hohe Genauigkeit wird dadurch erzielt, daß Entnahmen von Roh-, Hilfs- und Betriebsstoffen stets auf Materialentnahmescheinen festgehalten werden. Auf diesen Belegen müssen u. a. nicht nur Art und Menge des entnommenen Materials vermerkt sein, sondern auch die zu belastenden Kostenträger bzw. Kostenstellen. Dadurch lassen sich nach erfolgter Bewertung der verbrauchten Mengen die Kosten sowohl nach Materialarten als auch nach verbrauchenden Kostenträgern und Kostenstellen untergliedern. Die Skontration erfordert zwar erheblichen organisatorischen Aufwand, macht jedoch eine Stichtagsinventur zur Bilanzierung entbehrlich; rechtlich genügt eine permanente Inventur.

*Bewertung*

Die **Bewertung der Materialverbrauchsmengen** erfolgt in der Istkostenrechnung in der Regel zu **Istpreisen.** Der Ansatz von **Wiederbeschaffungspreisen** aus Substanzerhaltungsgründen steht hierzu nicht im Widerspruch. Berücksichtigt man jedoch den mit der laufenden Ermittlung von Wiederbeschaffungspreisen verbundenen Arbeitsaufwand und die Tatsache, daß wegen der relativ hohen

Umschlagshäufigkeit der Materialbestände die Istpreise in etwa den Tagespreisen entsprechen, so ist der Verzicht auf eine Wiederbeschaffungspreisbewertung verständlich.

Wurden in der Betrachtungsperiode Materialien zu **unterschiedlichen Preisen** beschafft, so ist festzulegen, auf welche Weise die **Zuordnung von Preisen auf Mengen** erfolgen soll. Möglich wäre, den Verbrauchsmengen jeweils die Preise derjenigen Lieferungen zuzuordnen, aus denen die verbrauchten Mengen stammen. Dies erfordert jedoch eine entsprechende Lagerorganisation bzw. Kennzeichnung der gelagerten Materialien. Eine derartige Bewertung ist aus der Sicht der Istkostenrechnung auch nicht unbedingt anzustreben. Allenfalls wegen der Heranziehung des kostenrechnerischen Erfassungs- und Verteilungsinstrumentariums für finanzbuchhalterische Zwecke könnte eine derartige Bewertung in Betracht kommen.

*Zugangspreise*

Schwanken Materialpreise saisonbedingt oder wegen unterschiedlich hoher Bestellmengen, so ist eine **permanente oder periodische Ermittlung von Durchschnittspreisen** angebracht. Zeigen die Materialpreise allerdings einen **steigenden oder fallenden Trend** (z. B. wegen inflationärer Entwicklungen oder zunehmender Verknappung), so entspricht eine Durchschnittspreisbildung nicht dem Ziel, den leistungsbedingten Güterverzehr mit Preisen zu bewerten, die eine **Wiederbeschaffung** (am Verbrauchs- oder Verkaufstag) ermöglichen. Auch der Ansatz von Festwerten läßt sich aus der Sicht der Istkostenrechnung nur dann rechtfertigen, wenn mit seiner Hilfe Schwankungen nach oben und unten ausgeglichen werden sollen.

*Durchschnittspreise*

*Tagespreise*

**Bewertungsverfahren, die Verbrauchsreihenfolgen fingieren,** können für die Kostenrechnung durchaus interessant sein, obwohl sie in erster Linie für die handelsbilanzielle Bewertung erdacht wurden und bislang allenfalls aus Vereinfachungsgründen auch in der Kostenrechnung Anwendung finden. **Lifo** (last in first out) führt **bei steigendem** und **Fifo** (first in first out) **bei sinkendem Preistrend** tendenziell zu einer Bewertung der Verbrauchsmengen mit Preisen, die das **aktuelle Beschaffungspreisniveau** widerspiegeln. Eine Bewertung nach Hifo (highest in first out) ist für die Kostenrechnung ungeeignet. Bei schwankenden Preisen ist die Durchschnittspreisbewertung angezeigt.

*fingierte Verbrauchsreihenfolgen*

Bei der Erfassung der Materialkosten sind die Voraussetzungen für deren Weiterverarbeitung in der Kostenstellen- bzw. Kostenträgerrechnung zu schaffen. Fertigungsmaterial (Rohstoffe, Bauteile) stellt in der Regel „**Einzelkostenmaterial**" dar, das kostenträgerbezogen zu erfassen ist. Als „**Gemeinkostenmaterial**" werden Hilfs- und Betriebsstoffe behandelt. Bei ihrer Erfassung sind die verbrauchenden Kostenstellen anzugeben.

(2) Personalkosten

Personalkosten im engeren Sinne sind die **Bruttolöhne und -gehälter** sowie die **gesetzlichen und freiwilligen Sozialleistungen.** Die richtige und rechtzeitige Ermittlung der auszuzahlenden bzw. an Fiskus, Sozialversicherungsträger und andere Institutionen abzuführenden Beträge sowie die Führung der einkom-

*Personalkosten im engeren Sinne*

mensteuerlich vorgeschriebenen „Lohnkonten" obliegt der **Lohn- und Gehaltsbuchhaltung**. In dieser Nebenbuchhaltung läuft somit das auch für die Kostenrechnung relevante Zahlenmaterial zusammen. Insbesondere die für die Berechnung der Löhne erforderlichen Daten werden jedoch zunächst dezentral in den einzelnen Betriebsabteilungen erhoben.

*„Kosten des Personals"*

Legt man eine weitere Fassung des Begriffs der Personalkosten zugrunde, so sind auch Kosten enthalten, die zu anderen natürlichen Kostenarten gehören. Betriebliche „Sozialeinrichtungen" wie z. B. Kantine, Betriebsarzt, Werksbücherei, Sportanlage u. ä. bedingen zwar ebenfalls Personalkosten im engeren Sinne (z. B. Bruttogehalt und Arbeitgeberanteil zur Sozialversicherung für Kantinenpersonal), darüber hinaus aber auch Abschreibungen, Materialkosten, Energiekosten, kalkulatorische Zinsen usw. Letztere können nicht in der Kostenartenrechnung, sondern allenfalls bei statistischen Auswertungen als „Kosten des Personals" behandelt werden. Ihre Höhe steht erst nach Durchführung der innerbetrieblichen Leistungsverrechnung im Rahmen der Kostenstellenrechnung fest.

*Fertigungslöhne*

Bei der Erfassung der **Lohnkosten** ist zwischen **Fertigungs-** und **Hilfslöhnen** zu unterscheiden. Löhne werden dann als Fertigungslöhne bezeichnet, wenn die vergüteten Tätigkeiten unmittelbar der Erzeugung von Zwischen- bzw. Endprodukten dienen. Dabei ist zwischen **Akkord-** und **Zeitlöhnen** zu unterscheiden. Häufig werden Fertigungslöhne ohne Berücksichtigung dieses Unterschiedes als Einzelkosten behandelt. Dies ist zumindest für die Zeitlöhne und den bei Akkordentlohnung garantierten Mindestlohn problematisch (vgl. S. 920 ff.). Einem solchen Vorgehen liegt die Absicht zugrunde, Fertigungslöhne als Maßgrößen für das Volumen der Produktionstätigkeit (Beschäftigung) zu verwenden. Obwohl es sich bei der Erfassung rein arbeitszeitabhängiger Lohnbestandteile als „Einzelkosten" bereits um eine bestimmte Art der Schlüsselung von Gemeinkosten handelt, werden die Fertigungslöhne in der Kalkulation häufig als Basis für die Verteilung weiterer Gemeinkostenbestandteile verwendet (vgl. das allgemeine Kalkulationsschema, S. 939).

*Hilfslöhne*

**Hilfslöhne** stellen grundsätzlich Gemeinkosten dar. Zu ihnen zählen z. B. Löhne für Transport- und Wartungsarbeiten im Fertigungsbereich, für Arbeiten in Lagern, im Werkzeugbau usw. Oft werden die im Fertigungsbereich anfallenden Hilfslöhne als **Fertigungshilfslöhne** von den sonstigen Hilfslöhnen unterschieden. Zu letzteren zählen in Hilfsbetrieben (z. B. Betriebswerkstätten, Kesselhaus, Kläranlage) entstehende Lohnkosten.

*Lohnscheine*

Grundlage der Lohnkostenerfassung ist die Aufschreibung von Arbeitszeiten bzw. zu vergütenden Vorgabezeiten. Sie erfolgt mit Hilfe von Zeit- bzw. Akkordlohnscheinen, in denen für die einzelnen Arbeitnehmer zeitraumbezogen (z. B. für Arbeitstage einer Woche) oder bezogen auf die von ihnen durchgeführten Arbeitsaufträge die erforderlichen Daten festgehalten werden. **Zeitlohnscheine** geben Auskunft über Art und Zeitdauer der Tätigkeiten eines Zeitlöhners sowie über die mit den Lohnkosten zu belastenden Kostenträger bzw. Kostenstellen. In **Akkordlohnscheinen** sind Rüstzeiten, Zahl der gefertigten Stücke, Vorgabezeiten pro Stück, anzuwendender Minutenfaktor (bzw.

beim Geldakkord der pro Mengeneinheit zu vergütende Geldbetrag) sowie die zu belastenden Kostenträger und Kostenstellen festzuhalten. Überstunden- und Zusatzlöhne, Löhne bei Feiertagsarbeit oder durch ein Prämienlohnsystem bedingte besondere Lohnzahlungen werden häufig auf gesondert gekennzeichneten Lohnscheinen erfaßt.

**Gesetzliche und freiwillige Sozialleistungen** werden – obwohl zumindest die Arbeitgeberanteile zur gesetzlichen Sozialversicherung pro Arbeitnehmer ermittelbar wären – meist als Gesamtbetrag erfaßt und als **Kostenstellengemeinkosten** behandelt. Bei **Urlaubs- und Feiertagslöhnen** (bezahlte gesetzliche Feiertage) sowie **Urlaubsgeld** empfiehlt sich auch in der Istkostenrechnung die **Schätzung** eines voraussichtlichen **Jahresgesamtbetrages,** der im Verhältnis der Fertigungslöhne oder -zeiten oder zumindest gleichmäßig **auf die einzelnen Monate zu verteilen** ist. Andernfalls würden typische Urlaubs- und Feiertagsmonate mit Lohnkosten belastet, die in keinem Verhältnis zur Beschäftigung in diesen Monaten stehen.

*Sozialleistungen*

**Gehälter** stellen **Kostenträgergemeinkosten** dar, die im Regelfall kostenstellenweise erfaßt werden können. Mit welchen Bruttobeträgen die einzelnen Kostenstellen zu belasten sind, ergibt sich aus den **Gehaltslisten.** Unregelmäßig anfallende Sonderzahlungen (z. B. Prämien, Provisionen) müssen allerdings zusätzlich erfaßt werden. Für die gesetzlichen und freiwilligen Sozialleistungen gelten die für Löhne gemachten Aussagen analog. Ob gehaltsbezogene getrennt von den lohnbezogenen Sozialleistungen ermittelt und auf Kostenstellen zugeordnet werden, richtet sich nach den Umständen des Einzelfalles.

*Gehälter*

### (3) Betriebsmittelkosten

Zu den Betriebsmitteln zählen **leistungsbedingt genutzte Gegenstände des Anlagevermögens** wie Gebäude, Maschinen, Fahrzeuge, sonstige Transporteinrichtungen und Einrichtungsgegenstände. Kosten entstehen durch deren gebrauchs- und zeitablaufbedingten Verschleiß, den Verzehr von Nutzungsmöglichkeiten des in ihnen gebundenen Kapitals sowie durch Reparatur- und Instandhaltungsarbeiten. Auch die Erfassung der Betriebsmittelkosten erfolgt zum Teil in einer Nebenbuchhaltung, der **Anlagenbuchhaltung,** deren Führung bereits aus finanzbuchhalterischen Gründen erforderlich ist. Sie zeichnet für jedes Anlagegut insbesondere Anschaffungspreis und -datum, geplante Nutzungsdauer, Abschreibungsmodalitäten für die Finanzbuchhaltung und Kostenrechnung, finanzbuchhalterische Restwerte, die zu belastende Kostenstelle sowie vorgenommene wertsteigernde Maßnahmen (Großreparaturen, Generalüberholungen) auf.

*Anlagenbuchhaltung*

Zur Unterscheidung von den bilanziellen Abschreibungen wird der in der Kostenrechnung zu berücksichtigende Wertverzehr der Betriebsmittel als **kalkulatorische Abschreibung** bezeichnet. Bei der Bemessung der kalkulatorischen Abschreibungen sollten finanzbuchhalterische Bewertungsprinzipien sowie bilanzpolitische Erwägungen keine Rolle spielen. Beispielsweise braucht dabei keineswegs von den historischen Anschaffungsausgaben ausgegangen zu werden. Zum Zweck einer gegenwartsnahen Bewertung der verzehrten Nut-

*kalkulatorische Abschreibungen*

zungspotentialanteile ist der **Ansatz von Tagespreisen** möglich. Auch bei stabilen Preisen auf den Beschaffungsmärkten können kalkulatorische und bilanzielle Abschreibungen voneinander abweichen. So ist der Grundsatz der vorsichtigen Bewertung, der für die Finanzbuchhaltung eine Abschreibungsbemessung nach der degressiven Methode nahelegt, in der Kosten- und Leistungsrechnung nicht ohne weiteres am Platze. Bei geplantem gleichmäßigem Potentialverzehr ist die **lineare Abschreibung** angemessen.

*Fehlschätzung der Nutzungsdauer*

Wird die Höhe des verfügbaren Potentials unter- bzw. das Ausmaß seiner Inanspruchnahme überschätzt, so ergibt sich daraus eine **Verlängerung der ursprünglich angenommenen Nutzungsdauer.** Sobald dies absehbar ist, sind kalkulatorische Abschreibungen unter Berücksichtigung des aktuellen Kenntnisstandes **neu zu berechnen.** Die für die **restlichen** Nutzungsperioden anzusetzenden Abschreibungen sind so zu bemessen, als sei die längere Nutzungsdauer von vornherein bekannt gewesen. Schätzfehler der Vergangenheit dürfen nämlich nicht verhindern, daß bei Vorliegen neuerer Informationen in den verbleibenden Perioden mit „richtigeren" Werten gerechnet wird.

Wird ein Betriebsmittel **unerwartet** vor Ablauf der geplanten Nutzungsdauer technisch oder ökonomisch **unbrauchbar,** so ist der noch vorhandene „**Restbuchwert**" für die Höhe der kalkulatorischen Abschreibungen der letzten Periode, in der eine Nutzung möglich ist, **ohne Belang.** Das Risiko einer Überschätzung des Nutzungspotentials läßt sich allerdings im sogenannten **kalkulatorischen Anlagenwagnis** berücksichtigen (vgl. S. 961). Wird eine Verkürzung der Nutzungsdauer frühzeitig erkannt, so können für die absehbare Restnutzungsdauer kalkulatorische Abschreibungen auf der Grundlage des neuen Informationsstandes berechnet werden.

*Verbrauchsabschreibung*

Den Intentionen der Kostenrechnung besonders nahe kommt eine Abschreibung nach dem Ausmaß des nutzungsbedingten Potentialverzehrs (**Verbrauchsabschreibung**). Hierbei wird der Anschaffungs-(Herstellungs-) oder Tageswert der Betriebsmittel durch die geschätzte Menge möglicher Nutzungseinheiten (z. B. Laufleistung in Stunden oder Kilometern, Zahl der herstellbaren Produkteinheiten) dividiert und der so errechnete Abschreibungsbetrag pro Mengeneinheit mit der Zahl der in der Periode realisierten Mengeneinheiten multipliziert.

Beispiel:
Wiederbeschaffungspreis eines Lastkraftwagens im Abrechnungszeitraum 200 000,— DM.
Geschätzte Gesamtlaufleistung 500 000 km.
Abschreibungsbetrag pro km im Abrechnungszeitraum —,40 DM.
Im Abrechnungszeitraum gefahren 80 000 km.
Abschreibungen im Abrechnungszeitraum 32 000,— DM.

Die Verbrauchsabschreibung eröffnet prinzipiell die Möglichkeit, kalkulatorische Abschreibungen als Einzelkosten zu behandeln. Allerdings legen es die nicht zu beseitigenden Schätzprobleme nahe, dieses Verfahren nur zum Zwecke einer verbesserten **Zurechnung** von Wertverzehren **auf Nutzungsperioden** zu verwenden und die ermittelten Beträge als Kostenträgergemeinkosten zu behandeln. Hierfür spricht weiterhin, daß neben dem nutzungsbedingten Verschleiß im allgemeinen auch zeitabhängiger Verschleiß stattfindet.

Wegen der zur Abschreibungsberechnung stets notwendigen Schätzungen handelt es sich bei den kalkulatorischen Abschreibungen **nicht** mehr um **reine Istkosten**. Gleichwohl kann auf die Berücksichtigung des Wertverzehrs von Betriebsmitteln in der Istkostenrechnung nicht verzichtet werden.

In der Finanzbuchhaltung werden nur Fremdkapitalzinsen als Aufwand angesetzt. Die Eigenkapitalverzinsung wird als Gewinnbestandteil betrachtet. Bei Zugrundelegung des **pagatorischen Kostenbegriffes** können auch in der Kosten- und Leistungsrechnung **nur Fremdkapitalzinsen** berücksichtigt werden. Bei **wertmäßiger Kostenauffassung** sind hingegen **auch Eigenkapitalzinsen** anzusetzen. Für die Einbeziehung der Eigenkapitalzinsen werden jedoch auch andere Gründe angeführt. *kalkulatorische Zinsen*

Ein erstes Argument lautet, ohne Berücksichtigung von Eigenkapitalzinsen seien die Kosten unterschiedlich finanzierter Unternehmungen auch bei im übrigen ähnlicher Kostensituation nicht vergleichbar. Diese Sichtweise begründet weder die Verwendung des wertmäßigen Kostenbegriffs noch ist sie für die einzelne Unternehmung relevant.

Wird aus der Sicht des wertmäßigen Kostenbegriffs zugunsten des Ansatzes von **Eigenkapitalzinsen** angeführt, der Entgang des Nutzens der besten verdrängten Kapitalverwendungsmöglichkeit stelle Kosten der realisierten Alternative (d. h. des Einsatzes in der Unternehmung) dar, so wird nur bezüglich des Eigenkapitals auf **Opportunitätskostenüberlegungen** zurückgegriffen. Vermögensgegenstände lassen sich jedoch nicht danach unterscheiden, ob sie fremd- oder eigenfinanziert sind. Der **Ansatz eines einheitlichen Zinssatzes** ist daher **praktisch unvermeidlich**. Der zu wählende Zinssatz hängt dabei von der Begründung für die Einbeziehung kalkulatorischer Zinsen ab. Soll durch Ausweis von Kapitalkosten erreicht werden, daß eine **unnötige Kapitalbindung vermieden** wird, so empfiehlt sich die Verwendung des **jeweils höchsten Fremdkapitalzinssatzes**. Dadurch freigesetztes Kapital kann entweder zur Rückzahlung der teuersten Kredite verwendet oder rentabler eingesetzt werden. Ein **Mischzins** zwischen effektiv zu zahlenden Fremdkapitalzinsen und alternativ erzielbarer Eigenkapitalverzinsung (z. B. Kapitalmarktzins) ist angebracht, wenn die **Kalkulation kostendeckender Preisuntergrenzen** bzw. die **Ermittlung von Periodenergebnissen** im Vordergrund stehen. *Eigenkapitalzinsen*

*Zinssatz*

Ausgangspunkt für die Ermittlung kalkulatorischer Zinsen ist das **leistungsbedingt eingesetzte Vermögen**. Zu dessen Berechnung werden häufig die **Auflösung stiller Reserven** in den betriebsnotwendigen Vermögensteilen und der Abzug zinslos zur Verfügung stehenden (z. B. Kundenanzahlungen) sowie Zinsanteile enthaltenden (z. B. Lieferantenkredite mit Skonto) Fremdkapitals gefordert **(Abzugskapital)**. Die Zweckmäßigkeit derartiger Korrekturen ist jedoch **umstritten**. Eine relativ einfache Korrektur ist auch nur dann möglich, wenn die **kalkulatorischen Zinsen als Gesamtbetrag** errechnet und im Verhältnis der bei den Kostenstellen bestehenden Kapitalbindung auf diese verteilt werden. Hierzu muß die Kapitalbindung pro Kostenstelle festgestellt bzw. *gebundenes Kapital* geschätzt werden. Der auf die Betriebsmittel entfallende Anteil kann mit Hilfe der Anlagekartei ermittelt werden. Ist die Kapitalbindung pro Kostenstelle aber bekannt, so können die **kalkulatorischen Zinskosten** auch **kostenstellenweise** berechnet werden. Dann besteht jedoch das Problem der Verteilung des eventuell zu berücksichtigenden Abzugskapitals.

Bei der Ermittlung der Kapitalbindung ist grundsätzlich von den Werten der pagatorischen Rechnung, d. h. von den Anschaffungsausgaben bzw. den noch verbleibenden Restbuchwerten auszugehen, wenn nach dem Opportunitätskostengedanken die bei alternativer Kapitalverwendung erzielbaren Zinsen als entgangen und damit als Kosten angesehen werden.

### (4) Sonstige Kostenarten

Da eine erschöpfende Behandlung aller Kostenarten und ihrer Erfassung im vorliegenden Rahmen nicht möglich ist, wird im folgenden nur auf einige ausgewählte Kostenarten eingegangen.

*kalkulatorischer Unternehmerlohn*

Durch den Ansatz **kalkulatorischen Unternehmerlohnes** soll die Nutzung des Arbeitsleistungspotentials der bzw. des (meist in leitender Funktion) mitarbeitenden Unternehmenseigentümer(s) berücksichtigt werden. **Kalkulatorischer Unternehmerlohn kann somit nur bei Personengesellschaften und Einzelkaufleuten in Betracht kommen.** Vorstands- bzw. Geschäftsführerbezüge bei Kapitalgesellschaften zählen zu den Personalkosten. Wie die Eigenkapitalverzinsung wird auch die Eigentümerarbeit finanzbuchhalterisch als im Gewinn abgegolten betrachtet. Die Höhe des somit nur kostenrechnerisch relevanten kalkulatorischen Unternehmerlohnes ergibt sich aus dem **Opportunitätskostengedanken.** Der Eigentümer „opfert" durch seine Mitarbeit die Einkünfte, die er in der besten nichtrealisierten Einsatzmöglichkeit seiner Arbeitskraft erzielen könnte. Als Anhaltspunkt hierfür können Geschäftsführer- bzw. Vorstandsbezüge in vergleichbaren Unternehmungen dienen.

*Kostensteuern*

Als **Kostensteuern** werden im allgemeinen die gewinnunabhängigen Steuern behandelt. Einkommen-, Körperschaft- und Gewerbeertragsteuer zählen somit nicht dazu. Bei unbeschränkt vorsteuerabzugsberechtigten Unternehmungen kann auch die Umsatzsteuer kostenrechnerisch unberücksichtigt bleiben, d. h. als „durchlaufender Posten" betrachtet werden. In der Kostenrechnung anzusetzen sind somit die auf leistungsbedingt eingesetzte Vermögensteile entfallende Grund- und Vermögensteuer, die Gewerbekapitalsteuer, Verkehrsteuern wie z. B. Kraftfahrzeug-, Wechsel- und Wertpapiersteuer sowie Verbrauchsteuern (z. B. Branntweinsteuer oder Tabaksteuer bei entsprechendem Leistungsprogramm). Bei Grund-, Vermögen- und Gewerbekapitalsteuer ist mit Schätzwerten zu rechnen, da ihre tatsächliche Höhe erst nach der Veranlagung durch das Finanzamt bekannt ist.

*kalkulatorische Zinsen auf sonstiges Vermögen*

**Kalkulatorische Zinsen** sind nicht nur für die Betriebsmittel anzusetzen. Auch in unbebauten Grundstücken, Ausleihungen, Vorräten, Forderungen, Bankguthaben, Kassenbeständen ist Kapital gebunden. Bei ihrer Ermittlung ist analog zu der bei den Betriebsmitteln beschriebenen Vorgehensweise zu verfahren.

Eine besondere Verzehrsart stellen die **kalkulatorischen Wagnisse** dar. Durch ihren Ansatz sollen nicht versicherte oder nicht versicherbare Einzelrisiken in einer Art Selbstversicherung berücksichtigt werden. Hierzu zählen insbesondere das Risiko des Ausfalls von Betriebsmitteln vor Ablauf der geschätzten Nutzungsdauer **(Anlagenwagnis)**, des Schwundes von Vorräten **(Beständewagnis)**, des Ausfalls von Forderungen **(Debitorenwagnis)**, der **garantieleistungs- oder kulanzbedingten Beseitigung von Schäden bzw. der Leistung von Schadensersatz bei Produktmängeln.**

*kalkulatorische Wagnisse*

Die Berücksichtigung dieser Risiken in Form von kalkulatorischen Wagnissen soll dazu führen, daß auf längere Sicht derartige Belastungen zwar als Kosten verrechnet werden, dies jedoch nicht in der Periode ihres Anfalles in voller Höhe erfolgen muß. Würde keine derartige **normalisierende Verteilung** vorgenommen, so müßten die Anfallsperioden mit Kostenbeträgen belastet werden, die unter Umständen außergewöhnlich hoch sind und diese Perioden nur zufällig treffen. Die tatsächliche Schadenshöhe findet ausschließlich in der Finanzbuchhaltung Berücksichtigung (z. B. als außerordentliche Abschreibung oder sonstiger Aufwandsposten). Bei der Berechnung der **Höhe kalkulatorischer Wagnisse ist man auf Erfahrungswerte** aus der Vergangenheit oder Schätzungen angewiesen. Das Risiko, wegen konjunktureller Einbrüche, Fehldispositionen, Veränderungen im Nachfrageverhalten usw. Verluste zu erwirtschaften **(allgemeines Unternehmerwagnis)** ist **nicht als kalkulatorisches Wagnis** anzusetzen. Ihm steht die Chance der Gewinnerzielung gegenüber. Die Abgrenzung gegen Einzelrisiken kann jedoch schwierig sein.

## *Kostenstellenrechnung*

Der Aufbau des Kostenstellenplans richtet sich in der Vollkostenrechnung vorwiegend nach abrechnungstechnischen Kriterien. Der nachstehende Kostenstellenplan des Rationalisierungskuratoriums der Deutschen Wirtschaft (RKW) sei beispielhaft für die Kostenstellengrobeinteilung in der Vollkostenrechnung angeführt:

*Kostenstellenplan*

(1) **Allgemeine Kostenstellen:** Sie erbringen Leistungen für den Betrieb insgesamt. Sie sind demnach stets Hilfskostenstellen (Beispiele: Grundstücke und Gebäude, Energiezentrale, Kantine, Gemeinschaftsräume).

(2) **Fertigungshilfsstellen:** Sie liefern ihre Leistungen ausschließlich an die Fertigungsstellen (Beispiel: Reparaturwerkstatt, Werkzeugbau, Arbeitsvorbereitung und technische Betriebsleitung).

(3) **Hauptkostenstellen (Fertigungsstellen):** Die Kostenstellen des Fertigungsbereichs, in denen Zwischen- oder Endprodukte erstellt werden.

(4) **Materialhilfsstellen:** Ihre Leistungen liegen in der Versorgung des Fertigungsbereichs mit den notwendigen Materialien (Beispiele: Einkauf, innerbetriebliches Transportwesen, Materiallager).

(5) **Verwaltungsstellen:** Die Verwaltung der Unternehmung wird als Gruppe von Hilfskostenstellen behandelt, die nach funktionalen Gesichtspunkten

untergliedert wird (Beispiele: Geschäftsführung, Finanz- und Betriebsbuchhaltung, Kalkulation, Fuhrpark).

(6) **Vertriebsstellen:** Bei funktionaler Gliederung dieser Hilfskostenstellen lassen sich folgende Kostenstellen als Beispiele bilden: Vertriebsabteilung, Werbung, Marktforschung, Versandlager, Fuhrpark des Vertriebs.

Die Gliederung des Kostenstellenplans findet auch im Betriebsabrechnungsbogen Verwendung. Das Schema eines BAB der Vollkostenrechnung ist in Abbildung 8.17 dargestellt.

**Mit Hilfe des Betriebsabrechnungsbogens werden in der Vollkostenrechnung die folgenden Rechenschritte durchgeführt: Gemeinkostenverteilung, innerbetriebliche Leistungsverrechnung, Zuschlagssatzermittlung.**

*Ermittlung primärer Kostenstellen-Kosten*

In einem **ersten Schritt** werden die **primären Kostenträgergemeinkosten kostenstellenweise zusammengestellt.** Für die bereits bei der Kostenerfassung als Stelleneinzelkosten identifizierten Kostenbeträge ist dies unproblematisch. Stellengemeinkosten müssen mit Hilfe von Schlüsseln auf die Kostenstellen verteilt werden. So können beispielsweise die Kosten der Kostenart „gesetzliche soziale Abgaben" nach dem Wertschlüssel „Lohnsumme je Kostenstelle", die Miet- und Gebäudekosten nach dem Mengenschlüssel „Quadratmeter je Kostenstelle" zugeschlüsselt werden. Inwieweit Probleme der Aufteilung von Kostenstellengemeinkosten in diesem Stadium der Kostenstellenrechnung oder erst bei der innerbetrieblichen Leistungsverrechnung auftreten, hängt u. a. von der Struktur des Kostenstellensystems ab.

Eine Unterscheidung der Kostenstellenkosten nach beschäftigungsfixen und -variablen Kostenbestandteilen erfolgt in der Vollkostenrechnung nicht.

*innerbetriebliche Leistungsverrechnung*

In einem zweiten Schritt sind die **sekundären Kosten** mit Hilfe der Verfahren der **innerbetrieblichen Leistungsverrechnung** zu verteilen. Die Kosten der Erstellung innerbetrieblicher Leistungen sollen den Empfängern dieser Leistungen belastet werden. Dies sind zunächst diejenigen Kostenstellen, die solche Leistungen verbrauchen. Da auch innerbetriebliche Leistungen letztlich um der Entstehung von Kostenträgern willen erbracht werden, ist die innerbetriebliche Leistungsverrechnung erst dann abgeschlossen, wenn die Kosten der erstellten innerbetrieblichen Leistungen den entsprechenden Endkostenstellen angelastet worden sind und von dort aus auf die Kostenträger verteilt werden können. Für die **Verrechnung innerbetrieblicher Leistungen** stehen **unterschiedliche Verfahren** zur Verfügung.

*Kostenartenverfahren*

Das einfachste Verfahren ist das **Kostenarten-, Einzelkosten- oder Teilkostenverfahren.** Hierbei werden den verbrauchenden Stellen nur die **Einzelkosten der innerbetrieblichen Leistungen** (im allgemeinen Material- und Lohnkosten) belastet. Diese brauchen bei den erzeugenden Kostenstellen nicht gesondert in Erscheinung zu treten, sondern können bereits bei der Kostenerfassung für die verbrauchenden Stellen ermittelt werden. Da bei diesen Verfahren eine Zurechnung anteiliger Gemeinkosten der leistenden Stellen unterbleibt, wird im BAB keine Verrechnung sichtbar. Die Verteilung der Gemeinkosten der leistenden Stellen muß auf andere Weise erfolgen, wenn die Kostenartenme-

| | Kostenarten | Verteilungsgrundlage | Betrag | Allgemeine Kostenstellen | Fertigungshilfsstellen | Fertigungshauptstellen I | Fertigungshauptstellen II | Fertigungshauptstellen III | Materialhilfsstellen | Forschung und Entwicklung | Verwaltung | Vertrieb |
|---|---|---|---|---|---|---|---|---|---|---|---|---|
| Kostenträgereinzelkosten | | | | | | | | | | | | |
| | | | | | | | | | | | | |
| primäre Kostenträgergemeinkosten | | | | | | | | | | | | |
| | | | | | | | | | | | | |
| | | | | | | | | | | | | |
| | | | | | | | | | | | | |
| | | | | | | | | | | | | |
| | | | | | | | | | | | | |
| | SUMME KOSTENTRÄGER-GEMEINKOSTEN | | | | | | | | | | | |
| Verrechnung innerbetrieblicher Leistungen | Umlage Allgemeine Kostenstellen | | | | → | → | → | → | → | → | → | → |
| | Umlage Fertigungshilfsstellen | | | | | → | → | → | | | | |
| | Verrechnung Leistungsaustausch Hauptkostenstellen | | | | | ↓ | ↓ | ↓ | | | | |
| | SUMME KOSTENTRÄGERGEMEINKOSTEN PRO ENDKOSTENSTELLE | | | | | | | | | | | |
| | Bezugsgrößen für Zuschlagsatzermittlung | | | | | | | | | | | |
| | Zuschlagsätze in Prozent | | | | | | | | | | | |

*Abb. 8.17: Schema eines BAB bei Vollkostenrechnung auf der Basis von Istkosten*

thode anwendbar sein soll. Dies ist der Fall, wenn innerbetriebliche Leistungen von Endkostenstellen erbracht werden, deren gesamte Kosten ohnehin auf Kostenträger zu verteilen sind. Bei der Leistungserstellung in Vorkostenstellen ist eine Berücksichtigung von Gemeinkosten unter Umständen dann entbehrlich, wenn wegen wechselseitigen Leistungsaustausches zwischen den Kostenstellen eine Kompensation der an sich zuzurechnenden Gemeinkostenbeträge angenommen werden kann.

*Kostenstellen-umlageverfahren*

Bei Verwendung des **Kostenstellenumlageverfahrens** werden die Gesamtkosten der zu verrechnenden innerbetrieblichen Leistungen auf alle verbrauchenden Kostenstellen verteilt. Die auf Vorkostenstellen gesammelten Kosten werden im Verhältnis gemessener Verbrauchsmengen (z. B. Kilowattstunden, Kubikmeter, Stunden) oder geschätzter Prozentsätze „umgelegt". Die Anwendung dieses Verfahrens setzt strenggenommen voraus, daß der Strom innerbetrieblicher Leistungen nur in einer Richtung fließt. Eine vorgelagerte Kostenstelle darf zwar an eine nachgelagerte Kostenstelle Leistungen abgeben, nicht jedoch von dieser empfangen. Wechselseitige Leistungsbeziehungen können nur bei teilweiser Vorwegzurechnung (z. B. mit Hilfe normalisierter Verrechnungssätze) oder in einer mehrstufigen Verteilungsrechnung mit Nachverrechnungen berücksichtigt werden. Die dabei erzielten Ergebnisse entsprechen aber nicht der Logik dieses Verrechnungssystems.

Beim Kostenstellenumlageverfahren ist es nicht erforderlich, daß sämtliche Einzelkosten der innerbetrieblichen Leistungen zuerst bei den leistenden Stellen erfaßt werden. Wie beim Kostenartenverfahren können sie sofort der verbrauchenden Stelle zugeordnet werden. Von Endkostenstellen erbrachte innerbetriebliche Leistungen lassen sich im Kostenstellenumlageverfahren berücksichtigen, obwohl Endkostenstellen nicht „umgelegt" werden. Ist es möglich, die leistende Endkostenstelle in einen einseitig gerichteten Leistungsstrom einzufügen, so bedarf es nur der Ermittlung des nicht unmittelbar auf Kostenträger, sondern zuerst auf andere Kostenstellen zu verrechnenden Teils ihrer Kosten. Formal kann der zu verteilende Betrag wie beim nachstehend beschriebenen Kostenstellenausgleichsverfahren als Abzugsbetrag ausgewiesen werden.

*Kostenstellen-ausgleichsverfahren*

Das **Kostenstellenausgleichsverfahren** könnte als lediglich formale Verrechnungsprozedur im BAB aufgefaßt werden. Leistende Kostenstellen werden ent-, empfangende Kostenstellen belastet. Dies erfolgt im Grunde auch beim Kostenstellenumlageverfahren. Die spezielle Bedeutung des Kostenstellenausgleichsverfahrens liegt in der Berücksichtigung von Leistungsbeziehungen zwischen End-, insbesondere Hauptkostenstellen. Auch Leistungen von End- an Vorkostenstellen lassen sich einbeziehen. Beim Kostenstellenausgleichsverfahren enthalten die primären Kosten der Leistungsempfänger bereits die Einzelkosten der innerbetrieblichen Leistungen. Sie werden wie beim Kostenartenverfahren direkt für die verbrauchende Stelle erfaßt. Darüber hinaus werden den empfangenden Stellen anteilige Gemeinkosten der leistenden Stellen belastet. Ihre Ermittlung erfolgt mit Hilfe normalisierter, der Kostenträgerrechnung entnommener Kalkulationssätze. Im BAB werden diese Gemeinkosten in eigens dafür vorgesehenen Zeilen von den Gemeinkosten der leistenden Stellen substrahiert und zu denen der empfangenden Stellen addiert.

**Das Kostenträgerverfahren kalkuliert die innerbetrieblichen Leistungen wie Kundenaufträge als selbständige Kostenträger.** Die Einzelkosten der Innenleistung werden einem Kostenträgerkonto (bzw. einer Ausgliederungsstelle) zugerechnet. Wie bei der Zuschlagskalkulation werden Fertigungs-, Material- und Verwaltungsgemeinkostenzuschläge von den Endkostenstellen übernommen und auf die innerbetrieblichen Kostenträger verrechnet. Das Kostenträgerverfahren wird vor allem bei der Erstellung **aktivierungspflichtiger Leistungen** angewandt. Die Belastung der den innerbetrieblichen „Kostenträger" beanspruchenden Kostenstellen erfolgt dann während des Nutzungszeitraums über kalkulatorische Abschreibungen. Das Kostenträgerverfahren ist insbesondere geeignet zur Gewinnung von Informationen über die Wirtschaftlichkeit von Eigenherstellung oder Fremdbezug.

*Kostenträgerverfahren*

Alle bisher dargestellten Verfahren gehen von der Prämisse eines grundsätzlich einseitig gerichteten Leistungsflusses aus, der jedoch in der Praxis die Ausnahme darstellt. In der Regel besteht zwischen den einzelnen Kostenstellen ein **gegenseitiger Leistungsaustausch.** In diesem Fall können aber die Kosten der Stellenleistungen nicht unabhängig voneinander bestimmt werden, da die Gemeinkosten der ersten Stelle von den (noch unbekannten) zu verrechnenden Kosten der zweiten Stelle mitbestimmt werden und umgekehrt. Die bisher dargestellten Verfahren führen in diesen Fällen zu ungenauen Ergebnissen. Die wechselseitige Abhängigkeit kann nur durch einen **simultanen Ansatz** in Form eines linearen Gleichungssystems berücksichtigt werden.

*Problem des gegenseitigen Leistungsaustauschs*

*Gleichungsverfahren*

Die Gesamtkosten $K_i$ einer Kostenstelle (i), die innerbetriebliche Leistungen empfängt, setzen sich zusammen aus ihren primären und sekundären Kosten. Die primären Kosten $K_i^{pr}$ sind in der Regel die im ersten Schritt der Kostenstellenrechnung auf die Kostenstellen verteilten Kostenträgergemeinkosten. Die sekundären Kosten, mit denen die Kostenstelle für die von ihr beanspruchten innerbetrieblichen Leistungen belastet wird, ergeben sich aus dem Produkt der von der Kostenstelle j empfangenen Leistungseinheiten $l_{ij}$ und der – noch unbekannten – Kostenwerte pro empfangener Leistungseinheit $k_j$. Danach errechnen sich die gesamten von der Kostenstelle i verursachten Kosten $K_i = K_i^{pr} + \sum_j l_{ij} \cdot k_j$. Diesen gesamten Kosten steht der Wert $l_i \cdot k_i$ der erzeugten Leistungen gegenüber. Für die Kostenstelle i müssen also die Kosten $k_i$ pro Einheit derart festgesetzt werden, daß gilt:

(8.1) $$K_i^{pr} + \sum_j l_{ij} \cdot k_j = l_i \cdot k_i$$

Dabei setzt sich $l_i$ zusammen aus den an andere Kostenstellen gelieferten Leistungseinheiten und aus den für den Markt bestimmten Leistungen. Wird zu Kontrollzwecken auch der Selbstverbrauch der leistenden Stelle berücksichtigt, so führt dies nicht zur Verrechnung der gesamten Periodenkosten auf die Endleistungen. Bei n Kostenstellen erhält man somit ein System von n linearen Gleichungen mit n Unbekannten ($k_i$), das in (8.2) dargestellt ist.

(8.2)
$$K_1^{pr} + l_{11} \cdot k_1 + l_{12} \cdot k_2 + \ldots + l_{1n} \cdot k_n = l_1 \cdot k_1$$
$$K_2^{pr} + l_{21} \cdot k_1 + l_{22} \cdot k_2 + \ldots + l_{2n} \cdot k_n = l_2 \cdot k_2$$
$$\vdots$$
$$K_i^{pr} + l_{i1} \cdot k_1 + l_{i2} \cdot k_2 + \ldots + l_{ij} \cdot k_j + \ldots + l_{in} \cdot k_n = l_i \cdot k_i$$
$$\vdots$$
$$K_n^{pr} + l_{n1} \cdot k_1 + l_{n2} \cdot k_2 + \ldots + l_{nn} \cdot k_n = l_n \cdot k_n$$

Die Unbekannten ($k_i$) können mit Hilfe der Determinanten- oder Matrizenrechnung gefunden werden. Soweit zwischen Stellen keine Leistungsbeziehungen bestehen, kommt dies in der Matrix durch Nullstellen zum Ausdruck. Die Größe $l_{ij} \cdot k_j$ stellt den Betrag dar, mit dem die Kostenstelle j zu entlasten und die Kostenstelle i zu belasten ist.

**Das Gleichungsverfahren kann somit als umfassende Methode der innerbetrieblichen Leistungsverrechnung bezeichnet werden, die den einseitig gerichteten Leistungsfluß als Sonderfall umfaßt.**

Seine Anwendbarkeit hängt jedoch entscheidend davon ab, ob geeignete Bezugsgrößen gefunden werden können, die die Leistungen der Kostenstellen quantitativ zu erfassen in der Lage sind. Ein einfaches Beispiel anhand zweier gegenseitig leistender Fertigungsstellen soll die Verrechnung nach dem Gleichungsverfahren verdeutlichen (vgl. Abbildung 8.18).

| Leistungsbeziehung | FSt 1 | FSt 2 |
|---|---|---|
| Leistung insgesamt | 600 | 400 |
| davon: | | |
| Leistung von FSt 1 an FSt 2 ($l_{21}$) | 200 | |
| Leistung von FSt 2 an FSt 1 ($l_{12}$) | | 100 |
| primäre Kosten von FSt 1 ($K_1^{pr}$) | 16 000,— | |
| primäre Kosten von FSt 2 ($K_2^{pr}$) | | 15 200,— |
| **Verrechnung nach dem Gleichungsverfahren** | | |
| 16 000 + 100 | | |
| 15 200 + 200 | | |
| $k_1$ = 36,— DM | Gesamtbeträge: | |
| $k_2$ = 56,— DM | 200 · 36 = 7 200,— DM | |
| | 100 · 56 = 5 600,— DM | |
| | FSt 1 | FSt 2 |
| Primäre Kosten | 16 000,— | 15 200,— |
| Belastung | + 5 600,— | + 7 200,— |
| Entlastung | − 7 200,— | − 5 600,— |
| Kostenstellenkosten nach Verrechnung | 14 400,— | 16 800,— |

*Abb. 8.18: Beispiel zum Gleichungsverfahren der innerbetrieblichen Leistungsverrechnung*

Bei der Beurteilung des „Genauigkeitsgrades" des Gleichungsverfahrens ist allerdings zu berücksichtigen, daß bei der Vollkostenrechnung in den ermittelten Beträgen auch proportionalisierte Fixkosten der leistenden Stellen enthalten sind. Die mit diesem Verfahren erreichbare Genauigkeit ist somit lediglich formal-mathematischer Art. Genauigkeit im Sinne von Verursachungsgerechtigkeit der Kostenverteilung wird dadurch nicht erreicht.

Nach Abschluß der Umlagen der Kostenstellenkosten im Betriebsabrechnungsbogen (vgl. Abbildung 8.17), weisen nur noch die sogenannten Endkostenstellen (z. B. die Fertigungs-, Material- und die Verwaltungs- und Vertriebskostenstellen) Kosten auf, die der Summe aus primären und verrechneten sekundären Kosten entsprechen (= Kostenträgergemeinkosten pro Endkostenstelle). Jetzt können in einem letzten Schritt Zuschlagssätze für die Zurechnung der Gemeinkosten auf Kostenträger gebildet werden. Die Ermittlung dieser Zuschlagssätze wird im Rahmen der Kostenträgerrechnung dargestellt.

*Kostenträgerrechnung*

Die Kostenträgerrechnung im System der Vollkostenrechnung auf Istkostenbasis versucht, mit Hilfe geeigneter Kalkulationsverfahren sämtliche angefallenen Kosten anteilig auf die Kostenträger zu verteilen. Zwei grundsätzliche Verfahrensweisen stehen hierfür zur Verfügung:

1. die Divisionskalkulation,
2. die Zuschlagskalkulation.

Die **Divisionskalkulation** ist grundsätzlich nur im Einproduktbetrieb anwendbar oder in einzelnen Kostenstellen, die eine einheitliche Leistung erbringen. Die einfachste Form der Vollkostenkalkulation ist die **summarische einstufige Divisionskalkulation**. Bei Anwendung im Einproduktbetrieb wird von der Fiktion ausgegangen, daß der Betrieb „einstufig" sei, also nur aus einer einzigen, einheitlichen Leistungsstelle bestehe (vgl. S. 926). Sämtliche Kosten einer Abrechnungsperiode werden „summarisch" zu einer Kostensumme K zusammengefaßt. Mittels Division dieser Kostensumme durch die Anzahl l der in der Periode erstellten Leistungseinheiten erhält man die Kosten pro Stück:

*summarische einstufige Divisionskalkulation*

(8.3) $$k = \frac{K}{l}$$

Wird zur Erhöhung des Informationswerts der Stückkostenrechnung der Kostenblock in verschiedene Kostenarten untergliedert und werden Stückkosten pro Kostenart errechnet, so liegt keine summarische, sondern eine **differenzierende Divisionskalkulation** vor. Damit wird der Beitrag einzelner Kostenarten (i) zur Erstellung einer Leistungseinheit errechnet (z. B. Lohnkosten pro Stück, Materialkosten pro Stück usw.):

*differenzierende einstufige Divisionskalkulation*

(8.4) $$k_1 = \frac{K_1}{l}; k_2 = \frac{K_2}{l}; \ldots; k_i = \frac{K_i}{l}; \ldots; k_n = \frac{K_n}{l}$$

Die gesamten Kosten pro Stück errechnen sich dann aus der Summe der artmäßig differenzierten Stückkosten.

*summarische mehrstufige Divisionskalkulation*

Hebt man die Annahme einer einstufigen Produktionsstruktur auf (vgl. S. 927 f.), so gelangt man zur mehrstufigen Divisionskalkulation. Bei der **summarischen mehrstufigen Divisionskalkulation** werden die Gesamtkosten nur nach Produktionsstufen, nicht jedoch nach Kostenarten aufgespalten. Die Differenzierung nach Produktionsstufen erfordert eine Kostenstellenbildung. Die Kosten einer Produktionsstufe bzw. Kostenstelle j bestehen aus den primären Stellenkosten ($K_j$) zuzüglich der von der vorhergehenden Stufe gelieferten und bewerteten Produktmengen $l^*_{j-1} \cdot k_{j-1}$. Dividiert man die jeweiligen Kostenstellenkosten durch die auf dieser Stufe erzeugte Zwischenproduktmenge $l_j$, so ergeben sich die bis dahin aufgelaufenen Kosten des Zwischenprodukts. Die Ermittlung der gesamten Stückkosten erfolgt schrittweise von der ersten bis zur letzten Produktionsstufe. Dabei wird auf jeder Produktionsstufe unterschieden in von der Kostenstelle j erzeugte Anzahl von Leistungseinheiten $l_j$ und **gelieferte** Anzahl $l^*_j$.

Somit ergeben sich folgende Formeln zur Berechnung der Stückkosten der Produkte einzelner Produktionsstufen (wobei zu beachten ist, daß die Indizes nunmehr Produktionsstufen und nicht wie zuvor Kostenarten bedeuten):

(8.5)  Stückkosten der Stufe 1: $\quad k_1 = \dfrac{K_1}{l_1}$

Stückkosten der Stufe 2: $\quad k_2 = \dfrac{k_1 \cdot l^*_1 + K_2}{l_2}$

⋮

Stückkosten der Stufe j: $\quad k_j = \dfrac{k_{j-1} \cdot l^*_{j-1} + K_j}{l_j}$

⋮

Stückkosten der Stufe m: $\quad k_m = \dfrac{k_{m-1} \cdot l^*_{m-1} + K_m}{l_m}$.

Der Wert von $k_m$ stellt in diesem Fall die Stückkosten pro Einheit des Endprodukts dar, $k_{j \neq m}$ sind die Kosten der Zwischenprodukte. Der Vorteil dieses Verfahrens liegt darin, daß es auch in solchen Fällen angewandt werden kann, in denen nur ein Teil der Zwischenproduktmengen in der jeweils nachgelagerten Stufe verbraucht wird, der andere Teil jedoch auf Lager geht.

*differenzierende mehrstufige Divisionskalkulation*

Werden zusätzlich zur Aufteilung des Betriebs in Kostenstellen die Kosten nach Kostenarten differenziert, so liegt eine **differenzierende mehrstufige Divisionskalkulation** vor. Da sich die primären Kosten $K_j$ einer jeden Fertigungsstufe zusammensetzen aus der Summe der verschiedenen Kostenarten $K_{ij}$, die an dieser Kostenstelle j anfallen, gilt:

(8.6)  $\quad K_j = \sum_{i=1}^{n} K_{ij} \quad$ (n = Anzahl der Kostenarten)

Die Stückkosten $k_j$ auf der Stufe j setzen sich wie folgt zusammen:

(8.7) $$k_j = \frac{k_{j-1} \cdot l^*_{j-1} + \sum_{i=1}^{n} K_{ij}}{l_j}$$

Für $j = m$ erhält man die Stückkosten des Endprodukts.

Selbst diese komplizierte Form der Divisionskalkulation ist jedoch grundsätzlich nur für den Einproduktbetrieb bzw. für Kostenstellen mit einheitlicher Leistungserstellung je Abrechnungsperiode geeignet. Der reine Einproduktbetrieb (z. B. Elektrizitätswerk) ist jedoch in der Praxis selten. Selbst wenn nur ein einziger Rohstoff und nur ein bestimmtes Produktionsverfahren Verwendung finden, werden daraus zumeist qualitativ unterschiedliche Leistungsarten erstellt. Bei dieser Art des Mehrproduktbetriebes stellen die einzelnen Leistungsarten unterschiedliche Sorten oder Typen auf der Basis eines gleichen Rohstoffes dar (z. B. Brauerei, Sägewerk, Ziegelei). Zur Ermittlung der Stückkosten kann in diesen Fällen ein der Divisionskalkulation verwandtes Verfahren herangezogen werden, das mit sogenannten **Äquivalenzziffern** arbeitet. Äquivalenzziffern sind Beziehungszahlen, mit deren Hilfe der Wertverzehr der unterschiedlichen Sorten gleichnamig gemacht werden kann. Durch Beobachtung und Messung kann das Kostenverhältnis zwischen den Produktarten festgestellt werden. Die Ausprägung der produktbezogenen Äquivalenzziffer hängt nicht nur von den bestehenden Kostenverhältnissen, sondern auch von der Wahl der Bezugssorte ab, die mit der Äquivalenzziffer 1 angesetzt wird.

*Äquivalenzziffernverfahren*

Der Typ von Mehrproduktbetrieb, wie ihn die Äquivalenzziffernkalkulation unterstellt, ist jedoch auch nur vereinzelt vorzufinden. Vorherrschend ist heute der Betriebstyp, der aus mehreren Einsatzmaterialien und/oder mit Hilfe unterschiedlicher Fertigungsverfahren verschiedene Produkte erzeugt. Um auch für diesen Typ des Mehrproduktbetriebs Vollkosten pro Stück ermitteln zu können, haben Theorie und Praxis der Vollkostenrechnung die Verfahren der **Zuschlagskalkulation** entwickelt.

*Zuschlagskalkulation*

Kennzeichnend für den Mehrproduktbetrieb mit heterogenem Leistungsprogramm und/oder heterogener Fertigungsstruktur (vgl. S. 929 f.) ist, daß ein großer Block von Kostenträgergemeinkosten besteht, der keiner einzelnen Erzeugnisart direkt zugerechnet werden kann, sondern von den Erzeugnissen insgesamt verursacht wurde. Aufgabe der Zuschlagskalkulation in der Vollkostenrechnung ist es, zusätzlich zu den Kostenträgereinzelkosten eines Produktes einen möglichst verursachungsgerechten Gemeinkostenanteil pro Erzeugniseinheit zuzuschlagen, so daß Vollkosten pro Stück errechnet werden können.

*Aufgabe der Zuschlagskalkulation*

Eines der wichtigsten Probleme stellt in diesem Zusammenhang die **Wahl der Zuschlagsbasis** dar. Die Zuschlagsbasis ist die Grundlage für die stückbezogene Verteilung der Gemeinkosten. Da sich echte Gemeinkosten definitionsgemäß einem einzelnen Kostenträger nicht verursachungsgerecht zurechnen lassen, muß insoweit anstelle des Kostenverursachungsprinzips das Durchschnittsprinzip Anwendung finden. Grundsätzlich kommen als Bezugs- bzw. Maßgrößen in Frage: Mengengrößen (z. B. Stückzahl, Gewicht, m³) bzw. Zeitgrößen (z. B. Fertigungszeit, Maschinenlaufzeit usw.) und Wertgrößen (z. B. Fertigungslöhne, Fertigungsmaterial, Herstellkosten).

*Zuschlagsbasis*

*summarische einstufige Zuschlags- kalkulation*

Bei der einfachsten Form der Zuschlagskalkulation, der **summarisch einstufigen Zuschlagskalkulation,** wird zunächst die Gesamtkostensumme aller in der Periode anfallenden Kostenträgereinzelkosten ermittelt. Ebenso wird die Summe aller Kostenträgergemeinkostenarten der Periode errechnet. **Der Gesamtkostenblock des Betriebes wird also in einen Einzelkostenblock und einen Gemeinkostenblock jeweils bezogen auf die Kostenträger aufgespalten.** Eine Aufteilung auf Kostenstellen und damit eine Kostenstellenbildung erfolgt hier nicht. **In einem zweiten Schritt wird dann die Gemeinkostensumme in % der Einzelkostensumme ausgedrückt.** Der resultierende Prozentwert ist der Zuschlagssatz für die Stückkostenkalkulation:

(8.8) $$\frac{\text{Kostenträgergemeinkostenblock}}{\text{Kostenträgereinzelkostenblock}} \cdot 100\% = \text{Zuschlagssatz in \%}$$

Dieser Zuschlagssatz gilt für alle Erzeugniseinheiten. Die Gesamtkosten je Stück einer Erzeugniseinheit können nunmehr nach folgendem Schema ermittelt werden:

  Einzelkosten je Kostenträgereinheit
+ Gemeinkosten je Kostenträgereinheit
  (errechnet durch Multiplikation der Einzelkosten mit dem Zuschlagssatz)
= Stückkosten des Kostenträgers

Ein Zahlenbeispiel zur summarischen einstufigen Zuschlagskalkulation findet sich in Abbildung 8.19.

Es ist nicht erforderlich, die gesamten Einzelkosten als Zuschlagsbasis zu verwenden. Man kann auch nur einen Teil der Einzelkosten, z. B. die Einzellöhne oder das Einzelmaterial als Schlüssel zugrunde legen. Neben den Wertschlüsseln, bei denen der Gemeinkostenzuschlag in % der Fertigungslöhne oder des Fertigungsmaterials ausgedrückt wird, können auch Mengenschlüssel verwendet werden (der Gemeinkostenzuschlag hat dann die Dimension DM pro Stunde oder DM pro kg). **Im Rahmen der summarischen einstufigen Zuschlagskalkulation findet jedoch immer nur e i n e Zuschlagsbasis (entweder die**

| | |
|---|---|
| Zu verteilender Gemeinkostenblock der Periode: | 100 000 |
| Zuschlagsbasis: Einzelkosten | 200 000 |
| Gemeinkostenzuschlagssatz: $\frac{100\,000}{200\,000} \cdot 100\% = 50\%$ | |
| Einzelkosten einer Einheit von Produkt A: | 200,— DM |
| 50% Gemeinkostenzuschlag auf Basis der Einzelkosten: | 100,— DM |
| Stückkosten von Produkt A: | 300,— DM |
| Einzelkosten einer Einheit von Produkt B: | 500,— DM |
| 50% Gemeinkostenzuschlag auf Basis der Einzelkosten: | 250,— DM |
| Stückkosten von Produkt B: | 750,— DM |

*Abb. 8.19: Beispiel zur summarischen einstufigen Zuschlagskalkulation*

gesamten Einzelkosten **oder** die Maschinenlaufzeit **oder** die Fertigungslöhne **oder** das Fertigungsmaterial) Verwendung. Die durchgängige Anwendung des gewählten Zuschlagssatzes hat zum Ziel, daß der gesamte Gemeinkostenblock auf die Produktmenge, die die Einzelkosten verursacht hat, verteilt wird.

Die einstufige summarische Zuschlagskalkulation unterteilt weder den Betrieb in Kostenstellen noch den Gemeinkostenblock in Gemeinkostenarten. In bezug auf die Gemeinkosten geht sie von der Fiktion aus, daß sich **alle** Gemeinkostenarten proportional zu **einer** Bezugsgröße verhalten. In der **einstufigen differenzierenden Zuschlagskalkulation** wird diese realitätsferne Annahme aufgehoben. **Es werden mehrere Bezugsgrößen festgelegt und gleichzeitig der Gemeinkostenblock in mehrere Gemeinkostengruppen aufgespalten („differenziert"), so daß für jede Gemeinkostengruppe eine spezifische Bezugsgröße existiert, zu der sie sich möglichst proportional verhält.** Verbleibende Gemeinkosten, die sich zu keiner Bezugsgröße proportional verhalten, müssen in der Vollkostenrechnung möglichst plausibel, notfalls willkürlich, auf eine Zuschlagsbasis bezogen werden. Ein einfaches Schema dieser (nach Gemeinkostenarten) differenzierenden Zuschlagskalkulation ist in Abbildung 8.20 dargestellt.

*differenzierende einstufige Zuschlagskalkulation*

```
  Einzelkosten pro Stück
+ Einzelmaterialkosten mal Zuschlagssatz für Materialgemeinkosten
+ Einzellohnkosten mal Zuschlagssatz für Fertigungslohngemeinkosten
+ Restgemeinkostenzuschlag
= Kosten pro Stück
```

*Abb. 8.20: Schema der differenzierenden einstufigen Zuschlagskalkulation*

Die Schlüsselung kann auch hier auf Wert- oder Mengenbasis erfolgen. **Im Gegensatz zur oben dargestellten Form der summarischen einstufigen Zuschlagskalkulation müssen bei der differenzierenden Zuschlagskalkulation mehrere Zuschlagsbasen gleichzeitig Verwendung finden, da sonst der Gemeinkostenblock nicht vollständig verteilt würde.**

Die einstufige summarische Zuschlagskalkulation kann auch in der Weise erweitert werden, daß nicht der Gemeinkostenblock differenziert wird, sondern der Betrieb in Kostenstellen unterteilt wird. Dann liegt eine **mehrstufige summarische Zuschlagskalkulation** vor. Das bedeutet, daß die Gemeinkosten nicht mehr sofort auf die Kostenträger zugerechnet werden können, sondern zuerst auf Kostenstellen und von dort durch Anwendung stelleneigener Zuschlagsbasen und Zuschlagssätze auf die einzelnen Kostenträger verteilt werden müssen. Die Ermittlung der Zuschlagssätze erfolgt mit Hilfe des in Abb. 8.21 dargestellten BAB. Dabei wird von einem zweistufigen Herstellungsprozeß und der Existenz von fünf Endkostenstellen ausgegangen. Die Kalkulation der Stückkosten eines Produktes nach dem Verfahren der summarischen mehrstufigen Zuschlagskalkulation kann nach dem in Abb. 8.22 dargestellten Schema verlaufen, wobei die gewählten Bezugsbasen als Ergebnis der Kostenerfassung unterstellt werden können.

*summarische mehrstufige Zuschlagskalkulation*

| Kostenstellen / Kostenträgergemeinkosten | Vor- Allgemeine Kostenstellen | Endkostenstellen | | | | |
|---|---|---|---|---|---|---|
| | | Material | Fertigung I | Fertigung II | Verwaltung | Vertrieb |
| Gehälter gesetzl. Sozialleistungen kalk. Abschreibungen usw. | | | | | | |
| Primärkosten | 60 000 | 90 000 | 170 000 | 85 000 | 35 000 | 15 000 |
| innerbetriebliche Leistungen | → | 10 000 | 20 000 | 10 000 | 15 000 | 5 000 |
| Summe Gemeinkosten je Endkostenstelle | | 100 000 | 190 000 | 95 000 | 50 000 | 20 000 |
| Zuschlagsbasen: (Einzelkosten) a) Fertigungsmaterial b) Fertigungslöhne I c) Fertigungslöhne II (Sondereinzelkosten) d) Herstellkosten (= Einzelkosten und Gemeinkosten des Materials und der Fertigung) | | 400 000 | 100 000 (10 000) | 100 000 (5 000) | 1 000 000 | (30 000) 1 000 000 |
| Gemeinkostenzuschlagssätze | | 25% | 190% | 95% | 5% | 2% |

Abb. 8.21: *Zahlenbeispiel zum summarischen mehrstufigen Zuschlagskalkulationsverfahren*

**Bei der dargestellten Kalkulationsform wird nur ein Zuschlag pro Kostenstelle ermittelt.**

*differenzierende mehrstufige Zuschlagskalkulation*

**Wird dagegen mit mehreren Zuschlagssätzen pro Kostenstelle gearbeitet, so liegt die (in bezug auf die Gemeinkostenarten) differenzierende Form der mehrstufigen Zuschlagskalkulation vor.** Dieses Verfahren berücksichtigt einerseits durch die Kostenstellenbildung, daß unterschiedliche Produktarten die Produktionsstufen des Betriebs unterschiedlich beanspruchen können und daher nicht in gleicher Weise zur Entstehung der Gemeinkosten beitragen. Andererseits wird durch die Aufspaltung der Gemeinkosten dem Umstand Rechnung getragen, daß innerhalb einer Kostenstelle nicht alle Gemeinkostenarten sich zur selben Bezugsgröße proportional verhalten; daher werden für verschiedene Gemeinkostenarten eigene Maßgrößen der Kostenverursachung und damit arteigene Zuschlagssätze ermittelt.

|  | Zuschlags-satz | Bezugs-basis |  |  |
|---|---|---|---|---|
| Fertigungsmaterial |  |  |  | 400,— |
| + Materialgemeinkosten in % des Fertigungsmaterials | 25% | 400,— |  | 100,— |
| = (1) Fertigungsstoffkosten |  |  | (1) | 500,— |
| Fertigungslöhne I |  |  |  | 200,— |
| + Fertigungsgemeinkosten I in % der Fertigungslöhne I | 190% | 200,— |  | 380,— |
| + Fertigungslöhne II |  |  |  | 120,— |
| + Fertigungsgemeinkosten II in % der Fertigungslöhne II | 95% | 120,— |  | 114,— |
| + Sondereinzelkosten der Fertigung |  |  |  | 100,— |
| = (2) Fertigungskosten |  |  | (2) | 914,— |
| (1) + (2) = (3) Herstellkosten |  |  | (3) | 1414,— |
| (4) Verwaltungsgemeinkosten in % der Herstellkosten | 5% | 1414,— | (4) | 70,70 |
| (5) Vertriebsgemeinkosten in % der Herstellkosten | 2% | 1414,— | (5) | 28,28 |
| (6) Sondereinzelkosten des Vertriebs |  |  | (6) | 95,— |
| (3) + (4) + (5) + (6) = (7) Selbstkosten (Stückkosten) |  |  | (7) | 1607,98 |

*Abb. 8.22: Schema der Stückkostenkalkulation nach dem Verfahren der summarischen mehrstufigen Zuschlagskalkulation*

Eine Verfeinerung der mehrstufigen Zuschlagskalkulation kann mit Hilfe der **Platzkostenrechnung** erreicht werden. **Bei ihr werden die relativ großen Hauptkostenstellen noch weiter in mehrere für sich abgegrenzte Kostenplätze (Maschinen, Arbeitsplätze) unterteilt, für die noch differenziertere Gemeinkostenzuschlagssätze ermittelt werden können.** Diese Abrechnungsform erleichtert die Anwendung von zeit- bzw. mengenbezogenen Zuschlagssätzen (Beispiel: Maschinenstundensatz = Gemeinkosten pro Std. Laufzeit der Maschine). Derartige arbeitsplatzorientierte Zuschlagsbasen sind genauer als etwa der häufig verwandte Lohn als Zuschlagsbasis. Zum einen hat sich nämlich in der Praxis aufgrund der durch den technischen Fortschritt bedingten Kapital- und Anlagenintensität der Lohnkostenanteil in der Fertigung teilweise so sehr verringert, daß sich bei der Beibehaltung dieser Verrechnungsbasis häufig Zuschlagssätze von mehreren 1000% ergeben würden. Geringe Abweichungen bei der Zuschlagsbasis können so zu großen Verzerrungen führen. Zum anderen stellen die Lohnsätze exogene Größen dar, zu denen sich der innerbetriebliche Gemeinkostenanfall keineswegs proportional verhalten muß.

*Platzkostenrechnung*

Bei der Darstellung der Kalkulationsverfahren wurde bisher von der Voraussetzung ausgegangen, daß die einzelnen Erzeugnisse in unverbundener Produktion, d. h. unabhängig voneinander erzeugt werden. Kalkulationsprobleme besonderer Art wirft die Kuppelproduktion (vgl. S. 930) auf. Die Vollko-

*Kuppelproduktion*

stenrechnung muß für die Stückkalkulation dieser Produkte willkürliche Verteilungsregeln festlegen.

*Restwertmethode*

Die sogenannte **Restwertmethode** subtrahiert von den Gesamtkosten des Kuppelprozesses den Verkaufswert der Nebenprodukte als Deckungsbeitrag und rechnet den Rest dem Kuppelhauptprodukt zu. Dies ist jedoch nur möglich, falls eines der Produkte als Hauptprodukt definiert werden kann.

*Äquivalenz-ziffernmethode*

Die **Äquivalenzziffernmethode** sucht die Kosten des Kuppelprozesses anhand von angenommenen Relationen zwischen den Produkten auf die einzelnen Kuppelprodukte zu verteilen. Dabei können z. B. die Marktpreise der Produkte oder technische Produkteigenschaften (z. B. Heizwerte) Grundlage der Äquivalenzziffernbildung sein.

## Kurzfristige Erfolgsrechnung

Aufbauend auf dem Zahlenmaterial des BAB in Abb. 8.21 wird im folgenden die kurzfristige Erfolgsrechnung nach dem Gesamt- und nach dem Umsatzkostenverfahren beispielhaft dargestellt. Dabei wird unterstellt, daß zwei unterschiedliche Produktarten A und B erzeugt und verkauft werden. Die Verkaufserlöse für Produkt A belaufen sich auf 375 000,—, die für B auf 520 000,— DM. Zu Periodenbeginn sei kein Bestand an unfertigen und fertigen Erzeugnissen auf Lager. Die am Periodenende vorhandenen Bestände werden zu Herstellkosten bewertet. Unter Berücksichtigung der Einzelkostenaufschreibungen (Material, Löhne in Fertigung I und Fertigung II) und der im BAB berechneten Zuschlagssätze soll sich ein Herstellkostenwert für die auf Lager produzierten unfertigen und fertigen Erzeugnisse der Produktarten A und B von insgesamt 300 000,— DM ergeben.

*Gesamtkosten-verfahren*

Nach dem **Gesamtkostenverfahren** stellt sich das Betriebsergebnis wie folgt dar:

| Kosten | | Betriebsergebnis | Leistungen |
|---|---|---|---|
| Materialeinzelkosten | 400 000,— | 375 000,— | Erlöse Produkt A |
| Lohneinzelkosten | 200 000,— | 520 000,— | Erlöse Produkt B |
| Spezialwerkzeuge (Sondereinzelkosten der Fertigung) | 15 000,— | 300 000,— | Bestandserhöhung |
| Provisionen (Sondereinzelkosten des Vertriebs) | 30 000,— | | |
| Hilfslöhne | 110 000,— | | |
| Gehälter | 100 000,— | | |
| kalk. Abschreibungen | 200 000,— | | |
| sonstige Gemeinkosten | 45 000,— | | |
| kalk. Gewinn | 95 000,— | | |
| | 1 195 000,— | 1 195 000,— | |

*Abb. 8.23: Betriebsergebnis nach dem Gesamtkostenverfahren*

Die Ergebnisse der für die Bestandsbewertung ohnehin erforderlichen Kalkulation der Produkte A und B können dazu verwendet werden, die Einzel- und Gemeinkosten bereits vor ihrer Übernahme in die Betriebsergebnisrechnung auf die Menge der verkauften Fertigerzeugnisse und die Menge der auf Lager gegangenen unfertigen und fertigen Erzeugnisse aufzuteilen. Damit kann das Betriebsergebnis nach dem **Umsatzkostenverfahren** ermittelt werden. Den Verkaufserlösen werden hier nur die Kosten der verkauften (umgesetzten) Mengen gegenübergestellt. Wird die Bestandserhöhung wie oben zu Herstellkosten bewertet, so stellen die gesamten Verwaltungsgemeinkosten Kosten der Abrechnungsperiode dar. Sie sind zusammen mit den Herstellkosten der verkauften Mengen und den Vertriebsgemeinkosten den Umsatzerlösen gegenüberzustellen.

*Umsatzkostenverfahren*

Aufgrund der Einzelkostenaufschreibungen für Material, Löhne, Spezialwerkzeuge (Sondereinzelkosten der Fertigung) und Provisionen (Sondereinzelkosten des Vertriebs) und Berücksichtigung der Material- und Fertigungsgemeinkostenzuschläge sei folgende Aufteilung unterstellt.

Herstellkosten + Sondereinzelkosten des Vertriebs Produkt A: 305 000,— DM
Herstellkosten + Sondereinzelkosten des Vertiebs Produkt B: 425 000,— DM

Die Verwaltungs- und Vertriebsgemeinkosten sollen nicht auf die Produktgruppen verteilt werden.

Nach dem Umsatzkostenverfahren stellt sich das Betriebsergebnis wie folgt dar:

| Kosten | Betriebsergebnis | | Leistungen |
|---|---|---|---|
| Kosten der umgesetzten Mengen Produkt A | 305 000,— | 375 000,— | Erlöse Produkt A |
| Kosten der umgesetzten Mengen Produkt B | 425 000,— | 520 000,— | Erlöse Produkt B |
| Verwaltungsgemeinkosten | 50 000,— | | |
| Vertriebsgemeinkosten | 20 000,— | | |
| kalk. Gewinn | 95 000,— | | |
| | 895 000,— | 895 000,— | |

*Abb. 8.24: Betriebsergebnis nach dem Umsatzkostenverfahren*

Da in diesem Fall der Wert der Lagerbestandsveränderungen nicht in den Kosten enthalten ist, braucht er auch auf der Leistungsseite nicht in Ansatz gebracht zu werden. Die produktartenweise Gliederung der Kosten ermöglicht die Ermittlung produktspezifischer Erfolgsbeiträge. Der Verzicht auf eine Aufteilung der Verwaltungs- und Vertriebsgemeinkosten stellt keinen Verstoß gegen den Vollkostengedanken dar. Hinsichtlich der Verwaltungsgemeinkosten ist er sogar konsequent, weil wegen der getroffenen Bewertungsentscheidung für die Lagerbestandszunahme (Ansatz von Herstellkosten) die gesamten

Verwaltungsgemeinkosten als von den Periodenerlösen zu deckende Periodenkosten behandelt werden müssen.

Die Höhe des ermittelten kalkulatorischen Gewinnes hängt nicht davon ab, ob nach dem Umsatz- oder nach dem Gesamtkostenverfahren vorgegangen wird. Sofern bei beiden Möglichkeiten von der gleichen Periodenabgrenzung und der gleichen Bewertung von Lagerbestandsveränderungen bzw. selbsterstellten Anlagen ausgegangen wird, errechnet sich in beiden Fällen auch der gleiche Ergebnisbetrag.

Eine zusammenfassende schematische Übersicht über die Grundstruktur der Vollkostenrechnung zu Istkosten gibt Abb. 8.25.

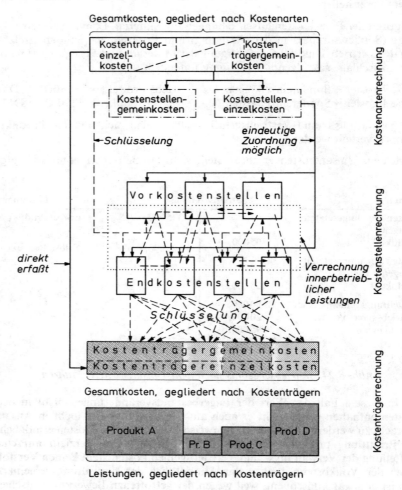

*Abb. 8.25: Grundstruktur der Vollkostenrechnung*

## b) Die Plankostenrechnung zu Vollkosten

Die Plankostenrechnung ist ein System der Kostenrechnung, das versucht, den zukünftigen Kostenanfall nach bestimmten Kriterien vorausschauend zu bestimmen. Dabei werden unter Zugrundelegung des wertmäßigen Kostenbegriffs sowohl die Verzehrsmengen als auch die Kostenwerte bzw. Preise der Kostengüter für bestimmte Abrechnungsperioden geplant; üblicherweise beträgt die Dauer der Planungsperiode ein Jahr.

Mit der Einbeziehung von Plankosten in die Kostenrechnung werden zwei Zielsetzungen verfolgt, denen die Istkostenrechnung nicht gerecht werden kann: **1. Ermöglichung einer effizienten Kontrolle der Kostenwirtschaftlichkeit; 2. Gewinnung von relevanten Kosteninformationen für zukunftsbezogene unternehmerische Entscheidungen.** *Aufgaben*

Je nach Verwendungszweck wird in der Kostenplanung von unterschiedlichen Prozeßabläufen ausgegangen. Sollen durch einen Vergleich von Plankosten mit Istkosten Einsparungsmöglichkeiten aufgezeigt werden, so sind optimale Prozeßabläufe zu unterstellen. Eine realistische Prognose erfordert hingegen, daß die erfahrungsgemäß nicht zu vermeidenden Abweichungen vom Optimum berücksichtigt werden. Sollen Plankosten schließlich die Kostenverantwortlichen zu einem Verhalten motivieren, das zumindest zu einer Annäherung an den Idealzustand führt, so dürfen keine unerreichbar erscheinenden Vorgaben festgelegt werden. *Kostenplanung und Rechnungszweck*

Nicht jedes Plankostenrechnungssystem vermag den verfolgten Zielsetzungen in gleicher Weise gerecht zu werden. Im folgenden soll untersucht werden, inwieweit die beiden Grundtypen der Plankostenrechnung auf Vollkostenbasis, die starre und die flexible Plankostenrechnung, dazu imstande sind.

### *Die starre Plankostenrechnung*

Bei der **starren Plankostenrechnung** werden die Kosten nur für **einen einzigen Planbeschäftigungsgrad** $x_p$ geplant. Weicht die Istbeschäftigung von der zugrunde gelegten Planbeschäftigung ab, so erfolgt eine Umrechnung der Kosten. Hierzu werden die gesamten Kosten des Planbeschäftigungsgrades durch die Planbeschäftigung dividiert; es ergibt sich der Plankostenverrechnungssatz (z. B. $k_p = \dfrac{\text{geplante Kosten einer Kostenstelle}}{\text{geplante Maschinenstunden}}$ ). *Beschäftigungsgrad*

Wird $k_p$ mit der Istbeschäftigung multipliziert, so erhält man die „verrechneten Plankosten", also diejenigen Kosten, die die starre Plankostenrechnung für den realisierten Beschäftigungsgrad ansetzt.

Als „verrechnet" können Plankosten insofern bezeichnet werden, als sie Grundlage der Kalkulation und der Betriebsergebnisrechnung während der Abrechnungsperiode sind. Innerbetriebliche Leistungen und unfertige/fertige Erzeugnisse werden nicht mit Ist-, sondern mit Plankosten bewertet. Um in der Ergebnisrechnung am Periodenende das Istergebnis zu erhalten, werden die in der Kostenartenrechnung ermittelten Istkosten mit den verrechneten Planko- *verrechnete Plankosten*

sten verglichen und festgestellte Abweichungen im allgemeinen pauschal ins Betriebsergebnis übernommen.

Da im Rahmen der Kostenplanung keine Trennung der fixen und der variablen Kostenbestandteile erfolgt, werden auch die Fixkosten über den Plankostenverrechnungssatz proportionalisiert. Folglich führt die starre Plankostenrechnung nur dann zu einem exakten Ergebnis, wenn Planbeschäftigung und Istbeschäftigung zusammenfallen.

Wie aus Abbildung 8.26 ersichtlich, können die verrechneten Plankosten erheblich vom tatsächlichen Kostenverlauf abweichen. Die Abweichungen sind um so größer, je weiter der Istbeschäftigungsgrad vom Planbeschäftigungsgrad entfernt liegt und je größer der Fixkostenanteil an den jeweiligen Gesamtkosten ist. Beispielsweise würde bei einer Beschäftigung von 0 die Höhe der verrechneten Plankosten ebenfalls 0 betragen, obwohl tatsächlich Fixkosten in beträchtlicher Höhe anfallen können. Allgemein ergibt sich eine Fixkostenunterdeckung bei „Unterbeschäftigung" (z. B. $x_1$) und eine Fixkostenüberdeckung bei „Überbeschäftigung" (z. B. $x_2$)

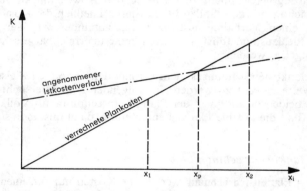

Abb. 8.26: Die verrechneten Plankosten in der starren Plankostenrechnung

*Aussagewert der starren Plankostenrechnung*

Ein Vergleich der Istkosten der Istbeschäftigung ist sowohl mit den Plankosten der Planbeschäftigung als auch mit den bei Istbeschäftigung verrechneten Plankosten wenig aussagefähig, wenn Ist- und Planbeschäftigung differieren. Zur kostenstellenbezogenen Kontrolle der Kostenwirtschaftlichkeit kann das System der starren Plankostenrechnung demnach insbesondere bei großen Beschäftigungsschwankungen nicht verwendet werden. Aufgrund seiner Starrheit ist das System auch kaum geeignet, relevante Kosteninformationen für betriebliche Entscheidungsprozesse zu liefern. Diese Gründe haben zur Entwicklung der flexiblen Plankostenrechnung geführt, die durch ihre differenzierte Betrachtungsweise der Kosten die genannten Mängel weitgehend beseitigt.

## Die flexible Plankostenrechnung

Die flexible Plankostenrechnung plant wie die starre Plankostenrechnung in der Regel für ein Jahr im voraus. Sie differenziert dabei die Einzelkosten nach Produktarten, die Gemeinkosten nach Kostenstellen unter Zugrundelegung der erwarteten Planbeschäftigung. **Im Unterschied zur starren Plankostenrechnung wird jedoch berücksichtigt, daß die Gemeinkosten sich aus fixen und variablen Bestandteilen zusammensetzen.** Dadurch wird eine bessere Anpassung der Kostenvorgaben an die effektive Istbeschäftigung möglich, weil nicht mehr davon ausgegangen wird, daß der gesamte Kostenblock sich proportional zur Beschäftigung verhält, sondern diese Linearitätsannahme nur noch für die Einzelkosten und den variablen Teil der Gemeinkosten gemacht wird. Gleichwohl bildet aber die flexible Vollplankostenrechnung Kostensätze, in die die vollen Kosten, also auch die Fixkosten, mit eingehen.

*Merkmale der flexiblen Plankostenrechnung*

Die Durchführung der flexiblen Plankostenrechnung in einer Unternehmung ist an bestimmte **Voraussetzungen** gebunden. Grundsätzlich ist die Einrichtung einer Plankostenrechnung nur dann möglich, wenn die Unternehmung über ein **geordnetes und systematisch gegliedertes Rechnungswesen** verfügt. Im einzelnen müssen darüber hinaus folgende Erfordernisse erfüllt werden:

*Voraussetzungen*

**1. Spezielle Gliederung der Kostenarten, die sowohl auf die allgemeinen abrechnungstechnischen Belange der Unternehmung als auch auf die speziellen Anforderungen des Plankostensystems ausgerichtet ist;** d. h., daß neben der Differenzierung nach Einzel- und Gemeinkosten insbesondere die Einteilung der Kosten in vom Kostenstellenleiter beeinflußbare und nichtbeeinflußbare Kosten von Bedeutung ist, um eine sinnvolle Kontrolle zu ermöglichen.

*Kostenartengliederung*

**2. Ausrichtung des Kostenstellenplans nach den Bedürfnissen der Plankostenrechnung.** Während in der Istkostenrechnung die Einteilung des Betriebs in Kostenstellen vorwiegend nach abrechnungstechnischem, d. h. kalkulatorischen Gesichtspunkten erfolgt, rückt in der Plankostenrechnung der Grundsatz der Kostenstellenbildung nach selbständigen Verantwortungsbereichen an die erste Stelle. Das Konzept der Plankostenrechnung, den Kostenstellenleiter als „Kostenverursacher" zu betrachten, kann nur dann verwirklicht werden, wenn für jede Kostenstelle nur ein Leiter die Verantwortung trägt und sich diese Verantwortung kostenmäßig nur auf den beeinflußbaren Teil der Kosten bezieht.

*Kostenstellenplan*

**3. Ermittlung der Bezugsgrößen für die Plankosten an den Kostenstellen.** Die Ermittlung von Bezugsgrößen als Maßgrößen der Beschäftigung hat gleichzeitig mit der Kostenstellenbildung zu erfolgen. Dies ist notwendig, da einerseits Bezugsgrößen erst dann festgelegt werden können, wenn die Kostenstellen gebildet sind, andererseits die Kostenstellen so zu bilden sind, daß sich exakte Maßgrößen für die Beschäftigung finden lassen. Für die Wahl der Bezugsgröße (z. B. Ausbringungsmenge im Einproduktbetrieb, Fertigungszeit im Mehrproduktbetrieb) ist eine technisch-kostenwirtschaftliche Analyse des Fertigungsablaufs erforderlich. Wenn eine einzige Bezugsgröße ein zu ungenauer Maßstab für die Beschäftigung und damit die Kostenverursachung ist, kann mit mehreren Bezugsgrößen je Kostenstelle gearbeitet werden (z. B. Rüstzeit und

*Bezugsgrößenermittlung*

Ausführungszeit); dann sind allerdings für jede Kostenstelle so viele Kostenpläne aufzustellen wie Bezugsgrößen in ihr verwendet werden.

*Planbeschäftigung*

**4. Bestimmung der Planbeschäftigung gemessen in der jeweiligen Bezugsgröße.** Die Festsetzung von konkreten quantitativen Planausprägungen für jede Bezugsgrößenart einer jeden Kostenstelle schließt sich an die Ermittlung von Bezugsgrößenarten an. Die Planung kann auf der Grundlage einer durchschnittlichen, einer erwarteten oder einer von der Kapazität abgeleiteten Beschäftigung durchgeführt werden.

*Planpreise*

**5. Festlegung eines Planpreissystems zur Bewertung von Ist-, Soll- und Planmengen.** Ein derartiges System dient der Bewertung der Mengenkomponente der Kosten. Darüber hinaus ermöglicht es eine Kostenkontrolle, denn eine sinnvolle Ermittlung von Kostenabweichungen ist nur möglich, wenn Ist- und Sollmengen jeweils mit den g l e i c h e n Kostenwerten bewertet werden.

Sind diese Erfordernisse erfüllt, kann die eigentliche Durchführung der Plankostenrechnung beginnen. Grundsätzlich läßt sich auch hier zwischen Kostenarten-, Kostenstellen- und Kostenträgerrechnung unterscheiden, wenn sich auch im Vergleich zur Istkostenrechnung andere Schwerpunkte und Problemstellungen ergeben.

*Kostenartenrechnung*

Im Rahmen der Kostenartenrechnung erfolgt die eigentliche Planung der Kosten. **Bei den Einzelkosten, die nach Produktarten differenziert geplant werden, lassen sich grundsätzlich die Planung des Mengen- und die Planung des Wertgerüsts unterscheiden.** Das Mengengerüst der Einzelmaterialkosten wird vielfach – besonders in der Einzel- und Serienfertigung – aufgrund von Stücklisten und unter Berücksichtigung von Ausschußvorgaben geplant. Bei den Einzellohnkosten hingegen erfolgt die Planung des Mengengerüsts mit Hilfe von REFA-Zeitaufnahmeverfahren oder durch Anwendung von Systemen vorbestimmter Zeiten (vgl. hierzu Teil 5, S. 720f.). Durch Bewertung mit Planpreisen (Wertgerüst) werden aus den Planmengen Plankosten. Die Planpreise werden in der Regel so festgesetzt, daß sie mindestens für ein Jahr beibehalten werden können.

**Bei der Gemeinkostenplanung, die für jede Kostenstelle differenziert nach Kostenarten erfolgt, wird nicht immer zwischen Mengen- und Wertgerüstplanung unterschieden, sondern teilweise unmittelbar die Planung der Kosten selbst vorgenommen.** Nach der Methode der **einstufigen synthetischen Gemeinkostenplanung** werden die Plankosten nur für eine einzige Planausprägung der Bezugsgröße ermittelt, wobei jedoch im Gegensatz zur starren Plankostenrechnung in beschäftigungsfixe und beschäftigungsvariable Kosten unterschieden wird. Dabei ist es erforderlich, daß fixe und variable Anteile **geplant** und nicht etwa einfach in dem Verhältnis festgesetzt werden, das sich ex post bei den Istkosten der Vergangenheit ergab.

*Kostenstellenrechnung*

Soweit die Planung der Kostenarten für jede Kostenstelle differenziert erfolgt, ist mit der Kostenartenrechnung zugleich die erste Stufe der **Kostenstellenrechnung** vollzogen. Eine Umlage der Gemeinkosten auf die Kostenstellen ist nicht mehr erforderlich. Auf den zweiten Schritt der Kostenstellenrechnung, die innerbetriebliche Leistungsverrechnung, kann jedoch nicht verzichtet werden; dabei können die bereits dargestellten Verfahren der innerbetrieblichen Leistungsverrechnung auf der Basis von Planzahlen Anwendung finden.

Eine Erweiterung erfährt die Kostenstellenrechnung in der flexiblen Plankostenrechnung dadurch, daß in ihr auch Abweichungen vom Planbeschäftigungsgrad Berücksichtigung finden müssen. Aus der Abbildung 8.27 geht hervor, daß in der hier dargestellten Form der flexiblen Plankostenrechnung nur für einen einzigen Beschäftigungsgrad $x_p$ Plankosten ermittelt werden. Weicht die Istbeschäftigung von diesem Planbeschäftigungsgrad ab, so werden aus den Plankosten durch eine einfache Umrechnung (und nicht durch eine neue, auf Verbrauchsanalysen beruhende Planung) Sollkosten für den Istbeschäftigungsgrad berechnet. Dies geschieht nach folgender Formel:

*abweichender Istbeschäftigungsgrad*

$$\text{Sollkosten des Istbeschäftigungsgrades} = \text{geplante Fixkosten} + \text{Istausprägung Bezugsgröße} \times \text{proportionaler Kostensatz}$$

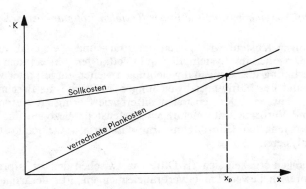

*Abb. 8.27: Sollkosten und verrechnete Plankosten in der flexiblen Vollplankostenrechnung*

Diese Sollkosten stellen Vorgaben dar, die der Kostenstellenleiter einhalten oder wenn möglich unterbieten soll. Abbildung 8.27 zeigt, daß die Sollkosten für jeden möglichen Beschäftigungsgrad angegeben werden können und daß durch die Berücksichtigung des Fixkostencharakters einzelner Kostenarten die Sollkostenkurve gegenüber der Kurve der verrechneten Plankosten einen wesentlich realistischeren Verlauf aufweist. Damit sind im Gegensatz zur starren Plankostenrechnung auch bei größeren Beschäftigungsschwankungen wirksame Kontrollen der Kostenwirtschaftlichkeit der einzelnen Kostenstellen möglich. Diese Kontrollen werden im System der flexiblen Plankostenrechnung im Rahmen der Abweichungsanalyse durchgeführt (vgl. Abbildung 8.28).

Aus Gründen der Wirtschaftlichkeit werden in der **Abweichungsanalyse** nur die wichtigsten Kosteneinflußgrößen gesondert erfaßt und analysiert. Ausgehend

*Abweichungsanalyse*

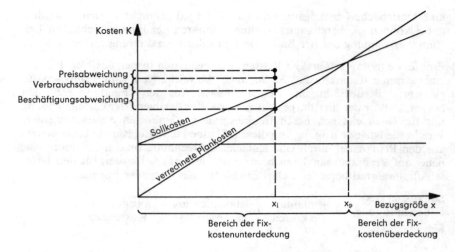

*Abb. 8.28: Abweichungsanalyse in der flexiblen Vollplankostenrechnung*

vom wertmäßigen Kostenbegriff lassen sich Preis- und Mengenabweichungen unterscheiden, wobei im System der auf **Vollkosten** basierenden flexiblen Plankostenrechnung die Mengenabweichungen weiter aufgespalten werden in Verbrauchs- und Beschäftigungsabweichungen. Während die Beschäftigungsabweichungen nur nach Kostenstellen differenziert ermittelt werden, lassen sich Preis-' und Verbrauchsabweichungen kostenstellenbezogen und differenziert nach Kostenarten (Einzellohn-, Einzelmaterial-, Gemeinkostenabweichungen) analysieren.

*Preisabweichung*

**Preisabweichungen** ergeben sich als Differenz zwischen den zu Istpreisen und den zu Planpreisen bewerteten Istverbrauchsmengen. Für derartige Preisabweichungen kann der Kostenstellenleiter grundsätzlich nicht verantwortlich gemacht werden, da er auf die Preisentwicklung in den Beschaffungsmärkten keinen Einfluß hat. Dies wird im System der flexiblen Plankostenrechnung dadurch berücksichtigt, daß bei der Kostenstellenkontrolle die Planpreise, nicht aber tatsächliche Istpreise herangezogen werden. Das bedeutet aber, daß es zweierlei „Istkosten" gibt: Die Istkosten der Istkostenrechnung, die sich in ihrer reinen Form ergeben als das Produkt von Istmenge und **tatsächlich angefallenem** Istpreis, und die „Ist"-Kosten der Plankostenrechnung, die sich aus den mit **geplanten** Preisen multiplizierten Istmengen ergeben. Damit läßt sich die Preisabweichung wie folgt definieren:

**Preisabweichung = tatsächliche Istkosten − Istkosten zu Planpreisen.**

*Verbrauchs-abweichung*

Die Definition der „Istkosten zu Planpreisen" in der Plankostenrechnung ermöglicht es, **die für die Kostenstellenkontrolle wichtigste Abweichung, die Verbrauchsabweichung,** durch einen einfachen Vergleich der Sollkosten mit den Istkosten zu Planpreisen, die den Einfluß von Beschaffungspreisschwankungen von der Plankostenrechnung fernhalten, zu ermitteln:

**Verbrauchsabweichungen = Istkosten zu Planpreisen − Sollkosten.**

Nur für diese Verbrauchsabweichung kann der Kostenstellenleiter verantwortlich gemacht werden.

Dagegen kann der Kostenstellenleiter für Beschäftigungsabweichungen − ebenso wie für Preisabweichungen − in der Regel nicht zur Rechenschaft gezogen werden. Es gilt:

*Beschäftigungsabweichung*

**Beschäftigungsabweichung = Sollkosten − verrechnete Plankosten.**

Diese Abweichungen entstehen dadurch, daß der Plankostenverrechnungssatz auch Bestandteile der fixen Kosten enthält, die somit bei abweichendem Beschäftigungsgrad in unzulässiger Weise proportionalisiert werden. Beschäftigungsabweichungen äußern sich also in Fixkostenüberdeckungen oder -unterdeckungen. Sie sind demnach grundsätzlich nur im System der Vollplankostenrechnung denkbar.

Mit Hilfe der dargestellten Abweichungsanalyse lassen sich die Istkosten wie folgt zerlegen:

**Effektive Istkosten = verrechnete Plankosten + Beschäftigungsabweichung + Verbrauchsabweichung + Preisabweichung.**

Neben der kostenstellenbezogenen Wirtschaftlichkeitskontrolle ist die Erstellung von Plankalkulationen eine weitere wichtige Aufgabe der Plankostenrechnung. Sie wird im Rahmen der **Kostenträgerrechnung** durchgeführt. Im allgemeinen lassen sich nur in Betrieben mit marktorientierter Fertigung (Serien-, Sorten-, Massenfertigung) exakte Plankalkulationen durchführen. Dabei können die im Rahmen der Istkostenrechnung dargestellten Kalkulationsverfahren Anwendung finden, wenn die Istzahlen durch Planzahlen ersetzt werden. Im Falle der Zuschlagskalkulation werden die aus einem Plan-BAB entwickelten Plankostensätze mit den Planbezugsgrößen des Kostenträgers multipliziert. Treten keine größeren Kostenabweichungen auf, kann die (in der Regel auf ein Jahr ausgerichtete) **Plankalkulation** die Aufgaben der (kurzfristigen bzw. auftragsbezogenen) **Vorkalkulation** übernehmen; zugleich kann in diesem Fall auf eine laufende Nachkalkulation vezichtet werden.

*Kostenträgerrechnung*

Dagegen können bei Betrieben mit Einzelfertigung aufgrund des ständigen Wechsels des Aufbaus der hergestellten Erzeugnisse Plankalkulationen nicht oder nur für bestimmte standardisierte Einzelteile durchgeführt werden; jedoch ist die Aufstellung kurzfristiger Vorkalkulationen möglich. Auf eine Nachkalkulation kann in diesen Betrieben insbesondere aufgrund der Größenordnung der einzelnen Aufträge (z. B. Schiffsbau) nicht verzichtet werden. Hierzu ist jedoch keine spezielle Nachkalkulation auf Istkostenbasis erforderlich, vielmehr genügt es, die Istkosten durch Berücksichtigung der Abweichungen zu berechnen.

Liegen neben den Ergebnissen der Kalkulation auch die erzielten Verkaufserlöse vor, ist eine **kurzfristige Erfolgsrechnung** möglich. Diese wird in der Plankostenrechnung zumeist nach dem Umsatzkostenverfahren durchgeführt.

*kurzfristige Erfolgsrechnung*

Dabei sind den mit Plankosten bewerteten Erzeugnissen die Kostenabweichungen möglichst verursachungsgerecht zuzurechnen, bevor sie den Verkaufserlösen gegenübergestellt werden. Das Ergebnis dieser Rechnung ist trotz der Verwendung von Plankosten vergangenheitsbezogen, wenn ihr die Abweichungen und die Verkaufserlöse der abgelaufenen Periode zugrunde liegen. Stellt man dagegen den gegebenenfalls um Planabweichungen korrigierten Plankosten der Erzeugnisse die Planerlöse gegenüber, so läßt sich eine zukunftbezogene Erfolgsrechnung durchführen.

### c) Zur Beurteilung der Vollkostenrechnung

Im folgenden soll das System der Vollkostenrechnung anhand des Kriteriums der Funktionserfüllung beurteilt werden. Dazu muß geprüft werden, inwieweit die Vollkostenrechnung entscheidungsrelevante Darstellungs-, Prognose-, Vorgabe- und Kontrollinformationen zu liefern vermag.

*Darstellungsfunktion*

Darstellungsinformationen werden im wesentlichen mit Hilfe der Istkostenrechnung gewonnen. Die Erfüllung der Darstellungsfunktion beinhaltet eine möglichst genaue Abbildung der Struktur des Produktionsprozesses durch die Kostenrechnung. Wird das Prinzip der Kostenverursachung zugrunde gelegt, so lassen sich verschiedene Einwände gegen die Vollkostenrechnung erheben, die sich auf ihre Brauchbarkeit für die Kostenstellen-, Kostenträgerrechnung und kurzfristige Erfolgsrechnung beziehen.

*Proportionalisierung von Fixkosten*

**Durch die notwendigerweise willkürliche Schlüsselung und Weiterverrechnung der Kostenstellengemeinkosten wird das Kostenverursachungprinzip verletzt und damit die Kostenstruktur der Kostenstellen verfälscht wiedergegeben. Das gleiche gilt in der Kostenträgerrechnung, in der die fixen und variablen Kostenträgergemeinkosten in Form von Zuschlagssätzen auf die Kostenträger verrechnet werden.** Damit wird eine nicht nachweisbare Proportionalität zwischen Zuschlagsbasis und verrechneten Gemeinkosten angenommen.

Die Unterstellung, daß das einzelne Produkt anteilig Fixkosten verursacht, wird dem Charakter von Fixkosten nicht gerecht. Als Bereitschaftskosten sind sie Voraussetzung für die Leistungserstellung; sie entstehen unabhängig von der Ausbringungsmenge. Die Fixkosten und die echten variablen Gemeinkosten können nur der gesamten Produktion oder einzelnen Produktgruppen zugerechnet werden.

**Somit zeigt sich, daß die Ermittlung von Stückvollkosten sowohl der Höhe als auch der Zusammensetzung nach ein aufgrund der Fixkostenproportionalisierung, der Gemeinkostenschlüsselung und der Gemeinkostenüberwälzung willkürliches Ergebnis liefert, das rational nicht herleitbar ist.**

Damit stellt aber der „Nettoerfolg" eines Kostenträgers, der in der kurzfristigen Erfolgsrechnung als Differenz zwischen den Erlösen und den vollen Kosten pro Stück errechnet wird, letztlich eine Fiktion dar. Zukunftsbezogene

Informationen zur Unterstützung kurzfristiger Entscheidungen lassen sich auf dieser Basis nicht gewinnen, wie insbesondere bei der Analyse der Prognosefunktion deutlich wird.

Gleichwohl vermag die Vollkostenrechnung im Rahmen der Darstellungsfunktion Informationen zu liefern, die von reinen Teilkostenrechnungssystemen nicht erbracht werden können, so daß ein gänzlicher Verzicht auf Vollkostenkalkulationen zum gegenwärtigen Zeitpunkt nicht möglich ist: Es handelt sich dabei um öffentliche Aufträge, die nach den Grundsätzen der Leitsätze für die Preisermittlung aufgrund von Selbstkosten (LSP) und anderer Vorschriften zu Vollkosten kalkuliert werden müssen, sowie um die Bewertung von unfertigen und fertigen Erzeugnissen in der Steuerbilanz.

*Planungsfunktion*

Die Planungsfunktion wird von der Vollkostenrechnung in Form der Plankostenrechnung wahrgenommen. Die kritischen Einwendungen zur Darstellungsfunktion lassen sich sinngemäß auf die Erfüllung der Planungsfunktion übertragen. Dies gilt insbesondere hinsichtlich der Ermittlung von Stückkosten und Stückgewinnen.

*Prognosefunktion*

Da die Systeme der Vollkostenrechnung davon ausgehen, daß jedem abgesetzten Stück ein Gewinnanteil zugerechnet werden kann, ergibt sich der im Rahmen der Prognosefunktion kalkulierte Gewinn der Periode ($G_{kalk}$) als Produkt aus der Ausbringungsmenge x und dem Plangewinn pro Stück $g_p$.

(8.10)  $G_{kalk} = x \cdot g_p$

Der geplante Stückgewinn $g_p$ ist definiert als Differenz zwischen Stückpreis p und der Summe aus variablen Stückkosten v und proportionalisierten Fixkosten, wobei $x_p$ den Planbeschäftigungsgrad bezeichnet:

(8.11)  $g_p = p - (v + \dfrac{F}{x_p})$

Somit kann der kalkulierte Gewinn der Periode auch geschrieben werden:

(8.12)  $G_{kalk} = x \cdot (p - (v + \dfrac{F}{x_p}))$

Dieser Sachverhalt wird durch Abbildung 8.29 graphisch dargestellt.

Die verrechneten Gesamtkosten ($K_{verr} = x \cdot (v + \dfrac{F}{x_p})$) sind eine lineare Funktion der Ausbringungsmenge. Die tatsächlich angefallenen Kosten $K_{eff}$ ergeben sich aus der Summe der fixen Kosten $K_f$ und variablen Kosten $K_v$. Bei einer Ausbringungsmenge größer als $x_k$ übersteigen die Erlöse die tatsächlichen Kosten $K_{eff}$. Die Differenz zwischen der Erlösgeraden $U = p \cdot x$ und der Kurve der tatsächlichen Kosten entspricht dem tatsächlichen Periodengewinn $G_{eff}$.

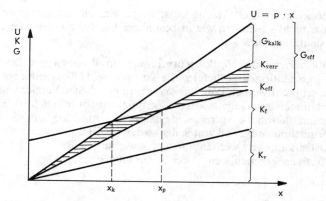

*Abb. 8.29: Verfälschte Erfolgsermittlung in der Vollkostenrechnung*

Bei einer Ausbringungsmenge kleiner als $x_k$ verbleibt die Unternehmung in der Verlustzone, obwohl die Vollkostenrechnung einen kalkulierten Gewinn $G_{kalk}$ aufweist. Bis zur Ausbringungsmenge $x_p$ sind die tatsächlichen Produktionskosten der Periode $K_{eff}$ höher als die in der Vollkostenrechnung verrechneten Werte $K_{verr}$. Dies ist darauf zurückzuführen, daß die Summe der verrechneten Fixkostenanteile bis zu $x_p$ kleiner ist als die tatsächlich angefallenen Fixkosten der Periode (**Fixkostenunterdeckung**). Jenseits von $x_p$ ist es umgekehrt: die verrechneten Fixkosten übersteigen die tatsächlichen Fixkosten der Periode (**Fixkostenüberdeckung**). Dies hat zur Folge, daß der effektive Gewinn größer ist als der kalkulierte Gewinn. Die Differenz zwischen effektivem und kalkuliertem Gewinn entspricht der Differenz zwischen den verrechneten Kosten und den tatsächlichen Kosten. Dies zeigt, daß in $x_p$ der kritische Punkt erreicht ist, bei dem die Fixkosten durch die verrechneten Fixkostenanteile gedeckt sind. In $x_k$ liegt die kritische Ausbringungsmenge, bei der die Erlöse gleich den tatsächlichen Kosten sind.

*Fixkostenüber-/-unterdeckung*

**Die Vollkostenrechnungssysteme sind nicht in der Lage, die kritische Ausbringungsmenge $x_k$ zu ermitteln, die für die Steuerung der zukünftigen Leistungserstellung von weitreichender Bedeutung ist. Gleichermaßen wird ersichtlich, daß die kalkulierten Kosten, die in der Vollkostenrechnung errechnet werden, nicht mit den tatsächlichen Kosten übereinstimmen.** Dies kann z. B. bei einer kostenorientierten Preisfestlegung zu schwerwiegenden Fehlern führen. Auch bei der Frage der kurzfristigen Hereinnahme eines zusätzlichen Auftrages ist das Kriterium der gesamten Kosten je Stück nur beschränkt geeignet. Denn auch dann, wenn der Stückpreis die gesamten Kosten pro Stück nicht deckt, ist es sinnvoll, den Auftrag zu übernehmen, falls der Stückpreis höher ist als die variablen Kosten. Diese Informationen können jedoch nur von Teilkostenrechnungssystemen geliefert werden.

*Kritische Ausbringungsmenge*

Die Beschränkung des Augenmerks auf die variablen Kosten birgt jedoch zum einen die Gefahr in sich, daß in dezentralisierten Entscheidungsprozessen nur dieser Teil der Kosten als wirklich deckungsbedürftig angesehen wird. Als

Folge davon werden unter Umständen **Verhandlungsspielräume nicht ausgeschöpft**. Zum anderen können kurzfristige Entscheidungen langfristige Auswirkungen haben. Ein kurzfristiger Verzicht auf Kostendeckung kann beispielsweise zu einer nachhaltigen, nicht mehr rückgängig zu machenden Senkung des Preisniveaus führen. Keine Unternehmung kann aber langfristig auf die Deckung ihrer gesamten Kosten verzichten. Der Zwang zur langfristigen Deckung der gesamten Kosten bedeutet jedoch nicht, daß Stückerlöse jeweils die entsprechenden Stückkosten mindestens kompensieren müssen.

*Preisverhandlungen*

Betrachtet man Vollkosten dahingehend nicht als Entscheidungskriterium, sondern als Grenzwert, dessen Unterschreitung neue Überlegungen auslösen muß (z. B. Möglichkeit der Kompensation von Kostenunterdeckungen durch Preiserhöhungen in anderen Bereichen), so können Vollkosteninformationen unter pragmatischen Gesichtspunkten durchaus sinnvoll sein.

Auch im Rahmen der **Vorgabefunktion** beeinflußt die Fixkostenzurechnung die Aussagerelevanz der kostenrechnerischen Ergebnisse negativ. Die Vorgabe stück- und bereichsbezogener Kosten ist so lange ohne sinnvollen Bezug, als sie beeinflußbare und kurzfristig nicht beeinflußbare Kosten zu einem Wert zusammenfaßt. Diese Kritik trifft um so mehr, als in der starren Plankostenrechnung, die grundsätzlich nur als Vollkostenrechnung denkbar ist, die Kostenvorgabe eine bestimmte Planauslastung der Kapazität voraussetzt, deren tatsächliche Realisierung in keiner Weise gewährleistet ist. Die Kostenzahlen der flexiblen Vollplankostenrechnung könnten jedoch insoweit brauchbare Vorgabewerte darstellen, als dieses Rechnungssystem eine Trennung in beschäftigungsvariable und -fixe Kosten vornimmt und somit zwischen tendenziell beeinflußbaren und kurzfristig nicht beeinflußbaren Kosten differenziert.

*Vorgabefunktion*

## Kontrollfunktion

Für die Durchführung einer wirksamen Kontrolle ist eine Plankostenrechnung in Verbindung mit einer Istkostenrechnung erforderlich. Grunsätzlich ist die starre Plankostenrechnung für die Wirtschaftlichkeitskontrolle in den einzelnen Kostenstellen untauglich, denn wenn schon die Kostenvorgaben als problematisch anzusehen sind, muß dies für die Ergebnisse der Kontrolle erst recht gelten. Die flexible Plankostenrechnung hingegen vermag, auch wenn sie auf Vollkostenbasis durchgeführt wird, sinnvolle Vorgaben und damit auch aussagefähige Kontrollinformationen zu liefern.

### 4. Systeme der Teilkostenrechnung auf der Basis beschäftigungsvariabler Kosten

**Die Teilkostenrechnungssysteme versuchen, die Mängel der Vollkostenrechnung zu vermeiden und in größerem Maße dem Kostenverursachungsprinzip Rechnung zu tragen. Sie gehen davon aus, daß den Kostenträgern nur ein T e i l der Gesamtkosten unmittelbar angelastet werden kann.**

*Merkmale der Teilkostenrechnung*

In den Teilkostenrechnungssystemen wird nicht versucht, die Fixkosten auf die einzelne Erzeugniseinheit zuzurechnen. Die Summe der Kostenartenkosten ist demnach – anders als bei den Systemen der Vollkostenrechnung – nicht mit der Summe der Kostenträgerkosten (Stückkosten) identisch.

Hieraus ergibt sich für die **Kostenartenrechnung** die Aufgabe, die Kostenarten nach beschäftigungsfixen und -variablen Kosten zu differenzieren (**Kostenspaltung**). Der **Kostenstellenrechnung** kommt in diesen Systemen die Funktion zu, bestimmte Kostenarten weiter zu verrechnen. Daneben dient sie der Wirtschaftlichkeitskontrolle. Die **Kostenträgerstückrechnung** zielt zunächst nicht auf die Ermittlung von gesamten Stückkosten, sondern auf die **Errechnung der zurechenbaren Stückkosten** (variable Stückkosten oder Stückeinzelkosten) ab. In der **kurzfristigen Erfolgsrechnung** wird die Teilkostenrechnung durch Einbeziehung der Erlöse zur **Deckungsbeitragsrechnung**. Sie dient der Ermittlung eines Bruttoerfolgsbeitrages von Produkten bzw. Produktgruppen sowie der kurzfristigen Ermittlung des gesamten Unternehmungserfolgs. Der Bruttoerfolgsbeitrag ergibt sich aus der Differenz zwischen Produktpreis und dem Produkt zugerechneten Teilkosten. Aus der Summe aller Bruttoerfolgsbeiträge ist der Kostenblock, der in der Teilkostenrechnung nicht auf die Kostenträger verrechnet wurde (Differenz zwischen Kostenartenkosten und Kostenträgerkosten) zu decken.

**Die verschiedenen Teilkostenrechnungssysteme unterscheiden sich nach Inhalt und Umfang der den Erzeugnissen zugerechneten Kosten sowie nach der Art der Differenzierung der verbleibenden Kosten.** Wie in der Vollkostenrechnung können die Teilkostenrechnungssysteme auf Ist-, Normal- oder Plankosten basieren.

### a) Die Istkostenrechnung zu Teilkosten

*Das einstufige Direct Costing als Istkostenrechnung*

**Der Grundgedanke dieses Teilkostenrechnungssystems ist die alleinige Zurechnung der beschäftigungsvariablen Kosten auf den Kostenträger.**

Variable Kosten im Sinne des Direct Costing umfassen nicht nur die unmittelbaren produktbezogenen Einzelkosten, sondern auch die variablen Teile der Gemeinkosten. Beide Kostenkategorien zusammengefaßt (variable Kosten) werden bisweilen auch „direkte Kosten" genannt; dieser Begriff ist jedoch insofern mißverständlich, als unter „direkten" Kosten gewöhnlich die der einzelnen Produkteinheit direkt zurechenbaren Kosten (Einzelkosten) verstanden werden. Die grundlegende Idee des Direct Costing ist nicht auf die Istkostenrechnung beschränkt (vgl. S. 1002 ff.).

*Kostenartenrechnung* **Das Grundprinzip der alleinigen Zurechnung variabler Kosten auf den Kostenträger erfordert, daß die Kostenarten in ihre beschäftigungsfixen und -variablen Bestandteile zerlegt werden.** Diese Zerlegung kann der Kostenartenrechnung zugeordnet werden, obwohl sie kostenstellenbezogen durchgeführt werden muß. Geeignete Maßgrößen der Beschäftigung lassen sich im allgemeinen nur für die jeweilige Kostenstelle definieren. Die Trennung der Kosten kann mit Hilfe unterschiedlicher Verfahren der Kostenspaltung (-auflösung, -analyse) erfolgen.

Nur wenn eine einwandfreie Trennung der Kosten in beschäftigungsfixe und -variable Anteile erfolgt, die den tatsächlich vorliegender Verhältnissen möglichst genau entspricht, kann das Direct Costing Kosteninformationen liefern, die nicht zu Fehlentscheidungen führen. Die Kostenspaltung stellt daher das zentrale Problem dar, durch das sich die Kostenartenrechnung der Teilkostenrechnung von der Kostenartenrechnung der Vollkostenrechnung unterscheidet. Im folgenden werden daher bei der Darstellung der Kostenartenrechnung vorrangig die Verfahren der Kostenspaltung behandelt.

Grundsätzlich lassen sich empirische und theoretische Verfahren der Kostenspaltung unterscheiden. Eine theoretische Analyse setzt die Existenz eines Erklärungsmodells für den Produktionsprozeß voraus. **Rein beschäftigungsvariable** Kosten liegen vor, wenn gemäß diesem Modell

*Theorie der Kostenspaltung*

– eine oder mehrere Einheiten einer Verbrauchsgüterart (z. B. Werkstoffe, Hilfs- oder Betriebsstoffe) jeweils durch die Erstellung einer Leistungseinheit verbraucht werden, oder

– der Verzehr einer Gebrauchsgüterart (z. B. Maschinen, Fuhrpark) durch die Erstellung einer Leistungseinheit aus der leistungsbedingten Beanspruchung des Kostengutes folgt (Abschreibung nach der Inanspruchnahme).

Entsprechend entstehen rein **fixe Kosten** dann, wenn Kostengüter unabhängig von ihrem Einsatz in der Produktion zur Aufrechterhaltung der Betriebswirtschaft im Zeitablauf verzehrt werden (z. B. Zinsen, Miet- und Pachtkosten, Zeitlöhne, Gehälter, zeitbedingte Abschreibungen usw.). **Semivariable Kosten** entstehen, wenn Gebrauchsgüter teils für die Aufrechterhaltung der Betriebsbereitschaft im Zeitablauf teils bei der Leistungserstellung selbst verzehrt werden (z. B. Abschreibungen für Maschinen nach der Zeit und nach der Inanspruchnahme).

Besondere Probleme beinhaltet die Ermittlung der beschäftigungsfixen und -variablen Bestandteile des Verzehrs von Gebrauchsgütern. Diese Kostenspaltung muß so lange willkürlich bleiben, wie die beschäftigungsabhängigen und beschäftigungsunabhängigen Beträge nicht getrennt quantitativ erfaßt bzw. prognostiziert werden können. Denn erst wenn zweifelsfrei feststeht, ob der Zeitverschleiß oder der Gebrauchsverschleiß die Nutzungsdauer bestimmt (hat), können Abschreibungen einwandfrei als fixe oder als variable Kostenkategorie eingeordnet werden. Diese Voraussetzung ist jedoch in der Praxis selten erfüllt, weil die Erwartungen über Nutzungsdauer und Nutzungsmöglichkeiten der Maschinen in der Regel nicht gesichert sind.

In der Praxis werden vorwiegend **empirisch orientierte Verfahren der Kostenspaltung** angewendet. Diese beruhen auf der Auswertung von Daten der Vergangenheit. Drei Methoden lassen sich unterscheiden:

*empirisch orientierte Kostenspaltung*

1. die buchtechnische Kostenspaltung,

*buchtechnische Kostenspaltung*

2. das Differenzen-Quotienten-Verfahren,
3. die mathematisch-statistische Kostenspaltung.

Die **buchtechnische Kostenspaltung** geht von bereinigten Ist-Werten der Vergangenheit aus, die sich aus der Betriebsbuchhaltung und der Betriebsstatistik ermitteln lassen. Indem man die Höhe der einzelnen Kostenarten über mehrere Perioden hinweg für verschiedene Beschäftigungsgrade vergleicht, läßt sich ihre Reagibilität auf Beschäftigungsänderungen feststellen. Ändert sich eine Kostenart bei Beschäftigungsgradschwankungen nicht, wird sie als fix, ändert sie sich proportional, so wird sie als variabel eingestuft. Ändert sie sich unterproportional mit der Beschäftigung, so werden die porportionalen (variablen) und fixen Kostenanteile geschätzt. Je mehr theoretische Überlegungen dabei angestellt werden und je weiter sich die Kostenanalyse von einer bloßen Auswertung vergangenheitsbezogener Daten entfernt, desto mehr nähert sich die buchtechnische Methode einer theoretisch fundierten Kostenpaltung.

*Differenzen-Quotienten-Verfahren*

Einen anderen Weg schlägt das **Differenzen-Quotienten-Verfahren** ein. Bei dieser Methode wird durch bloße Division der zwischen zwei unterschiedlichen Beschäftigungsgraden $x_1$ und $x_2$ zusätzlich anfallenden Kosten $(K_2 - K_1)$ durch die Beschäftigungsdifferenz $(x_2 - x_1)$ der Proportionalkostensatz ($k_{prop}$) ermittelt:

$$(8.13) \qquad k_{prop} = \frac{K_2 - K_1}{x_2 - x_1}$$

Von dieser Größe wird angenommen, daß sie gleich den variablen Stückkosten sei. Zur Ermittlung der fixen Kosten $K_f$ werden von den Gesamtkosten $K_i$ eines Beschäftigungsgrades $x_i$ die variablen Kosten ($k_{prop} \cdot x_i$) abgezogen:

$$(8.14) \qquad K_f = K_i - k_{prop} \cdot x_i$$

Die Zerlegung hat nur rechentechnischen Charakter, da der sogenannte proportionale Satz $k_{prop}$ nur einen Durchschnittswert der Kostenveränderungen im Intervall ($x_1$, $x_2$) angibt, der nur bei linearem Kostenverlauf Aussagewert besitzt. In allen anderen Fällen wird der Kostenverlauf im Intervall durch dieses Verfahren nicht realitätsnah abgebildet (vgl. Abbildung 8.30).

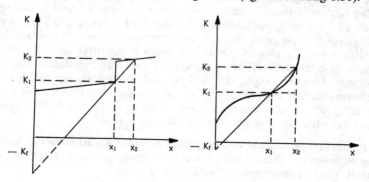

*Abb. 8.30: Beispiele für Fehler des Differenzen-Quotienten-Verfahrens*

Eine Verfeinerung zur Ermittlung fixer und variabler Bestandteile von Kostenarten und/oder Gesamtkosten einer Periode ist über **mathematisch-statistische Verfahren** der Kostenspaltung möglich. Mittels Regressionsanalysen läßt sich die Abhängigkeit der Kostenhöhe von der Beschäftigung errechnen. Als Ergebnis erhält man eine Kostenverlaufsfunktion, die die fixen und variablen Bestandteile der Kostenarten oder Gesamtkosten näherungsweise wiedergibt. Bei entsprechender Ausgestaltung des statistischen Ansatzes können auch nichtlineare Kostenverläufe erfaßt werden. Gegenüber dem Differenzen-Quotienten-Verfahren weist diese Methode den Vorteil auf, daß sämtliche verfügbaren Werte in die Kostenanalyse eingehen und somit das Ergebnis nicht von der zufälligen Auswahl zweier Punkte beeinflußt wird. Die Gefahr falscher Aussagen ist jedoch auch hier nicht auszuschließen. Sprungfixe Kosten, die innerhalb der untersuchten Beschäftigungsintervalle auftreten, werden in der Kostenverlaufsfunktion nivelliert. Außerdem ist dieses Verfahren sehr aufwendig. Daher wird in der Praxis eine „Regressionsgerade" häufig nach dem Augenmaß in ein Streupunktdiagramm eingezeichnet, wodurch sich der Aufwand wesentlich verringert; der Punkt, in dem die Gerade die Kostenachse des Koordinatensystems schneidet, repräsentiert dann den Fixkostenanteil der analysierten Kostenart.

*mathematisch statistische Kostenspaltung*

Die **Kritik an den empirisch orientierten Verfahren** der Kostenauflösung ergibt sich insbesondere daraus, daß man zwangsläufig Daten verschiedener Perioden zugrunde legen muß, um den Kostenverlauf in Abhängigkeit von Beschäftigungsgradänderungen analysieren zu können: ein zeitliches Nacheinander wird als statisches Nebeneinander interpretiert. Damit beeinflussen aber nicht mehr nur der Beschäftigungsgrad, sondern auch alle anderen Kosteneinflußgrößen wie z. B. Kostenwert, Fertigungsprogramm, Ausstattung, Ausschußquote usw., die Kostenhöhe. Da eine hinreichende Bereinigung der Daten häufig mit großen Schwierigkeiten verbunden ist, können die empirischen Methoden die Abhängigkeit der Kosten vom Beschäftigungsgrad nur unpräzise abbilden. Weitere Schwierigkeiten der Kostenspaltung ergeben sich bei der nachträglichen Bezugsgrößenermittlung, insbesondere bei Änderungen der Kostenstelleneinteilung und für den Fall geringer Beschäftigungsschwankungen in den betrachteten Perioden. Da der Anwendungsbereich dieser Verfahren auf den empirisch erfaßbaren Güterverzehr beschränkt ist, ist beispielsweise der Verschleiß von Maschinen auf diese Weise nicht spaltbar. Entsprechende Probleme treten bei der Planung neuer, bisher nicht vorhandener Kosten auf (z. B. im Rahmen einer Investitionsentscheidung). Obwohl die empirischen Verfahren, insbesondere die mathematisch orientierten, die Entscheidungsabhängigkeit der meisten Kosten bzw. deren Veränderungen durch ihre schematische Vorgehensweise unberücksichtigt lassen, sind sie in der Praxis weit verbreitet. Dies ist vor allem auf den im Vergleich zur theoretischen deduktiven Methode geringeren Aufwand zurückzuführen.

*Kritik*

Eine mit Hilfe der dargestellten Verfahren durchgeführte Kostenanalyse ermöglicht es – wenn auch mit gewissen Einschränkungen –, die Kostenarten nach ihrer Reagibilität auf Beschäftigungsgradänderungen aufzuspalten. Damit wird die Kostenartenrechnung, die sich ansonsten in ihrer grundsätzlichen Gliederung nicht von der einer Vollkostenrechnung unterscheidet,

*Kostenstellen-rechnung*

entscheidend verbessert, da sich detailliertere Informationen über Kostenstruktur und -entwicklung gewinnen lassen; zugleich werden die Voraussetzungen für die Kostenstellenrechnung im System des Direct Costing geschaffen.

**Der Kostenstellenrechnung kommt im Rahmen des Direct Costing die Aufgabe der Gemeinkostenverteilung und der Wirtschaftlichkeitskontrolle zu.** Wie bei der Kostenartenverteilung besteht der grundsätzliche Unterschied der Kostenstellenrechnung im Direct Costing gegenüber der Vollkostenrechnung in der nach ihrer Beschäftigungsreagibilität differenzierten Behandlung der Kosten. Auch im System des Direct Costing läßt sich die Kostenstellenrechnung mit Hilfe eines BAB durchführen. Ein Beispiel eines BAB im Direct Costing findet sich in Abbildung 8.31.

| Kostenarten | Summe | Vorkostenstellen | | | | | | Endkostenstellen | | | | | | | | |
|---|---|---|---|---|---|---|---|---|---|---|---|---|---|---|---|---|
| | | g | v | f | g | v | f | g | v | f | g | v | f | g | v | f |
| fixe und variable Gemeinkosten der Kostenstellen (primäre Kostenstellenkosten) | | | | | | | | | | | | | | | | |
| Summe der primären Kostenstellenkosten | | | | | | | | | | | | | | | | |
| innerbetriebliche Leistungsverrechnung der variablen Gemeinkosten | | | | | | | | | | | | | | | | |
| korrigierte Summe der Kostenstellenkosten | | | | | | | | | | | | | | | | |
| Zuschlagssätze zur Verrechnung der variablen Gemeinkosten auf der Basis von Kostenträgereinzelkosten | | | | | | | | | | | z | | | z | | z |

*Abb. 8.31: Beispiel eines BAB im Direct Costing*

*Gemeinkostenverteilung*

In einem ersten Schritt werden in der Kostenstellenrechnung die Kostenträgergemeinkosten auf die einzelnen Kostenstellen verteilt, und zwar differenziert nach beschäftigungsvariablen und -fixen Kostenanteilen. Wie Abbildung 8.31 zeigt, können die gesamten (g), die variablen (v) und die fixen Kosten (f) für jede Kostenstelle getrennt ausgewiesen werden.

Schlüsselungsprobleme können hierbei für den variablen Teil der Kostenstellengemeinkosten und – da das Kostenstellensystem nicht hierarchisch strukturiert ist (vgl. S. 996 ff.) – für die fixen Kostenstellengemeinkosten bestehen. Allerdings werden nur die durch Schlüsselungen variabler Bestandteile der Kostenstellengemeinkosten hervorgerufenen Kostenverfälschungen in die Kostenträgerrechnung übertragen; eine Verteilung von Fixkosten auf Kostenträger ist ohnehin nicht vorgesehen. Insofern besteht ein echtes Schlüsselungsproblem lediglich für variable Bestandteile der Kostenstellengemeinkosten.

Nach der Verteilung der variablen Kostenträgergemeinkosten auf die Kostenstellen (direkte Zuordnung der Kostenstelleneinzelkosten, Schlüsselung der Kostenstellengemeinkosten) erfolgt in einem zweiten Schritt die **innerbetriebliche Leistungsverrechnung**. Auch hierbei werden nur die variablen Kosten weiterverrechnet. Das bedeutet, daß bei einseitig gerichteter Leistungsverflechtung das Kostenartenverfahren angewendet werden kann, wenn es derart modifiziert wird, daß auch die variablen Gemeinkosten der innerbetrieblichen Leistung einbezogen werden; grundsätzlich sind in diesem Fall auch die anderen im Rahmen der Vollkostenrechnung (S. 962ff.) dargestellten Verfahren der innerbetrieblichen Leistungsverrechnung anwendbar. Bei wechselseitiger Leistungsverflechtung ist jedoch eine exakte innerbetriebliche Leistungsverrechnung nur mit Hilfe des Gleichungsverfahrens (hier auf Basis der beschäftigungsvariablen Kosten) möglich.

*innerbetriebliche Leistungsverrechnung*

Nach der Verrechnung der innerbetrieblichen Leistungen können auf der dritten Stufe in der Kostenstellenrechnung Zuschlagssätze (z. B. auf Basis der Kostenträgereinzelkosten) ermittelt werden, mit deren Hilfe die variablen Gemeinkosten den Kostenträgern angelastet werden. Dadurch, daß die Umlage fixer Gemeinkosten von Vor- auf Endkostenstellen auf Kostenträger entfällt, wird die Kostenstellenrechnung erheblich vereinfacht.

*Zuschlagssatzbildung*

Wenn die fixen Gemeinkosten dennoch bei den Vor- und Endkostenstellen ausgewiesen werden, so geschieht dies, um die Transparenz zu erhöhen und eine kostenstellenbezogene Analyse des gesamten Gemeinkostenanfalls zu ermöglichen.

Die **Kostenträgerrechnung** des einstufigen Direct Costing unterscheidet sich wesentlich von derjenigen der Vollkostenrechnung. Aufgrund der Erkenntnis, daß sich fixe Kosten nicht nach dem Kostenverursachungsprinzip auf die Endprodukte zurechnen lassen, werden im Direct Costing nur die variablen Kosten weiterverrechnet. Die Einzelkosten werden den Endprodukten direkt angelastet. Für die variablen Gemeinkosten finden die üblichen Kalkulationsverfahren Anwendung (vgl. S. 967ff.). Fixe Kosten bleiben von der Weiterverrechnung ausgeschlossen. Die fixen Kosten werden im einstufigen Direct Costing unter Umgehung der Kostenträgerrechnung unmittelbar von der Kostenstellenrechnung in die Betriebsergebnisrechnung (Erfolgsermittlung) übernommen. Damit liegen als Ergebnis der Kostenträgerrechnung die Stückkosten vor, die aus den variabeln Kosten pro Stück bestehen. Auf diese Weise definierte Stückkosten sind deshalb sinnvoll, weil sie Informationen darüber liefern, welche Kosten durch die Produktion eines einzelnen Stücks bei gegebener Kapazität zusätzlich entstehen.

*Kostenträgerrechnung*

Mit Hilfe variabler Stückkosten ist es auch möglich, durch Einbeziehung des Stückerlöses eine sinnvolle stückbezogene Erfolgsgröße zu konstruieren, die – anders als der Stückgewinn der Vollkostenrechnung – nicht auf bloßer Fiktion beruht. Diese Erfolgsgröße heißt Deckungsbeitrag oder Bruttogewinn.

**Der stückbezogene Deckungsbeitrag d ist im einstufigen Direct Costing definiert als die Differenz zwischen Stückerlös p und (variablen) Stückkosten v eines Produkts.**

*Deckungsbeitrag*

(8.15) $\quad d = p - v$

Die Bezeichnung „Deckungsbeitrag" rührt daher, daß jede positive Differenz zwischen Stückerlös und variablen Kosten einen Beitrag zur Deckung der Fixkosten liefert, die zwar nicht dem Produkt zugerechnet wurden, gleichwohl aber angefallen sind und daher langfristig in irgendeiner Form gedeckt werden müssen; darüber hinaus dient der Deckungsbeitrag nach Deckung aller Fixkosten der Gewinnerzielung.

Im Einproduktbereich errechnet sich der Gesamtdeckungsbeitrag der Periode aus dem Produkt von abgesetzter Produktmenge x und Deckungsbeitrag pro Stück d:

(8.16) $\quad D = x \cdot d = x \cdot (p - v)$

Im Mehrproduktbetrieb (oder im Einproduktbetrieb mit differenzierten Absatzmärkten und differenzierten Preisen) müssen bei n Produktarten die produktspezifischen Deckungsbeiträge $D_i$ summiert werden, um den Gesamtdeckungsbeitrag einer Abrechnungsperiode zu erhalten:

(8.17) $\quad D = \sum_{i=1}^{n} D_i = \sum_{i=1}^{n} x_i (p_i - v_i)$

Jede positive Differenz zwischen dem Gesamtdeckungsbeitrag der Abrechnungsperiode und den fixen Kosten F stellt den in der Periode erzielten Gewinn dar:

(8.18) $\quad\quad\quad\quad\quad\quad\quad G = D - F$

Einproduktbetrieb: $\quad G = x \cdot (p - v) - F$

Mehrproduktbetrieb: $\quad G = \sum_{i=1}^{n} x_i (p_i - v_i) - F$

Anhand der Formel (8.18) wird klar, daß jeder zusätzliche Auftrag mit positivem Deckungsbeitrag entweder den Verlust mindert (zusätzliche Fixkostendeckung) oder den Gewinn erhöht. Diese Information ist besonders wichtig, wenn bei nicht voll ausgelasteten Kapazitäten über die Hereinnahme eines zusätzlichen Auftrags entschieden werden soll. Zugleich ist ersichtlich, daß in Übereinstimmung mit dem Grundgedanken der Teilkostenrechnungssysteme **der Gewinn nur für den Gesamt betrieb ermittelbar** ist. Stückgewinne sind weder logisch ableitbar, noch kommen sie überhaupt im Formelsystem des Direct Costing vor.

|  |
|---|
| Summe der Nettoerlöse der n Produktarten |
| – Summe der variablen Kosten der n Produktarten |
| = Summe der Deckungsbeiträge der n Produktarten |
| – fixe Kosten der Unternehmung |
| = Betriebserfolg |

*Abb. 8.32: Schema zur Erfolgsermittlung im einstufigen Direct Costing*

Damit gilt für das einstufige Direct Costing das Schema der Abb. 8. 32 zur Ermittlung des Betriebserfolges, wobei das Umsatzkostenverfahren zugrunde gelegt ist.

*kurzfristige Erfolgsrechnung*

## *Das mehrstufige Direct Costing als Istkostenrechnung*

Das einstufige Direct Costing kann keine Informationen hinsichtlich der Struktur der Fixkosten liefern. Die Fixkosten werden im einstufigen Direct Costing vielmehr als einheitlicher Kostenblock betrachtet, der nicht weiter analysiert wird. Daraus ergibt sich als weiterer Nachteil, daß dieses Kostenrechnungssystem nur einen einzigen Deckungsbeitrag – den zur Deckung des **gesamten** Fixkostenblocks – kennt und somit durch die undifferenzierte Betrachtung des Fixkostenblocks und des Gesamtdeckungsbeitrags nur globale Informationen zu liefern vermag.

*Kritik am einstufigen Direct Costing*

Dieser Informationsmangel wiegt um so schwerer, je höher in einer Unternehmung der Fixkostenanteil an den Gesamtkosten ist. Die echten variablen Stückkosten sind in solchen Fällen sehr niedrig. Dies gilt insbesondere bei hoher Anlagen- und Kapitalintensität der Produktion, die mit steigenden beschäftigungsfixen Kosten verbunden ist (Zinsen, Zeitabschreibungen, Wartungskosten, Überwachungskosten usw.). Darüber hinaus haben viele Kostenarten, die früher als beschäftigungsvariabel bezeichnet werden konnten, inzwischen bei kurzfristiger Betrachtungsweise fixen Charakter angenommen. Dies gilt insbesondere für den größten Teil der Kosten des Arbeitsengelts. Arbeits-, Sozial- und Tarifrecht haben die Löhne und Gehälter so weitgehend determiniert, daß nur noch ein kleiner Teil dieser Kosten als beschäftigungsabhängig deklariert werden kann (z. B. Akkordanteile des Lohnes); zum weitaus größeren Teil sind sie kurzfristig nicht beeinflußbare Fixkosten geworden.

Daher erwies es sich als notwendig, ein Kostenrechnungssystem zu entwickeln, dem **eine differenzierte Betrachtung des Fixkostenblocks** zugrunde liegt und das somit auch die **Ermittlung differenzierter Deckungsbeiträge** ermöglicht. Dieses System ist das **mehrstufige Direct Costing**. In seinem grundsätzlichen Aufbau unterscheidet es sich nicht vom einstufigen Direct Costing. Deshalb soll im folgenden nur auf die Besonderheiten dieses Systems gegenüber dem einstufigen Verfahren näher eingegangen werden.

Hinsichtlich der Kostenartenrechnung ergibt sich als Besonderheit, daß die fixen Kosten derart aufzuspalten bzw. zu gliedern sind, daß sie bestimmten Bezugsgrößen (z. B. Erzeugnisart, Kostenstellen, Unternehmungsbereiche) zurechenbar sind. Diese Größen müssen in einem Ursache-Wirkungs-Zusammenhang im weiteren Sinne mit den fixen Kostenanteilen stehen. Wenn sich beispielsweise ein Betrieb entscheidet, eine neue Produktart in sein Programm aufzunehmen und für diese Produktart eigene Produktionsanlagen, Mitarbeiter, Patente, Lizenzen usw. zu beschaffen sind, so bedeutet dies, daß diese neuen Fixkosten auf die Entscheidung für die Produktion des neuen Produktes zurückgeführt werden können (Erzeugnisfixkosten).

*Kostenartenrechnung*

Grenzt man die Fixkostenarten derart ab, daß sie jeweils für eine Bezugsgröße erfaßt werden können, so zeigt es sich, daß enge Beziehungen zwischen Kostenarten- und Kostenstellenrechnung bestehen. Bei einer Gliederung nach Kostenstellen lassen sich z. B. Fixkosten der Kostenstellen, Fixkosten der Kostenstellenbereiche (mehrere Kostenstellen zusammengefaßt) und Fixkosten der ganzen Unternehmung unterscheiden. Entsprechend lassen sich die Kostenarten in Kostenstellenfixkosten, Bereichsfixkosten und Unternehmungsfixkosten differenzieren. Eine Fixkostenzurechnung erfolgt dabei nur insoweit, als diese ohne Schlüsselung direkt für einzelne Bezugsgrößen durchgeführt werden kann. Dienen bestimmte Kostenstellen nur der Fertigung einer Erzeugnisart oder einer oder mehrerer Erzeugnisgruppen, so kann parallel dazu zwischen Fixkosten einer Erzeugnisart und Fixkosten einer oder mehrerer Erzeugnisgruppen unterschieden werden.

*mögliche Fixkostenschichten*

Bei gleichzeitiger Verwendung beider Gliederungskriterien (kostenträger- und kostenstellenorientierte Zurechnung) nennt z. B. Mellerowicz folgende Fixkostenschichten:

(1) **Erzeugnis-Fixkosten:**
  z. B. Patentkosten, Kosten für Spezialwerkzeuge, die nur für das betrachtete Erzeugnis gebraucht werden.
(2) **Erzeugnisgruppen-Fixkosten:**
  z. B. Patentkosten, Beratungskosten, Kosten bestimmter Maschinen in bestimmten Kostenstellen, die nur der Erstellung der betrachteten Erzeugnisgruppen dienen.
(3) **Kostenstellen-Fixkosten:**
  z. B. Meisterlöhne der Kostenstellen, direkt zurechenbare Raum- und Reinigungskosten.
(4) **Bereichs-Fixkosten:**
  z. B. Zwischenlagerkosten, fixe Kosten bestimmter Verwaltungsabteilungen.
(5) **Unternehmungs-Fixkosten:**
  z. B. Kosten der Unternehmungsleitung, Kosten der Betriebsüberwachung, Abgaben und Gebühren.

Häufig werden weniger Fixkostenschichten unterschieden. So unterscheidet Schwarz lediglich zwei Schichten, nämlich spezielle Fixkosten (Erzeugnis- und Erzeugnisgruppenfixkosten) und allgemeine Fixkosten (rechtliche, nur schwer oder nicht sinnvoll zu verrechnende Fixkosten) und Agthe vier Fixkostenschichten: Erzeugnis-Fixkosten, Erzeugnisgruppen-Fixkosten, Bereichs-Fixkosten und Unternehmungs-Fixkosten. In der Praxis ist es oft nicht sinnvoll, viele Fixkostenschichten zu bilden. Aus **liquiditätspolitischer** Sicht kann jedoch eine zusätzliche Unterteilung der Fixkosten in kurzfristig ausgabewirksame und nicht ausgabewirksame Kosten von Bedeutung sein. Den folgenden Ausführungen wird die Einteilung in die vier Schichten Erzeugnis- und Erzeugnisgruppen-Fixkosten, Bereichs-Fixkosten und Unternehmungs-Fixkosten zugrunde gelegt.

*Kostenstellenrechnung*

Die Bildung von Fixkostenschichten ist nur dann möglich, wenn sämtliche fixen Kostenarten in der Kostenartenrechnung ihren Entstehungsbereichen zugeordnet werden. **Voraussetzung für eine sinnvolle Untergliederung ist die**

Bildung der Kostenstellen nach ihrer Produktbezogenheit, d. h. möglichst viele Stellen dürfen nur von einer Produktart oder einer Produktgruppe durchlaufen werden. Durch dieses Gliederungskriterium für die Kostenstellenbildung und die damit verbundene Verknüpfung von Kostenarten- und Kostenstellenrechnung unterscheidet sich die Kostenstellenrechnung des mehrstufigen Direct Costing von der des einstufigen Direct Costing. Während beim einstufigen Direct Costing eine verursachungsgerechte Zurechnung der Fixkosten auf Kostenbereiche mangels einer differenzierten Fixkostengliederung nicht möglich war, ist diese beim mehrstufigen Direct Costing zwingend. Dagegen erfolgt in beiden Systemen die Zurechnung der variablen Gemeinkosten auf die – im mehrstufigen Direct Costing allerdings nach anderen Kriterien gebildeten – Kostenstellen in gleicher Weise. In beiden Systemen werden im Unterschied zur Vollkostenrechnung die innerbetrieblichen Leistungen nur zu variablen Kosten abgerechnet, wobei Verfahren der innerbetrieblichen Leistungsverrechnung Verwendung finden können. Auch die Bildung von Zuschlagssätzen erfolgt nur für den variablen Teil der Gemeinkosten.

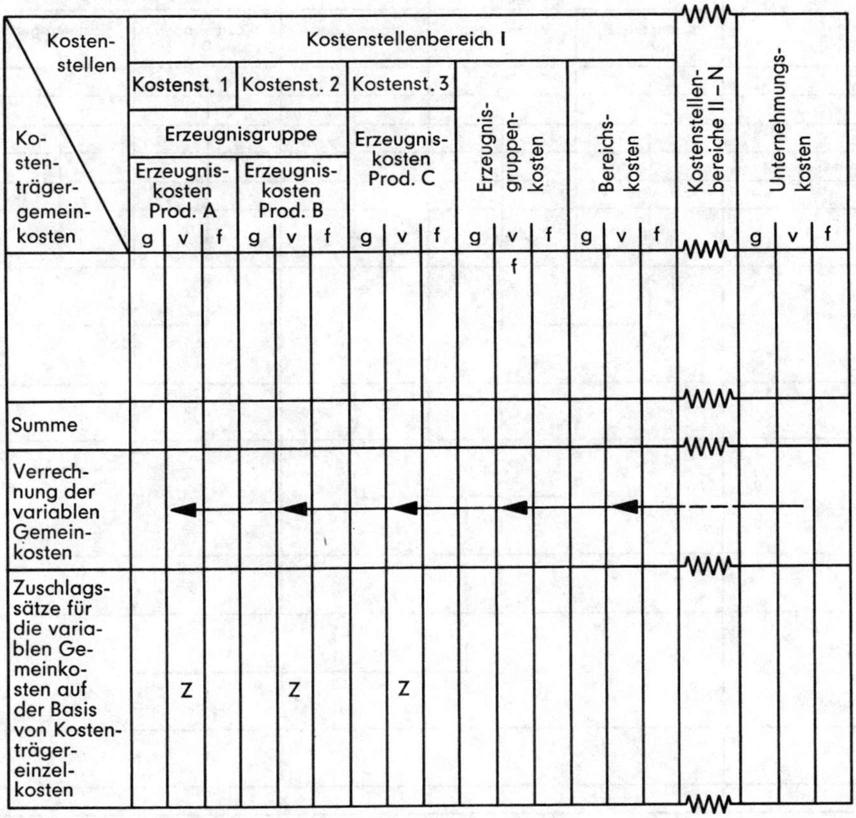

| Kostenstellen / Kostenträgergemeinkosten | Kostenstellenbereich I | | | | | | Kostenstellenbereiche II–N | Unternehmungskosten |
|---|---|---|---|---|---|---|---|---|
| | Kostenst. 1 | Kostenst. 2 | Kostenst. 3 | | | | | |
| | Erzeugnisgruppe | | Erzeugniskosten Prod. C | Erzeugnisgruppenkosten | | Bereichskosten | | |
| | Erzeugniskosten Prod. A | Erzeugniskosten Prod. B | | | | | | |
| | g \| v \| f | g \| v \| f | g \| v \| f | g \| v \| f | | g \| v \| f | | g \| v \| f |
| | | | f | | | | | |
| Summe | | | | | | | | |
| Verrechnung der variablen Gemeinkosten | ◄ | ◄ | ◄ | ◄ | | ◄ | | |
| Zuschlagssätze für die variablen Gemeinkosten auf der Basis von Kostenträgereinzelkosten | Z | Z | Z | | | | | |

*Abb. 8.33: Schema eines BAB im mehrstufigen Direct Costing*

*Betriebs-*
*abrechnungsbogen*

Die Durchführung der Kostenstellenrechnung erfolgt auch hier zweckmäßig mit Hilfe des BAB als Instrument einer kombinierten Kostenarten- und Kostenstellenrechnung. Im Gegensatz zum BAB des einstufigen Direct Costing oder der Vollkostenrechnung ist der BAB des mehrstufigen Direct Costing um die Spalten der Erzeugnis-, Erzeugnisgruppen-, Bereichs- und Unternehmungs-Fixkosten erweitert. Die gesamten Gemeinkosten (g) einer jeden Spalte sind in ihre variablen (v) und fixen (f) Bestandteile aufgegliedert. Anhand der Abbildung 8.33 wird die Bildung der Kostenstellen nach ihrer Produktbezogenheit deutlich. In diesem beispielhaften BAB fallen Erzeugnis-Fixkosten und Kostenstellen-Fixkosten zusammen.

*Kostenträger-*
*rechnung*

Die Kostenträgerrechnung verläuft beim mehrstufigen Direct Costing in der Ausprägung als reine Teilkostenrechnung wie beim einstufigen System: Nur die variablen Kosten werden auf die betrieblichen Leistungen verrechnet. Es

|  | Kostenträgerbereich I ||| Kostenträgerbereich II ||
|---|---|---|---|---|---|
|  | Kostenträgergruppe ||| Kostenträgergruppe ||
|  | Kostenträger A | Kostenträger B | Kostenträger C | Kostenträger D | Kostenträger E |
| 1. Bruttoerlös |  |  |  |  |  |
| 2. Erlösschmälerungen oder Zusatzerlöse |  |  |  |  |  |
| 3. Nettoerlös |  |  |  |  |  |
| 4. ./. variable Herstell- und Vertriebskosten |  |  |  |  |  |
| 5. Deckungsbeitrag I |  |  |  |  |  |
| 6. ./. Erzeugnisfixkosten |  |  |  |  |  |
| 7. Deckungsbeitrag II | x | x | x | x | x |
| 8. ./. Erzeugnisgruppenfixkosten |  |  |  |  |  |
| 9. Deckungsbeitrag III |  | x | x | x |  |
| 10. ./. Bereichsfixkosten |  |  | x |  |  |
| 11. Deckungsbeitrag IV |  |  | x |  | x |
| 12. ./. Unternehmungsfixkosten |  |  | x |  |  |
| 13. Umsatzergebnis (Erfolg) |  |  | x |  |  |

*Abb. 8.34: Kurzfristige Erfolgsrechnung im mehrstufigen Direct Costing*

sei jedoch hier schon darauf hingewiesen, daß es auch Varianten des Direct Costing gibt, in denen auch Fixkosten auf die Kostenträger verrechnet werden (Fixkosten-Deckungsrechnung, vgl. S. 1001). Dann aber liegt kein reines Teilkostenrechnungssystem mehr vor.

Die entscheidenden Unterschiede und Vorteile des mehrstufigen gegenüber dem einstufigen Direct Costing zeigen sich bei der kurzfristigen Erfolgsrechnung, die den wichtigsten Teil im System des mehrstufigen Direct Costing darstellt. Ihr Schema wird in Abbildung 8.34 verdeutlicht. *kurzfristige Erfolgsrechnung*

Dabei ist der Deckungsbeitrag I identisch mit dem Deckungsbeitrag des einstufigen Direct Costing. Während er dort nur in den Fixkostenblock und den Unternehmungserfolg zerlegt werden kann, entsteht im mehrstufigen Direct Costing durch den schrittweisen Abzug der Fixkostenschichten eine Reihe differenzierter Deckungsbeiträge, die den Informationsgehalt der Kostenrechnung entscheidend verbessern. Insbesondere kann überprüft werden, welche Erzeugnisse (Erzeugnisgruppen) nicht einmal mehr ihre eigenen Erzeugnis-Fixkosten (Erzeugnisgruppen-Fixkosten) decken und daher evtl. unter kostenrechnerischem Aspekt aus dem Fertigungsprogramm genommen werden sollten. Entsprechend kann der Erfolgsbeitrag einzelner Unternehmungsbereiche kontrolliert werden. Derartige Programm- und Unternehmungsbereichsentscheidungen sind nie kurzfristiger Natur, so daß sie nicht allein auf der Basis der kurzfristigen Erfolgsrechnung getroffen werden können. Daraus folgt aber nicht, daß eine derartig detaillierte Analyse im Rahmen der kurzfristigen Erfolgsrechnung überflüssig und nur in größeren Zeitabständen erforderlich wäre, denn je eher Informationen über Entwicklungstendenzen vorliegen, desto größer ist ihr Wert. Noch informativer kann diese Rechnung im mehrstufigen Direct Costing gestaltet werden, wenn die Fixkosten zusätzlich noch nach der Ausgabewirksamkeit in bezug auf festzusetzende Zeiträume untergliedert werden.

Ein Beispiel einer Periodenerfolgsrechnung auf Teilkostenbasis mit drei Fixkostenschichten findet sich in Abbildung 8.35. Nach den Werten der Tabelle weisen die Erzeugnisarten 3 und 4 den höchsten Deckungsbeitrag I auf. Sie erscheinen daher als die gewinnträchtigsten innerhalb des Produktionsprogramms. Dagegen erscheinen die Produktarten 1, 2 und 5 und 6 in ungünstigerem Licht, da ihre Deckungsbeiträge geringer sind. Die nachfolgende Verrechnung der Fixkostenschichten verändert jedoch die Rangfolge der Vorzugswürdigkeit der Produkte. Die der Produktgruppe A zurechenbaren Fixkosten führen zu einem Deckungsbeitrag II der Produktgruppe A, der niedriger ist als der Deckungsbeitrag II für die Produktgruppe B. Damit kehrt sich aufgrund der durch das mehrstufige Direct Costing ermöglichten Betrachtungsweise die Beurteilung der Erzeugnisse gegenüber dem einstufigen Direct Costing um (zur Programmplanung vgl. S. 1028 ff.). *Programmbeurteilung*

Eine **Variante des mehrstufigen Direct Costing** stellt die Fixkosten-Deckungsrechnung dar, die besonders von Mellerowicz vertreten wird. **Die Fixkosten-Deckungsrechnung ist grundsätzlich aufgebaut wie das normale mehrstufige Direct Costing, ist aber dadurch gekennzeichnet , daß sie letztlich alle Kosten** *Fixkosten-Deckungsrechnung*

|  | Erzeugnisgruppe A ||||  Erzeugnisgruppe B ||
|---|---|---|---|---|---|---|
|  | Erzeugnis 1 | Erzeugnis 2 | Erzeugnis 3 | Erzeugnis 4 | Erzeugnis 5 | Erzeugnis 6 |
| Bruttoerlöse der Periode | 600 | 400 | 800 | 900 | 600 | 500 |
| ./. variable Vertriebseinzelkosten der Erzeugnisse | 100 | 70 | 90 | 150 | 80 | 50 |
| Erlöse nach Abzug der variablen Vertriebseinzelkosten der Erzeugnisse | 500 | 330 | 710 | 750 | 520 | 450 |
| ./. variable Erzeugniseinzelkosten der Leistungserstellung | 150 | 130 | 310 | 250 | 160 | 120 |
| Deckungsbeitrag der Erzeugnisse über die variablen Einzelkosten (I) | 350 | 200 | 400 | 500 | 360 | 330 |
| ./. Erzeugnisgruppenfixkosten | | 1000 ||| 170 ||
| Deckungsbeitrag der Erzeugnisgruppen (II) | | 450 ||| 520 ||
| ./. Bereichsfixkosten | 350 |||||| 
| Deckungsbeitrag (III) | 620 ||||||
| ./. Unternehmensfixkosten | 520 ||||||
| Periodenergebnis | 100 ||||||

*Abb. 8.35: Beispiel einer Periodenerfolgsrechnung auf Teilkostenbasis*

**auf die Kostenträger verrechnet.** Insofern hat sie den Charakter einer Vollkostenrechnung. Sie wird hier im Rahmen des mehrstufigen Direct Costing dargestellt, da sie mit diesem große Ähnlichkeit aufweist.

Die Kostenartenrechnung läuft wie im normalen mehrstufigen Direct Costing ab. Entsprechendes gilt für die Kostenstellenrechnung, allerdings mit der Maßgabe, daß in die innerbetriebliche Leistungsverrechnung anders als beim Direct Costing auch fixe Kosten einbezogen werden müssen, wenn die innerbetrieblichen Leistungen großen Anteil an den Gesamtkosten haben. Dabei können wiederum die bereits dargestellten Verfahren Anwendung finden.

*Kostenarten-, Kostenstellenrechnung*

Der grundsätzliche Unterschied zwischen mehrstufigem Direct Costing und Fixkosten-Deckungsrechnung zeigt sich in der Kostenträgerrechnung, in der im Ergebnis eine Vollkostenkalkulation durchgeführt wird und somit – zumindest rechnerisch – eine Deckung aller Fixkosten erreicht wird (Fixkosten-Deckungsrechnung). Ausgehend von der stufenmäßigen Gesamtkostenstruktur der Kostenträgerrechnung im mehrstufigen Direct Costing entwickelt sich die Stückkostenkalkulation, indem – ähnlich wie in der Zuschlagskalkulation – die Struktur der Stückvollkosten anteilig aus der Struktur der Periodenkosten in der Erfolgsrechnung hergeleitet wird. Anders als bei der Zuschlagskalkulation ist aber in diesem Falle die differenzierte **Periodenerfolgsrechnung** mit ihren einzelnen Deckungsbeitragsstufen und nicht der BAB **Grundlage für die Vollkostenkalkulation.** Dabei ergeben sich zwei Möglichkeiten, die Stückkostenstruktur zu entwickeln.

*Kostenträgerrechnung*

Bei der retrograden Methode wird vom Marktpreis ausgegangen. In diesem Falle ergibt sich das folgende Kalkulationsschema (vgl. Abbildung 8.36).

| |
|---|
| Preis pro Stück – variable Kosten |
| Deckungsbeitrag I – Erzeugnis-Fixkosten (als Prozentsatz von DB I) |
| Deckungsbeitrag II – Gruppen-Fixkosten (als Prozentsatz von DB II) |
| Deckungsbeitrag III – Bereichs-Fixkosten (als Prozentsatz von DB III) |
| Deckungsbeitrag IV – Unternehmungs-Fixkosten (als Prozentsatz von DB IV) |
| Netto-Ergebnis pro Stück |

*Abb. 8.36: Retrograde Kalkulation in der Fixkosten-Deckungsrechnung*

Die dabei anzuwendenden Prozentsätze errechnen sich aus dem Verhältnis der entsprechenden Fixkostenschichten zu den Deckungsbeiträgen der einzelnen Stufen in der kurzfristigen Erfolgsrechnung.

Die andere Methode der Stückkostenkalkulation geht progressiv vor und ähnelt wesentlich stärker der Zuschlagskalkulation (vgl. Abbildung 8.37). Die dabei notwendigen Prozentsätze werden im Rahmen der Fixkosten-Deckungsrechnung auf Istkostenbasis aus der Periodenerfolgsrechnung ermittelt.

```
  Variable Kosten pro Stück
+ Erzeugnis-Fixkosten            (als Prozentsatz der variablen Kosten)
+ Erzeugnisgruppen-Fixkosten     (als Prozentsatz der variablen Kosten)
+ Bereichs-Fixkosten             (als Prozentsatz der variablen Kosten)
+ Unternehmungs-Fixkosten        (als Prozentsatz der variablen Kosten)
+ Netto-Ergebnis pro Stück
─────────────────────────
= Stückpreis
```

*Abb. 8.37: Progressive Kalkulation in der Fixkosten-Deckungsrechnung*

Der Versuch, das Direct Costing mit der Vollkostenrechnung zu verbinden, kann aus der Sicht der Kostenrechnungspraxis insofern positiv beurteilt werden, als es gelungen ist, ein theoretisch verfeinertes Teilkostenrechnungssystem mit der rechtlich häufig notwendigen Durchführung einer Vollkostenkalkulation zu verbinden. Insofern kommt der Fixkosten-Deckungsrechnung pragmatische Bedeutung zu.

Theoretisch handelt es sich im Prinzip um das gleiche Vorgehen wie bei der Vollkostenrechnung. Die zeitraumabhängigen Kosten werden nach einem reinen Durchschnittsprinzip auf die Erzeugnisse verteilt. Grundsätzlich haben die so errechneten Stückvollkosten rein fiktiven Charakter. Fixkosten können mit einiger Genauigkeit in aller Regel nur in Perioden-, nicht jedoch in Stückrechnungen verrechnet werden. Es gilt hier also sinngemäß die gleiche Kritik, die bereits im Rahmen der Vollkostenrechnung an der Kalkulation auf Vollkostenbasis geübt wurde.

### b) Die Plankostenrechnung zu Teilkosten

Unter den Systemen der Plankostenrechnung auf Teilkostenbasis hat insbesondere die **Grenzplankostenrechnung** Bedeutung erlangt. Dieses Rechnungssystem wurde in Deutschland vor allem von Kilger theoretisch entwickelt und von Plaut in die Praxis eingeführt.

*Merkmale der Grenzplankostenrechnung*

**Die Grenzplankostenrechnung stellt eine Form der flexiblen Plankostenrechnung auf Teilkostenbasis dar. Im Unterschied zur flexiblen Plankostenrechnung auf Vollkostenbasis erfolgt eine Kostenspaltung nicht nur für Zwecke der Kostenkontrolle; vielmehr findet die Trennung in fixe und variable Kosten auch bei der innerbetrieblichen Leistungsverrechnung und bei der Kalkulation und damit auch der Erfolgsrechnung Berücksichtigung. Im Prinzip handelt es sich dabei um eine auf Plankosten basierende Form des Direct Costing.**

Im folgenden soll daher nur auf die Besonderheiten näher eingegangen werden, welche die Grenzplankostenrechnung gegenüber dem Direct Costing aufweist. Die Grenzplankostenrechnung geht davon aus, daß die Grenzsollkosten immer proportional zur Beschäftigung verlaufen (Linearitätsannahme).

## Kostenartenrechnung

In der Kostenartenrechnung wird die Kostenplanung durchgeführt. Die Einzelkosten werden nach Produktarten, die Gemeinkosten nach Kostenstellen differenziert geplant. Dabei erfolgt wie in der flexiblen Vollplankostenrechnung eine Aufspaltung in beschäftigungsfixe und beschäftigungsvariable Kosten. Die dazu notwendige Kostenspaltung wird in der Praxis häufig mit Hilfe der beim Direct Costing dargestellten empirischen Methoden durchgeführt. Vom Standpunkt der Theorie aus ist jedoch zu fordern, daß die Kostenanalyse im Rahmen eines Plankostenrechnungssystems nicht auf einer bloßen Auswertung von Daten der Vergangenheit beruht, sondern daß beschäftigungsfixe und -variable Kostenanteile g e p l a n t werden. Das bedeutet, daß Kosten„spaltung" und Kostenplanung simultan zu erfolgen haben.

*Kostenplanung*

Die Wahl der für die Kostenplanung zugrunde gelegten Planbeschäftigung ist bei der Grenzplankostenrechnung im Vergleich zu einer Vollplankostenrechnung von untergeordneter Bedeutung, da das Fixkostenproblem umgangen wird. Wie im einstufigen Direct Costing werden nur die variablen Kosten weiterverrechnet. Da die Fixkosten in den Kostensätzen fehlen, können diese auch nicht von der Planbeschäftigung abhängen. In dieser Unempfindlichkeit gegenüber abweichenden Beschäftigungsgraden ist zugleich einer der entscheidenden Vorteile der Grenzplankostenrechnung gegenüber der Vollplankostenrechnung zu sehen.

*Planbeschäftigung*

## Kostenstellenrechnung

Bei der Kostenstellenbildung gewinnt gegenüber dem Direct Costing das Kriterium der Verantwortlichkeit an Bedeutung. Darüber hinaus sind wie bei allen Kostenrechnungssystemen abrechnungstechnische Gesichtspunkte zu beachten.

*Kostenstellenbildung*

Auch in der Grenzplankostenrechnung wird die Kostenstellenrechnung zweckmäßig mit Hilfe eines BAB durchgeführt. Der erste Schritt der traditionellen Kostenstellenrechnung, die Verteilung der Gemeinkosten, ist bei der Grenzplankostenrechnung bereits in der Kostenartenrechnung im Rahmen der Kostenplanung vollzogen. Eine Verteilung variabler Gemeinkosten, wie sie in der Kostenstellenrechnung des Direct Costing erforderlich ist, kommt also insofern nicht in Betracht, als diese bereits den einzelnen Kostenstellen zugeordnet sind. Die innerbetriebliche Leistungsverrechnung, die im zweiten Schritt der Kostenstellenrechnung durchgeführt wird, kann mit Hilfe der bereits dargestellten Verfahren erfolgen, mit der Maßgabe, daß erstens von Plankosten auszugehen ist und daß zweitens nur die variablen Kosten in die Leistungsverrechnung einbezogen werden dürfen. Die fixen Kosten werden in der Grenzplankostenrechnung unmittelbar in das Betriebsergebniskonto übernommen.

Durch Division der Summe der proportionalen Plankosten einer Kostenstelle $V_p$ durch die geplante Ausprägung der Planbezugsgröße $x_p$ erhält man den Plankostenverrechnungssatz (Kalkulationssatz) $k_p$:

*Plankostenverrechnungssatz*

(8.19) $\quad k_p = \dfrac{V_p}{x_p}$

Dieser Kostensatz enthält im Gegensatz zur flexiblen Vollplankostenrechnung keine fixen Kosten mehr. Die Sollkosten werden errechnet, indem man zum Ergebnis der Multiplikation des Plankostenverrechnungssatzes mit der Istbeschäftigung bzw. Istbezugsgröße die Fixkosten hinzuaddiert:

(8.20) $\quad K_{soll} = k_p \cdot x_i + K_{fix}$

*Abweichungsanalyse* Der entscheidende Unterschied gegenüber der Abweichungsanalyse der flexiblen Vollplankostenrechnung besteht darin, daß die Abweichungsanalyse in der Grenzplankostenrechnung nur auf Grenzkostenbasis durchgeführt wird. Das bedeutet, daß nur der proportionale Anteil der Sollkosten zur Kostenkontrolle herangezogen wird. Die proportionalen Sollkosten V sind aber gleich den verrechneten Plankosten:

(8.21) $\quad V = k_p \cdot x_i$

Da folglich keine Abweichungen zwischen den Sollkosten und den verrechneten Plankosten auftreten können, entfällt die für die Vollkostenrechnung typische Beschäftigungsabweichung. Damit erhält man unter der Voraussetzung, daß sowohl Plan- bzw. Soll- als auch Istmengen mit Planpreisen bewertet werden, als alleinige Abweichung die Verbrauchsabweichung. Gerade darauf kommt es aber im Rahmen einer kostenstellenbezogenen Kostenkontrolle an, da für andere Abweichungen der Kostenstellenleiter in der Regel ohnehin nicht verantwortlich gemacht werden kann. Die Abweichungsanalyse läßt sich dadurch einfach durchführen, daß im BAB in zusätzlichen Spalten die Sollko-

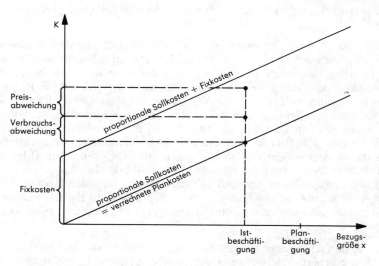

*Abb. 8.38: Abweichungsanalyse in der Grenzplankostenrechnung*

sten neben den Istkosten aufgeführt werden. Bewertet man die Istmengen sowohl mit Planpreisen als auch mit tatsächlichen Preisen, so lassen sich als Differenz auch Preisabweichungen ermitteln (vgl. Abbildung 8.38).

*Kostenträgerrechnung*

Die Kostenträgerrechnung der Grenzplankostenrechnung unterscheidet sich von jener der flexiblen Vollplankostenrechnung dadurch, daß die Kalkulation nur auf Basis der variablen Kosten durchgeführt wird. Es gelten hier also im Prinzip die beim einstufigen Direct Costing gemachten Ausführungen mit der Modifikation, daß von Plankosten ausgegangen wird. Ein Kalkulationsschema der Grenzplankostenrechnung ist in Abbildung 8.39 dargestellt.

```
  Planmaterialeinzelkosten
+ variable Planmaterialgemeinkosten
  (als prozentualer Zuschlag der Planmaterialeinzelkosten)
= Materialgrenzplankosten (1)

  variable Fertigungsplanlöhne
+ variable Fertigungsplangemeinkosten
  (als prozentualer Zuschlag der Fertigungslöhne)
+ variable Sonderplaneinzelkosten der Fertigung
= Fertigungsgrenzplankosten (2)

  Materialgrenzplankosten (1)
+ Fertigungsgrenzplankosten (2)
= Herstellgrenzplankosten (3)

  Herstellgrenzplankosten (3)
+ variable Verwaltungsplangemeinkosten
  (als prozentualer Zuschlag der Herstellgrenzplankosten)
+ variable Vertriebsplangemeinkosten
  (als prozentualer Zuschlag der Herstellgrenzplankosten)
+ variable Sonderplaneinzelkosten des Vertriebs
= Selbstgrenzplankosten (4)
```

*Abb. 8.39: Schema der Stückkostenkalkulation nach dem Verfahren der Zuschlagskalkulation auf Grenzplankostenbasis*

Auch die Grenzplankostenrechnung läßt sich durch Zerlegung der geplanten Fixkosten in mehrstufiger Form durchführen. Man erhält dann wie beim mehrstufigen Direct Costing differenzierte Deckungsbeiträge, jedoch auf der Basis von Plangrößen. Ebenfalls ist eine Fixkostendeckungsrechnung auf der Basis geplanter Kosten möglich. Dies sei beispielhaft am Schema der retrograden Kalkulation in der Fixkostendeckungsrechnung auf Plankostenbasis gezeigt (vgl. Abbildung 8.40).

*Varianten*

| | |
|---|---|
| Planerlös | |
| - variable Plankosten | |
| Plandeckungsbeitrag I | |
| - geplante Erzeugnisfixkosten | (als Prozentsatz vom Deckungsbeitrag I) |
| Plandeckungsbeitrag II | |
| - geplante Erzeugnisgruppenfixkosten | (als Prozentsatz vom Deckungsbeitrag II) |
| Plandeckungsbeitrag III | |
| - geplante Bereichsfixkosten | (als Prozentsatz vom Deckungsbeitrag III) |
| Plandeckungsbeitrag IV | |
| - geplante Unternehmungsfixkosten | (als Prozentsatz vom Deckungsbeitrag IV) |
| = Plan- Nettoergebnis pro Stück | |

*Abb. 8.40: Retrograde Plankalkulation in der Fixkosten-Deckungsrechnung*

*Kurzfristige Erfolgsrechnung*

Wie bei Plankostenrechnungssystemen üblich, wird auch im System der Grenzplankostenrechnung die kurzfristige Erfolgsrechnung im allgemeinen nach dem Umsatzkostenverfahren durchgeführt. Hierzu dient die Grundgleichung der Erfolgsermittlung auf Teilkostenbasis im Mehrproduktbetrieb (vgl. Formel (8.18), S. 994). Sie ist jedoch dahingehend zu modifizieren, daß den Erlösen der abgesetzten Produkte die gegebenenfalls um Abweichungen $\Delta k_i$ korrigierten variablen **Stückplankosten** $k_i^p$ gegenüberzustellen sind:

(8.22) $\qquad G = \sum_i x_i \cdot (p_i - k_i^p + \Delta k_i) - F.$

Bei den auf die Kostenträger zu verteilenden Abweichungen handelt es sich vorwiegend um Verbrauchsabweichungen. Preisabweichungen bei Gemeinkosten werden häufig im ganzen direkt in die Erfolgsrechnung übernommen, ohne sie auf die Kostenträger zu verrechnen. Das Problem, ob Beschäftigungsabweichungen auf die Kostenträger zu verteilen sind, entfällt in der Grenzplankostenrechnung.

*Artikelergebnisrechnung*

Eine spezielle Form der kurzfristigen Erfolgsrechnung ist die Artikelergebnisrechnung. Deren Ziel ist eine relativ einfache und schnelle Ermittlung des nach Erzeugnissen, Verkaufsbezirken, Abnehmergruppen oder sonstigen Merkmalen gruppierten Umsatzergebnisses. Hierzu werden die **Ist-Absatzmengen mit Sollerlösen und Sollkosten bewertet;** die Differenz ergibt den erwarteten Deckungsbeitrag der jeweils interessierenden Gruppierung. Die Artikelerfolgsrechnung kann auch mit eingegangenen Aufträgen durchgeführt werden. Auf eine genaue Abweichungsanalyse wird im Rahmen der Artikelerfolgsrechnung zugunsten einer raschen und wenig aufwendigen Informationsgewinnung verzichtet. Statt dessen wird mit **durchschnittlichen Abweichungsprozentsätzen** gerechnet, die aus den Abweichungen zurückliegender Abrechnungsperioden gebildet werden. Ungenauigkeiten entstehen infolge von Bestandsveränderungen bei unfertigen und fertigen Erzeugnissen, wenn die Verwaltungs- und

Vertriebsgemeinkosten in voller Höhe als Periodenkosten behandelt werden (Bestandsbewertung zu Herstellkosten). In der Produktionsperiode auftretende Abweichungen bei den Herstellkosten müßten bei genauer Rechnung auf die verkauften und die auf Lager gegangenen Mengen aufgeteilt werden. Soweit sie auf Lagerzugänge entfallen, wären sie bei deren Veräußerung im Betriebsergebnis zu berücksichtigen. Eine genaue Bestandsführung steht aber dem Ziel einer einfachen und schnellen Informationsgewinnung entgegen. Von der Summe der nach Artikelgruppen ermittelten Deckungsbeiträge werden die nicht auf Artikel zurechenbare Abweichung und die Fixkosten subtrahiert, um zum Gesamtergebnis zu gelangen. Bei diesem Verfahren wird nicht angestrebt, die Gesamtsumme der Istkosten (Sollkosten minus Abweichungen) so aufzuteilen, daß sie der Summe der Kosten der umgesetzten und der auf Lager produzierten Mengen entspricht.

### c) Zur Beurteilung der Teilkostenrechnung

**Grundsätzlich kommen die Teilkostenrechnungssysteme dem Kostenverursachungsprinzip näher als die Vollkostenrechnung.** Dennoch lassen sich einige generelle Einschränkungen anführen.

Ein grundsätzliches Problem liegt in der Spaltung der Kosten. **Wenn die Kostenanalyse nicht mit hinreichender Genauigkeit durchgeführt wird bzw. durchgeführt werden kann und damit schon die Kostenartenrechnung Mängel aufweist, so zieht sich dies zwangsläufig durch die Kostenstellenrechnung, Kostenträgerrechnung und kurzfristige Erfolgsrechnung.** Demnach können gerade daraus, daß das in der Vollkostenrechnung auftretende Problem der Fixkostenproportionalisierung durch Abspaltung der fixen von den übrigen Kosten gelöst werden soll, neue Probleme aufgrund der dadurch notwendigen Kostenspaltung entstehen. Andererseits läßt sich der entscheidende Nachteil der Vollkostenrechnung, bei allen Entscheidungsproblemen auf der Basis vorhandener Kapazitäten zu versagen, auf andere Weise nicht beseitigen (vgl. z. B. die kurzfristigen Entscheidungen über die gewinnmaximale Zusammensetzung des Fertigungsprogramms, Eigenherstellung oder Fremdbezug, Verfahrenswahl usw., S. 1023ff.).

*Problem der Kostenspaltung*

Im Rahmen der Verrechnung der variablen Gemeinkosten im Direct Costing bzw. in der Grenzplankostenrechnung müssen zwischen den Bezugsgrößen und den ihnen zurechenbaren Kosten proportionale Beziehungen gegeben sein. Variationen der Bezugsgrößenwerte müssen zu proportionalen Kostenänderungen führen. Dies muß sowohl für unechte variable Gemeinkosten (z. B. Verbrauch von Schmierstoffen bei der Leistungserstellung) als auch für echte variable Gemeinkosten (variable Kosten bei der Kuppelproduktion) gelten. **Das Problem der Gemeinkostenschlüsselung bleibt also auch in der Teilkostenrechnung auf der Basis beschäftigungsvariabler Kosten bestehen.**

*Problem der Verrechnung variabler Gemeinkosten*

Die zeitliche Zurechnung der fixen Kosten auf eine Rechnungsperiode führt zwangsläufig zu Ungenauigkeiten. Diese Tatsache schmälert die Aussagekraft der Kostenrechnungssysteme. **Die exakte Verrechnung fixer Kostenarten ist**

*Problem der Periodenzurechnung*

erst nach Ablauf der Lebensdauer des jeweiligen Wirtschaftsgutes möglich. Die Einbeziehung in die Periodenrechnung ist unter der Annahme zulässig, daß die hieraus resultierenden Fehler der periodischen Abgrenzung vernachlässigbar sind. Im folgenden soll das Konzept der Teilkostenrechnung in bezug auf die Erfüllung der Funktionen der Kostenrechnung beurteilt werden.

## Darstellungsfunktion

*Darstellung der Stückkosten*

Darstellungsinformationen werden im Bereich der Teilkostenrechnung im wesentlichen vom ein- und mehrstufigen Direct Costing auf Istkostenbasis geliefert. Diese Rechnungssysteme vermeiden die willkürliche Schlüsselung und Weiterverrechnung fixer Kosten und entsprechen infolgedessen weitgehend den Erfordernissen des Kostenverursachungsprinzips. Sie erfüllen damit die Darstellungsfunktion besser als die Systeme der Vollkostenrechnung, da die Stückkosten der Teilkostenrechnung die tatsächlich durch den einzelnen Kostenträger verursachten (zusätzlichen) Kosten darstellen. **Die Fiktion, daß die Kostenrechnung Stückvollkosten ermitteln bzw. kostenrechnerisch darstellen könne, wird somit aufgegeben.**

*Darstellung des Erfolgs*

In konsequenter Fortsetzung dieses Gedankens ermittelt die Teilkostenrechnung auch keinen Stückgewinn. Gleichwohl erweisen sich die Teilkostenrechnungssysteme für die Darstellung des Periodenerfolgs zurückliegender Rechnungszeiträume als aussagefähige Verfahren. Ein Vergleich der Summe der variablen Stückkosten mit der Summe der Stückerlöse kann ein **sinnvolles Bruttoergebnis** des **Betriebes** liefern. Nach Abzug der zeitraumabhängigen Fixkosten ergibt sich das betriebliche **Periodennettoergebnis** oder der **Periodenerfolg**. Erlaubt die Genauigkeit der Kosten- und Erlöserfassung eine Aufgliederung der variablen Kosten und Erlöse auf die Kostenträgerarten oder Kostenträgergruppen, lassen sich darüber hinaus deren periodische Deckungsbeiträge darstellen.

*differenzierte Deckungsbeiträge*

Kann zusätzlich noch der Fixkostenblock in seine kostenträger-, kostenträgergruppen-, bereichs- oder unternehmungsbezogenen Teile aufgespalten werden, wie dies das mehrstufige Direct Costing anstrebt, lassen sich Aussagen über die **Höhe der von den einzelnen Produktarten und -gruppen unmittelbar gedeckten Fixkostenanteile** machen.

*Mängel in der Darstellungsfunktion*

Die Darstellungsfunktion der reinen Teilkostenrechnungssysteme wird jedoch insofern nur mangelhaft erfüllt, als sie bei der bilanziellen Bewertung unfertiger und fertiger Erzeugnisse in der Steuerbilanz nicht angewendet werden können (vgl. S. 1025). Dies ist jedoch nicht auf einen methodischen Systemmangel, sondern auf juristische, insbesondere steuerrechtliche Vorschriften zurückzuführen, die gleichsam Nebenbedingungen für die Kostenrechnung darstellen. Insoweit ist für diesen Nachteil der Teilkostenrechnung nicht ihre spezifische Methodik, sondern die derzeitige Rechtslage verantwortlich. Aus ähnlichen Gründen ist für die Preisbildung bei öffentlichen Aufträgen gemäß den LSP (Leitsätze für die Preisermittlung aufgrund von Selbstkosten) eine Vollkostenkalkulation erforderlich.

## Planungsfunktion

Der Vorteil der Teilkostenrechnungssysteme zeigt sich insbesondere bei der Planungsfunktion, die im wesentlichen von der Grenzplankostenrechnung in ihren verschiedenen Ausprägungen erfüllt wird. Die Grenzplankostenrechnung ist der flexiblen Vollplankostenrechnung insofern überlegen, als sie kurzfristige Planungsentscheidungen auf der Basis relevanter Kosten ermöglicht. Als relevant werden diejenigen Kosten bezeichnet, bei denen eine funktionale Abhängigkeit zu den Entscheidungs- bzw. Aktionsparametern besteht. Bei kurzfristigen Entscheidungen sind insbesondere die beschäftigungsvariablen Kosten relevant. Gerade auf diesen aber basieren die dargestellten Teilkostenrechnungssysteme, so daß sie in der Lage sind, die wichtigsten der für kurzfristige Entscheidungen erforderlichen Kosteninformationen bereitzustellen.

Auf der Basis dieser Informationen kann dann im Rahmen der **Prognosefunktion** die kurzfristige Vorhersage der kostenmäßigen Konsequenzen der Entscheidungen vorgenommen werden. Insbesondere ist es möglich, mit diesen Kosteninformationen die Festsetzung von Preisuntergrenzen als Basis der Preispolitik, die Gestaltung des Produktionsprogramms auf der Grundlage prognostizierter Deckungsbeiträge, Verfahrensvergleiche usw. jeweils kurzfristig vorzunehmen.

*Prognosefunktion*

Neben der Ermittlung der relevanten Kosten ist auch die Prognose des zukünftigen Gewinns mit Hilfe der Teilkostenrechnung möglich, wobei wiederum die Fehlinformationen der Vollkostenrechnung vermieden werden können. Die Erfolgsprognose kann tabellarisch oder graphisch vorgenommen werden, wobei die graphische Prognose aufgrund ihrer Einfachheit und leichten Ablesbarkeit von Bedeutung ist.

Graphisch läßt sich die Gewinnplanung mittels der **Break-even-Analyse** darstellen, die den Zusammenhang zwischen Beschäftigung, Kosten und Gewinn analysiert. Abbildung 8.41 verdeutlicht dies für den Einproduktbetrieb.

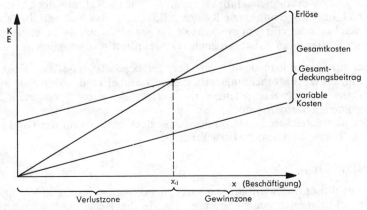

*Abb. 8.41: Beschäftigungs-Kosten-Gewinn-Analyse im Einproduktbetrieb*

Das Schaubild zeigt, daß bei den angenommenen Kostenwerten und Erlösen der zukünftigen Periode die gesamten Kosten der Produktion erst bei einer Absatzmenge von $x = x_d$ gedeckt sind (**Kostendeckungspunkt oder Break-even-point**). Erst die darüber hinaus abgesetzten Leistungen tragen zur Erzielung eines Gewinns der Unternehmung bei.

Die Übertragung der Break-even-Analyse auf **Mehrproduktbetriebe** läßt sich nur näherungsweise verwirklichen:
(1) Umrechnung der unterschiedlichen Ausbringungsmengen in einheitliche Verrechnungswerte mit Hilfe von Äquivalenzziffern, z. B. auf der Grundlage der notwendigen Arbeitsstunden oder Maschinenstunden pro Stück (Zurückführung des Problems auf den Einproduktbetrieb).
(2) Aufpaltung des Fixkostenblocks in erzeugnisfixe, erzeugnisgruppenfixe Kosten usw. in Anlehnung an das mehrstufige Direct Costing; Durchführung der Break-even-Analyse für jedes Erzeugnis auf der Grundlage seiner Erzeugnisfixkosten; Bestimmung eines Break-even-points pro Erzeugnisart, bei dem die variablen Kosten und die Erzeugnisfixkosten gedeckt sind. Darüber hinausgehende Absatzmengen dienen der Deckung des restlichen Fixkostenblocks aller Produktarten und gegebenenfalls der Erzielung eines Gewinns.

Die Break-even-Analyse geht von der Annahme aus, daß Kostenwerte, Erlöse und Kapazitäten konstant bleiben.

Trotz der angeführten Vorbehalte ist die Break-even-Analyse ein häufig verwendetes Instrument zur Darstellung der Auswirkungen von Variationen der Absatzpreise, Kostenwerte und/oder der Zusammensetzung des Leistungsprogramms auf den Gesamterfolg der Unternehmung.

*Vorgabefunktion*

Ein weiterer Vorteil der Systeme der Teilkostenrechnung zeigt sich hinsichtlich der Erfüllung der **Vorgabefunktion**. Wirtschaftliche Betriebsführung ist ohne genaue Kostenvorgabe und anschließende Kostenkontrolle nicht möglich. Dies erfordert, daß die vom Kostenstellenleiter beeinflußbaren Kosten in Vorgabegrößen zusammengefaßt sein müssen. Die im Rahmen der Grenzplankostenrechnung vorgenommene Kostenauflösung in fixe und variable Kosten eignet sich besonders für Vorgabezwecke, da grundsätzlich die beschäftigungsvariablen Kosten vom Kostenstellenleiter beeinflußt werden können.

Darüber hinaus ist jedoch auch ein Teil der beschäftigungsfixen Kosten in bezug auf andere Entscheidungstatbestände variabel (z. B. losgrößenvariable Kosten) und je nach Kompetenz vom Kostenstellenleiter zu vertreten. Diese Abhängigkeiten werden jedoch, ähnlich wie die mehrdimensionale Betrachtung der Kostenrelevanz, erst von der Teilkostenrechnung auf der Basis relativer Einzelkosten konsequent berücksichtigt.

*Kontrollfunktion*

Die Kontrollfunktion wird von der Grenzplankostenrechnung in Verbindung mit der Istkostenrechnung wahrgenommen. In der Regel wird monatlich ein Vergleich der Soll- mit den Istkosten, differenziert nach Kostenstellen und innerhalb einer Kostenstelle nach Kostenarten, durchgeführt. Aufgrund der Tatsache, daß nur die proportionalen Sollkosten vorgegeben werden, für deren Einhaltung der Kostenstellenleiter verantwortlich gemacht werden kann, sind die Teilkostenrechnungssysteme besonders für die kostenstellenbezogene Kostenkontrolle geeignet. Weiterhin ist eine Erfolgskontrolle als Vergleich des geplanten (Planungsfunktion) mit dem ermittelten Gewinn (Darstellungsfunktion) möglich. Dabei erweist es sich als Vorteil, daß die konsequente Trennung in beschäftigungsvariable und beschäftigungsfixe Kosten sich durch das gesamte System der Teilkostenrechnung zieht (Kostenartenrechnung, Kostenstellenrechnung, Kostenträgerrechnung, kurzfristige Erfolgsrechnung) und damit die Fehler der Vollkostenrechnung eliminiert werden.

## 5. Deckungsbeitragsrechnung auf der Basis relativer Einzelkosten und -erlöse

Dieses von Riebel entwickelte Rechnungssystem ist als umfassendes Instrument zur Darstellung, Planung und Kontrolle des Unternehmungsgeschehens im Zeitablauf konzipiert. Es wird auch als **„relative Deckungsbeitragsrechnung"** bezeichnet. Dabei handelt es sich nicht um eine Kosten- und Leistungsrechnung im bisher behandelten Sinne. Vielmehr werden Elemente der Investitionsrechnung übernommen. Die relative Deckungsbeitragsrechnung soll die Einzahlungs- und Auszahlungsfolgen sowohl lang- als auch kurzfristig wirksamer Entscheidungen zahlenmäßig erfassen oder prognostizieren. Vor der Darstellung der Grundzüge des Systemaufbaus werden dessen wichtigste theoretische Grundlagen erläutert:

(1) Der **Unternehmungsprozeß** wird als eine **Abfolge von Entscheidungen mit unterschiedlicher sachlicher und zeitlicher Reichweite** aufgefaßt. Da Entscheidungen mit großer sachlicher oder zeitlicher Reichweite solchen mit geringerer sachlicher oder zeitlicher Reichweite als übergeordnet betrachtet werden, ist es möglich, den Unternehmungsprozeß bzw. das Entscheidungsgefüge der Unternehmung durch Hierarchien von Entschiedungsobjekten abzubilden. Entscheidungsobjekte können alle eigenständig disponierbaren Maßnahmen, Vorgänge und Tatbestände sein. Sie werden von Riebel in älteren Veröffentlichungen als Bezugsgrößen, in neueren Schriften als Bezugsobjekte bezeichnet. Bezugsgrößen bzw. Bezugsobjekte sind die Kalkulationsobjekte der Einzelkosten- und Deckungsbeitragsrechnung.

*Modell des Unternehmungsprozesses*

(2) Durch **Entscheidungen** können **Auszahlungen und Einzahlungen direkt oder indirekt ausgelöst** werden. Beispielsweise lösen Beschaffungsentscheidungen Auszahlungen direkt aus. Demgegenüber wird unterstellt, daß durch eine Entscheidung beispielsweise über die Annahme eines Auftrags zunächst eine Entscheidung über den Einsatz der zur Erstellung erforderlichen Produktionsfaktoren ausgelöst wird. Diese Einsatzdisposition löst ihrerseits eventuell eine Beschaffungsdisposition über nicht vorrätige Produktionsfaktoren aus, wodurch schließlich Auszahlungen ausgelöst werden. Die Entscheidung über die Annahme eines Auftrages löst also indirekt, d. h. über eine Entscheidungskette, Auszahlungen aus.

*Zahlungsfolgen von Entscheidungen*

*Kostenbegriff*

(3) Nach Riebel sind Kosten „die durch die Entscheidung über das betrachtete Objekt – nicht kompensierten – ausgelösten zusätzlichen Ausgaben (Auszahlungen)". **Werden keine Auszahlungen ausgelöst, entstehen definitionsgemäß keine Kosten.** Der Kostenbegriff ist daher zweifelsohne **zahlungsstromorientiert** und der **pagatorischen** Interpretation der Kosten zuzuordnen. Er deckt sich jedoch nicht mit dem – üblicherweise als pagatorisch bezeichneten – ausgabenbezogenen Kostenbegriff Kochs (vgl. hierzu S. 916 f.). Werden beispielsweise am Lager vorrätige Kostengüter verbraucht, so werden keine tatsächlichen früheren oder fiktiven gegenwärtigen Anschaffungsausgaben angesetzt. Vielmehr werden zukünftige Anschaffungsausgaben als Kosten angesetzt, sofern durch Entscheidungen über den Einsatz vorrätiger Produktionsfaktoren „automatisch" Ersatzbeschaffungsentscheidungen ausgelöst werden. Wird in einem Fertigungsprozeß hingegen vorhandenes Lagermaterial verbraucht, das nicht wieder beschafft werden soll, so entstehen durch dessen Verbrauch keine zusätzlichen Auszahlungen und somit auch keine Kosten. Riebel bezeichnet den verwendeten Kostenbegriff als „entscheidungsorientiert".

*Zurechnung nach dem Identitätsprinzip*

(4) **Zurechnungen** von **Auszahlungen** auf **Kostengüter**, von **Einzahlungen** auf **Leistungsgüter**, von **Einzahlungen und Auszahlungen** auf **Bezugsobjekte** usw. erfolgen nach dem **"Identitätsprinzip"**. Als Zurechnungen werden hierbei Gegenüberstellungen eindeutig zusammengehöriger Größen betrachtet. Allgemein sind zwei Größen dann eindeutig zusammengehörig und somit nach dem Identitätsprinzip zurechenbar, wenn diese Größen durch dieselbe Entscheidung oder Entscheidungskette ausgelöst werden. Werden beispielsweise Güterverzehre und Auszahlungen durch dieselbe Absatzentscheidung (über eine Entscheidungskette) ausgelöst, so sind diese Auszahlungen den Güterverzehren zurechenbar. Diese Auszahlungen sind auch dem Auftrag, der Gegenstand der Absatzentscheidung ist (Bezugsobjekt), zurechenbar.

(5) Ausgehend von **Hierarchien von Bezugsobjekten** werden die Ein- und Auszahlungen für diejenigen Bezugsobjekte gesammelt, denen sie nach dem Identitätsprinzip eindeutig zurechenbar sind. Die mit dem Identitätsprinzip einem Bezugsobjekt **eindeutig zurechenbaren Ein- bzw. Auszahlungen** werden als **Einzelerlöse bzw. -kosten** bezeichnet. Einzelerlöse bzw. -kosten sind also Ein- bzw. Auszahlungen, die auf dieselbe Entscheidung oder Entscheidungskette zurückführbar sind, wie die Existenz des Bezugsobjektes selbst. **Gemeinerlöse bzw. -kosten** in bezug auf ein Bezugsobjekt sind demgegenüber Ein- bzw. Auszahlungen, die durch „übergeordnete", auch noch andere als das betrachtete Bezugsobjekt betreffende Entscheidungen ausgelöst werden. Sie sind jedoch in bezug auf ein übergeordnetes Bezugsobjekt als Einzelerlöse bzw. -kosten zu betrachten. In diesem Sinne spricht Riebel von „relativen Einzelerlösen und -kosten".

*relative Einzel-/ Gemeinkosten, Einzel-/Gemeinerlöse*

*Grund- und Auswertungsrechnungen*

(6) In der Einzelkosten- und Deckungsbeitragsrechnung werden im wesentlichen eine **Grundrechnung der Kosten**, eine **Grundrechnung der Erlöse** und eine Reihe sich an die Grundrechnungen anschließende **Auswertungsrechnungen** durchgeführt. In der Grundrechnung der Kosten erfolgt die Schichtung der Auszahlungen entsprechend zuvor gebildeter Hierarchien von Bezugsobjekten nach dem Identitätsprinzip. Zusätzlich zur Gliederung der Kosten in Einzelko-

sten relativ zu den Bezugsobjekten werden in der Grundrechnung Kostenkategorien gebildet. Kostenkategorien stellen Unterarten des Allgemeinbegriffs „Kosten" dar. Kostenkategorien werden z. B. nach dem Verhalten gegenüber den Haupteinflußfaktoren (Erzeugnismengen usw.) oder nach der Genauigkeit der Erfassung gebildet. In dieser Grundrechnung sollen die Kosten möglichst zweckneutral, zumindest aber in einer für unterschiedliche Auswertungen geeigneten Gliederung gesammelt werden. Auch die Erlöse sind in einer differenzierten Grundrechnung der Erlöse so aufzuzeichnen, daß auf einzelne Komponenten des Gesamterlöses zu Auswertungszwecken schnell und zielgerichtet zurückgegriffen werden kann. Für die Erstellung der Grundrechnungen werden monatliche und jährliche Zusammenstellungen empfohlen. Die Art der in den Grundrechnungen vorzunehmenden Mehrfachklassifizierungen der Kosten und der Erlöse hängt davon ab, welche Auswertungsrechnungen beabsichtigt sind, d. h. in bezug auf welche Sachverhalte (Bezugsobjekte, Bezugsgrößen, Kalkulationsobjekte) ein Ausweis als Einzelkosten bzw. Einzelerlöse erforderlich erscheint. Grundsätzlich lassen sich sach- und zeitbezogene Auswertungen und damit auch sach- und zeitbezogene Bezugsgrößenhierarchien unterscheiden. Die **Auswertungsrechnungen sind mehrstufige Deckungsbeitragsrechnungen**, die zur Ableitung differenzierter spezifischer Deckungsbeiträge führen. Für die die Betrachtungsperiode übergreifenden Kosten (vgl. S. 1021) ist eine Zeitablaufrechnung vorgesehen.

## *Grundrechnung der Kosten*

Eine für die Grundrechnung wesentliche Unterscheidung ist die zwischen Leistungs- und Bereitschaftskosten. Als **Leistungskosten** werden Kosten bezeichnet, deren Höhe vom tatsächlich realisierten Leistungsprogramm abhängt. Sie ändern sich automatisch, wenn Art, Menge oder Wert der hergestellten bzw. abgesetzten Leistungen variieren. Demgegenüber entstehen **Bereitschaftskosten** aufgrund erwartungsbestimmter Dispositionen, die die Voraussetzungen für die Verwirklichung des Leistungsprogramms schaffen sollen. Zweifelsfälle werden den **Mischkosten** zugeordnet. Abbildung 8.42 zeigt in vereinfachter Form drei typische Bezugsgrößenhierarchien, die bei der Zuordnung von Leistungs- bzw. Bereitschaftskosten in der Grundrechnung der Kosten Berücksichtigung finden können. Erzeugnis- und organisationsbezogene Bezugsgrößen sind Formen der sachbezogenen Gliederung.

*Leistungskosten*

*Bereitschaftskosten*

*Mischkosten*

| a) erzeugnisbezogen | b) organisationsbezogen | c) zeitbezogene |
|---|---|---|
| Gesamtproduktion | Unternehmung | Jahr |
| Erzeugnisgruppe | Unternehmungsbereich | Quartal |
| Fertigungsauftrag | Abteilung | Monat |
| Erzeugniseinheit | Kostenstelle | Tag |

*Abb. 8.42: Vereinfachtes Schema möglicher Bezugsgrößenhierarchien*

Die Detaillierung der konkreten Untergliederung einer objektbezogenen Bezugsgrößenhierarchie richtet sich an den Informationsbedürfnissen und den gegebenen produktionstechnischen und absatzwirtschaftlichen Verbunden-

*objektbezogene Bezugsgrößenhierarchie*

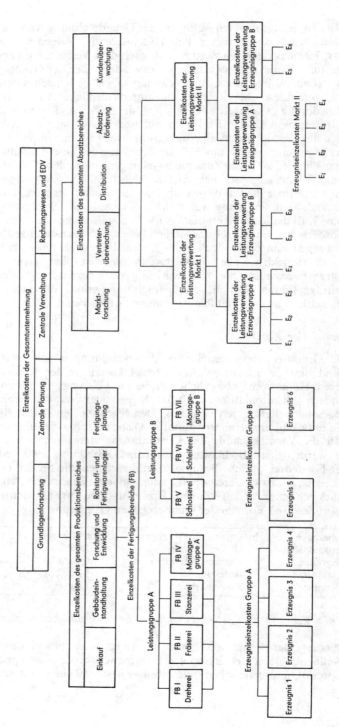

*Abb. 8.43: Objektbezogene Bezugsgrößenhierarchie*

heitsverhältnissen aus. Ein Beispiel einer tiefergehenden objektbezogenen Untergliederung zeigt Abbildung 8.43, der Elemente sowohl der erzeugnisbezogenen als auch der organisationsbezogenen Unterteilung zugrunde liegen.

Die zeitraumbezogene Zurechnung der Kosten ist weniger für die Leistungskosten als vielmehr für die Bereitschaftskosten (Fixkosten) zu lösen. Entwickelt man die in Abbildung 8.42 angegebene zeitbezogene Gliederung weiter, so lassen sich nach der Zurechenbarkeit auf bestimmte Perioden von unterschiedlicher Dauer z. B. Schicht-, Tages-, Wochen-, Monats-, Quartals-, Halbjahres- und Jahreseinzel- bzw. -gemeinkosten (Periodenhierarchie) unterscheiden (vgl. Abbildung 8.44). Sie stellen **Bereitschaftskosten „geschlossener" Perioden** dar. Bei diesen Kosten ist die zeitraumbezogene Verpflichtung fest begrenzt, beispielsweise durch einen zeitlich determinierten Liefer- oder Arbeitsvertrag. **Periodeneinzelkosten** längerer Zeiträume sind **Periodengemeinkosten kürzerer Zeiträume**. Bereitschaftskosten „offener" Perioden entstehen, wenn die Dauer der Unveränderlichkeit der Periodengemeinkosten nicht im Zeitpunkt der

*zeitraumbezogene Bezugsgrößen*

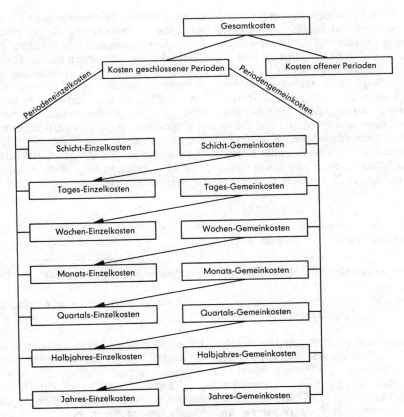

*Abb. 8.44: Zeitraumbezogene Bezugsgrößenhierarchie*

Aufstellung der Rechnung, sondern erst nach Ablauf der technischen oder ökonomischen Nutzungsmöglichkeiten der Potentialfaktoren bestimmt werden kann (z. B. Anschaffungsausgaben für langfristig nutzbare Maschinen und Gebäude).

Die Grundrechnung der Kosten stellt eine kombinierte Kostenarten-, Kostenstellen- und Kostenträgerrechnung dar. Eine Kombination dieser drei Grundrechnungsarten der traditionellen Kostenrechnung liegt insofern vor, als die Kosten unmittelbar bei den Kalkulationsobjekten (z. B. Kostenträger, Kostenstelle usw.) und Periodenabschnitten erfaßt werden, denen sie direkt zurechenbar sind. Eine Kostenstellenrechnung zur Verteilung von Kostenträgergemeinkosten auf Kostenstellen und eine Kostenträgerrechnung zur Schlüsselung dieser Kosten auf Kostenträger ist daher nicht erforderlich. Um den Zusammenhang zu den traditionellen Kostenrechnungssystemen zu gewährleisten, werden bei der Darstellung der Grundrechnung die klassischen Begriffe der Kostenarten-, Kostenstellen- und Kostenträgerrechnung soweit wie möglich beibehalten.

*Kostenartenrechnung*

In der Kostenartenrechnung werden bei einer Istkostenrechnung alle in einer Periode effektiv angefallenen und bei einer Plankostenrechnung alle geplanten Kosten erfaßt. „Die Unterschiede in der Kostenerfassung gegenüber der herkömmlichen Kostenrechnung liegen einmal darin, daß **schon bei der Erfassung** und erst recht bei der Zusammenfassung in der Kostenartenrechnung die **Zugehörigkeit zu den einzelnen Kostenkategorien** beachtet werden muß und zum anderen, daß zu den übrigen Kostenstellen und Kostenträgern noch **weitere Bezugsgrößen** hinzukommen können, z. B. ‚Sortenwechsel an sich‘, ‚Aufträge an sich‘ (d. h. ohne die in den Positionen erhaltenen Leistungsmengen), Verkaufsbezirke, Kundengruppen, Absatzwege usw." (Riebel). Die Einteilung der Kosten in die Kategorien Leistungskosten, Bereitschaftskosten und Mischkosten ergibt das in Abbildung 8.45 vereinfacht dargestellte Kostenartenschema für das Rechnen mit relativen Einzelkosten.

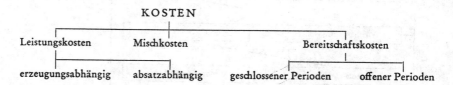

*Abb. 8.45: Vereinfachtes Schema für die Kostenartenrechnung mit relativen Einzelkosten*

*Kostenstellenrechnung*

Da die Kostenarten bereits differenziert nach Bezugsgrößen zu erfassen sind, ist in der Kostenstellenrechnung eine Umverteilung auf Kostenstellen nicht mehr notwendig. Der erste Schritt der Kostenstellenrechnung ist also bereits im Rahmen der Kostenartenrechnung vollzogen. Diese Kombination von Kostenarten- und Kostenstellenrechnung wird zweckmäßig wiederum mit Hilfe einer Art BAB (Kostensammelbogen) durchgeführt, bei dem in der Kopfzeile die Bezugsgrößen (Kostenträger, Kostenstellen, gemeinsame Zurechnungsbereiche usw.), in der Kopfspalte die Kostenarten bzw. Kostenkategorien aufgeführt sind. Hinsichtlich der Kostenstellengliederung kann dabei die funktionale Einteilung der traditionellen Kostenrechnung grundsätzlich beibehalten werden; der Grundsatz der Kostenstellenbildung nach Verantwortungsbereichen rückt an die erste Stelle, wenn die betriebliche Kontrolle im Vordergrund steht.

| | | ZURECHNUNGSOBJEKTE | I | II | III | IV | V | VI | VII | VIII | IX | X | XI | XII | XIII | XIV |
|---|---|---|---|---|---|---|---|---|---|---|---|---|---|---|---|---|
| | | | Hilfsstelle | \multicolumn{3}{l}{KOSTENSTELLEN} | Material-stelle | Verwalt.-stelle | Vertriebs-stelle | Gesamt-unternehmen | \multicolumn{5}{l}{KOSTENTRÄGER} | $\Sigma$ |
| | | | | \multicolumn{3}{l}{Fertigungsstellen} | | | | | \multicolumn{5}{l}{Erzeugnisarten} | |
| KOSTENKATEGORIEN | | KOSTENARTEN (Beispiele) | H | F₁ | F₂ | F₃ | M | VW | V | G | P₁ | P₂ | P₃ | P₄ | P₅ | |
| 1 | absatzabhängige Kosten / absatzwertabhängige Kosten | Verkaufsprovision | | | | | | | | | 20 | 10 | 5 | 15 | 10 | 60 |
| 2 | | Umsatzlizenzen | | | | | | | | | — | 5 | 15 | — | 20 | 40 |
| 3 | | Zölle | | | | | | | | | 5 | — | — | 10 | 5 | 20 |
| 4 | von sonstigen Faktoren abhängige Kosten | Ausgangsfrachten | | | | | | | 80 | | | | | | | 80 |
| 5 | | Verpackungskosten | | | | | | | 50 | | | | | | | 50 |
| 6 | LEISTUNGSKOSTEN / losgrößenunabhängige Kosten | Materialverluste | | 5 | — | 5 | | | | | | | | | | 10 |
| 7 | | Energie | | 30 | 15 | 20 | | | | | | | | | | 65 |
| 8 | erzeugungsmengen-abhängige Kosten | Rohstoffe | 30 | | | | | | | | 60 | 75 | 100 | 50 | 70 | 385 |
| 9 | | Hilfsstoffe | 50 | | | | | | | | 10 | 10 | 20 | 5 | 15 | 110 |
| 10 | | Energie | | | | | | | | | 5 | 10 | 15 | 10 | 5 | 45 |
| 11 | | Lizenzen | | | | | | | | | 10 | — | — | 15 | — | 25 |
| 12 | | Überstunden-Löhne | | | 10 | | | 5 | | | 5 | 10 | — | 10 | 15 | 55 |
| 13 | | Personal-Leasing-Kosten | | | | | | 10 | | | — | 5 | 5 | — | — | 20 |
| 14 $\Sigma$ | Leistungskosten | | 80 | 35 | 25 | 25 | — | 15 | 130 | | 115 | 125 | 160 | 115 | 140 | 965 |
| 15 | Monatseinzelkosten | Fertigungslöhne | 10 | 80 | 85 | 70 | | | | | | | | | 10*) | 255 |
| 16 | | Betriebsstoffe | 5 | 10 | 10 | 5 | 5 | 5 | 15 | | | | | | | 55 |
| 17 | | Fremddienste | 5 | — | 5 | 10 | 10 | 10 | 5 | | | | | | | 45 |
| 18 | | Büromaterial | 5 | 5 | 10 | 5 | 5 | 10 | 10 | | | | | | | 50 |
| 19 | | Heizmaterial | 5 | 10 | 5 | 10 | 5 | 5 | 5 | | | | | | | 45 |
| 20 | BEREITSCHAFTSKOSTEN / Quartalseinzelkosten | Miete | | | | | 30 | | | | | | | | 5*) | 35 |
| 21 | | Versicherung | | | | | | 10 | | | | | | | | 10 |
| 22 | | Gehälter | 10 | 20 | 30 | 25 | 30 | 40 | 30 | | | | | | 10*) | 195 |
| 23 | Jahreseinzelkosten | Miete | | | | | | 20 | | | | | | | | 20 |
| 24 | | Vermögensteuer | | | | | | 50 | | | | | | | | 50 |
| 25 | | Grundsteuer | | | | | | 5 | | | | | | | | 5 |
| 26 | | Gewerbekapitalsteuer | | | | | | 10 | | | | | | | | 10 |
| 27 | | Pacht | | | | | | 10 | | | | | | | | 10 |
| 28 | | Pauschallizenzen | | | | | | | | | 5*) | | | | | 5 |
| 29 $\Sigma$ | Bereitschaftskosten | | 40 | 125 | 145 | 125 | 55 | 70 | 65 | 135 | — | 5 | — | — | 25 | 790 |
| 30 $\Sigma$ | Gesamtkosten (Zeile 14 + Zeile 29) | | 120 | 160 | 170 | 150 | 55 | 85 | 195 | 135 | 115 | 130 | 160 | 115 | 165 | 1 755 |

*) Hier werden Einzelkosten der Produktart als Ganzes (und nicht Einzelkosten einer Leistungseinheit der jeweiligen Produktart) ausgewiesen.

Abb. 8.46: *Der Aufbau der Grundrechnung im System der Einzelkosten- und Deckungsbeitragsrechnung (Beispiel einer Jahres-Grundrechnung der Kosten, entnommen aus Hummel/Männel, Kostenrechnung 2, S. 67)*

Von den Schritten der traditionellen Kostenstellenrechnung bleibt also im System der Deckungsbeitragsrechnung mit relativen Einzelkosten im wesentlichen nur die **innerbetriebliche Leistungsverrechnung**. Diese kommt nur für **meßbare** innerbetriebliche Leistungen in Betracht, deren Verzehr unmittelbar bei den empfangenden Kostenstellen erfaßt wird.

Die Höhe der Einzelkosten, die der empfangenden Kostenstelle zugerechnet werden, bemißt sich nach den Kosten, die aufgrund der Entscheidung über die innerbetriebliche Leistungslieferung bei der liefernden Stelle entstanden sind. Es erfolgt demnach auch hier eine Bewertung zu relativen Einzelkosten.

*Kostenträger-rechnung*

Mit der innerbetrieblichen Leistungsverrechnung ist die Grundrechnung der Kosten im wesentlichen abgeschlossen. Eine „Kalkulation" im klassischen Sinne erfolgt nicht mehr. Diese ist auch gar nicht notwendig, da die den Kostenträgern zurechenbaren Einzelkosten der Grundrechnung bzw. noch detaillierteren Uraufschreibungen unmittelbar entnommen werden können, andere Kosten nicht auf die Kostenträger verteilt werden (Ausnahme: Schlüsselung unechter Gemeinkosten ist möglich) und im übrigen auch für Lagerbestandsveränderungen eine Bewertung zu echten Einzelkosten zu erfolgen hat. Lediglich erzeugungsabhängige Kosten, die zunächst aus Kontrollgründen bei den Kostenstellen ausgewiesen wurden, sind noch auf die Erzeugnisse weiter zu verrechnen. Abb. 8.46 gibt eine vereinfachte Grundrechnung der Kosten wieder, die die Jahresgemeinkosten nicht ausweist.

## *Grundrechnung der Erlöse*

**Zurechnungshierarchien für die Erlöse** richten sich objektbezogen vorrangig an der Struktur der Teilmärkte und der Absatzorganisation aus. Bei der zeitraumbezogenen Zurechnung der Erlöse ist zu berücksichtigen, daß Leistungen, für die die Erlöse erzielt worden sind, während eines ganzen Zeitabschnitts und nicht zu einem Zeitpunkt entstanden sind. Wenn daher die Produktion eines Auftrags über mehrere Perioden hinweg erfolgt, sind die erzielten Erlöse allen diesen Perioden gemeinsam zuzurechnen. Auch bei den Erlösen gilt, daß eine Erfassung auf der untersten Ebene der Bezugsgrößenhierarchie zu erfolgen hat, bei der dies noch direkt möglich ist.

Die Grundrechnung der Erlöse „ist nach Art einer mehrdimensionalen Umsatzstatistik aufgebaut, die die Erlöse nach zahlreichen Merkmalen gruppiert, die für Absatzkontrolle und -planung relevant sind: etwa nach Artikelgruppen, Auftragsarten und -größenklassen, Kundengruppen, Absatzgebieten, Absatzwegen und anderen Teilmärkten" (Riebel). Erlösabhängigkeiten und Erlösminderungen sind entsprechend zu berücksichtigen; bei Planerlösrechnungen sind auch die sich ergebenden Abweichungen einzubeziehen.

## *Auswertungsrechnungen*

*Deckungsbeitrags-rechnung*

**Durch Einbeziehen der Erlöse wird die Rechnung mit relativen Einzelkosten zur Deckungsbeitragsrechnung.** Die für die Durchführung der Deckungsbeitragsrechnung notwendigen Daten erhält man durch Auswertung der Grundrechnung der Kosten und der Grundrechnung der Erlöse. **Die Auswertung der Grundrechnungen für Ermittlungs-, Vorgabe-, Prognose- und Kontrollzwecke kann im Hinblick auf alle Kalkulationsobjekte und -zeiträume erfolgen, die in die Bezugsgrößenhierarchien als relevante Einflußgrößen der Kosten- und Erlösentstehung eingehen.** Aus der Gegenüberstellung der bezugsgrößenorientierten Erlöse und Kosten ergeben sich neben vielfältigen Kennzahlen die Deckungsbeiträge der untersuchten Kalkulationsobjekte und/oder der zugrunde gelegten Perioden.

Ist die Erzeugniseinheit Kalkulationsobjekt, so läßt sich in der Deckungsbeitragsrechnung mit relativen Einzelkosten analog dem Produktdeckungsbeitrag im Direct Costing ein Stückbeitrag errechnen. Allerdings werden anders als im Direct Costing vom Nettoerlös nur die echten Einzelkosten, nicht die willkürlich zugeschlüsselten echten variablen Gemeinkosten subtrahiert. Um die Transparenz und Genauigkeit der Rechnung zu erhöhen, werden in einem zweiten Schritt die unechten Gemeinkosten, die aus Wirtschaftlichkeitserwägungen nicht als Einzelkosten erfaßt werden, gesondert angesetzt, so daß sich zwei Stückbeiträge ergeben (vgl. Abbildung 8.47).

*Stückbeitrag*

```
Nettopreis
– direkt erfaßte preisabhängige Kosten (z. B. Provisionen)
– direkt erfaßte sonstige absatzabhängige Kosten (z. B. Transport)
– direkt erfaßte erzeugungsabhängige Kosten (z. B. Einsatzstoffe, Energie)
= Stückbeitrag I (über die direkt erfaßten Einzelkosten)
– zugeschlüsselte unechte Gemeinkosten
= Stückbeitrag II (über sämtliche wesensmäßige Einzelkosten)
```

*Abb. 8.47: Ermittlung von Stückbeiträgen*

Darüber hinaus ist in der Deckungsbeitragsrechnung mit relativen Einzelkosten die Ermittlung von Deckungsbeiträgen möglich, die im klassischen Direct Costing nicht gebildet werden können. So wird z. B. häufig nicht ein einzelnes Produkt an einen Kunden abgesetzt, sondern ein Auftrag, der sich aus Produkten verschiedener Art und Menge zusammensetzt. Nach dem Direct Costing würden auch in diesem Fall produktspezifische Deckungsbeiträge errechnet. Für das hier betrachtete Deckungsbeitragssystem können solche produktspezifischen Deckungsbeiträge allenfalls Zwischenschritte zur Berechnung des Auftragsbeitrages darstellen. **Denn gemäß dem Identitätsprinzip müssen die Einzelerlöse und Einzelkosten des Auftrages insgesamt einander gegenübergestellt werden.** Wäre der Auftrag nicht zustande gekommen, so wären die produktspezifischen Deckungsbeiträge der Auftragskomponenten auch nicht angefallen. Es ist also nur konsequent, mit der Erfolgsbetrachtung auf der Ebene des Auftrages und nicht des einzelnen Produkts anzusetzen und somit einen auftragsspezifischen Deckungsbeitrag zu errechnen.

*spezifische Deckungsbeiträge*

Beim Übergang von der objekt- zur zeitraumbezogenen Deckungsbeitragsrechnung (**kurzfristige Erfolgsrechnung**) müssen nicht nur die Nettoumsätze und Einzelkosten aller in die Abrechnungsperiode fallenden Produkte, Pro-

*kurzfristige Erfolgsrechnung*

|  | Erzeugnisgruppe A ||||  Erzeugnisgruppe B ||
|  | Erzeugnis 1 | Erzeugnis 2 | Erzeugnis 3 | Erzeugnis 4 | Erzeugnis 5 | Erzeugnis 6 |
| --- | --- | --- | --- | --- | --- | --- |
|  | in Tsd | in Tsd | in Tsd | in Tsd | in Tsd | in Tsd |
| Bruttoerlös der Periode | 600 | 400 | 800 | 900 | 600 | 500 |
| ./. Erzeugniseinzelkosten der Leistungsverwertung | 120 | 80 | 100 | 170 | 90 | 60 |
| Nettoerlös | 480 | 320 | 700 | 730 | 510 | 440 |
| ./. Erzeugniseinzelkosten der Leistungserstellung | 200 | 180 | 350 | 400 | 205 | 180 |
| Deckungsbeitrag der Erzeugnisse über die Einzelkosten | 280 | 140 | 350 | 330 | 205 | 260 |
| ./. Vertriebseinzelkosten der Erzeugnisgruppen |  | 280 |  |  | 110 ||
| ./. Fertigungseinzelkosten der Erzeugnisgruppen (Fertigungsstellen und Fertigungsbereiche) |  |  |  |  |  |  |
| Fertigungsstelle I Dreherei |  | 60 |  |  |  |  |
| Fertigungsstelle II Fräserei |  | 70 |  |  |  |  |
| Fertigungsstelle III Stanzerei |  | 60 |  |  |  |  |
| Fertigungsstelle IV Montage Gruppe A |  | 110 |  |  |  |  |
| Fertigungsstelle V Schlosserei |  |  |  |  |  | 40 |
| Fertigungsstelle VI Schleiferei |  |  |  |  |  | 70 |
| Fertigungsstelle VII Montage Gruppe B |  |  |  |  |  | 30 |
| Deckungsbeitrag der Erzeugnisgruppen über die Fertigungs- und Vertriebseinzelkosten |  | 520 |  |  | 215 ||
| ./. Einzelkosten des gesamten Absatzbereichs |  |  | 100 |  |  |  |
| ./. Einzelkosten des gesamten Produktionsbereichs |  |  | 75 |  |  |  |
| ./. Einzelkosten der Gesamtunternehmung |  |  | 360 |  |  |  |
| Periodenergebnis |  |  | 200 |  |  |  |

Abb. 8.48: Beispiel einer Periodenerfolgsrechnung im System der Deckungsbeitragsrechnung mit relativen Einzelkosten

duktgruppen und der Abteilungen einbezogen werden, sondern auch die der Abrechnungsperiode zurechenbaren Periodeneinzelkosten. Werden diese von den Umsatzbeiträgen der abgesetzten Erzeugnisse subtrahiert, so ergibt sich der Periodenbeitrag, der zur Abdeckung von Gemeinkosten der Periode und Bereitschaftskosten offener Perioden zur Verfügung steht. Ein ausführliches Beispiel für die Periodenerfolgsrechnung findet sich in Abbildung 8.48.

Mit dieser hier nur prinzipiell angedeuteten Vorgehensweise können Erfolgsrechnungen für Abrechnungsperioden unterschiedlicher Dauer, beispielsweise täglich, monatlich und/oder jährlich geplant, ex post dargestellt und analysiert werden. Die Deckungsbeitragsrechnung mit relativen Einzelkosten erweist sich somit als vieldimensionales, zeitlich fortschreitendes System von einzelnen Deckungsbeitragsrechnungen, in denen die sich jeweils entsprechenden Kosten- und Erlösanteile einander gegenübergestellt werden.

Wählt man das Jahr als längsten Zeitraum, für den noch eine Periodenerfolgsrechnung durchgeführt wird, so sind diejenigen Ausgaben noch unberücksichtigt, die Gemeinkosten eines betrachteten Jahres darstellen. Dies sind z. B. Investitionsausgaben mit noch offener Nutzungsdauer, Ausgaben oder Ausgabenverpflichtungen für bekannte, aber mehrjährige Nutzungsdauern (z. B. aufgrund eines mehrjährigen nicht kündbaren Vertrages) oder Ausgaben für Nutzungspotentiale, deren Bindung zumindest über die Jahresgrenze hinausreicht. Für sie schlägt Riebel die Durchführung einer **„überjährigen Zeitablaufrechnung"** vor. In ihr werden diese Kosten kumuliert und den kumulierten Deckungsbeiträgen der einzelnen Jahre gegenübergestellt. Diese Rechnung zeigt, inwieweit getätigte Ausgaben bzw. bestehende Ausgabenverpflichtungen insgesamt von den bislang erwirtschafteten Periodendeckungsbeiträgen bereits abgedeckt sind. Abbildung 8.49 soll den Grundgedanken dieser Rechnung

*überjährige Zeitablaufrechnung*

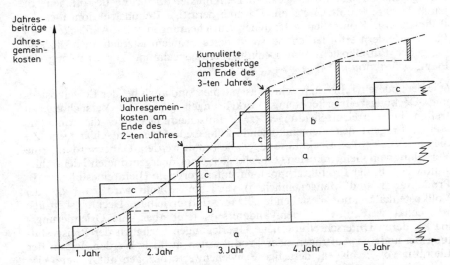

*Abb. 8.49: Überjährige Zeitablaufrechnung nach Riebel*

verdeutlichen. Die Höhe der entstandenen Ausgaben bzw. bestehenden Ausgabenverpflichtungen wird dabei durch die Ordinatenwerte, nicht durch die Flächen angegeben. Diese Rechnung endet im Zeitpunkt der Unternehmensliquidation, zu dem der Totalerfolg festgestellt werden kann.

## Zur Beurteilung des Systems

*Problem Mehrfachzuordnung der Daten*

Der Gedanke, möglichst zweckneutrale Grundrechnungen der Kosten und der Erlöse als „Datenbanken" aufzubauen, erfordert die Erfassung und Speicherung einer Vielzahl von Merkmalsausprägungen der erhobenen Kosten- und Erlösdaten. Eine wirtschaftlich tragbare Realisierung dieses Konzeptes ist wohl nur mit Hilfe der EDV möglich. Der Einsatz der EDV trägt zwar auch hier zur Erleichterung und Vereinfachung bei, jedoch in erster Linie in technisch-organisatorischer Hinsicht. Die Mehrfachzuordnung der Daten in einem mehrdimensionalen Klassifikationssystem, d. h. die „Kontierung" der mitzuspeichernden Merkmalsausprägungen, erfordert Entscheidungen der „vor Ort" mit dieser Aufgabe betrauten Mitarbeiter. Ob das Identitätsprinzip hierfür ein hinreichend operationales Entscheidungskriterium darstellt, erscheint zumindest für die Erfassung der Istdaten fraglich. Die nachträgliche Identifizierung der Bezugsgrößen, denen Kosten und/oder Erlöse so zugeordnet werden können, daß sie bei Auswertungsrechnungen zur Verfügung stehen, dürfte angesichts der Komplexität des betrieblichen Entscheidungsgefüges erhebliche Schwierigkeiten bereiten. Das Denken in Veränderungen, die durch eine bestimmte Disposition ausgelöst werden (marginalanalytisches Denken), ist zwar für Vorteils-Nachteils-Abwägungen und damit für die Entscheidungsfindung unerläßlich, bezieht sich jedoch unter diesen Voraussetzungen auf Erwartungsgrößen. Eine detaillierte Rekonstruktion des tatsächlichen Betriebsgeschehens nach dem gleichen Denkmuster dürfte die Betroffenen vor kaum lösbare Probleme stellen. Da eine derartige Rekonstruktion auch im Rahmen von Kontrollen getroffener Entscheidungen zum Aufdecken von Planungsfehlern erforderlich ist, stellt dieses Problem letztlich auch die Eignung der Einzelkosten- und Deckungsbeitragsrechnung zur Erfüllung der Planungsfunktion in Frage.

*Deckungsbudget*

Wie bei anderen Teilkostenrechnungssystemen sind auch bei der Einzelkosten- und Deckungsbeitragsrechnung Vorkehrungen gegen die Versuchung zu treffen, bei Einzelentscheidungen (z. B. Entscheidungen über die Annahme von Aufträgen) den Gemeinkostendeckungsbedarf zu vernachlässigen. Zu diesem Zweck sollen Deckungsbudgets bestimmt werden. Dabei wird auf eine Verteilung von Gemeinkosten (Einzelkosten einer übergeordneten Hierarchiestufe wie z. B. der Produktgruppe) auf untergeordnete Hierarchiestufen (z. B. Produktarten und Mengeneinheiten) verzichtet. Damit wird zwar die bei Vollkostenkalkulation bestehende Gefahr, daß erzielbare Deckungsbeiträge verschenkt werden, vermieden, andererseits fehlt aber eine Orientierungsmarke, deren Unterschreitung neue Überlegungen bezüglich der Preisgestaltung bei anderen Aufträgen oder Produktarten auslöst. Werden, wie in der Literatur vorgeschlagen, derartige Schwellenwerte bezogen auf Listenpreise vorgegeben, so wird implizit doch eine zur Vollkostenrechnung analoge Verteilung der Kosten auf Erzeugniseinheiten vorgenommen. Über deren Unterschreitung muß dann unter Berücksichtigung der Marktsituation und des Gesamtdeckungsbedarfes entschieden werden. Existieren jedoch solche Schwellenwerte nicht, so führt jede zu erwägende Unterschreitung von Listenpreisen, die z. B. unter Berücksichtigung von Deckungsbedarfserfordernissen und Marktgegebenheiten festgelegt wurden, zu internen Verhandlungen über Möglichkeiten zur Befriedigung des Deckungsbedarfs. Dies kann dazu führen, daß die in Verkaufsgesprächen oft erforderliche kurzfristige Entschlußfassung unnötigerweise behindert wird.

Ein weiteres, in Teilkostenrechnungssystemen allgemein bestehendes Problem ergibt sich aus der Verrechnung von innerbetrieblichen Leistungen. Die Systemkonzeption der Einzelkosten- und Deckungsbeitragsrechnung steht einer Belastung von Leistungsempfängern mit höheren als den Einzelkosten dieser Leistungen ausdrücklich entgegen. Dies kann zu einem Nachfrageverhalten der Leistungsempfänger führen, das eine ständige Aus- oder gar Überlastung der leistenden Bereiche bewirkt und die Forderung nach Kapazitätserweiterungen laut werden läßt. *Innerbetriebliche Leistungsverrechnung*

Die Deckungsbeitragsrechnung auf der Basis relativer Einzelkosten und -erlöse stellt ein theoretisch weit entwickeltes Kostenrechnungssystem dar. Die Berücksichtigung der diesem System zugrundeliegenden Prinzipien trägt dazu bei, Fehlinterpretationen und Fehldispositionen zu vermeiden, die sich aus einer unkritischen Verwendung von Vollkosteninformationen und aus einer unkritischen Verrechnung von Kosten auf Perioden in Teilkostenrechnungen auf der Basis der Trennung fixer und variabler Kosten ergeben können. Inwiefern sich ein Kostenrechnungsmodell bewähren kann, das die betriebliche Realität möglichst exakt abbilden möchte, obwohl gerade die Vereinfachung ein wesentliches Element der Modellbildung darstellt, kann nur die Anwendung in der Praxis zeigen.

## 6. Kosteninformationen als Grundlage der Entscheidungsfindung

Im folgenden werden ausgewählte Anwendungsbereiche der Kostenrechnung exemplarisch dargestellt. Aus der Vielfalt betriebswirtschaftlicher Entscheidungsprobleme seien die folgenden herausgegriffen:
– Problem der Bestandsbewertung
– Festsetzung von Preisuntergrenzen
– Programmplanung auf der Grundlage prognostizierter Deckungsbeiträge
– Verfahrensvergleich
– Eigenfertigung oder Fremdbezug.

Dabei ist zu beachten, daß die Kostenrechnung jeweils nur einen Teil der insgesamt benötigten Informationen liefern kann. Endgültige Entscheidungen können nur unter Berücksichtigung aller übrigen Teilbereiche des Betriebs getroffen werden.

*Problem der Bestandsbewertung*

Die Kostenrechnung soll Informationen für die Bewertung von unfertigen und fertigen Erzeugnissen liefern.

Im Rahmen der Kosten- und Leistungsrechnung ist dies für die Ermittlung des Betriebsergebnisses erforderlich. Sie muß aber auch die für die Bewertung von Beständen und Bestandsveränderungen in der handels- und steuerrechtlichen Rechenschaftslegung benötigten „Herstellungskosten" (genauer: Herstellungsaufwendungen) liefern, da sie das Instrumentarium für die Verteilung von Aufwandsarten auf die Ergebnisse des Herstellungsprozesses bereithält.

Dabei entsteht die Frage, inwieweit Voll- bzw. Teilkostenrechnungssysteme für diese Aufgabe geeignet sind. Die Vollkostenrechnung bewertet die Erzeugnisse zu Vollkosten. Aus der Sicht der Teilkostenrechnungssysteme ergibt sich die logische Forderung, die Bestandsänderungen zu Teilkosten zu bewerten (variable Kosten oder Einzelkosten). Es widerspricht dem Teilkostendenken, wenn einzelnen Kostenträgern zeitraumbezogene Fixkosten anteilig zugerechnet werden würden. Die unterschiedlichen Auswirkungen von Voll- und Teilkostenrechnungen bei der Bestandsbewertung werden im Beispiel der Abbildung 8.50 unter Zugrundelegung des Gesamtkostenverfahrens verdeutlicht.

Im Beispiel der Abbildung 8.50 weist die kurzfristige Erfolgsrechnung auf Teilkostenbasis einen Verlust aus, da der Deckungsbeitrag geringer ist als die

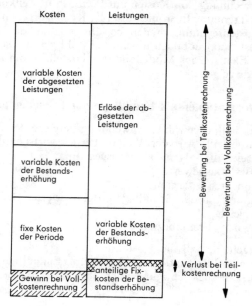

Abb. 8.50: *Bewertung von Bestandsänderungen in der kurzfristigen Erfolgsrechnung (hier Bestandserhöhung)*

fixen Kosten. Bei Vollkostenbewertung der Bestandserhöhung dagegen wird ein Gewinn ausgewiesen, da die den Bestandsänderungen zugerechneten Fixkosten nicht als Kosten behandelt werden, die von den Erlösen dieser Periode zu decken sind, sondern als Bestandteil des Wertes derjenigen Erzeugnismengen, die erst in späteren Perioden zu Erlösen führen.

Die Wertansätze der selbstgefertigten Produkte (unfertige und fertige Erzeugnisse) der Handels- und Steuerbilanz unterliegen bestimmten rechtlichen Normen. Daher sind die Teilkostenrechnungssysteme zu ihrer Ermittlung nur insoweit geeignet, als sie nicht gegen die Normen des Gesetzgebers verstoßen. In der Literatur findet sich keine einheitliche Meinung über die Zulässigkeit der Bewertung der selbsterstellten Produkte mit den ihnen zurechenbaren direkten Kosten gemäß den Ergebnissen der Teilkostenrechnungssysteme.

**Grundsätzlich scheint ein Ansatz der unfertigen und fertigen Erzeugnisse mit ihren variablen Kosten den Grundprinzipien des Aktiengesetzes nicht zu widersprechen.** *handelsrechtliche Beurteilung*

Für den handelsrechtlichen Wertansatz schreibt § 155 AktG die Bewertung der unfertigen und fertigen Erzeugnisse zu Herstellungskosten vor, sofern die Marktpreise nicht darunter liegen. In die Herstellungskosten „... dürfen in angemessenem Umfang Nutzungen und sonstige Wertminderungen, sowie angemessene Teile der Betriebs- und Verwaltungskosten eingerechnet werden, die auf den Zeitraum der Herstellung entfallen. Vertriebskosten gelten nicht als Betriebs- und Verwaltungskosten" (§ 153 Abs. 2 AktG). Die Kostenträgereinzelkosten bilden bei der Bewertung der unfertigen und fertigen Erzeugnisse die Wertuntergrenze. Ein die variablen Kosten übersteigender Wertansatz bedeutet in der Regel die Aktivierung noch nicht realisierter Deckungsbeiträge, was einem streng ausgelegten Vorsichtsprinzip widerspricht. Hinzu kommt, daß eine solche Bewertung in Zeiten der Vorratsproduktion zu hohe, in Perioden sinkender Halb- und Fertigwarenläger jedoch zu geringe Gewinne ausweist. Die Begründung hierfür ergibt sich in Analogie zum Beispiel der kurzfristigen Erfolgsrechnung (vgl. Abb. 8.46) aus der handelsrechtlichen Gewinn- und Verlustrechnung.

**Aus der Sicht der Steuerbilanz ist eine Bewertung der Bestände an unfertigen und fertigen Erzeugnissen zu direkten Kosten nicht zulässig.** *Steuerrecht*

Die Gründe hierfür liegen sowohl in der mangelnden Auseinandersetzung der Steuerbehörden mit dem Fixkostenproblem als auch in der Traditionsgebundenheit des Steuerrechts. **Die Bestandsbewertung ist daher auf Vollkostenbasis durchzuführen.**

*Festsetzung von Preisuntergrenzen*

**Die kurzfristige Preisuntergrenze stellt eine Grundlage für die Preispolitik des Industriebetriebs dar.** Mit ihr wird nur ein Teil der Produktionskosten vergütet. Ihr Ansatz als Verkaufspreis kann im Einproduktbetrieb nur von kurzer Dauer sein. Auf lange Sicht muß die Preisgestaltung die gesamten Kosten decken, wenn der Bestand der Unternehmung nicht gefährdet werden soll. **Langfristig ist also ein Vollkostendenken erforderlich.**

Kurzfristige Preispolitik ist nur dann unbedenklich, wenn die Stellung der Unternehmung im Markt eine autonome Preispolitik erlaubt. Aufgrund der Existenz kostenwirtschaftlicher, absatzwirtschaftlicher und finanzwirtschaftlicher Entscheidungstatbestände ist zwischen einer **kostenbestimmten,** einer **erfolgsbestimmten** und einer **liquiditätsorientierten** Preisuntergrenze zu unterscheiden.

*kostenbestimmte Preisuntergrenze*

**Die kostenbestimmte Preisuntergrenze ergibt sich aus der Summe der Kosten eines Erzeugnisses, die vermeidbar sind, wenn die Herstellung dieses Produktes unterbleibt.** Sie müßte genau genommen „Stillegungs-Preisuntergrenze für die zukünftige Produktion unter kostenbestimmtem Aspekt" heißen (Heraeus). Diese für den Einproduktbetrieb gültige Feststellung gilt grundsätzlich auch für den Mehrproduktbetrieb, sofern die Produktarten keine gemeinsamen variablen Kosten aufweisen. Fallen jedoch variable Kosten für mehrere Erzeugnisarten gemeinsam an, wie z. B. bei allen Fällen der Kuppelproduktion, kann die Preisuntergrenze nur für die Gesamtheit der Produktarten ermittelt werden, die kostenrechnerisch durch die variablen Trägergemeinkosten verbunden sind. Die kurzfristige Preisuntergrenze spielt außerdem bei der Entscheidung über die Annahme von Zusatzaufträgen eine Rolle. Jede Preisstellung über der Preisuntergrenze erbringt einen Deckungsbeitrag bzw. Gewinn.

Aufgrund ihrer Konzeption sind die Systeme der Teilkostenrechnung in der Lage, die kurzfristige kostenbestimmte Preisuntergrenze zu ermitteln. Voraussetzung dafür ist die getrennte Ermittlung und Berechnung der vermeidbaren und der unvermeidbaren Kosten. Bei kurzfristiger Betrachtung decken sich die unvermeidbaren Kosten mit dem Fixkostenblock, die vermeidbaren Kosten mit den variablen Kosten. **Demnach entspricht die kostenbestimmte Preisuntergrenze $p_i^k$ eines Produktes i den variablen Stückkosten $v_i$ dieses Produktes.**

(8.23) $\quad p_i^k = v_i$

Der Genauigkeitsgrad der auf diese Weise ermittelten Preisuntergrenze bestimmt sich nach der Genauigkeit der Kostenspaltung in kurzfristig vermeidbare oder variable und kurzfristig unvermeidbare oder fixe Kosten.

*erfolgsbestimmte Preisuntergrenze*

Die kostenbestimmte Preisuntergrenze ist nur von untergeordneter Bedeutung, wenn im Mehrproduktbetrieb der Absatz eines Gutes den Absatz anderer Güter des Produktionsprogramms der Unternehmung beeinflußt. Ist ein **Absatzverbund** dieser Art gegeben, kann das preispolitische Ziel der Unternehmung nicht mehr darin bestehen, für jedes einzelne Produkt den größtmöglichen Erfolg zu erzielen. An seine Stelle muß bei Sortimentsverbund das Streben nach dem bestmöglichen Gesamterfolg aus der Verwertung des gesamten Leistungsprogramms treten. Es ist durchaus denkbar, daß steigende Deckungsbeiträge aus dem Verkauf einzelner Produktarten sinkende oder fehlende Deckungsbeiträge aus der Verwertung anderer Produktarten ausgleichen, auch wenn diese langfristig unter ihren variablen Kosten verkauft werden (Kalkulatorischer Preisausgleich, vgl. auch Teil 5, S. 573 ff.). Die Festlegung der Preisuntergrenze der Produkte wird in diesem Sinne vom Erfolg bestimmt. Unter der vereinfachenden Annahme, daß von Produkt i nur ein Stück abgesetzt wird, gilt: **Die erfolgsbestimmte Preisuntergrenze $p_i^e$ des Produktes i ist dann erreicht, wenn die durch die Preissenkung erwartete Erlöseinbuße $\hat{e}_i$ dieses Produktes gerade noch durch die dadurch bei den anderen Produkten verursachten erwarteten Deckungsbeitragszunahmen $\hat{z}_j$ kompensiert wird.**

(8.24) $\qquad p_i^e = v_i - \hat{e}_i; \quad \hat{e}_i = \sum_{\substack{j=1 \\ j \neq i}}^{m} \hat{z}_j$.

Die Ablehnung einer Preissenkung bei einem Produkt kann wegen des bestehenden Sortimentsverbundes aber auch zu Deckungsbeitragseinbußen bei den übrigen Produkten führen. Dann ergibt sich $\hat{e}_i$ als Summe der vermeidbaren Deckungsbeitragsabnahmen bei den anderen Produkten. Soll die Preissenkung für mehrere (z. B. einen bestimmten Auftrag) oder alle Produkteinheiten von i gelten, so ist zur Ermittlung der stückbezogenen Größe $\hat{e}_i$ der Gesamtbetrag der zu erzielenden Deckungsbeitragszunahmen bzw. der zu vermeidenden Deckungsbeitragsabnahmen durch die Gesamtzahl der von der Preissenkung betroffenen Mengeneinheiten von i zu dividieren.

Da die Größe $\hat{e}_i$ erwartungsabhängig ist, kann als erfolgsbestimmte Preisuntergrenze nur ein Bereich, nicht jedoch ein fester Wert angegeben werden.

Bei den bisherigen Überlegungen blieben die Zusammenhänge zwischen der Preisstellung und der Aufrechterhaltung der Liquidität unberücksichtigt. Die betriebliche Leistungserstellung und -verwertung berührt die dispositive Liquidität der Unternehmung. Daraus wird vielfach der Schluß gezogen, daß die Auszahlungswirksamkeit der Kosten bei der Preisstellung zu beachten sei. **Danach sind kurzfristig die Preise der Erzeugnisse so zu setzen, daß zumindest die kurzfristig zu Auszahlungen werdenden Kosten gedeckt** sind. Voraussetzung für die Ermittlung einer liquiditätsorientierten Preispolitik ist es daher, die Kostenarten einzuteilen in:

*liquiditätsbestimmte Preisuntergrenze*

(1) Kosten, die keine Auszahlungen verursachen (z. B. kalkulatorische Eigenkapitalzinsen),

(2) Kosten, die Auszahlungen verursachen:
    a) kurzfristig zu Auszahlungen werdende Kosten (z. B. variable Kosten wie Materialkosten, fixe Kosten wie Zeitlöhne, Gehälter, Monatsmieten),
    b) Kosten, die auf vorab geleistete Auszahlungen zurückgehen (z. B. Abschreibungen, vorausbezahlte Mieten),
    c) langfristig zu Auszahlungen werdende Kosten (z. B. Steuern, Versicherungsprämien).

**Die liquiditätsorientierte Preisuntergrenze $p_i^l$ ist gleich der kurzfristigen kostenbestimmten Preisuntergrenze $v_i$, vermehrt um die kurzfristig auszahlungswirksamen proportionalisierten Fixkosten $k_i^{f,\,a}$ und vermindert um die vorab geleisteten stückbezogenen Auszahlungen $k_i^b$.**

(8.25) $\quad p_i^l = v_i + k_i^{f,\,a} - k_i^b.$

Liquiditätsorientierte Preisentscheidungen der Unternehmung sind daher so zu fällen, daß die zu Auszahlungen führenden Kosten durch die Erlöse der erwarteten Verkaufsmengen gedeckt sind. Unter kurzfristigen Aspekten können die langfristig auszahlungswirksamen Kosten außer acht gelassen werden.

Die liquiditätsorientierte Preisuntergrenze kann jedoch nur Ausgangsdatum für die Preisbestimmung sein. Sie gewährleistet weder die Aufrechterhaltung der Liquidität der Unternehmung, noch führt eine Unterschreitung dieser Preisschwelle in jedem Fall zur Illiquidität, da die Liquidität der Unternehmung primär von Zahlungseingängen und -ausgängen abhängt, die oft nur mittelbar mit dem Produktions- und Absatzprozeß verknüpft sind (vgl. z. B. Kreditaufnahme und -tilgung). Daher kann die liquiditätsorientierte Preisuntergrenze allenfalls als ergänzendes Instrument bei der Liquiditätsüberwachung betrachtet werden.

### Programmplanung auf der Grundlage prognostizierter Deckungsbeiträge

*Programm-entscheidungen*

Für Entscheidungen über die art- und mengenmäßige Zusammensetzung des Fertigungsprogramms gilt in besonderem Maße, daß sie nur bei simultaner Berücksichtigung beschaffungspolitischer, produktionstechnischer, absatz- und finanzwirtschaftlicher Ziele und Nebenbedingungen getroffen werden können. Wenn dennoch im folgenden die Produktbeurteilung und Programmwahl hauptsächlich auf der Basis von Kostenzahlen erfolgt, so sind die Ergebnisse der Kostenrechnung als Teil einer umfassenden Analyse zu verstehen, die neben kostenrechnerischen alle übrigen entscheidungsrelevanten Aspekte der betrieblichen Funktionsbereiche einbeziehen muß.

Im Rahmen der Programmplanung ist von einer gegebenen Ausstattung und somit von gegebenen Kosten der Betriebsbereitschaft auszugehen.

*Stückdeckungs-beiträge*

**Wird davon ausgegangen, daß bei gegebener Kapazität keine aktuellen Engpässe vorhanden sind, so sind die Stück-Deckungsbeiträge für jede Produktart (bzw. die Deckungsbeiträge für Produktgruppen) das Entscheidungskriterium für die Zusammenstellung des Produktionsprogramms.**

Die absolute Höhe des Bruttogewinns pro Stück besagt, wie hoch sein Beitrag zur Deckung der fixen Kosten und zur Gewinnerzielung ist. Das Periodenergebnis verbessert (verschlechtert) sich mit jeder zusätzlich (weniger) hergestellten und abgesetzten Einheit um diesen Betrag. Ist kein aktueller Engpaß im Beschaffungs-, Produktions-, Absatz- und Finanzierungsbereich gegeben, so sind die Produkte in der Rangfolge der Höhe ihrer Deckungsbeiträge in der Fertigung und im Absatz zu forcieren.

*spezifische Deckungsbeiträge*

**Bei Auftreten von aktuellen Engpässen kommt dem spezifischen oder engpaßbezogenen Deckungsbeitrag für die Entscheidung über die Zusammensetzung des Produktionsprogramms eine zentrale Bedeutung zu.** Er ergibt sich aus der Division des Deckungsbeitrages eines Produktes durch die von ihm in Anspruch genommenen Einheiten des Engpaßsektors.

(8.26) $\quad\dfrac{\text{Deckungsbeitrag je Einheit}}{\text{des Engpaßsektors}} = \dfrac{\text{Stückpreis ./. variable Stückkosten}}{\text{Engpaßbelastung pro Stück}}$

Als Beispiele können spezifische Deckungsbeiträge je Maschinenlaufzeit-, je Arbeitszeiteinheit oder je Einheit des Engpaßrohstoffes angeführt werden. Solange nur **ein Engpaß** vorliegt, läßt der spezifische Deckungsbeitrag erkennen, welche Verwendungsart des Engpasses den größten Gewinn verspricht. Daraus folgt, daß die Programmwahl nach der Rangfolge der spezifischen Deckungsbeiträge vorgenommen wird. Verlagert sich der Engpaß auf einen anderen Unternehmungsbereich, so kann sich die Rangfolge der Produkte ändern.

**Bei m e h r e r e n Engpässen läßt sich die Rangfolge der Produkte nur mit Hilfe der linearen Programmierung bestimmen.** Die Programmplanung wird im folgenden an einem Beispiel aufgezeigt.

*Programmentscheidung bei einem Engpaß*

Das potentielle Produktionsprogramm eines Fertigungsbetriebes besteht aus den Produkten A, B und C. Die Fertigung erfolgt in mehreren Stufen, wobei alle Produkte die Fertigungsbereiche Dreherei und Fräserei mit unterschiedlichen Fertigungsstückzeiten beanspruchen, während die Schmiede nur für die Erstellung der Produkte A und C benötigt wird. Es sei zunächst angenommen, daß nur ein Engpaß im Produktionsbereich gegeben ist, und zwar in der Dreherei mit maximal 600 Fertigungsstunden. Wird weiterhin unterstellt, daß für alle Produkte unbeschränkte Absatzmöglichkeiten bestehen, so wird die Unternehmung bei angestrebter Maximierung des Bruttogewinns nur das Erzeugnis C produzieren, da der auf seine Engpaßeinheit (Fertigungsstunde der Dreherei) bezogene Deckungsbeitrag von C am größten ist (vgl. Abb. 8.51). Bildet die Fräserei den Engpaß, so würde unter sonst gleichen Annahmen nur Produkt B hergestellt. Im Engpaßbereich Schmiede wird Produkt A bevorzugt.

Es soll nun die Annahme unbeschränkter Absatzmöglichkeiten aufgehoben und angenommen werden, daß von Produkt A maximal 400, von Produkt B maximal 500 und von C maximal 1000 Einheiten abgesetzt werden können. Zugleich wird unterstellt, daß nur die Dreherei den Engpaßsektor bildet. Das Ziel ist nun, den höchstmöglichen Deckungsbeitrag dadurch zu erreichen, daß der Betrieb sein Produktionsprogramm optimal gestaltet.

Nach der Rangfolge der engpaßbezogenen Deckungsbeiträge würde sich beispielsweise die maximale Fertigungszeit des Engpaßsektors wie folgt aufteilen:

$$\begin{array}{rl} 1000 \cdot 0{,}2 = & 200 \text{ Stunden für C} \\ 400 \cdot 0{,}6 = & 240 \text{ Stunden für A} \\ \text{Rest:} \quad 160 \cdot 1{,}0 = & \underline{160 \text{ Stunden für B}} \\ & 600 \text{ Stunden} \end{array}$$

Solange nur **ein** Produktionsengpaß in die Entscheidungsüberlegungen einbezogen wird, müssen alle übrigen Faktoren so reichlich vorhanden sein, daß eine Änderung der Zusammensetzung des Produktionsprogramms keine

*Programmentscheidung bei mehreren Engpässen*

| Produkt-art | A | B | C |
|---|---|---|---|
| Erlös pro Stück | 20 | 50 | 40 |
| variable Kosten | 6 | 33 | 32 |
| DB/Stück | 14 | 17 | 8 |

| Fertigungs-bereich | Fertigungszeit/Stück (Stunden) A | B | C | Maximale Kapazität in Stunden |
|---|---|---|---|---|
| Dreherei | 0,6 | 1,0 | 0,2 | 600 |
| Fräserei | 0,8 | 0,7 | 1,6 | 560 |
| Schmiede | 0,5 | — | 0,5 | 300 |

| Fertigungs-bereich | spezifische Deckungsbeiträge [vgl. (8.16.)] A | B | C |
|---|---|---|---|
| Dreherei | 23,33 | 17 | 40 |
| Fräserei | 17,5 | 24,29 | 5 |
| Schmiede | 28 | — | 16 |

*Abb. 8.51: Ausgangsdaten der optimalen Programmplanung (Beispiel)*

neuen Engpässe entstehen läßt. Liegen dagegen **mehrere** Kapazitätsbeschränkungen gleichzeitig vor, so läßt sich die Ermittlung des optimalen Produktionsprogramms nicht mehr allein durch einfaches Rechnen durchführen. Eine Lösung kann sich dann nur mit Hilfe mathematischer Optimierungsrechnungen ergeben.

Ein wertvolles Hilfsmittel stellt in diesem Zusammenhang die lineare Programmierung dar, mit deren Hilfe das vorliegende Entscheidungsproblem gelöst werden kann (vgl. dazu auch Teil 4, S. 462 ff.). Vereinfachend sei dabei angenommen, daß nur die Erzeugnisse A und B die Produktionsalternativen bilden.

*Zielfunktion*   Ausgehend von den absoluten Deckungsbeiträgen der beiden Produkte läßt sich unter der Annahme unbeschränkter Absatzmöglichkeiten das **Zielkriterium** (Deckungsbeitrag), das zu maximieren ist, in einer linearen Gleichung definieren:

$$14\ x_A + 17\ x_B = \text{DB der Periode} \rightarrow \max!$$

($x_A$: Menge des Gutes A; $x_B$: Menge des Gutes B).

Dabei sind die Engpässe im Produktionsbereich in Form von Nebenbedingungen zu berücksichtigen. Die Fertigungszeit des gesamten Produktionsprogramms darf die maximalen Periodenkapazitäten der drei Werkstätten nicht übersteigen:

*Nebenbedingungen*

$$\begin{aligned}\text{Dreherei:} &\quad 0{,}6\ x_A + 1{,}0\ x_B \leq 600 \\ \text{Fräserei:} &\quad 0{,}8\ x_A + 0{,}7\ x_B \leq 560 \\ \text{Schmiede:} &\quad 0{,}5\ x_A \phantom{+ 0{,}0\ x_B} \leq 300\end{aligned}$$

Für die mathematische Lösung ist zusätzlich zu beachten, daß $x_A$ und $x_B$ keine negativen Werte annehmen dürfen (Nicht-Negativitätsbedingung).

Die Lösung des dargestellten einfachen Optimierungsproblems läßt sich graphisch ermitteln. Dazu werden in einem Koordinatensystem die maximal möglichen Herstellmengen der Produkte A und B für die Engpaßsektoren Dreherei ($x^D_{A,\ max}$; $x^D_{B,\ max}$), Fräserei ($x^F_{A,\ max}$; $x^F_{B,\ max}$) und Schmiede ($x^S_{A,\ max}$) auf der Ordinate bzw. Abszisse abgetragen und durch Geraden (Kapazitätslinien) verbunden (vgl. Abbildung 8.48). Die Kapazitätslinien stellen für jeden Engpaßsektor den geometrischen Ort alternativer Mengenkombinationen bei extremer Ausnützung der verfügbaren Kapazität dar; sie entsprechen den oben dargestellten Gleichungen. Die durch die Kapazitätslinien begrenzte schraffierte Fläche ergibt das Feld möglicher Lösungen. Durch Einbeziehen der Zielfunktion in Form einer Geraden AA' (Deckungsbeitragslinie), deren Steigung durch das Verhältnis der Deckungsbeiträge von A und B bestimmt wird, läßt sich die optimale Lösung graphisch darstellen. Zu diesem Zweck wird die Gerade AA' parallel so weit verschoben, bis sie das schraffierte Feld tangiert. Das vom Tangentialpunkt T auf die $x_A$- und $x_B$-Achse gefällte Lot bestimmt die Mengenkombinationen für das optimale Produktionsprogramm.

*graphische Lösung*

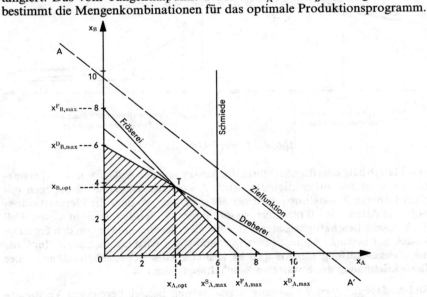

*Abb. 8.52: Graphische Lösung der optimalen Programmplanung (Beispiel)*

Die graphische Methode läßt sich allerdings zur Lösung von linearen Programmierungsaufgaben nur einsetzen, solange nicht mehr als zwei Grundvariablen (hier: zwei Produkte) gegeben sind. Bei drei und mehr Grundvariablen ist die graphische Lösung nicht mehr möglich. Die Lösung des linearen Ansatzes erfolgt in diesem Falle mit Hilfe analytischer Verfahren. Einen häufig angewandten Algorithmus zur Bewältigung linearer Planungsaufgaben stellt die Simplex-Methode dar.

*Verfahrensvergleich*

Ein weiterer Anwendungsbereich der Kostenrechnung liegt im kostenmäßigen Vergleich von Produktionsverfahren. Dabei sind der **Verfahrensvergleich im Falle der Neuanschaffung** und der **Verfahrensvergleich auf Basis vorhandener Kapazitäten** zu unterscheiden.

*Neuanschaffung*

Stehen im Fall der Neuanschaffung zwei Anlagen zur Wahl, die sich bis auf die Struktur der beschäftigungsfixen und der beschäftigungsvariablen Kosten nicht voneinander unterscheiden (d. h. insbesondere gleiche Anschaffungskosten), so muß der Kostenstrukturvergleich als Entscheidungshilfe dienen. Abbildung 8.53 a verdeutlicht den Zusammenhang.

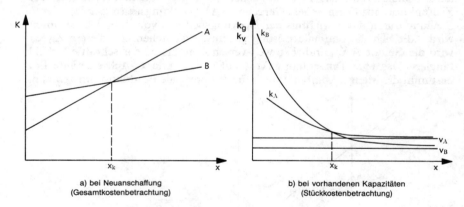

a) bei Neuanschaffung
(Gesamtkostenbetrachtung)

b) bei vorhandenen Kapazitäten
(Stückkostenbetrachtung)

*Abb. 8.53: Verfahrensvergleich*

Wird langfristig eine durchschnittliche Auslastung der Anlage von $x < x_k$ erwartet, so ist offensichtlich die Alternative A kostengünstiger; wird dagegen mit einer höheren Auslastung gerechnet als $x_k$ ($x > x_k$), so liegt die Gesamtkostenhöhe bei Alternative B niedriger, so daß B gewählt wird. $x_k$ stellt in diesem Fall die **kritische Beschäftigungsmenge** dar, bei der die eine Anlage von den Gesamtkosten her betrachtet günstiger bzw. ungünstiger wird als die andere. **Im Falle der Neuanschaffung von Anlagen ist also eine Gesamtkostenbetrachtung unter Berücksichtigung der erwarteten Beschäftigung sinnvoll.**

*vorhandene Kapazitäten*

Stehen dagegen zwei Verfahrensalternativen im Betrieb bereits zur Verfügung und ist zu entscheiden, ob für einen kurzfristigen innerbetrieblichen Fertigungsauftrag die Inanspruchnhme von Anlage A oder Anlage B kostengünstiger ist, so führt die Gesamtkostenbetrachtung zu Fehlentscheidungen. Es ist in diesem Falle nämlich zu berücksichtigen, daß die beschäftigungsfixen Kosten der Anlage ohnehin anfallen, unabhängig von ihrer Auslastung. Daher sind nur die von der Beschäftigungsentscheidung abhängigen Kosten, also die Einzelkosten dieser Entscheidung, in die Vergleichsrechnung einzubeziehen. Das sind in diesem Fall (vgl. Abb. 8.53 b) die beschäftigungsvariablen Stückkosten. **Es ist folglich das Verfahren zu wählen, das die geringeren variablen Stückkosten bewirkt** – im Beispiel also das Verfahren B ($v_B < v_A$). **Diese Entscheidung ist bei linearem Kostenverlauf (im Gegensatz zur Vollkostenbetrachtung bei Neuanschaffung) u n a b h ä n g i g von der Ausbringungsmenge.** Denn ob nun mehr oder weniger als $x_k$ Stücke auf einer bestehenden und freien Anlage produziert werden – in jedem Falle entstehen durch diese Entscheidung nur zusätzliche Kosten in Höhe der mit der produzierten Menge multiplizierten variablen Stückkosten, und diese Größe ist im Beispiel für Verfahren B immer geringer als für Verfahren A.

Bei einem Vergleich bestehender Verfahren auf der Basis von gesamten Stückkosten (k) kann es zu Fehlentscheidungen kommen, da die Fixkosten auf die Produktmenge anteilig verteilt werden. Hier würde erst bei einer Auftragsmenge von mehr als $x_k$ das Verfahren B gegenüber A vorgezogen; zuvor würde fälschlicherweise Verfahren A favorisiert, da es geringere Stückvollkosten aufweist (vgl. Abb. 8.53 b). An dem dargestellten Problem wird die Notwendigkeit einer Teilkostenbetrachtung besonders deutlich. Nur die durch die Entscheidungsalternativen veränderbaren Kosten können als Entscheidungsgrundlage dienen, nicht dagegen solche, die bei genauer Betrachtung mit dem zu lösenden Problem nichts zu tun haben.

## *Eigenfertigung oder Fremdbezug*

Ähnlich wie beim Verfahrensvergleich ist bei Entscheidungen über Eigenfertigung oder Fremdbezug von **Endprodukten** vorzugehen. Sind **Kapazitäten** frei, so dürfen nur die variablen Kosten pro Endprodukt der Eigenfertigung dem Beschaffungsmarktpreis gegenübergestellt werden. **Sind dagegen die vorhandenen Kapazitäten ausgelastet** und ist die Eigenfertigung nur bei einer Ausstattungsänderung möglich, so sind auch die fixen Kosten in die Überlegung einzubeziehen.

*Endproduktfertigung*

Spezifische Probleme ergeben sich, wenn sich für mehrere **Vor- oder Zwischenprodukte** die Frage stellt, ob sie auf eigenen Anlagen gefertigt oder vom Markt bezogen werden sollen. Geht man von der Annahme aus, daß einige dieser Produkte – und nur diese – die gleiche Eigenfertigungskapazität beanspruchen und diese Kapazität begrenzt ist, so ergibt sich ein Engpaßproblem, das formal dem der Absatzprogrammplanung gleicht. Allerdings – und dies ist das Besondere – besteht nun nicht die Möglichkeit, einen Deckungsbeitrag pro Stück (Preis ./. Einzelkosten) zu errechnen, diesen auf die Engpaßeinheit zu beziehen und als Entscheidungskriterium für die Vorziehenswürdigkeit eines Produktes in der Eigenfertigung zu benutzen. Die zu fertigenden Vor- und Zwischenpro-

*Zwischenproduktfertigung*

dukte haben nämlich im allgemeinen keinen Absatzpreis, der eine solche Berechnung erlaubt. Sie sind vielmehr Bestandteil marktfähiger Produkte von übergeordneten Produktionsstufen. Eine Erlöszurechnung auf die Produkteinzelteile ist aber nach den Regeln der Zurechnungslogik nicht möglich.

*Ersparnisbeiträge*

Eine Möglichkeit, trotz fehlender Deckungsbeiträge eine kostenorientierte Entscheidung vorzubereiten, besteht in der Ableitung von **Ersparnisbeiträgen** pro Stück. Als Ersparnisbeitrag ist dabei die Differenz zwischen dem Beschaffungsmarktpreis pro Stück und den Einzelkosten pro Stück in der Eigenfertigung definiert, wenn die Einzelkosten pro Stück geringer sind als der Beschaffungspreis. Indem man diesen Ersparnisbeitrag auf die Engpaßeinheit der Eigenfertigungskapazität bezieht, läßt sich auch hier ähnlich wie im Falle der Absatzprogrammplanung ein spezifischer oder engpaßbezogener Beitrag, genauer gesagt ein Ersparnisbeitrag pro eigengefertigtem Stück einer Produktart errechnen. Dieser wird zur Grundlage der Entscheidung über die Belegung des Eigenfertigungsengpasses gemacht. Die nicht mehr zum Zuge kommenden Produktarten und/oder -mengen werden vom Markt beschafft. Auf diese Weise kann eine kostenoptimale Entscheidung über Eigenfertigung und Fremdbezug für die Materialdisposition bzw. die Fertigungsvorbereitung getroffen werden.

## 7. Entwicklungstendenzen

In jüngster Zeit ist ein Wiederaufleben der Gemeinkostendiskussion festzustellen. Im Vordergrund stehen dabei diejenigen Unternehmungsbereiche, die nicht direkt der Produktion oder dem Verkauf zugerechnet werden können.

*Gemeinkostenbereich*

Dies sind neben den verschiedenen Stabsabteilungen beispielsweise die Bereiche Forschung und Entwicklung, Marktforschung, Werksverwaltung, Einkauf, Finanz-, Rechnungs-, Personal-, Rechtswesen usw. Die Bedeutung dieser Bereiche hat in der Vergangenheit stark zugenommen, was in vielen Unternehmungen mit einer beträchtlichen Erhöhung der Gemeinkosten einherging. Deshalb steht gerade in Zeiten mit dringendem Kostensenkungsbedarf der Gemeinkostenbereich im Mittelpunkt von Einsparungsbemühungen. Dies ist auch darauf zurückzuführen, daß die Kostensenkungspotentiale im Produktionsbereich als weitgehend ausgeschöpft gelten.

*Gemeinkostenproblematik*

Der Gemeinkostenbereich weist u. a. folgende Besonderheiten auf:

– Die Gewinnung sinnvoller Leistungsmaßstäbe ist nicht oder nur unter großen Schwierigkeiten möglich.

– Selbst in den Teilbereichen, in denen valide Leistungsindikatoren aufgefunden werden können, lassen sich oftmals keine Input/Outputbeziehungen herstellen.

– Meist ist es nicht oder nur innerhalb sehr weiter Grenzen möglich, vom geplanten Fertigungsprogramm auf den hierzu nötigen Umfang der Leistungserstellung im Gemeinkostenbereich zu schließen.

Hieraus ergeben sich vor allem zwei Konsequenzen. Zunächst sind dem teilweise geforderten Einsatz herkömmlicher (Plan-)Kostenrechnungssysteme in diesem Bereich (Verwaltungskostenrechnung, Informationskostenrechnung) enge Grenzen gezogen. Wo Leistungen nicht gemessen werden können und keine klaren Beziehungen zwischen Leistungsentstehung und hierfür erforderlichem Wertverzehr identifizierbar sind, läßt sich die Wirtschaftlichkeit der Leistungserstellung nicht mit Hilfe von Soll-Ist-Vergleichen kontrollieren.

*Eignung der Kostenrechnung*

Aber selbst in Teilbereichen, in denen dies gelingen könnte, ist der Nutzen solcher Informationen oft gering. Weitaus wichtiger wäre eine Antwort auf die Frage, ob die wirtschaftlich erstellte Leistung vom Leistungsempfänger in der gelieferten Quantität und Qualität überhaupt benötigt wird.

Zur Kostensenkung im Gemeinkostenbereich wurden und werden – insbesondere bei akuter Kostensenkungsnotwendigkeit – **pauschale Kürzungen der Kostenvorgaben** (Budgets) vorgeschlagen. Derartige Pauschalkürzungen sind aus mehreren Gründen problematisch. Zum einen berücksichtigen sie nicht die meist unterschiedlichen Reduktionspotentiale in einzelnen Bereichen, zum anderen haben die Leistungsersteller die Möglichkeit, auf sie mit Einschränkungen der Leistungserbringung in einer Weise zu reagieren, die (zumindest kurzfristig) nicht offensichtlich wird. Hieraus können sich unter Umständen erhebliche Risiken für die Gesamtunternehmung ergeben.

*pauschale Budgetkürzung*

Nicht zuletzt wegen der mangelnden Eignung pauschaler Budgetkürzungen zur Eindämmung der Kostenentwicklung im Gemeinkostenbereich wurden von Theorie und Praxis eine Reihe von Verfahren zur Kostensenkung (und Mittelumverteilung) entwickelt. Hierbei haben die **Gemeinkosten-Wertanalyse (GWA)** der Unternehmungsberatungsgesellschaft McKinsey und das im deutschsprachigen Raum von A. T. Kearny propagierte **Zero-Base-Budgeting (ZBB)** die größte Bedeutung erlangt.

**Die GWA zielt in erster Linie auf eine Kostensenkung durch den Abbau nicht (unbedingt) notwendiger Leistungen.** Sie unterscheidet sich damit von anderen wertanalytischen Ansätzen (z. B. administrative Wertanalyse), die vorrangig eine rationellere Leistungserstellung anstreben. Zur Erreichung des Abbauzieles ist es notwendig, die Leistungsbeziehungen zu identifizieren und die jeweiligen Leistungsempfänger in Kosten-Nutzen-Überlegungen einzubeziehen. Hauptbeteiligte der GWA sind demnach die Leiter der liefernden Bereiche sowie sämtliche als Empfänger interner Leistungen in Frage kommenden Führungskräfte.

*Gemeinkostenwertanalyse*

Der Ablauf der GWA läßt sich grob in die eigentliche Analysephase und die Realisationsphase einteilen. Die Analysephase besteht aus den folgenden fünf Schritten:

1. Festlegung der **Untersuchungseinheiten.** Sie werden in der Regel mit den bestehenden Abteilungen (Kostenstellen) identisch sein. Dies ist jedoch nicht zwingend.

2. Jeder Leiter einer Untersuchungseinheit hat anzugeben, welche Arten von **Leistungen** seine Untersuchungseinheit für welche Leistungsempfänger

erbringt und welche **Leistungen** sie zur Erfüllung der eigenen Aufgaben von anderen Abteilungen **bezieht**. Darüber hinaus hat er die gesamten Kosten für jede in seiner Untersuchungseinheit erstellte Leistung abzuschätzen.

3. In Arbeitsgruppen, die von Repräsentanten der liefernden und der empfangenden Stellen vergleichbarer Leistungen gebildet werden, sind **Kosteneinsparungsideen** in vorgegebener Höhe (z. B. 40%) zu entwickeln.

4. Die entwickelten Einsparungsideen werden in den einzelnen Arbeitsgruppen hinsichtlich ihrer **Konsequenzen** (erzielbare Kostensenkung, Risiken bei Wegfall der Leistung) untersucht und gemäß ihrer Attraktivität in eine Rangordnung gebracht.

5. Die oberste Führungsebene entscheidet über die durchzuführenden Maßnahmen und legt die Termine für deren Realisation fest.

Welcher Zeitraum für die Realisation der verabschiedeten Maßnahmen angesetzt wird, hängt grundsätzlich davon ab, für wie dringlich eine Kostensenkung in der jeweiligen Unternehmung gehalten wird. Je nachdem, wie diese Beurteilung ausfällt, kann der Abbau erkannter personeller Überkapazitäten durch Verzicht auf Wiederbesetzung frei werdender Stellen, vorzeitige Pensionierungen, innerbetriebliche Umsetzungen bzw. Personalfreisetzungen erfolgen.

Während die **GWA** vorrangig auf eine **Kostensenkung** im Gemeinkostenbereich abzielt, trägt das **ZBB Kostensenkungs- und Umverteilungsnotwendigkeiten** gleichermaßen Rechnung. Die Notwendigkeit zur Umverteilung von Mitteln im Gemeinkostenbereich ergibt sich daraus, daß zur Erreichung insbesondere der strategischen Unternehmensziele eine verbesserte Ausstattung einzelner Teilbereiche des Gemeinkostenbereichs nötig sein kann. Soll bzw. kann trotz zusätzlichen Mittelbedarfs die Mittelzuweisung für den Gemeinkostenbereich reduziert bzw. zumindest nicht erhöht werden, dann müssen durch Reduktionsmaßnahmen in einzelnen Teilbereichen die für die Aufstockung anderer Teilbereiche notwendigen Mittel beschafft werden. Erwägungen solcher Art können auch bei der GWA in die Diskussion zwischen den Beteiligten einfließen. Die Umverteilungsentscheidungen werden durch dieses Verfahren jedoch nicht gestützt, da es keine Informationen darüber liefert, ob und gegebenenfalls in welchem Umfang die Erreichung der Unternehmungsziele eine verbesserte Ausstattung einzelner Teilbereiche des Gemeinkostenbereichs erfordert.

*Zero-Base-Budgeting*

Das **Zero-Base-Budgeting** wird seit ca. einem Jahrzehnt intensiv diskutiert und ist vor allem in den Vereinigten Staaten bereits weit verbreitet. Die deutsche Beratungspraxis sieht in ihm eine „Planungs- und Analysetechnik mit dem Ziel der Senkung der Gemeinkosten und des wirtschaftlichen Einsatzes der verfügbaren Ressourcen im Gemeinkostenbereich" (Meyer-Piening). Der Grundgedanke dieser Methode besteht darin, von der Fiktion eines Neubeginns auszugehen. Die Planung der Budgets für die einzelnen Einheiten des Gemeinkostenbereichs soll – im Gegensatz zur herkömmlichen Budgetierung – nicht auf bestehenden Budgetansätzen aufbauen, sondern von der Basis „Null" ausgehen; d. h. alle Budgetansätze sind immer wieder in Frage zu stellen und neu zu rechtfertigen.

Die Anwendung des ZBB erfordert zwingend eine ausdrückliche Formulierung strategischer und operativer Ziele. Der auf ihrer Grundlage ablaufende ZBB-Prozeß kann grob in vier Phasen eingeteilt werden:

1. Bildung von **Entscheidungseinheiten** (decision units) und Bestimmung eines verantwortlichen Mitarbeiters je Entscheidungseinheit (decision unit manager).

   Zu Entscheidungseinheiten sind inhaltlich zusammengehörige Aktivitäten zusammenzufassen. Dabei kann es sich um bestehende Abteilungen oder Kostenstellen, aber auch um Gruppen von Mitarbeitern, Funktionen, Projekten etc. handeln.

2. Formulierung von **Entscheidungspaketen** (decision packages). Dabei geht es im wesentlichen um die Beschreibung der Entscheidungseinheiten auf eine Weise, die eine effiziente Mittelzuweisungsentscheidung ermöglicht. Entscheidungspakete müssen somit Informationen über die (aus den operativen Zielen abzuleitenden) Ziele der Entscheidungseinheit, alternative Verfahren zur Erreichung dieser Ziele, Vor- und Nachteile der ausgewählten Alternativen, Konsequenzen bei einer Ablehnung des Entscheidungspakets und benötigte Mittel für die Durchführung des Entscheidungspaketes enthalten. Die Gewinnung dieser Informationen obliegt den decision unit managern. Für die Allokationszielsetzung des ZBB ist es wesentlich, daß **pro Entscheidungseinheit unterschiedliche Stufen der Leistungserfüllung (Leistungsniveaus)** festgelegt, und in Entscheidungspaketen beschrieben werden. Regelmäßig erfolgt eine Beschränkung auf drei Leistungsniveaus: Das aktuelle Leistungsniveau (als gegenwärtiges qualitatives und quantitatives Gesamtarbeitsergebnis einer Entscheidungseinheit), ein niedrigeres Leistungsniveau, mit dem sich die Ziele der Entscheidungseinheit gerade noch erreichen lassen, und ein höheres Leistungsniveau mit verbesserter Zielerreichung, aber meist auch höherem Mittelbedarf.

   **In den niedrigsten Leistungsniveaus findet das Kostensenkungsziel des ZBB seinen Ausdruck.** Sie entsprechen sowohl hinsichtlich des Inhalts als auch hinsichtlich ihrer Ermittlung weitgehend der GWA. Analog dazu äußert sich das Allokationsziel des ZBB in der Formulierung von Entscheidungspaketen für die höheren Leistungsniveaus.

3. Erstellung einer **Rangordnung der Entscheidungspakete.** Für jedes Entscheidungspaket ist festzulegen, ob es für die Erreichung der Unternehmungsziele wichtiger oder weniger wichtig ist als die übrigen Pakete. Der Rangordnungsprozeß läuft in mehreren Stufen ab; er beginnt bei den für die Entscheidungseinheiten Verantwortlichen und setzt sich durch die gesamte Unternehmenshierarchie bis zur Unternehmensspitze fort.

4. Entscheidung über die **Mittelzuteilung (Budgetschnitt).** In dieser Phase werden die verfügbaren Mittel auf die einzelnen Entscheidungspakete gemäß deren Priorität aufgeteilt. Der Budgetschnitt erfolgt an der Stelle, an welcher das gesamte verfügbare Mittelvolumen aufgebraucht ist. Entscheidungspakete mit geringer Priorität werden nicht mehr genehmigt. Über die

Höhe des insgesamt verfügbaren Ressourcenvolumens sagt das ZBB selbst nichts aus. Sie ist das Ergebnis politischer Entscheidungsprozesse. Soll dieses Verfahren (auch) zur Kostensenkung im Gemeinkostenbereich eingesetzt werden, so ist es nötig, das bisher zur Verfügung stehende Mittelvolumen um einen der beabsichtigten Einsparung entsprechenden Prozentsatz zu vermindern.

Mit der Entscheidung über die Mittelzuteilung ist zwar eine Zuteilung auf Entscheidungspakete erfolgt, Budgets im herkömmlichen Sinne existieren damit jedoch noch nicht. Um die Durchführung der in den genehmigten Entscheidungspaketen enthaltenen Maßnahmen überwachen zu können, ist es u. U. erforderlich, die Entscheidungspakete in das vorhandene Planungs- und Kontrollsystem zu überführen.

*Informations- und Beteiligungserfordernisse*

Ebenso wie die GWA basiert auch das ZBB wesentlich auf der Mitwirkung von Entscheidungsträgern unterer und mittlerer Hierarchieebenen. Diese sind nicht nur am Prozeßablauf beteiligt, sondern gleichzeitig von den durch das Verfahren induzierten Maßnahmen auch potentiell betroffen.

**In der offenen und ausführlichen Unterrichtung aller Beteiligten und möglicherweise Betroffenen sowie in deren Absicherung gegen wirtschaftliche und soziale Härten ist somit eine wesentliche Voraussetzung für die erfolgreiche Ein- und Durchführung dieser Verfahren zu sehen.**

## IV. Zur Problematik eines integrierten Informationssystems

Die aus der Kostenrechnung gewonnenen Kosteninformationen erfüllen nur einen Teil der Informationsaufgaben, denen das Informationssystem eines Industriebetriebes gerecht werden muß. Hinzukommen müssen weiter Informationen aus den verschiedenen betrieblichen Funktionsbereichen, wie sie in den vorausgehenden Teilen dieses Buches beschrieben wurden. Diese unterschiedlichen Informationsaufgaben stehen nicht isoliert nebeneinander, sondern überschneiden und ergänzen sich. **Aufgrund dieser vielfältigen Interdependenzen im Informationswesen einer Unternehmung erhebt sich die Forderung, die vielfältigen Informationsaufgaben durch ein integriertes Informationssystem erfüllen zu lassen, das von den die Informationen benötigenden Entscheidungsträgern beansprucht werden kann.**

Insbesondere die Entwicklung der elektronischen Datenverarbeitung hat die Hoffnung auf die Realisierung betriebsindividueller integrierter Informationssysteme genährt. Die Fortschritte auf dem Gebiet der elektronischen Datenverarbeitung verändern wie kaum eine andere Entwicklung die Struktur der Unternehmungen. Am Anfang stand die Verwendung der EDV für klar abgegrenzte und wohl definierte Probleme wie Buchhaltung, Fakturierung oder Lohnabrechnung. Der zweiten Stufe sind die Versuche zuzuordnen, partiell integrierte Informationssyteme – z. B. auf dem Gebiete der Fertigungssteuerung – zu entwerfen. Die dritte Stufe, die Entwicklung sogenannter integrierter Management-Informationssysteme, ist, optimistisch gesprochen, nur in Ansätzen in einigen Unternehmungen vorhanden. Es herrschen keine einheitlichen Vorstellungen über die Aufgaben eines integrierten Informationssystems. Ausreichende Erfahrungen und endgültige Rezepte liegen nicht vor.

*Einflüsse durch die EDV*

Aus sozialwissenschaftlicher Sicht stellt sich das Informationssystem einer Betriebswirtschaft als Verhaltenssystem dar. Es besteht aus der strukturierten Menge der informationsgewinnenden und -verarbeitenden Verhaltensweisen der Organisationsmitglieder. Im folgenden soll jedoch in Anlehnung an den Sprachgebrauch der EDV-Praxis unter einem Informationssystem eine bestimmte Kombination von hard- und soft-ware-Elementen verstanden werden.

*Verhaltenssystem und EDV-System*

### 1. Die Entwicklung eines integrierten Informationssytems als komplexer Entscheidungsprozeß

Die Funktionsfähigkeit der betriebswirtschaftlichen Teilbereiche und ihr zielorientiertes Zusammenwirken stehen in unmittelbarem Zusammenhang mit der Qualität der Informationswirtschaft.

**Ausgangspunkt der Gestaltung eines integrierten Informationssystems bildet die Fixierung des Informationsprogramms, also die Frage nach Inhalt, Adressat und Zeitpunkt bereitzustellender Informationen.**

*Informationsprogramm als Ausgangspunkt*

Bereits hier zeigt sich die Problematik der Entwicklung eines integrierten Informationssystems: Es stellt sich die Frage nach der **Relevanz von Informationen**. Informationen sind relevant, wenn sie aus der Sicht eines Entscheidungsträgers zur Erfassung und Lösung eines Problems beitragen. Diese allgemeine Begriffsbestimmung muß in konkreten Entscheidungssituationen ihre Präzisierug erfahren.

*individueller Informationsbedarf*

**Aufgrund der Erkenntnisse der individualpsychologischen Informationsverarbeitungstheorie kann davon ausgegangen werden, daß der Informationsbedarf eines Entscheidungsträgers von seinem kognitiven Modell der Entscheidungssituation abhängt. Nur jene Nachrichten werden zu zweckorientiertem Wissen, die in das kognitive Modell der Situation eingehen.**

Dabei ist zu berücksichtigen, daß die Informationen sich auch nach der formalen Stellung des Organisationsmitgliedes sowie nach seinen intellektuellen Fähigkeiten zu richten haben. Das Modell der Entscheidungssituation ist dem Informationssender nur selten bekannt. Es wird beim Informationsempfänger erst durch bestimmte Stimuli gebildet oder verändert. Infolgedessen ist es nicht möglich, nur relevante Informationen zu übermitteln. Hinzu kommt, daß nicht alle künftigen Entscheidungsprobleme und Entscheidungssituationen bekannt sind, daß die Zusammensetzung der Organisationsmitglieder und deren Beziehungen untereinander einem ständigen Wandel unterworfen sind und daß auch informale Faktoren das Individualverhalten beeinflussen. Die Nichtberücksichtigung dieser Aspekte führt in den meisten Fällen zu einer **Über- oder Unterinformation** der Entscheidungsträger. **Betriebliche Informationssyteme werden somit unter Unständen zu „Management Misinformation Systems"  (Ackoff).**

*Ermittlung des Informationsbedarfs*

Mit letzter Gültigkeit kann die Frage nach der Relevanz von Informationen nicht beantwortet werden. Die Informationsbedürfnisse und das potentielle Informationsprogramm des Industriebetriebs lassen sich nur annäherungsweise feststellen. **Befragungen der Entscheidungsträger** auf allen Ebenen sowie **theoretische Analysen der Entscheidungen,** die ein Funktionsträger laufend zu treffen hat, geben gewisse Anhaltspunkte. Beide Formen ergänzen sich. Eine Befragung allein reicht nicht aus, um die für die Individuen relevanten Informationen herauszukristallisieren. Der einzelne weiß in der Regel nicht, welche Informationen er im Augenblick und in der Zukunft benötigt bzw. welche Informationen er in der Vergangenheit jeweils verarbeitet hat. Außerdem besteht die Gefahr, daß bestimmte – z. B. informale – Informationsquellen bewußt verschwiegen werden. Schließlich ist zu berücksichtigen, daß viele Organisationsmitglieder aus Status- und Prestigegründen bzw. im Interesse ihrer Karriere- und Sicherheitsbedürfnisse über Informationen verfügen wollen, die für ihre tatsächlichen Aufgaben keine Bedeutung haben. Deshalb haben neben Beobachtungen theoretische Überlegungen zu treten, welche Informationen für die Vielzahl der Entscheidungs- und Ausführungsaufgaben notwendig sind und welche zu einer Überinformation führen. Die Ermittlung relevanter Informationsarten ist eine Entscheidung unter Unsicherheit. Letzten Endes fehlt ein objektiver Beurteilungsmaßstab auch deswegen, weil Informationen häufig aus manipulativen Absichten heraus gewünscht und übermittelt werden.

Mit der Erfassung der für die Planung, Steuerung und Kontrolle der Unternehmung als notwendig erachteten Informationen ist zumindest in Umrissen der Sollzustand der Systemgestaltung beschrieben. Die Entscheidungs- und Aufgabenanalyse ist zugleich die Basis für den inhaltlichen Aufbau und den Umfang von Datenbanken. Das Relevanzproblem könnte dann gelöst werden, wenn sich durch eine „ideale" Verkettungs- und Abfragetechnik aus den einzelnen Dateien jede beliebige Information gewinnen ließe.

Ist das Informationsprogramm – sei es nun aktuell oder potentiell interpretiert – in Umrissen bekannt, so gilt es, die Bedingungen des Informationssystems so zu bestimmen, daß die Erstellung des Programms bestmöglich gewährleistet ist. **Das Informationsprogramm bestimmt letztlich die maschinelle und personelle Ausstattung sowie die Gestaltung und Regelung der Informationsverarbeitungsprozesse.** Andererseits beeinflussen die Ausprägungen dieser Entscheidungstatbestände ihrerseits die Zusammensetzung des potentiellen Informationsprogramms.

Eine Variable stellt die **Maschinenkonfiguration** dar. Die Leistung der Zentraleinheit, der Ein- und Ausgabegeräte sowie der externen Speicher variiert bei den einzelnen Anlagetypen. Daneben muß die **personelle Ausstattung** mit Systemanalytikern, Programmierern, Bedienungs- und Wartungspersonal festgelegt werden. Weiter sind die **Aktionsparameter** zu nennen, die im Rahmen des Informationsprozesses verändert werden können. Hierzu zählen beispielsweise die Methoden der Datenerfassung, der Entwurf von Formularen, Lochkarten und Blockdiagrammen, die Kodierung, die Dateneingabe und -ausgabe oder die Maschinenbelegung (Programmfolge).

*Maschinenkonfiguration*

Ein Überblick über alle denkbaren Alternativen ist unvorstellbar. Die Vielfalt der Werte, die die Aktionsparameter annehmen können, ist zu groß. Im Extremfall können so viele Arten von Informationssystemen unterschieden werden, wie Konstellationen von Ausprägungen der Variablen vorstellbar sind. Dennoch soll der Versuch gemacht werden, aufzuzeigen, in welche Richtung die augenblickliche Entwicklung tendiert. Damit soll zugleich der Begriff des integrierten Informationssystems erhellt werden.

*Alternativenvielfalt*

**Reine Informationssysteme** liefern Ausgangsinformationen **ohne Einschaltung von Entscheidungsmodellen** als informationstransformierende Elemente. Die ermittelten Kontroll-, Anregungs-, Vorgabe- und Prognoseinformationen werden Bestandteile kognitiver Entscheidungsprozesse. Demgegenüber enthalten **Informations-Entscheidungssysteme** Verarbeitungsprozesse höherer Ordnung. Kennzeichnend hierfür ist die **Existenz von Modellen und Programmen,** die z. B. optimale Losgrößen, Durchlaufzeiten, Fertigungsprogramme oder Investitionsobjekte ermitteln, d. h. Informationen bewerten. Ob die Berechnung derartiger Modelle durch Menschen oder Maschinen vorgenommen wird, ist dabei unerheblich.

*reine Informationssysteme und Informations-Entscheidungssysteme*

Knüpft man an die Frage an, in welchem Verhältnis manuelle zu maschinellen Informationsprozessen stehen, so gelangt man zu der Unterscheidung von nicht automatisierten, teilautomatisierten und vollautomatisierten Informationssystemen. Die **manuelle Informationsverarbeitung** ist dadurch gekenn-

*Automatisierungsgrad von Informationssystemen*

zeichnet, daß Operationen wie Rechnen, Schreiben, Vervielfältigen oder Buchen vom Menschen selbst durchgeführt und kontrolliert werden. Der Übergang zur **teilautomatisierten Informationsverarbeitung** vollzieht sich in der Weise, daß einzelne und zusammenhängende Arbeitsabläufe maschinell abgewickelt werden. Beispiele dafür sind Buchungsautomaten und traditionelle Lochkartenmaschinen. **Man spricht auch von konventioneller Informationsverarbeitung. Die automatisierte Informationsverarbeitung** faßt nicht nur Operationen und Arbeitsabläufe zusammen, sondern ganze Arbeitsgebiete. Zur Verwirklichung ist stets ein EDV-System notwendig.

Tendenziell sind reine Informationssysteme eher einer Automatisierung zugänglich als Informations-Entscheidungssysteme. Bei letzteren ist die Programmierbarkeit und Wiederholbarkeit von Entscheidungen Voraussetzung. Neuerdings zeichnen sich Bestrebungen ab, in den Bereich nicht programmierbarer Entscheidungen durch Computer-Simulation und heuristisches Programmieren einzudringen.

*integrierte Informationssysteme*

Der Begriff der Integration charakterisiert allgemein die gegenseitige Durchdringung der Aufgaben und die wechselseitige Abhängigkeit der Informationsbedürfnisse, die im System befriedigt werden sollen. Eine Integration kann bei der Informationsgewinnung vorliegen, wenn Informationen gewonnen werden, die gemeinsame Komponenten für unterschiedliche Entscheidungen enthalten. Eine Integration kann sich auch auf die Datenspeicherung beziehen, d. h. es werden aus einer gemeinsamen, umfassenden Datenbank Informationen für unterschiedliche Entscheidungszwecke verwendet.

Im allgemeinen werden isolierte, teilintegrierte und totalintegrierte Informationssysteme unterschieden. Relativ **isolierte Informationssysteme** können z. B. die Lagerbuchhaltung eines Industriebetriebes und die Personalbuchhaltung darstellen. In der Regel ergibt sich eine gewisse Integration jedoch allein schon dadurch, daß die verschiedenen Informationsinstrumente des Industriebetriebs gegenseitig Informationen austauschen oder auf der Basis gleicher Informationen arbeiten. Die Integration mehrerer partieller Informationssysteme wie z. B. Lagerhaltungskontrolle, Materialdisposition, Terminierung und Auftragskontrolle wird in Systemen der Fertigungssteuerung mit Hilfe der EDV deutlich.

*Anforderungen an ein integriertes Informationssystem*

Die Entwicklung eines **totalintegrierten Informationssystems** stellt eine Idealvorstellung von Theorie und Praxis dar. Die hierzu am häufigsten angeführten Thesen lauten:

(1) Durch die Integration der partiellen Informationssysteme sollen die verschiedenen Bereiche der Unternehmung und ihr Informationsfluß zu einer **Einheit** verbunden werden. Die Ursprungsdaten werden **einmalig** – möglichst am Entstehungsort – erfaßt und nach einheitlichen Grundsätzen aufbereitet. Hierzu muß eine **Zentraldatei** für alle Informationsarten geschaffen werden. **Verknüpfungsregeln** sollen eine Wiedergewinnung aller gewünschten Datenkombinationen für die Informationszwecke der Entscheidungs- und Ausführungsorgane gewährleisten.

(2) Die Datenverarbeitung soll mit möglichst **geringem menschlichen Eingreifen** erfolgen. Eine Standardisierung der Informationen in Form und Anordnung, aber auch eine Standardisierung der Maschinensprache und der Programmierung sind Voraussetzung.

(3) Es soll eine **Informationsauswahl** erfolgen; z. B. werden die angefallenen Daten dem Management nach dem Prinzip des management by exception vorgelegt.

(4) Alle Routineentscheidungen sollen **automatisch** getroffen werden.

(5) Zugleich sollen **mathematische Entscheidungsmodelle** und sonstige **Methoden der wissenschaftlichen Unternehmungsführung**, z. B. Prognoseverfahren, im Informationssystem eingesetzt werden.

*Gestaltungskriterien*

Die Realisation der grob skizzierten Aufgaben eines integrierten Management-Informationssystems bedarf der laufenden Überprüfung anhand bestimmter Beurteilungskriterien. Die Oberziele der Unternehmung wie Gewinn, Rentabilität oder Umsatz sind dafür keine operationalen Maßstäbe, da dem Informationssystem Einnahmen oder Erlöse nicht eindeutig zugerechnet werden können. Es ist deshalb notwendig, **Ersatzkriterien** zu entwickeln, aus deren Vielzahl sich vor allem die folgenden hervorheben lassen.

Das bereits angeführte **Kriterium der Relevanz** besagt, daß Informationssysteme nur solche Informationen verarbeiten und liefern sollen, welche für Entscheidungen notwendig und nützlich sind. Zu diesem Komplex gehört, daß die zweckbezogenen Nachrichten auch die erforderliche Genauigkeit aufweisen. Dazu tragen teilweise die in die Maschinen eingebauten oder durch Programme vorgeschriebenen automatischen Kontrollen bei. Ebenso stellen die **zeitliche** sowie **sprachliche** und **personelle Adäquanz** Beurteilungskriterien dar. Die Informationen müssen aktuell sein, d. h. zu den Zeitpunkten zur Verfügung stehen, zu denen sie für Entscheidungsprozesse benötigt werden, sie müssen für den Informationsempfänger verständlich sein und schließlich dem richtigen Entscheidungsträger zur Verfügung gestellt werden.

Die **Flexibilität** integrierter Datenverarbeitungssysteme soll gewährleisten, daß nicht vorhersehbare Informationsbedürfnisse ohne größere Schwierigkeiten befriedigt und veränderte Umweltbedingungen berücksichtigt werden können.

Diese Ersatzkriterien werden durch die **Kostenwirtschaftlichkeit** ergänzt. Dieses Kriterium ist jedoch nur annäherungsweise operational, da eine exakte Ermittlung der Kosten der Informationsgewinnung nicht möglich ist (vgl. S. 899 ff.). Es lassen sich bestenfalls gewisse Bandbreiten für die Informationskosten feststellen.

Die angeführten Entscheidungskriterien sind bei der Entscheidung über die Konzeption eines integrierten Informationssystems zu berücksichtigen. Der Katalog ist nicht vollständig. **Zusätzliche Beschränkungen,** wie organisatorische Entscheidungen in der Vergangenheit, Umweltveränderungen oder finanzielle und personelle Engpässe, begrenzen den Entscheidungsspielraum.

Zusammengefaßt lassen die bisherigen Ausführungen erkennen, daß der gewünschte Sollzustand des angestrebten integrierten Informationssystems nicht eindeutig umrissen werden kann. Ferner ist die Gesamtzahl potentieller Alternativen des Entscheidungsproblems meist nicht bekannt. Auch die Entscheidungskriterien sind weder vollständig, noch suboptimal, noch in den Dimensionen Inhalt, Ausmaß und zeitlicher Bezug exakt formulierbar. Deshalb scheitert eine quantitative Erfassung der Konsequenzen von Alternativen.

Entscheidungsprozesse, die diese Merkmale aufweisen, werden als komplex bezeichnet. Es finden sich auch die Ausdrücke schlecht definierte und schlecht strukturierte Probleme. **Schlecht definiert ist das Entscheidungsproblem insofern, als der angestrebte Endzustand nicht eindeutig im vorhinein festgelegt werden kann.** Die mangelnde Bestimmung des aktuellen und potentiellen Informationsprogramms, des Integrationsgrades, der Automatisierbarkeit von Entscheidungen, der Entwicklung und Auswahl der EDV-Programme, der Konzeption der Datenbank oder des Informationsausgabesystems sind Beispiele dafür. Es herrschen offene Beschränkungen vor, die erst im Verlaufe des Entwicklungsprozesses geschlossen werden. Erst dadurch wird die Aufgabe konkretisiert und von ihrer Mehrdeutigkeit befreit.

*schlecht definiertes Problem*

**Schlecht strukturiert ist das Entscheidungsproblem, da die Alternativenzahl unübersehbar ist und kein spezifisches Lösungsprogramm existiert, um aus der Vielzahl der Alternativen in angemessener Zeit die optimale auszuwählen.** Dem Entscheidungsträger sind lediglich allgemeine Prinzipien bekannt, mit deren Hilfe zwar das Problem einer Lösung nähergebracht und unter Umständen auch eine Wahl getroffen werden kann, jedoch kaum im Sinne einer optimalen Zielverwirklichung.

*schlecht strukturiertes Problem*

Das zu lösende Problem kann nur als offenes Entscheidungsmodell formuliert werden. Eines für solche Modelle charakteristischer Lösungsweg ist die Zerlegung der komplexen Wahlprobleme in Teilprobleme. Die einzelnen Teilprobleme müssen eindeutig definiert werden, d. h. die Beschränkungen sind zu schließen, um sie dann Schritt für Schritt einer Lösung näherzubringen. Ein Teilproblem gilt bereits dann als gelöst, wenn eine Alternative mit einem befriedigenden Zielerreichungsgrad gefunden ist. Ergeben sich bei der Lösung von Teilproblemen Abweichungen in bezug auf zeitlich früher gelöste Probleme, so werden Rückkoppelungen und gegebenenfalls Korrekturen bei den zurückliegenden Schritten oder auch am Anspruchsniveau selbst vorgenommen (vgl. Teil 1, S. 59 ff.).

Eine erfolgreiche Problemlösung kann im allgemeinen nicht am „grünen Tisch" entwickelt und dann autoritär eingeführt werden. Vielmehr erfordert sowohl die Güte der Problemlösung als auch die Überwindung von Anpassungswiderständen die Beteiligung der Betroffenen (vgl. dazu Teil 2, S. 144 ff.).

Grundlage der Entwicklung eines integrierten Informationssystems ist die genaue **Kenntnis des gegenwärtigen Systemzustands.** Nur auf dieser Basis kann eine so umfassende organisatorische Maßnahme wie die Einführung eines integrierten Informations-Entscheidungssystems durchgeführt werden. Die **Istanalyse** erfolgt aus Zweckmäßigkeitsgründen in enger Zusammenarbeit mit den Mitarbeitern der betroffenen Stellen und Abteilungen (Beobachtung, Interviews, schriftliche Befragung). Der Schwerpunkt bei dieser Arbeit liegt in der Aufgaben- und Entscheidungsanalyse zur Bestimmung der Informationsbedürfnisse und in der Nachzeichnung des derzeitigen Informationsflusses, der verwendeten organisatorischen Hilfsmittel (Belege und Maschinen) und des eingesetzten Personals. Dabei ist der Weg von der Erfassung der Informationen bis zur Verwertung der Verarbeitungsergebnisse lückenlos zu verfolgen. Wichtig sind vor allem Quelle, Art, Menge und zeitliche Verteilung der erfaßten Informationen. Im Wege der Istanalyse werden die Mängel des bestehenden Systems und deren Ursache erkannt, die Gebiete, die für die Einbeziehung in ein EDV-System geeignet sind, ausfindig gemacht und die Daten vorläufigen Zentraldateien zugeordnet.

*Systemplanung*

Auf der Basis der Systemanalyse, der angestrebten Ziele und der gegebenen Beschränkungen zeichnen sich Lösungen für den Entwurf des Sollsystems ab. Diese Lösungsmöglichkeiten sind zu einer **Rahmenkonzeption** zusammenzufassen. **Es wird ein idealisiertes System geschaffen, bei dem insbesondere die Datenflüsse in Richtung auf ein künftiges Datenverarbeitungszentrum und die Informationsabgaben dieses Zentrums zu definieren sind.**

Der Boden für einen integrierten Vollzug von Datenverarbeitungsaufgaben wird dadurch bereitet, daß eine möglichst genaue Definition der Verbindungen innerhalb der einzelnen Untersysteme und zwischen diesen selbst angestrebt wird.

Zwei Prinzipien kommen beim Entwurf eines Grobplanes zur Anwendung: die **Prinzipien der horizontalen und vertikalen Integration.** Oft findet nur eine horizontale Integration statt. Es werden nebeneinanderliegende Arbeiten automatisiert. **Ein integriertes System muß dagegen vor allem vertikal integrieren. Aufbauend auf den Daten, die der operierenden Ebene für ihre Tagesarbeit dienen, muß entspechend der Unternehmungshierarchie eine zunehmende Verdichtung der Informationen beispielsweise in Gestalt von Kennzahlen erfolgen.** Als zentrale Probleme bei der Entwicklung der Grundkonzeption gelten die **Festlegung des Datenbestandes in einzelnen Dateien,** die beispielsweise nach funktionalen Gesichtspunkten gebildet werden können, und die **Ermittlung der Beziehungen zwischen den Dateien,** um durch entsprechende Verknüpfungen den gewünschten Informationsbedarf decken zu können. Die Kenntnis der **Dateiverbindungen** ist insofern bedeutsam, als alle Daten nur einmal gespeichert werden sollen. Zugleich ist zu prüfen, ob für eine bestimmte Anzahl verdichteter Informationen nicht eine oder mehrere sogenannte **Managementdateien** errichtet werden sollen. Ihr Vorteil liegt in der schnelleren Auskunftsbereitschaft. Der Versuch, den Informationsfluß nach Möglichkeit zu standardisieren, bringt eine gewisse Verfeinerung der Planung. Dabei werden sämtliche zur Bestimmung des Ablaufs notwendigen Informationen sowohl in bezug auf den Ursprung als auch in bezug auf die weitere Verarbeitung festgehalten. Auf diese Weise wird der gesamte Informationsfluß des Systems bestimmt. Zusammen mit dem System der Informationsströme werden Vorstellungen über Art und Umfang einer Reihe von Anforderungen an die EDV gewonnen: über Dateneingabe, Datenspeicherung, Verarbeitungserfordernisse, Datenausgabe usw.

## 2. Controlling als Ansatz zur Integration der betrieblichen Informationswirtschaft

*integriertes Informationssystem*

Unter der Bezeichnung „Controlling" haben Vorstellungen und Lösungsansätze Eingang in die Betriebswirtschaftslehre und die Unternehmenspraxis gefunden, die den Aufbau und den Betrieb eines möglichst weitgehend integrierten Informationssystems zum Aufgabenbereich eigens hierfür vorgesehener Mitarbeiter (Controller) bzw. eines organisationalen Teilsystems (Controlling-Organisation) machen.

*Begriff Controlling*

Die Begriffe „Controller" bzw. „Controlling" sind allerdings nicht eindeutig definiert. Wesentliche Ursache dafür ist einerseits, daß die Aufgaben des Controlling in der Praxis sowohl hinsichtlich der einzelnen sachlichen Zuständigkeitsbereiche als auch hinsichtlich ihrer Funktion im Managementprozeß unterschiedlich weit reichen. Andererseits bestehen auch theoretische Schwierigkeiten, den Standort des Controlling in der Unternehmungsorganisation eindeutig zu bestimmen. Zur Diskussion der **Aufgaben des Controllers** hat die berufsständische Interessenvertretung (Controller Institute of America, später Financial Executive Institute) Aufgabenkataloge beigetragen. Diese sind jedoch nur vor dem Hintergrund der amerikanischen Unternehmensverfassung interpretierbar und ergeben aus der Sicht typischer Organisationsstrukturen deutscher Unternehmungen eher das Bild eines relativ heterogenen Aufgabenkomplexes. Dazu zählen

*Aufgaben des Controlling*

- die Einrichtung und Beaufsichtigung eines zweckentsprechenden betrieblichen Rechnungswesens,
- der Entwurf und die Realisierung einer koordinierten Gesamtplanung einschließlich der Investitionsplanung,
- die Kontrolle der Planeinhaltung einschließlich der Entwicklung von Vorschlägen für Anpassungsmaßnahmen im Falle von Abweichungen,
- die Erarbeitung interner Berichte über Planungsgrundlagen, Ergebnisse der Kontrolltätigkeit und Zukunftsperspektiven,
- die externe Berichterstattung (gegenüber Kapitalgebern, Öffentlichkeit, Mitarbeitern, Kunden usw.),
- die Wahrung des Unternehmensinteresses in Steuerangelegenheiten,
- die Zusammenarbeit mit externen Prüfern,
- der Schutz des Unternehmensvermögens einschließlich der Sorge für einen angemessenen Versicherungsschutz,
- die Gewährleistung eines effizienten Verwaltungsapparates einschließlich der EDV.

*Treasurer*

Die Aufgaben der Kapitalbeschaffung und -disposition sowie der Liquiditätsplanung und -sicherung obliegen demgegenüber dem sogenannten **Treasurer**.

Bei der Beurteilung dieser Aufzählung von Controlleraufgaben darf nicht übersehen werden, daß es sich eher um einen **Maximalkatalog** handelt, als um den Versuch einer systematischen Beschreibung der Controllingfunktion. Mit der Aufgabe der **Schaffung und laufenden Anwendung eines institutionalisierten Planungs- und Kontrollsystems** für die Gesamtunternehmung ist jedoch der **Kernbereich** des Controlling angesprochen. Allerdings muß die Idee des Controlling als Gesamtkonzept der **Unternehmenssteuerung durch Planung, Budgetierung und Kontrolle** vom Aufgabenbereich, der dem Controller bzw. der Controllingorganisation bei der Verwirklichung dieser Idee zugewiesen wird, unterschieden werden. Controlling in diesem umfassenden Sinne beinhaltet nicht nur Aufbau und Gewährleistung des Planungs- und Kontrollsystems, sondern auch die Festlegung von Planungsinhalten und Maßnahmen bei festgestellten oder erwarteten Abweichungen. Damit enthält Controlling aber Aufgaben, die weit in die Zuständigkeit und Verantwortung der Unternehmungsführung hineinreichen. Controller sind dann mit der Wahrnehmung von **Geschäftsführungs- bzw. Unternehmerfunktionen** betraut.

*Controlling als Gesamtkonzept der Unternehmenssteuerung*

Controlling als Teilfunktion, d. h. als ein in der Organisationsstruktur verankerter und von Controllern zu erfüllender Aufgabenkomplex muß daher enger definiert werden. Dem Controlling ist **Ergebnisverantwortung** übertragen, da Abstimmungsmängel zwischen Entscheidungen, Fehlentscheidungen wegen Informationsdefiziten, Nichterkennung von Fehlentwicklungen mangels ausreichender Kontrollmechanismen, Durchsetzung von Ressortegoismen als die typischen, durch Controlling zu bekämpfenden Gefahren letztlich Ergebnisbeeinträchtigungen darstellen. Die Ergebnisorientierung in häufig stark zergliederten Unternehmungen mit zwangsläufig unterschiedlich ausgerichteten Teilbereichen (z. B. Marketing, Produktion, Forschung und Entwicklung) erfordert auch eine **relativ starke Position des Controlling** in der Unternehmenshierarchie. Ist das Controlling nicht selbständig in der obersten Geschäftsleitung vertreten, so ist der Leiter des Controlling zumindest der zweiten Hierarchieebene zugeordnet.

*Controlling als Teilfunktion*

*organisatorische Einbindung*

Effizientes Controlling ist weder als reine Stabsabteilung noch als rein bereichsbezogene Stellenaufgabe möglich. Es erfordert die Realisierung der **Matrixorganisation.** Funktions-, Divisions-, Projekt- oder Regionalcontroller, die zumindest fachlich einer zentralen Controllingabteilung unterstehen, müssen die Informations-, Planungs- und Kontrollaufgaben in Abstimmung mit dem jeweiligen Bereichsmanagement, dem zentralen Controlling und den übrigen Bereichscontrollern erfüllen.

### 3. Elektronische Datenverarbeitung als Grundlage eines integrierten Informationssystem

Die Informationsverarbeitung in EDV-Systemen vollzieht sich stark vereinfacht in folgender Weise (vgl. Abbildung 8.54). Die **peripheren Ein- und Ausgabeeinheiten** stellen die Verbindung zwischen Mensch und Maschine her. Über die Eingabeeinheiten werden die zu verarbeitenden Daten und die Programme in die Zentraleinheit eingegeben, während die errechneten Ergebnisse über die Ausgabeeinheiten der Umwelt übermittelt werden. Die **Zentraleinheit** besteht aus Hauptspeicher, Operationseinheit und Leitwerk. Das **Leitwerk** – auch Steuereinheit genannt – ruft die im Hauptspeicher gespeicherten Informationen und Befehle ab, damit dann in der **Operationseinheit** (Recheneinheit) die arithmetischen und logischen Operationen durchgeführt werden können. Die Rechenergebnisse werden in den Hauptspeicher transferiert und dort gespeichert, bis sie zur Ausgabe abgerufen werden.

*Informationsverarbeitung in EDV-Systemen*

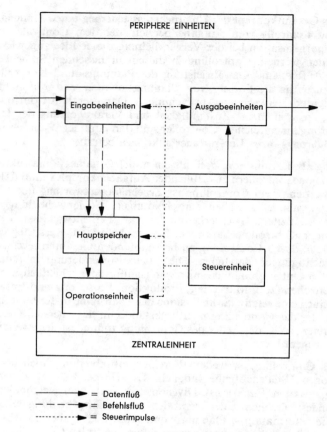

*Abb. 8.54: Funktionsschema eines EDV-Systems*

### Hardware-Elemente und Betriebsweisen elektronischer Datenverarbeitungsanlagen

*Eingabemedien*

Jegliche Datenverarbeitung beginnt mit der Erfassung der Ursprungsdaten. Um den Aufwand bei der Datenerfassung möglichst gering zu halten und um eine schnelle Informationsgewinnung zu erreichen, werden die Ursprungsdaten heute zunehmend auf maschinell lesbaren Belegen erfaßt. Damit entfällt der mit der Dateneingabe über Lochkarten verbundene Kosten- und Zeitaufwand für manuelle Loch- und Prüfarbeiten weitgehend. Das zeitliche Mißverhältnis zwischen Dateneingabe und Verarbeitungsprozeß verringert sich durch die neueren Eingabemedien. Hier sind zunächst die **Belegleser** zu nennen, zu denen Magnet-, Markierungs- und Klarschriftleser zählen. So wird z. B. die Artikelkennzeichnung mittels EAN-Code durch Markierungsleser (Scanner) erfaßt. **Digitalisierer** können Analogdaten (z. B. Landkarten) durch Abtasten in digitale Daten umwandeln und damit digitalen Rechenanlagen zugänglich machen. Von zunehmender Bedeutung u. a. in der Produktionssteuerung ist die Erfassung von Prozeßdaten (z. B. Temperatur) mittels **Sensoren**. Im Rahmen von automatisierten, integrierten Informationssystemen kommt der beleglosen, direkten Dateneingabe eine erhebliche Bedeutung zu. Zu diesem Zweck ist es vorteilhaft, an bestimmten Arbeitsplätzen Ein- und Ausgabestationen einzurichten, sogenannte **Terminals**. Über Tastaturen oder mit Hilfe von Lichtstiften können die am Bildschirm erscheinenden Ziffern, Buchstaben oder Zeichnungen direkt geändert werden.

Schließlich stellt auch der Anschluß von Datenverarbeitungsanlagen an das öffentliche Fernsprech- oder Fernschreibnetz kein technisches Problem mehr dar. Die direkte Erfassung am Entstehungsort und die **Datenübertragung** eröffnen die Möglichkeit zur **Real-Time-Verarbeitung** (Echtzeitverarbeitung), d. h. zur sofortigen Erfassung und Auswertung der Informationen. Nur dann sind die Informationen tatsächlich aktuell und spiegeln das reale Geschehen wider. Beispiele für die Echtzeitverarbeitung sind die Platzbuchungssysteme von Fluggesellschaften. Grundsätzlich können die genannten Eingabemedien auch als Ausgabemedien betrachtet werden.

Die Informationsausgabe erfolgt vornehmlich über die verschiedenen Typen von **Druckern** und auf Terminals. Als Auswahlkriterien bei Druckern dienen neben den Kosten primär die Druckgeschwindigkeit und die erforderliche Zeit zum Formularwechsel. Zu erwähnen sind auf der Ausgabeseite auch **Plotter**. Hier handelt es sich um Zeichengeräte, die Daten in graphischer Form ausgeben können. Solche Geräte können z. B. zum Zeichnen von Konstruktionsplänen verwendet werden. Weiterhin kann die Ausgabe über Lockartenstanzer erfolgen. *Ausgabemedien*

Als **externe Speicher** finden in erster Linie Magnetband-, Magnetplatten-, Magnettrommel-, Magnetstreifen- und Magnetkarteneinheiten sowie Disketten und Lochkarten Verwendung. Die auf externen Speichern gespeicherten Informationen sind für das System direkt zugänglich. Bei der Entscheidung für Magnetbandeinheiten oder Randomspeicher ist neben Kostengesichtspunkten, der Zugriffszeit und der Speicherkapazität insbesondere die einzelne Informationsverarbeitungsaufgabe zu berücksichtigen. Werden Datenbestände **sequentiell** verarbeitet, so können Magnetbänder Verwendung finden. Da jedoch die Idealvorstellung eines Management-Informationssystems darin besteht, jede beliebige Information abfragen zu können, steigt die Bedeutung des **wahlweisen Zugriffs** zu den einzelnen Datenbeständen. Das Magnetband übernimmt immer mehr die Rolle des Datenarchivs. Integrierte Informationssysteme stellen auch an die Zentraleinheit (Operationseinheit, Leitwerk und Hauptspeicher) erhöhte Anforderungen. Dabei ist besonders an die Kapazität des Arbeitsspeichers und die Arbeitsgeschwindigkeit zu denken. *Speichermedien*

In Abhängigkeit von der Anlagenkonfiguration und der System-soft-ware, die die Zusammenarbeit der gerätetechnischen Komponenten lenkt und kontrolliert, sind verschiedene **Betriebsweisen elekonischer Datenverarbeitungssysteme** zu unterscheiden. Die traditionelle Stapelverarbeitung ist dadurch *Stapelverarbeitung*

*Simultan-*
*verarbeitung*

gekennzeichnet, daß auf einer Anlage mit einer Zentraleinheit eine Aufgabe erst vollständig bearbeitet sein muß, bevor eine neue Aufgabe zur Lösung gelangt. Dieser sukzessiven Informationsverarbeitung steht die Simultanverarbeitung in Gestalt des Multiprogramming und Multiprocessing gegenüber. Dadurch soll die Kernspeicherkapazität besser ausgelastet und das Mißverhältnis zwischen internen Verarbeitungsvorgängen und der Zeitdauer der Ein- und Ausgabeoperationen ausgenützt werden.

*Multiprogramming*

Beim **Multiprogramming** sind mehrere Programme im Hauptspeicher. Ein Programm läuft nur solange ab, bis eine Ein- oder Ausgabe von Daten erforderlich wird. Während dieser relativ langen Zeitspanne der Ein- oder Ausgabe wird das nächste Programm bearbeitet, bis erneut eine Unterbrechung erfolgt. Ist die Ein- oder Ausgabeoperation beendet, so wird beim nächstmöglichen Zeitpunkt die Verarbeitung des ersten Programms fortgesetzt oder ein neues Programm in Angriff genommen. Die Programmfolge, die durch ein Überwachungsprogramm geregelt wird, richtet sich nach bestimmten Prioritätsregeln. Somit wird eine quasi-simultane Bearbeitung mehrerer Programme erreicht.

*Multiprocessing*

Das **Multiprocessing** setzt ein Datenverarbeitungssystem mit mehreren Zentraleinheiten voraus. In einer ersten Form übernimmt der Hauptrechner lediglich die Rechenoperationen des Benutzerprogramms, während die Ein- und Ausgabesteuerung, die Zwischenspeicherung und die Automatisierung des Rechenzentrumsbetriebs einem sogenannten Dienstrechner übertragen wird. In einer zweiten Betriebsweise greifen die unabhängigen Datenverarbeitungsanlagen auf gemeinsame externe Speicher zurück und in einer dritten Form haben sie Zugriff auf denselben Arbeitsspeicher.

*Teleprocessing*

Im Rahmen der Betriebsweise Datenfernverarbeitung (Teleprocessing) sind der off-line-Betrieb und der on-line-Betrieb zu unterscheiden. Beim **on-line-Betrieb** sind die Terminals direkt mit dem Zentralcomputer verbunden. Damit wird der Dialogverkehr möglich. Die Benutzer können entweder an derselben Aufgabe unter Verwendung des gleichen Programms am System teilnehmen (z. B. Platzbuchungsverfahren) oder es werden verschiedene Aufgaben mit unterschiedlichen Programmen bearbeitet **(Time-sharing-System oder Teilnehmerrechensystem)**. Das **off-line-System** läßt nur Stapelverarbeitung zu.

Derartige Betriebsweisen erlauben die ansatzweise Verwirklichung der Intentionen automatisierter, integrierter Informations-Entscheidungssysteme. Dadurch kann die Aktualität der Informationen verbessert und damit in Grenzen die Steuerung des Unternehmungsgeschehens nach dem Regelkreisprinzip verwirklicht werden.

## *Datenbank*

Die Güte eines Informationssystems richtet sich nach dem art- und mengenmäßigen Inhalt, der Aktualität der verfügbaren Primärinformationen sowie nach der Möglichkeit, höherwertige Auswertungen für die verschiedenen Ebenen der Unternehmungshierarchie zu gewinnen.

**Wichtigster Bestandteil des integrierten Systems ist die Datenbank. Sie umfaßt alle Daten, die zentral auf elektronischen Speichermedien festgehalten werden.**

Grob umrissen handelt es sich um Vergangenheits-, Ist-, Prognose- oder Solldaten, die die externe und interne Umwelt des Industriebetriebs abbilden. Der Umfang der zu speichernden Informationen hat zur Folge, daß die relevanten Daten nicht auf einem einzigen, physischen Datenträger enthalten sind, sondern es werden z. B. nach Funktionsbereichen zusammengehörende Datenbestände, also einzelne **Dateien** gebildet. Beispiele sind im Rahmen der Fertigungssteuerung die Dateien für die Stücklisten- und Arbeitsplanorganisation, Lieferanten- und Kundendatei, Auftragsdatei, Personaldatei usw. **Diese Datenbestände sind jeweils nach einem übergeordneten Ordnungskriterium (z. B. Personalnummer, Auftragsnummer, Kostenstellennummer) aufgebaut und in fortlaufender oder gestreuter Speicherungsform sortiert.** Neben diese **formatierten Dateien**, deren Satzaufbau festgelegt ist, müssen noch **formatfreie Dateien** für Literatursammlungen, Patentauswertungen usw. treten. Diese nichtnumerischen Informationen können über im Text auftretende Schlüsselwörter identifiziert werden. Derartige Informationssammlungen stellen völlig andersgeartete Anforderungen an den Datenbankaufbau.

*Datenbestandsarten*

Kennzeichnend für die **traditionelle Datenverarbeitung** war, daß die einzelnen Dateien speziell für bestimmte Programme zusammengestellt wurden bzw. eine Verwendung für anderweitige Auswertungsformen erst nach Umsortierungsprozessen möglich wurde. Dabei wurden Datenbestände ergänzt, ausgesondert oder gemischt.

*Anforderungen an eine Datenbank*

Demgegenüber müssen in einem integrierten Informationssystem die einzelnen Datenbestände so organisiert sein, daß sie miteinander verträglich sind. Die verschiedenen Managementebenen benötigen Informationen, die sich möglicherweise aus Datenelementen mehrerer Dateien zusammensetzen. Damit wird es für die Konzipierung einer Datenbank ausschlaggebend, Verbindungen zwischen den einzelnen Dateien herzustellen bei gleichzeitiger Vermeidung der Doppelspeicherung von Informationen.

**Der Zugriff zu den Datenelementen soll ohne zeitraubende Sortierprozesse erfolgen können. Dazu ist es notwendig, die Dateien nach allen vorhandenen Ordnungskriterien, unabhängig davon, ob es sich um das Hauptordnungskriterium oder ein Nebenordnungskriterium des Datenbestandes handelt, verknüpfen zu können.**

Die Verwirklichung einer den Informationswünschen gerecht werdenden Auskunftsbereitschaft der Datenbank erfordert eine sinnvolle Organisation der gespeicherten Sätze und eine zweckentsprechende Segmentierung der Datenbank. Die **Sätze** einer Datei bestehen aus einer Anzahl von **Feldern.** Die Felder stellen die Elementarinformationen in Gestalt z. B. von Mengen-, Preis- oder Zeiteinheiten dar. Sie sind die kleinsten adressierbaren und auswertungsfähigen Informationseinheiten. Aus der Zusammenfassung logisch zusammengehörender Felder ergeben sich **Segmente,** die über eigene Ordnungskriterien ansprechbar sind (vgl. Abbildung 8.55).

*Segmentierung*

Bei der gemeinsamen Speicherung mehrerer Segmente ist es von Vorteil, eine hierarchische Stufung zwischen den Segmenten vorzunehmen. An der Spitze des Satzes steht das **Hauptsegment** (root), dem auf der bzw. den nächsten Stufen **Nebensegmente** angegliedert sind. Abgesehen von der hierarchisch höchsten Stufe können auf allen übrigen Stufen mehrere gleichrangige Segmente auftreten.

*Abb. 8.55: Satzausschnitt aus einer Personaldatei*

Die Segmentierung, also die Gruppierung zusammengehörender Daten, ist ein entscheidendes Problem bei der Datenbankkonstruktion. **Die Elemente sollten so geordnet sein, daß eine Auswertungsmöglichkeit im Sinne relevanter Informationen entsteht. Die Einzeldateien müssen nach allen in ihnen vorhandenen Ordnungskriterien verknüpft werden können.** Auf diese Weise werden neben physisch auf einem Datenträger gespeicherten Sätzen auch sogenannte logische Sätze gewonnen, die aus Datenelementen verschiedener Dateien je nach der Aufgabenstellung zusammengestellt werden.

*Indizierung*

Die erste Voraussetzung zur Realisierung dieser Grundideen ist die eindeutige **Lokalisierbarkeit von Informationen** in den Speichermedien. Eine **Adresse** zeigt den physischen Speicherort eines Satzes auf einem externen Speichermedium an. Da jedoch einer Adresse meist mehrere Ordnungskriterien zugeordnet sind und dieselben Ordnungskriterien auch in anderen Dateien auftreten können, muß das Begriffspaar „**Ordnungskriterium/Adresse**" (**Index**) bekannt sein, um ein Datenelement ausfindig machen zu können. Das Begriffspaar „**Nebenordnungskriterium/Adresse**" erlaubt zusätzlich den Zugriff zu untergeordneten Segmenten. Man spricht dann von **Vielfachindizierung.** Um verschiedene Dateien miteinander in Beziehung zu bringen, ist es außerdem wünschenswert, an den Datenelementen „Zeiger" anzubringen, die auf Informationselemente anderer Datenbestände verweisen (**Querindizierung**), oder die einzelnen Zeiger und Kettadressen in einem selbständigen Segment eines Satzes unter dem Hauptordnungskriterium zusammenzufassen, um so **Adreßstrukturen** zu gewinnen.

Die Beziehung zwischen einzelnen Dateien werden aus Abbildung 8.56 ersichtlich. Damit wird zugleich die komplexe Struktur einer Datenbank deutlich. Die on-line-Einbeziehung sämtlicher Datenbestände erscheint unmöglich. Davon abgesehen dienen die Grunddateien vorwiegend der operativen Ebene bei der Abwicklung der Tagesarbeit. Sie unterliegen nicht selten zufälligen Tagesschwankungen, z. B. wenn die Liquiditätsdatei im Real-Time-Verfahren geführt wird. Deshalb ist es sinnvoll, für die Stufen der Unternehmungsführung eine oder mehrere Managementdateien im on-line-Verfahren zu installieren. **Diese Dateien erhalten verdichtete Informationen aus den Datenbeständen**

*Managementdateien*

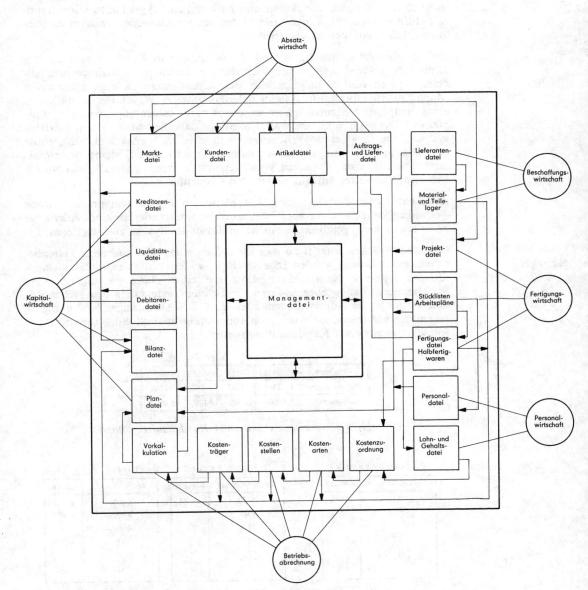

*Abb. 8.56: Dateibeziehungen (nach Lutz/Beutler/Klimesch/Miottke)*

der operativen Basis und unter Umständen auch Informationen über die Außenwelt. Die darin gespeicherten Datenelemente sind von Tagesschwankungen befreit und schneller verfügbar. Voraussetzung ist jedoch eine gewisse Vorhersehbarkeit des Informationsbedarfs. Soweit notwendig sollte es zugleich möglich sein, auch auf die Primärinformationen zurückgreifen zu können, um mit Hilfe von Verknüpfungsregeln Daten aus verschiedenen Dateien zu relevanten Informationen zu verarbeiten.

Indextafeln, Adreßstrukturen und die Angabe von Folgeadressen in den Datensätzen selbst sollten eine Vielzahl von Verknüpfungsbahnen ermöglichen. Nur so wird es möglich sein, dem Grundgedanken eines integrierten Management-Informationssystems näherzukommen. Wegen der Komplexität eines derartigen Systems wird jedoch die „totale" Information vorerst Utopie bleiben. Dennoch muß anerkannt werden, daß die entwickelten Betriebssysteme, die inzwischen verbesserte Hard-ware und schließlich ausgebaute oder sich in der Konzeptionsphase befindende Soft-ware-Systeme, die umfassende Datenbestände aufbauen, verwalten und auswerten, einen Schritt hin zur Idee des integrierten Informationssystems bedeuten.

Zur Realisierung der skizzierten Anforderungen an eine Datenbank wurden Techniken konzipiert, die als Lösungsansätze interpretierbar sind. Allerdings ist es bisher nicht gelungen, sie in ein umfassendes System zu integrieren.

*Indextafeln*

Um einen raschen Zugriff zu den Elementen eines oder mehrerer Datenbestände zu erreichen, wurden Indextafeln entwickelt. In **Primärindextafeln** ist für das jeweilige Hauptordnungskriterium einer Datei die dazugehörige Speicheradresse angegeben, während in **Sekundärindextafeln** den Nebenordnungskriterien die Adressen zugewiesen sind. Die Abbildungen 8.57 und 8.58 zeigen die verschiedenen Arten von Indextafeln anhand eines vereinfachten Ausschnitts aus einer Kundenauftragskartei.

|  | 60 | 61 | 62 | 63 | 64 |
|---|---|---|---|---|---|
| Auftragsnummer | 0816 | 1013 | 1560 | 1600 |  |
| Kundennummer | 2384 | 1760 | 3626 | 1760 |  |
| Auftragswert | 5 000,— | 10 000,— | 5 000,— | 8 000,— |  |

*Abb. 8.57: Ausschnitt aus einer Kundenauftragsdatei*

Primärindextafel

| Auftragsnummer | Adresse |
|---|---|
| 0816 | 60 |
| 1013 | 61 |
| 1560 | 62 |
| 1600 | 63 |
| . | . |
| . | . |

Sekundärindextafeln

| Kundennummer | Adresse |
|---|---|
| 1760 | 61, 63 |
| 2384 | 60 |
| 3626 | 62 |
| . | . |
| . | . |

| Auftragswert | Adresse |
|---|---|
| 5 000,— | 60, 62 |
| 8 000,— | 63 |
| 10 000,— | 61 |
| . | . |
| . | . |

*Abb. 8.58: Indextafeln*

Aufgrund von Sekundärindextafeln kann über Nebenordnungskriterien auf einen Datenbestand zurückgegriffen werden. Benötigt man z. B. die Aufträge, die einen geringeren Auftragswert als 8 000,— DM aufweisen, so sind über den Sekundärindex „Auftragswert" die zugehörigen Satzadressen zu ermitteln.

Durch Querindizierung kann über den Index aus einer anderen Datei ein Satz entnommen werden (Abbildung 8.59). *Querindizierung*

Sind einem Ordnungskriterium Adressen verschiedener Dateien zugewiesen, so ergibt sich eine mehrdimensionale Indizierung.

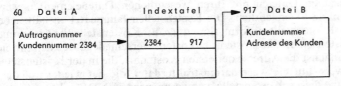

*Abb. 8.59: Beispiel einer Querindizierung*

Die Adreßverkettung, die ebenfalls eine Querindizierung ermöglicht, beruht darauf, daß im ersten Satz die Adresse des folgenden Satzes gespeichert ist und in diesem wiederum die nächste Satzadresse, bis das Zeichen ENDE den Kettenabschluß anzeigt. In einer **Vollkette** sind alle Sätze in auf- oder absteigender Reihenfolge miteinander verkettet, während **Teilketten** nur jeweils gleiche Ordnungskriterien miteinander verbinden (vgl. Abbildung 8.60). *Adreßverkettung*

| Adresse | Auftragsnummer | Kundennummer | Kette Vor/Rück | Informationen |
|---|---|---|---|---|
| 60 | 0816 | 2384 | 68 / End. | |
| 61 | 1013 | 1760 | 63 / End. | |
| 62 | 1560 | 3626 | | |
| 63 | 1600 | 1760 | End. / 61 | |
| 64 | | | | |
| . | | . | | |
| 68 | | 2384 | 70 / 60 | |
| . | | . | | |
| 70 | | 2384 | End. / 68 | |

Totalkette    Teilketten

*Abb. 8.60: Beispiel einer Adreßverkettung*

*Beispiel Kostendatenbank*

Eine ausführliche Darstellung des Prinzips der Adreßverkettung findet sich im Teil Produktionswirtschaft (Teil 4, S. 406 ff.). Im folgenden soll kurz dargestellt werden, inwieweit mit dieser Technik eine Kostendatenbank betrieben werden kann. In dem hypothetischen Beispiel werden zwei Hilfskostenstellen 0815 und 0816 und zwei Hauptkostenstellen 4714 und 4715 unterstellt. Die Kosten von 0815 seien auf alle übrigen Kostenstellen zu verteilen, die von 0816 auf die beiden Hauptkostenstellen und ein Teil von 4714 auf 4715. In den Hauptkostenstellen fallen die Kostenarten 11, 22, 33, 44 an, in den Hilfskostenstellen jeweils nur die Kostenarten 33 und 44.

Die einzelnen Dateien mit ihren wesentlichen Datenelementen werden aus Abbildung 8.61 ersichtlich. Die **Kostenstellenstammdatei** enthält neben allgemeinen Kostenstelleninformationen (z. B. Kostenstellenbezeichnung, Leiter der Kostenstelle, Plankosten, Istkosten, verschiedene Kostenabweichungen usw.) zunächst die Adresse der ersten Kostenart, die in der Kostenstelle anfällt. Sie verweist auf die **Kostenartenstrukturdatei**, die der wieder auf die nächste Kostenart dieser Kostenstelle verwiesen wird. ENDE gibt an, daß für die betroffene Kostenstelle keine Kostenart mehr zu verrechnen ist. Gleichzeitig

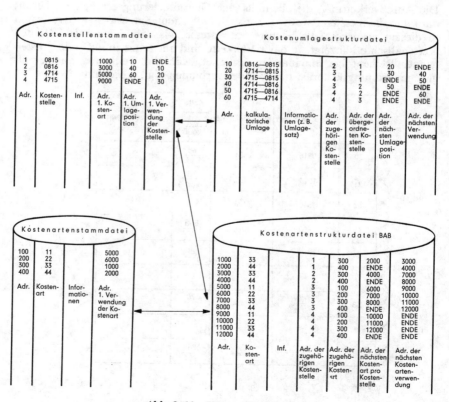

*Abb. 8.61: Kostendatenbank*

enthält die **Kostenartenstrukturdatei** Adressen der jeweils zu verrechnenden Kostenart und der betroffenen Kostenstelle. In der **Kostenstellenstammdatei** ist eine weitere Adresse angegeben, die die erste Umlageposition anzeigt und damit in die **Kostenumlagestrukturdatei** verzweigt. Dort sind Informationen darüber zu finden, inwieweit die Kosten einer Stelle auf eine andere Kostenstelle zu verteilen sind. Durch entsprechende Schlüssel kann somit eine Kostenstellenumlage vorgenommen werden. Zugleich führt eine weitere Adresse auf die nächste Umlageposition, bis „ENDE" angibt, daß die Kostenstelle von keiner anderen mehr belastet wird.

In den beiden Strukturdateien stellen jeweils Satzadressen die Verbindung zur Kostenstellen- bzw. Kostenartenstammdatei her.

Aufgrund der Adreßverkettung wird es möglich, vielfältige Abfragen nach Stellenumlage, Stellenkosten, Kostenarten und deren Kombinationen abzurufen. Je nach Untergliederung der Kostenstellen wird damit die Gemeinkostenüberwachung nach Werk, Verantwortungsbereich, Kostenstelle bis hinab zum einzelnen Kostenplatz durchführbar. Ferner können verschiedene Abweichungsfeststellungen vorgenommen werden, der BAB läßt sich ausdrucken und Kostensätze je Fertigungsstunde – sei es auf Voll- oder Teilkostenbasis – oder Zuschlagsätze bezogen auf bestimmte Einzelkosten sind feststellbar.

Für die **Kostenplanung pro Stück** sind zusätzlich die Informationen der Teilestammdatei, Erzeugnisstrukturdatei, Arbeitsplatz- und Arbeitsplandatei erforderlich. Die Gemeinkosten je Arbeitsplatz (z. B. Maschinenstundensatz) werden in der Arbeitsplatzdatei gespeichert. Über die Teilestammdatei und den dortigen Verweis auf die an einem Stück erforderlichen Operationen (vgl. Arbeitsplandatei) sowie den Rückverweis auf die dazu vorgesehenen Vorgabezeiten und Kostensätze in der Arbeitsplatzdatei können die Gemeinkosten je Stück durch Summation ausgehend vom Einzelteil bis zum Endprodukt (über die Teileverwendungskette) ermittelt werden. Ebenso werden die direkten Material- und Lohnkosten über die Teileverwendungskette zusammengestellt.

Die angedeutete Funktionsweise der Kostendatenbank beruht auf dem Prinzip des Stücklistenprozessors. Es ist allerdings insofern ein gewisses Umdenken erforderlich, als die zu entlastende Kostenstelle jeweils als übergeordnetes „Teil" gilt, während die zu belastenden Kostenstellen gleichsam „Einzelteile" darstellen.

**Eine mehrdimensionale Indizierung kann dergestalt durchgeführt werden, daß die Kettadressen oder Zeiger eines Satzes in einem selbständigen Segment zusammengefaßt werden.** Dieses Segment erhält als Ordnungskriterium das Hauptordnungskriterium. Auf diese Weise kann beliebig auf mehrere Datenbestände zugegriffen werden. Die jeweilige Speicherfolge der Dateien spielt dabei keine Rolle. Die Adressensegmente können darüber hinaus in einer selbständigen Datei gespeichert werden (**Strukturdatei**), die dann außer den Adressen keinerlei Angaben enthält (vgl. Abbildung 8.62).

*Adreßstrukturen*

Die Strukturdatei ermöglicht die Abbildung eines Informationsnetzwerks. Über den Aufruf einer bestimmten Kundennummer verfügt man gleichzeitig über die diesem Ordnungskriterium zugehörigen Informationen. Dabei kann der Programmierer für bestimmte Programme festlegen, welche Adressen zu entnehmen sind.

*Datenbank-
diagramm*

Werden die Informationsbeziehungen zwischen den einzelnen Datenbeständen graphisch dargestellt, so bildet das Ergebnis ein Datenbankdiagramm. Für den Programmierer ist die Kenntnis dieser Relationen insofern von Bedeutung, als er daraus ersieht, welche Dateien für bestimmte Auswertungen anzusprechen sind. Abbildung 8.63 zeigt ein mögliches Informationsnetzwerk.

| Kundenstrukturdatei ||
|---|---|
| Ordnungs-kriterium | Kundennummer |
| Index | Adressendatei |
| Index | Auftragsdatei |
| Index | Vertreterdatei |
| Index | Offene-Posten-Datei |
| Index | Mahndatei |
| . | . |
| . | . |

*Abb. 8.62: Schema eines Strukturdateisatzes*

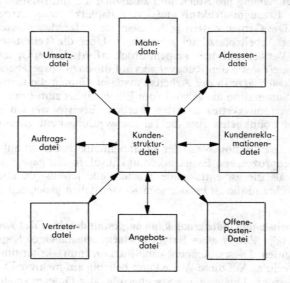

*Abb. 8.63: Skizze eines Datenbankdiagramms*

*Daten-
beschreibungstafeln*

Als wichtige Bestandteile von Datenbanken und als arbeitserleichternde Hilfsmittel für den Programmierer fungieren Datenbeschreibungstafeln (data description tables). **Sie beschreiben den strukturellen Aufbau der Dateien und** enthalten Bezeichnungen sowie daten- und dateitechnische Beschreibungen der **Sätze, Segmente und Felder.** Daneben sind Angaben über Sicherheitscodes oder z. B. über die Form der Informationsausgabe möglich. Datenbeschreibungstafeln befreien den Programmierer von der Aufgabe, für jedes Programm dateiaufbauende Angaben wiederholen zu müssen. Zugleich ermöglicht das Ausdrucken einer Datenbeschreibungstafel und damit die Kenntnis des Dateiaufbaus dem Datenbankbenutzer einen reibungslosen Verkehr mit der Datenbank.

Die Realisierung der geschilderten Datenbanktechniken legt den Grundstein für die Organisation und Speicherung der Daten einer Datenbank sowie für die Verknüpfung der Datenelemente zu Auswertungen. Das Management wird in die Lage versetzt, relevante Informationen direkt abzufragen. Es existieren bereits datenbankorientierte soft-ware-Konzeptionen, mit denen eine Datenbank betrieben werden kann. Neben Programmen, die Datenbanken verwalten (**Dateiverwaltungssysteme**), sind im Rahmen von Management-Informations-Systemen geeignete **Abfragesprachen** erforderlich.

**Dem Benutzer der Datenbank sollte es möglich sein, über eine leicht erlernbare Syntax selbst Fragen an das System stellen zu können, ohne besondere Kenntnisse über die verschiedenen Datenbanktechniken zu besitzen.**

Datenbankorientierte Systeme, die beiden Anforderungen gerecht werden, werden als **Exekutivsysteme** bezeichnet.

## *Methodenbank*

Die Datenbanktechniken bilden die Voraussetzung für einen „optimalen" Zugriff zu den in der Datenbank gespeicherten Informationen.

**Die Verbindung von Datenelementen zu konkreten Auswertungen für die Entscheidungsprozesse des Industriebetriebs erfolgt mit Hilfe von Programmen. Hierbei wird zwischen Systemprogrammen (Betriebssystem) und Anwender- oder Anwendungsprogrammen unterschieden.**

Zu den Systemprogrammen zählen Steuerprogramme, Übersetzungsprogramme und Dienstprogramme.

Aufgabe der sogenannten **Steuerprogramme** ist die Überwachung und Steuerung der Anlage und die Sorge für einen konsequenten Ablauf der einzelnen Arbeitsschritte. Zum Aufgabenbereich der Steuerprogramme gehören beispielhaft das Laden der Programme, die Ein- und Ausgabesteuerung, die Behandlung von Unterbrechungen und Fehlern sowie die Regelung und Abstimmung der Programmfolgen bei den verschiedenen Formen der sequentiellen und simultanen Datenverarbeitung. *Steuerprogramme*

Für die Übersetzung von in Programmiersprachen geschriebenen Programmen werden **Übersetzungsprogramme** benötigt. Die Umständlichkeit interner Maschinensprachen führte zur Entwicklung derartiger Programmiersprachen, die den menschlichen Fähigkeiten und Bedürfnissen besser angepaßt sind. Die Folge ist, daß die vom Anwender geschriebenen Programme und Befehle erst in die der EDV-Anlage verständliche Maschinensprache umzuwandeln sind. *Übersetzungsprogramme*

**Assembler** dienen der Umwandlung maschinenbezogener Programmiersprachen. **Compiler** dagegen finden bei der Übersetzung problemorientierter und benutzernaher Programmiersprachen Verwendung. Letztere sind besonders für integrierte Informationssysteme von Bedeutung, da davon auszugehen ist, daß der einzelne Systembenutzer nicht Experte auf dem Gebiete der Programmierung ist. Die Kommunikation mit der Datenbank sollte also in einer Sprache erfolgen, die einmal leicht erlernbar ist und zum anderen der menschlichen Sprache sehr nahekommt.

*Dienstprogramme*

Mit Hilfe von **Dienstprogrammen** werden häufig wiederkehrende Standardleistungen wie z. B. die Verwaltung externer Speicher, die Übertragung der Daten von bestimmten Datenträgern auf andere mit Hilfe von Umsetzprogrammen, die Entwicklung von Programmen mit Programmgeneratoren sowie Kopier-, Misch- und Sortiervorgänge ausgeführt werden können.

*Anwender- und Benützerprogramme*

**Anwenderprogramme** können selbst erstellt oder vom Markt bezogen werden. Die EDV-Hersteller und sogenannte Softwarehäuser erarbeiten für typische Entscheidungsprozesse und vielfach auftretende Probleme (z. B. auf dem Gebiet der Fertigungssteuerung und Lagerhaltung) Standardprogramme und stellen sie den Anwendern zur Verfügung. Dabei besteht in der Regel die Möglichkeit, bestimmte Programmbestandteile wegzulassen und nur diejenigen Moduln des Modularprogramms zu verwenden, die für die Lösung einer Aufgabe erforderlich sind. Zur Anpassung an die spezifischen Bedüfnisse eines Anwenders werden die Programmpakete in der Regel durch selbst entwickelte Programmteile ergänzt.

*Methoden- und Modellbank*

Verschiedentlich werden zu den Anwenderprogrammen auch **Methoden- und Modellbanken** gezählt. Die Methoden- und Modellbank umfaßt insbesondere verschiedenartige Entscheidungsmodelle sowie die zur Problemlösung nötigen Verfahren. Hierbei kann es sich um Algorithmen der mathematischen Programmierung (z. B. Simplexmethode, Ungarische Methode, Nord-West-Ecken-Methode, Gomory-Methode, Lagrangesche Multiplikatoren) handeln. Voraussetzung für die Anwendung solcher Verfahren ist die mathematische Formulierung des Entscheidungsproblems. Neben Entscheidungs- sind auch noch Ermittlungsmodelle zu nennen. Zu letzteren zählen beispielsweise die einzelnen Transformationsprogramme der Kostenrechnung, mit deren Hilfe die Kostenarten-, Kostenstellen- und Kostenträgerrechnung auf Ist-, Prognose- oder Sollkostenbasis realisiert werden kann. Auch die Programme für die Erstellung der Bilanz und Gewinn- und Verlustrechnung oder zur Ermittlung von Liquiditätsplänen sowie die unterschiedlichen Verfahren zur Absatzprognose für bestimmte Erzeugnisse sind den Ermittlungsmethoden zuzuordnen. Hierbei kommen z. B. statistische Prognoseverfahren wie Regressionsanalyse, Trendextrapolation, exponentielle Glättung zur Anwendung.

*Simulationsverfahren*

Neben den analytischen Techniken, die unter den Modellbedingungen zu einem Optimum der Zielgröße führen, gewinnen Simulationsverfahren zunehmende Bedeutung. Durch Variation der im Modell enthaltenen Einflußgrößen sollen die Wirkungstendenzen auf die abhängigen Variablen sichtbar gemacht werden.

Die Simulation kann für in die Zukunft reichende Entscheidungen Prognosehilfe leisten, wenn sie anhand eines in einem Computerprogramm nachgebildeten hypothetischen Unternehmungs- oder Marktmodells Aussagen über mögliche Auswirkungen alternativer Aktionen zur Verfügung stellt.

Das Ergebnis stellt nicht die optimale Lösung dar, zumal wenn die Gesamtheit der Alternativen zu umfangreich ist.nach einem mehrmaligen Durchspielen des Modells mit jeweils unterschiedlichen Parameterausprägungen wird schließlich die Alternative gewählt, die vermutlich dem Optimum am nächsten kommt. Simulationsmodelle finden zu Lösung von Warteschlangen-, Reihenfolge- und Zuordnungsproblemen Verwendung, für die kein Algorithmus besteht oder die analytische Lösung zu umfangreich wäre. Es handelt sich meist um nicht lineare, dynamische Modelle mit stochastischen Werten der Elemente.

Mathematische Entscheidungsmodelle basieren auf der Quantifizierbarkeit von Parametern und Daten. Viele Entscheidungsprobleme entziehen sich jedoch einer numerischen Erfassung. Derartige nicht programmierbare Entscheidungen versucht man mit heuristischen Methoden zu lösen. Der Grundgedanke besteht in der programmierten Nachbildung menschlicher Denkprozesse. Der Mensch orientiert sich bei komplexen Problemlösungsprozessen an **Erfahrungsgrundsätzen** und **gelernten Entscheidungsregeln**. Eine Aufgabe wird in kleinere **Teilprobleme** zerlegt, für die jeweils ein Lösungsprogramm gesucht wird. Die Vorgehensweise stellt ein **sukzessives Herantasten an die Gesamtlösung** dar, die dann allerdings nicht mehr optimal ist, sondern nur ein bestimmtes Zufriedenheitsniveau erreicht. In der heuristischen Programmierung werden derartige Faustregeln und Plausibilitätskontrollen auf ein Computerprogramm übertragen. Ein derartiges Programm stellt z. B. das General Problem Solver Program (GPS-Programm) dar. Bestimmte wirtschaftliche Probleme wurden bereits mit der heuristischen Programmierung gelöst. Doch bis heute ist die Anwendung noch die Ausnahme, nicht zuletzt aus Wirtschaftlichkeitsgründen und wegen der mangelnden Kenntnis menschlicher Entscheidungsprozesse.

*heuristische Programmierung*

## *Datenkommunikationssysteme*

**Die Aufgabe des Datenkommunikationssystems besteht aus der Sicht des Benutzers darin, die gewünschten Informationen über die Vergangenheit, Gegenwart und erwartete bzw. geplante Zukunft des Industriebetriebs nach Möglichkeit zu jedem beliebigen Zeitpunkt mit dem richtigen Inhalt und in einer für den jeweiligen Anwender zweckmäßigen Form aufzubereiten.**

Natürlich verkehren auch die Systembediener und -überwacher für Zwecke des Aufbaus und der Pflege von Datenbanken mit dem Informationssystem. Diese speziellen Aspekte sowie die Frage nach der Darstellungsform der Outputinformationen sollen jedoch im folgenden außer acht bleiben. Das Interesse gilt der Kommunikation zwischen Benutzer und Informationssystemen.

*programmierer-orientierte Daten-kommunikation*

Eine erste Art der Kommunikation mit der Datenbank ist programmiererorientiert, d. h. sie verlangt vom Systembenutzer eine detaillierte Kenntnis der Systemeigenart, des Umgangs mit dem System und die **Beherrschung einer speziellen Programmiersprache.** Die Lösung eines auftretenden Problems mit einer elektronischen Datenverarbeitungsanlage setzt eine Reihe von Arbeitsschritten voraus. Beginnend mit der Problembestimmung und der Analyse aller Einzelheiten erfolgt in einem zweiten Schritt die Darstellung der Aufgabe in einem Datenflußdiagramm und die Aufzeichnung der einzelnen Schritte in einem Blockdiagramm, das die Grundlage für die Programmierung bildet. Die zu den Blöcken des Blockdiagramms gehörenden Befehle werden in eine Programmiersprache übertragen. Alle nicht vorgefertigten Abfragen müssen neu programmiert werden. Stellt sich heraus, daß die gleiche Anfrage öfters auftritt, so kann das Programm in der Programmbibliothek abgelegt und bei Bedarf wieder aufgerufen werden. **Die Programmierung wiederkehrender Fragetypen und Informationsaufträge gleicht einer Standardisierung des Abfragesystems.** Dadurch wird ein größerer Freiheitsgrad und eine erweiterte Verknüpfungsmöglichkeit von Informationen erzielt, da es genügt, beim Auftreten spezieller Fragestellungen das betreffende Programm aus der Bibliothek herauszusuchen und damit Verarbeitungsoperationen zu starten. Es besteht die Möglichkeit, Anfragen gleicher Struktur frei zu wiederholen. Die Begrenzung auf spezifische Anfragetypen reduziert jedoch die im Rahmen von betrieblichen Entscheidungsprozessen notwendige Breite an zur Verfügung zu stellenden Informationen. Die Informationswünsche wären somit ex ante genau zu bestimmen.

*benutzerfreundliche Daten-kommunikation*

Das Fernziel von Management-Informations-Systemen ist es, jeglichen Informationsbedarf ohne großen Zeitverlust zu decken. Da die Informationssuchenden in der Regel keine spezifischen Datenverarbeitungskenntnisse besitzen, erhebt sich die Forderung nach benutzerfreundlichen Abfragesystemen in Gestalt leicht erlernbarer Abfragesprachen. Eine benutzerfreundliche Datenkommunikation müßte daneben so gestaltet sein, daß Anfragen unterschiedlicher Struktur frei wiederholbar sind. **Die Einengung des Freiheitsraumes durch bestimmte festgelegte Verknüpfungsregeln muß zugunsten einer weitgehenden „Fragefreiheit" beseitigt werden.** Erst dadurch gewinnt die Information ihre ursprüngliche Bedeutung zurück, die darin besteht, Unwissenheit und Unsicherheit zu verringern und zur Lösung von Entscheidungs- und Ausführungsaufgaben beizutragen. Das Bestreben ist, die zeitraubende Programmierarbeit dem Computer selbst zu übertragen. Aus einer Anfrage entnimmt der **Sprachübersetzer** die Anweisungen zum Aufbau eines bestimmten Abfrageprogramms, dessen Ausführung und Steuerung der **Dateiprocessor** übernimmt. Er stellt die Verbindung zur Datenbank her.

Die **Abfragesprache** selbst besteht aus einer Syntax, die vom Systembenutzer ohne große Schwierigkeiten erlernt werden kann. Eine umfassende Kenntnis der Datenverarbeitungstechnik ist nicht notwendig. Das Wissen über den Aufbau von Dateien, ihren Inhalt und die Bezeichnungen der Segmente und Felder übermitteln die Datenbeschreibungstafeln. Eine weitere Erleichterung bringen eventuell Formulare, auf denen die einzelnen Anweisungen einzutragen sind. Damit wird zugleich die Gefahr gemildert, daß wichtige Formulierungen vergessen werden. Die benutzerorientierten Abfragesprachen und die genannten Hilfsmittel bieten die Möglichkeit, direkt mit der Datenbank in Verbindung zu treten.

Eine Weiterentwicklung auf dem Gebiete der Datenkommunikation stellt die Dialogmöglichkeit mit dem Rechner dar. **In diesem Falle unterstützte das System den Benutzer bei seiner Anfrage.** Eine vom Abfragenden gestellte Frage wird unter Umständen vom System spezifiziert, indem eine Antwort ausgedruckt wird, die genauere Angaben über die gewünschte Information fordert. Auf diese Weise wird die endgültige Frage durch ein Frage- und Antwortspiel mit dem Computer formuliert. Der Konversationsmodus ist besonders für neue Systembenutzer relevant. Über den Dialogverkehr wird der Mitarbeiter veranlaßt, „richtige" Fragen zu stellen und sich auf die Eigenarten des Systems einzustellen.

*Mensch-Maschine-Dialog*

Die durch die modernen Datenbanktechniken und Datenkommunikationssysteme realisierbare weitgehende Fragefreiheit erfordert einen gewissen **Schutz der Daten.** Auf der einen Seite muß gewährleistet sein, daß nicht jedermann beliebig Daten verändern kann, und auf der anderen Seite ist dafür zu sorgen, daß **gewisse vertrauliche Informationen** nicht allen Anfragenden verfügbar gemacht werden. Deshalb sind eigene Sicherheitsvorkehrungen zu treffen, die darin bestehen können, daß nur **spezielle Codes oder Paßwörter** den Benutzer zur Abfrage bestimmter Informationen autorisieren oder daß allein über **örtlich festgelegte Terminals** (z. B. in den Vorstandszimmern) eine Auskunft über gewisse Informationen erlangt werden kann.

*Datensicherung*

Die angeführten grundsätzlichen Probleme haben deutlich gemacht, daß die Entwicklung eines total integrierten, vollautomatisierten Informationssystems (im Sinne eines Informationsentscheidungssystems) sicher utopisch bleiben wird, auch wenn die Grenzen der Automatisierbarkeit von Informationsverarbeitungsprozessen noch lange nicht erreicht sind. Die EDV vermag jedoch in erheblichem Umfang den Menschen bei Entscheidungsprozessen zu unterstützen. Der Bereich **programmierbarer Entscheidungen** wird im Zuge der Fortentwicklung der Computertechnologie in Verbindung mit der allgemeinen psychologischen Problemlösungsforschung mehr und mehr erweitert. Der gegenwärtige Stand des **„heuristic-programming"** weist in diese Entwicklungsrichtung. Die Forschungen über die sogenannte **„künstliche Intelligenz"** sind entscheidend für die Grenzziehung zwischen programmierbaren und nicht programmierbaren Entscheidungen.

## Fragen zur Selbstkontrolle und Vertiefung

1. Welche Auswirkungen hat die Wahl des Kostenbegriffs auf die formale Gestaltung und die Aussagefähigkeit von Kostenrechnungssystemen?
2. Welche Aufgaben erfüllt die Kostenstellenrechnung bei Teilkostenrechnungssystemen?
3. Vergleichen Sie Inhalt und Aussagefähigkeit von Stückgewinnen und Deckungsbeiträgen pro Stück!
4. Welche Beziehungen bestehen zwischen den Begriffen Kostenstelle, Stelle, Arbeitsplatz und Rolle?
5. Beurteilen Sie die Leistungsfähigkeit der Deckungsbeitragsrechnung für preispolitische Entscheidungen!
6. Welche Anwendungsmöglichkeiten der Deckungsbeitragsrechnung sehen Sie im Bereich der Fertigungssteuerung?
7. Nennen Sie Beispiele, in denen der Kostenstellenleiter für beschäftigungsfixe Kosten verantwortlich gemacht werden kann!
8. Würdigen Sie die Wahl bestimmter Deckungsbeiträge als Grundlage der Provisionsberechnung für Vertreter!
9. Sichert eine Finanzplanung mit liquiditätsbezogenen Deckungsbeiträgen die Liquidität der Unternehmung?
10. Welche Ursachen haben Fixkostenüber- und -unterdeckungen im Rahmen der Plankostenrechnung auf Vollkostenbasis?
11. „Die Bewertung von Halb- und Fertigfabrikaten zu Teilkosten entspricht dem Vorsichts- und Realisationsprinzip der Bilanzierung!" Nehmen Sie Stellung zu dieser These!
12. Inwiefern lassen sich spezifische Deckungsbeiträge als Kostenwerte für den Verzehr der Engpaßaggregate interpretieren?
13. Wie schlagen sich Lernerfolge in Kostenkurvenverläufen nieder? Versuchen Sie dies am Beispiel der Einführung eines neuen Produkts zu erläutern!
14. Nehmen Sie Stellung zu der Behauptung: „In der Vollkostenrechnung wird mit Einzel- und Gemeinkosten, in der Teilkostenrechnung mit fixen und variablen Kosten gerechnet!"

15. In welchen Fällen und aus welchen Gründen werden in der Kostenrechnung Zusatzkosten angesetzt?
16. Erläutern Sie die Beziehungen zwischen kalkulatorischen Kosten und Zusatzkosten!
17. Läßt sich noch von *sozialen* Kosten sprechen, wenn der ihnen zugrunde liegende Werteverzehr in der Kostenrechnung der *Unternehmung* berücksichtigt wird?
18. Inwiefern unterscheiden sich die Aufgaben von Kostenarten-, Kostenstellen- und Kostenträgerrechnung in den verschiedenen Kostenrechnungssystemen?
19. Nennen Sie Möglichkeiten der Kategorisierung von Kostenrechnungssystemen.
20. Überlegen Sie, für welche speziellen betrieblichen Entscheidungen die Kostenrechnung Informationen liefern kann.
21. Welche Gliederungsprinzipien liegen dem „Industriekontenrahmen" und dem „Gemeinschaftskontenrahmen" zugrunde?
22. Sind die Begriffe „Grenzkosten" und „proportionale" Kosten identisch?
23. Grenzen Sie den wertmäßigen Kostenbegriff von ausgabenorientierten Kostenbegriffen ab!
24. Liegt eine Doppelerfassung desselben Tatbestandes vor, wenn kalkulatorische Eigenkapitalzinsen und zugleich kalkulatorische Abschreibungen in der Kostenrechnung verrechnet werden?
25. Interpretieren Sie die Abb. 8.29. Nehmen Sie insbesondere dazu Stellung, daß links von $x_p$ „Fixkosten*unter*deckung" vorliegt, obwohl doch bereits für den Punkt $x_k$ gilt, daß der Umsatz die Kosten deckt ($U = K_{eff}$). Liegt hier ein Widerspruch vor?
26. Erläutern Sie den zwischen Herstellkosten und Herstellungskosten bestehenden Unterschied!
27. Unter welchen Bedingungen führen Umsatzkostenverfahren und Gesamtkostenverfahren zum gleichen Gewinnausweis?
28. Zeigen Sie anhand der Unterscheidung von Plan- und Normalkosten die Probleme der Kostenplanung auf!
29. Welche Erweiterung muß die Kostenartenrechnung für das Direct Costing und das Rechnen mit relativen Einzelkosten erfahren? Diskutieren Sie in diesem Zusammenhang die Verwendbarkeit der verschiedenen Verfahren der Kostenspaltung!

30. Diskutieren Sie die Aussagefähigkeit von Voll- und Teilkostensystemen bei Entscheidungen über Eigenfertigung und Fremdbezug oder bei Verfahrenswechseln!
31. Entwickeln Sie in Analogie zu Abbildung 8.25 ein Ablaufschema zum mehrstufigen Direct Costing bzw. zum Rechnen mit relativen Einzelkosten!
32. Skizzieren Sie Möglichkeiten für die Einbeziehung der Kostenrechnung in ein Datenbanksystem unter besonderer Berücksichtigung der dazu notwendigen Adreßverkettung!
33. Die Information wird häufig als zweckorientiertes Wissen definiert. Erläutern Sie diese Aussage!
34. Inwieweit ist es sinnvoll, den Industriebetrieb als Hierarchie von Regelkreisen aufzufassen?
35. Worin liegen nach Ihrer Meinung die Grenzen mathematischer Optimierungsmodelle?
36. Welche Bedeutung hat die Kommunikation im Rahmen der Koordination des Unternehmensgeschehens?
37. Welche Problematik verbirgt sich hinter der Kennzahlenrechnung als Koordinationsinstrument?
38. Erläutern Sie die Schwierigkeiten, ein „optimales" Informationssystem zu entwickeln!
39. Wo liegen die Grenzen der Anwendbarkeit von Investitionskalkülen für Entscheidungen über die Einführung einer EDV-Anlage?
40. Welche Vorstellungen verbinden Sie mit dem Begriff des integrierten Informations-Entscheidungssystems?
41. Welche Bedeutung hat der Begriff der Relevanz von Informationen im Rahmen industrieller Informationssysteme?
42. Welche Anforderungen sind an eine Datenbank zu stellen?
43. Inwieweit kann nach Ihrer Meinung der Computer den Menschen bei der Unternehmensführung unterstützen?
44. Welche personellen Konsequenzen kann die Einführung eines EDV-Systems haben?
45. Diskutieren Sie Möglichkeiten und Probleme der Datensicherung im Rahmen der elektronischen Datenverarbeitung!

## Literaturhinweise

Ackoff, R. L., Management Misinformation Systems, Management Science 1967, Nr. 4, S. 147 ff.

Adam, D., Entscheidungsorientierte Kostenbewertung, Wiesbaden 1970

Agthe, K., Kostenplanung und Kostenkontrolle im Industriebetrieb, Baden-Baden 1963

Bauknecht, K./Zehnder, C. A., Grundzüge der Datenverarbeitung, Stuttgart 1980

Beste, T., Die kurzfristige Erfolgsrechnung, 2. Aufl., Köln-Opladen 1962

Biergans, E., Grenzkostenrechnung – Direct Costing – moderne Kostenrechnung in der Brauerei, Nürnberg 1968

Blumenthal, S. C., Management Information Systems. A Framework for Planning and Development, Englewood Cliffs, N. J. 1969

Böhm, H. H./Wille, F., Deckungsbeitragsrechnung und Optimierung, 4. neubearbeitete und erweiterte Aufl., München 1970

Börner, D., Direct Costing als System der Kostenrechnung, Diss. München 1961

Börner, D., Das Rechnungswesen als Gegenstand unternehmerischer Entscheidungen, Habilitationsschrift München 1966

Börner, D., Das betriebliche Rechnungswesen und seine Bedeutung für die Unternehmensführung, als Manuskript gedruckt, Universität Regensburg 1968

Börner, D., Grundprobleme des Rechnungswesens, Wirtschaft und Studium, 2. Jg. 1973, S. 153 ff. und S. 205 ff.

Börner, D., Kostenverteilung, Prinzipien und Technik, in: Kosiol, E./Chmielewicz, K./Schweitzer, M. (Hrsg.), Handwörterbuch des Rechnungswesens, 2. Aufl., Stuttgart 1981, Sp. 1105 ff.

Brink, H. J., Die Kosten- und Leistungsrechnung im System der Unternehmensrechnung, in: Betriebswirtschaftliche Forschung und Praxis 1978, S. 565 ff.

Bruns, W. J./De Coster, D. T. (Hrsg.), Accounting and its Behavioral Implications, New York 1969

Buckley, H. W., Contemporary Accounting and its Environment, Belmont 1969

Bundesverband der Deutschen Industrie e. V., Empfehlungen zur Kosten- und Leistungsrechnung, Bd. 1, Bergisch-Gladbach 1980

Bussmann, K. F., Industrielles Rechnungswesen, Stuttgart 1963

Chenhall, R. H./Harrison, G. L./Watson, D. J. H. (Hrsg.), The organizational context of management accounting, Boston usw. 1981

Chmielewicz, K., Betriebliches Rechnungswesen, Bd. 1 und 2: Erfolgsrechnung, Reinbek bei Hamburg 1973

Coenenberg, A. G. (Hrsg.), Unternehmensrechnung, München 1976

Dierkes, M./Bauer, R., Corporate Social Accounting, New York 1973

Dietel, B., Zur Koordination kollektiver Entscheidungsprozesse in der Unternehmung, Diss. München 1972

Dworatschek, S., Management-Informations-Systeme, Berlin u. a. 1971

Ebbeken, K., Primärkostenrechnung, Berlin 1973

Fäßler, K./Rehkugler, H./Wegenast, C., Kostenrechnungslexikon, 4. Aufl., München 1980

Ganzhorn, K. E./Schulz, K. M./Walter, W., Datenverarbeitungssysteme, Berlin usw. 1981

Grochla, E. (Hrsg.), Computer-gestützte Entscheidungen in Unternehmungen, Wiesbaden 1971

Grochla, E./Szyperski, N., Management Informationssysteme, Wiesbaden 1972

Grochla, E./Garbe, H./Gillner, R., Gestaltungskriterien für den Aufbau von Datenbanken, Opladen 1973

Hahn, D., Direct Costing und die Aufgaben der Kostenrechnung, Neue Betriebswirtschaft 1964, S. 221 ff. und 1965, S. 8 ff.

Hahn, D., Planungs- und Kontrollrechnung, Wiesbaden 1974

Hahn, D., Konzepte und Beispiele zur Organisation des Controlling in der Industrie, in: ZfO 1979, S. 4 ff.

Hamann, D., Die Steuerung dezentraler Kostenentscheidungen im Herstellungsbereich industrieller Unternehmungen, Berlin 1969

Heinen, E., Reformbedürftige Zuschlagskalkulation, Zeitschrift für handelswissenschaftliche Forschung 1958, S. 1 ff.

Heinen, E., Zum Problem der Kostenremanenz, Zeitschrift für Betriebswirtschaft 1966, S. 1 ff.

Heinen, E., Das Kapital in der betriebswirtschaftlichen Kostentheorie, Wiesbaden 1966

Heinen, E., Konzentration und Kosten, in: Arndt, H. (Hrsg.), Die Konzentration in der Wirtschaft, 2., völlig neu bearbeitete Aufl., Berlin 1971

Heinen, E., Grundlagen betriebswirtschaftlicher Entscheidungen, Das Zielsystem der Unternehmung, 3. Aufl., Wiesbaden 1976

Heinen, E., Kosteninformation und Preisuntergrenzen – Kostenrechnerische Grundlagen der Preispolitik in der Bauindustrie, in: Entwickeln, Konstruieren, Bauen, Festschrift zum hundertjährigen Bestehen der Held & Francke Bauaktiengesellschaft, München 1972

Heinen, E., Einführung in die Betriebswirtschaftslehre, 9. verbesserte Aufl., Wiesbaden 1985

Heinen, E., Betriebswirtschaftliche Kostenlehre – Kostentheorie und Kostenentscheidungen, 6. Aufl., Wiesbaden 1983

Heinen, E., Handelsbilanzen, 11. Aufl., Wiesbaden 1985

Heinen, E., Kosten und Kostenrechnung, Wiesbaden 1975

Heinen, E./Picot, A., Können in betriebswirtschaftlichen Kostenauffassungen soziale Kosten berücksichtigt werden?, Betriebswirtschaftliche Forschung und Praxis 1974, S. 345 ff.

Heinen, E., Kostenanalyse, in: Grochla, E./Wittmann, W. (Hrsg.), Handwörterbuch der Betriebswirtschaft, 4. Aufl., Stuttgart 1975, Sp. 2290 ff.

Heinen, E., Kostenrechnung, in: Grochla, E./Wittmann, W. (Hrsg.), Handwörterbuch der Betriebswirtschaft, 4. Aufl., Stuttgart 1975, Sp. 2313 ff.

Heinen, E. (Hrsg.), Industriebetriebslehre – Arbeitsbuch, Wiesbaden 1982

Heinen, H., Ziele multinationaler Unternehmen – Der Zwang zu Investitionen im Ausland, Wiesbaden 1982

Heraeus, J., Direct Costing als Grundlage kurzfristiger Unternehmensentscheidungen, Diss. München 1963

Hofmann, R., Bilanzkennzahlen, 2. Aufl., Köln-Opladen 1971

Horngren, C. F., Cost Accounting. A Managerial Emphasis, 3. Aufl., Englewood Cliffs, N. J. 1972

Horvath, P., Controlling, München 1979

Hummel, S., Die Auswirkungen von Lagerbestandsveränderungen auf den Periodenerfolg – Ein Vergleich der Erfolgskonzeptionen von Vollkostenrechnung und Direct Costing, Zeitschrift für betriebswirtschaftliche Forschung 1969, S. 155 ff.

Hummel, S./Männel, W., Kostenrechnung 1, 2. Aufl. 1980, Kostenrechnung 2, 2. Aufl. 1981, Wiesbaden

Jacob, H., Preispolitik, Wiesbaden 1963

Jacob, H. (Hrsg.), Grundlagen der elektronischen Datenverarbeitung, Schriften zur Unternehmensführung, Bd. 12, Wiesbaden 1970

Jacob, H. (Hrsg.), EDV als Instrument der Unternehmensführung, Schriften zur Unternehmensführung, Bd. 13, Wiesbaden 1970

Jacob, H. (Hrsg.), Neuere Entwicklung in der Kostenrechnung I und II, Wiesbaden 1976

Jacob, H. (Hrsg.), Moderne Kostenrechnung, Wiesbaden 1978

Jost, H., Kosten- und Leistungsrechnung, Wiesbaden 1974

Käfer, K., Standardkostenrechnung, 2. neubearbeitete und stark erweiterte Aufl., Stuttgart 1964

Kilger, W., Kurzfristige Erfolgsrechnung, Wiesbaden 1962

Kilger, W., Optimale Produktions- und Absatzplanung, Opladen 1973

Kilger, W., Kostentheoretische Grundlagen der Grenzplankostenrechnung, in: Zeitschrift für betriebswirtschaftliche Forschung 1976, 26 Jg, S. 679 ff.

Kilger, W., Einführung in die Kostenrechnung, 2. Aufl., Wiesbaden 1980

Kilger, W., Flexible Plankostenrechnung und Deckungsbeitragsrechnung, 8. Aufl., Wiesbaden 1981

Kirsch, W./Klein, H. K., Managementinformationssysteme, Bd. 1, Stuttgart usw. 1977

Klein, H. K., Heuristische Entscheidungsmodelle – Neue Techniken des Programmierens und Entscheidens für das Management, Wiesbaden 1971

Klimesch, H., Information Management System (IMS), IBM-Nachrichten 1969, S. 720 ff.

Klis, M., Überzeugung und Manipulation – Grundlagen einer Theorie betriebswirtschaftlicher Führungsstile, Wiesbaden 1970

Kloock, J., Aufgaben und Systeme der Unternehmensrechnung, in: Betriebswirtschaftliche Forschung und Praxis 1978, S. 493 ff.

Koch, H., Grundprobleme der Kostenrechnung, Köln-Opladen 1966

Koller, H., Organisation der Plankostenrechnung, 2. Aufl., Wiesbaden 1973

Koreimann, D. S., Methoden und Organisation von Management-Informations-Systemen, Berlin/New York 1971

Kosiol, E./Chmielewicz, K./Schweitzer, M. (Hrsg.), Handwörterbuch des Rechnungswesens, 2. Aufl. Stuttgart 1981

Kosiol, E. Kostenrechnung und Kalkulation, 2. Aufl., Berlin – New York 1972

Kosiol, E., Bausteine der Betriebswirtschaftslehre, 2. Bd.: Rechnungswesen, Berlin 1973

Kramer, R., Information und Kommunikation. Betriebswirtschaftliche Bedeutung und Einordnung in die Organisation der Unternehmung, Berlin 1965

Kruschwitz, L., Eigenerzeugung oder Beschaffung? Eigenverwendung oder Absatz? Berlin 1971

Kube, V., Die Grenzplankostenrechnung – Von der theoretischen Grundlegung zur praktischen EDV-Lösung, Wiesbaden 1974

Küpper, H. U., Analyse der Differenzierung zwischen Standard- und Prognosekostenrechnung, in: Wirtschaftswissenschaftliches Studium 1978, S. 562 ff.

Laßmann, G., Gestaltungsformen der Kosten- und Erlösrechnung im Hinblick auf Planungs- und Kontrollaufgaben, in: Die Wirtschaftsprüfung 1973, S. 4 ff.

Layer, M., Möglichkeiten und Grenzen der Anwendbarkeit der Deckungsbeitragsrechnung im Rechnungswesen der Unternehmung, Berlin 1967

Layer, M., Die Kostenrechnung als Informationsinstrument der Unternehmensleitung, in: Jacob, H. (Hrsg.), Neuere Entwicklungen in der Kostenrechnung I, Wiesbaden 1976

Lücke, W., Die kalkulatorischen Zinsen im betrieblichen Rechnungswesen, in: Zeitschrift für Betriebswirtschaft Ergänzungsheft 1965, S. 3 ff.

Lüder, K./Streitferdt, L., Die kurzfristige Erfolgsrechung als Kontrollinstrument der Unternehmensführung, in: Betriebswirtschaftliche Forschung und Praxis 1978, 30 Jg., S. 545 ff.

Lutz, B., Die Aussagefähigkeit des Rechnungswesens, St. Galler Wirtschaftswissenschaftliche Forschungen, Bd. 20, Zürich/St. Gallen 1963

Lutz, Th./Beutler, H./Klimesch, H./Miottke, P., Management Information Systems (MIS), IBM-Form 78262, Sindelfingen 1969

Männel, W., Möglichkeiten und Grenzen des Rechnens mit Opportunitätserlösen, in: Riebel, P. (Hrsg.), Beiträge zur betriebswirtschaftlichen Ertragslehre, Opladen 1971, S. 201 ff.

Männel, W., Preisobergrenzen im Einkauf, Düsseldorf 1975

Männel, Wolfgang, Die Wahl zwischen Eigenfertigung und Fremdbezug, 2. Aufl., Stuttgart 1980

Mahlert, A., Die Abschreibungen in der entscheidungsorientierten Kostenrechnung, Opladen 1976

March, J. G./Simon, H. A., Organizations, 7. Aufl., New York 1966

Mattessich, R., Die wissenschaftlichen Grundlagen des Rechnungswesens. Eine analytische und erkenntniskritische Darstellung doppischer Informationssysteme für Betriebs- und Volkswirtschaft, Düsseldorf 1970

Matz, A./Usry, M. F., Cost Accounting – Planning and Control, 7. Aufl. Cincinnati usw. 1980

Maurer, Ch., Standardkosten- und Deckungsbeitragsrechnung in Zulieferbetrieben des Maschinenbaus, Darmstadt 1980

Meffert, H., Betriebswirtschaftliche Kosteninformation. Ein Beitrag zur Theorie der Kostenrechnung, Wiesbaden 1968

Meffert, H., Kostenrechnung und Kostenrechnungssysteme in: Albers, W. u. a. (Hrsg.), Handwörterbuch der Wirtschaftswissenschaften, Bd. 4, Stuttgart usw. 1977, S. 573 ff.

Mellerowicz, K., Kosten und Kostenrechnung, Bd. II/1: Allgemeine Fragen der Kostenrechnung und Betriebsabrechnung, 5. Aufl., Berlin 1973

Mellerowicz, K., Kosten und Kostenrechnung, Bd. II/2: Kalkulation und Auswertung der Kostenrechnung und Betriebsabrechnung, 4. völlig umgearbeitete Aufl., Berlin 1968

Mellerowicz, K., Planung und Plankostenrechnung, Bd. I: Betriebliche Planung, 2. neubearbeitete und erweiterte Aufl., Freiburg i. Br. 1970

Mellerowicz, K., Neuzeitliche Kalkulationsverfahren, durchgesehene 6. Aufl., Freiburg i. Br. 1977

Mertens, P., Industrielle Datenverarbeitung, Bd. I, 3. Aufl., Wiesbaden 1978

Mertens, P./Griese, H., Industrielle Datenverarbeitung, Bd. II, 4. Aufl., Wiesbaden 1984

Möllers, P., Kosten- und Leistungsrechnung, Opladen 1974

Mrosek, D., Zurechnungsprobleme in einer entscheidungsorientierten Kostenrechnung, Wiesbaden 1983

Münstermann, H., Betriebswirtschaftliche Information, Entscheidung und Kontrolle, Wiesbaden 1969

Münstermann, H., Unternehmensrechnung, Wiesbaden 1969

Neuhof, B., Das Rechungswesen als Informationszentrum, Neuwied 1978

Pack, L., Die in Entscheidungsmodellen relevanten Kosten, in: Wirtschaftswissenschaftliches Studium 1978, Teil I: S. 358 ff., Teil II: S. 400 ff.

Pfohl, H. Ch., Planung und Kontrolle, Stuttgart 1981

Picot, A., Kosten, volkswirtschaftliche, in: Kosiol, E./Chmielewicz, K./Schweitzer, M. (Hrsg.), Handwörterbuch des Rechnungswesens, 2. Aufl. Stuttgart 1981, Sp. 980 ff.

Plaut, H. G./Müller, H./Medicke, W., Grenzplankosten und Datenverarbeitung, 2. Aufl., München 1971

Pressmar, D. B., Kosten- und Leistungsanalyse im Industriebetrieb, Wiesbaden 1971

Prince, Th. R., Information Systems for Management Planning and Control, Homewood, Ill. 1970

Raffée, H., Kurzfristige Preisuntergrenzen als betriebswirtschafliches Problem, Köln-Opladen 1961

Reichmann, T., Kosten und Preisgrenzen, Wiesbaden 1973

Reichmann, T., Die Abstimmung von Produktion und Lager bei saisonalem Absatzverlauf, Köln-Opladen 1968

Reichmann, T., Die Planung von Preisgrenzen im Beschaffungsbereich der Unternehmung, in: Coenenberg A. G. (Hrsg.), Unternehmensrechnung, München 1976, S. 153 ff.

Reichmann, T., Zuschlagskalkulation, in: Kosiol, E./Chmielewicz, H./Schweitzer, M. (Hrsg.), Handwörterbuch des Rechnungswesens, 2. Aufl. Stuttgart 1981, Sp. 1854 ff.

Riebel, P., Die Preiskalkulation auf Grundlage von Selbstkosten oder von relativen Einzelkosten und Deckungsbeiträgen, in: Zeitschrift für Betriebswirtschaft 1964, S. 549 ff.

Riebel, P., Teilkostenrechnung (insbesondere Deckungsbeitragsrechnung), in: Kosiol, E./Chmielewicz, K./Schweitzer, M. (Hrsg.), Handwörterbuch des Rechnungswesens, 2. Aufl. Stuttgart 1981, Sp. 1547 ff.

Riebel, P., Gestaltungsprobleme einer zweckneutralen Grundrechnung, in: Zeitschrift für betriebswirtschaftliche Forschung 1979, S. 863 ff.

Riebel, P., Zum Konzept einer zweckneutralen Grundrechnung, in: Zeitschrift für betriebswirtschaftliche Forschung 1979, S. 785 ff.

Riebel, P., Einzelkosten- und Deckungsbeitragsrechnung, 4. Aufl., Wiesbaden 1982

Riebel, P./Paudtke, H./Zscherlick, W., Verrechnungspreise für Zwischenprodukte, Opladen 1973

Rosen, L. S., Topics in Managerial Accounting, Toronto u. a. 1970

Rühli, E., Methodische Verfeinerungen der traditionellen Verfahren der Investitionsrechnung und Übergang zu den mathematischen Modellen, in: Die Unternehmung 1970, S. 161 ff.

Rühli, E., Investitionsrechnung, in: Grochla, E./Wittmann, W. (Hrsg.), Handwörterbuch der Betriebswirtschaftslehre, 4. Aufl. Stuttgart 1975, Sp. 2004f.

Scheer, A.-W., EDV-orientierte Betriebswirtschaftslehre, Berlin/Heidelberg usw. 1984

Scherrer, G., Kostenrechnung, Stuttgart 1983

Schmalenbach, E., Kostenrechnung und Preispolitik, 8. Aufl., Köln-Opladen 1963

Schneider, E., Industrielles Rechnungswesen, 4. Aufl., Tübingen 1963

Schönfeld, H.-M., Kostenrechnung, 2 Bände, 7. Aufl., Stuttgart 1974 u. 1975

Schwarz, H., Kostenträgerrechnung und Unternehmensführung, Berlin 1969

Schweitzer, M./Hettich, G. O./Küpper, H. U., Systeme der Kostenrechnung 3. Aufl., München 1983

Shillinglaw, G., Cost Accounting: Analysis and Control, revised edition, Homewood, Ill. 1967

Siegwart, H., Der Einfluß der fixen Kosten auf die Unternehmungspolitik, Betriebswirtschaftliche Studien, Heft 37, Zürich/St. Gallen 1959

Simon, H., Preismanagement, Wiesbaden 1982

Staehle, W., Kennzahlen und Kennzahlsysteme als Mittel der Organisation und Führung von Unternehmen, Wiesbaden 1969

Swoboda, P., Kostenrechnung und Preispolitik, 7. Aufl., Wien o. J.

Thieme, H. R., Verhaltensbeeinflussung durch Kontrolle, Berlin 1982

Ulrich, H./Hill, W., Brevier des Rechnungswesens, in: Praktische Betriebswirtschaft, Schriftenreihe des Instituts für Betriebswirtschaft an der Hochschule St. Gallen, 2. überarbeitete Auflage, Köln-Opladen 1964

Vodrazka, K., Betriebsvergleich, Stuttgart 1967

Vormbaum, H., Kalkulationsarten und Kalkulationsverfahren, 2. durchgesehene Aufl., Stuttgart 1970

Vormbaum, H., Grundlagen des betrieblichen Rechnungswesens, Stuttgart usw. 1977

Weber, H. K., Fixe und Variable Kosten, Göttingen 1972

Weber, H. K., Betriebswirtschaftliches Rechnungswesen, 2. Aufl., München 1978

Weber, K., Planung und Planungsrechnung in Schweizer Unternehmungen, Bern/Stuttgart 1965

Wedekind, H., Datenorganisation, Berlin 1970

Wegmann, M., Gemeinkosten-Management, München 1982

Weilenmann, P., Grundlagen des betriebswirtschaftlichen Rechnungswesens, Zürich 1981

Weilenmann, P., Management Accounting, Zürich 1981

Weilenmann, P./Nüssler, A., Planungsrechnung in der Unternehmung, 3. Aufl., Zürich 1977

Witte, E. (Hrsg.), Das Informationsverhalten in Entscheidungsprozessen, Tübingen 1972

Wittmann, W., Unternehmung und unvollkommene Information, Köln-Opladen 1959

Wohlgemuth, M., Aufbau und Einsatzmöglichkeiten einer Planerfolgsrechnung als operationales Lenkungs- und Kontrollinstrument der Unternehmung, Berlin 1975

Wöhe, G., Bilanzierung und Bilanzpolitik, 6. Aufl., München 1985

Zentralverband der elektrotechnischen Industrie e. V. (Hrsg.), Kennzahlensystem, Frankfurt 1970

Zimmermann, G., Grundzüge der Kostenrechnung, 2. Aufl., Stuttgart usw. 1982

Zimmermann, W., Erfolgs- und Kostenrechnung, Braunschweig 1971

# Stichwortverzeichnis

Abandonrecht 190, 200
ABC-Analyse 306, 417
Abgrenzungsverfahren 448
Abhängigkeit, funktionale 941
Ablaufplanung, Dilemma der 392, 488 ff.
abrechnungstechnisches Gesichtspunkte 935
Absatz, direkter und indirekter 581 ff.
Absatzfaktoren 238 f.
Absatzlager 586 ff.
Absatzkontakte 239
absatzpolitisches Instrumentarium 559
Absatzpotential 239
Absatzprogramm 562 f., 912 f.
Absatzwege 581 ff.
Absatzwirtschaft, Begriff der 509 ff.
Abschöpfungsstrategien 296
Abschreibung, kalkulatorische 957
Abschreibungsfinanzierung 831 ff.
Abstimmung 50
Abstimmungskollegialität 119
Abteilung 94
Abweichungsanalyse 981 ff., 1004 f.
Abzugskapital 959
adaptive Verfahren 448
Adreßverkettung 404, 496 ff., 1055
Äquivalenzziffernmethode 969, 974
Ahrensburger Modell 732
Akkordfähigkeit 723
Akkordlohn 722 ff., 956
Akkordreife 723
Aktie 190 ff., 848 f.
Aktiengesellschaft 190 ff.
Aktienrecht 191
Aktionsfeld 45
Aktionsvariable 57
Aktivtausch 909
Algorithmus 58
Alternative 45
Alternativenvergleich in der Investitionsrechnung 792, 795, 803 f.
Altersgrenze, flexible 727
Altersversorgung, betriebliche 725
Amortisationsrechnung 800 ff.
Analogschätzung 318
analytische Methode 822
Andlersche Losgrößenformel 424, 493
Anforderungen, personalwirtschaftliche 677 ff., 694, 712
Anlagenbuchhaltung 957

Anlagenrechnung 957
Anlagenwagnis 958, 961
Anmeldekartelle 220 f.
Annuitätenmethode 807
Anpassungsentscheidung der Organisationsmitglieder 630 ff.
Anpassungswiderstände 143
Anrechnungsverfahren 167, 841
Anreiz-Beitrags-Struktur 673
Anreiz-Beitrags-Theorie 638 ff.
Anreize 707 f., 733 f.
Anspruchsniveau 15
Antecedensbedingung 9
Anwenderprogramm 1060
Arbeitsablaufstudie 705
Arbeitsanalyse 678, 712
Arbeitsbedingungen 367, 702
Arbeitsbeschreibung 678
Arbeitsbewertung 712 ff.
Arbeitsbewertungskommission 717
Arbeitsdirektor 188, 194
Arbeitsergebnis, Qualität des 719
Arbeitsganganalyse 677
Arbeitsgangbewertung 714
Arbeitsgangdatei 404, 413
Arbeitsgangsplitting 426
Arbeitsgemeinschaft 218
Arbeitsgesetze 662
Arbeitskampf 665
Arbeitsleistung 630
Arbeitsmarktanalyse 685
Arbeitsmarktforschung 683
Arbeitsplan 388, 412 ff.
Arbeitsplanprozessor 412 ff.
Arbeitsplatzbewertung 714
Arbeitsplatzdaten 404, 413
Arbeitsplatzgestaltung 704
Arbeitsplatzmethode 681
Arbeitsplatzstudie 704
Arbeitsproduktivität 634
Arbeitsrecht 664
Arbeitssicherheit 705
Arbeitsstrukturierung 674, 698
Arbeitsunterweisung 748
Arbeitsverhalten 643
Arbeitsverteilung 371
Arbeitsvertrag 664 f.
Arbeitsvorbereitung 680
Arbeitszeit 706
Arbeitszeitverkürzung 697

Arbeitszufriedenheit 636ff.
Artikeldateien 406
Artikelergebnisrechnung 1006f.
Assembler 1060
Attributprüfung 310
Aufgabenanalyse 89ff.
Aufgabenorientierung des Führungsverhaltens 737
Aufgabensynthese 89ff.
Aufsichtsrat 195f., 199, 203
– fakultativer 188f.
Aufstiegsanreize 674, 708
Auftragsdatei 404f.
Auftragsfortschrittskontrolle 431
Auftragsfreigabe 431
Auftragssplitting 426
Auftragszeit 721
Aufwand 908, 912
– neutraler 945
Ausbildung 746f.
Ausbildungsanreize 708, 741
Ausbildungskontrolle 749
Ausbildungsplanung 747, 756
Ausbringungsmenge, kritische 986
Ausfallverteilung 446
Ausführungszeit 721
Ausgabemedien 1049
Ausgaben 911
– kapitalbindende 779ff.
– kapitalentziehende 827ff.
– nicht-kompensierte 917
Ausgleichseigenschaften der Basisprozesse 428
Ausgleichszahlungen 641
Auslösung von Zahlungen 1011f.
Ausschußkoeffizient 371
Ausschüttungsform der Einzelquoten 731
Außenfinanzierung 847ff.
Ausstattungsplanung 378ff., 437ff., 456, 464f.
Austrittsentscheidung 645
Auswahlmethoden, personalwirtschaftliche 686f.
Auswertungsrechnung 931, 1012, 1018
Auszahlungen 910
Automation 703
Autorisierung 29

BAB s. Betriebsabrechnungsbogen
Backward integration 285
Bankkredit 851
Basisprozesse 370, 428

Baukastenstückliste 410
Baukasten-Teileverwendungsnachweis 410
Baustellenfertigung 383
Baustufenverfahren 313
Bedarfsauflösung 418
Bedarfsermittlungsverfahren 417ff.
Bedingtheit des Güterverzehrs 915
Bedürfnishierarchie 635
Beförderung 741ff.
Befundrechnung 954
Begabungs- und Leistungstest 688
Beherrschungsvertrag 227f.
Beitragsbedarf und Beitragsangebot 690
Belegleser 1048
Berater-Klienten-Beziehungen 152ff.
Beratertypen 153f.
Beratungsprozeß 155f.
Bereichs-Fixkosten 996
Bereitschaftskosten 1013
Bereitschaftsstrategien 447
Bereitstellungsprinzip 287
Bergrechtliche Gewerkschaft 200f.
Bernoulli-Kriterium 450
Bernoulli-Prinzip 55
Beschäftigungsabweichung 1004
Beschaffungsarten 292, 311, 322
Beschaffungsfaktoren 236
Beschaffungsfunktion 273
Beschaffungskontakte 236, 238
Beschaffungskooperation 294
Beschaffungskosten 236, 325f.
Beschaffungsmarketing 289ff.
Beschaffungsmarktrisiko 296
Beschaffungsmarktstruktur 288
Beschaffungsmaßnahmen 683
Beschaffungsorgane 294
Beschaffungsorganisation 279ff.
Beschaffungsplanung 284, 305
beschaffungspolitisches Instrumentarium 289
Beschaffungspotential 236ff.
Beschaffungsprogramm 318f.
Beschaffungsprozeß 351
Beschaffungsstrategien 295
Beschaffungssystem 350
Beschaffungsvorbereitungszeit 328
Beschaffungswerbung 293
Beschaffungszeit 236f., 328
Beschaffungsziele 273f.
Beschränkungen, offene 62
Besitzgesellschaft 207
Beständewagnis 961

Bestandsbewertung 1024f.
Bestandsrechnung 419f.
Bestandsveränderungen 974
Bestellbestand 420
Bestellmenge 320, 330
Bestellpunktsystem 321, 337ff.
Bestellrechnung 420ff.
Bestellrhythmussystem 342
Bestellrhythmus- und Optionalverfahren 321
Bestellüberwachung 282
Bestellzeitpunkt 336
Beteiligung, individuelle/kollektive 730
Beteiligungsfinanzierung 847ff.
Beteiligungsmaßstäbe 728
Beteiligungsverwaltungsgesellschaft 209
betriebliche Ausbildung 746
betriebliche Ordnung, Vereinbarungen über die 668
Betriebsabrechnung, statistische 948
Betriebsabrechnungsbogen 937, 962f., 992, 995, 1017
Betriebsaufspaltung 206ff.
Betriebsbuchhaltung 944ff.
Betriebsergebnisrechnung 936f., s. a. Erfolgsrechnung, kurzfristige
Betriebsgesellschaft 207
Betriebsmittelkosten 957ff.
Betriebsrat 132f., 667
Betriebsüberlassungsvertrag 226
Betriebsvereinbarungen 665, 709
Betriebsverfassungsgesetz 131, 169, 171f., 666
Betriebsversammlung 668
Betriebswirtschaften 5
Betriebswirtschaftslehre 7, 12
– Aufgaben 6f.
– entscheidungsorientierte 7, 12
– Gegenstand 5f.
Betriebszweck 914
Bewegungsbilanz 868
Bewegungsstudien 705
Bewerberauswahl, Phasen der 686
Bezugsgröße 920ff., 979f., 989f., 995f., 1012f.
Bezugsgrößenhierarchien 1013f.
Bezugsobjekt 1012
Bezugsrecht 849
BGB-Gesellschaft s. Ges. des bürgerl. Rechts
Bilanz 908
Bilanzierungsprinzip 946
Bilanzkapital 908

Bilanzregel, goldene 861
Bilanzrichtlinie-Gesetz 168f.
Bilanzverkürzung/-verlängerung 909
Bilanzvermögen 908
Bonuslohn 724
Brainstorming 568f.
Branching and bounding 482
Break-even-Analyse 575, 1009f.
Bruchteilsgemeinschaft 161f.
Bruttomaterialbedarf 312, 418
Bruttopersonalbedarf 676
Buchführung, doppelte 910
Budgetierung 138, 868ff.
Buying Center 531f.

Cash-flow 844, 862, 871f.
Chargenfertigung 387
Competitive bidding 578
Compiler 1060
Consideration 736
Controlling 1046
Cost-center 138
Cournotscher Punkt 460
CPM 466ff.
CPS 466
Current ratio 862

Dachgesellschaft 230
Darlehen
– kapitalersetzendes 187
– partiarisches 182
Darstellungsfunktion 923, 984f., 1008
Dateisatz 404
Daten 57
Datenbank 402ff., 1050ff.
Datenbankdiagramm 1058
Datenfernverarbeitung 1050
Datenkommunikationssysteme 1061ff.
Datensicherung 1063
Dean-Modell 873f.
Debitorenwagnis 960
Deckungsbeitrag 458, 993f., 1018f.
– differenzierter 610, 999
– spezifischer 1028
Deckungsbeitragsrechnung 988, 1011ff., 1018
Deckungsbudget 1022
Definitionsfunktion 57
Dekodierung 897
Delegation 128
Delphi-Methode 543
Depotstimmrecht 197
Deskriptoren 903
Destinatäre 210

Dezentralisation 39, 88 ff.
Dienstleistungsbetriebe 17
Dienstprogramm 1060
Differenzen-Quotienten-Verfahren 990
Direct Costing 988 ff.
– mehrstufiges 995 ff.
Direktversicherung 726
Diskontierung 803
Diskontkredit 851
Dispositionsleiste 415
Dispositionsstufe 418
Dissonanz, kognitive 525
Distribution 581 ff.
Dispositionsstufenverfahren 314
Diversifikation 285
Dividendenbeteiligung 730
Dividendenthese 843
Divisionalisierung 94 ff.
Divisionskalkulation 967 ff.
Dokumentation 896, 902
Doppelgesellschaft 206 f.
Drittorganschaft 164, 205
Drittparteienurteil 658 ff.
Durchführungsplanung 391 f., 424 ff.
Durchlaufregale 302
Durchlaufterminierung 425 ff.
Durchlaufzeit 425
Durchschnittspreise 955
Durchschnittsprinzip 942
Dynamik 21
Dynamische Planungsrechnung 482

Ecklohn 711
Effizienz 83, 633 ff.
EG-Richtlinie
– siebte 169, 230
– vierte 168 f., 188, 198, 203 f., 206
Eigenfertigung 1033 f.
Eigenfinanzierung 836 ff.
Eigenkapital 908
Eigenkapitalerhöhung 847 ff.
Eigenkapitalhilfe, staatliche 848
Eigenkapitalrentabilität 33
Eigenkapitalzins 809 ff., 959
Eignungskoeffizient 691
Einführung von Mitarbeitern 697
Eingabemedien 1048
eingetragene Genossenschaft 201 ff.
Eingliederung 225
Einheitsgesellschaft 205
Einheitsgründung 191
Einkaufskartelle 222
Einkaufsplanung 305

Einkreissystem 947
Einliniensystem 106 f.
Einmann-Gesellschaft 176
Einmann-GmbH 183
Einnahme 911
– kapitalfreisetzende 830 ff.
– kapitalzuführende 834 ff.
Einproduktbetrieb 926 f.
Einsatzplanung der Repetierfaktoren 415 ff.
Einstandspreis 325
Einstellungstest 688
Eintrittsentscheidung 644 ff.
Einzahlungen 910
Einzelakkord 723
Einzelerlöse, relative 1012
Einzelfertigung 387, 465
Einzelgeschäftsführung 164
Einzelhandel 581 f.
Einzelkaufmann 176 f.
Einzelkosten 921
– relative 941, 1012
Einzelkostenverfahren 962
Einzelquotenausschüttung 731
Einzelunternehmung 176, 184 ff.
Einzelvertretung 164 f.
Elementarkombination 370
Endkostenstellen 936
Engpaß 460 ff., 1028
Engpaßausgleich 430
Entfremdung 700 f.
Entgeltplanung 674
Entgeltpolitik 708
Entlohnung
– anforderungsgerechte 712
– gerechte 708 ff.
– leistungsgerechte 718
– sozialgerechte 724
Entscheidungen, Arten von 38 ff., 63 ff., 1042, 1063
Entscheidungsbaumverfahren 482, 491, 823 ff.
Entscheidungszentralisation/-dezentralisation 39
Entscheidungsfeld 45
– produktwirtschaftliches 377 ff., 396 ff.
Entscheidungsfindung bei mehrpersonalen Entscheidungen 48 f.
Entscheidungsmodelle 15, 53 ff., 365, 1044 f.
Entscheidungsprämissen
– Begriff 898
– des Arbeitsverhaltens 634 f.

Entscheidungsprozeß 7, 45f., 396
Entscheidungsregeln 45, 55f., 649
Entscheidungstatbestände 13
Entscheidungstheorie 53ff., 59ff.
Entscheidungsträger 39
Entscheidungsvariable 15
Entscheidungsverzögerung 819
Enumeration 482ff.
Erbersatzsteuer 212
Erfahrungskurven 551ff.
Erfassungsprinzipien 940
Erfolgsbeteiligung 726ff., 844f.
Erfolgsfaktoren, strategische 295, 554f.
Erfolgskonten 909
Erfolgsobjekte 295, 554f.
Erfolgspotential 295, 544ff.
Erfolgsrechnung, kurzfristige 939, 974, 983f., 999, 1019
Erfolgsziele 13
Erhaltungsmaßstäbe 34
Erkenntnisobjekt 6
Erklärung 9f.
Erklärungsaufgabe 6
Erklärungsfunktion 57
Erklärungsmodelle 14, 365
Ermittlungsfunktion s. Darstellungsfunktion
Eröffnungsverfahren 442f., 486f.
Ersatzgerechtigkeiten 709
Ersparnisbeitrag 1034
Erträge 908, 912
Ertragsbeteiligung 728
Erwartungs-Valenz-Theorien 638
Erwartungsvariable 57
erwerbswirtschaftliches Prinzip 32
Erzeugnis-Fixkosten 995f.
Erzeugnisgruppen-Fixkosten 996
Erzeugnisse, fertige, unfertige 914
Erzeugnisstrukturdatei 404ff.
Experiment, absatzwirtschaftliches 534
Expertenmacht 127
Explanandum 9
Explanans 10
exponentielle Glättung 539
Exportkartelle 221, 223f.
externe Faktoren 366

Face-to-face-Gruppe 99, 529
Factoring 866
Fähigkeitsprofile 679
faktischer Konzern 227
Fallmethode 749
Familienunternehmungen 200, 212

Feed-back 21ff.
Fehlbedarfswahrscheinlichkeiten 339
Fehlbestandsgrenzen 339
Fehlmengenkosten 327
Feiertagslöhne 956f.
Fertigungshilfsstellen 960
Fertigungslöhne 956f.
Fertigungslos 391f., 492ff.
Fertigungsprogramm 456
Fertigungsrestzeitregel 491
Fertigungsstellen 960
Fertigungssteuerung 394ff.
Fertigungsstraßen 382, 702
Fertigungsstufen 418
Fiedler-Modell 738
Fifo 95
Finanzbedarf 836f.
Finanzbuchhaltung 908ff., 944
Finanzierung 834ff.
Finanzierung, aktive 830, 866
Finanzierungsregeln 854f., 862ff.
Finanzplan 862ff.
– Kontrolle 870
Fixkostendeckungsrechnung 999ff.
Fixkostenschichtung 920, 996
Fixkostenüberdeckung/-unterdeckung 986
Flexibilität 84f., 143, 287, 376, 380
Fließarbeit 704
Fließfertigung 382f.
Floating 479
Fluktuationsrate 682
Förderungsgenossenschaft 204
Fonds 870f.
Forderungen im politischen Prozeß 29
Forfaitierung 865
Formalisierung 135f.
Fortbildung 747
Fortschreibung 952
Fortschritt, technischer 724
Fremdbezug 1033f.
Fremdfinanzierung 844f., 850ff.
Fremdkapital 850ff.
Fremdkapitaltilgung 828f.
Fremdkapitalzinsen 809ff., 959
friedliche Koexistenz 660
Führerschaft 103f.
Führung 735
Führungsentscheidungen 39
Führungskräfte-Diagnostik 739
Führungsmodelle 740
Führungsrichtlinien 740
Führungsstil 647, 736

Führungstheorie 737
Führungsverhalten 647
Führungsziel 735
Fulkerson-Ford-Algorithmus 477
funktionale Erfordernisse 25
Funktionen, betriebliche 67, 893
Funktionenlehre 8 f.
Funktionsanalyse 612
Funktionsmeistersystem 107
Fusion 230
Fusionskontrolle 230 f.

Garantieleistungen 562
Gehälter 957
Geldakkord 722
Geldbedarf 836 f.
Geld- und Kreditbestand 911
Geldströme 773 ff.
Gelegenheitsgesellschaft 178
Gemeinerlöse, relative 1012
Gemeinkosten 921 f.
– relative 940, 1012
Gemeinkostendeckungsbedarf 1022
Gemeinkostenplanung 980
Gemeinkostenproblematik 1034
Gemeinkostenschlüsselung 984 f., 1007 f.
Gemeinkosten-Wertanalyse 1035 f.
Gemeinschaftsgründung 548
Gemeinschaftskontenrahmen 946
Gemeinschaftsunternehmen 227
General Problem Solver (GPS) 61
Generalversammlung 203
Genfer Schema 710
Genossenschaft 201 ff.
GERT 466
Gesamterfolg, pagatorischer 911
Gesamthandsgemeinschaft 162
Gesamtkapitalrentabilität 33
Gesamtkostenverfahren 939, 974
Gesamtvertretung 164 f.
Geschäftsanteil 187, 202
Geschäftsbereichsorganisation 94 ff.
Geschäftsbuchhaltung 908 ff., 944 ff.
Geschäftsfelder, strategische 295 ff., 555 f.
Geschäftsführung 163 f., 185
Geschäftsguthaben 202
Geschäftsvorfälle, Grundtypen von 909
Gesellschaft 15
Gesellschaft des bürgerlichen Rechts 177 f., 184 ff., 218 f.
Gesellschaft mit beschränkter Haftung 183 ff.

Gesellschafterdarlehen 206
Gesellschafterversammlung 189
Gesellschaftsvermögen 161 f., 184
Gesellschaftsvertrag 162 f.
Gesetz gegen Wettbewerbsbeschränkungen 220 f., 227 f.
Gesetz zur Verbesserung der betrieblichen Altersversorgung 726
Gesetzeshypothesen 9
Gestaltungsaufgabe 6, 11
Gewerken 200
Gewinn 32 f., 911 f., 939
Gewinnabführungsvertrag 226
Gewinnausschüftung 829
Gewinnbeteiligung 165 f., 186, 728
Gewinngemeinschaft 218 f.
Gewinnthese 842 f.
Gewinnvergleichsrechnung 797 f.
Gewinn-Verlust-Kampf 657
Gewinnverwendung 186
Gewinnziel 32
Gleichgewicht, finanzielles 34, 776
Gleichordnungskonzern 225 f.
Gleichungsverfahren 965 f.
gleitende Durchschnitte 539
GmbH 183 ff.
GmbH & Co KG 204 ff.
GmbH-Novelle 183
Gomory-Algorithmus 877
Gozinto-Graph 418
Gozintoverfahren 314
Grenzkostenrechnung 951
Grenzplankostenrechnung 1002 ff., 1009 f.
Großhandel 581 f.
Gründerhaftung 187
Grundkosten 945
Grundmodelle 15
Grundrechnung 931, 1017
– der Erlöse 1012, 1018
– der Kosten 1012, 1013 ff.
Grundzeit 721
Gruppe 15, 87, 99 ff., 649, 734
– selbststeuernde 700
Gruppenakkord 723
Gruppendynamik 101
gruppendynamisches Verfahren 739
Gruppenentscheidung 48 ff.
Gruppenfertigung 383
Gruppenkonflikte 654
Gruppennormen 102 f.
Gruppenpressionen 649
Gruppenzugehörigkeit 733
GuV-Konto 909

Haftung 165, 185, 187
Handelsspanne 534f.
Handelsvertreter 582
Handlungsprogramme 134
Handwerksbetrieb 17
Hardware 1048ff.
Hauptkostenstelle 937, 961
Hauptversammlung 196f.
Hauptziele 35
Hawthorne-Experimente 100f.
Herstellkosten 939
Herstellungsaufwendungen/-kosten 913, 1024f.
Heuristiken 60, 445, 482, 486, 491
heuristische Programmierung 1061
Hierarchie 104ff.
Hifo 955
Hilfskostenstellen 937
Hilfslöhne 956
Hochregallager 302
Holding-Gesellschaft 209, 230
Homo oeconomicus 526
Human-relation-Bewegung 101, 629
Human-Resource-Accounting 752
Hygiene-Faktoren 637

Ideenbewertung 572
Ideenfindung 567ff.
Ideenrealisation 572f.
Identical routing 487f.
Identifikation mit der Gruppe 649
Identitätsprinzip 941, 1012
Ignoranz 660
Importkartelle 221
Indextafel 1054f.
Indifferenz 660
Individualentscheidung 39
Individuum 15
Indizierung 1052
Industriebetrieb 17
Industriebetriebslehre, Abgrenzung der 8
Industriekontenrahmen 946
Information 53, 121f., 818, 900f., 1040
information retrieval 903
Informationsbedarf, individueller 1040
Informationsbegriff 896
Informations-Entscheidungs-Systeme 1041
Informationskosten/-nutzen 899
Informationspflichten, gesetzliche 168f.
Informationsprogramm 1039
Informationsspeicherung 902
Informationssysteme 401, 1039ff.

Informationstechnologie 366f.
Informationsübermittlung 903
Informationsverarbeitung 900, 1041f.
Informationsverarbeitungskalküle 901
Informationsverarbeitungsprozeß 47
Informationswege 22
Informationswert 899
Informationswiedergewinnung 903
Informationswirtschaft, Aufgaben der 893
Inhaberaktie 193, 848
Innenfinanzierung 873ff.
Innengesellschaft 181
Input-Output-Modell
– allgemeines 365ff.
– prozeßorientiertes 403
Inspektionsmodelle 447
Inspiration 50
Instandhaltungsplanung 383f., 446ff.
Instanz 93
Institutionenlehre 8
Intelligenztest 688
Interaktion 99
Interaktionisten 101
Interdependenzen von Investitionen 788f.
Interessengemeinschaft 218f.
Interessen- und Neigungstest 689
Interessenvertretung 599
Interne Zinsfußmethode 805f.
Interventionsarten 148, 151
Interventionstechniken zur Organisationsentwicklung 143ff.
Interview 687
Intuitivschätzung 318
Inventur 909
Inventurmethode 954
Investitionsanregung 783, 786
Investitionsbegriff 779f.
Investitionsentscheidungen 780ff.
Investitionskalküle 788ff.
Investitionskontrolle 826f.
Investitionsrechenverfahren 795ff., 803ff.
Investitionsrechnung und Kostenrechnung 1011
Investitionsstrategien, materialwirtschaftliche 297
Investment-center 138f.
Isolation 660
Istkostenrechnung 950f., 953ff., 988ff.
Iterationsverfahren, suboptimierendes 487

Jahresabschluß 197f., 200, 908ff.
- konsolidierter 229
job-centered-method 746
Job enlargement 700
Job enrichment 700
Job rotation 701
Joint venture 548

Kaduzierung 189f.
Käufermarkt 509
Käuferverhalten 526ff.
Kalkulation 938f., 967ff., s. a. Kostenträgerrechnung
Kalkulationssatz 951, 967ff., 1003f.
Kalkulationszinsfuß 808f., 810
kalkulatorische Ergebnisrechnung 938
Kapazität 380
Kapazitätsabstimmung 380
Kapazitätsarten 302
Kapazitätserweiterungseffekt 831ff.
Kapazitätsplanung 301, 427ff.
Kapazitätsterminierung 427ff.
Kapital 32ff.
- gebundenes 959
- genehmigtes 849f.
Kapitalbedarf 772, 833ff.
Kapitalbeschaffungs 166f., 186, s. a. Finanzierung
Kapitalbeschaffungsmöglichkeiten 205
Kapitalbeteiligungsgesellschaften 848
Kapitalerhaltung 34
Kapitalerhöhung 849f., 910
Kapitalflußrechnung 870ff.
Kapitalfreisetzung 831f.
Kapitalgesellschaft 174, 183ff.
Kapitalgesellschaft & Co. 204
Kapitalgewinn 32
Kapitalherabsetzung 827f., 911
Kapitalkosten 852ff., 959f.
Kapitalkostenfunktion 856ff.
Kapitalmarkt 793, 803, 809
Kapitalstruktur 852ff.
Kapitalwertfunktion 805, 820f.
Kapitalwertmethode 804f.
Kapitalzuführung, temporäre 834ff.
Karriere 741
Kartell 219ff.
Kassationskollegialität 119
Kaufentscheidung 524ff.
Kennzahlen 852ff., 905f.
- personalwirtschaftliche 752
Kennzahlenhierarchie 37
Kerngruppe, -organ 29, 87f., 136

KG, KGaA s. Kommanditgesellschaft
Koalition 640
Kodierung 897
Koexistenz, friedliche 662
Körperschaftsteuerreform 167
Körperschaftsteuersatz, gespaltener 841
Kognitive Dissonanz 59, 524f.
Kollegien 112, 117f.
Kommanditaktionäre 199
Kommanditgesellschaft 179ff., 184ff., 204
Kommanditgesellschaft auf Aktien 199f.
Kommanditist 179
Kommissionäre 294
Kommunikation 100, 121ff.
Kommunikationspolitik 590ff.
Kommunikationsprozeß 122f., 135, 903
Kommunikationssystem 123f.
Kompetenzarten 105
Komplementär 199
Komplexität 63f.
Konditionen 347, 580f.
Konflikte 48ff., 650ff.
Konkurstatbestände 206
Konsolidierung 229
Konsortium 218
Konstruktions- und Montagestückliste 412
Konsumerismus 511
Konsumtionswirtschaften 17
Kontenrahmen, -klassen, -plan 946
kontingenztheoretischer Ansatz 737
Kontrolle 46
Kontokorrentkredit 851
Kontrollaufgabe der Kostenrechnung 924, 987, 1010f.
Kontrollspanne 105, 680
Konzern 224ff.
Konzernrechnungslegung 228f.
Kooperation 215
Koordination 25, 50, 85f., 138, 903ff.
Kosten
- Begriff 914ff., 1012
- Einzel-/Gemein- 920ff.
- fixe/variable 920ff., 933f.
- liquiditätswirksame 1027
- primäre/sekundäre 932
- soziale 366
Kosten des Personals 956
Kostenanalyse 989f.
Kostenarten 932
Kostenartenbildung 932
Kostenartengliederung 979ff.

Kostenartenplan 934, 953
Kostenartenrechnung 930 ff., 951, 980, 995 f., 988 ff., 1001, 1003, 1016
Kostenartenstrukturdatei 1056 f.
Kostenartenverfahren 962
Kostenauflösung 980 f.
Kosteneinflußgrößen 377
Kostenkategorien 1011
Kosten- und Leistungsrechnung, Aufgaben der 923
Kosten-Nutzen-Analyse 812 f.
Kostenplanung 980, 1003
Kostenrechnung, Anwendungsmöglichkeiten der 1023 ff.
Kostenrechnungssysteme, Einteilung der 950
Kostenremanenzen 920
Kostensammelbogen 1016
Kostenspaltung 988 ff., 1003, 1007
Kostenstellen 933
– allgemeine 961
Kostenstellenausgleichsverfahren 964
Kostenstellenbildung 935
Kostenstellen-Einzelkosten 933
Kostenstellen-Fixkosten 996
Kostenstellen-Gemeinkosten 933
Kostenstellenplan 960, 979 ff.
Kostenstellenrechnung 934 ff., 961 ff., 980 f., 992, 996, 1001, 1003 f., 1016
Kostenstellenstammdatei 1056 f.
Kostenstellenumlageverfahren 964
Kostensteuern 960
Kostenträger-Einzelkosten 933
Kostenträger-Gemeinkosten 933, 962
Kostenträgerrechnung 938 ff., 967 ff., 983, 993 f., 998, 1001, 1005 f., 1018
Kostenträgerstückrechnung 938
Kostenträgerverfahren 965
Kostenträgerzeitrechnung 938
Kostentragfähigkeitsprinzip 940
Kostenvergleichsrechnung 795 ff.
Kostenverursachungsprinzip 940, 987 ff., 1007 f.
Kostenwert 918 f.
Kostenwirtschaftlichkeit 33, 376, 977 ff.
Kreditarten 950 ff.
Kreditwürdigkeit 854
Kritische Ausbringungsmenge 797, 986
Kritischer Weg 471 ff., 477
Kündigung 665
Kündigungsschutz 698
Kündigungsvorschriften 698
kürzeste Operationszeit-Regel 491

Kundenanzahlung 851
Kundendienst 562
Kundenstammdatei 404
Kuppelproduktion 930, 973 f.
Kuratorium 211
Kurzarbeit 695
Kuxe 200
Kybernetik 21 f., 26

Lagerabgangsrate 330, 340
Lagerarten 275
Lagerausstattung 302
Lagerbauart 302
Lagerbestand 324, 419 f.
– kritischer 337 ff.
– spekulativer 324
Lagereinrichtungen 302
Lagerhaltung 282, 323 f., 586 ff.
Lagerhaltungsmodelle 319, 330
– Grundmodell 330
Lagerhaltungsmotive 323 f.
Lagerhilfsmittel 303
Lagerkosten 326
Lager- und Transportplanung 299 ff.
Lagerzugangsrate 336
Lagrangesche Multiplikation 810
Laufbahnlinie 742
Laufbahnplanung 741
Layout 379
Layout-Planung 301, 437 ff.
Leasing 865 f.
Lebenszyklus-Analyse 550 f., 562 f.
Leerzeit 471
Leistungen 914
Leistungsbeteiligung 728
Leistungsbewertung 718 ff.
Leistungskosten 1013
Leistungsmerkmale 719
Leistungspotential 679, 915
Leistungsströme 773 f.
Leistungsverrechnung 936, 943 f.
– innerbetriebliche 962 ff., 1018, 1023
Leitung 163 ff., 735
Leitungshierarchie 104 ff.
Leitungsspanne 105
Leitungsstellen (Instanzen) 93
Leitwerk 1047
Lernen, organisationales 156 ff.
Lernprozesse 129 f., 142, 147, 827
Lernstrategien 157
Lerntheorie 527 f.
LESS 466
Leverage-Effekt 853

Lieferantenbewertung 346
Lieferantenbeziehungen 293
Lieferantendateien 406
Lieferantenkredit 851
Lieferantenstruktur 346
Liefer- und Transportzeit 328
Lifo 955
Liquidationsreinerlös 166
Liquidität 34, 776, 839 f., 853, 861 ff.
Lobby 590
Lösungsverfahren, heuristische 60, 442 ff., s. a. Heuristiken
Lohmann-Ruchti-Effekt 831 ff.
Lohn 708
Lohnfindung 710 ff.
Lohnformen 721 ff.
Lohngerechtigkeit 708 ff.
Lohngruppenverfahren 715
Lohnhöhe, absolute und relative 710
Lohnkonstanten 730
Lohnsatzdifferenzierung 717
Lohnsatzkurve 718
Lohnscheine 956
Lohntarif 710
Lombardkredit 851
Losgröße 391, 492
Losgrößenproblem 424 f.
Lückenanalyse 545

Macht 29
Machtbasen 126
Machthierarchie 125 ff.
Make or buy 285
Makler 294
Management 23
Management by 24 f., 740
Management, multiples 749
Management-Assessment-Center 739
Managementdatei 1053
Managementinformationssystem 1039 ff.
Manipulation 899
Manteltarif 710
MAPI-Methode 799 f.
Marke 561
Marketing-Assessment 511
Marketing, Entwicklungstendenzen des 511
Marketingkontrolle 608 ff.
Marketingpolitik 602 ff.
Marktanalyse 533 f.
Marktattraktivität 556 f.
Marktbegriff 521
Marktdynamik 523

Markteinteilung 521 f.
Marktentwicklung 546
Marktformenschema 522
Marktforschung 533 ff.
Marktgestaltung 559
Marktmodelle 521 ff.
Marktprognose 535 ff.
Marktsättigung 542
Marktsegmentierung 546 f.
Marktstrategien 546 ff.
Markttest 572
Markttypen 521 f.
Mark-up-pricing 574 f.
Maschinenausstattung 379 f.
Maschinenbelastungsübersicht 426 f.
Maschinenbelegung 371, 427
Maschinenbelegungsausgleich 430
Maschinenbelegungsproblem 487 ff.
Maschinenbelegungszeiten 425
Maschinenkonfiguration 1041
Maschinen-Werkzeugverwendungsnachweis 413
Maslow-Bedürfnishierarchie 636
Massenfertigung 388, 466
Material, lokalisiertes 235
Materialarten 274
Materialbedarf
– Arten 312 ff.
– Determinanten 284
– Flexibilität 296
– Planung 305
– Verteilung 324
Materialbuchhaltung 953
Materialdisposition 390, 415 ff.
Materialeingang 282
Materialflußkosten 328
Materialflußplanung 305, 311, 353
Materialhilfsstelle 961
Materialindex 235
Materialkosten 953 ff.
Materiallagerung 282
Materialverbrauchsmenge, Berechnung der 954
Materialwirtschaft
– Aufgaben 273, 276
– Entscheidungsbereiche 305
– Organisation 279 ff.
– Ziele 275
Matrixorganisation 108 ff., 517 f.
Maximin-Regel 56
Mechanisierung 700
Medienauswahl 596
Mehrfachzuordnung 1022

Mehrliniensystem 107
Mehrpersonenkonflikte 656
Mehrproduktbetrieb 928 ff.
Mehrprojektplanung 478 ff.
Meldemenge 338
Menge, kritische 796
Mengenkomponente des Kostenbegriffs 918
Mengenpolitik 289
Mengenübersichtsstückliste 410
Mengenübersichts-Teileverwendungsnachweis 410 f.
menschliche Arbeitsleistung 366 f.
Metaentscheidungen 40
Metageschäft 218
Methode der kleinsten Quadrate 539
Methodenbank 1059 ff.
Mindestkapazität 380
Minimax-Prinzip 56
Mischkosten 1013
Mitarbeiterauswahl, Kosten der 687
Mitarbeiterbefragung 690
Mitarbeiterbeurteilung 744 f.
Mitarbeiterführung 735
Mitarbeiterorientierung des Führungsverhaltens 736
Mitbestimmung 51, 131 ff.
– bei der AG 194 f.
– bei der GmbH 188 f.
– bei der GmbH & Co KG 205
– bei der KGaA 200
– im Konzern 170, 228
– in Arbeitnehmergremien 169
– in Unternehmungsorganen 169
– nach BetrVerfG 1972 671 f.
– Rechtsformrelevanz 169 f.
Mitbestimmungsgesetz 170 ff., 666
Mitbestimmungsrechte 666
Mittelentscheidungen 31
Mitwirkungsrechte 664
Modell, kognitives 898
Modelle 11
Modigliani-Miller-These 857 ff.
Modularprogramme, integrierte 401 f.
Montan-Mitbestimmungsgesetz 171 f.
Monte-Carlo-Simulation 452 ff., 820
morphologischer Kasten 567 f.
Motivation 524, 635
Motivationstheorien 635
Motivatoren 637
Multiples Management 749
Multiprocessing 1050
Multiprogramming 1050

Nachbardisziplinen 16
Nachfolgeplanung 676
Nachgründung 192 f.
Nachkalkulation 938
Nachschußpflicht 189 f.
– bei der Genossenschaft 202
Namensaktie 193, 848
Nebenbedingungen 15, 57
Nebenleistungen 349
Nebenziele 35
Negoziationskredit 851
Nennwertaktie 193
Nettomaterialbedarf 313
Nettobedarfsrechnung 418, 420
Nettoeinnahmen, betriebliche 871
Nettopersonalbedarf 676
Nettovermögen 908
Netze, aktivitäts-/ereignisorientierte 469
Netzplantechnik 425 f., 465 ff., 867 f.
Netzwerk 467 ff.
No-name-Produkte 561
Normalkostenrechnung 951
Normalleistung 720 f.
Normstrategien 296
Normungskartelle 221 f.
Nutzen 54
Nutzungsdauer 958
Nutzwertanalyse 813 ff.
Nutzwert-Kosten-Vergleich 816

Oberziel 36
Objektentscheidungen 40
Obligation 850
Obsoleszenz 562
öffentliche Unternehmungen 212 ff.
Öffentlichkeitsarbeit 599 ff., 684
Offene Handelsgesellschaft 178 f., 184 ff.
Off-line, on-line 1050
Off-the-job-method 747
On-the-job-method 747
operative Ziele 64
Opportunitätskosten 464, 487, 960
Opportunitätskostenprinzip 809
optimale Losgröße 493
Optimierung 56
Optimierungsmodelle 391, 872 ff.
Optimierungsphase 784
Optionalsystem 344
Optionsanleihe 850
Organe
– der AG 193 ff.
– der bergrechtl. Gewerkschaft 201
– der Genossenschaft 202 f.

– der GmbH 188f.
– der KGaA 199f.
– der Stiftung 210f.
Organisation 15
– funktionale 107, 113ff., 514
– matrixorientierte 517f.
– produktgruppenorientierte 516
– stabsorientierte 515f.
Organisationseinheiten 91ff.
– formale 92ff., 98f.
– informale 98ff.
Organisationsentwicklung 142ff.
Organisationsgestaltung 86ff.
Organisationskultur 157
Organisationslenkung 136ff.
Organisationsmitglieder 28, 87f.
Organisationsprinzipien 139f.
Organisationssituation 139ff.
Organisationsstruktur 86ff., 94ff., 140ff., 514ff.
Organisationsteilnehmer 28, 87f.
Organisationstypen der Fertigung 381ff., 388
Organisationsverfassung 136, 141ff.

pagatorische Rechnung 908
Panel 534
partiarisches Darlehen 182
Partizipation 130f., 217
Passing not permitted 487f.
Passivtausch 909
Patensystem 656
Pause 706
Pay-back-Methode 801
Pay-off-Methode 800ff.
Pensionskasse 726
Pensionsrückstellungen 845f.
Pensionszusage 726
PEP 466
Perioden, geschlossene/offene 1015
Periodeneinzelkosten/-gemeinkosten 1015
Periodenerfolg 32, 912, 974f., 1019
Periodenkapazität 380ff.
Periodisierung 912
Persönlichkeitstest 689
Personalabteilung 757
Personalakte 751
Personalzuweisungsmodell 693
Personalauswahl 675, 685
Personalbedarf 676
Personalbedarfsplanung 674
Personalbeschaffung 683

Personalbeurteilung 744
Personaleinführung 697
Personaleinführungsprogramme 656
Personaleinsatz 674, 689
Personaldatei 751
Personalentwicklung 741
Personalfreistellung 697
Personalinformationssysteme 753
Personalkosten 955ff.
Personalverwaltung 751
Personalwerbung 683
Personalwirtschaft
– Aufgaben 672ff.
– organisatorische Eingliederung 756
Personalzuordnungsproblem 690ff.
Personelle Angelegenheiten 669
Personen, juristische 159
Personengesellschaft 174, 177f.
PERT 466ff.
Pieroth-Modell 732
Planbeschäftigung 977f., 980, 1003
Plan-Bilanzen 913
Plankalkulation 939, 983
Plankosten, verrechnete 977ff.
Plankostenrechnung 951, 973, 1002ff.
– flexible 979ff.
– starre 977f.
– zu Teilkosten 1002ff.
– zu Vollkosten 977ff.
Plankostenverrechnungssatz 1003f.
Planpreise 980
Planung 46, 137f.
– strategische 63f., 284ff., 544ff.
Planungsfunktion 983ff., 1007f., 1009
Planungshorizont 41
Planungsmethode 62
Planungsrechnung, dynamische 482
Planwirtschaftlichkeitsgrad 951
Platzkostenrechnung 973
Plotter 1049
Portfolio-Analyse 554ff., 297
Position 87
Potentiale 66
Potentialfaktoren 366
Potentialmethode 466
Prämienlohn 723f.
Präventivmodelle der Instandhaltung 447
Pragmatik 6, 121, 898
Preisabweichung 892, 1005
Preisbildung 574ff.
Preisbindung der zweiten Hand 224
Preisdifferenzierung 575

Preisführerschaft 576
Preispolitik 291, 347, 574 ff.
Preisstrategie 580
Preistheorie 574
Preisuntergrenze 1025 ff.
Pretiale Lenkung 136 f.
Primärbedarf 312, 415
Primärerhebung 533 f.
Primärgenossenschaft 204
Primatkollegialität 119
Prioritätsregeln 491 f.
Probezeit 689
Probiermethode 329
Problemlösungsverhalten 59 f.
Problemtreue 548
Problemzerlegung 62
Produktbegriff 560
Produktdifferenzierung 285
Produktentwicklung 547
Produktinnovation 565 ff.
Produktion 367
Produktions- und Absatzprogramm 914
Produktionsfaktoren 365 ff.
Produktionsfaktorverkauf 828
Produktionsfunktion v. Typ C 368 ff.
Produktionskoeffizienten 373
Produktionsleistung 365, 368
Produktionsplanung 377, 396 ff., 401, 435 ff.
Produktionsprogramm 378, 562 ff.
Produktionsprozeß 367 f.
– Störungen 398
Produktionssteuerung 399, 401, 435 ff., 465 ff.
Produktionssteuerung mit EDV 414 ff.
Produktionssteuerungssystem, integriertes 432
Produktionsstufen 925
Produktionsstruktur 368 ff., 925
Produktionswirtschaften 17
produktionswirtschaftl. Entscheidungsfeld 377 ff.
Produktionswirtschaftliche Ziele 375 ff.
Produktionsgenossenschaft 204
Produktivität 33, 83 f., 375 f.
Produktlebensdauer 562 ff.
Produktmanager 515 f.
Produktpolitik 559 ff.
Produkttest 572
Produkttreue 548
Profilvergleich 695
profit-center 138
Prognose 10, 138, 533 ff.

Prognoseaufgabe (-funktion) der Kostenrechnung 923, 985, 1009
Prognoseverfahren 538 ff.
Prognosezeitraum 539 f.
Programmfunktion 373
Programmierung 56 f., 1060 f.
– heuristische 1061 f.
– lineare 455 ff., 875 ff., 1029 ff.
Programmkoeffizient 373
Programmplanung 378, 384 ff., 455 ff., 999, 1028 ff.
Programmsteuerung 23
Projektbeschleunigung 476 ff.
Projektkosten 476 ff.
Projektmanagement 118
Projektplanung 118 f.
Projektteam 111, 118
Prolongation 828 f., 853
Prozeßplanung 456, 461, 464 ff.
Prozeßgliederungsprinzip 946
prozeßorientiertes Input-Output-Modell 368 ff.
Prozessortechnik 406 ff., 417
Prozeßplanung 378, 387 ff.
Prozeßtypen der Fertigung 387 f.
Public Relations 599 ff.
Publikumskommanditgesellschaft 181 f.
Publizitätsgesetz 168
Pufferzeit 471, 484 f.

quasi-analytische Methode 815 f.
Qualitätsbegriff 310
Qualitätsmaßstab 348
Qualitätspolitik 289
Quick-ratio 862
Quotenaktie 193
Quasianalytische Methode 817 f.
Quasilösung von Konflikten 31, 662

Rabatte 580 f.
RAMPS 478 ff.
Rangfolgeverfahren 714
Rangreihenverfahren 716
Rationalisierung 831
Rationalprinzip 31 f.
Raumzuordnungsproblem 262 ff., 440 ff.
Reaktionsmodell 23
Realisationsphase 784
Real-Time-Verarbeitung 1049
Rechenschaftsbericht des Betriebsrates 668
Rechnungslegung
– der AG 197 f.

– der GmbH 188
– der GmbH & Co KG 206
– im Konzern 228 ff.
Rechnungswesen 907 ff.
Rechtsform 159 f.
Rechtsformalternativen 160, 174 ff.
Rechtsformentscheidung 159 ff.
– Revision der 170 ff.
Rechtssubjekt 159
Recycling 287 f.
REFA 720 f.
Referentenprinzip 758
Regelkreis-System 432 ff.
Regelung 21 f.
Regressionsanalyse 542
Reihenfolgeplanung 392, 480 ff.
Reihung 714
Reinvermögen 908
Reisende 584
Rembourskredit 851
Rentabilität 32
Rentabilitätsvergleichsrechnung 798 f.
Rentenversicherung 726
Reorganisation 144 ff.
Repetierfaktoren 366
Reserven, stille 838 ff.
Ressortentscheidungen 39
Restwert 717
Restwertmethode 974
retrogrades Verfahren 954
Return on investment (ROI)
 s. Rentabilitätsvergleich
Richtbestand 342
Risiko 41, 54, 65, 339 ff., 818 ff.
Risikoanalyse 118, 822 f.
Risiko-Chancen-Profil 822 f.
Rolle 87, 92, 633
Rollendruck 632
Rollenepisode 631
Rollenkonflikte 654
Rollenkonformität 633
Rollenmehrdeutigkeit 656
Rollenspiel 749
Rollenstruktur 31
Rollensystem 87 f.
Rollenüberladung 656
Routineentscheidungen 44
Rucker-Plan 729
Rückkopplung 21 ff.
Rücklagen 197 ff., 838
Rückrechnung 954
Rückstellungen 845 f.
Rückwärtsterminierung 426
Rüstzeit 721

Sachgründung 187
Sachleistungsbetriebe 17
Sachziel 914
Sättigungspunkt 542
Sanktionsgewalt 659
Satellitengruppen 51, 87
Satzung 162
Scanlon-Plan 727
Scanner 1048
Schätzverfahren 312, 317
Schattenpreise 464
Scheinaktivitäten 467
Schichtwechselpläne 696
Schlichtungsregeln 48 ff., 651
Schlüsselgrößen 937
Schlüsselungsmethoden 942 f.
Schlupfzeitregel 491
Schueller-Plan 729
Schütt-aus-hol-zurück-Verfahren 840 ff.
Schuldscheindarlehen 850 f.
Schuldverschreibung 850
Schwachstellen 785 f.
Schwäche, organisationale 65
Scoring-Modelle 245
Segmentierung 1042, s. a. Marktsegmentierung
Sekundärbedarf 312, 415
Sekundärgenossenschaft 204
Selbstfinanzierung 829, 838 ff.
Selbstorganschaft 164
selbststeuernde Gruppen 700
Semantik 121, 897
Sensitivitätsanalyse 820 f.
Sensitivity Training 740
Serienfertigung 387, 466
Sicherheit 34, 41, 276
Sicherheitsäquivalente 818 f.
Sicherheitsbestand, optimaler 340
Signal 897
Simplex-Algorithmus 455 ff., 875 ff.
Simulation 391, 436, 451, 491, 828, 1060 f.
Simultanmodell v. Albach 874 ff.
Simultanverarbeitung 1050
Skontration 954
Slack 642
Social marketing 511
Sollkosten 981
Sortenfertigung 387, 466
Soziale Angelegenheiten 670
soziale Kosten 366
Sozialgesetzgebung 710 f.
Sozialleistungen 724, 957
Sozialpotentialbericht 752
Sozialwissenschaftliches Grundmodell 630

Soziometrie 101
Spaltprozeß 930
Spartenorganisation 94ff.
Speichermedien 1049
Speicherstellen 902
Spezialisierung 698
Spezialisierungskartelle 221f.
Spieltheorie 55f.
Splitten 426
Sponsormethode 656
Stabilität 84f.
Stabliniensystem 107f.
Stabstellen 93, 108
Staffellohn 724
Stammaktie 193, 848
Stammeinlage 187
Stammkapital 187
Standardisierung 133ff.
Standardstrategien 296
Standort 232ff.
Standortanforderungen 233, 245
Standortbestimmungsverfahren 240ff.
Standortbewertungsmodelle 245
Standortdreieck 241
Standorteignung 245
Standortentscheidung 233f.
Standortfaktoren 234ff.
Standortplanung
– betriebliche 234ff.
– innerbetriebliche 437ff.
Standortspaltung 233
Standortvieleck 241
Stapelverarbeitung 1049f.
Stärke, organisationale 65
Statushierarchie 120f.
Statussymbol 120
Stelle 91ff., 632
Stellenbeschreibung 744
Stellenbesetzungsplan 682
Stellenplan 681f.
Stellenrotation 701
Steuerbelastung einzelner Rechtsformen 167f., 198f.
Steuer in der Investitionsrechnung 810f., 829, 840f., 846
Steuern in der Kostenrechnung 960
Steuerung 23
Stiftung 208ff.
– steuerliche Behandlung der 211f.
Stille Gesellschaft 181ff., 184ff.
– atypische 182
Stimmrechtsaktie 848
Stoffgewinnungsindustrie 17

Stoffverarbeitungsindustrie 17
Straßenfertigung 382
Strategie 64, 298, 447f., 544ff., 557f.
Strategische Ressourceneinheiten 295
Strategische Ziele 64
Strohmanngründung 176
Structure 737
Strukturanalyse 467ff.
Strukturbild des Produktionsprozesses 372
Struktursatz 404ff.
Strukturstückliste 410
Struktur-Teileverwendungsnachweis 410
Stückbeitrag 1019
Stückliste 388, 406ff., 417
Stücklistenauflösung 417ff.
Stücklistenprozessor 406ff., 417f.
Stücklohn 722
Stufenzahlverfahren 716
Stufung 714
Suboptimierende Iterationsverfahren 444
Substanzerhaltung 34
Substitutionsprinzip der Organisation 84
Subsysteme 20, 96ff.
Suchprozeß, Abbruch des 61
Supplementinvestition 792f.
Syndikat 222, 224
Synektik 569
Synergie 548f.
Syntax 121, 897
System 20
Systemanalyse 1044
Systembedürfnisse 25
System
– politisches 29f.
– soziotechnisches 20
Systemplanung 1045
Systemtheorie 19ff.

Tagespreise 955
Taktzeit 382
Target-pricing 574
Tarifautonomie 665
Tarifvertrag 710
Teilautomation 702
Teilentscheidungen 47
Teilestammdatei 404ff.
Teilestammsatz 404ff.
Teileverwendungsnachweis 408ff., 417
Teilkonzernabschluß 229
Teilkostenrechnung 952, 987ff.
Teilkostenverfahren 962
Teilnahmeentscheidung 644

Teilproduktivitäten 376
Teilung des Entscheidungsfeldes 396 ff.
Teilzeitbeschäftigung 697
Tensororganisation 109 f.
Teleprocessing 1050
Tertiärbedarf 312
Testmarkt 605 f.
Testverfahren 688
Theorien 11
Time-sharing 1050
Totalgewinn 32
Totalkapazität 380, 833 f.
Totalrentabilität 32
Training 739
Transaktionsbedingungen 293
Transformation 901
Transformationsfaktoren 238
Transformations-/Produktionsprozeß 365
Translation 901
Transmission 901
Transportalgorithmus 242 f.
Transporteinrichtungen, Planung der 303
Transportempfindlichkeit 237 ff.
Transportkostensatz 439
Transportproblem 242, 438 ff., 586 ff.
Transportsysteme, Arten von 304
Transportvorgänge 275
Transportwege, innerbetriebliche 300
Travelling Salesman Problem 480 ff.
Treasurer 1046
Trendberechnung 539 ff.
Trust 230 f.
Turbulenz 64
Two-bin-System 342
Typologie
– von Industriebetrieben 19
– von Entscheidungen 38 ff.

Ubiquitäten 235
Übergangszeiten 425
Überlappen der Bearbeitung 426
Übersetzungsprogramme 1059
Überzeugung 899
Umrüstung 480
Umsatzeinnahmen 831
Umsatzkostenverfahren 940, 975
Umwandlung 173 f.
Umweltanalyse 5
Unfallverhütung 705
Ungewißheit 56, 818 ff.
Ungarische Methode 693

Unsicherheit 41
Unterbeteiligungsgesellschaft 182 f.
Unternehmensführung 735
Unternehmensträgerstiftung 209
Unternehmensvertrag 226 f.
Unternehmenswachstum 143
Unternehmerlohn, kalkulatorischer 960
Unternehmerwagnis, allgemeines 961
Unternehmungen
– multinationale 216
– verbundene 225 f.
– wechselseitig beteiligte 225 f.
Unternehmungsanalyse 5
Unternehmungs-Fixkosten 996
Unternehmungsform 159 f.
Unternehmungskonzentration 215
Unternehmungsplanspiel 749
Unternehmungsprozeß, Modell des 1011
Unternehmungsverbände 215
Unternehmungszusammenschlüsse 215 ff.
Unterordnungskonzern 225
Unterstützung im politischen System 29
Unterstützungskasse 726
Unterziel 36
Unverfallbarkeit 727
Urlaubsgeld 957
Urlaubslöhne 957

Value engineering 284
variable Kosten 920 ff., 987 ff.
Variablenprüfung 310
Variantenstückliste 412
Veränderungsbilanz 870
Verantwortungsbereich 935
Verbrauchsabschreibung 958
Verbrauchsabweichung 982 f., 1004
Verbrauchsmengenerfassung 953
Verfahren des besten Nachfolgers 486
Verfahren der sukzessiven Einbeziehung von Stationen 486
Verfahrensvergleich 1032 f.
Verfügbarkeitskontrolle 431
Vergleichbarkeit der Alternativen 792 f.
Verhalten, rollenkonformes 632, 646 ff.
Verhaltenskonflikte 652
Verhaltensziele 13
Verhandlungstaktik 785 f.
Verkaufsförderung 593 f.
Verkaufsschulung 593
Verlustbeteiligung 165 f., 186 f.
Vermaschung 24 f.
Vermittlungsausschuß 194

Verpachtung 560
Verrechnungspreise, innerbetriebliche 136f., s. a. Leistungsverrechnung
Verschieberegale 302
Verschuldungsgrad 854
Verstehen, Grundlage des 10
Verteilungsebenen 710
Verteilzeit 721
Vertreter s. Handelsvertreter
Vertretung 163f.
Vertriebsgesellschaft 207
Vertriebsstellen 962
Verwaltungsrat 211
Verwaltungsstellen 961
Verzehr 916ff.
Vollenumeration 441, 482, 490f., 822
Vollkostenrechnung 952, 984ff.
Vorgabefunktion (-aufgabe) der Kostenrechnung 924, 987, 1010
Vorgründergesellschaft 192
Vorkalkulation 938, 983
Vorkostenstelle 936
Vorlaufverschiebung 418
Vorlaufzeit 418
Vorratsbeschaffung 287, 323
Vorschlagswesen 732
Vorstand, geborener 193ff., 199
Vorwärtsterminierung 426
Vorzugsaktie 193

Wagnisfinanzierungsgesellschaft 848
Wagnisse, kalkulatorische 961
Wandelschuldverschreibung 850
Warenprüfzeit 329
Wartung 448f.
Wechselkredit 850
Weiterbildung 747
Weltabschluß 230
Werbearten 595
Werbebudget 597f.
Werbeerfolgskontrolle 597
Werbekanäle 595
Werbung 594ff.
Wertanalyse 348, 612ff.
Wertkomponente des Kostenbegriffs 918
Wertprämissen 43
Wertregel 491
Werkstattbestand 420
Werkstattfertigung 381f., 438
Werkstattlosgröße, optimale 493f.
Werkstattsteuerung 431f.
Wertschöpfung, Verteilung der 708
Wertverzehr 916ff.

Wiederbeschaffungspreise 954
Wiederholungsfaktor 469
Wiederholungsfunktion 370ff.
Willensbildung 46, 894
Willensdurchsetzung 46, 895
Wirkungsprognosen 543f.
Wirtschaftliche Angelegenheiten 671
Wirtschaftlichkeit 33, 375f.
Wirtschaftlichkeitskontrolle 824, 992
Wirtschaftsausschuß 133, 668
Wissen, zweckorientiertes 898
Wissenschaftliche Betriebsführung 629
Wissenstreue 548
Working capital 862, 871

XYZ-Analyse 306, 308

Zahlungen, Auslösung von 1011ff.
Zahlungsbedingungen 348
Zahlungsmittelbestand 911
Zahlungsströme 774ff.
– kapitalbindende 779ff.
– kapitalentziehende 827ff.
– kapitalfreisetzende 830ff.
– kapitalzuführende 834ff., 867
Zeichen 897
Zeitablaufrechnung, überjährige 1021
Zeitakkord 722
Zeitanalyse 467ff.
Zeitlohn 721, 956
Zentralgenossenschaft 204
Zentraleinheit 1047
Zentrale Datenbank 401, 402ff.
Zentralisation 39, 88ff., 281
Zero-Base-Budgeting 1035ff.
Zielanalyse 13
Zielbeziehungen 34f.
Zielbildungsprozeß 28f.
Zieldimensionen 28
Ziele 26f.
– der Organisation 29, 64, 83ff.
– für die Organisation 29
– individuelle 647
– indifferente 35
– kapitalwirtschaftliche 776ff., 856f.
– komplementäre 35
– konfliktäre 35
– öffentlicher Unternehmungen 213f.
– nicht monetäre 35
Zielforschung 12
Zielfunktion 57
Zielgewichtung 53f., 813f.
Zielhierarchie 36, 137

Zielkonflikte 650
Ziel-Mittel-Ketten 31
Ziel-Mittel-Vermutung 137
Zielplanung 137
Zielsetzung, monovariable/multivariable 41
Zielsystem 27f., 137
– des Mitarbeiters 649
Zinsen, kalkulatorische 326, 809f., 959f.
Zubußpflicht 200f.
Zufallssimulation 452ff.
Zulagen, außertarifliche 727
Zurechnung 1012
Zurechnungsproblem
– in der Investitionsrechnung 788ff.
– in der Kostenrechnung 915ff.
Zusatzkosten 945ff.
Zusatzprämien 723
Zuschlagbasis 969
Zuschlagskalkulation 969ff.
Zuschlagssatz 969f.
Zuwachskapital 829
Zwangslauffertigung 382
Zweckaufwand 945
Zweckerträge 944
Zwei-Behälter-System 342
Zweikreissystem 948
Zwischenkalkulation 938
Zwischensysteme 350f., 785
Zwischenziel 36

# Werke von
# Prof. Dr. Dr. h. c. mult. Edmund Heinen

**Einführung in die Betriebswirtschaftslehre**
290 Seiten, Neunte Auflage, 1985

**Grundlagen betriebswirtschaftlicher Entscheidungen –
Das Zielsystem der Unternehmung**
283 Seiten, Dritte Auflage, 1976

**Grundfragen der entscheidungsorientierten Betriebswirtschaftslehre**
478 Seiten, 1976

**Handelsbilanzen**
633 Seiten, Elfte Auflage, 1985

**Betriebswirtschaftliche Kostenlehre –
Kostentheorie und Kostenentscheidungen**
661 Seiten, Sechste Auflage, 1983

**Betriebswirtschaftliche Führungslehre –
Ein entscheidungsorientierter Ansatz**
Zweite Auflage in Vorbereitung, 1983

**Kosten und Kostenrechnung**
242 Seiten, 1975

**Industriebetriebslehre –
Entscheidungen im Industriebetrieb**
Hrsg. Prof. Dr. Dr. h. c. mult. Edmund Heinen,
1120 Seiten, Achte Auflage, 1985

**Industriebetriebslehre – Arbeitsbuch**
Hrsg. Prof. Dr. Dr. h. c. mult. Edmund Heinen,
594 Seiten, 1982

**GABLER**